Curso de
DIREITO CIVIL

SÉRIE CURSOS DE DIREITO

César Fiuza

Curso de
DIREITO CIVIL

24ª edição

Rua Clara Vendramin, 58 ■ Mossunguê
CEP 81200-170 ■ Curitiba ■ PR ■ Brasil
Fone: (41) 2106-4170
www.intersaberes.com
editora@intersaberes.com

Conselho editorial Dr. Alexandre Coutinho Pagliarini ■ Dr.ª Elena Godoy ■ Dr. Neri dos Santos ■ M.ª Maria Lúcia Prado Sabatella
Editora-chefe Lindsay Azambuja
Gerente editorial Ariadne Nunes Wenger
Assistente editorial Daniela Viroli Pereira Pinto
Edição de texto Tiago Krelling Marinaska
Capa Iná Trigo
Projeto gráfico Silvio Gabriel Spannenberg
Equipe de *design* Silvio Gabriel Spannenberg ■ Charles L. da Silva
Diagramação Renata Silveira
Iconografia Regina Claudia Cruz Prestes

Dados Internacionais de Catalogação na Publicação (CIP)
(Câmara Brasileira do Livro, SP, Brasil)

Fiuza, César Augusto de Castro
  Curso de direito civil / César Augusto de Castro Fiuza. -- 24. ed. -- Curitiba, PR : Editora Intersaberes, 2023. -- (Série cursos de direito)
  Bibliografia.
  ISBN 978-85-227-0442-2
  1. Direito civil 2. Direito civil - Brasil I. Título.

23-141332   CDU-347

Índices para catálogo sistemático:
1. Direito civil 347
                Inajara Pires de Souza - Bibliotecária - CRB PR-001652/0

24ª edição, 2023.
Foi feito o depósito legal.
Informamos que é de inteira responsabilidade do autor a emissão de conceitos.
Nenhuma parte desta publicação poderá ser reproduzida por qualquer meio ou forma sem a prévia autorização da Editora InterSaberes.
A violação dos direitos autorais é crime estabelecido na Lei n. 9.610/1998 e punido pelo art. 184 do Código Penal.

Sumário

Apresentação 11

Capítulo 1
Introdução 15
1.1 Conceito de Direito 16
1.2 Instrumentos de controle social 20
1.3 Direito e justiça 25
1.4 Acepções do Direito 30

Capítulo 2
O Direito Civil no sistema jurídico romano-germânico 47
2.1 Generalidades 48
2.2 Direito romano 57
2.3 Alta Idade Média (476 a 1100) 85
2.4 Baixa Idade Média (1100 a 1453) 89
2.5 Idade Moderna (1453 a 1789) 91
2.6 Idade Contemporânea (de 1789 a nossos dias) 93
2.7 Direito Brasileiro 95

Capítulo 3
Lei de introdução às normas do direito brasileiro: eficácia, conflito e interpretação das leis 101
3.1 Classificação das leis 102
3.2 Eficácia das leis 106
3.3 Interpretação das leis 112

Capítulo 4
Pessoas 153
4.1 Personalidade: generalidades e pessoas naturais 154
4.2 Nascituro 157
4.3 Capacidade 162
4.4 Ausência 182
4.5 Nome da pessoa natural 186
4.6 Estado 189
4.7 Pessoas jurídicas 192
4.8 Fundações 211
4.9 Sujeitos de direitos sem personalidade 213
4.10 Registro civil 219
4.11 Domicílio e residência 220

Capítulo 5
Direitos da personalidade   225
5.1 Histórico   226
5.2 Natureza jurídica   228
5.3 Características   230
5.4 Classificação   231
5.5 Fontes   232
5.6 Tratamento legal   233
5.7 Direitos da personalidade e pessoas jurídicas   238
5.8 Direitos da personalidade no sistema brasileiro   240

Capítulo 6
Coisas e bens   243
6.1 Definição   244
6.2 Classificação   245
6.3 Patrimônio   265

Capítulo 7
Fato jurídico, ato e negócio jurídico   269
7.1 Definições   270
7.2 O ocaso dos negócios jurídicos: crise e superação   277
7.3 Atos jurídicos   281
7.4 Atos ilícitos   383
7.5 Situações e relações jurídicas   403
7.6 Função social das relações jurídicas   428
7.7 Responsabilidade civil   429

Capítulo 8
Teoria geral do direito das obrigações   437
8.1 Definição de obrigação   438
8.2 Essência das obrigações   441
8.3 Estrutura das obrigações   447
8.4 Ideia e posição do Direito das Obrigações perante o Direito Civil   448
8.5 Conteúdo da prestação obrigacional   449
8.6 Fontes das obrigações   451
8.7 Escorço histórico   454
8.8 Principiologia do Direito das Obrigações   458
8.9 Classificação das obrigações   476
8.10 Efeito desejável das obrigações: pagamento   515
8.11 Transmissão das obrigações   541
8.12 Efeito indesejável das obrigações: inadimplemento   549
8.13 Execução coativa   558
8.14 Extinção das obrigações   560

Capítulo 9
Fontes das obrigações: contratos – Teoria Geral do Direito Contratual 573
  9.1 Noção de contrato 574
  9.2 Definição de contrato 575
  9.3 Evolução histórica 576
  9.4 Funções dos contratos 599
  9.5 Requisitos de existência, de validade e de eficácia dos contratos 602
  9.6 Causa, motivo e fim dos contratos 609
  9.7 Princípios informadores 610
  9.8 Intervenção do Estado na economia contratual 633
  9.9 Cláusulas abusivas e conduta abusiva 656
  9.10 Interpretação dos contratos 663
  9.11 Formação dos contratos 668
  9.12 Contrato preliminar 677
  9.13 Cláusula penal 680
  9.14 Arras 683
  9.15 Vícios redibitórios 687
  9.16 Evicção 693
  9.17 Estipulação em favor de terceiro 694
  9.18 Promessa de fato de terceiro 697
  9.19 Classificação dos contratos 698
  9.20 Cessão da posição contratual 715
  9.21 Extinção dos contratos 716

Capítulo 10
Fontes das obrigações: contratos tipificados no Código Civil 729
  10.1 Contrato de compra e venda 730
  10.2 Contrato de troca 743
  10.3 Contrato estimatório 744
  10.4 Contrato de doação 747
  10.5 Contrato de locação 761
  10.6 Contrato de empréstimo 784
  10.7 Contrato de prestação de serviço 794
  10.8 Contrato de empreitada 802
  10.9 Contrato de depósito 810
  10.10 Contrato de mandato 825
  10.11 Contrato de comissão 843

10.12 Contrato de agência e distribuição 846
10.13 Contrato de corretagem 849
10.14 Contrato de transporte 853
10.15 Contrato de seguro 861
10.16 Contrato de constituição de renda 868
10.17 Contrato de jogo e aposta 872
10.18 Contrato de fiança 874
10.19 Transação 879
10.20 Compromisso 881
10.21 Contrato de sociedade 883
10.22 Associações 911
10.23 Diferenças terminológicas 918

Capítulo 11
Fontes das obrigações: contratos não tipificados no Código Civil 921
11.1 Contrato de parceria rural 922
11.2 Contrato de edição 926
11.3 Contrato de representação dramática 929
11.4 Contrato de franquia 932
11.5 Contrato de concessão mercantil 933
11.6 Contratos fiduciários 936
11.7 Contrato de conta corrente 947
11.8 Contratos bancários 950
11.9 Contrato de capitalização 957
11.10 Contrato de *joint venture* 960
11.11 Contrato de arrendamento mercantil ou *leasing* 960
11.12 Contrato de *know-how* 963
11.13 Contrato de *engeneering* 965
11.14 Contrato de *hedge* 966
11.15 Contrato de faturização ou *factoring* 967
11.16 Contrato de cartões de crédito 971
11.17 Contrato de *shopping centers* 974
11.18 Contrato de consórcio 976

Capítulo 12
Fontes das obrigações: atos unilaterais 983
12.1 Promessa de recompensa 986
12.2 Gestão de negócios 988
12.3 Pagamento indevido 994

Capítulo 13
Fontes das obrigações: atos ilícitos   1005
13.1 Generalidades e definição   1006
13.2 Elementos do ato ilícito   1009
13.3 Responsabilidade por fato de outrem   1032
13.4 Responsabilidade por fato de coisa   1034
13.5 Teorias subjetiva e objetiva da responsabilidade civil   1035
13.6 Responsabilidade civil do estado   1042
13.7 Diferenças entre algumas espécies de ilícitos (civil, penal, administrativo)   1045
13.8 Abuso de direito   1047
13.9 Enriquecimento ilícito   1057

Capítulo 14
Liquidação das obrigações: concurso de credores   1065
14.1 Generalidades   1066
14.2 Processo   1066
14.3 Concordata civil   1068
14.4 Saldo devedor da execução   1069
14.5 Extinção das obrigações   1069

Capítulo 15
Direito das coisas: introdução – propriedade   1071
15.1 Introdução ao estudo do direito das coisas   1072
15.2 Propriedade   1079

Capítulo 16
Direito das coisas: posse   1217
16.1 Definição   1218
16.2 Natureza jurídica da posse   1227
16.3 Objeto jurídico da posse   1230
16.4 Classificação da posse   1231
16.5 Aquisição ou constituição da posse   1236
16.6 Composse   1241
16.7 Efeitos da posse   1243
16.8 Proteção possessória   1247
16.9 Função social da posse   1261
16.10 Perda ou cessação da posse   1262

Capítulo 17
Direito das coisas: direitos reais sobre coisas alheias   1267
17.1 Introdução   1268

17.2 Direitos reais de uso e fruição   1268
17.3 Direitos reais de aquisição   1310
17.4 Direitos reais de garantia   1313

Capítulo 18
Obra intelectual   1337
18.1 Natureza jurídica e definição   1338
18.2 Tutela legal   1340
18.3 Direitos do autor   1340
18.4 Registro das obras intelectuais   1344
18.5 Obra intelectual na informática   1344

Capítulo 19
Direito de família   1347
19.1 Introdução   1348
19.2 Principiologia do Direito de Família   1353
19.3 Casamento   1362
19.4 União estável   1399
19.5 Parentesco   1406
19.6 Afinidade   1410
19.7 Filiação   1412
19.8 Poder familiar   1429
19.9 Alienação parental   1433
19.10 Tutela   1435
19.11 Curatela   1440
19.12 Tomada de decisão apoiada   1442
19.13 Guarda   1444
19.14 Alimentos   1449
19.15 Ações de família   1455

Capítulo 20
Direito das sucessões   1457
20.1 Introdução   1458
20.2 Sucessão legítima   1473
20.3 Sucessão testamentária   1488
20.4 Liquidação e partilha da herança   1528

Referências   1541

Apresentação

Este livro nasceu de coletânea de notas de aulas, a partir da ideia de que, talvez à exceção de alguns poucos, não haja no mercado manual de Direito Civil em um só volume. Isso cria dois problemas, em princípio. O primeiro deles é a falta de material didático adequado para programas regulares de Direito Civil de curta duração, como, por exemplo, os que ocorrem em cursos não estritamente jurídicos. O segundo é também a falta de material de estudo adequado a quem deseje se reciclar em tempo breve, ao estudar para um concurso, por exemplo. Em ambos os casos, o estudo dos grandes tratadistas é penoso e desnecessário, apesar de sempre recomendável.

Embora não tenha sido, inicialmente, concebido para os Cursos de Graduação em Direito, o manual se transformou em fonte cada vez mais consultada pelos bacharelandos, que dele se valem para se introduzir no estudo das instituições de Direito Civil, de forma didática e atualizada.

O livro contém todo o programa de Direito Civil em linhas muito claras e rigorosamente atualizadas de acordo com a melhor doutrina, com a mais moderna civilística, fincada na visão contemporânea do Direito Civil, que parte da ideia de que o Direito Civil seja o reduto maior da liberdade dos indivíduos, sem a qual não há falar em dignidade humana. A intenção não foi, seguramente, a de esgotar os assuntos tratados, mas simplesmente a de explaná-los, do modo mais claro e profundo possível, sempre com exemplos práticos. Houve grande preocupação de, sempre que possível, aprofundar temas controversos, como a definição de negócio jurídico e de contrato, de propriedade e de família.

Realizou-se uma atualização de acordo com a legislação e a doutrina mais recentes. O manual baseia-se, como dito, na visão do Direito Civil contemporâneo, entendido este como o Direito Civil que mantém sua autonomia, muito embora, quando necessário, seja lido à luz dos princípios e valores da Constituição. Esse é o tratamento que se dá, por exemplo, aos contratos, à propriedade, à família estudados sob uma ótica humanizada, como instrumentos de promoção da dignidade humana, o que não significa que o Direito Civil tenha deixado de ser a sede das liberdades individuais, ou que se deva fazer uma leitura leviana e apressada do princípio da dignidade, mesmo porque a base da dignidade é a liberdade.

Começa-se com uma introdução ao estudo do Direito, adentra-se a Lei de Introdução às Normas do Direito Brasileiro, seguida da Parte Geral do Código. Na Parte Especial, inicia-se pelo Direito das Obrigações, espinha dorsal das relações jurídicas privadas, incluindo-se o Direito Contratual com os contratos tipificados e não tipificados no Código Civil. Em seguida, aborda-se o Direito das Coisas, Família e Sucessões, seguindo-se a sistemática do Código de 2002 e da maioria dos Cursos de Graduação em Direito.

 O Direito Civil é visto, aqui, não de forma dogmatizada, mas meditada. Não se repetem, portanto, as mesmas fórmulas do século XIX, como muitos manuais que se dizem modernos. Não se trata de um código comentado, mas de um manual reflexivo de Direito Civil, em sua concepção mais moderna e inovadora, dentro de uma visão contemporânea, que exige o Estado Democrático de Direito. Não se buscam, atabalhoada e precipitadamente, fundamentos constitucionais para os diversos institutos do Direito Civil, perdendo de vista a ótica do próprio Direito Civil, bem como da liberdade do indivíduo, da liberdade de contratar, de empreender, de ter, enfim, de ser. A autonomia privada foi uma conquista histórica, da qual simplesmente não podemos abdicar, permitindo que o Estado, em nome de uma dignidade, muitas vezes levianamente invocada, intervenha de modo ditatorial, violento e arbitrário na esfera privada, que só ao indivíduo pertence.

 É óbvio que o livro contém pontos falhos, afinal o autor é humano, e o Direito Civil infinito. Roga-se, assim, aos leitores que não poupem críticas construtivas, remetendo-as ao Editor, para que se possa sempre melhorar a cada nova edição.

BELO HORIZONTE, JANEIRO DE 2023.
O AUTOR

Capítulo 1
Introdução

1.1 Conceito de Direito

A primeira ideia que devemos trabalhar é a de adaptação, adaptação do homem a si próprio e ao meio em que vive. O ser humano, a fim de realizar seus ideais, tem que se adaptar à natureza. Cria seu mundo cultural e a ele se submete.[1]

Nesse afã de se adaptar, utiliza-se o homem de dois processos distintos. Segundo estes processos, haverá dois tipos de adaptação humana, a interna e a externa.

Adaptação *interna* é a orgânica, que se processa por meio dos órgãos do corpo, sem a intervenção do elemento *vontade*.

Adaptação *externa* consiste em tudo aquilo que o homem constrói, complementando a natureza, em consequência de seu esforço, perspicácia e imaginação.

Mas onde entra o Direito?

Para responder essa pergunta, carece analisar a relação humana com a sociedade em seu duplo aspecto de adaptação: de um lado, o Direito ajuda o homem a se adaptar às condições do meio; de outro lado, é o homem que deve adaptar-se ao Direito, preestabelecido segundo suas próprias aspirações.

A vida em sociedade só é possível com organização, daí a necessidade do Direito. A sociedade cria o Direito para formular as bases da justiça e segurança. Mas o Direito não gera o bem-estar social sozinho. Seus valores não são inventados pelo legislador, sendo, ao contrário, expressão da vontade social.

Se o Direito é fator de adaptação social, surgido da necessidade de ordem, justiça e segurança, caso a natureza humana atingisse nível supremo de perfeição, sem dúvida alguma o Direito tenderia a desaparecer.

Em poucas palavras, o Direito não corresponde às necessidades individuais de cada pessoa. Corresponde sim a uma carência da coletividade de paz, ordem e bem comum.

Para o indivíduo e para a sociedade, o Direito não constitui fim em si mesmo, mas apenas meio para tornar possível a convivência e o progresso social.

Nesse sentido, o Direito deve estar sempre se refazendo, de acordo com a mobilidade social, pois só assim será instrumento eficaz na garantia do equilíbrio e da harmonia social.

Mas é por intermédio de normas jurídicas que o Direito promove seus objetivos. Normas são modelos de comportamento que fixam limites à atuação humana, impondo determinadas condutas e sanções àqueles que as violarem.

É lógico que o Direito não pode e não deve absorver todos os atos e manifestações humanos. Seu escopo é apenas o de zelar e promover a segurança e justiça nas relações sociais. Assim, não visa ao aperfeiçoamento do homem, de que bem se incumbe a Moral. Tampouco pretende ligar o homem a Deus. Esta é tarefa da

---

1 NADER. **Introdução ao estudo do direito**. 7. ed. Rio de Janeiro: Forense, 1992. p. 17 *et seq.*

Religião. E, por fim, não se preocupa em incentivar o cavalheirismo e as boas maneiras, disto cuidando a Etiqueta.

O homem é ser social. Na concepção aristotélica, o homem, considerado fora da sociedade, seria ou um bruto ou um Deus.[2] Santo Tomás de Aquino, partindo disto, elaborou três hipóteses para a vida fora da sociedade. Na primeira, teríamos o indivíduo que, por má sorte – *mala fortuna* –, se veria alijado do ambiente social. A literatura bem representa o caso com Robinson Crusoé. Na segunda hipótese, a própria natureza afastaria o homem da sociedade. São os casos de alienação mental – *corruptio naturae*. Enfim, na terceira hipótese se colocariam aqueles dotados de grande espiritualidade, como certos religiosos, que vivem felizes, em completo isolamento. Trata-se da *excellentia naturae*.[3]

A conclusão é que, fora da sociedade, não há condições de vida para o homem. Estudá-lo apartadamente seria como estudar a física sem as leis da gravidade. Estudo que só ajudaria a provar a impossibilidade da vida fora da sociedade.

Examinando o fenômeno social, vemos que as pessoas e os grupos interagem, a todo momento, na busca de seus objetivos. E esta interação é percebida de três formas: enquanto cooperação, enquanto competição e enquanto conflito.

Na cooperação, as pessoas buscam o mesmo objetivo, conjugando seus esforços. A interação se manifesta direta e positivamente.

Em relação à interação social por cooperação, de grande importância foi a tese de Duguit, chamada *solidarismo social*. Baseou-se na famosa divisão de Durkheim das formas de solidariedade social: mecânica e orgânica.[4] Resolveu ele denominar a solidariedade mecânica de *solidariedade por semelhança* e a orgânica de *solidariedade por divisão do trabalho*. A solidariedade por semelhança se caracteriza pelo fato de todos os indivíduos de um grupo social conjugarem seus esforços em um mesmo trabalho. Na solidariedade por divisão do trabalho, a atividade global é dividida em tarefas. Se formos construir uma casa, podemos nos reunir em grupo e todos fazermos o mesmo trabalho. Mas também podemos dividir o processo de construção em tarefas, incumbindo cada pessoa de uma delas.

Para Duguit, o Direito se revelaria como o agente capaz de garantir a solidariedade social, sendo a lei legítima apenas quando a promovesse.[5] A segunda forma de interação é a competição.

---

2 ARISTOTLE. Nicomachean Ethics. In: **Great Books of the Western World**. Chicago: University of Chicago, 1952. p. 446 (1253a).
3 Excelência, elevação de espírito. AQUINATIS, St. Thoma. **Summa theologiae**. 3. ed. Matriti: Biblioteca de Autores Cristianos. MCMLXI, 1, q. 96 a. 4 (p. 686-687).
4 TIRYAKIAN, Edward. Émile Durkheim. In: Bottomore; Nisbet. **História da análise sociológica**. Rio de Janeiro: Zahar, 1980. p. 252 *et seq.* DURKHEIM, Émile. **Divisão do trabalho social**. 3. ed. São Paulo: Abril Cultural, 1985. Cap. II e III. (Coleção Os Pensadores).
5 DUGUIT, Léon. **Traité de droit constitutionnel**. 3. ed. Paris: Anciènne Librairie Fontemoing, 1927. t. I, p. 86 *et seq.*

Nela, haverá disputa, em que uns procurarão excluir os outros. A interação é indireta e, quase sempre, positiva. Aqui, o Direito entra disciplinando a competição, estabelecendo limites necessários ao equilíbrio e à justiça.

Finalmente, a terceira forma de interação é o conflito. Haverá impasse que não se resolveu pelo diálogo, e as pessoas recorrem à agressão, ou buscam a mediação da Justiça. Os conflitos são imanentes à sociedade. Dizia Heráclito que "se ajusta apenas o que se opõe; a discórdia é a lei de todo porvir".[6] Em relação ao conflito, o Direito opera por dois lados: primeiramente, prevenindo; de outro lado, solucionando.

Mas que é direito? Qual o significado dessa palavra tão corriqueira? Como poderíamos definir o termo direito, enquanto objeto de nossos estudos?

De início, deve ficar claro que a palavra direito é polissêmica, ou seja, tem várias acepções. Daí decorre que direito tem várias definições, dependendo da acepção sob análise. Seria errôneo dar apenas uma definição para direito. Devem ser dadas tantas definições quantos forem os sentidos do vocábulo.

Para definirmos o objeto de estudo *direito*, devemos, antes, entender a diferença entre ideia, conceito e definição.

Ideia é a representação mental de determinado objeto.

Conceito é a expressão mental do objeto, sem nenhuma tentativa de explicá-lo, de distingui-lo de outros objetos. A tarefa de explicar e distinguir é da definição.

Definição é, pois, a explicação do conceito. Procura-se indicar o gênero próximo, ou seja, com que o objeto se parece, e a diferença específica, isto é, em que o objeto se distingue de seus similares em gênero.

Assim, ao vermos uma cadeira, fazemos dela uma ideia, formulamos um conceito – *isto é uma cadeira* – e elaboramos uma definição – *é peça de mobília* (gênero próximo), *composta de pés e parte rasa, em que se senta* (diferença específica).

As definições podem ser nominais ou reais, também chamadas de lógicas.

Chamam-se *nominais* por se preocuparem com o significado da palavra em função do nome dado ao objeto. As nominais serão etimológicas ou semânticas.

1.1.1 Definição etimológica de Direito

A palavra *direito* vem do latim *directum*, que significa aquilo que é reto. *Directum*, por sua vez, vem do particípio passado do verbo *dirigere* que significa dirigir, alinhar.

O termo *direito* foi introduzido, com esse sentido, já na Idade Média, aproximadamente no século IV. A palavra usada pelos romanos era *ius*. Quanto a esta, os filólogos não se entendem. Para alguns, *ius* vem de *iussum*, particípio

---

6 HERÁCLITO. Fragmentos. In: **Pré-socráticos**. 3. ed. São Paulo: Abril Cultural, 1985. p. 80. (Coleção Os Pensadores).

passado do verbo *iubere*, que quer dizer mandar, ordenar. O radical, para eles, seria sânscrito, *Yu* (vínculo). Para outros, *ius* estaria ligado a *iustum*, aquilo que é justo, tendo seu radical no védico *Yos*, significando aquilo que é bom.

As várias línguas ocidentais usam o mesmo radical – aquilo que é reto, correto – para identificar o termo direito. Em francês, *droit*; em alemão, *Recht*; em espanhol, *derecho*; em italiano, *diritto*; em russo, *pravo* (право), também significando o que é correto; em inglês, *right*, apesar de mais usado o termo *law*, do latim *lex* – lei.

1.1.2 Definição semântica de Direito

A semântica procura definir *direito* por seus vários sentidos. Assim, primeiramente, a palavra significa aquilo que é reto; em segundo lugar, aquilo que é conforme as leis; em terceiro lugar, conjunto de leis; em quarto, a ciência que estuda as leis; em quinto, a faculdade, o poder de cada indivíduo de exigir o que é seu.

Vistas as definições nominais, passemos às definições reais.

As definições reais ou lógicas fixam a essência do objeto, fornecendo suas características básicas, procurando seu gênero próximo e sua diferença específica.

Definindo direito desta forma, teríamos um milhão de definições conforme o autor. Examinemos alguns.

Para Caio Mário, "é o princípio de tudo o que é bom e justo para a adequação do homem à vida social".[7]

Radbruch define direito como "o conjunto das normas gerais e positivas, que regulam a vida social".[8]

Segundo Paulo Nader, "é um conjunto de normas de conduta social, imposto coercitivamente pelo Estado, para a realização da segurança, segundo os critérios de Justiça".[9]

Na definição de Paulo Nader, de Radbruch e de Caio Mário, temos o gênero próximo: *princípio de tudo o que é bom e justo e conjunto de normas*, o que aproxima o Direito da Moral, da Religião e da Etiqueta. Mas apenas na definição de Paulo Nader e de Radbruch temos a diferença específica: *imposto coercitivamente pelo Estado – normas positivas*, o que diferencia o Direito da Moral, da Religião e das normas de trato social, também denominadas Etiqueta.

Todas essas definições apenas denotam um dos sentidos da palavra direito, ou seja, direito enquanto norma, princípio.

Há, entretanto, outras definições reais que ficaram famosas, ao longo da história.

---

7 PEREIRA, Caio Mário da Silva. **Instituições de direito civil**. 18. ed. Rio de Janeiro: Forense, 1996. v. 1, p. 5.
8 RADBRUCH, Gustavo. **Filosofia do direito**. 3. ed. Coimbra: Coimbra, 1953. p. 99-112.
9 NADER. Op. cit., p. 17 *et seq.*

Para Celso, jurisconsulto romano do século I d.C., "O direito é a arte do bom e do justo".[10]

Na opinião de Dante, poeta e pensador italiano do século XIII, "O direito é a proporção real e pessoal de um homem em relação a outro, que, se observada, mantém a sociedade em ordem; se corrompida, corrompe-a".[11]

Segundo Hugo Grócio, jurisconsulto holandês do século XVII, "o direito é o conjunto de normas ditadas pela razão e sugeridas pelo *appetitus societatis*".[12]

Nas palavras de Kant, filósofo alemão do século XVIII, "direito é o conjunto das condições, segundo as quais o arbítrio de cada um pode coexistir com o arbítrio dos outros, de acordo com uma lei geral de liberdade".[13]

Na concepção de Rudolf von Jhering, jurista alemão do século XIX, "direito é a soma das condições de existência social, no seu amplo sentido, assegurada pelo Estado através da coação".[14]

Concluindo, temos que a palavra direito pode ser usada em várias acepções. Ao dizermos que "o Direito é nossa disciplina favorita", usamos a palavra no sentido de ciência do Direito. Quando falamos que o Direito não foi bem aplicado, empregamos o termo no sentido de norma. Ao nos reportarmos a certa pessoa como indivíduo direito, queremos dizer ser ela justa, correta. Às vezes, nos referimos ao Direito de certo país – Direito Brasileiro, Francês etc. Neste sentido, utilizamos a palavra enquanto ordenamento jurídico, ordem jurídica ou sistema jurídico. Quando falamos que o credor tem o direito de receber, referimo-nos à faculdade inerente a ele, credor, de exigir o pagamento.

1.2 Instrumentos de controle social

Para viver em sociedade, o ser humano emprega vários instrumentos com o intuito de regrar, limitar as relações interpessoais. São os denominados instrumentos de controle social. O Direito é, sem dúvida, um deles, mas não o único. A Moral, a Religião e a Etiqueta são também processos normativos que acabam por atingir esse fim. A diferença entre eles é formal.[15] Por isso, de todos,

---

10 CELSUS. **Digestum**. Lib. I, Tit. I, 1. Tradução livre do original: "ius est ars boni et aequi".
11 ALIGHIERI, Dante. **De monarchia**. Madrid: Instituto de Estudios Políticos, 1947. p. 119. Tradução livre do original: "ius est realis ac personalis hominis ad hominem proportio, quae servata societatem servat, corrupta corrumpit".
12 GROCIO, Hugo. **Del derecho de la guerra y de la paz**. Madrid: Reus, 1925. p. 44 et seq. Tradução livre: "Apetite de viver em sociedade".
13 KANT, Immanuel. The science of right. In: **Great Books of the Western World**. Chicago: University of Chicago, 1952. p. 397.
14 JHERING, Rudolf von. **A luta pelo direito**. 10. ed. Rio de Janeiro: Forense, 1992. p. 3-4.
15 MIAILLE, Michel. **Introdução crítica ao direito**. Lisboa: Estampa, 1979. p. 295.

é o Direito o que melhor cumpre este papel, em razão de sua força coercitiva, emanada de sua forma.

Devido a isso, a essa força de coerção, deve ser muito bem delineado o campo de atuação do Direito. Se for irrestrito, corremos o risco de ter o Direito como força escravizadora, em vez de libertadora.

Examinemos, mais detidamente, o Direito em face dos outros instrumentos de controle social.

1.2.1 Direito e religião

No início, a Religião exercia domínio absoluto sobre o homem. O Direito nada mais era do que expressão da vontade divina. A classe sacerdotal possuía o monopólio do conhecimento jurídico. Durante a Idade Média, ficaram famosos os Juízos de Deus com suas ordálias.[16] As decisões ficavam condicionadas a jogo de sorte e azar, pois Deus interferia diretamente no julgamento. Uma mulher era obrigada a tomar um líquido amargo. Se franzisse o rosto, era julgada culpada de adultério.[17]

Foi só a partir do século XVII que o Direito começou a se laicizar.

Realmente, Direito e Religião, apesar de fazerem parte da Ética, têm campos distintos. Temos, para diferenciá-los, que partir de seus objetivos. O objetivo da Religião é o de integrar o homem com a divindade. Cuidar do mundo espiritual. Sua preocupação fundamental é a de orientar os homens na busca e conquista da felicidade eterna.

Já o objetivo do Direito é o bem comum da sociedade. É orientar o homem na busca da harmonia e felicidade terrenas. Para isso, ele tenta, com seus instrumentos normativos, promover a paz, a segurança e a ordem sociais.

Vemos, assim, que Direito e Religião são fenômenos distintos. Não obstante, a todo momento, buscam inspiração um no outro. Há normas jurídicas de conteúdo religioso, como a proibição do aborto, da bigamia etc. Ora, ao tentar

---

16 "A origem da palavra *ordália* é no latim *ordalium* ou, de acordo com Verstegan, do saxão, *ordal* e *ordel*, que, segundo Hicks, vem de *Dael*, julgamento, com o sentido de grande julgamento. Outros derivam do franco ou teutônio *Urdela*, que significa julgar, [daí *Urteil* no moderno alemão, com o sentido de julgamento, sentença]. Lye, no seu dicionário de Anglo-Saxão, deriva a palavra desta língua, significando um tipo de julgamento, onde [sic] não existe interferência das pessoas, sendo feita uma justiça absoluta, uma prerrogativa de Deus". Apesar disso, os papas da Igreja Católica condenaram as ordálias sucessivamente, "notadamente pela ação de Estêvão VI, em 887/888, de Alexandre II, em 1063, e, mais proeminentemente, de Inocêncio III, que no IV Concílio de Latrão, em 1215, proibiu que o clero cooperasse com julgamentos pelo fogo e por água, substituindo-os pela compurgação (um misto de juramento e testemunho)". As ordálias foram usadas em várias partes do mundo, em épocas distintas da Antiguidade e da Idade Média, como na Pérsia, na Índia, na Judeia, na Grécia, na Escandinávia e mesmo em Roma (ORDÁLIA. In: **Wikipédia**. Disponível em: <http://pt.wikipedia.org/wiki/Ordália>. Acesso em: 4 jan. 2023).

17 EYMERICH, Nicolau. **Manual dos inquisidores**. Rio de Janeiro: Rosa dos Tempos, 1993. *passim*.

organizar a vida em sociedade, o Direito não pode se esquecer das preocupações de cunho religioso, tão importantes para o homem. Além do mais, a preocupação com o *bem* é inerente a ambos, Direito e Religião.

Podemos dizer, pois, que a Religião forma com o Direito um conjunto de círculos secantes, em que o Direito, por vezes, busca inspiração na Religião. Apesar disso, o Direito Ocidental, incluindo o brasileiro é laico e laico deve manter-se. A laicização do Direito foi uma das grandes conquistas do século XX, da qual não podemos abrir mão. Graças a ela, por exemplo, as mulheres, os homossexuais e quiçá até negros, índios, judeus e orientais, dentre outros, conquistaram um lugar ao sol do ordenamento jurídico. Misturar Direito e Religião é certeza de intolerância, discriminação e injustiças as mais horríveis.

1.2.2 Direito e moral

Ninguém, mais habilmente que Edgar de Godói da Mata-Machado sintetizou, em tão poucas palavras, acepção tão honesta e clara das relações entre Moral e Direito.

> Contemplado em sua exterioridade, a agir, em sua existência cotidiana, naquilo a que se pode chamar a sua *condição existencial*, o homem patenteia as características de um ente social, de um *animal político*. Mas não é ele apenas um animal político. Pelo que possui de mais nobre, a inteligência e a vontade, o homem é também o que se chama uma *pessoa*. Há em sua vida como que um núcleo privado, uma zona propriamente de mistério. Embora membro da sociedade, é dono de si mesmo e pode conservar em seu interior, no mais profundo de sua intimidade, algo que não sofre, pelo menos diretamente, a pressão das forças que atuam na sociedade. E ainda quando as sofre, ele pode verificar a presença delas, calculá-las, criticá-las. Ao decidir-se, ao optar – "agirei desta e não daquela forma – farei isto e não aquilo" – o homem é capaz até mesmo de assinalar o quanto influi a pressão social sobre a sua razão e sobre a sua vontade. Recebe a pressão, aceita-a de boa mente ou contrariado, recusa-a ou a ela se submete, em qualquer hipótese *consciente* dos motivos da sua ação ou da sua omissão.
>
> Nessa área intangível à pressão social ou em que a pressão social é verificada, calculada, criticada, nessa parcela de nós mesmos em que nos vemos a nós mesmos donos do que decidimos e do que fazemos, existem regras limitativas de nossa atividade?
>
> Nesse *mundo interior*, é o homem um ser absolutamente autárquico ou, ainda aí, está ele submetido a alguma regra?
>
> Resposta cabal a essas perguntas levar-nos-ia ao exame do que se chama a *ordem moral* e, a seguir, de suas relações com a *ordem jurídica*, matéria que

exige reflexão e elaboração científica, mais própria da Filosofia que da Ciência do Direito. Aqui, ainda no plano do conhecimento espontâneo, em que temos situado nossas noções preliminares de Direito, parece-nos possível justificar uma resposta afirmativa àquelas perguntas.

É evidente que o homem não aspira a fazer o mal. O mal se lhe apresenta, precisamente, como aquilo que deve ser evitado; o que deve ser feito pelo homem é o bem. Por mais que nos esforçássemos para definir o bem, não conseguiríamos exprimi-lo melhor do que ao afirmar: o bem é aquilo que deve ser feito. E o mal? É precisamente aquilo que deve ser evitado.

De certo, dá-se muitas vezes que vemos o bem que deve ser feito e procedemos de maneira oposta: mas é por enxergarmos "algum" bem no mal. Aí está, aliás, um dos mais evidentes privilégios do homem: o de fazer o mal, em virtude de sua capacidade de colocar no mal um aspecto do bem. Nem por outra razão se considera livre o homem. Ao contrário dos outros seres obrigados a fazer o bem à natureza de cada um, o homem constrói como que o próprio bem, ainda que se servindo de elementos que antes constituem o mal. Mesmo, porém, quando "faz o mal" o homem "sabe", no íntimo de sua consciência, que faz o que deve ser evitado. E se não o sabe imediatamente, isto é, no exato momento da ação, tantas vezes praticada por força de impulso irresistível, sabê-lo-á mais tarde quando tomar conhecimento do que fez e verificar não ter sido bom que o houvesse feito. Sabê-lo-á mesmo, de certo modo, em relação ao futuro, quando confere o ato praticado ou a praticar com os esquemas de ação que preparou e que ofereceu a si próprio como modelo.

Daí porque os vícios, as violações da regra, o delito são outras tantas demonstrações da verdade deste primeiro princípio: *o bem deve ser feito, o mal deve ser evitado*.

Eis o primeiro princípio da moralidade, eis a raiz de todas as regras de conduta do homem, eis a razão por que o homem aceita um regime de proibições, de permissões e de mandatos.

(...)

Diremos que do primeiro princípio da moralidade pende toda a força das regras de conduta social, incluindo as jurídicas. Estas só podem determinar ações a fazer e ações a evitar – ações e omissões, ordens e proibições, faculdades e deveres – na medida em que o homem sabe que há coisas que devem ser feitas, porque boas, convenientes, úteis ou justas, e coisas que devem ser evitadas, porque más, inconvenientes, prejudiciais. O Poder, que as emite, tem de apresentá-las sempre, com sinceridade ou por malícia, como úteis, necessárias, convenientes, justas, isto é, para o bem ou para algum bem da comunidade.

Assim, a relação fundamental entre o mundo ético e o mundo jurídico é a que existe entre o primeiro princípio de moralidade e a sua explicitação, o seu desenvolvimento, a sua projeção, assinaláveis num número indefinido de regras a que o homem deve submeter a sua conduta, não apenas no que toca ao seu bem individual, mas ao bem do outro, do sócio, do membro da sociedade.[18]

Na verdade, essa ideia de bem e de mal, daquilo que deva ser feito e daquilo que deva ser evitado, varia muito no tempo e no espaço. Bem e mal é o que certa sociedade considere bom ou ruim em determinada época histórica. É o conjunto de cidadãos, de pessoas, enfim, que no seu senso comum, determina por meio da linguagem, do discurso dialógico, o que se considera bem e mal. Evidentemente, a moral se atrela a esses conceitos, uma vez que seu primeiro princípio diz que o bem deva ser feito, e o mal, evitado. Em outras palavras, o conceito, ou melhor, antes a noção de moral não é nem absoluta, tampouco estática. Varia no tempo e no espaço, de acordo com a sociedade, em seu momento histórico, e se determina pelo discurso dialógico, ou seja, pelo diálogo racional, entre os agentes sociais. A moral, portanto, determina-se pela linguagem.

1.2.3 Direito e regras de trato social

As regras de trato social são padrões de conduta social. Elaboradas pela sociedade, têm por fim tornar o convívio social mais agradável e ameno. Seu conjunto denomina-se *Etiqueta*.

A questão sobre a autonomia das regras de trato social é extremamente discutida. Alguns pensadores negam sua autonomia, afirmando que não passam de normas morais ou religiosas. Outros há que afirmam sua autonomia pelo fim a que visam. Ora, as normas de trato social têm por escopo aprimorar o nível das relações sociais, dando-lhes o polimento necessário para tornar o convívio entre os homens o mais agradável possível. As regras de trato social cuidam, assim, do aspecto externo. A Moral visa a aprimorar o homem em si mesmo, do ponto de vista da consciência interna. A Religião tem por fim o aprimoramento do homem para que alcance a divindade. Tem, também, aspecto externo, porque a conduta do homem para com seu próximo o aproxima ou afasta de Deus. E o Direito almeja ao estabelecimento da ordem, da paz e da harmonia social. Tem aspecto externo.

---

18 MATA-MACHADO, Edgar de Godói da. **Elementos de teoria geral do direito**. Belo Horizonte: Vega, p. 27-30.

Examinando-as mais de perto, apontamos as seguintes características das regras de trato social:

a] têm aspecto social, por só serem possíveis em contexto social, em face do outro;
b] exterioridade;
c] unilateralidade, pois têm caráter apenas imperativo, não dando ao outro o direito de exigi-las. Não possuem o caráter imperativo-atributivo do Direito;
d] heteronomia, porque nascem do convívio social, se impondo à vontade individual;
e] incoercibilidade, porquanto não possam ser exigidas coercitivamente pelo aparato estatal, como as normas jurídicas. Se em algum momento puderem, ou seja, se forem dotadas de coerção, passam a ser jurídicas, como o fardamento dos militares. Obviamente, haverá certa coerção, que poderá ser até grave, mas pelo meio social, que, por exemplo, poderá alijar a pessoa de seu seio. Trata-se de coerção, sim, mas não judicial, estatal;
f] sanção difusa, uma vez que a pena para seu descumprimento consiste somente na reprovação pelo grupo social. Não é prefixada, como no Direito e na Religião.

A verdade é que as regras de trato social formam com o Direito e com a Religião um conjunto de círculos secantes. Há normas jurídicas de caráter tipicamente de trato social e há normas de trato social de conteúdo religioso. A Moral a todos coordena, uma vez que dela pende toda a força das demais.

1.3 Direito e justiça

Definir o que seja justiça é tarefa árdua, se não impossível. Aristóteles,[19] seguindo a orientação de seu mestre, Platão,[20] conceituava justiça como a máxima virtude do indivíduo e do Estado. Para ele existiam dois tipos de justiça, a geral e a particular.

A justiça geral nada mais seria que a virtude inata às pessoas, que faz com que pratiquem o bem e evitem o mal.

A justiça particular, a seu turno, deve ser definida segundo duas espécies. A primeira, a distributiva, consistiria na repartição proporcional das honras e bens entre os indivíduos, de acordo com o mérito de cada um.

A segunda, a corretiva, procuraria equilibrar as relações entre os indivíduos, impondo condutas e sanções.

---

19 ARISTOTLE. Nicomachean Ethics. In: **Great Books of the Western World**. cit., p. 640 et seq.
20 PLATO. Laws. In: **Great Books of the Western World**. Chicago: University of Chicago, 1952. p. 640 et seq.

O conceito de justiça mais célebre, até hoje formulado, foi o de Ulpiano, jurista romano, com base na concepção aristotélica. Logo abrindo as Instituições do *Corpus Iuris Civilis*, formula Ulpiano: Justiça é a vontade constante e perpétua de dar a cada um o seu direito.[21]

O conceito de Ulpiano é formal, não indicando o conteúdo do *seu* de cada um. Aquilo que deva ser atribuído a cada um varia no tempo e no espaço. Ora, o *seu* representa algo *próprio* de cada pessoa. Configura-se em várias hipóteses: receber o que se deu emprestado; pena proporcional ao crime; salário proporcional ao trabalho etc.

O conceito de justiça não é apanágio do Direito, encontrando-se, também, na Moral, na Religião e, com menos frequência, na Etiqueta.

Justiça é algo absoluto ou relativo?

Os defensores do caráter relativo da justiça dizem ser óbvio que a ideia de justo varie no tempo e no espaço. Já os defensores do caráter absoluto dizem que, de fato, o que varia é a ideia de justiça, mas não a justiça, que viria diretamente do Direito Natural, não variando, pois. Além disso, dizem eles, se partirmos do pressuposto de que a justiça seja relativa, poderíamos, perigosamente, concluir que não existam leis injustas.

A verdade está longe de nossas vãs especulações. Se há um conceito absoluto de justiça, não nos foi dado conhecê-lo até o momento. O que temos, de fato, é uma série de componentes, de elementos que integram o conceito de justiça. Esses elementos ou componentes que nos informam o que é justo ou injusto são frutos de uma escolha da sociedade em dado tempo e lugar. Segundo nossos valores atuais, com base na democracia moderna, esses elementos caracterizadores da justiça só serão legítimos se surgirem de um debate livre entre os atores sociais, se não forem impostos de forma violenta. Esses critérios nem sempre vigoraram e, seguramente, podem mudar. Além do mais, são diferentes em partes distintas do mundo. O perigo de defendermos um conceito abstrato, geral e absoluto de justiça é o de descambarmos na intolerância, na ingerência violenta nos caminhos que outros povos resolvam trilhar. Em síntese, justo é aquilo que um povo, em determinado tempo e lugar, decida ser equânime, segundo critérios aceitos pela maioria.

Importa, agora, estabelecer a ligação entre Direito e justiça. Seria ela objetivo do Direito?

Segundo os jusnaturalistas, a resposta é óbvia. O sentimento de justiça nos é inerente, e somente com base em tal sentimento deve ser criado o Direito.

---

21 Ulpianus. Inst., Lib. I, Tit. I, § 4. Tradução livre do original: *Iustitia est constans et perpetua voluntas ius suum cuique tribuendi.*

Os positivistas, por outro lado, ao negar o Direito Natural, negam a existência desse sentimento de justiça intrínseco a nós. O Direito nada mais seria do que um conjunto de normas criadas por nós, segundo nossas conveniências.

Elucubrações filosóficas de lado, pode-se afirmar que, indubitavelmente, a ideia de justiça é uma constante em nosso pensamento. O homem procura intensamente a justiça. Sem conseguir defini-la cientificamente, em todos os seus parâmetros, podemos, ao menos, formular alguns critérios, a fim de nos orientarmos em sua busca.

Os critérios seriam formais e materiais, como veremos logo na sequência.

Resta uma indagação: devemos obedecer a leis injustas?

Diante de tudo o que falamos sobre justiça, creio ficar claro, a essa altura, que, antes de mais nada, é muito difícil definir o que seja uma lei injusta. Uma lei seria injusta, se atentasse contra a ideia socialmente aceita de justiça, que, mais ou menos, paira no meio social em certo tempo e lugar, que decorre das práticas nesse meio. Ora, num sistema democrático, a lei verdadeiramente injusta é ilegítima em si mesma e pode ser desobedecida, desde que se busque o apoio do Judiciário. Mas, voltamos com a pergunta: o que é uma lei verdadeiramente injusta? Em nosso sistema, hoje, poderíamos dizer que seriam verdadeiramente injustas as leis que atentassem contra os direitos fundamentais, contra a dignidade humana, contra a propriedade, a livre-iniciativa, contra o trabalho, contra o embate democrático de ideias e de práticas. Mas, mesmo aqui, os critérios não são inflexíveis, uma vez que dependendo do ponto de vista, a lei que aparentemente é injusta, pode ser justa. Por exemplo: uma lei que iguale a todos no vestibular, sem a reserva de cotas, é injusta para certas minorias, que ficariam de fora das melhores universidades. Para a maioria, porém, esta lei seria justa. Que fazer?

Talvez a resposta seja a "injustiça" do caso concreto. Assim como a justiça é feita diante do caso concreto, uma lei só poderia ser considerada justa ou injusta diante de um caso concreto. Abstratamente, ao que tudo indica, nenhuma lei seria injusta, ou justa, para esse fim.

1.3.1 Critérios formais

a) Isonomia ou igualdade – Todos são iguais perante a Lei. Como deve interpretado esse princípio? Logicamente que, no Direito Privado, em conjunto com outros princípios, como o da autonomia da vontade, o da racionalidade (ou razoabilidade), o da não maleficência, o da não discriminação, o da tolerância, o da pluralidade, o da liberdade etc. Como base nisso, será possível que um casal recuse a adoção de uma criança de raça diferente da sua; será possível a criação de uma associação de descendentes de japoneses; não será possível exigir que os pais tratem da mesma forma todos os seus filhos, dentre outras possibilidades. Por outro lado, não será possível negar a inscrição de um judeu ou de um árabe, ou de um negro num clube recreativo. Nas primeiras hipóteses, a discriminação é legítima, desde que se baseie em critérios racionais, razoáveis, dentro da margem de autonomia que os indivíduos têm na esfera privada. Na última hipótese, a discriminação não será tolerada por se inspirar na intolerância racial ou religiosa, o que não se pode admitir num Estado constitucional, plural e democrático de Direito.

b) Proporcionalidade – É o critério que manda dar a cada um o que é seu, nas proporções de seus méritos ou deméritos.

Rui Barbosa muito bem resumiu estes dois critérios: "A regra da igualdade não consiste senão em aquinhoar desigualmente aos desiguais, na medida em que se desigualam. Nesta desigualdade social, proporcionada à desigualdade natural, é que se acha a verdadeira lei da igualdade".[22] Muitas vezes, é tratando desigualmente os desiguais que os igualamos.

1.3.2 Critérios materiais

a) Mérito – É valor individual, intrínseco a cada pessoa. A justiça deve dar a cada um segundo os seus méritos ou deméritos.

b) Capacidade – É o mesmo que produtividade. O que cada um recebe deve ser proporcional ao que cada um produz. Aliás, é como dizia o lema da Revolução Russa: "a cada um por seu trabalho".

c) Necessidade – Cada um tem suas próprias necessidades. Justo é satisfazê-las tendo em vista os demais critérios.

Ainda no auxílio à busca pelo justo, os filósofos tentam classificar a justiça, ora sob uma ótica, ora sob outra.

De um ponto de vista, a justiça pode ser convencional ou substancial.

Convencional é aquela que decorre da simples aplicação da Lei. Ocorre quando a Lei seja subministrada de acordo com sua finalidade. Se a Lei é boa ou ruim, não interessa, em princípio. É nesse sentido que se fala em Tribunal de Justiça, Justiça Estadual ou Federal etc. Em outras palavras, são órgãos que aplicam a Lei ao caso concreto.

A justiça substancial, ao revés, preocupa-se em dar a cada um o que é seu, tornando a Lei essencialmente boa, para que a justiça convencional seja feita com justiça.

De um segundo ponto de vista, a justiça será distributiva ou comutativa.

---

22 BARBOSA, Rui. **Oração aos moços**. São Paulo: Leia, 1959. p. 46.

Distributiva é a Justiça do Estado, que deve bem repartir as tarefas, bens e favores entre seus membros.

Comutativa, ou como queria Aristóteles,[23] corretiva, é a justiça das relações entre particulares, que reza deverem ser proporcionais as prestações devidas a um pelo outro. Neste ponto, cabe citar Hobbes. Por seu juízo, a proporção das prestações não deve ser nem aritmética, atribuindo o mesmo valor para coisas iguais, nem geométrica, conferindo os mesmos benefícios para pessoas de mérito igual. A proporção das prestações será determinada pelo apetite das partes. Portanto, o valor justo é aquele que elas achem conveniente oferecer.[24]

Por fim, será ainda a justiça geral ou social.

Justiça geral é a que consiste na contribuição dos membros da comunidade para o bem comum, pagando impostos, servindo o exército etc.

Justiça social, a seu turno, espécie da distributiva, consiste na proteção ao mais pobre, mediante a adoção de critérios que permitam melhor distribuição da riqueza.

Outra ideia que vem ocupando o pensamento humano ao longo da história e ao lado da justiça é a ideia de equidade.

Ora com mais, ora com menos sucesso, não existe jurista que não haja, pelo menos *en passant*, tentado entender o que seja equidade.

Sem maiores delongas, equidade é a justiça do caso particular. É a justiça que se faz sentir na aplicação das normas jurídicas aos casos concretos. Tecnicamente, equidade é a adoção da solução mais justa para certo problema concreto, independentemente do Direito Positivo. Em outras palavras, o julgador se baseia unicamente em seu sentimento de justiça, construindo a solução de forma lógica, racional, com base nos dados do problema e na instrução probatória. Não há qualquer necessidade de citar sequer um só artigo de lei.

No Direito Brasileiro, a orientação é a de que o aplicador da Lei deve se ater aos critérios da justiça convencional. Apenas quando faltarem subsídios para tal, ou por ser a lei incompleta, ou mesmo por faltar lei para o caso concreto, é que será aplicada a equidade. Assim diz, por exemplo, o art. 8º da Consolidação das Leis do Trabalho. O Código Civil é, porém, omisso.

Outra questão de suma relevância é a das leis injustas.

Leis injustas são aquelas que negam ao homem o que lhe seja devido, ou conferem o que não lhe seja devido.

Há leis que já nascem injustas. São chamadas injustas por destinação. O objetivo do legislador é em suas raízes injusto. Mas há momentos em que, não obstante as boas intenções do legislador, a lei nasce injusta. São as chamadas *leis injustas causais*.

---

23 ARISTOTLE. Nicomachean ethics. In: **Great Books of the Western World**. cit., p. 378 (1131a).
24 HOBBES, Thomas. **Leviatã**. 3. ed. São Paulo: Abril Cultural, 1983. p. 89-90. (Coleção Os Pensadores).

Terceira espécie de leis injustas consiste em leis injustas eventuais, que apesar de em sua essência serem justas, ocasionalmente provam-se injustas ao serem aplicadas a determinados casos concretos.

O que importa, todavia, não é classificar as leis injustas de acordo com suas espécies. Devemos, antes, nos ocupar de sua validade. Quanto a esta questão, há cinco posições a adotar.

Para os jusnaturalistas mais radicais, lei injusta não é lei. Assim, não há de ser cumprida.[25] Essa não é, entretanto, a posição de Santo Tomás de Aquino, bem mais moderado. Para ele, há duas espécies de leis injustas. Aquelas cujo mal é suportável e aquelas cujo mal é insuportável. Estas não devem ser cumpridas, aquelas sim, pela mesma razão dos positivistas.[26]

Segundo corrente positivista, a lei será válida e deve ser cumprida, enquanto estiver em vigor. Seu não cumprimento pode acarretar prejuízo muito maior para a sociedade. Pouco importa se é justa ou injusta.[27]

Investigando além do positivismo jurídico, chegaremos ao normativismo, que nega a própria existência de leis injustas. Ao jurista não cabe avaliar o conteúdo valorativo da norma. Por esse prisma, injusto seria deixar de aplicar a norma. *Dura lex, sed lex*, ou seja, lei é lei.[28]

Paulo Nader procura solução intermediária, aconselhando que, sempre que estivermos diante de uma lei injusta, devemos procurar no sistema jurídico outra norma que seja compatível com a situação, abandonando a injusta, que normalmente será elemento estranho ao ordenamento como um todo.[29]

Por fim um questionamento para refletir: haveria mesmo leis injustas, ou seja, normas jurídicas injustas, ou o que denominamos leis injustas não seriam leis mal interpretadas?

1.4 Acepções do Direito

A palavra *direito*, como vimos, possui inúmeras acepções. É empregada enquanto norma de conduta, enquanto faculdade de agir, enquanto conjunto de leis etc. Trabalhando as mais importantes acepções, a doutrina formulou todo um sistema que se usa denominar científico. É este sistema que passaremos, agora, a estudar.

25　NADER. Op. cit., p. 26.
26　AQUINATIS, St. Thoma. Op. cit., 1-2, q. 96 a. 4 (p. 625-626).
27　NADER, Paulo. Op. cit., p. 125.
28　KELSEN, Hans. **Das Problem der Gerechtigkeit**. Wien: Franz Deuticke, 1960. p. 11 *et seq*.
29　NADER. Op. cit., p. 126.

1.4.1 Direito objetivo e subjetivo

Direito objetivo é norma. Assim já o definiam os romanos: *ius est norma agendi* – o Direito é norma de agir. O Direito objetivo estabelece normas de conduta social. De acordo com elas, devem agir os indivíduos.

Direito subjetivo é faculdade. Quando se diz que alguém tem direito a alguma coisa, está-se referindo a direito subjetivo seu, a faculdade que possui. Logicamente, os direitos subjetivos encontram proteção na norma, no Direito objetivo. É este que os garante. Em outras palavras, é o Direito objetivo que confere às pessoas direitos subjetivos.

Tomemos, como exemplo, a norma do art. 319 do CC: "O devedor que paga tem direito a quitação regular, e pode reter o pagamento, enquanto não lhe seja dada".

Trata-se aqui de norma de conduta, *norma agendi*, de Direito objetivo, portanto. Esta norma confere ao devedor uma faculdade, um poder de agir – *facultas agendi*, qual seja, a faculdade, o poder de exigir quitação, no momento em que pagar. Este é direito subjetivo do devedor. Por outro lado, a mesma norma atribui ao credor um dever, o dever de dar quitação. Vemos, pois, que aos direitos subjetivos de uma pessoa, normalmente, correspondem deveres por parte de outra.

Infelizmente, porém, a explicação dada acima está longe de esgotar o tema. Vários juristas procuraram, ao longo do tempo, demonstrar sua própria visão acerca do Direito subjetivo, havendo mesmo quem negue sua própria existência.

Estudemos algumas das teorias que tentaram explicar o direito subjetivo.

1] Teoria da vontade: Concebida por Windscheid, jurista alemão, afirma que alguém terá direito subjetivo, quando sua vontade, em virtude do Direito objetivo, for mais forte que a da outra pessoa, em determinada situação.[30]
2] Teoria do interesse: É a solução de Rudolf von Jhering, jurista alemão, segundo a qual direito subjetivo é interesse protegido pelo Direito objetivo, ou seja, pela norma de conduta. Em suas palavras, é interesse juridicamente protegido.[31]
3] Teorias mistas: Buscam conjugar vontade e interesse.
   Para Michoud, jurista francês, direito subjetivo é o *interesse* de um homem ou de um grupo de homens, juridicamente protegido pelo poder conferido à *vontade* de exigi-lo. De nada valeria o interesse se a vontade de exigir não fosse amparada pelo Direito objetivo.[32]

---

[30] WINDSCHEID, Bernardo. **Diritto delle pandette**. Torino: UnioneTipografico-EditriceTorinense, 1925. v. 1, p. 24 *et seq*.
[31] JHERING, Rudolf von. **A luta pelo direito**. cit., p. 3 *et seq*.
[32] MICHOUD, Léon. **La théorie de la personnalité morale**. 3. ed. Paris: Librairie Générale de Droit & de Jurisprudence, 1932. p. 105 *et seq*.

Já Saleilles, jurista francês, define-o como o poder conferido a alguém, poder este exercido por meio da vontade.[33]

4] Teoria da subjetivação da norma: Tanto a teoria da vontade quanto a do interesse e, consequentemente, as teorias mistas sofreram severas críticas. Na tentativa de derrubar a teoria da vontade, alegam seus opositores que, se direito subjetivo é vontade mais forte, como ficaria a situação dos incapazes, cuja vontade não é considerada? Como ficaria, por exemplo, a situação do louco? Não teria ele direitos subjetivos amparados em lei?

Para negar a teoria do interesse, podemos pensar no caso dos tutores em relação a seus pupilos. Se direito subjetivo é interesse juridicamente protegido, então o tutor não poderia pleitear em nome do pupilo, porque simplesmente não teria interesse de agir.

Com base nisso, a doutrina encontrou outra solução, a da subjetivação da norma.

Os direitos subjetivos são mero reflexo da norma, efeito seu. O que se leva em conta é a vontade do ordenamento jurídico e o interesse destacado pelo Direito. Daí, o centro de gravidade se desloca do indivíduo para a norma. O direito subjetivo não passa de efeito do Direito objetivo aplicado ao indivíduo. É, assim, meio de proteção de interesse, como deseja Thon; ou, nas palavras de Barbero, meio de agir segundo a norma.[34]

Há juristas, porém, que negam a existência mesma do direito subjetivo. Dois deles se destacam: Duguit e Kelsen.

Na opinião do francês Duguit, o que há, na realidade, são situações geradas pela norma. O que existe é apenas o Direito objetivo.[35]

Ora, se digo ter a faculdade de exigir quitação do credor ao realizar o pagamento, na verdade, não há qualquer faculdade, mas situação que me permite exigir que o credor me dê quitação. Esta situação é oriunda da norma, a saber, do art. 319 do CC. Não fosse por este artigo, ou seja, não fosse pela norma, a situação não existiria, e o devedor não poderia, portanto, exigir quitação.

No entendimento do austríaco Hans Kelsen, o que se denomina direito subjetivo nada mais é que uma forma de encarar a norma jurídica, isto é, o Direito objetivo, o único que conta. Pode-se encará-lo de forma objetiva, quando a norma se diz abstrata; e pode-se encará-lo de forma subjetiva, quando a norma se diz concreta, uma vez que aplicada a caso concreto.[36]

---

33 SALEILLES, Raymond. **De la personnalité juridique**. 2. éd. Paris: Librairie Générale de Droit & de Jurisprudence, 1929. p. 194, 368 *et seq*.
34 BARBERO, Domenico. **Sistema istituzionale del diritto privato italiano**. 2. ed. Torino: Unione Tipografico-Editrice Torinense, 1949. p. 16 et seq.
35 DUGUIT, Léon. **Traité**... cit., t. I, p. 214 *et seq*.
36 KELSEN, Kelsen. **Reine Rechtslehre**. Wien: Franz Deuticke, 1960. p. 184 et seq.

Concluindo, como bem salienta Serpa Lopes, a noção de direito subjetivo, consoante se lhe reconheça ou não a existência, é necessária como ponto de partida para os esclarecimentos em torno de certos institutos jurídicos ou de certas relações jurídicas que, de outro modo, não poderiam receber interpretação clara.[37]

Continuando, pois, nosso estudo acerca do tema, tratemos de analisar os direitos subjetivos do ponto de vista de sua estrutura e classificação.

1.4.1.1 Estrutura dos direitos subjetivos

Em sua estrutura básica, os direitos subjetivos revelam poder e dever. Poder de cobrar e dever de pagar dívida, por exemplo.

Exercendo o poder, haverá um titular, pessoa dele investida. No exemplo dado, o credor. Por outro lado, o poder reclama objeto sobre o qual venha a recair. Este objeto é a outra pessoa, sobre a qual o titular exercerá seu poder. No caso dado, o devedor. Resumindo, o credor é o titular do poder, da faculdade de receber, e o devedor, o objeto da ação do credor.

Além do titular e do objeto, os direitos subjetivos são dotados de base material, que vem a ser a coisa ou o bem almejado. No caso do credor, a base material de seu direito subjetivo será o bem ou a atividade que possa exigir do devedor.

Finalmente, os direitos subjetivos possuem conteúdo, consistindo em tudo quanto o titular puder exigir do objeto, ou seja, da outra pessoa. Confunde-se o conteúdo dos direitos subjetivos com o próprio poder de agir. Pode ser extraído de exame mais minucioso desse poder. Consiste, enfim, em todas as atitudes que o titular possa adotar em face de determinada situação.

1.4.1.2 Função dos direitos subjetivos

Função é a finalidade de um instituto, de um modelo jurídico, no caso os direitos subjetivos. Todo modelo jurídico compõe-se de estrutura e de função. A gênese e a forma estão na estrutura; a finalidade, o papel a ser cumprido, na função.[38] Por função social dos direitos subjetivos entenda-se a função que desempenham ao serem exercidos. Os direitos têm uma certa função, uma finalidade, que é, precipuamente, ser útil ao titular. Na medida do possível, o exercício dos direitos, quando for o caso, será também útil à coletividade. Em verdade, sendo útil ao titular, de uma certa maneira, já estará sendo útil à coletividade, na medida em que a satisfação de cada um interessa a todos. Segundo Bobbio, o Direito deixou de ser essencialmente repressivo, para se tornar promocional. Nesta ótica, o

---

37 SERPA LOPES, Miguel Maria de. **Curso de direito civil**. 7. ed. Rio de Janeiro: Freitas Bastos, 1989. v. 1, p. 195.
38 FARIAS, Cristiano Chaves de; ROSENVALD, Nelson. **Curso de direito civil**: reais. 11. ed. São Paulo: Atlas, 2015. p. 200.

Estado não se preocupa tanto em sancionar condutas que firam a estrutura do direito, ou condutas que atentem contra os interesses coletivos, mas, antes de tudo, incentiva condutas úteis ao titular e à coletividade. Para isso, impõe sanções positivas, com o objetivo de estimular uma atividade, consistente em obrigação de fazer.[39] Exemplo seria aumentar o IPTU de quem mantenha um lote vago, a fim de estimular a construção e desestimular a especulação imobiliária.

Vejamos, como exemplo, a função social dos direitos subjetivos na esfera contratual. Os contratos são um fenômeno econômico-social. Sua importância será tanto econômica, quanto social. São meio de circulação de riquezas, de distribuição de renda, geram empregos, promovem a dignidade humana, ensinam as pessoas a viver em sociedade, dando-lhes noção do ordenamento jurídico em geral, ensinam as pessoas a respeitar os direitos dos outros. Esta seria a função social dos direitos subjetivos contratuais, isto é, dos direitos das partes contratantes: promover o bem-estar e a dignidade dos homens, por todas as razões econômicas e pedagógicas acima descritas. A função não serve apenas para limitar o exercício dos direitos, mas antes de tudo para promover a dignidade humana.

À luz do texto constitucional, a função social torna-se razão determinante e elemento limitador da liberdade no exercício dos direitos subjetivos, na medida em que esta só se justifica na persecução dos fundamentos e objetivos da República. Extrai-se daí a definição da função social dos direitos subjetivos, entendida como o dever imposto ao titular de atender – ao lado dos próprios interesses individuais – a interesses socialmente relevantes, dignos de tutela jurídica, que se relacionam com direito subjetivo em tela ou são por ele atingido. Tais interesses dizem respeito, dentre outros, aos consumidores, à livre concorrência, ao meio ambiente, às relações de trabalho.[40]

É importante ressaltar que função social dos direitos subjetivos não significa dar esmolas, não significa legitimar o mau pagador, não significa que o juiz possa fazer caridade, principalmente às custas alheias; significa, sobretudo – ao lado dos próprios interesses individuais – atender a interesses outros, quando pertinentes, tais como respeitar os direitos do consumidor, não atentar contra a livre concorrência, contra o meio ambiente e contra as relações de trabalho, além de recolher os tributos devidos, dentre outros. Função social não é instrumento de distribuição, nem de extermínio da riqueza. O direito de acumulação de bens é direito fundamental, por mais que o detestem muitos. Odiar a riqueza alheia é até um direito, desde que não vá além dos limites da paz social e da livre e pacífica expressão do pensamento, desde que respeite o trabalho e a livre-iniciativa

---

39 BOBBIO, Norberto. **Dalla struttura alla funzione**. Roma: Laterza, 2007. p. 92.
40 TEPEDINO, Gustavo (Coord.) **A parte geral do novo Código Civil**: estudos na perspectiva civil--constitucional. 2. ed. Rio de Janeiro: Renovar, 2003. p. XXXII.

(a propriedade privada a ela inerente), ambos fundamentos da República, consagrados no art. 1º da Constituição de 1988.

1.4.1.3 Classificação dos direitos subjetivos

Os direitos subjetivos se dividem em duas classes, quanto à pessoa, objeto do direito e quanto a suas qualidades.

1] Quanto à pessoa, objeto do direito: direitos subjetivos públicos e privados

Numa possível distinção, o direito subjetivo será público, quando a pessoa da qual se o exigir for de Direito Público. Assim, o direito que temos de exigir do Estado que se manifeste, enquanto Juiz, ou seja, o direito que temos de exigir que o Estado atue, resolvendo nossos conflitos, é público.

Será privado, se a pessoa contra a qual o exercermos for de Direito Privado, isto é, se for um particular, pessoa física ou jurídica.

Os direitos subjetivos privados se subdividem em patrimoniais e existenciais. Será patrimonial se seu substrato material for apreciável em dinheiro, por exemplo, uma casa, um quadro etc. Caso contrário, será existencial ou não patrimonial, como a vida, a honra etc.

Os patrimoniais se distinguem em creditícios e reais. Os primeiros são direitos de um credor contra um devedor determinado. Os direitos reais, por sua vez, são direitos de um titular sobre certa coisa, como os direitos de propriedade, por exemplo. O objeto sobre o qual se exercem, ou seja, as pessoas das quais podem ser exigidos, não é um devedor em particular, mas toda a coletividade.

Os direitos existenciais ou não patrimoniais dizem respeito à família e à personalidade. O direito que a esposa tem de exigir fidelidade de seu marido e vice-versa, é direito familiar. Já o direito à vida, à honra, à integridade física, ao nome etc., é personalíssimo, assumindo caráter público, se puder ser exigido do Estado.

2] Quanto a suas qualidades

- Absolutos e relativos: Absolutos são os direitos reais, oponíveis contra toda a coletividade (*erga omnes*). Se tenho uma casa, ou seja, se tenho direitos de dono sobre uma casa, exerço-os perante toda a sociedade indistintamente. Em outras palavras, eu sou o dono da casa, e mais ninguém. Posso exigir que todos respeitem os meus direitos sobre a casa. Além dos direitos reais, encaixam-se nessa categoria os direitos da personalidade, como o direito à vida, à honra etc., por serem, também eles, oponíveis, não contra uma pessoa determinada, mas contra toda a coletividade, isto é, cada um de nós pode exigir que toda a coletividade respeite sua vida, sua honra etc.

- O direito será relativo se exercido somente contra uma pessoa determinada. Nesta classe, encontram-se os direitos de crédito e os direitos de família em geral. Se A deve $ 100,00 a B, de quem B poderá cobrar? De toda a coletividade? Por óbvio que não. Só poderá cobrar de A. Por isso, o direito de B é relativo; é oponível apenas contra A. Idêntica afirmação se pode fazer com referência aos direitos de família. De quem a esposa poderá exigir fidelidade? De toda a coletividade? Lógico que não. Só poderá exigir de seu marido. O direito à fidelidade conjugal é um direito relativo, oponível *erga singuli*, não *erga omnes*.[41]
- Transmissíveis e intransmissíveis: Serão transmissíveis os direitos quando puderem passar de um titular a outro. Posso, por exemplo, vender minha casa, transmitindo, dessa forma, meu direito real de propriedade sobre ela. São transmissíveis os direitos reais e os obrigacionais. Na categoria dos direitos obrigacionais estão os direitos de crédito. A tem o direito de receber $ 100,00 de B. Poderá, se o contrato não o proibir, transferir esse direito de crédito a C, de modo que C passe a ser o novo credor de B.
- Os direitos intransmissíveis não admitem troca de titulares. Nesta categoria estão os direitos da personalidade e de família em geral. Dessa forma, uma pessoa não poderá transferir sua honra a outra, tampouco seu poder parental em relação a seus filhos.
- Principais e acessórios: *Principal* é o direito que existe por si mesmo e não em função de outro direito. Acessório é o direito que existe em função de outro direito, que será o principal em relação a ele. Dessarte, o direito do credor de receber o principal da dívida é principal; já o direito de receber juros é acessório.
- Divisíveis e indivisíveis: Um direito subjetivo pode ser exercido ao mesmo tempo por várias pessoas ou pode ser fracionado entre elas, de modo a que se torne vários. Assim, cada pessoa terá um direito. Os direitos reais, como regra, são indivisíveis. Se muitas pessoas têm uma casa, isso não quer dizer que cada uma seja titular de direito individual de dono sobre a dita casa. A propriedade é uma só; todos os condôminos são ao mesmo tempo titulares da mesma relação dominial.
- Os direitos de crédito, por sua vez, podem ser fracionados. Desse modo, um credor pode partilhar seu direito com outros credores, de maneira a que cada um deles seja titular de seu próprio direito.
- Renunciáveis e irrenunciáveis: O titular de um direito subjetivo pode ou não renunciar a ele, dependendo da espécie de direito. Os direitos da personalidade, como o direito ao nome, à vida etc. são irrenunciáveis.

---

41 Em tradução livre, *erga singuli* significa "a um só/contra um só"; *erga omnes*, "a todos/contra todos".

Não se pode decidir deixar de se ter nome, por exemplo. Os direitos reais, creditícios e alguns direitos de família são, a seu turno, renunciáveis. Posso, e.g., renunciar a meu direito de receber uma dívida.

1.4.2 Direito natural e direito positivo

Direito Positivo é o conjunto de normas jurídicas vigentes em determinado lugar, em determinada época. Em palavras mais corriqueiras, é a Lei.

Santo Tomás de Aquino bem o definiu como o Direito criado pelo homem, a fim de atender a exigências específicas do convívio social harmônico.[42]

Mas será que todas as normas de conduta seriam mesmo criadas pelo homem, ou será que haveria normas que transcenderiam nosso espírito criador?

Segundo muitos pensadores, há, de fato, normas de conduta que não são criadas por nós. Essas normas, em conjunto, formam o chamado Direito Natural.

A busca pela justiça faz com que consideremos o Direito Positivo insuficiente. Daí a necessidade de buscarmos algo além, que seria o Direito Natural.

A ideia do Direito Natural é o eixo em redor do qual gira toda a filosofia do Direito. Ou bem os filósofos constroem um sistema para concordar com ele, ou complementá-lo, ou bem para discordar do Direito Natural, reduzindo o Direito à ordem jurídica positiva.

Jusnaturalismo seria, assim, a corrente de pensamento que reúne todas as ideias que surgiram, no correr da história, em torno do Direito Natural.

Historicamente, o Direito Natural vem sofrendo altos e baixos. Nos fins do século passado e há até bem pouco tempo, esteve em baixa. No Brasil, continua em baixa até hoje. Mas já começa a renascer na Europa. No Brasil, já se ouvem rumores de sua reentrada.

As várias correntes jusnaturalistas concordam em que haja um Direito ideal, perfeito, expressão mesma do justo, além do Direito Positivo. É esse Direito supremo que deve servir de modelo ao legislador. Discordam, porém, em relação à origem desse Direito. Para o estoicismo helênico, localizava-se na natureza cósmica (perfeição, ordem e equilíbrio do Universo).[43] Para os teólogos medievais, vinha de Deus.[44] Para os racionalistas, o Direito Natural é produto da razão humana.[45] Na atualidade, segundo Paulo Nader,[46] o pensamento dominante é o de que o Direito Natural se fundamenta na natureza humana.

Segundo esta última corrente, o raciocínio que nos conduz à ideia de Direito Natural parte do pressuposto de que todo ser seja dotado de uma natureza e de um

---

42 AQUINATIS, St. Thoma. Op. cit., 1-2, q. 91 a. 3 (p. 592-593).
43 GAARDER, Jostein. **O mundo de Sofia**. São Paulo: Cia. das Letras, 1996. p. 148.
44 AQUINATIS, St. Thoma. Op. cit., 1-2, q. 96 a. 2 (p. 625-626).
45 NADER. Op. cit., p. 406.
46 *Idem*, p. 408.

fim. A natureza, ou seja, as propriedades que compõem o ser, define o fim a que este tende. A natureza do martelo, por exemplo, dota-o de algumas propriedades, de algumas potencialidades, quais sejam, cabo e cabeça, que o conduzem a seu fim, o de bater pregos. Para que nossas potencialidades, propriedades inerentes à nossa natureza, se realizem na prática, conduzindo-nos a nosso fim, de maneira adequada, obedecemos a certas normas que seriam, em conjunto, o Direito Natural. Estas regras nasceriam de nossa própria natureza.

A origem do Direito Natural, portanto, se localiza no próprio homem, em sua dimensão social, e o seu conhecimento se faz pela conjugação da experiência com a razão. É observando a natureza humana, verificando o que lhe seja peculiar e essencial, que a razão nos induz às normas do Direito Natural.

O Direito Natural tem íntima relação com o Direito Positivo. Há normas de Direito Natural que já são dotadas de sanção. Se deixar de comer, e a necessidade de comer é norma de Direito Natural, morrerei. Dessas normas não tem que se ocupar o Direito Positivo. Mas se desobedecer à necessidade de preservar a espécie e matar meu semelhante, desobedecendo norma de Direito Natural, não serei punido por sanção do próprio Direito Natural. Neste caso, e em vários outros, foi necessário que o homem, através do Direito Positivo, impusesse uma sanção.

O Direito Natural, por suas características, é universal por ser comum a todos os povos. Afinal, a natureza humana é uma só. É também perpétuo, pois vale em todas as épocas. É imutável e irrenunciável. É indelével, uma vez que não pode ser apagado da natureza do homem. É igual e obrigatório para todos, sem distinção. Ninguém vive sem ele. Seus princípios são sempre válidos.

Será mesmo que a natureza humana é uma só, imutável no tempo e no espaço? Esse é o grande enigma dos jusnaturalistas.

1.4.3 Divisões do direito positivo

O Direito Positivo é, assim, o conjunto de normas elaboradas pelo homem em determinado tempo e lugar. É, vulgarmente, a Lei. Algumas normas positivas, como vimos, seriam normas de Direito Natural que, por não serem dotadas de sanção natural, tiveram que ser positivadas, ou seja, inseridas no ordenamento jurídico criado pelo homem.

a) Direito Geral e Particular: Geral é o Direito que se aplica a todo um território. Particular, o que se aplica a parte dele.
b) Direito Comum e Especial: Direito comum é o aplicado a várias situações, indistintamente a todos os indivíduos de uma sociedade. Assim é com o Direito Penal, com o Direito Civil, o Constitucional etc. O Direito especial não se aplica a todos, indistintamente, mas apenas àqueles que se encaixem em

seus ditames. Tal ocorre com o Direito Empresarial, destinado às relações de empresariais apenas.

c] Direito Regular e Singular: Regular é o Direito normal, que regula relações quotidianas, habituais. Singular ou extraordinário é o Direito que surge em situações atípicas, como guerras e outras catástrofes.

d] Direito Público e Privado: Esta talvez seja a divisão mais importante do Direito Positivo. Se não a mais importante, pelo menos, é a que mais polêmicas gerou.

Várias teorias surgiram, ora negando, ora adotando explicação especial para a dicotomia do Direito Positivo em público e privado.

- Teoria monista de Kelsen: Kelsen nega a existência do Direito Privado. Para ele, todo o Direito é público, por ter no Estado sua origem.[47]
- Teorias dualistas: Os defensores da dicotomia do Direito Positivo, por seu turno, estão longe do consenso. Cada um adota um referencial para fazer a distinção entre Direito Público e Privado. As principais teorias dualistas se dividem em dois grupos: teorias substancialistas e teorias formalistas.
- Teorias substancialistas:

  1] Teoria dos interesses em jogo – Se o interesse tutelado pela norma for público, a norma será de Direito Público; se for privado, a norma será de Direito Privado. Assim já se posicionavam os romanos: *Publicum ius est quod ad statum rei romanae spectat; privatum, quod ad singulorum utilitatem pertinet*. A fórmula é atribuída a Ulpiano[48] e significa: "Direito Público é o que diz respeito ao Estado Romano; privado, o que é pertinente à utilidade dos particulares".

  2] Teoria do fim – Adotada por Savigny, jurista alemão, afirma que se o objetivo da norma for o Estado, o Direito será público; caso seja o particular, o Direito será privado.[49]

- Teorias formalistas:

  1] Teoria do titular da ação – Defendida por Thon, diz essa teoria que o direito só é concretizado por meio de uma ação. Ação esta realizada por alguém. Se, pela natureza do Direito, a iniciativa da ação couber ao Estado, o Direito será público; ao revés, se couber ao particular, o Direito será privado.[50]

  2] Teoria das normas distributivas e adaptativas – O objetivo precípuo do Direito é regular a utilização dos bens pelo homem. Neste sentido, as normas

---

47 KELSEN, Hans. **Reine Rechtslehre**... cit., p. 378 et seq.
48 ULPIANUS. Inst., cit., Lib. I, Tit. I, § 4.
49 SAVIGNY, Friedrich Karl von. **Sistema del derecho romano actual**. 2. ed. Madrid: Centro Editorial de Góngora, 1847. t. I, p. 58 et seq.
50 Apud NADER, Paulo. Op. cit., p. 450.

jurídicas podem ser distributivas, quando visam a distribuir os bens entre os indivíduos, ou adaptativas, quando se tratar de bens de impossível distribuição, como rios, ruas etc. Cabe ao Direito, então, adaptar o uso desses bens. Se a norma for distributiva, como as normas do Direito Civil, o Direito será privado. Se for, ao contrário, adaptativa, como as normas de Direito Constitucional, o Direito será público. Essa a tese de Korkunoff.[51]

3] Teoria das relações jurídicas – Entendemos ser esta a melhor doutrina, apesar de suas falhas. O que faz é dividir o Direito em público e privado, segundo a classe de relações jurídicas tuteladas. Dessa forma, Direito Público seria aquele que traça o perfil do Estado e de seu funcionamento e cuida das relações entre as pessoas jurídicas de Direito Público e das relações entre estas e os particulares. Já o Direito Privado regula as relações entre os particulares.

- É lógico que esta subdivisão não é muito rígida. As normas de Direito Público e as de Direito Privado a todo momento se intercomunicam. Há instantes em que vemos regras e princípios de Direito Público interferirem no Direito Privado e vice-versa.

O Direito Público e o Privado, também, se subdividem em ramos. Assim, temos:

Quadro 1.1 Ramos dos Direitos Público e Privado

Direito Público	Direito Privado
- Constitucional - Administrativo - Tributário - Econômico - Previdenciário - Processual - Internacional Público - Penal e outros	- Civil - Comercial ou Empresarial - Trabalhista - Internacional Privado

Por que seria ainda tão importante, pelo menos didaticamente, qualificarmos um ramo do Direito em público ou privado? Por uma razão muito simples, para citar apenas uma: os princípios que regem o Direito Público são diferentes dos que regem o Direito Privado. Por exemplo, no Direito Privado há um princípio que diz ser permitido tudo aquilo que a Lei não proibir. Já no Direito Público, o princípio é diferente; diz ele que só é permitido aquilo que estiver previsto em lei. Portanto, se considerarmos o Direito do Trabalho ramo do Direito Público, teríamos, em tese, que aplicar a ele o segundo princípio. Se o considerarmos,

---

51 *Idem, ibidem.*

porém, ramo do Direito Privado, aplicar-lhe-emos o primeiro princípio, é óbvio que com as relativizações necessárias.

- Teoria trialista: Os defensores da teoria trialista, como Paul Roubier e Paulo Dourado de Gusmão, concebem um terceiro ramo, ao lado do Direito Público e Privado. Seria o Direito Misto ou Direito Social, composto por normas reguladoras de interesses públicos e privados. A este ramo pertenceriam o Direito do Trabalho, o Direito Processual, o Direito de Família etc.[52]

Predominam, no entanto, as teorias dualistas.

Na verdade, tudo é uma questão de ponto de vista. Se, como Kelsen, entendermos que a divisão do Direito deve se basear na origem, na fonte das normas jurídicas, e entendendo que o Estado é a única fonte, evidentemente só haverá Direito Público. Consequentemente, Kelsen está certo. Ao contrário, se adotarmos como referencial a teoria das relações jurídicas, teremos Direito Público e Privado, assim como demonstrado no quadro acima. Pode-se afirmar, portanto, que ambas as teses estão corretas. Tudo depende do enfoque, da referência que se adote. Na ciência do Direito nada é absoluto. A opção por uma ou outra teoria deve se basear no entendimento pessoal. Qual a que mais convence? Qual a que, na opinião de cada um, apresenta menos lacunas, menos questões sem solução? Esta deverá ser a escolhida.

A divisão do Direito em ramos nada mais serve que para orientar o estudioso, o qual poderá examinar as normas e instituições jurídicas reunidas em grupos. Mas, de fato, o Direito é um só. Todas as suas normas, princípios e instituições devem inter-relacionar-se de forma harmônica, formando um só sistema.

Explicando melhor, poderíamos fazer analogia entre o Direito e seus ramos e uma piscina dividida em raias. Estas só servem para orientar o nadador. Contudo, não dividem as águas.

Perlingieri alerta para um fato importante, que veremos no próximo capítulo.[53] Antes de estudar o Direito por setores pré-constituídos (Público *versus* Privado; Civil, Constitucional etc.), devemos estudá-lo por problemas concretos. Neste estudo, interessa menos a divisão do Direito em ramos, mas antes as normas que devem ser aplicadas para a solução de um dado problema. De qualquer forma, a se utilizar desses grandes setores pré-constituídos, principalmente a grande bipartição, Direito Público e Privado, deve ter-se em mente que os problemas práticos hão de ser solucionados com o máximo de intercessão entre essas esferas. Os valores publicísticos, tais como a dignidade humana, devem informar

---

[52] GUSMÃO, Paulo Dourado de. **Filosofia do direito**. Rio de Janeiro: Forense, 1985. *passim*. ROUBIER, Paul. **Les conflits de lois dans le temps**. Paris: Récueil Sirey, 1929. t. I, p. 310 et seq.
[53] PERLINGIERI, Pietro. **Perfis do direito civil**: introdução ao direito civil constitucional. 2. ed. Rio de Janeiro: Renovar, 1997. p. 55-56.

a solução dos problemas privatísticos e vice-versa. Evidentemente, isso não significa abrir mão das liberdades privadas, nem da dogmática do Direito Civil, consolidada ao longo de milênios, tampouco sobrepor, sem mais, a Constituição ao Código Civil, sem antes terem mente de que, sem liberdade, não há dignidade.

De qualquer maneira, deve ser superada a visão de que o Direito Privado é o reduto "absoluto" da liberdade, como desejaram os liberais clássicos, enquanto o Direito Público é a manifestação da autoridade e soberania, às vezes da tirania, como desejaram os intervencionistas radicais. Público e privado, dignidade e liberdade se complementam e se limitam reciprocamente, numa simbiose normativa.

1.4.4 Unidade do direito privado

Quando se fala em unidade do Direito Privado, tem-se em mente o Direito Civil e o Direito Comercial. Disputa-se acerca de sua unificação ou da tradicional separação desses dois ramos do Direito Privado.

Antigamente, falava-se na absorção do Direito Comercial pelo Direito Civil. Hoje, a ideia não é mais essa, mas a de promover uma unificação das atividades empresariais. É, assim, a ideia de empresa que prepondera. Foi o que ocorreu no Brasil, depois de muita controvérsia. Optou, finalmente, o legislador brasileiro por promover a unificação formal,[54] inserindo no Código Civil um livro dedicado ao Direito de Empresa (Livro II da Parte Especial, englobando os arts. 966 a 1.195).

Por que unificação formal? Porque o fato de a matéria vir tratada no Código Civil, não a torna civil em sentido estrito. Apenas formalmente é matéria civil. Materialmente, é matéria de Direito de Empresa, que congrega atividades antes consideradas civis, bem como atividades antes consideradas comerciais.

O movimento pela unificação do Direito Privado (Civil e Comercial) tem, na verdade, longa trajetória histórica, começando no século XIX, por iniciativa dos próprios comercialistas, que não conseguiam defender a autonomia científica do Direito Comercial.

No Brasil, a ideia de unificação teve início também no século XIX, ao que consta, tendo como precursor Teixeira de Freitas. As tentativas de unificação, contudo, não obtiveram êxito. Apesar disso, a unificação foi sendo promovida em algumas esferas, como a do Direito Processual, a da locação imobiliária, a do Direito do Consumidor, para citar algumas. Em todas essas esferas, as diferenças entre Direito Civil e Comercial foram abolidas.

Para melhor entendermos a questão, devemos estudar pelo menos um mínimo da história do Direito Comercial.

---

[54] ARNOLDI, Paulo Roberto Colombo. **Direito Comercial**: autonomia ou unificação. São Paulo: Jalovi, 1989. p. 83 et seq.

Esse ramo do Direito surgiu na Idade Média, como o Direito dos mercadores, para regular suas atividades, dada a insuficiência do Direito Romano, cujas normas não solucionavam as questões mais intrincadas do dia a dia dos comerciantes.

Fábio Ulhoa Coelho se refere a quatro períodos da história do Direito Empresarial.[55]

O primeiro período se estende de meados do século XII até meados do século XVI. O Direito Comercial era, então, o Direito dos comerciantes das corporações de ofício. O período coincide com o início da Baixa Idade Média e com o surgimento do Estado Nacional. O critério para delinear os limites do Direito Comercial e da matéria comercial era o subjetivo. Em outras palavras, o Direito Comercial, como dito, era o Direito dos comerciantes.

O segundo período se estende do século XVI ao século XVIII. O Direito Comercial ainda era o Direito dos comerciantes. O critério ainda era o subjetivo. A diferença é que esse critério começa a ser questionado e superado. No sistema de *Common Law*, por exemplo, os avanços neste sentido são sensíveis.

O terceiro período tem início no século XIX, terminando em meados do século XX. É o período em que prepondera a teoria objetiva dos atos de comércio, inaugurada na França com o *Code* de 1808. O Direito Comercial era o Direito dos atos de comércio, fossem eles praticados por comerciantes ou não.

O Direito brasileiro adotava o sistema francês dos atos de comércio. O Código de 1850, embora não se referisse expressamente aos atos de comércio, era todo construído e alinhavado com base nessa teoria objetiva. Só não fez uma lista de atos que se considerariam de comércio, uma vez que, à época, a experiência já não o recomendava, dados os problemas que advinham de uma lista fechada. Mesmo assim, não conseguimos escapar de uma enumeração de atos de comércio, elaborada no Regulamento 737, ainda em 1850, a fim de fixar a competência dos Tribunais do Comércio.[56]

O quarto período começa em 1942 com o Código Italiano e se estende até nossos dias. É o período da unificação através da teoria da empresa.

Não há mais distinção entre Direito Civil e Comercial, no sentido de que o que era Direito Comercial passa a ser, junto com as atividades civis do mesmo jaez, o "Direito da produção e da troca, o Direito da nova realidade que é a empresa, atividade econômica organizada em vista da produção e da troca de bens e serviços".[57]

Quanto aos títulos de crédito e ao Direito Societário, temas estudados, tradicionalmente, na esfera do Direito Comercial, podemos dizer o seguinte: os títulos de crédito interessam a ambos os ramos, Civil e Comercial, sendo na

---

55 COELHO, Fábio Ulhoa. **Curso de direito comercial**. 7. ed. v. I, p. 12 et seq.
56 *Idem*, p. 22.
57 AMARAL, Francisco. **Direito civil**: introdução. 5. ed. Rio de Janeiro: Renovar, 2003. p. 137.

verdade, matéria de Direito das Obrigações, tradicionalmente civil. O fato de serem regulados por leis especiais, além da disciplina que lhes é conferida no Código Civil, não os torna menos matéria de Direito Obrigacional. É óbvio que também interessam às atividades empresariais, mas não só a elas.

O Direito Societário, por sua vez, é também matéria comum. Hoje as sociedades não mais se dividem em civis e comerciais, mas em empresárias e simples. Assim, não interessa mais se a sociedade exerce atividade tipicamente civil ou tipicamente comercial. Interessa se exerce atividade empresarial ou não.

Das duas teorias que tentaram conferir autonomia ao Direito Comercial, a subjetiva e a objetiva, nenhuma logrou êxito. Várias eram as brechas teóricas. Vejamos alguns exemplos. No Direito Brasileiro, todos os atos que tivessem por objeto bens imóveis eram atos de Direito Civil, estando fora da alçada do Direito Comercial. Consequentemente, quem comprasse imóveis para lotear e vender não era comerciante, não podendo beneficiar-se da legislação mercantil. Pergunto: existe atividade mais comercial do que a compra para revenda? Por outro lado, as construtoras eram consideradas comerciantes. Como defender essa distinção cientificamente? Quem praticasse a compra de imóveis para revenda não era comerciante; mas quem construísse imóveis, era.

Outro exemplo era o das sociedades anônimas que eram comerciais, fosse qual fosse seu objeto. Consequentemente, se uma escola se constituísse em forma de sociedade anônima, seria considerada comerciante. Se ensino podia ser objeto de comércio, porque os imóveis não podiam?

A conclusão óbvia a que se chegava, no antigo sistema, era a de que a diferença entre os atos de comércio e os atos civis era legal. Por outros termos, comercial era o que a Lei considerasse comercial.

Por tudo isso, a autonomia do Direito Comercial não se justificava mais. Ademais, os princípios que regiam o Direito Comercial não eram autônomos; eram os mesmos que regiam o Direito Civil das Obrigações e dos Contratos, como o princípio da autonomia privada, da obrigatoriedade contratual, do consensualismo, da dignidade humana, da função social etc. Como vimos acima, existiam milhares de problemas para se fixar uma distinção científica, geral e abstrata, entre esses dois ramos do Direito Privado. Acabava por ser comercial aquilo que a Lei dizia ser comercial, o que é absurdo do ponto de vista científico.

Paulo Roberto Colombo Arnoldi arrola vários dos grandes comercialistas que advogavam, desde há muito, a tese da unificação. Dentre eles, a nata de nossos clássicos, como Carvalho de Mendonça, Inglez de Souza, Bulhões de Carvalho, Waldemar Ferreira, João Eunápio Borges e outros.[58] Dentre os contemporâneos,

---

58 ARNOLDI, Paulo Roberto Colombo. *Op. cit., passim.*

podemos citar Fábio Ulhoa Coelho, defensor do Direito de Empresa, que engloba tanto atividades comerciais quanto civis.

Como visto, a teoria dos atos do comércio e a teoria subjetiva eram absolutamente falhas. Não havia consistência interna que pudesse sustentar que as atividades de intermediação na compra e venda de imóveis não fossem comerciais e as de construção o fossem, isto para ficar em apenas um exemplo.

A teoria da empresa é muito mais inteligente. Engloba toda e qualquer atividade empresarial, pouco importando se civil ou comercial. O que interessa é que seja atividade econômica organizada para a produção e/ou circulação de bens e/ou serviços.

A questão não é meramente teórica. Havia vantagens práticas em ser comerciante. Para ficar em dois exemplos simples, só os comerciantes podiam se beneficiar das benesses da Lei de Falências, bem como só a eles era dado pedir concordata. Hoje, esses benefícios, quais sejam, a falência e a recuperação judicial de empresas, se estendem a todo empresário, seja individual ou societário. Assim, o produtor rural, que antes não se podia beneficiar das regalias conferidas aos comerciantes, hoje pode se beneficiar da condição de empresário. Tendo, pois, a atividade característica de empresa, estará sujeita às normas do Direito de Empresa, a não ser que a Lei, por razões de política legislativa, abra exceção, como é o caso dos profissionais da saúde ou do Direito, conforme se pode entender ao se interpretar o parágrafo único do art. 966 do CC, segundo o qual, não se considera empresário quem exerça profissão intelectual, de natureza científica, literária ou artística, ainda com o concurso de auxiliares ou colaboradores, salvo se o exercício da profissão constituir elemento de empresa.[59]

Se podemos criticar o tratamento dado pelo Código Civil ao Direito de Empresa, ao Direito Societário e aos títulos de crédito, não podemos, a meu ver, criticá-lo pela ideia da unificação em si, muito mais lógica, razoável e moderna.

---

59 COELHO, Fábio Ulhoa. **Curso de direito commercial**. cit., v. 1, p. 24.

Capítulo 2

O Direito Civil no sistema jurídico romano-germânico

2.1 Generalidades

O Direito Brasileiro é filho de grande família jurídica com ramificações em todo o mundo. Trata-se da família romano-germânica. Nos dizeres de René David "os direitos da família romano-germânica são os continuadores do direito romano, cuja evolução concluíram".[1]

Existem três grandes famílias ou sistemas do Direito contemporâneo: a *Common Law*, na Grã-Bretanha e colônias ou ex-colônias; o sistema soviético, em fase de transmutação nos antigos países socialistas, e o sistema romano-germânico.

Mas por que a denominação "Direito Romano-Germânico", uma vez que se trata de continuador do Direito Romano?

Ora, a resposta é bem simples. Como veremos, quando Roma caiu nas mãos dos bárbaros de origem germânica, estes absorveram grande parte do Direito Romano, misturando a ele, porém, os seus próprios costumes jurídicos. Posteriormente, já na Baixa Idade Média, redescobriu-se o Direito Romano, que foi fonte importantíssima na criação do Estado Nacional absolutista. Daí se falar em Sistema Jurídico Romano-Germânico, fruto da fusão do Direito Romano, em doses preponderantes, é lógico, com o Direito dos conquistadores bárbaros. Dessa fusão se originou o Direito Português e seu filho, o brasileiro.

Hoje em dia, o Direito Romano-Germânico se espalhou para lá das fronteiras do antigo império conquistado. Além de ser o Direito de toda a Europa continental, conquistou a América Latina, parte da África, países do Oriente Próximo, o Japão e a Indonésia.

Vejamos algumas das características mais importantes dessa grande família.

A característica principal, além das fontes históricas, é a preponderância do Direito escrito, que tende a provocar confusão entre Direito e Lei.

Outra característica importante é a técnica de codificação adotada nos séculos XVIII e XIX por todos os países romano-germânicos. No Brasil, podemos citar vários exemplos: o Código Civil, tratando das relações privadas; o Código Penal, cuidando dos delitos e das penas; o Código do Consumidor, estruturando as relações de consumo, e assim por diante.

A terceira característica desses direitos são suas fontes. Fontes do Direito são mananciais em que buscamos normas jurídicas. São poços dos quais jorram normas de conduta.

As fontes se dividem em fontes materiais e fontes formais. Aquelas consistem no fundamento das normas, podendo ser, assim, históricas, sociológicas, psicológicas, políticas etc. Qual seria o fundamento, ou seja, a fonte da norma

---

[1] Tradução do trecho de René David: "Les droits de la famille romano-germanique sont les continuateurs du droit romain, dont ils ont parfait l'évolution" (DAVID, René. **Les grands systèmes du droit contemporains**. 2. ed. Paris: Dalloz, 1966. p. 29 et seq.).

constitucional que consagra o direito de propriedade? Podemos apontar vários fundamentos (fontes). Dependendo do ângulo de análise, a fonte poderia ser econômica, e diríamos que o fundamento da propriedade, por este prisma, seria a escassez; de um ponto de vista biológico, o fundamento (a fonte) da norma seria a luta pela sobrevivência; a fonte política seria a luta pelo poder, facilitada pela riqueza; e assim por diante. Vê-se, pois, que as fontes materiais são várias, dependendo do ponto de vista.

As fontes formais, por sua vez, são também várias e dizem respeito à materialização da norma, a sua positivação, quando passa a integrar um sistema normativo, denominado ordenamento jurídico. A norma jurídica se materializa, passando a vigorar, de várias maneiras, seja através da lei escrita, seja através dos costumes, da jurisprudência, da doutrina etc. A mais importante, em nosso sistema (de forte base romano-germânica), é a lei escrita. Daí dizermos ser a lei a fonte principal, imediata do Direito, e as demais, costumes, jurisprudência, doutrina e outras, fontes subsidiárias, mediatas. Essas fontes mediatas são também fontes importantes porque acabam por retroalimentar o sistema jurídico positivo, ampliando ou restringindo seu alcance.

Fica uma pergunta no ar: seria possível solucionar um problema jurídico baseando-se apenas em fontes materiais e/ou formais mediatas? Seria possível, por exemplo, o juiz decidir um litígio baseado tão somente em fontes materiais e/ou formais mediatas, sem se importar com os fundamentos legais?

A meu ver, no sistema jurídico brasileiro, dados os limites da Lei de Introdução às Normas do Direito Brasileiro e da própria Constituição, a resposta só pode ser negativa. Toda solução de questões jurídicas, mormente as judiciais, devem ter embasamento legal, ainda que se possam enriquecer, fazendo referência às fontes materiais e/ou formais mediatas, principalmente a jurisprudência e a doutrina. No mais, segundo a Lei de Introdução às Normas do Direito Brasileiro, toda decisão, seja judicial ou administrativa deverá analisar os efeitos jurídicos práticos, numa clara perspectiva de análise econômica do Direito.

As normas se dividem em princípios e regras. A definição do que seja princípio é complicada, importando a adoção dessa ou daquela teoria. Mais complicado ainda é estabelecer sua natureza. Sem adentrar o debate em torno do tema, podemos dizer de forma bem simples que princípios podem ser entendidos como postulados que fundamentam, como mandados de otimização, como razões primeiras, servindo de alicerce para todo o sistema jurídico, ou para parte dele. Podem ser definidos, de maneira bem simplificada, como normas gerais e fundantes. Gerais, porque se aplicam a vários problemas concretos; fundantes, porque deles se pode extrair subprincípios e regras. Por exemplo, o princípio da autonomia privada é um dos sustentáculos do Direito Contratual. Consiste este princípio na liberdade de as pessoas regularem, através de contratos, seus interesses, respeitados os limites legais. É princípio de proteção do cidadão contra a interferência abusiva e arbitrária do Estado. Os contratos são um fenômeno da autonomia privada, em que é dado às partes se imporem elas mesmas normas de conduta, na medida do possível sem limites impostos pelo Estado, que não a boa-fé, a função social, os bons costumes (boas práticas) e o interesse público. A todo instante se invoca esse princípio para dirimir dúvidas e solucionar conflitos em matéria contratual. Dele se pode extrair vários subprincípios, como o da obrigatoriedade contratual. Ora, se duas pessoas, no exercício de sua autonomia, celebram um contrato dentro dos limites legais, estarão obrigadas a cumpri-lo. Do princípio da autonomia privada e de seus subprincípios pode extrair-se também várias regras, como por exemplo, a de que é válida a transmissão da vontade via *e-mail*. Se as partes contratantes, no exercício de sua autonomia, escolheram a via eletrônica para se comunicarem, e sendo esta via hábil a fazer com que a vontade de um dos contratantes chegue ao conhecimento do outro, é válida a via.

As regras, por seu turno, não são gerais e fundantes como os princípios. Dizem respeito a problemas específicos, como a regra que trata da forma especial pela qual se deve celebrar o contrato de compra e venda de imóveis, como a que fixa os dizeres que deve pronunciar o celebrante, para declarar os noivos casados etc.

Havendo contradição, ou seja, antinomia entre princípios e regras, devem prevalecer os princípios, segundo a melhor doutrina. Havendo, porém, antinomia entre dois princípios, deve prevalecer aquele que melhor solucione o caso concreto, de modo a que seja feita a justiça.

Vejamos dois exemplos. Se um contrato de locação estabelecer que as benfeitorias, por mais necessárias, só serão indenizadas, caso o locador as autorize, o que deverá prevalecer, se o locatário implementar as ditas benfeitorias, mesmo sem autorização do locador, a regra contratual ou o princípio do enriquecimento sem causa? Evidentemente, prevalece o princípio do enriquecimento sem causa.

Partamos do mesmo exemplo, para analisarmos o choque de dois princípios. No caso acima, não se poderia dizer que a regra inserida no contrato (as benfeitorias necessárias teriam que ser aprovadas pelo locador para ser indenizadas) integra a autonomia privada? Por outros termos, a validade dessa cláusula não poderia ser defendida com base nos princípios da autonomia privada e da liberdade contratual? Haveria, assim, um conflito de princípios: de um lado, o princípio da autonomia privada (e o da liberdade contratual, dele decorrente); do outro lado, o princípio do enriquecimento sem causa. Qual dos dois deverá prevalecer? No problema dado, entende-se que deva prevalecer o princípio do enriquecimento sem causa. Não por ser hierarquicamente superior aos demais, mas porque, diante do problema concreto, não seria de bom alvitre se permitir que, com base no princípio da autonomia privada, uma parte contratante pudesse se locupletar da outra. A autonomia privada e a liberdade contratual não podem servir de soclo ao enriquecimento ilegítimo de uma parte em detrimento da outra.

Partindo, assim, da ideia de norma jurídica (princípios e regras), e sem entrar em maiores controvérsias, poderíamos destacar como fontes normativas formais do Sistema Romano-Germânico a lei escrita, os costumes, a jurisprudência, a doutrina, a dogmática, os valores constitucionais e os princípios gerais do Direito.[2]

Leis, no sentido aqui e usualmente empregado, são normas escritas. É nas leis que, em primeiro lugar, buscamos solução para problemas que surgem em nosso dia a dia. São as leis que trazem solução para conflitos e traçam vários dos caminhos a serem percorridos pela sociedade. São elas, pois, fonte de Direito.

Os costumes são usos e práticas tão habituais e constantes que se tornam normas observadas por todos. Quando uma questão importante não se encontre solucionada em lei, a sociedade procura resposta nos costumes. Várias práticas comerciais já viraram costumes, adquirindo até mesmo força obrigatória em determinada praça. Costumes, portanto, também são fontes de Direito, desde que segundo a Lei (*secundum legem*) ou além da Lei (*praeter legem*). *Secundum legem* é o costume que decorre da Lei, como o prazo estipulado no parágrafo 2º do art. 445 do CC, que dispõe que, tratando-se de venda de animais, os prazos para reclamar por defeito de origem serão os estabelecidos pelos costumes locais. Por conseguinte, se A compra um touro reprodutor de B e verifica que se cuide de animal estéril, terá quanto tempo para reclamar? De acordo com a regra do parágrafo 2º do art. 445 do CC, o prazo será aquele estabelecido em lei especial, ou na falta dela, pelos costumes locais, sendo o próprio Código Civil aplicado em terceiro lugar.

O costume *praeter legem* é aquele que supre uma lacuna da Lei. Se não houver norma legal, aplicam-se os costumes locais. Logicamente, o costume não pode ser contra a Lei (*contra legem*), sob pena de não ser exigível. É o caso do costume de se aceitarem cheques pré-datados, que só será respeitado se o credor assim o desejar, uma vez que a Lei do Cheque garante seu pagamento sempre à vista, ainda que a data seja posterior a sua apresentação. O costume é, pois, *contra legem* e será respeitado se o credor (pessoa que receba o cheque pré-datado) assim o quiser.

Jurisprudência é o universo de decisões da magistratura, ou seja, dos juízes e tribunais. É fonte de Direito na medida em que, muitas vezes, cria soluções não encontradas na lei, nos costumes, na doutrina ou em qualquer que seja a fonte.

Doutrina é opinião de doutos, chamados juristas. É fonte de Direito porque propõe soluções, inova, interpreta e preenche lacunas.

---

2   Mais sobre o tema, ver GALUPPO, Marcelo. Os princípios jurídicos no estado democrático de direito: ensaio sobre o modo de sua aplicação. **Revista de Informação Legislativa**, Brasília, Senado Federal, n. 143, jul./set. 1999. Do mesmo autor, **Igualdade e diferença**. Belo Horizonte: Mandamentos, 2002.

A jurisprudência e a doutrina são fontes do Direito, porque consideramos o sistema jurídico como sistema aberto, dinâmico, que admite milhares de formas de interpretação, conforme exigirem as circunstâncias do caso concreto. Neste sentido, doutrina e jurisprudência realimentam o sistema com nova visão sobre antigas normas. O sistema, assim, estará em constante movimento, como, de resto, a sociedade que visa regular.

Próxima da doutrina, a bem da verdade, quase que com ela se confundindo, está a dogmática. Consiste esta no conjunto de conceitos estabelecidos por anos, séculos mesmo, de construção doutrinária e jurisprudencial. Como exemplo, o conceito de contrato, de negócio jurídico, de prescrição e decadência etc. Às vezes, é a dogmática que informará o intérprete. Vejamos um exemplo: o Código Civil não dispõe expressamente que as benfeitorias sejam bens acessórios (art. 96), nem se preocupa em definir o que seja benfeitoria. Sabemos o que são e que têm natureza de bens acessórios por assim afirmar a dogmática, com base na própria natureza das benfeitorias e na lógica do sistema. O Código de 1916 não diferenciava os prazos do art. 178, entre prescricionais e decadenciais. Como sabíamos, então, distingui-los uns dos outros? A dogmática nos fornecia a resposta, com base no conceito firmado de prescrição e de decadência. Dogmas são, assim, conceitos elaborados com base no ordenamento e legitimados em virtude de sua capacidade de resolver problemas práticos,[3] como ficou demonstrado nos exemplos acima.

Valores constitucionais são aqueles consagrados na Constituição. A partir deles, muitas normas podem ser formuladas, reformuladas, interpretadas e reinterpretadas. Exemplo seria a dignidade humana, consagrada logo no art. 1º, III, da CF. Com base nesse valor, pode-se formular várias normas, como o próprio princípio da função social da propriedade.

Por fim, os princípios gerais do Direito também são fontes jurígenas. Deles, como vimos acima, podem ser extraídos outros princípios e regras. Na atualidade, a importância dos princípios aumentou. São várias as razões, dentre as quais destacamos duas, talvez as mais relevantes. A primeira é o próprio Estado Democrático de Direito, sob cuja égide pretende viver o Brasil contemporâneo. Segundo o paradigma do Estado Democrático de Direito, todo o ordenamento se submete aos valores e princípios constitucionais, mesmo que não claramente escritos, expressos, desde que se os possa extrair da lógica e dos valores do sistema constitucional. Outra razão é a revolução por que vem passando a hermenêutica, que destaca cada vez mais o trabalho do intérprete, que se deve basear cada vez mais nos princípios, a fim de obter a justiça no caso concreto, mesmo porque, havendo contradição entre um princípio e uma regra, prevalece aquele.

---

3   PERLINGIERI, Pietro. **Perfis do direito civil**. 3. ed. Rio de Janeiro: Renovar, 1997. p. 60.

Os princípios podem ser fontes por serem mananciais de outros princípios e regras. Mas qual a fonte dos princípios primeiros, como o da autonomia privada? É uma das outras fontes do Direito: a lei escrita, os costumes, os valores constitucionais, a jurisprudência ou a doutrina.

Há quem confunda valores e princípios. São conceitos distintos. De acordo com Georg Henrik von Wright, os conceitos práticos dividem-se em três grupos: i) os deontológicos: conceitos de dever, proibição, permissão e de direito a algo (deôntico: dever ou dever-ser); ii) os axiológicos (teleológicos): conceitos ligados à valoração do que seja bom (os conceitos axiológicos são utilizados quando algo seja classificado como bonito, corajoso, seguro, econômico, democrático, social, liberal ou compatível com o Estado de Direito); e iii) os antropológicos: são conceitos de vontade, interesse, necessidade, decisão e ação.

Com base nessa classificação, Robert Alexy assevera que os princípios são mandamentos de otimização (impõem um dever-ser) e, por isso, pertencem ao âmbito deontológico; os valores, por sua vez, pertencem ao âmbito axiológico.[4]

A diferença entre princípios e valores se resume a um ponto: aquilo que, na esfera dos valores, for, *prima facie*, o melhor; na esfera dos princípios, será, *prima facie*, o devido; e aquilo que, na esfera dos valores, for definitivamente o melhor; na esfera dos princípios, será definitivamente o devido.

Princípios e valores diferenciam-se, portanto, somente em virtude de sua natureza deontológica, no primeiro caso, e axiológica no segundo.

Pode-se sustentar que os princípios constituem a expressão dos valores fundamentais que informam o sistema jurídico, conferindo harmonia e unidade às normas que o compõem. Os valores são dotados de menor normatividade que os princípios e as regras, mas podem ser utilizados como fonte de interpretação do sistema jurídico.

Os valores superiores adotados em dada sociedade política, ditados pelos reais fatores de poder, são a essência dos princípios consagrados constitucionalmente, dotando estes últimos de legitimidade normativa, para que sejam atingidos os fins almejados pela coletividade.

Os valores constitucionais apresentam conteúdo axiológico fundamentador da interpretação do ordenamento jurídico ("o que é melhor"), enquanto os princípios são construídos em linguagem normativa (deôntica), refletindo "o que é devido", mas sem expressar a essência que torna a sua aplicação necessária.

Por esse prisma, os valores constitucionais, que são a base axiológica dos princípios, apresentam uma tríplice função: i) são o fundamento do ordenamento jurídico e informadores do sistema jurídico-político; ii) são orientadores

---

4 ALEXY, Robert. **Teoria dos direitos fundamentais.** 2. ed. São Paulo: Malheiros, 2012. p. 153.

dos fins a serem perseguidos na execução de atos públicos e particulares; e iii) constituem críticas de fatos ou condutas.[5]

Alguns juristas incluem dentre as fontes do Direito a analogia. Reputo equivocada essa opinião. Ora, analogia é método, seja de interpretação, seja de integração do Direito. Momentos há em que a lei não regulamenta determinado instituto, como é o caso do contrato de fidúcia. Teremos, então, lacuna na lei. Como resolver questão envolvendo fidúcia se não há lei regulando a matéria? Usa-se processo analógico, aplicando-se normas que, por analogia, possam enquadrar-se ao caso. Com base nisso, vários juristas dizem ser a analogia fonte de Direito. Na verdade, a fonte, no caso, não foi a analogia, mas sim a própria Lei, que se integrou ao fato concreto por processo analógico.

Mais sobre o tema das fontes, veremos ao tratar da interpretação do Direito, no Capítulo III.

Vimos, até agora, que o Direito Civil é ramo do Direito Privado, incluso no Sistema Jurídico Romano-Germânico. Mas que é Direito Civil?

Ora, o termo *Direito Civil* foi-nos herdado do Direito de Roma. Os romanos chamavam de Direito Civil – *Ius Civile* – todo o Direito que regulava a sociedade romana, ou seja, a sociedade dos cidadãos romanos. Daí o termo Direito Civil, isto é, Direito da Cidade de Roma, aplicado aos cidadãos romanos. Os romanos tampouco faziam qualquer distinção entre os ramos atuais do Direito. Para eles, eram desconhecidos os termos Direito Penal, Constitucional, do Trabalho, Comercial etc. Tudo isso era chamado de Direito Civil. Podemos concluir num paralelo que, para os romanos, Direito Civil soava da mesma maneira que, para nós, soa Direito Brasileiro.

Com o tempo e a evolução das letras jurídicas, o Direito foi se especializando e sendo dividido em ramos. Foi então que o termo *Direito Civil* passou a designar aquele ramo do Direito Privado que regula relações entre particulares.

Antes de prosseguirmos, é essencial que esclareçamos alguns pontos.

O primeiro deles é a diferença entre Direito Civil e Direito Processual Civil, duas ciências totalmente distintas.

Direito Civil, como já vimos, é ramo do Direito Privado que regula relações jurídicas entre particulares. Já Direito Processual Civil é ramo do Direito Público que regula o processo pelo qual se deduz judicialmente uma pretensão.

Assim, o Direito Civil estabelece que o credor tem direito de receber o que lhe seja devido pelo devedor. Mas e se o devedor não pagar espontaneamente? Neste caso, o credor recorrerá ao Direito Processual Civil para se inteirar do processo que deverá seguir, a fim de forçar o devedor a lhe pagar.

---

5 COELHO, Emerson Ghirardelli. **Princípios e valores constitucionais no estado democrático de direito**. Disponível em: <http://jus.com.br/artigos/32170/principios-e-valores-constitucionais-no-estado-democratico-de-direito>. Acesso em: 19 dez. 2022.

O segundo ponto que devemos esclarecer é a diferença entre os adjetivos civil e cível.

Embora na prática quotidiana os dois termos possam se confundir, em tese são diferentes. Civil diz respeito a cidadão. Dessa forma, Direito Civil poderia ser traduzido como Direito do cidadão. Assim é em alemão, *bürgerliches Recht*, e em russo, *гражданское право*.

Cível diz respeito a Direito Civil. Daí, vara cível, ou seja, vara especializada em Direito Civil.

O Direito Civil não vive isolado no mundo jurídico. Mantém íntimas relações com outros ramos jurídicos, ora contribuindo, ora aceitando contribuições. No Direito Constitucional busca, por exemplo, respaldo para a proteção dos interesses individuais, da propriedade privada, dos direitos da personalidade etc. Confere a ele, a seu turno, o conceito de pessoa, de propriedade e muitos outros. É no Direito Constitucional que deve ser baseada toda a interpretação das leis privadas; nos princípios e valores constitucionalmente adotados. O principal, a dignidade da pessoa humana.

Com o Direito Penal, relaciona-se de perto. Aliás, as origens do Direito Penal encontram-se no Direito Civil. Foi da teoria da responsabilidade por atos ilícitos que os penalistas partiram a fim de criar o Direito Penal, hoje, sem dúvida, ramo autônomo, com princípios próprios. Apesar disso, é do Direito Civil que vem o conceito de pessoa, de bem, de esbulho etc.

O Direito Tributário é também filho do Direito Civil. Nada mais é que o Direito das Obrigações adaptado à esfera pública dos tributos, em que, num primeiro momento, o Estado figura como credor, e o contribuinte como devedor. Aplicam-se a ele quase todos os institutos do Direito das Obrigações, regidos, é lógico, por princípios de Direito Público.

Ainda na área do Direito Público, relacionam-se de perto Direito Civil e Administrativo. É do Direito Civil que o Direito Administrativo extrai as bases da teoria dos atos e contratos administrativos, por exemplo. Mas, como é evidente, não obstante serem as bases idênticas, o Direito Administrativo se orienta pelo interesse público, enquanto o Direito Civil segue orientação diversa, calcada nos interesses privados.

Finalmente, os dois filhos mais importantes do Direito Civil são, talvez, o Direito Empresarial e do Trabalho.

Com o Direito Empresarial forma conjunto harmônico. Este nada mais é que releitura do Direito das Obrigações, adaptada à vida empresarial. Cientificamente, todavia, não se sustenta a separação. Direito Civil e Empresarial são faces da mesma moeda. São a mesma coisa. A tendência moderna é no sentido de unificá-los, corporificando-os num só Código. Assim é, por exemplo, no Brasil. O Código Civil de 2002 admitiu um novo livro, o do Direito de Empresa (arts. 966 a

1.195), e revogou a primeira parte do Código Comercial de 1850 e todas as disposições da legislação comercial que com ele (Código Civil) forem incompatíveis.

O Direito do Trabalho é fruto dos tempos modernos, da sociedade industrial. Até então, regiam as relações entre patrão e empregado as normas do contrato de prestação de serviços, ainda em vigor no texto do Código Civil. Mas essas normas, com o passar dos anos, foram tornando-se insuficientes para regular as relações empregatícias, sendo necessária, pois, a criação de leis especiais. Assim surgiu o Direito do Trabalho, que, hoje, consolidado por pujante doutrina, ganhou autonomia científica e princípios próprios.

Vistas as relações do Direito Civil com alguns dos outros ramos do Direito Positivo, tomemos o estudo de sua estrutura interna. De que cuida o Direito Civil?

Já dissemos que o Direito Civil cuida das relações entre os particulares, pessoas de Direito Privado, sejam físicas ou jurídicas. É pouco, porém. Devemos estudar mais alguns detalhes.

Seguindo, mais ou menos, as Instituições de Justiniano, de dezembro de 533 d.C., tratava o Código Civil de 1916, em primeiro lugar, das pessoas e dos bens, traçando-lhes o perfil, estruturando suas bases. Em seguida, cuida das relações e situações jurídicas em que podiam se envolver pessoas e bens. Fazia-o de modo genérico, impondo limites, requisitos de validade, examinado seus defeitos e os modos como se extinguem. A partir daí, o Código Civil abordava as relações interindividuais. Primeiramente, as de família, no Direito de Família. Em segundo lugar, as relações entre indivíduos, bens e sociedade, no Direito das Coisas. Em terceiro lugar, abordava as relações creditícias, patrimoniais, entre credor e devedor, no Direito das Obrigações. Finalmente, em quarto e último lugar, cuidava da transmissão do patrimônio do morto a seus sucessores, no Direito das Sucessões.

O Código Civil de 2002, seguindo a tradição germânica, mudou a ordem das matérias na Parte Especial. Hoje, temos em primeiro lugar o Direito das Obrigações; depois, o Direito de Empresa; em seguida, o Direito das Coisas; o Direito de Família e, por último, o Direito das Sucessões. Aliás, esta era a ordem adotada na maioria dos cursos de Direito, em nosso país, por ser visivelmente mais didática.

Veremos, agora, nos itens subsequentes, pequena introdução histórica ao Direito Civil, iniciando pelo Direito Romano, em suas várias fases, e terminando pelo Direito Brasileiro.[6]

2.2 Direito romano

2.2.1 Introdução

O estudo do Direito Romano se divide, segundo Leibniz, em dois blocos, a História Interna e a História Externa. Modernamente, tem-se denominado as duas partes dessa *summa divisio* de História do Direito Romano e Instituições de Direito Romano.

Nosso objetivo será estudar um pouco da História do Direito Romano, abordando suas instituições sociais e políticas e as fontes do Direito, em cada uma das fases da História de Roma.

A História de Roma pode ser dividida em fases ou períodos. Dependendo do historiador, teremos fases distintas. Adotaremos, neste trabalho, a divisão mais comumente encontrada em nossos manuais de Direito Romano. Deve-se a Girard, que dividiu a História do Direito Romano em quatro períodos: Realeza (753 a.C. a 510 a.C.), República (510 a.C. a 27 a.C.), Alto Império (27 a.C. a 284 d.C.) e Baixo Império (284 d.C. a 565 d.C.).

2.2.2 Realeza (753 a.C. a 510 a.C.)

a] Fundação de Roma

Após a queda de Troia, dois homens de lá saíram, talvez fugidos, talvez exilados, ou simplesmente deixados livres: Antenor e Enéas, este filho de Anchises e Vênus.

---

[6] Para o estudo das fontes históricas, recomenda-se, dentre outras obras, a leitura de CRETELLA JR., José. **Curso de direito romano.** 21. ed. Rio de Janeiro: Forense, 1998; MEIRA, Sílvio. **Curso de direito romano.** São Paulo: LTr, 1996; NÓBREGA, Vandick Londres da. **Compêndio de direito romano.** 9. ed. São Paulo: Freitas Bastos, 1977. v. 1; MOREIRA ALVES, José Carlos. **Direito romano.** 11. ed. Rio de Janeiro: Forense, 1998. v. 1; GIORDANI, Mário Curtis. **Direito romano.** 4. ed. Rio de Janeiro: Lumen Juris, 2000; TALAMANCA, Mario. **Istituzioni di diritto romano.** Milano: Giuffrè, 1990; VAN CAENEGEM, R. C. **Uma introdução histórica ao direito privado.** São Paulo: M. Fontes, 1995; WIEACKER, Franz. **Privatrechtsgeschichte der Neuzeit.** Vandenhoeck & Ruprecht, 1996 (Há tradução em língua portuguesa publicada pela Fundação Calouste Gulbenkian de Lisboa); HATTENHAUER, Hans. **Europäische Rechtsgeschichte.** 3. Aufl. Heidelberg: C.F. Müller, 1999 (Há tradução em língua portuguesa publicada pela Fundação Calouste Gulbenkian de Lisboa); PONTES DE MIRANDA, Francisco Cavalcanti. **História e fontes do direito civil brasileiro.** 2. ed. Rio de Janeiro: Forense, 1981; ROBERTO, Giordano Bruno Soares. **Introdução à história do direito privado e da codificação.** Belo Horizonte: Del Rey, 2003.

Troia ou Ílion se situava na Ásia Menor, hoje Turquia. Teria sido tomada pelos gregos por volta de 1184 a.C. O sítio grego durou 10 anos e é narrado na *Ilíada*, de Homero. Este teria vivido, se é que existiu, por volta de 850 a.C. Escreveu também a *Odisseia*, narrando as aventuras de dois gregos, Telêmaco e seu pai, Ulisses, após a partida de Troia.

Antenor juntou forças com Enécio, que também tinha sido exilado de seu país, a Paflagônia. Penetraram no Adriático, indo até uma região entre os Alpes e o mar. Expulsaram a tribo nativa dos eugâneos, ocupando seu território. O lugar ficou conhecido como Troia e, depois, Veneza.

Enéas navegou até a Sicília e de lá ao território italiano de Laurento, que ficou conhecido como Troia. Lá, depararam com nativos, cujo rei se chamava Latino. Segundo Tito Lívio, há duas versões para o que ocorreu a seguir:

1] Latino foi derrotado, fazendo acordo com Enéas. Entregou sua filha, Lavínia, em casamento.
2] O acordo foi antes de qualquer refrega, sendo a filha de Latino dada em casamento como sinal de boa-fé.

Após as núpcias, foi fundada a cidade de Lavínio, em honra a Lavínia. O filho dessa união se chamou Ascânio. Virgílio, porém, afirma ser Ascânio filho de Enéas e Creusa, sua primeira mulher.

Em seguida, o rei Turno, do povo conhecido como rútulos, declarou guerra a Enéas e Latino, uma vez que foi preterido por Enéas em relação à mão de Lavínia, que já lhe fora prometida. Foi derrotado, mas Latino morreu na guerra. Turno fez, então, um acordo com Mezêncio, rei dos etruscos, para derrotar Enéas. Este, até mesmo por razões psicológicas, além das políticas e militares, uniu seu povo aos nativos, dando-lhes o nome de povo latino, em homenagem ao rei morto na guerra contra os rútulos. A aliança derrotou os etruscos.

Ascânio, seguindo instruções de sua mãe (ou madrasta), partiu de Lavínio para fundar outra cidade, que se chamou Alba Longa.

Na sucessão do trono de Alba Longa vieram os reis Sílvio, Latino Sílvio, Alba, Atis, Capis, Capeto, Tiberino (morreu afogado no rio Álbula, que passou a se denominar Tibre), Agripa, Rômulo Sílvio, Aventino (foi enterrado no monte que leva seu nome) e Proca.

Proca teve dois filhos, Amúlio e Númitor. Este foi nomeado seu sucessor. Ocorre que Amúlio deu um golpe, expulsou Númitor de Alba Longa, matou seus filhos e fez de sua filha, Réa Sílvia, virgem vestal. Esta foi raptada por Marte, dando à luz dois filhos: Rômulo e Remo. O rei Amúlio mandou encarcerar Réa Sílvia e afogar seus gêmeos no Tibre, devido a uma profecia de que os meninos o destronariam. Os meninos não foram afogados, mas apenas deixados no pântano às margens do Tibre. Lá foram encontrados por uma loba que os teria amamentado durante algum tempo. Finalmente, foram encontrados pelo pastor do rei Amúlio, Fáustulo, que os levou para criar com sua esposa, Larência. Há uma versão que diz que Larência era uma prostituta (*lupa* – loba, na gíria latina), daí a lenda da loba.

Crescidos os meninos, durante um festival, Remo foi aprisionado pelo rei Númitor, que o acusou, a ele, Rômulo e seus companheiros, de furtarem gado em suas terras.

Rômulo, não sendo apanhado, retornou a casa, quando ficou sabendo por Fáustulo de toda sua história. Apresentou-se, então, ao rei Númitor, já como seu neto, narrando-lhe os fatos. Sensibilizado, o rei festejou o evento, organizando, posteriormente, com a ajuda de seu neto, uma invasão ao palácio de Amúlio, que foi morto, sendo recuperado o trono para Númitor.

Em seguida, Rômulo e Remo saíram de Alba Longa para fundar uma nova cidade. O local escolhido foi o mesmo em que haviam sido abandonados quando crianças. Antes da fundação da cidade, houve desavença sobre quem seria o rei. Rômulo e seus adeptos subiram ao monte Palatino, Remo e seus companheiros subiram ao monte Aventino, cada qual em busca de algum sinal que o fizesse rei.

O primeiro a receber o sinal foi Remo. Viu seis abutres no céu. Ocorre que Rômulo, apesar de ter recebido o sinal em segundo lugar, viu doze abutres. Travou-se, então, uma luta entre os dois partidos, resultando na morte de Remo.

Rômulo, assim, fundou a cidade, sendo seu primeiro rei.

b] Reis desse período

1] Rômulo (latino) – rei lendário, fundador da cidade. Teria desaparecido em meio a um nevoeiro. Dividiu a cidade em três tribos: Tities, Ramnes e Luceres. Diz a lenda que, dado que a população era constituída só de homens, Rômulo organizou um festival a Netuno e convidou os sabinos, povo vizinho, com suas filhas e mulheres. No auge das festividades, os romanos raptaram as sabinas solteiras e viúvas, levando-as para Roma. Os dois povos entraram em guerra e, na batalha final, as sabinas, que já se haviam habituado a sua nova vida, interferiram para impedir a carnificina entre seus pais e maridos. Os sabinos, com isso, se integraram a Roma, compondo a tribo dos Tities. A partir daí os reis se revezavam: um latino, um sabino, sucessivamente.

2] Numa Pompílio (sabino): amante da paz.

3] Tulo Hostílio (latino): amante da guerra. Durante seu reinado, por questões de fronteira com os alba-longuenses e de furto de gado, declarou guerra a Alba Longa. O rei desta cidade, Gaio Cluílio, morreu durante uma das batalhas, sendo substituído por Métio Fufétio. Este, tendo em vista eventual ataque etrusco, que pegaria as duas cidades fragilizadas, propôs a Tulo Hostílio, em encontro entre os dois, que a questão se resolvesse da seguinte forma: cada cidade indicaria um trio de campeões, que lutariam entre si. A cidade cujo trio vencesse poderia subjugar a outra. Os romanos indicaram os irmãos Horácios e os alba-longuenses, os irmãos Curiácios. Dos seis, sobreviveu apenas um dos Horácios. Roma foi, portanto, a vencedora. Após algum tempo de paz, Métio Fufétio traiu o acordo de paz, e a cidade de Alba Longa foi, então, destruída pelos romanos. Como os cidadãos de Alba eram irmãos dos romanos, foram incorporados por Roma, integrando o patriciado.

O irmão Horácio vencedor se chamava Públio. Quando estava sendo levado em parada de vitória, sua irmã reconheceu o manto que havia tecido para seu amado, um dos Curiácios, nas mãos de Públio. Começou a chorar e clamar por seu nome. Públio, enfurecido, desferiu-lhe um golpe de espada no coração, matando-a. Apesar de ser herói da pátria, foi levado a julgamento, perante os duúnviros, a quem competia julgar crimes de traição. Foi condenado. Seu pai apelou aos comícios, revertendo a sentença. A pena de morte foi substituída pela exigência de que o pai, enquanto *paterfamilias*, realizasse alguns rituais expiatórios.

Essas e outras narrativas encontram-se em Tito Lívio, historiador romano, que viveu no 1º século a.C. (64 a.C. a 17 d.C.).

4] Anco Marco (sabino).
5] Tarquínio, o Antigo ou o Prisco: começa a era dos reis etruscos, que vai até o fim da Realeza.
6] Sérvio Túlio: rei tirano, extinguiu as tribos antigas e dividiu a cidade em quatro tribos urbanas (Suburana, Palatina, Esquilina e Colina). Deu cidadania à plebe e empreendeu várias reformas na cidade. Foi degolado pela oposição dos patrícios.
7] Tarquínio, o Soberbo: foi expulso da cidade, tendo início a República.

Todos os reis desse período, à exceção talvez dos três últimos, são lendários. Entretanto, sabe-se que Roma teve um período real, antecedente à República, e que foi, se não fundada, pelo menos dominada pelos etruscos durante algum tempo.

A historiografia moderna, evidentemente, não leva a sério a lenda da fundação de Roma. Há algumas teses a respeito, nenhuma, porém, totalmente, digna de fé. Segundo uma delas, Roma teria sido uma cidade etrusca; segundo outra, teria sido fundada por povos autóctones, sendo, *a posteriori*, dominada pelos etruscos. De fato, a dominação etrusca parece ser incontestável, e os romanos herdaram vários costumes desse povo, inclusive o alfabeto. Até que se possa refazer com segurança os primeiros passos desse povo fantástico, nada se poderá asseverar de concreto acerca dos primeiros tempos de Roma. De todo modo, mesmo que isso ocorra, a lenda sempre será motivo de encanto.

c] Organização social na Realeza

As classes sociais eram quatro: o patriciado, a plebe, a clientela e os escravos.

Patrícios eram os fundadores da cidade e seus descendentes. O nome *patrício* vem de *pater* (pai), pai da cidade. Eram os detentores do poder. Dedicavam-se à política, à guerra, à religião, às artes e ao ócio. Os escravos e clientes cuidavam de seus negócios.

A plebe é de origem incerta. Imagina-se que fosse constituída daquelas pessoas e, posteriormente, de seus descendentes, que foram aos poucos se agregando à cidade, em busca de conforto e proteção. Atuavam em áreas pouco nobres para um patrício, como o comércio de varejo e trabalhos assalariados, tais como a feitura de escravos etc. Havia plebeus ricos, entretanto. Não possuíam quaisquer direitos. Não participavam da vida política, religiosa ou militar. Não tinham cidadania e, por isso, não pagavam tributos, não podiam invocar o Direito da Cidade em sua proteção, não serviam o exército, não votavam nem podiam ser votados, seu casamento não era reconhecido etc.

Os clientes eram pessoas que se submetiam ao poder de um chefe de família patrício, oferecendo seus préstimos e seu patrimônio em troca de proteção. Supõe-se que, a princípio, constituíam-se de estrangeiros endinheirados que, chegando à cidade, em vez de se integrar à plebe, ofereciam-se à proteção de um chefe de família (*paterfamilias*), que passava a ser seu patrono e de seus descendentes. Também os escravos alforriados costumavam se tornar clientes de seu antigo senhor. Há quem diga que alguns patrícios traziam consigo, na condição de clientes, estrangeiros vencidos na guerra e submetidos pela *deditio* (ato de se submeter ao inimigo).

Os escravos constituíam grande parte da população. A economia romana era praticamente toda baseada na mão de obra escrava. Na época de Cícero (106 a.C. a 43 a.C.), estima-se que Roma, que contava com mais ou menos um milhão de habitantes, tinha uma população de cerca de 200 mil escravos.

Como já visto, a cidade, no início, se dividia em três tribos patrícias (Tities, Ramnes e Luceres). Cada uma dessas tribos se dividia em 10 cúrias. Uma cúria era uma circunscrição territorial habitada por gentes. Cada *gens*, não se sabe ao certo sua origem, era composta por *domus* ou famílias.

d] Organização da família

Cada família patrícia era encabeçada por um *paterfamilias*, ao qual se submetiam todos os demais membros da casa: esposa, filhos, noras e netos, filhas solteiras, clientes e escravos. Exercia funções de pai, esposo, juiz (julgava os membros de sua *domus*, como presidente do tribunal doméstico, que se reunia perante o

Lar), administrador (a ele eram prestadas as contas de seus negócios pelos escravos e clientes) e sacerdote (era o responsável pelo culto aos deuses domésticos).

Quando um *paterfamilias* morria, seu lugar era ocupado pelo filho primogênito. Se não o tivesse, adotava um. O que não podia ocorrer era a vacância de seu lugar, sob pena de não se dar continuidade ao culto familiar.

e] Religião

A religião antiga se baseava em duas classes de deuses: os superiores (deuses do Olimpo, ligados aos fenômenos naturais) e os deuses inferiores, também chamados deuses domésticos ou deuses *manes* (do latim *manere* – permanecer) ou ainda deuses lares.

Do culto aos deuses superiores, não há muito de novo a se falar. Mas quem seriam os deuses domésticos? Eram os antepassados da família, representados no altar por um fogo que jamais se apagava. Ao fogo se dava o nome de Deus Lar. A ele se prestava o culto doméstico, em que se invocavam os antepassados para proteção. Levava-se-lhes comida e prestavam-se-lhes orações. Os mortos eram enterrados no imóvel familiar, que era terreno sagrado. Os mortos daquelas famílias que perdiam seu imóvel ficavam sem culto, tornando-se almas ambulantes e prejudicando os vivos.

Os antepassados comuns, os fundadores da cidade, eram cultuados por toda a cidade. Seu templo se chamava Templo de Vesta, sendo suas guardiãs as virgens vestais. Só os descendentes desses deuses podiam participar de seu culto. Só eles tinham cidadania e podiam invocar o sagrado Direito da Cidade. Daí se explica porque a plebe não tinha quaisquer direitos.

f] Organização política

1] Rei

Era o magistrado único e vitalício. A sucessão do rei é matéria controversa. Para alguns não era nem hereditária, nem eletiva.[7] Antes de morrer, o rei indicava seu sucessor. Se não indicasse, o Senado elegia um *interrex*, que governava por cinco dias, passando o cargo a outro senador e assim por diante, até que as condições políticas permitissem que o *interrex*, que estivesse no cargo, nomeasse o rei. Contudo, há quem advogue tese contrária, no sentido de o rei ser eleito

---

7 CRETELLA JR., José. Op. cit., p. 34. NÓBREGA, Vandick Londres da. Op. cit., v. 1, p. 90-91. MOREIRA ALVES, José Carlos. **Direito romano**... cit., v. 1, p. 8.

pelos Comícios Curiatos, investido pela *Lex Curiata de Imperio* e confirmado pela *auctoritas patrum* (autoridade dos pais, ou seja, dos senadores) do Senado.[8]

O rei era chefe da cidade-Estado, com poderes de comandante do exército, de declarar guerra e fazer a paz, de juiz e sacerdote da cidade, além dos poderes de polícia e de administrador (dispunha do tesouro e das terras públicas).

Apesar disso tudo, o poder, de fato, estava nas mãos dos *patresfamilias*, sendo o Senado sua representação máxima. Pode-se comparar essa época com o Brasil do coronelato.

Eram auxiliares do rei nas funções político-militares:
- o *tribunus celerum* (comandante da cavalaria);
- o *tribunus militum* (comandante da infantaria);
- o *praefectus urbis* (substituto do rei em suas ausências).

Nas funções judiciais, era auxiliado:
- pelos *duumviri perduellionis* (nos crimes de lesa-majestade e de traição);
- pelos *quaestores parricidii* (nos homicídios contra um paterfamilias).

Enquanto sacerdote, era auxiliado pelos membros do Colégio dos Pontífices, pelos áugures (sacerdotes que tiravam presságios do canto e do voo das aves) e pelos feciais (sacerdotes que anunciavam a paz e a guerra).

O rei era o protetor da plebe e, às vezes, para obter mais poderes, subjugando os *patresfamilias*, buscava nela o apoio necessário. Esses reis, que, apoiados pela plebe, obtinham poderes ditatoriais sobre o patriciado, se denominaram *tiranos*. A maioria deles acabava morta pelos patrícios.

2] Senado (*Senatus*)

Os senadores ou pais (*patres*) eram *patresfamilias* patrícios, escolhidos dentre os chefes das gentes pelo rei.

O Senado detinha a *auctoritas* para aconselhar o rei, quando convocado, e para confirmar as decisões dos comícios.

No início, havia 100 senadores, subindo o número para 300 em período posterior.

3] Povo Romano (*Populus Romanus*)

O Povo Romano ou *Populus Romanus* era instituição política dividida em comícios. A princípio, havia duas espécies de comícios populares: os Curiatos e os *Comitia Calata* (Comícios Calados).

---

8 GIORDANI, Mário Curtis. **Iniciação ao direito romano**. 5. ed. Rio de Janeiro: Lumen Juris, 2003. p. 126-127. TALAMANCA, Mario. **Lineamenti di storia del diritto romano**. 2. ed. Milano: Giuffrè, 1989. p. 22. PETIT, Eugène. **Tratado elemental de derecho romano**. Buenos Aires: Editorial Universidad, 1999, p. 41.

Cada Comício Curiato era composto, ao que tudo indica, pelos patrícios de cada Cúria. Supõe-se, pois, que cada Cúria tivesse o seu Comício. Todos eles se reuniam por convocação do rei, do *interrex* ou do *tribunus celerum*.

Ao que tudo indica, não tinham os Comícios funções legislativas, mas votavam para confirmar ou não certas propostas específicas sobre casos concretos, apresentadas por quem os presidia. Esses casos podiam se referir aos testamentos, à alteração do quadro de famílias, à declaração de guerra ou à absolvição de algum condenado. Imagina-se que cada patrício votasse individualmente, apurando-se, em seguida, a maioria em cada Cúria. A decisão dos Comícios tinha que ser ratificada pela *auctoritas* do Senado.

Os *Comitia Calata*, como o próprio nome diz, não se pronunciavam. Eram os mesmos patrícios, convocados para ser comunicados de certas decisões de caráter religioso.

A plebe, como já se disse, não participava de nada disso. Ocorre que, com o passar do tempo, os plebeus começaram a reivindicar direitos, gerando intermitente luta de classes. Muitas conquistas foram alcançadas através dos reis tiranos. Um deles, e talvez o mais importante, teria sido, segundo a tradição, Sérvio Túlio.

Já arrefecido o sentimento religioso, no qual se fundamentava a cidadania, e dado serem vários plebeus homens ricos, Sérvio Túlio deu à plebe o direito de cidadania. A partir daí, puderam os plebeus invocar o Direito da Cidade, participar do exército, pagar tributos e votar em comícios, que se denominaram Comícios Centuriatos. Sérvio Túlio redividiu a população em novas tribos: Suburana, Esquilina, Colina e Palatina. Instituiu o censo. Cada *pater* se inscrevia e aos seus, anualmente, em sua tribo. O censo tinha objetivos militares, tributários e eleitorais. O incenso, ou seja, aquele que não se apresentasse ao censo, poderia ser punido, até mesmo com a perda da cidadania.

g. Fontes do Direito

O Direito nessa fase é extremamente influenciado pela religião. É Direito casuístico, empírico, a posteriori, concreto.

Casuístico, porque era criado para cada caso concreto. Empírico, porque se baseava na observação prática, nada possuindo de científico. A *posteriori*, porque nascia depois do fato concreto. Finalmente, *concreto*, uma vez que nada tinha de abstrato, vinculando-se exclusivamente ao caso concreto.

Sua principal fonte eram os costumes. A doutrina (*iurisprudentia*) provinha dos pontífices.

Há quem diga que o rei editava leis, as *leges regiae* (leis régias), votadas pelos comícios e ratificadas pelo Senado. Não é opinião dominante, contudo.

2.2.3 República (510 a.C. a 27 a.C.)

a) Introdução

Na República, a organização política de Roma se modifica. Não há mais a figura do rei, que foi substituída por uma magistratura eleita. Dentre estas magistraturas, algumas eram de suma importância. Por exemplo, o Consulado. Os Cônsules detinham o poder militar. Mais sobre elas, veremos abaixo.

Júnio Bruto e Tarquínio Colatino foram os primeiros cônsules. A denominação inicial era pretor (pré-ir – ir à frente = "pré-idor"). Há quem diga que a denominação de pretor era em tempo de guerra; em tempo de paz, era *iudex*. Teriam expulsado Tarquínio, o Soberbo, de Roma. Segundo outros, a República não se instalou de uma hora para outra. Foi processo lento que só se solidificou no século IV a.C. Seja como for, um fato é certo: as magistraturas foram sendo criadas aos poucos.

b) Organização política

Como se disse, o rei foi substituído por uma magistratura eleita. Além dos magistrados, havia o Senado e os Comícios Populares.

Falemos primeiro das magistraturas e de suas funções.

- Magistraturas

As magistraturas se dividiam em:

1) Magistrados ordinários – segundo Mommsen, ocupavam cargos permanentes, que eram parte da organização política romana, como cônsules e ditadores. Segundo Arangio Ruiz, eram aqueles cargos previstos para situações normais. Dividiam-se em ordinários permanentes e não permanentes. Os ditadores não seriam magistrados ordinários.
2) Magistrados extraordinários – para Mommsen, eram esporádicos (ex.: decênviros). Não faziam parte da estrutura política. Para Arangio Ruiz, eram instituídos para ocasiões anormais, como os ditadores, os decênviros etc.
3) Magistrados *cum imperio* – dispunham do *ius imperii*, que veio dos reis. Na Realeza, os reis se faziam acompanhar de 12 lictores, armados dos *fasces* (feixe de varas), para vergastar, e da *securis* (machadinha), para cortar as cabeças. Há autores que atribuem a Tarquínio, o Soberbo, a instituição desse costume, que, sem dúvida, é etrusco.
4) Os cônsules eram acompanhados dos mesmos 12 lictores, armados apenas dos *fasces*, sem a *securis*. Esta só era empunhada fora de Roma, em época de guerra, ou perante o exército, quando o poder dos cônsules era absoluto. Já em tempo de paz, dentro de Roma, não era absoluto. Para punir, havia necessidade de julgamento prévio. Daí a diferença entre *imperium militiae*

(poder de império sobre o exército ou poder de império em tempo de guerra) e *imperium domi* (poder de império doméstico, em situação de paz).

5] Os magistrados *cum imperio* eram os cônsules, os ditadores, os pretores e os tribunos consulares.

6] Magistrados *sine imperio* – não tinham o. Eram todos os demais magistrados.

As magistraturas eram as apresentadas nas seções a seguir.

- Consulado

Os cônsules eram eleitos em número de dois, uma vez por ano, pelos Comícios Centuriatos. Iam se revezando, mês a mês, no poder. Houve épocas de triunviratos, em que eram três os cônsules.

No início, era magistratura patrícia. Com a *Lex Licinia de Magistratibus*, de 367 a.C., os plebeus passaram a poder se candidatar.

Seus poderes eram, basicamente:

1] *Iurisdictio*: até 367 a.C. Eram juízes. Ouviam as partes e indicavam um *iudex* (juiz) para julgar.

2] *Cognitio*: julgar causas criminais. De sua decisão cabia recurso aos Comícios Centuriatos (*provocatio ad populum*).

3] *Imperium*: poder de coerção e aplicação de castigos físicos, de levantar e comandar o exército, de convocar os Comícios e o Senado, apresentando-lhes propostas de lei e consultas.

4] *Intercessio*: veto a decisões e medidas do cônsul em exercício, de efeito imediato.

Poderes de administração, cobrança de impostos, comando das forças militares e censo (este do início até 435 a.C., quando se criou o cargo de censor).

- Ditadura

Em tempo de convulsões internas ou guerras externas, os cônsules eram substituídos por um ditador, no início indicado pelo cônsul em exercício, depois eleito pelos Comícios Centuriatos (esta norma foi instituída na época das Guerras Púnicas contra Cartago – a primeira de 264 a 241 a.C., em que se destacou o general Amílcar Barca, de Cartago; a segunda de 219 a 201 a.C. Nesta, ficou famoso o general cartaginês Aníbal, filho de Amílcar. Houve ainda a terceira, de 149 a 146 a.C., em que teve fama o general, também cartaginês, Asdrúbal. Roma foi vitoriosa nas três e, a partir daí, iniciou sua expansão de forma mais intensa).[9]

O ditador era acompanhado por 24 lictores, munidos de fasces e securis.

Até 356 a.C., foi magistratura patrícia. A partir daí, abriu-se aos plebeus.

---

9 CHRISTOL, Michel; NONY, Daniel. **Rome et son empire**: des origines aux invasions barbares. Paris: Hachette, 1990.

1] Magister Equitum: Mestre dos cavaleiros ou comandante da cavalaria. Auxiliava o ditador. Magistratura patrícia.
2] Prefeitura para a Cidade: O Praefectus Urbi, ou Prefeito para a Cidade, era substituto eventual dos cônsules. Era indicado pelo cônsul em exercício, quando tinha que se ausentar da cidade. Foram substituídos pelos pretores. Era magistratura patrícia.
3] Questura: No início, cada cônsul indicava um questor para auxiliá-lo. Os questores tinham o dever de zelar pelo erário, ou tesouro público. Em 420 a.C., passaram a quatro, sendo eleitos pelos Comícios Tributos. Dividiam-se em *quaestores aerarii* e *quaestores parricidii*. Os primeiros cuidavam do erário. Os segundos julgavam crimes de homicídio.

No fim da República, subiram para 40, espalhados pelas Províncias. Em Roma havia somente dois, chamados de *quaestores urbani*.

Era magistratura patrícia.

- Censura

Os censores surgiram em 435 a.C. Eram eleitos pelos Comícios Centuriatos, em número de dois.

Eram responsáveis pelo censo das tribos territoriais, a partir das informações dadas pelos *patresfamilias*. As declarações falsas eram punidas através da Nota Censória, averbada no Registro Público. As penas iam desde a exclusão do exército, das tribos, das centúrias ou do Senado até a redução à condição de escravo.

Além disso, administravam terras públicas, criavam tributos, incluíam nomes no censo (o que conferia cidadania ao incluído) e contratavam serviços públicos. A partir de 312 a.C., os censores passaram a indicar os senadores, o que antes era função dos cônsules.

Pela importância do cargo, de uma maneira geral, eram eleitos censores, antigos cônsules.

Até 351 a.C., era magistratura patrícia. A partir daí, abriu-se aos plebeus.

- Edilidade Curul

Em 367 a.C., foram criados dois cargos de edis curuis para patrícios. Mas já em 364 a.C., os plebeus podiam ocupá-los.

Tinham a função de policiar a cidade e os mercados; organizar certos jogos públicos. Possuíam jurisdição nas vendas de escravos.

- Pretura

Em 367 a.C., foram criados cargos para dois *praetores urbani*, ou pretores urbanos. Tinham a função de substituir o cônsul que se ausentasse, além de exercerem jurisdição civil.

Em 242 a.C., foi criado um cargo de pretor peregrino para julgar causas entre romanos e não romanos, ou só entre não romanos.

Com a expansão provincial, o número aumentou, sendo vários enviados às províncias pretorianas para administrá-las. Ao tempo de Júlio César (I século a.C.), havia 16 pretores.

Era magistratura patrícia até 337 a.C., quando passou a admitir plebeus.

- Tribunato da Plebe

Era magistratura plebeia, não admitindo patrícios que a ela nem deveriam querer ascender. Os tribunos eram extremamente poderosos. Detinham o poder de *intercessio* (poder de vetar ordens ou decisões do cônsul e do Senado, além de poderem interferir nas eleições, convocações dos Comícios e outros atos de interesse público. Podiam impedi-los, por exemplo. Só contra o ditador não podiam exercer o poder de veto).

Não possuíam o *ius imperii*, nem atribuições administrativas, não podiam convocar o Senado e os Comícios, não possuíam nem insígnias, nem honrarias, tais como lictores. Não se assentavam na cadeira curul (cadeira de marfim e ouro, símbolo das altas magistraturas, como consulado, pretura, edilidade curul, ditadura).

A eles se deve a iniciativa da Lei das XII Tábuas, a permissão de casamento entre patrícios e plebeus (*Lex Canuleia*, de 445 a.C., proposta pelo *tribuno Canuleius*).

Essa magistratura foi criada após o movimento plebeu de 494 a.C. Seu número inicial era de dois, crescendo depois. Eram eleitos pelos Conselhos da Plebe (*Consilia Plebis*).

- Edilidade da Plebe

Os edis da plebe foram criados na mesma época dos tribunos. Era magistratura plebeia, interditada aos patrícios. Eram eleitos pelos Conselhos da Plebe, em número de dois, que aumentou depois.

Sua função era a de ajudar os tribunos, zelar pelos arquivos da plebe e proteger os plebeus contra os patrícios.

- **Tribunato Consular**

Foi magistratura plebeia, criada em 444 a.C. A função do tribuno consular era a de substituir o Cônsul ausente. Nessa época, era a única forma de um plebeu exercer o consulado. Com a permissão dada à plebe de exercer o Consulado (*Lex Licinia de Magistratibus*), em 367 a.C., desapareceram os Tribunos Consulares.

Além dessas magistraturas, que eram urbanas, havia outras, as magistraturas provinciais.

As magistraturas provinciais surgiram, após a expansão territorial romana, nos séculos II e I antes de nossa era. Os principais magistrados eram:

1) Pró-cônsules ou Governadores – Administravam as províncias consulares, exercendo funções administrativas e judiciárias.
2) Pró-pretores – Administravam as províncias pretorianas, exercendo funções administrativas e judiciárias.
3) Legados – Acompanhavam e auxiliavam os pró-cônsules e pró-pretores.
4) Questores – Auxiliavam os governadores, forneciam víveres, arrecadavam tributos, substituíam os governadores.
5) Pró-questores – Ocupavam interinamente o lugar do questor morto ou que saía, até a nomeação de outro questor.
6) Prefeitos – Segundo alguns, administravam os municípios italianos, ligados a Roma. Segundo outros, esses municípios eram administrados por duúnviros (dois homens) municipais (cônsules municipais).

- **Senado**

O número de senadores era inferior a 300 (número do fim da Realeza). O Senado exercia funções consultivas junto aos cônsules e demais magistrados *cum imperio*, que podiam convocá-lo para fazer consultas. Ratificavam as leis e decisões dos Comícios, utilizando-se para isso da *auctoritas patrum* (autoridade dos pais. Os senadores eram chamados de pais – *patres*).

O Senado constituía províncias, dando-lhes sua Lei Fundamental.

A partir de 312 a.C., os censores passaram a nomear os senadores, normalmente, dentre antigos cônsules. Até essa data eram indicados pelos cônsules.

Em meados da República, passou a haver senadores plebeus, chamados de *conscripti*.

- Comícios Populares

1] Comícios Curiatos – Eram compostos de patrícios. No fim da República, já se admitiam plebeus em seu número. Suas funções foram reduzidas na República, sendo responsáveis apenas pelos testamentos (as pessoas falavam seu testamento perante os comícios) e pelas ad-rogações (adoção de um *paterfamilias* por outro, diante dos comícios).
2] Comícios Centuriatos – Eram divididos por centúrias, como na Realeza. Deles participavam patrícios e plebeus. Tinham funções legislativas (votavam as *leges rogatae*) e funções judiciárias (eram a segunda instância nos processos criminais punidos com pena de morte – o réu podia provocar a manifestação dos comícios para rever a sentença – *provocatio ad populum*). Por fim, tinham função eletiva. Elegiam os cônsules, pretores e censores.
3] Comícios Tributos – Com a divisão territorial em novas tribos, feita por Sérvio Túlio, criaram-se os Comícios Tributos. Cada uma das quatro tribos urbanas (Suburana, Palatina, Colina e Esquilina) e das 31 tribos rurais tinha o seu comício, do qual participavam *patresfamilias*, fossem patrícios ou plebeus. A conformação do comício e seus membros era delineada pelo censor. Os Comícios Tributos, é bem possível, se conformavam a partir das tribos rurais. Há quem afirme, entretanto, que teriam surgido em substituição aos Conselhos da Plebe.[10]
4] Tinham função legislativa (votavam *leges rogatae*) e funções eletivas (elegiam os questores e edis curuis).
5] Conselhos da Plebe (*consilia plebis*) – Eram assembleias de plebeus, com funções legislativas (votavam leges rogatae, denominadas *plebiscitos*) e funções eletivas (elegiam os tribunos da plebe e os edis da plebe). Tendem a se confundir com os Comícios Tributos no último século a.C.

c] Religião

Os poderes sacerdotais do rei passaram ao *rex sacrorum* (rei das coisas sacras) na República. Além dele, havia o Colégio de Pontífices, encabeçado pelo *pontifex maximus* (sumo pontífice). Com o passar dos tempos, a pessoa do *rex sacrorum* se tornou figurativa e quem exercia o poder sacerdotal era o sumo pontífice. Além disso, era responsável pelos anais (anotações dos fatos históricos ocorridos a cada ano). O pontífice também interpretava o Direito, emitindo pareceres.

---

10 GIORDANI. **Iniciação ao direito romano**... cit., p. 143.

d] Fontes do Direito

O Direito na República sofreu enorme revolução. De um Direito empírico, casuístico, concreto, *a posteriori* passou a ter contornos modernos. Passou a ser um Direito mais científico, genérico, abstrato e apriorístico. Científico porque mais bem elaborado (havia leis escritas) e sistematizado. Deixou de ser empírico. Genérico porque se aplicava a vários casos, não sendo casuístico. Abstrato, uma vez que se abstraía do caso concreto, valendo para uma multitude de problemas. Apriorístico porque elaborado antes do fato. Deixa de ser *a posteriori*.

As fontes do Direito na República eram:

- Costumes – Um costume só será fonte de Direito, ou seja, só será verdadeiramente costume se nele estiverem presentes o uso (repetição constante de uma prática) e a *opinio necessitatis* (convicção de que aquele uso tenha força de norma jurídica).
- Leis escritas. Havia duas espécies:

1] *Leges rogatae* – Eram propostas por um magistrado *cum imperio* a um dos comícios. Daí poderem ser *leges curiatae* (Comícios Curiatos), *leges centuriatae* (Comícios Centuriatos), *leges tributae* (Comícios Tributos). Os Conselhos da Plebe legislavam através de plebiscitos, que eram no início apenas para os plebeus, mas após a *Lex Hortensia*, de 286 a.C., tornaram-se genéricos, para todo cidadão romano. Os plebiscitos eram espécies de *lex rogata*, proposta por um Tribuno da Plebe. Plebiscito famoso foi o conhecido por *Lex Aquilia*, de 326 a.C., responsável pela sistematização normativa da responsabilidade civil ou aquiliana.

As *leges rogatae* eram homologadas pelo Senado.

Dentre as leis da República, destaca-se a Lei das XII Tábuas, considerada o marco da evolução do Direito, que de empírico e casuístico, torna-se científico e abstrato.

Segundo a versão tradicional (Tito Lívio, Dionísio de Halicarnasso e Diodoro da Sicília), em 494 a.C., os plebeus, revoltados com sua situação de inferioridade, ter-se-iam rebelado e se reunido no Monte Aventino (à época desocupado), a fim de fundarem uma cidade. Segundo alguns, teriam sido os soldados plebeus que se rebelaram e se retiraram para o Monte Aventino. A eles foi enviado um representante dos patrícios, de nome Menênio, que, para persuadi-los a voltar, narrou-lhes o apólogo do estômago e dos membros. Os membros se revoltaram contra o estômago, uma vez que só eles trabalhavam, enquanto aquele só comia e descansava. Após a rebelião, o estômago morreu de fome, levando à morte também os membros, que dele dependiam para sobreviver, para se alimentar.

Apólogo de lado, os plebeus cederam, mas com algumas conquistas: ganharam duas magistraturas, o Tribunato da Plebe e a Edilidade da Plebe, além de uma lei escrita, genérica, que valesse para todos, patrícios e plebeus.

Foi, porém, alguns anos mais tarde (462 a.C.) que o tribuno Terentílio Arsa propôs a organização de comissão para elaborar a tal lei que poria fim à luta entre as duas classes. Os patrícios retardaram a providência durante dez anos. Em 452 a.C., finalmente enviaram delegação de três cidadãos à Grécia (Atenas). Segundo alguns, a delegação teria visitado a Magna Grécia (cidades gregas no sul da Itália). Segundo outros, a delegação foi à Grécia, passando pela Magna Grécia. De qualquer forma, o objetivo era estudar as leis gregas, principalmente as leis de Sólon, elaboradas por este, tempos atrás (possivelmente, entre 638 e 538 a.C.), com base nas leis egípcias.

A delegação regressou com farto material, sendo formado um decenvirato (grupo de dez homens), magistratura especial, para governar a cidade e redigir a lei. Teriam sido auxiliados por um sábio grego, Hermodoro, exilado de Éfeso. Nessa época, as magistraturas ordinárias foram suspensas.

O presidente dos decênviros era Ápio Cláudio. Após um ano (em 451 a.C.), estava elaborada a lei, insculpida em dez tábuas. Foi aprovada e afixada no Fórum (praça em que funcionava o centro administrativo da cidade, em que eram publicadas as leis).

O trabalho, no entanto, estava incompleto e, por isso, foi organizado novo decenvirato, ainda sob a presidência de Ápio Cláudio, para completar o que faltava.

Ultimada a tarefa em um ano, os decênviros entregaram mais duas tábuas (450 a.C.). Em seguida, resvalaram para a tirania, tentando perpetuar-se no poder. A situação, que já era insustentável, tornou-se crítica com um episódio envolvendo Ápio Cláudio e Virgínia, moça que se destacava pela beleza. Ápio Cláudio tentou torná-la sua escrava, mas seu pai, para evitar a desonra, matou-a. Após o episódio, o povo se revoltou, depondo os decênviros e aprisionando Ápio Cláudio. As magistraturas ordinárias foram restabelecidas. Mas a Lei das XII Tábuas já estava em vigor.

Há autores que negam essa versão. Segundo Ettore Pais,[11] a Lei das XII Tábuas não teria sido fruto de uma viagem à Grécia, nem dos esforços do decenvirato. Foram uma compilação de costumes romanos que veio a lume no século IV a.C.

Lambert é mais radical. Segundo ele, a Lei das XII Tábuas resultou da obra do jurista Sexto Élio Peto Cato, que foi cônsul em 198 a.C. A lei seria, portanto, dessa época.[12]

---

11 PAIS, Ettore. **Corpus inscriptionum latinarum**. Disponível em: <http://cil.bbaw.de/cil_en/dateien/datenbank_eng.php>. Acesso em: 19 dez. 2022.
12 LAMBERT. **La question de l'authenticité des XII tables et les annales maximi**, p. 32.

2] *Leges datae* – Eram outorgadas diretamente pelos cônsules, ou outro magistrado *cum imperio*, sem qualquer votação pelos comícios, nem homologação do Senado. A expressão significa lei dada, porque eram dadas a determinada cidade ou território. Eram formuladas pelos magistrados em virtude de poderes a eles conferidos por uma *lex rogata*. Tinham, normalmente, caráter administrativo e visavam à organização de territórios conquistados, províncias e cidades. Eram em grande número.[13] A mais antiga, de que se tem notícia, data de 318 a.C., foi uma lei dada (*lex data*) à cidade de Cápua pelo Pretor L. Fúrio.[14]

- Senatusconsultos – O Senado podia ser convocado por um magistrado cum imperio, que lhe fazia uma consulta. A resposta vinha em forma de senatusconsulto, uma espécie de parecer senatorial. No início da República, não tinham força de lei, apesar de serem fonte normativa, digamos, indireta. Já no fim da República, passaram a ter força de lei.
- Um senatusconsulto famoso é o Senatusconsulto Macedoniano, recepcionado por nosso Código Civil. Segundo ele, o empréstimo feito a menor é inexigível. Isso por causa de um tal Macedo que, segundo consta, teria matado o próprio pai, para herdar e pagar a seus credores que o perseguiam.[15]
- Tanto os senatusconsultos quanto as leis recebiam o nome do magistrado que apresentava a proposta, ou da pessoa ou situação por força das quais eram propostos.
- Editos dos magistrados – Eram normas de caráter administrativo e processual, promulgadas pelos magistrados, normalmente, quando assumiam seu cargo. Os magistrados que detinham o *ius edicendi* ou direito de editar (editos) eram os cônsules, o ditador, os pretores, os censores, os edis curuis e, fora de Roma, os governadores, pró-pretores e prefeitos municipais.
- No início, os editos eram divulgados em voz alta, depois passaram a ser escritos no album (tábua de madeira recoberta com gesso).
- Não confundir *edito* com *édito*.
- Edito vem do verbo *edicere* (particípio passado: *edictum*), que quer dizer publicar, divulgar em voz alta.
- Édito vem do verbo *edere* (particípio passado: *editum*), que quer dizer expor, mostrar.
- Os editos dos pretores indicavam as fórmulas a ser aplicadas aos litígios que se lhes apresentassem.

---

13 GIORDANI. **Iniciação ao direito romano**. cit., p. 169.
14 BARROS, Sérgio Resende de. **Direitos humanos**: paradoxo da civilização. Belo Horizonte: Del Rey, 2003. p. 131.
15 TALAMANCA, Mario. **Istituzioni di diritto romano**... cit., p. 122.

- Jurisprudência – Era a prudência do Direito ou doutrina. Os pareceres de certos jurisconsultos tinham força de lei. A importância dessa jurisprudência era muito maior que em nossos dias, dado o fato de a lei ser extremamente mal redigida e incompleta.

e] Expansão romana

Após consolidar-se internamente, Roma dá início a sua expansão. De 296 a 270 a.C., conquista a Itália. De 264 a 146 a.C., travou três guerras contra Cartago, subjugando-a. Foram as Guerras Púnicas. Cartago era uma cidade situada ao norte da África, onde seria, hoje, mais ou menos, Túnis, capital da Tunísia. No fundo, as Guerras Púnicas se travaram pelo controle do comércio mediterrâneo. Em 146 a.C., Roma destruiu Cartago, dando início à dominação do Mediterrâneo e do Norte da África. Depois, subjugou a Grécia e assim por diante.

A expansão romana na Itália se deu por três sistemas: incorporação, federação e colonização.

Com a queda do Império Etrusco, em fins da Realeza/início da República, formou-se contra Roma uma liga de cidades latinas, para fazer frente a suas pretensões expansionistas. Denominou-se Liga Latina. Em 493 a.C., na batalha do Lago Regillus, Roma celebrou tratado de paz com a Liga, tratado este que se chamou *Foedus Cassianum*. Em 338 a.C., porém, desrespeitando o tratado, Roma derrotou e dissolveu a Liga Latina, incorporando várias de suas cidades, que organizou sob a forma de tribos rurais. Outras cidades mais próximas também foram sendo incorporadas e organizadas em forma de tribos. Daí que, além das quatro tribos urbanas criadas por Sérvio Túlio no final da Realeza (Suburana, Esquilina, Palatina e Colina), surgiram várias tribos rurais (31, ao final do século III a.C.). O número final de 35 não mais se alterou, e as incorporações posteriores ao final do século III foram para uma das 35 tribos já existentes.

O sistema de incorporação continha dois inconvenientes. Primeiro, os povos incorporados nem sempre se adaptavam à nova organização em tribos. Em segundo lugar, a incorporação implicava concessão de cidadania e de direito a voto (*ius suffragii*) aos povos incorporados. Com isso, a organização dos Comícios Tributos tornava-se difícil, devido ao número crescente de participantes.

A solução jurídica foi a criação dos municípios. Eram comunidades agregadas às tribos, mas separadas de Roma administrativamente. Eram governados por prefeitos, segundo alguns, ou, segundo outros, por duúnviros (dois homens) municipais. Esses duúnviros equivaliam aos cônsules na administração dos municípios, escolhidos entre os decuriões dos municípios (neste sentido, decurião era uma espécie de senador nesses municípios). Alguns municípios, entretanto, mantinham sua própria administração.

Até 109 a.C., distinguiam-se os municípios em duas espécies: *municipia optimo iure* (detinham cidadania romana e administração própria) e *municipia sine suffragio* (não detinham cidadania nem administração própria, mas pagavam tributos e serviam o exército). Entre 81 e 79 a.C., o ditador Sula deu estrutura mais ou menos uniforme a eles.

Com outras cidades, eram firmados tratados, chamados *foedera*, pelos quais as cidades conservavam sua autonomia administrativa, seus cidadãos não eram cidadãos romanos, mas, por outro lado, não lhes era dado o *ius belli et pacis*, ou direito de declarar guerra e celebrar a paz, sem autorização de Roma. Era o sistema de federação.

O último sistema é o de colonização. Colônia vem do verbo *colere* (particípio passado: *cultum*), com o significado de cultuar, adorar. Colônia era a cidade fundada por cidadãos de outra. Tinha, portanto, o mesmo culto, cultuava os mesmos deuses. Segundo a lenda, Roma teria sido colônia de Alba Longa.

Roma fundou várias colônias em territórios ocupados. Primeiro, para garantir controle sobre povos insubordinados. Depois, para incrementar a agricultura e distribuição de terras. Por fim, para recompensar soldados veteranos.

Fora da Itália, a ocupação romana se deu por meio das províncias. Estas eram criadas pelo Senado, através de senatusconsultos. Era organizada comissão de senadores que outorgava à província em criação a chamada *Lex Provinciae* (espécie de lei fundamental da província). Nela se estabeleciam os limites territoriais, os povos que lá habitavam, além de outras disposições.

Havia províncias consulares e pretorianas. As consulares eram governadas por um pró-cônsul, requerendo a permanência de um exército. As pretorianas eram governadas por pró-pretores, exigindo a presença de apenas algumas tropas.

f] Sociedade romana na República

As classes sociais se dividiam em quatro, basicamente. A classe baixa, ou *plebs urbana*, era composta de plebeus sem dinheiro, com profissões menos prestigiosas: barbeiros, sapateiros, padeiros, açougueiros, pastores, agricultores etc.

A segunda classe era a dos escravos. A economia romana se baseava na mão de obra escrava. Estima-se que no final da República, Roma, que deveria contar com, mais ou menos, um milhão de habitantes, tinha uma população de, mais ou menos, duzentos mil escravos. Os escravos eram considerados bens semoventes, despidos de personalidade. Apesar disso, podiam agir por seus senhores, em nome próprio, uma vez que não se concebia, naquela época, a ideia de representação. Seria como hoje nos contratos de comissão mercantil. O comissário age por conta de alguém, mas em seu próprio nome. Essa era uma das questões que o Direito Romano não resolvia bem. Como pode uma coisa, um bem, agir em seu nome, ainda que por conta de alguém?

A terceira classe era a dos Cavaleiros da Ordem Equestre. Na verdade, não eram cavaleiros, mas homens de negócio. Herdaram esse título somente pela qualificação patrimonial para ser um *eques equo privato* ou cavaleiro de cavalo próprio, que servia na cavalaria com seu próprio cavalo. Essa qualificação patrimonial (patrimônio de pelo menos 400.000 sestércios) era a mesma exigida para se tornar um juiz equestre, a quem competia julgar as questões envolvendo corrupção. A partir daí, todos aqueles homens de negócio que, sem ser integrantes da nobreza, tinham patrimônio superior a esse mínimo passaram a se denominar cavaleiros, apesar de eventualmente nunca terem montado um cavalo.

Os cavaleiros se dividiam em duas categorias não excludentes: a dos publicanos, que, em forma de sociedades (*societates publicanorum*), celebravam contratos com o Estado (obras públicas, arrecadação de impostos etc.) e a dos *negotiatores*, que empreendiam na esfera privada, como comerciantes individuais, normalmente no ramo de bancos, daí serem chamados de *argentarii*. Diga-se de passagem, que no século I a.C. as pessoas menos endinheiradas, principalmente os nobres e senadores, que necessitavam manter certo padrão, viviam endividadas junto aos *argentarii*, em sistema de adiantamento de crédito, que podemos, de forma grosseira, comparar com o cheque especial de hoje. A narrativa de Cícero (grande jurisconsulto, magistrado e senador do século I a.C.), em suas cartas, dá testemunho disso.

Esses cavaleiros agiam, muitas vezes, em nome de nobres, que não queriam ou não podiam exercer esse ramo de empreendimentos. Os senadores, por exemplo, eram proibidos de exercer atividades mercantis, principalmente fora da Itália. Assim, podiam investir dinheiro junto a um publicano (em forma de sociedade) ou junto a um *negotiator*, sendo destes a atividade e o risco.

A quarta classe era a nobreza ou *nobilitas*. Como visto, por volta dos séculos IV e III a.C., a diferença entre patrícios e plebeus já não era importante. A plebe já ocupava todos os cargos da magistratura, antes reservados só aos patrícios. Também podiam ser nomeados senadores. Enfim, o que contava era o patrimônio. A partir daí, formou-se uma nova classe, a nobreza, composta de famílias que descendiam de homens públicos, de magistrados. Dentro da nobreza, destacava-se a Ordem Senatorial, composta de senadores e suas famílias. No fim da República, não era necessário ser nobre para integrar a Ordem Senatorial. Bastava exercer uma questura e, depois, ocupar um assento no Senado para ser considerado membro da Ordem Senatorial. Tal é o caso de Cícero, que não era de família nobre, mas foi magistrado e, depois, senador, integrante, portanto, da Ordem Senatorial.

A nobreza (e a Ordem Senatorial) era a classe dirigente e, junto com os Cavaleiros da Ordem Equestre, constituía a classe dominante.

2.2.4 Alto Império (27 a.C. a 284 d.C.)

a] Introdução

Caio Mário, ditador romano do princípio do século I a.C., implementou várias reformas. Dentre elas, o poder dos generais de recrutar livremente seus soldados. Estes, assim, passaram a ser fiéis ao general e não a Roma.

Lúcio Cornélio Sula (ou Sila), concunhado de Caio Mário, foi o primeiro a se aproveitar disso. Tornou-se ditador, com o apoio de suas tropas, de 81 a.C. a 79 a.C.

Em seguida, vários eventos se sucedem, inclusive a revolta dos escravos, liderada por Spartacus, que ocorreu em 73 a.C.

Por volta de 66 a.C., forma-se um triunvirato: Júlio César, Pompeu e Crasso.

Crasso ficou com a Síria; Júlio César, com a Gália, e Pompeu, com a Hispânia e a África.

Crasso morreu em batalha, na Síria.

Pompeu e César entraram em desavença. Em 49 a.C., César, contrariando o Senado, não licenciou suas tropas, atravessou o Rubicão e invadiu Roma. Pompeu se refugiou, com vários senadores e outros magistrados na Tessalônica. Em 48 a.C., César o derrotou na batalha de Farsália. Pompeu escapou para o Egito, onde foi traído e morto pelo faraó Ptolomeu. Ptolomeu entregou a cabeça de Pompeu a César, que passou a governar, de fato, como rei. Queria, porém, segundo alguns, o reconhecimento oficial do título de rei. Este fato, somado a vários outros, principalmente a desastrosa política interna de César junto às classes dominantes, fez com que acabasse sendo assassinado em 44 a.C.

Em 43 a.C., formou-se um segundo triunvirato, formado por Otávio (sobrinho-neto e filho adotivo de Júlio César), Marco Antônio e Lépido.

Após algumas sérias desavenças, Lépido foi exilado e esquecido. Marco Antônio, sediado no Egito, se apaixonou por Cleópatra, entregando-lhe territórios romanos. Otávio retaliou, com o apoio do Senado. Antônio e Cleópatra se suicidaram. Otávio se tornou ditador. Em 36 a.C., foi-lhe atribuída a *tribunicia potestas* (poder de veto e inviolabilidade). Em 29 a.C., recebeu o título de *imperator* (comandante em chefe das forças armadas). Em 28 a.C., recebeu o título de *princeps senatus*; em 27 a.C., o de augusto. Otávio se tornou, então, o senhor absoluto, mas sem o título de rei, do qual não fazia questão.

O Alto Império ou Principado era monarquia mitigada, pois os próprios romanos não a perceberam de pronto como o fim da República. Muitos ainda continuaram a entendê-la como uma república, chefiada por um ditador. É lógico que os mais cultos logo se aperceberam de que a República havia acabado. Suetônio, nascido em 69 d.C., já não fala em república, mas em verdadeira monarquia.

O Imperador dividia seus poderes com o Senado, que tinha ainda algum peso. Por isso, esse período se denomina diarquia (governo de dois).

A pouco e pouco, porém, essa diarquia vai se transformando, cada vez mais, em monarquia.

b] Organização política

- Imperador

A palavra "imperador" significava, originalmente, chefe das armas, comandante supremo.

A palavra "caesar" era o sobrenome de Caio Júlio César, que acabou sendo usado como título. O último imperador da casa Júlia Cláudia, que tinha o direito de usar o sobrenome "Caesar", foi Nero. Apesar disso, os que vieram depois continuaram usando o nome que acabou por se transformar em título.

O imperador era indicado por seu antecessor, fosse por adoção ou não. De fato, o exército influía muito, em regra. O escolhido era consagrado pelo voto do Senado e dos comícios, de cujas mãos recebia sua investidura pela Lex de Imperio.

O imperador detinha a *tribunicia potestas*, o pró-consulado (comando militar de todas as províncias), o direito de declarar guerra e celebrar paz, fundar e organizar colônias, conceder cidadania, convocar o Senado, cunhar moedas, instituir tributos, administrar, dizer o direito (jurisdição civil em 2ª instância e jurisdição criminal).

- *Consilium principis*

Para decisões mais sérias, o imperador consultava esse conselho (estável a partir de Adriano – 117/138), formado por seus amigos e juristas eminentes.

Funcionários imperiais

1] Legados de César (*legati caesaris*): governavam as províncias imperiais.
2] Procuradores de César (*procuratores caesaris*): arrecadavam tributos nas províncias imperiais.
3] Prefeito Augustal: governador do Egito, instituído por Otávio.
4] Prefeitos para o Pretório (*praefecti praetorio*): eram dois ou três e comandavam as tropas imperiais na Itália e em Roma. Comandavam a Guarda Pretoriana (Imperial). Depois, foi-lhes atribuída jurisdição criminal na Itália e suas funções civis acabaram por predominar sobre as militares.
5] Prefeitos para a cidade (*Praefecti urbi*): função policial e jurisdição criminal em Roma e em um raio de 100 milhas em torno de Roma.
6] *Praefecti annonae*: abastecimento de Roma com jurisdição sobre as causas a ele relacionadas.
7] *Praefecti vigilium*: policiamento noturno, incêndios e jurisdição correlata.

8] *Praefectus aerarii*: administração do tesouro público e jurisdição fiscal.
9] Curadores: para funções específicas, como cuidar das vias públicas (*curator viarum publicarum*) ou do abastecimento d'água (*curator aquarum*).

- Magistraturas republicanas

1] Consulado: perdeu todos os poderes militares e civis. Cargo honorífico.
2] Pretura: permaneceu com a jurisdição civil na Itália e em Roma durante todo o Alto Império. Sob Caracala (211 a 217), desapareceu a pretura peregrina.
3] Censura: deixou de existir sob Domiciano (81 a 96). Seus poderes passam para o imperador.
4] Questura: suas funções foram reduzidas. Havia dois que secretariavam o príncipe.
5] Edilidade curul e da plebe: deixam de existir por volta de 240.
6] Tribunato da Plebe: recebe novas funções administrativas de menor importância (cuidar das sepulturas, por exemplo). É título honorífico, antes de qualquer coisa.

- Senado

Augusto reduziu o número de senadores para 600. Os senadores eram nomeados pelo imperador.

Eram atribuições do Senado:
1] eleitorais, a partir de Tibério (14 a 37);
2] administração de províncias senatoriais;
3] administração do erário de Saturno;
4] legislativas, a partir de Nerva (96 a 98).

- Comícios

Vão perdendo suas funções. Sob Otávio, perdem suas funções de segunda instância judiciária. Sob Tibério (14 a 37), perdem as funções eleitorais. A partir de Nerva (96 a 98), perdem as funções legislativas. Desde então, passam apenas a votar a *Lex de Imperio*, por aclamação popular.

- Organização das províncias

1] Províncias imperiais – eram mais numerosas e necessitavam de forças permanentes.
2] Províncias senatoriais – estavam pacificadas. Eram governadas por um pró-cônsul, auxiliado por legados e um questor.

c] Fontes do Direito

Eram fontes do Direito os costumes, as leis comiciais, os editos dos magistrados, os senatusconsultos, as *leges datae*, as Constituições Imperiais e a jurisprudência (doutrina).

As leis comiciais eram propostas pelo imperador aos comícios. A última data do governo de Nerva (96 a 98).

Quanto aos editos dos magistrados, pode-se dizer que, no Alto Império, os magistrados republicanos logo perderam o *ius edicendi* (direito de editar). Os pretores ainda o mantiveram por algumas décadas, mas, por fim, se limitavam a copiar o edito de seus antecessores. Adriano (117 a 138), finalmente, encarregou o jurisconsulto Sálvio Juliano de fixar e sistematizar em um único texto os editos pretorianos. A obra denominou-se Edito Perpétuo, por ser imutável. A partir daí, os pretores só podiam inovar por solicitação do Imperador ou do Senado. Na verdade, a expressão "edito perpétuo" sempre foi utilizada para identificar o edito anual do pretor. Era promulgado quando o pretor assumia o cargo. Se houvesse necessidade de alguma solução que não estivesse contemplada no edito perpétuo, o pretor publicava um edito especial, chamado de *edictum repentinum*, ou edito repentino, extraordinário.[16]

Se na República os senatusconsultos não tinham força de lei, sendo apenas resposta do Senado às consultas dos magistrados, no Alto Império passaram a ter força de lei, sendo fonte direta de Direito.

As *leges datae* continuaram a ser fonte no Alto Império.

As Constituições Imperiais ou *placida* eram leis outorgadas pelo Imperador, em forma de editos, mandatos, rescritos e decretos.

Os editos continham disposições de caráter administrativo, principalmente. Eram, mais ou menos, como os editos dos magistrados.

Os mandatos eram instruções normativas transmitidas, principalmente, aos governadores e funcionários provinciais.

Os rescritos eram respostas a consultas jurídicas dirigidas ao imperador.

Os decretos eram sentenças prolatadas em litígios submetidos ao imperador, tanto em primeira quanto em segunda instância.

Todas essas constituições tinham força de lei.

A jurisprudência (*responsa prudentium*) equivalia à nossa doutrina. Diga-se que o imperador podia atribuir a certos juristas o chamado *ius respondendi*, que conferia a seus pareceres maior força que aos dos demais. Adriano (117-138) ampliou o *ius respondendi* não só às consultas sobre casos específicos, mas à obra de alguns jurisconsultos. Assim, eram fonte de Direito, na medida em que vinculavam as decisões judiciais, principalmente se todos os jurisconsultos tivessem

---

16 GIORDANI. **Iniciação ao direito romano**... cit., p. 177.

a mesma opinião sobre o fato, segundo o Rescrito de Adriano. Normalmente, principalmente após Adriano, o *ius respondendi* era conferido apenas aos membros do *Consilium Principis*.[17]

No início do Alto Império, foram criadas duas escolas de juristas: os proculeianos e os sabinianos. As diferenças entre as duas escolas não são bem definidas. Alguns dizem que se tratava simplesmente de cursos jurídicos rivais. Fato é, porém, que já nos séculos II e III não tinham mais importância alguma.

Os grandes jurisconsultos do Alto Império viveram nos séculos II e III: Sálvio Juliano, Ulpiano, Gaio, Paulo, Papiniano e muitos outros.

De suas obras, chegaram-nos, além de alguns fragmentos, três de maior importância: as Instituições de Gaio, as Sentenças de Paulo e as Regras de Ulpiano. Das três, apenas a primeira tem redação próxima à original.

2.2.5 Baixo Império (284 d.C. a 565 d.C.)

a] Introdução

No Baixo Império, foram abolidas de vez as instituições republicanas. Surge, de fato, uma monarquia absoluta, sem interferência da *auctoritas* do Senado.

O primeiro imperador foi Diocleciano (284 a 305). Seus principais feitos foram:

1] Estabeleceu a tetrarquia, nomeando dois césares e dois augustos, que governariam com ele. O augusto teria o poder. O césar seria seu eventual sucessor. Um augusto foi nomeado para o Ocidente, com sede em Milão. Era Maximiano. Foi auxiliado por um césar, em Trèves, de nome Constâncio Cloro. No Oriente, o augusto era o próprio Diocleciano, sediado em Nicomédia, perto de Bizâncio. Era auxiliado por um césar, sediado em Sérmio, na Panônia, atual Hungria.

2] Dividiu as províncias grandes e agrupou-as em Dioceses.

3] Aboliu o processo formular, adotando o extraordinário.

O segundo imperador foi Constantino, filho de Constâncio Cloro (323 a 337). O período entre 305 e 323 foi de lutas intestinas pelo poder. Houve época em que havia seis pessoas que se diziam imperadores, cada qual com seus partidários. Um deles era Constantino, que acabou por concentrar todo o poder, vencendo a guerra civil em 323.

Com Constantino, acaba, de direito, a tetrarquia e o poder se concentra em suas mãos.

Transferiu a capital para Bizâncio, mudando seu nome para Constantinopla.

---

17 *Idem*, p. 186.

Dividiu o Império em quatro Prefeituras: Oriente, Gália, Ilíria e Itália. Cada uma das Prefeituras se dividia em Dioceses.

São fatos importantes do Baixo Império:

- 313 – Edito de Milão, de Constantino, dando liberdade de culto aos cristãos. O edito foi reforçado posteriormente e aplicado em todo o império. Constantino se converteu à fé cristã, atribuindo várias de suas vitórias a isso.
- 380 – Constituição *Cunctos Populos*, de Teodósio I (379 a 395). Elevou o catolicismo à religião oficial.
- 395 – Morte de Teodósio I e divisão do Império em Oriente e Ocidente, com dois imperadores, seus filhos: Arcádio, no Oriente, e Honório, no Ocidente. A unidade jurídica foi mantida por meio da legislação, que era a mesma.
- 476 – Queda do Império Romano do Ocidente. Rômulo Augusto é derrotado por Odoacro, rei dos hérulos. Alguns reis bárbaros invasores passaram a ser tratados como delegados do Imperador no Ocidente (ex.: Odoacro, Teodorico e outros).
- 527 a 565 – Reinado do Imperador Justiniano. Tenta reunificar o Império e promulga as compilações de leis e doutrina, conhecidas hoje com o nome de *Corpus Iuris Civilis*.

Após a morte de Justiniano, tem início o chamado período bizantino, que se estende até 1453, ano em que ocorreu a queda de Constantinopla nas mãos dos turcos otomanos.

b] Organização política

- Senado

Continua a existir, mas praticamente sem poder.

Magistraturas republicanas

1] Cônsules: havia cônsules em Roma e em Constantinopla. Davam nome ao ano e desempenhavam funções honoríficas.
2] Pretores: cargo honorífico. Suas funções judiciais se transferem ao prefeito para a Cidade, prefeito para o Pretório, juízes menores (*iudices pedanei*) e ao imperador, a quem cabia apelação (*appellatio*).
3] Tribunos da Plebe: continuaram sendo cargo honorífico, desde o Alto Império.
4] Questor para o Sacro Palácio: assessor do imperador.
5] Prefeitos para o Pretório: administravam as Prefeituras.
6] Vigários: governavam as Dioceses.
7] Governadores ou pró-cônsules: governavam as Províncias. Foram depois substituídos por magistrados civis (*rectores*, *iudices* ou *praesides*) e militares (*duces*).

A administração se concentra nas mãos do imperador, junto ao qual funcionava o *Sacrum Consistorium* (conselho imperial para assuntos administrativos e judiciais).

Havia também uma plêiade de funcionários imperiais, dentre eles:
1) *Magister officiorum*: comandante das milícias palatinas.
2) *Comes sacrarum largitionum*: Conde do Erário (tesouro público).
3) *Comes rerum privatarum*: Conde do Fisco (tesouro privado).
4) *Magister militum*: Comandante do exército.
5) *Agentes in rebus*: Agentes para os Correios e Fiscalização das Províncias.

c) Fontes do Direito

Basicamente os costumes, a lei escrita e a jurisprudência (doutrina). As constituições imperiais se denominavam *leges*. Para uniformizar a legislação, um imperador enviava ao outro uma sanção pragmática.

Nessa época, foram feitas várias compilações de leis e de leis e doutrina. Algumas, particulares, para efeitos didáticos; outras, oficiais.

As compilações particulares de leis, a que podemos equiparar nossos *vade mecuns* editados pela RT, Saraiva, Forense e outras editoras, foram:
1) Código Gregoriano: (291 d.C.) continha as Constituições Imperiais, de 196 a 291.
2) Código Hermogeniano: (295 d.C.) continha as Constituições Imperiais, de 293 a 294.

A única compilação oficial dessa época foi o Código Teodosiano, de 438, sob o Imperador Teodósio. Continha as Constituições Imperiais, desde Constantino (323 a 337).

As compilações particulares de leis e doutrina mais importantes foram:
1) Livro Sírio-Romano: (século IV ou V) livro prático, destinado à magistratura e ao ensino.
2) *Fragmenta Vaticana*: foi encontrado na Biblioteca do Vaticano, em 1821, daí seu nome. É possível que seja do século IV ou V.
3) *Consultatio Veteris Cuiusdam Iurisconsulti*: consultas a certo magistrado antigo, que teria vivido na Gália, no século V.
4) *Collatio legum mosaicarum et romanarum*: paralelo entre o Direito Mosaico (referente ao Direito Bíblico, com origem em Moisés) e o Romano, elaborado entre 313 e 438.
5) Fragmentos do Sinai: encontrados em 1880, no Sinai, no Convento de Santa Catarina. Foi elaborado possivelmente no século V e contém comentários a obras clássicas.
6) Catálogo Bizantino das Ações: é provável que tenha sido elaborado na época do imperador Zenon (474 a 491).

As mais importantes compilações oficiais de leis e de doutrina foram:

1] Lei das Citações: 426 (Teodósio II, no Oriente, e Valentiniano III, no Ocidente). Traçava normas para a citação de juristas, cujas obras e pareceres tinham força de lei.

2] Compilações de Justiniano: em 528, Justiniano nomeou dez juristas para compor um código, compilando constituições de vários imperadores e codificações anteriores. Em 529, o trabalho ficou pronto, sendo promulgado. Denominou-se Código Novo de Justiniano. Dele nada sobrou, mesmo porque foi substituído por outro, já em 534. Assim, ficou conhecido por Código Velho, em contraposição ao de 534, chamado, este sim, de Código Novo.

Em 530, foi nomeada comissão de 16 juristas para compilar a doutrina. Obras de juristas, desde a República, foram consultadas. Como resultado, surgiu o Digesto ou Pandectas, reunindo pareceres de diversos juristas (mais ou menos 40), dentre clássicos e contemporâneos, acerca de vários temas. O Digesto entrou em vigor em dezembro de 533. Digesto vem do latim *digerere* – pôr em ordem; Pandectas vem do grego e significa compilação.

Em 533, nomeou-se comissão de três juristas para elaborar um manual didático para a Escola de Direito de Constantinopla. O resultado foi as Instituições de Justiniano, que ganharam força de lei pela Constituição *Tanta*, de dezembro de 533. Entraram em vigor juntamente com o Digesto.

Em 534, formou-se comissão de cinco juristas para formular um novo Código que substituísse o antigo, de 529. Ele o complementou com novas Constituições Imperiais, além de atualizar as antigas. Foi promulgado em novembro, entrando em vigor em dezembro de 534. É chamado de Código Novo ou *Codex Repetitae Praelectionis*.

Após todas essas compilações, Justiniano ainda editou novas Constituições (em número de 177, da data da promulgação do Código Novo até sua morte, em 565). São as chamadas *Novelas*, *Autênticas* ou *Placida*.

Foi, porém, no século XVI que o jurisconsulto francês Denis Godefroy reuniu todas essas compilações em um só volume, dando-lhe o nome de Corpus Iuris Civilis. A primeira edição é de 1583; a segunda, de 1604.

2.2.6 Período bizantino (565 a 1453)

Em 565, morre Justiniano. A partir daí, já não se pode falar mais, a rigor, em Império Romano, mas em Império Bizantino.

A capital era a cidade de Bizâncio, situada no Bósforo, estreito que liga Europa e Ásia. No início do século IV, Constantino mudou seu nome para Constantinopla. É, hoje, a cidade de Istambul, na Turquia.

O antigo Direito Romano, principalmente as compilações de Justiniano (Corpus Iuris Civilis), foi sendo, paulatinamente, adaptado e traduzido para o grego, língua cotidiana do novo Império. Outras compilações foram surgindo, tais como a *Ecloga Legum Compendiaria*, a *Lex Rhodia* e a *Prochiron Legum*.

Justiniano proibiu qualquer interpretação ou comentário a sua obra legislativa, que considerava perfeita. Apesar disso, os comentários e interpretações vieram. No século IX, a mando do imperador Teófilo (829 a 843), editou-se a Paráfrase das Instituições, que vem a ser uma adaptação em língua grega das Instituições de Justiniano. Segundo Moreira Alves, este Teófilo não foi o imperador, mas teria sido um dos compiladores das Instituições, ainda na época de Justiniano, de quando data a Paráfrase.[18]

Em seguida, a mando do imperador Basílio I (867 a 886), foram escritas as Basílicas (do grego *basilica*, significando imperiais, reais). Foram terminadas por seu filho, Leão VI (886 a 912). Compreendem 60 livros, divididos em títulos, reunindo os textos do Digesto e do Código Novo, acompanhados de comentários de juristas da época de Justiniano.

2.3 Alta Idade Média (476 a 1100)

O Império Romano era a forma política da antiga civilização da Europa, da África do Norte e do Oriente Médio. Com sua queda, surgiram três novas civilizações: a bizantina (greco-judaico-cristã), a árabe-islâmica e a latino-judaico-cristã, esta composta pelos romanos do Ocidente e pelos povos germânicos invasores. Tanto a civilização bizantina quanto a latina, ao mesmo tempo em que se cristianizaram, também se judaizaram, na medida em que o que se usa chamar de cristianismo foi, na verdade, uma releitura do judaísmo para os gentios. É bem diferente do cristianismo católico moderno, professado pela Igreja progressista, que tem muito mais de cristão do que o daqueles tempos.

A queda do Império do Ocidente ocorreu de forma paulatina. As invasões dos povos germânicos de além-Reno foram vagarosas. Várias tribos, em sua maioria germânicas, desceram para a Europa Meridional, ocupando partes do Império decadente.

As causas da decadência e da queda são várias. Dentre elas, pode citar-se o excesso de refinamento, que tornou o povo e as tropas, de certa forma, efeminadas. Em outras palavras, não eram mais páreo para os rudes homens do norte. Além disso, a alta corrupção dos agentes públicos. A evasão fiscal. A desorganização da administração pública, encabeçada por imperadores fracos.

---

18 MOREIRA ALVES, José Carlos. **Direito romano**... cit., v. 1, p. 95.

Os germanos, a seu turno, eram bárbaros. Bárbaros no sentido de que não possuíam qualquer refinamento cultural, tais como escrita, música, teatro, escolas, poesia etc. Viviam da agropecuária de subsistência, habitavam choupanas, caçavam e praticavam a guerra.

Com a divisão do Império Romano entre essas várias tribos, a economia europeia, refinada e mercantilizada, foi muito afetada. A urbanização e a circulação monetária eram mínimas. Voltou a agropecuária de subsistência.

A única instituição romana que, de certo modo, soube aproveitar-se da situação foi a Igreja Católica, que continuou a ter sede em Roma.

À medida que os bárbaros iam instalando-se no território romano, a Igreja, com sua astuta diplomacia, partiu para a tarefa de catequizá-los. Essa missão foi lenta, mas vitoriosa. Aos poucos, os povos germânicos foram convertendo-se à fé católica, deixando a Igreja em confortável posição de supremacia atemporal.

Como se perdera o poder político central, concentrado nas mãos do imperador, a Igreja se tornou forte. O papa era um ser supremo, acima de todos os reis bárbaros, que viviam em lutas uns com os outros, dominando pequenos territórios, e na dependência do apoio dos feudos.

Ademais, a Igreja era o meio civilizatório, o repositório da cultura greco-latina, que tanto fascinava os povos do norte. A língua latina, cultivada pela Igreja, era a língua da cultura e da civilização, aos poucos adotada, em grande parte, pelos germanos.

No Oriente, como o Império Romano ainda estava organizado, centrado na figura de um poderoso imperador, a força do papa era bem menor. Tanto que, apesar da queda do Império do Ocidente, a sede episcopal máxima continuou sendo Roma.

Na Alta Idade Média, o Direito Romano se distanciou de seu modelo clássico. Voltou a ser direito primitivo, consuetudinário e provinciano. As razões para isso são várias. Dentre elas, pode-se apontar o desaparecimento dos principais componentes da antiga cultura jurídica, quais sejam, a tradição das grandes escolas, o saber dos juristas, a jurisprudência (aqui já em sentido moderno), a legislação imperial. Além disso, o Ocidente perdeu contato com o Oriente, que em muito contribuíra para o desenvolvimento das letras jurídicas. O Ocidente se empobreceu culturalmente. Inexistia o que se pode chamar de ciência do Direito nesse período. Havia, ao que parece, uma única Escola de Direito em Roma. Mesmo o Direito Canônico era pouco estudado. Limitava-se a assuntos internos da própria Igreja e a algumas regras de Direito de Família, de Direito Penal (crimes de heresia, apostasia e outros), de Direito Processual Eclesiástico e de Direito Tributário.

Esse Direito Romano vulgar, provinciano, só se aplicava aos romanos, que continuavam a habitar o sul da França e a Itália. As compilações de Justiniano só vigiam no Oriente.

Os germanos conservaram seu próprio Direito costumeiro. Sem dúvida, sofreram influência do Direito Romano, principalmente o público, o que se pode sentir nas poucas compilações rudimentares do Direito bárbaro, como o Breviário de Alarico. Mais abaixo, falaremos dessas compilações.

Se, por um lado, os imperadores romanos foram grandes legisladores, os reis germânicos legislaram pouco. Mesmo quando o faziam, sua principal intenção não era a de desenvolver o Direito costumeiro, nem a de modificá-lo, mas antes a de fixar o velho Direito tribal. Isto se deve à visão que tinham do Direito: realidade eterna, que poderia ser interpretada e elucidada, mas não alterada substancialmente. Os romanos entendiam o Direito como técnica, que deveria adaptar-se à realidade.

Assim, o Direito germânico era primitivo: consuetudinário e não escrito. Era, sobretudo, privado, uma vez que desconheciam os povos germânicos qualquer espécie de administração pública mais elaborada.

Houve, como se disse, esforços locais de reduzir a escrito esse Direito bárbaro. O mais conhecido talvez seja a *Lex Salica*, provavelmente dos últimos anos do reinado de Clóvis, rei dos francos (488 a 496 ou 507 a 511).

Outros foram:

- Breviário de Alarico (*Lex Romana Visigothorum*): foi compilado, em 506, a mando de Alarico, rei dos visigodos, que ocuparam parte da Espanha. Teria sido redigido por jurisconsultos romanos.
- Edito de Teodorico: elaborado a mando de Teodorico, imperador dos ostrogodos, que ocuparam parte da Itália e da França. Era para ser aplicado aos romanos e bárbaros. Visava romanizar os bárbaros. Ano provável, 500 ou 506.
- *Lex Romana Burgundiorum*: elaborada pelos burgúndios, que ocuparam a Gália e parte da Suíça (*Helvetia*). Ano provável, 517. Seu conteúdo foi extraído do Breviário de Alarico.
- Edito do rei Rothari dos lombardos, que ocupavam parte da Itália. A data provável é 643.
- Estatutos dos reis anglo-saxões, a partir de Aethelbert de Kent, que faleceu em 616.

Apesar do clima adverso, com o surgimento do Sacro Império Romano-germânico, houve um esforço legislativo dos reis francos. Legislavam por meio de capitulares.

O Sacro Império Romano-germânico pretendeu ser a restauração do Império Romano do Ocidente, ocupando a França, grande parte da Espanha, a Alemanha e o norte da Itália. Começou com Pepino, o Breve, que governou de 751 a 768, tendo início a dinastia carolíngia. Em seguida, assumiu o trono Carlos Magno, cujo reinado se estendeu de 768 a 814. Em 800, foi coroado imperador do Sacro Império Romano restaurado. Em 843, o Império foi dividido em três partes, e em 855, em cinco partes.

Voltando às capitulares, equivaleriam elas, em termos modernos, a regulamentos, portarias, decretos, diretivas etc. Continham muito pouco Direito Civil e muito Direito Penal, Processual, Administrativo, Tributário e Militar.

O fato de conterem pouco Direito Civil nos dá uma ideia de quão pouca interferência havia do público no privado.

As capitulares eram proclamadas para todo o Império, sendo superiores às leis tribais, de caráter local. Exerciam, assim, importante papel como fator de unificação jurídica.

De todas essas compilações legais, as únicas que não foram escritas em latim foram os Estatutos dos reis anglo-saxões.

Neste período, ou seja, na Alta Idade Média, vigia o princípio da personalidade do Direito. A cada indivíduo se aplicava o Direito equivalente à sua origem. Assim, aos *romani*, aplicava-se o Direito Romano; aos germânicos, o Direito Germânico. Havia exceções, como o Edito de Teodorico, de aplicação genérica.

A partir do século VIII, surge o chamado Direito feudal. Espalhou-se pelo reino franco, carolíngio e por terras ocidentais. Eram costumes orais de cada feudo, tratando, principalmente, de questões fundiárias. Durou quatro séculos, sem qualquer legislação escrita significativa, nem ensino ou saber jurídico. Dependia este Direito dos costumes e, eventualmente, da intervenção de algum suserano inovador.

O primeiro estudo de Direito feudal foram as *Leges Foeudarum*, do século XII, elaboradas na Lombardia.

Por fim, na Alta Idade Média, o sofisticado Direito Processual Romano e sua organização judiciária se perderam. Não havia Justiça organizada, nem segunda instância. Os juízes não eram profissionais, nem tinham cultura jurídica. A Justiça era variada e fragmentada.

O processo era público, desenvolvido ao ar livre, na frente do povo. Este participava ativamente, concordando ou discordando do veredito proposto. Todo o procedimento se desenvolvia oralmente, com muito poucos documentos escritos. Não se guardavam registros, como é óbvio. O papel das autoridades era o de ratificar a vitória das partes e não o de julgar com base no Direito científico. A prova consistia em ordálias, se não fosse fácil a prova racional. As ordálias consistiam, por sua vez, em duelos e juízos divinos, como vimos acima, no Capítulo I.[19]

2.4 Baixa Idade Média (1100 a 1453)

Na Baixa Idade Média, a Europa, já um pouco mais pacificada e organizada, deixou para trás a estrutura feudal e agrária arcaica. O Estado Nacional absolutista tornou-se a forma dominante de organização política. Os senhores feudais foram perdendo espaço e poder para os reis. A economia fechada foi substituída por economia de mercado, graças ao desenvolvimento da indústria e do comércio entre os povos, ao sistema bancário, à circulação monetária, à urbanização etc.

O nível cultural elevou-se. Surgiram as universidades. O pensamento racional ganhou terreno. Reiniciou-se o estudo dos clássicos, que culminou no Renascimento. Também se reiniciou o estudo do Direito Romano, que começou a ser reintroduzido com os avanços sociais, políticos e econômicos.

O Direito nativo, consuetudinário, não respondia mais às exigências de uma sociedade mais evoluída. Surgiram as necessidades administrativas do Estado Nacional emergente.

A modernização de um sistema jurídico pode dar-se de dois modos. Primeiramente, pela modificação interna do Direito nativo. Em segundo lugar, pela recepção de um Direito externo. Na Europa Ocidental, ocorreram os dois fenômenos ao mesmo tempo, daí se falar em sistema romano-germânico.

O Direito Romano foi redescoberto no século XII. Já no final do século XI, a condessa Matilde da Toscana, aliada do papa Gregório VII e contrária a Henrique IV, imperador do Sacro Império Romano-germânico, mandou Irnério aprofundar o estudo do Direito Romano, na recém-fundada Universidade de Bolonha. As razões tinham cunho político e econômico. Politicamente, o Direito Romano era nacional (italiano), contrapondo-se ao Direito Germânico, estrangeiro.

---

19 Para facilitar a leitura, repetimos aqui o supradito: a origem direta da palavra *ordália* acha-se no latim *ordalium*. De acordo com Verstegan, do saxão, *ordal* e *ordel*, que, segundo Hicks, vem de *Dael*, julgamento, com o sentido de grande julgamento. Outros derivam do franco ou do teutão *Urdela*, que significa julgar, daí *Urteil* no moderno alemão, com o sentido de julgamento, sentença. Lye, no seu dicionário de Anglo-Saxão, deriva a palavra desta língua, significando um tipo de julgamento, em que não existe interferência das pessoas, sendo feita uma justiça absoluta, uma prerrogativa de Deus. Apesar disso, os papas da Igreja Católica condenaram sucessivamente as ordálias, por exemplo, Estêvão VI, em 887/888, Alexandre II, em 1063, e, mais proeminentemente, Inocêncio III, no IV Concílio de Latrão, em 1215, proibindo que o clero cooperasse com os julgamentos pelo fogo e pela água, substituindo-os pela compurgação (um misto de juramento e testemunho). As ordálias foram usadas em várias partes do mundo, em épocas distintas da Antiguidade e da Idade Média, como na Pérsia, na Índia, na Judeia, na Grécia, na Escandinávia e mesmo em Roma (ORDÁLIA. In: **Wikipédia**. Disponível em: <http://pt.wikipedia.org/wiki/Ordália>. Acesso em: 19 dez. 2022).

Economicamente, era Direito rico, mais adequado ao desenvolvimento econômico e político que se verificava.

Mas que Direito Romano foi redescoberto? Principalmente o Direito justinianeu.

Os estudiosos comentaram as antigas compilações justinianeias, construindo uma espécie de Direito Neorromano, que se tornou a base para o ensino universitário e para a ciência jurídica em toda a Europa. Esse Direito Romano medieval, somado ao Direito Canônico, de base romana, formou o que se denomina Direito erudito ou Direito Comum (Ius Commune). A esse Ius Commune contrapõe-se o Ius Proprium de cada localidade, vigente sob a forma de costumes, ordenações e cartas.

A doutrina, construída com base no Ius Commune, em muito influencia a prática jurídica.

Houve três escolas de estudo do Direito Romano.

A primeira delas foi a Escola dos Glosadores. Foi fundada por Irnério, na Universidade de Bolonha, durando, mais ou menos, 150 anos (século XII e metade do século XIII).

O objetivo da Escola dos Glosadores era o de elucidar os textos das compilações de Justiniano à luz da razão, da lógica formal.

Seu nome se deve às glosas, que eram explicações, esclarecimentos feitos aos textos justinianeus.

As glosas acabavam por ultrapassar a exegese literal. Tentaram uma verdadeira interpretação sistemática dos textos.

As antinomias das compilações, consideradas a própria perfeição, eram apenas aparentes para os glosadores, que tentavam resolvê-las através da técnica da *distinctio*, consistente na distinção minuciosa dos significados possíveis de uma mesma palavra.

A segunda escola foi a dos comentadores. É também conhecida por Escola dos Pós-glosadores. Este nome, no entanto, é um pouco inadequado, uma vez que dá a ideia errônea de que os comentadores não passaram de meros continuadores dos glosadores. Foram mais do que isso.

A Escola dos Comentadores durou dois séculos (XIV e XV). Por ser constituída em sua maioria por juristas italianos, ficou conhecida pela alcunha de *mos italicus*, ou escola italiana. Sua base foram as compilações de Justiniano, acompanhadas das glosas. Seu trabalho era acadêmico, doutrinário.

A característica principal da Escola dos Comentadores, que a afasta da Escola dos Glosadores, foi o esforço no sentido de adaptar o Direito erudito à realidade e às necessidades da época. Fizeram com que o Direito Comum (erudito) complementasse o Direito próprio, sem eliminá-lo, por estar muito enraizado. Foram os comentadores que criaram as expressões Ius Commune e Ius Proprium.

Segundo eles, o *Ius Commune*, ou Direito erudito, podia fornecer um método de estudo para o Direito Próprio.

A terceira escola foi denominada *humanista* ou Escola Culta. Durou todo o século XVI, já na Idade Moderna. Seu fundador foi Andrea Alciato, falecido em 1550. Era italiano, mas lecionou em Bourges, que se tornou o centro da escola, continuada por Jacques Cujas, falecido em 1590. Daí a razão de serem os franceses seus maiores representantes, o que deu à escola o nome de *mos gallicus*, ou escola francesa.

Foram os humanistas que cunharam duas expressões importantes: Idade Média e *Corpus Iuris Civilis*.

2.5 Idade Moderna (1453 a 1789)

A Idade Moderna iniciou-se com a queda de Constantinopla nas mãos dos turcos islâmicos (otomanos). Fechado o Bósforo, que era a passagem terrestre entre a Europa e o Oriente, tiveram início as grandes navegações e os descobrimentos. Começou o mercantilismo. Fortaleceu-se o Estado Nacional absolutista.

No Direito, iniciou-se a Escola Humanista ou Escola Culta, em substituição aos comentadores.

A Escola Humanista nasceu dentro do contexto do Renascimento (séculos XV e XVI). Caracterizava-se pela utilização do método histórico, sociológico e linguístico para a interpretação dos textos romanos.

Com esses métodos, muitos erros cometidos pelos glosadores e pelos comentadores foram retificados. Os humanistas viam o *Corpus Iuris Civilis* como fenômeno histórico, próprio de seu tempo e lugar. Não era um presente perfeito, caído dos céus.

Os comentadores haviam adaptado o Direito Romano, muitas vezes através de interpolações, que modificavam os textos originais. Os humanistas rejeitaram tais adaptações, reduzindo o Direito Romano a relíquia acadêmica. Procuraram restaurar os textos interpolados.

A verdade é que, na Idade Moderna, o Direito nacional já se achava bastante forte e desenvolvido, não mais necessitando, como antes, do Direito Romano original. Esta a razão de o terem reduzido os humanistas a relíquia acadêmica.

Apesar disso tudo, os profissionais do Direito continuavam a aplicar o Direito Romano na tradição dos comentadores, o que só foi superado pela introdução dos Códigos Nacionais. Mesmo estes tiveram muita influência da Escola dos Comentadores.

A Escola Humanista ou Escola Culta, pode-se dizer, sobrevive academicamente até nossos dias.

Nenhum país europeu escapou completamente à influência do Direito Romano estudado nas universidades (Direito Comum).

Em muitos países, esse Direito Comum foi introduzido e adotado como nacional, tendo substituído grande parte do Direito próprio. Os Estados alemães são exemplos desse fenômeno. Neles surge, já no século XIX, uma nova versão do Direito Comum, conhecida por *Usus Modernus Pandectarum*, ou Escola dos Pandectistas. Seu último grande representante foi Windscheid, falecido em 1892.

Na Inglaterra, o processo foi um pouco diferente. No século XII, os tribunais régios criaram um Direito consuetudinário inglês, inspirado no Direito feudal e no Direito próprio saxão. Desta fusão surge o Direito Comum inglês, denominado Common Law. Esta *Common Law* não tinha elementos romanos. Os ingleses chamavam o Direito Comum continental de *Civil Law* ou *Continental Law*.

Hoje, a expressão *Common Law* se contrapõe a *Statutary Law* (Direito escrito), ou então a *Civil Law*, dada sua sistemática.

Na Alta Idade Média, ao contrário dos tempos atuais, não era claro que o Direito podia ser manipulado. Era visto como realidade fixa e eterna, que podia ser interpretada, mas não modificada substancialmente. Essa a razão para poucas leis escritas, além da impotência dos governos centrais.

Na Baixa Idade Média, a situação começou a mudar, com o fortalecimento paulatino do Estado Nacional.

Na Idade Moderna, a atividade legislativa se intensificou. São exemplos as grandes Ordenanças de Luís XIV e de Luís XV.

De Luís XIV, temos a Ordenança Civil para a Reforma da Justiça, a Ordenança sobre o Comércio Terrestre e a Ordenança sobre o Comércio Marítimo. De Luís XV, a Ordenança sobre Doações, a Ordenança sobre Testamentos e a Ordenança sobre as Substituições Fideicomissárias.

Por fim, com o Estado Nacional, tanto o processo quanto a Justiça começaram a se centralizar. Surgiram os tribunais centrais e regionais. Reintroduziu-se o princípio do duplo grau de jurisdição. Aos poucos, os juízes foram se profissionalizando. Já na Baixa Idade Média, a partir do século XII, o sistema das ordálias foi, progressivamente, substituído por um sistema baseado em meios racionais de prova.

Como bem acentua Francisco Amaral, o Estado Moderno

> caracteriza-se pelos importantes processos de natureza política econômica, social, religiosa e cultural que nela se verificam, dos quais os mais importantes, com profunda repercussão no direito privado, foram a revolução comercial, a reforma religiosa, o desenvolvimento dos estados nacionais e dos governos absolutos, a revolução intelectual do racionalismo e o desenvolvimento do individualismo.[20]

---

20 AMARAL, Francisco. **Direito civil**: introdução. 5. ed. Rio de Janeiro: Renovar, 2003. p. 117.

É óbvio que tudo isso repercute gravemente no Direito, que se torna mais patrimonializado, individualista e racional.

2.6 Idade Contemporânea (de 1789 a nossos dias)

O marco histórico que divide a Idade Moderna da Contemporânea é a Revolução Francesa. No entanto, a Idade Contemporânea começa, de fato, com o movimento iluminista do século XVII e principalmente do século XVIII.

No Direito, o Iluminismo foi responsável por uma verdadeira reviravolta, que culminou na Escola do Direito Natural e nas grandes codificações.

Assim, foram características desse "iluminismo jurídico" a destruição das velhas tradições jurídicas do *Ancien Régime*, o triunfo do Direito Natural e a crença nos códigos.

Este período de jusnaturalismo foi breve. Terminou no início do século XIX, sendo ofuscado pela Escola Histórica e pelo Positivismo. A fé nos códigos persistiu, porém.

A crítica ao sistema jurídico do *Ancien Régime* deve ser vista, assim, pelo prisma do Iluminismo.

O movimento iluminista, que começou já no século XVII, fruto do Renascimento, do capitalismo mercantil e da criação do Estado Nacional central, concentrou sua crítica ao *Ancien Régime* nos seguintes tópicos:

- desigualdade diante das leis;
- limitação à livre-iniciativa e à propriedade;
- intervenções arbitrárias da Coroa na esfera privada;
- exclusão da participação popular em assuntos políticos;
- poder excessivo da Igreja e intolerância religiosa.

Em relação ao Direito, entendiam os iluministas que deveria haver uma redução na inflação legislativa. O Direito deveria ter como fonte normas sistematizadas em códigos. Deveria ser abolida a autoridade absoluta dos valores tradicionais, principalmente dos dogmas, centrados no Direito Romano. Deveria também ser abolida a autoridade dogmática dos juízes e dos juristas eruditos.

Por fim, o novo Direito deveria ser concebido livremente pelo homem moderno, com base na razão. Deveria ser claro para o povo ao qual servia. Deveria ser criado um novo sistema, baseado em um novo corpo de fontes, ou seja, os códigos inspirados no Direito Natural.

O Direito Natural era entendido, nessa época, de modo bem diferente de antes. Se para os romanos identificava-se com as leis da natureza, e para os medievos, com a lei divina, para os modernos, o Direito Natural era um conjunto de princípios básicos, do qual derivaria o Direito Positivo. A fonte desses princípios era a própria natureza humana. Deveriam ser descobertos por meio da observação racional.

São nomes do movimento jusnaturalista, dentre outros, Hugo Grotius, falecido em 1645; Samuel Pufendorf, falecido em 1694; Christian Thomasius, falecido em 1728, e Christian Wollf, falecido em 1754.

A intenção dos jusnaturalistas não era a de rejeitar todas as normas tradicionais. Desejavam reformar as leis e o método jurídico, libertando a jurisprudência dos antigos dogmas.

A concretização desse novo pensamento jurídico (jusnaturalismo) foram os grandes códigos iluministas dos séculos XVIII e XIX. Foram obra dos déspotas esclarecidos e da Revolução Francesa.

Os códigos deveriam ser perfeitos, completos, sem lacunas. Vários reis, dentre eles Napoleão, proibiram comentários e interpretações doutrinárias a seus códigos. Os juízes deveriam ater-se a aplicá-los literalmente. Tentava-se, pois, pôr um fim à era do arbítrio.

Os principais códigos foram, na Baviera, o *Codex Bavaricus Civilis*, de 1756; na Prússia, o *Allgemeines Landrecht*, de 1794; na França, os códigos napoleônicos, de 1804 (Civil) a 1808 (Comercial); na Áustria, o *Allgemeines Bürgerliches Gesetzbuch*, de 1811; no Brasil, o Código Comercial, de 1850.

Nem todos esses códigos podem dizer-se jusnaturalistas. Os códigos franceses, por exemplo, eram positivistas. O mesmo se dá com o Código Comercial Brasileiro, o Código Austríaco e outros.

Em 1804, Napoleão promulga o *Code Civil des Français*, ou Código Civil dos Franceses. Este Código é o resultado de vários séculos de evolução do Direito Francês. Boa parte é Direito antigo, romano e consuetudinário. Repete e sistematiza várias normas: princípios e regras antigos.

Por outro lado, em muito inovou, inspirado pelo Iluminismo, pelo Liberalismo e pela Revolução Francesa.

O Código Civil Francês tentou tornar supérfluo o papel da erudição. Proibiu-se qualquer obra que visasse interpretá-lo, uma vez que era claro e autossuficiente.

De grande influência no Código Civil Francês foi a doutrina de Bourjon (falecido em 1751) e de Pothier (falecido em 1772).

Posteriormente, em 1806, Napoleão promulgou o Código de Processo Civil e, em 1808, o Código Comercial.

Um código é fruto de um esforço de arte, de sistematização científica, diferentemente das simples compilações. Só aparecem no fim do século XVIII, depois das grandes compilações dos séculos XIII a XVIII.

O movimento de codificação se espalhou por toda a Europa e por países não europeus, de orientação romano-germânica, como o Brasil e o Japão. A Inglaterra não aderiu ao movimento, embora um dos maiores defensores da codificação fosse inglês (Jeremy Bentham, falecido em 1832).

Houve, é lógico, um movimento contrário à codificação. Exemplo foi a Escola Histórica, na Alemanha. Travou-se um debate célebre entre Savigny e Thibaut. Este, favorável à codificação, escreveu um artigo intitulado "Da necessidade de um Código Civil para toda a Alemanha". Defendia o argumento de que os códigos trazem segurança jurídica. Seu texto prevalece sobre a doutrina e a jurisprudência. Tem poucas lacunas, é claro e científico.

Savigny, um dos fundadores da Escola Histórica, era, evidentemente, contrário à codificação. Em resposta a Thibaut, escreveu um texto: "Da vocação de nosso tempo para a legislação e para a ciência do Direito". Afirmava que o Direito é algo vivo, produto do momento histórico. Não pode ser congelado pelos códigos, que não se adaptam facilmente a mudanças. Entendia Savigny que o Direito deveria refletir o espírito (Volksgeist) do momento.

Apesar disso, Savigny foi o predecessor da Pandectística, que elevou o Digesto (que não tinha nada a ver com o espírito alemão do século XIX) à condição de fonte formal de Direito, até 1900, quando entra em vigor o *Bürgerliches Gesetzbuch* (BGB), ou Código Civil Alemão, de 1896.

2.7 Direito Brasileiro

As fontes do Direito Civil Brasileiro na época colonial foram as Ordenações dos reis de Portugal, Dom Afonso, Dom Manuel e Dom Filipe, além do Direito Comum (Canônico e Romano).[21]

As Ordenações Afonsinas pouco vigoraram no Brasil. Foram logo substituídas pelas Ordenações Manuelinas, em 1514. Em 1603, entram em vigor as Ordenações Filipinas, que se estenderam até a República.[22]

As Ordenações Afonsinas (1446 a 1514) foram resultado do nacionalismo português. Havia a necessidade de reafirmar o espírito nacional, após a vitória na Batalha de Aljubarrota. Caracterizavam-se as Ordenações por seu preponderante caráter romanista. Seus elaboradores, principalmente João das Regras, que

---

21 PONTES DE MIRANDA, Francisco Cavalcanti. **História e fontes do direito civil brasileiro**... cit., 2. ed., p. 33-42.
22 Idem, p. 42.

fora discípulo de Bártolo de Saxoferrato, haviam estudado em Bolonha. Pode-se dizer terem sido as Ordenações Afonsinas um monumento de Direito Comum.[23]

As Ordenações Manuelinas (1514 a 1603) tiveram outras razões de ser. Talvez seu primeiro nascedouro tenha sido a vaidade pessoal de Dom Manuel, somada à necessidade de unificar o Direito, a fim de fortalecer o poder absolutista central e enfraquecer o poder dos senhores locais. O Direito Comum se prestava exatamente a isto, e foi nele que também se inspiraram as Ordenações Manuelinas.[24]

Por fim, as Ordenações Filipinas (1603 à República) foram obra de dois reis espanhóis, Dom Filipe I e Dom Filipe II. Com elas, os reis estrangeiros tentaram cativar o povo português e, ao mesmo tempo, buscaram abrandar a influência do Direito Canônico, que predominava, graças aos favores que lhe concedera Dom Sebastião. Inspiraram-se também no Direito Comum, que lhes era subsidiário.[25]

No Brasil imperial, continuaram em vigência as leis de Portugal, aí incluídas as Ordenações Filipinas e as leis régias. Tem início, é óbvio, uma atividade legislativa brasileira que, aos poucos, vai substituindo a legislação portuguesa.

Também eram fontes do Direito no Império os costumes; o Direito Romano, revisto pelo Pandectismo alemão, que era suplemento ao Direito nacional, sempre que fundado na boa razão; o Direito das Nações Civilizadas, principalmente a doutrina do Direito Comum e, finalmente, o Direito Canônico, até a Constituição de 1891, quando a Igreja se separou do Estado.

Em 1850, entrou em vigor o Código Comercial, válido até nossos dias. O Código Civil demorou bem mais a sair.

No tumulto que antecedeu o Código Civil, foi importantíssima a doutrina de Pascoal José de Mello Freire, de Coelho da Rocha, de Teixeira de Freitas, de Lafayette, de Lacerda de Almeida e outros.

Houve algumas tentativas de codificação civil. Em 1845, Carvalho Moreira reclamou a codificação imediata. Também em 1845, Euzébio de Queiroz propôs a adoção pura e simples de legislação estrangeira, especificamente o Digesto Português. Por fim, uma terceira corrente advogou a tese de que primeiro se deveria consolidar o Direito vigente para, depois, codificá-lo. Esta foi, afinal, a opinião vencedora.

Em 1855, Teixeira de Freitas foi encarregado da consolidação do Direito Civil, então em vigor. O trabalho ficou pronto em 1857.

A Consolidação das Leis Civis de Teixeira de Freitas foi um magnífico trabalho de legislação, de sistematização jurídica. Fixou, de forma bastante organizada, o Direito Civil vigente.

Consolidado o Direito Civil, partiu-se para a tarefa de codificação.

---

23 Idem, p. 41.
24 Idem, p. 41-42.
25 Idem, p. 42.

Já em 1859, Teixeira de Freitas deu início a um esboço de Código Civil, que acabou engavetado em 1872.

Em 1872, Nabuco de Araújo foi encarregado de elaborar um projeto de Código Civil. Começou, mas não terminou, uma vez que faleceu.

Em 1881, Felício dos Santos apresentou ao governo seus apontamentos para o que deveria ser um projeto de Código Civil. Em 1882, apresentou o projeto em si, que acabou na gaveta, em 1886.

No ano de 1890, Coelho Rodrigues foi incumbido da elaboração de novo projeto, missão que cumpriu em 1893. O projeto foi, no entanto, rejeitado.

Finalmente, em abril de 1899, Clóvis Beviláqua foi nomeado para elaborar um projeto de Código Civil. Desincumbiu-se da tarefa apresentando-o em novembro do mesmo ano. Inspirou-se Clóvis Bevilaqua no Código Civil Francês; no Código Civil Austríaco; no recém-promulgado Código Civil Alemão (1896); na doutrina francesa, alemã e italiana, principalmente; no Esboço de Teixeira de Freitas e nos projetos de Felício dos Santos e de Coelho Rodrigues.

Apresentado o projeto, nomeou-se comissão para examiná-lo. Em agosto de 1900, encerraram-se os trabalhos da comissão, tendo início nova revisão, desta feita com a participação de Clóvis. Em 17.11.1900, o projeto revisto é apresentado ao Congresso.

Primeiramente, o projeto de Código Civil foi examinado por comissão da Câmara Baixa. A aprovação ocorreu em 1902. O projeto seguiu, então, para o Senado, onde foi nomeada outra comissão, presidida por Rui Barbosa. Nesse momento, o processo legislativo entrou em compasso de espera por dez anos, enquanto Rui Barbosa examinava e discutia as questões linguísticas do texto. Em 1912, o Senado apresentou 186 emendas de fundo e outras várias de redação.

A Câmara, em 1913, rejeitou 94 das emendas do Senado. O projeto voltou ao Senado, que manteve 24 das emendas rejeitadas. Retornou à Câmara, que rejeitou nove das que haviam sido mantidas pelo Senado.

Enfim, as comissões reunidas, do Senado e da Câmara, prepararam a redação definitiva do Código, que acabou por ser aprovado em 1916, para entrar em vigor em 01.01.1917, após um ano de *vacatio legis*.

De 1916 até nossos dias, muito mudou.

Na verdade, diz, com certa razão, que o Código Civil de 1916 já nasceu com os olhos para o passado. Foi fruto de um esforço liberal em seus últimos suspiros. O paradigma já era o do Estado Social, que vinha impondo-se na política e na economia.

Logo, logo, já em 1919, a Lei n. 3.725 trouxe-lhe inúmeras correções e emendas. Para além dessa época, em muito se inovou o Diploma de 1916. Na tentativa de adaptar a Lei Civil aos ditames do Estado Social, promulgaram-se leis especiais, para contratos especiais, como a locação predial urbana, o seguro, para não falar do contrato de trabalho, além de muitos outros.

Com a evolução da sociedade urbana, dos novos hábitos do pós-guerra, da chamada Revolução Sexual, surgiram o Estatuto da Mulher Casada, o Código de Menores e outras muitas leis que vieram a mutilar o Código Civil, perdendo ele, assim, seu monopólio já capenga.

Menos de três décadas depois de sua entrada em vigor, o Código Civil começou a ser ameaçado de revisão mais profunda. Encarregou-se comissão de notáveis, quais sejam, Orozimbo Nonato, Filadelfo Azevedo e Hahnemann Guimarães, de elaborar um novo Código Civil, mais atento aos reclamos do Estado Social.

Entenderam os eminentes civilistas de apresentar não um projeto de Código Civil, mas um projeto de Código das Obrigações, seguindo o que reputavam a tendência da época. Em 1941, a comissão apresentou o Anteprojeto de Código das Obrigações, que não se efetivou, caindo logo no esquecimento.

Duas décadas depois, voltou-se a falar em novo Código Civil, cuja elaboração se confiou ao grande Orlando Gomes. Em 31.03.1963, foi apresentado o Anteprojeto, de cuja redação também participaram os mestres Caio Mário da Silva Pereira e Orozimbo Nonato.

Ao mestre Caio Mário se delegou a tarefa de elaborar o Anteprojeto de Código de Obrigações, tarefa que concluiu em 25.12.1963.

Enviaram-se ambos os Projetos ao Congresso, sendo retirados em seguida. Tampouco eles prosperaram.

Em 1967, nova comissão foi nomeada para elaborar um Código Civil. Dessa vez, não encabeçada por um civilista, mas por um filósofo do Direito, Miguel Reale. Além dele, integraram a comissão Ebert Chamoun, José Carlos Moreira Alves, Agostinho Alvim, Sylvio Marcondes, Clóvis C. Silva e Torquato Castro. Como se vê, estiveram ausentes todos nossos grandes civilistas de vanguarda, como Orlando Gomes, Serpa Lopes, Caio Mário e Darcy Bessone, para citar alguns.

Em 1972, a comissão concluiu um Anteprojeto, alvo de inúmeras críticas, por sua timidez, linguagem e inadequação à realidade. Incorporadas 700 das inúmeras emendas recebidas, o Anteprojeto foi reeditado em 1973. Foi, finalmente, enviado ao Congresso nacional em 1975.

No final de 1983, o Projeto foi aprovado pela Câmara Baixa, sendo revisto e enviado ao Senado, em 1984.[26]

Após 17 anos, o Código foi, finalmente, aprovado pela Câmara e pelo Senado, em 2001. Foi publicado em 11.02.2002, para entrar em vigor em 11.01.2003, após um ano de *vacatio*.

---

26 PEREIRA, Caio Mário da Silva. **Instituições de direito civil**. 18. ed. Rio de Janeiro: Forense, 1996. v. 1, p. 56 *et seq*.

As críticas que se fizeram ao Código Civil de 1916 podem ser feitas ao Código de 2002.

Após a Constituição de 1988, o Brasil pretendeu inaugurar outro paradigma de Estado, o Estado Democrático de Direito, fundado nos valores e princípios constitucionais. Todo o ordenamento jurídico começou a ser relido à luz dessa nova ótica, inclusive nosso velho Código Civil.

Estado Democrático de Direito é um conceito de Estado que procura superar o Estado de Direito criado pelo liberalismo. Garante não somente a proteção à propriedade, à livre-iniciativa e à liberdade individual, mais que isso, defende por meio das leis todo um rol de garantias fundamentais, baseadas no "princípio da dignidade humana".

A expressão "Estado Democrático de Direito" conjuga dois conceitos distintos, democracia e direito, que, juntos, definem um *modus operandi* típico dos Estados do Ocidente. Cada um desses termos possui sua própria definição técnica. Contudo, neste contexto, referem-se especificamente a parâmetros de funcionamento do Estado ocidental moderno.

O termo "democracia" refere-se à forma pela qual o Estado exerce o seu poder soberano. Mais especificamente, refere-se a *quem* exercerá o poder de estado, já que o Estado propriamente dito é uma ficção jurídica, isto é, não possui vontade própria e depende de pessoas para geri-lo.

Em sua origem grega, *democratia* quer dizer "governo do povo". No sistema moderno, no entanto, o povo não governa propriamente; os atos de governo são exercidos por membros do povo, politicamente constituídos, que são aqueles nomeados para cargos públicos através das eleições.

No Estado Democrático, as funções típicas e indelegáveis do Estado são exercidas por indivíduos eleitos pelo povo, de acordo com regras preestabelecidas.

Por *Estado de Direito* entenda-se aquele em que vigore o império da Lei. Essa expressão contém alguns significados: i) nesse tipo de estado, as leis são criadas pelo próprio Estado, por meio de seus representantes politicamente constituídos; ii) uma vez que o Estado tenha criado as leis e estas passem a ser eficazes, o próprio Estado fica adstrito ao seu cumprimento; iii) no Estado de Direito, o poder estatal é limitado pela Lei, não sendo absoluto, e o controle desta limitação ocorre por intermédio do acesso de todos ao Poder Judiciário, que deve possuir autoridade e autonomia para garantir que as leis existentes cumpram o seu papel.

Outro aspecto da expressão "Estado de Direito" refere-se ao tipo de Direito que exercerá o papel de limitar o exercício do poder estatal. No Estado Democrático de Direito, apenas o Direito Positivo poderá limitar a ação estatal, e somente ele poderá ser invocado nos tribunais para garantir o império da lei. Todas as outras fontes de direito, como os costumes, ficam excluídas, a não ser que o próprio Direito Positivo lhes atribua eficácia.

Nesse contexto, destaca-se o papel exercido pela Constituição, com suas garantias fundamentais. Nela delineiam-se os limites e o *modus exercendi* do poder estatal. Nela baseia-se o restante do ordenamento jurídico, isto é, do conjunto de leis que regem a sociedade.

A propriedade e a autonomia da vontade deixaram de ser o epicentro das relações jurídicas privadas. Seu lugar tomou a dignidade humana, a promoção do ser humano. Surgiram o Código do Consumidor, o Estatuto da Criança e do Adolescente, as leis sobre união estável.

A jurisprudência e a doutrina (aquela menos, esta mais) deram início à tarefa da releitura constitucional do Código Civil, adaptando-o ao novo momento histórico. Falava-se em constitucionalização do Direito Civil.

Foi exatamente nesse instante de adaptação que veio a lume o Código Civil de 2002, com os pés calcados no Estado Social, apesar de seus inúmeros avanços. Diz-se, com um certo exagero talvez, ser mais patrimonialista que o de 1916.[27]

De plano, pode dizer-se que se distancia radicalmente da moderna tendência codificadora. Nasce pretensioso, por demais detalhista, repleto de regras absolutamente inúteis, à antiga moda do século XIX, que pretendia prever na Lei codificada o maior número possível de detalhes, como que abraçando toda a realidade fática. Isto é missão impossível. A moderna técnica de codificação preceitua deverem os códigos atentar mais aos princípios que às regras, mais ao geral que aos detalhes. Estes são facilmente dedutíveis dos princípios.

Como exemplo, poderíamos citar os arts. 234, 235, 236, 238, 239 e 240. Estes seis artigos cuidam dos casos de perda ou deterioração da coisa, antes da tradição, nas obrigações de dar e de restituir coisa certa. Todas as regras neles contidas podem ser extraídas de dois princípios, o da reparação integral e o da responsabilidade subjetiva. Assim, em tese, bastaria um ou, no máximo, dois artigos para resolver todos os problemas relativos à perda ou deterioração da coisa, antes da tradição, nas obrigações de dar e de restituir coisa certa. Diga-se de passagem, os seis artigos do Código não preveem todos os problemas que podem ocorrer na realidade fática.

Assim, já nasceu o Código de 2002 com as costas voltadas para o futuro, carecendo de grande atividade exegética para adaptá-lo ao momento presente. Apesar disso, traz muitas inovações boas, principalmente no Direito das Obrigações e no Direito das Coisas, em especial no que diz respeito à propriedade, como veremos a seu tempo.

---

27 MATTIETTO, Leonardo. O papel da vontade nas situações jurídicas patrimoniais: o negócio jurídico e o novo Código Civil. In: TEPEDINO, Gustavo et al. (Org.). **Diálogos sobre direito civil**: construindo a racionalidade contemporânea. Rio de Janeiro: Renovar, 2002. p. 24.

Capítulo 3

Lei de introdução às normas do direito brasileiro: eficácia, conflito e interpretação das leis

Antes de iniciarmos o estudo da Lei de Introdução às Normas do Direito Brasileiro, é mister que estabeleçamos algumas definições básicas. É essencial que fique clara a distinção entre lei e norma.

Norma é comando, ditame de conduta. Expressa a vontade do Estado, por intermédio do legislador. Esta vontade é materializada na lei, que é, portanto, meio de expressão da norma. É a norma escrita. Podemos, assim, dizer que a norma está contida nas leis. Mas não só nas leis. Também está contida nas outras fontes do Direito, que estudamos *supra*.

A palavra lei pode ser escrita com letra minúscula ou maiúscula. Geralmente, emprega-se letra minúscula quando se utiliza a palavra no sentido de norma ou conjunto de normas; emprega-se maiúscula, enquanto sinônimo de Direito. Assim, diremos que "a *Lei* deve ser respeitada", mas, por outro lado, diremos que "tal matéria não se encontra regulamentada em *lei*".

Viu-se, portanto, que a palavra lei pode ser usada, também, como sinônimo de norma. É neste sentido que se a emprega quando se refere à classificação ou interpretação das leis. Na verdade, o que se está interpretando ou classificando são as normas jurídicas contidas nas leis. De qualquer forma, vejamos como se classificam as leis enquanto normas jurídicas.

3.1 Classificação das leis

3.1.1 Classificação das leis segundo a hierarquia

a] Leis constitucionais – São todas as normas de caráter constitucional. Vale dizer que traçam os elementos estruturais do Estado e da Nação e definem os direitos fundamentais do homem, considerado indivíduo e cidadão. Encontram-se reunidas nas Constituições.
b] Leis complementares – São as que regulamentam a Constituição. Às vezes, a norma constitucional, por si só, não é aplicável, sendo necessária lei para regulamentá-la. É o caso da norma que concede direito de greve.
c] Leis ordinárias – São todas as outras leis. Nascem dos órgãos que a Constituição investe da função legislativa. Em outras palavras, são as leis promulgadas pelo Poder Legislativo, na pessoa de seus vereadores, deputados e senadores.

As leis ordinárias, assim como as outras, podem ser gerais ou especiais.

Gerais são as leis que cuidam de vários campos de atuação humana ao mesmo tempo. Por exemplo, o Código Civil, a própria Constituição etc.

Leis especiais são as que regulamentam determinada atividade, especificamente. Assim, a Lei de Greve, o Estatuto da OAB, a Lei do Inquilinato etc.

O importante é saber que a lei especial prevalece sobre a geral, se tratar do mesmo assunto. Por exemplo, o Código Civil é lei geral, que regula as relações privadas de modo amplo. O Código do Consumidor é lei especial, que regula as relações privadas de consumo. Se vou a uma loja e compro uma televisão, a relação será de consumo; portanto, se a televisão estiver com defeito, recorrerei ao Código do Consumidor, e não ao Código Civil, embora este seja mais recente que aquele. Aplica-se, ao caso, o princípio de que a lei especial prevalece sobre a geral.

3.1.2 Classificação das leis segundo sua extensão territorial

a) Leis federais – São as criadas pelo Congresso Nacional, aplicando-se a todo o país, como o Código Civil, a Consolidação das Leis do Trabalho.
Há, todavia, leis federais que têm caráter regional, aplicando-se apenas a certa região do país. Exemplo seria a legislação referente à Sudene.
b) Leis estaduais – Promulgadas pelas Assembleias Legislativas, destinam-se ao território estadual, ou à parte dele. Nessa categoria, a Lei do Imposto sobre a Circulação de Mercadorias e Serviços (ICMS), a Constituição Estadual etc.
c) Leis municipais – São votadas pelas Câmaras Municipais, aplicando-se ao território da cidade em questão. A essa classe pertencem a Lei Orgânica Municipal, a Lei do Imposto sobre a Propriedade Predial e Territorial Urbana (IPTU) etc.

3.1.3 Classificação das leis segundo sua força obrigatória

a) Leis imperativas – Também denominadas cogentes, são as que estabelecem princípios de observância obrigatória. São princípios necessários à manutenção da ordem pública, daí sua força cogente, que coage, que obriga.
b) Leis dispositivas – Estabelecem princípios não obrigatórios, com claro sentido de aconselhar, indicar o melhor caminho. São princípios que não interessam à ordem pública, referentes a direitos disponíveis.
c) Leis interpretativas – Explicam o conteúdo de outras leis, para que sejam aplicadas de forma equânime. Nesta categoria, temos os decretos, as portarias e outras leis.

Esclareça-se, mais uma vez, que imperativa, dispositiva e interpretativa é a norma contida na lei, é o comando da lei. Assim, num mesmo texto legal, podem misturar-se normas cogentes, dispositivas e interpretativas.

Quando a Lei do Inquilinato diz que o locatário é obrigado a pagar, pontualmente, o aluguel, o comando é imperativo. Se desobedecido, o inquilino poderá ser despejado.

Mas quando essa mesma lei diz ser obrigação do locador pagar as despesas extraordinárias de condomínio, como despesas com reforma do edifício etc., sentimos que o comando é, meramente, dispositivo. Em outras palavras, o contrato de locação poderá transferir essa obrigação ao locatário. Já a obrigação de pagar aluguéis não pode ser transferida ao locador. Este não pode, tampouco, renunciar ao direito de receber aluguéis. Se o fizer, o contrato se descaracteriza enquanto locação, passando a se chamar *comodato*.

Por fim, o art. 23, parágrafo 2º, da Lei do Inquilinato tem caráter interpretativo, de vez que explica em que situação o locatário terá que pagar as despesas ordinárias de condomínio.

3.1.4 Classificação das leis segundo sua natureza

a) Leis materiais – Estabelecem a substância, a matéria da norma. Regulam relações e situações concretas.
b) Leis processuais – São as que instituem o processo com que se protegem os direitos materiais.

Suponhamos um indivíduo que compre uma televisão e não a pague. Distinguimos na Lei Material o direito do vendedor de receber o preço e o dever do comprador de pagá-lo. A Lei Processual assegura o direito do vendedor, formulando um processo para que cobre a dívida.

Ainda uma vez, insistimos que material ou processual é o comando da lei. É a norma. Num único texto legal, haverá normas materiais e processuais.

Tomando, também aqui, a Lei do Inquilinato como exemplo, observa-se que, quando lista os direitos e deveres do locador e locatário, tem conteúdo material. No entanto, quando estabelece o procedimento da ação de despejo, seu conteúdo é processual.

3.1.5 Classificação das leis segundo seu conteúdo

a) Leis preceptivas – São aquelas que impõem comando positivo, para que se faça algo ou para que, quando se fizer, se faça de certa forma. Todos devemos pagar impostos. Nem todos, porém, devemos casar, mas se o fizermos, há de ser obedecido certo procedimento. As leis preceptivas atribuem, evidentemente, penalidades, diretas ou indiretas, aos que as desobedecerem.

b] Leis proibitivas – Impõem comando negativo, para que não se faça algo ou para que, quando se fizer, não se faça de certa forma. As pessoas viúvas não podem convolar novas núpcias até que se encerre a partilha dos bens do defunto entre seus filhos.

c] Leis permissivas – São leis que apenas permitem determinada conduta, nada dizendo a respeito de como se deva realizar. Como regra, podemos livremente mudar de domicílio. Como será implementada a mudança? Da maneira que quisermos.

3.1.6 Classificação das leis segundo a intensidade da sanção

Como acabamos de ver, tanto as leis preceptivas quanto as proibitivas cominam pena a quem descumprir seu comando. A pena ou sanção pode ser mais ou menos intensa; pode ser direta ou indireta. Nesse sentido, podem as leis preceptivas e proibitivas ser perfeitas, menos que perfeitas e imperfeitas.

a] Leis perfeitas – *leges perfectae* – Leis perfeitas são aquelas que impõem comando, cuja desobediência importa a desconstituição do ato praticado. Se a compra e venda de imóveis deve, por força de lei, ser celebrada por escritura pública, descumprido este requisito, defeituoso será o contrato como um todo, devendo ser anulado.

b] Leis menos que perfeitas – *leges minus quam perfectae* – Se a sanção imposta ao descumprimento das leis perfeitas é a invalidade do ato praticado, tratando-se de leis menos que perfeitas, a sanção é mais suave. As leis menos que perfeitas determinam comando que, se descumprido, importará punição direta, mas não a ponto de invalidar-se o próprio ato praticado. Para que pessoa viúva se case novamente, é necessário esperar até que se resolva a partilha dos bens do defunto entre os filhos do casal. Se o novo casamento se der antes disso, a pena imposta é a da separação obrigatória de bens. O casamento será, todavia, válido.

c] Leis imperfeitas – *leges imperfectae* – Nas leis imperfeitas, não há penalidade direta para o descumprimento da norma. A sanção é indireta, e, por vezes, o comando nem será percebido num exame desatento. Na Lei do Inquilinato, por exemplo, encontra-se implícito o comando de dever ser o contrato de locação residencial celebrado por escrito e por período de, no mínimo, trinta meses. Mas por que implícito? Porque, em verdade, o contrato poderá ser celebrado verbalmente, ou por período inferior a trinta meses. Nestes casos, porém, haverá sanção. O locador somente poderá despejar o inquilino, sem motivo justo, após cinco anos de locação. Como se pode concluir, a sanção é indireta, e o comando só pode ser percebido por causa dela.

Examinados, o mais detalhadamente possível, os meandros da norma jurídica, podemos dar início ao estudo da Lei de Introdução às Normas do Direito Brasileiro.

No apagar das luzes de 2010, a Lei de Introdução ao Código Civil teve seu nome alterado para Lei de Introdução às Normas do Direito Brasileiro. A alteração foi muito adequada, diga-se de passagem, uma vez que o objetivo da Lei de Introdução nunca foi o de, meramente, fixar normas para a legislação civil. Ao tratar da eficácia, do conflito e da interpretação das leis, acaba por estender suas regras a toda e qualquer lei, seja ela de Direito Privado ou Público.[1] De fato, tais disposições fazem antes parte do Direito Constitucional do que, propriamente, do Direito Civil. Aliás, várias das disposições contidas em seus 19 artigos foram, posteriormente, confirmadas e, em alguns casos, revogadas pela Constituição Federal.

Nos seis primeiros artigos, a Lei de Introdução cuida da eficácia, da interpretação e do conflito de leis no tempo. A seguir e, até o final, trata do conflito de leis no espaço, delineando a maneira como os juízes devem agir para resolver controvérsias internacionais de Direito Privado, como, por exemplo, julgar caso oriundo de contrato entre brasileiro e francês, ou seja, que Lei aplicar, a brasileira ou a francesa.

Mas vejamos suas normas com mais detalhes.

3.2 Eficácia das leis

3.2.1 Início de vigência das leis

Ponto de partida para a vigência de uma lei é sua publicação pela Imprensa Oficial. A fixação do início de vigência de uma lei deve ser buscada nela mesma. É ela que determinará a partir de quando entrará em vigor. Às vezes, entra em vigor na data de sua publicação; às vezes, trinta dias ou um ano após sua publicação. A fixação do início de vigência de uma lei dependerá de seu objetivo específico.

Caso a lei não traga em seu texto nenhuma norma que fixe data em que entrará em vigor, a Lei de Introdução às Normas do Direito Brasileiro estabelece prazo de 45 dias no Brasil e três meses no exterior. Em outras palavras, essa lei será publicada e somente 45 dias depois começará a vigorar.

---

1 DINIZ, Maria Helena. **Lei de introdução ao Código Civil brasileiro interpretada**. 2. ed. São Paulo: Saraiva, 1996. p. 4 *et seq.*

A esse prazo, entre a publicação da lei e o início de sua vigência, chamamos de *vacatio legis*. Em outros termos, a lei existe, mas ainda não está vigorando, ainda não tem força obrigatória, vigendo a lei antiga para todos os fatos jurídicos ocorridos nesse período de *vacatio legis*. A *vacatio legis* terá sua duração determinada pela própria lei nova ou, como vimos, se esta for omissa, pela Lei de Introdução às Normas do Direito Brasileiro, ou seja, 45 dias corridos depois de sua publicação. Este prazo de 45 dias continua em vigor, não tendo sido revogado pela Lei Complementar n. 95/1998. Esta, em seu art. 8º, dita apenas que "a vigência da lei será indicada de forma expressa e de modo a contemplar prazo razoável para que dela se tenha amplo conhecimento". Sem dúvida, a opção do legislador é pela expressa determinação do prazo de vacância. Mas o que ocorrerá se, por um lapso, a lei nova for omissa? Logicamente, aplicar-se-á a Lei de Introdução, com seu prazo de 45 dias.

Pode ser que a lei, ao ser publicada, contenha erros que passaram despercebidos, mas que careçam de correção. Quando isso ocorrer, os artigos da lei que estiverem errados serão corrigidos e a lei será republicada. Neste caso, diz a Lei de Introdução que a *vacatio legis* começa a correr toda de novo. Mas e se o erro for percebido após o início da vigência da lei? Sendo assim, o erro será emendado e publicado em nova lei. Por exemplo, suponhamos uma Lei n. 10, cujo objeto seja regular relações de consumo. Suponhamos, ainda, que, entrando esta lei em vigor, descubra-se que contém erro grave em seu art. 30. Descoberto o erro, será ele corrigido, e se publicará nova Lei n. 11, cujo objeto será o de corrigir o art. 30 da Lei n. 10. Seu texto bem poderia ser o seguinte:

Art. 1º Fica assim redigido o art. 30 da Lei 10:

Art. 30. (...)

Art. 2º Revogam-se todas as disposições contrárias.

Art. 3º Esta Lei entra em vigor na data de sua publicação.

Todas essas normas da Lei de Introdução permanecem vigentes diante da Lei Complementar n. 95/1998.

Orientando a aplicação das normas sobre eficácia das leis, há dois princípios. São chamados *princípios informadores da eficácia das leis*, exatamente por informarem o jurista sobre o que deve ser feito, sempre que deparar com alguma dúvida. São eles o princípio da obrigatoriedade e o princípio da continuidade das leis.

O *princípio da obrigatoriedade das leis* dispõe que, uma vez em vigor, a lei é obrigatória para todos os seus destinatários, sem qualquer distinção, ainda que a desconheçam. Aliás, não vale a escusa de se não conhecer a lei. Na verdade, quando o legislador impôs a regra de que não se pode descumprir lei sob a alegação de desconhecê-la, não quis com isso dizer que, com a promulgação, a lei se torne conhecida de todos. É lógico que não somos obrigados a conhecer toda a legislação vigente. Isso seria humanamente impossível. A questão é que, se nos fosse dado alegar que desconhecemos a lei, para justificar o fato de a termos descumprido, a sociedade se transformaria em verdadeira balbúrdia, em barafunda, em que ninguém respeitaria os direitos de ninguém. Assim, o princípio da obrigatoriedade das leis veio pôr ordem nas relações sociais. É princípio de segurança jurídica.

Às vezes, porém, admite-se, excepcionalmente, o erro de Direito, que consiste exatamente no desconhecimento da norma. As situações em que se admite esse tipo de erro, em detrimento do princípio da obrigatoriedade das leis, são muito raras, não sendo possível, a meu ver, estabelecer critérios aprioristicos sobre quando se o aceitaria. Um exemplo clássico refere-se à regra de que o testamento válido deve ser cumprido. Se uma pessoa elaborasse testamento deixando metade de seus bens a B, só não deixando tudo por ser obrigado, legalmente, a testar a metade para seus irmãos, poder-se-ia, eventualmente, reformar o testamento com base no erro de Direito. Ora, irmãos não são herdeiros necessários. Sendo assim, o testador não teria a necessidade de deixar metade de seus bens para eles. Se sua vontade real era a de beneficiar B com a integralidade da herança, e se só não o fez por desconhecimento da Lei, o juiz poderá, plausivelmente, fazer valer a vontade real do testamento, desconsiderando a deixa testamentária para os irmãos do testador. B seria, então, herdeiro universal, em consonância com a vontade expressa no próprio testamento.[2]

Nesse exemplo do testamento, o erro consistiu não em descumprir norma legal, mas em deixar de fazer algo legítimo, em razão de desconhecimento da Lei. Os casos em que o erro consistir em descumprimento de norma legal só serão legitimados, se não gerarem qualquer prejuízo a terceiros ou à sociedade em geral. Assim, por exemplo, suponhamos que certa rua tenha sempre tido a mão de tráfego voltada para a esquerda. Repentinamente, sem qualquer aviso, o departamento municipal de trânsito inverte a mão. É de se relevar, pelo menos num primeiro momento, o erro das pessoas que, inadvertidamente, seguirem a mão tradicional, principalmente, se não houver acidentes. Não se há de aplicar nenhuma multa.

O *princípio da continuidade das leis* tem outro objetivo. Segundo ele, toda lei, a partir do início de sua vigência, tem eficácia contínua, até que seja revogada por outra lei. O desuso, portanto, não faz com que a lei perca sua eficácia formal. Em outras palavras, formalmente, a lei existe e vige, apesar de na realidade não

---

[2] AMARAL, Francisco. **Direito civil**: introdução. 5. ed. Rio de Janeiro: Renovar, 2003. p. 103.

ser observada por ninguém. Podemos dizer, pois, que tal lei tem eficácia formal, mas não eficácia real ou material. De qualquer modo, ela estará em vigor, até que outra lei seja promulgada com o fito de revogá-la.

Pelo princípio da continuidade das leis, vimos que uma lei só perde sua eficácia em razão de força contrária à sua vigência. A esta força dá-se o nome de revogação.

A revogação pode ser total ou parcial. Será total quando toda a lei antiga for revogada pela nova. Chama-se também *ab-rogação*.

Por outro lado, a revogação parcial, como o próprio nome está a indicar, ocorrerá quando a lei nova revogar apenas algumas das disposições da lei antiga, continuando o resto em vigor. A este tipo de revogação dá-se o nome de *derrogação*.

Pode a revogação ser, ainda, expressa ou tácita.

Será expressa quando no texto da lei nova houver norma expressa, revogando a lei antiga. Por exemplo, "fica revogada a Lei n. 10/1968", ou "fica revogado o art. 2º da Lei 20/1989".

Será, entretanto, tácita quando a lei nova nada disser a respeito de que disposições legais estejam sendo por ela revogadas. Neste caso, a Lei de Introdução resolve o caso, dizendo que a lei posterior revoga a anterior, quando seja com ela incompatível, ou quando regule inteiramente a matéria de que tratava a lei anterior.

Já a lei nova, que estabeleça disposições gerais ou especiais, a par das já existentes, não revoga nem modifica a anterior.

Entrementes, a revogação não é a única razão pela qual uma lei deixa de vigorar. Às vezes, a lei traz em seu texto a data de sua morte. São as chamadas leis temporárias, destinadas a viger somente por prazo determinado, como, por exemplo, as leis orçamentárias, que vigoram por apenas um ano.

Outra questão tratada pela Lei de Introdução diz respeito às leis repristinadoras. Que vem a ser lei repristinadora? É lei que ressuscita outra já revogada. Suponhamos Lei A em vigor. Posteriormente, é promulgada Lei B, tratando do mesmo assunto de forma exaustiva e, revogando a Lei A. Suponhamos, ainda, Lei C, que, simplesmente, revogue a Lei B, sem regular o assunto tratado por esta. A Lei C poderia conter apenas um artigo: "fica revogada a Lei B", e nada mais. Como ficaria a questão? A Lei A estaria automaticamente revigorada pela Lei C?

A resposta será "não". Para que a Lei C ressuscitasse a Lei A, ou seja, para que fosse lei repristinadora, seria necessária disposição expressa neste sentido. Por exemplo, poderíamos ter:

"Lei C

Art. 1º Fica revogada a Lei B.

Art. 2º Volta a vigorar a Lei A".

No caso em análise, tal não ocorreu. Portanto, simplesmente deixaria de se ter lei regulando a matéria. Em outras palavras, a repristinação jamais será tácita.

3.2.2 Conflito de leis no tempo

Dá-se conflito de leis no tempo quando não se souber que lei aplicar, se a nova ou a antiga. Assim, por exemplo, a um contrato de locação em vigor, celebrado sob a égide da lei de 1979, qual lei aplicaremos, a de 1979 ou a nova, de 1991?

Segundo a Lei de Introdução às Normas do Direito Brasileiro, nenhuma lei nova prejudicará direito adquirido, ato jurídico perfeito e coisa julgada. Em outras palavras, fica sacramentado o princípio da irretroatividade das leis.

Direito *adquirido* é aquele que já foi concedido, mas ainda não foi concretizado, ainda não foi desfrutado pelo adquirente. É o direito conquistado, mas não usufruído. Suponhamos caso em que o juiz haja concedido a prisioneiro indulto de Natal. Suponhamos, ainda, que, antes de o prisioneiro desfrutar o indulto, venha nova lei extinguindo tal benefício. Ora, esta lei só poderá ser aplicada aos casos vindouros. Aqueles indultos já concedidos e ainda não desfrutados não poderão ser prejudicados pela lei nova.

Ato *jurídico perfeito* é aquele já consumado, acabado e formalizado. Analisemos o significado de cada uma destas palavras.

Ato, no sentido aqui utilizado, é toda atuação humana que tenha por objetivo criar, modificar ou extinguir relações ou situações jurídicas. Exemplos são o que mais temos: celebração de contrato, feitura de testamento, casamento etc. Todos são atos.

Ato jurídico, porque cria, modifica ou extingue direitos e deveres; é fonte de Direito.

Ato jurídico perfeito, por já estar consumado. Por já ter sido concluído. A palavra *perfeito* é na verdade o particípio passado do verbo perfazer. Perfazer/perfeito, como ver/visto. É assim que a palavra deve ser entendida, e não como sinônimo de *sem defeitos*.

Vejamos, agora, um exemplo. Contrato de locação, celebrado em 1990, para vigorar por quatro anos, uma vez pactuado pelas partes, torna-se ato jurídico perfeito. Acontece que, em 1991, a lei antiga, sob a qual o contrato fora celebrado, foi revogada por nova Lei do Inquilinato. Esta última não pode, sob nenhuma circunstância, retroagir para prejudicar o contrato celebrado sob a lei antiga, que, para este, continua em vigor.

Mas suponhamos que, sob a lei antiga, fosse permitido fixar o reajuste de aluguéis em salários mínimos. Suponhamos, ainda, que a lei nova tenha proibido tal índice de reajuste, substituindo-o por outro. Que aconteceria se o contrato em questão tivesse escolhido o salário mínimo como índice de reajuste de aluguéis? Seria ele afetado pela nova lei?

A resposta é afirmativa. Em relação aos aluguéis vencidos e não pagos antes da nova lei, o reajuste, é lógico, se fará com base no salário mínimo, pois a lei nova não pode retroagir. Já quanto aos aluguéis a vencer depois da lei nova, aplicar-se-á o novo índice. A lei nova não estará retroagindo nesse caso. Estará sendo aplicada a situação nova.

Coisa julgada ou caso julgado é toda decisão judicial da qual já não caiba mais recurso. É a decisão transitada em julgado. Dela o vencido já não tem como recorrer. Tal decisão judicial, tampouco, poderá ser prejudicada por lei nova. Imaginemos um indivíduo que tenha sido condenado à pena máxima, suponhamos 6 anos de prisão, por um crime que cometera. Prolatada a sentença, dela recorreu, sendo julgado improcedente o recurso. A partir desse momento, diz-se que a sentença transitou em julgado e, se uma lei nova for editada, aumentando a pena máxima para 10 anos, aquela decisão já transitada em julgado não poderá ser alterada.

Mas e se a pena máxima for diminuída para 4 anos? A sentença transitada em julgado poderá ser modificada?

Bem, nesse ponto, a doutrina se divide. Alguns entendem que a pena poderá ser diminuída, porque a lei nova não estaria retroagindo. Tanto é que se o condenado já houver cumprido 5 anos dos 6 a que havia sido condenado, será solto, sem direito a nenhuma indenização por parte do Estado por ter cumprido pena além da devida.

Outros já são de opinião que a pena poderá ser diminuída, uma vez que, tratando-se de Direito Penal, a lei nova poderá retroagir para beneficiar o réu.

De qualquer forma, o condenado não cumprirá os 6 anos.

3.2.3 Conflito de leis no espaço

Do art. 7º até o último, a Lei de Introdução trata do conflito de leis no espaço, fixando regras para que o juiz brasileiro saiba qual Lei aplicar em conflitos internacionais, se a Lei brasileira ou a estrangeira. Vejamos um exemplo: suponhamos que uma brasileira tenha se casado com um holandês, na Holanda. Vindo morar sozinha no Brasil, resolveu pedir divórcio perante juiz brasileiro. Acontece que o holandês continuava morando na Holanda. Que Lei o juiz irá aplicar para processar este divórcio, a brasileira ou a holandesa?

É para responder a tais perguntas que a Lei de Introdução dedica a maioria de seus artigos.

Assim, há normas sobre personalidade, nome, capacidade e direitos de família. Em relação a estes itens, diz o art. 7º aplicar-se a Lei do país em que for domiciliada a pessoa. Imaginando, só para efeito de argumentação, que a capacidade plena para o casamento seja de 16 anos nos Estados Unidos, o casamento de americano de 16 anos seria válido no Brasil, mesmo que realizado sem a autorização dos pais. Se este americano se casasse novamente no Brasil, seria considerado bígamo.

Este princípio da Lei do domicílio se aplica a outros casos também:

1] aplica-se a Lei do domicílio do proprietário quanto aos bens móveis que tiver consigo;
2] o penhor regula-se pela Lei do domicílio do possuidor da coisa apenhada;
3] as obrigações contratuais regulam-se pela Lei do domicílio do proponente, salvo disposição contrária;
4] a Lei do domicílio do defunto ou do ausente regula sua sucessão;
5] mas é a Lei do domicílio do herdeiro que regula a capacidade para suceder.

Há outras regras, além do princípio da Lei do domicílio. Por exemplo, para qualificar os bens e regular as relações a eles concernentes, aplica-se a Lei do país no qual se situarem. Para qualificar e reger as obrigações, aplica-se a Lei do país em que se constituírem.

Dessa forma, vemos que se aplicam no Brasil leis, sentenças e outros atos legislativos estrangeiros. Duas regras importantes serão, todavia, observadas:

1] não se aplicará nenhuma lei, sentença ou ato estrangeiro no Brasil quando ofenderem a soberania nacional, a ordem pública e os bons costumes;
2] não se cumprirá sentença de juiz estrangeiro no Brasil sem homologação, ou seja, sem confirmação do Superior Tribunal de Justiça (STJ), segundo o art. 105, I, "i", da Constituição da República. Por outro lado, de acordo com o mesmo dispositivo legal, tampouco se cumprirá carta rogatória (demanda de juiz ou tribunal estrangeiro) sem a concessão de *exequatur* pelo mesmo STJ. *Exequatur* significa, em latim, *cumpra-se*, e, para nós, nada mais é que a permissão dada pelo STJ para que a carta rogatória seja cumprida no Brasil.

3.3 Interpretação das leis

3.3.1 Introdução

Para que a lei vigore plenamente, para que seja aplicada com justiça, é preciso decifrá-la. É mister que a *mens legis*, ou vontade, intenção da lei, seja conhecida. A este processo de conhecimento da *mens legis*, de aplicação adequada da norma jurídica ao caso concreto, chamamos *interpretação*. Interpretar é, pois, realizar o Direito, não apenas uma mera leitura da lei; é construir um sentido para a lei. É fundamental que fique claro que, por lei, deve entender-se não só a norma escrita, mas toda e qualquer norma jurídica, seja qual for sua fonte: a lei escrita, os costumes, os princípios gerais não escritos, os valores, a doutrina, a jurisprudência, a dogmática.

A interpretação admite quatro classes: quanto à origem, quanto aos métodos, quanto à abrangência e quanto à natureza.

Quanto à origem, pode ser autêntica, judicial ou doutrinária.

Quanto aos métodos, pode ser linguística, lógica, sistemática, ontológica, teleológica, analógica, sociológica e histórica.

Quanto à abrangência, será restritiva ou extensiva, lata ou estrita.

Quanto à natureza, pode ser concreta ou abstrata.

Interpretação autêntica é aquela feita pelo próprio legislador, por intermédio de lei interpretativa. É muito comum leis virem seguidas de decretos, com o objetivo de interpretá-las e regulamentá-las.

Judicial é a interpretação dada pelos juízes e tribunais ao proferirem suas decisões, quando da aplicação da lei ao caso concreto.

Doutrinária é a interpretação dos juristas, dos pensadores do Direito, em artigos, livros, pareceres etc.

A interpretação judicial será, de regra, casuística, ou seja, o juiz interpretará a lei em cada caso concreto. Já a autêntica e a doutrinária serão, habitualmente, genéricas, não se referindo a caso concreto em especial. Quando adotam casos concretos, é, normalmente, para exemplificar. A interpretação judicial é, talvez, a mais importante de todas, uma vez que é o juiz, em última análise, que aplica a norma ao caso concreto. Evidentemente, que os juízes contam com o trabalho dos bons advogados que, em sua argumentação, na tentativa de convencer, acabam por facilitar a tarefa dos magistrados, fornecendo-lhes fontes legais, doutrinárias, jurisprudenciais. Os bons advogados ajudam o juiz a decidir. Seu trabalho argumentativo seja talvez mais importante que o do próprio julgador, na criação jurisprudencial.

Chama-se *interpretação linguística* a que se realiza por análise sintática, semântica, etimológica ou, até mesmo, ortográfica do texto legal.

A interpretação será lógica, quando o intérprete buscar o sentido lógico da norma. Vejamos exemplo. Em Direito Civil, sempre que uma pessoa, agindo com culpa, cause dano a outra, será obrigada a indenizá-la. Bem, se a lei fala apenas em culpa, podemos, por interpretação lógica, deduzir que também aqueles que ajam dolosamente e causem prejuízo serão obrigados à indenização. Ora, se quem age com culpa tem que indenizar os prejuízos que causa, com muito mais razão, quem age com dolo terá que indenizar. É questão de lógica formal.

Todavia, veremos que a lógica formal nem sempre atende aos anseios da justiça, devendo ser substituída por uma outra lógica, a do razoável, a argumentativa.

Interpretação sistemática é como um quebra-cabeça. O intérprete simplesmente encontrará lugar para a lei interpretada no sistema legal. Ora, não podemos interpretar o Código do Consumidor sem o Código Penal, sem o Código Civil, sem a Constituição e tantas outras leis. Todas elas, em conjunto, formam sistema que interage, uma complementando a outra, tendo como base a Constituição.

Como ressalta Perlingieri, não existem normas que não tenham como pressuposto o sistema e que, ao mesmo tempo, não concorram para formá-lo. As normas formam o sistema e têm nele seu pressuposto, ou seja, sem ele perdem o sentido como normas, não serão compreensíveis.[3]

Será ontológica a interpretação quando se buscar a essência da lei, sua razão de ser, a chamada *ratio legis*, ou razão da lei.

Interpretação teleológica é aquela que busca a finalidade da lei, seus objetivos.

Analógica é a interpretação comparativa da lei. Para situações idênticas, idêntica será a solução: *ubi eadem est legis ratio, eadem debet esse legis dispositio*.

A interpretação da lei será histórica quando o intérprete tiver que pesquisar dados históricos para esclarecer pontos obscuros. Para entendermos, por exemplo, o porquê da volta da denúncia vazia na Lei do Inquilinato de 1991, devemos pesquisar como as várias leis do inquilinato anteriores a ela trataram da questão e quais foram a consequências práticas ao longo do tempo.

Na interpretação sociológica, o intérprete deverá conjugar norma legal com elementos do meio social. Exemplo bastante esclarecedor talvez seja o da emancipação do índio. Para que o indígena se emancipe, tornando-se capaz para o exercício de qualquer ato da vida civil, como celebração de contratos, casamento etc., é necessário, dentre outras coisas, que *conheça* o idioma português. Como devemos interpretar o verbo *conhecer*? Que significa *conhecer o idioma português*? A interpretação deve levar em conta a situação do índio, em face do estado de alfabetização da população brasileira em geral. Ora, em país com tantos analfabetos como o nosso, não seria razoável entendermos a expressão *conhecer o português* como sinônima de falar, ler e escrever.

Quanto à abrangência, não devemos confundir interpretação lata e estrita com interpretação extensiva e restritiva. Na interpretação lata e estrita, o que se tem em mente é a abrangência de certa palavra ou expressão. Por exemplo, como interpretar o verbo alienar, do art. 1.647, I, do CC? Seria seu significado "vender, doar e trocar" ou apenas "vender"? Caso se entenda que signifique apenas "vender", a interpretação estará sendo estrita. Se, ao contrário, o entendimento for o de que significa "vender, doar e trocar", a interpretação estará sendo lata.

---

[3] PERLINGIERI, Pietro. **Perfis do direito civil**. 3. ed. Rio de Janeiro: Renovar, 1997. p. 78.

Na interpretação extensiva e restritiva, o que se tem em vista é o sentido maior ou menor da norma. Assim, poderíamos perguntar: as normas sobre produtos defeituosos dos arts. 12 a 25 do CDC se aplicariam somente às relações de consumo ou a toda relação obrigacional, cujo objeto seja um produto defeituoso? Se entendermos que só se aplicam às relações de consumo, a interpretação estará sendo restritiva. Se, entretanto, entendermos que se aplicam a toda e qualquer relação obrigacional, a interpretação estará sendo extensiva.[4]

A interpretação é concreta quando se estiver resolvendo um caso particular, real. A interpretação judicial, como vimos, é, como regra, concreta.

Finalmente, interpretação abstrata é a que não leva em conta esse ou aquele caso real. Procura analisar a lei de forma não casuística. É o que, normalmente, faz a doutrina.

Há de ser esclarecido, contudo, que a interpretação será, como regra, fenômeno empírico, o que vale dizer que a lei, habitualmente, é interpretada, não de modo abstrato, mas diante de um ou mais casos concretos. Pela interpretação, o hermeneuta deverá subsumir a lei ao caso concreto, conjugando os distintos métodos de exegese. Daí ser possível interpretar uma mesma norma de várias maneiras distintas, dependendo dos vários casos concretos que se tenha em vista.

Deve-se dizer que o Direito Civil, especificamente, segundo a concepção mais atual, há de ser interpretado à luz da Constituição. Isso porque é na Constituição que iremos encontrar as bases do ordenamento jurídico. Consequentemente, será com fundamento nos valores por ela adotados que todas as normas infraconstitucionais deverão ser interpretadas. Isso não quer dizer, todavia, que a Constituição seja o centro do ordenamento privado. Este papel ainda desempenha o Código Civil, principalmente, o Código de 2002, que, bem ou mal, absorveu os valores e princípios constitucionais. Há de se ter em mente que o objetivo da Constituição não é o de regular as relações privadas. Este é o objetivo do Código Civil, que o faz muito melhor. Assim, as relações de Direito Privado serão interpretadas, tendo como epicentro o Código Civil, lido à luz dos valores e princípios constitucionais. Recorrer à Constituição, porém, só será necessário, à falta de norma adequada no Código Civil, ou diante de norma inconstitucional. Por este prisma, não é necessário recorrer à Constituição, por exemplo, para se falar em função social dos contratos ou da propriedade; mas foi necessária uma leitura constitucional para elevar ao *status* de família a união entre pessoas do mesmo sexo. Isso porque, no primeiro caso, o Código Civil trata explicitamente do tema; já no segundo, suas normas não seriam suficientes para se conferir às uniões homoafetivas o atual caráter de família.

---

4   SERPA LOPES, Miguel Maria de. **Curso de direito civil**. 7. ed. Rio de Janeiro: Freitas Bastos, 1989. v. 1, p. 140.

3.3.2 Interpretação no direito civil

3.3.2.1 Introdução

Neste tópico, faremos breve exposição acerca das escolas que cuidaram da interpretação jurídica, a fim de podermos contextualizar o tema da interpretação no Direito Civil na cartografia civilística, a partir de um enfoque teórico e prático. Para o sucesso do empreendimento, é fundamental entender a crise por que passa o Direito Civil, que vem causando um redesenho em sua geografia tradicional.

De plano, carece esclarecer que a palavra crise deve ser entendida num sentido positivo. Como superação de paradigmas, *turning-point*, virada.

A crise do Direito Civil pode ser analisada sob diversos aspectos. Em primeiro lugar, a crise das instituições do Direito Civil, basicamente de seus três pilares tradicionais: a autonomia da vontade, a propriedade e a família. Em segundo lugar, a crise da sistematização. Em terceiro lugar, a crise da interpretação.

3.3.2.2 Crise das instituições

As instituições de Direito Civil foram tradicionalmente aprisionadas em quatro grandes ramos, quais sejam, o Direito das Obrigações, o Direito das Coisas, o Direito de Família e o Direito das Sucessões. Assim está disposta a matéria nas grandes codificações dos séculos XIX e XX, assim a ensina nos cursos de Direito. Na verdade, procedendo a um corte epistemológico, descobre-se que o sustentáculo desses quatro grandes ramos é, tradicionalmente, a autonomia da vontade, a propriedade e a família.

O Direito das Obrigações tem como principal escopo o estudo e a regulamentação dos contratos. Sendo eles entendidos, classicamente, como fenômeno volitivo, calçam-se na autonomia da vontade, princípio vetorial de todo o Direito das Obrigações. É evidente que não constitui o único princípio, mas é o principal. Em outras palavras, os contratos só podem ser entendidos como fruto da autonomia da vontade.

O Direito das Coisas, das Sucessões, e mesmo o das Obrigações, sustentam-se em outro fenômeno fundante, qual seja, a propriedade privada, o patrimônio, o ter, o possuir.

Por sua vez, o Direito de Família e o Direito das Sucessões giram em torno da família, célula *mater* da sociedade, segundo as palavras do próprio texto constitucional de 1988.

Veremos, entretanto, que estes três pilares entraram em crise, principalmente diante do paradigma do Estado Democrático de Direito, o que veio a acarretar graves consequências gerais e, especificamente, para a interpretação no Direito Privado.

A Revolução Industrial, estimulada pelos dogmas do liberalismo econômico e político, gerou dois efeitos importantes. Por força de um deles, construiu-se a teoria clássica do Direito Civil; por força do outro, toda essa teoria teve que ser revista. Por mais estranho e paradoxal que possa parecer, o fenômeno se explica.

O liberalismo congregava a sociedade (economistas, juristas e políticos) em torno do *laissez-faire*. O liberalismo não era só doutrina econômica. Encontrava fundamentos religiosos (a ideia cristã do homem como valor supremo, dotado de direitos naturais) e fundamentos políticos (oposição ao *Ancien Régime*, por demais opressivo).

Esse estado de coisas veio até o final do século XIX, início do século XX.

A exaltação kantiana da vontade criadora do homem fez o Código Civil Francês abolir a transcrição e a tradição, passando o simples consenso a ser o meio de transmissão da propriedade. Foi, também, por influência de Kant, segundo Fernando Noronha,[5] que os pandectistas alemães engendraram a ideia de negócio jurídico, enquanto manifestação de vontade produtora de efeitos.

Planiol, em 1899, proclamava que a vontade das partes forma obrigação nos contratos; a Lei apenas sanciona essa vontade criadora.[6]

No final do século XIX e no século XX, nasce o chamado Estado Social. Quando a massificação chegou ao campo jurídico-contratual, começou-se a rever os conceitos clássicos.

Assim, temos que o liberalismo e o individualismo resultaram do capitalismo mercantilista. Com a Revolução Industrial, que começa na Inglaterra, já no século XVIII, a sociedade se transforma. Dois fenômenos importantes ocorrem: a urbanização e a concentração capitalista, esta consequência da concorrência, da racionalização etc.

Esses dois fenômenos resultaram na massificação das cidades, das fábricas (produção em série), das comunicações; das relações de trabalho e de consumo; da própria responsabilidade civil (do grupo pelo ato de um indivíduo) etc.

A massificação dos contratos é, portanto, consequência da concentração industrial e comercial, que reduziu o número de empresas, aumentando-as em tamanho.

As pessoas já não contratavam como antes. Não havia mais lugar para negociações e discussões acerca de cláusulas contratuais. Os contratos passaram a ser celebrados em massa, já vindo escritos em formulários impressos.

Toda essa revolução mexe com a principiologia do Direito Contratual. Os fundamentos da vinculatividade dos contratos não podiam mais se centrar exclusivamente na vontade, segundo o paradigma liberal individualista. Os contratos

---

5 NORONHA, Fernando. **O direito dos contratos e seus princípios fundamentais**. São Paulo: Saraiva, 1994. p. 63 *et seq.*
6 PLANIOL, Marcel. **Traité élémentaire de droit civil**. 3. ed. Paris: LGDJ, 1906. v. 2. p. 310-320.

passaram a ser concebidos em termos econômicos e sociais. Nasce a *teoria preceptiva*. Segundo esta teoria, as obrigações oriundas dos contratos valem não apenas porque as partes as assumiram, mas porque interessa à sociedade a tutela da situação objetivamente gerada, por suas consequências econômicas e sociais.

Como se pode concluir, a mesma Revolução Industrial que gerou a principiologia clássica, que aprisionou o fenômeno contratual nas fronteiras da vontade, essa mesma Revolução trouxe a massificação, a concentração e, como consequência, as novas formas de contratar, o que gerou, aliado ao surgimento do Estado Social, também subproduto da Revolução Industrial, uma checagem integral na principiologia do Direito dos Contratos. Estes passam a ser encarados não mais sob o prisma do liberalismo, como fenômenos da vontade, mas antes como fenômenos econômico-sociais, oriundos das mais diversas necessidades humanas. A vontade, que era fonte, passou a ser veio condutor.

Consequência dessa massificação, do consumismo e das novas formas de contratar, o Direito Contratual entra em crise. Sua antiga principiologia, calcada nos ideais do liberalismo, já não serve mais. A autonomia da vontade é substituída pela autonomia privada, surge a teoria preceptiva, como já se disse. Vários outros princípios são revistos, relidos.

A coisificação do sujeito de direito, subproduto da visão de agente econômico, não se sustenta mais no Estado Democrático. A própria ideia tradicional de sujeito de direito gera verdadeira excludência do outro. O credor é titular, sujeito ativo, detentor de direito de crédito oponível contra o devedor, sujeito passivo, adstrito a realizar em favor do credor uma obrigação creditícia. Se a não cumprir, submeter-se-á a uma quase *manus iniectio* do credor, que poderá agredir-lhe o patrimônio. Mas e os direitos do devedor? Este também é pessoa com direito à dignidade humana, sujeito de direitos fundamentais. Vê-se, claramente, que a ideia tradicional de sujeito de direito e mesmo de relação jurídica exclui os demais, realçando a figura do titular do direito, seja de crédito, seja real. Isso começa a mudar, embora ainda seja importantíssimo o conceito de sujeito de direito e de relação jurídica.

O patrimônio e a propriedade deixam de ser o centro gravitacional do Direito das Obrigações e do Direito das Coisas. Seu lugar ocupa o ser humano, enquanto pessoa, com direito à dignidade, à promoção espiritual, social e econômica. Fala-se, pois, em função social do contrato, da propriedade. Fala-se em despatrimonialização do Direito Privado, principalmente do Direito das Obrigações. Nasce o Direito protetivo do consumidor, acompanhado até mesmo de algum exagero *consumerista*.

O conceito de propriedade como *direito* de usar, fruir, dispor e reivindicar já não serve mais. Primeiro, por ser excludente. Enfoca-se apenas a pessoa do titular, excluindo-se a coletividade, o outro. Segundo, por trazer em si a ideia de algo absoluto, intocável. Na verdade, o conceito de propriedade não precisa e não deve abandonar a ideia de situação ou de relação jurídica, sob pena de se desumanizar. Historicamente, o abandono da ideia de pessoa, sujeito de direitos, titular de relações jurídicas, só levou à arbitrariedade e a regimes ditatoriais. Propriedade passa a ser, pois, situação jurídica, consistente em relação entre o titular e a coletividade (não titulares), da qual nascem para aquele direitos (usar, fruir, dispor e reivindicar) e deveres (baseados na função social da propriedade). Para a coletividade também surgem direitos, que se fundamentam, em sua maioria, na função social da propriedade, e deveres relativos aos direitos do titular. Em outras palavras, os não titulares devem respeitar os direitos do titular.

A função social da propriedade seria, como se pode perceber, elemento externo ao conceito, fundamento dos deveres do titular e dos direitos da coletividade, ou seja, fundamento das restrições à propriedade.

O Direito de Família também está em crise. A mesma Revolução Industrial que gerou a crise do Direito das Obrigações conduz a mulher para o mercado de trabalho, retira o homem do campo, proletariza as cidades, reduz o espaço de coabitação familiar, muda o perfil da família-padrão.

A mulher se torna mais independente e busca seu lugar ao sol. Já pode votar e ser votada. É cidadã. Apesar disso, ainda se vincula ao marido, considerada relativamente incapaz. Só a década de 1960 consegue libertá-la dos grilhões maritais. Entra em vigor o Estatuto da Mulher Casada.

Mas foi outro subproduto da Revolução Industrial, a dita Revolução Sexual, dos anos 60 e 70, que acelerou a crise no Direito de Família. Já no fim da década de 70, separando-se de uma vez da Igreja, o Direito de Família passa a admitir o divórcio. Dez anos mais tarde, a Constituição Federal consagra o que doutrina e jurisprudência já vinham desenhando, a concepção pluralista de família. Mesmo assim, ainda se não consegue despir de vã tentativa de busca do ideal. A Lei deverá facilitar a conversão da união estável em casamento. A união, mesmo a não matrimonial, deverá ser entre homem e mulher. Abriu-se por um lado, fechou-se por outro.

Vive-se hoje, no Brasil, os alvores do Estado Democrático de Direito. Este é o momento da conscientização desse novo paradigma. Só agora assumem a devida importância os princípios e os valores constitucionais, por que se deve pautar todo o sistema jurídico. Constitucionalização ou publicização do Direito Civil entram na temática do dia. O Código Civil não seria mais o centro do ordenamento civil. Seu lugar ocupa a Constituição, seus princípios e valores. Diz-se que os pilares de sustentação do Direito Civil, família, propriedade e autonomia da vontade, deixaram de sê-lo. O único pilar que sustenta toda a estrutura é o ser humano, a dignidade da pessoa, sua promoção espiritual, social e econômica. Esse pilar está, por sua vez, enraizado na Constituição. Tudo isso, não há dúvidas, dá o que pensar.

3.3.2.3 Crise da sistematização

A ideia dominante no positivismo jurídico, que imperou no Brasil até a década de 1970/1980, era a de ser possível uma legislação a tal ponto exaustiva e completa que enclausurasse o sistema, colocando-o a salvo de qualquer arroubo criativo que não tivesse origem no próprio Poder Legislativo. Não que a ideia de codificação ainda predominasse em todas as esferas. Esta já havia sido abandonada, pelo menos nos círculos de pensamento menos ortodoxos. Tinha-se, nesses círculos, já a essa altura, plena consciência da impossibilidade fática de um Código que abrangesse todo o sistema. Seu lugar deveria ser apenas o centro desse sistema. A descodificação e o surgimento dos microssistemas já eram realidade palpável. Aí entra em crise a sistematização.

A descodificação, entendida como processo de abertura e quebra de monopólio dos códigos, já vinha há muito ocorrendo. O Código Civil foi elaborado sob a inspiração do Estado Liberal burguês, do século XIX. Não se adequava, evidentemente, às aspirações do emergente Estado Social, instalado no Brasil já no início do século XX. Como consequência, teve que se abrir. Em outras palavras, sua harmonia interna foi logo quebrada, seja pela interpretação da doutrina e dos tribunais, seja pela vasta legislação especial, que o acompanhou desde seus alvores. Por outros termos, mal o sistema civilístico se codificou, teve início o processo de sua descodificação. É lógico, entretanto, que o Código Civil continuou a ocupar a posição central no sistema, só que relido sob a perspectiva do Estado Social.

Se, por um lado, o Código Civil ocupava o centro de sistema, por outro, em sua periferia, nos entornos do Código, começaram a se formar pequenos microssistemas: o da família e dos menores; o do inquilinato; o dos contratos imobiliários; o dos condomínios; o dos títulos de crédito; o do consumidor, sem falar em microssistemas que, de certa forma, desde o início, se tornaram independentes, como o do trabalho.

Esses microssistemas, apesar de girarem em torno do Código Civil, têm vida própria. São, em grande parte, interdisciplinares, inspirando-se em princípios não só de Direito Privado como também de Direito Público. É o que ocorre, por exemplo, com os microssistemas do consumidor, da família e outros.

Por esta e outras razões, muitos chegam a afirmar que no centro do sistema não gravita o Código Civil, mas a própria Constituição, que de lá irradia seus princípios e valores. A assertiva não deixa de ser correta, se levarmos em conta o sistema jurídico como um todo. No entanto, enfocando-se apenas o sistema juscivilístico, seria um pouco exagerada a afirmação, mesmo que se entenda que seja na Constituição que se deva inspirar o intérprete, em última instância. Na verdade, o Código Civil ocupa o centro do sistema civilístico, mas deve, por sua vez, ser lido à luz da Constituição.

Lorenzetti advoga tese um pouco dissonante, porquanto entende que nem o Código Civil nem a Constituição estariam no centro do sistema. A verdade, para ele, é que não há centro no sistema. Nesse contexto, fala da descodificação e da recodificação ou ressistematização, como se pode observar, em suas próprias palavras:

> As análises dedicadas à descodificação do Direito Privado se concentram na descrição das rachaduras da ordem axiomática fundada no Código, o surgimento de leis especiais, o aparecimento de falhas na estrutura hierárquica das normas, de antinomias e incoerências. Conclui-se que o sistema parece esfacelar-se em microssistemas. Outros autores referem que há um processo de descodificação e de recodificação civil, dentro dos limites do Código. Para nós, o tema é distinto. O Código, como tal, vai se ampliando, ao dar guarida a novos problemas e microssistemas; suas normas internas vão se distendendo mediante a interpretação, até um ponto culminante que termina por transformá-las. Se examinarmos o caminho percorrido desde a interpretação das cláusulas contratuais, que previu o Código Civil, até o que é hoje a qualificação das cláusulas abusivas, teremos uma ideia de que o resultado final nos coloca em outro estágio, porquanto ocorre uma ampliação nas fronteiras do Código concebido como lei estatal. (...) Nesta primeira etapa descodificadora, os lugares de instabilidade se multiplicam, conferindo uma aparência de desordem insuperável; a desordem é produto da complexidade e a diferenciação é necessária para crescer. Os microssistemas se comportam como "estruturas dissipativas" e se convertem em fontes de uma nova ordem. Diz Prigogine que "a dissipação se encontra na origem do que podemos acertadamente denominar novos estados da matéria". Mediante este processo, cria-se um novo sistema. A teoria das catástrofes considera que se produz um ponto de saturação, que obriga a saltar a um estágio distinto, mediante novas estruturas adaptativas. (...) A ideia de superioridade no mundo atual é a de sistema de normas fundamentais, que se encontram nas "fontes superiores": Constituições, tratados, princípios, valores. Não se trata de retornar a um ordenamento fundado em um centro. A evolução da astronomia, desde Ptolomeu a Copérnico, e a situação atual demonstram a superação do paradigma do centro: o etnocentrismo, o antropocentrismo, a ideia ptolomaica revelam um modo de ver baseado em um ponto. O processo codificatório acabou por algo sofrer dessa influência. Atualmente, há uma visão

sistemática, na qual todos os pontos são iguais, necessários, interatuantes. As normas fundamentais constituem uma espécie de força de gravidade que os mantém unidos. Trata-se de uma mudança nos axiomas. Os elementos básicos, estruturantes do sistema, aqueles a partir dos quais se inicia a lógica da inferência no juízo decisório, se encontravam no Código. Agora, percebe-se que estão no Código, na Constituição, nos tratados, no costume, que são as fontes onde encontramos as normas fundamentais.[7]

Está aí descrita a chamada *constitucionalização do Direito Civil*. As normas fundamentais, os valores e princípios constitucionais atuam como convergentes. É a partir deles que se deve interpretar toda norma jurídica, inclusive os códigos.

O Código Civil de 1916, antes em vigor, estava em pleno processo de releitura, talvez em processo final. O Direito das Obrigações, o Direito de Família e o Direito das Coisas, principalmente a propriedade, já eram interpretados de acordo com a Constituição, pelo menos nos meios mais heterodoxos, tanto da doutrina, quanto da jurisprudência. De grande ajuda para essa virada hermenêutica foram, sem dúvida, o Código do Consumidor, o Estatuto da Criança e do Adolescente e as Leis sobre a união estável. Se, por um lado, ainda se via quem interpretasse a Constituição de acordo com o Código Civil, por outro lado, a tendência dominante era a de seguir o fluxo contrário. Por outros termos, não se lia o Código Civil sob a ótica do Estado Liberal, mas do Estado Democrático de Direito. Comprovam-no inúmeras obras que vieram a lume no final do século XX, fruto de profundos estudos dos meios acadêmicos,[8] bem como decisões de vanguarda, que faziam com que nos orgulhássemos de nossos tribunais.

Justamente no instante em que o ordenamento juscivilístico começava a se ressistematizar, pelo empenho da doutrina e da jurisprudência; justamente no instante em que ganhava contornos de algo simétrico e inteligível, surge o novo Código Civil, que fez ruírem todos os esforços de ressistematização envidados até a época.

É um código que já nasceu de costas para seu tempo, ao menoscabar o paradigma do Estado Democrático de Direito. Em outras palavras, nasceu já necessitando de releitura urgente. Salta aos olhos que seria muito mais sábio proceder-se a uma reforma paulatina do Código de 1916, adaptando-o aos tempos atuais, à semelhança do que se faz com os históricos Códigos Francês e Alemão.

É uma pena que, muitas vezes, o ser humano se deixe levar por arroubos cegos de vaidade, que a nada conduzem, senão à confusão e ao fracasso. De todo modo, bem ou mal, o Código Civil de 2002 incorporou vários princípios e

---

7 LORENZETTI, Ricardo Luis. **Fundamentos do direito privado**. São Paulo: RT, 1998. p. 77-79.
8 Vide, entre outros, TEPEDINO, Gustavo. **Temas de direito civil**. Rio de Janeiro: Renovar, 1999; do mesmo autor, **Problemas de direito civil constitucional**. Rio de Janeiro: Renovar, 2000; PERLINGIERI, Pietro. Op. cit., 1997; LORENZETTI, Ricardo Luis. Op. cit., 80.

valores constitucionais, como a função social, a boa-fé objetiva e a família plural. Apesar disso, continua sendo, muitas vezes, necessário recorrer à Constituição para solucionar problemas que deveriam ter sido resolvidos pelo Código de 2002. Exemplo disso é a cláusula geral de tutela da personalidade, os direitos dos casais de pessoas do mesmo sexo, inclusive o de adotar, dentre outros.

3.3.2.4 Crise da interpretação: da Escola da Exegese às teorias da argumentação

Ocorre, de fato, uma mudança nos paradigmas hermenêuticos. Os métodos de interpretação mudaram. Se a Escola da Exegese e o Positivismo buscavam interpretar o Direito, sob a ótica de um sistema fechado, as teorias da argumentação passaram, já a partir de Viehweg, a adotar a ideia de sistema aberto. Por outros termos, o sistema jurídico, seja codificado ou não, não deve ser visto como algo exaustivo, nem deve ter a pretensão de sê-lo. A interpretação deve tomar como ponto de partida o caso concreto, procurando conjugar os ideais da justiça e da segurança jurídica.

Como diz Lorenzetti:

> O casuísta entende que o Direito, ainda que apoiado em normas, só se realiza na decisão dos casos, de modo que a solução repousa na percepção do problema concreto. O casuísta opera com algumas regras e conceitos fundamentais, da mesma forma como os romanos em relação à boa-fé e à equidade. O pensamento sistemático, diferentemente, concebe o Direito como um conjunto estruturado de normas jurídicas, racionalmente elaborado que, além de uma ordem interna, tem uma conexão conceitual interna e encerra em si mesmo todas as soluções possíveis para os problemas que se apresentam na vida social. Tanto um como outro aglutinam, o que varia é a ordem. O casuísmo ordena as normas ao redor do caso; o sistemático o faz de um modo racional apriorístico. No pensamento casuísta a ideia de ordem chega ao final e é produto de uma acumulação que já não se suporta, no sistemático é o ponto de partida prévio ao desenho da lei. O pensar sistemático parte de uma totalidade, já o pensamento casuístico procede de modo inverso, pode contar com conhecimentos fragmentários. O primeiro foi criticado por racionalista e desvinculado do caso e do mundo real. (...) O Direito não é um sistema meramente dedutivo, é sim um sistema dialético, orientado ao problema, é uma recompilação de pontos de vista sobre o problema em permanente movimento; é aberto e pragmático.[9]

---

9 LORENZETTI, Ricardo Luis. Op. cit., p. 80.

Na verdade, o tratamento aporético dado à interpretação não necessita abandonar a ideia de sistema. O que deve abandonar, definitivamente, é a ideia de sistema fechado. Para o casuísta, o sistema jurídico é aberto, o que equivale a dizer que o intérprete deve partir do sistema para a solução do caso concreto. Ao entrar em contato com as peculiaridades do problema prático, o intérprete buscará adequar a norma, amoldando-a as necessidades do caso. Para tanto, conjugará o texto legal com os princípios e valores vigentes no ordenamento. A solução encontrada passará a integrar o sistema, que, assim, estará retroalimentando-se.

Se observarmos o comportamento dos tribunais através dos tempos, chegaremos à conclusão de que o sistema sempre foi aberto. O tratamento sempre foi casuístico. A interpretação sempre foi argumentativa. O medo da arbitrariedade de um judiciário sem freios e sem preparo técnico é que levou os juristas, em vão, à tarefa de tentar fechar o sistema. Mesmo na época da Escola da Exegese, os tribunais franceses não se fecharam às inovações hermenêuticas, baseadas em pura argumentação jurídica.

O temor da arbitrariedade judicial é absolutamente absurdo em nossos dias, dados os mecanismos de segurança do próprio sistema jurídico. São limites impostos pela dogmática, pela Constituição, pelos valores e princípios vigentes, como, por exemplo, o do duplo grau de jurisdição. Ademais, a argumentação deve ser racional e jurídica. Isso significa que o intérprete partirá do sistema, adequando a norma ao caso concreto, com base nos valores e princípios constitucionalmente aceitos, para que a justiça prevaleça no caso concreto. Não se admitem decisões fundamentadas unicamente em sentimentos, ou convicções religiosas, ou qualquer outro parâmetro que não seja racional. Aliás, o Código de Processo Civil, no parágrafo 1º do art. 489, dispõe que não se considera fundamentada qualquer decisão judicial, seja ela interlocutória, sentença ou acórdão, que se limitar à indicação, à reprodução ou à paráfrase de ato normativo, sem explicar sua relação com a causa ou a questão decidida; que empregar conceitos jurídicos indeterminados, como o de função social, ou o de boa-fé, sem explicar o motivo concreto de sua incidência no caso; que invocar motivos que se prestariam a justificar qualquer outra decisão; que não enfrentar todos os argumentos deduzidos no processo capazes de, em tese, infirmar a conclusão adotada pelo julgador; que se limitar a invocar precedente ou enunciado de súmula, sem identificar seus fundamentos determinantes nem demonstrar que o caso sob julgamento se ajuste àqueles fundamentos; que deixar de seguir enunciado de súmula, jurisprudência ou precedente invocado pela parte, sem demonstrar a existência de distinção no caso em julgamento ou a superação do entendimento.

No caso de colisão entre normas, o juiz deverá justificar o objeto e os critérios gerais da ponderação efetuada, enunciando as razões que autorizem a interferência na norma afastada e as premissas fáticas que fundamentem a conclusão.

A decisão judicial deverá ser interpretada a partir da conjugação de todos os seus elementos e em conformidade com o princípio da boa-fé.

Para melhor entender a crise por que passa a hermenêutica civilística, é imperioso nos situarmos, construindo, posto que superficialmente, uma panorâmica das principais teorias que procuraram dar estofo à hermenêutica, desde o século XIX.

Com o advento da codificação, em fins do século XVIII, e principalmente com os códigos franceses do início do século XIX, sendo o civil o mais famoso, tem início, na França, um movimento que se denomina Escola da Exegese.

Nas palavras de Julien Bonnecase, professor na Universidade de Bordeaux:

> En efecto, la doctrina da Escuela de la Exégesis se reduce a proclamar la omnipotencia jurídica del legislador, es decir, del Estado, puesto que independientemente de nuestra voluntad, el culto extremo al texto de la ley y a la intención del legislador coloca al Derecho, de una manera absoluta, en poder del Estado. [10]

Na verdade, a onipotência que se desejava proclamar era a do texto legal, como se fosse claro o suficiente, a ponto de dispensar qualquer atividade interpretativa. *Interpretatio cessat in claris*. Daí a importância de um texto legal bem escrito, quase uma peça literária.

A Escola da Exegese busca ênfase no racionalismo setecentista, que, aliás, foi responsável pelos códigos franceses. A ideia era a de que o Direito era um sistema de regras estruturadas segundo os corolários da dedução.[11]

Como bem expôs Tercio Sampaio Ferraz Jr.:

> O núcleo constituinte dessa teoria já aparece esboçado ao final do século XVIII. O jusnaturalismo já havia cunhado para o direito o conceito de sistema, que se resumia, em poucas palavras, na noção de conjunto de elementos estruturados pelas regras da dedução. No campo jurídico falava-se em sistema da ordem da razão ou sistema das normas conforme a razão, entendendo-se com isto a unidade das normas a partir de princípios dos quais todo o mais era deduzido. Interpretar significava, então, inserir a norma em discussão na totalidade do sistema. O relacionamento, porém, entre sistema e totalidade acabou por colocar a questão geral do sentido da unidade do todo.[12]

Em síntese, a Escola da Exegese entende ser a lei fonte suficiente de todo o Direito, só podendo o intérprete recorrer a outras fontes por expressa permissão legal. A ilusão era a de ser possível uma leitura tão completa e isenta do texto

---

10 BONNECASE, Julien. **La escuela de la exégesis em derecho civil**. Puebla: Cajica, 1944. p. 158.
11 CAMARGO, Margarida Maria Lacombe. **Hermenêutica e argumentação**. Rio de Janeiro: Renovar, 1999. p. 61.
12 FERRAZ JR., Tercio Sampaio. **Introdução ao estudo do direito**. 3. ed. São Paulo: Atlas, 2001. p. 261.

da lei, principalmente dos novos Códigos, a ponto de não haver necessidade de interpretação. Os Códigos não deixariam nada ao arbítrio do intérprete. A lei estaria pronta e acabada. Não haveria mais quaisquer incertezas.

Sobretudo pelos métodos gramatical e sistemático, buscar-se-ia sempre a vontade do legislador, por meio dos textos codificados, textos legais autênticos.

É plenamente possível entender a Escola da Exegese, caso se atente para o fato de que nasceu numa França pós-revolucionária, subsequente ao *Ancien Régime*. Na verdade, o povo já estava farto dos desmandos do rei, da nobreza e da magistratura. Não havia mais lugar para os argumentos de autoridade, promanados de juízes nem sempre confiáveis, quer do ponto de vista técnico, quer do ponto de vista moral. Assim, esse apego ao texto legal é absolutamente compreensível. Como se, por seu intermédio, ficassem todos protegidos da arbitrariedade.

Historicamente, esse movimento da Escola da Exegese não é totalmente novo. No século VI da Era Cristã, Justiniano já proibira qualquer atividade doutrinária que visasse interpretar suas compilações, mais tarde conhecidas por *Corpus Iuris Civilis*.

Ao mesmo tempo que na França surgia a Escola da Exegese, na Alemanha ocorria um movimento, por assim dizer, em sentido oposto, fruto da visão romântica do mundo, que se sintetizou na denominada Escola Histórica.

Se o Iluminismo enfatizava a razão como centro de tudo, o historicismo, e especialmente o romantismo, apontava o predomínio da imaginação, do sentimento, da emoção e da sensibilidade. O Direito não poderia jamais ser encarado como algo atemporal e a-histórico. Deve ser reconhecido como algo que se realize através da história, conforme criação espontânea de cada povo.

Savigny, o grande cultor desse pensamento, entende ser o Direito codificado fruto do despotismo. É imposto pela razão de modo estranho aos costumes. Vem de cima para baixo, não retratando, necessariamente, o espírito do povo, do lugar e da época. O dever do Legislativo é o de oferecer suporte aos costumes, a esse Direito vivo, histórico, temporal, a fim de lhe diminuir as incertezas. Em vez da codificação, o que se deveria fazer é elaborar cientificamente um Direito de base histórica. Daí a importância da Academia, na visão de Savigny, que, de resto, foi professor na Universidade de Berlim, mestre de Marx e von Jhering.

Essa extrema importância que a Escola Histórica conferiu à elaboração científica do Direito, com base no Espírito do Povo – *Volksgeist*, acabou por constituir enorme contrassenso *in terminis*.

> O curioso no pensamento de Savigny é que, ao invés de um direito espontâneo, verificado naturalmente nas ações sociais, o que vale, ao final das contas, é o que a doutrina científica elabora. E será assim, justamente, que o pensamento conceitual elaborado pelos professores nas universidades provocará o

aparecimento de um novo racionalismo ou intelectualismo jurídico tão anti-histórico como o direito natural, mas que se move em plano diferente, qual seja, o da lógica e da dogmática jurídica. O pensamento conceitual lógico-abstrato será aquele capaz de explicitar a totalidade representada pelos institutos jurídicos. Dessa forma, a doutrina termina por ganhar posição superior à da práxis.[13]

O conjunto dos institutos jurídicos que habita a consciência do povo é que constitui o Direito para a Escola Histórica. Esse Direito só é perceptível pela intuição do jurídico, oriundo de práticas culturais. O intérprete deve pesquisar a vontade histórica do legislador para, adequando-a ao momento presente, solucionar a controvérsia que lhe seja apresentada.

A Escola Histórica deve ser analisada em contexto próprio, de uma Alemanha não unificada, composta de vários reinos vinculados culturalmente. De fato, seria difícil naquele contexto defender a ideia de codificação. O máximo a que se chegou foi ao *Usus Modernus Pandectarum*, adaptação do Digesto à Alemanha oitocentista, obra desse novo racionalismo acadêmico.

Observa-se, todavia, que, mal a Alemanha se unificou, foi elaborado o Bürgerliches Gesetzbuch (BGB). É lógico que não se quer, com isso, dizer que os intérpretes do BGB seguiram a linha da Escola da Exegese.

Em resumo, o historicismo acabou por desaguar num cientificismo que encarava o Direito como fenômeno racional e universal e não como algo histórico e nacional. A atividade dos pensadores do Direito consistia em formular conceitos claramente definidos para garantir a certeza e a segurança diante de textos legais ambíguos e vagos. É o formalismo alemão do *Usus Modernus Pandectarum*, que terminou por servir de base ao positivismo jurídico, que imperou por quase todo o século XX.

Desse formalismo, herdamos as teorias gerais, cientificamente elaboradas, com conceitos, definições e classificações. Herdamos textos legais claros e sistematizados, que facilitam a compreensão do leitor. São algumas conquistas que não podemos menoscabar, principalmente numa abordagem didático-pedagógica do Direito.

No mesmo século XIX, habitado pelas Escolas Histórica e da Exegese, surge o pensamento sociológico de Auguste Comte. Na esteira dessa sociologia comtiana, mas seguindo tendência própria, nasce o positivismo jurídico.

> O positivismo jurídico não seguiu a tendência sociológica apontada por Augusto Comte. Firmou-se muito mais sobre as bases do formalismo, uma vez que para uma teoria objetiva do direito importava muito mais o conjunto das normas postas pelo Estado, através de suas autoridades competentes, do que a realidade

---

13 CAMARGO, Margarida Maria Lacombe. *Op. cit.*, p. 75.

social propriamente dita. A vontade do Estado soberano prevalece sobre a vontade difusa da nação. O direito positivo, com isso, passa a reconhecer-se no ordenamento jurídico posto e garantido pelo Estado, como o direito respectivo a cada Estado. O direito positivo passa a ser o único direito que interessa ao jurista, porque é o único direito existente, contrapondo-se em definitivo ao direito natural, de difícil verificação.[14]

Como o pensamento sociológico de Comte deu origem à Escola Positivista? É que o legislador deverá buscar regulamentar os fatos sociais, de maneira que o Direito posto pelo Estado seja o mais fiel possível a eles. Isso, independentemente de quaisquer valores de ordem moral.

O formalismo torna-se base para os positivistas, que na análise dos fatos sociais acabam por generalizá-los e torná-los tão abstratos que os desvinculam dos valores. Os fatos se tornam conceitos de ordem geral e abstrata.

É nessa esteira positivista que se defendem os grandes monumentos legislativos, verdadeiros guarda-chuvas legais, que visam regulamentar, à máxima exaustão possível, todos os fatos sociais. No Brasil, nem no século XXI conseguimos nos livrar dessa ideia, haja vista o novo Código Civil.

Também nessa esteira positivista, é recrudescido o papel da dogmática, que elabora conceitos gerais, os quais limitam a atuação do Direito a um campo próprio.

> É o papel da Teoria Geral do Direito, cuja base formal segue a Jurisprudência dos Conceitos. (...) Essa base conceitual passa a ser fundamental ao princípio da completude da ordem jurídica. Cientificamente, é importante que o direito se baste, uma vez que a autointegração mediante processo autônomo, lógico e sistemático, baseado em princípios gerais, evitaria a influência de elementos externos descaracterizadores do direito.[15]

A essa Jurisprudência dos Conceitos, baseada na lógica formal positivista, antepõe-se a Jurisprudência dos Interesses, que busca o estudo e a observação da vida prática.

Já Rudolph von Jhering se contrapunha ao Positivismo Jurídico, por entender que o Direito se liga a um fim específico, que pretende ver realizado na prática. O jurista deve ficar atento às necessidades práticas dos indivíduos, geradoras de determinados fins, e não a conceitos lógicos oriundos de normas e instituições jurídicas. Esse utilitarismo jurídico de Jhering forma as bases para a Jurisprudência dos Interesses de Philipp Heck, da Universidade de Tübingen.

Para Heck, o Direito coordenaria a garantia dos interesses individuais. O juiz, enquanto intérprete da lei no caso concreto, trataria de compor esses interesses

---

14 Idem, p. 85.
15 Idem, p. 86.

segundo a lei. Assim, o juiz não teria a mera função de subsumir o fato à lei, mas deveria adequar sua decisão às necessidades práticas da vida, com base nos interesses em pauta.

A Jurisprudência dos Interesses partia de duas ideias preponderantes. A primeira era a de que o juiz estaria obrigado a obedecer ao Direito positivo. Sua função consistiria em proceder ao ajuste de interesses, do mesmo modo que o legislador. A disputa das partes apresenta um conflito de interesses. O juiz valora esses interesses e busca a valoração do legislador. Esta deverá prevalecer sobre aquela, se houver conflito.

A segunda ideia era a de que, havendo lacunas na lei, o juiz deveria desenvolver critérios axiológicos, os mesmos de que partiu o legislador, para conjugar os interesses em pauta com base naqueles valores. Assim, o juiz sempre ficará restrito aos valores ínsitos à vontade do legislador.

Se críticas se pode fazer à Jurisprudência dos Interesses, é no sentido de que reconhecia apenas uma realidade empírico-sociológica: a verificação dos interesses em pauta. Ademais, buscando os valores na vontade do legislador e não em cada comunidade, limitava o Direito às palavras da lei, não conseguindo se libertar, afinal, de uma orientação positivista.

Caso se possa, ao contrário, apontar uma contribuição definitiva da Jurisprudência dos Interesses, foi a de inserir na pauta da hermenêutica a ideia de valor.

A Jurisprudência dos Interesses se encontra enraizada em movimento contestador da metodologia formalista tradicional. Este movimento se denominou "Movimento para o Direito Livre". Teve como marco a conferência de Ehrlich, em 1903, denominada "A Luta pela Ciência do Direito", quando propugnou pela busca livre do Direito. O intérprete não deveria se limitar à *mens legislatoris* encontrada na lei. O Direito aplicado não poderia se resumir a uma subsunção mecânica da vontade do legislador. Dever-se-ia ir mais fundo.

Cerca de 15 anos antes, também na Alemanha, Oskar von Bülow já defendia a ideia de que a lei era apenas uma preparação, uma tentativa de realização de uma ordem jurídica. A decisão judicial, longe de ser somente mera aplicação da norma já pronta, cria o Direito.

Em 1906, Hermann Kantorowicz publica seu manifesto para um Movimento do Direito Livre. Para ele, nem todo o Direito emana do Estado. Muito mais rico e legítimo é o Direito oriundo dos grupos e movimentos sociais. É Direito espontâneo e natural, que deve ser compendiado pela doutrina e reconhecido pelo Estado, por meio da jurisprudência. O povo desconhece o Direito Estatal, reconhecendo apenas o Direito Livre.

Apesar das vãs tentativas de se despir do formalismo positivista, o século XX estava a ele inexoravelmente fadado. Exacerbando o positivismo, Hans Kelsen cria o normativismo, que fez adeptos em todo o mundo, principalmente nas ditaduras latino-americanas.

Para Hans Kelsen, todo o Direito se resumiria às normas postas pelo Estado, as quais encontrariam sua base de legitimação não em valores, mas em outra norma antecedente, superior. Existirá sempre uma norma superior para conferir validade às normas inferiores, até se chegar à Norma Fundamental: norma pressuposta, hipótese lógica, que confere validade a toda a ordem jurídica, inclusive à Constituição.

Interpretação, para Kelsen, é operação mental que acompanha o processo de aplicação do Direito de um escalão superior a um escalão inferior. A ordem jurídica compõe-se de vários escalões, que possuem entre si uma relação de determinação ou de vinculação, na medida em que a norma de escalão superior regule a produção da norma de escalão inferior. A atividade de interpretação deverá, portanto, levar em conta os vários âmbitos de aplicação de uma norma. Por exemplo, um ato administrativo deve ser concretizado de acordo com a interpretação da Constituição. Uma sentença judicial, que é norma jurídica individual, deve se concretizar em função da norma que lhe sirva de fundamento. Em outras palavras, a interpretação jurídico-científica não pode fazer outra coisa senão estabelecer as possíveis significações de uma norma jurídica, legitimada por norma de escalão superior.

Kelsen entendia que a interpretação do Direito opera em duas esferas distintas: na esfera pública – interpretação autêntica, quando levada a cabo pelos órgãos estatais; na esfera privada – interpretação não autêntica, quando levada a efeito pelos indivíduos.

Às vezes, pode ocorrer, segundo ele, que ao positivar a norma, o legislador deixe uma margem de discricionariedade ao aplicador da norma para que atenda às circunstâncias de quando, como e onde a norma deva ser aplicada. É o que denomina de indeterminação relativa intencional da norma. Às vezes, essa indeterminação relativa não é intencional. Dá-se quando uma norma contenha uma pluralidade de significações possíveis, decorrente, em geral, da ambiguidade de seus termos. Assim, a Lei seria uma moldura, dentro da qual haveria várias possibilidades de sentido. Uma delas deverá ser escolhida pelo aplicador. Os motivos que o levam à escolha não estariam dentro dos limites da Ciência do Direito, mas da Sociologia, da História, da Psicologia etc.

Apesar de Kelsen, como acabamos de ver, não rechaçar a contribuição da análise sociológica, psicológica, histórica e cultural para o Direito, de uma leitura simplista de seu pensamento se aproveitaram vários regimes ditatoriais, inclusive o brasileiro de 1964, para legitimar normas absurdas, que privavam os cidadãos de seus direitos fundamentais. Tentaram, e, em algum grau, conseguiram, transformar os cursos jurídicos em escolinhas de leis. E tentaram, também conseguindo em certo grau, reduzir a Justiça à mera aplicadora cega e literal de normas escritas, utilizando-se de métodos arcaicos de interpretação positivista.

A concepção formalista do Direito pode ser resumida em três pontos fundamentais. Em primeiro lugar, dá-se destaque exagerado à lei escrita, enquanto regra geral, abstrata e universalmente obrigatória, distanciando o Direito do caso concreto. Em segundo lugar, o intérprete tem a tarefa de conhecer e decifrar a lei de modo abstrato, independentemente do caso concreto. Por fim, o processo de interpretação não se confunde com o processo de criação da lei.

Contrapondo-se ao positivismo e ao normativismo, já no início do século XX, surge a denominada Jurisprudência dos Valores, com adeptos como Radbruch (na primeira metade do século) e Karl Larenz (na segunda metade). A Jurisprudência dos Valores tem o mérito de reconhecer como referência básica do Direito a cultura. Cultura seria o conjunto de crenças e tradições transmitido de geração em geração, criando, por fim, valores aceitos em certa comunidade.

A importância da Jurisprudência dos Valores foi a de ver o Direito como ciência voltada para a conduta ética e a de se preocupar com o justo. Os valores e princípios passam a ser um recurso de interpretação. Tudo isto prepara o terreno para o pós-positivismo e para as teorias da argumentação.

O chamado *pós-positivismo* consiste em um movimento de meados do século XX, que, contrapondo-se, principalmente, ao normativismo, acredita que o Direito só exista de forma concreta na medida em que componha interesses. Seu valor potencial, enquanto conjunto de normas abstratas e genéricas, não tem qualquer interesse prático, digno de ocupar o tempo do estudioso.

Se, por um lado, procura-se abandonar a clausura apriorística do positivismo, que, por meio de processos dedutivos, lógico-formais, previa solução endossistêmica para todos os casos concretos, por outro lado, não se podia relegar a segundo plano a previsibilidade das decisões e a tão almejada segurança jurídica.

O que se passa a discutir, a partir daí, é exatamente um método de interpretação que coadune justiça a segurança.

O pós-positivismo teve em Recaséns Siches um de seus mais altos luminares. Foi ele que, sob o impacto do pós-guerra, com a *Nova Filosofia da Interpretação do Direito*, começou a enfrentar as insuficiências do paradigma lógico-formal positivista para a solução das questões jurídicas. Para ele, os valores relativos à segurança jurídica não poderiam se impor com exclusividade na busca pelo justo.

Em sua obra, Recaséns Siches estabelece a diferença entre a filosofia jurídica acadêmica e a não acadêmica. A primeira tem como preocupação elaborar conceitos gerais e abstratos, cabíveis em qualquer ordenamento, com o objetivo de facilitar o tratamento científico de questões jurídicas. A segunda, a não acadêmica, tem por objeto a interpretação e a aplicação do Direito.

A filosofia não acadêmica não pode sempre se utilizar do método formal, lógico-dedutivo, para a solução de problemas práticos. O juiz, muitas vezes, depara com problemas que dizem respeito à escolha da norma certa para o caso certo, ou à determinação do conteúdo concreto de uma norma genérica, de forma a adequá-la ao caso. As regras do silogismo quase nunca resolvem esses problemas concretos: premissa maior (lei) – premissa menor (caso) – conclusão (sentença).

O intérprete enfrenta três problemas centrais, segundo Recaséns Siches. Em primeiro lugar, deve eleger a norma adequada para o caso. Em segundo lugar, deverá converter os termos gerais da norma em uma norma singular e concreta, a fim de que nesta norma individualizada para o caso concreto se cumpra o propósito que inspirou a norma genérica. Finalmente, em terceiro lugar, o intérprete deverá escolher o método mais adequado para tratar o caso concreto. Como se pode ver, a preocupação com a segurança jurídica ainda é muito forte, apesar de se admitir que a justiça seja o objetivo do Direito.

Na busca pelo método, Recaséns Siches parte da premissa de que o método lógico-dedutivo não seja suficiente para que o Direito possa solucionar os problemas da justiça. A resposta nessa busca deve ser dada pela filosofia.

Sendo a Lei uma prescrição permanente, para ser aplicada no futuro, deve o intérprete se colocar no lugar do legislador, deixando fluir seu espírito do passado ao presente. É como se o legislador decidisse o caso, incorporado no juiz. Nesse ritmo, Recaséns Siches revive o método da Escola Histórica, o qual denomina de método subjetivo-objetivo. É a busca pela vontade do legislador.

O Direito Positivo, em sua visão, não deve ser encarado como um conjunto de palavras ou um sistema de conceitos lógicos. O Direito Positivo é a justa interpretação das normas vigentes. Em outras palavras, Direito é interpretação. Assim, o juiz não deve se sentir culpado por ter que adaptar a lei para fazer a justiça. A sentença judicial traz sempre algo de novo. Para individualizar a norma, o que era geral e abstrato se torna particular e concreto. Haverá sempre uma adaptação criativa na sentença.

Nos casos mais complicados, principalmente quando houver lacunas ou antinomias, o juiz deverá investigar quais seriam os critérios hierárquicos de valores sobre os quais se funde o ordenamento. Nessa escala de valores, o juiz deverá escolher aqueles que melhor resolvam o problema. Para escolher esses valores, o juiz deverá se inspirar na vontade do legislador, procurando aqueles que produziriam os mesmos efeitos na solução da controvérsia que os valores eleitos pelo legislador ao propor a norma de modo genérico e abstrato. Em outras palavras, é na vontade do legislador que se poderá encontrar a escala de valores adotada pelo ordenamento.

Sintetizando, o juiz, após a instrução processual, intui, com base na lógica do razoável, uma solução. Essa intuição não é fruto de um raciocínio. Forma-se de modo direto, sobre o que é justo para o caso. É uma intuição baseada naquilo que é razoável, enraíza-se no logos do humano. A partir dessa intuição, o juiz formula sua fundamentação. Esta se opera, com toda facilidade, segundo as regras do silogismo.

Se pudéssemos apontar duas grandes contribuições de Recaséns Siches, seriam elas a importância dada ao papel da Filosofia do Direito e a ideia de se buscar, a partir do problema, ou seja, do caso concreto, a axiologia do Direito.

A partir da década de 1950, uma série de obras é publicada, opondo-se à lógica formal como instrumento de análise do raciocínio jurídico. Ao conjunto dessas obras se dá o nome genérico de Teoria da Argumentação Jurídica. Na verdade, como se verá, não existe uma, mas várias teorias da argumentação.

Dentro dessa perspectiva, que integra pós-positivismo e teorias da argumentação, foi Theodor Viehweg um dos maiores luminares. Resgatando a retórica dos gregos e romanos, constrói sua teoria, que se usa denominar tópica.

Os pretores e jurisconsultos romanos, dada a pobreza do texto legal, desenvolveram, principalmente na época clássica (126 a.C. a 285 d.C.), uma forma de pensar tópico-problemática, solucionando os conflitos concretos de forma casuística, com base na opinio communis e na argumentação retórica. A justiça se construía com base nas decisões concretas, das quais se extraíam princípios que serviam de fundamento de validade a cada nova decisão. A jurisprudência romana, por se basear na prática discursiva, cujo centro era o problema do caso concreto, não se enclausurava no pensamento lógico-dedutivo de ordem formal.

Partindo dessa análise histórica, Viehweg apresenta sua tópica como um modo de pensar por problemas. O intérprete mantém princípios e conceitos apriorísticos, de modo problemático. Em outras palavras, os princípios, conceitos, enfim, as categorias teóricas do Direito são mantidas abertas, só assumindo significado diante do problema concreto. É o teórico, o abstrato que tem que se adaptar ao concreto e não o contrário.

A tópica em si mesma consiste numa arte, num pensar aporético, por problemas. Diante de um problema concreto, o intérprete se vê perante várias soluções. Apenas uma, porém, deve ser adotada. É por meio da tópica que chegará a ela. Assim, partindo do problema, o intérprete analisa as várias possibilidades dentro de um ou mais sistemas. O sistema seria uma pauta de regulação previamente estabelecida, um catálogo de topoi, como diria Viehweg. A partir daí, a solução seria encontrada. Por outros termos, parte-se do problema para o sistema e não do sistema para o problema. Vale dizer que cada caso concreto apresenta um problema novo, que deve ser pensado individualmente, não se vinculando a um sistema dado, mesmo que em circunstâncias análogas um caso com um problema semelhante já tenha sido decidido num certo sentido. Este simples fato não vincula o intérprete. Se a justiça se alcança por meio dessa liberdade, a segurança, por sua vez, encontra-se na própria pauta de regulação, nos *topoi*, no sistema, enfim.

Outro grande cultor da Teoria da Argumentação foi Perelman. Em 1958, publicou, na Bélgica, seu livro A *nova retórica: tratado da argumentação*. Nessa obra, expõe suas ideias, até hoje debatidas.

O ponto crucial é saber como o intérprete deverá justificar a solução dada para certo problema dentro do sistema, a fim de que se promova a justiça, sem abrir mão da segurança. Se para Recaséns Siches era a lógica do razoável, a resposta encontrada por Perelman foi a argumentação.

O ponto de partida da Nova Retórica é a diferença aristotélica entre raciocínios analíticos ou lógico-formais e raciocínios dialéticos ou retóricos. É evidente que sua teoria da argumentação toma por base o raciocínio retórico ou dialético. A ideia é a de que, para se construir uma teoria da argumentação, a pedra de toque deverá ser o tipo de raciocínio utilizado por políticos, juízes ou advogados.

A lógica formal, baseada no raciocínio analítico, se move num sentido necessário: se a premissa maior for válida e também válida a premissa menor, a conclusão será inexorável. Se todo homem for mortal e se Pedro for homem, consequentemente, Pedro será mortal. Ao contrário, a argumentação, baseada no raciocínio dialético, não se move num sentido necessário, mas apenas plausível. Os atos inexistentes não existem e, por isso, não podem produzir efeitos, pois o que não existe não pode produzir efeitos. Assim, sendo considerado inexistente o casamento contraído sem as formalidades legais, dele não se poderia extrair qualquer efeito. Isso segundo a lógica formal. Ocorre que, na prática, não é o que acontece. Mesmo o casamento inexistente poderá produzir efeitos em relação ao cônjuge de boa-fé. A esta conclusão se chega pelo raciocínio retórico, que abre outras possibilidades de solução para o caso concreto, tendo em vista outros princípios que integram o ordenamento jurídico, no caso, os princípios da boa-fé e da aparência.

Na teoria de Perelman, é fundamental a existência de um auditório (interlocutor ou interlocutores, determinados ou não) que se deseje persuadir. Daí denominar sua teoria de *retórica* e não de *dialética*.

Nos dizeres de Manuel Atienza:

> Perelman considera a argumentação como um processo em que todos os seus elementos se interagem constantemente, e nisso ela se distingue também da concepção dedutiva e unitária do raciocínio de Descartes e da tradição racionalista. Descartes via no raciocínio um "encadeamento" de ideias, de tal maneira que a cadeia das proposições não pode ser mais sólida que o mais frágil dos anéis; basta que se rompa um dos anéis para que a certeza da conclusão se desvaneça. Ao contrário, Perelman considera que a estrutura do discurso argumentativo

se assemelha à de um tecido: a solidez deste é muito superior à de cada fio que constitui a trama. Uma consequência disso é a impossibilidade de separar radicalmente cada um dos elementos que compõe a argumentação.[16]

Na verdade, a argumentação seria um processo para a obtenção de certo resultado, qual seja, conseguir a adesão do auditório, sem o uso da coação física ou moral. A argumentação, para persuadir o auditório, deve ser imparcial, ou seja, sem tomar partido, o autor do discurso deverá se posicionar ao lado do auditório que deseja persuadir. Basta imaginarmos a atuação do advogado para convencer o juiz e deste para convencer as partes.

Ser imparcial significa ser justo, pois implica que, em circunstâncias análogas, se agiria da mesma forma. Implica, também, que o critério da argumentação convenceria ao maior número possível de interlocutores, ou seja, ao auditório universal.

A argumentação deve partir de certas premissas, tais como fatos, presunções e valores, para, por meio de técnicas de retórica, chegar a uma conclusão. As técnicas argumentativas são as mais variadas. Por exemplo, pode-se citar os argumentos lógicos, os quase lógicos, a contradição, a argumentação por etapas e muitas outras apontadas por Perelman.

Apesar disso tudo, Perelman observa que, ao contrário do que ocorre nas ciências dedutivas, no Direito é difícil chegar a uma solução que agrade a todos. A argumentação existe no campo da controvérsia, conduzindo a uma das soluções possíveis para determinado caso. Daí a necessidade de a sentença judicial ser imposta coercitivamente.

Também em 1958, publica-se, na Inglaterra, a obra de outro importante pensador, que em muito contribuiu para a teoria da argumentação: *The uses of argument*, de Toulmin.

Toulmin, ao contrário de Viehweg e Perelman, não procura ressuscitar a tópica ou a retórica. Inicia seu trabalho a partir de uma análise da lógica dedutiva, concluindo por sua incapacidade de dar conta dos argumentos de qualquer âmbito, inclusive o das ciências, à exceção da matemática. Começa, então, por construir uma nova concepção da lógica.

Para Toulmin, argumentação é a atividade de propor pretensões, pô-las em questão, respaldá-las, produzindo razões, criticando as razões, refutando as críticas etc. Argumentação, argumento são termos que muito têm a ver com debate, discussão. Aliás, esta é uma das traduções da palavra inglesa *argument*, que além de argumento propriamente dito significa debate.

Num argumento, há quatro elementos: a pretensão, as razões, a garantia e o respaldo. Pretensão é o ponto de partida: "X tem direito a ser indenizado". Se

---

16 ATIENZA, Manuel. **As razões do direito**. São Paulo: Landy, 2000. p. 85.

o proponente expõe sua pretensão e o oponente concorda, cessa a argumentação. Caso discorde, o proponente terá que explicar as razões de sua pretensão. As razões são os fatos que integram o caso concreto: "X tem direito a ser indenizado porque Y amassou-lhe o veículo, causando-lhe um dano". O oponente poderá refutar os fatos ou aceitá-los. Se os refutar, o processo argumentativo volta ao início, se os aceitar, poderá exigir que o proponente explicite porque as razões conduzem à pretensão: "Por que o fato de Y ter amassado o carro de X faz com que X tenha direito a ser indenizado"? Aí surge a garantia do argumento, que no caso do Direito será a norma: "Quem causa um dano deve indenizar a vítima". Mas essa garantia pode não ser suficiente, pode necessitar de um respaldo que lhe dê validade: "Os arts. 186 e 927 do CC". O respaldo, como se vê, pode ser expresso por meio de um enunciado categórico, enquanto a garantia é expressa por meio de um enunciado hipotético.

Na argumentação jurídica, as razões, nas questões de fato, são os meios de prova; nas questões de Direito, as razões são fatos já provados, normas, declarações de autoridade, decisões dos tribunais etc. As garantias, nas questões de fato, são os depoimentos das testemunhas, dos peritos, os documentos etc. Nas questões de Direito, as garantias serão as normas jurídicas. O respaldo, nas questões de fato, consistirá na referência ao campo geral de experiência em que se assenta a garantia; nas questões de Direito, na indicação de que a garantia enuncia uma norma vigente.

Um argumento pode vir isolado ou fazer parte de uma cadeia de argumentos.

É evidente que, no Direito, diferentemente da matemática, a conclusão nem sempre ocorre de maneira necessária. Nem sempre quem causa um dano terá que indenizá-lo. Podem ocorrer circunstâncias excepcionais que solapam a força dos argumentos, como, por exemplo, a força maior, na hipótese em análise. Dessa forma, os argumentos levam tão somente a uma possibilidade. Por outro lado, há argumentos que são falaciosos, incorretos e que, portanto, não conduzem a qualquer conclusão válida.

As teorias da argumentação concebidas por Viehweg, Perelman e Toulmin, apesar das diferenças, têm algo em comum: todas rejeitam o modelo da lógica dedutiva. Todos os três demonstram que este modelo tem sérios limites; tentar reconstruir a argumentação jurídica a partir dele seria um grande equívoco.

Com base no caminho aberto por Viehweg, Perelman e Toulmin, surgem, no final da década de 1970 e 1980, outras versões da teoria da argumentação. Dentre as mais importantes, destacam-se a de Neil McCormick e a de Robert Alexy. Suas concepções, embora semelhantes, diferem em alguns pontos.

Em 1978, Neil McCormick publica obra em que expõe sua tese: *Legal reasoning and legal theory*. Procura este autor um meio caminho entre o racionalismo puro e o irracionalismo. Sua teoria pretende ser tanto descritiva quanto normativa, dando conta dos aspectos formais, dedutivos da argumentação jurídica e dos aspectos não dedutivos, materiais.

Para McCormick, pelo menos em alguns casos as justificações dos juízes são estritamente dedutivas. Dá como exemplo o caso em que o vendedor é condenado a pagar os danos causados por defeito do produto. No contrato de compra e venda, há uma cláusula implícita no sentido de que a mercadoria deva ser comercializável, ou seja, de boa qualidade. Se não o for, caberão perdas e danos. O raciocínio lógico-dedutivo aqui é que o vendedor descumpriu cláusula implícita e, portanto, deverá ser obrigado a indenizar os danos.

O que se poderia indagar, no caso dado, é por que o fabricante não foi condenado. Afinal, se houve culpa, foi de sua parte. A decisão não teria, pois, sido lógica.

Para responder a esta indagação, McCormick afirma que a expressão *lógica* deve ser entendida em dois sentidos. Num primeiro sentido, o predicado *lógico* é usado com relação às premissas do raciocínio: se não forem contraditórias, o raciocínio será lógico. Num segundo sentido, decisão lógica equivale à decisão justa. Em outras palavras, a decisão justa tem que estar de acordo com as diretrizes gerais do sistema ou com os princípios do Direito. No caso citado acima, poder-se-ia dizer que a decisão foi lógica, mas não foi justa. Assim, uma das premissas seria só aparentemente correta.

Ocorre que, no caso em tela, temos duas situações. Na primeira, a premissa maior é: quem descumpre o contrato deve indenizar a outra parte. A premissa menor é: o vendedor descumpriu uma cláusula contratual. A conclusão será, logicamente, que o vendedor deverá indenizar o comprador.

Numa segunda situação, teríamos o seguinte. Premissa maior: quem causa dano é obrigado a indenizar. Premissa menor: o fabricante lançou no mercado produto defeituoso, que causou dano a um consumidor, o qual adquiriu o produto de um vendedor. Conclusão: o fabricante deverá indenizar o dano. Embora a decisão do juiz pudesse ser nesse segundo sentido, constata-se na prática que é muito difícil, senão impossível, provar a culpa do fabricante. É, portanto, muito mais fácil adotar a primeira solução. O juiz deve levar em conta regras de Direito Processual que aquilatam a importância da prova. Isso deixa clara a importância da lógica dedutiva para a justificação da decisão. Por outros termos, o juiz, no caso dado, levando em conta as regras de instrução probatória, optou pela primeira solução, dentro de um padrão lógico-dedutivo. Poderia, talvez, adotar a segunda solução, se entendesse que o fabricante é que deveria provar sua inocência, dado um argumento consequencialista do seguinte tipo: o fabricante deve ser punido, até para desestimulá-lo e a outros fabricantes de oferecer ao consumo produtos defeituosos. Em outras palavras, um mesmo caso pode gerar duas soluções distintas. O que importa é que estejam justificadas.

A justificação dedutiva tem seus pressupostos e limites. Um primeiro pressuposto é o de que o juiz deva aplicar normas de Direito válido. Um segundo pressuposto é o de que o juiz deva poder identificar essas normas válidas, o que significa aceitar a existência de critérios de reconhecimento, compartilhados por todos os juízes.

Além dos pressupostos, a justificação dedutiva tem limites, isto é, a justificação das premissas normativas ou fáticas pode suscitar problemas. Neste sentido, há casos fáceis e casos difíceis. Nestes últimos, podem ocorrer problemas de ordem normativa, como problemas de interpretação, quando a norma aplicável admitir mais de uma leitura, ou problemas de pertinência, quando não se encontrar claramente uma norma aplicável. Podem, também, ocorrer problemas de ordem fática, como problemas de qualificação, quando houver dúvida sobre se certos fatos comprovados integrem ou não o caso; ou problemas de prova, ou seja, se os fatos comprovados formem uma prova coerente, que conduza a uma conclusão segura.

O cerne da teoria de McCormick, pode-se dizer, é o seguinte: as decisões boas devem ser lógicas, ou seja, devem ter uma justificação dedutiva, e devem ser justas, isto é, têm que estar de acordo com as diretrizes gerais do sistema ou com os princípios do Direito. Nos casos simples, a justificação dedutiva é suficiente para demonstrar que a decisão esteja de acordo com as diretrizes gerais do sistema ou com os princípios do Direito. Mas o que ocorre com a argumentação jurídica se a justificação dedutiva não bastar para a sentença justa?

Nesses casos difíceis, justificar uma decisão significa dizer que ela tenha que ser universal e tenha que fazer sentido em relação ao sistema e em relação ao mundo.

Segundo o requisito da universalidade, o raciocínio argumentativo que justifica a decisão deve contar, do ponto de vista normativo, com uma premissa (a premissa maior do silogismo) que seja a expressão de um princípio de Direito. É a exigência de justiça formal.

Cumprir o requisito da universalidade é elaborar uma justificação de primeiro nível. Mas a decisão deve fazer sentido em relação ao sistema, isto é, deve cumprir os requisitos de consistência e coerência. Deve, ainda, fazer sentido em relação ao mundo, ou seja, em relação às consequências que irá produzir no mundo.

Uma decisão será consistente quando se basear em premissas normativas que não entrem em choque com normas válidas. Os juízes não podem, assim, infringir o Direito, e devem ajustar as provas à realidade.

Quanto à coerência, a decisão deve ser coerente tanto do ponto de vista normativo quanto do ponto de vista narrativo. Haverá coerência normativa quando a norma aplicável puder ser submetida a princípios ou valores aceitáveis em certo tempo e lugar. Haverá coerência narrativa quando da análise dos fatos se puder chegar a uma conclusão lógica: X morreu esfaqueado. Z foi encontrado ao tentar esconder uma faca suja de sangue. A faca corresponde à descrição da arma que matou X. O sangue nela encontrado é o de X. Conclusão: Z matou X. No caso, em princípio, há coerência narrativa.

Falta, ainda, a questão de dever a decisão fazer sentido em relação ao mundo. Em outras palavras, a solução dada pelo intérprete deve fazer sentido em relação às consequências que irá produzir no mundo. A argumentação jurídica, dentro dos limites da universalidade, consistência e coerência, é, essencialmente, uma argumentação consequencialista.

Consequências são o estado de coisas posterior ao resultado. Assim, uma decisão é um resultado que irá produzir consequências. Por exemplo, decidir que uma mulher possa praticar o aborto se seu filho não for "normal" pode gerar consequências que conduzam a uma visão fascista de depuração da raça. As consequências são avaliadas de acordo com os valores vigentes em certo tempo e lugar.

No mesmo ano de 1978, em que McCormick publica seu *Legal reasoning and legal theory*, na Alemanha, Robert Alexy traz a lume suas ideias na obra *Theorie der juristischen Argumentation*.

Substancialmente, as duas teorias coincidem. A diferença substancial é que McCormick parte das justificações das decisões, tal como ocorram na prática jurisprudencial, para construir uma teoria da argumentação jurídica, que entende ser parte de uma teoria geral da argumentação prática. Alexy, a seu turno, percorre como que o caminho inverso: parte de uma teoria da argumentação prática geral para chegar à teoria da argumentação jurídica. Esta seria um caso especial do discurso moral, ou seja, da teoria geral da argumentação prática.

A base da teoria de Alexy é a teoria do discurso de Habermas. Para este, as questões práticas podem ser decididas racionalmente. E este é o ponto de partida, explicar como se opera o discurso, a argumentação racional, que conduz à decisão.

Segundo Alexy, sendo o discurso jurídico um caso especial do discurso geral prático, caracteriza-se por tratar de questões práticas; nele erige-se uma pretensão de correção, que se opera dentro de certas limitações. No discurso, ou seja, na argumentação jurídica, não se sustenta que determinada pretensão seja a mais racional, mas que ela possa ser fundamentada de forma racional dentro da moldura do sistema jurídico vigente.

Por um lado, o discurso jurídico se processa pelas regras e formas do discurso geral prático. No entanto, por outro lado, sujeita-se a regras e formas que lhe são específicas, como a sujeição à Lei, aos precedentes judiciais e à dogmática.

As decisões devem possuir justificação interna, isto é, para a fundamentação de uma decisão jurídica, deve-se apresentar, pelo menos, uma norma universal. A decisão deve seguir-se de uma norma universal e de outras proposições. Também devem possuir, as decisões, justificação externa, referente às premissas. As premissas podem ser regras de Direito Positivo; podem ser enunciados empíricos, respeitantes, por exemplo, às questões de prova; ou podem ser outros enunciados (que seriam basicamente reformulação de normas), para cuja fundamentação seja preciso recorrer à argumentação jurídica, concretamente às formas e regras de justificação externa.[17]

Para Alexy, existem seis grupos de regras e formas de justificação externa, segundo digam respeito à interpretação, à argumentação dogmática, à argumentação prática geral, ao uso de precedentes, à argumentação empírica ou às formas especiais de argumentação jurídica.

As regras e formas relativas à interpretação denominam-se cânones da interpretação. São argumentos semânticos, genéticos, teleológicos, históricos, comparativos e sistemáticos. O problema é que os resultados a que se chega são diferentes, dependendo do cânone que se emprega. Apesar de não ser possível estabelecer uma hierarquia entre eles, é possível instituir certas regras que deem prevalência aos argumentos semânticos e genéticos.

Nos dizeres de Alexy, os argumentos que exprimam uma ligação com o teor literal da Lei ou com a vontade do legislador histórico prevalecem sobre os demais, a não ser que se possa apresentar outros motivos racionais que concedam prioridade a outros argumentos.

A argumentação jurídica tem, porém, seus limites. Uma solução a que se chegou dentro das regras do discurso jurídico é uma solução racional, mas essas mesmas regras não garantem que haja apenas uma solução possível para cada caso. Vejamos um exemplo.

Dada a norma segundo a qual o possuidor esbulhado tenha direito a ser reintegrado na posse, e dado o caso prático de alguns sem-terra terem invadido terras públicas, estaríamos diante de uma questão em que se poderia utilizar um argumento semântico ou um argumento genético. Segundo o argumento semântico, o juiz deveria reintegrar o Poder Público na posse do imóvel. Segundo o argumento genético, a vontade do legislador histórico deve ser buscada, e, seguramente, não tinha ele em mente esse tipo de situação, em que miseráveis invadam terras públicas. Tinha em mente a invasão de terras particulares. Mesmo porque a invasão coletiva de terras é antes uma questão política que jurídica.

Vemos aqui duas soluções lógicas, ambas bem justificadas, tanto do ponto de vista interno quanto do externo. Como escolher uma delas? O juiz escolherá aquela que apresentar argumentos mais ponderáveis. Aquela que resistir melhor às críticas da parte contrária. A que lhe parecer mais racional.

Há outras versões da teoria da argumentação, como a de Manuel Atienza, a de Aulis Aarnio e a de Alexander Peczenick. Não é, todavia, nosso objetivo descrever todas elas, mas apenas as que tiveram maior repercussão.

---

17 ATIENZA, Manuel. Op. cit., p. 256.

Na verdade, e concluindo, entendo que a interpretação sempre teve base argumentativa. Às vezes mais, às vezes menos, os tribunais nunca aplicaram a letra cega da Lei, de forma insensível aos clamores da justiça. Mesmo na época em que imperava, na França, o espírito da Escola da Exegese, tanto a doutrina quanto a jurisprudência procuravam adequar a norma fria às exigências da equidade. As teorias da hermenêutica, que buscaram fechar o sistema, só o fizeram porque a realidade era outra, era argumentativa, aberta. Ademais, temiam a arbitrariedade de um judiciário pouco técnico e isento. Lembremo-nos de que os juízes eram nomeados pelo rei e escolhidos dentre pessoas de sua confiança, não sendo necessariamente bacharéis em Direito.

É evidente que o intérprete, uma vez consciente de que o sistema jurídico seja aberto, de que se retroalimente da própria interpretação, de que o sistema moderno ofereça garantias de decisões técnicas e isentas e de que a luta por um sistema fechado seja vã; uma vez ciente disso tudo, é óbvio que o hermeneuta terá muito melhores condições de desenvolver um trabalho sério e de aprimorar as técnicas de interpretação, para construir um ordenamento jurídico que promova a justiça no caso concreto, sem abrir mão dos ideais de segurança jurídica.

3.3.2.5 A funcionalização do Direito Civil

Tema estreitamente vinculado à interpretação é o da funcionalização dos institutos jurídicos. A partir dessa funcionalização, a hermenêutica se enriqueceu em métodos e abordagens.

Nos itens anteriores, vimos esses diferentes métodos e abordagens da hermenêutica tradicional e da contemporânea. Vejamos, agora, a funcionalização do Direito, para que possamos entender melhor algumas dessas abordagens mais modernas.

O estudo do Direito Civil sempre se preocupou precipuamente com a estrutura dos institutos juscivilísticos. Assim, o estudo dos contratos sempre partiu de seus elementos estruturais: sujeitos, objeto e forma. O mesmo em relação a vários outros institutos, como a família, a empresa, a propriedade e até mesmo o ato ilícito, para citar apenas alguns. Não era preocupação do jurista, a função, a finalidade, a utilidade desses institutos, das quais deveriam se ocupar os sociólogos, cientistas políticos, economistas e psicólogos.

A partir do final do século XIX, entretanto, esse método estruturalista começa a ser questionado. Rudolph von Jhering lança o utilitarismo; surgem pensadores com ideias as mais diversas, propugnando por uma visão não estruturalista do Direito.[18] Tudo isto coincide com o surgimento do Estado Social, preocupado com

---

18 Fundamental é a obra de Norberto Bobbio: "Da estrutura à função".

o bem-estar da sociedade, o qual deveria ser objetivo do Direito. Assim começa o Direito a se funcionalizar.

Mas, que é funcionalização?

É estar/ser em função de algo. No estudo do Direito, funcionalização significa que a análise que o jurista fará de cada instituto deverá partir, sem dúvida, da estrutura, que continua sendo importante, mas também levará em conta a função que o instituto exerce para o bem do ser humano, o papel que um princípio ou uma regra desempenha no interior de um sistema ou de uma estrutura.[19] Cada instituto jurídico deverá ser estudado em função do ser humano, em função da sociedade etc.

Neste contexto é que se fala em função social, função econômica, função repressiva, função preventiva de uma norma ou de um instituto jurídico.

Felipe Peixoto Braga Netto, ao tratar do tema, dá um bom exemplo dessa funcionalização.

> Atualmente, mercê da força, no direito atual, das diretrizes constitucionais, é algo fora de dúvida que a utilização de um direito não pode se prestar a fins opostos àqueles que orientaram seu nascimento, nem tampouco podem colidir com princípios maiores, se em choque.
>
> Por exemplo, o produto adequado, ao qual o fornecedor está obrigado, não é, apenas, aquele que cumpra as normas técnicas pertinentes (estrutura). Vê-se que o direito atual vai além: para que o produto seja escorreito, livre de vícios, ele deve ser adequado ao fim a que se propõe (função). Funcionaliza-se, assim, o conceito de produto.[20]

Concluindo, a análise estrutural continua sendo importante. É fundamental determinar se as partes contratantes sejam capazes, se o objeto contratual seja lícito e se a forma como se celebrou o contrato tenha sido adequada. Mas o jurista não pode se limitar a isso. Observar se o contrato cumpra, ou, por outro lado, se determinado fato ou ato não atente contra sua função econômico-social é também importantíssimo.

Mais a respeito da funcionalização, estudaremos à medida que formos avançando e adentrando os institutos do Direito Civil.

3.3.2.6 A constitucionalização do direito civil

Fala-se muito, nos dias de hoje, no fenômeno da constitucionalização do Direito Civil. Que significa isso? Significa que o Direito Civil se acha contido na

---

19 AMARAL, Francisco. **Direito civil**: introdução... cit., 5. ed., p. 366.
20 BRAGA NETTO, Felipe Peixoto. **Teoria dos ilícitos civis**. Belo Horizonte: Del Rey, 2003. p. 117.

Constituição? Significa que a Constituição se tornou o centro do sistema de Direito Civil? Significa que as normas de Direito Civil não podem contrariar a Constituição?

De fato, não significa nada disso. Por constitucionalização do Direito Civil deve-se entender que as normas de Direito Civil têm que ser lidas à luz dos princípios e valores consagrados na Constituição. A bem da verdade, não só as normas de Direito Civil devem receber leitura constitucionalizada, mas todas as normas do ordenamento jurídico, sejam elas de Direito Privado, sejam de Direito Público. Este é um ditame do chamado *Estado Democrático de Direito*, que tem na Constituição sua base hermenêutica, o que equivale a dizer que a interpretação de qualquer norma deverá buscar adequá-la aos princípios e valores constitucionais, uma vez que esses mesmos princípios e valores foram eleitos por todos nós, por meio de nossos representantes, como pilares da sociedade e, consequentemente, do Direito.

Falar em *constitucionalização do Direito Civil* não significa retirar do Código Civil a importância que merece como centro do sistema, papel este que continua a exercer. É no Código Civil que iremos buscar as diretrizes mais gerais do Direito Comum. É em torno dele que gravitam os chamados microssistemas, como o imobiliário, o da criança e do adolescente, o do consumidor e outros. Afinal, é no Código Civil, principalmente na posse e na propriedade, na teoria geral das obrigações e dos contratos, que o intérprete buscará as normas fundamentais do microssistema imobiliário. É a partir das normas gerais do Direito de Família e da própria Parte Geral do Código Civil que se engendra o microssistema da criança e do adolescente. Também será no Código Civil, mormente na Parte Geral, na teoria geral das obrigações e dos contratos, além dos contratos em espécie, que se apoia todo o microssistema do consumidor. Não se pode furtar ao Código Civil o trono central do sistema de Direito Privado. Seria incorreto e equivocado ver neste papel a Constituição, cujo objetivo não é o de regular as relações privadas, mas o de fundar as bases do Estado Democrático.

No entanto, apesar disso, se a Constituição não é o centro do sistema juscivilístico, é, sem sombra de dúvida, o centro do ordenamento jurídico, como um todo. É, portanto, a partir dela, da Constituição, que se devem ler todas as normas infraconstitucionais.

Vejamos um exemplo de como deve ser essa leitura.

Partamos de um problema concreto: Sílvio celebrou com Henrique contrato de prestação de serviços de jardinagem. No contrato havia cláusula que concedia a Sílvio, na condição de tomador do serviço, poderes de castigar Henrique fisicamente, caso este cometesse alguma falha. Pergunta-se: é válida a cláusula contratual? Por quê?

Qualquer que seja a posição doutrinária, a resposta genérica será não, não é válida a cláusula. Ao responder o porquê é que as diferenças aparecem.

Antigamente, quando não se falava em Direito Civil Constitucional, a resposta teria como fundamento exclusivo o Código Civil. A cláusula não é válida porque seu objeto é ilícito, e segundo o art. 104, II, do CC, a validade do contrato requer objeto lícito. Esta seria uma resposta tradicional à pergunta.

Uma resposta radical, dentro do movimento de constitucionalização do Direito Civil, teria em conta ser a Constituição o centro do ordenamento juscivilístico. Assim, a resposta seria não, a cláusula é inválida, porque contrária ao princípio da dignidade humana, consagrado no art. 1º, III, da CF.

A resposta correta, porém, leva em conta o papel central exercido pelo Código Civil, lido, entretanto, à luz da Constituição. Por esse prisma, de acordo com o art. 104, II do CC, a cláusula é inválida por ter objeto ilícito. E o objeto é ilícito porque afronta diretamente o princípio da dignidade humana consagrado no art. 1.º, III, da CF. Esta sim é uma leitura correta do problema, sob o enfoque constitucionalizado do Direito Civil. Isso é Direito Civil Constitucional.

Por outro lado, a interpretação civil-constitucional não pode ser leviana; não pode ser levada a extremos, sem uma análise de todos os aspectos do problema dado. Poder-se-ia citar, para tanto, o exemplo do imóvel residencial da pessoa solteira. Seria ele passível de execução por dívidas?

Segundo uma leitura tradicional, seria, uma vez que a Lei n. 8.009/1990, que trata do assunto, refere-se ao imóvel residencial da entidade familiar. Como não existe família de uma pessoa só (não há conjunto unitário no Direito), então a conclusão óbvia que se segue inexoravelmente é a de que o imóvel da pessoa solteira possa ser penhorado por dívidas.

Numa interpretação civil-constitucional, o fundamento da impenhorabilidade será outro. Tendo por soco o princípio da dignidade humana (art. 1º, III, da CF) a favor do devedor, proprietário do imóvel, mas também a favor da sociedade, que, em última instância, se beneficia do crédito, o legislador ordinário pesou na balança a dignidade da família e a dignidade do corpo social (beneficiário do crédito). A opção foi pela dignidade da família. Por outro lado, na mesma balança ponderou-se a dignidade da pessoa solteira e a dignidade do corpo coletivo. Nesta segunda hipótese, a balança favoreceu a sociedade. O raciocínio parte de uma análise econômica do Direito: quanto mais entraves obstaculizarem a execução do devedor inadimplente, mais caro será o crédito. A tendência do sistema financeiro, até mesmo dos bancos públicos, é a de cobrar juros mais altos, a fim de compensar o inadimplemento e a execução frustrada de alguns. Por essa razão, ou seja, por esse excesso de proteção ao devedor, dentre outras, paga-se, no Brasil, uma das taxas de juros mais altas do mundo. Enquanto nos Estados Unidos, por exemplo, a taxa de juros ao consumidor, inclusive para a aquisição de imóveis, gira em torno de 6% ao ano, no Brasil, mesmo na esfera do sistema da habitação, que deveria oferecer juros baixos, a taxa será bem superior à americana. Concluindo, se as pessoas solteiras têm, elas também, dignidade a ser promovida, a dignidade social não pode ser olvidada. Esta foi a opção da Lei n. 8.009/1990, mesmo numa leitura constitucional. No entanto, o STJ, numa leitura, a meu ver equivocada, acabou por sumular a matéria (Súmula n. 364), no sentido de que o imóvel da pessoa solteira não é passível de penhora, por ferir a dignidade do devedor. A decisão não analisou, *data venia*, todos os aspectos do problema, tendendo em benefício do devedor, na contramão dos interesses da coletividade, bem tutelados pela Lei n. 8.009/1990, que nada tem de inconstitucional.

E assim como esses problemas foram solucionados, assim também deverão ser todos os problemas na esfera do Direito Civil, de todo o Direito infraconstitucional. Deve-se ter enorme cuidado, porém, para, em nome da dignidade humana, do interesse público ou da função social de algum instituto, não se admitir intervenções arbitrárias no domínio da autonomia privada, da liberdade de agir e de empreender, de ter, de pensar e de expressar, de ir e vir, de ensinar, de publicar onde se quiser, de casar ou não casar, de ser como se é, independentemente da maioria. Enfim, não podemos, em nome de valores, abrir mão de outros valores, talvez tão ou mais caros, porque conquistados historicamente com muito sangue, suor e lágrimas. Esse é o caso da liberdade, da autonomia do ser. Há que ter cuidado e não cair na ditadura da dignidade, da função social, do politicamente correto, do interesse público, dos direitos das minorias ou das maiorias. Tudo há de ser sopesado com boa dose de bom senso e, sobretudo, com muito amor à liberdade, que, afinal de contas, é o alicerce da dignidade.

Outra questão importante no âmbito das discussões acerca da constitucionalização do Direito Privado, não só do Direito Civil, diz respeito à eficácia horizontal dos direitos fundamentais. Os direitos fundamentais foram originariamente criados para proteger o cidadão dos abusos do poder estatal. Assim, nas relações entre o Estado e o cidadão devem ser respeitados os direitos à inviolabilidade do domicílio e da intimidade, o direito à liberdade de pensamento, à liberdade de ir e vir, ao tratamento isonômico (os iguais devem receber igual tratamento, e os desiguais, tratamento desigual), o direito à ampla defesa e contraditório, dentre muitos outros. Mas e nas relações entre particulares? Teriam esses direitos fundamentais, aí também, a mesma eficácia? Se nas relações entre o Estado e o particular (relações verticais, em que o Estado está em posição de superioridade), a aplicabilidade é imediata, sê-lo-ia também nas relações entre particulares (relações horizontais, em que ambas as partes se encontram formalmente em pé de igualdade)?

Há quem defenda que não. Os direitos fundamentais não teriam eficácia horizontal; não se aplicariam às relações entre particulares, que ocorrem em outro paradigma. Se isso é possível em outros países, no Brasil, a tese não se sustenta. Por este prisma, alguém poderia deixar de contratar mão de obra em razão da cor, uma vez que o direito à igualdade não tem eficácia nas relações privadas.

Por outro lado, há quem defenda que a eficácia horizontal seja imediata, irrestrita e absoluta. A tese, no Brasil, tampouco se sustenta. A se a admitir, um homem poderia exigir sua inscrição numa associação de mulheres (por exemplo, de freiras); uma associação evangélica teria que ser obrigada a aceitar umbandistas, bem como uma fundação para a promoção da cultura afro-brasileira seria taxada de racista. Até nas relações verticais (entre Estado e particular), há discriminação, como no sistema de cotas para negros nas universidades públicas, como nos concursos públicos para as forças armadas e policiais, em que, por razões óbvias de simples força física, se dá preferência ao sexo masculino, para citar dois exemplos.

Finalmente, há os defensores de uma tese intermediária, a da eficácia indireta,

> que difundiu o chamado *efeito irradiador* dos direitos fundamentais. Segundo essa concepção, (...) os direitos fundamentais irradiam seus efeitos por meio de mediação legislativa, ou seja, conformando a produção legislativa infraconstitucional e por meio da conformação das chamadas cláusulas gerais do direito infraconstitucional, especialmente do direito civil.[21]

Mas não só pela mediação do legislador infraconstitucional se dá a irradiação dos direitos fundamentais pelo ordenamento jurídico, também pela mediação do intérprete, ao aplicar a norma infraconstitucional ao caso concreto, relendo-a à luz dos direitos fundamentais.[22] Assim, o juiz poderá julgar inconstitucional a norma da convenção de condomínio que imponha punição ao condômino, sem lhe garantir amplo direito de defesa.

No Brasil, há os defensores da tese da eficácia imediata e os defensores da tese da eficácia indireta. De todo modo, mesmo os defensores da aplicação imediata dos direitos fundamentais nas relações privadas admitem exceções, ou seja, hipóteses em que não se aplicariam. Exemplos é o que não falta. Um homem não poderia exigir sua aceitação num convento, como freira, bem como uma mulher não poderia exigir sua ordenação como padre. Um patrão pode despedir seus empregados sem justa causa, sem que a estes assista o direito à ampla defesa e ao contraditório. Uma fundação de promoção da cultura alemã não pode ser forçada a financiar um projeto relativo à cultura afro-brasileira. Qual seria o

---

21 SILVA, Virgílio Afonso da. **A constitucionalização do direito: os direitos fundamentais nas relações entre particulares.** São Paulo: Malheiros, 2008. p. 89.
22 Idem, p. 147-148.

critério de aferição da possibilidade ou não de se excepcionar a aplicação dos direitos fundamentais nas relações interprivadas? Em outras palavras, quando seria legítimo não se aplicarem os direitos fundamentais nas relações entre particulares? O critério que reputo o mais adequado, embora não infalível, seria a argumentação racional diante das circunstâncias do caso concreto. Por outros termos, sempre que a não aplicação dos direitos fundamentais se fundamentar em argumentos racionais, lógicos e não atentatórios à dignidade humana, em princípio, será legítima sua não aplicação.[23] Por outro lado, o argumento não poderá se basear no ódio, no racismo, na homofobia, no sexismo, na xenofobia, dentre outros. A intensidade da discriminação seria tão grave nestes casos, que não se legitimaria, mesmo diante do princípio da autonomia privada. Destarte, uma associação de descendentes de coreanos poderá rejeitar a inscrição em seus quadros de quem não seja descendente de coreano; um clube recreativo, porém, não poderá fazê-lo, ainda que tenha sido fundado por coreanos, e que a maioria de seus associados seja coreana. No primeiro caso, é possível defender racionalmente a discriminação, que não se baseia em critérios indignos; no segundo, ao contrário, o critério é visivelmente racista e, portanto, ilegítimo. O atentado à dignidade é tão intenso, que o princípio da autonomia privada não seria intenso (forte) o suficiente para legitimá-lo.

Seria infalível esse critério da argumentação racional? Nada em Direito é infalível, muito menos a interpretação racional, ainda mais sendo humana a razão. De resto, tudo é passível de crítica, não fosse assim, o conhecimento humano estaria na Idade da Pedra até hoje. De todo modo, a não se adotar o critério da racionalidade argumentativa, quais seriam as demais opções? Efeito imediato e absoluto dos direitos fundamentais nas relações privadas? Não aplicação dos direitos fundamentais a essas relações? Nenhuma delas, a meu ver satisfaz. Dentre todas, a melhor é a da eficácia indireta, mediada pela lei e pela interpretação racional.

Para concluir, não poderia deixar de mencionar a existência de autores que criticam a expressão Direito Civil Constitucional, não sem certa dose de razão, pelo menos do ponto de vista filosófico. Esses autores apontam incongruências na expressão.[24]

---

23 Idem, p. 166.
24 Idem, p. 171-172; LUDWIG, Marcos. **Direito público e direito privado**: a superação da dicotomia. In: MARTINS-COSTA, Judith. **A reconstrução do direito privado**. São Paulo: RT, 2002. p. 104-105; MATTIETTO, Leonardo. O direito civil constitucional e a nova teoria dos contratos. In: TEPEDINO, Gustavo. **Problemas de direito civil constitucional**. Rio de Janeiro: Renovar, 2000. p. 170 (segundo Virgílio Afonso da Silva, Leonardo Mattietto, aponta, posto que involuntariamente, a incongruência da expressão, ao afirmar que o Direito Civil Constitucional é o Direito Civil como um todo, já que não há como divisar nenhuma parte do Direito Civil que não receba a influência dos valores e dos princípios constitucionais).

Segundo Virgílio Afonso da Silva, a se entender Direito Civil Constitucional como o conjunto de normas de Direito Civil consagradas na Constituição, estaríamos diante de um equívoco, uma vez que as normas de Direito Civil não deixam de ser de Direito Civil pelo simples fato de estarem situadas no texto constitucional. Por outro prisma, a se entender Direito Civil Constitucional como o Direito Civil lido à luz dos princípios e valores constitucionais, o equívoco estaria presente do mesmo modo. Ora, falar em Direito Civil Constitucional como o Direito Civil interpretado à luz da Constituição pressupõe que haja uma parte do Direito Civil imune à influência da Constituição. Haveria, pois, um Direito Civil e um Direito Civil Constitucional, o que é absurdo. Se, ao contrário, é todo o Direito Civil que recebe influxos constitucionais, o conceito de Direito Civil Constitucional fica ainda mais esvaziado, a não ser que deixemos de falar Direito Civil, para adotar só e sempre a nova denominação Direito Civil Constitucional, o que seria totalmente sem sentido, para não dizer ridículo, a essa altura da história do nosso Direito.[25]

A verdade é que, considerando a influência da Constituição em todo o ordenamento infraconstitucional, não deixa de ser mesmo redundante falar em Direito Civil Constitucional, isto porque dizer Direito Civil já é dizer Direito Civil Constitucional, ou seja, Direito Civil lido à luz da Constituição. No entanto, levando-se em conta, que a expressão Direito Civil Constitucional surgiu no Brasil nos anos 1990, teve grande importância, principalmente no sentido de alertar a comunidade jurídica de então para o fato de que o Direito Civil, aquele do Código de 1916, tinha que ser relido pelo prisma da recém-promulgada Constituição de 1988. Naquele momento, a expressão foi muito importante. Hoje, talvez não seja mais. A língua, porém, mesmo a científica, não vai e vem com tanta rapidez. O termo Direito Civil Constitucional é, portanto, mais didático do que lógico, e, embora possa considerar-se ultrapassado, acabou por encontrar assento, posto que temporário, em nosso linguajar jurídico.

Ademais, como advertem Jorge Miranda, Otávio Luiz Rodrigues Júnior e Gustavo Bonato Fruet, a dogmática constitucionalizante não atenta para a necessidade de que se deva buscar previamente soluções para os problemas relativos às relações privadas dentro do próprio Direito Privado, historicamente construído, há milênios, para solucioná-los, de forma muito mais adequada que as normas constitucionais.[26] Maurício Mazur adverte que

> o nível reflexo da eficácia constitucional no Direito privado demanda sérias prevenções dogmáticas, na medida em que não se resume a uma mera operação

---

25 SILVA, Virgílio Afonso da. Op. cit., p. 171-172.
26 MIRANDA, Jorge; RODRIGUES JÚNIOR, Otávio Luiz; FRUET, Gustavo Bonato. Principais problemas dos direitos da personalidade e estado da arte da matéria no direito comparado. In: _____ (Org.). **Direitos da personalidade**. São Paulo: Atlas, 2012. p. 12.

> jurídica de transplantação de normas públicas para relações privadas sem clivagem alguma. O recurso indiscriminado que se faz à Constituição na regulação das relações privadas é um fenômeno que em nada contribui para um modelo de efetiva relevância jurídica das normas de tutela da personalidade, constitucionais ou civis. Isso porque acaba por banalizar preceitos fundamentais (como a dignidade humana, para citar um), enfraquecendo a força jurídica de intervenções constitucionais que se façam verdadeiramente necessárias, sobretudo para conter posições de supremacia de poder capazes de interferir na esfera de livre vontade do indivíduo subjugado. Mas também porque tende a "publicizar" o Direito privado, impondo aos particulares adstrições originalmente concebidas para o Estado que acabam por subtrair-lhes a autodeterminação negocial.[27]

E continua o mesmo autor, notando que

> a constitucionalização do direito civil é uma grave e recorrente ameaça à liberdade e à autonomia das relações privadas que se ampara na ideia equivocada de uma grande proximidade entre o direito civil e a Constituição. Ora, as garantias constitucionais apenas traduzem o reconhecimento estatal de uma ordem jurídico-privada, sem causar impacto autônomo em seu conteúdo. (...) O primado material das relações privadas é todo do direito civil, que se distancia da constituição política e atua como um desenho da constituição social.[28]

De fato, se a interpretação civil-constitucional foi importante no passado, dada a defasagem principiológica do Código Civil de 1916 frente à Constituição de 1988, tal não será mais o caso, a não ser excepcionalmente, após o advento do Código Civil de 2002, que, bem ou mal, incorporou os mais importantes valores e princípios constitucionais atinentes às relações privadas, tais como a função social, a boa-fé, a família plural, o melhor interesse do menor, a igualdade entre homens e mulheres, para citar alguns.

3.3.2.7 A liberdade econômica

Segundo a Lei n. 13.874/2019, os direitos de liberdade econômica deverão ser observados na aplicação e na interpretação do Direito Civil, do Empresarial, do Econômico, do Urbanístico e do Trabalho, nas relações jurídicas que se encontrem no seu âmbito de aplicação e na ordenação pública, inclusive sobre o exercício das profissões, do comércio, das juntas comerciais, dos registros públicos, do trânsito, do transporte e da proteção ao meio ambiente.

---

27 MAZUR, Maurício. A dicotomia entre os direitos da personalidade e os direitos fundamentais. In: MIRANDA, Jorge; RODRIGUES JÚNIOR, Otávio Luiz; FRUET, Gustavo Bonato. **Direitos da personalidade**. São Paulo: Atlas, 2012. p. 42.
28 *Idem*, p. 41-42.

A importância dessa Lei é tremenda para a liberdade individual, e o que nela se pode criticar é que se reduz, em sua maior parte, a uma pauta de intenções, carecendo de normas que venham a efetivar concretamente a livre expressão do indivíduo, principalmente em seu aspecto econômico. De fato, sem que se substitua a ideologia reinante nos órgãos do Estado, seu modo lento e burocrático de ser e de agir, a livre iniciativa, consagrada já no art. 1º, IV, da Constituição, nunca passará de longínqua luz no fim do túnel, sempre desejável, nunca alcançada, porém.

De todo modo, interpretam-se em favor da liberdade econômica, da boa-fé e do respeito aos contratos, aos investimentos e à propriedade todas as normas de ordenação pública sobre atividades econômicas privadas. Em outras palavras, o Estado poderá intervir na esfera do indivíduo, sem, contudo, atentar contra os contratos, os investimentos e a propriedade privada.

Os princípios que norteiam a liberdade econômica, isto é, a livre iniciativa, são o da liberdade, o da boa-fé, o da intervenção mínima e o da vulnerabilidade.

O princípio da liberdade garante ao indivíduo, pessoa natural ou jurídica, a faculdade de agir livremente na esfera econômica, dando aso à livre iniciativa e ao empreendedorismo, sem que o Estado crie óbices despropositados e ilegítimos.

De acordo com o princípio da boa-fé, os órgãos do Poder Público deverão partir do pressuposto que o indivíduo esteja agindo de boa-fé, ao exercer sua liberdade de empreender. Por outros termos, o empreendedor não deve ser hostilizado pelo Poder Público. É um belo princípio, sem dúvida, que carece, porém, de concretude, enquanto os agentes dos órgãos do Estado, como promotores, procuradores e policiais, dentre centenas de outros, não mudarem sua maneira de ver e de lidar com o empresário.

O princípio da intervenção mínima dita que o Estado só intervirá na esfera privada de modo subsidiário e excepcional, ou seja, para colmatar lacunas contratuais e coibir abusos.

Por fim, o particular se considera vulnerável perante o Estado, salvo casos excepcionais, de má-fé, hipersuficiência ou reincidência. Não há, pois, falar em vulnerabilidade, quando se tratar de uma empresa de porte de uma Vale do Rio Doce, de uma Volkswagen ou de uma Shell. Todas são hipersuficientes, isto é, extremamente poderosas tanto do ponto de vista econômico, quanto informacional.

A Declaração dos Direitos de Liberdade Econômica institui alguns direitos fundamentais de toda pessoa, natural ou jurídica, essenciais para o desenvolvimento e o crescimento econômicos do País. Repita-se, infelizmente, de nada adianta essa pauta de direitos, sem normas que os concretizem e sem uma mudança radical de mentalidade dos agentes públicos, responsáveis por promover, regular e coibir abusos da atividade empresarial.

São, portanto, direitos da pessoa, natural ou jurídica, desenvolver atividade econômica de baixo risco, para a qual se valha exclusivamente de propriedade privada própria ou de terceiros consensuais, sem a necessidade de quaisquer atos públicos de liberação da atividade econômica; desenvolver atividade econômica em qualquer horário ou dia da semana, inclusive feriados, sem que para isso esteja sujeita a cobranças ou encargos adicionais, observadas as normas de proteção ao meio ambiente, incluídas as de repressão à poluição sonora e à perturbação do sossego público; as restrições advindas de contrato, de regulamento condominial ou de outro negócio jurídico, bem como as decorrentes das normas de direito real, incluídas as de direito de vizinhança; e a legislação trabalhista.

São, ainda, direitos da pessoa, natural ou jurídica, definir livremente, em mercados não regulados, o preço de produtos e de serviços como consequência de alterações da oferta e da demanda; receber tratamento isonômico de órgãos e de entidades da administração pública quanto ao exercício de atos de liberação da atividade econômica, hipótese em que o ato de liberação estará vinculado aos mesmos critérios de interpretação adotados em decisões administrativas análogas anteriores, observado o disposto em regulamento; gozar de presunção de boa-fé nos atos praticados no exercício da atividade econômica, para os quais as dúvidas de interpretação do direito civil, empresarial, econômico e urbanístico serão resolvidas de forma a preservar a autonomia privada, exceto se houver expressa disposição legal em contrário; desenvolver, executar, operar ou comercializar novas modalidades de produtos e de serviços quando as normas infralegais se tornarem desatualizadas por força de desenvolvimento tecnológico consolidado internacionalmente, nos termos estabelecidos em regulamento, que disciplinará os requisitos para aferição da situação concreta, os procedimentos, o momento e as condições dos efeitos; ter a garantia de que os negócios jurídicos empresariais paritários serão objeto de livre estipulação das partes pactuantes, de forma a aplicar todas as regras de direito empresarial apenas de maneira subsidiária ao avençado, exceto normas de ordem pública; ter a garantia de que, nas solicitações de atos públicos de liberação da atividade econômica que se sujeitam ao disposto nesta Lei, apresentados todos os elementos necessários à instrução do processo, o particular será cientificado expressa e imediatamente do prazo máximo estipulado para a análise de seu pedido e de que, transcorrido o prazo fixado, o silêncio da autoridade competente importará aprovação tácita para todos os efeitos, ressalvadas as hipóteses expressamente vedadas em lei; arquivar qualquer documento por meio de microfilme ou por meio digital, conforme técnica e requisitos estabelecidos em regulamento, hipótese em que se equiparará a documento físico para todos os efeitos legais e para a comprovação de qualquer ato de direito público; não ser exigida medida ou prestação compensatória ou mitigatória abusiva, em sede de estudos de impacto ou outras liberações de atividade econômica no direito urbanístico, entendida como aquela que requeira medida que já era planejada para execução antes da solicitação pelo particular, sem que a atividade econômica altere a demanda para execução da referida medida; que se utilize do particular para realizar execuções que compensem impactos que existiriam independentemente do empreendimento ou da atividade econômica solicitada; que requeira a execução ou prestação de qualquer tipo para áreas ou situação além daquelas diretamente impactadas pela atividade econômica; ou que se mostre sem razoabilidade ou desproporcional, inclusive utilizada como meio de coação ou intimidação.

Por fim, não será exigida pela Administração Pública, direta ou indireta, certidão sem previsão expressa em lei.

É importante que se diga, à guisa de conclusão, que a liberdade econômica não deve ser vista como algo novo ou como mudança de paradigmas, uma vez que a própria Constituição a consagra, tanto no art. 1º, IV, quanto no art. 170.

O art. 1º, IV, estabelece como fundamento da República a livre iniciativa, conjugada com o trabalho. O mesmo se diga do art. 170.

O que se espera é que esses valores se concretizem de uma vez por todas, e que o País possa crescer, produzindo riqueza para todos.

Capítulo 4
Pessoas

Neste capítulo que se inicia, o objetivo será o estudo dos sujeitos das relações jurídicas. Antes, porém, é importante saber o que seja uma relação jurídica.

Aqui, nesse primeiro momento, far-se-á uma breve introdução ao tema, com uma definição mais simplificada, para, no Capítulo VII, com embasamento mais sólido, estudar mais densamente as relações jurídicas.

Relação jurídica é, pois, uma situação consistente num vínculo entre dois ou mais sujeitos, posicionados quanto a um objeto. Um modelo bem simples de entender seria o de uma relação contratual; uma compra e venda, por exemplo. Há o comprador e o vendedor, vinculados por direitos e deveres recíprocos referentes a um objeto, qual seja a coisa (produto) que se esteja vendendo e comprando. Ficam visíveis nessa relação os sujeitos (comprador e vendedor), o objeto (a coisa) e o vínculo que liga os dois sujeitos posicionados quanto ao objeto. Esse vínculo se compõe de direitos e deveres recíprocos (direito de receber a coisa; dever de pagar o preço; direito de receber o preço e dever de entregar a coisa). O contrato de compra e venda consiste numa relação de natureza patrimonial. Há, porém, um outro tipo básico de relação jurídica, que se denomina existencial. Exemplo seria a relação entre pais e filhos.

Bem, como dito acima, o objetivo do presente capítulo é o estudo dos sujeitos dessas relações, que são, em termos bem simples, os titulares dos direitos e deveres que integram o vínculo relacional. Quem seriam esses sujeitos? As pessoas, naturais e jurídicas, para começar, mas também alguns entes sem personalidade, como se verá na sequência.

As pessoas, naturais ou jurídicas, são, portanto, os sujeitos dos direitos subjetivos; são entes dotados de personalidade. Apesar disso, o fato de serem sujeitos de direitos, enquanto categoria, não impede que possam ser tratadas como objeto, como é o caso do menor em relação à guarda, da busca e apreensão de pessoas (§ 2º do art. 536 do CPC) etc. Seja como for, é, principalmente, em função das pessoas que existe a ordem jurídica.

4.1 Personalidade: generalidades e pessoas naturais

Como regra, os sujeitos dos direitos têm como característica fundamental a personalidade. Mas nem sempre é assim. Há alguns sujeitos de direito despidos de personalidade. Em outras palavras, há certos entes que, embora não sejam pessoas, são sujeitos de direitos e deveres por expressa força de lei, isto é, porque dotados de direitos e deveres pelo ordenamento. Exemplo seria o nascituro, ou seja, o feto em desenvolvimento. Não é pessoa, mas possui direitos desde a concepção, por força do art. 2º do CC. Vemos, pois, que são ideias distintas: sujeito de direito e pessoa. Toda pessoa é sujeito de direito, mas nem todo sujeito de direito será pessoa. Sujeito de direito é todo ente ao qual se conferem direitos e deveres, é um centro de imputação de direitos e deveres. Pode ser uma pessoa, física ou jurídica, ou não.

O primeiro autor brasileiro a atentar para a distinção entre sujeito de direito e pessoa foi Tercio Sampaio Ferraz Jr., em sua obra *Introdução ao Estudo do Direito*.[1] Não desenvolve, porém, a teoria, o que coube a Cláudio Henrique Ribeiro da Silva, em seu texto *Apontamentos para uma teoria dos entes despersonalizados*.[2] Partindo dessa ideia fundamental, o autor mineiro demonstra que em nosso ordenamento existem vários sujeitos de direitos sem personalidade, como o nascituro, a massa falida e muitos outros.

Parece redundante dizer que personalidade seja atributo jurídico que dá a um ser *status* de pessoa.

Na realidade, há duas acepções para o termo personalidade. Na primeira acepção, é atributo jurídico conferido ao ser humano e a outros entes (pessoas jurídicas), em virtude do qual se tornam capazes, podendo ser titulares de direitos e deveres nas relações jurídicas. A pessoa, por ser dotada de personalidade, é o elemento subjetivo da estrutura das relações jurídicas.

Numa segunda acepção, a personalidade é um valor, "o valor fundamental do ordenamento jurídico e está na base de uma série aberta de situações existenciais, nas quais se traduz sua incessantemente mutável exigência de tutela".[3] Daí se falar em direitos da personalidade, que estudaremos no próximo capítulo.

De qualquer forma, num primeiro momento a personalidade é invenção do Direito. Por isso, dizemos que personalidade é atributo ou valor jurídico. A personalidade, em tese, não é natural. Tanto não é natural, que se atribui personalidade a entes não humanos, as pessoas jurídicas, que podem ser meros patrimônios, como as fundações. Quanto à personalidade humana, a questão é um pouco mais complexa. Sem sombra de dúvida, antigamente havia seres humanos aos quais o Direito não atribuía personalidade. Eram os escravos, considerados coisas perante o ordenamento jurídico. Hoje em dia, porém, o Direito não reconhece a escravidão e, com base nisso, podemos afirmar que todo ser humano seja pessoa pela simples condição humana. Sendo assim, se a personalidade humana se adquire pela simples condição humana, podemos dizer que seja atributo natural, inato.

---

1 FERRAZ JR., Tercio Sampaio. **Introdução ao estudo do direito**. 3. ed. São Paulo: Atlas, 2001. p. 154.
2 SILVA, Cláudio Henrique Ribeiro da. Apontamentos para uma teoria dos entes despersonalizados. **Jus Navigandi**, Teresina, ano 9, n. 809, 20 set. 2005. Disponível em: <http://jus2.uol.com.br/doutrina/texto.asp?id=7312>. Acesso em: 28 dez. 2022.
3 PERLINGIERI, Pietro. **Perfis do direito civil**. 3. ed. Rio de Janeiro: Renovar, 1997. p. 155-156.

As pessoas naturais ou físicas adquirem personalidade no momento em que nasçam com vida. A personalidade permanece por toda a existência da pessoa, que só a perde com a morte. Todo ser humano é pessoa, do momento em que nasça, até o momento em que morra. Nunca um ser humano poderá perder a personalidade, a não ser que se torne escravo, o que, em nossos dias, é inconcebível.

Um dos critérios mais importantes para se determinar a diferença entre a vida e a morte é a respiração. Digo isto, porque, mesmo que tenha havido morte cerebral, o médico não expedirá certidão de óbito, a não ser para efeito de transplante de órgãos, antes que cessem as funções respiratórias. Mesmo porque, se há respiração, há funções cardíacas, que, culturalmente, também são um forte indicativo de vida. Seria inadmissível, do ponto de vista cultural, enterrar uma pessoa com funções cardiorrespiratórias normais. É óbvio, porém, que a Medicina leva em conta fatores que, do ponto de vista técnico, são até mais importantes do que a respiração, tais como as funções cerebrais.

Para efeito de transplante de órgãos, a morte cerebral é suficiente para autorizar a retirada dos órgãos, segundo o art. 3º da Lei n. 9.434/1997. No entanto, a morte encefálica deverá ser diagnosticada por dois médicos não integrantes da equipe responsável pela remoção e/ou transplante. É necessária autorização da família, que poderá exigir a presença de seu médico de confiança, para a constatação da morte cerebral. A autorização da família obedecerá a ordem fixada no art. 4º da Lei n. 9.434/1997, segundo o qual deverá supri-la o cônjuge; na falta dele, os filhos maiores; na falta deles, os netos maiores; na falta, os bisnetos e assim por diante. Não havendo parentes na linha descendente, serão chamados a autorizar os ascendentes: os pais, em sua falta, os avós etc. Não havendo ascendentes, serão chamados os irmãos. A autorização deve ser dada por escrito e assinada por duas testemunhas, que tenham assistido à verificação da morte.[4] Se não houver nenhum dos parentes citados no art. 4º, supõe-se que não poderá haver a retirada. Tampouco poderá haver retirada de pessoas não identificadas, segundo o art. 6.º dessa mesma Lei.

O fato de se determinar se uma criança nasceu morta, ou se deu ainda que seja leve inspirada de ar atmosférico, pode ser de suma importância para a determinação de linha sucessória. Imaginemos A e B, marido e mulher. Durante a gravidez de B, A vem a falecer. Seu herdeiro natural e necessário seria seu filho, ainda no ventre. Como ainda está para nascer, considera-se nascituro, não possuindo personalidade. Sua situação, seus direitos presentes e eventuais são, porém, preservados. Não por ser pessoa, mas por ser pessoa em potencial e sujeito de direitos. Dessarte, a herança de seu pai só será atribuída aos herdeiros após o nascimento do nascituro. Nascendo este, ainda que tenha dado só uma

---

4 SÁ, Maria de Fátima Freire de. **Biodireito e direito ao próprio corpo**. 2. ed. Belo Horizonte: Del Rey, 2003. p. 55 *et seq.*

leve inspirada de ar, terá vivido e, portanto, adquirido personalidade. Sua será a herança, que transmitirá a sua herdeira, a saber, sua mãe. Mas se nascer sem vida, a herança de A será atribuída a seus ascendentes, em concorrência com B, uma vez que seu filho não adquiriu personalidade, nada havendo herdado.

De igual importância tem a determinação de quem morreu antes ou depois, em acidente de carro, por exemplo, em que pai e filho tenham falecido. Se for impossível a fixação do momento exato, presume-se que tenham morrido juntos. Neste caso, um não herda do outro, sendo seu patrimônio transmitido aos outros herdeiros. É a regra da comoriência, que também resolve muitos problemas sucessórios. Logicamente, a comoriência só se aplica se morrerem juntos parentes, sucessores recíprocos, pois, se duas pessoas, ainda que parentes, que não sejam herdeiras uma da outra, morrerem em virtude do mesmo acidente, pouco importa qual delas tenha falecido antes ou depois.

Vejamos dois exemplos esclarecedores: Raphael e Miguel, pai e filho, respectivamente, morrem em acidente de trânsito. Se ficar provado que Raphael (pai) morreu antes de Miguel (filho), isto significa que Miguel herdará o espólio de Raphael. Mas, por outro lado, se ficar demonstrado que ocorreu o inverso, isto é, que Miguel morreu antes de Raphael, Miguel nada herdará de Raphael, sendo a herança deste atribuída a seus pais. No segundo exemplo, Lucas e Thiago, dois irmãos, ambos casados e com filhos, morrem em um acidente de trânsito. No caso, pouco importa quem morreu primeiro e quem morreu depois, uma vez que serão os filhos de cada um que herdarão o respectivo espólio.

Já as pessoas jurídicas têm sua personalidade atrelada ou bem a uma lei, ou bem ao registro. Como regra, diríamos que as pessoas jurídicas de Direito Privado se atrelam ao registro, e as de Direito Público, à lei.

4.2 Nascituro

Nascituro é o feto em gestação. Literalmente, aquele que está por nascer; particípio futuro do verbo latino nasci.

A grande polêmica em torno do nascituro é se é pessoa ou se não é.

Há duas doutrinas a esse respeito, a natalista e a concepcionista. A primeira defende a tese de que o nascituro só adquire personalidade após o nascimento com vida. A segunda, ao contrário, propugna pela tese de que a personalidade começa desde a concepção da vida no útero materno.[5]

O Direito Romano é repleto de textos contraditórios, uns apontando na direção natalista, outros, segundo alguns, na concepcionista. Um texto de Ulpiano,

---

5 SEMIÃO, Sérgio Abdalla. **Os direitos do nascituro**. Belo Horizonte: Del Rey, 2003. p. 33.

jurisconsulto do século III d.C., trata o nascituro como parte das entranhas maternas. O texto se refere a um rescrito destinado ao Pretor Urbano, Valério Prisciano. Cuida do caso em que o marido entende estar sua esposa grávida, e esta o nega. Comenta Ulpiano, que "com base no rescrito, parece muito evidente, não terem lugar os senatusconsultos sobre o reconhecimento de filhos, se a mulher esconder ou negar a gravidez; e não sem razão, pois antes do parto, (o filho) é parte da mulher ou de suas vísceras".[6] Só após o parto, o marido poderia reivindicar a paternidade.

Outro exemplo vem de Papiniano, o príncipe dos juristas do século III. Comentando a Lei Falcídia (40 a.C.), especificamente acerca dos frutos maduros ao tempo da morte, mas percebidos depois dela, Papiniano entendia que os frutos deveriam acrescer ao fundo hereditário pelo valor do tempo em que se estimassem mais preciosos. No entanto, no que "se referia ao filho de escrava, não deveria haver distinção de tempo, uma vez que antes do parto, não se poderia verdadeiramente falar existisse um ser humano".[7]

No entanto, há outros textos romanos que, segundo alguns, apontam para a tese concepcionista.[8] Como exemplo, podemos citar uma sentença de Paulo (século III d.C.), segundo a qual, "quem estiver no útero será tratado como humano, toda vez que se inquirir sobre os proveitos do próprio parto. Quanto ao mais, antes do nascimento, em nada aproveita".[9] O texto não é, a nosso ver, muito conclusivo. Pelo contrário, parece dizer o mesmo que outro trecho natalista: "a criança concebida será tratada como nascida, todas as vezes que for de seu proveito".[10] Outro exemplo é um fragmento de Juliano, de acordo com o qual, "aqueles que estão no útero consideram-se da natureza das coisas, segundo o Direito Civil".[11] Tampouco neste texto, vejo algo de conclusivo a favor da tese concepcionista.

Talvez a razão esteja mesmo com o pandectista do século XIX, Windscheid. O nascituro não era homem para os romanos. Mas, se nascesse com vida viável e forma humana, sua existência seria considerada desde a concepção.[12]

---

6   Tradução livre do trecho do *Digesto*, Lib. XXV, Tit. IV, 1, § 1: "Ex hoc rescripto evidentissime apparet, senatusconsulta de liberis agnoscendi locum non habuisse, si mulier dissimularet se praegnatem, vel etiam negaret: nec immerito: partus enim, antequam edatur, mulieris portio est, vel viscerum".
7   Tradução livre do trecho do *Digesto*, Lib. XXXV, Tit. II, 9, § 1: "Circa ventrem ancillae nulla temporis admissa distinctio est, nec immerito: quia partus nondum editus, homo non recte fuisse dicitur".
8   SEMIÃO, Sérgio Abdalla. Op. cit., p. 45. A respeito do nascituro, ver também: GUERRA, Arthur. **Direitos fundamentais do embrião na bioconstituição**. Belo Horizonte: D'Plácido, 2015.
9   Tradução livre do trecho do *Digesto*, Lib. I, Tit. V, 7: "Qui in utero est, perinde ac si in rebus humanis esset, custoditur, quotiens de commodis ipsius partus quaeritur: quamquam alii, antequam nascatur, nequaquam prosit".
10 Tradução livre da oração: "Infantus conceptus pro iam nato habetur, quoties de eius commodis agitur".
11 Tradução livre do trecho do *Digesto*, Lib. I, Tit. V, 26: "Qui in utero sunt, in toto pene iure civili intelliguntur in rerum natura esse".
12 SEMIÃO, Sérgio Abdalla. Op. cit., p. 45-46.

O Direito Brasileiro tampouco deixa a questão fora de margens de dúvida. O art. 2º do CC é claro ao adotar a doutrina natalista: "a personalidade civil da pessoa começa do nascimento com vida". Em que pese a má redação (personalidade da pessoa – seria melhor personalidade do ser humano), o texto é cristalino: é o nascimento com vida que dá início à personalidade.

Com base nisso, grande parte de nossos civilistas advoga a tese natalista. Apesar da clareza do art. 2º, há quem entenda que o Direito Brasileiro, a partir de uma visão sistêmica, adote a tese concepcionista. Já no próprio art. 2º, o Código Civil se refere a direitos do nascituro. E são vários os direitos que se pode atribuir ao nascituro, começando pelo direito à vida e prosseguindo com os direitos ao estado de filho, à representação, à curatela, à adoção, à nomeação em testamento, à sucessão aberta etc. Ora, é despiciendo dizer que, segundo a lógica tradicional de nosso sistema jurídico, direitos detêm apenas as pessoas. Sendo assim, muito embora, a primeira parte do art. 2º se refira ao nascimento com vida, o Direito Brasileiro, considerado em seu todo, adota a posição concepcionista.

Uma doutrina intermediária advoga a tese de que o Direito Brasileiro seria adepto da teoria concepcionista da personalidade condicional. O nascituro é pessoa, desde que nasça com vida. É, *grosso modo*, a ideia que Windscheid já defendia em relação ao Direito Romano. Havendo o nascimento com vida, a personalidade retroagiria à concepção.[13]

Na verdade, para se defender o nascituro, não seria necessário atribuir-lhe personalidade. Poder-se-ia argumentar que o nascituro não tenha direitos propriamente ditos. Aquilo a que o próprio legislador denomina "direitos do nascituro" não são direitos subjetivos. São, na verdade, direitos postos, na perspectiva do Direito objetivo, isto é, regras impostas pelo legislador para proteger um ser que tem a potencialidade de ser pessoa e que, por já existir, pode ter resguardados eventuais direitos subjetivos que virá a adquirir ao nascer. Exemplo seriam os direitos hereditários. No momento em que uma pessoa morre, deixando um nascituro como herdeiro eventual, não se pode falar em direitos hereditários. O que existe é uma situação em que certa herança poderá vir a ser atribuída a um nascituro, que, caso venha a nascer com vida, adquirirá os direitos hereditários.

Perlingieri propõe solução interessante. Já que tradicionalmente não se pode falar em direitos subjetivos do nascituro, o que haveria em relação a ele seria uma situação jurídica sem sujeito. A ideia de que uma situação jurídica possa não ter sujeito resolve vários problemas, dentre eles o da proteção ao nascituro, ao morto, aos animais, às plantas etc. Em todos esses casos, haveria uma situação, jurídica porque regrada pelo Direito, mas sem sujeito.

---

13   WINDSCHEID, Bernardo. **Diritto delle pandette**. Torino: Unione Tipografico-EditriceTorinense, 1925. v. 1, p. 149.

Existem situações existenciais que são juridicamente relevantes mesmo antes da existência do sujeito. Para as pessoas naturais, a subjetividade, pelo menos em termos tradicionais, se constitui com o nascimento, fato jurídico que atribui a capacidade de direito como aptidão geral a ser titular de situações subjetivas. Todavia, existem hipóteses, determinadas e específicas, nas quais um centro de interesses é juridicamente relevante apesar da inexistência (o não nascimento) do sujeito titular do interesse. É a hipótese do nascituro concebido.[14]

Não entendo, porém, tratar-se de situação sem sujeito. Se há um centro de interesses, há sujeito, titular dos interesses. Se o titular não pode ser o nascituro, o morto, os animais ou as plantas, por não serem pessoas, será a coletividade. A situação jurídica do nascituro será, assim, integrada por todos e por cada um de nós que temos interesse em proteger o nascituro, por estarmos, desse modo, protegendo a nós mesmos e a nossa descendência. Em torno dessa situação giram normas, contendo direitos postos (Direito objetivo) e deveres, ligados aos interesses. Essa é uma ideia possível de se defender, e muito melhor do que se forçar uma atribuição de personalidade ao nascituro, diante da clareza do art. 2º do CC.

Apesar disso tudo, entendo ser a melhor tese a do sujeito de direitos sem personalidade. O nascituro, seria, assim, de fato, sujeito de direitos despido de personalidade. Sujeito de direitos subjetivos, porque o próprio ordenamento jurídico expressamente (segunda parte do art. 2º do CC) lhos confere. Despido de personalidade também por força de norma expressa (primeira parte do art. 2º do CC). A questão que se impõe responder é a seguinte: se o nascituro não é pessoa, como poderia ser detentor de direitos da personalidade? De fato, o nascituro, enquanto sujeito de direitos detém uma série de prerrogativas, de direitos subjetivos, inclusive alguns direitos da personalidade, como o direito à vida, à saúde etc. É na categoria de sujeito de direitos que detém esses direitos; sujeito de direitos, pessoa natural em formação e, portanto, nessa qualidade, titular dos direitos da personalidade, que lhe sejam compatíveis.

Hoje, com os avanços da biotecnologia, as questões relativas ao nascituro tornam-se mais complexas. Exemplo paradigmático é a situação dos embriões criopreservados. Um óvulo é fertilizado *in vitro* e não é implantado no útero. A primeira pergunta é: trata-se de nascituro? Apesar de, sem dúvida alguma, haver vida humana, esta estaria apenas concebida, mas não em formação, uma vez que, para isso, seria necessário o ambiente adequado, ou seja, o útero materno ou algum dispositivo tecnológico substitutivo. Dessarte, não se trata de nascituro. Não é um feto que está para nascer.

A grande discussão da atualidade é o que fazer com os embriões excedentes. Em outras palavras, quando ocorre fertilização *in vitro*, extrauterina, vários

---

14 PERLINGIERI, Pietro. Op. cit., p. 111.

óvulos são fertilizados e implantados, mas vários sobram. O que fazer com esses excedentes? Podem ser preservados em ambiente criogenado. Mas até quando? Para sempre? Qual o sentido dessa preservação eterna, se não se estaria dando àqueles embriões possibilidade de se desenvolver? São perguntas sem resposta, que devem ser estudadas com muita calma, sem radicalismo e preconceito, principalmente de ordem religiosa. A laicização do Direito e do Estado são uma conquista histórica, que não podemos, hoje, levianamente, menosprezar. Há que ter em mente que a ciência deve desenvolver-se. De nada adiantam proibições extremadas. O único resultado seriam a informalidade e a ilegalidade em que incorreriam as pesquisas científicas, que, de todo modo, não se deteriam. A ciência deve ser deixada livre, ou seja, é a própria comunidade científica que, responsavelmente, reunida em conselhos de ética, deve traçar seus limites.

Na busca por respostas, posto que incipientes, foi editada a Lei n. 11.105, em 2005.

A Lei n. 11.105/2005 procura estabelecer, de modo inicial, alguns parâmetros, critérios e limites para a pesquisa genética. Por isso, é conhecida como Lei de Biossegurança. Para se ter uma ideia, a referida Lei permite, para fins de pesquisa e terapia, a utilização de células-tronco embrionárias obtidas de embriões humanos produzidos por fertilização in vitro, desde que não utilizados no respectivo procedimento. Algumas condições devem ser atendidas, quais sejam, deve tratar-se de embriões inviáveis ou embriões congelados há três anos ou mais, da data da publicação da Lei, ou que, já congelados na data da publicação da Lei, depois de completarem três anos, contados a partir da data de congelamento. Em qualquer caso, é necessário o consentimento dos genitores.

Além disso, as instituições de pesquisa e serviços de saúde que realizem pesquisa ou terapia com células-tronco embrionárias humanas deverão submeter seus projetos à apreciação e aprovação dos respectivos comitês de ética em pesquisa.

Por fim, é vedada a comercialização do material biológico acima referido, e sua prática implica crime.

No campo das proibições, fica vedado, segundo a Lei de Biossegurança, todo ato de implementação de projeto relativo a organismo geneticamente modificado, sem a manutenção de registro de seu acompanhamento individual.

Ficam também proibidas as práticas de engenharia genética em organismo vivo ou o manejo in vitro de ácido desoxirribonucleico ou ribonucleico natural ou recombinante, realizado em desacordo com as normas previstas na Lei; as práticas de engenharia genética em célula germinal humana, zigoto humano e embrião humano; a clonagem humana; a destruição ou descarte no meio ambiente de organismo geneticamente modificado e seus derivados em desacordo com as normas estabelecidas pela Comissão Técnica Nacional de Biossegurança – CTNBio, pelos órgãos e entidades de registro e fiscalização, referidos no art. 16 da Lei, e as constantes da própria Lei e de sua regulamentação; a liberação no meio ambiente de organismo geneticamente modificado ou seus derivados, no âmbito de atividades de pesquisa, sem a decisão técnica favorável da CTNBio e, nos casos de liberação comercial, sem o parecer técnico favorável da CTNBio, ou sem o licenciamento do órgão ou entidade ambiental responsável, quando a CTNBio considerar a atividade como potencialmente causadora de degradação ambiental, ou sem a aprovação do Conselho Nacional de Biossegurança – CNBS, quando o processo tenha sido por ele avocado, na forma da Lei e de sua regulamentação; e, por fim, a utilização, a comercialização, o registro, o patenteamento e o licenciamento de tecnologias genéticas de restrição do uso.

4.3 Capacidade

A personalidade possui certos atributos, certos elementos que a caracterizam. São eles, dentre muitos outros, a capacidade, o nome e o estado.

Ligada, então, à ideia de personalidade está a capacidade. Capacidade é a aptidão inerente a cada pessoa para que possa ser sujeito ativo ou passivo de direitos e obrigações.

Esta aptidão pode ser mero potencial ou poder efetivo. Se for mero potencial, teremos a capacidade de Direito, também chamada de capacidade jurídica, legal ou civil. Se for poder efetivo, teremos a capacidade de fato, também chamada de capacidade geral ou plena.

Capacidade de Direito é, portanto, o potencial inerente a toda pessoa para o exercício de atos da vida civil. Assim como todo bloco de mármore tem em si o potencial para se tornar estátua, da mesma forma toda pessoa tem o potencial para exercer a vida civil. Mas que seria exercer atos da vida civil? Seria celebrar contratos, casar-se, agir em juízo, votar, ser votado, enfim, praticar todos os atos do dia a dia em geral. Concluindo, podemos dizer que o recém-nascido possui a capacidade de Direito, e também o deficiente mental, ou pessoa esclerosada. Todos, sem exceção, a possuímos.

Bem, se todos possuímos capacidade de Direito, isso não quer dizer que todos possamos, de fato, exercer atos da vida civil. É evidente que um recém-nascido ou uma pessoa em coma não podem. Desse modo, vemos que, além da capacidade de Direito, ou seja, desse mero potencial, é necessário para o exercício da vida civil o poder efetivo, real, que nos é dado pela capacidade de fato.

Podemos dizer, portanto, que *capacidade de fato é o poder efetivo que nos capacita para a prática plena de atos da vida civil*.

Em relação à capacidade de fato, podemos classificar as pessoas naturais em absolutamente incapazes, relativamente incapazes e capazes.

Absolutamente incapazes são os menores de 16 anos, também chamados *menores impúberes*. Antes das alterações sofridas pelo Código Civil em 2015, também se consideravam absolutamente incapazes as pessoas que, por enfermidade ou deficiência mental, não tivessem o discernimento necessário para a prática de atos da vida civil, bem como aqueles que, mesmo por causa transitória, não pudessem exprimir sua vontade. Com as alterações inseridas no Código Civil pelo Estatuto da Pessoa com Deficiência (Lei n. 13.146/2015), são absolutamente incapazes apenas os menores de 16 anos.

A incapacidade absoluta tem como consequência o simples fato de, em princípio, a pessoa não ter sua vontade levada em consideração. É como se, em tese, não tivesse vontade própria. Tem, assim, que ser representada por responsável legal em tudo o que for fazer. É a vontade deste representante que conta, pelo menos em princípio; isso porque, em certos casos, poderá ser levada em consideração a vontade do incapaz, como, por exemplo, em relação à guarda. Se pai e mãe disputam a guarda de um menor de 16 anos, o juiz, sendo a guarda unilateral, poderá levar em conta a vontade do incapaz. De todo modo, os poderes do representante são limitados. Dessa forma, necessita ele de autorização do juiz e do Ministério Público para realizar qualquer ato que importe perda patrimonial para o incapaz. Ficam, pois, proibidos de, sem autorização, vender, doar ou trocar bens do incapaz, fazer acordos em nome do incapaz, renunciar a direitos do incapaz etc. Evidentemente que, havendo discernimento mínimo, o absolutamente incapaz, como dito, poderá ser ouvido, principalmente em questões relativas à sua pessoa, como guarda, alimentos, saúde, estudos, lazer, tutela, curatela etc.

Mas quem representa os incapazes?

Os menores de 16 anos são representados por seus pais. Às vezes ocorre de os pais não poderem representar os filhos por estarem mortos, ou por se tornarem incapazes, ou ainda por perderem o poder familiar, também chamado de poder parental, que os pais têm sobre os filhos menores.[15] Nestes casos, seus filhos serão representados por tutor, nomeado pelo juiz ou pelos próprios pais, que poderá ser o avô, tio, irmão mais velho, ou outra pessoa qualquer, da confiança do juiz ou dos pais.

Os que possuam enfermidade ou deficiência mental que lhes retire o discernimento e as pessoas que não possam expressar sua vontade eram representados por um curador, se possuíssem mais de 18 anos. Se fossem menores de 18 anos, já seriam representados ou por seus pais, ou por tutor, no caso de os pais não poderem, uma vez que se consideravam incapazes, de qualquer jeito.

---

15 Antes de a Constituição de 1988 ter igualado os pais quanto a seus direitos e deveres em relação aos filhos, falava-se em pátrio poder, detido exclusivamente pelo pai, e, em sua ausência ou impossibilidade, pela mãe.

Analisemos, agora, cada uma das categorias dos absolutamente incapazes, de acordo com o Código Civil, como está e como era.

Quanto aos menores de 16 anos, não há o que falar. A Lei já é bastante clara: até os 16 anos, a criança (do nascimento até os 12 anos) e o adolescente (maiores de 12 anos) são considerados absolutamente incapazes. Não é que não tenham discernimento (evidentemente, um recém-nascido não o tem) a partir de certa idade; é que sua vontade, como visto, não deverá, em princípio, preponderar sobre a do representante, a não ser que o juiz entenda que o menor de 16 anos possa ser ouvido e levado em consideração, principalmente nas questões existenciais. Esse já vem sendo o entendimento da doutrina e da jurisprudência há algum tempo, aliás, na esteira do Estatuto da Criança e do Adolescente.

A segunda categoria era a dos que possuíssem enfermidade ou deficiência mental capaz de lhes retirar o discernimento para a prática dos atos da vida civil. O Código Civil de 1916 falava em loucos de todo gênero. O critério, no Código de 2002, passou a ser o da inexistência de discernimento, ou seja, de aptidão para compreender a realidade e tomar decisões. A Lei, como se podia perceber, não entrava em disputas conceituais que pertencem antes à psicologia, à psiquiatria ou à psicanálise.

Nesta categoria poderíamos incluir todas as deficiências mentais, como a síndrome de Down, o mal de Alzheimer e outras formas de demência, além das pessoas em coma, dentre outras.

Se uma pessoa maior de 18 anos adquirisse uma deficiência mental, não se tornaria incapaz automaticamente, pelo menos no plano da eficácia, ou seja, no plano dos efeitos jurídicos. Era necessário um processo de interdição, findo o qual seria declarada incapaz por sentença judicial, sendo-lhe nomeado curador para que a representasse. Logicamente, o juiz deveria, na medida do possível, modular os efeitos da sentença, explicitando os limites da representação e as circunstâncias em que a vontade do incapaz poderia ser levada em conta. Normalmente, a vontade do incapaz, se possível, era e ainda é levada em conta quanto às relações existenciais, como a própria escolha do curador, a guarda, o lazer, a educação etc. Os poderes do curador deveriam, na medida do possível, restringir-se à esfera patrimonial. Apesar disso, o art. 1.072 do Código de Processo Civil permite que o curador possa interferir em questões existenciais. E de outra forma não poderia ser. Dependendo do grau de deficiência mental, o indivíduo não tem a mínima condição de gerir seus próprios assuntos, sejam eles de natureza patrimonial ou existencial. Impedir que o curador intervenha na esfera existencial pode representar um sério descaso para com o deficiente, que ficará abandonado à própria sorte.

Outra categoria era a das pessoas que não podiam, de forma alguma, exprimir sua vontade. Se conseguissem, ainda que por meio de gestos, ou de linguagem escrita, seriam consideradas capazes. O Código Civil de 1916 tratava apenas do caso do surdo-mudo. O Código de 2002 não se preocupou com a causa da inaptidão para comunicar a vontade, que poderia, inclusive, ser transitória. Essa categoria foi, porém, extirpada do Código Civil pelo Estatuto da Pessoa com Deficiência, que revogou o inciso III do art. 3º.

Estudemos agora os *relativamente incapazes*. De acordo com o Código Civil, antes da alteração sofrida em 2015, eram eles os maiores de 16 e menores de 18 anos, denominados menores púberes, os que tivessem o discernimento reduzido e os pródigos. Com as alterações introduzidas pelo Estatuto da Pessoa com Deficiência, passaram a ser considerados relativamente incapazes os maiores de 16 e menores de 18 anos, os ébrios habituais e os viciados em tóxicos, bem como aqueles que, por causa transitória ou permanente, não puderem exprimir sua vontade.

As consequências da incapacidade relativa, em tese, eram diferentes da absoluta. Os relativamente incapazes tinham sua vontade levada em conta. Em outras palavras, os relativamente incapazes já tinham direito de expressar sua vontade, necessitando apenas de uma pessoa que lhes assistisse. Assistir a um relativamente incapaz era autorizar os atos que ele quisesse praticar. Assim, uma pessoa relativamente incapaz poderia, por exemplo, vender um imóvel seu, desde que o responsável por ela concordasse, dando seu consentimento. Poderia também discordar, caso em que o ato não seria praticado, a não ser que o incapaz levasse a questão à Justiça e o juiz entendesse que a negativa do assistente não tivesse razão de ser. Neste caso, o ato poderia ser praticado, prevalecendo a vontade do relativamente incapaz, mesmo contra a vontade do assistente. Essas consequências eram válidas, tanto para as questões de caráter patrimonial, quanto, principalmente, existencial.

Mas quem assistia os incapazes? Os maiores de 16 e menores de 18 anos eram assistidos por seus pais, ou por um tutor. Os pródigos e os que tivessem o discernimento reduzido, se maiores de 18 anos, seriam assistidos por um curador.

Analisando cada uma das categorias, afora os maiores de 16 e menores de 18 anos, que dispensam explicações, havia, em primeiro lugar, os que possuíam o discernimento reduzido.

O critério aqui era a redução do discernimento, que poderia ter como causa a deficiência mental, a embriaguez habitual ou o vício em outros tóxicos.

Se a pessoa não possuísse discernimento, não tivesse nenhuma compreensão da realidade, tratar-se-ia de incapacidade absoluta. Mas, se houvesse apenas redução do discernimento, seria caso de incapacidade relativa.

O Código também incluía entre os relativamente incapazes os excepcionais, que não possuíssem desenvolvimento mental completo. A referência, contudo, era desnecessária. Bastava seguir a regra conforme se tratasse de inexistência ou redução do discernimento.

Na verdade, o Código Civil possuía uma redação absolutamente confusa e pleonástica. Primeiramente, falava em ébrios habituais e viciados em tóxicos, como se a bebida alcoólica não fosse substância das mais tóxicas. Em segundo lugar, referia-se aos viciados em tóxicos. Ora, o vício em tóxicos tem que ser incapacitante, por óbvio, caso contrário, não haveria falar em incapacidade (exemplo de tóxico não incapacitante é o cigarro). Em terceiro lugar, havia os portadores de deficiência mental, que tivessem o discernimento reduzido, para em seguida, em total redundância, referir-se aos excepcionais, sem desenvolvimento mental completo. Bastava reunir todas essas pessoas (ébrios habituais, toxicômanos, deficientes mentais e excepcionais) numa única categoria mais ampla: a das pessoas que tivessem o discernimento reduzido, ainda que temporariamente, fosse qual fosse a causa.

Por fim, os pródigos consideram-se as pessoas esbanjadoras, que não têm limites ao gastar seu dinheiro, arruinando seu patrimônio. Mas o simples fato de uma pessoa ser pródiga não significa, automaticamente, que seja considerada relativamente incapaz, mormente no plano da eficácia, isto é, dos efeitos jurídicos da prodigalidade. Para tanto, será necessário que se promova um processo judicial de interdição, em que, sendo declarada pródiga por sentença, será julgada relativamente incapaz, tendo curador nomeado pelo juiz. Este curador poderá ser o cônjuge, o companheiro, um ascendente (na ordem, um dos pais, um dos avós etc.), um descendente que se mostre apto ao exercício da curatela (na ordem, um dos filhos, um dos netos etc.), ou, na falta ou impossibilidade dessas pessoas, um outro parente ou mesmo um estranho da confiança do juiz.

A categoria dos pródigos, de uma certa forma, era e continua a ser inútil. Isso porque, ou bem o pródigo é portador de alguma deficiência mental, que lhe retire ou lhe diminua o discernimento, impossibilitando a livre e eficaz expressão de sua vontade, ou bem não é portador de qualquer afecção mental, possuindo, portanto, autonomia e consciência para realizar seus negócios. No primeiro caso, bastaria enquadrá-lo na categoria das pessoas que não possam exprimir sua vontade; no segundo, não haveria razão para interditá-lo.[16]

O Código de 1916 colocava entre os relativamente incapazes o silvícola. O Código atual diz apenas que a capacidade deles será regulada por legislação especial, que já existe. Trata-se da Lei n. 6.001/1973, mais conhecida por Estatuto do Índio.

Silvícola é palavra composta de duas palavras latinas, *silva* (selva) e *incola* (habitante). Assim, silvícola é o habitante das selvas. É aquela pessoa que desconhece

---

16 BICALHO, Clóvis Figueiredo Sette; LIMA, Osmar Brina Corrêa. Loucura e prodigalidade à luz do direito e da psicanálise. **Revista de Informação Legislativa**. Brasília. n. 118, p. 368-369, abr./jun., 1993.

outra civilização mais complicada. Só conhece a sua, simples e bucólica. Aqui no Brasil, silvícola é o índio. E índio, segundo a lei mencionada, é toda pessoa de ascendência pré-colombiana, sendo relativamente incapazes aquelas não integradas à comunhão nacional.

Vemos, pois, que sendo o índio integrado, será tratado como qualquer outro brasileiro, saindo da proteção do Estatuto do Índio. Para se integrar, é necessário processo judicial, iniciado pelo próprio índio, desde que tenha mais de 18 anos, que conheça o idioma português, que seja habilitado em algum ofício e tenha conhecimento razoável dos costumes nacionais. O juiz só emancipará o índio após ouvir seu tutor – a Funai – e o Ministério Público.

Segundo o Estatuto do Índio (art. 8º), a consequência dos atos praticados pelo índio, qualquer que seja sua idade, sem a assistência da Funai é que se consideram inquinados de defeito grave, podendo ser anulados, a qualquer momento, por qualquer interessado, ou de ofício, pelo juiz, a não ser que se prove ter o índio consciência do que tenha feito, e que o ato não lhe tenha sido prejudicial.

Com as mudanças havidas em 2015, por força da Lei n. 13.146 (Estatuto da Pessoa com Deficiência), a situação dos relativamente incapazes tornou-se mais confusa do que já era. Segundo a redação do art. 4º do CC, passam a se considerar incapazes, relativamente a certos atos ou à maneira de se os exercer, os maiores de 16 e menores de 18 anos; os ébrios habituais; os viciados em tóxicos; os que, por causa permanente ou transitória, não puderem exprimir sua vontade e os pródigos.

O quadro das incapacidades fica, assim, radicalmente alterado. Absolutamente incapazes são apenas os menores de 16 anos (revogados todos os incisos do art. 3º do CC). Relativamente incapazes são os maiores de 16 e menores de 18 anos; os ébrios habituais; os viciados em tóxicos; os que, por causa permanente ou transitória, não puderem exprimir sua vontade; bem como os pródigos.

Vejamos as consequências práticas dessas alterações e os problemas delas decorrentes.

Em primeiro lugar, ficam na categoria dos absolutamente incapazes apenas os menores de 16 anos. Em outras palavras, a idade passou a ser o único critério para se estabelecer a incapacidade absoluta. Não há outro, uma vez que revogados todos os incisos do art. 3º do CC. Isso traz um vácuo dogmático incontornável. Antes das alterações ocorridas em 2015, além da idade, o outro critério para a fixação da incapacidade absoluta era a ausência de discernimento, ou a impossibilidade total de expressão da vontade, o que, na prática, resultava no mesmo. Assim, se um indivíduo com mal de Alzheimer ou síndrome de Down grave, ou em coma profundo, ou portador de outra espécie de demência que lhe retirasse o discernimento, se qualquer dessas pessoas fosse interditada, era considerada absolutamente incapaz, sendo-lhe nomeado um curador para representá-la.

Atualmente, não há mais essa possibilidade, porque, segundo a redação do art. 4º do CC, mesmo na ausência de discernimento, ou na impossibilidade de expressão da vontade, a pessoa será considerada relativamente incapaz. Na prática, isso significa o quê? Significa que, se um indivíduo em coma for interditado, será considerado relativamente incapaz, sendo-lhe nomeado um curador. Seguramente, na sentença, ao fixar os deveres e os limites da curatela, o juiz não terá outra opção que não a de considerar o curador representante do incapaz. A assistência, nesse caso, é inviável. Ora, que incapacidade relativa é essa, em que o incapaz não tenha sua vontade levada em conta, em que seja representado em todos os atos da vida civil, inclusive nos de caráter existencial? O mesmo se diga do indivíduo com síndrome de Down grave, ou portador do mal de Alzheimer avançado, ou, por absurdo, de um anencéfalo que sobreviva aos 18 anos. Todos eles serão considerados, formalmente, relativamente incapazes, apesar de serem efetivamente representados e de não terem condições de manifestar sua vontade, por faltar-lhes, praticamente ou absolutamente, todo o discernimento. Que incapacidade relativa é essa, afinal?

Seguindo adiante, a incapacidade relativa, a seu turno, continua a se estabelecer segundo três critérios. Primeiramente, em razão da idade. O maior de 16 e menor de 18 anos é considerado relativamente incapaz, sendo assistido pelos pais ou por um tutor. A assistência, como vimos, implica a participação ativa por parte do incapaz nos atos da vida civil. Em tese, é ele que os pratica, sendo apenas assistido pelos pais ou pelo tutor. Se houver dissonância entre a vontade do incapaz e a do assistente, mormente em questões de caráter patrimonial, deverá, em princípio, prevalecer a vontade do assistente, a não ser que o juiz, ouvido o Ministério Público, entenda em sentido contrário.

O segundo critério de fixação da incapacidade relativa continua sendo o alcoolismo ou o vício em outra substância tóxica incapacitante, por óbvio. Esse segundo inciso do art. 4º era e continua sendo desnecessário e pleonástico. Pleonástico, porque o álcool é substância das mais tóxicas, sendo errôneo seu enquadramento em categoria distinta da dos demais tóxicos. O alcoólatra é, antes de tudo, um toxicômano. Em outras palavras, manteve-se a redundância. Desnecessário, porque, na verdade, pouco importa a substância viciante; o que interessa é que o discernimento do viciado esteja prejudicado, total ou parcialmente, de forma permanente ou transitória, incapacitando-o de expressar sua vontade. Portanto, bastava um inciso que reunisse todas as pessoas com discernimento reduzido (no caso da atual redação, pessoas sem discernimento ou impossibilitadas de manifestar sua vontade, fosse qual fosse a razão).

O terceiro critério de fixação da incapacidade relativa é exatamente a impossibilidade de manifestação da vontade, seja qual for a causa, permanente ou transitória. Aqui deveriam estar os viciados em tóxicos (alcoólatras e outros).

Daí porque, o segundo critério se funde com o terceiro, formando um único. Entretanto, fica no ar a pergunta: somente os indivíduos que não puderem expressar sua vontade se incluem nessa categoria, ou nela também se incluiriam aqueles que puderem expressá-la de modo parcial? Em outras palavras, a norma se referiria somente às pessoas despidas de discernimento, que, na prática, não possam manifestar sua vontade; ou estaria se referindo também às pessoas com discernimento reduzido, que, na prática, possam manifestar sua vontade apenas em relação a certos temas da vida civil, principalmente aos de natureza existencial? A resposta, a se levar em conta o espírito do Estatuto da Pessoa com Deficiência, é no sentido negativo. Em outras palavras, a pessoa com discernimento reduzido, mormente o deficiente mental, há de ser considerada capaz. Só poderá ser interditada, caso perca o discernimento, considere-se viciada em algum tóxico, ou seja, pródiga.

De todo modo, a intenção da Lei, ao não mencionar explicitamente as pessoas com discernimento reduzido, foi a de proteger aqueles indivíduos que, mesmo menos aquinhoados de inteligência ou cultura, possam perfeitamente exercer com autonomia os atos da vida civil, seja na esfera patrimonial ou na existencial. Apesar disso, a Lei não aboliu a ideia de discernimento reduzido. Tanto não aboliu, que manteve, expressamente, as categorias dos viciados em álcool ou outros tóxicos e dos pródigos. Em ambos os casos, essas pessoas possuem discernimento, mas reduzido a ponto de não poderem, sem prejuízo próprio, participar autonomamente nas relações civis, principalmente, as de natureza patrimonial. Há que reconhecer que o conceito de discernimento reduzido é muito relativo e pode levar a decisões absurdas, submetendo a uma *capitis deminutio* injusta e, portanto, indevida, pessoas, que, do ponto de vista biopsicossocial, sejam plenamente capazes. Por óbvio, pois, o juiz deverá avaliar com muito cuidado essa redução do discernimento, a fim de não incapacitar pessoas menos favorecidas intelectual ou culturalmente, que possam muito bem praticar com independência todos os atos da vida civil.

O objetivo da Lei é, evidentemente, o de preservar, ao máximo, na medida do possível, a autonomia do deficiente, respeitadas as limitações do caso concreto. A regra de que a curatela só atinja relações patrimoniais deve ser interpretada segundo esse contexto, isto é, sempre que possível, o curador não deverá interferir nas relações existenciais, a fim de preservar a autonomia e a dignidade do curatelado. Entretanto, relações existenciais que tenham efeitos patrimoniais estariam dentro do campo de atuação do curador, e, em alguns casos, dependendo da gravidade da deficiência, mesmo as que não tenham efeitos patrimoniais, para se evitar prejuízos materiais, e para que sejam preservados o interesse e a dignidade do incapaz.

Em todo esse imbróglio, há questões dogmáticas que ficam sem resposta. Por exemplo, como considerar relativamente incapaz uma pessoa em coma, ou com o mal de Alzheimer avançado ou outra deficiência que lhe retire completamente o discernimento ou a possibilidade de manifestar sua vontade? Esses indivíduos necessariamente terão que ser representados por seu curador. Daí, pergunta-se: que incapacidade relativa é essa? Na verdade, teremos um monstrengo legal, qual seja, incapacidade absoluta disfarçada de incapacidade relativa. E não se diga que o juiz poderá considerar absolutamente incapaz o indivíduo em coma, ao modular os efeitos da sentença de interdição, pois não há base legal para isso, uma vez que o art. 3º do CC teve seus incisos revogados, e uma vez que o art. 4º passou a dispor que são relativamente incapazes as pessoas que não puderem exprimir sua vontade, ou seja, incluem-se aí as pessoas despidas de discernimento. O embaralho dogmático foi total. Criou-se a categoria dos absolutamente incapazes denominados relativamente incapazes. Seria muito mais lógico, deixar ao arbítrio do juiz, diante do caso concreto, ao modular os efeitos da sentença de interdição, inserir o indivíduo numa ou noutra categoria, conforme fosse assistido ou representado, conforme fosse a extensão dos poderes do curador, para a proteção do incapaz. O que o legislador não levou em conta é que a curatela é exatamente para a proteção do incapaz; não é para prejudicá-lo. A curatela não atenta contra a dignidade; promove-a. Definitivamente, não se pode dizer, hoje, diante do Direito Civil contemporâneo, que a curatela, ou mesmo o sistema das incapacidades, tenha por objetivo proteger a sociedade ou a família dos atos nefastos do incapaz. Pelo contrário, a ideia que, atualmente, se deve defender é a de que a curatela seja um instrumento de proteção e de promoção da dignidade do incapaz, que, sem ela, ficaria à mercê de atos inescrupulosos de terceiros, tanto na esfera patrimonial, como na esfera existencial.

Até agora, falamos em pessoas que não consigam expressar sua vontade, pessoas sem discernimento, com discernimento reduzido etc. Segundo o Estatuto da Pessoa com Deficiência, todas elas podem enquadrar-se no conceito de pessoa com deficiência, considerada tal a que tenha impedimento de longo prazo, de natureza física, mental, intelectual ou sensorial, o qual, em interação com uma ou mais barreiras, possa obstruir sua participação plena e efetiva na sociedade, em igualdade de condições com as demais pessoas.

Nem todo deficiente será relativamente incapaz, muito antes pelo contrário. O deficiente físico, em tese, é tão capaz quanto qualquer outra pessoa. O deficiente mental, em princípio, será considerado capaz, a não ser que se possa enquadrá-lo na categoria dos viciados em álcool ou em outra substância tóxica, que não tenha condições de expressar sua vontade, ainda que por causa temporária, ou que seja reputado pródigo. Por conseguinte, a avaliação da deficiência, quando necessária, será biopsicossocial, realizada por equipe multiprofissional e interdisciplinar (médicos, psicólogos, psiquiatras, fisioterapeutas, dentre outros), que deverá considerar os impedimentos nas funções e nas estruturas do corpo; os fatores socioambientais, psicológicos e pessoais; as limitações no desempenho de atividades; e as restrições de participação na vida civil, evidentemente. Só depois dessa avaliação minuciosa, o juiz, ouvido o Ministério Público, poderá, se for o caso, interditar o deficiente. Pode ser o caso, porém, de o juiz entender que não seja necessário se interditar o deficiente e, ainda assim, nomear-lhe um curador, que cuide de seus assuntos patrimoniais. Atentando contra a dogmática tradicional, o Estatuto da Pessoa com Deficiência cria a categoria da pessoa capaz submetida a curatela. Muito estranho, realmente, pois capacidade e curatela são institutos incompossíveis. Ou bem se é capaz e não se necessita de curador, ou bem se é incapaz e se necessita de curador. Misturar as duas classes não me parece de boa técnica.

O último critério para a fixação da incapacidade relativa (seria o terceiro, a se amalgamarem o do vício em álcool e outros tóxicos com o da impossibilidade de manifestação da vontade) continua sendo a prodigalidade, que já se estudou acima.

Finalmente, temos as pessoas *capazes*, que são os maiores de 18 anos e os emancipados.

Esses possuem, assim como os incapazes, capacidade de Direito. Mas, além dela, também possuem capacidade de fato, que os habilita para o exercício real de todos os atos da vida civil.

Quanto aos maiores de 18 anos, nada há a esclarecer, lembrando apenas que no Código Civil de 1916 a menoridade terminava somente aos 21 anos. Desde que não caibam na categoria dos que não consigam comunicar sua vontade, dos que não possuam discernimento, dos que possuam discernimento reduzido ou dos pródigos, serão plenamente capazes.

Emancipados são aqueles menores de 18 anos aos quais a Lei, os pais ou o juiz concedam capacidade.

Como dito, as pessoas com deficiência mental, em tese, não serão consideradas incapazes. Segundo o art. 6º do já referido Estatuto das Pessoas com Deficiência, a deficiência, em princípio, não afetará a plena capacidade civil da pessoa, inclusive para casar-se e constituir união estável; exercer direitos sexuais e reprodutivos; exercer o direito de decidir sobre o número de filhos e de ter acesso a informações adequadas sobre reprodução e planejamento familiar; conservar sua fertilidade, sendo vedada a esterilização compulsória; exercer o direito à família e à convivência familiar e comunitária; e exercer o direito à guarda, à tutela, à curatela e à adoção, como adotante ou adotando, em igualdade de oportunidades com as demais pessoas.

Obviamente, se o deficiente não puder exprimir sua vontade, faltando-lhe o discernimento, deverá ser interditado, sendo, formalmente, considerado relativamente incapaz, como se estudou acima.

De todo modo, repita-se, mesmo sendo plenamente capaz, a pessoa deficiente, tendo o discernimento reduzido, poderá ser submetida a curatela, relativamente a questões patrimoniais, e poderá valer-se do instituto da *tomada de decisão apoiada*.

De acordo com o Código Civil (art. 1.783-A), a tomada de decisão apoiada é o processo pelo qual o deficiente capaz eleja pelo menos duas pessoas idôneas, com as quais mantenha vínculos e que gozem de sua confiança, para prestar-lhe apoio na tomada de decisão sobre atos da vida civil, fornecendo-lhes os elementos e informações necessários, para que possa exercer plenamente sua capacidade.

Na lição de Nelson Rosenvald, o art. 116 da Lei n. 13.146/2015 teria criado um *tertium genus* de modelo protetivo de pessoas em situação de vulnerabilidade, ao lado da tutela e da curatela. Segundo o mesmo autor, essa importante inovação já era aguardada, concretizando o art. 12.3 do Decreto n. 6.949/2009, que promulgou a Convenção das Nações Unidas sobre os Direitos das Pessoas com Deficiência, nos seguintes termos: "Os Estados-Partes tomarão medidas apropriadas para prover o acesso de pessoas com deficiência ao apoio que necessitarem no exercício de sua capacidade legal".[17]

O novo modelo jurídico também se inspira na legislação italiana, que, por meio da Lei 6/2004, introduziu no Código Civil (arts. 404 a 413) a figura do *amministratore di sostegno* (administrador de apoio), e ingressa no Brasil, quase que simultaneamente com sua introdução no art. 43 do Código Civil da Argentina, a viger em 2016.[18]

É fundamental, para que se aplique o instituto da tomada de decisão apoiada que o deficiente seja capaz. Em outras palavras, não pode enquadrar-se na categoria daqueles que não possam exprimir sua vontade, por lhes faltarem ou terem reduzido o discernimento.

Para formular o pedido de tomada de decisão apoiada, a pessoa com deficiência e os apoiadores devem apresentar um termo, em que constem os limites do apoio a ser oferecido e os compromissos dos apoiadores, inclusive o prazo de vigência do acordo e o respeito à vontade, aos direitos e aos interesses da pessoa que devam apoiar.

O instituto da tomada de decisão apoiada se baseia, portanto, numa convenção, cuja natureza é *sui generis*. Não se trata de representação, uma vez que os apoiadores não atuam em nome do apoiado, representando-o perante terceiros;

---

[17] ROSENVALD, Nelson. **A tomada de decisão apoiada**. Disponível em: <www.facebook.com/pages/Nelson-Rosenvald/1407260712924951?fref=photo>. Acesso em: 20 jul. 2015. *passim*.
[18] *Idem, ibidem.*

não se trata de mandato sem representação, porque os apoiadores não agem por sua própria conta, em benefício do apoiado. É instituto único, em que apoiado e apoiadores agem em conjunto, em benefício daquele.

De acordo com o Código Civil (§ 2º, art. 1.783-A), o pedido de tomada de decisão apoiada será requerido pela pessoa a ser apoiada, com indicação expressa das pessoas aptas a prestarem o apoio. Antes de se pronunciar sobre o pedido de tomada de decisão apoiada, o juiz, assistido por equipe multidisciplinar, após a manifestação do Ministério Público, ouvirá pessoalmente o requerente e as pessoas que lhe prestarão apoio.

A decisão tomada pela pessoa apoiada terá validade e efeitos perante terceiros, sem restrições, desde que esteja inserida nos limites do apoio acordado. Os terceiros poderão solicitar que os apoiadores contra-assinem o contrato, especificando, por escrito, sua função em relação ao apoiado.

Em caso de negócio jurídico que possa trazer risco ou prejuízo relevante, havendo divergência de opiniões entre a pessoa apoiada e um dos apoiadores, a questão deverá ser decidida judicialmente, ouvido o Ministério Público.

Se o apoiador agir com negligência, exercer pressão indevida ou não adimplir as obrigações assumidas, poderá a pessoa apoiada ou qualquer pessoa apresentar denúncia ao Ministério Público ou ao juiz. Sendo procedente a denúncia, o juiz destituirá o apoiador e nomeará, ouvida a pessoa apoiada e se for de seu interesse, outra pessoa para prestação de apoio.

A pessoa apoiada pode, a qualquer tempo, solicitar o término do acordo firmado em processo de tomada de decisão apoiada. Também os apoiadores poderão solicitar ao juiz a exclusão de sua participação do processo de tomada de decisão apoiada.

Por fim, aplicam-se à tomada de decisão apoiada, no que couber, as disposições referentes à prestação de contas na curatela. Em outras palavras, os apoiadores deverão prestar contas anualmente ao juiz e ao Ministério Público. Ao término do acordo para a tomada de decisão apoiada, serão prestadas as contas finais.

Na verdade, a tomada de decisão sempre existiu e continuará existindo informalmente, dela podendo valer-se qualquer pessoa, seja deficiente ou não, sempre que se considerar vulnerável em algum momento, diante de algum fato da vida. É muito comum, por exemplo, que nos aconselhemos com o gerente do banco, ao fazer uma aplicação financeira. Isso porque o cidadão comum não entende do assunto, sendo prudente que se apoie em quem entenda, antes de tomar uma decisão. O mesmo se diga se infinitos outras hipóteses do dia a dia: a compra de um automóvel, de um imóvel, a reforma de um imóvel, a aquisição de uma obra de arte etc. Em todas essas situações e em milhares de outras, é normal que o indivíduo que não entenda do assunto peça conselho a quem entenda, a fim de se decidir. Isso é tomada de decisão apoiada. Sempre existiu, informalmente, e continuará a existir, na minha opinião, quase sempre na informalidade. As solenidades impostas pelo Código Civil só serviram para afugentar as pessoas desse instituto, que continuará sendo praticado na informalidade.

Apesar disso, há uma hipótese em que a tomada de decisão apoiada, com todas as solenidades do Código Civil, poderá ser útil. Ela pode servir como opção à curatela. Como se viu, o deficiente, mesmo considerando-se capaz, poderá ser submetido ao poder de um curador, relativamente a questões patrimoniais. Em sua defesa, o deficiente poderá requerer ao juiz a instituição do apoio, em vez da curatela.

Até aqui, vimos que há dois tipos de capacidade, a de Direito, que todos possuem, e a de fato, que só os maiores de 18 anos e os emancipados possuem. Além desses dois tipos, há também a capacidade especial, *também chamada de legitimação*, que pode ser em razão da idade ou em razão de outro critério que não a idade.

Em razão da idade, a capacidade especial será exigida por exceção à genérica, para a realização de determinados atos específicos. Aqui, o referencial será a idade, que pode coincidir ou não com a de 18 anos. Assim, temos para votar – 16 anos; para redigir testamento particular – 16 anos; para o serviço militar – 17 anos; para dirigir – 18 anos etc.

Observe-se que ao atingir a idade exigida, o menor pode praticar o ato específico, como votar, elaborar testamento particular etc., mas para os demais atos necessita da assistência de seus pais. Assim, o menor com 16 anos será genericamente incapaz, mas estará legitimado a votar.

Em razão de outro critério distinto da idade, capacidade especial é aquela exigida como plus, além da genérica, para a realização de atos jurídicos específicos. O referencial não é a idade, como para a capacidade de fato. Assim, para outorgar procuração particular a advogado, o outorgante deverá ser alfabetizado. Como se observa, além de ser maior de 18 anos, ou seja, além de possuir capacidade genérica, a pessoa deverá saber ler e escrever, para ser capaz, ou seja, para estar legitimado para a celebração deste tipo de contrato. Os analfabetos maiores de 18 anos não podem, portanto, fazê-lo, a não ser por instrumento público, isto é, em cartório. Possuem capacidade genérica, mas não a especial, exigida especificamente para esse ato.

Finalmente, cabe não confundir capacidade e incapacidade com maioridade e menoridade. Maiores são os que tenham mais de 18 anos, e menores, os que tenham menos de 18 anos. Normalmente, os maiores serão capazes, e os menores, incapazes. Mas nem sempre. Como vimos, os que não possuam discernimento, os que não consigam expressar-se e os pródigos são maiores e incapazes. Também vimos que os emancipados são menores e capazes.

Tampouco há confundir capacidade com personalidade e com o *status* de sujeito de direito. Pessoa é o ente dotado de certas características conferidas pelo ordenamento jurídico, em virtude das quais passa a participar, ativa e passivamente, da vida política, econômica e social de determinado Estado, na condição de titular de direitos e deveres. A pessoa pode ser física (natural) ou jurídica, cada qual com suas características, ambas, porém, titulares de direitos e deveres, isto é, ambas sujeitos de direito. A capacidade é a medida da personalidade. É um dos principais atributos da pessoa. A personalidade é um valor; a capacidade é a medida desse valor, traduzindo-se, pois, num *quantum*, que pode ser graduado. Um indivíduo pode ser mais ou menos capaz (como vimos, há três graduações na capacidade: incapacidade absoluta, incapacidade relativa e capacidade plena), mas, seguramente, não pode ser mais ou menos pessoa. Segundo Francisco Amaral,

> a personalidade, mais do que qualificação formal, é um valor jurídico que se reconhece aos indivíduos, (...), materializando-se na capacidade de direito. (...) Enquanto a personalidade é valor ético, que emana do indivíduo, a capacidade é atribuída pelo ordenamento jurídico, como realização desse valor.[19]

A capacidade de direito materializa a pessoa, tornando-a sujeito de direito, e a capacidade de fato realiza a pessoa, habilitando-a ao exercício efetivo da subjetividade, ou seja, dos direitos e deveres.

Sujeito de direito, por outro lado, é, como vimos, todo ente ao qual se conferem direitos e deveres, é um centro de imputação de direitos e deveres. Pode ser uma pessoa, física ou jurídica, ou não. O nascituro é um sujeito de direitos, mas não tem personalidade, por expressa opção do art. 2º do CC. O mesmo se diga da massa falida ou da herança vacante.

Por fim, uma última pergunta: a subjetividade confunde-se com a capacidade? Com a capacidade de direito, sim. Sem dúvida, ser sujeito de direito significa ser titular de direitos e deveres e, portanto, ser dotado de capacidade de gozo, ou de direito. A capacidade de direito, ou subjetividade, é, assim, a materialização da pessoa, mas não só dela; é também a materialização de outros entes sem personalidade, que passam a gozar de direitos e deveres. Ao revés, a subjetividade não se confunde com a capacidade de exercício, que é a realização da personalidade. É característica exclusiva das pessoas.

---

19 AMARAL, Francisco. **Direito civil**: introdução. 5. ed. Rio de Janeiro: Renovar, 2003. p. 220. No mesmo sentido, FARIAS, Cristiano Chaves de; ROSENVALD, Nelson. **Direito civil**: teoria geral. 4. ed. Rio de Janeiro: Lumen Juris, 2006. p. 189-190.

4.3.1 Interdição

É o processo judicial pelo qual uma pessoa capaz é declarada incapaz.

As pessoas passíveis de interdição são os maiores de 18 anos, que não consigam exprimir sua vontade, que sejam viciados em álcool ou outra substância tóxica que lhes comprometa o discernimento, ou que sejam pródigos. Segundo o Código Civil, como vimos, todos eles serão reduzidos à categoria de relativamente incapazes, frise-se, para sua própria proteção.

O processo de interdição acha-se, atualmente, regulado no Código de Processo Civil (CPC), arts. 747 a 758, que revogou o art. 1.768 do Código Civil e o Estatuto da Pessoa com Deficiência.

A interdição poderá ser requerida pelo cônjuge ou companheiro, pelos parentes ou tutores, pelo representante da entidade em que o interditando se encontre abrigado e pelo Ministério Público (MP).

A Lei anterior (Código de Processo Civil de 1973) continha lacuna ao não definir o que fosse parente próximo, dentre os que eram admitidos a requerer a interdição. Supunha-se, por analogia a outras normas legais, que seriam avós, bisavós etc., na linha ascendente; filhos, netos, bisnetos etc., na linha descendente; e irmãos, tios e sobrinhos, na linha colateral. Mas era mera interpretação analógica e sistemática. Poder-se-ia entender, por outro lado, que a Lei se referisse a todo parente que estivesse sendo prejudicado pelos atos do interditando. O Código de Processo Civil de 2015, a seu turno, refere-se a parentes e tutores (art. 747, II). A que parentes estar-se-ia referindo? Evidentemente, a todo e qualquer parente, isto é, pais, avós, bisavós etc., na linha ascendente; filhos, netos, bisnetos etc., na linha descendente; e irmãos, tios, sobrinhos e primos, na linha colateral, que se estende até o quarto grau.

O referido dispositivo faz referência ainda aos tutores. O emprego do plural talvez não seja o mais adequado, uma vez que cada menor possui um tutor apenas.

O tutor poderá requerer a interdição nos casos em que os filhos do interditando estiverem sob tutela. Suponhamos o caso em que o pai tenha perdido o poder familiar[20] e, estando a mãe morta, haja sido nomeado tutor para os filhos. Suponhamos ainda que este pai se torne pródigo, deficiente mental, alcoólatra ou toxicômano, começando a destruir todo seu patrimônio. Quem requererá a interdição desse pai, se os filhos são incapazes e, portanto, proibidos de fazê-lo? Logicamente, caberá ao tutor dessas crianças.

Outra hipótese é a do tutor de um menor órfão, com paralisia cerebral grave, por exemplo, despido, portanto, de qualquer condição de manifestar a vontade. Ao atingir a maioridade, esse indivíduo se torna automaticamente capaz, pelo

---

20 *Poder familiar* ou *poder parental* é, em termos simples, o poder dos pais sobre os filhos menores, antigamente chamado de *pátrio poder*.

menos no plano formal, sendo necessário requisitar sua interdição. Quem o fará? Naturalmente, o tutor. Por óbvio, a ação de interdição e a respectiva sentença têm natureza meramente declaratória. Por outros termos, o juiz apenas reconhece a causa da incapacidade; não é ele que a institui. Pode ser o caso, assim, de que, atos praticados por esse incapaz, antes da interdição, venham a ser anulados, exatamente, por já estar presente a causa da incapacidade.

O MP deverá atuar sempre, em todo caso, como fiscal da Lei, devendo também requerer a interdição nos casos compatíveis com suas funções. Suponhamos a situação em que, estando morto o pai, a mãe se torne deficiente mental, pródiga etc. Os filhos estão evidentemente sem tutor, e não havendo mais ninguém que possa requerer a interdição dessa mãe, requerê-la-á o MP, sendo nomeado, para ela, um curador, que será também responsável pelos filhos.

No caso das pessoas que, desde o nascimento, possuam deficiência mental incapacitante, ou que, por qualquer causa, não possam exprimir sua vontade, será necessário promover sua interdição ao completar 18 anos? Em tese, sim. Dentre outras razões, para que lhes seja nomeado curador.

Incumbe ao autor, na petição inicial, especificar os fatos que demonstram a incapacidade do interditando para administrar seus bens e, se for o caso, para praticar atos da vida civil, bem como o momento em que a incapacidade se revelou.

O requerente deverá juntar laudo médico para fazer prova de suas alegações ou informar a impossibilidade de fazê-lo.

O interditando será citado para, em dia designado, comparecer perante o juiz, que o entrevistará minuciosamente acerca de sua vida, negócios, bens, desejos, preferências e laços familiares e afetivos e sobre o que mais lhe parecer necessário, para convencimento quanto à sua capacidade para praticar atos da vida civil. Caso o interditando não possa se deslocar, o juiz o ouvirá no local em que estiver. Essa entrevista poderá ser acompanhada por especialista.

Pode ser o caso de o interditando ser surdo-mudo, cego, ou cadeirante, por exemplo. Nessas hipóteses, durante a entrevista, é assegurado o emprego de recursos tecnológicos capazes de permitir ou de auxiliar o interditando a expressar seus desejos e preferências e a responder às perguntas formuladas.

A critério do juiz, poderá ser requisitada a oitiva de parentes e de pessoas próximas.

No prazo de quinze dias, contado da entrevista, o interditando poderá impugnar o pedido.

O interditando poderá constituir advogado, e, caso não o faça, deverá ser nomeado curador especial. Se o interditando não constituir advogado, o seu cônjuge, companheiro ou qualquer parente sucessível poderá intervir como assistente.

Decorrido o prazo de quinze dias, o juiz determinará a produção de prova pericial para avaliação da capacidade do interditando para praticar os atos da vida civil. Essa perícia deverá ser realizada por equipe composta por especialistas com formação multidisciplinar.

O laudo pericial indicará especificadamente, se for o caso, os atos para os quais haverá necessidade de curatela. Apresentado o laudo, produzidas as demais provas e ouvidos os interessados, o juiz proferirá sentença.

Nessa sentença, o juiz nomeará curador, que poderá ser o requerente da interdição, e fixará os limites da curatela, segundo o estado e o desenvolvimento mental do interdito. Além disso, considerará as características pessoais do interdito, observando suas potencialidades, habilidades, desejos e preferências.

A curatela deve ser atribuída a quem melhor possa atender aos interesses do curatelado.

Havendo, ao tempo da interdição, pessoa incapaz sob a guarda e a responsabilidade do interdito, o juiz atribuirá a curatela a quem melhor puder atender aos interesses do interdito e do incapaz.

No caso de pessoa em situação de institucionalização, ao nomear curador, o juiz deverá dar preferência à pessoa que tenha vínculo de natureza familiar, afetiva ou comunitária com o curatelado.

A sentença de interdição será inscrita no registro de pessoas naturais e imediatamente publicada na rede mundial de computadores, no sítio do tribunal a que estiver vinculado o juízo e na plataforma de editais do Conselho Nacional de Justiça, onde permanecerá por seis meses, na imprensa local, uma vez, e no órgão oficial, por três vezes, com intervalo de dez dias, constando do edital os nomes do interdito e do curador, a causa da interdição, os limites da curatela e, não sendo total a interdição, os atos que o interdito poderá praticar autonomamente.

O curador dos interditos será responsável por eles. Se forem incapazes de exprimir sua vontade, como no caso de pessoas em coma, com síndrome de Alzheimer avançada, com síndrome de Down grave, dentre outras, representá-los-á. Se sofrerem apenas uma redução incapacitante de discernimento, como os pródigos, os viciados em tóxicos, ou mesmo as pessoas com deficiência incapacitante menos grave, assisti-los-á. A autoridade do curador estende-se à pessoa e aos bens do incapaz que se encontrar sob a guarda e a responsabilidade do curatelado ao tempo da interdição, salvo se o juiz considerar outra solução como mais conveniente aos interesses do incapaz. O curador deverá buscar tratamento e apoio apropriados à conquista da autonomia pelo interdito.

Em caso de urgência comprovada, o juiz poderá nomear curador provisório ao interditando para todos os atos cuja prática não possa ser postergada.

No caso dos pródigos, a interdição os proíbe tão somente de praticar, sem a autorização do curador, atos que importem diminuição patrimonial, como venda, troca, doação, perdão de dívidas etc. Para outros atos, não necessitam qualquer assistência.

Cessada a causa que a tenha determinado, levantar-se-á a curatela. O pedido de levantamento da curatela poderá ser feito pelo interdito, pelo curador ou pelo Ministério Público e será apensado aos autos da interdição. O juiz nomeará perito ou equipe multidisciplinar para proceder ao exame do interdito e designará audiência de instrução e julgamento após a apresentação do laudo.

Acolhido o pedido, o juiz decretará o levantamento da interdição e determinará a publicação da sentença, após o trânsito em julgado, na rede mundial de computadores, no sítio do tribunal a que estiver vinculado o juízo e na plataforma de editais do Conselho Nacional de Justiça, onde permanecerá por seis meses, ou, não sendo possível, na imprensa local e no órgão oficial, por três vezes, com intervalo de dez dias, seguindo-se a averbação no registro de pessoas naturais.

Por fim, a interdição poderá ser levantada parcialmente, quando demonstrada a capacidade do interdito para praticar alguns atos da vida civil.

Segundo o Estatuto da Pessoa com Deficiência, a curatela de pessoa com deficiência constitui medida protetiva extraordinária, proporcional às necessidades e às circunstâncias de cada caso, e durará o menor tempo possível.

Em que pese o referido Estatuto dispor que a curatela afete tão somente os atos relacionados aos direitos de natureza patrimonial e negocial, haverá casos em que, dependendo da gravidade da deficiência ou da doença (como, Alzheimer avançado, paralisia cerebral, dentre outros), a curatela se estenderá necessariamente às relações existenciais. A norma há de ser, pois, interpretada com certa relatividade, sob pena de ficar o deficiente sem a devida proteção, abandonado à própria sorte.

Nos demais casos, havendo certo discernimento por parte do deficiente, a curatela não alcançará o direito ao próprio corpo, à sexualidade, ao matrimônio, à privacidade, à educação, à saúde, ao trabalho e ao voto. Nestes casos, o deficiente, rigorosamente, nem será interditado, embora lhe seja nomeado um curador.

Ainda segundo o Estatuto da Pessoa com Deficiência, na esteira da tendência contemporânea, a curatela constitui medida extraordinária, devendo constar da sentença as razões e motivações de sua definição, preservados os interesses do curatelado.

4.3.2 Emancipação

Pela emancipação uma pessoa incapaz torna-se capaz. É o oposto da interdição; seu *contrarius actus*.

Emancipação é, assim, a cessação da incapacidade e opera-se por concessão dos pais, por determinação legal, ou por sentença judicial.

Será por concessão dos pais a denominada *emancipação parental*, quando, tendo o menor atingido a idade de 16 anos, for emancipado por seus pais. Basta, para isso, que os pais se dirijam ao Cartório de Registro e façam nele inscrever o ato de emancipação.

Será judicial a emancipação em dois casos. Primeiramente, quando um dos pais não concordar em emancipar o filho, contrariando a vontade do outro. Neste caso, só o juiz para decidir a pendência. Em segundo lugar, se o menor, com mais de 16 anos, estiver sob assistência de tutor. Ora, o tutor não tem poderes para emancipar por si mesmo, pois que não detém o poder familiar ou parental. Neste caso, a emancipação deverá ser requerida ao juiz.

A emancipação legal é automática, não sendo preciso nenhum outro ato complementar. Basta que o incapaz se amolde a um dos seguintes casos: casamento, serviço público efetivo, colação de grau em curso de ensino superior e exercício de atividade civil ou comercial ou existência de relação de emprego, desde que, em função deles, o menor com 16 anos completos tenha economia própria.

A emancipação é irrevogável. Uma vez obtida, só se pode voltar à condição de incapaz pela interdição. Mas e na hipótese da emancipação pelo casamento, sendo este anulado, voltaria o menor à condição de incapaz?

A doutrina é dúbia a respeito. Autores do escol de Caio Mário não fazem menção à hipótese, afirmando apenas que, nos casos de morte ou divórcio, continua o menor capaz.[21] Já Washington de Barros,[22] outra opinião de peso, se refere, especificamente, à anulação do casamento, fato que não desfaria a capacidade adquirida pela emancipação, por este prisma, um ato abstrato. Pontes de Miranda[23] entende, e este também é nosso entendimento, que a anulação do casamento torna o menor que o contraiu incapaz. Isto porque, uma vez anulada a causa da emancipação, esta ficaria sem suporte jurídico, restabelecendo-se a situação anterior. Anulado o casamento, anulados também seriam seus efeitos, dentre eles a emancipação, que seria, por este ponto de vista, ato causal. É evidente que os atos praticados na constância do casamento permanecem válidos, salvo má-fé do terceiro em favor de quem, eventualmente, tenham sido praticados. Na prática,

---

21 PEREIRA, Caio Mário da Silva. **Instituições de direito civil**... cit. 18. ed., v. 1, p. 196.
22 Barros MONTEIRO, Washington de. **Curso de direito civil**. 23. ed. São Paulo: Saraiva, 1989. v. 1, p. 67.
23 PONTES DE MIRANDA, Francisco Cavalcanti. **Tratado de direito privado**. Rio de Janeiro: Borsoi, 1954. v. 1, p. 201-202.

porém, a emancipação só ocorre após os 16 anos, mesmo sendo sua causa o casamento. Até que se anule a causa, o emancipado já terá atingido a maioridade.

4.3.3 Crítica à crítica da teoria das incapacidades

Recentemente, tornou-se modismo em nossa doutrina tecer críticas totalmente infundadas à teoria das incapacidades, com fundamento no princípio da dignidade humana. A ideia é a de que a teoria clássica das incapacidades não atenderia ao princípio, não promovendo, portanto, a dignidade do incapaz. As incapacidades existiriam para proteger a família e a sociedade dos atos do incapaz.

A crítica não poderia ser menos procedente, senão vejamos.

A teoria clássica das incapacidades divide as pessoas naturais em absolutamente incapazes, relativamente incapazes e capazes. Esta é a divisão básica.

Alegam os críticos que o regramento das incapacidades, seja absoluta, seja relativa, é patrimonialista, não se preocupando com a pessoa do incapaz, de um ponto de vista existencial, que se tornaria refém do representante ou do assistente. Não é verdade. Tanto os pais quanto o tutor e o curador devem administrar os interesses patrimoniais e, na medida do possível, deixar as questões existenciais ao arbítrio do incapaz. A Lei e a doutrina, mesmo a tradicional, restringem os cuidados dos pais, tutor ou curador à esfera patrimonial do incapaz, a não ser nos casos em que isso seja impossível (pessoas em coma, ou com Alzheimer avançado, por exemplo). A preocupação mais explícita é com o patrimônio, e isso se explica facilmente. É que os interesses patrimoniais são mais fáceis de receber tutela legal. Os interesses existenciais, mais importantes, sem dúvida, não são objeto de extensiva regulamentação legal, por não ser necessário. O responsável pelo incapaz deverá cuidar de seus interesses existenciais, sempre que a isso fique obrigado, e por tal poderá responder civilmente. Em relação ao patrimônio, há a necessidade de detalhar um pouco mais, até para estabelecer limites aos poderes do representante/assistente. Concluindo, o responsável pelo incapaz, sejam os pais, seja o tutor, seja o curador têm, sim, e sempre tiveram que zelar pelos interesses existenciais do incapaz, sempre que não houver possibilidade de o incapaz se manifestar ele próprio.

Outra crítica infundada é a de que a incapacidade reduza o indivíduo a pouco mais que nada. Na verdade, depende. Incumbe ao juiz, na sentença de interdição modular os efeitos da incapacidade. É o juiz, portanto, que delimitará a esfera de autonomia do incapaz. Se alguma crítica se pode fazer é a uma eventual sentença de interdição mal lançada, não à teoria das incapacidades, que deve ser lida como instrumento de proteção e promoção da dignidade do incapaz. Em relação aos menores de 16 anos, de fato sua autonomia é muito limitada; mas a limitação pode ser relativizada a partir da adolescência, quando eventualmente sua opinião pode ser levada em conta, num processo de atribuição de guarda, por exemplo. Efetivamente, ninguém se deita incapaz e acorda capaz, no dia seguinte, só porque complete 18 anos. É exatamente por isso que se admitem a emancipação e a interdição. Se, por outro lado, o legislador fixa limites de idade, não é, seguramente, nem o foi jamais, no intuito de traçar fronteiras intransponíveis entre um nível e outro. Ficaria difícil tratar das incapacidades das crianças e adolescentes, sem esses limites etários. No entanto, eles não são, e nunca foram absolutos. Sempre se admitiu alguma flexibilização, haja vista a possibilidade de emancipação.

Por fim, outra crítica sem fundamento é a de que o patrimônio do incapaz seria administrado em favor de seus sucessores. A observação é absurda. Se o juiz, ao nomear o curador, deva escolher seus parentes, mais ou menos segundo a ordem de vocação hereditária, é por mera coincidência. Na verdade, é porque esses parentes são as pessoas mais próximas ao incapaz, presumivelmente as que tenham maior afeto para cuidar dele. O patrimônio do incapaz será administrado em seu benefício. Se essa administração preservar esse patrimônio para os sucessores, tanto melhor para eles; mas não é essa a *mens legis*, e nunca foi, tampouco da doutrina clássica. Tanto é verdade, que os pais, o tutor e o curador podem requerer ao juiz a venda dos ativos do incapaz, a fim de arcar com os custos de suas necessidades existenciais.

Importante lembrar aqui três leis importantes: o Estatuto da Criança e do Adolescente (ECA), que traz normas protetivas aos menores de 18 anos; o Estatuto da Juventude, que protege os jovens, entre 15 e 29 anos. Entre 15 e 18 anos, o jovem adolescente receberá a tutela do ECA e, excepcionalmente, do Estatuto da Juventude; e o Estatuto da Pessoa com Deficiência, que protege e promove os deficientes, sejam eles capazes ou incapazes.

4.4 Ausência

Ausente é toda pessoa que desapareça sem deixar pistas. Ninguém sabe se esteja viva ou morta. Para se oficializar a ausência, é também necessário processo judicial, em que o juiz apurará a ausência e a declarará por sentença.

O Código Civil de 1916 tratava o ausente como se fosse absolutamente incapaz. O de 2002, adotando a melhor doutrina, não considera o ausente incapaz. Ele é simplesmente ausente, devendo, por isso, ser representado e podendo ter sua sucessão aberta.

Analisando o processo de ausência, primeiramente devemos estabelecer quem possa requerer ao juiz a declaração de ausência. Em princípio, qualquer interessado, considerando-se tais, herdeiros, credores e o Ministério Público.

Feito o requerimento, a primeira medida que o juiz deverá tomar é esclarecer se o ausente deixou representantes legais ou procurador com poderes de administração. O ausente deixará representante legal somente se for incapaz, quando será representado por seus pais, ou por tutor, ou mesmo por curador. Neste caso, o representante legal continua na administração dos bens do ausente.

Se o ausente era capaz, não terá representante legal. Mas pode ser que possua procurador com poderes de administração, quando, então, este procurador continuará administrando os bens do ausente.

Mas e se o ausente não deixar nem representante legal nem procurador com poderes de administração? E se o procurador não quiser ou não puder continuar o mandato? E se os poderes de administração do procurador não forem suficientes? Nestes casos, o juiz nomeará curador para administrar os bens do ausente. Segundo o art. 25 do CC, será nomeado curador o cônjuge, por interpretação analógica e sistemática, o companheiro (arts. 755, 747, CPC), os pais ou os descendentes, nesta ordem. Entre os descendentes, os de grau mais próximo preferem aos de grau mais remoto. Portanto, filhos preferem a netos e assim por diante. Havendo disputa entre descendentes de um mesmo grau, filhos, por exemplo, o juiz escolherá o que lhe parecer mais competente e capaz para a administração dos bens do ausente. Se não houver parentes habilitados, ou se não existir mesmo qualquer parente, o juiz nomeará curador de sua confiança. É o chamado curador *ad hoc*.

Quando ocorre a declaração da ausência? No primeiro momento, segundo os arts. 22 e 23? Ou um ou três anos após a arrecadação dos bens do ausente, segundo o art. 26?

No caso, há uma antinomia (contradição) no texto legal. Os arts. 22 e 23 dispõem que, desaparecendo uma pessoa, qualquer interessado ou o Ministério Público poderão requerer a declaração da ausência. O juiz declara a ausência e nomeia o curador, se for o caso. Já o art. 26 dispõe que, *após um ano da arrecadação dos bens do ausente, e de três anos, se o ausente tiver deixado representante legal ou procurador*, os interessados poderão requerer a declaração da ausência e a abertura da sucessão provisória. Afinal, a ausência será declarada de imediato, ou após os prazos do art. 26? A resposta só pode ser no sentido de que a ausência será declarada de imediato. Os prazos do art. 26 são para o requerimento de abertura da sucessão provisória. A declaração de ausência a que se refere o art. 26 deve ser interpretada como mera confirmação da primeira declaração.

Segundo o art. 744 do CPC, declarada a pessoa ausente, o juiz mandará arrecadar seus bens, nomeando-lhe curador, se for o caso. Em seguida, mandará publicar, durante um ano, editais na internet, no sítio do tribunal a que estiver vinculado e na plataforma de editais do Conselho Nacional de Justiça. Se não for possível a publicação virtual, o edital será publicado na Imprensa Oficial e na imprensa da comarca, de dois em dois meses, durante um ano, convocando o ausente a reaparecer. De acordo com o art. 26 do CC, após um ano da arrecadação dos bens do ausente, os interessados poderão requerer ao juiz a abertura da sucessão provisória do ausente. Quem são esses interessados? A resposta está no art. 27 do CC. São o cônjuge, os herdeiros, os que tiverem sobre os bens do ausente direito dependente de sua morte e os credores de obrigações vencidas e não pagas. Aberta a sucessão provisória, os herdeiros receberão a herança do ausente, e os credores serão pagos. A sucessão é, porém, provisória, ou seja, se o ausente reaparecer em período de 10 anos, contados da abertura da sucessão provisória, terá direito a reaver dos herdeiros todos os seus bens. Se estes já tiverem sido dissipados, os herdeiros terão que indenizá-lo. Aliás, ao receberem os bens a título provisório, os herdeiros deverão prestar caução de restituição. Em outras palavras, deverão oferecer garantias reais (hipoteca, penhor etc.) ou pessoais (fiança) de que restituirão os bens ao ausente, caso este reapareça. Exceção feita aos ascendentes, aos descendentes e ao cônjuge, que podem receber os bens independentemente de garantia. Quanto aos credores, é lógico que estes recebem a título definitivo, nada tendo, pois, a restituir ao ausente ressurgido.

Escoados esses 10 anos, os interessados poderão requerer a conversão da sucessão provisória em definitiva, quando, então, os herdeiros adquirem os bens a título definitivo. Uma vez aberta a sucessão definitiva, o ausente se presumirá morto. Apesar disso, caso retorne, no prazo de 10 anos, terá direito a receber os bens no estado em que se encontrarem. Se alienados os bens, receberá o preço que os herdeiros houverem percebido no negócio. Se permutados, receberá os bens que substituíram os antigos etc.

Caso algum herdeiro do ausente tenha sido esquecido na sucessão provisória, terá o prazo de 20 anos, contados da abertura da sucessão provisória para pleitear seu quinhão. Se o requerimento for apresentado durante a sucessão provisória, a herança original será repartilhada. Mas se o requerimento for apresentado durante os 10 anos seguintes à abertura da sucessão definitiva, a herança será repartilhada não como era originalmente, mas no estado em que se encontrar.

De todo modo, na hipótese de o ausente ou algum de seus descendentes ou ascendentes comparecer ao juízo do inventário, para requerer a entrega de seus bens, serão citados para contestar o pedido os sucessores provisórios ou definitivos, o Ministério Público e o representante da Fazenda Pública, observando-se o procedimento comum (art. 745, § 4º, CPC).

A sucessão definitiva poderá ser requerida em mais três casos. Primeiramente, a qualquer tempo, se o ausente for encontrado morto. Em segundo lugar, se o ausente contar 80 anos, e houver decorrido cinco anos de suas últimas notícias. Por fim, nas hipóteses de morte presumida, como veremos a seguir.

Não se deve confundir os casos de ausência com os casos de morte presumida. Até que se decrete sua sucessão definitiva, o ausente não é considerado morto, mas apenas desaparecido. Em algumas situações, porém, a pessoa desaparecida pode se presumir morta, mesmo sem ser declarada ausente. São as hipóteses do art. 7º do CC e do art. 88 da Lei de Registros Públicos – Lei n. 6.015/1973. Diz o art. 88 que os juízes poderão admitir justificação para assento de óbito de pessoas desaparecidas em naufrágio, inundação, incêndio, terremoto ou qualquer outra catástrofe, quando estiver provada sua presença no local do desastre e não for possível encontrar-se o cadáver para exame. O mesmo se aplica aos desaparecidos em batalha, cujo óbito não tenha sido registrado em livro próprio pelos oficiais da corporação correspondente.

O art. 7º do CC segue a mesma linha. Dispõe o referido artigo que se presume falecido se for extremamente provável a morte de quem estivesse em perigo de vida, bem como de quem, desaparecido em campanha ou feito prisioneiro, não venha a ser encontrado até 2 anos após o término da guerra. Nesses casos, talvez seja necessária a declaração da ausência por esse período de dois anos, a fim de se abrir a sucessão provisória. Passado o biênio legal, poder-se-á abrir a sucessão definitiva, uma vez que a morte já será presumida.

Além da Lei de Registros Públicos e do Código Civil, cuida da morte presumida a Lei n. 9.140/1995. Segundo ela, presumem-se falecidos aqueles que tenham participado ou que tenham sido acusados de participar de atividade política considerada subversiva, no período compreendido entre 2.09.1961 e 5.10.1988. Coincide, um pouco para menos e um pouco para mais, com a ditadura militar instalada em 1964.

Sendo a pessoa presumida morta, será aberta sua sucessão definitiva. Mas o que ocorrerá se o morto presumido retornar? A Lei não responde a esta pergunta de modo claro. Por interpretação lógica, conclui-se que, se o morto presumido retornar nos dez anos, após a abertura de sua sucessão, terá direito a reivindicar seus bens no estado em que se acharem. Depois disso, a nada mais fará jus. Isto porque, a sucessão do morto presumido equivale à sucessão definitiva do ausente, que neste caso também se presume falecido.

Para o Direito moderno, um dos fundamentos mais importantes da morte presumida e da ausência, além da relevância familiar, é a função social da propriedade. O patrimônio dessas pessoas não pode ficar acéfalo, sem gerência e sem beneficiários.

4.5 Nome da pessoa natural

Nome ou *firma* é uma das características da pessoa. Não só a pessoa natural possui nome. Como atributo da personalidade, ao lado da capacidade, também é conferido às pessoas jurídicas. Restringiremos nosso enfoque, neste momento, ao nome das pessoas naturais, tratando das pessoas jurídicas mais adiante, ao estudarmos as sociedades civis e as associações.

A variedade de expressões para designar a ideia de nome vem causando na doutrina, com reflexos na própria Lei, grave confusão. Assim é que se empregam os termos nome, prenome, apelido, nome de família, sobrenome, ora num sentido, ora noutro. A Lei de Registros Públicos utiliza a palavra nome em dois sentidos, ora no sentido de sobrenome, ora no sentido de nome completo. Usa também as palavras prenome, apelido de família e patronímico. Prenome, no sentido de primeiro nome: José. Pode ser simples (José) ou duplo (José Augusto). Apelidos de família são as partes seguintes que integram o nome, uma do pai (patronímico), outra da mãe (matronímico). É o que se denomina, vulgarmente, sobrenome.

Atento ao problema, Pereira Braga procura sistematizar a matéria.[24] Para ele, nome e prenome indicariam o primeiro nome individual. Sobrenome, os demais nomes individuais. Apelido, os nomes de família. Essa não é, entretanto, a acepção popular da língua portuguesa, no Brasil, que, à sua maneira, mais ou menos, já sistematizou a matéria. A Lei de Registros Públicos (n. 6.015/1973) reflete, mais ou menos, o uso popular.

Nome é expressão genérica ou específica. Genericamente, nome é o conjunto de apelidos que recebe a pessoa: *José Augusto da Silva Pereira*. Daí falar-se em nome completo ou nome todo. Enquanto espécie, nome é sinônimo de prenome: *José Augusto*, em que *Augusto* é o que se chama de *segundo nome* ou *nome do meio*. A Lei de Registros Públicos fala, nestes casos, em *duplo prenome*.

A seguir vem o sobrenome, composto dos apelidos de família, normalmente o patronímico do avô materno e o do avô paterno, sucessivamente: *da Silva Pereira*.

Teríamos, assim,

- Nome (completo ou todo): *José Augusto da Silva Pereira*.
- Prenome ou nome: *José* (primeiro nome) *Augusto* (segundo nome ou nome do meio).
- Sobrenome ou nome de família ou apelidos de família: *da Silva* (sobrenome ou patronímico da mãe) e *Pereira* (sobrenome ou patronímico do pai).

---

[24] BRAGA, Antonio Pereira. Estudos. **Revista de Crítica Judiciária**, Rio de Janeiro, ano 4, v. 6. n. 1-6, jun./dez., 1927. p. 176 et seq.

Nome, em sentido bem amplo, é composto de elementos fixos e contingentes. Fixos são o prenome e o sobrenome, que estarão sempre presentes. Contingentes são o apelido ou alcunha, como "Joca", o pseudônimo ou nome artístico, os títulos etc., que nem sempre estarão presentes.

Não devemos confundir nome com direito ao nome. Nome, como definimos acima, é atributo da personalidade. Mas e o direito ao nome, que seria? Seria direito subjetivo? E, sendo, seria público ou privado?

Nas concepções de Kohler,[25] Roguin[26] e Spencer Vampré,[27] o direito ao nome amolda-se à categoria dos direitos pessoais absolutos. É direito subjetivo individual, personalíssimo. É direito subjetivo público.

Para outros, o direito ao nome seria direito de propriedade. Direito subjetivo privado.[28]

Negando esta teoria, Planiol[29] insurge-se, dizendo ser o nome não objeto de direito subjetivo, mas objeto de obrigação.

"Nome é instituição de polícia civil; é a forma obrigatória da designação das pessoas".

O nome não é objeto de propriedade, por não ser alienável, por não estar à disposição de seu titular. A Lei confere nome às pessoas atendendo a interesses públicos, não particulares. O nome seria objeto de obrigação legal, não de direito subjetivo.

Segundo Savigny,[30] Jhering[31] e Clóvis Bevilaqua,[32] nome é a forma pela qual o indivíduo aparece na ordem jurídica. Não é objeto de direito subjetivo, mas de todo um complexo de direitos.

Para Pacchioni[33] e Stolfi,[34] o direito ao nome seria direito subjetivo privado *sui generis*. Realmente, não se o poderia classificar como direito de propriedade. Não obstante, é direito subjetivo de ordem privada. Como não se amolda nem aos direitos reais nem aos creditícios, é direito *sui generis*.

---

25 Apud SERPA LOPES, Miguel Maria de. **Curso de direito civil**. 7. ed. Rio de Janeiro: Freitas Bastos, 1989. v. 1, p. 286.
26 ROGUIN, Ernest. **La science juridique pure**. Paris: Librairie Générale de Droit & de Jurisprudence, 1923. t. I, p. 182-183.
27 VAMPRÉ, Spencer. **Tratado elementar de direito comercial**. Rio de Janeiro: Briguiet, 1922. v. 1, p. 329.
28 CAPITANT, Henri. **Introduction a l'étude du droit civil**. 4. ed. Paris: A. Pedone, 1921. p. 173 *et seq.*
29 PLANIOL. **Traité élémentaire de droit civil**. 3. ed. Paris: LGDJ, 1906. v. 1, p. 151 *et seq.* Tradução livre do seguinte trecho: "Le nom est une institution de police civil; il est la forme obligatoire de la désignation des personnes".
30 SAVIGNY, Friedrich Karl von. **Traité de droit romain**. Paris: Firmin Didot Frères, 1856. t. II, p. 58.
31 JHERING, Rudolf von. **La dogmática jurídica**. Buenos Aires: Losada, 1946. p. 173 *et seq.*
32 BEVILÁQUA, Clóvis. **Theoria geral do direito civil**. 2. ed. Rio de Janeiro: Francisco Alves, 1929. p. 69 *et seq.*
33 PACCHIONI, G. **Nome civile e commerciale**. Torino: Fratelli Bocca, 1927. p. 15 *et seq.*
34 STOLFI, Nicola. **Il nuovo codice civile**. Napoli: Dott Eugenio Jovene, 1939. t. I, p. 53 *et seq.*

Finalmente, entende-se o direito ao nome, bem como seus desdobramentos, como direito da personalidade, recebendo mesmo proteção constitucional. Esta vem sendo a tese mais adotada atualmente.

Em pesquisa à legislação pátria, deparamos com algumas regras importantes sobre o nome.

Em primeiro lugar, diz a Lei de Registros Públicos, Lei n. 6.015/1973, que o nome não deve expor seu titular ao ridículo. Os nomes vexaminosos deverão ser recusados pelo oficial do registro. Se os pais não se conformarem com a recusa, o caso será submetido ao juiz competente para decidir a questão. Mas, uma vez registrado, só ao titular é permitido mudar seu nome, judicialmente ou extrajudicialmente.

A alteração extrajudicial do prenome, e apenas dele, será feita pelo interessado, após completada a maioridade, perante o Registro das Pessoas Naturais, de forma imotivada. Essa mudança imotivada só será permitida uma única vez. Havendo suspeita de fraude, o oficial do registro não efetuará a alteração.

O sobrenome é composto pelos nomes ou apelidos de família. Na realidade, compõe-se dos patronímicos paterno e materno.

O sobrenome adquire-se de pleno Direito, isto é, *ipso iure*, e pela prática de ato jurídico. *Ipso iure* será a aquisição por nascimento ou reconhecimento de paternidade. Pela prática de ato jurídico, adquire-se o sobrenome, por exemplo, pela adoção, pelo casamento etc.

No mais, afora o casamento, a separação, o divórcio e as hipóteses de anulação do casamento, o sobrenome só pode ser alterado, extrajudicialmente, por uma das seguintes causas:

- Inclusão de sobrenomes familiares.
- Inclusão ou exclusão de sobrenome do cônjuge ou companheiro, na constância do casamento ou da união estável.
- Inclusão e exclusão de sobrenomes em razão de alteração das relações de filiação, inclusive para os descendentes, cônjuge ou companheiro da pessoa que teve seu estado alterado. Exemplo seria o da pessoa que tenha sua paternidade reconhecida.

Afora essas hipóteses de alteração extrajudicial do prenome e do sobrenome, a alteração do sobrenome deverá ser judicial e acompanhada de justa causa. Esta poderá ser o vexame, o erro evidente de grafia, a tradução de sobrenome estrangeiro (o indivíduo se chama *Christhophorus* e deseja mudar seu sobrenome para "Cristóvão"; ou *Stephen* para "Estêvão"), a inclusão de apelido notório (Luiz Inácio "Lula" da Silva é o exemplo mais famoso no Brasil), o uso prolongado e constante de sobrenome diverso (por exemplo, o indivíduo se chama *Sila*, mas todos o chamam de "*Silva*"), a homonímia depreciativa (por exemplo, a pessoa cujo sobrenome seja Hitler), dentre outros casos. O Ministério Público será ouvido, e jamais será autorizada a mudança leviana de sobrenome, bem como se houver suspeita de fraude.

A Lei protege o nome tanto na esfera civil quanto na criminal.

Penalmente, constitui crime violar direitos autorais, aí incluídos o nome e sua usurpação (art. 184 do CP).

Civilmente, protege-se a aquisição e o uso exclusivo do nome, mediante ações próprias. De acordo com os arts. 16 a 19 do CC, todos têm direito ao nome, que não poderá ser usado por outrem em publicações ou representações vexatórias, ainda que não haja intenção de difamar. Além disso, não se pode empregar o nome alheio, sem autorização, em propaganda comercial. Por fim, o pseudônimo receberá a mesma proteção conferida ao nome, desde que adotado para fins lícitos. Assim, o pseudônimo do traficante de drogas não será protegido, para fins de tráfego.

4.6 Estado

Estado é o conjunto de designações dadas pelo Direito para delimitar as relações familiares, sociais, políticas etc. de uma pessoa. Como vimos, é, ao lado da capacidade e do nome, atributo da personalidade, enquanto elemento distintivo da situação jurídica das pessoas.

O estado não deve ser visto como categoria neutra e abstrata, mas como instrumento de efetivação do princípio da igualdade. É com base nos estados da pessoa, que receberá ela o tratamento mais adequado a sua condição. É classificando as pessoas de acordo com os estados, que se poderá tratar desigualmente os desiguais (por exemplo, nacionais e estrangeiros), segundo o princípio da igualdade.

Com base na inserção da pessoa em determinado estado, a ela são conferidos vários direitos e deveres. Pode-se dizer, assim, que os estados são atributos que categorizam as pessoas em molduras jurídicas, compostas de diversos direitos e deveres.

O estado pode se referir tanto às qualidades da pessoa, quanto às funções que exerce. Seguramente, estado não é apenas um recipiente de normas agrupadas, por razões de economia legislativa, de acordo com determinados critérios como, por exemplo, nacionalidade. O estado é, como vimos, elemento distintivo da situação jurídica das pessoas, não um mero critério de economia legislativa, nem um simples conjunto de qualidades.[35]

---

35 PERLINGIERI, Pietro. Op. cit., p. 132 et seq.

O Direito Romano, em geral, classificava as pessoas segundo três estados. O *status familiae* determinava se uma pessoa era dependente de um chefe de família (*paterfamilias*), caso em que se denominava *persona alieni iuris* – pessoa de direito alheio, ou se era independente, quando se denominava *persona sui iuris* – pessoa de direito seu. O *status civitatis* separava as pessoas em três grupos: romanos, latinos e estrangeiros. Segundo esta divisão eram atribuídos os direitos de cidadania. E o *status libertatis* dividia os homens em livres, semilivres e escravos.

O estado era importante no Direito Romano, uma vez que era com base nele que um indivíduo se considerava, por exemplo, capaz ou incapaz para os atos da vida civil. Assim, eram plenamente capazes os cidadãos romanos livres e *sui iuris*.

O Direito Brasileiro adota, a partir do Direito Romano, classificação mais adequada aos tempos modernos. Classifica as pessoas segundo seu estado civil, que se divide em estado familiar, político, individual e profissional.[36] Segundo o estado familiar, seremos solteiros, casados, companheiros, separados, divorciados ou viúvos, seremos filhos ou pais. A união estável é estado? Sem dúvida que sim. Trata-se, por assim dizer, de uma moldura jurídica, composta de vários direitos e deveres, tal como o estado de solteiro, de casado, de separado, de divorciado e de viúvo.

De acordo com o estado político, seremos cidadãos ou não cidadãos, nacionais, estrangeiros ou apátridas, ou seja, sem pátria. O estado individual preocupa-se com a situação jurídica da pessoa, oriunda de suas próprias peculiaridades. Daí que, quanto ao estado individual, podem as pessoas se classificar em maiores ou menores, homens ou mulheres, emancipados ou interditos etc.[37] Finalmente, o estado profissional divide as pessoas de acordo com seu trabalho, sua profissão, de acordo com o fato de estarem ou não empregadas.

A classificação das pessoas em estado tem sua importância prática, até para garantir o tratamento isonômico entre elas. Assim, o seguro desemprego é pago aos desempregados. O estado de pais implica uma séria de vantagens, até mesmo de ordem tributária. Estes são dois exemplos da importância da categorização em estados.

O estado tem seus caracteres próprios, que se classificam em intrínsecos e extrínsecos.

Intrinsecamente, o estado é indivisível, indisponível e imprescritível.

---

36 BITTAR, Carlos Alberto. **Os direitos da personalidade**. 2. ed. Rio de Janeiro: Forense Universitária, 1995. p. 28-29.
37 PEREIRA, Caio Mário da Silva. **Instituições de direito civil**. 18. ed. Rio de Janeiro: Forense, 1996. v. 1, p. 164.

Indivisível porque, apesar de serem muitas suas designações, não pode ser considerado a não ser em seu conjunto. Assim, uma pessoa não se considera solteira e casada ao mesmo tempo.

É indisponível no sentido de que não se pode renunciar a ele, não se pode transferi-lo a outra pessoa etc. Mas não é imutável. Dessa forma, se hoje sou casado, amanhã poderei ser divorciado.

É imprescritível. Imprescritibilidade é aqui usada em sentido amplo, ou seja, os direitos relativos ao estado podem ser exercidos por prazo indeterminado. Sempre poderei, portanto, exigir reconhecimento de paternidade, para que se me atribua o estado de filho de alguém.

Quanto aos caracteres extrínsecos, o estado é pessoal, geral e de ordem pública.

É pessoal porque se identifica com a própria pessoa que o detém. Geral, porque repercute em todas as esferas do Direito, produzindo efeitos contra todos.

Por fim, é de ordem pública, uma vez que as designações referentes ao estado são impostas pela Lei no interesse público, não no particular.

O estado é protegido por ações que lhe são próprias. São as chamadas *ações de estado* ou *prejudiciais*. Neste rol, encontram-se a ação de investigação de paternidade, a ação de contestação da paternidade e muitas outras.

Na verdade, as ações de estado podem ter dois objetivos. Primeiro, o de reconhecer ou negar a existência de um estado. Segundo, o de modificar um determinado estado, como ocorre na ação de divórcio.[38]

Características das ações de estado é que, também elas, são indisponíveis e imprescritíveis.

O estado das pessoas prova-se pelos chamados atos de estado, realizados, normalmente, por registro público. Nesta categoria, o registro de nascimento, morte, casamento, divórcio etc. Logicamente, a prova constituída pelo registro não é absoluta, uma vez que se pode derrubá-la, provando-se sua falsidade. Pode-se provar o estado por outros meios distintos do registro, tais como a matrícula para a prova do estado de estudante. Há, outrossim, a prova pela posse de estado. Se, por exemplo, uma pessoa é filha de alguém, mas não tem a certidão de nascimento para comprová-lo, que deverá fazer? Deverá requer outra no cartório em que tiver sido registrada ao nascer. Mas o que fazer, caso o cartório se houver incendiado, nada mais restando de seus antigos registros? Neste caso, a prova será feita pela posse do estado de filho. O interessado deverá demonstrar que seu nome leva o sobrenome dos pais, que recebe tratamento de filho e que goza da fama de filho no meio social. Comprovados o nome, o tratamento e a fama, diz-se que este indivíduo é possuidor do estado de filho, sendo, portanto, filho.

---

[38] SERPA LOPES, Miguel Maria de. Op. cit., v. 1, p. 302.

4.7 Pessoas jurídicas

4.7.1 Histórico

O estudo das pessoas jurídicas começa pelo Direito Romano, embora a noção nele havida de pessoa jurídica seja bastante embrionária.

O Direito Romano pré-clássico, que se estende até meados do século II a.C., ignorava por completo o conceito de pessoa jurídica. Mesmo o Estado Romano, a *Civitas*, não detinha o *status* de pessoa. Não tinha patrimônio, uma vez que os bens públicos eram *res extra commercium*, e quando contratava, legislava. As convenções celebradas entre os magistrados romanos e os cidadãos, principalmente com os publicanos, tinham muito mais caráter de lei do que de contrato.[39]

A ideia de pessoa jurídica começou a se desenvolver com a expansão territorial romana, o que, mais ou menos, coincide com o início da época clássica e do chamado Direito Clássico. Isso ocorre por volta do século II a.C. e se estende até, mais ou menos, 300 d.C.

Quando Roma iniciou a conquista das cidades italianas, passou a lhes outorgar estatutos e certa autonomia. De outra parte, porém, retirava-lhes toda a soberania, anulando sua existência política, na medida em que passavam a integrar o Estado Romano. Com a perda da soberania, do *imperium*, a cidade passava a receber o mesmo tratamento dispensado aos cidadãos, em relação aos atos que praticava, como, por exemplo, os contratos que celebrava.

Para que alguém detivesse capacidade jurídica e, portanto, em termos de hoje, o *status* de pessoa, era necessário que tivesse patrimônio próprio e que pudesse agir em juízo, ainda que representado por um *actor* ou um *syndicus*. Tal era o caso dos municípios. Daí, então, tem início a elaboração dos juristas.[40]

A prática de se tratar os municípios como se tratavam os cidadãos privados, uma vez instalada, expandiu-se rapidamente, e outros entes coletivos começaram a receber o mesmo tratamento. Os entes colegiados se constituíam à moda dos municípios e adquiriam capacidade, passando a receber tratamento igual ao que se dispensaria aos cidadãos, em suas relações patrimoniais.

Finalmente, o próprio Estado Romano adquire esta capacidade, começando também a receber tratamento igual ao que se dispensaria aos cidadãos, em suas relações patrimoniais.

Esse processo de dar tratamento igual ao dispensado aos cidadãos, nas relações patrimoniais dos municípios, das corporações e, finalmente, do Estado,

---

39 FERRARA, Francesco. **Teoria delle persone giuridiche**... cit. 3. ed., p. 22 et seq.
40 Idem, p. 30.

ocorreu paulatinamente, por etapas, primeiro em algumas relações patrimoniais, depois em outras, até se chegar à totalidade.[41]

O termo *pessoa jurídica*, contudo, não foi empregado no Direito Romano. Nem mesmo o termo *pessoa*, para designar as pessoas jurídicas. Os textos da época, que utilizam a palavra *persona*, para designar os colégios e as corporações, são nitidamente interpolações, isto é, foram reescritos em época posterior, com interferências de quem os reescreveu.[42]

Saliente-se que a própria ideia de pessoa, no Direito Romano, ainda não estava bem desenvolvida, mesmo em relação às pessoas físicas. A palavra persona era destinada a designar qualquer ser humano, livre ou escravo, enquanto relacionado a uma função, fosse a de cidadão, a de *pater familias*, a de *filius familias* etc. Vê-se, pois, que a palavra pessoa não se referia ao indivíduo em si. Ademais, a noção de pessoa estava ligada à de capacidade.

Segundo alguns, somente no período pós-clássico, que se estendeu de, mais ou menos, 300 d.C. até 565, é que o termo pessoa adquiriu um significado mais semelhante ao moderno, mas, de todo modo, restrito ao ser humano livre.

Por fim, é de se acrescentar que a ideia de pessoa jurídica não englobava as fundações (*universitates rerum*); apenas as corporações (*universitates personarum*) e, mesmo assim, as de interesse público. As fundações consistiam em patrimônio que se transferia a alguém, que ficava obrigado a geri-lo de acordo com os fins determinados pelo instituidor. Não tinha autonomia ou capacidade como os homens.[43]

Se o Direito Romano esboçou os primeiros delineamentos do que viria a ser a moderna pessoa jurídica, o Direito Germânico não a concebeu de modo algum.[44] Apesar disso, hão de ser destacados agrupamentos de pessoas para a busca de fins comuns, tais como as comunas. De todo modo, embora fossem colégios, cada indivíduo é que era considerado para efeitos de relações patrimoniais, não o grupo em si.

Coube mesmo ao Direito Canônico traçar os contornos espirituais, abstratos do instituto.[45]

A própria Igreja não foi concebida como o conjunto de fiéis. Era o corpo místico de Cristo, organismo vivo, com forma abstrata, alegórica. Os cristãos estavam sob a proteção da Igreja; não compunham sua estrutura.[46]

---

41 Idem, p. 32-33.
42 Idem, p. 34.
43 Idem, p. 38.
44 FERRARA, Francesco. **Teoria delle persone giuridiche...** cit., p. 45.
45 Idem, p. 64.
46 Idem, p. 65.

Assim como a Igreja universal era um ente personalizado, também as igrejas paroquiais, singulares, detinham essa característica, possuindo personalidade própria, embora fossem membros do corpo universal.

A partir do século XII, já no Baixo Medievo, intensifica-se o amálgama entre Direito Romano (*Ius Commune*), Direito Germânico (*Ius Proprium*) e Direito Canônico (*Ius Canonicum*). Esse encontro favoreceu o desenvolvimento da ideia de pessoa jurídica. Foi nesse período que as fundações passam a receber o mesmo tratamento das corporações.[47]

Finalizando, deve ser dito que a expressão, *pessoa jurídica*, só veio a ser utilizada no início do século XIX, pelo alemão Heise, em substituição a outras, tais como pessoa moral, pessoa mística etc. Ganhou popularidade pela obra de Savigny.[48] Apesar disso, alguns ordenamentos continuam a não empregar o termo pessoa jurídica. Neste rol, podemos citar Portugal (pessoa coletiva) e França (*personne morale*).

4.7.2 Definição

São entidades criadas para a realização de um fim e reconhecidas pela ordem jurídica como pessoas, sujeitos de direitos e deveres. São conhecidas como pessoas morais, no Direito Francês, e como pessoas coletivas, no Direito Português.

4.7.3 Natureza jurídica

Há várias teorias para explicar a natureza das pessoas jurídicas. Conhecer a natureza de determinado instituto é saber o que é este instituto, é conhecer sua essência. Assim, o que seria pessoa jurídica? Qual a sua natureza?

Para melhor entendermos a importância de se determinar a natureza jurídica de determinado instituto, basta, por exemplo, percebermos que a natureza da compra e venda é a mesma da doação: ambas são contratos. A ambas se aplicam as normas da teoria geral dos contratos. Se, ao contrário, identificássemos na doação natureza diversa da compra e venda, a ela não se aplicariam as normas gerais dos contratos. Dessarte, repetimos as perguntas: o que seria pessoa jurídica? Qual a sua natureza?

Vejamos cada uma das teorias a respeito.

Em primeiro lugar, temos as teorias negativistas, negando a existência da pessoa jurídica, enquanto sujeito de direitos.

---

47 Idem, p. 128-129.
48 PEREZ, Gabriel Netuzzi. **A pessoa jurídica e a quase pessoa jurídica**. Monografia apresentada para a disciplina "Direito Civil", no Curso de Especialização da Faculdade de Direito da USP.

1] **Teoria da ficção:** É a teoria clássica, originada no Direito Canônico, com base no Direito Romano. Segundo ela, pessoa jurídica é mero fruto da imaginação, expediente técnico, sujeito aparente, sem qualquer realidade. As pessoas jurídicas não passam de projeção de nossa mente, de pura abstração.
2] **Teoria da equiparação:** Para esta corrente, pessoa jurídica é, na verdade, não pessoa, mas patrimônio equiparado às pessoas naturais para facilitar o tráfego dos negócios jurídicos.
3] **Teoria da propriedade coletiva ou da ficção doutrinária:** As pessoas jurídicas não passam de simples forma, por meio da qual a pessoa de seus membros manifesta suas relações com o mundo externo. Na verdade, os direitos constitutivos do patrimônio da pessoa jurídica têm como titulares seus próprios membros componentes.
4] **Teoria de Duguit:** Duguit nega a existência dos direitos subjetivos. Por via de consequência, caem por terra todas as ideias que lhe sejam conexas. Para ele, os fundamentos do que se chama pessoa jurídica se acham vinculados à necessidade de se proteger situações em que determinada riqueza se vincule a objetivo lícito.[49]
5] **Teoria de Kelsen**[50]**:** Como Duguit, tampouco Kelsen admite a ideia de direito subjetivo. De acordo com sua concepção, inexistem pessoas, tanto naturais, quanto jurídicas. O que há são centros de deveres e faculdades jurídicas, expressas pelo Direito objetivo. A estes centros, costuma-se denominar pessoas, o que é recurso artificial e auxiliar, do qual se pode prescindir.

Um segundo grupo de teorias, denominadas organicistas ou realistas, pretende provar a existência da pessoa jurídica, como realidade.

1] **Teoria da realidade objetiva ou teoria voluntarista:** A pessoa jurídica é tão pessoa quanto as pessoas naturais, do ponto de vista objetivo. No mundo há organismos vivos e organismos sociais. Os organismos sociais teriam vontade própria, expressão da vontade de seus membros. Essa vontade deve ser protegida pelo Direito, que regula, assim, as pessoas jurídicas, enquanto sujeitos dotados de vontade. O Direito não as criou. Apenas declarou e regulou sua existência. Elas têm vontade própria e existência autônoma.[51]
2] **Teoria ligada ao conceito de sujeito de direito ou teoria do interesse:** Sustentada por Michoud, dentre outros, nega a teoria voluntarista, afirmando que

---

49 DUGUIT, Léon. **Traité de droit constitutionnel.** 3. ed. Paris: Anciènne Librairie Fontemoing, 1927. p. 451 *et seq.*
50 KELSEN, Hans. **Reine Rechtslehre.** Wien: Franz Deuticke, 1960. p. 244 *et seq.*
51 ALMEIDA, Francisco de Paula Lacerda de. **Das pessoas jurídicas:** ensaio de uma teoria. Rio de Janeiro: RT, 1905. p. 75 *et seq.*

não é a vontade o elemento protegido pelo Direito, mas seu conteúdo, ou seja, o interesse representado pela vontade.[52]

Assim, o Direito protegeria os interesses do indivíduo, pessoa natural, e os interesses de grupos de indivíduos, unificados na pessoa jurídica.

3] Teoria da realidade técnica: Esta teoria, também chamada de *teoria da realidade jurídica ou técnica*, é a mais aceita hoje em dia. Imaginada por Ferrara,[53] não nega que só o ser humano seja realidade objetiva. As pessoas jurídicas são, realmente, criadas pelo Direito, que lhes confere personalidade, assim como confere a nós. De fato, a personalidade é fenômeno jurídico. Só somos pessoas porque o Direito assim o quer, pois, se não o quisesse, não seríamos pessoas. Veja-se a situação dos escravos que, apesar de serem humanos, não eram pessoas, por negar-lhes o Direito tal condição. Consideravam-se coisas. Dessarte, do mesmo modo por que o Direito nos atribui personalidade, atribui-a também a outros entes, chamados pessoas jurídicas. A personalidade não vem, portanto, da natureza, mas do Direito.

De qualquer forma, apesar de não ter realidade física, a pessoa jurídica possui realidade, realidade ideal, realidade técnica. No âmbito do Direito, são dotadas do mesmo subjetivismo que as pessoas naturais. Em outras palavras, para o Direito, as pessoas jurídicas são, assim como as naturais, sujeitos de direitos e deveres.

Finalmente, Hauriou defende o ponto de vista de que as pessoas jurídicas sejam instituições sociais, isto é, organizações sociais destinadas à obtenção de um fim. Esta, a teoria da realidade das instituições jurídicas, destacada das negativistas e das organicistas.[54]

4.7.4 Características

As pessoas jurídicas possuem algumas características que não poderíamos deixar sem a devida atenção. Enumerando-as, temos:

1] Personalidade própria, que não se confunde com a de seus criadores. Como exemplo, temos que as dívidas e créditos do Banco do Brasil são suas, e não de seus acionistas. Se um credor do Banco quiser receber seu crédito, deverá acionar na Justiça o Banco do Brasil, não seus acionistas.
2] Nome próprio, que pode ser firma (razão) ou denominação.

---

52 MICHOUD, Léon. **La théorie de la personnalité morale**. 3. ed. Paris: Librairie Générale de Droit & de Jurisprudence, 1932. p. 101 et seq.
53 FERRARA, Francesco. **Teoria delle persone giuridiche**... cit., p. 335 et seq.
54 HAURIOU, André. **Droit constitutionnel et institutions politiques**. 5. ed. Paris: Montchrestien, 1972. p. 127 et seq.

3] Patrimônio próprio, que tampouco se confunde com o patrimônio de seus criadores. Assim, o patrimônio do Banco do Brasil não pertence a seus acionistas, mas sim à pessoa jurídica "Banco do Brasil S.A.".
4] Existência própria, que independe da vida de seus criadores, ou seja, se os acionistas do Banco do Brasil morrerem, o Banco continua a existir.
5] Poderem exercer todos os atos que não sejam privativos das pessoas naturais, seja por natureza ou por força de lei. As pessoas jurídicas não podem se casar, visto que, por sua própria natureza, este é ato privativo das pessoas naturais. Tampouco podem ser sócias de sociedade jornalística, por proibição legal. Por outro lado, existem atos que são privativos das pessoas jurídicas, como emitir ações, fundir-se com outra etc.
6] Poderem ser sujeito ativo ou passivo de delitos. Logicamente, serão sujeito ativo somente dos delitos compatíveis com a personalidade jurídica, como sonegação fiscal, por exemplo. As penas também hão de ser compatíveis, como multa ou mesmo extinção. Evidentemente, as privativas de liberdade não o são. De qualquer forma, sempre que pessoas naturais usarem pessoas jurídicas para cometer qualquer tipo de ilícito, exatamente por saberem que punida será somente a pessoa jurídica, a personalidade jurídica será desconsiderada, e a pessoa natural, punida em seu lugar. É a teoria da desconsideração da personalidade jurídica, criada pelo Direito Anglo-Saxão e Germânico, conhecida como *disregard of legal entity*. A seu respeito falaremos mais adiante.

4.7.5 Classificação

As pessoas jurídicas podem ser agrupadas em várias classes, dependendo do ponto de referência que utilizemos. Dessarte, haverá:

Quanto à estrutura:

1] Pessoas jurídicas colegiadas, que são grupos de pessoas aos quais a Lei confere personalidade, como as sociedades e as associações.
2] Pessoas jurídicas não colegiadas, que não são grupos de pessoas, mas acervos patrimoniais aos quais a Lei atribui personalidade, como fundações, autarquias e empresas públicas. São coletivos de bens, como a elas se refere o Direito Português.

Quanto à nacionalidade:

1] pessoas jurídicas nacionais;
2] pessoas jurídicas estrangeiras.

A Constituição Federal traçava os parâmetros exigidos para que as pessoas jurídicas se considerassem nacionais ou estrangeiras. Na categoria das nacionais, o art. 171, I e II, da CF previa duas espécies: as empresas brasileiras e as empresas brasileiras de capital nacional.

Reputava-se brasileira a empresa que se constituísse segundo as leis brasileiras e que tivesse seu domicílio administrativo no Brasil. Já empresa brasileira de capital nacional era aquela cujo controle efetivo estivesse em caráter permanente sob a titularidade direta ou indireta de pessoas físicas domiciliadas e residentes no país ou de entidades de Direito Público interno, entendendo-se por controle efetivo da empresa a titularidade da maioria do capital votante e o exercício, de fato e de Direito, do poder decisório para gerir suas atividades.

Ocorre que a EC n. 6/1995 revogou o art. 171, por considerá-lo prejudicial à política de abertura externa implantada no país. Assim é que, *de lege lata*,[55] não há mais distinção entre pessoa jurídica nacional e estrangeira, salvo melhor juízo.

Quanto ao regime:

1] Pessoas jurídicas de Direito Público interno, que são a União, os Estados-Membros, o Distrito Federal, os Municípios, além de outras entidades de caráter público criadas por lei, como as fundações públicas e as autarquias, nestas incluídas as associações públicas.
2] Pessoas jurídicas de Direito Público externo, quais sejam, os Estados soberanos e todas as pessoas regidas pelo Direito Internacional Público, como, por exemplo, a ONU, a Otan, o Mercosul, a União Europeia, a Comunidade de Estados Independentes etc.
3] Pessoas jurídicas de Direito Privado, que são as sociedades, as associações, as fundações privadas e as empresas públicas. O art. 44 do Código Civil, alterado pela Lei n. 10.825/2003, foi acrescido dos incs. IV e V, que dispõem serem também pessoas jurídicas de Direito Privado as organizações religiosas e os partidos políticos, respectivamente. Na verdade, não seria necessária a inserção, uma vez que ambos, partidos políticos e organizações religiosas, continuam sendo associações por natureza, ainda que tenham regime próprio.

A União, os Estados-Membros, o Distrito Federal e os Municípios são grupamentos de pessoas, em dado território, daí serem consideradas pessoas colegiadas. O mesmo acontece com a maioria quase que absoluta das pessoas jurídicas de Direito Público externo.

As fundações públicas são patrimônio público ao qual a Lei confere personalidade. São, por isso, pessoas não colegiadas.

---

55 *De lege lata* significa "levando-se em conta a lei em vigor".

O caso das autarquias é *sui generis*, por serem órgãos da Administração Pública. São pessoas não colegiadas instituídas por lei, às quais se conferem patrimônio e receita próprios, e também personalidade.

As associações públicas foram acrescentadas pela Lei n. 11.107/2005, que alterou a redação do inc. IV do art. 41 do CC. Essas associações públicas são, na verdade, segundo entendimento corrente,[56] autarquias criadas em regime de consórcio entre pessoas de Direito Público (União, Estados, DF e Municípios), para a consecução de um objetivo como saúde, por exemplo.

As sociedades, como regra, são grupos de pessoas que, com interesse de lucro, se reúnem para a realização de empreendimento qualquer. São, assim, pessoas colegiadas. Podem ser simples ou empresárias.

Pode haver sociedade com um único sócio. São as sociedades unipessoais. Neste caso, não haverá pessoa colegiada. As sociedades unipessoais são pessoas não colegiadas.

O Código Civil trata amplamente das sociedades no livro dedicado ao Direito de Empresa. Para ele, a sociedade será considerada empresária quando for organizada para a produção ou circulação de bens ou serviços. As sociedades simples são todas as outras, notadamente as que se organizem para realizar atividades de natureza científica, literária ou artística. Como se percebe, a dicotomia corresponde, em linhas gerais, à clássica distinção entre sociedades civis e mercantis. Aplicam-se subsidiariamente às sociedades as normas das associações (arts. 53 a 61 do CC).

Já as associações têm o mesmo conceito de sociedade, possuindo, entretanto, diferença específica em sua definição, ou seja, não visam a lucro. Em outras palavras, as associações são sociedades que não têm interesse de lucro, embora nada as impeça de ter lucro. São exemplos de associações os clubes recreativos, os partidos políticos, a entidades religiosas, caritativas etc.

Os partidos políticos e as entidades ou organizações religiosas são, por sua natureza, associações.[57] Ocorre que, por força dos parágrafos 1º e 3º do art. 44 do CC, ambos terão regime próprio.

O parágrafo 1º se refere às organizações religiosas, dispondo que serão livres a criação, a organização, a estrutura interna e o funcionamento destas entidades, sendo proibido ao Estado negar-lhes reconhecimento ou registro. A segunda parte da norma tem fundamento constitucional e evita a possibilidade de discriminação religiosa. A primeira parte, que se refere à criação, e principalmente, à organização, à estrutura e ao funcionamento das organizações religiosas é fruto

---

56 Disponível em: <www.brunosilva.advol.br/ADMINISTRATIVO-2-1-1.htm>. Acesso em: 7 set. 2008.
57 RABELLO FILHO, Benjamin Alves. **Partidos políticos no Brasil**. Belo Horizonte: Del Rey, 2001. p. 49 *et seq.*

de pressão sobre o legislador, a fim de que estas organizações possam se organizar, se estruturar e funcionar de modo diferenciado, sem se ater necessariamente às normas de organização, funcionamento e estrutura das associações em geral. Estas normas são (e aqui não vai nenhuma crítica às religiões) demasiadamente democráticas para qualquer tipo de organização religiosa; simplesmente não condizem com sua natureza, em regra, baseada na hierarquia e na obediência.

O parágrafo 3º diz respeito aos partidos políticos, que serão organizados e funcionarão de acordo com lei específica. Sua submissão a lei especial não lhes retira, contudo, a natureza associativa.[58]

Dado seu regime especial, nem as entidades religiosas, nem os partidos políticos tiveram que se adaptar ao Código Civil de 2002, por força do parágrafo único do art. 2.031. A nos atermos ao *caput*, a adaptação seria inevitável; com o parágrafo único, contudo, deixou de ser.

As fundações privadas são constituídas por acervo patrimonial particular, ao qual a Lei confere personalidade, daí serem pessoas não colegiadas.

Por fim, as empresas públicas têm natureza peculiar, porque podem ser tanto colegiadas quanto não colegiadas, dependendo da forma como se organizem.[59] Caso se organizem sob forma de sociedade entre pessoas de Direito Público, serão colegiadas; caso contrário, serão não colegiadas. Fato é, contudo, que, apesar do nome, são pessoas jurídicas de Direito Privado, por terem por objetivo exercer atividade precipuamente privada, de natureza empresarial.

A Lei n. 12.441/2011 acrescentou ao rol das pessoas jurídicas de Direito Privado as empresas individuais de responsabilidade limitada (Eireli). Que é isso? As atividades empresariais eram, tradicionalmente, exercidas pelas sociedades empresárias (empresas coletivas) e pelas pessoas físicas (empresas individuais), estas em seu próprio nome, por sua conta e risco, sendo ilimitada sua responsabilidade. Assim, em caso de falência, todo o patrimônio da pessoa física (empresa individual), estivesse ele afetado à atividade empresarial ou não, era arrecadado pelos credores. Essas pessoas físicas podem, a partir de agora, registrar-se na Junta Comercial como empresa individual de responsabilidade limitada (Eireli). Com isso, em caso de falência, sua responsabilidade se limita ao capital efetivamente destinado à atividade empresarial. Seu patrimônio particular, não afetado à empresa, não poderá ser arrecadado pelos credores, salvo as exceções legais.

Já na década de 80, no governo Figueiredo, falou-se na criação da Eireli, como parte do Programa Nacional de Desburocratização, sob o comando do Ministro da Desburocratização, Hélio Beltrão. O tema foi abortado por questões fiscais.

Nos anos 90, no governo Collor, a Eireli retornou à pauta, na esfera do Programa Federal de Desregulamentação. A ideia, obviamente, era a de permitir

---

58 Idem, p. 49 et seq.
59 MEIRELLES, Hely Lopes. **Direito administrativo brasileiro**. 15. ed. São Paulo: RT, 1990. p. 319-322.

ao empresário individual exercer suas atividades, sem colocar em risco seu patrimônio pessoal, não afetado à empresa. Beneficiava, assim, as pessoas físicas.

Também o antigo anteprojeto da nova Lei das Sociedades Limitadas, coordenado por Arnoldo Wald, continha proposta de criação da Eireli.[60]

A Eireli, diga-se de passagem, está presente em diversos países, como França, Espanha, Portugal, Alemanha, Bélgica, Reino Unido, Países Baixos e Dinamarca. Entre nós, o Chile a adotou.[61]

No Brasil, porém, a Eireli não teve vida longa. Em 2021, o art. 41 da Lei n. 14.195 decretou seu fim, ao dispor que as empresas individuais de responsabilidade limitada existentes na data de sua entrada em vigor (da Lei n. 14.195/21) serão transformadas em sociedades limitadas unipessoais independentemente de qualquer alteração em seu ato constitutivo.

Seria possível à pessoa jurídica ser sócia de uma sociedade unipessoal?

A resposta que daria de início é negativa. O objetivo da lei me parece ser o de conferir ao empresário individual, portanto, pessoa física, a possibilidade de exercer suas atividades empresariais, sem comprometer seu patrimônio particular, não afetado à empresa. A responsabilidade desse empresário individual seria, assim, limitada ao capital afetado à empresa. A responsabilidade das sociedades empresárias já, há muito, pode ser limitada, com regulamentação própria. Não haveria razão para uma sociedade empresária adotar a forma sociedade unipessoal, a não ser que se reduzisse a um único sócio. O Código Civil só admitia a sociedade unipessoal, por 180 dias, quando se reduzisse a um só sócio, após o que ela se dissolvia (art. 1.033, IV). Até a criação da Eireli, vindo uma sociedade a se reduzir a um só sócio, ou bem este conseguia um novo parceiro em 180 dias, ou bem a sociedade se extinguia. Com a sociedade unipessoal, é possível que este sócio adote esse novo formato.

Duas questões importantes devem ser resolvidas antes de prosseguirmos. Primeiramente, qual a importância de classificarmos uma pessoa jurídica?

Bem, ao considerarmos, a título de ilustração, empresa pública como pessoa jurídica de Direito Privado, estaremos dando a ela todo um tratamento legal específico para pessoas de Direito Privado. Seus empregados, por exemplo, serão tratados como empregados privados, e não como servidores públicos, como soe acontecer com os empregados das pessoas jurídicas de Direito Público. Esta é apenas uma das consequências, só para demonstrar como é importante esta classificação. Não é nem preciso falar que o regime jurídico das pessoas jurídicas nacionais era totalmente diferente do regime das estrangeiras.

---

60 BRASIL. Câmara dos Deputados. **Parecer [do relator do Projeto de Lei da Câmara 18] de 2011.** 1º jun. 2011. Relator: Senador Francisco Dornelles. Disponível em: <https://legis.senado.leg.br/sdleg-getter/documento?dm=3443950&disposition=inline >. Acesso em: 28 dez. 2022.
61 *Idem.*

A segunda questão importante diz respeito à diferença entre os termos sociedade, associação, companhia, corporação, incorporação, empresa e firma. São palavras que, vulgarmente, se empregam como sinônimas, mas que tecnicamente possuem significado diverso.

Sociedade é todo grupo de pessoas que se reúnem, com objetivo de lucro, conjugando esforços e recursos para lograr fins comuns. São pessoas jurídicas.

Associação é o mesmo que "sociedade", só que sem fins lucrativos.

Companhia é o mesmo que "sociedade anônima". É aquela sociedade cujo capital é dividido em ações, que são distribuídas entre os sócios, chamados de *acionistas*. A palavra *companhia* pode também ser empregada como sinônimo de pessoa jurídica, principalmente as colegiadas. É também utilizada como parte do nome de certas sociedades, como, por exemplo, "Silva, Souza e Companhia Limitada (Cia. Ltda.)".

Corporação é palavra genérica, sinônima de "pessoa jurídica colegiada". Pode ser empregada também no sentido de grupo de sociedades: corporação empresarial.

Incorporação é também palavra polissêmica, ou seja, tem vários sentidos. No Direito Americano é sinônima de "pessoa jurídica" e de "sociedade anônima". Aliás, a palavra faz parte do nome das sociedades anônimas americanas: "General Motors Incorporation (Inc.)". Também em nossa linguagem vamos encontrá-la nesses dois sentidos, mormente no segundo. Além disso, incorporação é termo empregado para significar o ato de uma sociedade incorporar outra. Fala-se, então, em incorporação empresarial. Também se usa a palavra na expressão incorporação imobiliária, que é a atividade exercida com o intuito de promover e realizar a construção, para a alienação, total ou parcial, de edificações, ou conjunto de edificações, compostas de unidades autônomas.

Empresa é, no sentido mais técnico, sinônimo de "atividade". Será, assim, substituível pela palavra atividade ou empreendimento. Na prática, porém, tem natureza polissêmica, ora sendo usada no sentido de atividade, ora como sinônimo de empresário, ora como estabelecimento empresarial. Dessarte, quando se diz que tal pessoa dirige uma empresa, utiliza-se a palavra no sentido de atividade. Quando se diz que tal empresa demitirá alguns empregados, está-se a empregá-la no sentido de empresário, pessoa física ou jurídica. Quando alguém diz que vai à sua empresa, está usando o termo como sinônimo de estabelecimento empresarial.

Firma é sinônimo de "nome". Tanto as pessoas naturais quanto as pessoas jurídicas possuem firma, ou seja, nome. Daí a expressão "reconhecer firma".

4.7.6 Registro das pessoas jurídicas

Registro é o ato que dá início à personalidade jurídica, pelo menos das pessoas jurídicas de Direito Privado. Quanto às de Direito Público, como regra, são criadas por lei. Assim, para que uma sociedade se torne pessoa jurídica, será necessário inscrever seu contrato social no Cartório de Registro Civil das Pessoas Jurídicas ou na Junta Comercial, dependendo de se tratar de sociedade simples ou empresária. O mesmo acontece com as associações e fundações privadas. Já as empresas públicas são criadas conforme os procedimentos estabelecidos em lei especial, que autorize sua criação.

Além disso, o registro servirá para dar segurança, autenticidade e eficácia a todos os documentos das pessoas jurídicas, tais como alterações contratuais, contratos em geral etc.

Dando-se baixa no registro, extinguem-se as pessoas jurídicas.

4.7.7 Nome das pessoas jurídicas

O nome das pessoas jurídicas se divide em duas categorias: firma ou razão e denominação.

A firma social ou razão social é exclusiva das sociedades. Compõe-se do nome de um ou mais sócios, seguido da sigla social, normalmente, "Ltda.", "& Cia." ou "& Cia. Ltda.". Assim, "Souza, Silva & Cia. Ltda." ou "Souza & Silva Ltda." seriam exemplos de razão social ou firma social.

A denominação é o nome das pessoas de Direito Público; de algumas sociedades que podem optar pela denominação, em vez de razão social; necessariamente das sociedades anônimas, das associações e das fundações. O importante é gravar que a denominação não é composta do nome de um ou mais sócios, como a firma, mas de palavras outras, normalmente indicativas de seus objetivos. Daí, "Instituto Nacional de Seguridade Social", "Banco Central do Brasil", "Banco Itaú S.A.", "República Federativa do Brasil", "Construtora Vesper Ltda.", "Associação dos Bancários do Sergipe", "Igreja Adventista do Sétimo Dia" etc.

4.7.8 Teoria da desconsideração da personalidade jurídica[62]

A inteligência humana, criadora e produtiva, também tem seu reverso. Logo se percebeu que a segurança atribuída pela personalidade jurídica, no que tange à separação patrimonial e à limitação da responsabilidade de seus membros,

---

62 O texto do presente tema tem como base a brilhante monografia de Gustavo César de Souza Mourão. In: FIUZA César (Coord.). **Curso avançado de direito civil**. São Paulo: IOB, 2007. v. 2. p. 141-146.

poderia ser utilizada para fins diversos dos sociais. A partir daí, surge uma teoria que visa considerar ineficaz a estrutura da pessoa jurídica quando utilizada desvirtuadamente.

A primeira sistematização dogmática da teoria da desconsideração da personalidade jurídica foi elaborada por Rolf Serick, enquanto as primeiras referências ao assunto foram encontradas, antes, em 1912, nos estudos do jurista norte-americano Maurice Wormser.[63]

A teoria da desconsideração da personalidade jurídica consolidou-se nos tribunais norte-americanos, denominando-se *disregard doctrine*.

Registros doutrinários informam que o primeiro julgado em que foi aplicada a teoria da desconsideração da personalidade jurídica foi o conhecido episódio de *Salomon vs. Salomon & Co. Ltd.*, ocorrido na Inglaterra, no final do século XIX.

O comerciante Aaron Salomon detinha 2.001 das 2.007 ações da empresa *Salomon & Co. Ltd.*, enquanto as outras seis ações pertenciam a sua esposa e a seus cinco filhos. Como forma de integralizar o capital correspondente a sua participação acionária, Aaron Salomon cedeu seu fundo de comércio particular à sociedade, por valor superfaturado. Desta forma, passou a ser credor da sociedade pela diferença, instituindo, ainda, uma garantia real em seu favor.

Na falência da referida sociedade, essa manobra permitiu ao sócio majoritário, Aaron Salomon, primeiramente, o direito de não honrar os débitos sociais, já que dispunha da prerrogativa legal da limitação de sua responsabilidade, e, posteriormente, de executar seu crédito preferencialmente aos demais credores sociais.

Tal estratagema gerou um litígio entre Aaron Salomon e a massa falida de *Salomon & Co. Ltd.*

Primeiramente, a *High Court* aplicou a teoria da desconsideração, condenando o comerciante a pagar os débitos sociais inadimplidos, ao fundamento de que teria havido inequívoca confusão do patrimônio societário com o patrimônio pertencente a Aaron Salomon, já que, de fato, a companhia nada mais era que uma representante deste.

Diante da análise da *Court of Appeal*, com fundamento na existência de uma característica relação fiduciária entre a pessoa jurídica e o sócio majoritário, a decisão foi mantida.

Não obstante, atendo-se aos princípios ortodoxos da separação patrimonial existente entre a pessoa jurídica e seus sócios, em 1897 a *House of Lords*, reformou as decisões proferidas, entendendo que, embora as ações da *Salomon & Co. Ltd.* estivessem concentradas nas mãos de um único sócio, não haveria qualquer ilicitude na constituição da companhia.

---

[63] COELHO, Fábio Ulhoa. **Desconsideração da personalidade jurídica**. São Paulo: RT, 1989. p. 9.

Há quem afirme, porém, que o *leading case* (primeiro caso) da teoria da desconsideração tenha ocorrido nos Estados Unidos, ainda em 1809. Trata-se do caso do *Bank of the United States vs. Deveaux*. O Juiz Marshall, *lifting the corporate veil*, isto é, alçando o véu protetor da personalidade jurídica da sociedade, no caso um banco, considerou características pessoais dos sócios, para fixar como competente para julgar o caso a *Federal Court*, diante do fato de serem estrangeiros os administradores da instituição financeira.[64]

A teoria da desconsideração da personalidade jurídica, ao contrário do que possa parecer, é uma ratificação do instituto da personalização da pessoa jurídica, na medida em que não a anula; apenas não a considera para certos atos praticados com desvio de finalidade. Parte de dois pressupostos: a pessoa jurídica tem personalidade distinta da dos sócios, e a responsabilidade destes é limitada. Caso se trate de sócios com responsabilidade ilimitada, não há falar em desconsideração da personalidade jurídica, simplesmente por não ser necessário, uma vez que o patrimônio pessoal dos sócios responde mesmo pelas dívidas da sociedade.

No Brasil, até bem pouco tempo, diversos tribunais aplicavam a teoria aos casos de abuso de direito e fraude, perpetrados pela má utilização da personalidade jurídica. Buscavam o fundamento na doutrina estrangeira e no art. 20 do CC/1916, que reconhecia a distinção entre a personalidade da sociedade e dos sócios.

A positivação do instituto só ocorreu com o advento do Código de Defesa do Consumidor, em 1990, de forma dissociada de suas verdadeiras raízes.

Foi o Código Civil de 2002 que tratou da teoria em moldes mais adequados.

Na verdade, a doutrina da desconsideração só deverá ser aplicada, quando não for possível responsabilizar os sócios pessoalmente, por outros meios já previstos em lei.

Como ressaltado, a primeira tentativa de positivação do instituto ocorreu no art. 28 do CDC.

> Art. 28. O juiz poderá desconsiderar a personalidade jurídica da sociedade quando, em detrimento do consumidor, houver abuso de direito, excesso de poder, infração da lei, fato ou ato ilícito ou violação dos estatutos ou contrato social. A desconsideração também será efetivada quando houver falência, estado de insolvência, encerramento ou inatividade da pessoa jurídica provocados por má administração.
>
> § 1.º (Vetado).

---

[64] KOURY, Suzy Elizabeth Cavalcante. **A desconsideração da personalidade jurídica disregard doctrine e os grupos de empresas**. 2. ed. Rio de Janeiro: Forense, 1997.

§ 2.º As sociedades integrantes dos grupos societários e as sociedades controladas, são subsidiariamente responsáveis pelas obrigações decorrentes deste código.

§ 3.º As sociedades consorciadas são solidariamente responsáveis pelas obrigações decorrentes deste código.

§ 4.º As sociedades coligadas só responderão por culpa.

§ 5.º Também poderá ser desconsiderada a pessoa jurídica sempre que sua personalidade for, de alguma forma, obstáculo ao ressarcimento de prejuízos causados aos consumidores.

Este artigo possui dois problemas sérios. Em primeiro lugar, mistura casos de genuína aplicação da teoria a casos em que não se a aplicaria, por terem outra solução legal, em que os sócios já são penalizados pessoalmente. Em segundo lugar, há um grande exagero no último período do *caput*, que impõe aos sócios as penalidades do insucesso gerado pela má administração. Ocorre que foi exatamente para proteger os sócios de eventuais problemas externos e mesmo de uma eventual má administração, que surgiu a responsabilidade limitada. É também exatamente por isso, que se faz a distinção entre a pessoa jurídica e a pessoa dos sócios.[65] O Código do Consumidor, em sua ânsia protetiva, se olvidou de tudo isso. Não se deve confundir má administração com má-fé.

A mesma tentativa equivocada ocorreu no art. 18 da Lei n. 8.884/1994 (Lei Antitruste).

Art. 18. A personalidade jurídica do responsável por infração da ordem econômica poderá ser desconsiderada quando houver da parte deste abuso de direito, excesso de poder, infração da lei, fato ou ato ilícito ou violação dos estatutos ou contrato social. A desconsideração também será efetivada quando houver falência, estado de insolvência, encerramento ou inatividade da pessoa jurídica provocados por má administração.

Novamente, o texto legal aplica a teoria da desconsideração a situações para as quais já há solução na Lei. O caso acima, da Lei Antitruste, poderia ser resolvido com o art. 1.016 do CC ou pelos arts. 117 e 158 da Lei n. 6.404/1976 (sociedades anônimas).

(...)

Art. 1.016. Os administradores respondem solidariamente perante a sociedade e os terceiros prejudicados, por culpa no desempenho de suas funções.

---

65 SZTAJN, Rachel. Desconsideração da personalidade jurídica. **Revista do Direito do Consumidor**, São Paulo, v. 2. p. 71, RT, 1992.

> (...)
>
> Art. 117. O acionista controlador responde pelos danos causados por atos praticados com abuso de poder.
>
> (...)
>
> Art. 158. O administrador não é pessoalmente responsável pelas obrigações que contrair em nome da sociedade e em virtude de ato regular de gestão; responde, porém, civilmente, pelos prejuízos que causar, quando proceder:
>
> I – dentro de suas atribuições ou poderes, com culpa ou dolo;
>
> II – com violação da lei ou do estatuto.

Nos casos dos artigos citados, como se pode perceber, não é necessário se aplicar a doutrina, por já haver responsabilização pessoal dos sócios e/ou administradores.

Ademais, a Lei Antitruste incorre no mesmo erro do Código do Consumidor, ao impor aos sócios as penalidades do insucesso gerado pela má administração.

No entendimento de alguns, a CLT também admitiu a possibilidade de desconsideração no parágrafo 2º do art. 2º:

> Art. 2.º (...)
>
> § 2.º Sempre que uma ou mais empresas, tendo embora, cada uma delas, personalidade jurídica própria, estiverem sob a direção, controle ou administração de outra, constituindo grupo industrial, comercial ou de qualquer outra atividade econômica, serão, para os efeitos da relação de emprego, solidariamente responsáveis a empresa principal e cada uma das subordinadas.

Conforme se vê, trata-se de simples caso de responsabilidade solidária pelo pagamento dos débitos trabalhistas. Não é, definitivamente, uma hipótese típica de desconsideração da personalidade jurídica.

Também pode parecer que os arts. 134, VII, e 135, III, do CTN sejam casos de superação da personalidade jurídica.

Eis o teor dos dispositivos:

> Art. 134. Nos casos de impossibilidade de exigência do cumprimento da obrigação principal pelo contribuinte, respondem solidariamente com este nos atos em que intervierem ou pelas omissões de que forem responsáveis:
>
> (...)
>
> VII – os sócios, no caso de liquidação de sociedade de pessoas.

(...)

Art. 135. São pessoalmente responsáveis pelos créditos correspondentes a obrigações tributárias resultantes de atos praticados com excesso de poderes ou infração de lei, contrato social ou estatutos:

(...)

III – os diretores, gerentes ou representantes de pessoas jurídicas de direito privado.

Como fica claro da leitura dos artigos, os dispositivos implicam apenas que, em determinadas circunstâncias, os sócios são responsáveis por dívida alheia – no caso, dívidas da sociedade. Não envolvem qualquer quebra ao princípio da separação entre o ser da pessoa jurídica e o ser da pessoa membro.[66]

O Código Civil de 2002 trouxe, em seu art. 50, o que pode ser entendido como o verdadeiro "espírito" da teoria:

Art. 50. Em caso de abuso da personalidade jurídica, caracterizado pelo desvio de finalidade ou pela confusão patrimonial, pode o juiz, a requerimento da parte, ou do Ministério Público quando lhe couber intervir no processo, desconsiderá-la para que os efeitos de certas e determinadas relações de obrigações sejam estendidos aos bens particulares de administradores ou de sócios da pessoa jurídica beneficiados direta ou indiretamente pelo abuso.

As manifestações doutrinárias mais recentes apontam no sentido de que a redação do art. 50 do CC reflete, com maior fidelidade, os princípios basilares da teoria da desconsideração.[67]

O abuso da personalidade ganhou tipificação aberta, ficando as hipóteses concretas subsumidas às espécies concebidas como "desvio de finalidade da pessoa jurídica" e "confusão patrimonial" entre os bens da pessoa jurídica e seus membros.

Ocorrerá desvio de finalidade, sempre que a pessoa jurídica não cumprir a finalidade a que se destine, causando, com isso prejuízos a terceiros. Além disso, é também desvio de finalidade, ou melhor, de função, o desrespeito ao princípio da função social da empresa.

Segundo o parágrafo 1º do art. 50, desvio de finalidade é a utilização da pessoa jurídica com o propósito de lesar credores e para a prática de atos ilícitos de qualquer natureza.

---

66 OLIVEIRA, José Lamartine Corrêa de Oliveira. **A dupla crise da pessoa jurídica**. São Paulo: Saraiva, 1979. p. 520.
67 CEOLIN, Ana Carolina Santos. **Abusos na aplicação da teoria da desconsideração da pessoa jurídica**. Belo Horizonte: Del Rey, 2002. p. 18.

A confusão patrimonial ocorrerá quando não for possível estabelecer claramente o que seja da sociedade e o que seja dos sócios. Destaque-se que a confusão patrimonial também ocorre nos casos de dissolução irregular da pessoa jurídica, quando desapareçam os sócios e os bens, e remanesçam débitos a ser pagos.

Nos dizeres do art. 50, parágrafo 2º, entende-se por confusão patrimonial a ausência de separação de fato entre os patrimônios, caracterizada pelo cumprimento repetitivo pela sociedade de obrigações do sócio ou do administrador ou vice-versa; pela transferência de ativos ou de passivos sem efetivas contraprestações, exceto os de valor proporcionalmente insignificante; além de outros atos de descumprimento da autonomia patrimonial.

O parágrafo 4º do art. 50 dispõe que a mera existência de grupo econômico sem a presença dos requisitos de que trata o caput deste artigo não autoriza a desconsideração da personalidade da pessoa jurídica.

Por fim, o parágrafo 5º do mesmo artigo atesta que não constitui desvio de finalidade a mera expansão ou a alteração da finalidade original da atividade econômica específica da pessoa jurídica.

Caberá ao juiz aplicar fundamentadamente o instituto, diante das regras genéricas estabelecidas pelo Código.

Mas quando se faria uso da teoria da desconsideração da personalidade jurídica?

Tal questionamento é bastante pertinente, pois, como visto, existem no ordenamento jurídico dezenas de hipóteses de responsabilização pessoal e direta dos sócios, bem como outras diversas hipóteses de anulabilidade dos negócios jurídicos praticados.

Em primeiro lugar, devemos ter em mente que a desconsideração da personalidade jurídica é medida anômala e excepcional, cujas hipóteses mostram-se corretamente dispostas no art. 50 do CC. Tendo isto em mente, há de se partir dos dois requisitos independentes para a aplicação da teoria: desvio de finalidade ou confusão patrimonial, perpetrados através do abuso da estrutura da personificação.

Para a correta aplicação do instituto devem ser mesclados os seguintes objetivos: coibir a fraude, o desvio de finalidade da pessoa jurídica, a confusão patrimonial, garantir o direito de receber dos credores e proteger o instituto da pessoa jurídica.

Além disso, deve o intérprete ficar atento para o fato de não haver nenhuma outra norma que resolva o caso, responsabilizando os sócios pessoalmente.

Um exemplo seria o do administrador de uma sociedade mineradora, que, para desvalorizar certo terreno, empreenda atividades de mineração, de modo a arruinar o ambiente local. Além de ser a sociedade responsável pelos danos ambientais, poderá ser o caso de se desconsiderar a personalidade jurídica, a fim de se atingir a pessoa do sócio administrador.

Segundo os arts. 133 e ss. do CPC, o incidente de desconsideração da personalidade jurídica será instaurado a pedido da parte ou do Ministério Público, quando lhe couber intervir no processo. O pedido deverá, evidentemente, observar os pressupostos previstos em lei.

O incidente de desconsideração é cabível em todas as fases do processo de conhecimento, no cumprimento de sentença e na execução fundada em título executivo extrajudicial. No entanto, dispensa-se a instauração do incidente, se a desconsideração da personalidade jurídica for requerida na petição inicial, hipótese em que será citado o sócio ou a pessoa jurídica.

Instaurado o incidente, suspender-se-á o processo, e o sócio ou a pessoa jurídica será citado para manifestar-se e requerer as provas cabíveis no prazo de quinze dias.

Concluída a instrução, o incidente será resolvido por decisão interlocutória.

Se o pedido de desconsideração for acolhido, a alienação ou a oneração de bens, havida em fraude de execução, será ineficaz em relação ao requerente.

Cabe, por fim, acrescentar, que a teoria da desconsideração aplica-se incondicionalmente às sociedades unipessoais.

A correta compreensão do instituto da desconsideração da personalidade jurídica permitirá sua boa aplicação, realçando-lhe a utilidade.

Ainda sobre o tema, fala-se também na chamada desconsideração inversa, quando a autonomia da pessoa jurídica seria desconsiderada, no intuito de se a responsabilizar por atos fraudulentos praticados por seus sócios e/ou administradores. O sócio, em sua esfera individual, pratica um ato fraudulento, causando prejuízo a terceiro, e a sociedade responde com seu patrimônio. Os exemplos dados pela doutrina referem-se basicamente ao Direito de Família. Um dos cônjuges, a fim de fraudar o regime de bens do casamento, adquire um bem para si mesmo, mas em nome da pessoa jurídica. O cônjuge fraudado poderá exigir da pessoa jurídica a entrega do bem ou seu equivalente em dinheiro, se não mais existir. O mesmo pode ocorrer, se o devedor, com o objetivo de fraudar credores, empregue o mesmo artifício. Pode ser o caso de uma simples ação pauliana, dada ao credor para anular os atos fraudulentos praticados pelo devedor; neste caso, não há falar em desconsideração inversa. Mas, supondo que o bem transferido à pessoa jurídica não mais exista, poderá ser o caso de desconsideração inversa, não de mera ação pauliana. O procedimento do incidente de desconsideração inversa será o mesmo da desconsideração direta (§ 2º, art. 133, CPC).

4.7.9 Função social das pessoas jurídicas

A pessoa jurídica existe em função do homem e deve ser funcionalizada para a promoção da dignidade humana, ou seja, a pessoa jurídica, ao ser realizada, implementada na prática, deve estar voltada para a promoção da dignidade humana. Essa é a ideia central da função social da pessoa jurídica.

Em relação à empresa, por exemplo, partindo-se do pressuposto de que se trate de empresa coletiva, isto é, sociedade empresária, ou mesmo de uma Eireli (empresa individual de responsabilidade limitada), o que se deve entender por função social? Seguramente não significa que o empresário (sociedade empresária ou Eireli) deva distribuir seus lucros entre os pobres, muito menos que deva praticar caridade cristã, embora sempre bem-vinda. Não significa tampouco que deva substituir o Estado em sua função assistencial, embora, em alguma medida, já arque com uma parte dessa função. Fala-se em responsabilidade social da empresa, que consiste numa pauta de deveres da empresa para com a coletividade, com o meio ambiente, com o consumidor etc. Função social, propriamente dita, significa, ao revés, que as atividades empresariais devam ser exercidas com ética, colocando o capital a serviço do ser humano. No sistema capitalista, a empresa estará cumprindo sua função social se, dentre outras práticas, for gerida adequadamente; gerar lucros com responsabilidade e ética, bem como pagar os devidos tributos; distribuir a riqueza (lucros) entre os sócios e os empregados; respeitar as normas trabalhistas e promover a dignidade de seus empregados com práticas como seguro saúde, vale-refeição, creche, apoio à maternidade, participação nos lucros e outras, evidentemente, na medida de suas possibilidades. O respeito e a promoção do meio ambiente saudável; o respeito ao consumidor, dentre outras práticas, compõem os deveres inerentes à responsabilidade social.

Do mesmo modo que a pessoa jurídica empresarial, todas as demais pessoas jurídicas deverão estar funcionalizadas para a promoção da dignidade humana.

4.8 Fundações

4.8.1 Definição

Fundação é patrimônio dotado de personalidade jurídica e constituído para realizar certo fim lícito. Segundo o Código Civil (parágrafo único, art. 62), as fundações somente poderão constituir-se para fins de assistência social; cultura, defesa e conservação do patrimônio histórico e artístico; educação; saúde; segurança alimentar e nutricional; defesa, preservação e conservação do meio ambiente e promoção do desenvolvimento sustentável; pesquisa científica, desenvolvimento de tecnologias alternativas, modernização de sistemas de gestão, produção e divulgação de informações e conhecimentos técnicos e científicos; promoção da ética, da cidadania, da democracia e dos direitos humanos; além das atividades religiosas.

4.8.2 Criação

A criação de uma fundação desdobra-se em dois atos distintos.

a) Ato de fundação: É o ato pelo qual se decide constituir a fundação. O ato de fundação pode ser inter vivos, quando se realiza por escritura pública, ou seja, perante o tabelião de notas, ou causa mortis, ou seja, por testamento.
b) Ato de dotação: Decidida a criação da fundação pelo ato de fundação, procede-se ao ato de dotação, que é o ato pelo qual se cria efetivamente a fundação. Em outras palavras, é neste momento que se faz a reserva de bens suficientes, fixam-se, de maneira mais detalhada, os fins da fundação e a maneira de administrá-la. É também neste momento que se elaboram os estatutos da fundação.

Chegando-se à conclusão de que os bens reservados não foram suficientes, serão eles incorporados por outra fundação de objetivo semelhante.

Mas quem se encarrega da constituição de uma fundação? Será ou o próprio instituidor, quando a formação se diz direta, ou terceiro, encarregado pelo instituidor, quando a formação se diz fiduciária, ou seja, baseada na confiança (fidúcia), depositada pelo instituidor no terceiro.

4.8.3 Observações

O Ministério Público é a autoridade competente para zelar pela constituição e pelo funcionamento das fundações. Será chamado a opinar em qualquer ação que as envolva. Se a fundação se situar no Distrito Federal, ao Ministério Público do DF incumbirão essas funções.

A pessoa incumbida pelo instituidor da fundação elaborará seus estatutos e os submeterá ao MP, que poderá rejeitá-los se verificar alguma irregularidade quanto ao objeto ou quanto aos bens etc.

Se a pessoa incumbida da constituição da fundação não a realizar, a tarefa caberá ao Ministério Público.

Também nas reformas estatutárias será ouvido o MP, que só as aprovará se votadas por 2/3 (dois terços) dos representantes da fundação, e desde que não contrariem seus fins. A reforma deverá ser aprovada pelo órgão do Ministério Público no prazo máximo de 45 dias, findo o qual, ou no caso de o Ministério Público a denegar, poderá o juiz supri-la, a requerimento do interessado.

O juiz decidirá sobre a aprovação do estatuto das fundações e de suas alterações sempre que o requeira o interessado, quando ela for negada previamente pelo MP ou por este forem exigidas modificações com as quais o interessado não concorde; ou quando o interessado discordar do estatuto elaborado pelo MP. No entanto, antes de suprir a aprovação, o juiz poderá mandar fazer no estatuto modificações a fim de adaptá-lo ao objetivo do instituidor.

Caberá também ao MP a remoção dos maus administradores.

Mesmo para efeito de imunidade tributária, ou para fins de se considerarem de utilidade pública ou entidades beneficentes, os administradores das fundações poderão ser remunerados, desde que atuem efetivamente na gestão executiva, respeitados como limites máximos os valores praticados pelo mercado na região correspondente à sua área de atuação, devendo seu valor ser fixado pelo órgão de deliberação superior da entidade, registrado em ata, com comunicação ao Ministério Público.

Os bens das fundações são inalienáveis e impenhoráveis. Somente em casos especiais poderão ser vendidos, doados, trocados, hipotecados etc. Assim mesmo, com autorização judicial, ouvido o MP. Isso porque os bens são a essência da fundação. Se pudesse vendê-los livremente, poderia até ter sua existência ameaçada. A venda, quando autorizada, deve ser para a aquisição de outros bens ou serviços, que se destinem à manutenção sadia da fundação. Por outro lado, os bens destinados a propiciar os meios para a consecução dos fins fundacionais podem ser livremente vendidos.[68]

Qualquer interessado ou o Ministério Público promoverá em juízo a extinção da fundação, quando se tornar ilícito o seu objeto; quando for impossível a sua manutenção; ou quando vencer o prazo de sua existência.

4.9 Sujeitos de direitos sem personalidade

No Direito Brasileiro, mas, creio, não só nele, há certos entes, certos organismos abstratos, que, considerados extrinsecamente, em seu conjunto, recebem, em alguns casos, o tratamento dado às pessoas, embora não o sejam.

Para essas entidades, a doutrina formulou, ao longo dos anos, vários nomes, embora nenhum deles retrate com fidelidade a verdadeira natureza desses entes.

E qual a sua natureza? Ontologicamente, não são pessoas, apesar de, em várias situações, serem tratados como se o fossem. Seriam, então, quase pessoas.

---

[68] MELLO FILHO, José Celso. **Notas sobre as fundações**. Disponível em: <www.revistajustitia.com.br/revistas/ bxyb68.pdf>. Acesso em: 9 jun. 2015.

"Quase", no sentido original da palavra, significa "como se fosse". Uma quase pessoa seria um ente que, sem ser pessoa, é tratado "como se fosse" pessoa. A teoria da quase pessoa fala muito e não diz nada. Que significa ser uma quase pessoa? Receber tratamento de pessoa, sem o ser. Ora, isso não explica a natureza desses entes.

Do mesmo modo, a teoria dos entes sem personalidade. São entes, entidades, organismos sem personalidade, que recebem o tratamento de pessoas. A única diferença é que se lhes reconhece aqui a natureza de organismos, de entidades. Mas não se explica qual a natureza dessas entidades, a qual lhes garante, em algumas situações, tratamento de pessoa, mesmo sem o serem.

Há quem se refira ao fenômeno, utilizando-se da expressão "grupos com personificação anômala".[69] A expressão não é das mais felizes por duas razões. Em primeiro lugar, há casos em que não se têm grupos de pessoas, mas apenas acervo patrimonial, como a herança jacente. Há também o nascituro, que não se ajusta bem a essa ideia de grupo com personificação anômala. Em segundo lugar, a expressão personificação anômala traduz a ideia de que se trate de organismo, que deveria ter adquirido personalidade, mas não o fez da forma correta, constituindo, assim, uma anomalia. Por outros termos, dá a entender que o ente possui personalidade, só que anômala, o que não é verdade, embora possa até ocorrer em relação às sociedades irregulares, mas não nas demais hipóteses.

Há quem fale em entes de personalidade reduzida. Na verdade, a personalidade é ou não é. Não se pode admitir redução de personalidade. O que se pode admitir é redução de capacidade, jamais de personalidade. A personalidade, como vimos, antes de ser uma qualificação, é um valor que não admite graduação; o que se pode graduar é a capacidade.

Por fim, há os que se refiram a esses entes como entes de personalidade judiciária. Ocorre, porém, que a esfera dos sujeitos sem personalidade não se reduz à esfera judiciária. Eles possuem direitos que independem de qualquer atuação processual, como o direito à vida do nascituro.

A melhor tese para solucionar a questão é a dos sujeitos de direitos sem personalidade. A tese, como dito anteriormente, desenvolvida pelo professor mineiro, Cláudio Henrique Ribeiro da Silva, faz a distinção entre pessoas e sujeitos de direitos. Toda pessoa é sujeito de direitos, mas nem todo sujeito de direitos é pessoa. Há casos em que o ordenamento jurídico atribui direitos a entes despidos de personalidade, como o nascituro e a herança jacente, sem lhes atribuir personalidade. São, pois, sujeitos de direitos sem personalidade. Essa é, sem dúvida, a melhor tese para solucionar o problema criado pela atribuição de direitos a entes não personificados. São sujeitos sem personalidade, dotados

---

[69] VENOSA, Sílvio de Salvo. **Direito civil**... cit. 3. ed., v. 1, p. 265.

inclusive de capacidade de Direito, devendo ser devidamente representados no exercício dos atos da vida civil.

Há quem use a expressão sujeito de direito despersonalizado ou despersonificado. Não a reputo, porém, a melhor expressão, uma vez que dá a entender que o dado sujeito de direito detinha personalidade e a perdeu. Não é bem assim. Os sujeitos de direito sem personalidade, como regra, não são e nunca foram pessoas.

A verdade é que este problema só surge diante de nossa ânsia por conferir ao Direito sistematicidade e lógica formal, mais adequadas a outras ciências. Se não estivéssemos muito preocupados com classificações rigorosas, este problema não teria surgido. De qualquer forma, é característica de nosso sistema essa metodologia, que, no mais das vezes, é muito útil, conferindo certa segurança ao ordenamento.

Destaque-se, entretanto, que, em alguns casos, a situação se resolve muito facilmente, dentro da própria lógica tradicional de nosso sistema. Nestes casos, podemos entender que não se trata propriamente de recorrer à teoria dos sujeitos não personificados. Como exemplo, podemos citar os condomínios de apartamentos. Em outros casos, porém, tal não ocorre, e a teoria dos sujeitos não personificados há de ser aplicada. Vejamos as principais hipóteses. Primeiro, aquelas que podemos resolver sem abandonar a lógica tradicional do sistema jurídico. Em seguida, as demais. Por fim, um caso que está completamente fora da esfera dessa discussão, pelo menos no ordenamento brasileiro.

4.9.1 Casos de fácil solução ou de aparente aplicação da teoria dos sujeitos não personificados

O primeiro caso de fácil solução seria o do condomínio. De fato, por razões de praticidade, de economia de palavras e de esforços, referimo-nos ao condomínio, como se fosse corpo autônomo, com personalidade distinta da dos condôminos. Até mesmo o Código de Processo Civil cedeu à prática reiterada desse uso, referindo-se ao fato de que o condomínio será representado em juízo pelo síndico.

No entanto, o que é o condomínio? Como veremos a seu tempo, condomínio é uma situação jurídica em que duas ou mais pessoas detêm os mesmos direitos e deveres de dono sobre uma mesma coisa, a um só tempo.

Sendo assim, a pessoa não é o condomínio. Este é situação jurídica. Pessoas são os condôminos. Por razões práticas, reiterou-se no dia a dia dos tribunais o costume de se designar os condôminos pelo termo genérico condomínio. Dessarte, quando se utilizava a palavra condomínio, num contexto personificado, estar-se-ia, na verdade, referindo ao conjunto dos condôminos. Essa prática tem sua razão de ser. Imaginemos um edifício com milhares de apartamentos ou de salas, como é bastante comum em nossas grandes cidades. Seria absolutamente inviável que, se para acionar esses condôminos, fosse necessário listar o nome de cada um. Assim, utiliza-se do coletivo *condomínio* para se designar os condôminos, que serão, estes sim, representados pelo síndico.

No caso do condomínio, como fica claro, não se trata de invocar a teoria dos sujeitos não personificados. Não se trata de sujeito sem personalidade.

Outra hipótese de simples solução é a do espólio. O raciocínio é o mesmo que se desenvolveu relativamente ao condomínio. Quando, por exemplo, dispõe o art. 75, VII do CPC ser o espólio representado em juízo pelo inventariante, o que quer dizer, na realidade, é que os herdeiros serão representados pelo inventariante. Espólio é, portanto, nestes contextos personificados, coletivo de herdeiros.

De fato, há pessoas que deixam dezenas de herdeiros, alguns nem mesmo conhecidos. Seria, aqui também inviável que, se para acionar esses herdeiros, houvesse necessidade de se arrolar o nome de cada um. Utiliza-se, pois, do coletivo *espólio* para se designar os herdeiros, estes sim, representados pelo inventariante.

Mais outro caso de fácil solução é o das sociedades de fato ou irregulares. Uma sociedade pode não adquirir personalidade por duas razões. Por não se registrar, ou por se registrar irregularmente, como quando seus estatutos contiverem problemas tais que inviabilizem a personificação.

Tratando-se de sociedades de fato ou irregulares, chamadas de sociedades em comum pelo art. 986 do CC, o raciocínio será o mesmo usado para o condomínio e para o espólio. A pessoa não é a sociedade, mas os sócios, que serão representados pelo administrador.

Tratando-se, porém, de sociedade em conta de participação, que também é sociedade não personificada, a hipótese será outra, uma vez que a sociedade é oculta, não tendo existência oficial. Quem exerce as atividades sociais é um sócio ostensivo, em nome de quem todos os atos são praticados. Só ele responde, tendo direito de regresso contra os sócios ocultos, com base no contrato social. Estes, por sua vez, também poderão acionar o sócio ostensivo, com base no contrato social, que só vale entre os sócios, não gerando personalidade para a sociedade, que jamais será acionada ou acionará em juízo. Todas as ações serão propostas pelo sócio ostensivo contra terceiros ou contra os sócios ocultos, ou contra o sócio ostensivo, por terceiros ou pelos sócios ocultos. O mesmo se diga dos atos praticados pelo sócio ostensivo, que os exerce em seu próprio nome, por eles respondendo pessoalmente.

Assim, quando o Código de Processo Civil se refere às sociedades sem personalidade, tem em mira exclusivamente as sociedades de mão comum.

Por fim, outro caso de fácil solução, em que tampouco é necessário se invocar a teoria, é o dos órgãos sem personalidade, como o Ministério Público, o Exército, a Polícia Militar, os ministérios, as escolas mantidas por outras entidades etc.

Em todos esses casos, tratando-se de ações judiciais, quem está acionando ou quem se está acionando é o órgão personificado, como o Estado, a União, a entidade mantenedora etc. Por razões de praticidade, aceita-se que a ação se dirija aparentemente contra o órgão não personificado, representado por seus administradores (o Procurador-Geral, o Comandante, o Ministro, o reitor etc.). Na realidade, a ação, de Direito, está sendo dirigida contra o órgão personificado, que se faz representar pelo administrador do órgão não personificado. Tecnicamente, o mais correto será acionar o organismo personificado, ou seja, a pessoa de Direito Público ou Privado. Este poderá apontar como representante, o administrador do órgão não personificado em torno do qual gira a controvérsia. Como exemplo na esfera cível, podemos citar a ação contra a sociedade mantenedora de uma universidade, que poderá, se quiser, indicar o reitor como representante legal no processo.

Apesar disso, embora em tese esses entes não sejam sujeitos de direito, isto é, embora para a Ciência do Direito não seja necessário invocar-se a teoria dos sujeitos não personificados para explicar sua sistemática, na prática acabam por ganhar esse *status*, acabam por ser tratados como verdadeiros sujeitos, não obstante não possuírem personalidade.

4.9.2 Casos de aplicação efetiva da teoria dos sujeitos não personificados

Os casos mais importantes, para cuja solução é necessário se invocar a teoria dos sujeitos não personificados, são três, a saber, o nascituro, a herança jacente ou vacante e a massa falida.

Do nascituro, já tratamos acima. A personalidade só se adquire, quando do nascimento com vida. Apesar disso, o nascituro é titular de direitos, conforme dispõe o próprio Código Civil (art. 2º). Sendo assim, é sujeito de direito, mas sem personalidade.

Quanto à herança jacente e à massa falida, em ambos os casos, não se cuida de um grupo de pessoas representadas por alguém, como o condomínio, o espólio etc. Cuida-se de um acervo patrimonial.

A massa falida consiste nos haveres e deveres do falido, que serão geridos por um administrador judicial, a fim de, em última instância, satisfazer os direitos dos credores. De fato, não é o falido que é acionado. Ele mesmo pode acionar ou ser acionado pela massa. Para entender esse fenômeno é, realmente, necessária a teoria dos sujeitos não personificados. A massa seria, assim, um organismo sem personalidade, que, apenas para efeitos práticos, é tratado como se fosse pessoa, ou seja, é um sujeito de direito sem personalidade.

O mesmo se diga da herança jacente, consistente nos haveres e deveres de um morto, que, aparentemente, não tenha deixado sucessores. A herança vacante, efetivamente sem dono, também é sujeito sem personalidade: pode acionar e ser acionada, tem que recolher tributos etc., ou seja, tem direitos e deveres como qualquer sujeito, seja pessoa ou não.

Nestas hipóteses, como resta claro, sem a teoria, o fenômeno seria inexplicável, incompreensível para a dogmática. Ora, como um acervo patrimonial poderia ser titular de direitos e deveres, sem ter personalidade? Com a teoria dos sujeitos de direito sem personalidade, o problema dogmático se resolve.

4.9.3 A família

À guisa de conclusão, citamos o caso da família, mencionada por alguns como sujeito não personificado.[70] Em Direito estrangeiro, este pode ser o caso, mas não no brasileiro.

Para ser considerado sujeito não personificado, é fundamental que à entidade, sem ser pessoa, se atribuam direitos, posto que só em algumas hipóteses. Ora, o Direito brasileiro, em nenhum momento, atribui direitos à família. Sem dúvida, confere-lhe tratamento de entidade, de grupo, de instituição, mas jamais atribuindo-lhe direitos. Os direitos são conferidos aos integrantes da família. Consequentemente, a família, nem aparentemente, pode ser considerada sujeito não personificado no sistema jurídico pátrio.

Uma última pergunta: seriam os sujeitos sem personalidade capazes? Como vimos acima, capacidade não se confunde com personalidade, que não se confunde com subjetividade. Relembrando os conceitos *supra* vistos, pessoa é o ente dotado de certas características conferidas pelo ordenamento jurídico, em virtude das quais passa a participar, ativa e passivamente, da vida política, econômica e social de determinado Estado, na condição de titular de direitos e deveres. A pessoa pode ser física (natural) ou jurídica, cada qual com suas características, ambas, porém, titulares de direitos e deveres, isto é, ambas sujeitos de direito. A capacidade é a medida da personalidade. É um dos principais atributos da pessoa. A personalidade é um valor; a capacidade é a medida desse valor, traduzindo-se, pois, num *quantum*, que pode ser graduado. Um indivíduo pode ser mais ou menos capaz (como vimos, há três graduações na capacidade: incapacidade absoluta, incapacidade relativa e capacidade plena), mas, seguramente, não pode ser mais ou menos pessoa.

---

70 VENOSA, Sílvio de Salvo. **Direito civil**... cit., v. 1, p. 265. PEREZ, Gabriel Netuzzi. Op. cit., p. 37. OLIVEIRA, J. M. Leoni Lopes de. **Teoria geral do direito civil**. Rio de Janeiro: Lumen Juris, 1999. p. 329-330.

Sujeito de direito, por outro lado, é todo ente ao qual se conferem direitos e deveres, é um centro de imputação de direitos e deveres. Pode ser uma pessoa, física ou jurídica, ou não. O nascituro é um sujeito de direitos, mas não tem personalidade, por expressa opção do art. 2º do CC. O mesmo se diga da massa falida ou da herança vacante e de todos os exemplos que estudamos ainda agora.

Mas continua a pergunta: os sujeitos sem personalidade teriam capacidade? Capacidade de direito, sim. Sem dúvida, ser sujeito de direito significa ser titular de direitos e deveres e, portanto, ser dotado de capacidade de gozo, ou de direito. A capacidade de direito, ou subjetividade, é a materialização da pessoa, mas não só dela; é também a materialização de outros entes sem personalidade, que passam a gozar de direitos e deveres. Ao revés, a subjetividade não se confunde com a capacidade de exercício, que é a realização da personalidade. É característica exclusiva das pessoas naturais. Os sujeitos sem personalidade são dotados da capacidade de direito, mas não da de fato. Exercem os atos da vida civil por meio de representante, exatamente por não deterem capacidade plena de exercício.

4.10 Registro civil

É instituto criado pelo Direito para dar autenticidade, publicidade, eficácia e segurança aos atos jurídicos.

A autenticidade refere-se à veracidade dos documentos e atos inscritos no registro. Em outras palavras, tudo o que se inscreve no registro se presume autêntico, verdadeiro. Evidentemente, a presunção é *iuris tantum*, ou seja, pode ser derrubada com prova contrária.

Todo ato registrado em cartório se torna público, ganha publicidade. Em outras palavras, a ninguém é dado alegar desconhecer ato inscrito no registro.

Eficácia tem a ver com publicidade e diz respeito, principalmente, a terceiros. Ato jurídico eficaz é aquele que produz efeitos, não só entre as pessoas que o realizam, mas também perante terceiros. Assim, se celebro um contrato, qualquer que seja, e o registro, ninguém poderá alegar, depois, que o desconhecia. O registro tem esse poder.

A segurança advém exatamente daí. Uma vez que tudo o que for aceito pelos cartórios para registro se presume autêntico, público e eficaz, as pessoas sentem-se mais seguras ao realizar negócios com base em documentos registrados. Por exemplo, se vou comprar uma casa, fico seguro diante da certidão do registro no cartório de imóveis, pois esta certidão me indica quem é o dono da casa, se ela está livre de quaisquer ônus, como hipotecas etc.

A Lei de Registro Públicos (n. 6.015/1973) trata do registro civil das pessoas naturais, das pessoas jurídicas, do registro de títulos e documentos e do registro de imóveis.

Os cartórios especializam-se em cada um desses registros, costumando haver até mais de um cartório especializado numa mesma cidade. Assim, há cartórios de registro de imóveis, cartórios de registro das pessoas naturais, cartórios de registro das pessoas jurídicas, cartórios de notas, de títulos e documentos etc.

De todo fato, ato ou documento registrado, os cartórios, como regra, são obrigados a fornecer certidão. As certidões fornecidas fazem a mesma prova que os originais. No entanto, a verdade da certidão pode ser contestada, desde que se prove ser ela falsa, ou ter sido adulterada.[71]

O registro é realizado em órgãos próprios. Existem vários no ordenamento pátrio. Há os cartórios, divididos, segundo sua função, como vimos, em cartórios de notas, de registro civil das pessoas naturais, de registro civil das pessoas jurídicas, de registro de imóveis, de protestos e de títulos e documentos. Para o registro de veículos automotores terrestres, há o Detran; para o registro de aviões, o Registro Aeronáutico Brasileiro; para o registro de embarcações, a Capitania dos Portos e o Tribunal Marítimo; para o registro empresarial, as Juntas Comerciais; para o registro de obras intelectuais, a Biblioteca Nacional; para as invenções, o Inpi. Não havendo um órgão registral específico, o registro será efetuado no cartório de títulos e documentos, que terá, assim, competência residual.

4.11 Domicílio e residência

No Brasil, faz-se distinção entre domicílio e residência. A distinção é feita no Código Civil, mas importará não só ao Direito Civil, como a outros ramos do Direito.

Ao Direito Civil, em alguns momentos interessa o domicílio. Dentre outros casos, importa o domicílio do devedor, pois é nele que, como regra, será exigido o pagamento; importa o domicílio do fiador, pois que deve ser, de preferência, o mesmo em que a dívida será executada; importa o domicílio do tutor, uma vez que deve coincidir com o do pupilo. Interessa ao Direito Processual, de vez que, por exemplo, é em seu domicílio que o autor da ação de alimentos processará o alimentante; é em seu domicílio que, em geral, será acionado o devedor etc.

Vejamos, então, qual a diferença entre domicílio e residência.

Residência é o lugar em que a pessoa se fixe, ainda que temporariamente. Possui apenas um elemento, qual seja, o objetivo: *lugar* em que a pessoa se fixe.

---

71 PONTES DE MIRANDA, Francisco Cavalcanti. **Tratado de direito privado**... cit., v. 1, p. 191.

Domicílio é o lugar em que a pessoa se fixe com vontade de aí permanecer em definitivo. A definição de domicílio conduz a dois elementos, um objetivo, como, aliás, na definição de residência (*lugar* em que a pessoa se fixe), o outro, subjetivo: *vontade* de permanecer em definitivo. O elemento subjetivo denomina-se *animus manendi*, ou vontade de permanecer. Domicílio é o local escolhido pela pessoa para ser a sede de sua vida.

Ao falarmos de *domicílio* ou *residência*, cabe esclarecer que nos interessa a cidade em que a pessoa é residente e domiciliada. A cidade nos leva à comarca, de importância vital para o Processo Civil. A rua já é informação secundária.

Normalmente, residência e domicílio coincidem. No entanto, há situações em que isso não ocorre. O Código Civil prevê três dessas situações e fixa o domicílio, uma vez que todos devem possuí-lo necessariamente.

Primeiramente, se um indivíduo possuir mais de uma residência, como, por exemplo, um industrial que more seis meses no Rio e seis meses em São Paulo, em ambas as cidades com vontade de permanecer, qualquer uma delas será seu domicílio. Assim, poderá ser acionado no foro de qualquer das duas (§ 1º do art. 46 do CPC). Neste caso, a coincidência entre domicílio e residência não é tão óbvia, necessitando da intervenção do legislador.

Em segundo lugar, se um indivíduo não possuir residência fixa, como os ciganos, seu domicílio será o local em que for encontrado, em cujo foro poderá ser acionado (§ 2º do art. 46 do CPC).

Por fim, se uma pessoa exercer sua profissão em lugares diversos, cada um destes será seu domicílio para os fatos nele ocorridos ou para as relações jurídicas que a ele digam respeito (parágrafo único do art. 72 do CC). Cuida-se, aqui, do domicílio profissional. Se João administra uma empresa com filiais em duas cidades, cada uma delas será seu domicílio para as relações correspondentes. Assim, para o contrato de locação que João celebrar em uma das cidades, será esta seu domicílio para efeito desse contrato. O mesmo se diga da compra e venda que João efetuar na outra cidade. Esta será seu domicílio no que diz respeito a esse contrato.

Há pelo menos duas classes importantes de domicílio: geral e especial.

Domicílio geral é o local em que a pessoa se fixe com *animus manendi*. Será voluntário ou necessário.

Como regra, as pessoas, tanto naturais quanto jurídicas, têm ampla liberdade para fixar seu domicílio onde bem entenderem. Trata-se de domicílio voluntário, isto é, aquele escolhido pela pessoa, de livre e espontânea vontade.

Por vezes, todavia, é a Lei que determina o local em que serão domiciliadas certas pessoas. É o domicílio necessário, também denominado legal. Assim, o domicílio dos incapazes será o de seu representante ou assistente. Os funcionários públicos reputam-se domiciliados no local em que permanentemente exercem suas funções. Os militares da ativa terão domicílio onde servirem. Os servidores da marinha e da aeronáutica serão domiciliados na sede do comando a que estiverem imediatamente subordinados. O domicílio dos tripulantes da marinha mercante será o local em que se achar matriculado o navio. Os presos têm por domicílio o local em que estiverem cumprindo pena e os diplomatas a serviço no exterior serão domiciliados no Distrito Federal ou no último município do território nacional em que houverem tido domicílio, a não ser que, voluntariamente, apontem outro local.

Tratando-se do domicílio das pessoas jurídicas, temos que o domicílio da União é o Distrito Federal; dos Estados, sua Capital; dos Municípios, o local em que funcione a administração municipal.

O domicílio das demais pessoas jurídicas é voluntário. Será o local de sua sede, ou seja, o local em que funcionar sua administração central. Isso não quer dizer, porém, que as pessoas jurídicas não possam ser acionadas nos locais em que possuírem filiais, por fatos lá ocorridos. Para acionar o Banco do Brasil, por fato ocorrido em Belém, não é preciso ir a Brasília, bastando intentar a ação contra a filial daquela cidade.

O domicílio da pessoa jurídica estrangeira será o Brasil, se aqui ela possuir agência, filial ou sucursal (parágrafo único do art. 21 do CPC).

A segunda espécie de domicílio é o especial, também denominado domicílio contratual, de eleição ou foro de eleição. Trata-se do domicílio escolhido pelas partes de um contrato para exercitar e cumprir os direitos e obrigações contratuais. Na maioria dos contratos escritos, figura cláusula chamada cláusula de eleição de foro, em que se escolhe a comarca de alguma cidade, em que serão solucionados todos os conflitos oriundos do contrato. Esta cidade será o domicílio especial.

Mas onde será acionada uma pessoa? Junto ao juiz de que lugar?

A resposta é relativa. Não há só uma regra. O local de propositura da ação dependerá da competência do juiz. Esta será determinada por alguns critérios. Os quatro mais importantes dizem respeito à pessoa, ao lugar, ao valor e à matéria.

O devedor será acionado perante a Justiça de seu domicílio (art. 46 do CPC); o ausente será acionado no foro de seu último domicílio (art. 49 do CPC); o incapaz será acionado no foro do domicílio de seu representante ou assistente (art. 50 do CPC). Aqui a competência foi determinada em razão da pessoa (*ratione personae*).

As ações que versem acerca de direitos reais sobre imóveis devem ser intentadas perante a Justiça do local em que se situar o imóvel (art. 47 do CPC). A competência fixou-se em razão do lugar (*ratione loci*).

Da mesma forma, as regras fixando a competência em razão do valor e da matéria. As causas de valor superior a quarenta salários mínimos não podem se processar perante os juizados especiais de pequenas causas, mas apenas perante a Justiça comum. A competência se determina, neste caso, em razão do valor (*ratione valoris*). As causas de família, por outro lado, se processam perante o juízo da vara de família; as causas trabalhistas se processam perante a Justiça do Trabalho. Nessas duas últimas hipóteses, a competência se fixa em razão da matéria (*ratione materiae*).

Normalmente, as partes de um contrato, desde que pessoas de Direito Privado, podem derrogar, pela cláusula de eleição de foro, a competência em razão da pessoa, do valor e do lugar.[72] Assim, se houver conflito entre a Lei e o contrato, vale o contrato. A competência em razão da matéria não poderá ser modificada nos contratos. Havendo conflito entre a Lei e o contrato, vale a Lei.

Por fim, não se deve confundir foro de eleição, que é o domicílio eleito pelas partes de um contrato, como domicílio eleitoral, que é o local em que a pessoa natural esteja inscrita, perante a Justiça Eleitoral, para exercer seu direito de voto.

---

[72] LOPES DA COSTA. **Manual elementar de direito processual civil**. 3. ed. atual. por Sálvio de Figueiredo Teixeira. Rio de Janeiro: Forense, 1982. p. 75 *et seq.*

Capítulo 5

Direitos da personalidade

5.1 Histórico

A integridade da pessoa humana, pode-se afirmar, sempre foi objeto de preocupação do Direito, embora nem sempre sob a mesma perspectiva. Já há 2000 anos antes de nossa era, o Código de Hamurabi (arts. 195 a 214) prescrevia penas corporais e pecuniárias para alguns atentados contra a integridade física e moral das pessoas.[1] O Direito Romano não cuidou do tema nos mesmos moldes de hoje. Havia certa proteção à pessoa, por meio da *actio iniuriarum*, que abrangia qualquer atentado à pessoa do cidadão, fosse físico ou moral. O mesmo se diga do Direito Grego, cuja proteção à personalidade partia da noção de *hybris*, o que legitimava a imposição de penas.[2]

A *hubris* ou *hybris* (em grego ὕβρις) é um conceito grego que pode ser traduzido como tudo o que passe da medida; descomedimento. Atualmente, alude a uma confiança excessiva, um orgulho exagerado, presunção, arrogância ou insolência (originalmente contra os deuses), que, com frequência, termina sendo punida. Na Grécia Antiga, referia-se a um desprezo temerário pelo espaço pessoal alheio, unido à falta de controle sobre os próprios impulsos, sendo um sentimento violento inspirado pelas paixões exageradas, consideradas doenças pelo seu caráter irracional e desequilibrado, e concretamente por Até (a fúria ou o orgulho). Opõe-se à Sofrósina, a virtude da prudência, do bom senso e do comedimento.

Aristóteles definiu *hybris* como uma humilhação para a vítima, não por qualquer coisa que tenha acontecido ou que ela tenha feito ou pudesse fazer contra outrem, mas meramente por descaso da vítima em relação a ela. *Hybris* não é o acerto de contas por erros cometidos, isto é, vingança. *Hybris* é o descaso que alguém tenha pelos outros, ou pelos deuses, achando que pode fazer tudo o que quiser.

A *hybris* se relaciona com o conceito de moira, que em grego significa "destino", "parte", "lote" e "porção" simultaneamente. O destino é o lote, a parte de felicidade ou de desgraça, de fortuna ou de desventura, de vida ou de morte, que corresponde a cada um em função de sua posição social e de sua relação com os deuses e com os homens. Contudo, o homem que comete *hybris* é culpável de desejar mais do que lhe tenha sido concedido pelo destino. O castigo dos deuses para a *hybris* é a nêmesis, que tem como efeito fazer o indivíduo retornar aos limites que transgrediu.

---

1 A título de exemplo, o art. 202, que dispunha: "Se um homem agrediu a face de um outro homem que lhe seja superior, será golpeado sessenta vezes diante da assembleia com um chicote de couro de boi". Agredir a face significava estapear sem ferimentos. Se houvesse ferimentos, a pena seria outra, que incluía indenização por despesas médicas.
2 TALAMANCA, Mario. **Istituzioni di diritto romano**. Milano: Giuffrè, 1990. p. 614 *et seq*. GERNET, Louis. **Droit et institutions en Grèce antique**. Paris: Flammarion, 1982. p. 225.

A concepção da *hybris* como infração determina a moral grega como uma moral da mesura, da moderação e da sobriedade, obedecendo ao provérbio *pan metron*, que significa literalmente a "medida de todas as coisas", ou melhor ainda, nunca demais ou sempre bem. O homem deve continuar sendo consciente de seu lugar no universo, é dizer, ao mesmo tempo da sua posição social numa sociedade hierarquizada e da sua mortalidade ante os deuses imortais.[3]

A categoria dos direitos da personalidade é recente, fruto da doutrina francesa e tedesca de meados do século XIX. São direitos atinentes à tutela da pessoa humana, essenciais a sua dignidade.[4]

Na verdade, a preocupação com o ser humano surge antes, já no século XVIII, com as declarações de direitos. Já a Magna Carta, de João Sem-Terra (século XIII), demonstrava essa preocupação. Cuidavam esses diplomas de proteger a pessoa contra os abusos do poder estatal totalitário. Limitavam-se a conferir ao cidadão direito à integridade física e a outras garantias políticas.

Seu destaque e o desenvolvimento das teorias que visavam proteger o ser humano se devem, especialmente, ao cristianismo (dignidade do homem), ao jusnaturalismo (direitos inatos) e ao iluminismo (valorização do indivíduo perante o Estado).

A porta de entrada dos direitos da personalidade foi o Direito Público, procurando dar proteção ao homem, principalmente diante do Poder Público. Daí as declarações que se sucederam historicamente: a Magna Carta (1215), o *Bill of Rights* (1689), a Declaração Americana (1776) a Declaração Francesa (1789), a Declaração Universal da ONU (1948). Devido a essa positivação escrita, para proteger o indivíduo contra o Poder Público, ganharam o nome de liberdades públicas.

Mas, na visão mais atual, seriam os direitos da personalidade públicos ou privados?

Para o Direito Civil, principalmente o Direito das Obrigações e das Coisas, não havia qualquer menção a direitos do cidadão, que se restringiam à esfera pública, de proteção contra o Estado.

Com a evolução do capitalismo industrial, a concentração, a massificação, os horrores da Segunda Guerra Mundial, com o desenvolvimento da tecnologia, principalmente da biotecnologia etc., a perspectiva muda. O paradigma do Estado Liberal é substituído pelo do Estado Social intervencionista, protetor

---

3   HÚBRIS. In: **Wikipédia**. Disponível em: <http://pt.wikipedia.org/wiki/Húbris>. Acesso em: 20 dez. 2022.
4   TEPEDINO, Gustavo. A tutela da personalidade no ordenamento civil-constitucional brasileiro. In: TEPEDINO, Gustavo. **Temas de direito civil**. Rio de Janeiro: Renovar, 1999. p. 24. BITTAR, Carlos Alberto. **Os direitos da personalidade**. 2. ed. Rio de Janeiro: Forense Universitária, 1995. p. 19 *et seq.*

do mais fraco. Os direitos da personalidade passam a integrar a esfera privada, protegendo o indivíduo, sua dignidade, contra a ganância e o poderio dos mais fortes. Ao lado desse prisma privatístico, continua a subsistir o público, em socorro do indivíduo contra Estado. Tendo em vista essas duas esferas, privada e pública, os direitos da personalidade pertencem a ambas. Na esfera privada, fala-se em direitos da personalidade, terminologia cunhada por Otto Gierke.[5] Na esfera pública, em direitos humanos (basicamente na esfera internacional) e em direitos fundamentais (consagrados na Constituição). Esses dois últimos grupos têm maior amplitude, englobando também as garantias políticas.

5.2 Natureza jurídica

Há teorias negativistas e afirmativas. As teorias negativistas foram defendidas por muitos juristas de renome, como Savigny, Jellinek, Enneccerus, von Thur e outros.[6] Segundo eles, não há direitos da personalidade. A pessoa não pode ser objeto de direitos, uma vez que deles é sujeito. O máximo que se poderia admitir é que uma pessoa possa ser objeto de direitos de outra, mas nunca de si mesma. A vida, a honra, a saúde não pertencem à categoria do ter, mas do ser, o que as torna incompatíveis com a categoria dos direitos subjetivos.[7]

Não há direitos de alguém sobre si mesmo. O que chamamos de direitos da personalidade não são direitos subjetivos, mas efeitos do Direito objetivo para proteger certas radiações da personalidade.

Esta visão negativista limita a proteção da pessoa contra a lesão. Se os direitos da personalidade fossem considerados direitos subjetivos, estaríamos assegurando não só o poder de proteção contra a lesão, mas também o de dispor livremente do direito. Daí afirmar Savigny que esta concepção levaria ao direito ao suicídio ou à automutilação.[8]

Dentre aqueles que afirmam a existência dos direitos da personalidade, há quem, como Puchta, Windscheid e outros, diga serem eles poderes que o homem exerce sobre sua própria pessoa, esta o objeto daqueles.[9]

---

5 AMARAL, Francisco. **Direito civil**: introdução. 3. ed. Rio de Janeiro: Renovar, 2000. p. 250.
6 SAVIGNY, Friedrich Karl von. **Sistema del derecho romano actual**. 2. ed. Madrid: Centro Editorial de Góngora, 1847. t. I, p. 233. JELLINEK, Georg. **The Declaration of the Rights of Man and of Citizens**. New York: Holt, 1901. p. 65. ENNECCERUS, Ludwig; KIPP, Theodor; WOLF, Martin. **Tratado de derecho civil**. Barcelona: Bosch, 1948. v. 1, p. 309. VON THUR, Andreas. **Das deutsche bürgerliche Recht**. Berlin: Duncker & Humblot, 1914. p. 367.
7 TEPEDINO, Gustavo. **A tutela da personalidade**... cit., p. 25 et seq.
8 SAVIGNY, Friedrich Karl von. **Sistema**... cit., t. I, p. 235.
9 WINDSCHEID, Bernardo. **Diritto delle pandette**. Torino: Unione Tipografico-Editrice Torinense, 1925. p. 342. PUCHTA, Georg Friedrich. **Lehrbuch der Pandekten**. Leipzig: Barth, 1938. p. 283. BITTAR, Carlos Alberto. **Os direitos da personalidade**... cit., p. 4.

Ferrara os entende como direitos sem titular, uma vez que emanam das outras pessoas que os devem respeitar.[10]

A crítica mais contundente que se poderia fazer aos negativistas é que partem da premissa errada. Partem do pressuposto de que a personalidade só pode ser entendida por um único prisma. Na verdade, há duas acepções para o termo.

Na primeira acepção, subjetiva, personalidade é atributo jurídico conferido ao ser humano e a outros entes (pessoas jurídicas), em virtude do qual se tornam capazes, podendo ser titulares de direitos e deveres nas relações jurídicas. A pessoa, por ser dotada de personalidade, é o elemento subjetivo da estrutura das relações jurídicas.

Mas não é essa a premissa de que se deve partir. A personalidade possui uma segunda acepção, objetiva. É dela que se deve partir. De acordo com esta acepção objetiva, a personalidade é um conjunto de atributos e características da pessoa humana, considerada objeto de proteção por parte do ordenamento jurídico.

Assim, enquanto sujeito, a pessoa (personalidade) não pode ser objeto numa relação de que seja titular. Mas como valor, conjunto de atributos, a personalidade pode ser objeto de tutela jurídica.

A partir de meados do século XX, a doutrina passou a admitir a existência de direitos da personalidade, embora na perspectiva dos demais direitos subjetivos de caráter patrimonial.

Restavam, entretanto, algumas perguntas: os direitos da personalidade incidiriam sobre toda a pessoa ou sobre partes dela? Incidiriam os direitos da personalidade sobre objeto externo à pessoa, constituindo obrigação negativa geral?

Pela segunda pergunta, vê-se a preocupação em se identificar um objeto de direito externo ao sujeito, assim como os demais direitos subjetivos patrimoniais. O objeto dos direitos de crédito é externo. Externo é também o objeto do direito de propriedade.

Se entendermos que o objeto dos direitos absolutos, como o de propriedade, não seja a coisa, mas a comunidade, de quem se pode exigir respeito ao exercício do direito, fica fácil demonstrar a exterioridade dos direitos da personalidade, que teriam como objeto a comunidade, de quem se poderia exigir respeito. A concepção está arraigada à visão clássica dos direitos subjetivos.[11]

Por outro lado, em abordagem mais moderna, pode-se dizer que uma coisa é a utilidade juridicamente protegida. Outra coisa é o dever geral, por parte da coletividade, de abster-se de atentar contra esta utilidade. Assim, a utilidade protegida é o ponto de referência da relação jurídica, e integra o sujeito, pelo menos nas relações não patrimoniais. Assim, a honra é parte integrante do

---

10 FERRARA. **Trattato di diritto civile italiano.** v. I, p. 395.
11 TEPEDINO, Gustavo. **A tutela da personalidade**... cit., p. 31.

sujeito, diferentemente de um imóvel, objeto de propriedade. O que é externo é o dever de abstenção da coletividade, que não deve atentar contra a honra alheia.[12]

Concluindo, a personalidade é composta de atributos, tais como a vida, a honra, o nome, a capacidade, o estado, o corpo físico e seus órgãos, a psique, as aptidões, a linguagem, a sexualidade, o temperamento, a ascendência genética e socioafetiva, a dignidade, a vida, a vida digna, a propriedade, a habitação, a tendência à vida gregária, a liberdade, a imagem, a identidade, inclusive genética, a privacidade, a intimidade, a autonomia privada, a saúde, a honra, a reputação, o tempo e o espaço, a obra intelectual etc. Atributos são elementos componentes, em outras palavras, o material de que é composto um objeto. A pessoa humana é composta de todo esse material, ou seja, de todos esses atributos. O que se chama de direitos da personalidade são, na verdade, direitos decorrentes desses atributos, visando à proteção e à promoção da pessoa humana e de sua dignidade. Essa visão moderna de que a honra, o nome, a vida etc. integram a pessoa é fundamental para a positivação da proteção e da promoção do ser humano e para a compreensão e a garantia da igualdade, pelo menos em termos formais.

5.3 Características

Por suas características, os direitos da personalidade são genéricos, extrapatrimoniais, absolutos, inalienáveis ou indisponíveis, irrenunciáveis, imprescritíveis, intransmissíveis ou vitalícios, impenhoráveis, necessários, essenciais e preeminentes.[13]

São genéricos por serem, pelo menos formalmente, concedidos a todos.

Extrapatrimoniais ou existenciais por não terem natureza econômico-patrimonial, embora possam repercutir nesta esfera.

Absolutos por serem exigíveis de toda a coletividade. Em outras palavras, o titular do direito poderá exigir que toda a comunidade o respeite. Não é como o direito de certo credor de exigir apenas de seu devedor um direito de crédito. Os direitos da personalidade são oponíveis *erga omnes*, isto é, contra todos.

Inalienáveis ou indisponíveis por não poderem ser transferidos a terceiros. Alguns direitos são, no entanto, disponíveis, como os autorais, os direitos à imagem, ao corpo, aos órgãos etc., por meio de contratos de cessão, de licença ou de doação.

Irrenunciáveis, uma vez que a eles não se pode renunciar. Uma pessoa não pode renunciar a seu direito de liberdade. Poderá tê-lo limitado se cometer algum

---

12 Idem, ibidem.
13 BITTAR, Carlos Alberto. **Os direitos da personalidade**... cit., p. 11-12. TEPEDINO, Gustavo. **A tutela da personalidade**... cit., p. 35.

ilícito punível com prisão. Mas, *sic et simpliciter*, a ele renunciar não é possível. Uma tal renúncia não teria valor jurídico.

Imprescritíveis por não haver prazo para seu exercício. As ações que os protegem tampouco se sujeitam a prazo.

Intransmissíveis por não se transferirem hereditariamente, apesar de a tutela de muitos interesses relacionados à personalidade manter-se mesmo após a morte. São situações jurídicas sem titular, nos dizeres de Perlingieri.[14] Na verdade, o titular da relação é indeterminado; é a coletividade, a sociedade, somos todos nós, que temos interesse em proteger o morto, protegendo, assim, a nós mesmos e à nossa memória.

Impenhoráveis, porque o titular deles não pode ser privado para fazer face a qualquer obrigação que seja. O credor do titular não pode, num exemplo bem simples e exagerado, privá-lo do uso do seu nome até que pague a dívida.

Necessários, uma vez que todo ser humano os detém necessariamente, por força de lei.

São essenciais porque inerentes ao ser humano, não por força de um Direito Natural, mas porque positivados no ordenamento jurídico.

E são preeminentes porque se sobrepujam a todos os demais direitos subjetivos. Há exceções, porém. O devedor de pensão alimentícia pode ser preso, caso se negue a pagá-la sem justa causa. O nome do devedor inadimplente pode ser inscrito nos órgãos de proteção ao crédito, ficando, dessarte, desacreditado.

5.4 Classificação

Embora de utilidade questionável, há várias tentativas de dividir os direitos da personalidade em classes.

Há, assim, os direitos à integridade física e os direitos à integridade moral.

No primeiro grupo estão o direito à vida, o direito ao próprio corpo e o direito ao cadáver.

No segundo grupo, o direito à honra, o direito à liberdade, o direito ao recato, o direito à imagem, o direito ao nome, o direito moral do autor.

O Código Civil trata do assunto de forma genérica, nos arts. 11 a 21. De forma não taxativa protege o direito à integridade física, o direito ao nome e à imagem.

---

14 PERLINGIERI, Pietro. **Perfis do direito civil**. 3. ed. Rio de Janeiro: Renovar, 1997. p. 111.

5.5 Fontes

O debate que se formou acerca das fontes dos direitos da personalidade é reflexo da eterna contraposição entre Direito Natural e Direito Positivo.[15]

Os direitos da personalidade seriam direitos naturais, inerentes à pessoa humana, independentemente do próprio ordenamento positivo, ou seriam eles oriundos, exclusivamente, da Lei Positiva?

Historicamente, os direitos da personalidade nasceram num momento favorável ao Direito Natural. Prevalecia a Escola Jusnaturalista, quando das primeiras declarações de direitos, no século XVIII.

Além disso, há outra razão histórica. Proteger o cidadão contra o arbítrio do legislador. Assim, reconhecendo-se que os direitos da personalidade eram inerentes à pessoa humana, independentemente do ordenamento positivo, pensava-se garantir certa proteção contra a intervenção legislativa, principalmente de um legislativo arbitrário ou absolutista. Quando nada, ainda que houvesse a dita intervenção atentatória aos direitos da personalidade, seria ela considerada ilegítima, mesmo que prevalecesse.

Em nossos dias, diante do modelo de Estado Democrático, talvez não se justifique a posição jusnaturalista.

A personalidade é atributo jurídico-positivo. Tanto é assim que outras entidades, além do ser humano, a recebem. São as pessoas jurídicas. Não há pessoa jurídica sem legislação positiva. De outro lado, os escravos eram seres humanos e não tinham personalidade. Por mais que os jusnaturalistas tentem explicar essa contradição, não conseguem.

Por conseguinte, dado ser a personalidade atributo do Direito Positivo, os direitos a ela inerentes são também oriundos do ordenamento positivo.

A verdade é que não se pode fugir dos condicionamentos históricos, como querem os jusnaturalistas. A norma jurídica é fruto de um momento histórico, seja ela escrita ou não. As injunções políticas, sociais, religiosas, ideológicas, influenciam todo o ordenamento jurídico, não sendo possível a realização de um Direito a-histórico, imutável e constante.

A situação dos jusnaturalistas ficaria deveras difícil diante de costumes tão diferenciados, nos diversos países, em dado momento histórico. Como explicar que os direitos humanos e os direitos da personalidade são ditados pela consciência universal, cabendo ao ordenamento jurídico-positivo apenas reconhecê-los, diante de absurdos como penas corporais, mutilações de mulheres e regimes de semiescravidão, em países considerados "civilizados"?

---

15 TEPEDINO, Gustavo. **A tutela da personalidade**... cit., p. 37-42.

Na realidade, o Direito Positivo, no Estado Democrático constitucionalizado, é a única fonte dos direitos da personalidade, dos direitos fundamentais da pessoa humana, tendo como princípio ou valor basilar a dignidade humana.

Concluindo, quando se diz serem os direitos da personalidade inatos, o que se quer dizer é que nascem com a pessoa, por força da Lei.

5.6 Tratamento legal

Classicamente se discute acerca da tipificação dos direitos da personalidade dividindo-se a doutrina em duas correntes distintas: a monista e a pluralista.

Segundo os monistas, os direitos da personalidade, assim como os direitos de propriedade, formam um só corpo. Deste modo, não haveria direitos da personalidade, mas um direito geral da personalidade, com vários desdobramentos, estes regulados em lei (Código Civil, Penal, Constituição etc.). Quando se fala em direito à vida, à honra, à saúde, não se está referindo a vários direitos distintos da personalidade, mas a desdobramentos de um único direito geral. Isto se dá porque a pessoa humana é una. Seus interesses acham-se todos interligados, sendo facetas de um mesmo prisma.[16] Existe, assim, no ordenamento um direito geral da personalidade, conferindo proteção genérica à personalidade e a seus desdobramentos.

De acordo com os pluralistas, os direitos da personalidade são vários, correspondendo cada um a uma necessidade ou exigência distinta. Assim, embora a pessoa seja una, suas necessidades são diversas. A necessidade de viver é diferente da necessidade de viver com honra; a necessidade de um nome é diferente da necessidade de viver com saúde e assim por diante. Assim, diante das diversas necessidades, temos diversos bens para satisfazê-las. Daí os diferentes direitos da personalidade, considerados bens jurídicos, de natureza incorpórea. No pluralismo, por não haver um direito geral da personalidade, não há proteção genérica à personalidade. Cada direito recebe proteção específica.

Uma definição de direitos da personalidade, no sentido clássico, poderia assim se esboçar: são direitos da personalidade aqueles reconhecidos à pessoa humana, tomada em si mesma e em suas projeções na sociedade. São previstos no ordenamento jurídico para a defesa de valores inatos ao homem, como a vida, a higidez física, a intimidade etc.[17]

---

16 DÍEZ-PICASSO, Luis; GULLÓN, Antonio. **Instituciones de derecho civil**. 2. ed. Madrid: Tecnos, 1998. v. 1, p. 212.
17 BITTAR, Carlos Alberto. **Os direitos da personalidade**... cit., p. 7-10.

O legislador brasileiro adotou a primeira tese, ou seja, a teoria monista, optando por não especificar os direitos da personalidade de modo taxativo.[18] Assim, considera a unidade da pessoa, sendo a ela inerente um direito geral da personalidade, com vários desdobramentos. Pelo fato de esses desdobramentos, tais como o nome, a honra, a privacidade, a vida e outros receberem tratamento tópico, alguns são levados ao engano de considerarem pluralista o sistema brasileiro. O sistema brasileiro é monista. Se não houver tipificação de um ou outro direito da personalidade, podemos buscar proteção nas cláusulas genéricas do art. 12 do CC e dos arts. 1º, III; 3º, IV; 4º, II e *caput* do art. 5º da CF. Aliás, com base no art. 1º, III, da CF, que eleva a dignidade humana à condição de fundamento da República, pode falar-se mesmo em uma cláusula geral de tutela da personalidade, como veremos abaixo.

A crítica que se pode fazer às teorias clássicas – monista e pluralista – é que ambas tentam enquadrar os direitos da personalidade na mesma moldura tradicional dos direitos subjetivos de caráter patrimonial, principalmente na moldura dos direitos de propriedade. Disso decorre que se preocupam quase que exclusivamente em conferir à pessoa uma tutela de caráter ressarcitório e de tipo dominical.[19]

Como bem esclarece Tepedino,

> no caso brasileiro, em respeito ao texto constitucional, parece lícito considerar a personalidade não como um novo reduto de poder do indivíduo, no âmbito do qual seria exercida a sua titularidade, mas como valor máximo do ordenamento, modelador da autonomia privada, capaz de submeter toda a atividade econômica a novos critérios de validade.
>
> Nesta direção, não se trataria de enunciar um único direito subjetivo ou classificar múltiplos direitos da personalidade, senão, mais tecnicamente, de salvaguardar a pessoa humana em qualquer momento da atividade econômica, quer mediante os específicos direitos subjetivos (previstos pela Constituição e pelo legislador especial – saúde, imagem, honra, nome etc.), quer como inibidor de tutela jurídica de qualquer ato jurídico patrimonial ou extrapatrimonial que não atenda à realização da personalidade.
>
> A prioridade conferida à cidadania e à dignidade da pessoa humana (art. 1.º, I e III, CF), fundamentos da República, e a adoção do princípio da igualdade substancial (art. 3.º, III), ao lado da isonomia formal do art. 5.º, bem como a garantia residual estipulada pelo art. 5.º, § 2.º, CF, condicionam o intérprete e

---

18 CORTIANO JÚNIOR, Eroulths. Alguns apontamentos sobre os chamados direitos da personalidade. In: FACHIN, Luiz Edson (Coord.). **Repensando fundamentos do direito civil brasileiro contemporâneo**. Rio de Janeiro: Renovar, 1998. p. 47 *et seq.*
19 TEPEDINO, Gustavo. **A tutela da personalidade**... cit., p. 45.

o legislador ordinário, modelando todo o tecido normativo infraconstitucional com a tábua axiológica eleita pelo constituinte.[20]

Mais à frente, esclarece o mesmo civilista que a escolha da dignidade da pessoa humana como fundamento da República, associada a objetivos maiores, tais como a erradicação da pobreza e outros, configura uma verdadeira cláusula geral de tutela e de promoção da pessoa humana, tomada como valor máximo para a interpretação de todo o ordenamento.[21]

Em outras palavras, os direitos da personalidade, mesmo considerados direitos subjetivos, não podem ser comparados aos modelos clássicos de direitos subjetivos pessoais ou reais. Tampouco se deve moldurá-los em situações-tipo, reprimindo apenas sua violação. Também será inconsistente a técnica de agrupá-los em um único direito geral da personalidade, se o objetivo for o de superar o paradigma clássico, baseado no binômio lesão/sanção. Há de se estabelecer uma cláusula geral de tutela da personalidade, que eleja a dignidade e a promoção da pessoa humana como valores máximos do ordenamento, orientando toda a atividade hermenêutica.

Na síntese de Gustavo Tepedino,

> tanto a teoria pluralista dos direitos da personalidade, também chamada tipificadora, quanto a concepção monista, que alvitra um único direito geral e originário da personalidade, do qual todas as situações jurídicas existenciais se irradiariam, ambas as elaborações parecem excessivamente preocupadas com a estrutura subjetiva e patrimonialista da relação jurídica que, em primeiro lugar, vincula a proteção da personalidade à prévia definição de um direito subjetivo; e que, em segundo lugar, limita a proteção da personalidade aos seus momentos patológicos, no binômio dano-reparação, segundo a lógica do direito de propriedade, sem levar em conta os aspectos distintivos da pessoa humana na hierarquia dos valores constitucionais.[22]

A diferença entre o tratamento monista e uma cláusula geral de tutela da personalidade é fundamental. A teoria monista considera a personalidade como fonte de um direito geral e originário de personalidade. Quando este direito for violado em alguma situação existencial, como, por exemplo, um contrato desequilibrado, ou uma prisão injusta, o ordenamento jurídico socorre o prejudicado. Para os adeptos da cláusula geral de tutela da personalidade, a personalidade seria um valor, ou o valor supremo de uma sociedade democrática, do qual decorreria não só a proteção à dignidade humana, mas também a promoção do ser

---

20 Idem, p. 47.
21 Idem, p. 48.
22 TEPEDINO, Gustavo. **A tutela da personalidade...** cit., p. 53-54.

humano. Assim, o ordenamento jurídico, com base na cláusula geral de tutela da personalidade, não só daria ensejo à reparação dos atentados aos direitos da personalidade como induziria a atuação do intérprete ao molde axiológico dessa cláusula, qual seja, a pessoa humana. Por este prisma, por exemplo, a legitimidade de um contrato ou de um ato de cobrança de dívida, pouco importa que se trate ou não de relação de consumo, estará condicionada a esses valores constitucionalmente eleitos, quais sejam, a dignidade e a promoção do ser humano. Ao contrário da teoria monista, a cláusula geral de tutela da personalidade não se resume ao tratamento dos casos patológicos, casos em que se atenta contra os direitos fundamentais da pessoa. Preocupa-se, acima de tudo, com sua promoção.

Outro exemplo emblemático da insuficiência das clássicas técnicas jusprivatísticas para a proteção da pessoa humana, seja por meio da doutrina monista ou pluralista, ocorreu em Belo Horizonte, na década de 1990. Empresas de lava a jato contrataram belas garotas, que, seminuas, arrematavam a lavagem dos veículos, assim que estes saíam da máquina de lavagem automática. A intenção era a de atrair clientes do sexo masculino, ávidos por se deliciarem com a situação. Imediatamente, certa entidade de proteção dos direitos da mulher, chefiada por Helena Greco, protestou veementemente, tomando medidas no sentido de coibir a prática, evidentemente atentatória à dignidade feminina.

Sem aprofundar a discussão a respeito da prática em si, sua proibição só foi possível graças à interpretação constitucional que se fez do contrato entre as moças e as empresas. Com as ferramentas tradicionais de proteção aos direitos da personalidade, fornecidas pelo Direito Privado, isso só seria possível se uma das moças, alegando erro ou coação, atentado a sua dignidade, pedisse a rescisão do contrato, mais perdas e danos. Contudo, com base numa cláusula geral de tutela dos direitos da personalidade, seria possível a intervenção externa para coibir este tipo de contrato, não só reprimindo os atentados à dignidade humana como também promovendo a pessoa humana.

Nas palavras de Gustavo Tepedino,

> tais considerações servem a demonstrar, sem possível discussão, que a proteção dos direitos humanos, nos dias de hoje, reclama análise interdisciplinar, concita o intérprete a harmonizar fontes nacionais e supranacionais, reformula, em definitivo, o conceito de ordem pública, que se expande para os domínios da atividade econômica privada.
>
> (...)
>
> Em conclusão, pode-se afirmar que a tutela dos direitos humanos na atividade econômica e, mais genericamente, nas relações de direito privado, consolida-se

na interpenetração dos espaços público e privado, fazendo-se a cada dia mais urgente, na medida em que os avanços tecnológicos e a ampliação dos mercados tendem a "despersonificar" o indivíduo, aniquilando conquistas sociais e fomentando o predomínio da perversa lógica econômica.

Faz-se imprescindível, diante disso, que a absorção dos tratados de proteção aos direitos humanos não seja levada a cabo à luz de parâmetros econômicos ou meramente mercadológicos; e que, na compatibilização das fontes normativas, possa ser preservada a tábua de valores culturais, jurídicos e éticos nacionais, consagrada nos textos constitucionais e na história jurisprudencial de cada país.

Impõe-se, finalmente, uma nítida separação conceitual, no plano interpretativo, entre os valores sociais e os valores econômicos que presidem o ordenamento; entre a pessoa jurídica e a pessoa humana; entre a lógica de mercado e a lógica existencial, concernente ao cidadão, para o qual há de se voltar, em última análise, toda a ordem jurídica contemporânea.[23]

Na mesma linha de raciocínio, Eroulths Júnior ensina:

O direito do final deste século marca-se pelo reconhecimento da necessidade de tutela dos valores existenciais da pessoa humana, outrora relegados a uma proteção indireta, quando existente. Efetivamente, o direito – todo o direito – é valorativo: determinada comunidade, em determinado momento histórico, elege certos valores que pretende dignos de proteção, que se dá através do ordenamento jurídico regente da vida em sociedade.

No âmbito do direito privado deixa-se (*rectius*: está se deixando) atrás a velha concepção do patrimonialismo, marcante nas codificações que praticamente atravessaram este século. O direito civil deixa de ser marcado pela propriedade, contrato, testamento e família. Uma contemporânea visão do direito procura tutelar não apenas estas figuras pelo que elas representam em si mesmas, mas deve tutelar certos valores tidos como merecedores de proteção: a última *ratio* do direito é o homem e os valores que traz encerrados em si.

(...)

Neste sentido revolta-se o direito contra as concepções que o colocavam como mero protetor de interesses patrimoniais, para postar-se agora como protetor direto da pessoa humana. Ao proteger (ou regular) o patrimônio, se deve fazê-lo apenas e de acordo com o que ele significa: suporte ao livre desenvolvimento da pessoa.

---

23 TEPEDINO, Gustavo. Direitos humanos e relações jurídicas privadas. In: TEPEDINO, Gustavo. **Temas de direito civil**. Rio de Janeiro: Renovar, 1999. p. 60, 70-71.

As situações subjetivas podem ser existenciais ou patrimoniais e elas – todas elas – merecem proteção de acordo com a função social que exercem.[24]

Acrescenta o mesmo autor que a proteção mais geral da pessoa encontra-se no Direito Penal. No Direito Privado, a proteção ocorria mais em termos de reparação de danos. Esta é, entretanto, visão que deve ser superada. Não se pode mais falar em proteção da pessoa humana pela via do Direito Público ou do Direito Privado, mas em proteção do ser humano pelo Direito como um todo.[25]

Na verdade, como vimos, a razão de ser dos chamados *direitos da personalidade* não é apenas a de proteger o homem em suas relações existenciais e patrimoniais, seja contra atentados do Poder Público ou de outros homens, mas, principalmente, a de promovê-lo pessoal e socialmente, em sua dignidade e cidadania. Quando se fala em proteção, tem-se em vista situações patológicas, em que o homem sofre danos a sua personalidade. Melhor seria falar em tutela, abrangendo tanto as situações patológicas quanto todas as demais. Daí a denominada *cláusula geral de tutela (não apenas de proteção) da personalidade*.

5.7 Direitos da personalidade e pessoas jurídicas

Podem as pessoas jurídicas ser titulares de direitos da personalidade?

A resposta pode ser negativa ou positiva, dependendo do ponto de vista.

Os defensores de uma resposta negativa, afirmam, antes de mais nada, que a pessoa jurídica não poderia ser titular de direitos da personalidade, por que os direitos da personalidade, seja na concepção monista, seja na pluralista, seja ainda sob a perspectiva de uma cláusula geral de tutela da personalidade, se destinam à proteção e/ou promoção da pessoa humana, tendo por base a tábua axiológica constitucional.

A pessoa jurídica recebe proteção na medida em que é meio para atingir fins almejados pelas pessoas naturais. Por detrás delas estarão sempre pessoas humanas, estas sim, objeto da cláusula geral de tutela da personalidade. Quando se ofende a "honra" da pessoa jurídica, está-se prejudicando as pessoas naturais que dela dependam ou dela se utilizem para sua realização. Daí, a proteção dispensada pela Lei, por exemplo, à "honra" e ao nome da pessoa jurídica, visa proteger a pessoa humana, em última instância.

---

24 CORTIANO JÚNIOR, Eroulths. Op. cit., p. 31-33.
25 Idem, p. 34-35, 38.

Como ensina Tepedino,

> as lesões atinentes às pessoas jurídicas, quando não atingem, diretamente, as pessoas dos sócios ou acionistas, repercutem exclusivamente no desenvolvimento de suas atividades econômicas, estando a merecer, por isso mesmo, técnicas de reparação específicas e eficazes, não se confundindo, contudo, com os bens jurídicos traduzidos na personalidade humana (a lesão à reputação de uma empresa comercial atinge – mediata ou imediatamente – os seus resultados econômicos, em nada se assemelhando, por isso mesmo, à chamada honra objetiva, com os direitos da personalidade).[26]

Há quem entenda, porém, não sem bons argumentos, que as pessoas jurídicas possam ser titulares de direitos da personalidade, evidentemente daqueles que com ela sejam compatíveis, tais como o nome, símbolos, marca, crédito e mesmo direito à honra.[27] De fato, se os direitos da personalidade são direitos relativos aos elementos da personalidade, e se a pessoa jurídica se compõe de elementos, tanto quanto a pessoa natural, é consequência inexorável que a ela se atribuam direitos da personalidade. Obviamente, não os mesmos direitos da pessoa natural, inclusive porque os efeitos da lesão aos elementos da pessoa jurídica são diferentes dos efeitos da lesão aos elementos da pessoa natural. A pessoa jurídica não pode sofrer tristeza, dor, angústia, efeitos estes exclusivos da lesão aos elementos da personalidade natural. Daí, talvez, ser mais interessante mesmo falar-se em direitos institucionais e em danos institucionais, em vez de direitos da personalidade e em danos morais.

O Código Civil, em seu art. 52, estabelece que se aplica às pessoas jurídicas a proteção dos direitos da personalidade. A norma pode ser interpretada de duas formas: a primeira, a mais óbvia e fácil, pelas razões acima expostas, seria no sentido de entender que o legislador concedeu às pessoas jurídicas titularidade de direitos da personalidade. No entanto, de acordo com a segunda interpretação, menos óbvia, a intenção da Lei não é a de considerar a pessoa jurídica titular de direitos da personalidade, mas tão só a de conferir um meio de proteção e de reparação às lesões sofridas pelas pessoas jurídicas no respeitante a seu nome ou reputação, de vez que tais lesões atingem, seja os sócios ou acionistas, seja o desenvolvimento de suas atividades econômicas. Em último grau, mesmo o art. 52 do CC visaria proteger o ser humano.

---

26 TEPEDINO, Gustavo. **A tutela da personalidade**... Op. cit., p. 52-53.
27 AMARAL, Francisco. **Direito civil**: introdução... Op. cit., 3. ed., p. 249-250.

5.8 Direitos da personalidade no sistema brasileiro

No Brasil, a sede principal dos direitos da personalidade é a própria Constituição. É ela que prevê de forma, pode-se dizer implícita, a cláusula geral de tutela da personalidade, ao eleger como valor fundamental da República a dignidade da pessoa humana, que deverá ser protegida e promovida individual e socialmente.

Arrola o legislador constituinte (art. 5º da CF/1988) vários desdobramentos de um direito geral de personalidade, que denomina direitos fundamentais, tais como a liberdade, a honra e outros, deixando claro, evidentemente, que a lista não é exaustiva, daí, aliás, poder falar-se em direito geral da personalidade no Brasil. Adota, pois, por um lado, claramente, a tese monista da personalidade, uma vez que os direitos da personalidade são elencados de forma meramente exemplificativa, não havendo uma preocupação de arrolá-los exaustivamente. Por outro lado, pode ser extraída do art. 1º, III, da CF uma cláusula geral de tutela da personalidade, como vimos acima.

O Código Civil de 2002, na mesma esteira, dedica, timidamente, aos direitos da personalidade o Capítulo II do Título I do Livro I da Parte Geral, arts. 11 a 21.

Não se pode dizer que o Diploma Civil contenha, de forma clara, uma cláusula geral de tutela da personalidade. Limita-se a dispor que os direitos da personalidade são intransmissíveis e irrenunciáveis, não podendo sofrer limitações voluntárias em seu exercício. Além disso, prevê a possibilidade de se exigir que cesse qualquer ameaça a esses direitos, além da indenização por lesão que venham a sofrer.

Em seguida, passa a tratar de alguns direitos da personalidade, a saber, o direito ao próprio corpo, ao nome, à honra, à reputação e à intimidade.

Uma das normas do Código Civil que mais espécie vem causando é a do art. 15, segundo o qual ninguém pode ser constrangido a submeter-se, com risco de vida, a tratamento médico ou a intervenção cirúrgica. O problema da redação do artigo é exatamente a condição "com risco de vida", que se impõe à implementação da norma. O entendimento vem sendo o de que o paciente só poderia recursar-se ao tratamento que o expusesse a risco de vida. Essa, de fato, é a única interpretação possível diante da literalidade do texto legal. Ocorre que, diante do princípio do consentimento assistido, essa não é a posição da doutrina atual. De acordo com o que se defende contemporaneamente, ninguém poderá ser forçado a se submeter a tratamento de saúde, qualquer que seja ele, uma vez que seja informado dos riscos e consequências e que seja plenamente capaz de consentir. Com essa perspectiva, o Estatuto da Pessoa com Deficiência resolveu o problema definitivamente, dispondo que a pessoa com deficiência não poderá ser obrigada a se submeter a intervenção clínica ou cirúrgica, a tratamento ou a institucionalização forçada e que, mesmo achando-se sob curatela, seu consentimento poderá ser suprido, na forma da lei, devendo, porém, ser-lhe assegurada a participação, no maior grau possível, para a obtenção desse consentimento. Além disso, dispõe o referido Estatuto que o consentimento prévio, livre e esclarecido da pessoa com deficiência é indispensável para a realização de tratamento, procedimento, hospitalização e pesquisa científica.

Ora, se a pessoa deficiente não pode ser obrigada a se submeter a intervenção clínica ou cirúrgica, a tratamento ou a institucionalização forçada, mesmo achando-se sob curatela, com muito mais razão, as pessoas não deficientes e plenamente capazes não poderão ser forçadas a tanto. É a aplicação pura e simples do princípio constitucional da isonomia.

Não só o Código Civil cuida dos direitos da personalidade. Outras leis, como por exemplo, a Lei n. 12.965/2014, que trata do marco civil da internet, também o fazem. Segundo o art. 3º da referida Lei, a disciplina do uso da internet no Brasil se baseia nos princípios da garantia da liberdade de expressão, comunicação e manifestação de pensamento, nos termos da Constituição Federal; da proteção da privacidade e da proteção dos dados pessoais, na forma da lei.

Vê-se, portanto, não só a preocupação com os direitos fundamentais de livre expressão e transmissão do pensamento, como também a tutela dos direitos pessoais à privacidade e intimidade, este mais explicitamente tratado ainda no art. 7º, conforme o qual são assegurados aos usuários os direitos à inviolabilidade da intimidade e da vida privada, sua proteção e indenização pelo dano material ou moral decorrente de sua violação; à inviolabilidade e sigilo do fluxo de suas comunicações pela internet, salvo por ordem judicial, na forma da lei; à inviolabilidade e sigilo de suas comunicações privadas armazenadas, salvo por ordem judicial e ao não fornecimento a terceiros de seus dados pessoais, inclusive registros de conexão, e de acesso a aplicações de internet, salvo mediante consentimento livre, expresso e informado ou nas hipóteses previstas em lei.

A garantia do direito à privacidade e à liberdade de expressão nas comunicações é condição para o pleno exercício do direito de acesso à internet.

O Código Brasileiro, ao contrário de outros, como o japonês,[28] por exemplo, preocupa-se muito mais, para não dizer tão só, com as possíveis patologias dos direitos da personalidade, em vez de tutelar a personalidade de modo mais

---

28 Código Civil Japonês de 1896, revisto em 1947: "Art. 1-2. Princípio de interpretação: Esta lei deve ser interpretada conforme aos princípios da dignidade individual e da essencial igualdade jurídica entre ambos os sexos".

holístico, promovendo a dignidade humana e vinculando a interpretação das normas de Direito Privado a este valor fundamental. Adota a teoria monista (art. 12), com tratamento genérico e uma pequena lista exemplificativa de direitos da personalidade. Não incorporou a cláusula geral de tutela da personalidade, para fins não só de proteção, mas de promoção do ser humano. Continua, pois, a ser necessário reportar-se à Constituição para a consecução desse objetivo hermenêutico.

Capítulo 6
Coisas e bens

Estudadas as pessoas, sujeitos dos direitos subjetivos, passemos ao estudo das coisas e bens, objetos dos direitos subjetivos.

Antes de iniciarmos, deve-se esclarecer o conceito de objeto dos direitos subjetivos. Objeto de direito subjetivo são, em princípio, os bens. As pessoas, às vezes, também o serão. Nos direitos de família, por exemplo, o marido é objeto do direito que a mulher tem à fidelidade, e vice-versa.[1]

Quando adquirimos uma coisa qualquer, passamos a ser sujeitos de direito subjetivo sobre ela, qual seja, o direito de dono. Objeto deste direito será a própria coisa adquirida.

6.1 Definição

Coisas e bens são palavras que se confundem no linguajar corriqueiro, mesmo na técnica jurídica. O próprio Código Civil de 1916 utilizava os dois termos sem muito critério. Ao mesmo tempo que falava de coisas fungíveis e consumíveis, falava de bens móveis e imóveis.

O uso de um pelo outro não é, entretanto, sem fundamento. Pode ser feito quase sempre. Vejamos por quê.

Bem é tudo aquilo que é útil às pessoas.

Coisa, para o Direito, é todo bem econômico, dotado de existência autônoma, e capaz de ser subordinado ao domínio das pessoas.[2]

Conclui-se que coisa, neste sentido, é espécie de bem. Mas nem todo bem será uma coisa. Assim, não são coisas os bens chamados jurídicos, como a vida, a liberdade, a saúde etc. Para que um bem seja uma coisa, são necessários três requisitos:

1] Interesse econômico: o bem deve representar interesse de ordem econômica. Uma folha seca não será bem nem coisa para o Direito;
2] Gestão econômica: deve ser possível individualizar e valorar o bem. A luz do sol, por exemplo, não possui gestão econômica. Portanto, não será coisa para o Direito;
3] Subordinação jurídica: o bem deve ser passível de subordinação a uma pessoa. Tampouco deste ângulo a luz do sol seria coisa.

Normalmente, a ideia de coisa está atrelada, até pelo aspecto econômico, aos bens materiais, corpóreos. Um carro, por exemplo, possui as três características. É, portanto, bem, por ser útil às pessoas, e coisa, por possuir aqueles três elementos, além de ter materialidade.

---

1 SERPA LOPES, Miguel Maria de. **Curso de direito civil**. 7. ed. Rio de Janeiro: Freitas Bastos, 1989. v. 1, p. 331.
2 Idem, p. 332-333.

O Código Civil de 2002 utiliza apenas o termo "bem", mais genérico, seguindo o mesmo critério que já vínhamos adotando desde a primeira edição deste trabalho.

6.2 Classificação

Coisas e bens classificam-se segundo vários critérios, importantes de conhecer. Assim, temos bens considerados em si mesmos, bens reciprocamente considerados, bens considerados em relação às pessoas que deles se utilizam e bens que se achem dentro e fora do comércio.

Analisemos, agora, cada uma dessas classes.

6.2.1 Primeira Classe: bens considerados em si mesmos

a] Bens corpóreos e incorpóreos

Corpóreos, materiais ou *tangíveis* são os bens possuidores de existência física, como uma mesa, um carro, um alfinete ou um navio.

Incorpóreos, imateriais ou *intangíveis* são os bens abstratos, que não possuam existência física, como os direitos autorais, a vida, a saúde etc.

b] Bens móveis, semoventes e imóveis

Bens móveis são bens suscetíveis de movimento próprio, ou de remoção por força alheia, sem que tal movimento ou remoção altere sua substância essencial ou sua destinação econômico-social. Os primeiros, ou seja, aqueles que têm movimento próprio são chamados de semoventes, sendo, na verdade, espécie de bens móveis. São os animais.

Bens móveis há por *natureza*, como uma cadeira, um carro, ou um animal, que é semovente. Vemos que todos esses bens são móveis por sua própria natureza. Acontece, às vezes, com alguns bens, como a eletricidade ou os direitos autorais, ser impossível, por sua natureza, determinar se seriam móveis ou imóveis. Cabe, então, à Lei dizer. São os chamados *bens móveis por força de lei*. É importante a classificação. A título de exemplo, os bens imóveis não são passíveis de furto, e alguns negócios que lhes digam respeito devem ser realizados no cartório de notas, de forma pública, como a compra e venda, por exemplo. Ora, como imaginar a eletricidade não ser passível de furto, ou se para a recebermos em casa fosse necessário um contrato celebrado em cartório de notas, com todas as formalidades da venda de um bem imóvel? Realmente, andou certo o legislador ao qualificar a eletricidade como bem móvel. Há outros, ainda. São móveis por definição legal os direitos reais sobre bens móveis, como o penhor, e as correspondentes ações que protejam estes direitos; os direitos pessoais de caráter patrimonial, incluindo os de crédito, chamados obrigacionais, isto é, os direitos que o credor tenha contra o devedor, e os direitos autorais, além das respectivas ações que os protejam.

Além dessas espécies, ainda há os bens denominados *móveis por antecipação*, como, por exemplo, a madeira de uma árvore ainda plantada, o material de demolição de uma casa ainda em pé etc. Na verdade, tanto uma quanto outra são, por sua natureza, bens imóveis, mas somente enquanto estiverem presas ao solo. Em outras palavras, tanto as árvores quanto as edificações podem ser mobilizadas a qualquer momento. Se vendo uma mata de eucaliptos, ou o material de demolição de uma casa, logicamente não estou vendendo o terreno no qual esteja plantada a mata ou construída a casa. Tanto isto é verdade, que essa venda se processará da forma que a Lei admite para a venda de bens móveis, ou seja, sem quaisquer formalidades. A venda poderá ser até mesmo verbal. Daí dizermos que estes bens são móveis por antecipação, isto é, para efeitos daquele contrato especificamente, tanto a madeira das árvores, quanto o material de demolição da casa, são considerados móveis.

Existem dois bens móveis que costumam ser considerados imóveis pelos mais desavisados. São os navios e os aviões. São bens *móveis*. Aliás, mais móveis não poderiam ser. Ocorre que são tratados, em dois momentos, como se fossem imóveis. Num primeiro momento, devem ser registrados em órgão próprio, e, num segundo, podem ser hipotecados. Ora, o registro e a hipoteca, em nosso sistema jurídico, são institutos típicos de bens imóveis, daí a confusão.

Bens imóveis são aqueles que não podem ser removidos sem que sua essência se destrua. Existem quatro categorias de imóveis, a saber:

1] Bens imóveis por natureza: São o solo e suas adjacências naturais, compreendendo as árvores e frutos pendentes, o espaço aéreo e o subsolo.
2] Bens imóveis por acessão física: É tudo aquilo que o homem incorpora permanentemente ao solo, como sementes e edifícios.
3] Bens imóveis por acessão intelectual: É tudo aquilo que se mantém intencionalmente no imóvel para sua exploração, aformoseamento ou comodidade. Esses bens só são considerados imóveis enquanto ligados ao imóvel. Dessa forma, uma máquina agrícola, enquanto estiver sendo usada pelo fazendeiro na exploração da fazenda, é considerada imóvel, mas no momento em que ele a venda, será considerada bem móvel. As consequências práticas são importantes, pois não se exigirá para a venda de um imóvel por acessão intelectual escritura pública ou autorização do cônjuge, como

soe acontecer com os bens imóveis em geral. A categoria dos bens imóveis por acessão intelectual, prevista no Código de 1916, foi retirada do Código Civil de 2002, que a substituiu pela categoria das pertenças. Estas têm uma amplitude infinitamente maior, englobando não só bens imóveis, como também bens móveis. Acerca delas se dissertará mais adiante. O fato de os imóveis por acessão intelectual terem perdido seu lugar no Diploma Civil de 2002, não significa em absoluto que tenham sido banidos da dogmática, eis porque ainda nos referimos a eles.

4] Bens imóveis por força de lei: São aqueles que, por sua própria natureza, não se podem classificar como móveis ou imóveis. Nessa categoria se incluem os direitos reais sobre imóveis, como a hipoteca, e as ações que os asseguram, além do direito à sucessão aberta. Vale dizer que a herança será considerada imóvel ainda que constituída apenas de bens móveis. A Lei considera, ainda, imóveis as edificações que forem separadas do solo com a finalidade de serem levadas para outro local, desde que conservem a sua unidade. Da mesma forma, não perdem o caráter de imóveis os materiais provisoriamente separados de um prédio, para nele se reempregarem.

c] Bens fungíveis e infungíveis

Fungíveis são bens que possam ser substituídos por outro da mesma espécie, qualidade e quantidade, como os alimentos em geral.

Infungíveis são bens que não possam ser substituídos por outro da mesma espécie, qualidade e quantidade, como um animal reprodutor, uma joia de família, uma casa etc.

O conceito é, porém, relativo, por haver bens infungíveis por natureza e por convenção.

Por natureza são aqueles bens infungíveis que o sejam em sua própria essência, como um terreno, uma casa, um animal reprodutor etc.

Por convenção são aqueles bens que, por sua natureza, sejam fungíveis, mas tenham sido considerados infungíveis pelas partes interessadas. O exemplo prático mais corriqueiro são os DVDs, objeto de locação por parte de empresas locadoras. Deve-se restituir aquele mesmo DVD que se alugou, e não outro qualquer. O mesmo não se dá quando se toma um saco de arroz emprestado. Pode-se restituir qualquer outro arroz, desde que da mesma qualidade e na mesma quantidade, a não ser que também se tenha convencionado ser aquele arroz infungível, quando se deverá restituir aquele mesmíssimo arroz. Logicamente, este não passa de exemplo teórico, pois ninguém toma arroz emprestado, convencionando-o infungível.

Na categoria dos bens infungíveis por convenção, podem destacar-se os infungíveis por convenção social. São bens por natureza fungíveis, mas, na prática, de difícil substituição. É o caso dos automóveis. Em relação a bens desta natureza, há uma espécie de pacto social, no sentido de considerá-los infungíveis.

d] Bens consumíveis e inconsumíveis

Consumíveis são bens móveis cujo uso importe a destruição de sua substância. Em outras palavras, os bens consumíveis desaparecem com o consumo, deixam de existir. É o caso dos alimentos, cosméticos etc. Mas não é o caso de roupas e sapatos, por não deixarem de existir com o uso. Podem ficar ruços, esfarrapados, mas continuam a existir.

O Código Civil diz serem consumíveis os bens móveis cujo uso importe destruição imediata de sua substância. A seguir esta orientação, um sabonete não seria consumível, uma vez que o uso não implica sua destruição imediata, a não ser que consideremos a destruição paulatina da substância, para sua caracterização como bens consumível. De qualquer maneira, teria sido mais feliz a redação do Código se dissesse serem consumíveis os bens móveis cujo uso importasse a destruição de sua própria substância.

É importante que se diga que a substância pode não ser necessariamente física. De um ponto de vista filosófico, a substância pode ter a ver com a finalidade da coisa. Assim, a substância de uma folha de papel seria a finalidade de nela se escrever ou se desenhar, por exemplo. Bens consumíveis seriam, assim, bens móveis cujo uso importe o esgotamento de sua finalidade. Dessa forma, uma folha de papel em branco, na medida em que seja escrita, esgota sua finalidade, ou seja, consome-se, embora não se destrua em sua substância física. A substância que se destrói seria a finalística. Em outras palavras, a substância de uma folha de papel é o destino a que serve (escrever ou desenhar, por exemplo). Uma vez que se cumpra o destino, a finalidade, destrói-se a substância finalística, não necessariamente a física. O bem é, de todo modo, consumível.

Existem bens que são consumíveis por força de lei. São os bens móveis destinados à alienação. Dessa forma, uma roupa, enquanto estiver na loja para ser vendida, será consumível. No momento em que alguém a compre, volta a ser apenas inconsumível.

Como se pode depreender do que foi dito, bens inconsumíveis são os que não deixam de existir, apesar do uso.

Os bens inconsumíveis, analogamente aos infungíveis, podem sê-lo por natureza ou por convenção.

Por natureza são aqueles que não terminam com o uso, como uma casa, um carro, uma roupa etc.

Por convenção teremos aqueles que por sua natureza são consumíveis, mas foram convencionados inconsumíveis pelos interessados. Suponhamos que um fazendeiro empreste a outro uma saca de café com grãos especiais, a fim de que este a exponha em mostra agropecuária, devendo, em seguida, restituir a mesma saca, com os mesmos grãos de café. Vemos, neste exemplo, grãos de café inconsumíveis por convenção.

e] Bens duráveis e não duráveis

A categoria dos bens duráveis e não duráveis diz respeito, como regra, aos bens móveis. Não obstante, o Código do Consumidor se refere aos bens não duráveis, dentre eles incluindo os bens imóveis, enquanto produtos. De todo modo, bens duráveis e bens não duráveis são aqueles que duram mais ou menos no tempo. Um automóvel, um livro, um apartamento seriam exemplos de bens duráveis. Um saco de arroz, uma caneta descartável, um bloco de notas seriam bens não duráveis.

Os bens duráveis podem sê-lo por natureza, como um livro, ou por convenção. Estes, os por convenção, são bens não duráveis por natureza, mas que se convencionaram duráveis. Uma garrafa de vinho de colecionador, que não se destina ao consumo, seria um bom exemplo.

Como regra, os bens duráveis são inconsumíveis, e os não duráveis, consumíveis. Mas pode ocorrer que as categorias não coincidam. Exemplo seria um bem consumível por força de lei, que por natureza fosse durável: um relógio de pulso posto à venda no comércio. É durável e, enquanto destinado à alienação, consumível. Pode ocorrer também de um bem consumível por natureza ser durável. Um caderno em branco é um bem consumível, no sentido de que será consumido, ou seja, sua finalidade será esgotada, na medida em que seja escrito. No entanto, pode-se dizer durável, na medida em que dura no tempo, podendo ser guardado indefinidamente, mesmo depois de escrito.

f] Bens perecíveis e imperecíveis

Perecíveis são os bens que perecem rapidamente no tempo, se não forem observadas condições especiais de armazenamento, embalagem etc. Exemplos seriam peças de carne, leite e outros. Imperecíveis são aqueles bens que não perecem rapidamente no tempo, independentemente de condições especiais de acondicionamento, armazenagem etc. Como exemplo, poderíamos citar uma caneta, um livro, um sabonete, dentre outros.

Não há confundir a categoria dos bens perecíveis e imperecíveis com a dos bens consumíveis e inconsumíveis e duráveis e não duráveis. Enquanto a dos bens consumíveis e inconsumíveis diz respeito ao fato de os bens se consumirem ou não com o uso, a dos bens duráveis e não duráveis leva em conta o fato de o bem durar mais ou menos no tempo, e a dos bens perecíveis ou não perecíveis leva em conta o fato de o bem perecer ou não com o passar do tempo. São três critérios ontologicamente distintos um do outro.

Há bens imperecíveis que são consumíveis e não duráveis, como um sabonete, uma garrafa de whisky ou uma caneta descartável. Um animal de estimação ou uma roseira, por outro lado, são perecíveis (se não se lhes dispensar o necessário cuidado, morrem), inconsumíveis e, de um certo modo, duráveis. Com esses exemplos, o que se deseja demonstrar é que bens consumíveis/inconsumíveis, duráveis/não duráveis e perecíveis/imperecíveis são categorias distintas, com perspectivas distintas.

A categoria dos bens perecíveis e imperecíveis interessa na prática apenas para efeitos de embalagem, armazenagem, conservação, transporte, cuidados especiais etc. Obviamente, a embalagem e o eventual transporte de um bem perecível será diferente dos de um bem imperecível.

g] Bens divisíveis e indivisíveis

São divisíveis os bens que se possam fracionar em porções distintas, formando, cada qual, um todo perfeito, sem que tal fracionamento importe alteração de sua substância, diminuição considerável de seu valor ou prejuízo para o uso a que se destinem. Como exemplo, nada melhor do que um terreno. Se o dividirmos ao meio, teremos dois terrenos que conservam sua substância e não perdem seu valor econômico.

Indivisíveis são os bens que se não podem partir sem que seja alterada sua substância ou seu valor econômico, como um automóvel. Se o dividirmos ao meio, não teremos dois automóveis com a mesma substância e com a mesma relevância econômica.

Há bens indivisíveis por natureza, por convenção e por força de lei.

Por natureza são aqueles que não podem ser fracionados sem se destruir ou sem alteração considerável de seu valor. É o automóvel que citamos acima, a título de exemplo.

Por convenção temos aqueles bens que por natureza são divisíveis, mas que as partes convencionam indivisíveis. O exemplo da saca de café pode ser novamente utilizado, bastando, para tal, mudar o enfoque de inconsumível por convenção, para indivisível por convenção. Suponhamos que um fazendeiro empreste a outro uma saca de café com grãos especiais, a fim de que este a exponha em mostra agropecuária, devendo, em seguida, restituir a mesma saca, com os mesmos grãos de café. Vemos, neste exemplo, grãos de café inconsumíveis e indivisíveis por convenção.

Por fim, há os bens indivisíveis por força de lei, como, por exemplo, os imóveis urbanos que não podem ser divididos aquém de certo tamanho, que varia de cidade para cidade. Por sua natureza até poderiam e, na prática, acabam sendo divididos, principalmente em regiões menos abastadas. Ocorre que, a não ser por força de lei especial, não se admitirá o registro desses lotes, ficando eles em situação totalmente irregular.

A indivisibilidade pode ser econômica. Nesse caso, o bem seria divisível por natureza, mas economicamente indivisível. Por exemplo, uma fazenda de grande porte que se destine à criação extensiva de gado de corte, se for dividida, dependendo da região, poderá perder todo seu valor econômico.

h] Bens singulares e coletivos

Bens singulares são os individualizados, como um livro ou um apartamento. Recebem tratamento singular, consideram-se em si mesmos.

Coletivos são aqueles bens considerados em seu conjunto. Compõem-se de vários bens singulares, que recebem tratamento unitário, como uma frota de carros para locação, ou uma herança, considerada no seu todo. Os bens coletivos podem consistir em universalidades de fato ou de direito.

Parece ser consenso na doutrina,[3] que a diferença entre universalidade de fato e de direito consiste em que naquela os bens se considerem em conjunto por força da vontade do titular; nesta, a noção de conjunto decorra da Lei.

Segundo o Código Civil, "constitui universalidade de fato a pluralidade de bens singulares que, pertinentes à mesma pessoa, tenham destinação unitária". O Código, como se vê, caminha no mesmo sentido da doutrina, pois que a destinação unitária só pode ser aquela atribuída pela pessoa a quem os bens pertençam. O dispositivo é praticamente cópia do art. 816 do Código Civil Italiano de 1942: "É considerada universalidade de móveis a pluralidade de coisas que pertençam à mesma pessoa e tenham destinação unitária".[4] Inovou o Código pátrio, e bem, a meu ver, quando retirou a exigência de serem móveis os bens singulares, integrantes da universalidade de fato.

Há quem acrescente que esses bens devam possuir todos a mesma natureza, como os livros de uma biblioteca, os carros de uma frota, as reses de um rebanho. É um erro, porém. Como deixa claro o Código Civil, o que caracteriza

---

3 PLANIOL, Marcel. **Cours élémentaire de droit civil**. 4. ed. Paris: LGDJ, 1906. t. I, p. 682. TORRENTE, Andrea; PESCATORE, Gabriele. **Codice civile annotato**. 4. ed. Milano: Giuffrè, 1963. p. 468-469. REQUIÃO, Rubens. **Curso de direito comercial**. 19. ed. São Paulo: Saraiva, 1989. v. 1, p. 291. FÉRES, Marcelo Andrade. **Estabelecimento empresarial**. São Paulo: Saraiva, 2007. p. 20-21. CAMPINHO, Sérgio. **O direito de empresa**. 3. ed. Rio de Janeiro: Renovar, 2003. p. 309. NADER, Paulo. **Curso de direito civil**. 2. ed. Rio de Janeiro: Forense, 2004. v. 1, p. 330. DINIZ, Maria Helena. **Curso de direito civil brasileiro**: teoria geral do direito civil. 25. ed. São Paulo: Saraiva, 2008. p. 343. PONTES DE MIRANDA, Francisco Cavalcanti. **Tratado de direito privado**. 2. ed. Rio de Janeiro: Borsoi, 1954. t. II, p. 69-70.
4 Tradução livre do art. 816 do Codice de 1942: "è considerate universalità di mobile la pluralità de cose che appartengono alla stessa persona e hanno una destinazione unitaria".

a *universitas facti* é o fato de vários bens, tenham a mesma natureza ou não, receberem destinação unitária de seu titular. Assim também se posiciona a boa doutrina.[5] Andrea Torrente e Gabriele Pescatore, comentando o Código Italiano, afirmam que "a universalidade de fato é constituída de uma pluralidade de coisas unitárias (corpos de coisas distintas), *de regra homogêneas*, cuja unidade decorra subjetivamente tão somente da vontade do dono" (grifo nosso).[6] Os bens, embora devam de regra ser homogêneos, nem sempre o serão. O que deve estar presente é, sim, o tratamento unitário, sob pena de, factualmente, não existir universalidade. O tratamento é que deve ser homogêneo. Exemplo de universalidade de fato, em que coexistem bens de natureza diversa, é o estabelecimento empresarial.[7] Outro exemplo seria uma fazenda de porteiras fechadas, ou seja, o solo é considerado em conjunto com os bens que lhe deem serventia, como utensílios, acessões imobiliárias (edificações e plantações), o próprio gado, os créditos a receber, as dívidas a pagar etc., tudo isso conjugado, administrado como um todo unitário, com vistas a que a fazenda gere bons frutos. O fato de os bens pertencerem a mais de uma pessoa não descaracteriza a universalidade, como dá a entender a letra mal lida do Código. Um rebanho, por exemplo, pode ser objeto de propriedade comum (condomínio) de duas ou mais pessoas, sem que com isso deixe de ser um rebanho, considerado coletivamente. Ademais, o fato de uma ou outra rês ser negociada individualmente não descaracteriza a universalidade do rebanho, como deixa claro o próprio texto do Código, ao admitir que os bens da universalidade de fato possam ser objeto de relações

---

[5] PLANIOL, Marcel. Op. cit., t. I, p. 682.

[6] Tradução livre de: "L'universitas *facti* è constituta da pluralità di cose semplici (*corpora ex distantibus*), di regola omogenee, la cui unità appare soggetivamente collegata soltanto dalla *voluntas domini*" (TORRENTE, Andrea; PESCATORE, Gabriele. Op. cit., p. 468-469).

[7] Parece ser doutrina dominante esta opinião, que também reputo a mais acertada, a de considerar o estabelecimento empresarial universalidade de fato. Realmente, é a vontade do empresário que confere unidade aos vários elementos do fundo. O fato de receber tratamento legal não torna o estabelecimento universalidade de direito, afinal, a diferença não reside nisso, mas em que, na universalidade de fato, a unidade é conferida pela vontade do titular; na de direito, pela Lei. Assim, "a universalidade de fato constitui um conjunto de bens que se mantêm unidos, destinados a um fim, por vontade e determinação de seu proprietário. (...) Assim é o estabelecimento comercial" (REQUIÃO, Rubens. Op. cit., v. 1, p. 291). "Após a codificação de 2002, não há espaço para a formação de dissidências. O trato do estabelecimento, nitidamente inspirado pelo Codice Civile, trilha o caminho da universalidade de fato. (...) A articulação dos bens caros à atividade empresarial não se dá por força de lei, mas pelo exercício da vontade do empresário" (FÉRES, Marcelo Andrade. **Estabelecimento**... cit., p. 20-21). "Há uma terceira corrente propugnando explicar o fundo de empresa como uma universalidade de direito (*universitas iuris*), o que também não é aceito no Direito pátrio, porquanto o estabelecimento não tem sua existência derivada da lei. Não se constitui, como a herança e a massa falida, por exemplo, por força de lei, mas em razão da vontade do empresário. Por tal motivo é que a doutrina tem convergido na opinião de que o estabelecimento empresarial constitui-se em uma universalidade de fato (*universitas facti*)" (CAMPINHO, Sérgio. Op. cit., p. 309). Maria Helena Diniz apresenta quatro exemplos de universalidade de fato: uma biblioteca, um rebanho, um estabelecimento empresarial, uma galeria de quadros (DINIZ, Maria Helena. **Curso de direito civil brasileiro**: Teoria geral do direito civil... cit., p. 343).

jurídicas próprias. Aliás, a universalidade só deixa de existir, se todos os bens que a componham não mais subsistirem, à exceção de um só. Em outras palavras, quando sobrar apenas um bem, não mais haverá universalidade.

As universalidades de direito são mal definidas pelo Código Civil, que as restringe ao "complexo de relações jurídicas, de uma pessoa, dotadas de valor econômico". O que fica parecendo é que as universalidades de fato compõem-se de bens, e as de direito, de relações jurídicas. Caio Mário, nesta esteira, afirmava que "a *universitas facti* é a que se compõe de coisas corpóreas, e a *universitas iuris* a que se forma de coisas e direitos. (...) A ideia fundamental da universalidade jurídica é um conjunto de relações de direito, e não propriamente as coisas sobre que recaem".[8] A doutrina, que é dos glosadores, diga-se de passagem,[9] repercutiu no Código, a nosso ver, erroneamente. Essa não é hoje a distinção que se faz entre universalidade de fato e de direito. Em primeiro lugar, relações jurídicas não são propriamente objeto de direito subjetivo, como os bens. As relações jurídicas vinculam as pessoas, seus sujeitos, por meio de direitos e deveres (vínculo jurídico). Os bens podem ser objeto de relações jurídicas, assim como as prestações. Nem todo bem será, todavia, objeto de relações jurídicas. Alguns direitos são bens, mas não são objeto de relações jurídicas. Integram o elo jurídico que vincula os sujeitos. O direito do credor contra o devedor é um exemplo. Todavia, esse mesmo direito, que, numa relação típica integra o vínculo, não, sendo, portanto, objeto, poderá sê-lo, se for, e.g., objeto de uma cessão de crédito. Nesta relação, o cessionário será credor do cedente. Seu direito de crédito não é objeto, mas integra o vínculo obrigacional. Por outro lado, o objeto da cessão é um direito de crédito, que integrava o vínculo de uma outra relação entre o cedente e seu devedor. De todo modo, as universalidades são compostas de bens, sejam eles corpóreos ou incorpóreos. Assim, quando se diz que as universalidades de fato se constituem de bens, entenda-se não só de bens corpóreos, mas também de bens incorpóreos, como ações, eletricidade e direitos (reais, de crédito e da personalidade, como direitos de autor, o nome do estabelecimento, que pode ser o mesmo do empresário etc.). Por outro viés, não é de relações jurídicas

---

8   PEREIRA, Caio Mário da Silva. **Instituições de direito civil**. 18. ed. Rio de Janeiro: Forense, 1996. v. 1, p. 273.
9   VIANA, Marco Aurélio S. **Curso de direito civil**: Parte geral. 2. ed. Rio de Janeiro: Forense, 2001, v. 1. p. 197. Mesmo em Direito Romano, a questão é controversa. Há quem afirme que a diferença que os romanos faziam entre universalidade de fato e de direito é que aquela era composta de bens, e esta de bens e de direitos (VITA, Francisco Javier Pastor. Historia de la venta alzada o en globo del derecho romano al Código Civil español. **Revista de Estudios Histórico-Jurídicos**, Valparaíso, n. 28, 2006. Disponível em: <www.scielo.cl/scielo.php?pid=S0716-54552006000100006&script=sci_arttext#21>. Acesso em: 20 dez. 2022). Não há, porém, no *Corpus* qualquer definição explícita de *universitas rerum* e de *universitas iuris*. Há menções esparsas às universalidades, como, por exemplo, no *Digesto* 70, 3, 7, 1. Não há, todavia, uma definição, que só vem a ocorrer com as glosas, na Baixa Idade Média.

que se compõem as universalidades de direito, mas dos bens, seu objeto, sejam corpóreos ou incorpóreos, que vinculem os sujeitos, por serem bens por definição legal. Assim temos a herança e a massa falida, que se compõem de bens corpóreos e incorpóreos, inclusive de direitos. O que distingue, modernamente, as duas espécies de universalidade é que na *universitas facti* a ideia de conjunto decorre da vontade do titular; na *universitas iuris*, da Lei. Serpa Lopes dá notícia de uma antiga doutrina que denominava de *universitas rerum* (universalidade de coisas) as agregações de coisas corpóreas, e de *universitas iuris* (universalidade de direito) as agregações de direito. Acrescenta que essa distinção foi alvo da crítica demolidora de Fadda e Bensa, que demonstraram ser o distintivo correto a vontade do homem, nas universalidades de fato, e a Lei, nas universalidades de direito.[10] Essa é a doutrina que vem predominando em nosso meio, até mesmo porque de outro modo, bens coletivos, como a herança, a massa falida, o fundo de empresa e outros não se enquadrariam em nenhuma das duas espécies, de vez que se compõem de bens e de "relações jurídicas".

Na verdade, *universitas iuris* (universalidade de direito) é o complexo de bens (aí incluídos direitos subjetivos), dotados de valor econômico, que recebem do ordenamento jurídico a natureza de bem coletivo, por ser tratado pela Lei como uma unidade. Assim, *uma* herança ou *uma* massa falida. Lembremo-nos de que a herança e a massa falida compõem-se de bens corpóreos, mas também de bens incorpóreos, como direitos reais e obrigacionais, tais como dívidas a pagar e créditos a receber. Só se fala em dívidas e créditos nas relações obrigacionais, em que há, de um lado, um credor, do outro, um devedor, com direitos e deveres recíprocos. A relação pode ter natureza real, quando, por exemplo, um credor for titular de uma garantia sobre um bem da universalidade (hipoteca sobre um imóvel, por exemplo). Aliás, como dito, os direitos são rigorosamente considerados bens pelo Código Civil. Caso seja direito real sobre imóvel, terá natureza imóvel; se o bem for móvel, ou se o direito for de crédito, terá natureza móvel. Com base nisso, pode-se afirmar que também as universalidades de fato podem consistir num complexo de direitos e/ou bens corpóreos, como o estabelecimento empresarial.

Assim, o que diferencia uma universalidade de direito de uma de fato é que a universalidade de fato recebe tratamento coletivo da vontade do(s) titular(es). Foi a vontade de uma ou mais pessoas que reuniu os carros, formando uma frota para alugar; que reuniu os bens (aí incluídos eventuais direitos) para formar o fundo de empresa. Os bens (aí incluídos os direitos) que formam a universalidade de direito recebem tratamento coletivo da Lei (herança, massa falida, patrimônio de uma pessoa e outros). Em outras palavras, o elo entre os bens na universalidade de

---

10 SERPA LOPES, Miguel Maria de. Op. cit., v. 1, p. 343.

direito é fictício, jurídico.[11] Efetivamente, não haveria visão de conjunto, não fosse a Lei. Há quem repute inútil essa distinção, de resto muito antiga, não sem certa razão.[12] Como observa Julliot de la Morandière a respeito do fundo de empresa, sua explicação como universalidade de fato representa apenas evidência, não explicação propriamente dita, de vez que a universalidade de bens não constitui categoria jurídica própria.[13] Efetivamente, a ideia de conjunto é antes econômica que factual. É a vontade do titular ou a Lei que imprimem ao agregado de bens a ideia de universo, por razões precipuamente práticas, de natureza econômica. Orlando Gomes deixa isso bem claro, ao tratar da natureza das universalidades. Informa ser ela controversa. Alguns consideram a universalidade coisa corpórea; outros, coisa incorpórea. Predominam as teses negativas, para as quais a conexão econômica que existe entre as unidades do todo não cria uma nova coisa. Será apenas uma categoria lógica. Não pode haver duas propriedades: uma sobre o todo; outra sobre cada um dos bens singulares.[14] Por outro lado, a distinção entre as duas espécies pode ser útil. Paulo Nader exemplifica que as universalidades de fato podem ser dadas em usufruto, uso e habitação, conforme dispõem os arts. 1.390, 1.413 e 1.416 do CC. Acrescenta que

> quando uma universalidade é objeto de alienação não há necessidade de se discriminar, no instrumento contratual, cada um dos bens que a integram. As de fato não comportam a substituição de um bem por outro de natureza distinta, pois nelas pode ocorrer a troca de um elemento por outro da mesma espécie ou análoga. Já as universalidades de direito, conforme sustenta Barbero, admitem a substituição por bem de natureza diversa. Tal hipótese ocorre quando se efetua a venda de um imóvel daquela universalidade, com a substituição pelo valor correspondente ao preço.[15]

6.2.2 Segunda Classe: bens reciprocamente considerados

Podem ser principais ou acessórios.

Principal é o bem que existe por si mesmo, abstrata ou concretamente, como a vida ou um terreno. Não depende de nenhum outro para existir.

---

11 PLANIOL, Marcel. Op. cit., t. I, p. 682.
12 *Idem, ibidem.*
13 REQUIÃO, Rubens. Op. cit., v. 1, p. 291.
14 GOMES, Orlando. **Introdução**. 11. ed. Rio de Janeiro: Forense, 1995. p. 228.
15 NADER, Paulo. **Curso**... cit., v. 1, p. 330.

Acessório é o bem cuja existência depende do principal. Os bens acessórios não existem por si mesmos. Uma casa, por exemplo, é acessória do solo, que é principal em relação a ela. Esta não existe sem aquele.

Os bens serão acessórios ou principais, uns considerados em relação aos outros. O conceito é, portanto, relativo e funcional. Vimos que uma casa é acessória em relação ao solo, que é principal em relação a ela. Mas será principal em relação a suas portas e janelas, que serão seus acessórios, na medida em que exerçam uma função, qual seja, tornar a casa habitável. Essa funcionalidade é que faz com que os bens acessórios sejam, muitas vezes, classificados em necessários, úteis e voluptuários, como se verá abaixo.

Os bens acessórios podem ser imobiliários ou mobiliários. Os acessórios imobiliários vinculam-se a um bem imóvel; os mobiliários, a um bem móvel.

São bens acessórios imobiliários, por serem acessórios do solo:

a] os produtos orgânicos ou inorgânicos da superfície;
b] os minerais contidos no subsolo;
c] as obras de aderência permanente, feitas acima ou abaixo da superfície.

São acessórios mobiliários a portinhola de um cofre, a capa de um livro, o pavio de uma vela, os faróis de um carro etc.

O Código Civil trata, nos arts. 93 e 94, das *pertenças* que, para ele, são os bens que não constituem partes integrantes de outros bens, mas que se destinam, de modo duradouro, ao uso, ao serviço ou ao embelezamento destes. Pela definição do art. 93, conclui-se que as pertenças não são apenas os bens que otimizem a função econômica de outro, estando a serviço de sua finalidade econômica. Também os bens que se destinem ao uso e ao mero embelezamento de outro se consideram pertenças.

O art. 94, dando continuidade ao tratamento das pertenças e seguindo uma linha que seria a mais lógica, instituiu regra, segundo a qual os atos jurídicos que dizem respeito ao bem principal não abrangem as pertenças, se o contrário não resultar da Lei, da vontade das partes ou das circunstâncias do caso. Não poderia ser diferente, uma vez que pertenças não são bens acessórios, não tendo necessariamente que seguir o principal.

Isso resolve problemas como, por exemplo, o do aparelho de som removível de um carro. Ora, um aparelho de som existe mesmo fora do carro, não dependendo dele sua existência. Não é, portanto, um bem acessório, mas uma pertença. Sendo assim, quando se realizar a venda de um carro com aparelho de som removível, e nada se convencionar em sentido contrário, a regra é que o aparelho de som não segue o bem principal. O mesmo se diga dos tapetes, de eventual capa dos assentos etc.

A categoria das pertenças abrange não só os bens móveis, como o som de um carro, como também os bens imóveis por acesso intelectual.

Cumpre não confundir *bens acessórios* com *pertenças*. Enquanto estas conservam sua identidade, individualidade e autonomia, não sendo parte integrante de outro bem, os bens acessórios formam parte constitutiva do principal, sem o qual não existem. O principal absorve-lhes a individualidade e a autonomia. Uma porta só será porta enquanto estiver presa ao imóvel. O mesmo não ocorre com um sofá ou um lustre, ou o aparelho de som de um carro. Assim, a porta é bem acessório do imóvel, enquanto o sofá não o é, embora seja imóvel por acesso intelectual (pertença), enquanto permanecer integrado ao imóvel como mobília de uso. O mesmo se diga do lustre e do aparelho de som.

A distinção é importante quando da aplicação da regra de que o acessório segue o principal, salvo disposição contrária. Assim, salvo disposição contrária, as portas e janelas seguem o imóvel a que estão aderidas, o mesmo não ocorrendo com a mobília, que é imóvel por acesso intelectual (pertença), não sofrendo, pois, influência da regra.

Embora o Código Civil de 2002, diferentemente do anterior, não explicite com todas as letras que o acessório segue o principal, o princípio está contido em seu sistema, por vezes claramente, como no art. 233, que se refere às obrigações de dar coisa certa. Nestas, o acessório, salvo disposição contrária, segue o principal.

Apesar disso, há quem afirme serem as pertenças bens acessórios.[16] Isto porque só se consideram pertenças, enquanto agregadas a outro bem, este o principal. Se destacadas, perdem a natureza de pertença. Ademais, funcionalizam a finalidade econômica do principal. Embora o raciocínio seja verdadeiro, com ele não podemos concordar, uma vez que as pertenças detêm essa condição exatamente por serem destacáveis do bem a que estejam agregadas. O que interessa é que não dependem deste bem para existir. Por fim, se funcionalizam economicamente o próprio bem a que estejam aderidas, isto nada tem a ver com o fato de serem ou não acessórias.

Tanto são diferentes pertenças e acessórios, que o próprio Código Civil se refere a ambos, como categorias distintas, no art. 1.712, ao cuidar do bem de família convencional, consistente em imóvel residencial, com suas *pertenças e acessórios*.

Por sua própria natureza, também se classificam como bens acessórios os frutos e os produtos, enquanto vinculados ao principal. Desvinculados que sejam, perdem a condição de acessórios, ganhando autonomia. Por isso mesmo, o Código estabeleceu a regra de que os frutos e produtos podem ser objeto de negócio autônomo, mesmo antes de se separarem do principal. O leite pode ser vendido, mesmo antes da ordenha.

---

16 AMARAL, Francisco. **Direito civil**: introdução. 5. ed. Rio de Janeiro: Renovar, 2003. p. 334.

Frutos são as utilidades produzidas, periodicamente, por uma coisa. Podem ser naturais, como os filhotes de um animal, os frutos de uma árvore, o leite de uma vaca etc.; industriais, como os laticínios em relação ao leite e ao homem, a produção de uma fábrica em relação à matéria-prima e ao homem etc.; ou civis, assim entendidos os salários, juros, lucros e aluguéis.

Produtos são as utilidades que se extraem de uma coisa, diminuindo-lhe a quantidade, como as pedras de uma pedreira. São recursos não renováveis.

Consideram-se, por fim, bens acessórios as benfeitorias, qualquer que seja seu valor.

Benfeitoria é toda obra ou despesa realizada em coisa móvel ou imóvel, com o fito de conservá-la, melhorá-la ou embelezá-la. Vemos, pois, que nem só as obras como também as despesas com conservação, melhoramento e embelezamento se consideram benfeitorias.[17] Ademais, podem elas se incorporar tanto a bens móveis quanto a imóveis.

Na classe das benfeitorias, há três categorias distintas: benfeitorias necessárias, úteis e voluptuárias.

Necessária é a benfeitoria que for realizada para conservar a coisa, impedindo que se deteriore ou pereça.

Benfeitoria útil é a que se realiza para otimizar o uso da coisa, aumentando-o ou facilitando-o.

Por *benfeitoria voluptuária* deve-se entender a de mero deleite, recreio, aformoseamento, que não otimize o uso habitual da coisa, ainda que a torne mais agradável ou aumente-lhe o valor.

Não se consideram benfeitorias as acessões imobiliárias, sejam físicas ou intelectuais. Dessa forma, não se amoldam ao conceito as plantações e edificações.[18] Tampouco se reputam benfeitorias a pintura em relação à tela, a escultura em relação à matéria-prima, nem os escritos ou outros trabalhos gráficos em relação ao material sobre o qual sejam feitos.

Há casos complicados, por se encontrarem numa zona limítrofe entre benfeitorias e acessões. Seriam uma piscina ou um chafariz benfeitorias voluptuárias ou acessões imobiliárias? As regras que regem umas são distintas das que regem as outras. A solução dependerá das circunstâncias do caso concreto: de onde a piscina tenha sido construída, se foi mesmo construída ou se apenas instalada no imóvel, do tamanho da piscina etc.

---

17 PEREIRA, Caio Mário da Silva. **Instituições de direito civil**. 18. ed. Rio de Janeiro: Forense, 1996. v. 1, p. 298-299.
18 NEGRÃO, Theotônio. **Código Civil**. 9. ed. São Paulo: RT, 1990. p. 41 e 104 (coment. arts. 63, 516 e 517). BEVILÁQUA, Clóvis. **Código Civil**. 3. ed. Rio de Janeiro: Francisco Alves, 1927. v. 1, p. 287 (coment. art. 63).

Segundo o Código, tampouco são benfeitorias os acréscimos e melhoramentos sobrevindos sem a intervenção do dono, possuidor ou detentor. Aqui, a Lei se refere às acessões naturais, como plantas que nasçam sem a interferência humana. Mas também pode estar referindo-se às benfeitorias implementadas por terceiro. Talvez, o melhor fosse distinguir com clareza as duas situações: acessões naturais e benfeitorias não passíveis de indenização. De fato, não se consideram benfeitorias passíveis de indenização os acréscimos e melhoramentos sobrevindos sem a intervenção do dono, possuidor ou detentor. A verdade é que, por sua natureza, esses acréscimos e melhoramentos são benfeitorias. Apesar disso, não se incluem na regra de que são indenizáveis, se realizados por terceiro. Normalmente, se, por exemplo, o locatário de um imóvel implemente uma benfeitoria necessária, terá direito de ser indenizado pelo locador, podendo reter o imóvel em seu poder, até o pagamento da indenização. Mas, se a benfeitoria não for implementada por ele, a nada terá direito. É óbvio que, em relação às acessões naturais, não são definitivamente passíveis de indenização.

6.2.3 Terceira Classe: bens considerados em relação às pessoas

Serão públicos ou privados, de acordo com quem seja o titular do direito subjetivo sobre eles.

Bens públicos são os pertencentes às pessoas jurídicas de Direito Público interno.

Bens privados são os pertencentes às pessoas de Direito Privado, sejam físicas ou jurídicas.

Não obstante, tem-se reputado bens públicos os pertencentes às sociedades de economia mista e empresas públicas, embora pessoas de Direito Privado. Segundo Hely Lopes Meirelles, seriam bens públicos com destinação especial e administração particular.[19] O Código Civil parece não endossar essa opinião, pois afirma que são públicos os bens que pertençam às pessoas de Direito Público interno, e que todos os outros são particulares, seja qual for a pessoa a que pertençam.

Em nosso sistema administrativo, os bens públicos podem ser federais, do Distrito Federal, estaduais ou municipais, conforme a entidade política a que pertençam ou o serviço autárquico ou paraestatal a que se vinculem.

Segundo sua destinação, o Direito Civil os classifica como bens de uso comum do povo, bens de uso especial e bens dominicais. A classificação foi

---

19 MEIRELLES, Hely. **Direito administrativo brasileiro.** 15. ed. São Paulo: RT, 1990. p. 422.

elaborada a partir do Direito Romano, que os dividia em *res communes*, *res universitatum* e *res publicae*.[20]

As *res communes* ou coisas comuns eram bens inapropriáveis pelo indivíduo, mas de fruição geral, como o ar, os mares etc. Podem enquadrar-se na classe dos bens de uso comum do povo.

As *res universitatum* ou coisas das universalidades eram bens pertencentes às cidades, como os prédios públicos, estádios, o fórum etc. Poder-se-ia chamá-los hoje de bens de uso especial.

As *res publicae* ou coisas públicas eram as coisas do Estado, subdividindo-se em duas categorias, as *res publico usui destinatae* e as *res in pecunia populi*.

Res publico usui destinatae ou coisas destinadas ao uso do povo eram as praças, ruas etc. Eram inalienáveis. Pode-se equipará-las aos bens patrimoniais de nossos dias.

Res in pecunia populi ou coisas na riqueza do povo são bens como viaturas, armamentos, mobiliário etc., sujeitos à alienação. Em outras palavras, o Estado os possuía como qualquer particular. Seriam atualmente os bens dominicais.

Com base nessa classificação, nosso Direito Civil elaborou a sua.

Bens de uso comum do povo são, pois, aqueles destinados à utilização pelo público em geral, como as praias, os rios, as ruas, as praças etc.

Bens de uso especial são aqueles que se aplicam a algum serviço ou estabelecimento federal, do Distrito Federal, estadual ou municipal, tais como edifícios e terrenos.

Os bens dominicais constituem o patrimônio disponível do Estado.

Hely Lopes Meirelles, com a visão do Direito Administrativo, mais especializado, compôs outra classificação, estratificando os bens públicos em bens do domínio público, equivalentes aos bens de uso comum do povo; bens patrimoniais, a que equivaleriam os bens de uso especial, por não serem alienáveis e por não serem de uso comum; e, por fim, bens dominicais ou patrimoniais disponíveis, em relação aos quais o Estado exerceria os direitos de propriedade como qualquer particular, guardadas algumas diferenças básicas.[21]

6.2.4 Quarta Classe: bens considerados em relação a sua comerciabilidade

a] Bens no comércio e fora do comércio (*res in commercio* e *res extra commercium*)

Os bens que se acham no comércio podem ser alienados e adquiridos livremente.

---

20 CRETELLA JR., José. **Curso de direito romano**. 14. ed. Rio de Janeiro: Forense, 1991. p. 165-166.
21 MEIRELLES, Hely. Op. cit., p. 423-424.

Já os bens que estão fora do comércio são todos os inapropriáveis, como o sol e as estrelas, e também os inalienáveis, seja por força de lei, como alguns bens públicos, fundacionais etc., seja por convenção, como o bem de família voluntário.

Quanto aos bens públicos, deve-se esclarecer que inalienáveis são os de uso comum do povo e os de uso especial, enquanto conservarem a sua qualificação. Os dominicais, ao contrário, podem ser alienados, desde que observadas as exigências da Lei.

b] Bens de família

Bem de família é todo bem imóvel que, por força de lei ou da própria vontade do dono, se torna impenhorável e/ou inalienável, ficando reservado para a residência da família.

Antes da Lei n. 8.009/1990, o Código Civil de 1916 previa o bem de família de instituição voluntária, sempre que o casal ou um dos cônjuges, casados ou amasiados, destinava imóvel próprio para residência da família, com cláusula de não poder ser alienado[22] e de ficar isento de execução por dívidas (impenhorável), ressalvadas, porém, aquelas provenientes de impostos sobre o próprio imóvel, tais como o IPTU. Dessarte, o imóvel tornava-se inalienável e impenhorável. Para se instituir o bem de família, era necessário escrito público, inscrito no Cartório de Registro de Imóveis e publicado na Imprensa Oficial.

Com o advento da Lei n. 8.009/1990, a situação mudou radicalmente. Esta lei determina a impenhorabilidade por dívida de todas as moradias familiares, uma para cada família, havendo ou não casamento, independentemente de qualquer ato ou providência por parte do interessado.

A Lei abrange o solo e todos os imóveis por acessão física ou intelectual. Dos últimos excluem-se as obras de arte e os adornos suntuosos.

Sendo o imóvel rural, só se reserva a sede.

Se for alugado o imóvel, a impenhorabilidade aplica-se aos móveis quitados que guarneçam a residência.

Tendo a pessoa vários imóveis, será considerado impenhorável, para efeito da Lei n. 8.009/1990, o de menor valor. Se a família quiser reservar o de maior valor, terá que promover a instituição voluntária, quando, então, o imóvel, além de impenhorável, ficará inalienável.

A dita Lei prevê, todavia, algumas exceções à regra da impenhorabilidade. Dessa forma, será penhorável pelo credor que tenha financiado a construção ou aquisição do imóvel; pelo credor de pensão alimentícia, resguardados os direitos, sobre o bem, do seu coproprietário que, com o devedor, integre união estável ou conjugal (casamento). Em outras palavras, caso o cônjuge ou o companheiro do

---

22 *Alienar* é "tornar alheio, ou seja, vender, doar, trocar" etc.

devedor seja coproprietário do imóvel, este responderá até a meação, a não ser que ambos sejam responsáveis pela pensão. Tal seria a hipótese, por exemplo, do pai e da mãe privados do poder familiar, tendo ainda que pagar pensão ao filho sob tutela e guarda de terceiro. É ainda penhorável pelos tributos que recaiam sobre o imóvel, como o IPTU. O credor hipotecário também terá direito sobre o imóvel, uma vez que voluntariamente este lhe foi oferecido em garantia. Outra exceção é a do imóvel adquirido com produto de crime ou para execução de sentença criminal condenatória a ressarcimento ou perdimento de bens. A vítima ou seus herdeiros poderão penhorar o imóvel residencial do condenado.

A Lei n. 8.245/1991, Lei do Inquilinato, por sua vez, acrescentou mais uma exceção. Se o inquilino não pagar os aluguéis ou demais encargos, e não tiver como pagar, o fiador será responsabilizado, e seu imóvel residencial poderá ser penhorado. Num primeiro momento, reputei a regra absurda, taxando-a mesmo de inconstitucional, por atentar contra os princípios da justiça material e da isonomia, corolários da Constituição e, portanto, do ordenamento pátrio. No entanto, após análise mais detida da matéria, cheguei a outra conclusão. Na verdade, a regra nada tem de ilegítima, tampouco de inconstitucional. A Lei n. 8.009/1990 prevê especificamente que se o devedor, ele mesmo, hipotecar seu único imóvel residencial, este será passível de penhora, caso a dívida hipotecária não seja paga. O mesmo raciocínio há de ser feito quanto ao imóvel residencial do fiador de contrato de locação predial urbana. Ao afiançar o locatário, o fiador, ciente do disposto na Lei n. 8.009/1990 (art. 3º, VII), como que abre mão dos benefícios do bem de família, apresentando seu patrimônio, inclusive seu imóvel residencial como garantia da dívida. Há que lembrar que, na fiança, embora se denomine garantia pessoal, o que garante o credor é o patrimônio do fiador, não sua pessoa. Assim, o fiador, ao garantir o locatário, oferece ao credor, de livre e espontânea vontade, todo o seu patrimônio, inclusive seu único imóvel residencial, por força do inc. VII do art. 3º da Lei n. 8.009/1990. O fiador sabe disso e não pode alegar esteja sendo tomado de surpresa. Esse também vem sendo o entendimento do STJ.[23]

O Código Civil de 2002 também trata do bem de família. Em primeiro lugar, mantém as regras da Lei 8.009/1990 sobre a impenhorabilidade do imóvel residencial. Em segundo lugar, disciplina o bem de família de instituição voluntária, que pode consistir em prédio residencial urbano ou rural, com suas pertenças e acessórios. Acrescenta, ainda, que o bem de família também pode abranger

---

[23] "É possível a penhora de bem de família pertencente aos *fiadores* de contrato de locação na hipótese em que ajuizada execução para cobrança de débito da ex-locatária, e a fiança locatícia foi confirmada pelos *fiadores* em instrumento de confissão de dívida, pois, nesse caso, não há a proteção relativa ao bem de família, conforme dispõe o art. 3.º, VII, da Lei 8.009/1990". AgRg no AREsp 72.289/SP – AgRg no AREsp 2011/0181423-2.

valores mobiliários, que teriam sua renda destinada à manutenção do imóvel e ao sustento da família. A instituição do bem de família fica a cargo dos cônjuges ou da entidade familiar e dá-se por escritura pública ou testamento.

Para evitar a fraude contra credores, o Código Civil (art. 1.711) exige que o bem de família voluntário não ultrapasse um terço do patrimônio líquido do instituidor ou instituidores, ao tempo da instituição. O patrimônio líquido é, em termos bem simples, apurado subtraindo-se as dívidas (passivo) dos bens e dos créditos (ativo). Em outras palavras, patrimônio ativo menos patrimônio passivo igual a patrimônio líquido.

Uma vez instituído, o bem de família fica isento de execução por dívidas posteriores à sua instituição, salvo as relativas a tributos sobre o imóvel e a despesas de condomínio. Esta isenção durará enquanto viver um dos cônjuges ou companheiros ou, na falta destes, até que os filhos completem a maioridade.

Para eliminar a cláusula de bem de família, os instituidores deverão requerer ao juiz, que expedirá o mandado de liberação, desde que haja consentimento dos interessados.

Tratando-se de imóvel rural, ficam incluídos na cláusula, com as mesmas regras de inalienabilidade e, principalmente, impenhorabilidade, a mobília e utensílios domésticos, gado e instrumentos de trabalho, desde que mencionados minuciosamente na escritura de instituição do bem de família.

Concluindo, caberia ainda uma derradeira indagação: estaria o imóvel residencial de uma pessoa solteira incluído na proteção da Lei n. 8.009/1990 e do próprio Código Civil (arts. 1.711 a 1.722)?

A resposta parecer-nos-ia bastante óbvia, a se impor ao art. 1º do referido diploma legal interpretação teleológica.

Ora, o objetivo do legislador teria sido o de garantir a cada indivíduo, quando nada, um teto onde morar, mesmo que em detrimento dos credores. Em outras palavras, ninguém teria o direito de "jogar quem quer que fosse na rua" para satisfazer um crédito. Por isso, o imóvel residencial foi considerado impenhorável. Trata-se, aqui, do princípio da dignidade da pessoa humana. O valor "personalidade" tem preeminência neste caso, devendo prevalecer em face de um direito de crédito inadimplido, pouco importando seja o devedor casado ou solteiro. Essa tese ganhou tanta força, que acabou sumulada pelo STJ, Súmula n. 364, segundo a qual "o conceito de impenhorabilidade de bem de família abrange também o imóvel pertencente a pessoas solteiras, separadas e viúvas".

Há também quem defenda a ideia de família unipessoal, a fim de legitimar a proteção ao imóvel residencial da pessoa solteira. Trata-se de verdadeira ficção jurídica, que não se sustenta nem seria necessária, uma vez que a questão se resolveria a favor do devedor solteiro, com o amparo do art. 1º, III, da CF, que eleva a dignidade humana ao patamar de fundamento da República. Com fulcro nesta norma, poder-se-ia defender a ideia de um patrimônio mínimo, que garantisse a sobrevivência condigna do ser humano, por mais inadimplente que fosse.

Em artigo acerca do tema, Anderson Schreiber defende esse mesmo ponto de vista:

> A proteção jurídica à dignidade da pessoa humana, valor fundamental do ordenamento brasileiro, abrange, como se sabe, a tutela dos múltiplos aspectos existenciais da pessoa: nome, imagem, privacidade etc. Inclui também a garantia dos meios materiais razoavelmente necessários – e não apenas mínimos – para o pleno desenvolvimento da personalidade humana. Tal garantia decorre logicamente da própria tutela da dignidade humana, que se converteria em fórmula vazia não fosse dever do Estado, das instituições e da sociedade civil assegurar os meios necessários ao pleno exercício dessa dignidade.
>
> Entre estes meios, avulta em importância a habitação, que, repita-se, é requisito inerente à formação e ao desenvolvimento da personalidade humana. (...) a EC 26, de 14.02.2000, veio inserir expressamente no rol dos direitos sociais (art. 6.º) o direito à moradia, com aplicabilidade direta e imediata.[24]

Ademais, o art. 1º da Lei n. 8.009/1990 é claro: "o imóvel residencial próprio do casal, ou da entidade familiar, é impenhorável (...) por dívida (...) contraída pelos cônjuges, pelo casal ou pelos pais ou *filhos que sejam seus proprietários*" (grifo nosso).

A lei, como se percebe, prevê, especificamente, a possibilidade de um filho, portanto pessoa solteira, ser proprietário de um imóvel, ficando este excluído de penhora por dívidas. Numa interpretação mais flexível, pouco importa se o "filho" more sozinho ou não.

Por que se oferecer proteção ao imóvel do casal sem filhos e negá-la ao da pessoa solteira? Essa é a pergunta que todos se fazem.

O problema ganha um novo matiz, porém, se introduzirmos uma nova indagação: não teria o legislador ordinário feito uma opção pela dignidade da família e não pela dignidade da pessoa solteira, isto é, daquela que resida só? Digo isso porque não podemos nos esquecer de que o crédito também gera dignidade, isto é, a livre circulação de produtos e serviços gera riquezas, empregos, tributos etc. Em outras palavras, o crédito deve ser protegido dada a dignidade que gera.

---

24 SCHREIBER, Anderson. Direito à moradia como fundamento para impenhorabilidade do imóvel residencial do devedor solteiro. In: RAMOS, Cármen Lúcia; TEPEDINO, Gustavo et al. (Org.). **Diálogos sobre o direito civil**: construindo a racionalidade contemporânea. Rio de Janeiro: Renovar, 2002. p. 83-84.

Contrapondo a dignidade do crédito à da família, optou o legislador pela última, inclusive pelo fato de que, muitas vezes, a dívida inadimplida é contraída em benefício apenas de um de seus membros, aquele formalmente dono do imóvel. Por outro lado, a pessoa solteira que more sozinha não tem, em princípio, maiores problemas para se arranjar. Por isso, confrontada a sua dignidade à dignidade do crédito, optou o legislador por este último.

Data venia de doutas opiniões em contrário, hoje estou convencido, por esta razão acima exposta, de que o imóvel da pessoa solteira não merece a proteção da Lei n. 8.009/1990, tampouco dos arts. 1.711 a 1.722 do CC.

Outra questão que se pode suscitar a respeito do bem de família legal diz respeito ao imóvel valioso. Que dizer se o único imóvel da família for imóvel valioso, cujo valor seja suficiente para pagar os credores e financiar a aquisição de outro imóvel, obviamente mais barato? Como visto acima, se levarmos em conta a importância econômica e social da livre circulação do crédito, afetada por cada inadimplemento, seria legítima a decisão judicial que mandasse penhorar o imóvel e vendê-lo em hasta pública, para com o dinheiro daí resultante pagar os credores, restituindo-se o restante ao devedor, a fim de que pudesse adquirir outro imóvel para viver com sua família. Obviamente que o valor sobejante há de ser tal, que possibilite ao devedor comprar um imóvel decente, no qual possa instalar sua família com conforto, sob pena de se estar atentando contra o objetivo da Lei n. 8.009/1990.

6.3 Patrimônio

Estudados os bens, é interessante estudar o patrimônio, conceito tão importante nas relações materiais, tanto de Direito das Obrigações, quanto de Direito das Coisas, de Família e das Sucessões.

Tradicionalmente, *patrimônio* é considerado um complexo de direitos e obrigações de uma pessoa, suscetíveis de avaliação econômica.[25] Integra a esfera patrimonial das pessoas, sejam elas naturais ou jurídicas, excluindo-se da esfera meramente pessoal ou moral.

O patrimônio pode ser bruto ou líquido. Será bruto o patrimônio considerado em sua totalidade, englobando bens e obrigações. Líquido é o patrimônio bruto descontadas as obrigações.

Há quem entenda constituir-se o patrimônio bruto dos bens, excluídas as dívidas.[26] Prefiro, todavia, denominar este patrimônio, juntamente com os créditos,

---

25 NORONHA, Fernando. **Direito das obrigações**. São Paulo: Saraiva, 2003. v. 1, p. 263.
26 *Idem*, p. 264.

de ativo, sendo o conjunto de obrigações denominado patrimônio passivo. Por este prisma, patrimônio bruto seria o ativo somado ao passivo, e patrimônio líquido, o ativo menos o passivo.

Outra modalidade de patrimônio é o chamado patrimônio de afetação, *Zweckvermögen*, concepção de Brinz, no final do século XIX.[27]

Patrimônio de afetação é o patrimônio funcionalizado a um fim. De modo geral, podemos dizer que todo patrimônio é de afetação, uma vez que se dirige ao fim específico de satisfazer as necessidades do titular e servir de garantia genérica aos credores. Mas há também patrimônios com afetação mais específica, como é o caso do patrimônio afetado para a criação de uma fundação; ou do patrimônio afetado especificamente para servir de garantia a certo credor etc.

A concepção clássica de patrimônio foi engendrada por Aubry et Rau, em meados do século XIX. Considerava-se emanação, atributo da personalidade. Seria, em última instância, a própria personalidade, considerada em suas relações com os objetos exteriores, sobre os quais a pessoa pode ou poderá exercer direitos.

Esta é, sem dúvida, concepção liberal e individualista, muito útil para o desenvolvimento do capitalismo industrial no século XIX.

Até hoje, por força da influência dessa tese, fala-se em patrimônio material e moral da pessoa.

Desde a ideia de patrimônio de afetação, proposta por Brinz, na Alemanha, no final do século XIX, o conceito de Aubry et Rau vem sendo revisto. Modernamente, o patrimônio se considera desvinculado da pessoa, passando a ser considerado conjunto de bens e obrigações destinados a um fim, que, em termos genéricos, é o de satisfazer as necessidades e adimplir as obrigações do titular.[28]

Mazeaud et Mazeaud, criticando a posição de Aubry et Rau, apontam para o fato de que ela não explica os patrimônios sem titular, a transmissibilidade e a divisibilidade do patrimônio. Ora, se o patrimônio é atributo da pessoa, como pode haver patrimônio sem titular, como o afetado à constituição de uma fundação e a herança vacante? Como poderia ser transmitido *inter vivos* ou *causa mortis*? Atributos da personalidade não se transmitem. Por fim, como poderia ser dividido? Atributos da personalidade não são passíveis de divisão.[29]

---

27 BRINZ, Alois von. **Lehrbuch der Pandekten**. 2. ed. Erlangen: Deickert, 1893. t. III, p. 453 *et seq.*
28 NORONHA, Fernando. **Direito das obrigações**... cit., p. 270-272. AUBRY & RAU. **Cours de droit civil français**. 6. ed. Paris: Marchal & Billard, 1936. p. 334 *et seq.* DUPICHOT. **Le fabuleux destin de la théorie de l'unité du patrimoine**. Disponível em: <www.henricapitantlawreview.org/edito_revue.php?id=35&lateral=35>. Acesso em: 20 dez. 2022. MAZEAUD & MAZEAUD. **Leçons de droit civil**. 11. ed., t. I, v. I, p. 397/398.
29 MAZEAUD & MAZEAUD. **Leçons de droit civil**. 11. ed. Paris: Montchrestian, 1996. v. 1, t. I, p. 399.

Concluindo, defende-se, hoje, a garantia de um patrimônio mínimo, que garanta a sobrevivência condigna da pessoa, não podendo ser objeto de constrição por dívidas. O fundamento dessa tese é o princípio da dignidade humana, que deve preponderar sobre o princípio da garantia geral dos credores, por força do art. 1º, III, da CF.[30] É com fundamento nesta ideia de patrimônio mínimo que vigora a Lei n. 8.009/1990, que trata do bem de família do devedor inadimplente.

---

30 Mais sobre o tema, ver FACHIN, Luiz Edson. **Estatuto jurídico do patrimônio mínimo**. Rio de Janeiro: Renovar, 2001.

Capítulo 7
Fato jurídico, ato e negócio jurídico

7.1 Definições

Abrindo o capítulo, introduziremos algumas definições básicas, essenciais para a compreensão do que se seguirá. De todo modo, a definição de fato, ato e negócio jurídico, como veremos, e principalmente, sua distinção não faz muito sentido nos dias atuais, em que tanto se questiona o voluntarismo do século XIX, no qual se baseou toda a teoria do negócio jurídico. O grande problema do voluntarismo foi centrar tudo na vontade individual, tão autônoma e livre, que só existia nos manuais. Naquele momento, porém, era fundamental que se assegurasse um reduto para o indivíduo, em que ficasse livre da intervenção e do arbítrio do rei. Hoje, as circunstâncias são outras. A intervenção do Estado só é possível se legítima, em prol do bem comum. Estamos, em tese, livres de arbitrariedades, mormente em comparação com o *Ancien Régime*. Assim, a definição de ato e de negócio jurídico não pode quedar enraizada no século XIX, como se ainda fossem iguais as circunstâncias.

7.1.1 Fato jurídico

Fato é todo acontecimento. Há alguns fatos que não repercutem no mundo do Direito; não criam relações jurídicas, como um trovão, um cometa que passa, o voo de um passarinho etc. Desses fatos não cuidaremos. Trataremos, sim, dos fatos que interessem ao Direito por criarem, modificarem ou extinguirem relações ou situações jurídicas. A estes fatos chamaremos *fatos jurídicos*.

Em primeiro lugar, o que é relação jurídica?

É um elo entre pessoas, tutelado pelo Direito, por criar direitos e deveres. Assim, locador e locatário, ao concluírem o contrato de locação, ficam vinculados um ao outro. Desse vínculo surgem direitos e deveres para ambas as partes. A esse quadro, em que uma pessoa se ache vinculada a outra, dá-se, então, o nome de relação jurídica. O mesmo ocorre quando uma pessoa adquira uma coisa qualquer. Surge, com a aquisição, ligação entre a pessoa e a sociedade em geral. A pessoa torna-se dona da coisa, titular de direito sobre ela, enquanto as demais pessoas não têm qualquer direito. Essa é, também, relação jurídica, entre o titular de uma coisa e os não titulares.

Vimos, nos exemplos acima, relações jurídicas surgidas de contrato de locação e de aquisição. Conclui-se, pois, que tanto o contrato de locação quanto a aquisição são fatos jurídicos.

Situação jurídica e relação jurídica confundem-se um pouco, na medida em que a situação é composta pela relação. Situação jurídica seria, então, um conjunto dinâmico de circunstâncias em que se acham relacionadas duas ou mais pessoas. É um conjunto de direitos e deveres que vinculam duas ou mais pessoas.

É importante salientar que tanto a ideia de situação, como a de relação jurídica exprimem um dinamismo intenso. Em outras palavras, o conjunto de circunstâncias (direitos e deveres) se movimenta, se transforma, desde o momento em que nasce até se extinguir. Assim, ocorre, por exemplo, em um contrato de duração continuada, em que as condições mudam, as partes renegociam cláusulas, o próprio objeto pode sofrer com a ação do tempo, fazendo com que direitos e deveres a ele relativos sejam revistos. Em outras palavras, as situações e relações jurídicas são extremamente dinâmicas, ao contrário do estado, que é estático. Se uma pessoa é casada, esta condição não se altera. Enquanto permanecer casada, sua condição de casada é a mesma, do início ao fim; o que é dinâmico é a situação de casado, consistente nas relações matrimoniais. Esse dinamismo fica mais claro ainda nas relações complexas, compostas de várias relações jurídicas distintas, mas coligadas. A toma um empréstimo junto a B e lhe oferece duas garantias, uma fiança, prestada por C, e uma hipoteca, consistente num apartamento de A. Pode-se entender essa hipótese como uma única situação jurídica complexa, que se divide em várias subsituações, consistentes em relações jurídicas distintas: contrato de empréstimo, contrato de fiança, contrato de hipoteca e a relação hipotecária dele decorrente, bem como a relação de propriedade cujo objeto é o apartamento de A.

É fundamental compreender bem o que seja uma relação, uma situação jurídica e entender seu dinamismo para uma melhor compreensão do fenômeno dos negócios jurídicos.

Voltando aos fatos jurídicos, podem ser eles naturais ou humanos. Aqueles não dependem da atuação do homem, mas trazem repercussão na esfera jurídica, como o nascimento e a morte. Já os fatos jurídicos humanos nascem da atuação humana como, por exemplo, um contrato, o casamento, uma batida de carros etc.[1]

Fato jurídico é, pois, todo evento natural, ou toda ação ou omissão do homem que cria, modifica ou extingue relações ou situações jurídicas.

7.1.2 Ato jurídico

Sem entrar em maiores discussões acadêmicas, que, de resto, não cabem no presente trabalho, podemos dizer que ato jurídico é todo fato jurídico humano. É, assim, toda ação ou omissão do homem, voluntária ou involuntária, que cria, modifica ou extingue relações ou situações jurídicas.

---

[1] Alguns autores usam o termo fato jurídico voluntário para designar os fatos *jurídicos humanos*. Particularmente, reputo o termo impróprio, de vez que voluntário soa como que decorrente da vontade, o que nem sempre é verdadeiro. Uma batida de veículos, por exemplo, é fato jurídico, mas nunca se poderia dizer voluntário. Preferimos, portanto, o termo *fato jurídico humano* para designar os fatos jurídicos que dependem da atuação do homem, independentemente de serem ou não produto da vontade.

Ato jurídico, nesse sentido amplo (*lato sensu*), admite três espécies, a saber, atos jurídicos em sentido estrito (*stricto sensu*), negócios jurídicos e atos ilícitos.

7.1.3 Ato jurídico em sentido estrito

Em visão bastante simples, ato jurídico em sentido estrito é toda ação voluntária e lícita, cujos efeitos jurídicos são produto mais da Lei do que da vontade do agente. Aliás, pouco importa que o agente deseje os efeitos, uma vez que derivam da Lei. A vontade é de simples manifestação.

Vemos, assim, que o ato jurídico em sentido estrito possui dois elementos: uma ação humana, combinada com o ordenamento jurídico. O que o diferencia dos negócios jurídicos, como veremos, é o fato de não ser ato de autonomia privada, gerador de efeitos que derivam da vontade do agente. O ato jurídico em sentido estrito é o que surge como mero pressuposto de efeito jurídico preordenado pela Lei sem função e natureza de autorregulamento.

Exemplos típicos de ato jurídico *stricto sensu* são os atos de registro civil. Quando um pai registra seu filho, pratica ato de emissão de vontade combinado com o ordenamento jurídico. Ao registrar o filho, o pai não tem em mente nenhum objetivo específico, como criar, modificar ou extinguir relação ou situação jurídica. Fá-lo por mero respeito à Lei e por questão de segurança. Os efeitos do registro, porém, quais sejam, segurança, publicidade, autenticidade etc., não nascem dessa emissão de vontade, mas da própria Lei.[2]

Há várias subclasses possíveis para os atos em sentido estrito. Vicente Ráo noticia a doutrina de alguns autores alemães e italianos, dentre eles Manigk, que classificava os atos em sentido estrito em duas categorias: a dos atos puramente externos, como a especificação, e a dos atos ligados a determinados fatos internos. Nesta última classe, a adoção, o protesto etc.[3]

O problema dos atos jurídicos em sentido estrito ocorre quando, em alguns casos, se avizinham tanto dos negócios jurídicos, que deles praticamente não se diferenciam.

7.1.4 Negócio jurídico

Vimos que os atos jurídicos em sentido estrito não são atos de autonomia privada, geradores de efeitos que derivem da vontade do agente. Os negócios jurídicos são o oposto.

---

[2] SERPA LOPES, Miguel Maria de. **Curso de direito civil**. 7. ed. Rio de Janeiro: Freitas Bastos, 1989. v. 1, p. 369.
[3] RÁO, Vicente. **Ato jurídico**. 3. ed. São Paulo: RT, 1994. p. 36 *et seq.*

Negócio jurídico é toda ação humana combinada com o ordenamento jurídico, voltada a criar, modificar ou extinguir relações ou situações jurídicas, cujos efeitos venham mais da atuação individual do que da Lei.

Assim, temos um contrato, qualquer que seja, um testamento etc.

A atuação das pessoas, movida pela vontade condicionada à satisfação de necessidades ou desejos, é a principal fonte de efeitos. Trocando em palavras mais claras, negócios jurídicos são atos destinados à produção de efeitos jurídicos, tencionados pelo agente e tutelados pela Lei. Diferenciam-se dos atos jurídicos em sentido estrito, em que nestes a atuação do agente não é tão importante quanto naqueles. Nos atos jurídicos em sentido estrito, os efeitos deles decorrentes nascem da própria Lei, independentemente da atuação do agente. Exemplo já mencionado é o do registro de nascimento. Os efeitos que surgem em virtude desse registro não dependem da atuação de quem o faça, mas são determinados pela Lei mesma.

Já os negócios jurídicos têm na atuação do agente sua principal fonte de efeitos.[4] É ela que desempenha o papel principal na determinação dos efeitos jurídicos, sem dúvida amparados pela Lei. Daí se dizer que os negócios jurídicos se baseiem numa vontade de resultado, enquanto os atos jurídicos em sentido estrito se baseiem numa vontade de manifestação. Por exemplo, num contrato de locação, as partes, locador e locatário, se reúnem e celebram o negócio, pactuando todas as cláusulas e efeitos do contrato. A Lei nada mais faz do que estabelecer algumas regras, procurando aparar possíveis arestas e proteger a vontade manifesta no contrato. Os efeitos deste contrato não são produto inteiro da Lei, mas, principalmente, da atuação das partes contratantes.[5]

Dessarte, negócio jurídico é toda ação humana, voluntária e lícita que, condicionada por necessidades ou desejos, acha-se voltada para a obtenção de efeitos desejados pelo agente, quais sejam, criar, modificar ou extinguir relações ou situações jurídicas, dentro de uma perspectiva de autonomia privada, ou seja, de autorregulação dos próprios interesses.

Como frisamos na introdução deste capítulo, a vontade, nos negócios jurídicos, não pode ser tomada como dogma absoluto, como se fazia na época do liberalismo, em que era entendida como expressão máxima da liberdade humana. Sabemos que a vontade é motivada, é condicionada por necessidades ou desejos os mais diversos. Assim é que a ideia de autonomia da vontade deve ser substituída pela ideia de autonomia privada, autorregulação de interesses privados, dentro da concepção de que estes interesses são parte de um todo

---

4   SERPA LOPES, Miguel Maria de. Op. cit., v. 1, p. 369. BEVILÁQUA, Clóvis. **Theoria geral do direito civil**. 2. ed. Rio de Janeiro: Francisco Alves, 1929. p. 269.
5   BETTI, Emilio. **Teoría general del negocio jurídico**. 2. ed. Madrid: Revista de Derecho Privado, 1959. *passim*.

socioeconômico, merecedor de tutela do Estado, em defesa da dignidade e da promoção do ser humano.

O negócio jurídico é o principal instrumento que as pessoas têm para realizar seus interesses. Os limites impostos por lei são a área da autonomia privada; são a área de atuação na esfera da autonomia.

Em outras palavras, a autorregulação consiste na composição que os particulares realizam dos próprios interesses. Se isto se der nos limites da Lei, esta os dotará de eficácia jurídica.

Daí podermos dizer que a Lei é a causa eficiente dos negócios jurídicos. A necessidade ou o desejo é o motivo determinante, e a vontade é o instrumento de exteriorização e realização da necessidade.

Os negócios jurídicos devem, pois, deixar de ser definidos como atos de vontade para se definirem como atos de autonomia privada.

Neste sentido, o casamento seria negócio ou ato em sentido estrito?

Num primeiro momento, poder-se-ia afirmar ser o casamento ato jurídico *stricto sensu*, uma vez que nele não há espaço para o exercício da autonomia privada. Analisando-o, porém, mais detidamente, descobrir-se-á um espaço relativamente amplo para o exercício da autonomia privada, no que diz respeito, por exemplo, à fixação do regime matrimonial e de outros direitos e deveres, tais como a educação dos filhos etc. Tendo isto em mira, por que não classificar o casamento na categoria dos negócios jurídicos?

A questão, na verdade, tem pouca ou nenhuma importância nos dias de hoje. Pode-se, praticamente, asseverar serem essas duas categorias resquícios históricos um tanto quanto inoportunos, como veremos abaixo. O que interessa de fato é que ambas as classes são atos jurídicos lícitos, tanto os negócios, quanto os atos *stricto sensu*.

7.1.5 Ato-fato jurídico

Alguns atos jurídicos independem da vontade, embora consistam numa atuação humana dotada de vontade. É que o ordenamento jurídico não leva em conta a manifestação da vontade do agente, como nos atos em sentido estrito ou nos negócios jurídicos. A esses atos, em que a vontade é irrelevante, apesar de presente no plano fático, denomina-se atos-fatos jurídicos.

Exemplo de ato-fato é a descoberta ou invenção. Uma pessoa pode, por acaso, descobrir um tesouro em sua casa, quando de uma reforma. Segundo o Código Civil, pelo simples fato de achar o tesouro, torna-se dono dele. Se teve vontade de adquiri-lo ou não pouco interessa. Importa tão somente o fato da descoberta.

7.1.6 Ato ilícito

Ato jurídico ilícito é toda atuação humana, omissiva ou comissiva, contrária ao Direito.

Assim, temos que atos ilícitos são aquelas ações ou omissões da conduta humana, que produzem efeitos contrários ao Direito.

Enquanto conduta antijurídica, há atos ilícitos nas várias esferas do Direito Civil e do Direito em geral.

No Direito Civil, pode falar-se em ilícito na esfera dos contratos, da família, da propriedade, da posse etc. Para além do Direito Civil, há os ilícitos penais, administrativos, tributários, trabalhistas etc.; todos com um ponto comum: a antijuridicidade.

Restringindo-nos à esfera cível, os atos ilícitos podem ser contratuais, quando consistirem na conduta antijurídica na celebração ou execução de um contrato. Exemplos seriam a mora e o inadimplemento definitivo de obrigação contratual.

No campo dos atos unilaterais de vontade, o ilícito pode ocorrer na declaração ou na execução de uma promessa de recompensa (não pagá-la, por exemplo); na execução de uma gestão de negócios etc. Por serem as declarações unilaterais contratos, no plano da eficácia, o ilícito delas decorrente equipara-se ao contratual.

Há alguns atos que são ilícitos intrinsecamente e desde o início. Também estes são ilícitos para o Direito Civil, na medida em que causem danos ressarcíveis. Exemplos seriam o homicídio, as lesões corporais, uma batida de carros, o estilhaçar de uma vidraça etc.

O enriquecimento sem causa ou enriquecimento ilícito é considerado por alguns outra modalidade de ilícito, em que uma pessoa, por querer ou não, obtém uma vantagem patrimonial ilegítima, às custas de alguém. Isso ocorrerá, por exemplo, quando alguém realize, por engano, um depósito na conta errada. O titular dessa conta terá que restituir o dinheiro, sob pena de enriquecimento ilícito. Na verdade, o enriquecimento sem causa, no fundo, é um fato intrinsecamente ilícito.

Por fim, há os chamados ilícitos *funcionais*,[6] também chamados de *abuso de direito*, em que, ao exercer um direito, seu titular, com culpa ou sem culpa, extrapola os limites da boa-fé ou da função social desse direito. Exemplos seriam as cláusulas contratuais abusivas.

A bem da verdade, distinguir entre esses vários tipos de ilícito civil nem sempre é útil, tampouco necessário. O que interessa é que, seja qual for a espécie, ensejará os devidos efeitos.

Para o Direito Civil, tais efeitos podem ser os mais variados, dependendo das consequências do ilícito. Assim, teremos, quanto a esses efeitos, ilícitos

---

[6] BRAGA NETTO, Felipe Peixoto. **Teoria dos ilícitos civis.** Belo Horizonte: Del Rey, 2003. p. 118.

indenizantes, porque geram como efeito a indenização dos eventuais danos causados; ilícitos caducificantes, porque geram a perda de um direito para seu autor (por exemplo, a perda do poder familiar para o genitor que maltrate os filhos); ilícitos invalidantes, que anulam o ato praticado ilicitamente (por exemplo, o contrato celebrado sob coação); e, finalmente, ilícitos autorizantes, uma vez que autorizam a vítima a praticar um ato, no intuito de neutralizá-los, como o doador que fica autorizado a revogar a doação, nos casos de ingratidão do donatário.[7]

Os atos ilícitos, em que pesem doutas opiniões em contrário, são atos jurídicos por repercutirem na esfera jurídica, sendo regulados pelo Direito. Aliás, o adjetivo "jurídico" pode ser empregado em dois sentidos. Num primeiro, enquanto algo que repercuta no mundo do Direito, que diga respeito ao Direito; este o utilizado acima. Num segundo, enquanto algo que esteja conforme ao Direito. É lógico que, neste segundo sentido, os atos ilícitos não são jurídicos, mas antijurídicos.

O tema é tratado nos arts. 186 e ss. do CC.

Segundo o art. 186, ato ilícito é toda ação ou omissão voluntária, negligente ou imprudente que viola direito e causa dano a outrem.

A definição se refere a todas as modalidades de ilícito, embora seja muito restritiva. Ora, nem todo ato ilícito será culpável. O genitor, por exemplo, pode maltratar o filho, com a plena convicção de que esteja agindo para seu bem. Neste caso, a conduta, apesar de voluntária, não terá sido dolosa, muito menos culposa (negligente ou imprudente). Houve ato ilícito praticado de boa-fé. A consequência poderá ser a perda do poder familiar. No abuso de direito, poderá inocorrer culpa. Uma pessoa, guiando seu automóvel na velocidade mínima, poderá causar graves problemas de trânsito. Isso não significa, porém, que esteja agindo com dolo ou culpa.

Tampouco será todo ilícito lesivo. Se uma pessoa aluga um DVD e se atrasa, um segundo que seja, na devolução, será aplicada a multa prevista no contrato, mesmo não tendo havido qualquer dano. Basta a conduta antijurídica, caracterizada aqui pela mora, para que incidam as consequências.

Muitas vezes também, um ilícito gera efeitos para um ramo do Direito, não gerando para outro. Tal pode ser o caso de avançar um sinal. Se a conduta não provocar danos, não gerará efeitos para o Direito Civil; apenas para o Direito Administrativo, que prevê multa para a hipótese. Dizer que, por isso, o avanço de sinal sem danos não seria ilícito civil, é compartimentar demais o Direito, perdendo-se a visão do todo. Pouco importa que seja ou deixe de ser ilícito civil; o que interessa é que é ilícito, por ser ato antijurídico, contrário ao Direito. Apesar disso não gerará efeitos para o Direito Civil.

---

7 Mais sobre o tema e sobre essa classificação, ver BRAGA NETTO, Felipe Peixoto. **Teoria dos ilícitos civis**... cit., *passim*.

Na verdade, o art. 186 do CC procura estipular uma cláusula geral de ilicitude, que vigorará como regra. Em outras palavras, o ato ilícito, seja ele contratual ou extracontratual, como regra, só gerará responsabilidade para quem o pratique, se for culpável e lesivo. Há, entretanto, várias exceções, que serão previstas caso a caso pela Lei.

Em síntese, ato ilícito é conduta humana violadora da ordem jurídica. A ilicitude implica sempre quebra de dever jurídico e pode gerar várias consequências. Como regra, só o ilícito culpável e lesivo gera responsabilidade civil, mas há exceções.

Um estudo mais aprofundado dos atos ilícitos e da responsabilidade que podem gerar será feito no Capítulo XIII.

7.2 O ocaso dos negócios jurídicos: crise e superação

O Código Civil de 1916 não empregou o termo negócio jurídico. As razões para a adoção desse termo genérico não são claras. Seguramente, quando da elaboração do Projeto, quando da tramitação no Congresso, a expressão negócio jurídico já havia sido há muito cunhada pela pandectística.[8]

Compulsando linhas escritas pelo próprio autor do Projeto, Clóvis Beviláqua, o qual também acompanhou ativamente seu *iter* legislativo, não se encontra explicação para o fato. Ao que tudo indica, o jurista quis mesmo usar termo mais genérico, que englobasse tanto a noção de ato jurídico em sentido estrito quanto a de negócio jurídico. Em certo momento, explica Clóvis que,

> as acções humanas, que influem sobre a creação, a modificação ou a extinção dos direitos, ora actuam independentemente da vontade do agente, ora os seus effeitos resultam da vontade por elle manifestada e garantida pela lei.

> São as acções desta segunda categoria que constituem os *actos jurídicos*, cuja característica está na combinação harmonica do querer individual com o reconhecimento da sua efficacia por parte do direito positivo.[9]

No trecho citado fica óbvio que o autor se refere aos negócios jurídicos. Mas por que não utilizou esta expressão, já consagrada à sua época?

---

8   *Pandectística* é palavra utilizada para se referir à Escola surgida na Alemanha, no século XIX, com grandes expoentes, como Savigny e Windscheid. Tinha como missão adaptar os textos romanos, principalmente do *Corpus Iuris Civilis*, à realidade alemã do século XIX. Ao adaptar, muito criaram e inovaram.

9   BEVILÁQUA, Clóvis. **Theoria geral do direito civil**... cit., p. 270. Grafia original.

É claro que não a utilizou por opção, porque quis se manter na categoria mais genérica. Tanto que em outro trecho de sua obra explica:

> entre as acções humanas, que produzem effeitos jurídicos, sem que o agente os tivesse, determinadamente, pretendido obter, ou sendo indifferente que os tivesse visado, estão, de um lado, os *actos* illicitos, omissivos ou comissivos, e, de outro lado, certos actos a que se ligam consequencias estabelecidas pela lei independentemente da intenção com que foram realizados, como, por exemplo, a mudança de domicilio".[10]

Neste segundo trecho reporta-se o autor, explicitamente, aos atos ilícitos e aos atos jurídicos em sentido estrito.

Nos comentários ao art. 81 do CC/1916, Clóvis Beviláqua dá exemplos de atos jurídicos, dentre eles apontando os contratos, o reconhecimento dos filhos, a adoção, a autorização do pai etc.[11] Como se vê, os exemplos referem-se tanto aos negócios jurídicos, como aos atos jurídicos em sentido estrito.

Não procede, dessarte, a afirmação de que a definição do art. 81 do CC/1916 é a de negócios jurídicos. De fato, assim pode parecer num primeiro momento. Mas, a uma leitura mais atenta, percebe-se que os atos jurídicos em sentido estrito nela também podem ser incluídos.

> Art. 81. Todo ato lícito, que tenha por fim imediato adquirir, resguardar, transferir, modificar ou extinguir direitos, se denomina ato jurídico.

Ora, na letra do artigo, o que tem por fim imediato adquirir, modificar ou extinguir direitos não é a vontade apenas, mas o ato. Interpretando o artigo, fica claro que a aquisição, a modificação etc. de direitos podem ser decorrência da vontade em concordância com a Lei (negócio jurídico), ou da própria Lei (ato jurídico *stricto sensu*). O ato tem por fim adquirir, resguardar, transferir, modificar ou extinguir direitos. Dizer que o ato tenha por fim esses objetivos, não significa dizer que eles serão necessariamente alcançados. Para que o sejam, faz-se mister, ou bem a atuação volitiva do agente, ou bem a interferência da Lei. Daí poder-se afirmar que, no art. 81, figurem tanto o negócio, quanto o ato em sentido estrito.

Conclui-se, pois, que, já em 1916, o legislador, ainda que sem querer, valeu-se de categoria genérica, muito mais adequada, sem entrar em controvérsias doutrinárias, de resto inúteis, acerca dos reais limites entre negócios e atos em sentido estrito.

Por outro lado, absolutamente na contramão, vem o Código de 2002, adotando expressamente a categoria dos negócios jurídicos (arts. 104 e ss.), para, em seguida, mais adiante (art. 185) dispor que, aos atos jurídicos em sentido estrito

---

10 Idem, ibidem, grafia original.
11 BEVILÁQUA, Clóvis. **Código Civil**. 3. ed. Rio de Janeiro: Francisco Alves, 1927. v. 1, p. 316.

aplicam-se, genericamente, as disposições referentes aos negócios jurídicos. Por que, então, não se utilizar da categoria genérica, ato jurídico, como fez o legislador de 1916, com muito maior propriedade?

Na verdade, atualmente, o conceito de negócio jurídico se esvaziou, tornando-se absolutamente inútil. Se foi importante no passado, as razões se fincam no liberalismo do século XIX, que necessitava de uma categoria que pudesse ser a expressão máxima da autonomia da vontade e da liberdade do indivíduo. Este papel exerceu com proficiência o negócio jurídico.

Hoje em dia, porém, o estado de coisas é outro. De há muito já se abandonaram o liberalismo clássico e o dogma da vontade. A autonomia da vontade se substituiu pela autonomia privada. A intervenção do Estado, ainda que pequena, é fenômeno consagrado e inevitável.

Para que insistir nessas inúteis categorias dos negócios jurídicos e dos atos jurídicos *stricto sensu*? Não há sentido. Muito melhor, mais fácil e lógico será falar em atos jurídicos, genericamente, destacando suas espécies finais: contratos, testamentos, atos registrais, adoção, reconhecimento de filhos etc., como fez o Código Civil de 1916. De nada servem as espécies intermediárias, negócios e atos jurídicos *stricto sensu*.

Como bem leciona Orlando Gomes:

> Como quer que seja, antes que renascimento, creio que estamos assistindo ao ocaso do negócio jurídico.
>
> Até quando esteve alicerçado sobre "uma vontade necessária e suficiente a produzir efeitos jurídicos", quando foi uma declaração para constituir, regular ou extinguir uma relação jurídica, "satisfez simultaneamente o interesse do comerciante-comprador e o interesse do proprietário-vendedor", e se manteve como uma categoria lógica na qual se concentravam todos os atos, bilaterais ou unilaterais, consistentes em declarações ou acordos. A substituição do dogma da vontade pelo conceito de autorregulação de interesses quebrou a unidade conceitual do negócio jurídico e a proteção dos interesses que transcendem os interesses pessoais das partes ou do agente exauriu a função original da categoria, tornando-a "obstáculo à compreensão do significado efetivo do mecanismo contratual, máscara das contradições internas da disciplina dos contratos e biombo da natureza verdadeira dos interesses em jogo".
>
> Eis por que, tanto do ponto de vista teórico como prático, político como técnico, a conservação da categoria negócio jurídico é a consagração de um retrocesso, e o propósito de reentronizá-lo numa parte geral do Código Civil, hoje despropositada, não passa de vã tentativa para salvar valores agonizantes do capitalismo adolescente, quando não seja crassa ignorância em doutores de que a categoria

pandectística foi elaborada num contexto jurídico ultrapassado, e para atender às exigências de uma ordem econômica e social que deixou de existir.[12]

Na mesma esteira, posiciona-se Francisco Amaral:

> Mudaram porém as condições favoráveis ou determinantes desse notável trabalho intelectual, que foi o esforço de abstração jurídica que resultou no conceito de negócio jurídico. Não mais existem as condições políticas e econômicas que justificaram essa criação, assim como os juristas que a fizeram não mais detêm o monopólio da reflexão e da disciplina da vida social.
>
> (...)
>
> Mudando tais circunstâncias, muda-se a construção jurídica correspondente, o negócio jurídico, surgindo uma série de críticas à conveniência atual dessa figura, críticas essas de natureza sistêmica e de natureza político-social.
>
> (...)
>
> De tudo isso se conclui que, sendo o negócio jurídico uma categoria histórica e lógica, foi válida e útil enquanto vigentes as condições que a determinaram. Mudadas as condições e destituído o conceito de sua função ideológica, não se justificaria a sua manutenção. O que permanece em pleno vigor, é o *ato jurídico* como gênero, e, como categoria específica de crescente importância, o contrato.[13]

Podemos acrescentar que essa espécie do gênero atos jurídicos, os contratos, tem crescente importância, não a partir da definição oitocentista, que a identificava com os negócios jurídicos, por serem fruto da vontade individual, livre, autônoma, um verdadeiro querer no vazio, para usar as palavras de Betti. A ideia atual de contrato é totalmente diferente e, de certa forma, distancia-nos do conceito clássico de negócio jurídico. Contratos, longe de serem fenômeno da vontade, são frutos de desejos e de necessidades econômicas e sociais as mais diversas. Celebramo-los não porque simplesmente queremos, mas porque desejamos e precisamos para fazer face a nossas necessidades do dia a dia, ainda que essas necessidades não sejam muito reais ou urgentes, criadas que são, muitas vezes, pela mídia e suas estratégias de *marketing*, ainda que essas necessidades sejam na verdade desejos.

Assim sendo, as espécies intermediárias dos negócios jurídicos e dos atos jurídicos em sentido estrito não se sustentam na atualidade, sendo, portanto,

---

12 GOMES, Orlando. Autonomia privada e negócio jurídico. In: GOMES, Orlando. **Novos temas de direito civil**. Rio de Janeiro: Forense, 1983. p. 88-89.
13 AMARAL, Francisco. **Direito civil**... cit. 5. ed. p. 379-381.

supérflua sua inserção no texto legal, e despiciendos os debates doutrinários acerca de seus verdadeiros contornos.

Como bem lembra Francisco Amaral, o que importa é a categoria genérica dos atos jurídicos, com suas categorias específicas, os contratos, os testamentos, os atos de registro notarial etc.

Do estudo feito, pode-se chegar à seguinte conclusão: fato jurídico é acontecimento natural ou humano que produz alteração no mundo jurídico, seja para criar ou para extinguir, seja para modificar direitos.

Dentro da órbita do fato jurídico, surge o ato jurídico. Se contiver uma atuação, deliberada para a criação, modificação ou extinção de direito, toma, neste caso, aspecto de negócio jurídico. Por outro prisma, apresenta-se contendo atuação menos enérgica quanto à deliberação dos fins. Neste último caso, as consequências jurídicas são *ex lege* (da Lei), independentemente de terem sido ou não desejadas. Teremos, assim, ato jurídico em sentido estrito. Por fim, o ato jurídico pode ser contrário ao Direito, quando será ilícito.[14]

O Código Civil, com intenção de simplificar, trata exaustivamente dos negócios jurídicos e manda aplicar as mesmas regras, desde que compatíveis, aos demais atos jurídicos lícitos.

Como vimos, a técnica do legislador de 2002 foi das mais infelizes, reentronizando duas categorias que deveriam ter sido banidas do texto legal, dada sua inutilidade teórica e prática. Referimo-nos aos negócios e aos atos em sentido estrito.

Adotaremos, a partir de agora, uma dinâmica diferente da escolhida pelo Código. Utilizaremos a expressão ato jurídico, uma vez que, tomada em sentido amplo, abrange todas as categorias (negócios jurídicos e atos em sentido estrito) e subcategorias possíveis (contratos, promessas de recompensa, testamentos, adoção, casamento etc.).

Assim, por fato jurídico se entendam os fatos naturais e os atos jurídicos; por ato jurídico, entendam-se os atos jurídicos em sentido estrito e os negócios jurídicos; por ato ilícito, entendam-se os atos jurídicos ilícitos.

7.3 Atos jurídicos

7.3.1 Planos dos atos jurídicos

Os atos jurídicos podem ser estudados em três planos distintos: o da existência, o da validade e o da eficácia.[15]

---

14 SERPA LOPES, Miguel Maria de. Op. cit., v. 1, p. 365-366.
15 PONTES DE MIRANDA, Francisco Cavalcante. **Tratado de direito privado**. Rio de Janeiro: Borsoi, 1954. v. 3, 4 e 5. MELLO, Marcos Bernardes de. **Teoria do fato jurídico** (Planos da existência, da validade e da eficácia), 3 v.

No *plano da existência*, o que interessa é se o ato existe de Direito, ou seja, se existe no mundo jurídico e não só no mundo dos fatos. Assim, um testamento em DVD existe no plano dos fatos, mas não no plano jurídico. Trata-se, pois, de ato inexistente. Como saber se um ato existe no plano jurídico? A resposta a esta pergunta é complexa e depende de cada caso concreto. Na verdade, é a partir da análise de um problema concreto que poderemos saber se o ato existe ou não para o Direito. No exemplo do testamento, podemos afirmar tratar-se de ato inexistente, uma vez que a forma escrita é um de seus requisitos fundamentais. Um testamento em DVD nem precisa ser anulado judicialmente. Ele será simplesmente desconsiderado.

No *plano da validade*, interessa se o ato existente seja válido ou não, ou seja, se está ou não apto a produzir eventuais efeitos. Nesse plano, a análise fica mais fácil, uma vez que o próprio ordenamento contém normas que fixam os requisitos de validade que devem estar presentes nos atos jurídicos.

Um ato jurídico, para ser válido e produzir efeitos, deve estar inteiramente conforme à Lei, e, para tanto, há quatro condições ou requisitos a que se deve submeter:

1] sujeito capaz;
2] objeto possível;
3] motivo lícito;
4] forma prescrita ou não defesa em lei.

Por *sujeito capaz*, devemos entender todas as pessoas possuidoras da capacidade de fato, que analisamos *supra*. Em princípio, aquelas pessoas maiores de 18 anos ou emancipadas, desde que não sejam interditadas, nem silvícolas. Sendo absolutamente incapazes, deverão ser representadas por seus pais, tutor ou curador, conforme o caso. Se relativamente incapazes, deverão ser, em princípio, assistidas pelos pais, tutor ou curador, como já estudamos. Se não o forem, o ato será defeituoso. Assim, se um menor de 18 anos vender um bem seu, sem a intervenção de seu responsável, a venda será defeituosa, sendo passível de anulação.

Além da capacidade de fato, genérica para os atos da vida civil, é necessária a capacidade dita negocial, ou seja, exigida apenas para a prática de alguns atos específicos. A título de exemplo, temos que, para um dos cônjuges vender imóvel seu, é essencial a autorização do outro, a não ser quando o regime seja o da separação de bens. Assim, se algum deles celebrar a venda sem autorização do outro, essa será defeituosa, por ter faltado a capacidade negocial, suprida pelo consentimento do outro cônjuge. Na hipótese em epígrafe, constata-se que a capacidade negocial pressupõe um ato de legitimação, realizado pelo cônjuge do vendedor.

O objeto de todo ato deve ser possível.

Em primeiro lugar, devemos entender o que seja objeto de um ato jurídico. Na compra de um terreno, o terreno será o objeto. Na locação de um carro, este será o objeto. Na cessão de um direito, será este o objeto, e assim por diante.

Objeto possível é aquele realizável, tanto material quanto juridicamente. Para melhor entendermos, será mais fácil exemplificarmos o que seja objeto impossível. Materialmente impossível é a venda de lotes na lua, ou a venda de lugar no céu. Juridicamente impossível é a venda do Pão de Açúcar, ou do Parque Municipal de Belo Horizonte, ou, ainda, a venda de carro furtado.

O Código Civil de 2002 diz que, além de possível, o objeto deve ser lícito e determinado ou determinável.

Objeto lícito é aquele não reprovável pela Lei. Aqui também fica mais fácil entender pela análise do antônimo: objeto ilícito. Ilícito é o objeto reprovável juridicamente, tal como os narcóticos. É, de fato, diferente do objeto juridicamente impossível, como a herança de pessoa viva. A herança em si não é ilícita, mas é juridicamente impossível, ou seja, não é permitido que figure como objeto de contrato. Já os narcóticos são ilícitos em si mesmos.

O objeto há de ser determinado ou determinável, ou seja, ainda que num primeiro momento não seja determinado, o negócio deve conter elementos para sua determinação futura. Por exemplo, uma pessoa pode vender sua safra de feijão, a $ 20,00 a saca. O objeto é o feijão, o preço $ 20,00, mas não se sabe, a princípio, quantas sacas haverá. De todo modo, embora indeterminado, o objeto é determinável, pois com a colheita, o número de sacas será especificado.

O motivo que leva as partes à prática do ato deve ser lícito. Não pode ser fraudulento, por exemplo. Motivo é o conjunto de razões subjetivas, internas, que levam as pessoas a praticar um ato. O motivo tem muito a ver com as necessidades ou desejos que temos no dia a dia. É óbvio que os motivos que levam duas pessoas a realizar um negócio jurídico, por exemplo, um contrato, são só delas. Normalmente, uma não toma conhecimento dos motivos da outra. Há casos, porém, em que são comuns. De todo modo, sendo ilícito o motivo, o ato será defeituoso. Exemplificando, se uma pessoa alugar um imóvel para nele instalar uma casa de prostituição, o negócio poderá ser invalidado pelo locador, se não tivesse conhecimento do motivo, nem dele tenha participado. Caso contrário, isto é, se o motivo tiver sido comum a ambos os contratantes, poderá ser, eventualmente, anulado, por exemplo, por seus herdeiros, uma vez que as partes mesmas não poderiam pleitear a anulação, por não lhes ser permitido beneficiar-se da própria torpeza.

Além do sujeito, do objeto e do motivo, cuida a Lei da forma pela qual se realize dado ato jurídico. Às vezes, a Lei não se importa com a forma pela qual se realiza um ato e, então, terá ele forma livre, ou seja, será realizado por escrito ou verbalmente ou, ainda, de forma tácita. Em alguns casos, porém, a Lei exige que determinado ato se realize por certa forma, como o casamento, ou a compra e venda de imóveis, por exemplo. Chamamos a estes atos de formais, ou solenes. Assim, pode-se dizer que os atos jurídicos devam obedecer a forma que a Lei determine (prescreva), ou, quando nada determinar (prescrever), não se devam realizar pela forma que a Lei proibir (defender). Assim, a compra e venda de imóveis deverá se celebrar por escrito público, ou seja, em cartório de notas, porque a Lei assim determina (forma prescrita). Já os testamentos não podem ser elaborados por duas pessoas em conjunto, num único instrumento, porque a Lei o proíbe (forma defesa).

Quanto à forma, esta será expressa, tácita ou ainda presumida. A expressa será verbal, escrita ou mímica. A escrita pode dar-se por escrito (escritura) particular, ou por escrito (escritura) público, redigido em cartório, em livro especial, dependendo do ato.

Tácita é a realização de ato sem qualquer exteriorização de vontade. Suponhamos que uma pessoa compre, todos os dias, cigarros de certa marca em determinado bar. Suponhamos ainda que, de tal a frequência, sempre que a pessoa entre no bar, o balconista já pegue os cigarros, entregando-os, mediante o dinheiro que lhe é prontamente estendido. Presenciamos aqui compra e venda tácita. Ninguém pronunciou uma só palavra, nem fez qualquer gesto.

A forma pode ser ainda presumida, quando resultar de certas circunstâncias, das quais se pode presumir ter-se realizado o ato. Exemplo clássico é a aceitação de doação (art. 539). Dá-se aceitação presumida quando o doador, por exemplo, fixar prazo ao donatário para que este aceite. Passado o prazo sem manifestação do donatário, sendo a doação pura e simples, presume-se aceita; sendo modal, presume-se recusada.

Como se pode ver no exemplo dado, a forma presumida, como regra, decorre de lei. O que deve ficar claro é que na forma presumida, o agente não pratica nenhum ato; não há por parte dele qualquer atitude, que deixe fora de dúvida que o ato tenha sido praticado. O agente fica inerte, e é exatamente essa inércia que faz presumir a prática do ato. Em outras palavras, dada a inércia do agente, a Lei, ou a lógica, autoriza presumir a prática do ato. A forma presumida é, como se vê, totalmente diferente da forma tácita, na qual não é necessário se presumir nada, uma vez que as atitudes silenciosas do agente deixam óbvio que o ato está sendo ou foi praticado.

Não se deve confundir a forma tácita ou a presumida, com o simples silêncio de uma das partes. Quando a realização do ato decorrer do silêncio de uma das partes, pode ser o caso de se aplicar a regra popular de que "quem cala consente". Mas para que esta regra seja aplicada, é preciso que esteja bem claro que o silêncio queira dizer "sim". E o silêncio só significa consentimento quando as circunstâncias e os costumes do lugar o autorizarem e se não for necessária a declaração de vontade expressa. É o que diz o art. 111 do CC. Se o consentimento silencioso não for conclusivo, a regra não será aplicada, e quem se calar não estará consentindo. É só pensarmos na hipótese de o celebrante perguntar a um dos noivos se é de seu desejo casar-se com o outro, e nada for respondido. O silêncio, em tal caso, não pode ser interpretado como consentimento, mas como negativa.

Como bem acentua Vicente Ráo, "quem cala consente é um ditado popular e não uma regra de direito".[16]

Além disso, para serem válidos, os atos jurídicos não podem conter defeitos como o erro, o dolo, a coação e outros que estudaremos mais adiante.

Finalizando, não se deve confundir condições de validade com pressupostos do ato jurídico. Condições ou requisitos de validade são termos genéricos que ora se identificam com os elementos, ora com os pressupostos. As condições de validade, enquanto elementos essenciais à validade do ato jurídico, hão de se observar no momento em que o ato se pratique e depois. Mas, se as condições de validade disserem respeito aos pressupostos, significa que devam preexistir à prática do ato. Com base nisso, podemos afirmar que a forma seja elemento de validade, enquanto a capacidade do agente seja pressuposto. Para unificar a terminologia, são de se preferir os termos genéricos condição ou requisito.[17]

O terceiro é o *plano da eficácia*. Nele interessa se o ato existente e válido produz ou não os efeitos que deveria produzir. Um ato pode existir, ser válido e não produzir efeitos, como o perdão de dívida não aceito pelo devedor, ou o testamento, cujos herdeiros tenham falecido antes do testador. Pode não existir, não ser válido e não produzir efeitos, como o testamento em DVD. Pode existir e não ser válido nem eficaz, como a compra e venda de imóveis acima de 30 salários mínimos por contrato particular. Pode existir, ser inválido e produzir efeitos, como o contrato de locação celebrado com locador incapaz, que transcorre normalmente até a entrega das chaves. Enfim, as possibilidades são várias. O que interessa é que eficaz é o ato que produza efeitos. Ineficaz é o que não os produza. Para saber se um ato é eficaz ou ineficaz, bastar observar no caso concreto se o ato produza ou não os efeitos que deveria.

7.3.2 Principiologia dos atos jurídicos

Veremos, aqui, alguns princípios aplicáveis aos atos jurídicos em geral, principalmente aos negócios jurídicos.

Princípios são normas gerais e fundantes que fornecem os pilares de determinado ramo do pensamento científico ou do ordenamento jurídico. São gerais

---

16 RÁO, Vicente. **Ato jurídico**... cit., 3. ed., p. 119.
17 BESSONE, Darcy. **Do contrato**: teoria geral. 4. ed. São Paulo: Saraiva, 1997. p. 89.

porque se aplicam a uma série de hipóteses, e são fundantes, na medida em que deles se pode extrair um conjunto de regras, que deles decorrem por lógica. Assim, do princípio do enriquecimento sem causa, pode-se deduzir a regra de que quem recebe pagamento indevido, por erro do devedor, deverá restituir o que recebeu. Quem assina contrato bancário sem ler, mesmo que não se considere esta modalidade contrato de consumo, não estará obrigado a cumprir cláusula, que, embora não seja abusiva, imponha dever que não faça parte da natureza do contrato, como a obrigação de fazer um seguro de vida, como cláusula de contrato de abertura de conta. Esta regra se pode extrair de um princípio, o da boa-fé. Esses subprincípios e regras dedutíveis de um princípio servem para densificá-lo.

É importante ressaltar, porém, que as regras que se deduzem de um princípio, ou já estão positivadas em lei, ou se deduzem de inferência lógica, sem que se possa, evidentemente, extrair detalhes normativos que não sejam dedutíveis de imediato por intermédio de processo lógico. Em outras palavras, o intérprete não pode deduzir detalhes normativos de um princípio, que só ao legislador seja lícito positivar. Há regras que são decorrência lógica e necessária de um princípio, há outras que necessitam da mediação do legislador. São regras que não são dedutíveis.

Bem, posto isto, vejamos os princípios mais importantes referentes aos atos jurídicos.

a] Princípio da função social

Os atos jurídicos, mormente os negócios, são importantes instrumentos de promoção da dignidade humana, na medida em que movimentam a cadeia econômica, gerando e circulando riquezas. Nisto reside sua função social.

É com base no princípio da função social que muitos problemas serão solucionados. Assim, que solução deverá ser adotada no caso de a execução de um contrato levar uma empresa à falência? Ora, não é objetivo de nenhum contrato levar qualquer das partes a tal situação, gerando desemprego e pobreza. Assim, a execução do contrato em tela pode ser processada não do modo tradicional, mas de modo a evitar a falência da empresa. Esta solução só é viável diante do princípio da função social.

Um subprincípio importante da função social é o princípio da conservação ou da preservação do vínculo.

Os negócios, na medida do possível, sempre deverão ser mantidos. Assim, numa ação anulatória, preferencialmente deve ser anulada a parte defeituosa, não o negócio inteiro.

A revisão será sempre preferível à resolução, salvo se não for possível a preservação do ato.

b] Princípio da autonomia privada

Consiste na liberdade de as pessoas regularem, através de negócios, seus interesses, respeitados os limites legais. A autonomia privada é a esfera de liberdade em que às pessoas é dado estabelecer normas jurídicas para regrar seu próprio comportamento. É o poder de regulamentar e construir um sentido para as normas contratuais. É o princípio que protege as pessoas da ingerência ilegítima do Estado.

A autonomia privada é expressão inspirada no valor liberdade, com reflexo no agir individual e na possibilidade de escolha dentre várias alternativas possíveis.

c] Princípio da boa-fé

A boa-fé pode ser subjetiva ou objetiva.

A boa-fé subjetiva consiste em crenças internas, conhecimentos e desconhecimentos, convicções internas. Consiste, basicamente, no desconhecimento de situação adversa. Quem compra de quem não é dono, sem saber, age de boa-fé, no sentido subjetivo. É, também, denominada boa-fé crença.

A boa-fé objetiva baseia-se em fatos de ordem objetiva. Baseia-se na conduta do agente, que deve atuar com correção e honestidade, correspondendo à confiança nele depositada. As partes de um negócio devem ter motivos objetivos para confiar uma na outra. É, também, denominada boa-fé conduta.

O princípio da boa-fé negocial diz respeito à boa-fé objetiva. É dever imposto ao agente de um negócio agir de acordo com certos padrões de correção e lealdade. Este o sentido dos arts. 113, 187 e 422 do CC. Este princípio vem substituir o antigo princípio do *neminem laedere*. Difere deste em que as pessoas não só devem agir com honestidade e lealdade, como têm o direito de esperar que as demais ajam assim. Em outras palavras, cada pessoa tem o direito de confiar nas outras. Essa a nuança que, a meu ver, torna o princípio da boa-fé diferente do antigo *neminem laedere*. Caso contrário, seria de se pressupor que, antes do moderno princípio da boa-fé, as pessoas podiam ser desonestas, o que seria absurdo pensar. Nunca se admitiu a desonestidade e a deslealdade. O que o princípio da boa-fé introduz é exatamente esse direito de confiar na outra parte, de esperar dela conduta leal e cooperativa.

As aplicações da boa-fé objetiva são as mais diversas.

O princípio tem funções interpretativa (art. 113), integrativa (art. 422) e de controle (arts. 187 e 422).

Em sua função interpretativa, o princípio manda que os negócios devam ser interpretados de acordo com seu sentido objetivo aparente, salvo quando o destinatário conheça a vontade real do declarante. Quando o próprio sentido objetivo suscite dúvidas, deve ser preferido o significado que a boa-fé aponte como o mais razoável.

A função integrativa parte do pressuposto de que o negócio contenha deveres, poderes, direitos e faculdades primários e secundários. Os deveres secundários são comuns a todo tipo de negócio; não mudam; são deveres de cooperação, lealdade, garantia, confidencialidade, dentre outros. Pelo princípio da boa-fé, esses deveres se integram ao negócio, seja ele qual for.

A função de controle tem a ver com as limitações da liberdade negocial, da autonomia privada em geral e com o abuso de direito.

Mais acerca da boa-fé, veremos na teoria geral dos contratos.

d] Princípio da justiça negocial

Justiça é a relação de paridade, de isonomia, que se estabelece nas relações comutativas, de sorte a que nenhuma das partes dê mais ou menos do que o que recebeu.

É modalidade de justiça comutativa ou corretiva, que procura equilibrar pessoas em relação que deve ser de paridade.

A equidade é fundamental ao princípio da justiça. É a equidade que impede que a regra jurídica, se entendida à letra, conduza a injustiças. Equidade é sinônimo de justiça ou, mais especificamente, é a justiça do caso concreto.

A justiça pode ser formal ou substancial/material.

A justiça formal preocupa-se com a igualdade de oportunidades no momento da contratação.

A substancial ou material preocupa-se com o efetivo equilíbrio do contrato.

As duas são importantes. Não basta apenas a formal.

A justiça substancial se baseia em dois princípios: o princípio objetivo da equivalência (entre prestação e contraprestação) e o princípio da distribuição equitativa de ônus e riscos.

Pode-se dizer, contudo, que, salvo em casos excepcionais, presente a justiça formal, presume-se presente a substancial. Sem esta presunção, seria difícil traçar o alcance da justiça substancial.

Presumida a justiça substancial, presumida estará a justiça negocial, cumprindo ao prejudicado provar a violação ao princípio da justiça contratual.

Há casos, porém, em que esta presunção não prevalece. São casos de desequilíbrio manifesto, em que incumbe, não ao prejudicado, mas à outra parte, provar que o princípio da justiça contratual não foi violado. São exemplos:

- vícios do consentimento (falta a justiça formal, não se podendo presumir a substancial);
- incapacidade (falta a justiça formal, não se podendo presumir a substancial);

- lesão e estado de perigo (falta a justiça formal. Na lesão, uma das partes se aproveita da ingenuidade, estado de necessidade ou mesmo da leviandade da outra. No estado de perigo, uma das partes contrata para evitar mal maior e a outra disso se aproveita).

e] Princípio da razoabilidade

Segundo o princípio da razoabilidade, o ato jurídico deverá ser interpretado com bom senso e equilíbrio, com base na razão, não na emoção. Assim, por exemplo, se ao juiz for dado impor o valor dos honorários de um profissional que tenha prestado determinado serviço e não tenha sido pago, deverá pautar-se pela razoabilidade, arbitrando um valor compatível com os costumes locais, com a competência e, eventualmente, com a reputação do prestador, com as possibilidades do tomador e, finalmente, com a qualidade do serviço prestado.

f] Princípio da primazia da ordem pública

De acordo com o princípio da primazia da ordem pública, certas normas legais hão de prevalecer sobre as normas negociais. Destarte, não vale a cláusula contratual que altere os prazos de prescrição previstos em lei. Hão de prevalecer, nesse caso, os prazos legais, exatamente por se fundarem na ordem pública. Estão contidos em normas de natureza imperativa, e não dispositiva.

g] Princípio da primazia da realidade sobre a forma

O princípio da primazia da realidade importa em que prevaleçam os fatos efetivamente ocorridos nas relações jurídicas, em detrimento da forma visível e aparente a terceiros.

Consequentemente, quando estejam presentes todos os pressupostos de caracterização de um contrato de trabalho, pouco importa que existam documentos que simulem outras espécies contratuais, por exemplo, de trabalho autônomo ou eventual. A realidade prevalecerá, e a relação será considerada de trabalho.

7.3.3 Classificação dos atos jurídicos

a] Gratuitos e onerosos

Atos jurídicos *gratuitos* são aqueles praticados independentemente de qualquer contraprestação. São atos de liberalidade, como as doações, os testamentos etc.

Os atos onerosos, ao revés, não se praticam por mera liberalidade. O agente que o pratica espera algo em retorno, como na compra e venda, na promessa de recompensa etc.

b] Unilaterais, bilaterais e plurilaterais

Unilateral é o ato jurídico que se perfaz com uma só declaração de vontade. Exemplo é o testamento.

Bilateral é o ato que necessita de, pelo menos, duas declarações de vontade, de qualquer jeito, contrapostas. A compra e venda exemplifica bem a questão, pois enquanto um quer comprar, o outro quer vender. A vontade de um é contraposta à do outro.

O ato jurídico plurilateral exige, assim como o bilateral, mais de uma declaração de vontade. A vontade dos declarantes não é, contudo, contraposta. Uma não vem em sentido contrário à outra. O melhor exemplo é a sociedade. Os sócios não têm vontade em sentidos opostos. No casamento, dá-se o mesmo.

Há outro critério para diferenciar o ato bilateral do plurilateral. Segundo este critério, no ato bilateral participam duas partes; no plurilateral, mais de duas partes. Assim, uma sociedade de dois sócios seria ato bilateral; de três ou mais sócios, ato plurilateral.

Nessa categoria, interessam os planos da existência, da validade e da eficácia. Há atos que são unilaterais nos planos da existência e da validade, mas bilaterais no plano da eficácia. Exemplo seria o perdão de dívida. Para existir e ser válido, basta a manifestação do credor; para produzir efeitos, porém, é necessária a manifestação do devedor. Há atos que sempre são unilaterais, qualquer que seja o plano. Por exemplo, os atos registrais, ou a emissão de um cheque (o cheque existe, é válido e eficaz, pouco importando que haja um acipiente além do emissor. Tanto que uma pessoa pode emitir um cheque a favor de si mesma).

c] *Inter vivos* e *causa mortis*

Chama-se *ato jurídico inter vivos* aquele que é destinado a produzir efeitos durante a vida das partes. Assim, temos a locação, a compra e venda, o casamento, a doação etc.

Já o ato jurídico *causa mortis* pressupõe a morte de alguém para produzir seus efeitos. Este é o caso do testamento, do seguro de vida etc.

Como se pode ver, essas classes interessam no plano da eficácia (da produção de efeitos).

Acrescente-se que a morte que se pressupõe nos atos *causa mortis* é, como regra, a morte de uma das partes, e não de terceiro. Eventualmente, a morte pressuposta é a de um terceiro, como pode ocorrer no seguro de vida. De todo modo, se isso acontecer, ou seja, se o ato se condicionar ilegitimamente à morte de alguém, se basear-se em herança de pessoa viva, estará inquinado de defeito grave. Esses negócios têm até *nomen iuris*,[18] são os *pacta corvina*, ou seja, pactos

---

18 Nomen iuris é o nome de certo instituto para a dogmática jurídica.

de corvos. Assim, se duas pessoas realizarem negócio, tendo como base herança de pessoa viva, este será passível de anulação.

d] Principais e acessórios

Ato jurídico *principal* é o que existe por si mesmo, independentemente de qualquer outro. Por exemplo, contrato de compra e venda.

Acessório é o ato jurídico cuja existência dependa da do principal. Não tem existência jurídica autônoma. Se o principal não existir, o acessório tampouco existirá. Aliás, também para os atos jurídicos, é válida a regra de que o acessório segue o principal. Como exemplo, podemos dar o da procuração. A outorga procuração a B, a fim de que este venda sua casa. Principal é o contrato de compra e venda da casa. Acessória, porque dada em função da compra e venda, será a procuração, em que A confere a B os poderes necessários para realizar o negócio. Se a compra e venda for invalidada, também será invalidada a procuração, pois o acessório segue o principal.

e] Formais e informais

Informal é o ato para cuja realização basta a emissão livre de vontade, ou seja, a Lei nada mais exige, além do consentimento, para que o negócio se considere perfeito,[19] acabado. Assim, para que um contrato de locação se considere celebrado, basta que as partes, locador e locatário, cheguem a um acordo quanto ao preço, ao reajuste, ao prazo etc.

Formal é o ato para cuja realização a Lei exija, de regra, a observância da forma escrita, seja por instrumento público ou particular. Em outras palavras, além da convenção, a Lei exige uma formalidade. Exemplos de atos formais são o casamento, a compra e venda de imóveis, o testamento etc.

Às vezes, a formalidade envolve certas fórmulas verbais, como no casamento. Os atos formais são também chamados de solenes.

A forma normalmente interessa no plano da validade. O ato que se externaliza de forma inadequada considera-se viciado, nulo. Pode ser o caso, entretanto, que a forma seja tão importante, a ponto de interessar no plano da existência. Assim ocorre com o testamento. Se não seguir as solenidades legais, sendo feito em vídeo, por exemplo, considera-se inexistente.

f] Impessoais e *intuitu personae*

Serão impessoais os atos jurídicos, quando realizados independentemente de quem sejam as partes. Quando compro um refrigerante num bar, pouco me interessa quem seja o comerciante, assim como a este tampouco importa quem seja eu.

---

19 *Perfeito* é o particípio passado do verbo perfazer. Tem, portanto, o sentido de terminado ("perfazido"), e não o sentido de "sem erros".

Já nos atos *intuitu personae*, a pessoa do agente assume relevância especial, porque o ato se realiza em função de suas qualidades pessoais. É o que ocorre quando outorgo procuração a uma pessoa. Faço-o porque confio nela. O mesmo se dá com o testamento: os herdeiros são nomeados *intuitu personae*.

g] Causais e abstratos

Causais são aqueles atos que estão sempre vinculados a sua causa. Sendo ela lícita, será lícito o ato. Sendo ilícita, será ilícito o ato; sendo defeituosa a causa, defeituoso será o ato. O ato de registro de escritura de compra e venda de imóveis é ato jurídico causal. Assim, se a compra e venda, por uma razão ou outra, for defeituosa e inválida, também não terá valor o registro.

O mesmo não ocorre quanto aos atos jurídicos abstratos, que se desvinculam da causa que lhes deu origem. Caso assine um cheque em pagamento de uma compra, imediatamente o cheque dela se desvinculará. De maneira que se a compra e venda que deu causa ao cheque for anulada, o cheque continuará tendo valor, terá que ser pago de qualquer maneira, principalmente se for parar em mãos de terceiro que o tenha recebido em pagamento.

Na Alemanha, o registro de imóveis é ato jurídico abstrato. Uma vez registrada a escritura de compra e venda, não mais se poderá discutir a propriedade do imóvel. Dono será a pessoa em cujo nome estiver registrado, ainda que a compra e venda seja defeituosa. Se houver o registro, não mais se discutirá a compra e venda, porque o registro, prova absoluta da propriedade, se desvincula de sua causa, a compra e venda. É ato jurídico abstrato.[20]

h] De disposição e de administração

Ato de disposição é aquele que transcende a mera administração patrimonial. Os atos e disposição podem implicar perda patrimonial direta ou indireta; de todo modo, importam quase sempre alienação de bens ou cessão de direitos. Assim, se um comerciante transferir seu ponto, ou seu estabelecimento, estará praticando um ato de disposição. São ainda exemplos de atos de disposição a venda, a doação, a troca, a alienação fiduciária em garantia, a hipoteca, o penhor, o perdão de dívida, a transação (negociação de uma dívida com concessões recíprocas), a submissão (negociação de uma dívida, em que o devedor ou o credor simplesmente se submete à proposta da outra parte), dentre outros casos.

Já o ato de administração restringe-se à mera administração patrimonial. Não implica perda patrimonial, tampouco alienação ou cessão de direitos. Quando um comerciante vende seus produtos à clientela, não pratica ato de disposição, mas de mera administração; afinal, o objetivo de seu comércio é a venda de

---

20 BÄHR, Peter. **Grundzüge des bürgerlichen Rechts**. 7. ed. München: Vahlen, 1989. p. 357.

produtos. São também atos de administração a cessão em locação, a aplicação financeira em poupança, a cessão em comodato, dentre outros.

É importante a distinção, visto que a capacidade exigida do sujeito para a prática de atos de disposição não é a mesma que a exigida para atos de administração. Ao pródigo interditado, por exemplo, só se proíbem os atos de disposição. Dessa maneira, se o pródigo possui fazenda, não poderá vender as terras sem a anuência de seu curador, por ser a venda das terras ato de disposição. O mesmo não ocorre quando põe à venda o produto da colheita, que é ato de administração, não carecendo, assim, da autorização do curador.

i] Constitutivos e declaratórios

Ato *constitutivo* é aquele que constitua uma relação ou uma situação jurídica, no sentido de criá-la, modificá-la ou extingui-la. Neste último caso, fala-se em ato constitutivo negativo. Bem, a celebração de um contrato cria uma relação que antes não existia. Quando se pactua um aditivo contratual, a relação é modificada. Por fim, quando as partes de um contrato celebram um distrato, estão pondo fim à relação jurídica.

Os atos declaratórios, por sua vez, nada criam, modificam ou extinguem; tão somente confirmam a existência ou inexistência de uma relação ou uma situação jurídica. Dessa forma, o ato de confessar uma dívida não cria a dívida; apenas confirma sua existência.

Cuidando-se de ato jurídico constitutivo, a produção de efeitos ocorrerá a partir do momento em que for praticado, criando, modificando ou extinguindo uma relação ou uma situação jurídica. A emissão de um cheque é exemplo típico. Seu principal e habitual efeito é servir de ordem de pagamento para pôr fim a uma obrigação, o que só ocorrerá a partir do momento em que for emitido, não retroagindo.

Nos atos declaratórios, a produção de efeitos retroage no passado.[21] Se assinar um documento de confissão de dívida que deveria ter pagado há seis meses e não paguei, o ato de confissão retroagirá seis meses no passado, fazendo incidir juros desde a data em que deveria ter pagado a dívida. É ato declaratório.

7.3.4 Elementos dos atos jurídicos

Por *elementos dos atos jurídicos* devemos compreender certas características que todo ato possui ou pode possuir. Reúnem-se em três categorias distintas, já apontadas desde há muito. São, a saber, elementos essenciais, naturais e acidentais – *essentialia, naturalia et accidentalia negotii*.

---

[21] SERPA LOPES, Miguel Maria de. Op. cit., v. 1, p. 373.

Elementos essenciais são aqueles que integram a própria essência do ato, como o preço e a coisa integram a compra e venda, a forma escrita integra o testamento, a dualidade de partes integra o casamento, o termo integra a locação etc. Não vamos confundir elementos essenciais à existência do ato, com elementos essenciais à validade, chamados genericamente de requisitos ou condições de validade, que são a capacidade do agente, a idoneidade do objeto e a adequação da forma.[22] Normalmente, quando se fala em elementos essenciais, o que se tem em vista é o plano da existência, mas pode-se também, sem dúvida, tratar deles no plano da validade. No plano da existência, os elementos essenciais variam: assim, o consenso, a coisa e o preço são elementos essenciais à compra e venda; o consenso, a coisa, o preço e o prazo são elementos essenciais à locação; a condição suspensiva e o risco estão dentre os elementos essenciais ao seguro; o consenso e as formalidades legais são elementos essenciais ao casamento; a forma escrita é elemento essencial aos testamentos ordinários e assim por diante.

Naturais são elementos que, embora não façam parte da essência do ato, decorram naturalmente dele. Dizem respeito ao plano da eficácia, dos efeitos que o ato naturalmente produza. Assim é a entrega da coisa, com a consequente transferência da propriedade, na compra e venda. Perceba-se que, mesmo sem a entrega ou tradição da coisa, existirá compra e venda e será válida. Acontece que, uma vez celebrada, é decorrência natural que o vendedor entregue o produto ao comprador, transferindo-lhe a propriedade. Por tudo isso, autores como Francisco Amaral entendem, não sem razão, que os elementos naturais não seriam verdadeiramente elementos, mas efeitos decorrentes da própria natureza do ato.[23]

Os atos jurídicos que contenham apenas elementos essenciais e naturais se denominam atos jurídicos puros e simples. Se for a uma lanchonete e comprar um salgado, pagando e levando na hora, estarei diante de um ato jurídico puro e simples. Nele só se encontram elementos essenciais e naturais. Os essenciais são as duas partes capazes, uma querendo comprar e a outra querendo vender (consenso), o preço em dinheiro e a coisa objeto do contrato de compra e venda, qual seja, um salgado. O elemento natural é a entrega, ou seja, a tradição do salgado, o que faz com que se opere a transferência da propriedade ao comprador. Não está presente nenhum elemento estranho, ou seja, acidental.

Por *elementos acidentais*, entendam-se aquelas características estranhas à essência do ato. O ato existe e é válido, podendo produzir seus efeitos naturais, mesmo sem elas. Por exemplo, a condição e o abatimento no preço são estranhos à essência da compra e venda, embora possam estar presentes; o encargo e o prazo são estranhos à essência da doação, embora também possam estar presentes, e assim por diante. Os elementos acidentais são, como se vê,

---

22 MOREIRA ALVES, José Carlos. **Direito romano**. 11. ed. Rio de Janeiro: Forense, 1998. v. 1, p. 155-156.
23 AMARAL, Francisco. **Direito civil**... cit., 5. ed., p. 398.

contingentes, ou seja, tem-se que analisar o ato jurídico in concreto, para se verificar o que lhe seria essencial ou acidental.

Dentre os elementos dos atos jurídicos três se destacam neste momento, por ainda não terem merecido estudo específico. São eles a condição, o termo e o encargo. São importantes elementos dos atos jurídicos, que podem ser tanto essenciais quanto acidentais, dependendo do ato in concreto. A condição, por exemplo, é acidental (estranha) à compra e venda, embora presente eventualmente, mas essencial ao seguro de danos, por exemplo. O mesmo se diga do termo, acidental à doação, mas essencial à locação. Bem, vejamos mais sobre esses elementos na sequência.

7.3.5 Condição, termo e encargo

a] Atos jurídicos condicionais

São condicionais os atos jurídicos cujos efeitos, ou seja, a criação, modificação ou extinção de direitos e deveres, estiverem subordinados ao implemento de uma condição. Em outras palavras, o ato só produzirá efeitos dependendo de evento futuro e incerto, que poderá ou não ocorrer.

Estudemos melhor o que é condição.

Condição é a cláusula que sujeita os efeitos do ato jurídico a um evento futuro e incerto. São espécies de condição:

- Condição causal – É aquela que sujeita os efeitos do ato jurídico ao acaso, como "se ganhar na loteria, farei doação à Santa Casa".
- Condição simplesmente potestativa – Subordina o ato ao arbítrio relativo de uma das partes. Exemplo seria a promessa, "se me mudar para Salvador, vendo-lhe meu carro". Ora, mudo-me para Salvador se quiser, mas, uma vez que me mude, terei que vender o carro à pessoa a quem prometi. Outro exemplo seria a seguinte cláusula testamentária: "deixo meus bens ao fulano, se ele construir uma escola". A construção da escola depende da vontade do fulano, mas, uma vez que a construa, fará jus à herança. Nem a vontade do testador, nem a do herdeiro são absolutamente arbitrárias, e a condição é válida.
- Condição puramente potestativa – Dá-se quando os efeitos do ato ficarem submetidos à vontade absoluta e arbitrária de uma das partes. Suponhamos a seguinte norma contratual: "Os aluguéis serão reajustados se, como e quando o locador quiser". Tal cláusula em contrato de locação seria condição puramente potestativa em relação ao reajuste do aluguel. Evidentemente, tal cláusula não teria validade, aliás, como toda condição puramente potestativa. Outro exemplo, ainda no contrato de locação, seria o da cláusula que imponha

como condição de reembolso das benfeitorias necessárias, a autorização prévia do locador. Trata-se a toda obviedade de cláusula abusiva, arbitrária, que enseja o enriquecimento sem causa do locador.

- Condição mista – Sujeita o ato jurídico ao alvedrio de uma das partes e de um fato. Assim é a afirmação "só vendo minha casa se o vizinho vender a dele".

As condições causais, as simplesmente potestativas e as mistas podem ser suspensivas ou resolutivas.

Condição suspensiva é aquela que subordina os efeitos do ato jurídico a seu implemento. Todos os exemplos dados acima são de condição suspensiva. Mais um seria o do seguro. A obrigação da seguradora de pagar a indenização só surgirá, quando se implementar a condição suspensiva, que pode ser uma batida de carro, um furto, uma doença etc., dependendo do tipo de seguro.

Já na condição resolutiva, o ato para de produzir efeitos, extingue-se com o implemento da condição. Ex.: "Empresto-lhe meu carro se você não se mudar", ou seja, enquanto a pessoa morar no lugar desejado, poderá usar o carro; se decidir se mudar, o empréstimo cessará, se resolverá.

Por fim, acrescente-se que algumas condições são consideradas não escritas, não possuindo qualquer valor, enquanto outras invalidam o próprio ato, viciando-o de forma grave.

No primeiro grupo, das condições que se consideram não escritas, estão as impossíveis, quando resolutivas, e as de não fazer coisa impossível.

Uma condição que, por exemplo, diga que um contrato de comodato produzirá seus efeitos até que o comodatário viaje à Lua será, simplesmente, desconsiderada, e o ato permanecerá intocado, como se condição não houvesse.

No segundo grupo, das condições que invalidam o próprio ato, estão as física ou juridicamente impossíveis, quando suspensivas, as ilícitas ou de fazer coisa ilícita e as incompreensíveis ou contraditórias. Esta é a regra do art. 123 do CC.

No primeiro inciso, o art. 123 dispõe invalidarem os negócios a elas subordinados as condições física ou juridicamente impossíveis, desde que suspensivas.

No segundo inciso, o art. 123 refere-se às condições ilícitas ou de fazer coisa ilícita, sem impor a restrição de terem que ser suspensivas.

Por fim, também invalidam o negócio jurídico as condições incompreensíveis ou contraditórias, segundo o inc. III do mesmo artigo.

O art. 124 declara inexistentes as condições impossíveis, quando resolutivas, bem como as de não fazer coisa impossível.

Andemos a analisar cada uma dessas hipóteses, a fim de dar a todas essas regras uma interpretação lógica, uma vez que a redação da Lei é pleonástica e muito confusa.

Primeira hipótese

Invalidam o ato as condições fisicamente impossíveis, se suspensivas. Se João testar a favor de Manoel, sob a condição de que faça ele uma viagem ao Sol, para receber os bens, a deixa testamentária será inválida, e Manoel nada receberá. Isto porque, se João impôs como condição algo impossível fisicamente, para que Manoel recebesse seu quinhão, é porque não queria mesmo que a herança fosse transmitida a Manoel. Quisesse, não teria imposto a condição.

Nesta primeira hipótese, o lógico é que a condição invalidante seja suspensiva. Se for resolutiva, a situação será outra, e a aplicação da mesma regra seria ilógica. Se João tivesse testado a favor de Manoel, sob a condição resolutiva de que Manoel viajasse ao Sol, em dois anos, Manoel receberia os bens, e o testamento só se invalidaria, se, após dois anos, a condição não se implementasse, ou seja, se Manoel não fosse ao Sol. Neste caso, o testador quis que o herdeiro recebesse os bens, o que ocorreu. Não é lógico, nem justo, que, tendo recebido os bens, o herdeiro se prive deles por não realizar algo fisicamente impossível. Daí a regra do art. 124, segundo a qual as condições impossíveis, quando resolutivas, consideram-se não escritas.

Segunda hipótese

Invalidam o ato as condições juridicamente impossíveis, se suspensivas. Usemos o mesmo exemplo, com as devidas adaptações. Se João testar a favor de Manoel, sob a condição de que Manoel se divorcie de Maria, para, só então, receber os bens, a deixa testamentária será inválida, e Manoel nada receberá. Isto porque, se João impôs condição juridicamente impossível, para que Manoel recebesse seu quinhão, é porque não queria mesmo que a herança fosse transmitida a Manoel. Se quisesse, não teria imposto a condição. Frise-se que o que é juridicamente impossível é a condição e não o divórcio em si, que é plenamente legítimo.

Aqui também, a condição só invalidará o ato, se suspensiva. Sendo resolutiva, considerar-se-á não escrita, pelas mesmas razões que expusemos acima, na primeira hipótese.

Terceira hipótese

Invalidam o ato as condições ilícitas. Vejamos o mesmo exemplo do testamento. Se João testar a favor de Manoel, sob a condição de que Manoel mate Joaquim, para, só então, receber os bens, a deixa testamentária será inválida, e Manoel nada receberá. Isto porque, se João impôs como condição algo ilícito, para que Manoel recebesse seu quinhão, é porque não queria mesmo que a herança fosse transmitida a Manoel. Caso quisesse, não teria imposto a condição.

Comparando os exemplos da segunda hipótese (se Manoel se divorciar de Maria) e da terceira (se Manoel matar Joaquim), fica clara a distinção entre condição juridicamente impossível e condição ilícita. O ato de se divorciar é legítimo; a condição que o impõe é que não é, sendo, por isso, juridicamente impossível, em relação ao objeto, ou seja, a imposição do divórcio. Por outro lado, o ato de matar é, em si mesmo, ilícito, e também ilícita será a condição, por ter por objeto um ato ilícito, o homicídio.

Esclareça-se, ainda, que as condições podem ser ilícitas ou juridicamente impossíveis em si mesmas, ou por consistirem em se exigir que se faça algo ilícito ou juridicamente impossível, ou ainda por imporem a abstenção de um ato, cuja realização não poderiam impedir. Exemplo de condição ilícita em si mesma é a condição puramente potestativa (os aluguéis serão reajustados quando, como e no valor que o locador quiser). Exemplo de condição ilícita por consistir em fazer algo ilícito é a do exemplo dado acima (matar alguém). E exemplo de condição ilícita por exigir a abstenção de um ato seria a que impusesse como pré-requisito de realização de um negócio a abstenção de votar. O importante é frisar que todas são igualmente ilícitas ou juridicamente impossíveis, e só invalidam o ato se forem suspensivas.

Nesta terceira hipótese o legislador não faz a ressalva de que tenham que ser suspensivas. Dá a entender que tanto as condições suspensivas, quanto as resolutivas, desde que ilícitas, ensejem a invalidade do ato. A interpretação, no entanto, não pode ser esta. Apenas as condições ilícitas suspensivas invalidam o ato que lhes estiver subordinado, simplesmente por não serem diferentes das juridicamente impossíveis, para esse fim.

Somente para efeitos de argumentação, mesmo que se considerem distintas as condições juridicamente impossíveis e as ilícitas, ainda assim, tanto num quanto noutro caso, somente as condições suspensivas ensejariam a invalidade do ato; as resolutivas se considerariam inexistentes. Isto por um processo de interpretação analógica. Ora, se as juridicamente impossíveis só invalidam o ato, se forem suspensivas, o mesmo se dirá das ilícitas, uma vez que, embora diferentes, ambas têm algo em comum: a antijuridicidade. Ambas são espécies de condições antijurídicas, a elas se aplicando a mesma solução, por analogia.

Quarta hipótese

Invalidam o ato as condições incompreensíveis ou contraditórias. É óbvio que se o agente impôs como condição de realização do ato uma condição incompreensível ou contraditória, é de se pressupor que não tenha desejado que o ato se realizasse. Caso contrário, não teria exigido como condição algo incompreensível ou contraditório.

Também nesta hipótese, as condições incompreensíveis ou contraditórias só invalidam o negócio a elas subordinado, desde que sejam suspensivas. Isto porque as duas modalidades consistem em condições impossíveis, por serem irrealizáveis na prática. Consequentemente, sendo resolutivas, não terão importância alguma, segundo o art. 124.

Para que uma condição seja considerada incompreensível ou contraditória, deverá antes passar por uma cuidadosa atividade interpretativa. Pode ser o caso de o agente tê-la formulado mal, mas ainda assim ser possível verificar sua real vontade. Se tal ocorrer, a condição e o negócio serão mantidos.

Em relação a essas condições do art. 123, que são todas, em última análise, impossíveis, seja física ou juridicamente, nenhuma delas invalidará o negócio, uma vez que se prove que o agente a impôs por erro, ou por força de dolo ou de coação de terceiro. Em outras palavras, a condição poderá ser anulada se houver vício do consentimento. O negócio valerá, assim, sempre que se provar que a vontade real do agente não condiga com a condição posta.

Ainda em relação a todas as condições vistas acima, fique claro que, em princípio, a invalidade, no caso a nulidade, não afeta todo o ato, mas apenas a parte que estiver subordinada à condição. Nos exemplos dados acima, só a cláusula testamentária referente a Manoel será anulada. O resto do testamento continuará válido, a não ser que Manoel seja o único herdeiro. Nesta situação, o testamento será todo invalidado. Resumindo, a invalidade só atingirá o ato inteiro, se não for possível anular apenas a parte defeituosa.

Por fim, as condições a que se refere o art. 123 maculam o ato de defeito grave, gerando o que se denomina tradicionalmente nulidade. Mais adiante, aprofundaremos este tema.

Quinta hipótese

Têm-se por inexistentes as condições impossíveis, quando resolutivas. Que condições impossíveis? Todas as que nos referimos nas hipóteses um a três: condições física ou juridicamente impossíveis, condições ilícitas, ou de fazer coisa ilícita, que, como vimos, não se diferenciam das juridicamente impossíveis. Além delas, também se consideram inexistentes, por força de interpretação lógica, como acabamos de analisar na hipótese antecedente, as condições incompreensíveis ou contraditórias, desde que resolutivas, uma vez que, na prática, são impossíveis.

Esperamos tenha restado claro que o art. 123, em todos os seus incisos, está se referindo às condições suspensivas, enquanto o art. 124 trata das condições impossíveis, quando resolutivas.

Sexta hipótese

Têm-se por inexistentes as condições de não fazer coisa impossível. Neste caso, por razões de pura lógica e de interpretação sistemática, principalmente em face do art. 122, o correto é mesmo considerá-las inexistentes. O contrário não faria o menor sentido. E aqui tanto faz que sejam suspensivas ou resolutivas. Vejamos dois exemplos, ainda relacionados com o testamento de João, que nos serviu para demonstrar as hipóteses anteriores.

João testou a favor de Manoel, sob a condição de que não fizesse ele uma viagem ao Sol, para receber os bens. Trata-se de condição suspensiva de não fazer coisa impossível. A deixa testamentária será válida, e Manoel receberá seu quinhão. Isto porque, se João impôs como condição a abstenção de algo impossível, seja fisicamente ou juridicamente, para que Manoel recebesse seu quinhão, basta que Manoel não faça, ou seja, basta que cumpra a condição, para que o negócio se realize. Consequentemente, a condição de não fazer coisa impossível, ainda que suspensiva, não será levada em conta, uma vez que implementá-la é simplesmente não fazer o impossível, o que não tem sentido prático algum.

Em outro exemplo, a solução pode ser mais complicada. João testou a Manoel, sob a condição de que, se não matasse Joaquim, não receberia a herança. Neste caso, a leitura deve ser feita às avessas. Ora, dizer que a condição de não matar implica o não recebimento da herança, é o mesmo dizer que o recebimento dos bens está subordinado ao ato de matar. Em outras palavras, em leitura adequada, trata-se, no caso, de condição ilícita ou juridicamente impossível, que tornará inválida a deixa testamentária. Manoel nada receberá.

Sendo resolutiva a condição, a solução será idêntica, mas com outro fundamento. Se João testar a favor de Manoel, recebendo este os bens, mas perdendo-os caso não faça uma viagem ao Sol, a condição se considerará inexistente. O caso é interessante. Manoel recebe os bens, mas os perde se não fizer uma viagem ao Sol. Ora, é óbvio que a viagem não será feita e, não sendo feita, não seria justo que Manoel perdesse os bens já recebidos. Assim, entendeu o legislador por bem considerar inexistentes as condições resolutivas de não fazer coisa impossível, seja a impossibilidade física (não ir ao Sol), ou jurídica (não se divorciar). Outra não poderia ser mesmo a solução, uma vez que, sendo resolutiva, a condição de não fazer coisa impossível, em última instância, privaria o ato de efeitos, o que é proibido pelo art. 122.

b] Atos jurídicos a termo

Ato jurídico a termo é o ato cujo início ou fim vêm determinados, precisados no tempo. Se comprar hoje para pagar amanhã, estarei diante de uma compra e venda a termo. O contrato de locação é outro exemplo de ato delimitado no tempo. Tem um início e um fim previstos pelas partes. Se fizer uma promessa de recompensa válida por uma semana, terei, aqui também, um ato jurídico a termo.

Termo, assim, é a indicação do momento em que começa e/ou termina um ato jurídico. Como supradito, o termo pode ser elemento acidental, como na compra e venda, mas pode ser elemento essencial, como na locação, que por essência é temporária.

Um contrato, por exemplo, pode ter termo certo para começar e para terminar, ou apenas para começar, ou apenas para terminar. Tudo depende da vontade das partes contratantes.

O termo pode ser certo ou incerto.

Se é fixada uma data para o término de um contrato, o termo será certo. Exemplo seria: "Este contrato termina em 30 meses".

Se não houver qualquer fixação de data, o termo será incerto. Assim, "empresto-lhe meu carro até que se forme na faculdade". A formatura irá ocorrer; só não se sabe ao certo quando. O seguro de vida é outro exemplo: um dia o segurado morrerá; só não se sabe quando.

Não se deve confundir *termo* com *prazo*. *Termo* é o momento inicial ou final de um ato jurídico. *Prazo* é o lapso de tempo entre o termo inicial e o termo final.

Sobre contagem de prazo em dias, a regra é bem simples: o dia do início não se computa, e o do fim computa-se no prazo – *dies a quo non computatur, sed dies ad quem computatur in termino*. Se o prazo tiver início ou terminar em dia feriado, será adiado para o primeiro dia útil consequente, a não ser que o ato possa ser praticado legitimamente em dia não útil. Como exemplo, o pai separado que fica com os filhos durante quinze dias, devendo entregá-los à mãe após esse período. Nesta hipótese, finda a quinzena num sábado ou domingo, pouco importa, as crianças deverão ser entregues. De todo modo, os dias feriados, dentre eles os sábados e domingos, que correrem no transcorrer do prazo serão computados.

Imaginemos um prazo de cinco dias, contados a partir de sexta-feira. Como sexta-feira, por ser o *dies a quo*,[24] não entra, e como o sábado tampouco entra, por não ser dia útil, a contagem começa na segunda-feira, terminando na sexta. Se este mesmo prazo se contasse a partir de quinta-feira, terminaria na terça da semana seguinte, uma vez que a contagem teria início na sexta, computando-se tanto o sábado quanto o domingo, por incidirem no meio do prazo. Se começasse a correr a partir de segunda-feira, terminaria na segunda seguinte, pois a contagem teria início na terça, se encerrando no domingo. Como domingo não é dia útil, o *dies ad quem*[25] seria segunda-feira. Os dias não úteis só não se contam, pois, se incidirem no início ou no fim.

Por outro lado, segundo o art. 219 do CPC, na contagem dos prazos processuais em dias, só se levarão em conta os dias úteis. Sendo assim, mesmo que o dia não útil incida no meio do prazo, não será computado, suspendendo-se a contagem.

A contagem de prazo em horas, meses e anos é bem mais simples.

---

24 Dies a quo significa literalmente "dia a partir do qual"; em outras palavras, usa-se a expressão para indicar o termo inicial.
25 Dies ad quem quer dizer "dia para o qual", ou seja, termo final.

Contam-se as horas uma a uma, sendo termo final a hora subsequente, após a soma. Assim, o prazo de duas horas, contadas a partir das 15h00, terminará às 17h00.

Os meses também se contam um a um, sendo termo final o mesmo *dies a quo* do mês subsequente. O prazo de dois meses, a partir de 10 de abril, será 10 de junho.

Os anos se contam da mesma forma: o termo final será o mesmo *dies a quo* do ano e mês subsequente. Um ano, a partir de 10 de abril de 1920, será 10 de abril de 1921.

Finalizando, o termo inicial e a condição suspensiva se distinguem, quanto aos efeitos, pois o primeiro suspende o exercício do direito, enquanto a segunda impede sua aquisição. Em outras palavras, tratando-se de termo inicial, o direito já se considera adquirido, estando apenas suspenso o seu exercício; na condição suspensiva, o direito só se adquire após o implemento do condicionante.

Vejamos dois exemplos. A e B assinam um contrato de locação, que deverá se iniciar no dia primeiro do mês subsequente. Trata-se de termo inicial, sendo os direitos de A e de B adquiridos no momento da celebração do contrato. O termo apenas posterga o exercício desses direitos. Se fosse condição, ou seja, se o contrato de locação só se iniciasse caso, por exemplo, B se casasse com C, os direitos de A e B só se considerariam adquiridos, e, evidentemente, o contrato só se iniciaria, após o casamento de B e C, isto é, após implemento da condição.

Por analogia, nos prazos em meses e anos, aplica-se a mesma regra do *dies ad quem*, que caia em dia não útil. Em outras palavras, se o termo final for dia não útil, ficará postergado para o primeiro dia útil, a não ser que o ato possa ser cumprido, mesmo sendo o dia não útil, como a restituição de uma criança ao genitor que detenha a guarda, pelo outro genitor.

De acordo com o art. 131 do Código Civil, o termo inicial suspende o exercício, mas não a aquisição do direito. O indivíduo se torna titular do direito, sem poder exercê-lo. Nos planos de saúde, são comuns os prazos de carência. Assim, um indivíduo contrata a plano, tornando-se imediatamente beneficiário, só que para exercer o direito de cobrar da seguradora certos benefícios, por exemplo alguma doença específica, terá que esperar o transcurso do prazo de carência.

Por fim, o art. 135 do Código Civil dispõe que ao termo inicial e final, aplicam-se, no que couber, as normas da condição suspensiva e resolutiva.

c] Atos jurídicos modais ou com encargo

Haverá ato jurídico modal quando o benefício conferido a uma pessoa vier acompanhado de um ônus, ou seja, de um encargo.

Encargo ou *modo* é, pois, o ônus que pode sofrer o favorecido, o destinatário de um benefício em ato jurídico gratuito.[26] Evidentemente que esse ônus será bem menor do que o benefício; do contrário seria contraprestação, como na compra e venda, por exemplo. O comprador recebe uma coisa, mas terá a obrigação de realizar uma contraprestação equivalente em dinheiro a favor do vendedor. Já o encargo, característico dos atos jurídicos gratuitos, não será proporcional ao benefício. Se receber uma herança, com a obrigação de construir uma escola, o preço da obra deverá ser bem inferior à herança. Se for igual, seguramente renunciarei a meus direitos hereditários. Neste caso, a herança deixaria de ser um benefício, mas remuneração de empreitada. O mesmo se diga de uma doação de $ 10.000.000,00, com o encargo de pagar uma renda mensal de $ 100.000,00 a certa pessoa. Ora, supondo que a remuneração da poupança seja de 1% ao mês, a obrigação de pagar $ 100.000,00 deixaria de ser mero encargo, desvirtuando o contrato de doação. O donatário perderia essa condição, passando a ser administrador de fundos alheios. Daí que encargo não pode ser confundido com contraprestação, característica dos atos jurídicos onerosos. Na verdade o encargo visa limitar a vantagem percebida pelo beneficiário. É o *modus* ou cláusula modal do Direito Romano. Exemplo seria o do testamento, já exposto acima, em que se consignasse: "Deixo meus bens a fulano, ficando ele com a incumbência de construir uma escola". O encargo pode reverter em favor do disponente, como quando uma pessoa empresta sua casa de praia à outra, ficando esta com o encargo de cuidar do jardim ou de pagar o IPTU. Pode também reverter em favor de terceiros, como no exemplo dado do testamento, em que a escola reverteria em favor da comunidade. Enfim, o encargo poderá reverter em favor do próprio beneficiado, como a deixa testamentária em que o herdeiro ficasse com a obrigação de concluir seus estudos: "Deixo meus bens a fulano, ficando ele com a obrigação de concluir seus estudos".

O encargo se diferencia da condição, pois esta subordina a validade do ato a seu implemento, e aquele não, apesar de ser exigível.

Assim, se o exemplo dado acima fosse condição, os termos seriam outros. "Deixo meus bens ao fulano *se* ele construir uma escola".

Se não for construída a tal escola, a herança não será deferida ao fulano. Já no encargo, a herança irá para o fulano de qualquer jeito. Caso, porém, não construa a escola, será forçado a tanto por qualquer interessado ou pelo Ministério Público. Se, de qualquer forma, não construir, ser-lhe-ão tomados tantos bens quantos forem necessários para custear as obras. Só perderia os bens deixados se o testamento, expressamente, o determinasse: "Deixo meus bens a fulano, ficando ele obrigado a construir escola. Caso não construa, perderá

---

26 PONTES DE MIRANDA, Francisco Cavalcante. **Tratado de direito privado**... cit., v. 46, p. 205.

os bens em favor de beltrano". Neste caso, estaríamos diante de verdadeira condição, não de encargo.

Assim como as condições resolutivas, os encargos impossíveis ou de não fazer coisa impossível se consideram não escritos. Uma doação que encarregue o donatário de viajar à Lua ou de não ficar sem respirar, valerá como se não estivesse gravada de qualquer encargo, que se considera não escrito.

7.3.6 Forma dos atos jurídicos

Forma é a maneira pela qual se realiza o ato. Os atos jurídicos podem realizar-se por expresso ou tacitamente.

Expressa será a forma quando o ato se realizar verbalmente, por escrito ou por mímicas.

A forma será tácita quando resultar de certas atitudes ou comportamentos que indiquem que o ato tenha se realizado. Acima demos um exemplo, que repetimos aqui. Suponhamos que uma pessoa compre, todos os dias, cigarros de certa marca em determinado bar. Suponhamos ainda que, de tal a frequência, sempre que a pessoa entre no bar, o balconista já pega os cigarros, entregando-os, mediante o dinheiro que lhe é prontamente estendido. Presenciamos aqui compra e venda tácita. Ninguém pronunciou uma só palavra, nem fez qualquer gesto. Outro exemplo, seria o da aceitação de mandato, quando o mandatário, sem dizer nada, começa a exercê-lo. Significa que o aceitou tacitamente. Ainda outro exemplo, é o da aceitação da herança (art. 1.805). A aceitação da herança será tácita, quando resultar de atos próprios da condição de herdeiro, como a habilitação no processo de inventário. Em todos esses casos, apesar do silêncio, houve atitudes que deixam claro que o ato se praticou.

A forma pode ser ainda presumida, quando resultar de certas circunstâncias, das quais se possa presumir ter-se realizado o ato. Exemplo clássico é a aceitação de doação (art. 539). Dá-se aceitação presumida quando o doador, por exemplo, fixar prazo ao donatário para que este aceite. Passado o prazo sem manifestação do donatário, sendo a doação pura e simples, presume-se aceita; sendo modal, presume-se recusada. Outro exemplo seria o da celebração presumida de um contrato. Segundo o art. 432, se o negócio, de acordo com os costumes locais, não exigir aceitação expressa, o contrato se presumirá concluído, se a recusa não chegar a tempo às mãos do proponente. Imaginando, assim, para efeito de argumentação, que, pelos costumes de certa praça, não se exija aceitação expressa de proposta de cartão de crédito, esta se presumirá aceita, e o contrato celebrado, se o destinatário não remeter sua recusa no tempo fixado na proposta. No Brasil, este exemplo do cartão de crédito não se aplica. De todo modo, serve para clarear a regra do art. 432, raramente aplicável na prática.

Como se pode ver em todos os exemplos dados, a forma presumida, como regra, decorre de lei. O que deve ficar claro é que na forma presumida, o agente não pratica nenhum ato; não há por parte dele qualquer atitude, que deixe fora de dúvida que o ato tenha sido praticado. O agente fica inerte, e é exatamente essa inércia que faz presumir a prática do ato. Em outras palavras, dada a inércia do agente, a Lei, ou a lógica, autoriza presumir a prática do ato. A forma presumida é, como se vê, totalmente diferente da forma tácita, na qual não é necessário se presumir nada, uma vez que as atitudes silenciosas do agente deixam óbvio que o ato está sendo ou foi praticado.

Não se deve confundir a forma tácita e a presumida, com o simples silêncio de uma das partes. Quando a realização do ato decorrer do silêncio de uma das partes, pode ser o caso de se aplicar a regra popular de que "quem cala consente". Mas para que esta regra seja aplicada, é preciso que esteja bem claro que o silêncio queira dizer "sim". E o silêncio só implica consentimento, quando as circunstâncias e os costumes do lugar o autorizarem e se não for necessária declaração de vontade expressa. É o que diz o art. 111 do CC. Se o consentimento silencioso não for conclusivo, a regra não será aplicada, e quem se calar não estará consentindo. É só pensarmos na hipótese de o celebrante perguntar a um dos noivos se é de seu desejo casar-se com o outro, e nada for respondido. O silêncio, em tal caso, não pode ser interpretado como consentimento, mas como negativa.

Como bem acentua Vicente Ráo, "quem cala consente é um ditado popular e não uma regra de direito".[27]

Como norma, o Código Civil preconiza a liberdade de forma. Dessarte, os atos jurídicos serão válidos e eficazes, se realizados verbalmente, por escrito, por mímicas ou tacitamente. Desde que se possa prová-los, serão plenamente eficazes.

Às vezes, porém, a Lei exige que certos atos se perfaçam de forma especial. Tal é o caso dos atos de alienação referentes aos imóveis acima de 30 salários mínimos, como as vendas, doações etc., que deverão se praticar por escrito público, ou seja, deverão ser celebrados em cartório de notas.

Outras vezes, a Lei proíbe, mesmo que indiretamente, determinada forma. É o que ocorre quando o art. 1.863 do CC proíbe o testamento conjuntivo, elaborado por duas pessoas ao mesmo tempo. Neste caso, a vedação é direta. Poderá ser indireta, como se disse. A Lei do Inquilinato, por exemplo, desfavorece o contrato de locação residencial que não seja escrito, com prazo mínimo previsto de trinta meses.

---

27 RÁO, Vicente. **Ato jurídico**... cit., 3. ed., p. 119.

7.3.7 Causa e motivo dos atos jurídicos

No estudo dos atos jurídicos é importante entender a distinção entre causa e motivo, conceitos muito importantes para uma profunda compreensão e interpretação de certos atos jurídicos, como, por exemplo, os contratos.

Há várias espécies de causa. Pelo menos duas nos interessam: a causa eficiente e a causa final. Causa eficiente é a razão que enseja o ato. Assim, a aquisição da propriedade de certo bem pode ter como causa eficiente um contrato de compra e venda. Aqui teríamos dois atos: a aquisição da propriedade e a celebração do contrato. A causa final é a atribuição jurídica do ato, relacionada ao fim prático que se obtém como decorrência dele. É chamada de causa final, para se diferenciar da causa eficiente. Responde à pergunta "para que serve o ato?". Na compra e venda, por exemplo, a causa seria a transferência da propriedade. É para isso que serve esse contrato.

Motivo, por outro lado, é a razão intencional determinante do ato. O motivo é irrelevante, salvo disposição expressa em sentido contrário, ou quando for comum a ambas as partes. Segundo o art. 140, o falso motivo, ou seja, o motivo frustrado só vicia a declaração de vontade quando expresso como razão determinante. Karl Larenz dá o exemplo da pessoa que adquire alianças de noivado, e este vem a ser cancelado. O motivo da compra era o noivado. Ocorre que, por não ser de nenhum interesse para o vendedor, este motivo não poderia interferir no contrato. Uma vez cancelado o noivado, o contrato deverá ser cumprido, ainda assim.[28]

Na compra e venda, o motivo seria a razão pela qual um está querendo vender e o outro querendo comprar. Diz respeito às necessidades ou aos desejos de cada uma das partes. Não se confunde com a causa, que é a razão de ser jurídica do contrato. O motivo é interno, varia de pessoa para pessoa.

7.3.8 Prova dos fatos/atos jurídicos[29]

Falamos anteriormente que os atos jurídicos, de regra, se realizam como bem entender o agente, vale dizer, verbalmente, por escrito etc. A questão que surge, às vezes, é como provar sua existência. Há fatos, que não são atos, que podem necessitar de prova, como a morte ou o nascimento. Como provar que ocorreram ou não?

---

28 LARENZ, Karl. **Lehrbuch des Schuldrechts**. 14. ed. München: Beck, 1987. p. 329.
29 Sobre essa matéria, vejam-se as seguintes obras: CAMBI, Eduardo. **Direito constitucional à prova no processo civil**; CARNELUTTI, Francesco. **A prova civil**. Campinas: Bookseller, 2001; LOPES, João Batista. **A prova no direito processual civil**. 2. ed. São Paulo: RT, 2002; OLIVEIRA, Carlos Santos de. Da prova do negócio jurídico. In: TEPEDINO, Gustavo (Coord.). **A parte geral do novo Código Civil**. Rio de Janeiro: Renovar, 2003; FARIAS, Cristiano Chaves de; ROSENVALD, Nelson. **Direito civil**: teoria geral. 4. ed. Rio de Janeiro: Lumen Juris, 2006. *passim*.

A primeira regra imposta pelo Código é a de que, sempre que houver exigência de forma especial, o ato só se prova por ela. Portanto, a compra e venda de imóveis, por exemplo, só se prova por escritura pública.

Há, entretanto, mais três regras:

1] as declarações constantes de documentos assinados presumem-se verdadeiras em relação aos signatários. Assim, se assinar uma confissão de dívida, deverei pagá-la. A declaração nela constante presume-se verdadeira perante terceiros, a não ser que se comprove o contrário, isto, que seja falsa;
2] os contratos celebrados com cláusula de não valer sem instrumento público só por este se provam. Esclareça-se que instrumento público é o mesmo que escrito ou escritura pública, de que se fala quando o ato seja realizado em cartório de notas;
3] as obrigações oriundas de atos celebrados por escrito (instrumento) particular provam-se por esta escritura.

Para os demais atos, para os quais a Lei não prescreva forma específica, vale a regra de que poderão provar-se por:

a] confissão;
b] documentos públicos ou particulares;
c] testemunhas;
d] presunção;
e] perícia.

Historicamente, o sistema de provas nem sempre foi lógico e racional. Na verdade, a História do Direito nos mostra que a questão oscilou algumas vezes, no Ocidente. Se no Direito Romano a prova dos fatos no processo distanciou-se da religião, tornando-se mais lógica e racional, pelo menos da República (453 a.C. a 27 a.C.) em diante, na Idade Média, a prova deixou de ser racional, buscando sua fonte apenas na Religião. Nada mais óbvio, uma vez que a fé substituíra meio que por completo a razão, fazendo o mundo quase que parar tecnologicamente. As ordálias, do alemão *Urteil*, sentença, juízo, tiveram origem no Direito Franco, recebendo entre nós o nome de Juízos de Deus. Foram conhecidas por seus métodos, para nós absurdos, como a prova pelo fogo, em que o acusado tocaria com a língua um ferro em brasa, queimando-se se estivesse mentindo. Havia outros métodos, como a prova das serpentes e a das bebidas amargas. Nesta, o acusado não poderia contrair o rosto, após beber das poções amargas, sob pena de culpa; naquela, o réu era lançado em meio a serpentes venenosas. Se saísse ileso, era considerado inocente, porque protegido por Deus.

Na verdade, para o espírito da época, a questão era, antes de tudo, artigo de fé. Para o povo crente, incrédulo mesmo, esses métodos probatórios eram totalmente adequados, convincentes. E não os critiquemos. Há, em nossos dias, no século da razão e da ciência, movimento entre alguns magistrados (poucos, felizmente), em prol da prova pela psicografia.

As ordálias, na realidade, existiram desde a Antiguidade. A racionalidade grega e do processo romano, evidentemente, era com ela incompatível, o que não quer dizer que nunca tenham sido praticadas nessas civilizações. Na Idade Média, apesar de serem aceitas popularmente, ora mais, ora menos, eram combatidas pela Igreja, ao contrário do que se pensa.

Por sorte, desde há muito, o processo se laicizou e se racionalizou. Não podemos abrir mão disso, nem um milímetro sequer, sob pena de voltarmos a momentos sombrios do passado. Não podemos admitir senão a prova absolutamente lógica, racional e leiga. Daí a importância da matéria, que vem tratada no Código Civil, no Código Penal, nos Códigos de Processo e na Constituição, dentre outras leis.

Resumindo, é possível, portanto, verificar, ao longo da história, um revezamento de dois sistemas de provas. Um místico, baseado na fé; o outro, racional, baseado na razão. Atualmente, no Brasil, impera o último.

A Constituição da República consagra, em seu art. 93, IX e X, o sistema da persuasão racional. Também o faz o Código de Processo Civil, art. 371. O juiz será livre para apreciar a prova produzida pelas partes e contida nos autos, chegando a uma conclusão, que deverá se pautar nessas provas, revelando ser fruto de um processo de raciocínio lógico. Isso evita, pelo menos em tese, decisões arbitrárias e absurdas. Se ocorrerem, em outras palavras, se a conclusão do juiz contrariar prova incontroversa, será sempre possível o recurso às instâncias superiores. Assim, é passível de revisão a sentença que não reconheça a paternidade, contrariando exame de DNA, não refutado pelo réu, de modo lógico e racional. O que não se admite é o recurso para o simples reexame de prova, se não houver nenhuma arbitrariedade patente.

Prova é, pois, a demonstração da veracidade de um conceito, de um fato, de uma assertiva. A palavra tem origem no latim, proba, que significava amostra, espécime, vindo a tomar o sentido moderno de prova. Embora em etimologia as aparências, por vezes, enganem, parece que o radical do substantivo "proba", do verbo "*probare*", do adjetivo e particípio passado "*probatus*" é o mesmo de "*probus*", de boa qualidade, bom. A palavra *probatio* é corrupção do clássico, acrescentada no Medievo.

Em nosso linguajar jurídico, prova ora pode significar a amostra, o objeto da demonstração, em inglês, *exibit*; ora o meio de demonstração da verdade, daí se falar em prova documental, pericial etc.

A instrução probatória sempre foi comumente entendida como o caminho para se chegar à verdade. Mas que verdade é essa? A verdade real ou a verdade processual? O juiz deve basear-se naquela prova que as partes consigam lhe apresentar, ou que ele mesmo consiga colher durante o curso processual. Muitas vezes, essa prova chega distorcida por fatos, pelo tempo ou por argumentos convincentes dos advogados. Que verdade é essa, então, a das provas?

Existe a verdade, ou o que denominamos *verdade* nada mais é que uma proposição linguística que nos convença de certo fato, do qual, por vezes, estamos propensos a nos convencer? Afinal, teria mesmo aquela pessoa "X" sido a autora do crime, ou teria sido feito autora pela ânsia da imprensa por um cristo?

Por vezes, duas pessoas veem uma mesma passagem e a descrição que dela fazem é completamente diferente uma da outra. Por vezes, duas pessoas leem um mesmo texto e dele tiram, cada uma, conclusões totalmente díspares. Onde está a verdade?

É nesta ingênua, senão pretensiosa busca pela verdade, que o jurista busca o auxílio de outras ciências como a antropologia forense, a medicina legal, a psicologia, a engenharia, a contabilidade, a agrimensura e tantas outras.

Na instrução probatória, o juiz não deve buscar a verdade absoluta, mas a verdade possível, chamada de verdade processual ou verdade dos autos. O que se busca pela apresentação das provas é antes um convencimento racional, um juízo de verossimilhança, do que a verdade propriamente dita.

Numa abordagem menos cética, porém, há fatos a cuja verdade absoluta se pode chegar por intermédio de algum meio de prova. Muitas vezes, é possível determinar que A tenha matado B, sem qualquer sombra de dúvida, até por meios de prova como o DNA. O mesmo se diga da paternidade de X em relação a Y, que hoje se prova pelo exame de DNA, com 99,99% de certeza. É possível chegar-se ao valor exato de uma dívida, por meio de uma perícia contábil e assim por diante.

De todo modo, a prova, seja absoluta ou não, há sempre de se pautar por normas éticas, de modo a preservar a dignidade das partes envolvidas, procurando convencer o juiz, cada uma da sua verdade.

São objeto de prova os fatos jurídicos, em outras palavras, acontecimentos, eventos que repercutam na esfera jurídica, como já estudamos no início deste Capítulo. Mais especificamente, são objeto de prova os fatos relevantes, pertinentes, controversos e precisos.

Fato relevante é aquele que terá influência na decisão do juiz. Numa ação indenizatória por lesões corporais, é relevante o fato de o agressor ser lutador de caratê, mas absolutamente irrelevante o fato de ser louro ou moreno. Também o fato pertinente é o que diga respeito à matéria em litígio. É pertinente saber a que faixa de caratê pertence o agressor do exemplo acima; mas totalmente impertinente saber se lava ou não seu quimono, após os treinos. Fato controverso é o fato impugnado pela parte contrária. O lutador pode negar que tenha sido ele o agressor. A autoria do dano será, então, neste caso, fato controverso. Por fim, fato preciso é aquele que pode ser precisado, especificado, detalhado com precisão, com certeza. Fato preciso é o fato certo. Pode-se precisar com certeza que o carateca X agrediu a vítima Y. Não podem ser objeto de prova fatos imprecisos, vagos, como a alegação de que o carateca X estava no bar em que ocorreu a agressão, sendo ele, portanto, o culpado. Ora, esta prova não é precisa o bastante para se imputar culpa a quem quer que seja.

Não serão objeto de prova os fatos notórios, os fatos incontroversos e os presumidos. Tampouco serão objeto de prova as negativas absolutas e a norma jurídica.

Fatos notórios são aqueles cuja existência seja certa, conhecida de todas as pessoas de cultura média. São fatos de conhecimento comum, como o fato de que o Banco do Brasil seja o maior banco nacional, ou de que o Cristo Redentor situe-se no Rio de Janeiro, ou de que Nossa Senhora Aparecida seja a padroeira do Brasil. Logicamente, não se entenda que ninguém possa desconhecer um fato notório. Já encontrei alunos que não sabiam quem tenha sido Pedro Álvares Cabral; afinal não viveram na época dele.

Os fatos incontroversos tampouco serão objeto de prova, por não serem objeto de disputa entre as partes, ou seja, ambas concordam a respeito deles.

As presunções não serão objeto de prova. Decorrem de raciocínio lógico e sobre elas falaremos mais adiante. Podemos dar um exemplo, por enquanto, de uma presunção absoluta, que não admite prova em contrário: a presunção de que aquele que deserte um imóvel, sem arcar com seus ônus fiscais, esteja abandonando-o. De fato, se alguém desertar um imóvel, não mais arcando com os tributos que sobre ele incidam, presume tê-lo abandonado. De nada adiantará a prova em sentido contrário, uma vez que se trata de presunção absoluta.

A revelia também acarreta presunção de veracidade dos fatos alegados pela outra parte. Ocorre a revelia quando o réu não impugna os fatos alegados pelo autor, ou seja, deixa de responder as alegações do autor. Mas esta presunção é relativa, uma vez que o juiz pode determinar a produção de provas de modo a se convencer dos fatos, não estando adstrito à "verdade" decorrente da revelia. Pode ocorrer de o juiz não entender suficientes as provas apresentadas pelo autor. Neste caso, mandará que se apresentem novas provas, para se convencer. Pode ser o caso também de, por força de lei (art. 345 do CPC), a revelia não produzir efeitos. Tal será a hipótese dos direitos indisponíveis, como o estado de filho ou de companheiro. Pouco interessa que o pretenso pai não responda à ação de investigação de paternidade. Sua revelia não implicará presunção de paternidade.

Não podem ser objeto de prova as negativas absolutas de certo fato. Assim, ninguém pode ser obrigado a provar que não fale inglês, ou que não seja médico, embora seja possível provar que não seja médico inscrito no CRM de determinado Estado, por não se tratar de negativa absoluta.

Por fim, *iura novit curia*, isto é, o juiz, por presunção absoluta, conhece o ordenamento jurídico, não sendo necessário produzir prova a respeito do Direito. Apesar disso, segundo o Código de Processo Civil (art. 376), o juiz poderá determinar que a parte que alegue norma municipal, estadual, estrangeira ou consuetudinária lhe prove o teor e a vigência. Esse dispositivo tem o objetivo de facilitar a instrução probatória, sempre que ambas, ou uma das partes fundar seu pedido em Direito de município ou Estado-membro, que não sejam o do juiz, ou mesmo em Direito estrangeiro ou costumeiro. Nestes casos, o julgador não estaria obrigado a conhecer a norma. Assim, se o objeto do litígio depender de alguma norma de Direito Alemão, incumbe às partes providenciar a prova do conteúdo da norma alemã pertinente e de que esteja em vigor. De todo modo, até por razões didáticas, o bom advogado deve sempre apresentar ao juiz as normas jurídicas que amparem o direito de seu cliente.

A quem incumbe o ônus da prova? Em outras palavras, quem deve provar o quê? A resposta a essa pergunta nos dá, a princípio, o art. 373 do CPC:

Art. 373. O ônus da prova incumbe:

I – ao autor, quanto ao fato constitutivo de seu direito;

II – ao réu, quanto à existência de fato impeditivo, modificativo ou extintivo do direito do autor.

§ 1.º Nos casos previstos em lei ou diante de peculiaridades da causa relacionadas à impossibilidade ou à excessiva dificuldade de cumprir o encargo nos termos do *caput* ou à maior facilidade de obtenção da prova do fato contrário, poderá o juiz atribuir o ônus da prova de modo diverso, desde que o faça por decisão fundamentada, caso em que deverá dar à parte a oportunidade de se desincumbir do ônus que lhe foi atribuído.

§ 2.º A decisão prevista no § 1.º deste artigo não pode gerar situação em que a desincumbência do encargo pela parte seja impossível ou excessivamente difícil.

§ 3.º A distribuição diversa do ônus da prova também pode ocorrer por convenção das partes, salvo quando:

I – recair sobre direito indisponível da parte;

II – tornar excessivamente difícil a uma parte o exercício do direito.

§ 4.º A convenção de que trata o § 3.º pode ser celebrada antes ou durante o processo.

As regras do art. 373 são bastante claras; seguem o adágio popular: "quem alega tem que provar". De fato, de nada adiante alegar um fato e não prová-lo. De nada adianta alegar que fulano deva $ 100,00, se não se puder demonstrá-lo por um meio legítimo de prova. De nada adiante dizer-se filho de beltrano, se não se o puder provar. Ao réu, por sua vez, diante da prova do autor, incumbe apresentar a contraprova, sob pena de suas alegações de nada valerem. Se o autor apresentar uma nota promissória, como prova da dívida, caberá ao réu demonstrar que a nota esteja prescrita, ou que seja falsa, sob pena de ser condenado a pagar. Se o autor demonstrar ter sido vítima do réu, em acidente de trânsito, incumbirá ao réu demonstrar que não foi ele o culpado e assim por diante.

É possível ao juiz inverter o ônus da prova, bem como às partes convencionarem que o ônus da prova caiba à outra parte, ou seja, é possível também às partes inverter o ônus da prova, desde que não se trate de direito indisponível, nem dificulte à outra parte o exercício de seu direito. Assim não será lícita a inversão do ônus da prova numa investigação de paternidade. O pretenso filho não pode convencionar com o pretenso pai, que a este exclusivamente incumba o ônus de provar que não seja o pai. Trata-se de direito indisponível. Tampouco poderá ser possível, num contrato de locação, as partes convencionarem que ao inquilino toque o ônus de provar que tenha entregado o imóvel nas mesmas condições em que o recebera. Esse ônus incumbe ao locador, que deverá demonstrar não ter sido o imóvel entregue nas condições em que foi dado ao locatário. Exigir que o inquilino demonstre que o imóvel foi restituído no mesmo estado, principalmente após já tê-lo entregado, pode ser impossível.

Para além de qualquer convenção, como visto acima, o juiz poderá inverter o ônus da prova a favor do autor, diante de peculiaridades da causa relacionadas à impossibilidade ou à excessiva dificuldade de cumprir o encargo ou à maior facilidade de obtenção da prova do fato contrário, poderá o juiz atribuir o ônus da prova de modo diverso, desde que o faça por decisão fundamentada, caso em que deverá dar à parte a oportunidade de se desincumbir do ônus que lhe foi atribuído. O Código do Consumidor também admite a inversão do *onus probandi*, se for verossímil a alegação do consumidor, ou quando ele for hipossuficiente[30] (art. 6º, VIII, do CDC). Essa norma visa facilitar a defesa do consumidor em juízo, ou mesmo o exercício de seus direitos. De fato, em algumas circunstâncias, é muito difícil ao consumidor a prova de certos fatos: por exemplo, se a televisão recém-adquirida de A explodiu ao ser ligada, como A irá demonstrar que o acidente ocorreu por defeito de produção. Neste caso, o juiz poderá inverter o ônus de provar, imputando à fábrica o ônus de demonstrar não ter havido defeito de produção. Diga-se de passagem, essa inversão não precisa se avisada pelo juiz ao

---

30 Hipossuficiente, em termos gerais, é a parte economicamente mais fraca, que não tem como se contrapor à outra. Exemplo: uma pessoa comum, pequeno assalariado, diante do Banco Bradesco.

fornecedor, nem requerida pelo consumidor. Afinal, trata-se de norma pública. A inversão pode operar-se, a qualquer momento, no início do processo, quando da litis *contestatio*, ou seja, quando da fixação dos limites da controvérsia, quando da especificação de provas, ou no momento da sentença, ou seja, ao prolatar a decisão, o juiz pode inverter o ônus da prova e considerar que a fábrica de televisões, por exemplo, não tenha demonstrado a não ocorrência de defeito de fabricação, o que seria muito difícil, senão impossível para o consumidor, e, assim, dar por finda a controvérsia, julgando a favor do consumidor.

Por *ônus da prova*, assim, entenda-se o interesse próprio de demonstrar um outro interesse próprio. Em outras palavras, o ônus não se confunde com o dever, que se subordina a um interesse alheio. No dever, fazemos algo no interesse alheio (pagamos uma dívida, por exemplo). No ônus, fazemos algo em nosso próprio interesse, daí a relevância do ônus da prova, que é de exclusivo interesse da parte beneficiária. É de seu interesse agir (produzir a prova) para salvaguardar seus próprios interesses.

De todo modo, a regra do *onus probandi* é do juízo, não das partes. Isso equivale a dizer que, para o juiz, pouco importa quem tenha produzido a prova, desde que ela o convença. Só quando os fatos não estiverem convenientemente provados é que o juiz se utilizará, à literalidade, do art. 373.

Aliás, é importante frisar, a esta altura, que o sistema probatório brasileiro se pauta pela ampla liberdade do juiz. Em outras palavras, o juiz, para seu convencimento, tem ampla liberdade para requerer a produção das provas que julgar importantes, liberdade esta que se estende à apreciação das provas colhidas. O juiz pode mesmo aceitar ou requisitar prova emprestada de outro processo, desde que diga respeito à(s) mesma(s) parte(s) e seja pertinente e relevante. Assim, por exemplo, o juiz poderá usar a prova da posse num processo de usucapião, para julgar uma ação possessória.

A prova pode ser legal (legítima e lícita), ou ilegal (ilegítima e ilícita). A prova legal deve ser legítima, ou seja, deve ser produzida de acordo com as normas processuais, e deve ser lícita, devendo respeitar as normas de Direito Material. Exemplo de prova ilegítima, é a prova apresentada depois e em contradição com a especificação de provas produzida pela parte. Assim, se a parte não requereu, no devido tempo, a oitiva de certa testemunha, não poderá fazê-lo, a não ser que o juiz concorde, no exercício de sua liberdade para colher e apreciar as provas. Tratar-se-ia de prova ilegítima, pois que contrariando o Código de Processo Civil. Por outro lado, a prova ilícita é a que contraria o Direito Material. Exemplo seria o da escuta clandestina de telefone, ou o da correspondência violada. A diferença é de pouca importância, porém. O que importa é a ilegalidade da prova. Não vamos, portanto, discutir, se a tortura seria meio ilícito ou ilegítimo de prova.

De toda maneira, vigora o princípio da inadmissibilidade da prova ilegal. Em outras palavras, seja ilícita ou ilegítima, a prova ilegal não será, normalmente, admitida. Há, todavia, hipóteses de exclusão da ilicitude (ilegalidade), quando, na ponderação de valores, sopesar valor maior. Esse é o caso do processo penal, que admite prova que seria, em tese, ilícita, diante de um valor maior, qual seja, a liberdade. Daí a admissibilidade de eventual escuta clandestina de telefone, por exemplo. No processo civil, porém, essa exclusão de ilicitude não é vista com bons olhos pela jurisprudência reinante, embora muitos propugnem por sua aplicação, em casos em que valores menores devessem ceder a valores maiores. Seria de se admitir, pois, numa ação indenizatória, ou numa dispensa por justa causa, a violação de correspondência entre a babá e seu namorado, a fim de provar que vinha dando vodca para o bebê dormir mais e profundamente. Diga-se, por oportuno, que não é ilegal a instalação de câmeras ocultas para o fim de produzir esse tipo de prova, bem como a gravação de conversa telefônica de que o próprio interessado participe. Também deve-se acrescentar ser possível, tanto no processo civil, quanto no penal ou trabalhista, a quebra do sigilo fiscal, bancário ou mesmo de *e-mail*, desde que baseado em ordem judicial. O juiz só expedirá o mandado com tal ordem, excepcionalmente, se entender que seja o caso. Por outros termos, o juiz não deverá expedir esse tipo de mandado levianamente, mas apenas em último caso. Afinal, intimidade, privacidade são coisa sérias...

Vistas em linhas gerais, algumas noções introdutórias, estudemos, agora, cada um dos meios de prova, a que já aludimos *supra*.

Confissão

Confissão é a confirmação do ato pela parte que com ele se prejudica. É a confirmação da existência da dívida pelo devedor, por exemplo.

Segundo o art. 389 do CPC, haverá confissão, "quando a parte admite a verdade de fato contrário ao seu interesse e favorável ao do adversário".

Para que haja confissão, o confitente deve ser capaz, o direito não pode ser indisponível e a forma há de ser adequada.

A capacidade para confessar deve ser, em princípio, a genérica, adquirida aos 18 anos ou pela emancipação. Pode ser o caso de a Lei exigir capacidade especial, como nas ações que versem sobre bens imóveis, em que a confissão de um cônjuge não vale sem a de seu consorte, salvo se o regime de bens do casamento for o da separação convencional (absoluta). A confissão é, porém, ato personalíssimo. Obviamente, só pode confessar o titular do direito ou da obrigação. Uma pessoa não pode confessar pela outra.

O objeto da confissão deve ser algum fato jurídico, não necessariamente um direito. De todo modo, a confissão atribui ou retira direitos de alguém. Por isso mesmo, exatamente por poder privar alguém de direitos, admite-se-a com reservas, quando se tratar de direitos indisponíveis. Portanto, de nada adiantaria, numa ação de investigação de paternidade, a confissão da mãe de não ter tido relação com o pretenso pai do investigando. Este, ainda assim, poderá exigir prova mais robusta, como o exame de DNA. Por outro lado, a confissão do pretenso pai poderá ser aceita.

Aliás, a confissão, rigorosamente, não tem natureza de meio de prova, mas de meio que dispensa a prova. É, pois, um fato jurídico (ato em sentido estrito), pelo qual o beneficiário fica dispensado de produzir a prova de seu direito.

Pode ser expressa ou tácita. A confissão será expressa se verbal ou escrita. Não se admite confissão verbal, se a lei exigir prova escrita. A confissão tácita se dá pelo silêncio, sendo também denominada confissão ficta. Só pode ser aceita em casos excepcionalíssimos, em que o silêncio, ou seja, a abstenção do confitente implicar indubitavelmente a intenção de confessar. A confissão pode operar-se também por presunção. Ocorre pela revelia. Como já visto, a revelia faz presumir confessos todos os fatos alegados pela parte contrária e, evidentemente, não contestados pelo réu revel. Diferencia-se da tácita, em que naquela não há a necessidade de se presumir o que quer que seja; o silêncio já será evidência bastante de confissão.

Pode ser ainda judicial ou extrajudicial, dependendo de a confissão ser feita em juízo ou fora dele. Se feita em juízo, será lavrada em termo nos autos, quando espontânea; sendo objeto de depoimento pessoal, será também atermado nos autos, se provocada pelo juiz ou pela outra parte.

Os limites da confissão devem ser interpretados restritivamente. Assim, sendo vários os autores ou réus, a confissão de um deles não aproveita, nem, necessariamente, prejudica os demais.

Apesar de ser meio dos mais robustos para a realização dos direitos, a confissão não necessariamente vincula o juiz, que tem ampla liberdade para avaliar o conjunto das provas e, eventualmente, não levar em conta a confissão, que pode mesmo não ser verídica.

Diga-se, por fim, que a confissão poderá ser anulada, se realizada sob efeito de erro de fato ou de coação. Se a sentença que decidir o caso, tendo como único fundamento a confissão, já houver transitado em julgado, a invalidação da confissão e, consequentemente, da sentença será via ação rescisória, na dicção do art. 966, III e VI, do CPC.

Documento

Documento é qualquer objeto que represente ou traduza palavras, ideias, imagens, sons ou fatos, servindo de prova de um fato jurídico. A definição parece muito ampla, mas é para ser ampla mesmo, pois que se consideram documentos não só papéis, mas também as reproduções fotográficas, cinematográficas, os registros fonográficos e outras reproduções mecânicas ou eletrônicas, assim como objetos, tais como a arma de um crime, as alianças gravadas com o nome do casal, para provar, por exemplo, a intenção de noivado; tudo isso é documento.

Os documentos se materializam por um instrumento, que será o papel escrito (escritura – pública ou particular), o suporte em que se registram os sons ou as imagens, o material de que seja feita uma arma, ou as alianças de noivado etc.

Os documentos serão públicos ou particulares.

Públicos serão os documentos escritos, lavrados por notário ou por outro agente público, como o escrivão, o delegado, o juiz, o funcionário de certo órgão público, como uma universidade federal, por exemplo, o policial militar etc. Documento público é, assim, todo escrito ou escritura pública. São papéis oriundos das repartições públicas, de agentes públicos e, especialmente, dos cartórios, nos quais se celebram aqueles atos para os quais se exija instrumento público. Neste item, inserem-se os atos praticados em juízo, que são aqueles, verbais ou escritos, praticados pelas partes ou seus advogados, no transcorrer de processo judicial e reduzidos a termo nos autos de um processo.

Os documentos públicos gozam de presunção relativa de veracidade. Por outros termos, presumem-se verdadeiros, até prova em contrário. Todo agente público, no exercício de suas funções, ao emitir uma declaração, ao exarar um documento, goza de fé pública, ou seja, presume-se que esteja agindo conforme a verdade, até que se prove o contrário.

Pode-se emprestar veracidade presumida ao documento público que for emitido por agente incompetente, mas que tenha a aparência de autoridade competente, pelo princípio da confiança, lastreado aqui pela teoria da aparência.

Particulares serão todos os escritos que representem atos realizados, assinados e emitidos por quem não tenha fé pública. Em outras palavras, é todo e qualquer papel escrito fora das repartições públicas e cartórios, por um particular. Mas não só os papéis. São também documentos particulares outros objetos que registrem imagens ou sons, ou que, mesmo sem registrar palavras, imagens ou sons, sirvam de prova de um fato jurídico. Tal é o caso, como já visto da arma de um crime, da estátua esculpida por um artista, das alianças de noivado etc. Como se pode ver, a definição de documento particular é negativa, isto é, documento particular é o que não seja público.

O documento particular também goza da presunção de veracidade, em relação a quem o elabore e/ou subscreva. A regra deve ser, entretanto, relativizada e analisada com certo critério, uma vez que, muitas vezes, assinamos documentos sem os ler, seja por falta de opção, seja por confiança depositada na outra parte. Se, por exemplo, uma pessoa é obrigada a abrir uma conta bancária para receber seu salário, de que adiantaria ler o contrato? Se uma mãe assina, sem ler, a procuração que lhe apresenta seu filho, outorgando-lhe certos poderes, quem a poderia censurar? Na verdade, rigorosamente, segundo o princípio da confiança, cerne das relações negociais, cada um de nós tem o direito de confiar no outro. Por isso mesmo, o art. 219 do CC deverá ser interpretado no sentido de presumirem-se verdadeiras as declarações constantes de documentos assinados, em relação a seus signatários, desde que seja razoável assim se o presumir. Dessarte, se alguém assinar um cheque, uma confissão de dívida ou algo assim, nada mais razoável do que se aplicar a regra do art. 219. Mas, caso se trate de um contrato de seguro, de um contrato bancário, de um documento assinado em branco, para posterior preenchimento, ou algo do gênero, a regra simplesmente não pode ser aplicada à parte que o não tenha elaborado ou preenchido, sob pena de se atentar contra os princípios da confiança e da proteção ao hipossuficiente ou ao vulnerável.

Os documentos particulares só têm eficácia contra terceiros, depois de levados a registro público. Antes de registrados, possuem eficácia apenas junto às partes interessadas. Assim, um contrato de promessa de compra e venda de imóvel só será oponível contra terceiros, depois de ser registrado no cartório de registro de imóveis. Se não o for, e o vendedor vender o imóvel a uma segunda pessoa, o primeiro comprador nada poderá fazer contra o segundo, que não era obrigado a ter conhecimento da primeira venda não registrada. Poderá agir apenas contra o vendedor.

Os documentos fotocopiados fazem prova, até que sejam eventualmente impugnados, quando deverá ser apresentado o documento original. Mesmo que sejam autenticados por tabelião de notas sua força probante, embora maior, pois o tabelião é dotado de fé pública, é também relativa. Neste caso, porém, quem impugnar a autenticidade documento é que deverá se desincumbir de prová-lo. Vale lembrar que, tratando-se de títulos de crédito, como uma nota promissória, por exemplo, deve ser sempre apresentado o original, para efeito de execução judicial.

Em relação aos telegramas, o Código Civil encontra-se absolutamente defasado. Exige a apresentação do original assinado, se for contestada a autenticidade do telegrama, esquecendo-se, por completo, que os telegramas, já em 2002, eram postados via internet. Talvez nem mais o telegrama fonado se usasse naquela época. E mesmo que se usasse, o telegrama fonado tampouco tem original assinado.

Os documentos enviados por fax têm força probatória, desde que sua autenticidade não seja impugnada, quando deverá ser apresentado o original. No Direito Processual admite-se o envio de peças processuais ou documentos por fax, ficando a parte interessada com a incumbência de apresentar os originais em cinco dias, segundo a Lei n. 9.800/1999.

Os documentos eletrônicos devem ser aceitos como prova, aplicando-se-lhes inclusive a presunção de autenticidade e veracidade. Imagens, palavras e sons veiculados na internet podem ser fugidios; hoje são acessíveis, amanhã não mais. Por vezes, não há como imprimir (um som, por exemplo). Por isso mesmo, é sempre possível, sejam sons, imagens ou palavras, a prova notarial. O interessado comparece perante o tabelião de notas e pede seja exarada uma certidão, fixando em palavras escritas e autenticando o conteúdo verbal exibido na internet, ou imprimindo e autenticando os escritos ou imagens nela veiculadas. O tabelião acessa o sítio virtual, ouve, anota, imprime e extrai a devida certidão, ou cópias autenticadas, atestando que no dia e na hora tais, aquele conteúdo estava à mostra no sítio tal e tal da internet.

Segundo o art. 384 do CPC, a existência e o modo de existir de algum fato podem ser atestados ou documentados, a requerimento do interessado, mediante ata lavrada por tabelião, e os dados representados por imagem ou som gravados em arquivos eletrônicos poderão constar dessa ata notarial.

Os documentos em língua estrangeira deverão ser traduzidos por tradutor juramentado, a fim de terem validade no território nacional. A profissão de tradutor juramentado é regulada em lei especial (Decs. n. 13.609/1943 e 20.256/1945). O tradutor deve ser aprovado em concurso público, realizado pela Junta Comercial de cada Estado, e, sendo aprovado, recebe o título de "Tradutor Público e Intérprete Comercial" (TPIC). Os documentos em língua espanhola, por força dos tratados do Mercosul, ficam dispensados de tradução oficial, ou mesmo de qualquer tradução, a não ser que sejam de difícil entendimento, como o seguinte período: "se oía un cotorreo insoportable del cotorro vecino. Eran el vecino, un camotudo imbecil con una grande cocorota, y su presunta camote".

Os livros contábeis dos empresários, devidamente escriturados, podem fazer prova a favor ou contra seus titulares. Esses livros podem ser objeto de exame ou de perícia contábil. O exame não tem caráter técnico e pode ser feito por qualquer pessoa, um dos sócios, por exemplo. A perícia contábil tem caráter técnico e deve ser feita por contador habilitado, em juízo ou não. Acrescente-se, entretanto, que nenhuma empresa pode ser obrigada a exibir seus livros, a não ser nos casos previstos em lei, como, por exemplo, o de fiscalização da Receita, ou o de litígio entre sócios, ou o de litígio da sociedade e terceiros, com ordem judicial.

Testemunha

Testemunha é a pessoa natural que, por ter visto, ouvido ou provado algo relativo ao fato controverso, possua conhecimento a ser aferido mediante inquirição por autoridade competente, seja o juiz, o delegado ou o promotor.

As testemunhas podem ser instrumentárias ou judiciais, estas referenciais ou abonatórias e indiciárias.

Instrumentárias são as testemunhas que presenciam certo ato jurídico e, normalmente, assinam seu instrumento escrito. Exemplo são as testemunhas de um contrato, de um testamento, de um casamento etc.

As testemunhas judiciais são as que, tendo presenciado, ouvido ou provado algo relativo a um fato controverso, são chamadas a depor sobre esse fato, para o deslinde da questão. Exemplo são as testemunhas de um acidente de trânsito, de um homicídio etc.

Testemunha abonatória ou referencial é aquela que esclarece fato sobre o qual outra testemunha depôs. Assim, se uma testemunha diz ter conhecimento do fato por ter sido informada por outra pessoa, é possível que o juiz deseje ouvir essa outra pessoa, que é nada mais nada menos que a testemunha referencial.

Indiciária é a testemunha que conhece o fato de ouvir dizer, a partir de rumores.

Dependendo do órgão do sentido utilizado, fala-se em testemunha ocular ou auditiva.

Dada a falibilidade da prova testemunhal, há fatos que não podem ser provados por esse meio. Não admitem, pois, a prova testemunhal os fatos que já estejam provados por documento ou confissão; os atos que só se possam provar por escrito, como os testamentos ordinários; os fatos que só possam ser provados por perícia, como a demarcação de terras.

Havia uma restrição no art. 227 do CC, relativa aos negócios cujo valor fosse maior do que o décuplo do salário mínimo. Não poderiam ser provados apenas por testemunhas. Em relação a essa restrição, havia posicionamento do STJ no sentido de considerá-la inconstitucional, uma vez que as pessoas de maior poder aquisitivo, que celebrassem negócios de maior valor ficariam com seu direito de defesa aviltado, reduzido, em relação às pessoas de menor poder aquisitivo. De todo modo, o parágrafo único do art. 227 do CC suavizava o rigor e a inconstitucionalidade do *caput*, permitindo expressamente a prova testemunhal em negócios de qualquer valor, como subsidiária ou complementar da escrita. Consequentemente, não havendo prova escrita, era de se recorrer subsidiariamente à prova testemunhal, mesmo que se tratasse de negócio de valor superior a dez salários mínimos. A inconstitucionalidade do *caput* do art. 227 ficava, então, solucionada pelo próprio artigo, em seu parágrafo único. A questão ficou, porém, superada, com a revogação expressa do *caput* do art. 227, pelo art. 1.072 do CPC/2015. Em outras palavras, a prova testemunhal se admite em todos os negócios, seja qual for o seu valor.

Quantas testemunhas cada parte pode apresentar em seu favor?

Segundo o Código de Processo Civil (§ 6º, art. 357), cada uma das partes poderá apresentar até dez testemunhas, sendo que, se para um mesmo fato apresentarem-se mais de três testemunhas, o juiz poderá reduzir-lhes o número.

É válida a prova de um fato por uma só testemunha? Perfeitamente. O brocardo *testis unus, testis nullus* é dito popular, não norma jurídica. Uma única testemunha, por sua reputação e confiabilidade, pode ser convincente o bastante, dispensando-se qualquer outra prova.

As testemunhas judiciárias devem cumprir certas condições de admissibilidade, que se dividem em três categorias, segundo o art. 447 do CPC: capacidade, desimpedimento e insuspeição. O Código Civil mistura as três classes no art. 228. Apenas as testemunhas judiciárias devem cumprir essas condições. As instrumentárias, não, uma vez que sua função é a de convalidar certos atos, como os testamentos ou os contratos.

São capazes para testemunhar os maiores de dezesseis anos, que tenham discernimento e os sentidos necessários ao conhecimento dos fatos em questão. Os menores de dezesseis poderão apenas prestar informações.

Além dos menores de dezesseis anos, não podem testemunhar os portadores de enfermidade mental que lhes retire o discernimento para a prática dos atos da vida civil, assim a pessoa com Alzheimer em estado avançado, as pessoas em coma, dentre outras. Tampouco podem testemunhar os portadores de deficiência mental grave, que lhes prive do necessário discernimento, bem como os cegos e surdos, quando a ciência dos fatos dependa do sentido que lhes falte.

Os deficientes físicos, mentais ou intelectuais, desde que, por óbvio, possuam o necessário discernimento, poderão testemunhar em igualdade de condições com as demais pessoas, sendo-lhes assegurados todos os recursos de tecnologia assistiva.

Os desimpedidos são aqueles que objetivamente possam prestar depoimento isento e imparcial. Portanto, são impedidos os ascendentes e os descendentes, o cônjuge, o companheiro e os colaterais até o terceiro grau, seja o parentesco consanguíneo ou civil, como os irmãos inclusive por adoção. Também são impedidos de testemunhar as pessoas que tenham relação de afinidade, seja na linha reta, como sogro e nora, ou na colateral (cunhados). Todas essas pessoas poderão testemunhar se o exigir o interesse público ou, tratando-se de causa relativa ao estado da pessoa, não se puder obter de outro modo a prova de que o juiz necessite para decidir o mérito da questão.

Tampouco pode testemunhar o que é parte na causa; o que intervenha em nome de parte, como o tutor, na causa do menor, o advogado, o juiz e outros.

O cônjuge e o companheiro se consideram impedidos de testemunhar. E o namorado?

O entendimento que, a meu ver, deve prevalecer é o de que tampouco ele deva ser admitido como testemunha. O que interessa nesses casos é a relação de afeto, que torna o indivíduo parcial e pouco crível.

O mesmo se diga, aliás, do empregado, que, embora seja admitido como testemunha, deve ter seu depoimento relativizado, tendo em conta a relação de dependência que mantém com seu empregador, o que interfere em sua parcialidade. Não julgo, assim, exaustiva a lista dos arts. 447 do CPC e 228 do CC. Julgá-la exaustiva seria desconhecer o objetivo da Lei, que é o de impedir ou tornar suspeito o testemunho de pessoas que, eventualmente, não gozem da imparcialidade ou da credibilidade necessárias para esclarecer o juiz, além de desconhecer a realidade da vida, muito mais rica que o texto legal.

Além de capaz e desimpedida, a testemunha não pode ser suspeita. A suspeição desmerece a credibilidade por razões subjetivas. Dessa forma, são suspeitas as pessoas definitivamente condenadas por crime de falso testemunho; as indignas de fé por seus costumes, os amigos íntimos e os inimigos capitais, além das que tiverem interesse no litígio, seja por se beneficiarem ou por se prejudicarem com determinado resultado.

Aqui, é necessária uma nota. Pessoas indignas de fé por seus costumes, hoje em dia, são apenas aquelas que naturalmente já o seriam por terem o discernimento prejudicado, como o alcoólatra contumaz, ou o dependente químico, para citar dois exemplos de pessoas que, vivendo bêbedas ou drogadas, na sarjeta, efetivamente, não possuem credibilidade suficiente, para o que quer que seja. Definitivamente, não há estender essa indignidade às prostitutas, homossexuais e outras minorias, sob pena de puro preconceito, o que atentaria, sobretudo, contra o princípio da dignidade humana, interpretação, evidentemente, inconstitucional.

Em relação a todos os incapazes, impedidos e suspeitos, aplica-se a mesma regra que aos menores de dezesseis anos: sendo necessário, o juiz os ouvirá como informantes, não como testemunhas. A diferença entre informantes e testemunhas é que estas têm que prestar compromisso de dizer a verdade, sob pena de prisão. Os informantes não têm esta obrigação.

A incapacidade, o impedimento e a suspeição, segundo o art. 457, parágrafo 1º, do CPC, devem ser suscitados, na audiência de instrução, antes do depoimento da testemunha. Permite-se também, por razoabilidade, que seja durante, ou após o depoimento, tão logo se tome conhecimento do motivo da inadmissibilidade. O ideal é que seja antes do depoimento, mas, às vezes, só se toma conhecimento do motivo da inadmissibilidade depois. Seria absurdo que o interessado não pudesse apresentar ao juiz as razões da inadmissibilidade da testemunha, o que afetaria o amplo direito de defesa e até mesmo o correto convencimento do juiz. Chama-se *contradita* esse ato de suscitar a incapacidade, o impedimento ou a suspeição. A contradita, por sua vez, deverá ser acompanhada de prova, seja documental ou testemunhal, não apenas de alegações levianas. Se a prova for testemunhal, as testemunhas (até três) serão ouvidas, em separado, na própria audiência de instrução, ou em outro momento adequado.

Por fim, segundo o art. 388 do CPC, não se pode exigir o testemunho de quem deva, por estado ou profissão, guardar sigilo sobre o fato. Não se pode exigir que o padre testemunhe sobre segredo de confissão. Da mesma forma, ninguém pode ser obrigado a depor sobre fato a que não possa responder sem desonra própria, de seu cônjuge ou companheiro ou de parente em grau sucessível; nem sobre fato que o exponha ou a estas pessoas a perigo de vida. Por fim, ninguém pode ser obrigado a depor sobre crime ou fato torpe que lhe seja imputado.

Essa obrigação de sigilo encontra fundamento imediato nos direitos da personalidade, principalmente, nos direitos ao recato, à intimidade, à vida digna. Como destacam Nelson Rosenvald e Cristiano Chaves de Farias,

> Trata-se, verdadeiramente, de um caminho para a concretização da *dignidade humana* – valor máximo do ordenamento jurídico brasileiro – reconhecendo a todos uma proteção à sua intimidade e privacidade, contra possíveis revelações de fatos que lhe desabonem a vida sentimental, o estado de saúde e o próprio equilíbrio físico-psíquico. O sigilo almeja, por conseguinte, preservar interesses pessoais – tais como proteção do núcleo familiar, manutenção de relações empregatícias e contratuais, tutela do recato – que poderiam ser vulnerados com a publicidade de determinadas informações.
>
> Nesta linha de intelecção, sobreleva destacar que a violação de fato sigiloso ofende, frontalmente, direitos da personalidade protegidos constitucionalmente (notadamente, a intimidade e a privacidade), impondo ao agente o dever de indenizar danos extrapatrimoniais e patrimoniais, eventualmente existentes.[31]

Assim, além dos casos arrolados no parágrafo acima, ficam dispensados o médico em relação a seus pacientes; o advogado em relação a seus clientes; o fisco em relação ao contribuinte; os bancos em relação a seus clientes; os provedores de internet em relação a seus clientes e aos internautas em geral; o agente público, quanto aos segredos de Estado, isto é, aqueles que digam respeito a negócios políticos, econômicos ou militares que, por razões de ordem, segurança ou interesse públicos, devam manter-se sigilosos. Mas não só nestes casos. Sempre que o sigilo seja razoavelmente exigível, sob pena de se atentar contra a dignidade humana, haverá dispensa de prestar testemunho.

Ressalte-se, porém, que essas dispensas não se aplicam às ações de estado e de família, uma vez que, nelas, o depoimento dessas pessoas pode ser a única prova possível. O fundamento seria a dignidade humana, por se tratar de ações relativas ao plano existencial das pessoas naturais. Assim mesmo, é de se relativizar essa norma, uma vez que a dignidade do dispensado tem tanto valor quanto a da pessoa em cujo favor ou contra quem se queira produzir a prova.

---

31 FARIAS, Cristiano Chaves de; ROSENVALD, Nelson. **Direito civil**: teoria geral... cit., p. 612.

Presunção

Presunção é a relação que se faz de fato conhecido para se provar fato desconhecido. É a dedução, a consequência que se extrai de um fato incontroverso, a fim de se aferir a verdade sobre um fato duvidoso ou desconhecido. A presunção pode utilizar-se do silogismo ou de outro método da lógica. Apesar de incluída no rol das provas em Direito admitidas, do art. 212 do CC, na verdade, a presunção não é bem um meio de prova, mas um método para se chegar a determinada conclusão. Dessa forma, se assino um cheque, presume-se que a assinatura confira, e que eu haja desejado assiná-lo, uma vez que se presume que ninguém assine um documento contra sua vontade e, por isso, as declarações constantes de documento escrito e assinado presumem-se verdadeiras em relação a seus signatários (art. 219 do CC).

Há dois tipos de presunção: a *praesumptio iuris* e a *praesumptio facti* (*praesumptio hominis*).

A primeira é a presunção jurídica ou legal, estabelecida por lei. Exemplo é o do art. 1.597, que estabelece as presunções de filiação durante o casamento, como a hipótese dos filhos nascidos 180 dias, pelo menos, depois de estabelecida a convivência conjugal.

Há dois tipos de presunção legal. A que admite prova em contrário, chamada de relativa, e a que não a admite, denominada absoluta. A primeira recebe o nome de presunção *iuris tantum*. Tal é o caso do cheque, ao qual se referiu, ainda há pouco (art. 219 do CC). A segunda se denomina presunção *iuris et de iure*, ou presunção de pleno Direito. Só ocorre quando a Lei expressamente estabelecê-la. Exemplo seria a presunção de que, uma vez cessada a posse e o atendimento aos ônus fiscais, presuma-se a intenção de ter abandonado o imóvel (art. 1.276, § 2º, do CC).

A *praesumptio facti* (*praesumptio hominis*) é denominada presunção comum, por não estar prevista em lei. Decorre de dedução lógica de certos fatos. A *praesumptio facti* ou presunção de fato decorre da dedução de um fato, e por ser obra humana, pode ser chamada, por essa ótica, de praesumptio hominis ou presunção do homem, ou ainda presunção judicial, se feita pelo juiz no curso de um processo, a partir das provas que lhe forem apresentadas. Exemplo de presunção de fato é a presunção de culpa do cirurgião nas cirurgias plásticas meramente embelezadoras; outro exemplo é a presunção de culpa do motorista que bate por detrás; outro exemplo ainda é a presunção de tratar-se de coisa abandonada, uma mala vazia achada num depósito de lixo. Nenhuma dessas hipóteses está prevista em lei. Trata-se de construção doutrinária e jurisprudencial, com base na observação dos fatos, na experiência prática. As presunções de fato jamais serão absolutas, sempre admitindo prova em contrário.

Perícia

Perícia é uma espécie de prova que pode consistir na realização de exames, vistorias e avaliações. Exames e vistorias são inspeções técnicas, realizadas por expertos em certos assuntos, como medicina, engenharia, contabilidade etc. Pode ocorrer de o próprio juiz realizar a vistoria *in loco*,[32] uma vez que se julgue habilitado e reputando necessário. Avaliação ou arbitramento é o exame de alguma coisa, por peritos, para determinar-lhe o valor ou estimar em dinheiro alguma obrigação. É meio extraordinário de prova, até mesmo por seus custos.[33]

Há quem diferencie, não sem certa razão, a perícia da simples inspeção ou vistoria judicial, uma vez que esta não depende de conhecimentos técnicos especializados.[34]

A prova pericial será requisitada pelo juiz ou pelas partes, sempre que se sentirem inabilitados a emitir opinião a respeito de alguma matéria específica, cujo saber seja especializado. Há perícia médica, psicossocial, psicológica, topográfica, de engenharia civil, contábil etc.

O perito deve ser pessoa natural e está sujeito aos mesmos requisitos de imparcialidade, desimpedimento e insuspeição que o juiz. Em outras palavras, não pode haver qualquer suspeita de parcialidade do perito, sob pena de seu laudo nada valer.

As partes podem nomear assistentes técnicos para acompanhar o perito. Os assistentes não precisam ser imparciais, evidentemente, mas nada impede que concordem com o perito, assinando todos um mesmo laudo.

O juiz não está vinculado ao laudo pericial. Pode ser que concorde com um dos assistentes técnicos, se houver divergência, e pode ser que forme opinião própria e diferente do perito e dos assistentes, ao avaliar o conjunto probatório. Isso não é comum, entretanto. Há, inclusive, hipóteses, em que o juiz se vincula à perícia, como é o caso da paternidade estabelecida por exame de DNA. Não há como o juiz divergir do resultado.

Ninguém pode ser forçado a se submeter a perícia médica, como já se manifestou o STF, em acórdão de 1996.

> Investigação de paternidade – Exame DNA – Condução do réu "debaixo de vara". Discrepa, a mais não poder, das garantias constitucionais implícitas e explícitas – preservação da dignidade humana, da intimidade, da intangibilidade do corpo humano, do império da lei e da inexecução específica da obrigação de fazer – provimento judicial que, em ação civil de investigação de paternidade, implique determinação no sentido de o réu ser conduzido ao laboratório

---

32 In loco significa "no local". O juiz pode resolver vistoriar, por exemplo, o local em que ocorreu o fato litigioso.
33 BEVILÁQUA, Clóvis. **Código Civil**... cit., 3. ed., v. 1, p. 390.
34 FARIAS, Cristiano Chaves de; ROSENVALD, Nelson. **Direito civil**: teoria geral... cit., p. 592.

"debaixo de vara", para coleta do material indispensável à feitura do exame DNA. A recusa resolve-se no plano jurídico-instrumental, consideradas a dogmática, a doutrina e a jurisprudência, no que voltadas ao deslinde das questões ligadas à prova dos fatos.[35]

O próprio Código Civil prescreve a mesma norma, nos arts. 231 e 232. Na verdade, a norma depreende-se desses artigos, uma vez que ambos preveem a possibilidade de recusa e a impossibilidade de aquele que se negue, aproveitar-se da negativa em seu benefício, bem como a presunção de ser verdadeiro o fato que deveria ser apurado pela perícia recusada.

Há doutrina que se posicione em contrário, porém, entendendo ser a perícia médica compulsória, quando pela ponderação de valores se chegar a essa conclusão. Exemplo seria o exame de DNA para a comprovação de paternidade. O direito à filiação fala mais alto que o direito à intimidade do suposto pai. É uma situação, de fato, complicada, que dá o que pensar.

Cabe acrescentar, em conclusão, que a lista de meios de prova que acabamos de examinar é, tão somente, exemplificativa. Sua interpretação deverá ser ampliativa, sendo limitada, logicamente, pela moral, pela boa-fé e pelos bons costumes (boas práticas).

7.3.9 Defeitos dos atos jurídicos

Defeito é todo vício que macule o ato jurídico, tornando-o passível de anulação. Há defeitos mais ou menos sérios. Os mais sérios se denominam graves, por viciarem o ato de forma definitiva. Os menos sérios denominam-se leves, por poderem ser remediados pelas partes interessadas.

a) Defeitos graves

São aqueles que atingem os próprios requisitos de validade dos atos jurídicos. Assim, seriam graves os previstos no art. 166, quais sejam, a incapacidade absoluta do agente, a impossibilidade do objeto, a ilicitude do motivo determinante, comum a ambas as partes e a inadequação de forma, além de outros previstos, esparsamente, na legislação. O Código Civil inclui também a simulação entre os defeitos graves.

Absolutamente incapazes são os menores de 16 anos.

O objeto será impossível, quando for irrealizável do ponto de visto material (venda de um lote na lua) ou jurídico (venda de uma praça pública). Será ilícito, quando contrário à Lei (venda de cocaína).

---

35 BRASIL. Supremo Tribunal Federal. **HC 71.373-4/RS**. Pleno. Data de julgamento: 10 nov. 1994. Relator para acórdão: Min. Marco Aurélio. DJU, 22 nov. 1996.

O motivo comum determinante do negócio será ilícito, quando contrário à Lei (A aluga seu apartamento a B, para que este explore ponto de venda de drogas).

A forma será inadequada, quando desrespeitar prescrição ou proibição legal. Os testamentos ordinários, por exemplo, serão sempre escritos (há prescrição legal neste sentido) e não podem ser assinados por duas pessoas ao mesmo tempo (há proibição legal neste sentido). Caso o testamento seja em vídeo, ou seja assinado por duas pessoas, será portador de defeito grave.

Da simulação, trataremos mais abaixo.

b] Defeitos leves

São os que não atingem o ato de forma definitiva, considerados tais os listados no art. 171, ou seja, a incapacidade relativa do agente, os vícios do consentimento (erro, dolo, coação), o estado de perigo, a lesão e a fraude contra credores, além de outros, previstos na legislação de maneira difusa.

Relativamente incapazes são os maiores de 16 e menores de 18 anos; os ébrios habituais e os viciados em outros tóxicos incapacitantes; os que não consigam expressar sua vontade e os pródigos.

■ **Vícios do consentimento**

São aqueles defeitos que se verificam quando o agente declara sua vontade de maneira defeituosa. São vícios ou defeitos da vontade do agente. Os vícios do consentimento são o erro, o dolo e a coação. Em princípio, admitem correção. São leves.

■ **Erro**

É o mais elementar dos vícios do consentimento. Quando o agente, por desconhecimento ou falso conhecimento das circunstâncias, atua de modo que não seria de sua vontade, caso conhecesse a verdadeira situação, diz-se que procede com erro. Como exemplo, podemos citar pessoa, residente em Manaus, que compra lote no litoral gaúcho, enganada pelas fotografias do vendedor. Logicamente, não se deslocou de Manaus ao Rio Grande do Sul para conferir. A distância não compensava. Quando o fez, descobriu não passar o lote de areal sem o menor valor. O negócio está, obviamente, inquinado de erro, sendo anulável.

O erro deve ser escusável, ou seja, deve ser daqueles que qualquer pessoa medianamente dotada cometeria. Mas para que se possa anular o negócio viciado por erro, deve ele ainda ser cognoscível, isto é, deve ser possível ao beneficiário do erro perceber que a outra parte se enganou. Vejamos um exemplo: Pedro negocia com Lucas a aquisição de um automóvel. Pedro é o comprador, e Lucas, o vendedor. Pedro diz a Lucas que necessita de um carro para empreender longas viagens. Lucas mostra a Pedro as opções que possui, e Pedro, que não entende absolutamente nada de carros, escolhe um que não seria adequado. Lucas vende-lhe o veículo. No caso, pode dizer-se que Pedro agiu com erro escusável, uma vez que o carro aparentemente era adequado para o que desejava e que não entendia de carros, confiando em Lucas. Este, por sua vez, na condição de comerciante de carros, é óbvio que percebeu ou poderia ter facilmente percebido o erro de Pedro. Apesar disso, calou-se, concluindo o negócio. Estão, portanto, presentes os dois requisitos para a anulação do contrato: a escusabilidade (por parte de Pedro) e a cognoscibilidade do erro (por parte de Lucas).

Vejamos outro exemplo: Maria dirige-se a uma joalheria, pretendendo comprar um anel de rubi. Olhando a vitrine, encanta-se com um belo anel incrustado com uma pedra vermelha, aparentemente rubi. Sem entender nada de pedras preciosas, Maria compra o anel, na certeza de se tratar de rubi, quando se tratava de rubilita. Entretanto, não informou o joalheiro de seu desejo, ou seja, o joalheiro não sabia e nem poderia saber, que Maria desejava um anel de rubi. Neste caso, o contrato não poderia ser anulado, uma vez que não se acha presente o requisito da cognoscibilidade, mas apenas o da escusabilidade.

Além do erro escusável, ou seja, perdoável, existe ainda o erro inescusável, ou seja, imperdoável. Se uma pessoa, residente em Belo Horizonte, comprar um lote em Betim, cidade vizinha, sem ir conferi-lo antes, estará cometendo erro inescusável, não podendo, depois, pleitear a anulação do ato. Existe também o erro incognoscível, como o do exemplo do anel de rubi, visto logo acima.

Obviamente que essa questão da escusabilidade deve ser analisada diante do princípio da boa-fé (confiança), que estudamos acima. Diante desse princípio, o que é escusável e inescusável torna-se muito relativo. Exatamente por essa razão, Cristiano Chaves de Farias e Nelson Rosenvald entendem que tanto a escusabilidade, quanto a cognoscibilidade não seriam exigíveis, porque se adotou a teoria da confiança, corolário da boa-fé objetiva (boa-fé conduta). Assim, basta que a confiança tenha sido quebrada, para se anular o negócio. Exemplo seria o do ourives que compra um relógio dourado, acreditando ser de ouro, uma vez que confiava no vendedor, não tomando todas as cautelas devidas. O contrato, neste caso, poderá ser anulado.[36]

A meu ver, porém, neste caso seria fundamental a cognoscibilidade para haver quebra da confiança.

---

36 FARIAS, Cristiano Chaves de; ROSENVALD, Nelson. **Direito civil**: teoria geral. 4. ed. Rio de Janeiro: Lumen Juris, 2006, p. 545. A favor da exigibilidade da escusabilidade e da cognoscibilidade, podem ser invocados Orlando GOMES (**Introdução**. 11. ed., Rio de Janeiro: Forense, 1995, p. 417); Sílvio VENOSA (para ele, o Código Civil não cita expressamente a escusabilidade e a cognoscibilidade, por estarem elas implícitas. In: **Direito civil**. 20. ed. São Paulo: Saraiva, 1993. v. 1, p. 190-191); Clóvis BEVILÁQUA (**Theoria geral**. Rio de Janeiro: Francisco Alves, 1928, p. 279); Pontes de MIRANDA (**Tratado de direito privado**. Rio de Janeiro: Borsoi, 1954, t. IV, p. 275); VENOSA (**Direito Civil**: parte geral. 7. ed. São Paulo: Atlas, 2007, p. 371).

Há quem entenda que a cognoscibilidade não seria exigível, dada a má redação do art. 138 do CC, que não ensejaria qualquer conclusão, nem positiva, nem negativa a respeito do tema.[37] Embora o art. 138 não utilize expressamente a palavra "cognoscível", ou outra equivalente, deixa bastante claro que "o erro" deva ser perceptível por pessoa de diligência normal. Ora, a quem o art. 138 estaria se referindo ao exigir que o erro deva ser percebido por pessoa de diligência normal? É óbvio que é ao destinatário da declaração equivocada. Fosse ao próprio declarante, que agiu em erro, a redação teria sido outra; algo como "são anuláveis os negócios jurídicos, quando a declaração de vontade emanar de erro substancial inescusável, diante das circunstâncias do negócio". Esta teria sido a redação, não a que foi dada ao artigo, que deixa bastante claro dever o erro ser percebido pelo receptor da declaração errônea, diante das circunstâncias. Ademais, mesmo que o art. 138 não fosse tão óbvio, deveríamos, quando nada com base no princípio da boa-fé, adotar a tese da cognoscibilidade. Como assevera Daniel Vilas Boas,

> Entretanto, se tivéssemos de apontar apenas uma interpretação válida a ser adotada para o art. 138 do CC, preferiríamos a *Tese da Cognoscibilidade*, tendo em vista que tal solução nos parece mais harmonizada com o *animus* do Código Civil de 2002 que abandonou o individualismo que permeava as normas do extinto Código Civil de 1916, para acomodar a proteção dos interesses sociais dentro das relações obrigacionais, garantindo proteção aos indivíduos de boa-fé, ao mesmo tempo em que atende à necessidade de segurança e estabilidade dos negócios jurídicos.[38]

Flávio Tartuce pugna no sentido de ser necessária apenas a escusabilidade. Dá como exemplo o estudante que compra o Viaduto do Chá, em São Paulo.[39]

Caio Mário defende a tese, a qual entendo bastante lúcida, segundo a qual há hipóteses em que a escusabilidade seria exigível, bem como hipóteses em que não seria.[40]

Continuando, o erro pode ser substancial, dito essencial, e acidental.

Chama-se *erro substancial* ou *essencial* aquele que interessa à natureza do ato, a seu objeto e suas características, e às qualidades da pessoa a quem se refere o negócio.

Assim, age com erro essencial quanto à natureza do ato aquele que doa pensando estar vendendo.

---

37 BOAS, Daniel Rivorêdo Vilas. O desacerto do erro: uma análise acerca do art. 138 do Código Civil. In: FIUZA, César; NEVES, Rúbia Carneiro (Coords.). **Iniciativa privada e negócios**. Belo Horizonte: Del Rey, 2012. p. 117.
38 Idem, ibidem.
39 TARTUCE, Flávio. **Direito civil**. São Paulo: Método, 2011. v. 1, p. 389-390.
40 PEREIRA, Caio Mário. **Instituições de direito civil**. 18. ed. Rio de Janeiro: Forense, 1996. v. 1, p. 330.

Quanto ao objeto, age com erro substancial quem comprar um lote em terreno arenoso, julgando estar adquirindo-o em terreno firme; quem compra candelabro de ferro pensando tratar-se de ouro etc.[41]

Em relação à pessoa, o erro ocorre nos negócios *intuitu personae*. Dessarte, se penso estar outorgando procuração a B, quando, na verdade, tratar-se de A, estarei agindo com erro.

A essencialidade, nos dizeres do art. 138 do CC, é requisito fundamental para que o erro gere a possibilidade de se anular o ato.

O erro acidental, por sua vez, ocorre quando o verdadeiro objeto ou sujeitos a que se refere o ato puderem ser identificados, apesar de indicados de forma errônea. A regra é que o erro acidental não vicia o ato, sendo ele válido.

Como exemplo desta espécie de erro, poderíamos citar o caso da pessoa que emite cheque à ordem da "Vale do Rio Doce S.A.". Ora, apesar de a denominação da sociedade estar errada – a correta seria "Companhia Vale do Rio Doce" – o cheque será válido.

O erro pode também consistir em motivo frustrado (falso motivo), quando incidir nos motivos de fato que induzam as partes a contratar. Como regra, não constitui vício, a não ser que o motivo de fato seja a razão determinante ou condição para que se realize o ato. Suponhamos o caso de industrial que, interessado na produção em série de determinado produto, compre-lhe a patente. Suponhamos ainda que tenha sido induzido pelo inventor a acreditar que, adquirindo a patente, pudesse realizar seu intento, vindo a descobrir, depois, que a produção em série é impossível, pela própria natureza do produto. Neste caso, o erro incidiu sobre motivo de fato, razão de ser subjetiva da compra – a vontade de produzir em série –, que era o motivo determinante do negócio. Sem dúvida alguma, o industrial poderá promover a anulação do ato.[42]

Questão importante diz respeito à admissão do erro de Direito, que se traduz pela ignorância ou má compreensão da própria norma jurídica. Por exemplo, o agente pensa ser permitido, quando, na verdade, proíbe-se. Segundo a tese dominante, não se pode permitir o erro de Direito como causa anulatória do ato, tendo em vista o princípio da obrigatoriedade das leis, estudado *supra*, que se traduz em presunção absoluta. O Código Civil não destoa deste pensamento, pois admite o erro de Direito, mas só quando não implicar recusa à aplicação da Lei, e quando for o motivo único ou principal do negócio. Vejamos um exemplo: A elabora um testamento deixando seus bens a B, seu sobrinho. Faz constar, expressamente, da cédula testamentária, que só está deixando os bens para B, por ser obrigado por lei; caso não fosse, deixaria tudo para C. No caso, há um claro erro de Direito. A Lei não obriga ninguém a testar em favor dos sobrinhos. Por

---

41 SERPA LOPES, Miguel Maria de. *Op. cit.*, v. 1, p. 390.
42 *Idem*, p. 392.

conseguinte, esse testamento poderá ser anulado, revertendo a herança para C, sendo cumprida a vontade de A.

Por fim, temos que o erro não deverá prejudicar a validade do ato jurídico, quando a pessoa, a quem se dirige a manifestação de vontade, se oferecer para executá-la em conformidade com a vontade real do manifestante. Por outros termos, o erro admite retificação.

Dolo

Consiste em práticas ou manobras ardilosas, maliciosamente levadas a efeito por uma parte, a fim de conseguir da outra emissão de vontade que lhe traga proveito, ou a terceiro. Geralmente, temos a figura do dolo ligada ao erro. Uma pessoa age com dolo, levando a outra a erro. No exemplo da venda do lote, em que uma pessoa, residente em Manaus, compra lote no litoral gaúcho, enganada pelas fotografias do vendedor, verifica-se que o vendedor agiu com dolo, induzindo o comprador a erro.

Para que se configure o dolo, são necessários três requisitos. O primeiro é a intenção de obter um proveito, às custas de outrem (a vítima ou paciente), sem se importar se esta pessoa será ou não prejudicada. O segundo diz respeito aos artifícios fraudulentos utilizados pela parte que age com dolo. Estes devem ser graves. Na vontade ou não de se aproveitar do paciente, na ausência ou na presença da má-fé reside a diferença entre *dolus bonus* e *dolus malus*.[43] No *dolus bonus*, o agente apenas anuncia de forma exagerada as qualidades do objeto ou as vantagens do negócio, ou, então, oculta a verdade, visando beneficiar a outra parte, como a mãe que oculta o amargor do remédio para induzir seu filho a tomá-lo. Por não haver real vontade de prejudicar, nem de obter vantagem abusiva, o *dolus bonus* não vicia o ato.

Já no *dolus malus*, a vontade de prejudicar ou de obter vantagem ilegítima está presente. É o caso do comerciante que imputa a determinado produto qualidades falsas, enganando o consumidor, prejudicando-o, a fim de se enriquecer.

Finalmente, o terceiro requisito de configuração do dolo reside no fato de que deve ser ele o motivo determinante da realização do ato. Em outras palavras, não fosse o dolo, o ato não se realizaria. Não fosse o comerciante ter apontado as "falsas" qualidades do produto, o consumidor não o teria comprado.

O dolo pode ser essencial, acidental, positivo ou negativo.

Essencial é o dolo que determina a própria declaração de vontade. Sem ele, o ato não ocorreria. Com ele, o ato ocorre, mas eivado de defeito.

Já o dolo acidental é aquele que não determina a declaração de vontade. Ocorre quando, a seu despeito, o ato se teria praticado, embora por outro modo. Logicamente que não se considera defeito. Um comerciante, por manobras ardilosas,

---

[43] Em tradução literal, "dolo bom" e "dolo mau". Não se usa traduzir, porém.

pode induzir o consumidor a comprar a prazo, a fim de lhe impor juros. Isto, *de per se*, não vicia o ato, desde que se prove que o consumidor teria comprado o produto por outro meio: por exemplo, à vista. Obviamente que, sendo os juros abusivos, poderão, de toda maneira, ser reduzidos.

Será positivo o dolo quando realizado por meio de ações, como falsas declarações.

Negativo é o dolo se decorrer de omissão, por exemplo, quando uma das partes se calar a respeito de defeito da coisa.

O dolo pode partir de uma das partes; de terceiro, com conhecimento da parte a quem aproveita; de terceiro, sem conhecimento da parte a quem aproveita; do representante legal ou convencional de uma das partes, com ou sem seu conhecimento; ou de ambas as partes.

Vejamos vários exemplos, que nos ajudarão a elucidar algumas questões.

- Primeiro exemplo: o dolo decorre da conduta de uma das partes: Maria compra um anel de rubilita, pensando tratar-se de rubi, por ter sido enganada por João, o joalheiro. O dolo caracterizou apenas a conduta de João. Neste caso, o ato será anulável, subsistindo a obrigação de indenizar as perdas e danos por parte de João. Esse ato seria também anulável por erro.
- Segundo exemplo: o dolo tem origem na conduta de terceiro, com conhecimento da parte a quem aproveite: Lucas, pai de Thiago, por meio de artimanhas dolosas, convence Mateus a testar em favor de seu filho Thiago. Este tinha conhecimento das manobras de seu pai. No caso em análise, o dolo decorreu da conduta de terceiro estranho ao ato, Lucas, mas com o conhecimento da parte beneficiada, Thiago. O ato será, portanto, anulável, subsistindo a obrigação de indenizar as perdas e danos por parte do terceiro, Lucas. Saliente-se que não é necessária prova cabal de que o beneficiado conhecesse a conduta dolosa do terceiro, bastando que lhe fosse possível conhecê-la.
- Terceiro exemplo: o dolo parte de terceiro, sem conhecimento daquele a quem aproveite: Lucas, pai de Thiago, por meio de artimanhas dolosas, convence Mateus a testar em favor de seu filho Thiago. Este não tinha absolutamente nenhum conhecimento das manobras de seu pai. Neste caso, o terceiro, Lucas, agiu dolosamente, sem o conhecimento da parte beneficiada, Thiago. O ato poderá reputar-se válido, ficando, todavia, o terceiro, Lucas, obrigado a perdas e danos perante os demais herdeiros de Mateus.
- Quarto exemplo: o dolo decorre da conduta do representante legal de uma das partes, com ou sem seu conhecimento: Pedro, curador de João, joalheiro interditado, agindo dolosamente, vende a Maria anel de rubilita, como se fosse de rubi. No caso dado, o dolo decorreu da conduta do representante

legal de uma das partes, o curador de João. O negócio será, portanto, anulável, respondendo ambos, o representante (Pedro) e a parte a quem representa (João). Segundo o art. 149 do CC, João responderá apenas até o proveito que teve, ou seja, responderá pela diferença entre o rubi e a rubilita, tenha ou não conhecimento do dolo de seu representante legal. Pedro responderá por esta diferença e pelas perdas e danos. Alguns autores distinguem o conhecimento da cumplicidade, ou seja, uma coisa é a parte saber que seu representante esteja agindo com dolo, outra é ser cúmplice nos artifícios dolosos. Nos moldes do art. 149, não há razão de ser para a diferenciação, uma vez que a responsabilidade do representado se estende, em qualquer caso, à importância do proveito que teve. O fundamento é a incapacidade do representado, por quem responde o representante. É óbvio que, em princípio, poderá ser o caso de ação regressiva contra o representante legal, se o representado desconhecesse suas artimanhas dolosas. Em tese, não teria cabimento a ação, se o representante, por exemplo, o curador, fosse filho do curatelado.

- Quinto exemplo: o dolo decorre da conduta do representante convencional de uma das partes, com ou sem seu conhecimento: Pedro, procurador de João, o joalheiro, agindo dolosamente, vende a Maria anel de rubilita, como se fosse de rubi. Ambos, representante e representado, responderão solidariamente perante Maria, por todos os prejuízos. Segundo o art. 149, pouco importa se João tinha ou não conhecimento do dolo de Pedro, seu representante. O fundamento é a responsabilidade objetiva dos comitentes, insculpida no art. 932, III do CC. Se João desconhecia o dolo de seu representante, terá direito de regresso contra ele.
- Sexto exemplo: o dolo caracteriza a conduta de ambas as partes: Maria deseja comprar um anel de pedra vermelha. Comparece à joalheria de João. Este, apresenta a Maria uma bijuteria barata, como se fosse rubilita. Maria, metida a entender de pedras preciosas, imagina tratar-se de verdadeiro rubi, mas se cala, deixando-se propositadamente enganar. Compra o anel de bijuteria por preço de rubilita, considerando-se muito esperta por ter enganado o joalheiro. Este, por sua vez, fica muito satisfeito por ter repassado bijuteria barata, como se fosse rubilita. Ambos agiram com dolo. Na presente hipótese, o dolo foi de ambas as partes. Sendo assim, nenhuma delas poderá alegá-lo, pois ninguém pode se beneficiar da própria torpeza – *nemo turpitudinem suam allegare oportet*. Em outros termos, o ato será válido.

Coação

É a violência empregada por uma parte, a fim de forçar a outra à consecução de ato jurídico. A violência pode ser física, como, por exemplo, uma arma apontada, ou moral, como chantagem.

Será a coação resistível ou irresistível. Resistível quando a violência for de forma a que a pessoa, diante das circunstâncias, possa se defender, não realizando o ato. Irresistível quando a violência for tal que a pessoa, diante das circunstâncias, não consiga não praticar o ato. Somente a coação irresistível vicia o negócio. Assim, se uma pessoa ameaça a outra de divulgar publicamente sua idade, caso não pratique certo ato, este será mantido, uma vez que a violência moral foi, no caso, resistível. Tratar-se-ia quando nada de motivo fútil a ser alegado pelo prejudicado. Por outro lado, se uma pessoa aponta um revólver para a cabeça da outra, exigindo-lhe a prática de certo ato, poderá ser ele anulado, uma vez que qualquer pessoa sucumbe à simples visão de um revólver.

É óbvio que, em ambos os casos, as circunstâncias, tais como sexo, idade, condição, saúde, temperamento e outras, podem levar o juiz a entender no sentido oposto ao que expressamos. Em outras palavras, poderá julgar o caso da idade como coação irresistível, e o caso do revólver, como coação resistível. Tudo dependerá do bom senso do julgador diante do caso concreto.

Vícios sociais

São defeitos que afetam o ato jurídico por torná-lo desconforme ao Direito. Aqui, a vontade é perfeita, mas os efeitos são nefastos à sociedade; portanto, contrários ao Direito.

Dois são os vícios sociais: a simulação e a fraude contra credores. Como já salientamos, enquanto a fraude contra credores é um vício leve, a simulação é tratada como vício grave.

Simulação

Consiste em celebrar ato que aparentemente produz um efeito, mas, na realidade, produz outro. Podemos citar vários exemplos. Uma pessoa simula vender sua casa, quando, na verdade, está doando. O intuito pode ser o de fraudar o fisco. Um falido, para impedir que credores tomem seu patrimônio, finge vendê-lo a terceiros.

De qualquer forma, a simulação só levará à anulação do ato se for lesiva a terceiros. Apesar de o Código Civil de 2002, ao contrário do anterior, não prever esta regra, continua ela prevalecendo, em nosso entendimento. Há casos também em que o negócio simulado poderá, sendo possível, ser retificado, em vez de anulado. Tal seria a hipótese de uma venda realizada a preço simuladamente menor, com o intuito de burlar o fisco. Neste caso, o preço poderia simplesmente ser corrigido.

A simulação pode ser absoluta ou relativa.

Será absoluta quando não ocultar nenhum outro ato. Exemplo é a pessoa que simula doar seu imóvel para liberar seu Fundo de Garantia. Neste caso, a doação não está encobrindo nada. Apenas serve de meio para a liberação do Fundo.

Relativa é a simulação que visa encobrir outro negócio. Ocorre no caso em que a pessoa simulou doar, quando estava vendendo, ou seja, a compra e venda (negócio jurídico 1) veio simulada de uma doação (negócio jurídico 2). A doação está ocultando a compra e venda.

Fraude contra credores

É a manobra engenhosa levada a efeito com o fito de prejudicar credores. É o caso do devedor que simula vender seus bens a terceiros, muitas vezes com data anterior à própria dívida, com o único objetivo de salvar seu patrimônio, em detrimento de seus credores. Na verdade, fez uma doação travestida de compra e venda. Como vemos, a fraude contra credores e a simulação andam, quase sempre, juntas. Mas nem sempre. Neste exemplo, poderia não ter havido simulação. A venda poderia ter sido real. O devedor vende seus bens abaixo do preço, em conluio com o comprador ou não, pega o dinheiro, converte-o em dólares, que deposita em algum país estrangeiro, ficando, assim, livre da ação dos credores. Houve fraude, mas não houve simulação.

Para que a fraude torne o ato anulável, não é necessário que se prove o *consilium fraudis*, ou seja, não há necessidade de se provar a participação do adquirente na má-fé do devedor-alienante. Esta se presume. Evidentemente, a presunção é *iuris tantum*, isto é, admite prova em contrário, que deverá ser carreada aos autos pelo devedor ou pelo adquirente de boa-fé. Assim, se A, devedor insolvente, vender seus bens a B, a venda só não será anulada se um dos dois provar que o negócio foi realizado pelo preço justo e que B agiu de boa-fé, ou seja, não sabia da insolvência de A e não teve o menor intuito de prejudicar quem quer que fosse. Em outras palavras, deverá restar provada a inexistência de *consilium fraudis*.

A fraude pode ser a título gratuito ou oneroso.

Dá-se fraude a título gratuito quando o devedor insolvente aliena seus bens de forma gratuita, ou seja, doa-os, por exemplo. A regra é que a fraude, quando a título gratuito, sempre vicia o ato.

Já na fraude a título oneroso, o devedor insolvente aliena seus bens, recebendo em troca contraprestação, como quando os vende. A fraude a título oneroso só vicia o ato, tornando-o anulável, se a insolvência do devedor-alienante fosse notória, conhecida do adquirente ou passível de ser por ele conhecida. Se ficar provado que a insolvência não era notória, não era conhecida do adquirente, nem passível de sê-lo; que o adquirente agiu, assim, de boa-fé, o ato oneroso de alienação não será anulado.

Para promover a anulação dos atos fraudulentos, o credor dispõe da ação reipersecutória, também denominada ação pauliana. O nome "ação pauliana" e a época em que foi introduzida no próprio Direito Romano são incertos.[44]

Outra modalidade de fraude é a fraude de execução ou fraude à execução. A diferença entre a fraude contra credores e a fraude de execução é que nesta, o devedor já está sendo acionado por seu(s) credor(es), quando o ato fraudulento é praticado, enquanto naquela, ainda não está sendo acionado. Exemplo de fraude de execução seria a hipótese do falido que recebe um pagamento por fora, isto é, fora do processo de falência. Outro exemplo seria o do devedor processado em ação de cobrança, que vende um bem e oculta o dinheiro. Em ambos os casos, o ato fraudulento é ineficaz, ou seja, não produz efeitos perante os credores; é como se o falido não tivesse sido pago (seu devedor deverá realizar outro pagamento, desta vez ao administrador da massa falida, podendo regressar contra o falido), ou como se o bem não tivesse sido vendido (o credor poderá requerer a penhora do bem nas mãos de quem o tenha comprado, como se nada tivesse acontecido). Nas hipóteses de fraude de execução, nem é necessária a ação pauliana; o ato fraudulento é, simplesmente, ineficaz perante os credores.

Aliás, segundo corrente que vem fazendo jurisprudência em nossos tribunais, mesmo a ação pauliana não produziria a anulação do ato fraudulento, mas tão somente sua ineficácia perante o credor fraudado. Embora *contra legem*, essa tese vem prosperando, já havendo algumas decisões, inclusive do STJ, nesse sentido (REsp 5.307/0-RS). Apesar disso, o próprio STJ sumulou (Súmula 195) entendimento de que, mesmo para se julgar ineficaz o ato em fraude contra credores, ainda assim é necessária a ação pauliana, não se o admitindo em embargos de terceiro, com seria possível fosse a fraude de execução.

A doutrina argumenta, não sem alguma razão, que a interpretação literal do Código Civil levaria a absurdos. De fato, anulado o ato fraudulento, a venda, por exemplo, o bem vendido voltaria ao patrimônio do devedor em fraude, daí sendo possível, em tese, até mesmo que outros credores com privilégio venham a penhorar o bem, na frente mesmo daquele credor que propôs a anulação da venda fraudulenta. Segundo os doutos, só por essa possibilidade, a interpretação do Código Civil não deveria ser literal, no sentido de considerar a fraude contra credores causa de anulabilidade, mas causa de ineficácia perante o credor fraudado.[45]

Em que pesem os argumentos, sob pena de total insegurança jurídica, é difícil uma interpretação nesse sentido, uma vez que a dicção do Código Civil é muito

---

44 NÓBREGA, Vandick Londres da. **Compêndio de direito romano**. 9. ed. São Paulo: Freitas Bastos, 1977. v. 2, p. 195-196.
45 THEODORO JR., Humberto. Comentários ao novo Código Civil. In: TEIXEIRA, Sálvio de Figueiredo (Coord.). **Comentários ao novo Código Civil**. 2. ed. Rio de Janeiro: Forense, 2003. v. 3, t. I, p. 305.

clara: "art. 171. (...) é anulável o negócio jurídico: (...) por vício resultante de erro, dolo, coação, estado de perigo, lesão ou *fraude contra credores*" (grifo nosso). Na verdade, o que urge é reformar a lei.

Voltando à fraude de execução, segundo o art. 792 do CPC, a alienação ou a oneração de bem é considerada em fraude de execução, quando sobre o bem pender ação fundada em direito real ou com pretensão reipersecutória, desde que a pendência do processo tenha sido averbada no respectivo registro público, se houver; quando tiver sido averbada, no registro do bem, a pendência do processo de execução; quando tiver sido averbado, no registro do bem, hipoteca judiciária ou outro ato de constrição judicial originário do processo onde foi arguida a fraude; quando, ao tempo da alienação ou da oneração, tramitava contra o devedor ação capaz de reduzi-lo à insolvência.

No caso de aquisição de bem não sujeito a registro, o terceiro adquirente tem o ônus de provar que adotou as cautelas necessárias para a aquisição, mediante a exibição das certidões pertinentes, obtidas no domicílio do vendedor e no local em que se encontre o bem.

A questão da averbação no registro competente é tão importante para a caracterização da fraude, que o art. 828 do CPC dispõe que o exequente poderá obter certidão de que a execução foi admitida pelo juiz, com identificação das partes e do valor da causa, para fins de averbação no registro de imóveis, de veículos ou de outros bens sujeitos a penhora, arresto ou indisponibilidade. No prazo de dez dias de sua concretização, o exequente deverá comunicar ao juízo as averbações efetivadas.

Formalizada penhora sobre bens suficientes para cobrir o valor da dívida, o exequente providenciará, no prazo de dez dias, o cancelamento das averbações relativas àqueles não penhorados. Caso o exequente não o faça no prazo, o juiz determinará o cancelamento das averbações, de ofício ou a requerimento do interessado.

Presume-se em fraude de execução a alienação ou a oneração de bens efetuada após a averbação.

Por outro lado, o exequente que promover averbação manifestamente indevida ou não cancelar as averbações, indenizará a parte contrária.

Nos casos de desconsideração da personalidade jurídica, a fraude de execução verifica-se a partir da citação da parte cuja personalidade se pretende desconsiderar.

Antes de declarar a fraude de execução, o juiz deverá intimar o terceiro adquirente, que, se quiser, poderá opor embargos de terceiro, no prazo de quinze dias, para contestar a fraude.

c] Lesão

Ocorre a lesão, quando uma parte, aproveitando-se da inexperiência, da necessidade ou mesmo da leviandade da outra, realiza com ela negócio, em que a prestação da parte contrária seja desproporcional em relação à sua. Em outras palavras, uma das partes se aproveita da outra, a fim de levar vantagem ilegítima.

O instituto da lesão não é novo. Caio Mário, em sua célebre obra, *Lesão nos contratos*, dá notícia do instituto em preceitos hindus, coligidos por Madura-Kandasvami-Pulavar, muito mais antigos que o Direito Romano. Assim dispunha a norma: "a venda não aproveitará ao comprador se foi feita por um homem exaltado, por um louco etc., ou a preço vil". De fato, encontram-se aqui os elementos subjetivos e objetivos da lesão, embora separados. Em outras palavras, a inferioridade do lesado (homem exaltado, louco etc.) e a desproporção entre as prestações (preço vil) são tratadas como hipóteses distintas e não como elementos de uma mesma hipótese, a lesão.

Entretanto, é no Direito Romano que iremos buscar as fontes mais próximas e diretas da lesão.[46]

No final do Alto Império, pode-se apontar no Direito Romano o monumento fundamental do instituto da lesão. É nesta legislação imperial que se indica geralmente a fonte de que decorre toda a construção doutrinária, que tem dividido os melhores juristas, respeito ao difícil problema da resolução dos contratos lesivos.

O instituto da lesão decorre de dois fragmentos do Código de Justiniano, quais sejam, duas Constituições, uma de Diocleciano e outra de Maximiliano, que teriam sido baixadas no terceiro século da era cristã. Certo é, contudo, que a mais importante é a primeira, de 285, denominada Lei Segunda, uma vez que a outra, de 294, além de se resumir a uma ressalva ou exceção, inserida no final do rescrito, faz referência à primeira, dando como pressuposto assentado a doutrina já anteriormente firmada.

Eis o texto:

> Se você ou seu pai houver vendido por preço menor uma coisa de preço maior, é humano (equitativo) que, por intermédio da autoridade do juiz, você restitua o preço aos compradores e receba de volta o fundo vendido. Por outro lado, se o comprador preferir, poderá aditar o que falta para o justo preço. O preço se presumirá a menor, se não for paga nem a metade do que seria o verdadeiro valor.[47]

---

46 PEREIRA, Caio Mário da Silva. **Lesão nos contratos**. 5. ed. Rio de Janeiro: Forense, 1993. p. 2-3.
47 Tradução livre do original: "Rem maioris pretii, si tu vel pater tuus minoris distraxerit: humanum est, vel ut pretium te restituente emptoribus, fundum venundatum recipias, auctoritate iudicis intercedente: vel si emptor elegerit, quod deest iusto pretio, recipias. Minus autem pretium esse videtur, si nec dimidia pars [veri] pretii soluta sit" (Cod., Lib. IV, Tit., XLIV, 2).

Esta era a lesão enorme. Há quem entenda, porém, que esse texto não é o original, tendo sido modificado por Justiniano, no século VI, a fim de introduzir o instituto da lesão. O original seria contrário à admissão da lesão.[48]

A análise do instituto evidencia que não havia, em verdade, dolo ou erro presumido, porém defeito objetivo do contrato. Não há falar em dolo presumido do comprador nem em erro presumido do vendedor, porque a resolução decorria de um fenômeno puramente material, e não anímico: se o preço ficasse abaixo da metade do valor, seria inválida a compra e venda, sem cogitar da pureza das intenções nem do conhecimento do preço justo.

Após a queda do Império do Ocidente (476 d.C.), tem início a Idade Média. O Ocidente medieval ignorou, por muito tempo, a reforma justinianeia.

Foi só no fim do século XI e começo do XII, que renasce o Direito Romano, com a famosa Escola de Bolonha. Verifica-se, então, o aparecimento da lesão enorme no mundo Ocidental, recebendo os juristas os textos quase puros, despidos da reestruturação que se verifica no Oriente com o Direito Bizantino.

Coube ao Direito Canônico efetuar a maior ampliação do campo de incidência da lesão enorme, fornecendo os elementos para o desenvolvimento geral da doutrina.

Foi devido aos canonistas que se criou a chamada *laesio enormissima*, sem fundamento na Lei romana. Quando o vendedor era enganado além de dois terços do valor da coisa, considerava-se que os princípios que regiam a lesão enorme eram insuficientes para atender a essa situação, engendrando-se novos: a lesão enormíssima não apenas viciava o contrato, tornando-o resolúvel, mas ia além, importando sua inexistência como ato jurídico.

Corolário disto era negar-se ao comprador a faculdade de completar o justo preço, por ser insanável o vício.[49]

O Direito costumeiro e o Direito escrito, no início da Idade Moderna, amalgamaram todos esses conceitos, uma vez que herdaram os princípios canônicos, sua ampliação aos contratos comutativos em geral, a invocação pelo vendedor como pelo comprador e a extensão às vendas mobiliárias.[50]

Não obstante todas as oscilações e divergências, o instituto da lesão recebeu enorme desenvolvimento na Idade Média. Os textos romanos serviram de base a um edifício de proporções avantajadas, que estendeu sua sombra sobre todo o Direito obrigacional.

Na origem, a resolução decorria da desproporção entre o preço e o valor. No início do ressurgimento medieval, introduziu-se o fator dolo de natureza especial, que se encontrava na própria diferença entre o preço e o valor, dolo *in re ipsa*.

---

48 BECKER, Anelise. **Teoria geral da lesão nos contratos**. São Paulo: Saraiva, 2000. p. 4.
49 PEREIRA, Caio Mário da Silva. **Lesão nos contratos**... cit., p. 45.
50 Idem, p. 48.

Num grande avanço, o fator anímico se alarga, desenhando-se intrínseco na própria diferença entre o valor e a quantia paga. Instituiu-se a noção do justo preço, e a resolução passou a abranger todos os contratos comutativos.

Na Idade Moderna, o instituto da lesão permanece nas legislações e na jurisprudência, embora já no fim desse período, a ideia de autonomia da vontade comece a ganhar uma dimensão exagerada. E é de ver que esta ideia é oposta ao instituto da lesão. Se a vontade é lei entre as partes, se os contratantes de vontade livre prescindem de toda intervenção estatal para realizar seus negócios, o princípio protetor contido na resolução do ato lesivo aparece surdamente abalado, à vista da incompatibilidade flagrante com a definição da liberdade contratual. Por isso mesmo, a resolução lesionária acabou por ser banida no Estado Liberal do século XIX.

Contudo, com a evolução do Estado Liberal para o Estado Social, ressuscitou-se a lesão.

No Direito Brasileiro, a lesão evoluiu até ser abandonada pelo Código Civil de 1916. Posteriormente, já com a Constituição de 1937, o instituto volta a vigorar, recebendo tratamento doutrinário, legal e jurisprudencial, condizente com a realidade do Estado Social, instalado no País no século XX.

Por toda parte onde ocorre, o instituto apresenta-se como filho da equidade, afirmando a regra moral. Da mesma forma ocorreu no Direito Português, que vigorou no Brasil até o surgimento de nossos códigos.

Proclamada a Independência do Brasil, foi decretado que toda a legislação portuguesa continuaria em vigor, nas partes em que não tivesse sido revogada por nossa Lei.

Assim e em consequência deste Decreto, o instituto da lesão passou à legislação brasileira, tal qual era no Direito Português. Estando os monumentos doutrinários brasileiros assentados nos mesmos moldes da teoria construída sobre o Código Filipino, não tivemos, pois, uma doutrina brasileira sobre a lesão, nem trouxemos para a evolução do instituto uma contribuição que se possa dizer nossa, ou original.

O primeiro passo para abolir o instituto no Direito brasileiro foi dado pelo Código Comercial de 1850, que, no art. 220, dispôs não ter lugar a resolução por lesão nas compras e vendas celebradas entre pessoas, todas comerciantes.

Como acentua J. X. Carvalho de Mendonça, o preço, representando a compensação da coisa e o objeto da prestação do comprador, "deve ser real, efetivo, ou, conforme se diz, sério". Mas isto não significa que ele deva ser justo, isto é, "o equivalente exato da coisa vendida".[51] Caio Mário lembra passagem de Paulo, no Digesto em que se considera natural vender por mais o que vale menos e vice-versa.[52]

Esta malícia normal do comerciante, que faz da venda sua fonte de rendimentos, não se coaduna em verdade com o benefício da resolução por lesão, pois que, se é da essência do ato comercial a especulação com fito de lucro, a segurança da vida mercantil desapareceria se fosse possível reabrir discussão em torno de qualquer venda perfeita, e indagar da proporcionalidade das prestações.[53]

A doutrina, laborando sobre o dispositivo que aboliu a lesão nas vendas celebradas "entre pessoas todas comerciantes", ampliou-o a quaisquer vendas mercantis, ainda que um dos contratantes não seja mercador.

No Código Civil de 1916, a lesão foi suprimida.

Em 1934, a Constituição da República deu um primeiro passo na direção de ressuscitar o instituto da lesão, ao proibir a usura, em seu art. 117, parágrafo único. Para alguns, no Brasil, a lesão, por isso mesmo, só deixou de existir entre 1917 e 1934.[54]

No entanto, foi somente em 1951, com a Lei dos Crimes contra a Economia Popular, que a lesão tomou novamente assento em nossa legislação, com todos os seus contornos bem delineados. Trata-se da lesão usurária ou, simplesmente, usura, em que é apurado o dolo de aproveitamento, nos termos do art. 4º da Lei n. 1.521/1951:

> Obter ou estipular, em qualquer contrato, abusando da premente necessidade, inexperiência ou leviandade da outra parte, lucro patrimonial que exceda o quinto do valor corrente ou justo da prestação feita ou prometida.

A doutrina, a partir daí retoma o assunto, dando-lhe maior relevo também a jurisprudência. De crucial importância foi a obra do Prof. Caio Mário, que, podemos dizer, aprofunda definitivamente os estudos da lesão.

De todo modo, outra lei a cuidar da resolução lesionária, só foi editada em 1990. Trata-se da Lei n. 8.078, também chamada de Código de Proteção e Defesa do Consumidor.

Em poucas palavras, o legislador consumerista resumiu a lesão, em três artigos. No primeiro deles, art. 6º, V, o CDC garante ao consumidor a modificação das cláusulas contratuais que estabeleçam prestações desproporcionais. No segundo, art. 39, V, o CDC considera prática abusiva a vantagem lesiva. No terceiro, art. 51, IV, o Código considera nulas de pleno Direito, as cláusulas que

---

51 CARVALHO DE MENDONÇA, J. X. **Tratado de direito comercial brasileiro**. 4. ed. Rio de Janeiro: Freitas Bastos, 1946. v. 6, 2ª parte, p. 42-43.
52 PEREIRA, Caio Mário da Silva. **Lesão nos contratos**... cit., p. 94.
53 Idem, ibidem.
54 BECKER, Anelise. Op. cit., p. 2.

estabeleçam obrigações consideradas iníquas, abusivas, que coloquem o consumidor em desvantagem exagerada.

Como se vê, não há no Código do Consumidor nenhum intento de regulamentar a lesão em seção específica, como faz com a desconsideração da personalidade jurídica, por exemplo, nem tampouco de traçar-lhe os contornos teóricos, como fez a Lei n. 8.078/1951.

Pelo contrário, o Código de Defesa do Consumidor foi econômico nas palavras e disperso no tratamento do tema, deixando à doutrina e à jurisprudência o resto do trabalho, diante de cada caso concreto, como, aliás, é a moda da hermenêutica moderna.

Finalmente, o Código Civil de 2002 reentronizou a matéria dentre os defeitos dos negócios jurídicos, no art. 157 e parágrafos. Neste ponto, teve o legislador a preocupação de reservar-lhe uma seção específica, desenhando seu perfil e seus elementos.

Vista, em poucas linhas, a evolução histórica da lesão no Direito europeu e no brasileiro, passemos a enfrentar a questão da natureza jurídica da lesão. Na geografia dos defeitos dos negócios jurídicos, seria ela vício do consentimento ou vício social?

A primeira tendência da doutrina foi no sentido de considerá-la vício do consentimento, uma vez que a vontade do lesado estaria prejudicada pela necessidade, pela inexperiência ou pela leviandade. Assim, o posicionamento da lesão seria ao lado do erro, do dolo e da coação.

A tese, contudo, não convence e não se justifica. A vontade do lesado embora, sem dúvida prejudicada, não nasce viciada por engano quanto às circunstâncias, nem por violência ou esperteza de terceiro. Não se pode equiparar a lesão aos vícios do consentimento, mesmo porque, o fundamento da invalidade do negócio não é a dissonância entre a vontade real e a vontade declarada.

Muito menos se equipara a lesão aos vícios sociais, quais sejam, à fraude contra credores e à simulação. Como diz Caio Mário, a distância entre os institutos é tão grande, que nem há mister salientar a diferença.[55]

É inquestionável, todavia, que a lesão se assemelha aos vícios da vontade, uma vez que o beneficiário tira proveito da distorção anímica do lesado, que se deixa influenciar pela necessidade, se deixa enganar pela inexperiência, ou se abandona à leviandade. Mas, como visto, não chega a se inserir no grupo desses vícios pelas diferenças já apontadas.

Por isso mesmo, alguns a chamam de vício excepcional.[56]

Anelise Becker qualifica a lesão como causa invalidante do negócio, relativamente a seu objeto, uma vez que a resolução lesionária tem por principal causa

---

55 PEREIRA, Caio Mário da Silva. **Instituições de direito civil**... cit., 18. ed., p. 349.
56 *Idem, ibidem.*

a desproporção das prestações. Seguramente não tem por base a incapacidade dos sujeitos, nem a inadequação de forma.[57]

De todo modo, seja vício excepcional, seja causa invalidante referente ao objeto, seja qual for a natureza da lesão, os pilares em que se assenta a anulação iremos buscar nos princípios da equidade, da boa-fé objetiva e, em última instância, ou primeira, dependendo do ponto de vista, no princípio da dignidade humana, fundamento constitucional da República.

Para que se configure o negócio lesionário, é mister reúnam-se alguns requisitos essenciais. São cinco, que estudaremos a seguir.[58]

Primeiramente, a lesão deve ocorrer no momento da celebração do contrato, devendo ser apreciada segundo as circunstâncias deste momento. Se a desproporção ocorrer em momento superveniente, estaremos diante de onerosidade excessiva, devida a fatores imprevisíveis, podendo o contrato ser resolvido ou revisto, mas por outros fundamentos que não a lesão.

Em segundo lugar, o negócio há de ser do tipo que pressuponha equivalência entre as prestações, o que ocorre nos contratos bilaterais e onerosos (comutativos).

A lesão é mais comum nos contratos pré-estimados. Nos contratos aleatórios também poderá haver lesão, desde que os riscos e chances de cada parte estejam equilibrados no momento da celebração. "A certeza da inequivalência entre os riscos assumidos por cada parte, que vem à luz ao primeiro exame, impede ao adquirente invocar o caráter aleatório do contrato para escapar à invalidade por lesão".[59]

O terceiro requisito é a falta de equivalência entre as prestações. O Direito brasileiro segue duas linhas. A Lei dos Crimes contra a Economia Popular tarifa a lesão em um quinto do valor corrente ou justo da prestação feita ou prometida. Já o Código do Consumidor e o Código Civil optaram por não tarifar a lesão, elaborando conceito aberto para a desproporção, que deverá ser aquilatada pelo juiz no caso concreto, dentro dos limites do princípio da razoabilidade.

O quarto requisito é o dolo de aproveitamento, que consiste no fato de o beneficiário se aproveitar da inexperiência, necessidade ou leviandade da outra parte.

Segundo Orlando Gomes, o dolo de aproveitamento só será necessário na apuração da lesão qualificada, como está posta na Lei dos Crimes contra a Economia Popular. Na lesão pura, interessa apenas a desproporção entre as prestações.[60]

A lesão de que trata nossa legislação é, sem dúvida, a qualificada. O dolo de aproveitamento é essencial, sob pena de se cometerem injustiças, uma vez que

---

57 BECKER, Anelise. Op. cit., p. 135.
58 Idem, p. 88 et seq.
59 Idem, p. 97.
60 GOMES, Orlando. **Transformações gerais do direito das obrigações**. 2. ed. São Paulo: RT, 1980. p. 33.

pode haver desproporção sem que haja o aproveitamento por parte do beneficiário. O negócio, aparentemente lesivo, pode resultar da vontade realmente livre e consciente da parte aparentemente lesada, ou pode resultar da ignorância de ambas as partes, que se dão por satisfeitas com o negócio. Se dois indivíduos ignorantes negociam um relógio caro, por exemplo, um Rolex, sem ter a menor noção do que se trata, e estabeleçam um preço ínfimo, não se pode dizer ter havido lesão. Não houve dolo de aproveitamento; ambos saíram satisfeitos do negócio; ambos agiram com absoluto desconhecimento de causa.

Num primeiro momento, a opinião comum da doutrina moderna era a de que, para se configurar o aproveitamento, bastaria o estado subjetivo de conhecimento da situação inferior do prejudicado. Essa ideia evoluiu para que o aproveitamento praticamente deixasse de ser elemento subjetivo, passando a elemento objetivo, presumido na desproporção entre as prestações. Havendo desproporção e inferioridade, o dolo de aproveitamento se presume. A presunção é, obviamente, *iuris tantum*, uma vez que se pode demonstrar não ter havido dolo algum.[61]

A jurisprudência pátria vem acolhendo esta tese, não exigindo, em regra, prova inequívoca do aproveitamento, que deve ser deduzido das circunstâncias em que se celebrou o negócio. É o dolo *in re ipsa*, o qual decorre necessariamente das circunstâncias fáticas.

De fato, se uma das partes encontra-se em estado de necessidade, ou se pode ser inserida na categoria dos inexperientes (vulneráveis), e se a outra parte sabendo disso e celebrando negócio com exagerada vantagem para si, pode se presumir que houve aproveitamento, ainda que o lesado tenha tido consciência disso, agindo com leviandade.

Este é o espírito do art. 157 do CC, que dispõe ocorrer a lesão, quando uma pessoa, sob premente necessidade, ou por inexperiência, se obrigar a prestação manifestamente desproporcional ao valor da prestação oposta. Como dito, a simples desproporção entre as prestações, aliada à condição do lesado, por questão de dedução lógica, faz presumir o aproveitamento. A presunção é, no entanto, relativa, incumbindo ao beneficiário provar o contrário.

O art. 157 do CC refere-se apenas à premente necessidade ou à inexperiência da parte lesada. Nada diz sobre a leviandade, à qual se refere a Lei dos Crimes contra a Economia Popular. Pode-se incluí-la, porém, ao lado da premente necessidade ou da inexperiência com base no princípio da boa-fé.

No Código do Consumidor, a despeito de opiniões contrárias, a necessidade do aproveitamento é, a meu ver, mais visível ainda, uma vez que o consumidor se presume hipossuficiente.

---

61 BECKER, Anelise. Op. cit., p. 116 et seq.

O art. 6º dispõe ser direito básico do consumidor a modificação das cláusulas contratuais que estabelecerem prestações desproporcionais. Ora, quem estabelece as prestações é uma das partes ou ambas, em negociação. Se as prestações são desproporcionais, é de se presumir que uma das partes esteja se aproveitando da outra. Se este não for o caso, que a parte beneficiada prove o contrário, pois a presunção é relativa.

O mesmo raciocínio vale para o art. 51, IV, que dispõe serem nulas as cláusulas que estabeleçam obrigações iníquas, abusivas ou exageradamente desvantajosas para o consumidor.

Na Lei dos Crimes contra a Economia Popular, o dolo de aproveitamento é requisito expresso para que se configure a lesão.

Por fim, o quinto requisito é a situação de inferioridade do lesado, que consiste em qualquer circunstância que reduza consideravelmente a autonomia negocial do lesado.[62]

A inferioridade identifica-se com a necessidade, com a inexperiência ou com a leviandade (prodigalidade) do contratante lesado.

A necessidade não é necessariamente o estado de pobreza ou miséria, mas a impossibilidade econômica de evitar o contrato, dadas as circunstâncias.

A inexperiência tem a ver com vulnerabilidade. É a inexperiência contratual, é a falta de conhecimentos específicos de certa área, na qual se insere o objeto do contrato.

Configurada a lesão, seu principal efeito será a invalidação do negócio lesivo.

A invalidade pode significar tanto nulidade quanto anulabilidade. No Código Civil, é causa de anulabilidade, já no Código do Consumidor é causa de nulidade. De toda forma, se o interessado não se manifestar em juízo, o negócio não será anulado, produzindo seus naturais efeitos.

Antes, porém, da anulação do contrato, deve-se pensar em sua revisão, sempre que possível, até por respeito ao princípio da função social dos contratos. Eventualmente, a anulação em massa de uma série de contratos lesivos celebrados por certa empresa, pode levá-la à falência, o que, em princípio, não interessa à sociedade, devido às consequências nefastas da quebra. Mas, cada caso é um caso, devendo ser analisado individualmente, de acordo com as circunstâncias da época da celebração e da época da execução.

---

62 BECKER, Anelise. Op. cit., p. 120.

d] Estado de perigo

Historicamente, a evolução jurídica do estado de perigo é recente e restrita a alguns países. Fala-se nele já no Direito Romano,[63] mas sem nenhuma indicação clara e segura das fontes, uma vez que os jurisconsultos romanos não traçaram os limites teóricos e práticos do instituto, longe disso. O *Edictum quod metus causa* referia-se ao medo em geral, falando mais na coação, na violência (vis), que no perigo (Ait praetor: *quod metus causa gestum erit, ratum non habebo* – diz o pretor: o que for gerido por medo, não darei por ratificado – Ulpiano, D. IV, II, 1). De fato, porém, Ulpiano (D. IV, II, 7) menciona situações de risco de vida ou de escravidão (*timuit vel mortem, vel vincula*). Paulo também faz referência ao medo da escravidão (*Ego puto etiam servitutis timorem, similiumque admittendum* – eu reputo também o medo da servidão como algo semelhante – Paulo, D. IV, II, 4). Pode-se inferir dessas passagens do Edito que situações de perigo de morte ou de servidão, bem como outras semelhantes, a seguir a analogia de Paulo, poderiam levar à anulação do ato, ou à sua não ratificação pelo pretor (*ratum non habebo*). Ainda que se possa apontar o *Edictum quod metus causa* como fonte primeira do estado de perigo, é fonte remota e nublada, para se ter como segura. Obviamente é fonte melhor que a *Lex Rhodia de Iactu Edictum quod metus causa*, que tratava dos casos de alijamento marítimo, oriundo de caso fortuito ou de força maior.

Foram mesmo doutrina e jurisprudência modernas que criaram a teoria do estado de perigo, sendo a Itália um dos primeiros países a insculpi-la na lei escrita.

> Art. 1.447. (Contrato concluído em estado de perigo). – O contrato no qual uma parte assuma obrigação iníqua, pela necessidade, conhecida da outra parte, de salvar-se a si ou a outrem de perigo atual de dano grave à pessoa, pode ser resolvido, por requisição da parte que se tenha obrigado.
>
> O juiz, ao pronunciar a resolução, pode, segundo as circunstâncias, assegurar uma justa compensação à outra parte pelo serviço prestado.[64]

No Brasil, o estado de perigo já constava de forma não muito clara das leis portuguesas e das leis marítimas. Digo de forma não muito clara, pois em todos os casos, a ideia mais se assemelha à força maior do que ao estado de perigo propriamente dito. Bem, propriamente dito, aparece no Projeto de Código

---

63 LOPEZ, Teresa Ancona. **O estado de perigo como defeito do negócio jurídico.** Disponível em: <www.gontijo-familia.adv.br/2008/artigos_pdf/Teresa_Ancona_Lopez/EstadodePerigo.pdf>. Acesso em: 30 nov. 2010. p. 6-7.
64 Tradução livre do art. 1.447 do Código Civil Italiano: "(Contratto concluso in istato di pericolo). – Il contratto con cui una parte ha assunto obbligazioni a condizioni inique, per la necessità, nota alla controparte, di salvare sè o altri dal pericolo atuale di un danno grave alla persona, può essere rescisso sulla domanda della parte che si è obligate. Il giudice nel pronunciare la rescissione, può secondo le circonstanze, assegnare un equo compenso all'altra parte per la opera prestata".

Civil de Coelho Rodrigues e no Projeto Beviláqua. Aquele não vingou; neste, foi suprimido. Assim, coube mesmo ao Código de 2002 instalar o estado de perigo em nossa legislação.

O estado de perigo é bastante semelhante à lesão e à usura. Na verdade, o que diferencia os três institutos é que naquele, o perigo é mais pujante, quase sempre imediato. Uma pessoa, para ser salva de naufrágio, paga soma absurda exigida por embarcação que passava pelo local. Um indivíduo, para não ser difamado, paga preço absurdo a um jornal, para a publicação de matéria esclarecedora. Na lesão e na usura, a necessidade é econômica.

Em todos eles, a vítima age em estado de necessidade. No estado de perigo, o estado de necessidade se configura pela iminência de dano moral ou físico. Na lesão e na usura, o estado de necessidade é econômico. Por fim, no estado de perigo é a vítima que assume obrigações, seja no sentido de propor o negócio abusivo, seja no sentido de aceitá-lo para se socorrer.

O estado de perigo se caracteriza, pois, pelo temor que leva a vítima a praticar um ato que, em outras condições, não praticaria.[65]

De qualquer modo, o negócio praticado em estado de perigo é anulável, contendo vício leve. Anulado o negócio, a parte que se beneficiar poderá pleitear o preço justo em ação de regresso. No caso da embarcação que salva o náufrago por preço absurdo, anulada obrigação, o credor do preço poderá exigir o pagamento em ação de locupletamento, uma vez que, afinal, o serviço foi prestado.[66]

Uma questão: estado de perigo e estado de necessidade seriam a mesma coisa? Para muitos, parece haver uma sinonímia, mas, na verdade, são institutos totalmente distintos.

A necessidade, de fato, pode constituir direitos, o que ocorre em diversas situações, tanto no Direito Público, quanto no Direito Privado. A hipótese de a necessidade ensejar direitos não é novidade; sob o influxo de princípios éticos e, principalmente, religiosos direitos houve em prol daqueles em grave necessidade econômica. O juiz eclesiástico podia obrigar os ricos a ajudar os pobres. Era já admitido em Direito Romano o princípio, segundo o qual *necessitas legem non habet*, ou seja, a necessidade não tem lei. Pode ser, ainda hoje, invocada como excludente de ilicitude.

Não só no Direito Penal se pode falar em estado de necessidade. Teresa Ancona Lopes aponta no Direito Civil

---

65 AMARAL, Francisco. **Direito civil**: introdução... cit., 5. ed., p. 510.
66 Mais sobre o tema, ver DINIZ, Maria Helena. **Curso de direito civil brasileiro**. 18. ed. São Paulo: Saraiva, 2002. v. 1. RODRIGUES, Sílvio. **Direito civil**. 32. ed. São Paulo: Saraiva, 2002. v. 1. GOMES, Orlando. **Transformações gerais do direito das obrigações**... cit. PEREIRA, Caio Mário da Silva. **Lesão nos contratos**... cit.

inúmeras situações em que a necessidade aparece como título jurídico. Por exemplo, na gestão de negócios, na qual a intervenção de terceiro nos negócios e propriedade alheia se justifica pela necessidade. Também a necessidade é fundamento do direito de passagem, em caso de prédio encravado, ou do direito do prédio superior despejar suas águas no inferior. É também a necessidade que legitima o casamento nuncupativo, o testamento marítimo, o depósito necessário. Importante também a sua aplicação no instituto dos alimentos, onde a demonstração das necessidades do alimentado é fundamental, criando, inclusive, o próprio direito.[67]

O estado de necessidade é mais amplo que o estado de perigo. De Plácido e Silva define-o, ora como estado de penúria, de precisão, ora como "estado de constrangimento, em que se vê a pessoa, de modo a levá-la a fazer o que não era para fazer ou não fazer o que era de seu dever".[68] Neste segundo sentido interessa-nos mais, uma vez que se assemelha ao estado de perigo. Muito embora se pareçam, no estado de perigo não se trata de fazer o que não era para fazer, ou deixar de fazer o que era para fazer. Nele cuida-se de assumir obrigação excessivamente onerosa, dada situação de emergência, de constrangimento, sem dúvida, mas consistente em perigo à vida ou à saúde. São institutos distintos, como fica claro.

Outra questão: seriam a mesma coisa estado de perigo e força maior/caso fortuito?

O estado de perigo, como vimos, é a situação de emergência, consistente em perigo à vida ou à saúde, que leva o indivíduo a assumir obrigação excessivamente onerosa. Na verdade, o estado de perigo em si pode não levar à assunção de obrigação excessivamente onerosa, mas daí não produzirá efeitos jurídicos. Bem, o caso fortuito e a força maior, assim como o estado de necessidade, são excludentes de ilicitude.

A doutrina tende a não fazer distinção prática entre força maior e caso fortuito. Legalmente são tratados como equivalentes. Mas há diferença ontológica entre eles.

Como bem define De Plácido e Silva, em seu *Vocabulário jurídico*,

> caso fortuito é, no sentido exato de sua derivação (acaso, imprevisão, acidente), o caso que não se poderia prever e se mostra superior às forças ou vontade do homem, quando vem, para que seja evitado.

> O caso de força maior é o fato que se prevê ou é previsível, mas que não se pode, igualmente, evitar, visto que é mais forte que a vontade ou ação do homem.[69]

---

67 LOPEZ, Teresa Ancona. Op. cit., p. 2.
68 DE PLÁCIDO E SILVA, Oscar Joseph. **Vocabulário jurídico**. 27. ed. Rio de Janeiro: Forense, 2006. p. 556-557.
69 Idem, p. 401-402.

Assim, ambos se caracterizam pela irresistibilidade. E se distinguem pela previsibilidade ou imprevisibilidade. Há autores que invertem a definição. Tanto faz, o que importa é que não se confundem com o estado de perigo.

Quanto a sua natureza, pode-se dizer o mesmo que se disse da lesão.

A tendência da doutrina, principalmente paulista, é no sentido de considerá-lo vício do consentimento, uma vez que a vontade da vítima estaria prejudicada pelo perigo de grave dano. Assim, o posicionamento do estado de perigo seria ao lado do erro, do dolo e da coação.

A tese, contudo, não convence e não se justifica. A vontade do paciente embora, sem dúvida, prejudicada, não nasce viciada por engano quanto às circunstâncias, nem por violência ou esperteza de terceiro. Não se pode equiparar o estado de perigo aos vícios do consentimento, mesmo porque, o fundamento da invalidade do negócio não é a dissonância entre a vontade real e a vontade declarada. Se vício da vontade há, é o erro ou o dolo, que podem acompanhar a lesão.

Muito menos se equipara o estado de perigo aos vícios sociais, quais sejam, à fraude contra credores e à simulação. Como diz Caio Mário, com referência à lesão, a distância entre os institutos é tão grande, que nem há mister salientar a diferença.[70]

É inquestionável, todavia, que o estado de perigo se assemelha aos vícios da vontade, uma vez que o beneficiário tira proveito da distorção anímica da vítima, que se deixa influenciar pelo perigo de dano iminente. Mas, como visto, não chega a se inserir no grupo desses vícios pelas diferenças já apontadas.

Por isso mesmo, devemos chamá-lo de vício excepcional, assim como a lesão.[71]

Anelise Becker qualifica a lesão como causa invalidante do negócio, relativamente a seu objeto, uma vez que a rescisão lesionária tem por principal causa a desproporção das prestações. Seguramente não tem por base a incapacidade dos sujeitos, nem a inadequação de forma.[72] O mesmo se poderia dizer em relação ao estado de perigo. É causa invalidante do negócio relativamente a seu objeto. A causa da invalidação é, em ambos os casos, exatamente a desproporção entre as prestações, não a dissonância entre a vontade real e a vontade declarada.

Repetindo o que dissemos a respeito da lesão, seja o estado de perigo vício excepcional, seja causa invalidante referente ao objeto, seja qual for sua natureza, os pilares em que se assenta a rescisão iremos buscar nos princípios da equidade, da boa-fé objetiva e, em última instância, ou primeira, dependendo do ponto de vista, no princípio da dignidade humana, fundamento constitucional da República.

Todo contrato exprime uma luta de vontades canalizadas para uma finalidade interesseira, e é a resultante inevitável das desigualdades iniciais, visto ser

---

70 PEREIRA, Caio Mário da Silva. **Instituições de direito civil**... cit., 18. ed., v. 1, p. 349.
71 Idem, ibidem.
72 BECKER, Anelise. Op. cit., p. 135.

impossível pela própria contingência humana a concretização de um pressuposto absoluto de igualdade das partes contratantes. Desta disparidade pessoal, resulta quase sempre a obtenção de uma vantagem que se afirma às vezes com prejuízo de outrem.

Nisto não vai qualquer procedimento moralmente reprovável, que reclame sanção do direito ou permita ao aparelho repressor do Estado interferir para restabelecer uma igualdade, sacrificada sem quebra do dever de lealdade contratual. Mas, onde e quando se faz mister a intervenção estatal é no caso de um dos contratantes abusar de sua superioridade, porque então é mister estender o direito a sua proteção ao mais fraco, quer esta inferioridade se manifeste por "um estado permanentemente físico ou moral", quer sua debilidade revista a forma de "uma vontade mal assegurada", caso em que se terá de proceder a uma "análise sutil do valor do consentimento".[73]

No terreno moral e na órbita da justiça comutativa nada existe de mais simples: se um contrato exprime o aproveitamento de uma das partes sobre a outra, ele é condenável, e não deve prevalecer, porque contraria a regra de que a Lei deva ter em vista o bem comum, e não pode tolerar que um indivíduo se enriqueça na percepção do ganho, em contraste com o empobrecimento do outro, a que se liga pelas cláusulas ajustadas.

Para se configurar, o estado de perigo pressupõe a conjunção de quatro elementos: o primeiro deles é o perigo, que gera a necessidade de salvar-se ou a terceiro de grave dano; o segundo, o objeto da ameaça, ou seja, o paciente, terceiro, animal, objeto de valor; o terceiro, o dolo de aproveitamento e o quarto, a assunção de obrigação excessivamente onerosa.

O perigo é a ameaça de grave dano. Ele gera o estado de necessidade (em sentido amplo), e deve ser grave e atual.[74]

A atualidade do perigo significa que o fato danoso já exista e, caso não seja interrompido, consequências lesivas advirão.

A gravidade do dano deve ser medida de acordo com as circunstâncias, levando-se em conta o *constans homo*, o homem médio, avaliado tanto em relação às

---

73 RIPERT, Georges. **La règle morale dans les obligations civiles.** Paris: LGDJ, 1935. passim.
74 "On peut se poser la question de savoir ce que veut dire le terme "péril". Il n'existe pas de définition légale. L'état de péril serait un état dangereux, une situation critique qui fait craindre de graves conséquences pour la personne qui y est exposée: elle risque soit de perdre la vie, soit des blessures, soit une altération grave de sa santé... Bref une menace sérieuse pèse sur la personne physique". – "Pode-se indagar sobre o que quereria dizer o termo "perigo". Não há definição legal. O estado de perigo seria um estado perigoso, uma situação crítica, que faz temer graves consequências para a pessoa que lhe esteja exposta: ela arrisca seja perder a vida, seja sofrer ferimentos, seja sofrer uma alteração grave de saúde... Em suma, uma ameaça séria pesa sobre a pessoa física". Disponível em: AAPEL – Association d'Avide aux Personnes avec un "Etat Limite". **Textes de lois françaises liberté expression, non assistance à personnes en danger...** 2020. Disponível em: <www.aapel.org/textesdeloi.html>. Acesso em: 21 dez. 2022.

condições físicas, quanto em relação às condições psíquicas. Deverá haver uma avaliação *in concreto* do dano.

É interessante observar que o estado de perigo putativo é relevante para o Direito Civil. Basta que o paciente pense estar em verdadeiro estado de perigo, para que o negócio possa ser anulado. É óbvio que o suposto estado de perigo tem que ser do conhecimento da outra parte, pouco importando que tenha ela convicção do perigo ou saiba de sua inexistência. O que interessa é que aja com dolo de aproveitamento.

É também interessante observar que a recíproca é verdadeira. Se houver um perigo real, mas o paciente o ignorar, o negócio não será anulável.

Por outro lado, o dano não necessita ser totalmente inevitável, insuperável. Basta que, diante das circunstâncias, seja muito difícil, para aquela pessoa, contorná-lo. Não necessita tampouco ser injusto, como, por exemplo, o perigo gerado por uma tempestade, que, em si, nada tem de injusta. O dano, ou seja, o perigo pode originar-se de um evento natural, de atuação humana, voluntária ou involuntária, comissiva ou omissiva, pode, inclusive, ter sido oriundo de ato da própria pessoa exposta ao perigo.

O objeto da ameaça (do perigo) é o segundo elemento. Segundo nosso Código Civil, deverá ser o próprio declarante, ou pessoa da família, podendo o juiz avaliar, segundo as circunstâncias, caso não seja pessoa da família.

A ameaça de dano diz respeito à integridade física, à honra e à liberdade, em outras palavras, à personalidade. O dano possível pode ser, assim, físico e/ou moral.

Nosso Código Civil, diferentemente do Italiano, do qual é cópia, foi extremamente infeliz em sua redação, ao limitar a necessidade de salvamento ao próprio agente ou a pessoa de sua família.

> Art. 156. Configura-se o estado de perigo quando alguém, premido da necessidade de salvar-se, ou a pessoa de sua família, de grave dano conhecido pela outra parte, assume obrigação excessivamente onerosa.

A restrição às pessoas da família não tem o menor fundamento. Parte o legislador do pressuposto de que, tratando-se de estranhos, o declarante não se importaria. Na verdade, correto estaria o parágrafo único do art. 156, se não fosse restrito a pessoas estranhas.

> Parágrafo único. Tratando-se de pessoa não pertencente à família do declarante, o juiz decidirá segundo as circunstâncias.

Muito melhor teria sido a técnica do legislador se, em vez de fazer restrições a pessoas estranhas à família, tivesse copiado "veramente" o Codice, que sabiamente não faz essa restrição:

Art. 1.447. O contrato no qual uma parte assuma obrigação iníqua, pela necessidade, conhecida da outra parte, de salvar-se a si ou a outrem de perigo atual de dano grave à pessoa, pode ser resolvido, por requisição da parte que se tenha obrigado.

Aliás, rigorosamente, essa restrição do Código Civil é inconstitucional, pois, efetivamente, fere o princípio da dignidade humana. É como se as pessoas estranhas não tivessem dignidade merecedora de tutela, apenas as da família a teriam. Chega a ser risível a restrição, sob todos os aspectos.

Cabe ainda uma questão: e se o perigo recair sobre animal ou objeto de valor, como uma obra de arte?

Em meu entendimento, com base no princípio da boa-fé, seria possível se pleitear a anulação do negócio, ou sua revisão, até porque o terceiro elemento nos permite esse entendimento: o dolo de aproveitamento.

O dolo de aproveitamento é o terceiro elemento caracterizador do estado de perigo.

O perigo pode nem ser objetivamente tão grave. O que interessa, porém, é o estado psicológico da vítima, do qual se aproveita a contraparte. Haverá sempre um nexo de causa e efeito entre o temor da vítima e a má-fé do outro contratante.

Com base nisso é que se pode afirmar ser o princípio da boa-fé o fundamento do estado de perigo.

A boa-fé pode ser subjetiva ou objetiva.

A boa-fé subjetiva consiste em crenças internas, conhecimentos e desconhecimentos, convicções internas. Consiste, basicamente, no desconhecimento de situação adversa. Quem compra de quem não é dono, sem saber, age de boa-fé, no sentido subjetivo.

A boa-fé objetiva baseia-se em fatos de ordem objetiva. Baseia-se na conduta das partes, que devem agir com correção e honestidade, correspondendo à confiança reciprocamente depositada. As partes devem ter motivos objetivos para confiar uma na outra.

O princípio da boa-fé contratual diz respeito à boa-fé objetiva. É dever imposto às partes agir de acordo com certos padrões de correção e lealdade. Este o sentido dos arts. 113, 187 e 422 do CC.

Em síntese, segundo o princípio da boa-fé objetiva é direito de cada uma das partes confiar na outra. O dolo de aproveitamento atenta frontalmente contra este princípio.

Resta ainda ressaltar que o dolo de aproveitamento é *in re ipsa*. Basta que a parte que se aproveite da outra conheça o perigo, para que se considere em dolo.

Por fim, o quarto elemento configurador do estado de perigo é a assunção de obrigação excessivamente onerosa.

A onerosidade excessiva será aquilatada diante das circunstâncias objetivas do caso concreto. O fundamento é que não seria aceitável que uma pessoa suportasse um ônus econômico, objetivamente desproporcional à contraprestação obtida.

Quanto aos efeitos, aquele explicitado no Código Civil é a possibilidade de anular o negócio realizado em estado de perigo. A pergunta é: seria este o único efeito possível?

A meu ver, não. Tendo como base o princípio da conservação/preservação dos contratos (dos negócios, em geral), subprincípio da função social dos negócios jurídicos, é possível a manutenção do negócio, com o devido reequilíbrio das prestações, desde que requerido por uma das partes.

O Código Civil Italiano, com base no princípio do enriquecimento sem causa, contém regra, segundo a qual o juiz poderá fixar uma justa compensação à outra parte pelo serviço prestado. Em nosso ordenamento, caso não seja pedida a compensação, não poderá ser objeto da decisão, sob pena de sentença *ultra petita*. Havendo pedido, mesmo sem previsão expressa no art. 156, é possível, com base no mesmo princípio do enriquecimento sem causa, a fixação de uma justa compensação. Assim, se, por um lado, o hospital exigiu um depósito absurdo para internar o paciente, não significa, por outro lado, que não deva ser remunerado por seus serviços.

7.3.10 Invalidade dos atos jurídicos (Plano da validade)

Segundo a doutrina tradicional, que procura explicar nossa legislação, inválido é o ato jurídico que não produza efeitos, ou que, pelo menos, possa não os produzir. É aquele ato que contenha defeito, em virtude do qual seja nulo, anulável ou ineficaz.

A teoria que estuda os atos inválidos se denomina *teoria das nulidades* e, no Direito Brasileiro, centra-se nos arts. 166 a 184 do CC. Toda ela se arquiteta a partir desses dispositivos. Estes, por sua vez, vão buscar sua origem remota no sistema de nulidades do Direito Romano, engendrado não pelos romanos, mas pelos romanistas contemporâneos, com base nos antigos textos, principalmente do *Corpus Iuris Civilis*, do século VI da era cristã.

Nossa análise tem que partir, portanto, da doutrina do Direito Brasileiro moderno, para, por meio de indagações críticas, chegar ao Direito Romano, cuja doutrina há de ser, também ela, questionada.

Para nossa doutrina tradicional, brasileira e alienígena, em que consistiria o sistema de nulidades? Como poderia ser ele descrito? Como é aplicado?

Estudando os autores de maior escol, acharemos muitos pontos convergentes, todos na tentativa de apresentar regras lógicas e funcionais para explicar a sistemática das nulidades. Mas seria sua explicação convincente? Seria ela consentânea com a realidade? Essa é basicamente nossa preocupação: desvendar o real sistema de nulidades do Código Civil e seu verdadeiro funcionamento na prática.

Na opinião de Caio Mário, os atos inválidos ou ineficazes *lato sensu* se dividem em atos nulos, anuláveis, inexistentes e ineficazes *stricto sensu*.[75]

Para Serpa Lopes a ineficácia em sentido amplo abrange quatro categorias: nulidade ou invalidade, anulabilidade, inexistência e ineficácia *stricto sensu*.[76]

Já nos dizeres de Orlando Gomes, a ineficácia *lato sensu* abrange a nulidade, a anulabilidade, a ineficácia *stricto sensu* e a inexistência. Os atos nulos e anuláveis são atos defeituosos, apenados com a sanção de invalidade.[77]

Quanto aos efeitos, a teoria tradicional, bem representada acima, divide-os, de um modo geral, nos mesmos, para os atos nulos, anuláveis, ineficazes e inexistentes.

Estudemos, então, a teoria tradicional das nulidades, examinando a nulidade, a anulabilidade e a ineficácia, a partir do Direito Romano.

Teoria das nulidades no Direito Romano

Como já se disse, os romanos mesmos pouco teorizaram a respeito do tema. O estudo e a sistematização do sistema de nulidades no Direito Romano é obra posterior, que tem início no Direito Canônico medieval, desenvolvendo-se na modernidade, principalmente, nos séculos XVIII e XIX, na Alemanha, França e Itália.

Na opinião generalizada dos tratadistas, intérpretes do Direito Romano, os atos do *ius civile* eram válidos ou nulos. O Direito Pretoriano introduziu a anulabilidade, alargada e generalizada pelo Direito Justinianeu.[78]

O chamado *ius civile* era o Direito da cidade, o *ius civitatis*, o Direito Romano propriamente dito, cuja expressão máxima foi a Lei da XII Tábuas, do século V a.C. Era direito rígido e formalista, inadequado à evolução dos tempos, já mesmo naqueles idos anteriores à Era Cristã. Daí a importância da atuação dos magistrados que, por meio de seus editos, foram adaptando o ius civile a novas situações, emergentes de novas realidades. Esse Direito Romano, inovado pelos magistrados, principalmente pelos pretores (*ius honorarium*, Direito Pretoriano), introduziu a anulabilidade, mais à frente (século VI d.C.) ampliada pelo Direito Justinianeu.

---

75   PEREIRA, Caio Mário da Silva. **Instituições de direito civil**... cit., 18. ed., v. 1, p. 402 *et seq.*
76   SERPA LOPES, Miguel Maria de. Op. cit., v. 1, p. 443 *et seq.*
77   GOMES, Orlando. **Introdução**... cit., 18. ed., p. 468 *et seq.*
78   MARKY, Thomas. **Curso elementar de direito romano**. 4. ed. São Paulo: Saraiva, 1988. p. 51.

Nos dizeres de Moncada, a validade ou não validade de um negócio jurídico não era, pois, mais do que a aptidão desse negócio a produzir ou não todos os seus efeitos normais.[79]

Havia, pois, duas espécies de nulidade: a relativa e a absoluta.

Tratando-se de nulidade absoluta, o ato não produzia qualquer dos efeitos que se tinha em vista. Neste caso a espécie de nulidade que o feria equivalia a considerá-lo verdadeiramente inexistente.

Esses negócios não dependiam de anulação judicial. Não produziam efeitos por não existirem. Eram nulos *ab origene, pleno iure*. Exemplos seriam a compra e venda sem preço; o testamento sem as formalidades exigidas; etc.

Era nulo o negócio quando lhe faltasse elemento essencial.

Não é sempre fácil determinar, em face do Direito Romano, se um ato é absolutamente nulo, relativamente nulo ou anulável. O critério deve ser o do interesse em respeito do qual a ineficácia foi cominada. Se for de ordem pública, a nulidade será absoluta; se de ordem puramente privada, a nulidade será relativa ou o negócio será anulável.[80]

Sendo a nulidade relativa, o negócio era considerado nulo (inexistente) relativamente a certas pessoas e válido relativamente a outras. O ato podia convalidar-se. Por exemplo, cite-se o menor que alugasse serviços. O negócio seria nulo para o tomador e válido em relação ao menor. Se o contrato fosse adimplido, as partes não poderiam repetir o que se pagara. Daí dizer-se que se convalidava.

Outro exemplo seria o do escravo manumitido em fraude contra credores (*Lex Aelia Sentia*). O ato era considerado nulo apenas em relação aos credores.

Cuidando-se de anulabilidade, o ato era válido, sendo, potencialmente, anulável. Os casos de anulabilidade eram, em princípio, a incapacidade relativa e os vícios do consentimento (erro, dolo, coação).[81] Na verdade, é difícil estabelecer critérios seguros para identificar as causas de anulabilidade. Há quem diga que as nulidades eram de *ius civile* e as anulabilidades de *ius honorarium*.[82] Mas esse critério é falho, visto que há exemplos de nulidades de *ius honorarium* e anulabilidades de *ius civile*.

Van Wetter se refere a atos nulos ou inexistentes e a atos anuláveis, além dos válidos.[83]

Eram nulos os atos, se uma das partes era incapaz por defeito de vontade, se uma das condições objetivas faltasse, se houvesse erro essencial, coação física

---

79 MONCADA, Luís Cabral de. **Elementos de história do direito romano**. Coimbra: Coimbra Ed., 1923. p. 316 *et seq.*
80 *Idem, ibidem.*
81 *Idem*, p. 324.
82 *Idem, ibidem.*
83 VAN WETTER, Peter. **Cours** élémentaire **de droit romain**. 3. ed. Paris: A. Marescq Aîné, 1893. t. I, p. 178.

ou simulação, e se a forma fosse inadequada. Em outras palavras, o ato era nulo se lhe faltasse vontade, objeto ou forma.

Fora desses casos, os vícios geravam anulabilidade.

Aponta Van Wetter princípios comuns aos atos nulos e anuláveis:

1] Não se convalidavam se a causa de sua invalidade deixasse de existir. Só isso não bastava. Se o ato era nulo, é porque não existia e continuava não existindo. Se era anulável, cessado o defeito, as partes deveriam ou refazê-lo ou confirmá-lo.
2] O ato não se convertia em outro, a não ser que houvesse disposição em contrário. Assim, uma compra e venda sem o preço não se converteria em doação.
3] Se o defeito atingisse uma parte apenas, a outra continuava válida (*utile per inutile non vitiatur*).

Indica também regras próprias dos atos inexistentes (nulos):

1] O ato inexistente não produzia efeitos.
2] O ato inexistente não admitia convalidação, a não ser que se o praticasse novamente, quando seus efeitos se produziriam *ex nunc*.
3] E regras próprias dos atos anuláveis:
4] Produziam efeitos até sua anulação.
5] Admitiam confirmação, quando o defeito simplesmente desaparecia.

José Carlos Moreira Alves[84] afirma que, no Direito Clássico, havia a nulidade reconhecida pelo ius civile e que operava *ipso iure* e a impugnabilidade, admitida pelo *ius honorarium*, por meio, principalmente, da *denegatio actionis*, da *exceptio* e da *restitutio in integrum*. Assim, o pretor fornecia meios para que os negócios considerados válidos pelo *ius civile*, não produzissem efeitos. Tal era o caso da fraude contra credores, por exemplo.[85]

O Direito Justinianeu unificou o sistema clássico e pretoriano, podendo-se, a partir daí, falar em atos anuláveis.[86]

No ensinamento de Mario Talamanca,[87] para o *ius civile* só havia duas alternativas: ou o negócio era válido ou ineficaz (nulo). Para eles, diferentemente dos sistemas atuais, o negócio nulo não existia.[88]

Havia casos, entretanto, em que, para o *ius civile*, o negócio era válido, mas, para o *ius honorarium*, era inválido. Nesses casos, cabia aos interessados recorrer ao pretor, dentro de certo prazo. Eram os negócios anuláveis.[89]

---

84 MOREIRA ALVES, José Carlos. **Direito romano**... cit., 11. ed., p. 167 *et seq*.
85 Idem, p. 169.
86 Idem, ibidem.
87 TALAMANCA, Mario. **Istituzioni di diritto romano**. Milano: Giuffrè, 1990. p. 223 *et seq*.
88 Idem, p. 225.
89 Idem, p. 227.

Vistos, em suas linhas gerais, os delineamentos da teoria das nulidades no Direito Romano, construída pelos modernos, vejamos, agora, os seus reflexos no Direito Europeu e Brasileiro.

Teoria clássica das nulidades

O que denominamos *teoria clássica das nulidades* nada mais é que a teoria das nulidades, formulada pelos romanistas e adotada pelos civilistas, principalmente, franceses, com reflexos no *Code Napoléon* e na legislação posterior de todos os ordenamentos de base romano-germânica.

Segundo essa teoria clássica, os atos inválidos seriam nulos, anuláveis ou ineficazes. Daí teríamos nulidade, anulabilidade e ineficácia.

Na opinião de Martinho Garcez,

> não há no direito objectivo materia mais difficil e mais complexa do que a das nullidades, e d'ahi a impossibilidade, em que o jurista se vê, de traçar regras ou princípios geraes.
>
> Merlin, um dos que melhor trataram a materia, apenas conseguiu estabelecer uma regra geral que é a seguinte: "As nullidades não podem ser estabelecidas senão por lei, e só a lei *tem o direito* de pronuncial-as".
>
> Mas essa regra não é geral, como pretende Merlin; ella soffre excepções, porque casos há em que a nullidade não está expressa na lei, e o juiz, entretanto, não pode deixar de declaral-a, porque, então, a nullidade é uma consequencia logica dos principios geraes do Direito, na phrase do profundo Zachariae.[90]

Ainda nas palavras desse mesmo jurista,

> nullidade é a preterição de qualquer solemnidade essencial a fórma interna ou externa do acto juridico.
>
> A nullidade dos actos juridicos só pode ser pronunciada: I.º, quando a lei expressamente a declara; 2.º, quando fôr preterida alguma solemnidade substancial para a existencia do acto e fim da lei.[91]

As nulidades se dividem, segundo ele, em nulidades de pleno direito e nulidades dependentes de rescisão:

> As nullidades de pleno direito ou nascem da violação das leis prohibitivas, promulgadas no interesse da ordem publica, porque aquillo que se faz contra a prohibição da lei é nullo, ainda que não esteja expressamente declarada a

---

90 GARCEZ, Martinho. **Nullidades dos actos jurídicos**. Rio de Janeiro: Companhia Impressora – 7, 1896. p. 11.
91 Idem, p. 227.

clausula annullatoria; ou nascem das leis constitutivas das formulas ou condições essenciaes dos actos que ellas instituem.[92]

A nullidade dependente da rescisão dá-se quando no contracto, valido em apparencia, há preterição de solemnidades intrinsecas, (...).[93]

A nullidade dependente de rescisão póde ser ratificada.

A ratificação tem effeito retroactivo; salva a convenção das partes e o prejuizo de terceiro.

As nullidades dependentes de rescisão, resultando da violação das leis que não têm por fim estabelecer normas fixas, preceitos absolutos e inalteraveis, mas unicamente determinar os mais preferiveis e melhores de que podem usar as partes na defesa de seus direitos, e, por isso, chamadas nullidades *no interesse das partes*, para distinguir das que provêm de inobservancia das leis, que têm por fim resguardar a ordem e interesse publico, e que são chamadas *nullidades no interesse da lei*, são nullidades suppriveis, e a vontade das partes póde revalidal-as – *Cuique licet renunciare iure in favorem suum introducto*.[94]

[...]

A nullidade dependente de rescisão só póde ser allegada com a prova de prejuizo".[95]

Os efeitos da distinção entre nulidade de pleno direito e nulidade dependente de rescisão são:

1.º Os contractos nos quaes se dão as nullidades de pleno direito consideram-se nullos e não têm valor sendo produzidos para qualquer effeito juridico ou judicial; os contractos, porém, em que intervêm nullidades dependentes de acção, consideram-se annullaveis e produzem todo seu effeito emquanto não são annullados pela acção de rescisão.

2.º A nullidade de pleno direito não póde ser relevada pelo juiz, que a deve pronunciar, se ella consta do instrumento ou de prova litteral; mas a nullidade dependente de rescisão carece da apreciação do juiz á vista das provas e circumstancias.

---

92 *Idem*, p. 35-36.
93 *Idem*, p. 36.
94 *Idem*, p. 37.
95 *Idem*, p. 39, grafia original.

A nullidade de pleno direito póde ser allegada ou pronunciada por meio de acção ou defeza; mas a nullidade dependente de rescisão deve ser pronunciada por meio de acção competente.

Quando a nullidade dependente de rescisão é opposta em defeza, a sentença não annulla absolutamente o contracto; mas somente deve referir-se ao objecto de que se trata.

A nullidade de pleno direito póde ser allegada por todos aquelles que provarem o interesse na sua declaração; mas a nullidade dependente de rescisão só póde ser opposta por acção competente pelas partes contractantes, successores e subrogados, ou pelos credores, no caso do art. 828 do Cod. Comm.

A nullidade de pleno direito póde ser allegada em qualquer tempo e instancia; a nullidade dependente de rescisão deve ser reclamada em tempo, e por isso mesmo desattendida, quando coberta pelo consentimento expresso ou tacito da parte.

Todavia, a nullidade dependente de rescisão póde ser opposta em defeza sem dependencia de acção directa rescisora – I.º pelas partes contractantes, successores e subrogados; 2.º pelo terceiro na parte em que é prejudicado e só relativamente a elle; 3.º pelo exequente na execução e pelos credores no concurso de preferencia para impedirem o effeito de contractos simulados, fraudulentos e celebrados em fraude de execução.

Só as nullidades de pleno direito e absolutas podem ser pronunciadas *ex-officio*. [96]

Em apanhado geral, teríamos os cenários expostos a seguir.

a] Nulidade de pleno Direito

É nulo o ato jurídico quando, em razão de defeito grave que o atinja, não produza os efeitos que deveria produzir. Pode até produzir efeitos, mas não aqueles efeitos desejados pelas partes interessadas, aqueles efeitos que deveria produzir. Por exemplo, se uma pessoa com 14 anos vender um imóvel seu sem a devida interveniência de seu representante legal, o negócio será nulo, não produzindo seu principal efeito, qual seja, o de transmitir a propriedade do imóvel ao comprador. O único efeito que tal ato poderá produzir é o reembolso a que o comprador faça jus, se já tiver pagado o preço do imóvel ao vendedor. Este deverá restituir-lhe o dinheiro. Mas esse não é efeito normal da compra e venda.

---

96   Idem, p. 40-43, grafia original.

A Lei considera nulo o ato jurídico quando praticado por pessoa absolutamente incapaz, quando seu objeto for impossível, quando o motivo comum for ilícito, ou quando não revestir forma adequada. Em outras palavras, sempre que o ato não observar as condições de validade dos atos jurídicos supraestudadas. Além desses casos, também se considera nulo o ato jurídico simulado.

Mas não só nestes casos os atos jurídicos serão nulos.

Além destes casos genéricos, serão nulos os atos jurídicos sempre que a Lei assim o determinar, de maneira difusa.

Outra observação importante é a de que a nulidade pode ser total ou parcial. Às vezes a Lei diz ser nula apenas parte do ato e não ele inteiro. O Código do Consumidor, por exemplo, sanciona com nulidade somente as cláusulas abusivas. Assim, se em determinado contrato houver cláusulas abusivas contra o consumidor, pode ser que sejam nulas apenas estas, e não o contrato inteiro.

A nulidade pode ser alegada por qualquer interessado, inclusive pelo Ministério Público e pelo juiz, *ex officio*.[97] Aliás, é dever do juiz anular de ofício os atos inquinados de defeito grave.

b] Anulabilidade

O ato será anulável quando inquinado de defeito leve, passível de convalidação. O ato é imperfeito, mas não tanto e tão profundamente afetado como nos casos de nulidade, razão pela qual a Lei oferece aos interessados a alternativa de requerer sua anulação, ou deixar que produza seus efeitos normalmente. É o caso do menor relativamente incapaz que realize um negócio sem assistência de seus pais ou tutor. Estes podem requerer a anulação do negócio, ou não.

São, pois, anuláveis os atos praticados por todas as pessoas relativamente incapazes, e aqueles atos eivados de erro, dolo, coação, fraude contra credores, lesão e estado de perigo.

Há autores que afirmam ser a coação física irresistível causa de nulidade, uma vez que, neste caso, não haveria manifestação de vontade por parte do coagido. Sua vontade é suprimida pela violência.[98] A se adotar esta tese, não só a coação física, mas todo tipo de coação irresistível deveria ser causa de nulidade, por suprimir a manifestação de vontade. A verdade, porém, é que nem o Código de 1916 (art. 145), nem o atual (art. 166) adotam expressamente esse ponto de vista. Pelo contrário, o art. 171 do Código em vigor, bem como o art. 147 do antigo, não apresentaram nenhuma ressalva, ao incluírem a coação dentre as causas de anulabilidade. A intenção do legislador é deixar ao coagido a liberdade de anular ou não o negócio praticado sob coação.

---

97 *Ex officio*, ou "de ofício", significa que o juiz anulará o ato, independentemente de requerimento dos interessados.
98 RÁO, Vicente. **Ato jurídico**... cit., 3. ed., p. 176.

Além desses casos, são anuláveis os atos jurídicos, sempre que a Lei assim o determinar, de modo esparso.

A anulabilidade, ao contrário da nulidade, só pode ser requerida pelos que dela se beneficiem, ou seja, pelos interessados; jamais de ofício, pelo juiz.

Revolvendo a doutrina e a legislação de alguns países europeus, verifica-se que a teoria clássica predomina imperiosamente.

Para Emilio Betti,

> el estudio que hemos de acometer demonstrará la oportunidad de mantener diferenciados los dos órdenes de problemas: Los concernientes a la diagnosis de la anormalidad e los que atañen a su tratamiento jurídico. (...) La oportunidad de distinguir los dos órdenes de problemas, resulta, además, del hecho de que no siempre el Derecho puede considerarse satisfecho con atribuir a la anormalidad del negocio la invalidez como consecuencia constante y exclusiva.
>
> Un negocio de la vida real puede no ser apto para desplegar, al menos en forma duradera, todos los efectos que el derecho acompaña al tipo abstracto a que aquél pertenence. La calificación de inválido o ineficaz, que entonces se le adjudica, presupone, precisamente, un cotejo, entre el negocio concreto que se considera y el tipo o género de negocio que éste pretende representar. Y expressa una apreciación negativa que es, en cierto modo, el reverso de aquella outra, positiva, que hace la ley respecto al negocio-tipo, al que faculta para producir nuevas situaciones jurídicas.
>
> Es evidente la oportunidad de clasificar diferentemente la carencia de efectos, según que dependa de defectos intrínsecos o de circunstancias extrínsecas al negocio jurídico en sí considerados; ponderables, los primeros, en el momento mismo en que el negocio surge o debe tomar vigor; los segundos, en cambio, sólo sobre el negocio concluído y perfecto, y tales que dan lugar a su caducidad. El criterio discriminador es el ahora enunciado. Se denomina inválido, propiamente, el negocio en el que falte o se encuentre viciado alguno de los elementos esenciales, o carezca de uno de los presupuestos necesarios al tipo de negocio a que pertenence. Invalidez es aquella inidoneidad para producir los efectos esenciales del tipo que deriva de la lógica correlación establecida entre requisitos y efectos por el dispositivo de la norma jurídica y es, conjuntamente, la sanción del deber impuesto a la autonomía privada de utilizar medios adecuados para la consecución de sus fines propios. Se califica, en cambio, de simplemente ineficaz el negocio en el que están en regla los elementos esenciales y los presupuestos de validez cuando, sin embargo, impida su eficacia una circunstancia de hecho extrínseca a él.[99]

---

99   BETTI, Emilio. Op. cit., p. 348-349.

Nos dizeres desse mesmo autor,

> es nulo el negocio que, por falta de algún elemento esencial, es inapto para dar vida a aquella nueva situación jurídica que el Derecho apareja al tipo legal respectivo, en conformidad con la función económico-social que le es característica; nulo, aunque acaso pueda producir alguno de los efectos correspondientes, u otros distintos, de carácter negativo o contradictorio (ya que de outro modo más bien sería inexistente). Anulable, en cambio, se denomina al negocio que, aun no careciendo de los elementos esenciales del tipo y hasta originando la nueva situación jurídica que según el Derecho acompaña a aquél, puede – tras la reacción de la parte interesada – ser removido con fuerza retroactiva y considerado como si nunca hubiera existido. La nulidad surge aquí sólo por efecto de sentencia (constitutiva), cuando un interessado tome la iniciativa de hacerla pronunciar por el Juez, como consecuencia de los vicios que al negocio afectan. La anulabilidad corresponde a deficiencias del negocio menos graves que las que procucen la nulidad. En general, se puede decir que la anulabilidad se presenta cuando falte un presupuesto de validez, o bien, cuando un elemento esencial del negocio se halle simplemente viciado, mientras que se tiene nulidad sólo cuando un elemento del negocio está, precisamente, ausente.[100]

> [...]

> Así, es natural que la nulidad, al contrario que la anulabilidad, no se prescriba y no se sane, según principio, por confirmación o ratificación sucesiva, aunque sea abstractamente concebible una diferente regulación de este punto.[101]

> [...]

> La invalidez que no tenga carácter absoluto o irremediable puede ser subsanada de diferentes modos, con efecto normalmente retroactivo entre las partes.[102]

O Código Civil Italiano contém as seguintes normas a respeito do tema, verificando-se, entretanto, que não há disposições de caráter genérico, mas referentes a uma espécie de negócios jurídicos, qual seja, os contratos.

> Art. 1.418. O contrato é nulo, quando contrário a normas imperativas, salvo quando a Lei disponha diversamente.

Tornam nulo o contrato a falta de um dos requisitos indicados no art. 1.325, a ilicitude dos motivos, no caso indicado no art. 1.345, e a falta no objeto dos requisitos estabelecidos no art. 1.346.

---

100 *Idem*, p. 353.
101 *Idem*, p. 355.
102 *Idem*, p. 365.

O contrato também será nulo nos outros casos estabelecidos em lei.

> Art. 1.421. Salvo nos casos de disposição legal em contrário, a nulidade pode ser arguida por qualquer interessado e pode ser pronunciada de ofício pelo juiz.
>
> Art. 1.422. A ação declaratória de nulidade não se sujeita a prescrição, salvo os efeitos da usucapião e da prescrição das ações de repetição.
>
> Art. 1.423. O contrato nulo não pode ser convalidado, a não ser que a Lei disponha de modo diverso.
>
> Art. 1.425. O contrato é anulável se uma das partes era legalmente incapaz de contratar.

É também anulável, quando ocorrerem as condições estabelecidas no art. 428, contrato celebrado por pessoa incapaz de entender e de querer.

> Art. 1.441. A anulação do contrato pode ser demandada apenas pelos interessados, indicados em lei.
>
> A incapacidade do interdito pode ser arguida por qualquer interessado.
>
> Art. 1.442. A ação anulatória prescreve em cinco anos.
>
> Art. 1.444. O contrato anulável pode ser convalidado por quem tenha legitimidade para anulá-lo, mediante ato que contenha a menção do contrato e do motivo da anulabilidade, bem como declaração de que se deseje convalidá-lo.

O Código Civil Francês é pobre sobre o assunto. Apenas um artigo tem caráter, mais ou menos, genérico.

> Art. 1.304. Em todos os casos em que a ação anulatória ou de rescisão de uma convenção não estiver limitada a tempo menor por lei especial, esta ação durará cinco anos.

Planiol faz diferença entre atos nulos e inúteis, asseverando que,

> o ato nulo assemelha-se ao inútil pela ausência de efeitos, mas a diferença consiste em que a esterilidade do ato nulo provém da vontade do legislador e a do ato inútil da vontade das partes ou da natureza das coisas. Por exemplo, um ato, cuja condição não se implemente, se torna inútil; o mesmo ocorrerá se faltar o objeto; uma venda, por exemplo, se a coisa vendida já pereceu ou nunca existiu. O ato é regular do ponto de vista jurídico; não é nulo, é inútil. Falta-lhe seu

efeito, sem que o legislador tenha necessidade de intervir, e ele não dependeria do legislador para se tornar eficaz.[103]

Acrescenta o mestre francês que, a teoria das nulidades é uma das mais obscuras que há no Direito Civil. Entretanto, deveria ser bastante simples, possuindo mesmo essa simplicidade nos primeiros tempos do Direito Romano: o ato nulo não existia para a lei, não existia, nem produzia efeitos jurídicos; nada existia.

A matéria das nulidades começou a se complicar no Império Romano, graças ao Direito Pretoriano. O pretor, não podendo, por si mesmo, anular um ato que o Direito Civil declarava válido, concedia, porém, uma espécie de reparação tão plena quanto possível, por meio de procedimento particular, a *in integrum restitutio*. Dizia-se, por exemplo, que um menor beneficiava-se da restituição ou que o contrato por ele celebrado estava rescindido (*restituitur, rescinditur*). Esse procedimento (que entra na categoria geral das ações) foi, com a exceção de dolo, um dos dois grandes meios que o pretor empregou em sua luta contra o Direito Civil. Desde então, havia no Direito Romano duas maneiras para um ato ser nulo: havia a nulidade civil, que se produzia de pleno Direito, automaticamente; e, ao lado dela, a nulidade pretoriana, que supunha o exercício de ação judicial e não se realizava que em virtude de sentença judicial.

Se tivesse ficado por aí, a teoria das nulidades seria ainda bastante simples. Infelizmente, diversas causas exteriores vieram truncá-la. As duas principais causas de complicação foram, de início, a *necessidade de se recorrer à Justiça*, em qualquer hipótese, havendo desavença quanto à existência da nulidade; depois, a *imprecisão da linguagem empregada* a propósito das nulidades. Em nossos dias, uma terceira causa veio se juntar às duas primeiras: a criação de nova categoria, a dos *atos inexistentes*.[104]

Conclui Planiol que,

> em suma, a grande diferença que separa os autores consiste no seguinte: uns admitem nulidades, produzindo seu efeito de pleno Direito e sem julgamento, em virtude de lei; outros não concebem que tal resultado possa se produzir e exigem sempre sentença judicial para que o ato, uma vez aperfeiçoado, seja reduzido ao estado de ineficácia jurídica.[105]

Para ele,

> nada seria mais simples do que fixar a linguagem. Temos três palavras à nossa disposição: *anulável, nulo* e *inexistente*, e três situações para distinguir: 1.ª o ato que a Lei não precisa anular, porque não chegou a existir; 2.ª o ato anulado de

---

103 PLANIOL, Marcel. **Traité élémentaire de droit civil**. 3. ed. Paris: LGDJ, 1906. t. I, p. 123.
104 *Idem*, p. 123-124.
105 *Idem*, p. 126.

pleno Direito pela Lei; 3.ª o ato anulado por sentença. A palavra "inexistente" designaria os atos da primeira classe; a palavra "nulo" os da segunda e a palavra "anulável" os da terceira. (...) Para concluir, diremos que, por um lado, seria lastimável abandonar a ideia de uma nulidade operando seus efeitos de pleno Direito, independentemente de julgamento. É tradição histórica certa (...).[106]

Em seu juízo, "a nulidade de pleno Direito é a verdadeira nulidade, aquele que sanciona, em princípio, as proibições da Lei. (...) a simples anulabilidade é exceção, que ocorre em certos casos e por razões determinadas".[107]

Acrescentando, afirmando que

> a nulidade de pleno Direito é obra direta do legislador, que declara nulo o que tenha sido feito. Não há necessidade de se intentar, propriamente, *ação anulatória*: o juiz não tem que cassar esse ato que a Lei não reconhece; a Lei mesma se encarrega disso. (...) o juiz se resumirá a constatar a nulidade; não a *decretará*.[108]

Quanto à necessidade da intervenção judicial, Planiol explica que, "por outros termos, a intervenção dos tribunais, nos casos de nulidade absoluta, se fundamenta, unicamente, no princípio de que a ninguém é dado fazer justiça com as próprias mãos, e não na necessidade de cassar um ato já anulado pela Lei".[109]

Seriam características dos atos nulos:

- a nulidade é imediata;
- todo interessado pode arguir a nulidade;
- a nulidade não pode ser reparada por um dos interessados;
- a nulidade não está sujeita a prescrição.[110]

A anulabilidade seria, para Planiol,

> uma *medida de proteção para determinada pessoa*. (...) Essa espécie particular de nulidade difere da verdadeira nulidade, não somente por suas causas, mas também por seu *modo de ação*, ou seja, pelo modo como ela produza a invalidação dos efeitos jurídicos do ato aperfeiçoado. Para o ato simplesmente anulável, a nulidade não se produz de pleno Direito; é mister *demandá-la em juízo* para que seja *pronunciada* pela autoridade judiciária. Ela supõe, assim, necessariamente, a propositura de uma *ação*, conforme sua origem histórica, que é a "in integrum restitutio" pretoriana. Essa ação se denomina, em geral, *ação anulatória*.[111]

---

106 Idem, p. 126-128.
107 Idem, p. 129.
108 Idem, p. 130.
109 Idem, p. 125.
110 Idem, p. 130-131.
111 Idem, p. 131-132.

Aponta ele como características dos atos anuláveis:

- a nulidade não é imediata;
- ação anulatória não pode ser intentada por qualquer um;
- a nulidade pode ser sanada por confirmação;
- a ação anulatória prescreve.[112]

O Código Civil Alemão é bastante pobre e assistemático. Cuida da matéria de modo casuístico, com pouquíssimas normas genéricas sobre o tema.

O parágrafo 119, por exemplo, trata da anulabilidade por erro: "(1) Quem incorrer em erro quanto ao conteúdo de sua vontade, ou mesmo quanto ao simples fato de declará-la, poderá anular a emissão dessa vontade, sempre que se provar que a não teria declarado, se conhecesse a verdadeira situação da coisa ou as circunstâncias reais do caso". O parágrafo 121 trata do prazo decadencial para a propositura da ação anulatória nos casos de erro. O parágrafo 125 cuida da nulidade por defeito de forma. Não é de se copiar a sistemática legal das nulidades no Direito Alemão.

A respeito da anulabilidade (*Anfechtbarkeit*) por erro, Peter Bähr afirma que,

> enquanto o negócio não for anulado, permanecerá eficaz; só a anulação conduzirá à nulidade. O interessado poderá, assim, reparar o erro, não anulando o negócio. (...).

> O interessado poderá ou não anular o negócio, dentro de certos limites, pois o contrário seria intolerável para a outra parte. Há, portanto, um prazo, cujo transcurso extingue o direito à anulação.[113]

Quanto aos negócios nulos (*nichtige Rechtsgeschäfte*), assevera esse autor que, "a nulidade (*Nichtigkeit*) significa que o negócio em questão será ineficaz, desde o início, sem mais. (...) Um contrato, desde o início, não terá, por exemplo, qualquer força vinculante, nem transmitirá qualquer direito".[114]

Afirma, outrossim, esse autor alemão que, "defeitos de forma são fundamentalmente insuperáveis. Restará ao interessado apenas a possibilidade de repetir o negócio, ratificando-o, pois. A eficácia do negócio terá início, porém, apenas após sua convalidação".[115]

Dos quatro países pesquisados, o que melhor sistematizou a matéria em seu Código Civil, foi a Rússia.

Art. 166. Negócios nulos e anuláveis (ничтожные и оспоримые сделки)

---

112 Idem, t. I, p. 132.
113 BÄHR, Peter. Op. cit. 7. ed., p. 104.
114 Idem, p. 120.
115 Idem, p. 121.

1. O negócio será inválido pelas razões determinadas neste Código, desde que o invalide o juiz (negócio anulável – *оспоримая сделка*), ou independentemente dessa invalidação (negócio nulo – *ничтожная сделка*).

2. A ação anulatória nos casos de anulabilidade poderá ser proposta por todas as pessoas indicadas neste Código.

A ação anulatória nos casos de nulidade poderá ser proposta por qualquer interessado. O juiz tem o direito de aplicar a nulidade de ofício.

Art. 167. Normas gerais sobre os efeitos do negócio inválido

1. O ato jurídico inválido não produz quaisquer efeitos, à exceção daqueles vinculados a sua invalidade. A invalidade se considera a partir do momento em que o negócio se tenha realizado.

2. (...)

3. Se do conteúdo do negócio anulável decorrer que só possa ser ele invalidado para o futuro, o juiz o invalidará para o futuro.

Kunik afirma que,

> para que o negócio seja válido, vários requisitos devem ser observados: é indispensável que seus partícipes sejam capazes; a vontade declarada deve retratar a real vontade das partes; o conteúdo do negócio deve ser lícito; a forma deve ser adequada.
>
> A falta de qualquer um desses requisitos pode trazer consigo a invalidação do negócio. Um negócio assim viciado não produz aqueles efeitos jurídicos, desejados pelas partes.
>
> Todos os negócios inválidos se dividem em dois grupos: a) absolutamente inválidos (nulos – *ничтожные*) e b) relativamente inválidos (anuláveis – *оспоримые*).
>
> Nulos são aqueles negócios, inválidos por força de lei, independentemente de qualquer declaração de nulidade.
>
> Anuláveis são aqueles negócios, cuja invalidação dependa de declaração judicial, requerida por algum interessado.[116]

Concluindo, de uma maneira geral, afirmam os clássicos que os negócios nulos o são *pleno iure*, não sendo, pois, necessária a anulação judicial. O juiz não anula o que já é nulo, apenas declara a nulidade já existente por força de

---

116 KUNIK, A. Ya. et al. **Основы советского гражданского права**. Москва: Высшая Школа, 1986. ст. 67.

lei, até mesmo de ofício. Sendo assim, os negócios nulos não produzem efeitos; a sentença declaratória da nulidade opera *ex tunc*; não há possibilidade de convalidação futura, bem como não há prazo para o exercício do direito de pleitear a declaração judicial de nulidade.

Quanto aos negócios anuláveis, assevera a doutrina clássica, em geral, que não sendo nulos de pleno Direito, devem ser anulados pelo juiz, que só pode agir por provocação de algum interessado. Além disso, os negócios anuláveis produzem efeitos até a anulação judicial, que opera, segundo alguns, *ex nunc*. São, ademais, passíveis de eventual convalidação, expressa ou tácita, uma vez que, se o interessado deixar correr *in albis* o prazo decadencial para a anulação, o negócio defeituoso estará sanado.

Estes, em síntese, os principais contornos da teoria clássica. Vejamos, agora, seus pontos criticáveis.

7.3.11 Crítica à teoria clássica das nulidades

De início, deve-se ressaltar que as críticas à doutrina clássica dizem respeito aos atos nulos e anuláveis, visto que, em relação aos ineficazes e inexistentes, a doutrina foi, razoavelmente, bem construída, apesar de uma ou outra pequena falha.

Os primeiros críticos da teoria clássica, segundo Planiol, foram Aubry et Rau e Laurent.

> Laurent, que consagrou a essa matéria longas análises, toma a palavra *nulo* como sinônima de *anulável*, e reserva essas duas expressões para designar os atos anuláveis por sentença judicial, em consequência de ação anulatória; em seguida, imputa o termo *atos inexistentes* àqueles que são anulados pela Lei, de pleno Direito.[117]

Interpretados por Planiol, Aubry et Rau ter-se-iam pronunciado como Laurent:

> a nulidade jamais ocorreu de pleno Direito, em virtude de lei, mesmo nos casos em que o texto legal a qualifique de *nulidade de Direito ou de nulidade de pleno Direito*; deve ser sempre pronunciada por sentença. (...) Consequentemente, o ato nulo permanece eficaz, enquanto não for anulado pelo juiz, mesmo que a nulidade se fundamente em motivos de ordem pública. (...) O legislador quis simplesmente privar o juiz de seu poder discricionário e obrigá-lo a impor a nulidade, sempre que se lho demandar.[118]

---

117 PLANIOL, Marcel. *Op. cit.*, t. I, p. 126.
118 *Idem*, p. 126.

De fato, Aubry et Rau defendem esse ponto de vista em sua obra, afirmando que

> toda nulidade deve, como regra geral, ser decretada por sentença. A esse respeito, não há distinguir os casos em que a Lei se resuma a prever contra um ato uma ação anulatória, daqueles outros casos em que a própria Lei anule o ato, seja de maneira pura e simples, seja com a adição das palavras de *Direito* ou de *pleno Direito*. Os atos maculados de nulidade são eficazes, enquanto não forem anulados pelo juiz.[119]

Comentando o art. 41 do Dec. de 01.03.1808, o art. 28 da Lei Comunal de 21.03.1831 e os arts. 23 e 24 da Lei de 5/05/1855, Aubry et Rau continuam afirmando que

> todos esses textos provam que, na linguagem jurídica francesa, os termos nulidade de *Direito* ou de *pleno Direito* não exprimem a ideia de nulidade, que dispensaria a intervenção judicial. Destinados a interpretar a intenção do legislador, esses termos não possuem significado adequado e invariável: o sentido que se lhes atribui é determinado *secundum subiectam materiam*.[120]

Sobre a possibilidade de ratificação dos atos nulos ou anuláveis, escrevem que "as nulidades são, dentro de certos limites, que serão explicados nos parágrafos 337 e 339, suscetíveis de convalidação pela ratificação ou pela prescrição".[121]

Em suma, afirmam esses juristas franceses que não há nulidade de pleno Direito. Todo ato defeituoso, seja o vício leve ou grave, deverá ser anulado judicialmente. Antes da sentença anulatória, nenhum ato será nulo.

No Brasil, o primeiro a adotar as críticas francesas foi Valle Ferreira, seguido por Aroldo Plínio Gonçalves, segundo os quais cabem na teoria clássica alguns reparos de absoluta pertinência.

Valle Ferreira, muito sabiamente, ressalta que

> são por demais conhecidos os embaraços que se apresentam a um estudo mais sério das nulidades, e parece bem certo que tais dificuldades se agravam em consequência da opinião divergente dos autores. Estes, em seus estudos, além de variarem na linguagem e na inteligência dos textos que examinam,

---

119 AUBRY & RAU. **Cours de droit civil français**. 6. ed. Paris: Marchal & Billard, 1936. t. I, p. 234.
120 *Idem*, p. 234-235.
121 *Idem*, p. 235.

quase sempre se prendem a fatos de outros tempos, ou a circunstâncias de outros lugares.[122]

Em primeiro lugar, um ato só pode ser dito nulo após o pronunciamento de sua nulidade por sentença judicial. Em outras palavras, só se pode falar em ato nulo depois de ser ele invalidado pelo juiz. Antes de ser pronunciado nulo, teríamos apenas ato defeituoso, viciado. A nulidade seria espécie de penalidade imposta a atos defeituosos.

Há quem diga que a nulidade não requer pronunciamento judicial, o que não procede absolutamente. O art. 168 diz poderem ser as nulidades *alegadas* por qualquer interessado ou pelo Ministério Público, dependendo de seu interesse. Ademais, caberá ao juiz pronunciá-las de ofício, se delas tomar conhecimento. Em outras palavras, é necessária a intervenção do juiz para que se aplique pena de nulidade a ato defeituoso. E pouco importa a discussão acadêmica, se a atuação do juiz é no sentido de decretar ou apenas declarar a nulidade. O que interessa é que o juiz deverá se pronunciar, sem o que o ato não será invalidado. A sentença que declara nulo um ato tem caráter constitutivo negativo; em outras palavras, visa desconstituir relação ou situação jurídica.[123] Mesmo porque, toda sentença tem, no fundo e inicialmente, um caráter declaratório. Por outros termos, é lógico que o juiz tem que, primeiro, reconhecer e declarar a existência do defeito grave, para, depois, decretar a nulidade do ato, invalidando, na medida do possível, seus efeitos. Isso também ocorre nos casos em que o defeito seja leve, isto é, nos casos ditos, tradicionalmente, de anulabilidade. Primeiro o juiz tem que declarar a existência do defeito leve, para, depois, anular o ato.

Concluindo, ato anulável seria todo ato possuidor de defeito, antes de ser anulado por sentença. Dessa forma, denominam-se *atos anuláveis* todos aqueles atos que a doutrina tradicional chama de *nulos e anuláveis*.

Anuláveis por quê? Porque defeituosos, viciados, mas ainda não invalidados pelo juiz, que só o fará mediante requisição dos interessados, ou de próprio ofício, dependendo do defeito que atinja o ato.

É como assevera Valle Ferreira, em relação ao Código de 1916:

> O Código Civil (arts. 145 e 147) dispõe quanto aos casos de imperfeição e daquelas leis facilmente se vê que a diferença entre ato nulo e anulável apenas se encontra na *causa* da invalidade.

---

122 VALLE FERREIRA, José Geraldo. Subsídios para o estudo das nulidades. **Revista da Faculdade de Direito da UFMG**. Belo Horizonte, ano XIV, n. 3 (Nova Fase), out. 1963. p. 29. Seguindo essa mesma vertende, podem ser citados Orlando GOMES (**Introdução ao direito civil**. 11. ed., Rio de Janeiro: Forense, 1995, p. 480 et seq.) e Aroldo Plínio GONÇALVES (**Nulidades no processo**. Rio de Janeiro: Aide, 1993, *passim*).

123 PONTES DE MIRANDA, Francisco Cavalcante. **Tratado das ações**. São Paulo: Ed. RT, 1973. t. IV, *passim*.

Assim, a referida divisão tem irrecusável utilidade prática no processo de punir a infração da lei, porque orienta quanto aos *modos* de pronunciar a invalidade, à *forma* de alegá-la e às *pessoas qualificadas* para fazê-lo.

Ficará demonstrado que, uma vez pronunciada a nulidade, não há qualquer diferença quanto a seus efeitos.[124]

Um ato anulável pode conter defeito leve ou grave.

Leve é o defeito que pode ser emendado pelas partes, daí só poderem requerer a anulação do ato aqueles que dela se beneficiem.

Grave é o defeito que, uma vez suscitado, normalmente não admita correção; daí ter o juiz o dever de anular o ato, de ofício. Pode ser o caso, contudo, de conversão do ato em outro. Por exemplo, uma doação simulada de compra e venda, não necessita ser anulada; basta ser convertida naquilo que realmente é: uma doação. Em outras palavras, o negócio, neste caso, passa a valer não pelo que parece ser, mas pelo que é. Pode também ser o caso de correção, ou de revisão, como na hipótese de simulação, ou na de lesão (nas relações de consumo, a lesão é defeito grave).

Como saber se o defeito é leve ou grave?

A resposta será dada pela Lei. No Direito Brasileiro, é grave o defeito relativo a não observância das condições de validade dos atos jurídicos, ou seja, sujeito capaz, objeto possível e forma adequada, além de outros casos específicos, como estudamos acima. Também é defeito grave a simulação. Um ato inquinado por defeito grave pode nem chegar a produzir seus principais efeitos, como no caso visto acima da compra e venda de imóveis efetuada por menor absolutamente incapaz, sem a interveniência de seu representante, em que, não se admitindo o registro da escritura, a transmissão da propriedade não ocorrerá. Mas se, por falha do cartório, a escritura de compra e venda for registrada, a propriedade do imóvel, aparentemente, se transmite ao comprador, apesar do defeito grave do ato. Posteriormente, porém, poderá ser anulado, a qualquer tempo, seja a requerimento de algum interessado ou, de ofício, pelo juiz. Afinal, o defeito é grave, e a propriedade só aparentemente se transferiu para o comprador. Mas se ninguém jamais requerer a anulação, o ato perdurará como se fosse perfeito. De fato, então, terá havido transmissão da propriedade.

Vimos, portanto, que os atos que contenham defeitos graves, ditos nulos pela doutrina tradicional, podem produzir efeitos, até que sejam anulados.

Outro exemplo esclarecedor é o de menor absolutamente incapaz, que alugue um imóvel seu. Posto ser a locação portadora de vício grave, produzirá seus efeitos normais. Poderá ser anulada pelo representante do incapaz, o que não

---

124 VALLE FERREIRA, José Geraldo. **Subsídios**... cit., p. 30-31.

faz com que se restituam os aluguéis já pagos. Caso o menor tivesse que restituir os aluguéis, haveria enriquecimento ilícito por parte do inquilino, que teria morado de graça, aproveitando-se, pois, da incapacidade do locador. Fica, portanto, provado que nem sempre os atos ditos "nulos" deixam de produzir os efeitos que deveriam produzir. Na hipótese da locação, como vimos, produziu-os de fato e de Direito. Há quem entenda não se tratar de pagamento de aluguéis, mas de verdadeira indenização, pelo tempo que o locatário utilizou o imóvel. Esse argumento consiste, a meu sentir, *data maxima venia*, numa tentativa vã de conferir ao sistema das nulidades uma coerência que não possui.

Já os defeitos leves são a incapacidade relativa do agente, o erro, o dolo, a coação, a fraude contra credores, a lesão e o estado de perigo, além de outros casos específicos.

Se o defeito é leve, vale dizer que, normalmente, pode ser corrigido. Em outras palavras, as partes podem convalidar o ato viciado, tornando-o válido. Se um menor, com dezessete anos, realizar um negócio sem autorização de seu assistente, o ato será evidentemente anulável, por ser viciado, defeituoso. Isso não impede, todavia, que o assistente deste incapaz dê seu consentimento, ainda que *a posteriori*, convalidando o ato. Consequência lógica é que só os interessados podem requerer ao juiz a anulação do ato, não se admitindo jamais a decretação da nulidade, *ex officio*. O requerimento há de ser feito dentro de prazo fixado em lei, operando-se decadência após seu decurso.

A doutrina tradicional apregoa que a sentença anulatória, tratando-se de defeito grave, opera *ex tunc* (a partir de então), e, tratando-se de defeito leve, opera *ex nunc* (a partir de agora). Em outras palavras, se o defeito for grave, os efeitos do ato serão anulados desde sua realização. Já se o defeito for leve, anular-se-ão os efeitos somente a partir da prolação da sentença anulatória; os efeitos passados considerar-se-iam válidos.

É totalmente infundada a tese. De fato, uma vez anulado o ato, procurar-se-á, sempre que possível, restabelecer o *status quo ante*, ou seja, a situação anterior a ele. A ação anulatória tem sempre caráter constitutivo negativo. O que se almeja, em quaisquer circunstâncias, é a invalidação do ato e de todos os seus efeitos, desde o momento em que se haja realizado. O que ocorre, porém, é que alguns efeitos não podem ser anulados, seja por força de lógica, seja por força de conveniência social, ou pelos dois motivos.

Imaginemos o mesmo caso do contrato de locação celebrado por locador absolutamente incapaz, sem a interveniência de seu representante. O contrato poderá ser anulado, mas os aluguéis já pagos não serão restituídos. Nesta hipótese, trata-se de defeito grave. Os efeitos do ato, porém, não foram anulados em sua totalidade. Imaginemos outro exemplo, em que uma pessoa relativamente capaz venda seu carro, sem a anuência de seu assistente. O defeito é leve, a venda é, portanto, dita "anulável". Contudo, uma vez anulada, restituir-se-ão o carro e o preço. Neste caso, embora leve o defeito, os efeitos do ato não foram mantidos.

Quanto aos atos ineficazes, nada há que acrescentar à doutrina tradicional. O ato ineficaz é válido para quem o pratique, preenchendo todos os requisitos de validade: agente capaz, objeto possível e forma adequada. É ato perfeito, livre também de quaisquer vícios leves, como erro, dolo, coação, lesão ou estado de perigo. Apesar disso, ou seja, apesar de válido para quem o pratique, não gera efeitos em relação a outras pessoas que dele não participaram, devido a algum impedimento externo, extrínseco. Essas outras pessoas, que não participaram da prática do ato e perante as quais não se produzem efeitos, se denominam terceiros.

A verdade é que a teoria clássica se baseou na teoria das nulidades do Direito Romano e esta, por sua vez, foi engendrada a partir de falsos pressupostos, oriundos de má leitura dos textos e da própria sistemática romana.

Como bem enfatizam Aubry et Rau, tampouco no Direito Romano, pode-se dizer, havia atos nulos de pleno Direito. Superada a fase da vingança privada; vindo o Estado a se assenhorar da jurisdição, mesmo que parcialmente, no início, já não mais é cabida a afirmação de que os atos gravemente viciados eram nulos *pleno iure*, dispensando a anulação judicial. Tais eram, aliás como hoje, os atos inexistentes. Os atos defeituosos, fosse o defeito grave ou leve, tinham que ser invalidados pelo magistrado ou pelo *iudex*, sem o que produziriam seus efeitos normais. Os mesmos exemplos dados acima podem ilustrar o Direito Romano. A sistemática não mudou.

Resumindo, a se adotar a melhor tese, os atos defeituosos seriam, em qualquer caso, sempre anuláveis. A anulação se dará a requerimento dos interessados, ou de ofício pelo juiz, em prazo estipulado em lei, ou a qualquer tempo, dependendo da natureza do vício, se leve ou grave, respectivamente. Além dos anuláveis, haveria também atos ineficazes, possuidores de defeito que os tornaria sem efeitos apenas em relação a terceiros.

7.3.12 Atos jurídicos ineficazes (Plano da eficácia)

O termo *ineficácia* pode ser entendido em sentido amplo e em sentido estrito.

Em sentido amplo, ato jurídico ineficaz é ato jurídico inválido, defeituoso, passível de anulação, aí englobado também o ato ineficaz em sentido estrito. Não é este sentido amplo, porém, que aqui nos interessa. Importa-nos, neste momento, o sentido estrito da palavra.

Ineficácia em sentido estrito é a ausência de efeitos perante terceiros. Em outras palavras, o ato ineficaz é válido para quem o pratique, preenchendo todos os requisitos de validade: agente capaz, objeto possível e forma adequada. É ato perfeito, livre também de quaisquer vícios leves, como erro, dolo, coação, lesão ou estado de perigo. Apesar disso, ou seja, apesar de válido para quem o pratique, não gera efeitos em relação a outras pessoas que dele não participaram, devido a algum impedimento externo, extrínseco. Essas outras pessoas, que não participaram da prática do ato e perante as quais não se produzem efeitos, se denominam *terceiros*.

O melhor exemplo de ato ineficaz em sentido estrito é o do carro vendido sem a respectiva transferência nos registros do Detran,[125] ou seja, o carro é vendido, mas continua em nome de seu antigo dono. A venda é ineficaz: é válida entre comprador e vendedor, mas para terceiros o carro continua sendo do antigo dono, até ser efetuada a transferência nos registros. As eventuais multas serão enviadas para o antigo dono, que, em princípio, poderá até ter que pagá-las, regressando, depois, contra o adquirente.

Outro exemplo de ato jurídico ineficaz é o ato fraudulento. A fraude contra credores, na opinião de balizada doutrina, tornaria o ato ineficaz perante terceiros, especificamente os credores. Seria, contudo, eficaz perante as partes. Apesar disso, o Código Civil, equivocadamente, arrolou a fraude nos casos de anulabilidade.[126] Se fosse considerado ineficaz, não seria necessária a ação pauliana (reipersecutória), para anular o ato.

7.3.13 Atos jurídicos inexistentes (Plano da existência)

A teoria dos atos inexistentes foi imaginada pelo alemão Zachariä, aceita por Démolombe, divulgada por Aubry et Rau e desenvolvida pela doutrina francesa e italiana, até chegar a nós, no Brasil, apesar de o Código Civil de 1916 não a ter tutelado, no que foi seguido pelo atual.[127]

A inexistência dos atos jurídicos ocorre sempre que o ato for tão profundamente viciado que nem chegue a existir. Sua existência é aparente. As causas pelas quais um ato é considerado inexistente são de difícil determinação, sendo a doutrina incerta e pouco sistematizada.

Segundo autores do escol de Caio Mário, seria inexistente o ato quando a ele faltasse algum requisito material de existência: a vontade, o objeto e a forma.[128]

Nos dizeres de Betti,

> Se ofrecen casos en los que puede hablarse de verdadera inexistencia jurídica del negocio que se há pretendido realizar, en cuanto que no existe de él más que una vacía aparencia, la cual, si puede haber engendrado en alguno de los

---

125 SERPA LOPES, Miguel Maria de. Op. cit., v. 1, p. 445.
126 GOMES, Orlando. **Introdução**. 11. ed., p. 431 (nota).
127 PEREIRA, Caio Mário da Silva. *Instituições de direito civil* cit., 18. ed., v. I, p. 412.
128 *Idem*, p. 413.

interesados la impresión superficial de haberlo verificado o asistido a él, no produce, sin embargo, y en absoluto, efectos jurídicos, ni siquiera de caráter negativo o divergente. Por el contrario, la estimación de un negocio como nulo presupone, por lo menos, que el negocio exista *como supuesto de hecho* que, por tanto, exista una figura exterior de sus elementos eventualmente capaz de engendrar algún efecto secundario, negativo o divergente, aunque esta figura se revele luego inconsistente ante un análisis más profundo. Si, por ejemplo, nos encontramos con una propuesta contractual y una declaración en función de aceptación, pero cuyo contenido sea tan evidentemente contrario al contenido de la propuesta que no pueda existir sobre ello ningún malentendido, la combinación de estos actos no da lugar a uno contracto nulo, sino que no origina ningún contrato y, por tanto, ni a una acción contractual ni a una acción de daños por confianza fundada en la validez del contracto.[129]

Assim, uma compra e venda sem objeto é ato inexistente. Um cheque sem a assinatura seria também ato inexistente, por faltar a expressão da vontade de quem o tenha emitido. Um testamento em vídeo inexiste por lhe faltar a forma escrita, requisito essencial para sua existência.

Na verdade, são, em geral, inexistentes aqueles atos a que falte elemento essencial, como no exemplo dado acima do testamento em vídeo.

A questão torna-se, porém, bem mais complexa se indagarmos da necessidade ou não de manifestação do Judiciário quanto à inexistência do ato. Sendo o ato inexistente, seria necessário que o juiz se pronuncie, declarando sua inexistência?

Ora, se o ato inexiste, para que o pronunciamento judicial? Ato inexistente não produz qualquer efeito. Não existe no mundo jurídico. Se há necessidade de que o juiz declare a inexistência, é porque talvez o ato não seja inexistente, mas defeituoso.

Tomemos alguns exemplos.

Se um dos noivos se calar diante do celebrante e não responder à pergunta sobre se deseja casar-se com o outro e, assim mesmo, a cerimônia continuar, o casamento se consideraria inexistente, uma vez que ausente estará o elemento vontade, consentimento, que deve ser expresso, tratando-se de núpcias. Ocorre que, se não houver pronunciamento judicial, o casamento produzirá seus efeitos normais, como se nada houvesse ocorrido. É, pois, fundamental que o noivo prejudicado intente uma ação para pôr fim ao casamento. Seria esta ação anulatória e, portanto, constitutiva, ou seria ela declaratória?

Esta é a chave da questão. Ora, se é fundamental que o juiz se pronuncie para que o casamento deixe de produzir efeitos, a ação tem essencialmente caráter constitutivo negativo. Estará, na verdade, desconstituindo um casamento

---

129 BETTI, Emilio. Op. cit., p. 352.

convolado de modo defeituoso. Embora defeituoso, ele existe; tanto que produz efeitos.

Já no caso do testamento em vídeo, não há necessidade de qualquer ação, seja anulatória, seja declaratória. O ato simplesmente não existe, não sendo levado em conta. É como se o decujo tivesse morrido sem deixar testamento.

O mesmo ocorrerá se uma criança de dez anos, ou mesmo uma pessoa com dezessete anos, assinar documento de confissão de dívida, sem a interferência de seu representante legal. O ato não existe. Falta-lhe requisito essencial de validade, pressuposto de existência. Não seria necessária qualquer ação para anulá-lo ou declará-lo inexistente. Sua existência é mera aparência. Existe de fato, mas não existe de Direito. Um tal documento não seria passível de execução.

De qualquer forma, os questionamentos acima expendidos têm por objetivo apenas a polemização do problema, que, a meu ver, está longe de solução pacífica.

7.3.14 Conservação dos atos jurídicos

O princípio da conservação dos atos jurídicos reza que, sempre que possível, o ato inválido deverá ser preservado. Esse princípio encontra subsídio mais geral na própria função social dos negócios jurídicos, imputando a eles a devida importância socioeconômica na geração e circulação de riquezas e na consequente promoção da dignidade humana.

Com base no princípio da conservação dos atos jurídicos, o Código Civil contempla, nos arts. 170, 172 e 184, respectivamente, os institutos da conversão substancial, da confirmação e da redução.

Na conversão substancial, um ato jurídico portador de defeito grave (vulgarmente dito nulo) poderá ser aproveitado, desde que possa ser convertido em outro ato válido. Para tanto, evidentemente, deverão estar presentes os devidos requisitos de validade.

Em outras palavras, os atos jurídicos inválidos podem ser convertidos em atos válidos, desde que seja possível. É o que preceitua o art. 170 do CC: "Se, porém, o negócio jurídico nulo contiver os requisitos de outro, subsistirá este quando o fim a que visavam as partes permitir supor que o teriam querido, se houvessem previsto a nulidade".

Só os atos nulos, ou seja, gravemente viciados, se sujeitam à conversão, uma vez que os anuláveis, isto é, os levemente viciados podem ser retificados ou confirmados pelas partes.

Na conversão, aplica-se o brocardo *utile per inutile non viciatur* (o útil não se vicia pelo inútil). Por outros termos, o ato pode não valer pelo que formalmente seja, mas valerá como outro ato, se dele possuir as características. Por exemplo, uma nota promissória nula, poderá valer como ato de confissão de dívida; uma escritura pública de compra e venda de imóvel nula, poderá valer como promessa de compra e venda.[130]

Na confirmação (ratificação, sanação ou convalidação), o ato jurídico portador de defeito leve (comumente dito anulável) é confirmado pelas partes, seja de modo expresso, pela correção do defeito, seja de modo tácito, quando a parte a quem interessaria sua invalidação deixa, por exemplo, passar o prazo decadencial para exercer seu direito de anulá-lo. Assim, se um menor, aos dezesseis anos, aluga um imóvel, seus pais podem sanar o defeito, apondo, *a posteriori*, sua anuência no contrato. A confirmação é também possível em alguns casos de nulidade (defeito grave), como a lesão, que, em tese, é passível de sanação, mesmo que se trate de relação de consumo, quando se considera defeito grave.

Na redução, o ato parcialmente inválido poderá ser aproveitado quanto à parte válida, desde que seja possível extirpar o defeito, sem macular o ato como um todo. Como exemplo, pode-se citar um testamento que nomeia herdeiro, dentre outros, um animal. Basta extirpá-lo desta cláusula e redistribuir a herança entre os demais herdeiros, não havendo necessidade de anular o testamento inteiro. O mesmo já não se diga se o animal for o único herdeiro, caso em que não será possível a redução, nada se aproveitando do testamento.

7.3.15 Interpretação e integração dos atos jurídicos

Interpretar um ato jurídico é fazer dele leitura mais adequada, de modo a encontrar a melhor solução para o caso concreto que se estiver analisando. Lembremos que só há verdadeira interpretação diante de problemas concretos. A interpretação *in abstracto* é mero exercício de retórica, se é que pode ser chamada de interpretação propriamente dita. Interpretar é realizar o Direito, não apenas uma mera leitura da lei ou do negócio.

A hermenêutica ganha importância quando houver desentendimentos, cabendo ao intérprete desvendar os meandros do ato, sua causa, motivo, fim, suas bases objetivas e subjetivas, a fim de compor o conflito. Interpretar é identificar tudo isso.

A questão da vontade pode ser também importante. Não porque o ato jurídico seja fenômeno volitivo, mas porque é a vontade que serve de meio condutor às necessidades ou aos desejos. É por força da vontade, condicionada por necessidades ou desejos, que uma ou mais pessoas praticam um ato jurídico, por exemplo, um contrato. Existem, nesse sentido, duas teorias provenientes do Direito Alemão: a *Willenstheorie*, ou teoria da vontade, que procura investigar

---

130 VENOSA, Sílvio de Salvo. **Direito civil**: parte geral. 7. ed. São Paulo: Atlas, 2007. p. 470.

a vontade real, independentemente da maneira como tenha sido declarada, e a *Erklärungstheorie*, ou teoria da declaração, que preconiza ser a declaração, ou seja, a exteriorização da vontade o mais importante.[131] O tema adquire importância, quando a vontade real não coincidir com a declarada.[132]

Na realidade, dizer se a vontade declarada ou a vontade real irá prevalecer é algo que só o caso concreto permitirá julgar.

Na verdade, o hermeneuta deve procurar a vontade das partes, viajando através da declaração para atingir o âmago, que é a vontade real. Assim, pesquisará as circunstâncias em que se tenha praticado o ato, os elementos sociais e econômicos que o tenham envolvido, os documentos e demais papéis que sustentam o negócio, as correspondências etc. Deve avaliar se houve má-fé ou boa-fé. Se o caso foi de erro, dolo ou coação. Enfim, é o caso concreto, em sua riqueza de detalhes, que permitirá ao intérprete chegar a suas conclusões.

A interpretação dos atos jurídicos, diga-se enfaticamente, está sempre vinculada à principiologia que informa cada uma de suas modalidades. Caso se trate de contrato, por exemplo, a base será a principiologia contratual. Interpretar é, antes de tudo, aplicar princípios, é saber que princípio deverá ser aplicado a que caso concreto.

O Código Civil é pobre em normas de hermenêutica. Traz apenas algumas regras, como a do art. 112, segundo a qual o intérprete deve atentar mais para a intenção do que para o sentido literal das palavras; e a do art. 114, que diz deverem ser os contratos benéficos, tais como a doação e a fiança, interpretados restritivamente. Traz ainda outras normas, como as dos arts. 421, 422 e 423, que dizem respeito à principiologia contratual: a liberdade de contratar terá como limite a função social do contrato; as partes devem agir com probidade e boa-fé; e os contratos de adesão serão interpretados a favor do aderente.

Também cuida de interpretação o art. 113 do Código Civil. Segundo o parágrafo 1º do referido artigo, a interpretação do negócio jurídico deve lhe atribuir o sentido que for confirmado pelo comportamento das partes posterior à celebração do negócio. Pode ocorrer de as partes pactuarem determinada norma contratual, que, posteriormente, venha a ser alterada pelo comportamento reiterado de ambas. Por exemplo, estipula-se que a prestação de um empréstimo deva ser paga no primeiro dia útil de cada mês, mas, na prática, por meses, o pagamento ocorre no quinto dia útil, sem que o credor reclame. Esse comportamento reiterado das partes substitui a cláusula contratual.

Continua o mesmo parágrafo 1º do art. 113, no sentido de que a interpretação do negócio jurídico deva corresponder aos usos, costumes e práticas do mercado relativas ao tipo de negócio; deve corresponder à boa-fé; ao que for mais benéfico

---

131 BÄHR, Peter. *Op. cit.*, *passim*.
132 Muito mais sobre o assunto, *vide* RÁO, Vicente. **Ato jurídico**... cit., *passim*.

à parte que não redigiu o dispositivo, se identificável; e deve corresponder a qual seria a razoável negociação das partes sobre a questão discutida, inferida das demais disposições do negócio e da racionalidade econômica das partes, consideradas as informações disponíveis no momento de sua celebração.

De acordo com parágrafo 2º do art. 113, as partes poderão livremente pactuar regras de interpretação, de preenchimento de lacunas e de integração dos negócios jurídicos diversas daquelas previstas em lei, desde que, evidentemente, não se trate de princípios de interpretação, como o da função social, o da boa-fé, o da justiça, dentre outros, nem que se trate de regra imperativa.

Na verdade, não cabe mesmo ao legislador o papel de intérprete, que incumbe à doutrina e à jurisprudência, diante do caso concreto.

Outras leis há que trazem algumas outras regras. O art. 47 do CDC, por exemplo, estatui que os contratos serão interpretados favoravelmente ao consumidor. Falaremos mais a respeito de interpretação nos capítulos subsequentes.

Dos métodos de interpretação já cuidamos ao tratar da interpretação das leis no Capítulo III deste trabalho.

Por fim, cabe acrescentar que a hermenêutica deverá ter como base os princípios e valores consagrados na Constituição Federal, alicerce de nosso ordenamento jurídico. É com fundamento na dignidade humana, na promoção do ser humano, nos direitos fundamentais, enfim, que o exegeta deverá interpretar, por exemplo, os contratos. Lembremos sempre que a interpretação se dá segundo as circunstâncias de cada caso concreto, devendo o hermeneuta conjugar princípios e regras, construindo uma argumentação que resguarde os valores da dignidade e da justiça.

Segundo a clássica visão da hermenêutica tradicional, interpretar diz respeito ao conteúdo da declaração de vontade, enquanto integrar refere-se aos respectivos efeitos.[133]

Assim, a integração seria o processo pelo qual se preenchem as lacunas deixadas pela declaração de vontade.

Se a distinção já teve importância teórica, hoje, diante da nova visão da hermenêutica, pode-se afirmar que a integração é apenas um dos métodos ou processos de interpretação. Como leciona Francisco Amaral, entre interpretação e integração não há fronteiras, nem solução de continuidade.[134]

---

133 AMARAL, Francisco. **Direito civil**: introdução... cit., 5. ed., p. 427.
134 Idem, p. 427.

7.3.16 Atos jurídicos e representação

Segundo Anderson Schreiber, sempre que alguém atuar em nome de outrem, haverá representação, mesmo que não tenha havido outorga de poderes de representar.[135]

A ideia de representação era repudiada pelos romanos, que não concebiam que uma pessoa pudesse agir em nome de outrem. Esse radicalismo se abranda ao longo da história do próprio Direito Romano, até que a representação foi expressamente admitida pelo Direito Canônico. Afinal a Igreja não deixava de partir ela mesma de uma certa imagem de representação de Deus no mundo ou na "cidade dos homens", como diria Santo Agostinho.

Na representação, além de agir em nome de outrem, o representante deve possuir alguma margem de discricionariedade, sob pena de a representação desfigurar-se para mero serviço de núncio ou mensageiro. Este apenas transmite a vontade de outrem, sem qualquer poder de atuar com um mínimo de discricionariedade que seja.[136] O serviço de núncio se aproxima mais da prestação de serviço do que da representação propriamente dita. Não é, porém, prestação de serviço, pois que nela, o prestador tem ampla margem de discricionariedade para atuar no interesse do tomador. Diferentemente do núncio, o representante tem que realizar o negócio por sua própria vontade, isto é, poderá agir segundo sua percepção, dentro de certo espaço que lhe confira a representação. O núncio, ou mensageiro, ao contrário, não pode agir a não ser para transmitir literalmente a vontade do dono do negócio. Assim, se incumbo X de vender meu carro, ficando X com poderes de negociar um preço bom, tratar-se-á de representação. Se, ao contrário, peço a X para levar a Y uma proposta minha de venda de meu carro, sem que X tenha quaisquer poderes de negociação, tratar-se-á de serviço de núncio e não de representação.

Vejamos dois exemplos bem simples e corriqueiros:

1] Maria pede a João que vá até a venda da esquina e lhe compre um produto. João terá a liberdade de realizar o negócio da forma como julgar mais proveitosa. Poderá regatear o preço, por exemplo. Cuida-se, no caso, de representação.
2] Maria pede a João que vá até a venda da esquina e entregue ao vendedor certa soma de dinheiro que lhe devia. João entregará o dinheiro e pegará o recibo. Nisto consiste sua tarefa e em nada mais. Cuida-se, no caso, de serviço de núncio ou mensageiro.

---

135 SCHREIBER, Anderson. **Direito civil e constituição**. São Paulo: Atlas, 2013. p. 63.
136 ENNECCERUS, Ludwig et al. **Tratado de derecho civil**. 3. ed. t. I – 2º, l. 1, p. 426 et seq.

Ademais de um mínimo de discricionariedade, na representação há de estar claro o fato de que o representante esteja agindo em nome do representado. É o que se chama *contemplatio domini*, isto é, a consideração, a preocupação com os negócios do senhor (mandante), em tradução livre.[137] Se faltar, não haverá representação, pois o agente estará atuando em seu próprio nome, embora no interesse de outrem. O terceiro com quem contratar nem saberá que o agente está atuando no interesse de outrem. Se A for à mercearia de B, para realizar uma compra para C, B nem saberá da existência de C, se isto não lhe for comunicado. Não haverá, assim, a necessária *contemplatio domini*, não havendo, por conseguinte, representação. Haverá, segundo a doutrina, o que se denomina *interposição*.[138] Um bom exemplo de interposição, principalmente em negócios escusos, é o do testa de ferro ou laranja. Na interposição, a pessoa em cujo nome o interponente atue, não se obriga perante o terceiro com quem for realizado o negócio. No exemplo acima, B (gerente da mercearia) jamais poderá cobrar a conta de C, uma vez que nem sabe de sua existência. Poderá cobrar de A, que terá regresso contra C.

Apesar de serem institutos bem diversos, alguns autores referem-se à interposição como representação indireta ou imprópria.[139]

A outorga de poderes de representar tem a ver com a eventual validade e eficácia da representação, não com sua existência. Para que exista representação, basta a *contemplatio domini*, isto é, basta que esteja claro que se esteja agindo em nome de outrem. É óbvio que, sem a outorga de poderes, a representação pode não vincular o representado, sendo para ele *res inter alios acta*, consequentemente ineficaz. Por outro lado, pode ser o caso de haver vinculação do representado, mesmo sem a outorga de poderes. É o caso de o próprio representado ratificar os atos praticados em seu nome, ou ainda o caso de ficar demonstrado que o negócio beneficiou o representado, ou mesmo o caso de representação aparente ou putativa, dentre outras hipóteses. Em todas essas situações, a ordem jurídica parte em defesa de valores maiores, atribuindo eficácia à representação sem a prévia outorga de poderes.

Por tudo o que se disse, a representação, para existir, independe da outorga de poderes de representar. Basta a *contemplatio domini*. No plano da eficácia, porém, pode ser o caso de depender dessa outorga. Nesse plano, pode-se distinguir duas espécies de representação: a legal e a voluntária. A representação legal decorre da Lei. Exemplo é a dos pais em relação aos filhos menores; a do tutor em relação ao pupilo etc. A voluntária decorre de contrato entre representado e representante.

---

137 A pronúncia, em nosso latim jurídico, seria [contemplácio dômini].
138 SCHREIBER, Anderson. **Direito civil e constituição**... cit., p. 64.
139 Anderson SCHREIBER (**Direito civil e constituição**... cit., p. 65) se refere a Eduardo Espínola e a Orlando Gomes.

Espécie de representação voluntária é o mandato, muito embora sejam coisas distintas, uma vez que é possível mandato sem representação e representação sem mandato. O mandato, quando nele haja representação, é o contrato que regula as relações entre o mandante (representado) e o mandatário (representante). O poder de representação nasce não do mandato, mas da procuração, instrumento do mandato. Pela teoria da separação, mandato e procuração são negócios distintos, embora vinculados, sendo esta instrumento de consecução daquele. Como bem define Renan Lotufo, "a procuração é o título que documenta a representação voluntária. (...) A procuração nasce com a outorga documentada do poder de representação",[140] negócio unilateral, que, evidentemente, terá que ser aceito pelo procurador. A razão dessa separação entre procuração e mandato é de ordem pratica, pois mesmo que o mandato contenha algum vício, o que vale perante terceiros é a procuração. Se o negócio tiver sido realizado conforme a procuração, ainda que inválido o mandato, o negócio deverá ser honrado pelo representado (mandante), que, no máximo, terá direito de regresso contra o representante (mandatário), com base no mandato viciado. Basta pensarmos num mandato revogado, sem que terceiros tenham conhecimento da revogação. Se o mandatário apresenta uma procuração regular ao terceiro com quem contrate em nome do mandante, o negócio terá que ser honrado. Para a revogação do mandato ter eficácia perante terceiros, a procuração teria que ter sido, também ela, revogada com ampla publicidade.

Normalmente, mandato e procuração se reúnem num único documento, daí serem erroneamente tratados como se fossem um só negócio. O Código Civil, contudo, é claro: a procuração é o instrumento do mandato (art. 653). Pode haver, claramente, mandato sem procuração, ou seja, mandato sem outorga de poderes, sem representação. O mandatário age em seu próprio nome, no interesse do mandante (art. 663). Configura-se, aí, verdadeira interposição, como em outras hipóteses previstas no Código Civil (corretagem, agência e distribuição, comissão). Em todos esses casos, o agente atua em seu próprio nome, no interesse de outrem. Trata-se de interposição.

Pode haver, por outro lado, representação sem mandato, quando o representante agir em nome do representado, embora sem ter com ele celebrado qualquer contrato de mandato. Em princípio, como vimos, a representação sem mandato não obriga o representado, a não ser em casos especiais, tal como estudado *supra*.

Pode haver também serviço de núncio com o que, falsamente, se denomina procuração. Por exemplo, A vende seu imóvel a B. Em seguida, A outorga "procuração" a C, para que este compareça no cartório de notas e assine a

---

140 LOTUFO, Renan. Observações sobre a representação no Código de 2002. In: LOTUFO, Renan; NANNI, Giovanni Ettore; MARTINS, Fernando Rodrigues (Coords.). **Temas relevantes do direito civil contemporâneo**. São Paulo: Atlas, 2012. p. 122.

escritura de compra e venda em seu nome. Neste caso, haveria representação? Rigorosamente, não, uma vez que C não tem qualquer discricionariedade. Seus poderes se resumem a assinar a escritura em nome de A. O que se chama de "procuração", nesse caso, verdadeiramente, nada mais é que um instrumento de nomeação de núncio.

Segundo o art. 120 do CC, os requisitos e os efeitos da representação legal são os estabelecidos nas normas respectivas, enquanto os da representação contratual estão previstos na Parte Especial do Código, muito especialmente, nos arts. 653 a 692, referentes ao contrato de mandato.

O representante, seja legal ou contratual, pode agir em nome do representado e se obrigar por ele, desde que o faça *intra vires*, ou seja, dentro dos poderes da lei ou do mandato.

Algumas restrições se fazem, como seria óbvio. Por exemplo, o representante não pode celebrar consigo mesmo um negócio do representado. Em outras palavras, o representante não pode atuar num negócio, como representante e como parte. A encarrega B de vender seu carro, e B o compra, celebrando o negócio na condição de comprador e de vendedor (representante de A). Vindo A a descobrir a manobra, e percebendo ter sido desvantajosa para si, poderá anular a venda, que se considera, porém, portadora de vício leve, uma vez que pode ser vantajosa para A, e não careça ser anulada. O negócio será do mesmo modo defeituoso, se o representante, com o objetivo de ludíbrio, substabelecer, ou seja, nomear um sub-representante, a fim de realizar o negócio em nome do representado, figurando ele, representante original, no outro polo. É como se B, do exemplo acima, substabelecesse para C, de modo que o contrato se celebraria entre C, representando A, e B, na condição de comprador.

Todo ato que o representante praticar em conflito de interesses com o representado considera-se também portador de vício leve, podendo ser anulado no prazo de 180 dias da conclusão do negócio, ou da cessação da incapacidade.

Outras restrições já estudamos, ao tratar dos poderes dos representantes legais dos incapazes, e estudaremos mais adiante, ao cuidar do contrato de mandato.

Por fim, o representante é obrigado a provar às pessoas com quem tratar em nome do representado, seu *status* de representante, a qualidade de sua representação, se legal ou contratual, e a extensão de seus poderes, sob pena de responder pessoalmente pelos atos que praticar *ultra vires*. Na verdade, estando o terceiro de boa-fé, o representado responde perante ele, tendo direito de regresso contra seu representante, como vimos ainda acima.

7.4 Atos ilícitos

Um pouco acima, introduzimos o tema dos atos ilícitos, traçando-lhes os contornos mais gerais. Ressaltamos, na oportunidade, que o Código Civil estabelece uma cláusula geral de ilicitude, que será invocada como regra na configuração do ato ilícito gerador de responsabilidade na esfera do Direito Civil. Ficou claro, porém, que o art. 186, em que se estabelece essa cláusula geral, é restritivo e comporta várias exceções, previstas em normas específicas.

7.4.1 Atos ilícitos em sentido estrito (a cláusula geral do art. 186)

No presente item, dedicar-nos-emos a estudar essa cláusula geral do art. 186, reservando espaço e fôlego para um estudo mais amplo e detalhado no Capítulo XIII.

Como já dito *supra*, ato ilícito é aquele ato contrário ao Direito. É ato antijurídico.

Mas, segundo a regra do art. 186, não basta a antijuridicidade para a caracterização do ato ilícito, para fins dos efeitos previstos no Código Civil e na legislação civil em geral. Além desta, são, também, elementos do ato ilícito a culpabilidade, o dano e o nexo causal. Analisemos cada um destes elementos, traçando, em seguida, definição do que seja ato ilícito.

Antijuridicidade é o mesmo que *ilicitude*. É contrariedade ao Direito. O ato ilícito é em seu todo antijurídico. Nada nele se aproveita. Não é, pois, ato jurídico defeituoso, como nos casos de erro, dolo, coação etc., em que temos ato jurídico possuidor de defeito que pode invalidá-lo. Em batida de carros, ato ilícito por excelência, nada temos de aproveitável. O ato não contém qualquer defeito que o invalide. Muito antes pelo contrário. É ato totalmente válido e eficaz no sentido de que o culpado deva indenizar o dano que tenha causado à vítima. O mesmo se dá num homicídio, ou num crime contra a honra, que são delitos na esfera penal e civil.

Por tudo isso, pode-se entender porque certos juristas não gostam do termo ato *jurídico* ilícito. Realmente, quando se fala em ato jurídico, pode-se estar referindo a ato lícito, conforme ao Direito. Mas, na verdade, quando se fala em ato jurídico, pode-se também estar referindo a todo ato que crie, modifique ou extinga relações ou situações jurídicas, e, nesse sentido, os atos ilícitos são jurídicos.

Há casos em que a antijuridicidade pode ser excluída, não sendo o ato considerado ilícito. São casos de legítima defesa, estado de necessidade, estrito cumprimento do dever legal, exercício regular de direito e caso fortuito ou de força maior.

Segundo o Código Civil, art. 188, não constituem ato ilícito o praticado em legítima defesa ou no exercício regular de um direito reconhecido, como, por exemplo, expulsar um invasor de terras.

Tampouco constituem ato ilícito a destruição ou a deterioração de coisa alheia, ou mesmo a lesão a pessoa, a fim de remover perigo iminente. Todavia, as circunstâncias hão de ser tais que tornem o ato absolutamente necessário. Não devem, outrossim, ser excedidos os limites do indispensável para a remoção do perigo. Assim, se uma pessoa, para remover perigo iminente, destrói uma porta inteira, quando poderia perfeitamente ter destruído apenas a maçaneta, estará extrapolando os limites do indispensável e, portanto, estará praticando ato ilícito.

Quanto à *culpabilidade*, o ato ilícito deve ser fruto de ação ou omissão culpável, ou seja, dolosa ou culposa.

De fato, o Código Civil, ao definir ato ilícito, no art. 186, reporta-se a toda ação ou omissão voluntária (dolo), imprudente ou negligente (culpa).

Dolo é toda ação ou omissão conscientemente má. O agente ou bem deseja as consequências maléficas (dolo direto), ou bem assume o risco de produzi-las (dolo eventual).

Por outro lado, na culpa a intenção de lesar não existe. Atua com culpa quem age com imprudência, negligência ou imperícia.

Imprudência é irresponsabilidade, é risco excessivo e desnecessário, cujas consequências nefastas não são visualizadas, mas deveriam ter sido. A imprudência se aproxima muito do dolo eventual, dele se diferenciando, entretanto, pela falta de consciência em relação às consequências. Quem ultrapasse a 120 km/h, numa curva, age com imprudência. Um policial que, ao socorrer uma emergência, resolva, por si mesmo, fazer uma cesariana numa parturiente, sem ter jamais pisado uma escola de medicina, também age com imprudência. Em ambos os casos, os agentes contam com sua destreza e com a sorte favorável. Assumem o risco na certeza de que nada de ruim ocorrerá. Assim não se dá no dolo eventual, em que o agente sabe da grande possibilidade de sua ação resultar em dano, mas segue em frente, do mesmo modo, pouco se importando com as consequências nefastas.

Negligência é descuido, desatenção. Quem sai para viajar sem verificar as condições dos pneus ou dos freios estará sendo negligente. Um médico que se esqueça de retirar a gaze do ventre do paciente, antes de suturá-lo, também age negligentemente.

Imperícia também caracteriza culpa, embora não esteja, expressamente, prevista no art. 186 do CC. Age com imperícia a pessoa que não observe regras técnicas que deveria conhecer. Só pode agir com imperícia o perito, ou seja, a pessoa que deveria conhecer as normas técnicas ligadas ao ato que esteja praticando.

Só o médico, por exemplo, pratica imperícia médica. Em condições plenamente normais, se um motorista não conseguir fazer uma curva, iremos chamá-lo popularmente de *roda dura*. Na verdade, ele estará agindo com imperícia, pois não deu conta de fazer uma curva que deveria saber fazer. Mas se uma pessoa que não saiba dirigir, guiar um carro e batê-lo numa curva, diremos que agiu com imprudência, não com imperícia. Assim também, o anestesista que errar a dosagem do anestésico, matando o paciente, sem dúvida alguma terá agido com imperícia. Se a anestesia fosse aplicada, irresponsavelmente, por um leigo, teríamos um caso de imprudência, ou mesmo de dolo eventual.

A verdade, porém, é que, como regra, ao Direito Civil não interessa se o autor do ato ilícito tenha agido com culpa ou dolo. As consequências serão as mesmas, sejam elas quais forem, ou seja, indenização dos prejuízos, anulação do ato, perda de direito etc.

Daí a razão para que se fale apenas em culpa, omitindo-se o dolo, quando se trata de enumerar os elementos do ato ilícito (antijuridicidade, *culpa*, dano e nexo causal). Realmente, não há necessidade de se falar *culpa* ou *dolo* a todo momento. Ora, se quem age com culpa tem o dever de indenizar os prejuízos causados, com muito mais razão deverá reparar os danos quem aja com dolo.

Por outro lado, pode-se dizer que a palavra culpa tem dois sentidos: um lato, outro estrito. Culpa em sentido lato inclui a ideia de dolo e de culpa em sentido estrito. Culpa em sentido estrito é a ação ou omissão, praticada com negligência, imprudência ou imperícia.

Por tudo isso, preferimos nós usar a palavra culpabilidade. Dá menos trabalho.

Dano é expressão material de prejuízo. Pode ser patrimonial ou pessoal, este físico ou moral, ambos indenizáveis. Como regra, não há ato ilícito na esfera civil sem a ocorrência de dano (*eventus damni*). Se, por exemplo, uma pessoa avançar um sinal sem provocar danos, não terá havido qualquer ilícito civil. O ilícito é administrativo, em virtude do qual essa pessoa poderá ser multada.

Nexo causal é relação de causa e efeito que, obrigatoriamente, haverá entre a ação ou omissão culpável do agente e o *eventus damni*. A atuação do agente deverá ser a causa do dano.

Partindo desses elementos, podemos definir ato ilícito, segundo a cláusula do art. 186, como aquele ato antijurídico, culpável e lesivo, em virtude do qual o agente será obrigado a arcar com as consequências perante a vítima.

De tudo o que foi dito, pode-se concluir que, como regra, para que haja a responsabilidade pelo ilícito, devem ocorrer, simultaneamente, a antijuridicidade, a culpa ou dolo, o dano e o nexo causal. Se faltar qualquer um destes elementos, não haverá, segundo o art. 186, qualquer responsabilidade.

7.4.2 Abuso de direito

O art. 187 do CC dispõe que "também comete ato ilícito o titular de um direito que, ao exercê-lo, excede manifestamente os limites impostos pelo seu fim econômico ou social, pela boa-fé ou pelos bons costumes".

A redação do artigo, numa leitura desatenta, confunde abuso de direito com ato ilícito, dando àquele tratamento de delito, quando, segundo a doutrina mais moderna, seriam institutos diferentes. A crítica que se faz é no sentido de que o legislador mistura os dois institutos, analisando-os apenas pelos efeitos, o que poderia tornar insuficiente a sanção atribuída aos casos de abuso de direito.[141]

O abuso de direito ocorre, quando uma pessoa, ao exercer direito legítimo, excede os limites impostos por seu fim econômico ou social, pela boa-fé ou pelos bons costumes (boas práticas).

Na verdade, é mesmo ato ilícito, não ato intrinsecamente ilícito, como o homicídio, ou um avanço de sinal de trânsito, mas ato ilícito funcional, nas palavras de Felipe Peixoto Braga Netto.[142]

As consequências do abuso de direito, enquanto ilícito funcional, podem ser as mais diversas, como veremos adiante, variando da simples indenização ao desfazimento do mal feito, dentre outras.

Uma pessoa tem o direito de construir em seu terreno, dentro dos limites legais. Acontece que, mesmo respeitando esses limites, certo indivíduo constrói em seu imóvel, com o objetivo manifesto, por exemplo, de dificultar o trânsito do vizinho. Estaria, assim, cometendo abuso de direito. O ato é formalmente correto. O indivíduo agiu dentro dos limites formais de seu direito, está preenchida a estrutura normativa do direito, mas foram ultrapassados os limites da boa-fé; não foi cumprido o valor normativo que é o fundamento de validade do direito. Embora preenchida a estrutura normativa, descumpriu-se a função para a qual o direito existe.[143]

É óbvio que no ato intrinsecamente ilícito, o agente pratica um ato contrário ao Direito, que, nem na aparência, se pode confundir com o exercício legítimo de um direito subjetivo. Se matar alguém, se bater o carro, não estarei exercendo nenhum direito fora dos limites; estarei agindo contra o Direito, pura e simplesmente. Se tanto no abuso de direito, que é ato ilícito funcional, quanto no ato intrinsecamente ilícito, o agente pratica um ato antijurídico, no abuso de direito, há o exercício legítimo de um direito subjetivo, que ultrapassa certos limites, enquanto no ato intrinsecamente ilícito, tal não se dá. Em outras palavras,

---

141 CARPENA, Heloísa. **Abuso de direito nos contratos de consumo.** Rio de Janeiro: Renovar, 2001. p. 58.
142 BRAGA NETTO, Felipe Peixoto. **Teoria dos ilícitos civis**... cit., p. 118.
143 CARPENA, Heloísa. Op. cit., p. 58.

o ato intrinsecamente ilícito nada tem de exercício legítimo de direito, por não preencher a estrutura normativa.

Em alguns casos, o ato intrinsecamente ilícito pode derivar do exercício de um direito, que ultrapasse seus limites formais. Por exemplo, se uma pessoa dirige em alta velocidade, estará praticando ato intrinsecamente ilícito. Ao exercer seu direito de dirigir, violou o limite formal de velocidade. Não se trata de abuso de direito, ilícito funcional, uma vez que o ato é formalmente antijurídico, não apenas funcionalmente. Ninguém tem o direito legítimo de dirigir acima da velocidade razoável. Mas, ao contrário, se uma pessoa, propositadamente, dirige em velocidade extremamente baixa, mas dentro do limite mínimo, com o objetivo de travar o trânsito, estará cometendo abuso de direito. Na aparência, o ato é perfeito, legítimo. Formalmente, essa pessoa não está cometendo nenhuma antijuridicidade. Ocorre que, do ponto de vista valorativo, funcional, está ultrapassando os limites impostos pela boa-fé.

As consequências do ato abusivo podem ser diferentes das do ato intrinsecamente ilícito.

O abuso de direito pode gerar obrigação de indenizar, como pode gerar outra espécie de sanção. Tudo dependerá do caso concreto.

Nos exemplos dados acima, principalmente no último, as consequências do abuso do direito de dirigir em baixa velocidade consistem em que o culpado deverá indenizar os danos eventualmente causados a terceiros. Mas se tomarmos outro exemplo, veremos que não será a indenização a consequência. Imaginemos um contrato em que uma pessoa se obrigue a realizar para outra serviços de pintura ou de marcenaria, incumbindo a escolha ao credor dos serviços. Este, de má-fé, sabendo que, dadas as circunstâncias, será muito mais penoso ao devedor realizar os serviços de pintura, escolhe estes últimos, com a clara intenção de prejudicar o devedor, onerando-o excessivamente. Nesse caso, o credor está agindo dentro dos limites formais de seu direito de escolher. Foram, porém, violados os limites da boa-fé. Diante disso, caberia ao devedor, provando o abuso de direito, exigir judicialmente que o credor aceite os serviços de marcenaria, ou libere-o da obrigação. Não há falar em indenização, uma vez que não houve dano.

Muito embora em alguns casos seja importante a prova da má-fé de quem pratica o ato abusivo, esta não é essencial para a configuração do abuso de direito. Seus requisitos são objetivos: basta exceder os limites impostos pelos fins econômicos ou sociais do direito, pela boa-fé (conduta adequada), ou pelos bons costumes para se estar praticando abuso. Assim, a pessoa que dirija no limite da velocidade mínima, atrapalhando o tráfego, estará praticando abuso de direito, mesmo que não esteja agindo de má-fé, ou seja, dolosamente. Sua conduta é, porém, inadequada, contrária à boa-fé e aos bons costumes.

Historicamente, a teoria do abuso de direito começa no século XIX, desenvolvendo-se no século XX. Encontra raízes na *aemulatio* do Direito Medieval, que se caracterizava, quando uma pessoa praticasse um ato, aparentemente correto, mas sem nenhum propósito que não o de prejudicar seu vizinho. A partir dessa ideia, a doutrina e os tribunais europeus, principalmente os franceses e alemães, num primeiro momento, engendraram a teoria do abuso de direito, hoje consagrada em todo o mundo.

Uma vez esclarecido o conceito de abuso de direito, é preciso apontar as teorias que definem os critérios para sua qualificação.

A primeira teoria é a subjetivista. Para esta teoria, haverá abuso do direito, quando o titular exercitar seu direito sem qualquer interesse, com a manifesta intenção de prejudicar. Portanto, são três as características do abuso: exercício regular de um direito, intenção de prejudicar e inexistência de interesse.

O Código Civil Alemão, BGB, adotou a teoria subjetivista em seu parágrafo 226, nos seguintes termos:

> § 226. (Proibição à chicana) Não é permitido o exercício de um direito que não tenha outro fim senão causar dano a outrem.[144]

Paulo Nader faz referência a um caso acontecido no início do século na Alemanha, que bem exemplifica a teoria subjetivista do abuso de direito:

> O proprietário de uma fazenda, sob a alegação de que sempre que se encontrava com o seu filho ocorria altercação, impediu-lhe que penetrasse em suas terras, a fim de visitar o túmulo de sua mãe, que lá se achava enterrada. Apesar de não encontrar amparo na legislação, o filho recorreu à Justiça e obteve ganho de causa, sendo-lhe garantido o direito de visitar as terras nos dias de festa. Tal decisão, proferida em 1909, foi o grande marco para a plena caracterização do abuso de direito, no ordenamento jurídico alemão".[145]

Os que criticam a teoria subjetivista alegam que um critério puramente subjetivo não seria suficiente para solucionar litígios em nossos tempos.

A segunda teoria a explicar os critérios de qualificação do abuso de direito é a teoria objetivista. Para essa teoria, o abuso do direito é consequência do exercício anormal do direito. Não leva em consideração a intenção do agente.

Pedro Baptista Martins deixa clara a distinção entre as teorias subjetivista e objetivista. Em sua concepção,

---

144 No original: "(Schikaneverbot) Die Ausübung eines Rechtes ist unzulässig, wenn sie nur den Zweck haben kann, einem anderen Schaden zuzufügen".

145 NADER, Paulo. **Introdução ao estudo do direito**. 7. ed. Rio de Janeiro: Forense, 1992. p. 423.

> a teoria subjetiva inverte os princípios em que se funda o método científico de interpretação: ao invés de partir do ato exterior para qualificar a intenção e a vontade do agente, parte da intenção e da vontade para a qualificação do ato exterior. O ato, ordinariamente, é a extrinsecação da vontade. Ato e vontade constituem, por conseguinte, um só e mesmo fato suscetível de duas interpretações diversas. O método subjetivo, partindo da investigação da vontade para qualificar o exterior, impossibilita a prova do abuso, transformando-o num conceito puramente psicológico. O método objetivo, ao contrário, faz decorrer a intenção do próprio ato danoso, das próprias circunstâncias em que foi praticada, isto é, de elementos materiais, de dados concretos, suscetíveis de uma demonstração imediata.[146]

Por fim, dentre outras teorias, há a teoria finalista. O critério finalista tem em Josserand seu mais ilustre defensor. Para o consagrado mestre francês, existe o abuso de direito, quando o ato seja exercido de acordo com o direito da pessoa e contrariamente às regras sociais. Assim, o direito subjetivo não passaria de direito-função, tendo uma finalidade a cumprir e dela não podendo desviar-se, sob pena de se configurar abuso de direito.

Por isso é que, para a teoria finalista, o abuso de direito é a relação de contrariedade entre a conduta do homem e o fim pretendido pela ordem jurídica. De acordo com Inácio de Carvalho Neto "é a condenação do que contraria os fins sociais da lei e as exigências do bem comum, ainda que sob o manto da legalidade estrita, em combate à amoralidade e ao positivismo que a justifique em nome de um suposto império da lei".[147]

O art. 187 do CC, que consagra o abuso de direito é de clara inspiração finalista. Para que se configure o abuso, basta exceder os limites impostos pelo fim econômico ou social do direito, pela boa-fé ou pelos bons costumes.

O legislador parte da ideia de que todo direito, ou melhor, toda norma jurídica, tenha um fim, seja ele econômico ou social. Se a conduta, formalmente correta, excede esse fim, será ela abusiva. Assim, o fim social dos limites de velocidade no trânsito é traçar um critério de conduta razoável, dentro de um mínimo e de um máximo, para se preservar a segurança e a boa fluência do tráfego. Ora, aquele que dirige em velocidade mínima, estorvando o trânsito, está a toda evidência, desviando-se da função social da norma e, portanto, praticando abuso de direito.

Nas palavras de Nelson Rosenvald e Cristiano Chaves de Farias, "o abuso do direito é constatado no instante da violação do elemento axiológico da norma.

---

146 MARTINS, Pedro Baptista. **O abuso do direito e o ato ilícito**. 3. ed. Rio de Janeiro: Forense, 1997. p. 123-124.
147 CARVALHO NETO, Inácio de. **Abuso do direito**. Curitiba: Juruá, 2001, p. 81.

Instala-se a contrariedade entre o comportamento comissivo ou omissivo do indivíduo e o fundamento valorativo-material do preceito".[148]

Pratica abuso de direito também aquele que, ao exercer seu direito contrarie a boa-fé ou os bons costumes.

A ideia de bons costumes é exógena ao ordenamento. Expressa a moral social, determinada por certa comunidade, em certo tempo e espaço. Os bons costumes apontam na direção de uma conduta padrão do *homo medius*, do *bonus paterfamilias*, daquele homem exemplar, que, embora não seja perfeito, leve uma vida decente, de bem. São boas práticas, tanto na esfera existencial, quanto na patrimonial (boas práticas empresariais, por exemplo). Consistem, por outro lado, em normas impeditivas de condutas não acolhidas socialmente, exatamente por se desviarem desse modo de ser médio, padrão das pessoas de bem.

A boa-fé integra o ordenamento jurídico. Consiste na conduta correta, honesta, que de todos se pode esperar.

Segundo ainda Nelson Rosenvald e Cristiano Chaves de Farias, enquanto a boa-fé prescreve, os bons costumes proscrevem. "A boa-fé é afirmativa, pois elabora modelos de comportamento a assumir; já os bons costumes se limitam a suprimir efeitos da atividade negocial nociva".[149]

Na verdade, o epicentro fundante do abuso de direito parece ser mesmo a boa-fé. Independentemente de qualquer elemento de culpabilidade, é o desvio da conduta honrada, dos deveres de lealdade e de confiabilidade que se fazem presentes, ao que se afigura, em todas as hipóteses de abuso de direito.

Embora, hoje, amplamente consagrado na doutrina, e também na legislação de muitos países, houve quem negasse o abuso de direito como instituto jurídico com contornos próprios. Dentre esses autores, destacam-se Duguit, Rotondi, Planiol, Josserand e Esmein. Vale relembrar algumas dessas teses, ainda que a título de recordação histórica, ainda que para refutá-las.

Segundo a teoria de Duguit, não há direitos subjetivos, apenas o direito objetivo. Assim, não havendo direito subjetivo, não há que falar de seu abuso.

Refutando a tese de Duguit, Cunha de Sá menciona a interligação entre o direito objetivo e subjetivo, a destacar: "do próprio fato da existência do direito objetivo, *rectius*, da existência das normas jurídicas permissivas, sejam elas expressas ou subentendidas, sejam unilaterais ou bilaterais, se pode retirar a conclusão lógica da existência do direito subjetivo".[150]

Para Mario Rotondi, o abuso do direito é um elemento dinâmico que assegura o desenvolvimento progressivo do Direito. O abuso, segundo o autor, só existe

---

148 FARIAS, Cristiano Chaves de; ROSENVALD, Nelson. **Direito civil**: teoria geral... cit., p. 474.
149 Idem, ibidem.
150 SÁ, Fernando Cunha de. **Abuso do Direito**. Lisboa: Centro de Estudos Fiscais da Direção Geral das Contribuições e Impostos. Ministério das Finanças, 1973. p. 301-302.

no plano dos fatos, mas não no plano do Direito constituído. O abuso de direito é fenômeno sociológico. O fundamento desse raciocínio nos conduz a concluir que só o legislador tem o remédio radical para o abuso e que só ele poderá rever os institutos singulares do Direito em conformidade com as novas necessidades da sociedade. Por essa perspectiva, se o legislador não reprimir, através de lei, a fruição de um direito tido como antissocial, não competirá ao juiz fazê-lo.

Também conhecida como *tese da logomaquia*, a tese de Planiol considera a expressão "abuso de direito" contraditória em seus próprios termos, já que não se pode falar em ato conforme e contrário ao Direito ao mesmo tempo. Ou bem o ato é lícito, em conformidade com o Direito, ou o ato é abusivo, e, portanto, ilícito. É o que argumenta o mestre da Faculdade de Direito de Paris: "Falam facilmente do *uso abusivo de um direito*. (...) Mas é necessário não nos iludirmos: *o direito cessa onde começa o abuso*, e não pode haver 'uso abusivo' de um direito qualquer, pela razão irrefutável que um mesmo ato não pode ser a um só tempo *conforme e contrário ao Direito*".[151]

Por fim, a teoria conclui que as diversas explicações deságuam no mesmo lugar. Há os que dizem que existe o exercício abusivo de um direito e outros que o ato é realizado sem direito. Assim, defende-se uma ideia correta com uma fórmula errada.

Ao contrário do ato ilícito em sentido estrito, que admite várias consequências, o ato abusivo apresenta, sempre que possível, duas sanções: o desfazimento do que tenha sido feito, no exercício abusivo do direito, além da indenização, da tutela inibitória e da imponibilidade da ação. Essas sanções são também classificadas como sanções direta (a primeira) e indiretas (as demais) do ato abusivo.

Sanção direta do ato abusivo é aquela que obriga, em primeiro lugar, o agente a reparar *in natura* o dano causado, ou seja, faz com que o praticante do abuso desfaça o ato.

Podemos destacar dois exemplos clássicos, dados por Inácio de Carvalho Neto, ambos das Cortes de Colmar e Campanha, em 1855 e 1913, respectivamente, também conhecidos como "Clement-Bayard":

> No primeiro, tratava-se de uma falsa chaminé, de grande altura, que o proprietário de uma casa tinha construído. Essa obra, que não tinha qualquer utilidade para o proprietário, destinava-se a fazer sombra na casa do vizinho, que recorreu à justiça para fazer cessar esse prejuízo invocando a teoria do abuso de direito. O tribunal decidiu que, embora sendo o direito de propriedade de algum modo absoluto, autorizando o proprietário a usar e abusar da coisa,

---

151 Tradução do original: "Ils parlent volontiers de l'usage abusif des droits. (...) Ils ne faut donc pas être dupe des mots: le droit cesse où l'abus commence, et il ne peut pas y avoir 'usage abusif' d'un droit quelconque, par la raison irréfutable qu'un seul et même acte ne peut pas être à la fois conforme au droit et contraire au droit". PLANIOL, Marcel. *Op. cit.*, t. II, n. 871, p. 283-284.

o exercício deste direito, entretanto, como de qualquer outro, deve ter como limite a satisfação de um interesse sério e legítimo.

Já o segundo se refere ao tão citado caso em que um proprietário rural, vizinho de um hangar onde um fabricante de dirigíveis guardava os seus aparelhos, construiu imensas armaduras de madeira, altas como casas, e com hastes de ferro, para criar dificuldades para os dirigíveis. Tendo sido um dos aparelhos vitimado pelas hastes de ferro, o construtor pediu perdas e danos e demolição de tais construções. Embora invocado seu direito de propriedade sobre o imóvel onde fizera suas construções, o tribunal deu ganho de causa ao dono do dirigível com base na teoria do abuso de direito.[152]

Em ambos os casos, o respectivo o tribunal decidiu, aplicando a sanção direta ao abuso de direito, determinando a destruição das obras abusivas, a fim de restabelecer a condição anterior.

A sanção indireta, por seus efeitos, por vezes, equipara o ato abusivo ao ato ilícito, como forma de tornar viável a reparação do dano, de acordo com os princípios da responsabilidade delitual. Além da indenização, é também sanção indireta, a tutela inibitória, ou seja, a proibição de que se continue a conduta abusiva, e a imponibilidade da ação, no caso de abuso de direito de petição.

O abuso de direito pode ocorrer em várias esferas do Direito. Achamos interessante, apenas para clarear mais ainda o assunto, dar destaque ao Direito Contratual e do Consumidor, ao Direito de Propriedade e ao Direito de Família.

No campo do Direito Contratual, verifica-se o abuso de direito em várias hipóteses. Dentre elas, apontamos, ao nosso sentir, apenas algumas delas.

Já na fase pré-contratual, da formação mesma do contrato, pode haver abuso. Posto que não haja ainda obrigação de contratar, pode-se falar em abuso de direito.

Imaginemos a pessoa que entre numa loja de roupas lotada, na véspera de Natal, e, mesmo sabendo que nada comprará, ocupa um vendedor durante horas a fio, experimentando peça após peça, para, ao final, agradecer e sair. É um direito do consumidor examinar o produto, experimentá-lo etc.? Em tese, sim. Mas na situação em tela, o abuso está caracterizado, tendo ocorrido desvio frontal da função/finalidade do direito. O comportamento abusivo, neste caso, se configura pela leviandade.

O certo é que todos têm o direito de se abster de contratar, não sendo obrigado aquele que manifestou apenas a intenção de contratar a celebrar o contrato. Em contrapartida, é possível que o exercício deste direito se dê de modo abusivo, tendo a parte o dever de indenizar por prejuízos causados.

---

152 CARVALHO NETO, Inácio de. Op. cit., p. 120.

O ato abusivo pode ser praticado na fase da execução do contrato. O Código do Consumidor elenca uma série de cláusulas (art. 51) e de práticas (art. 39) que considera abusivas. Algumas delas consistem em ato ilícito propriamente dito (art. 186, CC), mas outras configuram abuso de direito mesmo (art. 187, CC).

Nesta fase de execução do contrato, destacam-se algumas hipóteses bastante interessantes. São elas a *surrectio* (Erwirkung), a *suppressio* (Verwirkung), o *venire contra factum proprium* e o *tu quoque*.

Tanto a *suppressio* quanto a *surrectio* derivam do Direito Alemão, tendo chegado até nós por via do Direito Português, que lhes latinizou o nome.

Suppressio e *surrectio* são faces de uma mesma moeda, consistindo, para um contratante, na inadmissibilidade do exercício (Verwirkung) de certo direito, e para o outro, no surgimento (Erwirkung) de uma expectativa, por vezes de um direito mesmo.

Conta-se que a primeira, ou, talvez, uma das primeiras decisões a respeito do assunto, deu-se no início da década de 1920, quando alta a inflação na Alemanha. O Tribunal Superior entendeu ter havido *Verwirkung* para um empreiteiro que não notificara de pronto (retardara-se por mais de dois meses) o empreitante, sua pretensão de corrigir o preço. A Corte entendeu que, mesmo diante da alta inflação, o empreiteiro deveria ter notificado o empreitante de pronto, a respeito de sua intenção de reajustar o preço, sob pena de perder esse direito. Em que pese ser a decisão contestável, foi uma das primeiras a reconhecer a *Verwirkung* ou *suppressio*. Para o empreitante, ocorreu a surrectio (Erwirkung), ou seja, para ele surgiu uma expectativa de não ver o preço da empreitada reajustado, em função da demora do empreiteiro em manifestar sua pretensão nesse sentido. São, assim, *suppressio* e *surrectio*, faces de uma mesma moeda.

Resumindo, *suppressio* é a perda ou supressão de certo direito ou faculdade, pelo seu não exercício no tempo, gerando na parte contrária a expectativa de que não venha a ser exercido. *Surrectio*, inversamente, é o surgimento de uma expectativa ou de um direito, em razão da própria surrectio. Em outras palavras, a *suppressio* gera a *surrectio* (*suppressio surrectionem parit*).

Elemento essencial a ambas é a relação de confiança entre as partes, que leva uma delas a acreditar (confiar) que a outra não mais exercerá seu direito. Aliás, é exatamente esse elemento, que diferenciará a *suppressio* da decadência, que, como veremos adiante, é a perda de um direito potestativo pelo seu não exercício no prazo legal. Pouco importa, na decadência, que haja ou não essa relação de confiança quebrada.

Acrescente-se, ainda ser absolutamente desnecessária a investigação da culpabilidade (dolo ou culpa), daquele que não exerça seu direito. O que interessa é a quebra do princípio da boa-fé, mais especificamente, da confiança.

Finalizemos com um exemplo. A e B são locador e locatário, respectivamente. O contrato reza que os aluguéis devam ser pagos sempre no primeiro dia útil. Ocorre que, mês após mês, o locatário paga o aluguel no quinto dia útil, recebendo quitação integral do locador, que tudo aceita sem reclamar. Depois de certo tempo, que deverá ser considerável, como sete ou oito meses, dependendo do caso, o locador não mais poderá exigir o pagamento no primeiro dia útil. Ocorre para ele a *suppressio*, e para o locatário, a *surrectio*.

Outra hipótese de abuso de direito nas relações contratuais é o *venire contra factum proprium* ou comportamento contraditório.

Nemo potest venire contra factum proprium – ninguém pode andar na contramão de si mesmo, em termos bem simples. Por outros termos, ninguém pode, pura e simplesmente, inverter sua conduta. Se alguém firma certa conduta, não pode, posteriormente, alterá-la ao inverso, sob pena de atentar contra os princípios da confiança e da boa-fé objetiva, ou boa-fé conduta. Segundo esses princípios, cada uma das partes contratantes tem mais do que o direito de exigir conduta honesta da outra; cada uma delas tem o direito de *esperar*, de *pressupor* conduta honesta da outra. Se um dos contratantes age contrariamente à conduta por que vinha se pautando, atentará contra a confiança que o outro contratante tinha o direito de nele depositar. Em outras palavras, o que se proíbe é o comportamento incoerente, é a mudança inesperada de comportamento.

Vejamos um exemplo. A e B celebram contrato de locação. No contrato, vige cláusula que atribui ao locatário o dever de arcar com o IPTU do imóvel. Ocorre que, ano após ano, o locador paga o dito imposto, sem jamais cobrar do locatário. Se, repentinamente, o locador mudar de ideia e decidir aplicar a norma contratual, o locatário poderá não aceitar, alegando comportamento contraditório e, portanto, abusivo.

Como fica claro no exemplo, o *venire contra factum proprium* é uma modalidade de *suppressio/surrectio*, em que uma das partes inverte sua conduta, seja por ação ou por omissão, de modo inesperado e incoerente, atentando contra o princípio da boa-fé, mais especificamente, contra o princípio da confiança.

Tu *quoque*, por fim, é expressão atribuída a Júlio César, ao cair esfaqueado por seus assassinos, dentre eles, Marco Júnio Bruto, a quem, segundo alguns, considerava como filho. A informação histórica é muito controversa, uma vez que Bruto, segundo o mais certo, nunca gostara de César, amante de sua mãe, Servília. Bruto era sobrinho querido de Catão, neto do famoso Catão das Guerras Púnicas e inimigo figadal de J. César, e com ele lutou, na guerra civil, ao lado de Pompeu, contra o mesmo César. Quem disseminou essa história, mais para mito do que para realidade, foi Suetônio, em sua obra Os Doze Césares. A expressão tu *quoque* é tradução do original grego de Suetônio, quando, nessa obra, descreve a morte de Júlio César. Segundo o historiador romano, "de acordo com alguns,

César teria dito a M. Bruto, que lhe caía em cima, 'até você, filho?'". Na verdade, César teria falado em grego, não em latim. No original, escreveu: "Etsi tradiderunt quidam, M. Bruto inruenti dixisse, 'Καί σύ, τέκνον?'"[153] A tradução latina adotada mais comumente para a expressão "Καί σύ, τέκνον?" é "Et tu, fili?". Esta, reputo a mais correta. Há variáveis, contudo, como "et tu, Brute, mi fili", e a que nos interessa, "tu quoque, Brute, mi fili", a pior de todas, diga-se de passagem.

Boa tradução para *tu quoque* seria "justamente você", pois o *tu quoque* representa expressão de espanto diante de comportamento que jamais se esperaria justamente daquela pessoa em foco. Assim, um sócio jamais esperaria do outro, que especulasse no mercado contra a própria sociedade. Esta poderia ser, com base na violação do princípio da boa-fé, razão para se o expulsar e dele se exigir perdas e danos.

A boa-fé, baseada no *tu quoque*, também fundamenta a exceção do contrato não cumprido. Quem não cumpre suas obrigações, não pode exigir que a contraparte cumpra as suas. Se o comprador não pagou o preço, como poderá exigir que o vendedor lhe entregue a coisa? Um credor que sucessivamente deixe de dar recibo a seu devedor, alegando falta de papel adequado, postergando sempre para outro momento, não poderá exigir do devedor a exibição desses mesmos recibos, numa eventual ação de um contra o outro. "Justamente ele" jamais poderia exigir algo que nunca fornecera.

No *tu quoque* há um certo comportamento contraditório, mas, a toda prova, não no mesmo sentido que estudamos acima.

Na esfera da posse e da propriedade também pode haver abuso de direito. Exemplos são os já estudados acima, do indivíduo que construiu estruturas de madeira em seu imóvel, interferindo na atividade de dirigíveis do vizinho; ou do outro que construa um muro a uma altura permitida, mas desnecessária, retirando o sol ou a vista do vizinho. Podemos citar ainda, o indivíduo que dirija seu carro na velocidade mínima permitida, com isso causando enormes embaraços no trânsito, até mesmo acidentes.

O Direito de Família é também um campo fértil para aplicação da teoria do abuso de direito. A título de exemplo, cumpre destacar o abuso de direito na mudança de domicílio do cônjuge divorciado, que detenha a guarda dos filhos, dificultando o direito de visita do outro. De fato, uma vez separado ou divorciado, o cônjuge pode livremente mudar de domicílio, não servindo de impedimento o prejuízo por parte do outro genitor quanto ao direito de visita aos filhos. Mas se o direito de mudança de domicílio for exercido de modo desnecessário, injustificado, poderá se configurar o abuso de direito.

---

[153] TRANQUILLUS, Caius Suetonius. **De XII Caesaribus de vita XII Caesarum**. Lugduni: Samuel Luchtmann & Filii, 1751. p. 134.

Outro exemplo na esfera familiar é o direito de castigar os filhos, que muitas vezes é exercido de modo abusivo, podendo levar à suspensão ou mesmo à perda do poder parental.

7.4.3 Enriquecimento ilícito

Outra modalidade de ilícito que merece estudo especial é o enriquecimento ilícito, também chamado de enriquecimento sem causa ou locupletamento.

O tema "enriquecimento ilícito" é tratado pelo Código Civil de 2002 no Título referente aos atos unilaterais, embora se nos pareça muito mais adequado tratá-lo na Parte Geral do Direito Civil, espaço sem dúvida mais consentâneo com seus contornos teóricos. Isto porque o enriquecimento ilícito, ou antes, sua proibição, é princípio geral do Direito Civil, que se aplica a todos os ramos, desde o Direito das Obrigações e dos Contratos, ao Direito das Coisas, Família e Sucessões. Onde quer que haja relações patrimoniais, lá estará o princípio para coibir o enriquecimento de alguém às custas de outrem, sem causa legítima.

Preferiu, todavia, o legislador inseri-lo, posto que com conotação de princípio, no Título referente aos atos unilaterais, talvez por visualizá-lo, num primeiro momento, como fato ou ato de se enriquecer às custas de outrem, sem causa lícita. Realmente, olhando por esse lado, enriquecimento ilícito ou sem causa, também denominado enriquecimento indevido, ou locupletamento, é todo aumento patrimonial que ocorra sem causa jurídica. Assim, se A pagar a B o que deveria ter pagado a C, e B não restitua o que lhe tenha sido dado por engano, teremos enriquecimento sem causa de sua parte.

Enriquecimento ilícito ou sem causa, também denominado enriquecimento indevido, ou locupletamento, é, de modo geral, todo aumento patrimonial que ocorra sem causa jurídica, mas também tudo o que se deixe de perder sem causa legítima.

A primeira questão que carece elucidar é a definição de causa. Há várias espécies de causa. Pelo menos duas nos interessam: a causa eficiente e a causa final. Causa eficiente é aquilo que enseja o ato. Assim, a aquisição da propriedade de certo bem pode ter como causa eficiente um contrato de compra e venda. Aqui teríamos dois atos: a celebração do contrato e a aquisição da propriedade, o primeiro causa do segundo. Quando se fala em enriquecimento sem causa, é normalmente à causa eficiente que se está referindo. No entanto, há também a causa final. Causa final de um ato jurídico e, consequentemente, de um ato que enriquece, é a atribuição jurídica do ato, relacionada ao fim prático que se obtenha como decorrência dele. Responde à pergunta "para que serve o ato?". Na compra e venda, por exemplo, a causa seria a transferência da propriedade. É para isso que serve esse contrato. Assim, a causa do enriquecimento do comprador foi a transferência da propriedade que ocorreu em razão de um contrato de compra e venda. Não pode ser causa de enriquecimento (aumento patrimonial) o furto ou o pagamento indevido.

Mas o furto e o pagamento indevido não são as únicas causas de enriquecimento ilícito. Outras causas há, como por exemplo, o pagamento de dívidas sem a devida correção monetária. Outros exemplos analisaremos mais adiante.

No sistema romano, havia certa dúvida a respeito de como se deveria aplicar o preceito, se como princípio jurídico ou como regra ética. Em duas leis se mostra essa dificuldade, pois em uma está explícito o termo "*iniuria*" e em outra não, querendo aquela significar que se trata de um preceito jurídico e a outra de regra moral. Após detido estudo de tais normas, pode-se concluir que no tempo de sua elaboração só se condenava o enriquecimento, se contrário ao Direito. Após a retirada do termo "*iniuria*" de uma das leis, se entende que se começou um esforço legislativo no sentido de se aplicar o princípio do locupletamento de maneira prática e a todos os casos. Embora se encontrasse legislação romana referente ao assunto, assim como julgamentos dando procedência à ação *de in rem verso*, não foi produzida no Direito Romano uma norma geral para tratar do enriquecimento sem causa. Contudo, mesmo sem um princípio geral, o pretor, se não possuía poder para legislar sobre o assunto *erga omnes*, possuía tal poder no caso concreto, específico, produzindo, assim, novas fórmulas para abranger os diversos casos novos que deveria julgar.

Havia, pois, já no Direito Romano, várias ações que, direta ou indiretamente, resolviam o problema do enriquecimento ilícito.

A *actio de in rem verso* era intentada quando, por exemplo, se tratasse da transferência de bens praticada pelo filho ou pelo escravo do *paterfamilias*. Desobrigava este a responder pelas ações daqueles. Isto gerava uma total insegurança no tráfego negocial. Após alterações, criou-se uma relação de vínculos entre o negócio jurídico com filho ou escravo do *paterfamilias*, responsabilizando-o pelos atos de seus *alieni iuris*. Surgem, então, duas hipóteses: se o negócio era realizado com autorização do *paterfamilias* e se tivesse ele lucrado. Na primeira hipótese, o chefe da família, pelo simples fato de ceder determinados bens, se obrigava a responder pela administração deles até o valor de seu montante. Já na segunda hipótese, a parte prejudicada poderia intentar a ação contra o *paterfamilias*, até o montante do valor lucrado no negócio (*in rem verso*).

A outra ação era a *actio negotiorum gestorum*. Era necessário o elemento subjetivo, vontade de alguém reger negócio alheio. Para se delimitar sua aplicação, buscaram-se duas espécies, gestão própria e irregular. Visava, assim, evitar o enriquecimento do dono do negócio em detrimento do gestor.

A *condictiones* buscavam diminuir as solenidades sacramentais exigidas nas outras ações. Assim, surgiram as leis de ações por condições, protegendo situações que tivessem coisa e importância determinadas. O mais relevante na *condictio* é que, só poderia ser proposta a ação, se o bem ou a importância fossem transferidos anteriormente, buscando, portanto, suprimir as perdas sofridas pelo que previamente transferiu a coisa, sem prejuízo a terceiro, desde que agindo de boa-fé. Destacam-se algumas *condictiones*, dentre outras:

- *Condictio indebiti* – servia para repetir pagamento feito com erro. Para se ter a garantia da ação, o pagamento deveria ter sido válido; também deveria ter sido indevido, ou seja, feito por quem não devia, ou feito a não credor; ou ainda se o erro fosse escusável, no propósito de executar a obrigação.
- *Condictio ob causam datorum* – concedida quando não se constituísse a causa do negócio jurídico. Muito aplicada aos contratos reais inominados. Como não se tinha uma legislação específica para certos tipos de ação, se aplicava por analogia a condictio, para que o empobrecido pudesse ser ressarcido. Mais tarde, tais regras se estenderam a todas as prestações.
- *Condictio ob turpem vel injustam causam* – concedida para reclamar a restituição de uma prestação que de boa-fé se haja realizado, para fim ilícito ou imoral.
- *Condictio sine causa* – Concedida para pedir restituição de prestação que se haja efetuado sem causa legítima, mas para fim legítimo. Para Justiniano, esta condictio sine causa é a generalização do princípio. Nesta fórmula, estariam incluídos todos os casos não vistos anteriormente.[154]

Conclui-se, pois, que, embora não tenha sido instituída ação geral de enriquecimento, a prática pretoriana desenvolveu-se de tal maneira, que se pode considerar cada uma das ações *supravistas* como verdadeira ação de enriquecimento.

A partir do Direito Romano, pode-se praticamente afirmar, que sempre foi aplicado o princípio do enriquecimento sem causa. Alguns ordenamentos o têm explicitamente posto, como é o caso do brasileiro. Em nosso país, o princípio do enriquecimento sem causa era amplamente aceito e aplicado, explicitamente mesmo, em alguns casos, como a ação de locupletamento na Lei do Cheque.

Hoje, a matéria se encontra totalmente regulada no Código Civil, ainda que mal localizada, como vimos e ainda veremos abaixo. A ação de locupletamento, apesar de não receber tratamento típico, tem previsão genérica e até prazo trienal de prescrição, segundo o art. 206, parágrafo 3º, do CC.

Mas seria regra ou princípio a norma que proíbe o enriquecimento sem causa?

O enriquecimento ilícito caracteriza-se como princípio e não como regra pelo seguinte:

---

[154] Mais sobre o tema das condictiones, ver ORTOLAN, M. **Explication historique des instituts de l'empereur Justinien**. 4. ed. Paris: Joubert, 1847. t. II. *passim*.

Regras são autoexplicativas, ao contrário dos princípios. Pela simples leitura da regra há a possibilidade de se entender e indicar todos os atos capazes de se enquadrar naquele dispositivo. Já na leitura de um princípio não há como entender a que, especificamente, ele se relaciona. Sua leitura é subjetiva, só explicável com sua aplicação ao caso concreto.

Outra característica dos princípios é o fato de serem fundamento, base para a existência das regras.

Observando os dispositivos que tratam do pagamento indevido, das benfeitorias, da prestação de serviços, da gestão de negócios e aqueles relacionados a tributos, podemos concluir que o enriquecimento sem causa estaria servindo de base à existência de todos eles.

Os casos citados acima são os que geram com mais frequência o enriquecimento sem causa.

Já existindo dispositivo que regulamente tais casos, não poderia o enriquecimento sem causa ser tido como regra, sua utilização será subsidiária.

Como princípio, seria utilizado no caso concreto, após esgotadas todas as regras específicas para determinado caso; poderia ainda ser utilizado para fundamentar as regras que estejam sendo aplicadas. Afinal, o princípio do enriquecimento sem causa é fundante.

O fato se ser subsidiário não tira a validade do princípio. Ele poderá ser excepcionado por outro princípio ou até mesmo por uma regra, ou ainda, ser aplicado concomitantemente a uma regra e nem por isso deixará de vigorar.

Tal possibilidade não existe para as regras, pois estas concorrem umas com as outras. Duas regras de mesmo grau não poderiam coexistir no sistema jurídico brasileiro.

Se o enriquecimento sem causa fosse regra, como já existem dispositivos aplicáveis aos casos que o gerem, não poderiam todos coexistir no ordenamento jurídico. Um provocaria a invalidade do outro.

Concluindo, então, pode-se qualificar o enriquecimento sem causa como fato e como princípio. Como fato por ser um evento que gera enriquecimento ilegítimo para um, às custas do empobrecimento de outro. Como princípio, por ser norma geral de repúdio ao locupletamento.

Os requisitos do enriquecimento sem causa são três:

1] Diminuição patrimonial do lesado.
2] Aumento patrimonial do beneficiado sem causa jurídica que o justifique. A falta de causa se equipara à causa que deixe de existir. Se, num primeiro momento, houve causa justa, mas esta deixou de existir, o caso será de enriquecimento indevido. O enriquecimento pode ser por aumento patrimonial, mas também

por outras razões, tais como, poupar despesas, deixar de se empobrecer etc., tanto nas obrigações de dar, quanto nas de fazer e de não fazer.

3] Relação de causalidade entre o enriquecimento de um e o empobrecimento de outro. Esteja claro, que as palavras "enriquecimento" e "empobrecimento" são usadas, aqui, em sentido figurado, ou seja, por enriquecimento entenda-se o aumento patrimonial, ainda que diminuto, ou a inocorrência de alguma perda, mesmo que pequena (pagamento que não se realize, por exemplo); por empobrecimento entenda-se a diminuição patrimonial, mesmo que ínfima, ou a inocorrência de um aumento que seria devido, posto que de pequena monta.

Dispensa-se o elemento subjetivo para a caracterização do enriquecimento ilícito. Pode ocorrer de um indivíduo se enriquecer sem causa legítima, ainda sem o saber. É o caso da pessoa que, por engano, efetue um depósito na conta bancária errada. O titular da conta está se enriquecendo, mesmo que não o saiba. Evidentemente, os efeitos do enriquecimento ocorrido de boa-fé, não poderão ultrapassar, por exemplo, a restituição do indevidamente auferido, sem direito a indenização. O dever de indenizar pressupõe, como seria óbvio, culpa por parte de quem se locuplete. Assim, a responsabilidade pelo enriquecimento sem causa é subjetiva, no que tange à indenização.

A doutrina tem bem definido os parâmetros do enriquecimento indevido, e o Código Civil também traça seus contornos, nos arts. 884 a 886.

O art. 884 impõe a todo aquele que se enriquecer sem causa jurídica o dever de restituição à pessoa, a cuja custa ocorreu o enriquecimento.

> Art. 884. Aquele que, sem justa causa, se enriquecer à custa de outrem, será obrigado a restituir o indevidamente auferido, feita a atualização dos valores monetários.

O art. 884 está mal localizado e mal redigido. Mal localizado porque deixa a entender que o Direito Brasileiro considera o enriquecimento sem causa espécie de ato unilateral, quando, na realidade, encontra-se na esfera do antijurídico e lá deveria estar. Muito melhor seria se estivesse localizado na Parte Geral; poderia muito bem ser o art. 188. Está mal redigido, porque a redação é restritiva. Parece, numa leitura literal, que o enriquecimento ocorre apenas quando alguém adquire, aufere um ganho indevido, que tenha que ser restituído. Embora no mais das vezes seja isso mesmo que ocorra, nem sempre. O enriquecimento pode se dar por não ter o favorecido feito o que deveria fazer; ou por ter feito o que não deveria; ou por não ter dado o que deveria (a obrigação seria, então, de dar e não de restituir). Enfim, o enriquecimento pode ocorrer de diversas maneiras. Por fim, é risível, para não dizer infantil, a última oração do artigo:

"feita a atualização dos valores monetários". É óbvio que a atualização é devida, sob pena de enriquecimento sem causa, aliás, tema do dispositivo.

O repúdio ao enriquecimento sem causa é princípio geral do Direito, gerador de uma série de normas.

Não se deve, entretanto, confundir o princípio do enriquecimento sem causa com a ação de locupletamento dele oriunda. Esta só terá cabida na falta de outra ação específica. Assim, no pagamento indevido, caberá a ação de repetição de indébito e não a ação de anulação (por erro), nem a de locupletamento, embora tenha ocorrido enriquecimento sem causa. Não havendo outra ação mais específica, admite-se, então, a de locupletamento. Por exemplo, se A emite um cheque ao portador sem fundos, e se este cheque entra em circulação, vindo a cair nas mãos de B, que nunca viu A, não tendo com ele realizado nenhum tipo de negócio, que ação teria B contra A? Em princípio, B poderia executar o cheque, mas e se a responsabilidade do emitente pelo inadimplemento do cheque estiver prescrita? Neste caso, B não poderia executar o contrato, nem propor ação de cobrança contra A, visto que não há relação obrigacional originária entre eles. Assim, não restaria a B qualquer outra ação, que não a de locupletamento. Observe-se, contudo, que antes dela, foram verificadas e esgotadas todas as outras possibilidades: a ação de execução do cheque (ação cambial) e a de cobrança. Vale esclarecer que a ação de locupletamento prescreve em 3 anos, segundo o art. 206, parágrafo 3º, IV. No caso do cheque, especificamente, a prescrição será de 2 anos, segundo a Lei do Cheque.

Outro exemplo de hipótese em que caberia a ação de locupletamento é o da avulsão. Esta ocorre quando uma porção de terras se desloca abruptamente das margens de um rio, em virtude de um evento da natureza, e se agrega à margem oposta. Neste caso, o proprietário das margens acrescidas estaria se enriquecendo ilegitimamente às custas do proprietário das margens desfalcadas. Este teria um ano para acionar aquele, e a ação seria a de locupletamento. Este prazo, entretanto, é decadencial, uma vez que se trata de ação, primordialmente, constitutiva.[155]

O Código Civil cuida do enriquecimento sem causa no título relativo a obrigações oriundas de atos unilaterais, por ser este princípio o fundamento dessas obrigações, pelo menos, genericamente falando-se.

Se uma pessoa promete pagar $ 100,00 a quem lhe restituir os documentos perdidos, obriga-se para com aquele que cumprir a tarefa. Se não cumprisse a promessa e não pagasse os $ 100,00, estaria se enriquecendo às custas do outro, uma vez que este, pressupõe-se, despendeu esforços no sentido de encontrar e

---

[155] VALLE FERREIRA, José Geraldo. **Enriquecimento sem causa**. Belo Horizonte: Nicolai, 1950. p. 109.

restituir os documentos. O mesmo ocorrerá na gestão de negócios e no pagamento indevido.

Há, porém, outras causas de enriquecimento ilícito, como o não pagamento de benfeitorias e melhoramentos, o pagamento realizado sem a devida correção monetária e outros.

Por isso mesmo, talvez a melhor geografia para o enriquecimento sem causa não fosse a que lhe atribuiu o Código de 2002, ainda mais tratado da maneira como o tratou, fazendo crer cuidar-se de modalidade distinta de ato unilateral, o que não é. Além do mais, o princípio do enriquecimento sem causa informa todo o Direito Obrigacional, não só os atos unilaterais. A Parte Geral do Código seria, sem dúvida, o melhor lugar para se o inserir.

Mas onde na Parte Geral? Sem dúvida junto aos atos ilícitos, uma vez que também o enriquecimento sem causa se insere na esfera da antijuridicidade.

A ação de locupletamento, como já visto, é a ação dada ao empobrecido, na falta de outra mais específica diante do caso concreto. Em nosso ordenamento, esta subsidiariedade é explícita, apesar da má redação do art. 886 do CC.

Assim, cada caso merece análise individual, vigendo esta norma geral, que só disponibiliza a *condictio indebiti*, na falta de outra ação.

No pagamento indevido, aquele que tenha pagado mal, disporá da ação de repetição de indébito. Dependendo do caso, tratando-se de pagamento efetuado em obrigação de fazer, poderá o empobrecido exigir o desfazimento do que foi feito, além de uma indenização, se houver má-fé ou mora daquele a quem se haja pagado mal. Não sendo possível o desfazimento, só caberá ação, se tiver havido má-fé do que se enriqueceu. Estes são alguns exemplos possíveis. Há outros.

No caso de implemento de benfeitorias necessárias, como, por exemplo, num imóvel locado. O locatário de boa-fé poderá propor uma ação indenizatória contra o locador inadimplente, tendo ainda direito de retenção sobre o prédio.

Como dito, em todos estes casos, e em muitos outros, só terá cabimento a ação de enriquecimento sem causa, se não for possível nenhuma outra.

No Direito Brasileiro, como sabido, é difícil hipótese de cabimento da *condictio indebiti*. No mais das vezes, haverá sempre ação mais específica para a situação, como a ação de cobrança, a indenizatória, as executivas, a de repetição de indébito, as possessórias, a reivindicatória, a de imissão na posse, a de despejo, só para citar algumas. Além disso, há a monitória, para situações mais genéricas. Neste caso, porém, entendo que, dada a generalidade da monitória, a *condictio* será possível, como opção do credor.

A questão que resta é se a prescrição no caso de locupletamento, começa a correr do momento em que ocorra a prescrição relativamente à ação mais específica para o caso ou do momento em que efetivamente ocorra o enriquecimento.

Em nosso entendimento, a resposta é no sentido de os três anos de prescrição começarem a correr do momento em que se der o enriquecimento sem causa. Se a prescrição relativamente à ação específica, como a cambial, ocorrer antes, o prejudicado ainda terá o tempo restante da de locupletamento, caso contrário, nada mais poderá fazer.

A questão da prescrição é importante. Dando-se a prescrição relativa à ação principal, não caberá mais a de locupletamento (a não ser, talvez, no caso da cambial, por não se basear em causa alguma – atos abstratos – ver Lei do Cheque). Ora, neste caso o enriquecimento não mais será ilícito, a prescrição lhe servirá de causa.

Vale esclarecer, por oportuno, que a prescrição relativa à ação de locupletamento ocorre em três anos, segundo o art. 206, parágrafo 3º, IV. No caso de cheques, porém, a prescrição será de dois anos, segundo a Lei do Cheque.

7.5 Situações e relações jurídicas

7.5.1 Definição

Já falamos basicamente do que seja relação jurídica. Mas, de qualquer modo, é essencial que recordemos, neste momento.

Para bem entender o que seja relação jurídica, é preciso partir do conceito de situação jurídica, uma vez que os dois fenômenos estão intimamente relacionados.

Situação jurídica é disposição de sujeitos, em relação a um objeto. Disposição aqui há de ser entendida como posição, posicionamento, ou mesmo atuação. Enfim, é o conjunto de circunstâncias, de direitos e deveres que envolvam sujeitos e objetos.

Um indivíduo se chama Rafael da Silva. Está, assim, posicionado quanto a seu nome, que é único. Por isso mesmo, por ser único, o posicionamento não é só do titular do nome, mas também de todos aqueles que não sejam titulares desse nome único. Para esses não titulares há o dever de se abster de atentar contra o nome do titular. Essa situação consiste numa relação jurídica entre sujeito certo (o titular do nome) e sujeitos indeterminados (os não titulares). No caso, estamos diante de uma situação existencial, porque diz respeito a uma pessoa e a um atributo de sua própria personalidade, qual seja, o nome.

Há, porém, situações outras, chamadas patrimoniais. Uma pessoa deve $ 100,00 à outra. Ambos, credor e devedor, estão posicionados em relação ao objeto, a prestação pecuniária. Esse posicionamento consiste em relação entre credor e devedor, pessoas certas e determinadas.

Existem situações jurídicas que não consistem em relações, e cujos sujeitos são totalmente indeterminados. Exemplo seria a situação do morto. Nela, os sujeitos são indeterminados, a coletividade, que tem interesses em proteger a situação de um indivíduo que já tenha falecido. A proteção do morto é do interesse de todos, na medida em que é do interesse de cada um, por razões religiosas, ser protegido e respeitado após a morte. Nessa situação coexistem regras e deveres. Deveres da coletividade de proteger o morto, a fim de não aviltar os vivos que nele se enxergam.

Situação idêntica à do morto é a dos animais e das plantas.

Nenhuma dessas situações se caracteriza necessariamente por relações jurídicas.

Conclui-se, portanto, que há situações jurídicas consistentes em relações jurídicas e outras que não consistem em relações. Na esteira de Torquato Castro, mas inovando, podemos classificar as situações jurídicas, quanto a esta característica, em relacionais e não relacionais.

Entendidas as situações jurídicas, passemos às relações.

Relação jurídica é vínculo, ligação tutelada pelo Direito, daí ser *jurídica*. Compõe uma situação dinâmica entre sujeitos, que surge em virtude de contratos, atos ilícitos, promessas de recompensa, casamento etc. Desse vínculo, nascem direitos e deveres.

As relações jurídicas se compõem de sujeitos ativo e passivo, de objeto e de vínculo jurídico.

Pode haver situações jurídicas consistentes em várias relações jurídicas distintas, mas coligadas. A toma um empréstimo junto a B e lhe oferece duas garantias, uma fiança, prestada por C, e uma hipoteca, consistente num apartamento de A. Pode-se entender essa hipótese como uma única situação jurídica complexa, que se divide em várias subsituações, consistentes em relações jurídicas distintas: contrato de empréstimo, contrato de fiança, contrato de hipoteca e a relação hipotecária dele decorrente, bem como a relação de propriedade cujo objeto é o apartamento de A.

7.5.2 Espécies

Há várias espécies de relações jurídicas, dependendo de seu objeto e dos sujeitos ligados pelo vínculo jurídico.

De início, pode-se falar em relações patrimoniais, existenciais e mistas. Aquelas têm caráter econômico, por exemplo, a relação entre comprador e vendedor; já as existenciais têm caráter não econômico, como poderá ser, por exemplo, a relação entre doador e donatário de órgãos humanos, para citar apenas uma. Há algumas relações que se situam numa zona intermédia entre as existenciais e as patrimoniais, podendo pender mais para um lado ou para o outro. Exemplo seria a relação entre marido e mulher. Por um lado, é existencial, enquanto possuir por objeto a constituição de família, o afeto, o amparo moral recíproco etc. Por outro lado, será patrimonial, enquanto tiver por objeto os bens do casal e seu regime. São as denominadas relações mistas.

A relação patrimonial pode se estabelecer entre credor e devedor. O credor terá direito de exigir do devedor que dê, faça ou não faça algo. Imaginemos um empréstimo. Quem emprestou, o credor, poderá exigir de quem tomou emprestado que lhe dê de volta o objeto emprestado. Temos, aqui, relação jurídica creditícia ou obrigacional ou de crédito. Os sujeitos são o credor (sujeito ativo) e o devedor (sujeito passivo). O objeto é a prestação devida pelo devedor, que pode ser dar, fazer ou não fazer algo. O vínculo, ou seja, aquilo que liga uma parte à outra, são exatamente os direitos e deveres recíprocos.

Há outras espécies de relações jurídicas patrimoniais. Imaginemos que uma pessoa seja dona de um carro. Se ela é a dona, significa que ninguém mais o seja. Dessa relação de domínio surge uma relação jurídica entre o dono e os não donos, entre o titular de um direito sobre uma coisa e os não titulares. O sujeito ativo dessa relação é o titular; os sujeitos passivos são os não titulares, quais sejam, todas as outras pessoas do mundo, que não sejam titulares de direito sobre aquele bem específico. O objeto é o bem e o vínculo se compõe dos direitos e deveres do titular e dos não titulares, que deverão respeitar os direitos do titular. Estas relações são denominadas relações reais, porque seu objeto é uma coisa (*res* em latim, daí o adjetivo real, ou seja, relativo a uma coisa).

Outra modalidade de relação jurídica é a familiar, que se estabelece entre pais e filhos e entre marido e mulher, ou entre companheiros, ou entre parentes. Essas relações familiares podem ser, como vimos, mistas (patrimoniais e existenciais).

Outra ainda seria a de direito sucessório. Nela haveria os titulares dos direitos hereditários, ou seja, os sucessores, de um lado. Do outro lado, todos os não titulares desses direitos hereditários. O objeto são os direitos hereditários, de caráter patrimonial.

Há relações jurídicas cujo objeto são os elementos da personalidade. De um lado, o titular da imagem, por exemplo; do outro lado, os não titulares, ou seja, a coletividade. Embora se trate de relações existenciais, sua estrutura é semelhante às relações patrimoniais que estudamos acima. O sujeito ativo é o titular dos elementos da personalidade; os sujeitos passivos são os não titulares, quais sejam, todas as outras pessoas do mundo, que não sejam titulares de direito sobre aquele bem específico. O objeto é o bem (no caso o elemento da personalidade), e o vínculo se compõe dos direitos e deveres do titular e dos não titulares, que deverão respeitar os direitos do titular.

As relações jurídicas podem ocorrer também na esfera do Direito Público, como, por exemplo, as relações tributárias entre o Estado arrecadador e os contribuintes. São relações creditícias, mas de Direito Público.

As relações jurídicas, sejam elas de Direito Público ou Privado, de natureza patrimonial, existencial ou mista, podem ser relativas ou absolutas. Nas relações jurídicas relativas, os sujeitos são pessoas certas. Assim, as relações contratuais e de família, em geral. Nas relações absolutas, os sujeitos passivos são pessoas indeterminadas, que denominamos acima de não titulares; são a coletividade como um todo. Exemplos de relações absolutas são as relações reais (de propriedade, por exemplo), as relações cujo objeto seja um elemento da personalidade, dentre outras.

Enfim, existe uma infinidade de relações jurídicas permeando todo o ordenamento jurídico. O importante é entendermos sua estrutura básica, elo entre pessoas em torno de um objeto, para que as identifiquemos e resolvamos os problemas que possam ocorrer em torno delas.

Entendido o que seja relação jurídica, passemos ao estudo de como nasce e se extingue.

7.5.3 Nascimento e extinção das relações jurídicas: prescrição e decadência

As relações jurídicas nascem a partir dos fatos e atos jurídicos. Isso é muito simples de entender. Uma relação creditícia, ou seja, uma relação entre credor e devedor, pode nascer de um contrato, que é um ato jurídico, mais especificamente um negócio jurídico. Poderá também nascer de um ato ilícito, como uma batida de carros, cujo culpado deverá indenizar a vítima, seu credor. Poderá ainda nascer do casamento, que é um ato jurídico, ou do nascimento (pais e filhos), que é um fato natural e jurídico.

Bem, o nascimento das relações jurídicas é bem simples de entender. Mas e a extinção? Como se daria?

Quando se fala em extinção das relações jurídicas, está se enfocando a destruição, o fim de relação jurídica, que cessa, antes mesmo de produzir efeitos ou com a produção normal de seus efeitos.[156]

A extinção pode se dar em razão do sujeito, do objeto ou do vínculo jurídico que os liga.

Dá-se a extinção subjetiva quando o titular do direito não o puder mais exercer. Exemplos são a morte, a renúncia e a incapacidade superveniente.

---

156 PEREIRA, Caio Mário da Silva. **Instituições de direito civil**... cit., 18. ed., v. I, p. 323.

Pela morte, a pessoa deixa de ser titular da relação. Esta pode até continuar na pessoa de seus herdeiros, mas já não será mais a mesma.

Renúncia é abdicação que o titular faz de seu direito sem transferi-lo a quem quer que seja. Quando uma pessoa abre mão de sua herança, está renunciando ao direito de dono que tinha sobre ela.

Incapacidade superveniente ocorre quando o sujeito, capaz no início da relação, torna-se incapaz, no seu transcorrer, por exemplo, devido a alguma doença mental incapacitante (ex.: síndrome de Alzheimer avançada).

Pode ainda ocorrer extinção subjetiva pela vontade dos sujeitos de pôr fim à relação jurídica.

A extinção objetiva decorre ou bem do perecimento do objeto sobre o qual versa o direito, como na hipótese da morte do animal ou da queda da coisa no fundo do mar, ou bem por se tornar o objeto ilícito, como no caso de lei seca, durante a qual o comércio de bebidas se torna ilícito.

Se o objeto perecer por culpa de uma das partes, sobreviverá a indenização que a parte culpada deverá promover em favor da outra.

A extinção pode ocorrer pelo cumprimento do objeto da relação, como a entrega da coisa devida. Neste caso, teremos a extinção, por ter a relação cumprido seu objetivo.

Quanto ao vínculo jurídico, consiste no elo entre as partes de relação jurídica. Esse elo pode se quebrar, desfazendo-se, assim, a relação como um todo.

O vínculo jurídico pode se partir pelo decurso do prazo, sempre que a relação for constituída para durar certo tempo; pelo implemento da condição resolutiva; pela prescrição ou pela decadência.

É fácil entender que se uma relação jurídica foi constituída para durar certo tempo, escoado o prazo, ela se extingue. É só imaginar um contrato de locação ou de consórcio.

A mesma coisa no que diz respeito ao implemento da condição resolutiva. Se empresto minha casa a João, enquanto estiver casado com Maria, estarei subordinando o empréstimo ao casamento. Uma vez que este se desfaça, desfeita estará a relação de empréstimo entre mim e João.

Quanto à prescrição e à decadência, o estudo deve ser um pouco mais alongado.

Diferenciar prescrição e decadência é tarefa árdua. O Código Civil de 1916, quando tratava dos prazos prescricionais e decadenciais (arts. 177 e ss.), chamava-os todos de prescricionais, embora houvesse dentre eles vários prazos decadenciais. É que se referia à prescrição em sentido amplo, englobando a ideia de prescrição em sentido estrito e de decadência. O Código Civil de 2002, pretendendo dar tratamento mais adequado à questão, procura separar os casos de prescrição e de decadência. Mas as dificuldades continuam, até porque existem inúmeros casos, previstos em legislação especial, em que não se percebe claramente tratar-se de prescrição ou de decadência.

Antes de entrarmos na diferenciação propriamente dita, será necessário estabelecermos alguns conceitos básicos. O primeiro deles é o que diz respeito à classificação dos direitos subjetivos.

Segundo o jurista italiano Chiovenda,[157] classificam-se os direitos subjetivos em dois grandes grupos: direitos a uma prestação e direitos potestativos.

Haverá direito a uma prestação quando seu titular puder exigir da outra parte uma prestação, seja de dar, fazer ou não fazer. Em outras palavras, se tiver um direito junto a uma pessoa, por exemplo, de receber um crédito, ou referente a uma coisa, como gozar pacificamente a posse de um imóvel, e alguém atentar contra esse direito, poderei reclamar judicialmente que não o faça. Dessa forma, se tiver um crédito a receber, e o devedor atentar contra meu direito, não realizando o pagamento, poderei acioná-lo judicialmente, a fim de que o faça. Obrigá-lo-ei, por via judicial, a dar algo, ou seja, entregar o dinheiro que me devia.

No outro caso, se tiver o direito de usufruir pacificamente de minhas terras, e alguém ameaçar invadi-las, posso forçar essa pessoa a não o fazer, acionando-a judicialmente. Deverá, pois, realizar uma prestação de não fazer.

Último exemplo seria o do editor que encomende um livro a um autor, não o recebendo no prazo estipulado. Poderá acionar o autor para que escreva o livro ou pague pelos prejuízos, isto é, poderá forçá-lo a uma prestação de fazer – escrever o livro – ou de dar – pagar pelos prejuízos.

Os direitos a uma prestação são sempre protegidos por uma ação, que será proposta por seu titular, quando os vir ameaçados. Assim, para o direito de receber ameaçado, há a ação de cobrança; para o direito de recuperar a posse do imóvel invadido, há a ação de reintegração de posse e assim por diante.

Todas essas ações, de cobrança, de reintegração de posse etc., recebem o nome genérico de ações condenatórias, exatamente porque, no final, o juiz condenará a outra parte a dar, fazer ou não fazer alguma coisa. Dessarte, na ação de cobrança, o devedor será condenado a pagar a dívida; na reintegração de posse, o invasor será condenado a se retirar etc.

Além disso, correspondendo ao direito do credor a uma prestação, seja ela positiva ou negativa, haverá, da parte do devedor, a responsabilidade de realizar a prestação. Responsabilidade, com veremos ao final deste Capítulo, consiste, pela ótica do devedor, em responder pelo inadimplemento, sujeitando-se patrimonialmente ao credor, que, como vimos, poderá intentar ação condenatória contra o devedor, que desrespeitar seu direito. Pela ótica do credor, a responsabilidade consiste num direito contra o devedor, que surge

---

[157] CHIOVENDA, Giuseppe. **Istituzioni di diritto processuale civile**. 2. ed. Napoli: Dott. Eugenio Jovene, 1935. p. 9 *et seq.*

no instante em que o direito é violado, ou seja, no instante em que o devedor não realize a prestação devida ao credor.

A outra classe de direitos subjetivos são os direitos potestativos. Haverá direito potestativo quando o titular exercer um direito em sua esfera de poder, sem exigir de outra pessoa nenhuma prestação. O titular exerce seu direito, independentemente de qualquer atitude da outra parte. Exemplos seriam o direito do mandante de revogar a procuração outorgada, o direito do cônjuge de se divorciar etc. Em ambos os casos, nada se está exigindo da outra parte: nem que dê, nem que faça, nem que não faça algo. O que ocorre é a modificação de uma situação jurídica: onde havia mandato, não mais haverá; onde havia casamento, não mais haverá.

Os direitos potestativos podem ser exercidos judicialmente ou extrajudicialmente, dependendo do caso. Na hipótese da procuração, não é necessária a propositura de ação. Pode-se revogá-la, até mesmo verbalmente. O exercício do direito será, então, extrajudicial. Já para o divórcio, a situação é outra; o direito ao divórcio poderá ser exercido judicialmente ou extrajudicialmente. Se houver disputas, ou houver menores, o divórcio será necessariamente judicial.

As ações pelas quais se exercem direitos potestativos denominam-se ações constitutivas, porque visam constituir nova situação jurídica. A ação de divórcio, por exemplo, objetiva pôr fim ao casamento, constituindo nova situação jurídica para os cônjuges.

Resumindo, os direitos a uma prestação são protegidos pelas ações condenatórias e os direitos potestativos podem ou não ser exercidos por ações constitutivas, dependendo do caso.

A par das ações condenatórias e das ações constitutivas, existe um terceiro grupo de ações, denominadas *genericamente declaratórias*. As ações declaratórias não têm por objetivo nem o de condenar alguém a dar, fazer ou não fazer algo, nem o de constituir situação jurídica nova. Seu único objetivo é o de obter do juiz declaração de que exista ou inexista direito ou situação jurídica. Se duas pessoas se casam, apesar da negativa expressa de uma delas, o casamento é considerado inexistente. Mas para provar sua inexistência, qualquer um dos dois poderá propor ação declaratória, a fim de que o juiz declare a inexistência do casamento. Vejam que o juiz não põe fim ao casamento, como na ação de divórcio ou de anulação, apenas reconhece o que já é fato, ou seja, que o casamento nunca existiu.

Nas ações constitutivas, chama-se *constitutiva* a sentença prolatada pelo juiz. O mesmo em relação à sentença pronunciada nas ações condenatórias e declaratórias, que se denominará sentença condenatória e declaratória, respectivamente.

Por fim, cabe acrescentar que as ações condenatórias, constitutivas e declaratórias podem se misturar num único processo. Assim, a esposa que pede divórcio e alimentos mistura ação constitutiva – a de divórcio – com condenatória – a de alimentos. Na ação do consumidor que pede a resolução do contrato por defeito do produto e a restituição do dinheiro, a sentença será constitutiva, porque resolverá o contrato, modificando uma situação jurídica, e condenatória, pois mandará que se restitua o dinheiro. Será também declaratória, porque, num primeiro momento, reconhecerá a existência do defeito do produto.

Voltemos agora à prescrição e à decadência.

Das várias tentativas de se definir *prescrição*, a que, tradicionalmente, é a mais aceita, por ser a mais lógica, atribui-se a Agnelo Amorim Filho.[158] Segundo ele, haverá prescrição quando se der a perda do direito de ação pela inércia de seu titular, que deixa expirar o prazo fixado em lei, sem exercê-lo. Por exemplo, a ação do advogado para cobrar os honorários devidos pelo cliente que se recuse a pagar prescreve em cinco anos. Isso quer dizer que, passados cinco anos, o advogado não mais poderá intentar contra o cliente a dita ação de cobrança. O direito a esta ação estará prescrito.

Haverá decadência quando se der a perda do próprio direito subjetivo material pela inércia de seu titular, que o não exerce no prazo fixado em lei. Por exemplo, a pessoa decai do direito de alterar o nome em um ano, após a maioridade, segundo o art. 56 da Lei de Registros Públicos.

Pergunta-se: como diferenciar prazo prescricional de decadencial quando depararmos com um no Código Civil?

Com base na diferença entre direitos a uma prestação, direitos potestativos, e entre ações condenatórias, constitutivas e declaratórias, fica muito fácil.

Segundo Agnelo Amorim Filho, a prescrição é a perda do direito de ação. Ora, o direito de ação só nasce quando o direito material é violado. Só posso acionar meu devedor quando este violar meu direito de receber, ou seja, quando se recusar a pagar. Acontece que um direito, para ser passível de violação, será necessariamente direito a uma prestação. Se não posso exigir da outra parte que me dê, faça ou não faça alguma coisa, como poderá meu direito ser violado? Como o direito ao divórcio poderá ser violado? Como poderá ser violado o direito do pai de contestar a legitimidade do filho de sua esposa? Evidentemente, nenhum dos dois poderá ser violado. Poderão, sim, ser ou não exercidos. Já o direito do credor de receber pode ser violado, bastando que o devedor não lhe pague. O direito de gozar pacificamente da posse de alguma coisa também poderá ser violado, por exemplo, por um invasor. O direito da editora de receber uma obra encomendada poderá ser violado, sendo suficiente que o autor não escreva ou não entregue sua obra. Nesses três casos, tanto o credor quanto o possuidor ou o editor podem exigir da outra parte uma prestação, isto é, que dê ou faça algo.

---

[158] AMORIM FILHO, Agnelo. Critério científico para distinguir a prescrição da decadência e para identificar as ações imprescritíveis. **Revista de Direito Processual Civil**. São Paulo, v. 3, p. 95-132, 1961.

A conclusão é óbvia: só se pode falar em prescrição quando se tratar de direitos a uma prestação, acrescendo-se, na esteira de Agnelo Amorim Filho, que não é o direito em si que prescreve, mas a ação que o protege. Não é, pois, o direito do credor de receber seu crédito que prescreve, mas a ação de cobrança que protege esse direito. Tanto é assim que se depois do transcurso do prazo prescricional o devedor resolver pagar espontaneamente, o pagamento será válido, não podendo ser repetido.[159] Assim, somente as ações condenatórias estão sujeitas a prazos prescricionais. O Código Civil, no art. 205, fixa um prazo geral, dizendo que, na falta de prazo especial, as ações prescrevem em 10 anos. Além do prazo geral, existem prazos especiais. O prazo para executar um cheque sem fundos, por exemplo, é de seis meses a contar do momento em que deveria ter sido apresentado ao banco. Trata-se de prazo especial, criado pela Lei do Cheque. O próprio Código Civil, no art. 206, também estabelece uma infinidade de prazos especiais, dizendo, por exemplo, que ocorre em 3 anos a prescrição referente ao ressarcimento de enriquecimento sem causa.

Decadência é, como dito acima, a perda do próprio direito pelo seu não exercício no prazo fixado em lei. Mas perda de que direito? Dos direitos potestativos, evidentemente. Para provar que a decadência atinge o próprio direito, e não só a ação, temos que alguns direitos potestativos nem necessitam de ação para seu exercício e, ainda assim, sujeitam-se a decadência. É o caso da mudança do prenome após a idade de 18 anos. A pessoa terá o direito de mudar seu prenome, bastando comparecer ao cartório e requerer. Decai, porém, desse direito em um ano, a partir da maioridade. Aqui, não é necessária qualquer ação judicial para se realizar a mudança, a não ser, é lógico, que o cartório se recuse a processá-la. Por outro lado, há direitos potestativos que só se exercem mediante ação e não se sujeitam a decadência, como o direito ao divórcio, à mudança de nome após os 19 anos, à investigação de paternidade etc.

Concluindo, temos que os direitos potestativos podem ou não estar sujeitos a decadência, diferentemente dos direitos a uma prestação, cuja ação sempre se sujeitará a prescrição.

Não obstante a lógica aparente da bela teoria de Agnelo Amorim Filho, nela existe uma enorme brecha, pelo menos no que diz respeito à prescrição. A brecha consiste em que ninguém jamais perde seu direito de propor ação condenatória. Acionar é direito constitucionalmente garantido, e ninguém o perde, por mais que passe o tempo. Tanto isso é verdade que, se o credor de uma dívida de $ 100,00 acionar o devedor, e este não suscitar a prescrição, mas ao contrário, deixar a ação chegar a bom termo, o resultado será favorável ao credor, que terá seu crédito adimplido.

---

[159] *Repetir* é "pedir de volta".

Segundo tese advogada pela processualística moderna, vitoriosa no Brasil e adotada pelo Código de Processo Civil e pela Constituição, o direito de ação é direito subjetivo público, autônomo e abstrato. Isto equivale a dizer que o direito de ação é o direito a um pronunciamento judicial, seja favorável ou não. É suficiente que o autor da ação alegue um direito hipotético, que, em tese, mereça proteção, para que o Poder Judiciário fique obrigado a se pronunciar, seja concedendo ou negando o direito.[160] Esta é a tese adotada pelo art. 17 do CPC, ao estabelecer que para acionar, basta que o autor tenha interesse e legitimidade. Subentendido está, pela própria sistemática do Código que este interesse e legitimidade são hipotéticos e não concretos. A prescrição, portanto, não pode atingir o direito de ação. A mesma linha segue o inc. XXXV do art. 5º da CF, segundo o qual "a lei não excluirá da apreciação do Poder Judiciário lesão ou ameaça a direito". Aplicando-se o dispositivo constitucional ao nosso problema, teríamos que o Código Civil, ao estabelecer a prescrição, não pode, enquanto lei, impedir que o titular do direito a uma prestação recorra ao Judiciário, não obstante a prescrição. A Constituição, assim como o Código de Processo Civil, adota, pois, a teoria abstrata da ação.

Se sabemos, na atualidade, que o direito de ação é autônomo e não se perde, por que a insistência em afirmar que a prescrição o atinge? Talvez a razão seja a inércia histórica. Para os romanos não havia direitos subjetivos, mas ações. Jamais diriam eles que Agídio tinha um direito contra Negídio (*Agidio est ius erga Negidium*); diriam sim, que Agídio tinha ação contra Negídio (*Agidio actio est contra Negidium*). Esta ideia passou, posto que subliminarmente, para o Direito moderno, influenciando a concepção atualmente errônea de prescrição, como sendo a perda do direito de ação.

Por que *atualmente* errônea? Porque, no passado, via-se o Direito Processual como um ramo não autônomo e independente do Direito, negando, portanto, o direito de ação desvinculado do direito material. Para esta teoria, o direito de ação somente existiria se o direito material afirmado pelo autor fosse efetivamente procedente, não apenas aparentemente. É a denominada *teoria concretista*, oposta à abstrata. Não poderia ter prosperado tal pensamento concretista, pois, se fosse aplicado, não haveria como explicar as hipóteses de improcedência do pedido. É dizer, se a ação for julgada improcedente, qual terá sido o direito exercido pelo autor ao acionar o Poder Judiciário? Nesse contexto de amadurecimento das doutrinas processuais, foi necessária uma alteração legislativa civil, que afastasse do ordenamento qualquer incompatibilidade entre a teoria de Direito Processual adotada e o manuseio dos direitos materiais. Exemplo disso foi o art. 189 do CC, oportunidade em que se desvinculou a prescrição da ação,

---

160 NUNES, Elpídio Donizetti. **Curso didático de direito processual civil**. 2. ed. Belo Horizonte: Del Rey, 1999. p. 38.

para vinculá-la à pretensão. O art. 75 do CC/1916 dispunha que "a todo o direito corresponde uma ação, que o assegura". Note-se, neste artigo, sem correspondente no Código atual, uma nítida vinculação do direito de ação à existência do direito material, o que definitivamente não corresponde ao Código de Processo Civil de 2015, muito menos à Constituição de 1988.

Sendo assim, não merece acolhida a tese de Agnelo Amorim Filho, no que diz respeito à prescrição.

Aliás, o próprio Agnelo Amorim Filho, no mesmo trabalho, reconhece a possibilidade de ser inadequada a incidência da prescrição sobre a ação ou a pretensão, em face da autonomia do Direito Processual:

> convém acentuar que quando se diz que o termo inicial do prazo prescricional é o nascimento da ação, utiliza-se aí a palavra "ação" no sentido de "pretensão", isso é, no mesmo sentido de que ela é usada nas expressões "ação real" e "ação pessoal", pois, a rigor, a prescrição não começa com a ação e sim com a pretensão; está diretamente ligada a essa, e só indiretamente àquela.[161]

Mais adiante, acrescenta:

> Nas considerações feitas, e nas que se seguem, deve ficar ressalvado o ponto de vista daqueles que, *abraçando a doutrina mais moderna – e talvez mais acertada –* veem no direito de ação, rigorosamente, um direito de tal modo autônomo e abstrato, que preexiste à relação de direito substancial. Para esses, não há como falar em nascimento da ação, do mesmo modo que não se pode falar em carência de ação. *Para eles, a recusa do sujeito passivo em satisfazer a pretensão não determina o nascimento da ação, pois essa já existia.* Tal recusa apenas representa uma das condições para o exercício da ação.[162]

Mas, se a prescrição não atinge o direito do credor à prestação, nem o direito de propor a respectiva ação condenatória, o que atingiria?

O Código Civil de 2002, na tentativa de dar uma resposta mais moderna à questão, vincula a prescrição à pretensão. A prescrição seria, assim, a extinção, pelo decurso do prazo legal, da pretensão surgida da violação de um direito a uma prestação. A prescrição fica, portanto, desvinculada da ação, atingindo a pretensão. Segundo o art. 189, violado o direito (a uma prestação, por óbvio), nasce a pretensão, que se extingue pelo decurso do prazo.

A pergunta que permanece é: a resposta do Código Civil seria a mais adequada?

A meu ver, não. O legislador de 2002 manteve-se, assim como o de 1916, afiliado à teoria concretista da ação. Entendeu pretensão como um direito, um poder do credor, oriundo da violação de seu direito.

---

161 AMORIM FILHO, Agnelo. Op. cit., p. 121.
162 Idem, p. 126, grifo nosso.

Bernhard Windscheid, figura principal da elaboração do Código Civil Alemão (BGB), no século XIX, foi o primeiro a definir a pretensão (Anspruch). Segundo o parágrafo 194 (1), do BGB, a pretensão é "o direito de exigir de outrem uma ação ou omissão". À palavra direito, contida no aludido dispositivo legal, atribuía-se o sentido de poder. Esta definição acabou sendo repetida maciçamente ao redor do mundo, apesar de seus opositores, ficando consagrada no meio jurídico esta conotação de direito material ao termo direito e, consequentemente, à pretensão. Para se ter uma ideia irrefutável do caráter material que foi dado ao conceito de pretensão, diversos doutrinadores referiam-se a ela como sinônimo do próprio direito subjetivo. Então, firmou-se que pretensão seria direito, e direito seria poder.

Por outro lado, e apesar dessa antiga tendência em conferir à pretensão a natureza jurídica de direito material, a corrente opositora, liderada por Carnelutti, emprestou um tom mais flexível ao termo, desta vez de natureza processual, classificando-o como um ato jurídico, uma declaração de vontade, no sentido de uma aspiração, a qual poderia ser fundada ou infundada. Inevitável concluir que, adotando-se a definição carneluttiana, se a pretensão pode ser fundada ou infundada, ela não será um poder, no máximo um anseio do autor.

Carnelutti criou seu conceito de pretensão como sendo a exigência da subordinação do interesse alheio ao próprio. Em todo processo o objeto é a pretensão deduzida pelo autor (no caso, o credor da prestação inadimplida) perante o juiz. Evidentemente, o autor deseja a satisfação de seu crédito inadimplido. Essa pretensão, como aspiração ou desejo, vem acompanhada do pedido dirigido ao juiz, para que condene o réu a cumprir a prestação. Evidentemente, o juiz pode concluir que a razão esteja com o réu. De todo modo, emitirá uma decisão. É a essa decisão que têm direito tanto o autor, quanto o réu, independentemente de quem tenha razão. Se a pretensão é direito, é direito a uma decisão, mesmo que desfavorável.[163]

Temos, pois, duas definições para pretensão: a alemã e a italiana. Para a alemã, pretensão é o direito/poder de exigir o adimplemento da prestação violada; para a italiana, é a aspiração a que o interesse do devedor (réu) se subordine ao interesse do credor (autor). Na definição alemã, o autor (credor), titular da pretensão, tem o poder concreto de exigir o adimplemento de seu direito; na versão italiana, o autor (credor), titular da pretensão, aspira a que seu direito seja eventualmente reconhecido pelo Judiciário, e adimplido pelo réu (devedor).

O art. 189 do nosso Código Civil adotou claramente a definição alemã, fincando, aqui também, raízes no século XIX, quando veio a lume o Código Civil Alemão. Nessa época, como dito, ao Direito Processual não se outorgava a autonomia e a independência dos dias atuais. A teoria da ação, até então empregada

---

[163] GRINOVER, Ada Pellegrini; DINAMARCO, Cândido Rangel; CINTRA, Antônio Carlos de Araújo. **Teoria geral do processo**. São Paulo: Malheiros, 2000. p. 300.

no Direito, era a concretista. Com a adesão à teoria abstracionista do direito de agir, tanto pela Constituição da República, quanto pelo Código de Processo Civil, é razoável que os conceitos do Direito Civil sejam revistos. Tanto é assim, que foi exatamente nessa tentativa de ajuste dos dois ramos do Direito (o Civil e o Processual Civil) que o novo Código absteve-se de se referir à prescrição da ação, passando a referir-se à prescrição da pretensão. Apesar disso, o que expulsa pela porta, deixa entrar pela janela, ou seja, expulsa a ideia de a prescrição ser a perda do direito de ação, mas introduz a ideia de que a prescrição seja a extinção da pretensão, pretensão definida aos moldes do Direito Alemão oitocentista, como o poder de submeter o devedor inadimplente.

Nos dizeres de Barbosa Moreira:

> Na parte inicial do art. 189, diz-se que, "violado o direito, nasce para o titular a pretensão". No rigor da lógica, não é exato supor que a violação efetiva do direito (a uma prestação) constitua pressuposto necessário do nascimento da pretensão. Se esta consiste na exigência de que alguém realize a prestação, duas hipóteses, na verdade, são concebíveis: uma é a de que aquele que exige realmente faça *jus* à prestação, mas há outra: a de que se esteja exigindo sem razão – ou porque o direito inexista, ou porque não haja sofrido violação, ou ainda porque a prestação, por tal ou qual motivo, não seja exigível. *Afinal de contas, há pretensões fundadas e pretensões infundadas.*[164]

Ora, se há pretensões infundadas, as quais terão o provimento negado pelo Judiciário, não poderão ser tidas como poder. É que, mesmo diante de um provimento jurisdicional contrário aos interesses do autor (improcedência do pedido), sua pretensão (aspiração, anseio) continuará existindo. Explica-se: tendo em vista que o pedido contido na ação (pretensão) possa ser julgado procedente ou improcedente, a pretensão não pode ser definida como um *poder*, mas será tão somente uma aspiração, um *anseio* do autor. Havendo pretensão infundada, para a qual o Judiciário negará provimento, a pretensão não pode ser um *direito de exigir*, mas será somente uma *aspiração* do autor, passível de ser acatada pelo Estado-juiz ou refutada.

Neste contexto, surgem inconformismos com a redação dada ao art. 189 do CC, segundo o qual: "Violado o direito, nasce para o titular a pretensão, a qual se extingue, pela prescrição, nos prazos a que aludem os arts. 205 e 206". Ora, não é apenas quando o direito seja violado que nasce para o credor a pretensão. A pretensão poderá nascer independentemente de ter ocorrido ou não a violação do direito, pois a pretensão do autor é autônoma em relação ao direito que ele afirma ter. Afinal, sua pretensão poderá ser infundada. E sendo a pretensão autônoma

---

164 BARBOSA MOREIRA, José Carlos. O novo Código Civil e o direito processual. **Revista Forense**. Rio de Janeiro, v. 364, p. 181-193. 2002, p. 181-193. Grifo nosso.

em relação ao direito afirmado, a prescrição – instituto de direito material que é – não terá o condão de fulminá-la, mas, no máximo, torná-la ineficaz. Diante disso, o único *poder* que o autor tem é o direito de ação (e não a pretensão), por ser abstrato, independente e autônomo em relação ao direito material afirmado.

Daí a afirmação de Barbosa Moreira:

> Caso se configure realmente a prescrição alegada pelo réu, o órgão judicial julgará improcedente o pedido, *mas não porque o autor já nada pretenda, e sim porque o réu, ao alegar a prescrição, tolheu eficácia à pretensão manifestada*. Se a pretensão na verdade se houvesse "extinguido", jamais seria razoável, omisso que permanecesse o réu, a desconsideração desse fato pelo juiz, com a eventual emissão de sentença favorável ao autor.[165]

Para o Código Civil, adepto da teoria concretista alemã, só mereceria o nome de pretensão aquela pretensão fundada, aquela que se baseasse num genuíno poder de exigir.

O que se pretende afirmar com isso é que, apesar da insistência do Código Civil de 2002 em manter a antiga definição alemã da pretensão, enquanto poder, esta definição está defasada em face do Direito Processual contemporâneo, para o qual o direito de ação é autônomo e independente do direito material afirmado, podendo haver, por isso, ajuizamento de ações com base em pedidos que serão julgados improcedentes, pois há pretensões fundadas e pretensões infundadas. O fato de uma pretensão ser infundada, não retira do autor o exercício do direito de ação (CF/1988, art. 5º, XXXV), mas também não se pode afirmar que sua pretensão seja um poder, afinal, o provimento jurisdicional poderá ser denegatório do direito material pleiteado.

Resumindo, tanto o Código de Processo Civil de 1973, quanto o de 2015, bem como a Constituição de 1988 adotaram a vertente italiana de pretensão. O Código Civil, na contramão, ateve-se à antiga corrente alemã.

Bem, mas a dúvida permanece: se a prescrição não é a perda do direito de ação, tampouco a extinção da pretensão, em que consistiria?

A resposta, para mim, parece óbvia: é a extinção da responsabilidade. Com o decurso do prazo, o devedor passa a não mais responder pela dívida; passa a não mais responder pelo inadimplemento do direito do credor à prestação. Assim, se o devedor for acionado, poderá, se quiser, valer-se da prescrição (extinção de sua responsabilidade) para se defender, não adimplindo, pois, o direito do credor.

Para nós, deve-se mudar a perspectiva pela qual é vista a prescrição, passando-se a enfocá-la sob a ótica do réu (devedor), não do autor (credor), como faz o Código Civil. Afinal, a prescrição é um instrumento a ser utilizado por aquele,

---

165 BARBOSA MOREIRA, José Carlos. **O novo Código Civil e o direito processual...** cit., p. 181-193, grifo nosso.

não por este. O raciocínio é bastante simples e parte da ideia, já explanada, de que só se pode falar em prescrição diante do inadimplemento de um direito a uma prestação. Esta ideia, aliás, esposa o Código Civil, que menciona violação de direito, no art. 189. Ora, não nos esqueçamos da lição ainda válida de Agnelo Amorim Filho, de que só os direitos a uma prestação podem ser violados. Como? Pelo inadimplemento da prestação.

Para entendermos melhor como a prescrição tem a ver com o inadimplemento de um direito a uma prestação, é necessário analisarmos a teoria dualista das obrigações, desenvolvida, na Alemanha, por Brinz. As obrigações são constituídas por dois elementos: (a) o débito (*Schuld*), dever jurídico que um dos sujeitos (devedor) de uma relação creditícia ou real tem, de realizar uma prestação em decorrência de uma obrigação, e (b) a responsabilidade (*Haftung*), imputação ao sujeito passivo da obrigação, de cumprir efetivamente a prestação ou responder pelo descumprimento da obrigação, com a garantia constituída por seu patrimônio.

Os dois elementos surgem em momentos distintos: o débito origina-se com a formação da obrigação, ao passo que a responsabilidade se origina, posteriormente, na hipótese de seu descumprimento, razão pela qual se entende que a responsabilidade seja eventual, não necessária na obrigação.

Falaremos mais desse tema no próximo Capítulo, embora seja necessária a antecipação de algumas ideias.

Continuando, diz-se que a responsabilidade surge com o inadimplemento da obrigação, fato que concede ao credor o poder de exigir seu crédito, isto é, a pretensão (levando-se em consideração sua definição germânica, tal como adotada no art. 189 do CC), a qual se *extinguirá* pela prescrição.

Parte-se do princípio de que as obrigações se cumprem espontaneamente, por força de um imperativo ético. O credor tem, na relação creditícia, a expectativa de obter do devedor a prestação. Se o devedor não a realiza, surge para o credor o poder de agredir-lhe o patrimônio. Quando isso ocorre, desfaz-se a relação de puro débito e tem lugar a relação de responsabilidade. O patrimônio do devedor cumpre a função de garantia.

A finalidade da obrigação é a realização da prestação. Não sendo esta satisfeita, segue-se a submissão do patrimônio do devedor ao poder coativo do credor, nascendo a responsabilidade.

Pacchioni, em defesa dos dualistas, desdobra débito e responsabilidade, procurando entender cada um desses vínculos sob a ótica do devedor e sob a ótica do credor. Se analisarmos o débito com as lentes do devedor, veremos um dever moral; já com as lentes do credor, haverá mera expectativa.

Na responsabilidade, por seu lado, se analisada com os olhos do devedor, haverá verdadeira subordinação patrimonial; com os olhos do credor, veremos o direito ou o poder de exigir o pagamento, mediante ação judicial, em outras palavras, seguindo a linha do Código Civil, veremos a pretensão, entendida como poder, em vez de mera aspiração a um provimento jurisdicional favorável.[166] É que Pacchioni escreveu sua obra no início do século XX, ainda sob a influência da teoria concretista alemã. Naquela época, como visto, não se entendia a pretensão como mera aspiração do autor a subordinar ao seu o direito do réu.

Na realidade processual, o credor pode exigir o recebimento de seu crédito, mesmo que este crédito não exista, mesmo que seja infundado (lembrando aqui a teoria do direito abstrato de agir), e que, neste caso, terá um provimento negativo do Estado-juiz. Mesmo assim, terá o autor (credor) exercido seu direito autônomo, abstrato e independente de ação, manifestando sua pretensão, também esta autônoma e independente. A pretensão pode ser fundada ou infundada, como visto. Por mais que tentemos adotar a definição germânica da pretensão, vendo-a como um *direito* ou *poder* do credor, a Lei Processual a desqualifica, pois somente a permite existir tal como é posta, se o provimento jurisdicional for favorável ao credor. Vale aqui perguntar: que poder ou direito material o credor exerce, quando o Estado-juiz julga seu pedido improcedente? Nenhum. Mas, por outro lado, terá exercido, sem sombra de dúvida, seu direito de ação, que não é material, mas processual. Desta maneira, afirma-se mais uma vez: em face da atual teoria processual do direito abstrato de agir (adotada pelo Código de Processo Civil e pela Constituição), que permite ao credor ajuizar a ação, mesmo quando houver apenas suposto direito subjetivo, a definição germânica de pretensão cai por terra, pois pressupõe, erroneamente, a *existência* e a *procedência* do direito material afirmado.

Quando, em tempos remotos da ciência processual, afirmava-se que o direito de ação somente poderia ser exercido, quando o autor tivesse a seu favor a procedência do direito afirmado (teoria concretista da ação), a definição alemã de pretensão era defensável. Mas, com a evolução da doutrina processual, faz-se necessário esse ajuste no Direito Civil. E, por esta razão, propomos que a definição de prescrição, em vez de ser a extinção da pretensão, passe a ser a extinção da responsabilidade pelo decurso do prazo legal.

Há razões de peso para afirmarmos que a responsabilidade seja o elemento adequado para ser *extinta* pela prescrição. O réu, e não o autor, terá, de fato, o *poder* de valer-se da prescrição, deixando de cumprir sua obrigação, pois prescrição é matéria de defesa. E, neste caso, pode-se mesmo falar em poder, pois poderá ele inclusive optar por renunciar à alegação da prescrição e pagar ao credor. É o teor do art. 191 do CC: "A renúncia da prescrição pode ser expressa ou tácita, e só valerá, sendo feita, sem prejuízo de terceiro, depois que a prescrição

---

[166] PACCHIONI, G. **Trattato delle obbligazioni.** Torino: Fratelli Bocca, 1927. p. 15 *et seq.*

se consuma; tácita é a renúncia quando se presume de fatos do interessado, incompatíveis com a prescrição".

Na verdade, rigorosamente, renuncia-se não à prescrição, mas ao direito de alegá-la em seu favor. A prescrição, ou seja, a extinção da responsabilidade não é passível de renúncia. Transcorrido o prazo prescricional, a responsabilidade se extingue inexoravelmente. O que o devedor (réu) pode fazer é não alegar esse fato em sua defesa.

Vê-se, portanto, que, quem tem algum poder sobre a prescrição é o devedor, não o credor. Somente ao devedor é dado argui-la e somente o devedor poderá renunciar a alegá-la, cumprindo a obrigação espontaneamente. Ao credor pertence apenas um anseio (pretensão) e um direito autônomo, abstrato e independente, que é o direito de acionar o devedor, mesmo que o juiz venha a julgar improcedente o pedido. É por isso que afirmamos que a atual conceituação dada à pretensão é inadequada: ela desconsidera a possibilidade de o juiz julgar o pedido improcedente.

Se a responsabilidade, vista pela ótica do devedor (réu), consiste na submissão patrimonial ao credor, vista pela ótica do credor (autor), consiste no poder, ou no direito de exigir a prestação. Qualquer que seja o enfoque, é a responsabilidade que se extingue pela prescrição, e extingue-se independentemente de qualquer ato, seja do devedor, seja do credor. Transcorrido o prazo, extingue-se a responsabilidade. Mas e se o devedor quiser pagar? O pagamento não seria válido? E se o devedor, enquanto réu, deixar de alegar a prescrição a seu favor, não poderia ser condenado a pagar? Nestes casos, a responsabilidade não estaria íntegra? Definitivamente, não. O que está íntegro é o débito, é o direito do credor à prestação. Este não se extingue jamais. Por isso, o pagamento de dívida prescrita é válido; por isso, o réu pode não suscitar a prescrição e eventualmente ser forçado a pagar. Não porque a responsabilidade não tenha sido extinta, mas porque o débito, o direito do credor à prestação não o foi. E a pretensão? Bem, a pretensão tampouco se extingue pela prescrição. Mesmo que o réu alegue a prescrição e que o juiz, por isso, rejeite o pedido, mesmo assim, a pretensão continua íntegra. Tanto é assim, que, se o credor desejar intentar a mesma ação novamente, poderá e terá direito a um provimento jurisdicional, ainda que previsivelmente desfavorável. Entenda-se, de uma vez por todas, que, em nosso sistema processual, a pretensão é uma aspiração do autor a que o direito do réu se subordine ao seu próprio direito. É apenas uma aspiração, não uma certeza, não um poder, tampouco um direito. A pretensão, conceito de Direito Processual, jamais se perde. A pretensão do autor persistirá, cabendo ao *devedor* a escolha de adimplir ou não a obrigação. É ao devedor que a prescrição beneficia. Nada mais é do que um meio de defesa do devedor, que poderá, inclusive, a ela renunciar, pagando.

O pagamento realizado, espontaneamente, pelo devedor é válido, porque o direito a uma prestação é eterno. O débito nunca se extingue.

A pretensão não é um poder ou um direito que se possa perder. É uma aspiração, como dizia Carnelutti. Aspirações não morrem, pelo menos não em nossa processualística. Mas e a responsabilidade? Esta já foi extinta há muito pela prescrição. O que o réu faz é meramente opor uma exceção, alegando exatamente a extinção da responsabilidade. E se não o fizer? E se vier a ser obrigado a pagar? Se não o fizer e vier a ser obrigado a pagar, é porque o débito ainda existe, não a responsabilidade. E uma vez que a alegação da prescrição é algo a que se possa renunciar, o pagamento será feito e será válido. Lembremos aqui, mais uma vez, que devemos evitar este engano comum: não é à prescrição que se pode renunciar, mas ao direito de invocá-la.

A prescrição tem início na data do inadimplemento da obrigação (caso se trate de obrigação contratual), ou na data da ocorrência da lesão (caso a obrigação tenha origem extracontratual), que vêm a ser os momentos do nascimento da responsabilidade do devedor. Em ambos os casos, há um direito a uma prestação violado. Assim, tão logo ocorra a violação, surgirá para o devedor a responsabilidade (elemento da obrigação), entendida, pela ótica do devedor, como a submissão patrimonial ao credor; pela ótica deste, como o poder de expropriar o patrimônio do devedor, evidentemente que pela via judicial. Este, então, será o termo inicial para a ocorrência da prescrição. Uma vez decorrido o prazo prescricional, sem manifestação do credor, estará extinta a responsabilidade do devedor. A responsabilidade, como se vê, tem conotação de direito material. Ocorre que, para concretizar esse direito de submeter o patrimônio do devedor, o credor deverá agir, deverá deduzir sua pretensão em juízo. Por que uma mera pretensão, se a responsabilidade pelo inadimplemento já lhe confere um direito? Simplesmente, porque o juiz não sabe disso. O juiz quererá ouvir a versão do réu, enfim, porque, no Direito Processual, nenhum direito será conferido sem o devido processo legal.

Concluindo, a prescrição atinge a responsabilidade. Com o decurso do prazo, o devedor passa a não mais responder pela dívida; passa a não mais responder pelo inadimplemento do direito do credor à prestação. Assim, se o devedor for acionado, poderá, se quiser, valer-se da prescrição para se defender, não adimplindo, pois, o direito do credor.

Ora, a responsabilidade, na ótica do devedor, consiste em ele responder pelo inadimplemento, sujeitando-se patrimonialmente ao credor, que poderá intentar ação condenatória para exigir seu direito violado. Vista pela ótica do credor, a responsabilidade consiste no direito de sujeitar o devedor ao cumprimento da prestação inadimplida. São conceitos de direito material. A pretensão, por outro lado, é processual; jamais se perde. Não é o direito do credor à prestação, mas o direito de exigir que o devedor seja condenado a realizar a prestação. Uma aspiração. O direito a uma prestação é eterno, não se extingue jamais. O que se extingue pela prescrição é a responsabilidade (poder/direito – pela ótica do credor, ou submissão patrimonial – pela ótica do devedor).

A prescrição poderia, *grosso modo*, ser identificada com a faculdade do réu (devedor) de se opor à concretização da pretensão do autor (credor).

Sintetizando, podemos definir prescrição como a extinção, pelo decurso de prazo, da responsabilidade decorrente do inadimplemento de um direito a uma prestação, surgindo para o devedor a faculdade de opor uma exceção à pretensão do credor.

Não obstante tudo isso, por razões práticas, podemos continuar identificando a prescrição com as ações condenatórias que protegem os direitos a uma prestação, cobrando do devedor sua responsabilidade. É só termos em mente que a prescrição atinge, não a ação em si, nem o direito a uma prestação, mas a responsabilidade que surge para o devedor que não realiza o direito do credor à prestação que lhe era devida.

A decadência, por sua vez, atinge o exercício dos direitos potestativos sempre que a Lei determinar. Sendo assim, as ações declaratórias que não visam nem proteger direitos a uma prestação nem ao exercício de direitos potestativos, mas tão somente ao reconhecimento da existência ou inexistência de direito ou de situação jurídica, não se sujeitam nem a prescrição nem, muito menos, a decadência.

Mas e as ações constitutivo-condenatórias? Bem, se num mesmo processo se misturarem ação constitutiva e condenatória, o prazo será decadencial. Esse é o caso da ação do comprador para resolver o contrato, em virtude de defeitos ocultos que a coisa venha a apresentar. A princípio, a ação tem por objetivo modificar uma situação jurídica, ou seja, resolver o contrato de compra e venda, sendo, pois, constitutiva. Num segundo momento, porém, terá caráter condenatório, de vez que o vendedor será condenado a restituir o preço recebido. Dessa forma, os prazos assinalados nos arts. 445 e 446 do CC são de decadência.

As ações declaratórias podem vir imiscuídas a pretensões condenatórias ou constitutivas. Aliás, não estaria errado afirmar que toda ação condenatória e constitutiva é, num primeiro momento, declaratória. Se a ação declaratória contiver pretensão constitutiva, pode haver ou não prazo decadencial a ela relacionado, dependendo de haver ou não previsão legal de prazo para o exercício do direito potestativo. Ao contrário, se a ação declaratória tiver pretensão condenatória, haverá seguramente um prazo prescricional.

Tal é o caso da ação de petição de herança. A ação de petição de herança é, num primeiro momento, declaratória. Em relação a essa pretensão declaratória não há prazo para se a exercer. Mas num segundo momento, a ação ganha caráter condenatório, uma vez que o herdeiro peticionante pedirá a condenação do espólio a lhe entregar seu quinhão hereditário. Em relação a essa pretensão condenatória haverá prescrição. Como dito acima, a prescrição atingirá a responsabilidade do espólio, quanto ao adimplemento da obrigação de entregar o quinhão hereditário. Como não há prazo específico previsto em lei, a prescrição ocorrerá em 10 anos da abertura da sucessão. A partir daí, o espólio não terá mais a responsabilidade pela entrega do quinhão hereditário.

Resumindo tudo o que foi dito, podemos afirmar que:

1] está sujeita à extinção pela prescrição a responsabilidade pelo adimplemento dos direitos a uma prestação, protegidos por ações condenatórias. Somente a responsabilidade se extingue pela prescrição (responsabilidade = poder, pela ótica do credor – submissão patrimonial, pela ótica do devedor);
2] estão sujeitos à decadência os direitos potestativos, com prazo de exercício fixado em lei;
3] também se fala em decadência quando se tratar de ação ao mesmo tempo constitutiva e condenatória;
4] são perpétuos os direitos potestativos, cujo exercício não seja limitado em lei, e as ações apenas declaratórias;
5] quando se utilizam expressões como dívida prescrita, obrigação prescrita, ação prescrita e outras, entenda-se bem que se está referindo à extinção da responsabilidade do devedor pelo inadimplemento do direito a uma prestação;
6] a palavra prescrição pode ser usada em sentido amplo, significando até mesmo decadência ou perda de um direito. É neste sentido que se diz que os direitos de personalidade são imprescritíveis, ou que as ações de estado são imprescritíveis.

Posto isso, podemos afirmar que são prescricionais todos os prazos previstos no art. 206 do CC.

São decadenciais os prazos previstos para outros casos específicos, em regra posicionados na Parte Especial do Código, desde que se refiram a direitos potestativos.

Mas quais as consequências práticas dessa diferença? Em outras palavras, para que diferenciar prescrição e decadência?

São várias; três as mais importantes.

A prescrição pode se interromper ou, então se impedir e se suspender, nos casos que a Lei prevê. A decadência nem se interrompe nem se impede, tampouco se suspende, correndo inexoravelmente, salvo se a Lei dispuser em contrário, ou se a decadência for convencional. Exemplo de suspensão legal da decadência é o do art. 26, parágrafo 2º, I e III, do CDC, que dispõe que obstam a decadência do direito de reclamar por vícios aparentes e de fácil constatação, a reclamação formulada pelo consumidor, até resposta negativa do fornecedor, bem como a instauração de inquérito civil, até seu encerramento. Por outro lado, a decadência só poderá ser convencionada pelas partes, nos casos em que a Lei o permitir, como na retrovenda, na venda a contento e outros. Na retrovenda, o vendedor de um imóvel se reserva o direito de descontratar, num prazo máximo de 3 anos, restituindo ao comprador o preço mais as despesas. Na venda a contento, o vendedor concede ao comprador um prazo para que este exerça o direito de desistir do negócio. Em ambos os casos, haverá decadência convencional.

A interrupção se dá nos casos previstos em lei – arts. 202 a 204 do CC, como o protesto de um cheque, por exemplo, e o tempo anterior a ela é simplesmente desconsiderado. De acordo com o Código Civil, a interrupção da prescrição só pode ocorrer uma única vez, e o prazo recomeça a correr do zero no momento em se der o fato interruptivo, ou no momento em que se findar o processo que deu início à interrupção. Assim, o protesto do cheque anula o tempo já transcorrido anteriormente, ficando a prescrição interrompida, quando da intimação do devedor do título protestado. O prazo volta a correr imediatamente, neste caso. Por outro lado, executado judicialmente o cheque, a prescrição se interrompe no momento da propositura da execução, voltando a correr, quando do último ato processual da execução.

Segundo o Código Civil (art. 202), interrompe-se a prescrição:

a) pelo despacho do juiz, ainda que incompetente, mandando citar o devedor. A interrupção da prescrição, operada pelo despacho que ordena a citação retroagirá à data de propositura da ação. Incumbe ao autor adotar, no prazo de dez dias, as providências necessárias para viabilizar a citação, sob pena de a prescrição não se interromper (§§ 1º e 2º do art. 240, CPC);
b) pelo protesto judicial;
c) pelo protesto cambial, realizado perante o tabelião de protestos;
d) pela apresentação do título da dívida perante o juízo do inventário, da execução ou da falência;
e) por qualquer ato judicial que constitua em mora o devedor, ou seja, que marque o momento a partir do qual, o devedor se considera em atraso de pagamento;
f) por qualquer ato inequívoco do devedor, reconhecendo a dívida.

Segundo o art. 19, parágrafo 2º, da Lei n. 9.307/1996 (Lei de Arbitragem), a instituição de arbitragem também interrompe a prescrição, retroagindo à data do requerimento de sua instauração, ainda que extinta a arbitragem por ausência de jurisdição.

A suspensão, como o próprio nome diz, apenas suspende o prazo, nos casos previstos em lei – arts. 197 a 201 do CC. O tempo já transcorrido anteriormente é computado. Assim, uma viagem ao exterior para representar oficialmente o país é causa de suspensão. Por exemplo: um advogado, após transcorridos dois anos do prazo que tinha para cobrar judicialmente os honorários do cliente inadimplente, empreende viagem oficial ao exterior, lá ficando por sete meses. Durante esse período, a extinção da responsabilidade de seu cliente não corre, ou seja, a prescrição não ocorre. O prazo prescricional só recomeça após o retorno ao Brasil, e, assim mesmo, do ponto em que havia parado.

Também fica suspensa a prescrição:

a] entre cônjuges, na constância do casamento, no tocante às ações que um tenha contra o outro;
b] entre descendentes e ascendentes, durante o exercício do poder familiar;
c] entre tutelados ou curatelados e seus tutores e curadores, enquanto durar a tutela ou curatela;
d] contra os absolutamente incapazes;
e] contra os ausentes do Brasil em missão oficial;
f] contra os servidores militares, em tempo de guerra;
g] pendendo condição suspensiva;
h] não estando vencido o prazo;
i] pendendo ação de evicção, ou seja, ação pela qual uma pessoa perde um bem para outra, como quando é obrigada a restituir ao verdadeiro dono o carro roubado que comprara;
j] antes da sentença definitiva, quando a ação civil se originar de delito que deva ser apurado no juízo criminal.

O impedimento ocorre nos mesmos casos da suspensão. A diferença é que no impedimento, o prazo sequer começou a correr. Fica assim, impedido de ter início. Assim, se o credor estiver no exterior a serviço do país, o prazo impedido só começará a correr (do zero), quando retornar.

A segunda diferença prática entre prescrição e decadência é que, em regra, a prescrição só pode ser alegada por quem tenha interesse em que seja decretada. Somente os que dela se beneficiarem poderão alegá-la. Dessarte, o juiz não poderá decretá-la de ofício, sem ouvir o réu – o devedor. O mesmo já não acontece com a decadência, que pode ser alegada por qualquer pessoa que participe do processo, inclusive pelo próprio juiz, *ex officio*, ou seja, independentemente de qualquer manifestação das partes. Somente tratando-se de decadência convencional é que o juiz não pode suprir a ausência de alegação.

Em fevereiro de 2006, a Lei n. 11.280 alterou a redação do parágrafo 5º do art. 219 do CPC/1973, dispondo que o juiz deveria pronunciar de ofício a prescrição. Ademais, segundo o inc. IV do art. 295 do mesmo CPC, o juiz deveria indeferir a petição inicial se verificasse a prescrição. O Código de Processo Civil de 2015 manteve essa mesma orientação, no parágrafo 1º do art. 332, segundo o qual o juiz deverá julgar liminarmente improcedente o pedido, se verificar a ocorrência de prescrição ou de decadência. Em relação à decadência, não há dúvida: deve mesmo o juiz julgar improcedente o pedido, declarando ter o autor decaído de seu direito. Contudo, em relação à prescrição, como devemos entender o dispositivo?

Numa leitura literal, a compreensão é simples: a prescrição, ou seja, a extinção da responsabilidade do devedor deverá ser decretada de ofício pelo juiz. Nada mais fácil. Ocorre que esta interpretação, pura e simplesmente, se feita ao pé da letra, será inconstitucional.

Em primeiro lugar, a prescrição é de interesse privado. Não é de interesse público, como a decadência, ao contrário do que afirmam alguns. É matéria de defesa do réu, portanto de ordem privada. Tanto isso é verdade, que o art. 191 do CC, que não foi revogado, permite expressamente que se possa renunciar à alegação de prescrição. Ora, se o devedor pode renunciar aos efeitos da prescrição, como poderia o juiz decretá-la de ofício, até mesmo sem ouvir o devedor? A verdade é que não pode. Aceitar o pronunciamento de ofício, *inaudita altera parte*, da prescrição seria atentar contra o princípio constitucional do contraditório e da ampla defesa. Seria ferir gravemente o devido processo legal.

A inconstitucionalidade do Código de Processo já era antiga, aliás. A redação do inc. IV do art. 295 data de 1973. Desde essa época que o entendimento correto era o de que o juiz deveria indeferir a petição inicial somente nos casos de decadência. Nos casos de prescrição, deveria ouvir o réu a quem esta interessa, em última instância. A inconstitucionalidade se manteve no Código de Processo Civil de 2015. O parágrafo 1º do art. 332 do CPC é, pois, parcialmente inconstitucional, pelo menos no que diz respeito à prescrição.

Admitir a eficácia literal do parágrafo 1º do art. 332 do CPC pode levar a absurdos na prática. Suponhamos o seguinte caso: A, devedor da empresa B, realiza normalmente o pagamento devido. A empresa B, por confusão interna, ou seja, por negligência, e após decorrido o prazo de prescrição, move ação de cobrança contra A. O Código Civil é claro: aquele que demandar por dívida já paga, ficará obrigado a pagar ao devedor o dobro do que houver cobrado (art. 940). Dessarte, A terá direito de exigir da empresa B o dobro do que lhe for cobrado. Acontece que, se o juiz pronunciar de ofício a prescrição, sem ouvir o devedor (réu), estará retirando de A qualquer direito de indenização com base no art. 940 do CC. Mais um motivo para não se ler ao pé da letra o parágrafo 1º do art. 332 do CPC.

Aliás, o devedor pode estar desejando pagar, mas pagar o que reputa justo, ou pelo menos o que o juiz arbitrar, e este não poderá se negar a julgar e decretar a prescrição.

Na verdade, a leitura correta só pode ser no sentido de que o juiz deverá decretar a prescrição, somente após ouvir o réu, a quem ela interessa, no final das contas. Aliás, essa é a redação do parágrafo único do art. 487 do CPC, segundo o qual o juiz deverá ouvir o réu antes de reconhecer a prescrição ou a decadência. O problema é que esta norma ressalva a hipótese do parágrafo 1º do art. 332, ou seja, cria certa antinomia no texto da Lei. Afinal, o juiz poderá ou não julgar improcedente o pedido, sem ouvir a outra parte? No meu entendimento, o juiz deverá ouvir a outra parte, e decidir, liminarmente, caso o réu requeira o reconhecimento da prescrição. Em outras palavras, a decisão liminar não será *inaudita altera parte*, pelo menos no que se refere à prescrição, sob pena de atentar contra o contraditório, a ampla defesa e o legítimo direito do devedor (réu) de renunciar à prescrição.

Outro dispositivo do Código de Processo Civil milita contra a interpretação literal do parágrafo 1º do art. 332. Cuida-se do art. 10, de acordo com o qual o juiz não poderá, veja-se bem, *não poderá* decidir em grau algum, mais uma vez ressalte-se, *em grau algum* de jurisdição, com base em fundamento a respeito do qual não se tenha dado às partes oportunidade de se manifestar, ainda que se trate de matéria sobre a qual deva decidir de ofício. Rigorosamente, até mesmo quando julgar improcedente o pedido com base na decadência, o juiz deveria ouvir o réu.

Por todas essas razões, não pode o juiz reconhecer a prescrição de ofício, sem ouvir o devedor (réu), a quem ela interessa, em primeira e em última instância.

Ao contrário, sendo invocada pelo réu, o juiz deverá decretar a prescrição, proferindo, portanto, decisão de mérito.

Finalmente, como já dito, a alegação da prescrição é passível de renúncia, isto é, o devedor da prestação inadimplida pode renunciar ao prazo de prescrição fixado em lei, bastando, para tanto, não a alegar. Ora, se a prescrição atinge a responsabilidade do devedor, é óbvio que poderá ser objeto de renúncia. Afinal, o devedor poderá desejar responder pela dívida.

Sendo inconstitucional a leitura literal do Código de Processo Civil, estaria vigorando o art. 194 do CC, segundo o qual o juiz poderá decretar de ofício a prescrição a favor dos absolutamente incapazes? Ora, esse artigo foi revogado pela Lei n. 11.280/2006, mesma lei que alterou a redação do parágrafo 5º do art. 219 do CPC/1973. Havendo inconstitucionalidade nessa Lei, estaria repristinado o art. 194 do CC?

Na verdade, se inconstitucionalidade há, diz ela respeito ao dever de o juiz decretar de ofício a prescrição, o que seguramente não atinge o art. 11 da Lei n. 11.280/2006, que revogou o art. 194 do CC. Como não há repristinação tácita, a referida norma do Código Civil continua revogada.

A decadência, a seu turno, é irrenunciável, a não ser a convencional.

Para concluir, é importante não confundir a decadência e a prescrição, com outros institutos, como a caducidade, a preclusão e a perempção.

A caducidade é a perda da eficácia de certo direito já concretizado, seja pelo decurso do prazo de duração, seja por outro fato qualquer. Pouco importa que o titular o exerça ou não, findo o prazo ou ocorrido o fato, o direito caduca. É diferente da decadência, em que, nesta, a perda ocorre pela inércia do titular do direito que não o exerce dentro do prazo fixado em lei. Exemplo de caducidade pode-se ver na habilitação para dirigir. O direito é concedido e concretizado, uma vez que a carteira seja expedida. Mas tem validade por certo prazo. Findo este, quer o titular tenha exercido o direito de dirigir ou não, ocorrerá a caducidade e não mais poderá guiar legitimamente. Também caduca o direito de dirigir, caso o titular acumule certo número de pontos negativos por autuações de trânsito. Em ambas as hipóteses, haverá caducidade.

A preclusão, por seu turno, é a perda de certa faculdade processual pelo seu não exercício na ordem procedimental, pelo seu já exercício ou pelo exercício de outro ato que a torne inviável. Vejamos alguns exemplos. Quando o autor de uma ação apresenta um pedido inicial, poderá alterá-lo, até a citação do réu para contestar. Após a citação, o autor não mais poderá alterar o pedido. Seu direito estará precluso. Tal alteração estaria fora da ordem do procedimento. Estará precluso o direito a recorrer, se a apelação já tiver sido interposta. Ora, se a parte já apelou, não poderá fazê-lo novamente, seu direito estará precluso. Poderá estar precluso o direito de recorrer se houver renúncia expressa a ele. Neste caso, a preclusão se deu pela prática de um ato (a renúncia), que tornou inviável a faculdade de apelar. Fala-se também em preclusão, quando ocorre o encerramento do processo ou o impedimento para que ele prossiga ou se inicie. Assim, o fato de o juiz indeferir a petição inicial, por considerá-la inepta, determina a preclusão.[167]

A perempção, por fim, é a perda do direito de praticar um ato processual ou de continuar o processo, pela inércia do titular, no prazo fixado em lei. A perempção, sem dúvida, se parece com a prescrição ou com a decadência, mas ocorre sempre dentro do processo.[168] Ademais, nem sempre importará a perda definitiva do direito, como ocorre na decadência. Assim, a perda do prazo para se apresentar provas importa perempção, com a perda do direito naquele momento. No entanto, esse mesmo direito pode ressurgir em outro momento processual, podendo ser exercido pela parte que antes o perdera.

---

167 DE PLÁCIDO E SILVA, Oscar Joseph. **Vocabulário jurídico**... cit., 27. ed., v. 3, p. 418.
168 Idem, p. 350.

7.6 Função social das relações jurídicas

Função é a finalidade de um instituto, de um modelo jurídico, no caso as relações jurídicas. Todo modelo jurídico compõe-se de estrutura e função. Os sujeitos, objeto e o vínculo jurídico (direitos e deveres) estão na estrutura; a finalidade, o papel a ser cumprido, na função.[169] Por *função social das relações jurídicas* entenda-se a função que os sujeitos devem atribuir ao objeto, ao exercer seus direitos sobre ele. Essa função deve ser, na medida do possível e quando for o caso, útil à coletividade. Segundo Bobbio, o Direito deixou de ser essencialmente repressivo, para se tornar promocional. Nesta ótica, o Estado não se preocupa tanto em sancionar condutas que firam a estrutura do direito, ou condutas que atentem contra os interesses coletivos, mas, antes de tudo, incentiva condutas úteis à coletividade. Para isso, impõe sanções positivas, com o objetivo de estimular uma atividade, consistente numa obrigação de fazer alguma coisa.[170]

Para se falar acerca da função social das relações jurídicas, deve-se compreender, de plano, que, no Estado Democrático de Direito, o epicentro das relações de Direito Privado mudou, deixou de ser o patrimônio, o marido, os pais, para ser a pessoa humana em seu ser, não em seu ter. As relações contratuais, de propriedade, de posse passam a estar funcionalizadas em razão do ser humano. Por outros termos, passam a ser instrumentos de promoção do ser humano. Afinal, para que celebramos contratos, somos donos ou possuidores de algo? É óbvio que é para promover nosso bem-estar, nossa dignidade. Ao promover nossa dignidade, devemos pensar no outro, nosso concidadão, que não pode ser prejudicado, que deve ser também promovido nessas relações. Se tenho uma fazenda, devo cultivá-la, a fim de me promover e à coletividade, com produtos de boa qualidade, a preços justos. Se celebro um contrato de locação, estou promovendo minha dignidade, por meio da moradia. Mas também o locador promove a sua dignidade, recebendo aluguéis, para seu bem-estar. Nisso exatamente consiste a função social das relações contratuais, de propriedade e de posse, na promoção da dignidade humana. Ressalte-se, todavia, que função social não é instrumento de distribuição, nem de extermínio da riqueza "alheia". O direito de acumulação de bens é direito fundamental, por mais que o detestem muitos. O ódio à riqueza alheia é até um direito, desde que não ultrapasse os limites da paz social e da livre e pacífica expressão do pensamento.

---

169 FARIAS, Cristiano Chaves de; ROSENVALD, Nelson. **Direitos reais**. Rio de Janeiro: Lumen Juris, 2006. p. 200.
170 BOBBIO, Roberto. **Dalla struttura alla funzione**: nuovistudi di teoria del diritto. Roma: Laterza, 2007. p. 92.

Nas relações de família, o marido e os pais deixam de ser o epicentro das relações entre cônjuges e entre pais e filhos. O epicentro se torna o ser humano, membro da família, que é instrumento de promoção de sua dignidade. É na família que os indivíduos crescem e se dignificam. É lá que se amparam, que se sustentam. As relações de família desempenham, pois, uma relevante função social, na base mesma da sociedade.

7.7 Responsabilidade civil

7.7.1 Introdução

O tema *responsabilidade civil* deve ser objeto da parte geral do Direito Civil, uma vez que se desdobra em todos os ramos, desde as obrigações até as sucessões. Mesmo para a Parte Geral é importante, como acabamos de estudar no item anterior, em relação à prescrição.

Na presente análise, pretendemos desenvolver uma teoria geral da responsabilidade civil, desfazendo, na medida do possível, alguns equívocos comumente cometidos, como, por exemplo, o de se confundir responsabilidade com indenização.

7.7.2 Definição

Responsabilidade é palavra polissêmica. Possui vários significados. Num primeiro, mais vulgar, é sinônima de diligência. Neste sentido dizemos ser uma pessoa muito responsável, muito cuidadosa.

Juridicamente, o termo *responsabilidade* normalmente está ligado ao fato de respondermos pelos atos que praticamos. Revela, então, um dever, um compromisso, uma sanção, uma imposição decorrente de algum ato ou fato.

Neste contexto, é muito feliz a definição de De Plácido e Silva:[171]

> dever jurídico, em que se coloca a pessoa, seja em virtude de contrato, seja em face de fato ou omissão, que lhe seja imputado, para satisfazer a prestação convencionada ou para suportar as sanções legais, que lhe são impostas.
>
> Onde quer, portanto, que haja obrigação de fazer, dar ou não fazer alguma coisa, de ressarcir danos, de suportar sanções legais ou penalidades, há a responsabilidade, em virtude da qual se exige a satisfação ou o cumprimento da obrigação ou da sanção.

---

171 DE PLÁCIDO E SILVA, Oscar Joseph. **Vocabulário jurídico...** cit., 27. ed., v. 4, p. 125.

No sentido de suportar sanções, responsabilidade pode traduzir a ideia de relação obrigacional secundária, que surge quando a relação de débito não chegue a bom termo, ou seja, quando a obrigação não seja adimplida. Diz-se, portanto, que uma situação obrigacional se desdobra em duas relações, uma de débito, outra de responsabilidade. A segunda surge, quando a primeira não se resolva a contento, isto é, quando o devedor não realize a prestação a que se obrigara. Neste caso, responde patrimonialmente perante o credor, daí se falar em responsabilidade.

É no sentido de satisfazer a prestação convencionada ou no de suportar as sanções legais, que responsabilidade tem a ver com prescrição, que seria a extinção da responsabilidade do devedor, que não mais responderia perante o credor por não ter adimplido a obrigação.

Tendo em vista que não é só na esfera do Direito Civil que respondemos pelos atos que praticamos, que devemos satisfazer prestações ou suportar sanções, pode falar-se em responsabilidade também em outros ramos do Direito. Assim, responsabilidade penal, administrativa, tributária, trabalhista etc. Interessa-nos, é claro, a responsabilidade civil.

7.7.3 Classificação

Dependendo do ângulo que analisemos a responsabilidade, teremos várias espécies que podem ser divididas em categorias distintas, embora não estanques. Vejamos cada uma delas.

7.7.3.1 Responsabilidade por atos ou fatos lícitos

Haverá responsabilidade por atos ou fatos lícitos nos contratos, mas também fora deles. Se duas pessoas celebram um contrato, tornam-se responsáveis por cumprir as obrigações que convencionaram. Mas a esfera da licitude não se resume tão somente aos contratos. Há outros atos lícitos, como a gestão de negócios e a promessa de recompensa. Há fatos lícitos, como a paternidade e outros, todos gerando responsabilidade num sentido positivo, ou seja, no sentido do cumprimento das obrigações decorrentes desses atos ou fatos.

7.7.3.2 Responsabilidade por atos ilícitos

Como já estudamos e ainda estudaremos mais adiante, haverá ato ilícito, sempre que uma pessoa atuar contrariamente ao Direito, seja por ação ou por omissão. Situam-se na esfera do ilícito o inadimplemento contratual; a quebra de uma promessa; a prática de um ato intrinsecamente ilícito, como o homicídio, o furto e o estupro; o abuso de direito. Todos são ilícitos para o Direito Civil e geram responsabilidade.

Praticado, pois, o ilícito, surge para o autor a responsabilidade de sujeitar-se às sanções impostas pela Lei. Essas sanções podem ser as mais variadas, como adimplir a obrigação contratual, pagar multa fixada em cláusula contratual, indenizar danos, conceder à vítima o exercício de direito de resposta (no caso dos jornais, por exemplo), desmentir uma afirmação falsa etc. Fica claro, aqui, que a indenização por danos está longe de ser a única maneira de responder por um ato ilícito.

7.7.3.3 Responsabilidade contratual

Responsabilidade contratual é a que decorre da celebração ou da execução de um contrato. Como vimos, a responsabilidade contratual poderá ser por ato lícito ou ilícito.

Vizinhas da responsabilidade contratual, mas ontologicamente diferentes são as responsabilidades pré-contratual e pós-contratual. Em ambos os casos, não há contrato. Na responsabilidade pré-contratual, o contrato ainda não foi celebrado; as partes encontram-se em fase de negociações preliminares.

A responsabilidade pós-contratual ocorre após a execução do contrato. Mesmo não havendo mais contrato, por já ter sido executado, permanecem deveres para as partes, como os de garantia; daí falar-se em responsabilidade pós-contratual.

A responsabilidade pré-contratual e a pós-contratual não têm a natureza de responsabilidade contratual. No entanto, não se podem dizer absolutamente extracontratual, por estarem ligadas aos contratos. Têm, na verdade, natureza mista, *sui generis*.

A responsabilidade por atos unilaterais de vontade, como a promessa de recompensa é também contratual, por assemelhação, uma vez que os atos unilaterais só geram efeitos e, portanto, responsabilidade, após se bilateralizarem. Se um indivíduo promete pagar uma recompensa a que lhe restituir os documentos perdidos, só será efetivamente responsável, se e quando alguém encontrar e restituir os documentos, ou seja, depois da bilateralização da promessa.

7.7.3.4 Responsabilidade extracontratual

Sem entrar em controvérsias, que abordaremos oportunamente, podemos dizer que a responsabilidade extracontratual decorre de atos praticados fora da esfera contratual, como um acidente de trânsito, um conflito de vizinhança e outros. Decorre também de fatos lícitos, como a paternidade, e decorre, por fim, do abuso de direito e dos atos intrinsecamente ilícitos. Também a responsabilidade extracontratual, como é óbvio, poderá ser por atos ou fatos lícitos ou ilícitos.

Discute-se muito se é necessário distinguir-se a responsabilidade por ilícito contratual da responsabilidade por ilícito extracontratual, a qual chamaremos de responsabilidade aquiliana.

A denominação *responsabilidade aquiliana* tem raízes históricas milenares. Por volta do final do século III a.C., um Tribuno da Plebe de nome Aquilius, dirigiu uma proposta de lei aos Conselhos da Plebe, com vistas a regulamentar a responsabilidade por atos ilícitos extracontratuais. Foi votada a proposta e aprovada, tornando-se conhecida pelo nome de Lex Aquilia. A Lex Aquilia era na verdade um plebiscito, por ter origem nos Conselhos da Plebe. É lei de circunstância, provocada pelos plebeus que, desse modo, se protegiam contra os prejuízos que lhes causavam os patrícios, nos limites de suas terras.[172] Antes da Lei Aquília imperava o regime da Lei das XII Tábuas (450 a.C.), que continha regras isoladas.

De todo modo, a responsabilidade por ilícito contratual é diferente da aquiliana, pelo menos quanto à natureza da situação ou da relação jurídica que lhes dá origem.

As diferenças, porém, não são muito significativas, a ponto de alguns, na esteira de Grant Gilmore, defenderem que a solução é idêntica e, por isso, a responsabilidade contratual teria sido absorvida pela aquiliana.[173] De fato, os estudos aprofundados que se realizaram e se realizam a respeito da responsabilidade aquiliana contribuem para a aplicação da responsabilidade contratual. Apesar disso, são fenômenos distintos, não tanto do ponto de vista conceitual, mas na origem e nas consequências.

Uma pressupõe um ilícito contratual, que é o ato antijurídico que diz respeito à celebração ou à execução de um contrato. A outra pressupõe um ato ilícito, desvinculado de qualquer contrato ou ato unilateral lícito, ou exercício de direito.

A contratual recebe tratamento genérico, mas também tópico, em cada um dos contratos e em cada modalidade de obrigações (dar coisa certa, dar coisa incerta, restituir coisa certa, fazer, não fazer, alternativas, cumulativas, solidárias etc.), a aquiliana recebe tratamento mais genérico, raramente tópico, pelo menos no Direito Civil.

Na responsabilidade aquiliana, em regra, não interessa a diferença entre dolo e culpa; na contratual a diferença interessa, dependendo de o contrato ser gratuito ou oneroso. Segundo o art. 392 do CC, nos contratos gratuitos (benéficos), o contratante a quem o contrato aproveita (o donatário, por exemplo), responde por simples culpa; já o contratante a quem o contrato não favoreça (o doador, por exemplo) só responde por dolo.

---

[172] WARNKÖNIG, L. A. **Institutiones iuris romani privati**. 4. ed. Bonnae: Adolph Mark, 1860. p. 278.
[173] GILMORE, Grant. **The Death of Contract**. 2. ed. Columbus: Ohio University Press, 1975. *passim*.

Na responsabilidade contratual, as consequências podem ir além da indenização, abrangendo também a execução específica, quando possível. Na aquiliana, a consequência quase sempre é a indenização.

O abuso de direito é mais encontrado na responsabilidade contratual.

A responsabilidade contratual pode ser mitigada por eventos futuros e imprevisíveis.

A responsabilidade aquiliana independe de ser a obrigação de meio ou de resultado. A culpa, como regra, não se presume. Na responsabilidade contratual, a culpa normalmente se presume, a não ser que a obrigação seja de meio, como é o caso do advogado que perde a causa. Como esta prestação de serviço gera obrigação de meio, a culpa do advogado não se presume.

Na responsabilidade contratual, pode haver cláusula de não indenizar.

Como regra, ninguém responde por danos oriundos de caso fortuito/força maior, a não ser que haja cláusula contratual neste sentido. Assumir previamente a responsabilidade por caso fortuito/força maior só é possível na esfera contratual (art. 393).

Só na esfera contratual, é possível falar em responsabilidade sem dano. É o caso do art. 416 do CC, segundo o qual, para exigir a multa prevista no contrato, o credor não necessita sequer alegar prejuízo.

Os fundamentos da responsabilidade contratual são um pouco diferentes dos da responsabilidade aquiliana. Ambas se baseiam no princípio que coíbe a prática da antijuridicidade, por atentar contra os objetivos maiores do Direito, quais sejam, a paz, a tranquilidade, a harmonia, a ordem na vida em sociedade. A responsabilidade contratual, além disso se baseia em princípios próprios, como o da obrigatoriedade contratual, o da boa-fé objetiva etc.

Na responsabilidade aquiliana, a prova da culpa, de regra, incumbe à vítima. Na contratual, como vimos, o simples inadimplemento normalmente leva à presunção de culpa, cabendo ao inadimplente provar o contrário.

7.7.3.5 Responsabilidade com dano e sem dano, com culpa e sem culpa

Nesta classe interessa apenas a responsabilidade por atos ilícitos, seja contratual ou extracontratual.

Vimos que os atos ilícitos são atos antijurídicos, mas para que gerem responsabilidade, é necessário que contenham, como regra, outros elementos além da antijuridicidade, a saber, os arrolados no art. 186 do CC: culpabilidade e dano.

Assim, em relação a esses elementos do ato ilícito que podem ou não ocorrer, embora, em regra, ocorram, a responsabilidade será com culpa ou sem culpa, com dano ou sem dano.

Segundo a cláusula geral do art. 186, só geram responsabilidade os atos ilícitos culpáveis e lesivos. Mas, excepcionalmente, há casos em que a responsabilidade decorrerá de ato ilícito não culpável. Exemplo é o caso dos pais que tratam os filhos com excesso de rigor. Pode não haver nem dolo (intenção de maltratar), nem muito menos culpa (negligência, imprudência ou imperícia). Na hipótese em análise, os pais acreditam estar fazendo bem aos filhos. Em verdade, contudo, sua conduta é ilícita, podendo, inclusive, gerar a perda do poder familiar.

Excepcionalmente também, poderá subsistir responsabilidade por ato ilícito, mesmo sem que ocorra dano. Isto é bastante comum em outros ramos do Direito, como o Penal e o Administrativo. No Direito Penal, pune-se a simples tentativa, ainda que não tenha gerado qualquer tipo de dano. No Direito Administrativo, pune-se com pena de multa o estacionamento proibido, mesmo que não produza dano. No Direito Civil é menos comum a hipótese, mas existe. Pensemos na mora, ilícito contratual. Se houver cláusula no contrato, cominando multa pela mora, ocorrendo esta, incidirá a multa, mesmo que não tenha ocorrido nenhum dano. Vejamos um exemplo bem comum: Fernando aluga DVD, obrigando-se à restituição, no dia seguinte às 20h. Se restituir o DVD às 20h01, deverá, a rigor, pagar a multa, e, seguramente, o atraso de um minuto não há de ter gerado dano.

Vejamos, agora, a responsabilidade com culpa e sem culpa.

A responsabilidade que se baseia na culpa do autor do ilícito denomina-se *subjetiva*, por ter como base o elemento subjetivo, culpabilidade. Já a responsabilidade sem culpa recebe o nome de responsabilidade objetiva, por se basear apenas na ocorrência do dano. Exemplo seria o abuso de direito, que dispensa a culpa para sua configuração. Uma pessoa pode abusar de um direito, como o direito de dirigir em baixa velocidade, sem agir com culpa ou dolo.

Há casos de responsabilidade objetiva, em que nem mesmo se pode falar em ilícito. Se um avião cair, mesmo que se prove ter tido a queda origem em caso fortuito, como um raio, por exemplo, a companhia aérea responderá por todos os danos, e, neste caso, não há falar em ato ilícito, uma vez que a ilicitude foi excluída pelo fortuito. O fundamento, neste caso, além do risco da atividade, é a situação de quem sofreu o dano injusto. Modernamente, pode dizer-se haver uma tendência de se deslocar o epicentro da responsabilidade, do autor do ilícito para a vítima. Afinal, ninguém poderia, em tese, sofrer danos injustamente e não ter direito à reparação, a não ser que o dano não possa ser imputável à conduta de alguém. Se estou andando na rua e cai um raio em minha cabeça, é óbvio que suportarei o dano, sem ter direito a nenhuma reparação.

A regra, entretanto, tanto para os ilícitos contratuais, quanto para os extracontratuais, ainda é a da responsabilidade subjetiva, consagrada no art. 186 do CC.

7.7.3.6 Responsabilidade por fato próprio e por fato de outrem

Normalmente, uma pessoa responde apenas pelos atos que pratica. Esta é a regra: só se responde por ato ou fato próprio. Eventualmente, porém, por expressa disposição legal, uma pessoa pode responder por fato de outra. Exemplo seria a responsabilidade dos pais pelos atos praticados por seus filhos menores.

Tanto a responsabilidade por fato próprio quanto a responsabilidade por fato de outrem podem ser por atos ou fatos lícitos ou por atos ilícitos; contratual ou extracontratual. Na gestão de negócios, por exemplo, o dono responde pelas obrigações assumidas em seu nome pelo gestor. Trata-se de responsabilidade extracontratual, por fato lícito de outrem. (A percebe que B viajou e se esqueceu de deixar alguém cuidando de seu cão. Passa, então, a zelar pelo animal, comprando, para pagar depois, comida, produtos antipulgas etc. Quando B retornar, terá que acertar com o *pet shop*. Em outras palavras, é responsável pela dívida assumida por A, em seu nome). No mandato, o mandante responde pelas obrigações assumidas pelo procurador em seu nome. Cuida-se, aqui, de responsabilidade contratual (mandato), por fato lícito de terceiro (o procurador). Se o procurador de alguém fraudar terceiros de boa-fé em nome do mandante, este responderá. Cuida-se, no caso, de responsabilidade por ilícito contratual. Por outro lado, se um menor incapaz quebrar a vidraça do vizinho, num jogo de bola, seus pais respondem. Trata-se de responsabilidade por ato ilícito extracontratual.

7.7.3.7 Responsabilidade por fato de coisa

Fala-se em *responsabilidade* por fato de coisa, quando uma pessoa responder por dano causado por uma coisa de que tenha a guarda.

Exemplo típico é a responsabilidade por danos causados por animais.

Poderíamos seguir classificando as várias espécies de responsabilidade civil. No entanto, creio já termos alcançado, com essa classificação, os principais objetivos de nosso estudo, quais sejam, traçar os contornos teóricos da responsabilidade civil e entender sua sistemática.

Mais sobre o tema, estudaremos nos capítulos referentes aos contratos, aos atos unilaterais de vontade, aos atos ilícitos, à propriedade, à posse, ao Direito de Família e ao Direito das Sucessões. Em cada um desses capítulos, teremos a oportunidade de analisar a responsabilidade em seu contexto positivo, por atos e fatos lícitos, e em seu contexto negativo, por atos ilícitos.

7.7.4 O destino da responsabilidade por atos ilícitos

Como supradito, há na atualidade uma tendência a se desvincular a ideia de responsabilidade da ideia de culpa. O núcleo da responsabilidade transmigra do autor do dano (culpa) para a vítima (dano). O fundamento dessa mudança é a dignidade humana, consagrada no art. 1º, III, da CF. Como visto, ninguém poderia, em tese, sofrer danos injustamente e não ter direito à reparação, a não ser que o dano não possa ser imputável à conduta de alguém.

Ademais, também com base na dignidade humana, em sua promoção e proteção, dá-se muito mais importância à prevenção do ilícito do que à reparação. A prevenção está muito mais ligada à dignidade humana do que a reparação, mais vinculada ao lado material, de ressarcimento patrimonial. É óbvio que a reparação é importante; ninguém deve ficar irressarcido de danos injustamente sofridos. Mas, como diz o ditado, melhor prevenir do que remediar.

A prevenção ao ilícito pode ser promovida de várias maneiras. Algumas já vêm sendo adotadas. Assim, a fixação de altas indenizações, com o objetivo de desestimular a prática do ilícito, seja contratual ou extracontratual; o controle prévio de cláusulas contratuais gerais por órgãos do Estado, com a finalidade de coibir o abuso e o enriquecimento sem causa; a instituição de órgãos de defesa do cidadão, como o Procon; a imposição de multas; a criação de um sistema de pontuação, como no caso das infrações de trânsito; e, finalmente, o que é muito controvertido, a criminalização de certas condutas, com o escopo de desestimulá-las, como se vê na Lei do Inquilinato e no Código do Consumidor, por exemplo.[174]

---

[174] Mais sobre o tema, ver HIRONAKA, Giselda Maria Fernandes Novaes. **Responsabilidade pressuposta**. São Paulo: Faculdade de Direito da Universidade de São Paulo, 2002. *passim*.

Capítulo 8

Teoria geral do direito das obrigações

8.1 Definição de obrigação

A palavra *obrigação* possui várias acepções de emprego quotidiano. Pelo menos duas são de destaque: obrigação enquanto dever não jurídico, como ir à missa aos domingos, manter nossos pertences em ordem etc., e enquanto dever jurídico. Assim, vemos que obrigação tem dois sentidos: um lato e um estrito.

Obrigação *lato sensu* é sinônimo de dever, seja jurídico ou não.

Os deveres jurídicos, por seu turno, comportam duas espécies:

1] deveres não patrimoniais, que jamais se traduzem em dinheiro, como o dever de fidelidade entre os cônjuges;
2] deveres patrimoniais, que podem ser traduzidos em dinheiro, ainda que sua motivação não seja meramente patrimonial. Assim temos que pagar empréstimo, indenizar a honra violada etc.

Obrigação *stricto sensu* é sinônimo de dever jurídico patrimonial.

A esses deveres patrimoniais chamamos *obrigações*, objeto de estudo do Direito das Obrigações.

Além da ideia de obrigação enquanto dever, há também a ideia de obrigação enquanto relação jurídica. É da obrigação relação jurídica que nascem as obrigações deveres. É no sentido de relação jurídica que mais nos interessa a palavra *obrigação*.

Assim, vejamos a definição de relação obrigacional, segundo o enfoque de vários juristas.

Nas Instituições de Justiniano, "Obrigação é vínculo jurídico, pelo qual somos adstritos a pagar uma coisa a alguém, segundo nossos direitos de cidade".[1]

A definição possui defeito em relação ao objeto da obrigação, que nem sempre é coisa (*res*). Pode ser prestação que se traduza em fazer ou não fazer algo.

Segundo Paulo, jurista romano, a substância da obrigação não consiste em ser nossa alguma coisa, mas a forçar alguém a nos dar, fazer ou prestar algo. "A essência das obrigações não consiste em que façamos nosso coisa ou direito, mas em que possamos forçar alguém a dar, fazer ou prestar algo".[2]

É com esses instrumentos romanos que a doutrina moderna formulou sua definição de obrigação.

---

1 Inst., Lib. III, Tit. XIII, *De obligationibus*. Tradução livre do período: "obligatio est iuris vinculum, quo necessitate adstringimur alicuius solvendae rei, sencundum nostra civitatis iura".
2 *Apud* SERPA LOPES, Miguel Maria de. **Curso de direito civil**. 7. ed. Rio de Janeiro: Freitas Bastos, 1989. v. 2, p. 9. Tradução livre do período: "Obligationum substantia non in eo consistit, ut aliquod corpus nostrum aut servitutem nostram faciat, sed ut alium nobis obstringat ad dandum aliquid vel faciendum vel praestandum".

Assim, na opinião do francês Pothier, obrigação é vínculo de direito, que nos subordina a respeito de outrem a dar-lhe alguma coisa ou a fazer ou não fazer algo.[3]

Já para Aubry et Rau, é a necessidade jurídica, por força da qual uma pessoa fica subordinada em relação à outra a dar, fazer ou não fazer alguma coisa.[4]

Nos dizeres do italiano Polacco, *obrigação* é relação jurídica patrimonial, por força da qual devedor é vinculado à prestação positiva ou negativa em face de credor.[5]

Segundo o francês Démogue, é a situação jurídica que tem por objeto ação ou abstenção de valor econômico ou moral, cuja realização certas pessoas devem assegurar.[6]

Na Alemanha, temos a opinião de Enneccerus, Kipp e Wolff, segundo os quais obrigação é direito de crédito que compete a uma pessoa, o credor, contra outra pessoa determinada, o devedor, para satisfação de interesse, digno de proteção, que tem o primeiro.[7]

Também alemão, Dernburg dizia serem as obrigações relações jurídicas consistentes em dever de prestação, tendo valor patrimonial, do devedor ao credor.[8]

Revolvendo a doutrina pátria, encontramos Lacerda de Almeida, para quem obrigação é vínculo jurídico pelo qual alguém está adstrito a dar, fazer ou não fazer alguma coisa.[9]

Na douta vertente de Pontes de Miranda, obrigação, em sentido estrito, é relação jurídica entre duas ou mais pessoas, de que decorre a uma delas, ao devedor, ou a algumas, poder ser exigida, pela outra, pelo credor, ou por outras, prestação.

Do lado do credor, temos pretensão (no sentido germânico, isto é, poder de agir contra o devedor); do lado do devedor, obrigação, que vem a ser dever em sentido amplo.

Pontes de Miranda ratifica a importância de se distinguir obrigação em sentido lato de obrigação em sentido estrito.[10]

Segundo Orlando Gomes, *relação obrigacional* é vínculo jurídico entre duas partes, em virtude do qual uma delas fica adstrita a satisfazer prestação

---

3 POTHIER, Robert Joseph. **Tratado de los contratos**. Buenos Aires: Atalaya, 1948. p. 7.
4 AUBRY et RAU. **Cours de droit divil français**. 6. ed. Paris: Marchal & Billard, 1936. p. 6.
5 POLACCO, Vittorio. **Le obbligazione nel diritto civile italiano**. *Apud* SERPA LOPES, Miguel Maria de. Op. cit., v. 2, p. 9.
6 DÉMOGUE, René. **Traité des obligations en général**. Paris: Rousseau et Cie., 1925. v. 1, t. I, p. 38.
7 ENNECCERUS, Ludwig; KIPP, Theodor; WOLFF, Martín. **Derecho de obligaciones**. Barcelona: Bosch, 1933. p. 1 *et seq*.
8 DERNBURG, Arrigo. **Diritto delle obbligazioni**. *Apud* SERPA LOPES, Miguel Maria de. Op. cit., v. 2, p. 10.
9 ALMEIDA, Francisco de Paula Lacerda de. **Obrigações...**, p. 7.
10 PONTES DE MIRANDA, Francisco Cavalcanti. **Tratado de direito privado**. Rio de Janeiro: Borsoi, 1954. v. 22, p. 12 *et seq*.

patrimonial de interesse da outra, que pode exigi-la, se não for cumprida espontaneamente, mediante agressão ao patrimônio do devedor.[11]

Finalmente, para Caio Mário, obrigação é vínculo jurídico em virtude do qual uma pessoa pode exigir de outra prestação economicamente apreciável.[12]

Em todas essas definições podemos perceber três elementos essenciais: o sujeito, o objeto e o vínculo jurídico, apesar de alguns autores não se referirem exatamente a vínculo jurídico. Detectamos, todavia, algumas expressões utilizadas em seu lugar, tais como "relação jurídica", ou seja, vínculo que liga sujeitos de direito a seu objeto; "vínculo jurídico", que, em sentido estrito, é a ligação entre credor e devedor, pela qual aquele tem direito de ação contra este; "vínculo jurídico", em sentido lato, que é o mesmo que relação jurídica; "situação jurídica", que vem a ser um complexo de direitos e deveres em que pessoas se encontram vinculadas, situação jurídica esta que denota a existência do vínculo; e, por fim, "necessidade jurídica", ou seja, imperiosidade do devedor em cumprir seu dever. Quando uma obrigação é contraída, torna-se imperiosa.

A partir dessas várias definições, e indo além delas, podemos dizer que obrigação é situação dinâmica consistente em relação jurídica em cooperação entre credor e devedor, ficando este adstrito, basicamente, a cumprir prestação de caráter patrimonial em favor daquele, que poderá exigir judicialmente seu cumprimento.

A ideia de obrigação, não enquanto mero dever, mas enquanto situação jurídica, consistente em relação entre credor e devedor, deve ser entendida em seu sentido mais amplo e dinâmico. As relações obrigacionais, principalmente as que se prolongam no tempo, como uma relação locativa, se transformam, geram direitos e deveres os mais diversos para as partes; direitos e deveres que, muitas vezes, são novos em relação ao momento inicial da relação. As circunstâncias mudam e com elas a relação obrigacional original. Num contrato de locação, os alugueis podem variar ou não, na dependência do comportamento do índice a que se vinculou o contrato; podem surgir desdobramentos inesperados, como retenção por benfeitorias, ou mesmo o despejo forçado, enfim, as relações obrigacionais estão longe de ser estáticas, são, ao revés, extremamente dinâmicas.

Num primeiro momento, podemos ser levados a pensar que relações obrigacionais simples, como a compra de um suco em uma lanchonete, nada têm de dinâmicas, uma vez que se constituem e se extinguem instantaneamente. Sem dúvida, do ponto de vista interno (endógeno), não há falar em dinamismo, principalmente tendo-se em vista a rapidez com que a relação nasce e se extingue. Por outro lado, se tomarmos a compra de um suco numa lanchonete do ponto de vista econômico-social, ela, somada a várias outras, gera empregos, produz

---

11 GOMES, Orlando. **Obrigações**. 5. ed. Rio de Janeiro: Forense, 1978. p. 19.
12 PEREIRA, Caio Mário da Silva. **Instituições de direito civil**. 18. ed. Rio de Janeiro: Forense, 1996. v. 2, p. 5.

e circula riquezas, movimenta a economia. É, portanto, de uma perspectiva externa (exógena), um fenômeno extremamente dinâmico. Consequentemente, podemos concluir que todas as obrigações têm caráter dinâmico, seja do ponto de vista externo ou interno.

É fundamental destacar o caráter dinâmico das obrigações, que consistem em relações que se movimentam, que se transformam no tempo e no espaço. Sem essa visão das obrigações como fenômeno dinâmico, é impossível, por exemplo, se falar em função social das obrigações, principalmente dos contratos, fontes de obrigações por excelência.

Em relação a sua função social, deve ser ressaltado com muita veemência que as relações obrigacionais devem ser entendidas como instrumento de promoção da dignidade humana. As pessoas contraem obrigações para se promoverem, para melhorarem na vida, não para perecerem, para se darem mal. Neste sentido, com base no princípio da função social e da dignidade humana, as relações obrigacionais hão de ser vistas como um processo dinâmico, que se desenvolve em cooperação e não em contradição. Por outros termos, credor e devedor devem ajudar-se mutuamente, devem cooperar um com o outro, para o cumprimento satisfatório da prestação devida. Não que na prática as pessoas sejam cooperativas. Pelo contrário, não são. É por isso mesmo que o Direito deve exigir que sejam. Cada um de nós, credores e devedores, com base no Direito, podemos exigir conduta cooperativa da outra parte.

Assim, credor e devedor não são partes contrárias, mas partes solidárias no mesmo processo obrigacional.

8.2 Essência das obrigações

Ferrara,[13] buscando distinguir obrigações reais e creditícias, aponta para o fato de a essência das obrigações parecer encontrar-se no direito do credor de exigir prestação do devedor.

Ocorre que duas situações podem surgir:

1] o devedor paga normalmente;
2] o devedor não paga, e o credor tem que ingressar na Justiça.

Assim, em que consistiria, verdadeiramente, o núcleo essencial de uma obrigação? Qual a essência do vínculo obrigacional? É um só ou são dois vínculos? É divisível ou indivisível?

---

13 FERRARA, Francesco. **Trattato di diritto civile**. Napoli: Eugenio Marghieri, 1932. v. 3, p. 17.

A resposta a estas questões implica o conhecimento de algumas teorias, que buscam a essência e a natureza do vínculo obrigacional.

A questão é tanto mais complexa quanto se vê a confusão que permeia nossa doutrina, com alguns trabalhos equivocados conduzindo outros, menos avisados, inclusive eu mesmo, em outras edições deste livro, a equívocos maiores ainda.

Tradicionalmente, sempre se falou em apenas um vínculo, de caráter pessoal e coercitivo. Pessoal, porque se traduzia no poder do credor sobre uma pessoa, o devedor, sendo seu objeto um comportamento do devedor, que deve realizar uma prestação em favor do credor. Coercitivo, porque jurídico, não apenas moral ou social. Esta é a teoria monista tradicional.

No Direito Romano primitivo, a obrigação era vínculo estritamente pessoal, respondendo a pessoa do devedor, com seu corpo, sua vida e sua liberdade. O direito do credor recaía sobre a pessoa do devedor, assumindo caráter de direito real, análogo aos direitos de propriedade. Posteriormente, foi-se abrandando, com a própria evolução do Direito Romano, essa força pessoal do vínculo, que se tornava patrimonial. A submissão pessoal[14] do devedor foi substituída pela *bonorum venditio* e pela *bonorum distractio*. Finalmente, foi introduzida pelo Imperador Antonino Pio (138 a 161 d.C.) a execução por penhora, semelhante à do Direito moderno.[15]

No entanto, a total espiritualização do vínculo obrigacional só se concretizou plenamente em fins do século XIX, início do século XX. Daí a razão pela qual a teoria monista ter rendido tributo à materialidade e à realidade do vínculo, viciada que estava pelo Direito Romano.

A teoria monista, que enxerga um só vínculo entre credor e devedor, divide-se em duas correntes: uma clássica, a personalista; e a outra objetivista, antepondo-se à clássica.

O precursor da corrente personalista foi Savigny, em sua obra, *Obligationenrecht*, de 1851. Segundo ele, o direito de crédito consistia no domínio sobre uma pessoa; não sobre esta pessoa em sua totalidade (o que daria lugar à supressão da personalidade), mas sobre determinadas atividades suas, que devem considerar-se separadas de sua liberdade e submetidas à vontade do credor. Essas atividades seriam tendentes à satisfação do crédito.[16]

Resumindo, segundo Savigny, a essência da obrigação consistiria no domínio do credor sobre certas atividades do devedor. Tais atividades seriam aquelas

---

14 Na *bonorum venditio*, era penhorado e vendido todo o patrimônio do devedor. Na *bonorum distractio*, era penhorado todo o patrimônio do devedor, e vendidos apenas os bens suficientes para a satisfação do credor. Modernamente, são penhorados e vendidos apenas os bens suficientes para a satisfação do direito do credor.
15 SCIALOJA, Vittorio. **Procedimiento civil romano**. Buenos Aires: Europa-América, 1954. p. 285 et seq.
16 COSTA JÚNIOR, Olímpio. **A relação jurídica obrigacional**. São Paulo: Saraiva, 1994. p. 49 et seq.

tendentes à realização da prestação. Se a prestação não for adimplida, ficando o crédito insatisfeito, o credor poderá acionar o devedor, penhorando seu patrimônio. Essa penhora patrimonial não faz parte da essência da obrigação. É questão de ordem processual, determinada pelo eventual e anormal inadimplemento.

Tentemos visualizar um exemplo. Cristiano comprometeu-se a vender um quadro a Isabella. Esta pagou o preço, sendo credora do quadro. A essência da obrigação, neste caso, consiste no poder que Isabella tem sobre Cristiano referente à entrega do quadro. O objeto deste poder recai sobre a ação (atividade, prestação) de Cristiano, respeitante à entrega do quadro. Como ela fará para forçá-lo, caso ele não entregue espontaneamente, é outra questão. Dever-se-á pedir sua prisão, sua morte, ou a penhora de seus bens, isso é questão que diz respeito ao Direito Processual, não integrando a essência da obrigação.

Dulckeit, desenvolvendo a ideia de Savigny, afirmava, em sua obra *Die Verdinglichung obligatorisches Rechts*, também de 1851, que o direito de crédito é um direito de domínio. O ato da prestação converte-se numa parte do mundo exterior patrimonial, na medida em que se desprende, alhea-se da pessoa do devedor. O ato de prestar desvincula-se da pessoa do devedor, tornando-se, assim, passível de apropriação pelo credor. É como se o credor fosse dono da atividade (prestação) do devedor, tendente à satisfação do crédito.[17]

A outra corrente monista, de natureza objetivista, não entendia ser possível que o objeto do poder do credor pudesse ser a atividade (prestação) do devedor. O ato de pagar (prestar) é incoercível. O Direito não permite que o credor obrigue o devedor a realizar a prestação em espécie. Se, no exemplo anterior, Cristiano não entregar o quadro a Isabella, esta não poderá forçá-lo à entrega em si. O máximo que poderá fazer é executar judicialmente o patrimônio de Cristiano, dele extraindo tantos bens quantos sejam necessários para a satisfação de seu crédito, ou seja, quando nada, o valor do quadro.

Assim, para a corrente objetivista, a essência da obrigação consiste no poder do credor sobre o patrimônio do devedor, não sobre sua pessoa, como queria a corrente personalista.

Quem inaugurou esta segunda corrente, a objetivista, foi o jurista alemão Brinz, em suas obras *Der Begriff Obligatio*, de 1874, e *Obligatio und Haftung*, de 1886.[18]

Brinz, relembrando a diferença entre débito (*Schuld, debitum*) e responsabilidade (*obligatio, haftung*), já antiga no Direito Germânico, fez repousar a essência da obrigação na responsabilidade, que seria o fato de o devedor ser responsável, com seu patrimônio, pela realização da prestação obrigacional. O débito não faz parte da essência do vínculo creditício, por consistir em dever pessoal. Seria o dever de pagar, relativo à pessoa do devedor, e não a seu

---

17   Idem, ibidem.
18   Idem, p. 49 et seq.

patrimônio. A responsabilidade diz respeito ao patrimônio do devedor. O débito diz respeito à pessoa do devedor. É, pois, a responsabilidade que integra a essência de uma obrigação.[19]

Polacco levou a concepção de Brinz ao exagero, asseverando que o vínculo obrigacional ligava, na verdade, dois patrimônios, tomados como personalidades abstratas.

A tese de Brinz teve o mérito de abrir caminho às teorias dualista e eclética.

Dois juristas alemães, Amira (*Nordgermanisches Obligationenrecht*, 1895) e Gierke (*Schuld und Haftung*, 1910),[20] sustentaram que, na realidade, débito e responsabilidade são conceitos distintos, constituindo relações obrigacionais diversas e autônomas, que podem ocorrer junta ou separadamente. Basearam-se em casos práticos para demonstrar sua teoria. Assim, por exemplo, o arrendatário responde pelas dívidas do senhor das terras, o tutor, pelas dívidas de seu pupilo etc. Ora, se ambos, arrendatário e tutor, respondem com seu patrimônio (responsabilidade) por dívidas (débito) de outrem, débito e responsabilidade são conceitos distintos.

A partir daí, desenvolve-se, principalmente na Alemanha, a teoria dualista, defendendo a existência de dois vínculos, de duas relações distintas, uma de débito e outra de responsabilidade. Para demonstrar sua teoria, os dualistas afirmavam existir obrigações em que havia relação de:

1] Débito sem responsabilidade, como é o caso de dívida prescrita, ou de dívida de jogo, em que a obrigação não é exigível, não respondendo por ela o devedor. Há, portanto, apenas relação de débito.
2] Débito sem responsabilidade própria, como, por exemplo, o devedor que apresenta fiador. Ora, o débito é do devedor, mas caso este não pague, quem responderá é o fiador. A relação de responsabilidade vinculará, assim, duas pessoas distintas da relação de débito.
3] Responsabilidade sem débito, em que podemos tomar o mesmo exemplo da fiança. Ora, o fiador poderá vir a responder por dívida que não é sua. Ou seja, responde sem dever. Tanto é assim que, uma vez que pague a obrigação, poderá regressar contra o devedor, por ser este, afinal, quem realmente deve. Mais uma vez, vê-se que as duas relações, de débito e de responsabilidade, possuem sujeitos próprios e distintos.
4] Responsabilidade sem débito atual. Aqui também nos servirá o exemplo da fiança. O fiador, num primeiro momento, como vimos, tem apenas a responsabilidade, mas não o dever de pagar. Este é do devedor. Daí falarmos em responsabilidade sem débito. O débito, próprio do devedor, só trará repercussão

---
19 Idem, ibidem.
20 Idem, p. 49 et seq. BITTAR, Carlos Alberto. **Direito das obrigações**... cit., p. 10.

para o fiador caso aquele não pague. Pode-se, pois, afirmar que, num primeiro momento, dependendo do ângulo que enfoquemos, o fiador terá responsabilidade sem débito, ou responsabilidade sem débito atual, tanto faz.

Na Itália, a teoria dualista repercutiu, sendo apoiada por Pacchioni e Rocco, que a viam também no Direito Romano, no qual débito e responsabilidade não se confundiam, constituindo dois vínculos, duas relações obrigacionais, sendo a relação de responsabilidade garantia da relação de débito.[21]

Parte-se do princípio de que as obrigações se cumprem espontaneamente, por força de um imperativo ético. O credor tem, na relação creditícia, a expectativa de obter do devedor a prestação. Se o devedor não a realiza, surge para o credor o poder de agredir-lhe o patrimônio. Quando isso ocorre, desfaz-se a relação de puro débito e tem lugar a relação de responsabilidade. O patrimônio do devedor cumpre a função de garantia.[22]

É como se houvesse uma relação primária (originária) e uma secundária (derivada). O objetivo da relação primária é a prestação. O da relação secundária é a sujeição do patrimônio do devedor ao poder de coerção do credor. A relação primária tem sua essência no débito, do qual surge o dever de prestar. A relação secundária tem sua essência na responsabilidade ou garantia, da qual surgem a pretensão (aspiração a ter o direito reconhecido judicialmente) e a ação judicial do credor sobre o patrimônio do devedor. É lógico que a relação secundária só ocorrerá se frustrada a relação primária, isto é, se o devedor não pagar espontaneamente.[23]

A finalidade da obrigação é a realização da prestação (relação originária – débito). Não sendo esta satisfeita, segue-se a submissão do patrimônio do devedor ao poder coativo do credor, nascendo uma nova relação (derivada da primeira), a de responsabilidade.[24]

Pacchioni,[25] em defesa dos dualistas, desdobra débito e responsabilidade, procurando entender cada um desses vínculos sob a ótica do devedor e sob a ótica do credor. Se analisarmos o débito com as lentes do devedor, veremos um dever moral; já com as lentes do credor, haverá mera expectativa.

Na responsabilidade, por seu lado, se analisada com os olhos do devedor, haverá verdadeira subordinação patrimonial; com os olhos do credor, veremos o direito ou o poder de exigir o pagamento, mediante ação judicial, em outras palavras, seguindo a linha do Código Civil, veremos a pretensão, erroneamente

---

21 PACCHIONI, G. **Trattato delle obbligazioni**. Torino: FratelliBocca, 1927. p. 15 et seq.
22 COVELLO, Sérgio Carlos. **A obrigação natural**. São Paulo: Leud, 1996. p. 92-93.
23 Idem, p. 104-105. AZEVEDO, Álvaro Villaça. **Teoria geral das obrigações**. 5. ed. São Paulo: RT, 1990. p. 37-39.
24 BITTAR, Carlos Alberto. **Direito das obrigações**. Rio de Janeiro: Forense Universitária, 1990. p. 10.
25 PACCHIONI, G. **Trattato**... cit., p. 15 et seq.

entendida como poder, em vez de mera aspiração a um provimento jurisdicional favorável. É que Pacchioni escreveu sua obra no início do século XX, sob forte influência da teoria concretista alemã. Mas isso já discutimos ao tratar da prescrição. De todo modo, numa visão moderna, a responsabilidade, analisada pela ótica do credor, corresponderia ao poder de submeter patrimonialmente o devedor, ou seja, trata-se de conceito de direito material, não de direito processual, como a pretensão.

Dizia ele, por fim, que uma obrigação se compõe de débito e responsabilidade, assim como a água se compõe de oxigênio e hidrogênio. Ambos os elementos coexistem, mas são distintos.

Na França, Mazeaud et Mazeaud adotaram a teria dualista, afirmando que não só se distinguem a relação de débito e a de responsabilidade, como haveria ainda uma terceira, a *actio*, ou seja, o constrangimento judicial.[26]

Por fim, tanto a teoria monista quanto a dualista foram sintetizadas em uma teoria eclética, sobretudo a partir do pensamento de Ferrara, para quem débito e responsabilidade são conceitos distintos, mas integrantes do mesmo vínculo, da mesma relação obrigacional. Não há duas relações, dois vínculos, um de débito e outro de responsabilidade. O vínculo obrigacional é uma moeda de duas faces: débito e responsabilidade.[27]

Perozzi[28] também contestou os dualistas, afirmando não haver débito sem responsabilidade. A ocorrência dos dois elementos não importa a existência de vínculos distintos.

Tanto Perozzi quanto Ferrara entendiam bem a distinção entre débito e responsabilidade, só não concordavam que compusessem vínculos distintos.

Nessa mesma trilha, os próprios juristas alemães, tais como Kohler, Enneccerus e Larenz, defenderam a ideia de um só vínculo, uma só relação obrigacional, cuja essência seria composta de débito e responsabilidade, porque um está sempre ligado à outra, sendo aspectos distintos de um único fenômeno.[29]

Vemos, assim, as três teorias, a monista, a dualista e a eclética, cada uma com suas correntes, mas todas, a seu modo, buscando desvendar a essência das obrigações.

Nenhuma dessas teorias, porém, ressalta o aspecto dinâmico das obrigações. Analisam-nas como algo estático, não como um processo repleto de detalhes, que se movimenta em constante evolução, até o momento em que se extingue.

---

26 MAZEAUD ET MAZEAUD. **Obligations**. 9. ed. Paris: Montchrestien, 1998. v. 1, t. II, p. 22 et seq.
27 FERRARA, Francesco. **Trattato di diritto civile**... cit., p. 17.
28 PEROZZI, Silvio. **Istituzioni di diritto romano**. Roma: Athenaeum, 1928. p. 1 et seq.
29 ENNECCERUS, Ludwig; KIPP, Theodor; WOLFF, Martín. **Derecho**... cit., p. 31 et seq. LARENZ, Karl. **Schuldrecht**. 14. Aufl., Band I, p. 21 et seq.

A partir dessa visão das obrigações como processo dinâmico, a discussão acerca da essência das obrigações ganha novo caráter. Por exemplo, não se deve entender débito e responsabilidade como elementos de algo estático, que não se movimenta. Numa relação obrigacional, quem se via, hoje, na posição exclusiva de credor, amanhã, pode tornar-se inesperadamente devedor por força de circunstância nova; em consequência, transforma-se a própria geografia do débito e da responsabilidade.

8.3 Estrutura das obrigações

Explicar o porquê do emprego da palavra estrutura tem a ver com os organicistas, sempre fazendo ciência por meio de comparações com organismos vivos. Assim como nossa estrutura é composta de ossos, músculos, sangue etc., também as obrigações teriam sua estrutura própria.

O primeiro elemento componente da estrutura obrigacional seriam os sujeitos. A obrigação estrutura-se pelo vínculo entre dois sujeitos, para que um deles satisfaça em proveito do outro certa prestação. Um sujeito ativo, o outro, passivo, credor e devedor, respectivamente.

Aqui devemos analisar dois tipos de relação obrigacional, as simples e as complexas.

Nas relações simples, cada uma das partes será apenas credor e devedor. Vejamos um ato ilícito, como, por exemplo, batida de automóveis. De um lado, há o culpado, aquele que deve indenizar os danos, ou seja, o devedor da prestação de indenizar, sujeito passivo, portanto. Do outro lado, temos a vítima, aquele que recebe a indenização, credor, sujeito ativo da relação. Em relação complexa, entretanto, eles podem se confundir, englobando uma só parte os dois sujeitos. Estudemos uma compra e venda. O comprador é devedor do preço e credor do objeto comprado. Já o vendedor é credor do preço e devedor do objeto vendido.

Outro elemento estrutural é o objeto da obrigação, ou seja, a prestação devida pelo sujeito passivo. Quando falamos em prestação, utilizamos o termo em sentido bem genérico. Assim, a prestação pode ser de entregar certa quantia em dinheiro, de realizar determinado serviço, de entregar objeto qualquer etc. Há, inclusive, prestações negativas, em que o devedor fica adstrito a não fazer algo. Por exemplo, advogado assume com seu cliente obrigação de *prestar*-lhe serviços, e, por outro lado, assume também obrigação de *não prestar* os mesmos serviços para a parte contrária.

Visto, assim, o objeto das obrigações, podemos dividi-lo em três categorias: prestações que geram obrigação de dar, tais como entregar dinheiro, entregar apartamento a inquilino que o aluga, pagar aluguéis, entregar quadro encomendado etc.; prestações que geram obrigação de fazer, ou seja, consertar carro avariado, fazer pintura de casa, escrever livro ou pintar quadro encomendado, realizar cirurgia, prestar serviços de advogado ou qualquer outro etc.; e prestações que geram obrigação de não fazer, como não prestar serviços de advogado à parte contrária, não fazer campanha publicitária para seu cliente e para seu concorrente ao mesmo tempo, não entregar o mesmo livro a mais de uma editora etc.

Cumpre não confundir o objeto da obrigação, que é uma prestação, com o objeto da própria prestação, que é a coisa devida. Por exemplo, o objeto da obrigação de um médico para com seu cliente é prestação geradora de obrigação de fazer. Já o objeto dessa prestação é, por exemplo, a realização de cirurgia plástica.

O outro elemento é o vínculo jurídico, ou seja, é o elo entre credor, devedor e objeto.

CREDOR DEVEDOR → OBJETO

O conteúdo desse vínculo varia conforme a doutrina adotada.

Para a teoria monista clássica, há um só vínculo jurídico, como vimos acima.

Já para os dualistas, há dualidade de vínculos, um, primário, de débito, outro, secundário, de responsabilidade.

Para Ferrara,[30] defensor de teoria eclética, a composição do único vínculo seria o débito, que traz em seu âmago a sanção, que seria o poder do credor de exigir o adimplemento, em outras palavras, a responsabilidade.

Em suma, sem adentrar na controvérsia, a estrutura de uma obrigação compõe-se de sujeitos, objeto e vínculo jurídico, que se encontram dinamicamente em movimento.

8.4 Ideia e posição do Direito das Obrigações perante o Direito Civil

Vimos que o Direito Civil é ramo do Direito Privado que regula relações entre indivíduos, pessoas de Direito Privado, sejam físicas ou jurídicas. Ora, tais relações jurídicas podem dar-se no âmbito da família, quando, então, teremos o Direito de Família; podem também ocorrer entre titular e não titulares de direito sobre coisa, quando teremos o Direito das Coisas. Pode ser também o caso de se determinar a quem se transmite o patrimônio de pessoa falecida, quando

---

30 FERRARA, Francesco. **Trattato di diritto civile**... cit., p. 310-313.

teremos o Direito das Sucessões. E, por fim, as pessoas podem assumir, umas com as outras, deveres de caráter patrimonial, regulados pelo Direito das Obrigações.

É dessa forma que se diz ser o Direito das Obrigações ramo do Direito Civil. Essa a teoria tradicional. Há, porém, quem lhe seja contrário. Para Planiol,[31] por exemplo, o Direito Civil é que é ramo do Direito das Obrigações, por não se poder entender o Direito, de um modo geral, sem obrigações. O Direito das Obrigações seria gênero, tendo como espécie o Direito Civil.

Toulier[32] defende a teoria tradicional e acrescenta que o Direito das Obrigações é dotado de imutabilidade e uniformidade, não variando no tempo e no espaço. É Lei Natural.

Quanto a essa questão da imutabilidade ou não do Direito das Obrigações, Toulier enfrenta ferrenha oposição de juristas, como Démogue e Saleilles.

O primeiro[33] defende que as obrigações são variáveis e também o Direito das Obrigações. A lei pode não mudar facilmente – o Direito Obrigacional positivo é muito genérico e por isso não muda facilmente, mas o Direito vivo muda sempre, haja vista o Direito Comercial.

O segundo[34] concorda com Démogue e diz que o Direito das Obrigações é teórico e abstrato, por estudar as várias formas de manifestação da vontade nas convenções humanas. Daí seu caráter científico e sua propensão à uniformidade.

Seja ramo do Direito Civil ou vice-versa, fato é que é de essencial importância para a unificação do Direito Privado por ter natureza abstrata, que o torna apto a constituir Direito uniforme e internacional; por sua ductibilidade, prestando-se às mais variadas manifestações de vontade; por sua capacidade de se adaptar às evoluções sociais; e por sua tendência ao alargamento, servindo a vários ramos do Direito.[35]

8.5 Conteúdo da prestação obrigacional

Segundo a doutrina que sempre vigorou, todo ato, para ser objeto de obrigação, deve ser conversível em dinheiro. É impossível obrigação cujo objeto seja prestação meramente moral, inconversível em dinheiro.

---

31 PLANIOL, Marcel. **Traité élémentaire de droit civil**. 3. ed. Paris: LGDJ, 1906. v. 2, p. 55 et seq.
32 TOULIER. **Théorie raisonnée du code civil**. Apud BONNECASE, Julien. **Elementos de derecho civil**. Puebla: José M. Cajica, 1945-1946. p. 26-28.
33 DÉMOGUE, René. Op. cit., p. 1 et seq.
34 SALLEILLES, Raymond. **De la déclaration de volonté**... cit, p. 246.
35 SERPA LOPES, Miguel Maria de. Op. cit., v. 2, p. 5 et seq.

Jhering[36] e Windscheid[37] insurgem-se, afirmando que há obrigações de cunho meramente moral. Jhering dá dois exemplos. Ato prático, que vem a ser a questão de sociedade ferroviária que contratara a construção de estrada de ferro com comissão organizada apenas para esse fim. Discutiu-se a legitimidade *ad causam* da comissão, por não ter ela outro interesse que não o moral. O outro trata de camareiro que contrata com seu patrão feriado dominical. Ora, feriado não tem expressão econômica.

Jhering dá ao dinheiro três funções, a saber, a de equivalência em dinheiro da utilidade que o adimplemento da obrigação dá ao credor, a de penalidade pelo inadimplemento da obrigação e a de satisfação, quando há a substituição do objeto da prestação por dinheiro.

Assim, segundo Jhering, toda obrigação poderá ser adimplida, ainda que seu caráter não seja patrimonial.

Ora, se toda prestação pode ser adimplida, mesmo aquelas morais, sendo-lhes dado valor em dinheiro, é sinal de que têm fundo econômico, equivalente patrimonial. Evidentemente que quando a Constituição Federal (art. 5º, V) ou o Código Civil (art. 186) dizem serem indenizáveis todos os danos causados por uma pessoa à outra, mesmo os puramente morais, não está preconizando não existirem obrigações cuja fonte não seja econômica. Sem dúvida alguma, é totalmente diferente o dano advindo de acidente de trânsito daquele oriundo de calúnia ou difamação. Este tem origem não econômica, não se discute. Mas, uma vez que seja indenizável, adquire caráter patrimonial. Caso contrário, nem se poderia falar em compensação de danos morais.

Em minha opinião, pois, é impossível o conteúdo da prestação ser meramente moral. Moral pode ser a obrigação ou mesmo sua fonte, como o dano moral, mas a prestação, seu objeto, será obrigatoriamente patrimonial ou, quando nada, conversível em dinheiro. Em outras palavras, o interesse pode ser moral, mas não a prestação. Pode haver objetos não patrimoniais, como os serviços de um médico, a fertilização *in vitro*, o esperma de um homem, o embrião excedente etc. No entanto, caso se insiram numa relação obrigacional, seu contexto passa a ser patrimonial. Serão objeto de uma prestação de natureza patrimonial, uma vez que redutíveis em valores econômicos.

Embora o conteúdo das relações obrigacionais seja econômico, fala-se em nossos dias da despatrimonialização das obrigações. Que significa isso? Significa que a prestação obrigacional possa ter natureza exclusivamente moral, sem qualquer matiz econômico? Por óbvio que não. A despatrimonialização do Direito

---

36 JHERING, Rudolf von. **De interes en los contratos**: Estudios jurídicos. Buenos Aires: Atalaya, 1947. p. 11 *et seq.*
37 WINDSCHEID, Bernardo. **Diritto delle pandette**. Torino: Unione Tipografico-Editrice Torinense, 1925. p. 26 *et seq.*

das Obrigações passa pelo fenômeno da constitucionalização do Direito Civil. Se o Direito Civil deve ser lido à luz dos princípios e valores consagrados na Constituição, se o valor mais central de todos é o ser humano e sua dignidade, e se o princípio também mais central é o princípio da dignidade humana, isso significa que todo o Direito infraconstitucional, inclusive o Direito Civil, e, logicamente, o Direito das Obrigações, deve ser funcionalizado para a promoção da dignidade humana. Tratando-se especificamente do Direito das Obrigações, pode-se dizer que o capital, o econômico, que é o conteúdo das relações de crédito, deve ser instrumentalizado para promover a dignidade humana. Qual o significado disso, porém? Seguramente não se quer dizer que o credor deva sempre perdoar o devedor. Não se cuida aqui de caridade cristã. Tampouco significa que os bancos devam praticar juros abaixo do mercado, ou que o juiz deverá julgar sempre a favor do consumidor. Não é nada disso. Quando se diz que o econômico deve ser instrumentalizado para promover a dignidade humana, quer-se dizer que, dentre outras práticas, as partes contratantes, por exemplo, devem agir com lealdade e honestidade, informando uma à outra de tudo quanto seja relevante para a consecução de um bom negócio; os fornecedores de produtos e serviços devem agir sempre de acordo com a boa práxis empresarial, sem lesar seus empregados, muito menos os consumidores; as partes contratantes devem auxiliar-se reciprocamente para atingirem com sucesso os objetivos do contrato; o credor, na medida de suas possibilidades, deve ajudar o devedor em dificuldades, para que possa ele efetuar o pagamento sem falir. Estes são alguns casos de práticas que exemplificam o que se denomina despatrimonialização das obrigações, decorrência da constitucionalização do Direito Civil e, consequentemente, do Direito das Obrigações.

8.6 Fontes das obrigações

De onde provêm as obrigações? Onde nascem? Quais são suas fontes? Por que uma pessoa se torna credora ou devedora de outra?

Para responder a essas perguntas, faremos passeio pela doutrina, através da história.

Em Roma, a mais antiga classificação das fontes vem de Gaio, nas Instituições de Justiniano. São elas o contrato e o delito. Entendia-se por contrato não só convenções entre pessoas, mas todo ato jurídico lícito. Por delito, atos ilícitos, ou seja, aqueles contrários ao Direito, que, causando dano, obrigavam o agente a indenizar a vítima.

Posteriormente, já no Período Bizantino (565 d.C. a 1453 d.C.), contrato passou a ser apenas acordo de vontades, ou seja, convenção, e delito passou a ser sinônimo de ato ilícito doloso. Daí surgiram as duas outras figuras, a dos quase contratos, que seriam os atos lícitos não contratuais, tais como a gestão de negócios,[38] e a dos quase delitos, ou seja, atos não delituais, equiparados aos delitos na prática. Nesta última categoria, pode-se citar o dano causado por objeto caído ou lançado de um prédio. Não era delito, mas o dono do prédio tinha, assim mesmo, que indenizar os danos causados, independentemente de culpa sua.[39] Por outros termos, o fato não era delito, mas, na prática, era tratado como se fosse.

Posteriormente, no Direito medieval, a ideia de delito e quase delito modificou-se. Delito passou a ser o ilícito doloso e o quase delito, o culposo.[40]

Teorias modernas refutam a ideia de quase contrato e quase delito. Vejamos algumas delas:

A primeira é a teoria de Perozzi,[41] segundo a qual são duas as fontes: o contrato (por força do indivíduo, de sua consciência) e a lei (força social, pensamento universal).

A segunda é a de Josserand,[42] que divide as fontes em atos jurídicos, que são os contratos e atos unilaterais, como a promessa de recompensa, os atos ilícitos, o enriquecimento sem causa e a lei.

Serpa Lopes[43] critica que os atos unilaterais sejam fonte de obrigação, porque a manifestação de vontade somente cria vínculo obrigacional (característica essencial das obrigações), quando encontra outra vontade que a ela adere e formula contrato (convenção). É o caso da promessa de recompensa. Quando uma pessoa cumpre tarefa para a qual se prometeu recompensa, adere à vontade do promitente, formando, dessarte, contrato.

Ver-se-ia, portanto, retorno à noção dual de fontes: lei e contrato. Da lei nasceriam as obrigações por atos ilícitos e pelo enriquecimento ilícito; dos contratos viriam as obrigações por declarações bilaterais de vontade, como é o caso da compra e venda, e pelas declarações unilaterais de vontade, como a promessa de recompensa, em que o vínculo característico das obrigações somente se cria quando a vontade se bilateraliza, ou seja, quando uma outra pessoa cumpre a tarefa, aderindo à vontade do promitente.

---

38 *Gestão de negócios* é administração de negócios alheios sem o conhecimento do dono. Assim, se recolho a correspondência de vizinho em viagem, sem qualquer combinação prévia, serei gestor de negócios. Se em meio à correspondência descubro conta vincenda e a pago, farei jus ao reembolso, como se o vizinho me houvesse pedido para pagar. Na verdade, não houve contrato, mas é como se tivesse havido. Trata-se de quase contrato para os romanos. A palavra "quase" tem esse significado especial; quer dizer "como se fosse".
39 CRETELLA JR., José. **Curso de direito romano**. 14. ed. p. 242, 294-299, 320-323. NÓBREGA, Vandick Londres da. **Compêndio de direito romano**. 8. ed., v. 2, p. 173 *et seq.*
40 CRETELLA JR., José. **Curso de direito romano**... cit., 14. ed., p. 320.
41 PEROZZI, Silvio. Op. cit., p. 16 *et seq.*
42 JOSSERAND, Louis. **Derecho civil**. Buenos Aires: Bosch, 1950. p. 10 *et seq.*
43 SERPA LOPES, Miguel Maria de. Op. cit., v. 2, p. 27.

Já me posicionei no sentido de serem as fontes duas, vontade e lei. Da vontade surgiriam os contratos, ou seja, as declarações bilaterais de vontade, e também as declarações unilaterais de vontade, como a promessa de recompensa, os títulos ao portador etc. Da lei viriam as obrigações por atos ilícitos e por fatos geradores de enriquecimento sem causa.

O Código Civil divide as fontes em contratos, atos unilaterais de vontade (promessa de recompensa, gestão de negócio, pagamento indevido e demais atos unilaterais geradores de enriquecimento sem causa) e atos ilícitos.

Na verdade, repensando a questão das fontes, vimo-nos forçados a adotar outra posição, por razões de pura lógica.

Quando se diz serem as fontes das obrigações duas, vontade e lei, estamos, de fato, referindo-nos apenas a um lado da moeda. Em primeiro lugar, a simples vontade não gera nada. A vontade é o motor que nos impulsiona para a realização de uma necessidade, seja real ou fictícia (influenciada por *marketing*, por exemplo). Assim, quando um indivíduo celebra contrato, não o faz simplesmente porque deseja, mas porque tem uma necessidade, ainda que seja produto de sua fantasia, influenciada por propaganda. Não compro um livro porque quero puramente, mas porque necessito dele, mesmo que para me divertir. O mesmo se diga dos atos unilaterais. Ninguém promete uma recompensa por pura vontade. O promitente tem uma necessidade para satisfazer, mesmo que seja a satisfação de seu deleite.

Posto isso, pode-se afirmar que a fonte de uma obrigação não será a vontade, mas um fato derivado da necessidade, movida pela vontade. É evidente que o ser humano possui livre arbítrio, até mesmo para distinguir o que é necessidade real do que é fictícia. Não se diga o contrário. Mas nossa vontade é condicionada por necessidades as mais diversas. Em relação a isso não há dúvida tampouco. Admitir o contrário seria desdenhar todo o trabalho de cientistas como Freud, Lacan e tantos outros.

Ocorre que o fato oriundo da necessidade, mesmo após ser praticado, de nada valeria sem o beneplácito do ordenamento jurídico da lei. Dessarte, a obrigação nasce de um fato sobre o qual incide a norma jurídica.

Esse fato pode ser um contrato (que combina necessidade e vontade), pode ser um ato unilateral de vontade (que também combina necessidade e vontade), um fato lesivo ou um fato gerador de enriquecimento ilícito, como o pagamento indevido e a gestão de negócio (que não combinam necessidade e vontade).

Vejamos alguns exemplos. A bate no carro de B. Constata-se sua culpa. Desse ato lesivo, combinado com a norma dos arts. 186 e 927 do CC, que recepciona o princípio da reparação integral, surge para A a obrigação de indenizar B. De nada valeria a norma sem o ato e vice-versa.

Outro exemplo: A, percebendo que seu vizinho viajara, resolveu recolher sua correspondência. Reparando, um dia, a chegada de conta a ser paga, resolveu efetuar o pagamento, consciente de que seu vizinho não chegaria a tempo de pagar e que o atraso importaria juros de mora. Tal ato de A caracteriza o que se chama de gestão de negócio. Segundo o Código Civil, que adota o princípio do enriquecimento sem causa, B deverá ressarcir A. Assim, o ato de A, combinado com o ordenamento, gera para B uma obrigação. O ato sem a norma de nada serviria e vice-versa.

Um último exemplo seria o do indivíduo A que, desejando pagar a C, deposita o dinheiro, por engano, na conta de B. Trata-se, no caso, de pagamento indevido. Como consequência, B deverá restituir o dinheiro, sob pena de se estar enriquecendo sem uma causa justa. No entanto, poderia não se tratar de pagamento indevido, mas de outro ato gerador de enriquecimento sem causa. Se A, querendo efetuar um depósito em sua própria conta, depositasse na conta de B por engano, não seria pagamento indevido, mas B teria que restituir o dinheiro do mesmo jeito, de acordo com o princípio do enriquecimento sem causa, segundo o qual não deverá haver enriquecimento sem causa legítima.

Resumindo, entendemos que as fontes das obrigações se resumem sempre a um fato, normalmente ato humano, sobre o qual incide a norma jurídica.

8.7 Escorço histórico

Em Roma, o conceito de obrigação também era o de vínculo de ordem imaterial, nada tendo de novo o Direito moderno acrescentado. Apenas desenvolveu a ideia.

Acontece que a ideia de Direito entre os romanos, pelo menos primitivamente, era a de força. Assim, a primeira manifestação jurídica romana foi o *ius in re*,[44] os direitos de propriedade de que dispunha o *dominus*[45] sobre a coisa. Essa ideia foi transferida para o Direito das Obrigações, sujeitando o devedor inadimplente ao credor, como se fora coisa. A vingança era a sanção pelo inadimplemento. Assim, descumprida a obrigação, o devedor ficava submetido à *manus iniectio*, isto é, ao poder direto do credor, e, por se converter em coisa, seu corpo passava a objeto da propriedade do credor.

As razões disso eram de cunho religioso. A propriedade imóvel da família era a morada de seus antepassados, sendo, portanto, a futura morada dos que ainda estavam vivos. Dessa forma, o devedor dela não podia dispor para saldar suas obrigações. Ficando sem outros bens que não a propriedade imóvel, sujeitava-se fisicamente ao poder (*manus*) do credor.[46]

---

44 Direito sobre uma coisa.
45 Dono, senhor.
46 COULANGES, Fustel de. **A cidade antiga**. 9. ed. Lisboa: Livraria Clássica, 1957. *passim*.

No Direito Romano do período das *legis actiones*, que termina em meados do século II a.C., o processo executivo era regulado por alguns poucos artigos da Lei das XII Tábuas, sendo pessoal, à exceção da *actio per pignoris capionem*, que tinha caráter patrimonial.[47]

Sendo a responsabilidade do devedor pessoal, uma vez que fosse condenado, ou bem satisfazia voluntariamente a prestação devida, ou se sujeitava à *manus iniectio* do credor, após o transcurso do prazo de 30 dias, segundo uma das disposições da Lei das XII Tábuas.

A execução dirigia-se contra a pessoa, não contra os bens do devedor condenado. O credor, depois de conduzi-lo à presença do magistrado, pela *manus iniectio*, requeria o *nexus* do devedor, tendo o direito de levá-lo para casa e aprisioná-lo (daí a palavra *nexus*, que significa nó, atadura ou a pessoa aprisionada por dívida), pelo prazo de 60 dias. A *manus iniectio* era, como já vimos, o ato do credor, apondo as mãos sobre o devedor, a fim de conduzi-lo perante o magistrado, em regra, o pretor.

Encarcerado o devedor, deveria ser conduzido por três vezes, no período de 60 dias, à presença do magistrado, aí se proclamando a dívida, para que alguém aparecesse em socorro do devedor. Não se apresentando ninguém, o devedor passa a sujeitar-se absolutamente à *manus*, ou seja, ao poder do credor, que poderá vendê-lo ou fazer dele escravo, se bem que fora dos limites da cidade (*trans Tiberim*, isto é, além do Tibre, em solo etrusco). Havia também, ao que tudo indica, o direito de matar o devedor. E se fossem vários os credores, podiam retalhar o corpo do devedor em tantos pedaços quantos fossem os débitos. Na verdade, existe controvérsia se estas normas não seriam apenas em sentido figurado.

A execução começa a perder seu caráter pessoal com a *Lex Poetelia Papiria*, provavelmente de 312 ou 326 a.C.[48] Essa lei aboliu a pena capital e todos os meios vexatórios e cruéis a que podia ser sujeitado o devedor.

Segundo a *Lex Poetelia*, o credor pedia ao magistrado a *addictio debitoris*, ou seja, o direito de levar o devedor preso até a satisfação do crédito. Segundo alguns, essa prisão significava que o devedor *addictus* era posto a serviço do credor, diferentemente do *nexus*, que ficava agrilhoado.

As inovações ficavam por conta da proibição da pena capital, dos ferros e grilhões, bem como da possibilidade de o devedor se livrar solto, jurando possuir bens suficientes para saldar a dívida. Esta talvez seja a grande inovação, o grande passo para a adoção do sistema de responsabilidade patrimonial.

A *Lex Poetelia Papiria* tinha um inconveniente, porém. Não permitia que o devedor se defendesse por si mesmo. Acionado o devedor, tinha ele que

---

47 O credor, por si mesmo, arrecadava uma coisa do devedor, confirmando o ato em juízo.
48 NÓBREGA, Vandick Londres da. **Compêndio de direito romano**. 9. ed. São Paulo: Freitas Bastos, 1977. v. 1, p. 269. A pronúncia correta é [lex petélia papíria].

apresentar um *vindex* para defendê-lo. Esse *vindex* passava a atuar em nome próprio, embora defendendo o devedor. Se perdesse a ação, era obrigado a pagar a quantia devida em dobro.

Esse inconveniente já existia antes e foi mantido pela Lex Poetelia. Foi somente alguns anos depois da edição desta que se promulgou uma outra lei, a Lex Vallia, já no século II a.C.,[49] cujo objetivo foi o de permitir ao devedor, em alguns casos, defender-se por si mesmo, sem a interferência do *vindex*.[50]

O procedimento executivo dirigido contra a pessoa do devedor acabava por dirigir-se indiretamente contra seus bens. Tanto no caso do *nexus* do Direito mais antigo quanto no caso do *addictus* do Direito posterior (Lex Poetelia), os bens do devedor terminavam sempre por cair nas mãos do credor, até mesmo como forma de libertação.

Ao lado desse procedimento de execução pessoal, havia no Direito Público Romano um procedimento executivo, de caráter patrimonial, do qual se utilizava o questor para cobrar os débitos fiscais. O questor punha-se na posse dos bens do devedor e tratava de vendê-los (*sectio bonorum*), retirando do preço auferido a parte do erário. Com base nesse modelo, o pretor adotou procedimento algo semelhante, introduzindo a *missio in possessionem bonorum*, a *bonorum proscriptio* e a *bonorum venditio*. Na verdade, segundo alguns autores, como Bethmann-Hollweg, a *missio in bona* já era prática habitual contra o devedor fugido. Já que o credor não lhe podia pôr as mãos em cima, tomava posse de seus bens.

Segundo Gaio,[51] no segundo século a.C.,[52] um pretor de nome Rutílio instituiu a *bonorum venditio*.

O credor apresentava-se perante o magistrado, pedindo-lhe que o pusesse na posse dos bens do devedor. A esse pedido se denominava *postulatio*. Posto na posse dos bens um dos credores, ou seja, ocorrida *a missio in possessionem*, o caminho ficava aberto aos demais credores, que deviam ser cientificados do fato por meio de uma *proscriptio*, proclamação pública da *missio in possessionem*.

A partir daí, o processo parava em compasso de espera, pelo tempo determinado no edito do pretor. Este tempo de espera podia variar conforme o caso. Durante este intervalo, o devedor podia recuperar seu patrimônio, satisfazendo o direito dos credores ou invalidando-o. Transcorrido o prazo, o devedor só podia defender-se se apresentasse caução (*cautio iudicatum solvi*). Passado todo esse prazo, procedia-se à *bonorum venditio*.

---

49 Idem, p. 272. A pronúncia correta é [lex válía].
50 Idem, p. 272.
51 Gaii Instit. Comment., IV, 35.
52 SCIALOJA, Vittorio. **Procedimiento**... cit., p. 290.

Os credores nomeavam um *magister*, que devia encarregar-se da venda. O *magister* fazia um inventário dos bens e das dívidas, organizando-as pela ordem de preferência. Em seguida, era feita a venda. Quem comprasse os bens (o *bonorum emptor* ou comprador) adquiria tão somente a propriedade pretoriana. A propriedade civil só se adquiria algum tempo depois, pela usucapião. Isto porque a simples compra dos bens nessa *bonorum venditio* não era suficiente para transmitir a propriedade. Afinal todo o procedimento decorria do *imperium* do magistrado, que não tinha o poder de criar um direito na esfera do *Ius Civile*.

Como se pode verificar, o procedimento da execução era sempre universal. Em outras palavras, arrecadava-se e vendia-se todo o patrimônio do devedor, ainda que fosse apenas uma pequena dívida. Com o passar dos tempos, a *bonorum venditio* universal foi sendo substituída pela *bonorum distractio*, pela qual se vendiam apenas os bens suficientes para o pagamento dos credores. No Direito Justinianeu (527 a 565 d.C.) já não há qualquer rastro da *bonorum venditio*.

Por uma constituição imperial de Antonino Pio (138 a 161 d.C.), introduziu-se a execução pelo *pignus in causa iudicati captum*. Quando o devedor tivesse apenas um ou dois credores e seus bens fossem suficientes para o pagamento das dívidas, o magistrado, ouvida a *postulatio* do credor, ordenava que seus funcionários (*apparitores*) penhorassem tantos bens do devedor quantos fossem suficientes para pagar a dívida. Feita a penhora, o processo entrava em compasso de espera, dando prazo ao devedor para que resgatasse os bens. Esgotado o prazo, os *apparitores* procediam à venda em hasta pública. A vantagem deste procedimento é que não se arrecadava todo o patrimônio do devedor.

Por fim, um procedimento que, estranhamente, só aparece no fim do Alto Império (27 a.C. a 284 d.C.) é o da execução específica ou *in natura*, quando se tratasse de obrigação de dar ou restituir coisa certa. No Direito anterior, o objeto da execução era sempre a condenação, que era necessariamente pecuniária. Assim, nas obrigações de dar ou restituir coisa certa, a execução era sempre por perdas e danos. Foi apenas no fim do Alto Império que se introduziu, com certeza, a execução específica.[53]

Como vimos, ao longo da história, a execução foi deixando de ser pessoal, para tornar-se, na modernidade, patrimonial. Mas, ainda assim, resta algo de pessoal na execução das obrigações. Devemos lembrar que ainda há prisão por dívidas, mesmo que restrita ao inadimplemento injustificável de pensão alimentícia. Ao lado desse resquício de prisão por dívida, há também sanções de caráter pessoal que atingem o devedor em sua pessoa, como a inserção de seu nome nos vários órgãos que protegem o crédito. Dessarte, dizer que hoje a execução é exclusivamente patrimonial não é inteiramente verdade.

---

53 SCIALOJA, Vittorio. **Procedimiento**... cit., p. 300-301.

Outra questão importante é a da ingerência do Estado nas obrigações particulares. Antes vigorava a pleno rigor o princípio *pacta sunt servanda*, isto é, o princípio segundo o qual os contratos tinham força de lei entre as partes. Uma vez assumida obrigação, esta tinha que ser adimplida, de um modo ou de outro. Tal princípio foi impulsionado pelo Código Civil de Napoleão, de 1804, de índole liberal, inspirado nos ideais liberalistas da Revolução Francesa.

A fase seguinte, que dominou principalmente os três primeiros quartos do século XX, foi oposta, preconizando a intervenção do Estado em todos os assuntos, ainda que naqueles de ordem puramente privada. Era função do Estado fiscalizar a sociedade e dirigi-la economicamente.

A ideologia reinante na atualidade é como que meio-termo entre o liberalismo puro e o intervencionismo radical. Em outras palavras, o Estado deve fiscalizar a atividade privada e orientar os rumos econômicos do país, mas sem exageros, deixando, sempre que possível, fluir liberdade e iniciativa privada, sem maiores empecilhos. A intervenção estatal que não se basear no interesse público, na proteção e na promoção da dignidade humana, será arbitrária e, portanto, ilegítima.

Por fim, é importante lembrar que, por força da constitucionalização do Direito Civil e das Obrigações, houve uma despatrimonialização das relações creditícias. Isso implica dizer, como visto *supra*, que o capital, o econômico, que é o conteúdo das relações de crédito, deve ser instrumentalizado para promover a dignidade humana.

8.8 Principiologia do Direito das Obrigações

Em primeiro lugar, devemos entender a expressão "princípios informadores", largamente utilizada por todas as ciências, inclusive pelo Direito.

Princípios informadores são normas gerais e fundantes que fornecem os pilares de determinado ramo do pensamento científico ou do ordenamento jurídico. Informam, portanto, o cientista ou o profissional do Direito. Daí o nome, princípios informadores, porque informam os fundamentos dos quais devemos partir. São gerais porque se aplicam a uma série de hipóteses, e são fundantes, na medida em que deles se pode extrair um conjunto de regras, que deles decorrem por força de lógica. Assim, do princípio do enriquecimento sem causa, pode-se deduzir a regra de que quem recebe pagamento indevido, por erro do devedor, deverá restituir o que recebeu. Quem assina contrato bancário sem ler, mesmo que não se considere esta modalidade contrato de consumo, não estará obrigado a cumprir cláusula, que, embora não seja abusiva, imponha dever que não faça parte da natureza do contrato, como a obrigação de fazer um seguro de vida, como cláusula de contrato de abertura de conta bancária. Esta regra se pode extrair de dois princípios, o da boa-fé e o da confiança. Esses subprincípios e regras dedutíveis de um princípio servem para densificá-lo.

É importante ressaltar que as regras que se deduzem de um princípio, ou já estão positivadas em lei, ou se deduzem de inferência lógica, sem que se possa, evidentemente, extrair detalhes que não sejam dedutíveis de imediato por intermédio de processo lógico. Em outras palavras, o intérprete não pode deduzir detalhes de um princípio, que só ao legislador seja lícito positivar. Há regras que são decorrência lógica e necessária de um princípio, há outras que necessitam da mediação do legislador. São regras que não são autoaplicáveis. Por exemplo, do princípio do enriquecimento sem causa, pode-se inferir necessariamente a regra de que a indenização pela prática de ato ilícito não pode ir além da extensão do dano e, eventualmente, do grau da culpa, sob pena de haver enriquecimento sem causa por parte da vítima, que estaria recebendo uma indenização superior ao dano sofrido. Mas, definitivamente, não se pode daí inferir que o juiz estaria autorizado a fixar uma quantia a mais, a título de indenização pedagógico-punitiva, e direcioná-la a uma instituição de caridade, a fim de evitar o enriquecimento sem causa da vítima. Não se pode inventar detalhes normativos, isto é, regras de conduta que não sejam dedução imediata do princípio, por meio de um processo lógico-racional. Para isso, é obrigatória a intermediação do legislador. Só podem ser implementadas sem a interferência do legislador os subprincípios e as regras autoaplicáveis.

O Direito Obrigacional se pauta, atualmente, em princípios modernos, criados para atender às mudanças de paradigma. Hoje, não se pode dizer, por exemplo, que o paradigma clássico de contratação, em que duas pessoas se sentam a uma mesa e negociam cláusulas, seja regra geral. No mundo moderno, a celebração de contratos se massificou. Se a principiologia clássica atendia ao modelo antigo, não se ajusta bem ao novo modelo de contratar. Como se pode sentir, essa principiologia do Direito das Obrigações é, na verdade e basicamente, a principiologia das fontes, ou seja, dos contratos e atos unilaterais, dos atos ilícitos. De todo modo, a doutrina teve que adaptar os princípios clássicos aos novos tempos, criando uma nova principiologia para o Direito das Obrigações. Vejamos como isso se deu.

8.8.1 Principiologia clássica do Direito das Obrigações

A principiologia clássica partia do pressuposto de que as obrigações tinham por fontes a vontade e a lei. Desta, nasciam as obrigações oriundas dos atos ilícitos, do pagamento indevido, da gestão de negócios, dentre outros; daquela, as obrigações oriundas dos contratos e dos atos unilaterais.

A vontade era dogmatizada. Entendia-se a vontade como um fenômeno da liberdade de agir. Os indivíduos iguais e, portanto, livres, tinham na vontade o impulso para a ação. Essa autonomia da vontade era soberana, livre das peias espaço-temporais, porque dirigida de dentro para fora. A limitação moral da vontade teve no imperativo categórico de Kant seu principal esteio: aja de modo a que sua ação possa servir de exemplo universal de bem, para todos os demais, em qualquer tempo e lugar.

Desde o século XVII, aliás, o movimento para a liberdade individual já começara. John Locke, em seu *Tratado sobre o governo civil*, afirmava que cada indivíduo tinha o direito de governar seus próprios interesses e forçar a lei da natureza, o Direito natural, do qual derivava a lei civil, contra os transgressores. Os indivíduos têm o direito de dispor de sua força de trabalho e de se tornar proprietários.[54]

Visto isso, destacamos neste momento, para comentar, o princípio clássico por excelência, qual seja, o da autonomia da vontade. Em seguida, comentaremos dois outros princípios clássicos importantes, o da justiça nas relações obrigacionais e o do *neminem laedere*. Há outros, que deixaremos para estudar no próximo capítulo.

8.8.1.1 Princípio da autonomia da vontade

É o mais importante princípio. É ele que faculta às pessoas total liberdade para contrair obrigações. É o princípio que protege os indivíduos da ingerência ilegítima do Estado. Funda-se na vontade livre, na liberdade de agir. Os contratos, os atos unilaterais são vistos como fenômenos da vontade e não como fenômenos econômico-sociais.

O liberalismo congregava a sociedade (economistas, juristas e políticos) em torno do *laissez-faire*. Não se tratava só de doutrina econômica. Abrigava fundamentos religiosos (a ideia cristã do homem como valor supremo, dotado de direitos naturais) e fundamentos políticos (oposição ao *Ancien Régime*, por demais opressivo).

Este estado de coisas vem até o final do século XIX, início do século XX.

---

54 ELÍBIO JÚNIOR, Antônio Manoel. **Filosofia Política I**. Unisul Virtual: Palhoça, 2009. p. 49.

A vontade autônoma tornou-se, assim, o grande dogma do liberalismo econômico, político e jurídico.

Exerce-se a autonomia da vontade em quatro planos.

1] Contrair ou não contrair obrigações. Ninguém pode ser obrigado a contratar, ou a prometer o que não desejar.
2] Com quem e sobre o que se obrigar. As pessoas devem ser livres para escolher seu parceiro contratual e o objeto do contrato, ou da promessa unilateral.
3] Estabelecer as normas de conduta, respeitados os limites da lei natural.
4] Mobilizar ou não o Poder Judiciário para fazer respeitar o vínculo obrigacional, que, uma vez constituído, torna-se fonte formal de Direito.

Sem sombras de dúvida, o princípio comporta exceções. Em determinados momentos, a lei impõe a certas pessoas o dever de contratar, como é o caso da obrigação dos comerciantes de não sonegar mercadorias. Outros momentos há em que uma das partes não tem qualquer liberdade de discutir as cláusulas contratuais, como nos contratos de seguro, ou de depósito bancário etc., chamados contratos de adesão. Às vezes não temos escolha quanto ao parceiro contratual, nos casos de monopólio, ou mesmo no caso do comerciante que é obrigado a vender suas mercadorias a quem quer que se apresente com dinheiro suficiente. Assim mesmo, pode-se afirmar ter sido o princípio da autonomia da vontade norma geral do Direito dos Contratos.

O princípio da autonomia da vontade se desdobra em dois outros princípios: da obrigatoriedade do vínculo e do consensualismo.

a] Princípio da obrigatoriedade do vínculo

Este princípio diz respeito aos contratos e às declarações unilaterais de vontade. No momento em que é emitida, a vontade vincula, nascendo a obrigação, pelo menos nos planos da existência e da validade.

Uma vez celebrados pelas partes, na expressão de sua vontade livre e autônoma, os contratos não podem mais ser modificados, a não ser por mútuo acordo. Devem ser cumpridos como se fossem lei. Costuma-se traduzir esse princípio em latim por *pacta sunt servanda*.

Evidentemente, só se aplica este princípio aos contratos realizados de acordo com a lei. Os contratos, bem como as cláusulas contrárias ao Direito, reputam-se ilegítimos, saindo da esfera do princípio da obrigatoriedade contratual.

O mesmo se diga das declarações unilaterais. Quando alguém faz uma promessa de recompensa, obriga-se no mesmo instante a ela. Ainda que, no plano da eficácia, a promessa tenha que se bilateralizar para produzir efeitos, nos planos da existência e da validade, obriga.

Este princípio tem larga base de fundamentação filosófico-doutrinária, como veremos no próximo capítulo.

Modernamente, pode-se dizer, a obrigatoriedade encontra seus fundamentos na Teoria Preceptiva, segundo a qual as obrigações oriundas dos contratos e das declarações unilaterais obrigam não apenas porque as partes interessadas as assumiram, mas porque interessa à sociedade a tutela da situação objetivamente gerada, por suas consequências econômicas e sociais. A esfera negocial é espaço privado, em que as pessoas, nos limites impostos pela lei, podem formular preceitos (normas) para regular sua conduta. A obrigatoriedade também se baseia no princípio da confiança. Baseado no valor social da aparência (Betti), o negócio, seja bilateral ou unilateral, vincula por razões sociais, ou seja, as partes têm que ter a segurança ou a confiança de que o negócio será cumprido, mesmo que à força.

b] Princípio do consensualismo

Este é um princípio de Direito Contratual, que se estende também às obrigações oriundas de declarações unilaterais, como a promessa de recompensa.

Segundo o princípio do consensualismo, os contratos se consideram celebrados e obrigam as partes, no momento em que estas cheguem a um consenso. Desde que este consenso esteja conforme à Lei, será válido, e nenhuma formalidade além dele será exigida.

O mesmo se diga das obrigações decorrentes de declarações unilaterais de vontade. Numa promessa de recompensa, por exemplo, a obrigação se torna eficaz no exato momento em que um dos destinatários cumpra a tarefa e a apresente ao promitente. Não é necessária, em princípio, qualquer outra formalidade.

Este princípio é a regra geral, sendo, entretanto, limitado por várias exceções, quando a lei exige formalidades extras para alguns contratos.

8.8.1.2 Princípio da justiça das relações obrigacionais

Outro princípio clássico era o da justiça. Este também é princípio tipicamente contratual, mas aplica-se também a obrigações oriundas das declarações unilaterais e dos atos ilícitos. Toda relação obrigacional, não importa qual seja sua fonte, deve ser justa.

Assim, sendo as partes, credor e devedor, pessoas livres, maiores, capazes; sendo sua vontade imaculada por vícios do consentimento, a relação se considerava justa. Em outras palavras, não se indagava se as partes realmente haviam contraído a obrigação em pé de igualdade, se não teria havido sobreposição de uma sobre a outra etc. Não se questionava da vulnerabilidade ou da hipossuficiência de uma das partes. A justiça era, pois, vista de uma ótica estritamente formal.

8.8.1.3 Princípio do *neminem laedere*

Iuris praecepta sunt haec: honeste vivere, neminem laedere, suum cuique tribuere.[55] Tais palavras se atribuem a Ulpiano, jurista romano de grande expressão, nascido em Tiro (cidade fenícia na costa do Líbano, atual Sur), em 150 d.C., e falecido em Roma, no ano de 228. O que significam essas duas orações? Os preceitos jurídicos são os seguintes: viver honestamente, não lesar a ninguém, dar a cada um o que é seu. Disso extrai-se o velho princípio do *neminem laedere*, ou seja, o princípio segundo o qual se deve viver honestamente, dando a cada um o que é seu por direito e, ao contrair obrigações, bem como ao executá-las não se deve lesar a ninguém. Em outras palavras, cada uma das partes numa relação obrigacional tem o direito de exigir que a outra aja honestamente. Mas, antes de tudo, o *neminem laedere* significava não lesar a ninguém, dentro da perspectiva cristã de que não se deve fazer ao próximo aquilo que não se quer que se lhe faça. Este princípio transformou-se no atual princípio da boa-fé objetiva, bem mais arrojado, como veremos a seguir.

8.8.1.4 Princípio *res perit domino*

Res perit domino significa "a coisa perece para o dono". O que isso quer dizer? Quer dizer que, vindo uma coisa a se perder ou a se deteriorar, em virtude de caso fortuito ou de força maior, os prejuízos serão suportados pelo dono, não podendo ser atribuídos a ninguém mais. O princípio, evidentemente, comporta exceções. Se o comodatário, por exemplo, diante de situação de perigo, salvar as suas coisas, em detrimento da coisa comodada, responderá perante o comodante, mesmo que se trate de caso fortuito ou de força maior.

8.8.2 Nova principiologia do Direito obrigacional

No final do século XIX e no século XX, nasce o chamado Estado Social. Há muito, políticos e economistas haviam abandonado a ideia do liberalismo. Os juristas continuavam, contudo, apegados à ideia da autonomia da vontade. Não por puro conservadorismo, mas por força do modelo tradicional de contrato, que continuava imperando na prática. Quando a massificação chegou ao campo jurídico-obrigacional é que se começou a rever esses conceitos.

Assim, temos que o liberalismo e o individualismo resultaram do capitalismo mercantilista. Com a Revolução Industrial, que começa na Inglaterra, já no século XVIII, a sociedade se transforma. Dois fenômenos importantes

---

[55] Inst. Lib. I, Tit. I, § 3.

ocorrem: a urbanização e a concentração capitalista, esta consequência da concorrência, da racionalização etc.

Esses dois fenômenos resultaram na massificação das cidades, das fábricas (produção em série), das comunicações; das relações de trabalho e de consumo; da própria responsabilidade civil (do grupo pelo ato de um indivíduo) etc.

A massificação dos contratos é, portanto, consequência da concentração industrial e comercial, que reduziu o número de empresas, aumentando-as em tamanho. Apesar disso, a massificação das comunicações e a crescente globalização acirraram a concorrência e o consumo, o que obrigou as empresas a racionalizar para reduzir custos e acelerar os negócios: daí as cláusulas contratuais gerais e os contratos de adesão.

Toda essa revolução mexe com a principiologia do Direito Contratual e do Direito Obrigacional, num sentido mais amplo. Os fundamentos da vinculatividade obrigacional não podem mais se centrar exclusivamente na vontade ou na lei, segundo o paradigma liberal individualista. As obrigações passam a ser concebidas em termos econômicos e sociais. Nasce a nova principiologia.

O negócio obrigacional só vincula por ser fenômeno social, realidade objetiva tutelada pelo Direito. Os interesses particulares devem estar em harmonia com os gerais, como explica a teoria preceptiva.

As relações obrigacionais realizam um valor de utilidade social.

Valores são verdades básicas, premissas. Segundo Stein e Shand, os valores fundamentais da sociedade ocidental seriam três: ordem (segurança), justiça e liberdade.[56] A eles acrescentamos a dignidade humana. É com base nesses valores que uma relação obrigacional contratual intenta promover o bem comum, o progresso econômico e o bem-estar social. À liberdade, corresponde o princípio da autonomia privada. À ordem (segurança), o princípio da boa-fé. À justiça, o princípio da justiça. À dignidade do homem, correspondem todos eles e os princípios da dignidade humana e da função social das obrigações. Vejamos cada um destes princípios, lembrando, porém, que, na verdade, alguns são princípios clássicos, que receberam nova roupagem. Exemplo é o princípio da autonomia privada, que, ao ser relido, adaptado aos tempos modernos, recebe o nome de princípio da autonomia privada. Muitos, porém, continuam denominando-o de autonomia da vontade, apesar de seu novo perfil.

---

56 NORONHA, Fernando. **O direito dos contratos e seus princípios fundamentais**. São Paulo: Saraiva, 1994. p. 100-101.

8.8.2.1 Princípio da dignidade humana

A dignidade humana, como vimos, é um valor a ser realizado pelo ordenamento jurídico. Foi consagrada no art. 1º, III, da CF, como fundamento da República Brasileira. É com base nessa dignidade que todas as normas jurídicas constitucionais e infraconstitucionais, bem como todas as situações e relações jurídicas deverão ser interpretadas, inclusive as relações obrigacionais.

Tomemos os contratos como exemplo. Enquanto meio de geração e de circulação de riquezas, de movimentação da cadeia de produção, devem ser instrumento de promoção do ser humano e de sua dignidade. Em outras palavras, os contratos não podem ser vistos apenas como meio de enriquecimento das partes contratantes. Com base neste princípio, da dignidade humana, alguns contratos devem ser tratados de forma diferenciada.

Por exemplo, um hospital compra certo maquinário. Vê-se, depois, em situação de inadimplemento, não conseguindo pagar ao fornecedor. Que fazer? Penhorar o maquinário? O que é mais importante, a saúde dos pacientes ou o lucro do fornecedor? Sem dúvida alguma, o lucro do fornecedor é importante, mas não mais que a saúde dos pacientes do hospital. O lucro há de ceder diante da dignidade humana, e a solução para o problema não será a penhora do maquinário.

Outro exemplo, já previsto em lei, é o despejo de escolas, hospitais e residências que ocorre de modo diverso do despejo de lojas comerciais. Nestes casos também se privilegia a dignidade humana em detrimento do lucro.

É fundamental que se diga que as pessoas celebram contratos para se promover, para galgar novos e melhores caminhos. Os contratos têm que se interpretados como instrumentos de promoção da dignidade humana. Mas não só os contratos, como toda relação obrigacional, mesmo as oriundas de atos ilícitos. É, afinal, para promover a dignidade da vítima, que se impõe o dever de indenizar os danos causados.

Devemos, contudo, tomar cuidado para não transformar o princípio da dignidade humana em um curinga, que tiramos da manga para solucionar todo e qualquer problema difícil. Devemos respeitar as opções do legislador, principalmente quando não colidam com a Constituição. Não se pode, por exemplo, invocar o princípio para obrigar um tio a prestar alimentos a um sobrinho. O Código Civil explicita e legitimamente impõe um limite na ordem de vocação ao dever de alimentar. Só se pode exigir alimentos do ex-cônjuge, do ex-companheiro, dos ascendentes, descendentes e irmãos. O legislador ordinário entendeu que, a partir daí, não seria adequado impor o dever de alimentar, que passaria ao Estado. Nada há de inconstitucional na norma, que, portanto, há de ser respeitada. Outro exemplo é o do imóvel da pessoa solteira. Segundo a Lei n. 8.009/1990, só seria impenhorável por dívida o imóvel familiar. Mas e o imóvel da pessoa solteira?

Ficaria fora da proteção da referida lei? Sim, mais uma vez, aqui, o legislador ordinário fez uma opção, a meu ver, totalmente legítima. Entre a dignidade do devedor e a dignidade do crédito, escolheu esta última. Não podemos nos esquecer que a livre circulação do crédito também promove a dignidade humana, cria e circula riquezas, gera empregos, tributos etc. Diante disso, o legislador explicitamente fez uma escolha legítima, constitucional, pela dignidade do crédito. Sendo a pessoa solteira sozinha, pode perfeitamente se virar; mais importante é garantir a livre circulação do crédito, promotora de dignidade. Tratando-se, ao revés, de imóvel familiar, a situação é outra. O legislador entendeu que a dignidade da família, como base da sociedade, é mais importante que a dignidade do crédito, mesmo porque, muitas vezes, os demais membros da família nem têm muito a ver com a dívida inadimplida, muitas vezes, nem chegam a se beneficiar com ela. Por tudo isso, entendo que o intérprete não tinha o direito de, com base no princípio da dignidade humana, estender o benefício da Lei n. 8.009/1990 ao imóvel da pessoa solteira. Este é mais um exemplo de como pode ser leviana a hermenêutica civil-constitucional, o que deve ser evitado.

Bem, mas no fim das contas, existiria uma receita para se aplicar o princípio da dignidade humana, sem ser leviano? Infelizmente, não. Nada além do bom senso a nos guiar. Bom senso é boa razão, é análise lógica e racional do Direito, a fim de se evitar absurdos e leviandades. Isso é fácil? Nem sempre, o que não significa que não deva ser tentado. De todo modo, a melhor decisão é sem dúvida aquela que melhor convença o maior número de pessoas possível, num dado tempo e lugar.

8.8.2.2 Princípio da função social

As relações obrigacionais são instrumentos de movimentação da cadeia econômica, de geração e de circulação de riquezas. É por seu intermédio que a economia se movimenta. Elas geram empregos, criam oportunidades para a promoção do ser humano. Nisto reside sua função social.

É com base no princípio da função social que muitos problemas, por exemplo, na esfera contratual serão solucionados. Assim, que solução deverá ser adotada no caso de a execução de um contrato levar uma empresa à falência? Ora, não é objetivo de nenhum contrato levar qualquer das partes a tal situação, gerando desemprego e pobreza. Desse modo, a execução do contrato em tela pode ser processada não do modo tradicional, mas de modo a evitar a falência da empresa. Esta solução só é viável diante do princípio da função social dos contratos.

Um subprincípio importante da função social é o *princípio da conservação* ou *da preservação do vínculo*.

O vínculo obrigacional, na medida do possível, sempre deverá ser mantido. Assim, numa ação anulatória, preferencialmente deve ser anulada a parte defeituosa, não o contrato inteiro.

A revisão será sempre preferível à resolução, salvo se não for possível a preservação do vínculo.

Imaginemos um exemplo: uma empresa comercializa certo produto. Em determinado momento, ocorrem circunstâncias imprevisíveis que levam os compradores do produto a pedirem a revisão de seus contratos. Se a única alternativa for a resolução dos contratos com a restituição do produto e do preço já pago, a empresa fornecedora poderá ir à falência, bem como o próprio fabricante, gerando desemprego e mais quebras. É óbvio, portanto, que, com base no princípio da conservação dos contratos, a solução no exemplo acima, não poderá ser a simples resolução dos contratos.

O princípio da função social é, normalmente, invocado em benefício de terceiros. Tal é o caso do exemplo dado acima, em que o princípio teve por finalidade proteger uma fonte de empregos e de riqueza. No entanto, é possível visualizar alguns casos em que o princípio da função social pode ser invocado em favor de uma das partes. Exemplo seria um contrato de financiamento da casa própria, cujas prestações se elevassem desmesuradamente, tornando-se impagáveis. Ora, o contrato de mútuo para a aquisição ou construção da moradia desempenha relevante função social, promovendo a dignidade humana. Lembremo-nos de que a moradia é garantia constitucional. Consequentemente, a elevação absurda de suas prestações, tornando-o impagável, contraria sua função social, podendo o princípio ser invocado, aqui, não em benefício de terceiros, mas em benefício direto do próprio mutuário.

Também o princípio da função social não deve ser invocado levianamente. Seguramente, não serve para proteger o devedor inadimplente ou o mais fraco, sempre e em qualquer circunstância. A funcionalização do Direito não é panaceia para a solução de todo problema difícil. Função social não é instrumento de distribuição nem de extermínio da riqueza. O direito de acumulação de bens é direito fundamental, por mais que o detestem muitos. O ódio à riqueza alheia é até um direito, desde que não ultrapasse os limites da paz social e da livre e pacífica expressão do pensamento. Infelizmente, aqui tampouco há uma receita fácil para a aplicação do princípio. Cada caso é único e há de ser interpretado racionalmente, segundo a lógica do discurso, de modo a, no fim das contas, convencer o maior número possível de pessoas.

8.8.2.3 Princípio da autonomia privada

Consiste na liberdade de as pessoas regularem, através das relações obrigacionais, principalmente as contratuais, seus interesses, respeitados os limites legais. É o princípio que protege os indivíduos da ingerência ilegítima do Estado. Na esfera obrigacional, aplica-se basicamente aos contratos e às declarações unilaterais, mas insere-se em outros ramos do Direito, como no Direito de Família (autonomia dos cônjuges de escolher o regime de bens, por exemplo) e no Direito das Sucessões (deixar ou não deixar testamento, dispor sobre o conteúdo do testamento etc.). Até no Direito das Coisas se pode falar em autonomia privada, por exemplo, em relação aos direitos do dono de dispor livremente de suas próprias coisas. A autonomia privada é a esfera de liberdade em que às pessoas é dado estabelecer normas jurídicas para regrar seu próprio comportamento. Os contratos são um fenômeno da autonomia privada, em que as partes se impõem normas de conduta. Difere do princípio da autonomia da vontade, em que o contrato viria de dentro para fora. Seria fenômeno exclusivamente volitivo. Na autonomia privada, o contrato não vem, exclusivamente, de dentro; não é fenômeno meramente volitivo. As pessoas não contratam apenas porque desejam. A vontade é condicionada por fatores externos, por necessidades, que dizem respeito aos motivos contratuais. Repetimos o que dissemos ao tratar das fontes das obrigações.

Em primeiro lugar, a simples vontade não gera nada. A vontade é o motor que nos impulsiona para a realização de uma necessidade, seja real ou fictícia (influenciada por *marketing*, por exemplo). Assim, quando um indivíduo celebra contrato, não o faz simplesmente porque deseja, mas porque tem uma necessidade, ainda que seja produto de sua fantasia, influenciada por propaganda. Não compro um livro porque quero puramente, mas porque necessito dele, mesmo que para me divertir.

Dessa forma, a fonte de uma obrigação é um fato derivado de uma necessidade ou de um desejo, movidos pela vontade. O ser humano, obviamente, possui algum livre arbítrio, certa consciência, até mesmo para distinguir o real do irreal. Todavia, nossa vontade é condicionada por necessidades e desejos os mais diversos. Negligenciar essa verdade seria desdenhar o trabalho científico desenvolvido por psicólogos e psicanalistas ao longo dos últimos séculos.

Ocorre que o fato oriundo da necessidade, mesmo após ser praticado, de nada valeria sem o beneplácito do ordenamento jurídico, da lei. Dessarte, a obrigação nasce de um fato sobre o qual incide a norma jurídica.

Concluindo, autonomia da vontade e autonomia privada são expressões inspiradas no valor liberdade, com reflexo no agir individual e na possibilidade de escolha dentre várias alternativas possíveis. Todavia, enquanto a autonomia da vontade possui conotação subjetiva, psicológica, na medida em que representa o querer interno do indivíduo, sua vontade real, a autonomia privada importa o poder atribuído pela lei ao indivíduo, para criar normas que definam conteúdo e efeitos dos atos que pratique. A autonomia privada é mais ampla do que a autonomia da vontade.

Esse fato pode ser um contrato, que combina necessidade e vontade. Sobre ele incidirá a norma legal, gerando direitos e deveres para as partes.

Do princípio da autonomia privada podem ser extraídos vários subprincípios, todos, na verdade, princípios antigos, relidos à luz da modernidade, à exceção do princípio da autorresponsabilidade, que é novo. Mais sobre eles, veremos no próximo capítulo, ao cuidarmos da principiologia do Direito Contratual.

8.8.2.4 Princípio da boa-fé

A boa-fé pode ser subjetiva ou objetiva.

A boa-fé subjetiva consiste em crenças internas, conhecimentos e desconhecimentos, convicções internas. Consiste, basicamente, no desconhecimento de situação adversa. Quem compra de quem não é dono, sem saber, age de boa-fé, no sentido subjetivo.

A boa-fé objetiva baseia-se em fatos de ordem objetiva. Baseia-se na conduta das partes de uma relação obrigacional, que devem agir com correção e honestidade, correspondendo à confiança reciprocamente depositada. As partes devem ter motivos objetivos para confiar uma na outra.

O princípio da boa-fé diz respeito à boa-fé objetiva. É dever imposto às partes agir de acordo com certos padrões de correção e lealdade. Este o sentido dos arts. 113, 187 e 422 do CC.

Em que difere este princípio do antigo princípio do *neminem laedere*? Afinal, Ulpiano já dizia que devemos viver honestamente. Viver honestamente, ter o direito de exigir que a contraparte aja honestamente, nada disso é novidade. Então, qual seria a novidade do princípio da boa-fé objetiva? A meu ver, a compreensão de que não apenas podemos exigir conduta honesta da outra parte, como temos o direito de esperar isso dela. Não que antes não se pudesse esperar conduta honesta dos outros, mas agora isso fica claro. Em outras palavras, conquistamos o direito de ser ingênuos, de não ficar sempre com um pé atrás, por assim dizer. Em nosso socorro virá o princípio da boa-fé. Além disso, a outra novidade fica por conta das três funções que possui o princípio, o que absolutamente não se falava no princípio do *neminem laedere*. Por outros termos, o princípio da boa-fé objetiva é uma releitura, uma evolução do princípio do *neminem laedere*.

Menezes Cordeiro[57] constrói historicamente o princípio a partir da *fides* romana. Segundo ele, num primeiro momento a ideia de *fides* ligava-se à justiça do mais forte e ao respeito à palavra dada. De todo modo, não evoluiu de forma hegemônica e dogmatizada, como a temos hoje, mas fragmentariamente, o que a levou a se descaracterizar a ponto de servir como uma espécie de solução genérica, para fundamentar qualquer inovação jurídica. É mais ou menos que vem ocorrendo com a função social e a dignidade humana em nossos tempos.

Dessa ideia primeira de *fides*, passa-se à *bona fides*, quando interessam principalmente os *bonae fidei iudicia*, criados pelo pretor para fazer face a novas situações econômico-sociais, não previstas no formalismo do *Ius Civile*.

No Direito Canônico, a *bona fides* implicava ausência de pecado, dificultando a prescrição. Não era, contudo, invocada no campo obrigacional.

No Direito Germânico medieval, a boa-fé parte da ideia de crença, de confiança, de honra e lealdade, diluindo-se no tempo, dado o alargamento de seu sentindo, como, relembre-se, ocorre hoje com a dignidade humana.

Essa boa-fé germânica é que dá a tonalidade objetiva que tem hoje.

Sobre essa base romana, canônica e germânica, atuou o jusracionalismo que culminou nas grandes codificações dos séculos XVIII e XIX. Desses códigos, o mais importante foi, sem dúvida, o francês de 1804, o Código Napoleão. Nele, consagrou-se a boa-fé subjetiva, principalmente no campo possessório. A boa-fé surgiu também como reforço contratual, não vingando, entretanto. Esse malogro repercutiu nos códigos posteriores, inclusive no brasileiro de 1916.

O Código Civil alemão (BGB) edificou a boa-fé subjetiva e a objetiva, na esfera contratual. A partir daí e com o fim dos ideais do liberalismo, a boa-fé objetiva ganha espaço em todo o Direito continental, transformando-se num parâmetro de conduta honrada, não só exigível, mas, acima de tudo, pressuposta. O cuidado que se há de tomar, contudo, é o de não diluir seu sentido a ponto de virar um curinga, usado em qualquer problema, para legitimar todo tipo de solução.

As aplicações da boa-fé objetiva são as mais diversas. Em algumas hipóteses, uma relação obrigacional pode ser extinta por violar o princípio da boa-fé.

Exemplos seriam a frustração do fim contratual objetivo e a impossibilidade econômica da prestação.

No primeiro caso, o objetivo que levara uma das partes a contratar se frustra. A outra não estaria agindo de boa-fé, se exigisse a execução do contrato ou indenização por perdas e danos. Se alugo um apartamento para um determinado fato especial, como um *show*, por exemplo, e se este é cancelado, frustra-se o objetivo do contrato, podendo ele ser extinto, sem aplicação de

---

57 CORDEIRO, António Manuel da Rocha e Menezes. **Da boa-fé no direito civil**. Coimbra: Almedina, 2001. p. 1283-1297.

multa. Evidentemente, o locador tem que ter, também ele, disponibilizado o apartamento para locação, pensando no *show*.

A impossibilidade econômica da prestação tem a ver com a doutrina do limite do sacrifício. A prestação fica extremamente onerosa, apesar de mantido o equilíbrio com a contraprestação. É o caso dos contratos em dólar: o preço em dólar continua o mesmo, em moeda nacional é que se torna absurdo. Seria violar o princípio da boa-fé, exigir que o devedor realize os pagamentos, como se nada houvesse ocorrido.

Um subprincípio da boa-fé é o *princípio da transparência*, segundo o qual as partes têm o dever de informar uma à outra tudo o que julgarem importante para a boa execução da obrigação. Este dever de informação estende-se desde a formação até a execução.

Outro subprincípio da boa-fé é o *princípio da confiança*, que, aqui, tem uma conotação diferente daquela que vimos acima, ao tratarmos do princípio da obrigatoriedade. As partes confiam uma na outra, devendo a atuação de ambas corresponder a essa confiança. Segundo este princípio, cada uma das partes tem o direito de confiar na outra. Mais do que o direito de poder exigir uma conduta confiável, cada parte da relação tem o direito de confiar na outra. Essa abordagem é totalmente nova, embora pudesse ser inferida do princípio do *neminem laedere*. Mas, como dito, este estava muito mais ligado à concepção cristã de não fazer aos outros aquilo que não queremos que nos façam. Isso era, em suma, viver honestamente.

Ainda outro subprincípio da boa-fé é o *princípio da solidariedade*. As relações obrigacionais, mormente as contratuais, devem ser entendidas como relações cooperativas, em que credor e devedor colaborem mutuamente para o bom resultado. Mesmo nas obrigações oriundas de atos ilícitos, isso é fato, credor e devedor hão de colaborar solidariamente para o adimplemento da obrigação. Muitos confundem solidariedade com caridade cristã, o que está errado. Assim, com base no princípio da solidariedade, o juiz não pode deixar de decretar o despejo legítimo do locatário, mesmo que não haja justa causa. Tanto o Código Civil, quanto a Lei n. 8.245/1990 permitem o despejo sem justa causa, desde que preenchidos certos requisitos. Se o locador quiser deixar o locatário habitando seu imóvel, até gratuitamente, será por sentimento de caridade, não por força do princípio da solidariedade. Por força deste princípio, será, por exemplo, possível eventualmente adiar o vencimento da obrigação, a fim de que o devedor possa organizar seus negócios e saldar suas dívidas. Isto se permite, por exemplo, na recuperação de empresas.

Por fim, outro subprincípio da boa-fé é o *princípio da vinculação obrigacional pelo exercício de posições jurídicas*. O modo pelo qual uma posição jurídica seja exercida vincula quem a exerça, independentemente de uma manifestação de vontade expressa, na medida em que o determinante não é o fato de se ter ou não uma representação dos efeitos da obrigação, mas sim a necessidade de que a concepção obrigacional complexa os abranja, atribuindo a várias situações os efeitos obrigacionais, em contatos sociais qualificados pelo seu aspecto econômico e pelo estabelecimento de uma confiança a ser apurada objetivamente, pouco importando a maior ou menor vontade, ou até sua inexistência.[58]

A impossibilidade de se quebrar a legítima expectativa inspirada por um determinado comportamento, e a constatação da praticidade e informalidade com que várias relações jurídicas sejam constituídas, justificam o princípio da vinculação obrigacional pelo exercício de posições jurídicas.[59]

O contato social como fundamento dos deveres obrigacionais é uma verdadeira descoberta dogmática, que revela a insuficiência da autonomia da vontade como fonte exclusiva das relações obrigacionais, de maneira que o contato social seria a fonte imediata de todos os deveres obrigacionais. O contato social é o fato, ao qual se soma a lei, gerando, assim, a obrigação.[60]

A rigor, por este princípio vedar que as legítimas expectativas surgidas em razão do exercício de uma posição jurídica sejam frustradas, resta evidenciado que ele impõe às partes envolvidas em relações de toda a natureza o dever de intensa comunicação, esclarecimento e participação, de maneira que o exercente de uma posição jurídica que se tenha comunicado a todo momento com a outra parte, esclarecendo a natureza e demais características do relacionamento, certamente não será surpreendido pelo reconhecimento de sua vinculação jurídica. Afinal, ela é fruto de seu comportamento.[61]

Ademais, a ampliação da esfera obrigacional jurídica resta evidenciada por meio de institutos introduzidos no ordenamento pátrio, depois da Constituição de 1988, a exemplo do que ocorre com a responsabilidade pelo vício do produto, inserida no Código de Defesa do Consumidor (art. 18). De acordo com este instituto, basta que o sujeito de Direito se ajuste no conceito jurídico de fornecedor para que surja sua vinculação a todos os consumidores que adquiram o produto (viciado) por ele fabricado, industrializado, importado, ou comercializado, sendo desnecessária a averiguação da existência de relação contratual, o que importa na flexibilização do princípio da relatividade dos ajustes.[62]

---

58 BOTREL, Sérgio. Principiologia do direito obrigacional na contemporaneidade. In: FIUZA, César (Org.). **Elementos de teoria geral das obrigações e dos contratos**: por uma abordagem civil-constitucional. Curitiba: CRV, 2012. p. 352 et seq.
59 Idem, ibidem.
60 Idem, ibidem.
61 Idem, p. 352 et seq.
62 Idem, ibidem.

Neste contexto, avulta-se que a aplicação do princípio da vinculação obrigacional pelo exercício de posições jurídicas, antes de atender aos ditames da boa-fé, encontra guarida na solidariedade social, infundida pela normativa constitucional de 1988, o que lhe confere, via de consequência, maior legitimidade.[63]

8.8.2.5 Princípio da justiça nas relações creditícias

É a relação de paridade que se estabelece nas relações comutativas, de sorte a que nenhuma das partes dê mais ou menos do que o que recebeu.

É modalidade de justiça comutativa ou corretiva, que procura equilibrar pessoas em relação que deve ser de paridade.

A equidade é fundamental ao princípio da justiça contratual. É a equidade que impede que a regra jurídica, se entendida à letra, conduza a injustiças. Equidade é sinônimo de justiça ou, mais especificamente, é a justiça do caso concreto.

A justiça pode ser formal ou substancial/material.

A justiça formal preocupa-se com a igualdade de oportunidades no momento da contratação.

A substancial ou material preocupa-se com o efetivo equilíbrio do contrato.

As duas são importantes. Não basta apenas a formal.

A justiça substancial se baseia em dois princípios: o princípio objetivo da equivalência (entre prestação e contraprestação) e o princípio da distribuição equitativa de ônus e riscos.

Pode-se dizer, contudo, que, salvo em casos excepcionais, presente a justiça formal, presume-se presente a substancial. Sem esta presunção seria difícil traçar o alcance da justiça substancial.

Presumida a justiça substancial, presumida estará a justiça contratual, cumprindo ao prejudicado provar a violação ao princípio da justiça contratual.

Há casos, porém, em que esta presunção não prevalece. São casos de desequilíbrio manifesto, em que incumbe, não ao prejudicado, mas à outra parte, provar que o princípio da justiça contratual não foi violado.

Não se trata de princípio novo, porém relido à luz da pós-modernidade, que se preocupa não só com a justiça do ponto de vista formal, mas também do ponto de vista material.

Poderíamos dizer que é subprincípio da justiça contratual o *princípio de proteção ao hipossuficiente ou ao vulnerável*, à parte mais fraca. Na dúvida, a interpretação será sempre mais favorável à parte que naquelas circunstâncias se apresenta como parte mais fraca, seja do ponto de vista econômico, seja do ponto de vista

---

63 *Idem, ibidem.*

das informações que possui (um leigo que contrata com um perito a compra de carro pode considerar-se vulnerável, hipossuficiente de conhecimentos técnicos, ainda que economicamente seja mais forte).

Outro subprincípio da justiça contratual é o *princípio de proteção genérica ao devedor*. *In dubio, pro debitore*. A interpretação, em caso de dúvida, deverá tender para o devedor. Afinal, é ele que suporta os ônus da prestação. Obviamente, devemos ter em conta que, primeiro, o princípio só se aplica em caso de dúvida. Segundo, devedor, como vimos, é uma posição relativa. Uma mesma pessoa, numa relação obrigacional complexa pode desempenhar ao mesmo tempo o papel de devedor e de credor, como na compra e venda. Devemos ter em mente, por derradeiro, que o princípio não se aplica em favor do devedor simplesmente por ser inadimplente.

8.8.2.6 Princípio do enriquecimento sem causa

Enriquecimento ilícito ou sem causa, também denominado *enriquecimento indevido*, ou *locupletamento*, é, de modo geral, todo aumento patrimonial que ocorre sem causa jurídica, mas também tudo o que se deixa de perder sem causa legítima. Pode-se qualificar o enriquecimento sem causa como fato e como princípio. Como fato, por ser um evento que gera enriquecimento ilegítimo para um, às custas do empobrecimento de outro. Como princípio, por ser norma geral de repúdio ao locupletamento.

Tampouco este seria um princípio rigorosamente novo. Ocorre que, dado o fato de ter sido expressamente previsto no Código Civil de 2002 (art. 884), fala-se mais nele hoje do que outrora.

Os requisitos do enriquecimento sem causa são três:

1] Diminuição patrimonial do lesado.
2] Aumento patrimonial do beneficiado sem causa jurídica que o justifique. A falta de causa se equipara à causa que deixa de existir. Se, num primeiro momento, houve causa justa, mas esta deixou de existir, o caso será de enriquecimento indevido. O enriquecimento pode ser por aumento patrimonial, mas também por outras razões, tais como, poupar despesas, deixar de se empobrecer etc., tanto nas obrigações de dar, quanto nas de fazer e de não fazer.
3] Relação de causalidade entre o enriquecimento de um e o empobrecimento de outro. Esteja claro que as palavras "enriquecimento" e "empobrecimento" são usadas, aqui, em sentido figurado, ou seja, por enriquecimento entenda-se o aumento patrimonial, ainda que diminuto; por empobrecimento entenda-se a diminuição patrimonial, mesmo que ínfima.

Dispensa-se o elemento subjetivo para a caracterização do enriquecimento ilícito. Pode ocorrer de um indivíduo se enriquecer sem causa legítima, ainda sem o saber. É o caso da pessoa que, por engano, efetua um depósito na conta bancária errada. O titular da conta está se enriquecendo, mesmo que não o saiba. Evidentemente, os efeitos do enriquecimento ocorrido de boa-fé, não poderão ultrapassar, por exemplo, a restituição do indevidamente auferido, sem direito a indenização. O dever de indenizar pressupõe, como seria óbvio, culpa por parte de quem se locupleta. Assim, a responsabilidade pelo enriquecimento sem causa é subjetiva, no que tange à indenização.

8.8.2.7 Princípio da reparação integral

Segundo o princípio da reparação integral, sempre que alguém sofrer um dano injusto, provocado por outrem, terá direito à reparação integral dos prejuízos.

Este princípio também não é novo, apesar de ter ganhado novos contornos no Código de 2002, com a ampliação da responsabilidade objetiva.

8.8.2.8 Princípio da aparência

Pelo princípio da aparência, a pessoa que aja de boa-fé, terá direito à proteção, não podendo ser lesada, na medida do possível. Assim, se A adquire um imóvel de B, pagando o preço justo, não poderá ser prejudicado, se B estava agindo em fraude contra credores, se não tinha como saber da insolvência de B, nem de suas más intenções. O negócio não será, pois, anulado, com base no princípio da aparência, também chamado corriqueiramente de teoria da aparência.

Muito embora a teoria da aparência venha sendo desenvolvida há mais de 100 anos, hoje é muito mais bem compreendida do que no passado, ganhando até contornos principiológicos. Esta a razão de termos inserido aqui o princípio.

8.8.2.9 Princípio da eticidade

Este princípio pressupõe conduta ética do sujeito que integra a relação jurídica. Assim, a outra parte da relação não é mera parte, mas um ser humano integral, que vive, se alegra, chora, pensa, age por impulsos, enfim, existe no mundo real. O princípio da eticidade tem muito a ver com o princípio da boa-fé, que estudamos acima, estando plasmado em todo o Código Civil.

8.8.2.10 Princípio da operabilidade

O princípio importa dizer que as normas de Direito Civil, incluindo, evidentemente, o Direito Obrigacional, devem ser operacionais, ou seja, devem ter aplicabilidade prática. Se uma norma é tão abstrata, a ponto de ser impossível operacionalizá-la, será norma inútil e sem legitimidade material.

8.8.2.11 Princípio da socialidade

O princípio da socialidade, por fim, guarda estreita relação com o princípio da eticidade. A distinção entre eles é meramente metodológica. Isso porque as regras dotadas de conteúdo social são fundamentalmente éticas e as normas éticas têm afinidade com a socialidade.

A preocupação do legislador do Código Civil vigente foi regular os interesses do "homem situado" e não mais do "homem isolado", como fazia o Código de 1916, de cunho liberal e individualista. A ideia atual de relação jurídica, inclusive as obrigacionais, exige que o homem se projete no mundo e dele participe, não como mero espectador, mas como alguém que interfira no resultado. Dessa forma, a finalidade do princípio da socialidade é afastar a mera aplicação do Direito Civil às relações dos particulares. Esses vínculos, em diversas oportunidades, podem interessar à coletividade, autorizando, por conseguinte, a intervenção estatal. Em suma: o princípio da socialidade objetiva afastar a visão individualista, egoística e privatística do Código Civil de 1916, tornando as relações obrigacionais, antes de mais nada, relações em cooperação solidária.[64]

Poderíamos citar ainda outros princípios, como o da razoabilidade, o da primazia da ordem pública, dentre outros. Optamos por tratar, aqui, dos mais relevantes. Cuidaremos de alguns dos demais, ao longo deste manual.

8.9 Classificação das obrigações

As obrigações dividem-se em várias classes, conforme o ângulo escolhido para análise. Resolvemos, após alguma reflexão, propor a seguinte classificação:

---

64 HENTZ, André Soares. Os princípios da eticidade, da socialidade e da operabilidade no Código Civil de 2002. **Jus.com.br**, 30 nov. 2006. Disponível em: <http://jus.com.br/revista/texto/9221/os-principios-da-eticidade-da-socialidade-e-da-operabilidade-no-codigo-civil-de-2002>. Acesso em: 22 dez. 2022.

8.9.1 Quanto às fontes: contratuais e extracontratuais

Contratuais são obrigações oriundas de contratos.

Extracontratuais são aquelas oriundas de atos ilícitos, de atos unilaterais de vontade, ou de ato que enseje enriquecimento sem causa.

8.9.2 Quanto à estrutura

Aqui teríamos várias subclasses, cada uma se referindo a um elemento da estrutura das obrigações: objeto, vínculo, sujeitos. Assim:

a] Quanto ao objeto

De dar, fazer e não fazer, ou seja, positivas (dar e fazer) e negativas (não fazer).

As obrigações positivas têm como objeto uma prestação, um agir, que pode ser dar ou fazer algo.

Classificam-nas alguns em pessoais e materiais. Na realidade, as chamadas pessoais são as de fazer, e as materiais são obrigações de dar.

As pessoais exigem o emprego de recursos físicos, morais e pessoais do devedor. Exemplo seria prestação de serviços, mandato etc.

As materiais caracterizam-se pelo destaque de bem do patrimônio do devedor para se agregar ao do credor. Pode ser transferência de domínio, de posse, ou mesmo mera restituição.

Pode ocorrer de virem juntas, como na empreitada, em que pode haver, além da prestação pessoal, também a obrigação de entregar o material.

A importância da distinção reside na determinação da responsabilidade do devedor. Nas pessoais, limita-se à pessoa do devedor, a suas próprias forças. Já as materiais não têm limites; caso o devedor, por exemplo, morra, transferem-se para seus herdeiros, dentro dos limites da herança – *intra vires hereditatis*.

Obrigações de dar

Eram no Direito Romano e em nosso Direito antigo obrigações de transferir a propriedade de alguma coisa ao credor. Hoje as obrigações de dar implicam a entrega de alguma coisa ao credor, seja transferindo-lhe a propriedade, a posse ou apenas a detenção.

As obrigações de dar podem ser:

Obrigações de dar coisa certa

Há obrigação de dar coisa certa quando seu objeto é corpo certo e determinado, como casa, navio, soma em dinheiro.

Nas obrigações de dar coisa certa, o credor não pode ser obrigado a receber outra, ainda que mais valiosa (art. 313), nem o devedor pode ser obrigado a entregar outra, ainda que menos valiosa.

As obrigações de dar coisa certa abrangem seus acessórios, salvo disposição contrária (arts. 92 a 97 e 233). Se A vender seu carro a B, todos os acessórios se presumem vendidos juntos. Assim, rodas de liga leve, ar condicionado etc. seguirão com o carro, a não ser que A e B expressamente combinem o contrário.

Antes da tradição, a coisa pertence ao devedor. Assim, na compra e venda, até que ocorra a entrega, a coisa vendida pertencerá ao vendedor. A partir do momento em que for entregue ou que seja posta à disposição do comprador, a ele pertencerá a coisa.

Em relação à perda ou deterioração da coisa, antes da tradição ou pendente condição suspensiva, nas obrigações de dar coisa certa, devemos distinguir duas hipóteses. Na primeira, o devedor não age com culpa. Havendo perda, a obrigação resolve-se para ambas as partes, restituindo-se o preço mais correção monetária. Vejamos exemplo. A compra o carro de B. B, após receber o dinheiro e antes de entregar o automóvel, vem a ser assaltado, sendo-lhe roubado o veículo. Houve perda antes da tradição, sem culpa do devedor, B. Neste caso, B terá que restituir o dinheiro corrigido, extinguindo-se a obrigação. Caso B ainda não houvesse recebido o dinheiro, a obrigação simplesmente se resolveria, ou seja, se extinguiria.

No caso de deterioração, o credor pode escolher entre resolver a obrigação, com a restituição do preço mais correção monetária, ou receber a coisa com abatimento proporcional no preço. Tomemos o mesmo exemplo. A compra o carro de B. Após receber o dinheiro e antes da entrega, B tem o carro levemente amassado por chuva de granizo. A poderá escolher entre receber o carro, com abatimento proporcional no preço, ou desfazer o negócio, recebendo de volta o dinheiro corrigido. Se nada houvesse dado ainda, A poderia optar pelo abatimento proporcional, caso em que receberia o carro, pagando menos por ele, ou optar por desfazer o negócio, pura e simplesmente.

Na segunda hipótese, o devedor age com culpa. Assim, havendo perda, dar-se-á indenização pelo valor da coisa, mais perdas e danos. Se A comprasse o carro de B e este, por imprudência, batesse o veículo com perda total, A poderia exigir de volta o dinheiro, mais indenização pelos prejuízos causados pela não realização do negócio. Se não conseguir especificar todos os prejuízos, receberá o dinheiro de volta, acrescido de correção monetária e juros. Os juros seriam pelos prejuízos. Se A conseguir provar que teve mais prejuízos, fará jus à indenização integral. Caso ainda não houvesse pagado pelo carro, A poderia exigir indenização pelos prejuízos resultantes da não realização do negócio.

Se o caso for de deterioração, as opções do credor são de exigir indenização pelo valor da coisa ou receber a coisa no estado em que se achar, exigindo, de qualquer forma, perdas e danos, que podem vir em forma de abatimento no preço. Analisemos o mesmo exemplo. A compra o carro de B. Antes da tradição, B, por imprudência, vem a amassá-lo. A poderá optar entre desfazer o negócio, sendo indenizado pelos prejuízos oriundos da resolução do contrato ou, então, receber o carro com abatimento proporcional no preço. Esse abatimento levará em conta todos os prejuízos sofridos por A.

Esclareça-se, por fim, que, quando se fala em perda, está referindo-se a fato que torne impossível o pagamento, ou seja, perecimento da coisa, extravio, furto, roubo etc.

Visualizando as várias hipóteses em dois quadros, teríamos o seguinte:

Quadro 8.1 Tipos de perda

Perda da coisa antes da tradição	Sem culpa do devedor	Resolve-se a obrigação, com restituição do preço mais correção monetária.
	Com culpa do devedor	Indenização pelo valor da coisa mais perdas e danos. Diz-se que a obrigação se resolve em perdas e danos.
Deterioração antes da tradição	Sem culpa do devedor	Resolve-se a obrigação, com restituição do preço mais correção monetária, ou abatimento proporcional no preço.
	Com culpa do devedor	A obrigação resolve-se em perdas e danos. Recebimento da coisa no estado em que se achar mais abatimento proporcional no preço.

Evidentemente, há situações específicas em que essas regras não se aplicam na prática. Vejamos exemplo, quando nada esclarecedor. Suponhamos que C compre caneta descartável, pagando por ela e deixando-a na loja para apanhar depois; se ocorrer de a caneta se perder na loja, o comerciante simplesmente entregará outra a C, que nem tomará conhecimento da perda. Por isso, observamos que a aplicação das regras que acabamos de ver se baseia muito no bom senso. A verdade é que uma mesma norma admite várias leituras, de acordo com as peculiaridades de cada caso concreto.

Concluindo, pode-se afirmar que todas as regras que acabamos de analisar derivam de dois princípios: o princípio *res perit domino* e o princípio da reparação integral. Segundo o primeiro, o dono é o único a sofrer as perdas oriundas de caso fortuito. De acordo com o segundo, quem age com culpa ou dolo e causa dano a outrem é obrigado a reparar o prejuízo.

Nas obrigações de dar ou de restituir coisa certa, cogita-se dos cômodos.

Cômodos são vantagens produzidas pela coisa ou a ela agregadas; são melhoramentos e acrescidos; são frutos, benfeitorias e acessões imobiliárias (plantações e edificações). A solução para os possíveis problemas referentes aos cômodos se baseia, principalmente, nos princípios da reparação integral, do enriquecimento sem causa, da boa-fé e da razoabilidade.

Sendo a obrigação de dar, até a tradição da coisa, de acordo com os princípios da boa-fé, do enriquecimento sem causa e da razoabilidade, os melhoramentos e acrescidos, isto é, as benfeitorias e as acessões imobiliárias, pertencem ao devedor, que pode pedir aumento no preço ou a resolução da obrigação, se o credor não aceitar o aumento. Assim, se A vende seu carro a B e, antes da entrega, vem a fazer-lhe certo reparo em sua lataria, poderá pedir aumento proporcional no preço, desde que B haja fechado o negócio sabendo do dano.

Quanto aos frutos, também com base nos mesmos princípios, os pendentes pertencem ao credor, e os percebidos, ao devedor (art. 237, parágrafo único). Frutos pendentes são aqueles ainda não colhidos. Se A compra uma vaca prenhe, o bezerro *in utero* reputa-se fruto pendente, pertencendo a ele, comprador. Se o bezerro já for nascido, considera-se fruto percebido, pertencendo ao vendedor, no caso, devedor da vaca.

Se a obrigação for de restituir, a coisa já pertencia ao credor, como é o caso de um imóvel emprestado. Nesta hipótese, se o devedor não tiver contribuído com trabalho ou recursos para as benfeitorias, nada lhe será dado, lucrando inteiramente o credor. Se A empresta sua casa a B e manda, por exemplo, trocar a fiação, nada terá que pagar a B, como seria óbvio, pois foi ele mesmo (A), que trocou a fiação. Se, porém, o devedor for possuidor de boa-fé e houver contribuído para a implementação das benfeitorias, de acordo com os princípios do enriquecimento sem causa e da reparação integral, será reembolsado pelos melhoramentos ou acrescidos necessários e pelos úteis, tendo direito de retenção até seu pagamento, em ambos os casos. Por outros termos, o devedor poderá se negar a restituir a coisa, até que seja indenizado. Se no exemplo anterior, B tivesse mandado trocar a fiação (benfeitoria necessária) ou mandado instalar grades nas janelas (benfeitoria útil), A teria que lhe reembolsar todas as despesas, e B poderia reter o imóvel emprestado, até receber o reembolso.

Em relação às benfeitorias voluptuárias, pelo princípio da boa-fé e da razoabilidade, receberá sempre pelas autorizadas, não tendo direito de retenção. Se não autorizadas, também pelos princípios da boa-fé, do enriquecimento sem causa e da razoabilidade, poderá levantá-las, desde que não prejudique a coisa. O credor poderá, por outro lado, com base nos mesmos princípios, indenizar o devedor pelas benfeitorias voluptuárias, tendo, assim, o direito de não permitir seu levantamento. Se no caso do empréstimo da casa, a que já nos referimos,

B houvesse instalado novas persianas nas janelas (benfeitoria voluptuária), somente poderia retirá-las, a nada mais fazendo jus, a não ser que A houvesse autorizado, quando, então, teria que reembolsar B.

As situações analisadas acima se referem às benfeitorias para cuja implementação tenha contribuído o devedor, enquanto possuidor de boa-fé. Mas se for possuidor de má-fé, como no caso do invasor de terreno alheio, segundo o princípio do enriquecimento sem causa, só fará jus à indenização pelas benfeitorias necessárias, não tendo, porém, direito de reter a coisa até o reembolso. Isto porque contribuiu para o credor, evitando que a coisa se deteriorasse ou se perdesse. Se B ocupa a casa vazia de A, trocando toda a fiação, terá direito a ser reembolsado, mas não poderá reter o imóvel até que receba o reembolso. Na prática, todavia, invadir imóvel alheio é crime de esbulho, podendo o invasor ser condenado a indenizar o proprietário, além da pena criminal. Assim, a indenização devida pelo invasor pode compensar a devida pelo proprietário, que nada teria que pagar, apenas a receber. Em outras palavras, o proprietário nada deveria ao invasor; as dívidas se compensariam, podendo ainda haver um saldo positivo a favor do proprietário.

Quanto às benfeitorias úteis e voluptuárias, não terá qualquer direito, nem mesmo o de levantá-las. Esta regra deve ser entendida como espécie de punição pela posse de má-fé (princípios da razoabilidade e da boa-fé). Dessarte, se em vez de trocar a fiação, B tivesse instalado persianas novas nas janelas, teria que deixá-las para A, que nada lhe deveria.

Vejamos em dois quadros sintéticos as regras acima expostas.

Quadro 8.2 Obrigação de dar e obrigação de restituir coisa certa

Obrigação de dar coisa certa			
Benfeitorias	Antes da tradição		Pertencem ao devedor, que poderá exigir aumento no preço
Frutos	Antes da tradição	Pendentes	Pertencem ao credor
		Percebidos	Pertencem ao devedor
Obrigação de restituir coisa certa			
Devedor de boa-fé que contribuiu para o implemento	Benfeitorias necessárias e úteis		Direito à indenização e direito de retenção
	Benfeitorias voluptuárias		Direito à indenização, se autorizadas; Direito de levantá-las, se não autorizadas
Devedor de má-fé	Benfeitorias necessárias		Direito à indenização
	Benfeitorias úteis e voluptuárias		Nenhum direito

Vale lembrar que as regras resumidas nos quadros acima estão longe de ser exaustivas, devendo ser interpretadas de acordo com as peculiaridades de cada caso concreto. Lembre-se sempre que, para temperar todos esses preceitos, devem ser invocados os princípios da boa-fé, da reparação integral, do enriquecimento sem causa e da razoabilidade.

Outra situação é a das acessões imobiliárias que não se confundem com benfeitorias. Acessões imobiliárias são plantações e edificações.

Segundo o art. 1.253 do CC, toda plantação ou construção existente em terreno se presume feita pelo proprietário ou as suas custas, até prova em contrário.

Assim, de acordo com os princípios da boa-fé, do enriquecimento sem causa, da reparação integral e da razoabilidade, se alguém plantar, semear ou construir em terreno alheio perderá em favor do proprietário as plantas, sementes e construções, mas fará jus à indenização, se houver obrado de boa-fé. Se de má-fé, a nada terá direito, podendo ser obrigado a desfazer o que houver feito, além de indenizar todo e qualquer prejuízo.

Por outro lado, aquele que plantou ou edificou de boa-fé, em terreno alheio, terá direito à propriedade do imóvel, desde que a construção ou plantação tenha valor muito superior ao das terras (princípio da razoabilidade). É evidente, que o proprietário original deverá ser indenizado (princípio da reparação integral e do enriquecimento sem causa). É lógico que, por força do princípio da autonomia privada, esta regra não se aplica aos contratos de locação, de comodato (empréstimo), ao usufruto e a outros casos semelhantes. Aplica-se a situações como a do indivíduo que ocupe o terreno do vizinho, por erro do corretor que lhe vendeu o imóvel.

No caso das construções que invadam parcialmente terreno alheio, o Código Civil, com supedâneo nos mesmos princípios da razoabilidade, da reparação integral e do enriquecimento sem causa, dispõe que, se a construção não invadir o terreno vizinho em mais de um vigésimo, e se seu valor for superior ao do solo invadido, aquele que construiu de boa-fé se torna proprietário da parte invadida, desde que indenize o titular do terreno invadido por todos os prejuízos. A indenização abrange o valor da área invadida mais a depreciação sofrida pelo terreno, pela perda da parte invadida.

Se o construtor, de boa-fé, invadir mais de um vigésimo do terreno vizinho, poderá adquirir a propriedade da área invadida, observados os mesmos pressupostos. A indenização, neste caso, abrangerá além do valor da área invadida e da depreciação do terreno vizinho, também o valor que a construção houver agregado ao terreno do construtor.

Se, na invasão de até um vigésimo do terreno vizinho, a construção tiver sido feita de má-fé, além de exceder consideravelmente o valor da parte invadida e não puder ser demolida, sem grave prejuízo para o resto do edifício, quem construiu poderá tornar-se dono da parte invadida, pagando o décuplo da indenização prevista para o caso anterior.

Se a invasão de má-fé ultrapassar um vigésimo do imóvel vizinho, o construtor deverá demolir o que foi construído e pagar em dobro a indenização por perdas e danos.

Acrescenta o art. 1.254, com fundamento nos princípios da boa-fé, da reparação integral e do enriquecimento sem causa, que aquele que semear, plantar ou edificar em terreno próprio com materiais ou sementes alheios adquire a propriedade da acessão, mas terá que reembolsar o dono dos materiais ou das sementes. Se tiver agido de má-fé, além do reembolso, terá que indenizar o dono das sementes ou do material por todos os prejuízos oriundos da perda das sementes ou do material.

No que diz respeito aos frutos, sendo a obrigação de restituir coisa certa, a regra é, basicamente, a mesma das obrigações de dar coisa certa, para o possuidor de boa-fé, e se baseia nos mesmos princípios. Em outras palavras, os frutos colhidos pertencem ao devedor; os frutos pendentes no momento da tradição pertencem ao credor. É óbvio que há de se usar boa dose de bom senso em certas situações (princípio da razoabilidade). Suponhamos a hipótese em que certo fazendeiro arrende suas terras por cinco anos. O arrendatário planta e no momento da colheita vençam os cinco anos, tendo que restituir o imóvel. É lógico que, mesmo que a safra se considere fruto pendente no momento da tradição, pertencerá ao arrendatário. Não seria justo simplesmente aplicar a regra cegamente, o que sem dúvida, conduziria a situação de enriquecimento sem causa por parte do fazendeiro arrendador.

Se, no entanto, o possuidor estiver de má-fé, como seria o caso do invasor, em tese, não teria qualquer direito sobre os frutos. Mesmo os colhidos deveriam ser restituídos ou indenizados. É bem de ver que, aqui também, o bom senso deve prevalecer (princípio da razoabilidade). Em relação aos frutos do trabalho do possuidor de má-fé, percebidos durante a posse, serão dele, nada sendo devido ao credor. Assim, se Henrique invade as terras de Cristina, nelas plantando e colhendo, quando tiver que restituir as terras não terá que entregar o que já tiver colhido, nem indenizar Cristina pelos frutos colhidos e consumidos ou alienados. Mas os frutos pendentes serão de Cristina, que ainda terá direito a uma indenização pelo fato da invasão de suas terras (princípio da reparação integral).

Se nas obrigações de restituir coisa certa, a coisa se perder ou se deteriorar, antes da tradição, abre a lei várias hipóteses, sempre com base nesses princípios da boa-fé, da reparação integral, da razoabilidade e do enriquecimento sem causa. No primeiro caso, não há culpa do devedor. Sendo a situação de perda, resolve-se a obrigação, respondendo o devedor pelas prestações devidas, como aluguéis, por exemplo, até o evento do fato que tenha impossibilitado a restituição da coisa. É a hipótese da pessoa que alugue um carro por dois meses. No final do primeiro mês, o veículo lhe é roubado violentamente. A obrigação resolve-se, de vez que não houve culpa. Mas os aluguéis referentes ao primeiro mês deverão ser pagos normalmente. Deteriorando-se a coisa, o credor simplesmente a recebe de volta, sem mais direitos. Assim, se alugar um carro que venha a ser arranhado por um malfeitor, nada deverei à locadora. No segundo caso, a perda ou a deterioração atribuem-se à culpa do devedor. Havendo perda, o credor terá direito à indenização pelo valor da coisa mais perdas e danos. Se uma pessoa, por exemplo, alugar um carro e o estacionar com as janelas abertas e a chave na ignição, vindo a ocorrer o furto do veículo, tal pessoa responderá pelo valor do carro, mais perdas e danos. Se o caso for de deterioração, o credor poderá exigir indenização pelo valor da coisa ou recebê-la no estado em que se encontrar, tendo sempre, a título complementar, direito a perdas e danos, qualquer que seja sua opção. Dessarte, se o carro é batido por culpa do locatário, a locadora poderá exigir o valor do carro, tal como estava ao ser entregue, ou, então, receber o veículo de volta, mesmo batido, exigindo, em ambos os casos, indenização por perdas e danos.

É de se ressaltar, além disso, que, segundo os arts. 1.217 e 1.218 do CC, nas obrigações de restituir coisa certa, sendo o devedor possuidor de boa-fé (locatário, por exemplo), a obrigação de indenizar dependerá da apuração de sua culpa. Se for possuidor de má-fé (invasor ou ladrão, por exemplo), a obrigação de indenizar será objetiva, ou seja, independerá de apuração de culpa.

Resumindo, teríamos os seguintes quadros, lembrando que a leitura dessas regras deve adequar-se a cada caso concreto:

Quadro 8.3 Resumo dos tipos de perdas

Perda da coisa antes da tradição	Sem culpa do devedor	Resolve-se a obrigação, respondendo o devedor pelas prestações devidas até a perda, se for o caso.
	Com culpa do devedor	Indenização pelo valor da coisa, ou sua substituição, se fungível, mais perdas e danos, em ambos os casos.
Deterioração antes da tradição	Sem culpa do devedor	Resolve-se a obrigação, restituindo-se a coisa, sem qualquer indenização.
	Com culpa do devedor	A obrigação se resolve em perdas e danos. Recebimento da coisa no estado em que se achar mais perdas e danos.

Obrigações de dar coisa incerta

Prepondera a indeterminação específica do objeto da prestação. Mas essa indeterminação não é absoluta, pois, como regra, a coisa deverá ser identificada ao menos pelo gênero e quantidade, segundo o art. 243 do CC. Por exemplo, dar um carro. Quantidade: um; gênero: carro. Na verdade, esta regra deve ser examinada com cautela, pois comporta exceções. Às vezes, a quantidade pode não ser determinada num primeiro momento. Exemplo típico é o do contrato de fornecimento de bebidas para uma festa. É comum que o pagamento seja efetuado, levando-se em conta aquilo que tenha sido efetivamente consumido. Assim, na celebração do contrato, a bebida seria determinada apenas quanto ao gênero, deixando-se a quantidade para se especificar, após o consumo. Seria, no caso, coisa incerta, identificada apenas pelo gênero.

Quem irá determinar a coisa a ser entregue? A regra geral dá a escolha ao devedor. Mas a norma é dispositiva, ou seja, por acordo pode-se dispor que a escolha caiba ao credor.

Antes da escolha, o devedor não poderá alegar perda ou deterioração da coisa, ainda que por força maior ou caso fortuito. Após a determinação, a obrigação transforma-se em obrigação de dar coisa certa. Ora, se devo a João um carro novo, na faixa de $ 20.000,00, cabendo a mim a escolha da marca e modelo, até que faça essa opção, não poderei alegar que o carro se perdeu ou se deteriorou; afinal, de que automóvel se trata, se a escolha ainda não foi feita? No entanto, uma vez feita a escolha do carro Y, da marca X, a obrigação se transforma em obrigação de dar coisa certa, aplicando-se suas regras.

Obrigações de dar dinheiro

Na verdade, são obrigações de dar, podendo ser de dar coisa certa ou incerta. Por serem tão importantes, merecem estudo destacado e pormenorizado.

O dinheiro ora será o objeto da prestação, como no empréstimo de dinheiro, ora substituirá as coisas quando for impossível entregá-las em espécie.

A moeda nacional tem curso forçado, sendo passíveis de nulidade os contratos de direito interno que estipulem o pagamento em moeda estrangeira, ouro, ou que restrinjam seu curso. Na verdade, só é defeituosa a cláusula, sendo a obrigação convertida em moeda nacional. Exemplificando, teríamos que se A toma US$ 1.000,00 emprestados a B e não paga, B poderá pleitear o pagamento em juízo. O juiz não anulará o contrato de empréstimo, mas desconsiderará o valor em dólares, convertendo-o em moeda nacional, ao câmbio mais favorável ao devedor, da época em que o contrato foi celebrado. De lá para o momento da execução, a dívida, já convertida, será atualizada monetariamente e acrescida de juros de mora. A exceção a esse princípio são os contratos de comércio exterior (art. 318 do CC e Dec. 857/1969), em que moedas estrangeiras são aceitas.

As obrigações de dar dinheiro podem ser de dinheiro ou de valor.

Haverá obrigação ou dívida de dinheiro quando o objeto for soma predeterminada em moeda corrente. Tal é a obrigação do comprador, do inquilino etc.

As obrigações ou dívidas de valor ocorrem quando seu objeto for entregar determinado valor, especificado à época da execução. São de valor as obrigações de indenizar danos causados, dentre outras.

Tratando-se de obrigação de dar dinheiro, cogita-se dos juros, frutos do capital.

São compensação ministrada pelo devedor ao credor, em razão do uso de certo capital em dinheiro. São considerados frutos civis, distintos dos naturais. São dívida de valor.

Por serem frutos, são acessórios. Mas, apesar disso, podem ser cobrados em ação distinta, diferentemente do Direito Romano.

O romano denominou-os de *usurae*, compensação pelo uso. Também os denominou *foenus*, daí a expressão mútuo feneratício (empréstimo com juros). Foram extremamente condenados pela Igreja, e com justa razão, pois à época o empréstimo não estava a serviço senão da caridade, bem diversamente de como é hoje em dia. O problema esclarece-se nas páginas de Leo Huberman:[65]

> Naquela sociedade, em que o comércio era pequeno, e a possibilidade de investir dinheiro com lucro, praticamente, não existia, quando alguém desejava empréstimo, não seria, certamente, com o objetivo de se enriquecer, mas porque dele necessitava para viver. Tomava emprestado, simplesmente, em virtude de alguma infelicidade de que fora acometido. Talvez lhe morresse a vaca, ou a seca lhe houvesse arruinado a colheita. De acordo com o sentimento medieval, a pessoa que, nessas circunstâncias, ajudasse o necessitado, não poderia, jamais, tirar proveito disso. O bom cristão deveria ajudar seu irmão sem intuito de lucro. Caso se emprestasse a alguém um saco de farinha, dever-se-ia esperar em restituição, apenas, um saco de farinha, e nada mais. Caso se recebesse mais, haveria exploração do próximo, o que não era justo. Justo era receber somente o que se emprestara, nem mais nem menos.[66]

Em suas modalidades, os juros podem ser legais ou convencionais.

1] Legais são os que a lei estabelece para certos casos, por razão de equidade: legais compensatórios são os que ocorrem para compensar o uso de capital, quando o contrato for omisso. Exemplo seria o do mandatário que desembolsa somas para a execução do mandato, tendo direito a juros a partir da época do desembolso; legais moratórios são juros pela mora, ou pelo atraso culposo no cumprimento da obrigação.

---

65 HUBERMAN, Leo. **Man's Worldly Goods**. 3. ed. New York: Monthly Review Press, 1959. p. 46-47.
66 Tradução livre.

Cabe dizer que a aplicação dos juros legais só é admissível quando a lei permitir, não se concebendo analogia.

2] Convencionais são os decorrentes de contrato, não estando restritos, pois, aos casos previstos em lei. Podem, também eles, ser compensatórios, como no contrato de mútuo, para compensar o uso do capital emprestado; ou moratórios, previstos no contrato e aplicados no caso de descumprimento total ou parcial da obrigação, inclusive da própria obrigação de pagar juros compensatórios.

Quanto à taxa dos juros legais, o art. 406 do CC estabelece que será cobrada a taxa que estiver em vigor para a mora do pagamento de impostos devidos à Fazenda Nacional, salvo outra taxa fixada pelas partes ou fixada em lei especial.

A questão que se debate é a de saber se a taxa a ser aplicada será a Selic ou a prevista no art. 161, parágrafo 1º, do Código Tributário Nacional (CTN).

A taxa Selic integra o Sistema Especial de Liquidação e Custódia, criado em 1979 para dar mais agilidade, segurança e transparência aos negócios com títulos da dívida pública. É a taxa média ajustada dos financiamentos diários apurados no Sistema de Liquidação e Custódia para títulos federais. É taxa que contém, concomitantemente, juros e correção monetária.

O art. 161, parágrafo 1º, do CTN dispõe que, se a lei não fixar outra, será de 1% ao mês a taxa para os juros de mora no pagamento de tributos.

Há quem entenda que, por ser a taxa Selic inadequada, uma vez que contém juros e correção, aplicar-se-ia a taxa de 1% ao mês do CTN. Este vem sendo o entendimento de vários autores e de remansosa jurisprudência.[67]

Os juros convencionais compensatórios fixados no contrato de mútuo celebrado fora do Sistema Financeiro, ou seja, entre duas ou mais pessoas que não sejam instituições financeiras, terão sua taxa máxima determinada pelo art. 591 do CC, que, a seu turno, remete ao art. 406, que estipula a taxa de juros legais. Em outras palavras, no mútuo, os juros compensatórios serão de 1% ao mês, a se adotar o patamar do CTN, ou superiores a 1%, a se adotar a taxa Selic, dependendo do entendimento.

Os juros convencionais praticados no Sistema Financeiro, pelas instituições financeiras (bancos e outras), terão sua taxa fixada pelo mercado, sob a tutela do Banco Central.

Até a EC n. 40/2003, questionava-se a constitucionalidade das taxas cobradas acima de 12% ao ano, dada a regra insculpida no art. 192, parágrafo 3º, da CF. O STF chegou mesmo a se pronunciar, na ADIn 4-7, não considerando

---

67 BERALDO, Leonardo de Faria. O novo regime dos juros no código civil de 2002. In: HINORAKA, Giselda Maria Fernandes Novaes (Coord.). **A outra face do poder judiciário**. Belo Horizonte: Del Rey, 2005. p. 73 et seq.

autoaplicável o dispositivo constitucional. De fato, autoaplicável ou não, sempre nos posicionamos contra o tratamento da matéria em sede constitucional. Em economia livre de mercado, a taxa de juros deve ser mais flexível, flutuando conforme as oscilações mercadológicas e conforme a política econômica do governo. Muitas vezes é necessário elevar a taxa de juros, a fim de estimular a poupança e atrair recursos externos. Às vezes será necessário baixá-la, para estimular o crescimento econômico. O engessamento da taxa de juros na Constituição não era mesmo de boa política legislativa. O que é de se estranhar, todavia, é que justo um governo do Partido dos Trabalhadores tenha promovido a revogação do inc. III do art. 192 da CF. De se estranhar, uma vez que, historicamente, o PT e o próprio presidente Lula sempre se posicionaram contra a política de juros altos, batendo-se pela aplicação da regra constitucional.

Por fim, é importante ressaltar que é proibida, no Brasil, a prática do anatocismo, isto é, a cobrança de juros sobre juros, sem prévia previsão legal ou contratual. Suponhamos que Gilda tenha emprestado a Marcos $ 100.000,00, a juros de 1% ao mês. Salvo estipulação contrária, a cada mês serão incorporados ao capital $ 1.000,00 a título de juros. Ao final de um ano, o valor devido será de $ 112.000,00. Havendo previsão contratual, é permitida a capitalização anual, ou seja, a partir do segundo ano, os juros de 1% ao mês serão calculados sobre $ 112.000,00. Sem expressa permissão contratual, essa prática não é admitida.

Obrigações de fazer

Consistem em prestação de fato que pode importar: trabalho físico ou intelectual, determinado pelo tempo e gênero; trabalho determinado pelo produto; fato determinado pela vantagem que traz ao credor, como, por exemplo, guardar coisa.

A principal diferença entre obrigação de fazer e de dar é que, na prática, inadimplida a obrigação de fazer, o devedor normalmente se desonera, pagando perdas e danos. Na de dar, pode ser compelido a entregar o objeto à força.

São características das obrigações de fazer:

a] Poder consistir em obrigação de natureza infungível ou fungível. Terá natureza infungível nos contratos *intuitu personae*, isto é, naqueles celebrados com base na confiança recíproca entre as partes, como contrato em que editora encomenda obra a certo autor famoso. Outro caso é quando o contrato proíbe execução por terceiros. Aqui vigora o princípio de que o credor não pode ser obrigado a aceitar que outro cumpra a obrigação, caso em que esta se resolverá em perdas e danos, se houver sido descumprida por culpa do devedor.

Terá natureza fungível quando qualquer um puder executar a obrigação. Não sendo adimplida, o credor pode escolher entre mandar fazer às custas do devedor ou exigir perdas e danos. Se contrato pedreiro para levantar muro, e este não o faz, posso escolher uma das duas opções acima.

b] Poder comportar execução in natura ou não. Em relação à execução, há três espécies de obrigações de fazer: aquelas que admitem execução *in natura*, aquelas que a admitem realizada por terceiro e as que não a admitem.

A execução será *in natura* quando for exigida a realização do fato pelo qual o devedor se obrigou. Recebe ainda o nome de execução em espécie ou execução específica. Na verdade, a execução *in natura* nem sempre será possível. Não se pode, por exemplo, obrigar o devedor a construir o muro a que se obrigou, ou a escrever o livro que prometera. Nesses casos, ou seja, sendo impossível a execução específica, o credor terá direito a ser ressarcido das perdas e danos que porventura tenha sofrido. Fala-se, então, em execução por perdas e danos.

O Código de Processo Civil regula pormenorizadamente a execução das obrigações de fazer.

Segundo o art. 815, quando o objeto da execução for obrigação de fazer, o devedor será citado para satisfazê-la no prazo que o juiz lhe assinar, se outro não se houver estipulado. Segundo o art. 814, o juiz poderá fixar multa por cada dia de atraso, se esta não estiver prevista no contrato.

Se, no prazo fixado, o devedor não satisfizer a obrigação, é lícito ao credor requerer que seja executada às custas do devedor ou haver perdas e danos, incluída a multa diária.

Em outras palavras, se a obrigação era de construir muro e o devedor não a realizar no prazo dado pelo juiz, o credor poderá exigir que outro pedreiro construa o muro às custas do devedor, ou ser indenizado por perdas e danos. Em caso de urgência, o credor poderá, independentemente de autorização judicial, executar ou mandar executar a obrigação, para depois ser ressarcido pelo devedor original.

Algumas obrigações de fazer admitem quase sempre execução *in natura*. Tal é o caso de certos contratos, como a compra e venda de imóveis. Se o devedor, no caso o vendedor, se negar a assinar a escritura de compra e venda, apesar de já ter sido celebrado contrato de promessa de compra e venda, o credor poderá obter do juiz sentença que produza o mesmo efeito do contrato. Por outros termos, com a sentença judicial, o credor, no caso o comprador, poderá registrar o imóvel em seu nome. Este o disposto no art. 501 do CPC.

Na realidade, saber se uma obrigação de fazer admite ou não execução específica é, antes de mais nada, questão de bom senso, a ser apurada e argumentada diante de cada caso concreto.

Por fim, nem seria necessário dizer que se a impossibilidade da execução não se dever à culpa do devedor, a obrigação simplesmente se resolve. Se o credor já houver adiantado alguma soma, terá direito à restituição.

c] Obrigações negativas (de não fazer): definem-se por um não fazer, por abstenção. Impõe-se ao devedor a abstenção de ato que lhe seria lícito praticar, se não se houvesse obrigado à abstenção. Serão sempre pessoais e só podem ser cumpridas pelo próprio devedor. Se entrego obra para editora, dou-lhe direitos exclusivos de publicá-la, assumindo obrigação de não entregar a obra a outra editora. Portanto, obrigação de não fazer.

A obrigação negativa extingue-se desde que, sem culpa do devedor, lhe seja impossível abster-se do fato que se comprometera a não fazer. Havendo culpa, o credor pode exigir que seja desfeito o ato pelo devedor ou às suas custas, mais perdas e danos (arts. 822 e 823 do CPC e arts. 250 e 251 do CC).

Assim, se um autor entrega sua obra a outra editora, que não àquela com a qual havia originariamente contratado, esta poderá exigir que a obra contrafeita[68] seja recolhida do comércio, além da indenização pelos prejuízos efetivamente sofridos.

Havendo urgência, o credor desfará o que houver sido feito, independentemente de autorização judicial, para, depois, pedir o devido ressarcimento. Por exemplo, pode tratar-se de um muro que tenha sido construído sem autorização e que corra o risco eminente de desabar, causando sérios prejuízos. O credor poderá, então, proceder à demolição, para, em seguida, exigir as perdas e danos.

d] Obrigações líquidas e ilíquidas: normalmente, referem-se às obrigações de dar dinheiro, mas nada impede que se possa usar o conceito para as obrigações de dar coisa diferente de dinheiro, de fazer e mesmo de não fazer. O que interessa é que a obrigação se diz líquida ou ilíquida por estar em condições de ser cumprida ou não, exatamente por estar ou não especificada em relação ao gênero, espécie, qualidade e quantidade.

Será líquida a obrigação quando seu objeto estiver totalmente determinado, quanto a gênero, espécie, qualidade e quantidade. Entregar $ 20.000,00, ou dez sacas de café tipo exportação ou realizar a pintura de uma casa, por exemplo.

Nas obrigações ilíquidas, o objeto não se encontra totalmente determinado no momento em que surge a obrigação. Tal seria o caso de entregar o produto de um dia de pescaria ou indenizar os danos causados num acidente.

Embora as obrigações de dar coisa certa sejam líquidas e as de dar coisa incerta sejam ilíquidas, não se confundem as duas categorias, uma vez que as líquidas e as ilíquidas são mais abrangentes englobando também as obrigações de fazer e de não fazer.

---

68 Contrafação é a reprodução não autorizada.

e] Obrigações genéricas e específicas: referem-se também às de dar, fazer ou não fazer.

Distinguem-se as genéricas das específicas pelo objeto da prestação, se é individuado (um carro X, da marca Y, ano tal etc.) ou não (uma tonelada de minério). Nas genéricas, o objeto da prestação pode ser determinado em seu gênero e quantidade, como no exemplo da tonelada de minério, ou em seu gênero e qualidade, como o caso da obrigação de dar um carro novo, ou, ainda, tão somente em seu gênero, como seria o caso do pintor que é contratado por alguém para realizar serviços de pintura, em geral, em certo estabelecimento. Não se especificou, previamente, o que será pintado, nem como. Nas específicas, determina-se o objeto por todos os seus elementos, gênero, espécie, quantidade e qualidade: pintar a casa tal, com a tinta da cor tal, em tempo tal.

Ontologicamente, não se confundem obrigações genéricas e específicas com ilíquidas e líquidas. Aquela categoria diz respeito a gênero e espécie e esta diz respeito ao fato de já estar a obrigação em condições de ser realizada ou não. Apesar disso, na prática acabam por se confundir, uma vez que toda obrigação genérica será ilíquida e toda obrigação específica será líquida.

Quando se tratar de obrigações de dar, pode-se afirmar que as obrigações genéricas são iguais às de dar coisa incerta e as específicas às de dar coisa certa. Ocorre que a classe das obrigações genéricas é mais abrangente, uma vez que engloba as obrigações de dar coisa incerta, de fazer e de não fazer. Se acerto com meu vizinho que ficamos os dois proibidos de construir em determinado local de nosso respectivo terreno, teremos obrigação de não fazer genérica, porque o objeto específico da construção não foi determinado.

b. Quanto ao vínculo

Acabamos de ver a classificação das obrigações quanto ao objeto. Outro elemento estrutural, além dos sujeitos e do objeto, é o vínculo jurídico que liga o credor ao devedor. Esse vínculo se compõe de direitos e deveres. Vejamos, pois, como se classificam as obrigações quanto ao vínculo.

O vínculo obrigacional pode ser analisado quanto a sua força e quanto a sua natureza.

Assim, temos o cenário apresentado a seguir.

Quanto à força do vínculo

Obrigações civis e naturais. Civis são obrigações protegidas pelo Direito Positivo. Denominam-se civis graças à concepção romana de Direito. Como vimos, para os romanos, Direito Civil (*Ius Civile*) era o Direito de Roma. Assim, obrigações civis eram aquelas protegidas por esse Direito, contrapondo-se às obrigações naturais, que não recebiam proteção do Direito Romano (Ius Civile), mas apenas do Direito Natural, daí seu nome.

O termo *obligatio naturalis* parece ter sido consagrado definitivamente pelo Direito Justinianeu (527 a 565 d.C.).[69]

No Direito Romano Justinianeu, diferentemente do atual, era admissível a compensação de dívida civil com dívida natural. (*Etiam quod natura debetur venit in compensationem* – D. XVI, II, 6).[70]

Usamos, ainda hoje, essa denominação, definindo obrigações civis como aquelas cujo vínculo é perfeito, ou seja, dotado de débito e responsabilidade. São protegidas pelo Direito Positivo e, se não cumpridas, podem ser exigidas em juízo, não cabendo ao réu outra coisa que não adimpli-las.

Quanto às obrigações naturais, seu estudo diz respeito à intensidade do vínculo obrigacional. Este deve ser perfeito, ou seja, deve conter *debitum e obligatio*. Na obrigação natural, não existe a *obligatio* (responsabilidade), portanto, o devedor paga se quiser, passa a não responder judicialmente pelo débito. As obrigações naturais são relações jurídicas obrigacionais imperfeitas. O Direito Positivo concede ao credor apenas a impossibilidade da repetição do indébito, isto é, se o devedor pagar, não poderá repetir (pedir de volta) o que pagou, exatamente por não ser indébito (indevido).

A ideia de obrigação natural nasceu em Roma, quando os escravos e filhos-família não podiam obrigar-se sem autorização do *paterfamilias*. Assim, se o fizessem, a obrigação seria natural, não disporia da *actio* para protegê-la. O termo natural significa que a obrigação existe, mas não é protegida pelo Direito Civil (Ius Civile), sendo-o apenas pelo *Direito Natural*.

As obrigações naturais possuem conceito externo e interno. Externamente, pode-se conceituá-las como obrigações despidas de responsabilidade, ou seja, o devedor paga se quiser, mas se cumpridas espontaneamente, consideram-se pagas, podendo o credor reter o pagamento.

Tradicionalmente, fala-se em dois elementos neste conceito: a *nec petitio* e a *nec repetitio*. O primeiro é negativo. Trata-se da impossibilidade de se executar o devedor. Quanto a ele, não tem sentido em nosso ordenamento, uma vez que sempre será possível a execução do devedor, a este cabendo defender-se ou não, com base na inexistência de vínculo civil. Isto porque o direito de peticionar (*petitio*) independe do direito material em que se funda. O segundo elemento é positivo. É a possibilidade de o credor reter o pagamento efetuado espontaneamente. *Nec petitio* significa a impossibilidade de peticionar. *Nec repetitio* é a impossibilidade

---

[69] COVELLO, Sérgio Carlos. Op. cit. Esta obra merece nossos elogios. É a única que trata do tema com profundidade, tendo sido a principal fonte de inspiração para este trecho de nosso trabalho.
[70] Tradução livre: "Até o que se deve por força do Direito Natural pode compensar-se".

de se repetir o pagamento efetuado, ou, por outro lado, a possibilidade de se reter o pagamento. É a *retentio soluti* ou retenção do pagamento.[71]

O conceito interno diz respeito à própria natureza jurídica das obrigações naturais.

Segundo a teoria clássica, a obrigação natural é, na verdade, obrigação civil, desprovida de ação. Não é obrigação moral, pois que deriva de dívida civil, que só não é exigível por conveniência social. Ademais, toda obrigação tem fundo moral.

Para a teoria clássica de Aubry et Rau,[72] classificam-se as obrigações naturais em duas categorias, as que são rejeitadas pelo Direito, por entender o legislador não merecerem acolhida, como as dívidas de jogo, e as que são rejeitadas pelo Direito em função de utilidade social, como as obrigações prescritas.

Outra é a teoria da obrigação moral. O que se chama de obrigação natural nada mais é do que obrigação moral. A teoria não se sustenta, uma vez que toda obrigação é moral.

De acordo com a teoria de Savatier,[73] toda obrigação é moral. As naturais seriam obrigações morais degeneradas, de vez que invalidadas pelo Direito.

A seguir a teoria de Ripert,[74] teríamos que as obrigações naturais são, como toda obrigação, morais. Acontece que há obrigações morais que se convertem em civis por força da lei ou do juiz. Já há outras que só se convertem se o devedor o quiser. Seriam estas as obrigações naturais.

Outra teoria é a do fundamento. Na verdade, ao falarmos em obrigações naturais, estamos, involuntariamente, aceitando a existência do Direito Natural. Aquele conjunto de normas jurídicas decorrentes da própria natureza humana. Assim como é da natureza humana pensar, sentir, casar, procriar, comer, dormir, falar, seria também próprio da natureza humana contrair obrigações junto a outras pessoas e pagá-las.

As obrigações naturais distinguem-se das civis, em que estas se fundamentam no Direito Positivo, e aquelas, no Direito Natural.

O engano é exatamente supor-se que as obrigações naturais se fundamentam no Direito Natural. Ao contrário, é o Direito Positivo que lhes garante os efeitos: ausência de responsabilidade (*absentia obligationis*) e retenção do pagamento (*retentio soluti*).

Outra teoria que não convence é a da relação de fato. As obrigações naturais surgem de relação de fato, e as civis, de relação de Direito. Ambas surgem de

---

71 A pronúncia dessas expressões será a seguinte: – *Nec petitio* [nec petício]; *nec repetitio* [nec repetício]; *retentio soluti* [retêncio solúti].
72 AUBRY ET RAU. *Op. cit.*, p. 7 et seq.
73 SAVATIER, René. **Cours de droit civil**. 2. ed. Paris: Librairie Générale de Droit & de Jurisprudence, 1949. p. 211 et seq.
74 RIPERT, Georges. **La règle morale dans les obligations civiles**. Paris: Librairie Générale de Droit & de Jurisprudence, 1935. p. 387 et seq.

relação de Direito. Não fosse assim, não seria admissível a retenção do pagamento, garantida pelo ordenamento positivo.

Uma teoria mista procura definir as obrigações naturais como, a um só tempo, morais e jurídicas. Morais, porque ausente a responsabilidade, mas o pagamento, se efetuado, será válido. Jurídicas, porque admitem a retenção do pagamento. Ora, na realidade, toda obrigação tem conteúdo moral.

Para os dualistas, a obrigação natural seria obrigação de débito sem responsabilidade. Estão certos. Só que isto diz respeito aos efeitos, não à natureza da obrigação natural.

Segundo a teoria publicista de Carnelutti, as obrigações surgem de relação de Direito material, cujo vínculo se compõe de um direito do credor e um dever do devedor. Este seria o débito. A responsabilidade, por outro lado, é fenômeno processual, que se compõe em pretensão (aspiração a um provimento jurisdicional favorável) e submissão patrimonial, por parte do credor e do devedor, respectivamente.

Assim, tanto as obrigações civis quanto as naturais são jurídicas, tendo a mesma força para o Direito material. A diferença é que as naturais não recebem o amparo do Direito Processual.

De acordo com Betti, por ser dívida pura, a obrigação natural seria uma anomalia entre a obrigação civil e o nada jurídico (dever puramente moral). É jurídica, pois enseja a *soluti retentio*, mas não é obrigação, é dever social.

Segundo a tese de Bonnecase,[75] não há obrigações naturais, por não haver Direito Natural. Nada mais seriam as tais "obrigações naturais" que obrigações civis imperfeitas, degeneradas, por força do próprio ordenamento jurídico positivo.

Por fim, a teoria da causa de atribuição patrimonial diz que a obrigação natural é dever moral que constitui causa válida de atribuição patrimonial. Enquanto a obrigação civil se origina de relação jurídica, que se cumpre pelo pagamento (ato oneroso), a obrigação natural tem origem em relação moral, cumprindo-se mediante negócio gratuito de atribuição patrimonial. É como se o devedor estivesse fazendo uma doação ao credor. É a teoria dos italianos Oppo e Giorgianni.

Sérgio Covello, único autor brasileiro que escreveu a fundo sobre o tema, adota a teoria clássica, mesclada com a dualista. Segundo ele, não há diferença substancial entre as obrigações civis e as naturais. Distanciam-se umas das outras apenas quanto à tutela: as civis são pagáveis e exigíveis; as naturais, apenas pagáveis.

> O credor civil (titular de direito mais pretensão) pode receber o que lhe é devido e reclamar a prestação, caso esta não seja realizada, valendo-se não só da ação como de outros meios coativos, enquanto o credor natural (titular de direito desprovido de pretensão) pode, apenas, esperar e receber validamente o

---

[75] BONNECASE, Julien. **Elementos de derecho civil**... cit., p. 189 et seq.

pagamento. Sua expectativa é válida e jurídica; válido e jurídico é o pagamento que ele receba, por isso que irretratável.[76]

A posição do Direito brasileiro vem explicitada no art. 882 do CC.

> Art. 882. Não se pode repetir o que se pagou para solver dívida prescrita, ou cumprir obrigação judicialmente inexigível.

A redação do artigo é criticável; poderia se referir expressamente às obrigações naturais, nelas incluídas as dívidas prescritas. O termo "obrigação judicialmente inexigível" é muito vago. Pode, por exemplo, dizer respeito à obrigação judicialmente inexigível, por ser a pretensão creditícia inexigível, o que estaria errado, uma vez que a pretensão sempre existirá e será sempre exigível. Como dito, a prescrição atinge a responsabilidade, não a ação. A obrigação pode ser judicialmente inexigível por já ter sido adimplida. Assim, supondo que uma pessoa pague a seu credor duas vezes a mesma obrigação, a segunda seria judicialmente inexigível, nem haveria obrigação. Neste caso, seria admissível a repetição do que se pagou indevidamente. É evidente que, no exemplo dado, se cuida de obrigação que já não mais existe, o que, na prática, porém, não impede que se refira a ela como obrigação inexistente ou obrigação inexigível, por já ter sido paga. Seja como for, o termo "obrigação judicialmente inexigível" é muito amplo e muito vago. Não concordo que seja bom substitutivo para o termo "obrigação natural".

Além do mais, fica parecendo que as obrigações naturais não podem ser exigidas judicialmente, em nenhuma hipótese. Isto não é bem verdade; exigir o credor pode, mesmo porque seu direito de acionar é autônomo. Cabe ao réu (devedor) opor exceção, alegando em sua defesa que se trata de obrigação natural. Neste caso, o juiz não reconhecerá a pretensão do autor (credor). Mas o réu poderá deixar de alegar a natureza da obrigação e enveredar por outros caminhos em sua argumentação. Suponhamos que uma pessoa dê uma nota promissória em garantia de pagamento de dívida de jogo. Não paga a dívida, o credor executa a promissória. O devedor, em vez de alegar que se trata de obrigação natural, defende-se com outros argumentos. Vem, afinal, a ser condenado e acaba pagando. Como dizer, depois disso tudo, que se tratava de obrigação judicialmente inexigível? Exigível, do ponto de vista exclusivamente processual, ela era. O direito de ação é, em princípio, autônomo. Ninguém pode ser impedido de propor ação judicial. Mesmo porque o réu pode, como foi o caso do exemplo acima, não alegar em sua defesa que se trata de obrigação natural. Nas obrigações naturais, o pagamento é que não é obrigatório; do ponto de vista do Direito material é que a obrigação é inexigível. Por conseguinte, não seria muito feliz a expressão "obrigação judicialmente inexigível".

---

76 COVELLO, Sérgio Carlos. Op. cit., p. 108.

Até que se invente expressão mais adequada, não vejo razão para a não adoção do termo *obrigação natural*, consagrado pela doutrina e jurisprudência no mundo inteiro, não denunciando, necessariamente, a aceitação de qualquer tese jusnaturalista. Mesmo porque, se esta foi a intenção do legislador, não foi bem sucedido, pois que se utiliza explicitamente do termo obrigação natural no art. 564, III, do CC, que diz não se revogarem por ingratidão as doações feitas em cumprimento de obrigação natural.

O art. 883 também nega a *repetitio indebiti* àquele que deu coisa para obter fim ilícito, imoral ou proibido por lei. Não é o caso de se falar em obrigações naturais, nessas hipóteses. O fundamento de se negar a repetição do indébito é outro, senão vejamos. Se empresto dinheiro para alguém obter drogas, se pago serviços de prostituição ou se suborno um agente público, não poderei reclamar o dinheiro de volta, visto que a ninguém é dado aproveitar-se de sua própria torpeza – *nemo turpitudinem suam allegare oportet*.[77]

Quanto às dívidas de jogo, vale a mesma regra, salvo se a parte que ganhou houver procedido com dolo, ou se o perdedor for menor ou interdito.

No que diz respeito a seus efeitos, as obrigações naturais produzirão, como regra, os seguintes:

a] A obrigação carece de responsabilidade, isto é, o devedor paga se quiser.
b] Se o devedor pagar, espontaneamente, o pagamento será válido.
c] O credor poderá reter o pagamento efetuado espontaneamente.
d] Podem, por meio de novação, converter-se em obrigação civil, ou seja, podem ser substituídas por obrigação civil, desde que o devedor concorde.

Há casos, porém, em que as obrigações naturais não podem ser novadas, como as dívidas de jogo. Tal ocorre por expressa determinação legal. Assim, se assinar promissória em virtude de dívida de jogo, poderei recusar-lhe pagamento, provando que sua origem foi jogo.

Autores há que dizem não ser admitida a novação por ter a obrigação oriunda de jogo causa ilícita. Não concordamos, todavia. Obrigação natural com causa ilícita não é obrigação natural. O Direito Natural não reconhece e não protege o ilícito, com muito mais razão que o Direito Positivo. Aliás, há fatos admitidos pelo Direito Positivo, considerados ilícitos pelo Direito Natural e vice-versa. Ainda que o Direito Positivo decretasse a ilicitude do jogo, o que não faz, para o Direito Natural, jogar nada tem de ilícito.

e] Podem ser garantidas pelo próprio devedor ou por terceiro. A garantia oferecida pelo próprio devedor não transforma a obrigação natural em civil. Mas

---

77 [Nêmo turpitúdinem súam allegáre opórtet], ou seja, a ninguém é dado alegar sua própria torpeza (vileza, dolo, má-fé), em seu próprio benefício.

a garantia ofertada por terceiro, a fiança, por exemplo, pode ser executada, uma vez que, apesar de ser acessória de obrigação natural, é dívida civil. Executado o terceiro, porém, não terá ele direito de regresso contra o devedor, uma vez que a dívida garantida é natural. As garantias prestadas por terceiro, para caucionar dívida de jogo, não são, contudo, dotadas de responsabilidade.

f] A compensação legal não é admitida, quando invocada pelo credor obrigação natural. Se for requerida pelo credor da obrigação civil, entendo ser possível. A compensação voluntária, não se discute, é perfeitamente aceitável. Por outros termos, não se pode compensar, à força, dívida civil com dívida natural, a não ser que quem o faça seja o credor da dívida civil. Mas, se as partes convierem, a compensação será sempre possível.

As obrigações naturais tipificadas no Código Civil são a dívida de jogo ou aposta (art. 814), o empréstimo para fins de jogo ou aposta (art. 815) e a dívida prescrita (art. 882). Como vimos, não é obrigação natural o pagamento para obter fim ilícito, imoral ou proibido por lei. O parágrafo único do art. 883 dispõe que o pagamento efetuado para obter fim ilícito, imoral ou proibido por lei será revertido em favor de estabelecimento beneficente local, a critério do juiz.

Existem, além dessas, obrigações naturais atípicas. São a dívida residual, após a concordata civil ou a recuperação judicial de empresas, a dívida desconsiderada por sentença injusta irrecorrível e a obrigação do devedor favorecido por presunção legal de pagamento que, todavia, não se efetuou.

Se o credor aciona o devedor, exigindo dívida civil legítima, mas, mesmo assim, obtém sentença desfavorável, poderemos dizer tratar-se de sentença injusta. Passado o prazo para recurso, se o credor não houver recorrido, a sentença transita em julgado. A dívida que era civil se transforma em obrigação natural. Não possui o vínculo da responsabilidade, o devedor paga se quiser, mas, uma vez paga espontaneamente, o pagamento poderá ser retido.

O terceiro caso é o do credor que, inadvertidamente, restitui ao devedor o título que provava a existência da dívida. Uma nota promissória, por exemplo. Normalmente, o credor só devolve o título quando se realiza o pagamento. Mas o que ocorrerá se o credor devolver o título antes do pagamento? Neste caso, terá 60 dias para provar que, embora o título esteja em poder do devedor, não houve pagamento. Passado esse prazo, a dívida que era civil se torna natural.

Quanto à natureza do vínculo: reais, creditícias e *propter rem*

Vínculo *real* é elo entre o titular de coisa e os não titulares. Assim, se sou dono de uma casa, haverá elo, vínculo, entre mim, titular, e todas as demais pessoas da sociedade, ou seja, os não titulares. Para mim, haverá direitos sobre a casa, situação de propriedade. Para todos os demais, em conjunto, o que vale dizer, para cada um dos demais, em particular, haverá dever, dever de não molestar meus direitos de dono. A esse dever de se abster, em frente ao direito que uma pessoa tem sobre uma coisa, chamam *obrigação real*.

Às obrigações reais contrapõem-se as creditícias, também denominadas obrigações propriamente ditas ou obrigações pessoais.

O vínculo obrigacional, como vimos, caracteriza-se por elo entre credor e devedor específico. Ao direito do credor de exigir seu crédito daquele devedor determinado corresponde obrigação do devedor de realizar prestação que pode ser de dar, fazer ou não fazer algo. A essa obrigação de dar, fazer ou não fazer algo em proveito do credor chamam obrigação propriamente dita ou creditícia. Alguns a chamam de pessoal, mas, como já elucidado, obrigação pessoal tem outro sentido, mais específico.

Visualizemos em dois quadros distintos as obrigações creditícias e as reais.

Quadro 8.4 Obrigações creditícias e reais

Obrigações creditícias
Sujeito ativo «» Sujeito passivo
Pessoa certa «» Pessoa certa
Credor «» Devedor
Direito à prestação «» Obrigação de realizar prestação
Direito de crédito «» Obrigação creditícia
Obrigações reais
Sujeito ativo «» Sujeito passivo
Pessoa certa «» Pessoas incertas
Titular de direito sobre coisa «» Não titulares de direito sobre coisa
Direito de não ser molestado «» Dever de não molestar o direito do titular
Direito real «» Obrigação real

Além das obrigações reais e creditícias, vislumbra a doutrina obrigações *propter rem*.

Propter rem quer dizer "por causa de uma coisa".

São obrigações que surgem em função de liame entre uma pessoa e uma coisa. Por exemplo, se sou dono de imóvel, terei a obrigação de pagar IPTU, que surge pelo simples fato de ser dono do imóvel. Aos direitos inerentes à propriedade corresponde a obrigação de pagar IPTU, obrigação *propter rem*. A obrigação de pagar taxa de condomínio, IPVA etc. também entra neste rol.

Como se pode ver, e esperamos tenha ficado claro, "quando a um direito real acede uma faculdade de reclamar prestação de uma pessoa determinada, surge para esta a chamada obrigação *propter rem*".[78]

São, ademais, características das obrigações *propter rem*:[79]

a) podem ser acessórias de direito real, do qual decorrem. Por exemplo, dos direitos de dono inerentes à propriedade. Podem ser decorrentes de mero liame entre uma pessoa e uma coisa, de uma relação de posse, fundada num contrato, como o de locação, que obriga o locatário a pagar a taxa de condomínio. O fato gerador, no caso, é o uso do imóvel;

b) apesar de acessórias dos direitos reais não geram direitos reais para o credor. O fisco, por exemplo, não tem direito real sobre o imóvel sobre o qual recai o IPTU;

c) são típicas, enumeradas em lei, exatamente por estarem ligadas aos direitos reais. Em outras palavras, não podem ser criadas por convenção.

O objeto de nosso estudo, porém, serão as obrigações propriamente ditas ou creditícias.

c. Quanto aos elementos

Puras e simples, com elementos acidentais, condicionais, a termo e modais. A estrutura obrigacional compõe-se de certos elementos essenciais, naturais e acidentais. O assunto já foi exaustivamente estudado acima, ao tratarmos dos elementos acidentais dos atos jurídicos. Não reputamos, pois, necessário retornar à análise minuciosa da questão.

Posto isso, temos que será pura e simples a obrigação, quando estiverem presentes apenas seus elementos essenciais e naturais, ausente qualquer elemento estranho.

Ao contrário, será obrigação com elementos acidentais, se, além dos elementos essenciais e naturais, estiver presente algum elemento estranho à essência da obrigação. Assim, a condição ou o abatimento no preço na compra e venda, o encargo na doação etc.

Será condicional quando seus efeitos dependerem do implemento de condição suspensiva. Há casos em que seus efeitos se produzem até o implemento de condição resolutiva.

Caso se subordinar a termo inicial e ou final, teremos obrigação a termo certo ou incerto.

Sendo a hipótese de encargo, a obrigação será modal.

---

78 PEREIRA, Caio Mário da Silva. **Instituições de direito civil**... cit., 18. ed., v. 2, p. 33.
79 SERPA LOPES, Miguel Maria de. Op. cit., v. 2, p. 50-51.

A condição, o termo e o encargo podem ser elementos essenciais ou acidentais. O termo será essencial na locação, mas acidental na doação ou na compra e venda. A condição será essencial ao seguro, mas acidental no mandato, e assim por diante.

Esta a doutrina tradicional.[80] Curiosamente, não é essa a orientação de Planiol, que considera, ao lado das puras e simples, as modais, julgando tais, as condicionais e as a termo.[81] Digo curiosamente, uma vez que, para o Direito Romano, o termo *modus* tinha o claro sentido de encargo.[82]

Já Franzen de Lima inclui no rol das obrigações com elementos acidentais as alternativas, por subordinarem o pagamento à escolha de uma das partes; e as com cláusula penal, visto que impõem pena ao inadimplemento total ou parcial da obrigação, ou ao simples atraso, desde que culpável.[83]

d. Quanto aos sujeitos

Quanto ao conteúdo fiduciário

Impessoais e *intuitu personae*. Impessoal é a obrigação em que o importante é o objeto e não os sujeitos. Na compra e venda, por exemplo, pouco importa quem sejam comprador e vendedor, o que realmente interessa é o preço e a coisa.

Já nas obrigações *intuitu personae*, os sujeitos desempenham papel principal. Se encomendo obra a certo autor, interessa-me a obra, sem dúvida, mas também que seja feita por aquele autor, não servindo nenhum outro.

Conclui-se, como é obvio, que as impessoais, sempre que possível, se transmitem aos herdeiros do devedor morto, o que não ocorre com as *intuitu personae*. Desse modo, se compro um imóvel e o vendedor morre antes de concluído o contrato definitivo, seus herdeiros serão obrigados a concluí-lo. Tal não ocorrerá se um palestrante morrer antes de proferir a palestra que lhe fora encomendada. Seus herdeiros, mesmo se quisessem, não poderiam substituí-lo. O máximo que pode acontecer é que, caso o palestrante tenha recebido honorários adiantados, seus herdeiros terão que restituí-los, tirando-os da herança que receberem, e não do próprio bolso.

---

80 PEREIRA, Caio Mário da Silva. **Instituições de direito civil**... cit., 18. ed., v. 2, p. 81 *et seq*. SERPA LOPES, Miguel Maria de. Op. cit., v. 2, p. 86 *et seq*.

81 PLANIOL, Marcel. Op. cit., v. 2, p. 124 *et seq*. "Les effets décrits dans les chapitres précédents sont ceux des obligations pures et simples, c'est-à-dire qu'ils se produisent dans l'état normal, quand l'obligation n'est suspendue par aucune modalité (terme ou condition)." Tradução livre: "Os efeitos descritos nos capítulos precedentes são os das obrigações puras e simples, o que quer dizer que se produzem em estado normal, quando a obrigação não está suspensa por nenhuma modalidade (termo ou condição)".

82 MONCADA, Luís Cabral de. Elementos de história do direito romano. Coimbra: Coimbra Ed., 1923. vol. 2, p. 276-277.

83 LIMA, João Franzen de. **Curso de direito civil brasileiro**. Rio de Janeiro: Forense, 1958. vol. 2, t. 2, p. 19-20.

Tratando-se de obrigações de fazer, fala-se em *obrigações fungíveis e infungíveis*, quando o devedor puder ou não ser substituído por outra pessoa, sem prejuízo para o credor. O ponto de contato entre estas obrigações e as impessoais e *intuitu personae* é que as fungíveis serão sempre impessoais, sendo as infungíveis *intuitu personae*.

■ Quanto à posição dos sujeitos

Simples e complexas. Simples será a obrigação, em que cada uma das partes desempenha o papel exclusivo de devedor e credor, respectivamente. No empréstimo de dinheiro sem juros, por exemplo, quem empresta é apenas credor, e quem toma emprestado é apenas devedor.

A obrigação será complexa, quando o papel das partes se alternar, dependendo da referência que se adotar. Na compra e venda, por exemplo, se a referência for o preço, o comprador será o devedor, e o vendedor será o credor. Se, ao contrário, a referência for o bem que está sendo negociado, o comprador será o credor, e o vendedor será o devedor.

8.9.3 Quanto ao objetivo visado: de resultado, de meios e de garantia

Como regra, fala-se em obrigações de meios e de resultado, quanto às obrigações de fazer. Segundo Démogue,[84] a obrigação é de resultado, quando o fim por ela colimado é algo perfeito, acabado. Por exemplo, obrigação contraída na empreitada, em que o empreiteiro assume o dever de entregar certa obra pronta e acabada. O importante nas obrigações de resultado é que a responsabilidade do devedor é pelo produto da prestação em si, concluído, pronto. Incumbe a ele demonstrar que o resultado não foi alcançado por fato alheio a suas forças.

Já nas obrigações de meios, o resultado não é seu objeto, mas sim o processo para se o alcançar. Assim é a obrigação do médico de fornecer os meios para curar o doente. Não é de resultado, por ser este imprevisível. Mesmo porque o médico não pode ter como obrigação curar o doente, mas sim fazer o possível para tanto. Assim, essa seria obrigação de meios. É óbvio que também as obrigações de meios visam a um fim. O médico visa à cura do doente, com seria lógico pensar. O que interessa, entretanto, é que ele não responde por esse resultado, por esse fim, mas pelos meios que empregou para se o alcançar. Assim, nas obrigações de meios, incumbe ao credor provar que o produto final não foi alcançado devido a culpa do devedor.

---

[84] DÉMOGUE, René. Op. cit., v. 5, p. 214.

Vemos, pois, que o que diferencia as obrigações de meios das de resultado não é que estas visam e aquelas não visam a um resultado. Toda obrigação visa a um resultado. A diferença é que nas de meios, o objeto da obrigação, pelo qual responde o devedor são os meios para se alcançar o resultado. Nas de resultado, o objeto é o resultado em si.

Posteriormente a Démogue, surgiram adeptos de sua teoria, que inclusive a aperfeiçoaram, criando outra classe, as de segurança, destinadas a garantir a integridade física de uma das partes, naqueles contratos, em que ela possa encontrar-se ameaçada.

Há, entretanto, críticos ferrenhos de Démogue, como Paul Esmein e Marton,[85] que dizem que toda obrigação será obrigatoriamente de resultado. Não existe obrigação que não vise a resultado específico.

De fato, a questão é, às vezes, difícil de ser solucionada aprioristicamente. Exemplo típico é a obrigação do cirurgião plástico, quando se trata de cirurgia estética. Muitos afirmam que se trata de obrigação de resultado. Entendo, entretanto, que o problema concreto é que dirá. Se o cirurgião foi honesto com seu paciente, não lhe prometendo o impossível, deixando claros os riscos da cirurgia plástica, não vejo por que considerar a obrigação desse médico como de resultado. Será verdadeira obrigação de meios. Ao contrário, se houve promessas irreais por parte do cirurgião que, faltando à ética, incutiu em seu paciente a certeza de resultado que não poderia garantir, ou, por outro lado, não esclareceu os riscos da cirurgia, tal seria o caso de obrigação de resultado.

O problema ganha relevância prática, pois que se a obrigação for considerada de meios, o ônus da prova de que o cirurgião tenha agido com culpa será do paciente. Ao revés, se considerada de resultado, ocorrerá inversão do ônus da prova, incumbindo ao médico provar sua inocência.

Ainda quanto ao objetivo visado, as obrigações podem considerar-se de garantia, quando sua finalidade for prestar garantia. Tal é a obrigação do fiador, do avalista e do segurador, por exemplo.

8.9.4 Obrigações reciprocamente consideradas: principais e acessórias

De início, deve ser dito que só se pode falar em obrigações principais e acessórias, umas em relação às outras. Uma obrigação em si mesma considerada não

---

85 ESMEIN, Paul. **Le fondement de la responsabilité contractuelle**. Paris: Rév. Trim., 1933. p. 627-692.
MARTON, G. **Obligations de résultat et obligations de moyens**. Paris: Rév. Trim., 1935. p. 499-543.

é nem principal nem acessória. Tendo isso em vista, são principais as obrigações que, em relação a uma outra, têm existência autônoma. Acessórias as que dependem da principal para existir. Assim a obrigação do locatário e a do fiador que lhe serve de garantia. A obrigação do locatário é principal, em relação à do fiador, que é acessória, em relação à do locatário. Pode-se ver que a obrigação do locatário existe em si mesma, de modo autônomo, mesmo sem a fiança. Já a obrigação do fiador só existe em função da obrigação do locatário; não tem existência autônoma.

As obrigações acessórias podem ser contraídas para assegurar a realização de outro negócio, como é o caso da procuração. Ou então podem ser contraídas para garantir obrigação de terceiro, como no caso da fiança.

A principal consequência traduz-se no brocardo *accessorium sequitur principale*, i.e., o acessório segue o principal. Daí se conclui que:

- extinta a principal, extingue-se a acessória;
- defeituosa a principal, defeituosa a acessória etc.

8.9.5 Quanto ao pagamento

Analisada a forma como se pagam, ou seja, como se cumprem ou se executam, as obrigações podem ser classificadas em várias categorias. Estudado o pagamento do ponto de vista subjetivo, temos obrigações fracionárias, conjuntas, solidárias, subsidiárias, disjuntivas e conexas.

Estudado o pagamento do ponto de vista objetivo, temos obrigações alternativas, facultativas, cumulativas, divisíveis, indivisíveis, fungíveis e infungíveis.

Quanto aos sujeitos do pagamento

Aqui podemos ter lado ativo e lado passivo, dependendo do ângulo enfocado. Vejamos, então, como se classificam da maneira apresentada nas seções a seguir.

Obrigações fracionárias ou parciais

Do lado passivo, há vários devedores, respondendo cada qual por parte da dívida. O credor só poderá exigir de cada devedor o montante pelo qual é responsável. É o que ocorre nos grupos de consórcio. A administradora só pode exigir de cada um dos consorciados sua parcela.

Do lado ativo, há vários credores, cada um tendo direito a parte da dívida. Cada credor só poderá exigir sua parte. O exemplo dos consórcios serve, bastando inverter-se a polaridade. Tomando a administradora como devedor, os vários consorciados só poderão exigir, cada um, a entrega do que lhe for devido, ou seja, de sua parcela. Outro exemplo é o de um sorteio de loteria. A Caixa Econômica é o devedor, e os premiados, os credores.

Obrigações conjuntas ou unitárias, também denominadas obrigações de mão comum

Do lado passivo, há vários devedores, respondendo todos, ao mesmo tempo, por toda a dívida. O credor só poderá acionar a todos ao mesmo tempo. Tal acontecerá, por exemplo, nas dívidas comuns de edifícios de apartamentos. Por força do art. 1.348, II, do CC, o credor terá que acionar todos os condôminos ao mesmo tempo, sendo estes representados pelo síndico. Na prática, usa-se dizer que a ação é contra o condomínio, querendo-se dizer que todos os condôminos indistintamente estão sendo acionados. É evidente que, entre esses condôminos, não havendo outra solução prevista ou possível, a dívida será atribuída a cada um, na proporção de sua fração ideal. Exemplo simples, seria o do síndico que contrata serviços de pintura para o edifício e não paga. O pintor só poderá acionar o "condomínio", ou seja, os condôminos em conjunto, representados pelo síndico.

Do lado ativo, há vários credores, todos tendo o direito a receber toda a dívida ao mesmo tempo, em conjunto. Só poderão exigi-la em conjunto. O devedor só se libera pagando a todos ao mesmo tempo. Vejamos um exemplo: o espólio de certa pessoa, ou seja, os herdeiros de certa pessoa, representado pelo inventariante, vende um imóvel do acervo hereditário. O comprador só se libera se pagar ao espólio, ou seja, a todos ao mesmo tempo, na pessoa do inventariante. Se por acaso o comprador não pagar, será acionado pelo espólio, ou seja, por todos os herdeiros ao mesmo tempo, repita-se, representados pelo inventariante.

Obrigações solidárias

Do lado passivo, fala-se em solidariedade passiva. Há vários devedores, respondendo cada um deles individualmente por toda a dívida. O credor pode exigir de apenas um, de alguns ou de todos que paguem toda a dívida. Cada um responde pela dívida toda. Pagando um ou alguns dos devedores solidários, terão direito de regresso contra os demais, cobrando-lhes a parte que lhes cabia. Vemos, assim, que a obrigação dos devedores, entre si, é fracionária. É o caso dos sócios em sociedade de responsabilidade ilimitada. Cada um deles responde pela dívida toda perante o credor comum. Efetuado o pagamento por um deles, terá ele direito de regresso contra os demais, na proporção da quota de cada um. Se um deles for insolvente, sua quota será repartida entre todos.

Se o pagamento tiver sido parcial, os devedores continuam solidariamente obrigados pelo resto.

Se o credor propuser ação contra um ou alguns dos devedores, não estará com isso renunciando à solidariedade.

Morrendo um dos devedores, seus herdeiros sucedem-lhe na dívida, dentro das forças da herança. Serão considerados, porém, como um só devedor, sendo sua obrigação conjunta. João e Manoel devem, solidariamente, a Pedro $ 100,00. Se João morrer, deixando dois filhos, estes ocuparão o lugar de João, respondendo em conjunto. Em relação a Manoel, os dois, em conjunto, respondem solidariamente. Lembremo-nos, todavia, que os filhos de João só responderão com a herança que, eventualmente, tenham recebido do pai. Não terão que tirar do próprio bolso. Diz-se que respondem *intra vires hereditatis*, ou seja, dentro das forças, dos limites da herança.

Aqui é importante mencionar os parágrafos 1º e 2º do art. 204 do CC. Segundo o parágrafo 1º, "a interrupção efetuada contra um dos devedores solidários envolve os demais e seus herdeiros". Tomemos o exemplo dado acima: João e Manoel devem, solidariamente, a Pedro $ 100,00. Pedro, o credor comum, acionou João para pagar a dívida. Ordenada a citação de João, interrompe-se a contagem do prazo prescricional, segundo o art. 202, I. Apenas João foi acionado, mas a contagem se interrompe também em relação a Manoel. Se João tivesse morrido, deixando dois filhos, estes passariam a ocupar seu lugar, conforme vimos. Se Manoel fosse acionado, a interrupção da contagem do prazo prescricional valeria também para os herdeiros de João.

O parágrafo 2º do art. 204 dispõe que "a interrupção operada contra um dos herdeiros do devedor solidário não prejudica os outros herdeiros ou devedores, senão quando se trate de obrigações e direitos indivisíveis". Tomando o mesmo exemplo dado acima, teríamos que se um dos herdeiros de João reconhecesse a dívida por ato inequívoco, por exemplo, assinando um documento de confissão de dívida, a contagem do prazo prescricional se interromperia em relação a ele, mas em relação ao outro herdeiro de João e ao codevedor, Manoel, a prescrição continuaria a correr normalmente. Isto porque se trata de obrigação divisível, de pagar $ 100,00. Se o objeto dessa obrigação solidária fosse entregar um carro, a confissão do herdeiro de João interromperia a prescrição quanto a ele e quanto aos demais (o outro herdeiro e Manoel).

A remissão (perdão) obtida por um dos devedores de nada servirá aos demais, que continuam solidariamente obrigados pelo restante não perdoado.

Qualquer cláusula, condição ou obrigação adicional combinada entre o credor e um ou alguns dos devedores não poderá agravar a situação dos demais devedores, a não ser que eles consintam.

Havendo impossibilidade da prestação por culpa de um dos devedores solidários, subsiste para todos o dever de ressarcir o credor pelo equivalente, mas por perdas e danos responde só o culpado. Assim, por exemplo, se João e Manoel deviam um quadro a Pedro e, por culpa de João, o quadro vem a perecer, ambos os devedores respondem solidariamente pelo preço da obra, mas pelos prejuízos devidos além do preço somente João responderá.

Os devedores respondem solidariamente pelos juros de mora. Mas se a mora se deveu à culpa de um deles apenas, responderá ele perante os demais devedores.

O devedor demandado pelo credor poderá opor a ele as exceções que lhe forem pessoais e as comuns a todos. Assim, se Marcos é acionado pelo credor comum, João, poderá defender-se, opondo a João as exceções pessoais (por exemplo, que tem dívida compensável, ou seja, que é credor de João por outra causa). Também poderá opor as ações comuns a todos os demais devedores (por exemplo, que a dívida já foi paga ou está prescrita). O que não poderá fazer é opor contra o credor exceção pessoal de outro devedor. Dessarte, não poderia alegar que não paga, porque Manoel, outro devedor, é credor de João por outra razão.

Segundo o art. 130 do CPC, é admissível o chamamento ao processo, requerido pelo réu, no caso o devedor solidário, dos demais devedores solidários, quando o credor exigir de um ou de alguns o pagamento da dívida toda.

> Chamamento ao processo é o incidente pelo qual o devedor demandado chama para integrar o mesmo processo os coobrigados pela dívida, de modo a fazê-los também responsáveis pelo resultado do feito. (...) Com essa providência, o réu obtém sentença que pode ser executada contra o devedor principal ou os codevedores, se tiver de pagar o débito.[86]

O credor poderá renunciar à solidariedade em favor de um, alguns ou todos os devedores. A renúncia parcial, entretanto, não aproveita aos demais devedores. Se João renunciar à solidariedade em favor de Manoel, Marcos e Pedro, codevedores, continuam obrigados solidariamente pelo restante, ou seja, por 2/3 da obrigação.

Se a dívida interessava somente a um dos devedores, só ele responderá perante o que pagou. Exemplo típico é a obrigação do emitente de um cheque e de seus avalistas. Se um dos avalistas pagar, poderá regressar apenas contra o emitente do cheque, que responderá pela dívida toda. O mesmo se diga da fiança solidária, em que figure mais de um fiador.

Do lado ativo, fala-se em solidariedade ativa. Há vários credores, cada um deles tendo o direito de exigir toda a dívida. O que receber dividirá com os outros. O devedor, enquanto não for demandado, desobriga-se pagando a qualquer um deles. Assim ocorre nas obrigações devidas ao condomínio de um edifício. Pagando a qualquer um dos condôminos, o devedor libera-se do vínculo.

O pagamento feito a um dos credores extingue a dívida até o montante do que foi pago.

---

86 THEODORO JR., Humberto. **Curso de direito processual civil**. 16. ed. Rio de Janeiro: Forense, 2012. v. 1, p. 159.

Se um dos credores morrer, deixando herdeiros, cada um destes só terá direito de exigir do devedor comum a parte que corresponder a seu quinhão hereditário, a não ser que se trate de obrigação indivisível.

Suponhamos X, Y e Z sejam credores de $ 90,00 de um devedor comum, D. Supondo que o credor X morra, deixando três herdeiros, cada um só poderá exigir $ 10,00, ou seja, 1/3 de seu quinhão, que seria de $ 30,00.

Se no exemplo anterior tivéssemos um carro, em vez de $ 90,00, a obrigação seria indivisível, e cada um dos herdeiros poderia exigir o carro inteiro, repartindo-o com os demais credores.

Caso a obrigação solidária de coisa indivisível se converta em perdas e danos, isto é, se converta em dinheiro, permanecerá solidária.

Se um dos credores perdoar a dívida, responderá aos outros pela parte que lhes couber.

O devedor comum não poderá opor aos credores as exceções pessoais que tiver contra apenas um deles. Em outras palavras, se A deve a B e C, e se B deve a A, A poderá opor esta exceção, exigindo a compensação das dívidas apenas contra B, não contra C.

Se um dos credores solidários aciona o devedor comum e perde a ação, esta sentença desfavorável não atingirá os demais credores, que poderão ainda acionar o devedor comum.

O art. 201 do CC estipula que "suspensa a prescrição em favor de um dos credores solidários, só aproveitam os outros se a obrigação for indivisível". Em outras palavras, se ocorrer fato que suspenda a prescrição em favor de um dos credores solidários (por exemplo, por que se acha a serviço do País no exterior), os demais só se beneficiarão da suspensão, caso a obrigação seja indivisível. Vejamos um exemplo: João e Pedro adquiriram um carro de Alberto, com cláusula de solidariedade. A extinção da responsabilidade (prescrição) de Alberto pela entrega do carro é de 5 anos, segundo o art. 206, parágrafo 5º, I, do CC. Supondo que Pedro viaje para o exterior, por um período de 2 anos, a serviço do País, durante esses 2 anos, a contagem do prazo prescricional ficaria suspensa, tanto para Pedro, quanto para João, uma vez que a obrigação é indivisível: dar um carro. No entanto, se a obrigação fosse divisível, por exemplo, pagar um empréstimo de dinheiro, a suspensão beneficiaria apenas a Pedro; para ele a contagem do prazo se suspenderia, mas para João, o prazo continuaria a fluir normalmente.

O art. 204 do CC estabelece que a interrupção da prescrição por um credor não aproveita aos demais cocredores, a não ser que a obrigação seja solidária. Assim, nas obrigações conjuntas ou fracionárias, se um dos credores interromper a prescrição, continua ela a correr para os demais. Por exemplo, se Beto e Léo são credores conjuntos de um carro devido por Marieta, e se Beto notificar Marieta judicialmente para pagar, quanto a ele, Beto, a prescrição se interrompe; quanto a Léo, continua a correr normalmente. Por outro lado, se a obrigação fosse solidária, a interrupção da prescrição promovida por Beto, com a notificação judicial, aproveitaria a Léo, isto é, o prazo se interromperia para ambos.

Por fim, as obrigações solidárias, seja do lado ativo ou passivo, jamais se presumem, ocorrendo sempre em virtude de lei ou contrato. Assim, como saber se uma obrigação cujo objeto seja, por exemplo, entregar um carro é solidária? Deveremos analisar o contrato. Se não houver cláusula de solidariedade, a obrigação será simplesmente indivisível. As consequências podem ser diferentes, como veremos abaixo.

Obrigações subsidiárias

Do lado passivo, há vários devedores sucessivos, um respondendo caso o outro não o faça. O credor primeiro tem que acionar um deles, para depois acionar o outro. É o caso da fiança civil, em que o fiador, como regra, só responde depois de acionado o devedor principal.

Do lado ativo, há vários credores sucessivos, um recebendo depois do outro. Por exemplo, contrato de seguro de vida em que sejam nomeados beneficiários sucessivos, um recebendo na falta do outro.

Obrigações disjuntivas

Só nos interessa o lado passivo. Há vários devedores que se obrigam, cada um deles, por toda a obrigação. O credor pode escolher qual deles fará o pagamento. Uma vez escolhido, os outros se desoneram, retirando-se por completo da relação. É o caso típico dos contratos administrativos precedidos de licitação, em que cada licitante se obriga por toda a obrigação nos termos da proposta que fez. Sendo escolhido um deles, os demais se desobrigam.

Obrigações conexas

Ainda aqui, só nos interessará o lado passivo, em que há vários devedores, tendo cada um deles obrigação de satisfazer ao credor prestação distinta, porém conectada à dos demais e delas dependente pela mesma origem ou pelo mesmo objetivo.

O credor só poderá acionar um deles se acionar os demais.

Se contrato pintor e pedreiro para reformar minha casa, só poderei exigir a prestação do pintor depois de exigir a do pedreiro. Uma está vinculada à outra, apesar de serem individuadas.

b. Quanto ao objeto do pagamento

Há várias modalidades de obrigações, se levarmos em conta o objeto do pagamento, ou seja, a prestação e seu próprio objeto.

Obrigações alternativas

Há dois ou mais objetos que o credor ou o devedor irão escolher, conforme o que combinarem. Caso não combinem, a opção caberá ao devedor. Essas obrigações se caracterizam pela presença da conjunção "ou". Tomemos, por exemplo, contrato em que o devedor pudesse escolher entre entregar carro ou seu equivalente em dinheiro.

A seu respeito há seis regrinhas importantes:

1] O credor não pode ser obrigado a receber parte em um objeto e parte em outro.
2] Se a obrigação for de prestações periódicas, em cada um dos períodos a opção poderá ser exercida.
3] Havendo vários devedores ou credores com o direito de fazer a escolha, deverão decidir a quem incumbirá exercer o direito. Se não entrarem em acordo, decidirá o juiz.
4] A escolha poderá ser feita por um terceiro indicado pelas partes ou nomeado no contrato. Caso este terceiro não queira ou não possa efetuar a opção, deverá o juiz decidir, se as partes não chegarem a um acordo.
5] Se uma das duas prestações se tornar inexequível, subsiste a obrigação em relação à outra, caso a escolha coubesse ao devedor. A devia a B um cavalo ou um boi. A escolha cabia ao devedor A. Se o cavalo morrer, subsiste a obrigação quanto ao boi.

Se a escolha coubesse ao credor, este poderia optar pela prestação subsistente ou pelo valor da outra, mais perdas e danos em qualquer caso, se houvesse culpa do devedor. No exemplo acima, cabendo a escolha ao credor B e vindo o cavalo a perecer por culpa de A, B poderá optar pelo valor do cavalo acrescido de perdas e danos, ou pelo boi mais perdas e danos. As perdas e danos são devidas à culpa de A. Inexistindo culpa, não há falar em perdas e danos. B deverá optar pelo boi, sem perdas e danos, uma vez que não houve culpa.

6] Se todas as prestações se tornarem inexequíveis, por culpa do devedor, este será obrigado a pagar o valor da última que se impossibilitou, mais perdas e danos, caso coubesse a ele a escolha. No caso do cavalo e do boi, vindo os animais a perecer, primeiro o cavalo, depois o boi, por culpa de A, se a ele cabia a escolha, deverá pagar a B o valor do boi mais perdas e danos.

Se a escolha cabia ao credor, este pode escolher de qual delas será indenizado, mais perdas e danos. Em outras palavras, sendo a escolha de B, poderá ele escolher pelo valor de qual dos dois animais será indenizado, mais perdas e danos.

Não havendo culpa do devedor, extingue-se a obrigação, com restituição do preço, mais correção monetária, se for o caso.

Logicamente que tanto a segunda quanto a terceira regra se referem à inexequibilidade das prestações anterior à escolha. Uma vez que a escolha seja feita, a obrigação deixa de ser alternativa e, vindo seu objeto a se tornar inexequível, não se aplicariam tais regras.

De acordo com o art. 800 do CPC, nas obrigações alternativas, quando a escolha couber ao devedor, esse será citado para exercer a opção e realizar a prestação dentro de dez dias, se outro prazo não lhe tenha sido determinado em lei ou em contrato. Todavia, será devolvida ao credor a opção, se o devedor não a exercer no prazo determinado.

Sendo a escolha do credor, deverá ser indicada já na petição inicial da execução.

Obrigações facultativas

Há obrigação facultativa quando o devedor tiver o direito de pagar ou o credor o direito de exigir coisa diversa da efetivamente representativa do objeto da prestação. Aqui existe no início uma única prestação determinada, que pode ser, todavia, substituída pelo devedor ou pelo credor. Diz-se que há um objeto in *obligatione* e dois in *facultate solutionis*.[87]

As obrigações facultativas não se confundem com as alternativas, em que nestas há dois ou mais objetos sempre, desde o início, cabendo a uma das partes optar por um deles. Nas obrigações alternativas há dois ou mais objetos in *obligatione* e dois ou mais in *facultate solutionis*.

Exemplo histórico ocorreu no Brasil por volta de 1990, quando se proibiram consórcios de carros. As administradoras de consórcio, a fim de burlar a proibição, passaram a elaborar contratos cujo objeto consistia em motocicleta, tendo o consorciado a faculdade de fazê-la substituir por certo automóvel. O objeto da prestação contratual era apenas um, entregar motocicleta. Facultativamente, porém, o credor, no caso o consorciado, poderia optar por um carro no lugar da moto. Veja-se que o objeto do contrato é a motocicleta e não os dois, ela e o carro. Tanto é verdade, que é em torno dela, da moto, que giram todas as vicissitudes do contrato, tais como o valor das prestações, os reajustes etc. Fosse o carro também objeto do contrato, a situação seria bem diversa. Aliás, naquela época específica nem era permitido consórcio de carro. Este aparecia in *facultate solutionis*, como faculdade do consorciado, quando fosse sorteado, ou ao fim do contrato.

Outros exemplos seriam o contrato de *leasing*, contrato de empréstimo em dólar, com faculdade de pagamento em moeda nacional e outros.

No *leasing*, uma pessoa arrenda um bem, um automóvel, por exemplo. Ao final do contrato, surgem para o arrendatário três opções facultativas: renovar o arrendamento, comprar o bem, descontados os aluguéis já pagos, ou pôr fim ao

---

[87] SERPA LOPES, Miguel Maria de. Op. cit., v. 3, p. 260. In *obligatione*: "no cerne da obrigação". In *facultate solutionis*: "na escolha que se pode fazer, quando do pagamento".

arrendamento, restituindo o bem. Essas três opções surgem ao final do contrato, como faculdade do arrendatário.

Em alguns contratos de empréstimo, com captação de recursos no exterior, estipula-se o pagamento segundo a cotação do dólar. Nestes mesmos contratos, pode haver cláusula conferindo ao devedor a faculdade de substituir essa cláusula-dólar por pagamento em moeda nacional, desvinculada da cotação do dólar. Essa faculdade surge quando do pagamento de cada parcela. É neste momento que o devedor faz a escolha, parcela a parcela.

Por fim, deve ser esclarecido um engano corrente. Nas obrigações facultativas, a faculdade de substituir o objeto por outro pode ser tanto do devedor quanto do credor, e não só do devedor, como se poderia pensar. O equívoco, às vezes, repercute na própria legislação, como ocorre na Argentina, em que se define obrigação facultativa, quando o devedor possuir a faculdade de substituir o objeto da prestação por outro.

Esse engano talvez tenha origem na ideia de que, quando se refere à faculdade de substituir o objeto do pagamento, esteja se referindo ao devedor, afinal é ele quem paga, não o credor. Ora, o pagamento também deve ser visto pela ótica do credor. Tanto é assim que, nas obrigações alternativas, como vimos, pode ser dado ao credor escolher. De tal modo que, no exemplo mais paradigmático de obrigação facultativa, no contrato de consórcio, a faculdade de exigir a carta de crédito em vez do bem é do credor dessa carta ou do bem, isto é, o consorciado. É dele a faculdade, não do devedor, o grupo de consórcio. Os próprios autores que insistem no equívoco dão o exemplo do consórcio.[88]

Obrigações cumulativas

São as que comportam diversas prestações somadas. Caracterizam-se pela conjunção "e". Exemplo é contrato em que devedor entrega seu carro, seu telefone e soma em dinheiro por 100 bois.

Supondo que o carro venha a perecer, em virtude de fortuito, deverá entregar o telefone e o dinheiro, resolvendo-se a obrigação no respeitante ao carro. Se já houver recebido os bois, deverá restituir os equivalentes ao carro. Como vemos, o credor nada perde. Aquilo que entregara pelo carro lhe será restituído. Apenas o devedor perde. Perde o carro.

Logicamente, sendo o perecimento culpável, será feita a entrega do telefone e do dinheiro, acrescida de perdas e danos pelo carro. Essas perdas e danos *podem* traduzir-se em juros, adicionados ao montante que o devedor porventura tenha

---

88 VENOSA, Sílvio de Salvo. **Direito civil**: teoria geral das obrigações e teoria geral dos contratos. 7. ed. São Paulo: Atlas, 2007. p. 119, nota 22.

que restituir ao credor pela perda do veículo. Se o credor provar a ocorrência de prejuízos superiores, terá direito à indenização integral.

Obrigações divisíveis

São aquelas cujo pagamento pode ser dividido em várias parcelas, sem que se descaracterize o objeto da prestação. Há dois casos que interessam a esse respeito.

1] Obrigação divisível com pluralidade de devedores: divide-se em tantas obrigações iguais e distintas quantos os devedores. Os vários condôminos de um edifício têm a obrigação de pagar as despesas comuns, que serão divididas em tantas obrigações iguais e distintas quantos sejam eles.
2] Obrigação divisível com pluralidade de credores: o devedor comum paga a cada um dos credores parcela da dívida global. Cada credor só poderá exigir sua parcela. Assim é o caso da sociedade em relação aos sócios, no respeitante à distribuição de dividendos, ou seja, lucros. Se a sociedade deu lucros para ser divididos entre os sócios, a cada um será entregue sua parcela proporcionalmente à sua participação. Cada um só poderá exigir da sociedade sua parcela individual.

Como vimos, tanto se houver pluralidade de devedores quanto de credores, a obrigação será fracionária.

Obrigações indivisíveis

São aquelas cujo pagamento só pode ser efetuado de uma única vez, sob pena de se descaracterizar o objeto da prestação. Um carro, por exemplo, só pode ser entregue de uma só vez.

Segundo o art. 258 do CC, a obrigação será indivisível quando a prestação tiver por objeto coisa ou fato não suscetíveis de divisão, por natureza, por razão de ordem econômica, se a indivisibilidade for a razão determinante do negócio, ou por convenção.

Aqui também há dois casos a estudar.

1] Obrigação indivisível com pluralidade de devedores: cada um dos devedores será obrigado pela dívida toda. Se A e B devem um carro a C, este poderá exigir o pagamento de qualquer um dos dois, ou de ambos ao mesmo tempo.
2] Obrigação indivisível com pluralidade de credores: cada um poderá exigir a dívida inteira. O devedor desonera-se, pagando a um ou a todos, conjuntamente. Se apenas um receber, deverá prestar caução de ratificação e entregar aos demais o equivalente em dinheiro do que seria sua parcela. Se A deve um carro a B e C, significa que qualquer um destes poderá exigir o carro de A. A, por sua vez, desobriga-se, pagando a qualquer um deles, que deverá prestar caução de ratificação, ou seja, deverá garantir que os demais credores

concordam com o pagamento. Se o pagamento for feito somente a C, este deverá entregar a B o equivalente em dinheiro referente à sua parte.

A obrigação indivisível, ao contrário do que possa parecer, não será solidária se houver pluralidade de sujeitos. A diferença fica clara, quando analisamos o caso em que a obrigação indivisível se resolve em perdas e danos.[89]

Se a obrigação indivisível se resolver em perdas e danos, deixará de ser indivisível, uma vez que perdas e danos se pagam em dinheiro. O dinheiro, como se sabe, pode ser entregue de várias vezes. Havendo culpa dos devedores, as perdas serão divididas entre eles. Se só um for o culpado, só ele responderá por elas. Vê-se, pois, que apesar de perder a condição de indivisível, por se resolver em perdas e danos, não se torna solidária.

Vejamos um exemplo. A e B devem um touro reprodutor infungível, absolutamente insubstituível a C. A obrigação é, em princípio, apenas indivisível. Se o touro morrer por culpa de ambos os devedores, a obrigação indivisível de entregar o animal se transforma em obrigação divisível de indenizar perdas e danos. Em outras palavras, o inadimplemento injustificável de uma obrigação indivisível faz surgir uma obrigação divisível. Neste caso, sendo de ambos a culpa, ambos responderão junto a C pelos prejuízos. Cada um responderá pela metade, uma vez que a obrigação é divisível e, portanto, fracionária. Estas as regras do art. 263, parágrafo 1º. Mas como fica essa norma diante do art. 942, que dispõe serem solidárias as obrigações de reparar danos causados por mais de um autor? Na verdade, o parágrafo 1º do art. 263 deve ser entendido como uma exceção à norma do art. 942, adaptada às obrigações indivisíveis que se tornam divisíveis por se resolverem em perdas e danos. Trata-se, afinal, de norma mais específica que a do art. 942. Por outro lado, se a culpa tiver sido apenas de B, dele sozinho será a responsabilidade pelas perdas e danos, não ocorrendo aqui nenhuma antinomia aparente entre as normas do Código Civil (art. 942 e art. 263, § 2º).

Outra seria a situação se a obrigação fosse originalmente solidária. Como vimos, as obrigações solidárias que se resolvem em perdas e danos permanecem solidárias.

Tomando o exemplo do contrato em que A e B devem um touro infungível a C, teremos obrigação solidária, se houver cláusula contratual expressa neste sentido. Não havendo, a obrigação será simplesmente indivisível. Supondo, porém, que haja cláusula de solidariedade no contrato, e supondo que o touro venha a morrer por culpa de ambos, a obrigação pelo equivalente em dinheiro e pelas perdas e danos acrescidas a este valor será também solidária, podendo o credor cobrar de qualquer um dos devedores ou de ambos ao mesmo tempo. Isto porque a perda se deu no pagamento de obrigação solidária. É óbvio que, sendo a culpa

---

89 AZEVEDO, Álvaro Villaça. **Teoria**... cit., p. 99.

dos dois, se o credor acionar somente a B, este poderá regressar contra A, a fim de ser reembolsado de metade do valor pago a C. No entanto, de acordo com o art. 279, se a culpa for de apenas um dos devedores, a solidariedade se manterá no que diz respeito ao equivalente em dinheiro, mas pelas perdas e danos, só responde o culpado. No exemplo do touro, se o culpado pela morte for apenas B, ambos, A e B, responderão solidariamente pelo valor equivalente ao touro. Mas pelas perdas e danos acrescidas a este valor, só responderá B.

De todo modo, fica clara a diferença do tratamento dado às obrigações simplesmente indivisíveis e às obrigações solidárias.

Outra diferença se faz sentir quando se tratar de pagamento realizado pelo devedor comum a um dos credores. Cuidando-se de obrigação solidária, o devedor libera-se, pagando a qualquer um dos credores, que tem poderes de dar quitação. Mas se a obrigação for apenas indivisível, sem cláusula de solidariedade, o devedor só se libera se pagar a todos os credores em conjunto. Para efetuar o pagamento a um só deles, deverá pedir caução de ratificação dos outros credores. Em outras palavras, o devedor deverá pedir ao credor alguma garantia de que os demais credores aceitarão o pagamento realizado a um só deles. Esta garantia pode ser um documento assinado pelos demais.

Uma última diferença diz respeito à suspensão e interrupção da prescrição que só se opera se a obrigação indivisível for solidária. Recorramos aos exemplos dados acima.

João e Pedro adquiriram um carro de Alberto, com cláusula de solidariedade. A extinção da responsabilidade (prescrição) de Alberto pela entrega do carro é de 5 anos, segundo o art. 206, parágrafo 5º, I do CC. Supondo que Pedro viaje para o exterior, por um período de 2 anos, a serviço do País, durante esse lapso, a contagem do prazo prescricional ficaria suspensa, tanto para Pedro, quanto para João, uma vez que a obrigação é indivisível: dar um carro e é também solidária. No entanto, se a obrigação fosse apenas indivisível, sem cláusula de solidariedade, a suspensão só seria benéfica a Pedro. Para João, o prazo continuaria a correr.

Na solidariedade passiva, há também uma diferença entre obrigações simplesmente indivisíveis e obrigações indivisíveis, com cláusula de solidariedade. O parágrafo 2º do art. 204 dispõe que "a interrupção operada contra um dos herdeiros do devedor solidário não prejudica os outros herdeiros ou devedores, senão quando se trate de obrigações e direitos indivisíveis". Vejamos um exemplo dado mais acima: João e Manoel devem, solidariamente, a Pedro $ 100,00. Se João morrer, deixando dois filhos, estes ocuparão o lugar de João. Se um dos herdeiros de João reconhecesse a dívida por ato inequívoco, por exemplo, assinando um documento de confissão de dívida, a contagem do prazo prescricional se interromperia em relação a ele, mas em relação ao outro herdeiro de João e ao codevedor, Manoel, a prescrição continuaria a correr normalmente.

Isto porque se trata de obrigação divisível, de pagar $ 100,00. Se o objeto dessa obrigação solidária fosse entregar um carro, a confissão do herdeiro de João interromperia a prescrição quanto a ele e quanto aos demais (o outro herdeiro e Manoel). No entanto, se não houvesse cláusula de solidariedade, sendo a obrigação de entregar o carro simplesmente indivisível, a confissão do herdeiro de João não valeria para o outro herdeiro e para Manoel.

Concluindo, para que uma obrigação indivisível seja solidária, será necessária cláusula expressa nesse sentido, ou expressa disposição legal.

Obrigações fungíveis

São fungíveis as obrigações quando o objeto, mesmo que infungível, não for de importância essencial para o credor. O que interessa é o valor do objeto. Suponhamos que uma pessoa negocie com construtora a troca de apartamento por quadro de pintor famoso. A construtora, para não perder o negócio, acaba por aceitar. Ora, o quadro é infungível, mas se vier a perecer, mesmo que por culpa do devedor, a construtora não poderá exigir perdas e danos, pois seu interesse não era o quadro em si, mas seu valor, que poderá ser substituído por dinheiro, transformando-se a troca em compra e venda. O objeto, no caso, é infungível, mas a obrigação é fungível.

Obrigações infungíveis

Nas obrigações infungíveis, o objeto, ainda que fungível, é o principal interesse do credor. Interessa o objeto em si, não simplesmente seu valor. Se compro de agricultor dez sacas de café, quero receber dez sacas de café, e não de milho. Portanto, se o café vier a perecer, deverá ser substituído por café. Na impossibilidade da substituição, e havendo culpa do devedor pelo perecimento do objeto, caberá indenização por perdas e danos. Afinal, apesar de fungível o objeto, a obrigação era infungível.

8.10 Efeito desejável das obrigações: pagamento

Estudamos até o momento as obrigações em sua estrutura e diferentes classes, bem como nos modos de se transmitirem. No presente ponto, passaremos ao estudo dos efeitos das obrigações.

As obrigações produzem efeitos diretos e indiretos.

Os diretos são o adimplemento, o inadimplemento e o atraso no adimplemento.

Os indiretos são os direitos conferidos pela lei ao credor para obter ou o adimplemento preciso da obrigação ou o ressarcimento por perdas e danos, ou os dois ao mesmo tempo.

Vejamos os efeitos diretos das obrigações. O primeiro deles é o adimplemento. É efeito desejável. Os outros dois, o inadimplemento e o atraso no adimplemento, podem dizer-se indesejáveis.

8.10.1 Definição

Pagamento ou adimplemento é ato do devedor satisfazendo o direito do credor, pondo fim à obrigação. É o exato cumprimento de uma obrigação. Com isto se quer dizer que o objeto da obrigação não pode ser substituído por outro, ainda que mais valioso, sem o consentimento do credor. Tecnicamente, o cumprimento exato da obrigação, ou adimplemento, recebe o nome de pagamento. Pagar significa, portanto, satisfazer o direito do credor, seja dando alguma coisa, fazendo ou não fazendo algo. Desvinculemos da ideia de pagamento a de dar dinheiro. Dar dinheiro é apenas uma forma de pagamento.

8.10.2 Natureza jurídica

Quando se questiona a natureza jurídica de determinado instituto, o que se tem em mente é a inserção do instituto analisado em alguma das várias categorias do Direito. O objetivo é o de buscar sua regulamentação. Assim, se digo que a natureza jurídica da doação é a de contrato, estarei inserindo-a na categoria dos contratos, aplicando-lhe as regras do Direito Contratual.

Existem pelo menos sete importantes correntes que procuram definir a natureza do pagamento.

Segundo uma primeira, é considerada a consecução do objetivo da obrigação. A falha é considerar o pagamento apenas do ponto de vista econômico, função comum aos modos extintivos, em geral, de uma obrigação. Indica, pois, sua função econômica, e não sua natureza jurídica.

De acordo com segunda opinião, pagamento é a realização do conteúdo da obrigação. O defeito é o mesmo da primeira. Distingue o pagamento dos outros modos extintivos, mas não lhe determina a natureza jurídica.

A natureza do pagamento será, indubitavelmente, encontrada no mundo dos atos jurídicos. Resta apenas saber se seria negócio jurídico, ato devido ou ato jurídico em sentido estrito.

No parecer de Carnelutti,[90] é ato devido, uma vez que o devedor paga, não porque motivado a fazê-lo, como se encontrava ao celebrar o contrato. O devedor paga somente porque deve pagar. Não busca com isso nenhum objetivo especial. O objetivo que buscava já foi alcançado com o implemento da obrigação. Negócio jurídico seria a compra e venda, em que o comprador tem por finalidade adquirir bem. Quando realiza pagamento, seu objetivo já foi cumprido. Paga tão somente por ser dever seu. Pagamento é, portanto, ato devido.

Os atos devidos são, na verdade, espécie de ato jurídico em sentido estrito. O pagamento estaria, portanto, inserido nesta categoria. Ato jurídico em sentido estrito é ato legítimo de vontade, cujos efeitos são oriundos da lei. O agente não preceitua normas para se aplicarem em sua esfera privada, como faz nos contratos, nos testamentos etc. Atua ora no sentido de cumprir obrigação legal (ato devido), ora no sentido de satisfazer a vontade de alguém, como, por exemplo, quando o credor, além de restituir ao devedor o título representativo da obrigação, dá-lhe quitação escrita. No caso, não era obrigado a dar recibo. Bastaria a restituição do título. De qualquer forma, não se trata de ato devido, mas de outra categoria de atos jurídicos em sentido estrito.

O pagamento seria, portanto, segundo esta teoria, ato jurídico em sentido estrito, mais especificamente, ato devido.

Para outros, pagamento é negócio jurídico. Ora, negócio jurídico é ato voluntário e lícito que tem por finalidade criar, modificar ou extinguir relações ou situações jurídicas. O pagamento tem por fim específico a extinção de relação jurídica, ainda que parcialmente, como na hipótese de pagamento em parcelas sucessivas, como aluguéis. Os atos devidos não têm finalidade alguma, não são movidos por vontade criadora, modificadora ou extintiva. São realizados por mera observância da norma, ou por mera conveniência. Não é o caso do pagamento. Este é negócio jurídico.

Para outra corrente ainda, o pagamento seria simples fato jurídico. Acontecimento que repercute na esfera do Direito, pondo fim à relação obrigacional.

Por fim, há quem considere o pagamento ora fato, ora negócio jurídico, dependendo das circunstâncias em que seja feito. Tal é a opinião de Oertmann,[91] Lehmann[92] e Enneccerus.[93] Se o pagamento, simplesmente, puser fim à obrigação, terá a natureza de fato. Mas se, pelo pagamento, houver transferência de domínio, do devedor ao credor, será negócio jurídico. Assim, na compra e venda, o pagamento realizado pelo comprador tem a natureza de simples fato, pois a

---

90 CARNELUTTI, Francesco. **Estudios de derecho procesal**. Buenos Aires: Europa-América, 1952. v. 1, p. 507 et seq.
91 Apud PEREIRA, Caio Mário da Silva. **Instituições de direito civil**... cit., 18. ed., v. 2, p. 115.
92 Idem, ibidem.
93 ENNECCERUS, Ludwig, KIPP, Theodor Y WOLFF, Martín. **Derecho civil**..., t. 2, v. 1, p. 299.

tradição do preço põe fim à obrigação, nada se tendo mais em vista. Por outro lado, o pagamento realizado pelo vendedor tem a natureza de negócio jurídico, uma vez que o vendedor tem em vista, ao entregar a coisa, transferir seus direitos de propriedade ao comprador.[94]

O que interessa, na realidade, é que pagamento é ato jurídico. Se é negócio ou ato em sentido estrito não faz a menor diferença. É ato jurídico lícito, a ele se aplicando todo o regramento da Parte Geral do Código Civil (arts. 104 a 185).

8.10.3 Condições de validade do pagamento

Para que o pagamento seja válido, é necessária a capacidade de fato que possuem os maiores de 18 anos e os emancipados. Os absolutamente incapazes serão representados. Os relativamente incapazes serão assistidos.

Além da capacidade de fato, exige-se a capacidade negocial. Capacidade negocial é a satisfação de alguns requisitos extras, exigidos pela lei em alguns casos específicos. Tratando-se de pagamento, o falido, por exemplo, não tem capacidade negocial para pagar. Conterão defeito grave os pagamentos que realizar fora do processo de falência. Se o defeito é grave, vale dizer que o ato pode ser anulado a qualquer instante, a pedido de qualquer interessado ou pelo juiz de ofício.

Além de agente capaz, é condição do pagamento que o objeto seja possível, tanto materialmente quanto juridicamente. Ademais, deve restringir-se ao pactuado. Como vimos, não se pode obrigar o credor a receber coisa diferente da devida, nem o devedor a entregar coisa diversa da acordada.

Por fim, o pagamento deve ser efetuado por forma adequada, conforme o combinado. Nas obrigações de dar dinheiro, não se pode, por exemplo, obrigar o credor a receber o pagamento em cheque, se tal não foi previamente avençado.

8.10.4 Regramento dogmático

Estudar o pagamento é responder a várias questões importantes. São elas:

a] Quem pode pagar?
b] A quem pagar?
c] Que pagar?
d] Como provar o pagamento?
e] Onde pagar?
f] Quando pagar?

---

94 GOMES, Orlando. **Obrigações**... cit., p. 114-115.

Respondidas estas perguntas, passaremos a estudar as formas especiais de pagamento.

a] Quem pode pagar?

O devedor, por si, por seu representante (legal, contratual ou preposto) ou por seus sucessores (*inter vivos* ou *causa mortis*).

Um terceiro interessado (fiador, por exemplo).

Um terceiro não interessado.

Pagamento efetuado pelo próprio devedor

O devedor é o principal interessado em executar a obrigação, podendo fazê-lo pessoalmente ou por intermédio de representante. Pode representá-lo, se for incapaz, seu representante legal; sendo capaz, poderá ser representado por procurador ou por preposto, ambos agindo em seu nome. Se falecer, a dívida transmite-se a seus herdeiros *intra vires hereditatis*,[95] ou seja, os herdeiros somente respondem pela obrigação com os bens da herança. Se esta não for suficiente, tanto pior para o credor. A sucessão hereditária é *causa mortis*. Há também outra espécie de sucessão, a *inter vivos*, quando um terceiro substitui o devedor, ocupando seu lugar.

Aqui cabe excepcionar as obrigações *intuitu personae*, que só se podem realizar pelo próprio devedor, que, se as não adimplir pessoalmente, restarão as perdas e danos. O termo *intuitu personae* quer dizer em função da confiança entre as partes. Obrigação *intuitu personae* seria, pois, aquela que só admite o pagamento pelo devedor. É o caso da encomenda de obra feita por editora a autor famoso. Só serve o pagamento, ou seja, a entrega da obra, pelo dito autor.

Da mesma forma que o devedor tem a obrigação de pagar, o credor tem a obrigação de receber, seja do devedor, seja de terceiro. Caso contrário, teremos a *mora creditoris*, ou mora de receber. Aqui só cabe a distinção se o terceiro é interessado ou não, se faz o pagamento em seu próprio nome ou em nome do devedor.

Pagamento efetuado por terceiro interessado

Terceiro interessado é todo aquele que pode vir a ser obrigado a pagar, ou todo aquele que pode vir a se prejudicar, caso o devedor não pague. É o caso do fiador, do avalista etc.

Este pagamento não extingue a dívida, senão em face do credor. O devedor continua devendo, só que ao terceiro, por força da sub-rogação.

A sub-rogação tem o poder de transferir ao terceiro interessado que paga todos os privilégios do credor. Imaginemos, a título de ilustração, que o devedor esteja falido. Dentre seus devedores, encontra-se sua empregada doméstica, que terá

---

95 Literalmente, "dentro das forças da herança".

preferência sobre todos os demais credores, quando do pagamento. Se terceiro interessado pagar à empregada, assumirá seu lugar na ordem de preferência. Será o primeiro a receber, por força da sub-rogação.

Por fim, nem o credor nem o devedor podem opor-se a pagamento de terceiro interessado, que, em última instância, dispõe do depósito judicial para realizá-lo.

■ **Pagamento efetuado por terceiro não interessado, em nome e por conta do devedor**

Este não é, de modo algum, parte na obrigação. Realiza o pagamento por mera liberalidade. Não se sub-roga nos direitos do credor, ficando a dívida totalmente extinta. Como não há sub-rogação, conclui-se que nem o credor nem o devedor podem opor-se ao pagamento, a não ser que o façam em conjunto.

■ **Pagamento efetuado por terceiro não interessado, em seu próprio nome**

Aqui não há qualquer liberalidade. O terceiro está pagando em seu próprio nome. A lei nega-lhe a sub-rogação, mas dá-lhe o direito de reembolso. Em outras palavras, o terceiro não substitui o credor em todos os seus direitos, ações, privilégios e garantias. Assim, se o credor originário tinha preferência na ordem de receber, como no caso da empregada, esta situação não se transfere ao terceiro não interessado, que será um dos últimos a receber. Terá tão somente direito a ser reembolsado daquilo que despendeu para efetuar o pagamento.

O devedor poderá opor-se ao pagamento se alegar motivo justo.

b] A quem pagar?

O princípio geral é de que se deve pagar ao credor, a seus sucessores ou a quem os represente. Fora daí, quem paga mal paga duas vezes, ou seja, quem pagar à pessoa errada deverá pagar de novo à pessoa certa.

■ **Pagamento ao credor**

O credor é a pessoa a quem naturalmente se paga. Não é necessário que essa qualidade seja contemporânea ao nascimento do crédito. Assim é que os herdeiros e cessionários também podem ser credores.

O pagamento também pode ser efetuado ao representante legal ou contratual do credor, desde que tenham poderes para receber e dar quitação.

O pródigo não é capaz para dar quitação, porque esta importa ato liberatório, excedente à mera administração.

Feito à pessoa absolutamente incapaz, o pagamento conterá defeito grave, podendo ser anulado. Se realizado a relativamente incapaz, o vício considera-se leve, mas, assim mesmo, o ato poderá ser anulado. Seria, entretanto, defeituoso o pagamento, mesmo que o incapaz ou o relativamente capaz não tenham tido qualquer prejuízo, antes pelo contrário, tenham com ele lucrado?

A resposta que nos parece mais adequada é a de Clóvis Beviláqua,[96] seguido por Serpa Lopes:[97] neste caso, com base no princípio que proíbe o enriquecimento ilícito, o pagamento seria válido, provando o devedor que não houve prejuízo para o credor incapaz.

Outra questão que surge é quando o devedor age com erro escusável, não sabendo ser o credor incapaz. Neste caso, desde que prove o erro escusável, o pagamento será válido. O incapaz não poderá alegar que dolosamente ocultou sua incapacidade, pois *nemo turpitudinem suam allegare oportet*, vale dizer, ninguém poderá alegar a própria torpeza.

Se o pagamento for feito à pessoa errada, a regra é que o devedor deverá pagar novamente, salvo se provar que a culpa foi do credor.

Casos em que o pagamento feito a não credor libera o devedor:

1] Quando o credor der causa ao erro. O credor manda o devedor depositar o pagamento em dinheiro na conta errada.
2] Quando o credor ratificar o pagamento. A ratificação pode ser tácita ou expressa. O devedor paga à pessoa errada, e o credor confirma o pagamento, liberando o devedor. Se no recibo o credor fizer a observação de que, mesmo tendo a dívida sido paga a outra pessoa, o devedor está liberado, a ratificação será expressa. Se, ao revés, o credor apenas der o recibo, liberando o devedor, sem entrar em detalhes, a ratificação será tácita.
3] Quando o pagamento for proveitoso ao credor. Por exemplo, o devedor prova que, com o pagamento, realizou obrigação que o credor teria que realizar, ou prova que o terceiro a quem se pagou remeteu a importância ao credor. João paga a Manoel dívida que deveria pagar a Joaquim. Ficará liberado, se comprovar, por exemplo, que Manoel remeteu o objeto do pagamento a Joaquim.
4] Quando o pagamento for feito a credor putativo. Credor putativo é aquele que aos olhos do devedor parece ser o verdadeiro credor, mas, na realidade, não é. Aqui aplica-se a teoria da aparência para proteger o devedor de boa-fé. Ao credor verdadeiro cabe apenas ação de regresso contra o terceiro que recebeu indevidamente.

Suponhamos que A pague a homônimo de seu credor, através de depósito em conta, por exemplo. A não agiu de má-fé, sendo levado pelas falsas aparências. Consequentemente, embora inválido, o pagamento liberará o devedor. Ao verdadeiro credor caberá regressar contra seu homônimo, exigindo que lhe dê o que recebeu por engano.

---

96 BEVILÁQUA, Clóvis. **Código Civil**. 3. ed. Rio de Janeiro: Francisco Alves, 1927. v. 4, p. 93-94.
97 SERPA LOPES, Miguel Maria de. *Op. cit.*, v. 2, p. 170-172.

5] Quando o pagamento for realizado a representante putativo do credor. Representante putativo é o que aos olhos do devedor parece representar o credor, mas, na verdade, não tem a devida outorga de poderes. A teoria que fundamenta a liberação do devedor é também a da aparência, e os requisitos são os mesmos, ou seja, a putatividade e a boa-fé do devedor. Em outras palavras, o devedor considera-se liberado, possuindo o credor direito de regresso contra seu representante putativo. Na representação putativa ou aparente, há representação sem outorga de poderes, o que tornaria o negócio inválido e ineficaz. Contudo, a defesa de terceiros de boa-fé fez com que surgisse a teoria da aparência, que confere eficácia a um negócio inválido (representação sem outorga de poderes).

Vejamos um exemplo. João durante anos representou a empresa X em certa cidade do interior. Vendia seus produtos e recebia pagamentos. Após esse tempo, a empresa resolveu o contrato de representação com João, sem comunicar o fato publicamente. Ninguém na cidade tomou conhecimento de que João não era mais representante da empresa X. Assim sendo, pode-se dizer que João tornou-se representante putativo da empresa, ou seja, parecia representá-la aos olhos de todos, mas, em verdade, não era seu representante. Com base nisso e na teoria da aparência, que protege o devedor de boa-fé, se for realizado algum pagamento a João, o devedor estará liberado, tendo a empresa apenas o direito de exigir que João lhe entregue o que recebeu. Contra o devedor nada poderá fazer.

6] Quando o pagamento se realizar a sucessor putativo do credor. Sucessor putativo é aquele que se parece sucessor, mas não é. É o caso, por exemplo, do herdeiro aparente. Alguém que, e.g., é o único herdeiro (herdeiro universal) nomeado em testamento. O pagamento é a ele realizado. Posteriormente, o testamento vem a ser anulado por conter defeito grave. O pagamento não terá que ser realizado novamente. Embora indevido, terá efeito liberatório. O mesmo se diga do sucessor *inter vivos*. Se uma pessoa sucede a outra na titularidade de um estabelecimento empresarial, a ela, em princípio, são devidos os pagamentos de parcelas vincendas a serem pagas em razão de negócios celebrados com a empresa. Se houve sucessão, e entre sucessor e sucedido ficou combinado que certos pagamentos continuariam a ser feitos a este, tal fato deve ser comunicado aos devedores, sob pena de o pagamento realizado ao sucessor ter efeito liberatório.

Em todos esses casos, o pagamento é indevido e inválido, mas tem efeito liberatório. O devedor não terá que pagar de novo. A invalidade deste pagamento indevido com efeito liberatório fica clara, quando se constata que o credor, apesar de não poder agir contra o devedor, poderá recobrar o que foi pago de quem recebeu indevidamente. Fosse o pagamento válido, tal não ocorreria.

Impedimento legal do credor para receber

O credor é impedido por lei de receber em três casos:

1] Quando seu devedor tiver seus bens arrecadados em processo de falência ou insolvência civil.[98] Suponhamos que o devedor tenha entrado em processo de falência iniciado por um ou todos os demais credores de uma só vez. Se assim for, não poderá pagar a nenhum de seus credores fora do processo falimentar. Os credores não poderão aceitar qualquer pagamento feito extraprocessualmente.

2] Quando houver terceiro, opondo-se ao pagamento, por exemplo, por ser também credor do devedor. Exemplificando, no processo de falência, o falido não poderá realizar nenhum pagamento sem a anuência dos demais credores, que poderão opor-se, se não forem consultados.

3] Quando o credor tiver seu crédito penhorado por um de seus próprios credores. João é credor de Joaquim, que, por sua vez, é credor de Gustavo. Joaquim não paga a João, que o executa, penhorando seu crédito junto a Gustavo. Dessa forma, Joaquim fica proibido de receber de Gustavo. Quanto a este, uma vez que seja intimado da penhora, se insistir em pagar a Joaquim, poderá vir a ser forçado a pagar novamente a João, tendo, depois, direito de regresso contra Joaquim.

c] Que pagar?

Em primeiro lugar, o objeto há de ser lícito. Normalmente, quando o pagamento importar transmissão da propriedade de um bem para o credor, o devedor deverá ser seu legítimo dono, com poderes de alienação. Entretanto, não sendo dono o devedor, e sendo a coisa fungível, o credor de boa-fé não estará obrigado a restituí-la, senão a parte que ainda mantiver intacta em seu poder. Assim, se Pedro entregar a João, em pagamento, duas sacas de milho que não lhe pertenciam, estando João de boa-fé, não poderá ser obrigado a restituir o milho, a não ser que as sacas estejam intactas.

O credor de coisa certa não pode ser obrigado a receber outra, mesmo que mais valiosa. Por outro lado, o devedor não pode ser compelido a pagar outra que não a devida, ainda que mais barata. Há duas exceções que dizem respeito às obrigações facultativas e ao perecimento da coisa por culpa do devedor, quando será substituída por dinheiro, a título de perdas e danos.

---

98 A falência é restrita aos empresários, enquanto a insolvência civil, regulada no Código de Processo Civil, ocorre para os que não se encaixem no conceito de empresário.

Vejamos um exemplo de cada situação. Suponhamos que A realize com um banco contrato de empréstimo de dinheiro, com financiamento externo. No contrato estipula-se que o pagamento se fará pela cotação do dólar. Caso ocorra mora, o pagamento se fará por preço fixo em moeda nacional, sem vinculação à cotação do dólar. No caso, trata-se de obrigação facultativa, devendo as partes aceitar a outra coisa, ou seja, o valor estipulado em moeda nacional, sem vinculação ao dólar.

Por outro lado, se a obrigação era a de entregar um touro reprodutor, que vem a morrer por culpa do devedor, este deverá indenizar o credor, restituindo-lhe o que houver recebido adiantadamente, mais perdas e danos. O credor terá que aceitar o dinheiro no lugar do touro.

O pagamento não pode ser realizado por partes, ainda que o objeto da obrigação seja divisível. Excetuam-se os casos em que a lei expressamente permite ou que as partes assim o pactuem. Assim, se devo uma soma em dinheiro a ser paga em certo dia, deverei entregar todo o dinheiro de uma só vez, a não ser que o credor aceite receber em prestações.

As partes podem convencionar o aumento progressivo das parcelas, nos pagamentos feitos a prestação.

Se por motivos imprevisíveis ocorrer desproporção manifesta entre a prestação devida e a contraprestação, poderá o juiz corrigir o valor da prestação, a fim de manter o equilíbrio do negócio. É evidente que a imprevisibilidade não pode ser absoluta, a nosso ver. Basta que o fato fortuito atinja a base do negócio para que se admita a correção da prestação devida.

Assim, num contrato de financiamento externo, cujo pagamento se faça pela cotação do dólar, ocorrendo valorização repentina desta moeda, seria admissível a revisão do contrato, uma vez que a estabilidade do dólar fazia parte da base do negócio, sendo seu aumento repentino relativamente imprevisível.

As dívidas em dinheiro serão pagas em moeda corrente do país, salvo nos contratos internacionais. Considera-se eivada de defeito grave a cláusula que estipule o pagamento em ouro e, por analogia, em qualquer metal precioso. Isto porque o objetivo do legislador é livrar tanto as moedas estrangeiras quanto os metais preciosos de pressões desnecessárias.

O pagamento pode ser efetuado com algum título representativo de dinheiro, como cheque, por exemplo. O credor, é lógico, não é obrigado a aceitar.

O pagamento por medida ou peso pode variar com o lugar, como ocorre com o alqueire. Assim, salvo disposição contrária, estabelece a lei a presunção de terem querido as partes adotar a medida do lugar da execução. Se compro dez alqueires de terra em São Paulo, ainda que o negócio tenha sido fechado em Minas, a presunção, salvo estipulação contrária no contrato, é de que a medida será em alqueires paulistas, por ser São Paulo o lugar em que será o contrato executado.

Quanto às dívidas decorrentes de ato ilícito, a regra é que prevalecerá o valor mais favorável ao lesado. Assim, se uma pessoa, por exemplo, destrói moeda estrangeira de outra, terá que indenizá-la ao câmbio mais favorável.

d] Como provar o pagamento?

Prova-se o pagamento pela quitação. Quitação é ato do credor, liberando o devedor. Se o credor a ela se recusar, o devedor tem dois remédios: ou reter o pagamento ou consigná-lo.

Quitação é palavra mal aplicada na prática, sendo muito utilizada no lugar de pagamento integral. Assim, se digo que vou quitar uma dívida, estou querendo dizer que irei pagá-la integralmente, pagar a última parcela, por exemplo. Mas, tecnicamente, quem quita é o credor, e não o devedor. O devedor paga, salda ou liquida a dívida, e o credor quita ou dá quitação.

Qual seria a natureza jurídica da quitação? Seria ela negócio jurídico ou ato jurídico em sentido estrito?

Para responder a esta questão, devemos perquirir os fatores que impulsionaram o credor ao ato. Teria ele sido motivado por vontade de criar, modificar ou extinguir a relação jurídica obrigacional, como ocorre, ao celebrarmos contrato? Evidentemente, não. Ora, a relação obrigacional extingue-se, ainda que parcialmente, pelo pagamento. A quitação é mero direito do devedor. Ao satisfazê-lo, nada obtém o credor além da satisfação deste direito. E o satisfaz por ordem legal, pura e simplesmente. A quitação, diante disso, é sem dúvida ato jurídico em sentido estrito.

São requisitos da quitação:

1] Designação do valor e da espécie da dívida quitada, ou mera referência a ele. Exemplo seria: *"recebi de B a importância referente ao pagamento de um carro que lhe vendi"*.
2] O nome do devedor ou quem por este pagou.
3] O tempo e lugar do pagamento.
4] A assinatura do credor ou de quem por ele receber.

Quanto à forma da quitação, é livre, podendo ser provada por todos os meios em Direito admitidos. De qualquer maneira, é bom e recomendável, para evitar problemas, que a quitação sempre se dê por recibo, que é seu instrumento natural.

De qualquer modo, o art. 940 do CC é severo para com aquele que cobra, a título de culpa ou dolo, dívida já paga, no todo ou em parte, ou para com aquele que cobra a mais do que o devido, também a título de culpa ou dolo. No primeiro caso, ou seja, no caso de dívida já paga, o demandante ficará obrigado a pagar ao demandado o dobro do que houver cobrado. No caso de cobrança a maior, o demandante pagará ao demandado o equivalente ao que dele exigiu.

João, esquecendo-se de que já fora pago por Manoel, aciona-o, cobrando-lhe os $ 10.000,00 que lhe emprestara. Se o caso foi de esquecimento, trata-se de culpa, ou seja, negligência. A pena é que João deverá pagar a Manoel $ 20.000,00.

Na segunda hipótese, João, por negligência ou mesmo por má-fé, cobra de Manoel $ 15.000,00, quando a dívida era de $ 10.000,00. Neste caso deverá pagar a Manoel os $ 5.000,00 que cobrou a mais. Como as dívidas se compensarão, Manoel pagará a João apenas $ 5.000,00, dos $ 15.000,00 que lhe foram cobrados.

Se o demandante, pretenso credor, desistir da ação antes da contestação, nada deverá ao réu, pretenso devedor, salvo se a demanda já lhe houver causado algum prejuízo.

Além do recibo, a quitação pode dar-se pela restituição do título. Uma nota promissória, por exemplo, que esteja em poder do credor. Se, porventura, o título se perder, o devedor pode reter o pagamento, até que o credor lhe dê declaração, inutilizando o título, se isto for possível. Se não for possível, como no caso de cheque ou promissória ao portador, o devedor terá que pagar e regressar contra o credor. Se dou a Manoel um cheque ao portador, para garantir certo pagamento (como é muito comum nos hotéis e hospitais), e o credor perde o cheque, caindo este nas mãos de terceiro de boa-fé, terei que pagá-lo, regressando contra o credor.

Há hipóteses de presunção relativa de quitação. Passemos, então, a analisá-las.

A quitação presume-se, até prova em contrário, em quatro casos, a saber:

1] No pagamento consistente em quotas periódicas, a quitação da última presume a quitação das anteriores.
2] Se a quitação se referir ao capital sem reserva dos juros, estes se presumem pagos.
3] A entrega do título ao devedor firma presunção de pagamento. Se o devedor receber o título e não pagar, nascerá para o credor o direito de acioná-lo, exigindo o pagamento. Este direito prescreve em 60 dias da entrega do título.
4] Destruição do título pelo credor, ou quando este o torne ilegível.

Finalmente, cabe responder a quem incumbem as despesas com a quitação. Presumem-se por conta do devedor. Ocorrendo aumento das despesas por fato imputável ao credor, a despesa extra ficará a cargo dele ou de seus herdeiros. Por exemplo: se o credor mudar de domicílio ou morrer, deixando herdeiros em lugar diferente, as despesas ficarão por conta do credor ou de seus herdeiros.

e] Onde pagar?

Há dois tipos de obrigação, as chamadas *quérables* e as *portables*. *Quérables* ou quesíveis, do verbo latino *quaerere* (procurar), são obrigações pagas no domicílio do devedor. O credor deve "procurar" o devedor para receber. Este é o princípio geral.

Portables ou portáveis são as obrigações pagas no domicílio do credor. Isto só ocorrerá por força do contrato, das circunstâncias ou da lei.

Em determinados tipos de obrigação, não há como o pagamento ser efetuado no domicílio do devedor. A obrigação do empregado doméstico é exemplo bastante esclarecedor, uma vez que o empregado não poderá adimplir sua prestação em seu domicílio.

Estudemos, agora, algumas regras especiais sobre o lugar do pagamento.

Em primeiro lugar, carece não confundir domicílio de pagamento com foro de eleição, que é a comarca eleita no contrato para que as partes acionem uma à outra, se houver necessidade.

Além disso, se após a convenção o devedor mudar seu domicílio, ceder seu crédito para quem seja domiciliado em outro local ou morrer, deixando herdeiros em diferentes lugares, a regra será a mesma: prevalecerá sempre o domicílio do devedor original. De qualquer forma, há quem entenda que, nesses casos, o novo devedor possa exigir que a dívida se pague em seu domicílio, desde que arque com os ônus da mudança.

Vejamos alguns exemplos. A devia a B um carro, tendo sido convencionado que o carro seria entregue no domicílio de B. Ocorre que antes da entrega B cedeu seu crédito, ou seja, o direito de receber o carro, a C, que era domiciliado em outra cidade. A regra diz que A não será obrigado a levar o carro até C, a não ser que este arque com as despesas. Em outras palavras, C terá que buscar o carro na cidade em que B era domiciliado, a não ser que arque com as despesas decorrentes da mudança do local de pagamento.

Outro exemplo seria o de A que devia um carro a B. Antes da tradição, B morreu, deixando herdeiros em outra cidade. A não terá que entregar o carro na cidade dos herdeiros, a não ser que estes arquem com as despesas decorrentes da mudança do local de entrega.

O mesmo ocorrerá se B mudar seu domicílio para outra cidade. A não terá que entregar o carro no novo domicílio de B, a não ser que este arque com as despesas decorrentes da mudança do local de entrega.

Por fim, o pagamento que consistir na tradição de imóvel, ou em prestações relativas a imóvel, se fará no lugar em que este se achar.

Em relação à tradição do imóvel, só pode ser mesmo entregue no local em que se achar.

Mas no que tange às prestações relativas ao imóvel, as dúvidas aparecem. Há quem entenda, nas pegadas de Lacerda de Almeida,[99] que o dispositivo se refere a

---

99 ALMEIDA, Francisco de Paula Lacerda de. **Obrigações**... cit., p. 127.

quaisquer prestações, tanto as de dar (ex.: pagar aluguéis) como as de fazer (ex.: reformar o imóvel). Há quem entenda, como Clóvis Beviláqua, Carvalho Santos, Serpa Lopes e Caio Mário, ser o princípio aplicável apenas às obrigações de fazer.[100]

Sem dúvida alguma, as prestações de fazer só podem ser desempenhadas no local em que se achar o imóvel. Como poderia um imóvel ser, por exemplo, pintado, a não ser no local em que se situe? Quanto às prestações consistentes em dar alguma coisa (por exemplo, aluguéis), é de se indagar do por que só poderiam ser realizadas no local de situação do imóvel. Podem ser portáveis, quando o locatário terá o dever de tomar a iniciativa do pagamento, no domicílio do credor, que não será necessariamente o mesmo da localização do imóvel. Com razão, a meu ver, Clóvis Beviláqua, Carvalho Santos, Serpa Lopes e Caio Mário.

Resta ainda observar que se no contrato forem designados dois ou mais lugares, caberá ao credor a escolha.

Se o pagamento tiver que se efetuar em outro lugar, por motivo grave e alheio à vontade do devedor, assim se fará, sem nenhuma consequência maior para o devedor, desde que não haja prejuízo para o credor. Havendo prejuízo para o credor, não podendo ou não querendo o credor arcar com ele, e tampouco o devedor, resolve-se a obrigação.

f] Quando pagar?

No vencimento. Disso resultam duas regras importantes:

1] O credor não pode exigir o pagamento antes do vencimento. Caso isso ocorra, o processo ficará arquivado, esperando o tempo que faltava para o vencimento. Além disso, o credor perderá o direito aos juros correspondentes a esse tempo de espera, mesmo que tenham sido estipulados em contrato. Por fim, pagará as custas processuais em dobro (art. 939 do CC).

2] O devedor não pode forçar o credor a receber antes do vencimento.

Logicamente, a lei abre exceções a ambas as regras, algumas das quais veremos mais adiante, quando estudarmos os contratos. Uma delas é a do art. 52, parágrafo 2º, do CDC. Segundo este dispositivo legal, sempre que a venda for a crédito, o consumidor terá o direito de liquidar antecipadamente o débito, total ou parcialmente, mediante redução proporcional de juros e demais acréscimos.

O tempo do pagamento pode ser expresso ou tácito.

---

[100] BEVILÁQUA, Clóvis. **Código Civil**... cit., v. 4, p. 108-109. CARVALHO SANTOS. **Código Civil brasileiro interpretado**. 9. ed. Rio de Janeiro: Freitas Bastos, 1974. t. XII, p. 283. SERPA LOPES, Miguel Maria de. Op. cit., v. 2, p. 185. PEREIRA, Caio Mário da Silva. **Instituições de direito civil**... cit., 18. ed., v. 2, p. 128.

Será expresso quando o contrato ou a lei determinarem prazo certo. Será tácito quando se presumir da própria natureza da obrigação.

Não sendo nem expresso nem tácito, o prazo será totalmente indeterminado, e aí a regra é de que o vencimento será *ad nutum*[101] do credor, ou seja, quando o credor quiser. Neste caso deverá interpelar o devedor, a fim de constituí-lo em mora. Esta interpelação poderá ser judicial ou extrajudicial. No caso de ser a interpelação particular e pessoal, aconselha-se, sempre, fazê-la por escrito. O devedor assinará uma via, sem a necessidade de testemunhas, em vista do art. 221 do CC, e por não se tratar de título executivo, nos moldes do art. 784, II, do CPC.

As obrigações condicionais cumprem-se no tempo do implemento da condição. Se prometo dar preferência a Pedro, quando for vender meu carro, deverei oferecer a ele em primeiro lugar, quando a condição se implementar, ou seja, quando decidir vender o automóvel.

Há casos em que o pagamento pode ser exigido antes do vencimento original. São eles:

a) Insolvência, falência ou liquidação extrajudicial do devedor.
b) Penhora em execução efetuada por outro credor, de bens empenhados ou hipotecados. É evidente que, neste caso, o credor prejudicado poderá tentar anular a penhora, antes de exigir o pagamento antecipado.
c) Cessação ou insuficiência das garantias oferecidas, como fiança, hipoteca e outras, desde que o devedor não as queira renovar ou reforçar. Se, ao tomar empréstimo, apresentar fiador em garantia, morrendo este, deverei apresentar outro fiador ou outra garantia (hipoteca, penhor etc.), sob pena de ter a obrigação vencida antecipadamente. Este caso, na verdade, engloba o segundo.

8.10.5 Pagamentos especiais

a) Pagamento em consignação

Generalidades

Da mesma forma que o credor tem direito de receber, o devedor tem direito de pagar. Assim, da mesma forma que o credor pode forçar o devedor a pagar, também o devedor poderá forçar o credor a receber. Para isto, criou-se modalidade especial de pagamento em consignação, que consiste no depósito judicial ou extrajudicial da quantia ou da coisa devida.

---

101 *Ad nutum* de alguém ou ao nuto de alguém significa "de acordo com a vontade de alguém". *Nutus*, em latim, significa "o aceno, o movimento com a cabeça ou com os olhos para traduzir a vontade". *Ad nutum* do credor quer dizer "segundo a vontade do credor; ao simples aceno do credor".

O objeto da consignação será sempre obrigação de dar. Não podem ser objeto obrigações de não fazer nem obrigações de fazer, a não ser que venham seguidas de obrigação de dar, como é o caso de escritor de obra encomendada. Se o escritor terminar o livro encomendado pela editora e esta se recusar a recebê-lo, poderá aquele consignar a obra em juízo.

A consignação é também chamada de *oferta real* e há de consistir na entrega efetiva da *res debita*, i.e., da coisa devida, não servindo mera promessa ou declaração de que a coisa se acha à disposição do credor.

O procedimento consignatório poderá ser particular ou extrajudicial, tratando-se de obrigação de dar dinheiro, ou mesmo de coisa diferente de dinheiro. Segundo os parágrafos do art. 539 do CPC, sendo a obrigação em dinheiro, poderá o devedor ou terceiro, sendo o caso, optar pelo depósito da quantia devida, em banco, oficial onde houver, situado no lugar do pagamento, em conta com correção monetária, cientificando o credor, por carta com aviso de recebimento, conferido o prazo de dez dias para que o credor se manifeste se aceita ou não o depósito. Decorrido este prazo, sem manifestação de recusa, ficará liberado o devedor, podendo o credor levantar o depósito.

Para recusar o depósito, o credor deverá dirigir-se por escrito ao banco. Só aí poderá o devedor ou o terceiro propor a ação de consignação em pagamento. O prazo para a propositura será de um mês, contados da recusa, e o devedor deverá provar o depósito e a recusa do credor. Se a ação não for proposta nesse prazo, o depósito ficará sem valor, podendo ser levantado pelo devedor.

Há quem entenda, sem argumentos muito convincentes, porém, que esse procedimento não se aplicaria aos débitos fiscais, tampouco aos locatícios. Entendem que "somente foram modificados os dispositivos materiais sobre a consignação". (...) "Os processuais, previstos em lei especial não foram alcançados pela Lei 8.951/1994".[102] O Código de Processo Civil é, todavia, muito claro: o devedor poderá efetuar o depósito extrajudicial de qualquer prestação pecuniária, sem distinção. A *mens legis* foi a de incluir qualquer obrigação de dar dinheiro. Não deve o intérprete distinguir, quando a Lei não o faça. Essa posição contrária não deve prosperar, pois se insurge frontalmente contra os objetivos do CPC, que visa imprimir celeridade e efetividade ao procedimento consignatório.

Sendo a coisa devida diferente de dinheiro, a consignação poderá ser efetuada por notificação ao credor, quando se coloca à sua disposição o objeto do pagamento. A consignação poderá ser feita em instituição de depósito, como

---

102 NERY JR., Nelson; NERY, Rosa Maria de Andrade. **Código de Processo Civil comentado**. 3. ed. São Paulo: RT, 1997. p. 229.

armazéns ou estacionamentos. Não se manifestando o credor, ou caso recuse, deverá ser proposta a ação de consignação.

O procedimento consignatório será judicial nos demais casos.

O processo abre-se com a propositura pelo devedor da ação de consignação em pagamento, também chamada de ação consignatória ou consignatária.

Na petição inicial, pede o devedor permissão para realizar o depósito da quantia ou da coisa devida, num prazo de cinco dias, contado do deferimento do pedido, a não ser que a quantia já esteja depositada em banco oficial, como explicado acima. Pede, outrossim, o devedor a citação do credor para que venha receber ou contestar o pedido.

Ao credor abrem-se três possibilidades:

1] Receber, quando se extingue o processo.
2] contestar, quando será julgada a questão. Se o devedor for vitorioso, a própria sentença que condenar o credor a receber já lhe servirá de quitação. Se o credor for vitorioso, o pagamento será efetuado conforme estatuir a sentença, valendo esta como título executivo. O processo de execução, se instaurado, correrá nos mesmos autos da consignação.

Se o credor alegar insuficiência do depósito, poderá levantar a quantia ou coisa depositada, com a consequente liberação parcial do devedor, prosseguindo o processo quanto à parte controvertida.

3] calar-se, quando a lide será julgada à revelia do credor silente.

Mas quando é que se dá a consignação em pagamento? Em outras palavras, quando o devedor poderá depositar o pagamento? As hipóteses de incidência são as seguintes:

1] recusa injusta do credor de receber ou dar quitação;
2] mora de receber;
3] quando for desconhecido o credor ou estiver em lugar ignorado ou de difícil acesso;
4] quando ocorrer dúvida sobre quem seja o credor;
5] quando o objeto se tornar litigioso;
6] quando o credor for incapaz para receber;
7] quando se instaurar concurso de credores sobre os bens do credor, pois neste caso ficaria ele incapacitado para dar quitação.

Em síntese, como muito bem resumiu o argentino Alfredo Colmo, caberá recurso à consignação toda vez que o devedor não possa efetuar pagamento válido, ou seja, toda vez que quiser pagar e não conseguir, por fato alheio a sua vontade.

Requisitos subjetivos da consignação

O devedor deverá ser capaz de pagar.

Requisitos objetivos

O objeto do depósito há de ser líquido e certo. Se a coisa devida for indeterminada ou genérica, cabendo a escolha ao credor, deverá ele ser citado para fazer a escolha. Caso não a faça, incumbirá ao devedor fazê-la, sendo a coisa posteriormente depositada. Se a escolha couber ao devedor, dispensa-se o procedimento inicial.

Os imóveis também podem ser objeto de consignação, depositando-se as chaves, a escritura etc.

Tempo certo para a consignação

Será o do vencimento, pois que antes dele o credor não é obrigado a receber. Não se admite a consignação do devedor em mora.

Lugar de propositura da ação

É o do foro do pagamento

Levantamento do depósito pelo devedor

O devedor poderá levantar o depósito antes da contestação do credor, pagando todas as despesas. Mas a obrigação subsiste.

Depois de ter contestado, o credor poderá concordar com o levantamento. Perderá, contudo, o direito sobre os codevedores que não tiverem anuído. Suponhamos que A, B e C devam $ 100,00 a D. Imaginemos que, por uma razão qualquer, os devedores tenham consignado o pagamento. Depois de contestada a ação, D admitiu que A levantasse o depósito. Isso significa que D só terá direito de exigir o pagamento de A. Contra B e C não terá mais direitos, a não ser que também eles tenham concordado com o levantamento efetuado por A.

Após a sentença, o devedor não mais poderá levantar o depósito se isto importar prejuízo para os codevedores, que, neste caso, ficarão desobrigados. Se A levantar o depósito, com a anuência de D, após a sentença que deu a este ganho de causa, perderá ele, D, qualquer direito contra B e C.

Como vimos, antes da aceitação ou da sentença, o levantamento importa renovação da obrigação. Após a sentença, para que a obrigação ressurja será necessária disposição expressa nesse sentido no pedido de levantamento, que deverá ser assinado pelo devedor, credor, codevedores e cocredores, ou por seus procuradores com poderes especiais.

O credor, vencido na ação, poderá levantar o depósito, arcado com as despesas, custas e honorários. Terá, porém, direito aos frutos; juros, por exemplo.

Pagamento das custas processuais e honorários de sucumbência

De acordo com o art. 546 (*caput* e parágrafo único) do CPC, a parte perdedora da ação arcará com todas as custas e honorários de sucumbência.

b] Pagamento com sub-rogação

Definição

Sub-rogação é transferência da qualidade de credor para aquele que paga obrigação de outrem ou empresta o necessário para isso.

Partes

Quem adquire a qualidade de credor se denomina sub-rogado ou sub-rogatário. Credor primitivo ou sub-rogante é o credor antigo, substituído.

Histórico

O Direito Romano, a princípio, não conhecia o instituto. Só mais tarde admitiu que quem pagasse obrigação de terceiro adquirisse direito de ação contra o devedor.

O instituto da sub-rogação veio a ser desenvolvido pelos antigos canonistas,[103] que inclusive criaram o termo, sendo finalmente adotado pelo antigo Direito Francês.[104]

Modalidades de sub-rogação

c] Legal

É a que decorre da lei, independentemente da vontade das partes. Aliás, ocorre mesmo contra a vontade do credor primitivo e do devedor.

Os casos são os seguintes:
a] Em favor de credor que paga dívida do devedor comum, ao credor a quem competia direito de preferência. Assim, uma pessoa tinha vários credores. Um deles, por exemplo, credor com garantia real, como hipoteca, tinha direito de receber primeiro. Se qualquer outro dos cocredores pagar a este credor preferencial, sub-rogar-se-á em seus direitos, por força de lei. São requisitos deste caso:
- o sub-rogatário deve ser cocredor;
- o credor sub-rogante deve ter direito de preferência, legal ou convencional;
- o pagamento deve ser integral.

b] Em favor do adquirente de imóvel hipotecado que paga ao credor hipotecário, bem como em favor do terceiro que efetiva o pagamento para não ser privado de direito sobre imóvel. Vejamos exemplos:

---

[103] Canonistas são os juristas que estudam o Direito da Igreja Católica, denominado Direito Canônico.
[104] BONNECASE, Julien. **Elementos...** cit., p. 448. BALLE. **Cours de droit civil**. Paris: Les Cours de Droit, 1951-1952. p. 435 *et seq.*

Joaquim compra imóvel de Juan. Ocorre que Juan o havia dado em garantia de uma dívida. Joaquim paga ao credor hipotecário, ou seja, ao credor de Juan. É lógico que este pagamento haverá de consistir em soma superior ao valor do imóvel. Neste caso, Joaquim sub-roga-se nos direitos do credor de Juan. Se o valor do pagamento ao credor for igual ao do imóvel, não haverá sub-rogação, uma vez que a dívida terá sido paga e também o preço do imóvel, nada restando a adimplir.

Analisemos outro caso. Fernando, diretor de uma sociedade de responsabilidade ilimitada, pratica ato que coloca a sociedade em situação de débito. Um outro sócio, Maxim, paga a dívida, a fim de livrar os imóveis da sociedade e, em última instância, os seus próprios imóveis de uma eventual execução. Feito isso, sub-roga-se nos direitos do credor contra a sociedade e contra Fernando, se for o caso de responsabilizá-lo por seus atos de diretor.

- c] Em favor de terceiro interessado, que paga dívida pela qual era ou podia ser obrigado, no todo ou em parte. É o caso do fiador, do avalista etc.
- d] Em favor do segurador que paga dano sofrido pelo segurado, contra o causador desse dano. Uma pessoa bate em meu carro, sendo sua a culpa. O seguro indeniza-me e sub-roga-se em meus direitos de receber do culpado.
- e] Em favor de quem paga débito fiscal em nome do devedor.
- f] Em favor de quem resgata título cambial de terceiro, como quem paga nota promissória emitida por terceiro.

d] Convencional

É a que decorre de declaração de vontade, seja do credor, seja do devedor.

Os casos são dois, a saber:

- a] Quando o credor, recebendo pagamento de terceiro, lhe transfere todos os seus direitos. Assim, A recebe de B dívida que deveria ter sido paga por C, transferindo a B todos os seus direitos contra C. Na prática, isso pode se confundir com cessão de crédito. Havendo dúvida, o juiz deve-se decidir pela cessão, aplicando as regras desta, e não as da sub-rogação.

É requisito desse caso a concorrência simultânea do pagamento e da transferência da qualidade creditória, que jamais poderá ser *a posteriori*, sob pena de ser inoperante.

- b] Quando o terceiro empresta ao devedor a quantia necessária para o pagamento da obrigação, sob a condição de ficar investido nos direitos do credor. O credor não tem qualquer direito de se opor.

c] São requisitos do caso (1) a simultaneidade do mútuo (empréstimo) e da sub-rogação e (2) a declaração expressa de que o mútuo implica sub-rogação, apesar de a lei não exigir forma especial.

■ Desvantagens da sub-rogação

O sub-rogado adquire o crédito com todas as suas falhas e defeitos. Assim, se a dívida estiver prescrita, tanto pior para ele.

Suporta todas as exceções (defesas) que o devedor poderia opor contra o credor primitivo, por exemplo, de que a dívida era oriunda de obrigação natural, como dívida de jogo, sendo, portanto, inexigível.

Não tem direito a juros extras.

Está sujeito à mesma prescrição do crédito primitivo.

Não tem ação contra o sub-rogante, se o devedor se tornar insolvente, salvo disposição contrária. Mas o credor primitivo é responsável pela existência da dívida. Se esta não existir, e a sub-rogação tiver ocorrido com seu consentimento, terá que restituir ao sub-rogatário o que dele recebeu. Em outras palavras, se o credor primitivo sabia que a dívida não mais existia (por ter sido paga, por exemplo) e, assim mesmo, aceitou o pagamento, terá que restituí-lo ao sub-rogado.

e] Imputação do pagamento

■ Definição

É a faculdade de escolher dentre várias prestações de coisa fungível, devidas ao mesmo credor pelo mesmo devedor, qual dos débitos satisfazer. A título de exemplo, vejamos o caso em que uma pessoa deve à outra várias promissórias, sendo duas no valor de $ 100, duas no valor de $ 200, uma no valor de $ 140 etc. Se todas estiverem vencidas e o devedor entrar em acordo com o credor para pagar parceladamente, deverá ser especificado em cada pagamento qual das promissórias está sendo paga.

■ Quem pode imputar o pagamento?

Presume-se, salvo disposição contrária, seja o devedor a imputar primeiramente. Se não o fizer, assistirá ao credor este direito. Se nenhum dos dois o fizer, a lei resolverá o problema.

■ Imputação do devedor

Quando a pessoa é obrigada, simultaneamente, por mais de um débito da mesma natureza a um só credor, tem o direito de indicar a qual deles oferece pagamento. Tal faculdade é extensiva ao terceiro que paga, nos casos em que tenha o direito de fazê-lo. O credor, por sua vez, pode recusar a imputação na dívida ilíquida ou não vencida.

Assim, são requisitos da imputação do devedor:
a] A existência de diversos débitos.
b] A identidade de sujeitos, que devem ser os mesmos, credor e devedor das várias dívidas.
c] Os débitos devem ser da mesma natureza, fungíveis, líquidos e vencidos. Quanto aos débitos vincendos, ou seja, por vencer, antes era necessária autorização do credor, para que neles se imputasse o pagamento. Em outras palavras, se desejasse, das várias prestações de consórcio, pagar a atual e uma futura, quanto a esta necessitaria da autorização do credor. Normalmente, o próprio contrato previa a hipótese. Com o advento do Código do Consumidor, a situação mudou. Agora, é direito do devedor, pelo menos nas obrigações de dar dinheiro, em que haja financiamento ao consumo, adiantar quantas prestações lhe aprouver, tendo descontados os juros.
d] A prestação oferecida deve bastar ao pagamento de pelo menos algumas das dívidas, porque o credor, em princípio, não é obrigado a receber por partes.

Se o débito for de capital e juros, imputar-se-á o pagamento, primeiro nos juros vencidos, depois no capital, salvo disposição em contrário.

Imputação do credor

Dá-se quando o devedor não fizer a escolha, ou quando houver estipulação neste sentido. Não tendo exercido seu direito, o devedor não pode reclamar da imputação feita pelo credor.

Imputação legal

Ocorre quando nem o devedor nem o credor houverem exercido seu direito de escolha.

Segundo se pode deduzir do texto legal,[105] a imputação obedecerá à seguinte ordem, sucessivamente:
1] dívidas líquidas e vencidas;
2] sendo todas líquidas e vencidas, serão escolhidas as mais onerosas;
3] havendo débitos em que vençam juros e outros em que não, imputa-se o pagamento nos primeiros;
4] se em todos vencerem juros, imputa-se nos que vençam juros mais altos;
5] as dívidas reforçadas por cláusula penal vêm em seguida;
6] se todas as dívidas forem exatamente iguais, imputar-se-á por igual em todas elas.

---

105 PEREIRA, Caio Mário da Silva. **Instituições de direito civil**... cit., 18. ed., v. 2, p. 152.

f] Dação em pagamento

Definição

Também chamada de *datio pro soluto* ou *datio in solutum*, ocorre quando o credor consente em receber coisa que não dinheiro, em substituição à coisa devida. Será sempre avençada após a constituição da obrigação, podendo ser antes ou depois de seu vencimento.

Espécies

1] *Datio rei pro pecunia* (dação de coisa por dinheiro).
2] *Datio rei pro re* (dação de coisa por coisa).
3] *Datio pecuniae pro re* (dação de dinheiro por coisa).

Tradicionalmente, diz-se que não existe a dação de dinheiro por coisa, que seria, na realidade, verdadeira indenização pelo valor da coisa devida. De fato, isso pode mesmo ocorrer. Se uma pessoa deve um relógio de família que tomara emprestado da outra, vindo ele a perecer por culpa sua, terá de restituir o equivalente em dinheiro, acrescido das perdas e danos pelo valor sentimental, além de outros eventuais prejuízos que venham a ser comprovados. Neste caso, não há que falar em dação em pagamento. Ao credor tampouco é dado recusar o pagamento em pecúnia. Mas e se o dinheiro não for entregue a título de indenização? Vejamos um exemplo: Cristina arrenda terras de João, devendo o pagamento dos aluguéis ser efetuado em sacas de arroz. Ocorre que Cristina verificou que, embora possível o pagamento em sacas de arroz, seria mais fácil em dinheiro. Propõe a troca a João, que a aceita. No caso, houve verdadeira dação em pagamento, em que o dinheiro entrou no lugar de uma coisa, portanto, *datio pecuniae pro re*.

4] *Datio pecuniae pro pecunia* (dação de dinheiro por dinheiro).

Esta hipótese tampouco é aventada pela doutrina, mas ocorre na prática. Dá-se quando a moeda devida é substituída por outra; dólares por euros, por exemplo. É óbvio que, para que a troca se efetue, o credor terá que aceitar.

Requisitos

1] existência de uma dívida;
2] consentimento do credor;
3] entrega de coisa diversa da *res debita*;[106]
4] intenção de extinguir a obrigação; caso contrário, teríamos doação.

---

106 *Res debita* quer dizer "coisa devida".

A coisa entregue não precisa ter o mesmo valor da *res debita*. Pode ser mais cara ou mais barata. Sendo mais cara, o credor restituirá a diferença. Sendo mais barata, o credor poderá dar quitação parcial.

A coisa entregue pode ser móvel ou imóvel, corpórea ou incorpórea, um bem jurídico qualquer, uma coisa ou um direito, como o usufruto.

A coisa deverá ter existência atual. Se versar sobre coisa de existência futura, estaremos diante de novação objetiva e não de dação em pagamento. Se a dação se referir, por exemplo, a safra que ainda não foi colhida, a obrigação antiga extingue-se, sendo substituída pela de entregar a safra, após a colheita. Essa substituição de obrigação velha por nova denomina-se novação.

Uma vez que seja determinado o valor da coisa, a dação equipara-se à compra e venda, regulando-se supletivamente por suas normas.

A evicção[107] da coisa recebida anula a quitação, restabelecendo-se na íntegra a relação anterior. Dessarte, se A entrega a B carro furtado, em pagamento de empréstimo, sendo este carro reclamado judicialmente por seu verdadeiro dono, e tendo B que restituí-lo, restabelecida será a obrigação original.

Datio pro soluto e datio pro solvendo

Datio pro soluto é a dação em pagamento que acabamos de ver. Datio pro solvendo é a assunção de nova obrigação para garantir o pagamento da primeira. Uma pessoa, por exemplo, dá cheque em garantia de que pagará dívida. Aqui existem duas obrigações, uma é original, a outra é a do cheque. Paga a original, a do cheque extingue-se, e vice-versa. O cheque pode ser recebido *pro soluto* e *pro solvendo*. Se o credor recebe o cheque e dá plena e geral quitação ao devedor, significa que o cheque foi recebido *pro soluto*. Mas se o credor recebe o cheque e ressalva no recibo que a obrigação só se considerará quitada após a compensação do cheque, significa que o recebeu *pro solvendo*.

8.10.6 Pagamento indevido

O pagamento indevido pode ser definido segundo três critérios: um subjetivo, um objetivo e um temporal. Normalmente, quando se fala em pagamento indevido, está-se referindo ao critério subjetivo. Por este prisma, haverá pagamento indevido sempre que o devedor, por engano, pagar a quem não seja credor. Falemos dele primeiro.

Ocorre, pois, pagamento indevido sempre que o devedor, por engano, pagar a quem não seja credor.

---

107 Evicção, como veremos adiante, é a perda da coisa, em virtude de sentença, em favor de alguém que possuía direito anterior sobre ela. Se compro um carro roubado, pode ser que tenha que restituí-lo ao verdadeiro dono, por força de sentença judicial. A este processo de perda da coisa se chama *evicção*.

Daí decorrem duas regras gerais:

1] Quem paga mal, paga duas vezes. Em outras palavras, se pagar à pessoa errada, devo pagar novamente à pessoa certa.
2] Quem paga mal tem direito a repetir o indébito,[108] ou seja, se pago à pessoa errada, devo pagar novamente à pessoa certa, mas fico com o direito de recobrar o que paguei por engano à pessoa errada. Caso contrário, estaria ocorrendo enriquecimento ilícito.

São requisitos do pagamento indevido e, portanto, da repetição: (a) realização de um pagamento, (b) inexistência de relação obrigacional entre o devedor e a pessoa que recebeu por engano e (c) erro da parte de quem pagou indevidamente. O erro é fundamental, sob pena de o pagamento indevido se descaracterizar para doação ou pagamento dolosamente realizado a terceiro.

O ônus da prova do pagamento indevido incumbe a quem o fez por erro, ou seja, ao devedor que pagou mal.

Nem sempre o pagamento indevido poderá ser repetido.

Vejamos os casos em que isso pode ocorrer.

Primeiramente, não caberá repetição do indébito se o devedor pagar à pessoa errada, e esta, imaginando estar sendo paga por outra obrigação, inutiliza o título da dívida (rasga a nota promissória, por exemplo), ou deixa prescrever a ação contra seu devedor, ou abre mão de garantias (fiança, hipoteca etc.) que asseguravam seu crédito. Neste caso, o devedor que pagou mal não poderá exigir a restituição, mas terá direito de cobrar do devedor da pessoa a quem pagou por engano. Supondo que A, por engano, pague a B o que deveria ter pagado a C. B não terá que restituir o pagamento se rasgar a nota promissória que representava seu crédito junto a D, imaginando que o depósito feito em sua conta fora realizado por D, que lhe devia quantia igual à depositada por A.

O parágrafo único do art. 883, que trata do pagamento efetuado para a obtenção de fins ilícitos ou imorais, apresenta regra um tanto quanto incompreensível. Segundo ele, nestes casos, "o que se deu reverterá em favor de estabelecimento local de beneficência, a critério do juiz". Não vemos aplicabilidade para tal regra. Ora, se o devedor não tem direito à repetição, como será cobrado daquele que recebeu indevidamente, a fim de se reverter a soma a estabelecimento de beneficência? Nos dois primeiros exemplos dados acima: o do homem que paga à meretriz e o daquele que suborna seu cônjuge, como ficaria a questão? A meretriz ou o cônjuge subornado seriam acionados para a restituição da quantia recebida? Mas acionados por quem, se quem pagou não tem direito à repetição? Só se for o Ministério Público. No outro exemplo, do funcionário público, o *solvens*[109]

---

108 *Repetir o indébito* é expressão técnica que significa "pedir de volta (repetir) o indevido (indébito)".
109 *Solvens*, neste contexto, é quem realiza o pagamento indevido.

tem direito à repetição. Se houver agido de má-fé, não terá direito. Sendo assim, quem acionará o funcionário público? O Ministério Público?

Enfim, quem paga obrigação natural, como as dívidas prescritas ou dívidas de jogo, também não terá direito à *repetitio indebiti*. Aqui tampouco há pagamento indevido propriamente dito.

Resta falar, ainda, do pagamento indevido por ter sido entregue ao credor quantia ou coisa, além da que tinha direito. Haverá pagamento indevido, não obstante o devedor tê-lo efetuado à pessoa certa. Trata-se, na hipótese, de pagamento que extrapassa o devido. Caberá, indiscutivelmente, repetição do indébito, sendo restituído o excedente. Aqui o critério é objetivo. O referencial é o objeto do pagamento, não o sujeito a quem se paga (critério subjetivo).

Por fim, pode-se falar, como se constata no próprio Código Civil, num critério temporal para se definir o pagamento indevido. Segundo este critério, haverá pagamento indevido, quando o devedor pagar, por engano, antecipadamente ou antes do implemento da condição suspensiva. Nestes casos, das duas uma, ou bem a obrigação considerar-se-á paga, fazendo o devedor jus à quitação, ou bem deverá ser restituído o pagamento antecipado. Isto dependerá muito das circunstâncias e da vontade das partes. Assim, por exemplo, tratando-se de financiamento ao consumo, é opção do devedor antecipar quantas parcelas desejar. Dessa forma, se, por acaso, realizar pagamento antecipado por engano, caberá a ele optar entre manter o pagamento ou exigi-lo de volta. Numa obrigação de Direito Comum, o credor não pode ser forçado a receber antes do vencimento. Consequentemente, a ele caberá, juntamente com o devedor, decidir, de comum acordo, o que fazer. De todo modo, o credor não poderá ser obrigado a receber, nem o devedor poderá ser forçado a pagar antes do vencimento. O mesmo raciocínio deve ser feito quanto a obrigações subordinadas a condição suspensiva. Se A se compromete doar um carro a B, caso B venha a praticar certa ação, a entrega do carro antes da ação a que se comprometeu B poderá ser desfeita. Tal pagamento se considera indevido a teor do art. 876 do CC.

Concluindo, o pagamento indevido não ocorre somente nas obrigações de dar. Poderá ter por objeto prestação consistente em fazer, ou ainda, poderá ser efetuado para se eximir de obrigação de não fazer. Nestes casos, aquele a favor de quem, indevidamente, se desempenhou a obrigação, ficará obrigado a indenizar o *solvens*, na medida do lucro que obteve. Estas as disposições do art. 881 do CC. O problema é a redação da última parte do artigo, que se refere ao lucro obtido, quando deveria referir-se aos prejuízos sofridos por parte de quem realizou a prestação indevida. Vejamos um exemplo: Joaquim, pintor, pinta o apartamento de Manoel, quando deveria ter pintado o de Pedro. A seguir a letra do art. 881, Joaquim poderá exigir de Manoel indenização pelo valor agregado ao apartamento indevidamente pintado. E se este valor for muito superior ao prejuízo de

Joaquim? Na verdade, a regra não deve ser interpretada literalmente. O que se deve indenizar, a fim de se restabelecer o *status quo ante*, reparando-se o enriquecimento sem causa, é o prejuízo sofrido pelo *solvens*, salvo caso de má-fé. Assim, no exemplo dado, Joaquim deverá ser ressarcido dos gastos com material e mão de obra, além de outros prejuízos que eventualmente venha a provar. Poder-se-ia arguir que Manoel, ainda assim, sairá lucrando, uma vez que seu apartamento estará pintado. Sem dúvida, mas teve que pagar por isso, no final das contas. Dessarte, não estará se enriquecendo às custas de Joaquim, a não ser que esteja agindo de má-fé, quando, então, caberia aplicar-se literalmente o art. 881. Aliás, sendo rigorosos, até pode ser o caso de Manoel exigir reparação de Joaquim, por não ter gostado da pintura realizada em seu apartamento, sem sua autorização.

A outra situação diz respeito ao que se desempenhou para se eximir de obrigação de não fazer. Para se ver livre de obrigação de não fazer, o devedor poderá pactuar com o credor a realização de uma prestação que poderá consistir em dar alguma coisa ou em fazer alguma coisa. Sendo a prestação de dar ou de fazer dirigida à pessoa errada, aplicam-se as regras que acabamos de estudar.

Ainda sobre pagamento indevido veremos mais adiante, ao tratar das obrigações oriundas de atos unilaterais.

8.11 Transmissão das obrigações

A transmissão das obrigações pode dever-se à cessão de crédito, à assunção de dívida, ao endosso e à tradição manual do título da dívida.

O Direito Romano, em qualquer de suas fases, não admitiu a transmissão de uma obrigação, seja por cessão de crédito, seja por assunção de dívida, muito menos por endosso. Na prática essa transmissão ocorria de modo indireto. Para a cessão de crédito, utilizavam-se da novação, fosse mediante a *delegatio* ou mediante a *expromissio*; da procuração em causa própria; e da concessão das ações úteis. A procuração em causa própria surgiu no Direito clássico (meados do século II a.C. ao final do século III d.C.). O credor, ao acionar, nomeava um procurador para agir em juízo, recebendo a dívida, sem a obrigação de prestar contas. Essa dispensa da prestação de contas dava a segurança que o cessionário (procurador) necessitava. Foi com o sistema da concessão das ações úteis, nascido no século II d.C. e aprimorado no século VI, que surgiu no Direito Romano algo muito semelhante à moderna cessão de crédito. Por esse sistema, o credor transferia ao "cessionário" o direito de acionar o devedor. Este "cessionário", por razões de utilidade prática (*utilitatis causa*, daí o nome ações úteis), agia em seu próprio nome, em vez de agir representando o credor, na condição de procurador. Uma vez que o devedor fosse notificado, só se liberaria pagando ao "cessionário". O instituto não pode ser chamado de cessão de crédito, como a entendemos hoje, mas dela em muito se avizinha.

Em relação à assunção de dívida, tampouco se a admitia por meio direto, como hoje. Em todas as fases do Direito Romano não se a concebeu, a não ser por dois meios indiretos: a novação subjetiva passiva e a procuração em causa própria, concedida pelo devedor a quem estivesse assumindo o débito. Em ambos os casos, era necessária a anuência do credor.[110]

Foi, assim, só no Direito moderno que surgiram a cessão de crédito e a assunção de débito, como meios diretos de transmissão das obrigações. Andemos, pois, a estudá-las.

8.11.1 Cessão de crédito

a] Definição

É ato pelo qual o credor transfere a terceiro seu direito de crédito contra o devedor.

b] Natureza jurídica

É negócio jurídico bilateral, contrato realizado entre credor e terceiro. Ao credor denominamos cedente; ao terceiro, cessionário. Negócio jurídico que seja, não cria, entretanto, nova relação jurídica, transmitindo apenas a antiga ao terceiro cessionário. Daí, temos as diferenças entre cessão de crédito, sub-rogação e novação, institutos que, à primeira vista, se parecem.

Na sub-rogação, o vínculo obrigacional antigo não se desfaz, sendo o primitivo credor substituído por um novo, que efetua o pagamento no lugar do devedor, sub-rogando-se em todos os direitos do antigo credor. De ressaltar é o fato de o credor antigo ter seu direito satisfeito pelo sub-rogatário. João, fiador de Pedro, paga ao credor, sub-rogando-se em todos os seus direitos contra Pedro.

Na novação, o vínculo antigo desfaz-se, criando-se novo vínculo obrigacional, sem que haja pagamento, ou seja, sem que haja satisfação do direito do credor. João aceita que Pedro lhe pague com cheque de Manoel. Aceito o pagamento, Pedro desvincula-se, criando-se nova relação, entre João e Manoel. Se o cheque estiver sem fundos, João deverá cobrar de Manoel, e não de Pedro, por força da novação.

A cessão de crédito tem em comum com a sub-rogação a permanência do vínculo antigo, que não se rompe, e com a novação, a inexistência de pagamento.

---

110 MOREIRA ALVES, José Carlos. **Direito Romano**. 5. ed. Rio de Janeiro: Forense, 1995. v. 2, p. 70-75.

O que acontece é que o credor cedente transfere seus direitos ao cessionário com todos os seus acessórios e garantias. O vínculo original desloca-se da pessoa do cedente para o cessionário sem que haja pagamento.

Exemplo de cessão de crédito é a deixa testamentária, em que o cedente lega em testamento seu direito de crédito ao cessionário. Mas a causa pode ser também uma simples transmissão gratuita, em que o cedente transmite gratuitamente seu crédito ao cessionário, ou até mesmo uma transmissão onerosa, em que o cedente transmite onerosamente seu crédito ao cessionário, por preço mais baixo, é lógico. É o que ocorre, aliás, nos contratos de *factoring*.[111] Outro exemplo é a cessão da posição contratual, quando se transferem tanto a posição ativa quanto a posição passiva de uma relação contratual. Transfere-se, portanto, todo um conjunto de direitos e deveres decorrentes de um contrato.

Não se deve, entretanto, falar, como no uso coloquial, em doação ou venda de crédito. Fala-se em cessão gratuita ou onerosa. Quando se tratar de crédito ou qualquer outra espécie de direito, falar-se-á em cessão, não em doação ou venda.

c] Classificação

■ **Cessão onerosa**

Dá-se quando o cessionário paga pelo recebimento do crédito, como vimos na "venda" *supra*, que não se chama venda, mas cessão onerosa.

■ **Cessão gratuita**

Ocorre quando não houver nenhuma contraprestação por parte do cessionário que recebe o crédito, sem nada ter que dar em troca. É a "doação" do crédito, que não se chama doação, mas cessão gratuita.

■ **Cessão voluntária**

É a que emana da vontade livre do cedente e do cessionário.

■ **Cessão legal ou necessária**

Acontece por força de lei. Assim, se cedo meu crédito a alguém, estando ele garantido por hipoteca, estarei também cedendo esta, salvo estipulação contrária. O direito de hipoteca é cedido não por força da vontade, mas por força da Lei.

■ **Cessão judicial**

Tem origem em sentença judicial.

---

111 MARTINS, Fran. **Contratos e obrigações comerciais**. Rio de Janeiro: Forense, 1990. p. 559. "O contrato de faturização ou factoring é aquele em que um comerciante cede a outro os créditos, na totalidade ou em parte, de suas vendas a terceiros, recebendo o primeiro do segundo o montante desses créditos, mediante o pagamento de uma remuneração".

Cessão *pro soluto*

Ocorre quando o credor transfere seu crédito em pagamento à obrigação sua com o cessionário. João deve $ 100,00 a Manoel. Joaquim deve $ 100,00 a João. João, com a intenção de pagar a Manoel, cede-lhe seu crédito junto a Joaquim. Manoel dá a João plena e geral quitação.

Cessão *pro solvendo*

Dá-se quando o credor transfere seu crédito em garantia de pagamento à obrigação sua com o cessionário. No exemplo anterior, a transferência do crédito, se fosse *pro solvendo*, não seria definitiva, mas apenas como garantia de pagamento. O recibo ressalvaria que a quitação só ocorreria após o adimplemento do crédito cedido.

d) Casos em que é proibida a cessão de crédito

As proibições decorrem da própria natureza da obrigação, da lei ou de convenção entre as partes.

Assim, temos, por exemplo, que as obrigações *intuitu personae* não são passíveis de cessão por sua própria natureza. Um patrão não pode forçar seus empregados a trabalharem para outra pessoa. A natureza da prestação de trabalho é personalíssima.

Às vezes a própria lei proíbe a cessão. Por exemplo, o pupilo não pode ceder crédito seu ao tutor.

Casos há, outrossim, em que o próprio contrato proíbe, quando será convencional a proibição.

e) Requisitos de validade

Subjetivos

Tanto o cedente quanto o cessionário devem ser capazes, principalmente para alienar e adquirir, respectivamente.

Objetivos

O objeto da cessão, ou seja, o crédito cedido, deve ser possível, tanto material quanto juridicamente.

Formais

A cessão, em princípio, tem forma livre. Pode ser até mesmo verbal. Sendo escrita, seu instrumento será público ou particular. Evidentemente, há casos em que a forma é essencial. Se seu objeto for direito sobre imóvel, como, por exemplo, hipoteca, deverá obrigatoriamente revestir forma pública. Sendo particular o instrumento da cessão só terá validade contra terceiros se inscrito no registro.

f] Responsabilidade do cedente

Quem cede crédito seu não tem, num primeiro momento, qualquer responsabilidade que não seja a própria existência e validade do crédito. Não responde, pois, o cedente pelo inadimplemento ou insolvência do devedor. Mas se dolosamente ceder crédito inexigível, como, por exemplo, crédito já prescrito, responderá por isso junto ao cessionário. Se Manoel me deve $ 100,00 e se cedo este crédito a Joaquim, não poderei ser responsabilizado se Manoel não pagar. Mas serei responsável, se, por exemplo, a dívida já estivesse prescrita quando cedi meu crédito. De todo modo, o cedente será responsável pelo inadimplemento do devedor, se assumir essa responsabilidade por cláusula expressa.

g] Efeitos da cessão

Quanto ao cessionário, este recebe o crédito como se achar, com todas as suas vantagens (acessórios e garantias) e desvantagens (prescrição etc.). Neste último caso, deve ser informado das desvantagens, pois, caso sejam omitidas, ou delas simplesmente não tenha conhecimento, terá direito de anular a cessão, alegando, quando nada, quebra do princípio da boa-fé objetiva. Se o crédito fosse transmitido sem suas vantagens e/ou desvantagens, teríamos novação subjetiva ativa, e não cessão de crédito.

Quanto ao devedor, uma vez notificado, nada pode fazer para impedir a cessão. Só se desobriga pagando ao cessionário.

8.11.2 Assunção de dívida

a] Definição

Segundo Orlando Gomes, assunção de dívida, ou cessão de débito, é negócio jurídico por meio do qual terceiro assume a responsabilidade da dívida contraída pelo devedor originário, sem que a obrigação deixe de ser ela própria. Em outras palavras, na assunção de dívida não ocorrerá novação subjetiva passiva.[112]

O Código Civil regula a matéria nos arts. 299 a 303.

Existe instituto semelhante à assunção de débito, que é a novação subjetiva passiva, que ocorre quando um novo devedor substitui o antigo, criando uma nova relação obrigacional, que põe fim à antiga. Mais adiante, veremos detalhes sobre a novação. A diferença básica entre a assunção de dívida e a novação subjetiva passiva é que nesta a relação obrigacional primitiva se extingue, sendo substituída por outra. Deve estar presente o *animus novandi*, ou vontade de novar, isto é, de substituir a obrigação antiga pela nova. Vejamos exemplo: João paga

---

112 GOMES, Orlando. **Obrigações**... cit., p. 263.

dívida que possuía junto a Maria, com cheque de Manoel. Maria aceita o cheque *pro soluto*, ou seja, dá plena e geral quitação a João, ficando, por outros termos, claro o *animus novandi*. Se o cheque de Manoel estiver sem fundos, Maria nada poderá fazer contra João. Poderá agir tão somente contra Manoel, emitente do cheque. Se, por outro lado, não restar evidente a vontade de novar, terá havido mera assunção de débito, e Maria poderá agir contra João, caso o cheque de Manoel esteja sem fundos. Quando analisamos a contagem do prazo prescricional, a questão fica mais clara ainda. Na novação, o prazo se interrompe e recomeça do zero, quando o novo devedor assume a dívida, pondo fim à relação antiga. Na assunção de débito, o prazo prescricional continua a correr normalmente, embora outro devedor tenha assumido o polo passivo. Na dúvida se houve novação ou assunção de dívida, o intérprete deverá optar pela assunção de dívida, segundo o que se pode concluir da regra do art. 361 do CC.

> Art. 361. Não havendo ânimo de novar, expresso ou tácito mas inequívoco, a segunda obrigação confirma simplesmente a primeira.

b] Espécies

A assunção de dívida poderá ser *causa mortis* ou *inter vivos*.

Na assunção *causa mortis*, os herdeiros assumem as obrigações do morto *intra vires hereditatis*, ou seja, dentro dos limites do patrimônio herdado. Fala-se, neste caso, em sucessão no débito. Frise-se, todavia, que a dívida será assumida pelos herdeiros com todas as vantagens e desvantagens. Se estava prescrita, por exemplo, continuará prescrita, e os herdeiros pagarão se quiserem. Se era garantida por hipoteca, continuará garantida. Se assim não fosse, teríamos novação subjetiva passiva, e não assunção de dívida.

A assunção *inter vivos* ocorre mediante delegação ou expromissão, sem novação.

Ocorre delegação quando o devedor transfere o débito a terceiro, com o consentimento do credor.[113] Trata-se de delegação imperfeita, que não gera novação. Se gerar, não haverá assunção de dívida, mas novação subjetiva passiva, obtida por delegação novativa ou delegação perfeita.

A delegação imperfeita pode ser privativa ou cumulativa.

Delegação privativa ou liberatória é a que libera o devedor primitivo, ocupando seu lugar um terceiro, por ele indicado. João tomou emprestado de Joaquim $ 100,00, apresentando como garantia um fiador. Por outro lado, emprestou a Manoel $ 100,00. Em seguida, João pediu a Manoel que pagasse não a ele, mas a Joaquim. Este, comunicado do fato, concordou, desde que o fiador continuasse

---

113 Idem, p. 268.

responsável. Assim, João foi exonerado com quitação plena. A dívida, entretanto, continuou a mesma, com todas as suas características e acessórios, inclusive a fiança, embora o devedor não fosse mais o mesmo. Houve delegação liberatória, sem novação. Caso Joaquim liberasse João e também seu fiador, teria havido novação, e não assunção de dívida. Acrescente-se que o prazo prescricional original continua correndo normalmente.

Na delegação cumulativa, o devedor primitivo (delegante) indica um novo devedor (delegado), continuando, porém, obrigado perante o credor (delegatário). A obrigação do delegante, em princípio, presume-se subsidiária, isto é, o credor só poderá cobrar dele se o delegado não pagar. Poderá ser, no entanto, solidária ou conjunta, dependendo da natureza da obrigação ou de disposição expressa. Poderíamos citar como exemplo a transferência de fundo de comércio. Se um comerciante vende seu estabelecimento a outro, continua solidariamente responsável junto com o adquirente por todos os débitos antigos, principalmente os de ordem fiscal e trabalhista. Isto só ocorrerá na falta de estipulação a respeito do destino do ativo e do passivo do estabelecimento. De qualquer forma, nesta hipótese, o adquirente assume tacitamente os débitos, continuando o alienante, contudo, solidariamente responsável.[114]

Na assunção de dívida por delegação, o credor deverá anuir, sendo lícito ao delegante e ao delegado assinarem um prazo para que o credor dê seu consentimento. Passado o prazo sem manifestação do credor, presume-se que não aceitou, a não ser que se trate de imóvel hipotecado. Neste caso, o adquirente do imóvel poderá assumir a dívida, tendo o credor 30 dias para se manifestar. Se não o fizer, a presunção é de que aceitou.

Exemplos práticos de assunção de dívida por delegação ocorrem nos consórcios e nos financiamentos habitacionais, sempre que o devedor original, isto é, o consorciado ou o mutuário, transferem seu débito a terceiro que o assume perante o consórcio ou o agente financeiro da habitação. É óbvio que estes têm que anuir com a assunção.

A outra forma de assunção de dívida é a expromissão. Também aqui é importante frisar que a expromissão não pode ser novatória, caso em que a assunção de dívida se descaracterizaria.

Expromissão é o negócio jurídico pelo qual uma pessoa assume, espontaneamente, dívida de outra.[115]

Vejamos novamente exemplo dado acima. João toma empréstimo junto a Manoel, apresentando imóvel em garantia. Teremos, portanto, empréstimo garantido por hipoteca. Se o pai de João propuser ao credor, Manoel, que libere

---
114 REQUIÃO, Rubens. **Curso de direito comercial**. 19. ed. São Paulo: Saraiva, 1989. v. 1, p. 212.
115 GOMES, Orlando. **Obrigações**... cit., p. 273.

João, assumindo ele, o pai, seu lugar, e se Manoel aceitar a proposta, teremos assunção de dívida, sem novação, mediante expromissão, uma vez que, se o pai de João não pagar, a dívida originária se restabelece. Por outro lado, se a quitação fosse, verdadeiramente, liberatória, tratar-se-ia de novação, ficando extinta a obrigação antiga. O novo devedor passaria a ser o pai de João, e se não pagasse, o credor, Manoel, não poderia acionar o devedor primitivo, João.

Apesar de a assunção de dívida não se confundir com a novação, o art. 300 do CC dispõe que, salvo assentimento expresso do credor primitivo, as garantias da obrigação se extinguem com a assunção de dívida.

No exemplo dado acima, ocorrendo a expromissão, a hipoteca seria automaticamente extinta, a não ser que João expressamente dispusesse o contrário.

Por fim, se a assunção de dívida vier a ser anulada, a obrigação originária restabelece-se com todas as suas garantias, salvo as prestadas por terceiros (fiadores, por exemplo), que desconheciam o vício que maculava a assunção.

8.11.3 Endosso e tradição manual do título

O endosso, em nosso Direito, é um ato unilateral, solidário e autônomo, pelo qual se transferem os direitos emergentes de um título de crédito à ordem. O que caracteriza os títulos à ordem é que neles se inscreve o nome do credor, como, por exemplo, nos cheques.

Os títulos à ordem não se confundem com os nominativos, em que também figura o nome do credor, mas são passíveis de cessão de crédito, não de endosso. Tal é o caso, por exemplo, de uma passagem aérea.

No endosso, salvo disposição contrária, o endossante não responderá pela solvabilidade do devedor, mas apenas pela existência do título (art. 914 do CC). Todavia, uma vez que assuma a obrigação de garantir a solvabilidade do devedor, responderá de forma solidária e autônoma em relação à causa da dívida. Ademais, a responsabilidade do endossante, uma vez configurada, será sempre integral e puro e simples, nunca parcial ou condicional (art. 912 do CC).

Para que se processe o endosso, basta que o endossante assine no verso ou no anverso do título, transferindo-o ao endossatário. Essa transferência poderá ser em branco, caso em que o nome do endossatário não será mencionado, ou em preto, caso em que será mencionado o nome do endossatário. Nos cheques acima de R$ 100,00, o endosso será necessariamente em preto.

Exatamente por poder ser em preto, admitem-se vários endossos num mesmo título.

Segundo o Código Civil (§ 2º do art. 910), a transferência por endosso só se completa com a tradição do título.

Diferentemente da cessão de crédito, no endosso, não é necessário comunicar-se o devedor, que pagará ao endossatário, quando lhe for apresentado o título.

Se o endossante for casado em regime de comunhão total ou parcial de bens, o endosso só obrigará o patrimônio do casal, caso seu cônjuge dê a devida autorização, assinando também o título. Sem a vênia conjugal, a responsabilidade do endossante se restringirá a sua meação.

Sendo o título de crédito ao portador, sua transferência se dará pela simples tradição manual, não implicando qualquer responsabilidade, a não ser pela própria existência do título.

Em nosso Direito, vigora a regra segundo a qual os títulos ao portador só podem ser emitidos por expressa autorização de lei, sob pena de nulidade (art. 907 do CC).

8.12 Efeito indesejável das obrigações: inadimplemento

8.12.1 Inadimplemento remediável: mora

Mora é o não pagamento culpável por parte do devedor, bem como o não recebimento também culpável por parte do credor, no tempo, no lugar e da forma que a Lei ou a convenção tenham estabelecido.

O Código Civil, art. 394, deu ao instituto da mora uma grande amplitude, estendendo seu conceito para além do simples atraso injustificável no cumprimento de uma obrigação, seja por parte do devedor, em pagar, seja por parte do credor, em receber. Considera-se também em mora o devedor que não efetuar o pagamento e o credor que não quiser recebê-lo no lugar e da forma estabelecidos em lei ou em contrato.

Há, pois, várias espécies de mora, segundo o Código Civil.

Em primeiro lugar, a mora pode ser do devedor, quando se denomina *mora solvendi*, ou do credor, quando se denomina *mora accipiendi*.

Em segundo lugar, a mora pode ser temporal (*mora tempore infecto*), quando consistir no atraso injustificável no cumprimento de uma obrigação, tanto por parte do devedor, em pagar, quanto por parte do credor, em receber.

Em terceiro lugar, haverá a mora relativa ao pagamento efetuado injustificadamente no lugar errado (*mora loco infecto*).

Por fim, em quarto lugar, a mora pode referir-se ao pagamento efetuado injustificadamente da forma errada (*mora forma infecta*).

De todo modo, sempre haverá um dado temporal em toda mora, uma vez que, *a contrario sensu*, haveria situações de mora indefinida, o que seria inadmissível do ponto de vista dogmático. Assim, se A entregar a B um produto no local errado, haverá mora até que o produto seja redirecionado ao local devido. Há, portanto, o dado temporal nessa *mora loco infecto*. O mesmo se diga da forma inadequada pela qual se haja realizado o pagamento. Se for à vista e o devedor realizá-lo parcialmente, haverá mora até que se o complemente. Nesta hipótese, o dado temporal fica ainda mais óbvio.

As três espécies de mora podem ser do devedor ou do credor.

A *mora tempore infecto* será do devedor, se este pagar fora do prazo; do credor, se este não receber no prazo. A *mora loco infecto* será do devedor, se este pagar no lugar errado; do credor, se este exigir o pagamento no lugar errado (outro que não o legal ou o convencionado). Por fim, a *mora forma infecta* será do devedor, se este realizar o pagamento de forma diferente da convencionada; do credor, se este exigir o pagamento de forma diferente da convencionada.

A mora é espécie de inadimplemento, e assim é tratada pelo legislador, ao inseri-la no título relativo ao inadimplemento das obrigações (art. 394 e ss.). É evidente que difere do inadimplemento definitivo, uma vez que é remediável.[116]

8.12.1.1 Mora do devedor

a] Definição

Dá-se *mora solvendi* quando o devedor injustificadamente não realizar o pagamento no momento, no lugar ou na forma oportunos.

b] Requisitos

Para que se caracterize a mora do devedor, concorrem quatro fatores:

■ **Exigibilidade, liquidez e certeza**

A dívida deve ser exigível, líquida e certa. Em outras palavras, a dívida deve estar vencida, pois só a partir do vencimento se tornará exigível. Ademais, deve ser líquida, ou seja, o objeto da prestação deve ser conhecido, determinado. Deve ser certa, de causa indiscutível.

■ **Ilegitimidade do atraso, por ser injustificável (culpável), na *mora tempore infecto***

Se justificável o atraso, não há falar em mora.

---

116 RÁO, Vicente. **Ato jurídico**. 3. ed. São Paulo: RT, 1994. p. 333.

Pagamento efetuado em local diverso do legal ou convencional

O devedor de pensão alimentícia, por exemplo, deverá, por força de lei, efetuar o pagamento no domicílio do alimentando. Por outro lado, pode ficar convencionado que o pagamento se realize no domicílio do próprio alimentante. Seja como for, o pagamento deverá ser efetuado no local determinado pela Lei ou pela convenção, sob pena de se configurar a mora, desde que injustificável a alteração do local.

Pagamento efetuado de forma inadequada, na *mora forma infecta*

O pagamento poderá ser realizado, por exemplo, à vista, ou em prestações. Se o devedor pagar à vista o que deveria ser pago em prestações, ou vice-versa, haverá mora. Evidentemente, há exceções. Há obrigações que, por expresso permissivo legal poderá ser sempre pagas à vista, mesmo que o combinado tenha sido o pagamento em prestações. Tal é o caso do financiamento ao consumidor. Não havendo, porém, permissão legal, o pagamento deverá ser realizado conforme o ajustado, sob pena de *mora forma infecta*.

Possibilidade e utilidade do pagamento tardio, pois se este não mais tiver cabida, ou não mais interessar ao credor, não haverá mora, mas sim inadimplemento

Podemos imaginar um exemplo em que o transportador de certa carga atrase a entrega por negligência sua, tornando-se impossível embarcá-la no navio, que só sairá novamente muito tempo depois. Ora, neste caso, não mais interessa ao credor a entrega da mercadoria, incorrendo o transportador em inadimplemento, e não em mora. Outro exemplo de fácil compreensão seria o da salgadeira que atrasa a entrega de salgados para uma festa, só os levando no dia seguinte. A hipótese não é de mora, pois que não interessam mais os salgados após a festa. Trata-se de verdadeiro inadimplemento.

Constituição em mora é fato que caracteriza o atraso do devedor, ou o pagamento fora do lugar ou da forma inadequada

A constituição em mora pode ser um ato do credor, quando teremos *mora ex persona*, ou pode advir da própria natureza da obrigação, quando teremos *mora ex re*. Ocorre *mora ex persona* nas obrigações sem termo certo de vencimento. Neste caso, para que se constitua, será necessária interpelação do devedor, por meio de notificação ou por meio de protesto, dependendo do caso. Seus efeitos são *ex nunc*, isto é, só se produzem a partir da interpelação. Por exemplo, se João empresta $ 100,00 a Manoel, sem data de vencimento, a obrigação só vencerá no dia em que João cobrar de Manoel. Em outras palavras, João terá que cobrar a dívida para que, a partir daí, possam correr os juros de mora. Também será *ex persona* nas obrigações quesíveis, pois estas só são pagas mediante interpelação do credor ao devedor. É o caso dos cartões de crédito que, embora vençam em dia certo, só se pagam a partir do recebimento da fatura, salvo estipulação em contrário. A *mora ex re* vem do próprio mandamento da lei, com base na natureza da obrigação ou das circunstâncias. Assim, nas obrigações negativas, o devedor será constituído em mora desde o dia em que realizar o ato do qual se deveria ter abstido. Nas obrigações provenientes de atos ilícitos, considera-se o devedor em mora, desde o momento em que os cometa. Se Joaquim bate no carro de Marcelo, considerar-se-á em mora, desde o momento da batida, sendo devidos juros de mora a partir deste momento mesmo (Súmula n. 54 do STJ). Nas obrigações portáveis com termo certo de vencimento, dá-se mora com a simples falta do pagamento na data oportuna. É o princípio *dies interpellat pro homine*, ou seja, o dia interpela pelo homem. Em outras palavras, não é necessária nenhuma atitude do credor para que se constitua em mora o devedor. O próprio não pagamento no dia determinado já é o bastante para a caracterização da mora. Esta modalidade de *mora ex re* pode denominar-se *mora ex tempore*.

c] Efeitos

São efeitos da *mora solvendi* a efetivação do pagamento e a indenização por perdas e danos, advindos do atraso, do lugar errado ou da forma indevida. Isto sem prejuízo da multa de mora fixada no contrato. O devedor, portanto, além de ter que efetuar o pagamento, ainda terá que reparar todos os prejuízos causados ao credor. Se o contrato prever multa de mora, além dela, o devedor pagará soma equivalente aos prejuízos cuja ocorrência o credor conseguir provar. Estes prejuízos serão calculados à parte. Responde também o devedor pelos frutos percebidos e que teriam sido percebidos e não o foram em razão da mora.

Tratando-se de obrigação de dar dinheiro, estipula o Código Civil (art. 404) que as perdas e danos oriundas da mora englobarão a correção monetária, juros, custas, honorários de advogado, isto sem prejuízo da pena convencional.

Se os juros de mora não forem suficientes para cobrir os prejuízos, o juiz poderá fixar indenização extra.

Vejamos um exemplo: Maria tomou emprestado $ 1.000,00 de João. No contrato, havia cláusula fixando multa (pena) de 1% por cada mês de atraso. Havia outra cláusula fixando juros convencionais de 1% ao mês. No vencimento, Maria não pagou. Terá que pagar a João os $ 1.000,00, acrescidos da pena de 1% ao mês, mais custas processuais e honorários de advogado, se for o caso, além dos juros convencionais de 1% ao mês e da correção monetária. Se João conseguir provar que seus prejuízos foram mais altos, o juiz fixará indenização complementar.

Nas obrigações de dar coisa diferente de dinheiro, a solução será a mesma, com as devidas adaptações.

Suponhamos que Maria deva a João um carro. Havia cláusula no contrato estipulando pena de $ 100,00 por cada dia de atraso. No vencimento, o carro não é entregue. No caso, Maria deverá entregar a João o carro, mais o valor da multa (pena), custas processuais e honorários de advogado, se for o caso, além de indenização suplementar, se João provar que os prejuízos foram maiores do que o valor de $ 100,00 por dia, fixado na cláusula penal.

Nas obrigações de fazer, aplica-se o mesmo raciocínio, *mutatis mutandis*.

Por fim, nas obrigações de não fazer, a mora estabelece-se no momento em que o devedor faz o que não deveria. Será obrigado a desfazer o que fez, além de indenizar o credor por todos os danos sofridos, ressarcir as despesas com custas e honorários de advogado, se for o caso, e pagar o valor da multa fixada no contrato, se houver.

Se durante o atraso a obrigação se tornar impossível, haverá inversão do ônus da prova a favor do credor. Em outras palavras, é o devedor que terá que provar não ter tido culpa ou que o fato teria ocorrido mesmo que a obrigação tivesse sido cumprida no tempo certo. Vejamos: Bruno deve um carro a Juan e não o entrega na data convencionada. Depois desta data, Bruno é assaltado à mão armada, sendo-lhe roubado o veículo. O normal é que o ônus da prova caiba a Juan, pois é ele quem alega o prejuízo e pede a indenização. No caso, como Bruno estava em mora, haverá inversão do ônus da prova. É Bruno que terá que provar que não agiu com culpa ou que o fato teria ocorrido mesmo se o carro tivesse sido entregue na data certa.

8.12.1.2 Mora do credor

a] Definição

Dá-se *mora accipiendi* quando o credor, injustificadamente, se retardar em receber o pagamento da obrigação, exigir seu cumprimento em local ou de forma diversos do combinado.

b] Requisitos

São basicamente os mesmos da mora do devedor. A obrigação deve estar vencida, deve ser exigível, líquida e certa, e o atraso do credor em receber, ou sua exigência de receber em outro local ou de forma diversa, devem ser injustificáveis, devendo ser constituído em mora. Aplicam-se aqui as mesmas regras estudadas acima, com as devidas e simples adaptações.

c] Efeitos

São basicamente dois: isenção da responsabilidade do devedor e liberação dos juros de mora e da pena estabelecida no contrato, se houver pena previamente convencionada.

O devedor, para se eximir, poderá, sendo possível, consignar o pagamento.

8.12.1.3 Purga da mora

Purgar a mora é efetuar ou receber o pagamento, ainda que tardiamente.

Sendo a mora do devedor, a purga se dará efetuando este o pagamento como os devidos juros e demais verbas indenizatórias.

Nas obrigações com termo essencial, ou seja, naquelas em que o pagamento tem que ser efetuado em determinado dia, sob pena de não mais ser útil, a emenda da mora só ocorrerá com a anuência do credor. Assim, se encomendo salgadinhos para festa no sábado, sua entrega no domingo dependerá de minha anuência, pois, em princípio, neste caso, o pagamento tardio não interessa mais.

Já nas obrigações com termo não essencial, a purga é aceita mesmo sem a anuência do credor. Se a obrigação, no exemplo anterior, fosse a de pagar $100,00, a purga da mora não dependeria da anuência do credor.

Se a mora for de receber, isto é, se for do credor, deverá ele se oferecer a receber a coisa no estado em que se encontrar, com todas as suas consequências.[117]

8.12.1.4 Cessação da mora

Termina a mora com a renúncia do credor ou do devedor dos direitos que dela adviriam. A renúncia pode ser expressa ou tácita. Será tácita se o credor, por exemplo, aceitar o pagamento puro e simples, sem o acréscimo de juros e demais verbas indenizatórias, como se nenhum atraso houvesse ocorrido. O mesmo, na *mora accipiendi*, se o devedor, de própria vontade, pagar juros de mora como se fosse ele o atrasado, e não o credor.

8.12.2 Inadimplemento propriamente dito ou definitivo

Ocorre inadimplemento definitivo quando o devedor não realizar o pagamento da obrigação. Tal fato pode dar-se de duas formas. Ou bem o inadimplemento se atribui a fato alheio à vontade do devedor, ou bem a fato atribuível ao devedor.

---

117 PEREIRA, Caio Mário da Silva. **Instituições de direito civil**... cit., 18. ed., v. 2, p. 215 *et seq.*

No primeiro caso, não há culpa do devedor, e a obrigação simplesmente extingue-se, restaurando-se o *status quo ante*.[118] Dessa forma, se devido a caso fortuito o carro que o devedor tinha que entregar ao credor se destrui, a obrigação simplesmente não pode mais ser adimplida, extinguindo-se, pois. Se algo já se pagara ao devedor, este simplesmente restituirá ao credor o que recebera adiantado.

No segundo caso, o inadimplemento deve-se à atitude injustificável. Nesse caso, o credor terá direito a ser ressarcido por todos os prejuízos que sofrer.

Como regra, o credor terá direito ao pagamento forçado da obrigação e, não sendo este mais possível, fará jus a seu equivalente em dinheiro, mais perdas e danos em qualquer caso. Para tanto, poderá executar o patrimônio do devedor ou as garantias que asseguravam o cumprimento da obrigação, como a fiança, o aval, a hipoteca etc.

Nos contratos benéficos ou gratuitos, a parte beneficiada responde por culpa por todos os prejuízos que causar à outra. Assim, suponhamos que Luiz Fernando empreste seu carro a Raphael. Este, agindo negligentemente, bate o veículo. Terá que indenizar Luiz Fernando de todos os prejuízos, tanto os já ocorridos como os que, eventualmente, venham a ocorrer.

Até aí a regra não muda. Vejamos, porém, outro caso. Luiz Fernando empresta seu carro a Raphael. Sabia que o freio não estava em boas condições, mas, de má-fé, oculta o fato de Raphael. Vindo o carro a bater, e vindo Raphael a se machucar, Luiz terá que indenizá-lo de todos os prejuízos, além de ter que arcar com os danos do carro. Isto porque agiu dolosamente. Se não tivesse comunicado o fato de os freios não estarem em boas condições, por esquecimento, ou seja, por culpa (negligência), não responderia pelos danos sofridos por Raphael. Mas tampouco teria direito à indenização. Estas as disposições do art. 392 do CC.

Mais à frente, no capítulo dedicado às obrigações oriundas dos atos ilícitos, estudaremos detidamente os elementos culpa e dolo, bem como a reparação dos danos.

Mais sobre o tema inadimplemento já se discorreu quando se cuidou das obrigações de dar.

Para finalizar, é importante falar de um tema bastante discutido atualmente. Trata-se da violação positiva das obrigações, principalmente das obrigações contratuais.

Nos dizeres de Ricardo Chadi, *violação positiva* é o descumprimento da obrigação que não seja caracterizado pela impossibilidade de seu cumprimento (inadimplemento absoluto), nem pelo simples atraso (mora).

---

118 *Status* quo ante significa "estado anterior" ou "situação anterior", devendo ser grafada no nominativo, *status*, e não no ablativo, *statu*, como fazem alguns, a não ser na expressão *in statu quo ante* (no estado anterior).

Para que ocorra a violação positiva são necessários os seguintes elementos: i) que tenha havido a prestação (visão aparente de que tenha havido adimplemento); ii) que o cumprimento da prestação tenha sido defeituoso (desconformidade entre o prestado e o que deveria ter sido); iii) que não haja regulamentação do cumprimento defeituoso pelas regras sobre vícios (erro, dolo, coação, vícios redibitórios etc.); iv) que existam danos peculiares (não comuns às hipóteses de mora e inadimplemento definitivo).[119]

Segundo o mesmo autor, exemplo de violação positiva seria o da obrigação cumprida parcialmente ou de forma defeituosa, dando ensejo à arguição da *exceptio non rite adimpleti contractus* (exceção de contrato cumprido de forma defeituosa). Assim, a prestação de serviços realizada de forma incompleta.

Ainda nas palavras de Ricardo Chadi, seria possível afirmar que a violação positiva da obrigação se insira no conceito de mora, numa interpretação sistemática do Código Civil. Isso porque, a partir do momento em que haja cumprimento insuficiente, defeituoso, diferente ou incompleto, haveria o retardamento culposo da prestação, nos termos amplos previstos no art. 394.[120] De acordo com o art. 394, "considera-se em mora o devedor que não efetuar o pagamento e o credor que não quiser recebê-lo no tempo, lugar e forma que a lei ou a convenção estabelecer". Veja-se que o referido artigo amplia o conceito de mora para além do atraso, estendendo-a também ao pagamento estranho ao lugar e à forma estabelecidos na lei ou no contrato. Por essa razão, há quem afirme que a tese da violação positiva não teria lugar no Direito brasileiro, dada a amplitude do nosso conceito de mora, diferentemente do Direito alemão, sede da teoria, onde a mora tem conceito restrito ao atraso (*mora tempore infecto*).[121] A doutrina majoritária rebate essa tese, exatamente pelo fato de que o conceito de mora é basicamente temporal. Mesmo na *mora loco infecto* ou *forma infecta*, haverá sempre um dado temporal.[122]

Seguindo ainda os ensinamentos de Ricardo Chadi, há quem defenda que a violação positiva seria o inadimplemento decorrente do descumprimento culposo de algum dever lateral, decorrente da boa-fé objetiva, quando este dever não tiver uma vinculação direta com os interesses do credor.

---

119 CHADI, Ricardo. Alguns aspectos do inadimplemento das obrigações no Código Civil. In: FIUZA, César (Org.). **Elementos de teoria geral das obrigações e dos contratos**: por uma abordagem civil-constitucional. Curitiba: CRV, 2012. p. 477-479.
120 Idem, ibidem.
121 Hermann Staub, em 1902, apresentou um ensaio denominado "Die positiven Vertragsverletzungen und ihre Rechtsfolgen" (As violações positivas do contrato e suas consequências jurídicas). Neste ensaio, desenvolve a teoria da violação positiva.
122 SILVA, Vitor Borges da. Da violação positiva do contrato e da eficácia ulterior das obrigações (responsabilidade pós-contratual). **WebArtigos**, 15 ago. 2012. Disponível em: <www.webartigos.com/artigos/da-violacao-positiva-do-contrato-e-da-eficacia-ulterior-das-obrigacoes-responsabilidade-pos-contratual/94040/>. Acesso em: 22 dez. 2022.

Com isto estar-se-ia dividindo a prestação naquela que decorra da imediata intenção das partes (deveres principais); e outras secundárias, laterais.

Estes deveres laterais, oriundos da boa-fé, estariam incluídos na prestação e seriam regras de conduta para com a outra parte, tais como os de cuidado, previdência e segurança; os de aviso e esclarecimento; os de prestar contas; os de colaboração e cooperação, bem como os de omissão e segredo.

O não atendimento aos deveres laterais considera-se descumprimento da obrigação, ainda que o dever relativo à prestação principal tenha sido cumprido. Essa inobservância, classificada como violação positiva do contrato, poderá gerar, além do direito à indenização, o direito de resolução e a possibilidade da exceção do contrato não cumprido.[123]

Outro tema importante, que vem ganhando espaço no Brasil, e que tem relação com o inadimplemento, é o adimplemento substancial.

Já Pontes de Miranda, sem fazer referência à boa-fé objetiva, lecionava que, para que surgisse o direito de resolução por inadimplemento, seria preciso que a falta de adimplemento fosse considerável, isto é, não se tratasse de omissão mínima por parte do devedor.[124]

A recepção mais concreta da teoria do adimplemento substancial no Direito Civil brasileiro se deve, porém, em grande parte, às aulas do então professor da UFRGS, Clóvis do Couto e Silva, que apresentava a seus discípulos vários institutos de Direito comparado, como a violação positiva do contrato, a quebra da base do negócio e a *substancial performance* ou adimplemento substancial.

O adimplemento substancial consiste, como o próprio nome diz, no adimplemento quase que integral da obrigação, ou, por outro lado, num inadimplemento mínimo da obrigação, de modo a que o interesse do credor seja, em tese, efetivado. Diante disso, o credor ficaria impossibilitado de exigir a resolução do contrato, restando a ele, porém, a execução específica da obrigação inadimplida.

Vejamos um exemplo. Antônio adquiriu uma geladeira em 24 prestações. Pagou a vigésima segunda e parou de pagar, por ter perdido o emprego. Nesse caso, como adimpliu vinte e duas das vinte e quatro prestações, não seria razoável que o vendedor (credor) resolvesse o contrato, tomando de Antônio a geladeira e lhe restituindo as vinte e duas prestações pagas, descontados os prejuízos. Muito mais razoável será executar as duas prestações não pagas, exigindo seu pagamento em dinheiro. Essa é, em síntese, a ideia básica da teoria do adimplemento substancial.

No STJ, o primeiro acórdão acerca do tema data de 1995, da lavra do Ministro Ruy Rosado de Aguiar Júnior (Resp n. 76.362/MT).

---

[123] CHADI, Ricardo. Op. cit., p. 477-479.
[124] PONTES DE MIRANDA, Francisco Cavalcanti. **Tratado de Direito Privado**..., t. XXVI.

O caso, resumidamente, é o seguinte: dois segurados promoveram ação de cobrança para receber a indenização devida por acidente de veículo. Os segurados haviam deixado de pagar a última parcela do prêmio do seguro à seguradora. Esta foi, assim, condenada a pagar a indenização, descontada, evidentemente, a quantia que os segurados lhe deviam.

A teoria do adimplemento substancial tem sua origem na doutrina e na jurisprudência inglesas.

O principal precedente data de 1777, da relatoria de Lord Mansfield. É o caso Boone v. Eyre. O caso teve por objeto um contrato celebrado entre Boone e Eyre, segundo o qual aquele entregaria a este uma fazenda e seus escravos pelo pagamento à vista da soma de £500, mais £160 anuais, em caráter perpétuo. Boone transferiu o imóvel, mas não os escravos. Eyre parou de pagar as prestações anuais, com base na *exceptio non adimpleti contractus*. Lord Mansfield entendeu que o inadimplemento da obrigação de entregar os escravos não poderia ensejar o não pagamento das £160 anuais, exatamente, por estar configurado o adimplemento substancial, isto é, a entrega das terras. Caberia ao credor Eyre apenas demandar por perdas e danos.

É fundamental que se diga que, no Direito inglês há poucos julgados que se valem da teoria da *substancial performance*. O instituto é usado com muita parcimônia e extremo cuidado. A regra é o cumprimento estrito, integral, dos contratos.

No Direito inglês o alicerce do adimplemento substancial é a *equity* diante do caso concreto. No Brasil, como não se aplica esse instituto tipicamente anglo-saxão, invoca-se o princípio da boa-fé objetiva para dar fundamento ao adimplemento substancial.

Para que a teoria seja invocada, são necessários alguns requisitos. O inadimplemento deve ser insignificante, de escassa importância; o interesse do credor há de ter sido satisfeito em sua substância, caso contrário o adimplemento não seria substancial; e deve haver, por parte do devedor, diligência no desempenho da obrigação, ainda que imperfeitamente. Em outras palavras, o instituto não deve servir para dar suporte ao devedor leviano ou contumaz mau pagador. A doutrina da *substancial performance* pretende conferir proteção àqueles que leal e honestamente se esforçaram para executar o contrato. O que será sempre decisivo, no entanto, é que o adimplemento deverá ter atendido o interesse do credor.

8.13 Execução coativa

A palavra *execução* pode significar, ora o momento posterior à constituição da relação obrigacional, momento em que as partes executam a obrigação, ou seja, realizam a prestação devida uma à outra; ora a imposição ao devedor inadimplente do dever de realizar sua prestação. Pelo primeiro prisma, executar uma obrigação significa simplesmente realizar normalmente a prestação; pelo segundo, executar é forçar o devedor inadimplente a pagar. É por este segundo prisma que a execução é coativa. Dessarte, podemos definir execução coativa como sendo a ação do credor sobre o patrimônio do devedor, com vistas a forçá-lo ao pagamento.

Vimos que o efeito normal de uma obrigação é o pagamento espontâneo efetuado pelo devedor; isto é o que se chama *execução natural*. Caso, porém, o devedor culpavelmente se recuse a tal, o credor dispõe da força coativa do Estado, incorporada no Poder Judiciário, a fim de coagir o devedor ao adimplemento. Para tanto, tem a sua disposição, garantindo genericamente seu direito, todo o patrimônio do devedor, do qual retirará tantos bens quantos sejam necessários para a satisfação de seu crédito.

O Código de Processo Civil regula o processo de execução, meio pelo qual se desenrola a execução coativa.

Mas para que o credor tenha direito de propor a ação executiva, é essencial que possua um título, ou seja, documento que prove irrefragavelmente seu direito líquido e certo contra o devedor. Este título é chamado de *título executivo* e pode tratar-se de sentença ou de título extrajudicial. De posse de um desses títulos, será facultado ao credor o ingresso na Justiça, via ação executiva, requerendo ao juiz, por exemplo, a penhora dos bens do devedor, para que sejam vendidos em hasta pública e satisfeito seu crédito.

Que é, porém, título executivo extrajudicial?

São títulos extrajudiciais o cheque, a nota promissória, a letra de câmbio, a duplicata e muitos outros. Com um desses títulos, o credor pode intentar diretamente a ação executiva, visto que seu direito não carece de prova suplementar. O título já é prova suficiente da dívida.

A segunda pergunta que se faz é: e se o credor não possuir um desses títulos extrajudiciais? Suponhamos caso em que um médico realize cirurgia em seu cliente, e este não lhe pague os honorários. Supondo que não haja contrato escrito, o médico não possuirá nenhum documento em mãos que lhe garanta o direito líquido e certo de receber. Não poderá, portanto, intentar ação executiva. Necessita primeiro de título executivo. Este título o médico obterá propondo outra ação, chamada ação sumária de cobrança. Na ação de cobrança provará ao juiz seu direito de receber. O cliente, por sua vez, terá assegurado, em sua plenitude, o direito de se defender. Julgado o caso a favor do médico, o juiz formula sentença, condenando o cliente a pagar não só os honorários médicos corrigidos e com juros, como também as custas processuais e os honorários advocatícios. Agora sim, o médico dispõe de título executivo, ou seja, a sentença condenatória, podendo, finalmente, propor a ação executiva, caso seu cliente não cumpra, espontaneamente, o que lhe foi determinado na sentença.

A execução pode ter também por fulcro as obrigações de fazer e de não fazer; de dar coisa incerta e coisa diferente de dinheiro. No entanto, o estudo detalhado do processo de execução é objeto de estudo do Direito Processual Civil. Nossa intenção aqui foi meramente a de dar uma ideia ao estudante, de como se executa uma obrigação descumprida.

8.14 Extinção das obrigações

As relações obrigacionais podem extinguir-se de várias maneiras. O pagamento é a maneira mais comum e, quase sempre, a mais desejável, mas, como se verá, por vezes ocorre a extinção da obrigação sem pagamento, o que até pode ser desejado pelas partes. Estudemos, pois, cada uma das formas extintivas de uma relação creditícia.

8.14.1 Pagamento

A forma mais comum e, quase sempre, mais desejável de extinção de uma relação obrigacional é, sem dúvida, o pagamento. Ele põe fim à obrigação, ainda que parcialmente.

Eventualmente, porém, isso não ocorre. Por outros termos, em alguns casos, apesar do pagamento, a obrigação continua a existir. É o que acontece, por exemplo, nos contratos de execução sucessiva ou de trato sucessivo, como o contrato de trabalho, o contrato de locação, dentre outros. Embora seja pago, mensalmente, o salário ou o aluguel, o contrato continua de pé.

8.14.2 Inadimplemento

O inadimplemento é, como já estudado, o não pagamento, que sem dúvida alguma pode pôr fim à obrigação, resultando na execução coativa da própria prestação ou de perdas e danos. Às vezes, no entanto, a relação creditícia permanece intacta, se o inadimplemento for apenas parcial.

8.14.3 Inviabilidade do objeto

Se o objeto da obrigação se torna inviável, ela se extingue, como regra, a não ser que a inviabilidade não atinja a totalidade da prestação.

Por inviabilidade, deve-se entender a impossibilidade do objeto, seja física ou jurídica, seu perecimento, destruição ou ilegalidade, por exemplo.

8.14.4 Decurso do prazo

Há relações obrigacionais que se estabelecem por prazo determinado, como um contrato de locação, por exemplo. Nestes casos, transcorrido o prazo, a obrigação pode extinguir-se, mas também pode renovar-se. Tudo dependerá das circunstâncias do problema concreto e do posicionamento das partes.

8.14.5 Implemento da condição resolutiva

A continuidade e a existência de algumas relações creditícias estão sujeitas ao implemento ou não de certa condição. Vejamos um exemplo: João empresta seu apartamento a Maria, enquanto esta residir na cidade, em que se situa o imóvel, uma vez que ela se mude, implementa-se a condição e o contrato de empréstimo (comodato) se extingue.

Pode acontecer, todavia, de a relação obrigacional continuar, mesmo com o implemento da condição resolutiva. Basta, para isso, que as partes desejem e renovem o vínculo, que permanece o mesmo.

8.14.6 Incapacidade superveniente

Muitas vezes, ao se constituir a relação creditícia, as partes, credor e devedor, são plenamente capazes. Preenchidos os demais requisitos, a obrigação é, assim, válida. Mas, que dizer se uma das partes se tornar incapaz, após o nascimento da obrigação? Que acontecerá se, em plena vigência de um contrato de locação, o locatário se tornar incapaz, por exemplo, cair em estado de coma e for interditado? Neste caso, das duas uma: ou bem o contrato se extingue, ou bem continua, bastando, para isso, que o curador do locatário incapaz se manifeste favoravelmente.

8.14.7 Morte

A morte a tudo põe fim. Também às relações obrigacionais. Morrendo uma das partes, a obrigação se extingue, a não ser que, sendo impessoal, queiram os herdeiros lhe dar continuidade.

8.14.8 Vontade do(s) agente(s): distrato e renúncia

A vontade do credor e do devedor podem pôr fim ao vínculo obrigacional. Isto ocorre no distrato bilateral, quando ambos concorrem para extinguir a obrigação; no distrato unilateral ou revogação, quando uma das partes põe fim à obrigação sem a concorrência da outra, como é o caso do outorgante que revoga a procuração; e, finalmente, também põe termo à obrigação a renúncia, quando o credor abre mão de seu crédito, com a intenção de perdoar ou não. A regra é a necessidade de que credor e devedor consintam na extinção. As exceções serão estudadas caso a caso, quando analisarmos as obrigações em espécie, já a partir do próximo capítulo.

8.14.9 Invalidade

As obrigações inválidas, ou seja, defeituosas podem ser anuladas e, consequentemente, extintas. Os efeitos da anulação podem ser vários: a situação pode ser revertida ao estado anterior ou não, pode ser o caso de indenização por perdas e danos em favor da parte prejudicada injustamente, pode ser até mesmo o caso de se exigir o pagamento das parcelas vencidas até a anulação, tudo dependerá das vicissitudes (circunstâncias) do caso concreto.

8.14.10 Prescrição

A prescrição extingue a responsabilidade do devedor. Assim, transcorrido o prazo prescricional, o devedor terá a faculdade de pagar se quiser. Do ponto de vista da responsabilidade, a obrigação está extinta.

No entanto, se enfocarmos o débito, a obrigação nunca se extinguirá, tanto que se houver pagamento espontâneo, não poderá ser repetido, exatamente por ser devido e válido.

8.14.11 Onerosidade excessiva

O art. 317 dispõe que, se a prestação de uma das partes se tornar manifestamente desproporcional, ou seja, excessivamente onerosa, devido a um acontecimento imprevisível, posterior à constituição da obrigação, poderá o prejudicado pedir sua revisão ao juiz. Não sendo isso possível ou recomendável, ou mesmo desejável, a obrigação se extinguirá.

8.14.12 Novação

a] Definição

É a constituição de obrigação nova, em substituição a outra, que fica extinta. Na novação, a obrigação nova surge sem que a antiga seja paga. A título de exemplo, suponhamos que A entregue a B sua conta de telefone para que este a pague, sendo posteriormente reembolsado. Suponhamos, outrossim, que B pague a conta com cheque seu. Ao aceitar o cheque de B em pagamento (*pro soluto*), a companhia telefônica desonera A, ocorrendo novação. O fato de se aceitar um cheque de terceiro *pro soluto* deixa clara a intenção de novar, o *animus novandi*. Em outras palavras, o vínculo entre a companhia telefônica e A deixa de existir, sendo novado, ou seja, substituído por um novo, entre a companhia e B. Dessarte, caso o cheque esteja sem provisão de fundos, a companhia nada poderá fazer contra A, visto que este já se exonerou. Somente poderá executar o cheque de B.

Uma outra consequência da novação é que a prescrição que já vinha correndo a favor do devedor fica interrompida, iniciando-se novamente do zero. Vejamos um exemplo: A deve a B $ 100,00. No dia do vencimento, A pede a B que lhe prorrogue o prazo e o desonere de metade dos juros, uma vez que, do contrário, não conseguirá pagar. B, comovido, aceita os termos de A, com a condição de reduzir apenas um terço dos juros. Concluem, pois, a transação, ficando extinta a dívida anterior, da qual A recebe quitação integral, ficando claro o ânimo de novar. Neste caso, a prescrição, que vinha correndo a favor de A, interrompe-se, recomeçando a contar do zero. Por isso mesmo, por ser, às vezes, prejudicial ao devedor, por este lado da prescrição, o Código Civil dispõe que, na dúvida se há ou não novação, a resposta será negativa, não haverá novação, e a segunda dívida apenas confirma a primeira, que deverá ser exigida dentro do prazo original de prescrição.

A novação e a sub-rogação, embora tenham semelhanças, são diferentes. Nesta, na sub-rogação, o vínculo original não se desfaz. Se o fiador pagar no lugar do devedor, nenhuma relação nova se criará. O que ocorre é apenas a substituição do fiador no lugar do antigo credor, sucedendo-lhe em todos os direitos contra o devedor. Assim, se a obrigação estava garantida por uma hipoteca, por exemplo, esta se transfere ao credor sub-rogatário, no caso, o fiador. Mas se a dívida já se achava prescrita, e o fiador, incauto, assim mesmo a pagar, tanto pior para ele, por se lhe transferir a mesma dívida prescrita, ou seja, o vínculo antigo não se desfaz, sendo apenas transferido a novo titular.

O mesmo não sucede na novação. Nesta, o vínculo original desfaz-se com todos os seus acessórios e garantias, como hipoteca, aval, condições, encargos etc., e com todos os seus defeitos, como a prescrição. Cria-se novo vínculo, totalmente independente do primeiro, salvo, é lógico, estipulação expressa das partes em contrário. Voltemos ao exemplo de A e B com a conta telefônica. Havia originariamente vínculo entre a companhia telefônica e A. Quando a companhia aceitou pagamento por meio de cheque de B, tal vínculo se desfez, criando-se um novo, entre B e a companhia.

b] Requisitos de validade

1] Consentimento e capacidade, ou seja, as partes devem ser livres e capazes para decidir se haverá ou não novação.
2] Existência da antiga obrigação, ainda que natural.

As obrigações portadoras de vício leve são passíveis de revalidação via novação, o que não ocorre em relação às portadoras de defeito grave, e com muita lógica. Ora, se a obrigação é irremediavelmente defeituosa, nada há para ser novado. O que ocorre não é novação, mas sim o surgimento de obrigação primeira, totalmente autônoma. Suponhamos que um menor impúbere, ou seja, absolutamente incapaz, celebre contrato sem estar devidamente representado por seus pais. O contrato conterá defeito grave, sendo anulável a qualquer momento. Bem, se depois de celebrado o representante do incapaz confirmar o contrato, não se tratará de novação, pois é como se estivesse sendo celebrado novo contrato, sem que fosse levado em consideração o antigo. É como se o antigo nem houvesse existido.

Nada impede que obrigação condicional seja novada por pura e simples, ou vice-versa.

3] Concomitância e validade, ou seja, no mesmo momento em que se extinguir a antiga, há de nascer a nova, que deverá ser válida.
4] *Animus novandi*, que é a vontade de extinguir uma obrigação criando outra. Havendo dúvida para o seu estabelecimento, os doutores apontam critério esclarecedor: é o da incompatibilidade. Haverá *animus novandi* e, consequentemente, novação, quando a segunda obrigação for incompatível com a primeira. Presume-se, pois, que a vontade das partes militou no sentido de extinguir a primeira. Se A deve $ 1.000,00 a B, e antes do vencimento combinam que o pagamento será efetuado não em dinheiro, mas com a entrega de um carro, é óbvia a presença do *animus novandi*, substituindo a obrigação antiga, de dar dinheiro, por uma nova, de dar um carro. Na dúvida, a presunção do art. 361 é no sentido de que não há ânimo de novar. Em outras palavras, havendo dúvida se ocorreu ou não o *animus novandi*, presume-se que não tenha ocorrido.

c] Espécies

■ Objetiva ou real

Dá-se quando o devedor contrai com o credor nova dívida, para extinguir e substituir a primeira. É o caso da "concordata civil", em que o devedor insolvente celebra judicialmente com seus credores acordo no sentido de suavizar seus débitos. Este acordo geral com os credores opera efeitos de novação, extinguindo todas as obrigações antigas.

■ Subjetiva

Pode ocorrer nas duas hipóteses apresentadas s seguir.

■ Novação subjetiva ativa, que ocorre quando novo credor sucede ao antigo, extinguindo o vínculo primeiro

Neste caso, é necessária a anuência do credor, porque o vínculo se extingue em relação a ele, e também a anuência do devedor, devendo ser, no caso deste, motivada, pois para que se crie relação nova é necessário que o sujeito passivo se obrigue. Como exemplo, podemos citar o caso em que João é credor de Manoel e devedor de Joaquim. As dívidas são equivalentes. Assim, João pede a Manoel que pague a Joaquim, em vez de lhe pagar. Na relação João-Manoel, o credor foi substituído: era João e passou a ser Joaquim.

A utilidade da novação subjetiva ativa é muito pequena, uma vez que, na prática, é muito mais comum a cessão de crédito, que já estudamos. Nesta, a obrigação não se extingue, não é substituída por outra, como na novação. Na cessão, a obrigação persiste a mesma, como veremos.[125]

■ Novação subjetiva passiva, que ocorre quando novo devedor sucede ao antigo, ficando este quite com o credor

Não é necessária a anuência do devedor, mas são essenciais a anuência do credor e a constituição de vínculo obrigacional novatório, sem o que haveria mera indicação de pessoa encarregada do pagamento, ou simples preposição. Pode ocorrer por delegação ou expromissão.

Na delegação, o devedor originário (delegante) apresenta novo devedor (delegado), que ocupa seu lugar perante o credor (delegatário). A delegação só gera novação se o credor delegatário concordar em liberar o devedor delegante, aceitando o novo devedor (delegado) e pondo fim ao débito do devedor delegante. Em outras palavras, só haverá novação se estiver presente no credor delegatário o *animus novandi*. Quando o credor delegatário aceitar o novo devedor (delegado), sem abrir mão de seus direitos contra o devedor delegante, não haverá novação, e se o devedor delegado não pagar, o credor delegatário poderá exigir o pagamento

---

125 VENOSA, Sílvio de Salvo. **Direito civil**: teoria geral das obrigações e teoria geral dos contratos. 2. ed. São Paulo: Atlas, 2002. p. 217. BARROS MONTEIRO, Washington de. **Curso**... cit., v. 4, p. 295.

do devedor delegante. A delegação sem novação é chamada de delegação imperfeita, sendo simples assunção de dívida.

Vejamos um exemplo: João deve $ 100,00 a Manoel. Joaquim deve $ 100,00 a João. João pede a Joaquim que ocupe seu lugar, tornando-se devedor de Manoel. Na relação João-Manoel, houve mudança de devedor, que era João e passou a ser Joaquim. Manoel, o credor delegatário, deve concordar com a troca de devedores e liberar, definitivamente, João, seu devedor originário (delegante). Assim, teremos delegação com novação. Caso não libere João em definitivo, conservando contra ele o direito de cobrar a dívida, se Joaquim não o fizer, não terá ocorrido novação, pois que está ausente o *animus novandi*. Terá havido delegação imperfeita, ou seja, sem novação.

Na expromissão, o devedor é literalmente expulso da relação por um terceiro que se propõe a ocupar seu lugar. João deve a Manoel $ 100,00. Joaquim, pai de João, apresenta-se, espontaneamente a Manoel e propõe assumir a dívida do filho, desde que Manoel lhe dê quitação. Manoel, sabendo ser Joaquim homem rico e bom pagador, aceita a proposta e libera João, dando-lhe quitação. Extingue-se a relação entre João e Manoel e surge uma nova entre Joaquim e Manoel. Muda o devedor. O credor continua o mesmo.

■ **Subjetivo-objetiva**

Quando há substituição do credor ou do devedor e do objeto. É o caso de A que paga conta telefônica sua com cheque de B. Se o cheque for aceito e estiver sem fundos, a companhia telefônica não poderá cobrar de A, mas apenas de B, por força da novação. Ocorreu a substituição do devedor, A por B, e do objeto da prestação, que, anteriormente, era a de pagar conta telefônica e se transformou na de pagar cheque sem fundos.

d] Efeitos

Extingue automaticamente a obrigação antiga, liberando o devedor daquele vínculo.

Põe fim as garantias e demais acessórios da dívida. Assim, se a dívida antiga era garantida por hipoteca, ocorrendo a novação, a hipoteca extingue-se.

Sendo objetiva a novação, uma vez que pereça o objeto da nova, o credor não poderá perseguir o da antiga. Se Joaquim deve a Manoel $ 1.000,00, e antes do vencimento acertam que o dinheiro será substituído pela entrega de uma safra, vindo esta a se destruir por geada, Manoel não poderá exigir o pagamento do antigo objeto, ou seja, dos $ 1.000,00.

No caso da subjetiva, a insolvência do novo devedor não dá ao credor regresso contra o antigo. Citemos o mesmo exemplo da expromissão, visto acima. Na expromissão, o devedor é literalmente expulso da relação por um terceiro que se propõe a ocupar seu lugar. João deve a Manoel $ 100,00. Joaquim, pai de João, apresenta-se espontaneamente a Manoel e propõe assumir a dívida do filho, desde que Manoel lhe dê quitação. Manoel, sabendo ser Joaquim homem rico e bom pagador, aceita a proposta e libera João, dando-lhe quitação. Extingue-se a relação entre João e Manoel, e surge uma nova entre Joaquim e Manoel. Muda o devedor. O credor continua o mesmo. Se Joaquim não pagar, Manoel não poderá cobrar a dívida de João.

8.14.13 Compensação

a] Definição

Dá-se compensação quando se extinguir a obrigação pelo fato de duas ou mais pessoas serem reciprocamente credoras. Se A deve a B $ 100,00 e B também deve a A $ 100,00 significa que nada se devem.

A compensação normalmente é oposta como exceção (defesa) processual. Se A propõe contra B ação, cobrando-lhe o cumprimento de obrigação, B defende-se, compensando o que deve com o que lhe é devido.

Requisitos

1] Personalidade, ou seja, um procurador não pode opor crédito da pessoa que representa para compensar débito seu. Mas a pessoa casada em regime de comunhão de bens pode opor crédito de seu cônjuge para compensar os seus próprios. Assim, também o fiador pode opor seus créditos para compensar os do afiançado.

2] Fungibilidade das prestações, isto é, as prestações devidas reciprocamente entre as partes devem ser fungíveis. Dessarte, se A deve a B um carro, e B deve a A uma casa, os débitos não serão compensáveis, a não ser que ambos entrem em acordo, quando, então, teremos compensação, via transação. As prestações devem poder substituir-se uma pela outra por serem da mesma espécie e qualidade. A quantidade não necessita ser a mesma. Se a dívida de um for maior que a do outro, o da dívida menor deverá pagar a diferença, a isto se chamando compensação parcial.

3] Exigibilidade, ou seja, as dívidas devem ser exigíveis, não se podendo, por exemplo, compensar débito com dívida prescrita.

4] Vencimento. Também não se admite a compensação de dívida atual com dívida futura. Todas devem estar vencidas. Mais uma vez devemos insistir no fato de que a compensação é exceção processual, imposta a uma das partes pela outra, como defesa. E é neste sentido que uma delas não pode forçar a outra a compensar dívida vencida com dívida futura. Caso, porém, entrem em acordo, estaremos diante de compensação convencional, obtida por transação. Tratando-se de acordo, quase tudo é possível.

5] Liquidez, isto é, as dívidas compensáveis devem ter valor, pelo menos, determinável.

Não caberá compensação, ou seja, as partes não poderão defender-se por este meio nos seguintes casos:

1] Quando uma das partes renunciar à compensação de forma expressa ou tácita. Será tácita a renúncia quando uma delas, espontaneamente, efetuar o pagamento à outra.

2] Quando uma das dívidas originar-se de comodato, depósito ou alimentos, a não ser que a outra tenha a mesma causa. Assim, se A deve alimentos a B, e B deve, por exemplo, uma quantia que tomara emprestada junto a A, este não poderá compensar os alimentos devidos, alegando ser credor de B pela quantia emprestada. O mesmo se pode dizer em relação ao comodato: A deve $ 100,00 a B e empresta-lhe seu carro. Não poderá deixar de pagar os $ 100,00, alegando que B ficou com seu carro emprestado. No depósito o raciocínio é o mesmo: A deve $ 100,00 a B e entrega-lhe seu carro para guardar. B não poderá deixar de restituir o carro, alegando que A não lhe pagou o que devia.

3] O mesmo se dá com as obrigações provenientes de ato ilícito. Quem se tornou devedor por efeito de ato ilícito seu, e por tal for condenado, não pode dizer a seu credor: "não lhe pago porque sou seu credor por outro título".[126] A deve a B $ 1.000,00. Se B bater o carro de A, não poderá compensar o valor da indenização pelos danos com o crédito que tem a receber. A compensação só ocorrerá se A concordar.

4] Idêntica regra aplica-se, se uma das prestações recair sobre coisa impenhorável. É o caso dos salários. Assim, o empregador não poderá deixar de pagar o salário devido, alegando compensação por crédito junto ao empregado. Apenas quando da resolução do contrato de trabalho admite-se compensação, desde que o crédito do empregador seja também de natureza trabalhista,[127] como, por exemplo, adiantamento de salário. Neste caso, o empregador poderá descontar das verbas rescisórias devidas ao empregado valor que não ultrapassará um mês de remuneração.[128]

---

126 A palavra título tem, muitas vezes, o significado de "causa". O título de uma dívida, ou seja, a causa de uma dívida (*causa debendi*), pode ser, assim, um contrato, um ato ilícito, uma promessa de recompensa etc.
127 Enunciado n. 18 do TST.
128 Art. 477, § 5º, da CLT.

5] Não se dará compensação com o fisco, a não ser nos casos previstos pela legislação tributária.
6] Quando a compensação prejudicar direitos de terceiros, qualquer que seja o motivo.

Espécies

a] Legal

Quando emanar da lei, como direito do executado por dívida compensável. Como dissemos acima, esta é a regra. Compensação é direito garantido por lei a devedor executado por dívida compensável.

b] Convencional

O que se usa chamar compensação convencional são os casos analisados acima em que, apesar de não admitida em lei, as partes decidem realizá-la. É a compensação via acordo.

8.14.14 Confusão

a] Definição

Confusão é fato que leva credor e devedor a se confundirem em uma só pessoa, ou em um só patrimônio, extinguindo, pois, a obrigação. Realmente, se morrendo o credor, tornar-se o devedor seu único herdeiro, haverá confusão. Caso análogo é o dos cônjuges que antes do casamento eram credor e devedor, criando a confusão com a comunicação dos patrimônios após as núpcias. Nesta hipótese, como é óbvio, a confusão será apenas patrimonial.

b] Requisitos

1] Unidade da relação patrimonial. Para que haja confusão, o devedor deve tornar-se credor de si mesmo, em relação ao mesmo crédito, à mesma obrigação.
2] Reunião na mesma pessoa das qualidades de credor e devedor.
3] Unidade dos patrimônios, ou seja, o patrimônio do credor deve integrar-se de fato ao patrimônio do devedor.

c] Espécies

■ **Total**

Será total a confusão quando a obrigação se extinguir por inteiro. É o caso do devedor que se torna herdeiro do credor, sendo seu quinhão na herança suficiente para saldar seu débito.

■ **Parcial**

Ocorre quando a obrigação não se extingue de todo. Se o quinhão da herança não for suficiente para saldar todo o débito, o devedor continuará obrigado, no que faltar, junto aos demais herdeiros.

■ **Subjetiva**

A confusão subjetiva é a confusão típica, que se dá quando credor e devedor se tornam uma só pessoa.

■ **Objetiva**

Na confusão objetiva o que se confunde são os patrimônios do credor e do devedor. É o caso de credor e devedor que se casam. Pelo menos na pendência do casamento, haverá confusão objetiva.

d] Efeitos

O principal efeito da confusão é o de liberar o devedor do pagamento da obrigação, seja total ou parcialmente.

A confusão pode dar-se na relação principal, mas como o acessório segue o principal, todas as relações acessórias, como a fiança, o aval etc., também se extinguem. No entanto, se a confusão se der na relação acessória, não se extingue a principal. Seus efeitos se operam apenas em relação à acessória. Por exemplo, a confusão entre fiador e credor não extingue a relação principal, operando seus efeitos apenas em relação à fiança. Se o credor morrer, deixando como herdeiro o fiador, o devedor continuará devendo.

Se a confusão ocorrer na pessoa de um dos devedores solidários, somente sua parte fica extinta, restando a situação dos demais codevedores inalterada. Por exemplo, A e B devem um carro a C. C morre, deixando como herdeiro B. A continuará devendo sua parte a B.

O mesmo ocorre na solidariedade ativa. A confusão extingue a obrigação somente no que concernir ao credor sobre o qual recair. Os demais cocredores não serão prejudicados. A deve um carro a B e C. C morre, deixando A como herdeiro. A continuará devendo a parte de B.

e] Invalidade

Sendo defeituoso o fato gerador da confusão, defeituosa será a confusão. Se o testamento que nomeava o devedor herdeiro do credor for anulado, cessará a confusão, restabelecendo-se a relação obrigacional entre o devedor e os herdeiros do credor.

8.14.15 Remissão

a] Definição

Remissão é o mesmo que perdão. Ocorre quando o credor absolve o devedor do pagamento da obrigação, e este não se opõe.

b] Natureza jurídica

Tradicionalmente, vem-se entendendo a remissão como ato jurídico bilateral, por ser imprescindível a anuência, ainda que tácita, do devedor. Ninguém pode ser obrigado a aceitar o perdão. Há, todavia, quem advogue tese contrária,[129] considerando-a ato jurídico unilateral, independente, pois, de qualquer manifestação do devedor.

Realmente, ninguém pode ser obrigado a aceitar perdão, ainda que as razões sejam de foro íntimo. O pagamento é também direito do devedor. Mas a simples recusa não desfaz o ato de perdão. Em outras palavras, a manifestação de vontade no sentido de perdoar é íntima, interna. Independe, pois, de ato do devedor. Depende somente do credor. A aceitação do devedor apenas concretiza o perdão já existente. Tão somente o materializa. É pela aceitação que a remissão produz efeitos na esfera patrimonial do devedor. Sem ela, o perdão existe, só que não produzirá efeitos patrimoniais para o devedor.

Assiste, assim, razão à corrente contrária à tradicional.

c] Espécies

Total

Quando toda a prestação obrigacional for perdoada, ficando o devedor absolutamente liberado.

---

[129] PEREIRA, Caio Mário da Silva. **Instituições de direito civil**... cit., 18. ed., v. 2, p. 198.

Parcial

Se apenas parte da obrigação for perdoada. Pode ocorrer, outrossim, que o credor libere somente os acessórios, como a hipoteca, por exemplo. Nesse caso, a relação principal fica inalterada, extinguindo-se só a hipoteca, que lhe era acessória.

Expressa

Quando verbal ou escrita. Atente-se que, para os atos cuja forma seja escrita por exigência legal, a remissão deverá dar-se por escrito.

Tácita

Quando o credor praticar atos que presumam remissão. Exemplo disto é a restituição espontânea do título da dívida, como a nota promissória. Lógico que a mera restituição é tão somente presunção de remissão. Para que esta se configure é necessária a ocorrência do elemento psíquico, o *animus liberandi*, ou vontade de perdoar.

Capítulo 9

Fontes das obrigações: contratos – Teoria Geral do Direito Contratual

9.1 Noção de contrato

Contratos são negócios jurídicos. Por sempre dependerem de pelo menos duas atitudes, de pessoas diferentes, pode-se classificá-los como negócios jurídicos bilaterais ou plurilaterais. Serão negócios bilaterais se a atuação das partes for antagônica, como no contrato de compra e venda, em que o comprador quer comprar e o vendedor quer vender. Serão negócios plurilaterais se a atuação das partes não for antagônica, caminhando, ao revés, lado a lado, como no contrato de sociedade, em que os sócios têm os mesmos interesses, quais sejam, realizar o objeto da sociedade para vê-la prosperar.

Seja como for, não celebramos contratos à toa. Os contratos são praticados por força de necessidades ou desejos os mais diversos. Essas necessidades ou desejos podem ser reais ou fabricados pelo *marketing*, pela propaganda. É nosso livre-arbítrio, baseado em nossas possibilidades, que irá nos dizer até que ponto a necessidade ou o desejo deverá ser satisfeito.

É evidente que não basta a necessidade ou o desejo. Para satisfazê-los, é mister que declaremos nossa vontade. A vontade é meio condutor que nos leva à realização de nossas necessidades ou desejos. Assim é que os contratos são frutos de necessidades ou desejos, reais ou fictícios, que impulsionam nossa vontade a sua satisfação.

Imaginar que os contratos seriam fruto de vontade livre e incondicionada, como queriam os liberais, nos séculos XVIII e XIX, é desdenhar todo o avanço das ciências que estudam a mente humana, como a psicologia e a psicanálise.

É, portanto, na convenção, calcada numa necessidade ou num desejo, que devemos buscar o conceito de contrato. Mas não em qualquer convenção, e sim naquela conforme a Lei, com a finalidade de adquirir, resguardar, transferir, conservar, modificar ou extinguir direitos. Em outras palavras, é na convenção, motivada pela necessidade ou pelo desejo, com a finalidade de produzir efeitos jurídicos os mais complexos e dinâmicos, que se situam os contratos.

Convenção, para todo efeito, é o encontro de duas ou mais pessoas, que convergem sua atuação para um objetivo comum. Assim, quando uma pessoa necessita comprar e a outra necessita vender um objeto, se ambas convergirem para um acerto entre elas, haverá convenção e, portanto, contrato. Dizer simplesmente que os contratos são fruto de um acordo de vontades, é dizer muito pouco, além de se correr o risco de se descambar para um voluntarismo oitocentista cego, que vê o contrato como um mero fenômeno da vontade. Na verdade, que acordo de vontades há, quando uma pessoa toma um ônibus urbano, ou requisita a ligação de luz ou telefone em sua casa? Seguramente, não há acordo de vontades autônomas, como se queria no século XIX. Há, porém, uma convergência de atitudes, de ações movidas por necessidades ou desejos. Há, pois, convenção.

O conceito é muito amplo, sendo possível encaixar nele institutos que não são essencialmente contratos, pelo menos de caráter patrimonial, como o casamento. Abrange, também, contratos de Direito Público, em que atuam princípios diversos daqueles do Direito Privado. Devemos, portanto, buscar definição de Direito Civil para o termo *contrato*.[1]

9.2 Definição de contrato

Contrato é ato jurídico lícito, de repercussão pessoal e socioeconômica, que cria, modifica ou extingue[2] relações convencionais dinâmicas, de caráter patrimonial, entre duas ou mais pessoas de Direito Privado, que, em regime de cooperação, visam atender desejos ou necessidades individuais ou coletivas, em busca da satisfação pessoal, assim promovendo a dignidade humana.[3]

Tal convenção deve versar sobre matéria de cunho patrimonial, econômico. Deve revestir caráter material, sendo conversível em dinheiro. Aliás, como vimos anteriormente, o caráter patrimonial da prestação é fundamental para o Direito das Obrigações. Pode ocorrer de o objeto da prestação de uma das partes não ser econômico em si mesmo, como serviços médicos. O importante para caracterizar a patrimonialidade é o contexto econômico em que se dá a prestação. Tanto isso ocorre que os serviços médicos, em regra, têm preço.

É importante frisar, mais uma vez, que é a necessidade ou o desejo que impulsionam a vontade dos contratantes. Ninguém contrata a troco de nada, mesmo que seja para a satisfação de um desejo íntimo, relacionado à caridade, por exemplo. Em outras palavras, os contratos não resultam de vontade livre, incondicionada, o que não elimina o livre-arbítrio. É ele, o livre-arbítrio, que irá distinguir as necessidades reais das fictícias e nos levar a contratar ou não, baseados em nossas possibilidades.

Para que seja regulado pelo Direito Privado, o contrato há de ser celebrado por pessoas naturais ou por pessoas jurídicas de Direito Privado; caso contrário, sairia da esfera do Direito Civil e Empresarial, entrando nos domínios do Direito Administrativo, que rege os contratos celebrados pelo Estado, contratos estes submetidos a princípios um pouco diferentes dos contratos de Direito Privado. Devemos ficar atentos, pois mesmo os contratos celebrados entre pessoas de Direito Privado podem se submeter, posto que parcialmente, às normas de Direito

---

1 PEREIRA, Caio Mário da Silva. **Instituições de direito civil**. 18. ed. Rio de Janeiro: Forense, 1996. v. 3, p. 1-4.
2 *Idem, ibidem.*
3 Essa definição de contrato foi fruto de elaboração conjunta, em aula, com os alunos do 4º período/manhã, do segundo semestre de 2005, na PUC Minas – Coração Eucarístico. A eles sou grato.

Administrativo. Exemplos seriam os contratos celebrados entre uma sociedade de economia mista ou entre uma empresa pública e seus fornecedores.

Tampouco entram em nosso estudo os contratos de trabalho. Embora seja um ramo do Direito Privado, o Direito do Trabalho possui princípios próprios, que o afastam do Direito Civil e do Direito de Empresa, apesar de recepcionar, com contornos, às vezes, próprios, a maioria dos institutos da teoria geral das obrigações e dos contratos.

Todo contrato deve possuir objetivo jurídico, seja o de adquirir direito, como na compra e venda; seja o de resguardá-lo, como no seguro; seja o de transferi-lo, como na cessão de crédito ou na doação; seja o de conservá-lo, como na renovação dos contratos; seja o de modificá-lo, como na revisão dos contratos; ou seja, finalmente, o de extingui-lo, como no distrato.

Os direitos e também deveres que surgem, se modificam, se resguardam, se conservam, se transferem ou se extinguem, devem ser visualizados no contexto dinâmico de uma relação jurídica. Em outras palavras, os contratos são, por excelência, um processo extremamente dinâmico, em constante movimento.

Não se deve jamais esquecer o caráter dinâmico dos contratos, que são fontes de relações obrigacionais que se movimentam, que se transformam no tempo e no espaço. Sem essa visão de contrato enquanto processo dinâmico, não se poderia falar em função social e, muito menos, em função econômica.

Além de dinâmica, a relação contratual se processa em cooperação. Não se pode ver nas partes contratantes inimigos, um desejando destruir o outro. Para o contrato chegar a bom termo, deixando todos satisfeitos, é fundamental que as partes possam exigir cooperação recíproca.

Por fim, vem a Lei dando o necessário respaldo às partes que têm a segurança de que, se contratarem segundo o ordenamento jurídico, terão seus direitos assegurados. Afinal, como estudamos, as obrigações nascem de um fato (no caso, um contrato) conjugado com o ordenamento jurídico (norma, Lei).

9.3 Evolução histórica[4]

A visão sistemática de determinado instituto jurídico não pode prescindir de uma abordagem histórica, posto que elementar, sob pena de não atingir seus objetivos.

Por isso, não poderíamos estudar os contratos sem a análise do desenvolvimento da teoria contratual, que, por óbvio, mudou no tempo.

Para tanto, tomaremos como ponto de partida o Direito Romano. As razões são óbvias. Além da dificuldade de se retrair a pesquisa a épocas mais remotas,

---

4 FIUZA, César; ROBERTO, Giordano Bruno Soares. **Contratos de adesão**. Belo Horizonte: Mandamentos, 2002. p. 17-23.

o Direito Romano é a mais importante fonte histórica do Direito nos países ocidentais, e, ainda, a maioria dos institutos e princípios do Direito Civil nos foi legada pelo gênio jurídico dos romanos.

Sabemos, contudo, que o Direito Romano "não se apresenta como um todo unitário, mas como a conjugação de vários sistemas, ou melhor, como um processo evolutivo que nasce, desenvolve-se, atinge o apogeu e decai, até compilar-se no *Corpus Iuris Civilis*".[5]

Há, inclusive, quem afirme que, em razão da constante evolução daquele sistema, não havia *um* só Direito Romano, mas como que *vários* Direitos Romanos, sendo que "o contrato dos primeiros tempos se apresenta com fisionomia bem diversa da que o caracteriza, por exemplo, nos períodos clássico e justinianeu".[6]

O termo *contrato*, no mais antigo Direito Romano, equivalia ao ato pelo qual o credor submetia o devedor a seu poder, em virtude do inadimplemento de uma obrigação.[7] Era o ato de contrair (*contrahere*), no sentido de restringir, apertar.

Sem adentrar nessas minúcias, verifica-se que no sistema romano posterior, seguramente a partir de meados da República (período que se estende de 510 a.C. a 27 a.C.), havia o gênero *conventio*, no qual se distinguiam as espécies *contractus* e *pactum*.

Os *contractus*, inicialmente, não podiam existir sem uma exteriorização de forma, e somente três categorias eram utilizadas: *litteris*, que exigiam a inscrição material no livro do credor; *re*, que demandavam a tradição efetiva da coisa, e *verbis*, que se validavam com a troca de expressões orais estritamente obrigacionais. Em tais categorias, o credor podia exigir o cumprimento da avença através de uma ação, "fator da mais lídima essencialidade, sem o qual não haveria direito, já que este era nada, se não fosse munido da faculdade de reclamação em juízo".[8] Aliás, os romanos não concebiam, como nós, a ideia de direito subjetivo, mas tão somente a de *actio*. Scialoja muito bem sintetiza esta ideia, demonstrando que:

> para los romanos, el concepto del derecho sujetivo, tal como lo entendemos nosotros, no sin grave dificultad de definición, pero del cual nos servimos a diario, era concepto mucho menos acentuado, mucho menos usual que en el derecho moderno; ellos hablaban mucho más de acciones y mucho menos de derechos de lo que lo hacemos nosotros. Por ejemplo, nosotros hablamos de los derechos del comprador y de los derechos del vendedor; los romanos, en cambio, hablaban de actio ex empto y de actio ex vendito.[9]

---

5 AMARAL, Francisco. **Direito civil**: introdução. 2. ed. Rio de Janeiro: Renovar, 1999. p. 106.
6 CRETELLA JR., José. **Curso de direito romano**. 14. ed., p. 245.
7 SERPA LOPES, Miguel Maria de. **Curso de direito civil**. 7. ed. Rio de Janeiro: Freitas Bastos, 1989. v. 3, p. 14.
8 PEREIRA, Caio Mário da Silva. **Instituições**... cit., 18. ed., v. 3, p. 3.
9 SCIALOJA, Vittorio. **Procedimiento civil romano**. Buenos Aires: Europa-América, 1954. p. 98-99.

Para a formação da obrigação contratual, não bastava o acordo de vontade das partes sobre um determinado objeto, era imprescindível a observância da forma consagrada.

A razão do formalismo tinha caráter religioso e prático. Os contratos só seriam abençoados pelos deuses se seguissem os rituais adequados. Na prática, porém, as razões se deviam à pouca e difícil utilização da escrita, o que levava aos extremados rituais orais. Afinal, *verba volant*, i.e., as simples palavras voam.

Os *pacta*, por sua vez, eram celebrados sem qualquer obediência à forma, bastando o acordo de vontades. Não sendo previstos em lei, não lhes era atribuída a proteção da *actio*, ou seja, se uma das partes não cumpria o prometido, a outra não poderia mover-lhe nenhuma ação. As razões para isso veremos mais adiante.

Mais tarde, com a atribuição de ação a quatro pactos de utilização frequente – venda, locação, mandato, sociedade –, surgiu a categoria dos contratos que se celebravam *solo consensu*, isto é, pelo acordo de vontades, pela convenção. Somente existiam esses quatro contratos consensuais. Em todos os outros, as partes tinham que observar as formalidades previstas.

Nas palavras de Eugène Petit:

> la regla antigua, que domina aún en la época clásica, y que subsiste aún en tiempos de Justiniano, es que el acuerdo de las voluntades, el simple pacto, no basta para crear una obligación civil. El derecho civil no reconoce este efecto más que a convenciones acompañadas de ciertas formalidades, cuya ventaja es dar más fuerza y más certidumbre al consentimiento de las partes, y diminuir los pleitos encerrando en límites precisos la manifestación de voluntad. Consistían, bien en palabras solemnes que debían emplearlas partes para formular su acuerdo, bien en menciones escritas; bien, por último, en la remisión de una cosa, hecha por una de las partes a la otra. Estas formalidades llevadas a cabo, venían a ser la causa por la que el derecho civil sancionaba una o varias obligaciones (Ulpiano, L. 7, § 4, D., de pactis, II, 14). Sin embargo, se derogó esta regla a favor de ciertas convenciones de uso frecuente y de importancia práctica considerable. Fueron aceptadas por el derecho civil, tales como el derecho de gentes las admitía, es decir, válidas por el solo consentimiento de las partes, sin ninguna solemnidad. Cada una de las convenciones así sancionadas por el derecho civil formaba un contrato y estaba designado por un nombre especial. Los contratos enderecho romano son, pues: unas convenciones que están destinadas a producir obligaciones y que han sido sancionadas y nombradas por el derecho civil. Desde fines de la República, se ha determinado el número de los contratos, y se distinguen cuatro clases de ellos, según las formalidades que deben acompañar a la convención. – 1. Los contratos verbis se forman con la ayuda de palabras solemnes. No citaremos aquí más que el principal: la

estipulación. – 2. El contrato litteris exige menciones escritas. – 3. Los contratos re no son perfectos sino por la entrega de una cosa al que viene a hecerse deudor. Son el mutuum o préstamo de consumo, el comodato o préstamo de uso, el depósito y la prenda. – 4. Por último, los contratos formados solo consensu, por el solo acuerdo de las partes, son: la venta, el arrendamiento, la sociedad y el mandato. – Toda convención que no figura en esta enumeración no es un contrato; es un simple pacto que no produce en principio obligación civil.[10]

Sintetizando, os contratos eram convenções que, desde a época clássica (149-126 a.C. a 305 d.C.), geravam obrigações civis por si mesmos, por força do ius civile. Os pactos, por não terem forma prevista em lei, por não fazerem parte da lista de contratos, geravam obrigações naturais, a não ser que fossem acessórios de um contrato ou recebessem força do Direito Pretoriano ou de alguma Constituição Imperial, quanto a estas, já no período pós-clássico (305 a 565).

Os contratos eram convenções que apenas criavam obrigações. Para modificá-las ou extingui-las, celebravam-se pactos. Hoje, denominamos distrato a convenção que põe fim a um contrato. Além disso, atribuímos-lhe a natureza de contrato. Para os romanos, o distrato seria um pacto. O mesmo se diga do que, atualmente, chamamos adendos ou aditivos contratuais. Assim, essas convenções, que modificavam ou extinguiam obrigações, eram pactos. Estes pactos eram denominados pactos adjetos (pacta adiecta), e é a eles que se refere a doutrina, ao afirmar que os pactos não geravam ações, mas exceções. Ainda hoje, podemos afirmar o mesmo. Ora, de regra, um distrato ou um aditivo contratual gera apenas exceção. Se celebro um distrato de compra e venda, restituindo a coisa e recebendo de volta o sinal, e, mesmo assim, sou acionado pelo vendedor para pagar as prestações restantes, o distrato me servirá de base para opor uma exceção contra o vendedor. É difícil imaginar uma hipótese de ação com base no distrato. O mesmo se diga de um aditivo contratual que modifica o vencimento de uma obrigação. Se o credor acionar o devedor com base na data antiga, este poderá opor uma exceção com base no aditivo. Aqui também é difícil imaginar uma ação a partir desse aditivo contratual. Pode-se dizer, portanto, que tanto no Direito Romano quanto no Direito atual os pactos (adjetos) só geravam e só geram exceções.

Os pactos adjetos geravam, assim, obrigação civil. Ao lado deles, outros pactos também geravam obrigações civis, por assim dizer, principais. Eram os pactos legítimos e os pactos pretorianos (pacta legitima/pacta praetoria). Aos pactos adjetos, legítimos e pretorianos se dava o nome de pactos vestidos (pacta vestita). Um pacto se considerava vestido, gerando obrigação civil, se lhe desse força o pretor (pacta praetoria), se fosse reconhecido por Constituição Imperial (pacta

---

10 PETIT, Eugène. **Tratado elemental de derecho romano**. Buenos Aires: Universidad, 1999. p. 282.

legitima) ou se fosse acessório de um contrato (*pacta adiecta*). Havia outros pactos, chamados *nus* (*nuda pacta*), que geravam apenas obrigação natural. Para que gerassem obrigação civil era necessário que se lhes aplicasse a forma de estipulação, transformando-os em contrato. A estipulação era uma forma de contrato, pela qual uma pessoa se comprometia a pagar certa quantia à outra, caso o fato, objeto da disputa, se resolvesse a seu favor. O segundo meio de se transformar um pacto nu em contrato, fazendo com que gerasse obrigação civil, era, nas convenções de obrigações bilaterais, uma das partes realizar sua prestação. Quando isso ocorria, estava-se diante de contrato real inominado, havendo uma prestação adimplida em vista de outra recíproca.[11] Dessa forma, os pactos nus se transformavam em contrato, correspondendo-lhes a devida ação.

Os outros pactos, os vestidos, geravam obrigação civil, sendo protegidos pela *actio*, se fossem legítimos ou pretorianos, ou pela *exceptio*, se fossem adjetos.

Retornando ao tema da forma dos contratos, as concessões ao princípio consensualista foram decorrentes das imperiosas necessidades de uma sociedade marcadamente mercantil e cresceram a ponto de quase tornar possível o abandono do formalismo. Houve, no entanto, retrocessos, com a rejeição da validade de atos puramente abstratos.

Na Idade Média, perduravam as exigências do Direito Romano. Entretanto, a generalização da prática dos escribas de fazer constar no instrumento escrito das convenções, a pedido dos contratantes, que todas as formalidades tinham sido cumpridas, ainda quando não o tivessem sido, desencadeou mudanças. Era a abolição indireta da sacramentalidade, pois a simples menção da observância da forma tinha maior importância que seu cumprimento.[12]

Nesse período, o contrato começa a se estabelecer como instrumento abstrato, pois se confere força obrigatória às manifestações de vontade, sem os formalismos exagerados do Direito Romano.

Some-se a isso o costume de se introduzir um juramento, com motivos religiosos, a fim de atribuir força às convenções. Tal prática valorizou a declaração de vontade e o próprio consentimento.

O triunfo do consensualismo é presenciado pela modernidade, uma forma de organização social, que se consolida no ambiente ocidental europeu entre os

---

11 VAN WETTER, Peter. **Cours élémentaire de droit romain**. 3. ed. Paris: A. Marescq Aîné, 1893. t. II, p. 125, 127-128.
12 PEREIRA, Caio Mário da Silva. **Instituições**... cit., 18. ed., v. 3, p. 8.

séculos XVII e XIX, a partir dos reflexos do movimento iluminista, tendo como traço característico a exaltação da razão.[13-14]

A concepção de razão era essencialmente instrumental, designando uma força intelectual comum a todo ser humano, que poderia levá-lo à compreensão dos fenômenos naturais e sociais de maneira clara e precisa, desde que observado um rigoroso método, projetado a partir de procedimentos de tipo matemático.[15] Pretendia-se superar a convicção medieval de que os únicos meios seguros para informar o agir e o conhecimento humano encontravam-se na teologia e na tradição.

A razão foi considerada uma verdadeira ferramenta de ruptura, na medida em que acabou por determinar a secularização das experiências, dos conhecimentos e das ações humanas, possibilitando a emergência do sujeito como agente ativo do envolvimento social, apoiando-se exclusivamente na sua consciência. Essa época se caracterizou pelo individualismo como posição ideológica, que fez depender do consenso entre as vontades individuais o estabelecimento da ordem política, da ordem econômica, da ordem social e, em consequência, também da ordem jurídica.[16]

A valorização da razão determinou, então, a consagração da vontade como elemento principal do contrato, que passou a fundamentar não só a sua gênese, mas também a legitimação do seu poder vinculante, o que pode facilmente ser percebido nas principais codificações da época.[17]

Tendo em vista o papel decisivo da vontade, adverte Claudia Lima Marques, o sistema jurídico concentrou seus esforços no problema da realização dessa vontade.[18] A função da legislação, da doutrina e da jurisprudência era proteger a vontade criadora dos contratos e assegurar os efeitos pretendidos pelos contratantes.

O modo pelo qual se opera a formação do contrato não mais se sujeita ao cumprimento estrito de solenidades, bastando o simples consentimento entre os interessados. Em regra, a celebração do contrato depende apenas da harmonização das vontades declaradas pelos contratantes, expressas por quaisquer meios inteligíveis e idôneos, seguindo o esquema da proposta e da aceitação. É então o enlace psicológico de duas declarações de vontade de pessoas distintas que determina a gênese do contrato moderno.

---

13 LÓPEZ, Carlos Fuentes. **El racionalismo jurídico**. México: Universidad Nacional Autónoma de México, 2003. p. 184-185.
14 Todo este trecho, daqui até a análise dos contratos nas relações de consumo, foi extraído de artigo publicado em coautoria com os Profs. Drs. Renata Barbosa de Almeida e Gustavo Pereira Leite Ribeiro, à época meus alunos no Curso de Doutorado da PUC Minas.
15 LÓPEZ, Carlos Fuentes. Op. cit., p. 131-134.
16 Idem, p. 258.
17 MARQUES, Claudia Lima. **Contratos no Código de Defesa do Consumidor**. São Paulo: RT, 2005. p. 51.
18 Idem, p. 54.

Os indivíduos recebem poderes suficientes para, sem qualquer influência externa imperativa, seguindo apenas os impulsos de sua razão, escolher contratar ou se abster de contratar, selecionar o seu parceiro contratual, fixar o conteúdo e os limites das obrigações assumidas por meio do contrato. Compete-lhes dimensionar os efeitos que serão produzidos pelo contrato a ser celebrado, discutindo amplamente os seus termos e suas condições. Permite-se, inclusive, a derrogação casuística das disposições legais peculiares a cada contrato, desde que não ocorra a violação dos bons costumes e da ordem pública, assim atendendo as conveniências particulares dos envolvidos.

Em matéria contratual, o sistema legal passa a ter um caráter essencialmente residual. A ele cabe apenas zelar pela palavra empenhada, pelo acordo firmado como o fora. Não lhe era permitido cogitar acerca, principalmente, do conteúdo do contrato. Quando muito, teria emprego supletivo, incidindo em caso de silêncio dos contratantes.[19]

Em síntese, assinala Enzo Roppo:

> afirmava-se que a conclusão dos contratos, de qualquer contrato, devia ser uma operação absolutamente livre para os contratantes interessados: deviam ser estes, na sua soberania individual de juízo e de escolha, a decidir se estipular ou não estipular um certo contrato, a estabelecer se concluí-lo com esta ou com aquela contraparte, a determinar com plena autonomia o seu conteúdo, inserindo-lhe estas ou aquelas cláusulas, convencionando este ou aquele preço. Os limites a uma tal liberdade eram concebidos como exclusivamente negativos, como puras e simples proibições; estas deviam apenas assinalar, por assim dizer, do exterior, as fronteiras, dentro das quais a liberdade contratual dos indivíduos podia expandir-se em estorvos e sem controles. Inversamente, não se admitia, por princípio, que a liberdade contratual fosse submetida a vínculos positivos, a prescrições tais que impusessem aos sujeitos, contra a sua vontade, a estipulação de um certo contrato, ou a estipulação com um sujeito determinado, ou por um preço ou em certas condições: os poderes públicos – legislador

---

[19] Não procede a observação de que a autonomia das partes é mais aparente do que real, feita sob o fundamento de que estas se submetem, quase sempre, aos preceitos legais, despreocupando-se dos efeitos secundários do contrato. Se é verdade que ocorre frequentemente a submissão dos contratantes às normas supletivas do direito contratual, nem por isso a liberdade de contratar é um postulado acadêmico. Em cada contrato usa-se com maior ou menor extensão, dependendo da conveniência das partes. Se a dispensam frequentemente é porque a lei condensa, via de regra, os preceitos usuais que costumam reger o conteúdo dos contratos mais comuns. Somente, pois, quando lhes convém regulá-los de modo diverso é que fazem valer a liberdade que lhes é assegurada. A circunstância de serem supletivas em grande parte as regras do direito contratual não significa que sua aplicação fica ao arbítrio das partes se não regulam expressamente certos efeitos do contrato. A omissão determina-lhes a incidência no contrato, aplicando-se, obrigatoriamente, no suposto que traduzem a vontade das partes. (GOMES, Orlando. **Contratos**. 23. ed. Rio de Janeiro: Forense, 2001. p. 23)

e tribunais – deviam abster-se de interferir, a que título fosse, na livre escolha dos contraentes privados.[20]

Oportuno destacar que o enaltecimento jurídico da vontade acabou pressupondo uma igualdade formal entre os contratantes, uma vez que todos os indivíduos deviam ser considerados, do mesmo modo, capazes de, por si só, zelar pelos seus interesses e o contrato, por consequência, representava verdadeira harmonização das pretensões, sendo vantajoso reciprocamente. Diversidade de opiniões não significava mais que diversos modos de guiar a razão.

Necessário era apenas garantir, pois, que a vontade, formadora do contrato, fosse real, isto é, que não fosse influenciada. Daí a criação da teoria dos vícios de consentimento. Inquinada de erro, dolo ou coação a vontade, não há como invocar o comprometimento do contratante. Somente obriga o indivíduo uma deliberação eminentemente própria, desprovida de quaisquer condicionamentos externos.

Uma vez firmado o contrato, ele há de ser cumprido, impreterivelmente, pelas partes contratantes. Não importa o que, nem como tenha sido estipulado. O acordo deve ser satisfeito. Se era justamente por meio do acordo de vontades que os interessados se obrigavam, era em função dele que haveriam de respeitar e realizar o prometido. Nesse sentido, assinala Enzo Roppo:

> À liberdade, como se viu, tendencialmente ilimitada, de contratar ou de não contratar, de contratar nestas ou naquelas condições, no sistema, por outro lado, correspondia, como necessário contraponto desta, uma tendencialmente ilimitada responsabilidade pelos compromissos assim assumidos, configurados como um vínculo tão forte e inderrogável que poderia equiparar-se à lei. (...) Cada um é absolutamente livre de comprometer-se ou não, mas, uma vez que se comprometa, fica ligado de modo irrevogável à palavra dada: *pacta sunt servanda*. Um princípio que, além de indiscutível sustância ética, apresenta também um relevante significado económico: o respeito rigoroso pelos compromissos assumidos é, de facto, condição para que as trocas e as outras operações de circulação de riqueza se desenvolvam de modo correcto e eficiente segundo a lógica que lhes é próprio, para que se não frustrem as previsões e os cálculos dos operadores; condição necessária, assim, para a realização do proveito individual de cada operador e igualmente para o funcionamento do sistema no seu conjunto.[21]

O conteúdo do contrato é intangível. Uma vez determinado, quando das negociações, não admite qualquer alteração. Aos contratantes não é dado o direito

---

20 ROPPO, Enzo. **O contrato**. Coimbra: Almedina, 1988. p. 32-33.
21 Idem, p. 34-35.

de requerer modificação do pactuado. O acordo é, verdadeiramente, irreversível, irretratável. Imperioso honrarem as partes com a palavra empenhada.

Como destaca Caio Mário da Silva Pereira, "a elas (as partes contratantes) não cabe reclamar, e ao juiz não é dado preocupar-se com a severidade das cláusulas aceitas, que não podem ser atacadas sob a invocação de equidade".[22] A regra, portanto, é da impossibilidade tanto de revogação unilateral do acordo quanto de sua revisão judicial. Do vínculo ao qual se filiaram, espontaneamente, os contratantes não podem se desligar, sobretudo, por meio de alegações acerca da injustiça do pactuado ou de sua grande onerosidade.

O que se admite, quando muito, é o distrato. Às partes é permitido aniquilar a estipulação pretérita – o que parece, até mesmo, coerente. Da mesma forma que tiveram autonomia suficiente para formular determinado ajuste, têm para invalidá-lo; para torná-lo, a partir de então, inexequível. Fora esta alternativa, apenas dois outros aspectos amenizam a obrigatoriedade do pacto, quais sejam o caso fortuito e a força maior. Apenas quando acontecimentos futuros, imprevisíveis ou previsíveis – mas que independam do contratante – tornem impossível, absoluta e objetivamente, o cumprimento contratual é que se permitirá retirar-lhe a imperiosidade, por intervenção judicial.

Neste contexto, em suma, o contrato foi concebido como fruto exclusivo da vontade, tanto na sua formatação interna como na externa, influenciado que foi pelos postulados do racionalismo iluminista.

Não se pode também esquecer que o modelo contratual moderno pretendeu atender as exigências do sistema capitalista nascente. Assim, foi concebido para permitir o funcionamento de um sistema econômico individualista, pouco dinâmico e dominado pelo setor primário, no qual as operações econômicas, no geral, eram bem ponderadas e conservavam certo caráter pessoal.[23] Defendia-se que a lei da oferta e da procura, na sua expressão mais pura, atendia aos interesses da

---

22 PEREIRA, Caio Mário da Silva. **Instituições**... cit., 18. ed., v. 3, p. 6.
23 ROPPO, Enzo. Op. cit., p. 310.

coletividade.[24] E assegurando a ampla liberdade individual, imaginava-se restar garantida a justiça contratual.[25]

As diversas transformações socioeconômicas que atingiram as sociedades ocidentais no último século evidenciaram a necessidade de uma reformulação da noção de contrato e de sua disciplina legal.[26]

A liberdade contratual mostrou-se um poderoso instrumento de opressão e de exploração do contratante em situação de inferioridade econômica. Na medida em que as pessoas que contratam são economicamente diferentes e possuem necessidades diferentes, é esperável que o acordo, se deixado apenas à autonomia da vontade delas, seja desproporcional. *Grosso modo*, se de um lado existe alguém que necessita contratar – não tendo outra opção – indubitável estar disposto a se submeter à situação que não lhe seja muito vantajosa – para não dizer prejudicial. Ônus apenas para uma parte e lucro exagerado para a outra. Assim, a escassez dos postos de trabalho fez o empregado ceder aos penosos desígnios do empregador; o déficit habitacional dos centros urbanos fez o locatário sucumbir aos devaneios gananciosos do locador, a essencialidade, real ou ilusória, dos produtos e serviços lançados no mercado fez o consumidor se submeter aos parâmetros abusivos impostos pelo fornecedor.

A revolução tecnológica contribuiu para a despersonalização do contrato. O diálogo perde espaço para o silêncio, pois os contratantes não mais se conhecem, nem se identificam ou se encontram. Imagine aquela frequente situação

---

24 AMARAL, Francisco. **Direito civil**... cit., 2. ed., p. 355-356.
25 "Considerava-se e afirmava-se, de fato, que a justiça da relação era automaticamente assegurada pelo fato de o conteúdo deste corresponder à vontade livre dos contratantes, que, espontânea e conscientemente, o determinavam em conformidade com os seus interesses, e, sobretudo, o determinavam num plano de recíproca igualdade jurídica (dado que as revoluções burguesas, e as sociedades liberais nascidas destas, tinham abolido os privilégios e as discriminações legais que caracterizavam os ordenamentos de muitos aspectos semifeudais do 'antigo regime', afirmando a paridade de todos os cidadãos perante a lei): justamente nesta igualdade de posições jurídico--formais entre os contratantes consistia a garantia de que as trocas, não viciadas na origem pela presença de disparidades nos poderes, nas prerrogativas, nas capacidades legais atribuídas a cada um deles, respeitavam plenamente os cânones da justiça comutativa. Liberdade de contratar e igualdade formal das partes eram, portanto, pilares – que se completavam reciprocamente – sobre os quais se formava a asserção peremptória, segundo o qual dizer 'contratual' equivale a dizer 'junto'" (*Idem*, p. 35).
26 O ambiente social atual é bem diferente daquele que moldou a imagem tradicional do contrato. No Brasil, por exemplo, a população cresceu de maneira surpreendente. Em 1900, estima-se que era composta por pouco mais de dezessete milhões de habitantes. Em 2000, a população aproximou-se de cento e setenta milhões de pessoas. Em 1940, menos de trinta por cento da população vivia nas cidades. Em 2000, mais de oitenta por cento dos brasileiros ocupava os centros urbanos. Em 1900, cerca de sessenta por cento da população economicamente ativa se dedicava à agricultura e ao extrativismo, enquanto apenas cinco por cento estava alocada nas atividades industriais. Em 1990, aproximadamente oitenta por cento da população economicamente ativa estava vinculada às atividades industriais e aos serviços, sendo responsável por cerca de noventa por cento da produção da riqueza nacional (IBGE. **Estatísticas históricas do Brasil**, 1990. Vide, também, IBGE. **Síntese de indicadores sociais 2000**, 2001).

na qual a oferta é constituída pela presença de uma máquina distribuidora de bens de consumo, enquanto a aceitação é manifestada pela simples inserção de moedas em orifício adequado. Lembre, ainda, aquela corriqueira situação na qual a oferta é constituída por uma série de imagens e informações alocadas em ambiente virtual, enquanto a aceitação se realiza pela simples digitação em teclado de computador.

O aperfeiçoamento da produção industrial em larga escala projetou a estandardização dos contratos, especialmente por meio do emprego de cláusulas contratuais gerais. O diálogo perde espaço para o monólogo, pois apenas um dos contratantes cuida da regulamentação do conteúdo e dos efeitos do contrato, restando ao outro a possibilidade da simples adesão mecânica ao esquema formulado. Segundo Paulo Luiz Neto Lôbo, as cláusulas contratuais gerais "constituem regulação contratual predisposta unilateralmente e destinada a se integrar de modo uniforme, compulsório e inalterável a cada contrato de adesão que vier a ser concluído entre o predisponente e o respectivo aderente".[27] Para Almeno Sá, as cláusulas contratuais são identificadas como "estipulações predispostas em vista de uma pluralidade de contratos ou de uma generalidade de pessoas, para serem aceitas em bloco, sem negociação individualizada ou possibilidade de alterações singulares".[28]

Pelo exposto, observa-se que a nossa sociedade pós-industrial, caracterizada pelo extraordinário incremento quantitativo das operações econômicas, verificado a partir da produção e consumo em massa, exigiu que os expedientes contratuais fossem mais simples, ágeis e seguros, determinando a redução da importância do elemento volitivo. A respeito, Enzo Roppo:

> As transformações que descrevemos caracterizam-se por um elemento comum, que constitui a sua razão unificante. Todas elas são funcionalizadas à exigência de garantir ao máximo a estabilidade e a continuidade das relações contratuais económicas, e, por esta via, de assegurar-lhes aquele dinamismo que é postulado pelos modos de funcionamento das modernas economias de massa. Para que tal objectivo seja conseguido, o contrato não pode mais configurar-se como o reino da vontade individual, a expressão directa da personalidade do seu autor, exposto, por isso, a sofrer, de forma imediata, os reflexos de tudo quanto pertence à esfera daquela personalidade e daquela vontade; para servir o sistema de produção e da distribuição de massa, o contrato deve, antes, tornar-se, tanto quanto possível, autônomo da esfera psicológica e subjectiva em geral do seu autor, insensível ao que nesta manifesta no ambiente social, nas condições

---

27 LÔBO, Paulo Luiz Neto. **Condições gerais dos contratos e cláusulas abusivas**. São Paulo: Saraiva, 1991. p. 24.
28 SÁ, Almeno. **Cláusulas contratuais gerais e directiva sobre cláusulas abusivas**. Coimbra: Almedina, 1999. p. 167.

objectivas de mercado: o contrato deve transforma-se em instrumento objectivo e impessoal, para adequar-se à objectividade e impessoalidade do moderno sistema de relações econômicas.[29]

O traço característico do contrato contemporâneo parece-nos ser então a sua progressiva objetivação. Em síntese, o contrato passa a ser percebido como um encontro de "comportamentos sociais valorados de modo típico, por aquilo que eles socialmente exprimem, abstraindo-se das atitudes psíquicas concreta dos seus autores".[30]

Interessante perceber que o processo de objetivação do contrato é acompanhado por uma crescente intervenção estatal na sua disciplina legal, notadamente pelo fato de as técnicas contratuais contemporâneas abrirem uma margem bastante significativa para que os agentes em situação de superioridade econômica estabeleçam condições contratuais amplamente favoráveis aos seus próprios interesses, desconsiderando as legítimas expectativas daqueles com quem contratam, o que pode evidenciar tremenda abusividade.[31] É comum, por exemplo, encontrarmos, nas cláusulas contratuais gerais, a exoneração da responsabilidade civil em favor do predisponente, a limitação de direitos do aderente, a variação unilateral do preço pelo predisponente, a inversão do ônus da prova em prejuízo do aderente, a imposição de cláusula penal com valor excessivamente elevado, a possibilidade de o predisponente investigar a vida privada do aderente, o acesso dos dados cadastrais do aderente pelos parceiros do predisponente, a fixação do foro contratual distante do domicílio do aderente, entre outros.

Não mais vinga o raciocínio segundo o qual todos os homens possuem condições para, por si só, zelarem pelos seus direitos. Não mais vinga a ideia de que o poder de barganha de todos os contratantes é o mesmo e que, por isso, qualquer avença lhes seja vantajosa. O legislador então se propõe a restringir e regular, por meio de normas imperativas, o espaço antes reservado ao livre jogo dos

---

29 ROPPO, Enzo. Op. cit., p. 309.
30 Idem, p. 302.
31 "(...) hoje, estas novas técnicas contratuais são indispensáveis ao moderno sistema de produção e distribuição em massa, não havendo como retroceder o processo e eliminá-las da realidade social. Elas trazem vantagens evidentes para as empresas (rapidez, segurança, previsão de riscos etc.), mas ninguém duvida de seus perigos para os contratantes vulneráveis ou consumidores. Estes aderem sem conhecer as cláusulas, confiando nas empresas que as pré-elaboram e na proteção que, esperam, lhes seja dada por um direito mais social. Esta confiança nem sempre encontra correspondente no instrumento contratual elaborado unilateralmente, porque as empresas tendem a redigi-los da maneira que mais lhes convém, incluindo uma série de cláusulas abusivas e equitativas" (MARQUES, Claudia Lima. Op. cit., p. 53).

contratantes, instituindo como diretrizes para a nova imagem do contrato a boa-fé objetiva e o equilíbrio contratual.[32]

A boa-fé objetiva designa padrão de conduta que deve ser observado pelos contratantes independentemente de adesão voluntária, caracterizado por parâmetros socialmente reconhecíveis de lealdade e de cooperação. Segundo Claudia Lima Marques, a boa-fé objetiva significa:

> Uma atuação refletida, uma atuação refletindo, pensando no outro, no parceiro contratual, respeitando-o, respeitando seus interesses legítimos, suas expectativas razoáveis, seus direitos, agindo com lealdade, sem abuso, sem obstrução, sem causar lesão ou desvantagem excessiva, cooperando para atingir o bom fim das obrigações: o cumprimento do objetivo contratual e a realização dos interesses das partes.[33]

O equilíbrio contratual designa modelo de distribuição proporcional das vantagens e dos encargos obrigacionais entre os contratantes, tendo em vista suas legítimas expectativas e suas posições socioeconômicas, aferidas também de acordo com parâmetros socialmente reconhecíveis. Assim, veda-se que as prestações contratuais expressem um desequilíbrio real entre as posições individuais dos contratantes, independentemente da assunção voluntária de obrigações excessivamente onerosas.

Em suma, parece-nos que, hoje, o contrato deve ser percebido como ato jurídico lícito, de repercussão pessoal e socioeconômica, que cria, modifica ou extingue relações dinâmicas de caráter patrimonial, formado pelo encontro de comportamentos típicos socialmente reconhecíveis, levados por duas ou mais pessoas, que, em regime de cooperação, visam atender suas necessidades e seus desejos, orientados pela preocupação fundamental de promoção da dignidade humana.

O duvidoso esclarecimento racional de algumas ocorrências que afligem os homens pode ser citado como o impulso fundamental para estruturação da psicanálise. Freud, como principal mentor dessa proposta, estruturou-a voltada ao alcance de explicações para nossos atos através da compreensão do funcionamento da nossa *psique*.[34] Segundo Georges Philippe Brabant, "a psicanálise

---

32 A propósito, assinala Orlando GOMES: "no contrato contemporâneo, a lei embora ainda se preocupe nos mesmos termos com a formação do contrato tradicional, se interessa mais pela regulação coletiva, visando a impedir que as cláusulas contratuais sejam iníquas ou vexatórias para uma das partes. Sua preocupação é controlar o comportamento daqueles que ditam as regras do contrato, a fim de que não se aproveite de sua posição para incluir cláusulas desleais mais que tornar anulável o negócio jurídico celebrado com vício do consentimento, vício que nos contratos de massa não tem a menor importância" (GOMES, Orlando. Inovações na teoria geral do contrato. In: GOMES, Orlando. **Novos temas de direito civil**. Rio de Janeiro: Forense, 1983. p. 94).
33 MARQUES, Claudia Lima. Op. cit., p. 107.
34 NASIO, Juan-David. **O prazer de ler Freud**. Rio de Janeiro: Jorge Zahar, 1999. p. 14.

pode ser concebida como uma tentativa de dar um sentido, ou de procurá-lo exatamente onde não se supunha que ele pudesse estar".[35]

Rompe-se, assim, com a tradição científica de tentar apresentar, como recurso de explicação, a racionalidade humana plenamente controlável e perfeitamente aferível, consubstanciada no conceito de vontade. Ao invés da relação de causalidade, da lógica pressuposto-efeito, o escopo psicanalítico é o de tentar desvendar as motivações que, efetivamente, fundamentam as ações dos sujeitos, sobretudo quanto àqueles atos para os quais já não havia uma perfeita explicação causalista, como os sonhos ou os atos falhos. Em suma:

> Postular que existe um sentido onde inicialmente parecia não haver, é afirmar que existe uma intenção lá onde ninguém ousaria suspeitar que existisse; é ao mesmo tempo negar que existam condutas humanas – motoras, verbais, imaginárias – que não sejam motivadas por uma intenção, em outras palavras, por um *desejo*.[36]

A peculiar característica da psicanálise é afirmar que as atividades humanas são regidas, em verdade, pelo inconsciente, isto é, pela esfera do sistema psíquico na qual, precisamente, a racionalidade não se impõe; é dizer, espaço no qual a vontade não reina. Para tornar essa informação mais inteligível, imperioso esclarecer como se estrutura e funciona a *psique*.

Todo o aparelho psíquico pode ser explicado através de um sistema estruturado por dois polos em constante tensão, quais sejam o sensitivo e o motor. Trata-se do esquema chamado de arco reflexo,[37] que funciona a partir de um estímulo sensitivo a ser harmonizado através de uma descarga motora. Isso se deve ao fato de que a excitação potencial é incômoda, sendo, por outro lado, sua descarga concreta plenamente satisfatória.[38]

O referido estado de excitação é permanente, por resultar de estímulos orgânicos e ambientais que recebemos, incessantes em si mesmos. Dito de outra forma, as permanentes experiências fisiológicas e sociais pelas quais passamos, é que nos oferecem impulsos de ação, os quais adquirem qualidade psíquica ao criar os denominados representantes ideativos ou marcas na *psique*. A partir disso, inicia-se o processo dinâmico idealmente direcionado à descarga, em virtude do desprazer provocado pelo estado de excitação psíquica.

---

35 BRABANT, Georges-Philippe. **Chaves da psicanálise**. Rio de Janeiro: Jorge Zahar, 1977. p. 15.
36 *Idem*, p. 16.
37 Lembre-se, porém, que tal esquema explicativo não é próprio da psicanálise, mas originário da neurofisiologia. Todavia, foi aproveitado por aquela nova forma de pensamento, através das devidas adaptações necessárias (NASIO, Juan-David. Op. cit., p. 16).
38 *Idem*, p. 18.

Neste contexto, destaca-se uma das principais chaves da psicanálise freudiana: a ideia de pulsão. Freud indicou-a como o conceito-limite da articulação entre o psíquico e o somático.[39]

A pulsão compreenderia, assim, o processo dinâmico através do qual se busca alcançar o objeto apto à realização da meta criada pelo impulso. Melhor explicando, aqueles estímulos endógenos ou externos (*impulso*) apreendidos pelo sistema psíquico – criadores dos representantes ideativos – tendem a uma descarga motora (*meta*) que, para ser obtida, depende da eleição e alcance de certo *objeto*. Todo esse entrelaçamento seria a pulsão, cujos elementos se dividem por natureza: os dois primeiros têm cunho somático; o último, *inevitavelmente* psíquico.

"É claro que a fonte da pulsão está toda no lado somático; a meta também, pelo menos à medida que essa meta consiste na redução da tensão ao nível da fonte somática. Em compensação, a procura do objeto apto a reduzir esta tensão implica uma participação necessária da atividade psíquica."[40]

Esta relação entre o somático e o psíquico, isto é, a pulsão, explica-se através de uma metáfora usada por Freud: a do elo entre o mandante e o mandatário. Em resumo, isto quer significar que os representantes ideativos já citados são a representação, no plano psíquico, dos estímulos somáticos pulsionais. "Estes (os representantes ideativos), como acabamos de ver, são os intermediários *indispensáveis* entre a excitação e a realização da meta pulsional".[41]

Note-se, porém, que a representação aqui não pode ser entendida como transcrição fiel do substrato dos estímulos somáticos à *psique*. A simples transposição destes para um plano de outra qualidade impõe a necessidade da adequação do substrato aos específicos códigos psíquicos.

Esse procedimento adaptativo – que retira da representação o sentido de transcrição – gera, por sua vez, um relevante efeito: estímulos somáticos idênticos podem gerar apreensões psíquicas diversas, proporcionalmente à forma como são encarados pelo sujeito que os recepciona. Uma mesma incitação pode importar uma vivência prazerosa para um e um tormento para outro. Proporcionalmente, então, à significação que ganham os estímulos somáticos no plano psíquico, eles imporão a cada pessoa uma peculiar eleição de objetos para que sejam satisfeitos – buscando-se o prazer em detrimento do desprazer.

Essa variedade funda-se no fato de que do primeiro procedimento pulsional de um sujeito resulta o traço mnésico.[42] Este seria uma imagem proveniente da

---

39 BRABANT, Georges-Philippe. Op. cit., p. 25.
40 Idem, p. 27.
41 Idem, p. 32.
42 Esse traço mnésico localiza-se no plano do inconsciente psíquico, assim que criado. Quando novamente estimulado pode – ou não – transferir-se para o plano consciente, caso a busca do objeto de satisfação se faça em respeito a certas limitações. Este raciocínio melhor se explica posteriormente neste tópico.

experiência de satisfação que pode ser reavivada caso a mesma excitação psíquica, oriunda do estímulo somático, novamente se apresente. Essa experiência pode tanto ter sido passada pelo sujeito que pretenda revivê-la, como por um outro que este pretenda copiar.[43] Se permanentemente excitado está o sistema psíquico, incessante se apresenta esta tendência de reviver as experiências próprias ou as alheias, presenciadas. Daí porque nossas ações serem retrospectivas, mas também e principalmente, prospectivas.

Reviver tais referenciais representativos – os traços mnésicos – através da mera lembrança não basta para trazer a satisfação plena. Esta somente ocorre, efetivamente, a partir da perseguição do objeto real que realize a meta pulsional. Com isso, novo dinamismo psíquico se estrutura e, com ele, o problema do alcance do prazer absoluto.

Obter a plena satisfação através do objeto real sugerido pelos estímulos somáticos é algo autodestrutivo, razão pela qual se faz imprescindível proceder a uma filtragem da pulsão. Eis, pois, a grande função do recalcamento.

Recalcamento é um obstáculo, presente no sistema psíquico, que se impõe para que não haja a satisfação completa do estado de excitação, a fim de que seja mantido o equilíbrio da *psique*. Isto porque o prazer integral é naturalmente excessivo, descomedido, qualificando-se, pois, como arrasador. Desta forma, recalques ou filtros são estruturados para impedir que o próprio indivíduo se elimine através da descarga integral de seus estímulos sensitivos.

Fundado neste escopo, o recalcamento separa os vários representantes ideativos que compõem o aparelho psíquico em dois grupos principais.

O primeiro, e majoritário, seria composto por representantes que não respeitam as coações da razão ou os limites da realidade social, voltando-se, assim, à descarga da tensão havida de maneira plena e imediata. Este é o grupo do inconsciente. Rege-se pelo princípio do desprazer-prazer que, sem restrições, impõe cessar o incômodo provocado pela excitação psíquica.

O segundo grupo, minoritário, abrange os representantes que, embora também se voltem para a descarga da tensão, pautam-se em fazê-lo lentamente e na medida do possível, considerando as várias restrições que lhe são apresentadas. Denomina-se *grupo do pré-consciente-consciente* e é disciplinado pelo princípio da realidade.

Muito diferente do inconsciente, este último grupo se estrutura através da racionalidade conformada pela linguagem – atributo ínsito à qualidade social dos homens – pela inserção cultural do sujeito. Trata-se de uma esfera psíquica na qual as pulsões têm limitada sua imatura pretensão de satisfação completa, somente podendo se fazer cumprir em conformidade às permissões sociorracionais.

---

43 BRABANT, Georges-Philippe. Op. cit., p. 29.

Perceba-se, pois, que o recalcamento, sendo a barreira que separa esses dois grupos, pretende obstar que o conteúdo do inconsciente passe, intacto, para o grupo do pré-consciente-consciente. E isso porque, se os representantes ideativos do inconsciente não se submetem às limitações da realidade – lembre-se que o princípio que os disciplina é o do prazer-desprazer – caso transformados em respostas motoras proporcionais, podem trazer a própria eliminação do sujeito. Imprescindível se faz tolerar os desprazeres que a vida social traz consigo e, sendo assim, não se pode deixar espaço para o cumprimento integral das pretensões psíquicas inconscientes.

Destarte, fica fácil perceber que o recalcamento exerce papel elementar: ao separar os planos inconsciente e pré-consciente-consciente, serve a resguardar que as descargas motoras dos estímulos sensitivos, cuja satisfação prévia – própria ou alheia – instaurou o tranço mnésico, ocorram em atenção à sociabilidade humana.

Esse procedimento complexo serve para todos os estímulos apreendidos pelo sistema psíquico. Vale insistir que a realização da meta oriunda de um impulso depende *necessariamente* do instrumental representante ideativo, ou seja, o sistema psíquico apresenta-se mesmo determinante em todos os atos do agente.

O *impulso* sensitivo recebido soma-se ao traço mnésico (representação da *meta*) e, assim, tem a capacidade de gerar apenas uma vivência imaginária (resposta apenas parcialmente satisfatória) ou, além dessa vivência, uma descarga motora, através do objeto real.

Este recurso de satisfação pulsional pode, por sua vez, ter sido conscientemente eleito ou fantasiado. No primeiro caso, submeteu-se à racionalidade do agente que teve a faculdade de, assim, optar dentre as alternativas socialmente possíveis, aquela que lhe pareceu mais viável – proporcionalmente ao representante ideativo que pretendia experimentar novamente. No último caso, trata-se de produto do recalcado ou fruto de escape do inconsciente ao obstáculo do recalcamento, provocador de uma resposta motora que, embora fantasiadamente compatível com o representante ideativo a realizar, não foi racionalmente escolhida pelo agente, fugindo ao princípio da realidade.

Seja num caso, seja noutro, o ponto de destaque parece ser, exatamente, a conformação do ato proporcionalmente à tentativa de reviver os traços mnésicos, as experiências próprias ou alheias devidamente marcadas em nossa psique. É o desejo que se faz presente.

"O desejo pode ser definido como um movimento que, partindo de uma excitação pulsional, visa a revivescência de uma imagem mnésica que pode ser a imagem de uma experiência pessoal anterior, ou a imagem da experiência de outrem com quem queremos parecer ou a quem queremos substituir."[44]

É o próprio Freud quem definiu que "o ser humano é um ser de desejo e pulsão".[45] Esta como o processo dinâmico de busca da descarga dos impulsos a todo o tempo recebidos; aquele como o parâmetro a reger o processo pulsional, composto pelas marcas já estampadas na *psique* que representam as experiências às quais o agente já se submeteu ou presenciou e pretende novamente realizar.

Disto tudo, é possível concluir que a psicanálise não parece fazer diferenciações entre necessidade e desejo. Afinal, ainda que o estímulo sensitivo seja de ordem fisiológica, elementar à própria manutenção física do agente, ele sujeitar-se-á a todo o procedimento pulsional que traz, ínsito, o desejo.

Isso se reforça ainda mais quando se releva o fato, já anteriormente indicado, de que as apreensões psíquicas dos impulsos são peculiares ao sujeito, em função dos traços mnésicos que lhe são próprios. Assim sendo, nem mesmo a partir de um idêntico estímulo é possível garantir uma única resposta. A satisfação de uma necessidade vital, mesmo que ela seja comum a todos nós, não ocorrerá sempre da mesma maneira, haja vista que as experiências que pretendemos reviver – representante ideativo determinante – são diversas entre si.

A única diferenciação permitida atine à forma de satisfação do impulso sensitivo. Caso este se funde em necessidades subsistenciais, sua realização apenas ocorre a partir da fruição do objeto real. "A necessidade é a falta real que brota em vários níveis do ser humano e pede reparação ou compensação".[46] A *contrario sensu*, não se consegue satisfazer uma necessidade através da mera lembrança do traço mnésico ou através de sua transfiguração em um objeto fantasiado, como pode acontecer com outros impulsos sensitivos. A necessidade tão somente se concretiza num alvo verdadeiro.

"A necessidade é a exigência de um órgão cuja satisfação se dá, realmente, com um objeto concreto (o alimento, por exemplo), e não com uma fantasia."[47]

Não se imagine, porém, que, nessas circunstâncias, a pulsão não se apresenta. Muito diferente disso, ela talvez aqui seja ainda mais elementar: as necessidades vitais hão de ser, com muito mais ênfase, sujeitas ao recalcamento porque expõe os sujeitos a conflitos maiores e mais frequentes.

> Resumindo, no domínio das necessidades ligadas à conservação da vida, a instauração do princípio da realidade é uma necessidade e não dá lugar nem ao recalque (aqui entendido como o resultado da tensão entre as pulsões e as forças

---

44 BRABANT, Georges-Philippe. Op. cit., p. 29.
45 FREUD, Sigmund. **Introduction à la psychanalyse**. Paris: Payot, 1973.
46 PAIVA, Geraldo José de. **Entre necessidade e desejo**: diálogos da psicologia com a religião. São Paulo: Loyola, 2001. p. 94.
47 NASIO, Juan-David. Op. cit., p. 51-52.

de defesa que a elas se apresentam) nem à substituição durável de satisfações reais por satisfações imaginárias.[48]

Por fim, é preciso sublinhar que, diante do que ficou exposto, efetivamente, para a psicanálise as condutas humanas advêm de motivações não aferíveis e controláveis racionalmente. A vontade não é fator decisivo. Afinal, de fato, nem sempre finalizamos o processo pulsional racionalmente, através da escolha do objeto real. E mesmo quando há esta determinação pelo consciente, ela a isso se resume, não abrangendo o elemento principal: a representação da meta, que se emoldura nos moldes das marcas de nossa *psique*. Repise-se, pois, que o desejo é alheio ao nosso controle racional e, sobretudo, é o que origina todas as nossas ações, dentre as quais se encontram, inclusive, aquelas voltadas para a satisfação das necessidades vitais.

Evidentemente, o contrato, pelo menos de um ponto de vista formal, extrínseco, pode ser visto como instrumento de satisfação de necessidades, não desejos, quando celebrado por pessoas jurídicas. De todo modo, sejam desejos ou necessidades, o que deve ficar claro é que a vontade desempenha um papel secundário.

Resta, ainda, falar do contrato enquanto instrumento das relações de consumo, fenômeno da idade pós-industrial.

Com a Revolução Industrial, que começa na Inglaterra, já no século XVIII, a sociedade se transforma. Dois fenômenos importantes ocorrem: a urbanização e a concentração capitalista, esta consequência da concorrência, da racionalização etc.

Esses dois fenômenos resultaram na massificação das cidades, das fábricas (produção em série), das comunicações; das relações de trabalho e de consumo; da própria responsabilidade civil (do grupo pelo ato de um indivíduo) etc.

A massificação dos contratos é, portanto, consequência da concentração industrial e comercial, que reduziu o número de empresas, aumentando-as em tamanho. Apesar disso, a massificação das comunicações e a crescente globalização acirraram a concorrência e o consumo, o que obrigou as empresas a racionalizar para reduzir custos e acelerar os negócios: daí as cláusulas contratuais gerais e os contratos de adesão.

Nesse panorama, surge o Direito do Consumidor, para tentar dar conta desta nova realidade, em defesa do consumidor, parte vulnerável nas relações de consumo. Nos contratos celebrados no dia a dia aplicam-se, ora as normas de Direito Civil (Direito Comum), ora as normas de Direito do Consumidor (Direito Especial).

Na verdade, com a nova principiologia do Direito Contratual, aplicável aos contratos em geral, especialmente tendo em vista os princípios da dignidade

---

48 BRABANT, Georges-Philippe. Op. cit., p. 64.

humana, da função social dos contratos, da boa-fé, da justiça contratual, dentre outros, a distância entre os contratos de consumo e os contratos de Direito Comum está cada vez menor.

Bem, mas quando um contrato será de consumo, a ele aplicando-se o Código de Defesa do Consumidor? A resposta é muito simples: quando a relação contratual for de consumo.

Para que haja relação jurídica de consumo, é necessária a presença de três elementos.[49]

O *elemento subjetivo*, que se refere aos sujeitos da relação: de um lado o consumidor; de outro, o fornecedor.

O *elemento objetivo*, representado por aquilo que o fornecedor vai ao mercado oferecer aos consumidores: produtos e serviços.

E, por último, o *elemento teleológico* ou *finalístico*, que consiste, em linhas gerais, na necessidade de que o adquirente do produto ou o utilizador do serviço seja destinatário final da prestação.

Quanto ao primeiro elemento, passaremos a identificar o conceito de consumidor, que é certamente um dos temas mais polêmicos de Direito do Consumidor e não sem motivo, pois a posição que se vier a tomar será o primeiro e mais importante passo para se determinar quem irá receber a proteção das normas de defesa do consumidor.

Sem adentrar com profundidade no debate, o que fugiria aos objetivos do trabalho, afirmamos, de forma conclusiva, que o Código de Defesa do Consumidor optou por oferecer um conceito geral de consumidor (art. 2º, *caput*) e outros três por equiparação (art. 2º, parágrafo único, art. 17 e art. 29).

Assim, "consumidor é toda pessoa física ou jurídica que adquire ou utiliza produto ou serviço como destinatário final" (art. 2º).

E equipara-se a consumidor:

a] "a coletividade de pessoas, ainda que indetermináveis, que haja intervindo nas relações de consumo" (art. 2º, parágrafo único). Exemplo seria a coletividade dos consumidores de determinado remédio. Se o remédio contiver um vício, todo esse grupo poderá ser representado numa ação coletiva contra o fabricante;

b] todas as vítimas de algum evento danoso provocado por fato do produto ou do serviço (art. 17). É o chamado *bystander*. Exemplo seria o indivíduo que come um iogurte com defeito na casa de um amigo, vindo a passar mal. Ele não é

---

[49] O trecho a seguir, acerca da definição de relação de consumo, foi extraído do livro *Contratos de adesão* (Mandamentos, 2002), que escrevi em coautoria com o Prof. Dr. Giordano Bruno Soares Roberto, como consequência de um trabalho que começou como projeto de iniciação científica na PUC Minas.

o consumidor direto; este é o amigo. No entanto, considera-se consumidor por equiparação, podendo agir diretamente contra o fornecedor;

c] todas as pessoas determináveis ou não, expostas às práticas comerciais, para os fins de que tratam os capítulos V (Das Práticas Comerciais) e VI (Da Proteção Contratual) (art. 29). É o consumidor potencial, que deve ser vulnerável. Exemplo seria o de todas as pessoas expostas a determinada publicidade enganosa.

No conceito geral de consumidor do art. 2º, *caput*, também chamado de *consumidor stricto sensu*, e no primeiro conceito de consumidor por equiparação, no parágrafo único do mesmo artigo, o legislador tinha em vista a intervenção do consumidor na relação jurídica de consumo, ou, em outras palavras, o acontecimento de uma relação contratual entre consumidor e fornecedor – aspecto individual – ou entre este e uma coletividade de consumidores – aspecto coletivo.

No conceito de consumidor por equiparação, contido no art. 17, o legislador incluiu aquele que, mesmo não tendo participado de nenhuma relação contratual com o fornecedor, foi vítima de um acidente de consumo causado por fato do produto ou do serviço.

E, por último, no conceito do art. 29, o legislador inclui, além daqueles que adquirem e utilizam produtos ou serviços, ou seja, daqueles que podem ser considerados consumidores de maneira concreta, aqueles que se encontram simplesmente expostos a práticas ou cláusulas abusivas.

Portanto, para receber a proteção do Código de Defesa do Consumidor, o primeiro passo é estar enquadrado num dos conceitos de consumidor.

Em seguida, ainda quanto ao elemento subjetivo, deve-se analisar o outro lado da relação jurídica, pois, se não houver fornecedor, essa relação não será de consumo.

Conforme o art. 3º do CDC:

> Art. 3º Fornecedor é toda pessoa física ou jurídica, pública ou privada, nacional ou estrangeira, bem como os entes despersonalizados, que desenvolvem atividades de produção, montagem, criação, construção, transformação, importação, exportação, distribuição ou comercialização de produtos ou prestação de serviços.

Inicialmente, percebe-se que o legislador quis ampliar ao máximo o conceito de fornecedor, não deixando de fora as pessoas físicas e nem os sujeitos não personificados. Também não cogitou de dispensar tratamento diferenciado conforme a pessoa jurídica fosse nacional ou estrangeira, de Direito Público ou de Direito Privado.

Contudo, o conceito não é tão amplo quanto se possa pensar, e isso em razão de uma exigência básica.

A exigência é a que se depreende do verbo desenvolver, presente no *caput* do art. 3º. É fornecedor quem desenvolve as atividades ali referidas e não quem ocasionalmente contrata com uma outra pessoa que seja destinatária final da prestação. Assim, se alugo o meu apartamento para alguém residir, esta pessoa é destinatária final e se ajusta ao conceito de consumidor, mas eu não seria fornecedor, pois não desenvolvo atividade de oferecer imóveis para locação. Logo, não haveria relação de consumo. Pelos mesmos motivos, não haveria relação de consumo se eu decidisse vender meu automóvel, ainda que o outro contratante o adquirisse como destinatário final.

Esta exigência de desenvolver determinada atividade é reforçada no parágrafo 2º do mesmo artigo que define o serviço como a atividade fornecida no mercado de consumo. Fornecedor é aquele que está no mercado, oferecendo seus produtos ou serviços.

O elemento objetivo, por sua vez, pode ser um produto (art. 3º, § 1º) ou um serviço (art. 3º, § 2º). Quanto aos produtos, apesar de o legislador não ter utilizado o termo *bens*, que é tradicionalmente utilizado pelo Direito Civil, não se pode dizer que, com isso, teve a intenção de restringir a aplicação do Código de Defesa do Consumidor. Já quando se tratar de serviço, o conceito oferecido pelo Código exclui expressamente duas atividades: as relações de caráter trabalhista e os serviços prestados sem remuneração. Nestes casos, não há relação de consumo por ausência do elemento objetivo.

Resta agora falar do terceiro elemento, o teleológico, que é de suma importância, pois é ele o mais importante critério elegido pelo legislador para restringir a proteção do Código de Defesa do Consumidor aos casos em que a tutela protetiva se faz necessária.

Para que haja relação de consumo, é necessário que a aquisição ou utilização do produto ou serviço tenha por objetivo servir a um destinatário final. Daí o elemento se chamar *teleológico* ou *finalístico*, pois cogita justamente da *finalidade da operação*, do motivo pelo qual alguém adquire ou utiliza um bem, se para consumi-lo – como destinatário final – ou se para revendê-lo ou integrá-lo em sua cadeia produtiva.

É justamente nesse ponto que a doutrina consumerista se divide.

Os *finalistas* entendem que as normas de defesa do consumidor devem ter aplicação restrita, em razão de sua *finalidade*, que é a de proteger a parte mais fraca. Alegam que, ao se permitir a extensão do campo de aplicação dessas normas, o nível de proteção do consumidor hipossuficiente diminuiria.

De outro lado, os *maximalistas* pretendem a aplicação do Código de Defesa do Consumidor a número cada vez maior de relações jurídicas. Para eles, o Código de Defesa do Consumidor é o novo regramento do mercado de consumo.

Mas como cada uma dessas correntes entende o elemento finalístico da relação jurídica de consumo: a destinação final?

Para os *maximalistas*, é suficiente que alguém seja destinatário final *fático* do bem, ou seja, que alguém retire um produto ou serviço do mercado para seu uso ou de sua empresa, desde que não o repasse para outrem.

Já para os *finalistas*, não basta que alguém seja destinatário final *fático* do bem, é necessário que seja destinatário final *econômico*, ou seja, que o produto ou serviço adquirido não integre a cadeia produtiva do adquirente, que a sua aquisição não tenha objetivo de lucro.

Há uma terceira vertente, denominada *teoria finalista mitigada*, que defende a ideia de que, mesmo se o produto ou o serviço integrarem a cadeia produtiva do adquirente, se ele for considerado vulnerável, a relação será de consumo, aplicando-se o Código do Consumidor.

Esta última posição parece-nos a mais coerente.

Assim, em tese, o Código de Defesa do Consumidor deve ser aplicado sempre que um consumidor adquirir de um fornecedor um produto ou utilizar um serviço como destinatário final econômico.

Parte da doutrina, contudo, afirma que somente o critério da destinação final da prestação não é suficiente, e aduz um outro: a verificação da vulnerabilidade do consumidor.

Realmente, por variadas razões, o consumidor se torna vulnerável – técnica, fática ou juridicamente – nas relações que trava e, por isso, carece de normas que lhe sejam mais favoráveis, a fim de reequilibrar a situação.

Contudo, o Código se preocupou em definir o alvo de suas normas protetivas como o destinatário final de um bem (art. 2º, *caput*), justamente por entender que nesse polo da relação de consumo se encontrava a parte mais vulnerável.

A vulnerabilidade é o fundamento de aplicação do Código de Defesa do Consumidor. Contudo, ela foi pressuposta pelo legislador como estando presente na pessoa do destinatário final.

Por isso, não é essencial se identificar a vulnerabilidade de um sujeito. Basta verificar se ele é destinatário final, ou conforme já adiantamos, se ele é destinatário final econômico.

Logo, o princípio da vulnerabilidade, presente em todo o Código de Defesa do Consumidor e consagrado no art. 4º, I, não deverá ser usado para restringir a aplicação do Código, ou seja, não se deixará de aplicá-lo quando se verificar que aquele que pretende sua proteção não é vulnerável perante o fornecedor. Assim, se um rico industrial adquire, como destinatário final econômico, algum produto de um pequeno comerciante, não se poderá negar-lhe a proteção do Código de Defesa do Consumidor sob a alegação de que ele não é vulnerável perante o fornecedor. Mesmo porque a vulnerabilidade pode ser técnica (ausência de conhecimentos), e não econômica.

Por outro lado, entendemos que este princípio pode ser utilizado para ampliar a proteção do Código de Defesa do Consumidor para os casos em que não haja um destinatário final econômico, mas apenas fático, ou nos casos que se encontrem em uma zona cinzenta, ou, ainda, quando nem se trate de destinatário final e, não obstante, haja vulnerabilidade daquele que adquire o produto ou utilize o serviço e essa vulnerabilidade seja tão expressiva que justifique tal ampliação.

Ora, se o Código de Defesa do Consumidor partiu do pressuposto que o consumidor é vulnerável e, por isso, estabeleceu normas para sua proteção, não há motivos para não o aplicar onde não haja tecnicamente consumidor, mas haja flagrante vulnerabilidade de uma parte.

Assim, especificamente quanto à proteção contratual, afirmamos que o Código de Defesa do Consumidor deve ser aplicado sempre que houver relação jurídica de consumo e, também, por analogia, sempre que houver flagrante vulnerabilidade de uma das partes em relação à outra. Não se pode esquecer dos princípios da função social dos contratos e da dignidade humana.

Nos contratos que não forem de consumo, e nos quais não houver esta vulnerabilidade, ou seja, naqueles que não forem de consumo e nos quais as partes possuírem poderes de negociação relativamente iguais, a disciplina genérica dos contratos prevista no Código de Defesa do Consumidor não deve ser aplicada. Aplica-se-lhes o Código Civil, que, diga-se de passagem, está bem mais próximo do Código de Defesa do Consumidor do que no passado, tendo adotado vários de seus princípios, sendo o mais importante o da boa-fé objetiva.

Aqui, concluem-se as informações históricas acerca dos contratos, na esperança de que tenha ficado claro que o fenômeno contratual sempre esteve e sempre estará em constante evolução.

9.4 Funções dos contratos

O mundo moderno é o universo dos contratos. Celebramos contratos desde o momento em que nos levantamos até irmos dormir. Se o fenômeno contratual deixasse de existir, também o deixaria nossa sociedade.

Nesse universo, destacam-se três funções primordiais dos contratos: a econômica, a pedagógica e, relacionada às outras duas, a função social.

A função econômica dos contratos é variada. Os contratos auxiliam no processo de circulação da riqueza. É por meio de contratos que os produtos circulam pelas várias etapas da produção: da mina à fábrica; desta à loja, chegando às mãos do consumidor. Os contratos não só fazem circular as riquezas, mas ajudam a distribuir a renda e gerar empregos. É por meio deles que satisfazemos nossas necessidades.

Tendo em vista a função pedagógica, contrato é meio de civilização, de educação do povo para a vida em sociedade. Aproxima os homens, abate suas diferenças. As cláusulas contratuais dão aos contratantes noção de respeito ao outro e a si mesmos, visto que, afinal, empenharam sua própria palavra. Por meio dos contratos, as pessoas adquirem noção do Direito como um todo, pois, em última instância, um contrato nada mais é do que miniatura do ordenamento jurídico, em que as partes estipulam deveres e direitos, através de cláusulas, que passam a vigorar entre elas. Ora, o ordenamento legal nada é além de conjunto de normas abstratas, destinado a todo o grupo social. Por meio dos contratos, as pessoas aprendem a lutar pelo Direito como um todo, de vez que, lutando por seus direitos contratuais, adquirem a visão necessária do funcionamento do ordenamento jurídico.[50]

A função social dos contratos é como que uma síntese das duas funções anteriores. Os contratos são fenômeno econômico-social. É enorme sua importância, tanto econômica quanto social. São meio de circulação de riquezas, de distribuição de renda, geram empregos, promovem a dignidade humana, ensinam as pessoas a viver em sociedade, dando-lhes noção do ordenamento jurídico em geral, ensinam as pessoas a respeitar os direitos dos outros. Esta seria a função social dos contratos: promover o bem-estar e a dignidade dos homens, por todas as razões econômicas e pedagógicas acima descritas. A função não serve apenas para limitar o exercício dos direitos, mas antes de tudo para promover a dignidade humana.

Como resume Gustavo Tepedino:

> À luz do texto constitucional, a função social torna-se razão determinante e elemento limitador da liberdade de contratar, na medida em que esta só se justifica na persecução dos fundamentos e objetivos da República acima transcritos. Extrai-se daí a definição da função social do contrato, entendida como o dever imposto aos contratantes de atender – ao lado dos próprios interesses individuais perseguidos pelo regulamento contratual – a interesses extracontratuais socialmente relevantes, dignos de tutela jurídica, que se relacionam com o contrato ou são por ele atingido. Tais interesses dizem

---

50 JHERING, Rudolf von. **A luta pelo direito.** 10. ed. Rio de Janeiro: Forense, 1992. p. 63.

respeito, dentre outros, aos consumidores, à livre concorrência, ao meio ambiente, às relações de trabalho.[51]

O art. 421 do Código Civil teve sua redação alterada pela Lei n. 13.879/2019. Retirou-se da redação original a exigência de a liberdade contratual dever ser exercida em razão da função social do contrato. De fato, ninguém exerce sua liberdade, seja de contratar, seja de fixar normas contratuais, em razão da função social. Esta, como já visto, enquanto realidade, consiste no fato de os contratos movimentarem a economia, gerarem e distribuírem riquezas, com isso promovendo a dignidade das partes contratantes e do corpo social. Enquanto princípio, a função social consiste numa pauta de deveres e limites que as partes devem observar a celebrar o contrato. São deveres e limites que dizem respeito ao meio ambiente, aos direitos dos consumidores, às obrigações trabalhistas e tributárias, dentre outros.

De fato, dizer que a liberdade contratual deva ser exercida em razão da função social, soa como um condicionante desarrazoado, impondo às partes contratantes uma preocupação com o todo social, que pode tornar-se um ônus demasiado, ensejando a atuação policialesca dos agentes públicos e inibindo a livre iniciativa.

Por outro lado, como dito, a função social é um princípio, ou seja, uma norma, que limita a liberdade contratual, na medida em que as partes contratantes devam observar uma pauta de deveres e limites, que dizem respeito ao meio ambiente, aos direitos dos consumidores etc.

É importante ressaltar, como o faz Tepedino, que função social dos contratos, enquanto princípio, não significa dar esmolas, não significa legitimar o mau pagador, não significa que o juiz possa fazer caridade, principalmente às custas alheias, ou seja, do outro contratante; significa, sobretudo – ao lado dos próprios interesses individuais – atender a interesses outros, quando pertinentes, tais como respeitar os direitos do consumidor, não atentar contra a livre concorrência, contra o meio ambiente e contra as relações de trabalho, além de recolher os tributos devidos, dentre outros. Função social não é instrumento de distribuição, nem de extermínio da riqueza. O direito de acumulação de bens é direito fundamental, por mais que o detestem muitos. O ódio à riqueza alheia é até um direito, desde que não ultrapasse os limites da paz social e da livre e pacífica expressão do pensamento.

---

51 TEPEDINO, Gustavo (Coord.) **A parte geral do novo Código Civil**: estudos na perspectiva civil-constitucional. Rio de Janeiro: Renovar, 2002. p. XXXII.

9.5 Requisitos de existência, de validade e de eficácia dos contratos

Para que um contrato exista e seja válido, produzindo os efeitos desejados pelas partes, deve, aliás, como qualquer negócio jurídico, preencher certos requisitos de existência, validade e eficácia, que devem estar presentes antes e durante a celebração. Os requisitos anteriores à celebração são os pressupostos. Pressupostos são aquelas condições que devem estar presentes antes mesmo da celebração, como, por exemplo, a capacidade das partes. Os requisitos que devem estar presentes durante a celebração dizem respeito à própria constituição do conteúdo do vínculo contratual, podendo ser chamados de elementos do contrato, como a forma adequada pela qual o contrato deverá ser celebrado, o objeto sobre o qual se está pactuando etc.[52]

Não caberia, contudo, neste trabalho estudo aprofundado, diferenciando pressupostos e elementos. Assim, englobamos as duas categorias sob uma mesma denominação: *requisitos*, entendidos como condições para que o contrato exista, seja válido e eficaz, sendo amparado pelo Direito. Examinaremos, a seguir, os principais requisitos de existência, de validade e de eficácia contratual, ressaltando que sempre que se falar em condições ou requisitos, sejam eles pressupostos ou elementos, devemos ter em mente fatores de ordem subjetiva, objetiva e formal. Consequentemente, destacam-se três grupos de requisitos, cuja observância se faz obrigatória, sob pena de ser o contrato defeituoso, ineficaz, ou mesmo nem chegar a existir.

9.5.1 Requisitos subjetivos

a] Capacidade

As partes contratuais devem ser capazes, ou seja, maiores de 18 anos ou emancipadas. Tal é a capacidade de fato, ou genérica. Além desta, deve-se atentar para a chamada capacidade negocial ou contratual, exigida pela Lei em certos contratos. Assim é que, se uma pessoa casada quiser alienar imóvel seu, não basta que seja maior de 18 anos, isto é, não basta que possua a capacidade genérica. Além dela, deve preencher o pressuposto de legitimação exigido para este contrato especificamente. Deve possuir a capacidade contratual, suprida pela autorização do cônjuge. Só com a vênia conjugal, tornar-se-á legitimada para realizar o negócio em epígrafe, a não ser que seja casada em regime de separação de bens.

---

[52] BESSONE, Darcy. **Do contrato**: teoria geral. 3. ed. Rio de Janeiro: Forense, 1987. p. 89.

Os absolutamente incapazes só podem contratar se representados por seus pais, tutor ou curador, e, assim mesmo, dentro dos limites de poderes impostos aos representantes legais.

Já os relativamente incapazes podem, em princípio, contratar livremente, desde que assistidos por seus pais, tutor ou curador, que devem dar seu consentimento na realização de cada contrato. Pode ser o caso, entretanto, de o relativamente incapaz necessitar de representação. Isso dependerá do grau da deficiência física, mental ou intelectual de que seja portador, bem como da amplitude e dos limites dos poderes do curador, fixados na sentença de interdição.

Ausente este requisito, o contrato será portador de defeito grave, se a incapacidade for absoluta, ou leve, se a incapacidade for relativa. No caso de ausência de vênia conjugal, o defeito será leve.

b] Consentimento

A liberdade de contratar, de expressão da atuação livre é princípio informador do Direito Contratual, embora admita exceções. Consentimento é, portanto, a livre expressão do agir. Em outras palavras, ninguém pode ser obrigado a contratar, a não ser em virtude de lei. A ausência dessa liberdade inquina o contrato de defeito leve. Essa liberdade é, porém, muito relativa, diante de algumas necessidades vitais que todos nós possuímos. Em virtude delas, temos que contratar, necessariamente. Como pode a classe média urbana viver sem telefone, sem luz elétrica, sem ir ao médico ou ao dentista, sem comprar nos supermercados ou farmácias?

c] Pluralidade de partes

É totalmente redundante falar que, para que haja contrato, são necessárias, pelos menos, duas pessoas, sejam físicas ou jurídicas. O próprio nome indica a pluralidade de partes: *com* + *trato*, ou seja, *trato com* alguém. Esse requisito é, na verdade, pressuposto de existência do contrato.

Apesar de a pluralidade de partes ser elemento essencial de todo contrato, fala-se em *contrato consigo mesmo*, talvez um pouco impropriamente, pelo menos do ponto de vista formal. Exemplo seria o de uma Sociedade Anônima que celebra contrato com uma de suas subsidiárias. Formalmente, existem duas partes, duas pessoas jurídicas distintas. Ocorre que, na realidade, trata-se do mesmo grupo, no fim das contas. Outro exemplo, ainda mais clássico, seria o seguinte: A vende a B um imóvel. No dia de assinar a escritura, A outorga procuração a B para assinar em seu nome. Assim, B assinará a escritura em seu próprio nome e em nome de A. Na escritura, constará apenas a assinatura de B, o que levou à expressão *contrato consigo mesmo*. Na verdade, porém, as partes são duas: A e B.

Segundo alguns, o típico contrato consigo mesmo só ocorreria nesta segunda hipótese.[53]

Normalmente, as partes contratuais são conhecidas no momento da celebração. Pode ocorrer, todavia, que o contrato se celebre com pessoa a declarar.[54]

Contrato com pessoa a declarar é aquele que é pactuado por uma das partes em favor de terceiro, conhecido ou não no momento da celebração.

O Código Civil Peruano (art. 472) é extremamente didático, com redação muito mais clara do que o nosso.

> Art. 472 (contrato com pessoa a declarar)
>
> I] Ao concluir o contrato, pode uma das partes declarar que o celebra a favor de outra pessoa, reservando-se a faculdade de revelar-lhe o nome posteriormente.[55]

Um exemplo prático seria o seguinte: Cristiano deseja comprar o terreno de seu vizinho. Para evitar pagar um preço mais alto, pede a Fernando que faça o negócio por ele. Dessa forma, o contrato será celebrado por Fernando que, sem procuração, representará Cristiano. No contrato, haverá cláusula dispondo que Fernando conclui o contrato em nome de um terceiro a declarar. Veja-se que não é necessário exibir uma procuração, no momento em que o contrato é pactuado. Assim, Cristiano não aparece.

O Código Civil, nos arts. 467 a 471, traz algumas normas a respeito.

Segundo o art. 468, a pessoa a declarar deve ser indicada nos cinco dias seguintes à celebração do contrato, salvo outro prazo estipulado pelas partes.

Uma vez nomeado o terceiro, o contrato produzirá seus efeitos normais em relação a ele, como se fora parte contratante, desde o início.

A indicação do terceiro deverá revestir a mesma forma usada para o contrato. Se a forma foi escrita, a indicação deverá ser escrita. Mas se o contrato foi celebrado verbalmente, a forma da indicação poderá ser verbal ou escrita.

Se a pessoa a declarar não for nomeada no prazo, o declarante responderá por ela, como se tivesse celebrado o contrato em seu próprio nome. Assim, voltemos ao exemplo dado acima: Cristiano deseja comprar o terreno de seu vizinho, Alessandro. Para evitar pagar um preço mais alto, pede a Fernando que faça o negócio por ele. Se Cristiano não for indicado no prazo avençado, Fernando responderá

---

53 ROPPO, Enzo. Op. cit., p. 118.
54 Sobre o tema, *vide* GOMES, Luiz Roldão de Freitas. **Contrato com pessoa a declarar**. Rio de Janeiro: Renovar, 1994.
55 "Art. 472 (contrato con persona a nombrar) (...) I. Al concluir el contrato, puede una de las partes declarar que lo celebra en favor de otra persona, expresando a la vez que se reserva la facultad de revelar posteriormente el nombre de ésta."

perante Alessandro como se fosse ele o contratante. Em outras palavras, terá que cumprir o contrato, sob pena de pagar perdas e danos.

O mesmo ocorrerá se a pessoa nomeada era insolvente e a outra parte o desconhecia no momento da indicação. Assim, no exemplo dado, se Cristiano fosse insolvente e, no momento da indicação, Alessandro não soubesse, este poderá, posteriormente, exigir que Fernando responda pelas obrigações contratuais, como se tivesse contratado em seu próprio nome. O art. 471 ratifica a regra, dispondo que, se a pessoa a declarar era incapaz ou insolvente no momento da indicação, o contrato produzirá efeitos entre os contratantes originários.

Também responderá o declarante, como se tivesse contratado em seu próprio nome, se o nomeado se recusar a aceitar a nomeação. Assim, se Cristiano recusar a nomeação, Fernando responderá perante Alessandro. Obviamente, terá direito de regresso contra Cristiano, se não tiver havido justa causa para a recusa.

Há casos, porém, em que não será possível a celebração de contrato com pessoa a declarar. Assim, nos casos em que não seja possível a representação, não se admite a figura. Exemplo seriam os contratos *intuitu personae*. Uma editora não aceitará jamais encomendar uma obra de alguém a declarar.

Há alguns contratos cujo mecanismo é incompatível com o instituto, como o seguro de vida ou o seguro-saúde. A seguradora nunca iria aceitar segurar a vida ou a saúde de pessoa a declarar. Na doação, pode-se dizer o mesmo. Ninguém faz uma doação à pessoa a declarar. Tampouco admitem a modalidade, os atos de Direito de Família, como a adoção.[56]

9.5.2 Requisitos objetivos

a] Possibilidade

Quando estudamos os requisitos de validade dos atos jurídicos em geral, vimos que seu objeto deve ser possível, tanto material quanto juridicamente. Modalidade de ato jurídico, aos contratos, logicamente, se aplica a regra geral.

Materialmente possível é o objeto realizável do ponto de vista físico. Assim, não se pode vender lotes no Sol, não por ser o negócio defeso em lei, mas, simplesmente, por não ser realizável, factível. A impossibilidade pode ser absoluta ou relativa. Absolutamente impossível é o objeto irrealizável por qualquer pessoa medianamente dotada, tanto física quanto intelectualmente. Relativamente impossível é o objeto que apenas uma ou outra pessoa não possa realizar.

Juridicamente possível é o objeto não proibido pelo Direito. Vimos que no Direito Privado tudo o que não é proibido é permitido. Assim, sendo o objeto

---

56 GOMES, Luiz Roldão de Freitas. Op. cit., p. 34-35.

materialmente possível, e não sendo defeso em lei, será juridicamente possível. Impossível juridicamente seria a venda de um monumento público, por exemplo.

Tanto a impossibilidade material quanto a jurídica tornam o contrato passível de anulação, por conter defeito grave. Já se o objeto é impossível apenas para aquelas partes específicas, mas possível para outras pessoas, a impossibilidade será relativa. Sendo inicial, ou seja, sendo superável, o contrato será válido. Se João contrata Manoel para pilotar seu avião, o objeto será impossível para Manoel, caso não saiba pilotar. Não se trata de incapacidade jurídica. Trata-se de impossibilidade relativa inicial, podendo ser superada se Manoel aprender a pilotar.

Se o contrato for subordinado à condição suspensiva, e se a impossibilidade do objeto deixar de existir antes do implemento da condição, o contrato não será anulado. João contrata os serviços de piloto de Manoel, para o caso de vir a assumir uma função que demande viagens constantes. Manoel não sabe pilotar. O objeto será, portanto, impossível para Manoel, como vimos. Mas, se antes do implemento da condição, ou seja, se antes de João assumir sua nova função, Manoel vier a aprender a pilotar, o contrato será válido.

b] Licitude

Além de possível, o objeto do contrato há de ser lícito. Objeto lícito é aquele não reprovável pela Lei. Aqui também fica mais fácil entender pela análise do antônimo: objeto ilícito. Ilícito é o objeto reprovável juridicamente, tal como os narcóticos. É, de fato, diferente do objeto juridicamente impossível, como a herança de pessoa viva. A herança em si não é ilícita, mas é juridicamente impossível, ou seja, não é permitido que figure como objeto de contrato. Já os narcóticos são ilícitos em si mesmos. Portanto, uma compra e venda de cocaína terá objeto ilícito; já a cessão de herança de pessoa viva, ou a venda de um monumento público terá objeto juridicamente impossível.

c] Determinabilidade

Por *determinabilidade*, devemos entender que o objeto de um contrato tem que poder ser determinado, ou bem no momento de sua celebração, ou no momento da execução. Em outros termos, poderíamos dizer que o objeto de um contrato deve ser, quando nada, determinável. Não se pode celebrar um contrato cujo objeto seja "vender grãos". Ora, que grãos? Milho? Feijão? Em que quantidade? Qual deverá ser a qualidade desses grãos? Tudo isso tem que ser determinado no momento da celebração ou, quando nada, o contrato deve conter elementos que possibilitem a determinação, quando de sua execução (por exemplo: "o objeto do contrato são grãos, determinados pela parte X, daqui a dois meses").

A determinabilidade do objeto é requisito de eficácia do contrato.

d] Economicidade

O objeto de um contrato deve ter valor econômico, podendo ser avaliado em dinheiro. Aliás, é desse tipo de deveres, ou seja, deveres jurídicos patrimoniais, que cuida o Direito das Obrigações, no qual se inserem os contratos, enquanto fonte de obrigações.

A ausência desse requisito desconfigura o contrato como negócio obrigacional, podendo mesmo torná-lo ato inexistente. Não é negócio obrigacional (patrimonial), mas existencial, o casamento, a doação de órgãos etc. Não é contrato a convenção entre duas pessoas de se abraçarem todas as manhãs.

9.5.3 Requisitos formais

Na parte geral do Código Civil insere-se a regra para todos os atos jurídicos de que devem realizar-se da forma que a Lei determina ou que, pelo menos, não proíba: forma prescrita ou não defesa em lei.

Em Direito Contratual, a fórmula se mantém. Por princípio, como acentuamos acima, vigora o consensualismo, quer dizer, os contratos podem celebrar-se da forma que as partes desejarem: por escrito, verbalmente, por meio de mímicas, tacitamente ou presumidamente. A forma tácita poderá se concretizar por meio de atitude positiva ou por meio do silêncio de uma das partes (atitude negativa), que levam à conclusão de que deseja contratar. Quando tomamos um ônibus, por exemplo, não dizemos qualquer palavra, apenas entregamos o dinheiro ao trocador, nos sentamos, para, em seguida, descermos no local almejado. Procedendo assim, estamos celebrando contrato de transporte tacitamente. A atitude de parar no ponto e entrar no ônibus é compatível com a expressão da vontade tácita de contratar. O silêncio, enquanto atitude negativa, é mais raro de ocorrer e, normalmente, deve ser interpretado como negativa. "Quem cala consente" é dito popular e não regra de Direito.[57]

A forma pode ser, ainda, presumida, quando resultar de certas circunstâncias, das quais se possa presumir ter-se realizado o ato. Exemplo clássico é a aceitação de doação (art. 539). Dá-se aceitação presumida quando o doador, por exemplo, fixar um prazo ao donatário para que este aceite. Passado o prazo sem manifestação do donatário, sendo a doação pura e simples, presume-se aceita; sendo modal (com encargo), presume-se recusada. Um outro exemplo seria o da celebração presumida de contrato. Segundo o art. 432, se o negócio, de acordo com os costumes locais, não exigir aceitação expressa, o contrato se presumirá concluído, se a recusa não chegar a tempo às mãos do proponente. Imaginando, assim, para efeito de argumentação, que, pelos costumes de certa praça, não

---

57 RÁO, Vicente. **Ato jurídico**. São Paulo: RT, 1994. p. 119.

se exija aceitação expressa da proposta de cartão de crédito, esta se presumirá aceita, e o contrato celebrado, se o destinatário não remeter sua recusa no tempo fixado na proposta. No Brasil, este exemplo do cartão de crédito não se aplica. De todo modo, serve para clarear a regra do art. 432, raramente aplicável na prática.

Como se pode ver em todos os exemplos dados, a forma presumida, como regra, decorre de lei. O que deve ficar claro é que na forma presumida, o agente não pratica nenhum ato; não há por parte dele qualquer atitude, que deixe fora de dúvida que o ato tenha sido praticado. O agente fica inerte, e é exatamente essa inércia que faz presumir a prática do ato. Em outras palavras, dada a inércia do agente, a Lei, ou a lógica, autoriza presumir a prática do ato. A forma presumida é, como se vê, totalmente diferente da forma tácita, na qual não é necessário se presumir nada, uma vez que as atitudes silenciosas do agente deixam óbvio que o ato está sendo ou foi praticado.

Não se deve confundir a forma tácita ou presumida, com o simples silêncio de uma das partes. Quando a realização do ato decorrer do silêncio de uma das partes, pode ser o caso de se aplicar a regra popular de que quem cala consente. Mas para que esta regra seja aplicada, é preciso que esteja bem claro que o silêncio quer dizer "sim". E o silêncio só significa consentimento quando as circunstâncias e os costumes do lugar o autorizarem e se não for necessária a declaração de vontade expressa. É o que diz o art. 111 do CC. Se o consentimento silencioso não for conclusivo, a regra não será aplicada, e quem se calar não estará consentindo. É só pensarmos na hipótese de uma pessoa oferecer um produto a outra, e esta nada responder. O silêncio, em tal caso, não pode ser interpretado como consentimento, mas como negativa.

Mais uma vez, como bem acentua Vicente Ráo, "quem cala consente é um ditado popular e não uma regra de direito".[58]

Como vimos, o silêncio só importa anuência se as circunstâncias ou os usos o autorizarem, e se não for imperativa a declaração expressa de vontade.

Há determinados momentos, no entanto, em que a Lei exige a observância de certas solenidades para a celebração válida de alguns contratos. A forma escrita é a regra geral para estes casos. O contrato de doação, por exemplo, quando seu valor for expressivo, deverá ser realizado por escrito. A escritura, ou instrumento do contrato escrito, ou seja, o papel em que é grafado, pode ser particular ou público. Será particular quando as próprias partes o redigirem em papel seu. Será pública a escritura quando redigida em livro próprio dos cartórios de notas. Exemplo de contrato para o qual a Lei exige a forma pública são a compra e venda de imóveis, a procuração outorgada por pessoas relativamente incapazes e alguns outros.

---

58 Idem, ibidem.

A não observância da forma adequada pode eivar o contrato de defeito grave, ou mesmo torná-lo negócio inexistente. Se faço uma doação de alto valor verbalmente, o contrato conterá defeito grave, podendo ser anulado. Mas se presto fiança verbalmente, o contrato não existe, nem carecendo ser anulado.

9.6 Causa, motivo e fim dos contratos

Para o estudo do Direito Contratual, é interessante compreender a definição de causa, motivo e fim dos contratos, bem como as diferenças entre eles. Serão importantes essas noções quando se estudar o revisionismo contratual e as teorias da imprevisão.

Causa (eficiente) é a razão que cria o contrato. É a vontade/necessidade de contratar. Responde à pergunta "para que serve o contrato?". Na compra e venda, por exemplo, a causa seria a vontade de adquirir. Causa (final) é a razão de ser, a finalidade, o objetivo jurídico. Na compra e venda a causa final seria a transferência da propriedade. Fim é aquilo que de positivo ou de negativo ocorre na esfera jurídica do figurante do ato jurídico. Confunde-se, portanto, com o objeto do ato jurídico, tendo o mesmo sentido de eficácia jurídica ou causa final. Na compra e venda, o fim seria a própria transferência eficaz da propriedade, elemento natural do contrato.[59]

Motivo é a razão intencional determinante do contrato. Responde à pergunta "qual a intenção de cada uma das partes ao celebrar o contrato?". O motivo é irrelevante, salvo disposição expressa em sentido contrário, no contrato.

Segundo o art. 140 do Código Civil, o falso motivo, ou seja, o motivo frustrado, só vicia a declaração de vontade, quando expresso como razão determinante, ou seja, quando for comum a ambas as partes, ou quando uma parte assumir o motivo da outra.

Karl Larenz dá o exemplo da pessoa que adquire alianças de noivado, e este vem a ser cancelado. O motivo da compra era o noivado. Ocorre que, por não ser de nenhum interesse para o vendedor, este motivo não poderia interferir no contrato. Uma vez cancelado o noivado, o contrato deverá ser cumprido, ainda assim.[60] Mas, se o joalheiro assumir o motivo do noivo, ou seja, se aceitar resilir o contrato, caso o noivado se frustre, o distrato será direito do noivo. O mesmo ocorrerá, se o motivo for comum a ambas as partes. A e B celebram uma locação para que B (locatário) possa assistir à queima de fogos na virada do ano. Ocorre

---

59 MELLO, Marcos Bernardes de. **Teoria do fato jurídico**: plano da existência. 9. ed. São Paulo: Saraiva, 1999. p. 126.
60 LARENZ, Karl. **Lehrbuch des Schuldrechts**. 14. ed. München: Beck, 1987. p. 329.

que a prefeitura, por razões de segurança, cancela a festa. Nesta hipótese, B terá direito a resilir o contrato.

Na compra e venda, o motivo seria a razão pela qual um está querendo vender e o outro querendo comprar. Diz respeito às necessidades de cada uma das partes. Não se confunde com a causa, que é a razão de ser jurídica do contrato. O motivo é interno, varia de pessoa para pessoa.

9.7 Princípios informadores

Adotaremos, aqui, a mesma metodologia que adotamos *supra*, no Capítulo anterior, ao tratarmos da principiologia do Direito das Obrigações. Primeiramente, é fundamental entender o significado de princípio. Em seguida, faremos um estudo da principiologia clássica, para, depois, adentrar a principiologia moderna.

Em primeiro lugar, devemos entender a expressão *princípios informadores*, largamente utilizada por todas as ciências, inclusive pelo Direito.

Princípios informadores, como já visto, são normas gerais e fundantes que fornecem os pilares de determinado ramo do pensamento científico ou do ordenamento jurídico. Informam, portanto, o cientista ou o profissional do Direito. Daí o nome princípios informadores, porque informam os fundamentos dos quais devemos partir. São gerais porque se aplicam a uma série de hipóteses, e são fundantes, na medida em que deles se pode extrair um conjunto de regras, que deles decorrem por lógica. Assim, do princípio do enriquecimento sem causa, pode-se deduzir a regra de que quem recebe pagamento indevido, por erro do devedor, deverá restituir o que recebeu. Quem assina contrato bancário sem ler, mesmo que não se considere esta modalidade contrato de consumo, não estará obrigado a cumprir cláusula, que, embora não seja abusiva, impõe dever que não faça parte da natureza do contrato, como a obrigação de fazer um seguro de vida, como cláusula de contrato de abertura de conta. Esta regra se pode extrair de dois princípios, o da boa-fé e o da confiança. Esses subprincípios e regras dedutíveis de um princípio servem para densificá-lo.

É importante, mais uma vez, ressaltar que as regras que se deduzem de um princípio, ou já estão positivadas em lei, ou se deduzem de inferência lógica, sem que se possa, evidentemente, extrair detalhes que não sejam dedutíveis de imediato por intermédio de processo lógico. Em outras palavras, o intérprete não pode deduzir detalhes normativos de um princípio, que só ao legislador seja lícito positivar. Há regras que são decorrência lógica e necessária de um princípio, há outras que necessitam da mediação do legislador. São regras que não são dedutíveis. Por exemplo, do princípio do enriquecimento sem causa, pode-se inferir a regra de que a indenização pela prática de ato ilícito contratual (inadimplemento, por exemplo) não pode ir além da extensão do dano e, eventualmente, do grau da culpa, sob pena de haver enriquecimento sem causa por parte da vítima, que estaria recebendo uma indenização superior ao dano sofrido. Mas, definitivamente, não se pode daí inferir que o juiz estaria autorizado a fixar uma quantia a mais, a título de indenização pedagógico-punitiva (*punitive damages*), e direcioná-la a uma instituição de caridade, a fim de evitar o enriquecimento sem causa da vítima. Não se pode inventar detalhes normativos, que não sejam dedução imediata do princípio, por meio de um processo lógico-racional. Para isso, é obrigatória a intermediação do legislador. Só podem ser implementadas sem a interferência do legislador os subprincípios e as regras dedutíveis do princípio em questão.

O Direito Contratual se pauta, atualmente, em princípios modernos, criados para atender às mudanças de paradigma dos contratos. Hoje, não se pode dizer que o modelo clássico de contratação, em que duas pessoas se sentam a uma mesa e negociam cláusulas, seja regra geral. No mundo moderno, a celebração de contratos se massificou. Se a principiologia clássica atendia ao modelo antigo, não se ajusta bem ao novo modelo de contratar. A doutrina teve, assim, que adaptar os princípios clássicos aos novos tempos, criando uma nova principiologia para o Direito Contratual. Vejamos como se deu essa evolução.

9.7.1 Principiologia clássica do direito contratual

A principiologia clássica tem como paradigma a forma tradicional de contratar. Duas pessoas, em igualdade de condições, discutem e negociam livremente, para, então, celebrar o contrato. Parte, portanto, da igualdade formal, uma mera pressuposição de igualdade entre as partes.

Vejamos os princípios mais relevantes, apesar de a doutrina não ser uniforme ao apontá-los.

9.7.1.1 Princípio da autonomia da vontade

É o mais importante princípio. É ele que faculta às partes total liberdade para concluir seus contratos. Funda-se na vontade livre, na liberdade de contratar. O contrato é visto como fenômeno da vontade e não como fenômeno econômico-social. É o princípio que protege as partes contratantes da ingerência ilegítima do Estado. Exerce-se a autonomia da vontade em quatro planos.

1] Contratar ou não contratar. Ninguém pode ser obrigado a contratar, apesar de ser impossível uma pessoa viver sem celebrar contratos.

2] Com quem e o que contratar. As pessoas devem ser livres para escolher seu parceiro contratual e o objeto do contrato.
3] Estabelecer as cláusulas contratuais, respeitados os limites da Lei.
4] Mobilizar ou não o Poder Judiciário para fazer respeitar o contrato, que, uma vez celebrado, torna-se fonte formal de Direito.

Sem sombras de dúvida, o princípio comporta exceções. Em determinados momentos, a Lei impõe a certas pessoas o dever de contratar, como é o caso da obrigação dos comerciantes de não sonegar mercadorias. Outros momentos há em que uma das partes não tem qualquer liberdade de discutir as cláusulas contratuais, como nos contratos de seguro, ou de depósito bancário etc., chamados contratos de adesão. Às vezes não temos escolha quanto ao parceiro contratual, nos casos de monopólio, ou mesmo no caso do comerciante que é obrigado a vender suas mercadorias a quem quer que se apresente com dinheiro suficiente. Assim mesmo, pode-se afirmar ter sido o princípio da autonomia da vontade norma geral do Direito dos Contratos.

O princípio da autonomia da vontade se desdobra em vários outros princípios. Vejamos:

9.7.1.1.1 Princípio da obrigatoriedade contratual

Uma vez celebrados pelas partes, na expressão de sua vontade livre e autônoma, os contratos não podem mais ser modificados, a não ser por mútuo acordo. Devem ser cumpridos como se fossem lei. Costuma-se traduzir esse princípio em latim por *pacta sunt servanda*.

Evidentemente, só se aplica este princípio aos contratos realizados de acordo com a Lei. Os contratos, bem como as cláusulas contrárias ao Direito, reputam-se ilegítimos, saindo da esfera do princípio da obrigatoriedade contratual.

Este princípio tem larga base de fundamentação filosófico-doutrinária.

Para alguns jusnaturalistas, os fundamentos do princípio da obrigatoriedade contratual se encontram no contrato social. As pessoas, ao se agruparem em sociedade, formularam uma espécie de contrato, estabelecendo regras de convivência. Dentre elas, o princípio em estudo.

Para outros jusnaturalistas, as bases do princípio se encontram na própria natureza humana.[61]

De qualquer forma, para a escola jusnaturalista, esse princípio seria indubitavelmente norma de Direito Natural.

---

61 NERSESSYANTS, V. S. et al. **Istorya polititcheskikh i pravovykh utchenij**. 2. ed. Moskva: Iuriditchestkaya literatura, 1988. p. 119 *et seq.*

Para os utilitaristas, como Jhering, por exemplo, encontraríamos os fundamentos do princípio da obrigatoriedade contratual na própria conveniência de respeitar para ser respeitado.[62]

Na concepção positivista, os fundamentos estariam no próprio Direito Positivo, ou seja, o princípio só vigora por estar sacramentado em lei.[63]

Segundo a ótica do normativismo kelseniano, é também a Lei o fundamento do princípio. Este se encontra evidenciado em lei, tendo como substrato outra lei que, por sua vez, origina-se de outra lei, e assim por diante, até a norma fundamental (*Grundnorm*), abstrata e sem conteúdo, servindo só para alicerçar o Direito Positivo.[64]

Já para Kant e seus seguidores, o princípio funda-se na própria liberdade de contratar: o contrato obriga por terem as partes assim combinado.[65] Mais adiante, voltaremos a Kant, talvez o mais importante dos filósofos, no que diz respeito ao princípio da autonomia da vontade e da obrigatoriedade contratual.

Por fim, modernamente, a obrigatoriedade contratual encontra seus fundamentos na Teoria Preceptiva, segundo a qual as obrigações oriundas dos contratos obrigam não apenas porque as partes as assumiram, mas porque interessa à sociedade a tutela da situação objetivamente gerada, por suas consequências econômicas e sociais. A esfera contratual é espaço privado, em que as partes, nos limites impostos pela Lei, podem formular preceitos (normas) para regular sua conduta. A obrigatoriedade contratual também se baseia no princípio da confiança. Baseado no valor social da aparência (Betti), o contrato vincula por razões sociais, ou seja, as partes têm que ter a segurança ou a confiança de que o contrato será cumprido, mesmo que à força.

9.7.1.1.2 Princípio do consensualismo

Como vimos *supra*, o Direito Romano, no início, só considerava contrato aquelas convenções que revestiam forma externa (*verbis, re, litteris*). Posteriormente, evoluiu e passou a admitir como contratos convenções realizadas sem quaisquer fórmulas sacramentais, bastando, para sua eficácia, o consenso entre as partes. Tal foi o caso da compra e venda, da locação, do mandato e da sociedade.

Numa fase posterior, mesmo os contratos formais perderam aquelas fórmulas. Num primeiro momento, estas caíram em desuso, restando apenas menção de que haviam sido cumpridas. Essa menção era mais importante do que as próprias

---

62 JHERING, Rudolf von. **Estudios jurídicos (Del interés en los contratos)**, p. 23 et seq.
63 NERSESSYANTS, V. S. et al. Op. cit., p. 572 et seq.
64 KELSEN, Hans. **Reine Rechtslehre**. Wien: Franz Deuticke, 1960. p. 352 et seq.
65 KANT, Immanuel. The science of right. In: **Great Books of the Western World**. Chicago: University of Chicago, 1952. p. 416 et seq.

fórmulas. Num segundo momento, até mesmo a menção caiu, e o consensualismo tornou-se regra.

O princípio do consensualismo dita considerarem-se os contratos celebrados, obrigando, pois, as partes, no momento em que estas cheguem a consenso, na conformidade com a Lei, sendo dispensada qualquer formalidade adicional.

Este princípio é a regra geral, sendo, entretanto, limitado por várias exceções, quando a Lei exige formalidades extras para alguns contratos.

9.7.1.1.3 Princípio da liberdade de contratar

Pelo princípio da liberdade de contratar, as partes seriam livres para celebrar ou não o contrato. O princípio sempre sofreu exceções, como vimos ainda há pouco, embora seu ideal fosse absoluto. A ideia de liberdade é, obviamente, relativa. O que se entendia por liberdade nos séculos XVIII e XIX, está longe de ser o mesmo que entendemos hoje. A liberdade de contratar estava muito voltada para a concepção voluntarista de contrato, o que em nossos dias não se justifica, uma vez que entendemos o contrato, não como um fenômeno da vontade, mas como um fenômeno socioeconômico, fruto de desejos e necessidades. Assim falar em liberdade hoje é diferente do que foi há duzentos anos.

9.7.1.1.4 Princípio da liberdade contratual

Pelo princípio da liberdade contratual, as partes seriam livres para estabelecer o conteúdo do contrato. Como vimos, o paradigma da contratualidade era o de duas pessoas se sentando a uma mesa e negociando cláusulas livremente. Era assim que se concebia a celebração de um contrato. Evidentemente, que, tomando esse paradigma por base, a liberdade de negociar o conteúdo do contrato deveria ser a mais ampla, senão absoluta.

9.7.1.1.5 Princípio da relatividade contratual

Princípio da relatividade contratual ou do efeito relativo dos contratos, segundo o qual o contrato, em princípio, só obriga às partes, apesar de poder se opor a terceiros, em alguns casos, como, por exemplo, aos herdeiros de uma das partes, em certas circunstâncias.

9.7.1.1.6 Princípio da imutabilidade ou da intangibilidade

Segundo o princípio da imutabilidade, o contrato só poderá ser alterado por mútuo acordo. Uma das partes não pode, sem o consentimento da outra, promover alterações no contrato já celebrado.

9.7.1.1.7 Princípio da irretratabilidade

De acordo com o princípio da irretratabilidade, uma vez celebrado o contrato, as partes não podem voltar atrás, salvo em situações excepcionais, como a impossibilidade da prestação devida a caso fortuito.

9.7.1.2 Princípio do *neminem laedere*

A expressão neminem laedere é uma adaptação do famoso conceito de Ulpiano, eternizado no Digesto e nas Instituições de Justiniano: *iuris praecepta sunt haec: honeste vivere, alterum non laedere, suum cuique tribuere* (os preceitos do Direito são os seguintes: viver honestamente, não lesar o outro, atribuir a cada um o seu) (Ulpiano, *Digesta* 1.1.10.1; *Institutiones* 1.1.3). Segundo o princípio do *neminem laedere*, cada uma das partes contratantes deve agir honestamente, sem lesar a outra; e cada uma delas pode exigir que a outra aja com honestidade, com retidão. O enfoque do princípio é o dano, que uma das partes não deve causar à outra, por meio de sua conduta honesta. A ideia se centra na conduta negativa de não lesar, muito mais do que na conduta positiva de viver honestamente. Em outras palavras, viver honestamente significa não lesar outras pessoas.

9.7.1.3 Princípio da justiça contratual

Segundo o princípio da justiça contratual, o contrato deve ser justo, ou seja, deve ser equilibrado, de modo a que as partes saiam satisfeitas da contratação. O contrato deve ser bom para ambas. É importante salientar, que a preocupação, nesta época é com a justiça formal. Não havia a preocupação de assegurar a justiça material, no caso concreto. Assim, não se falava em lesão, por exemplo, ou da possibilidade de revisão do contrato diante de circunstâncias inesperadas e adversas. Se as partes fossem maiores, capazes, não tivessem sido vítimas de dolo ou coação, não tivessem agido em erro escusável, o contrato seria considerado justo. Em outras palavras, não se indagava se as partes realmente haviam contratado em pé de igualdade, se não teria havido sobreposição de uma sobre a outra. Não se questionava da vulnerabilidade ou da hipossuficiência de uma das partes. A justiça contratual era, pois, vista de uma ótica estritamente formal.

9.7.2 Nova principiologia do direito contratual

9.7.2.1 Introdução

O liberalismo congregava a sociedade (economistas, juristas e políticos) em torno do *laissez-faire*. O liberalismo não era só doutrina econômica. Abrigava fundamentos religiosos (a ideia cristã do homem como valor supremo, dotado de direitos naturais) e fundamentos políticos (oposição ao *Ancien Régime*, por demais opressivo).

A teoria jurídica se assentava sobre alguns dogmas:

1] oposição entre o indivíduo e o Estado, que era um mal necessário, devendo ser reduzido;
2] princípio moral da autonomia da vontade: a vontade é o elemento essencial na organização do Estado, na assunção de obrigações etc.;
3] princípio da liberdade econômica;
4] concepção formalista de liberdade e igualdade, ou seja, a preocupação era a de que a liberdade e a igualdade estivessem, genericamente, garantidas em lei. Não importava muito garantir que elas se efetivassem na prática.

Este estado de coisas vem até o final do século XIX, início do século XX.

A exaltação kantiana da vontade criadora do homem fez o Código Civil Francês abolir a transcrição e a tradição, passando o simples consenso a ser o meio de transmissão da propriedade. Foi também por influência de Kant, segundo Fernando Noronha,[66] que os pandectistas alemães engendraram a ideia de negócio jurídico, enquanto manifestação de vontade produtora de efeitos.[67]

Planiol, em 1899, proclamava que a vontade das partes forma obrigação nos contratos; a Lei apenas sanciona essa vontade criadora.[68]

No final do século XIX, e no século XX, nasce o chamado Estado Social. Há muito, políticos e economistas haviam abandonado a ideia do liberalismo. Os juristas continuavam, contudo, apegados à ideia da autonomia da vontade. Não por puro conservadorismo, mas por força do modelo tradicional de contrato,

---

[66] NORONHA, Fernando. **O direito dos contratos e seus princípios fundamentais**. São Paulo: Saraiva, 1994. p. 63 *et. seq.*
[67] Segundo Kant, a razão tem dois usos: um prático, ligado às ações, e um teórico, ligado ao conhecimento. Na Crítica da Razão Pura, Kant demonstra que o uso teórico da razão é limitado, pois que só pode conhecer o fenômeno no tempo e no espaço (estética), ou seja, o que aparece da coisa e não a coisa em si. A razão prática é, por outro lado, ilimitada, pois que cria suas próprias leis para reger as ações humanas, sejam tais leis morais ou jurídicas. Assim, o objeto da razão prática é conhecido de forma total, uma vez que é produzido por ela mesma, enquanto a razão pura nada cria. Daí não haver uma estética transcendental na Crítica da Razão Prática. Afinal, a Lei não é percebida no tempo e no espaço, por ser interna, ou seja, criação da vontade ou da razão.
[68] PLANIOL, Marcel. **Traité élémentaire de droit civil**. 3. ed. Paris: LGDJ, 1906. v. 2, p. 319-320.

que continuava imperando na prática. Quando a massificação chegou ao campo jurídico-contratual é que se começou a rever esses conceitos.

Assim, temos que o liberalismo e o individualismo resultaram do capitalismo mercantilista. Com a Revolução Industrial, que começa na Inglaterra, já no século XVIII, a sociedade se transforma. Dois fenômenos importantes ocorrem: a urbanização e a concentração capitalista, esta consequência da concorrência, da racionalização etc.

Esses dois fenômenos resultaram na massificação das cidades, das fábricas (produção em série), das comunicações; das relações de trabalho e de consumo; da própria responsabilidade civil (do grupo pelo ato de um indivíduo) etc.

A massificação dos contratos é, portanto, consequência da concentração industrial e comercial, que reduziu o número de empresas, aumentando-as em tamanho. Apesar disso, a massificação das comunicações e a crescente globalização acirraram a concorrência e o consumo, o que obrigou as empresas a racionalizar para reduzir custos e acelerar os negócios: daí as cláusulas contratuais gerais e os contratos de adesão.

Tais inovações levaram os juristas a um estado de perplexidade. O modelo tradicional de contrato estava morrendo, para ceder lugar às novas formas: contratos de adesão; contratos regulados, cujo conteúdo é dado pelo legislador; contratos necessários etc.

Em outras palavras, as pessoas já não contratam como antes. Não há mais lugar para negociações e discussões acerca de cláusulas contratuais. Os contratos são celebrados em massa, já vindo escritos em formulários impressos.

Toda essa revolução mexe com a principiologia do Direito Contratual. Os fundamentos da vinculatividade dos contratos não podem mais se centrar exclusivamente na vontade, segundo o paradigma liberal individualista. Os contratos passam a ser concebidos em termos econômicos e sociais. Nasce a Teoria Preceptiva. Como já dissemos, segundo esta teoria, as obrigações oriundas dos contratos valem não apenas porque as partes as assumiram, mas porque interessa à sociedade a tutela da situação objetivamente gerada, por suas consequências econômicas e sociais. É como se a situação se desvinculasse dos sujeitos, nos dizeres de Gino Gorla.[69]

Dois outros princípios que buscam fundamentar a obrigatoriedade contratual são o princípio da confiança e o da autorresponsabilidade.

---

69 GORLA, Gino. Il potere della volontà nella promessa come negozio giuridico. In: RODOTÀ, Stefano (a cura di). **Il diritto privato nella società moderna**. Bologna: Il Mulino, 1971. 1971. *passim*.

9.7.2.2 Nova principiologia

O negócio obrigacional só vincula por ser fenômeno social, realidade objetiva tutelada pelo Direito. Os interesses particulares devem estar em harmonia com os gerais, como explica a teoria preceptiva.

O contrato realiza um valor de utilidade social.

Valores são verdades básicas, premissas. Segundo Stein e Shand, os valores fundamentais da sociedade ocidental seriam três: ordem (segurança), justiça e liberdade.[70] A eles acrescentamos a dignidade humana. É com base nesses valores que o contrato intenta promover o bem comum, o progresso econômico e o bem-estar social. À liberdade, corresponde o princípio da autonomia privada. À ordem (segurança), o princípio da boa-fé. À justiça, o princípio da justiça contratual. À dignidade do homem, correspondem todos eles e os princípios da dignidade humana e da função social dos contratos. Vejamos cada um destes princípios, lembrando, porém, que, na verdade, alguns são princípios clássicos, que receberam nova roupagem. Exemplo é o princípio da autonomia da vontade, que, ao ser relido, adaptado aos tempos modernos, recebe o nome de princípio da autonomia privada. Muitos, porém, continuam denominando-o de autonomia da vontade, apesar de seu novo perfil.

Princípio da dignidade humana

A dignidade humana, como vimos, é um valor a ser realizado pelo ordenamento jurídico. Foi consagrada no art. 1º, III, da CF, como fundamento da República brasileira. É com base nessa dignidade que todas as normas jurídicas constitucionais e infraconstitucionais, bem como todas as situações e relações jurídicas deverão ser interpretadas, inclusive os contratos.

Os contratos, enquanto meio de geração e de circulação de riquezas, de movimentação da cadeia de produção, devem ser instrumento de promoção do ser humano e de sua dignidade. Em outras palavras, os contratos não podem ser vistos apenas como meio de enriquecimento das partes contratantes. Com base neste princípio, da dignidade humana, alguns contratos devem ser tratados de forma diferenciada.

Por exemplo, um hospital compra certo maquinário. Vê-se, depois, em situação de inadimplemento, não conseguindo pagar ao fornecedor. Que fazer? Penhorar o maquinário? O que é mais importante, a saúde dos pacientes ou o lucro do fornecedor? Sem dúvida alguma, o lucro do fornecedor é importante, mas não mais que a saúde dos pacientes do hospital. O lucro há de ceder diante da dignidade humana, e a solução para o problema não será a penhora do maquinário.

---

70 NORONHA, Fernando. **O direito dos contratos e seus princípios fundamentais**... cit., p. 100-101.

Outro exemplo, já previsto em lei, é o despejo de escolas, hospitais e residências que ocorre de modo diverso do despejo de lojas comerciais. Nestes casos, também se privilegia a dignidade humana em detrimento do lucro.

É fundamental que se diga que as pessoas celebram contratos para se promover, para galgar novos e melhores caminhos. Os contratos têm que se interpretados como instrumentos de promoção da dignidade humana.

Princípio da função social

Os contratos são instrumentos de movimentação da cadeia econômica, de geração e de circulação de riquezas. É por seu intermédio que a economia se movimenta. Eles geram empregos, criam oportunidades para a promoção do ser humano. Nisto reside sua função social.

É com base no princípio da função social dos contratos que muitos problemas contratuais serão solucionados. Assim, que solução deverá ser adotada no caso de a execução de um contrato levar uma empresa à falência? Ora, não é objetivo de nenhum contrato levar qualquer das partes a tal situação, gerando desemprego e pobreza. Assim, a execução do contrato em tela pode ser processada não do modo tradicional, mas de modo a evitar a falência da empresa. Esta solução só é viável diante do princípio da função social dos contratos.

Um subprincípio importante da função social é o princípio da conservação ou da preservação dos contratos.

Os contratos, na medida do possível, sempre deverão ser mantidos. Assim, numa ação anulatória, preferencialmente deve ser anulada a parte defeituosa, não o contrato inteiro.

A revisão será sempre preferível à resolução, salvo se não for possível a preservação do contrato.

Imaginemos um exemplo: uma empresa comercializa certo produto. Em determinado momento, ocorrem circunstâncias imprevisíveis que levam os compradores do produto a pedirem a revisão de seus contratos. Se a única alternativa for a resolução dos contratos com a restituição do produto e do preço já pago, a empresa fornecedora poderá ir à falência, bem como o próprio fabricante, gerando desemprego e mais quebras. É óbvio, portanto, que, com base no princípio da conservação dos contratos, a solução no exemplo acima não poderá ser a simples resolução dos contratos.

O princípio da função social é, normalmente, invocado em benefício de terceiros. Tal é o caso do exemplo dado acima, em que o princípio teve por finalidade proteger uma fonte de empregos e de riqueza. No entanto, é possível visualizar alguns casos em que o princípio da função social pode ser invocado em favor de uma das partes. Exemplo seria um contrato de financiamento da casa própria, cujas prestações se elevassem desmesuradamente, tornando-se impagáveis. Ora, o contrato de mútuo para a aquisição ou construção da moradia desempenha relevante função social, promovendo a dignidade humana. Lembremo-nos de que a moradia é garantia constitucional. Consequentemente, a elevação absurda de suas prestações, tornando-o impagável, contraria sua função social, podendo o princípio ser invocado, aqui, não em benefício de terceiros, mas em benefício direto do próprio mutuário.

■ Princípio da autonomia privada

Consiste na liberdade de as pessoas regularem, através de contratos, seus interesses, respeitados os limites legais. A autonomia privada é a esfera de liberdade em que às pessoas é dado estabelecer normas jurídicas para regrar seu próprio comportamento. É o poder de regulamentar e construir um sentido para as normas contratuais. Por este prisma, é um princípio processual, que transcorre como processo cooperativo, por um lado, e em contraditório, por outro, uma vez que as partes têm interesses comuns (alcançar o maior sucesso na execução do contrato) e antagônicos (um quer, por exemplo, comprar pelo menor preço; o outro quer vender pelo maior). Os contratos são um fenômeno da autonomia privada, em que as partes se impõem normas de conduta. É o princípio que protege as partes contratantes da ingerência ilegítima do Estado. Difere do princípio da autonomia da vontade, em que o contrato viria de dentro para fora. Seria fenômeno exclusivamente volitivo. Na autonomia privada, o contrato não vem, exclusivamente, de dentro; não é fenômeno meramente volitivo. As pessoas não contratam apenas porque desejam. A vontade é condicionada por fatores externos, por necessidades, que dizem respeito aos motivos contratuais. Repetimos o que dissemos ao tratar das fontes das obrigações.

Em primeiro lugar, a simples vontade não gera nada. A vontade é o motor que nos impulsiona para a realização de uma necessidade, seja real ou fictícia (influenciada por *marketing*, por exemplo). Assim, quando um indivíduo celebra contrato, não o faz simplesmente porque deseja, mas porque tem uma necessidade, ainda que seja produto de sua fantasia, influenciada por propaganda. Não compro um livro porque quero puramente, mas porque necessito dele, mesmo que para me divertir.

Posto isso, pode-se afirmar que a fonte de uma obrigação contratual não será a vontade, mas um fato derivado da necessidade, movida pela vontade. É evidente que o ser humano possui livre-arbítrio, até mesmo para distinguir o que é necessidade real do que é fictício. Não se diga o contrário. Mas nossa vontade é condicionada por necessidades as mais diversas. Em relação a isso não há dúvida, tampouco. Admitir o contrário seria desdenhar todo o trabalho de cientistas como Freud, Lacan e tantos outros.

Ocorre que o fato oriundo da necessidade, mesmo após ser praticado, de nada valeria sem o beneplácito do ordenamento jurídico, da Lei. Dessarte, a obrigação nasce de um fato sobre o qual incide a norma jurídica.

Esse fato pode ser um contrato, que combina necessidade e vontade. Sobre ele incidirá a norma legal, gerando direitos e deveres para as partes.

Concluindo, autonomia da vontade e autonomia privada são expressões inspiradas no valor liberdade, com reflexo no agir individual e na possibilidade de escolha dentre várias alternativas possíveis. Todavia, enquanto a autonomia da vontade possui conotação subjetiva, psicológica, na medida em que representa o querer interno do indivíduo, sua vontade real, a autonomia privada importa o poder atribuído pela Lei ao indivíduo, para criar normas que definam conteúdo e efeitos dos atos que pratique. A autonomia privada é mais ampla do que a autonomia da vontade.

Do princípio da autonomia privada podem ser extraídos vários subprincípios, todos, na verdade, princípios antigos, relidos à luz da modernidade, à exceção do princípio da autorresponsabilidade, que é novo.

São subprincípios da autonomia privada:

a] Princípio da liberdade de contratar, ou seja, celebrar ou não o contrato. Como vimos ainda acima, a liberdade de contratar estava muito voltada para a concepção voluntarista de contrato, o que em nossos dias não se justifica, uma vez que entendemos o contrato, não como um fenômeno da vontade, mas como um fenômeno socioeconômico, fruto de desejos e necessidades. Assim, falar em liberdade hoje é diferente do que foi há duzentos anos. Liberdade de contratar na atualidade significa muito mais o poder de escolha, dentro de uma perspectiva de livre-arbítrio, diante dos vários desejos e necessidades, ou seja, diante das várias possibilidades. Em determinados momentos, porém, não há qualquer liberdade. Quem poderia, como regra, viver sem telefone, ou sem energia elétrica? Não há opções nesses casos, a não ser, eventualmente, com quem contratar.

b] Princípio da liberdade contratual, ou seja, estabelecer o conteúdo do contrato. Aqui, também, o princípio é relativo. Em muitos casos, talvez na maioria, não temos condições, sequer a possibilidade de discutir as cláusulas do contrato. A vida corrida e massificada que levamos, mesmo em pequenos centros urbanos, não deixa espaço para muita negociação.

c] Princípio da relatividade contratual ou do efeito relativo dos contratos, segundo o qual o contrato, em princípio, só obriga às partes, apesar de poder se opor a terceiros, em alguns casos, como, por exemplo, aos herdeiros de uma das partes, em certas circunstâncias. Se já era relativo no passado, hoje em dia o princípio se relativizou mais ainda. Se um banco, por exemplo, faz uso de práticas abusivas com um ou alguns clientes, os efeitos dessas práticas contratuais vão muito além daqueles contratos em si mesmos, uma vez que o banco negocia com milhares de pessoas. Assim sendo, aquelas práticas interessam a toda a comunidade, que eventualmente pode vir a contratar com o banco. Os efeitos daqueles contratos abusivos, portanto, não são relativos, ultrapassando os interesses das partes contratantes. Isso gera, por exemplo, a possibilidade de ação do Ministério Público em prol da coletividade. Noutro exemplo, o juiz deve pensar duas vezes antes de rever, levianamente, um contrato de financiamento, uma vez que revisões reiteradas podem levar a um encarecimento dos juros, prejudicando a coletividade, para além das partes contratantes. Nestes casos, a função social do contrato terá preponderância sobre a relatividade.[71]

d] Princípio do consensualismo, segundo o qual basta o acordo de vontades, na verdade a convenção, para que o contrato se considere celebrado. Embora o consensualismo seja ainda princípio geral, deve-se observar que renasce, de um certo modo, o formalismo, dado o número cada vez maior de contratos, aos quais a Lei impõe a forma escrita.

e] Princípio da autorresponsabilidade, que deriva diretamente da autonomia privada, ou seja, da autonomia de se impor normas de conduta, por elas se responsabilizando. Ainda segundo o princípio da autorresponsabilidade, só será possível responsabilizar alguém quando a este for imputável a situação objetiva criada. Ninguém pode ser responsabilizado por supostas declarações, como as do mandatário que age ultra vires. Em outras palavras, desde que uma pessoa declare sua vontade livremente, de acordo com a Lei, será responsável por ela. Ao declarar sua vontade, o indivíduo se autorresponsabiliza por ela.

f] Princípio da imutabilidade ou da intangibilidade, pelo qual o contrato só poderá ser alterado por mútuo acordo. Uma das partes não pode, sem o consentimento da outra, promover alterações no contrato já celebrado.

g] Princípio da irretratabilidade, de acordo com o qual, uma vez celebrado o contrato, as partes não podem voltar atrás, salvo em situações excepcionais, como a impossibilidade da prestação devida a caso fortuito.

h] Princípio da obrigatoriedade, que já analisamos acima. Muito se diz que o princípio da obrigatoriedade era absoluto no passado e se relativizou. Não creio que jamais tenha sido absoluto. O contrato celebrado em desrespeito às condições de validade sempre foi objeto de invalidade. Nos dias de hoje, o contrato celebrado nos moldes da Lei continua sendo tão obrigatório quanto antes. Atualmente, muda, de fato, alguma coisa, como a possibilidade de anular o contrato lesivo, bem como a possibilidade de revisão do contrato, diante

---

71 TIMM, Luciano Benetti. **O novo direito civil**. Porto Alegre: Livraria do Advogado, 2008. p. 92-94.

de circunstâncias adversas. Nada disso era possível no Estado liberal. De todo modo, o princípio da obrigatoriedade continua válido, em termos gerais.

Princípio da boa-fé

A boa-fé pode ser subjetiva ou objetiva.

A boa-fé subjetiva consiste em crenças internas, conhecimentos e desconhecimentos, convicções internas. Consiste, basicamente, no desconhecimento de situação adversa. Quem compra de quem não é dono, sem saber, age de boa-fé, no sentido subjetivo. É, também, denominada boa-fé crença.

A boa-fé objetiva baseia-se em fatos de ordem objetiva. Baseia-se na conduta das partes, que devem agir com correção e honestidade, correspondendo à confiança reciprocamente depositada. As partes devem ter motivos objetivos para confiar uma na outra. É, também, denominada *boa-fé conduta*.

O princípio da boa-fé contratual diz respeito à boa-fé objetiva. É dever imposto às partes agir de acordo com certos padrões de correção e lealdade. Este o sentido dos arts. 113, 187 e 422 do CC. Este princípio vem substituir o antigo princípio do *neminem laedere*. Difere deste em que as partes não só devem agir com honestidade e lealdade, como têm o direito de esperar que a contraparte aja assim. Em outras palavras, cada uma das partes contratantes tem o direito de confiar na outra. Essa a nuança que, a meu ver, torna o princípio da boa-fé diferente do antigo *neminem laedere*. Caso contrário, seria de se pressupor que, antes do moderno princípio da boa-fé, as partes podiam ser desonestas, o que seria absurdo pensar. Nunca se admitiu a desonestidade e a deslealdade. O que o princípio da boa-fé introduz é exatamente esse direito de confiar na outra parte, de esperar dela conduta leal e cooperativa.

É óbvio que, além disso, antigamente, a ideia era muito mais a de se exigir que uma parte não lesasse a outra, ou seja, a ideia era a de se exigir uma conduta negativa (não lesar), daí fala-se em *neminem laedere*, em vez de *honeste vivere*. Lembremo-nos que a expressão *neminem laedere* vem da oração de Ulpiano: "*iuris praecepta sunt haec: honeste vivere, neminem laedere, suum cuique tribuere*". Porque não utilizar o primeiro preceito (viver honestamente – *honeste vivere*) para se referir ao princípio? Em outras palavras, por que não se falar em princípio do *honeste vivere*, em vez de princípio do *neminem laedere*? Porque, antigamente, a ideia era negativa mesmo, isto é, a ideia era a de exigir que as partes não lesassem uma à outra, era a de exigir conduta negativa (não lesar – *nec laedere*). O princípio da boa-fé pressupõe essa conduta negativa, sem dúvida, mas pressupõe ao lado dela, uma conduta positiva: agir honestamente, com lealdade e retidão.

Menezes Cordeiro[72] constrói historicamente o princípio a partir da *fides* romana. Segundo ele, num primeiro momento, a ideia de *fides* ligava-se à justiça do mais forte e ao respeito à palavra dada. De todo modo, não evoluiu de forma hegemônica e dogmatizada, como a temos hoje, mas fragmentariamente, o que a levou a se descaracterizar, a ponto de servir como uma espécie de solução genérica, para fundamentar qualquer inovação jurídica. É mais ou menos o que vem ocorrendo com a função social e a dignidade humana, em nossos tempos.

Dessa ideia primeira de *fides*, passa-se à *bona fides*, quando interessam principalmente os *bonae fidei iudicia*, criados pelo pretor para fazer face a novas situações econômico-sociais, não previstas no formalismo do *Ius Civile*.

No Direito Canônico, a *bona fides* implicava ausência de pecado, dificultando a prescrição. Não era, contudo, invocada no campo obrigacional.

No Direito Germânico medieval, a boa-fé parte da ideia de crença, de confiança, de honra e lealdade, diluindo-se no tempo, dado o alargamento de seu sentido, como, relembre-se, ocorre hoje com a dignidade humana.

Essa boa-fé germânica é que dá a tonalidade objetiva que tem hoje.

Sobre essa base romana, canônica e germânica, atuou o jusracionalismo, que culminou nas grandes codificações dos séculos XVIII e XIX. Desses Códigos, o mais importante foi, sem dúvida, o francês de 1804, o Código Napoleão. Nele, consagrou-se a boa-fé subjetiva, principalmente no campo possessório. A boa-fé surgiu, também, como reforço contratual, não vingando, entretanto. Esse malogro repercutiu nos códigos posteriores, inclusive no brasileiro de 1916.

O Código Civil alemão (BGB) edificou a boa-fé subjetiva e a objetiva, na esfera contratual. A partir daí e com o fim dos ideais do liberalismo, a boa-fé objetiva ganha espaço em todo o Direito Continental, transformando-se num parâmetro de conduta honrada, não só exigível, mas, acima de tudo, pressuposta. O cuidado que se há de tomar, contudo, é o de não diluir seu sentido, a ponto de virar um curinga, usado em qualquer problema, para legitimar todo tipo de solução.

As aplicações da boa-fé objetiva são as mais diversas.

O princípio tem funções interpretativa (art. 113), integrativa (art. 422) e de controle (arts. 187 e 422).

Em sua função interpretativa, o princípio manda que os contratos devam ser interpretados de acordo com seu sentido objetivo aparente, salvo quando o destinatário conheça a vontade real do declarante. Quando o próprio sentido objetivo suscite dúvidas, deve ser preferido o significado que a boa-fé aponte como o mais razoável.

A função integrativa parte do pressuposto de que o contrato contenha deveres, poderes, direitos e faculdades primários e secundários. São eles integrados

---

[72] CORDEIRO, António Manuel da Rocha e Menezes. **Da boa-fé no direito civil**. Coimbra: Almedina, 2001. p. 1283-1297.

pelo princípio da boa-fé. Os deveres secundários são comuns a todo tipo de contrato; não mudam; são deveres de cooperação, lealdade, garantia, confidencialidade, dentre outros. Pelo princípio da boa-fé, esses deveres se integram ao contrato, seja ele qual for.

O descumprimento desses deveres anexos (secundários) acarreta o que se denomina violação positiva do contrato, teoria engendrada em 1902, pelo alemão Hermann Staub, da qual já tratamos no Capítulo anterior, ao discorrer acerca do inadimplemento.

Em sua função de controle, o princípio diz que o credor, no exercício de seu direito, não pode exceder os limites impostos pela boa-fé, sob pena de proceder ilicitamente. A função de controle tem a ver com as limitações da liberdade contratual, da autonomia da vontade em geral e com o abuso de direito.

O abuso de direito se verifica em três esferas, basicamente.

Exercício desleal de direitos:

- pedir o que se deve restituir;
- desvio de direitos (o locador/sócio pleiteia a retomada do imóvel locado à sociedade, com o fito de desfazê-la);
- exercício desequilibrado de direitos (despedir mulher grávida ou empregado às vésperas da estabilidade, expor o consumidor ao ridículo etc.);
- exercício contrário à confiança legítima (banco executa hipoteca do promitente comprador, quando o devedor é a empresa construtora. O banco deveria informar os promitentes compradores dos riscos, sendo que o mais correto seria considerar os valores já pagos pela construtora e pedir aos compradores que pagassem a ele).

Comportamento contraditório (não se exige má-fé para que se caracterize):

- *venire contra factum proprium (nulli conceditur)*;
- protraimento desleal do exercício de direito (locador nunca cobrou do inquilino o IPTU, apesar de ter o direito. Um belo ano, resolve cobrar. É necessário, para que se caracterize o protraimento desleal, que haja indícios objetivos de que o direito não seria exercido).

Nessas hipóteses, fala-se de surrectio (*Erwirkung*), suppressio (*Verwirkung*), tu quoque, além do venire contra factum proprium.

Tanto a *suppressio* quanto a *surrectio* derivam do Direito Alemão, tendo chegado até nós por via do Direito Português, que lhes latinizou o nome.

Suppressio e surrectio são faces de uma mesma moeda, consistindo, para um contratante, na inadmissibilidade do exercício (*Verwirkung*) de certo direito, e para o outro, no surgimento (*Erwirkung*) de uma expectativa, por vezes de um direito mesmo.

Suppressio é a perda ou supressão de certo direito ou faculdade, pelo seu não exercício no tempo, gerando na parte contrária a expectativa de que não venha a ser exercido. *Surrectio*, inversamente, é o surgimento de uma expectativa ou de um direito, em razão da própria surrectio. Em outras palavras, a *suppressio* gera a *surrectio*.

Elemento essencial a ambas é a relação de confiança entre as partes, que leva uma delas a acreditar (confiar) que a outra não mais exercerá seu direito. Aliás, é exatamente esse elemento, que diferenciará a *suppressio* da decadência, que, como vimos, é a perda de um direito potestativo pelo seu não exercício no prazo legal. Pouco importa, na decadência, que haja ou não essa relação de confiança quebrada.

Acrescente-se, ainda, ser absolutamente desnecessária a investigação da culpabilidade (dolo ou culpa), daquele que não exerce seu direito. O que interessa é a quebra do princípio da boa-fé, mais especificamente, da confiança.

Finalizemos com um exemplo. A e B são locador e locatário, respectivamente. O contrato reza que os aluguéis devam ser pagos sempre no primeiro dia útil. Ocorre que, mês após mês, o locatário paga o aluguel no quinto dia útil, recebendo quitação integral do locador, que tudo aceita sem reclamar. Depois de certo tempo, que deverá ser considerável, como sete ou oito meses, dependendo do caso, o locador não mais poderá exigir o pagamento no primeiro dia útil. Ocorre para ele a *suppressio*, e para o locatário, a *surrectio*.

Outra hipótese de abuso de direito nas relações contratuais é o *venire contra factum proprium* ou comportamento contraditório.

Nemo potest venire contra factum proprium – ninguém pode andar na contramão de si mesmo, em termos bem simples. Por outros termos, ninguém pode, pura e simplesmente, inverter sua conduta. Se alguém firma certa conduta, não pode, posteriormente, alterá-la ao inverso, sob pena de atentar contra os princípios da confiança e da boa-fé objetiva ou boa-fé conduta. Segundo esses princípios, cada uma das partes contratantes tem mais do que o direito de exigir conduta honesta da outra; cada uma delas tem o direito de esperar, de pressupor conduta honesta da outra. Se um dos contratantes age contrariamente à conduta por que vinha se pautando, atentará contra a confiança que o outro contratante tinha o direito de nele depositar. Em outras palavras, o que se proíbe é o comportamento incoerente, é a mudança inesperada de comportamento.

Vejamos um exemplo. A e B celebram contrato de locação. No contrato, vige cláusula que atribui ao locatário o dever de arcar com o IPTU do imóvel. Ocorre que, ano após ano, o locador paga o dito imposto, sem jamais cobrar do locatário. Se, repentinamente, o locador mudar de ideia e decidir aplicar a norma contratual, o locatário poderá não aceitar, alegando comportamento contraditório e, portanto, abusivo.

Como fica claro no exemplo, o *venire contra factum proprium* é uma modalidade de *suppressio/surrectio*, em que uma das partes inverte sua conduta, seja por ação ou por omissão, de modo inesperado e incoerente, atentando contra o princípio da boa-fé, mais especificamente, contra o princípio da confiança.

Tu quoque, por fim, é expressão atribuída a Júlio César, ao cair esfaqueado por seus assassinos, dentre eles, Marcos Júnio Bruto, a quem, segundo alguns, considerava como filho.

Boa tradução para *tu quoque* seria "justamente você", pois o *tu quoque* representa expressão de espanto diante de comportamento que jamais se esperaria justamente daquela pessoa em foco. Assim, um sócio jamais esperaria do outro, que especulasse no mercado contra a própria sociedade. Esta poderia ser, com base na violação do princípio da boa-fé, razão para se o expulsar e dele se exigir perdas e danos.

A boa-fé, baseada no *tu quoque*, também fundamenta a exceção do contrato não cumprido. Quem não cumpre suas obrigações, não pode exigir que a contraparte cumpra as suas. Se o comprador não pagou o preço, como poderá exigir que o vendedor lhe entregue a coisa? Um credor que, sucessivamente, deixa de dar recibo a seu devedor, alegando falta de papel adequado, postergando sempre para outro momento, não poderá exigir do devedor a exibição desses mesmos recibos, numa eventual ação de um contra o outro. *Justamente* ele jamais poderia exigir algo que nunca fornecera.

No *tu quoque*, há um certo comportamento contraditório, mas, a toda prova, não no mesmo sentido que estudamos acima.

Constituição desleal de direitos

Não fazer aos outros o que não se quer que se faça a si mesmo (impedir ou forçar a realização de condição; menor que oculta a própria idade; criação de aparência, como o devedor que oculta do fiador exceções extintivas, para depois lhas opor).

Em algumas hipóteses, o contrato pode ser extinto por violar o princípio da boa-fé.

Exemplos seriam a frustração do fim contratual objetivo e a impossibilidade econômica da prestação.

No primeiro caso, o objetivo que levara uma das partes a contratar se frustra. A outra não estaria agindo de boa-fé, se exigisse a execução do contrato ou indenização por perdas e danos. Se alugo apartamento para um determinado fato especial, como um desfile de escolas de samba, por exemplo, e se este é cancelado, frustra-se o objetivo do contrato, podendo ele ser extinto, sem aplicação de multa.

A impossibilidade econômica da prestação tem a ver com a doutrina do limite do sacrifício. A prestação fica extremamente onerosa, apesar de mantido o equilíbrio com a contraprestação. É o caso dos contratos em dólar: o preço em dólar continua o mesmo, em moeda nacional é que se torna absurdo. Seria violar o princípio da boa-fé, exigir que o devedor realize os pagamentos, como se nada houvesse ocorrido.

Um subprincípio da boa-fé é o *princípio da transparência*, ou *da informação*, segundo o qual as partes têm o dever de informar uma à outra tudo o que julgarem importante para a boa execução do contrato. Este dever de informação estende-se desde a celebração até a execução.

Outro subprincípio da boa-fé é o *princípio da confiança*, que, aqui, tem uma conotação diferente daquela que vimos acima, ao tratarmos da obrigatoriedade contratual. As partes confiam uma na outra, devendo a atuação de ambas corresponder a essa confiança.

Ainda outro subprincípio é o da lealdade. Segundo o *princípio da lealdade*, as partes devem pautar-se por conduta leal uma para com a outra, evitando todo ato que possa implicar traição à confiança que cada uma tem o direito de depositar na outra.

Mais um subprincípio da boa-fé é o *princípio da cooperação*. Cada uma das partes não só tem o dever de cooperar com a outra para a boa consecução dos objetivos do contrato, como tem o direito de esperar essa cooperação da contraparte. Intimamente ligado ao princípio da cooperação, encontra-se o *princípio da solidariedade*. As relações contratuais devem ser entendidas como relações cooperativas, em que credor e devedor colaborem mutuamente para um bom resultado, isto é, o adimplemento da obrigação. Muitos confundem este princípio com caridade cristã, o que está errado. Assim, com base no princípio da solidariedade, o juiz não pode deixar de decretar o despejo legítimo do locatário, mesmo que não haja justa causa. Tanto o Código Civil, quanto a Lei n. 8.245/1991 permitem o despejo sem justa causa, desde que preenchidos certos requisitos. Se o locador quiser deixar o locatário habitando seu imóvel, até gratuitamente, será por sentimento de caridade, não por força do princípio da solidariedade. Por força deste princípio, será, por exemplo, possível, eventualmente, adiar o vencimento da obrigação, a fim de que o devedor possa organizar seus negócios e saldar suas dívidas. Isto se permite, por exemplo, na recuperação de empresas.

Por fim, outro subprincípio da boa-fé é o princípio da vinculação contratual pelo exercício de posições jurídicas. O modo pelo qual uma posição jurídica seja exercida vincula quem a exerça, independentemente de uma manifestação de vontade expressa, na medida em que o determinante não é o fato de se ter ou não uma representação dos efeitos do contrato, mas, sim, a necessidade de que a concepção obrigacional complexa os abranja, atribuindo a várias situações os efeitos contratuais, em contatos sociais qualificados pelo seu aspecto econômico e pelo estabelecimento de uma confiança a ser apurada objetivamente, pouco importando a maior ou menor vontade, ou até sua inexistência.[73]

A impossibilidade de se quebrar a legítima expectativa inspirada por um determinado comportamento, e a constatação da praticidade e informalidade com que várias relações jurídicas sejam constituídas, justificam o princípio da vinculação contratual pelo exercício de posições jurídicas.[74]

O contato social como fundamento dos deveres obrigacionais é uma verdadeira descoberta dogmática, que revela a insuficiência da autonomia da vontade como fonte exclusiva das relações obrigacionais, de maneira que o contato social seria a fonte imediata de todos os deveres obrigacionais.[75] O contato social é o fato, ao qual se soma a Lei, gerando, assim, a obrigação.

A rigor, por este princípio vedar que as legítimas expectativas surgidas em razão do exercício de uma posição jurídica sejam frustradas, resta evidenciado que ele impõe às partes envolvidas em relações de toda a natureza o dever de intensa comunicação, esclarecimento e participação, de maneira que o exercente de uma posição jurídica que se tenha comunicado a todo momento com a outra parte, esclarecendo a natureza e demais características do relacionamento, certamente não será surpreendido pelo reconhecimento de sua vinculação jurídica. Afinal, ela é fruto de seu comportamento.[76]

Ademais, a ampliação da esfera contratual resta evidenciada por meio de institutos introduzidos no ordenamento pátrio, depois da Constituição de 1988, a exemplo do que ocorre com a responsabilidade pelo vício do produto, inserida no Código de Defesa do Consumidor (art. 18). De acordo com este instituto, basta que o sujeito de Direito se ajuste ao conceito jurídico de fornecedor para que surja sua vinculação a todos os consumidores que adquiram o produto (viciado) por ele fabricado, industrializado, importado, ou comercializado, sendo desnecessária a averiguação da existência de relação contratual, o que importa na flexibilização do princípio da relatividade dos ajustes.[77]

Neste contexto, avulta-se que a aplicação do princípio da vinculação contratual pelo exercício de posições jurídicas, antes de atender aos ditames da boa-fé, encontra guarida na solidariedade social, infundida pela normativa constitucional de 1988, o que lhe confere, via de consequência, maior legitimidade.[78]

---

73 BOTREL, Sérgio. Principiologia do direito obrigacional na contemporaneidade. In: FIUZA, César (Org.). **Elementos de teoria geral das obrigações e dos contratos**: por uma abordagem civil--constitucional. Curitiba: CRV, 2012. p. 352 et seq.
74 Idem, ibidem.
75 Idem, ibidem.
76 Idem, ibidem.
77 BOTREL, Sérgio. **Principiologia do direito obrigacional...** cit., p. 352 et seq.
78 Idem, ibidem.

Em que o princípio da boa-fé difere do antigo princípio do *neminem laedere*? A resposta é simples. De acordo com o princípio do *neminem laedere*, as partes deveriam agir com honestidade e retidão, podendo cada uma delas exigir que a outra assim atuasse. Pelo princípio da boa-fé, as partes devem agir com honestidade e retidão, podendo cada uma delas pressupor essa conduta na outra. Em outras palavras, cada uma das partes não só pode exigir que a outra aja honestamente, como tem o direito de esperar que a outra aja com retidão e honestidade. É como se o princípio da boa-fé conferisse às pessoas o direito de ser ingênuo. Antigamente, por exemplo, ficaria difícil para alguém, com base no princípio do *neminem laedere*, alegar não ter lido o contrato, por ter confiado na contraparte. Hoje, com base no princípio da boa-fé (e seu subprincípio da confiança), é perfeitamente legítimo para uma das partes alegar que não leu o contrato por ter confiado na outra. Ela tem esse direito. É mais do que o direito de exigir uma conduta correta; é o direito de esperar, de pressupor uma conduta correta. Como vimos acima, além disso, antigamente, a ideia era muito mais a de se exigir que uma parte não lesasse a outra, ou seja, a ideia era a de se exigir uma conduta negativa (não lesar), daí fala-se em neminem laedere, em vez de honeste vivere. Lembremo-nos que a expressão *neminem laedere* vem da oração de Ulpiano: "*iuris praecepta sunt haec: honeste vivere, neminem laedere, suum cuique tribuere*". Porque não utilizar o primeiro preceito (viver honestamente – *honeste vivere*) para se referir ao princípio? Em outras palavras, por que não se falar em princípio do honeste vivere, em vez de princípio do *neminem laedere*? Porque, antigamente, a ideia era negativa mesmo, isto é, a ideia era a de exigir que as partes não lesassem uma à outra, era a de exigir conduta negativa (não lesar – *nec laedere*). O princípio da boa-fé pressupõe essa conduta negativa, sem dúvida, mas pressupõe ao lado dela, uma conduta positiva: agir honestamente, com lealdade e retidão.

Princípio da justiça contratual

É a relação de paridade, de isonomia, que se estabelece nas relações comutativas, de sorte a que nenhuma das partes dê mais ou menos do que o que recebeu.

É modalidade de justiça comutativa ou corretiva, que procura equilibrar pessoas em relação que deve ser de paridade.

A equidade é fundamental ao princípio da justiça contratual. É a equidade que impede que a regra jurídica, se entendida à letra, conduza a injustiças. Equidade é sinônimo de justiça ou, mais especificamente, é a justiça do caso concreto.

A justiça pode ser formal ou substancial/material.

A justiça formal preocupa-se com a igualdade de oportunidades no momento da contratação.

A substancial ou material preocupa-se com o efetivo equilíbrio do contrato.

As duas são importantes. Não basta apenas a formal.

A justiça substancial se baseia em dois princípios: o princípio objetivo da equivalência (entre prestação e contraprestação) e o princípio da distribuição equitativa de ônus e riscos.

Pode-se dizer, contudo, que, salvo em casos excepcionais, presente a justiça formal, presume-se presente a substancial. Sem esta presunção, seria difícil traçar o alcance da justiça substancial.

Presumida a justiça substancial, presumida estará a justiça contratual, cumprindo ao prejudicado provar a violação ao princípio da justiça contratual.

Há casos, porém, em que esta presunção não prevalece. São casos de desequilíbrio manifesto, em que incumbe, não ao prejudicado, mas à outra parte, provar que o princípio da justiça contratual não foi violado. São exemplos:

- vícios do consentimento (falta a justiça formal, não se podendo presumir a substancial);
- incapacidade (falta a justiça formal, não se podendo presumir a substancial);
- lesão e estado de perigo (falta a justiça formal. Na lesão, uma das partes se aproveita da ingenuidade, estado de necessidade ou mesmo da leviandade da outra. No estado de perigo, uma das partes contrata para evitar mal maior e a outra disso se aproveita);
- desequilíbrio contratual futuro (falta a justiça substancial);
- contratos padronizados e de adesão (pode faltar a justiça formal, por isso não se pode neles presumir presente a substancial).

Um importante instrumento de efetivação da justiça substancial é a legislação protetiva, como o Código de Defesa do Consumidor.

Poderíamos dizer que é subprincípio da justiça contratual o *princípio de proteção ao hipossuficiente ou ao vulnerável*, à parte mais fraca. Na dúvida, a interpretação será sempre mais favorável à parte, que naquelas circunstâncias se apresenta como parte mais fraca, seja do ponto de vista econômico, seja do ponto de vista das informações que possui (um leigo que contrata com um perito a compra de carro pode considerar-se vulnerável, hipossuficiente de conhecimentos técnicos, ainda que economicamente seja mais forte).

Outro subprincípio da justiça contratual é o *princípio de proteção genérica ao devedor. In dubio, pro debitore*. A interpretação, em caso de dúvida, deverá tender para o devedor. Afinal, é ele que suporta os ônus da prestação. Deve-se atentar para o fato de que devedor é a parte que suporta a prestação objeto da controvérsia. Como já estudamos, a posição de devedor e de credor é relativa. Nas relações complexas, como a compra e venda, se o referencial for o preço, devedor é o comprador; credor, o vendedor. Se o referencial for a coisa, as posições se invertem: devedor passa a ser o vendedor; credor, o comprador.

Ainda outro subprincípio da justiça contratual é o da proteção genérica ao aderente. Os contratos de adesão, em que uma das partes imponha todas as cláusulas à outra (aderente), havendo dúvida, a interpretação será mais favorável ao aderente. Esse princípio, antes vigente genericamente no Código de Defesa do Consumidor (art. 47), foi incorporado de forma mais específica pelo Código Civil (art. 423).

Como fica claro, a diferença entre o atual princípio da justiça contratual e o antigo é a preocupação com a justiça material, não só com a justiça formal.

Princípio da razoabilidade

Segundo o princípio da razoabilidade, o contrato deverá ser interpretado com bom senso e equilíbrio, com base na razão, não na emoção. Assim, por exemplo, se ao juiz for dado impor o valor dos honorários de um profissional que tenha prestado determinado serviço e não tenha sido pago, deverá pautar-se pela razoabilidade, arbitrando um valor compatível com os costumes locais, com a competência e, eventualmente, com a reputação do prestador, com as possibilidades do tomador e, finalmente, com a qualidade do serviço prestado. O princípio da razoabilidade é muito útil, principalmente na fixação de valores, como o do exemplo, o de indenizações de danos morais e outros.

Princípio da primazia da ordem pública

De acordo com o princípio da primazia da ordem pública, certas normas legais hão de prevalecer sobre as normas contratuais. Destarte, não vale a cláusula contratual que altere os prazos de prescrição previstos em lei. Hão de prevalecer, nesse caso, os prazos legais, exatamente por se fundarem na ordem pública. Estão contidos em normas de natureza imperativa, e não dispositiva. O mesmo se diga de contrato que altere certo procedimento previsto no Código de Processo, como o consignatório, por exemplo. Este princípio não se pode dizer totalmente novo, embora sua amplitude seja bem maior hoje que ontem.

Princípio da primazia da realidade sobre a forma

O princípio da primazia da realidade importa em que prevaleçam os fatos efetivamente ocorridos nas relações contratuais, em detrimento da forma visível e aparente a terceiros.

Consequentemente, quando estejam presentes todos os pressupostos de caracterização de um contrato de trabalho, pouco importa que existam documentos que simulem outras espécies contratuais, por exemplo, de trabalho autônomo ou eventual. A realidade prevalecerá, e a relação será considerada de trabalho. De nada adianta denominar uma associação de sociedade. Se estiverem presentes os pressupostos que caracterizem uma associação, assim será ela tratada, mesmo que o estatuto se refira à sociedade, mesmo que o nome seja de sociedade, mesmo que esteja registrada como sociedade. O princípio da primazia da realidade, de fato, sempre existiu, apesar de só ter sido esboçado pela doutrina e pela jurisprudência, no século XX.

Poderíamos citar, ainda, vários outros princípios, como o *res perit domino*, o da reparação integral, o do enriquecimento sem causa, o da socialidade, dentre outros. Sobre alguns já discorremos no Capítulo anterior, sobre outros discorreremos ao longo deste manual.

9.8 Intervenção do Estado na economia contratual

9.8.1 Introdução

À antiga expressão dirigismo contratual corresponde, em nossos dias, à expressão intervenção do Estado na economia contratual.[79] Essa intervenção ocorre sempre em socorro dos bons costumes e da ordem pública. Mas que são *bons costumes e ordem pública*?

Bons costumes são aqueles que se cultivam como condição de moralidade social, variável no tempo e no espaço, ou seja, de acordo com a época e o lugar.[80] São boas práticas, aferíveis a partir da conduta razoável que se espera do homem médio. Tanto ocorrem na esfera existencial, como a familiar, como na patrimonial, como no exercício da empresa.

Ordem pública é conjunto de normas que erigem a estrutura social, política e econômica da nação. Pautam-se essas normas no interesse público, que, por seu turno, é o conjunto de aspirações de uma coletividade para a obtenção de bens, vantagens, atividades ou serviços de fruição geral.[81]

Os contratos, ou melhor, o princípio da autonomia da vontade deve, pois, se limitar à ordem pública e aos bons costumes, sendo ineficaz o contrato que ultrapassar essas fronteiras.

Historicamente, o intervencionismo estatal vem caminhando em momentos de alta e baixa.[82] No século XIX, sob a influência do liberalismo econômico divulgado pela Revolução Francesa, esteve em baixa. No século XX, esteve em

---

79 BARACHO, José Alfredo de. **O princípio de subsidiariedade**: conceito e evolução. Belo Horizonte: Movimento Editorial da Faculdade de Direito da UFMG, 1995. *passim*.
80 NADER, Paulo. **Introdução ao estudo do direito**. 7. ed. Rio de Janeiro: Forense, 1992. *passim*.
81 Idem, ibidem.
82 SOUZA, Washington Peluso Albino de. **Direito econômico**. São Paulo: Saraiva, 1980. p. 77.

alta, começando a entrar em baixa na atualidade; aliás, coincidentemente com a ascensão e queda dos ideais comunistas.[83]

9.8.2 Fundamentos da intervenção do Estado

O homem vive em sociedade. Qualquer exame que não leve isso em conta será pura abstração, em princípio, sem qualquer finalidade útil. Raymond Racine dizia que a densidade das populações provoca uma interdependência social desconhecida dos tempos passados, daqueles que elaboraram as bases do pensamento econômico, que era liberal. Não é concebível, hoje em dia, separar as prerrogativas privadas das coletivas.[84]

Seligman salienta que a necessidade do homem de buscar seus meios de subsistência leva-o à formação de grupos.[85]

O grupo não é só uma soma de indivíduos. É diferente de cada um de seus membros. É algo novo, autônomo. É dele que surgem as ideias de solidariedade e dever. O estudo dos grupos é importante para que se perceba o dissídio entre interesses individuais e coletivos (do grupo), havendo a necessidade de harmonizá-los.

Dentre todos os grupos, só o Estado pode impor uma submissão, seja através da coerção ou de outro meio.

Se o homem pode escolher a que grupos sociais se unir, não tem esta opção em relação ao Estado. A cidadania é involuntária e compulsória. Se o Estado se abstiver, como recomenda o *laissez-faire*, nenhum poder existirá para conter os excessos dos indivíduos em relação ao grupo e a outros indivíduos, e dos grupos em relação a outros grupos e em relação aos indivíduos.

Se os fins das instituições sociais são o poder, a segurança e o direito, necessita-se do Estado para estender sua atividade sobre as funções imediatas com que possam satisfazer-se. A satisfação depende, dentre outros, dos meios econômicos.

Assim, não se compreende que, cumprindo ao Estado regular a conduta humana, seja-lhe defeso penetrar no domínio econômico, estreitamente ligado ao social e ao político. Lembremo-nos das crises econômicas e suas repercussões.

Ademais, como diz Lorenzetti, os contratos se situam na esfera social, no máximo na privada, nunca na esfera íntima, o que legitima a intervenção estatal para harmonizar os interesses em conflito.[86]

---

83 MEIRELES, Henrique da Silva Seixas. **Marx e o direito civil**. Coimbra: Universidade de Coimbra, 1990. passim. BESSONE, Darcy. Op. cit., 3. ed., p. 41-50. SOARES, Mário Lúcio Quintão. **Direitos humanos, globalização e soberania**... cit., p. 54 et seq.
84 LORENZETTI, Ricardo Luis. **Fundamentos do direito privado**. São Paulo: RT, 1998. p. 177 et seq.
85 Idem, ibidem.
86 Idem, p. 170 et seq.

Hoje em dia, podemos dizer, numa visão constitucionalizada do Direito Privado, que a intervenção do Estado se baseia no princípio da dignidade da pessoa humana.

9.8.3 Esferas de intervenção

A intervenção se mostra em cinco esferas principais:

1] Imposição da contratação. Há normas no sentido de forçar certas pessoas a celebrar contratos, como os comerciantes, que não podem sonegar mercadorias. São os contratos necessários. O seguro obrigatório é outro exemplo.
2] Imposição ou proibição de determinadas cláusulas, como vemos frequentemente nos contratos de locação, de seguro etc. e no contrato de trabalho.
3] Concessão ao juiz, a requerimento do interessado, e em alguns casos, da faculdade de rever o contrato, estabelecendo novas condições com o fito de reequilibrar as prestações das partes. Este poder facultado ao juiz é fruto de cláusula implícita em certos contratos, ainda que verbais, denominada, ainda hoje, *cláusula rebus sic stantibus*, como se verá mais abaixo. Pode, também, ser fruto da ocorrência de lesão ou de estado de perigo.
4] Autorização ao juiz para que conceda termo de graça ou de favor, nos casos em que execução imediata e total de uma obrigação possa arruinar o devedor. O juiz poderá, por exemplo, conceder pagamento em prestações, se sentir que, por razões de equidade, o pagamento em uma só parcela coloque o devedor em situação excessivamente onerosa. Assim, suponhamos que A deva $ 100.000,00 a B e que não pague no vencimento. B o executa. A tem patrimônio suficiente para pagar a dívida, mas se o fizer de uma só vez, ficará em situação de ruína. Se o fizer em duas ou três vezes, o pagamento será oneroso, mas suportável. Diante desse quadro, e percebendo o juiz que o devedor é pessoa séria, que agiu de boa-fé, poderá permitir a ele, mesmo contra a vontade do credor, que realize o pagamento de duas ou três vezes. Outro exemplo seria o da moratória (dilação do termo de vencimento) concedida pelo juiz, pelas mesmas razões do exemplo que acabamos de analisar. Legitimam a concessão desse termo de graça a dignidade humana, a equidade e a justiça contratual. É óbvio que o termo de graça só será concedido em situações excepcionais. Dele não há de se beneficiar o escroque, o mau pagador.
5] O termo de Direito é outra esfera de intervenção, em que a Lei concede, em certos casos, ao devedor o direito de dilatar o vencimento de suas obrigações. Tal seria o caso na concordata civil ou na recuperação de empresas.

9.8.4 Revisão dos contratos

Os contratos podem sofrer revisão de cláusulas em, basicamente, três hipóteses: lesão, estado de perigo e onerosidade excessiva superveniente. Fala-se, assim, em revisão pela quebra do sinalagma genético dos contratos (lesão e estado de perigo), situação em que o contrato já se celebra de modo desequilibrado, e em revisão pela quebra do sinalagma funcional (onerosidade excessiva superveniente), quando o contrato, em razão de fato superveniente, deixa de cumprir sua função primordial, qual seja, promover a dignidade das partes, ou, pelo menos, de uma delas.[87] Já estudamos a lesão e o estado de perigo. Vejamos agora a onerosidade excessiva superveniente.

O século XIX foi de intenso liberalismo, como dito, arrefecido no século XX. Assim, pode-se bem imaginar que algumas adversidades que tornavam certos contratos extremamente injustos para uma das partes não justificassem seu inadimplemento. Ora, o lema do liberalismo era o da não interferência do Estado, e os contratos, uma vez celebrados, tornavam-se lei entre as partes, tendo que ser cumpridos custasse o que custasse. Era o princípio da autonomia da vontade em todo o seu vigor. A vontade livre, no sentido kantiano, era soberana, e, dada a presunção de igualdade entre as partes, o acordo contratual vinculava às últimas consequências. É fácil deduzir que várias pessoas foram levadas à ruína por tal princípio. Imaginem uma pessoa que tivesse todos os seus ativos financeiros bloqueados em suas contas de depósito e de poupança e fosse, ainda por cima, forçada a cumprir à risca suas obrigações contratuais. Seria compreensível que se arruinasse.

Dessa forma, principalmente devido às guerras mundiais, que trouxeram enorme desequilíbrio a certos contratos, e com a mudança da mentalidade liberal para a intervencionista, ressuscitou-se a antiga fórmula medieval, a conhecida por doutrina ou teoria da cláusula *rebus sic stantibus*.

Os juristas medievais, vendo que nos contratos de execução futura, isto é, nos contratos celebrados no presente para serem executados no futuro, as circunstâncias externas eram de extrema importância, sustentaram que, uma vez tornando-se o ambiente adverso, a execução do contrato a ele se deveria adaptar, a fim de evitar a ruína de uma das partes. Consagrou-se a fórmula *contractus qui habent tractum successivum et dependentiam de futuro rebus sic stantibus intelliguntur*. Em outras palavras, "os contratos de execução sucessiva, dependentes de circunstâncias futuras, entendem-se *pelas coisas como se acham*".

---

[87] RIBEIRO, Milton Nassau. O desequilíbrio econômico-financeiro nos contratos após o Código Civil de 2002, In: FIUZA, César (Org.). **Elementos de teoria geral das obrigações e dos contratos**: por uma abordagem civil-constitucional. Curitiba: CRV, 2012. p. 321 *et seq*.

Dessarte, a cláusula *rebus sic stantibus* consiste em se presumir uma norma, que não se lê, necessariamente, expressa, mas figura implícita em todo contrato de execução futura, segundo a qual os contratantes estão adstritos a seu cumprimento rigoroso, no pressuposto de que as circunstâncias do ambiente conservem-se inalteradas no momento da execução, idênticas às que vigoravam no momento da celebração.

Os modernos procuraram adaptar essa tese aos tempos atuais, daí surgindo várias teorias. Ao que tudo indica, e a doutrina é muito confusa a respeito, a maioria dessas teorias tem em comum a imprevisibilidade de certo evento, que vem destruir o equilíbrio do contrato, após sua celebração e antes ou durante sua execução.

Dos vários autores que tratam do assunto, nenhum traz resposta segura a respeito da correta localização e dos contornos da teoria ou das teorias da imprevisão.[88] Ora se fala em teoria da imprevisão como doutrina autônoma, ora a ela se refere como gênero, ao qual pertenceriam várias doutrinas, tais como a da condição implícita e outras. A nós parece ser mais correta a segunda posição, que toma a teoria da imprevisão como gênero, sendo espécies suas as demais teses. Na verdade, analisando detidamente cada uma das teorias revisionistas, não se lhes pode negar, quando nada, um quê de imprevisibilidade que todas supõem como fundamento para a revisão dos contratos. Nenhuma teoria, mesmo as que não se denominam *teoria da imprevisão*, admite a revisão de um contrato com base num risco expressamente assumido por uma das partes. Fosse assim, a seguradora poderia se eximir de pagar a indenização ao segurado, alegando não estar contando que ocorresse o sinistro naquele momento.

Na verdade, todas as teorias têm como principal objetivo delimitar o campo de aplicação do revisionismo contratual, ou seja, especificar em que circunstâncias os contratos poderiam ser revistos pelo juiz.

Vejamos algumas dessas teses, partindo do estudo das que não têm como pressuposto a imprevisibilidade das circunstâncias adversas.

Começando com a doutrina da cláusula *rebus sic stantibus*, reza a fórmula medieval – "os contratos de execução sucessiva, dependentes de circunstâncias

---

88 Dentre esses autores, podemos citar: GOMES, Orlando. **Transformações gerais do direito das obrigações**. 2. ed. São Paulo: RT, 1980. p. 95-113. SERPA LOPES, Miguel Maria de. Op. cit., v. 3, p. 104. PEREIRA, Caio Mário da Silva. **Instituições**... cit., 18. ed., v. 3, p. 109. LARENZ, Karl. Lehrbuch. Op. cit., v. 1, p. 321-332. BESSONE, Darcy. Op. cit., 3. ed., p. 223-224. LEHMANN, Heinrich. **Gläubigerschutz**. Mannheim: Bensheimer, 1926. p. 59. ENNECCERUS, Ludwig, LEHMANN, Henrich. **Tratado de derecho civil**. 2. ed., t. II – 1, p. 208-218. ENNECCERUS, Ludwig, NIPPERDEY, Hans Cark. **Tratado de derecho civil**. 3. ed., t. I – 2, v. 1, p. 413. FLAH Y SMAYEVSKY. **Teoría de la imprevisión**. Buenos Aires: Depalma, 1989. BRUNO, Vânia da Cunha. **A teoria da imprevisão e o atual direito privado nacional**. Rio de Janeiro: Lumen Juris, 1994. OLIVEIRA, Anísio José de. **A cláusula rebus sic stantibus através dos tempos**. Belo Horizonte: [s.n.], 1968.

futuras, entendem-se *pelas coisas como se acham*". Na fórmula não se encontra qualquer pressuposto de imprevisibilidade, bastando a ocorrência de um fato futuro, que desequilibre o contrato. Evidentemente, os fatos, cujo risco de ocorrerem tivesse sido assumido pelas partes, estariam fora da proteção da regra. Não há fazer tábula rasa da inteligência medieval.

Consequentemente, a doutrina da cláusula *rebus sic stantibus* seria, a meu ver, a primeira teoria que não tem como pressuposto a imprevisão.

A segunda seria a teoria da pressuposição típica. Foi elaborada pelo austríaco Pisko, com base na ideia de pressuposição individual de Windscheid. Segundo este, as partes, ao celebrar um contrato, fazem uma representação mental da situação negocial em que se estão envolvendo. Pisko afirma que esta pressuposição subjetiva tem a ver com os motivos do contrato. Ao lado dela, há uma pressuposição fática, uma situação de fato sobre a qual todo contrato de certa classe é celebrado. Exemplo seria a empreitada, que tem como pressuposição típica que o preço seja fixado de acordo com os custos, que podem variar dentro de certos limites. Se a variação é além do esperado, a situação pressuposta pelas partes deixa de existir e o contrato não tem mais razão de ser. Não é teoria da imprevisão, uma vez que basta que as circunstâncias futuras contrariem a pressuposição típica do contrato, para que seja ele revisto. O complicado é estabelecer o que é e o que não é pressuposição típica de determinado contrato e saber, com certeza, que a pressuposição estabelecida nada tem a ver com os motivos que levaram as partes a contratar.

Outra teoria que, em princípio, não seria da imprevisão é a da base negocial subjetiva, de Oertmann. A teoria da base negocial se divide em, pelo menos, três teses. A da base negocial subjetiva, a da base negocial objetiva e a eclética.

A teoria da base negocial subjetiva se deve a Oertmann. Parte da pressuposição subjetiva de Windscheid, rejeitando-a, de vez que esta é unilateral, não necessitando ser reconhecida pela outra parte. Seria, assim, mero motivo para contratar. De acordo com Oertmann, a pressuposição deveria ser bilateral, ou seja, as partes celebram o contrato, partindo as duas da pressuposição de que a base do negócio permaneça a mesma. É teoria subjetivista.

Segundo Oertmann, deve considerar-se como base do negócio "a pressuposição de uma das partes manifestada na conclusão do contrato e conhecida pelas demais partes sem ressalvas, ou a pressuposição comum a várias partes acerca da existência ou produção de certas circunstâncias, que constituem a base sobre a qual se assenta a vontade negocial". Contra esta fórmula de Oertmann, autores opuseram objeções consideráveis e muito razoáveis. Embora a pressuposição de uma parte, sobre a qual se funda sua declaração de vontade, tenha sido conhecida pela outra parte e esta não lhe haja feito reparos, continua sendo um *motivo do declarante*. De modo algum, é base do contrato, ou seja, das declarações de vontade de ambas as partes contratantes, que só coincidem no resultado jurídico. Veja-se o caso do tio que compra um carro para o sobrinho, desde que seja aprovado em certo exame, e o sobrinho vem a ser reprovado. Neste exemplo, é indiferente que o tio explique ao vendedor de automóveis que está comprando o carro para presenteá-lo a seu sobrinho, por ocasião de sua aprovação no exame, e, logo resulte, que, no momento de concluir-se o contrato, o sobrinho venha a ser reprovado. Nem o fato de a outra parte conhecer o motivo, nem o fato de que não haja feito objeções, implicam que aceite o risco de que a pressuposição do declarante seja correta, ou de que se cumpra sua expectativa. Para que o tio tivesse direito à resolução do contrato, seria necessário que este motivo fosse expressamente aceito pelo vendedor, como causa de resolução. Em outras palavras, seria necessário que o vendedor tivesse aceitado o risco, expressamente.

Na base do contrato (em sentido subjetivo) só entram pressuposições e expectativas determinadas e comuns às partes, sem as quais as declarações não teriam sido emitidas, ou, ao menos, não teriam sido emitidas com o mesmo conteúdo. Nenhuma das partes teria desejado, se tivesse sabido. A esta base subjetiva do negócio pertencem as bases comuns de deliberação e transação, as expectativas positivas sobre a subsistência de determinadas circunstâncias. Se, por exemplo, uma pessoa alugar por alto preço um cômodo em certa rua, tendo por motivo assistir uma cavalgada, que, segundo falsa informação de jornal, passaria pela tal rua, a pressuposição ou a expectativa de ambas as partes de que a cavalgada ocorreria, constitui a base do negócio. Por outro lado, se essa mesma pessoa alugar o cômodo por preço de mercado, sem que o locador nada soubesse da cavalgada, a ocorrência deste espetáculo seria simples motivo e não base do negócio. No primeiro caso, o contrato poderia ser resolvido. No segundo, não.

É, todavia, distinta a situação, em que, da interpretação e do sentido geral do contrato, se depreende que, apesar do erro comum sobre o motivo, o contrato deve manter-se. Assim será, quando o risco não for alheio ao contrato e tenha sido aceito pela parte afetada, ou quando as partes tenham contado ou deveriam ter contado com a possibilidade de que sua suposição não fosse correta, ou seja, de que o risco poderia se concretizar.

Não pertencem à base do contrato em sentido subjetivo as pressuposições ou expectativas das partes que tenham sido convertidas em conteúdo do negócio. Assim, por exemplo, se as partes tiverem feito depender a eficácia do contrato da existência ou não de uma circunstância esperada, mas ainda incerta, ou se tiverem submetido a eficácia de uma compra e venda, por exemplo, à qualidade do produto.[89]

---

89 ENNECCERUS, Ludwig; KIPP, Theodor; WOLFF, Matín. **Tratado de derecho civil**... cit., t. I – 2, v. 1, p. 409-425.

Não é teoria da imprevisão, visto que, como explicado acima, os fatos que contrariem a base do negócio ensejariam a revisão. Algo não cogitado pelas partes não compõe a base subjetiva do contrato, não originando, consequentemente, a possibilidade de revisão. Nesta linha, pode citar-se o exemplo do contrato com base na falsa cavalgada, dado pelo próprio Oertmann. Só enseja a revisão a contrariedade aos fatos que estavam na base do contrato, no momento da celebração. Tanto que se a falsa cavalgada fosse apenas motivo de contratação de uma das partes, o contrato não poderia ser revisto, como explica Oertmann. Deixaremos a crítica a esta teoria ao encargo de Larenz, cuja tese estudaremos *infra*.

Na sequência histórica, Lehmann acrescentou alguns reparos à tese de Oertmann, criando uma teoria que aliava elementos subjetivos e objetivos da base do negócio.

Em sua opinião:

> uma fórmula geral sustentável tem que tentar a combinação dos fatores subjetivos e objetivos e partir da suposição de que, se a parte contrária, procedendo de boa-fé e atenta ao fim do contrato, tivesse admitido que o contrato se houvesse feito depender da circunstância em questão, ou bem se, de boa-fé, houvesse que admiti-lo, se, quando da conclusão do contrato, tivesse estado presente a insegurança da circunstância. Por conseguinte, para que uma circunstância seja reconhecida como base do negócio, é mister um triplo requisito: 1. Que a outra parte contratante tenha podido conhecer a importância básica da circunstância, para a conclusão do contrato. 2. Que fosse unicamente a certeza a respeito da existência, subsistência ou ocorrência posterior da circunstância em questão que tenha motivado a parte, que lhe atribuía valor, a não pedir à outra parte seu reconhecimento como condição. 3. E, finalmente, que, caso a insegurança a respeito da circunstância tenha sido levada a sério, a outra parte contratante tenha acedido a essa pretensão, tendo em conta a finalidade do contrato, ou tivesse que fazê-lo por razão de boa-fé.[90]

Tampouco esta fórmula resolve satisfatoriamente a questão de quando as pressuposições de uma das partes deixam de ser um simples motivo, para se converterem em base do negócio. Enquanto, do ponto de vista subjetivo, abraça a teoria da condição implícita, esquece-se de que ninguém, por mais de boa-fé que proceda, tem por que admitir a conclusão de um contrato que depende de uma condição que só interessa a uma das partes. Se a outra parte se nega a aceitar como condição contratual uma circunstância, por mais importante que seja para o outro contratante, então, o contrato ou se cumpre sem a condição ou não se cumpre. A parte não obra de má-fé em nenhum dos dois casos, já que, por

---

90 ENNECCERUS, Ludwig; LEHMANN, Heinrich. **Tratado de derecho civil**... cit., t. II – 1, p. 208-218.

princípio, deixa-se ao arbítrio das partes determinar quem irá suportar o risco de que seja correta a pressuposição de uma parte ou de que vá cumprir-se sua expectativa. Tampouco é possível dizer, retroativamente, que a outra parte deveria ter consentido, de boa-fé, que a circunstância teria sido excluída como condição do contrato, se as partes tivessem pensado na incerteza desta circunstância.[91]

Não se pode, tampouco, contá-la dentre as teorias da imprevisão, uma vez que as circunstâncias não cogitadas, que não façam parte da base do negócio, não ensejarão sua revisão.

Vimos acima a teoria da base negocial subjetiva e a teoria eclética de Lehmann, que conjuga elementos subjetivos e objetivos. Foi, porém, Larenz quem objetivou a teoria da base negocial.

Não é teoria da imprevisão, exatamente por não pressupor um evento futuro e imprevisível para que o contrato possa ser revisto. Basta que o evento não integre a base objetiva do contrato, para que a revisão seja possível. Evidentemente que os riscos assumidos pelas partes não darão ensejo à revisão.

Nas palavras de Larenz:

> Todo contrato é celebrado na expectativa de que certa situação presente permaneça a mesma, tenham as partes consciência comum desse fato ou não. Sem isso, o fim colimado por elas não será concretizado, sua intenção não se realizará. Se ocorrer uma alteração total dessa situação não prevista por ninguém e, por isso, não levada em conta na celebração do contrato, então, pode ser que as regras convencionadas pelas partes não mais correspondam à sua intenção, acarretando para uma delas consequências tais, que levem a que o convencionado seja incompatível com um mínimo de justiça material. Neste momento, surge a questão, se não seria possível à parte prejudicada pela manutenção das regras originalmente convencionadas, exigir a resolução do contrato ou a adaptação de suas regras, de sorte a torná-las suportáveis, ante a alteração das circunstâncias.[92]

---

91 *Idem*, t. I – 2, v. 1, p. 413.
92 Tradução livre do seguinte trecho de Larenz: "Jeder Vertrag wird von den Beteiligten, sie mögen sich dessen im einzelnen bewußt sein oder nicht, unter der Voraussetzung des Vorliegens und des Fortbestandes bestimmter Verhältnisse abgeschlossen, ohne die er den ihm zugedachten Zweck nicht erfüllen, die Intentionen der Vertragsparteien nicht verwirklichen kann. Tritt eine von keinem vorhergesehene und daher auch nicht irgendwie im Vertrage berücksichtigte völlige Veränderung dieser Verhältnisse ein, dann kann dies dazu führen, daß die von den Parteien vereinbarte Regelung den Intentionen der Parteien überhaupt nicht mehr entspricht und für eine Partei zu Konsequenzen führt, die bewirken, daß sie dem nicht abzuweisenden Gedanken eines Mindestmaßes an materialer Vertragsgerechtigkeit nunmehr geradezu Hohn spricht (sic). Dann erhebt sich die Frage, ob es nicht möglich ist, daß derjenige Teil, der durch die Fortdauer der vereinbarten Regelung in unzumutbarer Weise beschwert ist, sich vom Vertrage lösen oder doch eine Anpassung der Regelung in solcher Weise verlangen kann, daß sie für ihn unter den geänderten Verhältnissen erträglich wird" (LARENZ, Karl. **Lehrbuch**... cit., p. 321).

Continua Larenz, dizendo que:

> A expressão "base negocial" pode ser legitimamente entendida em dois sentidos. Pode ser compreendida no sentido de base subjetiva do negócio, especificamente as pressuposições, nas quais as partes basearam sua convenção e às quais se renderam, pelo menos, se agiram honestamente. (...) Trata-se, sobretudo, de um erro de motivo, que basicamente não deverá ser considerado; mas quando ambas as partes se deixarem levar pelo mesmo erro, a validade do contrato poderá ser afetada. Em nosso contexto, não se entrará em detalhes quanto a essa doutrina; numa visão sistemática, a teoria da base negocial subjetiva pertence à esfera da teoria do erro e, consequentemente, à 'Parte Geral' do Direito Civil. Neste momento trataremos apenas dos casos, em que as partes não tinham consciência, quando da celebração do contrato, do significado das circunstâncias que se suprimiram ou foram radicalmente modificadas. As partes não prestaram qualquer atenção a elas, embora a consideração dessas circunstâncias fosse um mandamento da boa-fé. A expressão "base negocial" será aqui entendida num sentido objetivo.[93]

Larenz critica a teoria de Oertmann, afirmando que:

> A teoria de *Oertmann* não engloba todos os casos, pois destaca apenas que a situação contratual deve continuar tal qual as partes a imaginaram, quando da celebração do contrato. Frequentemente, as partes nem prestam atenção à persistência de certa situação, que consideram tranquila, como, por exemplo, a estabilidade de uma moeda, da legislação mesma ou do sistema econômico. Os contratantes nem sequer se preocupam com o significado dessas questões para a execução do contrato. Elas não desempenham qualquer papel em suas reflexões. Não se pode dizer que as partes tenham incidido em erro comum. Um erro sempre subentende algumas pressuposições, que não estejam de acordo com as circunstâncias ou com o real desenrolar dos acontecimentos. As partes

---

93 Tradução livre do seguinte trecho de Larenz: "Der Ausdruck, 'Geschäftsgrundlage' kann berechtigterweise in einem doppelten Sinne verstanden werden. Man kann darunter einmal die 'subjektive' Grundlade des Geschäfts verstehen, nämlich die Vorstellungen, von denen die Geschäftsparteien bei ihrer Vereinbarungen ausgegangen sind und sich beide, mindestens, wenn man redlich Denkweise unterstellt, haben leisten lassen. (...) Allerdings handelt es sich nur um einen Motivirrtum, der grundsätzlich unbeachtlich ist; wenn sich aber, wie hier, beide Teile von dem gleichen Irrtum haben leiten lassen, kann dies auf die Gültigkeit des Geschäfts nicht ohne Einfluß sein. Im näheren ist hierauf in unserem Zusammenhang nicht einzugehen; die Lehre von der subjektiven Geschäftsgrundlage gehört systematisch in dem Zusammenhang der Irrtumslehre und damit in den 'Allgemeinen Teil' des bürgerlichen Rechts. An dieser Stelle haben wir es nur mit den Fällen zu tun, in denen die Parteien die Bedeutung der Umstände, die jetzt fortgefallen sind oder sich grundlegend geändert haben, für den von ihnen geschlossenen Vertrag gar nicht bewußt geworden ist, sie keinen Gedanken an sie gewandt haben, die Berücksichtigung dieser Veränderung aber ein Gebot von 'Treu und Glauben' ist. Der Ausdruck 'Geschäftsgrundlage' wird hier in einem objektiven Sinn verstanden" (LARENZ, Karl. **Lehrbuch**... cit., p. 322).

não podem errar quanto a algo sobre que nem mesmo chegaram a conjecturar. Não se cuida, como o Tribunal Superior de Berlim (Kick-Ehlers. *Deutsch-Portugiesisches Wörterbuch für Wirtschaftund Recht*. São Paulo: E.H.KEhlers, 1981), acertadamente, já afirmou, "de comparar a ausência de considerações acerca de alterações futuras com a expectativa da persistência de uma situação presente". (...) A base objetiva do negócio consiste nas circunstâncias, cuja existência ou persistência são, respectivamente, pressupostas no contrato, e com as quais as expectativas das partes possam ser satisfeitas, ainda que aproximadamente, na execução contratual. Não interessa, como nos casos da base negocial subjetiva, se as partes tinham consciência da importância dessas circunstâncias, quando da celebração, ou se conjecturaram a seu respeito, ou mesmo se possuíam alguma expectativa em relação a elas. A supressão da base objetiva do negócio é especialmente, mas não exclusivamente, importante em dois grupos de casos: o do desequilíbrio das prestações e o da frustração do motivo do contrato. Pode-se falar em verdadeiro desequilíbrio das prestações, quando, em razão de uma alteração imprevista num contrato bilateral, as obrigações se tornam "grosseiramente desproporcionais"; quando nem de longe ocorre a proporcionalidade aproximada das prestações, suposta pelas partes. A razão para um tal desequilíbrio pode ser encontrada na depreciação monetária, na mudança da legislação ou em circunstâncias políticas. Uma vez que um certo risco faz parte de qualquer contrato de execução futura, dada a possibilidade de oscilação de preços, salários, custos, bem como de certas variações de mercado, e uma vez que quem celebra esse tipo de contrato deve contar com esses riscos, as alterações do equilíbrio entre prestação e contraprestação só devem ser computadas quando se basearem em eventos tais que a parte afetada não pudesse antever, eventos de que normalmente não se cogita no tráfego negocial, de modo a que não se possa mais falar em equivalência entre as prestações. Tampouco se pode levar em conta um desequilíbrio que se baseie em risco assumido por uma das partes, mesmo que extraordinário, ou quando esse risco for previsível, podendo o contratante dele se precaver".[94] (grifo nosso)

E continua Larenz seus ensinamentos, esclarecendo que:

> A *frustração do motivo* ocorre quando o motivo último, de relevância para o contrato, razão para que uma das partes celebre o contrato, o qual nenhuma das partes assumira como risco *próprio*, se torna definitivamente inalcançável, sem que a prestação que se despiu de sentido se torne, em si mesma, impossível. Não é a realização da prestação mesma que se torna impossível, mas do motivo último do contrato, em razão do qual o credor se comprometeu, seu motivo

---

94 Tradução livre do seguinte trecho de Larenz: "Mit einer Lehre wie der Oertmanns, die allein darauf abstellt, ob die Verhältnisse (jetzt noch) so sind, wie sich die Parteien sie beim Abschluß des Vertrages vorgestellt haben, lassen sich nicht alle Fälle erfassen. Denn häufig machen sich die Vertragspartner über den Fortbestand derjenigen Verhältnisse, die sei als völlig gesichert ansehen, wie z. B. der Stabilität einer Währung, der bestehenden Gesetzgebung oder des Wirtschaftssystems, überhaupt keine Gedanken. Sie sind sicher Bedeutsamkeit dieser Verhältnisse für die Durchführung des Vertrages gar nicht bewußt, diese spielen bei ihren Überlegungen keine Rolle. Man kann nicht sagen, daß sich die Parteien auch hier noch in einem gemeinsamen Irrtum befunden hätten. Denn ein Irrtum setzt eben immer irgendwelche konkreten Vorstellungen voraus, die, wie sich dann erweist, mit der wirklichen Sachlage oder dem tatsächlichen Lauf der Dinge nicht übereinstimmen. Wo sich die Parteien gar keine bestimmten Vorstellungen gemacht haben, da können sie sich auch nicht in einem Irrtum befunden haben. Es geht, wie das KG zutreffend gesagt hat, nicht an, 'die Abwesenheit der Vorstellung von später eingetretenen Veränderungen mit der positiven Erwartung der Fortdauer der gegenwärtigen Verhältnisse rechtlich gleichzusetzen'. (...) Umstände, deren Vorhandensein oder Fortdauer im Vertrage sinngemäß vorausgesetzt werden ist, damit er die von den Parteien mit seiner Durchführung verbundenen Erwartungen wenigstens annäherungsweise erfüllen kann, bilden die objektive Geschäftsgrundlage. Darauf, ob die Parteien sich beim Abschluß der Bedeutung dieser Umstände bewußt gewesen sind, sich darüber Gedanken gemacht oder konkrete Vorstellungen gehabt haben, kommt es dann, anders als in den Fällen der subjektiven Geschäftsgrundlage, nicht an.
Der Fortfall der objektiven Geschäftsgrundlage ist vornehmlich, aber nicht ausschließlich in zwei Gruppen von Fällen bedeutsam: denen der Äquivalenzstörung und denen der Zweckvereitelung. Von einer rechtlich beachtlichen Äquivalenzstörung muß man dann sprechen, wenn infolge einer unvorhergesehenen Änderung der Verhältnisse bei einem gegenseitigen Vertrage die beidenseitigen Verpflichtungen in ein 'grobes Mißverhältnis' geraten sind, wenn also das von den Parteien angenommene annähernde Gleichwertverhältnis der beiden Leistungen auch nicht annähernd mehr gegeben ist. Der Grund für eine solche Äquivalenzstörung mag im Währungsverfall, in einer Änderung der Gesetzgebung oder in den politischen Verhältnissen gelegen sein. Da ein gewisses Risiko mit jedem langfristigen Vertrag verbunden ist, mit der möglichkeit von Schwankungen der Preise, Löhne, Kosten sowie überhaupt gewisser Märkveränderungen immer zu rechnen ist und dieses normale Vertragsrisiko von jeden getragen werden muß, der einen solchen Vertrag schließt, so können Änderungen des Wertverhältnisses von Leistung und Gegenleistung erst dann berücksichtig werden, wenn sie einmal auf solchen, von der betroffenen Partei nicht vorhergesehenen Ereignissen beruhen, mit denen man normalerweise im Geschäftsverkehr nicht zu rechnen braucht, und wenn sie ferner ein solches Ausmaß angenommen haben, daß von einem Äquivalent nicht mehr gesprochen werden kann. Auch wenn das der Fall ist, wird die Störung des Äquivalenzverhältnisses dann nicht berücksichtig, wenn sie auf einem Umstand beruht, der unter das von einer Partei im Vertrage übernommene Risiko – sei dies auch außergewöhnlicher Art – fällt oder wenn dises Risiko für sie erkennbar gewesen war und sie sich davor hätte schützen können" (LARENZ, Karl. **Lehrbuch**... cit., p. 323-325).

finalístico (*Verwendungszweck*). Na verdade, a outra parte não tem nada a ver, basicamente, com esta motivação. Por exemplo, se alguém compra alianças de noivado, e este não se realiza, isto não dará ao comprador o direito de resolver o contrato, embora a compra tenha perdido o sentido. Excepcionalmente, a motivação de uma das partes pode adquirir relevância no contrato, não enquanto elemento do conteúdo, mas como base objetiva. Seria o caso, se a parte contrária garantisse a concretização do que motivou a outra a contratar, ou quando, na celebração, se condicionasse a execução do contrato à realização do motivo. Se e em que circunstâncias isso ocorreria é muito discutível. Interessam, a esse respeito, alguns casos: 1. *Locação de imóvel para uso específico*. Há imóveis que são alugados com o objetivo de neles se instalar uma pensão ou uma boate. Em razão de proibição administrativa, este objetivo se torna inatingível. (...) 2. *Prestação de serviço relacionada a um fim*. Falamos em prestação de serviço relacionada a um fim, quando o prestador assume os motivos do tomador como seus, de modo a que, se a prestação se tornar sem sentido para o tomador, também se tornará para ele, o prestador. Um agente de viagens oferece pacote especial de viagens de ônibus para certo jogo de futebol. Consequentemente, vende várias passagens. O jogo é cancelado no último minuto. (...) 3. Outros casos de frustração do motivo. (...) Um automóvel de serviço para no meio da rua, sem qualquer razão aparente. O motorista requisita os serviços de um reboque para levar o carro à oficina. Antes que o reboque chegue, um cliente conserta o defeito, fazendo o carro andar. A prestação do reboque (levar o carro à oficina) seria ainda possível, mas perdeu todo o sentido. A causa (levar o carro à oficina) deixou de existir. O reboque sabia que esta era a única razão, a única causa a que sua prestação serviria. Ela só teria sentido para cumprir este fim. O contrato estava "orientado" para ele. Sob essas circunstâncias, a supressão da causa não pode deixar de afetar a manutenção do contrato, embora ainda seja possível realizar a prestação. A base negocial consistia em rebocar o carro. Para uma compreensão mais clara, eventos que não devem ser considerados, por não afetarem a base do negócio, são aqueles que, por serem previsíveis, fazem parte do risco assumido por uma das partes; que um dos contratantes deve levar em conta diante do § 276 ou do § 324, 1 (BGB); ou que só se podem cumprir em prejuízo da parte que está em mora.[95]

---

95 Tradução livre do seguinte trecho de Larenz: "'Zweckvereitelung' liegt dann vor, wenn der für den Vertrag relevante weitere Zweck der einen Vertragspartei aus Gründen, die keiner Partei als ihr Risiko zuzurechnen sind, dauernd unerreichbar geworden ist, ohne daß deshalb die zwecklos gewordene Leistung als solche unmöglich geworden wäre. (...) Unerreichbar geworden ist nicht die Erbringung der Leistung selbst, sondern der weitere Zweck, um dessen Willen der Gläubiger sie sich versprechen ließ, sein Verwendungszweck. Grundsätzlich geht dieser weitere Zweck die andere Partei nichts an. Hat jemand z. B. Verlobungsringe gekauft und kommt die Verlobung dann nicht zustande, berechtigt ihn das nicht zur Auflösung des Kaufrages, obgleich der Kauf für ihn jetzt nutzlos geworden ist. (...) Ausnahmsweise kann jedoch der Zweck der einen Partei für den Vertrag in dem Sinne relevant" sein, daß seine Erreichbarkeit zwar nicht Vertragsinhalt – das wäre sie, wenn sie von der Gegenpartei garantiert, oder der Vertrag im Wege der Vereinbarung einer Bedingung von ihr abhängig gemacht wäre –, wohl aber Geschäftsgrundlage" ist. Ob und unter welchen Voraussetzungen das der Fall ist, ist überall streitig. In Betracht kommen etwa folgende Fälle:
1. Vermietung von Räumen für einen bestimmten Verwendungszweck. Es sind z. B. Räume vermietet worden zum Zwecke des Betriebes einer Gaststätte oder eines Nachtklubs; infolge eines generellen behördlichen Verbots wird dieser Zweck unerreichbar. (...) 2. Zweckbezogene Werkleistungen. Von einer 'zweckbezogene Werkleistung' wollen wir dann sprechen, wenn sich der Unternehmer den Zweck des Bestellers in der Weise zu eigen gemacht hat, daß er ihm seine Leistung gerade im Hinblick auf diesen Zweck angeboten hat, und wenn er damit rechnen muß, daß bei Fortfall dieses Zwecks die angebotene Leistung für den Besteller wertlos, ihre Erbringung für ihn sinnlos ist. Ein Reiseunternehmer hat Sonderbusfahrten zu einem Fußball-Länderspiel angeboten und dafür Fahrkarten verkauft; das Spiel wird in letzter Minute abgesagt. (...) 3. Sonstige Fälle der Zweckvereitelung. (...) Ein Kraftwagen bleibt ohne ersichtlichen Grund auf der Straße stehen; der Fahrer bestellt einen Abschleppunternehmer, damit er den Wagen in die Werkstatt bringe. Bevor dieser kommt, hat ein Kundiger den Fehler behoben, der Wagen ist wieder fahrbereit. Die Leistung des Unternehmers (Abschleppen in die Werkstatt) wäre zwar noch möglich; ist jetzt aber offenbar sinnlos; der Zweck (Verbringen in die Werkstatt zwecks Reparatur) is hinfällig geworden. Der Abschleppunternehmer wußte, daß die von ihm begehrte Leistung diesem und keinem anderen Zwecke dienen sollte, nur im Hinblick auf diesen einmaligen Zweck sinnvoll war. Der Vertrag war auf ihn 'ausgerichtet'. Unter diesen Umständen dürfte der Fortfall des Zwecks – trotz Fortbestehens der Möglichkeit, die Leistung zu erbringen – den Fortbestand des Vertrages nicht unberührt lassen. Daß der Wagen abschleppbedürftig war, war die Geschäftsgrundlage.
(...)
Nicht berücksichtig werden können bei der Beantwortung der Frage, ob die Geschäftsgrundlage fortgefallen ist, um dies normals deutlich zu sagen, solche Ereignisse, die, weil vorhersehbar, zu dem von einer Partei im Vertrage übernommenen Risiko gerechnet werden müssen, solche, die eine Partei im Sinne von § 276 oder § 324 Abs. 1 zu vertreten hat, und solche, die sich nur deshalb zuungunsten einer Partei auswirken konnten, weil diese sich im Verzuge befand" (LARENZ, Karl. Lehrbuch cit., p. 326-329).
"§ 276. [Haftung für eigenes Verschulden] (1) Der Schuldner hat, sofern nicht ein anderes bestimmt ist, Vorsatz und Fahrlässigkeit zu vertreten. Fahrlässig handelt, wer die im Verkehr erforderliche Sorgfalt außer acht läßt. Die Vorschriften der §§ 827, 828 finden Anwendung.
(2) Die Haftung wegen Vorsatzes kann dem Schuldner nicht im voraus erlassen werden.
§ 324. [Vom Gläubiger zu vertretendes Unmöglichwerden]. (1) Wird die aus einem gegenseitigen Vertrage dem einen Teile obliegende Leistung infolge eines Umstandes, den der andere Teil zu vertreten hat, unmöglich, so behält er den Anspruch auf die Gegenleistung".

Por fim, encerra, dizendo que "os efeitos jurídicos da supressão da base objetiva do negócio devem ser, por sua vez, deduzidos do sentido e do objetivo de cada contrato, em concreto. Não há uma solução única apriorística".[96]

A peculiaridade da teoria de Larenz é que a desproporção não precisa ser fruto de evento imprevisível, bastando que seja imprevisto e que integre a base objetiva do contrato.

A teoria da base negocial objetiva trabalha a ideia de imprevisão, ou de imprevisto, mas relacionando-a à base objetiva do contrato. Em outras palavras, o evento futuro, que desequilibre o contrato, não pode integrar a base objetiva do contrato, não tendo, por isso, que ter sido previsto pelas partes. Se era previsível ou não, pouco interessa, uma vez que, para aquele contrato, não seria relevante.

Vejamos agora as teorias da imprevisão.

Nesse particular, pode-se citar a experiência francesa, a teoria da condição implícita e a teoria da impossibilidade econômica.

Após a Primeira Guerra Mundial, foi editada na França a Lei Failliot, em 1918, cujo objetivo era o de trazer justiça a certos contratos, celebrados antes da Guerra. Esta Lei admitia a suspensão ou a resolução de contratos concluídos antes da Guerra, se sua execução se houvesse tornado excessivamente onerosa para uma das partes. Na prática, grande parte desses contratos acabou por sofrer revisão, como resultado de procedimentos de conciliação.[97] Basearam-se, então, na equidade e no princípio da boa-fé. Colidindo os princípios da obrigatoriedade contratual e o da boa-fé, prevaleceria este, em certas circunstâncias: contrato de execução futura, durante cuja execução ocorressem circunstâncias imprevisíveis que agravassem a situação de uma das partes. O centro é a imprevisibilidade do evento futuro e incerto. Tomou-se como ponto de partida a doutrina da cláusula *rebus sic stantibus*.

É interessante observar que foi exatamente o Direito Francês o pioneiro na defesa intransigente da tese de que o contrato devesse ser considerado lei entre as partes. Essa posição foi consagrada no art. 1.134 do Código de 1804, em expressa oposição à possibilidade de revisão contratual.[98]

Apesar disto, muito antes da Lei Failliot, algumas decisões, que romperam com as ideias do Código, passaram a surgir na França. Em 28/08/1843, o Tribunal de Comércio de Rouen determinou a resolução de um contrato de transporte rodoviário entre Paris e Rouen. O motivo foi a instalação de uma linha férrea

---

96 Tradução livre do seguinte trecho de Larenz: "Die Rechtsfolgen des Wegfalls der objektiven Geschäftsgrundlage sind in erster Linie wiederum dem Sinn und dem Zweck des konkreten Vertrags zu entnehmen. Eine Einheitslösung gibt es nicht" (LARENZ, Karl. **Lehrbuch**... cit., p. 329).
97 FIRHOLTZ, Frédéric & KHAMIS, Raja. **La résolution du contrat et des obligations contractuelles**. Disponível em: <http://sites.estvideo.net/fdm/doc/civil/20042005/revicontra.doc>. Acesso em: 16 dez. 2008. p. 12.
98 RIBEIRO, Milton Nassau. Op. cit., p. 321 *et seq*.

entre as referidas cidades que acabou por tornar desinteressante a exploração comercial que pretendia o referido contrato.[99]

A este caso seguiram-se o caso do Canal de Cramprone, no ano de 1876, que decidiu rever a quantia referente aos benefícios advindos do canal, uma vez que, após 300 anos de operação, tornou-se ela defasada; uma decisão do Tribunal do Comércio de Toulouse, admitindo a extinção de um contrato em razão da impossibilidade econômica de seu cumprimento, trazida pela I Guerra Mundial.[100]

Note-se, contudo, que todas estas decisões basearam-se no argumento da força maior, e, não, na imprevisão. Por isto, o marco na ruptura da rigidez contratual ocorreu em 30/03/1916, num caso cujas partes eram a Prefeitura de Bordeaux e a concessionária de energia daquela cidade (*Compagnie Générale d'Eclairage*).[101]

Em virtude da I Guerra Mundial, o preço do carvão, indispensável para a produção de gás de iluminação, quintuplicou no fim de 1915, gerando uma situação de evidente desequilíbrio no contrato de concessão celebrado entre a Municipalidade e a referida companhia, pelo prazo de 30 anos.[102]

Diante de tais fatos, o Sindicato do Gás fez uma consulta a três advogados membros do Conselho de Estado e da Corte de Cassação. Nesta consulta, os juristas apresentaram um parecer, sustentando que os contratos administrativos deveriam ter como fundamento a equidade. Reconheceram, com isto, que o caso concreto apresentava uma exceção imprevisível, não vislumbrada contratualmente, devendo ser regulamentada pela jurisprudência administrativa.[103]

Com base neste parecer, a Compagnie Générale d'Eclairage percorreu diversas instâncias até ser bem sucedida em seu recurso final ao Conselho de Estado. Esta sentença reconheceu a excepcionalidade da alta do preço do carvão, consubstanciada em evento imprevisível, e consequente aumento dos custos na fabricação do gás. Como resultado, determinou-se a revisão do pacto e a indenização pleiteada pela companhia concessionária.[104]

Posteriormente, com o agravamento dos efeitos da I Guerra Mundial, também foi autorizada a resolução dos contratos concluídos antes de 1º de agosto, cujo cumprimento dependesse do futuro, se, em virtude do estado de guerra, a execução das obrigações de qualquer dos contratantes lhe causasse prejuízo, cuja importância excedesse muito as previsões feitas ao tempo da formulação do contrato.[105]

Na Lei de 1918, denominada *Lei Failliot*, em referência ao autor do projeto, não estava presente a possibilidade de revisão e da consequente adaptação ao

---

99 Idem, ibidem.
100 Idem, ibidem.
101 Idem, ibidem.
102 Idem, ibidem.
103 Idem, ibidem.
104 Idem, ibidem.
105 Idem, ibidem.

novo estado do pacto – solução ligada às ideias modernas de imprevisão – mas a resolução contratual, com ou sem possibilidade de indenização.[106]

À Lei Failliot se seguiram a Lei de 1919 sobre seguros, a de 1924 sobre arrendamento, a de 1925 sobre a revisão dos preços de aluguel, a de 1935 sobre a redução judicial dos preços de venda de certos fundos de comércio, a de 1938 sobre a revisão salarial, essas já elaboradas em virtude da Segunda Guerra.[107]

Assim, progressivamente, a rigidez das convenções contratuais cedeu espaço para normas que privilegiavam a ideia de justiça e de boa-fé. Com base nesta evolução, fundou-se a chamada *teoria da imprevisão*, também denominada *teoria francesa*. Neste país, grande parte da doutrina rejeita a sua utilização no Direito Privado, pois é considerada medida de emergência, sem caráter genérico de intervenção judicial no contrato.[108]

No plano teórico, esta teoria apresentou a possibilidade de revisão contratual para os casos em que ocorresse extrema dificuldade de cumprimento da obrigação. Consolidou-se, também, a ideia de que o desequilíbrio devesse decorrer de fato cuja natureza fosse extraordinária e imprevisível.[109]

Por força da influência do Direito Francês, essa teoria marcou presença em vários países, como a Bélgica, a Holanda, o Líbano, a Síria (à época, integrantes do protetorado francês, após a queda do Império Turco), os países latino-americanos e o Japão.[110]

A *teoria da condição implícita* é obra jurisprudencial do Direito inglês. A sobrevivência do contrato pressupõe uma condição implícita (*implied condition*) de que as circunstâncias externas permaneçam do mesmo modo no momento da execução. Não diz muito, uma vez que não explicita acuradamente que circunstâncias podem ensejar a revisão.

Vista em seus contornos, a teoria da condição implícita, citamos ainda uma última doutrina, atribuída a Enneccerus.

É a teoria da impossibilidade econômica. Segundo sua ótica, a prestação contratual há de ser considerada impossível, se a ela se opõem obstáculos extraordinários, que só se possa vencer com exagerado sacrifício, ou sob graves riscos, ou com violação de deveres mais importantes. Nestes casos, o contrato deve ser revisto ou resolvido.

Existem outras teorias, sendo estas acima expostas as que reputamos as mais importantes.

---

106 Idem, ibidem.
107 Idem, ibidem.
108 Idem, ibidem.
109 Idem, ibidem.
110 Idem, ibidem.

Basicamente, a se extrair alguns elementos comuns a todas as teorias da imprevisão, pode-se dizer, em geral, que, para que a parte prejudicada possa se insurgir, requerendo ao juiz a revisão do contrato, é necessário o implemento das seguintes condições:

1] O contrato deve ser de execução futura, ou seja, deve ser daqueles que se celebrem no presente para se executarem no futuro. É o caso da compra e venda a prazo.
2] Deve ocorrer alteração das condições ambientes, principalmente das econômicas, no momento da execução do contrato.
3] Tal alteração deve ser imprevisível. A imprevisibilidade poderá ser mais ou menos radical, segundo a tese que se abrace. Basicamente, pode-se dizer haver dois tipos de imprevisão, a relativa e a absoluta. A imprevisão será absoluta quando o fato for imprevisível para qualquer pessoa medianamente dotada. Exemplo seria o "Plano Collor", que, de uma só tacada repentina, bloqueou os recursos bancários de toda a população. Já a imprevisibilidade relativa é aquela aferível no caso concreto, dadas as circunstâncias que envolvem o contrato e as próprias partes. Exemplo seria a variação cambial. Duas pessoas podem celebrar um contrato, contando que esta variação seja pequena. Baseiam-se, para tanto, em fatos objetivos, como o sucesso de um plano de estabilidade econômica. De repente, o câmbio sofre variação extremada, sem nenhum aviso prévio e de uma hora para outra. Este fato pode não ser imprevisível de modo absoluto, mas relativamente àquele contrato, celebrado por aquelas partes, naquele momento e naquelas circunstâncias, o fato foi imprevisível.
4] A adversidade deve acarretar onerosidade para uma das partes. Também a onerosidade pode ser mais ou menos excessiva, dependendo da teoria. O que é excessivo para alguém pode não ser para outra pessoa. Esse elemento deve ser analisado com cuidado, uma vez que é sempre muito relativo.
5] Finalmente, o contrato deve ser pré-estimado, ou seja, a prestação de cada uma das partes deve ser previamente conhecida.[111] Tal não ocorre, por exemplo, no contrato de seguro, em que a prestação do segurador é totalmente incerta.

Neste ponto, devemos abrir parênteses. A incompatibilidade da teoria da imprevisão com os contratos chamados aleatórios deve ser examinada com cautela. Contratos aleatórios são aqueles em que pelo menos uma das prestações é indeterminada no momento da celebração. Vejamos o contrato de seguro, supracitado. De um lado, temos a prestação do segurado, conhecida previamente: deverá pagar um prêmio ao segurador. Do outro lado, a prestação do segurador é totalmente indeterminada no instante da celebração do contrato. Suponhamos

---
111 SERPA LOPES, Miguel Maria de. Op. cit., v. 3, p. 104. PEREIRA, Caio Mário da Silva. **Instituições**... cit., 18. ed., v. 3, p. 109.

tratar-se de seguro-saúde. Ora, a indenização a ser paga pelo segurador, em caso de doença do segurado, é incerta. Não se sabe nem se virá a ter que pagar. Se o segurado não adoecer durante a vigência do contrato, nada será pago. Ao revés, se adoecer, o segurador cobrirá as despesas médico-hospitalares. Mas não se pode predeterminar de quanto serão elas.

Quando se diz não se aplicar a teoria da imprevisão aos contratos aleatórios, na verdade, e no caso em epígrafe, está-se referindo ao fato de que o segurador não poderá alegar ser a doença do segurado evento imprevisível e com isso não pagar a indenização. O risco de doença foi assumido por ele. Ao contrário, se o segurado, envolvido por evento imprevisível, for reduzido à situação temporária de insolvência, não vejo por que não se aplicar a teoria da imprevisão a seu favor. Exemplo típico de fato imprevisível foi o "Plano Collor", que bloqueou todos os ativos em conta de depósito e poupança, em 1990. Várias pessoas se reduziram à insolvência por causa disso.

Da mesma forma o segurador que, no momento de pagar a indenização, se veja em situação de insolvência temporária, devido a fato estranho à sua vontade, como o malfadado "Plano Collor", também ele poderia recorrer aos benefícios da cláusula, requerendo ao juiz a modificação do contrato a seu favor. Mesmo porque, uma vez estabelecida a quantia da indenização, a prestação do segurador deixa de ser incerta.

Vejamos outro exemplo. Uma pessoa toma empréstimo bancário para financiar projeto agrícola. O contrato prevê que o agricultor só pagará juros caso o empreendimento seja bem-sucedido. Supondo que a safra seja um fracasso em virtude de geada, o agricultor não poderá pleitear seja revisto o pagamento do principal com base nisso. O contrato era aleatório e os riscos foram assumidos pelas partes. Da mesma forma, o banco não poderá exigir o pagamento dos juros. Afinal, estes estavam atrelados ao sucesso da colheita, cujo risco de não ocorrer o banco havia também assumido.

Mas, por outro lado, podemos imaginar a hipótese de que o Poder Público requisite toda a safra do agricultor, a fim de resolver situação de desabastecimento. Quando o Estado requisita bens de particular, deve fazê-lo mediante indenização. Só que a indenização é posterior. Assim, vemos nosso agricultor sem os grãos colhidos e sem dinheiro. Sua situação é desesperadora. Poderá, portanto, requerer a revisão do contrato com base na teoria da imprevisão, uma vez que a requisição do Estado foi fato imprevisto, que nada teve a ver com os riscos assumidos pelas partes quanto ao sucesso da colheita em si.

Resumindo, aos contratos aleatórios só não se aplicará a teoria da imprevisão, caso a adversidade ocorrida esteja dentro dos riscos assumidos pelas partes, como a doença do segurado e o insucesso da colheita.[112]

Algumas observações extras se fazem ainda necessárias.

Em primeiro lugar, somente à Justiça cabe proceder à revisão, cabendo ao interessado interpelá-la, sendo-lhe defeso fazer ele mesmo as modificações, a não ser que a outra parte consinta.

Em segundo lugar, a revisão produz efeitos *ex nunc*, ou seja, a partir do momento em que é realizada. As prestações já adimplidas são intocáveis. Assim, num contrato de consórcio, por exemplo, as prestações já pagas não serão modificadas. A sentença que reequilibra o contrato atingirá apenas as prestações vindouras.

Além da possibilidade de revisão, a parte prejudicada poderá, se for o caso, pleitear a resolução do contrato.

Por fim, é interessante ressaltar que o Código Civil acata, expressamente, o princípio, nos arts. 478 a 480.

Segundo o art. 478, nos contratos de execução futura, se a prestação de uma das partes se tornar excessivamente onerosa, com extrema vantagem para a outra, em virtude de acontecimentos extraordinários e imprevisíveis, poderá o devedor pedir a resolução ou a revisão do contrato, ou, ainda, o modo de executar a prestação devida.

Os requisitos do art. 478 podem ser resumidos em:

1] O contrato deve ser de execução futura.
2] Entre a celebração e a execução, deve ocorrer um fato imprevisível e extraordinário. Vimos que a imprevisibilidade não precisa ser absoluta, o mesmo ocorrendo com a extraordinariedade.
3] O fato imprevisível e extraordinário deverá causar um ônus excessivo para uma das partes e uma vantagem extrema para a outra. Aqui, também vale lembrar que o ônus excessivo é variável relativa. O que é oneroso para uns pode não ser para outros. Só diante do caso concreto, com todas as suas peculiaridades, esse ônus poderá ser aquilatado. Por outro lado, não é necessário que ocorra uma vantagem extrema para a outra parte, como a interpretação literal da Lei pode aparentar. Pelos princípios da justiça contratual, da boa-fé objetiva e da função social do contrato, tendo como base a dignidade humana, pode-se perfeitamente dispensar essa vantagem extrema. O que o legislador talvez tenha tido em mente é que o contrato deverá se encontrar em situação de desequilíbrio. Assim, bastante será a onerosidade excessiva, sob pena de se estar atentando contra os princípios acima mencionados, que, aliás, dão fundamento à teoria da imprevisão. Talvez, ainda, o art. 478 tenha objetivado

---

112 SERPA LOPES, Miguel Maria de. Op. cit., v. 3, p. 37. BESSONE, Darcy. Op. cit., 3. ed., p. 223-224.

desestimular a resolução do contrato, preservando o vínculo obrigacional, ao impor, como contraposto à onerosidade excessiva, essa extrema vantagem da outra parte. Tanto que o art. 317, que não cuida de resolução, mas apenas de revisão, não faz essa exigência contraposta.

Por fim, segundo o Código Civil, o contrato poderá ser revisto ou resolvido.

Ao tratar do revisionismo no capítulo referente à extinção dos contratos, o legislador pecou duas vezes: uma, contra a doutrina mais moderna; outra, contra si próprio. Ao recepcionar o princípio da função social do contrato, no art. 421, o Código reconhece a importância socioeconômica dos contratos e recepciona, implicitamente, o princípio da conservação ou da preservação dos contratos, decorrência direta do princípio da função social. Os contratos, na medida do possível, devem ser mantidos, por criarem, em última instância, ao fazerem circular a riqueza, condições favoráveis à promoção do ser humano. Vemos, pois, que esses princípios da função social e da preservação dos contratos derivam, eles próprios, do princípio da dignidade humana, constitucionalmente consagrado, como base de todo nosso ordenamento jurídico.

Ao inserir o revisionismo no capítulo referente à extinção dos contratos, o Código atenta contra todos esses princípios, recepcionados, aliás, por ele mesmo. Haveria, assim, uma antinomia, uma contradição no texto legal, devendo ser solucionada a favor dos princípios acima referidos. Consequentemente, cabe à parte prejudicada requerer ao juiz a revisão ou a resolução do contrato, conforme lhe pareça mais adequado. Não necessita, como dispõe o Código Civil, requerer, necessariamente, a extinção do contrato. Aliás, ao cuidar do objeto do pagamento e de sua prova, o legislador tratou do revisionismo contratual com muito mais acuidade. O art. 317 do CC dispõe que, quando por motivos imprevisíveis, sobrevier desproporção manifesta na prestação, levando-se em conta o momento em que foi contraída e o de sua execução, poderá o juiz corrigir a desproporção a pedido do interessado. O art. 317, muito mais claro e bem redigido, bastaria para resolver o problema do revisionismo, evitando-se, assim, os absurdos dos arts. 478, 479 e 480.

Segundo Milton Nassau Ribeiro,

> a interpretação deste artigo é objeto de imensa polêmica na doutrina, especialmente por dois motivos: (i) o fato da sua redação no anteprojeto prever a aplicação do artigo para casos de desvalorização da moeda e (ii) a existência de outro artigo no Código Civil versando sobre a cláusula *rebus sic standibus*, o já comentado art. 478.

O texto legislativo aprovado retirou a expressão "pela desvalorização da moeda" e incluiu "por motivos imprevisíveis". A partir desta mudança, duas grandes correntes se formaram na tentativa de explicar o conteúdo teleológico do art. 317.

Para alguns, a disciplina introduzida pelo art. 317 não pode ser relacionada à revisão contratual. As possibilidades legais estariam dispostas nos arts. 478 a 480 do CC, tendo sido eleita como regra a possibilidade de resolução do contrato para os casos de onerosidade excessiva.

Para estes doutrinadores, apesar de estarem os arts. 317 e 478 no mesmo Livro I (Direito das Obrigações), cada um encontra-se na posição que indica seu enquadramento. Enquanto o art. 317 está no Título II (Do Inadimplemento e Extinção das Obrigações), Capítulo I (Do pagamento), Seção III (Do Objeto do Pagamento e sua Prova), o art. 478 Secção IV (Da resolução por Onerosidade), do Capítulo II (Extinção dos contratos).

Assim, o art. 317 relacionar-se-ia com a correção das dívidas de valor e de dinheiro, enquanto o 478 com a revisão e resolução contratual.

Para a outra parte da doutrina, não caberia uma interpretação histórica do artigo. Ou seja, independente da motivação inicial do anteprojeto, o texto vigente abrange qualquer hipótese de desproporção entre as prestações devidas e o momento de sua execução, desde que, motivada por fatos imprevisíveis.

A inclusão da necessidade de ocorrência de motivos imprevisíveis, consagraria a recepção da cláusula *rebus sic standibus* em nosso ordenamento, seguindo a tendência jurisprudencial dominante durante a vigência do Código Civil de 1916.

(...)

Diante da generalidade do art. 317, a revisão contratual não seria repelida mesmo nas hipóteses do art. 478 a 480 (norma de caráter de especialidade), independentemente de anuência do credor.

O art. 317 teria o condão de ampliar o alcance da interpretação literal resolutiva do art. 478, buscando a manutenção do contrato com base nos princípios da probidade e da boa-fé (art. 422).[113]

Por tudo isso, diante de um pedido e dependendo de qual seja o pedido e da resposta do réu, o juiz poderá seguir vários caminhos, sempre tendo em vista o princípio da função social dos contratos e seus desdobramentos. Assim, se o autor da ação requerer a revisão ou a extinção do contrato, e o réu se defender, requerendo apenas a revisão, se for o caso, o juiz, analisando as provas e demais

---

113 RIBEIRO, Milton Nassau. Op. cit., p. 333-334.

circunstâncias, poderá tomar a decisão que lhe pareça mais justa: rever ou pôr fim ao contrato.

Se, por outro lado, o autor requerer apenas a revisão, e o réu se defender, sem se afastar da ideia de revisão, o juiz deverá, se entender correto, rever o contrato, ou, então, mantê-lo como está. Mas o réu poderá se defender, no sentido da extinção do contrato. Neste caso, o juiz poderá extingui-lo.

As hipóteses são as mais variadas, e o bom senso do julgador, além da argumentação das partes, terá fundamental importância.

O Código de Defesa do Consumidor consagra, no art. 6º, V, a teoria da base negocial objetiva, ao que tudo indica. Não pressupõe que o fato que cause o desequilíbrio contratual seja imprevisível ou imprevisto. Obviamente, não se pode, na interpretação da norma consumerista, dispensar totalmente o elemento de imprevisão/imprevisibilidade, pois isso seria admitir a ideia absurda de que, mesmo diante de riscos previstos, ou que deveriam ter sido previstos por comporem a base do negócio, este poderia ser revisto ou resolvido. Não entendemos assim.

Finalmente, não devemos confundir as hipóteses de revisão contratual com as hipóteses de caso fortuito ou força maior.

Como bem define De Plácido e Silva, em seu *Vocabulário jurídico*:

> Caso fortuito é, no sentido exato de sua derivação (acaso, imprevisão, acidente), o caso que não se poderia prever e se mostra superior às forças ou vontade do homem, quando vem, para que seja evitado.
>
> O caso de força maior é o fato que se prevê ou é previsível, mas que não se pode, igualmente, evitar, visto que é mais forte que a vontade ou ação do homem.
>
> Assim, ambos se caracterizam pela irresistibilidade. E se distinguem pela previsibilidade ou imprevisibilidade.[114]

Diante disso, é de se lembrar que a teoria que apoia a revisão pressupõe a superveniência de fato imprevisto/imprevisível que dificulta a prestação de uma das partes, torna-a excessivamente onerosa, mas não a impossibilita. Impõe, ao contrário, a revisão das cláusulas contratuais a fim de reequilibrar e preservar o contrato. Por outro lado, o caso fortuito e a força maior geram, como regra, a impossibilidade do cumprimento da prestação e do contrato, que se extingue, por consequência. De todo modo, ainda que o contrato se mantenha, o traço característico da força maior e do caso fortuito não é a imprevisibilidade/imprevisão, mas a inevitabilidade, a irresistibilidade.

---

114 *Vocabulário jurídico*... cit., p. 401-402.

Para concluir o tema do dirigismo contratual, acrescente-se que, dada a inaptidão do *laissez-faire* para solucionar os problemas da harmonização do público com o privado, o intervencionismo é inevitável.

A questão se reduz a saber se ele deverá ser empírico e improvisado, ou se sistematizado, planificado. O intervencionismo não terá que ser necessariamente planificado ao exagero. O dirigismo e a planificação comportam graus. O problema é chegar ao ideal. Essa dosagem dependerá de circunstâncias de tempo e espaço e da concepção que cada povo tenha da liberdade, ou o apreço que se lhe atribua.

No momento atual, fala-se no neoliberalismo e na globalização, que leva ao livre comércio. Observa-se tentativa de desregulamentação na esfera trabalhista, locatícia e empresarial, dentre outras, embora, em tese, sem perder de vista o bem-estar social e a defesa dos mais fracos.

É com base nesses valores e princípios (dignidade humana, bem-estar social, proteção aos mais fracos) que se deve admitir a intervenção na esfera privada. Qualquer ato intervencionista que não se fundamente neles será arbitrário e, portanto, inconstitucional, por atentar contra a liberdade individual, contra a autonomia privada, direito fundamental.

De todo modo, segundo o parágrafo único do art. 421, nas relações contratuais privadas, prevalecerão o princípio da intervenção mínima e a excepcionalidade da revisão contratual.

9.9 Cláusulas abusivas e conduta abusiva

Com base nos princípios estudados acima, especialmente nos princípios da boa-fé, da justiça contratual, da transparência e da proteção ao vulnerável, e com base no valor máximo da dignidade da pessoa humana, constitucionalmente consagrado, o legislador do Código de Defesa do Consumidor arrolou, a título de exemplo, algumas cláusulas que seriam, a seu ver, abusivas. Essas cláusulas revelam, na verdade, condutas abusivas, seja por serem estritamente ilícitas, seja por revelarem abuso de direito, isto é, seja por serem funcionalmente ilícitas. É evidente que, levando em consideração os princípios informadores do Direito Contratual e os valores consagrados na Constituição, pode afirmar-se que estas cláusulas são abusivas não só nas relações de consumo, mas em qualquer relação contratual, pelo menos em tese. A diferença diz respeito aos efeitos jurídicos, que podem ser diferentes nas relações de consumo e nas relações de Direito Comum. De todo modo, porém, cuidando-se de relação de consumo, considera-se a cláusula abusiva portadora de vício grave. Se a relação não for de consumo, o defeito poderá ser considerado grave também, uma vez que o objeto da cláusula é ilícito, estrita ou funcionalmente.

É fundamental, para que possamos traçar um parâmetro de aplicabilidade para o Código de Defesa do Consumidor, que saibamos identificar uma relação de consumo.[115] Repetiremos aqui o que falamos *supra*, a fim de poupar o leitor de idas e vindas entediantes pelo texto.

Como vimos, para que haja relação jurídica de consumo, é necessária a presença de três elementos.

O *elemento subjetivo*, que se refere aos sujeitos da relação: de um lado o consumidor; de outro, o fornecedor.

O *elemento objetivo*, representado por aquilo que o fornecedor vai ao mercado oferecer aos consumidores: produtos e serviços.

E, por último, o elemento *teleológico* ou *finalístico*, que consiste, em linhas gerais, na necessidade de que o adquirente do produto ou o utilizador do serviço seja destinatário final da prestação.

Quanto ao primeiro elemento, passaremos a identificar o conceito de consumidor, que é certamente um dos temas mais polêmicos de Direito do Consumidor e não sem motivo, pois a posição que se vier a tomar será o primeiro e mais importante passo para se determinar quem irá receber a proteção das normas de defesa do consumidor.

Sem adentrar com profundidade no debate, o que fugiria aos objetivos do trabalho, afirmamos, de forma conclusiva, que o Código de Defesa do Consumidor optou por oferecer um conceito geral de consumidor (art. 2º, *caput*) e outros três por equiparação (art. 2º, parágrafo único, art. 17 e art. 29).

Assim, "consumidor é toda pessoa física ou jurídica que adquire ou utiliza produto ou serviço como destinatário final" (art. 2º).

E equipara-se a consumidor:

a] "a coletividade de pessoas, ainda que indetermináveis, que haja intervindo nas relações de consumo" (art. 2º, parágrafo único);
b] todas as vítimas de algum evento danoso provocado por fato do produto ou do serviço (art. 17);
c] todas as pessoas determináveis ou não, expostas às práticas comerciais, para os fins de que tratam os capítulos V (Das Práticas Comerciais) e VI (Da Proteção Contratual) (art. 29).

No conceito geral de consumidor do art. 2º, *caput*, também chamado de *consumidor stricto sensu*, e no primeiro conceito de consumidor por equiparação, no parágrafo único do mesmo artigo, o legislador tinha em vista a intervenção

---

115 O trecho foi extraído da seguinte obra: FIUZA, César; ROBERTO, Giordano Bruno Soares. **Contratos de adesão**... cit., p. 128-133.

do consumidor na relação jurídica de consumo, ou, em outras palavras, o acontecimento de uma relação contratual entre consumidor e fornecedor – aspecto individual – ou entre este e uma coletividade de consumidores – aspecto coletivo.

No conceito de consumidor por equiparação, contido no art. 17, o legislador incluiu aquele que, mesmo não tendo participado de nenhuma relação contratual com o fornecedor, foi vítima de um acidente de consumo causado por fato do produto ou do serviço.

E, por último, no conceito do art. 29, o legislador inclui, além daqueles que adquirem e utilizam produtos ou serviços, ou seja, daqueles que podem ser consumidores de maneira concreta, aqueles que se encontram simplesmente expostos a práticas ou cláusulas abusivas.

Portanto, para receber a proteção do Código de Defesa do Consumidor, o primeiro passo é estar enquadrado em um dos conceitos de consumidor.

Em seguida, ainda quanto ao elemento subjetivo, deve-se analisar o outro lado da relação jurídica, pois, se não houver fornecedor, essa relação não será de consumo.

Conforme o art. 3º do CDC:

> Art. 3º Fornecedor é toda pessoa física ou jurídica, pública ou privada, nacional ou estrangeira, bem como os entes despersonalizados, que desenvolvem atividades de produção, montagem, criação, construção, transformação, importação, exportação, distribuição ou comercialização de produtos ou prestação de serviços.

Inicialmente, percebe-se que o legislador quis ampliar ao máximo o conceito de fornecedor, não deixando de fora as pessoas físicas e nem os sujeitos não personificados. Também não cogitou de dispensar tratamento diferenciado conforme a pessoa jurídica fosse nacional ou estrangeira, de Direito Público ou de Direito Privado.

Contudo, o conceito não é tão amplo quanto se possa pensar, e isso em razão de uma exigência básica.

A exigência é a que se depreende do verbo *desenvolver*, presente no *caput* do art. 3º. É fornecedor quem desenvolve as atividades ali referidas e não quem ocasionalmente contrata com uma outra pessoa que seja destinatária final da prestação. Assim, se alugo o meu apartamento para alguém residir, esta pessoa é destinatária final e se ajusta ao conceito de consumidor, mas eu não seria fornecedor, pois não desenvolvo atividade de oferecer imóveis para locação. Logo, não haveria relação de consumo. Pelos mesmos motivos, não haveria relação de consumo se eu decidisse vender meu automóvel, ainda que o outro contratante o adquirisse como destinatário final.

Esta exigência de desenvolver determinada atividade é reforçada no parágrafo 2º do mesmo artigo, que define o serviço como a atividade fornecida no mercado de consumo. Fornecedor é aquele que está no mercado, oferecendo seus produtos ou serviços.

O elemento objetivo, por sua vez, pode ser um produto (art. 3º, § 1º) ou um serviço (art. 3º, § 2º). Quanto aos produtos, apesar de o legislador não ter utilizado o termo bens, que é tradicionalmente utilizado pelo Direito Civil, não se pode dizer que, com isso, teve a intenção de restringir a aplicação do Código de Defesa do Consumidor. Já quando se tratar de serviço, o conceito oferecido pelo Código exclui, expressamente, duas atividades: as relações de caráter trabalhista e os serviços prestados sem remuneração. Nestes casos, não há relação de consumo por ausência do elemento objetivo.

Resta agora falar do terceiro elemento, o teleológico, que é de suma importância, pois é ele o mais importante critério elegido pelo legislador para restringir a proteção do Código de Defesa do Consumidor aos casos em que a tutela protetiva se faz necessária.

Para que haja relação de consumo, é necessário que a aquisição ou utilização do produto ou serviço tenha por objetivo servir a um destinatário final. Daí o elemento se chamar teleológico ou finalístico, pois cogita justamente da *finalidade da operação*, do motivo pelo qual alguém adquire ou utiliza um bem, se para consumi-lo – como destinatário final – ou se para revendê-lo ou integrá-lo em sua cadeia produtiva.

É justamente nesse ponto que a doutrina consumerista se divide.

Os *finalistas* entendem que as normas de defesa do consumidor devem ter aplicação restrita, em razão de sua *finalidade*, que é a de proteger a parte mais fraca. Alegam que, ao se permitir a extensão do campo de aplicação dessas normas, o nível de proteção do consumidor hipossuficiente diminuiria.

De outro lado, os *maximalistas* pretendem a aplicação do Código de Defesa do Consumidor a número cada vez maior de relações jurídicas. Para eles, o Código de Defesa do Consumidor é o novo regramento do mercado de consumo.

Mas como cada uma dessas correntes entende o elemento finalístico da relação jurídica de consumo: a destinação final?

Para os *maximalistas* é suficiente que alguém seja destinatário final fático do bem, ou seja, que alguém retire um produto ou serviço do mercado para seu uso ou de sua empresa, desde que não o repasse para outrem.

Já para os *finalistas*, não basta que alguém seja destinatário final fático do bem, é necessário que seja destinatário final *econômico*, ou seja, que o produto ou serviço adquirido não integre a cadeia produtiva do adquirente, que a sua aquisição não tenha objetivo de lucro.

Esta última posição parece-nos a mais coerente.

Assim, em tese, o Código de Defesa do Consumidor deve ser aplicado sempre que um consumidor adquirir de um fornecedor um produto ou utilizar um serviço como destinatário final econômico.

Parte da doutrina, contudo, afirma que somente o critério da destinação final da prestação não é suficiente, e aduz um outro: a verificação da vulnerabilidade do consumidor.

Realmente, por variadas razões, o consumidor se torna vulnerável – técnica, fática ou juridicamente – nas relações que trava e, por isso, carece de normas que lhe sejam mais favoráveis, a fim de reequilibrar a situação.

Contudo, o Código se preocupou em definir o alvo de suas normas protetivas como o destinatário final de um bem (art. 2º, *caput*), justamente por entender que nesse polo da relação de consumo se encontrava a parte mais vulnerável.

A vulnerabilidade é o fundamento de aplicação do Código de Defesa do Consumidor. Contudo, ela foi pressuposta pelo legislador como estando presente na pessoa do destinatário final.

Por isso, não é essencial se identificar a vulnerabilidade de um sujeito. Basta verificar se ele é destinatário final, ou conforme já adiantamos, se ele é destinatário final econômico.

Logo, o princípio da vulnerabilidade, presente em todo o Código de Defesa do Consumidor e consagrado no art. 4º, I, não deverá ser usado para restringir a aplicação do Código, ou seja, não se deixará de aplicá-lo quando se verificar que aquele que pretende sua proteção não é vulnerável perante o fornecedor. Assim, se um rico industrial adquire, como destinatário final econômico, algum produto de um pequeno comerciante, não se poderá negar-lhe a proteção do Código de Defesa do Consumidor sob a alegação de que ele não é vulnerável perante o fornecedor. Mesmo porque a vulnerabilidade pode ser técnica (ausência de conhecimentos), e não econômica.

Por outro lado, entendemos que este princípio pode ser utilizado para ampliar a proteção do Código de Defesa do Consumidor para os casos em que não haja um destinatário final econômico, mas apenas fático, ou nos casos que se encontrem em uma zona cinzenta, ou ainda quando nem se trate de destinatário final e, não obstante, haja vulnerabilidade daquele que adquire o produto ou utilize o serviço e essa vulnerabilidade seja tão expressiva que justifique tal ampliação.

Ora, se o Código de Defesa do Consumidor partiu do pressuposto que o consumidor é vulnerável e, por isso, estabeleceu normas para sua proteção, não há motivos para não aplicá-lo onde não haja tecnicamente consumidor, mas haja flagrante vulnerabilidade de uma parte.

Assim, especificamente quanto à proteção contratual, afirmamos que o Código de Defesa do Consumidor deve ser aplicado sempre que houver relação jurídica de consumo e, também, por analogia, sempre que houver flagrante vulnerabilidade de uma das partes em relação à outra. Não se pode esquecer dos princípios da função social dos contratos e da dignidade humana.

Nos contratos que não forem de consumo, em que não houver esta vulnerabilidade, ou seja, naqueles em que as partes aparentam possuir poderes de negociação relativamente iguais, a disciplina genérica dos contratos prevista no Código de Defesa do Consumidor não deve ser aplicada, especialmente o previsto nos seus arts. 46 a 50.

Quanto à existência de cláusulas abusivas nesses contratos, a disciplina do art. 51 pode balizar a conduta do intérprete, uma vez que, havendo abuso de uma parte sobre a outra, faz parecer que as partes não estavam, de fato, em condições de igualdade no momento da contratação.

Identificados os elementos das relações de consumo e, por exclusão, os elementos de uma relação de Direito Comum (não de consumo), passemos à análise do art. 51 do CDC.

Segundo o Código de Defesa do Consumidor, seriam abusivas, dentre outras, as cláusulas que:

1] Impossibilitem, exonerem ou atenuem a responsabilidade do fornecedor por vícios de qualquer natureza dos produtos e serviços ou impliquem renúncia ou disposição de direitos. Nas relações de consumo entre o fornecedor e o consumidor pessoa jurídica, a indenização poderá ser limitada, em situações justificáveis.

O Código Civil é silente a respeito, quando trata dos vícios redibitórios. Entendemos, todavia, que por se tratar de obrigação de garantia, ínsita a qualquer contrato, a cláusula será passível de anulação, por defeito grave, mesmo não sendo a relação tipicamente de consumo.

Se o caso for de evicção, não se cuidando de relação de consumo, é possível cláusula eximindo o alienante de boa-fé de qualquer responsabilidade. O mesmo não será possível numa relação de consumo, em que uma tal cláusula é vedada.

2] Subtraiam ao consumidor a opção de reembolso da quantia já paga, nos casos previstos neste código.

A solução é a mesma no Código Civil, por força do princípio do enriquecimento sem causa. Assim, se uma pessoa adquire um imóvel usado de outra pessoa física e para de pagar as prestações, o vendedor poderá resolver o contrato, mas terá que restituir o valor já pago pelo comprador, descontados as perdas e danos relativos ao inadimplemento. O caso não é de relação de consumo, visto que o vendedor não é fornecedor. A solução é, entretanto, idêntica à que seria adotada, fosse a relação de consumo. Como dito, seu fundamento é o princípio do enriquecimento sem causa.

3] Transfiram responsabilidades a terceiros que nada tenham a ver com o contrato. A regra vigora também nas relações de Direito Comum. Trata-se, aqui, do princípio da relatividade contratual.
4] Estabeleçam obrigações consideradas iníquas, abusivas, que coloquem o consumidor em desvantagem exagerada, ou sejam incompatíveis com a boa-fé ou a equidade.

O caso não é, como poderia parecer, de aplicação da teoria da imprevisão, uma vez que a cláusula já nasce defeituosa. O contrato é abusivo na origem. O fundamento é a justiça contratual, e a regra se aplica também ao Direito Comum.

O Código de Defesa do Consumidor estabelece alguns parâmetros para identificar o que seria vantagem ou desvantagem exagerada. Estes mesmos parâmetros se aplicam a qualquer contrato, *mutatis mutandis*. Assim, presume-se exagerada, entre outros casos, a vantagem que:
  a] ofende os princípios fundamentais do sistema jurídico a que pertence;
  b] restringe direitos ou obrigações fundamentais inerentes à natureza do contrato, de tal modo a ameaçar seu objeto ou o equilíbrio contratual;
  c] mostra-se excessivamente onerosa para o consumidor (devedor), considerando-se a natureza e o conteúdo do contrato, o interesse das partes e outras circunstâncias peculiares ao caso.
5] Estabeleçam inversão do ônus da prova em prejuízo do consumidor.
6] Determinem a utilização compulsória de arbitragem.

A arbitragem importa renúncia à jurisdição pública. É evidente que nos contratos comuns, desde que não sejam de adesão, a cláusula é perfeitamente válida.

Mesmo nos contratos de consumo, a cláusula será válida se o consumidor tomar a iniciativa de implementar o juízo arbitral, ou se aceitar, expressamente, sua implementação.

7] Imponham representante para concluir ou realizar outro negócio jurídico pelo consumidor.

O Direito Comum tampouco admite esse tipo de cláusula, a não ser que a parte afetada tenha consentido expressamente, como resultado do dever de informar, resultante do princípio da transparência.

8] Deixem ao fornecedor a opção de concluir ou não o contrato, embora obrigando o consumidor.
9] Permitam ao fornecedor, direta ou indiretamente, variação do preço de maneira unilateral.
10] Autorizem o fornecedor a cancelar o contrato unilateralmente, sem que igual direito seja conferido ao consumidor.
11] Obriguem o consumidor a ressarcir os custos de cobranças de sua obrigação, sem que igual direito lhe seja conferido contra o fornecedor.
12] Autorizem o fornecedor a modificar unilateralmente o conteúdo ou a qualidade do contrato, após a sua celebração.

A regra, nestes quatro últimos casos, é a mesma no Direito Comum. Trata-se aqui de condição ou cláusula puramente potestativa e, portanto, leonina. Só uma das partes suporta os ônus. Só uma das partes usufrui vantagens. Nos contratos bilaterais, os ônus e vantagens devem ser compartilhados.

13] Infrinjam ou possibilitem a violação de normas ambientais.

A regra, por ter base constitucional, aplica-se a toda espécie de contrato.

14] Possibilitem a renúncia do direito de indenização por benfeitorias necessárias.
15] O dever de indenização por benfeitorias necessárias é imposto por norma imperativa, com base no princípio do enriquecimento sem causa. Tal cláusula será portadora de defeito grave também nos contratos de Direito Comum.

9.10 Interpretação dos contratos

A hermenêutica contratual ganha importância quando as partes se desentendem, cabendo ao intérprete desvendar os meandros do contrato, sua causa, motivo, fim, suas bases objetivas e subjetivas, a fim de compor o conflito.[116] Interpretar contrato é identificar tudo isso. Interpretar é realizar o Direito, não apenas uma mera leitura da lei ou do contrato.

A questão da vontade pode ser também importante. Não porque o contrato seja fenômeno volitivo, mas porque é a vontade que serve de meio condutor à necessidade ou ao desejo. É por força da vontade condicionada por necessidades ou desejos que duas pessoas celebram um contrato. Existem, nesse sentido, duas teorias provenientes do Direito Alemão: a *Willenstheorie*, ou teoria da vontade, que procura investigar a vontade real, independentemente da maneira como foi declarada, e *Erklärungstheorie*, ou teoria da declaração, que preconiza ser a declaração, ou seja, a exteriorização da vontade, o mais importante.[117] O tema adquire importância quando a vontade real não coincidir com a declarada.[118]

Na realidade, dizer se a vontade declarada ou a vontade real irá prevalecer é algo que só o caso concreto permitirá julgar.

---

116 Sobre o tema "interpretação", *vide* GENY, François. **Méthode d'interprétation et sources en droit privé positif**. 2. ed. Paris: Librairie Générale de Droit & de Jurisprudence, 1954. SILVA, Kelly Susane Alflen da. **Hermenêutica jurídica e concretização judicial**. Porto Alegre: Fabris, 2000. DWORKIN, Ronald. **Uma questão de princípio**. São Paulo: M. Fontes, 2000. KOLM, Serge-Christophe. **Teorias modernas da justiça**. São Paulo: M. Fontes, 2000. MARMOR. **Direito e interpretação**. CAMARGO, Margarida Maria Lacombe. **Hermenêutica e argumentação**. Rio de Janeiro: Renovar, 1999. REBOUL, Olivier. **Introdução à retórica**. São Paulo: M. Fontes, 2000. PERELMAN, Chaïm. **Lógica jurídica**. São Paulo: M. Fontes, 2000. ANDRADE, Manuel A. Domingues de. **Ensaio sobre a teoria da interpretação das leis**. 4. ed. PERELMAN, Chaïm; OLBRECHTS-TYTECA, Lucie. **Tratado da argumentação**. São Paulo: M. Fontes, 2000. ATIENZA, Manuel. **As razões do direito**. São Paulo: Landy, 2000. CARNEIRO, Maria Francisca; SEVERO, Fabiana Galera; ÉLER, Karen. **Teoria e prática da argumentação jurídica**. Curitiba: Juruá, 1999. ALVES, Cleber Francisco. **O princípio constitucional da dignidade da pessoa humana**. Rio de Janeiro: Renovar, 2001. VIEHWEG, Theodor. **Tópica e jurisprudência**. Brasília: Imprensa Nacional, 1979. BONNECASE, Julien. **La escuela de la exégesis en derecho civil**. Puebla: Cajica, 1944. SAVIGNY, Friedrich Karl von. **Metodología jurídica**. Buenos Aires: Depalma, 1979. MENDONÇA, Paulo Roberto Soares. **A argumentação nas decisões judiciais**. 2. ed. Rio de Janeiro: Renovar, 2000. ALEXY, Robert. **Teoria da argumentação jurídica**. São Paulo: Landy, 2001. PASQUALINI, Alexandre. **Hermenêutica e sistema jurídico**. Porto Alegre: Livraria do Advogado, 1999. FALCÃO, Raimundo Bezerra. **Hermenêutica**. São Paulo: Malheiros, 2000. SOUZA, José Guilherme de. **A criação judicial do direito**. Porto Alegre: Fabris, 1991. AZEVEDO, Plauto Faraco de. **Método e hermenêutica material no direito**. Porto Alegre: Livraria do Advogado, 1999. SALDANHA, Nelson. **Ordem e hermenêutica**. Rio de Janeiro: Renovar, 1992. BLEICHER, Josef. **Hermenêutica contemporânea**. Lisboa: Edições 70, 1992. HABERMAS, Jürgen. **O discurso filosófico da modernidade**. São Paulo: M. Fontes, 2000. MOREIRA, Luiz. **Fundamentação do direito em Habermas**. 2. ed. Belo Horizonte: Mandamentos, 2002. HABERMAS, Jürgen. **Direito e democracia**. Rio de Janeiro: Tempo Brasileiro, 1997. v. 1 e 2. MONTEIRO, Cláudia Servilha. **Teoria da argumentação jurídica**. Rio de Janeiro: Lúmen Júris, 2001. CANARIS, Claus-Wilhelm. **Pensamento sistemático e conceito de sistema na ciência do direito**. 2. ed. Lisboa: Fundação Calouste Gulbenkian, 1996. PONTES DE MIRANDA, Francisco Cavalcanti. **Sistema de ciência positiva do direito**. 2. ed. Rio de Janeiro: Borsoi, 1972. v. 1 a 4. VECCHIO, Giorgio del. **Los principios generales del derecho**. 2. ed. Barcelona: Bosch, 1942. MÜLLER, Friedrich. **Discours de la méthode juridique**. Paris: Presses Universitaires de France, 1996.

117 BÄHR. **Grundzüge des burgerlichen Rechts**. 7. ed. München: Vahlen, 1989. *passim*.

118 Muito mais sobre o assunto, *vide* RÁO, Vicente. **Ato jurídico**... cit., *passim*.

Na verdade, o hermeneuta deve procurar a vontade das partes, viajando através da declaração para atingir o âmago, que é a vontade real. Assim, pesquisará as circunstâncias em que se celebrou o contrato, os elementos sociais e econômicos que envolviam cada uma das partes, os documentos e demais papéis que sustentam o negócio, as correspondências trocadas etc. Deve avaliar se houve má-fé ou boa-fé. Se o caso foi de erro, dolo ou coação. Enfim, é o caso concreto, em sua riqueza de detalhes, que permitirá ao intérprete chegar a uma conclusão.

No entanto, o intérprete deve ter em mente que seu objetivo é pesquisar a vontade dos contratantes e não impor a sua. Deve estar sempre se policiando, a fim de evitar subjetivismos de sua parte.[119]

A interpretação dos contratos, diga-se enfaticamente, está sempre vinculada à principiologia contratual. Interpretar é, antes de tudo, aplicar princípios, é saber que princípio deverá ser aplicado a que caso concreto.

O Código Civil é pobre em normas de hermenêutica contratual. Traz apenas algumas regras, como a do art. 112, segundo a qual o intérprete deve atentar mais para a intenção do que para o sentido literal das palavras; e a do art. 114, que diz deverem ser os contratos benéficos, tais como a doação e a fiança, interpretados restritivamente. Traz, ainda, outras normas, como as dos arts. 421, 422 e 423, que dizem respeito à principiologia contratual: a liberdade de contratar terá como limite a função social do contrato; as partes devem agir com probidade e boa-fé; e os contratos de adesão serão interpretados a favor do aderente.

Também cuida de interpretação o art. 113 do Código Civil. Segundo o parágrafo 1º do referido artigo, a interpretação do negócio jurídico, no caso do contrato, deve lhe atribuir o sentido que for confirmado pelo comportamento das partes posterior à celebração do negócio. Pode ocorrer de as partes pactuarem determinada norma contratual, que, posteriormente, venha a ser alterada pelo comportamento reiterado de ambas. Por exemplo, estipula-se que a prestação de um empréstimo deva ser paga no primeiro dia útil de cada mês, mas, na prática, por meses, o pagamento ocorre no quinto dia útil, sem que o credor reclame. Esse comportamento reiterado das partes substitui a cláusula contratual.

Continua o mesmo parágrafo 1º do art. 113, no sentido de que a interpretação do negócio jurídico deva corresponder aos usos, costumes e práticas do mercado relativas ao tipo de negócio; deve corresponder à boa-fé; ao que for mais benéfico à parte que não redigiu o dispositivo, se identificável; e deve corresponder a qual seria a razoável negociação das partes sobre a questão discutida, inferida das demais disposições do negócio e da racionalidade econômica das partes, consideradas as informações disponíveis no momento de sua celebração.

---

119 PEREIRA, Caio Mário da Silva. **Instituições**... cit., 18. ed., v. 3, p. 36.

De acordo com parágrafo 2º do art. 113, as partes poderão livremente pactuar regras de interpretação, de preenchimento de lacunas e de integração dos negócios jurídicos diversas daquelas previstas em lei, desde que, evidentemente, não se trate de princípios de interpretação, como o da função social, o da boa-fé, o da justiça, dentre outros, nem que se trate de regra imperativa.

O art. 421 do Código Civil teve sua redação alterada e ampliada pela Lei n. 13.879/19. Alterada em que se retirou da redação original a exigência de a liberdade contratual dever ser exercida em razão da função social do contrato. De fato, ninguém exerce sua liberdade, seja de contratar, seja de fixar normas contratuais, em razão da função social. Esta, como já visto, enquanto realidade, consiste no fato de os contratos movimentarem a economia, gerarem e distribuírem riquezas, com isso promovendo a dignidade das partes contratantes e do corpo social. Enquanto princípio, a função social consiste numa pauta de deveres e limites que as partes devem observar a celebrar o contrato. São deveres e limites que dizem respeito ao meio ambiente, aos direitos dos consumidores, às obrigações trabalhistas e tributárias, dentre outros.

De fato, dizer que a liberdade contratual deva ser exercida em razão da função social, soa como um condicionante desarrazoado, impondo às partes contratantes uma preocupação com o todo social, que pode tornar-se um ônus demasiado, ensejando a atuação policialesca dos agentes públicos e inibindo a livre iniciativa.

Por outro lado, como dito, a função social é um princípio, ou seja, uma norma, que limita a liberdade contratual, na medida em que as partes contratantes devam observar uma pauta de deveres e limites, que dizem respeito ao meio ambiente, aos direitos dos consumidores etc.

Outra importante regra de interpretação é a que dispõe presumirem-se paritários e simétricos os contratos civis e empresariais, até a presença de elementos concretos que justifiquem o afastamento dessa presunção. Ressalvam-se os regimes jurídicos previstos em leis especiais e se garante que as partes negociantes poderão estabelecer parâmetros objetivos para a interpretação das cláusulas negociais e de seus pressupostos de revisão ou de resolução; que a alocação de riscos definida pelas partes deve ser respeitada e observada; e que a revisão contratual somente ocorrerá de maneira excepcional e limitada (art. 421-A, CC).

Na verdade, não cabe mesmo ao legislador o papel de intérprete, que incumbe à doutrina e à jurisprudência, diante do caso concreto.

Outras leis há que trazem algumas outras regras. O art. 47 do CDC, por exemplo, estatui que os contratos serão interpretados favoravelmente ao consumidor.

Falaremos mais a respeito de interpretação no desenvolver da matéria. Por enquanto, atentemos apenas para alguns cânones de hermenêutica.

O jurista francês Pothier[120] formulou sobre o tema alguns desses cânones:

1] O que interessa é a intenção das partes e não o sentido literal das palavras.
2] Quando uma cláusula tiver dois sentidos, deve ser interpretada de modo a que produza algum efeito.
3] As expressões de duplo sentido interpretam-se de acordo com o objeto do contrato.
4] As expressões ambíguas interpretam-se de acordo com os costumes do país.
5] Os costumes locais estão subentendidos em todo contrato.
6] Na dúvida, os contratos interpretam-se contra o estipulante, ou seja, contra a parte que fez a proposta inicial.
7] As cláusulas contratuais devem ser interpretadas umas em relação às outras, ou seja, em conjunto.
8] As cláusulas compreendem apenas o objeto do contrato, e não coisas não cogitadas.
9] Os bens singulares estão todos englobados e seguem os universais. Assim, se nada for dito, ao se adquirir estabelecimento comercial, tudo o que o compõe será transmitido ao adquirente.
10] Um caso expresso para exemplificar uma obrigação não restringe o vínculo. Se para explicar determinada cláusula, as partes aduzirem exemplo, isso não significará que a cláusula só se aplicará ocorrendo o fato, objeto do exemplo.
11] Uma cláusula expressa no plural decompõe-se muitas vezes em cláusulas singulares. Havendo cláusula impondo o pagamento "dos aluguéis" todo dia 1º do mês, será ela decomposta no singular, importando dizer que, a cada mês, será pago aluguel no dia 1º.
12] O que está no fim do período relaciona-se com todo ele e não só com a parte antecedente, se com aquele concordar em número e gênero. Por exemplo, se em contrato de locação houver cláusula dizendo que "as taxas e contribuições *condominiais* serão pagas pelo locador", teríamos que o adjetivo "condominiais" se refere não só às contribuições, mas também às taxas. Portanto, o locatário não poderia deixar de pagar a taxa comum de energia, alegando estar ela subentendida no termo "taxas" da cláusula em questão, não sendo, assim, contribuição condominial.
13] Toda cláusula será interpretada contra o contratante de má-fé.
14] Expressões inócuas consideram-se não escritas.

Logicamente, devemos ler esses cânones como normas relativas, não como dogmas absolutos.

A estes, acrescentemos mais alguns, formulados por Caio Mário:[121]

---
120 POTHIER, Robert Joseph. **Tratado de los contratos**. Buenos Aires: Atalaya, 1948. *passim*.
121 PEREIRA, Caio Mário da Silva. **Instituições**... cit., 18. ed., v. 3, p. 26-31.

1] As disposições contratuais visam, em regra, o objetivo econômico.
2] Ninguém contrata para se prejudicar.
3] A interpretação deve ser menos onerosa para o devedor.
4] Se um contrato se segue de outro que o modifica só em parte, devem ser interpretados em conjunto.
5] Entre cláusula impressa e datilografada ou manuscrita, prevalecem as últimas.
6] A onerosidade é geralmente presumida.

Além de todos esses cânones, podemos adicionar alguns outros, parodiando o princípio de interpretação do Direito Penal: *in dubio, pro reo*.

Assim:

a] In dubio, pro debitore – na dúvida, a favor do devedor.
b] In dubio, pro consumptore – na dúvida, a favor do consumidor.
c] In dubio, pro adhaerente – na dúvida, a favor do aderente.
d] In dubio, pro misero – na dúvida, a favor da parte mais pobre.
e] In dubio, pro fragile – na dúvida, a favor da parte mais fraca, mais frágil (vulnerável).
f] In dubio, pro operario – na dúvida, a favor do empregado.
g] In dubio, pro locatario – na dúvida, a favor do locatário etc.

Já discorremos a respeito dos métodos de interpretação ao tratar da interpretação das leis no Capítulo III deste trabalho.

Por fim, cabe acrescentar que a hermenêutica contratual deverá ter como base os valores consagrados na Constituição Federal, alicerce de nosso ordenamento jurídico. É com fundamento na dignidade humana, na promoção do ser humano, nos direitos fundamentais, enfim, que o exegeta deverá interpretar os contratos. Lembremos sempre que a interpretação se dá segundo as circunstâncias (vicissitudes) de cada caso concreto, devendo o hermeneuta conjugar os princípios e regras, construindo uma argumentação que resguarde os valores da dignidade e da justiça.

9.11 Formação dos contratos

Os contratos se formam a partir de manifestação de vontade. Tal manifestação pode ser expressa ou tácita.

Será expressa quando for verbal, mímica ou escrita.

Será tácita quando, por meio de atitude positiva ou por meio do silêncio, uma das partes evidenciar sua vontade de contratar. Esteja claro que para se aplicar o dito popular de que "quem cala consente" (*qui tacet, consentire videtur*), é imperioso que o silêncio traduza um "sim" conclusivo. Na maioria das vezes, o silêncio importa um *não*. Se, ao ser perguntado se é de sua vontade se casar com fulano, a noiva se calar, seu silêncio não pode ser interpretado como *sim*, mas antes como *não*. Se ao ser perguntado se deseja levar um produto o freguês permanece em silêncio, a interpretação não poderá ser a de que aceitou a proposta de contratar. É muito comum, em nosso dia a dia do comércio, o vendedor perguntar ao freguês: "Como é? Posso embrulhar?" É evidente que do silêncio do freguês não se pode, a princípio, deduzir que tenha concordado, a não ser que as circunstâncias ou os usos importem aceitação.

Nosso estudo terá como referência contrato-modelo, ao qual não daremos nome específico, podendo ser ele qualquer um e todos ao mesmo tempo. Isso se deve ao fato de que, na formação dos contratos, distinguimos três fases: negociações preliminares, proposta e aceitação. Acontece que, na prática, pode ocorrer de se embaralharem ou, até mesmo, se omitirem em alguns casos. Dessa forma, por questões didáticas, preferimos evitar partir de contrato concreto, tomando, ao revés, contrato-padrão, sem nome e sem conteúdo.

Vejamos cada uma das fases de formação contratual.

9.11.1 Negociações preliminares

São conversas prévias, debates, sondagens, tendo em vista o contrato futuro.

Ainda não há vinculação jurídica entre os contratantes, mesmo existindo projetos ou minutas. É identificável com clareza em contratos de grande vulto econômico, principalmente nos contratos internacionais do comércio. Mas em certas ocasiões, pode-se identificar as negociações preliminares, mesmo em contratos banais. Quando um indivíduo se dirige à loja de variedades e pede a vendedor sugestão para determinado presente, ainda não tem em mente nada específico. Não se criou, até este momento, nenhum vínculo entre ele, comprador, e o vendedor. Aliás, nem foi feita proposta concreta. O vendedor apenas irá oferecer-lhe leque de sugestões. Em princípio, nenhuma das partes se obriga nesta fase.

Como não há vínculo jurídico, as negociações preliminares, em princípio, não obrigam as partes. O que pode ocorrer é que uma delas possa vir a ser obrigada a indenizar a outra pelos danos que lhe haja causado, em determinadas circunstâncias. A natureza dessa responsabilidade por danos é motivo de grave controvérsia doutrinária. Autores há que a consideram extracontratual. Em outras palavras, teria como base não um contrato, mas um ato ilícito em sentido estrito, extracontratual. Ora, quando uma das partes induz na outra a crença de que o contrato será celebrado, levando-a a despesas, ou a não contratar com terceiros etc., e depois recua, causando-lhe dano, incorre genericamente em ilícito, por estar quebrando a ordem e segurança do tráfego negocial. Deve, pois, indenizar a outra de todos os prejuízos causados, por ter praticado ato ilícito.

Há outras várias teorias a respeito. Ficamos, em parte, com Antônio Chaves.[122] A responsabilidade pré-contratual tem natureza própria. Se, por um lado, ainda não há contrato, por outro, não se pode equiparar a situação pré-contratual à prática de um ato ilícito *stricto sensu*, como uma batida de veículos. Já existem tratativas pré-contratuais, e é com base nelas que uma das partes pode vir a responder junto à outra. Pode-se perfeitamente em culpa *in contrahendo*. O fundamento dessa responsabilidade nos dá o próprio Código Civil, ao consagrar o princípio da boa-fé (art. 422) e a responsabilidade pelo abuso de direito (art. 187). É por atentar contra o princípio da boa-fé e seus subprincípios, tais como a transparência, a lealdade, a probidade; é por exercer abusivamente o direito de se retirar, excedendo os limites impostos pela própria boa-fé, que a parte causadora do dano será obrigada a indenizar a outra.

De qualquer forma, a responsabilidade, nestes casos, não pode ser transposta para além dos limites do razoável, uma vez que não se pode comparar as negociações preliminares com o contrato em si.[123]

Roberto Senise Lisboa[124] arrola os elementos que devem estar presentes para que se configure a responsabilidade pré-contratual. Assim, devem concorrer os seguintes elementos:

a) existência de relação pré-contratual, ou seja, de negociações preliminares;
a) a conduta de uma das partes deve ser antijurídica, violando a paz, a ordem e a harmonia, a honestidade, a boa-fé, a dignidade humana etc., objetivos maiores do Direito;
b) ocorrência de dano, seja material ou moral;
c) existência de dolo ou culpa por parte de quem causa o dano;
d) nexo causal entre a conduta culpável do agente e o dano.

Em relação ao elemento culpabilidade (culpa *in contrahendo*), não creio ser sempre necessária sua ocorrência. A responsabilidade pré-contratual pode advir de abuso de direito, para cuja caracterização a própria Lei (art. 187 do CC) dispensa a culpabilidade. Basta haver conduta contrária à boa-fé ou aos bons costumes, ou atentado aos limites impostos pelos fins econômicos ou sociais do direito. É óbvio que, na prática, haverá, quase sempre, conduta culpável, caracterizada, quando nada, por certa leviandade. É o caso da pessoa que chega a uma loja de roupas lotada de clientes e ocupa um vendedor, experimentando uma infinidade

---

122 CHAVES, Antônio. **Responsabilidade pré-contratual**. 2. ed. São Paulo: Lejus, 1997. p. 40 et seq.
123 PEREIRA, Caio Mário da Silva. **Instituições...** cit., 18. ed., v. 3, p. 26.
124 LISBOA, Roberto Senise. **Contratos difusos e coletivos**. São Paulo: RT, 1997. p. 230-231.

de peças, mesmo sabendo da quase certeza de que nada comprará. Há, na hipótese, no mínimo, muita leviandade.

O que se indeniza, na responsabilidade pré-contratual, é o interesse,[125] seja positivo ou negativo, que corresponde às vantagens que a parte prejudicada teria obtido, caso o contrato fosse celebrado (interesse positivo), somadas aos danos e às despesas que teria evitado, se não tivesse iniciado as negociações, depois injustificadamente interrompidas pela outra parte (interesse negativo).[126]

Na verdade, quando se fala em responsabilidade pré-contratual, está-se referindo não só às negociações preliminares, mas a todo o conjunto de tratativas pré-contratuais, que envolvem, além das negociações preliminares propriamente ditas, também as duas fases seguintes, quais sejam, a proposta e a aceitação. Ocorre que, quanto à fase da proposta e da aceitação, o debate nunca se acirrou muito, uma vez que a Lei sempre lhes atribuiu força obrigatória, como veremos a seguir. A discussão, assim, sempre deu maior ênfase às negociações preliminares. Isto não quer dizer, porém, que a responsabilidade pré-contratual se restrinja a esta primeira fase.

Em vários contratos realizados no dia a dia, para não dizer na maioria, as negociações preliminares não se verificam, são suprimidas, tendo início a formação do contrato já na fase da proposta.

Alguns autores, como Antônio Chaves,[127] discordam desse ponto de vista, afirmando que sempre haverá negociações preliminares. O que pode ocorrer é não se exteriorizarem. Assim, quando um comerciante põe os produtos à mostra na vitrine, é porque, antes disso, já havia avaliado consigo mesmo as necessidades da clientela, as possibilidades de sucesso nas vendas e outros fatores. O mesmo ocorreria com quem eventualmente comprasse um dos produtos expostos na vitrine. Antes de lançar sua oferta, este comprador ponderaria em seu foro íntimo quais seriam suas necessidades e possibilidades em relação ao produto exposto. Essas ponderações íntimas, não reveladas, que ocorrem em todo e qualquer contrato, seriam as negociações preliminares.

Na verdade, o que ocorre nesse raciocínio é uma grande confusão entre negociações preliminares e motivos contratuais. As reflexões que as partes realizam em sua intimidade, ou, às vezes, abertamente uma para a outra, têm a ver com o motivo do contrato, não com as negociações preliminares, que são conversas prévias, debates, sondagens, tendo em vista o contrato futuro. É evidente que,

---

125 Sobre o tema, ver GONÇALVES, Vitor Fernandes. **Responsabilidade civil por quebra de promessa**. Brasília, DF: Brasília Jurídica, 1997.
126 ROPPO, Enzo. Op. cit., p. 108.
127 CHAVES, Antônio. Op. cit., p. 58-59.

nas negociações preliminares, cada uma das partes pode revelar à outra o motivo que a está levando a contratar, mas isto pode não ocorrer. De qualquer forma, as negociações preliminares não podem dar-se apenas no foro íntimo de cada uma das partes; neste caso não seriam "negociações".

9.11.2 Proposta

A segunda fase, que nos contratos que celebramos corriqueiramente é a primeira, é a da proposta, também chamada de *oferta*, embora alguns autores preciosistas façam diferença entre os dois termos.

Nesta fase, as partes se denominam policitante ou proponente, o autor da proposta, e oblato, seu destinatário.

O importante é frisar que o policitante se obriga pelos termos da proposta.

São exemplos comuns de proposta os produtos expostos em vitrine com o preço à mostra; os produtos nas prateleiras dos supermercados, desde que etiquetados; as correspondências que recebemos em domicílio, oferecendo-nos a mais variada sorte de bens e serviços; as propagandas divulgadas pelos meios de comunicação etc.

A proposta deve conter as linhas estruturais do negócio em vista, além de ser séria e precisa. Deve ser dirigida a uma pessoa ou ao público em geral, de forma coletiva (produtos na vitrine, anúncios nos jornais, TV, rádio etc.) ou difusa (correspondência individual, também chamada de mala direta, ofertando, por exemplo, a assinatura de revista).

A proposta obriga, sendo o proponente forçado a perdas e danos, caso não a mantenha.

Existem casos, porém, em que a proposta não obriga. São quatro, a saber:

1] Se contiver cláusula de não obrigatoriedade.
2] Se nela houver cláusula de não contratar. Cláusula de não contratar é aquela que impõe condições para a contratação. Há hotéis de descanso, por exemplo, que não aceitam crianças e adolescentes até certa idade; há companhias aéreas que não transportam animais etc. São dois exemplos das chamadas cláusulas de não contratar. É óbvio que as cláusulas de não contratar têm que ser lícitas, sob pena de não valerem, gerando, eventualmente, inclusive, responsabilidade civil e penal, como a cláusula de não alugar ou não vender para pessoas de tal ou tal raça.
3] Se for em aberto; sujeita à cotação do dólar, por exemplo. Ora, a cotação é variável, não se podendo, necessariamente, obrigar o policitante a aceitar a do dia em que a proposta foi expedida, a não ser que concorde.
4] Por força de circunstâncias especiais, que são as seguintes:

a] Feita à pessoa presente, sem concessão de prazo, deverá ser aceita de imediato, desobrigando-se o policitante se não o for. É de se ressaltar que as conversas telefônicas se consideram entre presentes, aplicando-se, sempre que possível, o mesmo princípio ao telefax, ao telex e à internet. Ora, a noção de presença e ausência, neste contexto, não é igual à ordinária. Nada tem a ver com distância. Presentes, pois, são aqueles que se possam comunicar diretamente. Ausentes, aqueles entre os quais seja impossível comunicação direta.[128] Concluindo, tanto no fax quanto no telex ou na internet, a comunicação pode ser direta, imediata. Sendo este o caso, o contrato se considerará celebrado entre presentes. Mas caso o destinatário da proposta não esteja do outro lado da linha, a proposta se considerará entre ausentes.
b] Feita à pessoa ausente, deverá decorrer certo prazo para que o oblato a receba. Se não se houver estipulado prazo certo para resposta, o policitante há de esperar tempo razoável, também chamado de prazo moral, para que o oblato responda.
c] Se o policitante se retratar, desde que o faça antes que a proposta chegue às mãos do oblato, ou, pelo menos, junto com ela.

A proposta poderá ser por prazo certo, após o qual se desobriga o proponente. E se o proponente morrer ou se tornar incapaz?

A doutrina dominante tem entendido que a obrigação se transmite aos herdeiros, ou a representante do incapaz. Em contrário, Darcy Bessone,[129] que entende extinguir-se a obrigação. Sem dúvida alguma, não deixa ele de ter alguma razão, pelo menos no que toca às obrigações *intuitu personae*. De qualquer forma, transmitindo-se a proposta aos herdeiros, respondem eles apenas dentro das forças da herança (*intra vires hereditatis*). Sendo assim, se a proposta se referia à venda de um bem, que já não mais existia quando da morte do proponente, cessará a responsabilidade de seus herdeiros, a não ser que o bem tenha se perdido por culpa do proponente, quando os herdeiros responderão por perdas e danos, desde que na herança haja fundos suficientes para tal.

Os comerciantes consideram-se em estado de proposta permanente, que pressupõe implícita a cláusula de ser válida a oferta nos limites do estoque ou do disponível.

No *iter* das negociações preliminares ou na fase da proposta, as partes podem anotar os principais pontos sobre os quais versará o acordo final. Essas notas se denominam minuta.[130]

---

128 SERPA LOPES, Miguel Maria de. Op. cit., v. 3, p. 78.
129 BESSONE, Darcy. Op. cit., 3. ed., p. 198-199.
130 Mais sobre o tema, ver CHAVES, Antônio. Op. cit., p. 70-77.

Numa definição mais elaborada, minuta é o documento escrito, em que as partes esboçam, com maior ou menor completitude, o conteúdo do contrato a ser celebrado. Trata-se de uma versão preliminar do contrato.

A minuta pode, portanto, se referir a toda a matéria do contrato em formação ou poderá conter apenas partes dela, normalmente, as principais. No primeiro caso, haverá minuta completa ou perfeita; no segundo, minuta incompleta ou preparatória.

Tanto a minuta completa quanto a incompleta podem ou não ser autênticas. Será autêntica a minuta subscrita pelas partes.

Como regra, tem valor jurídico apenas a minuta completa, autêntica e íntegra. Completa, por consistir num esboço integral do contrato em celebração. Autêntica, por ser assinada pelas partes. Íntegra por ser incontestável que não foi alterada unilateralmente, depois de subscrita.

A minuta incompleta, se autêntica e íntegra, tem valor probatório evidentemente menor do que a completa. A minuta não autêntica tem valor probatório supletivo, podendo valer como indício.

É óbvio que entre a minuta e o contrato em si, o intérprete atribuirá mais crédito ao contrato. Contudo, a minuta poderá ser útil na busca da vontade real.

Em síntese, o valor da minuta poderá ser maior ou menor, dependendo das vicissitudes de cada caso concreto.

9.11.3 Aceitação

A terceira e última fase é a da aceitação da proposta pelo oblato, formando-se daí o contrato.

Pode ser expressa (verbal, escrita ou mímica) ou tácita (atitude, silêncio conclusivo).

A aceitação deve realizar-se dentro do prazo estipulado na proposta.

Quando se adicionar modificações ou restrições à oferta, será considerada nova proposta, que poderá ou não ser aceita.

Pode haver retratação da aceitação, desde que o oblato a faça chegar às mãos do policitante antes dela ou ao mesmo tempo. Sobre este tema, veremos, mais à frente, as modificações introduzidas pelo Código de Defesa do Consumidor.

Assim como a proposta, também a aceitação poderá ser entre presentes, tanto como entre ausentes.

Se feita entre presentes, considera-se aceita de imediato, reputando-se o contrato celebrado nesse momento.

Mas e se entre ausentes? Quando se consideraria celebrado o contrato? Quatro teorias procuram responder:

- Teoria da declaração ou agnição – Dá-se por celebrado o contrato no momento em que o oblato aceita a proposta.
- Teoria da expedição – O contrato se forma quando o oblato expede, i.e., envia a aceitação.
- Teoria da recepção – Entende o contrato celebrado no momento em que o proponente recebe a aceitação, mesmo que dela não tome conhecimento. Por exemplo, recebe e não lê.
- Teoria da informação ou cognição – O contrato se forma no momento em que o policitante toma conhecimento da aceitação.

O Código Civil adota a teoria da expedição.

Outra questão a ser resolvida é a que tem como objeto a indagação acerca do local em que se reputa celebrado o contrato.

Segundo o art. 435 do CC, considera-se celebrado o contrato no lugar em que foi formulada a proposta. Evidentemente, a regra é dispositiva, admitindo convenção em contrário. A presunção é, assim, *iuris tantum*, ou seja, admite prova em contrário.

Para encerrar, é bom lembrar que a etapas de formação contratual vistas acima referem-se ao modelo tradicional de contratação. Os contratos celebrados em massa concluem-se de modo um pouco diverso.

Em primeiro lugar, a proposta é feita ao público em geral e não a A, B ou C.

Em segundo lugar, estes contratos normalmente já vêm escritos em formulários próprios, contendo cláusulas contratuais gerais, elaboradas unilateral e previamente pelo policitante, sem que o oblato possa alterá-las de forma substancial. São os chamados contratos de adesão. Exemplos são o que mais há: contratos bancários, contratos de seguro, de consórcio, de *leasing* e muitos outros.

Além disso, há contratos que não seriam, em tese, de adesão, mas acabam sendo celebrados por adesão, uma vez que já vêm em formulários, que podem ser adquiridos até nas papelarias. Exemplo típico são os contratos de locação predial urbana.

Assim, vemos que as regras estudadas acima devem ser cotejadas com os princípios da boa-fé, da transparência e da justiça contratual, amoldando-se aos novos modelos de contratação, para que o contrato não venha a se inquinar de defeito.

As fases das negociações preliminares, proposta e aceitação devem ser ajustadas a cada caso concreto. Veremos que podem se misturar; podem não seguir esta ordem exata; ou pode inexistir a primeira.

Finalizando, os contratos celebrados pela internet se celebram da mesma forma que qualquer outro contrato.[131] Pode haver negociações preliminares ou não; ocorrem a proposta e a aceitação, que podem ser consideradas entre ausentes ou entre presentes, dependendo das circunstâncias. Se houver comunicação direta e instantânea entre as partes, a celebração se considera entre presentes, caso contrário, entre ausentes.

O grande problema dos contratos celebrados por via eletrônica é a prova. Como prová-los? Nos dias de hoje, com a intensificação do comércio eletrônico, tornam-se cada vez mais elaboradas as formas de contratação. Normalmente, é possível imprimir um documento comprobatório do negócio, que terá validade se for autêntico e íntegro. Autêntico é o documento cuja autoria seja indisputável. Íntegro é o documento que reflita exatamente a posição verdadeira, real; em outras palavras, é o documento que não admite alterações inseridas por uma das partes.[132] Como regra, os documentos comprobatórios, que podem ser impressos após a celebração do contrato, são autênticos e íntegros, mostrando até mesmo a hora em que ocorreu o negócio.

Nos contratos eletrônicos, podem ocorrer dois fenômenos bastante atuais: os *smart cards* e os *blockchains*.

O *smart card* é uma tecnologia que armazena várias possibilidades num único cartão (passagens em condução pública, como metrôs ou ônibus, identidade, crédito etc.) Em outras palavras, com um único cartão, o titular pode realizar vários atos jurídicos, normalmente, contratuais.

> blockchain é um livro-razão imutável e compartilhado que facilita o processo de registro de transações e de controle de ativos em uma rede de negócios. Um *ativo* pode ser tangível (uma casa, um carro, dinheiro, terrenos) ou intangível (propriedade intelectual, patentes, direitos autorais, branding). Praticamente qualquer item de valor pode ser controlado e comercializado em uma rede de blockchain, o que reduz os riscos e os custos de todas as partes envolvidas.
>
> [...] a informação é o motor dos negócios. Quanto mais rápido for recebida e maior for a precisão, melhor. A blockchain é ideal para isso porque fornece informações imediatas, compartilhadas e completamente transparentes armazenadas em um livro-razão imutável que só pode ser acessado por membros autorizados da rede. Uma rede de blockchain pode controlar pedidos, pagamentos, contas, produção e muito mais. Além disso, como os membros veem

---

131 MARTINS, Guilherme Magalhães. **Formação dos contratos eletrônicos de consumo via internet**. Rio de Janeiro: Forense, 2003. p. 123-125.
132 PECK, Patricia. **Direito digital**. São Paulo: Saraiva, 2002. p. 153.

as mesmas informações, você pode ver todos os detalhes de uma transação, o que aumenta a confiança e gera novas eficiências e oportunidades.[133]

9.12 Contrato preliminar

É bastante comum as pessoas, na impossibilidade de celebrar contrato de imediato, fixarem compromisso para o futuro, a fim de se obrigarem.

Vemos com muita frequência nos contratos de compra e venda de imóveis a celebração de compromisso prévio, até a assinatura da chamada *escritura*.

Do ponto de vista técnico, tal compromisso se denomina *contrato preliminar*, também chamado pelos nomes de *contrato promissório*, *de promessa* ou *pré-contrato*.

Na compra e venda de imóveis, é muito comum a celebração de contrato preliminar, denominado promessa de compra e venda, até o pagamento integral do preço, quando, então, se celebra o contrato definitivo, que deverá ter forma pública. A este contrato definitivo, dá-se, costumeiramente, o nome de escritura de compra e venda. A dita escritura nada mais é que o contrato definitivo, que, por força de lei, tem que ser celebrado por forma pública, ou seja, deverá ser redigido em livro próprio dos cartórios de notas, daí se dizer, coloquialmente, escritura pública, isto é, escrito público.

Sendo assim, podemos definir contrato preliminar como aquele por via do qual as partes se comprometem a celebrar mais tarde outro contrato, denominado principal ou definitivo.

Vemos, pois, que a natureza jurídica do contrato preliminar é a mesma que a das obrigações acessórias.

Diferencia-se o contrato preliminar do principal pelo objeto, que, no preliminar, é a obrigação de concluir o principal, enquanto neste é a própria prestação substancial, como a de vender casa.

O contrato preliminar presume-se irretratável. Em outras palavras, se uma das partes desistir da realização do negócio, sem causa justa, a outra poderá exigir-lhe, coativamente, o adimplemento, sob pena de multa diária,[134] fixada no próprio contrato ou pelo juiz. Não ocorrendo o adimplemento, o juiz mandará que se paguem perdas e danos, além da multa diária.

Não será possível a execução específica do contrato preliminar se o objeto do contrato principal for prestação de atividade.

---

133 O QUE é a tecnologia blockchain? **IBM**. Disponível em: <https://www.ibm.com/br-pt/topics/what-is-blockchain>. Acesso em: 4 jan. 2023.
134 Essa multa diária recebe, comumente, o nome francês de *astreinte*. Tem o objetivo de forçar a parte inadimplente a cumprir a obrigação.

Suponhamos contrato preliminar acerca de futura celebração de contrato de prestação de serviços. Evidentemente que se o prestador de serviços desistir, não se poderá forçá-lo ao cumprimento da obrigação, qual seja, prestar os serviços. Neste caso, o Código de Processo Civil dá a solução. O credor poderá requerer a imposição de multa diária para que o devedor celebre o contrato definitivo dentro de certo prazo, fixado pelo juiz. Caso o devedor continue inadimplente, ou seja, caso, ainda assim, continue a se recusar a celebrar o contrato definitivo, além da multa, deverá pagar indenização por perdas e danos.

Por outro lado, se a finalidade do contrato preliminar for a celebração de contrato, cujo objeto seja prestação de dar, o contrato poderá ser executado in natura.[135] Por exemplo, se contrato com uma pessoa futura celebração de compra e venda de imóvel, entregando-lhe sinal de pagamento, e se essa pessoa, o vendedor, se recusar a celebrar o definitivo, ou seja, se o vendedor se recusar a comparecer ao cartório de notas para assinar a escritura pública de compra e venda (contrato definitivo), poderei acioná-lo, requerendo ao juiz a adjudicação compulsória do imóvel, desde que o contrato preliminar esteja registrado no cartório de imóveis e que não contenha cláusula de arrependimento. Em outras palavras, no fim das contas, o juiz emitirá ordem ao cartório de registro de imóveis, para que transfira o dito imóvel para o meu nome.

As partes podem incluir cláusula de arrependimento, quando a desistência será permitida. Neste caso, se já houver sido dado algum sinal, e a parte desistente for quem o houver dado, perdê-lo-á; quem o houver recebido, restituí-lo-á, mais o equivalente. Por outros termos, se o sinal tiver sido em dinheiro, deverá ser restituído em dobro; se em outro bem, este deverá ser restituído, mais o equivalente em dinheiro. De qualquer modo, não haverá direito à indenização suplementar, uma vez que o contrato admitia o arrependimento. Devemos insistir, todavia, que, para que haja o direito de arrependimento, a cláusula de retratabilidade deve ser pactuada por expresso. Caso contrário, o pré-contrato será irretratável. O Código de Defesa do Consumidor acrescentou algumas inovações, a respeito das quais cogitaremos *infra*.

Concluindo, como bem preleciona Caio Mário, o juiz só não obrigará o desistente a cumprir o contrato preliminar se, realmente, não for possível. Cumprir o contrato preliminar é celebrar o definitivo. "as partes ao convencionarem um contrato preliminar perseguem a realização do contrato principal. Toda solução que vise à sua obtenção coativa ou espontânea deve ser prestigiada (...). A coisa devida é o contrato definitivo. É este que deve ser outorgado. E somente na

---

[135] A execução de um contrato pode ser em espécie, ou in natura, quando se realizar o próprio objeto contratual. Mas pode ser em perdas e danos quando o objeto for substituído por indenização em dinheiro.

hipótese de não ser possível é que se passará ao campo da prestação pecuniária equivalente", ou seja, das perdas e danos.[136]

O que vai dizer se é ou não possível a execução específica do contrato preliminar é, antes de mais nada, o bom senso.

Obrigação acessória que é, o contrato preliminar segue o principal. Dessarte, deve obedecer aos mesmos requisitos de validade exigidos para o principal.

Os sujeitos devem ser capazes, tanto genericamente quanto contratualmente. Assim, se o pré-contrato versar sobre venda de imóvel, o cônjuge do promitente vendedor deve assiná-lo, dando sua autorização.

Nesta fase preliminar, as partes se denominam promitentes. Assim, se for de locação o futuro contrato, chamar-se-ão promitente locador e promitente locatário. Se de importação, promitente exportador e promitente importador etc.

O objeto deve ser possível, tanto material quanto juridicamente.

Já quanto à forma, será livre, por força do art. 462 do CC. Na verdade, essa liberdade de forma não pode ser interpretada tão amplamente. Entendemos que, se a Lei exigir forma escrita para o contrato principal, também o preliminar deverá ser escrito. Não que seja requisito essencial, mas é forma de prova incontestável. Outra conclusão não se pode deduzir do parágrafo único do art. 463, que dispõe que o contrato preliminar deverá ser levado ao registro competente. Na realidade, o registro somente será importante se as partes quiserem dar publicidade ao contrato preliminar, resguardando-o contra terceiros. É o caso da promessa de compra e venda de imóvel, que só gerará direito real de aquisição, oponível *erga omnes*, se levada ao registro imobiliário.

Outra característica dos contratos preliminares é que são transmissíveis, quer *inter vivos*, quer *causa mortis*. Em caso de morte, e não sendo o contrato principal *intuitu personae*, são os herdeiros obrigados a respeitá-lo. Se celebro contrato de promessa de compra e venda de imóvel e, antes da celebração do contrato definitivo, vem o vendedor a falecer, sua obrigação se transmite a seus herdeiros. Mas, tratando-se de obrigação *intuitu personae*, tal não ocorrerá. Se, por exemplo, uma editora conclui contrato preliminar de edição com certo autor, vindo este a morrer antes de terminar a obra, é lógico que os herdeiros não poderão ser obrigados a terminá-la. Neste caso, o contrato preliminar simplesmente se resolve.

Por ato entre vivos, o contrato preliminar é transferível, a não ser que a obrigação seja *intuitu personae*, ou que haja cláusula proibindo a transferência. Se, por exemplo, celebro contrato de promessa de compra e venda de imóvel, poderei ceder meus direitos de comprador à outra pessoa. Isso só não será possível caso o próprio contrato proíba. Por outro lado, se um autor conclui contrato preliminar

---

136 PEREIRA, Caio Mário da Silva. **Instituições**... cit., 18. ed., v. 3, p. 54.

de edição, não poderá ceder seus direitos neste contrato à outra pessoa, visto que se cuida de obrigação *intuitu personae*. Por outros termos, o autor não poderá forçar a editora a aceitar livro escrito por outra pessoa.

9.13 Cláusula penal

É muito comum, nos contratos, que as partes fixem, de antemão, quantia que deverá ser paga a título de ressarcimento, caso ocorra o descumprimento total ou parcial da obrigação. Nos contratos de locação, por exemplo, se o locatário entregar as chaves antes do término do prazo, pode vir a ser obrigado a pagar quantia a título de indenização pelo descumprimento do prazo. O mesmo se entregar o imóvel em mau estado de conservação.

A cláusula que fixa esse valor ressarcitório, também chamado de pena *convencional*, denomina-se *cláusula penal*.

Sua função é a de pré-liquidar perdas e danos. As partes anteveem possível situação de prejuízo, como o descumprimento do contrato, e já fixam previamente indenização.

É, por natureza, obrigação acessória, porque sua existência depende de outra obrigação, em função da qual é estipulada. Não existe cláusula penal fora de contexto contratual. É sempre acessória de contrato.

De ordinário, é pactuada no corpo mesmo do contrato, como uma de suas cláusulas. Daí, aliás, seu nome. Nada impede, porém, que seja convencionada em documento à parte, desde que faça referência ao contrato ao qual diz respeito.

Incide a pena convencional em três casos principais, a saber:

- Inexecução total do contrato – A cláusula penal pressupõe, para que seja aplicada, inexecução culpável. É necessário, ainda, que a obrigação esteja vencida. Não havendo prazo para o vencimento, o devedor incorre na pena, uma vez constituído em mora, mediante a competente interpelação do credor, ou por outro processo estabelecido em lei.

Outra observação importante é que, para o credor exigir o pagamento da quantia estipulada na cláusula penal, não é necessário que prove seu prejuízo. Provada a inexecução culpável do devedor, a pena será aplicada. Assim, no exemplo dado acima, o locador fará jus à quantia determinada tão logo o locatário lhe entregue as chaves sem motivo justo, antes do prazo de encerramento da locação.

Em determinados momentos, principalmente nas obrigações de dar coisa infungível, o credor poderá, à sua escolha, optar entre a execução do contrato, ainda que tardia, ou pelo pagamento da pena convencionada para o caso de inadimplemento. Mas só se tal for possível pela própria natureza da obrigação. No caso da locação, aduzido acima, isso não seria possível, visto que o locador não poderia obrigar o locatário a continuar no imóvel. Em outros casos, contudo, a opção será possível. Contrato com uma pessoa a organização de festa em certo dia, avençando multa para o caso de inadimplemento. No dia combinado, a pessoa não aparece, inadimplindo sua obrigação. Poderei optar entre a realização da festa, em outro dia, ou receber a multa devida.

- Inexecução parcial do contrato – A cláusula penal pode vir para assegurar apenas uma das cláusulas do contrato. Neste caso, o credor poderá exigi-la juntamente com o cumprimento da obrigação. É o caso do locatário que entrega o imóvel em mau estado de conservação. Além de ser obrigado a pagar todas as demais obrigações do contrato, como aluguéis atrasados, por exemplo, será forçado a pagar a quantia especificada na cláusula penal, como reparação pelo mau estado do imóvel, a não ser que o locador aceite o conserto tardio dos estragos. Como vimos, é opção dele decidir pela pena ou pela execução específica.
- Mora – Nos dois primeiros casos, vimos a pena convencional em sua função compensatória. Pode ter, porém, função moratória, em que o simples atraso culpável no cumprimento da obrigação contratada pode ensejar a aplicação da cláusula penal. Aqui, também, a pena poderá ser exigida juntamente com a obrigação principal.

O valor da pena, seja compensatória, seja moratória, é livremente fixado entre as partes. Independe da apuração do prejuízo efetivo sofrido por uma delas. A Lei não estipula valor mínimo. Deverá ser, entretanto, observado um teto máximo. A pena não poderá ser superior ao valor da obrigação principal. Dessarte, num contrato de locação, o valor da pena pela entrega antecipada das chaves não será superior à soma de todos os meses de aluguel ainda por vencer. Em alguns casos, a Lei estabelece teto máximo abaixo do valor da obrigação. É o caso do Decreto n. 22.626/1933 (Revigorado pelo Decreto n. de 29/11/1991), que estipula para os contratos de empréstimo de dinheiro pena máxima de 10% do valor da obrigação, sendo a cobrança de soma superior crime de usura.

Segundo o art. 52 do CDC, sempre que houver outorga de crédito ou concessão de financiamento ao consumidor, como nas vendas a crédito, a multa pelo atraso nas prestações não poderá ser superior a 2% de seu valor.

Caso seja estipulado valor superior ao teto, o juiz apenas o ajustará, subtraindo o excedente.

De qualquer forma, uma vez ajustado, o valor da pena não mais poderá ser modificado pelas partes unilateralmente, nem mesmo pelo juiz, a não ser que seja superior ao teto máximo.

Fixada que seja a pena convencional, as partes não terão direito à indenização complementar, ainda que os prejuízos causados pelo inadimplemento sejam maiores. Essa complementação só será possível caso haja cláusula expressa, conferindo às partes esse direito. Nesta hipótese, os prejuízos deverão ser calculados com base nas provas apresentadas em juízo.

Neste ponto, caberia uma indagação: seria possível exigir indenização complementar, mesmo sem permissão expressa do contrato, com base no princípio do enriquecimento sem causa?

Estamos, obviamente, diante de conflito entre o princípio do enriquecimento sem causa e a regra do parágrafo único do art. 416 do CC. O entendimento dominante reza que o princípio haverá de prevalecer sobre a regra, isto por uma razão muito simples: os princípios estão na base do ordenamento, informando-o muito antes das regras. Sendo assim, os princípios aplicam-se antes das regras. Havendo conflito, o princípio será invocado em primeiro lugar.

Concluindo, a regra do parágrafo único do art. 416 torna-se ineficaz diante do princípio maior do enriquecimento sem causa.

Sendo assim, para que a cláusula penal? A cláusula tem o mister de fixar a indenização mínima, além de desestimular o inadimplemento. Por outro lado, será sempre uma opção do credor exigir o valor fixado na cláusula, em vez de proceder ao cálculo dos prejuízos efetivos, o que pode ser difícil e mais custoso ainda. Cobrar somente o valor da pena convencional seria, pois, quando nada, uma solução mais simples, mais rápida e, consequentemente, mais prática.

A doutrina[137] costuma diferenciar três institutos, dizendo que se parecem, não sendo, no entanto, a mesma coisa. São eles, a pena convencional, a multa simples e a multa penitencial.

A pena convencional, estipulada em cláusula penal, tem caráter de indenização por prejuízos sofridos. Já a multa simples tem caráter de pena, enquanto a multa penitencial tem natureza de preço de opção.

Quando se estipula que, vencida uma conta, pagar-se-ão juros de 20%, além dos juros de mora, estamos diante de multa simples, e não diante de pena convencional. A ideia aqui não é a de compensar os prejuízos sofridos pelo credor, mas a de penalizar a mora do devedor. Trata-se, no exemplo, de duas coisas distintas: uma, a multa de 20%, que incide uma única vez e tem por finalidade penalizar a mora do devedor, além de desestimulá-la; outra, os juros de mora, que incidem mês a mês, com o objetivo de ressarcir o credor dos prejuízos causados pela mora do devedor. Estes juros de mora constituem pena convencional.

Noutro caso, quando se estipula que as partes de um contrato preliminar tenham o direito de arrependimento, podendo desistir, pagando uma multa,

---

137 GOMES, Orlando. **Obrigações**. 5. ed. Rio de Janeiro: Forense, 1978. p. 196.

estamos diante de multa penitencial, porque seu escopo não é o de indenizar perdas e danos. Sua função é a de preço ou contrapartida pela desistência, ou seja, as partes têm o direito de se arrepender, mas têm que pagar um preço por isso.[138]

De outro lado, há quem entenda serem funções ínsitas à cláusula penal, tanto a compensação de prejuízos quanto a punição de quem nela incida, não havendo razão de ser no preciosismo da diferença acima apontada. Pena convencional, multa simples e multa penitencial seriam uma coisa só.

9.14 Arras

Tarefa árdua é conceituar o instituto das arras, porque podem não desempenhar o mesmo papel no desenvolvimento de uma relação obrigacional. De um modo geral, pode-se dizer que *arras* é o mesmo que "sinal".

Antes de mais nada, é importante salientar que, a meu ver, só há sentido falar em arras no contexto dos contratos preliminares. As arras são dadas no momento em que firmam o contrato preliminar, exatamente para garantir a futura celebração do contrato definitivo. Isso porque, tratando-se de um contrato já celebrado em definitivo, não há mais falar em arras, mas em pagamento das obrigações contratuais, ou seja, em execução do contrato.

A doutrina distingue duas espécies de arras: as confirmatórias e as penitenciais (de arrependimento).[139]

A primeira delas, as arras probatórias ou confirmatórias, tem tríplice função: confirmar o contrato, que se torna obrigatório; antecipar pagamento e fixar, previamente, eventuais perdas e danos.

Em sua função probatória, as arras seriam o sinal dado para provar a existência do contrato preliminar e garantir sua futura execução, ou seja, garantir a celebração definitiva do contrato. Antes do sinal, o contrato ainda estaria na fase de celebração; dadas as arras, fica provada a convenção, ultimando-se, definitivamente, a celebração do contrato preliminar. A partir daí, as partes já não podem voltar atrás.

Nessa função meramente probatória, pode ficar acertado que as arras sejam restituídas quando da celebração do contrato definitivo. A título de exemplo, poderíamos lembrar duas pessoas que negociam a compra de uma casa. O comprador dá ao vendedor um carro, como sinal, quando da conclusão do contrato preliminar. Estará confirmada, com isso, sua intenção de contratar. O veículo

---

138 MAZEAUD, Denis. **La notion de clause pénale**. Paris: LGDJ, 1992. p. 364.
139 RODRIGUES, Lia Palazzo. **Das arras**. Porto Alegre: Livraria do Advogado, 1998. p. 40. Barros MONTEIRO, Washington de. **Curso de direito civil**. 23. ed. São Paulo: Saraiva, 1989. v. 5, p. 41-42.

será restituído tão logo se celebre o contrato definitivo. O mais comum, entretanto, é que as arras sejam dadas em princípio de pagamento.

A segunda função, muito mais comum, como se disse, é a de desconto, em que, mantido o negócio, ou seja, celebrado o contrato definitivo, as arras sejam consideradas início de pagamento e descontadas do restante ainda a ser pago pelo devedor. As arras, desde que constituídas de coisa fungível do mesmo gênero da principal, especialmente dinheiro, sempre se presumem início de pagamento. Para que sejam restituídas, é preciso estipulação expressa nesse sentido. Exemplo de arras consistentes em coisa fungível do mesmo gênero da principal seria, num contrato, cujo objeto seja entregar X sacas de café, as arras serem também em sacas de café.

Vejamos um outro exemplo de arras de desconto: A entregou a B $ 10.000,00 de sinal para garantir um negócio de $ 300.000,00. Nada disseram se estas arras seriam de desconto ou se teriam que ser restituídas. Sendo assim, presumem-se de desconto, reputando-se início de pagamento, a fim de serem descontadas dos $ 300.000,00. Para que houvesse a obrigação de restituí-las, seria necessário que A e B houvessem estipulado cláusula por escrito nesse sentido. Em tal caso, sendo o negócio concluído ou desfeito, elas seriam restituídas. Isso não é comum, porém.

Uma vez concluído o contrato preliminar, ficam as partes obrigadas a ele, sendo que se por acaso desistirem, serão forçadas judicialmente a cumpri-lo. Se não for possível a execução do contrato em espécie, ou seja, se não for possível seu cumprimento, surge a terceira função das arras confirmatórias, ou seja, a função de prefixar perdas e danos. Segundo o Código Civil, art. 418, se o contratante que deu as arras, der causa a se impossibilitar a prestação, ou a se resolver o contrato, perdê-las-á em benefício do outro. Se o causador do motivo para a resolução do contrato for a parte que recebeu as arras, terá que indenizar a outra de todos os danos que lhe causou, tendo em vista a regra geral do inadimplemento culpável,[140] ou seja, deverá restituir as arras, mais o equivalente, ou seja, as arras deverão ser restituídas em dobro, com correção monetária, juros e honorários de advogado, se for o caso. Se as arras consistirem em coisa diferente de dinheiro, deverão ser restituídas, mais o equivalente em dinheiro, com correção monetária, juros e honorários de advogado, se for o caso.

Vejamos um exemplo. João pactuou com Manoel a compra de seu carro. Entregou, como sinal, $ 100,00. Ocorre que, simplesmente, desistiu e não pagou o restante. Manoel poderá, assim, reter as arras dadas.

Se o inadimplente fosse Manoel; se, por exemplo, tivesse batido o carro, antes da tradição, por ato de negligência, teria que restituir as arras em dobro,

---

[140] Barros MONTEIRO, Washington de. Op. cit., v. 5, p. 42.

corrigidas, com juros, além de ter que ressarcir João por qualquer outro eventual prejuízo que o tenha feito suportar.

Além disso, a parte inocente, isto é, a parte prejudicada, poderá pleitear indenização complementar, se demonstrar que a restituição das arras em dobro, corrigidas e acrescidas de juros, não é suficiente para ressarcir-lhe os prejuízos.

É necessário ainda esclarecer engano comum, devido à má interpretação do Código de Defesa do Consumidor.

O Código de Defesa do Consumidor não revogou o princípio do art. 1.097 do CC/1916, mantido pelo art. 418 do CC/2002.

O art. 53 do CDC, na verdade, tão somente positivou regra antiga, dedutível do princípio do enriquecimento sem causa. Segundo o Código de Defesa do Consumidor, o devedor que der causa à resolução do contrato por não pagar as prestações não perderá totalmente o que já houver pagado. Ao menos uma parte terá de volta. Isso por que o Código de Defesa do Consumidor proíbe cláusula que estipule a perda total das prestações já pagas. Conclui-se que é permitida cláusula estipulando a perda parcial das parcelas pagas. De qualquer forma, o devedor terá descontados, do que tiver a receber de volta, os prejuízos que sua inadimplência tiver causado mais o saldo que tiver obtido com o uso ou fruição do bem.

Na verdade, o Código do de Defesa Consumidor se refere não às arras, não ao sinal, mas às prestações já pagas. Em outras palavras, se o contrato estiver em plena fase de execução, o inadimplemento do devedor não pode significar a perda total do que já tiver pagado. Suponhamos que Joaquim tenha comprado um carro em vinte e quatro parcelas. Quando do pagamento da vigésima, tornou-se inadimplente, parando de pagar. O vendedor não pode retomar o veículo e reter as vinte prestações já pagas. Deverá restituí-las, com correção monetária, descontados os prejuízos que o inadimplemento de Joaquim lhe tenha causado. Para proceder ao desconto, deverá relacionar e provar esses prejuízos. Poderá, também, descontar do montante a ser restituído um valor pelo uso que Joaquim fez do carro.

Outra situação totalmente diversa é a do inadimplemento anterior à conclusão do contrato principal. Foram dadas as arras, mas o devedor se tornou inadimplente, antes mesmo de ter celebrado o contrato definitivo. Nesse caso, as arras dadas na celebração do contrato preliminar poderão ser retidas pelo credor, a título de perdas e danos. O exemplo que demos acima é, salvo melhor juízo, bastante esclarecedor. Repetindo, João pactuou preliminarmente com Manoel a compra de seu carro. Entregou, como sinal, $100,00. Ocorre que, simplesmente, desistiu. Manoel poderá, assim, reter as arras dadas.

O Código de Defesa do Consumidor introduziu outra regra importante que abrange o contrato tanto em relação a esse momento inicial, anterior à conclusão, quanto em relação ao momento em que o contrato, já celebrado, esteja sendo executado. Diz seu art. 49 que nos contratos realizados fora do estabelecimento comercial, ou seja, quando o vendedor vai à procura do comprador (vendedores de livros, de cosméticos, produtos vendidos pelo telefone, por correspondência etc.), o adquirente pode desistir do negócio até, no mínimo, sete dias depois da assinatura do contrato ou da entrega do produto, tendo sempre o direito de receber de volta o que já houver pagado.

Além do caso em que o vendedor procura o comprador, por meio de mala direta ou outros artifícios, aplica-se, ainda, o art. 49 do CDC, por força de interpretação consente aos objetivos da norma, a todos os casos em que não for possível ao consumidor ver o produto de perto, senti-lo, tocá-lo, enfim, conhecê-lo ao vivo. Este seria o caso de livros adquiridos em lojas virtuais. O comprador não tem a possibilidade de folhear o livro, ler-lhe o sumário ou pequenos trechos. Por isto, muitas vezes, especialmente caso se trate de literatura técnica, o consumidor é surpreendido com um trabalho de péssima qualidade, já visível a uma primeira folheada. Outro exemplo seria a compra de perfume ou outro produto, cujo conhecimento ao vivo seja necessário. Sem dúvida, aplica-se o art. 49.

A segunda espécie de arras são as arras penitenciais. Ocorrem sempre que as partes, no contrato preliminar, concederem-se o direito de se arrepender. As arras assumem, aqui, a função de contrapartida pelo direito de retrato. O nome, arras penitenciais, está equivocado, pois não se trata de pena, mas de contrapartida (preço) pelo direito de arrependimento.[141] Melhor seria denominar essa espécie de arras de *arras de arrependimento*. Diz o art. 420 do CC que as partes podem estipular o direito de se arrepender, não obstante as arras dadas. Em tal caso, se o arrependido for quem as deu, perdê-las-á em proveito do outro; se o que as recebeu, deverá restituí-las, mais o equivalente, ou seja, as arras, se em dinheiro, serão devolvidas em dobro. Se em coisa diferente de dinheiro, deverão ser acrescidas do equivalente em dinheiro. Saliente-se que, neste caso, não haverá direito à indenização suplementar, como no caso do art. 418. Isto por uma razão muito simples: as partes se concederam o direito de arrependimento. Daí seria ilógico falar em indenização.

Exemplificando, A e B, em negócio de $ 300.000,00, estipularam em cláusula escrita o direito de se arrepender. A pagara $ 10.000,00 de sinal. Se for ele o desistente, perderá os $ 10.000,00 dados. Se, por outro lado, B desistir, deverá restituir o sinal em dobro.

É lógico que se a desistência não for culposa, mas devida a caso fortuito, alheio à vontade do desistente, a regra não se aplicará, sendo o contrato desfeito sem que o desistente tenha que indenizar o outro. Em outras palavras, se o desistente for

---

141 MAZEAUD, Denis. Op. cit., p. 364.

quem houver pagado as arras, recebê-las-á de volta. Se quem as houver recebido, restitui-las-á pura e simplesmente, sem nenhum acréscimo.

Vejamos, numa tabela, as diferenças entre as arras num contrato com e sem cláusula de arrependimento (cláusula de retrato).

Quadro 9.1 Diferenças entre arras em contrato com e sem cláusula de arrependimento

	Contrato preliminar com cláusula de arrependimento	Contrato preliminar sem cláusula de arrependimento
Arrependido: quem deu as arras	Perde as arras (a outra parte não tem direito a indenização complementar)	Perde as arras (a outra parte tem direito a indenização complementar)
Arrependido: quem recebeu as arras	Restitui as arras em dobro (a outra parte não tem direito a indenização complementar)	Restitui as arras em dobro (a outra parte tem direito a indenização complementar)

9.15 Vícios redibitórios

Antes de adentrar à questão, convém deixar claro que há dois sistemas sobre a matéria: o sistema do Código Civil e o do Código de Defesa do Consumidor. Analisemos cada um deles.

Na acepção do Código Civil, arts. 441 e ss., vício redibitório é aquele defeito oculto que contenha a coisa, objeto de contrato oneroso, que a torne imprópria ao uso, ou lhe prejudique o valor.

Vemos, assim, que:

a] O defeito deverá ser oculto, considerando-se tal o defeito que uma pessoa de conhecimentos medianos e inteligência normal não possa perceber em exame superficial, elementar. Levando este dado em consideração, mais o princípio da boa-fé, tem-se que o defeito poderá ser, como no Código de Defesa do Consumidor, aparente ou de fácil constatação. Deve-se observar, por fim, que se considera vício redibitório todo defeito de qualidade, informação e segurança, desde que inutilizem a coisa para o uso a que se pretenda, ou a desvalorizem. Um vício de informação sobre certa coisa, por exemplo, pode levar o adquirente a comprar algo que não lhe interesse, consequentemente inútil para o uso que desejava. Na verdade, o Código Civil é bastante econômico ao caracterizar os vícios redibitórios. Refere-se tão somente a defeitos ocultos que tornem a coisa imprópria ao uso a que se destine, ou lhe diminuam o valor. O Código de Defesa do Consumidor é mais detalhista. Fala em defeito oculto, aparente ou de fácil constatação e ainda na qualidade ou quantidade do produto ou serviço não correspondente às especificações de propaganda, embalagem, rótulo etc. Ocorre que, se submetermos as relações de Direito

Comum (Civil) ao princípio da boa-fé objetiva, teremos, sem dúvida, um alargamento da noção de vício redibitório, para muito além de defeito estritamente oculto. Ora, a um exame superficial, mesmo os defeitos aparentes podem passar despercebidos. Também é lógico que a qualidade ou quantidade do produto ou serviço não correspondente às especificações de propaganda, embalagem, rótulo etc. terá que ser considerada vício redibitório, sob pena de enriquecimento sem causa por parte do alienante, além, obviamente, do atentado frontal ao princípio da boa-fé. Sem dúvida, numa relação de consumo, é muito mais fácil alargar a noção de vício redibitório, uma vez que o risco de sua ocorrência, mesmo que aparente ou de fácil constatação, já integra os riscos de sua atividade e, consequentemente, compõe seus custos. Tal não ocorre, como regra, nas relações comuns. Apesar disso, o entendimento do que seja defeito oculto não pode ser como no Código de 1916, à moda do século XIX, sob pena de desdenharmos todo o avanço introduzido pela boa-fé nas relações privadas, sejam elas de que natureza forem. O princípio da boa-fé deve, sim, alargar e flexibilizar o conceito de vício redibitório do Código Civil;

b] Deverá ser desconhecido do adquirente.
c] Somente se leva em conta o defeito já existente ao tempo da aquisição e que perdure até o momento da reclamação.
d] Como dito, não é qualquer defeito que pode motivar a redibição, mas somente aqueles que inutilizem a coisa ou a desvalorizem.
e] O contrato deverá ser comutativo, ou seja, oneroso.[142] Também, nos contratos com encargo, mesmo sendo gratuitos, incidirão as normas referentes aos vícios redibitórios. Exemplo seria a doação com encargo. O donatário, uma vez que realize o encargo, poderá reclamar por vícios redibitórios que a coisa doada contenha.

Desde que se configurem as condições de sua ocorrência, o alienante responde pelos vícios redibitórios, ainda que também os ignorasse.

Os efeitos são os seguintes: recebida a coisa defeituosa, pode o adquirente enjeitá-la, resolvendo o contrato, por meio da ação redibitória. Neste caso, o negócio será desfeito.

Há outra opção além da ação redibitória. É ação *quanti minoris*, também chamada de *ação estimatória*, pela qual o adquirente pleiteia abatimento no preço, permanecendo com a coisa. Essas duas ações se denominam *ações edilícias*, devido ao fato de que, na Roma republicana (+ 400 a.C. a + 20 a.C.), chamava-se *edil* o magistrado que cuidava dos conflitos relacionados ao comércio, em geral.

---

142 BEVILÁQUA, Clóvis. **Código Civil**. 3. ed. Rio de Janeiro: Francisco Alves, 1927. v. 4, p. 275.

Caso opte pela primeira alternativa, o alienante deverá restituir-lhe o preço corrigido, mais as despesas com o contrato, que porventura tenha efetuado, mediante a restituição da coisa.

Se ficar provado que o alienante conhecia o defeito, além de ter que restituir o preço mais as despesas, deverá indenizar o adquirente por perdas e danos. Se não o conhecia, pagará tão somente o preço mais as despesas.

Em qualquer caso, todavia, o adquirente tem prazo para propor a ação competente, seja ela a redibitória ou a estimatória. Tal prazo é decadencial e será de 30 dias, se o bem for móvel, e de 1 ano, se for imóvel, em qualquer caso contados da tradição da coisa. Se o adquirente já estivesse na posse da coisa, por exemplo, na condição de locatário, o prazo se contaria da alienação, reduzido à metade, isto é, seria de 15 dias para bens móveis e de 6 meses para bens imóveis.

Tratando-se de defeito que, por sua natureza, só venha a ser conhecido bem depois da tradição, os prazos serão contados do momento em que o adquirente tiver ciência do vício. De qualquer forma, os prazos não ultrapassarão 180 dias para bens móveis e um ano para os imóveis.

Por exemplo: Paulo compra uma televisão com um defeito que só vem a ser descoberto 90 dias após a tradição. Seu prazo normal seria de 30 dias. Como o defeito era, de fato, oculto, só vindo a se manifestar 90 dias após a entrega, terá mais 30 dias contados da manifestação do defeito; 30 mais 90 somam 120 dias. No entanto, se o defeito tivesse sido descoberto depois de 170 dias da tradição, Paulo só teria 10 dias para se manifestar. O mesmo raciocínio se aplica aos imóveis, tendo em vista o prazo máximo de um ano.

Tratando-se de venda de animais, os prazos acima descritos só serão aplicados se não houver lei especial ou costumes regulando a matéria.

Não correrão esses prazos na pendência de garantia (art. 446, CC). Em outras palavras, o prazo decadencial fica interrompido durante a garantia contratual. Entretanto, o adquirente deve denunciar o defeito nos 30 dias seguintes à sua descoberta, sob pena de decadência.

Tratando-se de relação de consumo, O Código do Consumidor não é claro a respeito dessa interrupção. No entanto, a interpretação mais favorável ao consumidor é a que deverá prevalecer, devendo, portanto, considerar-se interrompido o prazo de decadência legal, diante de cláusula de garantia contratual. Esse, aliás, vem sendo o entendimento do STJ.[143] (STJ – Superior Tribunal de Justiça. **REsp n. 1021261/RS**. Relator: Min. Nancy Andrighi. Terceira Turma. Data de julgamento: 20 abr. 2010. Data de publicação: DJe, 6 maio 2010).

A garantia contra vícios redibitórios não se elide se a aquisição se der em hasta pública.

Cabe observar, por fim, que o Código Civil, além do que dissemos acima sob o alargamento do conceito (mais ou menos oculto), suaviza a noção de vício redibitório, admitindo uma espécie de gradação: o defeito pode ser mais ou menos grave. É o que se deduz da leitura do art. 442, que admite ao adquirente exigir apenas o abatimento no preço; do art. 444, que refere-se à possibilidade de perecimento da coisa; bem como ao parágrafo 1º do art. 445, que admite a hipótese de o vício ser daqueles que só venham a se manifestar em momento posterior. Em todos esses casos, é possível vislumbrar uma espécie gradação na gravidade do vício.

Uma última indagação: o objeto das obrigações de fazer poderia ser enjeitado em virtude de vícios redibitórios? No regime do Código Civil, se o objeto de uma obrigação de fazer não for prestado adequadamente, o credor poderá, evidentemente, rejeitar a prestação e resolver o contrato, exigindo perdas e danos, no caso de culpa do devedor, isso com base no dever geral de bem cumprir o contrato. Não há necessidade de invocar o sistema dos vícios redibitórios para solucionar o problema. Assim é que o Código Civil, diferentemente do Código de Defesa do Consumidor, não se refere aos serviços em geral (contratos que gerem obrigação de fazer), mas apenas aos contratos que gerem obrigação de dar. Mesmo porque o tratamento tópico que confere aos contratos cujo objeto sejam serviços (obrigação de fazer), tais como a prestação de serviço, a empreitada, o mandato e outros, já cuida da prestação defeituosa e de suas consequências práticas, ou seja, dos direitos e deveres dela decorrentes. O Código de Defesa do Consumidor, ao contrário, não regula topicamente nenhum contrato, daí

---

143 CONSUMIDOR. [...] GARANTIA LEGAL E PRAZO DE RECLAMAÇÃO. DISTINÇÃO. GARANTIA CONTRATUAL. [...] – A garantia legal é obrigatória, dela não podendo se esquivar o fornecedor. Paralelamente a ela, porém, pode o fornecedor oferecer uma garantia contratual, alargando o prazo ou o alcance da garantia legal. – A lei não fixa expressamente um prazo de garantia legal. O que há é prazo para reclamar contra o descumprimento dessa garantia, o qual, em se tratando de vício de adequação, está previsto no art. 26 do CDC, sendo de 90 (noventa) ou 30 (trinta) dias, conforme seja produto ou serviço durável ou não. – Diferentemente do que ocorre com a garantia legal contra vícios de adequação, cujos prazos de reclamação estão contidos no art. 26 do CDC, a lei não estabelece prazo de reclamação para a garantia contratual. Nessas condições, uma interpretação teleológica e sistemática do CDC permite integrar analogicamente a regra relativa à garantia contratual, estendendo-lhe os prazos de reclamação atinentes à garantia legal, ou seja, a partir do término da garantia contratual, o consumidor terá 30 (bens não duráveis) ou 90 (bens duráveis) dias para reclamar por vícios de adequação surgidos no decorrer do período desta garantia. [...]. (STJ – Superior Tribunal de Justiça. **REsp 967.623/RJ**. Relator: Min. Nancy Andrighi. Terceira Turma. Data de julgamento: 16 abr. 2009. Data de publicação: DJe, 29 jun. 2009).

porque tem mesmo que ser mais genérico e abrangente do que o Código Civil no tratamento dessas questões.

O regime do Código de Defesa do Consumidor, como dito, é um pouco diferente. Façamos uma comparação entre suas regras e as do Código Civil.

O Código Civil fala em *coisa, objeto de contrato comutativo* (art. 441) e em *bens móveis e imóveis* (art. 445). Já o Código de Defesa do Consumidor fala em *produtos*, que seriam quaisquer bens móveis ou imóveis, materiais ou imateriais, segundo sua própria definição, e em serviços, ambos (produtos e serviços) duráveis e não duráveis.

O Código Civil fala em *defeitos ocultos* que tornem a coisa imprópria ao uso ou lhe diminuam o valor. O Código de Defesa do Consumidor acrescenta que o defeito não precisa ser oculto, podendo ser até mesmo de fácil constatação; e, além dos dois casos (impropriedade para o uso ou diminuição do valor), o produto poderá ser enjeitado por não conferir com as especificações de embalagem, rótulo, propaganda etc. Como vimos, com base no princípio da boa-fé, pode-se afirmar aplicarem-se, também, essas regras às relações de Direito Comum (Civil). Excluem-se os serviços, que recebem tratamento muito mais adequado no Código Civil. Tivesse o Código de Defesa do Consumidor adotado a mesma sistemática do Código Civil, o consumidor poderia resolver o contrato, da mesma maneira, só que num prazo muito maior, uma vez que se trataria de ação de execução de obrigação de fazer, ou ação de resolução contratual, com perdas e danos, em ambos os casos, havendo culpa do fornecedor, que, aliás, se presume.

Em relação aos efeitos, o Código de Defesa do Consumidor adiciona um terceiro aos dois do Código Civil. Em outras palavras, o adquirente poderá substituir a coisa ou restituí-la e reaver o preço, ou pedir abatimento, a seu critério.

O art. 18, parágrafo 1º, dispõe que há um prazo de 30 dias, podendo as partes estipular outro maior que 7 e menor que 180 para que o vício seja sanado pelo vendedor ou produtor, só aí podendo o adquirente lançar mão das três opções, das quais já falamos. De toda maneira, o adquirente poderá dispensar este prazo e exigir uma daquelas opções quando o defeito for visivelmente irreparável.

Nem o Código Civil, nem o Código de Defesa do Consumidor permitem a existência de cláusula que exima o alienante de boa-fé da responsabilidade.

Em relação ao prazo decadencial, temos o seguinte:

Sendo o produto ou o serviço durável, o prazo será de 90 dias. Se o defeito for aparente ou de fácil constatação, este prazo se conta da entrega do produto ou do término do serviço. Se o vício for, porém, oculto, o prazo começa a correr do momento em que for constatado.

Sendo o produto ou o serviço não durável, o prazo será de 30 dias. Se o defeito for aparente ou de fácil constatação, o prazo se conta da entrega do produto, ou do término do serviço. Se for oculto, o prazo se conta da descoberta do defeito.

Resumindo as principais distinções, teríamos o seguinte quadro:

Quadro 9.2 Distinções entre Código Civil e Código de Defesa do Consumidor

	Código civil		Código de defesa do consumidor	
Objeto	Coisas, objetos de contratos comutativos, podendo ser móveis ou imóveis		Produtos, que podem ser bens móveis ou imóveis, corpóreos ou incorpóreos; e serviços	
Vícios	Defeito oculto		Defeito oculto, aparente ou de fácil constatação. Qualidade ou quantidade do produto ou serviço não correspondente às especificações de propaganda, embalagem, rótulo etc.	
Efeitos	Resolver o contrato. Pedir abatimento no preço		Resolver o contrato. Pedir abatimento no preço. Substituir ou consertar o produto ou o serviço	
	Bens móveis	**Bens imóveis**	**Produtos ou serviços duráveis**	**Produtos ou serviços não duráveis**
Prazo Decadencial	30 ou 15 dias da tradição, da alienação ou da ciência do defeito, conforme o caso	1 ano ou 6 meses da tradição, da alienação ou da ciência do defeito, conforme o caso	Sendo o defeito oculto, 90 dias de sua constatação. Sendo o defeito aparente ou de fácil constatação, 90 dias de sua entrega	Sendo o defeito oculto, 30 dias de sua constatação. Sendo o defeito aparente ou de fácil constatação, 30 dias de sua entrega

Finalmente, devemos estudar com cautela os casos em que se aplica o regime do Código de Defesa do Consumidor e o do Código Civil.

O Código de Defesa do Consumidor é o mais amplamente usado. Sempre que uma das partes se puder adequar à definição de consumidor e a outra à definição de fornecedor, bem como ter a relação por objeto um produto ou um serviço, aplicar-se-á o Código de Defesa do Consumidor. O perfil das relações de consumo foi estudado acima.

Assim, se compro uma caneta numa loja, a relação será de consumo, aplicando-se, no caso, o Código de Defesa do Consumidor. Portanto, se a caneta contiver defeito oculto, aparente ou de fácil constatação, terei trinta dias, contados da tradição ou da constatação do vício, para propor a respectiva ação. Se compro o carro usado de um advogado amigo, a relação será regulada pelo Código Civil, uma vez que o advogado não é fornecedor.

9.16 Evicção

É a perda da coisa, em virtude de sentença judicial, por quem a possuía como sua, em favor de terceiro, detentor de direito anterior sobre ela.

Para melhor visualizarmos, pensemos em pessoa que compra carro usado, confiando no vendedor. Meses depois, recebe em sua casa citação judicial, convocando-a a vir se defender em ação movida por pessoa que se intitula dona do carro, reivindicando-o para si. Apesar da defesa apresentada e da boa-fé com que comprara o veículo, a decisão do juiz é fulminante. A pessoa é condenada a restituir o automóvel ao antigo dono. A este processo judicial de perda da coisa denomina-se evicção.

De tudo o que foi dito acima, podemos depreender que para haver evicção devem concorrer algumas circunstâncias. A primeira delas é a perda da coisa por parte do adquirente, chamado evicto, em favor do evencente ou evictor.

A perda pode ser total ou parcial, conforme seja o adquirente despojado da coisa toda ou de parte dela.

A perda há de ser em virtude de sentença judicial, pelo simples fato de que, em última instância, ninguém será obrigado a dar, fazer ou deixar de fazer algo a não ser em virtude de sentença.

Os efeitos da evicção são óbvios. O evicto terá direito de regresso contra o transmitente, desde que o contrato entre eles tenha sido oneroso, como a locação e a compra e venda, mesmo que a aquisição se tenha dado em hasta pública. Nas doações, ao contrário, o donatário não terá qualquer direito contra o doador, a não ser que seja modal, isto é, com encargo. Para que tal direito se efetive, é essencial a boa-fé do evicto. Em outras palavras, se comprar um carro, sabendo que era furtado, ou sabendo que versava sobre ele disputa judicial (duas pessoas disputavam-lhe a propriedade, por exemplo), logicamente não poderei demandar pela evicção, mas farei jus a recobrar o preço que paguei. Trocando em miúdos, temos que se A compra, de boa-fé, um carro furtado, terá que restituí-lo ao antigo dono, mas poderá exigir de quem lhe vendeu, ou seja, do alienante, o preço pago mais os prejuízos sofridos com a perda e com o processo (custas judiciais, honorários de advogado etc.). Se, no entanto, A sabia que o carro era furtado, não terá direito a exigir do alienante os prejuízos da evicção, mas tão somente o preço que pagou.

De acordo com o art. 125, I, do CPC, a denunciação da lide é admissível, não obrigatória, para o exercício do direito do evicto contra o transmitente imediato. Uma vez citado como réu na demanda movida pelo evencente, o evicto poderá imediatamente denunciar o transmitente da lide, notificando-lhe do litígio, para que venha assumir a defesa. Se este não a assumir, sofrerá depois o regresso do evicto, mesmo que prove sua boa-fé.

Aliás, este é ponto importante. O transmitente deverá indenizar o evicto, mesmo não tendo procedido de má-fé. Se comprar um carro furtado, farei jus à indenização de quem mo vendeu, mesmo que este também haja obrado de boa-fé.

O transmitente só não responderá pela evicção se for *expressamente* liberado pelo evicto. Tal, a nosso ver, não tem cabimento nos contratos de adesão, em que a cláusula exoneratória se consideraria não escrita. Se um contrato é de adesão, significa que o transmitente está impondo todas as cláusulas e condições ao adquirente. O art. 449 institui regra segundo a qual, mesmo havendo cláusula exoneratória, se a evicção se der, o evicto terá direito a recobrar o preço, se não sabia dos riscos da evicção, ou se sabia, não os assumiu. Ora, em contrato de adesão, o simples fato de o adquirente aderir não implica que esteja assumindo os riscos da evicção.

Por fim, no caso de evicção parcial, haverá duas hipóteses.

Em primeiro lugar, se a perda for considerável, o evicto poderá optar entre resolver o contrato, exigindo indenização total, ou não resolver o contrato, exigindo do alienante apenas abatimento no preço.

Mas se a perda não for considerável, como, por exemplo, na compra de automóvel em que ocorra a evicção do aparelho de som, o evicto só poderá exigir abatimento no preço, não tendo o direito de resolver o contrato.

O evicto terá direito à restituição do preço e à indenização pelas despesas que houver tido com a coisa, além das custas judiciais, honorários de advogado e indenização pelas benfeitorias úteis e necessárias e pelos frutos que for obrigado a restituir ao verdadeiro dono.

Tratando-se de bem imóvel, pode ser o caso de o evicto ter nele edificado. Se for possuidor de boa-fé, terá direito a ser indenizado pelas despesas com a construção. Caso seja possuidor de má-fé, a nada terá direito.

O Código Civil admite a hipótese de a edificação valorizar muitas vezes o terreno. Neste caso, o evicto terá direito a ficar com ele, indenizando seu valor ao dono (evencente). Evidentemente, terá direito de regresso contra o alienante.

Se a coisa se deteriorar nas mãos do evicto, mesmo assim subsiste para ele direito à indenização de que se falou *supra*. Se a deterioração da coisa tiver sido causada por conduta dolosa do evicto, deverá ele indenizar o dono (evencente) dos prejuízos.

9.17 Estipulação em favor de terceiro

Dá-se estipulação em favor de terceiro quando, em contrato, se pactuar que o benefício dele decorrente, no todo ou em parte, reverta em favor de terceiro que lhe seja totalmente estranho.

Há juristas, como Laurent, que não concebem estipulação sem manifestação do terceiro beneficiário, por não conceberem qualquer vínculo obrigacional sem manifestação de vontade do credor e do devedor.[144]

A doutrina mais acertada, porém, admite a possibilidade de vínculo ativo sem manifestação do credor. Exemplo seria contrato de seguro em nome de terceiro beneficiário, como o seguro de vida.

As partes são o estipulante (no exemplo, o segurado), o promitente (no exemplo, a seguradora) e o beneficiário.

São requisitos essenciais à estipulação em favor de terceiros:

a] estipulante capaz, principalmente de alienar os próprios bens, que agindo em seu próprio nome faça a estipulação. É o caso do segurado, no seguro de vida;
b] promitente capaz, que se obriga perante o estipulante a realizar prestação em favor do terceiro. É o caso da seguradora, que pagará a indenização do seguro à pessoa indicada pelo segurado;
c] terceiro determinado ou determinável, capaz ou incapaz.

A estipulação deve ser inequívoca, não sendo, porém, direito absoluto, de vez que pode ser revogada antes da aceitação do terceiro. Sua validade, enquanto pacto acessório, depende da validade do negócio entre estipulante e promitente.

Sua forma em princípio é livre,[145] mas está sem dúvida vinculada ao negócio jurídico principal. Assim é que, sendo imóvel seu objeto, deverá revestir forma escrita. Se o contrato principal for o de seguro, também deverá ser pactuado por instrumento escrito, por ser o seguro contrato formal.

Mas qual a natureza jurídica da estipulação em favor de terceiro? Ou seja, com que outro instituto do Direito se parece ela?

Há, pelo menos, quatro teorias a respeito.

- Teoria da oferta: O contrato só se aperfeiçoa depois que o terceiro aceitar a estipulação. Antes disso, haveria apenas oferta que obrigaria o estipulante e o promitente.
- Não é aceita porque, como vimos, o contrato se reputa perfeito antes mesmo da aceitação. O terceiro, ao aceitar, estaria apenas concordando com os efeitos de contrato já perfeito.
- Teoria da gestão de negócios: Alguns autores, como Pothier e Labbé,[146] consideram a estipulação similar à gestão de negócios. Ora, que vem a ser gestão de negócios?

---

144 LAURENT, F. **Cours élémentaire de droit civil**. Paris: A. Maresq, Aîné, 1887. t. II, p. 362.
145 PEREIRA, Caio Mário da Silva. **Instituições**... cit., 18. ed., v. 3, p. 74.
146 POTHIER, Robert Joseph. Op. cit., *passim*. LABBÉ. *Apud* SERPA LOPES. **Curso**..., cit., v. III, p. 113.

Ocorre sempre que uma pessoa gere negócios alheios sem que seu dono saiba. Assim, se uma pessoa paga as contas depositadas na caixa de correio do vizinho ausente, haverá gestão de negócios. A única semelhança entre a gestão e a estipulação em favor de terceiro é que tanto o dono do negócio quanto o terceiro beneficiário da estipulação são estranhos ao vínculo obrigacional original.

- Teoria da obrigação unilateral: A estipulação em favor de terceiro seria declaração unilateral de vontade. O credor, ou seja, o terceiro beneficiário, só é credor em função dessa declaração que dá vida e eficácia a seu direito. Essa é a opinião de Colin e Capitant, Josserand e Baudry-Lacantinerie.[147]

Saleilles se opõe, dizendo que nas declarações unilaterais, como na promessa de recompensa, não há acordo de vontades. Já na estipulação, promitente e estipulante celebram acordo em favor de terceiro beneficiário.[148]

- *Natureza sui generis*: Para os adeptos dessa quarta teoria, a estipulação em favor de terceiro seria única no Direito, nada havendo de parecido com ela. Sua natureza seria, assim, sui generis, ou seja, sem precedentes.

Para finalizar, alguns comentários importantes.

O direito do terceiro beneficiário nasce ou imediatamente, ou com o advento do termo, ou com o implemento da condição.

Se A compra um carro para ser entregue a B, o direito de B nasce imediatamente.

Se A faz seguro de vida em favor de B, o direito de B nasce com o advento do termo, ou seja, com o vencimento do prazo. Em outras palavras, com a morte, apesar de o termo, neste caso, ser incerto.

Se A faz seguro contra roubo para o carro de B, o direito de B nasce com o implemento da condição, isto é, no momento em que seu carro for roubado.

Nascendo o direito, o beneficiário aceita-o ou não. Aceitando, torna-se credor do promitente que deverá efetuar o pagamento, sob pena de execução forçada.

Antes do nascimento do direito do beneficiário, o estipulante poderá revogar a estipulação ou substituir o beneficiário, à sua vontade.

O beneficiário nada pode exigir antes do momento em que nasça seu crédito. Nascido este, o beneficiário poderá exigi-lo, respeitadas as normas do contrato, fonte da estipulação.

A situação do promitente é bastante simples. Sua obrigação inicia-se com o contrato, regulando-se normalmente pelas regras de Direito Contratual. Poderá

---

[147] COLIN, Ambroise; CAPITANT, Henri. **Traité élémentaire de droit civil français**. 10. ed. Paris: Dalloz, 1948. t. II, p. 150 et seq. JOSSERAND, Louis. **Derecho civil**. Buenos Aires: Bosch, 1950. v. 1, t. II, p. 194 et seq. BAUDRY-LACANTINERIE. Apud SERPA LOPES, Miguel Maria de. Op. cit., v. 3, p. 113.

[148] SALEILLES, Raymond. **De la déclaration de volonté**. Paris: Librairie Générale de Droit & de Jurisprudence, 1929. p. 67 et seq.

ser acionado para realizar sua prestação tanto pelo estipulante como pelo beneficiário, a não ser que a este não se deixe este direito. Neste caso, só o estipulante poderá exigir o cumprimento da estipulação, podendo, inclusive, exonerar o devedor. Esta a interpretação do art. 437 do CC. Por exemplo: João encomenda flores para Maria. As flores não são entregues no dia convencionado. Em princípio, Maria nem sabe da estipulação. Consequentemente, João poderá exigir a entrega das flores, ou poderá resolver o contrato, exonerando o devedor. Poderá até mesmo remitir a dívida.

9.18 Promessa de fato de terceiro

É possível a uma pessoa contratar com alguém dispondo que um terceiro realize a prestação. Por exemplo, A pode contratar com B, determinado serviço a ser realizado por C. Em outras palavras, A promete a B que C irá prestar o serviço, e B, com base nesse compromisso, celebra o contrato.

Não se trata, aqui, de representação, ou seja, A, o promitente, não está representando C, o terceiro. Se o caso fosse de representação, A não teria, em princípio, qualquer responsabilidade, caso C não prestasse o serviço. Isto seria entre ele e B.

Fato é que, celebrado o contrato, se o terceiro não aceitar a execução do fato prometido, o promitente responderá por perdas e danos junto ao outro contratante. Mas se o terceiro aceitar a incumbência e não a realizar, o promitente não se responsabilizará. A responsabilidade passa a ser do terceiro.

Um exemplo bastante comum de promessa de fato de terceiro ocorre nos congressos, seminários ou palestras isoladas. Se uma instituição de ensino organiza uma palestra com um jurista famoso, está, na verdade, prometendo fato de terceiro, isto é, está prometendo a seus alunos que o jurista X proferirá uma palestra no dia tal, às tantas horas. Se o jurista X não comparecer, a instituição de ensino terá que restituir os ingressos que eventualmente tenha cobrado. Se o inadimplemento do jurista tiver sido culpável, os alunos e demais assistentes terão direito de exigir indenização por eventuais perdas e danos. A instituição terá, evidentemente, direito de regresso contra o jurista.

Se o terceiro for o cônjuge do promitente e o ato depender de sua anuência e, pelo regime de bens do casamento, a indenização venha a recair sobre os seus bens, não haverá qualquer responsabilidade por parte do promitente.

Vejamos um exemplo. Frederico e Karla são casados pelo regime da comunhão universal de bens. Segundo este regime, os bens do casal respondem pelas dívidas que cada um contrair. Ainda segundo este regime, qualquer um dos cônjuges necessita da autorização do outro para vender um bem imóvel. Suponhamos que Frederico celebre contrato de promessa de compra e venda com Leandro, comprometendo-se a conseguir a autorização de Karla. Caso ela não venha a consentir, Frederico nada deverá a Leandro, a não ser que tenha recebido algum sinal, hipótese em que o devolverá. Isto porque a venda de imóveis depende de autorização do cônjuge, e a indenização poderá recair sobre o patrimônio comum.

9.19 Classificação dos contratos

Os contratos se classificam cientificamente em várias categorias, segundo o ângulo de enfoque. A importância da classificação reside no fato de que, uma vez que os insira em uma ou mais das várias categorias, o estudioso saberá quais normas aplicar a cada espécie de contrato, em seu contexto especial.

Temos assim:

9.19.1 Quanto à tipificação legal

a] Contratos típicos: São aqueles tipificados em lei, seja no Código Civil, seja em lei extravagante, como a compra e venda e a locação de imóveis, respectivamente.
b] Contratos atípicos: Não se encontram tipificados em lei, como ocorre com os contratos de fidúcia, de *factoring* etc. Regem-se pelas normas da teoria geral das obrigações, da teoria geral dos contratos e, analogicamente, pelas normas de outros contratos similares.

Em relação aos contratos atípicos, há norma positivada no Código Civil. Segundo o art. 425, é lícita a celebração de contratos atípicos, observadas as normas gerais do Código. Mais especificamente, podemos dizer deverem observar-se as normas da teoria geral das obrigações e dos contratos, bem como as normas dos contratos típicos que forem análogos.

9.19.2 Quanto às características ontológicas

a] Puros: Denominam-se puros os contratos que, em sua essência, mantêm-se únicos, ou seja, não são fruto da combinação de outros contratos. A essa espécie pertencem a doação, o empréstimo etc.
b] Mistos: São os contratos que derivam da combinação de outros contratos, como o *leasing*, que nada mais é que a mistura de compra e venda com locação.

9.19.3 Quanto à denominação

a) *Nominados*: São os contratos que têm nome próprio (*nomen iuris*), atribuído pelos costumes ou pela dogmática. Exemplos seriam a compra e venda, a locação, o *leasing* etc. Diga-se que a grande maioria dos contratos praticados no dia a dia são nominados.

b) *Inominados*: São contratos que, embora celebrados na prática, não possuem *nomen iuris*, isto é, nome próprio. Trata-se de uma imensa minoria de contratos. Exemplo seria o seguro de vida combinado com a capitalização. O segurado paga o prêmio à seguradora, que o capitaliza. Depois de algum tempo, se o segurado não falecer, poderá resgatar o prêmio capitalizado, ou seja, com juros e correção. Cuida-se de contrato misto, ao qual ainda não se atribuiu nome próprio.

9.19.4 Quanto à forma

a) Consensuais: Consideram-se perfeitos, concluídos, isto é, celebrados, no momento em que as partes entrem em acordo. Como se diz, celebram-se *solo consensu*. A Lei não exige forma especial para que se celebrem. Daí poderem ser verbais, escritos, mímicos, tácitos, ou seja, como as partes bem desejarem. A regra é, como estudamos acima, o consensualismo, sendo, portanto, consensual a maioria dos contratos.

b) Formais ou solenes: Para estes, a Lei, além do consenso, ou seja, da convenção, exige, também, o cumprimento de solenidades especiais. Devem celebrar-se segundo forma especial, prevista em lei, normalmente a escrita, podendo ser por instrumento público, quando serão celebrados em cartório, ou por instrumento particular. São excepcionais, como a compra e venda de imóveis, a doação de alto valor etc.

c) Reais: São aqueles que só se consideram celebrados após a *traditio rei*.[149] Realmente, só podemos falar em contrato de empréstimo após a entrega do objeto emprestado. Antes de sua tradição, haveria empréstimo de quê?

A razão é, entretanto, muito mais histórica do que lógica. Como frisamos no início do capítulo, o Direito Romano, num primeiro momento, previa três espécies de contrato, conforme fossem celebrados pelo proferimento de palavras solenes (*verbis*), pela inscrição em livro do credor (*litteris*) ou pela entrega da coisa (*re*). Nesta última categoria estavam, dentre outros, os contratos de empréstimo, de depósito e de penhor. O legislador do Código Civil Brasileiro nada mais fez do que seguir a tradição romana, considerando estes mesmos contratos reais.

---

149 *Traditio rei*, a título de recordação, significa "tradição da coisa", ou seja, "entrega da coisa".

Daí dizer o art. 579 do CC que comodato é empréstimo gratuito de coisas não fungíveis, perfazendo-se com a tradição do objeto.

9.19.5 Quanto à reciprocidade das prestações

a] Onerosos

São contratos em que ambas as partes suportam um ônus correspondente à vantagem que obtêm. Assim, na compra e venda, o comprador tem uma vantagem, qual seja, receberá o objeto, mas suportará um ônus, qual seja, deverá pagar o preço. O mesmo raciocínio se aplica ao vendedor. Vemos, assim, que a uma prestação corresponde uma contraprestação.

Os contratos onerosos podem, pois, dizer-se comutativos, devido a esta reciprocidade de prestações.

São contratos em que à prestação de uma das partes corresponde uma contraprestação da outra. Assim é na compra e venda em que à prestação do vendedor de entregar o objeto corresponde uma contraprestação do comprador de pagar o preço.

Importante é ressaltar que a contraprestação deve ser realmente um ônus suportado por uma das partes, em virtude da vantagem que auferiu. Deve, enfim, corresponder à prestação. Normalmente, é devida à outra parte, mas pode ser devida a terceiro por ela indicado. A importância do comentário se deve à diferença que se há de fazer entre contratos comutativos e contratos sujeitos a algum encargo ou condição, que não se consideram contraprestação para este efeito. É o caso da doação com encargo, que não é contrato comutativo ou oneroso.

b] Gratuitos ou benéficos

Nos contratos gratuitos, não há qualquer ônus que corresponda à vantagem obtida. Na doação, v.g., o único ônus que há é por parte do doador, de entregar o objeto. A este ônus não corresponde nenhum outro por parte do donatário. O que pode haver é encargo, como construir escola, por exemplo, o que não configura contraprestação, por não ser devido ao doador como contrapartida direta pela doação feita. Além do mais, o encargo, diferentemente da contraprestação, é elemento acessório, secundário, desproporcional à vantagem recebida, não tendo, necessariamente, caráter patrimonial.

Os contratos gratuitos são atributivos, uma vez que implicam apenas atribuição benéfica feita por uma das partes à outra, sem qualquer espera de retorno direto.

9.19.6 Quanto às obrigações das partes

a] Bilaterais

São também chamados de *contratos sinalagmáticos*, o que não se justifica, do ponto de vista etimológico. Ora, o adjetivo sinalagmático tem origem na palavra grega *synallagmatikós*, que quer dizer contrato.[150] Assim, dizer *contrato sinalagmático* é o mesmo que dizer *contrato contratual*.

Bem, considerações linguísticas à parte, contrato bilateral é aquele em que ambas as partes possuem direitos e deveres. Exemplificando com a compra e venda, temos, de um lado, o comprador que possui o direito de receber o objeto, mas o dever de pagar o preço; do outro lado, temos o vendedor, com o direito de receber o preço, mas o dever de entregar o objeto.

De sublinhar é a aplicação da exceção[151] do contrato não cumprido, também usada na versão original *exceptio non adimpleti contractus*, segundo a qual uma parte não poderá ser forçada a cumprir sua obrigação se a outra não cumprir a dela. Enganou-se o legislador de 2002 ao inserir a exceção no capítulo referente à extinção dos contratos. Pode não ser o caso de se extinguir, mas apenas o de se executar a prestação não adimplida. Às vezes, nem mesmo isso: o autor propõe ação para executar o réu que não cumpriu sua prestação contratual, este se defende, opondo a exceção do contrato não cumprido. Pode ser que a ação morra por aí, ou seja, o contrato não será nem executado, nem extinto.

Por outro lado, como saber a quem incumbe prestar em primeiro lugar? Muitas vezes, o legislador soluciona a questão, como, por exemplo, na compra e venda, em que o comprador deverá adimplir sua obrigação de pagar o preço, em primeiro lugar. Outras vezes, será o raciocínio lógico que dará cabo ao problema, como no caso do empréstimo de dinheiro, em que, pela força da lógica, incumbirá a quem empresta prestar em primeiro lugar, sob pena de nem existir o contrato. Só tendo emprestado, poderá ele exigir o pagamento da prestação de quem tomou emprestado. Não sendo o caso de solução legal, ou lógica, o juiz deverá analisar detidamente as circunstâncias do caso, para concluir a favor de um ou de outro contratante.

Outra regra importante acerca dos contratos bilaterais é a de que se a parte a quem incumbe realizar sua prestação em primeiro lugar suspeitar, por

---

150 YARZA, Florencio I. Sebastián. **Diccionario griego-español**. Barcelona: Ramón Sopena, 1945.
151 A palavra *exceção* é utilizada frequentemente com o sentido de defesa. O Direito Processual Civil prevê, basicamente, duas espécies de defesa: a contestação e a exceção. Naquela, o réu nega o direito do autor. Nesta, o réu não nega, mas opõe-lhe fato impeditivo, como a prescrição, a decadência, a litispendência, a incompetência do juízo, o não cumprimento do contrato por parte do autor etc. Assim, por exemplo, se uma pessoa (autor) intenta uma ação de cobrança contra a outra (réu), defendendo-se esta com a alegação de já ter pagado a dívida, estaremos diante de contestação. Mas caso se defenda, alegando que deve, mas não paga, por estar a dívida prescrita, estaremos diante de exceção.

evidências claras, que a outra corre risco de tornar-se insolvente, pode simplesmente recusar-se a cumpri-la, até que a outra realize a que lhe compete ou dê garantias de fazê-lo. Exemplificando, suponhamos o seguinte: um vendedor, a quem compita entregar o objeto para, só então, receber o preço, percebe que o comprador está sendo processado por vários de seus credores. Ora, é evidente que a possibilidade de que ele não pague o preço é enorme. Nesse caso, o vendedor poderá se recusar a fazer a entrega antes de ser pago, ou antes de receber garantia suficiente de que será pago, garantia esta que pode ser uma fiança, por exemplo.

b] Unilaterais

São os contratos em que uma das partes só tem deveres e a outra, só direitos. É o caso da doação, em que o doador só tem deveres (entregar o objeto), e o donatário só tem direitos.

Aqui devemos abrir um parêntese. Não se pode confundir contratos bilaterais e unilaterais com negócios jurídicos bilaterais e unilaterais.

Negócio jurídico bilateral é aquele para cuja realização concorrem duas ou mais vontades, como é o caso dos contratos, que, por natureza, são negócios jurídicos bilaterais. Mas contrato bilateral é aquele em que ambas as partes têm direitos e deveres. Para não haver confusão, o melhor seria dizer *contrato de obrigações bilaterais*.

Negócio jurídico unilateral é aquele que se forma com apenas uma declaração de vontade, como os testamentos. Já o contrato unilateral é aquele em que uma das partes só tem direitos, enquanto a outra só tem deveres. Também aqui, o melhor seria dizer *contrato de obrigações unilaterais*. A ideia seria melhor traduzida.

Tampouco há confundir contrato unilateral e bilateral com contrato gratuito e oneroso. Quando dizemos que um contrato é oneroso ou gratuito, estamos focalizando a questão da prestação e da contraprestação, ou seja, estamos focalizando o objeto da obrigação. Ao contrário, quando dizemos que um contrato é bilateral ou unilateral, nossa preocupação é com a carga de direitos e deveres que suporta cada uma das partes.

Geralmente, os contratos bilaterais são onerosos, e os unilaterais, gratuitos. Mas nem sempre. O empréstimo de dinheiro é unilateral, porque só quem toma emprestado possui obrigações (restituir o que tomou), enquanto quem deu o empréstimo não tem qualquer obrigação, pelo contrário, só possui direitos. Acontece que, normalmente, nos contratos de empréstimo de dinheiro são cobrados juros, que são a contraprestação do devedor pelo uso do dinheiro. Se há contraprestação, o contrato será oneroso. Vemos aí contrato unilateral e oneroso.

Já a doação com encargo é bilateral, por gerar obrigações para ambas as partes. Por outro lado, apesar do encargo e por causa dele, não perde seu caráter gratuito.

Há autores que incluem uma terceira categoria, ao lado dos contratos unilaterais e bilaterais: a dos contratos plurilaterais. Segundo eles, nos contratos bilaterais, haveria obrigações para ambas as partes, mas obrigações em sentido contrário, como na compra e venda. Nos contratos plurilaterais, ao contrário, embora haja obrigações para todas as partes, seriam elas todas convergentes para o mesmo norte, como no contrato de sociedade.

Finalizando, há que fazer um importante adendo. Com a leitura que necessariamente se faz a partir do princípio da boa-fé objetiva, mesmo nos contratos unilaterais, haverá sempre deveres anexos, decorrentes exatamente da boa-fé. Assim, numa doação, se o doador não tiver nenhum dever, poderá vir a se obrigar, quando nada, por qualquer dano que a coisa venha a causar ao donatário por defeito de origem, que conhecesse ou devesse conhecer. O mutuante, uma vez que faça o empréstimo, terá, quando nada, o dever de cooperar com o mutuário, facilitando o pagamento e dando quitação. Pode-se dizer, por conseguinte, que, diante do princípio da boa-fé e dos deveres anexos dele decorrentes, não há contratos unilaterais puros.

9.19.7 Quanto à previsibilidade das prestações

a) Pré-estimados: Contratos pré-estimados são aqueles em que a prestação de ambas as partes é determinável no momento da celebração contratual. Na locação, por exemplo, desde o início já se sabe perfeitamente qual será a prestação do locador (entregar tal objeto) e qual será a contraprestação do locatário (pagar aluguel de tanto).

b) Aleatórios: São contratos em que pelo menos uma das prestações é incerta, dependendo de acontecimento futuro e duvidoso. Exemplo clássico é o contrato de seguro, em que a prestação do segurador é totalmente incerta. Se o seguro cobrir acidentes de veículo, não se sabe se haverá o sinistro, como ocorrerá, quais serão suas proporções etc. Em outras palavras, a prestação do segurador depende do destino.

O Código Civil contém algumas regras sobre contratos aleatórios. Assim, se o contrato for aleatório por dizer respeito a coisas futuras, cujo risco de não virem a existir assuma um dos contratantes, terá direito o outro de receber o que lhe foi prometido, desde que de sua parte não tenha havido culpa, ainda que delas não venha a existir absolutamente nada. Suponhamos que A compre de pescador todos os peixes que porventura venha a pescar em determinado dia. Combinam preço fixo, assumindo o comprador o risco de nada vir a ser pescado. Se, de fato, nada se pescar, por fato alheio à vontade do pescador, este, mesmo assim, fará jus a receber o preço acertado. O mesmo se daria se o pescador trouxesse poucos peixes. Mas se trouxesse muitos peixes, receberia o mesmo valor. Se, entretanto, ficasse combinado que o pescador só receberia o preço se pescasse alguma coisa, ainda que pouca, se nada trouxesse, nada receberia.

Caso o contrato aleatório verse sobre coisas existentes, mas expostas a risco, assumido pelo adquirente, deverá pagar o preço ao alienante, ainda que tais coisas venham a existir em menor quantidade ou deixem de existir no momento da execução do contrato. Imaginemos que um comerciante compre de agricultor safra de tomates já nascidos, mas ainda por colher. Assumindo os riscos do negócio, o comerciante deverá pagar o preço ajustado, ainda que os tomates pereçam, no todo ou em parte. Nada pagará, todavia, se conseguir provar que o agricultor sabia previamente que os tomates estavam condenados e, ainda assim, deixou que o comerciante assumisse os riscos e celebrasse o contrato. No caso, fala-se em dolo, vício leve que torna o contrato defeituoso e, portanto, anulável.

Outra regra importante é a de que nos contratos aleatórios não há falar em cláusula *rebus sic stantibus*, em relação a riscos assumidos.

Antes de prosseguirmos, cumpre fazer importante esclarecimento.

Emprega-se, de ordinário, terminologia diferente da nossa. Em vez de se referir a contratos pré-estimados e aleatórios, fala-se em contratos comutativos e aleatórios.

Ora, como vimos, comutativo é contrato em que à prestação de uma das partes corresponde contraprestação da outra. Realmente, é este o significado da palavra. Na definição de Aurélio Buarque de Holanda, comutativo é o que comuta; diz respeito à troca.[152] O adjetivo não pode ser utilizado como antônimo de aleatório. Comutativo é antônimo de atributivo, pois que neste não há troca, mas somente atribuição de uma das partes à outra, sem qualquer contraprestação. O antônimo de aleatório, até melhor ideia, bem poderia ser pré-estimado, de vez que as prestações das partes são, previamente, estimáveis.

Em respaldo a nosso entendimento, o próprio Código Civil usa o termo comutativo no sentido de oneroso, ao tratar dos vícios redibitórios no art. 441.[153]

9.19.8 Quanto ao momento da execução

Os contratos se desenvolvem em dois momentos distintos, a celebração e a execução. Quanto à forma como se celebram, vimos que podem ser consensuais, formais ou reais. Quanto à forma por que se executam, serão:

---

152 FERREIRA, Aurélio Buarque de Holanda. **Pequeno dicionário brasileiro da língua portuguesa**. 11. ed. São Paulo: Cia. Editora Nacional, 1972.
153 Ainda vale a observação de BEVILÁQUA, Clóvis. **Código Civil**... cit., v. 4, p. 275. Segundo ele, *contrato comutativo* é sinônimo de "contrato oneroso".

a) De execução imediata: São aqueles que se executam no momento da celebração, como em compra e venda à vista.
b) De execução futura:

- De execução diferida – Executam-se em momento posterior à celebração, como em compra e venda a prazo.
- De execução sucessiva – São contratos em que a obrigação sobrevive apesar das soluções (pagamentos) periódicas. É o caso de contrato de locação, em que, de mês a mês, são pagos aluguéis, permanecendo intacto o vínculo contratual.

Tanto os de execução diferida quanto sucessiva se dizem de execução futura.

9.19.9 Quanto à amplitude do vínculo

a) Individuais: Consideram-se individuais os contratos quando apenas se obrigarem as partes que tomarem parte na celebração. Formam-se pelo consentimento de pessoas cuja vontade é individualmente considerada. Na locação, por exemplo, só se obrigam locador e locatário.
b) Coletivos: Contratos coletivos são aqueles que se formam pela vontade de grupo organicamente considerado. Geram obrigações para todos os que pertençam ao grupo, ainda que não tenham participado diretamente da celebração.

No Direito pátrio, são pouco frequentes os contratos coletivos. Alguns exemplos seriam, a saber, a convenção coletiva de trabalho, o acordo coletivo de trabalho, a convenção coletiva de consumo e alguns outros. Na primeira, muito comum, sindicatos patronais se reúnem com sindicatos operários, formulando regras trabalhistas para serem observadas por ambas as partes, no decorrer de certo lapso de tempo. Todos os patrões e empregados filiados àqueles sindicatos tornam-se obrigados pelos termos da convenção, sendo-lhes defeso alegar dela não terem participado diretamente.

Do acordo coletivo participam, de um lado, determinado empregador individualizado e, do outro, sindicato operário. Fato é que as regras ali acordadas sujeitam o empregador e todos os seus empregados.

Na convenção coletiva de consumo tomam parte, de um lado, representante classista dos consumidores e, do outro, representante da classe dos fornecedores ou produtores. Obrigam-se todos os indivíduos pertencentes às categorias representadas.

O importante é fixar que nos contratos coletivos se obrigam pessoas incertas, não determinadas em sua individualidade.

9.19.10 Quanto à negociabilidade[154]

Qualquer mudança que tenha exigido a evolução da teoria contratual não teve a amplitude do fenômeno da contratação de massa.

Assim como a Revolução Industrial representou uma ruptura no modo de produção capitalista, a contratação estandardizada alterou os rumos da teoria contratual.

Quando pensamos na figura tradicional de contrato, imaginamos dois sujeitos colocados um de frente para o outro, discutindo as particularidades de seu acordo em todos os detalhes. São os contratos negociáveis.

Hoje, a imagem que temos é totalmente diferente. E não é apenas no modo como se fecha o contrato. O próprio ato de contratar vulgarizou-se na sociedade de massas. A todo instante concluímos contratos: com palavras, com gestos e comportamentos típicos e até com o silêncio. A contratação tradicional acontecia em escala bastante pequena, dada a menor complexidade das relações sociais, sendo que os indivíduos podiam deter-se em negociações minuciosas. Atualmente, com as crescentes demandas da vida social, contrata-se em larga escala e utiliza-se, em geral, cláusulas contratuais pré-estatuídas por um dos contratantes.

Como a grande maioria dos contratos é firmada com base em cláusulas contratuais gerais (CCG), predispostas por uma das partes, resta apenas, para sua conclusão, a adesão da outra parte.

Esse é o modo típico de contratar da sociedade de massas, e a figura que melhor o representa é o contrato de adesão.

c] Contratos negociáveis: Haverá contrato negociável quando as cláusulas contratuais forem fruto de discussões e debates entre ambas as partes, ou quando, pelo menos em tese, esse debate for possível. Quando cuidarmos dos contratos de adesão, veremos com mais detalhes o perfil dos contratos negociáveis.

A doutrina vem empregando tradicionalmente o termo contrato paritário, em vez de negociável. Não concordo, porém. Paritário é o que se forma por elementos pares para estabelecer igualdade. A expressão contrato paritário deixa a entender, erroneamente, que os contratos de adesão não seriam paritários, ou seja, fica parecendo que, nos contratos de adesão, uma das partes é tratada com privilégios legais que a outra não possui. A impressão que se tem é que os contratos de adesão seriam leoninos,[155] por conferir a uma das partes vantagem

---

154 O estudo a seguir integra a obra Contratos de adesão, que poderá ser consultada para mais detalhes sobre o tema (FIUZA, César; ROBERTO, Giordano Bruno Soares. **Contratos de adesão**... cit.).

155 *Contrato leonino* é todo contrato em que se estipule desproporção exagerada entre as prestações das partes. Há quatro espécies, dependendo da vileza com que se elucubre: 1ª) Quando todas as vantagens forem atribuídas a uma das partes. 2ª) Quando a uma das partes se negar qualquer vantagem. 3ª) Quando todos os prejuízos forem atribuídos a uma das partes. 4ª) Quando uma das partes ficar isenta de quaisquer prejuízos.

exagerada, em prejuízo da outra. Não deve ser assim. Muito antes, pelo contrário, a Lei procura estabelecer regras, a fim de equilibrar a posição das partes e, neste sentido, os contratos de adesão devem ser paritários. É ilícito que uma das partes tenha benefícios em prejuízo da outra.

Vejamos mais detalhadamente os contratos de adesão.

d] De adesão: Segundo o art. 54 do CDC, "contrato de adesão é aquele cujas cláusulas tenham sido aprovadas pela autoridade competente ou estabelecidas unilateralmente pelo fornecedor de produtos ou serviços, sem que o consumidor possa discutir ou modificar substancialmente seu conteúdo".

Acrescenta o parágrafo 1º que "a inserção de cláusula no formulário não desfigura a natureza de adesão do contrato".

Formulando definição nossa, diríamos que contrato de adesão é aquele que se celebra pela aceitação de uma das partes de cláusulas contratuais gerais propostas pela outra, a fim de constituir a totalidade ou ao menos a porção substancial do conteúdo de sua relação jurídica.

Explicando, tem-se, em primeiro lugar, que o instituto é um *contrato*, pois o vínculo jurídico é criado pela convenção, ainda que uma seja total ou parcialmente preestabelecida.

Em segundo lugar, tem-se que o contrato é de *adesão*, referindo-se exatamente ao modo de uma das partes expressar o consentimento, que se dá por simples adesão a um conjunto de cláusulas propostas pela outra parte. Somente a partir daí surge o vínculo jurídico entre as partes, ou seja, só com a adesão o contrato está perfeito.

Salientamos que *contrato de adesão* não é uma categoria contratual autônoma, nem um tipo contratual, mas sim uma técnica diferente de formação do contrato, podendo ser aplicada a inúmeras categorias contratuais.

Os contratos de adesão se caracterizam por alguns elementos, sem os quais não serão de adesão.

São eles:

Que o consentimento se dê por adesão

Nessa técnica de contratação, a participação dos sujeitos se dá em dois momentos distintos. Num primeiro momento, o empresário formula o esquema contratual abstrato, oferecendo-o ao público. Só então o outro contratante entra em cena, manifestando seu consentimento quanto ao conteúdo proposto. É nesse instante que o contrato se forma. Como veremos, pode ser que o predisponente deixe certa margem de discussão e inclusão de outras cláusulas, mas, em geral, o consentimento se expressa por simples adesão às cláusulas predispostas. E, ainda que se possa debater algumas partes do contrato, a característica essencial é que a porção mais significativa das cláusulas é predisposta e passa a integrar o contrato individual mediante a adesão de um outro contratante (art. 54 do CDC).

E a adesão pode se dar de forma expressa ou tácita. Conforme a lição de Caio Mário, "algumas vezes esta adesão é expressa, como no caso em que o aceitante a declara verbalmente ou mediante aposição de sua assinatura em formulário; outras vezes é tácita, se o usuário apenas assume um comportamento consentâneo com a adoção das cláusulas contratuais preestatuídas (sic)".[156]

▊ Que a totalidade ou a parte mais significativa do conteúdo seja constituída de cláusulas contratuais gerais

É característica essencial do contrato de adesão que, no mínimo, sua parte mais significativa seja composta por cláusulas contratuais gerais, pouco importando que se permita o debate de algumas cláusulas ou a inclusão de outras.

Se a maior parte do conteúdo dos contratos de adesão é preenchida por cláusulas contratuais gerais, é evidente que as características destas são essenciais ao instituto em análise. Como essas características – predisposição, uniformidade, abstração e rigidez – já foram estudadas, passaremos ao elemento seguinte.

▊ Que não se possa discutir ou modificar substancialmente o conteúdo

Apesar de parecer que se confunde com o anterior, esse elemento realça um outro aspecto dos contratos de adesão.

Se é verdade que esta impossibilidade de discutir ou modificar substancialmente o conteúdo dos contratos de adesão decorre diretamente do fato de que sua parte mais expressiva é constituída de cláusulas contratuais gerais, não é esse o único motivo.

As cláusulas contratuais gerais, apresentadas pelo predisponente, têm a característica da rigidez, significando que não podem ser alteradas pelo aderente. Entende-se que mesmo uma cláusula contratual geral possa ser modificada, mitigando a característica da rigidez. No entanto, o se quer ressaltar é que a parte deixada à livre disposição dos contratantes não pode ser capaz de modificar substancialmente o conteúdo. É uma exigência do art. 54 do CDC, que define o instituto. Entende-se que se a margem de discussão é muito ampla, o contrato se descaracteriza como de adesão, em razão da prevalência da parte livremente negociada.

O que se vislumbra de essencial ao conceito é que, com a adesão de uma das partes, cláusulas contratuais gerais, previamente elaboradas pela outra parte, passam a integrar o conteúdo da relação obrigacional. Portanto, para precisar os elementos do contrato de adesão, cumpre analisar os das cláusulas contratuais gerais, vez que o primeiro fenômeno é continente e o segundo é conteúdo, ou seja,

---

156 PEREIRA, Caio Mário da Silva. **Instituições**... cit., 18. ed., v. 3, p. 43.

os contratos de adesão têm cláusulas contratuais gerais em sua composição, isso quando não representam apenas a concretização dessas cláusulas predispostas através da adesão de um outro contratante.[157]

Cláusulas contratuais gerais são aquelas prévia, uniforme e abstratamente elaboradas com a finalidade de constituir o conteúdo obrigacional de futuras relações concretas.

Quanto às características essenciais das ccg, listamos quatro: predisposição, uniformidade, abstração e rigidez. Enquanto as três primeiras aparecem explicitamente na definição, a característica da rigidez, que é um desdobramento das demais, está implícita.

A característica da predisposição significa que as cláusulas foram previamente preparadas para se integrar a futuras relações concretas.

Enquanto estão só no âmbito particular do predisponente, embora já tenham existência fática, não têm existência jurídica. Mas postas ao conhecimento do público, passam a ter relevância para o Direito.

Outra característica é a uniformidade, que, aliás, salta ao conceito como o elemento finalístico do instituto. Quem pré-elabora as cláusulas tem em mente uma finalidade: sua inserção em número indeterminado de contratos individuais. Para a consecução desse objetivo, as cláusulas são elaboradas de maneira uniforme, pois não haveria tempo para a discussão de todas elas com cada um dos contratantes. É o que ocorre com os bancos, que formulam cláusulas contratuais gerais, que serão o conteúdo dos vários contratos, por exemplo, de conta de depósito a serem celebrados com cada um dos clientes.

A abstração refere-se ao fato de que, ao serem elaboradas, as cláusulas não regulam relações jurídicas concretas, mas destinam-se a qualquer contratante que a elas quiser aderir. Essa característica fez com que alguns tratadistas aproximassem o instituto da própria Lei, que também é geral e abstrata, prestando-se a regular as relações concretas que a ela se ajustarem. Assim, as cláusulas contratuais gerais são elaboradas de modo abstrato, ou seja, não preveem sua incidência sobre a esfera jurídica deste ou daquele indivíduo. Ao contrário, destinam-se à coletividade e só se tornam efetivas quando um sujeito a elas adere.

Por último, *rigidez* significa que o futuro contratante não pode alterar as cláusulas a ele apresentadas. Essa característica coaduna-se com a finalidade de utilização das cláusulas por um número indeterminado de contratantes, o que não seria possível se existisse a possibilidade de sua discussão ou alteração.

Dissemos que a rigidez é um desdobramento das demais características porque a predisposição de cláusulas de modo uniforme e abstrato não teria qualquer valor se pudessem ser modificadas nas negociações de cada contrato individual.

---

[157] LÔBO, Paulo Luiz Neto. Op. cit., *passim*.

Voltando aos contratos de adesão, têm eles como partes o aderente e o proponente. Aderente é aquele que adere às cláusulas apresentadas pela outra parte. Como destacou Sílvio Rodrigues, no geral é a parte mais fraca e encontra-se na necessidade de contratar.[158]

Por *parte mais fraca* não se deve entender, necessariamente, a parte mais pobre. *Hipossuficiência contratual* tem um sentido bem próprio. Fala-se, por isso, em vulnerabilidade. Às vezes, um grande empresário, dotado de vastíssimas riquezas, celebra contrato de adesão com pequena sociedade comercial, adquirindo um bem produzido por ela. Embora o empresário seja muito mais rico e poderoso que a sociedade comercial, naquele contrato será considerado hipossuficiente. Será a parte mais fraca. Afinal é ele que adere às cláusulas preestabelecidas pela outra parte. É esta que tem o privilégio de fixar o conteúdo do contrato. Não se pode, tampouco, olvidar que é o proponente, em grande parte das vezes, o único a deter informações substanciais sobre o produto ou serviço, informações técnicas que o colocam em situação de muito maior vantagem.

Bem, o aderente aceita, então, que essas cláusulas contratuais gerais constituam no mínimo a parte mais significativa do conteúdo do contrato, quando não a sua integralidade. Desde que não se possa modificar ou discutir substancialmente o conteúdo proposto, como informa a definição do Código de Defesa do Consumidor, pequenas alterações ou uma apertada margem reservada à negociação entre os contratantes não têm o poder de afastar a relação jurídica da abrangência deste instituto.

No outro polo da relação jurídica, tem-se o proponente, que é aquele que propõe – ainda que seja outro quem as elabore – as cláusulas contratuais gerais a um número indefinido de contratantes, deixando ou não alguma margem para negociações individuais. Essas cláusulas têm existência antes mesmo da aceitação do aderente, ou melhor, independentemente de estarem concretizadas num dado contrato.

Apesar de serem tão comuns no dia a dia, há poucas normas a seu respeito. O Código de Defesa do Consumidor é a principal fonte normativa, estabelecendo que os contratos de adesão devem ser escritos com letras grandes e legíveis (corpo 12), sendo as cláusulas contrárias ao aderente escritas com letras maiores ainda e destacadas (art. 54, § 3º, CDC). A pena é a decretação da nulidade, que poderá ser invocada pelo consumidor aderente. Aplica-se a eles o princípio *in dubio, pro adhaerente*, ou seja, havendo dúvida quanto à interpretação de seus termos, esta deverá ser favorável ao aderente.

Os fundamentos desse princípio vamos encontrar já na Ética de Aristóteles. Segundo o mestre,

---

158 RODRIGUES, Sílvio. **Direito civil**. 32. ed. São Paulo: Saraiva, 2002. v. 3, p. 42.

> a Lei considera mais justo que as condições sejam fixadas pelo homem a quem se concedeu crédito do que pelo outro, pois que a maioria das coisas não são estimadas no mesmo valor pelos que as possuem e pelos que necessitam delas. Cada classe dá grande valor ao que é seu e ao que ela oferece; não obstante, a retribuição é feita nos termos fixados pelo que recebe. Mas, sem dúvida, este deve avaliar uma coisa não pelo que lhe parece valer quando a possui, e, sim, pelo valor que lhe atribuía antes de possuí-la.[159]

Como se pode observar, não há nenhum tratamento desigual das partes. A Lei procura garantir o equilíbrio de suas prestações. O simples fato de uma das partes impor sua vontade à outra não implica, em princípio, vantagem ilegítima. A vontade é imposta, sem dúvida, mas não com o intuito de auferir vantagem indevida. Impõe-se a vontade, oferecendo-se prestação, como plano de seguro, por exemplo. A esta prestação, evidentemente, corresponderá contraprestação por parte do aderente. O que não significa que esta contraprestação seja desproporcional à prestação. Pelo contrário, deve ser proporcional, sob pena de o contrato ser considerado leonino. É por isso que os contratos de adesão têm que ser paritários.

O Código Civil de 2002 dispõe sobre a matéria dos contratos de adesão em apenas dois artigos.

O art. 423 estatui que, quando houver no contrato de adesão cláusulas ambíguas ou contraditórias, dever-se-á adotar a interpretação mais favorável ao aderente.

O artigo seguinte comina a pena de nulidade para as cláusulas que estipularem renúncia antecipada do aderente a direito resultante da natureza do negócio. Na realidade, podemos dizer terem-se tais cláusulas por não escritas. É o caso típico dos estacionamentos que costumam afixar placas se isentando da responsabilidade pela perda de objetos deixados dentro do veículo. Ora, o estacionamento, enquanto depositário, não poderia se eximir de modo unilateral, e por adesão, de sua principal obrigação, qual seja, zelar pelas coisas depositadas.

Para finalizar, será necessário estabelecer algumas distinções entre os contratos de adesão e outras figuras contratuais que podem a eles se assemelhar, num exame menos acurado.

Contrato normativo

A semelhança entre as duas figuras consiste na predeterminação de disposições e na necessidade de sua integral aceitação.

Mas enquanto nos contratos de adesão apenas uma das partes – o aderente – aceita integralmente as cláusulas pré-elaboradas pela outra parte – o proponente –,

---

159 ARISTÓTELES. Ética a Nicômaco. In: **Os pensadores**. São Paulo: Abril Cultural, 1984. p. 200.

nos contratos normativos, a determinação do conteúdo dos contratos é precedida de discussão entre as partes, na qual se eliminam as controvérsias, com o propósito de estabelecer as normas abstratas que serão utilizadas nos contratos individuais.

Acrescente-se que o objetivo do contrato normativo é "constituir o conteúdo normativo dos contratos existentes, ou por existir, na sua órbita de atuação".[160] Essas regras não integrarão, como cláusulas, o conteúdo obrigacional dos contratos individuais, mas serão como uma norma abstrata a ser neles obedecida. Daí o nome de contrato normativo, cujo exemplo mais significativo, entre nós, é o contrato normativo de trabalho. Já o contrato de adesão, previamente elaborado, visa constituir exatamente o conteúdo obrigacional de futuras relações concretas.[161]

Contrato-tipo

Entende-se que enquanto não houver o encontro de vontades, contrato ainda não houve. Por isso, deve-se dar atenção ao sentido da expressão contrato-tipo, que dá nome à figura jurídica consistente numa fórmula elaborada por empresas ou pelo Estado para servir de modelo a futuros contratos. Exemplo prático são os formulários comumente encontrados nas papelarias que servem de fórmula para os mais variados contratos. Realmente, só haverá contrato quando as partes consentirem em se obrigar pelo conteúdo desse formulário. Mas, a nosso ver, não há impropriedade em nomear a figura como contrato-tipo, pois tipo é modelo, ou "aquilo que serve de referência ou que é dado para ser reproduzido".[162] É, portanto, um tipo contratual, um contrato-modelo a ser utilizado pelas partes quando a relação jurídica entre elas existente se ajustar a ele. Com o consentimento das partes, aquele contrato-tipo será o conteúdo do contrato que firmam.

Não é difícil perceber que o proponente pode utilizar-se de um contrato-tipo para ser o conteúdo obrigacional dos futuros contratos de adesão que pretende concluir. É característica de sua posição a predeterminação das cláusulas e, se ele encontrar num contrato-tipo o conteúdo das relações que pretende estabelecer, nada impede que o utilize.

A diferença reside, essencialmente, na necessidade de que o contrato-tipo esteja num formulário e na possibilidade de os futuros contratantes se encontrarem em categorias contrapostas e organizadas, em condições de igualdade para sua formulação. No contrato de adesão, por outro lado, há a possibilidade de se utilizar de um formulário, podendo, contudo, concluir-se de outras

---

160 GOMES, Orlando. **Contratos de adesão**: condições gerais dos contratos. São Paulo: RT, 1972. p. 13.
161 Mais sobre o tema, ver GATSI, Jean. **Le contrat-cadre**. Paris: LGDJ, 1996.
162 FERREIRA, Aurélio Buarque de Holanda. **Pequeno dicionário da língua portuguesa**. 11. ed. São Paulo: Cia. Editora Nacional, 1972. p. 535.

formas, e a necessidade de que a eleição ou pré-formulação das cláusulas seja feita por uma das partes.

Contrato de adesão e contrato por adesão

Como vimos, para que um contrato seja considerado de adesão é necessário que: a) o consentimento se dê por adesão; b) a totalidade ou a parte mais significativa do conteúdo seja constituída de cláusulas contratuais gerais; e c) não se possa discutir ou modificar substancialmente o conteúdo.

Os contratos que só preenchem o primeiro requisito podem ser chamados de contratos por adesão, tendo em vista a forma como se deu o consentimento. Aos contratos por adesão não se aplicam as normas protetivas destinadas aos contratos de adesão, que preenchem os outros requisitos supramencionados.

9.19.11 Quanto ao conteúdo fiduciário

a) Impessoais: São contratos celebrados entre partes que não se importam com quem seja o outro contratante, desde que satisfaça suas expectativas. Num contrato de compra e venda, por exemplo, pouco importa ao vendedor quem seja o comprador, desde que lhe pague o preço ajustado.

b) *Intuitu personae*: Contratos *intuitu personae* ou personalíssimos são os que se realizam com base na confiança recíproca entre as partes. Neles, a pessoa das partes tem relevante importância. O objeto do contrato é importante, mas em razão da pessoa. Aliás, *intuitu personae* significa exatamente *em razão da pessoa*. Quando uma pessoa outorga procuração, fá-lo à pessoa de sua inteira confiança. Não se outorga procuração à pessoa em quem não se confie. Se editora encomenda obra a autor, vale dizer que a obra é importante, mas em razão do autor que a escreve. Os contratos *intuitu personae* só podem ser executados pelo próprio devedor em pessoa. Caso não o possa fazer, resolve-se o contrato em perdas e danos, havendo culpa de sua parte.

9.19.12 Quanto ao grau de interdependência

a) Principais: São aqueles que se formam independentemente de qualquer outro negócio.

b) Acessórios: São os que se formam em função e em razão de outro negócio. Assim o penhor, que só existe em razão de outro contrato, de regra, um empréstimo. Também a fiança, o mandato (procuração), o contrato preliminar, que só se formam acessoriamente a outros negócios.

A regra é que o acessório segue o principal. Dessarte, os mesmos requisitos exigidos para o principal devem ser exigidos para o acessório; os defeitos que viciarem o principal também viciarão o acessório etc. Assim, se o empréstimo for anulado, de nenhuma validade será o penhor ou a fiança que o garantiam.

Há, porém, exceções a essa regra geral. Às vezes os requisitos exigidos para o principal não o são para o acessório. Assim é que o contrato de compra e venda de imóveis deverá ser celebrado por escritura pública, o mesmo não ocorrendo com o contrato de promessa de compra e venda de imóveis, acessório por natureza, que poderá ser celebrado validamente por escritura particular.

c] Coligados: Na lição de Marino, contratos coligados são "contratos que, por força de disposição legal, da natureza acessória de um deles ou do conteúdo contratual (expresso ou implícito), encontram-se em relação de dependência unilateral ou recíproca".[163] Para que haja coligação contratual, são necessários dois requisitos: pluralidade de contratos, não necessariamente celebrados entre as mesmas partes, e vínculo de dependência unilateral ou recíproca entre eles.

Os contratos podem ser coligados por força de lei, por força da vontade ou por força da própria natureza dos contratos.

Haverá coligação legal quando a Lei determinar a coligação ou determinar os efeitos, ainda que parcialmente, da coligação. É o que ocorre com os contratos de compra e venda (ao consumidor) e financiamento ao consumo. Em tese, a compra e venda nada tem a ver com o mútuo de dinheiro (empréstimo). Mas, havendo financiamento ao consumo, a Lei, ou seja, o Código de Defesa do Consumidor estabelece a coligação, que será, portanto, coligação legal.[164] Extinto um, extinto estará o outro. Se o produto não for entregue, o financiamento (empréstimo) ficará prejudicado. Evidentemente, deve haver uma vinculação entre os dois negócios. Se eu tomar um empréstimo (por exemplo, fazendo uso do cheque especial) para comprar certo produto, e o banco não souber para o que se destinará o dinheiro, não haverá coligação. Para haver coligação entre o empréstimo e a compra e venda, os dois contratos têm que estar, de algum modo, formalmente, vinculados, ou, quando nada, deve ser possível se provar a vinculação por algum meio em Direito admitido.

A coligação será voluntária, quando decorrente da vontade das partes, que vinculam um contrato a outro. É o que ocorre quando da celebração de um contrato normativo, que se coliga com os contratos que venham a se celebrar na sequência, que devem seguir as normas pactuadas naquele, que faz as vezes de contrato-mãe. Outro exemplo é o da locação vinculada ao contrato de trabalho. O empregado aluga imóvel do patrão, ou o patrão aluga um imóvel para alojar

---

163 MARINO, Francisco Paulo de Crescenzo. **Contratos coligados no direito brasileiro**. São Paulo: Saraiva, 2009. p. 99.
164 MARINO, Francisco Paulo de Crescenzo. Op. cit., p. 99. MARQUES, Claudia Lima. Op. cit., p. 93.

seu empregado. Isso ocorre muito frequentemente nas grandes empresas, em relação a seus diretores. Bem, de todo modo, em princípio, o que tem um contrato de trabalho a ver com uma locação? Nada. Só que nesse caso, por força de convenção, eles se coligam. É a vontade das partes que realiza a coligação.

Por fim, a coligação será natural quando decorrente da própria natureza do negócio. Assim, a locação e a sublocação serão naturalmente contratos coligados. O mesmo se diga da locação e da fiança, dentre outros exemplos de contratos acessórios com seu respectivo principal.

9.20 Cessão da posição contratual

Por cessão da posição contratual ou cessão de contrato, entenda-se o negócio pelo qual se transferem tanto a posição ativa quanto a posição passiva de uma relação contratual. Transfere-se, portanto, todo um conjunto de direitos e deveres decorrentes de um contrato.

Nas palavras de Bruno Torquato de Oliveira Naves,

> a cessão de contrato não foi disciplinada pelo Código Civil brasileiro, não há, entretanto, nenhuma vedação a ela, já que consiste em transmitir-se todo um complexo de créditos e débitos de uma só vez. É impossível enumerarmos quantos direitos e deveres são transmitidos, porque, além daqueles essenciais, há vários outros transferidos, como os direitos potestativos, ônus, expectativas, sujeições, direitos subjetivos etc.
>
> O Código Civil de 1916, apesar de não tratar do assunto, dispunha em seu art. 1.078 que se aplicava à cessão de outros direitos as disposições da cessão de crédito.
>
> Trata-se da mesma obrigação, apenas com a alteração de uma das pessoas, que assume, simultaneamente, créditos e débitos por se tratar de uma relação jurídica complexa.
>
> Em regra, a cessão exonera o cedente. Há casos, porém, que o cedente continua obrigado, garantindo o cumprimento da obrigação.
>
> É comum a cessão de contrato em locação, empreitada, mandato (substabelecimento) etc. Todavia, a cessão de contrato não se confunde com subcontrato ou contrato derivado. Neste, há duas relações jurídicas distintas, das quais uma pessoa se utiliza da condição que lhe foi conferida por um contrato-base para celebrar novo contrato com outrem. Há apenas um contratante comum a dois contratos que se utiliza de sua posição no primeiro para celebração do segundo.

Assim, o comodatário transfere a posse direta do bem para outra pessoa na forma de subcomodato. Em regra, o subcontrato dispensa anuência do contratante do negócio-base que não participa do negócio derivado, no caso acima, o comodante.

O art. 13 da Lei do Inquilinato (Lei 8.245/1991) exige consentimento prévio por escrito do locador tanto para a cessão do contrato de locação, quanto para a sublocação.

Três são os requisitos para a cessão da posição contratual: a bilateralidade do contrato cedido; o consentimento do cedente; e a anuência do cedido.

Exige-se, pois, que o contrato seja bilateral, isto é, atribua direitos e obrigações para ambas as partes, pois se for unilateral não haverá cessão de contrato, mas tão somente cessão de crédito ou assunção de débito.

Por ser um negócio jurídico, entre cedente e cessionário, torna-se indispensável o consentimento do cedente.

E, por fim, a pessoa que ocupa o polo oposto da relação é de suma importância para o cedido, já que se porta tanto como seu credor, como seu devedor. Logo, a cessão de contrato que se operar sem anuência do cedido é considerada nula.[165]

9.21 Extinção dos contratos

Os contratos, como todo negócio jurídico, nascem, vivem e morrem, ou seja, são celebrados, executados e se extinguem.

O Código Civil dedica ao tema os arts. 472 a 480. Nesse Capítulo, regula o distrato, a cláusula resolutiva, a exceção do contrato não cumprido e a resolução por onerosidade excessiva. Da exceção do contrato não cumprido e da resolução por onerosidade excessiva já cuidamos acima. Da primeira, ao estudar os contratos bilaterais; da segunda, ao estudar a revisão dos contratos e as teorias da imprevisão. Cuidaremos, agora, pois, com um pouco mais de detalhes, das outras formas de extinção dos contratos.

A forma natural de extinção é a execução de seu objeto pelas partes, culminada com o pagamento. Há, porém, outras formas naturais de extinção. O implemento da condição resolutiva é uma delas. Suponhamos contrato de empréstimo em

---

165 NAVES, Bruno Torquato de Oliveira. Da transmissão das obrigações. In: FIUZA, César (Org.). **Elementos de teoria geral das obrigações e dos contratos**: por uma abordagem civil-constitucional. Curitiba: CRV, 2012. p. 515-516.

que A empresta carro a B até que este se case. Ocorrendo as núpcias, ou seja, implementando-se a condição, dissolve-se o empréstimo.

A outra é o advento do termo final naqueles contratos com prazo certo. Vencido este, extingue-se o contrato.

A extinção pode, todavia, ser devida a outras causas não naturais, terminando o contrato prematuramente.

Dentre as causas extintivas prematuras, temos as de ordem subjetiva e as de ordem objetiva.

Em relação aos sujeitos, isto é, às partes, tanto a morte quanto a incapacidade superveniente podem extinguir o contrato. Sendo a obrigação impessoal, continua ela na pessoa dos herdeiros, dentro das forças da herança, quando se tratar de morte ou ausência. No caso de incapacidade, caberá ao representante legal do incapaz liquidar suas obrigações. Se, ao revés, for o contrato *intuitu personae*, evidentemente não continuará, fazendo jus à outra parte tão somente à restituição do que porventura já houver sido pago.

O inadimplemento total ou parcial poderá levar o contrato a se dissolver. Fala-se então em resolução contratual.

Ricardo Chadi lembra que, uma

> obrigação não é uma simples relação entre dois patrimônios; foi sempre a submissão dum homem a outro homem, submissão que não pode ser pedida e permitida senão para fins legítimos, que deve ser controlada na sua existência, e na sua execução, pelo legislador e pelo juiz.
>
> Devemos partir do pressuposto que o adimplemento da obrigação é o escopo do devedor, para sua liberação do vínculo jurídico que o une ao credor, conferindo-lhe a segurança de seu patrimônio pessoal e material. Assim, o cumprimento de uma obrigação é um dever, mas também é um direito do devedor, um verdadeiro "direito ao adimplemento".
>
> O art. 475 do CC estabelece que a parte lesada pelo inadimplemento pode pedir a resolução do contrato, se não preferir exigir-lhe o cumprimento, cabendo, em qualquer dos casos, indenização por perdas e danos.
>
> A questão é saber se no caso de inadimplemento de pequena parcela da obrigação, haveria a possibilidade do devedor se contrapor, com êxito, à resolução do contrato e ao direito de arcar com o resíduo faltante com os devidos acréscimos.
>
> Parece que seria o adequado permitir que a opção fosse direcionada, preferencialmente, para a que o devedor adimplisse o resíduo do seu contrato e não o desfazimento. É claro analisando sempre o caso pontual.

Argumentos práticos poderiam ser estabelecidos, pois mais adequado seria permitir ao devedor concluir seu dever, se possível este, recompondo as partes ao *statu quo ante*.

Os fundamentos morais justificariam também este posicionamento, pois retiraria o Direito das relações jurídicas obrigações do cunho restrito interpretativo da patrimonialização. Conceder este direito ao adimplemento, não violenta a justiça e se aproxima do justo, finalidade do direito.[166]

A boa-fé objetiva que circunda toda relação jurídica obrigacional respalda a possibilidade de se conferir ao intérprete a aplicação do Direito ao caso posto, de forma que se encontre viés para os percalços muitas vezes intransponíveis para a rígida concepção patrimonial.

A boa-fé objetiva, portanto, estabelece a imperiosidade da proteção à confiança da parte no necessário comportamento da outra para que haja o cumprimento digno e adequado daquilo que foi pactuado.

Sérgio Botrel complementa, observando que,

> como já se expôs anteriormente, a vinculação jurídico-contratual não ocorre só em razão da vontade das partes, mas também pelo fato de que a situação jurídica objetivamente considerada interessa à coletividade, recebendo, por isso, a tutela do ordenamento. Daí porque, na medida do possível, a resolução do vínculo contratual deve ser evitada, em respeito ao *princípio da preservação dos contratos*, corolário do reconhecimento da função social dos ajustes.
>
> Esta constatação flexibiliza o direito subjetivo de o credor contratual pleitear a resolução, de modo que se o inadimplemento é mínimo e não afeta a regular execução do que foi contratado – restando preservado o sinalagma contratual – a resolução afigura-se como medida atentatória ao *princípio da função social dos contratos*, devendo o credor, na inexistência de cláusula penal, comprovar o prejuízo decorrente do inadimplemento mínimo para então ser ressarcido. Trata-se de aplicar a já mencionada *teoria do adimplemento substancial*, a qual encontra guarida também no *princípio da boa-fé objetiva*, o qual impõe limitações ao exercício dos direitos subjetivos (CC/2002, art. 187).[167]

É importante lembrar, na esteira desse mesmo autor, que

---

166 CHADI, Ricardo. Alguns aspectos do inadimplemento das obrigações no Código Civil. In: FIUZA, César (Org.). **Elementos de teoria geral das obrigações e dos contratos**: por uma abordagem civil-constitucional. Curitiba: CRV, 2012. p. 480.

167 BOTREL, Sérgio. Releitura da extinção dos contratos. In: FIUZA, César (Org.). **Elementos de teoria geral das obrigações e dos contratos**: por uma abordagem civil-constitucional. Curitiba: CRV, 2012. p. 458.

uma outra questão que se coloca é: o inadimplemento dos deveres colaterais, advindos da boa-fé objetiva, teria o condão de fundamentar a resolução? Somente a análise do caso concreto possibilita responder a esta pergunta. Isto porque o dever colateral inadimplido pode não prejudicar o sinalagma contratual ou não afetar o desiderato contratual. Esta análise, portanto, parece imprescindível: é de se averiguar se a não observância aos deveres colaterais impossibilitou que o contrato fosse executado harmonicamente e se o objetivo contratual perseguido restou frustrado.

Se o não cumprimento do dever de informação, por exemplo, não trouxer maiores repercussões no projeto contratual, é inegável que a resolução se encontra fora de questão. Afinal, é a problematização da situação jurídica advinda do não cumprimento de deveres oriundos da boa-fé objetiva que conduz a esta conclusão, conferindo a ela legitimidade, segundo os ditames da *teoria discursiva*, merecendo transcrição as palavras de Habermas, no sentido de que "o direito não consegue o seu sentido normativo pleno per se através de sua *forma*, ou através de um *conteúdo* moral dado *a priori*, mas através de um *procedimento* que instaura o direito, gerando legitimidade".

Há situações, ainda, em que o inadimplemento não autoriza a resolução, o que ocorre quando o *princípio da dignidade da pessoa humana* se mostra aplicável ao caso concreto. Basta lembrar das situações envolvendo o direito dos contratos de seguro de saúde e concluir pela frequência com que a dignidade da pessoa humana é afrontada pelo exercício arbitrário da resolução contratual. É importante lembrar que o exercício de determinadas prerrogativas contratualmente previstas só tem efeitos jurídicos quando se amolda à ordem jurídica, a qual é composta, insista-se, não só por regras, mas também e principalmente por princípios. Assim, a opção entre a resolução contratual e o ressarcimento pelos prejuízos causados pelo inadimplemento parece não ser exercida somente tomando por base a vontade do credor. A escolha dentre as opções deve encontrar apoio na normativa jurídica, em especial na principiologia constitucional. Observados estes parâmetros, dentre outros, e observada a necessidade de as partes problematizarem a situação conflituosa, o exercício do direito advindo do inadimplemento torna-se legítimo.[168]

Na sequência, o inadimplemento poderá ser fortuito ou culpável. O fortuito conduz à solução do contrato, com o restabelecimento da situação anterior, na medida do possível. Assim, se A compra um touro reprodutor de B e, antes da tradição, o animal vem a morrer em razão de um mal repentino e imprevisível, o

---

168 BOTREL, Sérgio. **Releitura da extinção dos contratos...** cit., p. 458-459.

contrato simplesmente se desfaz, devendo B restituir a A o que houver recebido de sinal. Não há falar em perdas e danos.

Já o inadimplemento culpável poderá levar à resolução do contrato ou, sendo possível, à execução da obrigação. Depende do que preferir a parte prejudicada. Ela poderá optar pela execução específica da obrigação ou pela resolução do contrato, com perdas e danos.

Vejamos o mesmo exemplo: A compra um touro reprodutor de B. Antes da tradição, o animal vem a morrer em razão de descuidos de B. Diante disto, A poderá optar entre a execução específica (exigir um outro touro do plantel de B, mais perdas e danos) ou a resolução do contrato, com perdas e danos. Neste último caso, B deverá restituir a A o que dele houver recebido, acrescido das perdas e danos.

Pode ser, contudo, que o inadimplemento revele conduta ilícita, como o inadimplemento culpável, mas não se possa atribuí-lo nem a conduta dolosa, tampouco a conduta culposa. Neste caso, o contrato poderá ser resolvido, com a possibilidade de indenização por perdas e danos. Exemplo seria o do tomador de serviços que trata o prestador com excessivo rigor. Na hipótese, o excessivo rigor pode não resultar de dolo ou culpa (negligência, imprudência ou imperícia). O tomador pode ter crido sinceramente que aquela era a melhor forma de agir, a fim de se obter os resultados que desejava. Fato é que, provado o excesso, o prestador poderá resolver o contrato, fazendo jus à remuneração pelo serviço já prestado e à metade da que faria jus, caso o contrato chegasse a bom termo, segundo o art. 603 do CC.

O inadimplemento, como visto anteriormente, pode consistir no cumprimento defeituoso, imperfeito, também conhecido por violação positiva do contrato. Essa modalidade de inadimplemento gera responsabilidade contratual objetiva, ou seja, independentemente de culpa, àquele que viole os direitos anexos do contrato, decorrentes da boa-fé.

A violação positiva do contrato, como já estudamos, não decorre do descumprimento da prestação principal, mas da inobservância dos deveres anexos, oriundos do princípio da boa-fé objetiva em sua função de proteção e de tutela. Exemplos desses deveres seriam os deveres de informação, de proteção, de assistência, de cooperação e de sigilo. Caso qualquer um desses deveres for descumprido, haverá violação positiva do contrato, a qual poderá ensejar o pedido, pela parte inocente, da resolução do contrato ou até mesmo a oposição da exceção de contrato não cumprido (*exceptio non rite adimpleti contractus*).[169]

---

[169] CERA, Denise Cristina Mantovani. **No campo da responsabilidade civil contratual, o que se entende por violação positiva do contrato?** Disponível em: <ww3.lfg.com.br/public_html/article.php?story=20101103184015632>. Acesso em: 12 jun. 2015.

Além dessas hipóteses, o contrato pode conter cláusula que preveja a resolução por inadimplemento. É a chamada cláusula resolutiva.

O Código Civil, seguindo vertente doutrinária antiga, fala em cláusula resolutiva tácita e expressa. A tácita seria aquela que figuraria implicitamente em todo contrato, em virtude da qual as partes poderiam exigir a resolução do contrato, em razão do inadimplemento. A cláusula tácita deixaria à parte prejudicada duas opções: execução específica ou resolução do contrato. A cláusula resolutiva expressa operaria de pleno Direito, ou seja, o contrato se resolveria automaticamente, não tendo a parte prejudicada a opção de executar a obrigação em espécie. Assim, no caso do contrato há pouco estudado, se nele figurasse cláusula resolutiva expressa, A não teria a opção de exigir a entrega de outro touro. A resolução do contrato, com as devidas perdas e danos, seria a única alternativa.

A verdade é que a doutrina moderna rechaça a ideia de cláusula resolutiva tácita. A cláusula resolutiva é sempre expressa, e seu efeito é o de pôr fim ao contrato. O que se chama de cláusula resolutiva tácita é, efetivamente, a resolução judicial do contrato, devido ao inadimplemento de uma das partes. Vimos que a situação é diferente. Se o contrato não contiver cláusula resolutiva expressa, a parte prejudicada poderá optar entre a execução específica e a resolução, mais perdas e danos. Não se trata, portanto, de cláusula resolutiva tácita. Se assim fosse, não haveria as duas opções.

A resolução judicial independe de cláusula expressa e provém de fato previsto em lei, qual seja, o inadimplemento. Opera-se por meio de ação movida pela parte prejudicada. A cláusula resolutiva expressa leva, necessariamente, à extinção do contrato, por força da vontade das partes, que abriram mão da alternativa de executar a obrigação em espécie.

A fonte da resolução por inadimplemento é diferente, dependendo da existência ou não de cláusula resolutiva expressa: se não houver, a possibilidade de resolução vem da *Lei*, que também admite a execução específica, em vez da resolução. Se houver cláusula resolutiva, a resolução é automática e deriva da *vontade* das partes, que abriram mão da possibilidade de execução específica.[170]

Portanto, não há falar em cláusula resolutiva tácita. O que o Código Civil quer dizer é que, não havendo cláusula resolutiva, a parte prejudicada poderá resolver o contrato ou executá-lo. Havendo cláusula resolutiva, o contrato se desfaz automaticamente, sem a alternativa da execução em espécie.

Do Direito anglo-saxão, vem-nos o denominado inadimplemento antecipado do contrato ou inadimplemento anterior ao termo (*anticipatory breach of contract*). O inadimplemento antecipado ocorre, quando uma das partes indica que não irá cumprir suas obrigações contratuais. A conduta de uma das partes pode

---

170 PAULIN, Christophe. **La clause résolutoire**. Paris: LGDJ, 1996. p. 33-35.

demonstrar que não executará seus deveres da forma acordada. Isso possibilita à parte prejudicada imputar à outra o inadimplemento da obrigação antecipadamente, ou seja, antes do vencimento. Nesse caso, o prejudicado poderá exigir reforço de garantia; poderá suspender a execução das suas obrigações, enquanto o reforço não ocorra; poderá também requerer a resolução do contrato com perdas e danos. O importante é que o inadimplemento antecipado consiste numa real expectativa por parte de um dos contratantes de que o outro não irá adimplir suas obrigações. Rigorosamente, portanto, o inadimplemento antecipado é um temor, baseado na conduta da outra parte. Segundo Thiago Freixo Claro, trata-se da possibilidade de que seja reconhecido, no âmbito de uma relação contratual, o inadimplemento da prestação devida, antes mesmo do advento do termo. Em outras palavras, a parte prejudicada terá o direito de considerar a obrigação da outra parte inadimplida, antes do vencimento.[171]

Para que se configure o inadimplemento antecipado, é necessário que se cumpram dois elementos, um objetivo, o outro subjetivo.

O elemento objetivo é a manifestação induvidosa do devedor no sentido de não desejar ou não poder adimplir a obrigação. Isso pode ocorrer de duas formas: ou bem o devedor declara expressamente que não irá cumprir a prestação, ou bem comporta-se, por atos comissivos ou omissivos, de modo a deixar induvidoso que não queira ou não possa realizar a prestação obrigacional.

O elemento subjetivo é a culpa do devedor, a qual, tratando-se de responsabilidade contratual, como regra, se presume. Em outras palavras, verificado que o devedor não irá adimplir a obrigação, a culpa se presume, do mesmo modo como usualmente se presume no inadimplemento normal, que ocorra após o vencimento.

No Brasil, não há previsão explícita no ordenamento positivo para o inadimplemento antecipado. O art. 333 do Código Civil dispõe que o credor poderá exigir a obrigação antecipadamente nas seguintes hipóteses:

a] falência do devedor ou concurso de credores;
b] penhora por outro credor de bens hipotecados ou empenhados;
c] cessação ou insuficiência das garantias, caso em que o credor poderá exigir substituição ou reforço. Não sendo as garantias reforçadas ou substituídas, o credor poderá exigir o cumprimento antecipado da obrigação.

Diante desse artigo, a pergunta seria: é possível falar em inadimplemento antecipado no Brasil, uma vez que as hipóteses do art. 333 são limitadas às três supracitadas?

---

171 CLARO, Thiago Freixo. O inadimplemento anterior ao termo. **Conteúdo Jurídico**. Disponível em: <http://conteudojuridico.com.br/?artigos&ver=2.591030Anticipatory Breach>. Acesso em: 23 dez. 2022.

Na verdade, o art. 333 se refere não ao inadimplemento propriamente dito, mas a uma mera possibilidade de que o credor não venha a ser pago, seja pela falência ou insolvência civil do devedor, seja pela penhora de bens hipotecados ou empenhados por outro credor, seja pela cessação ou insuficiência das garantias. Isso nada tem a ver com o inadimplemento antecipado, que ocorre, quando uma das partes, por sua conduta, indica que não irá cumprir suas obrigações contratuais.

O inadimplemento antecipado nada mais é que uma forma de inadimplemento, que se visualiza de modo claro antes do vencimento.

Como leciona Thiago freixo Claro, violado um dever de conduta que torne inviável o adimplemento, de modo a inutilizar a prestação para o credor, o benefício do termo de vencimento garantido ao devedor deixa de merecer tutela. Isso porque se perde a função social para a qual o vencimento foi concebido, qual seja, conferir ao devedor tempo hábil para adimplir a obrigação.[172] Estando claro que a prestação não será adimplida no vencimento, não há porque fazer o credor esperar para tomar as providências que entender cabíveis, a fim de evitar ou minorar seus prejuízos.

Por tudo isso, pode-se asseverar ser possível no Direito brasileiro invocar a teoria do inadimplemento antecipado, seja com base na função social do vencimento, que se perde, seja com base no princípio da boa-fé objetiva, de que se pode valer o credor para não esperar até o vencimento, aumentando com isso seus prejuízos.

Outra teoria que nos vem do Direito anglo-saxão e a do inadimplemento eficiente do contrato (*efficient breach theory*).[173] Essa teoria consiste na ideia de que as partes contratantes devem ser livres para, em determinadas situações, descumprirem o contrato, quando os custos com o cumprimento forem superiores às consequências do inadimplemento, desde que arquem com os danos gerados para a outra parte.[174] Por outros termos, poderá haver inadimplemento eficiente se o custo do adimplemento para o devedor for maior que o benefício que o credor venha a obter com o cumprimento do contrato. O devedor poderá, portanto, descumprir a obrigação, desde que indenize o credor no valor da totalidade dos benefícios que receberia. O inadimplemento terá sido eficiente,

---

172 CLARO, Thiago Freixo. **O inadimplemento anterior ao termo...** cit.
173 O texto a seguir é parte do artigo "Apontamentos acerca do inadimplemento eficaz" (ALMEIDA, Victor Duarte de; FIUZA, César. Apontamentos acerca do inadimplemento eficaz. **Meritum**. Belo Horizonte, v. 12, n. 1, p. 346-359, jan./jun. 2017. Disponível em: <http://www.fumec.br/revistas/meritum/article/view/5684>. Acesso em: 23 dez. 2022.
174 Segundo a Enciclopédia Jurídica da Cornell Law School – Cornell University, a teoria do inadimplemento eficiente "is a general idea that parties should feel free to breach a contract and pay damages, so long as the result is more economically efficient than performing under contract". In: EFFICIENT Breach Theory. **Legal Information Institute**. Disponível em: <https://www.law.cornell.edu/wex/efficient_breach_theory>. Acesso em: 23 dez. 2022.

se, mesmo diante da obrigação de indenizar o credor integralmente, for mais vantajoso para o devedor descumprir o contrato. O inadimplemento eficiente deixa o devedor numa situação melhor do que a que ficaria se adimplisse a obrigação, e deixa o credor numa situação que não deverá ser pior do que aquela em que o contrato fosse cumprido.

Um exemplo bastante pertinente seria o seguinte: Athos é dono de uma marcenaria capaz de assumir apenas grande projeto por vez. Ele é contratado por Porthos para fabricar 100.000 cadeiras, a um preço unitário de $ 10,00. Cumprir o contrato celebrado renderá a Athos um lucro de $ 2,00 por cadeira (ou um lucro total de $ 200.000). Antes de qualquer trabalho ser iniciado, Aramis demanda de Athos 50.000 mesas, aceitando pagar $ 40,00 por cada uma. Assumindo que o custo de produção da mesa é de $ 25,00, a nova proposta renderá a Athos um lucro total de $ 750.000, mas para auferi-lo ele deverá romper o contrato celebrado com Porthos. No local, há outras marcenarias capazes de produzir cadeiras, mas a quebra contratual imporá a Porthos danos de $300.000. Apesar de tais prejuízos, o inadimplemento é socialmente desejável, porque Athos poderá indenizar todos os danos e ainda reter lucro de $ 450.000.[175]

Contratos são, na verdade, intrinsecamente incompletos, e eventos futuros podem transformar alguns deles em avenças ineficientes, cujo cumprimento acarretará destruição de recursos.

Considerando sua própria origem, a teoria do inadimplemento eficiente, conforme se percebe, encontra maior aceitabilidade e adequação ao sistema de *Common Law*. Aqui no Brasil, a teoria do inadimplemento eficiente tem enfrentado considerável oposição, que aponta diversos óbices legais.

O primeiro deles refere-se à cláusula geral de boa-fé. A exemplo do que se observa em outros ordenamentos de origem romano-germânica, é possível entender, no Brasil, que o inadimplemento deliberado contraria a boa-fé objetiva, pois a contratação impõe às partes o dever de cooperar para a efetiva execução do contrato, nos dizeres do art. 422 do Código Civil.

Na verdade, é exatamente a boa-fé e a função social das obrigações e dos contratos que darão esteio ao inadimplemento eficiente, na medida em que permite melhor disposição de recursos econômicos.

Há também quem argumente, com base na segurança jurídica e na estabilidade das relações, que a principiologia contratual nacional conteria oposição à possibilidade de aplicação do inadimplemento eficiente, visto que dentre os princípios mais basilares e fundamentais, estaria o da força normativa ou obrigatória dos contratos, ou *pacta sunt servanda*.

---

[175] LINZER, Peter. On the amorality of contract remedies – efficiency, equity and the second restatement. **Columbia Law Review**, v. 81. n. 1. Jan. 1981.

No entanto, essa necessidade de acomodar eventos futuros e incertos já fora percebida pelo Direito brasileiro, que reagiu justamente por meio da relativização da noção do pacta sunt servanda. É por essa concepção que se admite, desde há muito, a resolução de contratos cujo cumprimento se tenha tornado impossível por motivos de caso fortuito ou de força maior, sem que o devedor responda pelos prejuízos, conforme o art. 393 do Código Civil.

Da mesma maneira, surge a possibilidade de resolução de contratos de execução continuada ou diferida, quando acontecimentos imprevisíveis os tornem excessivamente onerosos para uma das partes (arts. 478-480, CC); ou então, a possibilidade de reajuste das prestações para manter o seu valor real, quando houver grande desproporção causada por motivos imprevisíveis (art. 317, CC). O pacta sunt servanda, portanto, não seria, de fato, um obstáculo ao inadimplemento eficiente.

Retornando aos óbices, o art. 187 do Código Civil conteria outro obstáculo: em tese, o inadimplemento deliberado poderia ser caracterizado como abuso de direito, e, portanto, como ilícito. Sob essa perspectiva, ao inadimplir voluntariamente, o titular excederia os limites de seus direitos contratuais, atribuindo-lhes finalidade diversa daquela pactuada e daquela econômica e socialmente esperada.

Evidentemente, o inadimplemento eficiente não pode configurar abuso de direito, sob pena de não ser admissível. Por outros termos, o inadimplemento eficiente só será permitido se não configurar conduta abusiva, dolosa, em desacordo com a boa-fé e com a função social do contrato.

Outro óbice possível de se vislumbrar refere-se às multas contratuais (cláusula penal). Segundo os arts. 408, 410 e 412 do Código Civil, a cláusula penal (i) só se aplica a descumprimentos culposos; (ii) é alternativa a benefício do credor, em caso de inadimplemento total; e (iii) tem por limite o valor da obrigação, por isso poderia não recompor integralmente o patrimônio do credor.

Esse óbice não se sustenta, uma vez que a própria possibilidade de indenização das perdas e danos por inadimplemento contratual é garantida legalmente, no próprio Código Civil, e, portanto, apresenta-se perfeitamente capaz de compensar com eficiência o patrimônio do credor.

Por todo o exposto, é possível invocar a teoria do inadimplemento eficiente no Brasil, desde que não configure conduta abusiva, culposa ou dolosa.

Vistas as causas extintivas subjetivas, passemos ao estudo das causas objetivas. Quanto ao objeto, seu perecimento, sua destruição ou deterioração podem levar à extinção do contrato. Há de ser pesquisado, entrementes, se houve culpa de uma das partes. Em caso afirmativo, além de ter que restituir o que já houver recebido, deverá ressarcir a outra por perdas e danos.

Além das causas subjetivas e objetivas, os contratos também se extinguem devido à destruição do vínculo jurídico que liga as partes contratantes. O vínculo pode se partir pela prescrição, tema, aliás, exaustivamente estudado acima.

Mas os contratos se extinguem ainda por possuírem defeito leve ou grave, como estudamos anteriormente. Nestes casos, diz-se que se anulam.

Basicamente, são defeitos leves a incapacidade relativa do agente, o erro, o dolo, a coação e a fraude contra credores. São, basicamente, defeitos graves a incapacidade absoluta do agente, a impossibilidade do objeto, a forma inadequada e a simulação.

Podem extinguir-se, também, por se tornarem excessivamente onerosos para uma das partes, como já estudamos anteriormente.

E se extinguem, sem que haja pagamento, por força da novação, da compensação, da confusão e da remissão.

Finalmente, os contratos se extinguem pelo distrato.

Distrato ou resilição é convenção entre as partes contratuais com o objetivo de desfazer o contrato. É, neste sentido, o oposto de contrato, seu contrarius actus.[176]

Assim, se as partes, de comum acordo, resolvem pôr fim ao contrato, ou seja, resolvem distratar ou resilir o contrato, este se extingue.

Seguindo sua tradição romana, o Direito Brasileiro prevê para o distrato forma paralela ao contrato. Os distrato deverá se celebrar pela mesma forma que a Lei exigir para o contrato. Melhor esclarecendo a questão, tomemos contrato de empréstimo celebrado por escrito. Pergunta-se: como deverá este contrato ser resilido? A resposta é simples: como as partes decidirem, até mesmo verbalmente, de vez que a Lei não exige qualquer forma especial para o contrato de empréstimo. Já a hipoteca constituída sobre imóvel só pode ser distratada por escritura pública, pois que só se constitui por esta forma. Interessante é a posição do contrato de locação de imóveis urbanos. A Lei não exige, diretamente, qualquer forma para que se celebre. É contrato consensual. Entretanto, o distrato só vale por escrito.

O distrato é, como vimos, negócio jurídico bilateral, ou seja, deve ser fruto de convenção entre ambas as partes contratuais. Às vezes, contudo, a Lei permite sua formação por ato unilateral de uma das partes.

O distrato ou resilição unilateral, também chamado de denúncia vazia, só ocorre excepcionalmente, quando admitido em lei.

Como o próprio nome indica, dá-se distrato unilateral ou denúncia vazia quando uma das partes impõe à outra o desfazimento do contrato, sem a necessidade de alegar qualquer motivo e sem a necessidade do consentimento da outra parte. É raríssimo, só ocorrendo, em princípio, no mandato e no depósito, na locação e no empréstimo, desde que sejam por prazo indeterminado. De qualquer forma, segundo o parágrafo único do art. 473 do CC, se a parte prejudicada pelo distrato unilateral tiver feito investimentos consideráveis para sua execução, a

---

[176] CRETELLA JR., José. **Curso de direito romano**... cit., 14. ed., p. 30. *Contrarius actus* significa "ato em sentido contrário".

denúncia só poderá ser efetuada após o transcurso de prazo razoável, que seja compatível com o vulto dos investimentos.

Exemplificando, suponhamos que Ivan alugue a Igor um imóvel comercial pelo prazo de seis meses. Este, o locatário, despende grande soma de dinheiro para reformar o imóvel, nele instalando um restaurante de luxo. Passados os seis meses, Ivan denuncia o contrato, sem justa causa, exigindo a restituição do imóvel. Seria, em princípio, direito seu. Ocorre que, com o parágrafo único do referido art. 473, deverá esperar tempo suficiente para compensar os investimentos de Igor. Este tempo será, em último caso, fixado pelo juiz. A regra em enfoque, pode-se dizer, deriva do princípio da boa-fé e da justiça contratual.

No contexto da extinção dos contratos, é interessante mencionar a questão da pós-eficácia dos contratos ou das obrigações. Na verdade, trata-se da pós-eficácia de algumas obrigações contratuais, que continuam a vigorar, mesmo depois da extinção do contrato. Exemplos são as cláusulas de garantia, de proteção contra vícios redibitórios ou contra danos causados por defeitos de fabricação, dentre inúmeras outras.

Normalmente só se pode falar em pós-eficácia de obrigações contratuais, quando a extinção for natural, seja pelo adimplemento, seja pelo decurso do prazo ou implemento da condição. Há casos, porém, em que, mesmo na extinção não natural, devida, por exemplo, ao inadimplemento, poderá subsistir uma ou outra obrigação. Vejamos um caso paradigmático. Maurício aluga um apartamento. No décimo mês, torna-se inadimplente, e o locador decide resolver o contrato, despejando o locatário. O imóvel é restituído. Algum tempo depois, descobre-se um problema no apartamento, causado por negligência de Maurício. Os prejuízos, é óbvio, serão debitados à conta de Maurício, que continua respondendo por este tipo de obrigação, mesmo após a resolução do contrato. Trata-se de obrigação contratual do locatário, de conservar a coisa como se fosse sua, que permanece eficaz, ainda que o contrato tenha sido resolvido.

Por fim, devemos atentar para a questão terminológica. Não há confundir extinção, dissolução, resolução, resilição, anulação, rescisão e redibição.

Redibição é usada especificamente no sentido de pôr fim ao contrato por conter seu objeto algum defeito ou vício redibitório. A palavra, em sua gênese, tem a ver com o fato de se reaver (re + habere = redhibere) a coisa. Há duas restituições. O adquirente reaverá o preço, e o transmitente reaverá a coisa.[177]

Extinção é termo genérico, significando "fim", término, qualquer que seja ele.

Dissolução ou solução é a extinção prematura de um contrato, sem que tenha sido executado na íntegra.[178]

---

177 DE PLÁCIDO E SILVA, Oscar Joseph. **Vocabulário jurídico**. Rio de Janeiro: Forense, 1989.
178 BESSONE, Darcy. Op. cit., 3. ed., p. 314.

Resolução ou denúncia (motivada ou cheia) é a dissolução havida por culpa ou dolo de uma das partes, que torna impraticável a execução do contrato ou que não o executa. A resolução, normalmente, é requerida ao juiz pela parte prejudicada. O termo resolução é muito usado, genericamente, como sinônimo de dissolução ou extinção.

Resilição é o mesmo que distrato. Se for unilateral, poderá ser chamada de denúncia (vazia).

Anulação é a extinção de contrato viciado por defeito grave ou leve.

Rescisão é a revogação de sentença judicial por ação denominada rescisória.[179] Outro emprego para a palavra rescisão é o de anulação. Daí se falar em rescisão lesionária.[180] A palavra rescisão é muito comumente empregada no mesmo sentido de resolução, enquanto extinção havida por culpa ou dolo de uma das partes que torna impraticável a execução do contrato ou que não o executa.

No estudo que faremos a seguir dos contratos em espécie, teceremos comentários mais específicos acerca da extinção de cada contrato.

---

179 Idem, ibidem.
180 MAZEAUD & MAZEAUD. **Leçons de droit civil**. 11. ed. Paris: Montchrestian, 1996. t. II, v. 1, p. 485.

Capítulo 10

Fontes das obrigações: contratos tipificados no Código Civil

10.1 Contrato de compra e venda

10.1.1 Definição

É contrato pelo qual uma pessoa se obriga a transferir a propriedade de certo objeto a outra, mediante recebimento de soma em dinheiro, denominada preço.

10.1.2 Partes

Quem vende se denomina vendedor, e quem compra, comprador.

10.1.3 Efeitos

O principal efeito da compra e venda é a transmissão da propriedade do objeto do vendedor para o comprador. A questão que se impõe no tangente à transferência da propriedade é o momento em que se dá. Em outras palavras, quando ocorre a transmissão da propriedade? Quando o comprador se torna dono da coisa adquirida?

A resposta a essa pergunta varia de acordo com o sistema jurídico.

No sistema romano, a aquisição da propriedade não se dava com a celebração do contrato. Com a celebração, o vendedor apenas se comprometia a transferir a propriedade ao comprador. Esta se dava pela *mancipatio* ou pela *cessio in iure*. A *mancipatio* era modo solene de transmissão da propriedade, em que figurativamente se pesava numa balança (*libra*) com pesos de bronze (*aes*) a quantia a ser paga perante testemunhas. Já a *cessio in iure* era o modo solene de transferência da propriedade mediante o abandono do objeto pelo proprietário ao adquirente, diante de magistrado.

Tais eram os processos de transferência da propriedade dos bens imóveis, dos escravos e dos animais de tração e carga. Para as outras classes de bens, o processo de transferência da propriedade era a *traditio manus*, ou seja, a "tradição manual", ou entrega da coisa pelas mãos do vendedor às mãos do comprador.

O Direito Francês aboliu esses sistemas, transformando a compra e venda em modo de transmissão da propriedade. Assim, no sistema francês, a propriedade da coisa transmite-se ao comprador já no ato da celebração do contrato. Realmente, assim se lê no art. 1.138 do Código Civil Francês:

> A obrigação de entregar a coisa reputa-se perfeita após o simples acordo de vontades entre as partes contratantes. Ela torna o credor proprietário, respondendo ele pelos riscos desde o instante em que a coisa deveria ter sido entregue, ainda

que a tradição não haja sido realizada, a menos que o devedor esteja em mora de entregar, caso em que continua respondendo pelos riscos.[1]

O sistema germânico manteve a tradição romana. Para o Direito Alemão, a compra e venda não é meio de transmissão da propriedade. Nela, o vendedor apenas se compromete a passar a propriedade da coisa ao comprador. A transmissão da propriedade dá-se realmente com a tradição, ou seja, com a entrega da coisa, ou com o registro. Assim vemos no BGB (*Bürgerliches Gesetzbuch* – Código Civil Alemão), parágrafo 433. (1) "Pelo contrato de compra e venda obriga-se o vendedor de uma coisa a entregá-la ao comprador e a transferir-lhe sua propriedade (...)".[2]

O Direito Brasileiro segue a mesma sistemática do Direito Romano, com as alterações germânicas. A compra e venda não é para nós meio de transmissão da propriedade. Esta se transmite pela tradição manual, quando se tratar de bens móveis, e pelo registro no cartório de imóveis, quando se tratar de bens imóveis.

A tradição da coisa deve ocorrer no lugar em que a coisa se achava à época da venda, salvo estipulação em contrário. Assim, se adquiro um veículo numa cidade, mas resido em outra, a entrega deverá ser feita na cidade em que se encontrava o carro ao tempo da venda. Apesar disso, como veremos, as despesas com a tradição correm por conta do vendedor, na falta de estipulação em contrário.

Vemos, pois, duas fases bem distintas na compra e venda. A celebração do contrato, quando o vendedor se obriga a transferir ao comprador a propriedade da coisa, e a execução do contrato, quando a transferência da propriedade é realizada, seja pela entrega da coisa, quando esta for móvel, seja pelo registro no cartório de imóveis. Estas duas fases podem vir imediatamente uma após a outra, nos contratos de execução imediata, como ocorre quando compramos um produto qualquer no supermercado, ou podem vir em momentos mais distantes no tempo, nos contratos de execução futura, a exemplo do que acontece na compra e venda de imóveis.

10.1.4 Caracteres jurídicos

Por caracteres jurídicos devemos entender aquelas características que possuem os contratos em virtude das quais se dividem eles em classes. Assim, são caracteres jurídicos a bilateralidade, a onerosidade, o personalismo etc.

---

1 Tradução livre do original: "L'obligation de livrer la chose est parfaite par le seul consentement des parties contractantes. Elle rend le créancier propriétaire et met la chose à ses risques dès l'instant où elle a dû être livrée, encore que la tradition n'en ait point été faite, à moins que le débiteur ne soit en demeure de la livrer; auquel cas la chose reste au risque de ce dernier"
2 Tradução livre do original: "Durch den Kaufvertrag wird der Verkäufer einer Sache verpflichtet, dem Käufer die Sache zu übergeben und das Eigentum an der Sache zu verschaffen (...)".

Em relação à compra e venda, podemos dizer que é contrato:

- típico, pois está tipificado no Código Civil, arts. 481 a 532;
- puro, uma vez que não é fruto da combinação de dois ou mais contratos, como ocorre no l*easing*, oriundo da mistura de locação com compra e venda;
- consensual ou formal, na dependência do que exigir a Lei. A regra é o consenso, ou seja, a compra e venda celebra-se da forma que as partes preferirem, podendo ser escrita, verbal, mímica ou tácita. Às vezes, porém, a forma deverá ser escrita, como exige a Lei para a compra e venda de imóveis;
- oneroso ou comutativo, de vez que ambas as partes suportam ônus, ou seja, à prestação do vendedor corresponde contraprestação do comprador;
- bilateral, pois ambas as partes têm direitos e deveres;
- pré-estimado ou aleatório, dependendo do fato de as prestações do vendedor e comprador serem ambas de antemão conhecidas e determinadas, ou de uma delas ser indeterminada no momento da celebração. Por exemplo, se compro de pescador, por preço fixo por quilo de peixe, sua produção de um dia, seja ela qual for, estaremos diante de compra e venda aleatória, visto que não se sabe previamente quantos quilos de peixe o pescador trará do mar;
- de execução imediata ou futura, dependendo do momento em que se realize a execução do contrato, se imediatamente após a celebração ou não;
- em sua essência, individual, pois só obriga comprador e vendedor;
- em princípio negociável, uma vez que, pelo menos em tese, suas cláusulas serão sempre passíveis de negociação. Poderá ser também de adesão, como a compra e venda nos supermercados;
- impessoal, ou seja, pouco importa quem sejam vendedor e comprador.

10.1.5 Elementos

Quando se fala em elementos da compra e venda, devemos ter em mente aqueles elementos essenciais, sem os quais não haveria compra e venda. São eles o objeto, o preço e o consentimento – *res, pretium, consensus*.

O objeto da compra e venda há de ser um bem corpóreo, móvel ou imóvel, desde que seja suscetível de alienação. Os bens incorpóreos, como ações ou direitos autorais, rigorosamente, não serão objeto de compra e venda, mas de cessão onerosa.

Deve ser bem no comércio, passível de ser vendido por um e adquirido por outro.

O segundo elemento, ou seja, o preço, é tão essencial quanto o primeiro. Aliás, o preço é que é o elemento que realmente caracteriza a compra e venda, diferenciando-a da troca. Deve ser sempre em dinheiro, pelo menos num primeiro momento. Admite-se, no entanto, a dação em pagamento, quando o preço em dinheiro é substituído por outra coisa. Também é admissível na compra e venda pagamento realizado em dinheiro e em algum outro bem, quando teremos obrigação cumulativa. A obrigação do comprador pode ser também alternativa, cumprindo-se o pagamento em dinheiro ou em outro bem, e ainda facultativa, quando se confere ao comprador a faculdade de pagar com algum outro bem diferente de dinheiro. No último caso, a compra e venda não se desfiguraria, porque é o dinheiro o objeto da prestação, sendo a outra coisa, diferente dele, apenas faculdade do comprador ao realizar o pagamento. Como bem ensina Serpa Lopes, o dinheiro está *in obligatione*, o outro bem, *in facultate solutionis*.[3] Em outras palavras, a obrigação do comprador é a de pagar em dinheiro. O outro bem é apenas faculdade que lhe é proporcionada para facilitar o pagamento.

As partes, em conjunto, podem indicar um terceiro para fixar o preço. Se este se recusar, o contrato desfaz-se, a não ser que as partes designem outra pessoa.

Pode ser convencionado que o preço será aquele de mercado, segundo taxa de determinado dia e lugar. É o que ocorre nos negócios de bolsa.

O preço poderá também ser fixado em razão da variação de algum índice, desde que não haja proibição legal, como ocorre com as moedas estrangeiras, os metais preciosos e o salário mínimo. Exemplo seriam os índices da construção civil.

Não havendo critérios estipulados no contrato para a fixação do preço, nem havendo tabela oficial, entende-se que o preço será o dos negócios habituais do vendedor. Se vou a um bar comprar um refrigerante, não havendo tabela de preços no estabelecimento, nem tabela oficial, o preço será aquele que o vendedor pratica habitualmente.

Havendo diversidade de valores, o preço será fixado pelo termo médio, se as partes não chegarem a um acordo. Suponhamos que um lojista compre um lote de mercadorias de certa indústria. O preço seria aquele fixado em bolsa. Ocorre que, no contrato, não se estipulou, se a cotação seria a do dia da venda ou a do dia da entrega. Não chegando as partes a um acordo, o juiz fixará o preço pelo valor médio dos dois períodos.

O mesmo não ocorrerá caso se trate de relação de consumo, hipótese em que o preço será o mais favorável ao consumidor.

Por fim, o Código estabelece que a fixação do preço jamais poderá ser deixada ao arbítrio de uma só das partes. Trata-se de defeito grave, que pode viciar todo o contrato.

O terceiro elemento é o consentimento. Como vimos, a vontade deve ser expressa de forma livre, isenta de qualquer embaraço, como erro, dolo, coação, que levam à anulação do contrato.

---

3   SERPA LOPES, Miguel Maria de. **Curso de direito civil**. 7. ed. Rio de Janeiro: Freitas Bastos, 1989. v. 3, p. 260. *In obligatione*: "no cerne da obrigação". *In facultate solutionis*: "na escolha que pode fazer o devedor ao pagar".

10.1.6 Requisitos subjetivos

Os sujeitos devem ser capazes. Devemos insistir mais uma vez que, quando se exige a capacidade para a realização de certo ato jurídico, se está referindo à capacidade de fato, também dita genérica, e à capacidade negocial ou contratual, específica para a realização de determinado ato. Assim, um analfabeto pode ser genericamente capaz para a prática de qualquer ato da vida civil, mas não para a feitura de testamento particular, exatamente por lhe faltar a capacidade negocial, ou seja, é analfabeto, e o testamento particular é reservado às pessoas alfabetizadas.

Retornando à compra e venda, tanto comprador quanto vendedor devem ser capazes de fato e negocialmente falando-se. De fato, por deverem possuir 18 anos ou serem emancipados. Mas e quando um garoto de 10 anos compra uma revista numa banca? O contrato conterá defeito grave, podendo ser desfeito, quando, então, a revista e o dinheiro serão restituídos. Se o vendedor conseguir provar que a revista serviu de leitura para os pais do garoto, poderá pleitear seja o negócio mantido.

Quanto à capacidade negocial, as partes não podem enquadrar-se nas seguintes proibições, dentre outras:

1] Os ascendentes não podem vender aos descendentes sem que os outros descendentes e o cônjuge do alienante expressamente o consintam. Se João tem dois filhos, não poderá vender uma casa sua a um deles sem o consentimento expresso do outro. Se João tem um filho vivo e dois netos, filhos de um filho já falecido, para vender a um dos netos, deverá obter autorização expressa do filho vivo e dos irmãos do neto comprador. Não é necessária, entretanto, a autorização dos filhos do filho vivo. Quando ao cônjuge, sua anuência não será necessária se for casado com o alienante em regime de separação de bens (art. 496, parágrafo único, do CC). Tampouco será necessária a vênia conjugal, se o regime do casamento for o da participação final nos aquestos, o bem for particular do alienante e assim estiver previsto no pacto antenupcial (art. 1.656 do CC). De todo modo, faltando a devida autorização, o contrato conterá defeito leve.

2] Pessoa casada, como vimos, não pode vender bem imóvel sem a anuência expressa de seu consorte, salvo no regime de separação de bens ou no regime da participação final dos aquestos, neste caso se o bem for particular e assim previr o pacto antenupcial (art. 1.656 do CC). O defeito é leve.

3] Os tutores, curadores, testamenteiros e administradores em geral não podem comprar bens confiados à sua guarda ou administração. Cuida-se de defeito grave.

4] Os mandatários não podem comprar bens de cuja administração, guarda ou alienação tenham sido encarregados. Também aqui o defeito será grave.

5] Os servidores públicos não podem comprar bens públicos confiados direta ou indiretamente a sua administração. O defeito é grave.
6] Os juízes, servidores e auxiliares da Justiça, tais como escrivães, oficiais de Justiça, peritos etc., não podem comprar bens em litígio situados no lugar em que servirem, ou a que se estender sua autoridade. O defeito considera-se grave. É evidente que se o juiz, servidor ou auxiliar já for proprietário ou herdeiro do bem, poderá adquiri-lo na venda pública ou de um coerdeiro. Por exemplo, um juiz é executado e seus bens são penhorados pela Justiça. Terá direito de adquiri-los quando forem à venda pública. O mesmo ocorre na venda entre coerdeiros. Às vezes, para facilitar a partilha, um herdeiro compra bens do espólio. Se este herdeiro for um juiz, ou escrivão, ou outro serventuário ou auxiliar da Justiça, poderá, assim mesmo, adquirir o bem.
7] Um condômino não pode vender sua parte de coisa indivisível se outro condômino a quiser pelo mesmo preço. O defeito é leve. Se forem muitos os condôminos interessados, terá preferência aquele que possuir benfeitorias de maior valor. Não havendo benfeitorias, ou se forem iguais, terá preferência o dono do maior quinhão. Por fim, sendo todos iguais, adquirirá aquele que primeiro depositar o preço. Sendo a parte vendida a terceiro, o condômino preterido deverá agir em, no máximo, 180 dias, sob pena de decair do direito de preferência.
8] Segundo a Lei n. 8.245/1991, o dono de imóvel alugado não poderá vendê-lo a terceiros sem antes oferecê-lo ao locatário. O defeito será considerado leve, e o locatário deverá se manifestar em, no máximo, 30 dias do momento em que o imóvel lhe for oferecido. Caso seja preterido, deverá agir em seis meses, contados do registro da escritura (contrato) de compra e venda no competente cartório imobiliário.

Por fim, não há nenhuma restrição à compra e venda entre cônjuges, desde que, é óbvio, o bem não seja comum.

10.1.7 Requisitos objetivos

Já falamos a respeito do objeto do contrato de compra e venda ao tratarmos de seus elementos essenciais. Cabe acrescentar que a compra e venda de imóveis poderá ser *ad mensuram* ou *ad corpus*.

A venda será *ad corpus* se o imóvel for vendido como corpo individualizado, cuja metragem seja secundária. Assim, se adquiro a "Fazenda Santa Maria", especificando-se a metragem por alto, a venda será *ad corpus*. Vimos, no caso, que a referência às dimensões da fazenda foi apenas enunciativa.

Ad mensuram será a venda, quando as dimensões do imóvel forem elemento essencial. Neste caso, se não conferirem exatamente com a realidade, o comprador poderá, por meio da ação *ex empto*, exigir a complementação da área e, não sendo isso possível, a resolução do contrato ou abatimento no preço.

Cabe acrescentar ainda que, nada dizendo o contrato, se presume *ad corpus* a venda se a diferença entre o estipulado em contrato e as medidas reais for de, no máximo, 1/20. Neste caso, incumbirá ao comprador provar ter sido a venda *ad mensuram*, para que tenha direito a complementação de área, resolução do contrato ou abatimento no preço.

Se houver excesso de terras, ao invés de falta, e o vendedor provar que tinha motivos razoáveis para desconhecer a medida exata do imóvel, o comprador poderá, a seu critério, completar o preço correspondente à área sobejante ou restituí-la. Evidentemente que se o vendedor não provar que tinha motivos razoáveis para desconhecer a medida exata do terreno, a nada fará jus.

De qualquer forma, o prazo para que o comprador ou vendedor reclame dessas diferenças de medida será de um ano, contado do registro do contrato no Cartório de Imóveis. Caso o vendedor se atrase para imitir o comprador na posse do imóvel, o prazo de um ano se contará a partir da imissão na posse, ou seja, a partir da entrega efetiva do imóvel ao comprador.

O objeto da compra e venda pode consistir em coisa futura, como a cria de um animal que está por nascer. É evidente que, caso a coisa não venha a existir (a cria nasce morta, por exemplo, ou a gravidez era psicológica), o contrato desfaz-se, a não ser que o comprador tenha assumido o risco de a coisa não vir a existir. Nesta hipótese, deverá pagar o preço na íntegra.

O objeto do contrato poderá ser representado por amostras, protótipos ou modelos. O vendedor responderá pelas qualidades da coisa, que devem corresponder à da amostra, protótipo ou modelo.

Se a descrição da coisa, feita no contrato, for diferente das características apresentadas pela amostra, protótipo ou modelo, prevalecem estas últimas, salvo acordo em sentido contrário.

Se a venda tiver por objeto várias coisas, o defeito oculto de uma não legitima o comprador a rejeitar as outras.

10.1.8 Requisitos formais

Como já dissemos, impera, como regra, a liberdade de forma. A compra e venda pode se realizar por escrito, verbalmente, mimicamente ou tacitamente. O mais comum é que seja verbal. Em determinados casos, porém, a Lei exige a forma escrita. Tal ocorre com a compra e venda de imóveis, que será sempre escrita por instrumento público, desde que seu valor seja superior a 30 vezes o maior salário mínimo (art. 108 do CC).

10.1.9 Obrigações do vendedor

A primeira obrigação do vendedor é transferir o domínio, a propriedade da coisa para o comprador, seja pela tradição manual, no caso de móveis, ou pela inscrição no registro, no caso de imóveis.

Cuidar da coisa como se fosse sua, correndo todos os riscos por sua conta até o momento da tradição. Não responderá, porém, pelos riscos se a coisa já estiver à disposição do comprador e este estiver em mora de receber.

É também obrigação do vendedor garantir o comprador dos riscos da evicção e dos vícios redibitórios.

As despesas com a tradição correm por sua conta, salvo estipulação em contrário.

Quem responde pelos débitos relativos à coisa, tais como impostos e taxas? No caso dos bens móveis, a regra está implícita no princípio de que o vendedor é o dono até a tradição. Assim sendo, é ele que responde pelos débitos relativos ao período anterior à entrega.

Mas, tratando-se de imóveis, a propriedade transmite-se com o registro do contrato no Cartório Imobiliário. O que aconteceria se entre o registro e a entrega incidisse algum débito sobre o imóvel? A resposta dá-nos o art. 502 do CC, segundo o qual os débitos relativos à coisa, seja móvel ou *imóvel*, até a tradição, correm por conta do vendedor.

Além dessas obrigações, responde o vendedor por todas as demais que voluntariamente assumir no contrato.

10.1.10 Obrigações do comprador

A mais importante obrigação do comprador é a de pagar o preço, o que deve ser feito antes da tradição. O vendedor não é obrigado a entregar a coisa antes de receber o preço. Mas nas vendas a prazo o vendedor terá que entregar a coisa antes de receber o preço, a não ser que prove estar o comprador na iminência de se tornar insolvente. Neste caso, o vendedor poderá exigir caução de pagamento antes de entregar a coisa. Esta caução ou garantia pode ser fiança, hipoteca, penhor etc.

Outra obrigação do comprador é a de receber a coisa no tempo e local determinados. Caso fique em mora de receber, ou por não ter sido achado no local da entrega na hora avençada, ou por ter pedido ao vendedor que entregasse a coisa em local diverso do combinado, responderá pelos riscos que a coisa correr. Em outras palavras, até a tradição da coisa, é o vendedor que responde pelos riscos.

Assim, se a coisa perecer, ainda que devido a caso fortuito, a responsabilidade é do vendedor, que a substituirá, ou tomará outra medida cabível, como indenizar o comprador, não sendo possível a substituição ou o reparo da coisa. Mas estando o comprador em mora de receber, correm por sua conta todos os riscos. Se a coisa perecer, tanto pior para ele, desde que, evidentemente, o perecimento não seja atribuível à culpa do vendedor, caso em que este responderá.

Vejamos alguns exemplos. José compra uma geladeira, ficando combinada a entrega para o dia 10, às 14 horas. Se até este dia e hora o vendedor sofrer um imprevisto, como, por exemplo, se sua loja pegar fogo, e a geladeira vier a se destruir, deverá substituí-la por outra, ou indenizar José, caso não seja possível a substituição.

Se, por outro lado, no dia e hora combinados, José, sem motivo justo, não estiver em casa para receber a geladeira, e se, de volta à loja, vier ela a se perder no incêndio, nada será devido a José, que, em mora de receber, arcará, sozinho, com os prejuízos.

As despesas com a tradição correm, como vimos, por conta do vendedor. Mas no caso dos bens imóveis, ou mesmo no caso de bens móveis passíveis de registro, como carros, aviões e navios, as despesas com o registro correm por conta do comprador, salvo estipulação contrária.

10.1.11 Cláusulas especiais

Nos contratos de compra e venda aparecem, de vez em quando, cláusulas fora do comum, extraordinárias. Estudemos cada uma delas, analisando suas consequências.

a] Retrovenda

É a cláusula pela qual o vendedor se reserva o direito de readquirir a coisa do comprador, restituindo-lhe o preço mais as despesas. Esta cláusula só tem valor se o objeto do contrato for imóvel. Seu prazo de validade é de no máximo três anos, sob pena de considerar-se não escrito o tempo que ultrapassá-lo.

Se o comprador se recusar a revender, o vendedor poderá depositar a quantia judicialmente.

O art. 507 do CC dispõe que o direito de retrato pode ser objeto de cessão e de transmissão hereditária. Isso porque se trata de direito impessoal, consequentemente disponível. Por que o Código faz diferença entre cessão e transmissão? Qual a diferença entre os dois termos? Na verdade, tanto na cessão, quanto na transmissão há transferência de direitos. A cessão é *inter vivos*; a transmissão, ao revés, é *causa mortis* (a herdeiros e legatários).

Se o comprador dispuser da coisa, seja a alienando, seja a transmitindo por herança, o titular do direito de retrato poderá agir contra esse terceiro adquirente, desde que a cláusula de retrovenda esteja devidamente averbada junto à matrícula do imóvel.

Como se pode ver, a retrovenda acaba por gerar um direito real de aquisição, oponível *erga omnes*.

Se forem vários os titulares do direito de retrato, e apenas um deles o exercer, o comprador poderá intimar os demais a anuir. Ficará com o imóvel aquele que depositar o valor na íntegra, em primeiro lugar. Assim, se Gualter e Cimon venderem seu imóvel a Heitor, com cláusula de retrovenda, e apenas Gualter exercer o direito de retrato, Heitor poderá, se quiser, intimar Cimon a participar, concordando com o negócio. Cimon poderá também efetuar logo o pagamento, tendo, pois, preferência a Gualter, se este ainda não tiver depositado o valor.

b] Venda a contento

Chama-se *venda a contento* o contrato de compra e venda subordinado à condição de ficar desfeito se a coisa, objeto do contrato, não for do agrado do comprador. Esta cláusula nunca será presumida, só tendo validade se expressamente pactuada.

Na verdade, trata-se de venda subordinada a condição suspensiva, simplesmente potestativa. A venda só se efetiva, ou seja, o contrato só se considera celebrado, se o comprador aprovar a coisa. Isto não impede, todavia, que a coisa seja entregue de imediato. Aliás, é assim que ocorre na prática. O comprador recebe a coisa e depois se manifesta se a aprova ou não.

O comprador que recebe as coisas será considerado comodatário até que se manifeste, aceitando-as ou não. Comodato, como veremos, é o empréstimo gratuito de coisas infungíveis. Se a coisa for fungível, as obrigações do comprador serão as mesmas do mútuo gratuito. Mútuo é o empréstimo de coisas fungíveis. Em outras palavras, caso não dê continuidade ao contrato, deverá restituir ao vendedor coisa do mesmo gênero, espécie, qualidade e quantidade.

O prazo para que o comprador se manifeste deverá ser fixado no contrato. Em sua falta, o vendedor poderá intimar o comprador, judicialmente ou não, para que exerça seu direito em prazo determinado por ele, vendedor. Vencido este prazo, o comprador estará constituído em mora, respondendo pelos danos que sofrer a coisa, ainda que fortuitos. O único jeito de se eximir da responsabilidade será provando que a coisa se perderia ou se danificaria, mesmo que já tivesse sido restituída.

Exemplo clássico de venda a contento nos é dado pela multinacional americana Sears, em seu *slogan*: "Satisfação garantida ou seu dinheiro de volta!".

O Código do Consumidor inovou no campo da venda a contento. Em todo contrato celebrado fora do estabelecimento comercial, ou seja, naqueles contratos em que o vendedor procura o comprador em sua residência, seu trabalho etc., por meio de correspondências, telefonemas, ou mesmo visitas, o comprador terá o prazo de sete dias, contados do recebimento do produto ou da assinatura do contrato, para se arrepender e restituir o produto, recebendo seu dinheiro de volta.

c] Venda sujeita a prova

A venda sujeita a prova avizinha-se da venda a contento, podendo mesmo dizer-se modalidade sua. O Código Civil trata de ambas na mesma Subseção.

Na venda sujeita a prova, o contrato só se reputa celebrado, depois que o comprador comprovar que a coisa tem as qualidades asseguradas pelo vendedor e seja adequada para a finalidade a que se destina.

É um pouco mais restrita que a venda a contento, uma vez que, na venda sujeita a prova, a coisa só pode ser enjeitada se não possuir as qualidades asseguradas pelo vendedor, ou não for adequada para a finalidade a que se destinar. Suponhamos um exemplo: Maíra adquire um produto de beleza que lhe é oferecido por mala direta. Após uma semana de uso, verifica que o produto não tinha as qualidades que o vendedor assegurava. Poderá restituí-lo e exigir seu dinheiro de volta. Na venda a contento, basta que o produto não seja de seu agrado, ainda que as qualidades sejam aquelas asseguradas pelo vendedor.

Aplicam-se à venda sujeita a prova as mesmas regras da venda a contento, principalmente as disposições do Código do Consumidor.

d] Preempção ou preferência

É cláusula adjeta à compra e venda, pela qual o comprador se compromete a oferecer a coisa ao vendedor, se algum dia se decidir a vendê-la.

Essa cláusula só é válida se pactuada por expresso. E o vendedor só terá direito a readquirir a coisa se pagar o preço exigido pelo comprador.

Oferecida a coisa ao vendedor, este terá prazo para se manifestar. Se imóvel o bem, será de 60 dias o prazo. Se móvel, três dias. Findo o prazo sem manifestação do vendedor, o comprador estará livre para vender a quem quiser.

As partes podem fixar prazo maior, que não poderá ultrapassar 180 dias, para bens móveis, e dois anos, para imóveis. Este prazo máximo fixado no Código talvez pudesse ter sido menor.

Supondo que A compre de B um carro com essa cláusula e depois resolva vendê-lo, terá que oferecê-lo primeiro a B, que poderá ou não o recomprar, dependendo de sua vontade e de sua disponibilidade financeira de pagar o preço pedido por A.

Não há confundir a preempção com a retrovenda. Nesta é o vendedor que força o comprador a revender-lhe a coisa, reembolsando-lhe apenas a quantia que pagara mais as despesas. Ademais, a retrovenda só se aplica a imóveis, enquanto a preempção é válida qualquer que seja o objeto do contrato.

Se o direito de preferência for estipulado em favor de duas ou mais pessoas, estas só poderão agir em relação à coisa inteira. Se um deles não quiser exercer seu direito de preempção, nada impede que os demais o façam.

Se a coisa for vendida a terceiro de boa-fé, sem que o titular da preferência seja comunicado, aplica-se a teoria da aparência, ou seja, o terceiro adquirente ficará com a coisa, e o titular da preferência terá direito de agir contra o comprador que vendeu a coisa ao terceiro. Não se trata, assim, de direito real de aquisição, uma vez que não é oponível *erga omnes*. Se o terceiro, contudo, houver obrado de má-fé, responderá solidariamente com aquele que lhe vendeu a coisa.

Suponhamos que A compre de B um carro com essa cláusula e que depois resolva vendê-lo, sem oferecê-lo primeiro a B. C compra o carro de boa-fé. B poderá agir contra A, exigindo-lhe perdas e danos. Nada poderá fazer contra C, a não ser que prove que este agiu de má-fé (que sabia da cláusula, por exemplo). Neste caso, C responderá solidariamente com A.

Por fim, o direito de preferência não pode ser cedido a terceiros, nem pode ser transmitido por herança.

e] Reserva de domínio

É a cláusula que garante ao vendedor a propriedade da coisa móvel já entregue ao comprador até o pagamento total do preço. Em outras palavras, apesar de já entregue a coisa, o vendedor continua seu dono, até que o comprador pague o preço na sua totalidade. É cláusula muito comum nas vendas a prazo. Restringe-se aos bens móveis.

A forma da cláusula será sempre a escrita. Para que o vendedor possa agir contra terceiros adquirentes, o contrato deverá ser registrado no domicílio do comprador.

Se Bruno comprou uma televisão, com cláusula de reserva de domínio, só será seu dono depois de pagar a última prestação. Se, por acaso, vender a televisão a Joaquim, o vendedor (loja em que a TV fora adquirida) só poderá acioná-lo, para reavê-la, caso o contrato tenha sido registrado no Cartório de Títulos e Documentos do domicílio de Bruno. Se houver dúvida se a televisão é a mesma que Bruno comprara, a decisão será favorável a Joaquim.

Segundo o Código Civil, o objeto do contrato deverá ser tal que possa ser individualizado, a fim de que se o não confunda com outros congêneres. Assim, no contrato da televisão do exemplo acima, deverão constar características que individualizem a televisão, tais como número de série e outras. Caso isto não seja possível, a cláusula poderá até existir, mas se Bruno vender a televisão a Joaquim, e houver dúvida se a televisão é aquela mesma que está sendo pleiteada pelo vendedor (titular da reserva de domínio), a decisão será favorável a Joaquim, como se disse *supra*.

Entregue a coisa, responde o comprador por todos os danos que ela venha a sofrer, ainda que fortuitos. Trata-se de exceção ao princípio *res perit domino* (a coisa perece para o dono, ou seja, o dono é o único que sofrerá a perda ou deterioração fortuitas, sofridas pela coisa).

Não paga a dívida, o vendedor poderá executar a cláusula de reserva de domínio, exigindo a restituição da coisa e restituindo ao comprador as parcelas já pagas, descontados os prejuízos oriundos do inadimplemento, além da deterioração da coisa e do uso que o comprador lhe fez. Pode ser o caso de nada se restituir, comprovando-se que os prejuízos são muito superiores às parcelas já pagas. O comprador poderá ainda ficar devendo. É o caso do indivíduo que compra uma geladeira com reserva de domínio, paga uma prestação apenas e restitui a geladeira toda deteriorada. O valor que teria direito a receber de volta não é suficiente para cobrir os estragos. Sendo assim, não só nada receberá como ainda deverá complementar a indenização.

Para executar a cláusula, o vendedor precisa constituir o comprador em mora, interpelando-o judicialmente, ou protestando o título representativo da(s) parcela(s) não paga(s).

O vendedor, em vez de resolver o contrato, poderá optar por executá-lo em espécie, cobrando do comprador as parcelas vencidas e/ou vincendas.

Se a compra for intermediada por instituição financeira, esta será a titular do domínio sobre a coisa, devendo agir conforme as normas que comentamos acima, com algumas peculiaridades. Tratar-se-á, no caso, não de reserva de domínio, mas de alienação fiduciária em garantia. Em outras palavras, o comprador torna-se dono da coisa e a aliena à instituição financeira em garantia do empréstimo.

Vejamos um exemplo. João Pedro adquire um carro na Concessionária XX. A Concessionária XX, ou o próprio comprador, financia a compra junto ao Banco YY. Isto quer dizer que a Concessionária XX recebe à vista, e que João Pedro se torna dono da televisão e devedor do Banco YY. Em seguida, em garantia da dívida contraída junto ao banco, aliena-lhe o carro. Há aqui três contratos: um principal e outros dois acessórios; uma compra e venda, um mútuo e uma alienação fiduciária. O mutuante, no caso o Banco YY, será o titular da propriedade do carro, podendo executar garantia, com a venda da coisa em leilão público.

f] Venda sobre documentos

O contrato de compra e venda pode ser executado mediante a entrega de documentos que representem a coisa. Neste caso, haverá venda sobre documentos.

Suponhamos que um lojista compre uma partida de camisas de certa fábrica distante. A fábrica remete-lhe a fatura, com a descrição da compra e uma duplicata desta fatura, para ser paga em um banco. As camisas ainda não foram entregues. Pode tratar-se de venda sobre documentos, se nada for estipulado em contrário. Em outras palavras, se nada for estipulado em contrário, o lojista deverá pagar a duplicata, mesmo que a data fixada para a entrega das camisas seja posterior à data fixada para o pagamento. Evidentemente que se as camisas fugirem à qualidade combinada, o lojista poderá resolver o contrato.

Se entre os documentos encontrar-se apólice de seguro para cobrir os riscos do transporte, correrão estes por conta do comprador, que deverá entender-se com a seguradora, a não ser que o vendedor sabia da avaria ou perda quando enviou os documentos.

O lojista do exemplo acima terá que se entender com a seguradora, caso as camisas venham a perder-se ou a deteriorar-se em virtude da viagem. Só poderá agir contra a fábrica se provar que esta, ao remeter os documentos (fatura, duplicata, apólice de seguro etc.), já sabia que as camisas se haviam perdido ou deteriorado no caminho.

10.2 Contrato de troca

10.2.1 Definição

É contrato pelo qual uma das partes se obriga a transferir à outra a propriedade de um bem, mediante o recebimento de outro bem, diferente de dinheiro.

O contrato de troca pode ser chamado de escambo, câmbio ou permuta, se bem que o uso reservou os termos escambo para a troca internacional de bens e serviços e câmbio para a troca de moedas.

10.2.2 Observações gerais

Não há muito a falar sobre a troca, por se lhe aplicarem as disposições referentes à compra e venda, por força do art. 533 do CC. A única controvérsia diz respeito às cláusulas especiais, que acabamos de estudar. Seriam elas também aplicáveis à troca? As opiniões dividem-se. Alguns entendem que sim, outros entendem que não. Podemos adotar opinião intermediária, afirmando que só se aplicam à troca aquelas cláusulas que com ela forem compatíveis, o que redunda em, praticamente, todas. Além disso, cabem duas ressalvas:

1] salvo disposição contrária, cada um dos contraentes pagará a metade das despesas;
2] conterá defeito leve a troca de valores desiguais entre ascendentes e descendentes sem o consentimento expresso dos outros descendentes e do cônjuge do ascendente. Na compra e venda, vimos que o ascendente não pode vender a um descendente sem a autorização dos demais descendentes. Na troca, aplica-se o mesmo princípio. O ascendente não pode trocar valores desiguais com um descendente sem autorização expressa dos demais descendentes e do cônjuge do ascendente. É lógico que só vale a regra se, na troca, for o ascendente que sair perdendo.

10.3 Contrato estimatório

10.3.1 Definição

É contrato pelo qual uma pessoa entrega à outra coisa móvel para vender, ficando esta com a opção de pagar o preço ou restituir a coisa, dentro do prazo firmado.

É a vulgarmente chamada venda por consignação.

10.3.2 Partes

Aquele que entrega a coisa se denomina consignante. Já aquele que recebe a coisa para vender se chama consignatário.

10.3.3 Caracteres jurídicos

Tendo em vista suas características, podemos afirmar ser o contrato estimatório:

- Típico, por estar tipificado no Código Civil, arts. 534 a 537.
- Misto, uma vez que funde características do depósito e da compra e venda, regulando-se, porém, por normas próprias. Só se lhe aplicam as disposições do depósito e da compra e venda, em nível subsidiário.
- Em princípio, é consensual, valendo qualquer que seja sua forma. Com base na redação do art. 534 do CC, que dispõe que pelo contrato o consignante *entrega* bens móveis ao consignatário poder-se-ia defender-lhe natureza de contrato real, caso em que só se consideraria celebrado após a entrega da coisa (*traditio rei*). Em outras palavras, não bastaria o consenso, isto é, não bastaria que as partes quisessem contratar e tivessem já concluído um acordo. Além disso, seria essencial a entrega da coisa para que se configurasse contrato. Isto

transformaria o contrato estimatório em pré-contrato estimatório, até que a coisa fosse entregue. Na falta da entrega, não haveria contrato estimatório, mas apenas contrato estimatório preliminar, cuja validade seria como a de qualquer contrato promissório, guardadas suas peculiaridades.

- Oneroso, porque à prestação do consignante corresponde contraprestação do consignatário. Mas poderá ser gratuito, quando não houver nenhum vínculo de comutatividade entre as partes. O consignatário, por benevolência, aceita o depósito do bem para a venda, sem qualquer comprometimento maior, a não ser deixar o bem à exposição para eventual venda.
- Bilateral, de vez que gera obrigações para ambas as partes.
- Aleatório, porque depende de circunstâncias futuras e incertas. Não se pode dizer de antemão se a coisa consignada será ou não vendida.
- De execução futura, por ser celebrado num momento para ser executado em momento futuro.
- Individual, uma vez que só obriga as partes contratantes.
- Negociável, uma vez que, pelo menos em tese, são possíveis concessões recíprocas.
- Impessoal, por não se basear em elementos personalíssimos, como a doação, por exemplo. Poderá, excepcionalmente, ser *intuitu personae*, o que se poderá observar das cláusulas pactuadas com base em elementos personalíssimos, tais como vincular a extinção do contrato à morte de uma das partes. Normalmente, sendo o contrato gratuito, será também *intuitu personae*.

10.3.4 Requisitos subjetivos

As partes devem ser genericamente capazes. O consignante deverá ser dono da coisa ou agir com procuração do dono.

10.3.5 Requisitos objetivos

A coisa consignada deve ser fungível ou infungível, mas deverá ser móvel. Pode ser essencialmente fungível e se pactuar sua infungibilidade, devendo, neste caso, ser restituída a mesma coisa.

10.3.6 Requisitos formais

Sendo considerado consensual, basta a convenção para que se considere celebrado. Se considerado contrato real, será necessária *traditio rei* para que se aperfeiçoe.

10.3.7 Prazo

Em sua essência é temporário. Se fosse perpétuo, seria venda. Pode ser por prazo indeterminado ou por prazo determinado.

Se por prazo indeterminado, admitirá a resilição unilateral, também chamada de distrato unilateral ou denúncia vazia. O consignante pode retomar a coisa quando quiser. Aplica-se aqui a mesma regra do depósito.

Sendo determinado o prazo, deverá este ser respeitado, salvo se o consignante demonstrar em juízo a necessidade urgente e imprevista de reaver a coisa. Terá que pagar multa contratual, por força de cláusula penal, se for o caso.

10.3.8 Obrigações do consignatário

Conservar a coisa como se fosse sua.

Indenizar o consignante sempre que a restituição da coisa tiver se tornado impossível, ainda que por fato não imputável ao consignatário. Trata-se de hipótese de responsabilidade objetiva; independente de culpa.

O consignatário não tem direito ao reembolso de despesas com a conservação normal da coisa. No caso de gastos extraordinários, aplica-se a regra geral das benfeitorias nas obrigações de restituir coisa certa. Por outros termos, pelas despesas com benfeitorias necessárias e úteis terá direito de retenção e reembolso. Pelas benfeitorias voluptuárias, só terá direito a reembolso se tiverem sido autorizadas. Mesmo neste caso, não terá direito de retenção. Se, por outro lado, o consignante não autorizou o implemento das benfeitorias voluptuárias, o consignatário a nada terá direito, apenas o de levantá-las, ou seja, retirá-las, desde que o levantamento não danifique a coisa.

Pagar o preço da coisa no prazo ajustado ou, não havendo prazo, quando lhe for requisitado, desde que se lhe dê prazo razoável para vendê-la. Poderá optar por restituir a coisa consignada no mesmo estado em que a recebeu.

Esta opção é faculdade do consignatário, que dela não poderá ser privado, sob pena de se descaracterizar o contrato, que passará a ser mera compra e venda.

O sujeito ativo para receber a coisa de volta é o consignante ou quem tenha poderes legais ou convencionais para recebê-lo.

Os credores do consignatário não poderão penhorar a coisa consignada antes de o consignatário ter pagado integralmente o preço da coisa ao consignante.

10.3.9 Obrigações do consignante

Em princípio, deverá entregar a coisa e esperar prazo suficiente para que seja vendida, se não houver prazo estipulado no contrato. Não poderá exigir o preço antes disso.

Não poderá, outrossim, dispor da coisa antes da restituição. Em outras palavras, salvo disposição contrária, o consignante não poderá vender, doar, trocar, emprestar, alugar, empenhar etc. a coisa enquanto esta estiver legitimamente nas mãos do consignatário.

10.4 Contrato de doação

10.4.1 Definição

É contrato em que uma pessoa, por liberalidade, transfere bens de seu patrimônio para o de outra, que os aceita.

10.4.2 Partes

O sujeito passivo denomina-se doador, o ativo, donatário.

10.4.3 Natureza jurídica

Há duas correntes principais na disputa sobre a natureza jurídica da doação. Uma delas insiste em que seria contrato, a outra diz que não.

O Código de Napoleão, nos mesmos passos das Instituições de Justiniano, considera a doação ato jurídico não contratual e, mais especificamente, modo de aquisição da propriedade. De fato, confirma-nos o texto justinianeu: "*est et aliud genus adquisitionis, donatio*".[4]

Já a doutrina dominante, inclusive a que orientou o Código Civil Brasileiro, considera a doação contrato. Ninguém melhor que o grande mestre francês Marcel Planiol para nos expor a defesa contrariamente à tese adotada pelo Código Civil de seu próprio país:

> O art. 894 assim define a doação: "um ato pelo qual o doador se desfaz de maneira atual e irrevogável da coisa doada, em favor do donatário, que a aceita".

---

4 "Há também outro tipo de aquisição, a doação" (Inst., Lib. II, Tit. VII).

Ato (...) O projeto submetido ao Conselho de Estado dizia: "*contrato*". Foi o Primeiro Cônsul (ou seja, Napoleão Bonaparte) que pediu a mudança, sob o pretexto de que um contrato "impõe obrigações recíprocas aos contratantes" e de que assim esse nome não seria conveniente à doação em que o doador é o único a se obrigar ou a alienar, sem nada receber em troca. Ele se esqueceu dos contratos unilaterais, e os conselheiros de Estado tiveram a fraqueza de ceder a esta observação absurda do mestre que nada mais provou que sua ignorância do Direito. A doação é realmente contrato, pois que se forma por acordo de vontades, mas é contrato *unilateral*.[5]

A mesma linha contratualista segue o Direito Alemão, considerando a doação contrato translatício de domínio, ou seja, *Vertrag über die unentgeltliche Zuwendung von Vermögensgegenständen*. Em outras palavras, é contrato relativo à transmissão gratuita de situações patrimoniais.[6]

10.4.4 Caracteres jurídicos

Quanto a suas características, a doação é contrato:

- típico, pois está regulada nos arts. 538 a 564 do CC;
- puro, porque não é fruto da mistura de dois ou mais outros contratos;
- consensual ou formal, dependendo do valor da doação. Se de baixo valor, consensual; se de alto valor, formal. Com base na redação do art. 538, poder-se-ia defender ser o contrato de doação real, considerando-se celebrado somente após a tradição da coisa. Isto porque o referido artigo dispõe que, pelo contrato de doação, o doador *transfere* ao donatário a propriedade de um bem. Ora, se o contrato fosse consensual, teria o legislador se expressado adequadamente, como na compra e venda (art. 481 do CC), dispondo que, pelo contrato de doação, o doador *se obriga a transferir* ao donatário a propriedade de um bem. Sendo a doação considerada contrato real, antes da tradição, haveria apenas promessa de doação, exigível nos termos que estudaremos mais adiante;

---

5 PLANIOL, Marcel. **Traité élémentaire de droit civil**. 3. ed. Paris: LGDJ, 1906. v. 3, p. 550 et seq. Tradução livre do seguinte trecho: "L'art. 894 définit ainsi la donation: 'un acte par lequel le donateur se dépouille actuellement et irrévocablement de la chose donnée, en faveur du donataire, qui l'accepte'. Un acte (...) Le projet soumis au Conseil d'État disait: 'un contrat'. Ce fut le Premier Consul qui demanda le changement, sous le prétexte qu'un contrat 'impose des obligations mutuelles aux contractants' et qu'ainsi ce nom ne saurait convenir à la donation dans laquelle le donateur est seul à s'obliger ou à aliéner, sans rien recevoir en retour. Il oubliait qu'il existe des contrats unilatéraux et les conseillers d'État eurent la faiblesse de céder à cette observation maladroite du maître qui ne prouvait par-là que son ignorance du droit. La donation est réellement un contrat puisqu'elle se forme par un accord de volontés, mais c'est un contrat unilatéral".
6 BÄHR, Peter. **Grundzüge des bürgerlichen Rechts**. 7. ed. München: Vahlen, 1989. p. 254.

- gratuito ou atributivo, uma vez que não há nenhum ônus suportado pelo donatário que chegue a configurar contraprestação pela vantagem auferida. À prestação do doador não corresponde qualquer contraprestação do donatário;
- unilateral, pois que somente o doador tem obrigações. Será bilateral se for onerado com encargo, como veremos abaixo;
- pré-estimado, por ser a prestação do doador conhecida desde o momento da celebração. Mas a promessa de doação pode ser aleatória, se seu objeto não for conhecido no momento da celebração. Por exemplo, doação em que o doador se comprometa a entregar sua safra;
- de execução imediata ou futura. Normalmente, executa-se logo após a celebração, mas nada impede que se execute em outro momento, quando será contrato de promessa de doação, sendo de execução futura;
- individual, pois obriga apenas as partes contratantes;
- negociável, por serem suas cláusulas sempre passíveis de negociações, ainda que só em teoria;
- *intuitu personae*, uma vez que celebrado em razão da pessoa do donatário.

10.4.5 Elementos

São de duas ordens: subjetivos e objetivos.

Na classe dos elementos subjetivos, temos o consentimento e a liberalidade ou *animus donandi*. Consentimento é convenção do qual deve ser fruto a doação, aliás, como qualquer contrato. O donatário tem que manifestar sua aceitação, não podendo ser compelido a tal.

Liberalidade ou *animus donandi* traduz-se na vontade de doar sem esperar nada em troca.

Elemento objetivo é a transferência de bens corpóreos do patrimônio do doador para o patrimônio do donatário. Significa, em linguagem figurada, empobrecimento de um e enriquecimento de outro. A diminuição patrimonial tem que ser concreta, daí alguns juristas, como Caio Mário, não reputarem doação as gorjetas, esmolas e donativos de valor irrisório, tais como presentes de aniversário etc., exatamente por faltar-lhes o elemento objetivo.[7]

A questão que se impõe no caso é acerca da natureza jurídica desses pequenos atos, como gorjetas, esmolas etc. Se não são doações, que seriam então?

Ora, entendo ser um pouco radical a interpretação do elemento objetivo da doação. Quando se diz que deve haver na doação transferência patrimonial do doador ao donatário, significando empobrecimento de um e enriquecimento do outro, a linguagem é figurativa. Quer-se dizer apenas que o objeto doado,

---

7   PEREIRA, Caio Mário da Silva. **Instituições de direito civil**... cit., 18. ed., v. 3, p. 170.

não importa se navio ou caneta esferográfica, sai do patrimônio do doador e incorpora-se ao patrimônio do donatário. Haverá, de qualquer jeito, diminuição patrimonial concreta, ainda que inexpressiva. Tais atos são, portanto, doação.

O Código Civil (art. 538) diz considerar-se doação o contrato em que uma pessoa, por liberalidade, transfere bens ou vantagens de seu patrimônio para o de outra. Na verdade, o objeto da doação há de ser uma coisa, no sentido de bem material, corpóreo, como um imóvel, um automóvel ou dinheiro. Tratando-se de direitos (vantagens) ou quaisquer outros bens incorpóreos, como ações, direitos autorais etc., não haverá doação propriamente dita, mas cessão gratuita de direito ou de crédito, dependendo do caso. Dessarte, o correto é dizer seção gratuita de ações, ou de direitos autorais, não doação. Talvez o legislador tenha inserido o termo vantagens no conceito do art. 538 do CC, referindo-se à doação de dinheiro, evitando, assim, a controvérsia sobre se o dinheiro seria bem corpóreo ou incorpóreo.

10.4.6 Requisitos subjetivos

Quanto aos sujeitos, exige-se:

1] Para ser doador, capacidade de fato, ou seja, deve-se ser maior de 18 anos ou emancipado, e capacidade específica para alienar os próprios bens. Daí temos que as doações dos pais aos filhos dispensam a autorização dos demais filhos, ao contrário da compra e venda, mas consideram-se adiantamento de herança.

Para doar bens imóveis, marido e mulher necessitam da autorização um do outro, a não ser que o regime do casamento seja o da separação de bens ou o da participação final dos aquestos, conforme o art. 1.656 do CC. No regime da participação final nos aquestos, o imóvel deve ser o do patrimônio particular do doador, e o pacto antenupcial deverá dispensar a outorga do outro cônjuge. O defeito será leve, e o ato poderá ser anulado até dois anos após o término da sociedade conjugal.

A doação do cônjuge adúltero a seu amante conterá defeito leve, podendo ser anulada pelo outro cônjuge ou seus herdeiros necessários (descendentes e ascendentes do doador) até dois anos depois de dissolvida a sociedade conjugal.

As doações de um cônjuge ao outro não são proibidas, desde que não visem a burlar o regime de separação de bens.

As doações de cônjuge a cônjuge e de ascendente a descendente consideram--se, salvo disposição contrária no contrato, adiantamento de herança legítima.

O mandatário para doar coisa do mandante deve ter poderes especiais, constantes da procuração com o nome do donatário.

Os administradores em geral não podem doar coisas sob sua administração. Tal é o caso dos representantes legais dos incapazes.

2] Para ser donatário, a qualidade de pessoa. Pelo caráter benéfico do ato, não é necessária a capacidade para receber doação. Assim, os incapazes podem receber, desde que o representante legal não obste. Os nascituros, desde que seu representante legal aceite a doação. As pessoas indeterminadas, como a prole eventual de um casal, desde que este aceite a doação. E, finalmente, podem receber doação as pessoas jurídicas, inclusive as que ainda não tiverem sido constituídas. Neste caso, a doação caduca, isto é, perde o efeito, se a pessoa jurídica não se constituir em dois anos, no máximo.

A doação pressupõe aceitação por parte do donatário. Esta aceitação pode, no entanto, ser expressa, tácita ou presumida.

A aceitação será expressa se verbal, escrita ou mímica.

Será tácita quando puder inferir-se da conduta do donatário. Assim, na doação condicionada ao casamento, calando-se os noivos, considera-se aceita com a celebração do matrimônio.

Dá-se aceitação presumida quando o doador, por exemplo, fixar prazo ao donatário para que este aceite. Passado o prazo sem manifestação do donatário, sendo a doação pura e simples, presume-se aceita; sendo modal, ou seja, com encargo, presume-se recusada.

Se o doador morrer antes da aceitação, o contrato prevalece. Se for o donatário que morrer, extingue-se o contrato.

Quanto aos absolutamente incapazes, a Lei (art. 543 do CC) simplesmente dispensa a aceitação, para que a doação pura e simples se considere celebrada. O Código de 1916 adotava espécie de aceitação ficta, pois admitia que o absolutamente incapaz pudesse aceitar doação pura e simples, mesmo não podendo a vontade do incapaz ser levada em conta na prática de nenhum ato jurídico. Era como se o legislador dissesse: "façamos de conta que o incapaz seja capaz para aceitar doações puras e simples". Esta "capacidade" dos incapazes era uma ficção legal, daí se falar em aceitação ficta.

A solução do Código de 2002, embora mais razoável, não foi a mais acertada. O art. 543 do CC simplesmente dispensa a aceitação por parte do absolutamente incapaz. Na verdade, o correto é entender que a aceitação ou a recusa ficam a cargo do representante legal. E o representante pode aceitar de forma expressa, tácita ou presumida. Por exemplo, se os pais virem o filho usando um presente que tenha recebido e não se pronunciarem a respeito, presume-se que tenham aceitado a doação pelo filho. De todo modo, as doações com encargo, bem como as condicionais devem ser aceitas expressamente pelo representante do incapaz, como se depreende do disposto no art. 543 do CC.

A melhor redação para o art. 543 do CC, no sentido de traduzir o que realmente contém, seria algo assim: "Sendo o donatário absolutamente incapaz, seu representante legal aceitará por ele. Se pura e simples a doação, a aceitação poderá ser expressa, tácita ou presumida; caso contrário, só se admitirá expressa".

No Direito Alemão tradicional, defende-se o ponto de vista de que a doação realizada ao absolutamente incapaz não seria negócio jurídico, mas conduta social típica (*sozialtypisches Verhalten*), que os pais poderiam ou não corroborar, dependendo das circunstâncias.[8]

> Karl Larenz havia tratado dessas situações, denominando-as "conduta social típica". Prelecionou o grande civilista germânico que, no moderno tráfico de massa, deveres são assumidos sem que se emitam as correspondentes declarações de vontade. É o que ocorre na oferta pública e na aceitação. Ambas são condutas reconhecidas pelas concepções usuais do tráfico, e o seu significado social típico tem o mesmo efeito que a atuação jurídica negocial. A utilização de um meio de transporte público impõe a obrigação de pagar a tarifa e outorga ao usuário o direito a ser transportado de acordo com as condições em vigor. Não se leva em conta a intenção do usuário (se queria ser transportado de graça), virtual erro (se pensava que o transporte era gratuito), nem a sua capacidade jurídica. Supor-se que aí existe a conclusão de um contrato é ignorar que quem utiliza um meio público de transporte não se encontra na situação de quem pode aceitar, recusar ou fazer uma contraproposta. O usuário simplesmente participa do tráfico e se encontra na situação de todos os que se utilizam daquele serviço posto à disposição da população. Ao tomar o transporte, ele faz nascer uma relação jurídica (contrato de transporte), que não deriva de uma declaração de vontade, mas que é consequência direta de sua conduta.[9]

A concepção é, porém, voluntarista e ultrapassada, uma vez que parte do pressuposto que contrato é sempre e tão só mero acordo de vontades. Como vimos, contrato, modernamente, conceitua-se como encontro de atitudes, resultante de desejos e/ou necessidades. O próprio conceito de negócio jurídico se desvinculou da ideia de vontade livre, à qual se escravizou durante décadas.

10.4.7 Requisitos objetivos

Não há restrições objetivas à doação. Todo bem livre para o comércio, ou seja, todo bem passível de ser alienado por um e adquirido por outro, pode ser doado.

---

8 LARENZ, Karl. **Allgemeiner Teil des bürgerlichen Rechts**. 8. ed. München: Beck, 1997. p. 597-599.
9 PASQUALOTTO, Adalberto. **Os efeitos obrigacionais da publicidade no Código de Defesa do Consumidor**. São Paulo: Revista dos Tribunais, 1997. (Biblioteca de Direito do Consumidor, v. 10).

São, porém, proibidas as doações a título universal, quando uma pessoa doa todo o seu patrimônio, sem ficar com bens suficientes para seu sustento, e as doações que ultrapassem a legítima dos herdeiros necessários, qual seja, 50% do patrimônio do doador. Assim, se uma pessoa tiver descendentes ou ascendentes ou cônjuge, não poderá doar mais do que 50% de seus bens. Os outros 50% são a herança legítima dos herdeiros necessários, i.e., dos descendentes ou ascendentes ou do cônjuge.

A doação de bens futuros é válida, podendo, assim, uma pessoa doar os filhotes de sua cadela que ainda estão por nascer. É, todavia, inválida a doação de bens pertencentes à herança de pessoa viva. Em outros termos, um indivíduo não pode doar bens que eventualmente herdará quando da morte de terceiro.

10.4.8 Requisitos formais

Já falamos acima que a doação é contrato que pode ser consensual ou formal. Realmente, a forma da doação é a escrita por instrumento público, no caso de imóveis. Sendo móvel o bem doado, a doação será sempre escrita se o valor do bem for alto. Poderá, todavia, ser verbal quando o objeto for móvel, de pequeno valor e se lhe seguir *in continenti* a tradição.

O interessante é que a Lei não determinou o que seja "pequeno valor". Este será fixado pelo juiz, com base nas posses do doador.

10.4.9 Classificação

Quanto às classes, a doação pode ser:

a] Pura e simples

Nada é exigido do donatário, que recebe o bem doado sem qualquer condição ou encargo.

b] Condicional

Condicional é a doação subordinada à ocorrência de evento futuro e incerto, ou seja, ao implemento de condição. Esta, por sua vez, pode ser suspensiva ou resolutiva, sendo válida desde que não seja nem ilegal nem imoral.

A título de recordação, *condição suspensiva* é a que suspende os efeitos do ato jurídico, que só começa depois do implemento da condição. Exemplo de doação subordinada a condição suspensiva é a doação condicionada ao casamento, que só se aperfeiçoa caso o donatário se case.

Já a condição resolutiva põe fim ao ato jurídico, quando se realiza. Exemplo de condição resolutiva possível é aquela segundo a qual os bens doados voltarão ao doador, caso este sobreviva ao donatário.

c] Modal ou com encargo

Doação com encargo é aquela que sujeita o donatário à realização de certa tarefa. O encargo pode reverter em favor do interesse geral (doo $ 100,00 ao fulano, ficando ele obrigado a construir escola), em favor do próprio donatário (doo $ 100,00 ao fulano, ficando ele com a obrigação de terminar os estudos em cinco anos), em favor do doador (doo um carro ao fulano, ficando ele com a obrigação de levar-me às compras todo sábado) ou em favor de terceiro (doo $ 100,00 ao fulano, ficando ele com a obrigação de comprar casa para beltrana).

Normalmente, o doador estipula prazo para a realização do encargo. Se o não fizer, será necessário constituí-lo em mora, antes de exigir o cumprimento. Neste caso, o doador fixará um prazo razoável para que o donatário cumpra o encargo.

Não cumprido o encargo, poderá o doador exigi-lo, sob pena de revogar a doação. Sendo o encargo a favor do interesse geral, o Ministério Público poderá exigir seu cumprimento após a morte do doador, se este não o houver feito.

Caso o encargo reverta a favor do próprio donatário, será inexigível por força da interpretação do art. 553, parágrafo único, do CC.

Como se exige o cumprimento de encargo?

Vejamos exemplo de doação de certa soma em dinheiro e bens em que o donatário fique obrigado a construir creche. Se não construir a creche, não perde os bens doados, mas poderá ser forçado judicialmente a fazê-lo, a requerimento do próprio doador ou do Ministério Público, após a morte do doador, se este não houver intentado a devida ação. Sendo o doador o requerente, poderá revogar a doação. O Ministério Público não tem tal poder, mas poderá pleitear sejam penhorados tantos bens do donatário quantos sejam necessários para a construção da creche.

Por fim, resta uma indagação: a doação modal seria onerosa e bilateral ou gratuita e unilateral?

Antes de mais nada, deve ficar clara a diferença entre encargo e contraprestação. Esta é benefício que reverte em favor de uma das partes em contrapartida por sua prestação. É, por exemplo, o preço que é pago ao vendedor em contrapartida por sua prestação, ou seja, a entrega do produto. Vemos na contraprestação o seguinte esquema:

A ⟶	⟵ B
Prestação	Contraprestação

Encargo não é contrapartida por benefício, na medida em que, como regra, não reverte diretamente em favor da parte que realizou a prestação. Só é possível em contratos gratuitos.[10] O esquema do encargo seria o seguinte:

A ⟶	⊗ B
Prestação	Encargo

Não obstante, o encargo, às vezes, reverte em benefício do doador. Assim mesmo, não é contraprestação por não corresponder à prestação.[11] Se entrego carro, recebendo por ele $ 100,00 haverá contraprestação, na medida em que recebi o justo valor do carro. Por outro lado, se entrego carro, ficando o donatário com a obrigação de me levar às compras aos sábados, contraprestação não haverá, visto que as compras aos sábados não correspondem ao valor do carro, objeto da prestação.

Concluindo, a doação com encargo é gratuita, apesar de doutas opiniões em contrário.[12] Será sim bilateral, uma vez que ambas as partes terão obrigações.[13] Daí ser possível se reclamarem vícios redibitórios nas doações modais. De qualquer forma, a doação modal não perde seu caráter de liberalidade naquilo que exceder ao valor do ônus imposto.

d] Remuneratória

Será remuneratória quando visar remunerar, a título de agradecimento, serviços prestados. O melhor exemplo é o da gorjeta.

---

10 PONTES DE MIRANDA, Francisco Cavalcanti. **Tratado de direito privado**. Rio de Janeiro: Borsoi, 1954. t. V, p. 218-219; t. XLVI, p. 206.
11 PEREIRA, Caio Mário da Silva. **Instituições**... cit., 18. ed., v. 3, p. 174.
12 Barros MONTEIRO, Washington de. **Curso de direito civil**. 23. ed. São Paulo: Saraiva, 1989. v. 5, p. 122-123. DINIZ, Maria Helena. **Tratado teórico e prático dos contratos**. São Paulo: Saraiva, 1993. v. 2, p. 54.
13 RÁO, Vicente. **Ato jurídico**. 3. ed. São Paulo: RT, 1994. p. 369.

e] Meritória

Ocorre nos casos em que o doador queira contemplar o merecimento do donatário. Dá-se, por exemplo, quando o pai presenteia o filho por ter passado no vestibular.

f] *Inter vivos* e *causa mortis*

No Direito Brasileiro, como regra, a doação é negócio jurídico *inter vivos*. Fala-se, entretanto, em doação *causa mortis* na doação *propter nuptias*, que é a doação feita a um dos cônjuges, com a condição de valer depois da morte do doador. Caso o donatário morra antes dele, seus filhos aproveitarão o benefício. João doa $ 100.000,00 a Maria, desde que ela se case. Fica estipulado que a doação, mesmo ocorrendo o casamento, só se efetivará depois da morte de João. Assim, a doação estará sujeita a condição suspensiva (desde que Maria se case) e a termo incerto (quando João morrer). Se, por acaso, Maria se casar e depois falecer, antes de João, os $ 100.000,00 reverterão em favor de seus herdeiros (de Maria), quando da morte de João. Afinal, a condição foi implementada, ou seja, houve o casamento.

A doação *propter nuptias* pode não depender da morte do doador, mas apenas do casamento. João faz doação a Maria, desde que ela se case. Realizadas as núpcias, a doação ocorrerá. Pode ainda esta modalidade de doação ser dirigida aos eventuais filhos do casamento. Assim, Manoel doa $ 100.000,00 aos eventuais filhos que João vier a ter de seu futuro casamento. A doação, neste caso, dependerá de duas condições: a realização do casamento e o nascimento dos filhos.

Por fim, a doação *propter nuptias* pode ser feita por um dos noivos ao outro, condicionada à realização do casamento.

g] Indenizatória

Terá lugar quando tiver por objetivo compensar alguém pelos prejuízos ou pelo estorvo causado.

10.4.10 Promessa de doação

É possível ao promitente donatário exigir a execução do contrato de promessa de doação? Em outras palavras, é possível ao promitente donatário exigir que o promitente doador cumpra sua promessa e realize a doação?

Sendo a doação pura e simples, a doutrina divide-se. Há quem admita e há quem não admita. Os que não admitem dizem que se o donatário a exigir em juízo, a doação perderá um de seus elementos subjetivos, qual seja, o *animus donandi*, o espírito de liberalidade, essencial para sua caracterização. O máximo que se poderia exigir do doador, e, assim mesmo, caso sua promessa venha a criar expectativa no donatário, causando a revogação, prejuízos, seria a reparação dos danos ocorridos. Se João promete doar $ 100.000,00 a Manoel, e este, contando com o dinheiro, matricula seus filhos em curso especial de inglês, revogada a promessa, poder-se-ia pensar em perdas e danos.

Na verdade, a solução não pode ser única e genérica. Dependerá, ao revés, das circunstâncias do caso concreto. Por exemplo, na hipótese analisada acima, do promissário donatário que matricula seus filhos em curso de inglês, contando com a doação, poderá ser o caso de se exigir, quando nada, que o promitente doador arque com as despesas do curso, uma vez provada a boa-fé do promissário donatário e a legitimidade de sua expectativa, além da necessidade e utilidade do referido curso. Poderá também ser o caso de se executar a doação na íntegra, provado que as despesas efetuadas pelo promissário donatário forem do mesmo montante que o valor que se prometera doar, além, é lógico, de se levar em conta a boa-fé e a legitimidade da expectativa do promissário donatário, os motivos que levaram o promitente doador a quebrar sua promessa, enfim, todos os detalhes que circundam o caso concreto.

Já se a doação for gravada de encargo, não há dúvida de que pode ser exigida, uma vez realizado o encargo. Na verdade, quando o doador onera o donatário com encargo, surge para ele um dever, qual seja, o de ultimar a doação, pois esse dever poderá ser executado.

10.4.11 Efeitos

Cria a obrigação de transferência da propriedade, que só se transmitirá, porém, com a tradição da coisa, no caso dos bens móveis, ou com o registro no cartório de imóveis, no caso dos imóveis. Vemos, assim, que a doação cria vínculo obrigacional, e não real. O vínculo real se constitui com o registro (bens imóveis) ou com a tradição (bens móveis).

É irrevogável, a não ser nos casos previstos em lei, que veremos mais abaixo.

Se forem dois ou mais os donatários, presume-se que receberão em partes iguais. Para que recebam parcelas diferenciadas, é necessária cláusula expressa neste sentido.

Se marido e mulher forem os donatários, morrendo um deles, a doação ficará integralmente com o viúvo, que não terá que dividi-la com os herdeiros do morto. É o chamado direito de acrescer.

Feita a doação em forma de subvenção periódica, quando será de execução sucessiva, cessa com a morte do doador, salvo se dispuser em contrário no instrumento da doação, ou no testamento. Suponhamos que A se tenha comprometido a doar todo mês uma quantia a um hospital. Se morrer, cessa a doação, a não ser que tenha estipulado no próprio contrato de doação ou no testamento que parte de sua herança fosse reservada para esse fim. De qualquer forma, a doação não poderá ultrapassar a vida do donatário. Quando este morrer ou for extinto (se for pessoa jurídica), cessa a doação, estando vivo ou não o doador.

O doador poderá reservar para si ou para terceiro o usufruto da coisa doada. Se reservar para si, a doação poderá ser a título universal, isto é, o doador poderá doar todo o seu patrimônio, mesmo sem reservar o suficiente para seu sustento, por já ter reservado o usufruto dos bens doados, o que lhe garantirá a sobrevivência.

O doador poderá gravar a doação com cláusula que lhe garanta que os bens doados voltem a seu patrimônio, quando da morte do donatário. Se, porém, estipular que os bens doados se transmitam a terceiro após a morte do donatário, a cláusula se considerará não escrita. João Alberto doa a Raphael uma casa, estipulando que, quando da morte de Raphael, a casa seja transferida para Maria. Esta cláusula não será considerada. João estaria testando por Raphael, o que não se pode admitir.

A doação pode ser gravada com as cláusulas de inalienabilidade, impenhorabilidade e incomunicabilidade.

Com a cláusula de inalienabilidade, o doador garante que o donatário não possa alienar o bem doado (vender, trocar, doar), mas não só, o donatário, por força dessa cláusula, não poderá hipotecar o bem, empenhá-lo, nem praticar qualquer ato que implique, ainda que indiretamente, sua perda.

A impenhorabilidade protege o bem dos eventuais credores do donatário, que não poderão penhorar por dívidas o bem doado. Se o donatário estiver devendo e não pagar, todos os seus bens, em princípio, poderão ser penhorados, judicialmente, pelos credores, menos os bens doados com cláusula de impenhorabilidade.

Por fim, a incomunicabilidade exclui o bem doado do patrimônio que o devedor tiver em comum com seu cônjuge ou companheiro.

Não responde o doador por vícios redibitórios nem pela evicção, a não ser, neste último caso, se a doação for feita em favor de casamento com certa pessoa e não houver cláusula exoneratória. Suponhamos que Francisco faça uma doação de um carro roubado a Antônio, se este se casar com Priscila. O casamento realiza-se, e também a doação. Caso o carro venha a sofrer evicção, vindo a ser restituído a seu verdadeiro dono, Francisco responderá pela evicção, a não ser que haja cláusula na doação exonerando-o dessa responsabilidade. Nas doações modais, como vimos, cumprido o encargo, poderá o doador vir a responder tanto pela evicção, quanto por vícios redibitórios.

10.4.12 Invalidade da doação

A doação pode conter defeito grave, podendo ser anulada a qualquer tempo, ou pode conter defeito leve, ficando a faculdade de se lhe promover a anulação sujeita a prazo decadencial.

Será grave o vício nos seguintes casos:

1] incapacidade absoluta do doador;
2] objeto impossível;
3] forma inadequada;
4] doação universal, sem reserva de usufruto ou de bens suficientes para a subsistência do doador;
5] doação entre nubentes, se o regime do futuro casamento não for o da comunhão parcial, o da separação de bens ou o da participação final nos aquestos. Na verdade, mesmo nestes regimes, não se admite doação de um cônjuge ao outro se a coisa doada pertencia ao patrimônio comum. Tal fato configuraria fraude ao regime de bens, uma vez que o bem doado sairia do patrimônio comum, passando a pertencer apenas ao cônjuge donatário;
6] doação inoficiosa, ou seja, doação que fira a legítima dos herdeiros necessários. Se o doador tiver cônjuge, descendentes ou ascendentes (herdeiros necessários), só poderá doar metade de seu patrimônio (parte disponível); a outra metade é a herança legítima, reservada aos herdeiros necessários, ainda em vida do titular. O defeito aqui não vicia toda a doação, mas apenas a parte que ferir a legítima, ou seja, apenas a parte que ultrapassar os 50% disponíveis. A doação será, assim, reduzida;
7] quando for simulada, como no caso do pai que simula estar vendendo ao filho, quando está doando, apenas com o objetivo de que não seja ela considerada adiantamento de herança.

Será leve o vício:

1] por incapacidade relativa do doador, sendo que o prazo para se pleitear a anulação será de quatro anos, contados do dia em que cessar a incapacidade;
2] quando visar à fraude contra credores, cabendo ao credor prejudicado a proteção da ação pauliana ou revocatória para anular a doação. O mesmo ocorrerá, se a doação for maculada por erro, dolo ou coação. O prazo para a anulação será de quatro anos do dia em que se realizou o negócio;
3] sendo do cônjuge adúltero a seu amante, quando o prazo para se proceder à anulação será de dois anos, contados da dissolução da sociedade conjugal;

4] quando a doação tiver por objeto bens comuns e for feita por pessoa casada, sem a autorização do cônjuge, exceto se o regime for o da separação de bens. O prazo para a anulação será o de dois anos, após o término da sociedade conjugal;
5] quando se tratar de doação de imóveis de pessoa casada, sem autorização do outro cônjuge, exceto se o regime for o de separação de bens. O prazo para a anulação também será o de dois anos, contados do término da sociedade conjugal.

10.4.13 Revogação da doação

Os casos em que pode ser revogada são os que se seguem:

1] Descumprimento do encargo, que pode ser exigido pelo doador, pelo terceiro beneficiário, ou pelo Ministério Público, se o beneficiário for a comunidade. Não obstante, o único que poderá revogar a doação é o doador.
2] Ongratidão do donatário. É, porém, a Lei que estabelece o que se pode considerar ingratidão. O Código Civil reputa ingrato o donatário que atente contra a vida do doador ou cometa crime de homicídio doloso contra ele; o donatário que ofenda fisicamente o doador; aquele donatário que injurie, calunie ou difame o doador; e, finalmente, o donatário que negue alimentos ao doador, desde que tivesse o dever e as condições materiais de ministrá-los, e desde que fosse solicitado a fazê-lo, pois não é obrigado a adivinhar que o doador necessita de alimentos.[14] Se, nestes casos arrolados acima, o ofendido for irmão, cônjuge, ascendente ou descendente do doador, a doação também poderá ser revogada.

Nos casos de homicídio tentado, ofensas físicas e atentado contra a honra, a doação pode ser revogada, independentemente de condenação criminal, segundo deixa entender o Código Civil. Mas se o donatário for julgado inocente no juízo criminal, a doação não poderá ser revogada.[15]

O direito de revogar não se transmite aos herdeiros do doador, exceto se tratar-se de homicídio doloso contra a vida do doador. Nesta hipótese, seus herdeiros poderão pleitear a revogação, a não ser que o doador tenha perdoado o donatário antes de morrer. É evidente que se o doador morrer, depois de intentar a ação, seus herdeiros poderão continuá-la.

---

14 O termo *alimentos* deve ser entendido em seu sentido mais amplo, envolvendo alimentação, vestuário, moradia, saúde, habitação etc.
15 Barros MONTEIRO, Washington de. Op. cit., v. 5, p. 130-131.

Morrendo o donatário, transmitem-se os bens doados a seus herdeiros. Uma vez que isto ocorra, a doação já não mais poderá ser revogada.

Não são, contudo, revogáveis por ingratidão as doações remuneratórias, as indenizatórias, as *propter nuptias* e as que tiverem o objetivo de cumprir obrigação natural.

Tampouco são revogáveis as doações com encargo, desde que já tenha sido cumprido.

A sentença revocatória produzirá, em qualquer caso, efeitos *ex nunc*, ou seja, a partir do momento da revogação. Significa dizer que os benefícios que o donatário porventura haja angariado com a coisa doada não terão que ser restituídos. Assim, se uma pessoa recebe uma fazenda, e a doação é posteriormente revogada por um dos motivos acima, os lucros que tiver auferido durante o período pertencem a ela, não tendo que ser transferidos ao doador.

Se o donatário não tiver como restituir a coisa doada, talvez por já a ter vendido, por exemplo, o doador não poderá agir contra o terceiro adquirente, mas poderá cobrar indenização do donatário, que deverá pagar o meio-termo do valor da coisa.

Sendo a doação a mais de um donatário, e indivisível o objeto, a revogação só será possível se o motivo abranger a todos os donatários. Se for, por exemplo, apenas um o ingrato, a doação não poderá ser revogada.

Por fim, considera-se não escrita a cláusula em que o doador renuncie de antemão a seu direito de revogar a doação.

O prazo para a revogação é de um ano, contado do dia em que o doador tomou conhecimento do fato gerador da revogação e do fato de o donatário ter sido seu autor. Se faltar o conhecimento da autoria correta, o prazo não começa a correr. Trata-se, como é óbvio, de prazo decadencial.

10.5 Contrato de locação

O Direito Romano considerava a locação contrato consensual, juntamente com a compra e venda, o mandato e a sociedade, dividindo-a em três espécies, a saber, a locação de coisas (móveis ou imóveis), denominada *locatio rei*, a locação de serviço, denominada *locatio operarum*, e a de obra, também chamada de *locatio operis faciendi*.[16] Além do mais, regulava-se subsidiariamente pelas normas da compra e venda. Outra não é a lição das Instituições de Justiniano:

---

16 CRETELLA JR., José. **Curso de direito romano**... cit., 21. ed., p. 252 e 276. NÓBREGA, Vandick Londres da. **Compêndio de direto romano**. 8. ed., v. 2, p. 302 et seq. MACKELDEY. **Manuel de droit romain**. 3. ed. Bruxelles: Ad. Wahlen, 1846. p. 206. VAN WETTER, Peter. **Cours élémentaire de droit romain**. 3. ed. Paris: A. Marescq Aîné, 1893. v. 2, p. 216 et seq.

A locação é semelhante à compra e venda, regulando-se pelas mesmas regras. Ora, do mesmo jeito que a compra e venda se celebra só quando se convém a respeito do preço, também a locação só se entende celebrada com a fixação do preço (...).[17]

Na opinião de Planiol,[18] a locação divide-se em três espécies: de coisas, de trabalho e de capitais. Ele próprio, porém, remete o estudo da locação de capitais para a rubrica "empréstimo". Realmente, a locação de capitais nada mais é do que mútuo, espécie de empréstimo.

Na construção do Direito Germânico, a locação compreende duas espécies, a saber, o arrendamento de uso e de desfrute. Este último tem como objeto coisas ou direitos que produzam frutos ou rendimentos. De fato, o Código Civil Alemão (BGB – *Bürgerliches Gesetzbuch*), regula em seu parágrafo 535 o contrato de locação de uso, que chama de *Miete*, conceituando-o assim: "Pelo contrato de locação de uso, fica o locador obrigado a conferir ao locatário o uso da coisa locada pelo prazo convencionado (...)".[19] Já no parágrafo 581, regula a locação de desfrute, que denomina *Pacht*, assim dizendo: "Pelo contrato de locação de desfrute, fica o locador obrigado a conferir ao locatário o uso do objeto locado e o gozo de seus frutos pelo prazo convencionado (...)".[20]

Nosso Direito anterior era adaptação do Direito Romano. Assim é que especializamos a locação em locação de coisas móveis e imóveis, locação de obra ou empreitada e locação ou prestação de serviço.

A locação de coisas subdividia-se em duas categorias: coisas móveis e imóveis. O Código Civil de 1916 tratava da locação de coisas móveis (arts. 1.188 e ss.). A locação de imóveis, por sua vez, subdividia-se em locação de prédios urbanos ou locação predial urbana, regulamentada na Lei n. 8.245/1991, e em locação de prédios rústicos ou rurais, positivada no Decreto n. 59.566/1966 e nos arts. 95 e ss. do Estatuto da Terra (ET).

Resumindo, teríamos:

---

17 Inst., Lib. III, Tit. XXIV. Tradução livre do seguinte trecho: "Locatio et conductio proxima est emptioni et venditioni, iisdemque iuris regulis consistit. Nam ut emptio et venditio ita contrahitur si de pretio convenerit, sic et locatio et conductio ita contrahi intelligitur si merces constituta sit; (...)."
18 PLANIOL, Marcel. Op. cit., v. 2, p. 550.
19 Tradução livre do original: "Durch den Mietvertrag wird der Vermieter verpflichtet, dem Mieter den Gebrauch der vermieteten Sache während der Mietzeit zu gewähren (...)".
20 Tradução livre do original: "Durch den Pachtvertrag wird der Verpächter verpflichtet, dem Pächter den Gebrauch des verpachteten Gegenstandes und den Genuß der Früchte, (...), während der Pachtzeit zu gewähren (...)".

Quadro 10.1 Tipos de locação

Espécies	Subespécies	Tutela legal
Locação de coisas	Locação de bens móveis	Código Civil
	Locação predial urbana	Lei n. 8.245/1991
	Locação de prédios rústicos	Decreto n. 59.566/1966 e ET
Locação de obra ou empreitada	-	Código Civil
Locação ou prestação de serviços	-	Código Civil

O Código Civil de 2002 dispôs da matéria de forma diferente. Ao que parece, deixou de considerar a prestação de serviço e a empreitada como espécies de locação, regulando-as após o contrato de empréstimo. Em outras palavras, fez-se questão de separar esses dois contratos da locação de coisas. Assim, pode-se dizer que, hoje, em nosso Direito Codificado, existem apenas as modalidades de locação de coisas: a locação de bens móveis, que se regula pelo Código Civil; a locação de prédios rústicos (imóveis rurais), que continua regulando-se pelo Estatuto da Terra e pelo Decreto n. 59.566/1966; e a locação predial urbana (imóveis urbanos), que continua sob a égide da Lei n. 8.245/1991.

O quadro mudou para:

Quadro 10.2 Mudanças nas formas de locação

Gênero	Espécies	Tutela legal
Locação de coisas	Locação de bens móveis	Código Civil
	Locação predial urbana	Lei n. 8.245/1991
	Locação de prédios rústicos	Decreto n. 59.566/1966 e ET

Antes de prosseguirmos, é conveniente esclarecer algumas confusões semânticas, como a que ocorre com os termos locação e arrendamento. Em sua essência, o arrendamento estaria mais ligado ao *Pacht* do Direito Alemão. Mas na técnica do Direito Brasileiro não poderíamos, cientificamente, apontar qualquer diferença entre os dois institutos. Locação e arrendamento são a mesma coisa. Apenas a prática diária reservou o emprego da palavra arrendamento para a locação de prédios rústicos, de terrenos urbanos não construídos, de partes de edifícios etc. Não há nesse uso, entretanto, qualquer rigor científico. Os dois termos são, portanto, sinônimos, e assim os empregaremos.

Estudemos, pois, cada uma das espécies de locação.

10.5.1 Locação de coisas

a] Definição

É contrato pelo qual uma pessoa se obriga a ceder temporariamente à outra o uso e gozo de coisa infungível, mediante certa remuneração.

b] Elementos

Da definição podemos extrair os elementos do contrato, quais sejam, coisa (*res*), preço (*pretium*), consenso (*consensus*) e termo (*terminus*).

A coisa deve ser infungível, ou seja, não substituível por outra da mesma espécie, qualidade e quantidade. Se o bem for fungível, o contrato não será de locação, mas de empréstimo, que pode ser oneroso ou gratuito. Assim, são objeto da locação de coisa os imóveis e os bens móveis, como os veículos automotores. Na prática, porém, uma coisa essencialmente fungível pode ser convencionada infungível, como era o caso das fitas de vídeo, que eram alugadas, não emprestadas.

O preço é a contraprestação do locatário, denominada aluguel, aluguer ou renda. Pode ser em dinheiro ou em qualquer outro bem. Será certo e geralmente vinculado a índice que lhe determinará os reajustes, caso a locação seja por período maior de tempo, como ocorre com a locação de bens imóveis. É proibida, de qualquer forma, a vinculação ao salário mínimo e às moedas estrangeiras, assim como aos metais preciosos. Caso a vinculação ocorra, a cláusula de reajuste será anulada. Se tal ocorrer, qual a solução? Segundo alguns, o contrato quedará sem índice, não podendo haver majoração de aluguéis, como consequência lógica. A tese não convence, porém. Não convence porque, havendo inflação, o não reajustamento importaria enriquecimento sem causa por parte do locatário, o que é rechaçado por nosso Sistema Jurídico. Assim, deve ser eleito pelo juiz um índice legítimo, que retrate adequadamente a inflação, se isto lhe for requerido e se as partes não chegarem a um acordo.

O pagamento dos aluguéis é periódico, conforme o que se estipular no contrato. Se o contrato for silente, serão pagos de acordo com os costumes locais. Em outras palavras, sendo silente o contrato, presume-se que os aluguéis sejam pagos mês a mês. Este, afinal, é costume generalizado no Brasil.

A obrigação de pagar aluguéis é supostamente quesível, isto é, serão pagos no domicílio do locatário. No entanto, o contrato poderá estipular que seja portável, quando, então, os aluguéis serão pagos no domicílio do locador. A falta de pagamento implica resolução do contrato e cobrança judicial por via executiva.

Por fim, salvo disposição contrária, as despesas com o pagamento correrão por conta do locatário.

Como terceiro elemento, temos o consenso. Em outras palavras, a locação torna-se perfeita, considerando-se celebrada pela simples convenção. Ninguém pode ser compelido a contratar. O contrato deve ser fruto de acordo relativamente livre e espontâneo; digo relativamente, pois, muitas vezes, as circunstâncias não deixam às partes, principalmente ao locatário, outra opção que não a de contratar.

Finalmente, o quarto elemento é o termo. Todo contrato de locação é temporário, ainda que o termo final seja incerto, ou seja, ainda que não haja prazo determinado. Fato é, porém, que nenhum contrato de locação será perpétuo, transmitindo-se *ad infinitum* de geração em geração.

c] Caracteres jurídicos

Quanto às suas características, a locação é contrato:

- típico, uma vez que está tipificado em lei;
- puro, pois não é fruto da mistura de dois ou mais contratos;
- consensual, de vez que a Lei não exige forma especial para sua celebração, bastando a convenção, ou seja, o consenso;
- oneroso ou comutativo, porque ambas as partes suportam ônus, correspondente ao proveito obtido. O aluguel é essencial para sua existência, sem o qual se desfiguraria para contrato de empréstimo gratuito;
- bilateral, por gerar direitos e deveres para ambas as partes;
- em sua essência, pré-estimado, uma vez que tanto a prestação do locador quanto a do locatário são, de antemão, conhecidas;
- de execução futura, por ser celebrado num momento para ser executado noutro;
- individual, pois só obriga as partes celebrantes;
- negociável, porque, pelo menos em tese, as partes têm a liberdade de negociar suas cláusulas;
- impessoal, por não se basear na confiança recíproca entre as partes, ou seja, preenchidas as qualidades necessárias, o locador aluga para quem quer que seja. Prova disso é que, morrendo o locador ou o locatário na vigência do prazo contratual, seus herdeiros continuarão o contrato.

d] Requisitos subjetivos

Quem oferece a coisa em locação se denomina locador, senhorio ou arrendador. Na prática quotidiana, somos levados a dizer proprietário, o que nem sempre é correto, haja vista que o locador pode não ser proprietário, mas usufrutuário, sublocador etc. Realmente, para ser locador, basta a capacidade genérica, não sendo essencial a capacidade para alienar as próprias coisas. Assim, é válida a locação de quem só possui o uso e o gozo, como o usufrutuário e o sublocador, ou de quem só possui a administração da coisa, como o administrador da massa falida, o liquidante, os representantes legais dos incapazes, o inventariante etc.

Por sua vez, quem recebe a coisa em locação se denomina locatário, inquilino ou arrendatário. Para sê-lo é suficiente a capacidade genérica.

e] Requisitos objetivos

Como já dissemos, a coisa há de ser infungível, sob pena de se desfigurar o contrato para mútuo, ou seja, empréstimo de coisas fungíveis. Nada impede, porém, que uma coisa essencialmente fungível seja considerada, para efeitos do contrato, infungível, como ocorre com os DVDs.

f] Requisitos formais

É, como vimos, por essência, contrato consensual, não exigindo a Lei forma especial. Assim, pode ser escrito ou verbal, e até mesmo tácito. Em determinados momentos, a Lei pune indiretamente os contratos não escritos, como veremos *infra*, nas locações prediais urbanas.

g] Prazo

A locação é, em essência, contrato temporário; nunca perpétuo, como a antiga enfiteuse. O prazo pode ser determinado ou indeterminado, dependendo do que se fixar.

h] Obrigações do locador

São basicamente três: entrega, manutenção e garantia.

Cumpre ao locador entregar a coisa com seus acessórios em estado de servir ao uso a que se destina, salvo disposição contrária.

Deverá também manter a coisa em estado de servir, o que inclui todas as obras e despesas com sua reparação e conservação, a não ser que haja estipulação diversa no contrato.

As chamadas *reparações locativas*, ou seja, as pequenas despesas causadas pelo uso regular, como vidro quebrado, cano entupido etc., correrão por conta do locatário, salvo disposição contratual em contrário.

A sanção para o descumprimento do dever de manutenção é a resolução do contrato com perdas e danos. Entretanto, se em vez disso se der prosseguimento ao contrato, o locatário terá direito a reembolso, se preferir realizar, ele mesmo, os gastos. Logicamente, não é lícito ao locatário deixar de pagar aluguéis por esta conta, a não ser que assim fique combinado.

Se a coisa se deteriorar durante a locação, sem culpa do locatário, poderá este exigir redução do valor dos aluguéis ou resolver o contrato.

No caso de benfeitorias necessárias, o locatário poderá reter a coisa ao término do contrato, até que seja reembolsado. Se as benfeitorias forem úteis, haverá direito de reembolso, mas o direito de retenção só haverá, caso as benfeitorias tenham sido previamente autorizadas pelo locador (art. 578 do CC). Sendo, porém, voluptuárias, o locatário terá direito apenas a reembolso, se forem de antemão autorizadas. Não lhe será permitido, contudo, exercer direito de retenção. Caso não haja autorização prévia, o locatário não possuirá nem o direito a reembolso nem o de retenção, mas poderá levantá-las, desde que não seja afetada a estrutura do bem locado.

Vejamos alguns exemplos:

1] José aluga carro de Joaquim e nele implementa benfeitorias necessárias (troca, por exemplo, os pneus, que se achavam "carecas"), poderá exigir de Joaquim que lhe reembolse o valor despendido, podendo reter o automóvel em seu poder até que ocorra o reembolso.
2] José aluga carro de Joaquim e nele implementa benfeitorias úteis. Por exemplo, troca os retrovisores por outros de melhor qualidade. Neste caso, terá os mesmos direitos do exemplo anterior, quais sejam, reembolso e retenção, desde que tenha obtido autorização prévia de Joaquim. Caso não tenha obtido a autorização prévia, terá apenas direito de reembolso.
3] José aluga carro de Joaquim, nele instalando aparelho de ar condicionado. Não terá direito a qualquer reembolso, nem terá direito de retenção. Poderá, contudo, levantar a benfeitoria, ou seja, retirar a aparelhagem de ar, se isso não danificar o carro. A mesma regra se aplica aos imóveis. Se, entretanto, a benfeitoria voluptuária for autorizada, o locatário terá direito a reembolso, sem direito de retenção.

Vejamos o quadro a seguir:

Quadro 10.3 Dinâmicas de locação

Locação de coisas	Benfeitorias necessárias	Benfeitorias úteis	Benfeitorias voluptuárias
PMDB	Direito de retenção e reembolso	Direito de retenção e reembolso, desde que autorizadas; caso contrário, apenas direito de reembolso	Direito de reembolso, se autorizadas; caso contrário, apenas direito de levantar, sem danificar a coisa

O locatário, possuidor de má-fé não terá qualquer direito em relação às benfeitorias, a não ser o de ser reembolsado pelas necessárias. O fundamento desse direito de reembolso das benfeitorias necessárias é o enriquecimento sem causa que ocorreria para o locador.

Em relação aos imóveis urbanos, aplicam-se os arts. 35 e 36 da Lei n. 8.245/1991. As regras são as mesmas, à exceção do que diz respeito às benfeitorias úteis. Segundo o art. 35 da Lei n. 8.245/1991, só haverá direito de indenização e retenção por benfeitorias úteis, caso tenham sido previamente autorizadas. Sem autorização prévia, por interpretação analógica ao art. 36 da Lei n. 8.245/1991, haverá tão somente o direito de levantá-las, desde que não prejudiquem a estrutura e a substância do imóvel.

Para a locação de imóveis urbanos, o quadro seria o seguinte:

Quadro 10.4 Dinâmica de locações de imóveis urbanos

	Benfeitorias necessárias	Benfeitorias úteis	Benfeitorias voluptuárias
Locação de imóveis urbanos	Direito de retenção e reembolso	Direito de retenção e reembolso, desde que autorizadas; caso contrário, apenas direito de levantar sem danificar o imóvel	Direito de reembolso, se autorizadas; caso contrário, apenas direito de levantar, sem danificar o imóvel

O locador possui, outrossim, o dever de garantir ao locatário o uso pacífico da coisa durante o tempo que durar o contrato.

O dever de garantia abrange vícios redibitórios. Assim é que o locador deve responder por todos os defeitos anteriores à locação, mesmo que os desconhecesse, sob pena de resolução contratual ou abatimento nos aluguéis.

Se deles tinha conhecimento e dolosamente os ocultou, pagará perdas e danos.

Antes era permitida cláusula exonerando o locador desse dever, o que foi proibido pelo Código do Consumidor, art. 25.

Além dos vícios redibitórios, o dever de garantia engloba também os incômodos e turbações de terceiros. O locador deverá atuar em juízo contra todas as pessoas que perturbarem a posse pacífica do locatário. Evidentemente que assiste também ao locatário esse direito. Não obstante, o que é para o locatário direito, para o locador é dever.[21]

Também contra atos de vizinhos e outros locatários que perturbem a locação, incumbe ao locador acionar a Justiça.

Ainda pela evicção responde o locador. Caso a coisa seja evicta, o contrato se resolverá, sendo indenizado o locatário.

Por fim, o locador é responsável por todos os atos do Estado, tais como desapropriação, condenação do edifício, ordem de fechamento etc., desde que, antes de alugar, tivesse prévio conhecimento de que o ato administrativo ocorreria. Contudo, se a condenação do edifício ou a ordem de fechamento ocorrerem por culpa do locatário, este é que terá que indenizar o locador.

---

21 GABBA, C. F. **Questioni di diritto civile**. Torino: Fratelli Bocca, 1898. v. 2, p. 310.

i] Obrigações do locatário

Em primeiro lugar, deve o locatário cuidar da coisa como se fosse sua, servindo-se dela conforme o uso convencionado e restituindo-a, findo o prazo, nas mesmas condições em que a recebeu.

Em segundo lugar, pagar os aluguéis da maneira, no lugar e no tempo estabelecidos.

Outra obrigação do locatário é a de levar ao conhecimento do locador as turbações de terceiros. Sempre que terceiro ameaçar a coisa, como ocorre em invasão de terreno, por exemplo, é dever do locatário e direito seu agir no sentido de impedir.

j] Extinção do contrato

As causas que põem fim ao contrato de locação são várias e devem ser examinadas uma a uma.

Além dos casos de extinção estudados acima, temos que o contrato de locação pode extinguir-se ainda pelo advento do termo, pelo implemento da condição, pela alienação do objeto e pela morte das partes.

Advindo o termo, ou seja, findo o prazo contratual, a regra é que o contrato se extinga. Estipula a Lei, entretanto, que uma vez que o locatário continue na posse da coisa, sem que se oponha o locador, a locação prorroga-se automaticamente por prazo indeterminado, mantendo-se inalteradas todas as outras cláusulas do contrato. Neste caso, salvo algumas regras específicas relativas à locação de imóveis, caberá a denúncia vazia, também chamada de *resilição unilateral*, quando o locador poderá requisitar a coisa quando bem entender, sem a necessidade de alegar motivo justo.

De todo modo, renovado o contrato tacitamente, as garantias locatícias, em tese, se renovam automaticamente, à exceção da fiança, que, por ser contrato benéfico, deve ser interpretada restritivamente, não se estendendo de tempo a tempo (*de tempore ad tempus*). Na locação de imóveis urbanos, a fiança renova-se automaticamente, por força da Lei n. 8.245/1991. Apesar disso, o fiador poderá se eximir de sua responsabilidade, notificando o locador de tal desiderato. Continuará, entretanto, responsável pelas obrigações do locatário pelos 120 dias subsequentes à notificação que fizer ao locador.

Antes do vencimento do prazo, o locador não poderá pôr fim ao contrato, senão por motivo justo. Assim mesmo, indenizará o locatário por todos os prejuízos, gozando este de direito de retenção, enquanto não for ressarcido.

Tampouco o locatário poderá restituir a coisa sem justa causa, antes do vencimento. Se o fizer, deverá indenizar o locador das perdas e danos. Normalmente, os contratos preveem pena de um número X de aluguéis, caso o locatário restitua a coisa antes do vencimento. Este número de aluguéis será, no máximo, equivalente aos meses restantes, sob pena de se constituir enriquecimento sem causa por parte do locador. Se, mesmo assim, este valor for excessivo, poderá o juiz reduzi-lo a bases razoáveis.

Subordinando-se a locação a condição resolutiva, implementando-se esta, extingue-se aquela. Se uma pessoa aluga seu carro ou sua casa à outra, até que esta se case, ocorrendo o casamento, finda a locação.

Sendo a coisa locada alienada por seu dono, quem a adquirir poderá reclamá-la das mãos do locatário de imediato, salvo se no contrato de alienação (compra e venda, doação etc.) for estipulado algo diverso. O próprio contrato de locação pode conter cláusula de garantia contra terceiros adquirentes, prevendo que, na hipótese de o bem ser alienado (vendido, doado etc.), a locação continue. Tal cláusula, porém, só terá valor se o contrato for averbado no Registro de Imóveis ou no Registro de Títulos e Documentos, se a coisa for móvel.

No caso de imóveis, caso o contrato não tenha cláusula de proteção contra terceiros adquirentes, o novo proprietário deverá notificar o locatário para sair, conferindo-lhe prazo mínimo de 90 dias, contados da notificação.

Se, uma vez notificado, o locatário não restituir a coisa, pagará aluguéis arbitrados pelo locador, enquanto não a restituir. Se os aluguéis arbitrados pelo locador forem excessivamente altos, o juiz poderá reduzi-los, não perdendo de vista, porém, que têm a natureza de pena e que, portanto, deverão ser mais altos do que o normal.

É possível cláusula contratual proibindo o locador de alienar o objeto enquanto perdurar a locação? A resposta é afirmativa. Só que tal obrigação só terá valor entre locador e locatário. Assim, a alienação será válida perante o adquirente de boa-fé, tendo o locatário apenas direito a se ressarcir por perdas e danos. Logicamente que se o contrato estiver garantido contra terceiros, a locação perdurará na pessoa do adquirente.[22]

Morrendo o locatário, o contrato não se extingue. Continua, durante a vigência do prazo previsto, na pessoa dos sucessores das partes. Isto porque a locação é contrato impessoal. O mesmo se diga na hipótese de separação, divórcio ou dissolução da união estável. Nesses casos, a locação residencial prosseguirá automaticamente com o cônjuge ou companheiro que permanecer no imóvel. Em todas essas hipóteses, a sub-rogação será comunicada por escrito ao locador e ao fiador. Este poderá exonerar-se de sua responsabilidade no prazo de 30 (trinta) dias, contado do recebimento da comunicação oferecida pelo sub-rogado, ficando responsável pelos efeitos da fiança durante 120 dias após a notificação ao locador.

---

22 BAUDRY-LACANTINERIE & A. WAHL. **Du contrat de louage**. 3. ed. Paris: Sirey, 1906. t. I, p. 774.

Por fim, a falência do locador não resolve o contrato de locação e, na falência do locatário, o administrador judicial pode, a qualquer tempo, denunciar o contrato.

k] Espécies

■ **Locação de bens móveis**

Acerca da locação de bens móveis não há muito o que dizer, a não ser que se regula pelo Código Civil, sendo suas regras as mesmas que acabamos de expor.[23]

■ **Locação de prédios rústicos**

A locação de prédios rústicos, também chamada arrendamento rural, acha-se regulada no Decreto n. 59.566/1966 e no Estatuto da Terra (ET). Para melhor entendê-la, é mister definir seu objeto. Assim, prédio rústico é todo imóvel que se destine a atividade rural, não importando onde se situe. Pode haver o caso em que o imóvel se encontre nos arredores da cidade e seja considerado rural para efeitos de locação.

As obrigações do locador e do locatário (arrendador e arrendatário) são as mesmas vistas anteriormente.

Seu prazo pode ser determinado ou indeterminado. Na falta de estipulação contratual, presume-se que seja de três, cinco ou sete anos, ou, de qualquer forma, o suficiente para se colherem os frutos.

Divergência há em doutrina a respeito desse prazo mínimo. Existem arestos no sentido de que as normas do art. 95, II, do ET e do art. 13, II, "a", do Decreto n. 59.566/1966 se aplicariam não só aos contratos por prazo indeterminado, como também aos contratos por prazo determinado, que deveriam observar os prazos mínimos de três anos, nos casos de lavoura de pequeno porte e/ou de pecuária de pequeno e médio porte; cinco anos, nos casos de lavoura permanente e/ou de pecuária em larga escala; e de sete anos nos casos em que ocorra exploração florestal (art. 13, II, "a", do Decreto n. 59.566/1966). De qualquer forma, o prazo jamais seria inferior a três anos, segundo o art. 95, II, do ET e art. 21 do já referido decreto.

Não predomina nem poderia predominar essa opinião, não obstante a autoridade de seus defensores.[24]

Em primeiro lugar, qual o objetivo do legislador ao fixar prazos mínimos para a locação de prédios rústicos? Sem dúvida alguma, seria o de proteger o agropecuarista incauto, que não estabelecesse prazo no contrato, e de adequar a locação rural ao bom aproveitamento da terra, segundo os princípios da produtividade e da função social.

---

23 DINIZ, Maria Helena. **Tratado teórico e prático dos contratos**... cit., vol. 2, p. 89 et seq.
24 SILVA, Ângela. **Direito agrário (notas de aula)**. Belo Horizonte: Fumidam, 1987. p. 70 et seq.

De fato, na prática, não se celebram contratos dessa espécie por prazo inferior a três anos, a não ser em casos de locação para fins não empresariais, como sítios de fim de semana. Caso contrário, ninguém se arriscaria em empreendimento agropecuário por tempo curto demais. Acontece que nada obsta a que, querendo, possa o ruralista alugar prédio rústico por tempo inferior a três anos. Várias culturas há, como o plantio de arroz, feijão, milho, hortaliças etc., que se encerram em menos de ano, podendo algumas repetir-se, mesmo no período de apenas um ano. Sendo assim, não vemos como poderia o intérprete suplantar a vontade das partes, interferindo diretamente em sentido contrário a sua manifestação volitiva. Tal interferência tem se mostrado maléfica na prática, gerando insegurança e instabilidade ao tráfego negocial.

Concluindo, temos que, apesar de o art. 13, II, "a", do Decreto n. 59.566/1966 referir-se a contratos agrários, qualquer que seja sua *forma*, ao estabelecer prazos mínimos de três, cinco e sete anos, há também os arts. 95, II, do ET e 21 do mesmo decreto, referindo-se expressamente a prazo mínimo tão somente em contratos por prazo indeterminado. Ora, forma não se confunde com prazo, o que nos leva à conclusão evidente de que a interpretação do art. 13, II, "a", do Decreto n. 59.566/1966 só pode ser no sentido de adequá-lo ao espírito dos arts. 95, II, do ET e 21 do Decreto n. 59.566/1966. Assim, os prazos mínimos de três, cinco e sete anos aplicar-se-iam só aos contratos por prazo indeterminado.

Sendo o contrato por prazo determinado, o locador que ao final quiser rescindi-lo, deverá notificar o inquilino seis meses antes de seu término.

O arrendatário (locatário), para iniciar qualquer cultura cujos frutos não possam ser colhidos dentro do prazo contratual, deverá ajustar com o arrendador (locador) a forma de pagamento do uso da terra por esse prazo excedente (art. 95, III, do ET).

Findo o contrato, e mantendo-se o locatário na posse do imóvel, prorroga-se por prazo indeterminado.

Segundo o Estatuto da Terra, em igualdade de condições com estranhos, o locatário terá preferência à renovação da locação, devendo o locador notificá-lo das propostas existentes, até seis meses antes do término do contrato. Não havendo notificação, o contrato se considera renovado automaticamente. No entanto, o locador ainda tem 30 dias contados do encerramento do contrato, para desistir ou formular nova proposta, registrando suas declarações no Cartório de Títulos e Documentos. De todo modo, o locador poderá retomar o imóvel para uso próprio ou de descendente seu, notificando o locatário seis meses antes do vencimento do contrato.

Por fim, a remuneração do arrendamento não poderá ser superior a 15% do valor cadastral do imóvel. Poderá ser de até 30%, se o arrendamento for parcial e recair apenas em glebas selecionadas para fins de exploração intensiva de alta rentabilidade.

Locação predial urbana

Finalmente, a locação de imóveis urbanos, regulada pela Lei do Inquilinato (Lei n. 8.245/1991).

Existem, segundo a referida Lei, três espécies de locação: a residencial, a não residencial e a locação para temporada. Vemos, pois, a unificação promovida pela nova Lei, em relação à antiga. Não há mais, sob seu regime, locação comercial. Fica, portanto, unificado o Direito Privado, não fazendo a nova Lei qualquer distinção entre Direito Civil e Comercial/Empresarial, para este efeito.

O art. 54-A da Lei do Inquilinato prevê uma modalidade de locação muito usual em nossos dias. Trata-se da locação built-to-suit, criada pela Lei n. 12.744/2012.

Built-to-suit, numa tradução livre, seria "construído para servir", ou "construído "sob medida". Esse contrato se refere à locação de bens imóveis urbanos, em que o locador investe dinheiro no imóvel, nele edificando ou por meio de reformas substanciais, sempre com vistas a atender às necessidades previamente identificadas pelo locatário. Em outras palavras, o locador constrói para alugar, mas dentro das especificações de futuro inquilino.

Adriano Ferriani dá o exemplo de uma rede de varejo que necessite locar um imóvel com determinadas características. Diante da demanda, qualquer investidor pode providenciar a compra e a construção, ou reforma, com a finalidade única de atender aos interesses desse inquilino especificamente. Para tanto, antes do investimento, o locador celebra o contrato built- to-suit, contemplando um prazo de vigência que lhe permita ter a segurança de recuperar o capital investido, além de perceber rendimentos da locação.[25]

Um dos aspectos mais importantes dessa locação diz respeito ao valor dos aluguéis. Na locação convencional, o aluguel remunera o uso do imóvel destinado ao locatário, no contrato built-to-suit, o aluguel deve abarcar, para além do uso, o investimento realizado para personalizar o imóvel, ou construí-lo exclusivamente para atender às necessidades de um certo inquilino. O locador pode até se endividar, a fim de realizar a construção.

Na locação built-to-suit, prevalecerão as condições livremente pactuadas no contrato respectivo e as disposições procedimentais previstas na Lei n. 8.245/1991. Poderá, além disso, ser convencionada a renúncia ao direito de revisão do valor

---

[25] FERRIANI, Adriano. O contrato built to suit e a Lei 12.744/2012. **Migalhas**, 16 jan. 2013. Disponível em: <www.migalhas.com.br/Civilizalhas/94,MI170851,31047-O+contrato+built+to+suit+e+a+lei+1274412>. Acesso em: 03.06.2015.

dos aluguéis durante o prazo de vigência do contrato de locação. E em caso de denúncia antecipada do vínculo locatício pelo locatário, compromete-se ele a cumprir a multa convencionada, que não excederá, porém, a soma dos valores dos aluguéis a receber até o termo final da locação. Com isso, o legislador protegeu o locador de uma denúncia antecipada do contrato por parte do locatário, o que poderia ser extremamente oneroso para o locador que investiu no imóvel, conforme as especificações do próprio locatário.

Segundo a Lei n. 8.245/1991, continuam regulados pelo Código Civil e por outras leis especiais as locações de imóveis de propriedade das pessoas de Direito Público; de vagas autônomas de garagem ou de espaços para estacionamento de veículos; de espaços destinados à publicidade; em *apart*-hotéis, hotéis-residência ou equiparados, assim considerados aqueles que prestem serviços regulares a seus usuários e como tais sejam autorizados a funcionar; e o arrendamento mercantil ou *leasing*, em qualquer de suas modalidades (financeiro, de retorno ou operacional).

Havendo mais de um locador ou mais de um locatário, entende-se que sejam solidários se o contrário não se estipulou. Os ocupantes de habitações coletivas multifamiliares presumem-se locatários ou sublocatários, também salvo disposição contrária.

Durante o prazo estipulado para a duração do contrato, não poderá o locador reaver o imóvel alugado. Com exceção da locação *built-to-suit*, pelas razões que vimos acima, o locatário, poderá restituir o imóvel, pagando a multa pactuada, proporcional ao período de cumprimento do contrato, ou, na sua falta, a que for judicialmente estipulada. Contudo, o locatário ficará dispensado da multa, se a restituição do imóvel decorrer de transferência, pelo seu empregador, privado ou público, para prestar serviços em localidades diversas daquela do início do contrato, e se notificar, por escrito, o locador com prazo de, no mínimo, trinta dias de antecedência.

Às sublocações aplicam-se, no que couber, as disposições relativas às locações. Por serem acessórias, finda a locação, qualquer que seja sua causa, extinguem-se também as sublocações, podendo o sublocatário exigir perdas e danos do sublocador. Por outro lado, o sublocatário responde subsidiariamente junto ao locador pela importância devida ao sublocador, quando este for demandado e, ainda, pelos aluguéis que vencerem durante a lide.

Em relação ao aluguel, sua convenção é livre, não podendo ser estipulado em moeda estrangeira, nem estar vinculação à variação cambial ou ao salário mínimo. A ideia é evitar uma sobrecarga de pressão no câmbio ou no salário mínimo, além das pressões que já sofrem naturalmente.

Nas locações residenciais serão observados os critérios de reajustes previstos na legislação específica. Todavia, em tese, as partes podem fixar, de comum acordo, novo valor para o aluguel, bem como inserir ou modificar cláusula de reajuste.

Ainda em relação ao aluguel, o locador não o poderá exigir antecipadamente, a não ser nas locações para temporada, ou no caso em que a locação não esteja assegurada por alguma modalidade de garantia, quando o locador poderá exigir do locatário o pagamento do aluguel e encargos até o sexto dia útil do mês vincendo.

O aluguel nas habitações coletivas multifamiliares, a soma dos aluguéis não poderá ser superior ao dobro do valor da locação, e na sublocação não poderá exceder o da locação, sob pena de o sublocatário ficar autorizado a reduzir o aluguel até os limites do aluguel da locação.

No contrato de locação, o locador poderá exigir do locatário uma e apenas uma das seguintes modalidades de garantia, a saber, caução, fiança, seguro de fiança locatícia, cessão fiduciária de quotas de fundo de investimento.

A caução poderá ser em bens móveis ou imóveis. A caução em bens móveis deverá ser registrada em cartório de títulos e documentos; a em bens imóveis deverá ser averbada à margem da respectiva matrícula. Já a caução em dinheiro, que não poderá exceder o equivalente a três meses de aluguel, será depositada em caderneta de poupança, autorizada, pelo Poder Público e por ele regulamentada, revertendo em benefício do locatário todas as vantagens dela decorrentes por ocasião do levantamento da soma respectiva. Por outro lado, a caução em títulos e ações deverá ser substituída, no prazo de trinta dias, em caso de concordata, falência ou liquidação das sociedades emissoras.

Salvo disposição contratual em contrário, qualquer das garantias da locação, inclusive a fiança, se estende até a efetiva restituição do imóvel, ainda que prorrogada a locação por prazo indeterminado.

Segundo a Súmula n. 656 do STJ, "é válida a cláusula de prorrogação automática de fiança na renovação do contrato principal. A exoneração do fiador depende da notificação prevista no art. 835 do Código Civil". Este art. 835 não se aplica às locações prediais urbanas, que têm norma específica para tal, art. 40, X, da Lei n. 8.245/1991.

De acordo com o art. 40, X, da Lei n. 8.245/1991, o fiador poderá notificar o locador de sua intenção de se desonerar, quando a locação se prorrogar por prazo indeterminado. Ocorrida a notificação, o locador poderá exigir a substituição da garantia ou a apresentação de um novo fiador. De todo modo, o fiador que assim se desonere, continua obrigado por todos os efeitos da fiança, durante cento e vinte dias após a notificação do locador.

O locador poderá exigir novo fiador ou a substituição da modalidade de garantia, nos casos de morte, ausência, interdição, recuperação judicial, falência ou insolvência do fiador, declaradas judicialmente; alienação ou oneração de todos os bens imóveis do fiador ou sua mudança de residência sem comunicação ao locador; exoneração do fiador; prorrogação da locação por prazo indeterminado, sendo a fiança ajustada por prazo certo; desaparecimento dos bens móveis; desapropriação ou alienação do imóvel; exoneração de garantia constituída por quotas de fundo de investimento; liquidação ou encerramento do fundo de investimento suprarreferido.

Em todos esses casos, o locador poderá notificar o locatário para apresentar nova garantia no prazo de trinta dias, sob pena de resolução antecipada do contrato.

Por fim, o seguro de fiança locatícia abrangerá a totalidade das obrigações do locatário.

Como visto ainda acima, não estando a locação garantida por qualquer dessas modalidades, o locador poderá exigir do locatário o pagamento do aluguel e encargos até o sexto dia útil do mês vincendo.

Quanto às obrigações das partes, temos que o locador é obrigado a:

I] entregar ao locatário o imóvel alugado em estado de servir ao uso a que se destine;
II] garantir, durante o tempo da locação, o uso pacífico do imóvel locado;
III] manter, durante a locação, a forma e o destino do imóvel;
IV] responder pelos vícios ou defeitos anteriores à locação;
V] fornecer ao locatário, caso este solicite, descrição minuciosa do estado do imóvel, quando de sua entrega, com expressa referência aos eventuais defeitos existentes;
VI] fornecer ao locatário recibo discriminado das importâncias por este pagas, vedada a quitação genérica;
VII] pagar as taxas de administração imobiliária, se houver, e de intermediações, nestas compreendidas as despesas necessárias à aferição da idoneidade do pretendente ou de seu fiador;
VIII] pagar os impostos e taxas, e ainda o prêmio de seguro complementar contra fogo, que incidam ou venham a incidir sobre o imóvel, salvo disposição expressa em contrário no contrato;
IX] exibir ao locatário, quando solicitado, os comprovantes relativos às parcelas que estejam sendo exigidas;
X] pagar as despesas extraordinárias de condomínio. Por despesas extraordinárias de condomínio se entendem aquelas que não se refiram aos gastos rotineiros de manutenção do edifício, especialmente as reformas ou acréscimos que interessem à estrutura integral do imóvel; a pintura das fachadas, empenas, poços de aeração e iluminação, bem como das esquadrias externas; as obras destinadas a repor as condições de habitabilidade do edifício; as indenizações trabalhistas e previdenciárias pela dispensa de empregados,

ocorridas em data anterior ao início da locação; a instalação de equipamento de segurança e de incêndio, de telefonia, de intercomunicação, de esporte e de lazer; as despesas de decoração e paisagismo nas partes de uso comum e a constituição de fundo de reserva.

O locatário, por sua vez, é obrigado a:

I] pagar pontualmente o aluguel e os encargos da locação, legal ou contratualmente exigíveis, no prazo estipulado ou, em sua falta, até o sexto dia útil do mês seguinte ao vencido, no imóvel locado, quando outro local não tiver sido indicado no contrato;

II] servir-se do imóvel para o uso convencionado ou presumido, compatível com a natureza deste e com o fim a que se destina, devendo tratá-lo com o mesmo cuidado como se fosse seu;

III] restituir o imóvel, finda a locação, no estado em que o recebeu, salvo as deteriorações decorrentes do seu uso normal;

IV] levar imediatamente ao conhecimento do locador o surgimento de qualquer dano ou defeito cuja reparação a este incumba, bem como as eventuais turbações de terceiros;

V] realizar a imediata reparação dos danos verificados no imóvel, ou nas suas instalações, provocadas por si, seus dependentes, familiares, visitantes ou prepostos;

VI] não modificar a forma interna ou externa do imóvel sem o consentimento prévio e por escrito do locador;

VII] entregar imediatamente ao locador os documentos de cobrança de tributos e encargos condominiais, bem como qualquer intimação, multa ou exigência de autoridade pública, ainda que dirigida a ele, locatário;

VIII] pagar as despesas de telefone e de consumo de força, luz e gás, água e esgoto;

IX] permitir a vistoria do imóvel pelo locador ou por seu mandatário, mediante combinação prévia de dia e hora, bem como admitir que seja o mesmo visitado e examinado por terceiros, na hipótese de venda a terceiro;

X] cumprir integralmente a convenção de condomínio e os regulamentos internos;

XI] pagar o prêmio do seguro de fiança;

XII] pagar as despesas ordinárias de condomínio. Por despesas ordinárias de condomínio se entendem as necessárias à administração respectiva e, em especial, os salários, encargos trabalhistas, contribuições previdenciárias e sociais dos empregados do condomínio; o consumo de água e esgoto, gás, luz e força das áreas de uso comum; a limpeza, conservação e pintura das instalações e dependências de uso comum; a manutenção e conservação das instalações e equipamentos hidráulicos, elétricos, mecânicos e de segurança, de uso comum; a manutenção e conservação das instalações e equipamentos de uso comum destinados à prática de esportes e lazer; a manutenção e conservação de elevadores, porteiro eletrônico e antenas coletivas; os pequenos reparos nas dependências e instalações elétricas e hidráulicas de uso comum; os rateios de saldo devedor, salvo se referentes a período anterior ao início da locação; a reposição do fundo de reserva, total ou parcialmente utilizado no custeio ou complementação das despesas referidas nas alíneas anteriores, salvo se referentes a período anterior ao início da locação.

O locatário fica obrigado ao pagamento destas últimas despesas, desde que comprovadas a previsão orçamentária e o rateio mensal, podendo exigir a qualquer tempo sua comprovação das mesmas.

No edifício constituído por unidades imobiliárias autônomas, de propriedade da mesma pessoa, ou seja, quando não houver condomínio, os locatários ficam obrigados ao pagamento das despesas ordinárias de condomínio, desde que comprovadas. Isso se deve exatamente ao fato de inexistir condomínio, por todas as unidades pertencerem ao mesmo dono.

Nos imóveis utilizados como habitação coletiva multifamiliar, os locatários ou sublocatários poderão depositar judicialmente o aluguel e encargos, se a construção for considerada em condições precárias pelo Poder Público. O levantamento desse depósito somente será deferido com a comunicação, pela autoridade pública, da regularização do imóvel. Ademais, os locatários ou sublocatários que deixarem o imóvel estarão desobrigados do aluguel durante a execução das obras necessárias à regularização. Por fim, os depósitos efetuados em juízo pelos locatários e sublocatários poderão ser levantados, mediante ordem judicial, para realização das obras ou serviços necessários à regularização do imóvel.

Atribuída ao locatário a responsabilidade pelo pagamento dos tributos, encargos e despesas ordinárias de condomínio, o locador poderá cobrar tais verbas juntamente com o aluguel do mês a que se refiram. Se, todavia, o locador antecipar os pagamentos, a ele pertencerão as vantagens daí advindas, salvo se o locatário reembolsá-lo integralmente.

Caso o imóvel necessite de reparos urgentes, cuja realização incumba ao locador, o locatário é obrigado a consenti-los. Se os reparos durarem mais de dez dias, o locatário terá direito ao abatimento do aluguel, proporcional ao período excedente; se mais de trinta dias, poderá resilir o contrato.

Nas relações entre lojistas e empreendedores de *shopping center*, prevalecerão as condições livremente pactuadas nos contratos de locação respectivos e as disposições procedimentais previstas na Lei n. 8.245/1991.

O empreendedor não poderá cobrar do locatário em *shopping-center* as despesas referentes às reformas ou acréscimos que interessem à estrutura integral do imóvel; à pintura das fachadas, empenas, poços de aeração e iluminação, bem como das esquadrias externas; às indenizações trabalhistas e previdenciárias pela dispensa de empregados, ocorridas em data anterior ao início da locação. Tampouco poderá cobrar as despesas com obras ou substituições de equipamentos, que impliquem modificar o projeto ou o memorial descritivo da data do habite-se e obras de paisagismo nas partes de uso comum.

As despesas cobradas do locatário devem ser previstas em orçamento, salvo casos de urgência ou força maior, devidamente demonstradas, podendo o locatário, a cada sessenta dias, por si ou entidade de classe, exigir sua comprovação.

No caso de venda, promessa de venda, cessão ou promessa de cessão de direitos ou dação em pagamento, o locatário tem preferência para adquirir o imóvel locado, em igualdade de condições com terceiros, devendo o locador dar-lhe conhecimento do negócio mediante notificação judicial, extrajudicial ou outro meio de ciência inequívoca. A comunicação deverá conter todas as condições do negócio e, em especial, o preço, a forma de pagamento, a existência de ônus reais, bem como o local e horário em que pode ser examinada a documentação pertinente.

O direito de preferência do locatário caducará se não manifestada, de maneira inequívoca, sua aceitação integral à proposta, no prazo de trinta dias. Por outro lado, ocorrendo a aceitação da proposta, pelo locatário, a posterior desistência do negócio pelo locador acarreta responsabilidade integral pelos prejuízos ocasionados.

Estando o imóvel sublocado em sua totalidade, caberá a preferência ao sublocatário e, em seguida, ao locatário. Se forem vários os sublocatários, a preferência caberá a todos, em comum, ou a qualquer deles, se um só for o interessado.

Se vários forem os pretendentes, caberá a preferência ao locatário mais antigo, e, se da mesma data, ao mais idoso.

Tratando-se da alienação de mais de uma unidade imobiliária, o direito de preferência incidirá sobre a totalidade dos bens objeto da alienação.

O direito de preferência não alcança os casos de perda da propriedade ou venda por decisão judicial, permuta, doação, integralização de capital, cisão, fusão e incorporação.

Nos contratos firmados a partir de 1º/10/2001, o direito de preferência tampouco alcançará os casos de constituição da propriedade fiduciária e de perda da propriedade ou venda por quaisquer formas de realização de garantia, inclusive mediante leilão extrajudicial, devendo essa condição constar expressamente em cláusula contratual específica, destacando-se das demais por sua apresentação gráfica.

O locatário preterido no seu direito de preferência poderá reclamar do alienante as perdas e danos ou, depositando o preço e demais despesas do ato de transferência, haver para si o imóvel locado, se o requerer no prazo de seis meses, a contar do registro do ato no cartório de imóveis, desde que o contrato de locação esteja averbado pelo menos trinta dias antes da alienação junto à matrícula do imóvel. A averbação far-se-á à vista de qualquer das vias do contrato de locação desde que subscrito também por duas testemunhas.

Importante ressaltar que, havendo condomínio sobre o imóvel alugado, a preferência do condômino terá prioridade sobre a do locatário. Em outras palavras, se forem dois ou mais donos do imóvel e um deles desejar vender, os outros terão preferência na aquisição, antes da preferência do locatário.

Vistas as principais nuances da locação de imóveis urbanos, passemos à análise das ações a ela relativas, começando pela de despejo.

Ação de despejo

A ação de despejo, seja qual for o fundamento do término da locação, será a ação do locador para reaver o imóvel, a não ser que a locação termine em decorrência de desapropriação, com a imissão do expropriante na posse do imóvel.

O despejo admite duas espécies, a saber, o despejo motivado, também chamado de denúncia cheia, e o despejo imotivado, denominado comumente denúncia vazia. Ambas se processam pelo rito comum.

Dá-se o despejo motivado ou denúncia cheia quando o locador tiver que alegar motivo para pedir o imóvel.

Os casos elencam-se nos arts. 9º, 47 e 53 da Lei n. 8.245/1991. O art. 9º refere-se à locação em geral. Segundo ele, na vigência do prazo contratual, o imóvel só poderá ser retomado:

1] Em virtude de mútuo acordo, assinado pelas partes e duas testemunhas, dado prazo para desocupação de no mínimo seis meses. Acrescente-se, aqui, que o locatário poderá restituir o imóvel, a qualquer tempo, mesmo sem justa causa, pagando ao locador multa proporcional ao tempo remanescente.
2] Em decorrência de prática de infração legal ou contratual.
3] Por falta de pagamento do aluguel ou de demais encargos.
4] Para realização de obras urgentes, determinadas pelo Poder Público, que não possam ser realizadas com a permanência do locatário no imóvel, ou, podendo, ele se recuse a consenti-las. O locador terá 60 dias, contados da entrega das chaves, para dar início às obras, sob pena de prisão simples de cinco dias a seis meses ou multa de três a 12 meses do valor do último aluguel atualizado, revertida esta em favor do locatário.
5] Se, extinta a garantia, o locador notificar o locatário para substituí-la, e este o não fizer no prazo de 30 dias.

Sendo a locação residencial, e sendo o contrato verbal, ou escrito com prazo inferior a 30 meses, o imóvel somente poderá ser retomado em virtude de um dos motivos apontados acima e, além deles:

1] Em decorrência da extinção do contrato de trabalho entre locador e locatário, caso a locação lhe seja acessória.
2] Se for pedido para uso próprio, do cônjuge ou companheiro, ou para residência de descendente ou ascendente que não disponham, nem o respectivo cônjuge ou companheiro, de imóvel residencial próprio. O locador conta com prazo de 180 dias, a partir da entrega das chaves, para usar o imóvel conforme o pedido e, uma vez que o faça, deverá o uso ser de no mínimo um ano. A pena é a mesma cominada para o caso da não realização de obras urgentes.
3] Se for pedido para demolição e edificação aprovadas pelo Poder Público, que aumentem a área construída em no mínimo 20%, ou se o imóvel for destinado à exploração de hotel ou pensão em pelo menos 50% de sua área. O prazo para o início da demolição ou instalação da hospedaria é de 60 dias a contar da entrega das chaves, sendo a pena idêntica à dos casos anteriores.

O despejo será imotivado (denúncia vazia) quando o locador não precisar alegar qualquer motivo para retomar o imóvel. Dá-se a denúncia vazia nos seguintes casos, previstos nos arts. 46, 47, V, 50, parágrafo único, e 57 da Lei do Inquilinato:

1] quando o contrato de locação residencial for escrito com prazo estipulado de no mínimo 30 meses, desde que se faça notificação prévia, uma vez vencido aquele termo, assinando-se prazo de pelo menos 30 dias para a desocupação;
2] nos contratos de locação residencial escritos ou verbais, se a vigência ininterrupta da locação ultrapassar cinco anos;
3] nos contratos de locação para temporada que se indeterminem após 30 meses de seu termo inicial;
4] nos contratos de locação não residencial por prazo indeterminado, com notificação prévia de 30 dias;
5] nos contratos de locação residencial celebrados até 1991, ou seja, sob os auspícios da Lei antiga, cujo prazo se indeterminar, concedidos por notificação prévia 12 meses para a desocupação.

Nas ações de despejo, haverá liminar para desocupação em quinze dias, independentemente da audiência da parte contrária e desde que prestada a caução no valor equivalente a três meses de aluguel, nas ações que tiverem por fundamento exclusivo:

- o descumprimento do mútuo acordo, celebrado por escrito e assinado pelas partes e por duas testemunhas, no qual tenha sido ajustado o prazo mínimo de seis meses para desocupação, contado da assinatura do instrumento;
- a extinção do contrato de trabalho entre locador (patrão) e locatário (empregado), havendo prova escrita da resolução ou resilição do contrato de trabalho ou sendo ela demonstrada em audiência prévia, e desde que a locação seja acessória do contrato de trabalho;
- o término do prazo da locação para temporada, tendo sido proposta a ação de despejo em até trinta dias após o vencimento do contrato;
- a morte do locatário sem deixar sucessor legítimo na locação, permanecendo no imóvel pessoas não autorizadas por lei;
- a permanência do sublocatário no imóvel, extinta a locação, celebrada com o locatário;
- a necessidade de se produzir reparações urgentes no imóvel, determinadas pelo poder público, que não possam ser normalmente executadas com a permanência do locatário, ou, podendo, ele se recuse a consenti-las;
- o término do prazo notificatório de trinta dias, sem apresentação de nova garantia apta a manter a segurança inaugural do contrato;
- o término do prazo da locação não residencial, tendo sido proposta a ação em até trinta dias do termo ou do cumprimento de notificação comunicando o intento de retomada;
- a falta de pagamento de aluguel e acessórios da locação no vencimento, estando o contrato desprovido de qualquer das garantias previstas na lei, por não ter sido contratada ou, em caso de extinção ou pedido de exoneração dela, independentemente de motivo. Neste caso, poderá o locatário evitar a resolução da locação e elidir a liminar de desocupação se, dentro dos quinze dias concedidos para a desocupação do imóvel e independentemente de cálculo, efetuar depósito judicial que contemple a totalidade dos valores devidos.

Para encerrar, quatro observações fazem-se necessárias no que toca à ação de despejo.

Primeiramente, só a ação de despejo é adequada para a retomada do imóvel alugado. A ação de reintegração de posse não se presta a esse fim. No contrato de locação, o que se discute não é a posse esbulhada, mas o inadimplemento contratual. Esse o fundamento do despejo. A ação de despejo não tem, assim, natureza possessória, pois que seu objetivo não é tutelar a posse precipuamente, mas o contrato de locação inadimplido. A questão possessória, se houver, é secundária. A falta de pagamento, por exemplo, não atenta contra a posse do locador. Trata-se do descumprimento de um dever contratual, que gera o despejo. Por essa razão, a reintegração de posse não serve ao propósito de retomar o imóvel alugado.

Em segundo lugar, a sentença que conceder o despejo poderá ser executada de plano, tendo o recurso efeito apenas devolutivo. Em outras palavras, o inquilino poderá recorrer da sentença, mas fora do imóvel.

Em terceiro lugar, na denúncia vazia, o locatário, sendo a locação residencial, poderá concordar com o pedido de despejo e requerer seis meses para se retirar, sendo o juiz obrigado a lho outorgar.

Por fim, o prazo de desocupação assinado na sentença de despejo será de 30 dias em geral. Será, no entanto, de 15 dias se entre a citação (primeiro ato processual para o réu) e a sentença (último ato processual) houver decorrido mais de quatro meses, ou se o despejo for por falta de pagamento, descumprimento de obrigação contratual, ou por denúncia vazia em contratos escritos com prazo superior a 30 meses.

Ação de consignação em pagamento

Será proposta sempre que o locatário quiser pagar aluguéis ou quaisquer outras parcelas devidas, e o locador não quiser ou não puder recebê-los. Acerca do procedimento consignatário já falamos *supra*, ao tratarmos das formas especiais de pagamento no Capítulo VIII.

Ação revisional de aluguéis

O objeto desta ação é o reajustamento do valor dos aluguéis defasado pela inflação. Pode ser proposta pelo locador de três em três anos, se nesse período não houver ocorrido nenhum reajuste acima dos índices legais ou contratuais. Poderá ser também proposta pelo locatário, com o fim de minorar o valor dos aluguéis. O rito da revisional será o comum. Ao designar a audiência de conciliação, o juiz, se houver pedido e com base nos elementos fornecidos tanto pelo locador como pelo locatário, ou nos que indicar, fixará aluguel provisório, que será devido desde a citação, nos seguintes moldes:

- em ação proposta pelo locador, o aluguel provisório não poderá ser superior a 80% do pedido;
- em ação proposta pelo locatário, o aluguel provisório não poderá ser inferior a 80% do aluguel vigente.

Ação renovatória

Aplica-se às locações não residenciais, em cujo imóvel o locatário exerça atividade econômica, com fins de lucro.

Nesses casos, o locatário poderá propor ação renovatória, pedindo ao juiz que obrigue o locador a renovar o contrato por mais um período de prazo igual ao contrato renovando.

Algumas condições devem ser, todavia, atendidas para que o juiz conceda esse direito. São as seguintes:

1] O contrato renovando deve ser escrito, com prazo estipulado de no mínimo cinco anos.

Admite-se, contudo, que se possa somar vários contratos escritos com prazo inferior a cinco anos. Dessa maneira, se um mesmo locatário apresentar três contratos com prazo de dois anos, celebrados com o mesmo locador, tendo como objeto o mesmo imóvel, somam-se seis anos, satisfazendo-se a exigência legal. Logicamente, terão que ser os três contratos celebrados um após o outro, sem lapso de tempo entre eles.

2] O locatário deve estar explorando o mesmo ramo, ou seja, exercendo a mesma atividade, há pelo menos três anos.
3] O locatário deverá intentar a ação renovatória no primeiro semestre do quinto ano. Este prazo de seis meses é decadencial.

O locador poderá se defender na ação renovatória, não se renovando o contrato, se por determinação do Poder Público tiver que realizar no imóvel obras que importem sua total transformação, ou para fazer modificação tal que aumente o valor do negócio ou da propriedade.

Também poderá o locador requerer o imóvel para uso próprio, ou para uso de sociedade de que detenha, ele locador, seu cônjuge, ascendente ou descendente, a maioria do capital. A Lei não se refere ao companheiro do locador neste caso. Entendemos, todavia, que, por analogia, poderia o locador requerer o imóvel para uso de sociedade em que seu companheiro detivesse a maioria do capital social.

Por fim, caso a locação não seja renovada, o juiz, a requerimento do locador, mandará expedir mandado de despejo, com prazo de 30 dias para a desocupação do imóvel.

10.6 Contrato de empréstimo

Esse contrato comporta duas espécies, a saber, o comodato e o mútuo, que passaremos a estudar.

10.6.1 Comodato

a] Definição

É empréstimo gratuito de bens não fungíveis. É empréstimo de uso. O comodatário usa o bem e depois o restitui.

b] Partes

Aquele que empresta a coisa se denomina comodante. Já aquele que a toma emprestada se chama comodatário.

c] Caracteres jurídicos

Tendo em vista suas características, podemos afirmar ser o comodato contrato:

- Típico, por estar tipificado no Código Civil, arts. 579 a 585.
- Puro, uma vez que não é fruto de combinação de dois ou mais outros contratos.
- Real, pois que só se considera celebrado após a entrega do bem (*traditio rei*). Em outras palavras, não basta o consenso, isto é, não basta que as partes queiram contratar e tenham já entrado em acordo. Além disso, é essencial a entrega da coisa para que se configure contrato. Alguns juristas modernos, todavia, o consideram consensual, sendo a entrega da coisa seu primeiro ato de execução. Mas a Lei é clara (art. 579 do CC): o contrato é real, pois só se perfaz com a tradição da coisa. Na falta da entrega da mesma, não há comodato, mas apenas contrato preliminar de promessa de comodato, cuja validade é como a de qualquer contrato promissório, guardadas suas peculiaridades. Contrato gratuito que é, a promessa de comodato não é, em princípio, exigível. No entanto, se houver encargo, uma vez cumprido este, a promessa torna-se exigível.
- Gratuito, porque à prestação do comodante não corresponde qualquer contraprestação do comodatário. Aliás, se houvesse contraprestação do comodatário, o contrato seria de locação. O que pode haver são pequenas obrigações contratuais, decorrentes do próprio uso da coisa, como cuidar dos jardins, alimentar os animais, restituir o carro de tanque cheio, ou coisas do gênero. Tais deveres não desconfiguram o contrato, não o tornam oneroso, porque não caracterizam contraprestação, mas encargo.
- Unilateral, de vez que gera obrigações somente para o comodatário.
- Pré-estimado, por serem todos os deveres e direitos, assim como todas as consequências do contrato, de antemão, previsíveis. O contrato não está subordinado à sorte futura, como, por exemplo, o contrato de jogo. Eventualmente, será aleatório, como quando subordinado a condição resolutiva.
- De execução futura, por ser celebrado num momento para ser executado sucessivamente no tempo, em momento futuro.
- Individual, uma vez que só obriga as partes contratantes.

- Negociável, uma vez que, pelo menos em tese, são possíveis concessões recíprocas.
- *Intuitu personae* ou, segundo outros, impessoal. Caio Mário, assevera que o comodato não é essencialmente *intuitu personae*. Apesar disso, não o classifica como contrato impessoal. Adota posição intermediária, afirmando que, na maioria dos casos, o comodato implica certo favorecimento de caráter pessoal.[26] Quem defende a opinião de que é contrato *intuitu personae* fundamenta-se em que o comodato se baseia na confiança pessoal depositada pelo comodante no comodatário: ninguém empresta seu carro ou sua casa a qualquer pessoa, mesmo que idônea. O comodatário é, normalmente, pessoa da privacidade do comodante. A confiança, a relação pessoal, às vezes íntima, é o alicerce do contrato. De fato, a morte de uma das partes, em princípio, põe fim ao contrato. Fosse ele tipicamente impessoal, tal não ocorreria, necessariamente. Mesmo no Direito francês, De Page já defendia a natureza personalíssima do comodato, apesar de o contrato não se extinguir com a morte de uma das partes.[27]

d] Requisitos subjetivos

As partes devem ser genericamente capazes. Duas observações são, entretanto, indispensáveis.

Primeiramente, os tutores, curadores e administradores de bens alheios não podem dá-los em comodato, a não ser com autorização do dono ou do juiz, no caso dos incapazes. O fundamento é a gratuidade do contrato. Parece que o legislador adotou a parêmia de que não se pode "fazer graça com o chapéu dos outros".[28]

Em segundo lugar, não é necessário que o comodante seja proprietário da coisa, podendo ser mero possuidor seu, como é o caso do locatário, do usufrutuário etc. Mas somente a dará em comodato se a Lei, o contrato, o dono ou o juiz o permitirem. O fundamento é que o comodato é apenas cessão de uso, ou seja, não opera transmissão de propriedade ao comodatário. Assim, não haveria por que proibir o mero possuidor de ceder a coisa.

e] Requisitos objetivos

A coisa comodada deve ser infungível, podendo ser móvel ou imóvel. Pode ser essencialmente fungível e se pactuar o comodato sobre ela, devendo ser restituída a mesma coisa. É o caso do comerciante que empresta mercadorias a seu colega, que as expõe e depois as restitui *in integrum*. Tais mercadorias são fungíveis por natureza e infungíveis por convenção.

---

26 PEREIRA, Caio Mário da Silva. **Instituições**... cit., 18. ed., v. 3, p. 214.
27 DE PAGE, Henri. **Traité élementaire de droit civil belge**. 2. ed. Bruxelles: Émile Bruylant, 1957.
28 SERPA LOPES, Miguel Maria de. Op. cit., v. 4, p. 323 et seq.

O comodatário recebe as coisas tal como estão, sem que exista para o comodante obrigação de repará-las ou pô-las em estado de servir. Não é como na locação em que o locador tem o dever de entrega, manutenção e garantia.

f] Requisitos formais

É contrato real, não exigindo a Lei nada mais além da traditio rei para que se aperfeiçoe.

g] Prazo

Em sua essência é temporário. Se fosse perpétuo seria doação. Pode ser por prazo indeterminado ou por prazo determinado.

Se por prazo indeterminado, admitirá a resilição unilateral, também chamada de distrato unilateral ou denúncia vazia. O comodante pode retomar a coisa quando quiser, respeitado prazo mínimo razoável para que o comodante se utilize da coisa. Se o comodante pudesse retomar a coisa logo em seguida à tradição, não seria comodato, mas sim "precário".[29]

Sendo determinado o prazo, deverá este ser respeitado, salvo se o comodante demonstrar em juízo a necessidade urgente e imprevista de reaver a coisa. Terá que pagar multa contratual, por força de cláusula penal, se for o caso.

h] Obrigações do comodatário

Conservar a coisa como se fosse sua. O Direito Romano exigia cuidado extremado. Como dizia Gaio, ao comentar o Edito Provincial, "Às coisas comodadas deve prestar-se tanta diligência, quanto qualquer pai de família diligentíssimo prestaria a suas coisas".[30] O Direito Brasileiro não faz essa distinção. O comodatário deve conservar a coisa como se fosse sua, não lhe servindo a desculpa de ter gênio desleixado. A verdade é que se exige cuidado mais extremo, pois que, se em situação de perigo, o comodatário der preferência às suas coisas, deixando perecer a coisa comodada, deve indenizar o comodante com base na teoria objetiva da responsabilidade. Em outras palavras, o comodatário que salvar primeiro suas coisas, deixando perecer as do comodante, responderá ainda que pelo fortuito. Dessarte, se um raio cair sobre a garagem do comodatário, vindo

---

[29] Precário era, no Direito Romano, contrato pelo qual se abandonava alguém, gratuitamente e a título de tolerância, o uso de coisa ou o exercício de direito, ficando o precarista obrigado à restituição à primeira requisição. O precário dava-se quase que tacitamente. Era comum ocorrer entre patrícios (nobres romanos) e seus clientes (normalmente, mas não só, escravos alforriados que continuavam a viver sob o patrocínio do antigo senhor), referindo-se às terras públicas de que aqueles tinham o uso e o gozo. De início, o precário nem era considerado contrato. Só no período clássico, que se estendeu, mais ou menos, de meados do século II antes de Cristo, até o fim do século III depois de Cristo, é que veio a se classificar como contrato real.

[30] Tradução livre do seguinte trecho do Digestum, Lib. XIII, Tit. VI, 18. "in rebus commodatis talis diligentia praestanda est qualem quisque diligentissimus paterfamilias suis rebus adhibet".

a incendiá-la, e o comodatário, podendo salvar apenas um carro, retirar o seu, deixando o do comodante se consumir pelo fogo, terá que indenizá-lo, mesmo que prove ter sido o incêndio fortuito.

Indenizar o comodante pelos danos, se houver concorrido com culpa. Em caso de perigo, como vimos, se salvar suas coisas, abandonando as do comodante, vindo estas a perecer, indenizará os prejuízos, mesmo que não tenha tido culpa pelo acidente.

O comodatário não tem direito ao reembolso de despesas com a conservação normal da coisa. No caso de gastos extraordinários, aplica-se a regra geral das benfeitorias nas obrigações de restituir coisa certa. Por outros termos, pelas despesas com benfeitorias necessárias e úteis terá direito de retenção e reembolso. Pelas benfeitorias voluptuárias, só terá direito a reembolso se tiverem sido autorizadas. Mesmo neste caso, não terá direito de retenção. Se, por outro lado, o comodante não autorizou o implemento das benfeitorias voluptuárias, o comodatário a nada terá direito, apenas o de levantá-las, ou seja, retirá-las, desde que o levantamento não danifique a coisa.

Restituir o objeto no prazo ajustado ou, não havendo prazo, quando lhe for requisitada a coisa, respeitado prazo razoável para que dela se utilize. Se houver empréstimo para certo fim, o comodante terá que aguardar que este se cumpra, sob pena de perdas e danos. Uma vez constituído em mora, o comodatário estará sujeito ao pagamento de aluguéis arbitrados pelo comodante, ainda que altos, porque sua natureza jurídica é de pena, e não de contraprestação. Entendo aplicar-se, aqui, a mesma regra da locação, ou seja, se os aluguéis arbitrados pelo comodante forem excessivamente altos, o juiz poderá reduzi-los, não perdendo de vista, porém, que têm a natureza de pena, devendo ser mais altos que o normal. O fundamento é o princípio do enriquecimento sem causa.

O sujeito ativo para receber o comodato é o comodante ou quem tenha poderes legais ou convencionais para recebê-lo.

Se dois ou mais, os comodatários responderão solidariamente. O fundamento é a gratuidade do contrato.

i] Obrigações do comodante

Em princípio, não as tem. Mas haverá, eventualmente, duas hipóteses em que podem surgir obrigações:

1] Reembolsar as despesas necessárias e úteis, tendo por elas o comodatário direito de retenção, quer dizer, poderá reter a coisa em suas mãos até que seja pago.
2] Indenizar o comodatário por vício oculto que, dolosamente, haja escondido, desde que, por força do defeito, advenha prejuízo ao comodatário. Por exemplo, A empresta seu carro a B, sabendo que os freios estavam

defeituosos. B, por causa de falha nos freios, vem a bater o carro, machucando-se. A não só não terá direito a nenhuma indenização, como deverá ressarcir B de todos os danos por ele sofridos.

10.6.2 Mútuo

a] Definição

É empréstimo, gratuito ou oneroso, de coisas fungíveis. É o contrato no qual uma das partes empresta à outra coisa fungível, ficando esta obrigada a restituir-lhe coisa da mesma espécie, qualidade e quantidade.[31]

As diferenças entre mútuo e comodato podem ser agrupadas no seguinte esquema:

Quadro 10.5 Diferenças entre mútuo e comodato

Mútuo	Comodato
Coisas fungíveis	Coisas infungíveis
Gratuito ou oneroso	Gratuito
Translatício de domínio	Translatício de posse direta
Empréstimo de consumo	Empréstimo de uso

b] Partes

Denomina-se *mutuante* o que empresta, sendo o que toma emprestado chamado de mutuário.

c] Caracteres jurídicos

Quanto a suas características, o mútuo é contrato:

- típico, pois encontra guarida nos arts. 586 a 592 do CC;
- puro, uma vez que não resulta de combinação de duas ou mais espécies contratuais, como ocorre com o *leasing*, misto de compra e venda e locação;
- real, por exigir a *traditio rei*, sem o que não há mútuo, mas sim contrato preliminar que obriga as partes, como qualquer outro contrato promissório. Aqui vale observar que esse contrato preliminar só pode ser revogado se o promitente mutuante observar mudança no patrimônio do promissário mutuário que induza à insolvência deste. A revogação injustificada importa perdas e danos.

---

31 BEVILÁQUA, Clóvis. **Código Civil**. 3. ed. Rio de Janeiro: Francisco Alves, 1927. v. 4, p. 454 *et seq.*

Parte da doutrina considera essa característica romanismo inútil, sendo o mútuo contrato consensual. A tradição da coisa seria apenas o primeiro ato executório:

- Gratuito em sua essência, podendo ser oneroso. Isso equivale a dizer que, como regra, à prestação do mutuante não corresponde qualquer contraprestação do mutuário, além de restituir coisa da mesma espécie, qualidade e quantidade. Para que seja oneroso, é necessária cláusula expressa nesse sentido. No entanto, se o mútuo se destinar a fins econômicos, a presunção é a de onerosidade. Segundo o Código Civil, a taxa máxima de juros não poderá ultrapassar a que estiver em vigor para a mora do pagamento de impostos devidos à Fazenda Nacional. Tal seria o caso do mutuário que toma o empréstimo para investir em algum empreendimento, por exemplo

Analisando a situação do mútuo de dinheiro, temos que se o mutuário toma $ 100,00 emprestados, tendo que restituir os mesmos $ 100,00, o mútuo será gratuito. Se toma $ 100,00, tendo que restituir os mesmos $ 100,00 acrescidos de juros, o mútuo será oneroso. Mas e se tomar $ 100,00, tendo que restituir $ 100,00 mais correção monetária? Será o contrato gratuito ou oneroso? Não há outra resposta possível: será gratuito. Ora, a correção monetária apenas corrige a defasagem do dinheiro perante a inflação. Nada acrescenta. Não há, portanto, falar em contraprestação, sendo o mútuo, neste caso, gratuito. Dizer que tal ponto de vista é econômico, não sendo juridicamente defensável, é silogismo. O problema levanta-se quando se questiona a obrigatoriedade ou não de cláusula expressa prevendo correção monetária. Se no mútuo de dinheiro não houver cláusula permitindo a cobrança de correção monetária, esta se presumiria, ou seria ilícito cobrá-la? Não pode haver outro entendimento a não ser no sentido de ser ela presumida. Considerar ilícita a cobrança de correção monetária não explicitada no contrato é desumano, injusto, contrário a qualquer princípio do bom Direito. É indefensável. É acobertar enriquecimento sem causa. A situação do mútuo representado por título cambial, como letra hipotecária, ou nota promissória, ou cheque pré-datado, em nada muda. O acréscimo da correção monetária não afeta a literalidade do título, de vez que apenas corrige, e muitas vezes mal, a defasagem do valor da moeda.

- Unilateral, pois só o mutuário tem obrigações.
- Pré-estimado, pois tanto a prestação do mutuante quanto a do mutuário são previamente conhecidas. Não é como no seguro, em que a prestação do segurador depende de evento futuro e incerto, totalmente desconhecido.

Eventualmente será aleatório, quando, por exemplo, a prestação do mutuário se alterar de acordo com a variação de algum índice.
- De execução futura, por se celebrar num momento e se executar noutro.
- Individual, por só obrigar as partes que dele tomarem parte.
- Negociável ou de adesão, dependendo do fato de serem suas cláusulas resultado de negociações entre as partes ou de serem impostas unilateralmente por uma delas à outra, como ocorre nos financiamentos do Sistema Financeiro Imobiliário.
- Impessoal, por não se basear, em princípio, na confiança recíproca entre as partes. Evidentemente, nenhum banco emprestará dinheiro à pessoa sobre a qual não faça antes investigação. Mas o empréstimo bancário está aberto a qualquer pessoa que satisfaça as condições exigidas pelo banco. Não é como no comodato, em que o comodante só empresta para amigo ou conhecido em quem confie. Excepcionalmente, porém, pode ser *intuitu personae*, quando se tratar, por exemplo, de mútuo caritativo, dirigido a um parente ou amigo.

d] Requisitos subjetivos

O que se exige, de início, é a capacidade genérica para a realização dos atos da vida civil. Mas a capacidade contratual também deve ser observada. Assim, o mutuante deve ser o dono da coisa mutuada, ou ter autorização do dono. Isso se funda no fato de ser o mútuo translatício de domínio, ou seja, opera a transferência da propriedade da coisa mutuada. Realmente, se tomo um quilo de feijão emprestado, torno-me seu dono, podendo dele dispor como bem entender, desde que restitua outro quilo de feijão ao mutuante, da mesma espécie e qualidade. Mas se o mútuo já houver sido feito por quem não de direito, o verdadeiro dono poderá reivindicar a coisa e, se esta já não existir, exigirá perdas e danos.[32]

A doutrina entende, contudo, que o mútuo não é contrato de alienação como a compra e venda ou a doação, porque o efeito translativo não é sua causa jurídica, mas meio para que se efetive.

O mútuo feito a menor não é exigível nem dos pais, nem do tutor e muito menos do próprio menor, se quem detiver a guarda não houver autorizado. Para

---

[32] BARROS MONTEIRO, Washington de. Op. cit., v. 5, p. 217 *et seq.*

a defesa, o guardião poderá usar-se da exceção[33] do Senatusconsulto Macedoniano,[34] e não pagar o que o menor tomou emprestado. Mas obrigação natural que é, uma vez paga, não poderá ser repetida.

A regra, entretanto, comporta exceções, quando o mútuo passará a ser exigível, não do menor, mas de quem lhe detenha a guarda. Os casos são os seguintes:

1] ratificação do guardião ou do próprio mutuário, quando se tornar capaz. Sendo a ratificação do próprio mutuário, a ação será dirigida contra ele;
2] mútuo de alimentos. O menor, na ausência do guardião, teve que tomar empréstimo para prover seus alimentos, sejam eles naturais ou civis (vestuário, colégio etc.);
3] quando o menor tiver patrimônio próprio adquirido por seu trabalho, responde pelo empréstimo *intra vires patrimonii*, isto é, dentro das forças de seu patrimônio;
4] quando dolosamente esconder sua idade. É a regra do brocardo *malitia supplet aetatem*, ou seja, a malícia supre a incapacidade;
5] quando o menor ou seu guardião se beneficiar diretamente do mútuo, ao mutuante é lícito reaver o que emprestou, acionando aquele que se aproveitou, e não necessariamente o menor.[35]

e] Requisitos objetivos

Qualquer coisa fungível, desde que da propriedade do mutuante, ou com seu consentimento.

---

33 Exceção é defesa indireta, contrapondo-se à contestação, que é defesa direta. Assim, na contestação o réu nega o direito do autor. Já quando opõe exceção, não nega o direito do autor, mas alega algo que impede este direito de se realizar. Tais são as exceções de coisa julgada, de prescrição, decadência, suspeição, impedimento, Senatusconsulto Macedoniano etc.

34 Primeiramente, senatusconsulto era espécie de lei votada pelo Senado Romano, fosse por iniciativa própria, ou por iniciativa do Imperador. Normalmente tomava o nome do Senador que o propunha, do Imperador, ou da pessoa ou fato que o houvesse ensejado. O Senatusconsulto Macedoniano foi proposto no reinado de Vespasiano, sucessor de Nero, no ano 75 d.C., em virtude do menor Macedo, que teria matado seu pai, a fim de, com a herança, pagar empréstimo que havia contraído. A partir de então vigorou a regra de que empréstimo feito a filhos-família não era exigível, se o pai ou responsável não o autorizassem (TALAMANCA, Mario. **Istituzioni di diritto romano**. Milano: Giuffrè, 1990. p. 122. *Digestum*, Lib. XIV, Tit. VI, 1). É interessante acrescentar que em Roma o homem só adquiria a capacidade quando o pai morresse. Sendo órfão de pai, era-lhe nomeado tutor, só se liberando da tutela aos vinte e cinco anos. Já a mulher órfã de pai e solteira, era relativamente incapaz por toda sua vida, sujeitando-se sempre a tutor. No Brasil, a regra vigora igualmente para homens e mulheres, que só podem contrair mútuo validamente após dezoito anos. Antes disso, até dezesseis anos, só seu representante legal poderá celebrar mútuo em seu nome, e, ainda assim, com autorização judicial. Entre dezesseis e dezoito, o menor poderá contrair empréstimo, desde que autorizado por seu assistente.

35 PONTES DE MIRANDA, Francisco Cavalcanti. **Tratado de direito privado** cit., v. 42, p. 40 *et seq.*

f] Requisitos formais

É contrato real, exigindo a Lei, além da convenção, a tradição da coisa.

g] Prazo

É contrato substancialmente temporário. Se fosse perpétuo e gratuito, confundir-se-ia com a doação. Se perpétuo e oneroso, com a compra e venda.

No mais, o prazo pode ou não ser estipulado pelas partes. Se estipulado, será observado, a não ser no caso de moratória legal, isto é, quando a própria Lei determinar que seja dilatado, o que pode ocorrer em face de acontecimentos graves, tanto naturais quanto econômicos, sociais ou políticos. O prazo estipulado vigora com o mesmo valor para ambas as partes. O mutuante não pode exigir de volta a coisa, nem o mutuário pode forçar o recebimento antes do vencimento.

Se não for estipulado, o prazo presume-se:
- até a próxima colheita, se o mútuo se referir a produtos agrícolas, ou à exploração agrícola, como acontece, por exemplo, no empréstimo de dinheiro para o plantio de determinado cereal;
- de 30 dias, se for pecuniário;
- nos outros casos, o prazo que o mutuante determinar, desde que seja razoável, para que não se confunda com o precário. Em outros termos, o vencimento será *ad nutum*.

h] Obrigações do mutuante

Em princípio, nenhuma, já que a tradição da coisa é ato da própria celebração do contrato. Responde, porém, por prejuízos causados por vícios ocultos dos quais tinha conhecimento e escondeu.

i] Obrigações do mutuário

É basicamente uma, qual seja, restituir a coisa na mesma espécie, qualidade e quantidade.

j] Outras considerações

O mutuário terá que restituir somente a coisa ou a soma que tomou emprestada. Aqui entra, mais uma vez, em epígrafe a questão da correção monetária, que entendo ser presumida, sendo alta a inflação, sob pena de se configurar enriquecimento sem causa.

Se o mutuário pagar juros não estipulados, não poderá repeti-los nem imputá-los no capital. Explicando, se o mutuário pagar juros não estipulados, ou seja, se pagar juros por engano, não poderá pedi-los de volta nem subtraí-los do que, porventura, ainda dever.

Se for impossível a restituição específica de coisa da mesma espécie, qualidade e quantidade por causa não imputável ao mutuário, cabe substituição da *res debita* por dinheiro. Sendo culposa a impossibilidade, além da substituição da *res debita* por dinheiro, o mutuário deverá pagar perdas e danos.

É lícita a cláusula que permite ao mutuário restituir a coisa ou seu equivalente em dinheiro. Neste caso, teremos obrigação alternativa, presumindo-se do mutuário a opção.

O mutuante não pode ser compelido a receber *pro parte*, ou seja, parceladamente, se tal não houver sido pactuado.

O mutuante poderá exigir garantia de restituição se pressentir perigo de insolvência por parte do mutuário. A garantia poderá ser real ou fidejussória, quer dizer, poderá ser penhor, hipoteca, ou fiança, aval etc.

Se a dívida for hipotecária ou pignoratícia, i.e., se o mútuo for garantido por hipoteca ou penhor, o mutuário poderá pagá-la por antecipação ou amortizá-la, desde que o valor da parcela inicial não seja inferior a 25% do valor do débito inicial. Exemplificando, se tomo empréstimo, oferecendo imóvel em garantia, terei dívida hipotecária. Neste caso, ainda que tal não tenha sido combinado, terei direito de pagar a dívida antes do vencimento, ou pelo menos amortizá-la, pagando adiantada parte que não seja inferior a 25% do que devo.

O Código do Consumidor instituiu regra segundo a qual nos financiamentos para o consumo, ou seja, nas compras e vendas financiadas, o mutuário-comprador poderá sempre adiantar parcelas ou mesmo toda a dívida, tendo direito a abatimento dos juros e outros acréscimos.

O mútuo em dinheiro só pode ser exigido em moeda nacional, a não ser nos contratos internacionais do comércio, como contratos de importação.

10.7 Contrato de prestação de serviço

É fundamental que não se confunda a prestação de serviço aqui estudada, com os contratos do setor de serviços, o qual integra na condição de espécie. O setor de serviços é o setor terciário da economia, sendo o primário o agropecuário, e o secundário o industrial. No setor terciário, portanto, de serviços, encontram-se, além da prestação de serviço, vários outros contratos, como a empreitada, o seguro, os contratos bancários, a corretagem, o transporte, o depósito e muitos outros. Assim, quando o Código do Consumidor se refere a serviços, evidentemente, está se reportando a todos esses contratos situados no setor terciário, não só à prestação de serviço especificamente.

10.7.1 Definição

Prestação de serviço, também denominada *locação de serviço*, por força da tradição romana, é o contrato em que uma das partes se obriga para com a outra a fornecer-lhe a prestação de sua atividade, sem vínculo empregatício, mediante certa remuneração.[36]

Temos hoje em dia duas situações totalmente distintas. De um lado, o contrato de trabalho, regulamentado pela Consolidação das Leis do Trabalho e legislação complementar. Do outro lado, a prestação de serviço, regulamentada pelo Código Civil.

As diferenças entre os dois contratos são, de fato, tênues. O contrato de trabalho cria a chamada relação de emprego, vínculo empregatício, de ordem trabalhista, alimentado por três elementos caracterizadores, quais sejam, a habitualidade, a subordinação e a dependência econômica, que gera a onerosidade característica do contrato de trabalho.[37] Já a prestação de serviço não gera qualquer vínculo trabalhista, não possuindo necessariamente tais características. Assim é que não será obrigatoriamente contínua; o prestador de serviços, normalmente chamado de contratado, não depende obrigatoriamente do tomador (contratante) para sua sobrevivência econômica e, principalmente, não há a mesma subordinação que no contrato de trabalho, ou seja, não há completa hierarquia entre eles, apesar de o prestador trabalhar sob a fiscalização e orientação do tomador.

Segundo Délio Maranhão, "contrato de trabalho *stricto sensu* é o negócio jurídico pelo qual uma pessoa física (empregado) se obriga, mediante o pagamento de uma contraprestação (salário), a prestar trabalho não eventual em proveito de outra pessoa física ou jurídica (empregador), a quem fica juridicamente subordinada".[38]

Veem-se na definição do mestre pelo menos dois dos três elementos acima apontados: habitualidade (não eventualidade) e subordinação jurídica. Além disso, vê-se também que o empregado será, necessariamente, pessoa física, enquanto o prestador de serviço poderá ser pessoa física ou jurídica.

A subordinação jurídica é, para Délio Maranhão e outros muitos, o elemento mais importante na distinção entre, de um lado, os contratos de prestação de serviço e de empreitada, e, de outro, o contrato de trabalho. Naqueles, ou seja, na prestação de serviço e na empreitada, não há subordinação, há trabalho autônomo. Neste, isto é, no contrato de trabalho, há subordinação jurídica do empregado em relação ao empregador. São efeitos desta subordinação os seguintes

---

36 PEREIRA, Caio Mário da Silva. **Instituições**... cit., 18. ed., v. 3, p. 259 *et seq*.
37 DELGADO, Maurício Godinho. **Curso de direito do trabalho**. São Paulo: Ltr, 2002. p. 292.
38 MARANHÃO, Délio et al. **Instituições de direito do trabalho**. 12. ed. São Paulo: LTr, 1991. v. 1, p. 231.

direitos do empregador: de direção e de comando, de controle, de aplicação de penas disciplinares. São deveres do empregado, relativos a esta subordinação, os de obediência, diligência e fidelidade.[39]

Como se verá, e como já se disse, existe alguma subordinação do prestador de serviço em relação ao tomador, principalmente no que diz respeito aos direitos de direção e de controle, mas não é igual ao contrato de trabalho. Quando contrato um pintor para pintar minha casa, terei, sem dúvida, os direitos de dirigir e controlar seus trabalhos, mas até certo ponto. Não poderei, de qualquer modo, aplicar sanções disciplinares, tais como suspensão etc. Não haverá, definitivamente, da parte do pintor, qualquer dever de obediência, por não haver hierarquia funcional entre as partes, como há no contrato de trabalho.

Após o advento da Constituição de 1988, ficam sob a égide da prestação de serviço, regida pelas normas do Código Civil, o trabalho autônomo, exercido pelos profissionais liberais e representantes comerciais; o trabalho eventual, realizado apenas quando necessário, como pode ser o caso de jardineiros, que prestam seus serviços de quando em vez; e o trabalho levado a efeito pelas pessoas prestadoras de serviços a terceiros, como os de limpeza, de segurança, de informática, de conservação de elevadores etc. Acrescente-se, outrossim, que empregado é sempre pessoa física, o mesmo não ocorrendo com o prestador de serviço, que pode ser pessoa jurídica. Apesar disso, muita confusão se faz ainda entre contrato de trabalho e de prestação de serviço, empilhando-se processos nas Varas da Justiça do Trabalho.

O Código Civil, por sua vez, no art. 593, divide a prestação de serviço em prestação *lato sensu* e *stricto sensu*. *Lato sensu* é toda forma de prestação de atividade, aí incluído o contrato de trabalho subordinado. *Stricto sensu* é a prestação de serviço regida pelas normas de Direito Comum (Direito Civil). Segundo o referido artigo, "a prestação de serviço, que não estiver sujeita às leis trabalhistas ou a lei especial, reger-se-á pelas disposições deste Capítulo". Em outras palavras, estão fora do âmbito do Código Civil o contrato de trabalho subordinado e, em regra, as relações de trabalho com o Estado.

10.7.2 Partes

Aquele que contrata os serviços da outra parte é denominado locatário, tomador ou contratante. Já aquele que entrega sua força de trabalho se denomina locador, prestador de serviços, ou simplesmente contratado.

---

[39] Idem, p. 237.

10.7.3 Caracteres jurídicos

Por suas características, podemos asseverar que a prestação de serviço é contrato:

- Típico, porque tipificado no Código Civil.
- Puro, visto que não é produto da fusão de duas ou mais outras espécies de contratos.
- Consensual, de vez que se reputa celebrado solo consenso.[40]
- Oneroso ou comutativo, por suportarem ambas as partes um ônus. À prestação de uma das partes corresponde contraprestação da outra. Nada impede, entretanto, que seja gratuito, desde que explicitamente pactuado entre as partes.
- Bilateral, por pressupor direitos e deveres para ambas as partes.
- Pré-estimado ou aleatório, na dependência de as prestações devidas por cada um dos contratantes serem ou não conhecidas de antemão. O resultado na prestação de serviço nem mesmo pode ser conhecido antecipadamente, embora se possa desejá-lo.
- De execução diferida ou sucessiva, dependendo de como se execute. Se contrato encanador para fazer a manutenção do encanamento de edifício, a fim de que a cada vez que realizar serviço receba sua remuneração, a execução será diferida, por ter sido o contrato celebrado num momento e executado em outro. Mas se contrato pessoa jurídica para fazer a lavagem semanal da rouparia, ou para conservar os elevadores de um edifício, recebendo fixo mensal ou semanal para tanto, sua prestação será contínua, sendo o contrato executado sucessivamente no tempo. O mesmo ocorre quando alguém contrata a assistência jurídica de escritório de advocacia. O contrato será executado continuamente, sucessivamente.
- Individual, pois só obriga as partes contratantes. Pode, entretanto, haver contrato coletivo de prestação de serviços, quando celebrado com uma coletividade, como, por exemplo, um condomínio.
- Normalmente negociável, uma vez que, pelo menos em tese, há a possibilidade de discussão de cláusulas, mas pode ser de adesão, como é o caso dos contratos com as grandes prestadoras de serviços de água, luz, telefone etc.
- *Intuitu personae*, por presunção, por se basear, em princípio, na confiança pessoal que o contratante deposita no contratado. Assim dispõe o art. 605 do CC. Podem, porém, as partes aceitar a substituição uma da outra, isto é, o tomador pode aceitar que o serviço seja prestado por alguém indicado pelo prestador original, bem como o prestador pode aceitar prestar o serviço a outra pessoa indicada pelo tomador. Nestes casos, o contrato será impessoal.

---

40 *Solo consensu* significa, literalmente, "só pelo consenso".

10.7.4 Requisitos subjetivos

Ambas as partes devem possuir capacidade genérica para se obrigar, ou seja, devem ser maiores de 18 anos. Contudo, se, porventura, o contrato for celebrado por prestador incapaz, poderá ser anulado, mas os serviços já prestados deverão ser remunerados, pois não seria jurídico que, a pretexto da falta de requisito subjetivo, fosse alguém locupletar-se da atividade alheia. Se incapaz for o tomador, o contrato será também inválido, podendo ser anulado, a não ser que o incapaz tenha dolosamente escondido sua condição, ou que o negócio venha a ser ratificado pelo representante legal, ou pelo próprio incapaz, finda a incapacidade, ou que, ainda, venha o representante legal a se beneficiar com o contrato.

10.7.5 Requisitos objetivos

O objeto desse contrato é obrigação de fazer, ou seja, prestação de atividade lícita, não vedada pela Lei e pelos bons costumes (boas práticas), oriunda da energia humana, podendo ser física ou intelectual.

10.7.6 Requisitos formais

Como já observamos anteriormente, prestação de serviço é contrato consensual, bastando a convenção para que se repute celebrada. Decorre daí que sua forma é livre, podendo ser escrita, verbal, mímica, ou mesmo tácita.

10.7.7 Elementos

São, diferentemente da locação de coisas, apenas objeto e consenso (*res et consensus*). O preço não é elemento essencial, haja vista poder ser a prestação de serviço gratuita.

10.7.8 Preço

Por *preço* deve entender-se a contraprestação devida pelo prestador à pessoa que aluga sua força de trabalho.

Não é elemento essencial ao contrato que, como vimos, apenas se presume oneroso. Deve ser convencionado pelas partes. Mas na falta de convenção, será arbitrado pelo juiz, muitas vezes, com o auxílio de peritos, conforme os costumes locais, o tempo que durar a prestação e a qualidade do serviço.

Paga-se a retribuição no final, após a realização do serviço, salvo estipulação contrária.

O objeto da prestação do tomador é, de regra, dinheiro, nada impedindo, porém, que seja em outra espécie de bens, como alimentos, vestuário, moradia etc.

10.7.9 Prazo

Exatamente por ser inalienável a liberdade humana, o prazo máximo de duração do contrato de prestação de serviço não será superior a quatro anos. Advindo o termo, isto é, findo o prazo, o prestador pode despedir-se ou ser despedido unilateralmente. Nada impede, entretanto, que novo contrato seja celebrado por período igual ou inferior.

Se o período for superior a quatro anos, poderá ser reduzido pelo juiz.

Não havendo prazo determinado, nem puder ser ele inferido da natureza do serviço ou dos costumes do lugar, qualquer uma das partes poderá unilateralmente resilir o contrato, mediante aviso prévio de oito dias, se o salário for fixado por um mês ou mais, de quatro dias, se for o salário fixado por uma semana ou 15 dias, e de véspera, ou seja, com um dia de antecedência, se o salário for ajustado por menos de sete dias.

O prestador que for contratado por tempo certo ou por obra determinada não poderá ausentar-se ou despedir-se sem justa causa antes do término do prazo ou da obra. Assim, não se conta no prazo o tempo em que o prestador, sem justa causa, deixou de servir. Tal seria o caso de doença simulada, ou de viagem de lazer etc. Mas se deixar de prestar o serviço por motivo justo, contar-se-á o tempo no prazo contratual.

Findo o contrato, o prestador tem direito a exigir quitação do tomador. Também terá este direito se for despedido sem justa causa ou se deixar o serviço por motivo justo. No termo de quitação, o tomador declarará que o contrato está extinto, nada lhe devendo o prestador.

10.7.10 Obrigações do prestador

As obrigações de quem põe à disposição sua força de trabalho podem ser resumidas em basicamente uma, qual seja, bem realizar o serviço assumido no tempo, local e dentro das especificações combinados, sempre sob a orientação e fiscalização do tomador.

Se o prestador não tiver habilitação legal para o serviço, não terá direito à remuneração normalmente paga. Todavia, poderá exigir remuneração razoável, se provar que agiu de boa-fé e de que o serviço prestado resultou em proveito para o tomador. Evidentemente, não terá qualquer direito se a habilitação for essencial para que se dê a prestação, como é o caso dos médicos, dentistas, advogados etc.

Segundo o Código do Consumidor, o fornecedor de serviços responde, independentemente de culpa, pela reparação dos danos causados aos consumidores por defeitos relativos à prestação dos serviços, bem como por informações insuficientes ou inadequadas sobre sua fruição e riscos. Mas a responsabilidade pessoal dos profissionais liberais será apurada mediante a verificação de culpa.

Em outras palavras, cuidando-se de profissionais liberais, como médicos e advogados, aplica-se a teoria subjetiva da responsabilidade.

O termo "fornecedor de serviços" empregado pelo Código do Consumidor é genérico e se refere a todo contrato situado no setor terciário (de serviços), como observamos *supra*. Por óbvio que, integrando a prestação de serviço esse grupo, a regra vale para ela também.

10.7.11 Obrigações do tomador

Resumem-se a duas, ou seja, remunerar o serviço contratado na forma, tempo e local combinados e prover todos os meios necessários no sentido de facilitar a prestação do contratado. Em outras palavras, a prestação do contratado realiza-se por conta e risco do tomador.

Se alguém aliciar pessoa que estava obrigada, por contrato escrito, a prestar serviço a outrem, deverá pagar ao prejudicado a importância equivalente a dois anos de serviços. Suponhamos que João contrata Manoel para cuidar de seu jardim, uma vez por mês. Joaquim alicia Manoel, fazendo-o deixar João. Como resultado, Joaquim deverá pagar a João o equivalente a dois anos de serviços de Manoel. Esta é a leitura que se pode fazer do art. 608 do CC.

10.7.12 Extinção do contrato

O contrato de prestação de serviço extingue-se em virtude de várias causas, que temos por bem agrupar. Assim é que se extinguirá o contrato, mesmo que se tenha convencionado o contrário, por justa causa, mas sem culpa de uma das partes; por justa causa, por culpa de uma das partes; e sem justa causa.

Vejamos primeiramente a extinção por justa causa quando uma das partes, por fato alheio à sua vontade, der-lhe origem. Pode ser a causa atribuível a fato do prestador ou a fato do tomador.

Por fato do prestador, extingue-se a locação quando ele:

- tiver que exercer função pública ou desempenhar obrigação legal, incompatíveis com a continuação do serviço;
- achar-se inabilitado, por caso fortuito ou de força maior, para cumprir o contrato, como no caso de doença, por exemplo.

Nesses casos, o prestador poderá denunciar o contrato, exigindo a remuneração pelo trabalho já prestado.

Por fato do tomador, o contrato extingue-se:

- por morte do tomador, fazendo jus o prestador à remuneração relativa ao trabalho já concluído, o que lhe será pago pelos herdeiros, dentro das forças da herança (*intra vires hereditatis*);
- por força maior ou caso fortuito, que o impossibilite de cumprir sua obrigação, como quando um pintor é contratado para realizar a pintura de uma casa e esta pega fogo, vindo a se destruir.

Logicamente, o prestador fará jus à remuneração do que já houver concluído.

Analisemos agora a extinção por justa causa, quando uma das partes, por ação ou omissão culpável, lhe der ensejo. O Código Civil não menciona o que se pode considerar justa causa. De qualquer forma, exemplificativamente, pode-se dizer que o prestador poderá resolver o contrato se:

- o tomador lhe exigir algo além de suas forças, como, por exemplo, trabalhar 20 horas por dia, ou algo proibido por lei, ou ainda contrário aos bons costumes (boas práticas) ou alheio ao contrato;
- o tomador tratá-lo com excessivo rigor;
- o tomador faltar às obrigações contratuais;
- sentir que corre perigo em companhia do tomador, como o de contágio;
- for ofendido pelo tomador na honra de sua pessoa ou de sua família.

Em todos esses casos, o prestador terá direito à remuneração vencida e metade da que teria direito se concluísse os serviços.

O tomador poderá, da mesma forma, resolver o contrato se o prestador agir de modo incompatível com a conduta esperada. Exemplificativamente, pode-se dizer que o tomador poderá pôr fim ao contrato se o prestador:

- ofendê-lo na honra de sua pessoa ou de sua família;
- tiver vícios ou mau procedimento;
- não cumprir as normas contratuais;
- agir com imperícia ou negligência, ou seja, não realizar os serviços a contento.

Em qualquer desses casos, o prestador fará jus à remuneração relativa ao serviço já prestado, mas responderá por perdas e danos, se os houver causado ao tomador.

A extinção será sem justa causa quando qualquer uma das partes der por encerrado o contrato por prazo indeterminado, cumprido o aviso prévio a que nos referimos acima. Neste caso, o prestador terá direito a todas as parcelas remuneratórias relativas ao serviço já realizado.

Se o contrato for por prazo determinado, ou por obra certa, e o tomador, sem justa causa, considerá-lo findo, responderá por perdas e danos, pagando ao prestador a remuneração referente ao serviço já prestado e a metade da que teria direito caso terminasse o contrato.

Sendo o contrato por obra determinada ou por prazo certo, e o prestador se despedir sem motivo justo, terá direito à remuneração relativa ao que já houver trabalhado, descontados os prejuízos que houver causado.

10.8 Contrato de empreitada

10.8.1 Definição

Empreitada ou *locação de obra* é o contrato pelo qual um dos contratantes se obriga, sem subordinação ou dependência e sem qualquer vínculo empregatício, a entregar ao outro o resultado de sua atividade, pessoalmente ou por interposta pessoa, com material próprio ou não, mediante remuneração determinada ou proporcional ao trabalho executado.

10.8.2 Partes

Aquele que contrata a obra com o outro se denomina *contratante, empreitante, empreitador, dono da obra, proprietário da obra* ou *comitente*.

Já quem põe à disposição sua atividade é chamado de contratado ou empreiteiro.

10.8.3 Elementos essenciais

São o tempo, o objeto e o consenso (*tempus, res et consensus*).

A empreitada, por ser obrigação de resultado, caracteriza-se pelo fato de só interessar o resultado final. Seu objeto será, portanto, a obra concluída, não importando, em princípio, o tempo nem a forma como se tenha realizado, o que não ocorre na prestação de serviço.

Pode ter por objeto obra material, como a construção de uma casa, de uma estrada, o corte de uma mata, o conserto de um carro, a confecção de uma roupa etc., ou intelectual, como, por exemplo, o proferimento de palestra, a confecção de parecer etc.

O importante é que tem em vista a obra executada. Por isso, paga-se o resultado do serviço. Se o empreiteiro despender mais tempo do que o previsto para executá-lo, não terá direito a nenhuma verba complementar, a não ser que se aplique ao caso a teoria da imprevisão.

O tempo será elemento essencial à empreitada, no sentido de que jamais será à vista. Sempre haverá certo prazo para a consecução da obra.

Outro elemento essencial é o consenso, ou seja, as partes devem expressar sua vontade de forma livre, sem qualquer tipo de obstáculo. Daí decorre ser a empreitada contrato consensual, não lhe exigindo a Lei forma especial.

10.8.4 Preço

O preço é a contraprestação do dono da obra e será pago pelo resultado do serviço. Quanto ao modo pelo qual é fixado, há várias espécies de empreitada.

Haverá empreitada global, ou *marché à forfait*, se o preço for estipulado para a obra inteira, sem se considerar o fracionamento da atividade. Será fixado de antemão, em quantia certa e invariável. Mesmo que o preço seja parcelado, a empreitada continua sendo global, se o preço tiver sido fixado em razão da obra como um todo.

Se não se admitir qualquer alteração, seja qual for o custo da mão de obra ou dos materiais, ter-se-á empreitada a preço fixo absoluto ou empreitada sem reajustamento, e o empreiteiro não poderá exigir do comitente quantia maior do que a ajustada. Se permitir a variação em decorrência do preço de alguns componentes da obra, ou de alterações programadas por força de fatos previsíveis, mas ainda não constatados, configurar-se-á empreitada a preço fixo relativo ou empreitada de valor reajustável. Exemplo seria uma empreitada internacional, fixada em dólares.

A empreitada será por medida, também denominada empreitada *ad mensuram* ou *marche sur dévis*, se na fixação do preço atender-se ao fracionamento da obra. Em outras palavras, o empreiteiro receberá por módulos que entregar prontos.

Poderá ser ainda por preço máximo, quando se estabelecer limite de valor que não poderá ser ultrapassado pelo empreiteiro.

Finalmente, teremos empreitada a preço de custo se o empreiteiro se obrigar a realizar o trabalho, ficando sob sua responsabilidade o fornecimento dos materiais e da mão de obra, mediante reembolso do despendido, acrescido do lucro.

10.8.5 Caracteres jurídicos

Por suas características, podemos afirmar que a empreitada é contrato:

- Típico, porque tipificado no Código Civil.
- Puro, visto que não é produto da fusão de duas ou mais outras espécies de contratos.
- Consensual, de vez que se celebra *solo consenso*.

- Oneroso, pois que ambas as partes suportam um ônus, correspondente à vantagem que auferem. Nada impede, entretanto, que seja gratuito, desde que explicitamente pactuado entre as partes. Neste caso, quem suportará o ônus será apenas o empreiteiro.
- Bilateral, por pressupor direitos e deveres para ambas as partes.
- Pré-estimado, uma vez que tanto a prestação de uma das partes quanto a contraprestação da outra são de antemão conhecidas. Poderá ser também aleatório se for a preço de custo ou de valor reajustável.
- De execução diferida, por ser celebrado em um momento e executado em outro. Há quem afirme poder ser a empreitada contrato de execução sucessiva. Entendo, particularmente, não ser possível. Ora, é contrato que gera obrigação de resultado. Este é que será retribuído. Os contratos de execução sucessiva caracterizam-se exatamente por não se extinguirem apesar das soluções periódicas. Contrato de execução sucessiva é a locação de coisa ou de serviço. Se alugo apartamento, pagarei aluguéis por sucessivos meses, sem que, com isso, o contrato se extinga. Se contrato lavadeira, toda semana incumbir-se-á ela da roupa suja, recebendo por tal, sem que com isso o contrato se extinga. Mas se contrato alfaiate para consertar roupa, ou confeccionar terno, uma vez que conserte-a ou confeccione-o, receberá seus honorários, extinguindo-se o contrato. Se contrato engenheiro para que construa casa, pagando-lhe mês a mês, à medida de suas necessidades, a cada mês, o contrato estará mais próximo do fim; cada parcela paga extingue parte do contrato. Portanto, não vejo como possa ser a empreitada contrato de execução sucessiva. Será, indubitavelmente, contrato de execução diferida.
- Individual, pois só obriga as partes contratantes.
- Negociável, por ser fruto de debates entre as partes.
- Por presunção, é contrato impessoal. É o que se pode presumir da leitura do art. 626, segundo o qual a morte de qualquer das partes não extingue o contrato, salvo se celebrado *intuitu personae*. Em outras palavras, a pessoalidade não se presume, mas resulta de convenção. O que se presume é a impessoalidade, daí porque se admitir mais amplamente a subempreitada. Se o contrato a permitir expressamente, o empreiteiro responde apenas por culpa *in eligendo*, caso escolha mal o subempreiteiro. Se proibir, neste caso, o empreiteiro continua responsável objetivamente pelos erros do subempreiteiro perante o dono da obra. Se o contrato for omisso e impessoal, responde o empreiteiro por culpa do subempreiteiro. Caso seja *intuitu personae*, a responsabilidade do empreiteiro será objetiva, como se o contrato proibisse a subempreitada.

10.8.6 Diferenças entre empreitada e prestação de serviço

Como vimos, a empreitada gera obrigação de resultado. O que interessa é a obra pronta. O empreiteiro recebe pelo resultado obtido. Já na prestação de serviço, o importante é a execução do próprio serviço, é a própria prestação pessoal do prestador. É contrato que gera obrigação de meio. Mas há algumas outras diferenças importantes.

Na prestação de serviço, o prestador coloca sua atividade à disposição do tomador, mediante remuneração, por conta e risco deste, enquanto na empreitada o empreiteiro, como regra, se obriga a fazer determinada obra ou a realizar certo serviço, mediante preço ajustado, trabalhando por conta própria, assumindo os riscos inerentes à sua atividade.

Na prestação de serviço há *certa* subordinação entre prestador e tomador, trabalhando aquele sob as ordens e orientação deste. Já na empreitada, há completa independência entre as partes. O que importa é o resultado do serviço.

Na prestação de serviço, a remuneração corresponde aos dias ou horas de trabalho, ao passo que na empreitada a remuneração é proporcional ao serviço executado, sem maiores atenções ao tempo despendido. Assim, se contrato um pedreiro, pagando-lhe por dia de serviço, para realizar obras e reparos em minha casa, dentre eles, levantar um muro, teremos contrato de prestação de serviço. Mas se contrato o mesmo pedreiro, para que construa o muro, pagando-lhe pela obra pronta, teremos empreitada, ainda que o pagamento seja fracionado em parcelas diárias.

Na empreitada a tarefa é sempre determinada, como, por exemplo, traduzir certo texto. Já na prestação de serviço, a tarefa pode não ser determinada, como a tradução de todos os textos que surgirem dentro de certo período de tempo. Neste caso, o prestador é contratado, recebendo por cada período de tempo em que ficar à disposição do tomador, não por cada obra que traduzir, o que já seria empreitada.

Há quem entenda que esses critérios diferenciadores não são absolutos. Pode haver contrato de prestação de serviço, com obrigação de resultado, como o advogado que se compromete a ultimar uma escritura de compra e venda.[41]

A questão é controversa.

Em primeiro lugar, o exemplo talvez não seja muito bom, uma vez que essa obrigação de ultimar uma escritura de compra e venda, pode considerar-se de meio, dependendo do ângulo de análise e das características do caso concreto. Ora, ultimar uma escritura implica realizar trâmites notariais, ou seja,

---

41 VENOSA, Sílvio de Salvo. **Direito civil**... cit., v. 3, p. 206.

o advogado é contratado quase que na condição de despachante. Paga-se pela execução do serviço; não pela obra em si.

Em segundo lugar, se relativizarmos os critérios, nunca saberemos com certeza, tratar-se de prestação de serviço ou de empreitada. A dogmática se enfraquecerá demasiadamente, e a diferenciação ficará ao sabor dos costumes e das impressões ou opiniões pessoais. Uma vez entendido que, também a empreitada pode ter por objeto obra imaterial, não há porque não se considerar empreitada contratos, como o celebrado entre o cliente e o advogado, para que este produza e entregue um modelo de certo contrato. Neste caso, tratar-se-á de verdadeira obrigação de resultado, caso se esteja pagando pelo modelo do contrato, que poderá inclusive já se achar pronto, no banco de dados do advogado.

10.8.7 Requisitos subjetivos

Ambas as partes devem possuir capacidade genérica para se obrigar, ou seja, devem ser maiores de 18 anos ou emancipadas. Mas, se, porventura, o contrato for celebrado por empreiteiro incapaz, não seria jurídico que, a pretexto da falta de requisito subjetivo, fosse alguém locupletar-se da atividade alheia. Assim, mesmo que o contrato venha a ser anulado, a remuneração pelo trabalho já feito será devida. Se incapaz for o empreitante, o contrato será inválido, a não ser que o incapaz tenha dolosamente escondido sua condição, ou que o negócio venha a ser ratificado pelo representante legal, ou pelo próprio incapaz, finda a incapacidade, ou que ainda venha o representante legal a se beneficiar com o contrato.

10.8.8 Requisitos objetivos

O objeto desse contrato é obrigação de resultado, ou seja, o resultado da prestação de atividade lícita, não vedada pela Lei e pelos bons costumes (boas práticas), oriunda da energia humana, podendo ser física ou intelectual, importando, acima de tudo, a entrega da obra concluída.

Atualmente é bastante comum a empreitada em regime de *turn-key* (também grafado *turnkey*), ou "chave na mão". Trata-se de um tipo de operação empregada em processos licitatórios, mas não só, no qual empreiteiro contratado obriga-se a entregar a obra em condições de pleno funcionamento.

Na realidade, a ideia da empreitada sempre foi essa mesma, ou seja, entregar o resultado pronto. O que caracteriza o *turn-key* é que, nesse regime, o empreiteiro é responsável pelo projeto e pela obra – da escolha e compra dos materiais à execução. Em alguns casos, há até assessoria para a escolha do imóvel ou do terreno.

10.8.9 Requisitos formais

Como já observamos anteriormente, a empreitada é contrato consensual, bastando a convenção para que se repute celebrada. Decorre daí que sua forma é livre, podendo ser escrita, verbal, mímica, ou mesmo tácita.

10.8.10 Obrigações do empreiteiro

Executar a obra conforme as determinações do contrato e dentro da boa técnica, pessoalmente, sempre que a empreitada for *intuitu personae*.

Corrigir os vícios ou defeitos que a obra apresentar, sob pena de tê-la enjeitada ou de ter que fazer abatimento no preço.

Não fazer acréscimos ou mudanças desnecessárias sem o consentimento do dono da obra.

Havendo modificações no projeto original, não poderá o empreiteiro exigir aumento no preço. Mas se as modificações forem exigidas em documento escrito, pelo dono da obra, poderá haver aumento no preço.

Suponhamos que uma construtora apresentou um projeto de casa a Frederico, e este o aceitou. Durante a construção, a construtora verificou a necessidade de modificar o projeto original. Não poderá, por isso, exigir aumento no preço, a não ser que assim se tenha combinado no contrato. Outra será a situação se Frederico requisitar as modificações por escrito. Sendo assim, a construtora poderá exigir aumento no preço. A exigência de que as modificações pleiteadas pelo dono da obra sejam feitas por escrito, para ensejar o aumento no preço, não é, na verdade, elemento essencial, mas *ad probationem tantum*. Se o empreiteiro conseguir provar por outros meios lícitos que as modificações se deram por fato do dono da obra, e que teve despesas a mais com isso, é evidente que terá direito à complementação do preço. Não admiti-la seria acobertar o enriquecimento sem causa.

Caso as modificações se façam sob as vistas do empreitante, e este se cale, mesmo que não as tenha pedido, terá que complementar o preço.

Entregar a obra concluída a seu dono, que terá o dever de recebê-la, podendo ser, por isso, constituído em mora de receber, quando, então, o empreiteiro poderá fazer uso da ação de consignação em pagamento, a fim de obrigar o dono a receber.

Se a execução da obra for suspensa pelo empreiteiro, sem justa causa, deverá indenizar o empreitante por todos os danos que lhe causar.

Pagar os materiais que recebeu do empreitante, se por imperícia os inutilizar.

Denunciar ao comitente os defeitos e falhas dos materiais entregues, se puderem comprometer a obra.

Fornecer os materiais de acordo com a qualidade e quantidade convencionadas. Neste caso, a empreitada denomina-se de *materiais* ou *mista*. Mas a obrigação de fornecer os materiais pode ser do empreitante, quando a empreitada será chamada de *empreitada de lavor*.

Segundo o Código Civil, a obrigação de fornecer os materiais não se presume, ou seja, deve ser especificada no contrato, se não for objeto de lei especial.

Facultar ao empreitante fiscalizar a realização dos trabalhos.

Nos contratos de empreitada de edifícios e outras construções consideráveis, o empreiteiro, se a empreitada for de materiais, responderá pela solidez e segurança do trabalho, tanto em razão dos materiais quanto em razão do solo, pelo prazo irredutível de cinco anos. Mas, uma vez que apareça o defeito, o dono da obra é obrigado a denunciá-lo, se for o caso, judicialmente, no prazo máximo de 180 dias, sob pena de decadência. Esta mesma regra se aplica ao autor do projeto.

Sendo o empreiteiro contratado para elaborar um projeto, não fica, em princípio, obrigado a executá-lo ou a fiscalizar a execução. Em outras palavras, essas obrigações devem ser objeto de convenção, não se presumindo do simples fato de o contratado ter sido autor do projeto.

O empreiteiro é obrigado a rever o preço, a pedido do empreitante, se houver diminuição do valor do material ou mão de obra superior a 1/10 do preço global.

10.8.11 Obrigações do empreitante

Pagar ao empreiteiro, na época ajustada, a remuneração convencionada.

Verificar tudo o que for feito, apontando as falhas, sob pena de se presumirem aceitas as partes já pagas.

Em relação às medições, presumem-se estas verificadas, caso o empreitante não denuncie algum defeito, no prazo de 30 dias, contados da medição.

Receber a obra, uma vez concluída e verificada.

Fornecer os materiais, quando isso lhe competir. Neste caso, denomina-se o contrato *empreitada de lavor*, como vimos acima.

Indenizar o empreiteiro pelos trabalhos e despesas que houver feito, se denunciar o contrato sem justa causa, pagando ainda os lucros que este poderia ter se concluísse a obra.

O empreitante não poderá introduzir modificações no projeto sem autorização de seu autor, a não ser que fique demonstrada a excessiva onerosidade da execução do projeto original, em razão de eventos posteriores, ou sua inviabilidade técnica.

10.8.12 Riscos

A obra, objeto da empreitada, corre riscos, podendo vir a causar prejuízos às partes e a terceiros, devido a várias causas. Evidentemente que, se os danos forem causados por culpa de alguém, caberá a este indenizar os prejudicados. Mas quem responderá pelo caso fortuito? A resposta é um tanto quanto complexa. Suponhamos o caso em que o objeto da empreitada seja um edifício que venha a desabar por razões indecifráveis. Quem responderá pelos prejuízos?

Quando a empreitada for de materiais, isto é, quando o empreiteiro fornecer os materiais, a responsabilidade será sua até a entrega da obra.

Havendo, entretanto, *mora creditoris*, ou seja, mora de receber, apenas o empreitador responderá pelos riscos. Em outras palavras, se o empreitador não receber a obra na época avençada, será sua a responsabilidade pelos riscos.

Caso, porém, seja a empreitada de lavor, quer dizer, quando o dono da obra for o fornecedor de materiais, sua será a responsabilidade, a não ser que haja culpa do empreiteiro.

A responsabilidade pelos danos causados a terceiros será mais profundamente estudada à frente, quando tratarmos das obrigações oriundas dos atos ilícitos.

10.8.13 Extinção do contrato

São fatos que extinguem a empreitada, dentre outros:

- O adimplemento da obrigação por ambas as partes.
- A morte do empreiteiro, quando o contrato for *intuitu personae*, quando a obrigação se transfere a seus herdeiros, dentro das forças da herança, ou seja, os herdeiros só arcam com o pagamento, dentro daquilo que receberem de herança. Caso a herança seja insuficiente, tanto pior para o empreitante.
- A resilição sem justa causa por qualquer uma das partes, que deverá indenizar a outra de todos os prejuízos que tal ato lhe causar.
- O distrato.
- A resolução por justa causa do contrato por qualquer uma das partes.
- A falência ou insolvência civil do empreiteiro, a não ser que o administrador judicial ou o liquidante resolvam dar continuidade à obra.
- A desapropriação do bem no qual se deva desenvolver o trabalho.
- A impossibilidade da prestação de qualquer das partes em razão de força maior ou caso fortuito.
- A invalidade do contrato, por conter defeito grave ou leve.

10.9 Contrato de depósito

10.9.1 Definição

É contrato pelo qual uma pessoa recebe objeto móvel para guardar, até que o depositante o reclame.[42]

10.9.2 Partes

Aquele que entrega a coisa se denomina depositante, enquanto o que a guarda se chama depositário.

10.9.3 Caracteres jurídicos

Levando em conta suas características, o depósito é contrato:

- Típico, por se achar tipificado no Código Civil, nos arts. 627 a 652.
- Puro, visto que não é fruto da mistura de dois ou mais outros contratos.
- Real, pois só se perfaz com a entrega da coisa. Parte da doutrina o considera consensual, havendo antes da entrega da coisa contrato promissório. A entrega seria o primeiro ato de execução contratual.[43] Contudo, não é o que se pode extrair do art. 627, segundo o qual pelo contrato de depósito *recebe* o depositário coisa móvel para guardar. Fosse consensual, o enunciado da norma seria outro: pelo contrato de depósito, o depositário *se obriga a receber* coisa móvel para guardar. A ausência do verbo *obrigar* desloca a tradição da coisa da execução para a celebração do contrato.
- Gratuito por presunção e oneroso por disposição expressa. Em Roma, o depósito era sempre gratuito. Se fosse oneroso, desfigurava-se para locação. Em outras palavras, o contrato pode ser oneroso, porque pressupõe prestação e contraprestação. Se for gratuito, não haverá qualquer ônus para o depositante, não havendo, portanto, contraprestação. Neste caso, o depósito será contrato atributivo (gratuito). Se o depósito for da profissão do depositário ou caso se trate de depósito necessário, presumir-se-á oneroso;
- Pré-estimado, por serem seus efeitos previsíveis desde o início. Poderá ser aleatório nos casos em que não houver termo final prefixado, como no depósito bancário.
- De execução futura, uma vez que é celebrado num momento e executado em outro. Não é como a compra e venda à vista, em que o contrato se celebra e se executa imediatamente. Dinheiro para cá, mercadoria para lá.

---

42 DINIZ, Maria Helena. **Tratado teórico e prático dos contratos**... cit., v. 3, p. 193 *et seq.*
43 PEREIRA, Caio Mário da Silva. **Instituições**... cit., 18. ed., v. 3, p. 225.

- Individual, por somente obrigar as partes contratantes.
- De adesão, de vez que normalmente nos depósitos que realizamos no quotidiano, como o depósito bancário, o depósito de bagagens nas rodoviárias, aeroportos etc., e tantos outros, não há qualquer possibilidade de se discutirem cláusulas, as quais serão impostas pelo depositário. Nada impede, porém, que seja negociável, desde que a negociação de cláusulas seja possível, ainda que só em tese, como ocorre nos depósitos não profissionais, quando, por exemplo, uma pessoa recebe o animal de estimação do vizinho, enquanto este viaja.
- *Intuitu personae*, na opinião da doutrina mais tradicional, arraigada às tradições romanas. Hoje em dia, o depósito tornou-se profissão habitual, perdendo seu personalismo original. Quando se guarda veículo em estacionamento, pouco importa a pessoa do depositante. O que interessa é que zele pelo automóvel. Assim, na atualidade, é, como regra, contrato impessoal, segundo a melhor doutrina, o que não impede que possa ser *intuitu personae*, principalmente quando não for profissional.

10.9.4 Requisitos subjetivos

Não é necessário ser dono para ser depositante, bastando estar capacitado para tanto. Ressalvam-se, entretanto, os direitos do dono.

Os menores relativamente capazes podem efetuar depósito e movimentar contas bancárias, desde que autorizados por seu assistente.

Para ser depositário basta a capacidade genérica para obrigar-se. No caso de incapacidade superveniente, como, por exemplo, se o depositário ficar louco, a pessoa que assumir a administração providenciará a restituição dos bens, e se o depositante não quiser ou não puder aceitar de volta, a coisa será recolhida a depósito público, ou lhe será nomeado novo depositário.

10.9.5 Requisitos objetivos

A coisa deve ser móvel, fungível ou infungível, corpórea ou incorpórea. Exemplo de depósito de bens incorpóreos é o depósito de arquivos na nuvem. Em outras legislações, os bens imóveis podem ser objeto de depósito (Argentina, Uruguai, México).[44] Este preconceito contra os imóveis vem da obra de Pothier,[45] reflexa no Código de Napoleão e, de lá, no Brasileiro.[46] O Código de Processo Civil admite, entretanto, o depósito de imóveis (art. 840, II), no caso de depósito judicial.

---

44 PEREIRA, Caio Mário da Silva. **Instituições...** cit., 18. ed., v. 3, p. 226.
45 POTHIER, Robert Joseph. **Tratado de los contratos**. Buenos Aires: Atalaya, 1948. *passim*.
46 PEREIRA, Caio Mário da Silva. **Instituições...** cit., 18. ed., v. 3, p. 227.

10.9.6 Requisitos formais

Como vimos acima, é contrato real, exigindo a Lei, além da convenção, a efetiva tradição da coisa para que se repute celebrado. Ademais, é requisito legal a prova escrita do depósito voluntário, sobre o que falaremos mais adiante. A escritura não é requisito essencial de forma do contrato. Se inexistir, não torna o depósito defeituoso, desde que se possa prová-lo por outro meio.[47]

10.9.7 Prazo

É em sua essência temporário. O depositário tem que restituir a coisa no momento em que ela lhe for pedida. Se perder esta característica, já não será depósito, mas sim doação.

10.9.8 Espécies

1] Voluntário, quando se originar de conduta relativamente livre das partes, como ocorre, normalmente, com o depósito bancário, o depósito de sacolas nos supermercados, o de carros nos estacionamentos pagos etc.
2] Necessário, o que não for fruto exclusivo de convenção entre as partes. O depósito necessário admite quatro espécies, a saber, o legal, o miserável, o inexo e o judicial.

Na verdade, esse critério é um tanto quanto ultrapassado, por ser muito voluntarista. Nem sempre o denominado depósito voluntário é de fato voluntário. As pessoas nem sempre abrem conta de depósito bancário por que querem. Muitas vezes são obrigadas a isso, até para receber salário, por exemplo. A falta de locais para estacionar nas ruas, não deixa às pessoas outra opção que não a de depositar seu carro nos estacionamentos pagos, dando-se por muito felizes de encontrarem um. Assim, talvez melhor seria outra denominação, mais condizente com a moderna concepção de contrato, não como acordo de vontades, mas como convergência de atitudes, norteadas por desejos e/ou necessidades.

Depósito legal é aquele instituído por lei, normalmente para cobrir alguma dificuldade orçamentária do Poder Público. É o caso dos depósitos compulsórios sobre veículos, combustíveis, FGTS etc.

Miserável é o depósito que ocorre em virtude de alguma calamidade pública, como enchentes, terremotos etc. As pessoas, para fugirem aos danos, veem-se forçadas a depositar seus pertences em lugar seguro.

Inexo é o depósito implícito a determinados atos, como o das bagagens dos hóspedes nos hotéis, o das bagagens dos passageiros nos aviões, trens, ônibus

---

47 Idem, v. 1, p. 444.

etc., o dos veículos em estacionamentos de *shoppings* e tantos outros. Ora, um passageiro, de regra, não viaja sem sua bagagem. Seu depósito é, portanto, como que inerente ao contrato de transporte de pessoas. O mesmo se dá quanto à bagagem dos hóspedes em hotel, e em todos os casos citados acima, a título de exemplo. O depósito inexo, concluindo, é mais do que simplesmente acessório (anexo) a outro ato, é parte integrante da própria estrutura do ato.

Antes chamávamos esse depósito de *essencial*. Cremos, porém, que o adjetivo inexo transmite melhor a ideia de um ato que integra a estrutura de outro.

A doutrina tradicional, talvez viciada pela linguagem do Código Civil de 1916 e de 2002, chama o depósito inexo de *depósito hoteleiro*, o que não tem razão de ser, uma vez que o depósito hoteleiro (o das bagagens dos hóspedes nos hotéis) é apenas uma de suas espécies. Denominá-lo *inexo* e classificá-lo como espécie de depósito necessário é muito mais didático, a meu ver.

O depósito judicial é aquele realizado em virtude de ordem judicial. Sobre ele falaremos mais adiante.

Tanto o depósito voluntário quanto o necessário podem ser regulares ou irregulares.

Será regular se seu objeto for coisa infungível.

Será irregular se seu objeto for coisa fungível. Aqui há transferência da propriedade da coisa depositada, e o contrato se regula subsidiariamente pelas normas atinentes ao mútuo. Se o objeto for fungível, mas o depositário tiver a obrigação de restituir a mesma coisa, o depósito passa a ser regular, uma vez que a coisa, apesar de fungível em sua essência, foi convencionada infungível.

Apesar de tudo, todo depósito de coisa fungível se presume regular. Para que seja irregular é necessária disposição expressa, facultando ao depositário dispor da coisa, desde que restitua outra da mesma espécie, qualidade e quantidade. Caso não haja tal disposição, o depositário poderá provar ser o depósito irregular por todos os meios em direito admitidos, ou seja, por intermédio de documentos, testemunhas etc.

O depósito irregular se diferencia do mútuo por ser precário. Vale dizer que o depositante pode exigir a entrega da coisa a qualquer momento, mesmo sem esperar prazo razoável para que o depositário se utilize da coisa, como ocorre no mútuo. O exemplo clássico é o depósito bancário. Uma pessoa pode depositar dinheiro em banco e retirá-lo um segundo depois.

Embora transfira a propriedade da coisa depositada ao depositário, ou seja, embora seja translatício de domínio, o depósito irregular não é contrato de alienação, como a compra e venda, a doação e troca, pois que esta não é sua causa jurídica, apenas característica de sua sistemática.

A doutrina tende a criar nova espécie de contrato, chamado contrato de guarda,[48] muito parecido com o depósito, mas dele divergente por conferir certas obrigações ao depositário. Como exemplo, podemos citar a guarda de automóvel, com o dever de limpá-lo e movimentar-lhe o motor; guardar o animal, com o dever de alimentá-lo. Não concordo, em princípio, com esta posição, por ser desnecessariamente detalhista. Na verdade, o dever de alimentar o animal é o dever de custódia inerente às obrigações normais do depositário, que deve guardar a coisa como se fosse sua. A simples imposição de certos deveres extras, como a limpeza do carro, não desconfigura o depósito, a meu ver.

10.9.9 Depósito de mercadorias em armazéns-gerais

Os armazéns-gerais desempenham importante função, qual seja, a de consignatários de produtos em circulação.

Trata-se de depósito irregular, devendo o depositário restituir produto da mesma espécie, qualidade e quantidade, assim que isso lhe for exigido. A particularidade é a emissão de dois papéis: o conhecimento de depósito e o *warrant*. O conhecimento de depósito e o *warrant* são títulos de crédito causais que nascem juntos, mas podem ser separados a qualquer instante. Transmitem-se por endosso, sendo, pois, à ordem. O armazém responde perante o detentor dos títulos.

O conhecimento de depósito é o comprovante dado ao depositante para certificar a consignação da mercadoria e garantir-lhe sua entrega, contra apresentação.

Já o *warrant*, que em inglês significa "garantia", serve como garantia de obrigação junto a terceiro, quando poderá ser destacado do conhecimento de depósito, tornando-se título autônomo. Assim, o *warrant* confere a seu titular, ou seja, ao terceiro credor, direito real de penhor sobre as mercadorias depositadas, limitando o direito de disponibilidade do titular do conhecimento de depósito.

Vejamos exemplo. A, empresário, recebe mercadorias e as deposita junto a armazém-geral, recebendo, pois, o conhecimento e o *warrant*, partes integrantes de um único documento. Posteriormente, toma empréstimo e oferece a seu credor, como garantia, o *warrant*, que destaca do conhecimento. A partir deste momento, o credor adquire um direito real de garantia sobre as mercadorias depositadas, podendo exigi-las, caso A não cumpra sua obrigação, pagando-lhe o que deve. Logicamente, para retirar as mercadorias depositadas, faz-se necessária a apresentação dos dois títulos.[49] O credor, na verdade, uma vez que não detém o conhecimento, deverá excutir a garantia, requerendo, com base no *warrant*, a penhora das mercadorias, que serão vendidas em leilão público, por ordem do juiz.

---

48 BÄHR, Peter. Op. cit., p. 280.
49 MARTINS, Fran. **Títulos de crédito**. 2. ed. Rio de Janeiro: Forense, 1989. v. 1, p. 300-304.

10.9.10 Obrigações do depositante

Pagar o preço convencionado. O contrato, entre nós, presume-se gratuito. Para ser oneroso é necessária cláusula expressa. Acontece que com a generalização das casas de depósito com tarifas preestabelecidas, essa condição de vir expressa a cláusula de onerosidade caiu. Segundo o Código Civil, presume-se a onerosidade, ou sua aceitação pelo depositante, no momento em que este deixa a coisa em poder de casa de depósito profissional. Ademais, veem-se normalmente em tais casas tabelas afixadas nas paredes ou balcões, com os preços predeterminados, o que não deixa de ser cláusula expressa. O depositante adere se quiser. O depósito necessário, como veremos adiante, presume-se oneroso, e se a retribuição do depositante não constar do contrato, nem da Lei, será determinada pelos usos do lugar, ou por arbitramento.

Pagar as despesas feitas com o depósito. Quanto às despesas necessárias, ou tais razoavelmente reputadas, e quanto às despesas úteis, a obrigação de reembolsá-las é *ex lege*, isto é, provém da própria Lei, não sendo necessária cláusula neste sentido. O depositário terá direito de reter a coisa em seu poder até ser reembolsado.

Quanto às despesas voluptuárias, a obrigação é *ex contractu*, ou seja, provém de acordo entre as partes, necessitando ser autorizadas pelo depositante para que o depositário tenha direito a reembolso.[50] Caso não tenham sido autorizadas, não fará jus o depositário a nenhum reembolso, podendo apenas levantar (retirar) a benfeitoria, desde que o levantamento não danifique a coisa.

Logicamente que, se o depositário for possuidor de má-fé, só terá direito ao reembolso das despesas necessárias. Em relação às úteis e voluptuárias, a nada terá direito. Será possuidor de má-fé o depositário que, por exemplo, instado a restituir a coisa, não o fizer sem justa causa.

Indenizar o depositário dos prejuízos causados por vícios ocultos de que tinha notícia. O depositário tem direito de retenção sobre a coisa até o pagamento. Pode também exigir caução, ou seja, garantia de que o depositante lhe indenizará os prejuízos, ou a remoção da coisa para o depósito público até que seja indenizado. Vejamos um exemplo: Antônio entrega carro em estacionamento, sabendo que o carro estava praticamente sem freios. Vindo o carro a colidir, causando prejuízos ao depositário, terá este direito à indenização e direito de retenção. Se, entretanto, decidir restituir o automóvel, poderá exigir caução de indenização, pedindo ao depositante que lhe apresente fiador ou assine nota promissória avalizada por alguém, dentre outras garantias possíveis.

---

50 PEREIRA, Caio Mário da Silva. **Instituições**... cit., 18. ed., v. 3, p. 229.

10.9.11 Obrigações do depositário

A custódia da coisa. Deve conservá-la como se fosse sua, não valendo a desculpa de ser desleixado para com as próprias coisas. É obrigação típica deste contrato. É dever intransferível, mas não personalíssimo; o depositário pode contar com a ajuda de auxiliares. Mas não é lícito entregar a coisa a outro depositário, salvo se autorizado. Responde pelos danos causados, a não ser que prove que estes se dariam de qualquer jeito.

Se a entrega a outro depositário foi autorizada, o depositário original só responde por culpa in eligendo, ou seja, se ficar provado que escolheu mal o "subdepositário".

Manutenção do estado da coisa depositada (fechada, lacrada, colada etc.).

O depositário não pode usar a coisa, salvo se autorizado. Se usar sem permissão, responderá pelos danos, ainda que advindos de caso fortuito ou de força maior.

Entregar a coisa recebida de terceiro em substituição ao depósito. É o caso em que o depositário perde a coisa do depositante entregue a terceiro, recebendo outra em seu lugar. O depositário terá também que ceder ao depositante o direito de ação que tiver contra o terceiro. Exemplificando, suponhamos que certo depositário, ao se mudar de ponto, entregue as coisas depositadas para empresa de transporte. Esta, durante a mudança, perde uma televisão, entregando ao depositário outra. Este deverá restituir ao depositante a televisão que lhe foi entregue em substituição à perdida. Supondo, porém, que a transportadora se negue a indenizar o depositário pela perda da televisão, este poderá acionar a Justiça contra aquela, e se o depositante quiser intervir, será aceito como parte no processo.

Guardar sigilo sobre o depósito, como consequência da natureza fiduciária[51] do contrato.

Restituir o objeto do depósito com todos os frutos e acrescidos, no mesmo estado em que se achava.

Sobre a restituição, andemos a responder algumas perguntas.

■ **Quem deve restituir?**

O sujeito passivo, ou seja, o depositário; seus representantes, caso se torne incapaz; ou seus herdeiros, se falecer. Se os herdeiros tiverem alienado a coisa de boa-fé, terão que assistir o depositante na ação reivindicatória contra o adquirente e restituir o preço ao último.

■ **Quem recebe?**

O sujeito ativo, isto é, o depositante, seus representantes ou seus herdeiros. Pode o negócio ser feito em favor de terceiro, que reclamará a coisa. Se o depositário entregá-la ao depositante, não se liberará até a anuência do terceiro.

---

51 Fiduciário é adjetivo oriundo da palavra fidúcia, que quer dizer "confiança".

Vejamos exemplo: se A faz depósito em benefício de B, a coisa deverá ser entregue a B. Se por acaso o depositário restituí-la a outra pessoa, até mesmo a A, responderá perante B.

Quando for emitido título, como conhecimento de depósito, tickets etc., a coisa será entregue a seu portador.

Onde entregar?

No local convencionado, que se presume o do depósito. A presunção é, logicamente, iuris tantum, isto é, vale aquilo que as partes combinarem.

Quando entregar?

A entrega deve ser imediata, assim que o depositante reclamar a coisa, mesmo que haja prazo estabelecido e mesmo que o depositário seja autorizado a usar a coisa. O depósito é, sem dúvida alguma, contrato realizado a título precário. O depositário simplesmente tem que restituir a coisa quando o depositante a reclamar. A recusa somente será válida nos seguintes casos:

a) quando houver embargo judicial sobre o objeto, desde que previamente comunicado ao depositário;
b) quando o depositante estiver sendo executado judicialmente por seus credores, desde que a execução seja comunicada ao depositário;
c) quando o depósito estiver vinculado a outro negócio entre o depositante e o depositário. É o que ocorre quando alguém entrega objeto seu em garantia de pagamento. Não poderá retomar o objeto até que salde a dívida;
d) quando o depositante se recusar a pagar o preço estipulado pelo depósito, ou qualquer outro encargo contratual;
e) quando o depositante não apresentar o título emitido para comprovar o depósito, como o conhecimento de depósito, bilhete de bagagem, ticket de guarda-roupa, de estacionamento etc.

O depositário não pode se recusar a entregar a coisa, alegando suspeitar de sua procedência. O que deve fazer nesse caso é levá-la a depósito público.

Aquele que descumpre a obrigação de restituir ad nutum a coisa depositada sem apresentar justificativa para tal é denominado depositário infiel. Segundo o Código Civil, art. 652, e o Código de Processo Civil de 1973, art. 902, parágrafo 1º, a pena seria de prisão de até um ano, mais indenização por perdas e danos. A pena deveria ser aplicada independentemente de dolo, por ter natureza de constrição psicológica para o adimplemento da obrigação de entregar a coisa; sua natureza não era a de punição, como se dá no Direito Penal.

Alegavam alguns penalistas desinformados que a prisão civil era retrocesso. Enquanto o Direito Penal começava a discutir a impropriedade e ineficácia das penas privativas de liberdade, o Direito Civil retrocedia, adotando a prisão civil. Nunca houve qualquer retrocesso, pois que o objetivo da prisão criminal é totalmente diverso do da prisão civil, que tem por fim apenas constranger o devedor a pagar. Seu objetivo não é o de punir, nem o de educar. Mas que devedor estaria sujeito a ela? O depositário infiel e o inadimplente de pensão alimentícia que, *sem motivo justo*, deixassem de cumprir sua obrigação. Repita-se que, havendo justa causa, não seria decretada a prisão. Por outro lado, se decretada, uma vez que fosse realizado o pagamento, a prisão seria imediatamente relaxada. Na verdade, a prisão civil do depositário infiel só tinha cabimento quando a situação constituísse apropriação indébita ou dela se avizinhasse. Hoje, foi extinta a prisão do depositário infiel, permanecendo a do inadimplente de pensão alimentícia.

Logicamente, não foi com a extinção da prisão por infidelidade depositária, que a situação prisional no Brasil melhorou. E o fato de as prisões serem de péssima qualidade, até contribuiria para a não ocorrência da infidelidade do depositário, que só deixaria de restituir a coisa por justa causa. O argumento dos penalistas não convence.

Outro argumento que, em minha opinião, não se justificou era o de que a admissão da prisão do depositário infiel atentaria contra o princípio da dignidade humana, uma vez que colocaria o patrimônio num patamar mais alto que o da pessoa.

Na verdade, como dito acima, só era decretada a prisão se o depositário deixasse de restituir a coisa sem justa causa. Como vimos, tal conduta, se não é, aproxima-se da apropriação indébita. Havendo justa causa para a não restituição da coisa, a prisão não ocorreria. Não se trata, pois, de sobrevalorizar o patrimônio em detrimento da pessoa humana. Tratava-se de constranger o escroque a não se apropriar indevidamente do que não lhe pertence.

Tampouco se alegue que a proibição da prisão por dívida seria direito fundamental. É a própria Constituição da República que abre as exceções do alimentante inadimplente e do infiel depositário.

O entendimento atual, todavia, é mesmo no sentido de não ser admissível a prisão civil do depositário infiel, não por qualquer desses argumentos, mas com base na Convenção sobre Direitos Humanos de São José da Costa Rica, que a proíbe. A norma de Direito Internacional não poderia ser desrespeitada sob a alegação de contrapor-se a norma constitucional. Na verdade, a Constituição apenas faculta a prisão do depositário infiel, nada impedindo que o Direito infraconstitucional a suprima.

O art. 11 do referido Pacto Internacional dos Direitos Civis e Políticos, aprovado pelo Decreto Legislativo n. 226/1991, é claro em sua redação: "Ninguém poderá ser preso apenas por não poder cumprir com uma obrigação contratual".

Segundo alguns, o Pacto de São José entrou em vigor no Brasil, na condição de lei ordinária, posterior ao Código Civil de 1916. Se o Pacto proibia a prisão, estaria revogado o art. 1.287 do CC/1916, lei anterior em sentido contrário.

Ocorre que, entrando em vigor o Código Civil de 2002, que consagra a prisão do depositário infiel, em seu art. 652, voltaria a vigorar a antiga regra, revogado o Pacto de São José, pelas mesmas razões por que havia sido revogado o art. 1.287 do CC/ 1916. A lei posterior revoga a anterior, se com ela for incompatível.

Esta era a opinião de Paulo Restiffe, ao comentar a revogação do art. 1.287 do CC/1916 pelo Pacto de São José.

> E esse vazio na normatividade infraconstitucional mantém desfalcada a alternativa de prisão compulsiva no mecanismo da ação de depósito e da ação de apreensão de títulos do Código de Processo Civil, *até que entre em vigor o art. 652 do novo CC, que repristina o art. 1.287 do atual CC*.[52] (grifo nosso)

Em 2008, porém, o plenário do STF entendeu que o Pacto de São José da Costa Rica, exatamente por tratar de direitos humanos, embora não tenha força constitucional, tem natureza supralegal, ou seja, está acima da legislação ordinária. Em outras palavras, o Pacto está abaixo da Constituição, mas acima da Lei Ordinária. Assim, não é possível a prisão do depositário infiel (RE n. 466.343/SP, DJ, 12/12/2008).

Em várias decisões, também em 2009, o STJ pôde se pronunciar a respeito, já seguindo a orientação do STF. Uma delas, a seguir:

> A prisão civil do depositário judicial infiel não encontra guarida no ordenamento jurídico (art. 5.º, LXVII, da CF/1988), em quaisquer de suas modalidades, quais sejam, a legal e a contratual. Ela configura constrangimento ilegal, máxime quando há manifestação da Corte Suprema em vedar a sua decretação. Após a ratificação pelo Brasil, sem qualquer reserva, do Pacto Internacional dos Direitos Civis e Políticos (art. 11) e da Convenção Americana sobre Direitos Humanos (Pacto de San José da Costa Rica), art. 7.º, § 7.º, ambos do ano de 1992, não há mais base legal para prisão civil do depositário infiel. Isso porque o caráter especial desses diplomas internacionais sobre direitos humanos reserva-lhes lugar específico no ordenamento jurídico, estando abaixo da Constituição, porém acima da legislação infraconstitucional com ele conflitante, seja ela anterior ou posterior ao ato de ratificação. Assim, ocorreu com o art. 1.287 do CC/1916 e com o Dec.-lei 911/1969, tal como em relação ao art. 652 do CC/2002. A Constituição Federal de 1988, de índole pós-positivista e fundamento de todo

---

52 RESTIFFE NETO, Paulo & RESTIFFE, Paulo Sérgio. Prisão civil do depositário infiel em face da derrogação do art. 1.287 do Código Civil pelo Pacto de São José da Costa Rica. **Revista dos Tribunais**, v. 756, p. 48.

o ordenamento jurídico, expressa como vontade popular que a República Federativa do Brasil, formada pela união indissolúvel dos estados, municípios e do Distrito Federal, constitui-se em Estado democrático de direito e tem como um dos seus fundamentos a dignidade da pessoa humana como instrumento realizador de seu ideário de construção de uma sociedade justa e solidária. Por sua vez, o STF, realizando interpretação sistemática dos direitos humanos fundamentais, promoveu considerável mudança acerca do tema em foco, assegurando os valores supremos do texto magno. Ademais, o Pleno do STF retomou o julgamento do RE 466.343/SP, DJ 12.12.2008, concluindo, desse modo, pela inconstitucionalidade da prisão civil do depositário infiel. Diante disso, a Turma deu provimento ao recurso. (BRASIL. Superior Tribunal de Justiça. **RHC 19.406/MG**. Relator originário: Ministro José Delgado, Relator para acórdão: Ministro Luiz Fux (art. 52, IV, "b", do RISJ), julgado em 05.02.2009)

Na verdade, é uma pena que deixe de vigorar esse remédio contra o mau pagador, o escroque, o malandro. A prisão civil, como ressaltado, dava-se tão somente para constranger aquele que se negasse a restituir a coisa sem causa justa. Havendo justo motivo ela não era decretada. Assim, se o devedor quisesse, por exemplo, discutir cláusulas contratuais abusivas ou outra coisa dessas, a prisão não ocorreria. Ocorreria, sim, para os casos em que o depositário simplesmente se locupletasse às custas do depositante; se apropriasse indevidamente do que não era seu por direito. Aliás, a infidelidade depositária continua configurando apropriação indébita, cabendo a devida ação penal, que é o remédio que resta contra ladrão.

O Código de Processo Civil de 2015, no inc. III do art. 311, permite a tutela da evidência, a fim de que o depositante possa exercer de pronto seu direito de reaver a coisa. A tutela da evidência é concedida, independentemente da demonstração de perigo de dano ou de risco ao resultado útil do processo, ou seja, independe da prova do *periculum in mora*, bastando a evidência do bom direito. No caso do depósito, poderá ser concedida a tutela da evidência, quando o pedido do depositante estiver fundado em prova documental adequada do contrato de depósito, caso em que será decretada, liminarmente, a ordem de entrega do objeto custodiado, sob cominação de multa. A tutela da evidência substitui, nessa hipótese, a antiga cautelar de busca e apreensão. Veja-se que a tutela da evidência exige mais do que o simples *fumus boni iuris*, isto é, exige mais do que um sentimento de bom direito, representado pela ideia de fumaça (*fumus*). A tutela da evidência exige a evidência do bom direito (*evidentia boni iuris*), daí a necessidade da prova documental do contrato de depósito.

10.9.12 Riscos

Os riscos que a coisa depositada corre de vir a perecer ou se avariar correm por conta do depositante, afinal *res perit domino*, ou seja, só o dono sofrerá os prejuízos decorrentes do perecimento fortuito de um bem. Correrão, entretanto, por conta do depositário se a coisa perecer ou se avariar por culpa sua. De qualquer jeito, o ônus da prova é do depositário. Cabe a ele provar sua inocência. Se estiver em mora, responderá ainda que pelo fortuito, i.e., ainda que seja inocente.

10.9.13 Extinção do contrato

Extingue-se o contrato de depósito por uma das seguintes razões:

1] Vencimento do prazo.
2] Implemento da condição.
3] Recolhimento ao depósito público, por iniciativa do depositário.
4] Perecimento do objeto.
5] Incapacidade do depositário.
6] Morte do depositário, se o contrato for *intuitu personae*.
7] Deserção do depositante, que, simplesmente, abandona o objeto. Neste caso o depositário deve esperar um mês, a partir da data de entrega, e, não aparecendo o depositante, deverá entregar a coisa à autoridade policial ou judiciária, uma vez que não se pode presumir o abandono de forma absoluta. O procedimento se regula basicamente pelo Código Civil. O Código de Processo contempla a matéria em apenas um artigo, remetendo-a à legislação especial.[53] Como se acha ab-rogada a Lei n. 2.313/1954, que cuidava do assunto, este se regula, hoje pelos arts. 1.233 a 1.237 do CC.

De acordo com o Código Civil, quem quer que ache coisa alheia perdida, deverá restituí-la ao dono ou legítimo possuidor. Se o não conhecer, fará por encontrá-lo, e, se o não encontrar, entregará a coisa achada à autoridade competente.

Quem, nesses termos, restituir a coisa achada, terá direito a uma recompensa não inferior a cinco por cento do seu valor, e à indenização pelas despesas que houver feito com a conservação e transporte, se o dono não preferir abandoná-la.

---

53 Estas as disposições do Código de Processo Civil referentes às coisas vagas: "Art. 746. Recebendo do descobridor coisa alheia perdida, o juiz mandará lavrar o respectivo auto, do qual constará a descrição do bem e as declarações do descobridor. § 1.º Recebida a coisa por autoridade policial, esta a remeterá em seguida ao juízo competente; § 2.º Depositada a coisa, o juiz mandará publicar edital na rede mundial de computadores, no sítio do tribunal a que estiver vinculado e na plataforma de editais do Conselho Nacional de Justiça ou, não havendo sítio, no órgão oficial e na imprensa da comarca, para que o dono ou o legítimo possuidor a reclame, salvo se se tratar de coisa de pequeno valor e não for possível a publicação no sítio do tribunal, caso em que o edital será apenas afixado no átrio do edifício do fórum; § 3.º Observar-se-á, quanto ao mais, o disposto em lei".

Na determinação do montante da recompensa, será considerado o esforço desenvolvido pelo descobridor para encontrar o dono, ou o legítimo possuidor, as possibilidades que teria este de encontrar a coisa e a situação econômica de ambos.

O descobridor, evidentemente, responde pelos prejuízos causados ao proprietário ou possuidor legítimo, quando tiver procedido com dolo, excluída, portanto, a culpa.

A autoridade competente dará conhecimento da descoberta através da imprensa e outros meios de informação, somente expedindo editais se o seu valor os comportar. Segundo o CPC, o edital será publicado na internet, no sítio do tribunal a que estiver vinculado e na plataforma de editais do Conselho Nacional de Justiça ou, não havendo sítio, no órgão oficial e na imprensa da comarca, para que o dono ou o legítimo possuidor a reclame, salvo quando se tratar de coisa de pequeno valor e não for possível a publicação no sítio do tribunal, caso em que o edital será apenas afixado no átrio do edifício do fórum.

Decorridos sessenta dias da divulgação da notícia pela imprensa, ou do edital, não se apresentando quem comprove a propriedade sobre a coisa, será vendida em hasta pública e, deduzidas do preço as despesas, mais a recompensa do descobridor, pertencerá o remanescente ao Município em cuja circunscrição se deparou o objeto perdido. Sendo de diminuto valor, poderá o Município abandonar a coisa em favor de quem a achou.

Mais sobre esse tema se falará no Capítulo XV, ao se tratar da aquisição da propriedade dos bens móveis.

10.9.14 Depósito necessário

Até aqui nos ocupamos dos principais contornos do depósito voluntário. Vejamos agora as disposições pertinentes ao depósito necessário.

Dissemos, acima, ao tratarmos das espécies de depósito, que o necessário admite quatro subespécies, a saber: legal, judicial, miserável e inexo.

Todas estas quatro subespécies possuem características comuns. Basicamente duas: são presumidamente onerosas e se provam por qualquer meio em Direito admitido, diferentemente do depósito voluntário, que só se prova por escrito e se presume gratuito.

Algumas peculiaridades devem ser ressaltadas, de qualquer forma.

O depósito legal regula-se pela lei que o instituiu e subsidiariamente pelas normas do depósito voluntário. Esta, a primeira peculiaridade.

A segunda diz respeito ao depósito judicial, que é, como já dito, aquele ordenado pelo juiz, ou bem de ofício, ou bem atendendo a requerimento de interessado. Nesta categoria temos o sequestro, o arresto e a penhora.[54]

Na verdade, nenhum deles é espécie de depósito judicial. São, isso sim, atos processuais, acompanhados de depósito, que lhes é acessório.

Sequestro é ato pelo qual o juiz manda apreender coisa litigiosa, que será, então, depositada. Dá-se sempre que sobre uma coisa houver, por exemplo, uma disputa. Compreende bens móveis e imóveis e regula-se pelo Código de Processo Civil (CPC). Assim, diz o art. 301 do CPC que a tutela de urgência de natureza cautelar pode ser efetivada, dentre outros, mediante sequestro, para asseguração do direito. Na verdade, o Código de 2015 não especifica outras regras a respeito do sequestro, deixando a tarefa à dogmática. Assim, na esteira do Código de Processo Civil de 1973, pode-se dizer que, quando requerido por uma das partes, o juiz determinará o sequestro de bens móveis, semoventes ou imóveis, quando lhes for disputada a propriedade ou a posse, havendo fundado receio de rixas ou danificações; dos frutos e rendimentos de imóvel objeto de litígio, se o réu, condenado a entregá-lo, ainda detiver sua posse, enquanto aguarda decisão da segunda instância, e estiver dissipando tais frutos e rendimentos; dos bens do casal, nas ações de separação, divórcio ou anulação de casamento, se um dos cônjuges os estiver dilapidando e em outras hipóteses em que houver disputa sobre uma coisa.

O sequestro efetua-se por mandado judicial e é remunerado pelo regimento de custas. As obrigações do depositário encontram-se reguladas no Código de Processo Civil (arts. 159 a 161) e subsidiariamente se lhe aplicam as regras do depósito voluntário.

A coisa sequestrada ficará em mãos ou bem de seu possuidor, que passará a responder por elas, agora como depositário, ou bem de depositário público, ou bem de depositário particular, nomeado pelo juiz.

O sequestro pode ser voluntário, quando as partes, em comum acordo, escolhem depositário para a coisa sobre a qual disputam, que será, depois, entregue à parte vitoriosa. É, sem dúvida nenhuma, depósito voluntário.

Arresto é ato judicial em que se apreendem bens do devedor a depósito para garantir o direito do credor ameaçado. O art. 830 do CPC dispõe que, se o oficial de justiça não encontrar o devedor executado, promoverá o arresto de tantos bens quantos bastem para garantir a execução. Realizada a citação do devedor e transcorrido o prazo de três dias da citação para o pagamento, o arresto se converterá, automaticamente, em penhora. O Código de Processo de 2015 não entra em maiores detalhes a respeito do arresto, mas pode-se dizer que, *mutatis*

---

54 BARBOSA MOREIRA, José Carlos. **O novo processo civil brasileiro**. 6. ed. Rio de Janeiro: Forense, 1984. p. 327 et seq.

mutandis, seguindo a mesma linha do antigo Código de Processo Civil de 1973, ocorrerá sempre que o devedor, sem domicílio certo, resolver ausentar-se ou alienar os bens que possua, ou deixar de pagar a obrigação no prazo estipulado. Se o devedor tiver domicílio certo, haverá arresto se ausentar-se ou tentar se ausentar às escondidas; tentar qualquer artifício para fraudar seus credores, como passar bens para o nome de terceiros; além de outras hipóteses em que se faça necessário para se garantir a execução.

A coisa arrestada será entregue ao depósito público, ou a depósito particular, nomeado pelo juiz. Também poderá ficar com o próprio devedor, se o juiz achar conveniente. Neste caso, o devedor responderá como depositário.

Já a penhora é ato judicial mandando arrecadar tantos bens do devedor inadimplente quantos sejam necessários para pagar o credor. A coisa penhorada ficará ou em mãos do próprio devedor, que será nomeado seu depositário; ou em depósito público; ou em depósito particular, indicado pelo juiz.

A terceira peculiaridade refere-se ao depósito miserável.

Como já esclarecemos *supra*, miserável é o depósito que se dá por ocasião de calamidade pública, como guerra, revolução, enchentes etc., ocasião em que as pessoas são forçadas pelas circunstâncias a deixar suas coisas em lugar seguro. O importante é que o depósito miserável também se regula subsidiariamente pelas regras do depósito voluntário.

Finalmente, a última espécie de depósito necessário: o inexo.

Sobre sua definição, já falamos longamente acima.

O depósito inexo, dito hoteleiro, tem raízes profundas na história, chegando-nos do Direito Romano. Em Roma, a rigorosa responsabilidade pelo objeto conduzido pelos viajantes era motivada pela má reputação dos capitães de navio, estalajadeiros e donos de estrebarias. Assim, todas estas pessoas se obrigavam a indenizar os danos sofridos pelo dono da coisa. Só se eximiam da obrigação se provassem ausência de culpa.[55] Ainda hoje, esta é a regra.

No depósito inexo, nem sempre haverá tradição real obrigatória, bastando o ingresso da coisa no estabelecimento do depositário, como é o caso das bagagens nos hotéis, carros em estacionamentos gratuitos, eletrodomésticos em oficinas, bagagens em trens, aviões etc.

No caso do depósito de bagagens, a responsabilidade se restringe a bagagem normal. O depositário não se obriga por coisas de alto valor, a não ser que consignadas especialmente a sua guarda pessoal, quando teremos depósito voluntário e não inexo. Ora, quando um hóspede entregar suas joias à custódia do hotel, tratar-se-á de depósito voluntário. Já quanto ao restante de suas bagagens

---

[55] WARNKÖNIG, L. A. **Institutiones iuris romani privati**. 4. ed. Bonnae: Adolph Mark, 1860. p. 244.

deixadas no quarto, aí sim teremos depósito inexo. Em alguns sistemas, como o francês e o italiano,[56] a Lei impõe limite à indenização. No Brasil, tal não existe.

A cláusula de não indenizar é lícita, desde que inequivocamente pactuada. Aqui surge a questão da validade das placas em estacionamentos, pelas quais o depositário se desobriga da custódia de todo objeto deixado dentro dos veículos. Teoricamente, a validade dessas placas é muito questionável, por não serem pactuadas, não sendo aceitas expressamente pelo depositante. Afinal, o depositário está se eximindo do principal dever seu, o que não cabe nos contratos de adesão. Em outros termos, tal cláusula não pode ser imposta unilateralmente. De qualquer forma, na prática, a questão é facilmente solucionável. Ainda que se dê validade à placa, o ônus da prova da existência do objeto deixado dentro do carro é do depositante, o que, na maioria dos casos, inviabiliza a ação. Ora, como uma pessoa irá provar que deixou um envelope com grande quantia em dinheiro no porta-luvas, e que ele desapareceu dentro do estacionamento?

No depósito inexo, ligado a prestação de serviço, o depositário tem penhor legal sobre a coisa, enquanto não lhe for paga a contraprestação pelo dito serviço. Assim, se deixo minha televisão em oficina técnica, só poderei exigi-la de volta após pagar o preço combinado pelo conserto.

10.10 Contrato de mandato

10.10.1 Generalidades

Mandato, quando nele haja representação, é o contrato que regula as relações entre o mandante (representado) e o mandatário (representante). O poder de representação nasce não do mandato, mas da procuração, instrumento do mandato. Mandato é, neste sentido, espécie de representação voluntária, muito embora sejam coisas distintas, uma vez que é possível mandato sem representação e representação sem mandato.

Haverá representação sempre que uma pessoa agir em nome e no interesse de outra, mesmo sem poderes de representar.

A ideia de representação era repudiada pelos romanos, que não concebiam que uma pessoa pudesse agir em nome de outrem. Esse radicalismo se abranda ao longo da história do próprio Direito Romano, até que a representação foi expressamente admitida pelo Direito Canônico. Afinal, a Igreja não deixava de partir ela mesma de uma certa imagem de representação de Deus no mundo ou na "cidade dos homens", como diria Santo Agostinho.

---

56 PEREIRA, Caio Mário da Silva. **Instituições**... cit., 18. ed., v. 3, p. 256-257.

Na representação, além de agir em nome de outrem, o representante deve possuir alguma margem de discricionariedade, sob pena de a representação desfigurar-se para mero serviço de núncio ou mensageiro. Este apenas transmite a vontade de outrem, sem qualquer poder de atuar com um mínimo de discricionariedade que seja.[57] O serviço de núncio se aproxima mais da prestação de serviço do que da representação propriamente dita. Não é, porém, prestação de serviço, pois que nela, o prestador tem ampla margem de discricionariedade para atuar no interesse do tomador. Diferentemente do núncio, o representante tem que realizar o negócio por sua própria vontade, isto é, poderá agir segundo sua percepção, dentro de certo espaço que lhe confira a representação. O núncio, ou mensageiro, ao contrário, não pode agir a não ser para transmitir literalmente a vontade do dono do negócio. Assim, se incumbo X de vender meu carro, ficando X com poderes de negociar um preço bom, tratar-se-á de representação. Se, ao contrário, peço a X para levar a Y uma proposta minha de venda de meu carro, sem que X tenha quaisquer poderes de negociação, tratar-se-á de serviço de núncio e não de representação.

Vejamos dois exemplos bem simples e corriqueiros:

1] Maria pede a João que vá até a venda da esquina e lhe compre um produto. João terá a liberdade de realizar o negócio da forma como julgar mais proveitosa. Poderá regatear o preço, por exemplo. Cuida-se, no caso, de mandato com representação.
2] Maria pede a João que vá até a venda da esquina e entregue ao vendedor certa soma de dinheiro que lhe devia. João entregará o dinheiro e pegará o recibo. Nisto consiste sua tarefa e em nada mais. Cuida-se, no caso, de serviço de núncio ou mensageiro.

Ademais de um mínimo de discricionariedade, na representação, há de estar claro o fato de que o representante esteja agindo em nome do representado. É o que se chama *contemplatio domini*, isto é, a consideração, a preocupação com os negócios do senhor (mandante), em tradução livre.[58] Se faltar, não haverá representação, pois o agente estará atuando em seu próprio nome, embora no interesse de outrem. O terceiro com quem contratar nem saberá que o agente está atuando no interesse de outrem. Se A for à mercearia de B, para realizar uma compra para C, B nem saberá da existência de C, se isto não lhe for comunicado. Não haverá, assim, a necessária *contemplatio domini*, não havendo, por

---

57 ENNECCERUS, Ludwig; KIPP, Theodor; WOLFF, Martín. **Tratado de derecho civil**. Barcelona: Bosch, 1948. t. I – 2°, v. 1, p. 426 et seq.
58 A pronúncia, em nosso latim jurídico, seria [contemplácio dômini].

conseguinte, representação. Haverá, segundo a doutrina, o que se denomina interposição.[59] Um bom exemplo de interposição, principalmente em negócios escusos, é o do "testa de ferro" ou "laranja". Na interposição, a pessoa em cujo nome o interponente atue, não se obriga perante o terceiro com quem for realizado o negócio. No exemplo acima, B (gerente da mercearia) jamais poderá cobrar a conta de C, uma vez que nem sabe de sua existência. Poderá cobrar de A, que terá regresso contra C.

Apesar de serem institutos bem diversos, alguns autores referem-se à interposição como representação indireta ou imprópria.[60]

A outorga de poderes de representar tem a ver com a eventual validade e eficácia da representação, não com sua existência. Para que exista representação, basta a *contemplatio domini*, isto é, basta que esteja claro que se esteja agindo em nome de outrem. É óbvio que, sem a outorga de poderes, a representação pode não vincular o representado, sendo para ele *res inter alios acta*, consequentemente ineficaz. Por outro lado, pode ser o caso de haver vinculação do representado, mesmo sem a outorga de poderes. É o caso de o próprio representado ratificar os atos praticados em seu nome, ou ainda o caso de ficar demonstrado que o negócio beneficiou o representado, ou mesmo o caso de representação aparente ou putativa, dentre outras hipóteses. Em todas essas situações, a ordem jurídica parte em defesa de valores maiores, atribuindo eficácia à representação sem a prévia outorga de poderes.

Por tudo o que se disse, a representação, para existir, independe da outorga de poderes de representar. Basta a *contemplatio domini*. No plano da eficácia, porém, pode ser o caso de depender dessa outorga. Nesse plano é que se pode distinguir duas espécies de representação: a legal e a voluntária. A representação legal, como já dito, decorre da Lei. Exemplo é a dos pais em relação aos filhos menores; a do tutor em relação ao pupilo etc. A voluntária decorre de contrato entre representado e representante. É o contrato de mandato. Segundo Caio Mário, a noção de representação tem que estar presente no mandato, sem o que se desfigura ele para contrato de prestação de serviço. Nosso Direito seguiria, pois, a corrente francesa e não a alemã. Em outras palavras, o mandatário está sempre representando o mandante em algum ato. Tal já não acontece na prestação de serviço, em que o contratado obra em seu próprio nome.[61]

---

59 SCHREIBER, Anderson. **Direito civil e Constituição**. São Paulo: Atlas, 2013. p. 64.
60 Anderson Schreiber (*Idem*, p. 65) se refere a Eduardo Espínola e a Orlando Gomes.
61 PEREIRA, Caio Mário da Silva. **Instituições**... cit., v. 3, p. 252.

Na atualidade, essa doutrina não vem prevalecendo. Muitos autores, como Renan Lotufo e Anderson Schreiber, advogam a distinção entre representação e mandato, demonstrando a possibilidade de mandato sem representação e de representação sem mandato.[62]

10.10.2 Definição

Mandato é, portanto, contrato que rege as relações entre mandante e mandatário, independentemente de haver outorga de poderes de representação. Cumpre, pois, não confundir mandato com mandado, que é ordem judicial para que se faça ou não alguma coisa.

10.10.3 Partes

No mandato, aquele que no interesse de quem se age recebe o nome de mandante, comitente ou outorgante. Já aquele que age no interesse do mandante é denominado mandatário, comissionário ou outorgado.

10.10.4 Caracteres jurídicos

Por suas características, podemos dizer que o mandato é contrato:

- Típico, por se achar tipificado no Código Civil, nos arts. 653 a 692.
- Puro, visto que não é fruto da mistura de dois ou mais outros contratos.
- Consensual, uma vez que se considera celebrado pelo mero consenso entre as partes.
- Gratuito ou atributivo por presunção e oneroso por disposição expressa, ou quando seu objeto for da profissão do mandatário. Assim, se confiro poderes à despachante para regularizar determinada situação junto à repartição pública, este mandato se presumirá oneroso, pois é da própria profissão do despachante a realização desses atos.
- Bilateral, por terem ambas as partes direitos e deveres. Mesmo sendo gratuito, o mandante terá, quando nada, duas obrigações: a de facilitar a execução do mandato e a de responder pelas obrigações licitamente assumidas pelo mandatário.

---

62 SCHREIBER, Anderson. **Direito civil e Constituição**... *cit.*, *passim*. LOTUFO, Renan. Observações sobre a representação no Código de 2002. In: LOTUFO, Renan; NANNI, Giovanni Ettore; MARTINS, Fernando Rodrigues (Coords.). **Temas relevantes do direito civil contemporâneo**. São Paulo: Atlas, 2012. *passim*.

- Pode ser pré-estimado, se seus efeitos forem previsíveis desde o início. Poderá ser também aleatório, quando sua execução depender de evento futuro e incerto. Se encarrego uma pessoa de vender meu carro, os resultados da venda são imprevisíveis. O mandato é aleatório.
- De execução futura, uma vez que é celebrado num momento e executado em outro. Não é como a compra e venda à vista, que se celebra e se executa imediatamente: dinheiro para cá, mercadoria para lá.
- Individual, por somente obrigar as partes contratantes.
- Negociável, uma vez que, de regra, é fruto de conversações entre as partes. Uma não impõe sua vontade à outra.
- *Intuitu personae*, por se basear na confiança consignada no mandatário pelo mandante.
- Acessório, pois tem sua existência subordinada a outro ato. Ora, ninguém outorga poderes a outra pessoa para que não faça nada.

10.10.5 Requisitos subjetivos

Em relação ao mandante, temos que deve ter a habilitação geral para a vida civil, havendo casos, porém, em que os menores também poderão outorgar mandato. Assim, maiores de 16 anos podem outorgar mandato para fazer reclamação trabalhista e oferecer queixa-crime, requerer registro de nascimento e nomear representante para a cerimônia nupcial, tudo isso sem a autorização de seu assistente.

Em relação ao mandatário, este deve ser pelo menos relativamente incapaz. O fundamento para que os relativamente incapazes possam ser mandatários reside no fato de que a capacidade do mandatário pouco importa para a execução do mandato, uma vez que quem sairá perdendo será o próprio mandante, e não o incapaz. De qualquer forma, o mandante, em princípio, não terá ação contra mandatário relativamente incapaz se este lhe causar prejuízo. Só terá ação contra o mandatário incapaz nos casos em que isso se admite. Por exemplo, se conseguir provar que o menor, dolosamente, ocultou sua idade.

O pródigo e o falido também podem exercer mandato, por só serem impedidos em relação à alienação de seus próprios bens.[63]

Os funcionários públicos não podem procurar perante quaisquer repartições públicas, segundo o art. 117, XI, da Lei n. 8.112/1990 e o art. 226, IX, do Decreto-lei n. 1.713/1939.

Quanto aos cônjuges, nenhuma restrição há em que sejam mandatários um do outro.

---

63 PEREIRA, Caio Mário da Silva. **Instituições**... cit., 18. ed., v. 3, p. 278.

10.10.6 Requisitos objetivos

Podem ser objeto de mandato todos os atos que o comitente possa praticar por si mesmo, a não ser os de natureza personalíssima, como o voto, o exercício do poder familiar, o depoimento pessoal, a elaboração de testamento particular etc.

10.10.7 Requisitos formais

O mandato é, como vimos, de regra, contrato consensual. Dessarte, a Lei não exige forma especial para sua celebração. Pode ser celebrado de forma tácita ou expressa.

O mandato tácito refere-se geralmente a assuntos de somenos importância, como o dos cônjuges entre si para assuntos domésticos, ou o do empregador para o empregado para pequenas compras. Secretária de executivo não precisa de sua autorização para comprar papel ou lápis. O mandato é tácito, ninguém precisa dizer nada.

Será expresso quando mímico, verbal ou escrito.

O mandato mímico ocorre quando, por meio de gestos ou expressões corporais, alguém delegar poderes de representação a outrem. Logicamente diz respeito a negócios de pequeno valor. Se uma pessoa pergunta a outra se quer que lhe compre refrigerante, e esta lhe pisca um olho afirmativamente, teremos mandato mímico.

Verbal será o mandato quando alguém delegar poderes a outrem por meio de palavra falada. É a regra geral, tratando-se de pequenos negócios.

O mandato escrito é a regra para negócios de expressivo valor financeiro ou moral. Às vezes, a Lei exige forma escrita, como no caso do mandato judicial, que o advogado recebe de seu cliente. Materializa-se o mandato escrito por meio da procuração, que pode ser por escrito público ou particular. Será público excepcionalmente, como no caso de o mandante ser relativamente incapaz, quando deverá também ter a autorização de seu assistente; no caso dos cegos; dos analfabetos etc., *a contrario sensu* do art. 654. Sendo o mandante representante legal de pessoa absolutamente incapaz, o mandato poderá ser por instrumento particular. Isso porque o outorgante é, na verdade, o representante legal, e não o incapaz. Neste e na maioria dos casos, será, então, por instrumento particular, podendo ser manuscrito, datilografado ou impresso. Em qualquer dos casos, deve ser firmado pelo outorgante. Para ter validade perante terceiros, não é necessário o reconhecimento da firma do mandante, a não ser que o terceiro exija. Além disso, deve conter a data e o local, o nome do outorgante, o nome e qualificação do outorgado, ou seja, nacionalidade, estado civil, profissão, domicílio e residência, e o objeto da outorga, além da natureza e extensão dos poderes conferidos.

Como vimos, só se fala em procuração se o mandato for escrito. Aliás, a procuração é o instrumento do mandato. Como devemos entender o termo "instrumento" neste contexto? Ora, para serrar uma tábua, necessito de instrumento, qual seja, um serrote. O mesmo raciocínio pode ser transportado para o Direito. Para redigir contrato de mandato, necessito de instrumento em que escrevê-lo, ou seja, um papel, chamado de *procuração*. Este papel poderá ser público, se for lavrado (escrito) perante o tabelião de notas (Cartório de Notas). Poderá, outrossim, ser particular, caso a outorga seja extranotarial. Daí se falar em instrumento público e particular.

Existia grande dúvida se, quando o ato a ser praticado exigisse forma pública, devesse também o mandato ser por instrumento público. A doutrina se dividia. Caio Mário, por exemplo, dizia que não, por serem atos distintos, um preparatório, o mandato, outro definitivo, que seria, este sim, realizado por instrumento público.[64] Da mesma opinião, Pontes de Miranda e Carvalho Santos.[65] A prática notarial era, porém, em sentido contrário, baseando-se na regra de que o acessório segue o principal. Como vimos, o mandato é acessório do negócio para cuja realização foi conferido. Esta era a opinião de Serpa Lopes,[66] dentre outros. A polêmica perdeu sua razão de ser com o art. 657 do CC, segundo o qual a forma do mandato deverá acompanhar a do ato a cuja prática se destina.

Sendo outorgado por procuração particular, esta deverá conter, como já dito, o lugar onde foi passada, a qualificação do outorgante e do outorgado, ou seja, estado familiar, nacionalidade, profissão e domicílio, além da data e da indicação do objetivo do mandato e dos poderes atribuídos.

O terceiro, com quem o mandatário venha a negociar em nome do mandante, poderá exigir que a procuração tenha firma reconhecida, como vimos acima.

O poder de representação nasce não do mandato, mas da procuração, instrumento do mandato. Pela teoria da separação, mandato e procuração são negócios distintos, embora vinculados, sendo esta instrumento de consecução daquele. Como bem define Renan Lotufo, "a procuração é o título que documenta a representação voluntária. (...). A procuração nasce com a outorga documentada do poder de representação",[67] negócio unilateral, que, evidentemente, terá que ser aceito pelo procurador. A razão dessa separação entre procuração e mandato é de ordem pratica, pois mesmo que o mandato contenha algum vício, o que vale perante terceiros é a procuração. Se o negócio tiver sido realizado conforme a procuração, ainda que inválido o mandato, o negócio deverá ser honrado pelo representado (mandante), que, no máximo, terá direito de regresso contra o representante (mandatário), com base no mandato viciado. Basta pensarmos num

---

64 PEREIRA, Caio Mário da Silva. **Instituições**... cit., 18. ed., v. 3, p. 256.
65 PONTES DE MIRANDA, Francisco Cavalcanti. **Tratado de direito privado**... cit., v. 43, p. 21. CARVALHO SANTOS. **Código Civil brasileiro interpretado**. 9. ed. Rio de Janeiro: Freitas Bastos, 1974. v. 3, p. 131-132.
66 SERPA LOPES, Miguel Maria de. Op. cit., v. 4, p. 302.
67 LOTUFO, Renan. **Observações sobre a representação no Código de 2002**... cit., p. 122.

mandato revogado, sem que terceiros tenham conhecimento da revogação. Se o mandatário apresenta uma procuração regular ao terceiro com quem contrate em nome do mandante, o negócio terá que ser honrado. Para a revogação do mandato ter eficácia perante terceiros, a procuração teria que ter sido, também ela, revogada com ampla publicidade.

O art. 679 do CC deixa bem clara a diferença entre procuração e mandato, embora misture os termos. Segundo ele, ainda que o mandatário contrarie as instruções do mandante, ou seja, ainda que contrarie o mandato, se não exceder os limites da procuração (o Código erroneamente fala em limites do mandato), ficará o mandante obrigado para com aqueles com quem o seu procurador haja contratado (aqui o legislador já emprega o termo correto, qual seja, procurador). Terá, todavia, direito de regresso pelas perdas e danos ocasionados pelo desrespeito ao mandato.

Normalmente, mandato e procuração se reúnem num único documento, daí serem erroneamente tratados como se fossem um só negócio. O Código Civil, contudo, é claro: a procuração é o instrumento do mandato (art. 653). Pode haver, claramente, mandato sem procuração, ou seja, mandato sem outorga de poderes, sem representação. O mandatário age em seu próprio nome, no interesse do mandante (art. 663). Configura-se, aí, verdadeira interposição, como em outras hipóteses previstas no Código Civil (corretagem, agência e distribuição, comissão). Em todos esses casos, o agente atua em seu próprio nome, no interesse de outrem. Trata-se de interposição.

Pode haver, por outro lado, representação sem mandato, quando o representante agir em nome do representado, embora sem ter com ele celebrado qualquer contrato de mandato. Em princípio, como vimos, a representação sem mandato não obriga o representado, a não ser em casos especiais, tal como estudado *supra*.

10.10.8 Aceitação

Contrato que é, o mandato só se considera celebrado depois que o mandatário aceitar a incumbência que lhe haja sido atribuída pelo mandante. Para a aceitação, vige a liberdade de forma. Poderá, assim, ser expressa ou tácita.

A aceitação expressa será mímica, verbal ou escrita. Normalmente, mímica ou verbal. Rarissimamente, na prática, o mandatário aceita por escrito.

A tácita pressupõe o início da execução pelo mandatário. Desta maneira, se outorgo mandato a uma pessoa para que venda meu carro, e esta, sem dizer nada, anuncia o carro nos classificados, significa que, tacitamente, aceitou.

10.10.9 Classificação

Dependendo da abrangência dos poderes outorgados, poderemos classificar o mandato em duas categorias: geral e especial.

O mandato geral abrange todos os negócios do mandante, outorgando-se presumivelmente poderes apenas para a administração, ficando, pois, excluídos os atos que importem diminuição patrimonial, tais como venda, doação, troca, transação, remissão, renúncia etc. Para estes atos são necessários poderes expressos. Logicamente, exceção é feita para aqueles bens destinados naturalmente à alienação, como a produção agrícola, ou para aqueles de fácil deterioração.

O mandato especial confere poderes para um ou mais atos determinados. O procurador responderá pelos atos que praticar *ultra vires mandati*, ou seja, além dos poderes do mandato, a não ser que haja ratificação posterior do mandante, seja ela tácita ou expressa.

10.10.10 Obrigações do mandatário

Executar o mandato com toda a diligência habitual.

Indenizar os prejuízos oriundos de culpa sua ou daquele a quem substabelecer. Quanto ao substabelecimento, acrescentamos algumas regras.

Em primeiro lugar, haverá substabelecimento quando o mandatário se fizer substituir por outrem na execução do mandato. O mandato, por sua vez, pode permitir o substabelecimento, pode proibi-lo ou pode ser silente a respeito.

Se o mandato se calar a respeito, ou seja, nem permitir nem proibir, e o mandatário substabelecer, responderá pessoalmente pelos prejuízos, desde que haja culpa do substituto.

Se o mandato proibir o substabelecimento, e o mandatário assim mesmo o realizar, responderá por todo e qualquer prejuízo causado pelo substituto, ainda que fortuito. É lógico que terá direito de regresso contra o substituto, uma vez que fique caracterizada a culpa deste.[68] É evidente que se o mandatário provar que os prejuízos teriam ocorrido de qualquer modo, mesmo sem o substabelecimento, não precisará indenizar o mandante. Por fim, os atos praticados pelo substabelecido não obrigam o mandante, a não ser que este venha a ratificá-los.

Se o mandato permiti-lo, o mandatário só responderá por *culpa in eligendo*. Em outras palavras, se o mandato permitir o substabelecimento e o mandatário substabelecer, responderá pelos prejuízos causados pelo substituto apenas se ficar provado que o escolheu mal, isto é, que poderia ter escolhido pessoa mais capaz.

O substabelecimento poderá ser por instrumento particular, mesmo que o mandato tenha sido outorgado por instrumento público.

---

68 PEREIRA, Caio Mário da Silva. **Instituições**... cit., 18. ed., v. 3, p. 282. Barros MONTEIRO, Washington de. Op. cit., v. 5, p. 260.

Prestar contas de sua gerência ao mandante, transferindo-lhe as vantagens que for recebendo.

O mandatário não pode compensar prejuízos a que deu causa com lucros, ainda que inesperados, que tenha obtido.

O mandatário pagará juros a partir do momento em que abusar de somas que deveria entregar ao mandante ou que recebeu para despesas, não as tendo efetuado.

Se o mandatário, com fundos ou créditos do mandante, comprar em seu nome o que deveria ter comprado para o mandante, poderá ser acionado para entregar a coisa comprada. Assim, se João confere mandato a Pedro para que este lhe compre um carro e Pedro compra o carro para si próprio, com o dinheiro de João, poderá ser acionado por João para entregar o carro.

É ainda obrigação do mandatário exibir a procuração às pessoas com quem tratar. Se não o fizer, responderá sozinho pelos atos que praticar *ultra vires*, ou seja, além dos poderes outorgados. Esta é uma garantia para terceiros, pois, caso consintam na prática de atos *ultra vires*, mesmo depois de ler a procuração, perdem o direito de acionar o mandatário, a não ser que o mandante haja prometido ratificar os atos *ultra vires*, ou se o próprio mandatário houver prometido responder pessoalmente pelo negócio que praticou sem ter os devidos poderes. Se Glauco outorga poderes a Rogério para alugar seu carro, e se este o vende a José Flávio, que compra o automóvel, mesmo sabendo que Rogério não tinha poderes de alienação, não terá direito de regresso contra Rogério, uma vez que a venda seja desfeita. Em outras palavras, terá direito apenas ao reembolso da quantia que houver pagado; mas não a perdas e danos. Essa notoriedade ou exteriorização da representação é o que se denomina *contemplatio domini*; é a publicidade que o mandatário deve dar a terceiros de que age em nome de outrem, ou seja, do dono do negócio.[69]

Se o mandatário não exibir a procuração, agindo em seu nome, as obrigações serão estranhas ao mandante, que delas não se beneficia, nem por elas se obrigará. O mandatário será o credor ou o devedor, respondendo pessoalmente perante o terceiro de boa-fé. Se, no exemplo anterior, Rogério enganar José Flávio, ocultando-lhe, dolosamente, a procuração, José Flávio terá direito ao reembolso da quantia adiantada, acrescida de perdas e danos, devendo, para isso, acionar Rogério. É o caso típico de mandato sem representação.

O mandatário, quando souber da morte ou incapacidade do mandante, deve concluir os negócios já começados, se a demora implicar prejuízo. Logo em seguida, prestará contas do mandato ou bem aos herdeiros ou bem ao curador do mandante.

---

[69] LEITE, Gisele. **Considerações sobre a representação em face do Código Civil de 2002**. Disponível em: <http://jusvi.com/artigos/22700>. Acesso em: 15 maio 2012.

Se houver mais de um mandatário, entender-se-ão solidários, se não forem expressamente declarados conjuntos ou sucessivos.

Mandatários sucessivos são aqueles que exercem o mandato um na falta do outro. Assim, se são nomeados mandatários, no mesmo instrumento, A, B e C, B só exercerá o mandato na falta ou impedimento de A. C só o exercerá na falta ou impedimento de B. Para que o mandato seja exercido dessa forma, ou, por outro lado, para que seja exercido pelos três ao mesmo tempo, não sendo válidos os atos de um sem a participação dos demais (mandatários conjuntos), será necessária cláusula expressa. Para que qualquer um dos três possa praticar os atos necessários à execução do mandato sem a participação dos demais (mandatários solidários), não é necessária cláusula expressa, bastando que o mandato se cale a respeito.

10.10.11 Obrigações do mandante

Podem ser divididas em duas categorias: obrigações para com o mandatário e para com terceiros.

a] Para com o mandatário

Remunerar-lhe conforme o ajustado e, na falta de ajuste, presumindo-se o mandato oneroso, pela Lei ou pelo que for arbitrado pelo juiz.

Se a obrigação for líquida e certa, poderá ser exigida via ação executiva.

A oportunidade do pagamento, ou seja, quando se dará o pagamento, será estipulada no contrato. Se nada for estipulado, o pagamento será efetuado conforme os costumes do local.

Fornecer os meios para a execução do mandato, ou previamente, ou via reembolso, conforme fique combinado.

Se ficar acertado que as despesas serão adiantadas, e o mandatário tiver, assim mesmo, que tirar dinheiro do próprio bolso para cobrir despesas com o mandato, vencem juros a seu favor a partir do momento do desembolso, independentemente de notificação ao mandante. Mas fique claro que, neste caso, o mandatário não precisa praticar o ato quando as despesas lhe forem negadas ou, de qualquer forma, não lhe forem adiantadas, conforme o combinado.

Vejamos um exemplo: Marcos outorga mandato a Alexandre para vender seu carro. Fica acertado que todas as despesas serão adiantadas por Marcos. Ocorre que Alexandre faz anunciar o carro no jornal, desembolsando ele mesmo o valor do anúncio. Terá direito ao reembolso dessas despesas, com acréscimo de juros legais, contados desde o dia em que desembolsou o dinheiro. Se o carro não for vendido, poderá retê-lo, até que seja reembolsado. Se for vendido, poderá reter o dinheiro da venda, até o reembolso.

Indenizar os prejuízos que o mandatário sofrer, ainda que fortuitos, desde que não haja culpa deste.

Se entrego uma televisão a Ricardo para que a venda, vindo a televisão a explodir, causando danos a Ricardo, deverei indenizá-lo, mesmo que a explosão tenha sido fortuita. Em outras palavras, deverei indenizar os prejuízos, mesmo que não tenha tido culpa no acidente.

Havendo mais de um mandante, presumem-se solidários se:

1] a representação for contratual e não legal;
2] for uma só procuração e não várias;
3] o negócio for comum a todos os mandantes.

O mandatário poderá reter o objeto do mandato até receber as despesas que efetuou e não lhe foram reembolsadas. Não poderá reter o objeto do mandato quando o desembolso se referir a outro ato que não aquele necessário para a execução do mandato. Vejamos o mesmo exemplo acima dado: Marcos outorga mandato a Alexandre para vender seu carro. Fica acertado que todas as despesas serão adiantadas por Marcos. Ocorre que Alexandre faz anunciar o carro no jornal, desembolsando ele mesmo o valor do anúncio. Além disso, faz, também a pedido de Marcos, assinatura de revista, pagando de seu próprio bolso. Terá direito ao reembolso dessas despesas, com acréscimo de juros legais, contados desde o dia em que desembolsou o dinheiro. Quanto às despesas com o anúncio do carro, não sendo este vendido, poderá retê-lo, até que seja reembolsado. Se for vendido, poderá reter o dinheiro da venda, até o reembolso. Mas não poderá reter o carro, nem o dinheiro de sua venda, para o reembolso pela assinatura da revista.

Poderia o mandatário reter o objeto do mandato para receber honorários ou indenização por prejuízos que haja sofrido? Para responder, há que superar incongruência entre dois artigos do Código Civil. Segundo o art. 664 "o mandatário tem o direito de reter, do objeto da operação que lhe foi cometida, quanto baste para pagamento de tudo que lhe seja devido em consequência do mandato". Por este prisma, a resposta seria positiva, ou seja, o mandatário teria direito de retenção pelos honorários e perdas que haja sofrido em consequência da execução do mandato. Ocorre que, mais a frente, o art. 681 dispõe que "o mandatário tem sobre a coisa de que tenha a posse em virtude do mandato, direito de retenção, até se reembolsar do que no desempenho do encargo despendeu". O Código Civil de 1916 continha apenas este último dispositivo, sem nenhum equivalente para o art. 664. A interpretação da doutrina, à época, era no sentido de que o mandatário não poderia reter o objeto do mandato, para fins de honorários ou indenização por perdas e danos.[70] O fundamento era o de que a interpretação

---

70 PEREIRA, Caio Mário da Silva. **Instituições**... cit., 18. ed., v. 3, p. 261. BEVILÁQUA, Clóvis. **Código Civil**... cit., v. 5, p. 61 (Comentários ao art. 1.315 do CC/1916).

deveria ser restritiva. Assim, se o Código reconhecia o direito de retenção, relativamente ao que o mandante desembolsou, é porque o recusava a respeito de outras verbas oriundas do mandato.[71]

Pois bem, o Código de 2002 incorporou a regra do revogado art. 156 do CC, que concedia o direito de retenção por tudo quanto ao mandatário fosse devido em razão do mandato. A incorporação se deu, sem que se retirasse a antiga norma restritiva do art. 1.315 do Código Civil de 1916, insculpida no atual art. 681 do CC. Como consequência, há no diploma atual duas regras, uma num sentido, outra noutro. Como interpretá-las?

Analisemos a regra restritiva, do art. 681 do CC. De acordo com o ali disposto, "o mandatário tem sobre a coisa de que tenha a posse em virtude do mandato, direito de retenção, até se reembolsar do que no desempenho do encargo despendeu". Em nenhum momento, a norma restringe a ponto de dispor que o mandatário só teria direito de retenção pelo reembolso de despesas. Ora, levando isso em conta e mais a regra do art. 664 do CC que, expressamente, permite a retenção por tudo quanto seja consequência do mandato, inclusive, por óbvio, honorários e outras verbas, o entendimento mais correto só pode ser o de se interpretar os dois artigos em conjunto, estando um (art. 681), na verdade, contido no outro (art. 664). É possível, pois, que o mandatário retenha o objeto do mandato por honorários e outras verbas, a que tenha direito em virtude do mandato. Logicamente, este direito de retenção incide apenas sobre o objeto do mandato, não sobre outras coisas do mandante que, por qualquer razão, estejam em poder do mandatário.

b] Para com terceiros

Responder com seu patrimônio pelas declarações do mandatário, pelas obrigações que assumir *intra vires mandati*, i.e., dentro dos poderes a ele conferidos, ou ainda pelas obrigações *ultra vires* que tenha ratificado.

Responder pelos atos praticados por seu mandatário aparente. Mandatário aparente é aquele que todos reputam ser mandatário, quando, na realidade, não é. Aplica-se ao caso a teoria da aparência, segundo a qual terceiros de boa-fé não podem ser prejudicados quando se enganarem pelas aparências de uma situação. Logicamente que o erro tem que ser escusável, ou seja, perdoável. Se for inescusável, tanto pior para o terceiro, que deverá se acertar com o mandatário aparente, não tendo qualquer ação contra o mandante. A título de recordação, erro escusável é aquele que qualquer pessoa normal cometeria; inescusável aquele que nenhuma pessoa normal cometeria.

---

71 BEVILÁQUA, Clóvis. **Código Civil**... cit., v. 5, p. 61 (Comentários ao art. 1.315 do CC/1916).

Dá-se mandato aparente quando o terceiro de boa-fé é levado a acreditar ser aquela pessoa representante real do mandante. Pode ser o caso do mandato que é revogado sem que se dê ciência ao público ou aos terceiros interessados. Pedro é representante do comerciante Felipe, em cidade do interior. Por ele faz e recebe pagamentos. Ocorre que Felipe revoga o mandato conferido a Pedro, não comunicando o fato à clientela por este atendida. Se porventura os clientes continuarem fazendo pagamentos a Pedro, estes serão considerados válidos. Os clientes não poderão ser compelidos a pagar novamente.

É desnecessário dizer que o mandante tem direito de regresso contra o mandatário aparente. No exemplo acima, Felipe terá ação contra Pedro.

10.10.12 Extinção do mandato

São causas de três ordens:

Vontade das partes

O mandato pode ser extinto pela vontade do mandante ou do mandatário. Daí, teremos revogação e renúncia.

Revogação é ato do mandante pondo fim ao mandato. Pode se dar a qualquer tempo, sem que seja necessário ao mandante explicar seus motivos. Por isso, diz-se que é ato praticado *ad nutum*, ou seja, pela simples vontade. O mandante deve avisar ao mandatário e aos terceiros. É, portanto, aconselhável que, dependendo do tipo de mandato, se for daqueles que envolvam altos valores, a revogação se faça por notificação via cartório ou judicial, sendo ademais prudente que se a faça publicar nos jornais de maior circulação local. Se o mandante deixar de avisar ao mandatário ou aos terceiros, os atos realizados por eles, *intra vires* e de boa-fé, serão tidos como válidos.

Pode ser expressa a revogação ou tácita. Será tácita quando o mandante assumir os negócios que estavam a cargo do mandatário ou quando nomear outro mandatário.

As partes podem, contudo, convencionar que o mandato seja irrevogável. Neste caso, se o mandante assim mesmo o revogar, responderá por perdas e danos. Além deste caso, há outros, em que a irrevocabilidade do mandato deriva da própria Lei. São eles:[72]

a] Procuração em causa própria, que ocorre quando pelo mandato dá-se cessão de crédito. A transfere a B seu crédito contra C, outorgando-lhe mandato para que possa efetuar a cobrança. Neste caso, não há falar em prestação de contas e nem em revogação. Como é cessão de crédito, os herdeiros do mandatário, caso este faleça, sub-rogam-se no crédito.

---

72 SERPA LOPES, Miguel Maria de. Op. cit., v. 4, p. 297 et seq.

b] **Mandato-condição de contrato bilateral.** Imaginemos contrato de depósito oneroso em que o depositário só aceite a custódia dos bens se o depositante lhe outorgar mandato, conferindo-lhe poderes para administrar os referidos bens. O mandato seria aqui condição para que houvesse o depósito. Sua revogação importaria a extinção do contrato de depósito.

c] **Mandato como meio de cumprimento de outro contrato.** É o que acontece no endosso-mandato, em que o titular de cambial endossa-a apenas para que seja cobrada. A tem nota promissória contra B. A fim de receber seu crédito, transfere-a a C, através de endosso, somente para que este promova a cobrança.[73]

d] **Mandato que contenha poderes de cumprimento ou confirmação de negócios já realizados.** Exemplo seria o mandato conferido para que se realize contrato de compra e venda de imóvel. A vende seu imóvel a B. Este escolhe pessoa de sua confiança, à qual A outorga poderes para assinar a escritura em seu nome. Este mandato é meio de cumprimento da compra e venda, não podendo, pois, ser revogado. Neste caso específico, não haverá representação, mas verdadeiro serviço de núncio, uma vez que o mandatário não possui qualquer discricionariedade. Apesar disso, fala-se, erroneamente, em procuração, quando se trata de mero instrumento de nomeação e outorga de poderes ao núncio.

e] **Sócio administrador ou liquidante investido pelo contrato social.**

Há duas formas de se investir sócio na administração de sociedade. A primeira, bastante comum em sociedades de pequeno porte, é, logo quando de sua fundação, nomear tal ou tal sócio como administrador por meio de cláusula no contrato social. A segunda, mais comum em sociedades de médio e grande porte, é a eleição de um ou mais sócios, de tempos em tempos, em assembleia geral. O mesmo se dá em relação ao liquidante, ou seja, aquela pessoa encarregada de liquidar os negócios da sociedade caso esta venha a se extinguir.

O mandato do administrador ou liquidante investidos por meio de cláusula do contrato social é, assim, irrevogável. Só poderiam eles ser destituídos em três casos, quais sejam, por disposição de lei especial, por disposição do próprio contrato social ou por má administração, o que envolve incompetência e desonestidade. Essa destituição pode ser promovida por qualquer um dos sócios, judicialmente. Há quem chegue ao exagero de afirmar que nem mesmo a incompetência ou desonestidade seriam motivos justificadores para a destituição do administrador, devendo a sociedade, nestes casos, ser extinta.

A doutrina moderna, entretanto, questiona esta posição do Código Civil, taxando-a de retrógrada. Dado o dinamismo da vida moderna, questões de conveniência ou de oportunidade ensejariam a substituição do administrador, o que deveria poder ser feito por decisão da maioria do capital social. Dessarte,

---

73 MARTINS, Fran. **Títulos de crédito**... cit., v. 1, p. 168 et seq.

seria muito melhor que, além de garantir esse direito a qualquer um dos sócios de promover a destituição judicial do administrador, por justa causa, fosse concedida a possibilidade de destituição ad nutum dos administradores investidos por cláusula contratual, desde que por decisão dos sócios que detivessem a maioria do capital social.[74]

A outra causa voluntária de extinção do mandato, além da revogação, seria a renúncia. Renúncia é a desistência do mandatário. Deve sempre ser expressa e em tempo hábil a não causar prejuízos ao mandante, sob pena de perdas e danos. O mandatário se eximirá das perdas e danos, se provar que não podia continuar no exercício do mandato sem considerável prejuízo e que não lhe era permitido substabelecer.

Fato jurídico natural

Fato natural é a morte. Com ela, cessa o mandato, por ser *intuitu personae*. Se é a morte do mandante, os atos serão válidos em relação a terceiros de boa-fé, enquanto a ignorar o mandatário. Se o mandatário, de má-fé, contrair obrigações com terceiros de boa-fé, responderá perante os herdeiros do mandante, pois aplica-se ao caso a teoria da aparência. Em outras palavras, os terceiros de boa-fé não serão prejudicados. Se a morte for do mandatário, cessa o mandato, ainda que os herdeiros tenham habilitação para cumpri-lo. Terão eles que avisar ao comitente e realizar os atos inadiáveis, sob pena de responderem por perdas e danos.

Fato jurídico não natural

O primeiro é a mudança de estado. Toda mudança de estado que importe cessação da capacidade contratual extingue o mandato, ressalvados os direitos de terceiros de boa-fé. É o caso de uma das partes tornar-se louca, sendo interditada.

O segundo é o término do prazo.

O terceiro é a conclusão do negócio, objeto do mandato.

E o quarto é a falência do mandante. Com a decretação da falência, o mandato cessa seus efeitos, devendo o mandatário prestar contas de sua gestão.

10.10.13 Mandato judicial

a] Definição

É contrato em que o mandante outorga poderes ao mandatário para que este o represente perante a Justiça.

Subentende-se oneroso o mandato judicial.

---

74 REQUIÃO, Rubens. **Curso de direito comercial**. 19 ed. São Paulo: Saraiva, 1989. v. 1, p. 321-322. TOMAZETTE, Marlon. **Direito societário**. São Paulo: Juarez de Oliveira, 2003. p. 124-125.

b] Requisitos subjetivos

Em relação ao mandante, deve possuir capacidade geral. Os absolutamente incapazes devem ser representados, podendo ser o mandato outorgado por instrumento particular. Os relativamente incapazes devem ser assistidos por seu responsável, sendo o mandato outorgado obrigatoriamente por instrumento público.

Em relação ao mandatário, deve possuir capacidade geral e habilitação legal, ou seja, deve ser advogado com inscrição definitiva na Ordem dos Advogados do Brasil. Há quem admita que o mandatário não seja inscrito na Ordem dos Advogados do Brasil, desde que haja poderes para que possa substabelecer para advogado inscrito. A hipótese, sem dúvida alguma é possível, embora neste caso, o mandato não seja judicial, mas apenas o substabelecimento.

c] Requisitos objetivos

O objeto do mandato judicial será qualquer ato de defesa de interesses ou direitos em juízo.

d] Requisitos formais

Contrato formal que é, o mandato judicial será sempre escrito, ou seja, por meio de procuração, não se exigindo mais o reconhecimento da firma do mandante, segundo o disposto no art. 105 do CPC. A regra admite, porém, algumas exceções.

A primeira delas diz respeito à nomeação de advogado pelo juiz por via de portaria, sempre que o réu se encontrar sem defesa. É o chamado defensor dativo ou procurador *ad hoc*. Neste caso, haverá representação sem mandato. A procuração é outorgada por portaria judicial.

A segunda dá-se em casos de urgência, quando o juiz nomeia prazo para apresentação da procuração, tendo-se por inexistentes os atos praticados, caso não seja apresentada. Exemplo típico é o do cliente que procura o advogado na última hora, para que este apresente contestação. Não havendo tempo suficiente para se elaborar a procuração, o advogado pode apresentar a contestação, pedindo ao juiz prazo para apresentação do instrumento escrito, ou seja, da procuração. Esse prazo será de quinze dias, podendo ser prorrogado por igual período a critério do juiz (§ 1º do art. 104 do CPC).

A terceira exceção se refere à representação *ex officio* dos promotores e procuradores públicos, ou seja, do Estado. A própria Lei confere procuração, isto é, poderes de representação (sem mandato).

A procuração poderá ser assinada digitalmente, nos dizeres do parágrafo 1º do art. 105 do CPC.

O mandato pode também ser conferido *apud acta*, quando for outorgado no momento da realização do próprio objeto, perante o juiz, por termo lavrado nos autos pelo escrevente. Suponhamos que o advogado compareça com seu cliente à audiência sem a devida procuração. Haverá duas opções possíveis. Ou bem requer ao juiz prazo para posterior juntada da procuração, ou bem o cliente confere o mandato verbalmente na própria audiência. Tal outorga verbal será tomada por escrito pelo escrevente e juntada aos autos. Eis aí o mandato *apud acta*.

e] Tipos

Pode ser geral ou especial.

Será geral quando incluir os poderes da cláusula *ad judicia*, quais sejam os poderes normais para que um advogado atue num processo, isto é, contestar, replicar, comparecer a audiências, juntar documentos, arrolar testemunhas etc. Além destes atos, há outros que podem surgir no desenrolar de um processo para cuja realização o advogado necessite de poderes extras, não contidos na cláusula *ad judicia*. São os de confessar, receber citação, desistir, dar quitação, firmar compromisso e transigir, basicamente. Contendo o mandato alguns ou todos esses poderes extras, será chamado especial.

Pode também ser genérico ou específico.

Será genérico se, geral ou especial, valer para atuação ampla em quaisquer processos.

Será específico quando for válido apenas para determinado processo ou ato, como, por exemplo, apresentar recurso.

f] Substabelecimento

O substabelecimento poderá ser com reserva, caso em que o mandatário continua ainda investido dos mesmos poderes, podendo retornar a qualquer momento.

Sem reservas, quando o advogado se afasta totalmente, ficando responsável só até ser notificado o mandante. De qualquer jeito, o substabelecimento poderá ser cassado pelo mandatário substabelecido.

O substabelecimento não confere ao advogado substituto nenhuma prorrogação de prazo.

g] Extinção

Dá-se pela revogação ou pela renúncia. A revogação é ato do mandante, podendo ocorrer a qualquer momento. A renúncia é ato do mandatário, podendo também ocorrer a qualquer momento. Apesar disso, o mandatário que houver renunciado, continuará representando o mandante nos dez dias subsequentes à renúncia, a não ser que não seja mais necessário, por já ter sido nomeado outro mandatário, por exemplo. De todo modo, como ficou claro, o mandato judicial admite resilição ou distrato unilateral.

Outras causas são a morte, a mudança de estado e a conclusão da causa.

10.11 Contrato de comissão

10.11.1 Definição

Comissão é contrato pelo qual uma pessoa adquire ou vende bens em seu próprio nome, mas em benefício de outrem.[75] É o caso típico de interposição, em que o agente atua em seu nome, mas no interesse de outrem. Exemplo seria o da pessoa (normalmente jurídica) que realiza aplicações financeiros em seu nome, mas em benefício de seus clientes (que lhe entregam o dinheiro para aplicar).

10.11.2 Partes

As partes se denominam *comissário* e *comitente*. O comissário age em seu próprio nome, e, benefício do comitente.

Existe na comissão um misto de intermediação, mandato e prestação de serviços. O comissário adquire bens para o comitente, ou vende bens para ele, tudo em seu próprio nome. Assim, as pessoas que negociam com o comissário não terão direito de ação contra o comitente. De qualquer forma, a comissão não se confunde com a corretagem, nem com a prestação de serviços, nem muito menos com o mandato, exatamente por agir o comissário em seu nome. Não está assim representando o comitente. Falta à comissão a *contemplatio domini*, que é exatamente a representação, o fato de se estar ostensivamente agindo em nome de outrem, do dono do negócio (*dominus negotii*). Apesar disso, regula-se, no que couber, pelas normas atinentes a esses contratos de cuja fusão resulta, principalmente pelas normas do mandato.

10.11.3 Caracteres jurídicos

Por suas características, a comissão é contrato:

- Típico, pois que se encontra tipificado nos arts. 693 a 709 do CC.
- Misto, porque guarda semelhança tanto com o mandato quanto com a prestação de serviços e com a corretagem. Pode-se dizer que é resultado da fusão desses tipos contratuais, distanciando-se deles por agir o comissário em seu próprio nome, sob sua responsabilidade;
- Consensual, porque se considera celebrado pela simples convenção.
- Oneroso ou gratuito, dependendo de o comissário cobrar ou não por seu serviço. Observe-se, todavia, que é presumivelmente oneroso. Aliás, pode dizer-se que é oneroso por natureza, sendo gratuito apenas excepcionalmente, na dependência de cláusula expressa, pelo que se depreende do art. 701 do CC.

---

75 PEREIRA, Caio Mário da Silva. **Instituições**... cit., 18. ed., v. 3, p. 247.

- Se oneroso, será bilateral, por gerar obrigações para ambas as partes. Mas, sendo gratuito, será unilateral, de vez que as obrigações serão todas do comissário.
- Aleatório, uma vez que o produto das ações do comissário não pode ser definido antecipadamente.
- De execução futura, pois se celebra num momento, executando-se em outro.
- Individual, por obrigar somente aqueles individualmente envolvidos.
- Negociável, porque, ao menos em tese, permite a negociação de cláusulas.
- Por natureza é *intuitu personae*, de vez que se fundamenta na confiança que o comitente deposita no comissário.

10.11.4 Requisitos de validade

a) Requisitos subjetivos: As partes devem possuir capacidade genérica para a vida civil e para o comércio em especial.
b) Requisitos objetivos: O objeto há de ser possível, tanto do ponto de vista material quanto do ponto de vista jurídico.
Assim, não podem ser objeto do contrato a aquisição de produtos inexistentes ou a venda de entorpecentes.
c) Requisitos formais: Quanto à forma, a comissão é consensual, bastando a convenção para que se considere celebrada. Em outras palavras, pode ser verbal, escrita, tácita etc.

10.11.5 Obrigações das partes

O comissário deve agir com todo o zelo e dedicação de que for capaz. Fará jus à remuneração ajustada, bem como a indenização por todos os prejuízos que sofrer no desempenho da comissão.

O comissário tem o dever de prestar contas de sua atividade.

Se vários forem os comitentes, sua obrigação para com o comissário será fracionária. Vale dizer que o comissário poderá acionar a cada um, exigindo parte da dívida, que consistirá na remuneração ou indenização acima referidas. Isto porque a Lei não estipula nada diverso, e sabemos que as obrigações divisíveis com pluralidade de devedores reputam-se fracionárias, salvo disposição contrária. Em outras palavras, para que a obrigação dos comitentes seja solidária, conjunta ou subsidiária, será necessária cláusula contratual expressa.

O comissário não responde pela solvabilidade das pessoas com quem contratar. Por outros termos, se o comissário celebra um negócio e a pessoa com quem celebrar o negócio tornar-se inadimplente ou insolvente, não responderá o comissário por isso. Ao contrário, responderá se tiver agido com culpa ou se no contrato de comissão constar cláusula *del credere*.

Havendo cláusula *del credere*, o comissário responderá, solidariamente com as pessoas com quem haja contratado, perante o comitente. Sua remuneração será mais alta, para compensar este ônus assumido. Cláusula *del credere* é a cláusula que confere ao comissário o direito a uma comissão extra ou prêmio, por ter ele assumido a responsabilidade pela solvabilidade das pessoas com quem contratar.

Exemplificando, suponhamos que Frederico seja comissário de Juan, constando no contrato a cláusula *del credere*. Isto significa que, se contratar com Marcelo e este se tornar inadimplente ou insolvente, Juan poderá acionar Marcelo ou Frederico, solidariamente. Por esta responsabilidade extraordinária, Frederico terá direito a comissão extra.

Morrendo o comissário, extingue-se o contrato. O comitente, todavia, deverá pagar aos herdeiros em conjunto, ou seja, ao "espólio" do comissário, remuneração proporcional aos trabalhos prestados. A esta mesma remuneração terá direito o comissário, se puser fim ao contrato por estar impossibilitado de concluir os negócios, em razão de força maior.

Se o comissário for dispensado por justa causa, fará jus à remuneração relativa a todos os negócios que houverem dado lucro ao comitente. É óbvio que este terá direito de descontar desta remuneração as perdas e danos que houver sofrido com a conduta do comissário, que levou à dispensa.

Sendo a dispensa injusta, o comissário terá direito à remuneração pelos negócios já concluídos, mais perdas e danos.

Se o comissário proceder a gastos aos quais não estava obrigado, para beneficiar o comitente, terá direito a ser reembolsado com juros, que correrão desde o desembolso. O mesmo se diga dos gastos feitos pelo comitente em benefício do comissário.

Pelo reembolso dessas despesas, bem como por sua remuneração, o comissário poderá reter os bens e valores resultantes da comissão que estiverem em seu poder. Mas, se houver mora na entrega dos fundos devidos ao comitente, o comissário arcará com juros.

O crédito do comissário goza de privilégio geral, no juízo da falência ou da insolvência civil do comitente.

10.12 Contrato de agência e distribuição

10.12.1 Definição

Entende-se por *agência e distribuição* ou por *representação comercial* o contrato em que uma parte se obriga, mediante remuneração, a realizar negócios de natureza empresarial, em caráter não eventual, em favor de uma outra.[76]

Caracteriza a agência e distribuição a profissionalidade do agente; sua autonomia, de vez que não é empregado do proponente; a habitualidade dos atos por ele praticados e sua natureza empresarial; a delimitação geográfica dos atos do agente, que só atua numa região; a exclusividade que normalmente o agente dá ao proponente; e, por fim, a remuneração paga ao agente.

Na verdade, rigorosamente, a agência pode ser diferenciada da distribuição. Nesta, o distribuidor já tem a sua disposição os bens que irá negociar; naquela, o agente não possui os bens a sua disposição. O Código Civil, embora faça a distinção no art. 710, trata das duas como se fossem o mesmo contrato. E com razão, uma vez que ambas são vertentes de um mesmo contrato, a representação comercial. A diferença entre elas, sem dúvida, é de somenos importância, não merecendo, por isso, tratamento individualizado.

10.12.2 Partes

A parte que se obriga a agenciar propostas e pedidos em favor da outra se denomina *agente*, *distribuidor*, ou *representante comercial*. Aquele em favor de quem os negócios são realizados se chama *representado*, *proponente* ou *proponente*.

10.12.3 Caracteres jurídicos

É contrato:

- Típico, porque tipificado na Lei n. 4.886/1965, que regulamenta a profissão de representante comercial ou agente e traça as bases do contrato, e no Código Civil, arts. 710 a 721.
- Misto, pois que resulta de uma espécie de fusão do mandato, comissão e corretagem, deles se diferenciando, porém. Do mandato se distancia em que, apesar do nome, o agente não representa o proponente, embora possa ser chamado, a meu ver impropriamente, de representante comercial. Impropriamente, porque representação não há. O agente atua em seu próprio nome, em favor do proponente. Não o representa e não pode, assim, praticar atos de

---

[76] MARTINS, Fran. **Contratos e obrigações comerciais**. Rio de Janeiro: Forense, 1990. p. 327.

mandatário, tais como conceder abatimentos, dilações de prazo etc.[77] Falta ao agente a *contemplatio domini*, ou a exteriorização da representação, para que todos saibam com quem, na verdade, estão contratando. Na representação, é fundamental a notoriedade, a publicidade do fato de que A represente B, aja em nome de B. O que ocorre é que, muitas vezes, o agente acaba sendo também mandatário, por força de procuração que acompanha o contrato de representação.[78] Poder-se-ia chamar a agência/distribuição de *mandato sem representação*. Ocorre que já tem *nomen iuris* próprio, qual seja, agência/distribuição. Da comissão se diferencia em que o comissário age em seu próprio nome e se obriga pessoalmente perante os terceiros com quem contratar. O agente, ao contrário, não se responsabiliza perante as pessoas com quem contratar em favor do proponente. Apesar disso, tampouco representa o proponente. Não é necessariamente mandatário; apenas angaria, agencia negócios em favor do proponente. Não se confunde com a corretagem, uma vez que o corretor apenas aproxima as partes contratantes, não celebrando o negócio em nome delas. Tampouco pode ser confundido com contrato de trabalho, por não ser o agente empregado do proponente. É agente autônomo. Aplicam-se subsidiariamente às normas do Código Civil, as regras e princípios atinentes ao mandato, à comissão e a legislação especial.

- Consensual, porque se considera celebrado pela simples convenção.
- Oneroso por essência, sendo sempre devida remuneração ao agente.
- Bilateral, por gerar obrigações para ambas as partes.
- Aleatório, uma vez que o produto das ações do agente não pode ser definido antecipadamente.
- De execução futura, pois se celebra num momento, executando-se em outro.
- Individual, por obrigar somente aqueles individualmente envolvidos.
- Negociável, porque, ao menos em tese, permite a negociação de cláusulas.
- Por natureza, é *intuitu personae*, de vez que se fundamenta na confiança que o proponente deposita no agente.

10.12.4 Requisitos de validade

a] Requisitos subjetivos: As partes devem ser capazes genericamente e especialmente para as atividades típicas de empresário. Em outras palavras, o agente não pode ser proibido de exercer atividade empresarial, como o são os funcionários públicos, por exemplo. Além disso, deverá ser registrado no Conselho Regional dos Representantes.

---

[77] *Idem*, p. 330-331.
[78] *Idem*, p. 331.

b] Requisitos objetivos: O objeto do contrato deve ser possível, tanto aterialmente quanto juridicamente. Não pode o agente ser contratado para negociar estrelas ou tóxicos.
c] Requisitos formais: A forma do contrato é livre. Cuida-se, como já se disse, de contrato consensual.

10.12.5 Obrigações do agente

São deveres do agente angariar negócios mercantis em favor do proponente; seguir suas instruções a respeito da comercialização dos produtos; prestar contas periodicamente ou sempre que exigidas; manter sigilo sobre suas operações; dar exclusividade ao proponente, a não ser que o contrato o libere; repassar ao proponente os frutos de suas atividades.

As despesas com a agência ou distribuição presumem-se a cargo do agente, salvo cláusula em contrário.

10.12.6 Obrigações do proponente

A principal obrigação do proponente é a de pagar a seu agente a devida remuneração, geralmente calculada sobre os negócios realizados.

Se o negócio deixar de se realizar por fato imputável ao proponente, o agente fará jus à remuneração, como se o negócio tivesse sido realizado.

Deverá dar ao agente exclusividade, na mesma região, salvo estipulação contrária.

10.12.7 Extinção do contrato

A agência e a distribuição podem ser celebradas por prazo determinado ou indeterminado. Se por prazo determinado, extinguir-se-á pelo advento do termo final. Se por prazo indeterminado, qualquer uma das partes pode lhe pôr fim, denunciando o contrato, com aviso prévio de 90 dias. O agente renunciará; o proponente revogará o contrato. De qualquer forma, o proponente, para resilir o contrato, deverá esperar tempo compatível com a natureza e o vulto do investimento exigido do agente, caso se repute superior a 90 dias.

Se o contrato for por prazo determinado e o proponente dispensar o agente sem justa causa, pagará a ele a remuneração devida pelos negócios já realizados e pelos pendentes, mais perdas e danos.

Sendo a dispensa por justa causa, o agente fará jus à remuneração devida pelos negócios já realizados, descontados as perdas e danos.

Morrendo o agente, extingue-se o contrato. O proponente, todavia, deverá pagar aos herdeiros em conjunto, ou seja, ao "espólio" do agente, remuneração proporcional aos trabalhos prestados. A esta mesma remuneração terá direito o agente, se puser fim ao contrato por estar impossibilitado de concluir os negócios, em razão de força maior.

São causas que também podem extinguir a representação, o implemento de condição resolutiva a que se subordinar o contrato (por exemplo: Leonardo, empresário, celebra com Allan contrato de representação comercial, enquanto Allan residir na cidade X; se por acaso Allan se mudar, extingue-se o contrato. Estamos, no caso, diante de condição resolutiva, simplesmente potestativa); a morte ou a falência de uma das partes; a incapacidade superveniente, dentre outras.

10.13 Contrato de corretagem

10.13.1 Definição

Corretagem é contrato pelo qual uma pessoa encarrega outra de angariar-lhe negócios, mediante remuneração. Em simples palavras, esta seria a definição.

Na verdade, o corretor servirá como intermediário, agenciando negócios para o comitente e recebendo, por isso, certo percentual. É o caso dos corretores de imóveis.

10.13.2 Partes

Corretor, mediador ou agenciador é o intermediário, que agencia negócios para o comitente, cliente ou dono do negócio.

10.13.3 Espécies

Há duas espécies de corretagem: a oficial e a livre.

A corretagem oficial diz respeito a fundos públicos, mercadorias, seguros e navios, dentre outras, sendo regulada por leis especiais. Os corretores oficiais têm fé pública e alguns deles são nomeados pelo Presidente da República.

Já a corretagem livre é aquela que independe de autorização oficial. Os corretores podem agir sem designação de autoridade pública, seja em caráter contínuo ou esporádico, com exclusividade ou não. Pelo fato de ser livre, não significa que a corretagem fique inteiramente sem regulamentação legal, como é o caso da corretagem de imóveis que é regida pela Lei n. 6.530/1978 e pelo Decreto n. 81.871/1978.

10.13.4 Caracteres jurídicos

Segundo suas características, o contrato de corretagem classifica-se como contrato:

- Típico, pois que tipificado em várias leis especiais e no Código Civil, arts. 722 a 729.
- Misto, uma vez que guarda semelhança tanto com o mandato quanto com a prestação de serviços. Pode-se dizer que é resultado da fusão desses dois tipos contratuais.
- Consensual, porque se considera celebrado pela simples convenção.
- Oneroso ou gratuito, dependendo de o corretor cobrar ou não por seu serviço. Observe-se, todavia, que é presumivelmente oneroso. Aliás, pode-se dizer que é oneroso por natureza, sendo gratuito apenas excepcionalmente, na dependência de cláusula expressa, como se deduz do art. 724 do CC.
- Se oneroso será bilateral, por gerar obrigações para ambas as partes. Mas, sendo gratuito, será unilateral, de vez que as obrigações serão todas do corretor.
- Aleatório, uma vez que o produto das ações do corretor não pode ser definido antecipadamente.
- De execução futura, pois se celebra num momento, executando-se em outro.
- Individual, por obrigar somente aqueles individualmente envolvidos.
- Negociável, porque, ao menos em tese, permite a negociação de cláusulas.
- Impessoal, pois que a pessoa das partes tem importância secundária. Em outras palavras, ao comitente, como regra, pouco importa quem seja o corretor, desde que goze de boa fama. Muito menos ao corretor interessa quem seja o comitente. Não é como no contrato de fiança ou no de mandato, em que a pessoa das partes tem importância primordial.

10.13.5 Requisitos de validade

a) Requisitos subjetivos: Para ser comitente, exige-se a capacidade genérica para a vida civil. Assim, deve ele ser maior de 18 anos ou emancipado.

Para o corretor, também é exigida a capacidade genérica, havendo, entretanto, algumas proibições. As pessoas que já estejam obrigadas, por obrigação legal ou contratual, a intermediar negócios, não podem ser corretores. Exemplo seria o do empregado, que já tem o dever de conseguir bons negócios para seu patrão, independentemente de comissão de corretagem. Os servidores públicos e autárquicos tampouco podem agenciar negócios com a pessoa jurídica a que servem.

Os corretores de imóveis devem ser credenciados para tanto.

b] **Requisitos objetivos**: O objeto da corretagem é a intermediação, o agenciamento de negócios, que hão de ser lícitos e materialmente possíveis. A intermediação bursátil, ou seja, a intermediação na bolsa de valores relativa a valores mobiliários, como ações, não condiz com a corretagem, embora tais agentes costumem denominar-se corretores de valores. E não condiz pelo simples fato de que o corretor apenas intermedeia o negócio, nele não figurando como parte. "Não é o que ocorre com as sociedades corretoras de títulos e valores mobiliários, pois elas não se limitam a meramente aproximar seu cliente investidor de outrem. Se assim o fosse, os investidores se obrigariam em seu próprio nome com a contraparte da relação negocial. No entanto, muito embora as operações financeiras não se concluam no interesse daquelas intermediárias, são elas quem, em última análise, contraem as obrigações perante os demais agentes econômicos do mercado de capitais. E o fazem na condição de partes negociantes nas subscrições, aquisições ou alienações de valores mobiliários".[79]

"No caso específico de uma operação efetivada em ambiente bursátil, é possível afirmar que a sociedade corretora substitui o investidor, ao se vincular pessoalmente aos agentes de compensação e custódia, assim como à BM & FBovespa. Com isso, torna-se responsável por todo e qualquer negócio que seja efetuado em cumprimento das ordens emitidas por seus clientes investidores."[80]

c] **Requisitos formais**: A corretagem é contrato consensual, aperfeiçoando-se pela simples convenção. Sua forma é livre.

10.13.6 Obrigações do corretor

O corretor tem como principal, se não única obrigação, bem agenciar os negócios de que foi incumbido de intermediar, informando ao comitente todos os desdobramentos das negociações, bem como os riscos e todas as demais circunstâncias que possam interferir no resultado dos negócios. Haverá na corretagem interposição, uma vez que o corretor não representa o comitente, apesar de agir em seu interesse. Não há na corretagem a *contemplatio domini* exigida para a perfeita representação. O corretor pode, inclusive, agir por sua própria conta, procurando aproximar partes de um possível negócio, sem que tenha sido previamente encarregado disso por nenhuma delas.

---

79 PLETI, Ricardo Padovini. **A natureza jurídica do contrato de comissão bursátil**: o diálogo entre o sistema financeiro nacional e o direito do consumidor. Tese. (Doutorado em Direito) – UFMG, Belo Horizonte 2014. p. 215 et seq.
80 Idem, p. 215 et seq.

Poderá, salvo proibição expressa, instituir subcorretor.

10.13.7 Obrigações do comitente

A obrigação mais fundamental do comitente é a de pagar a comissão devida ao corretor. Para que sobrevenha o dever de pagar a comissão, é necessário que o resultado a que o corretor se obrigou seja atingido. Salvo cláusula em contrário, para que o resultado da corretagem considere-se alcançado, basta que se conclua a intermediação, que culmina com o fechamento do negócio. Assim, concluído o contrato, objeto da corretagem, é devida a comissão, ainda que o contrato demore a ser executado, ou mesmo que nem venha a ser executado. Suponhamos, por exemplo, uma compra e venda de certo imóvel. O corretor apresenta as partes que, em seguida, fecham o negócio. Se, posteriormente, vierem a desistir, antes da assinatura da escritura de compra e venda, a comissão, ainda assim, deverá ser paga, apesar de o contrato não ter vingado.

Uma vez que o corretor seja contratado com cláusula de exclusividade, o comitente, ainda assim, poderá realizar o negócio sem sua intermediação, mas terá que lhe pagar a comissão devida, como se o corretor tivesse mediado as negociações. Esta comissão só não será devida se o comitente provar que realizou o negócio por si mesmo, por força de inércia ou ociosidade do corretor, ou ainda, por ter sido o negócio realizado por intermédio de outro, se o contrato não contiver cláusula de exclusividade.

Será devida a comissão se o negócio se realizar graças aos esforços do corretor, mesmo que ele já tenha sido dispensado, antes da concretização do negócio. Isto é para evitar que, nos contratos de corretagem por prazo indeterminado, o comitente, percebendo que o negócio está para se realizar, denuncie o contrato a fim de não pagar ao corretor a devida retribuição. O mesmo se diga da realização do negócio, após o termo final da corretagem.

Outro ponto importante é que, para fazer jus à comissão, o corretor deve ter sido encarregado da intermediação. Caso apresente espontaneamente um interessado, a comissão não terá que ser paga. Em outras palavras, se ponho imóvel à venda, aparecendo-me corretor com comprador interessado, mesmo se concluir o negócio, não estarei obrigado a pagar qualquer comissão. Isto porque o corretor não fora previamente incumbido de agenciar a venda. Consequentemente, não houve contrato de corretagem, não sendo devida comissão.

Havendo mais de um corretor incumbido do mesmo negócio, e todos eles o intermediarem, a remuneração será distribuída a todos em partes iguais, salvo cláusula em contrário.

10.13.8 Extinção do contrato

O contrato de corretagem se extingue pela morte de qualquer das partes, pela conclusão do negócio agenciado ou pelo decurso do prazo, se este for determinado. Se o prazo for indeterminado, qualquer uma das partes poderá denunciá-lo.[81] O comitente o revogará e o corretor renunciará, sem a necessidade de alegar motivo justo. Mas, como visto, se for celebrado contrato com pessoa apresentada pelo corretor, ainda na vigência da corretagem, será devida a comissão, mesmo que o negócio seja celebrado após a denúncia.

10.14 Contrato de transporte

10.14.1 Definição

Transporte é, em poucas palavras, contrato pelo qual uma parte se obriga a levar coisas ou pessoas de um local a outro. É contrato bastante comum nas relações de consumo, principalmente, tratando-se de transporte de pessoas.

10.14.2 Partes

Aquele que recebe as coisas ou pessoas se denomina transportador. A pessoa transportada se denomina passageiro ou viajante e aquele que entrega as coisas para o transporte se chama remetente ou expedidor.

Não é parte contratante o eventual destinatário das coisas transportadas, a não ser que seja ele o próprio expedidor.

10.14.3 Objeto

O transporte pode ser de pessoas ou coisas. Estas animadas ou inanimadas.

10.14.4 Caracteres jurídicos

Por suas características, o transporte é contrato:

- Típico, pois que tipificado nos arts. 730 a 756 do CC e em várias leis esparsas.
- Puro, uma vez que não resulta da combinação de dois ou mais outros contratos.
- Consensual, porque se considera celebrado pela simples convenção.
- Oneroso ou gratuito, dependendo de o transportador cobrar ou não por seu serviço. É de se notar, porém, que se presume oneroso, uma vez que a ninguém

---

81 *Denunciar um contrato* é pôr fim a ele, seja através da resolução (quando houver falta contratual) ou da resilição (quando não houver falta contratual).

é dado locupletar-se de atividade alheia. Assim, para que seja gratuito, é necessária cláusula expressa nesse sentido. Na verdade, pode ser realmente gratuito, ou aparentemente gratuito. Será aparentemente gratuito a meu ver, quando a gratuidade for um ônus suportado não pelo transportador, mas pela coletividade. Tal é o caso do transporte "gratuito" de pessoas idosas.

Por força do art. 736 do CC, o transporte feito por amizade ou cortesia, gratuitamente, não se subordina às normas do contrato de transporte, a não ser que implique vantagens indiretas para o transportador. Em outras palavras, o transporte gratuito não é, como regra, fato jurídico:

- Se oneroso será bilateral, por gerar obrigações para ambas as partes. Mas, sendo gratuito, será unilateral, de vez que as obrigações serão todas do transportador.
- Pré-estimado, uma vez que as prestações das partes são de antemão conhecidas.
- De execução futura, pois se celebra num momento, executando-se em outro.
- Individual, por obrigar somente aqueles individualmente envolvidos.
- Negociável, porque, ao menos em tese, permite a negociação de cláusulas; pode, porém, ser de adesão e, de regra, o é, nos casos de ônibus e aviões, para citar dois exemplos.
- Impessoal, pois que a pessoa das partes tem importância secundária. Em outras palavras, ao transportador pouco importa quem sejam os passageiros ou o expedidor, desde que pessoas idôneas. Tampouco ao expedidor ou ao passageiro interessa quem seja o transportador, desde que confiável. Não é como no contrato de fiança ou no de mandato, em que a pessoa das partes tem importância primordial.

10.14.5 Requisitos de validade

a) Requisitos subjetivos: Quanto às partes, requer-se a capacidade genérica para a vida civil. Por outros termos, basta ser maior de 18 anos ou emancipado. Dependendo da modalidade de transporte, o transportador será concessionário ou permissionário de serviço público, devendo ter concessão ou permissão do Poder Público para conduzir pessoas ou coisas. É o caso dos ônibus, táxis e aviões.

b) Requisitos objetivos: Sendo o transporte de coisas, estas deverão ser possíveis, tanto materialmente quanto juridicamente. Não se pode admitir transporte envolvendo mercadoria furtada ou contrabandeada. Assim mesmo, se o transportador de nada sabia, terá direito a remuneração.

c] **Requisitos formais**: Quanto à forma, o transporte é contrato consensual. Basta a convenção para que se considere celebrado. Está superada a ideia de que o transporte de coisas é real, considerando-se celebrado somente após a entrega da mercadoria.[82]

Tratando-se de transporte de passageiros, pode ser que se emita bilhete de passagem, mas nem sempre. Tal não ocorre, por exemplo, nos ônibus ou táxis municipais. Se emitido bilhete, este poderá ser transferível ou intransferível, nominal ou ao portador.

Sendo o transporte de coisas, poderá ser emitido pelo transportador o que se chama de *conhecimento de transporte*. É título de crédito, que confere a seu portador o direito de retirar as mercadorias das mãos do transportador. Em outras palavras, o transportador entregará a mercadoria a quem quer que lhe apresente o conhecimento.

O conhecimento é título normalmente negociável. Quem quer que o receba poderá transferi-lo por endosso (ou seja, assinando no verso) a outra pessoa, que estará intitulada a receber as mercadorias das mãos do transportador.

10.14.6 Espécies

Dependendo daquilo que seja conduzido, será o transporte de pessoas ou de coisas. Dependendo do meio utilizado, o transporte será terrestre, marítimo, fluvial ou aéreo. Quanto à extensão territorial coberta, pode o transporte ser urbano, intermunicipal, interestadual ou internacional.

Seja o transporte de coisas ou de pessoas, havendo mais de um transportador, cada um será responsável pelo trecho do percurso a que se obrigou, respondendo pelos danos que venham a sofrer tanto as pessoas como as coisas.

Não sendo possível determinar em que trecho do percurso ocorreu o dano, responderão os transportadores solidariamente.

Se houver substituição de um dos transportadores no decorrer do trajeto, o substituto responderá, também ele, solidariamente com os demais pelos danos ocorridos.

10.14.7 Transporte de pessoas

a] Obrigações do transportador

O transportador se obriga a conduzir as pessoas de um lugar a outro, conforme o combinado, com todo o zelo e segurança. Evidentemente, não se considera válida cláusula que isente o transportador de suas responsabilidades.

---

82 PEREIRA, Caio Mário da Silva. **Instituições**... cit., 18. ed., v. 3, p. 209.

Responde por todos os danos causados aos passageiros. No caso, há inversão do ônus da prova da culpa, ou seja, o transportador se presume culpado, cabendo a ele provar sua inocência. É o que se deduz do art. 734 do CC, segundo o qual o transportador só não responde em caso de força maior. O Código deixa a entender, claramente, que o ônus da prova incumbe ao transportador.

O transportador responderá por todos os danos causados aos passageiros, ainda que o acidente seja causado por terceiro. Nesta hipótese, terá direito de regresso contra o terceiro.

Tratando-se de transporte público, a responsabilidade do transportador é objetiva, isto é, responde independentemente de culpa.

Como já visto, o transportador é depositário da bagagem dos passageiros. Poderá exigir declaração de seu valor, a fim de fixar o montante da indenização.

Terá direito de reter as bagagens e outros bens de uso pessoal dos passageiros, a título de penhor, até que receba o pagamento da passagem, se este não houver sido feito anteriormente ao embarque.

O transportador não pode recusar passageiros, salvo os casos previstos em regulamento especial, ou se as condições de higiene, saúde ou mesmo comportamento inadequado do passageiro (embriaguez, por exemplo) justificarem a recusa.

O transportador deverá restituir ao passageiro o valor da passagem, se este desistir da viagem, denunciando o contrato em tempo hábil, permitindo a renegociação da passagem.

O passageiro poderá denunciar o contrato, mesmo após iniciada a viagem, tendo direito ao reembolso dos trechos que não utilizar. Este dispositivo se aplica, principalmente, a longas viagens aéreas, ou mesmo terrestres, divididas em trechos. O passageiro só terá este direito de reembolso, entretanto, se provar que outra pessoa foi transportada em seu lugar nos trechos que não utilizou. Ao reembolsar o passageiro, o transportador poderá reter até 5% do valor, a título de multa compensatória.

O transportador não será obrigado a reembolsar o passageiro que simplesmente tenha deixado de embarcar, sem qualquer aviso prévio. Mas o passageiro terá direito ao reembolso, se provar que outra pessoa embarcou em seu lugar. Os mesmos 5% (cinco por cento) do caso acima poderão ser retidos pelo transportador. É muito comum a fixação de listas de espera em viagens aéreas, exatamente para suprir os lugares dos eventuais passageiros desistentes.

Deverá o transportador respeitar os horários e o itinerário prefixados, sob pena de responder por perdas e danos, incumbindo a ele a prova de sua inocência.

Se a viagem for interrompida ou adiada, ainda que por motivo imprevisível e alheio à vontade do transportador, deverá ele disponibilizar outro veículo da mesma categoria, para a realização do transporte. Se o passageiro anuir, o veículo poderá ser de qualidade inferior ou o transporte poderá se dar por outro meio. Por exemplo, se por causa do mau tempo a viagem aérea se tornar inviável, poderão os passageiros ser transportados por meio terrestre, desde que consintam. Ademais, o transportador é obrigado a oferecer, a suas custas, alimentação e hospedagem para os passageiros.

b] Obrigações do passageiro

A principal obrigação do passageiro é remunerar o transportador, conforme o que haja sido combinado.

Além disso, caberá ao passageiro portar-se com decência e educação, além de contribuir no que puder para que o transportador desempenhe bem seu dever. Deverá, assim, se for o caso, indicar-lhe a rota, sempre seguindo suas instruções.

Se o passageiro contribuir com sua conduta para a produção de danos, deverá indenizar o transportador.

Se os danos sofridos pelo passageiro se derem por desrespeitar ele as instruções e normas regulamentares, o transportador terá direito de reduzir a indenização proporcionalmente à culpa do passageiro.

10.14.8 Transporte de coisas

a] Obrigações do transportador

A principal obrigação do transportador é conduzir as coisas que lhe hajam sido confiadas ao local de destino, no prazo ajustado, zelando por sua segurança e integridade.

No momento em que o transportador recebe as coisas para transporte, tem início sua responsabilidade. Esta se restringirá ao valor mencionado no conhecimento de transporte. Termina sua responsabilidade no momento em que as coisas são entregues ao destinatário.

O transportador deverá emitir conhecimento de transporte, identificado as coisas a serem transportadas, bem como seu valor, assim que as receber.

É obrigação do transportador recusar coisas cujo transporte ou comercialização sejam proibidos ou que venham desacompanhadas dos documentos exigidos por lei ou norma interna do transportador.

Às coisas guardadas nos armazéns do transportador, em virtude do contrato de transporte, aplicam-se as normas do contrato de depósito.

O transportador, salvo disposição contrária no conhecimento, não é obrigado a dar aviso de chegada ao destinatário, nem é obrigado a entregar as coisas em seu domicílio. Em outras palavras, é o destinatário que deverá procurar pelas coisas transportadas, seguindo o horário e local combinados para a chegada.

Se o transporte não puder ser efetivado ou sofrer longa interrupção, o transportador contactará o remetente para instruções, devendo zelar pelas coisas transportadas. Vindo estas a perecer ou a se deteriorar, o transportador indenizará o prejudicado, salvo se provar sua inocência.

Se a interrupção ou impedimento perdurarem, sem culpa do transportador, poderá ele depositar as coisas em juízo ou vendê-las, desde que, comunicado o remetente, este não se pronuncie em tempo razoável.

Se o depósito for efetuado nos próprios armazéns do transportador, terá ele direito a remuneração, desde que o impedimento não seja atribuível a culpa sua.

Sendo o impedimento atribuível a culpa do transportador, deverá depositar as coisas, mas continuará responsável por elas perante o remetente ou o destinatário. Assim, se as coisas levadas a depósito se perderem ou se deteriorarem, a responsabilidade será do transportador, que terá direito de regresso contra o depositário. Poderá se eximir da responsabilidade se provar que o fato danoso teria ocorrido mesmo que as coisas não tivessem sido levadas a depósito.

No caso anterior, o transportador poderá vender as coisas transportadas, se forem perecíveis.

De qualquer maneira, seja o impedimento devido à culpa do transportador ou não, deverá ele comunicar o remetente do depósito ou da venda que tenha realizado.

O transportador responde pelas avarias sofridas pelas coisas que transportar, a não ser que prove caso fortuito ou de força maior. Mas o destinatário deverá vistoriar a mercadoria assim que a receber, reclamando das avarias imediatamente, sob pena de decadência instantânea. Se, entretanto, as avarias não forem perceptíveis à primeira vista, o destinatário terá 10 dias, contados da entrega, para reclamar.

Na dúvida a respeito de quem seja o destinatário, o transportador deverá obter instruções do remetente. Se as não receber, deverá depositar a mercadoria em juízo. Tratando-se de coisas perecíveis, o transportador deverá vendê-las e depositar o saldo em juízo.

Se o transporte for cumulativo, ou seja, se houver vários transportadores, cada um responsável por um trecho, responderão todos solidariamente pelos danos causados. No entanto, se provarem que os danos ocorreram no trecho da responsabilidade de um deles, apenas este responderá perante o remetente.

b] Obrigações do remetente ou expedidor

O remetente ou expedidor, ao entregar a coisa ao transportador, deverá caracterizá-la por sua natureza, valor, peso e quantidade, fornecendo todas as demais características que forem necessárias para individualizar a coisa, diferenciando-a de suas congêneres.

Deverá também o remetente identificar o destinatário, pelo menos, pelo nome e endereço.

O transportador poderá exigir do remetente duas vias assinadas da relação das coisas a serem transportadas. Uma delas fará parte do conhecimento de transporte.

Se o remetente falsear informações, causando dano ao transportador, este poderá propor ação indenizatória no prazo de 120 dias, contados da data em que foram dadas as falsas informações.

O Código Civil se refere a este prazo de 120 dias como decadencial. Engana-se o legislador, porquanto se trata de ação de caráter condenatório, sendo, pois, o prazo de prescrição e não de decadência. Se a ação é condenatória, diz respeito a direito a uma prestação, ao qual corresponde à responsabilidade do devedor pelo inadimplemento. É exatamente essa responsabilidade que é extinta pela prescrição. Está sujeita, assim, às hipóteses de interrupção e suspensão, como todos os demais prazos prescricionais. Tampouco pode ser decretada de ofício, *inaudita altera parte*, por mais que inconstitucionalmente disponha o legislador em contrário (§ 1º, art. 332 do CPC).

Embalar a mercadoria, salvo disposição contrária, é obrigação do remetente. E o transportador poderá recusar a coisa inadequadamente embalada.

Até a entrega da coisa ao destinatário, o expedidor poderá denunciar o contrato, exigindo a mercadoria de volta, ou poderá pedir seja ela entregue a outro destinatário. Em ambos os casos, pagará ao transportador todas as despesas extras que a contraordem implicar, além das perdas e danos eventualmente ocorridos.

c] Obrigações do destinatário

O destinatário é o credor das mercadorias. Pode ser o próprio expedidor ou terceiro beneficiário, quando, então, teremos estipulação em favor de terceiro. Em outras palavras, se o destinatário for terceiro beneficiário, teremos estipulação do expedidor com o transportador em favor de terceira pessoa, o beneficiário.

Ao destinatário poderá caber o pagamento do transporte. Deverá, por outro lado, receber a mercadoria no tempo e local combinados, sob pena de ter que arcar com os ônus da armazenagem.

d] Transporte rodoviário de cargas

A Lei n. 11.442/2007 regula o transporte rodoviário de cargas, realizado por conta de terceiro, mediante remuneração. A natureza dessa modalidade de transporte é empresarial e depende de inscrição do transportador, seja ele pessoa física ou jurídica, no Registro Nacional de Transportadores Rodoviários de Cargas da Agência Nacional de Transportes Terrestres.

O transportador prestará sua atividade ao expedidor como agregado ou autônomo. Será agregado se contratado com exclusividade, mediante remuneração certa. Será autônomo se atuar eventualmente, sem exclusividade, mediante frete ajustado a cada viagem. Seja como for, o transportador agregado ou autônomo não será jamais considerado empregado do expedidor. O contrato entre eles celebrado será discutido na Justiça Comum ou perante juízo arbitral.

A cada viagem será emitido conhecimento de transporte, que conterá a identificação das partes e informações fiscais e dos serviços. Com a emissão do conhecimento, o transportador assume a responsabilidade pela execução do serviço e pelos prejuízos decorrentes de perda ou de danos à carga, bem como pelos prejuízos decorrentes da mora na entrega.

Excluem a responsabilidade do transportador o ato ou o fato imputável ao expedidor ou ao destinatário; a inadequação da embalagem, quando imputável ao expedidor; o vício próprio ou oculto da carga; o manuseio, embarque, estiva ou descarga executados diretamente pelo expedidor, destinatário ou consignatário da carga; a força maior ou o caso fortuito.

A carga do transporte será sempre segurada contra perdas e danos, devendo o seguro ser contratado pelo transportador, pelo expedidor, ou até mesmo pelo destinatário, conforme o que seja combinado. Além desse seguro obrigatório, poderá ser contratado seguro contra danos a terceiros.

A responsabilidade do transportador por danos causados às mercadorias se limita ao valor declarado pelo expedidor no conhecimento de transporte, acrescido dos valores do frete e do seguro. Já a responsabilidade pela mora se limita ao valor do frete, se outro não for pactuado.

O expedidor poderá vir a indenizar o transportador por prejuízos resultantes de inveracidade na declaração de carga ou de inadequação dos elementos que lhe compete fornecer para a emissão do conhecimento de transporte.

A responsabilidade oriunda do contrato de transporte prescreve em um ano, contado do conhecimento do dano pela parte interessada.

O prazo para a entrega da carga deverá estar previsto no contrato. Se não previsto, incumbe ao transportador fixá-lo, informando ao expedidor ou ao destinatário. Caso as mercadorias não sejam entregues em 30 (trinta) dias da data fixada para a entrega, o destinatário, ou qualquer pessoa com direito a reclamá-las, poderá considerá-las perdidas, configurando-se o inadimplemento do contrato e não mais a simples mora. Por outro lado, comunicado o destinatário da chegada da carga, terá o prazo de trinta dias, ou outro previsto no contrato, para retirá-la, sob pena de se configurar abandono, podendo, neste caso, o transportador se ocupar das mercadorias.

10.15 Contrato de seguro

10.15.1 Definição

É contrato pelo qual uma das partes, o segurador, se obriga para com a outra, o segurado, mediante recebimento de prêmio, a indenizá-la, ou a terceiros, de prejuízos resultantes de riscos futuros e incertos, mas previsíveis.

10.15.2 Caracteres jurídicos

Por sua natureza, o seguro é contrato:

- Típico, por estar tipificado nos arts. 757 a 802 do CC, além da vasta legislação especial.
- Puro, pois não é fruto da fusão de outros contratos, como o *leasing*, por exemplo.
- Oneroso ou comutativo, de vez que à prestação do segurado corresponde contraprestação do segurador.
- Bilateral, porque ambas as partes possuem direitos e deveres.
- Essencialmente aleatório, visto que a prestação do segurador é totalmente imprevisível, dependendo da ocorrência de fato futuro e incerto.
- Consensual, por não exigir a Lei (art. 758 do CC) a forma escrita, a não ser para mero efeito de prova, que, aliás, pode ser suprida por documento comprobatório do pagamento do prêmio.
- De execução futura, pois celebrado num momento e executado em outro momento. A execução futura será diferida ou sucessiva. Neste último caso, o prêmio é pago durante todo o transcorrer do contrato, como no seguro-saúde. O contrato de seguro será por prazo determinado, admitindo-se, por cláusula expressa, a recondução, ou seja, a renovação tácita do contrato, por igual período, apenas por uma única vez (art. 774, CC).
- Individual, por obrigar apenas as partes individualmente consideradas. Pode ser também coletivo, quando se segurar uma coletividade, como os passageiros de certo voo.
- Tipicamente de adesão, uma vez que o segurador impõe todas as cláusulas ao segurado, que as aceita ou não, caso este em que o contrato não se realizará. Na verdade, o segurador oferece ao público contrato com cláusulas contratuais gerais, pré-aprovadas pelo órgão governamental competente, na hipótese a Susep – Superintendência de Seguros Privados do Brasil, não tendo ele próprio muita flexibilidade para alterá-las em negociações com o segurado.

- *Intuitu personae*, exatamente por se centrar nas características pessoais do segurado, que não poderá se fazer substituir por outro, sem o consentimento expresso do segurador. Eventualmente, será impessoal, por não se fundar em qualquer vínculo personalíssimo entre as partes, como é o caso do seguro coletivo.

10.15.3 Requisitos subjetivos

Em relação ao segurador, somente as empresas autorizadas podem contratar. O sistema era o de carta patente, isto é, autorização concedida através de portaria do Ministro da Fazenda. Hoje, a Susep (Superintendência de Seguros Privados) é o órgão que autoriza a criação das sociedades seguradoras e fiscaliza seu funcionamento. As sociedades seguradoras são anônimas, mas não se sujeitam à falência. Submetem-se a liquidação extrajudicial, regulada pelo Decreto-Lei n. 73/1966, arts. 94 a 107.

Em relação ao segurado, é necessária a capacidade geral. O seguro pode ser contratado por representante com poderes especiais.

O seguro de pessoa pode ser estipulado por pessoa natural ou jurídica, em favor de certo grupo a ela vinculado. É o caso do seguro de saúde em grupo, estipulado por certas empresas, em proveito de seus empregados.

Neste caso, o estipulante, ou seja, a pessoa que faz o seguro em favor do grupo, é apenas intermediário, não representado o segurador. De qualquer forma, é ele que responde por todas as obrigações junto ao segurador.

A modificação das condições deste tipo de seguro em grupo dependerá da anuência expressa de pelo menos 3/4 (três quartos) do grupo.

Poderá haver sucessão do segurado tanto nos seguros de dano quanto nos seguros de pessoa.

Nos seguros de dano, o segurado poderá ceder seus direitos a terceiro, gratuita ou onerosamente, salvo proibição expressa no contrato de seguro.

Sendo a apólice nominativa, a cessão só produzirá efeitos após ser comunicada ao segurador.

Se a apólice for à ordem, poderá ser endossada em preto, isto é, deverá ser indicado o nome do endossatário, que a assinará juntamente com o endossante.

Nas apólices ao portador, a cessão se dá mediante simples tradição manual. O segurador pagará a indenização a quem quer que lhe apresente a apólice. Isto não é comum, todavia.

Poderá o seguro de pessoa ser transferido a terceiro, tanto *inter vivos* (por cessão de crédito) quanto *causa mortis* (por testamento). A substituição só não será admitida se houver proibição expressa no contrato ou se, pelas características *intuitu personae* do seguro, não for admissível. Por exemplo, um artista de cinema que segura seus dotes físicos. Neste caso, mesmo que o contrato não proíba, não será possível a substituição do segurado.

No seguro de vida, o beneficiário deverá ser indicado. Na falta desta indicação, a indenização será paga por metade ao cônjuge, e o restante aos herdeiros do segurado, obedecida a ordem de vocação hereditária. Na falta dessas pessoas, a indenização será paga àquele que demonstrar que a morte do segurado o privou dos meios necessários à subsistência.

Também no seguro de vida, uma pessoa poderá se assegurar da morte de terceiro. A pessoa que celebra o contrato é denominada de proponente ou estipulante. O terceiro, de cuja morte o proponente se assegurou, denomina-se segurado. No outro polo, figura o segurador.

De qualquer maneira, o proponente deverá declarar que não tem qualquer interesse na morte do segurado. Só não haverá necessidade para esta declaração se o segurado for o cônjuge, ascendente ou descendente do proponente.

10.15.4 Requisitos objetivos

O objeto do seguro é bem jurídico sujeito a algum tipo de risco, que pode incidir em parte ou em todo o bem jurídico segurado. De qualquer forma, o objeto deve ser lícito. Considera-se ilícito o seguro por mais do que valha o bem segurado ou a pluralidade de seguros sobre o mesmo bem, à exceção do seguro de pessoa, que pode ser cumulativo.

Em relação a seu objeto, o seguro poderá ser de dano ou de pessoa.

O seguro de dano cobre todo prejuízo que venha a sofrer certo bem material, corpóreo ou incorpóreo, móvel ou imóvel, fungível ou infungível.

O seguro de pessoa cobre os danos sofridos por pessoas naturais. Pode o seguro ser sobre a vida, a saúde, a incolumidade física, a honra etc.

A indenização no seguro de dano, como dito, não poderá ultrapassar o valor do interesse segurado no momento do sinistro. Isto significa que a indenização a ser paga poderá ser inferior ao valor constante da apólice, caso se demonstre que os prejuízos foram inferiores. Evidentemente, o valor constante da apólice será o teto máximo de indenização a que se obriga o segurador.

Também no seguro de dano, se a coisa for segurada por menos do que valha, poderá haver redução proporcional da indenização, no caso de perda ou deterioração parcial.

O montante da indenização nos seguros de pessoa deverá ser negociado livremente, não impondo a Lei qualquer teto ou piso.

No seguro de vida, o valor da indenização não pode ser penhorado por dívidas do segurado, nem se considera herança. Em outras palavras, o beneficiário deverá recebê-lo na íntegra, sem ter que dividi-lo com os credores ou herdeiros do segurado.

Ainda com relação ao seguro de pessoa, a Lei considera gravemente viciada qualquer transação que vise reduzir o pagamento da indenização.

No seguro de vida, o prêmio, ou seja, o valor a ser pago pelo proponente ou pelo segurado, se forem a mesma pessoa, poderá ser determinado por prazo certo ou por toda a vida do segurado. Vencido o prazo, se esta for a hipótese, o seguro deverá ser renovado, pagando-se novo prêmio.

Se o objeto do seguro for a vida, o segurador não poderá se eximir do pagamento da indenização, no caso de suicídio. Poderá, entretanto, fixar um prazo de carência, não superior a dois anos, para este caso de suicídio. Em outras palavras, o segurado "não poderá se suicidar" nos primeiros dois anos de vigência ou da renovação do seguro.

Também no seguro de vida, é lícita a fixação de prazo de carência. Se a morte ocorrer dentro dele, o segurador não terá que pagar indenização ao beneficiário, mas deverá pagar-lhe o montante da reserva técnica já formada, ou seja, o valor do prêmio capitalizado.

10.15.5 Requisitos formais

Embora a forma no seguro seja *ad probationem* e não *ad substantiam*, o instrumento será sempre escrito. O contrato será representado por apólice de seguro que deverá conter as condições gerais e as vantagens asseguradas; os riscos assumidos; o valor do bem; o prêmio; o termo inicial e final de sua vigência e o quadro de garantia aprovado pela Susep. A apólice pode ser simples, como no caso de o contrato incidir sobre automóvel, ou flutuante, quando, por exemplo, segurar os empregados atuais e futuros de certa empresa, ou os passageiros de certo voo regular, sejam quem forem. O contrato, em princípio, só se prova com a exibição da apólice ou do bilhete de seguro. Atualmente, porém, já se admitem contratos sem apólice, como o seguro obrigatório de veículos, em que se procede à inscrição do seguro em livro próprio. Nestes casos, ou seja, na falta da apólice ou do bilhete, o contrato se provará mediante a apresentação de documento escrito que comprove o pagamento do prêmio.

A apólice ou bilhete de seguro podem ser ao portador, à ordem ou nominativo.

A apólice ao portador não contém o nome do segurado e pode ser transferida mediante simples tradição manual, devendo o segurador pagar a indenização a quem quer que lha apresente.

A apólice à ordem contém o nome do segurado e pode ser transferida por simples endosso em preto, que deve indicar o nome do endossatário. O endosso deverá, além disso, indicar a data em que se deu, bem como conter a assinatura do endossante e do endossatário. O segurador não precisa ser informado do endosso, devendo pagar a indenização ao titular, ou seja, ao endossatário.

A apólice nominativa contém o nome do segurado, só podendo ser transferida por cessão de crédito. Em outras palavras, a cessão se dará por intermédio do segurador, que deverá ser informado, a fim de proceder à mudança em seus registros.

Evidentemente, a apólice pode proibir a transmissão do seguro a terceiros.

No seguro de pessoa, a apólice ou bilhete não poderão ser ao portador.

Em qualquer tipo de seguro, o prazo poderá ser determinado ou indeterminado. O contrato por prazo determinado poderá conter cláusula de recondução, pelo mesmo período. Esta cláusula, no entanto, só poderá operar uma única vez. Na segunda vez, será necessária anuência, principalmente, do segurado para a renovação do seguro. Em seguro, fala-se em recondução para significar a renovação automática do contrato, que ocorre independentemente de manifestação das partes; fala-se, por outro lado, em renovação, quando for necessária a anuência das partes para que o contrato se prorrogue.

10.15.6 Obrigações do segurado

Sua mais importante obrigação é, sem dúvida, pagar o prêmio acertado, sob pena de resolução contratual, ou caducidade da apólice. A obrigação de pagar o prêmio é portável, ou seja, não é necessário constituir o segurado em mora. A simples falta de pagamento fora do prazo já é suficiente para constituir a mora. Aplica-se, pois, o princípio *dies interpellat pro homine*. O segurado não pode deixar de pagar o prêmio, sob a alegação de ter o risco diminuído ou deixado de existir.

A mora no pagamento do prêmio faz com que o segurado perca o direito à indenização.

No momento da celebração do contrato, é dever do segurado prestar informações exatas, sob pena de anulação por dolo. Funda-se a regra no princípio da transparência e da boa-fé. O segurado, além de perder o direito à indenização, deverá pagar o prêmio já vencido.

Se, entretanto, a inexatidão das informações não se dever a má-fé do segurado, o segurador poderá, alternativamente, denunciar o contrato ou exigir complementação do valor do prêmio.

Se o seguro for feito para assegurar terceiros, o segurador poderá opor ao segurado todas as defesas que tiver contra o estipulante, por descumprimento de normas contratuais. Assim, se Rafael faz seguro de saúde em favor de Flávia, ocorrendo o sinistro, o segurador poderá deixar de pagar a indenização a Flávia se demonstrar que Rafael não cumpriu seus deveres contratuais.

Ainda, deverá o segurado abster-se de tudo quanto possa aumentar o risco, sob pena de perder o seguro.

De qualquer modo, não vale a cláusula que proibir o segurado de utilizar-se de meios de transporte mais arriscados, da prestação de serviço militar ou de praticar atividades arriscadas por motivos humanitários.

Conterá defeito grave o seguro que cobrir riscos provenientes de dolo do segurado. A regra tem o objetivo de desestimular a violência. Assim, não estarei jamais segurado se, propositadamente, jogar meu carro contra outro automóvel ou pessoa. Trata-se de crime de dano ou de homicídio doloso ou de tentativa de homicídio, respectivamente. Não se pode conceber seguro para estes e outros casos semelhantes.

Ocorrido o sinistro, comunicar-se-á o segurador, tão logo se fique sabendo. A omissão do segurado poderá exonerar o segurador, provando-se que, se oportunamente avisado, ter-lhe-ia sido possível evitar ou diminuir o risco. Neste último caso, a indenização será diminuída proporcionalmente.

Além disso, o segurado é obrigado a tomar todas as providências para minorar os danos se isto for possível.

O segurado não poderá reconhecer sua culpa, bem como transigir ou pagar qualquer tipo de indenização ao terceiro prejudicado, sem anuência expressa do segurador, seja no contrato ou posterior. Assim, se bato meu carro, não poderei assumir a culpa, transigir ou pagar qualquer tipo de indenização ao terceiro prejudicado, salvo se o contrato permitir.

Sendo o segurador insolvente, o terceiro prejudicado poderá acionar o segurado. Trata-se de responsabilidade subsidiária. Isto não impede que o terceiro prejudicado intente a ação diretamente contra o segurado. Se isto ocorrer, o segurado deverá denunciar o segurador da lide, para que este assuma seu papel processual.

10.15.7 Obrigações do segurador

Em primeiro lugar, pagar em dinheiro o valor segurado, dentro dos limites da apólice, a não ser que se convencione a reposição de coisa do mesmo gênero, espécie, qualidade e quantidade. Mas o segurador não responde por vícios ocultos, nem por prejuízos além dos riscos cobertos.

A mora no pagamento da indenização implicará perdas e danos, juros e correção monetária.

Caso se recuse a receber o prêmio sob a alegação de que o risco aumentou ou sofreu alteração, tem o segurado o direito de consignar o pagamento. No entanto, o segurador poderá recusar-se, se o fizer nos quinze dias subsequentes ao conhecimento da agravação do risco. Se o prêmio já houver sido pago, a denúncia do contrato só valerá após trinta dias da notificação que o segurador fizer ao segurado. Deverá ele, de qualquer modo, restituir o prêmio ao segurado.

A diminuição do risco não acarreta redução do prêmio, a não ser que seja considerável, quando o segurado poderá pleitear sua revisão.

O segurador deverá arcar com as despesas de salvamento resultantes do sinistro, até o limite fixado no contrato.

Se expedir apólice sobre risco já passado, dolosamente, restituirá o prêmio em dobro.

É permitido, porém, recusar o pagamento do prêmio, se provar que o valor do seguro é excessivo em relação ao bem segurado.

O segurador responde pelos atos de seus representantes.

No seguro de transporte, a responsabilidade do segurador terá início quando a coisa for entregue ao transportador e cessará quando for entregue ao destinatário.

No seguro de dano, o segurador se sub-roga contra o culpado nos direitos do segurado. O mesmo não ocorre no seguro de pessoa.

Vejamos dois exemplos. João Carlos bate no carro de Joaquim. O segurador pagará a Joaquim a indenização e acionará João Carlos.

Se fosse o caso de seguro de vida, e João Carlos matasse Joaquim, o segurador pagaria a indenização ao beneficiário, não podendo, porém, acionar João Carlos. Este responderá junto aos sucessores de Joaquim.

Se o segurador for acionado diretamente pela vítima do sinistro, e o contrato não tiver sido cumprido pelo segurado, o segurador não poderá opor exceção de contrato não cumprido contra o autor da ação, sem que, antes, promova a citação do segurado para integrar a lide.

Por fim, nos seguros de pessoa, não se presume, genericamente, que o segurador deverá reembolsar as despesas com hospital ou com médicos, nem o custeio das despesas de luto e de funeral. Assim, caso se trate de seguro de vida, por exemplo, o segurador, salvo estipulação em contrário, deverá pagar apenas o valor da indenização, não tendo que reembolsar o beneficiário, ou quem quer que seja, dessas despesas acima referidas.

10.15.8 Acumulação de seguros ou seguro cumulativo

É a cobertura dos mesmos riscos, por inteiro, por vários seguradores. A consequência é a invalidade do contrato. O vício, entretanto, se considera leve.

Será permitida a acumulação de seguros em dois casos. Primeiro, se, nos seguros de dano, o segurado comunicar ao segurador, por escrito, sua intenção de realizar novo seguro, indicando o valor por que se pretende segurar. Neste caso, o primeiro segurador poderá reduzir o valor da indenização e do prêmio, a fim de que a coisa não seja segurada por mais do que valha.

Em segundo lugar, será admitida a acumulação de seguros quando se tratar de seguro de pessoa. Qualquer um pode ter mais de um seguro de saúde, de vida etc.

Não há confundir, porém, seguro cumulativo com cosseguro, consistindo o último em assumirem dois ou mais seguradores a responsabilidade sobre um mesmo seguro direto, com a emissão de uma única apólice. Isso ocorre, às vezes obrigatoriamente, nos casos de seguros de alto valor, como o seguro de navios. Dessarte, os vários seguradores dividiriam os prejuízos. Quem cuida da administração do cosseguro é o IRB – Instituto de Resseguros do Brasil.

Quando houver cosseguro, a apólice deverá indicar o nome do segurador que administrará o contrato e representará os demais.

10.15.9 Espécies de seguro

Na atualidade, praticamente, todo tipo de bem jurídico é segurável. A doutrina classifica os seguros de diversas maneiras, dependendo do tipo de risco ou de bem segurado. Assim, temos seguros pessoais e de coisas materiais; seguros de ramos elementares e seguros de vida; seguros contra danos e seguros de vida; seguros individuais e seguros coletivos, e tantos mais quantos se queira imaginar.

O Código Civil dividiu o contrato em duas categorias: seguro de dano e seguro de pessoa.

10.16 Contrato de constituição de renda

10.16.1 Definição

É contrato pelo qual uma pessoa entrega a outra capital, em dinheiro ou outros bens móveis ou imóveis, obrigando-se esta a pagar renda periódica àquela ou a terceiro beneficiário.

Foi contrato muito comum no passado (séculos XVIII-XIX), tendo sido substituído pelo sistema de previdência pública e, recentemente, no Brasil, pelo sistema de previdência privada.

Estes dois sistemas assemelham-se ao contrato de constituição de renda, mas dele se diferenciam por suas peculiaridades e pela legislação a que se submetem.

Se me dirijo à empresa de previdência privada e me filio a seu sistema de complementação de aposentadoria, estarei constituindo renda vitalícia a meu favor, sendo a entrega do capital de forma parcelada. Por outros termos, durante trinta anos, entregarei à empresa mensalmente $ 10,00. Findos os 30 (trinta) anos, deixarei de pagar, passando a receber dela, enquanto viver, renda mensal de mais ou menos $ 100,00.

O próprio INSS utiliza-se de recurso similar para pagar renda a seus aposentados.

O contrato de constituição de renda geralmente se celebrava entre duas pessoas físicas, havendo ou não estipulação em favor de terceiro, isto é, fosse ou não o instituidor da renda também seu beneficiário.

É contrato extinto, não se justificando sua manutenção no texto codificado.

10.16.2 Partes

Quem entrega o capital denomina-se *instituidor da renda*; quem recebe o capital e paga a renda é chamado *rendeiro* ou *censuário* e, por fim, aquele a quem é paga a renda se chama beneficiário. Este será terceiro ou o próprio instituidor da renda.

O que ocorre é que o instituidor transfere a propriedade dos bens ao rendeiro, que passa a ser seu dono. Em contrapartida, deverá pagar renda a certo beneficiário, que pode ser o próprio instituidor. É só imaginarmos, ainda como exemplo, pessoa de idade que já não queira ou não possa mais administrar seus imóveis. Transfere-os, assim, a outra pessoa, o rendeiro, que se torna o novo proprietário, tendo apenas a obrigação de pagar renda ao antigo dono, até que este morra.

O contrato poderá ser gratuito. Haverá constituição de renda a título gratuito, quando o rendeiro se comprometer a prestar a renda por mera liberalidade, sem receber qualquer bem em contrapartida. Rendeiro e instituidor são a mesma pessoa.

10.16.3 Caracteres jurídicos

Quanto a suas características, a constituição de renda é contrato:

- Típico, por estar tipificado nos arts. 803 a 813 do CC.
- Puro, pois não é fruto da fusão de outros contratos, como o *leasing*.
- Oneroso ou gratuito. Em seu tipo básico é oneroso, pois à prestação do instituidor da renda (transferir o capital), corresponde contraprestação do rendeiro, qual seja, pagar renda. Será, entretanto, gratuito, quando instituidor e rendeiro forem uma só pessoa, como mencionado *supra*.
- Se oneroso, será bilateral, por possuírem instituidor e rendeiro direitos e deveres. Se gratuito, será unilateral, porque rendeiro e instituidor serão a mesma pessoa, tendo, só ele, obrigações.
- Pré-estimado, quando a renda consistir em número certo de prestações, por tempo fixo. Já se consistir em pagamento vitalício, o contrato será aleatório, simplesmente por não ter fim previsto.

- Formal, uma vez que deve ser celebrado por instrumento público. Sendo oneroso o contrato, só se considera perfeito após a tradição da coisa ao rendeiro. Se a renda for instituída judicialmente, constará da sentença, dispensando-se contrato público.
- De execução futura, pois celebrado num momento e executado em outro momento, sucessivamente, no tempo.
- Individual, por obrigar apenas as partes, individualmente consideradas.
- Negociável se for daqueles contratos que admitem negociações recíprocas.
- Historicamente, é contrato *intuitu personae*.

10.16.4 Sujeitos

Como vimos, tomam parte no contrato pelo menos duas pessoas, o rendeiro (devedor) e o constituinte ou instituidor, que pode ou não ser o beneficiário da renda. A renda pode ser instituída em benefício de uma ou várias pessoas, mas o(s) beneficiário(s) deve(m) ser pessoa viva. Se vier a falecer em trinta dias após a constituição, em virtude de moléstia que já possuía à época daquela, fica o contrato sem efeito. Se forem vários os credores beneficiários, subsiste em relação aos demais.

10.16.5 Prestações

O pagamento das prestações deve ser estipulado previamente, devendo efetuar-se no começo de cada período. Não havendo qualquer estipulação neste sentido, deverá ser feito dia por dia. Cumpre dizer, no entanto, que esta última situação é totalmente impossível na prática, embora prevista em lei. Sempre haverá estipulação a respeito de como e quando serão pagas as prestações, ainda que posteriormente à celebração do contrato.

Se o beneficiário falecer, os herdeiros poderão exigir o pagamento relativo ao período iniciado, até a morte. Em outras palavras, morrendo o beneficiário, cessa a obrigação de pagar renda, mas os herdeiros poderão exigir as prestações vencidas enquanto era vivo o beneficiário e que, por alguma razão, não foram pagas.

Se o devedor antecipar o pagamento de uma, algumas ou todas as prestações, poderá repetir o indébito se o credor falecer, ou seja, poderá exigir de volta as que se referirem a período posterior à morte do beneficiário.

Havendo inadimplemento de prestações, o beneficiário poderá acionar o rendeiro para que lhe pague as prestações atrasadas e lhe garanta as futuras, sob pena de resolução contratual e/ou aplicação da cláusula penal, se houver. Sendo rescindido o contrato, os bens que se achem com o rendeiro serão restituídos ao instituidor ou a seus herdeiros, se for morto, ou então conforme preveja o contrato, que pode destinar os bens ao próprio beneficiário, por exemplo.

Sendo mais de um beneficiário, supõe-se que receberão por igual.

Não haverá direito de acrescer entre os beneficiários. Em outros termos, morrendo um deles, sua parte não mais terá que ser paga, isto é, não se transfere aos sobrevivos a parte do que falecer. Mas, se forem marido e mulher, ao cônjuge supérstite acrescerá a parte do falecido. Isso se deve à regra vigente para a doação, disposta no art. 551, parágrafo único, do CC. Segundo este artigo, a doação feita a mais de um donatário entende-se distribuída por igual entre eles, salvo disposição contrária. Sendo os donatários marido e mulher, morrendo um deles, ao outro caberá a doação por inteiro. No caso de constituição de renda, para que ocorra a hipótese, o contrato deverá ser gratuito.

Nada impede que se constituam beneficiários sucessivos. Na falta de um, recebe o outro.

Na constituição de renda a título gratuito, o rendeiro pode determinar sua impenhorabilidade, que no caso das pensões alimentícias e montepios é legal. Outrossim, poderá ser gravada com cláusula de incomunicabilidade, não integrando, pois, o patrimônio comum do casal.

Se o contrato for a título oneroso, pode o rendeiro vir a ser obrigado a prestar garantia real (hipoteca, penhor) ou fidejussória (fiança).

10.16.6 Extinção do contrato

A constituição de renda se extingue em vários casos. Temporária que é, encerra-se pelo advento do termo final, que pode ser certo ou incerto. Será certo, se estipulada a renda por prazo determinado, e incerto, se a renda for vitalícia.

Poderá o contrato se subordinar a condição resolutiva, pagando-se a renda até seu implemento. Assim, se ficar o pagamento da renda subordinado ao casamento do beneficiário, realizando-se este, extingue-se o contrato.

Também a morte do beneficiário, se não houver beneficiário sucessivo, põe fim ao contrato. Seus herdeiros, como vimos, só podem pleitear as prestações devidas e não pagas enquanto era vivo o beneficiário.

A morte do rendeiro encerra a constituição de renda, se for instituída por sua vida.

Se a renda se constituir sobre imóvel, vindo este a desaparecer, em virtude de enchentes, por exemplo, ou sendo desapropriado, extingue-se o contrato. Mas, sendo paga indenização de seguro pelo desaparecimento ou indenização pública pela desapropriação, o rendeiro continuará pagando a renda.

Por fim, extingue-se o contrato pela confusão, caso rendeiro e beneficiário se tornem a mesma pessoa. É só imaginarmos que o rendeiro morra, deixando o beneficiário como herdeiro. Ora, os herdeiros do rendeiro devem continuar o pagamento da renda, principalmente se for constituída sobre imóvel. Mas, no caso, o herdeiro é o próprio beneficiário. O casamento do rendeiro com o beneficiário, gerador de confusão patrimonial, também põe fim à constituição de renda.

10.17 Contrato de jogo e aposta

Estes dois contratos são tratados conjuntamente por todos os códigos modernos e pela doutrina, por causa do elemento comum que é o azar ou álea, fator sorte que se verifica no fato de os contratantes relegarem o pagamento de certa soma em dinheiro ou outros bens ao ganhador, conforme o resultado de evento fortuito. Em outras palavras, o resultado é imprevisível, não se podendo dizer de antemão quem ganhará, ainda que não dependa inteiramente da sorte.

10.17.1 Definições

Jogo é contrato pelo qual duas ou mais pessoas comprometem-se mutuamente a pagar certa soma àquele que lograr resultado favorável em acontecimento incerto.

Aposta é contrato em que duas ou mais pessoas comprometem-se a pagar certa soma àquele cuja opinião prevalecer com respeito a acontecimento incerto.

Exemplo clássico é o dos caracóis de Tholl.[83] Encontrando-se dois indivíduos em jardim, observam dois caracóis em cima de uma mesa, fechando disputa sobre qual deles chegaria primeiro ao outro lado. A hipótese é de aposta. Mas, caso contrário, ou seja, se os indivíduos em questão colocarem os caracóis sobre a mesa, disputando qual chegará em primeiro lugar ao outro lado, haverá jogo.

Resumindo, no jogo, os jogadores participam do processo, podendo, em certos momentos, influenciar o resultado. Na aposta, não há participação dos apostadores, não tendo eles a menor possibilidade de influenciar o resultado.

Devido ao fato de serem tratados como se fossem o mesmo contrato, passaremos doravante a utilizar o termo jogo, subentendido que tudo o que for dito também se aplica à aposta.

10.17.2 Espécies

Há jogos permitidos, proibidos e tolerados.

Os permitidos estão todos previstos em lei, como a loteria esportiva, a loto, as corridas de cavalos, as operações de bolsa etc. Em relação a eles, não há dúvida, geram obrigação civil, de execução obrigatória. Quem perder tem que pagar ao vencedor, sob pena de execução judicial.

---

83 Apud PEREIRA, Caio Mário da Silva. **Instituições**... cit., 18. ed., v. 3, p. 322.

Os proibidos, também eles, se tipificam em lei. São, a saber, o jogo do bicho e os jogos de azar. São jogos de azar aqueles que dependam exclusivamente ou principalmente da sorte, além das apostas sobre competições desportivas, à exceção das corridas de cavalo, desde que dentro dos hipódromos ou de outro local, em que sejam autorizadas. Consideram-se contravenções penais, tipificadas nos arts. 50 e 58 da Lei das Contravenções Penais.

Todos os demais são tolerados, sendo errônea a ideia de ser proibido o jogo no Brasil. Afora os jogos proibidos, o que a Lei das Contravenções Penais proíbe não é o jogo em si, mas sua exploração econômica. O que não se permite é explorar jogo alheio, como fazem os cassinos. O simples fato de se jogar, mesmo que a dinheiro, é tolerado.

10.17.3 Efeitos civis do jogo tolerado e proibido

Em primeiro lugar, as dívidas resultantes de jogo ou aposta não são exigíveis. Trata-se de obrigação natural, dotada de débito, mas sem responsabilidade. Quase todos os sistemas jurídicos adotam o mesmo critério. Assim é na França, Itália, Argentina, Uruguai, Suíça.[84] A razão de ser desse princípio de inexigibilidade é a inutilidade social do jogo e da aposta.

A dívida paga não pode ser, porém, repetida. O princípio segue a regra geral da *soluti retentio* – retenção do pagamento – das obrigações naturais. Duas exceções ocorrem, todavia, se o jogo for tolerado. Aquele que procede com dolo a fim de ganhar o jogo terá que restituir o que recebeu do perdedor. A segunda exceção diz respeito ao perdedor absoluta ou relativamente incapaz, que faz jus à restituição do que tenha pagado ao vencedor.

Do princípio da não exigibilidade do pagamento pode-se extrair algumas outras regras. Assim, a soma entregue a terceiro para ser paga ao ganhador não pode ser exigida. A inexigibilidade da dívida de jogo atinge qualquer contrato que tenha por objeto encobrir ou reconhecer a obrigação. Serão, pois, insubsistentes a confissão de dívida, a novação, o título de crédito, a fiança, a cláusula penal ou qualquer ônus real constituído para garantir o débito. Defeituosa, também, a locação ou a sociedade para fins de jogo. É, outrossim, inadmissível a invocação de crédito de jogo para compensar crédito civil.

A invalidade de dívida de jogo não é, no entanto, oponível a terceiro de boa-fé, como, por exemplo, o banco que paga título de perdente. É necessário, para se caracterizar o terceiro de boa-fé que seja completamente estranho ao jogo.

Da mesma forma, será inexigível o mútuo contraído no ato de jogar para pagar dívida de jogo. Se for, porém, contraído fora do ambiente de jogo, será

---

84 *Idem, ibidem.*

válido. Isto porque, fora do ambiente de jogo, o mutuante poderá alegar não saber que o empréstimo se destinava a jogo. Mas, provado que sabia, não poderá recobrar o que emprestou.

Não se considera jogo ou aposta o sorteio para dirimir questões ou dividir coisas comuns. Este sorteio terá a natureza de instrumento de transação ou de partilha, respectivamente.

10.18 Contrato de fiança

É espécie do gênero caução, garantia. É, juntamente com o aval, caução pessoal, fidejussória, em contraposição ao penhor, hipoteca, anticrese e alienação fiduciária em garantia, que são cauções reais.

10.18.1 Definição

É contrato por meio do qual uma pessoa se obriga para com o credor de outra a satisfazer a obrigação, caso esta não a cumpra. A fiança pode ser convencional, legal ou judicial, sendo muito comum como pacto acessório aos contratos de locação e mútuo bancário.

Importante é destacar que a relação contratual que se estabelece será entre fiador e credor, ainda que seja o devedor quem apresente o fiador, e ainda que o devedor pague pela fiança.

10.18.2 Caracteres jurídicos

Por suas características, é contrato:

- Típico, pois que tipificado nos arts. 818 a 839 do CC.
- Puro, uma vez que não resulta da combinação de dois ou mais outros contratos.
- Formal, porque só se considera celebrado com a assinatura de instrumento escrito.
- Gratuito, visto que à prestação do fiador não corresponde qualquer contraprestação por parte do credor. Como explicamos há pouco, a relação jurídica se estabelece entre fiador e credor, mesmo sendo o devedor quem apresente o fiador. Prova disso é que o credor pode nomear fiador, até contra a vontade do devedor. Tampouco descaracteriza a gratuidade do contrato o fato de o fiador ser pago pelo devedor para prestar fiança. Mais uma vez repetimos, a relação jurídica é entre fiador e credor.
- Unilateral, por gerar obrigações apenas para o fiador.

- Aleatório, de vez que não se sabe nem se e nem quando o fiador poderá vir a ser obrigado pela dívida, tampouco o montante a que poderá ser obrigado.
- De execução futura, pois se celebra num momento, executando-se em outro.
- Individual, por obrigar somente aqueles individualmente envolvidos.
- Negociável, porque, ao menos em tese, permite a negociação de cláusulas.
- Essencialmente *intuitu personae*. Primeiramente, o fiador não aceita prestar fiança a qualquer um. Em segundo lugar, o credor, por seu turno, não aceita qualquer fiador. Atualmente, com a instituição do seguro-fiança, o contrato vem tomando feições impessoais.
- Acessório, visto que só existe em função de outro contrato, ao qual serve de garantia.

10.18.3 Requisitos subjetivos

O fiador deve ter capacidade geral e contratual. Esta última refere-se à capacidade para alienar, com a devida vênia conjugal a menos que o regime matrimonial seja o da separação de bens. Segundo a Súmula 332 do STJ, "a fiança prestada sem autorização de um dos cônjuges implica a ineficácia total da garantia".

Assim, a fiança sem a vênia conjugal é nula de pleno Direito, impossibilitando, inclusive, a penhora sobre a meação do fiador. O mesmo não vale na união estável, que dispensa a outorga do companheiro, segundo entendimento do STJ (REsp 1.299.866-DF).

A Lei faz algumas restrições, ora proibindo, ora limitando a liberdade de prestar fiança.

São, portanto, proibidos de prestar fiança os agentes fiscais, tesoureiros, leiloeiros e autarquias.

Limita-se a capacidade no caso dos tutores e curadores, que não podem afiançar em nome de seus pupilos e curatelados. Os governadores não podem prestar fiança sem autorização legislativa. As unidades militares tampouco podem afiançar oficiais e praças.

A fiança dada em mútuo para menor é passível de nulidade, por ser inválido o principal. Como sabemos, *accessorium sequitur principale*, ou seja, o acessório segue o principal.

10.18.4 Requisitos objetivos

O objeto será qualquer tipo de obrigação: de dar, fazer ou não fazer. Como contrato acessório, sua validade se sujeita à do principal. Assim, o fiador pode opor ao credor todas as exceções que lhe forem pessoais, e as extintivas da obrigação que competem ao devedor principal, tais como a prescrição. Não pode opor, entretanto, exceções que digam respeito à incapacidade do devedor, salvo se for menor. Se a incapacidade disser respeito a alguma causa de interdição, por exemplo, o fiador terá que honrar seu compromisso. No entanto, o mútuo feito a menor é inexigível, sendo tampouco exigível a obrigação do fiador.

A fiança geralmente é dada para cobrir obrigações atuais, mas nada impede que cubra dívidas futuras ou condicionais.

Pelo princípio da acessoriedade, ela pode cobrir parte de obrigação ou toda ela, mas nunca será superior, quando não será inválida, mas apenas reduzida.

Se for total, compreenderá os acessórios da dívida garantida. Assim, a fiança locatícia, quando total, garante não só os aluguéis como a taxa de condomínio, o IPTU etc.

10.18.5 Requisitos formais

É contrato formal, devendo ser escrito por instrumento público ou particular.

É contrato entre fiador e credor, não se misturando com a obrigação principal, assumida entre credor e devedor, da qual é apenas acessória, ainda que expressa como cláusula do contrato principal. Pode ser contratada até mesmo contra a vontade do devedor.

10.18.6 Regras especiais

O credor pode recusar o fiador, alegando ser pessoa inidônea, moral ou financeiramente, ou residente em outro município.

O fiador pode apresentar abonador de sua solvência. A este aplicam-se as regras da fiança, mas só será chamado quando insolventes o devedor principal e o fiador.

Como contrato benéfico, não admite a fiança interpretação extensiva de coisa a coisa (*de re ad rem*), de pessoa a pessoa (*de persona ad personam*), nem de tempo a tempo (*de tempore ad tempus*). Portanto, sendo parcial, não se pode exigir do fiador que garanta outra parte do contrato. Se cobrir apenas os aluguéis, por exemplo, não se poderá exigir do fiador o pagamento do IPTU. Se, *ad exemplum*, o credor for substituído por outra pessoa, suponhamos, por força de cessão de crédito, cessa a fiança, pois que não se pode interpretá-la extensivamente de pessoa a pessoa. Se concedida por prazo certo, vencido este, ainda que o contrato se renove, a fiança termina. Na fiança locatícia, porém, presume-se que vigore até a efetiva entrega das chaves, conforme o art. 39 da Lei n. 8.245/1990. No mais, todas essas disposições podem ser revogadas por disposição contratual expressa.

Segundo a Súmula 656 do STJ "é válida a cláusula de prorrogação automática de fiança na renovação do contrato principal. A exoneração do fiador depende da notificação prevista no art. 835 do Código Civil". De acordo com este artigo, o contrato se extingue quando o fiador se exonerar da fiança por prazo indeterminado. Neste caso, porém, responderá pelas prestações vencidas, até a data da liberação, e pelas que vencerem até sessenta dias após a notificação do credor.

10.18.7 Efeitos

a) Nas relações entre fiador e credor

Seu principal efeito é o chamado benefício de ordem, que torna a obrigação do fiador subsidiária à do devedor. Em outras palavras, o fiador só será acionado se o devedor não possuir bens suficientes para pagar. Mas para que possa usufruir do benefício, uma vez acionado, o fiador deverá nomear bens do devedor, sitos no mesmo município, livres e suficientes para o adimplemento do débito.

> Segundo o art. 130 do CPC, é admissível o chamamento ao processo, requerido pelo réu, no caso o fiador, do afiançado e dos demais fiadores. Como já visto, no estudo das obrigações solidárias, chamamento ao processo é o incidente pelo qual o devedor demandado chama para integrar o mesmo processo os coobrigados pela dívida, de modo a fazê-los também responsáveis pelo resultado do feito. (...) Com essa providência, o réu obtém sentença que pode ser executada contra o devedor principal ou os codevedores, se tiver de pagar o débito.[85]

Será recusado o benefício de ordem: (1) se precluso o direito do fiador de alegá-lo em sua defesa. O prazo é o da contestação; (2) se não nomear os bens acima referidos, ou se estes não se localizarem no mesmo município e/ou não estiverem livres ou não forem suficientes; (3) se o fiador assumir a posição de principal pagador, por disposição expressa de vontade, quando será solidariamente responsável com o devedor; (4) se for decretada falência ou insolvência civil do devedor.

Na fiança comercial, a obrigação do fiador era sempre solidária. Segundo o já revogado art. 258 do CC, era comercial a fiança quando o afiançado fosse comerciante e a obrigação derivasse de causa comercial.

Na cofiança, isto é, quando houver dois ou mais fiadores, estes presumem-se solidários, podendo ser estipulado benefício de divisão, hipótese em que a obrigação dos fiadores será fracionária em relação ao credor. Este poderá exigir de cada fiador somente a fração do débito pelo qual se obrigou.

Na fiança locatícia, é penhorável o imóvel residencial do fiador, ainda que único, por dívidas do locatário. Aparentemente, parece estranho, uma vez que o imóvel residencial do próprio locatário não é penhorável por dívidas, por força da Lei n. 8.009/1990. Ocorre que, em respeito ao princípio autonomia privada, a própria Lei n. 8.009/1990 arrola o imóvel residencial do fiador na fiança locatícia

---

85 THEODORO JR., Humberto. **Curso de direito processual civil**. 16. ed. Rio de Janeiro: Forense, 2012. v. 1, p. 159.

dentre as exceções à impenhorabilidade do imóvel familiar. Ora, se o fiador aceitou o ônus de prestar a garantia, assumiu os riscos a ele inerentes, inclusive o de ter penhorado seu imóvel residencial, mesmo que único. Essa, aliás, vem sendo a orientação do Superior tribunal de Justiça.[86]

b] Nas relações entre fiador e devedor

O fiador que houver pagado a dívida se sub-roga nos direitos do credor. Pode exigir do devedor o principal, acrescido de juros e correção monetária.

Mas não terá direito de regresso: (1) se por sua omissão o devedor pagar a dívida novamente; (2) se a fiança houver sido prestada com ânimo de doação; (3) se a prestação não for devida ou for superior à obrigação total; (4) se tiver pagado sem ser demandado, na ignorância do devedor, que teria causa extintiva a opor ao pagamento. Assim, se o fiador paga, nestas condições, dívida que já estava prescrita, o prejuízo será todo seu.

O fiador tem o direito de promover o andamento da execução do credor contra o devedor, se estiver parada. E mais, na fiança por prazo certo, tem o direito de exigir que o devedor satisfaça a obrigação ou o exonere da fiança, passado o termo acertado.

A morte do fiador transmite suas obrigações aos herdeiros, até aquela data e *intra vires hereditatis*. Isso significa que os herdeiros serão responsáveis pela obrigação garantida até a morte do fiador. Supondo que, em contrato de locação de um ano, o fiador venha a falecer, ao final do primeiro semestre, seus herdeiros só serão obrigados a pagar as prestações vencidas nos primeiros seis meses e, assim mesmo, com o saldo da herança. Pelas prestações vencidas no segundo semestre, já não se responsabilizarão.

10.18.8 Extinção da fiança

A fiança pode se encerrar por todos os motivos que extinguem os contratos em geral, e por fatos específicos, atribuíveis seja ao fiador, seja ao credor.

Por fato do fiador, o contrato se extingue quando ele se exonerar da fiança por prazo indeterminado. Neste caso, porém, responderá pelas prestações vencidas, até a data da liberação, e pelas que vencerem até sessenta dias após a notificação do credor.

Por fato do credor, a fiança deixará de existir se o credor conceder moratória expressa ao devedor, ou seja, se expressamente o credor conceder ao devedor adiamento do prazo para pagar. Também cessará a fiança se o credor impossibilitar o regresso do fiador contra o devedor. Por exemplo, se permitir que o

---

[86] Para citar três decisões: AREsp 91208 SP 2011/0216824-4; Ag 1202577; REsp 1103136 RS 2008/0244544-9.

devedor doe seus bens, se abrir mão das garantias etc. Por fim, se extinguirá a fiança se o credor receber dação em pagamento. Neste último caso, se a coisa dada em pagamento for perdida por evicção, a obrigação antiga se restabelece, mas a fiança, não. Cristiano tomou empréstimo junto a banco, apresentando fiador. Na data do pagamento, como estava sem dinheiro, propôs ao banco entregar-lhe quadro de pintor famoso em pagamento. O banco aceitou, configurando-se a dação em pagamento. Posteriormente, descobriu-se que Cristiano fora enganado, tendo comprado quadro furtado. O verdadeiro dono reivindicou o quadro, sendo-lho entregue. Por tudo isso, a antiga dívida de Cristiano volta a existir, mas a fiança não.

10.18.9 Diferenças entre fiança e aval

A semelhança entre os dois institutos é que ambos são espécies do gênero garantia pessoal. Ocorrem quando o devedor apresenta pessoa que lhe garanta o débito. A fiança, assim como o aval, pressupõe outorga conjugal exceto quando dispensada por lei. Em outras palavras, se o cônjuge do fiador/avalista não assinar o contrato, o fiador/avalista só responde com seus próprios bens. Se houver patrimônio comum entre o fiador/avalista e seu cônjuge, somente a metade responde pela fiança/aval. Em outras palavras, o fiador/avalista responde com seus bens, respeitada a meação (metade) de seu cônjuge. Há, no entanto, entendimento contrário, no sentido de que a ausência da outorga conjugal atinge toda a garantia (Súmula n. 332, STJ).

As diferenças específicas entre fiança e aval são as seguintes:

- A fiança garante contratos em geral, principalmente o mútuo e a locação. O aval, apenas títulos de crédito, tais como cheques, notas promissórias etc.
- A fiança só se perfaz mediante instrumento escrito. O aval se perfaz com a assinatura do avalista no verso do título.
- Na fiança, segundo a melhor doutrina, a obrigação do fiador é subsidiária à do devedor, salvo disposição contrária. No aval, é solidária.

10.19 Transação

10.19.1 Definição

Transação é o mesmo que acordo. É negócio jurídico bilateral em que credor e devedor, por meio de concessões recíprocas, põem fim a uma obrigação.

O Código Civil de 1916 incluía a transação entre as causas de extinção das obrigações sem pagamento. Isto só ocorrerá, porém, sendo a transação novatória. Se não o for, a obrigação sobre a qual se transigiu não se extinguirá. Caso o devedor não cumpra os termos da transação, a dívida antiga será repristinada.

10.19.2 Características

1] Consenso. É essencial a convenção entre credor e devedor, sem o que não há transação.
2] Extinção ou prevenção do litígio. A transação serve para pôr fim a processo judicial em que o credor esteja executando o devedor, ou para evitar esse processo.
3] Reciprocidade das concessões, que devem partir de ambos os lados. Se só o credor ceder, haverá renúncia. Se só o devedor ceder, haverá submissão, não transação.
4] Indivisibilidade, ou seja, a transação não pode ser separada em partes. Dessarte, sendo uma de suas cláusulas defeituosa, defeituosa será toda a transação.

10.19.3 Natureza jurídica

É, segundo a doutrina dominante, negócio jurídico bilateral, sendo, portanto, de natureza contratual. É hoje tratada como contrato, pelo Código Civil.

10.19.4 Requisitos

a] Requisitos subjetivos: Os sujeitos, ativo e passivo, devem ser absolutamente capazes, principalmente para alienar seus bens. O pródigo, por exemplo, não é capaz para transacionar sem a anuência de seu curador, exatamente por faltar-lhe a capacidade para alienar seu patrimônio. Da mesma forma, o procurador não poderá transacionar com direitos de quem representa, a não ser que a procuração contenha poderes específicos para tanto.
b] Requisitos objetivos: Só podem ser objeto de transação os direitos de caráter patrimonial, de caráter privado. Dessa forma, o poder parental jamais poderá ser objeto de transação. Primeiro, por ser direito subjetivo de ordem pública; em segundo lugar, por não ser direito de cunho patrimonial.
c] Requisitos formais: A transação é negócio jurídico formal, devendo sempre ser escrita. Se para o ato sobre o qual versar exigir a Lei a forma pública, como, por exemplo, negócios imobiliários de alienação, como a compra e venda, também a transação se fará por forma pública. Também será por instrumento público, se versar sobre direitos contestados em juízo. Caso contrário, poderá ser por escrito particular.

Se formulada em audiência judicial, dar-se-á por termo nos autos. Em outras palavras, será ditada durante a audiência ao escrevente e assinada pelas partes e seus advogados.

10.19.5 Efeitos

O principal efeito da transação é pôr fim à obrigação. O pagamento se realizará não da forma original, mas conforme os termos do acordo firmado entre as partes. Esse acordo produz efeito de coisa julgada, a ela se assemelhando, ou seja, a seu respeito não mais se discutirá. Por outros termos, a transação gera novação.

Mas nem sempre isso ocorrerá. Se estiver ausente o *animus novandi*, a transação não porá fim à obrigação anterior. Vejamos exemplo: A deve a B $ 100,00. No dia do pagamento, não tendo como pagar, A pediu a B um desconto de $ 10,00 e um adiamento de quinze dias. Vencidos os quinze dias e não paga a obrigação, B não poderá ressuscitar a dívida de $ 100,00, por força da novação. Mas, se, quando da transação, ficar combinado que, caso não fossem pagos os $ 90,00, A voltaria a dever os $ 100,00, novação não ocorrerá, restando intacta a dívida antiga. Vale lembrar aqui que, segundo o art. 361 do CC, na dúvida se houve ou não ânimo de novar, presume-se não ter havido, prevalecendo simples transação não novatória, que apenas confirma a obrigação original.

10.20 Compromisso

10.20.1 Definição

Compromisso arbitral é convenção bilateral pela qual as partes renunciam à jurisdição estatal e se obrigam a se submeter à decisão de árbitros por elas indicados.[87] Como vemos, o compromisso afasta o litígio da esfera do Judiciário, remetendo-o para a esfera privada.

10.20.2 Espécies

- Endoprocessual ou judicial: Quando ocorrer em pleno andamento de processo judicial. Neste caso, o processo se extingue, iniciando-se a instância arbitral. João e Manoel, em litígio judicial, resolvem deixar a esfera judiciária, nomeando árbitro para resolver o conflito. Isso poderá ocorrer por estar o processo demorando muito, por exemplo.

---

87 FIUZA, César. **Teoria geral da arbitragem**. Belo Horizonte: Del Rey, 1995. *passim*.

- Extraprocessual ou extrajudicial: Quando acontecer para se prevenir a remessa do litígio ao Judiciário, desde o início atribuindo-se a decisão a árbitro particular.

10.20.3 Requisitos de validade

a] Requisitos subjetivos

Capacidade geral e *ad causam*. Em outras palavras, as partes devem ser capazes não só para a vida civil em geral, mas também para postular em juízo. São capazes para atuar como partes na arbitragem as pessoas de Direito Público e as de Direito Privado, que integrem a Administração Pública direta e indireta. A arbitragem que envolva a administração pública será sempre de direito. Isso porque a arbitragem entre particulares poderá ser com base na equidade, ou seja, as partes podem dispensar o Direito estrito, e se fundamentar apenas no bom senso e no sentimento de justiça dos árbitros, sem a necessidade de embasamento legal. Além disso, na arbitragem entre particulares, vigora, por presunção, o segredo de justiça, ao contrário do princípio da publicidade, obrigatório na arbitragem em que seja parte a Administração Pública.

b] Requisitos objetivos

O objeto da controvérsia deve ser de cunho patrimonial disponível, sendo individuado no instrumento do compromisso.

c] Requisitos formais

Será sempre por escrito público ou particular, devendo constar em seu instrumento a qualificação das partes e dos árbitros e a qualificação do objeto do litígio. Aqui devemos fazer a diferença entre compromisso e cláusula compromissória. Esta não passa de um pacto preliminar em que as partes se comprometem a, havendo necessidade, celebrar o compromisso no futuro. Assim, para que a cláusula compromissória se torne em compromisso é obrigatória sua formalização futura.

Na opinião generalizada, a cláusula arbitral não admitia execução específica. Vale dizer que, celebrada a cláusula, nada obrigava as partes a cumpri-la, isto é, nada obrigava as partes a celebrar, no futuro, compromisso arbitral. Trata-se de obrigação de fazer, não sendo, pois, possível constranger alguém a cumpri-la. O máximo que se poderia conceber era a aplicação da cláusula penal, se houvesse, ou a resolução em perdas e danos. A questão sempre foi, contudo, controversa. Na opinião de juristas de monta,[88] à qual já me perfilhava, a cláusula compromissória

---

88 BARBI FILHO, Celso. **Execução específica de cláusula arbitral**: atualidades jurídicas. Belo Horizonte: Del Rey, 1993. *passim*. CARMONA, Carlos Alberto. **Arbitragem e processo**. São Paulo: Malheiros, 1998. p. 107 *et seq*.

é contrato preliminar, exequível como qualquer outro de sua espécie. Ademais, uma coisa é obrigar alguém a escrever um livro, ou pintar um quadro; outra bem diferente é obrigar alguém a celebrar contrato cujo objeto não seja a prestação de atividade. Aliás, outro não poderia ser o entendimento, diante do art. 639 do CPC/1973. Atualmente, a controvérsia cessou, diante da Lei n. 9.307/1996, que, expressamente, admite a execução específica da cláusula arbitral, ou seja, caso as partes não queiram celebrar o compromisso, apesar da existência da cláusula compromissória, a parte interessada poderá acionar a parte desistente, a fim de forçá-la a celebrar o compromisso judicialmente.

O compromisso acha-se, sem sombra de dúvida, inteiramente regulado em nosso Direito na Lei n. 9.307/1996. Na prática, não é, infelizmente, aplicado. Não é costume que se tenha impregnado em nossa cultura. A regra é que esperemos tudo do Estado, pai e protetor de todos. Assim, cabe só ao Estado resolver nossos conflitos. Por nós mesmos, jamais.[89] Não obstante, nos contratos internacionais do comércio, a arbitragem é largamente utilizada.[90] E hoje em dia as funções do Estado vêm sendo repensadas, principalmente com o advento do neoliberalismo.[91]

10.21 Contrato de sociedade

10.21.1 Definição

É congraçamento de duas ou mais pessoas que se obrigam a combinar seus esforços e/ou recursos e aptidões para o exercício de atividade econômica, com a finalidade de lograr fins comuns e dividir os lucros obtidos.

10.21.2 Natureza jurídica

Há muito se discute acerca da natureza jurídica das sociedades. Seriam elas contratos ou outra espécie de ato jurídico? Dividem-se, assim, os estudiosos em contratualistas e anticontratualistas.

Analisando as teorias anticontratualistas, deparamo-nos com quatro mais importantes.

A primeira delas é a do ato coletivo. Segundo seus defensores, não sendo a sociedade ato jurídico unilateral, por emanar de mais de uma declaração de

---

89 FIUZA, César. **Teoria geral da arbitragem**... cit., p. 217-219.
90 DAVID, René. **L'arbitrage dans le commerce international**. Paris: Economica, 1982. p. 38. IAZEFF, V. A. **Zakon v sovetskoj torgovle**. Moskva: Iuriditcheskaia Literatura, 1987. p. 52.
91 BARACHO, José Alfredo de Oliveira. **O princípio da subsidiariedade**: conceito e evolução. Belo Horizonte: Movimento Editorial da Faculdade de Direito da UFMG, 1995. *passim*.

vontade, nem tampouco ato jurídico bilateral, por não se contrapor à vontade dos sócios, seria, então, ato jurídico coletivo. Tratando-se de ato jurídico coletivo, a vontade de cada sócio, em vez de ser em sentido contrário à dos demais, como ocorre na compra e venda, por exemplo, une-se a ela, sem se fundir, porém. Em outras palavras, teríamos no ato coletivo feixe de vontades unidas, mas distintas uma da outra.

A segunda teoria anticontratualista é a do ato complexo. De acordo com seus adeptos, a sociedade não é ato jurídico nem unilateral nem bilateral, pelos mesmos fundamentos acima expostos. Seria ato jurídico complexo, em que a vontade de cada sócio se fundiria à dos demais, formando amálgama complexo de vontades.

Terceira teoria é a do ato de fundação, também chamado *ato corporativo* ou *de união*. Na opinião dos corporativistas, a vontade dos sócios apenas cria a sociedade, cuidando a Lei de todo o resto. Pouco interessa se a vontade dos sócios se une sem se fundir, ou se funde-se uma às outras.

A quarta teoria nega todas as demais, localizando a sociedade não entre os atos jurídicos, mas entre as instituições sociais. É a teoria institucionalista, desenvolvida na Alemanha e na França. Segundo os institucionalistas, a comunidade humana se compõe de instituições sociais, como o casamento, a família, a igreja, os poderes constituídos, a polícia etc. Dentre essas instituições sociais, encontraríamos as sociedades, pessoas jurídicas colegiadas, resultantes da reunião de duas ou mais pessoas que, conjugando esforços e recursos, visam lograr fins comuns.

A seu turno, os contratualistas, sem negar ser a sociedade ato jurídico, explicam de forma diversa sua natureza.

Consideram três espécies de atos jurídicos: os unilaterais, fruto de apenas uma manifestação de vontade, como os testamentos; os bilaterais, fruto de duas ou mais manifestações de vontade em sentidos contrapostos, como a compra e venda, em que um quer comprar e o outro quer vender; e, finalmente, os plurilaterais, fruto de duas ou mais vontades não contrapostas, voltadas para o mesmo norte, como as sociedades, o casamento etc.

Quadro 10.6 Tipos de atos jurídicos

Ato Jurídico Unilateral	Ato Jurídico Bilateral	Ato Jurídico Plurilateral
→	→ ←	↑↑

Sendo ato jurídico plurilateral, ajusta-se a sociedade na categoria dos contratos, uma vez que resulta de convenção. Nesta categoria, classifica-se como contrato bilateral, haja vista que todos os sócios possuem direitos e deveres.

Perfilham-se aos contratualistas o Código Civil e a grande maioria dos autores pátrios, tanto civilistas quanto empresarialistas.

10.21.3 Diferenças entre sociedade e condomínio (comunhão)

Definitivamente não cabe confundir sociedade e condomínio ou comunhão. Duas diferenças elementares traçam forte linha divisória entre os dois institutos.

Sociedade é, como vimos, ato jurídico, contrato. É, como regra, pessoa jurídica. *Condomínio* é direito real, que duas ou mais pessoas têm sobre um mesmo bem. Não tem personalidade jurídica. Exemplo é o condomínio entre cônjuges ou companheiros, nos regimes de comunhão de bens. Esse direito real nem sempre terá como origem ato jurídico, como no caso do casamento ou da união estável. Seu nascimento pode ser eventual, por força da Lei ou de circunstâncias. Exemplo disso é o condomínio que se estabelece para os herdeiros, até a partilha da herança. Os herdeiros se tornam condôminos da herança, não porque desejem, mas por força de lei.

Ademais, caracteriza a sociedade a *affectio societatis*, ou seja, a vontade de constituir sociedade, o que não ocorre tratando-se de condomínio.

10.21.4 Elementos do contrato de sociedade

O primeiro elemento caracterizador das sociedades é a pluralidade de sócios. Aliás, elemento essencial, sem o qual não haverá sociedade.

O segundo é a *affectio societatis*, que, como já vimos, traduz-se na vontade de constituir sociedade.

Terceiro elemento é a personalidade jurídica. A sociedade regularmente constituída adquire personalidade, totalmente distinta da de seus criadores. A pessoa dos sócios não se confunde com a pessoa da sociedade, a não ser nas sociedades não personificadas.

Consequência da personalidade jurídica é a autonomia patrimonial, seu quarto elemento caracterizador. O patrimônio da sociedade é seu, da pessoa jurídica, e não de seus sócios. Da mesma forma, o patrimônio dos sócios é deles, e não da sociedade. Apesar disso, o patrimônio destes se vincula às obrigações daquela, por elas respondendo. É, aliás, o quinto elemento, denominado *ligabilidad*.

O quarto elemento é a economicidade, caracterizada pelo exercício de atividade econômica com fins lucrativos. Sem isto, haveria simples associação.

10.21.5 Requisitos de validade contratual

Para ser válido, o contrato social deve preencher requisitos genéricos e específicos.

Genéricos são os requisitos de validade dos atos jurídicos, ou seja, agente capaz, objeto possível, forma prescrita ou não defesa em lei.

Além dos genéricos, há requisitos específicos, sem os quais não será válida a sociedade. São eles, a saber, pluralidade de sócios, *affectio societatis*, constituição de capital social e participação dos sócios nos lucros e perdas.

Sobre os dois primeiros já dissertamos. Analisemos, pois, os dois últimos.

Toda sociedade deverá possuir capital social. Este vem a ser o valor abstrato, expresso em dinheiro em cláusula do contrato social, representando o somatório da contribuição de cada um dos sócios à sociedade. Assim, suponhamos que A, B e C tenham decidido constituir sociedade. Concluíram que para dar início à empresa, seriam necessários $ 90,00. Dessa forma, cada um deles entrega à sociedade o valor de $ 30,00. A entrega $ 30,00 em dinheiro. B entrega à sociedade telefone no valor de $ 30,00. C, por seu turno, cede à sociedade o uso de imóvel seu, uso esse pré-estimado em $ 30,00. Vemos, portanto, que o somatório da contribuição de cada um dos sócios totaliza $ 90,00. Esse será o capital social.

Capital social, assim, não deve jamais ser confundido com *patrimônio*. Patrimônio é o conjunto de haveres e deveres da sociedade. Em palavras simples, o patrimônio de uma sociedade será constituído por todos os seus bens e créditos (patrimônio ativo) e por todos os seus débitos (patrimônio passivo). No exemplo em epígrafe, temos sociedade com capital social de $ 90,00 e com patrimônio formado por $ 30,00, um telefone e crédito junto a C, no valor de $ 30,00. O capital social, como regra, será fixo, ou seja, não pode aumentar nem diminuir. Sofrerá apenas correção monetária anualmente. Já o patrimônio é flutuante, podendo aumentar caso a sociedade adquira mais bens, por exemplo, ou diminuir, caso, e.g., a sociedade venha a perder bens.

Mas para que serve o capital social, se é valor abstrato, ou seja, sem realidade física como o patrimônio?

Tem basicamente duas funções, uma financeira e outra determinativa da posição dos sócios.

Financeiramente, serve de garantia aos credores da sociedade. Em outras palavras, o capital social é aceno para os credores de que o patrimônio mínimo da sociedade é igual a ele, ou seja, tem aquele valor. Se for inferior, os sócios responderão com seu patrimônio particular pela diferença. Suponhamos que sociedade com capital social de $ 100,00 faça empréstimo junto a banco no valor de $ 70,00. O banco terá a tranquilidade de conferir o empréstimo, sabendo que o patrimônio mínimo da sociedade é igual ao capital social, por representar este a soma da contribuição inicial dos sócios. Suponhamos, porém, que não pagando o empréstimo, venha o banco a executar a sociedade, verificando ser seu patrimônio de apenas $ 50,00. Os $ 20,00 restantes, mais juros, correção monetária, custas processuais e honorários advocatícios, o banco retirará do patrimônio pessoal dos sócios.

A outra função do capital social é a determinativa da posição dos sócios na sociedade. Se o capital social representa o somatório da contribuição inicial dos sócios, cada um, em princípio, participará nos lucros e perdas na mesma proporção dessa contribuição. Se o capital social é de $ 90,00, podemos dizer que A, B e C participam com um terço, cada qual. À medida que forem repassando à sociedade os bens, objeto de sua contribuição, diremos que o capital social está sendo realizado. No momento em que entregarem à sociedade toda sua contribuição, diremos estar o capital integralizado.

Além do capital social, outro requisito de validade é a participação nos lucros e nas perdas. Todo sócio deverá participar nos lucros e nos prejuízos da sociedade, sob pena de ela ser considerada gravemente viciada.

A cláusula que exonere um ou mais dos sócios dos prejuízos, ou atribua todos os prejuízos a um ou mais sócios, ou confira todos os lucros a um ou mais sócios, ou ainda exclua dos lucros um ou mais sócios, é considerada cláusula defeituosa, possuidora de defeito grave. Sociedade com tal cláusula denomina-se *leonina*.

O termo *sociedade leonina* tem origem em fábula de Esopo acerca de sociedade entre leão, cabra, vaca e ovelha. Os quatro animais exploravam um bosque em sociedade. Um belo dia, a vaca abateu um veado, levando-o para ser repartido entre os sócios. Ficando a tarefa a cargo do leão, deu ele início à partilha, dizendo:

O primeiro pedaço tocará a mim por ser sócio. Também o segundo a mim caberá, enquanto rei dos animais. E o terceiro também será meu, pois afinal valho mais. Por fim, a mim pertencerá o quarto quinhão, porque quem dele se aproximar, será morto.

A regra é de que, contendo cláusula leonina o contrato social, a sociedade será válida, considerando-se dita cláusula não escrita, sendo os lucros e perdas repartidos na proporção da participação dos sócios no capital social. Aliás, é também regra que a distribuição dos lucros e perdas se faça nessa proporção, mesmo não sendo a sociedade leonina, salvo se outra coisa se pactuar.

10.21.6 Conteúdo do contrato social

Deverá o contrato social conter obrigatoriamente o nome e qualificação dos sócios, sua responsabilidade, a participação de cada um deles no capital, nos lucros e nas perdas; o valor em dinheiro do capital social e a forma como será integralizado pelos sócios; o objeto da sociedade, ou seja, a especificação de sua atividade; o nome da sociedade; o nome e qualificação das pessoas naturais incumbidas da gerência, bem como a amplitude de seus poderes, além de todos os demais direitos e obrigações dos sócios.

10.21.7 Classificação

Classificam-se as sociedades em cinco grupos distintos, tendo em vista a responsabilidade dos sócios, a personalidade jurídica, a forma do capital social, a estrutura econômica e a tutela legal.

a] Quanto à responsabilidade dos sócios, serão as sociedades de responsabilidade ilimitada, limitada ou mista Ilimitada é a sociedade em que os sócios respondem subsidiária e ilimitadamente pelas dívidas sociais, de maneira solidária perante credores e fracionária entre si

Vejamos exemplo em que A, B e C resolveram constituir sociedade. O capital social é de $ 90,00, o patrimônio ativo composto de bens e haveres no valor de $ 200,00, e as obrigações, somando total de $ 400,00.

Não pagando suas dívidas, veio a sociedade a ser executada pelos credores. A responsabilidade dos sócios será subsidiária à da pessoa jurídica. Vale dizer que primeiro será penhorado e vendido o patrimônio da sociedade. Feito isso, restam ainda $ 200,00 a ser pagos. Tal soma será extraída do patrimônio particular de qualquer um dos sócios, porque respondem solidariamente perante credores. Mas pago o valor por um dos sócios, terá ele direito de regresso contra os demais, exigindo-lhes reembolso na proporção da participação de cada um deles no capital social. A responsabilidade dos sócios entre si é fracionária.

Limitada é a sociedade em que os sócios respondem subsidiariamente pelas dívidas sociais até o limite do capital social, de maneira solidária perante credores e fracionária entre si.

Vejamos o mesmo exemplo em que A, B e C resolveram constituir sociedade. O capital social é de $ 90,00, realizado, porém, apenas parcialmente, faltando a contribuição de C. O patrimônio ativo é composto de bens e haveres no valor de $ 200,00, e as obrigações somam total de $ 400,00.

Não pagando suas obrigações, a sociedade veio a ser executada. Primeiramente, realiza-se a venda do patrimônio da pessoa jurídica, visto ser a responsabilidade dos sócios subsidiária à dela. Não sendo suficiente, pois faltam ainda $ 200,00, será vendido o patrimônio de qualquer um dos sócios, uma vez que respondem solidariamente perante os credores. Mas sua responsabilidade se limitará a $ 30,00, valor que faltava para integralizar o capital social. Pagos os $ 30,00 por A ou B, terão eles direito de regresso contra C, que era, afinal, o sócio inadimplente.

Estando, porém, integralizado o capital social, cessa a responsabilidade dos sócios, que responderão com seu patrimônio particular, somente no caso de serem fiadores ou avalistas da sociedade. Não sendo esse o caso, não responderão pelas dívidas sociais, ficando o prejuízo na conta do credor.

Sociedade de responsabilidade mista é aquela em que há sócios de responsabilidade ilimitada e sócios de responsabilidade limitada.

b] Quanto à personalidade jurídica, serão personificadas ou não personificadas

Personificadas são as sociedades regularmente constituídas, com contrato social válido e registrado

Não personificadas são as sociedades informais, não registradas, seja seu contrato escrito ou verbal. Tais sociedades sofrem várias restrições, de ordem fiscal, previdenciária, administrativa, civil e comercial. De acordo com o parágrafo 2º do art. 75 do CPC, por exemplo, as sociedades não personificadas não podem opor a irregularidade de sua constituição quando demandadas. Em outras palavras, não podem beneficiar-se de seu próprio vício, na esteira da máxima de que *neminem turpitudinem suam allegare oportet*, isto é, a ninguém é dado alegar a própria torpeza. Ainda de acordo com o Código de Processo Civil (art. 75, IX), a sociedade e a associação irregulares e outros entes sem personalidade, serão representados em juízo pela pessoa a quem incumbir a administração de seus bens.

Debate-se a doutrina quanto à terminologia. Alguns fazem distinção entre sociedades irregulares e de fato, ao passo que outros não fazem qualquer distinção. Entendemos, todavia, que o gênero sociedades informais comporta mesmo as duas espécies, sociedades irregulares e de fato.

Sociedades irregulares são sociedades escritas e não registradas, enquanto as de fato são sociedades verbais. Faltando algum requisito de validade à sociedade regularmente registrada, não será ela informal, mas portadora de defeito grave.

O Código Civil trata das sociedades não personificadas, dividindo-as em duas espécies: sociedades em comum e sociedades em conta de participação.

As sociedades em comum são, na verdade, as sociedades informais a que nos referimos acima. Recebem tratamento legal nos arts. 986 a 990 do CC.

As sociedades em conta de participação são modalidade antiga de sociedade, já prevista no Código Comercial e agora regulada também no Código Civil, arts. 991 a 996. Sobre elas falaremos mais adiante.

Em relação às sociedades em comum, não haverá ação entre os sócios, ou destes contra terceiros, que se fundar na existência da sociedade. Assim, seria improcedente ação da sociedade contra os sócios que não hajam integralizado seu aporte, ou ação entre sócios para exigir justa distribuição de lucros. Seria, contudo, válida ação dos sócios contra terceiros devedores, haja vista não se fundar tal ação na existência mesma da sociedade.

Além disso, sendo a sociedade informal, a responsabilidade dos sócios será sempre ilimitada.

Segundo o art. 988 do CC, os sócios consideram-se condôminos do patrimônio da sociedade em comum. Este patrimônio comum responde pelos atos de gestão praticados por qualquer um dos sócios, a não ser que haja cláusula limitando os poderes de um ou mais sócios. Uma tal cláusula, porém, só terá validade contra terceiros que a conheçam, ou que não tenham desculpa para não a conhecer.

c] Quanto à forma do capital social, serão as sociedades de capital fixo ou de capital variável

De *capital fixo* são todas as sociedades, em geral. Como vimos, o capital social, como regra, não varia, a não ser nos casos previstos em lei, como quando da entrada de sócio novo, caso em que há aumento de capital, ou quando da saída de sócio com reembolso de seu aporte, caso em que haverá diminuição de capital. De qualquer forma, o capital social sofrerá correção monetária a cada exercício anual.

São de capital variável as sociedades cooperativas, que estudaremos mais adiante.

d] Quanto à estrutura econômica, serão as sociedades de pessoas ou de capital

Sociedades de pessoas são sociedades *intuitu personae*, constituídas em função da confiança recíproca entre os sócios. O contrato social oferece alguns indicativos nesse sentido, ao proibir cessão livre de quotas a terceiros, ao adotar como nome firma ou razão social etc.

São *de capital* as sociedades impessoais, em que a pessoa dos sócios não importa, sendo importante seu aporte de capital. Também é pelo contrato social que identificaremos as sociedades de capital. São indícios cláusula que permita cessão livre de quotas a terceiros, adoção de denominação social como nome etc.

e] Quanto à natureza, serão simples ou empresárias

A diferença se faz pelo objeto social, ou seja, pela atividade exercida pela sociedade.

O Código Civil define sociedade empresária como aquela que tem por objeto o exercício de atividade típica de empresário, sujeito a registro.

Empresário é, por sua vez, toda pessoa que "exerce profissionalmente atividade econômica organizada para a produção ou a circulação de bens ou de serviços".

Vê-se claramente a intenção do legislador de unificar o Direito Privado, pondo fim à antiga distinção entre sociedades civis e comerciais. Assim, podem ser sociedades empresárias tanto as antigas sociedades comerciais quanto as antigas sociedades civis, cujo objetivo seja o exercício de atividade econômica voltada para a circulação de bens ou de serviços. Exemplo seria uma sociedade cuja atividade seja a administração de imóveis. Antes do Código Civil, seria ela considerada sociedade civil; com o Código Civil de 2002, passa à categoria de sociedade empresária.

Se, porém, a atividade social não consistir em atividade econômica organizada para a circulação de bens ou de serviços, haverá sociedade simples.

Em verdade, as sociedades simples exercem atividade econômica, mas atividade econômica não empresarial. O parágrafo único do art. 966 do CC diz não serem empresariais as atividades intelectuais, científicas, literárias ou artísticas, a não ser que seu exercício constitua elemento de empresa. Assim, como regra, a atividade das sociedades simples, embora tenha fundo econômico e vise ao lucro, não chegaria, em tese, a ser empresarial.

A distinção é absolutamente desnecessária e confusa. No fundo continua a mesma problemática antiga, de se diferenciar o que pertence à esfera do Direito Civil e à do Direito Comercial. O Código Civil, que poderia ter eliminado o problema, preservou-o com a distinção entre sociedades simples e empresárias. A questão se torna tanto mais tormentosa, quanto mais se aprofundam as consequências práticas de se enquadrar uma sociedade numa ou noutra categoria. Por exemplo, só as sociedades empresárias vão à falência. O registro de ambas é realizado em órgãos distintos etc. Muito melhor teria sido dividir as "sociedades" em razão de buscarem ou não o lucro no exercício de suas atividades. O legislador teria um pouco de trabalho para adequar o sistema de registro, de falência etc., mas a unificação do Direito Privado teria ocorrido de modo muito mais completo.

Para explicitar a confusão causada pela bipartição das sociedades em simples e empresárias, pergunta-se: seria uma sociedade de advogados simples ou empresária?

O art. 15 do Estatuto da OAB dispõe terem as sociedades de advogados natureza civil. Ocorre que o Código Civil extinguiu as sociedades civis, que, hoje, poderão ser simples ou empresárias, dependendo da atividade que exercerem. Por exemplo, uma sociedade de advogados, cuja atividade é a administração de imóveis era civil, sob o regime da Lei antiga, sendo empresária, segundo a Lei nova. Assim, o art. 15 do Estatuto da OAB não pode ser interpretado de forma simplista, de modo a, levianamente, substituir a expressão "sociedade civil" por "sociedade simples".

A atividade de uma sociedade de advogados possui fim lucrativo, tem fundo econômico e pode perfeitamente ser definida como empresarial, uma vez que organizada para a oferta de serviços. Por outro lado, dizer que um escritório de advocacia é uma empresa soa mal a nossos ouvidos, viciados na sistemática antiga. Por isto mesmo, o art. 15 do Estatuto da OAB pode ser interpretado no sentido de que, ao impor às sociedades de advogados a natureza civil, não quis o legislador que se submetessem elas à legislação mercantil, hoje empresarial. Além do mais, o parágrafo único do art. 966 do CC exclui do conceito de empresa as profissões intelectuais. Sendo a advocacia profissão intelectual, as sociedades de advogados seriam simples. No entanto, duas questões podem ser suscitadas em relação a esses argumentos. Em primeiro lugar, quem disse que só o que era mercantil, passou a ser considerado empresarial? A ideia de empresa engloba toda e qualquer atividade econômica, organizada para a circulação de bens e serviços; pouco importa se civil ou comercial, segundo a antiga classificação. Em segundo lugar, o parágrafo único do art. 966 do CC, embora diga não serem empresárias as profissões intelectuais, afirma que serão sim empresariais, caso configurem elemento de empresa. Será que o exercício da advocacia em forma de sociedade não seria elemento de empresa? Por outro lado, o que dizer da sociedade de advogados que contrata advogados como empregados? Não seria a atividade desses advogados empregados elemento de empresa? Se a resposta for positiva, a sociedade de advogados será necessariamente empresária, devendo ser registrada na Junta Comercial, o que, repita-se, soa mal a nossos ouvidos.

Como se percebe, a controvérsia é grande, e os problemas poderão ser maiores ainda, até que a doutrina e a jurisprudência se assentem, ou até que o legislador dê solução definitiva ao debate.

Há casos, porém, em que, por força de lei, determinada sociedade se considerará simples ou empresária. Assim, temos que as sociedades anônimas e as em comandita por ações serão sempre empresárias. Já as cooperativas serão sempre simples.

As consequências práticas já se sentem no registro. As simples se inscrevem no Cartório de Registro Civil das Pessoas Jurídicas, enquanto as empresárias se registram na Junta Comercial.

As sociedades empresárias vão à falência e podem se beneficiar da recuperação judicial. As simples nem vão à falência nem se beneficiam da recuperação judicial. Sofrem concurso de credores, em execução por quantia certa, regulada no Código de Processo Civil.

Por fim, as sociedades empresárias têm sempre fim lucrativo, ao passo que as simples podem ou não tê-lo. Se não o tiverem, serão chamadas de *associações*, regulando-se pelo disposto nos arts. 53 a 61 do CC.

A origem das sociedades simples remonta ao Código Suíço de Obrigações, do final do século XIX. Dele passou ao Código Civil Italiano de 1942. O brasileiro de 2002 segue-lhes o exemplo.[92]

As disposições do Código Civil a respeito das sociedades simples constituem normas gerais de Direito Societário, uma vez que são supletivas ao regramento dos outros tipos societários, segundo os arts. 1.040, 1.046, 996 e 1.053.[93] Assim,

---

92 CAMPINHO, Sérgio. **O direito de empresa**. Rio de Janeiro: Renovar, 2003. p. 85.
93 *Idem*, p. 86. TOMAZETTE, Marlon. *Op. cit.*, p. 111. COELHO, Fábio Ulhoa. **Curso de direito comercial**. 7. ed. São Paulo: Saraiva, 2003. v. 2, p. 474.

se as normas referentes a determinada sociedade por quotas de responsabilidade limitada não forem suficientes para dirimir algum problema prático, o intérprete recorrerá às normas das sociedades simples.

Não se pode esquecer tampouco do parágrafo 2.º do art. 44 do CC, segundo o qual às sociedades, quaisquer que sejam, aplicam-se subsidiariamente as normas referentes às associações (arts. 53 a 61 do CC).

O art. 983 do CC dispõe que as sociedades que não tenham por objeto atividade empresarial, podem adotar o modelo de qualquer tipo de sociedade, menos, é claro, o da anônima, pois neste caso se considerariam empresárias. Podem também adotar o modelo da sociedade simples, submetendo-se inteira e diretamente a seu regramento.

Na verdade, o Código (art. 983 do CC) admite expressamente, que as sociedades simples possam constituir-se, adotando outro tipo societário, que não o seu específico. Uma sociedade de advogados pode, por exemplo, adotar o modelo das sociedades por quotas de responsabilidade limitada e nem por isso deixará de ser simples. Supletivamente, contudo, reger-se-á pelas normas das sociedades simples.

10.21.8 Sócios

Sócios são as pessoas que conjugam esforços e ou recursos para lograr fins comuns. Na verdade, é tarefa inglória definir o que seja sócio. Seriam formadores da sociedade? Representantes seus? Donos? Administradores? Que são, afinal, os sócios?

Várias teorias há, tentando explicar a natureza dos sócios em relação à sociedade. Nenhuma, entretanto, convence. Se não, vejamos.

A primeira teoria é de Ferreira Borges,[94] que diz possuírem os sócios direitos de propriedade em conjunto. Em outras palavras, os sócios seriam condôminos da sociedade. Essa teoria é absurda. Os bens e direitos são da sociedade, da pessoa jurídica, que tem existência autônoma, não se confundindo com a pessoa dos sócios. Estes, definitivamente, não são donos da sociedade.

Outra teoria é a da propriedade em suspensão. Os sócios seriam donos em disponibilidade. Haveria, assim, dois donos da sociedade; um, a pessoa jurídica, o dono em atividade; o outro, os sócios, donos em disponibilidade. Em disponibilidade, porque só seriam donos concretos ao receberem lucros e ao dividirem o acervo social, em caso de extinção da sociedade. É tão absurda que dispensa comentários. Os sócios não são donos da sociedade, que é pessoa jurídica com autonomia existencial e patrimonial.

---

94 BORGES, José Ferreira. **Dicionário jurídico-comercial**. Porto: Sebastião Pereira, 1856. *passim*.

Terceira teoria, preconizada por Ripert,[95] é a da propriedade incorpórea, como a dos herdeiros sobre a herança, antes da partilha. Incorre no mesmo erro. Ora, o proprietário do patrimônio social é a pessoa jurídica. Ademais, a comparação é infeliz. A herança não tem personalidade jurídica, sendo apenas massa patrimonial, cujos donos são, em condomínio, os herdeiros.

Ferrer Correia[96] defende a teoria do direito complexo e heterogêneo. Os sócios seriam titulares de direito complexo e heterogêneo sobre a sociedade. Este direito se desdobraria em outros, como receber lucros e dividir o acervo social em caso de extinção da sociedade. Sem dúvida alguma, têm os sócios tais direitos, mas e daí? Essa teoria, tão somente, aponta alguns dos direitos dos sócios, não definindo sua natureza.

Quinta teoria tem como defensor Carvalho de Mendonça, seguido por Rubens Requião e Dylson Dória.[97] É a teoria da unidade bipartida. Os sócios seriam detentores de dois direitos distintos, faces de uma mesma moeda. De um lado, teriam direito patrimonial, como receber lucros e participar da partilha do acervo social, no caso de extinção da sociedade. De outro, teriam direito pessoal, como fiscalizar a sociedade e participar da gerência. Esta teoria, apesar da expressão de seus defensores, nada mais é que releitura da teoria de Ferrer Correia. Os sócios são, de fato, titulares de vários direitos sobre a sociedade. Mas qual a origem desses direitos? Por que os possuem? Responder a essas perguntas seria, em outras palavras, responder à pergunta principal, que fizemos no início: que são os sócios? Qual sua natureza em relação à sociedade?

Seriam ainda os sócios representantes da sociedade? Alguns podem até ser considerados como tais, os sócios-gerentes. Mas e os sócios que não exercem funções de gerência?

Talvez a razão esteja com aqueles que atribuem natureza *sui generis* aos sócios. Em poucas palavras, a relação entre sócios e sociedade não encontra paralelo no mundo das instituições jurídicas. Tem natureza que lhe é própria, difícil de definir.

Fato é que para ser sócio exige-se capacidade. O ato constitutivo das sociedades, enquanto negócio jurídico, deve preencher todos os requisitos de validade, tanto genéricos quanto específicos, como vimos acima. Acrescentamos, apenas, que as pessoas jurídicas, desde que regularmente constituídas, podem ser sócias.

---

95 RIPERT, Georges. **Traité élémentaire de droit commercial**. Paris: Librairie Générale de Droit & de Jurisprudence, 1951. *passim*.

96 CORREIA, Ferrer. **Sociedades comerciais**: doutrina geral. Coimbra: Universidade de Coimbra, 1956. *passim*.

97 CARVALHO DE MENDONÇA, J. X. **Tratado de direito comercial brasileiro**. 4. ed. Rio de Janeiro: Freitas Bastos, 1946. v. 3, p. 71. REQUIÃO, Rubens. Op. cit., v. I, p. 293. DÓRIA, Dylson. **Curso de direito comercial**. 6. ed. São Paulo: Saraiva, 1990. v. 1, p. 164.

Constituída que seja, a sociedade se desliga da pessoa dos sócios, adquirindo personalidade distinta. Assim é com o recém-nascido que se desliga da pessoa da mãe, constituindo ser com personalidade distinta.

Sendo a sociedade de pessoas com responsabilidade ilimitada, os sócios deverão ser capazes durante toda a vida social. Ora, sendo a responsabilidade dos sócios solidária e ilimitada, os credores poderiam vir a se prejudicar, uma vez que os incapazes não podem praticar atos de disposição patrimonial. Assim, se um dos sócios perder a capacidade, a sociedade pode vir a se extinguir, a não ser que haja disposição contratual específica, prevendo outra solução, como a simples retirada do sócio incapaz, que seria, evidentemente, reembolsado de sua contribuição para o capital social, sendo ou não substituído por outro. Na falta de disposição contratual, basta a vontade de um sócio para que a sociedade se extinga.

A mesma solução ocorre no referente à cessão de quotas. Se um sócio de sociedade ilimitada de pessoas quiser ceder suas quotas a terceiro estranho à sociedade, deverá obter o consenso dos demais. Se apenas um não quiser permitir, nem comprar a quota do sócio retirante, o sócio cedente poderá propor a extinção da sociedade. A regra se baseia no princípio da pessoalidade, não podendo, a nosso ver, ser contrariada por cláusula do contrato social. Ora, sendo a responsabilidade dos sócios ilimitada e, principalmente, solidária, é justo que estes se insurjam contra a entrada de terceiro em quem podem não depositar total confiança. Afinal, trata-se de sociedade de pessoas.

Nas sociedades por quotas de responsabilidade limitada a cessão de quotas a terceiros só não será permitida se vedada no contrato social. Sendo permitida, o sócio poderá cedê-la a terceiro estranho, exceto se os sócios que detiverem mais de 1/4 do capital se opuserem. Restaria uma questão a ser debatida: esta última regra teria valor somente em relação às sociedades por quotas constituídas *intuitu personae*, ou teria valor mesmo que se tratasse de sociedade de capital? A Lei (art. 1.057 do CC) não responde à indagação. A meu sentir, uma tal regra, de que o sócio, mesmo sendo permitida a cessão de quotas a estranhos, só poderia fazê-lo se não se opusessem sócios que detivessem mais de 1/4 (um quarto) do capital, é válida para as sociedades de pessoas e também para as de capital. Nestas, a oposição dos sócios só poderá ocorrer, na omissão do contrato quanto à possibilidade de cessão de quotas a estranhos. Sendo o contrato omisso, a Lei quis garantir aos sócios que representassem um mínimo do capital social, a oportunidade de se oporem, se considerarem nociva à sociedade a entrada de estranho.

Os incapazes podem participar de sociedades de responsabilidade limitada, desde que o capital social esteja integralizado e desde que não exerçam função de gerente. A ideia é proteger o patrimônio do incapaz que poderia responder, caso o capital não estivesse integralizado ou caso exercesse função de gerência. De todo modo, serão representados ou assistidos, conforme seja a incapacidade absoluta ou relativa, respectivamente. As mesmas regras impõem-se, a meu ver, no que concerne à participação dos empresarialmente impedidos. O que a Lei não deseja é que seu patrimônio responda pela sociedade.

Os impedidos para atividades empresariais, como falidos, não podem participar de sociedades empresárias de responsabilidade ilimitada, por não poderem comprometer seu patrimônio.

No tangente às sociedades de pessoas com responsabilidade mista, as regras são as mesmas para a cessão de quotas a terceiros estranhos. No referente à participação de incapazes e impedidos, porém, a regra é de que podem ser sócios, desde que sua responsabilidade seja limitada, o capital social esteja integralizado e desde que não exerçam função de gerente.

Já se a sociedade for de capital, como é o caso das sociedades anônimas, não vale nenhuma das restrições acima apontadas. Os sócios não se responsabilizam pelas obrigações assumidas pela sociedade junto a terceiros, além de sua contribuição. Não há entre eles solidariedade, nem qualquer vínculo pessoal. Se um dos sócios deixa de integralizar seu aporte, é ele quem responde e somente ele. A garantia dos credores é apenas o patrimônio social.

Resta, por fim, falar dos direitos e deveres dos sócios. Apontaremos os direitos e deveres genéricos ressalvando, todavia, que o contrato social pode determinar outros tantos.

São direitos dos sócios, em primeiro lugar, participar da repartição dos lucros, proporcionalmente a sua contribuição para o capital social.

Além deste, é direito dos sócios participar da gerência, ou seja, da administração da sociedade. Veja-se que se trata de direito que, evidentemente, não pode ser imposto. Em outras palavras, todo sócio, em princípio, teria o direito de pleitear participar da administração social.

Fiscalizar os negócios e livros sociais, direito esse que pode ser regulamentado pelo contrato social, ao se fixarem épocas determinadas para seu exercício, conforme entendimento da boa doutrina.

Outro direito dos sócios é o de pleitear que seu nome conste da firma social. Mas que é firma social?

Firma é o nome da sociedade. Toda pessoa tem nome. As pessoas naturais têm firma individual: José da Silva, Manoel de Souza etc. As pessoas jurídicas também possuem nome. Pode ser firma ou razão social, ou denominação social.

A firma social, também chamada de *razão social*, compõe-se da firma individual de um, alguns, ou todos os sócios, acrescido da sigla social, que pode ser Ltda., S/S, & Cia., conforme o tipo de sociedade de que se tratar. Assim, exemplo de firma ou razão social seria "Silva & Souza Ltda." ou ainda, "Silva & Cia. Ltda.". Tal será o nome das sociedades de pessoas.

A denominação social, característica das sociedades de capital, compõe-se de qualquer expressão linguística seguida da sigla social. Exemplo seria "Banco do Brasil S.A.". Veja-se que a expressão *Banco do Brasil* não é nome civil, ou seja, não é firma individual de nenhum sócio.

Por fim, é também direito dos sócios participar da divisão do patrimônio remanescente da sociedade, caso venha esta a ser extinta.

São deveres dos sócios concorrer para a formação do capital social com dinheiro, outros bens ou serviços, conforme o combinado. Enquanto o capital não for integralizado, os sócios serão devedores da sociedade, que poderá executá-los ou mesmo excluí-los.

A realização do capital social poderá ser à vista ou a prazo, conforme o que fique acertado, quando da constituição da sociedade. Sendo em outros bens que não dinheiro, deverão eles ser avaliados ou pelos próprios sócios, ou por peritos. No caso das sociedades anônimas, é obrigatória a avaliação por peritos.

Ainda sobre a contribuição dos sócios, pode ela se constituir na cessão do uso de determinado bem, como o imóvel em que funcionará o fundo empresarial. Também pode consistir na prestação de serviços. Neste caso, salvo permissão expressa, o sócio não poderá empregar-se em atividade estranha à sociedade, sob pena de ser excluído, além de ser privado de seus lucros.

É ainda dever dos sócios trabalhar com diligência, lealdade e responsabilidade em prol dos negócios sociais ou, quando nada, não trabalhar contra os interesses da sociedade. A pena é a de exclusão, com reembolso da participação no capital social, descontados eventuais prejuízos.

10.21.9 Gerência

Logo de início, é necessário que se entenda com clareza o sentido da palavra gerente. Quando se fala em gerente de sociedade, está-se referindo a seu administrador, àquele que se encontra no topo da pirâmide administrativa, e não ao gerente-empregado. Tomando como exemplo um banco, quando se fala em gerente, refere-se aos diretores e conselheiros e não aos gerentes das agências, que são empregados do banco.

Gerente é, pois, o representante legal da sociedade, aquele que administra seus negócios e assina em seu nome.

Há duas formas de se nomear o gerente. A primeira delas, mais comum tratando-se de sociedades de pessoas de pequeno porte, é a investidura feita no próprio contrato social. Este contém cláusula investindo o(s) sócio(s)-gerente(s). A segunda forma, mais comum em sociedades de maior porte, principalmente em sociedades de capital, é a eleição periódica do(s) gerente(s) pela assembleia geral de sócios. O prazo do mandato e o processo eleitoral são estabelecidos no contrato social. Não sendo investido qualquer sócio, todos serão gerentes, podendo qualquer um deles representar a sociedade.

Mas qual a natureza jurídica da função do gerente? Seria ele mandatário ou órgão da sociedade?

Três teorias devem destacar-se a respeito.

Primeiramente, a teoria do mandato, defendida por Vivante.[98] Segundo ele, o gerente representa a sociedade, enquanto mandatário seu. É refutada com os argumentos de que: (a) os administradores podem manifestar vontade própria, enquanto os mandatários expressam, sempre, a vontade do mandante; e (b) o gerente, quando praticando atos de gestão interna, não atua como mandatário.

Contestando a teoria do mandato, exatamente por agirem os gerentes segundo sua própria vontade, há quem propugne pela teoria da representação sem mandato. Apesar de sempre atuar por vontade própria, o gerente representa a pessoa jurídica. Em outras palavras, o gerente atua segundo sua vontade, em nome da sociedade, da pessoa jurídica.

A terceira é a teoria do órgão, muito aceita na atualidade. O que se faz é comparação com a pessoa natural. Esta é dotada de órgãos e de membros, como pernas, braços, cérebro, olhos etc. O mesmo ocorreria com as pessoas jurídicas. O gerente seria seu órgão pensante e gestor. Ele pensa e age pela pessoa jurídica. É ele o cérebro, a visão, os braços e as pernas da sociedade. Assim, os atos do gerente seriam atos da própria sociedade.[99]

Os atos praticados pelo gerente *intra vires mandati*, isto é, dentro dos poderes a ele conferidos, obrigam a sociedade e todos os demais sócios, conforme sua responsabilidade, se limitada ou ilimitada. Os atos praticados *ultra vires mandati*, ou seja, além dos poderes a ele conferidos, também obrigam a sociedade e os demais sócios que terão, porém, direito de regresso contra o gerente. Para que isso ocorra, é necessário, contudo, que sejam satisfeitas algumas condições. Em primeiro lugar, o terceiro junto a quem o gerente agiu *ultra vires* deve ter obrado de boa-fé. Em segundo lugar, o objeto do negócio realizado entre o terceiro e o gerente deve ser da mesma natureza que o objeto da sociedade. Caso contrário, ou seja, caso o terceiro esteja de má-fé, ou caso o objeto do negócio nada tenha em comum com o objeto da sociedade, o terceiro não poderá acionar a sociedade, tendo direito, apenas, contra a pessoa do gerente. Suponhamos o caso do gerente de sociedade de médicos, que resolva comprar minério de ferro em nome da sociedade. Logicamente, se estiver agindo *ultra vires*, a sociedade não responderá. Mas se estivesse comprando material cirúrgico, ainda que agindo *ultra vires*, a responsabilidade seria da sociedade, que poderia regressar contra o gerente. O terceiro poderia, pois, acionar a sociedade, desde que houvesse obrado de boa-fé.

---

98 VIVANTE, Cesare. **Tratado de derecho mercantil**. Madrid: Reus, 1932. v. 2, p. 119.
99 MARTINS, Fran. **Curso de direito comercial**. 16. ed. Rio de Janeiro: Forense, 1991. p. 319.

O gerente das sociedades de capital pode ser sócio ou estranho. O mesmo, normalmente, já não ocorre nas sociedades de pessoas. Nelas, como regra, só os sócios poderão ser investidos na administração social.

Caso o gerente delegue poderes de administração a estranho, devemos analisar as possíveis hipóteses.

Pode dar-se o caso de o gerente delegar poderes com o consentimento dos demais sócios ou do contrato social. Nesta hipótese, toda a sociedade responderá pelos atos do estranho. Se o gerente delegar poderes, sem o consentimento dos outros sócios, responderá pessoalmente perante estes e perante terceiros de má-fé. Perante terceiros de boa-fé, responde a sociedade, que terá direito de regresso contra o gerente que, por sua vez, poderá regressar contra o estranho a quem delegou poderes, se este houver agido de má-fé ou *ultra vires*.

O gerente tem poderes gerais de administração, que envolvem todos os atos que importem boa gestão dos negócios sociais. A questão que se levanta é: pode haver cláusula contratual, restringindo os poderes do gerente, tais como conceder fianças, avais e praticar atos de favor em nome da sociedade?

As opiniões divergem. Segundo João Eunápio Borges, seguido por Rubens Requião, a cláusula seria válida, apenas, entre os sócios. Caso o gerente agisse *ultra vires* junto a terceiros de má-fé, a sociedade não responderia. Atuando o terceiro de boa-fé, a sociedade responderia, tendo regresso contra o gerente.[100]

Para os comercialistas alemães, tal cláusula jamais poderia existir, sendo, absolutamente, inválida.[101]

Já para a corrente italiana, vale a teoria da publicidade. É o que também preconiza Waldemar Ferreira.[102] A cláusula terá valor, desde que registrada.

O Código Civil admite a existência da cláusula, ao dispor no art. 1.015 que, no silêncio do contrato, os administradores podem praticar todos os atos inerentes à gestão da sociedade. Diante disso, creio que não há o que discutir: a cláusula será sempre válida entre os sócios e, se registrada, será também válida perante terceiros de boa-fé. É óbvio que, se a sociedade for regular a cláusula estará registrada, porque parte do contrato social. No entanto, se for pactuada posteriormente, importará alteração do contrato, devendo ser levada ao Registro, para ter validade perante terceiros.

---

100 REQUIÃO, Rubens. Op. cit., v. I, p. 325. BORGES, João Eunápio. **Curso de direito comercial terrestre**. 3. ed. Rio de Janeiro: Forense, 1967. p. 290.
101 VAN RYN, Jean. **Principes de droit commercial**. Bruxelles: Émile Bruylant, 1960. v. 2, *passim*. CAPELLE, Karl-Hermann; CANARIS, Claus-Wilhelm. **Handelsrecht**. 21. ed. München: CHBeck, 1989. p. 177 *et seq*.
102 FERREIRA, Waldemar Martins. **Curso de direito commercial**. São Paulo: Salles Oliveira Rocha, 1927. p. 246.

O gerente pode ser pessoa natural ou jurídica. Afinal, os sócios podem ser pessoas naturais ou jurídicas. Sendo pessoa jurídica, atuará, de fato, a pessoa natural, administradora da pessoa jurídica, investida como gerente.

Por fim, cabe falar da caução e destituição do gerente.

Uma vez investido no cargo de gerente, poderá ser o caso de vir a prestar caução, desde que o exija o contrato social, ou os termos da deliberação dos sócios que o nomearam. A caução consiste em garantia real ou fidejussória da boa administração do gerente. Assim, deverá hipotecar imóveis ou empenhar bens móveis, ou ainda apresentar fiador, tudo isso para garantir sua boa gestão.

Quanto a sua destituição, depende do tipo societário. Nas sociedades simples, se for investido no contrato social, não poderá ser destituído, a não ser por justa causa, comprovada judicialmente (art. 1.019 do CC). Se investido por ato separado, poderá sempre ser removido de seu cargo por simples decisão da maioria simples do capital social (art. 1.019, parágrafo único, do CC). Também poderá ser sempre destituído por decisão da maioria simples do capital ao administrador que não seja sócio (art. 1.019, parágrafo único, do CC). Nas sociedades por quotas de responsabilidade limitada, se o administrador for investido no contrato, poderá ser destituído por decisão de metade mais um do capital social, salvo outro *quorum* previsto no contrato (art. 1.063, § 1º, do CC). Caso seja investido por ato separado, também poderá ser destituído por deliberação de mais da metade do capital (art. 1.076, II, do CC).

10.21.10 Prazo

As sociedades podem se constituir por prazo indeterminado ou por prazo determinado. Sendo por prazo determinado, dispõe o art. 1.033, I, do CC que, vencido o prazo, a sociedade se dissolve, a não ser que, sem nenhuma oposição de qualquer dos sócios, continue a exercer suas atividades, sem entrar em processo de liquidação. Neste caso, a sociedade se prorroga por prazo indeterminado. É o que ocorre, aliás, em vários outros contratos, como o de locação, por exemplo. Esta solução é bem melhor que a do Código Civil de 1916, para o qual o advento do termo dissolvia a sociedade *pleno iure*,[103] sendo necessária, para que continuasse, a constituição de uma nova. Havia quem, já naquela época, tentasse atribuir outra interpretação à regra do Código, como o Prof. João Baptista Villela.[104] Sua opinião era, contudo, isolada. Hoje, prevalece, uma vez que adotada pelo art. 1.033, I, do CC/2002.

---

103 Pleno iure, ou seja, de "pleno Direito, por obra da própria Lei".
104 VILLELA, João Baptista; JUST, Elke Doris. **O Código Civil espanhol e o estatuto das sociedades prorrogadas no direito brasileiro**: um ensaio de reinterpretação. Belo Horizonte: UFMG, 1991. passim.

10.21.11 Cessão de quotas e associação de terceiros

Nas sociedades de pessoas, como vimos, a cessão de quotas a terceiros estranhos depende da autorização dos demais sócios. Tal já não ocorre nas sociedades de capital, cujas quotas podem ser negociadas livremente.

De qualquer forma, seja de pessoas ou de capital a sociedade, é lícito aos sócios associarem terceiros a suas quotas. Estes terceiros seriam como que comunheiros dos sócios, em nada participando da sociedade.

10.21.12 Extinção

Extinção é o processo pelo qual uma sociedade deixa de existir. Processo que é, desenrola-se em três etapas distintas, a saber, dissolução, liquidação e partilha. Estudemos cada uma delas.

Dissolução é efeito de ato jurídico, que marca o início do processo de extinção de sociedade. Em resumo, teríamos que certo fato dissolve a sociedade, sendo ela liquidada e seu patrimônio partilhado entre os sócios.

Pode ser a dissolução de pleno Direito, consensual ou judicial.

De pleno Direito será a dissolução quando a sociedade se dissolver, independentemente de qualquer atitude dos sócios ou do juiz. Seja por força de lei, do contrato social ou das circunstâncias, basta que ocorra o fato, e estará dissolvida a sociedade. Se porventura continuar funcionando, mesmo após a ocorrência do fato que a dissolveu, a sociedade se considerará irregular, respondendo os sócios, ilimitadamente, pelas obrigações sociais. Os casos são, basicamente, os seguintes:

1] Advento do termo, sendo a sociedade por prazo determinado. Se, por acaso, a sociedade não entrar em processo de liquidação, e os sócios continuarem seus negócios normalmente, considera-se o prazo prorrogado por tempo indeterminado.
2] Implemento da condição resolutiva. É o caso de sociedade constituída sob a condição de funcionar, até que determinado sócio seja eleito deputado. Ocorrendo a eleição, dissolve-se a sociedade.
3] Nas sociedades de pessoas, morte ou incapacidade superveniente de um dos sócios, caso não haja norma contratual, prevendo outra solução. Assim é que o contrato social pode prever que, em caso de morte, a sociedade continue com os herdeiros do sócio defunto, ou que continue com os sócios remanescentes, reembolsados os herdeiros da participação do morto.
4] Também nas sociedades de pessoas, saída de um dos sócios, na falta de disposição contratual em contrário. A saída deve ser, entretanto, oportuna e

de boa-fé. Será inoportuna se os negócios não estiverem em seu transcurso normal, ou se, de qualquer forma, a sociedade vier a se prejudicar com a dissolução naquele momento específico. Nestes casos, caberá aos demais sócios deliberar sobre a continuação da sociedade, não obstante a oposição do retirante.

De má-fé será a saída quando o retirante se inspirar no propósito de colher proveitos que a sociedade viria a obter. Nesta hipótese, a sociedade poderá excluir o retirante sem se dissolver, pagando-lhe o valor de sua participação mais as vantagens devidas.

5] Impossibilidade de preenchimento do fim social. Imaginemos sociedade cujo objeto seja a importação de veículos. Proibida que seja a importação, inviável será a sociedade, dissolvendo-se, por via de consequência.

6] Cassação da autorização administrativa para o funcionamento da sociedade. Seria o caso de uma empresa de televisão que tivesse sua concessão revogada. Nesta hipótese, os administradores terão 30 dias para dar início ao processo de liquidação, sob pena de intervenção do Ministério Público, que deverá assumir a condução dos trabalhos de dissolução.

7] Nas sociedades de pessoas, abuso, prevaricação,[105] violação ou falta aos deveres sociais por parte de um ou mais sócios, a não ser que o contrato preveja a exclusão do ou dos sócios, com o consequente reembolso de sua participação, compensados os danos que por acaso haja causado.

8] Nas sociedades de pessoas, fuga de um dos sócios, não prevendo o contrato sua exclusão.

9] Estes os casos legais. Além deles, dissolve-se a sociedade em todos os casos determinados no contrato social.

A dissolução será consensual quando, por consenso, os sócios decidirem pôr fim à sociedade. Faz-se por distrato, dando-se baixa no respectivo registro.

Por fim, será judicial a dissolução quando da decretação da falência ou insolvência civil da sociedade, sendo esta empresária ou simples, respectivamente. Veja-se que a falência ou a insolvência civil são da sociedade. A falência ou insolvência civil de um ou mais sócios não implica, necessariamente, a dissolução da sociedade.

Será, também, judicial, a pedido de qualquer um dos sócios, com base em fato que levaria à dissolução de pleno Direito da sociedade, houvesse ela continuado irregularmente.

---

[105] Prevaricar é "deixar de praticar ato benéfico ou praticar ato maléfico à sociedade, a fim de obter vantagens pessoais".

O Código de Processo Civil (arts. 599 a 609) cuida da dissolução parcial de sociedade, dispondo que poderá ter por objeto a resolução da sociedade empresária contratual ou da sociedade simples, em relação ao sócio falecido, excluído ou que houver exercido direito de retirada ou de recesso. A dissolução também poderá ter por objeto a apuração de haveres do sócio falecido, excluído ou que houver exercido direito de retirada ou de recesso, ou somente a resolução ou apuração de haveres.

O ato ou sentença de dissolução deve ser registrado e publicado, sob pena de continuarem os sócios responsáveis ilimitadamente por obrigações assumidas por qualquer um deles em nome da sociedade.

De se acrescentar é que a falência e a insolvência civil seguem rito próprio. A falência se regula pela Lei n. 11.101/2005, e a insolvência civil, que gera o concurso de credores, se rege pelo Código de Processo Civil de 1973, arts. 748 e ss., os quais continuam em vigor por força do art. 1.052 do CPC/2015.

Dissolvida a sociedade, passa-se à fase seguinte do processo de extinção, qual seja, a liquidação, regulada pelos arts. 1.102 a 1.112 do CC.

Liquidação é processo em que se apuram ativo e passivo da sociedade, pagando-se as dívidas, a fim de se obter o saldo líquido, que será partilhado entre os sócios. Poderá ser ela amigável ou litigiosa. Sendo litigiosa, será sempre judicial, o que não ocorre com a amigável ou consensual, que poderá ser extrajudicial.

Quem realiza a liquidação denomina-se *liquidante*, que será nomeado pelos sócios, podendo ser um deles. Não chegando os sócios a consenso, o juiz nomeará o liquidante. De qualquer forma, o liquidante responde perante os sócios e o juiz por todos os seus atos, podendo ser destituído, a qualquer tempo, se agir mal.

Encerrada a liquidação, procede-se à terceira fase, isto é, à partilha.

Partilha é a distribuição do saldo remanescente da liquidação entre os sócios, os quais receberão proporcionalmente a sua participação no capital social.

10.21.13 Tipos

Passemos, agora, ao exame de todos os tipos societários admitidos pelo Direito pátrio. Logo de início, é bom ressaltar, que, no Brasil, três tipos societários se destacam: as sociedades anônimas, as sociedades por quotas de responsabilidade limitada e as sociedades cooperativas, cada uma delas servindo a seus propósitos específicos. As demais encontram-se em franca decadência, algumas já extintas. Vejamos cada qual.

a) Sociedade em conta de participação

É sociedade em que duas ou mais pessoas se reúnem para a realização de uma ou mais atividades, levadas a efeito em nome e responsabilidade do sócio ostensivo. Está tutelada nos arts. 991 a 996 do CC.

Como se pode ver, é sociedade simples ou empresária. Possui, entretanto, características interessantes. Em primeiro lugar é sociedade oculta, não se admitindo seu registro, sob pena de se tornar sociedade em nome coletivo. Daí decorre que não é pessoa jurídica, não possuindo, portanto, nem patrimônio próprio, nem nome. Existe somente entre os sócios, apenas a eles se permitindo acionarem-se uns aos outros, com base na existência da sociedade. Perante terceiros há o sócio ostensivo, que realiza todos os negócios em seu próprio nome, sendo toda sua a responsabilidade. Incumbe a ele a administração social. Sua responsabilidade perante terceiros será ilimitada. Os demais são sócios ocultos, não existindo oficialmente. Sua responsabilidade é limitada a sua participação no capital social. Assim, sendo o sócio ostensivo acionado, pagará aos credores, regressando em seguida contra os sócios ocultos, também denominados *participantes*.

Frederico Gabrich e Lorena Simões demonstram a utilidade prática deste modelo societário, afirmando que:

> na prática da vida empresarial, vários são os exemplos de utilização estratégica das sociedades em conta de participação para a satisfação dos interesses dos sócios e para a maximização dos resultados empresariais. Esse modelo jurídico de sociedade é muito usado, por exemplo, na construção civil, quando dois ou três profissionais se associam, exercendo, cada um, dependendo da etapa da obra, a função de sócio ostensivo ou participante. Nesse sentido, enquanto o pedreiro exerce a função de sócio ostensivo, o encanador, o eletricista, o assentador de azulejos e o pintor assumem a condição de sócios participantes. Na sequência da obra, o pedreiro pode passar à condição de sócio participante, enquanto os outros vão se sucedendo na função de sócio ostensivo. Esse contrato, além de permitir a continuidade do recebimento de dividendos em todas as etapas da obra, também permite a organização e a concatenação da atividade, bem como a multiplicação das fontes de recursos para os sócios.
>
> Outro exemplo de utilização estratégica do modelo jurídico da sociedade em conta de participação para composição dos interesses dos sócios e maximização dos resultados empresariais, normalmente se encontra nos *apart*-hotéis. Nesses empreendimentos, normalmente uma pessoa jurídica que tem como objeto social a administração de hotéis assume a posição de *sócia ostensiva*, contratando empregados e prestando os serviços de hotelaria aos hóspedes. Por outro lado, os proprietários dos apartamentos assumem a posição de *sócios participantes*, com função ativa nas deliberações, bem como no exercício dos direitos de fiscalização e de recebimento dos seus dividendos mensais (inclusive

contratados sob a forma de dividendos mínimos ou fixos), conforme previsto no contrato social.[106]

Embora seja difícil um levantamento estatístico deste tipo societário, exatamente por não ser pessoa jurídica registrada, na prática empresarial é bem conhecida sua utilidade.

b] Sociedade em nome coletivo

É sociedade que exerce atividade empresarial ou não, sob firma ou razão social, na qual todos os sócios são, subsidiariamente, responsáveis pelas obrigações sociais, de forma ilimitada e solidária perante terceiros, e fracionária entre si. Acha-se regulada no Código Civil, arts. 1.039 a 1.044.

As sociedades em nome coletivo serão sociedades empresárias ou simples. Seu nome será firma ou razão social, composta do nome civil de um, alguns ou todos os sócios, mais a sigla "& cia.", por extenso ou abreviadamente. É evidente que se constar da firma o nome de todos os sócios, não se empregará a sigla "& cia.", para não se dar a falsa impressão de haver mais outros sócios.

A responsabilidade dos sócios será subsidiária em relação à sociedade, e ilimitada e solidária perante terceiros. Isso quer dizer, como já vimos acima, que os sócios respondem com seu patrimônio particular por todas as dívidas da sociedade. Primeiro se executa o acervo social; não sendo ele suficiente, passa-se ao patrimônio dos sócios, indistintamente, visto que solidários, até que seja pago o valor total das obrigações. Entre os sócios, porém, a obrigação é fracionária. Em outras palavras, ainda que apenas um deles pague o valor remanescente aos credores, poderá exigir dos demais que lhe reembolsem, cada um proporcionalmente a sua participação.

É sociedade em rápido processo de extinção. De fato, diante de sociedades de responsabilidade limitada, aquela em nome coletivo perde sua razão de ser.

c] Sociedade em comandita simples

É sociedade constituída por sócios que possuem responsabilidade subsidiária, ilimitada e solidária, e sócios que limitam sua responsabilidade à importância de sua contribuição. É tratada nos arts. 1.045 a 1.051 do CC.

Claro está ser sociedade de responsabilidade mista. De um lado, há sócios comanditados, que respondem como sócios de sociedades em nome coletivo. Sua responsabilidade é subsidiária em relação à sociedade e solidária e

---

106 GABRICH, Frederico de Andrade; SIMÕES, Lorena Arantes. Sociedade em conta de participação: estratégia e inovação. In: FIUZA, César; NEVES, Rúbia Carneiro (Coord.). **Iniciativa privada e negócios**. Belo Horizonte: Del Rey, 2012. p. 49.

ilimitada perante credores. Do outro lado, há os sócios comanditários, cuja responsabilidade se limita a sua contribuição. Estando ela integralizada, cessa sua responsabilidade.

A gerência cabe, como seria lógico, aos comanditados. É também seu nome que constará da firma social. Esta se compõe, assim, do nome civil de um, alguns ou todos os sócios comanditados mais a sigla social "& Cia.", por extenso ou abreviadamente, por trás da qual se escondem os sócios comanditários.

d] Sociedades de capital e indústria

É sociedade que, sob firma ou razão social, explora certo empreendimento, sob responsabilidade ilimitada de um ou mais sócios capitalistas e a cooperação pessoal de um ou mais sócios de indústria que, isentos de qualquer responsabilidade perante terceiros, prestam à sociedade unicamente seu trabalho, na forma prevista no contrato ou na Lei.

Os sócios capitalistas respondem da mesma forma que os comanditados e os sócios das sociedades em nome coletivo. Em outras palavras, em relação à sociedade respondem subsidiariamente, ou seja, primeiro será executado o patrimônio da sociedade e só depois o patrimônio particular dos sócios. Junto aos credores, respondem solidária e ilimitadamente, isto é, os credores podem acionar um, alguns ou todos os sócios, exigindo, em qualquer caso, todo o remanescente que não foi pago pelo patrimônio social. Já entre si, sua responsabilidade é fracionária, o que vale dizer que os vários sócios capitalistas repartirão entre si os prejuízos, na proporção de sua participação no capital social.

A seu turno, os sócios de indústria não têm qualquer responsabilidade perante os credores da sociedade. Uma vez que não contribuem para a formação do capital social, não seria lógico que respondessem pelas obrigações sociais. Por outro lado, não participam da administração da sociedade, que fica a encargo dos sócios capitalistas.

Finalmente, são os capitalistas que dão nome à sociedade. A razão ou firma social compõe-se, pois, do nome civil de um, alguns ou todos os sócios capitalistas, mais a sigla "& Cia.", por extenso ou abreviadamente. É, exatamente, atrás do *signum societatis* "& Cia." que se escondem os sócios de indústria.

Em fase de extinção na atualidade, a sociedade de capital e indústria é talvez utilizada ainda para simular contrato de trabalho. Com intuito de fraudar direitos trabalhistas, o patrão simula sociedade com seus empregados. Logicamente, a Justiça do Trabalho, tendo isso em mente, desconsidera a sociedade, mandando que se paguem todas as verbas devidas aos empregados.

Na verdade, sendo a Parte Primeira do Código Comercial revogada pelo Código Civil, e não dispondo este a respeito das sociedades de capital e indústria, perderam elas seu caráter de sociedade típica. No entanto, podem ser pactuadas, uma vez que não são proibidas.

e] Sociedades por quotas de responsabilidade limitada

Eis a mais popular das sociedades modernas. Nela todos os sócios respondem subsidiariamente em relação à sociedade, de forma solidária e limitada perante credores, e fracionária, entre si.

Dessa forma, primeiro é executado o patrimônio da sociedade. Sendo insuficiente para o pagamento integral das dívidas, passa-se ao patrimônio particular de qualquer um dos sócios, que deverá pagar o remanescente, não de maneira integral, mas apenas a diferença entre o capital social e o capital efetivamente realizado. Suponhamos que, sendo o capital social de $ 100,00, apenas $ 60,00 tenham sido realizados. O sócio acionado deverá pagar o valor de $ 40,00, que vem a ser a diferença entre um e outro. Mas se os sócios já houverem integralizado seu aporte, ou seja, se já houverem terminado de pagar sua contribuição para o capital social, sua responsabilidade desaparecerá. Neste caso, os credores só poderão executar o patrimônio particular dos sócios se este houver sido dado em garantia das dívidas sociais.

Outro caso em que os sócios respondem com seu patrimônio particular, não obstante ter sido integralizado o capital social, é na hipótese de o patrimônio da sociedade ser inferior ao capital. Assim, se o capital for de $ 100,00 e o patrimônio de $ 80,00, os sócios deverão inteirar a diferença, visto que o capital social, neste caso, encontra-se desfalcado.

As sociedades por quotas podem ser simples ou empresárias, de pessoas ou de capital.

É o contrato social que determinará se a sociedade é de pessoas ou de capital.[107] Com base em alguns fatores, poderemos constatar sua natureza. Dessarte, se for permitida a cessão livre de quotas a terceiros estranhos, estaremos diante de sociedade de capital, caso contrário, diante de sociedade de pessoas. Se seu nome for firma social, tratar-se-á de sociedade de pessoas, já se for denominação social, a sociedade será de capital, e assim por diante. Por força de um mínimo esforço interpretativo, pode-se dizer que as sociedades por quotas se presumem de capital. Outra não poderia ser a exegese extraída do art. 1.057 do CC, segundo o qual, na falta de estipulação em contrário no contrato social, os sócios podem ceder suas quotas a estranhos, se não houver oposição de mais de 1/4 (um quarto) do capital social.

---

[107] MELO, Albertino Daniel de. **Sanção civil por abuso de sociedade**. Belo Horizonte: Del Rey, 1997. p. 24.

Quanto ao nome, como acabamos de ver, poderão as sociedades por quotas adotar razão ou denominação social. Se razão ou firma social, o nome se comporá do nome civil de um, alguns ou todos os sócios mais a sigla "Ltda.", por extenso ou abreviadamente. Se não constar o nome civil de todos os sócios, pode-se empregar a sigla "& Cia. Ltda.". Se denominação social, o nome será composto de alguma expressão linguística, se possível condizente com o objeto da sociedade, como *Construtora Vésper*, mais a *signum societatis* "Ltda.".

É, sem dúvida alguma, o tipo societário mais adotado para empresas de pequeno e médio porte. Acha-se tutelada nos arts. 1.052 a 1.087 do CC e, subsidiariamente, pela Lei de Sociedades Anônimas.

As sociedades por quotas de responsabilidade limitada podem ser unipessoais, ou seja, podem constituir-se por uma só pessoa, física ou jurídica, devendo tal fato constar expressamente no instrumento de constituição, que deverá ser contrato social. Por outros termos, a sociedade unipessoal será necessariamente *intuitu personae*, e seu nome consistirá firma social.

f] Sociedades anônimas

São sociedades de responsabilidade limitada, com três características peculiares. Em primeiro lugar, são sempre comerciais, qualquer que seja seu objeto. Tais são os dizeres do art. 2º, parágrafo 1º, da Lei de Sociedades Anônimas – Lei n. 6.404/1976.

Em segundo lugar, seu capital social é dividido em ações, negociáveis livremente pelos sócios.

Em terceiro lugar, a responsabilidade dos sócios não é solidária, mas fracionária. Em outros termos, cada acionista responde por suas ações. Dessarte, se já houver integralizado seu aporte, como que cessa sua responsabilidade. Caso ainda não haja integralizado sua contribuição, responderá somente pelas ações não integralizadas.

Por ser sociedade exclusivamente comercial, regida por lei própria, restringiremos seu estudo a essa breve notícia.

g] Sociedades em comanditas por ações

Sociedade em desuso nos dias atuais, a comandita por ações tem o mesmo conceito da comandita simples, sendo seu capital, porém, dividido em ações. Possui as mesmas espécies de sócios, comanditados e comanditários. Estes possuem responsabilidade limitada, como os acionistas das sociedades anônimas, e não podem exercer atos de administração. Aqueles são responsáveis pela gerência, possuindo responsabilidade ilimitada.

As sociedades em comandita por ações têm como característica básica a misticidade de sua natureza. Assim é que têm características de sociedades de pessoas e de capital. De pessoas em que estranhos não podem participar da gerência. De capital em que podem adotar firma ou denominação social e suas ações podem ser negociadas livremente.[108]

Seu nome, como dito, pode ser firma ou razão social, compondo-se do nome de um, alguns ou todos os sócios comanditados mais a sigla social "Comandita por Ações", por extenso ou abreviadamente; por exemplo, "Souza e Silva CpA". Pode, outrossim, adotar denominação social que será alguma expressão linguística, seguida do *signum societatis* "Comandita por Ações", por extenso ou abreviadamente; por exemplo, "Panos e Modas CpA".

Por fim, cabe acrescentar serem sociedades tipicamente empresárias, regulando-se pela Lei de Sociedades Anônimas.[109]

h] Sociedades simples reguladas pelo Código Civil

O art. 983 do CC permite às sociedades simples adotarem qualquer dos tipos societários acima descritos, remetendo-as, neste caso, às normas específicas do tipo em questão. Dessa forma, adotada como tipo sociedade por quotas, será regulada pelos arts. 1.052 a 1.087. Será, entretanto, inscrita no Registro Civil e não na Junta Comercial.

Se por acaso resolverem os sócios não adotar qualquer dos tipos societários estudados *supra*, a sociedade se regerá pelo que dispõe o Código Civil, arts. 997 a 1.038. São sociedades de pessoas ou de capital, de responsabilidade ilimitada, limitada ou mista, conforme o estatuído no contrato social. Na falta de estipulação contratual, a responsabilidade dos sócios será ilimitada e fracionária, isto é, respondem pelas obrigações sociais, na proporção com que contribuírem para o capital social. Quanto ao mais, o conteúdo destes artigos já analisamos, por alto, na primeira parte deste trabalho.

De acrescentar que o nome da sociedade simples, seja razão ou denominação social, deverá seguir-se do *signum societatis*, "sociedade simples", por extenso ou abreviadamente.

i] Cooperativas

Todo o arcabouço jurídico fundamental das cooperativas pode ser abstraído da Lei n. 5.764/1971, que regula a matéria, e dos arts. 1.093 a 1.096 do CC.

Segundo o art. 3º da Lei n. 5.764/1971, cooperativa é contrato celebrado por duas ou mais pessoas que se obrigam a contribuir com bens e ou serviços para o exercício de atividade econômica, de proveito comum, sem objetivo de lucro.

---

108 PONTES DE MIRANDA, Francisco Cavalcanti. **Tratado de direito privado...** cit., v. 51, p. 161 *et seq.* REQUIÃO, Rubens. Op. cit., v. 2, p. 249 *et seq.*
109 REQUIÃO, Rubens. Op. cit., v. 2, p. 249.

Vemos, assim, que as cooperativas são sociedades atípicas, visto não terem objetivo de lucro, sendo, portanto, de natureza simples. Não obstante, a Lei usa o termo "sociedades cooperativas", para designá-las. São constituídas para prestar serviços aos associados, distinguindo-se das demais sociedades e associações por duas diferenças específicas:

1] Variabilidade do capital social, representado por quotas-partes. As cooperativas podem constituir-se sem limite de capital, ou, até mesmo, sem capital mínimo,[110] diferentemente das demais sociedades e associações, que têm capital fixo. Ademais, as quotas podem ser integralizadas sucessivamente em forma de prestações periódicas, enquanto durar a cooperativa.[111]
2] Singularidade de votos, independentemente do número de quotas. Isso quer dizer que cada associado terá somente um voto, ainda que tenha várias quotas. O *quorum* de deliberações, também, será determinado com base nesse critério, ou seja, com base no número de associados, e não nas quotas que possuam.

São associações de pessoas, uma vez que as quotas não podem ser cedidas livremente a terceiros estranhos. Apesar disso, adotarão como nome denominação social, da qual constará a sigla "cooperativa", sendo-lhes vedado o emprego do vocábulo "banco" em sua denominação. A responsabilidade dos sócios será limitada ou ilimitada, conforme constar do estatuto social. Caso nada conste do estatuto, a responsabilidade será evidentemente ilimitada.

Segundo o art. 88 da Lei n. 5.764/1971, a cooperativa poderá ser dotada de legitimidade, autônoma e concorrente, para agir como substituta processual, em defesa dos direitos coletivos de seus associados, desde que esses direitos tenham relação com as operações de mercado da própria cooperativa, e desde que isso esteja previsto em seu estatuto e haja, de forma expressa, autorização manifestada individualmente pelos cooperados, ou por meio de assembleia geral, que delibere acerca da medida judicial.

As cooperativas podem se constituir para uma série de atividades, dentre elas destacamos as de produção agrícola, de produção industrial, de trabalho, de beneficiamento de produtos, de compras em comum, de vendas em comum, de consumo, de abastecimento, de crédito, de seguros, de construção de casas populares, de editores e cultura intelectual e escolares.[112]

Supletivamente, regem-se as cooperativas pelas normas atinentes às sociedades simples.

---

110 PONTES DE MIRANDA, Francisco Cavalcanti. **Tratado de direito privado**... cit., v. 49, p. 454.
111 *Idem*, p. 440-441.
112 *Idem*, p. 505 *et seq*.

j] Sociedades de advogados

É sociedade em que dois ou mais advogados reúnem esforços e/ou recursos, na busca de lucros, com vistas a oferecer seus serviços jurídicos ao público em geral. Encontra-se regulamentada no Estatuto da OAB, Lei n. 8.906/1994.

Se são simples ou empresárias, já discutimos na Seção 10.21.7, e, ao tratarmos da classificação das sociedades. O tema é controverso.

Apesar da personalidade jurídica da sociedade, a procuração dos clientes deve ser outorgada à pessoa dos sócios, apenas mencionando a sociedade.

É sociedade de pessoas, constituída *intuitu personae*. Tanto é que seus sócios não podem pertencer a outra sociedade congênere, o nome adotado será firma ou razão social e, como é lógico, as quotas só poderão ser cedidas a estranhos com a anuência dos demais sócios.

Em sua constituição, poderá eleger qualquer um dos tipos societários acima estudados, mas da firma social constará obrigatoriamente o nome de pelo menos um dos sócios.

A responsabilidade dos sócios pode ser limitada, ilimitada ou mista, conforme reze o contrato. Na falta de estipulação contratual, será ilimitada. De qualquer jeito, será sempre ilimitada a responsabilidade dos sócios em relação a danos culpáveis, causados a clientes, no exercício profissional.

A sociedade de advogados, ainda que simples, de responsabilidade ilimitada, poderá constituir-se de um sócio apenas, na modalidade de sociedade unipessoal.

10.22 Associações

10.22.1 Definição

É congraçamento de duas ou mais pessoas que se obrigam a combinar seus esforços e/ou recursos e aptidões para o exercício de atividade não econômica, com a finalidade de lograr fins comuns, sem qualquer repartição dos lucros obtidos.

10.22.2 Natureza jurídica

Da mesma forma que as sociedades, também em relação às associações, discute-se acerca de sua natureza jurídica. Seriam elas contratos ou outra espécie de ato jurídico? Dividem-se, assim, os estudiosos em contratualistas e anticontratualistas.

Repetindo o que abordamos acima, há quatro teorias anticontratualistas mais importantes.

A primeira delas é a do ato coletivo. Segundo seus defensores, não sendo a associação ato jurídico unilateral, por emanar de mais de uma declaração de vontade, nem tampouco ato jurídico bilateral, por não se contrapor à vontade dos associados, seria, então, ato jurídico coletivo. Tratando-se de ato jurídico coletivo, a vontade de cada associado, em vez de ser em sentido contrário à dos demais, como ocorre na compra e venda, por exemplo, une-se a ela, sem se fundir, porém. Em outras palavras, teríamos no ato coletivo feixe de vontades unidas, mas distintas uma da outra.

A segunda teoria anticontratualista é a do ato complexo. De acordo com seus adeptos, a associação não é ato jurídico nem unilateral nem bilateral, pelos mesmos fundamentos acima expostos. Seria ato jurídico complexo, em que a vontade de cada associado se fundiria à dos demais, formando amálgama complexo de vontades.

Terceira teoria é a do ato de fundação, também chamado ato corporativo ou de união. Na opinião dos corporativistas, a vontade dos associados apenas cria a associação, cuidando a Lei de todo o resto. Pouco interessa que a vontade dos associados se una sem se fundir, ou que se funda uma às outras.

A quarta teoria nega todas as demais, localizando a associação não entre os atos jurídicos, mas entre as instituições sociais. É a teoria institucionalista, desenvolvida na Alemanha e na França. Segundo os institucionalistas, a comunidade humana se compõe de instituições sociais, como o casamento, a família, a igreja, os poderes constituídos, a polícia etc. Dentre essas instituições sociais, encontraríamos as associações, pessoas jurídicas colegiadas, resultantes da reunião de duas ou mais pessoas que, conjugando esforços e recursos, visam lograr fins comuns.

A seu turno, os contratualistas, sem negar ser a associação um ato jurídico, explicam de forma diversa sua natureza.

Consideram três espécies de atos jurídicos: os unilaterais, fruto de apenas uma manifestação de vontade, como os testamentos; os bilaterais, fruto de duas ou mais manifestações de vontade em sentidos contrapostos, como a compra e venda, em que um quer comprar e o outro quer vender; e, finalmente, os plurilaterais, fruto de duas ou mais vontades não contrapostas, voltadas para o mesmo norte, como as sociedades, as associações, o casamento etc.

Sendo ato jurídico plurilateral, ajusta-se a associação à categoria dos contratos, uma vez que resulta de convenção. Nesta categoria, classifica-se como contrato bilateral, haja vista que todos os sócios possuem direitos e deveres.

10.22.3 Diferenças entre associação, sociedade e condomínio

Definitivamente não cabe confundir sociedade e condomínio ou comunhão. Duas diferenças elementares traçam forte linha divisória entre os dois institutos.

Sociedade é, como vimos, ato jurídico, contrato. É, como regra, pessoa jurídica. Condomínio é direito real, que duas ou mais pessoas têm sobre um mesmo bem. Não tem personalidade jurídica. Esse direito real nem sempre terá como origem ato jurídico. Seu nascimento pode ser eventual, por força da Lei ou de circunstâncias. Exemplo disso é o condomínio que se estabelece para os herdeiros, até a partilha da herança.

Ademais, caracteriza a sociedade a *affectio societatis*, ou seja, a vontade de constituir sociedade, o que não ocorre tratando-se de condomínio.

Por fim, associação é a reunião contratual de pessoas sem fins lucrativos. Não se confunde com a sociedade que possui intento de lucro, e muito menos com o condomínio, pelas razões acima expostas.

10.22.4 Objeto

O objeto das associações será sempre a realização de alguma atividade sem fins lucrativos, embora possa haver lucros. Em muitos casos, aliás, o lucro é fundamental para a própria manutenção e aprimoramento da associação. Dependendo do objeto, haverá associações religiosas, pias (de caridade), morais, científicas, desportivas (clubes de futebol), educacionais, políticas, literárias, de lazer (clubes), de classe etc.

Por expressa vedação legal (art. 5º, XVII, da CF/1988), não podem ser instituídas associações paramilitares.

10.22.5 Nome

O nome das associações deverá adotar sempre o formato de denominação, jamais de razão ou firma. Não que a Lei exija, mas com base no princípio da boa-fé e da transparência, é bom que a denominação, na medida do possível, contenha a palavra associação e explicite seu objeto: "Associação Escola do Ministério Público do Estado X", por exemplo. Os associados seriam os membros do Ministério Público daquele Estado. Outro exemplo: "Associação das Donas de Casa de Belo Horizonte".

10.22.6 Constituição

A associação se constitui por instrumento escrito e registrado no Cartório de Registro Civil das Pessoas Jurídicas. Só com o registro adquire personalidade. Sem ele, será instituição irregular, respondendo os associados pessoalmente por suas obrigações.

O instrumento de constituição das associações é o estatuto, equivalente ao contrato social das sociedades de pessoa, ao estatuto social das sociedades de capital e ao estatuto das fundações.

Há quem defenda a regra de que a palavra deveria ser utilizada no plural: estatutos. No singular, seria sinônimo de lei reguladora de alguma matéria especial, como o Estatuto da Criança e do Adolescente. O legislador não adota a tese, ora referindo-se a estatuto, ora a estatutos, sem qualquer critério.

O art. 54 do CC define o conteúdo mínimo do estatuto das associações, que, sob pena de nulidade, conterá a denominação, os fins e a sede da associação; os requisitos para admissão, demissão e exclusão de associados, bem como seus direitos e deveres; as fontes de recurso da associação; o modo de constituição e de funcionamento dos órgãos deliberativos; as condições para alteração do estatuto e para a extinção da associação; e, finalmente, a forma de gestão administrativa e de aprovação das respectivas contas. Este é, evidentemente, o conteúdo mínimo do estatuto, que poderá conter outras disposições que os associados entendam necessárias.

As associações religiosas podem ser criadas, organizadas, estruturadas e podem funcionar livremente, não podendo o Poder Público impedir sua criação ou seu funcionamento. Essa liberdade, evidentemente, não lhes retira a natureza associativa, por mais que figurem com aparente autonomia, ao lado das sociedades, das associações e das fundações, no art. 44 do CC. As chamadas *organizações religiosas* serão associações, fundações ou sociedades, conforme se organizem e funcionem. O importante é que não podem ter cerceados pelo Poder Público sua criação, estrutura e funcionamento. Assim, uma ordem religiosa não terá necessariamente assembleia geral, e nem por isso deixará de ser registrada como associação, se for o caso.

Os partidos políticos são também associações, embora detenham aparente autonomia, ao lado das sociedades, das associações e das fundações, no citado art. 44. Sua organização e funcionamento se darão conforme lei especial.

10.22.7 Direitos e deveres dos associados

Os associados, na prática, são muitas vezes denominados de *sócios*, o que, rigorosamente, está errado. Sócio é membro de sociedade. As associações têm associados. Segundo o Código Civil, todos os associados têm os mesmos direitos e, obviamente, deveres gerais, mas o estatuto pode criar categorias de associados com vantagens especiais, como isenção da contribuição mensal para a manutenção da associação (associado remisso).

O direito básico dos associados consiste em usufruir das benesses proporcionadas pela associação, além de outros especificamente previstos no estatuto. Seus deveres gerais, por outro lado, consistem em contribuir para a manutenção da associação, não agir contrariamente aos interesses da associação, não causar danos à associação (e se os causar, indenizá-los), além de outros deveres específicos, previstos no estatuto.

O *status* de associados não se transfere a terceiros, nem *inter vivos*, nem *causa mortis*, a não ser com o aval dos demais, ou se houver previsão estatutária. Tendo isso em vista, o Código Civil criou a categoria do titular de cota, que não é associado. É, por exemplo, a hipótese do indivíduo que herda cotas, sem ser admitido como associado. Evidentemente, seus direitos restringem-se a alienar sua cota, ou a receber o saldo remanescente da dissolução, se for o caso.

A admissão de associados não necessita obedecer o princípio da igualdade, que não se aplica às associações. Não é qualquer um que será membro da Academia de Letras Jurídicas; um homem não poderá exigir seu ingresso num convento de freiras; um japonês, ou de resto quem não seja negro, poderá perfeitamente ser impedido de ingressar numa associação para a promoção da cultura afro-brasileira. A discriminação é válida nestes casos, desde que seu fundamento não seja o ódio racial, a misoginia, a homofobia, o classismo ou algo que o valha. Se o fundamento da discriminação for racionalmente explicável e constitucionalmente aceitável, será ela válida. É possível negar o ingresso de um negro num clube social? Pelo simples fator racial, evidentemente não. É possível impedir o ingresso de uma pessoa num clube pelo fato de não ser filho de família tradicional? Esta tampouco seria uma discriminação constitucionalmente tolerável, porque baseada no puro ódio de classe (classismo). Por outro lado, seria perfeitamente válida a inadmissão de um negro, de ascendência africana, numa associação de ascendentes de finlandeses. Aliás, neste caso, qualquer pessoa que não seja ascendente de finlandeses poderá ser recusada, por mais branca que seja. Seria também perfeitamente válida a recusa de um indivíduo numa associação de membros de determinadas famílias. Quem quer que não seja membro dessas famílias, por mais bem-nascido e rico que seja, não será admitido na associação. Não vejo problema algum nesse tipo de discriminação.

A exclusão de associado só será admitida se houver justa causa e deverá ser precedida de processo administrativo, em que se franqueie amplo direito de defesa e recurso, na forma do estatuto.

10.22.8 Administração

A administração das associações dependerá do estatuto. Pode haver vários órgãos deliberativos e administrativos. Há bastante liberdade neste sentido. Assim, poderá haver presidência, diretorias, assembleia geral, conselho fiscal, comissão de admissão de novos associados, conselho disciplinar, conselho de administração, dentre outros. Destes, o único que necessariamente estará sempre presente é a assembleia geral.

À assembleia geral compete destituir os administradores e alterar o estatuto, desde que convocada especialmente para esses fins. Além disso, competirá a ela toda matéria que lhe for destinada no estatuto, como, por exemplo, a eleição dos administradores.

A assembleia será convocada na forma do estatuto, podendo sê-lo também por 1/5 (um quinto) dos associados. O *quorum* de instalação e de deliberação deverá ser matéria estatutária.

A assembleia geral é órgão, por assim dizer, legislativo. O órgão executivo é a diretoria, que pode ter outra denominação, como chancelaria etc. Os diretores podem ser eleitos pela assembleia ou indicados por algum outro órgão interno ou externo. Nas associações religiosas, por exemplo, pode ser incumbência do Arcebispo, ou até mesmo do Papa, a nomeação da diretoria.

Os diretores, assim como nas sociedades, respondem por todo ato doloso que praticarem, por todo dano que causarem à associação, decorrente de negligência ou imprudência. A imperícia administrativa normalmente não gera responsabilidade, uma vez que ninguém é bom administrador nato. Em outras palavras, se todos fôssemos bons administradores, nem haveria Lei de Falências. Administrar bem é um talento dado a muito poucos, infelizmente. Resumindo, os diretores respondem por danos causados por dolo, negligência e imprudência, além de responderem por todo ato *ultra vires*.

10.22.9 Extinção

Como visto acima, em relação às sociedades, extinção é o processo pelo qual uma associação deixa de existir. Processo que é, desenrola-se em três etapas distintas, a saber, dissolução, liquidação e destinação do patrimônio líquido. Estudemos cada uma delas.

Dissolução é efeito de ato jurídico, que marca o início do processo de extinção de associação. Em resumo, teríamos que certo fato dissolve a associação, sendo ela liquidada e seu patrimônio recebendo a destinação estatutária ou legal.

Pode ser a dissolução de pleno Direito, consensual ou judicial.

De pleno Direito será a dissolução quando a associação se dissolver, independentemente de qualquer atitude dos associados ou do juiz. Seja por força de lei, do estatuto ou das circunstâncias, basta que ocorra o fato, e estará dissolvida a associação. Se porventura continuar funcionando, mesmo após a ocorrência do fato que a dissolveu, a associação se considerará irregular, respondendo os associados, ilimitadamente, pelas obrigações da associação. Os casos são, basicamente, os seguintes:

1] Advento do termo, sendo a associação por prazo determinado. Se, por acaso, a associação não entrar em processo de liquidação, e os associados continuarem seus negócios normalmente, considera-se o prazo prorrogado por tempo indeterminado.
2] Implemento da condição resolutiva.
3] Impossibilidade de preenchimento do fim a que se destine.
4] Cassação da autorização administrativa para o funcionamento da associação.

Estes os casos legais, previstos para as sociedades, que se aplicam também às associações, *mutatis mutandis*. Além deles, dissolve-se a associação em todos os casos determinados no estatuto.

A dissolução será consensual quando, por consenso, os associados decidirem pôr fim à associação. Faz-se por distrato, dando-se baixa no respectivo registro.

Por fim, será judicial a dissolução quando da decretação de insolvência civil da associação. A insolvência civil é da associação, não dos associados.

Será, também, judicial, a pedido de qualquer um dos associados, com base em fato que levaria à dissolução de pleno Direito da associação, houvesse ela continuado irregularmente.

O ato ou sentença de dissolução deve ser registrado e publicado, sob pena de continuarem os associados responsáveis ilimitadamente por obrigações assumidas por qualquer um deles em nome da associação.

De se acrescentar é que a insolvência civil segue rito próprio. A insolvência civil, que gera o concurso de credores, regula-se pelo Código de Processo Civil de 1973 (arts. 748 e ss.), por força do art. 1.052 do CPC/2015.

Dissolvida a associação, passa-se à fase seguinte do processo de extinção, qual seja, a liquidação, analogicamente regulada pelos arts. 1.102 a 1.112 do CC.

Liquidação é processo em que se apuram ativo e passivo da associação, pagando-se as dívidas, a fim de se obter o saldo líquido, que terá a destinação estatutária ou legal. Poderá ser ela amigável ou litigiosa. Sendo litigiosa, será sempre judicial, o que não ocorre com a amigável ou consensual, que poderá ser extrajudicial.

Quem realiza a liquidação denomina-se liquidante, que será nomeado pelos associados, podendo ser um deles. Não chegando os associados a consenso, o juiz nomeará o liquidante. De qualquer forma, o liquidante responde perante os associados e o juiz por todos os seus atos, podendo ser destituído, a qualquer tempo, se agir mal.

Encerrada a liquidação, procede-se à terceira fase, isto é, à destinação do patrimônio líquido.

Segundo o art. 61 do CC, dissolvida a associação, o patrimônio líquido será destinado ao reembolso das cotas aos associados. Sobrando algum remanescente, será dirigido a entidade sem fins lucrativos designada no estatuto. Se omisso este, os associados deverão deliberar a favor de instituição pública de fins idênticos ou semelhantes.

É possível, entretanto, que os associados, mesmo na ausência de norma estatutária, deliberem no sentido de receber, em restituição atualizada, as contribuições que tiverem prestado ao patrimônio da associação. O remanescente, aí sim, seria direcionado às entidades mencionadas no parágrafo anterior.

10.23 Diferenças terminológicas

Terminado o estudo das sociedades e das associações, cumpre esclarecer, a título de recordação, a diferença que se faz entre alguns termos muito frequentemente misturados no linguajar quotidiano. São, a saber, sociedade, associação, empresa, firma, companhia e corporação.

Sociedade, como viemos de estudar, é reunião de duas ou mais pessoas que reúnem esforços e/ou recursos para lograr fins comuns, dividindo os lucros obtidos. É, como regra, pessoa jurídica, sujeito de direito, portanto.

Associação tem dois sentidos: lato e estrito. Em sentido lato, associação é sinônimo de agrupamento de pessoas. Em sentido estrito, todavia, é "sociedade" sem fins lucrativos, o que não significa, em absoluto, que esteja proibida de ter lucros. Tão somente, este não é seu objetivo, e se vier a dar lucros, estes não serão distribuídos entre os associados.

Empresa é palavra polissêmica. Possui, quando nada, quatro significados mais encontradiços. (1) É empregada no sentido de pessoa, sujeito de direitos. Neste sentido, é o mesmo que sociedade ou associação. "A empresa tal concluiu negócios excelentes". (2) Também, é utilizada como empregador, sujeito de direitos. "A empresa tal dispensou seus empregados". (3) Pode ser usada com o significado de local, de fundo empresarial. "Vou à empresa todos os dias". (4) Em seu sentido mais técnico, contudo, empresa deve ser sinônimo de atividade, empreendimento, objeto de direito. "Tal sociedade exerce empresa bancária".

Firma, como vimos, é espécie de nome, o mesmo que razão. Todas as pessoas têm nome, isto é, firma. As pessoas naturais têm firma individual, ou razão individual: "José da Silva". Já as pessoas jurídicas possuem firma social ou coletiva, ou razão social ou coletiva. A firma social se compõe do nome de um ou mais sócios mais a sigla social, que pode ser "Ltda.", "& Cia.", "S/S" etc.

Companhia tem dois significados para o Direito. Num primeiro momento, companhia pode ser componente da sigla de alguns tipos de sociedades, como as de capital e indústria, em comandita simples, em nome coletivo, anônimas e por quotas de responsabilidade limitada. Mas, também, será utilizada como sinônimo de sociedade anônima. Assim, em vez de dizer que o Banco Itaú é sociedade anônima, podemos dizer ser ele companhia.

Corporação pode ter o significado de pessoa jurídica colegiada, entidade incorporada. Daí ser o mesmo que incorporação, neste sentido. Modernamente, os termos corporação e incorporação vêm sendo usados como sinônimos de sociedade anônima, talvez por força do Direito Americano.

Capítulo 11
Fontes das obrigações: contratos não tipificados no Código Civil

11.1 Contrato de parceria rural

11.1.1 Definição

É contrato pelo qual uma pessoa cede prédio rústico a outra para que o cultive, ou entrega-lhe animais para que os pastoreie, trate e crie, partilhando os frutos ou lucros respectivos.

De importância crucial é salientar que a parceria rural encontra-se regulada em legislação especial, qual seja, o Estatuto da Terra (ET), na Lei N. 4.947/1966 e no Decreto n. 59.566/1966.

Para o nosso estudo, interessam-nos duas espécies de contrato, a parceria agrícola e a pecuária, dependendo do objeto. Nada impede, todavia, que um único contrato reúna os dois objetos. Há outras modalidades de parceria, previstas no Decreto n. 59.566/1966, como a extrativista.

Historicamente, talvez, seja anterior à própria locação. Atualmente, sobrevive nos sistemas mais modernos, ora como contrato autônomo, ora como modalidade de locação. No Brasil, é disposto na legislação e estudado pela doutrina como contrato agrário autônomo.

11.1.2 Caracteres jurídicos

Por suas características, é contrato:

- Típico, por estar tipificado em lei.
- Puro, pois não é fruto da fusão de outros contratos, como o leasing.
- Consensual, de vez que vale qualquer que seja sua forma, considerando-se celebrado solo consensu, isto é, pelo simples consenso.
- Bilateral, porque gera direitos e deveres para todas as partes envolvidas.
- Oneroso, uma vez que à prestação de uma das partes corresponde contraprestação da outra.
- Essencialmente aleatório, visto que seus resultados dependem de eventos futuros e incertos, como as condições climáticas, a boa saúde dos animais etc.
- De execução futura, pois celebrado num momento e executado em outro momento, sucessivamente no tempo.
- Individual, por obrigar apenas as partes, individualmente consideradas.
- Negociável, visto que suas cláusulas podem, pelo menos em tese, ser negociadas.
- Intuitu personae, de vez que se baseia em vínculo pessoal entre as partes. Em outras palavras, não se entregam terras ou animais a estranho, mas a pessoa

em quem se deposita um mínimo de confiança. Por outro lado, pode ser o caso de se admitir que, no caso de morte do parceiro agricultor ou pensador, seus herdeiros continuem a execução do contrato. Nesta hipótese, o contrato ganha contornos mais impessoais.

11.1.3 Pontos comuns com outros contratos

Com o contrato de sociedade, tem em comum a conjugação de esforços e/ou recursos para a obtenção de fins comuns. Distancia-se, entretanto, por não ser pessoa jurídica e nem ser caracterizado pela *affectio societatis*, isto é, vontade de constituir sociedade.

A locação assemelha-se pela cessão de uso de certo bem, cuja posse é transmitida ao parceiro-outorgado. Distancia-se por ser este uso restrito às finalidades contratuais e por não haver pagamento de aluguéis. O parceiro outorgante, ou seja, o proprietário, participa dos lucros e riscos do empreendimento.

Foi devido a essa dupla semelhança que Lafayette classificou a parceria como contrato misto de locação e sociedade. Já nas fontes históricas, Gaio observava a proximidade da parceria com a sociedade, apesar de a matéria ser disciplinada, juntamente com a locação. Entre nós, civilistas como Serpa Lopes e Clóvis Beviláqua aliam a parceria à sociedade.[1] Por lei, todavia, à parceria agrícola aliam-se as regras da locação de prédios rústicos, e à parceria pecuária, as da sociedade.

11.1.4 Partes

Quanto às partes, aquele que entrega a terra ou os animais chama-se *parceiro outorgante*, já o que recebe a terra para cultivo, ou os animais para trato, denomina-se parceiro outorgado.

11.1.5 Espécies

a] Parceria agrícola

Vejamos algumas regras específicas da parceria agrícola.

Primeiramente, é intransmissível por ato *inter vivos* ou *causa mortis*, por ser *intuitu personae*. Mas os herdeiros podem ultimar o contrato já estabelecido, assim como o parceiro outorgado pode aliar terceiro a sua participação.

---

[1] *Digestum*, Lib. XIX, Tit. II, 25, § 6. SERPA LOPES, Miguel Maria de. **Curso de direito civil**. 7. ed. Rio de Janeiro: Freitas Bastos, 1989. v. 4, p. 601-602. BEVILÁQUA, Clóvis. **Código Civil**. 3. ed. Rio de Janeiro: Francisco Alves, 1927. v. 5, p. 171-172.

Em segundo lugar, continua contra terceiros adquirentes do prédio, mantendo-se a situação do parceiro cultivador, e sub-rogando-se no adquirente os direitos do alienante. Tal, entretanto, só ocorrerá se o contrato for por prazo determinado, contiver cláusula de proteção contra terceiros adquirentes e for transcrito no cartório de títulos e documentos (art. 127, V, da Lei de Registros Públicos). Bernardo celebra com André contrato de parceria agrícola, sendo este o parceiro cultivador e aquele o outorgante. Se Bernardo, por exemplo, vender o imóvel, o comprador deverá respeitar o contrato de parceria, até o fim do prazo contratual, desde que o contrato tenha sido registrado e que contenha cláusula de proteção contra terceiros adquirentes. O mesmo ocorrerá em relação aos herdeiros, se Bernardo falecer.

Quanto ao prazo, se for determinado, deve ser respeitado. Se for indeterminado, presume-se o da colheita, não podendo o parceiro outorgante denunciar o contrato sem notificação prévia de seis meses.

São obrigações do outorgante, dentre outras, entregar o prédio em condições de cultivo, cabendo a ele os encargos, salvo disposição contrária, em ambos os casos.

As obrigações do parceiro cultivador podem resumir-se em uma principal, qual seja, empregar toda sua diligência nos trabalhos agrícolas, procedendo como determina a boa-fé.

Por ser o contrato aleatório, as partes não têm direito a retribuição certa. Assim, repartirão lucros e perdas, conforme o combinado, dentro dos limites que veremos abaixo. Cabe, entretanto, direito a indenização à parte que sofrer prejuízo por culpa da outra.

b] Parceria pecuária

Analisemos, agora, as principais obrigações das partes no contrato de parceria pecuária.

Como principais obrigações do parceiro outorgante, temos as seguintes:
1] Entregar os animais ao parceiro, conforme o combinado.
2] Substituir os que forem evictos. Relembrando, evicção é a perda da coisa, por força de sentença judicial, em favor de quem tinha direito anterior sobre ela. Suponhamos que Eônio tenha entregado cabeças de gado a Marcelo. Suponhamos ainda que algumas delas tenham sido furtadas e que o verdadeiro dono as esteja reivindicando. Uma vez as ditas reses venham a ser restituídas a seu verdadeiro dono, caberá a Eônio substituí-las.

3] Sofrer os prejuízos do fortuito, pois, afinal, *res perit domino*, i.e., a coisa perece para o dono. Em outras palavras, o dono deve ser o único a sofrer com o perecimento ou deterioração fortuitos da coisa, tendo direito, entretanto, de perceber sozinho os proveitos que se obtenham dos animais mortos. Vejamos o mesmo exemplo anterior. Supondo que algumas reses morram devido a picada de cobra, o prejuízo será todo de Eônio. Por outro lado, se for possível aproveitar a pele, todo o lucro daí advindo será de Eônio.

As obrigações do parceiro outorgado, também chamado de *tratador* ou *pensador*, resumem-se em tratar e cuidar dos animais, consistindo essa obrigação no dever de alimentar, prestar assistência veterinária, dentre outros, tudo isso de seu próprio bolso, salvo ajuste em contrário.

Na parceria pecuária, assim como na agrícola, não há retribuição certa, uma vez que se trata de contrato aleatório. As crias dos animais, sua lã, pele, crina, leite etc. deverão ser partilhados segundo o pactuado. No entanto, segundo o Estatuto da Terra, em ambos os contratos, a remuneração máxima do outorgante (proprietário) não será superior a 20%, quando concorrer apenas com a terra nua; 25%, quando concorrer com a terra preparada; 30%, quando concorrer com a terra preparada e moradia; 40%, caso concorra com o conjunto básico de benfeitorias, constituído especialmente de casa de moradia, galpões, banheiro para gado, cercas, valas ou currais, conforme o caso; 50%, caso concorra com a terra preparada e o conjunto básico de benfeitorias enumeradas na alínea "d" deste inciso e mais o fornecimento de máquinas e implementos agrícolas, para atender aos tratos culturais, bem como as sementes e animais de tração, e, no caso de parceria pecuária, com animais de cria em proporção superior a 50% do número total de cabeças objeto de parceria; 75%, nas zonas de pecuária ultra extensiva em que forem os animais de cria em proporção superior a 25% do rebanho e onde se adotarem a meação do leite e a comissão mínima de 5% (cinco por cento) por animal vendido. Nos casos não previstos pelo ET, a quota adicional do proprietário será fixada com base em percentagem máxima de 10% do valor das benfeitorias ou dos bens postos à disposição do outro parceiro.

Por fim, nenhum dos contraentes pode dispor dos animais sem o consentimento do outro, salvo disposição contrária. A proibição se estende aos animais acrescidos ao rebanho original, como crias, por exemplo. A infração desse preceito acarreta responsabilidade por perdas e danos, além da invalidade da venda dos animais ainda não partilhados.

11.2 Contrato de edição

11.2.1 Definição

É contrato pelo qual editor, obrigando-se a reproduzir e a divulgar obra literária, artística ou científica que um autor lhe confia, adquire o direito exclusivo de publicá-la e explorá-la. Também por este contrato, pode um autor se obrigar à feitura de obra por encomenda de editor.

11.2.2 Tutela legal

Este contrato está regulado na Lei n. 9.610/1998, conhecida como *Lei de Direitos Autorais* (LDA). Este contrato não se acha mais tipificado no Código Civil.

A Lei n. 9.610/1998 não alterou, substancialmente, a disciplina do contrato de edição. Suas regras continuam, basicamente, as mesmas da Lei n. 5.988/1973.

11.2.3 Partes

Aquele que contrata a edição denomina-se editor. Aquele que é contratado, autor.

11.2.4 Caracteres jurídicos

Por seus caracteres, podemos dizer que a edição é contrato:

- Típico, pois está regulado na Lei n. 9.610/1998, arts. 53 a 67.
- Puro, visto que não é fruto da combinação de dois ou mais outros contratos.
- Consensual, porque se considera celebrado com a simples convenção entre as partes, não lhe exigindo a Lei forma especial.
- Oneroso, uma vez que ambas as partes suportam ônus. À prestação do autor corresponde contraprestação do editor.
- Bilateral, pois ambos, editor e autor, possuem direitos e deveres.
- Aleatório ou pré-estimado, dependendo de como seja fixada a retribuição do autor. Se for fixada em razão do sucesso da vendagem, é contrato aleatório, visto que a retribuição do autor, neste caso, dependerá da sorte futura. Se for predeterminado preço fixo, será contrato pré-estimado.
- De execução diferida ou sucessiva. Sendo a retribuição do autor prefixada, o contrato será de execução diferida, pois que o autor entrega a obra num momento e recebe noutro. Já nos contratos aleatórios, o autor recebe sua retribuição sucessivamente no tempo, à medida que a obra vai sendo vendida,

principalmente se tratando de contrato de mais de uma edição. Neste caso, a execução é sucessiva.
- Individual, pois que obriga apenas as partes diretamente envolvidas.
- Negociável, uma vez que sempre permitirá negociação de cláusulas, ainda que apenas em princípio.
- *Intuitu personae*. É contrato ontologicamente *intuitu personae*. O autor é contratado com base na confiança nele depositada.

11.2.5 Outras características

É característica do contrato de edição, em virtude do art. 4º da LDA, que deve ser interpretado restritivamente. Assim, versará apenas sobre a edição, se nada houver sido pactuado além disso.

Outra característica importante diz respeito à tiragem de cada edição. Em outras palavras, cada uma das edições constará de 3.000 exemplares, no silêncio do contrato.

11.2.6 Requisitos subjetivos

Ambas as partes devem possuir a capacidade geral para contratar.

11.2.7 Requisitos objetivos

O objeto do contrato é a edição da obra entregue ao editor. Logicamente, deverá ser lícito. Por exemplo, não poderá ser plágio.

11.2.8 Requisitos formais

Como vimos, nenhuma forma especial é exigida pela Lei, podendo o contrato se provar por qualquer meio em Direito admitido.

11.2.9 Obrigações do autor

Se o contrato for de edição por encomenda de obra e não houver prazo estipulado para a entrega, o autor poderá efetuá-la quando bem entender. O editor pode, entretanto, fixar prazo extracontratual para que o autor lhe entregue a obra, sob pena de resolução.

O autor deve entregar os originais conforme o que foi ajustado. Mas se o editor não os recusar em trinta dias, têm-se por aceitos.

O editor tem exclusividade sobre a obra até se esgotarem as edições combinadas, por força da obrigação de não fazer do autor. Terá o editor, outrossim, o direito de retirar de circulação a edição da mesma obra feita por outrem, além das perdas e danos que poderá cobrar.

O autor deve atualizar a obra sempre que necessário para uma nova edição. Em caso de recusa, o editor pode pedir a outrem que o faça, mencionando o fato na edição.

11.2.10 Obrigações do editor

Sua primeira obrigação é a de reproduzir e divulgar a obra.

Remunerar o autor de acordo com o contrato ou, sendo este silente e as partes não chegando a acordo, por arbitramento do Conselho Nacional de Direito Autoral.

Fixar preço razoável para a venda da obra editada. Não será nem muito caro, nem muito barato, dependendo do bom senso, das circunstâncias e do objeto da obra. Há obras, por exemplo, que, se forem apreçadas por baixo, simplesmente não serão vendidas. O público não as valorizará. É o caso dos álbuns de arte, ao que me parece.

Numerar todos os exemplares de cada edição, a menos que tenha adquirido ao autor seus direitos autorais. Será considerado contrafação[2] o não cumprimento desta obrigação, e o editor responderá por perdas e danos.

Prestar contas mensalmente, se a retribuição do autor depender do êxito das vendas. Obviamente, pode ser fixado outro prazo no contrato. Deve também dar acesso ao autor à escrituração da parte que lhe couber, quaisquer que sejam as condições do contrato.

Manter a obra estritamente nos parâmetros dos originais, se o autor não consentir em modificações.

Versando o contrato sobre várias edições, uma vez que se esgote uma, o editor estará obrigado a proceder a outra, sob pena de resolução e perdas e danos.

Finalmente, o editor deve permitir ao autor emendar ou alterar sua obra nas sucessivas edições, a não ser que tais modificações impliquem prejuízo a seus interesses, ofendam-lhe a reputação ou aumentem-lhe a responsabilidade. Se as alterações ou emendas trouxerem gastos extras, o autor deverá indenizar o editor.

---

2 Contrafação é a reprodução não autorizada de obra literária, artística ou científica.

11.2.11 Extinção

As causas de extinção do contrato podem ser as mais variadas. Eis as principais:

1] Esgotamento das edições ou edição.
2] Morte do autor, se não houver acordo com os herdeiros.
3] Incapacidade superveniente do autor. Neste caso, já tendo sido entregue parte da obra e sendo esta publicável, o editor pode não rescindir o contrato, remunerando o autor proporcionalmente.
4] Destruição da obra por fortuito, depois de ter sido ela entregue.
5] Apreensão da obra pela censura.
6] Falência do editor, não concordando o administrador judicial com sua continuação.

11.3 Contrato de representação dramática

11.3.1 Definição

É o contrato pelo qual um empresário se obriga junto a um autor a fazer representar ou executar em espetáculos públicos, que visem a lucro direta ou indiretamente, drama, tragédia, comédia, musicais etc.

11.3.2 Partes

Aquele que faz representar a obra se denomina *empresário*. Já aquele cuja obra é representada é chamado de *autor*.

11.3.3 Tutela legal

Também este contrato é regulado pela Lei n. 9.610/1998 (LDA), arts. 68 e ss. Importante é frisar que a nova lei não trata somente da representação, mas também da execução, por exemplo, de peças musicais. Daí o nome mais adequado ser contrato de representação e execução, diferentemente do Código Civil de 1916, que só falava em representação dramática. Aliás, esse nome foi dado pela Lei n. 5.988/1973. A Lei n. 9.610/1998 não deu nome ao contrato, falando apenas, genericamente, nos casos de comunicação ao público de peças teatrais, musicais etc. A disciplina dada pela nova lei não difere, substancialmente, da antiga. O Código Civil de 2002, ao contrário de seu antecessor, não trata do assunto.

11.3.4 Caracteres jurídicos

Suas características são basicamente as mesmas da edição. Pode-se dizer, portanto, que é contrato:

- Típico, pois está regulado na Lei n. 9.610/1998.
- Puro, visto que não é fruto da combinação de dois ou mais outros contratos.
- Consensual, porque se considera celebrado com a simples convenção entre as partes, não lhe exigindo a Lei forma especial.
- Oneroso, uma vez que ambas as partes suportam ônus. À prestação do autor corresponde contraprestação do empresário.
- Bilateral, pois ambos, empresário e autor, possuem direitos e deveres.
- Aleatório ou pré-estimado, dependendo de como seja fixada a retribuição do autor. Se for fixada em razão do sucesso da representação ou da execução, é contrato aleatório, visto que a retribuição do autor, neste caso, dependerá da sorte futura. Se for predeterminado preço fixo, será contrato pré-estimado.
- De execução diferida ou sucessiva. Sendo a retribuição do autor prefixada, o contrato será de execução diferida, porque o autor entrega a obra num momento e recebe noutro. Já nos contratos aleatórios, o autor recebe sua retribuição sucessivamente no tempo, à medida que a obra vai sendo apresentada ao público. Neste caso, a execução é sucessiva.
- Individual, pois que obriga apenas as partes diretamente envolvidas.
- Negociável, de vez que sempre admite a negociação de cláusulas, ainda que só em tese.
- *Intuitu personae*. É contrato ontologicamente *intuitu personae*. O autor é contratado com base em suas qualidades pessoais. Não serve nenhuma outra pessoa em seu lugar.

11.3.5 Requisitos subjetivos

Resumem-se à capacidade genérica para contratar.

11.3.6 Requisitos objetivos

O objeto do contrato é, como vimos, ou bem a de obra literária, ou a execução de obras musicais. Há de ser lícito, como é evidente.

11.3.7 Requisitos formais

É contrato consensual, provando-se por todos os meios em Direito admitidos.

11.3.8 Obrigações do autor

São as mesmas da edição, ou seja, entregar a obra, cooperar para sua representação ou execução etc.

11.3.9 Obrigações do empresário

Bem apresentar a obra.
    Franquear ao autor acesso aos livros, ensaios e apresentações.
    Não mudar os artistas escolhidos em comum acordo sem a anuência do autor, salvo se abandonarem a empresa.

11.3.10 Regra especial

A parte dos lucros reservada ao autor e artistas é impenhorável por dívida do empresário ou do próprio autor e artistas.

11.3.11 Extinção

São várias as causas, basicamente as mesmas que atingem os contratos em geral:

1] distrato;
2] perecimento do objeto;
3] implemento da condição resolutiva;
4] decurso do prazo;
5] inadimplemento ou adimplemento;
6] incapacidade superveniente;
7] morte.

11.4 Contrato de franquia

11.4.1 Definição

Franquia ou *franchising* é contrato pelo qual uma pessoa, mediante remuneração, autoriza outra a explorar sua marca e seus produtos e/ou serviços, prestando-lhe contínua assistência técnica.

É o que ocorre com a Coca-Cola, com o McDonald's, Pizza Hut e tantas outras empresas. Um empresário, seja pessoa física ou jurídica, adquire o direito de explorar a marca e os produtos de outro, pagando-lhe certo percentual de sua receita. O outro, por sua vez, além de fornecer sua marca, fornecerá os produtos ou indicará a maneira de se os fabricar, prestando constante assistência técnica e ditando normas de comercialização. Assim é que as lojas McDonald's, por exemplo, seguem determinado padrão, imposto pela empresa cedente.

11.4.2 Partes

As partes se denominam *franqueador* e *franqueado*. Aquele cede sua marca e produtos, este os explora. Ambos serão empresários e independentes, na medida em que o franqueado não é representante, comissionário, empregado ou filial do franqueador. São pessoas distintas e independentes uma da outra. Isto não quer dizer, entretanto, que o franqueado possa agir como bem lhe apeteça. Deve seguir certas normas de produção e/ou comercialização, que o franqueador tem o direito de impor.

11.4.3 Caracteres jurídicos

Caracteriza-se como contrato:

- Típico, porque tipificado na Lei n. 13.966/2019.
- Misto, pois que resulta de uma espécie de fusão dos contratos de prestação de serviços com o de representação comercial.[3]
- Formal, porque só se considera celebrado após ser reduzido a escrito.
- Oneroso por essência, sendo sempre devida remuneração ao franqueador.
- Bilateral, por gerar obrigações para ambas as partes.
- Aleatório, uma vez que o resultado é impossível de ser precisado antecipadamente.
- De execução futura, pois se celebra num momento, executando-se em outro.

---

3 MARTINS, Fran. **Contratos e obrigações comerciais**. Rio de Janeiro: Forense, 1990. p. 583.

- Individual, por obrigar, somente, aqueles individualmente envolvidos.
- Negociável, porque, ao menos em tese, permite a negociação de cláusulas.
- Por natureza, é impessoal, pois que não se baseia em elemento personalíssimo como a fiança ou o mandato. Eventualmente, poderá ser *intuitu personae*, se o franqueado for pessoa natural, e o contrato for celebrado em função de suas características individuais. É situação rara, entretanto.

11.4.4 Formação e extinção do contrato

Para se formar a franquia, é fundamental que o franqueador forneça à outra parte uma circular de oferta de franquia, redigida em português ou para ele traduzida, pelo menos 10 dias antes da celebração do contrato ou do pré-contrato de franquia. A pena para o descumprimento desta obrigação pré-contratual é a anulabilidade, ou mesmo a nulidade, do contrato, que se considerará portador de defeito grave ou leve, conforme o caso. A Lei n. 13.966/2019 arrola todos os quesitos que deverão constar da circular de oferta, tais como histórico resumido do negócio franqueado, qualificação do franqueador, balanços da empresa franqueadora, dentre outros.

Quanto à extinção, o contrato pode extinguir-se pelo decurso do prazo, pelo implemento de condição resolutiva (José Carlos celebra com Gustavo contrato de franquia, sob a condição de este manter seu ponto na rua Y. Mudando Gustavo seu ponto para outra rua, a condição se implementa e o contrato se extingue), pelo distrato bilateral ou ainda pela resolução, baseada em culpa da parte que houver descumprido obrigações legais ou contratuais.

11.5 Contrato de concessão mercantil

11.5.1 Definição

Por *concessão mercantil* deve-se entender o contrato pelo qual fabricante autoriza empresário a comercializar seus produtos e prestar assistência técnica em seu nome. No Brasil, o contrato é, por assim dizer, restrito à comercialização de veículos automotores, mas nada impede que se estenda a outros produtos.

É algo semelhante à franquia, dela se distanciando, contudo, porque o concessionário não usa o nome do concedente e, por isso, não lhe deve remuneração, apenas um percentual pelas vendas efetuadas. Além disso, deve prestar assistência técnica, o que não faz o franqueado. Ademais, o concedente, no contrato, como regra, restringe seu próprio direito de vender por si mesmo seus produtos. Assume o compromisso de só fazê-lo por intermédio de seus concessionários.

11.5.2 Partes

A parte que cede seus produtos e/ou serviços para a comercialização se denomina *concedente* ou *produtor*. O comerciante ou empresário encarregado da comercialização e/ou assistência técnica se denomina *concessionário* ou *distribuidor*.

11.5.3 Caracteres jurídicos

Por suas características, a concessão mercantil é contrato:

- Típico, se relacionado a veículos automotores, uma vez que é regulado na Lei n. 6.729/1979. É, porém, atípico com relação a outros produtos, o que não significa que seja proibido. Sendo este o caso, o contrato buscará tutela na teoria geral das obrigações e dos contratos e, no que couber, na Lei n. 6.729/1979.
- Misto, pois que tem elementos da franquia, da representação comercial e do mandato.
- Consensual, porque se considera celebrado pela simples convenção, não impondo a Lei forma especial, a não ser para as concessões de veículos automotores, que deverão ser escritas, sendo, portanto, contratos formais.
- Oneroso por essência, sendo sempre devida contraprestação ao concedente.
- Bilateral, por gerar obrigações para ambas as partes.
- Aleatório, uma vez que o resultado é impossível de ser precisado antecipadamente.
- De execução futura, pois se celebra num momento, executando-se em outro.
- Individual, por obrigar, somente, aqueles individualmente envolvidos.
- Negociável, porque, ao menos em tese, permite a negociação de cláusulas.
- Por natureza, é impessoal, pois que não se baseia em elemento personalíssimo como a fiança ou o mandato.

11.5.4 Requisitos de validade

a) Requisitos subjetivos: Tanto o concedente quanto o concessionário devem ser comerciantes, regularmente inscritos na Junta Comercial.
b) Requisitos objetivos: O objeto do contrato são os bens comercializados. São bens móveis, presentes ou futuros, sempre possíveis, tanto juridicamente

quanto materialmente. É também objeto da concessão a assistência técnica prestada pelo concessionário em nome do concedente.

c] Requisitos formais: A forma do contrato é livre, não lhe impondo a Lei forma escrita. No entanto, tratando-se de concessão de veículos, impõe a Lei n. 6.729/1979 forma escrita, ao proibir a exigência entre concedente e concessionário de obrigação que não tenha sido constituída por escrito. A escritura é, contudo, *ad probationem tantum*,[4] o que equivale a dizer que se o contrato não for escrito será defeituoso, mas existirá, podendo gerar perdas e danos para a parte inadimplente.

11.5.5 Prazo

O contrato pode ser por prazo determinado ou indeterminado. Segundo a Lei n. 6.729/1979, o contrato inicial poderá ser celebrado pelo prazo de cinco anos, findos os quais se prorroga por prazo indeterminado, se nenhuma das partes se opuser por notificação escrita no prazo de 180 dias. A regra, porém, é válida somente para a concessão de veículos automotores.

11.5.6 Direitos e deveres do concedente

Os principais direitos do concedente, além de outros previstos no contrato, são:

- Demarcar a área de atuação de cada concessionário.
- Estabelecer preço de comercialização para seus produtos e assistência técnica.
- Instituir cota para cada um dos concessionários, dependendo de sua localização e capacidade de comercialização.
- Receber o valor ajustado pelas vendas que o concessionário efetuar.

Seus principais deveres são, além de outros pactuados no contrato:

- fornecer aos concessionários os produtos e acessórios, dentro dos limites da cota, bem como treinar mão de obra para a prestação de assistência técnica;
- respeitar a zona espacial de cada concessionário, não aprovando outra concessão no mesmo território, a não ser por motivos de alta demanda;
- não comercializar, ele próprio, seus produtos e serviços, a não ser nos casos previstos no contrato e na Lei.

---

4 *Ad probationem tantum* significa "somente para efeitos de prova"; vale dizer que a forma escrita não é da essência do contrato, como o é para a compra e venda de imóveis, para a fiança etc., que não existem se não forem escritos.

11.5.7 Direitos e deveres do concessionário

Dentre os principais direitos do concessionário, podemos citar os seguintes:

- receber os produtos e treinamento técnico do concedente, conforme o combinado;
- utilizar-se da marca e ou sinal de propaganda do concedente;
- ter exclusividade dentro do território fixado no contrato;
- adquirir implementos ou componentes novos produzidos ou fornecidos por terceiros;
- outros estabelecidos no contrato ou na Lei.

São deveres do concessionário, dentre outros:

- pagar ao concedente o percentual devido pelas vendas efetuadas;
- não comercializar fora do território demarcado;
- não ofertar ao público produtos e/ou serviços de produtores concorrentes.

11.5.8 Extinção do contrato

O contrato se extingue pelas mesmas razões por que se findam os contratos em geral, isto é, decurso do prazo contratual, resolução por falta a deveres legais ou contratuais, distrato, falência de uma das partes etc.

11.6 Contratos fiduciários

11.6.1 Introdução

Os contratos ou negócios fiduciários ocorrem, de um modo geral, sempre que uma pessoa transfere a propriedade ou a titularidade sobre um ou mais bens a outra, que se obriga a lhes conferir certa destinação e, como regra, a restituí-los, assim que alcançado o objetivo visado.[5]

Na verdade, trata-se de conceito bastante genérico, a fim de que se possa nele inserir as várias espécies de negócios fiduciários, dentre eles, a alienação fiduciária em garantia, o *trust* e outros.

Analisando o conceito dado, tem-se uma primeira pessoa, denominada fiduciante. Assim se denomina porque confia, porque tem fé em que a outra cumprirá a destinação que se almeja para os bens que lhe foram transferidos.

---

5 Sobre este tema, escrevemos monografia denominada *Alienação fiduciária*, publicada pela Ed. Aide, no Rio de Janeiro, em 2000.

No outro polo, a outra pessoa, a quem o fiduciante transmite os bens, se denomina fiduciário. Fiduciário, pois que nela se deposita a confiança de que dará aos bens a destinação desejada por ambos.

O objeto do negócio fiduciário, como resta claro, são um ou mais bens, que podem consistir em bens fungíveis ou infungíveis, corpóreos ou incorpóreos, dependendo da espécie de negócio fiduciário. Na classe dos bens incorpóreos, acham-se alguns direitos, que também podem ser objeto do negócio. Direitos tais como os de autor, o usufruto etc. Concluindo, o objeto do negócio pode ser todo um patrimônio, composto de variadas espécies de coisas e/ou direitos, assim como apenas de uma coisa ou direito, móvel ou imóvel, e até mesmo de um capital em dinheiro.

A transmissão dos bens implica a transmissão da propriedade sobre eles. Ocorre que, dentre os bens que podem ser objeto do negócio fiduciário estão direitos, como, por exemplo, direitos patrimoniais de autor. Em nossa técnica jurídica, não se fala em propriedade de direitos, mas em titularidade. Dessarte, a transmissão fiduciária importa a transferência do domínio ou da titularidade sobre uma ou mais coisas e/ou direitos.

É fundamental, todavia, que haja a transferência da propriedade ou titularidade sobre a coisa ou direito para o fiduciário, pois, do contrário, poder-se-ia incorrer em outras esferas, como a do mandato, em que o mandatário recebe poderes para administrar certo patrimônio em favor do mandante ou de um terceiro beneficiário, sem adquirir-lhe a propriedade ou a titularidade.

Por fim, a destinação que se dá aos bens transmitidos varia conforme a espécie de negócio fiduciário. Por esta ótica, há negócios fiduciários de garantia e de administração. Pode ser a administração em benefício de alguém, pode ser a caução de outro negócio jurídico. Daí as várias espécies de negócio fiduciário, dentre elas o *trust* e a alienação fiduciária em garantia.

Em relação aos negócios fiduciários, entretanto, reina absoluta confusão doutrinária. Autores da melhor cepa misturam gênero e espécies, levando o pesquisador a estado de completa perplexidade, para não dizer desespero.

Em simples tentativa de sistematização do instituto, pode-se apontar como gênero o negócio fiduciário ou fidúcia. Como espécies, o *trust*, a alienação fiduciária em garantia, a cessão fiduciária e outros.

11.6.2 Contratos fiduciários em espécie

Os contratos fiduciários têm como base comum a transferência da propriedade ou da titularidade sobre um ou mais bens, do domínio do fiduciante para o do fiduciário, que se obriga a dar-lhes certa destinação, que pode ser de garantia ou de administração, remancipando-os ao final. *Remancipar* é restituir a propriedade.

Na verdade, trata-se de dois momentos de um mesmo negócio. Num primeiro momento, ter-se-ia contrato de efeitos reais, pelo qual o fiduciante transfere a propriedade de uma coisa ou a titularidade de um direito para o fiduciário. Num segundo momento, ter-se-ia um contrato, denominado *pactum fiduciae*, pelo qual o fiduciário se obrigaria a remancipar os bens adquiridos, uma vez cumprida a finalidade do negócio. Este pacto fiduciário tem natureza creditícia, não gerando, em princípio, qualquer direito real de (re)aquisição para o fiduciante. É pacto, por assim dizer, oculto, uma vez que não ganha publicidade, sendo ato de interesse exclusivo dos celebrantes. Se não cumprido, porém, admite execução específica e, se esta for inviável, por perdas e danos. Vê-se, pois, que os negócios fiduciários são moeda de duas faces, havendo até quem defenda que se cuida, na verdade, de dois negócios distintos, embora alinhavados como se fossem um só.

Com base nisso, alguns autores, como Moreira Alves,[6] asseveram que a fidúcia legal, ou seja, o negócio fiduciário tipificado em lei, tal como a alienação fiduciária, no Brasil, não seria negócio fiduciário propriamente dito, visto que perde seu elemento característico, qual seja, a confiança depositada no fiduciário pelo fiduciante, no sentido de que este promoverá a remancipação dos bens que adquiriu. Em outras palavras, não se pode, diante de nosso Direito Positivo, afirmar que o fiduciante se ache em situação de perigo, isto é, que corre o risco de não ter de volta o bem alienado, por lhe faltarem meios jurídicos para exigir sua restituição. De fato, em nosso Direito, o pacto fiduciário que integra a alienação fiduciária em garantia tem sua execução específica garantida pela Lei, o que o torna contrato, por assim dizer, de efeitos reais, assegurando ao fiduciante o direito de reaver o bem alienado, uma vez paga a dívida que caucionava. Trata-se de direito real de aquisição; de direitos expectativos de propriedade.

Ocorre que, a despeito de não repousar a fidúcia legal exclusivamente na confiança depositada no fiduciário, pode ser incluída no rol dos negócios fiduciários. Em primeiro lugar, porque o elemento de confiança não desapareceu por completo. O fiduciante ainda corre o risco de não obter a retransferência dos bens alienados, tendo que se contentar com as perdas e danos. Além do mais, continua sendo característica da fidúcia legal o fato de que o contrato de alienação tem objetivo diverso dos contratos de alienação em geral. Em outras palavras, quando o fiduciante aliena um bem ao fiduciário, seu objetivo não é o de tão somente transmitir a propriedade, como ocorre na simples compra e venda. O objetivo é o de que o bem seja fonte de renda ou de garantia, com a ulterior retransmissão da propriedade. Verifica-se, na verdade, que a fidúcia, seja típica ou atípica, dirige-se a escopo diverso do fim natural do contrato de alienação puro e simples. Na alienação fiduciária em garantia, por exemplo,

---

6 MOREIRA ALVES, José Carlos. **Alienação fiduciária em garantia**. 2. ed. Rio de Janeiro: Forense, 1979. p. 23.

o objetivo da alienação é garantir uma obrigação, diversamente do fim típico da alienação pura e simples (compra e venda, troca, doação), que consiste, somente e em última análise, na transmissão da propriedade.

Dessarte, mesmo a fidúcia legal se considera negócio fiduciário.

Após esta breve introdução, vejamos alguns dos principais negócios fiduciários, agrupados em duas categorias: negócios fiduciários de garantia e de administração.

11.6.2.1 Contratos fiduciários de garantia

Nos contratos fiduciários de garantia, o fiduciante transfere ao fiduciário a propriedade ou titularidade de bens, em garantia de um débito. Pago este, os bens são, em regra, remancipados. Há, porém, várias nuanças que merecem atenção. As figuras estudadas *infra* não necessariamente esgotam a matéria. A lista não é exaustiva. Os negócios fiduciários, tão importantes na colmatação de lacunas, são inesgotáveis. O tráfego mercantil exige, a todo instante, inovações, no que não lhe pode acompanhar o Direito Positivo sedimentado. As pessoas, agentes desse intenso tráfego negocial, têm que buscar adaptações e criar institutos novos.

a] Venda com escopo de garantia

Na venda com escopo de garantia, o fiduciante vende um bem seu ao fiduciário, a fim de que sirva de garantia a uma obrigação, ficando este adstrito a restituir o bem, após saldada a dívida. A vende uma casa a B, para que este, com as rendas desse imóvel, venha a liquidar certa obrigação. Saldada esta, deverá o imóvel ser remancipado. Pouco importa se o preço da venda foi simbólico, o que a não descaracteriza, mesmo porque seu objetivo, impresso pelo *pactum fiduciae*, não é o fim típico de uma compra e venda, mas o de garantir o pagamento de uma obrigação.

b] Alienação fiduciária em garantia

Na alienação fiduciária em garantia, não há venda, por faltar o preço. Não há doação, por estar ausente o *animus donandi*. Não há troca, por faltar o bem dado em contrapartida. Há alienação atípica. Transfere o devedor fiduciante ao credor fiduciário a propriedade de um bem, com o objetivo de garantir o pagamento da obrigação, objetivo este totalmente diverso do de uma simples alienação. Paga esta, remancipa-se o bem alienado, ou seja, o bem volta a pertencer ao devedor fiduciante.

A alienação fiduciária está tipificada no Código Civil, arts. 1.361 a 1.368. Mais sobre ela veremos ao tratar da propriedade fiduciária.

c] Cessão fiduciária de crédito

Ocorre cessão fiduciária de crédito quando o cedente fiduciante cede ao cessionário fiduciário um crédito para garantir uma obrigação. Paga esta, perde a validade a cessão, retransmitindo-se o crédito a seu titular de origem.

Observe-se que a cessão confere ao cessionário todos os direitos de credor, podendo inclusive executar a dívida. Não poderá, entretanto, ficar com o valor ou bens recebidos, podendo apenas retê-los até que o cedente pague sua dívida.

Trata-se, no caso, de cessão de crédito mais *pactum fiduciae*. Este é fundamental para que se configure a cessão fiduciária. Não fosse assim, ter-se-ia cessão de crédito com mandato, ou outra figura que o valha.

d] Endosso fiduciário

Em primeiro lugar, deve ser esclarecido que o endosso fiduciário não é modalidade de cessão fiduciária de crédito. *Endosso não é cessão*. Como bem leciona João Eunápio Borges,

> enquanto a cessão é sempre contrato bilateral, o endosso constitui ato unilateral; a cessão pode revestir qualquer forma, e o endosso é ato formal; a cessão é ato causal, o endosso, abstrato. A cessão transfere ao cessionário um direito derivado, o direito do cedente; o endosso não transfere ao endossatário o direito do endossador; transfere-lhe o título, com os direitos nele assegurados a seu legítimo possuidor.[7]

Esclarecida a confusão que se costuma fazer, é possível que se endosse um título com o objetivo, não de transferir-lhe a titularidade para o endossatário, o que seria o fim típico do endosso, mas de garantir o pagamento de obrigação entre o endossador fiduciante e o endossatário fiduciário.

O credor (endossatário) fiduciário torna-se titular da cártula, recebendo poderes para providenciar a cobrança. O que diferencia o endosso fiduciário do endosso-mandato e do endosso-caução é o *pactum fiduciae* característico do primeiro.

e] Cessão fiduciária de direitos de crédito decorrentes da alienação de imóveis

O art. 17, II, da Lei n. 9.514/1997 instituiu a cessão fiduciária de direitos de crédito decorrentes da alienação de imóveis.

Segundo o art. 18 da referida Lei, o contrato de cessão fiduciária de direitos de crédito decorrentes da alienação de imóveis opera a transferência ao credor (fiduciário) da titularidade dos créditos cedidos, até à liquidação da dívida garantida.

O credor fiduciário tem o direito de conservar e recuperar a posse dos títulos representativos dos créditos cedidos. Estes títulos se denominam, de acordo com

---

7 BORGES, João Eunápio. **Títulos de crédito**. 2. ed. Rio de Janeiro: Forense, 1977. p. 74.

o art. 6º, Certificados de Recebíveis Imobiliários – CRI. São títulos de crédito nominativos, de livre negociação, lastreados em créditos imobiliários, constituindo promessa de pagamento em dinheiro. O processo de emissão desses títulos se denomina securitização.

De acordo com o art. 8º, da mesma Lei supracitada, securitização de créditos imobiliários é a operação pela qual tais créditos podem gerar a emissão de uma série de CRI, mediante Termo de Securitização de Créditos, lavrado por companhia securitizadora.

O instituto, na verdade, não é novo, já estando previsto no Decreto-lei n. 70/1966.

Vejamos como ocorre todo o processo.

As pessoas (clientes) adquirem imóveis financiados junto a instituições do SFI (Sistema Financeiro Imobiliário, ou seja, bancos, caixas, incorporadores, companhias hipotecárias etc.).

As operações realizadas entre os clientes (devedores) e os agentes do SFI (credores) geram Direitos de Créditos Imobiliários no âmbito do SFI. Os credores têm direitos de crédito imobiliário contra os devedores.

As instituições credoras (os credores) cedem os direitos de crédito, e, portanto, o fluxo financeiro associado, para uma securitizadora. Em outras palavras, a securitizadora paga aos credores originais (bancos, caixas etc.) e passa a receber dos devedores (aqueles que adquiriram os imóveis financiados).

A securitizadora contrata um *servicer* para fazer uma análise da carteira de direitos de créditos, ou seja, a securitizadora, antes de adquirir e pagar aos credores originais, manda verificar se esses créditos são bons.

O *servicer* também se responsabiliza pelo recebimento dos direitos de crédito e pelo repasse dos recursos à securitizadora.

Com que dinheiro a securitizadora paga os direitos de crédito que adquiriu dos credores originais? Emitindo CRI (certificados de recebíveis imobiliários), registrados na Comissão de Valores Mobiliários (CVM). É assim que levanta o *funding* (os fundos) necessário para adquirir os direitos de crédito imobiliário.

Caso a emissão de CRI seja em regime fiduciário, faz-se necessária a contratação de um agente fiduciário para supervisionar a operação.

É necessária também a contratação de uma agência de classificação de risco para emitir o *rating* (grau de risco) da operação.

Após o registro da emissão de CRI na CVM, a securitizadora emite os CRI, oferecendo-os aos investidores no Mercado de Capitais. Quem são estes investidores? Qualquer pessoa física ou jurídica, com dinheiro para investir. A oferta e cessão onerosa dos CRI aos investidores implica entrada de recursos (dinheiro) dos investidores na securitizadora, que os utiliza para pagar pelos direitos de crédito.

Os CRI são registrados num Mercado de Balcão Organizado para serem negociados no mercado secundário.

Ao longo da operação, o fluxo financeiro dos direitos de crédito são pagos diretamente à securitizadora, isto é, as pessoas que adquiriram os imóveis financiados pagam, através do *servicer*, à securitizadora, que utiliza os recursos para remunerar os investidores, que adquiriram os CRI.

Os créditos imobiliários destinados a lastrear a emissão de CRI gozam do regime fiduciário que permite a estipulação de um patrimônio de afetação, destinado única e exclusivamente ao pagamento dos valores mobiliários aos quais tais créditos serviram de lastro. Esse regime possibilita que uma mesma securitizadora possua diferentes carteiras de recebíveis, sem que os riscos de uma carteira tenham influência nos riscos das demais. Neste sentido, uma vez segregados do patrimônio comum da securitizadora e integrados aos patrimônios separados, os créditos imobiliários submetidos a regime fiduciário não estarão ao alcance de ações judiciais movidas por credores da companhia.

Semelhante à emissão de debêntures, no regime fiduciário os investidores têm como representante de seus interesses um agente fiduciário, que deve ser uma instituição financeira ou companhia autorizada pelo Banco Central.[8]

11.6.2.2 Contratos fiduciários de administração

Os contratos ou negócios fiduciários de administração podem ser de gestão ou de investimento. Naqueles, o fiduciário simplesmente administra o patrimônio fiduciário em favor de um beneficiário. Nestes, o fiduciário é encarregado de investir o patrimônio, a fim de capitalizá-lo em favor do beneficiário. Entretanto, as duas modalidades podem se misturar.

Poderia a administração ser em favor do próprio fiduciário? Em outras palavras, poderia o fiduciário ser, ele próprio, o beneficiário dos frutos de sua administração?

Em que pese não ser essa a regra, nem a prática dominante, não vemos em que possa esta característica desconstituir a fidúcia. Ora, apesar de ser o próprio fiduciário o beneficiário da administração, a alienação e o *pactum fiduciae* continuam ilesos. Por aquela, o patrimônio foi transmitido ao fiduciário; por este, o fiduciário se obriga a remancipá-lo, seja ao próprio fiduciante, seja a terceiro por ele indicado. Aliás, outra coisa não ocorre, *mutatis mutandis*, na alienação com escopo de garantia, como se viu acima.

Vejamos algumas das espécies de negócios fiduciários de administração.

---

8 CERTIFICADO de Recebíveis Imobiliários. Disponível em: <www.acruxcapital.com/pdf/cri.pdf>. Acesso em: 20 jul. 2012.

a) Propriedade fiduciária de imóveis para fins de constituição de fundos de investimento imobiliário

A Lei n. 8.668/1993 introduziu a dita propriedade fiduciária de imóveis para fins de constituição de fundos de investimento imobiliário. Tais fundos são destituídos de personalidade jurídica e se formam a partir da comunhão de recursos captados por meio do Sistema de Distribuição de Valores Mobiliários.

Somente as instituições autorizadas pela Comissão de Valores Mobiliários podem gerir os fundos, dentre elas bancos múltiplos com carteira de investimento ou com carteira de crédito imobiliário, bancos de investimento, sociedades de crédito imobiliário, sociedades corretoras e outras entidades legalmente equiparadas, nos dizeres do legislador.

O patrimônio do fundo se constituirá dos bens e direitos adquiridos pela administradora, em caráter fiduciário.

O art. 7º da referida Lei confere, ao patrimônio do fundo, natureza fiduciária, tornando-o patrimônio de afetação. Assim, os bens e direitos não integram o ativo da administradora; não respondem, direta ou indiretamente, por qualquer obrigação sua; não compõem a lista de bens e direitos da administradora, para efeito de liquidação judicial ou extrajudicial; não podem ser dados em garantia de débito; são impenhoráveis pelos credores da administradora; e, finalmente, não podem ser gravados com ônus reais.

Tratando-se de bem imóvel, as restrições deverão constar do Registro Imobiliário.

Por fim, o fiduciário administrará os bens fiduciários e deles disporá na forma e para os fins estabelecidos no regulamento do Fundo, ou conforme o que se decidir em assembleia de cotistas.

O patrimônio do fundo consistirá em valores mobiliários e em bens imóveis. Propriedade fiduciária propriamente dita só dos bens imóveis e dos eventuais bens móveis corpóreos; em relação aos valores mobiliários, haverá titularidade fiduciária, uma vez que, em nosso sistema, não há propriedade de bens incorpóreos.

Como funcionam esses fundos? Com o objetivo de investimento, um banco decide adquirir um hotel, por exemplo. Lembremos que o objetivo do fundo é investimento imobiliário. Cria, assim, um fundo de investimento imobiliário e capta recursos (dinheiro, basicamente) junto a todos os que quiserem investir no negócio. Com esses recursos, o banco adquire o hotel. A propriedade do banco sobre ele será fiduciária, obviamente, uma vez que seu objetivo é o de administrá-lo para os cotistas do fundo. O dinheiro que houver sobrado da compra do hotel será aplicado no mercado financeiro, de ações etc., também em favor dos cotistas. A titularidade do banco sobre os valores mobiliários em que se aplicou o dinheiro será também fiduciária. Seu objetivo, aqui também, é o de administrá-lo em favor dos cotistas. Logicamente, o banco tira seu percentual nos lucros, distribuindo o restante entre os investidores (cotistas). Mais ou menos, é assim que funciona um fundo de investimento imobiliário.

b] Contrato fiduciário para recomposição de patrimônio

O contrato ou negócio fiduciário para recomposição de patrimônio é o caso típico da *fidúcia cum amico*, do Direito Romano.

Ocorre quando o fiduciante, julgando-se, por qualquer razão, incapaz de administrar seu patrimônio, transfere-o a pessoa de sua confiança, o fiduciário, a fim de que este o recomponha, afastando, portanto, do fiduciante o fantasma da insolvência. Reconstituído o patrimônio, deverá ser ele retransmitido ao fiduciante, por força do *pactum fiduciae*.

c] Cessão fiduciária para fins societários

Na cessão fiduciária para fins societários, as ações são cedidas fiduciariamente para que o fiduciário exerça o voto, no lugar do fiduciante que, por qualquer razão, não o queira exercitar. Como lembra Melhim Chalhub, "é a hipótese do acionista de uma sociedade anônima que, por qualquer razão, julga inconveniente dar, pessoalmente, votos de desconfiança aos administradores e, por isso, atribui a outra pessoa esse encargo, transmitindo-lhe a titularidade fiduciária das ações".[9]

O fiduciário poderá exercer o direito de voto, de conformidade com a fidúcia. Uma vez cumprido o objetivo da cessão, as ações deverão ser remancipadas ao fiduciante, conforme o *pactum fiduciae*.

Não se deve confundir, como parecem fazer alguns autores, a cessão fiduciária para fins societários com a alienação fiduciária de ações.

Na alienação fiduciária de ações, estas são transferidas ao fiduciário, em garantia de dívida. O direito de voto continua sendo do fiduciante, que tem, por assim dizer, o uso e o gozo das ações.

d] *Trust*

Por *trust*, entende-se o contrato pelo qual uma pessoa, o *settlor*, transmite a propriedade ou titularidade de um ou mais bens a outra, o *trustee*, para que os administre em favor de um beneficiário, o *cestui que trust*.

Do Direito Anglo-Saxão, o *trust* é instituto de larga serventia nos países adeptos a este sistema jurídico. O *settlor* destaca de seu patrimônio certos bens, transferindo-lhes a propriedade formal ao *trustee*, para que este os administre em favor de um ou mais beneficiários, dentre eles, eventualmente, o próprio *settlor*. O beneficiário detém, assim, a fruição do patrimônio fiduciário.

---

[9] CHALHUB, Melhim Namem. **Negócio fiduciário**. Rio de Janeiro: Renovar, 1998. p. 64.

Na verdade, convivem no *trust* duas propriedades distintas, a do *trustee*, propriedade formal ou *legal title*, e a do beneficiário, propriedade econômica ou de fruição.

É, nos dizeres de Melhim Chalhub,

> fórmula assaz engenhosa, permitindo a consecução dos mais variados negócios, mediante uma dinâmica que contempla uma transmissão triangular, em que o *settlor*, destacando um bem de seu patrimônio, transmite-o ao *trustee*, que, recebendo-o, não pode desfrutar das utilidades econômicas desse bem, mas obriga-se a transmiti-lo, e efetivamente o transmitirá, ao *cestui que trust* ou beneficiário, este, sim, o titular dos frutos dos bens objeto do *trust*.[10]

No *trust*, os bens entregues ao *trustee* constituem patrimônio de afetação, isto é, não se confundem com o patrimônio do *trustee*, na medida em que se tornam inalienáveis e impenhoráveis. O beneficiário tem a segurança de que seu domínio econômico não será perturbado e de que poderá gozar dos frutos com tranquilidade. O que se permite ao *trustee* são atos de administração, que podem implicar a disposição de bens, para a melhor gestão do patrimônio.

O beneficiário fruirá dos direitos que expressamente lhe forem assinalados no ato de constituição do *trust*. Podem se referir ao pagamento de renda periódica, à entrega dos bens ao beneficiário, após o implemento de certa condição ou o advento de certo termo, ou ambos ao mesmo tempo, ou ainda outros direitos condicionais ou a termo, conforme o desejo do *settlor*.

Há, entretanto, alguns empecilhos à introdução pura e simples do instituto nos países de *civil law*, como o Brasil. Não há, em nossa clássica tradição romana, a possibilidade de, por exemplo, duas propriedades distintas conviverem harmoniosamente, tendo por objeto um mesmo bem. Para nosso sistema, a natureza do direito do *trustee* é de fácil entendimento. Trata-se de propriedade limitada por direito real de terceiro, o beneficiário. Já quanto ao direito do beneficiário, a questão é mais complexa. Não se trata de propriedade, como se configura na *common law*, pois esta seria, em nossa sistemática, direito exclusivo do *trustee*. Nem mesmo se poderia falar em condomínio, uma vez que os condôminos são titulares da mesma relação dominial sobre a coisa, o que não ocorre no *trust*, que se caracteriza por duas propriedades diferenciadas, propriedade formal e econômica.

Poder-se-ia dizer que o beneficiário detém o domínio útil, mas este tem como apanágios o uso e a fruição. Despido o beneficiário do direito de usar, que é do *trustee*, não se pode falar em domínio útil. Por via de consequência, tampouco

---

10 *Idem*, p. 31.

se pode falar em usufruto, pois este se fundamenta exatamente no domínio útil, de que é titular o usufrutuário e que falta ao *cestui que trust*.

Vê-se, dessarte, que o *trust*, a ser adotado em países de tradição romano-germânica, deve sofrer algumas adaptações, para que não venha a se tornar esdruxularia, inútil e incompatível com o ordenamento jurídico.

e] Fidúcia

Na tentativa de adaptar o *trust* ao sistema jurídico romano-germânico, vários autores procuram construir instituto análogo, consentâneo às peculiaridades de nossa lógica jurídica. Fruto dessas tentativas é a fidúcia.

Na verdade, a palavra *fidúcia*, em seu sentido mais amplo, é sinônima de negócio fiduciário.[11] Não é neste sentido, evidentemente, que se a emprega no presente contexto. Aqui, sua utilização é *stricto sensu*, enquanto instituto adaptado, enquanto *trust* romanizado.

Neste sentido, *fidúcia* é o contrato pelo qual uma das partes, recebendo da outra bens móveis ou imóveis, assume o encargo de administrá-los em proveito do instituidor ou de terceiro, tendo a livre administração dos bens, mas sem prejuízo do beneficiário.[12]

Ressalte-se, mais uma vez, que a fidúcia é contrato atípico, adaptado pela doutrina, sem legislação específica que o regule entre nós, o que não impede que seja celebrado.

O fiduciante deve possuir capacidade genérica e capacidade específica para alienar seus bens.

O fiduciário pode ser qualquer pessoa capaz, natural ou jurídica. É comum, nos países em que é habitual o contrato, que o fiduciário seja instituição financeira ou sociedade de advogados.

Os bens podem ser móveis ou imóveis, presentes ou futuros, mas sempre possíveis.

O fiduciário adquire os bens mediante contrato escrito. Se forem imóveis deverá constar do registro. Lembre-se de que os bens dados em fidúcia passam a constituir patrimônio de afetação, consequentemente, inalienável e impenhorável.

O contrato pode ser por prazo determinado ou indeterminado. Pode ser ainda subordinado a condição resolutiva. A recebe bens de B, ficando incumbido de administrá-los em favor de C, até que este se case, quando, então, os bens seriam para ele transferidos.

---

11 PONTES DE MIRANDA, Francisco Cavalcanti. **Tratado de direito privado**. Rio de Janeiro: Borsoi, 1954. v. 20, p. 115.
12 PEREIRA, Caio Mário da Silva. **Instituições**... cit., 18. ed., v. 3, p. 275.

Adquirindo os bens, o fiduciário passa a ter sua livre administração, pagando ao beneficiário os rendimentos que obtiver e substituindo por outros os bens que vender.

O fiduciário tem direito a remuneração, segundo o que for combinado, ou por arbitramento judicial.

O contrato se extingue pela morte do beneficiário. Não mencionando o contrato quem deva substituir o beneficiário nos casos de morte, renúncia, incapacidade, destituição ou impedimento, extingue-se o contrato, revertendo-se os bens ao patrimônio do instituidor ou de seus herdeiros.

Também põem fim ao contrato o decurso do prazo ou o implemento da condição resolutiva, como o caso do casamento que citamos anteriormente.

São outras causas a revogação, quando prevista expressamente; a resilição bilateral e a destituição judicial do fiduciário que faltar a seus deveres, ou se incompatibilizar com a fidúcia.

Cessando a fidúcia, a sorte dos bens variará conforme as circunstâncias. Em primeiro plano, observa-se o que tiver sido determinado no contrato, a saber, reversão ao patrimônio do instituidor, transmissão ao beneficiário ou a terceiro. Na falta de estipulação expressa, reverterão de pleno Direito ao patrimônio do instituidor. Se este não for mais vivo, passarão a seus sucessores.

É importante ressaltar que o beneficiário não será titular de domínio sobre o patrimônio fiduciário, mas tão somente de direito de crédito. A propriedade, como regra, somente se consubstanciará em sua esfera de titularidade após o implemento da condição ou o advento do termo. A natureza do direito do fiduciário sobre os bens é, portanto, a de propriedade resolúvel, dado o pacto fiduciário, implícito no contrato de fidúcia.

11.7 Contrato de conta corrente

11.7.1 Definição

Conta corrente é contrato, segundo o qual duas ou mais pessoas anotam em livro específico todas as remessas efetuadas por cada uma delas a favor da outra ou de negócio comum, seja de bens, títulos ou dinheiro, a fim de que, posteriormente, se verifique, por meio de balanço, o saldo exigível.

É contrato que pode muito bem ser parte de nosso dia a dia. Suponhamos dois amigos que estejam fazendo viagem turística juntos. Como repartir as despesas, de modo a que um não saia ganhando ou perdendo em relação ao outro? Basta anotar todas as despesas comuns efetuadas por um e pelo outro.

Ao final, somam-se os valores, verificando-se o saldo. Se ambos pagaram o mesmo montante, nada será devido. Mas se A pagou $ 100,00 de despesas comuns e B pagou $ 70,00, significa que B estará devendo $ 15,00 a A, uma vez que a soma das despesas foi de $ 170,00.

O mesmo raciocínio pode se estender a dois empresários, no referente a bens, títulos ou dinheiro que um remeta ao outro ou a terceiro, por conta de ambos. De qualquer forma, toda remessa deverá ter um valor em dinheiro, para que se possa efetuar o balanço final.

11.7.2 Partes

As partes recebem a denominação de *correntistas*. Cada um deles terá seus próprios lançamentos, podendo fazer suas próprias anotações. Logicamente que as anotações de um devem ser idênticas às do outro. O balanço para verificação do saldo recebe o nome de encerramento, podendo ser definitivo ou periódico. Uma vez encerrada a conta, o saldo se torna exigível por parte de quem for credor.

11.7.3 Caracteres jurídicos

Por suas características, a conta corrente se classifica como contrato:

- Atípico, por não estar regulada em nenhuma lei específica, embora seja mencionada em vários dispositivos legais.
- Puro, por não resultar da fusão de outros contratos, como o arrendamento mercantil, por exemplo.
- Consensual, uma vez que se considera celebrada pela simples convenção.
- Bilateral, porque gera direitos e deveres para ambas as partes.
- Oneroso, pois gera prestação e contraprestação.
- Aleatório, uma vez que o saldo final não pode ser definido antecipadamente.
- De execução futura, pois se celebra num momento, executando-se em outro.
- Individual, por obrigar somente aqueles individualmente envolvidos.
- Negociável, porque, ao menos em tese, permite a negociação de cláusulas. Poderá ser de adesão, como a conta corrente bancária.
- Por natureza é *intuitu personae*, de vez que a pessoa das partes tem importância primordial. Não é como na compra e venda, em que as partes têm importância secundária, ou seja, o que interessa para o comprador é o produto; para o vendedor, o preço. Poderá, porém, ser impessoal, como a conta corrente bancária.

11.7.4 Requisitos de validade

a) Requisitos subjetivos: As partes, ou seja, os correntistas, devem ser capazes, isto é, devem ser maiores de 18 anos ou emancipados, para que o saldo final seja exigível do correntista devedor.

b) Requisitos objetivos: As remessas devem se referir a títulos, dinheiro ou outros bens, sempre lícitos e materialmente possíveis.

Referindo-se a títulos de crédito ainda não pagos como, por exemplo, cheques pré-datados, a remessa só integrará a conta de modo definitivo, se o título for pago. Caso contrário, o lançamento será estornado, ou seja, será desfeito. A isto se denomina cláusula salvo embolso ou salvo recebimento, ou seja, a remessa só vale se o crédito for recebido.

c) Requisitos formais: Quanto à forma, já vimos que a conta corrente é contrato consensual, aperfeiçoando-se pela simples convenção. Prova-se por todos os meios em Direito admitidos, tais como documentos, testemunhas, atos processados em juízo, confissão, presunção etc. É de se dizer, porém, que, na prática, é difícil conceber a conta corrente sem a escrituração contábil que lhe é característica.

11.7.5 Efeitos da conta corrente[13]

A principal característica das remessas é a irrevogabilidade. Uma vez lançada na conta, a remessa se torna parte dela, integrando-se a um todo indivisível. Vale dizer que as remessas lançadas perdem sua qualidade e seus efeitos, deixando de ser exigíveis individualmente. Comporão o todo da conta, só sendo exigível o saldo final, após o balanço.

Posto isso, temos que a conta é um todo indivisível, suas remessas não têm individualidade própria, compondo uma massa a ser liquidada. É só nos lembrarmos dos amigos em viagem. As despesas comuns, que cada um for pagando, vão sendo lançadas na conta corrente, perdendo sua individualidade e exigibilidade. Ao fim da viagem, a conta é encerrada e liquidada. Chega-se a um saldo final, que indica quem está devendo a quem.

Consequência da indivisibilidade é que as remessas, num primeiro momento, não se compensam. Em outras palavras, os lançamentos feitos por um dos correntistas não compensam aqueles feitos pelo outro. É necessário que se aguarde o encerramento da conta, para a verificação do saldo final.

As remessas tampouco geram novação. Cada crédito lançado na conta não substitui obrigações antigas por novas. Todos os lançamentos serão computados no balanço final.

---

13 MARTINS, Fran. **Contratos e obrigações comerciais**... cit., p. 479 *et seq.*

Por fim, um último efeito são os juros, que se contam automaticamente a partir de cada remessa. Não é necessária cláusula de juros, uma vez que os juros são da essência da conta corrente. Se nada for estipulado, os juros adicionados a cada remessa serão os mesmos cobrados pela mora dos tributos devidos à Fazenda Nacional.

11.7.6 Extinção

Extingue-se o contrato pela morte ou incapacidade de uma das partes, pelo decurso do prazo, pelo distrato bilateral, pelo distrato unilateral, se o contrato for por prazo indeterminado e, ainda, pela falência ou insolvência civil de um dos correntistas.

Extinto o contrato por qualquer dessas razões, procede-se ao encerramento da conta com o consequente balanço final, para que se apure o saldo devedor.

11.8 Contratos bancários

11.8.1 Generalidades

Seguindo as pegadas de Fran Martins,[14] estudaremos as operações bancárias passivas, as ativas e as demais operações.

Os bancos, no cumprimento de suas finalidades, realizam operações contratuais, ora na condição de devedores, ora na condição de credores. Na primeira categoria, temos as operações passivas; na segunda, operações ativas.

11.8.2 Operações passivas

Nas operações passivas, os bancos se tornam devedores de seus clientes, deles recebendo numerário, pelo qual se tornam responsáveis. Vejamos cada uma dessas operações.

a] Depósito pecuniário

Depósito pecuniário é o contrato pelo qual uma pessoa entrega a um banco certa importância em dinheiro, ficando ele com a obrigação de guardá-la, às vezes pagando juros sobre ela, e de restituí-la, dentro do prazo e das condições convencionadas.

---

14 MARTINS, Fran. **Contratos e obrigações comerciais**... cit., p. 514 et seq.

Se as retiradas forem livres, ou seja, a qualquer momento, o contrato se denomina depósito em conta corrente. Como regra, as retiradas se fazem mediante cheques ou cartões magnéticos. Mas o cheque ou cartão pode ser substituído por carta do depositante, autorizando a retirada.[15]

É lícito aos bancos exigir aviso prévio, quando a retirada em dinheiro, no caixa, for de importância acima de certo valor. Isto porque, até por questões de segurança, os bancos não mantêm em suas agências quantias ilimitadas de dinheiro. Trabalham eles dentro de uma previsão, delimitada pelo próprio quotidiano. Tudo o que extrapolar a essa previsão deve ser avisado com antecedência pelo retirante.

Sendo as retiradas permitidas somente depois de certo prazo, o contrato passa a se chamar depósito a prazo fixo. Na prática, esses depósitos são remunerados com juros, que não serão computados, caso a retirada se efetive antes do prazo avençado.

Os depósitos podem ser ainda vinculados, quando servirem de garantia a outra operação bancária, como o mútuo, e podem ser conjuntos, quando destinados à movimentação por mais de um depositante.

No mais, aplicam-se ao depósito pecuniário as regras do depósito voluntário, de que é espécie.

b] Emissão de notas bancárias

Na verdade, a emissão de notas bancárias é a emissão pelos bancos de títulos com força de papel-moeda.

No Brasil, o único banco autorizado a emitir notas bancárias é o Banco Central, emitente de moeda corrente.

c] Redesconto

Os bancos podem receber de seus clientes títulos de crédito para desconto. Em outras palavras, o cliente transfere ao banco um título vincendo como, por exemplo, uma nota promissória ou um cheque pré-datado. Paga ao cliente no ato do recebimento, recebendo depois do devedor do título, na data do vencimento. Com isso, ganha o cliente, que terá o dinheiro em mãos, antes do vencimento do título, e ganha o banco, uma vez que paga a seu cliente quantia inferior à do título. Essa operação se denomina desconto de títulos, sendo operação ativa, uma vez que o banco figura como credor.

Ocorre que, para não se descapitalizarem, os bancos podem redescontar esses títulos em outros bancos. Dessa forma, tornam-se devedores do banco em que redescontaram os títulos, devido às garantias que oferecem.

---

15 Idem, p. 517.

11.8.3 Operações ativas

Nas operações ativas, os bancos são credores de seus clientes. São basicamente quatro, que estudaremos a seguir, em seus contornos principais.

a] Empréstimo

O empréstimo bancário é, na verdade, o mútuo em dinheiro, já analisado exaustivamente em linhas atrás.

É de se acrescentar, todavia, que quase todas as operações ativas são modalidades de empréstimo, diferenciando-as, a espécie de garantia oferecida pelo mutuário.

Como regra, tratando-se de mútuo em dinheiro, o mutuário oferece em garantia um título avalizado, normalmente nota promissória. A caução é, portanto, pessoal.

Os empréstimos podem ser a curto ou longo prazo, considerando, estes últimos, aqueles com vencimento de mais de 120 dias.[16]

O mútuo bancário é contrato real, considerando-se pactuado pela tradição do dinheiro ao mutuário. Como regra, vem acompanhado de instrumento escrito, sendo de adesão.

Quanto ao mais, aplicam-se ao empréstimo bancário as normas gerais do mútuo.

b] Desconto

Desconto é o contrato pelo qual uma pessoa recebe do banco uma quantia em dinheiro, mediante a entrega de um título de crédito de terceiro.

Imaginemos um comerciante que receba vários cheques pré-datados. Que fazer se necessita de dinheiro vivo, não podendo esperar a data de vencimento? Como se cuida de cheques pré-datados, o comerciante poderia simplesmente descontá-los à vista, uma vez que a Lei lhe permite. Mas, se o fizer, correrá o risco de tê-los devolvidos por falta de fundos, além de perder a confiança de sua clientela. Descontar os cheques não seria, assim, a melhor solução. Mas qual seria ela? Transferir os cheques a um banco, mediante endosso, recebendo dele o respectivo valor. O banco se tornaria, assim, credor dos cheques, cobrando-os na data do vencimento ou redescontando-os junto a outro banco. É lógico que o valor pago pelo banco nunca será o mesmo dos cheques. Será um pouco menor. Mas o comerciante terá a vantagem de ter dinheiro em mãos, antes do vencimento dos títulos descontados.

O desconto pode ter como objeto qualquer título de crédito, como cheques, notas promissórias, duplicatas etc.

---

16 *Idem*, p. 520.

Importante é ainda ressaltar que o descontário ou mutuário, ao endossar o título, torna-se responsável por ele. De sorte que, se o devedor não pagá-lo no vencimento, o banco poderá agir contra o descontário endossante.

O desconto é, assim, uma forma de empréstimo, lastreado em título de terceiro.

c] Antecipação

Outra forma de empréstimo é a chamada *antecipação*. Antecipação é o contrato pelo qual o banco entrega certa soma em dinheiro a cliente seu, que lhe presta garantia real de pagamento. A garantia pode consistir em mercadorias ou títulos que as representem, tais como *warrants*, conhecimentos de depósito ou de transporte. Podem ser também oferecidos em garantia títulos cotados em bolsa, como ações de uma companhia.

Vemos, pois, que a antecipação difere do mútuo bancário exatamente pela garantia real que a acompanha.

d] Abertura de crédito

Abertura de crédito é contrato pelo qual um banco se obriga a pôr à disposição de seu cliente certa quantia em dinheiro, por prazo determinado ou indeterminado. O cliente, por sua vez, se obriga a restituir a importância utilizada, acrescida de juros e correção, quando do término do contrato. O banco se denomina *creditador* e o cliente, *creditado*.

O contrato pode ser ou não acompanhado de garantia. Se não for, teremos a chamada abertura de crédito a descoberto. Caso seja garantido por fiança, penhor ou hipoteca, o contrato se denominará *abertura de crédito garantida*.

O creditado não é obrigado a se utilizar do crédito. E se o fizer, poderá dispor apenas de uma parte. Logicamente, deverá restituir somente aquilo que efetivamente usou. Se A tinha um crédito de $ 100,00, mas só usou $ 70,00, deverá restituir apenas $ 70,00, acrescidos dos juros e correção convencionados.

Acrescente-se, outrossim, que o banco creditador poderá munir o creditado de documento que comprove a abertura de crédito. Tal documento se denomina carta de crédito, não devendo, entretanto, ser confundido com o contrato de carta de crédito que veremos a seguir.

O crédito poderá ser documentado. As operações de crédito documentado são muito comuns no comércio exterior. O banco creditador financia o importador, colocando à disposição do exportador certa quantia em dinheiro. O contrato se celebra entre banco e importador, sendo o exportador o terceiro beneficiário do crédito. É chamado de crédito documentado, porque são entregues ao banco creditador todos os documentos relativos ao contrato internacional de compra e venda.

A abertura de crédito documentado poderá ser não confirmada, quando o creditado puder, a qualquer momento, revogar a ordem de pagamento ao beneficiário. Será confirmada, quando irrevogável, ou seja, o creditado não pode revogar a ordem de pagamento ao beneficiário.

e] Carta de crédito

Carta de crédito é contrato pelo qual um banco envia a outro uma ordem de crédito em benefício de uma ou mais pessoas. Estas, ou seja, as pessoas creditadas, poderão, assim, retirar a quantia autorizada junto ao banco que recebeu a ordem.

Caracterizam as cartas de crédito a forma escrita, a limitação do crédito e o prazo para sua utilização. Logicamente são elas expedidas a favor de um ou mais creditados beneficiários.

A função do banco que recebe a ordem é meramente a de disponibilizar o crédito, não sendo ele parte contratual, embora se torne credor do banco creditador.

Para que a operação tenha caráter creditício, seria necessário que o creditado não tivesse fundos junto ao creditador; pois, caso os tenha, cuidar-se-ia de mera ordem de pagamento. Apesar disso, na prática, essas ordens de pagamento são tratadas como cartas de crédito.[17]

11.8.4 Outras operações bancárias

Como vimos, os bancos praticam operações ativas e passivas, ora como credores, ora como devedores, respectivamente. Além dessas operações, podem os bancos praticar outras e, de fato, as praticam, em que figuram como meros intermediários, servindo, por vezes, de prestadores de determinado serviço. São contratos que geram obrigações complexas, em que os bancos são, ao mesmo tempo, credores e devedores. Vejamos, as mais comuns dessas operações.

a] Câmbio

Câmbio é troca de moedas de diferentes países.

O contrato de câmbio pode dar-se de duas formas distintas. A primeira delas, mais comum nas relações de comércio internacional, especificamente nos contratos de importação e exportação (compra e venda internacional), denomina-se operação de câmbio.

As operações de câmbio caracterizam-se pela aquisição de letras de câmbio (cambiais), pagáveis no exterior. A cotação dessas cambiais é determinada pelo mercado, ou seja, fica subordinada à lei da oferta e da procura. As letras são emitidas pelas partes do contrato de comércio exterior e, ao adquiri-las, os bancos

---

17 Idem, p. 524.

financiam as atividades de importação e exportação. Logicamente obtêm lucros, resgatando-as por preço superior ao adquirido.

A outra modalidade de câmbio se chama câmbio manual e consiste na compra e venda de moedas estrangeiras, seja em espécie ou em *traveller's checks*.

Para atuar no mercado de câmbio, os bancos necessitam de autorização especial do Banco Central do Brasil.

b] *Del credere*

O chamado *del credere* bancário nada mais é do que a fiança bancária. O banco se responsabiliza pela solvabilidade de um cliente, perante terceiro.

Aplicam-se ao *del credere* as normas da fiança, naquilo em que forem compatíveis.

c] Compra de metais preciosos

Historicamente os bancos sempre praticaram o comércio de metais preciosos, seja em forma de moeda, pó ou barra.

Atualmente, no Brasil, esse comércio é monopólio do Banco Central, que poderá, entretanto, autorizar outros bancos a vender metais preciosos em pó ou em barra.

d] Cobrança e transferência

É muito comum que os bancos sirvam como mandatários de seus clientes, cobrando títulos em seu nome. É a chamada cobrança bancária, em que uma pessoa encarrega o banco de efetuar certa cobrança. Tal ocorre comumente em nosso dia a dia, com as mais diversas taxas e outras contas.

Outra operação bancária comum é a transferência de crédito, em que os bancos transferem determinada quantia em dinheiro da conta de um cliente para outra conta, no mesmo banco ou em outro diferente, seja por DOC ou outro meio qualquer. Hoje em dia, até por telefone podem operar-se tais transferências, ou mesmo por computador. Em outras palavras, o cliente aciona o banco por telefone ou por seu computador pessoal, dando a ordem de transferência. Os bancos, evidentemente, cobram comissão pelo serviço.

e] Compra e venda de valores mobiliários

A compra e venda de valores móveis consiste na compra e venda de títulos particulares ou públicos que os bancos efetuam em nome de seus clientes, mediante comissão. É o que ocorre nas aplicações financeiras. Os bancos, autorizados por seus clientes, compram títulos, normalmente públicos, resgatando-os, posteriormente, por preço superior ao da compra.

Na verdade, o comércio de títulos públicos ajuda a financiar o próprio Governo. Este, necessitando de dinheiro rápido, emite títulos de dívida, vendendo-os ao público por intermédio dos bancos. O público compra esses títulos, emprestando dinheiro ao Governo que, em seguida, os paga por preço superior ao da venda.

f] Depósito em custódia e depósito em cofres individuais

O depósito em custódia e o depósito em cofres individuais são dois contratos distintos, de natureza diversa.

O primeiro consiste na guarda de valores mobiliários, tais como as antigas ações ao portador. Em vez de guardar tais títulos em casa, seus proprietários podem confiá-los à custódia de um banco, que poderá, inclusive, administrá-los, auferindo lucros.

O banco responde pela segurança e restituição dos títulos confiados a sua guarda, aplicando-se a este contrato as regras do depósito voluntário.

O segundo contrato, qual seja, o depósito em cofres individuais, consiste na locação, por parte dos bancos, de cofres a seus clientes.

O cliente, denominado *assinante*, fica com uma chave do cofre, podendo nele guardar valores, utilizando-o nas horas fixadas pelo banco.

O banco, por sua vez, responsabiliza-se pela segurança dos cofres, não respondendo, entretanto, pela restituição dos bens ali consignados. A razão é muito simples: o banco simplesmente não tem conhecimento do que é guardado nos cofres. Sendo assim, não tem como responder, nem seria justo que respondesse. Só é responsável pela segurança.

O depósito em cofres individuais rege-se pelas normas da locação e da prestação de serviços, distanciando-se do depósito propriamente dito.

g] Financiamento

Suponhamos que um empresário queira vender seus produtos; carros, por exemplo. Ocorre que, para que possa fazê-lo, é necessário que os compradores tenham dinheiro. Este dinheiro é fornecido pelos bancos, que financiam a compra dos produtos.

O banco financiador será credor das importâncias devidas pelos compradores dos bens vendidos. Isto é o que ocorre com as vendas a crédito, com a intermediação de uma financeira, que é um banco.

h] Cheques garantidos

Foram bastante comuns nos idos de 1980/1990. Eram cheques garantidos, tais como o "Cheque Ouro" do Banco do Brasil, o "Cheque Estrela" do Banco Itaú e vários outros cheques especiais dos mais diversos bancos. Os bancos garantiam o pagamento do cheque de até certo valor, mesmo que o emitente não tivesse fundos.

Os cheques especiais garantidos acabaram por perder fôlego. Eram, na realidade, uma forma de abertura de crédito a favor do cliente, que poderia utilizar-se dos fundos postos a sua disposição, pagando juros diários por isso.

O contrato pode ainda ser celebrado, evidentemente, devendo ser escrito, tendo duração limitada, que poderá ser renovada, a critério do banco creditador.

Os cheques garantidos eram oferecidos simplesmente com base no cadastro pessoal do cliente ou, ainda, levando-se em conta também seu saldo médio.

11.9 Contrato de capitalização

11.9.1 Definição

Capitalização é contrato pelo qual uma parte, o aderente, se obriga a formar durante certo tempo uma cotização, pagável ordinariamente em mensalidades e, a outra parte, a empresa capitalizadora, se obriga a lhe entregar uma soma previamente determinada, quer no término do contrato, quer antecipadamente por sorteio.[18] O contrato gera um título que fica em poder do prestamista.

É contrato muito comum em nossos dias. A todo momento vemos propaganda referente a um ou outro. O prestamista paga uma mensalidade, concorrendo a sorteio mensal. Se sorteado, leva toda a quantia do prêmio, parando de pagar as prestações. Se não for sorteado, continua pagando as prestações, até o final de certo período, quando recebe todas as parcelas pagas, mais correção monetária e juros.

Há, é lógico, alguns aproveitadores que, com consentimento oficial, locupletam-se da miséria alheia, restituindo, ao final, aos prestamistas não sorteados apenas a metade das prestações pagas.

11.9.2 Partes

As partes contratantes são o aderente ou prestamista, de um lado, e do outro, a sociedade de capitalização.

11.9.3 Tutela legal

O contrato de capitalização se regula pelas normas do Decreto-Lei n. 73/1966 e do Decreto-Lei n. 261/1967.

---

18 SERPA LOPES, Miguel Maria de. Op. cit., v. 4, p. 454 *et seq.*

11.9.4 Natureza jurídica

A capitalização comporta duas naturezas, em princípio, incompossíveis, mas que nele se conjugam, sem se chocar, por seguirem cada qual sua própria diretiva. É, de certa forma, contrato pré-estimado, por consistir no pagamento de prestações periódicas e contraprestação determinada, ao final. De certa forma pré-estimado, porque não se sabe rigorosamente qual será a remuneração do capital, ou seja, as taxas variam ao longo do tempo. No entanto, pode-se dizer ainda assim pré-estimado, por este lado, em contraposição à aleatoriedade dos sorteios periódicos. Ao mesmo tempo, pois, é aleatório, por estar sujeito a sorteios periódicos.

11.9.5 Relações com outros contratos

Vejamos as relações da capitalização com outros tipos de contrato, a saber, com a constituição de renda, com o jogo e a aposta e com o seguro.

A constituição de renda é, de certa forma, o oposto da capitalização. Naquela, o devedor incorpora ao seu patrimônio o capital recebido, devendo pagar prestações ao beneficiário. É o que acontece, por exemplo, nos planos de previdência privada. Na capitalização, o próprio beneficiário do capital é que o forma mediante prestações, que lhe serão reembolsadas.

O jogo e a aposta implicam risco, enquanto a capitalização, embora comporte sorteios periódicos, não tem nisso seu objetivo único. Não importa tampouco qualquer risco para o aderente, que receberá, ao final, seu capital, com juros e correção, se não for sorteado.

A capitalização não representa seguro de espécie alguma, não estando submetida à condição suspensiva como o seguro. Hoje em dia, porém, é muito comum a oferta de seguros de vida amalgamados com o contrato de capitalização. O segurado contribui durante certo tempo. Se morrer, o beneficiário recebe a indenização do seguro. Mas se o segurado não morrer, após o período previsto, ele mesmo recebe as prestações que pagou, acrescidas de correção monetária e juros.

11.9.6 Caracteres jurídicos

Por tudo o que dissemos, fica fácil concluir que a capitalização é contrato:

- Típico, porque tipificado em lei.
- Misto, pois resulta de uma espécie de fusão de aposta com depósito.
- Formal, exigindo a Lei a forma escrita e a emissão do título de capitalização, contendo as regras contratuais.

- Oneroso por essência, sendo sempre devidas prestação e contraprestação.
- Bilateral, por gerar obrigações para ambas as partes.
- Aleatório e pré-estimado, como visto *supra*.
- De execução futura, pois se celebra num momento, executando-se em outro.
- Individual, por obrigar somente aqueles individualmente envolvidos.
- Tipicamente de adesão. Os planos de capitalização são previamente aprovados pelo Poder Público, sendo proibida a negociação individual de cláusulas.
- Impessoal, por não se fundamentar na confiança recíproca entre as partes. Ou seja, preenchidas as qualidades necessárias, a sociedade capitalizadora negociará com qualquer um.

11.9.7 Sociedades de capitalização

Não são todos que podem, a seu bel-prazer, atuar no mercado de capitalização. Apenas as sociedades com carta patente poderão estabelecer-se. O Decreto-Lei n. 261/1967 define as sociedades de capitalização no art. 1º, parágrafo único, como as que tiverem por objetivo fornecer ao público, de acordo com planos aprovados pelo Governo Federal, a constituição de capital perfeitamente determinado em cada plano e pago em moeda corrente em prazo máximo, indicado no mesmo plano, à pessoa que possuir um título, segundo regras e cláusulas aprovadas e mencionadas no próprio título.

O mesmo Decreto-Lei criou o Sistema Nacional de Capitalização, constituído pelo Conselho Nacional de Seguros Privados (CNSP), Superintendência de Seguros Privados (Susep) e pelas sociedades autorizadas a operar em capitalização. Fixou também a competência de cada órgão. O CNSP é encarregado de fixar as diretrizes e normas da política de capitalização e regulamentar as operações das sociedades do ramo. A Susep é o órgão executor da política de capitalização e fiscal da constituição, organização, funcionamento e operações das sociedades.

A criação de sociedade de capitalização encontra-se regulada nos arts. 42 a 63 do Decreto-Lei n. 73/1966. A autorização para funcionamento será concedida através de portaria do Ministro da Fazenda, mediante requerimento firmado pelos incorporadores, dirigido ao CNSP e apresentado por intermédio da Susep, que emitirá parecer a respeito. As sociedades de capitalização são civis, mas regulam-se supletivamente pela lei das sociedades anônimas. Além disso, estão sujeitas ao regime de liquidação extrajudicial, regulado pelo Decreto-Lei n. 73/1966, arts. 68 a 89.

11.9.8 Título de capitalização

Como vimos, é o documento entregue ao prestamista como prova do contrato. Será sempre nominativo, devendo trazer em seu corpo a indicação dos números ou letras para sorteio, as condições gerais do contrato e, discriminadamente, as vantagens que a sociedade garante, bem como todos os casos de caducidade ou redução dos benefícios. Além disso, deverá fazer referência às condições de caducidade em razão de atraso do pagamento das contribuições.

11.10 Contrato de *joint venture*

Joint venture ou "aventura conjunta", em tradução literal, consiste na associação de duas ou mais empresas, que se lançam em empreendimento comum, para a obtenção de lucros.

São muito comuns as associações de empresas em regime de *joint venture*, no plano internacional, principalmente, quando se trata de operações de risco (chamadas *contratos de risco*), como prospecção de petróleo.

Regulam-se esses contratos pelas normas neles impostas pelas partes e pelas normas da Teoria Geral das Obrigações e dos Contratos.[19]

11.11 Contrato de arrendamento mercantil ou *leasing*

11.11.1 Definição

Arrendamento mercantil ou *leasing* é contrato pelo qual uma pessoa jurídica arrenda a uma pessoa física ou jurídica um bem adquirido pela primeira, segundo especificações da segunda, cabendo ao arrendatário, ao final do contrato, a opção de adquirir o bem por preço preestabelecido.

Imaginemos uma pessoa, física ou jurídica, que deseje adquirir um avião. Em vez de desembolsar o preço de uma só vez, ou tomar empréstimo para este fim, pode ela dirigir-se a uma companhia de *leasing*, normalmente filiada a um banco, que fará a compra do avião, alugando-o ao interessado. O preço dos aluguéis é elevado, pois, na verdade, cada parcela já vai sendo abatida no preço total da aeronave. Findo o contrato de locação, o locatário terá três opções: ou bem

---

19 AMETISTOFF, E. M. **Sovmestnye predpriyatya, mezhdunarodnye ob'edinenya i organizatsya na territorii SSSR**. Moskva: Iuriditcheskaya literatura, 1988. p. 27 *et seq.*

compra o avião, pagando o preço restante, descontados os aluguéis já pagos; ou bem dá por encerrado o contrato, restituindo o avião; ou bem dá prosseguimento à locação, pagando, como regra, aluguéis mais baixos. A opção, em que pese o entendimento do STJ, deve ser exercida ao final, sob pena de se descaracterizar o *leasing*, transformando-o em compra e venda a prazo. Este é o contrato de *leasing* ou arrendamento mercantil, surgido, em seus contornos atuais, nos Estados Unidos, na década de 1950.

11.11.2 Partes

As partes se chamam *arrendador* e *arrendatário*, segundo a denominação oficial brasileira. Arrendador, aquele que adquire o bem, alugando-o ao arrendatário, que, ao final do contrato, terá aquelas três opções, que vimos há pouco.

11.11.3 Tutela legal

No Brasil, o *leasing* se regula pela Lei n. 6.099/1974, modificada pela Lei n. 7.132/1983, a qual foi disciplinada pela Resolução n. 780/1984 (atualmente vige a Resolução Bacen n. 2.309/1996). O *leasing* residencial é objeto da Lei 10.188/2001.

11.11.4 Caracteres jurídicos

O *leasing* é, por suas características, contrato:

- Típico, porque tipificado em lei.
- Misto, pois resulta de uma espécie de fusão da locação com a compra e venda e com o mútuo.
- Consensual, uma vez que se considera celebrado pela simples convenção.
- Oneroso por essência, sendo sempre devidas prestação e contraprestação.
- Bilateral, por gerar obrigações para ambas as partes.
- Por um lado, é pré-estimado, por serem as prestações de ambas as partes conhecidas de antemão, por outro lado, é aleatório, uma vez que não se pode precisar antecipadamente qual será a opção do arrendador, ao final do contrato.
- De execução futura, pois se celebra num momento, executando-se em outro.
- Individual, por obrigar somente aqueles individualmente envolvidos.
- Negociável, por que, pelo menos em tese, admite negociação de cláusulas.
- *Intuitu personae*, segundo alguns,[20] por não permitir a substituição das partes por outras. Vindo o arrendatário a falecer, por exemplo, o contrato se extingue. A questão é, todavia, controvertida, uma vez que, de fato, o contrato não

---

20 MARTINS, Fran. **Contratos e obrigações comerciais**... cit., p. 549.

se baseia em nenhum vínculo personalíssimo entre as partes. Ao arrendador pouco importa quem seja o arrendatário, desde que solvente. Ao arrendatário, por sua vez, pouco importa quem seja o arrendador, desde que idôneo. O que lhe interessa é o bem em si.

11.11.5 Requisitos de validade

a] Requisitos subjetivos: Para ser arrendatário basta a capacidade genérica para a vida civil, que possuem os maiores de 18 anos ou os emancipados. Tratando-se de pessoa jurídica, deve ter sido constituída regularmente.
Na categoria de arrendador, todavia, só se admitem sociedades anônimas, registradas no Banco Central e por ele autorizadas a atuar neste ramo. Seu objeto deve ser exclusivamente a prática do *leasing*.
b] Requisitos objetivos: Pode ser objeto de arrendamento qualquer espécie de bem, seja móvel ou imóvel, desde que lícito e materialmente possível.
c] Requisitos formais: Embora na prática seja sempre escrito, esta não é exigência legal, podendo o *leasing* se celebrar até mesmo verbalmente. Como vimos, é contrato consensual, sendo livre sua forma.

11.11.6 Modalidades

O arrendamento mercantil pode ser efetuado conforme variados padrões, daí comportar modalidades distintas.

O primeiro deles, e mais comum, é o chamado *leasing* financeiro ou puro. Ocorre quando a companhia de *leasing* adquire bens de terceiro, conforme especificações do arrendatário. Adquirido o bem, este é alugado ao arrendatário, que terá três opções ao término do contrato: adquirir o bem, descontados os aluguéis já pagos; encerrar o contrato, restituindo o bem; ou prorrogar o arrendamento.

A segunda modalidade se denomina *lease-back* ou *leasing* de retorno. Ocorre *lease-back* quando o arrendatário é o proprietário do bem. Uma empresa é dona de um bem, vendendo-o à companhia de *leasing*, que o arrenda à mesma empresa que o vendeu. Assim, o bem volta à posse da empresa que era proprietária, sob a forma de arrendamento. Ao final, o arrendatário terá as mesmas três opções que no *leasing* financeiro. Destina-se essa modalidade de *leasing* àquelas empresas que têm muitos bens, mas que necessitam de dinheiro para capital de giro. Desfazem-se, assim, de parte de seu patrimônio, sem perder a posse dos bens vendidos e obtendo o dinheiro desejado.

Outra modalidade de arrendamento mercantil é o chamado *leasing* operacional. No *leasing* operacional, uma empresa, proprietária de certos bens, os arrenda a uma pessoa, ficando, entretanto, obrigada a prestar assistência ao arrendatário durante o período contratual. Findo o contrato, o arrendatário terá a opção de adquirir o bem, descontados os aluguéis já pagos, desde que haja cláusula neste sentido. O *leasing* operacional, diferentemente do *leasing* puro, pode ser distratado a qualquer momento pelo arrendatário, desde que dê aviso prévio.

11.12 Contrato de *know-how*

11.12.1 Definição

Logo de início, devemos não confundir *know-how* com contrato de *know-how*. São institutos distintos.

Know-how, ou, como dizem os franceses, *savoir-faire*, é o conjunto de conhecimentos técnico-científicos que possui certa pessoa.

Contrato de *know-how* é contrato pelo qual o detentor desses conhecimentos os transfere à outra parte, em definitivo ou temporariamente, mediante certa remuneração, denominada *royalty*, que se presume.

11.12.2 Partes

Sendo a transferência do *know-how* permanente, denomina-se aquele que o transfere de *cedente* ou *concedente* e o que o recebe de *cessionário*. Mas, se for temporária a transferência, prefere-se a denominação *fornecedor* e *licenciado* ou *recebedor*.

Na verdade, a questão semântica pouco importa, desde que não conduza a equívocos, deixando bem claro o papel de cada uma das partes contratantes.

11.12.3 Caracteres jurídicos

Levando em conta suas características, temos que o contrato de *know-how* é:

- Atípico, porque não tipificado em lei, embora esparsamente a Lei brasileira o mencione.
- Puro, pois não resulta da fusão de outros tipos contratuais.
- Consensual, uma vez que se considera celebrado pela simples convenção.
- Oneroso por essência, sendo sempre devidas prestação e contraprestação. Pode, entretanto, ser gratuito, quando, por exemplo, houver interesse do fornecedor em que sua técnica seja experimentada.
- Bilateral, por gerar obrigações para ambas as partes.

- Pré-estimado, por serem as prestações de ambas as partes conhecidas de antemão.
- De execução futura, pois se celebra num momento, executando-se em outro.
- Individual, por obrigar somente aqueles individualmente envolvidos.
- Negociável, porque, pelo menos em tese, admite negociação de cláusulas.
- *Intuitu personae*, uma vez que só aquele que detém o conhecimento técnico pode atuar no contrato, sendo, *a priori*, insubstituível.

11.12.4 Natureza jurídica

O contrato de *know-how* é na verdade cessão onerosa de conhecimentos técnico-científicos. Tem a natureza de cessão, permanente ou temporária, do próprio conhecimento, enquanto bem incorpóreo. É contrato, por ser fruto de convenção, com objetivo econômico.

11.12.5 Requisitos de validade

Para ser válido e gerar direitos e deveres exigíveis por ambas as partes, também o *know-how*, assim como qualquer outro contrato, deve preencher algumas condições de validade referentes aos sujeitos, ao objeto e à forma.

a) Requisitos subjetivos: As partes devem ser civilmente capazes. Vale dizer que, se pessoas físicas, devem ser maiores de 18 anos ou emancipadas. Se pessoas jurídicas, devem ser regulares, tanto em relação à criação, quanto ao funcionamento. Em outras palavras, devem ter sido regularmente constituídas e devem funcionar regularmente.

b) Requisitos objetivos: O objeto do *know-how* é o conhecimento técnico, é a habilidade de "saber como" fazer algo inusitado e útil. São elementos do *know-how*, enquanto objeto do contrato, não só o conhecimento técnico e a habilidade, mas também a experiência e o domínio dos procedimentos de obtenção dos resultados desejados.

É essencial ainda que o *know-how* seja um segredo só conhecido por aquele que o detém. Esta, aliás, a diferença entre o *know-how* e a invenção patenteada, que é conhecida por todos.

Dependendo do que seja transferido no contrato, pode ter-se *know-how* puro ou misto.

No contrato de *know-how* puro, transfere-se apenas a técnica, os procedimentos, a habilidade. Já no contrato de *know-how* misto ou combinado, transferem-se outros direitos, como o de exploração de alguma patente, ou fornecem-se materiais ou assistência técnica.

c] Requisitos formais: Quanto à forma, já vimos ser o know-how contrato consensual. Considera-se celebrado pela simples convenção. Na prática, porém, devido a sua importância econômica, é sempre celebrado por escrito, embora não o exija a Lei.

11.12.6 Obrigações das partes

São obrigações do fornecedor transferir o know-how conforme o combinado, podendo o contrato estipular outras obrigações, como a assistência técnica, fornecimento de materiais etc. Ainda é obrigação do fornecedor guardar segredo sobre o know-how. É obrigação de não fazer, ou seja, não revelar a mais ninguém os conhecimentos que transferiu. Outra obrigação do cedente, se estipulada no contrato, é dar garantia de bons resultados.

Quanto ao cessionário, sua principal obrigação é a de pagar o royalty, isto é, a remuneração devida ao fornecedor. Só não serão devidos royalties em caso de cessão gratuita ou de troca de know-how.

Outra obrigação do cessionário é a de zelar pelo bom emprego do conhecimento que lhe foi transferido, fabricando produtos de boa qualidade.

11.12.7 Extinção do contrato

O contrato pode se extinguir por todas as causas extintivas dos contratos em geral, quais sejam, decurso do prazo, implemento da condição resolutiva, distrato, resolução por culpa de uma das partes etc.

Sendo contrato *intuitu personae*, a incapacidade, morte, falência, substituição de qualquer uma das partes ensejará sua extinção.

Findo o contrato que seja, continua o cessionário com o dever de manter sigilo sobre o conhecimento de que se beneficiou e de não mais empregá-lo.

11.13 Contrato de *engeneering*

Muito próximo ao contrato de know-how encontra-se o que se denomina *engeneering*. Por contrato de *engeneering*, entende-se o acordo em que uma das partes se obriga a fornecer à outra assistência técnica especializada em engenharia.

Na verdade, é contrato amplamente utilizado, principalmente em âmbito internacional. Muitas empresas brasileiras empreendem projetos de engenharia em países da América Latina, África e Oriente Médio, devido ao razoável avanço tecnológico de nossa engenharia. O contratado fornece, assim, ao contratante seus conhecimentos técnicos e a maneira de operacionalizá-los, podendo encarregar-se também dessa operacionalização. É neste sentido que o contrato de *engeneering* muito se assemelha à empreitada.

11.14 Contrato de *hedge*

Outro contrato muito atual é o chamado de *hedge*. Do verbo inglês to *hedge*, que significa guardar, assegurar, o contrato de *hedge* tem por objetivo resguardar as partes de operação no mercado de futuros, contra oscilações de preço.

No mercado de futuro ou de *commodities* (cereais, grãos, ouro, prata etc.), uma pessoa, o produtor, celebra contrato de venda futura, obrigando-se pela entrega da coisa. O comprador, por sua vez, obriga-se pelo pagamento de quantia prefixada. Acontece que, entre o fechamento do negócio e sua efetiva realização, podem ocorrer variações no preço das *commodities*. Hoje, A vende a B 1.000 sacas de café a $ 10,00 cada, para entregar daí a seis meses. Mas, na época da entrega e do pagamento, verificou-se queda no preço do café que de $ 10,00 caiu para $ 8,00. B saiu perdendo. Poderia ter ocorrido o inverso. A saca poderia ter subido de preço. Neste caso A sairia perdendo.

Exatamente para evitar essas oscilações, as partes podem se resguardar, ajustando operações casadas, iguais e em sentido contrário, de maneira que ninguém saia perdendo. Esta prática se denomina *hedge*.

Segundo Caio Mário, no *hedge* inexiste figura contratual típica. Cada operação tem sua autonomia negocial. Sua interdependência é que constitui o *hedge*.[21]

> Todo investidor que se preze tem medo do risco que uma operação possa trazer. Não importa o tipo ou o volume. O fato é que, mesmo sendo mínimo, há sempre um risco para quem investe. Por isso, é importante que o investidor saiba que há formas de se proteger e diminuir a possibilidade de ser pego de surpresa por algum revés da economia. Uma das operações mais usadas e mais eficientes para proteção de investimento é o *hedge*.
>
> Numa tradução literal do inglês, "hedge" quer dizer "cerca". Na prática, é uma forma de proteger uma aplicação contra as oscilações do mercado. [...]
>
> [...]
>
> Os operadores e analistas do mercado, em geral as pessoas mais acostumadas com esse tipo de operação, costumam usar a expressão "hedgiar" ou "fazer um hedge". Isso significa que estão montando estratégias de proteção para

---

21 PEREIRA, Caio Mário da Silva. **Instituições**... cit., 18. ed., v. 3, p. 389-390.

diminuir o risco. As operações de *hedge* devem constar no regulamento dos fundos de investimentos. Portanto, se o investidor observar qualquer menção a esse tipo de operação, deve saber que o gestor do fundo está fazendo operações muito arriscadas e que está tomando providências para reduzir os riscos dessas operações.

Em geral, as operações de *hedge* são realizadas na BM&F (Bolsa de Mercadorias & Futuros). Digamos que uma empresa tenha dívidas em dólar, e queira se prevenir de eventual alta da moeda norte-americana. Ela vai a BM&F e compra um contrato de dólar futuro, garantindo que, em determinada data, poderá comprar determinada quantia de dólares a determinada cotação. Se o dólar ultrapassar a cotação fixada, a empresa estará protegida, pois terá direito a comprar a moeda a um preço mais baixo. Operações como essa na BM&F, no entanto, têm um custo. Por isso, só são feitas por empresas ou bancos.

[...]

Mas há alguns tipos de *hedge* que o pequeno investidor pode fazer, sem precisar recorrer a BM&F. Suponhamos que uma família vá fazer uma viagem ao exterior e debite a maioria de suas despesas em cartão de crédito. [...] Para se proteger de qualquer crise cambial, o investidor calcula em média quanto gastará em sua viagem e compra o mesmo valor em dólar ou simplesmente aplica o dinheiro num fundo cambial (atrelado ao dólar). Ao retornar da viagem, pode vender os dólares comprados e, com o equivalente em reais, pagar sua fatura. [...][22]

11.15 Contrato de faturização ou *factoring*

11.15.1 Definição

Já estudamos anteriormente o contrato de desconto bancário, pelo qual uma pessoa recebe de um banco uma quantia em dinheiro, mediante a entrega de um título de crédito de terceiro. Em outras palavras, o banco desconta o título (um cheque pré-datado, por exemplo) antecipadamente, mediante certa comissão, é lógico. Posteriormente, na data do vencimento, cobra o título do devedor. Se este não pagar, poderá executar ou o devedor do título ou o descontário, que responde solidariamente.

---

22 LEMES, Giovanni Bugni. **Administração financeira**. Joinville: Clube de Autores, 2017. p. 356-359, 364-365.

Bem próximo ao desconto bancário acha-se o contrato de *factoring*, denominado por Fran Martins de faturização.[23]

No *factoring*, uma pessoa, o faturizado, entrega à outra, o faturizador, um título emitido por terceiro. Este título pode ser, por exemplo, uma duplicata, representativa de uma venda a prazo feita pelo faturizado. Este, necessitando de capital de giro e não podendo esperar o vencimento da duplicata para receber do comprador, entrega-a ao faturizador. O faturizador, por sua vez, torna-se o novo credor do título, pagando ao faturizado, descontando a sua comissão, é óbvio, para depois receber do comprador (devedor do título), na data do vencimento.

Mas qual a diferença entre a faturização e o desconto bancário?

É que na faturização opera-se verdadeira cessão de crédito. Por outros termos, se o devedor do título não pagá-lo, tanto pior para o faturizador, que não poderá regressar contra o faturizado, a não ser que este, expressamente, tenha assumido tal responsabilidade, seja endossando o título, seja avalizando-o. Em poucas palavras, o faturizado só se responsabiliza pela existência do crédito, não pela solvabilidade do devedor. Ademais, por se tratar de cessão de crédito, o devedor deve ser notificado da operação de *factoring*, para que possa pagar ao novo credor, qual seja, o faturizador.

A cessão de crédito, relembrando, é um negócio jurídico bilateral, é um contrato realizado entre o credor e o terceiro. Negócio jurídico que seja, não cria, entretanto, nova relação jurídica, transmitindo apenas a antiga ao terceiro cessionário. Daí, temos as diferenças entre cessão de crédito, sub-rogação e novação, institutos que, à primeira vista, se parecem.

Na sub-rogação, o vínculo obrigacional antigo não se desfaz, sendo o primitivo credor substituído por um novo, que efetua o pagamento no lugar do devedor, sub-rogando-se em todos os direitos do antigo credor. De ressaltar é o fato de o credor antigo ter seu direito satisfeito pelo sub-rogatário. João, fiador de Pedro, paga ao credor, sub-rogando-se em todos os seus direitos contra Pedro.

Na novação, o vínculo antigo desfaz-se, criando-se novo vínculo obrigacional, sem que haja pagamento, ou seja, sem que haja satisfação do direito do credor. João aceita que Pedro lhe pague com cheque de Manoel. Aceito o pagamento, Pedro desvincula-se, criando-se nova relação, entre João e Manoel. Se o cheque estiver sem fundos, João deverá cobrar de Manoel, e não de Pedro, por força da novação.

A cessão de crédito tem em comum com a sub-rogação a permanência do vínculo antigo, que não se rompe, e com a novação, a inexistência de pagamento. O que acontece é que o credor cedente transfere seus direitos ao cessionário com

---

23 MARTINS, Fran. **Contratos e obrigações comerciais**... cit., p. 559 *et seq.*

todos os seus acessórios e garantias. O vínculo original desloca-se da pessoa do cedente para o cessionário sem que haja pagamento. É o que ocorre na faturização.

Na faturização, dependendo do título, pode ocorrer endosso ou tradição manual, se, por exemplo, tratar-se da transferência de cheques à ordem ou ao portador, respectivamente. De todo modo, o faturizador se responsabiliza integralmente pela solvabilidade do título.

A faturização pode ser convencional ou no vencimento. A regra é que seja convencional, ou seja, o faturizador já paga de imediato ao faturizado o valor do título, descontada sua comissão, para depois receber do devedor. Existe também a faturização no vencimento, quando o faturizador só paga ao faturizado o valor do título, na data de seu vencimento. Não há de ser muito comum, entretanto.

Na faturização, o faturizador, normalmente, assume todas as contas do faturizado, podendo, porém, não aprovar as que considerar muito arriscadas. Terá ele acesso livre aos livros do faturizado, que digam respeito às contas com que esteja operando.

11.15.2 Caracteres jurídicos

Por suas características, o *factoring* é contrato:

- atípico, porque não tipificado em lei, embora esparsamente a Lei brasileira o mencione;
- puro, pois não resulta da fusão de outros tipos contratuais;
- consensual, uma vez que se considera celebrado pela simples convenção;
- oneroso por essência, sendo sempre devidas prestação e contraprestação;
- bilateral, por gerar obrigações para ambas as partes;
- pré-estimado, por serem as prestações de ambas as partes conhecidas de antemão;
- de execução futura, pois se celebra num momento, executando-se em outro;
- individual, por obrigar somente aqueles individualmente envolvidos;
- negociável, porque, pelo menos em tese, admite negociação de cláusulas;
- *intuitu personae*, uma vez que se fundamenta em vínculo personalíssimo entre as partes, faturizador e faturizado. Se um deles morrer, por exemplo, o contrato se extingue.[24]

---

24 Idem, p. 575.

11.15.3 Requisitos de validade

a) Requisitos subjetivos: Quanto ao faturizado, pode ser pessoa física ou jurídica, comerciante ou não, desde que civilmente capaz.

O faturizador, apesar de inexistir lei específica a respeito, é, como regra, pessoa jurídica. É sociedade comercial, constituída para este fim específico, ou constituída, dentre outros, também para o fim de operar contratos de *factoring*.

Deverá ser registrada na Junta Comercial, para operar regularmente.

Várias leis fazem referências às empresas de *factoring*, por vezes denominando-as de "empresas que praticam operações de *compra de faturamento*", como a Circular Bacen n. 2.715/1996.

b) Requisitos objetivos: O objeto do *factoring* é a compra de um crédito ou de um faturamento, que deverá ser lícito e materialmente possível, subentendendo-se aí que seja existente.

c) Requisitos formais: O *factoring* é contrato consensual, considerando-se celebrado desde o momento em que cheguem as partes a consenso. Sua forma é, portanto, livre, valendo, ainda que verbal.

11.15.4 Extinção do contrato

A faturização se extingue pela resolução, ensejada por descumprimento de obrigação contratual por uma das partes. Relembrando, a resolução é a extinção do contrato, por via judicial, devido à conduta culpável de uma das partes, que descumpre o contrato.

Extingue-se, outrossim, pela resilição ou distrato bilateral, gerado de mútuo acordo entre as partes. O distrato poderá ser, porém, unilateral, quando a parte distratante deve notificar a outra previamente. Em outras palavras, qualquer uma das partes pode, por vontade própria, sem a necessidade de motivo justo, resilir o contrato, desde que dê à outra, aviso prévio.

Outras causas de extinção são a morte ou incapacidade superveniente de uma das partes, o advento do termo final, se bem que o contrato pode conter cláusula de renovação automática e o implemento de condição resolutiva etc. Nos casos de morte ou incapacidade superveniente, as operações já contratadas consideram-se ato jurídico perfeito, devendo ser finalizadas, se for o caso.

11.16 Contrato de cartões de crédito

11.16.1 Definição

Em primeiro lugar, há de ser esclarecido que o cartão de crédito em si não é contrato. Parodiando os dizeres de Nelson Abrão, cartão de crédito é documento comprobatório de que seu titular, cujo nome nele vem impresso, detém crédito perante quem o emitiu, para realizar compra de bens e utilizar-se de serviços, mediante sua apresentação.[25]

Conclui-se, pois, que o cartão, em si mesmo, não passa de documento de plástico ou outro material qualquer, contendo o nome do titular e sua assinatura no verso, além de outras informações, como número e data de validade. É documento nominal, pessoal e intransferível. O assim chamado contrato de cartão de crédito é algo bem diverso.

Por contrato de cartão de crédito, deve entender-se o acordo celebrado entre determinada pessoa, física ou jurídica, com outra, a emissora do cartão, a fim de realizar aquisição de bens ou serviços, para tanto apresentando, junto ao fornecedor credenciado, o cartão ou, simplesmente, seu número.

No contrato de cartão de crédito, forma-se relação triangular entre duas pessoas determinadas e várias outras indeterminadas.

As pessoas determinadas são o titular do cartão e o emissor. As pessoas indeterminadas são todos os fornecedores de bens e/ou serviços, credenciadas pelo emissor a fornecer seus produtos e/ou serviços aos titulares do cartão por ele emitido. Em outras palavras, o titular é João ou Manoel. O emissor é a pessoa jurídica que administra o cartão, como a Credicard S.A., a American Express do Brasil Tempo & Cia. etc. Os fornecedores são todos aqueles credenciados a fornecer seus produtos ou serviços a quem lhes apresentar, legitimamente, o cartão de crédito.

11.16.2 Caracteres jurídicos

Tendo em vista suas características, o contrato de cartão de crédito é:

- Atípico, porque não tipificado em lei, embora esparsamente a Lei brasileira o regulamente.
- Misto, pois resulta da fusão de outros tipos contratuais, a saber, a abertura de crédito, que o emissor celebra com o titular; a prestação de serviços do emissor com o titular e os fornecedores credenciados e o mandato, implicitamente

---

25 ABRÃO, Nelson. **Curso de direito bancário**. São Paulo: RT, 1982. p. 121.

outorgado pelo titular ao emissor, para pagar as despesas por ele efetuadas aos fornecedores, de quem houver adquirido bens ou serviços.[26]

- Consensual, uma vez que, na falta de lei regulamentadora, o contrato de cartão de crédito se considera celebrado pela simples convenção. Na prática, porém, é contrato celebrado sempre por escrito, tanto entre titular e emissor, quanto entre emissor e fornecedores. Isso, todavia, não significa que, se por um acaso for celebrado verbalmente, não valha. Desde que o titular tenha em mãos o cartão e que o fornecedor esteja credenciado, ainda que informalmente, o contrato vale, podendo ser provado por todos os meios em Direito admitidos, ou seja, documentos, testemunhas, presunção, confissão etc. Vê-se, aqui, a simples aplicação do princípio do consensualismo, segundo o qual, salvo expressa disposição legal, os contratos se consideram celebrados pela simples convenção;
- Oneroso por essência, sendo sempre devidas prestação e contraprestação.
- Bilateral, por gerar obrigações para todas as partes.
- Aleatório, por não se poder prever de antemão as despesas que o titular irá efetuar com o cartão.
- De execução futura, pois se celebra num momento, executando-se em outro.
- Individual, por obrigar somente aqueles individualmente envolvidos.
- Na prática, é contrato de adesão, sendo suas cláusulas impostas unilateralmente pelo emissor, tanto ao titular quanto aos fornecedores.
- *Intuitu personae*, por ser pessoal e intransferível. Em outras palavras, ninguém mais, além do titular e das pessoas por ele autorizadas, e, de outro lado, ninguém mais, além dos fornecedores credenciados, poderá operar com o cartão. Morrendo o titular, extingue-se o contrato. Falindo, morrendo ou sendo sucedido o fornecedor, extingue-se o contrato para ele.

11.16.3 Requisitos de validade

a] Requisitos subjetivos: Em relação ao titular, este poderá ser pessoa física ou jurídica. Sendo pessoa física, deverá ser civilmente capaz. Se pessoa jurídica, deve funcionar regularmente, ou seja, deverá ter sido constituída e funcionar de acordo com a Lei. Uma sociedade de fato não poderá ser titular de cartão de crédito. Apenas seus sócios poderão sê-lo.

Quanto ao emissor, deverá ser pessoa jurídica autorizada a emitir e administrar cartões de crédito. Pode ser instituição financeira ou não e servirá de intermediário entre o titular e os fornecedores, para que se opere entre eles a compra e venda de bens ou serviços.

---

26 DINIZ, Maria Helena. **Tratado teórico e prático dos contratos**. São Paulo: Saraiva, 1993. v. 3, p. 77 *et seq.*

Por fim, o fornecedor poderá ser pessoa física ou jurídica, credenciada junto ao emissor, para oferecer seus bens ou serviços aos titulares do cartão. Se pessoa física, deverá ser civilmente capaz. Se pessoa jurídica deverá funcionar dentro dos parâmetros legais.

b) Requisitos objetivos: O objeto do contrato é, em última instância, o financiamento da aquisição de bens e/ou serviços, que deverão ser possíveis tanto do ponto de vista material quanto jurídico. Não se pode comprar um lugar no céu com cartão, nem tampouco cocaína, pelo menos aqui no Brasil.

c) Requisitos formais: Quanto à forma, já vimos que o contrato de cartão de crédito é consensual, em respeito ao princípio do consensualismo. Na prática, porém, é sempre celebrado por escrito, sendo tipicamente de adesão.

11.16.4 Espécies de cartão de crédito

Há duas modalidades de cartão de crédito: os de credenciamento e os cartões de crédito em sentido estrito.

Os cartões de credenciamento são aqueles emitidos por certas entidades, em favor de seus próprios consumidores, a fim de que possam consumir e pagar em data posterior. É o que ocorre com o cartão do Carrefour e de tantas outras lojas.

Os cartões de crédito propriamente ditos são aqueles que conceituamos acima; emitidos por pessoa jurídica autorizada, são aqueles que conferem a seu titular o direito de adquirir bens e/ou serviços junto aos fornecedores credenciados. Alguns sistemas permitem também a retirada de dinheiro, em estabelecimento bancário credenciado, mediante a apresentação do cartão.

Estes cartões de crédito em sentido estrito ou propriamente ditos podem ser bancários ou não bancários. Serão bancários, quando o emissor for um banco ou filial sua. Serão não bancários, quando a entidade emissora não for um banco ou filial de um banco.

11.16.5 Obrigações das partes[27]

São obrigações do titular para com o emissor, pagar as despesas efetuadas, que lhe são remetidas por fatura mensal. Pagar a taxa anual de administração. Respeitar o limite de crédito. Comunicar qualquer caso de perda ou extravio, furto ou roubo.

Obriga-se o titular para com o fornecedor a apresentar o cartão de crédito, permitindo sua conferência.

---

27 MARTINS, Fran. **Contratos e obrigações comerciais**... cit., p. 614 et seq. DINIZ, Maria Helena. **Tratado teórico e prático dos contratos**... cit., v. 3, p. 88 et seq.

Já o emissor se obriga para com o titular a honrar as despesas por ele feitas junto aos fornecedores, dentro dos limites do contrato. Obriga-se ainda a cancelar e substituir o cartão perdido, extraviado, furtado ou roubado.

Perante os fornecedores, o emissor se compromete a adiantar-lhes as despesas efetuadas pelo titular do cartão, assumindo inteiramente os riscos de inadimplemento. Por outros termos, o fornecedor receberá pelo bem ou serviço vendido, ainda que o titular não pague ao emissor.

Finalmente, os fornecedores têm a obrigação de informar ao público que trabalham com o cartão, seja através de cartazes, adesivos ou outro meio eficaz, não podendo negar-se a aceitá-lo. Deverão ainda conferir os dados do cartão e do titular, arcando sozinho pelas consequências, caso não o faça. Por exemplo, se a assinatura do titular não conferir com a do cartão, tanto pior para o fornecedor que não fez a devida checagem. O emissor nada lhe pagará.

11.16.6 Extinção do contrato

Extingue-se o contrato de cartão de crédito, entre titular e emissor, pela morte, incapacidade, falência, dissolução ou extinção de uma das partes, dependendo se físicas ou jurídicas; pelo vencimento do prazo; pelo distrato, que poderá ser unilateral, sem a necessidade de justa causa ou ainda pela resolução, devida a falta contratual, cometida por uma das partes.

Pelos mesmos motivos extingue-se o contrato, entre emissor e fornecedor.

11.17 Contrato de *shopping centers*[28]

11.17.1 Definição

Segundo a Associação Brasileira de *Shoppings Centers* (Abresce), *shopping center* é centro comercial planejado sob administração única, composto de lojas destinadas à exploração comercial e à prestação de serviços, sujeitas a normas contratuais padronizadas, para manter o equilíbrio da oferta e da funcionalidade, assegurando a convivência integrada e pagando um valor de conformidade com o faturamento.

Esta a definição de *shopping center*. Mas e o chamado contrato de *shopping center*?

---

28 Idem, v. 3, p. 31 et seq. PEREIRA, Caio Mário da Silva et al. **Shopping centers**: aspectos jurídicos. São Paulo: RT, 1984. *passim*.

Na verdade, é como afirma Caio Mário, não há um único contrato de *shopping center*. Na sistemática dos *shoppings* existe uma variedade de contratos celebrados entre várias pessoas. Desde a fase da construção e da ocupação e utilização, os *shopping centers* se permeiam de diversos contratos.

O que habitualmente se denomina contrato de *shopping center* é, na realidade, contrato entre lojistas, empreendedor e administrador, contendo normas gerais e específicas sobre a utilização do *shopping*, direitos e deveres das partes.

11.17.2 Partes

As partes dessa modalidade esdrúxula de contrato são, de um lado, o empreendedor ou dono do *shopping center*, normalmente pessoa jurídica; de outro lado, os lojistas ou ocupantes do espaço comercial e, por fim, do outro lado, o administrador do *shopping*, empresa encarregada pelo empreendedor da administração cotidiana do *shopping*. O contrato que se celebra entre empreendedor e administrador e entre administrador e lojistas é parte integrante do contrato celebrado entre empreendedor e lojistas.

11.17.3 Características do contrato de *shopping center*

Em primeiro lugar, trata-se de contrato normativo, estabelecendo normas gerais de funcionamento e utilização do *shopping*, além das normas atinentes ao uso de cada uma das unidades.

Os lojistas devem pagar um aluguel ao empreendedor, além de taxa de utilização e administração, equivalente a taxa de condomínio, para cobrir despesas comuns. Este aluguel é fixado em bases mínimas, sendo acrescido de um percentual sobre o faturamento de cada loja.

É de se ressaltar, entretanto, que o maior interesse do empreendedor não é o aluguel puro e simples, pago pelos lojistas, mas a relação direta entre a rentabilidade do empreendimento e a das atividades comerciais exercidas no prédio. Daí a importância do *tenant-mix* ou distribuição espacial das lojas. Cada uma das lojas tem localização adequada, principalmente as denominadas *lojas-âncora*, que consistem em grandes magazines, para atrair o público.

Por fim, os lojistas serão obrigatoriamente membros da Associação de Lojistas, pessoa jurídica de Direito Privado, sem intuito lucrativo, que tem por finalidade dar o necessário suporte aos associados, no referente à troca de informações, normatização das atividades comerciais, a fim de evitar concorrência desleal, por exemplo.

11.18 Contrato de consórcio[29]

11.18.1 Definição

Em primeiro lugar, é essencial sublinhar que há várias espécies de consórcio. O consórcio para aquisição de bens e serviços é o mais conhecido deles. Mas há outros, a saber, o consórcio de empresas, o *underwriting* e o consórcio administrativo.

Estudaremos mais profundamente o consórcio para aquisição de bens e serviços, deixando os demais para o fim, quando deles daremos breve notícia.

Parafraseando Maria Helena Diniz,[30] consórcio para aquisição de bens e serviços é forma de associação de pessoas, que se reúnem para a obtenção de capital, a fim de adquirir, mediante pagamento de contribuições mensais, idêntica espécie de bens duráveis, móveis ou imóveis, ou serviços, em quantidade equivalente ao número de integrantes do grupo, utilizando-se para tanto de sistema combinado de sorteios e lances, ficando o montante sob fiscalização bancária e administração de empresa especializada.

Segundo a Lei n. 11.795/2008, consórcio é a reunião de pessoas naturais e jurídicas em grupo, com prazo de duração e número de cotas previamente determinados, promovida por administradora de consórcio, com a finalidade de propiciar a seus integrantes, de forma isonômica, a aquisição de bens ou serviços, por meio de autofinanciamento.

Trata-se, na verdade, de mecanismo de autofinanciamento, em que várias pessoas, reunidas em grupo, financiam reciprocamente a aquisição de bens ou serviços. O mais comum é o consórcio para a aquisição de bens. Em tese, é possível, porém, a aquisição de certo serviço por meio de consórcio.

O consórcio é organizado e administrado por pessoa jurídica constituída sob a forma de sociedade limitada ou de sociedade anônima, genericamente denominada empresa administradora. Não está sujeita à falência. No caso de se tornar insolvente, a empresa administradora não terá sua falência decretada. Sofrerá processo de intervenção e liquidação extrajudiciais, promovido pelo Banco Central, segundo os ditames da Lei n. 11.795/2008.

De acordo com o parágrafo 2º do art. 5º da Lei n. 11.795/2008, os diretores, gerentes, prepostos e sócios com função de gestão na administradora de consórcio são depositários, para todos os efeitos, das quantias que a administradora receber dos consorciados na sua gestão, até o cumprimento da obrigação assumida no contrato de participação em grupo de consórcio, por adesão, respondendo

---

29 DINIZ, Maria Helena. **Tratado teórico e prático dos contratos**... cit., v. 4, p. 167 et seq. FIGUEIREDO, Álcio Manoel S. **ABC do consórcio**: teoria e prática. 4. ed. Curitiba: Juruá, 1996. *passim*.
30 DINIZ, Maria Helena. **Tratado teórico e prático dos contratos**... cit., v. 4, p. 167.

pessoal e solidariamente, independentemente da verificação de culpa, pelas obrigações perante os consorciados.

De todo modo, a administradora de consórcio tem direito à taxa de administração, a título de remuneração pela formação, organização e administração do grupo de consórcio até o encerramento deste.

De acordo com a Lei n. 11.795/2008, os consorciados reunidos e seus recursos, ou seja, o grupo de consórcio tem natureza societária. É sociedade não personificada, regulando-se pela própria Lei n. 11.795/2008 e pelo Código Civil, arts. 986 e ss. Trata-se de sujeito de direito sem personalidade. Cada grupo tem autonomia em relação aos demais e à administradora, tendo patrimônio próprio. Os interesses do grupo, em princípio, prevalecem sobre os dos consorciados.

O grupo deve escolher, na primeira assembleia geral ordinária, até três consorciados, que o representarão perante a administradora, com a finalidade de acompanhar a regularidade de sua gestão, com mandato igual à duração do grupo, facultada a substituição por decisão da maioria dos consorciados em assembleia geral. Esta será realizada, de ordinário, conforme a periodicidade prevista no contrato de consórcio. Nela serão apreciadas as contas prestadas pela administradora e serão efetuadas as contemplações aos consorciados. Qualquer assembleia extraordinária só poderá ser convocada pela administradora ou por 30% dos consorciados ativos.

Os grupos e as administradoras de consórcio formam, em conjunto, o chamado *Sistema de Consórcios*, supervisionado pelo Banco Central, com o objetivo de propiciar o acesso a bens e serviços. Considera-se, portanto, importante instrumento de progresso social.

O contrato de consórcio em si consiste no vínculo entre os consorciados, participantes de um mesmo grupo. Assim, cada consorciado celebra um contrato, que se integra aos demais, formando o grupo. Figura também nos vários contratos a administradora, na condição de gestora dos negócios do grupo e de mandatária de seus interesses e direitos. O objetivo do contrato, como dito, é a formação do grupo, para a constituição de um fundo pecuniário, a fim de adquirir para cada um dos consorciados bens ou serviços.

O contrato tem natureza societária, sendo negócio plurilateral. Deve ser precedido de uma proposta de participação no grupo, que se converterá em contrato, se aprovada pela administradora.

Considera-se perfeito o contrato com a realização da primeira assembleia, momento em que se reputa criado o grupo, para todos os efeitos.

11.18.2 Tutela legal

O consórcio para aquisição de bens e serviços regulava-se por normas espalhadas em extensa legislação. Para citar as principais, havia os Decretos n. 70.951/1972 e 72.411/1973; as Leis n. 4.728/1965, art. 49, e 5.768/1971; as Circulares Bacen n. 2.122 [revogada], 2.196 [revogada] e 2.230 [revogada], todas de 1992; as Portarias n. 190 e 191, de 1989, ambas do Ministério da Fazenda etc. Atualmente, a matéria se regula pela Lei n. 11.795/2008.

11.18.3 Requisitos de validade

a) Requisitos subjetivos: Para ser consorciado, basta a capacidade genérica para a vida civil, adquirida aos 18 anos ou pela emancipação. Podem também ser consorciadas as pessoas jurídicas.

Já a administradora de consórcios será pessoa jurídica, organizada sob a forma de sociedade limitada ou anônima, constituída regularmente, com a devida autorização do Banco Central.

b) Requisitos objetivos: O objeto do consórcio, ou seja, a aquisição de bens ou serviços, há de ser lícito e materialmente possível. Não se pode admitir consórcio para a aquisição de veículos furtados, ou de lugares no céu. Por esta razão, toda operação de consórcio deverá ser previamente autorizada pelo Banco Central.

c) Requisitos formais: O consórcio é contrato formal, definindo a Lei o que deve conter. Será, assim, escrito, por instrumento particular, mesmo que o bem seja imóvel. É contrato que se classifica como de adesão, uma vez que suas cláusulas são idênticas para todos os integrantes do grupo, sendo predefinidas pela administradora e pré-aprovadas pelo Banco Central.

11.18.4 Efeitos

O grupo será constituído na primeira assembleia geral, marcada pela administradora, após a adesão de bastantes consorciados. Constituído que seja, cada grupo terá identidade própria.

Dos consorciados poderão ser cobradas as despesas com registro, garantia, seguro, taxa de administração etc.

O consorciado deverá pagar mensalmente sua prestação, ficando fora dos sorteios, se estiver inadimplente. Pagará multa moratória de, no máximo, 2% (dois por cento) ao mês, mais juros de mora de 1% (um por cento) ao mês, além da correção monetária, nos moldes do Código do Consumidor.

O contrato de participação em grupo de consórcio implica a atribuição de uma cota de participação no grupo, numericamente identificada, nela caracterizada o bem ou serviço.

No contrato devem estar previstas, de forma clara, as garantias que serão exigidas do consorciado para utilizar o crédito. As garantias iniciais em favor do grupo devem recair sobre o bem adquirido por meio do consórcio. No caso de consórcio de bem imóvel, é facultado à administradora aceitar em garantia outro imóvel de valor suficiente para assegurar o cumprimento das obrigações pecuniárias do contemplado em face do grupo. Admitem-se garantias reais ou pessoais, sem vinculação ao bem referenciado, no caso de consórcio de serviço de qualquer natureza, ou quando, na data de utilização do crédito, o bem estiver sob produção, incorporação ou situação análoga definida pelo Banco Central do Brasil.

A administradora pode exigir garantias complementares, proporcionais ao valor das prestações vincendas.

A administradora deve indenizar o grupo na ocorrência de eventuais prejuízos decorrentes de aprovação de garantias insuficientes, inclusive no caso de substituição de garantias dadas, bem como no caso de prejuízos decorrentes de liberação de garantias, enquanto o consorciado não tiver liquidado sua participação no grupo.

A administradora de consórcio pode adquirir cotas de grupo de consórcio, inclusive sob sua administração, mas só poderá concorrer a sorteio ou lance, após a contemplação de todos os demais consorciados.

É permitido ao consorciado, a qualquer momento, pagar integralmente o valor do bem, desvinculando-se do grupo e encerrando sua participação, com a aquisição do bem. Os que já o receberam, poderão liquidar seu saldo antecipadamente, de uma ou mais vezes.

O consorciado poderá transferir sua cota a terceiro, que poderá, entretanto, ser rejeitado pela administradora, se não se mostrar pessoa idônea.

Poderá ser constituído um fundo de reserva, para cobrir eventual inadimplemento ou mora dos consorciados. A arrecadação para esse fundo cessará, no momento em que atingir o valor suficiente para a aquisição de uma unidade do bem, objeto do consórcio.

Todos os consorciados com suas prestações em dia terão direito de participar do sorteio mensal, podendo, porém, retirar seu nome, para não participar.

A cada cota de consorciado ativo corresponderá um voto nas deliberações das assembleias gerais ordinárias e extraordinárias, que serão tomadas por maioria simples.

A representação do ausente pela administradora na assembleia geral ordinária dar-se-á com a outorga de poderes, desde que prevista no contrato. Já a representação de ausentes nas assembleias gerais extraordinárias dar-se-á com a outorga de poderes específicos, inclusive à administradora, constando obrigatoriamente informações relativas ao dia, hora e local e assuntos a serem deliberados.

A contemplação é a atribuição ao consorciado do crédito para a aquisição de bem ou serviço, bem como para a restituição das parcelas pagas, no caso dos consorciados excluídos. Ocorre por meio de sorteio ou de lance, na forma prevista no contrato. O consorciado que oferecer maior lance poderá adquirir seu bem de imediato, sem concorrer no sorteio. Somente concorrerá à contemplação o consorciado ativo e os excluídos, para efeito de restituição dos valores pagos.

O contemplado poderá destinar o crédito para o pagamento total de financiamento de sua titularidade, sujeita à prévia anuência da administradora e ao atendimento de condições estabelecidas no contrato de consórcio.

A contemplação está condicionada à existência de recursos suficientes no grupo para a aquisição do bem, conjunto de bens ou serviços em que o grupo esteja referenciado e para a restituição aos excluídos.

O crédito a que faz jus o consorciado contemplado será o valor equivalente ao do bem ou serviço indicado no contrato, vigente na data da assembleia geral ordinária de contemplação.

Os recursos do grupo consideram-se fundo comum e se destinam à atribuição de crédito aos consorciados contemplados e à restituição aos consorciados excluídos, bem como para outros pagamentos previstos no contrato. Este fundo é constituído pelo montante de recursos representados por prestações pagas pelos consorciados para esse fim e por valores correspondentes a multas e juros moratórios destinados ao grupo de consórcio, bem como pelos rendimentos provenientes de sua aplicação financeira. A forma dessas aplicações é estabelecida pelo Banco Central.

O consorciado obriga-se a pagar prestação cujo valor corresponde à soma das importâncias referentes à parcela destinada ao fundo comum do grupo, à taxa de administração e às demais obrigações pecuniárias que forem estabelecidas expressamente no contrato. É facultado estipular no contrato a cobrança de valor a título de antecipação de taxa de administração, destinado ao pagamento de despesas imediatas vinculadas à venda de cotas de grupo de consórcio e remuneração de representantes e corretores, devendo ser destacado do valor da taxa de administração que compõe a prestação, sendo exigível apenas no ato da assinatura do contrato de participação em grupo de consórcio, por adesão; e ser deduzido do valor total da taxa de administração durante o prazo de duração do grupo.

Após o pagamento integral de todas as prestações, o bem será obrigatoriamente entregue. O consorciado tem o direito de optar por carta de crédito, no valor do bem, podendo, assim, adquirir outro bem qualquer.

No caso de inadimplemento ou de desistência, e desde que não haja cláusula resolutiva no contrato, a administradora poderá optar entre executar o consorciado ou excluí-lo do grupo. O consorciado excluído não contemplado terá direito à restituição da importância paga ao fundo comum do grupo, cujo valor deve ser calculado com base no percentual amortizado do valor do bem ou serviço vigente na data da assembleia de contemplação, acrescido dos rendimentos da aplicação financeira a que estão sujeitos os recursos dos consorciados. Se o consorciado excluído já houver adquirido o bem, deverá restituí-lo, fazendo jus ao reembolso do que já houver pagado, menos os prejuízos causados pela desistência ou inadimplemento, somados a um valor atribuído pela fruição do bem.

No prazo de sessenta dias da data da realização da última assembleia de contemplação, a administradora deverá comunicar aos consorciados que não tenham utilizado os respectivos créditos, que estão eles à disposição para recebimento em espécie.

O encerramento do grupo deve ocorrer no prazo máximo de cento e vinte dias da data da realização da última assembleia de contemplação, e desde que decorridos, no mínimo, trinta dias da comunicação a que se referiu no último parágrafo, ocasião em que se deve proceder à definitiva prestação de contas do grupo.

Prescreverá em cinco anos a responsabilidade do grupo ou da administradora em relação ao consorciado ou ao excluído, e destes em relação àqueles, a contar dos cento e vinte dias da data da realização da última assembleia de contemplação.

Se o bem, objeto do consórcio, sair de linha, a administradora convocará assembleia geral, para decidir se haverá substituição por outro bem semelhante ou encerramento do grupo.

Estas, as principais consequências jurídicas do contrato de consórcio.

11.18.5 Outras espécies de consórcio

a) Consórcio de empresas: Consórcio de empresas é a associação de duas ou mais sociedades civis ou comerciais, que, sem perder sua individualidade, se reúnem para a consecução de empreendimento comum, que individualmente não conseguiriam. Essas sociedades consorciadas poderão estar sob controle de uma delas ou não.
b) *Underwriting*: O *underwriting* é o consórcio formado por instituições financeiras para lançar títulos no mercado de capitais. Cuida-se de contrato prévio entre fundadores e instituições financeiras intermediárias que,

conjuntamente, fazem a operação de tomada de toda emissão, destinada à oferta pública, encarregando-se de procedimentos regulamentares, de publicidade, lançamento ou distribuição no mercado de capitais, de valor superior ao mínimo estabelecido em lei.[31]

c) Consórcio administrativo: O consórcio administrativo é aquele estabelecido por entidades de Direito Público (Estados, Municípios, Distrito Federal, autarquias, União), para a execução de obras e serviços de interesse público comum, como construção de estradas etc.

---

31 DINIZ, Maria Helena. **Tratado teórico e prático dos contratos**... cit., v. 4, p. 185.

Capítulo 12
Fontes das obrigações: atos unilaterais

Os atos lícitos unilateralmente praticados por alguém têm como principal efeito obrigar o agente. Assim é que fonte de obrigações são os contratos, enquanto atos bilaterais; e os atos unilaterais: a promessa de recompensa, a gestão de negócios e o pagamento indevido.

O Código Civil tratou do assunto, regulando essas três espécies de atos unilaterais: a promessa de recompensa, a gestão de negócios e o pagamento indevido, apesar das controvérsias que envolvem o tema.

Antes de adentrarmos em seu estudo, é fundamental analisar, ainda que de forma perfunctória, o *princípio do enriquecimento sem causa*, que fundamenta praticamente todas as obrigações derivadas dos atos unilaterais.

Na verdade, já cuidamos do enriquecimento sem causa no final do Capítulo VII, local em que entendemos correto posicionar a matéria. Repetimos, contudo, o que lá dissemos, por razões meramente didáticas, uma vez que esta é a geografia do instituto no Código Civil.

Enriquecimento ilícito ou sem causa, também denominado enriquecimento indevido, ou locupletamento, é todo aumento patrimonial que ocorre sem causa jurídica. Assim, se "A" paga a "B" o que deveria pagar a "C", e "B" não restitui o que lhe foi dado por engano, teremos enriquecimento sem causa de sua parte.

Causa de um ato jurídico e, consequentemente, de um ato que enriquece, é a atribuição jurídica do ato, relacionada ao fim prático que se obtém como decorrência dele. Responde à pergunta "para que serve o ato?". Na compra e venda, por exemplo, a causa seria a transferência da propriedade. Não pode ser causa de enriquecimento (aumento patrimonial) o furto ou o pagamento indevido.

Mas o furto e o pagamento indevido não são as únicas causas de enriquecimento ilícito. Outras causas há, como por exemplo, o pagamento de dívidas sem a devida correção monetária. Se "A" toma $ 100,00 emprestados e tempos depois paga os mesmos $ 100,00 sem a devida atualização monetária, estará se enriquecendo ilicitamente, a não ser que se tenha pactuado o não reajustamento.

Os requisitos do enriquecimento sem causa são três:

1] Diminuição patrimonial do lesado.
2] Aumento patrimonial do beneficiado sem causa jurídica que o justifique. A falta de causa se equipara à causa que deixa de existir. Se, num primeiro momento, houve causa justa, mas esta deixou de existir, o caso será de enriquecimento indevido.
3] Relação de causalidade entre o enriquecimento de um e o empobrecimento de outro. Esteja claro, que as palavras "enriquecimento" e "empobrecimento" são usadas, aqui, em sentido figurado, ou seja, por enriquecimento entenda-se o aumento patrimonial, ainda que diminuto; por empobrecimento entenda-se a diminuição patrimonial, mesmo que ínfima.

A doutrina tem bem definidos os parâmetros do enriquecimento indevido, e o Código Civil também traça seus contornos, nos arts. 884 a 886.

O art. 884 impõe a todo aquele que se enriquecer sem causa jurídica o dever de indenizar a pessoa, a cuja custa ocorreu o enriquecimento.

"Aquele que, sem justa causa, se enriquecer à custa de outrem, será obrigado a restituir o indevidamente auferido, feita a atualização dos valores monetários".

O repúdio ao enriquecimento sem causa é princípio geral do Direito, gerador de uma série de regras e subprincípios. E é este princípio que se vê estampado no art. 884 do CC.

Neste momento, podemos verificar serem duas coisas bem distintas: o ato de se locupletar e o princípio do enriquecimento sem causa. O ato de se enriquecer é unilateral, embora possa ocorrer na celebração ou na execução de um contrato, típico ato bilateral. É que ninguém pede permissão para se enriquecer às custas de outrem. Assim, o locupletamento, enquanto ato, é unilateral. Por outro lado, o princípio que daí decorre, ou seja, o princípio que proíbe que alguém se enriqueça em detrimento de outrem, sem causa legítima, este se aplica não só aos atos unilaterais, mas a todas as relações patrimoniais de Direito Privado e também Público. Por isso defendermos com tamanha insistência dever seu estudo se realizar junto aos demais institutos da Parte Geral. O princípio do enriquecimento sem causa é, na verdade, subprincípio do princípio da reparação integral, consagrado nos arts. 927 e 944 do Código Civil.

Continuando, não se deve, tampouco, confundir o princípio do enriquecimento sem causa com a ação de locupletamento dele oriunda. Esta só terá cabida na falta de outra ação específica, segundo o art. 886. Assim, no pagamento indevido, caberá a ação de repetição de indébito (*condictio indebiti*) e não a ação de locupletamento, embora tenha ocorrido enriquecimento sem causa. Não havendo outra ação mais específica, admite-se, então, a de locupletamento.

Vejamos um exemplo: Álvaro emite um cheque ao portador para realizar um pagamento a Rafael. Este, dez meses depois, paga uma conta de Sílvio, com o cheque de Álvaro. Em consequência deste pagamento, opera-se a novação da obrigação que Sílvio tinha com seu credor, Daniel. Seu objeto passa a ser o cheque, e o devedor, seu emitente, ou seja, Álvaro. Se o cheque estiver sem fundos, qual a ação de Daniel, ex-credor de Sílvio, para se ressarcir? Executar o cheque não é mais possível, uma vez que quando o recebeu, já estava prescrita a ação cambial. Agir contra Sílvio tampouco é possível, por não ser ele devedor de Daniel, por força da novação. Intentar ação de cobrança contra Álvaro não será possível, por não haver relação causal entre Álvaro e Daniel. O mesmo se diga de eventual ação de cobrança contra Rafael. Tampouco será viável uma ação indenizatória contra Álvaro, pelo simples fato de que o dano não foi causado diretamente por ele. Afinal, Álvaro emitiu o cheque para pagar a Rafael. Além disso, a falta de fundos pode não ter sido culpável, eliminando, por conseguinte, a caracterização do ilícito. Pode ser também que houvesse provisão de fundos, na época em que o cheque foi emitido. Neste caso tampouco se configurará ilícito indenizável, descabendo ação indenizatória. Diante disto, resta a Daniel apenas a ação de enriquecimento sem causa ou de locupletamento (*actio de in rem verso*), que poderá propor contra Álvaro.

Outro exemplo é o da avulsão. A avulsão ocorre sempre que uma porção de terras se desloca de um terreno às margens de um rio ou lago, agregando-se a outro terreno, devido a um evento da natureza, como uma enchente, por exemplo. Segundo o Código Civil (art. 1.251), o dono do terreno desfalcado tem direito à restituição das terras perdidas ou ao equivalente em dinheiro. O fundamento desse direito é o princípio do enriquecimento sem causa. Mas que ação deverá propor contra o dono do terreno acrescido? Como a avulsão decorre de um fato natural, a ação será a de locupletamento.

Vale esclarecer que a prescrição referente ao locupletamento será de três anos, segundo o art. 206, parágrafo 3º, IV, do CC. No caso de cheques, porém, a prescrição será de dois anos, segundo a Lei do Cheque.

De todo modo, o enriquecimento sem causa é fato ilícito, que, a nosso ver, deveria estar contemplado no art. 188 do Código Civil, juntamente com o ilícito *stricto sensu* (art. 186) e com o abuso de direito (art. 187).

12.1 Promessa de recompensa

Quando alguém, por anúncio público, oferece recompensa a quem desempenhe certa tarefa, está obrigado a pagá-la, quer o candidato haja procedido com o intuito de disputa ou não.

A vontade deve ser pública, difundida por qualquer veículo: TV, rádio, jornais, revistas, praça pública etc. O importante é que seja divulgada de modo a atingir o público-alvo.

É declaração *sui generis*[1], endereçada a qualquer pessoa disposta a cumprir a tarefa.

A partir do momento em que se torna pública, a declaração obriga, a não ser se revogada publicamente, *in tempore*[2]. A revogação se considera em tempo, se feita antes do cumprimento da tarefa. Porém o candidato de boa-fé deverá ser indenizado por todas as despesas feitas.

A obrigação resultante é a de pagar o prêmio, de acordo com as normas estabelecidas pela declaração, ou, em sua falta, ao que primeiro se apresentar.

---

1 *Sui generis* significa "único em seu gênero".
2 *In tempore* significa "em tempo hábil".

Se mais de um candidato cumprir a prestação correspondente à promessa, terá direito ao prêmio aquele que cumprir primeiro, salvo disposição contrária nos termos da declaração do promitente.

Sendo simultânea a apresentação, o prêmio será, ou repartido – se divisível –, ou sorteado – se indivisível. Se for o caso de sorteio, o contemplado deverá dar ao outro o valor em dinheiro, correspondente a seu quinhão.

Nos concursos públicos ou particulares, dirigidos ao púbico em geral, que se abram com promessa de contraprestação àqueles que obtiverem resultado mínimo, os candidatos aderem a suas cláusulas, não podendo insurgir-se contra o resultado, a não ser que consigam provar dolo ou inobservância de norma interna. Evidentemente que o candidato sempre poderá combater cláusulas ou decisões ilícitas ou abusivas, proferidas pela banca ou comissão.

Nos concursos em que se estipula prêmio para a obra que obtiver o melhor julgamento, a obra premiada só pertencerá ao promitente se estipulado na promessa. Caso contrário, o dono da obra premiada além de receber o prêmio, continuará sendo dono da obra.

O fundamento das obrigações resultantes das promessas de recompensa é, como visto *supra*, na maioria dos casos, o enriquecimento indevido. Alguns outros devem, porém, ser analisados com cautela.

Se certa instituição universitária anuncia vestibular, recebe as inscrições e, depois, não aceita a matrícula dos candidatos aprovados, deverá indenizá-los por todo prejuízo que tenham sofrido. Qual o fundamento desse dever de indenizar? Seria o enriquecimento sem causa?

Sem dúvida alguma, houve prejuízo para os candidatos aprovados, ainda que as inscrições tenham sido gratuitas. Na verdade, presume-se que tenham gastado com transporte para realizar as provas, gastaram com livros e outros materiais, cursinhos etc.

Mas e a universidade? Teve ela algum aumento patrimonial injustificado?

Se as inscrições foram gratuitas, pode-se praticamente afirmar que não houve qualquer lucro para a universidade. Neste caso, provado que a impossibilidade de aceitar a matrícula dos aprovados se deu por caso fortuito ou por motivo de força maior, a universidade estará isenta de indenizar os candidatos. Mas se a hipótese não for de caso fortuito ou força maior? Neste caso, a universidade deverá indenizar os referidos candidatos. Qual será, porém, o fundamento desta responsabilidade, se não houve, como se demonstrou, enriquecimento indevido da instituição?

A resposta encontra-se não no princípio do enriquecimento sem causa, mas no princípio da boa-fé e nos princípios da autorresponsabilidade e da confiança.

Pelo princípio da boa-fé objetiva, toda emissão de vontade deve ser acompanhada de conduta honrada e correta, compatível com a confiança depositada no promitente pelos destinatários da promessa. Se a promessa não se cumpre por culpa ou dolo do promitente, haverá quebra do princípio da boa-fé.

Também o princípio da autorresponsabilidade fundamenta as declarações unilaterais de vontade, dando-lhes força jurídica. Somos responsáveis por tudo aquilo que declaramos. É norma fundamental de segurança jurídica. Cada pessoa há de honrar sua palavra. A quebra injustificada e lesiva da palavra dada atenta contra o princípio da autorresponsabilidade.

Por fim, o princípio da confiança será desrespeitado, uma vez que a conduta da universidade promitente quebrou a confiança que nela depositaram os candidatos ao vestibular.

Estes dois últimos princípios, pode-se dizer, como que derivam do primeiro, do princípio da boa-fé.

Dessarte, como se vê, não será sempre o princípio do enriquecimento sem causa o marco fundante da responsabilidade por promessas unilaterais.

12.2 Gestão de negócios

12.2.1 Definição

Gestão de negócios é a administração oficiosa de interesses alheios. Dá-se quando uma pessoa realize atos no interesse de outra, seja na condição de representante, agindo em nome dela, seja sem representação, agindo em seu próprio nome, mas no interesse da outra, ou agindo como núncio, ao transmitir literalmente a vontade do dono do negócio. Com ou sem representação, o gestor atua no interesse da outra parte, sem que esta o saiba.

12.2.2 Partes

As partes são aquele que realiza a gestão, chamado de gestor, e aquele cujos interesses são geridos, denominado dono do negócio.

12.2.3 Natureza jurídica

Com que outro instituto do Direito se parece a gestão de negócios? Que seria ela?

A natureza jurídica da gestão vem ao longo dos séculos embaraçando os juristas, que até o presente não encontraram solução satisfatória.

Certo é que, apesar de ter sido arrolada junto aos contratos no Código Civil de 1916, contrato é o que não é em absoluto. Ora, contrato é antes de tudo convenção, e tal não existe na gestão de negócios. O gestor se ocupa de interesses do dono do negócio sem que este o saiba. Não há qualquer tipo de combinação prévia entre eles. Se houvesse, gestão não existiria, e sim mandato, com ou sem representação. Vejamos exemplo típico e corriqueiro de gestão. "A", ciente de que seu vizinho encontra-se em viagem prolongada, percebe junto à porta deste uma conta de luz vincenda em dia próximo. Como mantém ótimas relações de amizade com o vizinho, pega a conta e a paga no banco. Como vimos, o vizinho nada pedira a "A". Nada se combinou a respeito do pagamento de contas. Caso, porém, o vizinho houvesse pedido a "A" esse favor, teríamos serviço de núncio e não gestão de negócios, porque "A" estaria atuando em nome de seu vizinho junto ao credor da conta.

Imaginemos outro exemplo bastante simples. "A", sabendo estar seu vizinho em viagem prolongada, recolhe por conta própria sua correspondência, a fim de lhe entregar quando retornar. Insistimos, nada foi combinado entre eles. O vizinho nada pediu a "A". Se houvesse pedido, não teríamos gestão de negócios, mas a prestação gratuita de um serviço, um favor. No caso em epígrafe não houve representação. "A" não representou seu vizinho perante ninguém, apenas prestou-lhe serviço.

Visto, pois, não ser a gestão contrato, por que tratou dela o legislador de 1916 juntamente com os contratos?

A resposta é bem simples: porque a gestão, uma vez que o dono do negócio dela se inteire, produz os mesmos efeitos de contrato. Dessa forma, no exemplo da conta de luz aduzido *supra*, temos que, assim que retorne, o vizinho deverá acertar as despesas com "A" como se realmente tivesse havido serviço de núncio. Daí os romanos terem classificado a gestão como quase contrato. Em outras palavras, não é contrato, mas é *como se fosse*.[3] Tal é a tese adotada pelo Código Civil de 1916.

O Direito Romano dividia as fontes das obrigações em quatro grupos: os contratos, os quase contratos, os delitos e os quase delitos. Na categoria dos contratos, havia o empréstimo, o depósito, a compra e venda etc. Sob a denominação quase contrato, agrupavam-se a gestão de negócios e o pagamento indevido, ambos atos lícitos que tornavam seu autor credor de outra pessoa, sem que houvesse prévio acordo de vontades. Chamavam-se quase contratos por não serem contratos, mas serem tratados como se o fossem. Na categoria dos delitos, reuniam-se o furto, a injúria, o dano, a violência, o dolo e a fraude. E, por fim, os quase delitos, atos que não poderiam ser enquadrados na categoria dos delitos, mas que recebiam o mesmo tratamento, ou seja, eram tratados "como se fossem" delitos. Nesta classe achavam-se os prejuízos causados por

---

[3] Relembramos aqui o significado da palavra *quase* no contexto. "Quase" quer dizer "como se fosse".

prepostos, pelos quais respondia o patrão; os processos mal julgados pelo juiz, que falseava a verdade para beneficiar a uma das partes ou a si próprio; os objetos caídos ou lançados de um prédio, ainda que fortuitamente etc.[4]

A doutrina moderna vem, no entanto, rechaçando tal classificação, considerando ultrapassada e acientífica a inserção das obrigações nessas quatro fontes. Surgiram, dessarte, outras teorias, buscando sempre uma analogia da gestão com os contratos.

Uma delas é a teoria da proposta. Segundo seus adeptos, a gestão de negócios seria proposta que se converteria em contrato com a aceitação. Ora, a proposta, como vimos, é a primeira fase concreta da formação de um contrato, podendo ou não ser precedida de negociações preliminares; e a aceitação é a resposta positiva à proposta, após a qual considera-se o contrato celebrado. Não vemos qualquer semelhança entre o processo de formação contratual e a gestão de negócios. Nos dois exemplos acima, "A", em nenhum momento, fez qualquer proposta a seu vizinho. Outro ponto importante: a proposta pode ser recusada pelo destinatário. Em princípio, ninguém pode ser compelido a celebrar contrato. O mesmo não se dá na gestão que, de regra, não pode ser recusada pelo dono do negócio. Assim, o vizinho não poderia simplesmente recusar a gestão de "A", dizendo-lhe que ninguém pedira que pagasse a conta de luz. É obrigatório o acerto de contas entre eles.

Outra é a teoria da representação sem mandato. O gestor representaria o dono do negócio sem mandato, assim como os pais representam os filhos menores também sem mandato. Tampouco é convincente essa teoria. Quando nada não é abrangente o bastante. Como ficou claro, nem sempre haverá representação na gestão de negócios. O exemplo do vizinho que recolhe a correspondência do outro o demonstra bem.

Uma terceira teoria é a do ato anulável. A gestão seria ato anulável, até sua aprovação. Absurdo. Ato anulável, segundo a teoria tradicional, é aquele que contém defeito leve, como erro, dolo, coação, ou outro prescrito em lei. Em nenhum dos exemplos supramencionados podemos apontar qualquer defeito que torne os atos praticados pelo gestor passíveis de anulação. O vizinho não poderá, em hipótese alguma, pleitear a anulação do pagamento da conta de luz. Terá, sim, que reembolsar o gestor obrigatoriamente.

A quarta teoria é a do ato condicional. Segundo esta corrente, a gestão seria ato condicional à sua aprovação. Também não convence. A gestão, como regra, não pode ser recusada pelo dono do negócio. Ademais, o pagamento da conta de luz efetuado por "A" não se condiciona a nada. É ato jurídico perfeito, inatacável.

---

4 WARNKÖNIG, L. A. **Institutiones iuris romani privati**. 4. ed. Bonnae: Adolph Mark, 1860. p. 282 et seq.; MACKELDEY. **Manuel de droit romain**. 3. ed. Bruxelles: Ad. Wahlen, 1846. p. 237 et seq.

Quinta teoria considera a gestão de negócios estipulação em favor de terceiros, em que o terceiro seria o dono do negócio. Ora, na estipulação em favor de terceiros, o estipulante, celebra com o devedor, negócio em benefício de terceiro. Tal não ocorreu em nenhum dos dois exemplos que analisamos.[5]

Uma sexta teoria considera a gestão de negócios ato unilateral. É a tese adotada pelo Código Civil de 2002. De fato, a gestão de negócios tem início com um ato unilateralmente praticado pelo gestor. E por este ato ele se obriga. Esta a razão de o legislador de 2002 ter inserido a gestão no Título VII do Livro I da Parte Especial, retirando-a do Título referente aos contratos em espécie, como se achava no Código de 1916.

Apesar disso, dizer que a gestão de negócios seja ato unilateral é dizer pouco, mesmo porque, diferentemente dos atos unilaterais típicos, a gestão não obriga apenas o declarante (gestor), mas também a terceiros (dono do negócio). Assim, mesmo que se aceite a teoria do ato unilateral, dentro desta categoria, com o que se identificaria a gestão? Seria ela proposta de contrato? Já vimos que não. Seria, então, promessa unilateral? É evidente que não. Promessa de quê?

Talvez, tenhamos que aceitar uma sétima teoria, que bem poderíamos denominar teoria pragmática. Segundo ela, a gestão de negócios teria natureza própria, não se parecendo com nenhum outro instituto jurídico conhecido.

O Código Civil atual, como se disse, cuida da gestão de negócios no Título VII do Livro I da Parte Especial, do Direito das Obrigações. Trata o Título VII das obrigações oriundas dos atos unilaterais de vontade. Com isto, o legislador insere a gestão de negócios fora da contratualidade, abraçando a teoria dos atos unilaterais.

12.2.4 Elementos

Os elementos caracterizadores, que devem estar sempre presentes para que haja gestão de negócios são os seguintes:

1] espontaneidade, que se traduz na falta de acordo prévio entre gestor e dono do negócio;
2] o negócio deve ser alheio;
3] o gestor deve proceder no interesse do dono do negócio, segundo sua vontade real ou presumida;
4] boa-fé, ou seja, o gestor deve agir proveitosamente para o dono;
5] a ação do gestor deve se limitar à esfera patrimonial.

---

[5] PEREIRA, Caio Mário da Silva. **Instituições de direito civil**. 18. ed. Rio de Janeiro: Forense, 1996. v. 3. p. 270.

O Código Civil fala em gestão de negócios contrária à vontade do dono (art. 862), indo de encontro à melhor doutrina, que considera tal intervenção ato ilícito.[6] Pereira Coelho a chama simplesmente de intervenção.[7]

Segundo o Código Civil (art. 862), caso se trate de interferência ilícita em negócios alheios, seu autor responderá por todos os danos, ainda que fortuitos, a não ser que prove que teriam ocorrido de qualquer jeito, independentemente de sua interveniência.

12.2.5 Obrigações do gestor

Cuidar do negócio como se fosse seu, segundo a vontade real ou presumida do dono. Não se pode fazer substituir por outro ou promover ações arriscadas, sob pena de responder pelos danos. Se preterir os interesses do dono a seus próprios, responderá até pelo fortuito.

Responde perante as pessoas com quem tratar e perante o dono, a quem deve comunicar a gestão e aguardar resposta, se da espera não resultar perigo.

Velar pelo negócio, mesmo falecendo o dono sem dar resposta, caso em que o gestor deve esperar por providências dos herdeiros.

Se forem mais de um os gestores, responderão solidariamente.

Qual o fundamento das obrigações do gestor?

O gestor age unilateralmente, em benefício do dono do negócio. Por que responde por essa gestão, uma vez que, na verdade, está fazendo um favor ao dono?

Sua responsabilidade, a nosso ver, funda-se nos princípios da autorresponsabilidade e da boa-fé.

No princípio da autorresponsabilidade, uma vez que é responsável perante terceiros pelos atos que pratica e pela vontade que declara.

No princípio da boa-fé, uma vez que, tendo decidido atuar em favor do dono do negócio, é de se pressupor que aja com lealdade, transparência, honestidade e correção.

Nas ações em que o gestor for réu, será competente o foro do lugar do ato ou fato (art. 53, IV, b, CPC).

---

6 LARENZ. **Schuldrecht**... cit., v. 2, t.1, p. 451 et seq. Segundo Larenz, "o gestor responde ao dono do negócio por dano oriundo de delito". Tradução livre do seguinte trecho de Larenz: "haftet der Geschäftsführer dem Geschäftsherrn auf Schadenersatz nach Deliktsrecht". Esta também a posição de Caio Mário da Silva Pereira, nas **Instituições**... cit., 18. ed., v. 3, p. 270.

7 COELHO, Francisco Manoel Pereira. **O enriquecimento e o dano**. 2. ed. Coimbra: Almedina, 2003. p. 125.

12.2.6 Obrigações do dono do negócio

Ratificando a gestão, o dono deve indenizar o gestor pelas despesas e prejuízos.

Se a gestão for necessária ou útil, o dono deverá indenizar de qualquer jeito, correndo juros a favor do gestor desde o desembolso. Verifica-se a utilidade ou necessidade pelas circunstâncias objetivas e subjetivas, sendo as últimas a vontade real ou presumida do dono. Já a gestão voluptuária não obriga o dono. Necessária seria a gestão, se percebendo o gestor que o telhado do vizinho se encontra para desabar, mandar consertá-lo. Útil é o exemplo do vizinho que recolhe a correspondência do outro. Como gestão voluptuária, poderíamos citar o vizinho que manda embelezar os jardins do outro, aproveitando o jardineiro que fora embelezar o seu próprio. Naturalmente, neste caso, não há falar em indenização.

O princípio que fundamenta as obrigações do dono do negócio é o do enriquecimento sem causa, como seria lógico supor.

12.2.7 Aprovação

A ratificação pura e simples do dono constitui aprovação plena do negócio, transformando a gestão em contrato (mandato, serviço de núncio, prestação de serviço ou outro) e retroagindo à data de seu início. O gestor e o terceiro devem ser avisados, sem que tal ciência seja essencial a sua validade, podendo inferir-se das circunstâncias.

Como vimos, a aprovação da gestão necessária ou útil é obrigação legal do dono do negócio, não podendo ele se furtar a dá-la.

12.2.8 Casos afins

Não chegam a ser gestão de negócios, por não constituírem, necessariamente, administração oficiosa de negócio alheio. Além do mais, referem-se à ingerência na vida de pessoas, ou seja, na esfera existencial, o que lhes retira o caráter essencialmente patrimonial. Os casos previstos em lei são dois.

Quando alguém, na ausência do devedor de alimentos, por este os prestar, poderá recobrar a importância despendida.

O outro diz respeito às despesas com o enterro de alguém. Se tiverem sido proporcionais aos costumes locais e às condições do falecido, podem ser reclamadas da pessoa que teria obrigação de alimentar o que veio a morrer, ainda que este não tenha deixado bens.

Em ambos os casos, a prestação é devida de qualquer forma, mesmo sem a aprovação do devedor, a não ser que se prove o propósito de pura benemerência ou o cumprimento de obrigação moral.

12.2.9 Gestão imprópria

É administração de negócio alheio na suposição de que seja próprio.[8] O gestor que obtém proveito à custa do dono, fica obrigado a ressarci-lo, com a aplicação do princípio do enriquecimento sem causa. No caso de o gestor agir com dolo, sabendo não ser seu o negócio gerido, haverá perdas e danos, além da restituição do enriquecimento sem causa. O instituto não é regulamentado em nosso Direito Positivo, mas existe e pode ser invocado.

12.3 Pagamento indevido

O pagamento indevido pode ser definido segundo três critérios: um subjetivo, um objetivo e um temporal. Normalmente, quando se fala em pagamento indevido, está se referindo ao critério subjetivo. Por este prisma, haverá pagamento indevido sempre que o devedor, por engano, pagar a quem não seja credor.

O Código Civil regulamenta a matéria no título dedicado aos atos unilaterais. Mais uma vez, aqui cabe questionar-se a natureza do pagamento indevido. Seria ele ato unilateral?

Vejamos dois exemplos.

Num primeiro caso, o devedor, por engano, deposita certa quantia na conta da pessoa errada. De fato, neste exemplo, o pagamento indevido teve início e se completou com um ato aparentemente unilateral do devedor, que pagou a quem não devia. A situação é bem simples, a pessoa em cuja conta se efetuou o depósito não pratica absolutamente nenhum ato. É provável que nem tenha tido conhecimento do depósito. Toda a atuação foi do devedor, que, unilateralmente, realizou o pagamento à pessoa errada. De todo modo, mesmo por este prisma, poder-se-ia questionar a natureza unilateral desse ato, uma vez que pressupõe um outro lado, uma outra parte, a pessoa que recebe o pagamento, ainda que sem o saber.

Num segundo caso, porém, o devedor, por engano, entrega a coisa devida, na casa do vizinho do credor, que a recebe, talvez de má-fé. É fácil imaginar uma situação em que Alberto compre um televisor para ser entregue em sua casa no dia seguinte. O vendedor, por engano, entrega o dito televisor na casa do vizinho de Alberto, que o recebe. Neste segundo caso, o pagamento indevido pode até ter

---

8 PEREIRA, Caio Mário da Silva. **Instituições**... cit., 18. ed., v. 3. p. 273.

tido origem em ato unilateral do devedor, mas só se completou porque o vizinho aceitou o televisor. Não tivesse ele aceitado, não teria ocorrido pagamento indevido. Percebe-se, claramente, assim, que, neste caso, o pagamento indevido tem, inquestionavelmente, a natureza de ato bilateral.

Talvez tivesse sido melhor que o legislador cuidasse do pagamento indevido como fez em 1916, ou seja, no Título III, do Livro I da Parte Especial, que trata do adimplemento e da extinção das obrigações. Poder-se-ia, perfeitamente, inserir um capítulo referente ao pagamento indevido. Dessa forma, o legislador evitaria tomar partido no debate acerca da natureza jurídica deste instituto. Não é papel do legislador imiscuir-se nessas disputas desnecessariamente.

De qualquer forma, pode-se afirmar ser o pagamento indevido um ato jurídico. Porém, dentro da categoria dos atos jurídicos, qual seria a natureza do pagamento indevido?

Seria ele ato jurídico em sentido estrito ou negócio jurídico? Seria ele ato válido ou inquinado de defeito? Seria o defeito leve ou grave?

Sem entrar na disputa se o pagamento indevido seria ato em sentido estrito ou negócio jurídico (disso já tratamos mais atrás, ao cuidar da natureza do pagamento), podemos, sinteticamente, inseri-lo, como fez o legislador de 2002, na categoria dos atos jurídicos *lato sensu*.

Dentro da classe dos atos jurídicos, podemos dizer que o pagamento indevido se assemelha aos atos inquinados de defeito leve. A semelhança tem sua razão de ser, uma vez que o devedor pratica um ato jurídico, que em princípio seria válido, mas não é por estar eivado de erro. De qualquer forma, acaba aí qualquer semelhança, uma vez que os efeitos do pagamento indevido não são os de um ato anulável típico. Seu principal efeito não é a anulação, mas a repetição do indébito e/ou a indenização. Pode-se argumentar que, ao repetir o indébito, o devedor estará anulando o pagamento efetuado. Mas em nossa processualística, não há a necessidade de se requerer a anulação do ato de pagamento, bastando o pedido de repetição. A sistemática da ação de repetição é bem diferente da anulatória, inclusive sua natureza. A anulatória tem natureza constitutiva; a de repetição de indébito, natureza condenatória. Isto importa dizer que o prazo da anulatória, quando previsto em lei, será decadencial, ao passo que o prazo da repetitória será prescricional, sendo o genérico de 10 anos, na ausência de prazo especial.

Talvez a razão se encontre com os irmãos Mazeaud, que atribuem ao pagamento indevido natureza singular, após compará-lo com outros institutos.[9]

O que se pode afirmar, contudo, é que o pagamento indevido não é efeito desejável de uma obrigação e, por isso, sua localização no Código Civil não é adequada. Jamais poderia estar localizado ao lado de atos lícitos e de efeitos desejáveis, como a promessa de recompensa e a gestão de negócios.

---

9   MAZEAUD & MAZEAUD. **Leçons de droit civil**. 9. ed. Paris: Montchrestien, 1998. t. II, v. 1. p. 800.

Deixando o problema complexo da natureza do pagamento indevido, passemos ao estudo de sua sistemática.

Do pagamento indevido decorrem duas regras gerais:

1] Quem paga mal, paga duas vezes. Em outras palavras, se pagar à pessoa errada, devo pagar novamente à pessoa certa.
2] Quem paga mal, tem direito a repetir o indébito,[10] ou seja, se pago à pessoa errada, devo pagar novamente à pessoa certa, mas fico com o direito de recobrar o que paguei por engano à pessoa errada. Caso contrário, segundo a doutrina majoritária,[11] estaria ocorrendo enriquecimento ilícito.

São requisitos do pagamento indevido e, portanto, da repetição (1) realização de um pagamento, (2) inexistência de relação obrigacional entre o devedor e a pessoa que recebeu por engano e (3) erro da parte de quem pagou indevidamente. O erro é fundamental, sob pena de o pagamento indevido se descaracterizar para doação ou pagamento dolosamente realizado a terceiro.

O ônus da prova do pagamento indevido incumbe a quem o fez por erro, ou seja, ao devedor que pagou mal.

A coisa dada em pagamento à pessoa errada pode produzir frutos; a pessoa a quem se pagou por engano pode implementar benfeitorias ou acessões imobiliárias; a coisa pode vir a se perder, ou a se deteriorar. Em todos estes casos, a solução dependerá do fato de a pessoa a quem se pagou indevidamente estar agindo de boa-fé ou de má-fé.

A regra contida no art. 1.214 do CC estabelece que o possuidor de boa-fé tem direito, enquanto durar a posse, aos frutos percebidos, vale dizer, aos frutos que extrair da coisa. Mas os frutos pendentes deverão ser restituídos, se antes de serem colhidos cessar a boa-fé.

Se possuo imóvel, pensando tê-lo recebido legitimamente, serei possuidor de boa-fé, tendo direito a todos os frutos que produza a terra. Porém, no momento em que tomo conhecimento de que se trata de imóvel alheio, dado por engano a mim, e mesmo assim continuo a possuí-lo, tornar-me-ei possuidor de má-fé. Os frutos produzidos e ainda não extraídos a essa época deverão ser restituídos, juntamente com o terreno, a seu verdadeiro dono.

O mesmo se diga de soma de dinheiro depositada por engano em conta alheia. Enquanto o titular da conta estiver pensando que o depósito é legítimo, terá direito a colher os juros. No momento em que perceber o pagamento indevido e não restituir o dinheiro, será possuidor de má-fé, devendo restituir os frutos (juros) já produzidos.

---

10 *Repetir o indébito* é expressão técnica, que significa "pedir de volta (repetir) o indevido (indébito)".
11 LAURENT, F. **Cours élémentaire de droit civil**. Paris: A. Maresq, Aîné, 1887. t. III, p. 199. LARENZ. **Lehrbuch des Schuldrechts**. 14. ed. München: Beck, 1987. B. I, p. 588. RUGGIERO, Roberto de. **Instituições de direito civil**. Campinas: Bookseller, 1999 v. 3, p. 582.

Devem ser também restituídos os frutos colhidos com antecipação, uma vez que cesse a boa-fé. Imaginando que, no exemplo anterior, eu houvesse realizado a colheita fora de época, estando os frutos a amadurecer, cessada a boa-fé, deverei restituí-los a quem de direito (ao devedor que pagou mal ou ao verdadeiro dono), apesar de tê-los colhido quando era possuidor de boa-fé. Para facilitar a compreensão é só supormos que os frutos colhidos com antecipação eram bananas verdes.

O possuidor de má-fé, ao contrário, não tem direito a nada. Deverá restituir todos os frutos, assim os pendentes, como os colhidos e produzidos. Mas, se para que a coisa produzisse frutos, o possuidor de má-fé houver feito despesas, fará jus a ser indenizado por elas.

Além de não ter direito aos frutos, o possuidor de má-fé deverá indenizar os frutos que se perderam por culpa sua.

A pessoa a quem se pagou indevidamente, como possuidor de boa-fé, não responde pela perda ou deterioração da coisa, se estas ocorrerem fortuitamente. Isso significa que só deverá indenizar os prejuízos, se a coisa se perder ou se deteriorar por culpa sua.

Ao contrário, o possuidor de má-fé é responsável pela perda ou deterioração da coisa, ainda que acidentais. Se sabia que a coisa não me era devida e mesmo assim aceitei o pagamento, responderei por sua perda ou deterioração, mesmo que fortuitos. O único modo de me eximir da indenização, é provando que o dano se teria produzido, ainda que a coisa não me tivesse sido entregue.

Em relação aos melhoramentos, são benfeitorias e acessões imobiliárias. Daquelas cuidam os arts. 1.219 e ss.; destas, os arts. 1.253 e ss. do CC.

A regra é bastante simples. O possuidor de boa-fé tem direito a ser indenizado por todas as benfeitorias necessárias e úteis. Se, por engano, recebo casa de outrem em pagamento indevido, acreditando estar recebendo por causa legítima, e lhe restauro o telhado que estava a desabar, ou instalo grades nas janelas, para evitar assaltos, terei que ser indenizado pelo reivindicante. Ademais, poderei reter a coisa até que seja ressarcido, ou seja, poderei recusar-me a restituir a casa, até ser reembolsado pelo reivindicante.

Tratando-se de benfeitorias voluptuárias, como a instalação de porta decorativa, não fará o possuidor jus a indenização, mas poderá levantá-las, desde que não prejudique a coisa. Significa que poderá retirar a porta, contanto que restitua a original, não prejudicando o imóvel.

O possuidor de má-fé, por sua vez, só tem direito à indenização por benfeitorias necessárias. Se receber carro alheio em pagamento indevido, sabendo que se tratava de pagamento indevido, serei possuidor de má-fé. Imaginando que mande retificar-lhe o motor, deverei ser reembolsado pelo reivindicante, no momento em que lhe restituir o automóvel. Afinal trata-se de melhoramento necessário. Mas se o reivindicante não me indenizar de pronto, não poderei reter o carro. Só tem direito de retenção por melhoramentos o possuidor de boa-fé.

Quanto às benfeitorias úteis e voluptuárias, a nada tem direito o possuidor de má-fé. Nem mesmo o de levantá-las.

À guisa de conclusão, deve acrescentar-se que o reivindicante obrigado a indenizar as benfeitorias tem direito de optar entre seu valor atual ou o valor que realmente custaram.

Se, em vez de benfeitorias, cuidar-se de acessões imobiliárias (plantações e edificações), aplicam-se as normas dos arts. 1.253 e ss. do CC.

Repetindo o que já dissemos anteriormente, são acessões imobiliárias todas as edificações e plantas que se agregarem ao solo artificialmente. Passarão a pertencer ao proprietário do terreno, que é o bem principal.

Porém, se quem construir ou plantar não for o dono da terra? Como ficaria sua situação?

A resposta dependerá da boa-fé ou da má-fé de que estiver imbuído.

Se alguém plantar, semear ou construir em terreno alheio perderá em favor do proprietário as plantas, sementes e construções, mas fará jus a indenização, se houver obrado de boa-fé. Se de má-fé, a nada terá direito, podendo ser obrigado a desfazer o que houver feito, além de indenizar todo e qualquer prejuízo.

Aqui deve ser aberto um parágrafo. Seriam quaisquer plantações ou edificações indenizáveis? Analogicamente às benfeitorias, só as acessões necessárias ou úteis seriam passíveis de indenização. As voluptuárias, em tese, não o seriam. Tratando-se de possuidor de má-fé, apenas as necessárias seriam indenizáveis, como o adubo lançado ao solo, para a conservação da fertilidade da terra. Imaginar o contrário, ou seja, a impossibilidade de indenização de acessões necessárias, seria dar supedâneo ao enriquecimento sem causa.

Aquele que plantou ou edificou de boa-fé, em terreno alheio, terá direito à propriedade do imóvel, desde que a construção ou plantação tenha valor muito superior ao das terras. É evidente, que o proprietário original deverá ser indenizado.

Se o pagamento indevido consistir em imóvel, e a pessoa, que o recebeu por engano, vendê-lo a terceiro de boa-fé, deverá restituir o valor do imóvel, se tiver agido de boa-fé; se agiu de má-fé, responderá pelo valor do imóvel e por perdas e danos. De qualquer forma, o terceiro de boa-fé poderá reter o imóvel, não sendo prejudicado. Trata-se de caso típico de aplicação da teoria da aparência. No entanto, se o terceiro tiver agido de má-fé, deverá restituir o imóvel.

Se em vez de vender o imóvel, a pessoa, que o houver recebido em pagamento indevido, doá-lo a terceiro de boa-fé, o imóvel deverá ser restituído. Se agiu de má-fé, além da restituição do imóvel, haverá indenização por perdas e danos. Aqui, como se trata de doação, mesmo tendo o donatário agido de boa-fé, deverá restituir o imóvel, pois o que se recebe de graça, de graça se restitui. Não há falar em se aplicar a teoria da aparência.

As mesmas normas há de se aplicar no caso de bens móveis, infungíveis. No caso dos fungíveis, o terceiro de má-fé só terá que restituí-los se isto for possível. Se já tiver consumido os bens, responderá por seu valor, mais perdas e danos.

Em segundo lugar, é insuscetível de repetição o pagamento efetuado com fins ilícitos ou imorais. Assim, não tem direito à repetição o homem que paga à meretriz pelo uso de seu corpo, como também não o tem o cônjuge adúltero que suborna o outro para não acusá-lo de adultério, que embora não seja mais crime, continua sendo ilícito na esfera cível.[12] Nestes dois casos não há, rigorosamente pagamento indevido a terceiro, por erro do devedor. Mas se apenas o acipiente[13] agir desonestamente, haverá direito à repetição por parte de quem paga. Dessarte, se, sem a intenção de corromper, dou dinheiro a servidor público para que realize ato que deveria realizar gratuitamente, farei jus à repetição.

Nem sempre o pagamento indevido poderá ser repetido.

Vejamos os casos em que isso pode ocorrer.

Primeiramente, não caberá repetição do indébito se o devedor pagar à pessoa errada, e esta, imaginando estar sendo paga por outra obrigação, inutiliza o título da dívida (rasga a nota promissória, por exemplo), ou deixa ocorrer a prescrição contra seu devedor, ou abre mão de garantias (fiança, hipoteca etc.) que asseguravam seu crédito. Neste caso, o devedor que pagou mal não poderá exigir a restituição, mas terá direito de cobrar do devedor da pessoa a quem pagou por engano. Supondo que "A", por engano, pague a "B" o que deveria ter pagado a "C". "B" não terá que restituir o pagamento se rasgar a nota promissória que representava seu crédito junto a "D", imaginando que o depósito feito em sua conta fora realizado por "D", que lhe devia quantia igual à depositada por "A".

O parágrafo único do art. 883 do CC, que trata do pagamento efetuado para a obtenção de fins ilícitos ou imorais, apresenta regra um tanto quanto incompreensível. Segundo ele, nestes casos, "o que se deu reverterá em favor de estabelecimento local de beneficência, a critério do juiz". Não vemos aplicabilidade para tal regra. Ora, se o devedor não tem direito à repetição, como será cobrado daquele que recebeu indevidamente, a fim de se reverter a soma a estabelecimento de beneficência? Nos dois primeiros exemplos dados acima: o do homem que paga à meretriz e o daquele que suborna seu cônjuge, como ficaria a questão? A meretriz ou o cônjuge subornado seriam acionados para a restituição da quantia recebida? Mas acionados por quem, se quem pagou não tem direito à repetição? Só se for o Ministério Público. No outro exemplo, do funcionário público, o

---

12 PONTES DE MIRANDA, Francisco Cavalcanti. **Tratado de direito privado**. Rio de Janeiro: Borsoi, 1954. v. 26. p. 152.
13 Acipiente é "o que aceita".

solvens[14] tem direito à repetição. Se houver agido de má-fé, não terá direito. Sendo assim, quem acionará o funcionário público? O Ministério Público?

Talvez me esteja escapando alguma sutileza, mas não vejo muita aplicação para esse parágrafo único.

Enfim, quem paga obrigação natural, como as dívidas prescritas ou dívidas de jogo, também não terá direito à *repetitio indebiti*. Aqui tampouco há pagamento indevido propriamente dito.

Por fim, há os casos em que o pagamento indevido não gera para o devedor a obrigação de pagar duas vezes. Em outras palavras, há casos em que o pagamento indevido tem efeito liberatório. Analisamos esses casos acima, quando tratamos de responder à pergunta "a quem pagar?". Repetiremos, aqui, o estudo, apenas para efeitos didáticos. Os casos são os seguintes:

Quando o credor der causa ao erro
O credor manda o devedor depositar o pagamento em dinheiro na conta errada.

Quando o credor ratificar o pagamento
A ratificação pode ser tácita ou expressa. O devedor paga à pessoa errada, e o credor confirma o pagamento, liberando o devedor. Se no recibo o credor fizer a observação de que, mesmo tendo a dívida sido paga à outra pessoa, o devedor está liberado, a ratificação será expressa. Se, ao revés, o credor apenas der o recibo, liberando o devedor, sem entrar em detalhes, a ratificação será tácita.

Quando o pagamento for proveitoso ao credor
Por exemplo, o devedor prova que, com o pagamento, realizou obrigação que o credor teria que realizar, ou prova que o terceiro a quem se pagou remeteu a importância ao credor. João paga a Manoel dívida que deveria pagar a Joaquim. Ficará liberado, se comprovar, por exemplo, que Manoel remeteu o objeto do pagamento a Joaquim.

Quando o pagamento for feito a credor putativo
Credor putativo é aquele que aos olhos do devedor parece ser o verdadeiro credor, mas, na realidade, não é. Aqui aplica-se a teoria da aparência para proteger o devedor de boa-fé. Ao credor verdadeiro cabe apenas ação de regresso contra o terceiro que recebeu indevidamente.

Suponhamos que "A" pague a homônimo de seu credor, por meio de depósito em conta, por exemplo. "A" não agiu de má-fé, sendo levado pelas falsas aparências. Consequentemente, embora inválido, o pagamento liberará do devedor. Ao verdadeiro credor caberá regressar contra seu homônimo, exigindo que lhe dê o que recebeu por engano.

---

14 *Solvens*, neste contexto, é quem realiza o pagamento indevido.

Quando o pagamento for realizado a representante putativo do credor

Representante putativo é o que aos olhos do devedor parece representar o credor, mas, na verdade, não o representa. A teoria que fundamenta a liberação do devedor é também a da aparência, e os requisitos são os mesmos, ou seja, a putatividade e a boa-fé do devedor. Em outras palavras, o devedor considera-se liberado, possuindo o credor direito de regresso contra seu representante putativo.

Vejamos um exemplo. João durante anos representou a empresa "X" em certa cidade do interior. Vendia seus produtos e recebia pagamentos. Após esse tempo, a empresa resolveu o contrato de representação com João, sem comunicar o fato publicamente. Ninguém na cidade tomou conhecimento de que João não era mais representante da empresa "X". Assim sendo, pode-se dizer que João tornou-se representante putativo da empresa, ou seja, parecia representá-la aos olhos de todos, mas, em verdade, não era mais seu representante. Com base nisso e na teoria da aparência, que protege o devedor de boa-fé, se for realizado algum pagamento a João, o devedor estará liberado, tendo a empresa apenas o direito de exigir que João lhe entregue o que recebeu. Contra o devedor nada poderá fazer.

Quando o pagamento se realizar a sucessor putativo do credor

Sucessor putativo é aquele que se parece sucessor, mas não é. É o caso, por exemplo, do herdeiro aparente. Alguém que, e.g., é o único herdeiro (herdeiro universal) nomeado em testamento. O pagamento é a ele realizado. Posteriormente, o testamento vem a ser anulado por conter defeito grave. O pagamento não terá que ser realizado novamente. Embora indevido, terá efeito liberatório. O mesmo se diga do sucessor *inter vivos*. Se uma pessoa sucede a outra na titularidade de um estabelecimento empresarial, a ela, em princípio, são devidos os pagamentos de parcelas vincendas a serem pagas em razão de negócios celebrados com a empresa. Se houve sucessão, e entre sucessor e sucedido ficou combinado que certos pagamentos continuariam a ser feitos a este, tal fato deve ser comunicado aos devedores, sob pena de o pagamento realizado ao sucessor ter efeito liberatório.

Em todos esses casos, o pagamento é indevido e inválido, mas tem efeito liberatório. O devedor não terá que pagar de novo. A invalidade desse pagamento indevido com efeito liberatório fica clara, quando se constata que o credor, apesar de não poder agir contra o devedor, poderá recobrar o que foi pago de quem recebeu indevidamente. Fosse o pagamento válido, tal não ocorreria.

Resta falar, ainda, do pagamento indevido por ter sido entregue ao credor quantia ou coisa, além da que tinha direito. Haverá pagamento indevido, não obstante o devedor tê-lo efetuado à pessoa certa. Trata-se, na hipótese, de pagamento que extrapassa o devido. Caberá, indiscutivelmente, repetição do indébito, sendo restituído o excedente. Aqui o critério é objetivo. O referencial é o objeto do pagamento, não o sujeito a quem se paga (critério subjetivo).

Por fim, pode-se falar, como se constata no próprio Código Civil, num critério temporal para se definir o pagamento indevido. Segundo este critério, haverá pagamento indevido, quando o devedor pagar, por engano, antecipadamente ou antes do implemento da condição suspensiva. Nestes casos, das duas uma, ou bem a obrigação considerar-se-á paga, fazendo o devedor jus a quitação, ou bem deverá ser restituído o pagamento antecipado. Isto dependerá muito das circunstâncias e da vontade das partes. Assim, por exemplo, tratando-se de financiamento ao consumo, é opção do devedor antecipar quantas parcelas deseje. Dessa forma, se, por acaso, realizar pagamento antecipado por engano, caberá a ele optar entre manter o pagamento ou exigi-lo de volta. Numa obrigação de Direito Comum, o credor não pode ser forçado a receber antes do vencimento. Consequentemente, a ele caberá, juntamente com o devedor, decidir, de comum acordo, o que fazer. De todo modo, o credor não poderá ser obrigado a receber, nem o devedor poderá ser forçado a pagar antes do vencimento. O mesmo raciocínio deve ser feito quanto a obrigações subordinadas a condição suspensiva. Se "A" se comprometeu a doar um carro a "B", caso "B" venha a praticar certa ação, a entrega do carro antes da ação a que se comprometeu "B" poderá ser desfeita. Tal pagamento se considera indevido a teor do art. 876 do CC.

Concluindo, o pagamento indevido não ocorre somente nas obrigações de dar. Poderá ter por objeto prestação consistente em fazer, ou ainda, poderá ser efetuado para se eximir de obrigação de não fazer. Nestes casos, aquele a favor de quem, indevidamente, se desempenhou a obrigação, ficará obrigado a indenizar o *solvens*, na medida do lucro que obteve. Estas as disposições do art. 881 do CC. O problema é a redação da última parte do artigo, que se refere ao lucro obtido, quando deveria referir-se aos prejuízos sofridos por parte de quem realizou a prestação indevida. Vejamos um exemplo: Joaquim, pintor, pinta o apartamento de Manoel, quando deveria ter pintado o de Pedro. A seguir a letra do art. 881, Joaquim poderá exigir de Manoel indenização pelo valor agregado ao apartamento indevidamente pintado. E se este valor for muito superior ao prejuízo de Joaquim? Na verdade, a regra não deve ser interpretada literalmente. O que se deve indenizar, a fim de se restabelecer o *status quo ante*, reparando-se o enriquecimento sem causa, é o prejuízo sofrido pelo *solvens*, salvo caso de má-fé. Assim, no exemplo dado, Joaquim deverá ser ressarcido dos gastos com material e mão de obra, além de outros prejuízos que eventualmente venha a provar. Poder-se-ia arguir que Manoel, ainda assim, sairá lucrando, uma vez que seu apartamento estará pintado. Sem dúvida, mas teve que pagar por isso, no final das contas. Dessarte, não estará se enriquecendo às custas de Joaquim, a não ser que esteja agindo de má-fé, quando, então, caberia aplicar-se literalmente o art. 881. Aliás, sendo rigorosos, até pode ser o caso de Manoel exigir reparação de Joaquim, por não ter gostado da pintura realizada em seu apartamento, sem sua autorização.

A outra situação diz respeito ao que se desempenhou para se eximir de obrigação de não fazer. Para se ver livre de obrigação de não fazer, o devedor poderá pactuar com o credor a realização de uma prestação que poderá consistir em dar alguma coisa ou em fazer alguma coisa. Sendo a prestação de dar ou de fazer dirigida à pessoa errada, aplicam-se as regras que acabamos de estudar.

Vejamos um exemplo: Maíra, vizinha de Cássio, assumiu com este obrigação de não construir em determinado local de seu terreno. Para se eximir desta obrigação, Maíra combinou com Cássio o pagamento de uma soma em dinheiro. Se entregar o dinheiro à pessoa errada, deverá pagar a Cássio e repetir o indébito. Se tivesse combinado a prestação de certo serviço e o tivesse realizado a favor de pessoa errada, teria que realizá-lo novamente a favor de Cássio, exigindo uma indenização da pessoa a quem realizara por engano.

Capítulo 13

Fontes das obrigações: atos ilícitos

13.1 Generalidades e definição

Tratamos, nos capítulos precedentes, das obrigações oriundas de declarações bilaterais de vontade, ou seja, dos contratos; das obrigações oriundas de declarações unilaterais de vontade. Por fim, resta analisar os atos ilícitos, enquanto fontes de obrigações.

Na verdade, já discorremos acerca deles no Capítulo VII, ao cuidarmos dos atos jurídicos. Por razões didáticas, repetiremos aqui os conceitos lá elaborados.

Ato jurídico ilícito é toda atuação humana, omissiva ou comissiva, contrária ao Direito.

Enquanto conduta antijurídica, há atos ilícitos em várias esferas do Direito Civil e do Direito em geral.

No Direito Civil, pode falar-se em ilícito na esfera dos contratos, dos atos unilaterais de vontade, da família, dos atos intrinsecamente ilícitos e do abuso de direito. Para além do Direito Civil, há os ilícitos penais, administrativos, tributários, trabalhistas etc.; todos com um ponto comum: a antijuridicidade.

Restringindo-nos à esfera cível, os atos ilícitos podem ser contratuais, quando consistirem em conduta antijurídica na celebração ou execução de contrato. Exemplos seriam a mora e o inadimplemento definitivo de obrigação contratual.

No campo dos atos unilaterais de vontade, o ilícito pode ocorrer na declaração ou na execução de uma promessa de recompensa (não pagá-la, por exemplo); na execução de uma gestão de negócios etc. A responsabilidade derivada dos atos unilaterais é contratual, no plano da eficácia. Isto porque, os atos unilaterais só geram efeitos reais, para ambas as partes, quando se bilateralizam. Até se bilateralizarem, os efeitos que geram se restringem ao agente, no plano da existência e da validade. Assim sendo, só se pode falar em responsabilidade, após a bilateralização. Se A promete uma recompensa a quem lhe devolver seus documentos perdidos, a promessa só será efetivamente devida, se e quando alguém encontrar os documentos, ou seja, quando o ato se bilateralizar. Nesse momento, o promitente, A, passa a ser responsável no plano da eficácia. Antes o era apenas nos planos da existência e da validade. Por tudo isso, pode-se dizer que a responsabilidade por atos unilaterais acaba sendo contratual, uma vez que só terá eficácia após a bilateralização da vontade.

Há alguns atos que são ilícitos intrinsecamente e desde o início. Não há, antes deles, qualquer relação obrigacional entre as partes (agente e vítima). Também estes são ilícitos para o Direito Civil, na medida em que causem danos ressarcíveis. Exemplos seriam o homicídio, as lesões corporais, uma batida de carros, o estilhaçar proposital de uma vidraça etc.

Estes atos intrinsecamente ilícitos se denominaram atos ilícitos em sentido absoluto por Pontes de Miranda. Podemos também chamá-los de atos ilícitos aquilianos, por força da *Lex Aquilia*. Atos ilícitos absolutos, porque não decorrentes de uma prévia vinculação negocial que se infringiu. Em outras palavras, antes de sua ocorrência, não havia qualquer relação negocial específica entre agente e vítima. O exemplo dado acima do homicídio ou do acidente de veículos ilustra bem a ideia. Nos atos ilícitos relativos, haverá sempre uma vinculação negocial prévia entre agente e vítima. O inadimplemento contratual é o exemplo por excelência.[1]

Como já estudado no Capítulo VII, por volta do final do século III a.C., um Tribuno da Plebe de nome Aquilius, dirigiu uma proposta de lei aos Conselhos da Plebe, com vistas a regulamentar a responsabilidade por atos intrinsecamente ilícitos. Foi votada a proposta e aprovada, tornando-se conhecida pelo nome de *Lex Aquilia*. A *Lex Aquilia* era na verdade plebiscito, por ter origem nos Conselhos da Plebe. É lei de circunstância, provocada pelos plebeus que, desse modo, se protegiam contra os prejuízos que lhes causavam os patrícios, nos limites de suas terras. Antes da Lei Aquília imperava o regime da Lei das XII Tábuas (450 a.C.), que continha regras isoladas.

Por fim, há os chamados ilícitos *funcionais*,[2] também chamados de abuso de direito, em que, ao exercer um direito, seu titular extrapola os limites da boa-fé ou da função social. Exemplos seriam as cláusulas contratuais abusivas.

O abuso de direito é ilícito em sentido amplo, não em sentido estrito. Não é intrinsecamente ilícito. Pode denominar-se ilícito funcional. Se há desvio funcional no exercício de um direito, o ato será ilícito. O Direito é calcado em conceitos funcionais (função social da propriedade, dos contratos, da empresa etc.). Estes conceitos integram dois planos, o jurídico e o social. Assim, o prisma puramente normativo não seria mais adequado para abordar o Direito. A grande virada do Direito moderno é a passagem da estrutura para a função. As categorias, institutos, conceitos devem ser lidos de acordo com a função que exercem. Não basta reconhecer a existência de valores consagrados pelo Direito. É fundamental que o intérprete saiba operacionalizar esses valores. Assim, não basta reconhecer o valor função social, se não se souber aplicá-lo. A teoria do abuso de direito milita no sentido de operacionalizar a função social do direito.[3]

A bem da verdade, distinguir entre esses vários tipos de ilícito civil nem sempre é útil, tampouco necessário. O que interessa é que, seja qual for a espécie, ensejará os devidos efeitos.

Para o Direito Civil, tais efeitos podem ser os mais variados, dependendo das consequências do ilícito. Assim, teremos, quanto a esses efeitos, ilícitos indenizantes, porque geram como efeito a indenização dos eventuais danos causados;

---

[1] PONTES DE MIRANDA, Francisco Cavalcanti. **Tratado de direito privado**. Rio de Janeiro: Borsoi, 1954. t. LIII, p. 81 *et seq.*
[2] BRAGA NETTO, Felipe Peixoto. **Teoria dos ilícitos civis**. Belo Horizonte: Del Rey, 2003. p. 118.
[3] *Idem*, p. 116 *et seq.*

ilícitos caducificantes, porque geram a perda de um direito para seu autor (por exemplo, a perda do poder familiar para o genitor que maltrata os filhos); ilícitos invalidantes, que anulam o ato praticado ilicitamente (por exemplo, o contrato celebrado sob coação); e, finalmente, ilícitos autorizantes, uma vez que autorizam a vítima a praticar um ato, no intuito de neutralizá-los, como o doador que fica autorizado a revogar a doação, nos casos de ingratidão do donatário.[4]

Os atos ilícitos, em que pesem doutas opiniões em contrário, são atos jurídicos por repercutirem na esfera jurídica, sendo regulados pelo Direito. Aliás, o adjetivo "jurídico" pode ser empregado em dois sentidos. Num primeiro, enquanto algo que repercute no mundo do Direito, que diz respeito ao Direito; este o utilizado acima. Num segundo, enquanto algo que está conforme ao Direito. É lógico que, neste segundo sentido, os atos ilícitos não seriam jurídicos, mas antijurídicos.

O tema é tratado nos arts. 186 e ss. do CC.

Segundo o art. 186, ato ilícito é toda ação ou omissão voluntária, negligente ou imprudente que viola direito e causa dano a outrem.

A definição se refere a todas as modalidades de ilícito, embora seja muito restritiva. Ora, nem todo ato ilícito será culpável. Um indivíduo pode dirigir seu carro em velocidade formalmente correta, porém, na prática, incompatível com o local, embora, frise-se, formalmente correta. Trata-se de abuso de direito, que é ato ilícito. No caso, ato ilícito que pode ter sido praticado até mesmo de boa-fé, sendo desnecessário qualquer traço de culpabilidade. A consequência poderá ser indenização aos prejudicados ou outra qualquer; o que interessa é que poderá haver consequências, se houver dano.

Tampouco será todo ilícito lesivo. Se uma pessoa aluga um DVD e se atrasa, um segundo que seja, na devolução, será aplicada a multa prevista no contrato, mesmo não tendo havido qualquer dano. Bastou a conduta antijurídica, caracterizada aqui pela mora, para que incidissem as consequências.

Muitas vezes também, um ilícito gera efeitos para um ramo do Direito, não gerando para outro. Tal pode ser o caso de avançar um sinal. Se a conduta não provocar danos, não gerará efeitos para o Direito Civil; apenas para o Direito Administrativo, que prevê multa para a hipótese. Há quem diga que, por isso, o avanço de sinal sem danos não seria ilícito civil. Não está certo, porém. Ora, levando-se em conta que a antijuridicidade é o único elemento caracterizador do ilícito civil, o avanço de sinal, mesmo sem dano, seria ilícito também para o Direito Civil. Ocorre que, uma vez que o art. 186 estabelece a regra de que os atos antijurídicos só gerem efeitos civis se culpáveis e lesivos, então, esse avanço de sinal, não gerará os efeitos previstos na Lei Civil, por faltar o dano; o que não significa que não seja ilícito. A presença da culpabilidade e do dano

---

4 Mais sobre o tema e sobre essa classificação, ver: BRAGA NETTO, Felipe Peixoto. **Teoria dos ilícitos civis**... cit., *passim*.

só são essenciais para gerar os efeitos civis, não para a caracterização do ilícito. Tanto é verdade, que há hipóteses, em que o próprio Código Civil dispensa, seja o dano (art. 416), seja a culpabilidade (art. 187), para que o ilícito produza seus efeitos devidos, embora o ato seja efetivamente ilícito. Em outras palavras, todo ato antijurídico é ilícito para o Direito em geral. As consequências que gerará é que dependerão dos elementos extras (além da ilicitude), exigidos por cada ramo do Direito. Para o Direito Civil, esses elementos são, como regra, a culpabilidade e o dano; para o Direito Penal, necessariamente a culpabilidade e a tipicidade, e assim por diante. Há, portanto, que estabelecer dois planos, o da existência do ilícito, no qual só se impõe a antijuridicidade; e o da eficácia (geração de efeitos), no qual se impõem os demais requisitos de cada ramo do Direito, quais sejam, culpabilidade, dano, tipicidade etc.

Na verdade, o art. 186 do CC procura estipular uma cláusula geral de ilicitude, que vigorará como regra. Em outras palavras, o ato ilícito, seja ele contratual ou extracontratual, como regra, só gerará responsabilidade para quem o pratica, se for culpável e lesivo. Há, entretanto, várias exceções, que serão previstas caso a caso pela Lei.

Em síntese, ato ilícito é conduta humana violadora da ordem jurídica. A ilicitude implica sempre quebra de dever jurídico e pode gerar várias consequências. Como regra, só o ilícito culpável e lesivo gera responsabilidade civil, mas há exceções.

Visto o ilícito civil em seus contornos mais gerais, voltemos nosso estudo para a cláusula geral do art. 186.

Como já dito supra, ato ilícito é aquele ato contrário ao Direito. É ato antijurídico.

Mas, segundo a regra do art. 186, não basta a antijuridicidade para que o ato ilícito gere responsabilidade. Além desta, devem também estar presentes a culpabilidade, o dano e o nexo causal.

Em síntese, segundo a cláusula geral do art. 186, o ato ilícito, para gerar responsabilidade, terá como elementos, além da antijuridicidade, a culpabilidade, o dano e o nexo de causa e efeito entre conduta culpável e dano.

Tendo em mente que essa definição se refere amplamente aos ilícitos contratuais e extracontratuais, vejamos cada um desses elementos da definição.

13.2 Elementos do ato ilícito

Por *elementos do ato* ilícito, devemos entender aqueles elementos essenciais, sem o que não haverá delito civil, e os elementos não essenciais. O único elemento essencial é a antijuridicidade. Os demais, culpabilidade, dano e nexo causal entre culpabilidade e dano não são essenciais para a caracterização do ilícito, embora sejam requisitos para a caracterização do ilícito gerador de responsabilidade, segundo a regra imposta na cláusula geral do art. 186 do CC.

Deve-se ter em mente, porém, que, faltando qualquer um desses elementos não essenciais, haverá ato ilícito na esfera civil; só não haverá responsabilidade, a não ser que a Lei expressamente diga o contrário.

Há casos, contudo, em que, realmente, não se configurará o ato ilícito. São os casos em que se exclui a ilicitude por razões de equidade. Assim, não constituem atos ilícitos aqueles praticados em legítima defesa, em estado de necessidade, no exercício regular de direito e no estrito cumprimento de dever legal. Tampouco, constituem atos ilícitos aqueles ocorridos em virtude de caso fortuito ou força maior.

A doutrina tende a não fazer distinção prática entre força maior e caso fortuito, e quando o faz é, por vezes, confusa. Legalmente são tratados como equivalentes. Mas há diferença ontológica entre eles.

Como bem define De Plácido e Silva, em seu *Vocabulário jurídico*,

> Caso fortuito é, no sentido exato de sua derivação (acaso, imprevisão, acidente), o caso que não se poderia prever e se mostra superior às forças ou vontade do homem, quando vem, para que seja evitado.
>
> O caso de força maior é o fato que se prevê ou é previsível, mas que não se pode, igualmente, evitar, visto que é mais forte que a vontade ou ação do homem.
>
> Assim, ambos se caracterizam pela irresistibilidade. E se distinguem pela previsibilidade ou imprevisibilidade.[5]

Vejamos um exemplo de cada. Se estou dirigindo e tenho um ataque cardíaco, vindo a bater o carro, estarei diante de caso fortuito. O fato é irresistível e imprevisível. Está excluída a ilicitude.

Se vejo uma pessoa passando mal na rua e paro o carro para prestar socorro, partindo em seguida, em direção ao hospital, acima do limite de velocidade, avançando sinais luminosos etc., e vindo a bater o carro, estarei diante de força maior. O fato é irresistível, tendo sido previsto, quando me dispus a prestar o socorro. De qualquer forma, está excluída a ilicitude. Outros exemplos seriam alguns fatos da natureza, como tufões e terremotos, por serem previsíveis, mas irresistíveis.

De todo modo, mesmo não se configurando ilicitude, se quem agir sob uma dessas excludentes causar dano a terceiro, será responsável pelo dano. Assim, se para salvar alguém de atropelamento, um motorista desviar o carro para a

---

5   DE PLÁCIDO E SILVA, Oscar Joseph. **Vocabulário jurídico**. Rio de Janeiro: Forense, 1989. p. 401-402.

lateral e colidir com outro automóvel, que vinha trafegando na faixa correta e em velocidade normal, responderá pelos danos causados a este veículo, embora não se possa, rigorosamente, falar em ato ilícito, dado o caso fortuito.

A verdade é que, se por um lado, a conduta ilegítima sempre gera responsabilidade, por outro, mesmo a conduta legítima também pode gerar responsabilidade.[6]

13.2.1 Análise dos elementos do ato ilícito civil

a) Antijuridicidade

Antijuridicidade é a contrariedade ao Direito. Não necessariamente à norma jurídica em si, mas também aos objetivos maiores do Direito, como a tranquilidade, a ordem, a segurança, a paz, a Justiça etc. Sempre que alguma ação ou omissão humana atentar contra esses objetivos, haverá ato antijurídico. O art. 186 refere-se especificamente à antijuridicidade ao definir ato ilícito. Comete ato ilícito, segundo ele, quem viole direito e cause dano a outrem. A antijuridicidade reside exatamente na violação de direito.

b) Culpabilidade

A culpabilidade envolve o conceito de culpa e de dolo. Não obstante, a doutrina civilística refere-se, na maioria das vezes, só à culpa, subentendendo-se o dolo. Não são, todavia, a mesma coisa para o Direito Civil, apesar de as consequências serem, em princípio, as mesmas, ou seja, responsabilidade pelas consequências. Só quando se tratar de ilícito contratual é que varia um pouco, pois nos contratos unilaterais, responde por culpa ou dolo, aquele a quem o contrato aproveita, como o donatário, por exemplo; e apenas por dolo, aquele a quem o contrato não aproveita, como é o caso do doador.[7]

A diferença entre culpa e dolo, sem entrar em meandros distintivos, reside em que dolo é ação ou omissão voluntária, e culpa é ação ou omissão negligente, imprudente ou imperita. O art. 186 do CC não fala em imperícia, mas ela está implícita. Resumindo, o dolo consiste na ação ou omissão propositadamente dirigida à produção do dano; a culpa é a inobservância de um dever, seja de atenção, de cuidado ou de acuidade técnica.

Negligência é a falta de cuidado, de atenção. É o indivíduo que não cuida de seu carro, nem reparando que os pneus estão carecas.

Imprudência é assunção de risco desnecessário. É o avanço de sinal luminoso em hora imprópria, sem condições de segurança.

---

[6] ENNECCERUS, Ludwig, KIPP, Theodor & WOLFF, Martín. **Tratado de derecho civil**. Barcelona: Bosch, 1948. t. I, v. 2, p. 17.
[7] GOMES, Orlando. **Obrigações**. 5. ed. Rio de Janeiro: Forense, 1978. *passim*.

Imperícia é a falha técnica de quem, em tese, possui a habilidade necessária. É o médico que aplica a técnica errada. É o motorista que, ao arrancar com o carro em aclive, deixa-o descer. Acrescente-se que só o técnico comete imperícia. Se sei dirigir e perco o controle do automóvel, estarei agindo com imperícia; mas se não sei dirigir e, mesmo assim, saio com o carro, perdendo o controle, estarei agindo com imprudência.

Como dito, o Código Civil (art. 186), ao definir ato ilícito, não menciona a imperícia. Por quê? Segundo Humberto Theodoro Júnior, é porque não se tem na imperícia algo realmente diverso da negligência e da imprudência.[8] A imperícia seria a imprudência ou a negligência técnicas? Se esta for a resposta, não concordo. Há casos de imperícia que nada têm a ver com a imprudência ou a negligência. Se um médico prescrever conscientemente o remédio errado, a hipótese será de imperícia. Falta a assunção de risco, para a configuração da imprudência, e falta o desleixo para a configuração da negligência. O caso é de incompetência técnica pura e simples. Uma coisa é o médico examinar o paciente levianamente, fazer um diagnóstico errado e receitar o remédio errado. Seguramente, estaremos diante de negligência. Outra coisa totalmente diversa é o médico fazer um exame profundo, detalhado, correto do ponto de vista técnico, e, assim mesmo, chegar ao diagnóstico errado e receitar o remédio errado. O caso será, aí sim, de imperícia, não de negligência e, muito menos, imprudência.

Embora teoricamente a distinção entre imperícia, imprudência e negligência seja bem clara, na prática tem pouca importância. O que interessa é a configuração da culpa. Ninguém ficará a discutir se o médico deixou um instrumento cirúrgico dentro do paciente por negligência ou por imperícia. Seguramente foi uma das duas, o que significa que agiu com culpa, devendo responder por isso. Se agiu com negligência ou com imperícia, pouco importa.

Tendo em vista a intensidade da culpa, pode ser ela apreciada em três graus: grave, leve e levíssima.

Haverá culpa grave, quando o grau exigido de atenção ou de habilidade for mínimo.

Será leve a culpa, sendo médio o grau demandado de atenção ou de habilidade.

Por outro lado, a culpa será levíssima, se o grau necessário de atenção ou de habilidade for muito elevado.

Quanto à imprudência, a culpa será grave se o risco assumido for alto.

Será leve, se for médio o risco assumido. E será levíssima, se for mínimo o risco assumido.

---

8 THEODORO JR., Humberto. In: TEIXEIRA, Sálvio de Figueiredo (Coord.). **Comentários ao novo Código Civil**. 2. ed. Rio de Janeiro: Forense, 2003. v. III, t. II, p. 106.

Para o Direito Civil, como regra, não importa o grau de culpa, a não ser em casos muito específicos, como na culpa concorrente e no ilícito contratual. Neste, a culpa levíssima pode não suscitar indenização.[9]

A culpa, dependendo das circunstâncias em que ocorra, pode se classificar em culpa *in committendo*, *in omittendo*, *in vigilando*, *in custodiendo*, *in eligendo* e *in operando*.

In committendo é a culpa que ocorre em virtude de ação, atuação positiva. Como exemplo, podemos citar o ato de avançar sinal luminoso. Já se a culpa se der por omissão, por conduta negativa, teremos culpa *in omittendo*. Exemplo seria a enfermeira se esquecer de dar remédio ao paciente.

Será *in vigilando* a culpa, se for fruto de falha no dever de vigiar. Tal é a culpa dos pais pelos atos dos filhos em sua guarda. O dever, nesse caso, refere-se a vigiar pessoas. Se referir-se a vigiar coisas, como animais, por exemplo, a culpa será *in custodiendo*, configurando-se por falha no dever de guardar, custodiar. Essa é a culpa do detentor do animal, pelos danos que este venha a provocar.

A culpa *in eligendo* é aquela que resulta da má escolha. Quando se escolhe mal uma pessoa para desempenhar certa tarefa, resultando danos, a responsabilidade é daquele que escolheu mal. É o caso do patrão, que responde pelos danos causados por seus empregados em serviço; do procurador que responde pelos atos daquele a quem substabelecer.

Haverá, outrossim, culpa no controle, ou culpa *in operando*, quando provada imperícia no manuseio e controle de coisas perigosas, como tratores, trens, bondes, aviões, navios etc. Há quem diga haver nessas hipóteses responsabilidade por fato de coisa. Porém, na verdade, o dano não foi provocado pela coisa, e sim pelo homem que não soube manejá-la. Haveria responsabilidade por fato de coisa se ela própria causasse o dano, sem interferência direta do homem. São os casos de animais que atacam pessoas, ou de veículos estacionados que, em virtude de fatores não humanos, deslizam rua abaixo, vindo a causar danos.

Normalmente, a incumbência de provar a culpa cabe à vítima do delito. Há hipóteses, entretanto, em que se faz inversão do ônus da prova, havendo culpa presumida. Nessas hipóteses, a vítima não terá que provar a culpa do autor do ilícito. Este é que deverá provar sua inocência. Os casos são raros, mas importantíssimos. Como exemplo, pode citar-se a responsabilidade do dono do animal pelos danos que este provocar. Sua culpa *in custodiendo* é presumida.

Na maior parte das vezes, apenas o autor do delito age com culpa, mas pode dar-se caso em que também a conduta da vítima seja culposa. Teremos, então, culpa recíproca ou concorrente. Se avanço o sinal de pedestres, sendo atropelado por carro, que trafegava em velocidade acima da permitida, haverá culpa

---

9 GOMES, Orlando. **Obrigações**... cit., p. 328.

recíproca. A conduta de ambos é culpável. Aqui interessa, sem sombra de dúvida, a intensidade ou grau da culpa. Os danos serão distribuídos proporcionalmente ao grau da conduta culpável.

Na culpa recíproca, há causas concorrentes, que não se confundem com as denominadas *concausas*. Concausas são causas que se ligam uma à outra, gerando o dano. Há concausas preexistentes, supervenientes e concomitantes. Nas concausas preexistentes, a causa determinante é anterior à outra. Por exemplo: um indivíduo hemofílico sofre lesões corporais infligidas num atropelamento e vem a falecer. O motorista evidentemente não sabia que a vítima era hemofílica. Contudo, mesmo provando-se que, se não fosse, não teria morrido, o motorista responderá pela morte. Nas concausas supervenientes, ao revés, a causa determinante é posterior. Por exemplo: um indivíduo é atropelado, o socorro demora, e, por isso, a vítima morre. O motorista responderá pela morte, tendo direito de regresso contra o socorro, se demonstrar sua culpa na demora. Por fim, nas concausas concomitantes, a causa determinante é contemporânea à outra. Por exemplo: o agente do delito dá um tiro na vítima com a intenção de matá-la. Erra o tiro, mas a vítima morre de ataque cardíaco, devido ao *stress* da situação. Evidentemente, o agente responde pela morte.

Não haverá concausas, porém, se cada causa puder ser imputada a pessoas distintas autonomamente. Por exemplo: uma pessoa atropela a outra, leva-a ao hospital, onde a vítima morre de infecção hospitalar. O motorista responderá pela morte? Óbvio que não. Não se trata, aqui, de concausas, embora a infecção hospitalar esteja indiretamente vinculada ao atropelamento. Neste caso, com base na teoria da causalidade direta, o motorista responde pelo atropelamento; o hospital, pela morte. Mais abaixo, voltaremos a abordar este tema.

A culpa pode ser presumida ou não. Será presumida se a responsabilidade for contratual e a obrigação for de dar, de não fazer e de fazer, se nesta a obrigação for de resultado. A culpa, porém, não se presume, como regra, se a responsabilidade for extracontratual ou se for contratual, sendo a obrigação, neste caso, de fazer e de meio.

c] Dano

Definição

Dano é diminuição ou subtração de um bem jurídico. Lesão de interesse. Deve ser contra a vontade do prejudicado.

Espécies de dano

Pode ser positivo ou negativo.

Será positivo ou emergente, quando caracterizada, objetivamente, lesão, subtração ou diminuição patrimonial, já materializada.

Será negativo, também chamado de lucros cessantes, quando consistir nos ganhos que se deixa de auferir em virtude do ilícito. Resumindo, dano positivo é a perda; dano negativo é o ganho que não se auferiu.

Exemplificando as duas espécies, poderíamos citar acidente sofrido por motorista de táxi. Os danos no veículo e em sua pessoa são positivos. Já os danos consistentes nos lucros, que deixará de obter, enquanto estiver convalescendo, ou enquanto seu carro estiver no conserto, serão negativos.

É dano positivo, emergente, a denominada perda de uma chance. É positivo porque a chance de obter um benefício se considera parte integrante do patrimônio. Sendo assim, se dano positivo implica perda, a perda da chance que se encontrava incorporada ao patrimônio da vítima, será, por conseguinte, dano positivo. Importada do Direito Francês, a *perte d'une chance* se configura sempre que alguém for privado da chance ponderável de obter um benefício. Por exemplo, o voo se atrasa, e o passageiro perde a chance de passar na última fase de um concurso em que havia menos candidatos do que vagas. Neste caso, caberia falar em indenização pela perda de uma chance. Logicamente, a chance deve ser, como dito, ponderável, não uma mera suposição. Se, no caso dado, o passageiro tivesse perdido a primeira fase do concurso, em que estivesse disputando com outros milhares de candidatos, a perda da chance seria bastante questionável, embora devida a indenização pelo atraso, pelo desgaste emocional, e, porque não, pela perda da oportunidade de fazer o concurso, o que não se equipara à perda da chance de efetivamente ser aprovado e gozar dos benefícios da carreira almejada. É dano emergente, uma vez que a chance considera-se integrante do patrimônio da vítima, que sofre, assim, efetivamente uma perda. Logicamente, por tratar-se de uma chance, não há de ensejar indenização integral, como se fosse fato certo. Haverá sempre alguma dúvida. De todo modo, a perda de uma chance é um fato que pode ou não gerar danos morais ou materiais. Nem sempre será lesiva.

O dano pode ser material ou patrimonial e ainda pessoal ou moral.

Patrimonial é o dano de que resultem prejuízos materiais, de fácil avaliação em dinheiro. Na esfera do dano pessoal, haverá danos físicos, psicológicos, ambos denominados danos morais. O dano moral consiste na lesão, ilicitamente produzida por outrem, a um elemento da personalidade, seja o corpo físico, a honra, o nome, a reputação, a intimidade, a vida etc. Do dano, evidentemente, decorre tristeza, dor, constrangimento que a vítima experimenta, em consequência da lesão. A pergunta que se faz é a seguinte: os danos morais só seriam indenizáveis se deles decorresse essa dor, tristeza, constrangimento ou outro sentimento negativo por parte da vítima? De fato, a jurisprudência vem entendendo que sim, uma vez que não se concede indenização ao mero aborrecimento. Em outras palavras, o sentimento negativo experimentado pela vítima deve ser a medida do dano. Há outra corrente, minoritária, que defende a ideia de que os danos morais não pressupõem consciência, tristeza, dor etc. Basta a lesão a um elemento da personalidade. Daí poder-se falar em danos morais à pessoa jurídica, ao nascituro, à pessoa em coma, dentre outros. A mim parece forçada a tese, exatamente por ser o sentimento decorrente da lesão a medida do dano moral. Sem essa medida, até o cálculo da indenização seria impossível. De todo modo, a dor pode não ser da vítima, o que torna complexa a questão. Imagine-se a pessoa em coma que seja estuprada. Não há dor ou sofrimento da vítima, mas, seguramente haverá dor de todos que tenham conhecimento do fato, daí ser possível a indenização.

Há quem defenda a ideia de que, em relação aos danos morais, não se deve falar em indenização, mas em compensação. É que a indenização é mais matemática. Indenizam-se os prejuízos, calculando-se sua extensão. Quando se trata, porém, de danos morais, como medir a dor pela perda de um filho, por exemplo? Daí falar-se em compensação. Na verdade, compensação, tampouco seria muito adequado. É possível compensar alguém, pecuniariamente, pela perda de um filho? Obviamente que não. Por isso mesmo, durante muito tempo, não se admitia a indenização/compensação por danos morais. Exatamente por ser impossível quantificar-se essa espécie de dano, tampouco falar-se seriamente em compensação. Dessarte, inadequado por inadequado, e na falta de outro melhor, qualquer um dos dois termos pode ser empregado. De todo modo, foi só nos anos 60/70 do século XX, que se começou a admitir, timidamente a princípio, depois francamente, a indenização por danos morais. Num primeiro momento, só se a admitia se o dano moral gerasse repercussão patrimonial; caso contrário, ou seja, se o dano fosse exclusivamente moral, não se admitia a indenização. A Constituição de 1988, no intuito de reverter a situação e ensejar a possibilidade de indenização por danos exclusivamente morais, trouxe em seu texto a norma, segundo a qual seria admissível a indenização por danos morais decorrentes da violação da honra, intimidade etc. (art. 5º, X, da CF/1988). Também no art. 5º, V, prescreve a Constituição que "é assegurado o direito de resposta, proporcional ao agravo, além da indenização por dano material, moral ou à imagem". Ainda assim, a doutrina e a jurisprudência titubearam; recusavam-se a aceitar a ideia de indenização por dano moral sem repercussão patrimonial. Foi só no final dos anos 90, que se passou a admitir, sem reservas, a indenização por danos exclusivamente morais; primeiro a doutrina, depois a jurisprudência. O Código Civil foi bastante explícito, no art. 186, deixando claro que o ato é considerado ilícito, mesmo que o dano dele resultante seja exclusivamente moral. Com isso, o legislador esperava pôr uma pá de cal à discussão. De fato, porém, o Código Civil chegou tarde, uma vez que a discussão não mais existia. Em 2002, já ninguém rechaçava a indenização por danos exclusivamente morais. Uma dificuldade permanece, todavia: como se fixar o valor da indenização por danos morais? Mais à frente, cuidaremos do assunto.

A prova do dano moral nem sempre é obrigatória, isto é, muitas vezes o dano moral decorre da própria situação objetiva; fala-se em dano *in re ipsa*. Exemplificando, ninguém precisa demonstrar ter sido vítima de dano moral pela perda de um filho. A morte do filho já é prova suficiente. O dano decorre da própria situação objetiva: morte.

As pessoas jurídicas podem ser vítimas de danos morais? Há quem afirme que sim, uma vez que a pessoa jurídica detém o que se chama de honra objetiva, é titular de nome, fama etc. Danos que afetem sua reputação são morais e podem ser indenizáveis.

Particularmente, filio-me aos que não aceitam a ideia de que a pessoa jurídica possa sofrer danos morais. O que é possível é a ocorrência de danos materiais, decorrentes de ataques à pessoa jurídica. Assim, se a boa fama de uma sociedade empresária é atingida por difamação, e, consequentemente, seus negócios ficarem prejudicados, será possível indenização, não pelo dano moral, mas pelos danos materiais decorrentes da difamação. É também possível falar-se em indenização por danos morais dos sócios ou dos administradores da pessoa jurídica. Estes sim podem dizer-se lesados exclusivamente em sua moral e exigir a devida reparação. Reputo absurdo, porém, admitir-se que uma pessoa jurídica possa ser indenizada por um dano exclusivamente moral, sem a demonstração de qualquer prejuízo material (dano *in re ipsa*).

De todo modo, pode ser o caso de a pessoa jurídica não ter fins lucrativos e sofrer danos à sua reputação, o que pode afetar suas atividades. Por exemplo, uma escola pública que venha a ser acusada de permissividade, pode perder alunos e vir a fechar. Caberia indenização nesta hipótese; não por danos morais, mas por danos institucionais.

Segundo Tepedino:

> Há que se resguardar, todavia, a necessária diferenciação entre as pessoas jurídicas que aspiram ao lucro e aquelas que se orientam por outras finalidades. Particularmente neste último caso não se pode considerar que os ataques sofridos pela pessoa jurídica acabam por se exprimir na redução de seus lucros, sendo espécie genuinamente de dano material. Cogitando-se, então, de pessoas jurídicas sem fins lucrativos deve ser admitida a possibilidade de *danos institucionais*, aqui conceituados como aqueles que, diferentemente dos danos patrimoniais ou morais, atingem a pessoa jurídica em sua credibilidade ou reputação.[10]

Como se pode ver, os danos institucionais são o equivalente na pessoa jurídica aos danos exclusivamente morais da pessoa física. O problema é que não se pode comparar, muito menos equiparar a pessoa jurídica à pessoa física. Este

---

10 TEPEDINO, Gustavo (Coord.). **A parte geral do novo Código Civil**: estudos na perspectiva civil-constitucional. Rio de Janeiro: Renovar, 2002. p. XXIX.

é um erro crasso, tanto do ponto de visto filosófico, quanto prático. Como bem arremata Pablo Malheiros da Cunha Frota,

> afigura-se, portanto, a impossibilidade de as pessoas jurídicas, qualquer que seja a espécie, sofrerem danos morais, exclusivos da pessoa humana, sendo correta a possibilidade de vindicarem danos materiais, pessoas jurídicas com fins lucrativos, e danos institucionais, pessoas jurídicas sem fins lucrativos. Não há falar em equiparação da pessoa humana e pessoa jurídica, pois, se realizada, vulnerar-se-á a Constituição de 1988, tendo em vista não serem as pessoas jurídicas titulares de direitos da personalidade, haja vista possuírem somente proteção jurídica, a ensejar incorreção do Enunciado 227 do STJ.[11]

Retomando o tema da classificação dos danos, o dano será direto, quando resultar do fato como sua consequência imediata. E indireto, quando decorrer de circunstâncias ulteriores que agravam o prejuízo, diretamente suportado. De regra, somente se indenizam os danos diretos. Vejamos exemplo: Roberto atropela Juan, que morre no hospital, devido à infecção hospitalar. A morte é dano indireto da conduta de Roberto, que por ela não responderá.

É possível, contudo, falar-se em indenização por dano indireto, na hipótese de dano reflexo ou dano por ricochete. Por exemplo, se um médico, por engano, retira os ovários de uma mulher, além do dano diretamente provocado a ela, terá causado, por via reflexa, por ricochete, um dano ao marido, que estará privado de ter filhos com sua esposa.

Fala-se, outrossim, em dano eficiente e dano ineficiente, oriundos do Direito Americano. Ocorre dano eficiente, quando for mais compensador para o agente pagar eventuais indenizações do que prevenir o dano. Se uma montadora verificar que uma série de automóveis foi produzida com defeito que pode causar danos aos consumidores, e se esta mesma empresa, após alguns cálculos, concluir ser preferível pagar eventuais indenizações pelos danos ocorridos, do que proceder a um *recall*, para consertar o defeito de todos os carros vendidos que lhe forem apresentados, estaremos diante de dano eficiente. O dano ineficiente, por seu turno, é o dano eficiente tornado ineficiente pela ação dos órgãos administrativos do Estado e/ou do Judiciário. Na medida em que o juiz condenar a montadora a uma altíssima indenização, ao atuar em ação indenizatória proposta por um dono de automóvel, vitimado pelo dano causado pelo defeito de produção, estará transformando o dano eficiente em dano ineficiente. As eventuais indenizações que a montadora terá que pagar serão tão altas, que será preferível o *recall*, por ser mais barato.

---

11 FROTA, Pablo Malheiros da Cunha. **Danos morais e a pessoa jurídica**. São Paulo: Método, 2008. p. 283.

A questão relativa ao dano ineficiente é equacionar duas questões. Por um lado, o valor da condenação há de ser alto, para que o dano seja de fato ineficiente para seu causador. Por outro lado, deve-se ter em conta que indenização não deve ser fonte de enriquecimento, mas de reparação de danos. O problema é de difícil solução, exigindo do juiz um enorme exercício de bom senso e, às vezes, de coragem. O legislador poderia pôr fim ao dilema, editando norma, segundo a qual parte do valor da condenação iria para a vítima, a título de reparação pelos danos sofridos, enquanto a outra parte reverteria aos cofres públicos, sendo afetada à utilização em programas sociais.[12] De todo modo, *de lege lata*, não há essa previsão, a não ser nos casos em que caiba ação civil pública. Assim sendo, não pode o juiz exagerar no valor da indenização, nem pode lhe dar por fundamento a transformação do dano eficiente em dano ineficiente. Isso por faltar base legal em nosso Direito Positivo. E não se invoque a dignidade humana ou a função social da indenização, uma vez que, mesmo sendo normas, não podem servir de base para a criação, por parte do Judiciário, de regras não explícitas, tampouco direta ou facilmente dedutíveis. Se isso é possível nos Estados Unidos, onde o sistema jurídico é consuetudinário e jurisprudencial, não o é no Brasil, onde é necessário que o legislador se manifeste.

Por fim, há os chamados danos punitivos, *punitive damages*, oriundos da Teoria do Desestímulo, do Direito Americano. Cuida-se de danos cuja indenização é calculada a maior, com o intento de punir o agente, evitando, também, que reincida na conduta lesiva. Vejamos um exemplo: uma pessoa, ao sair de uma loja de departamentos, faz soar o alarme de furto de mercadorias. Em seguida, é abordada pelo segurança da loja de forma grosseira e escandalosa, agrupam-se curiosos ao redor. O escândalo e a execração pública estão consumados. No final, verifica-se que o erro fora da própria loja, cujo caixa havia se esquecido de remover o dispositivo de segurança de um dos produtos comprados. O juiz, ao fixar o valor dos danos morais, poderá elevar a quantia a título de danos punitivos, a fim de que a loja sinta no bolso a necessidade de treinar melhor seus funcionários, principalmente os seguranças, de modo a que outros casos semelhantes não venham a ocorrer no futuro.

Como se pode ver, trata-se mais de indenização punitiva. Obviamente, o objetivo não é meramente punir, vindicar, mas, antes de tudo, transformar o fato num exemplo, para desestimular condutas semelhantes do próprio réu e de outras pessoas. Há, pois, um intuito pedagógico na indenização, que, por isso, também recebe o nome de indenização pedagógica ou exemplar, ou ainda danos exemplares (*exemplary damages*). Na verdade, a tradução literal de *punitive damages* (danos punitivos) não é adequada. Isso porque a indenização visa reparar o

---

12 Mais sobre o tema, ver, dentre outros, HIRONAKA, Giselda Maria Fernandes Novaes. **Responsabilidade pressuposta**. São Paulo: Faculdade de Direito da Universidade de São Paulo, 2002.

dano; a sanção punitiva visa punir a conduta. Quando se fala em danos punitivos, misturam-se os dois institutos (reparação e punição), o que não seria dogmaticamente muito conveniente, embora o mero dever de reparar o dano acabe por desempenhar uma função punitiva, apesar de não ser esse o seu objetivo. É que a indenização, quer se queira ou não, para quem a recebe, é reparatória, mas para quem a paga, é pedagógico-punitiva. De todo modo, a ideia de danos punitivos vem sendo introduzida no Brasil com algumas reservas. De um lado, seus defensores propugnam por sua aplicação imediata e irrestrita, advogando a tese de que ao Direito Civil também incumbe a tarefa de punir e principalmente a de coibir a reincidência da conduta ilícita. De outro lado, há os que a rechaçam, ao argumento de que é ao Direito Penal que incumbe punir e que a indenização além do merecido seria enriquecimento sem causa por parte da vítima. Por fim, há os que defendem a ideia, propondo a criação de fundos públicos, para onde seria dirigido o valor a maior da indenização. Esses fundos públicos teriam o objetivo de educar as pessoas ou de promover outras políticas para evitar e reparar danos.

A ideia de fundos públicos pode solucionar parte do problema, mas sempre haverá quem se oponha aos danos punitivos. Num primeiro momento, há que pesar de um lado da balança os benefícios dos danos punitivos, do outro lado, o malefício do enriquecimento sem causa. Essa ponderação há de ser feita, de modo argumentativo, diante do caso concreto.

Por outro lado, não há em nosso Direito posto previsão legal para os danos punitivos. Pelo contrário, o art. 944 limita o valor da indenização à extensão dos danos e à gravidade da culpa. Literalmente, a leitura do art. 944 e de seu parágrafo único levam à conclusão de que o juiz pode apenas diminuir a indenização, se entendê-la desproporcional ao grau da culpa. Ora, se o juiz pode diminuir, *a contrario sensu*, pode aumentar; se o valor pode ser diminuído, pode ser também aumentado, como é lógico. Como se poderia diminuir o que não se pudesse fixar em patamares altos? O problema é que, de todo modo, o juiz não pode condenar o réu a pagar um valor mais alto do que o pedido, sob pena de julgar *ultra petita*. Na verdade, o que deflui da interpretação lógica do art. 944 e de seu parágrafo único é que o juiz, ao fixar o valor da indenização, levará em conta a extensão do dano e a gravidade da culpa, seja para menos ou para mais, sempre nos limites do pedido do autor. Bem, seja como for, não há previsão legal, nem qualquer fundamento de Direito Positivo para a imposição de um valor extra a título de danos punitivos. Nos casos em que seja possível a ação civil pública (danos coletivos, por exemplo), é possível, por expressa previsão legal, a condenação do réu a um valor, a ser entregue a um fundo que o gerenciará para o bem da coletividade. Esse valor, porém, há de ser apenas o suficiente para reparar o dano, na dicção do referido art. 13 da Lei n. 7.347/1985. Assim, nem a Lei n. 7.347 admite os danos punitivos. O que o juiz pode fazer, se o pedido do autor permitir, é fixar a indenização no patamar mais alto possível, não com fundamento em danos punitivos, mas com fundamento na extensão do dano e na gravidade da culpa. A indenização alta acabaria por, na prática, fazer as vezes de danos punitivos. Falta, sem dúvida alguma, intervenção do legislador, a fim de regulamentar o tema em nosso Direito.

Há quem defenda a ideia de que os danos punitivos poderiam ser aplicados como decorrência do princípio da função social da reparação civil. Sem dúvida alguma, a reparação civil desempenha uma função social, educativa, exemplar. Serve como desestímulo e como prevenção de novos danos. Sem dúvida, isso é verdade. Acontece que, como já vimos, não se pode deduzir de um princípio nenhuma regra que dele não seja decorrência lógica e necessária. Há regras que são decorrência lógica e necessária de um princípio, há outras que necessitam da mediação do legislador. Vejamos dois exemplos. Dos princípios da reparação integral e do enriquecimento sem causa, poder-se-ia perfeitamente deduzir a regra do art. 944 (a indenização deve ser suficiente para reparar o dano). Esta regra nem precisaria estar positivada. Já as regras dos arts. 939 e 940 necessitam da mediação do legislador. Se não estivessem positivadas nos arts. 939 e 940, não existiriam, uma vez que não poderiam jamais ser inferidas dos referidos princípios, nem de qualquer outro. O que diz o art. 939? O credor que demandar por dívida antes do vencimento, ficará obrigado a esperar o tempo restante, além de perder o direito aos juros correspondentes. Ficará também obrigado a pagar as custas em dobro. O art. 940 dispõe que quem demandar por dívida já paga, ou pedir além do que for devido, ficará obrigado a pagar ao devedor, no primeiro caso, o dobro do que tiver cobrado, e, no segundo, o equivalente à quantia exigida à maior. A simples leitura dessas regras já nos dá uma ideia de que nenhuma das duas poderia ser deduzida de um princípio. Se não estivessem claramente dispostas no Código Civil, simplesmente não existiriam. O mesmo, a meu ver, pode ser dito dos danos punitivos. Não há como entender possam eles ser dedução lógica e necessária de qualquer princípio de nosso ordenamento jurídico. Por mais que teoricamente sejam defensáveis, não podem ser impostos sem a intermediação do legislador, criando as regras necessárias.[13]

De toda forma, a questão há de ser debatida à luz da ideia de que, além da reparação, é fundamental a prevenção do ilícito e dos danos. Além do mais, houve, sem dúvida, um giro da conduta para o dano, ou seja, a preocupação deixou de ter todo o foco voltado para a conduta do agente, voltando antes para a reparação do dano, o que, de certo modo, representa uma conquista histórica em favor da vítima.

---

13 Mais sobre o tema, ver, dentre outros, MORAES, Maria Celina Bodin de. **Danos à pessoa humana**: uma leitura civil-constitucional dos danos morais. Rio de Janeiro: Renovar, 2003. ROSENVALD, Nelson. **As funções da responsabilidade civil**. São Paulo: Atlas, 2013.

O dano, como vimos, não é elemento essencial para a caracterização do ilícito, nem mesmo para a ocorrência de seus efeitos, com se pode deduzir dos arts. 408 e 416 do CC. Segundo o art. 408, o devedor incorre na cláusula penal, no momento em que, culposamente, deixe de cumprir a obrigação ou, simplesmente, se constitua em mora. O art. 416 dispõe que a pena convencionada na cláusula poderá ser imposta, independentemente da alegação de prejuízo. Não se trata de presunção absoluta de dano; o credor sequer tem a necessidade de alegar o dano para exigir a pena convencional.

Giselda Hironaka, em seu trabalho *Responsabilidade pressuposta*, defende a ideia de que o dano não integra mesmo a essência da responsabilidade civil. Segundo ela, o dano apenas torna concreto o dever de indenizar. A doutrina tradicional tem por elementos da responsabilidade civil: conduta humana antijurídica, o dano e o nexo de causalidade. Para Giselda, o dano não é um elemento que integre a estrutura da responsabilidade. De fato, a responsabilidade civil já é pressuposta pelo ordenamento. Assim, quando ocorre um ato danoso, este dano apenas concretiza a obrigação de indenizar, que já estava pressuposta no ordenamento jurídico.[14]

Seja como for, segundo a cláusula geral do art. 186, para que o ato ilícito produza seus efeitos, será necessário, como regra, provar a ocorrência do dano.

O dano deve ser evitado e, ocorrendo, deve ser ressarcido pelo autor e mitigado pela vítima. A vítima que não faz nada para mitigar o dano, pode ser responsabilizada, podendo, por exemplo, receber uma indenização menor. Esse dever de mitigar o dano é comumente denominado *duty to mitigate the loss*, sendo extremamente importante no Direito contratual, mas não só.[15]

Liquidação dos danos

Liquidação é processo pelo qual se apura o valor dos danos a serem pagos pelo devedor. Segundo o art. 944 do CC, a indenização deverá medir-se pela extensão do dano. Ficasse nisso, o dispositivo legal não seria de todo censurável, embora incompleto, uma vez que, por sua redação e até pelo momento histórico em que foi elaborado (anos 1970), refira-se a toda obviedade apenas aos danos materiais. Ocorre que o legislador introduziu, a meia pena, um desditoso e mal escrito parágrafo único, exigindo do intérprete exercício desnecessário de exegese, tivesse a redação sido adequada.

O que dispõe o parágrafo único do art. 944? "Se houver excessiva desproporção entre a gravidade da culpa e o dano, poderá o juiz reduzir, equitativamente, a indenização".

---

14 HIRONAKA, Giselda Maria Fernandes Novaes. **Responsabilidade pressuposta**... cit., *passim*.
15 FIUZA, César; SÁ, Maria de Fátima Freire de; NAVES, Bruno Torquato de Oliveira (Coord.). **Direito civil**: atualidades IV. Belo Horizonte: Del Rey, 2008, p. 387.

Logo de início, a mim parece incompreensível a excessiva desproporção exigida entre a gravidade da culpa e o dano. Como é isso? Quanto mais grave a culpa e menor o dano; quanto mais leve a culpa e maior o dano? É isso? Se for, a norma não faz o menor sentido. A se a aplicar literalmente, sendo a culpa extremamente grave, e sendo o dano pequeno, o juiz deverá reduzir a indenização; ao contrário, se a culpa for mínima, e o dano gravíssimo, também deverá haver redução da indenização. Ora, nada disso faz nenhum sentido. A verdade é que o que se encontra claramente nas entrelinhas é que a indenização poderá ser maior ou menor, dependendo do grau da culpa.

Continuando, o parágrafo único menciona a possibilidade de redução da indenização. O juiz poderá apenas reduzir, jamais aumentar, sob pena de julgar além do que foi pedido (*ultra petita*) o que é vedado. Segundo o *caput* do artigo, deverá levar em conta a extensão do dano. Tudo por tudo, a correta exegese do art. 944 e seu parágrafo leva a uma norma bem simples: o juiz deverá fixar a indenização, pautando-se pela extensão do dano e pelo grau da culpa. Eventualmente, sendo a culpa levíssima e o dano mínimo, o juiz poderá reduzir a indenização requerida ou mesmo eximir o réu de qualquer indenização. Essa é, enfim, a leitura correta do art. 944 e de seu parágrafo único.

A liquidação dos danos pode ser legal, convencional ou judicial. Seja como for, vigora, aqui, o princípio da reparação integral. Segundo ele, a vítima de danos injustos deve ser reparada na íntegra.

A liquidação legal opera-se quando a própria Lei determina a prestação indenizatória. No Brasil, rigorosamente, não há liquidação legal. O Código Civil prevê apenas algumas hipóteses de danos, fixando alguns parâmetros para a indenização. Não se pode, a meu ver, falar em liquidação legal, uma vez que esses parâmetros são muito genéricos e óbvios. A bem da verdade, nem haveria necessidade de previsão legal.

Posto isso, vejamos as várias situações previstas nos arts. 948 e ss. do CC.

Homicídio

Em caso de homicídio, deverão ser indenizadas as despesas com o tratamento, funeral, luto e alimentos a quem o defunto os devia. A indenização por filho menor é calculada como se trabalhasse dos 12 aos 25 anos, pois após este período pressupõe-se que formaria sua própria família.

Se o defunto era arrimo de família, ou sustentava alguém, a esta pessoa será constituída pensão, até os 65 anos de vida do morto. Se já tivesse mais de 65 anos, a idade se estende a 80 anos.

Se o beneficiário da pensão se casar, cessará o dever de se lha pagar.

Se o beneficiário for menor, ser-lhe-á paga pensão, até os 65 anos do defunto, de qualquer forma, somente até o beneficiário se tornar independente, financeiramente.

Observe-se que todas essas idades acima referidas são mera construção da jurisprudência. Podem, portanto, variar. Em outras palavras, não se encontram definidas em lei.

Lesão

Tratando-se de lesões corporais, serão indenizadas as despesas com tratamento mais lucros cessantes, além de outros eventuais prejuízos que fiquem demonstrados.

Lesão com redução da capacidade laborativa

Se a ofensa gerar defeito que implique redução da capacidade de trabalho, o ressarcimento incluirá pensão correspondente a essa diminuição. Na hipótese de o dano chegar a impedir o exercício profissional, o lesado fará jus à inclusão de soma equivalente à importância do trabalho.

Nos dizeres de Clóvis Bevilaqua,[16] "Se a lesão corporal tem consequências permanentes que anulem ou diminuam a capacidade laboral, será dada compensação, e esta melhormente se obterá por meio de pensão vitalícia".

Ao lesado incumbe a prova de seus rendimentos. Com base neles será calculada a indenização. Se impossível quantificar a renda da vítima, a fixação da pensão será feita com base no salário mínimo e em sua posição social.

A perda total ou parcial da visão, assim como a perda ou limitação dos órgãos de locomoção, braços e mãos ensejam o pagamento de auxílio-acidente por parte da Previdência Social.

Segundo o parágrafo único do art. 950 do CC, é alternativa do lesado optar pelo pagamento da indenização de uma só vez ou em forma de pensão periódica.

Usurpação ou esbulho do alheio

No caso dado, a indenização consistirá na restituição do objeto, acrescida do valor das deteriorações. Se o objeto não mais existir, deverá ser indenizado seu valor corrente mais o valor afetivo, que não pode ser superior ao corrente.

Ofensa contra a liberdade pessoal e a boa fama

O juiz, levando em conta as circunstâncias, deverá calcular os prejuízos sobrevindos. O mesmo se dá para os casos de crimes de violência sexual ou ultraje ao pudor.

Estas são apenas algumas hipóteses que o legislador decidiu enfocar. Porém, em princípio, todo tipo de prejuízo é indenizável.

---

16 BEVILÁQUA, Clóvis. **Código Civil**. 3. ed. Rio de Janeiro: Francisco Alves, 1927. p. 325.

A segunda espécie de liquidação é a convencional, que se efetiva por composição amigável.

Entretanto, caso as partes não se entendam, recorrem ao judiciário por meio de ação indenizatória, ou outra adequada. Se necessário o juiz nomeará perito para liquidar os danos, não ficando obrigado, porém, a seguir as conclusões do laudo.

Quando a liquidação for legal, o trabalho dos peritos e do juiz será mais fácil, pois já têm os elementos constitutivos da prestação. Se a liquidação é puramente judicial, a tarefa do juiz e dos peritos é mais complexa, e a liquidação vai se basear muito na extensão dos prejuízos, situação econômica e social do ofensor e ofendido, nas circunstâncias do caso e no grau da culpa, tendo-se sempre em mente que a indenização não se destina a enriquecer ninguém. Pelo contrário, há quem defenda que a indenização será inconstitucional se levar o agente indenizante à ruína, pois que feriria seu direito fundamental à vida digna.[17] Tratando-se de danos morais, só serão indenizáveis aqueles danos efetivamente sérios. Em outras palavras, não são passíveis de indenização meros aborrecimentos, danos que temos que suportar, sob pena de a vida social se tornar inviável. De fato, se fôssemos à Justiça a todo momento, por qualquer chateação do dia a dia (uma buzina fora de hora, um xingamento fora de lugar, uma "cantada" de mau gosto), a vida social seria um tormento, seria inviável. Ninguém olharia para os lados, com medo de ofender alguém e ser acionado, vindo a ser condenado à indenização por danos morais. Há, portanto, danos que temos que suportar, em prol da vida social. Essa tese, rigorosamente, não se aplica aos danos materiais, nem aos danos físicos. A meu ver, essa posição deveria ser revista. Se na esfera dos danos morais, os meros aborrecimentos do cotidiano não são indenizáveis em prol da boa convivência social, por que não dizer o mesmo dos pequenos danos físicos ou materiais? Por que um simples arranhão, por mais invisível que seja, é passível de indenização, enquanto uma "cantada" de mau gosto, em tese, não é? Não vejo lógica alguma nesse sistema. O que vejo é simples força da inércia, que deve ser combatida.

Formas de reparação

A reparação dos danos pode dar-se de três formas. Em primeiro lugar, pela reposição natural do objeto danificado. Se danifico veículo alheio de forma irreparável, entrego outro veículo, de marca, ano, quilometragem e valor similares.

A segunda forma de reparação é pela reposição natural, acrescida de indenização, normalmente, por lucros cessantes. Ou seja, além de dar outro carro, pago pelos lucros que a vítima deixou de auferir por ter ficado sem o automóvel.

---

17 CANARIS, Claus-Wilhelm. **Direitos fundamentais e direitos privados**. Coimbra: Almedina, 2003. p. 76.

Finalmente, a reparação pode ser apenas por indenização. Bato o veículo, que é consertado às minhas custas.

A indenização, em si, pode ser pelo sistema de pagamento de capital, de renda ou por sistema misto. Assim, no exemplo da batida de carros dado logo acima, a indenização foi pelo pagamento de capital, isto é, de certa quantia em dinheiro à vítima, para que mandasse reparar os estragos.

O sistema de pagamento de renda é muito comum, quando a vítima fica algum tempo sem trabalhar, hipótese em que o autor do dano lhe paga certa renda, periodicamente.

O sistema misto envolve a constituição de renda, por meio de certo capital, que é aplicado e do qual é extraída a renda. Este sistema é mais frequente, tratando-se de lesões físicas permanentes que impeçam atividades laborais.

Segundo o art. 533 do CPC, quando a indenização por ato ilícito incluir prestação de alimentos, caberá ao executado, a requerimento do exequente, constituir capital cuja renda assegure o pagamento do valor mensal da pensão. Esse capital, representado por imóveis ou por direitos reais sobre imóveis suscetíveis de alienação, títulos da dívida pública ou aplicações financeiras em banco oficial, será inalienável e impenhorável enquanto durar a obrigação do executado, além de constituir-se em patrimônio de afetação.

O juiz poderá substituir a constituição do capital pela inclusão do exequente em folha de pagamento de pessoa jurídica de notória capacidade econômica ou, a requerimento do executado, por fiança bancária ou garantia real, em valor a ser arbitrado de imediato pelo juiz.

Se sobrevier modificação nas condições econômicas, poderá a parte requerer, conforme as circunstâncias, redução ou aumento da prestação, que poderá ser fixada tomando por base o salário mínimo.

Finda a obrigação de prestar alimentos, o juiz mandará liberar o capital, cessar o desconto em folha ou cancelar as garantias prestadas.

d] Nexo causal

Nexo causal é relação de causa e efeito entre a conduta culpável do agente e o dano por ela provocado. O dano deve ser fruto da conduta reprovável do agente. Não havendo essa relação, não se pode imputar os efeitos do ilícito ao pretenso agente; muitas vezes, sequer se poderá falar em ilicitude, pois que o dano pode ser resultado de caso fortuito.

A questão do nexo causal ganha importância quando há causalidade múltipla, ou seja, quando há uma cadeia de circunstâncias concorrendo para o evento, e temos que precisar qual delas seria a causa.

Há várias teorias para solucionar o problema.[18]

Uma delas, proposta por von Buri, é a teoria da equivalência dos antecedentes. De acordo com ela, tudo o que tenha levado ao resultado se equivale, não havendo um fato mais importante do que o outro. Para se saber se determinado antecedente é causa, elimina-se-o mentalmente; se o resultado desaparecer, então, é causa; se persistir, não é. Exemplo seria o do indivíduo que atropela outro, leva-o a um hospital, onde vem a morrer de infecção hospitalar. Neste caso, tanto o atropelamento, quanto a infecção se equivalem. Respondem pela morte, portanto, quem haja atropelado e o hospital.

Outra é a teoria da causalidade adequada, de von Kries. Segundo ele, se várias condições concorrerem, causa será a mais adequada à produção do resultado, a mais determinante. Não há, porém, nenhum método científico para se chegar a isso. "Causa adequada será aquela que, de acordo com o curso normal das coisas e a experiência comum da vida, se revelar a mais idônea para gerar o evento".[19]

Por fim, uma terceira teoria é a da causalidade direta ou imediata, também denominada *teoria dos danos diretos e imediatos*. De acordo com esta teoria, causa direta é a determinante, aquela que diretamente tenha gerado o dano, não necessariamente a mais próxima cronologicamente. Assim, no exemplo dado acima, a causa da morte do atropelado é a infecção hospitalar; pela morte responde, então, o hospital, não quem tenha atropelado a vítima. O atropelamento, sem dúvida, é causa, mas indireta.

Qual dessas teorias adota nosso Direito? O art. 403 do CC adota esta última, sem a menor sombra de dúvida. Segundo o art. 403, "ainda que a inexecução resulte de dolo do devedor, as perdas e danos só incluem os prejuízos efetivos e os lucros cessantes por *efeito dela* (da inexecução) *direto e imediato*, sem prejuízo do disposto na lei processual". (grifo nosso)

A questão que se põe é a seguinte: sem sombra de dúvida, o art. 403 adota a teoria da causalidade imediata, mas a regra não valeria apenas para a responsabilidade contratual?

Realmente, numa primeira leitura, os dizeres do art. 403 nos conduzem à conclusão de estar ele se referindo à responsabilidade na esfera dos contratos, afinal "inexecução" só pode ser de obrigação contratual. É nos contratos que a inexecução gera responsabilidade. Na esfera extracontratual, o raciocínio não é este. Não é a inexecução que gera a obrigação de indenizar por parte de quem tenha atropelado alguém. É a prática do ilícito, ou seja, do atropelamento culpável. Esta é, entretanto, apenas uma primeira leitura. Façamos uma leitura mais atenta do dispositivo legal.

---

18 CAVALIERI FILHO, Sergio. **Programa de responsabilidade civil**. 9. ed. São Paulo: Atlas, 2007. p. 48-49.
19 *Idem*, p. 49.

Em primeiro lugar, o art. 403 se encontra no Título IV do Livro I da Parte Especial do Código Civil, referente às obrigações em geral, não apenas às obrigações contratuais. Sendo assim, o art. 403, em tese, diz respeito também às obrigações oriundas de atos ilícitos extracontratuais. Trata-se de norma de teoria geral das obrigações, sejam elas contratuais ou extracontratuais. De todo modo, continua a indagação: como interpretar o termo "inexecução"? Inexecução de quê? Seguramente de uma obrigação, de um dever. Todavia, não necessariamente de um dever contratual. O termo "inexecução" pode perfeitamente referir-se ao descumprimento de um dever de conduta extracontratual, como dirigir com atenção, a fim de não atropelar alguém. Concluindo, o art. 403 tem abrangência genérica; refere-se a toda espécie de obrigação, contratual ou extracontratual. Consequentemente, o Código Civil adota explicitamente a teoria da causalidade imediata, seja a responsabilidade contratual ou extracontratual. É por força desse artigo que podemos afirmar ser o hospital responsável pela morte da vítima de atropelamento, que venha a falecer em virtude de infecção hospitalar.

Havendo ruptura do nexo causal, haverá isenção da responsabilidade. Isto ocorrerá se o fato se dever a culpa exclusiva da vítima (fato da vítima), a fato de terceiro, a caso fortuito/força maior, a legítima defesa, a estado de necessidade, a estrito cumprimento de dever legal e a exercício regular de direito. Por que se rompe o nexo causal em todos esses casos? Porque em todos eles fica excluída a culpabilidade, ou seja, a conduta que causa o dano não é culpável; não há nexo de causa e efeito entre conduta reprovável e dano, pelo fato de a conduta do agente, nessas hipóteses *supra*, não ser reprovável, seja por ser a culpa da vítima, seja pela incidência de caso fortuito/força maior, seja pela ocorrência de legítima defesa etc. Rompido o nexo, exclui-se a própria ilicitude.

13.2.2 Ação indenizatória

Os atos ilícitos podem gerar as mais diversificadas ações, dependendo da esfera em que ocorrerem e do objetivo da vítima. Por exemplo, se o devedor não paga o que deve, em contrato de mútuo, a ação poderá ser a de cobrança. Se o devedor paga à pessoa errada por engano, e esta se recusa a restituir o pagamento indevido, será proposta a ação de repetição do indébito e assim por diante. Uma das ações mais importantes, porém, é a indenizatória. Vejamos alguns detalhes a seu respeito.

A indenização por danos oriundos de ato ilícito é cobrada na chamada ação indenizatória, também chamada reparatória ou ressarcitória. Assim ocorre numa batida de automóveis, por exemplo. A vítima moverá contra o culpado ação indenizatória.

O sujeito ativo capaz para propô-la é, em primeiro lugar, o prejudicado. Se já for morto, poderão propor a ação seus herdeiros. Também têm capacidade todos aqueles que eram por ele alimentados. Outrossim, podem propor a ação indenizatória seus representantes legais ou procurador, com poderes para tanto.

Por fim, caso especial é o do empregador que tem capacidade processual para demandar, exigindo a reparação de prejuízo que sofra em decorrência de dano causado ao empregado. É um caso típico de dano reflexo ou por ricochete.

O sujeito passivo, ou seja, a pessoa contra quem se proporá a demanda, será o autor do delito. Se o autor for incapaz, seu patrimônio poderá ser atingido para a reparação dos danos, se as pessoas por ele responsáveis não tiverem a obrigação de fazê-lo ou, tendo, não dispuserem dos meios patrimoniais necessários e suficientes. Trata-se de hipótese de responsabilidade subsidiária. O patrimônio do incapaz será, todavia, poupado, se o pagamento da indenização privá-lo ou a seus dependentes do necessário à sobrevivência digna. Se estiver morto, seus herdeiros responderão dentro das forças da herança. Além destes, pode-se acionar os coobrigados pelo dano, como o partícipe de um crime.

Para a ação de reparação de dano, em geral, será competente o foro do lugar do ato ou fato (art. 53, IV, *a*, CPC). No caso de dano sofrido em razão de delito ou acidente de veículos, inclusive aeronaves, será competente o foro do domicílio do autor ou do local do fato (art. 53, V, CPC).

O ônus da prova cabe ao autor da ação, que deverá provar a autoria, a culpabilidade, o dano e seu valor e o nexo causal entre conduta culpável e dano. Em alguns casos, cabe ao réu provar sua inocência, quando teremos culpa presumida, com a consequente inversão do ônus da prova.

Extingue-se a ação pela renúncia, pela transação e pela prescrição (extinção da responsabilidade), que será de três anos. Neste último caso, a ação só se extinguirá se o réu opuser exceção de prescrição. Deve ser lembrado que o juiz pronunciará de ofício a prescrição que correr a favor de pessoa absolutamente incapaz, e somente neste caso. É inconstitucional o pronunciamento de ofício da prescrição em outras hipóteses, como já vimos anteriormente, ao tratarmos da prescrição e da decadência.

Entendemos, corroborando a vertente doutrinária de Gustavo Tepedino, dentre outros, que a prescrição trienal prevista no inc. V do parágrafo 3º do art. 206 do CC refere-se tanto à responsabilidade contratual, quanto à extracontratual. Não há sentido aplicar este dispositivo à responsabilidade aquiliana e o prazo decenal do art. 205 à contratual. Quando o legislador impõe o prazo de três anos para a prescrição referente à reparação civil, não faz qualquer distinção. Não tem sentido, assim, a distinção doutrinária.

Evidentemente, porém, que não estando o contrato definitivamente inadimplido, ou seja, estando as partes em negociação quanto a valores ou quanto ao conteúdo da prestação, não há falar em ilícito contratual, nem em dano, tampouco em obrigação de reparar. Nesta hipótese vigora, de fato, seja o prazo decenal do art. 205, caso se cuide de obrigação ilíquida, não constante de escrito público ou particular, seja o prazo quinquenal do inciso I do parágrafo 5º do art. 206, caso a prestação consista em valor líquido estampado em instrumento público ou particular. Isso porque,

> o Código Civil de 2002 dá especial ênfase à execução específica das obrigações, sendo inteiramente coerente com o sistema atribuir-se o prazo quinquenal para o seu cumprimento, quando ainda há interesse útil do credor; e reservando-se o prazo trienal para o credor que, uma vez frustrada a possibilidade de cumprimento específico (por perda da utilidade da prestação em decorrência do comportamento moroso do devedor), se encontra apto a promover, imediatamente, a ação de ressarcimento de danos.
>
> Enquanto há interesse útil na prestação, há ainda, de ordinário, diálogo entre os interessados e o prazo trienal nem sempre é suficiente para ajustar a complexa gama de interesses colidentes no âmbito da qual, com frequência, purga-se a mora, acomodam-se as desavenças, cumpre-se afinal a prestação. O legislador prestigia e incentiva, por diversos expedientes, o adimplemento ainda plausível. Daí o prazo quinquenal nessa hipótese. Uma vez, contudo, caracterizado o inadimplemento, não interessa ao sistema e à segurança jurídica postergar a desavença. Nada justifica a delonga. Impõe-se ao credor, como dispõe o art. 206, ajuizar, em três anos, a ação de danos. O prazo decenal, nesse caso, seria nocivo porque permitiria que o ajuizamento da ação, como se dava inúmeras vezes sob a égide do regime vintenário do código de 1916, ocorresse quando as provas já não mais estivessem preservadas. Nesse aspecto, o prazo trienal associado à contemporânea técnica processual da repartição dinâmica do ônus probatório mostram-se convergentes e harmônicos para a promoção do direito de ação.[20]

O autor refere-se, aqui, ao prazo quinquenal do inciso I do parágrafo 5º do art. 206 do CC, ou seja, ao prazo concernente à pretensão de cobrança de dívidas líquidas constantes de instrumento público ou particular. Ocorre que pode não ser o caso. Pode tratar-se não de dívida líquida constante de instrumento público ou particular, porque resultante de percalços ocorridos durante a execução do

---

20 TEPEDINO, Gustavo. Prescrição aplicável à responsabilidade contratual: crônica de uma ilegalidade. **RTCD – Revista Trimestral de Direito Civil**, ano 10, v. 37, p. iii-iv, jan./mar. 2009. Editorial. Disponível em: <https://ibdcivil.org.br/?p=1375>. Acesso em: 4 jan. 2023.

contrato, dos quais originou-se certo desequilíbrio contratual, resultante em valores suplementares cobrados por uma parte à outra.

Se for essa a situação, ou seja, se for o caso de o devedor ainda não se ter manifestado de maneira final, isso quererá dizer que estarão ainda sobre a mesa os interesses das partes. Em outras palavras, as negociações estão em curso; não se encerraram. É muito viável e plenamente do interesse útil do credor a realização da prestação em espécie. Sendo assim, o prazo será mesmo o quinquenal, caso se trate de dívida líquida constante de instrumento público ou particular (I, § 5º, art. 206 do CC), ou o decenal, caso se trate de dívida não líquida (art. 205 do CC, que estabelece prazo genérico, para as hipóteses não previstas no art. 206).

Apesar disso, forte em balizada doutrina,[21] a jurisprudência do STJ vem entendendo que o prazo trienal do inc. V do parágrafo 3º do art. 206 se aplica apenas às hipóteses de responsabilidade extracontratual, sendo aplicado à responsabilidade contratual o prazo decenal do art. 205.

> Quando a norma do art. 206, § 3º, V, fala em prescrição da pretensão de reparação civil, está cogitando da obrigação que nasce do ilícito *stricto sensu*. Não se aplica, portanto, às hipóteses de violação do contrato, já que as perdas e danos, em tal conjuntura, se apresentam com função secundária. O regime principal é o do contrato, ao qual deve aderir o dever de indenizar como acessório, cabendo-lhe função própria do plano sancionatório. Enquanto não prescrita a pretensão principal (a referente à obrigação contratual) não pode prescrever a respectiva sanção (a obrigação pelas perdas e danos). Daí que enquanto se puder exigir a prestação contratual (porque não prescrita a respectiva pretensão), subsistirá a exigibilidade do acessório (pretensão ao equivalente econômico e seus acréscimos legais). É, então, a prescrição geral do art. 205, ou outra especial aplicável in *concreto*, como a quinquenal do art. 206, § 5.º, I, que, em regra, se aplica à pretensão derivada do contrato, seja originária ou subsidiária a pretensão. Esta é a interpretação que prevalece no Direito Italiano (CC, art. 2.947), onde se inspirou o Código brasileiro para criar uma prescrição reduzida para a pretensão de reparação do dano.[22]

A matéria foi, inclusive, objeto de decisão da Corte Especial do Superior Tribunal de Justiça, que, em 15 de maio de 2019, fixou o prazo de dez anos para a prescrição da pretensão de reparação civil baseada no inadimplemento contratual.

Quanto aos juros e correção incidentes sobre a verba indenizatória, tem-se que correm a partir da citação ou do dano, variando a jurisprudência. O Código Civil diz que os juros de mora correm a partir da citação para o ilícito contratual

---

21 THEODORO JR., Humberto. In: MALUF. **Código Civil Comentado**: artigos 189 a 232. São Paulo: Atlas, 2009. p. 111-112.
22 Idem, ibidem.

(art. 405). Se o ilícito for aquiliano, os juros contam-se do *eventus damni* (art. 398, Súmula n. 54 STJ)[23] Mas e a correção? Como fica? Entendo que em regime de inflação "galopante", como ocorre amiúde no Brasil, não há como não retrotrair a correção monetária até a data do *eventus damni*, a não ser que não haja necessidade, como nas dívidas de valor. Por outros termos, se o autor do delito deve o valor de um carro, responderá por este valor, sobre o qual não incidirá correção monetária, por não ser necessário.

13.3 Responsabilidade por fato de outrem

Como regra, somos responsáveis somente por nossas atitudes. Mas há momentos em que um indivíduo pode responder por danos provocados pela conduta de outra pessoa. Isso ocorrerá, sempre que faltarmos com o dever de bem vigiar ou escolher. São hipóteses de culpa *in vigilando* e *in eligendo*, respectivamente.

Os casos de responsabilidade por fato de terceiro são os seguintes:

a] Os pais respondem pelos filhos menores de 18 anos, sob seu poder e companhia. Assim, se o filho estiver em colégio interno, a responsabilidade será do colégio. Se a guarda for de apenas um dos pais, responde este pelos danos, a não ser que o menor se ache na companhia do outro. Tratando-se de guarda compartilhada, os pais responderão solidariamente. Se o menor estiver em companhia de terceiro, por exemplo, passando férias em casa dos avós, respondem os pais (aquele que detenha a guarda), tendo direito de regresso contra os avós. O fundamento da responsabilidade dos pais é o poder parental, aliado à paternidade responsável. Mas o menor tem responsabilidade própria, se os pais não tiverem obrigação de reparar os danos por ele causados ou se eles ou o responsável (ex.: colégio interno) não dispuserem de meios suficientes.

b] O tutor ou curador respondem pelos pupilos ou curatelados, sob seu poder e companhia. Possuem direito de regresso, quando cessar a tutela ou curatela, a não ser que seja ascendente do tutelado ou curatelado.

c] As pessoas jurídicas ou naturais que exerçam empresa hoteleira, de hospedaria, casa ou estabelecimento em que se albergue por dinheiro, mesmo para fins educativos, respondem por seus hóspedes, moradores e educandos. Em relação aos hotéis, pensões, pousadas e assemelhados, sua responsabilidade se resume aos danos causados pelos hóspedes e aos hóspedes ou a terceiros

---

23 *Eventus damni* significa "ocorrência do dano" ou "evento do dano". A Súmula n. 54 do STJ reza que "os juros moratórios fluem a partir do evento danoso, em caso de responsabilidade extracontratual".

dentro do estabelecimento. De qualquer jeito, terão, é evidente, direito de regresso contra o causador dos danos.

d) Aquele que, gratuitamente, participar nos produtos de crime, praticado por outrem, responderá pelos danos, até a quantia com que se haja beneficiado. Assim, se aceito, como presente, joias roubadas de joalheria, responderei pelos danos causados à loja, até o montante com que me haja beneficiado, além de responder criminalmente, se for o caso.

e) O empregador responde pelos danos que seus empregados, no exercício de sua atividade, causarem a terceiros. A culpa que deve ser provada pela vítima é a do empregado e não a do empregador. Além do empregador, responde também o comitente pelos atos do comissário. Os termos comitente/comissário são genéricos. Haverá, genericamente, comissão, sempre que alguém encarregar uma pessoa de alguma tarefa, como ocorre, por exemplo, no mandato. O mandante incumbe o mandatário, mediante procuração, de realizar alguma tarefa em seu nome. Obviamente, responderá pelos atos que seu procurador praticar, especialmente pelos danos que causar a terceiros, no desempenho do mandato.

Em todos esses casos, seja in vigilando ou in eligendo, a culpa não interessa, a não ser para efeito de ação regressiva, se for o caso. Por outros termos, não interessa se os pais ou o empregador agiram ou não com culpa in vigilando ou in eligendo. O fundamento é a responsabilidade objetiva. Deverão pagar a indenização. No caso dos pais, não há direito de regresso contra os filhos. No caso do empregador, a ação regressiva será bem fácil, uma vez que a prova da culpa do empregado já terá sido feita na ação da vítima do dano. Cabendo ação de regresso, será sempre admissível a denunciação da lide a quem couber a indenização na via regressiva. Em outras palavras, o patrão, por exemplo, poderá denunciar ao empregado da lide. A denunciação da lide é interessante, porque confere ao denunciado a possibilidade de se defender desde logo.

A Lei n. 12.965/2014, que trata do marco civil da internet, cuidou da responsabilidade do provedor de conexão por danos de conteúdo gerado por terceiros. Em princípio, o provedor não responderá, dentro do espírito de assegurar a liberdade de expressão e impedir a censura. Por outro lado, será responsabilizado caso, após ordem judicial específica, não tomar as providências para, no âmbito e nos limites técnicos do seu serviço e dentro do prazo assinalado, tornar indisponível o conteúdo apontado como infringente, ressalvadas as disposições legais em contrário.

Evidentemente, nesse caso, a responsabilidade é subjetiva. Deve ser demonstrada, quando nada a negligência do provedor que, mesmo após ordem judicial específica, não tenha tomado as providências para, no âmbito e nos limites técnicos do seu serviço e dentro do prazo assinalado, tornar indisponível o conteúdo apontado como infringente.

A parte interessada, a seu turno, poderá, com o propósito de formar conjunto probatório em processo judicial cível ou penal, em caráter incidental ou autônomo, requerer ao juiz que ordene ao responsável pela guarda o fornecimento de registros de conexão ou de registros de acesso a aplicações de internet. O requerimento deverá, necessariamente, conter fundados indícios da ocorrência do ilícito; a justificativa motivada da utilidade dos registros solicitados para fins de investigação ou instrução probatória e o período ao qual se referem os registros.

É também responsabilidade por fato de outrem a dos herdeiros pelo morto. O espólio responde, dentro das forças da herança, pelos danos causados pelo decujo.

13.4 Responsabilidade por fato de coisa

Fala-se em culpa in *custodiendo* ou culpa pelo dever de guarda, de custódia de coisas sob a responsabilidade de alguém que causem dano a outrem por culpa de quem as guarda. A título de exemplo, imaginemos carro que, por si só, se desloca em estacionamento, vindo a colidir com veículo estacionado por perto. A pessoa física ou jurídica, responsável pelo estacionamento, responderá pelos danos causados ao veículo abalroado.

Na mesma responsabilidade incorre o detentor de animal pelo dano por este causado. Neste caso, presume-se a culpa da pessoa, que só se exime da indenização, se provar que houve imprudência do ofendido ou que o fato resultou de caso fortuito, ou de força maior.

Há quem entenda que a responsabilidade pelos animais não seria por fato de coisa, uma vez que o animal não é coisa. Particularmente, entendo que, de acordo com a lei vigente (*de lege lata*), os animais são bens semoventes, portanto, coisas. Não há necessidade de se humanizá-los para se os proteger.

Há outras hipóteses de responsabilidade por fato de coisa. O art. 931 do Código Civil trata da responsabilidade pelo fato do produto, dispondo que o empresário individual ou a sociedade empresária respondem objetivamente pelos danos causados pelos produtos que puserem em circulação. O Código do Consumidor contém norma semelhante nos arts. 12 a 14. Segundo o CDC, o fabricante, o produtor, o construtor, nacional ou estrangeiro, e o importador respondem, independentemente de culpa, pela reparação dos danos causados aos consumidores por defeitos de projeto, fabricação, construção, montagem, fórmulas, manipulação, apresentação ou acondicionamento de seus produtos, bem como por informações insuficientes ou inadequadas sobre sua utilização e riscos. A responsabilidade recairá sobre o comerciante, se o produtor, o construtor, o fabricante ou o importador não puderem ser identificados; se o produto for fornecido sem identificação clara de seu fabricante, produtor, construtor ou importador; e se os produtos perecíveis não forem bem conservados. Com sua incorporação ao Código Civil, ganha muito mais amplitude.

Outra hipótese de responsabilidade por fato de coisa está no art. 937 do Código Civil, segundo o qual o dono de edifício ou construção responde pelos danos que resultarem de sua ruína, se esta provier da falta de reparos, cuja necessidade seja manifesta. Trata-se de responsabilidade subjetiva, a toda vista. Por outros termos, deva estar demonstrada a culpa do dono do edifício ou construção.

O art. 938 do Código Civil também cuida de responsabilidade por fato de outrem. É o caso de objeto caído ou lançado de um imóvel, pelo qual responde aquele que nele habitar. A responsabilidade é objetiva, ou seja, independe de culpa.

13.5 Teorias subjetiva e objetiva da responsabilidade civil

Por que somos responsáveis pelos danos que causamos? Por que temos que repará-los?

Existem duas teorias que procuram explicar a razão de ser da responsabilidade civil. A primeira é a teoria subjetiva, aplicada como regra, pelos arts. 186 e 927 do CC. Subjetiva, porque toma por base o elemento subjetivo, culpabilidade, para fundamentar o dever de reparar. Assim, só seria responsável pela reparação do dano aquele cuja conduta se provasse culpável. Não havendo culpa ou dolo, não há falar em indenização. Na ação reparatória, devem restar provados pela vítima a autoria, a culpabilidade, o dano e o nexo causal.

A segunda teoria tem como fundamento, não o elemento subjetivo, culpabilidade, mas o elemento objetivo, dano. Daí se denominar *teoria objetiva*. Para ela, basta haver dano, para que sobrevenha o dever de reparar. Explica-se esta teoria pelo risco de certas atividades. Fala-se em risco proveito (a atividade que gere lucros, gera também riscos. Quem se beneficie dos lucros, responda pelos riscos); fala-se em risco profissional (risco inerente a certas atividades profissionais, o que legitimaria a responsabilidade objetiva); fala-se em risco excepcional (o risco da atividade é tão excepcional, que legitimaria a responsabilidade objetiva. Há riscos socialmente aceitos, como o da fabricação de armas. Se A matar B, a família da vítima B não poderá acionar o fabricante do revólver, pelo fato de sua atividade dar aso a tais possibilidades. O risco criado pela produção de armas é socialmente aceitável. Não se considera excepcional. Excepcional seria o risco decorrente de atividade extremamente perigosa. A teoria é muito criticada exatamente pelo alto subjetivismo da análise do que seria risco normal, aceitável, e do que seria risco excepcional, inaceitável); fala-se em risco criado (certas atividades geram riscos, e o agente deve responder objetivamente por eles independentemente de ter lucros. Ao que parece, seria o caso do parágrafo único do art. 927 do CC, segundo o qual a responsabilidade independerá de culpa, se a atividade normalmente desenvolvida pelo agente gerar riscos a direitos alheios. Há quem defenda a tese de que o parágrafo único do art. 927 consiste em hipótese de risco excepcional. O simples fato de se criar um risco, como o fabrico de armas, não enseja a incidência dessa norma. O risco há de ser socialmente inaceitável; há de ser excepcional. De fato, a se adotar a teoria do risco criado, sem excepcionar as situações em que o risco seja socialmente aceitável, seria muito complicado. O simples fato de guiar um automóvel, por exemplo, é atividade de risco. Viver é arriscado. É óbvio, pois, que mesmo a teoria do risco criado deve ser temperada com bom senso, a fim de que não se considere de risco toda e qualquer atividade que produza risco socialmente aceitável. Por este prisma, talvez a tese do risco excepcional seja mais adequada, embora também possua seus problemas, como vimos).[24] Por fim, fala-se em risco integral (em que o agente responde por sua atividade de risco, mesmo diante de culpa da vítima. Essa teoria é aplicada com muitas reservas. Há quem a defenda na hipótese de danos decorrentes de acidentes nucleares)[25] e em risco administrativo (é o risco das atividades do Estado, que geram, como regra, responsabilidade objetiva). De todo modo, a responsabilidade objetiva é aplicada, excepcionalmente, em virtude de disposição expressa de lei. Se ao caso aplicar-se a teoria objetiva, basta à vítima provar a autoria, o dano e o nexo entre este e aquela, para lograr êxito na ação reparatória. O suposto autor do dano só se exime da indenização, se provar que a culpa foi exclusiva da vítima, ou que não há nexo entre o fato do autor e o dano, como se demonstrará mais abaixo. Do contrário, mesmo em caso fortuito, ou de força maior, deverá indenizar a vítima.

A teoria objetiva é utilizada apenas em algumas situações. O Código Civil ampliou sua esfera de aplicabilidade, ao remeter à teoria objetiva todos os casos em que a natureza da atividade do autor implicar riscos para as demais pessoas.

---

24 CORREIA, Atalá. O risco na responsabilidade civil. In: RODRIGUES JR., Otavio Luiz; MAMEDE, Gladston; ROCHA, Maria Vital da (Coord.). **Responsabilidade civil contemporânea**. São Paulo: Atlas, 2011. p. 92-94.
25 AZEVEDO, Álvaro Villaça. **Teoria geral das obrigações**. 5. ed. São Paulo: RT, 1990. p. 281. HIRONAKA, Giselda Maria Fernandes Novaes. **Direito civil**: estudos. Belo Horizonte: Del Rey, 2000. p. 274.

As principais hipóteses de incidência da responsabilidade objetiva são:

1] Responsabilidade dos pais pelos filhos menores, sob seu poder e companhia. Configurada a culpa do menor, os pais responderão, independentemente de terem ou não agido com culpa *in vigilando* (art. 933 do CC).
2] Responsabilidade do tutor ou curador pelos pupilos ou curatelados, sob seu poder e companhia. Configurada a culpa do pupilo ou do curatelado, o tutor ou o curador responderão, independentemente de terem ou não agido com culpa *in vigilando* (art. 933 do CC).
3] Responsabilidade das pessoas jurídicas ou naturais que exerçam empresa hoteleira, de hospedaria, casa ou estabelecimento em que se albergue por dinheiro, mesmo para fins educativos, por seus hóspedes, moradores e educandos (art. 933 do CC).
4] Responsabilidade daquele que, gratuitamente, participar nos produtos de crime, praticado por outrem, pelos danos, até a quantia com que se haja beneficiado (art. 933 do CC).
5] Responsabilidade do empregador e do comitente pelos danos que seus empregados ou agentes, no exercício de suas funções, causarem a terceiros. Configurada a culpa do empregado, o empregador responderá, independentemente de ter ou não agido com culpa *in eligendo* (art. 933 do CC).

Coisas caídas ou lançadas de prédio. Sempre que um objeto cair ou for lançado de imóvel, o dono deste responderá pelos danos, ainda que se prove o fortuito. Tratando-se de condomínio, todos os condôminos responderão, dividindo os prejuízos. Sendo identificada a unidade de onde veio a coisa, o condomínio terá assegurado direito de regresso contra ela.

6] Apesar de o art. 938 do CC não se referir expressamente à responsabilidade objetiva, neste caso, entende-se que o dever de indenizar subsiste, mesmo na ausência de culpa do dono do prédio, uma vez que a norma se refere a objetos não só lançados, mas também caídos em local indevido. Ademais, não fosse o caso de inversão do ônus da prova ou de responsabilidade objetiva, não haveria a necessidade de um artigo específico para a hipótese. Por outros termos, se o legislador não tivesse a intenção de incluir a queda ou lançamento de objetos de um imóvel em lugar indevido, dentre os casos de responsabilidade objetiva, não lhe teria aberto artigo específico. A questão se solucionaria com a norma genérica dos arts. 186 e 927, provada a culpa do dono do imóvel.
7] Acidentes de trabalho. A Previdência Social deverá indenizar os danos sofridos pelo trabalhador no exercício de suas funções, a não ser que comprove ter sido dele a culpa (Leis n. 6.367/1976 e 8.213/1991).

8] Acidentes com aeronaves. Os donos de aeronaves são responsáveis pelos danos que estas causem, ainda que provado o caso fortuito. Assim, se uma aeronave cai em virtude de raio que tenha incendiado suas turbinas, a companhia aérea deverá reparar todos os danos causados (arts. 246 e ss., Código Brasileiro de Aeronáutica).
9] Acidentes nucleares. Havendo acidente nuclear, os responsáveis pela guarda do material radioativo deverão indenizar todos os danos ocorridos, ainda que se prove caso fortuito (Lei n. 6.453/1977, que adota a teoria do risco integral, e art. 21, XXIII, "d", da CF/1988).
10] Aquele que agir em estado de necessidade, legítima defesa, exercício regular de direito ou estrito cumprimento do dever legal, apesar de não praticar ato ilícito, deverá reparar todos os danos sofridos por terceiros. Se para salvar alguém, for necessário arrombar uma porta, o dono da porta, desde que nada tenha a ver com o fato, deverá ser indenizado (arts. 929 e 930 do CC).
11] Os empresários individuais e as sociedades empresárias respondem objetivamente pelos danos causados por produtos que puserem em circulação.

Esta norma já estava prevista, em outros termos no Código de Defesa do Consumidor. Trata-se da responsabilidade pelo fato do produto. Segundo o CDC, o fabricante, o produtor, o construtor, nacional ou estrangeiro, e o importador respondem, independentemente de culpa, pela reparação dos danos causados aos consumidores por defeitos de projeto, fabricação, construção, montagem, fórmulas, manipulação, apresentação ou acondicionamento de seus produtos, bem como por informações insuficientes ou inadequadas sobre sua utilização e riscos. A responsabilidade recairá sobre o comerciante, se o produtor, o construtor, o fabricante ou o importador não puderem ser identificados; se o produto for fornecido sem identificação clara de seu fabricante, produtor, construtor ou importador; e se os produtos perecíveis não forem bem conservados. Com sua incorporação ao Código Civil, ganha muito mais amplitude (art. 931 do CC e arts. 12 a 14 do CDC).

12] Toda pessoa que exercer habitualmente atividade civil ou empresarial, que por sua natureza, importe risco às demais pessoas, responderá objetivamente pelos danos causados por sua atividade. Como exemplo, pode citar-se o caso de uma empresa que produz fogos de artifício. Vindo a fábrica a explodir, causando danos a outras pessoas, a indenização independerá da prova da culpa (parágrafo único do art. 927 do CC).
13] Acidentes ambientais (§ 1º do art. 14 da Lei n. 6.938/1981).
14] Instituições que realizem pesquisas genéticas responderão objetivamente, segundo o art. 20 da Lei n. 11.105/2005.

15] O controlador ou o operador de dados pessoais responde objetivamente pelos danos causados em violação à legislação de proteção de dados pessoais (arts. 42 e 43 da Lei n. 13.709/2018).

Alguns autores[26] asseveram que a responsabilidade do dono do edifício ou construção, na hipótese do art. 937 do CC, seria objetiva. Assim não entendo, *data venia*. O artigo se refere a danos causados pela ruína de edifício, *se esta provier de falta de reparos, cuja necessidade for manifesta*. Por outros termos, a norma exige o elemento subjetivo, culpabilidade, para que se configure a responsabilidade do dono do edifício ou da construção. Ora, a responsabilidade depende do implemento de uma condição, claramente expressa pela partícula "se", ou seja, "se" a ruína provier de falta de reparos, cuja necessidade for manifesta. Falta de reparos oriundos de necessidade manifesta decorre, como é óbvio, de negligência ou imprudência, isto é, de culpa. Não se trata de danos causados por qualquer ruína, mas da ruína proveniente de falta de reparos, cuja necessidade seja manifesta, ou seja, da ruína proveniente de negligência ou imprudência (culpa). Se a culpa é ou não presumida, essa é outra discussão. A responsabilidade é, contudo, subjetiva, por depender do elemento subjetivo, expresso pelo condicional ("se" provier de falta de reparos, cuja necessidade for manifesta). Fosse a responsabilidade objetiva, outra deveria ser a redação do artigo, que não poderia condicionar a responsabilidade à falta de reparos, ou seja, à negligência ou à imprudência.

A segunda parte do artigo é bastante clara no que diz respeito à negligência (dono que não descurou, que não esteve atento à necessidade manifesta de reparos), ou à imprudência (dono que, mesmo sabendo da necessidade manifesta de reparos, não tomou as devidas providências, assumindo desnecessariamente o risco de ruína). Pode ser também até o caso de imperícia, quando o dono do edifício ou da construção for especialista no assunto e não perceber a necessidade manifesta de reparos, ou não os fizer de modo adequado a evitar a ruína.

A jurisprudência do TJMG entende, em acórdão de 2014, que até mesmo a Administração Pública responde subjetivamente, em leitura que faz do artigo em comento, quando do desabamento de uma calçada, com danos a um munícipe.[27]

A necessidade de reparos deve ser, pois, manifesta, ou seja, visível aos olhos, à percepção do homem médio, isto é, de quem não seja especialista no assunto e tenha atenção normal (não seja desleixado, nem exageradamente cuidadoso).

Outra não é a opinião de Clóvis Bevilaqua, ao comentar o art. 1.528 do CC/1916, de idêntica redação ao atual art. 937. Segundo o mestre,

---

26 NERY JR., Nelson & NERY, Rosa Maria de Andrade. **Código Civil comentado**. 11. ed. São Paulo: RT, 2014. p. 1246.
27 TJMG, ApCiv 1.0518.10.013954-3/001.

é, porém, de notar-se que a responsabilidade do proprietário não é tão absoluta no direito pátrio, como no francez. A necessidade do reparo deve ser manifesta. Esta restricção parece tirar à responsabilidade estabelecida no Código Civil brasileiro o caracter puramente objetivo, que apresenta no direito francez, no suisso e em outras legislações.[28]

Por outro lado, sem dúvida alguma, trata-se, no caso do art. 937, de culpa presumida. Ocorrendo a ruína, incumbe ao dono do edifício ou da construção demonstrar que não houve de sua parte qualquer negligência ou imprudência. Até porque, os eventos da natureza, como terremotos, por exemplo, eximiriam o dono de responsabilidade, exatamente por quebrarem o nexo de causa e efeito entre ruína e falta de reparos de manifesta necessidade. Não fosse assim, não haveria necessidade de norma expressa, bastando invocar-se a cláusula geral do art. 186. Contrariamente, Serpa Lopes entende que a culpa não é presumida, devendo o prejudicado produzir a prova completa dos pressupostos da culpa, inclusive a demonstração de que o proprietário não procedeu a reparos indispensáveis e que tal foi a causa da ruína do edifício.[29] Cuida-se, portanto, de entendimento bastante radical a favor da responsabilidade subjetiva. Rigorosamente, a norma não explicita a culpa presumida, mas, dadas as dificuldades práticas da prova da culpa por parte do prejudicado, o entendimento que vem predominando, inclusive na jurisprudência,[30] é pela presunção de culpa. Não fosse assim, repita-se, não haveria necessidade de norma específica, bastando a cláusula geral do art. 186.

Mas e se o dono estiver ausente e ignore, de fato, a necessidade do reparo? Mesmo assim, responderá pelo dano resultante da ruína.[31] No entanto, nem por esse ângulo, será objetiva sua responsabilidade, pois que sua ausência e ignorância da necessidade de reparos demonstram sua negligência para com seu patrimônio. A culpa se presume e, salvo se restar provada a ausência de negligência, imprudência ou imperícia, o dono não se eximirá da responsabilidade.

De todo modo, a ideia de culpa está estampada no artigo, a toda evidência. Do contrário, na prática, não se discutiria se a necessidade de reparos era ou não manifesta, ou seja, não se discutiria se o dono do edifício ou da obra teria negligenciado os reparos manifestamente necessários. Negar esse fato é negar o óbvio, num exercício de hermenêutica vazia de argumentos lógicos, para não dizer de achismo jurídico.

---

28 BEVILÁQUA, Clóvis. **Código Civil**... cit., 3. ed., v. 5, p. 311.
29 SERPA LOPES, Miguel Maria de. **Curso de direito civil**. 7. ed. Rio de Janeiro: Freitas Bastos, 1989. v. 5, p. 325-326.
30 1º TACivSP, RT 724/326; TJSP, RT 248/273; TAPR, JB 166/285; TARJ, JB 166/143.
31 BEVILÁQUA, Clóvis. **Código Civil**... cit., 3. ed., v. 5, p. 311.

Outro engano por parte de alguns poucos é a afirmação de que o caso fortuito e a força maior excluiriam a responsabilidade objetiva, uma vez que romperiam o nexo causal. Ora, que nexo causal? O nexo entre a conduta culpável e o dano não pode ser, dado que não se cogita de culpa na responsabilidade objetiva. Na verdade, o nexo que deve existir é bastante objetivo. O dano deve resultar da simples atividade ou do simples fato objetivo do responsável: exercer o transporte aéreo, ter filhos, ser tutor ou curador, ter empregados, exercer atividade perigosa etc. Se o caso fortuito e a força maior excluíssem a responsabilidade, tratar-se-ia de culpa presumida e não de responsabilidade objetiva. Só se pode admitir a exclusão da responsabilidade, se o caso fortuito ou a força maior excluírem a própria autoria, ficando provado que o dano ocorreria de qualquer maneira. É o que se denomina fortuito externo, que exclui a autoria (atividade do autor). Em outras palavras, a responsabilidade objetiva fica excluída se restar provado que a causa do dano não foi a atividade do pretenso autor. Imaginemos o seguinte exemplo: a Prefeitura de certo Município está realizando obras em uma rua. Cai um temporal, e o muro de uma casa vem ao chão. O dono da casa atribui a queda do muro às obras da Prefeitura e aciona o Município, exigindo indenização, com base na responsabilidade objetiva do Município pelos atos de seus funcionários. Se o Município conseguir provar que a queda do muro nada teve a ver com sua atividade, tendo sido causada exclusivamente pelo temporal, será eximida de responsabilidade por ter sido comprovada a ausência de nexo entre autoria e dano. Outro exemplo: os namorados A e B acionam o fabricante de preservativos, atribuindo a defeito no produto a gravidez indesejada de B. O fabricante demonstra que a gravidez é anterior à data de fabricação do preservativo apresentado como prova; anterior mesmo à data em que A e B supunham ter ocorrido a concepção. Neste caso, ficou provado que o dano não teve por causa a atividade do pretenso agente, daí sua isenção de responsabilidade. Quando se tratar de fortuito interno, a responsabilidade não se elide. O fortuito interno, como se depreende do que foi dito, não suprime a autoria, ou seja, o dano poderá ser vinculado à atividade do autor. É o caso da queda do avião atingido por um raio. Os danos provocados são oriundos da queda, que se deveu a um fato decorrente da própria atividade da companhia aérea. Se não voasse, não teria sido atingida por um raio e não teria caído, provocando os danos. Nos exemplos de fortuito externo, a situação é totalmente diferente, como vimos. A própria autoria fica excluída.

Por fim, deve ser ressaltado que a responsabilidade objetiva também ocorre na esfera contratual. No contrato de comodato, por exemplo, se o comodatário, diante de situação de risco, salvar primeiro suas coisas, deixando perecer as do comodante, responderá independentemente de culpa (art. 583 do CC).

13.6 Responsabilidade civil do estado

13.6.1 Definição

É a que impõe ao Estado ou aos prestadores de serviços públicos a obrigação de compor o dano causado a terceiros, por seus agentes, no desempenho de suas funções ou a pretexto de exercê-las.[32]

13.6.2 Evolução histórica

Partiu-se da irresponsabilidade para a responsabilidade subjetiva, até a responsabilidade objetiva.

A irresponsabilidade fundamentou-se na regra inglesa da infalibilidade real – *The king can do no wrong*. O Estado estava muito ligado à pessoa do rei, que era entronado, em última instância, por Deus. Assim, a irresponsabilidade dominou os Estados absolutistas. Só deixou de existir, porém, no século XX. Para se ter uma ideia, só desapareceu em 1946 nos Estados Unidos e em 1947 na Inglaterra, apesar de serem ambos Estados de Direito, aliás, pilares da democracia moderna.

A teoria subjetiva vem, por sua vez, perdendo terreno, por não se coadunar muito bem com o tipo de relação entre a Administração e o cidadão, em que se verifica a supremacia daquela.

A teoria objetiva é a que melhor se ajusta a este tipo de relação, em que de um lado temos o cidadão, totalmente despido de autoridade e de prerrogativas públicas e, do outro, temos a Administração, com todo seu poder e privilégios públicos.

No Brasil, a teoria objetiva é aplicada desde a Constituição Federal de 1946, até a qual tendo vigorado a teoria subjetiva, preconizada no art. 15 do CC/1916.

13.6.3 Fundamento doutrinário

A aplicação da teoria objetiva se baseia, para uns, na teoria do risco administrativo, para outros, na teoria do risco integral. A teoria do risco integral inadmite excludentes, sendo o Estado garantidor universal, ainda que prove a culpa da vítima. A teoria do risco administrativo pressupõe o dano, a ação administrativa e o nexo de causalidade entre esta e aquele, admitindo-se ainda a perquirição de culpa exclusiva da vítima. Tal teoria pressupõe risco que a atividade pública gera para os administrados e a possibilidade de acarretar danos a certos membros da

---

[32] VIEIRA, José Marcos Rodrigues. **Responsabilidade civil do Estado**. Belo Horizonte: O Alferes, 1988. v. 17; FARIA, Edimur Ferreira de. **Curso de direito administrativo positivo**. Belo Horizonte: Del Rey, 1997. p. 310.

comunidade, não suportados pelos demais. Por outros termos, no desempenho de uma atividade que em princípio será benéfica a toda a comunidade, o Estado causa danos a determinada pessoa. Não seria justo que apenas ela suportasse o dano, sendo que todos se beneficiarão. Para compensar, pois, esta desigualdade individual, criada pela própria atividade pública, todos os membros da coletividade devem concorrer para a reparação do dano, via Erário Público. A tendência moderna aponta para a teoria do risco administrativo.

Vemos, portanto, que a teoria objetiva se funda no risco e na solidariedade social.

13.6.4 Consequências

A teoria do risco administrativo faz surgir a obrigação de indenizar o dano do só ato lesivo causado à vítima pela Administração. Basta o dano. A vítima tem que provar só o dano e a autoria, para ter direito à indenização.

13.6.5 Disposições legais: art. 37, parágrafo 6º, da CF

"As pessoas jurídicas de direito público e as de direito privado prestadoras de serviços públicos responderão pelos danos que seus agentes, nessa qualidade, causarem a terceiros, assegurado o direito de regresso contra o responsável nos casos de dolo e culpa."

Interpretando o dispositivo constitucional, temos que:

1] Só cabe indenização pelos danos causados por agentes. Por aqueles causados por terceiros (multidões etc.) e por danos advindos de fatos naturais, a indenização se baseará na teoria subjetiva, ou seja, deverá ser provada a culpa do Estado.
2] O Estado só poderá regressar contra seu agente se provar ter ele agido com culpa. Segundo Hely Lopes Meirelles, na ação que movesse o particular contra o Estado, não deveria ser necessário que este denunciasse seu agente da lide para ter direito de regresso, como preceituava o art. 70, III, do CPC/1973.[33] A questão ficou superada com redação do art. 125 do CPC/2015, segundo o qual a denunciação da lide, nesse caso, é opção do réu, na esteira da doutrina de Hely Lopes Meirelles.
3] Por agente deve entender-se todo aquele que exerça função para pessoas jurídicas típicas, a qualquer título que seja.
4] Dentre as pessoas de Direito Privado prestadoras de serviço público se incluem as concessionárias e permissionárias de serviço público. As autorizatárias não

---

33 MEIRELLES, Hely Lopes. **Direito administrativo brasileiro**. 15. ed. São Paulo: RT, 1990. p. 412.

se incluem, por não serem agentes públicos, segundo Hely Lopes.[34] É o caso dos motoristas de táxi. A Constituição Federal neste ponto deixa margem a dupla interpretação, pois fala em pessoas jurídicas de Direito Público e *as* de Direito Privado. O que quer dizer com *as* de Direito Privado? Quis dizer as pessoas naturais e jurídicas de Direito Privado, ou apenas as jurídicas? Entendo que, neste ponto, a interpretação deva ser favorável aos administrados, incluindo-se, portanto, as pessoas naturais. Desta forma, estará prevalecendo o interesse público e não o privado de meia dúzia de prestadores de serviço. Assim, um permissionário ou concessionário pessoa natural (o que é raríssimo, pois o mais comum é que sejam pessoas jurídicas) tem responsabilidade dobrada em troca das benesses que lhe foram conferidas. Há entendimento de que a responsabilidade dos prestadores de serviço público só será objetiva em relação aos consumidores do serviço, não em relação a terceiros. Assim, se um ônibus bater num carro, vindo a causar danos neste e em seus próprios passageiros, sua responsabilidade será objetiva quanto a seus passageiros, e subjetiva quanto ao carro. Esse é um entendimento. Há quem entenda que, pelo fato de nem a Constituição, nem o Código Civil fazerem essa distinção, não seria legítimo ao intérprete fazê-la. Se tomarmos o lado do administrado, a segunda tese deverá prevalecer; caso contrário, se tomarmos o lado da Administração, deverá prevalecer a primeira. Em minha opinião, havendo dúvida nesses casos, a solução deverá beneficiar o administrado. Não fosse assim, para que seria objetiva a responsabilidade do Estado? Na prática, vem prevalecendo esta segunda tese, na jurisprudência do STF (RE 662582 AgRg; ARE 719772 AgRg; RE 591874), embora haja decisões no sentido da primeira tese (RE 262651).

De qualquer forma, na prática forense, a culpa acaba sempre sendo examinada, porque o dever de indenizar cessa, se o Estado provar que a culpa foi exclusiva da vítima. Se a vítima teve culpa parcial, poderá haver abatimento no montante indenizatório.

---

34 Idem, p. 71.

13.7 Diferenças entre algumas espécies de ilícitos (civil, penal, administrativo)

Em primeiro lugar, cabe esclarecer que os atos ilícitos ocorrem em praticamente todos os ramos do Direito. Há ilícitos fiscais, financeiros, econômicos, trabalhistas etc. Escolhemos diferenciar o ilícito civil do penal e do administrativo, por mero tradicionalismo. Ademais, seria de todo desnecessário, pelo menos neste livro, um estudo aprofundado, diferenciando todas as modalidades de ilícito, de acordo com o ramo do Direito em que ocorrem. Com a análise das diferenças entre o ilícito civil, penal e administrativo, ficará fácil ao leitor, estamos certos, estabelecer as diferenças entre os demais tipos de ilícito.

A distinção entre ato ilícito civil e penal faz-se sentir em várias esferas. Em sua definição já são diferentes. Por ato ilícito civil, devemos entender toda ação ou omissão antijurídica, em princípio, culpável e lesiva para gerar responsabilidade, como regra. Por ato ilícito penal, ao revés, devemos entender toda ação ou omissão antijurídica, típica e culpável. Na configuração do ilícito penal, a tipicidade e a culpabilidade são elementos essenciais.

Delito civil e penal acham-se, portanto, próximos porque em ambos encontra-se presente a antijuridicidade; ambos podem ocorrer na esfera contratual e extracontratual; distinguem-se, entretanto, porque o ilícito penal deve ser tipificado em lei, sendo necessariamente culpável. Devemos nos lembrar de que em Direito Penal a tentativa também se considera delito, o que não ocorre na esfera do Direito Civil.

Mas há outras diferenças específicas. Partindo da tipicidade, elemento essencial ao ilícito penal, temos que, em relação a este, haverá número certo de condutas consideradas ilícitas. O número de delitos na esfera penal é fechado – *numerus clausus*. Já considerando-se a desnecessidade de tipificação específica da conduta ilícita no Direito Civil, conclui-se que seu número é aberto – *numerus apertus*. Vale dizer que toda conduta antijurídica é, em princípio, ilícito civil. Para gerar responsabilidade, em regra, deverá o ilícito amoldar-se ao art. 186.

Outra diferença concerne à sanção. No Direito Civil, a sanção se faz pela reparação dos danos, dentre outras. No Direito Penal é imposta pena, que pode ser restritiva de liberdade, de direitos, podendo ser ainda pecuniária.

Finalmente, a responsabilidade civil pode passar aos herdeiros do autor do ilícito, enquanto que a pena é pessoal, não indo além da pessoa do réu.

Como a maioria dos delitos penais também se ajusta à categoria de delito civil, é importante analisarmos as consequências do processo penal na jurisdição cível.

Segundo norma expressa no Código de Processo Penal, arts. 63 e ss., a sentença condenatória no crime faz coisa julgada no cível. Em outras palavras, sendo o indivíduo julgado culpado pelo juízo criminal, nada mais restará ao juízo cível que executar a sentença criminal, estabelecendo os limites e o conteúdo da responsabilidade. Isto ocorrerá mesmo que o réu não seja punido. Basta que seja considerado culpado.

A sentença absolutória, entretanto, só faz coisa julgada, quando provada a inexistência do fato ou a não autoria do réu, segundo interpretação do art. 935 do CC, segundo o qual, não se poderá mais questionar sobre a existência do fato, ou sobre quem seja o seu autor, quando essas questões já se acharem decididas no juízo criminal. Daí se conclui que, sendo o réu absolvido pelo juízo criminal, nada impede que se instaure ou que se dê continuidade à ação civil, a não ser nesses dois casos, isto é, provada a inexistência do fato ou a ausência de autoria do réu.

De acordo com o art. 315 do CPC, o juiz cível poderá determinar a suspensão do processo até que se pronuncie a justiça criminal. Todavia, se a ação penal não for proposta no prazo de três meses, contado da intimação do ato de suspensão, cessará o efeito deste, incumbindo ao juiz cível examinar incidentemente a questão prévia. Por outro lado, proposta a ação penal, o processo civil ficará suspenso pelo prazo máximo de um ano, ao final do qual cessará a suspensão, devendo o juiz cível examinar a questão.

Outro tema é o do ilícito administrativo, comumente denominado "infração administrativa".[35] Segundo Hely Lopes Meirelles, infrações administrativas são "atos ou condutas individuais que, embora não constituam crime, sejam inconvenientes ou nocivas à coletividade, como previstas na norma legal".[36]

Num primeiro momento, para que se configure o ilícito administrativo, denominado infração é necessária a concorrência de três elementos: antijuridicidade, culpabilidade e tipicidade. A toda infração administrativa, corresponderá uma sanção. Tal é a hipótese do estacionamento proibido. Quem estaciona em local proibido, não comete delito penal, uma vez que estacionar em local proibido não é crime nem contravenção. Não comete ilícito civil indenizante, porque não houve dano. Comete, isso sim, ilícito administrativo, pelo que será multado.

O ilícito administrativo também poderá ser contratual e extracontratual. Se a conduta antijurídica estiver ligada à formação ou à execução de um contrato administrativo, haverá ilícito contratual administrativo, gerando uma responsabilidade diferente da que geraria um ilícito contratual civil ou penal. O agente público responderá, por exemplo, com a perda de seu cargo.

---

35 OLIVEIRA, Regis Fernandes de. **Infrações e sanções administrativas**. São Paulo: RT, 1985. *passim*.
36 MEIRELLES, Hely Lopes. Op. cit., p. 117.

O ilícito administrativo extracontratual poderá ocorrer em diversas hipóteses, gerando variadas formas de responsabilidade. Um exemplo já estudamos: o do estacionamento proibido. Outro poderia ser os atos de corrupção, de peculato etc. Além das implicações penais (prisão, multa etc.) e civis (reparação do dano causado), o agente público perderá seu cargo e todas as vantagens dele decorrentes.

Por fim, cabe explicar que as três esferas são independentes. Se avanço sinal luminoso, atropelando transeunte, responderei nas três esferas delituais, sendo processado autonomamente em cada uma delas. Serei obrigado a indenizar a vítima, na esfera cível; serei punido criminalmente, na esfera penal e serei multado, na esfera administrativa.

13.8 Abuso de direito

O art. 187 do CC dispõe que "também comete ato ilícito o titular de um direito que, ao exercê-lo, excede manifestamente os limites impostos pelo seu fim econômico ou social, pela boa-fé ou pelos bons costumes".

Por razões didáticas, repetiremos aqui o que já expusemos sobre o tema, no Capítulo VII deste manual.

A redação do artigo, numa leitura desatenta, confunde abuso de direito com ato ilícito, dando àquele tratamento de delito, quando, segundo a doutrina mais moderna, seriam institutos diferentes. A crítica que se faz é no sentido de que o legislador mistura os dois institutos, analisando-os apenas pelos efeitos, o que poderia tornar insuficiente a sanção atribuída aos casos de abuso de direito.[37]

O abuso de direito ocorre, quando uma pessoa, ao exercer direito legítimo, excede os limites impostos por seu fim econômico ou social, pela boa-fé ou pelos bons costumes (boas práticas).

Na verdade, é mesmo ato ilícito, não ato intrinsecamente ilícito, como o homicídio, ou um avanço de sinal de trânsito, mas ato ilícito funcional, nas palavras de Felipe Peixoto Braga Netto.[38]

As consequências do abuso de direito, enquanto ilícito funcional, podem ser as mais diversas, como veremos adiante, variando da simples indenização ao desfazimento do mal feito, dentre outras.

Uma pessoa tem o direito de construir em seu terreno, dentro dos limites legais. Acontece que, mesmo respeitando esses limites, certo indivíduo constrói em seu imóvel, com o objetivo manifesto, por exemplo, de dificultar o trânsito do vizinho. Estaria, assim, cometendo abuso de direito. O ato é formalmente correto.

---

37 CARPENA, Heloísa. **Abuso de direito nos contratos de consumo**. Rio de Janeiro: Renovar, 2001. p. 58.
38 BRAGA NETTO, Felipe Peixoto. **Teoria dos ilícitos civis**... cit., p. 118.

O indivíduo agiu dentro dos limites formais de seu direito, está preenchida a estrutura normativa do direito, mas foram ultrapassados os limites da boa-fé; não foi cumprido o valor normativo que é o fundamento de validade do direito.[39]

É óbvio que no ato intrinsecamente ilícito, o agente pratica ato contrário ao Direito, que, nem na aparência, se pode confundir com o exercício legítimo de direito subjetivo. Se mato alguém, se bato o carro, não estou exercendo nenhum direito fora dos limites; estou agindo contra o Direito, pura e simplesmente. Se tanto no abuso de direito, que é ato ilícito funcional, quanto no ato intrinsecamente ilícito, o agente pratica ato antijurídico, no abuso de direito, há o exercício legítimo de um direito subjetivo, que ultrapassa certos limites, enquanto no ato intrinsecamente ilícito, tal não se dá. Em outras palavras, o ato intrinsecamente ilícito nada tem de exercício legítimo de direito.

Em alguns casos, o ato intrinsecamente ilícito pode derivar do exercício de um direito, que ultrapassa seus limites formais. Por exemplo, se uma pessoa dirige em alta velocidade, estará praticando ato intrinsecamente ilícito. Ao exercer seu direito de dirigir, violou o limite formal de velocidade. Não se trata de abuso de direito, ilícito funcional, uma vez que o ato é formalmente antijurídico, não apenas funcionalmente. Ninguém tem o direito legítimo de dirigir acima da velocidade razoável. Mas, ao contrário, se uma pessoa, propositadamente, dirige em velocidade extremamente baixa, mas dentro do limite mínimo, com o objetivo de travar o trânsito, estará cometendo abuso de direito. Na aparência, o ato é perfeito, legítimo. Formalmente, essa pessoa não está cometendo nenhuma antijuridicidade. Ocorre que, do ponto de vista valorativo, funcional, está ultrapassando os limites impostos pela boa-fé.

As consequências do ato abusivo podem ser diferentes das do ato intrinsecamente ilícito.

O abuso de direito pode gerar obrigação de indenizar, como pode gerar outra espécie de sanção. Tudo dependerá do caso concreto.

Nos exemplos dados acima, principalmente no último, as consequências do abuso do direito de dirigir em baixa velocidade consistem em que o culpado deverá indenizar os danos eventualmente causados a terceiros. Mas se tomarmos outro exemplo, veremos que não será a indenização a consequência. Imaginemos um contrato em que uma pessoa se obrigue a realizar para outra, serviços de pintura ou de marcenaria, incumbindo ao credor dos serviços a escolha. Este, de má-fé, sabendo que, dadas as circunstâncias, será muito mais penoso ao devedor realizar os serviços de pintura, escolhe estes últimos, com a clara intenção de prejudicar o devedor, onerando-o excessivamente. Nesse caso,

---

39 CARPENA, Heloísa. Op. cit., p. 58.

o credor está agindo dentro dos limites formais de seu direito de escolher. Foram, porém, violados os limites da boa-fé. Diante disso, caberia ao devedor, provando a má-fé do credor, ou seja, provando o abuso de direito, exigir judicialmente que o credor aceite os serviços de marcenaria, ou libere-o da obrigação. Não há falar em indenização, uma vez que não houve dano.

Muito embora em alguns casos seja importante a prova da má-fé de quem pratica o ato abusivo, esta não é essencial para a configuração do abuso de direito. Seus requisitos são objetivos: basta exceder os limites impostos pelos fins econômicos ou sociais do direito, pela boa-fé (conduta adequada), ou pelos bons costumes para se estar praticando abuso. Assim, a pessoa que dirige no limite da velocidade mínima, atrapalhando o tráfego, estará praticando abuso de direito, mesmo que não esteja agindo de má-fé, ou seja, dolosamente. Sua conduta é, porém, inadequada, contrária à boa-fé e aos bons costumes.

Historicamente, a teoria do abuso de direito começa no século XIX, desenvolvendo-se no século XX. Encontra raízes na *aemulatio* do Direito Medieval, que se caracterizava quando uma pessoa praticasse um ato, aparentemente correto, mas sem nenhum propósito que não o de prejudicar seu vizinho. A partir dessa ideia, a doutrina e os tribunais europeus, principalmente os franceses e alemães, num primeiro momento, engendraram a teoria do abuso de direito, hoje consagrada em todo o mundo.

Uma vez esclarecido o conceito de abuso de direito, é preciso apontar as teorias que definem os critérios para sua qualificação.

A primeira teoria é a subjetivista. Para esta teoria, haverá abuso do direito, quando o titular exercitar seu direito sem qualquer interesse, com a manifesta intenção de prejudicar. Portanto, são três as características do abuso: exercício regular de um direito, intenção de prejudicar e inexistência de interesse.

O Código Civil Alemão, BGB, adotou a teoria subjetivista em seu parágrafo 226, nos seguintes termos:

> § 226. (Proibição à chicana) Não é permitido o exercício de um direito que não tenha outro fim senão causar dano a outrem.[40]

Paulo Nader faz referência a um caso acontecido no início do século na Alemanha, que bem exemplifica a teoria subjetivista do abuso de direito:

> O proprietário de uma fazenda, sob a alegação de que sempre que se encontrava com o seu filho ocorria altercação, impediu-lhe que penetrasse em suas terras, a fim de visitar o túmulo de sua mãe, que lá se achava enterrada. Apesar de não

---

40 No original: "(Schikaneverbot) Die Ausübung eines Rechtes ist unzulässig, wenn sie nur den Zweck haben kann, einem anderen Schaden zuzufügen".

encontrar amparo na legislação, o filho recorreu à Justiça e obteve ganho de causa, sendo-lhe garantido o direito de visitar as terras nos dias de festa. Tal decisão, proferida em 1909, foi o grande marco para a plena caracterização do abuso de direito, no ordenamento jurídico alemão.[41]

Os que criticam a teoria subjetivista alegam que um critério puramente subjetivo não seria suficiente para solucionar litígios de nossos tempos.

A segunda teoria a explicar os critérios de qualificação do abuso de direito é a teoria objetivista. Para essa teoria, o abuso do direito é consequência do exercício anormal do direito. Não leva em consideração a intenção do agente.

Pedro Baptista Martins deixa clara a distinção entre as teorias subjetivista e objetivista. Em sua concepção,

> A teoria subjetiva inverte os princípios em que se funda o método científico de interpretação: ao invés de partir do ato exterior para qualificar a intenção e a vontade do agente, parte da intenção e da vontade para a qualificação do ato exterior. O ato, ordinariamente, é a extrinsecação da vontade. Ato e vontade constituem, por conseguinte, um só e mesmo fato suscetível de duas interpretações diversas. O método subjetivo, partindo da investigação da vontade para qualificar o exterior, impossibilita a prova do abuso, transformando-o num conceito puramente psicológico. O método objetivo, ao contrário, faz decorrer a intenção do próprio ato danoso, das próprias circunstâncias em que foi praticada, isto é, de elementos materiais, de dados concretos, suscetíveis de uma demonstração imediata.[42]

Por fim, dentre outras teorias, há a teoria finalista. O critério finalista tem em Josserand seu mais ilustre defensor. Para o consagrado mestre francês, existe o abuso de direito, quando o ato seja exercido de acordo com o direito da pessoa e contrariamente às regras sociais. Assim, o direito subjetivo não passaria de direito-função, tendo uma finalidade a cumprir e dela não podendo desviar-se, sob pena de se configurar abuso de direito.

Por isso é que, para a teoria finalista, o abuso de direito é a relação de contrariedade entre a conduta do homem e o fim pretendido pela ordem jurídica. De acordo com Inácio de Carvalho Neto, "é a condenação do que contraria os fins sociais da lei e as exigências do bem comum, ainda que sob o manto da legalidade estrita, em combate à amoralidade e ao positivismo que a justifique em nome de um suposto império da lei".[43]

---

41 NADER, Paulo. **Introdução ao estudo do direito**. 7. ed. Rio de Janeiro: Forense, 1992. p. 423.
42 MARTINS, Pedro Baptista. **O abuso do direito e o ato ilícito**. 3. ed. Rio de Janeiro: Forense, 1997. p. 123-124.
43 CARVALHO NETO, Inácio de. **Abuso do direito**. Curitiba: Juruá, 2001. p. 81.

O art. 187 do CC, que consagra o abuso de direito é de clara inspiração finalista. Para que se configure o abuso, basta exceder os limites impostos pelo fim econômico ou social do direito, pela boa-fé ou pelos bons costumes.

O legislador parte da ideia de que todo direito, ou melhor, toda norma jurídica, tem um fim, seja ele econômico ou social. Se a conduta, formalmente correta, excede esse fim, será ela abusiva. Assim, o fim social dos limites de velocidade no trânsito é traçar um critério de conduta razoável, dentro de um mínimo e de um máximo, para se preservar a segurança e a boa fluência do tráfego. Ora, aquele que dirige em velocidade mínima, estorvando o trânsito, está a toda evidência, desviando-se da função social da norma e, portanto, praticando abuso de direito.

Nas palavras de Nelson Rosenvald e Cristiano Chaves de Farias, "o abuso do direito é constatado no instante da violação do elemento axiológico da norma. Instala-se a contrariedade entre o comportamento comissivo ou omissivo do indivíduo e o fundamento valorativo-material do preceito".[44]

Pratica abuso de direito também aquele que, ao exercer seu direito contraria a boa-fé ou os bons costumes.

A ideia de bons costumes é exógena ao ordenamento. Expressa a moral social, determinada por certa comunidade, em certo tempo e espaço. Os bons costumes apontam na direção de uma conduta padrão do *homo medius*, do *bonus paterfamilias*, daquele homem exemplar, que, embora não seja perfeito, leva uma vida decente, de bem. São boas práticas, aferíveis tanto na esfera existencial, quanto na patrimonial. Consistem, por outro lado, em normas impeditivas de condutas não acolhidas socialmente, exatamente por se desviarem desse modo de ser médio, padrão das pessoas de bem.

A boa-fé integra o ordenamento jurídico. Consiste na conduta correta, honesta, que de todos se pode esperar.

Segundo ainda Nelson Rosenvald e Cristiano Chaves de Farias, enquanto a boa-fé prescreve, os bons costumes proscrevem. "A boa-fé é afirmativa, pois elabora modelos de comportamento a assumir; já os bons costumes se limitam a suprimir efeitos da atividade negocial nociva".[45]

Na verdade, o epicentro fundante do abuso de direito parece ser mesmo a boa-fé. Independentemente de qualquer elemento de culpabilidade, é o desvio da conduta honrada, dos deveres de lealdade e de confiabilidade que se fazem presentes, ao que se afigura, em todas as hipóteses de abuso de direito.

Embora, hoje, amplamente consagrado na doutrina, e também na legislação de muitos países, houve quem negasse o abuso de direito como instituto jurídico com contornos próprios. Dentre esses autores, destacam-se Duguit, Rotondi,

---

[44] FARIAS, Cristiano Chaves de; ROSENVALD, Nelson. **Direito civil**: teoria geral. 4. ed. Rio de Janeiro: Lumen Juris, 2006. p. 474.
[45] Idem, ibidem.

Planiol, Josserand e Esmein. Vale relembrar algumas dessas teses, ainda que a título de recordação histórica, ainda que para refutá-las.

Segundo a teoria de Duguit, não há direitos subjetivos, apenas o direito objetivo. Assim, não havendo direito subjetivo, não há que falar de seu abuso.

Refutando a tese de Duguit, Cunha de Sá menciona a interligação entre o direito objetivo e subjetivo, a destacar: "do próprio fato da existência do direito objetivo, *rectius*, da existência das normas jurídicas permissivas, sejam elas expressas ou subentendidas, sejam unilaterais ou bilaterais, se pode retirar a conclusão lógica da existência do direito subjetivo".[46]

Para Mario Rotondi, o abuso do direito é um elemento dinâmico que assegura o desenvolvimento progressivo do Direito. O abuso, segundo o autor, só existe no plano dos fatos, mas não no plano do Direito constituído. O abuso de direito é fenômeno sociológico. O fundamento desse raciocínio nos conduz a concluir que só o legislador tem o remédio radical para o abuso e que só ele poderá rever os institutos singulares do Direito em conformidade com as novas necessidades da sociedade. Por essa perspectiva, se o legislador não reprimir, através de lei, a fruição de um direito tido como antissocial, não competirá ao juiz fazê-lo.

Também conhecida como *tese da logomaquia*, a tese de Planiol considera a expressão "abuso de direito" contraditória em seus próprios termos, já que não se pode falar em ato conforme e contrário ao Direito ao mesmo tempo. Ou bem o ato é lícito, em conformidade com o Direito, ou o ato é abusivo, e, portanto, ilícito. É o que argumenta o mestre da Faculdade de Direito de Paris:

> Falam facilmente do *uso abusivo de um direito*. (...) Mas é necessário não nos iludirmos: *o direito cessa onde começa o abuso*, e não pode haver "uso abusivo" de um direito qualquer, pela razão irrefutável que um mesmo ato não pode ser a um só tempo *conforme e contrário ao Direito*.[47]

Por fim, a teoria conclui que as diversas explicações deságuam no mesmo lugar. Há os que dizem que existe o uso abusivo de um direito e outros que o ato é realizado sem direito. Assim, defende-se uma ideia correta com uma fórmula errada.

Ao contrário do ato ilícito em sentido estrito, que admite várias consequências, o ato abusivo apresenta, sempre que possível, duas sanções: o desfazimento do que tenha sido feito, no exercício abusivo do direito, além da indenização, da tutela

---

46 SÁ, Fernando Cunha de. **Abuso do direito**. Lisboa: Centro de Estudos Fiscais da Direção Geral das Contribuições e Impostos; Ministério das Finanças, 1973. p. 301-302.
47 Tradução do original: "Ils parlent volontiers de l'usage abusif des droits. (...) Ils ne faut donc pas être dupe des mots: le droit cesse où l'abus commence, et il ne peut pas y avoir 'usage abusif' d'un droit quelconque, par la raison irréfutable qu'un seul et même acte ne peut pas être à la fois conforme au droit et contraire au droit". PLANIOL, Marcel. **Traité de droit civil**. 3. ed. Paris: LGDJ, 1906. t. II, n. 871, p. 283-284.

inibitória e da improponibilidade da ação. Essas sanções são também classificadas como sanções direta (a primeira) e indiretas (as demais) do ato abusivo.

Sanção direta do ato abusivo é aquela que obriga, em primeiro lugar, o agente a reparar in natura o dano causado, ou seja, faz com que o praticante do abuso desfaça o ato.

Podemos destacar dois exemplos clássicos, dados por Inácio de Carvalho Neto, ambos das Cortes de Colmar e Campanha, em 1855 e 1913, respectivamente, também conhecidos como "Clement-Bayard":

> No primeiro, tratava-se de uma falsa chaminé, de grande altura, que o proprietário de uma casa tinha construído. Essa obra, que não tinha qualquer utilidade para o proprietário, destinava-se a fazer sombra na casa do vizinho, que recorreu à justiça para fazer cessar esse prejuízo invocando a teoria do abuso de direito. O tribunal decidiu que, embora sendo o direito de propriedade de algum modo absoluto, autorizando o proprietário a usar e abusar da coisa, o exercício deste direito, entretanto, como de qualquer outro, deve ter como limite a satisfação de um interesse sério e legítimo.
>
> Já o segundo se refere ao tão citado caso em que um proprietário rural, vizinho de um hangar onde um fabricante de dirigíveis guardava os seus aparelhos, construiu imensas armaduras de madeira, altas como casas, e com hastes de ferro, para criar dificuldades para os dirigíveis. Tendo sido um dos aparelhos vitimados pelas hastes de ferro, o construtor pediu perdas e danos e demolição de tais construções. Embora invocado seu direito de propriedade sobre o imóvel onde fizera suas construções, o tribunal deu ganho de causa ao dono do dirigível com base na teoria do abuso de direito.[48]

Em ambos os casos, o respectivo o tribunal decidiu, aplicando a sanção direta ao abuso de direito, determinando a destruição das obras abusivas, a fim de restabelecer a condição anterior.

A sanção indireta, por seus efeitos, por vezes, equipara o ato abusivo ao ato ilícito, como forma de tornar viável a reparação do dano, de acordo com os princípios da responsabilidade delitual. Além da indenização, é também sanção indireta, a tutela inibitória, ou seja, a proibição de que se continue a conduta abusiva, e a improponibilidade da ação, no caso de abuso de direito de petição.

O abuso de direito pode ocorrer em várias esferas do Direito. Achamos interessante, apenas para clarear mais ainda o assunto, dar destaque ao Direito Contratual e do Consumidor, ao Direito de Propriedade e ao Direito de Família.

No campo do Direito Contratual, verifica-se o abuso de direito em várias hipóteses. Dentre elas, apontamos, ao nosso sentir, apenas algumas delas.

---

48 CARVALHO NETO, Inácio de. Op. cit., p. 120.

Já na fase pré-contratual, da formação mesma do contrato, pode haver abuso. Posto que não haja ainda obrigação de contratar, pode-se falar em abuso de direito.

Imaginemos a pessoa que entre numa loja de roupas lotada, na véspera de Natal, e, mesmo sabendo que nada comprará, ocupa um vendedor durante horas a fio, experimentando peça após peça, para, ao final, agradecer e sair. É um direito do consumidor examinar o produto, experimentá-lo etc.? Em tese, sim. Mas na situação em tela, o abuso está caracterizado, tendo ocorrido desvio frontal da função/finalidade do direito. O comportamento abusivo, neste caso, se configura pela leviandade.

O certo é que todos têm o direito de se abster de contratar, não sendo obrigado aquele que manifestou apenas a intenção de contratar a celebrar o contrato. Em contrapartida, é possível que o exercício deste direito se dê de modo abusivo, tendo a parte o dever de indenizar por prejuízos causados.

O ato abusivo pode ser praticado na fase da execução do contrato. O Código de Defesa do Consumidor elenca uma série de cláusulas (art. 51) e de práticas (art. 39) que considera abusivas. Algumas delas consistem em ato ilícito propriamente dito (art. 186 do CC), mas outras configuram abuso de direito mesmo (art. 187 do CC).

Nesta fase de execução do contrato, destacam-se algumas hipóteses bastante interessantes. São elas a *surrectio* (Erwirkung), a *suppressio* (Verwirkung), o *venire contra factum proprium* e o *tu quoque*.

Tanto a *suppressio* quanto a *surrectio* derivam do Direito Alemão, tendo chegado até nós por via do Direito Português, que lhes latinizou o nome.

Suppressio e *surrectio* são faces de uma mesma moeda, consistindo, para um contratante, na inadmissibilidade do exercício (Verwirkung) de certo direito, e para o outro, no surgimento (Erwirkung) de uma expectativa, por vezes de um direito mesmo.

Conta-se que a primeira, ou, talvez, uma das primeiras decisões a respeito do assunto, deu-se no início da década de 1920, quando alta a inflação na Alemanha. O Tribunal Superior entendeu ter havido Verwirkung para um empreiteiro que não notificara de pronto (retardara-se por mais de dois meses) o empreitante, sua pretensão de corrigir o preço. A Corte entendeu que, mesmo diante da alta inflação, o empreiteiro deveria ter notificado o empreitante de pronto, a respeito de sua intenção de reajustar o preço, sob pena de perder esse direito. Em que pese ser a decisão contestável, foi uma das primeiras a reconhecer a Verwirkung ou *suppressio*. Para o empreitante, ocorreu a *surrectio* (Erwirkung), ou seja, para ele surgiu uma expectativa de não ver o preço da empreitada reajustado, em função da demora do empreiteiro em manifestar sua pretensão nesse sentido. São, assim, *suppressio* e *surrectio*, faces de uma mesma moeda.

Resumindo, *suppressio* é a perda ou supressão de certo direito ou faculdade, pelo seu não exercício no tempo, gerando na parte contrária a expectativa de que não venha a ser exercido. *Surrectio*, inversamente, é o surgimento de uma expectativa ou de um direito, em razão da própria *suppressio*. Em outras palavras, a *suppressio* gera a *surrectio*.

Elemento essencial a ambas é a relação de confiança entre as partes, que leva uma delas a acreditar (confiar) que a outra não mais exercerá seu direito. Aliás, é exatamente esse elemento, que diferenciará a *suppressio* da decadência, que, como vimos, é a perda de um direito potestativo pelo seu não exercício no prazo legal. Pouco importa, na decadência, que haja ou não essa relação de confiança quebrada.

Acrescente-se, ainda ser absolutamente desnecessária a investigação da culpabilidade (dolo ou culpa), daquele que não exerce seu direito. O que interessa é a quebra do princípio da boa-fé, mais especificamente, da confiança.

Finalizemos com um exemplo. A e B são locador e locatário, respectivamente. O contrato reza que os aluguéis devem ser pagos sempre no primeiro dia útil. Ocorre que, mês após mês, o locatário paga o aluguel no quinto dia útil, recebendo quitação integral do locador, que tudo aceita sem reclamar. Depois de certo tempo, que deverá ser considerável, como sete ou oito meses, dependendo do caso, o locador não mais poderá exigir o pagamento no primeiro dia útil. Ocorre para ele a *suppressio*, e para o locatário, a *surrectio*.

Outra hipótese de abuso de direito nas relações contratuais é o *venire contra factum proprium* ou comportamento contraditório.

Nemo potest venire contra factum proprium

Ninguém pode andar na contramão de si mesmo, em termos bem simples. Por outros termos, ninguém pode, pura e simplesmente, inverter sua conduta. Se alguém firma certa conduta, não pode, posteriormente, alterá-la ao inverso, sob pena de atentar contra os princípios da confiança e da boa-fé objetiva, ou boa-fé conduta. Segundo esses princípios, cada uma das partes contratantes tem mais do que o direito de exigir conduta honesta da outra; cada uma delas tem o direito de *esperar*, de *pressupor* conduta honesta da outra. Se um dos contratantes age contrariamente à conduta por que vinha se pautando, atentará contra a confiança que o outro contratante tinha o direito de nele depositar. Em outras palavras, o que se proíbe é o comportamento incoerente, é a mudança inesperada de comportamento.

Vejamos um exemplo. A e B celebram contrato de locação. No contrato, vige cláusula que atribui ao locatário o dever de arcar com o IPTU do imóvel. Ocorre que, ano após ano, o locador paga o dito imposto, sem jamais cobrar do locatário. Se, repentinamente, o locador mudar de ideia e decidir aplicar a norma contratual, o locatário poderá não aceitar, alegando comportamento contraditório e, portanto, abusivo.

Como fica claro no exemplo, o *venire contra factum proprium* é uma modalidade de *suppressio/surrectio*, em que uma das partes inverte sua conduta, seja por ação ou por omissão, de modo inesperado e incoerente, atentando contra o princípio da boa-fé, mais especificamente, contra o princípio da confiança.

Tu quoque, por fim, é expressão atribuída a Júlio César, ao cair esfaqueado por seus assassinos, dentre eles, Marcos Júnio Bruto, a quem, segundo alguns, considerava como filho. A informação histórica é muito controversa, uma vez que Bruto, segundo o mais certo, nunca gostara de César, amante de sua mãe, Servília. Bruto era sobrinho querido de Catão, neto do famoso Catão das Guerras Púnicas e inimigo figadal de J. César. Marcos Bruto lutou, na guerra civil, ao lado de Pompeu, contra o mesmo César. Quem disseminou essa história, mais para mito do que para realidade, foi Suetônio, em sua obra *Os Doze Césares*. A expressão *tu quoque* é tradução do original grego de Suetônio, quando, nessa obra, descreve a morte de Júlio César. Segundo o historiador romano, "de acordo com alguns, César teria dito a M. Bruto, que lhe caía em cima, 'até você, filho?'". Na verdade, César teria falado em grego, não em latim. No original, escreveu Suetônio: "Etsi tradiderunt quidam, M. Bruto inruenti dixisse, 'Καί σύ, τέκνον?'"[49] A tradução latina adotada mais comumente para a expressão "Καί σύ, τέκνον?" é "Et tu, fili?". Esta, reputo a mais correta. Há variáveis, contudo, como "et tu, Brute, mi fili", e a que nos interessa, "tu quoque, Brute, mi fili", a pior de todas, diga-se de passagem.

Boa tradução para *tu quoque* seria "justamente você", pois o *tu quoque* representa expressão de espanto diante de comportamento que jamais se esperaria justamente daquela pessoa em foco. Assim, um sócio jamais esperaria do outro, que especulasse no mercado contra a própria sociedade. Esta poderia ser, com base na violação do princípio da boa-fé, razão para se o expulsar e dele se exigir perdas e danos.

A boa-fé, baseada no *tu quoque*, também fundamenta a exceção do contrato não cumprido. Quem não cumpre suas obrigações, não pode exigir que a contraparte cumpra as suas. Se o comprador não pagou o preço, como poderá exigir que o vendedor lhe entregue a coisa? Um credor que sucessivamente deixa de dar recibo a seu devedor, alegando falta de papel adequado, postergando sempre para outro momento, não poderá exigir do devedor a exibição desses mesmos recibos, numa eventual ação de um contra o outro. "Justamente ele" jamais poderia exigir algo que nunca fornecera.

No *tu quoque* há um certo comportamento contraditório, mas, a toda prova, não no mesmo sentido que estudamos acima.

---

49 TRANQUILLUS, Caius Suetonius. **De XII Caesaribus**: de vita XII Caesarum. Lugduni: Samuel Luchtmann & Filii, 1751. p. 134.

Na esfera da posse e da propriedade também pode haver abuso de direito. Exemplos são os já estudados acima, do indivíduo que construiu estruturas de madeira em seu imóvel, interferindo na atividade de dirigíveis do vizinho; ou do outro que constrói um muro a uma altura permitida mas desnecessária, retirando o sol ou a vista do vizinho. Podemos citar ainda, o indivíduo que dirige seu carro na velocidade mínima permitida, com isso causando enormes embaraços no trânsito, até mesmo acidentes.

O Direito de Família é também um campo fértil para aplicação da teoria do abuso de direito. A título de exemplo, cumpre destacar o abuso de direito na mudança de domicílio do cônjuge divorciado, que detenha a guarda dos filhos, dificultando o direito de visita do outro. De fato, uma vez separado ou divorciado, o cônjuge pode livremente mudar de domicílio, não servindo de impedimento o prejuízo por parte do outro genitor quanto ao direito de visita aos filhos. Mas se o direito de mudança de domicílio for exercido de modo desnecessário, injustificado, poderá se configurar o abuso de direito.

Outro exemplo na esfera familiar é o direito de castigar os filhos, que muitas vezes é exercido de modo abusivo, podendo levar à suspensão ou mesmo à perda do poder parental.

13.9 Enriquecimento ilícito

Outra modalidade de ilícito que merece estudo especial é o enriquecimento ilícito, também chamado de enriquecimento sem causa ou locupletamento. Também aqui, repetiremos o que já expusemos no Capítulo VII, salvando ao leitor o trabalho do deslocamento.

O tema "enriquecimento ilícito" é tratado pelo Código Civil de 2002 no Título referente aos atos unilaterais, embora se nos pareça muito mais adequado tratá-lo na Parte Geral do Direito Civil, espaço sem dúvida mais consentâneo com seus contornos teóricos. Isto porque o enriquecimento ilícito, ou antes, sua proibição, é princípio geral do Direito Civil, que se aplica a todos os ramos, desde o Direito das Obrigações e dos Contratos, ao Direito das Coisas, Família e Sucessões. Onde quer que haja relações patrimoniais, lá estará o princípio para coibir o enriquecimento de alguém às custas de outrem, sem causa legítima.

Preferiu, todavia, o legislador inseri-lo, posto que com conotação de princípio, no Título referente aos atos unilaterais, talvez por visualizá-lo, num primeiro momento, como fato ou ato de se enriquecer às custas de outrem, sem causa lícita. Realmente, olhando por esse lado, enriquecimento ilícito ou sem causa, também denominado enriquecimento indevido, ou locupletamento, é todo aumento patrimonial que ocorre sem causa jurídica. Assim, se A paga a B o que deveria pagar a C, e B não restitui o que lhe foi dado por engano, teremos enriquecimento sem causa de sua parte.

Enriquecimento ilícito ou sem causa, também denominado enriquecimento indevido, ou locupletamento, é, de modo geral, todo aumento patrimonial que ocorre sem causa jurídica, mas também tudo o que se deixa de perder sem causa legítima.

A primeira questão que carece elucidar é a definição de causa. Há várias espécies de causa. Pelo menos duas nos interessam: a causa eficiente e a causa final. Causa eficiente é aquilo que enseja o ato. Assim, a aquisição da propriedade de certo bem pode ter como causa eficiente um contrato de compra e venda. Aqui teríamos dois atos: a celebração do contrato e a aquisição da propriedade, o primeiro causa do segundo. Quando se fala em enriquecimento sem causa, é normalmente à causa eficiente que se está referindo. No entanto, há também a causa final. Causa final de um ato jurídico e, consequentemente, de um ato que enriquece, é a atribuição jurídica do ato, relacionada ao fim prático que se obtém como decorrência dele. Responde à pergunta "para que serve o ato?". Na compra e venda, por exemplo, a causa seria a transferência da propriedade. É para isso que serve esse contrato. Assim, a causa do enriquecimento do comprador foi a transferência da propriedade que ocorreu em razão de um contrato de compra e venda. Não pode ser causa de enriquecimento (aumento patrimonial) o furto ou o pagamento indevido.

Mas o furto e o pagamento indevido não são as únicas causas de enriquecimento ilícito. Outras causas há, como por exemplo, o pagamento de dívidas sem a devida correção monetária. Outros exemplos analisaremos mais adiante.

No sistema romano, havia certa dúvida a respeito de como se deveria aplicar o preceito, se como princípio jurídico ou como regra ética. Em duas leis se mostra essa dificuldade, pois em uma está explícito o termo "*iniuria*" e em outra não, querendo aquela significar que se trata de um preceito jurídico e a outra de regra moral. Após detido estudo de tais normas, pode-se concluir que no tempo de sua elaboração só se condenava o enriquecimento, se contrário ao Direito. Após a retirada do termo "*iniuria*" de uma das leis, se entende que se começou um esforço legislativo no sentido de se aplicar o princípio do locupletamento de maneira prática e a todos os casos. Embora se encontrasse legislação romana referente ao assunto, assim como julgamentos dando procedência à ação *de in rem verso*, não foi produzida no Direito Romano uma norma geral para tratar do enriquecimento sem causa. Contudo, mesmo sem um princípio geral, o pretor, se não possuía poder para legislar sobre o assunto *erga omnes*, possuía tal poder no caso concreto, específico, produzindo, assim, novas fórmulas para abranger os diversos casos novos que deveria julgar.

Havia, pois, já no Direito Romano, várias ações que, direta ou indiretamente, resolviam o problema do enriquecimento ilícito.

A *actio de in rem verso* era intentada quando, por exemplo, se tratava da transferência de bens praticada pelo filho ou pelo escravo do *paterfamilias*. Desobrigava este a responder pelas ações daqueles. Isto gerava uma total insegurança no tráfego negocial. Após alterações, criou-se uma relação de vínculos entre o negócio jurídico com filho ou escravo do *paterfamilias*, responsabilizando-o pelos atos de seus *alieni iuris*. Surgem, então, duas hipóteses: se o negócio era realizado com autorização do *paterfamilias* e se tivesse ele lucrado. Na primeira hipótese, o chefe da família, pelo simples fato de ceder determinados bens, se obrigava a responder pela administração destes até o valor de seu montante. Já na segunda hipótese, a parte prejudicada poderia intentar a ação contra o *paterfamilias*, até o montante do valor lucrado no negócio (*in rem verso*).

A outra ação era a *actio negotiorum gestorum*. Era necessário o elemento subjetivo, vontade de alguém reger negócio alheio. Para se delimitar sua aplicação, buscaram-se duas espécies, gestão própria e irregular. Visava, assim, evitar o enriquecimento do dono do negócio em detrimento do gestor.

As *condictiones* buscavam diminuir as solenidades sacramentais exigidas nas outras ações. Assim, surgiram as leis de ações por condições, protegendo situações que tivessem coisa e importância determinadas. O mais relevante na *condictio* é que, só poderia ser proposta a ação, se o bem ou a importância fossem transferidos anteriormente, buscando, portanto, suprimir as perdas sofridas pelo que previamente transferiu a coisa, sem prejuízo a terceiro, desde que agindo de boa-fé. Destacam-se algumas *condictiones*, dentre outras:

- *Condictio indebiti* – Servia para repetir pagamento feito com erro. Para se ter a garantia da ação, o pagamento deveria ser válido; também deveria ser indevido, ou seja, feito por quem não devia, ou feito a não credor; ou ainda se o erro fosse escusável, no propósito de executar a obrigação.
- *Condictio ob causam datarum* – Concedida quando não se constituía a causa do negócio jurídico. Muito aplicada aos contratos reais inominados. Como não se tinha uma legislação específica para certos tipos de ação, se aplicava por analogia a condictio, para que o empobrecido pudesse ser ressarcido. Mais tarde, tais regras se estenderam a todas as prestações.
- *Condictio ob turpem vel injustam causam* – Concedida para reclamar a restituição de uma prestação que de boa-fé se realizou, para fim ilícito ou imoral.
- *Condictio sine causa* – Concedida para pedir restituição de prestação que se efetuou sem causa legítima, mas para fim legítimo. Para Justiniano, esta

condictio sine causa é a generalização do princípio. Nesta fórmula, estariam incluídos todos os casos não vistos anteriormente.[50]

Conclui-se, pois, que, embora não tenha sido instituída ação geral de enriquecimento, a prática pretoriana desenvolveu-se de tal maneira, que se pode considerar cada uma das ações *supra* vistas como verdadeira ação de enriquecimento.

A partir do Direito Romano, pode-se praticamente afirmar, que sempre foi aplicado o princípio do enriquecimento sem causa. Alguns ordenamentos o têm explicitamente posto, como é o caso do brasileiro. Em nosso país, o princípio do enriquecimento sem causa era amplamente aceito e aplicado, explícita mesmo, em alguns casos, como na Lei do Cheque, a ação de locupletamento.

Hoje, a matéria se encontra totalmente regulada no Código Civil, ainda que mal localizada, como vimos e ainda veremos abaixo. A ação de locupletamento, apesar de não receber tratamento típico, tem previsão genérica e até prazo trienal de prescrição, segundo o art. 206, parágrafo 3º, do CC.

Mas seria regra ou princípio a norma que proíbe o enriquecimento sem causa?

O enriquecimento ilícito caracteriza-se como princípio e não como regra pelo seguinte:

Regras são autoexplicativas, ao contrário dos princípios. Pela simples leitura da regra há a possibilidade de se entender e indicar todos os atos capazes de se enquadrar naquele dispositivo. Já na leitura de um princípio não há como entender a que, especificamente, ele se relaciona. Sua leitura é subjetiva, só explicável com sua aplicação ao caso concreto.

Outra característica dos princípios é o fato de serem fundamento, base para a existência das regras.

Observando os dispositivos que tratam do pagamento indevido, das benfeitorias, da prestação de serviços, da gestão de negócios e aqueles relacionados a tributos, podemos concluir que o enriquecimento sem causa estaria servindo de base à existência de todos eles.

Os casos citados acima são os que geram com mais frequência o enriquecimento sem causa.

Já existindo dispositivo que regulamente tais casos não poderia o enriquecimento sem causa ser tido como regra, sua utilização será subsidiária.

Como princípio, seria utilizado no caso concreto, após esgotadas todas as regras específicas para determinado caso; poderia ainda ser utilizado para fundamentar as regras que estariam sendo aplicadas. Afinal, o princípio do enriquecimento sem causa é fundante.

---

[50] Mais sobre o tema das condictiones, ver ORTOLAN, M. **Explication historique des instituts de l'empereur Justinien**. 4. ed. Paris: Joubert, 1847. t. II. *passim*.

O fato de ser subsidiário não tira a validade do princípio. Ele poderá ser excepcionado por outro princípio ou até mesmo por uma regra, ou ainda, ser aplicado concomitantemente a uma regra e nem por isso deixará de vigorar.

Tal possibilidade não existe para as regras, pois estas concorrem umas com as outras. Duas regras de mesmo grau não poderiam coexistir no sistema jurídico brasileiro.

Se o enriquecimento sem causa fosse regra, como já existem dispositivos aplicáveis aos casos que o geram, não poderiam todos coexistir no ordenamento jurídico. Um provocaria a invalidade do outro.

Concluindo, então, pode-se qualificar o enriquecimento sem causa como fato e como princípio. Como fato por ser um evento que gera enriquecimento ilegítimo para um, às custas do empobrecimento de outro. Como princípio, por ser norma geral de repúdio ao locupletamento.

Os requisitos do enriquecimento sem causa são três:

1] Diminuição patrimonial do lesado.
2] Aumento patrimonial do beneficiado sem causa jurídica que o justifique. A falta de causa se equipara à causa que deixa de existir. Se, num primeiro momento, houve causa justa, mas esta deixou de existir, o caso será de enriquecimento indevido. O enriquecimento pode ser por aumento patrimonial, mas também por outras razões, tais como, poupar despesas, deixar de se empobrecer etc., tanto nas obrigações de dar, quanto nas de fazer e de não fazer.
3] Relação de causalidade entre o enriquecimento de um e o empobrecimento de outro. Esteja claro, que as palavras "enriquecimento" e "empobrecimento" são usadas, aqui, em sentido figurado, ou seja, por enriquecimento entenda-se o aumento patrimonial, ainda que diminuto; por empobrecimento entenda-se a diminuição patrimonial, mesmo que ínfima.

Dispensa-se o elemento subjetivo para a caracterização do enriquecimento ilícito. Pode ocorrer de um indivíduo se enriquecer sem causa legítima, ainda sem o saber. É o caso da pessoa que, por engano, efetua um depósito na conta bancária errada. O titular da conta está se enriquecendo, mesmo que não o saiba. Evidentemente, os efeitos do enriquecimento ocorrido de boa-fé, não poderão ultrapassar, por exemplo, a restituição do indevidamente auferido, sem direito a indenização. O dever de indenizar pressupõe, como seria óbvio, culpa por parte de quem se locupleta. Assim, a responsabilidade pelo enriquecimento sem causa é subjetiva, no que tange à indenização.

A doutrina tem bem definidos os parâmetros do enriquecimento indevido, e o Código Civil também traça seus contornos, nos arts. 884 a 886.

O art. 884 impõe a todo aquele que se enriquecer sem causa jurídica o dever de indenizar a pessoa, a cuja custa ocorreu o enriquecimento.

"Aquele que, sem justa causa, se enriquecer à custa de outrem, será obrigado a restituir o indevidamente auferido, feita a atualização dos valores monetários".

O art. 884 está mal localizado e mal redigido. Mal localizado porque deixa a entender que o Direito Brasileiro considera o enriquecimento sem causa espécie de ato unilateral, quando, na realidade, encontra-se na esfera do antijurídico e lá deveria estar. Muito melhor seria se estivesse localizado na Parte Geral; poderia muito bem ser o art. 188. Está mal redigido, porque a redação é restritiva. Parece, numa leitura literal, que o enriquecimento ocorre apenas quando alguém adquire, aufere um ganho indevido, que tenha que ser restituído. Embora no mais das vezes seja isso mesmo que ocorra, nem sempre. O enriquecimento pode se dar por não ter o favorecido feito o que deveria fazer; ou por ter feito o que não deveria; ou por não ter dado o que deveria (a obrigação seria, então, de dar e não de restituir). Enfim, o enriquecimento pode ocorrer de diversas maneiras. Por fim, é risível, para não dizer infantil, a última oração do artigo: "feita a atualização dos valores monetários". É óbvio que a atualização é devida, sob pena de enriquecimento sem causa, aliás, tema do dispositivo.

O repúdio ao enriquecimento sem causa é princípio geral do Direito, gerador de uma série de regras e subprincípios.

Não se deve, entretanto, confundir o princípio do enriquecimento sem causa com a ação de locupletamento dele oriunda. Esta só terá cabida na falta de outra ação específica. Assim, no pagamento indevido, caberá a ação de repetição de indébito e não a ação de anulação (por erro), nem a de locupletamento, embora tenha ocorrido enriquecimento sem causa. Não havendo outra ação mais específica, admite-se, então, a de locupletamento. Por exemplo, se A emite um cheque ao portador sem fundos, e se este cheque entra em circulação, vindo a cair nas mãos de B, que nunca viu A, não tendo com ele realizado nenhum tipo de negócio, que ação teria B contra A? Em princípio, B poderia executar o cheque, mas e se a responsabilidade do emitente pelo inadimplemento do cheque estiver prescrita? Neste caso, B não poderia executar o contrato, nem propor ação de cobrança contra A, visto que não há relação obrigacional originária entre eles. Assim, não restaria a B qualquer outra ação, que não a de locupletamento. Observe-se, contudo, que antes dela, foram verificadas e esgotadas todas as outras possibilidades: a ação de execução do cheque (ação cambial) e a de cobrança. Vale esclarecer que a ação de locupletamento prescreve em 3 anos, segundo o art. 206, parágrafo 3º, IV. No caso do cheque, especificamente, a prescrição será de 2 anos, segundo a Lei do Cheque.

Outro exemplo de hipótese em que caberia a ação de locupletamento é o da avulsão. Esta ocorre quando uma porção de terras se desloca abruptamente das margens de um rio, em virtude de um evento da natureza, e se agrega à margem oposta. Neste caso, o proprietário das margens acrescidas estaria se enriquecendo ilegitimamente às custas do proprietário das margens desfalcadas. Este teria um ano para acionar aquele, e a ação seria a de locupletamento. Este prazo, entretanto, é decadencial, uma vez que se trata de ação, primordialmente, constitutiva.[51]

O Código Civil cuida do enriquecimento sem causa no título relativo a obrigações oriundas de atos unilaterais, por ser este princípio o fundamento dessas obrigações, pelo menos, genericamente falando-se.

Se uma pessoa promete pagar $ 100,00 a quem lhe restituir os documentos perdidos, obriga-se para com aquele que cumprir a tarefa. Se não cumprisse a promessa e não pagasse os $ 100,00, estaria se enriquecendo às custas do outro, uma vez que este, pressupõe-se, despendeu esforços no sentido de encontrar e restituir os documentos. O mesmo ocorrerá na gestão de negócios e no pagamento indevido.

Há, porém, outras causas de enriquecimento ilícito, como o implemento de benfeitorias e melhoramentos, o pagamento realizado sem a devida correção monetária e outros.

Por isso mesmo, talvez a melhor geografia para o enriquecimento sem causa não fosse a que lhe atribuiu o Código de 2002, ainda mais tratado da maneira como o tratou, fazendo crer cuidar-se de modalidade distinta de ato unilateral, o que não é. Além do mais, o princípio do enriquecimento sem causa informa todo o Direito Obrigacional, não só os atos unilaterais. A Parte Geral do Código seria, sem dúvida, o melhor lugar para se o inserir.

Mas onde na Parte Geral? Sem dúvida junto aos atos ilícitos, uma vez que também o enriquecimento sem causa se insere na esfera da antijuridicidade.

A ação de locupletamento, como já visto, é a ação dada ao empobrecido, na falta de outra mais específica diante do caso concreto. Em nosso ordenamento, esta subsidiariedade é explícita, apesar da má redação do art. 886 do CC.

Assim, cada caso merece análise individual, vigendo esta norma geral, que só disponibiliza a *condictio indebiti*, na falta de outra ação.

No pagamento indevido, aquele que pagou mal, disporá da ação de repetição de indébito. Dependendo do caso, tratando-se de pagamento efetuado em obrigação de fazer, poderá o empobrecido exigir o desfazimento do que foi feito, além de uma indenização, se houver má-fé ou mora daquele a quem se pagou mal. Não sendo possível o desfazimento, só caberá ação, se tiver havido má-fé do que se enriqueceu. Estes são alguns exemplos possíveis. Há outros.

---

51 VALLE FERREIRA, José Geraldo. **Enriquecimento sem causa**. Belo Horizonte: Nicolai, 1950. p. 109.

No caso de implemento de benfeitorias necessárias, como, por exemplo, em imóvel locado. O locatário de boa-fé poderá propor uma ação indenizatória contra o locador inadimplente, tendo ainda direito de retenção sobre o prédio.

Como dito, em todos estes casos, e em muitos outros, só terá cabimento a ação de enriquecimento sem causa, se não for possível nenhuma outra.

No Direito Brasileiro, como sabido, é difícil hipótese de cabimento da *condictio indebiti*. No mais das vezes, haverá sempre ação mais específica para a situação, como a ação de cobrança, a indenizatória, as executivas, a de repetição de indébito, as possessórias, a reivindicatória, a de imissão na posse, a de despejo, só para citar algumas. Além disso, há a monitória, para situações mais genéricas. Neste caso, porém, entendo que, dada a generalidade da monitória, a *condictio* será possível, como opção do credor.

A questão que resta é se a prescrição relativa ao locupletamento começa a correr do momento em que ocorra a prescrição relativamente à ação mais específica para o caso ou do momento em que efetivamente ocorra o enriquecimento.

Em nosso entendimento, a resposta é no sentido de os três anos de prescrição começarem a correr do momento em que se der o enriquecimento sem causa. Se a prescrição relativamente à ação específica, como a cambial, ocorrer antes, o prejudicado ainda terá o tempo restante da de locupletamento, caso contrário, nada mais poderá fazer.

A questão da prescrição é importante. Consubstanciada a prescrição relativa à ação principal, não caberá mais a de locupletamento (a não ser, talvez, no caso da cambial, por não se basear em causa alguma – atos abstratos – ver Lei do Cheque).

Ora, neste caso o enriquecimento não mais será ilícito, a prescrição lhe servirá de causa.

Vale esclarecer, por oportuno, que a prescrição referente à ação de locupletamento transcorre em três anos, segundo o art. 206, parágrafo 3º, IV. No caso de cheques, porém, a prescrição será de dois anos, segundo a Lei do Cheque.

Capítulo 14

Liquidação das obrigações: concurso de credores

14.1 Generalidades

Se o devedor for insolvente, a execução será coletiva, envolvendo todos os credores. Tal processo se chama concurso universal de credores. Encontra-se ainda regulado nos arts. 748 e ss. do CPC/1973, por força do art. 1.052 do CPC/2015, e recebe o nome de execução por quantia certa contra devedor insolvente. O Código Civil também cuida do assunto, nos arts. 955 a 965.

A insolvência pode ser real ou presumida. A real caracteriza-se pela existência de passivo maior do que ativo. A presumida ocorre na ausência de bens para a penhora e por causa de atos de insolvência, tais como impontualidade, ausência furtiva, fraude contra credores etc.

Sendo o devedor empresário, sofrerá o concurso universal de credores, regulado pela Lei de Falências.

14.2 Processo

O concurso universal é processado em várias etapas, que passamos a estudar.

1] Requerimento da insolvência por qualquer credor ou pelo próprio devedor (autoinsolvência).
2] 10 dias para embargos, a partir da citação e não da juntada aos autos do mandado citatório cumprido.
3] Não havendo defesa, ou se havendo, não for efetuado depósito, será decretada a insolvência, com o vencimento antecipado de todas as obrigações do devedor.
4] Na própria sentença será nomeado síndico, chamado administrador da massa, pois o devedor perde a administração de seus bens.
5] É expedido edital convocando os credores para, em prazo de 20 dias, habilitarem seus créditos. Tanto o edital quanto a organização da lista de credores serão providenciados pelo escrivão e não pelo síndico-administrador.
6] São julgados os créditos.
7] É aprovado o quadro geral de credores.
8] Os bens penhorados serão leiloados, e seu produto rateado entre os credores na ordem de preferência legal.

A ordem de preferência legal dá-se de acordo com o Código Civil, arts. 958 e ss., e de acordo com outras leis, como o Estatuto da OAB.

Existem sete tipos de crédito segundo a ordem de preferência:

1] Créditos fiscais – Primeiro recebe a Fazenda Federal, depois a Estadual e por último a Municipal (art. 31 da Lei n. 6.830/1980). Segundo Elpídio Donizetti, "a rigor, os créditos tributários sequer estão sujeitos ao concurso",[1] uma vez que o pagamento dos tributos figura como condição para a alienação dos bens da massa;
2] Créditos da massa, como custas judiciais, honorários de perito etc. Estes créditos são pagos antes do rateio entre os demais credores.
3] Créditos trabalhistas (Lei n. 6.449/1977, que alterou o art. 449, § 1º, da CLT).
4] Créditos reais – Primeiro recebem os credores hipotecários, e por último os pignoratícios, e por último os anticréticos.
5] Créditos com privilégio especial. Para se saber quem detém privilégio especial, basta reportar-se ao art. 964 do CC. Assim, têm privilégio especial:

   a] Sobre coisa arrecadada e liquidada, o credor de custas e despesas judiciais feitas com a arrecadação e liquidação.
   b] Sobre coisa salvada, o credor por despesas de salvamento. A Lei n. 7.203/1984 dispõe sobre o salvamento de embarcações, coisas ou bens em perigo no mar, portos, rios, ou lagos, dizendo que gozam de privilégio especial sobre a embarcação, coisa ou bem em perigo, tendo preferência mesmo sobre os créditos reais.
   c] Sobre coisa beneficiada, o credor por benfeitorias necessárias ou úteis.
   d] Sobre prédios rústicos ou urbanos, fábricas, oficinas ou quaisquer outras construções, o credor de materiais, dinheiro, ou serviços para sua edificação, reconstrução ou melhoramento. Há quem entenda que a emissão de duplicata nova a dívida, extinguindo o privilégio. Há quem entenda que não. Havia uma lei (Lei n. 4.068/1962), instituindo expressamente que a emissão de duplicatas não excluía o privilégio, nem produzia novação. Esta lei foi revogada no atinente à duplicata; porém, uma vez que a norma era meramente interpretativa da disposição do Código Civil, pode-se considerar que o entendimento permanece.
   e] Sobre frutos agrícolas, o credor por sementes, instrumentos e serviços à cultura ou à colheita.
   f] Sobre alfaias (enfeites, adornos, joias) e utensílios (também, *utênseis* ou *utensis*) de uso doméstico, nos prédios rústicos ou urbanos, o credor de aluguéis, quanto às prestações do ano corrente e anterior. Aqui é de se observar que o privilégio só se aplica aos bens penhoráveis.

---

1 NUNES, Elpídio Donizetti. **Curso didático de direito processual civil**. 2. ed. Belo Horizonte: Del Rey, 1999.

g) Sobre os exemplares de obra existente na massa do editor, o autor dela, ou seus legítimos representantes, pelo crédito fundado contra aquele no contrato de edição.
h) Sobre o produto da colheita, para a qual houver concorrido com seu trabalho, e precipuamente a quaisquer outros créditos, o trabalhador agrícola, quanto à dívida de seus salários.
i) Sobre os produtos do abate, o credor por animais.
j) Sobre o objeto do mandato, o advogado por seus honorários (art. 24 da Lei n. 8.906/1994).
k) O privilégio especial só compreende os bens sujeitos expressamente ao pagamento do crédito que ele favorece.

6) Créditos com privilégio geral. Têm privilégio geral, nesta ordem:

a) o crédito por despesas de seu funeral, segundo a condição do finado e o costume do lugar;
b) o crédito por despesas com o luto do cônjuge sobrevivo e dos filhos do devedor falecido, se forem moderadas;
c) o crédito por despesas com a doença, de que faleceu o devedor, no semestre anterior à sua morte;
d) o crédito pelos gastos necessários à mantença do devedor falecido e de sua família, no trimestre anterior ao falecimento.

Os privilégios gerais compreendem todos os bens não sujeitos a crédito real nem a privilégio especial.

7) Créditos quirografários – Consideram-se quirografários todos os créditos representados por documentos, tais como cheques sem fundo, notas promissórias, confissões de dívida, contratos etc.

Havendo vários credores com crédito da mesma classe sobre uma mesma coisa, o valor desta será rateado entre eles.

14.3 Concordata civil

O Código de Processo Civil de 1973, ainda em vigor, por força do art. 1.052 do CPC/2015, trata do assunto no art. 783, não dando nenhum nome especial ao instituto. O nome concordata civil vem sendo adotado pela doutrina, na falta de outro.

Após a aprovação do quadro geral de credores, elaborado dentro do processo de execução, poderá o devedor fazer proposta de pagamento aos credores. Ouvidos estes, e se não houver oposição de nenhum deles, o juiz aprovará a proposta por sentença. A concordância dos credores pode ser expressa ou tácita.

A concordata civil não existe, nem na forma preventiva nem na forma suspensiva. A proposta homologada não suspende o processo de execução, mas extingue-o com julgamento de mérito. Produz-se, assim, diferentemente da antiga concordata comercial, novação das obrigações, substituindo-as pela sentença homologatória do acordo com os credores. Em outras palavras, o descumprimento da concordata civil não reabre o processo de execução anterior já extinto, mas obriga os credores a intentar nova execução com base na sentença que homologou a proposta.

14.4 Saldo devedor da execução

Se após a venda de todos os bens, ficar algum credor sem ser pago, o devedor continuará devendo, para isso respondendo com todos os bens penhoráveis que venha a adquirir.

14.5 Extinção das obrigações

A prescrição (extinção da responsabilidade – poder de exigir, por parte do credor, e submissão patrimonial, por parte do devedor) pelo inadimplemento das obrigações, suspensa com o concurso, recomeça com o trânsito em julgado da sentença que encerrar o processo de execução, correndo por cinco anos. Após esse prazo, o devedor poderá requerer ao juiz que declare extintas suas obrigações por sentença.

Os credores poderão opor-se ao pedido, em 30 dias a partir da publicação do edital, alegando que o prazo de cinco anos ainda não se esgotou, ou que o devedor adquiriu bens penhoráveis, nesse período.

Capítulo 15

Direito das coisas: introdução – propriedade

15.1 Introdução ao estudo do direito das coisas

O Direito das Coisas é ramo do Direito Civil que regula as relações jurídicas reais, entendidas estas como as que se estabelecem entre o titular de uma coisa e a sociedade em geral.

Se, por um lado, o Direito das Obrigações cuida das relações de crédito, entre devedor e credor; por outro, o Direito das Coisas tem por objeto esse outro tipo de relações, que acabamos de descrever acima.

Para entendermos melhor a questão, devemos partir de compreensão clara de direitos reais e obrigacionais.

Nas relações jurídicas obrigacionais há, de um lado, devedor e, do outro, credor. Entre eles, prestação devida pelo devedor ao credor. Ao dever de realizar a prestação corresponde o direito de exigi-la. Esse direito denomina-se direito obrigacional, pessoal ou creditício.

Nas relações jurídicas reais, o quadro é totalmente diferente. Em primeiro lugar, há uma pessoa e um bem. A pessoa é titular do bem. Porém, para que uma pessoa possa considerar-se titular de um bem, é necessário que existam outras pessoas, que não detenham qualquer direito sobre esse bem. Em outras palavras e exemplificando, só posso me considerar dono de um bem, em face de outras pessoas que não são donas desse bem. Se morasse numa ilha deserta, não seria dono de nada. Se digo que uma coisa é minha, é porque não é dos outros. Se não houvesse outros, não faria qualquer sentido dizer que a coisa é minha.

Assim, conclui-se que as relações jurídicas reais estabelecem-se entre o titular de direito sobre um bem e os não titulares de direito sobre esse bem. Confrontam-se, portanto, titular e não titulares. Só há titular, por haver não titulares. Só se pode falar, por exemplo, em dono, em confronto com "não donos".

Quem seriam esses não titulares? Ora, são todos aqueles que não possuem qualquer direito sobre o bem enfocado. É toda a sociedade em geral, composta de pessoas indeterminadas.

Da oposição entre titular e não titulares, surgem direitos e deveres. Os deveres, também chamados obrigações reais, traduzem-se na abstenção de qualquer ato prejudicial ao direito do titular. São deveres de respeito ao direito do titular.

Correspondendo a esses deveres, há os direitos do titular, direitos sobre o bem, sobre a coisa, daí seu nome, direitos reais.[1]

Podemos dizer, pois, que o Direito das Obrigações tutela os direitos creditícios; o Direito das Coisas, os direitos reais.

Mas a diferença apontada entre esses dois ramos do Direito Civil está longe de ser pacífica. Na verdade, tudo começa com a concepção histórica de direitos subjetivos absolutos e relativos.

Os direitos absolutos seriam reais, por conferirem poder imediato de um titular sobre uma coisa. Os direitos relativos, por sua vez, seriam creditícios, pois que dirigidos contra pessoa determinada, ou seja, o devedor. Na concepção antiga, ambos teriam como objeto uma coisa. Tratando-se de direitos reais, a relação entre a coisa e o titular seria direta. Mas tratando-se de direitos obrigacionais, entre a coisa e o titular, haveria um terceiro, o devedor. Daí serem direitos relativos. Essa distinção foi na realidade evolução do Direito Romano que, em seus primórdios, só admitia direitos absolutos.[2]

Devemos agora prosseguir nossos estudos, analisando as várias teorias que procuraram distinguir os direitos reais dos obrigacionais.

Segundo a teoria clássica ou realista que, mais ou menos, expusemos *supra*, a diferença está relacionada com o poder do titular sobre uma coisa, e com o poder de exigir que alguém faça, dê ou não faça algo. Os direitos reais seriam o poder imediato sobre uma coisa; os obrigacionais, o poder de exigir que se dê, faça ou não se faça algo.

Dessa forma, os direitos reais e obrigacionais se distinguiriam, de acordo com vários referenciais.[3]

a] Quanto aos elementos constitutivos: Nos reais, há dois elementos determinados, quais sejam, titular e objeto; nos obrigacionais, três: sujeito ativo, sujeito passivo e objeto.

b] Quanto às vantagens: Os direitos reais detêm poder de sequela. Isso significa que seguem a coisa, aonde quer que ela vá. Se tenho um carro e o empresto, continuo sendo seu dono, apesar de não possuí-lo mais em meu poder direto. Tal se deve à sequela, ou seja, o poder do direito real, neste caso direitos de

---

[1] Como é sabido, o adjetivo "real" tem, em português, quatro significados distintos. Indica (1) o que diz respeito a rei; (2) aquilo que é verdadeiro, que corresponde à realidade; (3) nome de moeda; e, por fim, (4) o que é relativo à coisa, em latim, *res*. É neste último sentido que se emprega o termo "real". Dessarte, direito real quer dizer direito relativo a uma coisa, "direito coisal", se assim nos fosse permitido falar.
[2] TALAMANCA, Mario. **Istituzioni di diritto romano**. Milano: Giuffrè, 1990. p. 67 *et seq*.
[3] PEREIRA, Caio Mário da Silva. **Instituições de direito civil**. 18. ed. Rio de Janeiro: Forense, 1996. v. 2, p. 30-33; SERPA LOPES, Miguel Maria de. **Curso de direito civil**. 7. ed. Rio de Janeiro: Freitas Bastos, 1989. v. 2, p. 17-22.

dono, de seguir a coisa. Os direitos obrigacionais, a seu turno, não possuem nenhuma vantagem.

c] Quanto à sanção: Os direitos reais são oponíveis *erga omnes*, isto é, contra todos. Como vimos, se sou dono de uma casa, é porque os outros não o são. Assim, posso confrontar, opor meus direitos de propriedade contra todos os demais. Opor no sentido de exigir que todos os demais respeitem meus direitos.

Já os direitos obrigacionais se opõem contra pessoa certa, o devedor. Se tenho crédito a receber, só posso exigi-lo do devedor. De mais ninguém.

d] Quanto aos modos extintivos: Os direitos reais, como regra, não têm prazo para se extinguir. Podem ser, até mesmo, perpétuos. Os direitos obrigacionais são, por natureza, temporários. Duram até o pagamento.
e] Quanto aos modos de aquisição: Os direitos reais têm modos peculiares de aquisição, o que não ocorre com os direitos obrigacionais. A propriedade, por exemplo, adquire-se pelo registro ou tradição, pela acessão e pela usucapião. Os direitos de crédito se adquirem pela ocorrência de fato, que pode ser negócio jurídico como contrato ou ato ilícito, por exemplo, acidente automobilístico.
f] Quanto à posse: Um direito real pode ser possuído, por ser a posse elemento externo. Já um direito obrigacional não pode.
g] Quanto aos caracteres gerais: Os direitos reais têm, cada um, suas próprias características. Os direitos de crédito serão sempre iguais, seja sua origem o contrato ou o delito.

Os efeitos dos direitos reais são expressamente regulados em lei. Porém, os dos direitos de crédito nem sempre, uma vez que podem ser fruto de convenção.

Os direitos reais adquirem-se de uma só vez. Os de crédito podem ser adquiridos em prestações.

Os direitos reais são estáveis, por serem adquiridos desde logo. Os de crédito constituem apenas título, para adquirir-se o direito no futuro.

Continuando, quatro teorias dissidentes da clássica reúnem-se num grupo que se pode denominar grupo das teorias personalistas. Mas por que teorias personalistas?

Vimos que a teoria clássica entende que os direitos reais têm origem em relação jurídica entre um titular e um bem. As teorias personalistas negam a possibilidade de que existam relações deste tipo. Só pode haver relações jurídicas entre pessoas.[4] Portanto, relação jurídica real é a que se estabelece entre titular e não titulares. Explica-se, assim, a razão do nome "teorias personalistas", por serem elas as que explicam as relações entre pessoas.

---

4 KANT, Immanuel. The science of right. In: **Great Books of the Western World**. Chicago: University of Chicago, 1952. p. 403 *et seq.*

A estrutura de uma relação jurídica real se compõe de sujeitos, ativo e passivo, titular e não titulares, respectivamente; de objeto, que será um bem; e do vínculo jurídico que liga titular a não titulares, em virtude do qual surgem direitos reais e obrigações reais. As teorias personalistas se diferenciam basicamente por enxergarem a distinção entre direitos reais e obrigacionais, ora em função do sujeito passivo, ora em função do objeto, ora em função do vínculo. Como veremos, todas estão corretas.

A primeira delas é de Windscheid, Roguin e Planiol.[5] Para eles é tudo a mesma coisa, pois tanto os direitos reais quanto os de crédito decorrem de relações obrigacionais entre pessoas. A diferença encontra-se apenas no sujeito passivo, que nos direitos reais é universal, toda a sociedade, todos os não titulares e, nos direitos de crédito, uma ou várias pessoas determinadas, ou os devedores.

A segunda teoria personalista atribui-se a Michas e Quéru. De acordo com eles, a diferença existe, mas, basicamente, não é em função do sujeito passivo, e sim em função do objeto. Os direitos reais teriam como objeto um bem; os direitos creditícios, uma prestação de dar, fazer ou não fazer.

A terceira é de Démogue,[6] que nega importância a qualquer dessas diferenças, pois que só existem direitos fortes (reais) e fracos (creditórios). A diferença mais importante residiria na intensidade do vínculo jurídico e não nos sujeitos ou no objeto.

Por fim, a teoria de Thon e Schloßman afirma que a diferença é que os direitos de crédito são subjetivos, ao passo que os direitos reais não o são. O direito que uma pessoa tem de não ter suas coisas violadas (*erga omnes*) não é direito subjetivo, mas necessidade social, protegida por lei. A distinção que se procura fazer é artificial. Na verdade, os direitos reais são processo técnico de que se utiliza o Direito Positivo, ao instituir restrições à conduta humana em benefício de determinadas pessoas.[7]

A terceira teoria, que se destaca da clássica e das personalistas, é a teoria da instituição, de Hauriou.[8] Diferencia os direitos obrigacionais dos reais, em que estes teriam sua fonte, não nas relações pessoais entre os indivíduos, mas na própria instituição social. Antes, os direitos pertenciam a todos os grupos sociais e o indivíduo nada representava. Esses grupos se organizaram no Estado. O Estado, por sua vez, não podia zelar por todos os interesses individuais. Assim a própria

---

5 WINDSCHEID, Bernardo. **Diritto delle pandette**. Torino: Unione Tipografico-Editrice Torinense, 1925. v. 2, p. 1-8; ROGUIN, Ernest. **La science juridique pure**. Paris: Librairie Générale de Droit & de Jurisprudence, 1923. p. 199 *et seq.* PLANIOL, Marcel. **Traité élémentaire de droit civil**. 3. ed. Paris: LGDJ, 1906. t. II, p. 55 *et seq.*
6 DÉMOGUE, René. **Traité des obligations en général**. Paris: Rousseau et Cie., 1925. v. 1, t. I, p. 5 *et seq.*
7 PEREIRA, Caio Mário da Silva. **Instituições**... cit., 18. ed., v. 2, p. 31.
8 HAURIOU, André. **Droit constitutionnel et institutions politiques**. 5. ed. Paris: Montchrestien, 1972. p. 12, 138 *et seq.*

coletividade organizada, institucionalizada, criou seus mecanismos jurídicos de defesa dos direitos dos indivíduos sobre suas coisas. Daí surgiram os direitos reais.

Concluindo, temos que os anticlássicos criticam os clássicos no seguinte:

1] não é possível que direito se reflita diretamente sobre coisa, pois direito pressupõe contato entre pessoas;
2] a teoria clássica contém noção individualista e antissocial;
3] a teoria clássica é entrave à classificação científica dos direitos.

Em suma, os clássicos defendiam a separação dos direitos reais e dos obrigacionais em duas estruturas diferentes. Os direitos reais seriam fruto de relação jurídica entre titular e coisa. Para os anticlássicos, no entanto, a estrutura essencial era a mesma, ou seja, sujeito ativo e passivo, ligados por vínculo jurídico, e um objeto. Enquanto nas relações obrigacionais, o sujeito ativo é o credor, o sujeito passivo, o devedor, e o objeto, uma prestação de um ao outro, nas relações reais, o sujeito ativo é o titular, o passivo, os não titulares, e o objeto, um bem, sobre o qual incidem os direitos do titular.

As outras diferenças apontadas pelos clássicos não seriam para eles estruturais. É como se uma costela se diferenciasse do fêmur, não por pertencerem a estruturas diferentes.

Gangi, jurista italiano, enumerou algumas importantes diferenças práticas entre os direitos reais e os de crédito.[9] A primeira seria que os direitos de crédito são oponíveis contra uma pessoa determinada, enquanto os reais o são *erga omnes*, isto é, contra todos os não titulares.

A segunda diferença seria que alguns direitos reais são passíveis de aquisição por usucapião, ao passo que os obrigacionais, nunca.

Por fim, os direitos creditórios se extinguem com seu exercício, os reais não.

A essas três, acrescentaria o poder de sequela, inerente aos direitos reais. Se um indivíduo toma empréstimo bancário, oferecendo sua casa em garantia, o banco adquire direito real de hipoteca sobre a casa. Posteriormente, se o indivíduo vender a casa e não pagar ao banco, este tomará o imóvel das mãos de quem quer que o haja comprado. Isso em virtude da sequela. O direito real de hipoteca segue a casa, aonde ela for. Aliás, o substantivo "sequela" tem origem no verbo "seguir".

De tudo o que se disse, podemos destacar dois elementos importantes na caracterização dos direitos reais, que os tornam distintos dos direitos obrigacionais. São eles a oponibilidade *erga omnes* e a sequela. Em outros termos, os direitos reais são oponíveis a todos os não titulares e detêm o poder de seguir a coisa, aonde quer que ela vá.

---

9 SERPA LOPES, Miguel Maria de. Op. cit., v. 2, p. 22.

Há quem diga que essas características se estendem, hoje, em certa medida, aos direitos de crédito, uma vez que se flexibilizou o princípio da relatividade contratual. Uma relação contratual, com vimos, pode ser oposta a terceiros (contratos coletivos), ou pode produzir efeitos que interessem a terceiros, como os contratos bancários, que interessam a uma multitude de clientes, atuais e eventuais. A meu ver, porém, essa flexibilização do princípio da relatividade nem de longe torna os contratos oponíveis *erga omnes*. Por mais que um contrato possa interessar a uma coletividade, as obrigações dele exigíveis são oponíveis apenas ao devedor, mesmo nos contratos coletivos, em que os devedores são todos os membros de uma coletividade determinada, representada na celebração do contrato por alguma associação de classe. É o que ocorre nas convenções coletivas de trabalho. São oponíveis a todos os patrões e empregados de determinada categoria, em determinado território. Não são oponíveis *erga omnes*, no mesmo sentido em que um direito real.

Como vimos acima, umas das peculiaridades dos direitos reais é o fato de serem em número determinado, o que não ocorre com os direitos obrigacionais. Diz-se, portanto, que os direitos reais são em *numerus clausus*, ao passo que os obrigacionais são em *numerus apertus*.[10] Quais seriam, então, os direitos reais admitidos no Direito Brasileiro?

De início, há um conjunto de direitos sobre coisas próprias, denominados direitos de propriedade, ou simplesmente propriedade. Em seguida, há grande grupo de direitos reais, não sobre coisas próprias, mas sobre coisas alheias. Este grupo se subdivide em três outros subgrupos, segundo o Código Civil, vejamos:

1] direitos reais de uso e fruição: servidões, superfície, usufruto, uso, habitação, concessão especial de uso para fins de moradia e concessão de direito real de uso;
2] direitos reais de garantia: penhor, hipoteca, anticrese;
3] direitos reais de aquisição: promessa irretratável de venda de imóvel.

Além desses onze, há também a enfiteuse, que, embora tenha sido extinta pelo Código Civil de 2002, continua regulando-se pelo Código Civil de 1916, no que diz respeito às enfiteuses já constituídas. Fala-se, outrossim, da posse, enquanto direito real. Mas como veremos, a questão é controversa. Seria mesmo a posse direito real?

Na verdade, sempre que a Lei conferir oponibilidade *erga omnes* e sequela a certo direito sobre um bem, estaremos diante de direito real. É o caso, por exemplo, da retrovenda e do direito de remancipação do devedor fiduciante. Posto não estejam especificamente tipificados no Código Civil, são direitos

---

10 *Numerus clausus* e *numerus apertus* significam, respectivamente, "número fechado" e "número aberto".

oponíveis *erga omnes* e dotados de sequela, por força de lei. Sendo assim, são direitos reais, no caso, de aquisição.

Por fim, a alienação fiduciária em garantia gera um direito real de garantia muito especial sobre o bem alienado, a favor do credor fiduciário. Veremos, mais abaixo, a sistemática deste contrato e porque é tão especial o direito por ele gerado.

Na sistemática das relações jurídicas reais, é muito importante o princípio da solidariedade. As relações reais, assim como as obrigacionais, são relações em cooperação, em que as partes podem não só exigir, mas também esperar atitude solidária uma da outra. Isso significa que titular e não titulares devem agir solidariamente. Na prática o que isso quer dizer? Quer dizer que um fazendeiro é obrigado a aceitar que suas terras sejam invadidas pelo MST? Quer dizer que o juiz pode deixar de decretar a reintegração de posse contra uma família pobre, a favor de um proprietário rico? Muitos confundem solidariedade com caridade cristã, o que está errado. Princípio da solidariedade não é instrumento de distribuição de renda, nem há de servir de arma para quem odeie a riqueza alheia. Com base no princípio da solidariedade, o juiz não pode deixar de decretar a reintegração de posse a que aludimos acima. Se o proprietário rico quiser deixar a família pobre habitando seu imóvel, até gratuitamente, será por sentimento de caridade, não por força do princípio da solidariedade. Não se invoque tampouco o princípio da solidariedade para legitimar a violência contra a propriedade e contra a pessoa. Este princípio não legitima invasão de terras, furto, roubo, apropriação indébita, dano e outros crimes. Mas quando será possível invocar o princípio da solidariedade? Em muitos casos. Vejamos um exemplo: A e B são fazendeiros vizinhos. Ambos possuem saída para a via pública. Ocorre que fica mais fácil para A passar pela propriedade de B, para chegar à estrada, o que inclusive baratearia seus custos, influenciando no preço final de seus produtos. Neste caso, com base no princípio da solidariedade, é possível exigir que B ceda passagem a A, flexibilizando, assim, as regras do Código Civil a respeito da matéria. Outro exemplo: a Lei n. 8.245/1990 estabelece regras especiais para o despejo (desapossamento) de escolas e hospitais. Sem dúvida, o fundamento é o princípio da solidariedade.

Resumindo, solidariedade não se confunde com caridade cristã. É princípio jurídico que deve ser invocado racionalmente, na perspectiva da cooperação recíproca entre os membros de uma coletividade.

15.2 Propriedade

15.2.1 Definição

No grande universo do Direito das Coisas, *propriedade* pode ser definida como a situação jurídica consistente em uma relação dinâmica e complexa entre uma pessoa, o dono, e a coletividade, em virtude da qual são asseguradas àquele as faculdades exclusivas de usar, fruir e dispor de uma coisa, bem como o direito de a reivindicar, respeitados os direitos da coletividade.

Faculdades (direitos potestativos) se exercem independentemente de quem quer que seja; direitos (a uma prestação) se exercem em oposição a um terceiro (devedor). Daí se falar em faculdades de usar, fruir e dispor e em direito de reivindicar. A doutrina, porém, não costuma usar o termo faculdade, uma vez que também se denomina direito (potestativo).

Essa definição se amolda melhor aos ditames da modernidade e do paradigma do Estado Democrático de Direito.

Nelson Rosenvald e Cristiano Chaves de Farias, dentre outros, distinguem propriedade de domínio, restringindo este aos poderes do dono sobre a coisa, especificamente o uso, a fruição e a disposição.[11] Na verdade, o domínio é a relação de sujeição da coisa a seu titular. É a face interna da propriedade e, engloba, efetivamente, os poderes de uso, fruição e disposição. O poder de reivindicar decorre de uma lesão à relação jurídica de propriedade. A distinção, mais dogmática que histórica, é interessante, pois ressalta, na complexidade da situação de propriedade, os poderes exclusivos do dono de usar, fruir, dispor da coisa e também o de reivindicá-la, tão caros e tão menosprezados modernamente. O termo propriedade é, como se deduz, bem mais amplo.

Uma definição enraizada nos séculos XIX e XX seria a de propriedade como o direito que uma pessoa tem de exercer, com exclusividade, o uso, a fruição, a disposição e a reivindicação sobre determinado bem. É, como bem explica Peter Bähr, a forma mais extensa de dominação efetiva de um bem.[12] Restringe-se essa definição, como se vê, aos limites do domínio sobre a coisa.

Na verdade, dizer que propriedade ou domínio é direito de usar, fruir, dispor e reivindicar é prender-se à definição decomposta do Direito Romano. Dada a dificuldade de se formular uma definição abreviada de propriedade, como fez Peter Bähr de maneira imprecisa, decidiram-se os juristas romanos por uma definição decomposta, em que se explicitem todos os elementos do domínio. Para

---

11 FARIAS, Cristiano Chaves de; ROSENVALD, Nelson. **Direitos reais**. Rio de Janeiro: Lumen Juris, 2006. p. 179.
12 BÄHR, Peter. **Grundzüge des bürgerlichen Rechts**. 7. ed. München: Vahlen, 1989. S. 349. "Das Eigentum ist die umfassendste Form der dinglichen Zuordnung einer Sache".

se chegar a esta definição, partiram os romanos da seguinte pergunta: quando é que se diz ser um indivíduo dono de uma coisa?

Se vejo uma pessoa morando numa casa, digo ser essa pessoa dona da casa. Pelo menos é a primeira impressão. Se vejo uma pessoa colocando papéis numa pasta, serei levado à convicção de que essa pessoa é dona da pasta. Se vejo uma pessoa escrevendo com uma caneta, direi ser essa pessoa dona da caneta. Ora, o ato de morar numa casa, colocar papéis numa pasta, escrever com uma caneta são atos de uso, de utilização. Daí dizer-se que, em princípio, o uso leva à ideia de propriedade, uma vez que o dono usa.

Porém, não só o fato de usar pode induzir à ideia de domínio, propriedade. Se vejo um indivíduo cobrando aluguéis de outro, suporei ser esse indivíduo o dono do objeto alugado. Se vejo um indivíduo colhendo frutas num quintal, chegarei à mesma conclusão. Tanto o ato de receber aluguéis quanto o ato de colher frutas são atos de fruição ou gozo. Sendo a fruição ato de domínio, pois que o dono frui, concluímos que quem colhe frutas e recebe aluguéis é dono.

Se vejo uma pessoa emprestando um livro à outra, serei levado à conclusão de ser ela dona do livro. Se vejo uma pessoa vendendo um imóvel, concluirei que o vendedor é o dono. Se vejo uma pessoa jogando fora um caderno, a conclusão será óbvia: ela é dona do caderno. Emprestar, vender e jogar fora são atos de disposição. Em princípio, só ao dono são permitidos os atos de disposição.

Por fim, se vejo um indivíduo despejando outro de imóvel alugado; se vejo um indivíduo exigindo que lhe restituam objeto furtado; se vejo indivíduo expulsando invasores de suas terras, a conclusão só poderá ser uma: esse indivíduo é dono do imóvel, do objeto furtado e das terras invadidas. O ato de despejar inquilino, exigir a restituição de coisa furtada e expulsar invasores é, em sentido amplo, ato de reivindicação, típico de quem é dono.

Se, em todas essas circunstâncias, dizemos que a pessoa é dona do bem usado, fruído, disposto ou reivindicado, podemos dizer, e de fato disseram os romanos e seus herdeiros culturais, que propriedade é direito de usar, fruir, dispor e reivindicar.

A indagação que restaria responder é a seguinte: só o dono usa, frui, dispõe e reivindica? Sim. Para exercer qualquer um desses direitos, o indivíduo tem que ser o dono da coisa ou ter autorização do dono.

Entendida a definição romana de propriedade, como o direito de usar, fruir e dispor (*ius utendi, fruendi et abutendi*), resta fácil compreender a insistência histórica a definir como direito. Para os liberais, nos séculos XVIII e XIX, a ideia de que a propriedade seria um direito era absolutamente adequada a seus ideais de liberdade econômica.

Ocorre que se tomarmos a definição de propriedade como direito apenas (direito subjetivo absoluto, de natureza real), estaremos excluindo toda a coletividade, menosprezando a função social que a propriedade sempre teve, além de lhe emprestar perfil absolutamente estático.

A função social da propriedade foi sempre preocupação do legislador. Apesar de só vir a ser estudada recentemente, sempre esteve presente, ora mais aguçadamente, ora menos. O Código de Hamurabi, editado entre 2067 e 2025 a.C., dispunha em seu art. 40 que "a sacerdotisa, o mercador ou outro feudatário poderá vender seu campo, pomar e casa *desde que o comprador assuma o serviço ligado ao campo, ao pomar e à casa*".

Assim, dizer que propriedade é o direito de exercer com exclusividade o uso, a fruição, a disposição e a reivindicação de um bem, é dizer muito pouco. É esquecer os deveres do dono e os direitos da coletividade. Ao esquecer os direitos da coletividade, ou seja, do outro, do próximo, estamos excluindo-o.[13] É esquecer, ademais, o caráter dinâmico e complexo da propriedade, que consiste em relações que se movimentam, que se transformam no tempo e no espaço. É esquecer que a propriedade deve ser relação em cooperação (dono + coletividade), não em contradição (dono x coletividade). Sem essa visão da propriedade como fenômeno dinâmico e complexo, em cooperação, é impossível se falar em função social e, muito menos, em função econômica.[14]

O objeto da propriedade há de ser bem corpóreo, econômico, com expressão patrimonial. Bens jurídicos, como a vida, a liberdade e a honra, salvo melhor juízo, não se enquadrariam nesse rol.

O homem, para a satisfação de suas necessidades, se apropria de certos bens, exercendo sobre eles domínio. A este domínio se chama propriedade, assegurada pelo Ordenamento Jurídico.

Concluindo, temos que a palavra propriedade pode significar, num sentido mais amplo, a situação jurídica composta de uma relação dinâmica e complexa entre o dono e a coletividade, da qual surgem direitos e deveres para ambos. Nos dizeres de Pietro Perlingieri, não se pode sustentar não fazerem parte do conceito de propriedade seus limites e obrigações. A propriedade é uma situação subjetiva complexa. É importante colocar em evidência as obrigações, os limites, ou seja, o caráter complexo, sob pena de o inadimplemento de uma obrigação refletir no todo. Se tomarmos a situação (propriedade) como algo complexo, tal não ocorrerá, pelo menos não necessariamente.[15]

Num sentido mais estrito, propriedade pode significar apenas os direitos do dono de usar, fruir, dispor e reivindicar, daí se falar em direito ou direitos de propriedade ou domínio; e num sentido mais específico e objetivo, propriedade é

---

13 Mais sobre o assunto, ver FACHIN, Luiz Edson. **Teoria crítica do direito civil**. Rio de Janeiro: Renovar, 2000.
14 AMARAL, Francisco. **Direito civil**: introdução... cit., 5. ed., p. 145.
15 PERLINGIERI, Pietro. **Perfis do direito civil**. 3. ed. Rio de Janeiro: Renovar, 1997. p. 224.

a própria coisa, objeto do domínio. Daí se falar em propriedade urbana ou rural, como sinônimo de imóvel ou prédio urbano ou rural.[16]

15.2.2 História, sociologia e política da propriedade

As origens do instituto jurídico da propriedade, cientificamente sistematizado, se prendem ao Direito Romano, que o definia como ius *utendi, fruendi et abutendi*, ou seja, *direito de usar, fruir e dispor*, em tradução livre. Mística, ligada a rituais religiosos, a propriedade do solo, por exemplo, só podia ser adquirida por cidadãos romanos, e em solo romano. As razões se devem ao culto religioso dos mortos.

Cada família cultuava seus próprios deuses, chamados "lares" ou *manes*.[17] Nada mais eram que seus antepassados. Os romanos não acreditavam em céu. Os mortos continuavam vivendo, mas no mesmo território que haviam ocupado enquanto vivos. Daí a importância das terras familiares, solo sagrado em que se enterravam os ancestrais e se lhes prestava culto. Estando vinculada a esses sentimentos, era lógico que só se concebesse a propriedade em solo romano.[18]

Com a evolução dos tempos, todavia, a propriedade perdeu seu caráter místico, o que veio a favorecer o expansionismo romano. Passou-se a admiti-la fora dos muros da cidade. Mais adiante, foi estendido o direito a todos os habitantes do Império, independentemente de sua origem.[19]

A invasão bárbara, que culminou com a queda do Império Romano do Ocidente, causou tal instabilidade, que os pequenos proprietários se viram forçados a entregar suas terras aos grandes senhores, em troca de proteção. Tornavam-se, assim, vassalos, vinculados eternamente aos grandes feudos. Podiam, entretanto, continuar fruindo da terra, o que já era melhor que nada.

Não obstante, o desenvolvimento do comércio e das cidades põe fim a esse estado de coisas. Surge a burguesia que, ávida por riquezas e poder, incentiva o nascimento da monarquia absoluta e do Estado Nacional. Inicia-se a democratização da propriedade.

Se, por um lado, a monarquia absoluta deve a força de sua origem à burguesia, por outro lado, como que lhe virou as costas. O Estado absoluto tornou-se verdadeiro entrave ao desenvolvimento do capitalismo, com sua estrutura rígida e obsoleta. As estruturas econômicas se transformavam rápido demais

---

16 PEREIRA, Lafayette Rodrigues. **Direito das coisas**. Rio de Janeiro: Garnier, 1877. v. 1, p. 74.
17 O termo *manes* é oriundo do verbo "maneo, -re", que significa "permanecer". Deuses *manes* eram aqueles que permaneciam; eram os deuses domésticos, os antepassados falecidos.
18 COULANGES, Fustel de. **A cidade antiga**. 9. ed. Lisboa: Livraria Clássica, 1957. *passim*.
19 Idem, p. 10 *et seq*.; ARIÈS, Philippe et al. **História da vida privada**. São Paulo: Cia. das Letras, 1991. v. 1, p. 153 *et seq*.; WEBER, Max. **História agrária romana**. São Paulo: M. Fontes, 1994. p. 179 *et seq*.; ENGELS, Friedrich. **Der Ursprung der Familie, des Privateigentums und des Staats**. Berlin: Dietz Verlag, 1983. S. 141 *et seq*.; CHRISTOL, Michel et NONY, Daniel. **Rome et son Empire**: des origines aux invasions barbares. Paris: Hachette, 1990. p. 105 *et seq*.

para que a sociedade política as absorvesse. Surgiu, então, toda uma gama de pensadores revoltados com o sistema. Foram os iluministas e liberalistas. Tudo isso culminou com três grandes revoluções: a Revolução Gloriosa, na Inglaterra; a Revolução Americana pela independência; e a mais importante de todas, a Revolução Francesa.[20]

Atualmente, a propriedade tem-se entendida vinculada a sua função social, embora a ideia em si não seja nova. Se um indivíduo pode dizer-se dono de algo, é porque os outros indivíduos não o são. A propriedade existe porque existem outras pessoas. Ninguém é dono de nada, a não ser que viva em sociedade. E é a essa sociedade que se deve render tributos.

Dessarte, os direitos inerentes à propriedade não podem ser exercidos em detrimento da sociedade, contra as aspirações sociais. Com isso, limitou-se o gozo absoluto da pessoa sobre a coisa, que não só fica impedida de usá-la em malefício dos demais, como fica obrigada a usá-la de acordo com as demandas do grupo social.

Logicamente, há todo um arcabouço doutrinário-filosófico para dar apoio à noção moderna de propriedade. Fundamentam-na, dentre outros, o solidarismo de Duguit, o espiritualismo dos neotomistas, e ainda que indiretamente, o marxismo.[21]

O Código Civil se preocupou em deixar clara sua posição, em acordo, aliás, com a norma constitucional, insculpida no art. 5º, XXIII, da CF/1988. O art. 1.228, parágrafo 1º, dispõe que os direitos de propriedade devem ser exercidos em consonância com as finalidades econômicas e sociais do bem e de modo a que sejam preservados a flora, a fauna, as belezas naturais, o patrimônio artístico e cultural, dentre outros.

O parágrafo 2º do mesmo artigo estabelece serem defesos, ou seja, proibidos os atos que não tragam ao proprietário qualquer comodidade, ou utilidade, e sejam animados pela intenção de prejudicar outrem.

O parágrafo 3º cuida da desapropriação e da requisição administrativa por utilidade ou necessidade pública ou interesse social.

Por fim, o parágrafo 4º trata de uma forma de perda da propriedade pelo trabalho alheio.

---

20 HUBERMAN, Leo. **Man's Wordly Goods**. 3. ed. New York: Monthly Review Press, 1959. p. 58 et seq.; MARX, Karl. **Das Kapital**. Berlin: Dietz Verlag, 1986 S. 161 et seq.; HOOVER, Calvin B. **The Economy, Liberty and the State**. New York: The Twentieth Century Fund, 1959. p. 20-31.

21 КОЗЛОВ, В. А. et al. Теория государства и права. 2. изд. Ленинград: ЛГУ, 1987. ст. 46 et seq.; ГРАЦИАНСКИЙ, П. С. et al. История политических и правовых учений. 2. изд. Москва: Юридическая Литература, 1988. ст. 422 et seq.; HUBERMAN, Leo. Op. cit., p. 164 et seq.; SIEVERS, Allan. **Revolução, evolução e a ordem econômica**. Rio de Janeiro: Zahar, 1963. p. 51-54. HOOVER, Calvin. Op. cit., p. 235 et seq.; PEREIRA, Caio Mário da Silva. **Instituições**... cit., 18. ed., v. 4, p. 68.

Como se vê, o legislador fez questão de reservar algum espaço, ainda que não exaustivo, bastante para explicar o que se deve entender por função social da propriedade.

Apesar da pretensão de modernidade, o Código Civil de 2002 continua insistindo no conceito de propriedade como direito de usar, fruir, dispor e reivindicar, usando, a todo instante, a expressão "direito de propriedade", como se nisso se exaurisse toda a ideia. Ademais disso, insere a propriedade na lista dos direitos reais, como se a isso se resumisse. Seria mesmo necessária uma lista de direitos reais? A falta de uma lista não afetaria a tipicidade, uma vez que para ser direito real bastam as características de direito real: oponibilidade *erga omnes* e sequela. O fato de se achar numa lista ou não pouco importa. O rol do art. 1.225 do CC só faz pressupor que os direitos ali elencados se resumem a direitos, fazendo olvidar que se trata de situações, ou melhor, de relações jurídicas que geram direitos e deveres para o titular e para os não titulares, ou seja, para a coletividade.

15.2.3 Fundamento da propriedade

Quais seriam os fundamentos para a existência de algo como a propriedade? Como se explica sua ocorrência? Há sociedades em que não existe propriedade individual? A ideia de propriedade ocorre no mundo animal?

Há, na verdade, seis teorias mais famosas que procuram delinear a base teórica da propriedade. Vejamos rapidamente cada uma delas.

a] Teoria da ocupação

A propriedade teria embasamento na própria ocupação das coisas pelo homem, a fim de satisfazer suas necessidades.[22]

b] Teoria da Lei

Segundo Montesquieu[23] e Hobbes,[24] a propriedade é instituição de Direito Positivo. Existe porque a Lei a criou e lhe garante continuidade.

Será mesmo verdade? Teria mesmo a Lei criado o instituto da propriedade? Não teria a Lei somente o regulamentado?

---

22 PLANIOL, Marcel. **Traité élémentaire de droit civil**. 3. ed. Paris: LGDJ, 1906. t. I, p. 736.
23 MONTESQUIEU, Charles de. The spirit of laws. In: **Great Books of the Western World**. Chicago: University of Chicago, 1952. p. 221. "the public good consists in everyone's having his property, which was given him by the civil laws, invariably preserved". Tradução livre: "o bem público consiste em que cada um tenha sua propriedade, que lhe foi conferida pelo Direito Positivo, invariavelmente preservada".
24 HOBBES, Thomas. Leviatã. In: **Os pensadores**. 3. ed. São Paulo: Abril Cultural, 1983. p. 151. "Visto, portanto, que a introdução da propriedade é um efeito do Estado, (...) e consiste em leis que só podem ser feitas por quem tiver o poder soberano".

c] Teoria da especificação

A propriedade só se pode entender como fruto do trabalho. É a concepção de von Jhering, dos sociólogos e socialistas.[25]

Planiol tece ferrenha crítica, asseverando ser falsa a tese, contendo o gérmen da negação da propriedade.[26] Falsa porque o trabalho deve ter por recompensa o salário, o bem-estar, e não a própria coisa produzida, ou sobre a qual se trabalha. Contém em si a negação da propriedade por estimular a espoliação. O arrendatário que trabalha a terra teria muito mais direito do que o dono. O empregado, muito mais do que o patrão, e assim por diante. E ademais, acrescentaríamos, que legitimar a propriedade exclusivamente no trabalho seria forçar uma explicação, que deixaria de fora situações várias, como a propriedade das comunidades indígenas sobre a terra, que não se baseia no trabalho, a propriedade do descobridor que acha uma coisa sem dono, do indivíduo que ganha um prêmio de loteria.

d] Teoria da natureza humana

A propriedade tem por fundamento a própria natureza humana. É natural do ser humano exercer poder, domínio sobre as coisas. Aliás, é natural de muitos animais. E se tem por origem a natureza do homem, é perfeitamente legítima a propriedade. Os próprios países socialistas a reconhecem e protegem, desde que seu objeto sejam bens de uso particular, como carros, utensílios domésticos, o imóvel residencial etc. Porém, quando tentaram privar as pessoas da propriedade dos meios de produção, contrariando a natureza humana, e mesmo negando-a, todos sabemos o que resultou.

Mesmo tratando-se de sociedades em que a propriedade é coletiva, há um sentimento forte de exclusividade quanto a terceiros estranhos. Isso ocorre tanto em comunidades humanas quanto em agrupamentos animais. Assim, os homens defendem seu território, bem como o fazem os leões.

e] Teoria da dignidade humana

Não seria o próprio ser humano o fundamento da propriedade? A propriedade existe em função do homem e de sua dignidade. É instrumento de promoção do indivíduo e da coletividade. Através da propriedade o ser humano se desenvolve e se realiza. É, assim, a dignidade humana que deverá dar supedâneo a que se continue a defesa da propriedade e dos direitos a ela inerentes.

---

25 JHERING, Rudolf von. **A luta pelo direito**. 10. ed. Rio de Janeiro: Forense, 1992. *passim*. BARROS MONTEIRO, Washington de. Op. cit., v. 3, p. 83-84.
26 PLANIOL, Marcel. **Traité élémentaire**... cit., t. I, p. 737.

f] Teoria eclética

O fundamento da propriedade seria a ocupação primeira, promovida pelos seres humanos, seguindo sua própria natureza, para a satisfação de suas necessidades e desejos. Seria também o trabalho, que faz com que a propriedade se torne produtiva e exerça sua função social, para a promoção da dignidade humana.

Na realidade, essas teorias pouco explicam a origem do fenômeno propriedade. Creio que, efetivamente, a propriedade se assenta em fundamento natural, econômico, psicológico, político, sociológico e jurídico. Só analisando todos esses fundamentos, é que se pode alcançar uma visão global do tema.

Do ponto de vista natural, a propriedade privada se justifica pelo próprio instinto de sobrevivência. O ser humano, assim como muitos outros animais, para sobreviver, reserva para si e protege dos demais, uma porção dos recursos que a natureza lhe proporciona.

Esse fundamento natural leva-nos diretamente ao fundamento econômico: a escassez. Não há de tudo para todos. Assim, cada um de nós tem que reservar uma porção dos escassos recursos do meio, a fim de garantirmos nossa sobrevivência. Em agrupamentos humanos muito pequenos, despidos da complexidade que caracteriza sociedades como a ocidental, a ideia de propriedade privada individual inexiste totalmente. Tudo é coletivo, até mesmo a morada. Isto porque não há escassez e as necessidades e os desejos do indivíduo e do grupo são diminutos.

Da perspectiva psicológica, o acúmulo de bens, ou seja, a propriedade privada gera segurança, tranquilidade ao indivíduo e também ao grupo, na medida em que a satisfação e a tranquilidade de cada um implica paz social e prosperidade para todos.

De um ponto de vista político, a propriedade é causa de poder, que gera a ilusão de segurança e felicidade.

Na ótica sociológica, o acúmulo patrimonial se justifica pelo trabalho.

E, por fim, o Direito encontra vários fundamentos para a propriedade, conforme seja a filiação filosófica. Pode ser a natureza humana (jusnaturalismo), a Lei (positivismo), ou a dignidade humana (pós-positivismo).

Seja como for, a propriedade privada integra nossa economia, bem como nossa cultura e recebe proteção de nosso ordenamento, tendo sido consagrada no texto constitucional.

15.2.4 Elementos da propriedade

No primeiro ponto deste capítulo, procuramos formular definição de propriedade, como sendo a situação jurídica consistente em uma relação entre uma pessoa, o dono, e a coletividade, em virtude da qual são assegurados àquele os direitos exclusivos de usar, fruir, dispor e reivindicar um bem, respeitados os direitos da coletividade.

A partir desta definição, de seu bojo mesmo, podemos extrair os elementos caracterizadores da propriedade.

■ Primeiro elemento: sujeitos

O primeiro elemento da relação são os sujeitos. Um determinado, o dono; o outro indeterminado, a coletividade.

■ Segundo elemento: objeto

O objeto da propriedade é todo bem móvel ou imóvel, passível de apropriação e de subordinação ao homem, além de ser dotado de valor econômico. Em outras palavras, objeto da propriedade são as coisas em geral.

Poderiam os bens incorpóreos ser objeto de propriedade?

Rigorosamente, não. Somente os bens corpóreos podem ser objeto de propriedade em nossa sistemática. Na mais pura técnica jurídica, não se deve dizer que uma pessoa seja dona de ações, mas titular de ações, titular de uma linha telefônica e não dona dela, titular de um direito de crédito, das cotas de um clube etc. Entretanto, o fato de na vida quotidiana e mesmo na prática forense se estender a propriedade aos bens incorpóreos, não é estranho ao nosso linguajar jurídico. Diz-se correntemente ser um indivíduo dono de ações ou da cota de um clube, sem que com isso se incorra em pecado imperdoável contra a dogmática jurídica.[27]

■ Terceiro elemento: vínculo jurídico

O vínculo que liga os sujeitos da relação dominial contém em sua estrutura elementar os direitos exclusivos do dono consistentes em usar, fruir, dispor e reivindicar; os deveres do dono; além dos direitos e deveres da coletividade.

Estudemos cada um deles.

■ Direitos do dono

Os direitos do dono constituem o primeiro elemento conformador do vínculo jurídico entre o dono e a coletividade. São eles os direitos de usar, de fruir, de dispor e de reivindicar.

a] Direito de usar (*ius utendi*): É a faculdade que tem o titular de colocar o bem a seu serviço, desde que não cause danos a terceiros nem infrinja a Lei.

b] Direito de fruir ou gozar (*ius fruendi*): Fruir ou gozar é obter todas as vantagens que a coisa proporcione. Pode conter em si o direito de usar. Normalmente, quem frui, usa. Porém nem sempre. Quem aluga imóvel a terceiros apenas frui, ou seja, recebe aluguéis, mas não usa; quem usa é o inquilino.

---

27 PEREIRA, Caio Mário da Silva. **Instituições**... cit., v. 4, p. 71.

c] **Direito de dispor (*ius abutendi*):** Por ter sua origem no verbo latino *abuti*, durante muito tempo, foi concebido como direito de abusar; mas o próprio Direito Romano não admitia o abuso, limitando a propriedade. Tampouco traduz a ideia de destruir, uma vez que nem sempre o Direito o admite. A melhor ideia seria mesmo a de dispor. Dispor é, a seu turno, comumente usado no sentido de desfazer-se, seja pela venda, doação, abandono, renúncia, destruição etc. Contudo, o verbo tem sentido muito mais amplo. Dispor significa, na verdade, dar aplicação, dar emprego, finalidade, destino. Assim é que, se sou locatário de imóvel para fins residenciais, não posso explorar comércio nele, por não ter o direito de dispor livremente do imóvel. O dono, todavia, pode nele residir ou explorar comércio, como queira. Em poucas palavras, o dono pode dispor do bem como lhe apeteça, respeitados os limites da Lei.

Dispor é, assim, vender, doar, trocar, emprestar, alugar etc.

d] **Direito de reivindicar:** É o direito de reclamar a coisa de quem injustamente a possua.

Deveres da coletividade

Em contrapartida aos direitos do dono, há, como já vimos, deveres por parte da coletividade, por parte dos não titulares. São as ditas obrigações reais, consistentes em abster-se de atentar contra os direitos do dono, do titular. Estes deveres da comunidade são o segundo elemento constitutivo do vínculo dominial. Ambos, direitos do dono e deveres da coletividade, fundamentam-se no caráter exclusivo da propriedade.

Deveres do dono

Um terceiro elemento do vínculo seriam os deveres do dono para com a coletividade. Como visto, o art. 1.228, parágrafos 1º e 2º, do CC cuida deles. O proprietário, ao exercer seus direitos de usar, fruir, dispor e reivindicar, não o pode fazer de modo a prejudicar a comunidade, seja de forma direta ou indireta. É por isso que não se pode ouvir som alto, incomodando os vizinhos, ou não se pode plantar maconha, ou rasgar dinheiro etc.

Direitos da coletividade

Correspectivos desses deveres do dono, jaz o quarto elemento do vínculo, qual seja, os direitos da coletividade. Direitos de que a propriedade seja exercida de forma útil, não prejudicial.

Tanto esses deveres do dono quanto os direitos da coletividade são elementos da propriedade que buscam fundamento na função social e no princípio da dignidade humana.

Há, na doutrina de alguns mestres, tendência no sentido de se inserir a função social, como elemento constitutivo da propriedade. Seria ela ínsita à própria ideia de propriedade. Segundo os publicistas, não se pode admitir a propriedade desvinculada da coletividade, à qual deverá servir. Propriedade maléfica não seria situação jurídica, mas situação antijurídica. Não haveria propriedade, mas antipropriedade. O exercício dos direitos deve ser útil à coletividade. É neste sentido que se diz que todo direito deva ser útil, sob pena de ser proscrito do ordenamento jurídico. Matar não é direito, por ser algo maléfico. É antidireito.

Nas palavras de Karl Renner, a função social da propriedade não se confunde com os sistemas de limitação da propriedade. Estes dizem respeito ao exercício do direito; aquela, à própria estrutura do direito.[28]

José Afonso da Silva assevera que a disposição do art. 5º, XXIII,[29] da CF basta para que toda forma de propriedade seja permeada intrinsecamente do princípio da função social.[30]

Ousamos discordar, neste ponto, por entender que se, por um lado, a função social está inserida no contexto da propriedade, por outro lado, não seria na condição de elemento constitutivo, mas como função propriamente dita e como princípio que dá fundamento a dois elementos, estes sim constitutivos da propriedade: os direitos da coletividade e os deveres do dono. A função, enquanto princípio é externa e restringe os direitos do dono, amoldando-os aos interesses da coletividade. Enquanto função consiste na finalidade a que deve servir a propriedade, promovendo a dignidade do dono e do todo social, especialmente se levarmos em conta que a este interessa o bem-estar de cada indivíduo. Função social é, assim, função e princípio. Como função, é utilidade, é papel a ser desempenhado, não é estrutura. Como princípio, é norma, não estrutura. Mais abaixo, voltaremos a falar do assunto mais densamente.

O Código Civil Peruano, de 1984, já faz menção expressa à função social da propriedade, ao defini-la no art. 923.

> Artículo 923. La propiedad es el poder jurídico que permite usar, disfrutar, disponer y reivindicar de un bien. Debe ejercerse en armonía con el interés social y dentro de los límites de la ley.

No Brasil, a Constituição Federal faz menção direta à função social da propriedade, no art. 5º, XXIII; e o Código Civil, no art. 1.228, parágrafo 1º. Também o Estatuto da Cidade, Lei n. 10.257/2001, cuida extensamente do assunto, regulamentando o uso da propriedade urbana em prol do bem coletivo, da segurança e

---

28 RENNER, Karl. Gli istituti del diritto privato e la loro funzione sociale. Apud SILVA, José Afonso da. **Curso de direito constitucional positivo**. 6. ed. São Paulo: RT, 1990. p. 249.
29 Art. 5º, XXIII, da CF: "A propriedade atenderá sua função social".
30 SILVA, José Afonso da. Op. cit., p. 249.

do bem-estar dos cidadãos, bem como do equilíbrio ambiental. Estabelece, para tanto, uma política urbana que tem por objetivo ordenar o pleno desenvolvimento da função social da cidade e da propriedade urbana.

Arnaldo Süssekind lembra bem que:

> Numa de suas notáveis conferências sobre a socialização do direito, lembrou o insigne Léon Duguit que a concepção moderna da liberdade não mais corresponde "ao direito de fazer tudo que não cause dano a outrem e, portanto, a fortiori, ao direito de não fazer nada. Todo homem tem uma função social a cumprir e, por consequência, tem o dever social de desempenhá-la. O proprietário, ou melhor, o possuidor de uma riqueza tem, pelo fato de possuir essa riqueza, uma função social a cumprir; enquanto cumpre essa missão, seus atos de proprietário são protegidos". E conclui: "a intervenção dos governantes é legítima para obrigá-lo a cumprir sua função social de proprietário, que consiste em assegurar o emprego das riquezas que possui conforme seu destino". A nova ordem jurídica atingia, como se infere, os postulados básicos do sistema civil – liberdade individual, inviolabilidade do direito de propriedade, invulnerabilidade do contrato e responsabilidade subjetiva. Como registrou Alvino Lima, "procurando resguardar interesses coletivos, na verdade se defendem os direitos de cada um na comunhão social; procurando restringir os direitos subjetivos amparados na igualdade formal, que é o apanágio dos mais fortes, no sentido de se defender a verdadeira igualdade, a concepção socializadora do direito faz obra do mais nobre e elevado individualismo".[31]

15.2.5 Atributos da propriedade

Tradicionalmente, conferem-se à propriedade três atributos: a exclusividade, a perpetuidade e a elasticidade.

Que são atributos? São características; consiste em tudo o que seja próprio de um ser, de um instituto, no caso, da propriedade. Essas características referem-se basicamente aos direitos do dono, ao domínio.

A propriedade é sempre exclusiva. O proprietário é um só. Em outras palavras, o vínculo jurídico será sempre um só, ainda que sejam vários os proprietários, como no condomínio. Neste há uma única propriedade, cotitularizada por várias pessoas. Sendo assim, por maior que seja o número de condôminos, a propriedade é una e exclusiva.

A propriedade é, como regra, perpétua. Em outras palavras, não tem prazo para ser exercida e não se perde no tempo. Excepcionalmente, poderá nascer

---

31 SÜSSEKIND, Arnaldo et al. **Instituições de direito do trabalho**. 12. ed. São Paulo: LTr, 1991. p. 133-134.

resolúvel, ou seja, poderá conter desde sua origem, o gérmen de seu fim. É o caso da propriedade do vendedor que financia a venda e reserva para si o domínio da coisa, como garantia de pagamento. Pagas todas as prestações, a propriedade do vendedor imediatamente se resolve a favor do comprador.

Por fim, a propriedade é elástica, isto é, pode desdobrar seus elementos nas mãos de outras pessoas que não o dono e, ainda assim, manter-se ilesa. Dessarte, o dono poderá não ter o direito de usar e fruir, que poderá estar na titularidade de um usufrutuário, e continuar mesmo assim a ser dono, por força da elasticidade da propriedade. Em outras palavras, a propriedade pode contrair-se ou dilatar-se, sem que o dono a perca. Aliás, pelo princípio da consolidação, as contrações têm sempre natureza provisória, tendendo a propriedade à plenitude. A elasticidade é característica de algumas espécies de direitos, como o de propriedade, de autor e outros. Tal já não ocorre, porém, com os direitos de crédito, que nada têm de elásticos. Se o credor cede seu direito, perde-o. Não há possibilidade de dilatação e retração. Já os direitos de autor são elásticos. O autor pode cedê-los, sem deixar de ser autor, sem perder seus direitos morais, nem mesmo os direitos patrimoniais, que podem voltar integralmente à sua esfera de titularidade.

15.2.6 Função social da propriedade

Dando continuidade ao tema, o que se deve, afinal, entender por função social da propriedade? Muito se fala sobre o assunto e muito se fala mal. Com base na função social da propriedade invadem-se terras alheias, destrói-se patrimônio alheio, agride-se o próximo física e moralmente. A mora estatal e da própria sociedade civil em implementar uma melhor distribuição de riquezas poderia legitimar atos de violência contra o patrimônio e contra a pessoa (um está inexoravelmente ligado à outra, em nossa cultura), tudo com fundamento na função social da propriedade? Isso está correto? A não ser que se trate de momento de revolução, a resposta será obviamente negativa. Em outras palavras, em tempos de paz e de Estado de Direito, a violência não será jamais resposta para as questões econômicas ou sociais. Isto porque o Estado de Direito deve conferir aos cidadãos instrumentos adequados (e não violentos), para a reivindicação e a efetivação de seus direitos, tais como o recurso ao Poder Judiciário, as propostas de lei por iniciativa popular, a greve, a possibilidade de associação em órgãos de classe, dentre outros.

Função social é função e princípio. Função é a finalidade de um instituto, de um modelo jurídico, no caso a propriedade. Quando se fala em função social da propriedade, tem-se em vista o conjunto de direitos do dono sobre a coisa, bem como a própria coisa em si mesma. Todo modelo jurídico compõe-se de estrutura e função. Os sujeitos, objeto e o vínculo jurídico (direitos e deveres) estão na estrutura; a finalidade, o papel a ser cumprido, na função.[32] Por função social da propriedade entenda-se a função que o dono deve atribuir às suas coisas, ao exercer seus direitos sobre elas, basicamente, ao usar, ao fruir e ao dispor. Essa função deve ser, na medida do possível e quando for o caso, útil à coletividade. Segundo Bobbio, o Direito deixou de ser essencialmente repressivo, para se tornar promocional. Nesta ótica, o Estado não se preocupa tanto em sancionar condutas que firam a estrutura do direito, ou condutas que atentem contra os interesses coletivos, mas, antes de tudo, incentiva condutas úteis à coletividade. Para isso, impõe sanções positivas, com o objetivo de estimular uma atividade, consistente em obrigação de fazer.[33] Mas qual seria a função social de uma camisa, de um relógio, ou mesmo de uma casa? Teria o dono o dever de tornar esses bens úteis à coletividade, ao usá-los, ou deles fruir ou dispor? Evidentemente que não. A função social da propriedade desses bens está ligada à satisfação do próprio dono, que, além disso, não pode dispor deles de modo a prejudicar ninguém. Assim, o Estado não deve influenciar ninguém a deixar uma casa inabitada, para fins de especulação imobiliária. Esse proprietário está dispondo de seu imóvel de forma inadequada, em malefício da coletividade; não de uma coletividade amorfa e sem face, mas de todos aqueles que não têm onde morar, por uma razão ou outra. Não que cada um de nós tenha que carregar a cruz dos sem-teto, dos sem-terra, dos sem-emprego etc. Não é nada disso. Ninguém tem culpa, se A, B ou C não tenham casa. Mas, se D, que tem uma casa, deixa-a fechada e inutilizada, para especular, de uma certa forma, atenta contra os direitos de quem não tenha onde morar, uma vez que os preços dos imóveis possam tender a aumentar, exatamente pela baixa oferta. Essa lógica do mercado não deve atentar contra a dignidade humana, além do necessário, num sistema capitalista razoavelmente saudável. Poder-se-ia falar em função social de uma camisa ou de um par de sapatos? Seguramente, que, se função social há na propriedade desses bens, estará voltada ao bem-estar do próprio dono. Aqui tampouco importa a coletividade, a não ser na medida em que o dono possa prejudicar alguém ao usar, fruir ou dispor de algum desses bens. Quando, então, a propriedade deverá estar funcionalizada para o bem da coletividade? Sempre que isto for possível e razoável. Se um dos critérios para se estabelecer a função social é a satisfação do bem-estar do próprio dono, poder-se-ia falar em função pessoal ao lado da função social, mais voltada à satisfação do bem-estar coletivo? Não há sentido no desdobramento. Se uma coisa deve servir ao dono, pode-se dizer estar cumprindo sua função social, uma vez que o bem-estar de cada um é importante à

---

32 FARIAS, Cristiano Chaves de; ROSENVALD, Nelson. **Direitos reais**... cit., p. 200.
33 BOBBIO, Norberto. **Dalla struttura alla funzione**: Nuovi studi di teoria del diritto. Roma: Laterza, 2007. p. 92.

coletividade, tão importante, talvez, quanto o bem-estar coletivo. A função é, portanto, sempre social, mesmo que se refira à satisfação do dono.

Se, por um lado, é difícil estabelecer critérios apriorísticos para se aferir se a função social não está sendo cumprida, por outro lado, é possível estabelecer o que não teria por base a função social. Com base na função social da propriedade não se pode invadir terras alheias, destruir-se patrimônio alheio, agredir-se o próximo física e moralmente. A mora estatal e da própria sociedade civil em implementar uma melhor distribuição de riquezas não legitima atos de violência contra o patrimônio e contra a pessoa, com esteio na função social. Função social não é instrumento de distribuição de riqueza, nem pode ser válvula de escape para quem odeie a riqueza alheia. Por outros termos, o ódio à riqueza alheia não pode se amparar na função social, para fazer o mal, atentando contra a pessoa e contra a propriedade, garantida constitucionalmente.

A propriedade da terra deve cumprir uma função social, ou seja, o dono, ao exercer seus direitos deverá fazê-lo de forma a garantir seu próprio bem-estar, bem como o de seus familiares, de seus empregados e da coletividade, se for o caso. Digo se for o caso, porque pode-se tratar de um sítio de lazer, que não tenha nenhuma relação com o bem social, a não ser o de gerar empregos e tributos. Sendo o caso, porém, a exploração da terra deve cumprir uma função voltada ao bem-estar do dono e também da coletividade, qual seja, frutificar, gerar alimentos, sem destruir o meio ambiente. É o que dispõe o art. 186 da Constituição:

> A função social é cumprida quando a propriedade rural atende, simultaneamente, segundo critérios e graus de exigência estabelecidos em lei, aos seguintes requisitos:
>
> I - aproveitamento racional e adequado;
>
> II - utilização adequada dos recursos naturais disponíveis e preservação do meio ambiente;
>
> III - observância das disposições que regulam as relações de trabalho;
>
> IV - exploração que favoreça o bem-estar dos proprietários e dos trabalhadores.

E se a propriedade não estiver cumprindo sua função social? Que deverá ser feito?

Em primeiro lugar, deve-se verificar se, de fato, a propriedade não esteja cumprindo sua função social. Por exemplo, há certas culturas que exigem vastas extensões de terra, como a soja, o trigo, o eucalipto, ou mesmo a criação de gado de corte. Tudo isso se empreende muito melhor em grandes fazendas. Consequentemente, é preconceituoso afirmar que todo latifúndio descumpre a função social da propriedade, devendo ser desapropriado. Na verdade, cada caso concreto deve ser examinado por quem entenda do assunto, diante dos critérios constitucionais, para se chegar a uma conclusão correta. Frise-se que a análise deve ser feita por quem entenda do assunto. Seguramente não será o Movimento das Donas de Casa, nem o MST, nem a OAB, nem a Pastoral disso ou daquilo, tampouco a Associação dos Catadores de Papel; serão técnicos com formação adequada. É a sua *expertise* que conta para a solução. Se a conclusão for a de que a propriedade não cumpre sua função social, que deve ser feito? Logicamente, a resposta não será a invasão ou a violência. Uma sociedade minimamente civilizada não pode aceitar a violência como resposta, sob pena de perder os parâmetros e ter que aceitá-la em toda situação. Se aceitarmos a violência de um movimento social, que invade imóveis, porque o Estado não cumpre o seu papel e não garante um mínimo de bens a todos, então teremos que aceitar a invasão de um supermercado por quem se diga faminto, ou o assalto a um banco, por quem se diga desempregado e sem dinheiro e assim por diante. A verdade é que a Lei dispõe de instrumentos adequados, como a tributação progressiva (aumento do valor dos tributos que incidam sobre o imóvel), a multa e outras penalidades, até a desapropriação ou mesmo a perda do bem (se estiver sendo utilizado para a exploração de plantas psicotrópicas, por exemplo). Se os instrumentos legais não são suficientes, há que os discutir; jamais estimular a violência como resposta. Função social não é instrumento de distribuição, nem de extermínio da riqueza. O direito de acumulação de bens é direito fundamental, por mais que o detestem muitos. O ódio à riqueza alheia é até um direito, desde que não ultrapasse os limites da paz social e da livre e pacífica expressão do pensamento.

Embora a função social seja invocada muitas vezes em situações patológicas (situações em que não seja cumprida), não é só aí que se pode citá-la. Em muitas hipóteses positivas, pode-se falar em função social. Por exemplo, poder-se-á alegar seu cumprimento para fins de redução de impostos, como o ITR ou o IPTU, se for o caso.

Resumindo, ao exercer o domínio, o dono deverá funcionalizar a propriedade ao seu próprio bem-estar e, sendo o caso, ao bem-estar de seus empregados, de seus familiares e da coletividade. Não uma coletividade amorfa, sem face, mas a coletividade dos consumidores, dos trabalhadores, dos locatários etc. A função social consiste numa série de encargos, ônus, estímulos, deveres e direitos que remetem o proprietário a exercer seus direitos em prol de seu próprio bem e, se for o caso, do bem comum, atento às normas de proteção ao meio ambiente, às relações de trabalho e de consumo, ao recolhimento de tributos, dentre outras.[34]

Como disse acima, a função social é função e princípio. Que se deve entender por princípio da função social da propriedade? O princípio da função social da propriedade é a norma jurídica que servirá de fundamento à aplicação das

---

34 FARIAS, Cristiano Chaves de; ROSENVALD, Nelson. **Direitos reais**... cit., p. 208.

sanções legais para as hipóteses em que a função social não estiver sendo cumprida. É a norma que dará fundamento a soluções de problemas relacionados ao descumprimento da função social. O princípio da função social é a norma que limita o dono no exercício de seus direitos (usar, fruir, dispor e reivindicar); limita em função do bem-estar da coletividade, estabelecendo normas de proteção ao meio ambiente, à memória histórica, arqueológica, artística e cultural, às relações de trabalho e de consumo, ao recolhimento de tributos etc.

Assim, é com base no princípio da função social da propriedade, que o município poderá impor IPTU progressivo para quem seja proprietário de um lote vago. É com base no princípio da função social da propriedade, que a União poderá desapropriar terras para fins de reforma agrária. É com base no princípio da função social que se impõe multa a quem ouve o som do carro em volume muito alto, atentando contra o sossego, a saúde auditiva e contra o bom gosto dos circundantes (função social do aparelho de som – dar prazer ao dono e não incomodar os circunvizinhos). É importante ressaltar, no entanto, que o princípio da função social da propriedade não legitima a violência, a invasão de terras, o furto, o roubo, a apropriação indébita; com base nele, o juiz não está legitimado a fazer caridade, principalmente às custas alheias. O princípio da função social deverá dar supedâneo às sanções legais pertinentes aos casos em que o dono, ao exercer seus direitos, não conferir à propriedade sua adequada função, qual seja, promover seu próprio bem-estar e, se for o caso, o de seus familiares, de seus empregados e da coletividade; respeitar o próximo, individualmente ou coletivamente; respeitar o meio ambiente; recolher os tributos devidos etc. De todo modo, o princípio não é só negativo, limitativo, mas também programático. Com base nele, pode-se, por exemplo, estimular os agricultores de certa região a desenvolverem determinada cultura, oferecendo-lhes crédito subsidiado. Não se está restringindo, mas estimulando. E o estímulo se legitima pelo princípio da função social.

15.2.7 Classificação

A propriedade, conforme sua extensão e força, pode classificar-se em duas categorias, a saber, propriedade plena e limitada.

Será plena ou alodial a propriedade quando seus elementos estiverem reunidos nas mãos de seu titular, sem qualquer limitação no tempo, nem qualquer limitação por direito real de terceiro. Se um indivíduo é dono de uma fazenda, dela se utilizando, tirando dela o fruto de seu sustento, podendo dela dispor como bem entender e defendê-la contra todos, pode-se dizer que detém sobre ela propriedade plena.

A propriedade plena se diz alodial, exatamente porque livre de qualquer ônus real, livre de qualquer direito real de terceiro. O termo alodial vem-nos do latim medieval, *alodium*. Tem origem germânica, do antigo frâncico al-ōd, com o significado literal de "toda a propriedade", do protogermânico *allaz* (todos) + *audaz* (bens). Seus cognatos são ōt (propriedade) do antigo alto alemão, ōd (propriedade, riqueza) do antigo saxão e ēad (posses) do inglês antigo. Era, no Direito Feudal, a propriedade com isenção de direitos senhoriais.[35]

Haverá propriedade limitada quando alguns de seus elementos acharem-se nas mãos de outra pessoa que detenha direito real sobre a coisa, ou quando for resolúvel o direito. Será também limitada, se inalienável. Neste caso, o dono perde o direito de alienar (dispor em sentido estrito).[36] A inalienabilidade será legal ou voluntária. Os bens dos incapazes, por exemplo, são inalienáveis por força de lei. O bem de família voluntário, por outro lado, torna-se inalienável por força da vontade do dono.

Falando mais sobre o tema, imaginemos que, no mesmo exemplo da propriedade plena, o dono resolva, em garantia a empréstimo bancário, hipotecar a fazenda. Nesse momento, o banco passará a ser titular de direito real sobre as terras, sendo-lhe assegurado reivindicá-las, caso a dívida não seja paga. Vale dizer que a fazenda está sujeita a ônus real de hipoteca sendo, pois, limitado o direito do dono.

Outro exemplo esclarecedor seria o do proprietário que tivesse seu direito limitado por condição resolutiva. Suponhamos que uma pessoa doe à outra um automóvel, até que esta se case, quando, então, o dito carro retornaria às mãos do doador. Convoladas as núpcias, a propriedade do donatário se resolveria, ou se extinguiria, retornando ao doador. A hipótese é de propriedade resolúvel e, portanto, limitada.

A propriedade limitada será nua, quando despida dos principais direitos de domínio, quais sejam, o uso e a fruição. Na nua propriedade, esses direitos se encontram na titularidade de terceiro, que detém sobre a coisa (objeto da nua propriedade) um direito real. Na nua propriedade, o proprietário exerce apenas alguns dos direitos de dono e, assim mesmo, de forma muito tênue. O proprietário tem direito apenas à substância da coisa. Quem tem apenas a nua propriedade não pode exercer os dois principais direitos de dono, quais sejam, usar e fruir. Pode-se dizer, portanto, que nua propriedade é aquela despida desses dois atributos: uso e fruição. Esses atributos compõem o chamado domínio útil, que se encontra nas mãos de um terceiro por força de um direito real que este detém sobre a coisa. A nua propriedade é, assim, limitada por um direito real de terceiro que priva o dono do domínio útil (uso e fruição).

---

[35] ALÓDIO. In: CUNHA, Antônio Geraldo da. **Dicionário etimológico da língua portuguesa**. Disponível em: <http://en.wiktionary.org/wiki/allodium>. Acesso em: 27 dez. 2022.
[36] PEREIRA, Caio Mário da Silva. **Instituições**... cit., 18. ed., v. 4, p. 68.

Analisemos o usufruto, a fim de clarear nossas ideias.

Uma pessoa morre, deixando em testamento todos os seus bens para A, reservando, porém, a B seu usufruto. Temos, aqui, o proprietário A e o usufrutuário B. De todos os elementos da propriedade, A detém apenas alguns. Os direitos de usar e fruir são do usufrutuário; o direito de dispor é de A, mas praticamente só em tese. Não pode, por exemplo, alugar os bens. Pode doá-los, mas o donatário deverá respeitar o usufruto de B. Pode vendê-los. O comprador, também deverá respeitar o usufruto. Quanto ao direito de reivindicar, A poderá exercê-lo, mas para B. Se algum desses bens for, e.g., abduzido, A poderá reivindicá-lo das mãos do ladrão, devendo, em seguida, entregá-lo a B. Concluindo, pode-se afirmar estar o direito de A como que despido de seus elementos, principalmente do uso e da fruição, tendo ele direito tão somente à essência, à substância da coisa, daí falar-se em nua propriedade.[37]

O importante é que só será nua a propriedade se o detentor do domínio útil for titular de direito real sobre a coisa, objeto da nua propriedade. Assim, o usufrutuário tem a nua propriedade; mas o comodatário não a terá, mesmo que, aparentemente, o comodante não tenha o uso e a fruição. Aparentemente, porque despiu-se desses direitos não por força de um direito real de terceiro, mas força de um contrato, que gera efeitos tão somente na esfera obrigacional, o que não é suficiente para tornar nua sua propriedade sobre a coisa comodada. O mesmo se diga da locação e de todos os contratos em que o proprietário ceda, por força de acordo sem eficácia real, o uso e a fruição. Se o comodatário não é titular de direito real sobre a coisa comodada, então a propriedade do comodante será plena, uma vez que não limitada no tempo, nem por direito real de terceiro, além de ser passível de alienação.

Por fim, como vimos, a propriedade será limitada se gravada com cláusula de inalienabilidade, uma vez que o dono não poderá vender, doar, trocar, dar em garantia etc., ou seja, não poderá dispor do bem, seja por força de lei ou da vontade, de nenhum modo que importe direta ou indiretamente a transferência da propriedade para terceiros.[38]

Há autores que defendem classificação diversa.[39]

Para Arnaldo Rizzardo, por exemplo, a propriedade se divide em plena e restrita, perpétua e resolúvel. Plena será a propriedade, quando todos os direitos se concentrarem nas mãos do dono. Restrita ou limitada, quando sobre ela recair direito real de terceiro. Perpétua é a propriedade que não se limita no

---

37 PEREIRA, Lafayette Rodrigues. Op. cit., v. 1, p. 76.
38 DINIZ, Maria Helena. **Curso de direito civil brasileiro.** 25. ed. São Paulo: Saraiva, 2008. v. 4, p. 112. RODRIGUES, Sílvio. **Direito civil.** 32. ed. São Paulo: Saraiva, 2002. v. 5, p. 83.
39 RIZZARDO, Arnaldo. **Direito das coisas.** Rio de Janeiro: Forense, 2004. p. 231. DINIZ, Maria Helena. **Curso de direito civil brasileiro**... cit., v. 4, p. 112.

tempo, sendo resolúvel a que sofra restrições temporais, como nos exemplos dados acima. Seria a propriedade resolúvel limitada? O autor não responde à pergunta. Cremos que a resposta é positiva, uma vez que a propriedade resolúvel sofre limitações no tempo.

Maria Helena Diniz divide a propriedade em duas classes, seguindo a mesma orientação de Arnaldo Rizzardo. A primeira diz respeito à extensão dos direitos do dono, sendo a propriedade plena ou limitada. A segunda se refere à perpetuidade do domínio, quando a propriedade será perpétua ou resolúvel. A ideia de propriedade plena é igual à que já expusemos. A propriedade será, porém, limitada, se os direitos do dono sofrerem restrições devidas a direitos reais de terceiros sobre a coisa. Outra causa restritiva seria a cláusula de inalienabilidade, porque priva o dono de transmitir a propriedade a terceiros.

A definição que dá de propriedade perpétua e resolúvel é a mesma de Rizzardo. Tampouco diz ser limitada a propriedade resolúvel.

Sem dúvida que a propriedade pode se classificar em duas categorias: quanto à extensão dos direitos do dono (plena ou limitada) e quanto à duração no tempo (perpétua ou resolúvel). Entendo, porém, que a classificação é pouco sustentável cientificamente, uma vez que a segunda categoria, de certa forma, está contida na primeira, pois que a propriedade perpétua é plena, por não sofrer limitações no tempo, enquanto a propriedade resolúvel é limitada, exatamente por sofrê-las.

15.2.8 Extensão da propriedade

Ao estudarmos a extensão dos direitos do dono, devemos ter em mente quase que só os bens imóveis. Quanto aos bens móveis, podemos resumir a questão, dizendo que o direito é limitado a seu uso proveitoso, que não prejudique terceiros, nem a sociedade como um todo.

No tocante aos imóveis, já o Direito Romano considerava que os poderes do *dominus*[40] se estendiam infinitamente ao subsolo e ao espaço aéreo: *usque ad caelos, usque ad inferos. De caelis usque ad inferos.*[41]

O Direito Alemão pressupõe a projeção vertical limitada aos interesses do dono quanto à utilização do imóvel. Realmente é o que se lê no texto legal:

> § 905. (Limitação da propriedade) O direito do proprietário de um prédio estende-se ao espaço sobre a superfície e aos recursos sob a superfície. O proprietário

---

40 Dono, senhor.
41 Até aos céus, até aos infernos. Dos céus até aos infernos.

não pode, todavia, opor-se a trabalhos que sejam empreendidos a tal altura ou profundidade, que não tenha ele interesse algum em impedi-los.[42]

Nosso Direito se filiou ao germânico, instituindo a extensão dos direitos de propriedade ao espaço aéreo e ao subsolo, em toda altura e profundidade úteis a seu exercício. É vedado ao proprietário opor-se a trabalhos que se empreendam até onde não exista interesse de impedi-los. Acrescente-se que o art. 1.229 do CC nada mais fez que traduzir o parágrafo 905 do BGB.

Modernamente, tem-se entendido que o dono do solo não o é do subsolo e espaço aéreo. Teria apenas o direito de usá-los conforme seu interesse e de impedir que a utilização alheia lhe perturbe o domínio.

15.2.9 Restrições à propriedade

Os direitos do dono sempre sofreram restrições. Dizer que em Roma eram absolutos e ilimitados indica, quando nada, pouco conhecimento da sociedade romana. Na Roma Antiga dos primeiros tempos, e me refiro à época denominada Período da Realeza, de 753 a.C. a 510 a.C., a propriedade do solo, por exemplo, sofria duas das mais sérias restrições: era inalienável e indivisível. As razões eram religiosas. O prédio familiar se ligava ao culto dos antepassados, que nele se enterravam e permaneciam.

Ademais, todos os direitos de vizinhança que hoje figuram nas legislações mais modernas se prendem ao sistema romano do Digesto. Outras restrições, como a usucapião e as servidões prediais, também tiveram origem no antigo Direito de Roma.

Atualmente, pode distinguir-se duas ordens de restrições, as legais e as voluntárias. Há quem sugira terminologia bipartida: restrições seriam as voluntárias; limitações, as legais. Nada contra, tampouco nada a favor. Por que não usar uma só palavra?

Legais são as impostas por lei, dentre elas os direitos de vizinhança; a usucapião; as restrições de Direito Agrário; as servidões legais; a proteção especial pelo Poder Público a documentos, obras e locais de valor histórico, artístico e cultural, monumentos e paisagens naturais notáveis, por meio de tombamento e desapropriação; as limitações ao espaço aéreo e ao subsolo; as restrições ao uso do solo urbano; e outras mais.

As restrições legais procuram proteger os direitos "do outro", dentro do espírito de que o exercício dos direitos de propriedade não deverá prejudicar terceiros.

---

42 Tradução livre do texto alemão: "§ 905. [Begrenzung des Eigentums] Das Recht des Eigentümers eines Grundstücks erstreckt sich auf den Raum über der Oberfläche und auf den Erdkörper unter der Oberfläche. Der Eigentümer kann jedoch Einwirkungen nicht verbieten, die in solcher Höhe oder Tiefe vorgenommen werden, daß er an der Ausschließung kein Interesse hat".

Porém, não é só esse o intuito do legislador, que busca promover a função social da propriedade, em prol do interesse público.

Por restrições voluntárias, deve entender-se aquelas impostas pelo próprio titular da propriedade. As restrições voluntárias mais comuns dizem respeito à inalienabilidade, à impenhorabilidade e à incomunicabilidade. Há outras, como instituição de usufruto, por exemplo.

Antes de mais nada, cabe esclarecer que, comumente, tais restrições aplicam-se a bens imóveis, não obstante poderem aplicar-se também aos móveis não perecíveis, como obras de arte, por exemplo.

Por força da inalienabilidade ou inalterabilidade,[43] fica o bem protegido do próprio titular que o não poderá alienar, seja por tempo determinado ou vitaliciamente. Alienar é tornar alheio, vendendo, doando, trocando etc. Não é restrição absoluta, podendo ser levantada pelo juiz, com sub-rogação em outro bem. Em outras palavras, se o dono quiser alienar o bem, poderá fazê-lo, desde que requeira ao juiz competente, que lhe examinará as razões, transferindo a restrição a outro bem do alienante. Para trocar casa inalienável por apartamento, deve pedir-se autorização ao juiz, e este só a concederá se o apartamento ou outro bem do alienante ficar inalienável.

Resta acrescentar que a inalienabilidade não se estende aos frutos. O apartamento é inalienável, mas os aluguéis que dele o dono receba não o são.

A impenhorabilidade tem por escopo proteger o bem dos credores do titular, que não o poderão executar por dívidas. Diferentemente da inalienabilidade, a impenhorabilidade estende-se aos frutos. Apesar disso, os frutos e rendimentos dos bens inalienáveis poderão ser penhorados, à falta de outros (art. 834 do CPC).

Pela incomunicabilidade, o bem fica protegido do cônjuge do titular. No casamento em comunhão universal de bens, todos os bens adquiridos pelos cônjuges, salvo algumas exceções, comunicam-se, ou seja, passam a integrar o patrimônio comum do casal. Isso não ocorre com os bens incomunicáveis, que só pertencerão a um dos cônjuges. Se uma pessoa deixa sua herança gravada com cláusula de incomunicabilidade, somente seu filho herdará, em nada participando o consorte deste. Logicamente, a incomunicabilidade estende-se aos frutos.

Por determinação do art. 833, I, do CPC, os bens inalienáveis são impenhoráveis. Na mesma esteira, o art. 1.911 do CC. Discute-se, porém, se a inalienabilidade também importaria incomunicabilidade. A questão já se encontrava sumulada, tendo o STF optado por resposta afirmativa. Por outros termos, segundo a Súmula 49 do STF, a inalienabilidade implica incomunicabilidade. O art. 1.911 do CC confirma a Súmula, dispondo que a cláusula de inalienabilidade,

---

[43] *Inalterabilidade* é o mesmo que "inalienabilidade". Seu radical é a palavra latina *alter*, que significa "outro".

imposta aos bens por ato de liberalidade (doações e testamentos), implica impenhorabilidade e incomunicabilidade.

As cláusulas voluntárias de restrição à propriedade concretizam-se em dois momentos. Primeiro, na instituição de bem de família que, como já estudamos, é o imóvel reservado pelo casal para residência da família, tornando-se inalienável e impenhorável. Segundo, nas doações e testamentos. Tanto o doador quanto o testador podem gravar os bens que estejam transmitindo com qualquer uma dessas cláusulas. No entanto, o gravame não será admitido, se a transferência da propriedade for a título oneroso, como na compra e venda e na troca.

Por fim, as cláusulas de inalienabilidade, impenhorabilidade e incomunicabilidade só adquirem eficácia, principalmente contra terceiros, depois de inscritas no Registro Público.

Muito comuns também são as restrições que os condôminos se impõem na convenção de condomínio. São também exemplo de restrições voluntárias.

Outra restrição que se faz ao domínio é a resolubilidade.

Propriedade resolúvel é a que não se mostra em caráter permanente, tendo sua extinção predeterminada, independentemente da vontade do dono. Implementando-se o fato resolutivo, a coisa retorna às mãos do antigo dono, ou transfere-se para as mãos de terceiro, que passará a ser seu dono. É o que ocorre, por exemplo, na retrovenda, em que o vendedor de imóvel se reserva o direito de recomprá-lo, no período máximo de três anos, restituindo ao comprador o preço mais despesas.

Também será resolúvel a propriedade do fiduciário, no fideicomisso. Aqui, a propriedade é transmitida a uma pessoa, o fiduciário, ficando ela obrigada a transferi-la a terceiro, findo determinado prazo, ou quando de sua morte.

15.2.10 Proteção específica da propriedade

A proteção à propriedade se exerce pela ação reivindicatória. Em outras palavras, quando a questão disser respeito apenas à propriedade, a ação será a reivindicatória.

Somente o dono poderá propô-la, devendo fazer a prova da propriedade e descrever detalhadamente o bem reivindicando. Outrossim, deverá provar que a pessoa de quem reivindica, possui a coisa injustamente, posto que de boa-fé ou em nome de outrem.

Há outras ações que o proprietário poderá propor, mas não dizem respeito essencialmente à propriedade. Tal é o caso das ações de despejo (locação), possessórias (posse turbada, esbulhada ou ameaçada), de imissão na posse, dentre outras. Se essas ações protegem a propriedade, fazem-no de forma indireta, uma vez que este não é seu escopo específico.

15.2.11 Domínio público

No estudo que acabamos de empreender acerca das restrições aos direitos do dono, bem caberia falar sobre domínio público. Reputamos, porém, mais didático envidar esforços específicos no sentido de elucidar o tema, tendo em vista sua importância especial.

Domínio público, em sentido amplo, é o poder de dominação ou de regulamentação que o Estado exerce, seja sobre bens de seu patrimônio, denominados bens públicos; seja sobre bens do patrimônio particular, denominados bens particulares de interesse público; seja ainda sobre coisas inapropriáveis individualmente, mas de fruição geral.

O domínio público se exterioriza em poderes de soberania, exercidos sobre todas as coisas de interesse público, e na propriedade do Estado sobre os bens públicos.

Ao conjunto de poderes de soberania dá-se o nome de domínio eminente. É o poder político pelo qual o Estado submete a sua vontade todas as coisas que se achem em seu território. Seus limites se fixam em lei. Em nome do domínio eminente, são estabelecidos limites ao uso, servidões administrativas, desapropriação, medidas de polícia e o regime jurídico especial de certos bens particulares de interesse público.

A propriedade do Estado sobre seus bens chama-se domínio patrimonial. Estão sujeitos a este domínio todos os bens públicos, que são, como vimos em Capítulo precedente, os bens pertencentes às pessoas jurídicas de Direito Público.

O domínio patrimonial está sujeito a regime administrativo especial, não se lhe aplicando as normas que regem a propriedade privada, a não ser supletivamente. Orienta-se o domínio patrimonial por quatro princípios basilares, a saber, a inalienabilidade, imprescritibilidade, impenhorabilidade e não oneração.

A regra geral é que o Estado não pode alienar seus bens. Tal só ocorrerá excepcionalmente, na dependência de lei que autorize a transação.

Pelo fato de serem inalienáveis, os bens públicos são também inadquiríveis, enquanto durar a inalienabilidade. Dessarte, não serão afetados pela "prescrição aquisitiva" ou usucapião.

Nas execuções contra as pessoas de Direito Público não se admite penhora de bens. A regra deduz-se do próprio texto constitucional, art. 100.

Além disso, os bens públicos não podem ser gravados com ônus reais de garantia, como hipoteca ou penhor.

Falamos, até o presente, sobre domínio público em sentido lato. Em sentido estrito, domínio público é o conjunto de bens públicos. Sobre eles já fizemos estudo detalhado no Capítulo V. Não obstante, existem algumas regras especiais sobre espaço aéreo, terras públicas, subsolo e águas. Vejamos algumas, dividindo nossa análise em tópicos.

a] Bens da União e dos Estados

De início, indicam os arts. 20 e 26 da CF os bens da União e dos Estados, respectivamente.

> Art. 20. São bens da União:
>
> I] os que atualmente lhe pertencem e os que lhe vierem a ser atribuídos;
> II] as terras devolutas indispensáveis à defesa das fronteiras, das fortificações e construções militares, das vias federais de comunicação e à preservação ambiental, definidas em lei;
> III] os lagos, rios e quaisquer correntes de água em terrenos de seu domínio, ou que banhem mais de um Estado, sirvam de limites com outros países, ou se estendam a território estrangeiro ou dele provenham, bem como os terrenos marginais e as praias fluviais;
> IV] as ilhas fluviais e lacustres nas zonas limítrofes com outros países; as praias marítimas; as ilhas oceânicas e as costeiras, excluídas, destas, as áreas referidas no art. 26, II;
> V] os recursos naturais da plataforma continental e da zona econômica exclusiva;
> VI] o mar territorial;
> VII] os terrenos de marinha e seus acrescidos;
> VIII] os potenciais de energia hidráulica;
> IX] os recursos minerais, inclusive os do subsolo;
> X] as cavidades naturais subterrâneas e os sítios arqueológicos e pré-históricos;
> XI] as terras tradicionalmente ocupadas pelos índios.
>
> (...)
>
> Art. 26. Incluem-se entre os bens dos Estados:
>
> I] as águas superficiais ou subterrâneas, fluentes, emergentes e em depósito, ressalvadas, neste caso, na forma da lei, as decorrentes de obras da União;
> II] as áreas, nas ilhas oceânicas e costeiras, que estiverem no seu domínio, excluídas aquelas sob domínio da União, Municípios ou terceiros;
> III] as ilhas fluviais e lacustres não compreendidas entre as da União.

b) Terras rurais e terrenos urbanos

A jurisdição sobre terras rurais é da União, através do Incra, e sobre terrenos urbanos ou urbanizáveis é dos Municípios. O Município pode transformar terras rurais em urbanas, desde que atenda os requisitos do art. 32 do CTN. Para a fixação do perímetro urbano, não depende de aquiescência da União, bastando que satisfaça os requisitos legais, promulgue lei local e comunique ao Incra e aos registros imobiliários, para as competentes averbações.

A utilização e aproveitamento dos terrenos urbanos regulam-se pelo Estatuto da Cidade, dentre outras normas.

c) Terras devolutas

São bens públicos patrimoniais ainda não utilizados pelo respectivo proprietário, que será sempre entidade estatal, isto é, a União, o Distrito Federal, os Estados ou os Municípios.

Como regra, pertencem aos Estados, que podem passá-las aos Municípios. São, todavia, da União as declaradas por lei indispensáveis à segurança e ao desenvolvimento nacionais.

d) Mar territorial

Compreende a faixa de 12 milhas marítimas de largura, medidas a partir da linha de baixa-mar do litoral continental e insular brasileiro.

É propriedade da União.

Além do mar territorial, há ainda a zona contígua, a zona econômica exclusiva e a plataforma continental.

A zona contígua compreende uma faixa que se estende das 12 às 24 milhas marítimas, contadas a partir das linhas de base que servem para medir a largura do mar territorial. Nesta zona, o Brasil poderá tomar as medidas de fiscalização necessárias para evitar infrações à lei.

A zona econômica exclusiva se estende das 12 as 200 milhas marítimas, contadas da mesma forma que a zona contígua. Nesta zona o Brasil tem direitos de soberania exclusivos, para fins de exploração econômica, preservação ambiental e investigação científica.

Por fim, a plataforma continental é o leito do mar e o subsolo das regiões submarinas adjacentes às costas até uma distância de 200 milhas marítimas das linhas de base.

e) Terras tradicionalmente ocupadas pelos índios

São porções do território nacional necessárias ao sustento das populações indígenas. São da União, sendo a posse e o usufruto dos silvícolas.

f] Terrenos de marinha

"São todos aqueles que, banhados por águas do mar ou dos rios navegáveis, em sua foz, se estendam até a distância de 33 metros para a parte das terras, contados desde o ponto em que chega o preamar médio".[44]

Pertencem à União e sua utilização depende de autorização federal. Tratando-se de áreas urbanas ou urbanizáveis, ficam sujeitas a regulamentação municipal.

g] Terrenos acrescidos

São aqueles que se formam com terra carreada pela corrente por processo chamado *aluvião*. Se a terra acrescida às margens do rio se incorporar de forma repentina, o processo denominar-se-á avulsão.

Sobre terras acrescidas, falaremos mais adiante.

h] Terrenos reservados

São faixas de terras marginais a lagos, rios e outros canais públicos, na largura de quinze metros, oneradas com servidão de trânsito para facilitar a realização de obras para exploração de recursos hídricos e outras riquezas, além de seu policiamento e fiscalização.

A propriedade do solo seria do dono das terras ribeirinhas, possuindo o Estado somente o direito de realizar as tais obras e policiar as margens.

A regra aplica-se, porém, aos lagos e aos rios estaduais. Quanto aos lagos e aos rios federais, suas margens já pertencem ao domínio da União. O problema se torna complexo quando tentamos fixar o tamanho das margens que incorporariam o patrimônio público. Por analogia, o tamanho seria também de quinze metros, contados da margem para o interior do terreno. A Constituição mesma não diz nada a respeito. Acontece que o Código de Águas, como acabamos de constatar, reservava este espaço das terras marginais para o uso do Poder Público. Sobre elas o Estado possuía servidão de trânsito. Deduz-se, pois, que o direito real de servidão tenha se transformado em propriedade, por força da norma constitucional.[45]

i] Faixa de fronteira

É a extensão de terras de 150 quilômetros de largura, paralela à linha divisória do território nacional. O domínio é eminente, necessitando-se de autorização do Estado para alienações e construções na área.

---

44 Aviso Imperial de 12/07/1833. Apud MEIRELLES, Hely Lopes. **Direito administrativo brasileiro**. 15. ed. São Paulo: RT, 1990. p. 454.
45 Idem, p. 455-457.

j] Vias e logradouros públicos

Pertencem à entidade administrativa que os houver construído, seja União, Distrito Federal, Estados ou Municípios.

Podem constituir bens de uso comum, como ruas e praças, ou bens de uso especial, como estradas de ferro.

k] Águas públicas

As águas públicas podem ser internas ou externas, conforme banhem exclusivamente o território nacional ou o contornem.

No regime da Constituição de 1988, todas as águas são públicas, à exceção das represas artificiais, que podem ser particulares. Seu uso é que pode ser comum ou particular.

Águas de uso comum são os rios, o mar, as represas públicas e os lagos situados em terras públicas de uso comum.

De uso particular são os lagos, nascentes e cursos de água situados em terras particulares.

l] Recursos naturais

Os recursos hidrominerais pertencem à União, sendo explorados no sistema de autorização e concessão, tendo o proprietário do solo direito de participação no resultado da lavra.

A matéria se acha regulada no art. 176 da Carta Federal e no Código de Mineração.

No concernente ao petróleo, porém, as regras são outras.

Toda jazida de petróleo e gás pertence à União, sendo seu o monopólio de exploração. As mesmas normas se aplicam aos minérios nucleares.

m] Espaço aéreo

A matéria é objeto de vários tratados internacionais, sendo o mais importante a Convenção de Chicago, de 1944. Nela se consagrou o princípio de que todo país é soberano sobre seu espaço aéreo.

No Brasil o tema é regulado pelo Código de Aeronáutica, no qual se reafirma a soberania brasileira sobre o espaço aéreo acima de nosso território e mar territorial.

n] Florestas

A competência para legislar sobre florestas é da União, do Distrito Federal ou dos Estados, dependendo de onde se situe; mas a competência para preservar será também dos Municípios.

Podem ser constituídas reservas em terras públicas ou particulares, por desapropriação. Não se confundem estas reservas com as áreas, por lei, consideradas de preservação permanente, como encostas, faixas marginais aos cursos de água, contornos das nascentes etc.

Instituem-se reservas, não só de florestas, como de qualquer sítio indispensável à preservação ambiental. Esta visa à preservação da natureza em todos os elementos essenciais à vida humana e à manutenção do equilíbrio ecológico, diante do impulso predatório das nações.

A preservação se exerce em três níveis, quais sejam, o controle da poluição, a preservação dos recursos hidrominerais e a restauração de elementos destruídos, por meio de reflorestamento, por exemplo.

o] Fauna

A Lei n. 5.197/1967 incorporou a fauna, ninhos, abrigos e criadouros naturais ao patrimônio da União. Porém, a competência para legislar é não só dela, mas também dos Estados e do Distrito Federal. Quando se trata de preservação, o Município também será competente para legislar.

A caça profissional e consequente comércio são proibidos. A caça amadorística é regulamentada no tempo e no espaço. Por outras palavras, seus limites são fixados, dependendo da região e da época.

O comércio vindo de criadouros particulares está sujeito a registro, e o transporte de animais de um Estado a outro só se permite mediante guia de trânsito.

Várias das infrações às normas de caça e pesca são tipificadas como delitos ecológicos, punidos na forma da Lei.

15.2.12 Aquisição ou constituição da propriedade

Por aquisição da propriedade entende-se a incorporação dos direitos de dono à esfera de um titular. Por constituição da propriedade, entende-se a formação da situação jurídica denominada propriedade.

O Código Civil utiliza apenas a primeira expressão, ou seja, aquisição da propriedade. No entanto, devemos entendê-la como verdadeira constituição da propriedade, uma vez que se incorporam no titular não só os direitos, mas também os deveres inerentes à propriedade. Além disso, não se pode esquecer dos direitos e deveres da coletividade, que também são elementos que integram a propriedade, uma vez que se constitua validamente.

Muito embora devamos ficar atentos a esta peculiaridade, ou seja, que na verdade o Código Civil, ao tratar da aquisição da propriedade, está, em verdade, tratando de sua constituição, apesar disso, empregaremos a expressão "aquisição", por ser mais usual, tradicional, e por ser a adotada no texto codificado.

Para que se efetive, isto é, para que se constitua (adquira) a propriedade, é mister que se preencham certos requisitos subjetivos, objetivos e formais. Esses requisitos variam segundo o modo de constituição da propriedade.

Assim, se a constituição partir de um contrato, teremos os seguintes requisitos:

- A pessoa que adquire deve ser capaz para tanto. Os menores de 16 anos, por exemplo, não o são, sem que os representem seus pais ou tutor.
- Por outro lado, a pessoa que aliena deve ser capaz para tanto. Os administradores de coisas alheias, por exemplo, não as podem alienar sem poderes especiais.
- O objeto do direito deve ser bem passível de aquisição e de alienação. Bens públicos não preenchem a condição, aliás, como todo bem fora do comércio.
- Por fim, a transmissão da propriedade há de ser feita de modo adequado. Os bens imóveis, v.g., são adquiridos, de ordinário, pelo registro da escritura pública de compra e venda, doação etc., no Cartório de Registro de Imóveis. Havendo contrato, deverá ser escrito por instrumento público, pois não se registram contratos verbais. Já os bens móveis, de modo geral, adquirem-se pela simples tradição manual, podendo o contrato que porventura a anteceder realizar-se até de forma tácita.

No Brasil, adota-se a teoria do título e do modo no que concerne à aquisição ordinária de uma coisa. O título é o contrato, que serve de causa de aquisição. Esta se consubstancia por um modo adequado de aquisição, que é o registro para os bens imóveis e a tradição para os móveis. Assim, a aquisição se dá por um modo (registro, tradição), a partir de uma causa, isto é, um título (contrato de alienação – compra e venda, doação ou troca). "O título é a origem da transmissão da propriedade, concede-lhe fundamento jurídico. O modo concretiza a atividade iniciada no título, ao dotar de eficácia real aquilo que apenas pertencia ao mundo das obrigações".[46] O modo está sempre vinculado à causa. Se esta for nula, por exemplo, nulo será aquele. O modo é, pois, ato jurídico causal. A aquisição da propriedade, vista por esse prisma, é um processo, que começa com um fato (título) e termina com o registro ou com a tradição (modo).

No entanto, há outras causas por que se constitui a propriedade, que não têm por base um contrato. Como exemplo, pode citar-se a usucapião. Neste caso, os requisitos de validade da constituição (aquisição) do domínio já serão outros, conforme estudaremos mais adiante.

A aquisição, dependendo do ângulo de enfoque, admite várias categorias. Assim, poderá ser originária ou derivada, a título universal ou singular, *inter vivos* ou *causa mortis*.

---

[46] FARIAS, Cristiano Chaves de; ROSENVALD, Nelson. **Direitos reais**... cit., p. 243.

Do ponto de vista da coisa que se esteja adquirindo, será originária a aquisição quando o bem estiver sendo adquirido pela primeira vez. Se uma pessoa colhe os frutos da árvore que plantou, a aquisição será originária. Nessa classe encaixam-se não só os frutos naturais, mas também os civis (juros, salário etc.) e industriais, os produtos (petróleo, minério etc.). Os produtos, enquanto na natureza, podem ser inseridos, juntamente com outros exemplos, na categoria de *res nullius* ou coisas de ninguém. Outro exemplo de coisa de ninguém seria o peixe em águas internacionais; a ilha deserta, também em águas internacionais etc.

Deste ponto de vista da coisa, será derivada a aquisição, quando a coisa já tiver um dono, ou seja, não é a primeira aquisição já ocorrida sobre a coisa.

Do ponto de vista dos titulares da propriedade, aquisição originária é aquela que ocorra quando o adquirente não possuir nenhuma relação com o antigo dono, se houver um. Em outras palavras, podem enquadrar-se nessa classe não só os frutos naturais, industriais e civis, os produtos etc., mas também, dependendo das circunstâncias, as coisas que já possuam dono. Nesta última hipótese, embora a coisa já pertença a alguém, torna-se de outra pessoa, não por lhe ter sido alienada, mas por outro fato qualquer, como a usucapião.[47]

Por este prisma dos titulares, será derivada a aquisição quando houver verdadeira transmissão da propriedade de um titular a outro.

Há um terceiro ponto de vista,[48] bastante próximo ao primeiro. A aquisição será derivada se depender do suporte fático de um direito anterior. Assim, na arrematação, a aquisição seria derivada. Será, por outro lado, originária, caso não dependa do suporte fático de um direito anterior, como no achado de tesouro.

A doutrina diverge entre esses três parâmetros para determinar se a aquisição é originária ou derivada. A questão é relevante, porque, de acordo com o primeiro e com o terceiro parâmetros, a usucapião seria meio derivado; pelo segundo, porém, seria meio originário de aquisição da propriedade.

Aquisição a título singular é a aquisição de um ou mais bens determinados, especificados. Será a título universal quando seu objeto for patrimônio não individuado, englobando todos os bens que o compõem. Na sucessão hereditária, podemos detectar as duas espécies de aquisição. Os legatários adquirem a título singular, porque em testamento lhes é deixado um ou mais bens especificados. Os herdeiros, a seu turno, adquirem a título universal, uma vez que se tornam donos da herança, enquanto patrimônio não individuado. Recebem não bens previamente determinados, mas percentuais de um todo. Daí ser necessário o processo de inventário, a fim de se individuar os bens da herança, que depois serão partilhados entre os herdeiros.

---

47 PONTES DE MIRANDA, Francisco Cavalcanti. **Tratado de direito privado**. Rio de Janeiro: Borsoi, 1954. v. 11, p. 106-107.
48 VON THUR, Andreas. **Das deutsche bürgerliche Recht**. Berlin: Duncker & Humblot, 1914.

Por aquisição *inter vivos* devemos entender aquela que ocorra entre pessoas vivas. Tanto adquirente quanto alienante acham-se vivos. Melhor dizendo, a aquisição *inter vivos* não tem como pressuposto a morte de ninguém.

Já a aquisição *causa mortis* pressupõe a morte do dono para que a propriedade se transfira ao novo titular. É o que acontece na sucessão hereditária, em que herdeiros e legatários adquirem *causa mortis*.[49]

A seguir estudaremos os meios de aquisição, tanto da propriedade imóvel quanto da propriedade móvel.

15.2.13 Propriedade imóvel

a] Aquisição da propriedade imóvel

Os bens imóveis se adquirem por um meio ordinário e três meios extraordinários. O primeiro é o registro do título aquisitivo no Cartório de Imóveis, modo ordinário de aquisição. Os outros, meios extraordinários, são a sucessão hereditária, a acessão e a usucapião. Falemos de cada um.

■ Registro

Dissemos anteriormente que a compra e venda, a doação ou a troca não produzem por si mesmas o efeito de transmitir a propriedade do alienante para o adquirente. Os contratos de alienação geram apenas direitos obrigacionais, de crédito. Não criam direitos reais. Pelo contrato, o adquirente é apenas credor do alienante. Para que ocorra a aquisição, ou seja, para que o adquirente se torne titular da propriedade, é necessário ato complementar, que no caso dos bens móveis é a tradição ou entrega da coisa. Só aí o adquirente passa a ser dono. Tratando-se de imóveis, para que se processe a aquisição, o título aquisitivo, ou seja, o ato que materializa a alienação, como a escritura (contrato) de compra e venda, deverá ser registrado no Cartório de Imóveis. A partir deste momento, o adquirente torna-se proprietário; antes não.

Assim era na Roma Antiga. O simples contrato de compra e venda não era bastante para que se operasse a *adquisitio*. No período clássico, que se estende do século II a.C. até o século III d.C., o ato pelo qual se transmitia a propriedade denominava-se *mancipatio*. Dessa maneira, comprador e vendedor, celebrado que fosse o contrato de compra e venda, reuniam-se perante cinco testemunhas,[50] procedendo à pesagem simbólica do preço do imóvel. Utilizavam para tanto

---

49 *Causa mortis*, neste contexto, significa "por causa da morte". A preposição *por* subentende-se da palavra *causa*, que está declinada no ablativo singular.
50 WARNKÖNIG, L. A. **Institutiones iuris romani privati**. 4. ed. Bonnae: Adolph Mark, 1860. p. 85.

balança e pesos, manuseados pelo *libripens*. Eis por que dizer-se que a transmissão do domínio se fazia *per aes et libram*, isto é, por pesos e balança.[51]

O outro modo de aquisição deste período era a *cessio in iure* ou *in iure cessio*, como se usa mais comumente dizer. *In iure cessio* significa "cessão em juízo" e era a reivindicação simbólica do bem, objeto da aquisição, perante magistrado. O adquirente reivindicava o bem como se já lhe pertencesse, e o alienante se calava. Ora, *qui tacet, consentire videtur*, quem se cala, consente. E, assim, o reivindicante tornava-se dono do bem. Na verdade, tudo não passava de ato simulado, em que o alienante fingia estar abandonando o bem em favor do adquirente que o reivindicava. Logo que a *in iure cessio* foi criada, o magistrado na certa desconhecia a simulação. Mas com o passar dos anos, a *in iure cessio* tornou-se meio habitual de transferência da propriedade, e o próprio magistrado, sabendo da simulação, já tomava parte no teatro. O que as partes desejavam de fato era a participação de magistrado no negócio, a fim de imprimir-lhe publicidade e autenticidade.[52]

No período pós-clássico, o Direito Justinianeu, no século VI de nossa era, unificou as várias espécies de propriedade, determinando que a tradição seria o único modo de aquisição. Sendo assim, após a alienação, o alienante entregava o imóvel ao adquirente. Esta entrega podia dar-se de várias maneiras.

O alienante levava o adquirente ao imóvel e percorria com ele toda sua extensão, todo o território do prédio.[53] Era a tradição pelo ingresso e percurso – *glebas circumambulare*.

No entanto, o alienante podia entregar as chaves do imóvel ao adquirente. Havia, na verdade, tradição simbólica.

Outro caso de tradição simbólica ocorria quando o alienante conduzia o adquirente até um lugar alto, um morro, por exemplo, e de lá lhe mostrava os limites do terreno. A este modo denominava-se *traditio longa manu*, ou tradição por mão longa.

A tradição podia ser, todavia, mais do que simbólica. Podia ser fictícia. Suponhamos que o adquirente já detivesse o imóvel em suas mãos como locatário. Não seria, pois, necessária a entrega efetiva, nem mesmo a simbólica das chaves. Mesmo assim, falava-se em tradição. Era a *traditio brevi manu*, ou tradição por mão curta, que nada mais era do que a vontade de transferir a propriedade a quem já detinha o imóvel em sua posse.[54]

---

51 CRETELLA JR., José. **Curso de direito romano**. 14. ed. p. 203-204.
52 MARKY, Thomas. **Curso elementar de direito romano**. 4. ed. São Paulo: Saraiva, 1988. p. 80-81.
53 Recordando, na linguagem técnico-jurídica, "prédio" é sinônimo de "bem imóvel", seja construído ou não. "Edifício" é sinônimo de "edificação, construção", seja um palácio ou um casebre, de um ou mais andares.
54 MARKY, Thomas. Op. cit., p. 80-81. MACKELDEY, F. **Manuel de droit romain**. 3. ed. Bruxelles: Ad. Wahlen, 1846. p. 143-144.

O Direito Francês do Código de 1804, avesso a todo esse formalismo, com base no voluntarismo, dispensou qualquer ato posterior à compra e venda, à doação ou à troca. O contrato era, *de per se*, suficiente para transmitir a propriedade. O adquirente, de acordo com o Direito Francês, torna-se dono quando da mera celebração do contrato de alienação, que gera propriedade para o adquirente. Este não será mero credor do alienante, mas titular de direito real sobre o imóvel. Apesar disso, é necessário inscrever o ato translativo de domínio, i.e., o contrato de compra e venda, doação etc. no Registro de Imóveis. Porém, o registro serve tão somente para dar publicidade à transmissão, é mais um meio de prova seguro da propriedade, que já foi transferida pelo contrato.[55]

Os alemães, fiéis à tradição romana, mantiveram a necessidade de ato complementar ao contrato. Inovaram, porém. A aquisição não se perfaz pela *mancipatio* ou pela *in iure cessio*, tampouco pela tradição, mas pelo registro do título aquisitivo no Registro de Imóveis. Só nesse momento, surge a propriedade para o adquirente que, até então, era apenas credor do alienante. De fato, a *traditio* é meio falho para se transferir a propriedade de bens imóveis. Confirma-nos Lafayette:

> a tradição é por sua natureza e pela falta de autenticidade, insuficiente para comunicar ao ato da transferência do domínio a firmeza e a notoriedade que lhe são mister. Assim que sob seu regime exclusivo acontecia que um mesmo prédio podia ser secretamente alienado por seu proprietário a duas ou mais pessoas: um dos adquirentes vinha a ser inevitavelmente vítima de fraude.
>
> Para pôr cobro a resultados tais, de sobejo demonstrados por dolorosa experiência, e para dar à propriedade territorial a segurança e a estabilidade que de si mesma requer e que vivamente solicitavam os desenvolvimentos e as necessidades da vida moderna, o gênio inventivo do legislador criou um novo modo de transferência do domínio e de seus direitos elementares: – a transcrição do título de aquisição em registros públicos.[56]

O Direito Brasileiro seguiu o Alemão, exigindo o registro como ato complementar à alienação. Se analisarmos a compra e venda mais detidamente, a questão se esclarecerá. Uma pessoa decide comprar um imóvel, suponhamos um apartamento. O contrato deverá ser celebrado por instrumento público. Assim, ambos, comprador e vendedor, comparecem ao cartório, onde se realizará o contrato. O oficial inscreve a vontade das partes em livro especial, o qual é em seguida assinado por todos. Do livro se extrai certidão, denominada *escritura pública*. Esta nada mais é do que o instrumento que deu corpo físico ao contrato

---

55 PLANIOL, Marcel. **Traité élémentaire de droit civil**... cit., t. II, p. 823 *et seq.*
56 PEREIRA, Lafayette Rodrigues. Op. cit., v. 1, p. 118-120.

de compra e venda. Como podemos perceber, o contrato de compra e venda gerou um título aquisitivo, ou seja, um documento que prova que o imóvel foi alienado. Este título (causa) é a escritura. Não obstante todo esse processo, o adquirente só será considerado dono do imóvel, no momento em que a escritura for transcrita no Cartório de Registro de Imóveis. Tornar-se-á dono quando o oficial do Registro Imobiliário anotar no livro adequado o nome do novo titular do imóvel. O registro é o modo pelo qual se completa a aquisição.

Aparentemente, o sistema brasileiro é idêntico ao alemão. No entanto, existe uma diferença fundamental entre eles. Sempre dentro da linha romana, que considerava a *mancipatio* e a *in iure cessio* atos jurídicos abstratos,[57] também para o Direito Alemão, o registro será ato jurídico abstrato. Para nosso Direito, porém, é ato jurídico causal.

Apenas a título de recordação, ato jurídico abstrato é aquele que se desvincula da causa que lhe deu origem. Dessa maneira, a partir do momento em que se registra, o registro se desvinculará da compra e venda, sua causa originária. A nulidade da compra e venda, por exemplo, não afeta o registro. Este constitui, portanto, presunção absoluta de propriedade, não admitindo prova em contrário.[58] Seria difícil conceber tal sistema, não fossem as precauções tomadas antes de se efetuar o registro. Assim é que precede ao registro processo judicial para se verificar ter a alienação ocorrido de forma perfeita.

O ato jurídico causal, por outro lado, não se desliga da causa que lhe gerou. Realmente, posto que efetuado, o registro estará sempre vinculado ao negócio que lhe deu causa. No exemplo da compra e venda, uma vez anulada, anula-se o registro. Este constitui presunção relativa da propriedade, admitindo, portanto, prova em contrário.

Retomando, no Direito Alemão, a transmissão da propriedade, principalmente o registro é ato abstrato. A causa está no Direito das Obrigações e não interessa ao Direito das Coisas, uma vez que a obrigação tenha nascido e se desenvolvido corretamente. A jurisprudência, porém, vem admitindo a contaminação entre os dois planos. Destarte, o negócio obrigacional contrário aos bons costumes (boas práticas) pode invalidar o acordo de transmissão, negócio dispositivo e abstrato, situado no Direito das Coisas.[59]

No Direito Brasileiro, o acordo de transmissão, situado no Direito das Coisas, e consubstanciado no registro, é negócio dispositivo e causal; sua causa reside no contrato de alienação, situado no Direito das Obrigações. Trata-se da distinção entre título e modo a que aludimos acima. O título é o contrato, que serve de

---

57 MARKY, Thomas. Op. cit., p. 80-81.
58 PEREIRA, Caio Mário da Silva. **Instituições...** cit., 18. ed., v. 4, p. 92. BÄHR, Peter. Op. cit., S. 346 et seq.
59 COUTO E SILVA, Clóvis do. **A obrigação como processo**. São Paulo: José Bushatsky, 1976. p. 52-55.

causa de aquisição. Esta se consubstancia por um modo adequado de aquisição, que é o registro. Assim, a aquisição se dá por um modo (registro), a partir de uma causa, isto é, um título (contrato de alienação – compra e venda, doação ou troca). "O título é a origem da transmissão da propriedade, concede-lhe fundamento jurídico. O modo concretiza a atividade iniciada no título, ao dotar de eficácia real aquilo que apenas pertencia ao mundo das obrigações".[60] O modo está sempre vinculado à causa. Se esta for nula, por exemplo, nulo será aquele. O modo é, pois, ato jurídico causal.

O antigo Direito Civil adotava a palavra transcrição em vez de registro. A terminologia mudou com a Lei de Registros Públicos (Lei n. 6.015/1973). Segundo esta Lei, registro é ato posterior à matrícula e decorre de todo ato jurídico de disposição total ou parcial (venda, doação, alienação fiduciária etc.), ou ato de constituição de ônus real sobre o imóvel (hipoteca, usufruto etc.). Em outras palavras, todo ato de disposição total ou parcial, ou todo ato de constituição de ônus real sobre o imóvel deverá ser registrado. A matrícula, por sua vez, é a primeira inscrição da propriedade do imóvel. Imóvel sem matrícula é imóvel sem existência formal. Outro termo bastante usual é averbação. Não deve ser confundido com registro. Averbação é toda alteração levada ao ofício imobiliário que não implique alteração da titularidade do imóvel, nem constitua ônus real sobre ele. São passíveis de averbação atos que modifiquem a estrutura física do imóvel, como uma construção; atos de cancelamento de ônus reais, como o cancelamento de uma alienação fiduciária, dentre outros.

O meio ordinário de aquisição da propriedade imóvel é o registro. Por que ordinário? Porque é assim que comumente se adquire um imóvel, mais especificamente pela compra e venda seguida do registro. A compra e venda gerando efeitos obrigacionais, e o registro, efeitos reais. Obviamente, por razões práticas, essa mesma sistemática do título e modo (compra e venda e registro) aplica-se aos contratos de doação e de troca. Não que a doação e a troca sejam meios ordinários de se iniciar a aquisição de um imóvel, ninguém que esteja querendo adquirir um imóvel busca ganhar ou trocar um. Quem queira adquirir um imóvel, de ordinário, irá comprar, não é mesmo? Apenas por razões práticas é que se equiparam a troca e a doação à compra e venda. Em outras palavras, os contratos de troca e de doação geram somente efeitos creditícios, não transferem a propriedade. É o registro da escritura pública de troca ou de doação que gerará os efeitos reais, transferindo a propriedade.

Os meios extraordinários veremos a seguir. São a sucessão hereditária, a acessão e a usucapião. Aqui não se aplica o sistema de título e modo. Basta a causa (título), para que propriedade se considere constituída (adquirida). No

---

60 FARIAS, Cristiano Chaves de; ROSENVALD, Nelson. **Direitos reais**... cit., p. 243.

entanto, no mais das vezes, será necessário o registro para formalizar e dar eficácia *erga omnes* à nova propriedade que se constituiu.

Sucessão hereditária

Segundo nosso Direito, os herdeiros se tornam donos da herança, no exato momento em que o antigo dono morre. Ainda que não saibam, já são proprietários. A morte do autor da herança tem, pois, o poder de operar, por si só, a transferência da propriedade, independentemente do registro.

Acontece que os herdeiros adquirem a propriedade de um patrimônio universal, indiviso. São considerados, num primeiro momento, condôminos dos bens herdados. É preciso, assim, inventariar os bens, a fim de partilhá-los. Realizada a partilha, é expedido formal de partilha, que será, enfim, registrado no Ofício de Imóveis. Pode-se dizer, pois, que a propriedade se adquire com a morte e se individualiza com a partilha. Com o formal de partilha, os herdeiros adquirem a propriedade individual dos bens que integrem o seu quinhão. O registro do formal é um expediente administrativo necessário, para conferir eficácia *erga omnes* à aquisição individualizada da herança. Esse sistema vem-nos do Direito Franco medieval, por intermédio do Direito Português do século XVIII. É o chamado sistema de *saisine*. Mais sobre ele falaremos no capítulo do Direito das Sucessões.

Acessão

Acessão é ato de aceder, de acrescentar, de ajuntar. No Direito Romano, acessão era meio originário de adquirir a propriedade de tudo aquilo que se incorporasse de forma definitiva ao imóvel. Neste rol, as plantações e edificações.

A doutrina posterior diverge, porém, acerca da natureza jurídica da acessão. Seria ela realmente meio de aquisição da propriedade?

Para uns, seria ampliação da propriedade, que se estenderia aos acréscimos. Para outros, seria prescrição aquisitiva instantânea, diferente da usucapião, que é prescrição de longo tempo.

O Direito Brasileiro manteve-se uníssono ao Direito Romano. Acessão é meio originário de aquisição da propriedade.

Os romanos vislumbraram três espécies de acessão: a de imóvel a imóvel, a de móvel a imóvel e a de móvel a móvel. Seguiu-os nosso Código Civil.

No momento, interessa-nos somente o estudo das duas primeiras espécies, a saber, acessão de imóvel a imóvel e acessão de móvel a imóvel.

Acessão de imóvel a imóvel

Ocorre sempre que um bem, considerado imóvel, ajuntar-se definitivamente a outro imóvel, de maneira que um seja principal e o outro acessório. São quatro as espécies de acessão de imóvel a imóvel: a formação de ilhas, a aluvião, a avulsão e o abandono de álveo.

Formação de ilhas

Segundo o Código Civil, sempre que uma ilha se formar em águas particulares, incorporar-se-á à propriedade do dono do terreno por onde passem. Assim, passando um rio por um terreno, no momento em que nele surgir uma ilha, o dono do imóvel se tornará dono da ilha. Se o rio ou lago forem marco divisório entre dois terrenos, o respectivo dono de cada um dos prédios adquirirá a propriedade da parte da ilha que estiver na parte das águas que lhe pertencer.

Este é o sistema do Código Civil. Mas em face da Constituição de 1988, os cursos de águas naturais, assim como lagos e represas públicas, pertencem ou à União ou aos Estados. Não existem mais águas particulares, a não ser as represas construídas pelo dono da terra. Dessa maneira, pode-se concluir sem sombra de dúvida que as ilhas que se formarem em rios, lagos e represas públicas passarão a integrar, não a propriedade do dono do imóvel, mas a propriedade da União ou do Estado-membro. Só as ilhas que surgirem em represas particulares considerar-se-ão propriedade do dono das terras circunvizinhas.

De qualquer jeito, o dono do imóvel terá o direito de uso e fruição sobre a ilha, podendo, inclusive, impedir o assédio de terceiros, dentre eles o próprio Estado, que não poderá usar a ilha, a não ser em nome do interesse público.

Outro será o regime das ilhas de grande porte, nas quais se possa construir casas e ruas. Exemplo seriam as ilhas de Paquetá, Niterói e outras. Pertencem ao Município ou ao Estado-membro. Seu solo será dividido em lotes de propriedade privada.

Aliás, o próprio texto constitucional ressalva que se mantêm no domínio dos Estados, Municípios e particulares as ilhas que já lhes pertencessem. Tal já se confirma pela jurisprudência dos tribunais superiores.[61]

Aluvião

É o depósito paulatino de materiais às margens dos rios. As margens, com isso, aumentam de tamanho, adquirindo o dono das terras ribeirinhas a propriedade do acréscimo, por aluvião.

Como estudamos acima, pertencem ao domínio público da União as margens dos rios e lagos federais, na extensão de quinze metros. Isso, entretanto, em nada modifica as disposições do Código Civil, senão vejamos.

Ora, o acréscimo das terras aluviais não faz com que aumente o terreno reservado do Estado, que continuará dono dos mesmos exatos quinze metros. O aumento será do proprietário ribeirinho, uma vez que os quinze metros da União se afastam de seu interior. Se por aluvião adicionarem-se, por exemplo, três metros de terreno, o proprietário ribeirinho adquirirá não os três metros

---

61 TRF-3ª Reg., ApCiv 0317653, DOE 20/08/1990, p. 97. TRF-4.ª Reg., AgIn 0415578. DJ, 29/04/1992, p. 10663.

aluviais, mas os três metros de terra adicionada pelo afastamento dos limites do terreno reservado.

No entanto, esta é apenas minha opinião, sem estudo mais aprofundado do tema. A verdade, contudo, é que a matéria carece de sistematização doutrinária e legal.

De qualquer modo, o dono do imóvel ribeirinho poderá usar e fruir das margens, impedindo mesmo o acesso de terceiros e o uso indevido pela própria União.

Quanto aos rios estaduais e lagos, continuam em vigor o Código Civil e o Código de Águas. As terras aluviais se incorporam à propriedade do dono do prédio marginal. Isto porque o art. 20 da CF nada menciona a respeito das margens dos rios e lagos estaduais.

Avulsão

Avulsão é o deslocamento abrupto de uma porção de terras de um imóvel ao outro, ambos localizados às margens de um rio ou lago. Dá-se, quando em virtude de algum fato natural, como abalos sísmicos, uma porção de terreno se deslocar de um prédio, aderindo-se de maneira definitiva às margens de outro.

Segundo o Código Civil, o proprietário ribeirinho se torna dono do acréscimo, por avulsão, desde que indenize o proprietário das terras perdidas. Não havendo indenização, concede a Lei ao dono do prédio desfalcado o direito de, em um ano, reivindicar as terras perdidas, se for possível retorná-las. Sendo possível, o dono do prédio acrescido poderá optar entre deixar que se as removam, ou pagar ao proprietário desfalcado o equivalente ao que perdeu.

Mais uma vez, as disposições do art. 20, III, da Carta Federal devem ser relembradas. Procedem aqui as mesmas observações que fizemos a respeito da aluvião.

Abandono de álveo

Álveo é "leito de rio". Com o abandono permanente, a quem pertencerá o leito seco?

A resposta é simples. Aos proprietários ribeirinhos, que o dividirão proporcionalmente.

O álveo de um rio pode ser abandonado por várias razões. Vejamos as principais.

Se o abandono ocorrer por ter o rio secado definitivamente, os donos das terras marginais adquirem a propriedade do leito seco, pura e simplesmente.

Se o abandono ocorrer por ter o rio se desviado naturalmente, os proprietários marginais adquirem a propriedade do álveo seco, nada devendo aos donos das terras por onde o rio estabelecer novo curso.

Se o abandono ocorrer por ter o rio se desviado artificialmente, por interesse público, os proprietários dos imóveis por onde for estabelecido o novo curso deverão ser indenizados; e os proprietários ribeirinhos adquirirão a propriedade do leito abandonado.

Não havendo interesse público, o rio, evidentemente, não poderá ser desviado, a não ser que exista prévio consentimento dos donos das terras por onde haja de correr, e das terras por onde deixe de correr.

Acessão de móvel a imóvel

Haverá acessão de móvel a imóvel sempre que se incorporarem ao solo, de forma permanente, construções e plantações. Atentemos para o fato de que sementes e mudas de plantas, bem como materiais de construção, são bens móveis, antes de se fixarem no terreno.

São, portanto, acessões imobiliárias todas as edificações e plantas que se agregarem ao solo artificialmente. Passarão a pertencer ao proprietário do terreno, que é o bem principal.

No entanto, se quem construir ou plantar não for o dono da terra? Como ficaria sua situação?

A resposta dependerá da boa-fé ou da má-fé de que estiver imbuído. Dessas acessões imobiliárias cuidam os arts. 1.253 a 1.259 do CC.

Se alguém plantar, semear ou construir em terreno alheio perderá em favor do proprietário as plantas, sementes e construções, mas fará jus a indenização, se houver obrado de boa-fé, à exceção das acessões voluptuárias. Se de má-fé, a nada terá direito, salvo quanto às acessões necessárias, podendo ser obrigado a desfazer o que houver feito, além de indenizar todo e qualquer prejuízo.

Aqui deve ser aberto um parágrafo. Seriam quaisquer plantações ou edificações indenizáveis? Analogicamente às benfeitorias, só as acessões necessárias ou úteis seriam passíveis de indenização. As voluptuárias, em tese, não o seriam. Tratando-se de possuidor de má-fé, apenas as necessárias seriam indenizáveis, como o adubo lançado ao solo, para a conservação da fertilidade da terra. Imaginar o contrário, ou seja, a impossibilidade de indenização de acessões necessárias, seria dar supedâneo ao enriquecimento sem causa. Por outro lado, imaginar que quaisquer acessões, mesmo as voluptuárias recebam o mesmo tratamento, seria adotar interpretação *ad absurdum*. Se alguém construir uma fonte luminosa em imóvel alheio, seja de boa-fé ou de má-fé, em princípio, a nada terá direito, apenas o de levantá-la. Aliás, dependendo da situação, o dono do terreno nem haverá de desejar uma tal acessão, de gosto bastante duvidoso, diga-se de passagem.

Aquele que plantou ou edificou de boa-fé, em terreno alheio, terá direito à propriedade do imóvel, desde que a construção ou plantação tenha valor muito superior ao das terras. É evidente, que o proprietário original deverá ser indenizado. É óbvio que essa regra não se aplica se quem plantar ou edificar for, dentre outros, o locatário, o comodatário, o usufrutuário, o fiduciário ou o mero detentor do imóvel, como o empregado em relação às terras do patrão.

No caso das construções que invadam parcialmente terreno alheio, o Código Civil dispõe que, se a construção não invadir o terreno vizinho em mais de um vigésimo, e se seu valor for superior ao do solo invadido, aquele que construiu de boa-fé se torna proprietário da parte invadida, desde que indenize o titular do terreno invadido por todos os prejuízos. A indenização abrange o valor da área invadida mais a depreciação sofrida pelo terreno, pela perda da parte invadida.

Se o construtor, de boa-fé, invadir mais de um vigésimo do terreno vizinho, poderá adquirir a propriedade da área invadida, observados os mesmos pressupostos. A indenização, neste caso, abrangerá além do valor da área invadida e da depreciação do terreno vizinho, também o valor que a construção houver agregado ao terreno do construtor.

Se, na invasão de até um vigésimo do terreno vizinho, a construção tiver sido feita de má-fé, além de exceder consideravelmente o valor da parte invadida e não puder ser demolida, sem grave prejuízo para o resto do edifício, quem construiu poderá tornar-se dono da parte invadida, pagando o décuplo da indenização prevista para o caso anterior.

Se a invasão de má-fé ultrapassar um vigésimo do imóvel vizinho, o construtor deverá demolir o que foi construído e pagar em dobro a indenização por perdas e danos.

Outra é a situação das benfeitorias que, como já vimos, não se devem confundir com as acessões imobiliárias. A solução a seu respeito nos é dada pelos arts. 1.219 e ss. do CC.

Segundo o art. 1.219 do CC, o possuidor de boa-fé terá direito à indenização das benfeitorias necessárias e úteis, podendo reter o imóvel até que seja ressarcido. Em outras palavras, poderá recusar-se a restituir o imóvel ao dono, até receber a indenização. Quanto às benfeitorias voluptuárias, ou bem será indenizado ou bem as levantará. Vale dizer que, se não for ressarcido, poderá retirar as benfeitorias voluptuárias, desde que não cause danos ao imóvel.

Segundo o parágrafo 1º do art. 538 do CPC, a existência de benfeitorias deve ser alegada já na contestação, na fase de conhecimento, de forma discriminada e com atribuição, sempre que possível e justificadamente, do respectivo valor. O direito de retenção por benfeitorias deve ser exercido na contestação, também na fase de conhecimento.

Vejamos alguns exemplos. Uma pessoa toma um imóvel emprestado, reconstituindo o sistema hidráulico que possuía pontos de vazamento. Trata-se de benfeitoria necessária e o comodatário fará jus à indenização, podendo reter o imóvel até recebê-la.

Se em vez de reformar o sistema hidráulico, houvesse o comodatário instalado grades nas janelas para evitar assaltos, teríamos benfeitorias úteis, sendo a solução idêntica. Em outras palavras, o comodatário faria jus à indenização, tendo direito de retenção.

Porém, se houvesse mandado mudar a porta da frente por outra mais decorativa, só teria direito a indenização, caso tivesse sido autorizado pelo dono. Se não autorizado, teria direito de retirar a porta, voltando com a antiga para o lugar, desde que tal mudança não trouxesse qualquer prejuízo. Isso tudo porque, no caso, cuida-se de benfeitoria voluptuária.

Do possuidor de má-fé cuida o art. 1.220. Terá direito de indenização somente das benfeitorias necessárias; mas não terá direito de retenção. No tangente às benfeitorias úteis e voluptuárias, não possuirá qualquer direito, nem mesmo o de levantá-las.

Exemplos teríamos vários. Suponhamos o seguinte caso: João tomou emprestada a casa de Pedro. Condenado judicialmente a restituí-la, não o fez. No momento em que descumpriu a sentença judicial, tornou-se possuidor de má-fé. Mesmo assim, se mandar consertar o encanamento apodrecido, mesmo depois da ordem de restituição, terá direito de ser indenizado, por se tratar de benfeitoria necessária. De qualquer forma, não terá direito de retenção. Em outros termos, não poderá reter o imóvel até receber a indenização.

Se em vez de consertar o encanamento, João tivesse mandado instalar grades nas janelas ou trocado a porta de entrada por outra mais decorativa, a nada faria jus, por se tratar de benfeitorias úteis e voluptuárias, respectivamente.

Vimos, pois, que benfeitorias e acessões imobiliárias recebem tratamento distinto, embora semelhante.

Na tentativa de dar contornos mais modernos ao instituto da acessão, os juristas contemporâneos propuseram nova classificação. Em vez de se falar em acessão de imóvel a imóvel, de móvel a imóvel e de móvel a móvel, fala-se em acessão natural, industrial e mista.

Acessão natural é a que ocorre exclusivamente por forças naturais. Nessa categoria se pode enquadrar, em princípio, a formação de ilhas, a aluvião, a avulsão e o abandono espontâneo de álveo.

Será industrial ou artificial a acessão quando realizar-se por intermédio de engenhos humanos. Tal seriam as edificações.

Mista é a acessão que se concretiza pela conjugação do esforço humano com forças naturais, como, *a priori*, seria o caso das plantações e do abandono artificial de álveo.

Usucapião

Etimologicamente, usucapião quer dizer "aquisição pelo uso". Em latim, *usucapio* é palavra composta, em que *usu* significa literalmente "pelo uso", e *capio* significa "captura, tomada", ou, em tradução mais livre, "aquisição". Pelo fato de a palavra, em latim, ser do gênero feminino, admite-se também em vernáculo poder dizer-se *a* usucapião, corrente no Código Civil e no Estatuto da Cidade.

Usucapião é, pois, meio extraordinário de aquisição da propriedade. Funda-se em posse prolongada, que transforma situação de fato em situação de Direito.

Sua justificativa baseia-se em duas teorias predominantes. Para a primeira teoria, denominada subjetiva, encontra-se no intuito de eliminar a incerteza em relações jurídicas fundamentais e tão relevantes, como a propriedade. O domínio das coisas não pode ser incerto – *ne rerum dominio in incerto essent*. Para uma segunda teoria, chamada de *objetiva*, a usucapião só se legitima se a analisarmos sob a óptica da função social da propriedade: *dono é quem explora o imóvel; é quem o torna útil à sociedade*.[62] Ainda na opinião de terceiro grupo, a usucapião seria espécie de pena para a negligência do verdadeiro dono, que abandona a coisa.

Emprega-se, com certa frequência, o termo "prescrição aquisitiva" como sinônimo de usucapião. Na verdade, é impróprio o uso, traduzindo alguma má compreensão do Direito Romano. A expressão foi amplamente utilizada no passado.[63] Na atualidade, contudo, não é do gosto da melhor doutrina.[64]

A prescrição era para os romanos instituto totalmente diferente da usucapião. Enquanto este era meio de aquisição da propriedade, aquela era meio de defesa do réu na ação reivindicatória. Suponhamos que uma pessoa se encontrasse há muitos anos em determinado imóvel. Depois de todo esse tempo, o dono intenta contra ela ação reivindicatória, reclamando a propriedade do terreno para si. O possuidor, então, se defendia, alegando que o direito do dono de reivindicar o imóvel já estava prescrito. Daí falavam os romanos, com muita propriedade, em prescrição.[65]

De origem grega, havia duas espécies de prescrição da ação reivindicatória, a prescrição de longo tempo e a de longuíssimo tempo: *praescriptio longi temporis* e *praescriptio longissimi temporis*.[66]

Para que se pudesse alegar a prescrição de longo tempo, exigia-se posse mansa e ininterrupta, por 10 anos entre presentes e 20 anos entre ausentes. Além disso, exigia-se também o justo título e a boa-fé. Logo que foi criada, no século II d.C., o simples suscitar a prescrição de longo tempo não tornava o possuidor dono do imóvel. Apenas o garantia contra o verdadeiro dono. Para que adquirisse o domínio, era necessário que intentasse ação de usucapião.[67]

---

62 MARKY, Thomas. Op. cit., p. 82 et seq. PEREIRA, Lafayette Rodrigues. Op. cit., v. 1, p. 167 et seq.
63 PEREIRA, Lafayette Rodrigues. Op. cit., v. 1, p. 165.
64 PEREIRA, Caio Mário da Silva. **Instituições**... cit., 18. ed., v. 4, p. 103. Pontes de MIRANDA, Francisco Cavalcanti. **Tratado de direito privado**... cit., v. 11, p. 117.
65 CRETELLA JR., José. **Curso de direito romano**... cit., 14. ed., p. 214. NÓBREGA, Vandick Londres da. **Compêndio de direito romano**. 8. ed., v. 2, p. 92.
66 TALAMANCA, Mario. **Istituzioni di diritto romano**... cit., p. 427 et seq.
67 Idem, p. 428.

A prescrição de longuíssimo tempo, criada à época de Constantino, no século III d.C., também servia como exceção, ou seja, defesa processual para aquele que possuísse imóvel como seu, por 40 anos, independentemente de justo título e de boa-fé. Teodósio, no século V d.C., reduziu o prazo para 30 anos. De qualquer forma, o possuidor que suscitasse a *praescriptio longissimi temporis* para se defender contra a ação reivindicatória do verdadeiro dono, não adquiria a propriedade do imóvel. Para que a adquirisse, seria necessário a usucapião.[68]

No Brasil, a sistemática é analógica. A responsabilidade do possuidor de restituir o imóvel em ação reivindicatória ou de reintegração de posse prescreve em dez anos. Se decorrido este prazo, o dono reivindicar o imóvel, o possuidor poderá defender-se, suscitando a seu favor a prescrição da responsabilidade que tinha em relação à restituição do imóvel. Aí pode falar-se realmente em prescrição, não aquisitiva, mas prescrição normal da responsabilidade do possuidor. Mesmo porque, ao alegar a prescrição, o réu apenas se protege contra o autor, mas não se torna dono do imóvel. É preciso a usucapião.

Pode ocorrer, entretanto, de a responsabilidade de restituir o imóvel não ter sido extinta pela prescrição, mas já haver decorrido o prazo para a aquisição por usucapião. Imaginemos uma pessoa morando em imóvel urbano inferior a 250 m2, há oito anos. Uma vez que o dono do imóvel intente ação reivindicatória, o possuidor não poderá se defender, alegando a prescrição, mas poderá requerer a usucapião.

Vemos, assim, que não é de boa técnica o emprego da expressão "prescrição aquisitiva" com o significado de usucapião.[69]

Na Roma de Justiniano, século VI d.C., fez-se reforma nos prazos e exigências da usucapião. Assim, a *praescriptio longi temporis* se transformou em modo de aquisição da propriedade, aplicável apenas aos imóveis. Exigia-se boa-fé, justo título e posse mansa e ininterrupta, por 10 anos entre presentes e 20 anos entre ausentes.

A *praescriptio longissimi temporis* também tornou-se meio de aquisição da propriedade, pelo decurso do prazo de 30 anos, independentemente de justo título. Era, todavia, exigida a boa-fé.[70]

Nesta época, falava-se em *usucapio* apenas em relação aos bens móveis, exigidos o decurso do prazo de 3 anos, o justo título e a boa-fé.

O Direito Brasileiro trouxe algumas inovações.

Em primeiro lugar, a prescrição da responsabilidade do possuidor referente à ação reivindicatória ou à ação reintegratória poderá ser alegada somente como

---

68 NÓBREGA, Vandick Londres da. **Compêndio de direito romano**... cit., 8. ed., v. 2, p. 92-93.
69 PEREIRA, Caio Mário da Silva. **Instituições**... cit., 18. ed., v. 4, p. 102-103.
70 NÓBREGA, Vandick Londres da. **Compêndio de direito romano**... cit., 8. ed., v. 2, p. 92-93. TALAMANCA, Mario. **Istituzioni di diritto romano**... cit., p. 427 et seq.

defesa processual, não sendo modo de aquisição da propriedade, como no Direito Justinianeu. Daí, repetimos, a impropriedade do termo "prescrição aquisitiva" com o significado de usucapião. Só este transforma o possuidor em proprietário. Mesmo porque, a usucapião, para o dono (usucapido), não é causa de aquisição, mas de perda. Se, por um lado, o prazo de usucapião é prescricional, trata-se de prescrição "*sui generis*".

A usucapião, por sua vez, refere-se tanto a bens imóveis quanto a bens móveis, podendo ser requerida em ação autônoma, ou como defesa na ação reivindicatória.

Tratando-se de usucapião de bens imóveis, subdivide-se em sete categorias distintas: usucapião ordinária, extraordinária, especial ou constitucional, usucapião coletiva, usucapião familiar, usucapião indígena e usucapião quilombola. Vejamos cada uma delas.

Usucapião ordinária

Ordinária ou comum porque exige como pré-requisitos a posse, o justo título e a boa-fé, da mesma forma que no Direito Romano se exigia, de regra. Pode-se dizer que a usucapião ordinária visa proteger aqueles que supostamente hajam adquirido o imóvel, mas possuem título aquisitivo defeituoso, não se tornando, assim, donos. Por exemplo, Joaquim adquire imóvel de Gustavo, celebrando contrato de promessa de compra e venda, sem que, contudo, a esposa de Gustavo assinasse. Pago o preço, e antes da celebração do contrato definitivo (por escritura pública), Gustavo vem a falecer. Seus herdeiros e sua viúva se negam a concluir o negócio, mas deixam Joaquim na posse mansa e pacífica do imóvel. Passado o prazo necessário, Joaquim adquire o imóvel por usucapião.

A posse há de ser *ad usucapionem*, isto é, tem que ser pacífica, ininterrupta e com convicção de dono. A pessoa deve possuir o imóvel como seu, com a intenção e convicção de dono. Assim, por exemplo, o locatário, o comodatário e o depositário jamais teriam direito à usucapião, exatamente por faltar-lhes a intenção de dono ou *animus domini*. No exemplo dado acima, Joaquim, de fato, comprou o imóvel. Tem até contrato de promessa de compra e venda assinado. Já pagou o preço. Joaquim tem plena convicção de que, de fato, é dono do imóvel.

Justo título é toda causa que seria, em tese, hábil para transferir a propriedade, mas não o faz por defeito, que pode ser:

a) não ser o transmitente dono;
b) não ter poderes para alienar a coisa;
c) outro vício que o torne passível de anulação.

Se documento, o justo título deve ser passado com as formalidades externas substanciais; certo e real, i.e., determinado e verdadeiro, não suposto, putativo. Porém, não só documentos se consideram justo título, como veremos abaixo.

Constituem justo título, dentre outros:

a] a escritura pública ou particular de doação;
b] o legado, servindo como documento o testamento;
c] a sucessão testamentária, servindo como documento o testamento; e a sucessão legítima, que dispensa documento, uma vez que a propriedade se transmite aos herdeiros legítimos com a abertura da sucessão, ou seja, com a morte do autor da herança. A sucessão servirá como título, ou seja, como justa causa, toda vez que uma pessoa possuir coisa de herança, de que erroneamente se julgava herdeiro;[71]
d] a escritura pública ou particular de compra e venda;
e] a escritura particular ou pública de promessa de compra e venda;
f] a escritura pública ou particular de transferência na dação em pagamento;
g] a escritura pública ou particular de permuta ou transação;
h] as sentenças nos juízos divisórios, a arrematação nos leilões e a adjudicação;
i] a escritura de cessão de direitos hereditários.

Resta uma pergunta: para se considerarem justo título é necessário que estes documentos sejam registrados? A doutrina e jurisprudência se dividem, formando verdadeiro emaranhado a carecer solução urgente de Direito Positivo.

Caio Mário, Pontes de Miranda e Lafayette[72] consideram que os títulos só necessitam de registro, para valer contra a hipoteca constituída no imóvel, ou seja, mesmo sem o registro, são hábeis para a usucapião, porém, o credor hipotecário mantém seu direito, ao passo que se o título houvesse sido registrado, com a declaração da usucapião, o credor perderia a hipoteca.

Clóvis Beviláqua e Sá Pereira consideram o registro dispensável apenas nos casos de legado, sucessão hereditária e sentenças nos juízos divisórios, arrematação e adjudicação.[73]

Serpa Lopes e Lacerda de Almeida julgam dispensável o registro somente nas hipóteses de legado e sucessão hereditária.[74]

As divergências não param por aí. A jurisprudência longe de adotar uma ou outra escola, uniformizando-se, cada vez adentra mais a discussão.

E não se discute apenas a respeito do registro. O debate envolve outra questão importante, qual seja, seriam os escritos particulares justo título?

---

71 PEREIRA, Lafayette Rodrigues. Op. cit., v. 1, p. 185.
72 PEREIRA, Caio Mário da Silva. **Instituições...** cit., 18. ed., v. 4, p. 112. Pontes de MIRANDA, Francisco Cavalcanti. **Tratado de direito privado...** cit., v. 11, p. 139. PEREIRA, Lafayette Rodrigues. Op. cit., v. 1, p. 86.
73 BEVILÁQUA, Clóvis. **Direito das coisas**. 4. ed. Rio de Janeiro: Forense, 1956. v. 1, p. 113. PEREIRA, Sá. *Apud* PEREIRA, Caio Mário da Silva. **Instituições...** cit., 18. ed., v. 4, p. 112.
74 SERPA LOPES, Miguel Maria de. Op. cit., v. 6, p. 122. ALMEIDA, Francisco de Paula Lacerda de. **Direito das cousas**. Rio de Janeiro: RT, 1908-1910. p. 125.

Há julgados que consideram a promessa de compra e venda, o instrumento particular de doação, permuta, dação em pagamento e transação justos títulos, desde que registrados. Há os que dispensam o registro. Há também os que não os consideram justo título, independentemente de registro. O mesmo em relação ao recibo de compra e venda.

Em outras palavras, o problema não tem solução unânime, dependendo do entendimento do juiz e do tribunal.

A adotar um desses pareceres, ficaríamos ao lado de Caio Mário, Pontes de Miranda e Lafayette. Ora, não há o menor sentido em se exigir o registro do título aquisitivo, a não ser para lhe conferir publicidade e validade contra terceiros. Rigorosamente, sequer se poderia exigir que o título consistisse em documento escrito, uma vez que a própria Lei não o exige. Uma compra e venda verbal, desde que comprovada por testemunhas ou outro meio de prova adequado, como, por exemplo, mensagens de *e-mail* ou de WhatsApp, pode perfeitamente ser justo título para efeito de usucapião ordinária. Por que não o seria? Seguramente, não por disposição legal. Afinal, não cabe ao intérprete distinguir, onde o legislador não o faça.

Por outro lado, não se consideram justo título as convenções não translatícias de domínio, tais como contratos de comodato, locação etc.; documentos nulos, como por exemplo, escritura sem assinatura do transmitente; e todo ato proibido por lei, como contrato de pai que vende a filho sem autorização dos demais filhos, testamenteiro que compra bens da testamentaria, juiz e escrivão que arrematam bens em leilão, tutor que aliena bens do pupilo sem autorização judicial etc.

Não há que confundir justo título com título justo. Título justo é a causa justa de propriedade. A escritura de compra e venda devidamente registrada no cartório de imóveis, por exemplo, constitui título justo de propriedade.

Boa-fé é a crença do possuidor de que legitimamente lhe pertence a coisa de que tem posse. Essa crença é sempre resultado de erro de fato. O erro que procede da ignorância do vício ou do obstáculo que impede a transferência do domínio.

A boa-fé deve estar presente em todo o decurso da posse. Se começou de boa-fé, mas se tornou de má-fé, fica destruída a pretensão aquisitiva por via de usucapião ordinária.

O prazo é de dez anos. Poderá, entretanto, ser reduzido para cinco anos, se a aquisição tiver sido onerosa (compra ou troca, por exemplo) e houver se baseado em certidão de registro aparentemente correta, emitida pelo cartório. Se essa aquisição vier a ser cancelada posteriormente, digamos por não ter havido a outorga do cônjuge do vendedor, embora seu estado na certidão do registro imobiliário fosse de solteiro, poderá haver a dita redução no prazo. Por fim, é também requisito para a diminuição do prazo que o usucapiente tenha fixado residência no imóvel ou nele tenha realizado investimento de interesse social e econômico (cultivo de alguma cultura vegetal ou criação de animais, por exemplo).

Vejamos um exemplo: A compra lote de B, sem a autorização do cônjuge de B. A escritura (contrato definitivo) de compra e venda é lavrada no Cartório de Notas, do qual é omitido o fato de B ser casado. A tampouco sabia disso. Lavrada a escritura, procede-se ao registro no Cartório de Imóveis. Cinco anos depois, o cônjuge de B anula a compra e venda e reivindica o imóvel. A, que nele tinha construído sua casa, ou vinha cultivando hortaliças, poderá defender-se com base na usucapião ordinária.

Como fica claro, os requisitos que a Lei (art. 1.242) exige para a redução do prazo são demasiados. Se compararmos com o exigido para a redução do prazo da usucapião extraordinária, esses requisitos se tornam absurdos; muito mais absurdos ainda, se levarmos em conta que na usucapião extraordinária não se exige a boa-fé.

Usucapião extraordinária

Tem como antecedente histórico a *praescriptio longissimi temporis*. Realmente, os únicos requisitos que se pressupõem para se adquirir por usucapião extraordinária são a posse *ad usucapionem* e o prazo de quinze anos. Não se exige a convicção de dono, mas apenas a vontade de dono. Em outras palavras, o possuidor não tem que estar intimamente convencido de ser o dono. Basta que possua em nome próprio, isto é, basta que não possua na condição de locatário, comodatário, depositário, usufrutuário, enfiteuta etc.

Diferentemente do Direito Justinianeu, o Direito Brasileiro dispensa a boa-fé. Assim, até mesmo o posseiro, imbuído de má-fé desde o início, terá direito a requerer a usucapião extraordinária.[75]

O prazo de quinze anos poderá ser reduzido para dez anos, se o usucapiente houver instalado no imóvel sua moradia ou nele houver realizado obras ou serviços de caráter produtivo, que podem traduzir-se, por exemplo, no cultivo de alguma planta, na criação de animais ou na exploração de alguma outra atividade empresarial.

Como já se disse e como se pode ver aqui, os requisitos exigidos pelo legislador, para a redução do prazo da usucapião extraordinária são muito mais leves dos que os exigidos para a usucapião ordinária. Deveria ser o contrário, uma vez que a usucapião ordinária pressupõe o justo título e a boa-fé. Houve, em meu entendimento, uma certa inversão de valores.

---

[75] PONTES DE MIRANDA, Francisco Cavalcanti. **Tratado de direito privado**... cit., v. 11, p. 136-137.

Usucapião especial

Também chamada de *constitucional* por ser previsto na Constituição Federal, arts. 183 e 191, funda-se eminentemente no princípio da função social da propriedade. Divide-se em urbano e rural. Encontra previsão legal também no Código Civil, arts. 1.239 e 1.240, e no Estatuto da Cidade, art. 9º.

Para a usucapião urbana exige-se a posse *ad usucapionem*, por prazo de cinco anos. O possuidor deverá estar imbuído de vontade de dono, como na usucapião extraordinária. Não é necessária a convicção de ser o dono. Além disso, o imóvel deve ser utilizado para moradia do requerente ou de sua família, não podendo eles ser proprietários de outro imóvel, seja urbano ou rural.

Por fim, não se poderá exercer o mesmo direito duas vezes. Imaginando-se que certa pessoa, após adquirir imóvel por usucapião especial, venha a vendê-lo, apossando-se de outro, não poderá requerer a usucapião deste último.

Na ação de usucapião especial urbana, como em todas as demais espécies, é obrigatória a intervenção do Ministério Público. Além disso, se for o caso, o autor terá os benefícios da justiça gratuita, inclusive perante o Registro Imobiliário. Por fim, o procedimento da ação de usucapião especial urbano será o comum.

A usucapião rural ou *pro labore* pressupõe os seguintes requisitos:

a] posse *ad usucapionem*;
b] imóvel rural de no máximo cinquenta hectares;
c] ser o imóvel explorado para o sustento da família, servindo-lhe de moradia;
d] não ser o requerente proprietário de outro imóvel, seja urbano ou rural.

O prazo será também de cinco anos.

Como se observa, são dispensados tanto o justo título quanto a boa-fé.

Se a área usucapienda for maior que 250 m^2, na hipótese de imóvel urbano, ou maior que 50 ha, na hipótese de imóvel rural, o interessado poderá requerer a usucapião apenas da área fixada em lei, esperando, quanto à área remanescente e, se for o caso, o decurso do prazo para a usucapião ordinária ou extraordinária.

Exemplificando, se um indivíduo possui como seu, sítio de 200 ha, poderá requerer a usucapião de apenas 50 ha. Quanto aos 150 ha remanescentes, terá que esperar o prazo para reivindicá-los por usucapião ordinária ou extraordinária. Isso se o verdadeiro dono das terras não se apossar desses 150 ha.

A usucapião *pro labore* já era prevista na Lei n. 6.969/1981. O que fez a Constituição foi aumentar a área de 25 ha, prevista na referida Lei, para 50 ha.

Que dizer se a área usucapienda for pouco maior que 250 m^2 ou 50 ha? Neste caso, entendo estar o juiz legitimado a declarar a usucapião da área integral. O objetivo da Lei, seguramente, não é causar empecilhos a quem esteja usucapindo um imóvel de, por exemplo, 260 m^2.

Usucapião coletiva

A Lei n. 10.257/2001, também conhecida por Estatuto da Cidade, em seu art. 10, prevê hipótese em que várias pessoas possam se beneficiar da usucapião de área de que sejam compossuidoras. É o que denominamos *usucapião coletiva*.

Para a concretização do direito são necessários os seguintes requisitos:

a) posse *ad usucapionem*;
b) imóvel urbano cuja área total dividida pelo número de possuidores seja inferior a 250 m² por possuidor;
c) não serem os compossuidores proprietários de qualquer outro imóvel urbano ou rural.

O prazo será, aqui também, de cinco anos ininterruptos e sem oposição.

A sentença que declarar a usucapião atribuirá igual fração ideal do imóvel a cada um dos compossuidores. Por analogia ao art. 9º do mesmo Estatuto da Cidade, o título de domínio será conferido ao homem ou à mulher, ou a ambos, independentemente do estado familiar. A quem conceder, compete ao juiz, após analisar as circunstâncias do caso concreto. Finalmente, é óbvio que será possível declarar a usucapião a favor de compossuidor que more sozinho.

Os adquirentes se tornam condôminos do imóvel usucapido. Este condomínio é indivisível, não sendo passível de extinção, a não ser que mais de dois terços dos condôminos deliberem pela divisão, mas, assim mesmo, só no caso de execução de urbanização posterior à usucapião.

Esta espécie de usucapião poderá ser de grande valia para a regularização da propriedade nas favelas urbanas. Mais ainda, será útil na regularização de ocupações de edifícios de apartamentos. Suponhamos que uma construtora entre em processo de falência, deixando um edifício de apartamentos quase pronto. Por força de entraves processuais, a falência se delonga no tempo, e o edifício acaba por ficar deserto, sendo invadido por famílias sem teto. Se preencherem os requisitos que acabamos de estudar, poderão invocar a usucapião coletiva em seu benefício.

Aplicam-se a esta modalidade de copropriedade as normas relativas ao condomínio por unidades independentes, naquilo em que forem compatíveis.

As deliberações relativas à administração do condomínio serão tomadas por maioria de votos dos condôminos presentes, obrigando os demais, discordantes ou ausentes.

Segundo o que se infere do Estatuto da Cidade, o imóvel deverá estar na posse de duas ou mais pessoas. O que fazer se uma delas não quiser participar da ação de usucapião? Como forçá-la a participar da ação e a integrar o condomínio daí resultante?

Na verdade, não é necessário forçar ninguém a nada. A ação de usucapião tem natureza meramente declaratória e também a sentença que reconheça a usucapião. Por conseguinte, ambas atingem a todos os compossuidores, quer queiram, quer não queiram. Preenchidos os requisitos, a aquisição por usucapião é inexorável; ocorre independentemente de qualquer ação ou sentença, que apenas reconhece o fato aquisitivo. Assim sendo, o possuidor, ainda que não participe da ação, dela se beneficiará, principalmente em relação ao consequente condomínio e registro público.

Usucapião familiar
Introduzida no Código Civil, em 2011 (art. 1.240-A), tem por objetivo garantir um teto à família ou à pessoa abandonada por seu cônjuge ou companheiro. Em outras palavras, seu fundamento é a proteção à família e à pessoa, é a dignidade humana, em primeira e última instância. Os requisitos que devem estar presentes são os seguintes:

a] posse *ad usucapionem* (pacífica, ininterrupta, direta, exclusiva e com título de domínio);
b] imóvel urbano de até 250 m²;
c] abandono do lar por parte do cônjuge ou companheiro;
d] uso residencial próprio (familiar) do imóvel;
e] não ser o usucapiente proprietário de qualquer outro imóvel urbano ou rural.

O prazo será de dois anos ininterruptos e sem oposição.

Como visto, a posse *ad usucapionem* tem, aqui, certas peculiaridades. Em primeiro lugar, deverá ser direta e exclusiva, ou seja, se o usucapiente alugar ou emprestar o imóvel, já não haverá usucapião familiar. Além disso, o usucapiente deverá possuir título de domínio sobre o imóvel. Em outras palavras, o imóvel deverá integrar a comunhão de bens que houver entre o usucapiente e seu cônjuge ou companheiro. Deverá, portanto, haver um condomínio sobre o imóvel entre o usucapiente e seu cônjuge ou companheiro.

O imóvel deverá ser usado para residência do usucapiente e/ou de seus filhos e demais integrantes da família.

O cônjuge ou companheiro do usucapiente há de ter abandonado o lar. O abandono se caracteriza pelo desamparo. O cônjuge ou companheiro saem de casa, deixando seu consorte e/ou filhos ao desamparo, sem sua contribuição, sem sua presença física. O fato de o cônjuge ou companheiro sair de casa, mas continuar contribuindo, não configura o abandono.

Preenchidos esses requisitos, o cônjuge ou companheiro abandonado torna-se dono exclusivo do imóvel, que deixará de integrar a comunhão, não sendo mais objeto de eventual partilha de bens entre os consortes.

Acrescente-se que o direito à usucapião familiar só será reconhecido uma única vez ao mesmo possuidor, ou seja, ninguém adquirirá por esta modalidade de usucapião mais de uma vez.

Por fim, duas perguntas: a exigência de que o imóvel tenha, no máximo, 250 m² se refere a todo o imóvel ou apenas ao quinhão do usucapiente? Por outros termos, caso se trate de um imóvel de 500 m², sendo o cônjuge ou companheiro usucapiente dono da metade pelo regime de bens do casamento ou da união estável, poderá requerer a usucapião da outra metade? Em meu entendimento, sim. Estará cumprida a função da norma, que é conferir moradia ao cônjuge ou companheiro abandonado e seus filhos, se houver. É a dignidade humana que se protege, é ela a razão de ser do art. 1.240-A, não a matemática fria de uma interpretação literal, que, aliás, nem se justifica. Pela literalidade da Lei, essa interpretação que demos, mais favorável ao usucapiente, também é possível.

Segunda pergunta: pode o usucapiente abrir mão do que sobejar a 250 m²? Sem dúvida que sim, desde que seja possível. Num apartamento de 600 m², por exemplo, não haverá essa possibilidade, uma vez que uma metade já é do usucapiente e a outra será maior que 250 m². Não há como abrir mão de espaço, cuidando-se de apartamento, imóvel, por natureza, indivisível. Caso, porém, se trate de imóvel divisível, não vejo qualquer problema nessa renúncia.

Há quem entenda que a usucapião familiar seria inconstitucional por atentar contra o art. 7º, inciso II da Lei Complementar n. 95/1998, que, expressamente, dispõe que "a lei não conterá matéria estranha a seu objeto o a este não vinculada por afinidade, pertinência ou conexão". A usucapião familiar foi inserido na Lei n. 12.424/2011, quando da conversão em lei da Medida Provisória n. 514/2010. O texto original da referida MP não fazia referência à usucapião familiar, instituindo o programa "Minha Casa, Minha Vida". É o típico caso de "emenda jabuti", inserida sorrateiramente no texto do projeto em votação, sem com ele guardar afinidade, pertinência ou conexão. Por tudo isso, a usucapião familiar seria inconstitucional.[76]

Usucapião indígena

Essa modalidade de usucapião foi introduzida pelo Estatuto do Índio, Lei n. 6.001/1973. Segundo o art. 33 do referido Estatuto, o índio, seja integrado ou não, que ocupe como próprio, por dez anos consecutivos, trecho de terra inferior a 50 ha, adquirir-lhe-á a propriedade plena por usucapião.

Os requisitos, como fica claro da leitura do artigo, são:

---

76 BRÊTAS, Suzana Oliveira Marques. **Inconstitucionalidade da usucapião familiar**. Belo Horizonte: D'Plácido, 2018.

a] Posse *ad usucapionem* (pacífica, ininterrupta, com vontade de dono).
b] Imóvel rural de até 50 ha. Entendo ser possível o desdobramento do imóvel, para fins de usucapião. Assim, o indígena poderia abrir mão de parte do terreno, para não ultrapassar os 50 há.
c] Posse por índio integrado ou não integrado. Índio, segundo o Estatuto é toda pessoa de ascendência pré-colombiana. Índio integrado é aquele que viva bem na sociedade brasileira (fale o português, tenha domínio de algum ofício etc.). Índio não integrado é o que não tenha condições de viver em nossa sociedade (não fala o português, não domina nenhum ofício etc.).
d] 10 anos consecutivos, ininterruptos.

De acordo com o parágrafo único deste mesmo art. 33, não serão objeto de usucapião as terras da União ocupadas por grupos tribais, as reservas indígenas, nem as terras de propriedade coletiva de tribos. O objetivo é impedir a usucapião de terras ocupadas por tribos. Assim, se um índio exerce posse individual sobre uma porção de terreno tribal, não poderá adquiri-la por esta modalidade de usucapião. Todavia, pergunta-se: poderia invocar outra modalidade de usucapião, como o especial, por exemplo? A meu ver, caso não se trate de terras públicas, ou de reserva indígena, a resposta será positiva.

Usucapião quilombola
Essa modalidade de usucapião foi introduzida pela Constituição de 1988, no art. 68 do ADCT. Segundo o mencionado dispositivo, "aos remanescentes das comunidades dos quilombos que estejam ocupando suas terras é reconhecida a propriedade definitiva, devendo o Estado emitir-lhes os títulos respectivos".

O Constituinte foi extremamente sucinto, gerando grande margem a dúvidas. A doutrina e a jurisprudência vêm se manifestando, entretanto, no sentido de solucionar algumas delas, pelo menos.[77]

Assim, entende-se, corretamente, que a posse há de ser mansa, ininterrupta e por tempo prolongado, pois que a usucapião se dá apenas a favor de descendente de quilombola, que venha mantendo posse histórica do imóvel. Definitivamente não se presta a favorecer ninguém mais. Ademais, a posse deverá ser com ânimo de dono, uma vez que, do contrário, não haveria essa continuidade histórica da posse quilombense. Por fim, e sendo o caso, a usucapião será coletiva, a favor da comunidade, se não for possível o desmembramento do imóvel. A composse se transformará em condomínio.

Algumas observações se fazem necessárias quanto à usucapião em geral.

---

77 MILAGRES, Marcelo de Oliveira. **Direito à moradia**. São Paulo: Atlas, 2011. p. 36-37. REs. 931.060/RJ.

Primeiramente, é permitida a acessão da posse, ou *accessio possessionis*, que é a soma da posse de pessoas distintas. A apossou-se de imóvel, nele permanecendo por sete anos e abandonando-o em seguida. Saindo A, entrou B, que permaneceu por dois anos ininterruptos, deixando-o ao final. Por fim, C sucede a B, residindo no imóvel por três anos. C poderá requerer a usucapião extraordinária, somando à sua a posse de A e de B. Isto, desde que a posse dos três seja *ad usucapionem* e desde que um tenha entrado logo após a saída do outro.

Construamos outro exemplo. A apossou-se de imóvel, nele permanecendo por sete anos. Ao sair, alugou-o para B durante dois anos. Tendo B abandonado o imóvel, ocupou-o C por período de três anos. Pergunta-se: pode C somar à sua a posse de A e de B?

A resposta para alguns é negativa, por entenderem que a posse de B não era *ad usucapionem*, por não ter ele possuído com intenção de dono, mas sim como locatário. C não poderia tampouco somar sua posse à de A, porque neste caso não seria ela ininterrupta, como se exige. Haveria um lapso de sete anos entre a posse de A e de C. A tese se baseia em que a posse *ad usucapionem* se fundamentaria na teoria subjetivista de Savigny, que estudaremos mais adiante. E segundo esta teoria, não existe posse indireta.[78] O erro está exatamente aí. Quando o Código Civil utiliza a expressão "possuir como seu", ao se referir à usucapião, não está definitivamente quebrando o sistema e abrindo uma exceção à teoria objetivista da posse, que adota expressamente no art. 1.196. A questão é a seguinte: quem disse que para von Jhering e, portanto, para o nosso Código Civil, o *animus domini* não pode se caracterizar pela vontade de ser dono? Na realidade, Jhering não atribuía muita importância ao conteúdo do animus. Essa é que é a verdade. Sendo assim, dizer que o possuidor tenha, eventualmente, a vontade de ter a coisa para si, não contraria a teoria objetivista em nada. O importante é que haja o exercício de um ou de alguns dos direitos de dono, seja com que ânimo for. Essa é a teoria objetivista verdadeira, adotada pelo art. 1.196 do CC.

Na prática, todavia, é raro o caso de usucapião de possuidor indireto. As decisões são raras, mas no sentido de se admitir.

> "Reivindicatória – Prova do domínio – Exceção de usucapião – Lapso temporal – Imóvel locado – Posse indireta – Domínio demonstrado – Arguição de usucapião extraordinário – Art. 550, do CC – Requisitos demonstrados – Posse vintenária, ainda que indireta, sem oposição do proprietário. Animus domini. Art. 486 do CCB. Exceção acolhida. Negaram provimento." (RIO GRANDE DO SUL. Tribunal de Justiça. **ApCiv 70002806222**. 19ª Câmara Cível. Relator: Des. Carlos Rafael dos Santos Júnior Data de julgamento: 23 abr. 2002)

---

78 PEREIRA, Caio Mário da Silva. **Instituições**... cit., 18. ed., v. 4, p. 26.

Voltando ao problema que analisávamos, há que levar em conta que quando A alugou para B, A continuou na posse indireta do imóvel. Assim, C estaria somando à sua posse somente a posse de A, que durante os sete primeiros anos foi direta, e nos dois anos seguintes foi indireta. Esta opinião nos parece mais coerente com os anseios da Justiça.

Próxima à acessão é a sucessão na posse, ou *successio possessionis*. Com ela, porém, não se confunde. Na sucessão, ocorre a substituição do antigo possuidor por um novo, em razão de direitos hereditários. Tal se dá quando o herdeiro sucede o morto em todos os seus bens. Continuando o herdeiro na posse do imóvel, poderá somar ao seu o tempo do falecido, não por acessão, mas por sucessão. A diferença ganha importância prática se a sucessão for anulada, vindo o novo possuidor a não ser mais considerado herdeiro. Ora, como se apossou do imóvel devido à condição de herdeiro, da qual foi destituído, não poderá somar à sua a posse do falecido. Nem por sucessão, uma vez que ela não existiu; nem tampouco por acessão, pois tomou posse do imóvel na falsa condição de herdeiro.[79] Nesta hipótese, o falso herdeiro só tem mesmo a sua posse com que contar.

Também ocorrerá sucessão na posse, sempre que a substituição de um possuidor por outro for a título universal, mesmo que *inter vivos*. A sucessão será a título universal, sempre que seu objeto for uma universalidade, como um fundo de empresa, uma biblioteca, uma fazenda de porteiras fechadas, dentre outros. Vejamos um exemplo: Ricardo invade área rural de 100 ha, lá constituindo uma pequena fazenda. A posse de Ricardo é, como se vê, injusta, de má-fé e sem justo título. Anos depois, vende a Rodrigo essa fazenda de porteiras fechadas, ou seja, vende a universalidade rural, com todos os acessórios e pertenças, inclusive os animais e as plantações em plena produção. O negócio se refere ao todo, sem distinção das partes que o integram (acessórios, pertenças etc.). Consequentemente, a sucessão será a título universal, continuando Rodrigo a mesma posse de Ricardo, ou seja, posse injusta, de má-fé e sem justo título, embora a posse dele, Rodrigo, seja particularmente de boa-fé e com justo título. Mas isso não interessa, uma vez que houve sucessão na posse, e Rodrigo continuou a mesma posse de Ricardo. Rodrigo, por conseguinte, jamais poderá se beneficiar da usucapião ordinária.

A segunda observação diz respeito aos bens públicos em geral, que jamais serão objeto de usucapião, nem móveis, nem imóveis, sejam de uso comum do povo, de uso especial ou dominicais (art. 102 do CC; art. 191, parágrafo único, da CF/1988; Súmula n. 340 do STF).

Há quem defenda a ideia de que os imóveis públicos vagos, principalmente as terras devolutas, seriam passíveis de usucapião com base no princípio da

---

[79] PONTES DE MIRANDA, Francisco Cavalcanti. **Tratado de direito privado**... cit., v. 11, p. 129 e 132, e v. 15, p. 107-108.

função social da propriedade e no princípio da dignidade humana. A proibição do parágrafo único do art. 191 da CF estaria a contrariar princípios por ela mesma erigidos. Se o Estado se mostra inerte diante da ocupação de algum de seus imóveis, não haveria razão para não se admitir a usucapião.

Os que admitem essa possibilidade invocam a função social da propriedade ou da posse, que também os imóveis públicos deveriam cumprir, e a dignidade humana do usucapiente de imóvel público. Uma proibição de caráter patrimonial não poderia se sobrepor à dignidade que há de ser garantida a todo cidadão, por força já do art. 1º da própria Constituição, quanto mais tratando-se de imóvel público.

Os que propugnam pela tese tradicional, apontam para o fato de que não se pode invocar um princípio, numa interpretação parcial e unilateral, para se invalidar proibição expressa do texto constitucional. Além disso, o fato de o imóvel ser público torna-o imune à usucapião, pela simples razão de que um indivíduo não poderia se apropriar de propriedade de todos e rigorosamente sua também. Ademais, à Administração Pública não podem ser exigidos o mesmo zelo e, principalmente, a mesma eficiência no dever de vigiar seus milhares de imóveis, mormente as terras devolutas, que às pessoas de Direito Privado. Mais ainda, admitir usucapião de terras devolutas seria fraudar a reforma agrária, a que se destinam, atentando-se, aqui também, contra os princípios da função social da propriedade (ou da posse) e da dignidade humana, em última instância.

Se o Estado é ineficiente e inoperante, devemos cobrar dele que atue, e não achacar o patrimônio público pura e simplesmente.

Por ora, vem prevalecendo a tese tradicional, não admitido, pois, usucapião de bens públicos, sejam móveis ou imóveis.

Em terceiro lugar, o prazo da usucapião pode ser suspenso ou interrompido pelas mesmas razões que estudamos em capítulo anterior, ao tratarmos da prescrição.

Por fim, a sentença que reconhece a usucapião tem natureza meramente declaratória. Vale dizer que o juiz apenas reconhece e declara ter havido aquisição por usucapião. Não é a sentença que torna o requerente proprietário do imóvel. Ela tão somente declara a existência deste direito.[80]

Prolatada que seja a sentença, deverá ser transcrita no Registro de Imóveis, a fim de dar ao ato publicidade e garantia contra terceiros. O registro terá, pois, efeito meramente declaratório e natureza administrativa, diferentemente do registro da escritura de compra e venda, que tem efeito constitutivo e natureza real. Apesar disso, é pelo registro que se constitui a propriedade da usucapiente no plano formal e da eficácia.

A ação de usucapião seguirá o rito comum.

---

80 PONTES DE MIRANDA, Francisco Cavalcanti. **Tratado das ações**. São Paulo: RT, 1973. t. II, *passim*.

O interessado requererá a citação da pessoa em cujo nome o imóvel estiver registrado, dos vizinhos confinantes e de todos os demais interessados, estes por edital. Embora o CPC não mencione estes últimos, entendo ser necessário citá-los, tendo em vista o procedimento administrativo da Lei de Registros Públicos. Ora, se no procedimento notarial é necessário dar ciência a esses terceiros interessados, porque seria dispensável sua citação no processo judicial, como, aliás, o era no Código de Processo de 1973? Reforçando o argumento, o próprio Código de Processo, no inc. I do art. 259 dispõe que serão publicados editais na ação de usucapião. Ora, editais referentes a quê, senão à citação dos demais interessados?

Os vizinhos confinantes serão citados pessoalmente, a não ser que se trate de imóvel em condomínio, quando se dispensa essa citação, de acordo com o parágrafo 3º do art. 246 do CPC.

Serão, outrossim, cientificados por carta os representantes da União, do Estado-membro, do Distrito Federal e do Município, para que manifestem, se for o caso, interesse na causa. Essa norma não consta do novo Código. No entanto, o mesmo raciocínio relativo aos eventuais interessados deve prevalecer com referência à União, ao Estado-membro, ao Distrito Federal e ao Município. Ora, se no procedimento administrativo é necessário dar-lhes ciência, também o será no processo judicial, em que se deverá intimá-los, para que possam manifestar seu interesse fiscal ou outro que seja. Veja-se que o Código de 1973 referia-se aos representantes da Fazenda Pública, enquanto, atualmente, de acordo com a nova redação da Lei n. 6.015/1973, o oficial de registro de imóveis dará ciência à União, ao Estado, ao Distrito Federal e ao Município, pessoalmente, por intermédio do oficial de registro de títulos e documentos, ou pelo correio, com aviso de recebimento, para que se manifestem, em quinze dias, sobre o pedido. Amplia-se, pois, a esfera de interesse dos entes públicos.

A questão do prazo, vez que omisso o novo CPC, deverá ser fixado pelo juiz, nos limites do razoável. De acordo com o parágrafo 1º do art. 218, quando a Lei for omissa, o juiz determinará os prazos em consideração à complexidade do ato. Quando a Lei ou o juiz não determinarem prazo, as intimações somente obrigarão a comparecimento, depois de decorridas quarenta e oito horas.

Recorde-se que, segundo o art. 219, na contagem de prazo em dias, estabelecido por lei ou pelo juiz, computar-se-ão somente os dias úteis. E segundo o art. 230, o prazo para a parte, o procurador, a Advocacia Pública, a Defensoria Pública e o Ministério Público será contado da citação, da intimação ou da notificação, considerando-se dia do começo do prazo a data de juntada aos autos do aviso de recebimento, quando a citação ou a intimação for pelo correio; a data de juntada aos autos do mandado cumprido, quando a citação ou a intimação for por oficial de justiça; a data de ocorrência da citação ou da intimação, quando ela se der por ato do escrivão ou do chefe de secretaria; o dia útil seguinte à consulta ao teor da citação ou da intimação ou ao término do prazo para que a consulta se dê, quando a citação ou a intimação for eletrônica; a data de juntada do comunicado por carta precatória, rogatória ou de ordem ou, não havendo este, a data de juntada da carta aos autos de origem devidamente cumprida, quando a citação ou a intimação se realizar em cumprimento de carta; a data de publicação, quando a intimação se der pelo Diário da Justiça impresso ou eletrônico; o dia da carga, quando a intimação se der por meio da retirada dos autos, em carga, do cartório ou da secretaria.

Por fim, havendo mais de um intimado, o prazo para cada um é contado individualmente.

O procedimento da ação de usucapião, como dito, será sempre o comum. Não há mais falar, assim, em procedimento sumário para a usucapião especial urbana.

Em todos os atos do processo deverá intervir o representante do Ministério Público. Embora o Código de Processo não mencione especificamente a exigência de intervenção do MP na ação de usucapião, ela deverá ocorrer por cuidar-se de matéria de interesse social relevante, a teor do art. 178, I, do CPC.

Segundo a Lei de Registros Públicos (Lei n. 6.015/1973), será admissível o reconhecimento extrajudicial da usucapião, sem prejuízo da via jurisdicional. Esse procedimento extrajudicial está também previsto na Lei n. 11.977/2009. No entanto, essa Lei tem efeitos muito limitados, na prática, por dar-se exclusivamente no âmbito da regularização fundiária urbana, em procedimento administrativo bastante complicado. A usucapião administrativa, conforme previsto na Lei de Registros Públicos, é de aplicabilidade bem mais ampla e serve, em tese para todas as espécies de usucapião.

De acordo com a Lei n. 6.015/1973, o pedido de usucapião administrativa será processado diretamente perante o cartório do registro de imóveis da comarca em que estiver situado o imóvel usucapiendo, a requerimento do interessado, representado por advogado.

A petição será instruída com:

I] a ata notarial lavrada por tabelião, atestando o tempo de posse do requerente e seus antecessores, conforme o caso e suas circunstâncias;
II] a planta e o memorial descritivo assinado por profissional legalmente habilitado, com prova de anotação de responsabilidade técnica no respectivo conselho de fiscalização profissional, e pelos titulares de direitos reais e de outros direitos registrados ou averbados na matrícula do imóvel usucapiendo e na matrícula dos imóveis confinantes;
III] as certidões negativas dos distribuidores da comarca da situação do imóvel e do domicílio do requerente;

IV] o justo título ou quaisquer outros documentos que demonstrem a origem, a continuidade, a natureza e o tempo da posse, tais como o pagamento dos impostos e das taxas que incidirem sobre o imóvel.

O pedido deverá ser autuado pelo registrador, prorrogando-se o prazo da prenotação até o acolhimento ou a rejeição do pedido.

Se a planta não contiver a assinatura de qualquer um dos titulares de direitos reais e de outros direitos registrados ou averbados na matrícula do imóvel usucapiendo e na matrícula dos imóveis confinantes, serão notificados pelo registrador competente, pessoalmente ou pelo correio com aviso de recebimento, para manifestar seu consentimento expresso em 15 (quinze) dias. Nessa hipótese, o silêncio será interpretado como concordância em relação ao pedido de declaração de usucapião. Anteriormente, o silêncio deveria ser interpretado como discordância. Essa antiga exigência da concordância dos titulares de direitos reais e de outros direitos registrados ou averbados na matrícula do imóvel, principalmente, a concordância do proprietário tabular, ou seja, daquele em cujo nome o imóvel estivesse registrado, criava uma espécie de usucapião convencional, que acaba por inviabilizar a usucapião administrativa, a não ser, talvez, para o caso de usucapião ordinária, em que o usucapido houvesse por bem cooperar com o usucapiente na regularização da propriedade, cuja transmissão legítima não havia ocorrido por algum defeito do título. De todo modo, a lei foi alterada, vigorando, hoje, uma presunção de concordância, o que facilitou o procedimento notarial de usucapião.

De todo modo, o oficial de registro de imóveis dará ciência à União, ao Estado, ao Distrito Federal e ao Município, pessoalmente, por intermédio do oficial de registro de títulos e documentos, ou pelo correio, com aviso de recebimento, para que se manifestem, em quinze dias, sobre o pedido.

O oficial de registro de imóveis também promoverá a publicação de edital em jornal de grande circulação, onde houver, para a ciência de terceiros eventualmente interessados, que poderão se manifestar em quinze dias.

Para a elucidação de qualquer ponto de dúvida, poderão ser solicitadas ou realizadas diligências pelo oficial de registro de imóveis.

Transcorrido o prazo de quinze dias, sem pendência de diligências, e achando-se em ordem a documentação, com inclusão da concordância expressa dos titulares de direitos reais e de outros direitos registrados ou averbados na matrícula do imóvel usucapiendo e na matrícula dos imóveis confinantes, o oficial de registro de imóveis registrará a aquisição do imóvel com as descrições apresentadas, sendo permitida a abertura de matrícula, se for o caso.

De qualquer forma, é lícito ao interessado suscitar junto à Justiça o procedimento de dúvida, nos termos da Lei n. 6.015/1973.

No entanto, se, ao final das diligências, a documentação não estiver em ordem, o oficial de registro de imóveis rejeitará o pedido. Essa rejeição do pedido, evidentemente, não impede o ajuizamento de ação de usucapião.

Por fim, se houver impugnação do pedido de reconhecimento extrajudicial de usucapião, apresentada por qualquer um dos titulares de direito reais e de outros direitos registrados ou averbados na matrícula do imóvel usucapiendo e na matrícula dos imóveis confinantes, por algum dos entes públicos ou por algum terceiro interessado, o oficial de registro de imóveis remeterá os autos ao juízo competente da comarca da situação do imóvel, cabendo ao requerente emendar a petição inicial para adequá-la ao procedimento comum.

Uma última questão deve ser resolvida. A usucapião seria forma de aquisição originária ou derivada?

Para Lafayette, é forma originária de aquisição. Segundo o mestre, "o *modo de adquirir é originário, quando o domínio adquirido começa a existir com o ato, de que diretamente resulta, sem relação de *causalidade* com o estado jurídico de coisas anterior".[81]

Na lição de Pontes de Miranda, a usucapião é modo originário de aquisição. Explica seu ponto de vista, dizendo que só será derivada a aquisição, quando se estiver adquirindo *de alguém*, o que definitivamente não ocorre na usucapião. Pouco interessa que a coisa já fosse objeto de domínio. O que importa é que não há relação jurídica de transmissão de propriedade entre o antigo e o novo titular. O título de usucapião não tem autor, ou seja, não foi produzido pela vontade de alguém que desejava transferir seu direito de dono para outrem.[82]

No mesmo sentido, ensina Marco Aurélio Viana, asseverando que é modo originário por nascer a titularidade "sem vinculação com o passado, inexistindo relação entre o adquirente e o precedente sujeito de direito".[83] Da mesma opinião é Orlando Gomes.[84]

Outra era a posição do Direito Romano, segundo o testemunho de Vandick da Nóbrega e Cretella Júnior.

Vandick da Nóbrega explica ser a usucapião forma derivada de aquisição da propriedade. No Direito Romano, a aquisição reputava-se derivada, quando a coisa adquirida já pertencesse à outra pessoa. Distinguiam-se duas classes de aquisição derivada: a voluntária e a involuntária. A voluntária ocorria quando havia transferência de um a outro titular, por força da vontade do antigo.

---

81 PEREIRA, Lafayette Rodrigues. Op. cit., v. 1, p. 91.
82 PONTES DE MIRANDA, Francisco Cavalcanti. **Tratado de direito privado**... cit., v. 11, p. 117.
83 VIANA, Marcos Aurélio S. **Curso de direito civil**. Belo Horizonte: Del Rey, 1993. v. 3, p. 127.
84 GOMES, Orlando. **Direitos reais**. 5. ed. Rio de Janeiro: Forense, 1978. p. 203.

Involuntária era a aquisição derivada, se decorresse, não da vontade do antigo titular, mas de outro fato, como a usucapião.[85]

Cretella Júnior, nos mesmos passos de Vandick da Nóbrega, demonstra ser a usucapião modo derivado de aquisição. Para os romanos, era derivada a aquisição que fizesse surgir a propriedade sobre coisa que antes era propriedade de alguém. Destaca, porém, que a usucapião era modo derivado de aquisição necessária ou involuntária, de vez que exigia-se apenas a manifestação de vontade do adquirente. Não era fruto de convenção entre o antigo e o novo dono.[86]

Seguindo os traços do Direito Romano, Caio Mário advoga a tese de que a usucapião seja forma derivada de aquisição, uma vez que a coisa usucapida era objeto de propriedade de outra pessoa. Esta, apesar de involuntariamente, perde o direito em favor de novo titular. Havendo, assim, um titular antigo e outro novo, não se pode falar em aquisição originária, visto que esta é aquisição de coisa que jamais esteve sob o domínio de ninguém.[87]

Como se pode constatar, a doutrina é farta de opiniões. A meu ver, contudo, devemos optar pelo parecer de Caio Mário, vejamos.

A questão é simples. A divisão entre modos derivados e originários de aquisição nos veio do Direito Romano. Naquela época, a ideia era de que a relação jurídica real se estabelecia entre titular e coisa. Com base nisso, não poderiam mesmo conceber a usucapião como modo originário de aquisição. O ponto de vista de que partiam era puramente objetivo. Se a coisa já tivesse dono, a aquisição seria derivada, mesmo não havendo transmissão voluntária da propriedade.

Não obstante, mesmo se partirmos da premissa moderna de que as relações jurídicas reais se estabelecem não entre titular e coisa, mas entre titular e não titulares, a conclusão de que a usucapião é modo derivado de aquisição se confirma. Ora, ainda quando o ocupante da coisa a possua à revelia do dono, haverá entre eles relação jurídica. Este como titular, aquele como não titular. E não é senão por força desta relação, que o dono poderá reivindicar a coisa do possuidor. É por força desta relação que a usucapião se concretiza. Se a coisa não tivesse um dono antigo, não se poderia falar em usucapião. Por outras palavras, se não houvesse relação alguma entre o possuidor (não titular da propriedade) e o dono (titular da propriedade), não haveria qualquer usucapião. Assim, se a aquisição por usucapião pressupõe relação jurídica preexistente, será forma derivada, e não originária, afinal haverá transmissão da propriedade, que pode até ser voluntária, como na usucapião ordinária, que, seja qual for a perspectiva, será forma derivada, uma vez que sempre haverá transmissão voluntária da propriedade, posto que viciada.

---

85 NÓBREGA, Vandick Londres da. **Compêndio de direito romano**... cit., 8. ed., v. 2, p. 70.
86 CRETELLA JR., José. **Curso de direito romano**... cit., 14. ed., p. 199-200.
87 PEREIRA, Caio Mário da Silva. **Instituições**... cit., 18. ed., v. 4, p. 104.

A questão tem algum interesse prático, uma vez que, a se considerar a usucapião forma originária de aquisição, uma vez preenchidos os requisitos da aquisição, o bem usucapido despe-se de todos os ônus que, porventura, sobre ele recaíssem, como, por exemplo, uma hipoteca que o tornasse garantia de dívida do antigo dono (usucapido). Assim, todos os direitos reais regularmente constituídos pelo antigo proprietário serão cancelados. Serão extintos, outrossim, todos os gravames judiciais, tais como penhora, arresto, sequestro, ou ônus administrativos, como o arrolamento fiscal. Os titulares destes direitos, que, em tese, seriam oponíveis *erga omnes*, perdem qualquer pretensão sobre o bem usucapido, por força dessa doutrina que reputa a usucapião forma originária de aquisição. Isso costuma levar a fraudes as mais diversas, tornando-se a usucapião um meio para o proprietário se livrar dos gravames que estejam onerando seu imóvel. O bem, por exemplo, é adquirido por um laranja e liberado dos gravames. Posteriormente, poderá ser vendido, sendo o dinheiro revertido em favor do antigo dono, que se verá, assim, livre dos ônus que pesavam sobre seu patrimônio. Evidentemente, na prática, são situações muito raras, que podem, todavia, ocorrer. Por óbvio, os titulares de ônus reais sobre o imóvel deverão ser intimados e poderão impugnar, questionar a usucapião.

Outra seria a hipótese de um imóvel abandonado, situação de difícil ocorrência. O abandono é ato material, pelo qual o dono deixa o imóvel com o ânimo de se desfazer dele. Neste caso, haveria perda da propriedade, quedando o imóvel sem proprietário. O prédio se reputa coisa vaga, devendo ser obedecido procedimento específico, que examinaremos ao tratarmos das hipóteses de perda da propriedade.

Também uma questão importante diz respeito à possibilidade da *suppressio* na usucapião. Relembrando, a *suppressio* é a perda do direito por seu não exercício prolongado e abusivo. Vejamos um exemplo: A ocupa o terreno de B irregularmente. Teria direito à usucapião extraordinário, depois de dez anos. Ocorre que B, em diversas ocasiões, deixou bastante claro para A sua intenção de não reclamar o imóvel. O tempo foi passando e, de repente, sem maiores explicações e contrariando todas as expectativas por ele mesmo criadas, B promove ação de reintegração de posse contra A. Embora dentro do prazo prescricional, o pedido de B poderia ser julgado improcedente, devido ao abuso de direito, que gerou a *suppressio*, ou seja, a perda do direito de reivindicar o imóvel. A simples *suppressio* não tornaria A dono do imóvel, mas, pelo menos, ficaria protegido contra B, até que se passasse o prazo para a usucapião.

Mais uma questão: uma pessoa fica vinte anos num imóvel que invadira. Durante esse período tem posse *ad usucapionem* extraordinário, ou seja, pacífica, ininterrupta e com vontade de dono. Depois desse tempo, sai do imóvel, que é reocupado pelo dono. Poderá o usucapiente, que saíra após vinte anos, pretender a retomada do prédio, alegando tê-lo adquirido por usucapião? Sem dúvida alguma, após quinze anos, houve aquisição por usucapião, independentemente de qualquer ação ou registro, que, aliás, têm natureza meramente declaratória. Ocorre que, se a saída do imóvel, após vinte anos, configurar abandono, o usucapiente perde a propriedade que adquiriu. Sendo assim, o terreno ficará, rigorosamente, vago, ou seja, sem dono, podendo ser objeto de ocupação pelo antigo dono ou por qualquer outra pessoa. A meu ver, o usucapiente, neste caso de abandono, não terá direito à retomada.

Finalizando, a usucapião não é forma de aquisição somente da propriedade. Adquirem-se também outros direitos reais por via de usucapião. Exemplos seriam as servidões e o usufruto, conforme veremos mais abaixo. Por exemplo, se uma pessoa passar pelo terreno da outra durante vinte anos, uma vez que preencha também outros requisitos, adquirirá por usucapião esse direito de passagem.

a] Propriedade territorial rural

A propriedade territorial rural é, hoje em dia, objeto de estudo do Direito Agrário, que veremos em breves linhas.

Introdução histórica ao Direito Agrário

Direito Agrário é "conjunto sistemático de normas jurídicas que visam a disciplinar as relações do homem com a terra, tendo em vista o progresso social e econômico do rurícola e o enriquecimento da comunidade".[88]

Já entre os hebreus, gregos e romanos havia normas de Direito Agrário. Moisés distribuiu a Terra Prometida. Em 61 a.C., editou-se em Roma a *Lex Iulia Agraria Campania*, que mandava distribuir terras da Campânia a cidadãos pobres e veteranos de guerra, com três filhos pelo menos. A lei acabou por beneficiar 20.000 famílias.

A Idade Média era precipuamente rurícola, organizando-se a sociedade quase que só em torno da terra.[89]

A Revolução Francesa deu à propriedade rural o mesmo tratamento que dispensou à urbana. Apesar disso, logo após a promulgação do Código Civil de 1804, foi editado o Código Rural Francês, reestruturando a propriedade do solo rústico.

Modernamente, o Direito Agrário busca sistematização e autonomia, sendo importante ramo do Direito, com normas de caráter público e privado. Importante no mundo, mais importante ainda no Brasil.

O gérmen do Direito Agrário Brasileiro encontra-se já no regime das sesmarias implantado para a ocupação de terras abandonadas em Portugal, pelas Ordenações Afonsinas de 1446. No Brasil, o sistema foi implantado em 1512 pelas

---

88 SILVA, Ângela. **Direito agrário**. Notas de aula. Belo Horizonte: Fumidam, 1987. p. 15.
89 HUBERMAN, Leo. Op. cit., *passim*.

Ordenações Manuelinas. O regime perdurou até 1822, amparado pelas Ordenações Filipinas de 1603, que revogou as anteriores.

De 1822 a 1850, não havia qualquer lei agrária regulamentando a questão das terras devolutas.

Em 1850, a Lei n. 601 e o Decreto n. 1.318 disciplinaram a questão. A Constituição de 1891 transferiu as terras devolutas aos Estados e instituiu outras normas agrárias, tais como a competência dos Estados para a cobrança de tributos, a transmissão da propriedade e assim por diante.

De 1889 a 1930, a estrutura fundiária permaneceu a mesma, ou seja, imensa massa camponesa, composta de minifundiários e sem-terra, e uns poucos aristocratas rurais. Houve, entretanto, várias tentativas de elaboração de um código rural.

Em 1946, a Constituição Federal contemplou a hipótese de desapropriação por interesse social, além dos casos de necessidade ou utilidade pública, programando a justa distribuição da propriedade, com igual oportunidade para todos.

De 1946 a 1964, vários foram os avanços e tentativas quando, finalmente, em 1964 promulgou-se o Estatuto da Terra, que vigora até nossos dias, acompanhado de farta legislação complementar.

Estatuto da Terra

É a lei fundamental do Direito Agrário Brasileiro, visando imprimir critérios mais realistas à intervenção do Estado na propriedade rural privada e no aproveitamento das terras públicas. Seus objetivos precípuos são a produtividade e a justiça social, com a promoção do ser humano.

Diante do quadro caótico da distribuição de nossas terras, o Estatuto da Terra preconiza dois métodos de readequação, a saber, a colonização, para terras públicas, e a reforma agrária, para as privadas. Esta constitui instrumento secundário, que só se utiliza quando o particular se omite no dever de fazer a terra cumprir sua função social. É providência extrema.

O Estatuto da Terra preserva a propriedade privada rural, fortalecendo a empresa rural, que deve suceder ao latifúndio, e a propriedade familiar, que deve suceder ao minifúndio. Quando a terra não se amoldar a esses parâmetros, o Poder Público interferirá mediante desapropriação por interesse social para reforma agrária, redistribuindo as terras ou aglutinando-as, no caso de minifúndios.

Além da colonização e da reforma agrária, o Estatuto possui outros instrumentos para fomentar a produtividade e a justiça social. São eles o zoneamento do país, atendendo a peculiaridades regionais, com vista à política regionalizada; o cadastramento dos imóveis rurais; a tributação da terra; a regulamentação do uso temporário do solo, em caso de arrendamento e parceria rural; o cooperativismo; a assistência técnica e creditícia; o seguro agrícola; a implementação de infraestrutura em termos de estradas, eletricidade, telefonia etc.

Fundamento do Direito Agrário

É a função social da terra o pilar mestre do Direito Agrário. Esse princípio não é tão velho, tendo nascido das discussões introduzidas por von Jhering a respeito da posse. Esse jurista mudou a concepção de Direito Subjetivo, introduzindo a ideia de interesse e de fim. O Direito Subjetivo não deveria ser meio para lograr interesses particulares, mas para alcançar fins superiores, como os familiares e sociais. Ademais, von Jhering relacionou a propriedade da terra ao trabalho, considerando este fundamento daquela.[90]

Karl Marx negava a propriedade sobre a terra, que jamais seria útil, se privada.[91] Duguit preserva-a, quebrantando o direito absoluto do dono, e destacando na propriedade não direito subjetivo, mas o destino social a ser realizado pelo detentor de riquezas, que deverá tornar a propriedade benéfica à sociedade.[92]

Josserand[93] também contribuiu com suas ideias sobre a relatividade dos direitos subjetivos e sobre o abuso de direito.

Hauriou, com a teoria institucionalista, contribui, lançando a ideia de propriedade-função ou propriedade-obrigação.[94]

Atualmente, quase todos os ordenamentos jurídicos acatam a concepção da propriedade vinculada a sua função social, de vez que, pelo menos teoricamente, a todo direito corresponde obrigação correlata.

Princípios do Direito Agrário Brasileiro

Nosso Direito Agrário tem em sua estrutura basilar oito princípios que norteiam todas as suas normas. São os seguintes:

1] princípio do aumento do índice de produtividade;
2] princípio da privatização das terras, segundo o qual as terras públicas devem ser privatizadas, na medida do possível e do publicamente desejável;
3] princípio da proteção à propriedade familiar, com o intuito de evitar o êxodo rural;

---

90 JHERING, Rudolf von. **A luta pelo direito**... cit., passim.
91 MARX, Karl. Op. cit., vol. 3, S. 131. "Die Moral von der Geschichte, die man auch durch sonstige Betrachtung der Agrikultur gewinnen kann, ist die, daß das kapitalistische System einer rationellen Agrikultur widerstrebt oder die rationelle Agrikultur unverträglich ist mit dem kapitalistischen System (...)". Tradução livre: "A moral da história, que também se pode adquirir por observação mais aprofundada da agricultura, é que o sistema capitalista resiste a uma agricultura racional, ou, por outros termos, uma agricultura racional é incompatível com o sistema capitalista".
92 DUGUIT, Léon. **Manuel de droit constitutionnel**. 2. ed. Paris: Fontemoing, 1911. p. 10 et seq.
93 JOSSERAND, Louis. **Cours de droit civil positif français**. 3. ed. Paris: Recueil Sirey, 1938. p. 118 et seq.
94 HAURIOU, André. Op. cit., p. 131 et seq.

4] princípio do dimensionamento eficaz das áreas exploráveis, criando-se, a partir de então, o módulo rural e a fração mínima de parcelamento;
5] princípio do estímulo às cooperativas rurais;
6] princípio do fortalecimento da empresa agrária;
7] princípio da justiça social, que procura dar iguais oportunidades a todos, na busca do bem-estar social;
8] princípio da proteção às terras indígenas.

Imóvel rural

A definição de imóvel rural foi construída com base em sua destinação e não em sua localização. Será rural todo imóvel que se destine à exploração agropastoril, não importando onde se situe.

Da definição extraímos alguns elementos, quais sejam, o prédio deverá ser rústico, isto é, não construído. A área há de ser contínua. A destinação, por fim, será agropastoril.

Propriedade familiar

É o imóvel rural que, direta e pessoalmente explorado pelo agricultor e sua família, lhes absorva toda a força de trabalho, garantindo-lhes a subsistência e o progresso social, bem como o econômico, com área máxima delimitada por região e tipo de cultura.

O Estatuto da Terra contém instrumentos, que objetivam proteger a propriedade familiar, evitando sua pulverização e subutilização.

Cabe acrescentar ainda que a propriedade familiar pode ser eventualmente trabalhada com o auxílio de terceiros.

Empresa rural

É o empreendimento de pessoa física ou jurídica, pública ou privada, que explore econômica e racionalmente imóvel rural, segundo parâmetros fixados em lei.

Latifúndio

É a grande propriedade rural, caracterizando-se pela ausência de exploração ou exploração inadequada, contendo elementos ruinosos para o país.

Será latifúndio por extensão quando exceder às dimensões máximas fixadas para a empresa rural.

Será latifúndio por falta de exploração quando, inferior ao tamanho máximo, for inexplorado ou explorado inadequadamente.

Minifúndio

É imóvel rural de área tão pequena que não permita exploração adequada.

Módulo rural ou fiscal

O Direito Romano, ao tratar do *ager limitatus*, fez brotar a ideia de módulo rural. O *modus agri* era a parcela de terras destinada ao agricultor individual de cada centúria do *ager limitatus*.[95] A concepção evoluiu, sendo o módulo rural modernamente tomado como a dimensão ideal mínima para imóvel rural. Suas medidas dependerão do lugar em que se situe. Serve como parâmetro para definir a propriedade familiar, a empresa rural e o latifúndio por extensão. Este deverá ser maior que seiscentos módulos rurais; essa deverá ser exercida em mais de um e menos de seiscentos módulos; e aquela será de um ou mais módulos rurais, conforme a região.

Fração mínima de parcelamento

É o tamanho mínimo do imóvel rural, abaixo do que não se admitirá fracionamento. A fração mínima é de um módulo rural.

De tudo o que foi dito, pode extrair-se conclusão estarrecedora.

O interior do Brasil, se comparado aos países desenvolvidos, está literalmente "jogado às moscas". Basta observar-se a situação de penúria da enorme maioria das cidades provincianas, para se deduzir que toda a riqueza do país se concentra nos grandes centros, visando fomentar a indústria.

Devido à regra geral de miséria e atraso absoluto do campo, muito se fala em reforma agrária, redistribuição de terras, e outras coisas mais. Promessas não faltam, principalmente na corrida por votos. Com base nisso, fica o leigo a imaginar que nos careçam leis adequadas para dar algum alento e conforto ao rurícola. Esta é exatamente a conclusão estarrecedora que se extrai do breve estudo que acabamos de encerrar: o Brasil possui legislação, se não perfeita, pelo menos suficiente para começar a resolver o problema. Porém, infelizmente, nada se faz de concreto. Definitivamente, não há vontade política, nem mesmo da chamada "esquerda", que deveria ser a primeira a se levantar pelo campesino, de maneira realmente eficaz, por intermédio de seus deputados, prefeitos e governadores. Em vez disso, ficam a defender as estatais, os cartórios e o clientelismo. E enquanto isso, "apodreça" nosso interior.

b] Relações de vizinhança

A Lei, visando contribuir para a paz social, impõe normas de conduta entre vizinhos. São obrigações *propter rem* e procuram atingir situações como o exercício nocivo dos direitos de dono, as árvores limítrofes, a passagem forçada, a demarcação de fronteiras, o direito de construir e o direito de tapagem. São, na verdade, situações de conflito, detectadas séculos atrás pelos romanos e que até nossos dias geram controvérsias entre vizinhos.

---

95 WEBER, Max. Op. cit., p. 23.

Critica-se o Código Civil por ser demais patrimonialista nesta matéria, protegendo o proprietário ou o possuidor (art. 1.277), em vez de proteger a pessoa humana. A questão não é esta. Na verdade, protege-se a pessoa humana. O Código Civil só fala em proprietário ou possuidor para localizar a matéria no âmbito das relações de vizinhança. Caso contrário, a solução seria dada pelos arts. 186 ou 187. Na verdade, a vítima será todo aquele que sofra as consequências do ato perpetrado pelo vizinho. Vizinho é aquele que se ache próximo; não necessariamente há de ser confinante. A ideia pode, inclusive, analogicamente, estender-se a situações não estritamente imobiliárias, como a dos carros com som alto, que incomodam a todos que estejam em volta, quer outros motoristas, quer pedestres, ou quem esteja nos imóveis dos arredores.

A seguir abordaremos, em linhas gerais, os princípios basilares do Direito brasileiro sobre o tema.

Exercício nocivo do domínio ou dos direitos de dono

Por exercício nocivo dos direitos de dono entende-se aquele exercício prejudicial, que põe em risco a saúde, a segurança e o sossego dos vizinhos. A expressão exercício nocivo é bem ampla e pode constituir verdadeiro ato ilícito *stricto sensu* (art. 816 do CC), ou mero abuso de direito (exercício abusivo – art. 187 do CC), pouco importa. Exemplos são festas noturnas, barulhos exagerados, exalação de fumaça, fuligem ou gases tóxicos, poluição da água, criação de animais que exalem mau cheiro e concentrem enxames de moscas etc. Consistem também exercício abusivo dos direitos de dono os atos emulativos injustos, motivados pela inveja ou pelo ciúme, que faz com que um vizinho pratique ações ou omissões com o simples intuito de atrapalhar o outro. Por exemplo, uma pessoa constrói uma piscina, e o vizinho, por pura inveja, sobe um muro, ou deixa crescer uma árvore com o exclusivo intuito de fazer sombra à diversão do outro. Não tem o vizinho qualquer intuito de proveito para si. Seu objetivo é meramente causar dano ao outro, incomodá-lo. É ato de mera emulação, considerado abuso de direito, quando nada. Emulação, diga-se de passagem, vem do latim *aemulatio*, do verbo *aemulari* (invejar, competir para vencer etc.).[96] O parágrafo 2º do art. 1.228 refere-se explicitamente aos atos emulativos, proibindo-os. Dispõe serem defesos os atos que não tragam ao proprietário qualquer comodidade e sejam animados pela intenção de prejudicar. O Código Civil sofre severas críticas neste particular. Primeiramente, o parágrafo 2º do art. 1.228, exige a intenção de prejudicar, na contramão do próprio art. 187 do mesmo Código, que dispensa o elemento subjetivo (no caso, o dolo), para a caracterização do abuso de direito.

---

96 SOUSA, Francisco António de. **Novo dicionário latino-português**. 2. ed. Porto: Lello & Irmão, 1984. p. 32. DE PLÁCIDO E SILVA, Oscar Joseph. **Vocabulário jurídico**. Rio de Janeiro: Forense, 1989. p. 524.

Em segundo lugar, o dispositivo é desnecessário, dada a função social da propriedade, pressuposto de legitimidade da propriedade. Muito antes de ser proibido da prática de atos emulativos, o proprietário, e neste passo também o possuidor, deve atender aos valores sociais, no exercício de seus direitos.[97]

Em relação à primeira crítica, na verdade, não há confundir atos emulativos com abuso de direito. Para os atos emulativos, é necessário, efetivamente, que o agente proceda com dolo. Prejudicar o outro deve estar na intenção mesma de quem pratique a emulação. Por outro lado, para a caracterização do abuso de direito, o art. 187 do CC dispensa o elemento anímico, mas impõe a necessidade de o agente estar formalmente correto no exercício de seu direito, o que não ocorre, obrigatoriamente, nos atos de emulação. Pode haver ou não ato emulativo que caracterize abuso de direito. A crítica, portanto, não procede. De todo modo, se um vizinho prejudicar o outro, mesmo que não tenha tido a intenção de fazer mal, mesmo que não estivesse agindo nos limites formais de seu direito, deverá abster-se do ato prejudicial. A indenização, como estudado no Capítulo XIII, será devida, mesmo que a prática resulte de caso fortuito ou de força maior, mesmo que resulte de legítima defesa, de estado de necessidade, de exercício regular de direito ou de estrito cumprimento do dever legal, desde que o vizinho prejudicado seja terceiro inocente.

Quanto à segunda crítica, é verdade que a prática de atos emulativos estará sempre vinculada ao exercício nocivo dos direitos de dono, o que já é defeso pela simples ideia de função social da propriedade. Assim, não posso ligar meu aparelho de som a toda altura, com o único objetivo de perturbar a sesta do vizinho. Isso atentaria contra a função social da propriedade sobre o aparelho de som. Lembremos que a função social tem também um lado negativo, que limita o exercício dos direitos de dono.

É importante lembrar que, tratando-se de abuso de direito, pouco importa o elemento subjetivo – culpa ou dolo –, para sua configuração.

O Código Civil de 2002 utiliza o termo *uso anormal*, enquanto o de 1916 utilizava a expressão *uso nocivo ou mau uso da propriedade*. Na verdade, o que se usa mal não é a propriedade como um todo, mas o objeto dos direitos que lhe são inerentes, principalmente os de usar, fruir e dispor (em sentido amplo, ou seja, dispor, enquanto dar um destino). Melhor teria sido utilizar a expressão "exercício nocivo ou abusivo dos direitos de dono". Isso porque, para início de conversa, não é necessário que o exercício desses direitos seja anormal, o que pode significar apenas que seja não usual; é preciso, antes de mais nada, que seja abusivo, nocivo, prejudicial, atentatório à saúde, segurança ou tranquilidade

---

97 FARIAS, Cristiano Chaves de; ROSENVALD, Nelson. **Direitos reais...** cit., p. 203-204; TEPEDINO, Gustavo. Os direitos reais no novo Código Civil. **Revista da Escola da Magistratura do Rio de Janeiro**. Rio de Janeiro: Emerj, 2003. p. 172.

dos vizinhos, além, é óbvio, dos atos emulativos. Assim, diante da expressão mau uso, uso nocivo ou anormal da propriedade, entenda-se exercício abusivo, nocivo, prejudicial dos direitos de dono ou de propriedade.

Assim, o ocupante de imóvel, seja proprietário, seja mero possuidor, tem o direito de impedir que o mau exercício dos direitos de propriedade, por parte do vizinho, possa prejudicá-lo, ou aos seus, o sossego, a saúde ou a segurança.

Fazendo breve incursão no Direito Penal, observamos que também este ramo do Direito cuida de proteger o sossego alheio, de forma clara orientando a boa convivência entre vizinhos.

Assim, temos que constituem contravenção penal perturbar o trabalho ou o sossego alheios com gritaria ou algazarra; exercendo profissão incômoda ou ruidosa, em desacordo com as prescrições legais; abusando de instrumentos sonoros ou sinais acústicos; provocando ou não impedindo barulho produzido por animal de que tenha a guarda. A pena prescrita neste artigo (42 da LCP) é de prisão simples, de quinze dias a três meses, ou multa.

Além do art. 42, há também o art. 30, que cuida do perigo de desabamento, e o art. 38, abordando a emissão de fumaça, vapor ou gás.

O Código Civil trata o tema de modo genérico. O que interessa é a perturbação à saúde, segurança ou tranquilidade. Ocorrendo que seja, pode a vítima acionar o vizinho.

Penalmente, a ação é pública incondicionada. Civilmente, duas ações podem ser propostas, a saber, a ação relativa às obrigações de não fazer, para impedir o vizinho de continuar o exercício nocivo (arts. 497 e ss., do CPC). Nessa ação, o juiz, se procedente o pedido, concederá a tutela específica ou determinará providências que assegurem a obtenção de tutela pelo resultado prático equivalente. É importantíssimo frisar que, para a concessão da tutela específica destinada a inibir a prática, a reiteração ou a continuação de um ilícito, ou a sua remoção, é irrelevante a demonstração da ocorrência de dano ou da existência de culpa ou dolo. Também será possível a fixação de uma *astreinte*, denominação francesa que se dá à multa fixada, periodicamente (pode ser, por exemplo, diária, ou a cada reincidência), para compelir o réu ao cumprimento específico da obrigação.

A obrigação somente será convertida em perdas e danos se o autor o requerer ou se impossível a tutela específica ou a obtenção de tutela pelo resultado prático equivalente. A indenização por perdas e danos dar-se-á sem prejuízo da multa acima referida.

Se não for possível, por não mais caber a ação relativa á obrigação de não fazer, poderá ser o caso de ação indenizatória para ressarcimento dos prejuízos causados. Pode ocorrer de o vizinho já ter cessado a prática nociva, por exemplo. Nessa hipótese, não há mais falar na ação de cumprimento de obrigação de não fazer, mas, seguramente, poderá ter cabida a ação indenizatória, relativamente aos danos sofridos.

Na esfera administrativa, são aplicadas multas e, tratando-se de estabelecimento empresarial, pode-se determinar seja fechado. Isso dependerá, entretanto, de legislação administrativa, em regra, municipal. É nela que se estabelecem horários para a produção de barulho razoável, limites em volumes de decibéis etc., o que, definitivamente, não importa para o Direito Civil e Penal.

Evidentemente, há incômodos que devem ser tolerados, em prol da paz social. Tal seria o caso de obras efetuadas pelo vizinho. O barulho é inevitável, mas temporário. O mesmo se diga do barulho natural do trânsito. Nesses casos, o que se deve evitar são os abusos, como iniciar a obra muito cedo, ou terminar muito tarde; produzir barulhos desnecessários, como som alto em automóveis, canos de descarga adulterados e barulhentos, dentre outros. É de se ressaltar, por outro lado, que o mau planejamento de nossas grandes cidades leva a absurdos, tais como bairros no entorno de grandes aeroportos. Pergunta-se: poderiam as pessoas que fixem residência na cabeceira da pista de um aeroporto reclamar do barulho dos aviões? Esse fato ocorreu em São Paulo, no entorno do aeroporto de Congonhas; em Belo Horizonte, nos arredores do aeroporto da Pampulha, para citar dois exemplos. Quando esses dois aeroportos foram construídos, o local era ermo, nada havia em volta. Hoje, a situação é totalmente diferente. São aeroportos centrais, com bairros inteiros a sua volta. O que fazer nesses casos? Deslocar os bairros seria impossível. Simplesmente ignorar o incômodo sofrido pelos vizinhos, tampouco seria desejável, embora todos eles soubessem dos eventuais transtornos ao se fixarem no local. O que se pode fazer é estabelecer horários e limites de aeronaves, na tentativa de minimizar o problema. A verdade é que a responsabilidade é toda do Poder Público municipal, que, por meio de uma política urbana decente, deveria evitar situações como essa.

Árvores limítrofes

Em relação às árvores, há três hipóteses.

1] Quando a árvore encontrar-se exatamente na linha divisória entre os dois terrenos. Neste caso, teremos condomínio sobre a árvore. Isso significa que os vizinhos devem partilhar igualmente as despesas, os cuidados, os frutos e a madeira, caso a árvore venha a ser cortada.
2] A segunda hipótese diz respeito à árvore frutífera que, plantada no terreno de um vizinho, estenda seus ramos por sobre o terreno do outro. Enquanto pendentes, os frutos são do dono da árvore, e somente ele pode colhê-los. Desprendendo-se, porém, ficam pertencendo ao proprietário do solo em que caírem. Não é lícito, contudo, provocar a queda, sacudindo os ramos.

Os frutos caídos em terreno público, como ruas e rios, são do dono da árvore, cometendo furto quem os colher.[98]

O Direito Romano permitia ao dono da árvore entrar no terreno vizinho para colher os frutos, dia sim, dia não, protegendo-o pelo *interdictum de glande legenda*. Em nosso Direito, a colheita dos frutos se dá segundo a conveniência do dono da árvore, desde que não perturbe o vizinho.

3] A terceira hipótese que se apresenta é aquela da árvore cujos ramos e/ou raízes transponham a linha divisória, causando dano ou incômodo ao vizinho. O dono do terreno invadido pela copa e/ou raízes pode cortá-los no plano vertical da divisa e, se o proprietário da planta quiser evitá-lo, deverá ele mesmo realizar a poda, mantendo a árvore dentro de suas divisas, tanto pelos ramos como pelas raízes.

O corte independe da prova do prejuízo.

A ação do Direito Romano se chamava *actio de arboribus succisis*, sendo estabelecida uma medida para o corte. Tal não ocorre, porém, no Direito pátrio.

Por fim, acrescente-se que o corte dos ramos e raízes só pode ser exercitado pelo dono do imóvel, jamais pelo mero possuidor, como o inquilino ou comodatário, a não ser que ajam em nome do dono. Ademais, há de ser respeitada a legislação ambiental, que regulamenta e impõe limitações ao corte e poda de árvores.

Passagem forçada

O Código Civil, em seu art. 1.285, abre preceito que assegura ao dono de terreno urbano ou rural, que se achar encravado em outro, sem saída para via pública, nascente ou porto, o direito de reclamar ao vizinho que lhe ceda passagem, fixando-se esta judicialmente, caso os vizinhos não cheguem a consenso.

Segundo a jurisprudência dominante, o encravamento deve ser total. A doutrina se divide. Washington de Barros entende que basta o encravamento parcial, que torne a saída extremamente onerosa.[99]

Talvez a melhor solução seja mesmo aquela que analise cada caso concreto, diante dos princípios da função social da propriedade e do solidarismo social.

O dono do prédio serviente tem direito a indenização cabal pelos incômodos a que se sujeita.

O encravamento deve ser natural e não forçado. Por exemplo, venda da parte que dava acesso à via pública. Neste caso, o prédio dominante só poderá exigir saída daquele a quem vendeu.

---

98 BARROS MONTEIRO, Washington de. **Curso de direito civil**. 23. ed. São Paulo: Saraiva, 1989. v. 3, p. 141.
99 *Idem*, p. 143.

A mesma solução é dada para a passagem de cabos e tubulações, quando não puderem passar por outro local, seja por ser impossível, seja por ser extremamente oneroso.

O Código Civil trata da passagem de cabos e tubulações em seção distinta da passagem forçada. A meu ver, não faz sentido a distinção. A uma, porque se trata da mesma coisa, ou seja, é passagem forçada do mesmo jeito. A duas, porque a solução é a mesma; em outras palavras, indenização cabal, incluindo, é óbvio, e isto em ambos os casos, a desvalorização do prédio serviente (imóvel no qual ocorre a passagem).

Águas

A utilização e escoamento das águas pelos vizinhos encontram-se regulados no Código de Águas, Decreto n. 24.643/1934. Algumas regras do Código Civil foram, porém, mantidas.

Assim, o proprietário de um terreno não poderá impedir o fluxo normal das águas para o prédio vizinho, da mesma forma que o vizinho não poderá impedir a passagem natural das águas por seu terreno, inundando o prédio fronteiriço. Esta regra, bem como as seguintes, vale para as águas superficiais e para as águas escolásticas ou subterrâneas.

Todos têm o direito de usar as águas que passem naturalmente por seu imóvel.

Se o escoamento das águas não for natural, mas devido a obras realizadas pelo vizinho, o dono do prédio por onde escoem poderá exigir seu desvio ou indenização por todos os prejuízos sofridos.

Por fim, é permitida a passagem de águas captadas para irrigação pelo terreno dos vizinhos, mediante prévia indenização.

Limites entre prédios

O art. 1.297 do CC assegura a todo proprietário a faculdade de obrigar seu vizinho a proceder com ele à demarcação de seus terrenos, estabelecendo por onde deve passar a linha divisória.

Caso os vizinhos não cheguem a acordo, podem propor ação chamada "demarcatória" quando, então, o juiz nomeará um ou mais peritos que medirá(ão) a área e a dividirá(ão). As partes poderão indicar assistentes técnicos. Realizada a perícia, o juiz julgará, tendo em vista a opinião do(s) perito(s) e das partes e/ou de seus assistentes, após o que ficará judicialmente demarcada a fronteira e o tamanho dos prédios. A ação de demarcação é procedimento especial, regulado nos arts. 574 e ss. do CPC.

O art. 1.298 do CC dispõe que, se não for possível a demarcação por medição topográfica ou outro meio igualmente acurado, por serem limites entre os prédios confusos, a determinação será feita com base na posse justa. Em outras palavras, as terras serão divididas, de consonância com os quinhões ocupados pelos vizinhos, a não ser que a posse de um deles seja injusta. Isto pode ocorrer, por exemplo, se um deles invadir a porção que sempre fora ocupada pelo outro. O prejudicado proporá ação possessória; posteriormente poderá ser proposta a demarcatória, e o juiz decidirá os limites entre os dois terrenos, a favor do primeiro vizinho possuidor, por ser sua posse melhor que a do outro (o vizinho invasor).

Mas, se a posse de ambos for igual, seja por ser mesmo igual, seja por não se provar a posse justa de um, o terreno será dividido em partes iguais. Não sendo possível essa divisão, por exemplo, por ser ínfima ou irregular a parte das terras sob disputa, será esta parte disputada adjudicada, ou seja, concedida a apenas um dos vizinhos, que deverá indenizar o outro. O Código não diz, contudo, a qual dos litigantes será adjudicada a porção do terreno. As partes deverão chegar a consenso; caso contrário, caberá ao juiz escolher uma delas, com base em seu bom senso, diante das circunstâncias do caso concreto.

Direito de tapagem

Cabe ao proprietário do prédio urbano ou rural promover-lhe a tapagem mediante muro, cerca, parede ou vala, ou por qualquer meio que não ofenda as disposições administrativas nem cause danos aos vizinhos, que são obrigados a concorrer para as despesas de sua realização e conservação.

Direito de construir

O proprietário tem o direito de construir o que bem entenda em seu terreno, observados os regulamentos administrativos que subordinam as edificações a exigências técnicas, sanitárias e estéticas, e observado o respeito ao direito dos vizinhos que não deve ser violado pelas edificações.

Por outro lado, tanto o Poder Público quanto os vizinhos podem embargar as obras, uma vez desrespeitados aqueles princípios. O Poder Público embarga por sua própria força. Já os vizinhos terão que recorrer ao Poder Judiciário.

As ações cabíveis dependem da situação. Se a obra ainda não tiver começado, pode ser intentada ação de dano infecto, a fim de se impedir o dano ainda não produzido, não feito (infecto). Se a obra estiver em andamento, caberá ação de nunciação de obra nova, de rito comum. Se a obra já estiver concluída, a ação será a demolitória, também de rito comum.

Importante é observar que todo proprietário é obrigado a permitir que o vizinho, mediante aviso prévio, entre em seu terreno e dele se utilize temporariamente, quando seja indispensável à limpeza ou reparação, construção ou reconstrução de sua casa, bem como limpeza ou reparação de esgotos, goteiras, aparelhos higiênicos, poços ou fontes, apreensão de suas coisas, inclusive de animais, que se encontrem casualmente no terreno vizinho. Em qualquer caso, caberá indenização pelos danos causados (art. 1.313 do CC).

15.2.14 Propriedade móvel

Aquisição da propriedade móvel

Assim como a aquisição da propriedade imóvel, também a da propriedade dos bens móveis se opera por meio comum, ordinário e por meios extraordinários.

O meio ordinário de aquisição da propriedade móvel é contrato de alienação, mormente a compra e venda, seguido da tradição. Meios extraordinários são, *a priori*, a sucessão hereditária, a ocupação, a especificação, a confusão, a comistão, a adjunção e a usucapião. A *priori*, porque também estudaremos a invenção, a descoberta de tesouro, a caça e a pesca.

Tradição

O Direito Brasileiro resolveu manter a sistemática romana quanto aos bens móveis. Diferentemente do Direito Francês, para o qual o próprio contrato de alienação é meio bastante para se transferir a propriedade, para nosso Direito, o domínio dos bens móveis só se transfere pela tradição. Assim, não basta o contrato de compra e venda, de doação etc., para que o adquirente se torne dono da coisa. É necessário ato posterior ao contrato, ou seja, à convenção, para que ocorra a transmissão da propriedade.

Celebrado que seja o contrato, o comprador, donatário etc., tornam-se detentores de direito de crédito contra o alienante. Esse direito só gera propriedade pela *traditio rei* ou tradição da coisa.

Nas palavras de Caio Mário, tradição é "ato de entrega da coisa ao adquirente, transformando a declaração translatícia de vontade em direito real".[100] O contrato é a causa (título); a tradição, o modo.

A tradição pode ocorrer de três formas diferentes. Em relação a essas formas haverá tradição real, simbólica ou fictícia.

Real será a tradição quando ocorrer entrega efetiva do bem, que passa das mãos do alienante às do adquirente. Quando compro cigarros em um bar, opera-se tradição real. Os cigarros são de fato entregues pelo vendedor.

Tradição simbólica é a entrega, não da coisa adquirida em si, mas de algo que a simbolize, como por exemplo, as chaves de um carro.

Por fim, a tradição será fictícia ou ficta se não ocorrer qualquer entrega real. Nada é entregue ao adquirente, que assim mesmo torna-se dono da coisa alienada. Como não poderia adquirir o domínio sem que houvesse tradição, diz-se que esta é fictícia. Duas são as hipóteses de tradição ficta.

Num primeiro caso, o adquirente já possuía a coisa em seu poder, não sendo preciso entregar-lhe o que já estava com ele. A alugou seu carro a B. Durante a locação resolveu vender o veículo, que acabou sendo comprado por B mesmo.

---

100 PEREIRA, Caio Mário da Silva. **Instituições**... cit., 18. ed., v. 4, p. 126.

Ora, B só adquirirá a propriedade do automóvel, após a tradição. Mas como é que A pode entregar a B algo que já está com ele? No entanto, tem que haver tradição, caso contrário B não se tornará dono do carro. Sendo assim, a tradição será fictícia, imaginária. É a *traditio brevi manu*, ou tradição por mão curta do Direito Romano, que nada mais é do que a vontade do alienante de entregar a coisa ao adquirente. Pela simples vontade, a coisa já se reputa entregue.

O segundo caso de tradição fictícia é o constituto possessório. Pelo constituto possessório ocorre a tradição ficta da coisa e a consequente aquisição da propriedade, não da mesma forma que na *traditio brevi manu*. No constituto possessório, aquele que possuía em seu nome, ou seja, como dono, passa a possuir a outro título, como, por exemplo, depositário. Por outro lado, a coisa é entregue ficticiamente a outra pessoa, que, pela tradição, se torna dono e possuidor indireto. É o que se dá na alienação fiduciária em garantia. O devedor transfere a propriedade de um bem (um automóvel, por exemplo) ao credor, em garantia de uma dívida. Deixa, pois, de ser dono do bem, mas continua em sua posse direta, na condição de depositário. Como, porém, o credor se torna dono do bem? Seria necessário entregar-lho em mãos? Obviamente que não. Pelo constituto possessório, o bem é ficticiamente entregue ao credor, que se torna seu proprietário e possuidor indireto, sem a necessidade de qualquer tradição real.

Não obstante a aquisição da propriedade realizar-se pela tradição, existem bens móveis, para os quais a Lei exige também o registro. É o caso dos automóveis, navios e aviões. A aquisição só terá publicidade e eficácia perante terceiros, depois do registro do título aquisitivo no órgão competente de registro. Para os automóveis, o órgão será o Detran; para os navios, a Capitania dos Portos ou o Tribunal Marítimo (Lei n. 7.652/1988); e para os aviões, o Registro de Aeronaves Brasileiro (RAB), órgão da Agência Nacional de Aviação Civil (Anac) (Lei n. 7.565/1986). Atente-se para o fato de que a aquisição se opera pela tradição. O registro serve apenas para dar publicidade e validade contra terceiros. Sem o registro, a transferência da propriedade será ato jurídico ineficaz, ou seja, válido entre as partes e inválido perante terceiros, para quem o dono, até prova em contrário, será aquele em cujo nome a coisa estiver registrada. Por outros termos, o registro desses bens móveis tem natureza meramente declaratória, e não constitutiva, como no caso dos bens imóveis.

Assim como para os bens imóveis o modo ordinário de aquisição é o registro do contrato de compra e venda no ofício imobiliário, para os bens móveis, o modo ordinário de aquisição da propriedade é a tradição. Por que ordinário? Porque é assim que comumente se adquire um bem móvel, mais especificamente pela compra e venda seguida da tradição. A compra e venda (causa) gerando efeitos obrigacionais, e a tradição (modo), efeitos reais. Obviamente, por razões práticas, essa mesma sistemática do título e modo (compra e venda e tradição) aplica-se aos contratos de doação e de troca. Não que a doação e a troca sejam causas ordinárias de se iniciar a aquisição de um bem móvel ou imóvel, ninguém que esteja querendo adquirir um livro ou um carro busca ganhar ou trocar um. Quem queira adquirir um bem móvel, de ordinário, irá comprar, não é mesmo? Apenas por razões práticas é que se equiparam a troca e a doação à compra e venda. Em outras palavras, os contratos de troca e de doação geram somente efeitos creditícios, não transferem a propriedade. É a tradição que se segue à compra e venda (e por equiparação, à troca e à doação) que gerará os efeitos reais, transferindo a propriedade.

As causas extraordinárias veremos a seguir. São a sucessão hereditária, a ocupação, a invenção, a confusão, a comistão, a adjunção e a usucapião. Aqui, basta a causa; não há a necessidade do modo.

Sucessão hereditária

Não temos aqui qualquer intenção de repetir o que já dissemos anteriormente sobre a sucessão hereditária de bens imóveis. Não obstante, por questões didáticas, resumiremos os principais traços do instituto.

Segundo nosso sistema, os herdeiros se tornam donos da herança, no exato momento em que o antigo dono morre. Ainda que não saibam, já são proprietários. A morte tem, pois, o poder de transferir, por si só, a propriedade, independentemente de qualquer ato complementar.

Os herdeiros, como supradito, adquirem a propriedade de patrimônio universal, indiviso. São considerados, num primeiro momento, condôminos dos bens herdados. É preciso, assim, inventariar os bens, a fim de partilhá-los. Realizada a partilha, é expedido formal de partilha. No caso dos imóveis, os herdeiros só lhes adquirem a propriedade individual, após o registro do formal de partilha. Tratando-se, porém, de bens móveis, não há evidentemente necessidade de registro. Os herdeiros adquirem-lhes a propriedade individual pela tradição, se já não estiverem em sua posse.

Ocupação

Ocupação é a aquisição da propriedade das coisas sem dono. Os romanos a definiam com exatidão. Segundo Gaio: "aquilo que de fato é de ninguém, será concedido ao ocupante por Direito Natural".[101] As *res derelictae* são, na verdade, espécies de *res nullius*, uma vez que não pertencem a mais ninguém.

---

101 Tradução livre do seguinte trecho do *Digestum*, Lib. XLI, Tit. I, 3. "*Quod enim nullius est, id ratione naturali occupanti conceditur*".

Coisas sem dono são todos os bens que nunca tiveram dono, ou a cuja propriedade o dono renunciou. Os primeiros denominam-se *res nullius*, ou coisas de ninguém; os segundos, *res derelictae* ou coisas abandonadas ou renunciadas.[102]

Para que uma coisa se considere abandonada, basta que seu dono a deixe. Porém, para a renúncia é necessário que o dono tenha emitido vontade no sentido de renunciar à propriedade. O simples fato de uma coisa ser encontrada na rua, não significa que tenha sido abandonada ou que a ela se tenha renunciado. Pode tratar-se de *res perdita*,[103] ou coisa perdida, objeto de invenção.

Vizinha da ocupação, mas diferente dela, é a invenção ou descoberta.

Invenção ou *descoberta* é o ato de se encontrar uma coisa vaga. A palavra *invenção* é derivada do latim *invenire* (achar, encontrar, descobrir), e a pessoa que ache, recebe o nome de inventor. O Código Civil usa o termo descoberta.

Vimos que ocupação é assenhoreamento de coisa sem dono, ou por ser de ninguém, como as conchas de uma praia (*res nullius*), ou por ter sido abandonada (*res derelicta*). A invenção, a seu turno, é o fato de se encontrar coisa vaga, qualquer que seja ela, sem dono ou perdida. Em relação às coisas sem dono, quem as encontre, pode delas se ocupar, adquirindo-lhes a propriedade; mas quem encontre coisa perdida, dela não se pode assenhorear, como se fosse coisa sem dono. Deverá restituí-la ao proprietário. O inventor de coisa perdida deverá restituí-la ao dono. Não o encontrando, terá que observar certo procedimento legal, que culmina com a venda da coisa em leilão.

Quando achamos uma coisa, como saber se foi perdida ou abandonada? Às vezes é fácil, às vezes não. Com base nisso, o Código de Processo Civil, no art. 746, refere-se às coisas que denomina vagas, isto é, sem dono ou perdidas. O mesmo procedimento, por analogia, será observado quanto às coisas deixadas em hotéis, casas de depósito, oficinas e congêneres, após um mês da data em que deveriam ter sido buscadas. Como saber se o dono as esqueceu ou renunciou a elas? É impossível, dependendo da situação. Regulam esse procedimento o Código Civil (arts. 1.233 a 1.237) e o Código Penal (art. 169, II).

O que deve ser feito é o seguinte:

1] O inventor deverá restituir a coisa ao verdadeiro dono, tudo fazendo para encontrá-lo no prazo máximo de 15 dias, segundo o Código Penal. Se preferir poderá levar a coisa direto à autoridade competente, pulando esta primeira etapa.

---

102 *Res nullius*, como já tivemos oportunidade de dizer, significa coisa ou coisas de nenhum (homem). Coisa ou coisas de ninguém. Pronuncia-se [res núlius]. *Res derelicta* quer dizer "coisa abandonada". No plural teremos *res derelictae*, que se pronuncia [res derelícte].
103 *Res perdita* significa "coisa perdida". Pronuncia-se [res pérdita]. No plural, teremos *res perditae* [res pérdite].

2] Não logrando êxito em restituí-la, ou se preferir, de imediato, levará a coisa à autoridade policial, que deverá lavrar um auto, descrevendo a coisa e seu inventor, e remeter tanto uma quanto outro ao juiz competente. Poderá, todavia, o inventor levar a coisa direto à autoridade judicial competente.

3] O juiz mandará citar o dono, se for pessoa conhecida. Caso contrário, mandará publicar dois editais na Imprensa Oficial, com intervalo de dez dias entre um e outro, se o valor do bem comportar tais despesas (art. 1.236).

4] Comparecendo o dono, ser-lhe-á entregue a coisa, pagando-se recompensa ao inventor e/ou as despesas que efetuou.

5] Não comparecendo o dono, no prazo de 60 dias do edital ou das notícias na imprensa, o juiz mandará vender a coisa em leilão. Do preço obtido com a venda, serão deduzidos as despesas, as custas, a recompensa e/ou os prejuízos do inventor. A recompensa não será inferior a 5% do valor da coisa. O saldo remanescente pertencerá ao Município, em cujo território foi encontrada a coisa. O Município pode, porém, deixar a coisa em favor do inventor, se seu valor for diminuto.

6] Se o inventor provar que a coisa foi abandonada, poderá requerer lhe seja adjudicada. Adjudicação é ato judicial pelo qual o juiz declara que a propriedade de certa coisa se transferiu de uma pessoa a outra.

Bem, provado o abandono, a coisa se considerará *res derelicta*, podendo o inventor dela se ocupar. Vê-se claramente que o inventor não adquire a propriedade da coisa por invenção, mas por ocupação, referendada pela adjudicação.

Posto isso, fica no ar uma indagação: seria válida cláusula que permite a certos prestadores de serviços, tais como oficinas, lavanderias, sapatarias etc., vender as coisas não reclamadas dentro de certo prazo, a fim de se ressarcirem por despesas não pagas?

Em princípio, em face do Código Civil, a resposta seria negativa. Há, todavia, quem entenda pela afirmativa, sob o argumento de que ao deixar a coisa na oficina, o dono estaria tacitamente aderindo a mandato imposto pelo prestador de serviços, por força do qual se conferem poderes de alienação. A cláusula poderia também ser entendida como dação em pagamento previamente estipulada, como obrigação facultativa. Por outras palavras, em vez de ser em dinheiro, o pagamento seria efetuado por meio da própria coisa.

Não pode prevalecer qualquer das teses. Na verdade, a Lei confere direito de retenção a esses prestadores de serviços, até o pagamento das despesas. Ora, direito de retenção não implica permissão para comisso, i.e., não confere poderes para que se possa vender a coisa. E não vale a escusa de ter o próprio dono concordado com a cláusula, ao deixar a coisa na oficina, lavanderia etc., pois se trata de cláusula imposta por adesão. Uma tal cláusula, expressamente contrária à Lei, no sentido de que permite ao prestador do serviço adotar atitude contrária ao procedimento legal, jamais poderia ser imposta por adesão. Teria que resultar de livre disposição entre as partes, o que, mesmo assim, seria discutível, dado o caráter imperativo do procedimento do Código Civil.

Não é outra a posição de Caio Mário, que só admite que o prestador de serviços possa vender a coisa em virtude de mandato expresso, conferido pelo proprietário, outorgando poderes inequívocos de alienação. Nega, portanto, validade à cláusula. Em suas próprias palavras,

> o que não é lícito é forçar no proprietário uma intenção de abandonar, e converter a coisa, que o interessado tem a intenção de conservar, numa *res derelicta* pelo fato de haver excedido um prazo determinado no cupão de sua identificação, ou em tabuleta na loja, como limite de validade de seu direito de dono.[104]

Sendo assim, sou pela resposta negativa. Essa cláusula não teria valor. O prestador de serviços deverá obedecer ao procedimento prescrito no Código Civil.

■ Caça

O Código Civil não cuida da caça, que é regida pela Lei n. 5.197/1967 – Código de Caça.

Os animais silvestres não são coisa de ninguém. Integram o domínio público, sendo propriedade da União. Sendo assim, uma vez que a caça seja empreendida dentro dos limites da Lei, o caçador torna-se dono dos animais que capturar, por ocupação, em virtude de expresso permissivo legal.

Outra é a situação dos animais domésticos. Não serão objeto de caça, se fugidos, o dono andar-lhes à procura. Neste caso, encontrando-os o caçador deverá entregá-los ao dono.

■ Pesca

Quanto à pesca, aplicam-se-lhe exatamente as disposições genéricas referentes à caça, guardadas as devidas peculiaridades. Contudo, atente-se para o fato de que a matéria regula-se pelo Decreto-Lei n. 221/1967, denominado *Código de Pesca*.

Tanto a caça quanto a pesca são modalidades de ocupação, regendo-se por suas normas, supletivamente à legislação especial.

■ Achado de tesouro

Tesouro é todo depósito antigo de moedas ou coisas preciosas, enterrado ou oculto, de cujo dono já não haja mais memória. Trata-se de modalidade de ocupação, podendo ser as situações as mais variadas.

Em primeiro lugar, achado o depósito, se alguém provar ser seu proprietário, deixará de ser considerado tesouro.

---

104 PEREIRA, Caio Mário da Silva. **Instituições**... cit., 18. ed., v. 4, p. 119.

Se quem encontrar o tesouro for o dono do terreno, a ele pertencerá por inteiro.

Se quem encontrar for empregado do dono do prédio, mandado em busca de tesouro, este, uma vez achado, pertencerá ao dono do prédio.

Se for encontrado por alguém, empregado ou não, casualmente, será dividido por igual entre o descobridor e o dono do prédio.

Se o descobridor for pessoa não autorizada pelo dono do prédio, a este pertencerá por inteiro o tesouro.

Há, em doutrina, quem entenda que a aquisição do tesouro se dê por ocupação. Neste caso, a ocupação seria de coisa oculta (*res occulta* ou *res abscondita*). Há, porém, quem advogue tese restritiva. Ocupação seria, para estes, exclusivamente, forma de aquisição da propriedade de coisa sem dono, seja porque nunca o teve, seja porque abandonada. No caso do tesouro, ocorre tão somente ocultamento. Havia dono. Sua lembrança é que se perdeu. O dono apenas o escondeu. Não renunciou a ele, nem o abandonou.

A aquisição da propriedade do tesouro explicar-se-ia, assim, por dois modos, dependendo do ângulo de enfoque. Em relação ao dono do prédio, a aquisição seria por acessão de móvel a imóvel. O tesouro, afinal, incorporou-se definitivamente ao imóvel.

Quanto ao descobridor, se não for o dono do prédio, a aquisição da propriedade do tesouro reputar-se-ia recompensa legal por ter restituído à sociedade algo que dela se subtraíra.[105]

Especificação

Especificação, *grosso modo*, é processo pelo qual se transforma gênero em *espécie*. Madeira em estátua; aço em automóveis; leite em iogurte etc.

Estatui o Código Civil que aquele que, trabalhando matéria-prima, obtiver espécie nova, desta será dono, se a matéria lhe pertencia.

Se a matéria-prima não era do especificador, abrem-se várias hipóteses.

A matéria-prima era em parte do especificador. Neste caso, será ela revertida à forma anterior. Não sendo possível a reversão, o prejudicado será indenizado.

A matéria-prima pertencia à outra pessoa. Se o especificador agiu de boa-fé, e não for possível a reversão à forma anterior, será seu o produto da especificação, desde que indenize o dono da matéria. No entanto, se agiu de má-fé, e não for possível a reversão à forma anterior, a coisa especificada pertencerá ao dono da matéria, a não ser que o valor da mão de obra seja consideravelmente superior ao da matéria-prima.

Suponhamos que um escultor famoso, sabendo ser de outrem um bloco de mármore, utilize-o, ainda assim, para esculpir estátua. É lógico que a estátua vale muito mais que o bloco de mármore, principalmente se o escultor for realmente

---

105 PONTES DE MIRANDA, Francisco Cavalcanti. **Tratado de direito privado**... cit., v. 15, p. 104 e 111.

famoso. Nesta hipótese, a estátua pertencerá ao escultor, mesmo tendo agido de má-fé. O dono do mármore, como é óbvio, será indenizado.

■ Confusão, comistão e adjunção

Confusão é a fusão de coisas diversas em uma só substância líquida homogênea. Por exemplo, álcool e gasolina.

Comistão ou *mistura* é a fusão de coisas diversas em uma só substância sólida homogênea. Por exemplo, cimento e areia. O Código Civil de 2002 substituiu, por claro erro de grafia, a palavra *comistão* pela palavra *comissão*. Ou bem se trata de erro do revisor ortográfico do computador, ou bem se trata de crassa ignorância da pessoa que "corrigiu" o texto. Comissão, em Direito Civil, é o contrato que tem por objeto a aquisição ou a venda de bens pelo comissário, em seu próprio nome, à conta do comitente. Também pode significar a contraprestação devida ao comissário; jamais será sinônima de comistão. Esta sim a palavra correta, que deverá ser empregada.

Tanto num quanto noutro caso, se as espécies fundidas pertenciam à mesma pessoa, não haverá problema algum. A substância nova lhe pertencerá. Mas, se ao revés, pertenciam a donos diferentes, a substância nova será dividida entre eles, proporcionalmente ao valor de cada uma das espécies confundidas ou misturadas.

Sendo vários os donos, e a confusão ou comistão for fruto da má-fé de um deles, os outros poderão ficar com a substância nova, pagando a porção que não for sua, ou renunciar a ela, recebendo indenização integral.

Adjunção é a acessão de uma coisa à outra, sendo uma delas principal e a outra acessória. Haverá adjunção da tinta à parede, à tela, ao automóvel etc. A tinta é o acessório, e a parede, a tela ou o automóvel são o principal.

Adjunção é espécie de acessão artificial, podendo ser de móvel a imóvel, como no caso da tinta em relação à parede; ou de móvel a móvel, nos demais casos exemplificados.

Só a título de recordação, *acessão* é a incorporação definitiva de uma coisa à outra, sendo uma delas principal e a outra acessória. A acessão será de móvel a imóvel; de imóvel a imóvel; e de móvel a móvel. Segundo outro ponto de vista, a acessão pode ser natural, artificial ou mista. Mas isto já estudamos na aquisição da propriedade imóvel.

De qualquer forma, sendo as coisas juntadas do mesmo dono, pertencerá a ele o produto da adjunção. Sendo pessoas diferentes os donos das coisas ajuntadas, o dono do principal adquire a propriedade do todo que sofreu a adjunção, desde que não seja possível a reversão ao estado anterior. Assim, se uma pessoa usa tinta de outrem para pintar seu carro, adquirirá a propriedade da tinta. Obviamente, deverá indenizar o dono da tinta.

Se da confusão, comistão ou adjunção resultar espécie nova, a questão também será tratada pelas regras que acabamos de estudar, referentes à confusão, comistão e adjunção. Óbvio que, no que couber, aplicam-se as regras da especificação. Tal é o caso de tintas incorporadas a tela, formando uma pintura.

Usucapião

Dos contornos teóricos da usucapião já cuidamos *supra*, ao estudar os meios de aquisição da propriedade imóvel. Resta somente identificar os casos de usucapião de bens móveis, ressaltando suas peculiaridades.

A usucapião sobre bens móveis se divide em duas situações distintas. Em ambas, cumpre observar, desde logo, exige-se posse *ad usucapionem*. Em outros termos, a posse deverá ser mansa, ininterrupta e com intenção de dono, ou seja, com *animus domini*.

No primeiro caso, usucapião ordinária ou por tempo breve, além da posse pelo prazo de três anos, exige-se justo título e boa-fé. No segundo caso, usucapião extraordinária ou por longo tempo, basta a posse pelo período de cinco anos, independentemente de justo título e de boa-fé.

Se inocentemente compro um carro roubado, poderei requerer-lhe a usucapião em três anos. Da mesma forma, poderei também defender-me de qualquer ação do verdadeiro dono por meio da usucapião, passado o lapso de três anos. Isso porque minha posse era *ad usucapionem*, possuía justo título (contrato de compra e venda do veículo), e comprara o carro de boa-fé, ou seja, não sabia que era roubado.

Ao revés, se sabia que o carro fora roubado, só poderei requerer a usucapião depois de transcorridos cinco anos, pois me faltou boa-fé.

Pergunta-se: pode o ladrão usucapir?

Tanto o que rouba quanto o que furta podem usucapir. O Direito Brasileiro, diferentemente de outros sistemas jurídicos, como o francês, não faz restrições às coisas furtadas ou roubadas – *res furtivae* e *res vi possessae*, respectivamente. Como fica, então, a norma penal que obriga o ladrão a restituir a coisa? Entende-se que, decorrido o prazo de usucapião, a coisa será do ladrão e não mais do antigo dono. Aquele sofrerá, todavia, outra espécie de pena, além da prisão; é a pena de perdimento de bens, em favor do antigo dono (inc. II do art. 91 do CP).[106]

15.2.15 Condomínio

a] Definição

Dar-se-á condomínio quando a mesma coisa pertencer a mais de uma pessoa, cabendo a cada uma igual direito, idealmente, sobre o todo e cada uma de suas

---

106 ESCARRA, Jean. **Principes de droit commercial**. Paris: Recueil Sirey, 1934. p. 599 *et seq.*

partes. Em outras palavras, todos os condôminos têm igualmente a propriedade da coisa por inteiro, sendo assegurada a cada um deles uma cota ou fração ideal. Diz-se também comunhão ou copropriedade. O Código Civil utiliza o termo "comproprietário" (parágrafo único do art. 504), derivado de "compropriedade". A palavra é muito utilizada em Portugal, mas não no Brasil, onde se usa mais o termo *copropriedade*. Para se ter uma ideia, o dicionário Aurélio (edição de 1999) nem a inclui em suas entradas. "Compropriedade" é, pois, lusitanismo injustificável e pedante, diante do termo "copropriedade", muito mais usual em nossa linguagem corrente, mesmo na jurídica.

b] Natureza jurídica

Muito se tem discutido acerca da natureza jurídica do condomínio. O problema central gira em torno do exclusivismo dos direitos de propriedade. Como se explicaria, pois, o condomínio ou copropriedade em face desse atributo?

A teoria da propriedade integral ou total, talvez a mais aceita entre nós, explica que os vários condôminos são titulares de uma única relação dominial sobre a coisa comum. A propriedade é uma só, exercendo-se por cada um dos condôminos indistintamente. O exercício de cada um se limita pelo exercício dos demais.[107] Essa é a teoria adotada pelo Código Civil.

Outra teoria, a das propriedades plúrimas parciais, é menos aceita. Segundo seus defensores, o condomínio consiste em várias situações de propriedade sobre frações ideais da coisa comum.

De acordo com terceira teoria, o condomínio seria verdadeira pessoa jurídica colegiada, sendo os condôminos seus associados.

Para Lino Salis,[108] há um só direito exercido fracionadamente. Difere da teoria da propriedade integral, em que o direito é um só, mas é exercido em conjunto por todos os condôminos.

Por fim, há quem entenda ser o condomínio modalidade especial de propriedade, com natureza *sui generis*. Em outras palavras, condomínio é condomínio. De nada adianta tentarmos explicá-lo sob a ótica da propriedade individual.

c] Classificação

Tendo em vista sua origem, o condomínio pode ser convencional ou acidental.

Convencional é aquele que nasce do contrato em que duas ou mais pessoas adquirem ou colocam uma coisa em comum para dela usar e fruir. Diz-se acidental, incidente ou eventual, quando não resulta de convenção como, por exemplo, o resultante da sucessão hereditária, em que os herdeiros serão condôminos da herança, até que seja feita a partilha. O condomínio acidental é também

---
[107] SCIALOJA, Vittorio. **Archivio giuridico**. Padova: Cedam, 1932-1936. p. 30-184.
[108] SALIS, Lino. **La comunione**. Padova: Antonio Milani, 1936. p. XX.

denominado *necessário*, uma vez que ocorre necessariamente da conjugação de certas circunstâncias, que independem da vontade dos condôminos.

Quanto à abrangência, o condomínio será universal quando disser respeito a toda a coisa; e particular quando incidir apenas sobre algumas partes, como no condomínio de edifícios de apartamentos.

Quanto à disciplina, será geral ou especial. Geral é o condomínio sobre as coisas em geral, regulado nos arts. 1.314 a 1.326 do CC. Especiais, os condomínios regulados por normas específicas, que fogem à tutela genérica dos arts. 1.314 a 1.326, a não ser subsidiariamente. Tal é o caso do condomínio edilício, do condomínio sobre muros, do condomínio entre cônjuges, dos condomínios entre herdeiros etc. O Código Civil menciona o condomínio necessário nos arts. 1.327 a 1.330, cuidando apenas da hipótese de condomínio sobre paredes, muros, cercas e valas. Comete duas impropriedades, a meu ver. Em primeiro lugar, dá a entender que se trata de condomínio ordinário, ou seja, geral, quando o condomínio necessário é especial. Em segundo lugar, deixa subentendido para os incautos, que condomínio necessário é apenas o condomínio sobre paredes, muros, cercas e valas, quando, na verdade, não é bem assim. Ocorrerá condomínio necessário, sempre que acidentalmente a situação condominial se impuser, independentemente da vontade dos condôminos. Isso ocorre, sem dúvida, em relação ao condomínio sobre paredes, muros, cercas e valas, mas também no condomínio sobre árvores limítrofes e no condomínio entre herdeiros.

Por fim, no tocante a seu modo de exercer, ou seja, no tocante à posse, o condomínio será *pro diviso* ou *pro indiviso*. Será *pro diviso*, caso ocorra em relação a coisas divididas. Suponhamos que várias pessoas adquiram fazenda, cada qual se assenhoreando de pedaço delimitado. Enquanto não for feita a divisão oficial das terras, com o devido registro em cartório, haverá condomínio *pro diviso*. No momento em que se proceder à partilha oficial, com a inscrição no Registro, deverá ser respeitada, em última instância, a divisão original. Porém se, ao contrário, nenhum dos comunheiros houver se assenhoreado de porção das terras, todos concentrando-se na sede da fazenda, e de lá exercendo seu direito comum, teremos condomínio *pro indiviso*.

A denominação mais correta, na verdade, seria posse *pro diviso* ou *pro indiviso*, uma vez que é à posse que se está referindo, ou seja, ao exercício dos direitos dos condôminos, e não à propriedade mesma.

d] Direitos dos condôminos

Cada condômino pode usar livremente a coisa, conforme seu destino, não se lhe permitindo, contudo, excluir os demais condôminos. Daí ser, aparentemente, inconcebível a ideia de usucapião entre condôminos *pro indiviso*, muito embora haja defensores.[109] De fato, só é possível pensar em usucapião em condomínios *pro indiviso*, caso o(s) usucapido(s) não mais exerça(m) atos de posse direta sobre a coisa, deixando-a sob a posse direta exclusiva do(s) outro(s) condômino(s). É o que ocorre, por exemplo, na usucapião familiar. Realmente, em princípio, como poderíamos adquirir por usucapião coisa que já nos pertença? O que se admite, mais amplamente, é a usucapião no condomínio *pro diviso*. Um dos condôminos usa a sua parte e a de outro condômino, adquirindo-a, no devido tempo, por usucapião. No condomínio *pro diviso*, como visto, cada um dos condôminos possui sua parte, individualmente.

Há quem advogue, com razão, a possibilidade da *suppressio* nos condomínios *pro indiviso*. Se um condômino usa ininterruptamente área comum, sem a oposição dos demais, perderiam eles, depois de um prazo razoável (longo obviamente), o direito de reclamar a área ocupada. Não ocorreria usucapião, mas *suppressio*.[110]

Cada condômino pode alienar sua cota-parte, respeitado o direito de preferência dos demais comunheiros. Se a coisa for indivisível, deverá ter o consentimento dos demais, sob pena de ser a venda anulada, quando da partilha da coisa comum, caso sua cota-parte não coincida com a que vendeu.

A venda da parte ideal indivisa a terceiros estranhos é resolúvel, uma vez que qualquer um dos demais condôminos preteridos pode reclamar a coisa para si. Na verdade, o condômino que deseje vender sua cota-parte deverá, primeiro, oferecer aos demais; se ninguém se manifestar no prazo dado, aí sim, poderá oferecer a terceiros estranhos. Se assim não proceder e a venda se realizar sem que se dê a devida preferência aos outros condôminos, qualquer um deles poderá anular o negócio, depositando em juízo o preço, no prazo decadencial de seis meses.

Sendo muitos os condôminos a quem caberá o direito de preferência?

Primeiro vem aquele que tiver benfeitorias de maior valor. Na falta de benfeitorias, ou se todos as tiverem por igual, preferirá o de maior quinhão. Se tudo coincidir, a preferência será daquele que agir primeiro contra o terceiro adquirente.

Os condôminos poderão gravar, por exemplo, com hipoteca, sua cota-parte, mesmo sendo a coisa indivisível.[111] Porém, se a garantia objetivar a totalidade, deverá ter a anuência dos demais.

Cada condômino tem a faculdade de reivindicar de terceiro a coisa toda, independentemente da anuência ou concorrência dos demais.

Qualquer condômino pode defender sua posse contra terceiros.

Por fim, uma questão: qual seria a natureza dos direitos dos condôminos, inclusive de uns em relação aos outros? Seria real ou obrigacional (pessoal)?

---

109 VIANA, Marcos Aurélio S. **Curso de direito civil**... cit., v. 3, p. 134.
110 FARIAS, Cristiano Chaves de; ROSENVALD, Nelson. **Direitos reais**... cit., p. 521. Sobre o tema, vide o REsp 214.680/SP, que reconhece a *suppressio* nessas situações.
111 BARROS MONTEIRO, Washington de. Op. cit., v. 3, p. 211.

A meu ver, não há dúvida de que seja real, pois que os direitos dos condôminos são desdobramentos dos direitos de propriedade, consequentemente oponíveis *erga omnes* e dotados de sequela.

e] Deveres dos condôminos

Cada condômino deve concorrer para as despesas comuns na proporção de sua cota. O condômino poderá eximir-se de participar das despesas comuns, renunciando a sua fração ideal. Esta será adquirida pelos demais condôminos, que realizarem os pagamentos das despesas comuns, na proporção dos pagamentos que fizerem. Se nenhum dos condôminos arcar com as despesas comuns, a coisa será dividida e o condomínio extinto.

Cada coproprietário responde aos outros pelos danos que causar à coisa por culpa ou dolo.

Nenhum dos coproprietários poderá alterar a coisa comum sem o consentimento dos demais.

A nenhum condômino é lícito, sem prévia autorização dos outros, dar posse, uso ou gozo da propriedade comum a terceiros estranhos.

Nos dizeres do art. 1.317 do CC, as dívidas contraídas por todos os condôminos presumem-se obrigação fracionária, ou seja, o credor comum só poderá cobrar de cada um dos condôminos o equivalente ao seu quinhão da coisa comum. Já na dicção do art. 1.318, se a dívida for contraída por um dos condôminos em proveito do condomínio, responderá o que se endividou perante o credor, tendo direito de regresso contra os demais, que responderão, evidentemente, na proporção de sua quota ideal.

f] Administração do condomínio

No condomínio geral, um dos condôminos será escolhido pelos demais para administrar a comunhão. Um terceiro estranho também poderá ser nomeado para este fim. Se ninguém for escolhido, todos os condôminos se consideram administradores solidários, podendo tomar todas as medidas necessárias para o bem de todos. Caso um deles se adiante na administração, sem que os demais se oponham, presumir-se-á representante comum.

No condomínio geral, as decisões, salvo disposição contrária, serão sempre tomadas por maioria absoluta, isto é, metade mais um dos quinhões, se forem todos iguais; caso contrário, a maioria deverá levar em conta o valor de cada quinhão, consistindo, nesta hipótese, nos quinhões que representem mais da metade do valor total da coisa.

Decidindo-se pela locação da coisa comum, os condôminos terão preferência aos estranhos.

Por fim, os frutos que a coisa produzir serão repartidos, salvo disposição contrária, segundo a proporção dos quinhões.

g] Ação de divisão

Há casos em que o condomínio é forçado e, portanto, indivisível por natureza, como os muros e cercas que dividem terrenos vizinhos. Há casos em que o será por força de lei, como os edifícios de apartamentos. A não ser que todos concordem, o condomínio jamais se extinguirá. Mas tratando-se de coisa divisível, como os imóveis rurais, por exemplo, cada um dos condôminos poderá exigir a divisão da coisa comum, por meio da ação de divisão. Esse direito é de exercício perpétuo, não estando sujeito à decadência.

Os próprios condôminos, contudo, podem acordar que fique indivisa a coisa comum, por prazo não maior que cinco anos, suscetível de prorrogação. Pergunta-se: é possível mais de uma prorrogação? O Código Civil dispõe ser possível prorrogação posterior, utilizando-se do singular. Isso quereria dizer que estaria restringindo a possibilidade de prorrogação a apenas uma? Não reputo esta a melhor exegese do art. 1.320, parágrafo 1º. Mesmo porque, se os condôminos entenderem que o imóvel lhes esteja bem servindo, inclusive cumprindo melhor sua função social em estado de indivisão, por que não lhes seria possível a prorrogação do prazo? Neste caso, o princípio da autonomia privada deve prevalecer sobre o caráter exclusivo da propriedade. O testador e o doador também podem estabelecer a indivisão pelo mesmo prazo máximo de cinco anos. Nestas duas hipóteses, se graves razões o aconselharem, pode o juiz, a requerimento do interessado, determinar a divisão da coisa comum antes do prazo (art. 1.320).

A divisão será amigável ou judicial. Se judicial, poderá regular-se pelo Código de Processo Civil ou pelo Código Civil. Regular-se-á pelos arts. 588 a 598 do CPC, se o bem for imóvel. Sendo o bem móvel, regular-se-á pelos arts. 2.013 a 2.022 do CC, que regulamentam a partilha de herança. Segundo o Código de Processo, o condômino que requerer a divisão deverá apresentar seu título de domínio e qualificar os demais condôminos, que serão devidamente citados a comparecer em juízo, apresentando seu título de domínio em dez dias. Feitas as citações serão nomeados um ou mais peritos e os assistentes técnicos das partes, dando-se início às medições. Terminados os trabalhos de medição, será desenhada planta com os respectivos quinhões de cada comunheiro. As partes terão quinze dias para se pronunciar. Findo este prazo e feitas as devidas correções, o escrivão lavrará o auto de divisão, seguido de folha de pagamento para cada condômino. Assinado o auto pelo juiz e pelo perito, será proferida sentença homologatória da divisão.

Porém, se a coisa comum for indivisível, como uma casa ou um carro? Neste caso, segundo o art. 1.322 do CC, a coisa será conferida a um dos condôminos, indenizando-se os demais. Isso deverá ser fruto de acordo, porém. Não havendo acordo, a coisa será vendida. À compra terão preferência os condôminos aos estranhos. Se mais de um condômino se interessar, terá preferência o que possuir benfeitorias de maior valor. Se todos as possuírem por igual, terá preferência o de maior quinhão. Se tudo coincidir, a coisa terá mesmo que ser vendida a terceiros estranhos. No final, leva quem der mais, preferindo-se, tanto por tanto, o condômino ao estranho. Em outras palavras, no fim das contas, se um dos condôminos oferecer o mesmo tanto que um estranho, terá ele a preferência. De todo modo, a venda será amigável ou judicial. Neste último caso, regula-se pelos arts. 730, 879-903 do CPC.

h] Casos especiais de condomínio

Condomínio sobre tapagem ou separação de terrenos

Os proprietários de terrenos vizinhos são condôminos de paredes e muros, cercas ou valas, levantados ou abertos na linha divisória.

Como condôminos, devem arcar com as despesas em conjunto. Tanto as despesas com a construção quanto as com a conservação. Se um deles se recusar, o outro poderá forçá-lo judicialmente.

Condomínio sobre árvores limítrofes

Como já visto, ao tratarmos das relações de vizinhança, os vizinhos são condôminos das árvores plantadas no prumo da divisa. São responsáveis por elas, meando despesas, frutos e madeira. As árvores só podem ser cortadas se ambos concordarem. Caso um discorde, o juiz só mandará efetuar o corte, se houver justa causa, ou seja, se a(s) árvore(s) estiver(em) causando danos.

Condomínio entre cônjuges ou companheiros

Ocorrerá condomínio entre cônjuges ou companheiros, sempre que, pelo regime de bens do casamento ou da união estável, houver patrimônio comum (comunhão). A comunhão de bens entre cônjuges ou companheiros regula-se pelas normas de Direito de Família, aplicando-se-lhe subsidiariamente as regras do condomínio geral.

Condomínio entre herdeiros

A herança se transmite aos herdeiros no exato momento da morte do de cujo, segundo o sistema da *saisine* adotado em nosso Direito. Da morte até a partilha, os herdeiros são condôminos da herança. Este condomínio tem normas próprias, previstas no Livro do Direito das Sucessões. Subsidiariamente, aplicam-se-lhe também as normas do condomínio geral.

Condomínio por unidades independentes

Definição

Condomínio por unidades independentes é a cotitularidade dominial simultânea, de duas ou mais pessoas sobre o mesmo imóvel, consistente em áreas comuns e em áreas de propriedade individual. O que caracteriza essa modalidade de condomínio é a convivência de propriedade individual com propriedade coletiva. É condomínio em edifícios de apartamentos, salas, lojas e garagens. Atualmente, ocorre também com muita frequência em loteamentos fechados de casas.

O Código Civil usa a expressão condomínio edilício. Se o termo condomínio por unidades independentes pode soar inadequado, muito mais o será o termo condomínio edilício. Edilício é adjetivo que diz respeito à edificação; do latim *aedes*, que significa templo, casa. Da palavra *aedes* deriva a palavra *aedil*, nome dado ao magistrado romano responsável pelos templos, pelo policiamento da cidade etc. Em português, *aedil* originou o termo edil, sinônimo de vereador. De todo modo, como se viu, pode haver condomínio por unidades independentes também em loteamentos fechados de casas, ou mesmo de terrenos vagos, caso em que seria impróprio se falar em condomínio edilício. Também pode ocorrer a hipótese de duas ou mais pessoas serem condôminas de uma única casa. Aqui não haveria condomínio por unidades independentes, embora seu objeto seja uma edificação (*aedes*). Por tudo isso, é extremamente inadequado o termo condomínio edilício.

O que caracteriza essa espécie de condomínio não é o fato de ter como objeto alguma edificação, mas de conter unidades autônomas e partes comuns.

Natureza jurídica

Muito se tem falado acerca da natureza jurídica dessa espécie de condomínio, não se chegando infelizmente a nenhum consenso.

Todo o problema advém do fato de coexistirem duas situações de propriedade, uma individual (sobre a loja, a casa, o apartamento etc.), a outra coletiva (sobre as partes comuns). Como se explicar esse fenômeno com as ferramentas tradicionais do Direito?

Para uns, como Domenico Simonceli, Planiol e Manoel Cavalcante,[112] todos inspirados no Direito Alemão, trata-se de verdadeiro direito de superfície. Direito de superfície é o direito real sobre um terreno, conferido a uma pessoa, o superficiário, a fim de que nele possa construir e/ou plantar, a título gratuito e oneroso. Assim, teríamos no caso dos edifícios de apartamentos, salas etc., um ou mais proprietários do terreno, que seriam aqueles donos dos andares

---

112 PEREIRA, Caio Mário da Silva. **Condomínios e incorporações.** 3. ed. Rio de Janeiro: Forense, 1976. p. 80. PLANIOL, Marcel. **Traité élémentaire de droit civil**... cit., t. I, p. 801.

térreos, sendo que os demais, dos andares superiores, teriam apenas direito de superfície sobre os cômodos e partes comuns. Diante da sistemática de nosso Direito, a tese é absurda.

Para outros, como Ferrini, Demolombe[113] e Hébraud,[114] cuida-se de direito real de servidão. Servidão é o direito real de usar prédio alheio, como a passagem forçada que estudamos anteriormente. Haveria, portanto, um ou mais proprietários do solo, que seriam os donos das unidades térreas, e os demais, dos andares superiores, que teriam direito perpétuo de servidão sobre o solo e partes comuns. Tampouco convence esta tese. Aliás, tanto a tese do direito de superfície, quanto a tese do direito de servidão caem por terra em face dos condomínios fechados de casas.

Do Direito Americano[115] vem-nos a teoria da pessoa jurídica colegiada. Para eles, o condomínio por unidades independentes é associação do tipo cooperativo, que constrói e permanece proprietária do edifício. Não podemos deixar de aplaudir o espírito prático americano, que obteve solução tão simples e definitiva para o problema, mas nada científica, infelizmente. O fato de os condôminos constituírem pessoa jurídica colegiada não explica a natureza do condomínio em si.

No Brasil, fala-se, em doutrina, de quase pessoas, entes despersonalizados e sujeitos não personificados, uma vez que o condomínio por unidades independentes é tratado como se fosse pessoa jurídica, apesar de o não ser. Daí que, quando se intenta ação judicial, se diz estar acionando o condomínio. Na verdade, não é bem o condomínio que se aciona, mas os condôminos, representados pelo síndico (art. 75, XI, CPC). Por isso mesmo, não vejo aqui a necessidade de se aplicar a teoria dos sujeitos de direito sem personalidade, apesar de, na prática, ser ela aplicada, uma vez que os condomínios são tratados como verdadeiros sujeitos de direitos.

Há quem diga ser esse tipo de condomínio, propriedade exclusiva dos titulares das unidades autônomas, em sistema de limitações e interferências à copropriedade.[116]

Léon Hennebicq, jurista belga, entende ser o condomínio por unidades autônomas, verdadeira universalidade de bens.[117] Seus traços característicos são a unidade patrimonial e a indivisibilidade perpétua. Este patrimônio se transformaria em pessoa jurídica, uma vez constituído regularmente.

---

113 PEREIRA, Caio Mário da Silva. **Condomínios e incorporações...** cit., p. 80.
114 HÉBRAUD, P. **La copropriété par appartements**. Paris: Révue Trimestrielle de Droit Civil, 1938. p. 25.
115 PEREIRA, Caio Mário da Silva. **Condomínios e incorporações...** cit., p. 81.
116 Idem, p. 82.
117 dem, p. 82-83.

Na opinião do argentino, Virgilio Reffino Pereyra,[118] não há qualquer condomínio. Cada proprietário tem o domínio exclusivo sobre sua unidade, nada mais se podendo afirmar além disto. Mas e as partes comuns, como corredores, *playground* etc., a quem pertenceriam? A pergunta fica sem resposta convincente.

Para Jair Lins,[119] as partes autônomas pertenceriam a cada um dos condôminos individualmente. As partes comuns, entretanto, pertenceriam não aos condôminos, mas ao condomínio, enquanto pessoa jurídica. A tese faria sentido, caso nosso Direito a acolhesse. Tal não ocorre, porém.

Vários autores de escol, dentre eles Salvat, Lafaille, Lassaga, Castán,[120] Bevilaqua e outros enxergam nessa espécie de condomínio um misto de propriedade individual e coletiva.[121]

Na verdade, como bem ressalta Caio Mário, fonte primeira de inspiração, o condomínio por unidades independentes, como o temos hoje, é instituto novo, criação dos tempos modernos. Entretanto, na Roma antiga já havia edifícios de apartamentos (*insulae*), em regime, por assim dizer, condominial, embora os romanos não tenham realizado qualquer esforço doutrinário para compreender sua sistemática, nem para alocá-los na geografia de sua parca dogmática. Caracteriza-se o condomínio por unidades independentes pela combinação da propriedade individual das unidades independentes e da propriedade coletiva das partes comuns. Atenta para o fato de que combinação não é o mesmo que mistura. Na combinação, dois elementos se conjugam, formando substância nova, assim como o aço, proveniente da combinação do ferro e do manganês. Da combinação da propriedade individual com a copropriedade das áreas comuns, cria-se, portanto, um novo instituto jurídico denominado condomínio por unidades autônomas.[122] Como acentua Orlando Gomes: "não é propriedade comum, nem condomínio, mas as duas coisas ao mesmo tempo".[123] Por propriedade comum, entenda-se, aqui, propriedade ordinária ou individual.

Em resumo, haverá propriedade individual de cada unidade, seja sala, apartamento, loja, garagem, casa etc., e propriedade em condomínio do solo e partes comuns, tais como paredes, fundações, saguão de entrada, corredores, portas etc. O solo e as partes comuns são divididos em frações ideais, pertencentes a cada um dos condôminos.

---

118 Apud PEREIRA, Caio Mário da Silva. **Condomínios e incorporações**... cit., p. 83.
119 Idem, p. 88.
120 LASSAGA e CASTÁN. Apud PEREIRA, Caio Mário da Silva. **Condomínios e incorporações**... cit., p. 83-84.
121 SALVAT, Raymundo M. **Tratado de derecho civil argentino**. 4. ed. Buenos Aires: Tipografica, 1951. v. 2 (derechos reales), p. 206. LAFAILLE, Héctor. **Derecho civil**. Buenos Aires: Ediar, 1943. t. III, p. 43-44. BEVILÁQUA, Clóvis. **Direito das coisas**... cit., p. 211 et seq.
122 PEREIRA, Caio Mário da Silva. **Condomínios e incorporações**... cit., *passim*.
123 GOMES, Orlando. **Direitos reais**... cit., p. 238.

Tutela legal

O condomínio por unidades autônomas é regulado externamente pelo Código Civil, arts. 1.331 a 1.358-A; internamente pela Convenção de Condomínio, elaborada e aprovada pela Assembleia Geral dos Condôminos e inscrita no Registro Imobiliário.

Até a edição do Código Civil, em 2002, vigorava a Lei n. 4.591/1964, norma externa dos condomínios por unidades independentes. A questão que se impõe é saber se foi ou não revogada pelo Código. De todos os seus artigos referentes aos condomínios, apenas cinco não encontram equivalência no Código Civil, quais sejam, o 5º, o 8º, os parágrafos 3º e 4º do art. 9º e o art. 11. O primeiro dispositivo (art. 5º) dispõe que o condomínio por meação de paredes, soalhos e tetos das unidades isoladas, será regulado pelo Código Civil. É óbvio que não poderia mesmo ter equivalente. As paredes-meias, assoalhos etc. recebem o mesmo tratamento que os muros, cercas e valas limítrofes. Regulam-se pelos arts. 1.297 e ss., naquilo que couber; subsidiariamente pelas normas do condomínio geral e do condomínio edilício. Evidentemente, aplicam-se-lhes as normas da convenção. Os segundo e terceiro dispositivos (art. 8º e § 4º do art. 9º) cuidam dos condomínios de casas. Deles cuidaremos logo a seguir. O parágrafo 3º do art. 9º trata do conteúdo da convenção. Por fim, o art. 11 tampouco encontra equivalente, uma vez que diz serem tributadas isoladamente as unidades independentes. A norma é tão óbvia e lógica, que decorre da própria sistemática desta espécie de condomínio. Ainda que não estivesse escrita, teria vigência.

Concluindo, a Lei n. 4.591/1964 foi derrogada pelo Código Civil, não mais se aplicando as normas atinentes aos condomínios por unidades autônomas, à exceção do art. 8º e do parágrafo 4º do art. 9º, que trata dos condomínios de casas, além do parágrafo 3º do art. 9º, que cuida do conteúdo da convenção, por força do art. 1.332 do CC e do art. 11, de conteúdo tributário. O art. 1.332 do CC estabelece que o ato de instituição deve conter as disposições ali previstas, além do que dispuser a lei especial. O art. 1.334 cuida da convenção, incorporando a ela o conteúdo do ato de instituição. Assim, também a convenção deve conter as regras previstas na lei especial, qual seja, a Lei n. 4.591/1964, especificamente, o parágrafo 3º do art. 9º. A outra parte, que regulamenta as incorporações, arts. 28 a 68, continua em vigor.

Os condomínios de lotes e, eventualmente de casas, como muito comuns no entorno de nossos grandes centros urbanos, existe de Direito, tendo previsão legal no art. 1.358-A do Código Civil. Estendem-se a eles, no que couber, as normas referentes aos demais condomínios por unidades independentes. A meu ver, mesmo antes da inserção do art. 1.258-A no Código Civil, essa modalidade de condomínio já tinha previsão legal no Brasil. Estavam sob o pálio dos arts. 8º e 9º, parágrafo 4º, da Lei de Condomínios e Incorporações, embora houvesse quem entendesse que essas normas não lhes seriam aplicáveis, referindo-se apenas a pequenas vilas urbanas. Logicamente, condomínio não haverá, se duas ou mais pessoas fecharem ruas públicas, interditando o acesso de estranhos, e criando uma espécie de ilha (*insula*) urbana, com vistas à segurança. A legalidade desse ato é questionável, e a situação, denominada *cul-de-sac* no Direito Francês, está longe de configurar condomínio por unidades independentes, mesmo porque, nesses casos, ninguém poderia ser forçado a se associar.

O mesmo já não se dirá de uma extensão de terras loteada e planificada para ser condomínio, registrada nos órgãos notariais e municipais, com a devida autorização, se for o caso, e dotada de convenção legítima. Nesse caso, haverá, sem dúvida alguma, condomínio por unidades independentes, como previsto nos arts. 8º e 9º, parágrafo 4º, da Lei n. 4.591/1964.

Para concluir, propomos uma tabela de equivalência entre a Lei n. 4.591/1964 e o Código Civil de 2002, a fim de facilitar a visualização do que esteja ou não revogado.

Quadro 15.1 Equivalências entre Lei n. 4.591/1964 e Código Civil de 2002

Lei n. 4.591/1964	Código Civil de 2002
Art. 1º	Art. 1.331
Art. 1º, § 1º	Art. 1.332, I
Art. 1º, § 2º	Art. 1.332, II
Art. 2º	Art. 1.331, §§ 1º e 4º
Art. 2º, § 1º	Art. 1.331, § 1º
Art. 2º, § 2º	Art. 1.339, § 2º
Art. 2º, § 3º	Art. 1.331, § 3º (art. 1.332, II)
Art. 3º	Art. 1.331, § 2º
Art. 4º	Art. 1.331, § 1º
Art. 4º, parágrafo único	Art. 1.345
Art. 5º	Art. 1.327
Art. 6º (O condomínio de duas pessoas sobre uma mesma unidade regula-se pelas normas do condomínio geral)	Sem equivalência
Art. 7º	Art. 1.332 e incisos
Art. 8º (Cuida dos condomínios de casas)	Sem equivalência
Art. 9º	Art. 1.333
Art. 9º, § 1º	Art. 1.333, parágrafo único
Art. 9º, § 2º	Art. 1.333
Art. 9º, § 3º	Art. 1.334
Art. 9º, § 4º (Cuida dos condomínios de casas)	Sem equivalência
Art. 10	Arts. 1.335 a 1.338 (§ 2º, art. 1.341)

(continua)

(Quadro 15.1 – conclusão)

Lei n. 4.591/1964	Código Civil de 2002
Art. 11 (Cada unidade será tributada separadamente)	Sem equivalência
Art. 12 (*caput* e § 1º)	Art. 1.336, I
Art. 12, § 2º	Art. 1.348, VII
Art. 12, § 3º	Art. 1.336, § 1º
Art. 12, §§ 4º e 5º	Arts. 1.341 a 1.343
Arts. 13 a 18	Arts. 1.346 e 1.357-1.358
Arts. 19 a 21	Arts. 1.335 a 1.337
Arts. 22 e 23	Arts. 1.347 a 1.349
Arts. 24 a 27	Arts. 1.350 a 1.356

Constituição do condomínio

Três atos devem ser levados em conta na constituição do condomínio por unidades independentes: o ato de instituição, a convenção de condomínio e o regimento interno, também denominado *regulamento*.

O ato de instituição é o ato inicial pelo qual se constitui o condomínio, por assim dizer. Segundo o art. 1.332 do CC, será *inter vivos* ou *causa mortis* (por testamento). Em ambos os casos com registro obrigatório no Cartório de Imóveis. Deverá individualizar cada unidade independente, identificando-a e discriminando-a das demais. Deverá, outrossim, individualizar a fração ideal do terreno, correspondente a cada unidade, além do fim a que as unidades se destinam.

Se o edifício estiver por construir, realizará o ato de instituição o incorporador, pessoa que se propõe a construir as unidades para venda.

Estando já construído o edifício, incumbirá ao dono ou donos do prédio edificado a realização do ato institucional. É o caso do dono de terreno que resolve edificá-lo para a venda posterior das unidades. Se vários forem os donos do terreno, haverá condomínio ordinário entre eles, o qual se transformará em condomínio por unidades autônomas, após o ato de instituição e venda das unidades.

A convenção de condomínio é documento escrito, no qual se preveem os direitos e deveres dos condôminos. Também chamada de *estatuto*, ou *pacto constitutivo*, regula toda a vida do condomínio.[124]

Para Sílvio Rodrigues, a convenção é negócio jurídico plurilateral, distanciando-se dos contratos em geral, em que obriga a todos os condôminos atuais e futuros, e ainda aos eventuais ocupantes das unidades, como locatários e comodatários. Os contratos, ao revés, como regra, só obrigam as partes contratantes, chegando, no máximo, a seus herdeiros.[125]

---

124 RODRIGUES, Sílvio. **Direito civil**... cit., 20. ed., v. 4, p. 212.
125 Idem, ibidem.

Caio Mário sustenta posição mais detalhista, considerando a convenção ato-regra, definido este como declaração de vontade dotada de força obrigatória e apta a pautar comportamento individual. A convenção para ele é, ao lado da Lei, fonte formal de Direito. Segundo explica, não pode um contrato impor normas a terceiros estranhos, como visitantes, que se subordinam, também eles, às normas da convenção, como, por exemplo, as que dizem respeito ao uso dos elevadores.[126]

No entanto, existe outra possibilidade. Partindo das características da convenção, é possível defender-se-lhe natureza de contrato com eficácia perante terceiros, como a locação, que obriga a família do locatário. A convenção é celebrada de modo a obrigar toda a coletividade de condôminos, seus locatários, comodatários, usufrutuários e visitantes, sejam eles quem forem, não necessariamente os signatários originais. Não devemos nos esquecer que o princípio da relatividade contratual está longe de ser absoluto.

De qualquer forma, deverá ser aprovada pelo voto de pelo menos dois terços (2/3) das frações ideais, sendo a seguir levada ao Registro Imobiliário.

Conjugando os arts. 1.332 e 1.334 do CC com o parágrafo 3º do art. 9º da Lei n. 4.591/1964, teremos que o conteúdo da convenção deverá determinar:

a] a discriminação das partes de propriedade exclusiva, e as de condomínio, com especificação das diferentes áreas;
b] o destino das diferentes partes;
c] o modo de usar as coisas e serviços comuns;
d] encargos, forma e proporções das contribuições dos condôminos para as despesas de custeio e para as extraordinárias;
e] o modo de escolher o síndico e o conselho consultivo;
f] as atribuições do síndico, que não estejam previstas em lei;
g] a definição da natureza gratuita ou remunerada de suas funções;
h] o modo e o prazo de convocação das assembleias gerais de condôminos;
i] o *quorum* para os diversos tipos de votações;
j] a forma de contribuição para a constituição de fundo de reserva;
k] a forma e o *quorum* para as alterações da convenção, que será de dois terços (2/3) dos condôminos;
l] a forma e o *quorum* para a aprovação do regimento interno, que também será de dois terços (2/3) dos condôminos;
m] as sanções a que estão sujeitos os condôminos, ou possuidores (locatários, por exemplo);
n] a fração ideal de cada unidade, em relação ao terreno e às partes comuns;
o] o regimento interno.

---

126 PEREIRA, Caio Mário da Silva. **Condomínios e incorporações**... cit., p. 130.

O regulamento ou regimento interno complementa a convenção, contendo normas minuciosas sobre o uso das coisas comuns. O regulamento deve incorporar-se à convenção, formando com ela documento único.

Como o regimento interno faz parte da convenção, deve ser aprovado, também ele, por dois terços (2/3) das frações ideais. Sua alteração dependerá da aprovação de dois terços (2/3) dos condôminos.

Elementos do condomínio por unidades independentes

O condomínio por unidades independentes possui, como já abordado, unidades autônomas e áreas comuns.

Cada unidade autônoma deve estar separada das outras; deve possuir saída para a via pública, seja direta ou indiretamente, passando-se pelas áreas comuns; deve ter correspondência com fração ideal do terreno e partes comuns; e deve ter designação especial, numérica ou alfabética.

A unidade autônoma existe como qualquer propriedade individual, sendo seu titular proprietário exclusivo, no exercício do direito de usar, fruir, dispor e reivindicar. Não necessita da autorização dos demais condôminos para aliená-la ou gravá-la de ônus real, como hipoteca ou usufruto.

Para efeitos tributários, cada unidade será considerada prédio isolado, contribuindo seu respectivo dono, diretamente, com os tributos federais, estaduais e municipais.

As unidades autônomas sofrem limitações. O Código Civil dispõe sobre elas, no art. 1.336, ao falar dos deveres dos condôminos. Assim, não podem os condôminos deixar de contribuir para as despesas comuns; não podem realizar obras que comprometam a segurança da edificação; não podem alterar a fachada e outras partes externas e não podem dar destino diverso das outras unidades, além de terem que respeitar os direitos dos vizinhos. Em relação às vagas de garagem, mesmo que sejam objeto de propriedade individual, não podem ser alugadas ou alienadas a terceiros estranhos, salvo permissão expressa na convenção (§ 1º do art. 1.331 do CC). A venda da vaga de garagem ou de qualquer parte acessória da unidade, como quarto de despejo, poderá ser efetuada livremente a outro condômino; a terceiro, só poderá ser efetuada se permitida na convenção e a ela não se opuser a assembleia (§ 2º do art. 1.339 do CC).

A multa pela mora no pagamento das contribuições será de 2% sobre o débito. Já os juros de mora serão de 1% ao mês, podendo a convenção estabelecer outro percentual.

Pelo desrespeito às outras limitações, o Código Civil possibilita a imposição de multa, desde que prevista na convenção, até o limite de cinco vezes o valor da contribuição mensal de condomínio. Não havendo previsão escrita, a assembleia de condôminos, por dois terços dos condôminos restantes, poderá fixar a multa, respeitado o limite mencionado.

Se um dos condôminos reiteradamente desrespeitar as limitações legais, ou habitualmente não cumprir com outros deveres previstos na convenção ou no regimento, os demais condôminos, por deliberação de três quartos, poderão impor-lhe multa de até cinco vezes o valor de sua contribuição mensal, vulgarmente denominada *taxa de condomínio*.

Também por deliberação de três quartos, os condôminos poderão impor multa, de até dez vezes o valor da contribuição mensal, ao condômino que, habitualmente, se comportar de modo antissocial, gerando problemas de convivência.

As restrições resultam da convenção e do regimento, sendo aprovadas por dois terços (2/3) das unidades independentes.

Poderá ser intentada, independentemente da multa prevista na convenção ou deliberada em assembleia, ação cominatória, com o fito de se impedir que o condômino faça o errado, ou desfaça o que fez errado. Além da ação cominatória, são também cabíveis as ações de nunciação de obra nova, de dano infecto e demolitória, todas já estudadas anteriormente, quando tratamos das relações de vizinhança.

O outro elemento do condomínio por unidades independentes são as áreas comuns. Reputam-se tais o terreno, as fundações, as paredes externas, o teto da cobertura, as áreas de circulação etc. Quanto a estas áreas, haverá condomínio ordinário, à exceção de que são insuscetíveis de divisão e de alienação.

Cada condômino será proprietário de parte dessas áreas por meio de fração ideal, calculada já no ato de instituição, pelo valor de cada unidade.

A utilização das partes comuns pelos condôminos obedece a dois critérios: não deve causar danos aos demais, nem impedir a utilização pelos demais.

A utilização das áreas comuns com exclusividade por um ou mais condôminos, depende da aprovação da unanimidade dos demais. Isto porque, cada um dos coproprietários tem o direito de usar as áreas comuns, desde que não exclua o uso dos demais. Se apenas um ou alguns forem utilizar as áreas comuns, ou parte delas, excluindo os outros condôminos, é evidente que a autorização tem que ser de todos, não só da maioria. Caso a convenção preveja *quorum* diferente, entendo ser ilegítima, por ferir interpretação lógica de norma legal imperativa (art. 1.335, II, do CC). Já a modificação por um ou mais condôminos da fachada, por exemplo, pela instalação de placas ou qualquer outra coisa que quebre a harmonia, depende da aprovação da maioria dos condôminos, salvo disposição contrária na convenção. Isto porque a alteração da fachada não priva os demais condôminos de exercer seus direitos sobre a coisa comum, menos ainda sobre sua unidade independente.

Obrigações dos condôminos

As obrigações dos condôminos já foram discutidas, anteriormente, de forma assistemática. Organizando-as em bloco, pode-se dizer destacarem-se oito principais obrigações:

1] zelar pela coisa comum;
2] indenizar os prejuízos causados à coisa comum, em virtude de culpa ou dolo;
3] não alterar a forma externa da fachada;
4] não decorar as partes e esquadrias externas com tonalidades ou cores diversas das empregadas no conjunto da edificação;
5] utilizar sua unidade conforme a finalidade do edifício (a alteração da destinação do edifício ou da unidade depende da aprovação de dois terços (2/3) dos condôminos);
6] não perturbar o uso das partes comuns pelos outros condôminos;
7] não atentar contra a saúde, o sossego ou a segurança dos demais, usando nocivamente sua unidade.

Quanto às obrigações de números três a sete, o transgressor ficará sujeito ao pagamento de multa prevista na convenção ou no regulamento do condomínio ou à multa fixada pela assembleia, além de ser compelido a desfazer a obra ou abster-se da prática do ato, cabendo ao síndico, com autorização judicial, mandar desmanchá-la, à custa do transgressor, se este não a desfizer no prazo que lhe for estipulado.

Por fim, a 8ª obrigação diz respeito às despesas comuns que deverão ser rateadas entre os condôminos na proporção da fração ideal de cada um. O não pagamento importa juros de mora de 1% ao mês e multa de 2% sobre o débito, segundo o art. 1.336, parágrafo 1º, do CC. O valor dos juros de mora poderá ser superior a 1% ao mês, se houver previsão na convenção. Estando o imóvel locado ou comodado, continua sendo do condômino a obrigação de pagar as despesas, mesmo estipulando a Lei n. 8.245/1991 que seja obrigação do locatário o pagamento das despesas de condomínio, e mesmo diante de cláusula contratual que obrigue o locatário ou comodatário. É que, pelo princípio da relatividade contratual, nem a locação, nem o comodato podem ser opostos ao condomínio. A obrigação imposta pela Lei n. 8.245/1991 ou por cláusula contratual tem eficácia perante as partes, não perante terceiros. De todo modo, nada impede que o condomínio cobre do locatário/comodatário. Caso estes não paguem, volta-se contra o condômino, que terá direito de regresso contra o locatário/comodatário. No caso de usufruto, será do usufrutuário a obrigação, uma vez que o usufruto, por ser direito real, opõe-se *erga omnes*, inclusive em relação às obrigações do usufrutário, mesmo porque o usufruto é registrado no ofício imobiliário.

Administração do condomínio

O órgão máximo de deliberação do condomínio é a Assembleia Geral de Condôminos, que será convocada para deliberar conforme a convenção ou regimento interno. Coloquialmente denominada "reunião de condomínio", nada existe acima da Assembleia, que dispõe de poderes quase que absolutos.

Os condôminos são representados pelo síndico, pessoa física ou jurídica, a quem incumbe representar ativa e passivamente o condomínio, em juízo ou fora dele, e praticar todos os atos de defesa dos interesses comuns, nos limites de suas atribuições. O condomínio, no regime brasileiro, não tem personalidade jurídica. O síndico representa, pois, os condôminos. Ao se intentar ação contra determinado condomínio, seria tecnicamente correto afirmar que a ação está sendo proposta contra os condôminos do edifício X, na pessoa de seu síndico. A ação não poderia ser proposta contra o condomínio, como se costuma dizer, por não ser ele pessoa jurídica. Apesar disso, na prática, o uso da expressão condomínio, significando "todo o conjunto de condôminos", ficou tão comum, que acabou por ser consagrada no próprio Código de Processo Civil, art. 75, IX.

O síndico pode ser pessoa estranha ao condomínio. Também poderá ele delegar suas funções a outro condômino ou a estranhos, tudo conforme o que decidir a Assembleia Geral. Será eleito para mandato de dois anos, podendo ser reconduzido. Poderá ser destituído pela Assembleia, desde que preenchidos os seguintes requisitos: (a) assembleia especialmente convocada para o fim de destituir o síndico; (b) votos da maioria absoluta (metade mais um) dos membros da assembleia; (c) justa causa, que pode ser a prática de irregularidades, a sonegação de contas, a ineficiência administrativa etc.

O art. 1.356 do CC abre à Assembleia a possibilidade de eleger um Conselho Fiscal, composto de três membros, para aprovar as contas do síndico. O art. 23 da Lei n. 4.591/1964 obrigava a Assembleia a eleger um Conselho Consultivo de três condôminos para assessorar o síndico. Com a entrada em vigor do Código Civil, que não menciona o tema, entendo ser opcional o Conselho Consultivo, não valendo mais a obrigatoriedade da antiga Lei.

Extinção do condomínio

O condomínio por unidades independentes pode se extinguir por várias razões. Uma delas seria a destruição (perecimento) total ou considerável da edificação, ou sua ameaça de ruína, seja por causas naturais ou humanas. Neste caso, os condôminos que representem a metade mais uma das frações ideais decidirão se o imóvel será vendido, sendo desfeito o condomínio, ou se a edificação será reconstruída ou reformada. Sendo vendido o imóvel, os condôminos terão preferência aos estranhos, mas obviamente o imóvel será adjudicado a quem der mais.

Outra causa de extinção pode ser a desapropriação, quando o condomínio será desfeito, sendo a indenização distribuída aos condôminos proporcionalmente ao valor de sua respectiva unidade.

Uma terceira causa extintiva é o distrato, quando a unanimidade dos condôminos decidir pôr fim ao condomínio.

Também se extingue o condomínio pela confusão, quando um dos condôminos se torna dono de todas as unidades. Neste caso, desaparece, obviamente, o condomínio.

Essas, basicamente as causas extintivas dos condomínios por unidades independentes.

15.2.16 Multipropriedade

Definição

Multipropriedade é o regime de condomínio em que cada um dos proprietários de um mesmo bem, móvel ou imóvel, é titular de uma fração de tempo, à qual corresponde, com exclusividade e alternadamente, a faculdade de uso e gozo da totalidade do bem. Os titulares da multipropriedade, pessoas físicas ou jurídicas, se denominam multiproprietários, condôminos ou, simplesmente, proprietários.

A multipropriedade, também denominada *time-sharing*, *propriété spatio-temporelle*, *droit de jouissance à temps partagé*, dentre outros nomes, surgiu, na França, no final dos anos 1960, de lá se expandindo para outros países da Europa, como Itália e Portugal, e para os Estados Unidos, chegando também no Brasil, já na década de 1980.

É bastante comum duas ou mais pessoas, por questões econômicas, adquirirem um imóvel de veraneio, até mesmo no exterior, repartindo seu uso no tempo. É uma forma de dividir os custos de aquisição e conservação do imóvel, difíceis ou impossíveis para cada um, individualmente.[127]

---

[127] A respeito do tema, vide:
MELO, Marcelo Augusto Santana de. **Multipropriedade imobiliária**. Disponível em: <http://www.anoreg.org.br/index.php?option=com_content&view=article&id=27589:multipropriedade-imobiliaria-por-marcelo-augusto-santana-de-melo&catid=32&Itemid=181>. Acesso em: 8 jan. 2019.
MARQUES, Claudia Lima. Contratos de time-sharing e a proteção dos consumidores: crítica ao direito civil em tempos pós-modernos. **Revista de Direito do Consumidor**, v. 22, abr. 1997.
TEPEDINO, Gustavo. **Aspectos atuais da multipropriedade imobiliária**. Disponível em: <http://www.tepedino.adv.br/tep_artigos/aspectos-atuais-da-multipropriedade-imobiliaria/>. Acesso em: 8 jan. 2019.
TEPEDINO, Gustavo. **Multipropriedade imobiliária**. São Paulo: Saraiva, 1993.
SARAIVA, Bruno de Sousa. Uma análise jurídica da multipropriedade imobiliária. **Revista da Escola Superior da Magistratura do estado do Ceará**, p. 95-113. Disponível em: <http://revistathemis.tjce.jus.br/index.php/THEMIS/article/download/104/103>. Acesso em: 27 dez. 2022.

■ **Tutela legal**

A primeira norma legal em solo brasileiro surgiu em 1997. Trata-se da Deliberação Normativa n. 378/1997 do Ministério da Indústria, do Comércio e do Turismo, que estabelecia normas para os contratos de *time-sharing*. No final de 2018, a matéria foi regulamentada, por meio da Lei n. 13.777, que acrescentou ao Código Civil os arts. 1.358-B e seguintes, bem como alterou a redação dos arts. 176 e 178 da Lei de Registro Públicos (Lei n. 6.015/1973).

Tanto o Código Civil, quanto a Lei de Registros Públicos cuidam, porém, apenas da multipropriedade imobiliária. A multipropriedade sobre bens móveis continua sem regulamentação específica, aplicando-se, evidentemente, por analogia e no que couber, a normativa da multipropriedade imobiliária e dos condomínios ordinários.

Por expressa disposição do art. 1358-B, aplicam-se à multipropriedade imobiliária (e também à mobiliária, por óbvio), as disposições cabíveis do Código do Consumidor, nas relações entre os multiproprietários e o alienante do bem, principalmente no caso das incorporações imobiliárias, bem como às relações entre os multiproprietários e os fornecedores de bens e serviços ao condomínio.

■ **Espécies**

Quanto ao exercício do uso e fruição no período de cada fração de tempo, a multipropriedade poderá ser por tempo fixo e determinado; por tempo flutuante e por tempo misto.

Na multipropriedade por tempo fixo e determinado, cada condômino gozará de seu direito sempre no mesmo período de cada ano.

Sendo por tempo flutuante, a determinação do período será realizada, periodicamente, respeitado o princípio da isonomia entre os multiproprietários. O método de fixação dos períodos deverá ser divulgado com antecedência mínima, para que os condôminos dele se inteirem e possam tomar as providências necessárias, caso dele discordem.

Tratando-se de multipropriedade por tempo misto, serão combinados os sistemas fixo e flutuante.

■ **Objeto**

Podem ser objeto da multipropriedade tanto os bens imóveis quanto os bens móveis, como um carro, por exemplo. Por ser bem mais comum, a preocupação do legislador se centrou na multipropriedade imobiliária. Isso não impede, como dito, que seja instituída multipropriedade, em regime de condomínio ordinário, sobre bens móveis. A e B podem adquirir um automóvel para a prática de esportes, por exemplo, em regime de multipropriedade. Haveria condomínio ordinário sobre o veículo, em regime de *time-sharing*, acordado em contrato entre os coproprietários, que estipulariam a divisão temporal do uso do carro.

■ Natureza jurídica

No Brasil, desde sua introdução, a multipropriedade sempre foi tratada como condomínio ordinário entre os coproprietários do bem, cuja utilização é dividida no tempo.

O art. 1.358-B do Código Civil seguiu a orientação da práxis, definindo a multipropriedade como o condomínio em que cada um dos coproprietários (do imóvel) é titular de uma fração de tempo, à qual corresponde o direito de usar e fruir.

Não se trata, por óbvio, de condomínio *pro diviso*, em que cada condômino usa uma parte distinta do imóvel, mas de condomínio *pro indiviso*, em que cada condômino, a seu turno, usa e frui do imóvel (ou móvel) no seu todo, podendo defender-se de atos atentatórios contra sua posse, inclusive os perpetrados pelos demais condôminos.

■ Elementos

São dois os elementos que compõem essa modalidade dominial, o espaço e o tempo. O espaço se refere à coisa em si, seja móvel ou imóvel. O tempo diz respeito ao uso e gozo da coisa toda por cada condômino, sucessivamente, em turnos periódicos.

Segundo o Código Civil (art. 1.358-D), o imóvel objeto da multipropriedade é indivisível, não se sujeitando a ação de divisão ou de extinção de condomínio. Além disso, inclui as instalações, os equipamentos e o mobiliário que o guarneçam.

Por outro lado, cada fração de tempo (art. 1.358-E) é indivisível, sendo de, no mínimo, sete dias, seguidos ou intercalados, a depender do que combinem os condôminos. Todos eles terão direito a uma mesma porção mínima de dias no ano. Para além do mínimo, poderá o condômino adquirir fração maior, fazendo jus a usar o imóvel por mais tempo. Essa aquisição pode ser de outro condômino, ou do condomínio, tanto a título gratuito, quanto oneroso.

■ Constituição

A multipropriedade pode ser constituída de duas maneiras, em princípio. Pelos condôminos, ao adquirirem a coisa, ou a qualquer momento, ou pelo incorporador do edifício condominial.

No primeiro caso, A e B adquirem um bem em condomínio. O bem, normalmente um imóvel, será registrado em nome de ambos, devendo constar do registro a duração dos períodos a que corresponda a fração de tempo.

No segundo caso, o próprio incorporador (pessoa que constrói o edifício para vender as unidades) constitui a multipropriedade, em uma ou mais unidades, de modo a que cada unidade pertença a mais de um condômino em multipropriedade.

O Código Civil (art. 1.358-F) também admite a instituição da multipropriedade por ato *causa mortis* (testamento). De todo modo, o ato constitutivo deverá ser registrado no ofício imobiliário. Além da matrícula do imóvel, haverá uma matrícula para cada fração de tempo, na qual se registrarão e se averbarão os atos a ela referentes.

Ademais da fração básica, destinada a cada condômino, poderá ser instituída uma fração de tempo extra, para fins de reparos no imóvel. Esta fração adicional constará da matrícula referente à fração de tempo principal (básica), não sendo, porém, objeto de matrícula específica, como as frações principais.

Na instituição da multipropriedade, deverá ser celebrada uma convenção de condomínio em multipropriedade. Esta convenção terá um conteúdo mínimo, constante:

a] dos poderes e deveres dos condôminos, especialmente em matéria de equipamentos, instalações e mobiliário, de manutenção ordinária e extraordinária, de conservação e limpeza e de pagamento da contribuição condominial;
b] o número máximo de pessoas que possam ocupar simultaneamente o imóvel;
c] as regras de acesso do administrador para limpar, conservar e manter o imóvel em estado de servir;
d] a criação de fundo de reserva para despesas com reposição e manutenção das instalações, mobiliário e equipamentos;
e] a solução a ser dada em caso de perda ou destruição parcial ou total do imóvel, inclusive para efeitos de participação no risco ou no valor do seguro, da indenização ou da parte que restar do imóvel;
f] as multas aplicáveis ao proprietário que descumprir seus deveres.

Tanto o instrumento de instituição (testamento, escritura pública), quanto a convenção de condomínio em multipropriedade, poderá estipular o limite máximo de frações de tempo no mesmo imóvel, que poderá ser detido pela mesma pessoa. Nada impede, todavia, que num edifício de apartamentos, uma mesma pessoa detenha frações de tempo numa unidade, e mais frações em outra, de modo a que possa usufruir de seus direitos por um período maior de tempo, do que se fosse titular de frações sobre uma só unidade. Assim, por exemplo, é instituído um condomínio em multipropriedade sobre um edifício de veraneio, à beira mar. João, querendo desfrutar de um tempo maior que o permitido para os detentores de frações temporais sobre uma única e mesma unidade, decide adquirir frações temporais em mais de um apartamento. Nada impede que isso seja feito. Ele será condômino e multiproprietário de mais de uma unidade, ou seja, será titular de uma fração ideal relativa a cada apartamento, do ponto de vista físico-espacial, e de frações de tempo, também relativas a cada apartamento.

O Código Civil estabelece uma ressalva em relação a esse limite de frações de tempo. No caso de instituição de multipropriedade para posterior venda das frações temporais a terceiros, o limite obrigatório poderá constar no instrumento de instituição, após a venda das frações.

Conforme já avençado, a multipropriedade poderá ser adotada por um condomínio por unidades independentes, seja no instrumento de instituição (escritura pública, testamento e convenção), seja por deliberação da maioria absoluta (metade mais um) dos condôminos. A multipropriedade poderá recair sobre parte ou sobre a totalidade do condomínio edilício.

É importante salientar que a convenção do condomínio por unidades independentes, bem como o memorial de loteamentos ou o instrumento de venda de lotes em loteamentos urbanos, poderão limitar ou mesmo impedir a instituição de multipropriedade, vedação esta que somente poderá ser alterada pela maioria absoluta dos condôminos, salvo quórum maior na convenção.

No caso de condomínio edilício em multipropriedade, a convenção de condomínio deverá prever:

a) a identificação das unidades sujeitas ao regime de multipropriedade;
b) a indicação da duração das frações de tempo de cada unidade autônoma;
c) a forma de rateio das contribuições condominiais relativas à multipropriedade de cada unidade. Esta será, salvo disposição contrária, proporcional à fração de tempo de cada multiproprietário;
d) a especificação das despesas ordinárias, de custeio obrigatório, independentemente de o multiproprietário estar ou não usufruindo o imóvel;
e) os órgãos de administração da multipropriedade;
f) a indicação, se for o caso, de que o empreendimento conta com sistema de administração de intercâmbio;
g) a competência para a imposição de sanções e o respectivo procedimento;
h) o quórum exigido para a deliberação de adjudicação da fração de tempo, na hipótese de inadimplemento do multiproprietário. Nesse caso, o multiproprietário será privado temporariamente de seu direito de uso e gozo, que será transferido (adjudicado), pelo mesmo período, ao próprio condomínio;
i) o quórum exigido para a deliberação de alienação pelo condomínio edilício, da fração de tempo a ele adjudicada em virtude de inadimplemento do multiproprietário.

O regimento interno, que integra a convenção, deverá prever:

a] os direitos e deveres dos multiproprietários em relação às partes comuns do condomínio como um todo;
b] os direitos e obrigações do administrador;
c] as normas referentes ao uso e gozo dos imóveis, instalações, equipamentos e mobiliário destinados ao regime de multipropriedade;
d] o número máximo de pessoas que possam ocupar simultaneamente o imóvel;
e] as regras de convivência entre os multiproprietários e os demais condôminos ou possuidores, não sujeitos ao regime de multipropriedade;
f] a forma de contribuição, destinação e gestão do fundo de reserva específico para cada unidade sujeita a multipropriedade, sem prejuízo do fundo de reserva do condomínio edilício;
g] a possibilidade de realização de assembleias por meio eletrônico ou por outro meio não presencial;
h] os mecanismos de participação e de representação dos multiproprietários;
i] o funcionamento do sistema de reserva da unidade, os meios de confirmação e os requisitos a serem cumpridos, quando o multiproprietário desejar ceder a terceiro sua faculdade de uso;
j] a descrição dos serviços adicionais, como eletricistas ou encanadores, se existentes, e as regras para seu uso e custeio.

Tem sido cada vez mais comum, nos dias atuais, o sistema de intercâmbio de hospedagem, principalmente, na internet, quando alguém oferece sua residência a estranhos, que nela se hospedam na ausência do dono. Isso pode ocorrer na multipropriedade, caso em que o multiproprietário cede a terceiro o direito de se hospedar no imóvel, durante o período referente a sua fração de tempo. Essa possibilidade consta expressamente da Lei n. 11.771/2008, que cuida da política nacional de turismo. Tratando-se de multipropriedade em condomínio por unidades independentes, como vimos, a convenção deverá indicar que o empreendimento conta com sistema de administração de intercâmbio.

Direitos e obrigações dos multiproprietários

Os direitos e deveres dos multiproprietários deverão constar do instrumento de instituição e da convenção de condomínio em multipropriedade. O Código Civil estabelece, porém, uma pauta mínima, consistente nos direitos de cada condômino de:

a] Usar e fruir, durante o período referente à fração de tempo, do imóvel e de suas instalações, equipamentos e mobiliário.
b] Ceder a fração de tempo em locação ou comodato. Como se trata de fração de tempo, talvez o melhor teria sido dizer ceder, temporariamente, a fração de tempo a título oneroso ou gratuito.
c] Alienar a fração de tempo, por atos *inter vivos* ou *causa mortis*, a título gratuito ou oneroso, ou onerá-la com direito real de terceiro, por exemplo, hipoteca ou usufruto. O administrador deverá ser comunicado em ambos os casos.
d] Desde que esteja quites com as obrigações condominiais, participar e votar, ainda que por intermédio de representante ou procurador, na assembleia geral do condomínio em multipropriedade. O voto do multiproprietário corresponde à quota de sua fração (ou frações) de tempo. Também poderá, nas mesmas condições, participar e votar na assembleia geral do condomínio por unidades independentes, caso se trate de condomínio por unidades independentes, por óbvio. Seu voto, nesta hipótese, corresponderá à quota de sua fração (ou frações) de tempo em relação à quota de poder político atribuído à unidade autônoma na respectiva convenção de condomínio. Essa quota de poder político, normalmente, correspondente à fração ideal de cada unidade independente.

Além dos direitos de cada multiproprietário, o Código Civil dispõe a respeito dos deveres mínimos a eles atribuídos. São eles:

a] Pagar a contribuição condominial referente ao condomínio em multipropriedade e, se for o caso, do condomínio edilício, mesmo que renuncie ao uso e à fruição do imóvel, das áreas comuns, instalações, equipamentos e mobiliário. As despesas vinculam-se, pois, não ao uso, mas à propriedade.
b] Responder por danos causados ao imóvel, suas instalações, equipamentos ou mobiliário, ainda que o dano tenha sido causado por acompanhantes, visitantes prepostos ou outras pessoas autorizadas.
c] Comunicar, imediatamente, ao administrador os defeitos, avarias e vícios de que tiver ciência durante a utilização.
d] Não modificar, alterar ou substituir o mobiliário, os equipamentos ou as instalações, sem o consentimento dos demais.
e] Manter o imóvel em boas condições de conservação e limpeza.
f] Usar o imóvel de acordo com seu fim, se residencial ou comercial.
g] Usar o imóvel apenas durante o período de sua fração de tempo.
h] Desocupar o imóvel, findo o período de sua fração de tempo, sob pena de multa diária.
i] Permitir a realização de obras ou reparos urgentes.

A convenção de condomínio em multipropriedade deverá fixar multa, para o caso de o condômino descumprir qualquer dos seus deveres. A multa poderá ser progressiva, na hipótese de reiterado descumprimento de deveres. Neste caso, o multiproprietário poderá, inclusive, perder temporariamente seu direito de usar o imóvel nos períodos correspondentes a sua fração temporal. Neste ponto, o legislador foi bem mais corajoso do que o legislador do próprio Código Civil, que não previu, explicitamente, a perda do direito de usar o imóvel para o condômino antissocial, nos condomínios por unidades independentes (condomínios edilícios).

Na multipropriedade em condomínios por unidades independentes, havendo descumprimento pelo multiproprietário do dever de custeio, caberá adjudicação ao condomínio edilício da fração de tempo correspondente ao inadimplemento.

Como ocorre nos apart-hotéis, na hipótese de o imóvel objeto da multipropriedade ser parte integrante de empreendimento em que haja sistema de locação das frações de tempo, no qual os titulares possam ou devam locar suas frações exclusivamente por intermédio de uma administração única, repartindo as receitas das locações, independentemente da efetiva ocupação de casa unidade autônoma, poderá a convenção do condomínio estabelecer que, em caso de inadimplemento, o inadimplente fique proibido de usar o imóvel até que pague integralmente sua dívida, e que sua fração de tempo passe a integrar o *pool* da administradora. Nesse caso, a convenção poderá estabelecer que administradora fique automaticamente munida de poderes e obrigada a utilizar a integralidade dos valores líquidos que o inadimplente tiver a receber, para compensar suas dívidas condominiais, seja do condomínio edilício, seja do condomínio em multipropriedade.

Por fim, havendo necessidade de reparos decorrentes do uso ou do desgaste normal do imóvel, suas instalações, equipamentos e mobiliário, as despesas serão repartidas entre todos os multiproprietários. Sendo os reparos devidos a danos causados por culpa de um dos multiproprietários, além da multa, arcará sozinho com as despesas.

Como visto, o instrumento de instituição poderá prever uma fração de tempo destinada à realização de reparos indispensáveis. Essa fração poderá ser atribuída ao instituidor da multipropriedade (por exemplo, o incorporador) ou aos multiproprietários, proporcionalmente à sua fração temporal. Havendo urgência, os reparos poderão ser efetuados durante o período correspondente à fração de tempo de apenas um dos coproprietários.

Transferência

A multipropriedade, como já visto, pode ser cedida ou alienada, seja a título gratuito ou oneroso. O que interessa aqui é que, seja a transferência cessão ou alienação, não depende da anuência, sequer da cientificação dos demais multiproprietários, que, salvo estipulação contrária, não terão direito de preferência na transferência.

Nos condomínios por unidades independentes em que haja multipropriedade, o multiproprietário somente poderá renunciar ao seu direito de multipropriedade em favor do condomínio edilício e, assim mesmo, se estiver em dia com suas contribuições condominiais e com os tributos imobiliários.

Administração

O administrador da multipropriedade deverá ser indicado no instrumento de instituição (escritura pública ou testamento) ou na convenção. Na falta de indicação, será escolhido em assembleia geral.

O administrador poderá ser pessoa estranha, ou seja, poderá não ser um dos multiproprietários. No caso de condomínio edilício, o administrador será, necessariamente, um profissional do ramo, estranho ou não.

Além de outras atribuições, incumbe ao administrador coordenar a utilização do imóvel; determinar os períodos de uso e gozo exclusivo de cada multiproprietário, nos sistemas flutuante e misto; cuidar da manutenção, conservação e limpeza do imóvel; trocar ou substituir as instalações, equipamentos ou mobiliário do imóvel (deverá, para tanto, providenciar orçamentos e submetê-los aos multiproprietários); elaborar o orçamento anual; cobrar as contribuições condominiais (quotas de custeio) e, por fim, pagar por conta do condomínio, as despesas comuns, com os fundos arrecadados.

Extinção

A multipropriedade se extingue pelas mesmas causas que o condomínio por unidades independentes, ainda que não esteja inserida em um. Em outras palavras, extingue-se a multipropriedade pelo distrato, pela desapropriação, pela destruição ou ruína do imóvel. Não se extingue por ação de divisão ou de extinção de condomínio. Tampouco se extingue pela confusão, quando todas as frações de tempo integrarem a titularidade de apenas uma pessoa. Nesse caso, a divisão em frações permanece, podendo o titular aliená-las a terceiros. Em outras palavras, a multipropriedade não se extingue.

15.2.17 Incorporações

Incorporação é a atividade exercida com o intuito de promover e realizar a construção, para a alienação, total ou parcial, de edificações, ou conjunto de edificações, compostas de unidades autônomas.

O instituto é regulado na Lei n. 4.591/1964, arts. 28 a 68.

Na incorporação imobiliária a figura principal é a do incorporador.

Incorporador é quem gerencia a incorporação. Pode ser pessoa física ou jurídica, empresário ou não. Pode ser ele próprio o construtor, ou pode contratar a construção por empreitada ou administração. De qualquer forma, incumbe a ele gerenciar a venda das frações ideais do terreno para construção de unidades autônomas em regime de condomínio. A venda pode ser feita antes ou durante a construção.

Só pode ser incorporador o dono do terreno; o promitente comprador do terreno; pessoa a quem o incorporador tenha cedido seu direito de incorporação, ou seja, o cessionário do direito; o promitente cessionário; o construtor e o corretor.

A venda das unidades autônomas só pode ter início após os procedimentos notariais de registro.

O incorporador poderá fixar prazo de carência, transitado o qual, se não preenchidos os requisitos por ele estabelecidos, poderá desistir da incorporação. Como exemplo, podemos citar o incorporador que inicie a venda das unidades, antes de começar a construção, impondo como condição para começar a construir a venda de número mínimo de unidades. Se o número não for alcançado, restituirá o dinheiro àqueles que hajam adquirido as primeiras unidades, desistindo do empreendimento.

15.2.18 Propriedade resolúvel

Como vimos, a situação de propriedade é, em princípio, perpétua. Em outras palavras, só termina se o dono desejar, quando poderá alienar a coisa, abandoná-la, renunciar ao direito etc. Morrendo o dono, o direito se transmite imediatamente a seus herdeiros.

Existe, entretanto, a possibilidade de a propriedade sofrer limitação no tempo, seja desde o momento em que se constitua, seja por fato posterior e estranho ao título constitutivo. Essas duas hipóteses acham-se previstas nos arts. 1.359 e 1.360 do CC. É a chamada *propriedade resolúvel* (propriedade que sofra limitação no tempo, seja desde sua constituição, seja por fato posterior).

O art. 1.359 tipifica a hipótese da propriedade subordinada a condição resolutiva ou a termo final. Implementando-se a condição ou advindo o termo, resolve-se o domínio. Vejamos alguns exemplos.

O primeiro é a retrovenda, em que o vendedor de imóvel se reserva o direito de recomprá-lo no prazo máximo de três anos, restituindo ao comprador o preço mais despesas. Trata-se de condição resolutiva simplesmente potestativa, uma vez que subordina a compra e venda à vontade relativa do vendedor.

O fideicomisso é outra modalidade, em que uma pessoa, o fideicomitente, transfere a propriedade de um bem a outra, o fiduciário, ficando este com a obrigação de transmitir a propriedade do bem a terceiro, o fideicomissário, decorrido certo prazo. O fiduciário será dono do bem apenas durante o prazo de duração do fideicomisso. O termo final poderá ser certo quando o prazo será determinado: por exemplo, dez anos ou vinte anos. Mas poderá o termo final ser incerto, como no caso do fideicomisso vitalício, em que o fideicomissário só adquirirá a propriedade do bem, após a morte do fiduciário.

Outro caso de propriedade resolúvel ocorre quando da venda de imóvel, sem se respeitar o direito de preferência do locatário ou do condômino. Estes poderão desfazer a venda, depositando o preço pago pelo comprador. Observa-se, pois, que depositado o preço, a propriedade do comprador se resolve. Trata-se de hipótese de condição resolutiva simplesmente potestativa.

Por fim, a alienação fiduciária é também exemplo de propriedade resolúvel. O devedor, em garantia de pagamento, aliena determinado bem ao credor, que se torna seu dono, até o pagamento integral da dívida. Adimplida a obrigação, o credor transfere a propriedade do bem de volta ao devedor. Vemos que a propriedade do credor fiduciário se resolve com o advento do termo, ou seja, quando do vencimento da obrigação. É o que ocorre nos consórcios de veículos.

A segunda hipótese de propriedade resolúvel está prevista no art. 1.360 do CC. É também denominada *propriedade ad tempus*. A propriedade se resolve por fato posterior e estranho ao título aquisitivo. É o caso da doação que pode ser revogada por ingratidão.

Vejamos um exemplo para que a hipótese fique totalmente clara. Daniel doou uma casa a Rogério. Neste primeiro momento, até que ocorra o fato gerador da revogação, ou seja, a ingratidão de Rogério, a propriedade é plena. No momento em que ocorra o ato de ingratidão, a propriedade se torna resolúvel, permanecendo assim até que seja revogada a doação, ou até que transcorra o prazo decadencial de um ano, contado do momento em que a ingratidão e sua autoria pelo donatário chegarem ao conhecimento do doador.

Resumindo, a propriedade só se torna resolúvel após a ingratidão. Antes será plena. Por isso é que o Código fala em propriedade que se torna resolúvel por fato posterior e estranho ao título. Fosse ela resolúvel desde o princípio, não faria sentido falar em fato posterior e estranho ao título (no exemplo dado, o título é o contrato de doação).

Outro exemplo seria o do inadimplemento que sujeita os bens do devedor ao poder do credor, que, eventualmente, poderá penhorá-los e levá-los a leilão. A propriedade do devedor sobre os seus bens, uma vez ocorrido o inadimplemento, torna-se resolúvel por fato estranho e posterior ao título constitutivo.

Muito se tem discutido a respeito da natureza jurídica da propriedade resolúvel, tendo surgido duas teses principais.

A primeira, defendida por Lafayette[128] e Orlando Gomes,[129] vê na propriedade resolúvel modalidade especial de domínio.

A segunda, preconizada por Lacerda de Almeida[130] e Sá Pereira, apesar de mais sofisticada, não convence muito. Segundo eles, a propriedade resolúvel é condomínio entre o dono atual e o eventual, condomínio este subordinado a condição ou a termo final.

De qualquer forma, a restituição da coisa faz-se como se o dono tivesse sido sempre o atual, desconsiderando-se todo o período em que a coisa esteve sob o domínio do dono anterior. Assim, opera efeitos *ex tunc*, anulando todos os atos praticados pelo antigo dono, tais como alienações, hipoteca, penhor etc. Em outras palavras, se o antigo dono, no caso da retrovenda, por exemplo, houver hipotecado o imóvel, efetuado o retrato, a hipoteca perderá seu valor.

No entanto, se a resolução da propriedade se der por fato posterior e estranho ao título aquisitivo, como no caso da doação revogada por ingratidão, os efeitos se produzirão *ex nunc*, valendo todos os atos praticados pelo donatário. Se a coisa não puder ser restituída, por ter sido vendida, por exemplo, o doador fará jus à indenização. Mas a venda realizada pelo donatário não será desfeita.

Em relação aos frutos, tanto no caso do art. 1.359 quanto no caso do art. 1.360, pertencerão à pessoa cuja propriedade se resolveu, isto é, ao antigo dono.

No que diz respeito aos acrescidos, isto é, às benfeitorias e acessões imobiliárias, aplicam-se as mesmas regras gerais. Segundo o art. 1.219 do CC, o possuidor de boa-fé terá direito à indenização das benfeitorias necessárias e úteis, podendo reter a coisa até que seja ressarcido. Em outras palavras, poderá recusar-se a restituir a coisa ao dono, até receber a indenização. Quanto às benfeitorias voluptuárias, ou bem será indenizado ou bem as levantará. Vale dizer que, se não for ressarcido, poderá retirar as benfeitorias voluptuárias, desde que não cause danos à coisa.

Do possuidor de má-fé cuida o art. 1.220. Terá direito de indenização somente das benfeitorias necessárias, com base no princípio do enriquecimento

---

128 PEREIRA, Lafayette Rodrigues. Op. cit., v. 1, p. 80.
129 GOMES, Orlando. **Direitos reais**... cit., p. 222.
130 ALMEIDA, Francisco de Paula Lacerda de. **Direito das cousas**... cit., 248. PEREIRA, Sá. Apud BARROS MONTEIRO, Washington de. Op. cit., v. 3, p. 237 e RODRIGUES, Sílvio. **Direito civil**... cit., 32. ed., v. 5, p. 232.

sem causa; mas não terá direito de retenção. No tangente às benfeitorias úteis e voluptuárias, não possuirá qualquer direito, nem mesmo o de levantá-las.

Quanto às acessões imobiliárias, como já dito anteriormente, se alguém plantar, semear ou construir em terreno alheio perderá em favor do proprietário as plantas, sementes e construções, mas fará jus a indenização, se houver obrado de boa-fé, à exceção das acessões voluptuárias. Se de má-fé, a nada terá direito, salvo quanto às acessões necessárias, podendo ser obrigado a desfazer o que houver feito, além de indenizar todo e qualquer prejuízo.

Aqui deve ser aberto um parágrafo. Seriam quaisquer plantações ou edificações indenizáveis? Analogicamente às benfeitorias, só as acessões necessárias ou úteis seriam passíveis de indenização. As voluptuárias, em tese, não o seriam. Tratando-se de possuidor de má-fé, apenas as necessárias seriam indenizáveis, como o adubo lançado ao solo, para a conservação da fertilidade da terra. Imaginar o contrário, ou seja, a impossibilidade de indenização de acessões necessárias, seria dar supedâneo ao enriquecimento sem causa. Por outro lado, imaginar que quaisquer acessões, mesmo as voluptuárias recebam o mesmo tratamento, seria adotar interpretação *ad absurdum*. Se alguém construir uma fonte luminosa em imóvel alheio, seja de boa-fé ou de má-fé, em princípio, a nada terá direito, apenas o de levantá-la. Aliás, dependendo da situação, o dono do terreno nem haverá de desejar uma tal acessão, de gosto bastante duvidoso, diga-se de passagem.

Aquele que plantou ou edificou de boa-fé, em terreno alheio, terá direito à propriedade do imóvel, desde que a construção ou plantação tenha valor muito superior ao das terras. É evidente, que o proprietário original deverá ser indenizado. É óbvio que essa regra não se aplica, se quem plantar ou edificar for, dentre outros, o locatário, o comodatário, o usufrutuário, o fiduciário ou o mero detentor do imóvel, como o empregado em relação às terras do patrão.

No caso das construções que invadam parcialmente terreno alheio, o Código Civil dispõe que, se a construção não invadir o terreno vizinho em mais de um vigésimo, e se seu valor for superior ao do solo invadido, aquele que construiu de boa-fé se torna proprietário da parte invadida, desde que indenize o titular do terreno invadido por todos os prejuízos. A indenização abrange o valor da área invadida mais a depreciação sofrida pelo terreno, pela perda da parte invadida.

Se o construtor, de boa-fé, invadir mais de um vigésimo do terreno vizinho, poderá adquirir a propriedade da área invadida, observados os mesmos pressupostos. A indenização, neste caso, abrangerá além do valor da área invadida e da depreciação do terreno vizinho, também o valor que a construção houver agregado ao terreno do construtor.

Se, na invasão de até um vigésimo do terreno vizinho, a construção tiver sido feita de má-fé, além de exceder consideravelmente o valor da parte invadida e não puder ser demolida, sem grave prejuízo para o resto do edifício, quem construiu poderá tornar-se dono da parte invadida, pagando o décuplo da indenização prevista para o caso anterior.

Se a invasão de má-fé ultrapassar um vigésimo do imóvel vizinho, o construtor deverá demolir o que foi construído e pagar em dobro a indenização por perdas e danos.

Ocorrendo a perda ou deterioração da coisa, aplica-se o regime geral das obrigações de restituir coisa certa. Recordando, se a coisa se perder ou se deteriorar, antes da tradição, abre a Lei várias hipóteses. No primeiro caso, não há culpa do devedor. Sendo situação de perda, resolve-se a obrigação. Deteriorando-se a coisa, o credor simplesmente a recebe de volta, sem mais direitos. Aplica-se, em ambas as hipóteses, a regra *res perit domino*. No segundo caso, a perda ou a deterioração atribuem-se a culpa do devedor. Havendo perda, o credor terá direito a indenização pelo valor da coisa mais perdas e danos. Se o caso for de deterioração, o credor poderá exigir indenização pelo valor da coisa ou recebê-la no estado em que se encontrar, tendo sempre, a título complementar, direito a perdas e danos, qualquer que seja sua opção. Nas hipóteses de perda ou deterioração da coisa, com culpa do devedor, *ne res perit domino*, ou seja, a coisa não perecerá para o dono, mas para o culpado.

15.2.19 Propriedade fiduciária

Propriedade fiduciária é espécie de propriedade resolúvel, em que uma pessoa, o fiduciante, transfere a propriedade de um ou mais bens a outra pessoa, o fiduciário, seja como garantia de dívida, seja para que o fiduciário administre-o(s) em favor de um beneficiário. É propriedade resolúvel, uma vez que dura determinado tempo, restituindo-se às mãos do fiduciante ou de terceiro.

Sobre o tema dissertamos antes, ao tratarmos dos contratos fiduciários. Cabe agora recordar aqueles conceitos e cuidar da alienação fiduciária em garantia.

15.2.19.1 Propriedade fiduciária com escopo de administração

a] Propriedade fiduciária de imóveis para fins de constituição de fundos de investimento imobiliário

A Lei n. 8.668/1993 introduziu a dita propriedade fiduciária de imóveis para fins de constituição de fundos de investimento imobiliário. Tais fundos são destituídos de personalidade jurídica e se formam a partir da comunhão de recursos captados por meio do Sistema de Distribuição de Valores Mobiliários.

Somente as instituições autorizadas pela Comissão de Valores Mobiliários podem gerir os fundos, dentre elas bancos múltiplos com carteira de investimento ou com carteira de crédito imobiliário, bancos de investimento, sociedades de crédito imobiliário, sociedades corretoras e outras entidades legalmente equiparadas, nos dizeres do legislador.

O patrimônio do fundo se constituirá dos bens e direitos adquiridos pela administradora, em caráter fiduciário.

O art. 7º da referida Lei confere ao patrimônio do fundo, natureza fiduciária, tornando-o patrimônio de afetação. Assim, os bens e direitos não integram o ativo da administradora; não respondem, direta ou indiretamente, por qualquer obrigação sua; não compõem a lista de bens e direitos da administradora, para efeito de liquidação judicial ou extrajudicial; não podem ser dados em garantia de débito; são impenhoráveis pelos credores da administradora; e, finalmente, não podem ser gravados com ônus reais.

Tratando-se de bem imóvel, as restrições deverão constar do Registro Imobiliário.

Por fim, o fiduciário administrará os bens fiduciários e deles disporá na forma e para os fins estabelecidos no regulamento do Fundo, ou conforme o que se decidir em assembleia de cotistas.

O patrimônio do fundo consistirá em valores mobiliários e em bens imóveis. Propriedade fiduciária propriamente dita só dos bens imóveis e dos eventuais bens móveis corpóreos; em relação aos valores mobiliários, haverá titularidade fiduciária, uma vez que, em nosso sistema, não há propriedade de bens incorpóreos.

Como funcionam esses fundos? Com o objetivo de investimento, um banco decide adquirir um hotel, por exemplo. Lembremos que o objetivo do fundo é investimento imobiliário. Cria, assim, um fundo de investimento imobiliário e capta recursos (dinheiro, basicamente) junto a todos os que quiserem investir no negócio. Com esses recursos, o banco adquire o hotel. A propriedade do banco sobre ele será fiduciária, obviamente, uma vez que seu objetivo é o de administrá-lo para os cotistas do fundo. O dinheiro que houver sobrado da compra do hotel será aplicado no mercado financeiro, de ações etc., também em favor dos cotistas. A titularidade do banco sobre os valores mobiliários em que se aplicou o dinheiro será também fiduciária. Seu objetivo, aqui também, é o de administrá-lo em favor dos cotistas. Logicamente, o banco tira seu percentual nos lucros, distribuindo o restante entre os investidores (cotistas). Mais ou menos, é assim que funciona um fundo de investimento imobiliário.

b] Contrato fiduciário para recomposição de patrimônio

O contrato ou negócio fiduciário para recomposição de patrimônio é o caso típico da *fiducia cum amico*, do Direito Romano.

Ocorre quando o fiduciante, julgando-se, por qualquer razão, incapaz de administrar seu patrimônio, transfere-o a pessoa de sua confiança, o fiduciário, a fim de que este o recomponha, afastando, portanto, do fiduciante o fantasma da insolvência. Reconstituído o patrimônio, deverá ser ele retransmitido ao fiduciante, por força do *pactum fiduciae*.

c] Trust

Por *trust*, entende-se o contrato pelo qual uma pessoa, o *settlor*, transmite a propriedade ou titularidade de um ou mais bens a outra, o *trustee*, para que os administre em favor de um beneficiário, o *cestui que trust*.

Do Direito Anglo-Saxão, o *trust* é instituto de larga serventia nos países adeptos a este sistema jurídico. O *settlor* destaca de seu patrimônio certos bens, transferindo-lhes a propriedade formal ao *trustee*, para que este os administre em favor de um ou mais beneficiários, dentre eles, eventualmente, o próprio *settlor*. O beneficiário detém, assim, a fruição do patrimônio fiduciário.

Na verdade, convivem no *trust* duas propriedades distintas, a do *trustee*, propriedade formal ou *legal title*, e a do beneficiário, propriedade econômica ou de fruição.

Há, entretanto, alguns empecilhos à introdução pura e simples do instituto nos países de *civil law*, como o Brasil. Não há, em nossa clássica tradição romana, a possibilidade de, por exemplo, duas propriedades distintas conviverem harmoniosamente, tendo por objeto um mesmo bem. Para nosso sistema, a natureza do direito do *trustee* é de fácil entendimento. Trata-se de propriedade limitada por direito real de terceiro, o beneficiário. Já quanto ao direito do beneficiário, a questão é mais complexa. Não se trata de propriedade, como se configura na *common law*, pois esta seria, em nossa sistemática, direito exclusivo do *trustee*. Nem mesmo se poderia falar em condomínio, uma vez que os condôminos são titulares da mesma relação dominial sobre a coisa, o que não ocorre no *trust*, que se caracteriza por duas propriedades diferenciadas, propriedade formal e econômica.

Poder-se-ia dizer que o beneficiário detém o domínio útil, mas este tem como apanágios o uso e a fruição. Despido o beneficiário do direito de usar, que é do *trustee*, não se pode falar em domínio útil. Por via de consequência, tampouco se pode falar em usufruto, pois este se fundamenta exatamente no domínio útil, de que é titular o usufrutuário e que falta ao *cestui que trust*.

Vê-se, dessarte, que o *trust*, a ser adotado em países de tradição romano-germânica, deve sofrer algumas adaptações, para que não venha a se tornar esdruxularia inútil e incompatível com o ordenamento jurídico.

d] Fidúcia

Na tentativa de adaptar o *trust* ao sistema jurídico romano-germânico, vários autores procuram construir instituto análogo, consentâneo às peculiaridades de nossa lógica jurídica. Fruto dessas tentativas é a fidúcia.

Neste sentido, fidúcia é o contrato pelo qual uma das partes, recebendo da outra bens móveis ou imóveis, assume o encargo de administrá-los em proveito do instituidor ou de terceiro, tendo a livre administração dos bens, mas sem prejuízo do beneficiário.[131]

O fiduciário adquire os bens mediante contrato escrito. Se forem imóveis deverá constar do registro. Lembre-se de que os bens dados em fidúcia passam a constituir patrimônio de afetação, consequentemente, inalienável e impenhorável.

Adquirindo os bens, o fiduciário passa a ter sua livre administração, pagando ao beneficiário os rendimentos que obtiver e substituindo por outros os bens que vender.

O fiduciário tem direito a remuneração, segundo o que for combinado, ou por arbitramento judicial.

Cessando a fidúcia, a sorte dos bens variará conforme as circunstâncias. Em primeiro plano, observa-se o que tiver sido determinado no contrato, a saber, reversão ao patrimônio do instituidor, transmissão ao beneficiário ou a terceiro. Na falta de estipulação expressa, reverterão de pleno Direito ao patrimônio do instituidor. Se este não for mais vivo, passarão a seus sucessores.

É importante ressaltar que o beneficiário não será titular de domínio sobre o patrimônio fiduciário, mas tão somente de direito de crédito. A propriedade, como regra, somente se consubstanciará em sua esfera de titularidade após o implemento da condição ou o advento do termo. A natureza do direito do fiduciário sobre os bens é, portanto, a de propriedade resolúvel, dado o pacto fiduciário, implícito no contrato de fidúcia.

e] Fideicomisso

Em nosso Direito, a palavra "fideicomisso" é mais comumente empregada enquanto ato jurídico *causa mortis*, aliás, em franco desuso.

Fideicomisso, enquanto negócio jurídico *causa mortis*, é substituição testamentária indireta. Ocorre, quando for instituído herdeiro ou legatário, que será substituído por outro, ainda não concebido à época da morte do testador, após o decurso de certo prazo, ou após o implemento de condição.

"Deixo meus bens a B. Mas, casando-se ele, passarão os bens a C, eventual filho de D", ou então, "deixo meus bens a B. Mas, morrendo ele, passarão os bens a C, eventual filho de D", ou ainda, "deixo meus bens a B. Mas, após dez anos, passarão os bens a C, eventual filho de D".

O importante é observar que B herda, tornando-se dono dos bens. A propriedade é, porém, resolúvel, uma vez que tem término previsto.

---

131 PEREIRA, Caio Mário da Silva. **Instituições**... cit., 18. ed., v. 3, p. 275.

No fideicomisso concorrem três pessoas, o fideicomitente, que é o testador; o fiduciário, que é o herdeiro instituído em primeiro lugar; e o fideicomissário, que é o substituto, ainda não concebido quando da morte do testador.

O fideicomisso pode ser particular, quando se referir a legado, ou seja, a um ou mais bens determinados. Pode ser também universal, quando se referir à totalidade da herança ou a uma cota-parte abstrata (a parte de A; ou 25%, por exemplo).

Mais sobre o fideicomisso, veremos no Capítulo do Direito das Sucessões.

Mas seria ele negócio fiduciário?

A resposta depende da análise de alguns pontos fundamentais.

O fideicomisso nasceu para iludir situações de incapacidade para adquirir por testamento. Assim, o testador nomeava um fiduciário como herdeiro, cometendo-lhe a obrigação de transferir o patrimônio herdado ao beneficiário, em princípio incapaz para adquirir por testamento.

Em que pese não mais se prestar o fideicomisso a esse artifício, estão presentes todos os elementos necessários à sua caracterização como negócio fiduciário.

Constitui-se, elementarmente, de transmissão da propriedade via testamento mais *pactum fiduciae*. Este não perde a natureza de negócio bilateral, por ser instituído em testamento. O fiduciário poderá ou não aceitar o cometimento.

A situação de risco existe no fideicomisso, apesar de se tratar de fidúcia legal, uma vez que a Lei garante ao fideicomissário o direito de adquirir os bens fideicometidos. O fiduciário pode deles se desfazer, correndo-se o risco de que se percam, quando, então, nada mais restará ao fideicomissário que perdas e danos.

Por fim, o fideicomisso é negócio fiduciário de administração. O fiduciário, como regra, administra os bens em seu próprio benefício, nada impedindo, porém, que seja acometido da administração em favor de terceiro, que pode ser o próprio fideicomissário.

Concluindo, embora não cogite a doutrina do fideicomisso dentre as espécies de negócio fiduciário, deve ser aí inserida, por suas características intrínsecas.

Outro não é o posicionamento da legislação argentina. O art. 2.662 do CC assim se expressa:

> Dominio fiduciario es el que se adquiere en razón de un fideicomiso constituido por contrato o por testamento, y está sometido a durar solamente hasta la extinción del fideicomiso, para el efecto de entregar la cosa a quien corresponda según el contrato, testamento o la ley.

Por fim, cabe salientar que a palavra fideicomisso é, muitas vezes, utilizada como sinônimo de fidúcia ou negócio fiduciário, sendo este o sentido que lhe reserva o Direito de tradição hispânica.[132]

15.2.19.2 Propriedade fiduciária com escopo de garantia

a] Venda com escopo de garantia

Na venda com escopo de garantia, o fiduciante vende um bem seu ao fiduciário, a fim de que sirva de garantia a uma obrigação, ficando este adstrito a restituir o bem, após saldada a dívida. A vende uma casa a B, para que este, com as rendas desse imóvel, venha a liquidar certa obrigação. Saldada esta, deverá o imóvel ser remancipado. Pouco importa se o preço da venda foi simbólico, o que a não descaracteriza, mesmo porque seu objetivo, impresso pelo *pactum fiduciae*, não é o fim típico de uma compra e venda, mas o de garantir o pagamento de uma obrigação.

b] Alienação fiduciária em garantia

A alienação fiduciária em garantia foi, segundo Cretella Júnior,[133] a primeira modalidade de garantia real surgida no Direito Romano. Chamada de *fiducia cum creditore*, tinha o grave defeito de transmitir a propriedade da coisa ao credor, o que fez com que nascesse o penhor, que não mais transferia ao credor o domínio da coisa dada em garantia.[134]

De qualquer forma, a alienação fiduciária em garantia atual é um pouco diferente da *fiducia cum creditore*. Nesta era feita venda simbólica do bem ao credor, ficando o vendedor com o direito de recompra, também simbólica, uma vez paga a dívida. Realizavam-se dois atos: um de compra e venda, o outro de fidúcia, ou seja, as partes pactuavam o direito do devedor de readquirir o bem alienado.[135]

Na alienação fiduciária em garantia, não há estes dois momentos. O próprio contrato de alienação já confere ao devedor o direito de readquirir o bem com o pagamento da obrigação garantida. Ademais, não há qualquer compra e venda simbólica.

---

132 LIMA, Otto de Sousa. **Negócio fiduciário**. São Paulo: RT, 1962. p. 259-261. KIPER, Claudio M. e LISOPRAWSKI, Silvio M. **Fideicomiso, dominio fiduciario, securitización**. 2. ed. Buenos Aires: Depalma, 1996. *passim*.
133 CRETELLA JR., José. **Curso de direito romano**... cit., 14. ed., p. 359.
134 O tema foi por nós estudado em monografia intitulada *Alienação fiduciária em garantia*. Rio de Janeiro: Aide, 2000.
135 CRETELLA JR., José. **Curso de direito romano**... cit., 14. ed., p. 267.

Definição

Alienação fiduciária em garantia é o contrato pelo qual uma pessoa, o devedor fiduciante, a fim de garantir o adimplemento de uma obrigação e mantendo-se na posse direta, obriga-se a transferir a propriedade de uma coisa a outra pessoa, o credor fiduciário, ocorrendo a retransmissão da propriedade ao devedor fiduciante, assim que paga a dívida garantida.

Uma ressalva se há de fazer. Se o objeto for um direito (bem incorpóreo), não haverá alienação fiduciária, mas cessão fiduciária; não haverá propriedade fiduciária, mas titularidade fiduciária.

Contrato de alienação que é, a alienação tem, no entanto, caráter sui generis. Não se confunde com a compra e venda por faltar-lhe o elemento preço. Tampouco com a doação, por ser temporário e por estar ausente qualquer animus donandi. Muito menos com a troca se confunde, visto que o fiduciário não transfere ao fiduciante a propriedade de outro bem, como contraprestação.

O objetivo do contrato é caucionar uma obrigação, assumida pelo fiduciante, a favor do fiduciário. Este se torna dono da coisa ou titular do direito, podendo neles se satisfazer, caso a dívida não seja paga. A coisa ou o direito constituem patrimônio de afetação, a salvo, portanto, da ação dos credores do fiduciário e dele mesmo. Em outras palavras, se a alienação fiduciária é contrato de alienação, trata-se de alienação sui generis, pois que não tem por escopo transferir a propriedade, mas prestar garantia. A causa jurídica da alienação fiduciária não é a transferência da propriedade, como na compra e venda, na doação e na troca; a causa da alienação fiduciária é a prestação de garantia ao credor.

A posse direta da coisa continua com o fiduciante, que dela pode usar e fruir, desde que não a deixe destruir-se ou se deteriorar. É do fiduciante o domínio útil, sendo o fiduciário nu proprietário. Acrescente-se que a posse permanece com o fiduciante por força de cláusula constituti, geradora do constituto possessório. A posse indireta, também por força do constituto possessório, se transmite ao fiduciário. Apesar disso, mesmo no caso de bens móveis, embora a tradição da coisa ocorra do fiduciante ao fiduciário, por causa do constituto possessório, a transmissão da propriedade só ocorre com o registro do contrato no órgão competente. Por outro lado, paga a obrigação, o bem se remancipa ao fiduciante automaticamente. Cuidando-se de bem móvel, como a posse direta já é do fiduciante, e para evitar duas tradições inúteis, volta ele a ser dono por força da traditio brevi manu.

Se o fiduciante é possuidor direto da coisa móvel, podendo dela usar e fruir, fá-lo na condição de depositário. Trata-se, in casu, de depósito necessário, que deriva inexoravelmente da cláusula constituti. Se imóvel o bem alienado, o fiduciante o possuirá na condição de devedor fiduciante mesmo, como se verá infra.

Podem ser objeto do contrato tanto bens móveis quanto imóveis.

Tratando-se de bens incorpóreos, seja de natureza móvel, como o uso de uma linha telefônica ou ações de uma companhia, seja de natureza imóvel, como um crédito hipotecário, não haverá alienação, mas cessão fiduciária, como bem define a Lei (n. 8.668/1993, 9.514/1997, para citar duas). Tampouco haverá propriedade fiduciária, mas titularidade fiduciária.

Por fim, em virtude do pacto de fidúcia, o credor fiduciário fica obrigado a retransmitir ao devedor fiduciante a propriedade da coisa ou a titularidade do direito, assim que adimplida a dívida garantida.

Vantagem da alienação fiduciária

A grande vantagem da alienação fiduciária em comparação com as outras modalidades de garantia é a atribuição da propriedade ao credor. Isso implica dizer que, caindo o devedor fiduciante em concurso universal, o credor fiduciário não terá que disputar o bem com os demais credores. Ele é o dono do bem que lhe foi dado em garantia. Por isso mesmo, este bem não integra o patrimônio do devedor fiduciante, para fins de garantia geral dos demais credores, que sobre ele não têm qualquer direito. Além disso, se na hipoteca é possível ao devedor constituir nova hipoteca, ou mesmo alienar o bem, isso não é possível na alienação fiduciária. O bem é do credor. O devedor só pode usá-lo, nada mais.

Natureza contratual

A alienação fiduciária em garantia tem natureza contratual. É contrato em que as partes estipulam direitos e obrigações recíprocas. O devedor transfere a propriedade de um bem ao credor, que se torna seu dono, até o pagamento integral da obrigação, quando o domínio volta ao devedor. Tal o perfil do contrato. Trata-se, contudo, de contrato de alienação *sui generis*, uma vez que não é compra e venda, nem doação, tampouco troca. Sua causa, como vimos, não é a transferência da propriedade, mas a prestação de garantia ao credor.

Dessa convenção surge para o credor uma garantia real. Por que real? Porque oponível *erga omnes*. Só o credor detém o direito sobre a coisa dada em garantia. Ninguém mais. Todas as outras pessoas, ou seja, todos os não titulares do direito real, deverão respeitar o direito do credor. É a obrigação real dos não titulares, correspondente ao direito real do titular.

Tutela legal

No Brasil, a alienação fiduciária em garantia foi introduzida pelo art. 66 da Lei n. 4.728/1965, posteriormente modificado pelo Decreto-Lei n. 911/1969.

Em 1973 e 1974, visando adaptar a legislação vigente ao novo Código de Processo Civil, foram promulgadas as Leis n. 6.014/1973 e 6.071/1974, que alteraram a redação do art. 3º, parágrafo 5º, do art. 4º e do art. 5º, parágrafo único, todos do Decreto-Lei n. 911/1969.

Em 1997, foi editada a Lei n. 9.514, introduzindo a alienação fiduciária de bens imóveis.

Em 2004, veio a lume a Lei n. 10.931, que trata, dentre outros assuntos, de alguns aspectos pontuais da alienação fiduciária.

O Código Civil cuida do instituto em linhas gerais nos arts. 1.361 a 1.368, ao tratar da propriedade fiduciária. Continua em vigor a legislação especial.

Partes

As partes do contrato de alienação fiduciária em garantia são o devedor fiduciante e o credor fiduciário.

Devedor fiduciante porque deposita sua confiança no credor, crendo que este lhe irá remancipar a coisa dada em garantia, uma vez adimplida a dívida. Essa a razão do emprego do antigo particípio presente latino, fiduciante, ou seja, que confia.

Credor fiduciário porque nele se deposita a confiança do devedor. Por isso a terminação passiva típica, "-ário".

Elementos essenciais

São elementos essenciais ao contrato de alienação fiduciária em garantia a *res*, o *consensus*, a condição resolutiva e o contrato principal.

Em primeiro lugar, não se pode confundir o contrato de alienação fiduciária com o contrato principal, cuja obrigação é por aquele garantido. Os elementos a que nos referimos são essenciais à alienação fiduciária e não ao contrato principal.

O primeiro deles, a *res*, pode ser coisa móvel ou imóvel, desde que infungível.

O segundo é o consenso, sem o qual não há contrato algum.

O terceiro é o *pactum fiduciae*, ou seja, é a resolubilidade da propriedade fiduciária, que se retransmite ao fiduciante, assim que paga a obrigação garantida, à qual se subordina o contrato de alienação fiduciária. Trata-se de condição resolutiva, segundo alguns; de termo final, segundo outros, ambos elementos acidentais na teoria geral dos negócios jurídicos. Na alienação fiduciária, esse elemento desloca-se para o rol dos elementos essenciais, uma vez que não existe alienação fiduciária sem essa condição resolutiva (ou termo final). Em outras palavras, a existência mesma do contrato se sujeita ao implemento de condição, ou ao advento do termo, qual seja, o adimplemento da obrigação por parte do devedor fiduciante, o que põe fim à alienação, com a consequente remancipação da coisa, por força do pacto fiduciário.

Outro elemento essencial à alienação fiduciária é o contrato principal. Sem ele, não há falar em garantia e muito menos em alienação fiduciária em garantia. O contrato principal é, como regra, empréstimo, financiamento ao consumo.

Elementos naturais

Naturais à alienação fiduciária em garantia são o registro e a remancipação.

Celebrado que seja o contrato, o credor torna-se detentor de direito de crédito contra o devedor fiduciante. A propriedade fiduciária mesma e o direito real do credor só se constituem pelo registro do contrato no órgão competente (art. 23 da Lei n. 9.514/1997 e parágrafo 1º do art. 1.361 do CC).

Outro elemento natural do contrato de alienação fiduciária em garantia é a remancipação do bem alienado, ou seja, a restituição da propriedade ao devedor fiduciante, assim que a dívida seja paga. Em nosso Direito, a remancipação ocorre de pleno Direito, no momento em que a dívida seja paga.

Requisitos subjetivos de validade

Os requisitos subjetivos devem ser analisados quanto ao devedor fiduciante e quanto ao credor fiduciário.

Quanto ao devedor fiduciante, deverá ser pessoa natural ou jurídica, capaz. A capacidade, e aqui nos referimos principalmente às pessoas naturais, deve ser entendida em seu sentido mais amplo. Assim, o devedor fiduciante deverá possuir a capacidade de fato, adquirida aos 18 anos ou pela emancipação, e, além dela, a capacidade contratual, para alienar seus próprios bens. Sendo pessoa casada, e sendo imóvel o objeto da garantia, necessitará da autorização de seu cônjuge, salvo se o regime for o da separação absoluta de bens.

Quanto às pessoas jurídicas, repetimos que a constituição de garantia real sobre seus bens é ato de diretoria, devendo, entretanto, ser aprovado pelo órgão deliberativo maior, que pode ser o Conselho de Administração ou a Assembleia dos Sócios. Essa autorização é essencial, salvo se o contrário dispuser o contrato ou estatuto social.

Finalmente, não é absolutamente necessário que o devedor fiduciante seja dono da coisa alienada no momento da alienação. A Lei permite que a alienação se dê sobre coisas cuja propriedade ainda não se consolidou. Subordina-se o negócio, porém, à futura consolidação do domínio na titularidade do fiduciante. Consolidada a propriedade, é imediatamente absorvido pelo contrato de alienação fiduciária, não sendo necessária qualquer formalidade subsequente.

Em relação ao credor fiduciário, deve ser feita uma ressalva. Se o bem for móvel, há certa controvérsia doutrinária. Alguns afirmam que só podem figurar como credores fiduciários as instituições financeiras, autorizadas pelo Banco Central. Isto porque a alienação fiduciária foi introduzida pela Lei n. 4.728/1965, cujo objetivo precípuo é a regulamentação do mercado de capitais. Outros asseveram que, apesar de ter sido introduzida por esta Lei, a alienação fiduciária tem ampla aplicabilidade, não se restringindo aos negócios celebrados com instituições financeiras. Tanto podem ser credores pessoas naturais ou jurídicas, estas integrantes ou não do sistema financeiro. O Código Civil não resolveu a controvérsia. Todavia, como também ele cuida hoje do tema, e como não tem por escopo regular o mercado financeiro, a controvérsia não faz mais sentido: qualquer pessoa, seja física ou jurídica, pode atuar como credor fiduciário. Já no que diz respeito à alienação fiduciária de imóveis, a Lei é clara: não é privativa das pessoas jurídicas que operam no sistema financeiro, podendo ser contratada por pessoas físicas ou jurídicas (§ 1º do art. 22 da Lei n. 9.514/1997).

Requisitos objetivos de validade
Como já dito, pode ser objeto de alienação fiduciária qualquer bem móvel ou imóvel.

Os bens móveis devem ser infungíveis e duráveis. Duráveis até por razão de lógica, não que a Lei expressamente o exija.

Quando se tratar de direito, aí compreendidos os direitos sobre móveis e imóveis, não haverá, repita-se, alienação fiduciária, mas cessão fiduciária; não haverá propriedade fiduciária, mas titularidade fiduciária (Leis n. 8.668/1993 e 9.514/1997). Podem ser objeto de cessão fiduciária os direitos autorais, o direito de uso sobre imóvel etc.

Ainda na classe dos direitos, poder-se-ia citar, se bem que raro, direitos autorais, cotas e ações, linhas telefônicas, direitos creditícios sobre imóveis, dentre outros.

Quanto às ações, apesar de o credor fiduciário (titular das ações) ser verdadeiro acionista, não poderá, salvo disposição contrária, exercer o direito de voto. Quem o exerce é o próprio fiduciante, nos termos do contrato de alienação fiduciária. Seguindo o regime geral da propriedade fiduciária (aqui titularidade), é ele quem detém a fruição.

Requisitos formais de validade
A alienação fiduciária em garantia é contrato formal, não bastando, pois, o simples consenso para que se considere celebrado. É necessário o instrumento escrito, seja público ou particular. A inobservância deste requisito transforma o contrato em ato jurídico ineficaz perante terceiros, uma vez que não gera quaisquer efeitos. Não basta a confissão do devedor fiduciante para que se considere suprido o defeito.[136]

O Código Civil, parágrafo 1º do art. 1.361, dispõe que a alienação fiduciária só se prova por escrito, devendo seu instrumento, público ou particular, ser arquivado no Registro de Títulos e Documentos, sob pena de não produzir efeitos contra terceiros, não gerando, assim, qualquer direito real de garantia para o credor fiduciário, uma vez que não será oponível *erga omnes*, perdendo, outrossim, o poder de sequela. Produzirá efeitos apenas *inter partes*, se for o caso. Assim, se

---

136 PEREIRA, Caio Mário da Silva. **Instituições**... cit., 18. ed., v. 4, p. 304.

o devedor fiduciante vender a coisa a terceiro de boa-fé, nada poderá contra ele o credor fiduciário, que terá direito apenas contra o devedor.

Deverá o contrato de alienação fiduciária conter o total da dívida ou sua estimativa; o local e a data de pagamento; a taxa de juros, as comissões lícitas, eventualmente a cláusula penal e a aplicação de correção monetária, com os índices aplicáveis; a descrição do bem objeto da alienação fiduciária e os elementos indispensáveis a sua identificação. Admite-se, como já dito anteriormente, que o bem seja futuro.

Não contendo o contrato elementos suficientes para a individualização da coisa, incumbe ao fiduciário o ônus de provar-lhe a especificidade, destacando-a do patrimônio do devedor.

Sendo o bem imóvel, dispõe o art. 24 da Lei n. 9.514/1997 que o contrato de alienação fiduciária conterá o valor do principal da dívida; o prazo e as condições de reposição do empréstimo ou do crédito fiduciário; a taxa de juros e demais encargos; a cláusula de constituição da propriedade fiduciária, com a descrição do imóvel e a indicação de título e do modo de aquisição; a cláusula assegurando ao fiduciante, enquanto adimplente, a livre utilização, por sua conta e risco, do imóvel; a indicação, para efeito de venda em leilão, do valor do imóvel e dos critérios para sua revisão; por fim, a cláusula dispondo sobre os procedimentos do leilão.

Constituição

Constitui-se a alienação fiduciária em garantia por meio de contrato escrito, por instrumento público ou particular. A propriedade fiduciária só se constitui, porém, após o registro do contrato no órgão competente (art. 23 da Lei n. 9.514/1997 e parágrafo 1º do art. 1.361 do CC).

Sendo o bem móvel, o contrato deverá ser arquivado no Registro de Títulos e Documentos. Se automóvel, no Detran. Se navio, na Capitania dos Portos ou no Tribunal Marítimo (Lei n. 7.652/1988); e se avião, no Registro Aeronáutico Brasileiro (RAB), órgão da Agência Nacional de Aviação Civil (Anac) (Lei n. 7.565/1986).

Se o bem for imóvel, o instrumento contratual será registrado no Registro Imobiliário.

Celebrado o contrato, na forma da Lei, o devedor é imediatamente constituído na posse do bem. Cuidando-se de bens móveis, o título da posse do fiduciante é o contrato de depósito, inerente ao constituto possessório na alienação fiduciária. Operam-se duas tradições fictícias, por meio do constituto possessório. A primeira, do devedor fiduciante ao credor fiduciário, pela qual este se torna dono da coisa. A segunda, deste àquele, pela qual o devedor se torna possuidor direto e depositário, e o credor dono e possuidor indireto.

Tratando-se de bens imóveis, a questão é um pouco mais complexa. Qual seria o título da posse do fiduciante? Seria também depósito?

À exceção do depósito judicial, as outras modalidades de depósito são restritas aos bens móveis, por força do art. 627 do CC. A hipótese está, portanto, descartada.

Na verdade, a posse do fiduciante se justifica pelo direito de readquirir a propriedade sobre a coisa. O domínio do fiduciário é resolúvel e despido de qualquer intenção de dono. Detém a propriedade apenas como garantia. Seu interesse precípuo é o de receber o crédito; não o de ser proprietário da coisa. Apesar disso, é dono, embora não tenha qualquer pretensão à posse direta. Se não o tem, a posse direta deverá ser atribuída ao fiduciante, melhor dizendo, deverá permanecer na esfera do fiduciante. Assim, é o próprio contrato de alienação fiduciária que justifica e legitima a posse do fiduciante. O título da posse do devedor fiduciante é o próprio contrato de alienação fiduciária. Outra não poderia ser a interpretação do art. 24, V, da Lei n. 9.514/1997, que dispõe dever o contrato conter cláusula que assegure ao fiduciante a livre utilização do bem, por sua conta e risco. Essa cláusula é, exatamente, o título da posse do fiduciante. Em outras palavras, o devedor fiduciante possui na condição de devedor fiduciante, com tudo o que isso significa, ou seja, posse direta, domínio útil, dever de cuidar do imóvel como se fosse seu, dever de entregar o imóvel, caso se torne inadimplente etc.

Na alienação fiduciária de imóveis, não há, evidentemente, qualquer tradição, a não ser que o credor fique na posse do imóvel.

Obrigações do devedor fiduciante

A primeira obrigação do devedor fiduciante é a de pagar a dívida garantida pelo bem alienado.

Não sendo efetuado o pagamento, deve o devedor, que normalmente fica na posse direta do bem, entregá-lo ao adquirente.

Aquele que descumpre a obrigação de restituir a coisa depositada sem apresentar justificativa para tal é denominado depositário infiel. Segundo o Código de Processo Civil de 1973, art. 902, parágrafo 1º, a pena seria de prisão de até um ano, mais indenização por perdas e danos. A pena seria aplicada independentemente de dolo, por ter natureza de constrição psicológica para o adimplemento da obrigação de entregar a coisa; sua natureza não era de punição, como se dá no Direito Penal. Seu objetivo não era o de punir, nem o de educar. Hoje, apenas o inadimplente de pensão alimentícia que, *sem motivo justo*, deixe de cumprir sua obrigação está sujeito a prisão civil. Repita-se que, havendo justa causa, não será decretada a prisão. Por outro lado, se decretada, uma vez que seja realizado o pagamento, a prisão será imediatamente relaxada. Na verdade, na época em que era admitida, a prisão civil do depositário infiel só tinha cabimento, quando a situação constituísse apropriação indébita ou dela se avizinhasse.

Hoje, foi extinta a prisão do depositário infiel, subsistindo a do inadimplente de pensão alimentícia.

O entendimento atual é no sentido de não ser admissível a prisão civil do depositário infiel, com base na Convenção sobre Direitos Humanos de São José da Costa Rica, que a proíbe. A norma de Direito Internacional não poderia ser desrespeitada sob a alegação de contrapor-se a norma constitucional. Na verdade, a Constituição apenas faculta a prisão do depositário infiel, nada impedindo que o Direito infraconstitucional a suprima.

O art. 11 do referido Pacto Internacional dos Direitos Civis e Políticos, aprovado pelo Decreto Legislativo 226/1991, é claro em sua redação: "Ninguém poderá ser preso apenas por não poder cumprir com uma obrigação contratual".

Segundo alguns, o Pacto de São José entrou em vigor no Brasil, na condição de lei ordinária, posterior ao Código Civil de 1916. Se o Pacto proibia a prisão, estaria revogado o art. 1.287 do CC/1916, lei anterior em sentido contrário.

Ocorre que, entrando em vigor o Código Civil de 2002, que consagra a prisão do depositário infiel, em seu art. 652, voltaria a vigorar a antiga regra, revogado o Pacto de São José, pelas mesmas razões por que havia sido revogado o art. 1.287 do CC/1916. A lei posterior revoga a anterior, se com ela for incompatível.

Esta era a opinião de Paulo Restiffe, ao comentar a revogação do art. 1.287 do CC/1916 pelo Pacto de São José.

> E esse vazio na normatividade infraconstitucional mantém desfalcada a alternativa de prisão compulsiva no mecanismo da ação de depósito e da ação de apreensão de títulos do Código de Processo Civil, *até que entre em vigor o art. 652 do novo CC, que repristina o art. 1.287 do atual CC*.[137] (grifo nosso)

Em 2008, porém, o plenário do STF entendeu que o Pacto de São José da Costa Rica, exatamente por tratar de direitos humanos, embora não tenha força constitucional, tem natureza supralegal, ou seja, está acima da legislação ordinária. Em outras palavras, o Pacto está abaixo da Constituição, mas acima da Lei Ordinária. Assim, não é possível a prisão do depositário infiel (RE 466.343-SP, DJ, 12 dez. 2008).

Em várias decisões, também em 2009, o STJ pôde se pronunciar a respeito, já seguindo a orientação do STF. Uma delas, a seguir:

> A prisão civil do depositário judicial infiel não encontra guarida no ordenamento jurídico (art. 5.º, LXVII, da CF/1988), em quaisquer de suas modalidades, quais sejam, a legal e a contratual. Ela configura constrangimento ilegal,

---

137 RESTIFFE NETO, Paulo & RESTIFFE, Paulo Sérgio. Prisão civil do depositário infiel em face da derrogação do art. 1.287 do Código Civil pelo Pacto de São José da Costa Rica. **Revista dos Tribunais**, v. 756. p. 48. São Paulo: RT, 1998.

máxime quando há manifestação da Corte Suprema em vedar a sua decretação. Após a ratificação pelo Brasil, sem qualquer reserva, do Pacto Internacional dos Direitos Civis e Políticos (art. 11) e da Convenção Americana sobre Direitos Humanos (Pacto de San José da Costa Rica), art. 7º, parágrafo 7º, ambos do ano de 1992, não há mais base legal para prisão civil do depositário infiel. Isso porque o caráter especial desses diplomas internacionais sobre direitos humanos reserva-lhes lugar específico no ordenamento jurídico, estando abaixo da Constituição, porém acima da legislação infraconstitucional com ele conflitante, seja ela anterior ou posterior ao ato de ratificação. Assim ocorreu com o art. 1.287 do CC/1916 e com o Dec.-lei 911/1969, tal como em relação ao art. 652 do CC/2002. A Constituição Federal de 1988, de índole pós-positivista e fundamento de todo o ordenamento jurídico, expressa como vontade popular que a República Federativa do Brasil, formada pela união indissolúvel dos estados, municípios e do Distrito Federal, constitui-se em Estado democrático de direito e tem como um dos seus fundamentos a dignidade da pessoa humana como instrumento realizador de seu ideário de construção de uma sociedade justa e solidária. Por sua vez, o STF, realizando interpretação sistemática dos direitos humanos fundamentais, promoveu considerável mudança acerca do tema em foco, assegurando os valores supremos do texto magno. Ademais, o Pleno do STF retomou o julgamento do RE 466.343-SP, DJ 12.12.2008, concluindo, desse modo, pela inconstitucionalidade da prisão civil do depositário infiel. Diante disso, a Turma deu provimento ao recurso – BRASIL. Superior Tribunal de Justiça. **RHC 19.406-MG**. Relator originário: Min. José Delgado. Relator para acórdão: Min. Luiz Fux (RISTJ, art. 52, IV, "b"). Data de julgamento: 5 fev. 2009.

Na verdade, é uma pena que deixe de vigorar esse remédio contra o mau pagador, o escroque, o malandro. A prisão civil dava-se tão somente para constranger aquele que se negasse a restituir a coisa sem causa justa. Havendo justo motivo, ela não era decretada. Assim, se o devedor quisesse, por exemplo, discutir cláusulas contratuais abusivas ou outra coisa dessas, a prisão não ocorreria. Ocorreria, sim, para os casos em que o depositário simplesmente se locupletasse às custas do depositante; se apropriasse indevidamente do que não era seu por direito. Aliás, a infidelidade depositária continua configurando apropriação indébita, cabendo a devida ação penal, que é o remédio que resta contra ladrão.

Outra obrigação do devedor fiduciante é zelar pela coisa depositada como se fosse sua, não valendo a escusa de ser desleixado para com as próprias coisas. A referência ainda deve ser o *bonus paterfamilias*, homem medianamente dedicado e cuidadoso.

A quebra desse dever gera para o credor fiduciário direito de indenização, ou, se for o caso, substituição da garantia.

Correm por conta do devedor todas as despesas com a coisa, sejam elas de manutenção ou pequenas despesas advindas naturalmente do uso, além de todos os tributos incidentes, tais como IPVA, IPTU etc. Este dever inclui as despesas úteis e necessárias. Neste caso, havendo saldo remanescente, será entregue ao devedor, considerando-se nele compreendido o valor das benfeitorias, depois de deduzidas a dívida e as despesas do credor, oriundas do inadimplemento (§ 4º do art. 27 da Lei n. 9.514/1997). Por analogia, esta regra há de se aplicar aos bens móveis, uma vez que se submetem, também eles, ao regime geral das benfeitorias.

Incumbem também ao devedor fiduciante as despesas com o eventual seguro, salvo disposição contrária.

Devemos ter em mente que, em regra, é do devedor o domínio útil. É ele o detentor exclusivo do direito de usar e fruir, podendo defender sua posse por todos os meios em Direito permitidos, principalmente as ações possessórias. O domínio do credor fiduciário é resolúvel. Cuida-se de nua propriedade, porque despida de seus principais atributos, quais sejam, o uso e a fruição.

Obrigações do credor fiduciário

Comumente se diz que o primeiro e mais importante dever do credor adquirente é o de retransmitir ao devedor alienante a propriedade da coisa, assim que paga a obrigação garantida. Seria mesmo um dever do credor?

Como ensina Caio Mário:

> A recuperação da propriedade pelo alienante é *pleno iure*, como efeito da própria caracterização legal do instituto: propriedade resolúvel. Resolve-se de pleno Direito, sem necessidade de qualquer ato do adquirente ou declaração de vontade do alienante (...). A posse do adquirente (*posse indireta*) cessa automaticamente, e o alienante, que somente a tinha direta, recupera-a em toda plenitude.[138]

Diante disso, pode-se dizer que a remancipação da coisa não é obrigação do credor fiduciário, visto que se opera de pleno Direito. Rigorosamente, a obrigação do credor consistiria apenas em facilitar o procedimento de recuperação da propriedade pelo devedor fiduciante, o que, aliás, é bem simples, tendo em vista já ser o devedor titular da posse direta da coisa. O devedor fiduciário tem direito real de aquisição sobre o bem dado em garantia (art. 1.368-B, CC).

Se não paga a obrigação, o adquirente deverá promover a venda da coisa, sendo-lhe vedado assenhorear-se dela sem permissão do devedor. Vimos que é proibida a cláusula comissória. Assim, se houver permissão do devedor, esta deve ser verdadeira dação em pagamento, ou seja, deverá ser posterior ao inadimplemento.

---

138 PEREIRA, Caio Mário da Silva. **Instituições**... cit., 18. ed., v. 4, p. 307.

Se da venda da coisa restar saldo positivo, a diferença será restituída ao devedor alienante. Se o saldo da venda for negativo, o débito permanece em relação ao remanescente, a não ser no caso de alienação fiduciária de imóveis, quando o devedor terá direito à quitação, em qualquer caso (§§ 5º e 6º do art. 27 da Lei n. 9.514/1997).

Na alienação fiduciária de bens móveis, havendo saldo remanescente a favor do credor, este poderá executar o crédito, de acordo com o procedimento dos arts. 824 e ss. do CPC.

Outra obrigação do credor fiduciário é a de dar quitação, uma vez que o devedor salde o débito. Sobre isso, teceremos adiante mais alguns comentários.

Execução do contrato

Inadimplida a obrigação garantida pelo bem alienado, o credor adquirente, proprietário fiduciário, poderá vender a coisa, satisfazendo, então, o seu crédito. A venda poderá ser judicial ou extrajudicial, conforme o art. 1.364 do CC.

Acrescente-se que, na hipótese de falência ou insolvência do devedor, o credor pedirá a restituição da coisa para que lhe promova a venda. Assim, fica o bem alienado protegido da ação dos outros credores do fiduciante, o mesmo se podendo dizer no caso de falência ou insolvência do credor fiduciário. Trata-se, como vimos, de patrimônio de afetação ou patrimônio separado. Decorre daí que, se a falência ou insolvência ocorrerem durante a tutela da evidência para a entrega da coisa ou da própria ação de depósito, seguirão elas seu curso normal. Esta, aliás, a grande vantagem da alienação fiduciária sobre as outras modalidades de garantia, o que vem tornando a hipoteca instituto fossilizado.

Extinção do contrato e da garantia

São causas extintivas do contrato e da garantia as causas genéricas por que se findam as obrigações e, em especial, os contratos (extinção da obrigação garantida, por exemplo, pelo cumprimento, distrato, morte, incapacidade superveniente, perda ou deterioração da coisa, desapropriação, novação, confusão, remissão etc.). No caso de bens móveis, o art. 66-B, parágrafo 5º, da Lei n. 4.728/1965, e o art. 1.367 do CC dispõem que se aplicam, *mutatis mutandis*, à alienação fiduciária os casos de extinção do penhor (art. 1.436 – extinção da obrigação garantida, perecimento da coisa, renúncia, confusão, adjudicação, remissão ou venda da coisa).

15.2.20 Perda ou cessação da propriedade móvel e imóvel

Várias são as causas de perda da propriedade, tanto móvel quanto imóvel.

A primeira delas seria tradicionalmente a alienação. Por ela o titular da propriedade transfere sua situação a outro. Haverá um alienante ou transmitente e um adquirente. Tal é o caso da compra e venda, da doação etc. Ocorre que, do mesmo jeito que a simples alienação não é meio hábil para a aquisição da propriedade, tampouco será para a perda. Não basta a simples alienação para que o transmitente deixe de ser dono. Isto só ocorrerá após a tradição ou o registro, dependendo de ser o bem alienado móvel ou imóvel, respectivamente. Assim, o primeiro meio não seria a alienação, mas a tradição e o registro.

A renúncia e o abandono são causas de perda do domínio que muito se aproximam. No entanto, são diferentes. Na renúncia, o titular abre mão de seu direito de forma expressa, por ato de vontade liberatório. Já o abandono caracteriza-se por ato normalmente tácito de desdenho aos direitos de propriedade. Assim, uma pessoa pode abandonar e não renunciar. É o que ocorre quando objetos são largados em oficinas de reparo, por não ter o dono dinheiro para pagar o conserto. Nestes casos, haverá abandono, não renúncia, o que não significa que o dono da oficina poderá se ocupar da coisa abandonada. Deverá seguir o procedimento do Código Civil, estabelecido para a hipótese, como já estudamos anteriormente. A recíproca é verdadeira. Pode haver renúncia e não abandono quando, por exemplo, herdeiro abre mão de seu quinhão hereditário. O abandono, no mais das vezes, importa certo desdém, certo desleixo com a propriedade, podendo ser tácito ou expresso. A renúncia não necessariamente significa desdém, desleixo e será sempre expressa. Como vimos, um não está ligado ao outro. Nos dizeres de Biondi, o abandono é ato material, ao passo que a renúncia é ato voluntário.[139]

Para que se caracterize o abandono são necessários dois elementos, um objetivo, outro subjetivo. O primeiro é a derrelição da coisa, ou o ato de abandonar em si, do ponto de vista material. O segundo é o *animus dereliquendi*, ou vontade de não mais ter a coisa.

Para a renúncia, não é necessária a derrelição, mas é essencial declaração expressa de vontade, no sentido de renunciar ao direito sobre a coisa.

Hipótese controversa é a do abandono de imóveis. A situação é tão rara que há autores que nem a admitem.[140] Admitindo-a, porém, como nos casos apontados por Washington de Barros, em que o dono abandona o imóvel por não conseguir pagar os impostos, ou por estar ele gravado de ônus reais muito pesados, como ficaria a propriedade do imóvel?

Ora, imóvel abandonado é coisa sem dono. Não poderia ser objeto de usucapião, uma vez que este exige o confronto entre titular e não titular, como examinamos anteriormente. Seria, em tese, objeto de ocupação, modo de aquisição da propriedade das coisas sem dono. Assim, quem se assenhorear de imóvel sem

---

[139] BIONDI. Istituzioni. Apud GIORDANI, Mário Curtis. **Direito romano**. 2. ed. Rio de Janeiro: Lumen Juris, 2000. p. 101.
[140] WINDSCHEID, Bernardo. **Diritto delle pandette**. Torino: Unione Tipografico-Editrice Torinense, 1925 (nota dos tradutores). v. 4, 1/859a.

dono, provando o abandono, poderá requerer-lhe a adjudicação, isto é, a transferência judicial da propriedade. Pelo disposto no art. 1.276 do CC, o imóvel abandonado só será arrecadado como bem vago, se não estiver na posse de terceiro. Não estando, passará às mãos do Município ou do Distrito Federal, dependendo de onde se localize. Os imóveis rurais serão da União, onde quer que se localizem. De acordo com o artigo em epígrafe, o dono terá o prazo, contado do abandono, de três anos para se arrepender e requerer o imóvel de volta. Este prazo só existirá, caso o imóvel venha a ser arrecadado ao patrimônio público. Se for ocupado por particular, não entendo haver esse prazo. Em outras palavras, ocorrida a ocupação e a consolidação da propriedade nas mãos do ocupante, extingue-se, definitivamente, a propriedade para o antigo dono que abandonara o imóvel.

Segundo o parágrafo 2º do art. 1.276 do CC, a presunção da vontade de abandonar o imóvel será absoluta, se o dono, cessada a prática de atos de posse, deixar de pagar os tributos relativos ao prédio. Na verdade, o parágrafo 2º do art. 1.276 faz presumir de modo absoluto o *animus dereliquendi*, o que conduz, obviamente, à presunção absoluta do próprio abandono.

Há quem entenda ser inconstitucional este dispositivo, uma vez que implicaria confisco, o que só se permite em situações excepcionalíssimas, com expressa previsão legal, como é o caso dos bens utilizados pelo tráfico de drogas. Com o devido respeito a seus defensores, não comungamos dessa opinião. Definitivamente não há confisco algum. O que há é razão de interesse público prático, fundada na função social da propriedade, que não pode admitir que um imóvel que de ao Deus dará. Ademais, diante do inadimplemento fiscal, o dono é instado a pagar, instaura-se processo administrativo de natureza fiscal, havendo amplo direito de defesa. Ora, se ainda assim, o dono que não exerça atos externos de posse, não se manifestar, não haverá qualquer ilegalidade, tampouco ato confiscatório, na imposição de presunção absoluta da vontade de abandonar e, consequentemente, do próprio abandono. Na prática, porém, não pagos os tributos, o Poder Público, findo o processo administrativo, executará o dono do imóvel, seguindo-se eventual penhora e público leilão do bem. Não interessa, de fato, à Administração Pública assenhorear-se de imóveis de contribuintes inadimplentes, salvo casos excepcionalíssimos. Interessa a ela, antes, receber o dinheiro dos tributos. Há, pois, um descompasso entre o art. 1.276 do CC e a prática tributária.

Além da alienação, da renúncia e do abandono, é também causa de perda da propriedade o perecimento do objeto. Por perecimento devemos entender a impossibilidade do objeto. A coisa se torna impossível de ser objeto do direito. As causas podem ser materiais, funcionais ou jurídicas.

Materialmente, a coisa pode realmente perecer, no sentido de deixar de existir. Mas também pode se deteriorar a ponto de não mais interessar, de não mais cumprir o objetivo a que se propunha. Uma caneta que venha a perder a tinta perde a serventia como caneta, isto é, deixa de ser caneta. Nestes casos, fala-se em perecimento funcional.

Juridicamente, o objeto pode perecer por força de lei. Aí teríamos fato do Estado originando a perda do direito. Por exemplo, se a posse de certo produto passar a ser proibida. Não terá havido aí nenhuma expropriação. Simplesmente, por fato do príncipe, o objeto se torna incompatível com a propriedade. Suponhamos o exemplo do lança-perfume. Era permitido. No momento em que o comércio e a própria posse do produto vieram a ser proibidos, todos os que o detinham perderam-lhe o domínio. A coisa pereceu, não porque tenha deixado de existir. Pereceu enquanto objeto de propriedade e de posse legítima.

É certo, porém, que se o perecimento, seja material ou não, dever-se à ação ou omissão culpável de terceiro, será ele obrigado a indenizar o dono.

É também causa de perda da propriedade a usucapião. O titular que desdenhe a coisa, sem estar a ela renunciando ou abandonando, perde-lhe a propriedade pela ação do possuidor. A usucapião é, pois, dependendo do ângulo de análise, causa de aquisição e de perda de domínio.

A avulsão pode também ser considerada causa de perda da propriedade para o dono do terreno desfalcado, embora seja causa de aquisição para o dono do terreno acrescido. Relembrando, avulsão é o depósito repentino, abrupto de materiais às margens dos rios e lagos. Dá-se, quando em virtude de algum fato natural, como abalos sísmicos, uma porção de terra se deslocar de um terreno, aderindo-se de maneira definitiva às margens de outro terreno.

Por fato do príncipe, ou seja, do Estado, pode perder-se a propriedade não só por lei que faça perecer o objeto, como por ato expropriatório. Em outras palavras, perde-se a propriedade pela desapropriação.

A desapropriação deve ser estudada no contexto da intervenção do Estado no domínio econômico. Intervenção é todo ato do Poder Público que retira ou restringe direitos dominiais privados ou sujeita o uso dos bens particulares à destinação de interesse público. Tem como fundamento a necessidade ou utilidade pública e o interesse social.

Nesse contexto, desapropriação é transferência compulsória da propriedade particular ou pública, de grau inferior a grau superior, para o domínio público, mediante prévia e justa indenização.

Todos os bens e direitos patrimoniais prestam-se à desapropriação, inclusive o espaço aéreo e o subsolo. O bem expropriado torna-se insuscetível de reivindicação.

A finalidade pública ou o interesse social são exigências constitucionais para que se legitime a desapropriação, além da prévia e justa indenização em dinheiro ou em títulos da dívida pública.

Podem desapropriar a União, os Estados, o Distrito Federal e os Municípios em seu próprio benefício ou em favor de suas autarquias, fundações, entidades paraestatais e concessionárias de serviços públicos.

O processo expropriatório encontra-se regulado em leis especiais, podendo realizar-se por via administrativa ou judicial.

Havendo acordo quanto ao preço, a via será administrativa. Caso contrário, será judicial.

Pode ocorrer, porém, de o bem expropriado ser empregado em outra finalidade que não a alegada, finalidade esta despida de necessidade ou utilidade pública, ou de interesse social. Neste caso, terá havido desvio de finalidade, podendo seguir-se a retrocessão, que é a devolução do bem, mediante restituição do preço.

A desapropriação poderá ser anulada, quando algum ato intermediário for defeituoso. A via é a judicial, e o expropriado decai de seu direito em cinco anos, se o motivo for utilidade ou necessidade pública, e em dois anos, se o motivo for o interesse social.

É também causa de perda da propriedade a requisição administrativa do bem. Requisição é ato administrativo discricionário, consistindo na utilização compulsória de bens ou serviços particulares pelo Poder Público, com base em ato de execução imediata e direta da autoridade requisitante e indenização ulterior, para o atendimento de necessidades coletivas, urgentes e transitórias. Fundamenta-se no iminente perigo público.

O Estado requisita o bem e dele se utiliza. Tratando-se de bens infungíveis, não ocorre perda da propriedade, uma vez que o bem deverá ser restituído. Se sofrer deterioração, o dono será indenizado. Não obstante, se o bem vier a perecer, haverá perda da propriedade, sujeita a indenização, mesmo que não haja culpa do Estado. Constantemente, no cinema, veem-se cenas de policiais requisitando automóveis particulares para perseguir algum bandido. Tais cenas seriam exemplos típicos de requisição de bem infungível. O dono deverá ser indenizado de todo e qualquer prejuízo que a requisição venha a lhe causar, inclusive danos morais e lucros cessantes.

Sendo fungível o bem requisitado, haverá sempre perda da propriedade, visto que o Poder Público só se obriga a restituir outro da mesma espécie, qualidade e quantidade, ou o equivalente em dinheiro, mais a devida indenização por perdas e danos. Em época de desabastecimento, no Governo José Sarney (1985 a 1989), houve requisição de gado, que estava sendo retido pelos fazendeiros que esperavam melhoria de preço. O governo requisitou o gado para o abate e, depois, indenizou os fazendeiros.

É também perda por fato do príncipe o confisco e o perdimento do bem. Ambos são penas. O confisco está previsto especificamente no art. 243 da CF, que impõe esta penalidade sobre os bens imóveis, em que se cultivem drogas ilícitas ou em que se explore trabalho escravo. Também serão passíveis de confisco os bens móveis ou imóveis apreendidos em decorrência do tráfico ilícito de drogas ou da exploração de trabalho escravo. A pena de perdimento de bem está prevista no art. 91, II do CP, ao tratar dos efeitos da sentença condenatória. De acordo com o Código Penal, um dos efeitos da condenação é a perda em favor da União, ressalvados os direitos do lesado ou de terceiro de boa-fé, dos instrumentos do crime, desde que consistam em coisas cujo fabrico, alienação, uso, porte ou detenção constitua fato ilícito, bem como do produto do crime ou de qualquer bem ou valor que constitua proveito auferido pelo agente com a prática do delito. Além disso, segundo o parágrafo 1º do art. 91 do CP, "poderá ser decretada a perda de bens ou valores equivalentes ao produto ou proveito do crime quando estes não forem encontrados ou quando se localizarem no exterior". Ainda na dicção do Código Penal (§ 2º do art. 91), na hipótese do § 1º, as medidas assecuratórias previstas na legislação processual poderão abranger bens ou valores equivalentes do investigado ou acusado para posterior decretação de perda.

Também são hipóteses de perda da propriedade (e de aquisição, dependendo do ponto de vista), os casos de venda forçada ou acessão inversa, previstos nos arts. 1.255, parágrafo único; 1.258 e 1.259 do Código Civil.

De acordo com o parágrafo único do art. 1.255, se a construção ou a plantação, feitas em terreno alheio, exceder consideravelmente o valor do imóvel, aquele que, de boa-fé, tenha plantado ou edificado, adquirirá a propriedade do solo, mediante pagamento de indenização.

Segundo o art. 1.258, se a construção, feita parcialmente em solo próprio, invadir solo alheio em proporção não superior à vigésima parte deste, adquirirá o construtor de boa-fé a propriedade do solo invadido, se o valor da construção exceder o dessa parte, e responderá por indenização que represente o valor da área perdida e a desvalorização da área remanescente. Caso o construtor tenha agido de má-fé, poderá também adquirir a propriedade do solo invadido, desde que em proporção à vigésima parte deste e o valor da construção exceder consideravelmente o dessa parte e não se puder demolir a porção invasora, sem grave prejuízo para a construção. Neste caso, ou seja, havendo má-fé, a indenização será calculada em décuplo da hipótese de boa-fé.

Ainda nos dizeres do art. 1.259, se o construtor estiver de boa-fé, e a invasão do solo alheio exceder a vigésima parte deste, adquirirá a propriedade da parte do solo invadido, e responderá por perdas e danos que abranjam o valor que a invasão acrescer à construção, mais o da área perdida e o da desvalorização da área remanescente.

Por fim, o Código Civil introduziu causa nova de perda da propriedade imóvel, pelo trabalho alheio. Na verdade, é causa de perda para um e de aquisição para outros, como se verá na sequência. Segundo o art. 1.228, parágrafo 4º, o proprietário poderá ser privado do imóvel, se este consistir em grande extensão e estiver na posse ininterrupta e de boa-fé, por mais de cinco anos, de um número considerável de pessoas. Estas devem ter realizado no imóvel obras e serviços social e economicamente relevantes.

Os requisitos desta causa de perda da propriedade são os seguintes:

1] Posse *pro labore* ou posse-trabalho, que é aquela de que resultem obras e serviços de interesse social e econômico. Rigorosamente, não é exigido o *animus domini*.
2] Tempo – a posse há de ser ininterrupta por cinco anos. Evidentemente, admite-se a *accessio possessionis*, assim como na usucapião.
3] Considerável número de possuidores *pro labore*.
4] Boa-fé dos possuidores *pro labore*.
5] Imóvel de área extensa.

As hipóteses de incidência desta causa de perda da propriedade são muito raras e de difícil concretização, principalmente, tendo em vista a indenização que deverá ser paga ao proprietário. O parágrafo 5º do art. 1.228 não diz quem deverá pagar esta indenização. Presumivelmente, os adquirentes, que teriam direito de regresso a quem lhes houvesse induzido a ocupar o terreno alheio. Na prática, porém, pode tratar-se de pessoas muito pobres, o que inviabilizaria a dita indenização.

Imaginemos um exemplo: um espertalhão, A, vende vasta área de terreno a vários indivíduos, na periferia pobre de uma cidade. Os compradores, agindo de boa-fé, tomam posse dos respectivos lotes e neles constroem. Cinco anos depois, são acionados pelo verdadeiro dono, para restituir o imóvel. Como defesa, poderão invocar o art. 1.228, parágrafo 4º, do CC, tornando-se donos da área, desde que paguem a indenização fixada pelo juiz. Logicamente, terão direito de regresso contra A.

O Código Civil utiliza o termo "imóvel reivindicado", no parágrafo 4º do art. 1.228: "o proprietário também poderá ser privado da coisa se o imóvel reivindicado consistir em extensa área". Que significa isso? Significa que essa causa de perda da propriedade pelo trabalho alheio só poderia ocorrer no bojo de uma ação reivindicatória promovida pelo proprietário contra os possuidores? Esse não vem sendo o melhor entendimento. A expressão "imóvel reivindicado" tem natureza genérica; quer dizer que o imóvel é objeto de disputa entre o dono e os possuidores. Assim, a perda da propriedade pelo trabalho alheio poderá ocorrer no bojo de uma ação reivindicatória, de uma ação de reintegração de posse, ou pode ser objeto de ação inominada promovida pelos próprios possuidores contra o dono, com o exato objetivo de regularizar a propriedade do imóvel.

Ao fixar a "justa indenização" ao proprietário, o juiz deverá levar em conta a condição socioeconômica dos possuidores, a fim de não inviabilizar a aquisição da propriedade por eles.

Paga a indenização, valerá a sentença como título para o registro do imóvel em nome dos possuidores.

Uma hipótese mais verossímil seria a seguinte: uma pessoa é dona de uma fazenda na periferia de uma cidade. A zona urbana se aproxima cada vez mais das terras. O dono destas morre, e seus herdeiros decidem lotear a fazenda, criando um novo bairro. Cercam pequenos lotes e abrem ruas de terra, passando a vender os terrenos, tudo sem qualquer sombra de regularidade. Oficialmente, ou seja, de Direito, as terras continuam em nome do falecido. Passados anos a fio, a Prefeitura local, por questões sociais, urbaniza a área. A esta altura, até os herdeiros do antigo proprietário já faleceram, embora o que era a antiga fazenda continue em nome do defunto. Como regularizar a situação? Uma das formas seria essa, do parágrafo 4º do art. 1.228. Neste caso, a indenização a que se refere o parágrafo 5º já teria sido paga, quando da compra dos lotes pelos novos possuidores *pro labore*, que neles construíram suas casas. Nem seria necessário esperar que alguém reivindicasse o terreno.

Em ambos os casos, seria possível a usucapião, desde que atendidos os requisitos. Ocorre que, tratando-se de considerável número de pessoas, a hipótese do art. 1.228, parágrafo 4º atende melhor, podendo a ação e a decisão abranger o coletivo, o que não se admite, pelo menos em tese, na usucapião.

Há quem defenda a ideia de se aplicar essa causa de perda da propriedade mesmo ao imóvel alugado, uma vez que a Lei não exige a posse com vontade de dono. Haveria, no caso, venda forçada do imóvel.

De fato, o *animus domini* não é exigido. De todo modo, a se admitir essa hipótese, esbarrar-se-ia em alguns problemas de ordem prática e teórica.

Em primeiro lugar, é difícil encontrar-se na prática um mesmo imóvel alugado para um considerável número de pessoas, mesmo tratando-se de prédio rústico.

Em segundo lugar, como configurar a boa-fé dos locatários neste caso?

Em terceiro lugar, qual o valor da palavra empenhada? Qual o valor da autonomia privada, da boa-fé contratual e da força vinculante dos contratos?

Não, definitivamente, não se pode admitir essa hipótese. A se vislumbrar algum alcance prático nessa norma, há de ser principalmente como instrumento de política urbana, como visto acima. Aí sim, ela se torna de grande utilidade.

Para encerrar, cabe aqui a mesma indagação feita, quando do estudo da usucapião coletiva. Uma vez verificada a presença de todos os requisitos, que fazer se, por exemplo, dos vinte possuidores, um ou dois não os preencherem?

A Lei não dá resposta. Diante do caso concreto, o juiz poderá optar por uma das seguintes soluções: não decretar a perda da propriedade; decretá-la em favor de todos, inclusive dos que não preencherem os requisitos; ou, a que reputo a melhor, excluir os tais possuidores do benefício. Qualquer uma dessas soluções pode ser defendida com argumentos ponderáveis, principalmente em face da situação prática.

Por fim, não há confundir esse instituto com a usucapião ou com a desapropriação. Não se trata de usucapião, por terem os adquirentes que pagar uma indenização ao proprietário; tampouco se exige o *animus domini*, embora possa estar presente. Não se trata de desapropriação judiciária ou privada. A desapropriação tem contornos próprios, que não se confundem com essa modalidade de perda da propriedade. A desapropriação pressupõe interesse público, o que não é necessariamente o caso, apesar de presente o fundamento da função social da propriedade. Ademais, os imóveis públicos podem ser objeto de perda da propriedade pelo trabalho alheio, o que afasta este instituto ainda mais da usucapião e da desapropriação.

Capítulo 16

Direito das coisas: posse

16.1 Definição

Como bem salienta Tito Fulgêncio,[1] a palavra posse é muitas vezes impropriamente utilizada. Assim, emprega-se erroneamente posse para designar, dentre outros:

- A propriedade – No uso vulgar, vê-se dizer que alguém possui algo, no sentido de que seja dono do bem.
- O exercício ou gozo de um direito – É neste sentido que a emprega o próprio Código Civil nos arts. 1.545 e 1.547, dizendo ter a posse do estado de casados aqueles que ao mundo parecem casados, tendo eles mesmos a convicção de o serem.
- A coisa possuída – É neste sentido que nos referimos a nossas posses.

O significado técnico de posse é só um, entretanto. Por demais complexa, sua definição merece estudo detalhado.

Nas palavras de Thomas Marky,[2] o conceito de posse é bem mais antigo que o de propriedade. A doutrina romana elaborou-o com base na obra dos pretores (magistrados encarregados da jurisdição civil) ao longo do tempo.

A Lei das XII Tábuas, de 450 a.C., embora já distinga posse de propriedade, não emprega o termo possessio. Supõe-se, assim, que a distinção terminológica seja, de fato, posterior.

De acordo com os glosadores,[3] tiveram posse, para o Direito Romano, todos aqueles que possuíram com intenção de ter a coisa para si, pouco importando se o possuidor fosse ou não dono. O animus era elemento essencial à posse. Segundo algumas glosas, animus era a convicção de ser dono da coisa possuída.[4] Segundo outras, era a vontade de ter a coisa para si, mesmo que o possuidor soubesse que não era dono.[5]

> E propriamente possui aquele que simultaneamente detém a coisa fisicamente com vontade de tê-la para si como sua; ao passo que o que tem a coisa sujeita a

---

1 TITO FULGÊNCIO. **Da posse e das ações possessórias**. 2. ed. São Paulo: Saraiva, 1927. p. 3-4.
2 MARKY, Thomas. **Curso elementar de direito romano**. 4. ed. São Paulo: Saraiva, 1988. p. 76.
3 Glosadores eram os jurisconsultos da escola de Bolonha a quem se deve, ao fim do século XI, o renascimento do Direito de Justiniano (imperador romano falecido em 565 d.C.). Contentavam-se em fazer sobre o *Corpus Iuris Civilis* (obra jurídica, consistente em vários livros mandados compilar por Justiniano e promulgados no período que se estende de 527 a 534 d.C.), à época recentemente descoberto, breves comentários denominados *glosas*. O chefe da escola, segundo alguns, foi Irnério, que ensinou entre 1088 e 1125. Seus sucessores imediatos foram quatro doutores: Búlgaro, Martinho Gosia, Jácobo e Hugo. Acúrsio, falecido em 1260, reuniu todas as glosas de seus predecessores em vasta compilação denominada *Grande Glosa*. A escola dos glosadores se manteve até Bartolo de Saxo Ferrato (1314-1357), que fundou nova escola, chamada escolástica ou bartolista (*Larousse du XX Siècle* – verbete *glossateurs*).
4 MARKY, Thomas. Op. cit., p. 76.
5 TITO FULGÊNCIO. Op. cit., p. 5.

si sem aquele propósito, exercerá tão somente um poder corporal ou natural sobre ela, (...) diz-se que tem sua detenção.[6]

Dessa forma, o ladrão era possuidor, o dono era possuidor, o invasor de terras alheias era possuidor.

De outro lado, os que tinham a coisa em mãos em nome do proprietário, como é o caso do locatário e do comodatário, não tinham posse, mas detenção, chamada de *possessio naturalis*.[7] A diferença prática é que a detenção não recebeu, num primeiro momento, a proteção dos interditos possessórios.

Cabe acrescentar ainda que o *animus* devia estar presente desde o primeiro momento para que se caracterizasse a posse. O locatário que, em princípio, detinha a coisa em nome do locador, mesmo que resolvesse dela se assenhorar, com intenção de tornar-se dono, ainda assim não teria a posse, pois que, no início, detève a coisa sem intenção de dono.[8]

O ordenamento jurídico protegia os direitos do possuidor. Este tinha para sua proteção uma série de interditos possessórios,[9] garantindo sua posse contra quem a esbulhasse[10] ou perturbasse. A posse assim protegida recebia o nome de *possessio ad interdicta*,[11] ou simplesmente *possessio*.[12]

A proteção se estendia não só à posse legítima como também à ilegítima. O invasor poderia invocar os interditos para proteger sua posse contra terceiros. Contudo, é lógico, não os poderia invocar contra o dono ou possuidor legítimo.[13]

A posse também podia ensejar a usucapião, desde que atendidas certas condições. Era a chamada *possessio civilis* ou *ad usucapionem*.[14]

A visão moderna de posse modificou-se um pouco. O tema atualmente se discute com base em duas correntes: a subjetivista e a objetivista.

O mais importante defensor da teoria subjetivista foi o alemão Friedrich Karl von Savigny. Na verdade, o objetivo de sua obra foi o de explicar e sistematizar o estudo da posse no Direito Romano.

---

6   WARNKÖNIG, L. A. **Institutiones iuris romani privati**. 4. ed. Bonnae: Adolph Mark, 1860. p. 80. Tradução livre do seguinte trecho: "*Et proprie quidem possidet is, qui rem corporaliter detinens, simul habet animum, eam sibi ut suam tenendi; cum contra qui sine hoc proposito sibi subiectam habet rem, is corporaliter seu naturaliter tantum illa possidere, (...) nudam ius detentionem habere dicatur*".
7   Posse natural.
8   MARKY, Thomas. Op. cit., p. 76.
9   Interditos possessórios, como veremos mais adiante, eram ordens obtidas junto ao pretor para a garantia da posse tranquila, ou para que se restaurasse a posse perdida.
10 *Esbulhar* é destruir o estado de posse alheio. O possuidor perde sua posse para o esbulhador. É o caso da invasão de terras.
11 Posse para efeitos dos interditos.
12 SAVIGNY, Friedrich Karl von. **Traité de la possession en droit romain**. 4. ed. Paris: Pedone-Lauriel, 1893. p. 48.
13 MARKY, Thomas. Op. cit., p. 76.
14 Posse civil ou *ad usucapionem* (para efeitos de usucapião).

Para formular sua teoria, Savigny partiu da ideia de detenção, que, segundo ele, é a possibilidade corporal que tem uma pessoa de dispor fisicamente de uma coisa. A detenção é, consequentemente, o elemento físico, objetivo da posse, denominado *corpus*. É o poder físico da pessoa sobre a coisa, a faculdade real e imediata de dispor fisicamente da coisa.

Mas o que era necessário para que a mera detenção, ou seja, esse poder físico sobre a coisa, se transformasse em posse?

Era e é necessário o *animus domini*,[15] ou vontade de possuir a coisa como sua. É essencial esse desejo de ser dono, mesmo sabendo não o ser. Assim, o ladrão tem a posse, enquanto o locatário não a tem, de vez que detém a coisa em nome do proprietário.

"Assim, para ser considerado verdadeiro possuidor de uma coisa, é necessário que aquele que a detenha se comporte em relação a ela como proprietário; (...), o que implica em particular também a recusa de reconhecer no poder de qualquer outro direito superior ao seu".[16]

A teoria de Savigny se diz subjetivista por motivos óbvios: o elemento mais importante para se definir posse é o *animus domini*, elemento subjetivo. É a vontade do sujeito em relação à coisa.

Para Savigny, o Direito Romano só admitia uma espécie de posse: a posse *ad interdicta*, ou seja, aquela que dava ao possuidor direito à proteção possessória pelos interditos, contra toda agressão de terceiros.

Mas à posse *ad interdicta* podem agregar-se outros elementos. Tal ocorre quando o possuidor não for o proprietário. Esses elementos, a saber, o justo título e a boa-fé, ensejavam a usucapião, falando-se, pois, em posse civil ou *ad usucapionem*.

"Na realidade só há uma espécie de posse no sentido jurídico da palavra. Por si mesma só confere direito aos interditos; mas quando outros elementos vêm se juntar a ela, passa a ter como efeito o usucapião".[17]

Mas não se trata de duas espécies de posse, como pode parecer. Na verdade, a posse civil, ou *ad usucapionem*, pressupõe a posse *ad interdicta*, ou simplesmente *posse*. Esta está contida naquela.

---

15 Vontade de dono.
16 SAVIGNY, Friedrich Karl von. **Traité de la possession**... cit., p. 89. Tradução livre do seguinte trecho: "Ainsi, pour être consideré comme véritable possesseur d'une chose, il faut nécessairement que celui qui la détient se gère à son égard en propriétaire; (...), ce que implique en particulier aussi le refus de reconnaître dans le chef d'autrui un droit quelconque supérieur au sien".
17 SAVIGNY, Friedrich Karl von. **Traité de lapossession**... cit., p. 73. Tradução livre do seguinte trecho: "Il n'y a réellement qu'une possessio dans le sens juridique du mot. Par elle seule, elle ne donne droit qu'aux interdits; mais quand d'autres élements viennent s'y joindre, elle a aussi pour effet de produirel'usucapion".

O usucapião, ao contrário, pressupõe também, é verdade, a existência da *possessio*, mas esta não é suficiente: é necessário ainda que tenha começado com boa-fé e causa justa, e, de mais a mais, a coisa possuída não pode estar especificamente excluída de usucapião (coisa furtada, coisa roubada etc.).[18]

Tecendo severas críticas a Savigny, Rudolf von Jhering apresenta sua tese. Foi ele o mais importante dos defensores da chamada teoria objetivista, cuja finalidade foi também delinear os contornos da posse no Direito Romano.

Jhering, após examinar os textos romanos, concluiu, ao contrário de Savigny e de todos os demais subjetivistas, que a conceituação dos elementos caracterizadores da posse, a saber, *corpus* e *animus*, estava errada. Errada estava, outrossim, a importância que se dava ao elemento subjetivo, o *animus*, a vontade.[19]

Partindo de exemplos clássicos em que o próprio Direito Romano concedia proteção possessória àqueles que, segundo Savigny, eram meros detentores, como o enfiteuta,[20] Jhering deduz que o que realmente importava era o elemento objetivo, exterior, para que se caracterizasse a posse. De fato, outras não são as palavras de Paulo: "A prova da tradição ou não tradição da posse consiste nem tanto no direito quanto no fato, o que vale dizer que é suficiente que se tenha a coisa sob poder físico".[21]

Tais casos, como o do enfiteuta e do credor pignoratício,[22] davam trabalho à doutrina. Ora, segundo a teoria subjetivista pura, não eram possuidores por faltar-lhes o *animus*, ou vontade de ter a coisa para si. Não obstante, o pretor concedia-lhes a proteção possessória dos interditos. Os juristas procuraram várias maneiras de explicar o fenômeno. A doutrina encontra-se repleta de tentativas neste sentido.[23] Como conciliar o fato de que o enfiteuta e o credor pignoratício, dentre outros, recebessem proteção possessória, embora não sendo possuidores?

---

18 *Idem, ibidem*. Tradução livre do seguinte trecho: "L'usucapion, par contre, suppose aussi, il est vrai, l'existance de la possessio, mais celle-ci seule ne suffit pas: il faut encore qu'elle ait commencé avec bona fides et iusta causa, et, de plus, la chose possédée ne doit pas spécialement se trouver exclue de l'usucapion (res furtiva, vi possessa etc.)".
19 JHERING, Rudolf von. **La posesión**. 2. ed. Madrid: Reus, 1926. p. 270.
20 MARKY, Thomas. *Op. cit.*, p. 76. *Enfiteuse* é o direito real e perpétuo de usar e fruir imóvel alheio não construído, mediante o pagamento de um foro anual. *Enfiteuta* é o titular do direito real de enfiteuse; nu-proprietário ou senhorio, o dono do imóvel.
21 SMIT, Paulo. Rec. V, II, § 2º, apud JHERING, Rudolf von. **La posesión**... cit., p. 222. Tradução livre do seguinte trecho: "Probatio traditae vel non traditae possessionis non tam in iure quam in facto consistit ideoque sufficit, si rem corporaliter teneat".
22 *Credor pignoratício* é aquele que retém um bem do devedor em garantia de pagamento. Para Savigny, o credor pignoratício era mero detentor, uma vez que detinha o bem em nome do devedor. Não tinha o *animus domini*. Jhering contesta, asseverando que o credor pignoratício era verdadeiro possuidor, pois podia invocar os interditos para sua proteção, o que o mero detentor não podia fazer.
23 WARNKÖNIG, L. A. **Institutiones**... cit., p. 81-82.

Foi, afinal, Jhering que deu explicação convincente. O problema, em sua opinião, estava na definição de *corpus* e *animus*, elementos objetivo e subjetivo de caracterização da posse.

Para Savigny, *corpus* é o poder físico que se exerce diretamente sobre a coisa. Ora, a seguir essa tese, como se explica a posse de escravo em viagem? Seu senhor o possuía, mas não tinha qualquer possibilidade de exercer poder físico direto sobre ele. Como se explica a aquisição da posse de imóvel pela simples entrega das chaves?

A própria jurisprudência admitia a posse sem a apreensão corporal da coisa: *o javali é meu (...) pelo fato de se dizer meu*.[24] Como explicar a posse de uma coisa perdida dentro de casa? Em todas essas hipóteses, haverá posse sem poder físico sobre a coisa.

A explicação é simples: *corpus* é a relação exterior entre possuidor e coisa possuída. É o procedimento de quem age como dono, ainda que não o seja, e ainda que não exerça poder físico sobre a coisa, como no caso do escravo ausente, da coisa perdida dentro de casa etc. Para que se caracterize o *corpus*, basta que a coisa esteja sujeita a nossa vontade.

O *corpus* seria, assim, a atitude externa do possuidor em relação à coisa, agindo ele como dono, exercendo sobre ela os direitos inerentes ao domínio (usar, fruir, dispor e reivindicar). Daí se falar que posse é a exteriorização da propriedade, que vem a ser a situação normal da coisa, sob a qual ela cumpre seu destino econômico de servir aos homens.[25]

O segundo elemento, o subjetivo, ou *animus*, não é a vontade de ter a coisa para si, nem, muito menos, a convicção de ser dono. Muitos não tinham essa vontade ou convicção e se reputavam possuidores, recebendo a proteção dos interditos. Tal era o caso do enfiteuta e do credor pignoratício, que possuíam em nome do proprietário.

Dessarte, para que se caracterize o *animus*, basta a vontade de ter a coisa. Não é preciso que se tenha a vontade de se assenhorear dela. Suficiente será o desejo de proceder como procede o dono, ainda que sem pretender sê-lo.[26]

---

24 JHERING, Rudolf von. **La posesión**... cit., p. 191. Tradução livre do trecho: "*Aprum meum (...) qui eo facto meus esse didisset*".
25 Idem, p. 207.
26 Idem, p. 268.

Têm a posse o dono, em quaisquer circunstâncias, o credor pignoratício, o enfiteuta, o precarista,[27] o ladrão, o locatário, o comodatário etc. Todos procedem como donos, tendo vontade de ter a coisa, embora não desejem, em princípio, se assenhorear dela.

Como se deduz claramente, o *animus* está contido no *corpus*. Não é importante para a caracterização da posse. Resumindo, pode-se afirmar que, para Jhering, é possuidor quem procede com aparência de dono, ainda que não o seja nem deseje sê-lo.

Na verdade, o raciocínio é bastante simples. Se vemos uma pessoa guiando um automóvel, imaginamos logo ser ela a dona do carro. Afinal, quem usa é dono. Mas será mesmo que é? Será que, em todas as circunstâncias, podemos afirmar com certeza que a pessoa que vemos dirigindo o veículo é sua dona? É lógico que não. Esse indivíduo pode ter tomado o carro emprestado; ou pode tê-lo alugado. Enfim, esse indivíduo pode não ser o dono do carro, embora, em princípio, pareça ser. Dessa forma, não podemos asseverar ser a pessoa que vemos dirigindo o verdadeiro dono do carro. O máximo que poderíamos dizer é que essa pessoa parece ser a dona do automóvel. Parece por quê? Porque está exercendo um dos direitos de proprietário, qual seja, o uso.

Da mesma forma, se virmos alguém colhendo frutos no quintal de uma casa, seremos levados à impressão de ser ele o dono do imóvel, por estar exercendo o direito de fruir, característico do domínio.

O mesmo raciocínio pode ser aplicado se virmos um indivíduo jogando fora uma carteira. Se está jogando fora, está dispondo, ou seja, está exercendo direito característico da propriedade, qual seja, o de dispor. Daí podermos concluir ser este indivíduo o dono da carteira ou, quando nada, seu dono aparente. Aparente porque devemos lembrar-nos de que este dono aparente pode ter furtado a carteira e esvaziado seu conteúdo para, em seguida, jogá-la no lixo.

Vejamos outra hipótese bem exemplificativa. Um policial vê um indivíduo andando na rua com uma pasta. Em seguida, vê outro indivíduo se aproximar e arrebatar a pasta do primeiro, para correr logo depois. Que fará este policial? A resposta é óbvia. Perseguirá o segundo, tomando-lhe a pasta, para entregá-la ao primeiro. Por que agirá dessa forma? Por estar convicto de que o primeiro indivíduo é o dono da pasta. Mas de onde tirou essa convicção? Do fato de estar

---

27 Recordando, precário era, no Direito Romano, contrato pelo qual se abandonava a alguém, gratuitamente e a título de tolerância, o uso de coisa ou o exercício de direito, ficando o precarista obrigado à restituição à primeira requisição. O precário dava-se quase que tacitamente. Era comum ocorrer entre patrícios (nobres romanos) e seus clientes (normalmente, mas não só, escravos alforriados que continuavam a viver sob o patrocínio do antigo senhor), referindo-se às terras públicas de que aqueles tinham o uso e o gozo. De início, o precário nem era considerado contrato. Só no período clássico, que se estendeu, mais ou menos, de meados do século II antes de Cristo até o fim do século III depois de Cristo, é que veio a se classificar como contrato real.

ele carregando a pasta; usando-a. Como o dono usa, aquela pessoa deve ser a dona. Ocorre que o policial agiu pelas aparências. Na realidade, só de ver alguém carregando uma pasta, ele não poderia afirmar ser aquele indivíduo o dono. O máximo que poderia dizer é que aquela pessoa parecia dona, por estar usando. E foi com base nessa aparência que o policial agiu de pronto. Mas poderia ter-se equivocado. O segundo poderia bem ser o dono da pasta, recuperando-a de um ladrão. Acontece que o policial, a julgar pelas aparências, não poderia adivinhar.

Pelo que se vem de expor, fica fácil ver por que Jhering disse que a posse é a aparência do domínio. Tem a posse quem parece ser dono, por estar exercendo um ou alguns dos atributos da propriedade, isto é, o uso, a fruição, a disposição ou a reivindicação.

Mas e a detenção? Quando haverá mera detenção para Jhering? Sempre que houver expressa disposição legal. Haverá posse sempre que se provar a existência do *corpus*, a menos que haja disposição legal, prescrevendo haver mera detenção.

> En uno y otro [detenção e posse] existe el corpus y el animus, y si el primero tiene, no la posesión, sino la simple tenencia [detenção], el fundamento de esto está, según la teoría objetiva, en el hecho de que movido por motivos prácticos, el derecho en ciertas relaciones ha quitado los efectos de la posesión al concurso, perfectamente realizado, de las relaciones de esta última.[28]

Podemos dizer, portanto, que, para Jhering, a distinção entre posse e detenção não é científica, mas de direito positivo.

O Direito Brasileiro estabelece os casos de detenção no art. 1.198 do CC. De acordo com o ali disposto, terá a mera detenção aquele que se limitar a deter a coisa em nome de outrem, ou de acordo com as instruções que recebe. É o caso do empregado que vigia terreno agrícola em nome do patrão,[29] do motorista que dirige o carro para seu empregador etc.

Além dos casos do art. 1.198, ainda há os do art. 1.208, segundo o qual não induzem posse os atos de mera permissão ou tolerância, assim como não autorizam sua aquisição atos violentos, ou clandestinos, senão depois de cessada a violência ou clandestinidade.

Daí temos que os alunos não possuem a sala de aula, apesar de a estarem usando, ou seja, apesar de estarem exercendo sobre ela um dos atributos da propriedade, qual seja, o uso. Não possuem por força do art. 1.208, que estabelece que não induzem posse os atos de mera permissão ou tolerância. Tampouco possuem os passageiros de avião, ônibus ou táxi, pela mesma razão.

---

28 JHERING, Rudolf von. **La posesión**... cit., p. 268 (colchetes nossos).
29 BARROS MONTEIRO, Washington de. **Curso de direito civil**. 23. ed. São Paulo: Saraiva, 1989. v. 3, p. 32.

Por fim, a tença[30] violenta ou clandestina será mera detenção, enquanto durar a violência ou clandestinidade.

A importância da distinção entre posse e detenção reside no fato de que a esta não se estende a mesma proteção que àquela. Não são, pois, cabíveis os interditos possessórios para a proteção da detenção. Não obstante, protege-se a detenção por outros meios, admitindo-se até mesmo a autodefesa. É o caso de pessoa que se senta em banco de praça pública. Tem apenas a detenção, mas poderá defendê-la contra todos que a queiram perturbar.[31] Aliás, diga-se de passagem, os bens públicos, sejam os de uso comum do povo ou os de uso especial, não podem ser objeto de posse pelo particular; apenas de detenção.

Antes de prosseguir, façamos um resumo de tudo o que se disse a respeito de posse. Para tanto, valhamo-nos do precioso auxílio do Professor Tito Fulgêncio.

> *Significado Técnico* (de posse). Sofreu na história de Roma, a eterna dominadora e inspiradora do mundo jurídico, a influência das três grandes escolas:
>
> I] Dos glosadores. A posse era o contato físico com a coisa, poder físico, para uns presidido na intenção de tê-la para si, enquanto que, para outros, tê-la com a intenção de dono era o que constituía o elemento anímico do contato.
>
> II] De Savigny. A posse consistia na faculdade real e imediata de dispor fisicamente da coisa com a intenção de dono, e de defendê-la contra as agressões de terceiros.
>
> III] De Jhering. A posse consiste no fato de uma pessoa proceder, intencionalmente em relação à coisa, como normalmente procede o proprietário, a dizer, na posse tem a propriedade a sua imagem exterior, este direito, a sua posição de fato.
>
> *Elementos*. Das noções da posse segundo as correntes doutrinárias resultam:
>
> 1] Um ponto de acordo: a posse compõe-se e dois elementos, um material, outro moral, um corpo e uma deliberação da mente.
>
> 2] Um ponto de dissídio: a caracterização desses elementos, guardando cada qual as suas vistas próprias.
>
> Assim, no que toca ao *corpus*:
>
> a] Para os glosadores: está no contato material com o objeto da posse, ou em atos simbólicos (como a entrega de chaves) representativos desse contato.

---

30 *Tença é substantivo oriundo do verbo ter.*
31 JHERING, Rudolf von. **La posesión**... cit., p. 302.

b] Para a escola Savignyniana: está no fato material, que submete a coisa à vontade do homem, cria para ele a possibilidade de dispor fisicamente dela com exclusão de quem quer que seja.
c] Para Jhering: consiste no estado externo da coisa, sob que se cumpre o destino econômico de servir aos homens, vale dizer, a exterioridade da propriedade, podendo ser ou não a detenção, conforme a natureza das coisas.

A normalidade é noção relativa, o que é normal para umas coisas, é anormal para outras. Deixar a colheita em pleno campo é estado normal dessa coisa; deixar em pleno campo seus objetos preciosos é estado anormal para tal coisa. É o poder de fato sob o ponto de vista econômico, o poder material tal como pode existir na sociedade.

No referente ao *animus*:

a] Para os glosadores: para uns é a intenção de ter a coisa para si; para outros a intenção de proprietário.
b] Para Savigny: é intenção de dono, desnecessária a convicção no possuidor de ser, na realidade, proprietário da coisa.
c] Para Jhering: é a vontade de se tornar visível como proprietário, exterioridade expressável na fórmula geral – *omnia ut dominum gessisse* (tudo ter administrado como dono).

A posse é ato de um ser racional, e não podia o sábio prescindir, como não prescindiu, do elemento moral no caracterizar da relação possessória. O que ele diverge da escola clássica está apenas nisto: para esta o *corpus* unido à intenção simples de proceder, em relação à coisa, como procede o proprietário, não gera a posse por faltar o ânimo de dono; para Jhering, em concorrendo esses dois elementos, há posse. Quando, porém, apesar da coexistência dessas condições, um dispositivo legal nega a posse em alguma hipótese, há mera detenção, que será excepcional. Savigny enxerga no *animus domini*, na vontade, o elemento preponderante: Jhering não nega a influência da vontade, mas acha que ela exerce na posse a mesma ação que em qualquer outra relação jurídica; o elemento preponderante é o econômico. Daí as denominações de objetiva e subjetiva às duas tendências teóricas.[32]

Mas, afinal, que teoria adota o Código Civil Brasileiro? O art. 1.196 diz considerar-se possuidor todo aquele que tem de fato o exercício, pleno ou não, de algum dos poderes inerentes à propriedade. Vimos que os poderes inerentes à propriedade são os de usar, fruir, dispor e reivindicar. O exercício de qualquer

---

32 TITO FULGÊNCIO. Op. cit., p. 4-6.

que seja acarretará posse. Claro está, pois, que a teoria adotada é a de Jhering, muito mais adequada ao tráfego negocial contemporâneo.

Poder-se-ia imaginar que, em alguns momentos, estaria o Código adotando a tese de Savigny. Tal seria o caso da usucapião que exige intenção de dono. Para que se configure a posse *ad usucapionem*, deve estar presente o *animus domini*, ou vontade de se assenhorear da coisa, de ser seu dono. Outras não são as palavras do art. 1.238 do CC: "Aquele que, por 15 (quinze) anos, sem interrupção, nem oposição, *possuir como seu* um imóvel, adquire-lhe a propriedade (...)". Outros artigos do Código e da própria Constituição Federal trazem os mesmos dizeres: "Art. 1.260. Aquele que *possuir* coisa móvel *como sua*, contínua e incontestadamente durante 3 (três) anos, com justo título e boa-fé, adquirir-lhe-á a propriedade" (grifo nosso).

Constituição Federal: "Art. 183. Aquele que *possuir como sua* área urbana de até duzentos e cinquenta metros quadrados (...)" (grifo nosso).

Constituição Federal: "Art. 191. Aquele que, (...), *possua como sua*, (...), área de terra, em zona rural, (...)" (grifo nosso).

Apesar disso, a tese adotada é a de Jhering, uma vez que para ele o *animus* também poderia ser a intenção de dono, visto que sua definição precisa não é fundamental para a configuração da posse.

16.2 Natureza jurídica da posse

Se, por um lado, propriedade é situação jurídica consistente em relação entre o dono e a coletividade, em virtude da qual surgem para ambos direitos e deveres, por outro lado, em que consistiria a posse? Qual seria a sua natureza?

Indaga-se se a posse seria situação de fato ou direito subjetivo.

Para alguns, dentre eles Windscheid, Trabucchi, Sílvio Rodrigues, Washington de Barros, Clóvis Beviláqua, Pontes de Miranda e outros,[33] posse é situação fática, caracterizada por se achar um bem submetido à vontade de uma pessoa (*animus*), agindo esta com aparência de dono em relação àquele (*corpus*). Dessa situação, surgiriam direitos e deveres para o possuidor. Estes direitos e deveres são efeitos da posse, situação de fato. Por situação de fato, neste caso, não se entenda situação não acolhida pelo Direito Positivo, mas situação oriunda de conjunto dinâmico de fatos jurídicos, que irá consistir numa relação jurídica.

---

33 WINDSCHEID, Bernardo. **Diritto delle pandette**. Torino: Unione Tipografico-EditriceTorinense, 1925 v. 5, p. 149. TRABUCCHI, Alberto. **Istituzioni di diritto civile**. 20. ed. Padova: Cedam, 1974. p. 435 *et seq.* RODRIGUES, Sílvio. **Direito civil**. 20. ed. São Paulo: Saraiva, 1993. v. 5, p. 22. BARROS MONTEIRO, Washington de. Op. cit., v. 3, p. 34. BEVILÁQUA, Clóvis. **Direito das coisas**. 4. ed. Rio de Janeiro: Forense, 1956. p. 38 *et seq.* PONTES DE MIRANDA, Francisco Cavalcanti. **Tratado de direito privado**. Rio de Janeiro: Borsoi, 1954. v. 10, p. 7.

Para outros, como Jhering, Teixeira de Freitas e Caio Mário,[34] a posse é direito subjetivo.

Jhering, por exemplo, via na posse um interesse juridicamente protegido. Em sua opinião, posse é direito do titular sobre a coisa. Logicamente, esse direito nasce de um fato. Mas a posse difere dos outros direitos reais. Enquanto nestes o fato é apenas sua origem, desaparecendo com o nascimento do direito, na posse, o direito só existe enquanto existir o fato.

"Es, pues, el interés de la propiedad lo que determina la protección posesoria y con ella la noción de la posesión".[35]

Ocorre que admitir que a posse tenha natureza de direito subjetivo é admitir ideia excludente. É ver na posse só o lado do possuidor, excluindo a coletividade, seus direitos e deveres; é olvidar dos deveres do possuidor. Essa teoria não pode ser admitida, sob pena de não se poder falar em função social da posse.

Uma terceira corrente, encabeçada por Savigny, Lafayette,[36] Merlin e outros,[37] advoga ser a posse simultaneamente fato e direito. Num primeiro momento, a posse é situação de fato, como descrito acima. Ocorre que dessa situação fática se originam direitos, como os interditos e a usucapião. Assim, por suas consequências, posse é direito.

"Assim, ela (a posse) é, ao mesmo tempo, fato e direito: por si mesma é fato, por suas consequências se parece com um direito, e essa natureza dupla é infinitamente importante em tudo o que concerne a essa matéria."[38]

Aceitar esta teoria seria incorrer no mesmo problema da teoria da posse como direito subjetivo.

Para tentarmos resolver a questão, devemos seguir por etapas.

Parece-nos ter razão a segunda corrente, segundo a qual posse seria situação fática. Vejamos.

Posse é a situação, em que uma pessoa tem um bem em seu poder, ou seja, um bem se acha subordinado à esfera de atuação de uma pessoa. A essa situação de coisas, denomina-se posse. É evidente que, uma vez que o ordenamento jurídico incida sobre esta situação, transforma-a em situação de Direito ou em situação

---

[34] JHERING, Rudolf von. **La posesión**... cit., *passim*. TEIXEIRA DE FREITAS, Augusto. **Consolidação das leis civis**. 3. ed. Rio de Janeiro: Garnier, 1896. p. CLVI *et seq*. PEREIRA, Caio Mário da Silva. **Instituições de direito civil**... cit., 18. ed., v. 4, p. 20-22.
[35] JHERING, Rudolf von. **La posesión**... cit., p. 183.
[36] SAVIGNY, Friedrich Karl von. **Traité de la posesión**... cit., p. 20 *et seq*. PEREIRA, Lafayette Rodrigues. **Direito das coisas**. Rio de Janeiro: Garnier, 1877. v. 1, p. 18 *et seq*.
[37] *Apud* PEREIRA, Caio Mário da Silva. **Instituições**... cit., 18. ed., v. 4, p. 21.
[38] SAVIGNY, Friedrich Karl von. **Traité de la possession**... cit., p. 20 *et seq*. Tradução livre do seguinte trecho: "Ainsi elle (la possession) est à la foi un fait et un droit: par elle-même c'est un fait, par ses conséquences elle ressemble à un droit, et cette double nature est infiniment importante pour tout ce qui concerne cette matière."

jurídica. Nela, ou seja, na situação jurídica de posse, podemos identificar dois elementos: um objetivo, material; o outro subjetivo, anímico.

O elemento objetivo é a atitude externa, visível do possuidor para com a coisa. Traduz-se no exercício de direito pelo possuidor sobre a coisa, que pode ser: usar, fruir, dispor ou reivindicar, dentre outros. É neste ponto que se diz, com razão, ser a posse a visibilidade do domínio. Por este prisma, posse é conduta, é atitude do possuidor em relação à coisa.

Além do *corpus*, caracteriza a situação jurídica chamada posse um elemento subjetivo, interno, volitivo: é o *animus*, ou vontade de ter a coisa em seu poder, vontade de agir como age o dono, mesmo sem pretender sê-lo.

Resumindo, pode-se dizer ser a posse situação de Direito caracterizada por dois elementos: *corpus* e *animus*.

Essa situação jurídica consiste em relações jurídicas, ditas relações possessórias.

A primeira relação jurídica possessória é intrínseca à própria situação de posse. Uma pessoa só se pode dizer possuidora em vista de outras pessoas, não possuidoras. Um indivíduo sozinho no mundo nada possui. Vê-se, pois, como pressuposto inerente à própria situação de posse, relação jurídica de natureza real entre possuidor e não possuidores, cujo objeto é a própria coisa possuída.

Não se confundem, porém, a situação de posse e a relação jurídica a ela intrínseca. É que um é pressuposto do outro. Sem a situação possessória, não há relação. Sem a relação, não há situação de posse. São faces de um mesmo fenômeno, mas faces distintas.

Dessa relação jurídica básica, inerente à própria situação de posse, decorre apenas um direito real, o direito à proteção possessória. A esse direito corresponde uma obrigação real da parte dos não possuidores, qual seja, não ameaçar, perturbar ou esbulhar o possuidor.

À situação básica podem agregar-se outros elementos, gerando outras relações jurídicas e outros direitos. Se o possuidor legítimo de um imóvel, por exemplo, o locatário, incorporar a ele melhoramentos necessários, poderá exigir do locador indenização, tendo o direito de reter o imóvel até ser ressarcido. O direito do possuidor é, no caso, creditício, contra um devedor específico, o locador. Este, a seu turno, é devedor de obrigação creditícia, a de indenizar o locatário, possuidor do imóvel.

Outras relações jurídicas e direitos gravitam em torno da posse. Deles faremos estudo mais detido ao examinarmos os efeitos da posse.

Concluindo, podemos asseverar que, em princípio, posse é situação jurídica, caracterizada por dois elementos: *corpus* e *animus*. Inerente a ela, acha-se relação possessória básica, entre possuidor e não possuidores, dela emergindo o direito real à proteção possessória. Ademais, na dependência de elementos acidentais, que podem ou não se agregar à situação básica de posse, surgem outras relações jurídicas e direitos, de caráter real ou creditício. A posse do usufrutuário, por exemplo, gera uma série de direitos oponíveis *erga omnes*, dada a natureza de direito real do usufruto; já a posse do comodatário, embora ela mesma seja oponível *erga omnes*, gera direitos que se opõem apenas contra o comodante, dada a natureza creditícia do comodato.

Mas por que muitos se referem à posse como direito subjetivo? Ora, da relação de posse surgem direitos, como o direito à proteção possessória, como a usucapião etc. Em relação a esses direitos, posse é direito subjetivo. É neste sentido que se diz ter o possuidor "perdido a posse". Quer-se dizer que o possuidor perdeu os direitos inerentes à relação de posse. Vale dizer que a situação, ou a situação de posse, cessou. Assim, pode-se falar em direito de posse, referindo-se ao conjunto de direitos subjetivos gerados pela relação possessória.

É óbvio que além dos direitos, o possuidor tem ainda deveres em relação à coletividade, tais como usufruir sua posse de forma benéfica. A coletividade, por sua vez, tem direitos e deveres para com o possuidor. Direito de não ser prejudicada pelo exercício da posse; dever de não molestar o possuidor.

O que fundamenta os deveres do possuidor e os direitos da coletividade é a chamada *função social da posse*.

16.3 Objeto jurídico da posse

Qualquer bem pode ser possuído, tanto os corpóreos quanto os incorpóreos. Nesta última categoria, encontram-se os direitos. Mas que direitos? Há vários direitos que podem ser possuídos, tais como os direitos autorais, as linhas telefônicas, dentre outros.

Atente-se, contudo, para o fato de que, sendo a posse a visibilidade do domínio, os direitos suscetíveis de posse hão de ser aqueles sobre os quais é possível exercer poder externo, característico da propriedade, principalmente a fruição. Assim, estão fora os direitos de crédito e todos os demais direitos que não sejam essencialmente reais. Esses direitos não podem ser possuídos.

Mesmo os direitos reais só podem ser possuídos se a relação externa entre eles e seu possuidor puder se comparar ao exercício de verdadeiro domínio. Dessa forma, posso possuir servidão aparente, como o direito de conduzir fios elétricos pelo terreno do vizinho. Não posso, porém, possuir direito de trânsito pelo terreno do vizinho, a não ser que haja estrada ou caminho aparente, bem delineado, que torne o trânsito, e, portanto, o exercício da servidão, visível.[39]

---

39 RODRIGUES, Sílvio. **Direito civil**... cit., 20. ed., v. 5, p. 67-68.

A importância da questão diz respeito à proteção da posse dos direitos. Não podem ser invocados os interditos possessórios para proteger direitos de crédito. Estes nem tanto se protegem, mas, sobretudo, se reclamam por intermédio de ações pessoais, ditas condenatórias, como a de cobrança, a de despejo, a de depósito etc.

Os direitos reais, principalmente as servidões, podem ser objeto de posse, invocando-se, para sua proteção, os interditos possessórios, ações de natureza real. A posse desses direitos é comumente chamada de *quase posse*.[40]

16.4 Classificação da posse

16.4.1 Posse direta e indireta

A posse será direta quando o possuidor exercer sobre a coisa poder físico, imediato. Não existe outro possuidor entre o possuidor direto e a coisa possuída.

Ao revés, será indireta a posse quando entre o possuidor e a coisa houver outro possuidor, o possuidor direto, a quem o possuidor indireto haja cedido o contato imediato com a coisa, normalmente identificado com o direito de usar. Apesar do obstáculo, ou seja, apesar do possuidor direto, o possuidor indireto continua agindo segundo age o dono. Pode continuar fruindo, por exemplo, ao receber aluguéis. Continua existindo a intenção de proceder como dono, isto é, continua havendo posse, embora indireta. A posse indireta se entende como o exercício do poder residual concernente à vigilância, à conservação, à alienação ou mesmo ao aproveitamento de certas vantagens da coisa.

Deduz-se, portanto, que a posse do locatário é direta, e a do locador, indireta.

Só se pode falar em posse indireta na teoria objetivista, uma vez que na teoria subjetivista, *corpus* é contato físico, imediato, com a coisa. Consequência óbvia é que, na concepção de Savigny, o locador tem a propriedade e o locatário, a detenção. Nenhum deles tem posse.

Há quem entenda que a posse direta será sempre de quem não seja dono, e a posse indireta do dono. Não reputo ser este um bom critério para se diferenciar as duas modalidades de posse. O não dono pode ser possuidor indireto, como no caso do locatário que subloca. E o dono pode perfeitamente ser possuidor direto, se entre ele e a coisa não houver possuidor direto. Em outras palavras, o que define a posse direta é o contato imediato, normalmente caracterizado pelo uso, entre possuidor e coisa possuída.

---

40 PEREIRA, Caio Mário da Silva. **Instituições**... cit., 18. ed., v. 4, p. 19.

16.4.2 Posse justa e injusta

Posse justa é a posse legitimada em título justo, em justa causa de possuir. É a posse do dono, do locatário, do comodatário, do usufrutuário, dentre outros. Segundo o art. 1.200 do CC, é justa a posse que não for violenta, clandestina ou precária. O dispositivo legal define posse justa de forma negativa, ou seja, é a que não for violenta, clandestina ou precária. Mas, na verdade, em outras palavras, o que pretende é dizer que a posse será justa, quando fundada em título justo, e, evidentemente, não será nesse caso, violenta, clandestina ou precária.

De tudo isso e por conseguinte, será injusta a posse violenta, clandestina ou precária, ou seja, seja injusta a posse não fundada em título justo, em justa causa de possuir.

Posse violenta é a obtida por força injusta. É a posse do esbulhador, do que expulsa o legítimo possuidor do imóvel; é a posse do assaltante.

A princípio, não se confere à tença violenta nenhuma proteção, mesmo porque, como vimos, nem se considera posse, mas mera detenção. No entanto, pode ocorrer que a vítima da violência deixe de reagir. Assim é que, passados um ano e um dia, sem que aquele que adquiriu violentamente a detenção seja molestado, terá ele direito à proteção possessória, até mesmo contra o antigo possuidor legítimo. Terá adquirido posse *ad interdicta*, pela cessação da violência.[41] É óbvio que a proteção contra o próprio possuidor esbulhado pela violência será apenas apriorística, devendo ser entendida *cum grano salis*. A ela retornaremos adiante.

Posse clandestina é a que se constitui às escondidas.[42] É a posse do invasor que se apossa de terreno sem o conhecimento do dono. É a posse do ladrão que furta.

A mesma regra da posse violenta se aplica à posse clandestina. Por outras palavras, passados um ano e um dia sem que o legítimo possuidor tome providências no sentido de recuperar a posse perdida, a tença clandestina se convalesce de seu vício, tornando-se posse *ad interdicta* e merecendo, consequentemente, proteção possessória.

Mais adiante, ao tratarmos especificamente da proteção possessória, voltaremos ao assunto.

Por fim, precária é a posse daquele que, tendo recebido a coisa das mãos do proprietário por título que o obrigue a restituí-la, recusa-se injustamente a fazer a restituição e passa a possuir em seu próprio nome.[43] Precária é, assim, a posse do locatário que, condenado ao despejo, não restitui a coisa no tempo fixado.

A posse precária jamais deixará de sê-lo, não se admitindo, por conseguinte, se invoque proteção possessória depois de ano e dia,[44] a não ser que ocorra

---

41 RODRIGUES, Sílvio. **Direito civil**... cit., 20 ed., v. 5, p. 28.
42 Idem, ibidem.
43 PEREIRA, Lafayette Rodrigues. Op. cit., v. 1, *passim*.
44 Idem, v. 5, p. 29.

interversão da posse. A interversão ou inversão é a transformação da mera detenção ou da posse precária em posse, ou em posse legítima. Tal seria o caso da usucapião, pelo qual a posse precária se transmudaria em posse *ad usucapionem* e, num segundo momento, em propriedade.

É importante salientar que a detenção, pela tomada violenta ou clandestina, pode se transformar em posse, mas em posse injusta, pois que não legitimada por título justo. Assim, se A invade o terreno de B, enquanto houver violência ou clandestinidade, haverá mera detenção. Cessada a violência ou a clandestinidade, a detenção se transformará em posse, mas em posse injusta, ilegítima. Evidentemente, poderá haver interversão da posse injusta em posse justa. Imaginemos o seguinte exemplo: Ronaldo iniciou a construção de sua casa. Num determinado momento, teve que suspender a obra por falta de recursos. Todavia, de vez em quando, ia ao local verificar se as coisas estavam em ordem. Numa dessas idas, surpreendeu um casal morando na casa semiconstruída. Sem saber o que fazer, voltou para casa, a fim de refletir e tomar uma decisão. No dia seguinte, retornou e conversou com o casal, acordando no sentido de que eles poderiam ficar no local, na condição de comodatários, tomando conta da construção, enquanto a casa não ficasse pronta. Até assinaram um contrato, para consolidar o acordo. Bem, analisemos essa situação. Num primeiro momento, havia mera detenção, pois a tença era clandestina. No instante em que Ronaldo tomou conhecimento da invasão, a clandestinidade cessou, iniciando a posse injusta do casal de invasores. Por fim, essa posse injusta tornou-se justa, quando da celebração do comodato. O que definitivamente não está correto é dizer que com a simples cessação da clandestinidade, ou com fim do prazo de um ano e um dia, a detenção se transforme em posse justa. Transforma-se em posse, sim, mas em posse injusta, porque não calcada em título justo.

Pode ocorrer interversão da posse pela *surrectio*. Por outros termos, a posse de má-fé pode transformar-se em posse de boa-fé pelo fenômeno da *surrectio*. Imaginemos que A invada o terreno de B. Neste primeiro momento, enquanto a tomada do imóvel for clandestina, haverá mera detenção. Quando B tome conhecimento da invasão, isto é, cessada a clandestinidade, a detenção se transforma em posse. Bem, supondo que B se abstenha de retomar o prédio invadido, e, supondo que a situação de A se consolide ao longo do tempo, dada a inércia de B, pode-se dizer que a posse de A deixe de ser de má-fé, tornando-se de boa-fé. A *surrectio* seria a consolidação da posse de A, que a transforma em posse de boa--fé, em face da inércia de B. O titular do imóvel, por sua contínua omissão, incute nos possuidores a ideia, a certeza de que teriam adquirido legitimamente a posse. O conceito de boa-fé, como se vê, é antes ético do que meramente psicológico.[45]

---

45 MILAGRES, Marcelo de Oliveira. **Direito à moradia**. São Paulo: Atlas, 2011. p. 183.

16.4.3 Posse de boa-fé e de má-fé

Para se determinar se a posse é de boa-fé ou de má-fé, há de ser feita pesquisa na convicção interna, subjetiva do possuidor. Terá posse de má-fé aquele que tenha ciência dos defeitos que a maculam. Terá posse de boa-fé aquele que não tiver ciência desses defeitos, que podem realmente existir.

Dessarte, se me instalo no lote do vizinho pensando tratar-se de meu lote, embora injusta, ilegítima, minha posse será de boa-fé. Entretanto, se me instalo no lote do vizinho sabendo tratar-se de lote alheio, minha posse, além de ilegítima, será de má-fé.

A posse de boa-fé pode transformar-se em posse de má-fé, desde que a intenção do possuidor se transmute de boa para má. Tal é o caso do locatário que, a partir de certo momento, decida-se a se assenhorear da coisa. Tal também será o caso do possuidor do lote que, tomando conhecimento de que se encontra em terreno do vizinho, mesmo assim, continue a possuí-lo. A partir do momento em que tomou conhecimento do vício, sua posse deixa de ser de boa-fé, tornando-se posse de má-fé. De um ponto de vista bem objetivo, há quem defenda a ideia de que a alteração do *animus* do possuidor só seria admissível por algum modo de interpelação judicial, que culmine em demanda por parte de quem pleiteie a coisa. Não se poderia admiti-la por medidas extrajudiciais. São, na verdade, duas coisas distintas. Uma a alteração do *animus* do possuidor, que é interno e independe de qualquer interpelação; outra é a reivindicação da coisa por quem se julgue legítimo possuidor. De fato, como regra, a má-fé do possuidor atual só terá importância, pelo menos processualmente, a partir de algum ato do juiz, ainda que incompetente, que faça chegar ao conhecimento do réu o pleito do autor.

Todavia, não se considera de boa-fé a posse de quem, por erro inescusável, desconheça o defeito que vicia sua posse. A pessoa que adquirir a posse de um débil mental não poderá alegar desconhecimento da incapacidade deste para classificar sua posse como de boa-fé.

A importância da distinção entre posse de boa-fé e de má-fé é enorme. Ao possuidor de boa-fé, por exemplo, garantem-se os frutos percebidos, como veremos *infra*.

16.4.4 Posse com justo título e posse com título justo

Título justo, como vimos, é a causa hábil para constituir a posse, como o contrato de locação, de comodato, de depósito, de compra e venda, de doação etc.

Justo título é a causa que seria hábil para constituir a posse, não contivesse defeito que a tornasse inábil. Este é o caso do contrato de locação celebrado por locador absolutamente incapaz. Ora, a incapacidade absoluta é defeito grave, podendo o contrato ser anulado a qualquer tempo e até mesmo de ofício pelo juiz.

Não obstante, o locatário que apresente contrato assim viciado terá posse com justo título, presumindo-se possuidor de boa-fé, até prova em contrário.

Existe título justo não escrito? Como visto, título justo é a *causa* hábil para a constituição da posse. Por exemplo, contrato de locação verbal é título justo de posse, uma vez que a Lei não exige forma especial para que se considere celebrado. A resposta é, portanto, afirmativa.

Resta, por fim, não confundir justo título de posse com justo título de propriedade, exigido na usucapião ordinária. O justo título de propriedade será, *a priori*, sempre justo título de posse. Assim é a escritura viciada de compra e venda. Mas a recíproca não é verdadeira: o justo título de posse nem sempre será justo título de propriedade, como ocorre com o contrato de locação viciado.

16.4.5 Posse *ad interdicta*

É a posse protegida pelos interditos possessórios. A seu respeito dissertaremos mais detidamente em momento e lugar apropriados.

16.4.6 Posse *ad usucapionem*

A posse será *ad usucapionem* quando o possuidor puder adquirir a propriedade do bem possuído por usucapião. Já falamos sobre ela. Dessarte, para que a posse se repute *ad usucapionem*, serão essenciais a relação externa entre possuidor e coisa, ainda que indireta[46] (*corpus*), e a vontade de ser dono, de se assenhorear da coisa (*animus*). Esta vontade deve estar presente desde o primeiro momento da posse. O locatário, por exemplo, ainda que venha a ter vontade de se assenhorear da coisa, jamais poderá requerer a usucapião, pois que, num primeiro momento, possui em nome do locador, sem o *animus domini*. Assim, para que enseje usucapião, a posse deverá se caracterizar pelo *animus domini* desde o início; o possuidor deverá possuir em seu nome desde o primeiro instante.

Talvez por isso, isto é, talvez por exigir a posse *ad usucapionem* o *animus domini*, muitos dizem ser para ela adotada a teoria subjetivista de Savigny.

A tese não convence, simplesmente porque na teoria de Jhering o elemento *animus*, embora secundário, existe, podendo ser caracterizado como *animus domini* (convicção de dono) ou como *affectio tenendi* (agir como dono, mesmo

---

[46] Admite-se que a posse, para efeitos de usucapião ordinário e extraordinário, possa ser indireta. Dessarte, se ocupo certo terreno, nele construindo e, depois, o alugo, passado o prazo de 15 anos, poderei requerer a usucapião, com base na posse de locador, que é indireta. A questão, entretanto, não é absolutamente pacífica.

sabendo não o ser). A questão é importante, uma vez que Savigny não admite a usucapião baseado na posse indireta, enquanto Jhering admite.

Além do *corpus* e do *animus*, a posse deverá ser pacífica e ininterrupta.

16.5 Aquisição ou constituição da posse

O Código Civil, referindo-se a posse enquanto conjunto de direitos oriundos da situação de posse, dispõe no art. 1.204 que se adquire a posse "desde o momento em que se torna possível o exercício, em nome próprio, de qualquer dos poderes inerentes à propriedade".

Entretanto, a situação fática de posse é muito mais importante do que os direitos propriamente ditos, uma vez que estes derivam daquela. Assim, não sendo a posse apenas direito, mas principalmente situação, não pode ser adquirida. Situações não se adquirem, *constituem-se*, *formam-se*. Mas quais as causas de constituição da situação possessória?

Genericamente, poderíamos dizer que a posse estará constituída sempre que se vislumbrar situação fática, composta de *corpus* e *animus*, a qual gera a relação entre possuidor e não possuidores. Esta parece ter sido a solução adotada pelo Código Civil, ficando a doutrina e a jurisprudência com o encargo de subsumir o fato concreto à norma geral e abstrata.

Bem, mas a pergunta ainda está no ar. Quando se constitui a situação possessória?

Seguindo as pegadas de Caio Mário, com as devidas adaptações, começaremos por classificar as causas de constituição de posse em originárias e derivadas.

Originária será a constituição quando oriunda de apossamento autônomo da coisa, sem interferência de ato de vontade de outro possuidor antecedente. Em outras palavras, a posse se constitui de modo originário quando não for transmitida de um possuidor a outro. Esse é o caso da apreensão da coisa.

Ocorre apreensão quando o bem se integra à esfera volitiva do possuidor, que passa a agir com aparência e vontade de dono.

Se apanho concha na praia, torno-me seu possuidor e proprietário. Se furto um objeto, serei seu possuidor, desde que cesse a clandestinidade, mas não serei seu proprietário. Tanto a ocupação quanto o furto são causas de apreensão.

Mas a apreensão não pressupõe sempre ato físico. A caça que cai na armadilha passa a integrar a esfera fático-volitiva do caçador, que a possuirá desde a captura. O dono da vaca possuirá o bezerro desde seu nascimento, mesmo que ocorra no pasto, a quilômetros de distância. Em nenhum destes dois casos há contato físico entre possuidor e coisa, embora tenha havido apreensão.

A apreensão pode ser com *animus domini* ou não. Assim, ela pode ou não gerar ocupação, com aquisição de propriedade. Pode ser aquisição apenas da posse. É só imaginar o indivíduo que apreende uma pedra, para usá-la momentaneamente como ferramenta, já desde o apossamento com a intenção de jogá-la fora.

A posse se constitui de forma originária também pelo exercício do direito, quando este for seu objeto. Vimos que não só as coisas podem ser objeto de posse. Também alguns direitos reais podem sê-lo, desde que se exerçam por atos externos, que se possam comparar ao exercício do domínio. Exemplo seria o direito de servidão, desde que aparente e contínuo. Servidão é o direito real que se constitui sobre imóvel alheio como, *v.g.*, a servidão de passagem de fios elétricos. Constitui-se a posse de uma coisa pela apreensão. Mas como se constitui a posse de um direito? A resposta é ululantemente óbvia: por seu exercício. Dessarte, serei possuidor da servidão descrita acima no momento em que conduzir os fios pelo terreno vizinho, usufruindo da eletricidade decorrente.

A constituição da posse será originária quando ocorrer de forma primígena, ou seja, quando não houver transmissão da situação possessória de uma pessoa a outra. As causas originárias de constituição são a apreensão da coisa e o exercício do direito.

Por outro lado, a constituição da posse será derivada quando se operar pela transmissão da situação possessória de uma pessoa a outra. Haverá sempre antigo e novo possuidor. A constituição será derivada quando houver posse anterior transmitida ao novo possuidor. É o que ocorre na tradição e na sucessão hereditária.

Tradição é a entrega da coisa de uma pessoa a outra. Pode ser real, simbólica e ainda fictícia.

Será real quando a coisa, de fato, passar de mão a mão. Será simbólica quando representada por um ato, como a entrega das chaves. Será fictícia se ocorrer apenas abstratamente, como no caso de o adquirente já ser locatário do bem. Há, na verdade, duas espécies de tradição fictícia: a *traditio brevi manu* e o constituto possessório, com veremos na sequência.

O Direito Romano falava em *traditio longa manu* e *traditio brevi manu*.

Dava-se tradição *longa manu* quando a coisa era posta à disposição do adquirente, por ser impossível a entrega manual. Assim, a entrega de porção de terras operava-se ao se conduzir o adquirente ao ponto mais alto do imóvel, de lá sendo-lhe mostrado todo o terreno.

A tradição *brevi manu* ocorria quando o adquirente já fosse possuidor do bem. Suponhamos que o locatário de um bem o comprasse. Ora, a propriedade só se adquiriria pela tradição. Mas como realizá-la se o bem já se achava na posse do comprador? O lógico seria que, antes de efetuar a compra, o locatário-comprador restituísse a coisa para, depois de concretizado o contrato de compra e venda, recebê-la de volta. Para evitar todo esse trabalho, criou o Direito Romano a tradição *brevi manu* (por mão curta), que dispensava a tradição real para a aquisição da propriedade. Trata-se de tradição fictícia, como que um "faz de conta": "faça-se de conta que o locatário restituiu a coisa para, depois da compra, recebê-la de volta".

Pode ocorrer também de, pela tradição, transmitir-se apenas a posse, como no caso do contrato de locação.

De qualquer forma, entregue que seja a coisa, constitui-se situação de posse para o novo titular.

Outra espécie de tradição fictícia e, portanto, de constituição derivada da posse é o constituto possessório.

Constituto possessório é o ato pelo qual aquele que possuía em seu nome passa a possuir em nome de outrem. Suponhamos, por exemplo, que uma pessoa venda seu carro, continuando em sua posse direta como locatário. Como sabemos, a propriedade dos bens móveis só se adquire pela tradição. Consequentemente, seria necessário que o vendedor entregasse o carro ao comprador, para só depois recebê-lo de volta como locatário.

Para evitar duas tradições inúteis do automóvel, inclui-se no contrato de compra e venda uma cláusula, conferindo ao vendedor o direito de continuar na posse do carro, na condição de locatário. A esta cláusula se dá o nome de cláusula *constituti* (cláusula do *constituto* ou *da posse constituída*). Por ela, opera-se o constituo possessório, evitando-se as duas tradições. O vendedor já fica na posse, não como dono, mas como locatário. Como se pode ver, o constituto possessório é uma espécie de tradição fictícia.

Apesar de o exemplo dado se referir à compra e venda, a cláusula *constituti* pode estar presente em qualquer contrato de alienação, como a troca e a doação, tendo como objeto bens móveis ou imóveis.

Pelo constituto possessório, adquire-se (constitui-se) também a posse indireta. No exemplo dado, o vendedor tornou-se titular da posse direta, na condição de locatário; e o comprador tornou-se titular da propriedade e da posse indireta, na condição de locador. Tudo isso em virtude da tradição fictícia operada pelo constituto possessório.

Por fim, a cláusula *constituti* vale qualquer que seja sua forma, desde que expressamente pactuada, ou desde que resulte de estipulação que a pressuponha, como a locação do exemplo anterior, o usufruto, o comodato etc.

A tradição simbólica e a fictícia são denominadas tradição convencional, por se basearem numa convenção entre transmitente e adquirente da posse, diferentemente da tradição real, que se baseia na entrega efetiva da coisa.

A segunda causa derivada de constituição da posse é a sucessão.

Haverá sucessão quando uma pessoa substituir a outra em relação ou situação jurídica. Antes de mais nada, é mister identificar as várias espécies de sucessão.

Quanto à causa, a sucessão será *inter vivos* ou *causa mortis*.

Sucessão *inter vivos* é a que se opera durante a vida do sucessor e do sucedido. Se adquiro um bem, estarei sucedendo o alienante na titularidade do domínio. Se um invasor desocupa um imóvel, sendo substituído por outro, este estará sucedendo aquele na posse.

Já a sucessão *causa mortis* é aquela que se realiza entre o morto e seus herdeiros e legatários.

Quanto ao objeto, a sucessão será a título singular ou a título universal.

A sucessão a título singular ocorre quando o sucessor substitui seu antecessor na titularidade de um ou mais bens ou direitos determinados, especificados.

Será a título universal a sucessão quando o sucessor substituir seu antecessor na titularidade de conjunto de bens e direitos indeterminados.

Podemos exemplificar de forma bem simples. Quando uma pessoa morre, seus herdeiros a sucedem na totalidade de seu patrimônio. Num primeiro momento, nem se sabe de que bens, direitos e obrigações se constitui o acervo hereditário. A herança deverá ser inventariada judicialmente para que se determine seu conteúdo. Como é óbvio, os herdeiros sucedem o falecido a título universal, isto é, recebem todo o patrimônio do *de cuius*, composto de bens, direitos e obrigações.

Por outro lado, se imaginarmos que, em testamento, uma pessoa deixe para a outra um ou mais bens especificados, teremos sucessão a título singular. O sucessor, ou seja, a pessoa para quem os bens são deixados, denomina-se legatário. A sucessão é a título singular, visto que o legatário recebe não patrimônio indeterminado, mas um ou mais bens específicos. Para melhor aclarar o assunto, suponhamos o seguinte testamento: "Deixo meus bens para meus filhos, à exceção do telefone número X e das ações do Banco do Brasil, que lego a meu sobrinho José".

Podemos facilmente identificar os herdeiros e o legatário. Os filhos são os herdeiros, sucedendo a título universal. A segunda oração do período em destaque é o legado, sendo José o legatário, que sucede a título singular.

No entanto, não só a sucessão *causa mortis* poderá ser a título universal ou singular. O mesmo acontece na sucessão *inter vivos*.

Se doo todo meu patrimônio a uma pessoa, reservando para mim o usufruto de alguns bens para meu sustento, terá havido sucessão *inter vivos*, a título universal. Todavia, se comprar um carro, a sucessão será *inter vivos*, mas a título singular.

Cuidemos primeiro da sucessão *causa mortis*. Pode ser tanto a título universal, como a sucessão dos herdeiros, quanto a título singular, como a sucessão dos legatários. Tanto num quanto noutro caso, haverá sucessão na posse (*successio possessionis*).

Por outros termos, a posse se transmite do falecido aos sucessores (herdeiros e legatários), com todos os seus defeitos e vantagens. Se a posse do morto era precária e de má-fé, precária e de má-fé será a posse dos sucessores. Se a posse do *de cuius* era *ad usucapionem*, os herdeiros e legatários também terão posse *ad usucapionem*. Ocorre sucessão na posse, vale dizer, os sucessores continuam a mesma posse de seu antecessor.

É de se acrescentar que a transmissão da posse do morto a seus sucessores opera-se tão logo ocorra a morte. No exato momento da morte, os herdeiros e legatários, ainda que não o saibam, tornam-se automaticamente proprietários e possuidores do patrimônio do falecido, aqueles a título universal, estes a título singular.

Examinemos, agora, a sucessão *inter vivos*. A primeira afirmação sobre ela pode assustar, mas só de início: *a sucessão* inter vivos *não é modo de constituição da posse*. Por maior que seja o assombro, tudo se esclarecerá com as devidas explicações.

Na verdade, quando ocorre sucessão *inter vivos*, a posse se constitui para o sucessor ou pela apreensão, ou pela tradição, ou pelo constituto possessório.

Quando o invasor de um terreno o desocupa, sendo sucedido por outro, a posse se constitui para o segundo pela apreensão da coisa, no caso, o terreno. Não houve, aqui, transmissão da situação de posse do antigo ao novo possuidor.

Se compro um bem, torno-me seu possuidor, não pela sucessão em si, mas pela tradição. A posse se transferiu do vendedor a mim pela tradição da coisa.

Se vendo minha casa, continuando a possuí-la como locatário, terei adquirido a posse não pela sucessão, mas pelo constituto possessório.

De qualquer forma, interessam-nos os casos de sucessão *inter vivos* a título universal e singular, a fim de estudarmos seus efeitos específicos.

Se a sucessão *inter vivos* for a título universal, haverá verdadeira sucessão na posse (*successio possessionis*). Vale dizer que, embora não tenha sido a sucessão a causa da constituição da posse, o sucessor continuará a posse de seu predecessor com todas as vantagens e desvantagens. Exemplifiquemos: A doou a B todo seu patrimônio, ficando B com a obrigação de pagar-lhe renda mensal. Supondo que a posse de A sobre certo bem fosse injusta, injusta também seria a posse de B.

Ao revés, se a sucessão *inter vivos* for a título singular, não haverá *successio possessionis*. Poderá haver, no máximo, *accessio possessionis*, ou seja, acessão da posse. Vale dizer que o sucessor tem a opção de começar posse nova, podendo ou não adicionar à sua a posse à de seu antecessor.

Analisemos exemplo prático.

Se o locatário de um imóvel vendê-lo a terceiro, teremos a seguinte situação: apesar de a venda conter defeito grave, por ser o vendedor agente incapaz (o locatário não pode vender o que não é seu), deu-se sucessão a título singular.

Dessarte, passado o tempo necessário, o comprador poderá requerer a usucapião do imóvel. Isto porque não houve sucessão na posse. O comprador começou posse nova, escoimada do elemento que impedia a usucapião. A posse do comprador não era em nome de outrem, como a do locatário, seu antecessor. Se tivesse havido sucessão na posse, o comprador jamais poderia requerer a usucapião, por estar apenas continuando a posse do locatário, que não era *ad usucapionem*. Teria havido sucessão na posse se o locatário morresse, sendo substituído por herdeiro.

Concluindo, sempre que a sucessão for *causa mortis*, haverá sucessão na posse, por força do art. 1.206 do CC.

"A posse transmite-se aos herdeiros ou legatários do possuidor com os mesmos caracteres".

Estudemos outro exemplo de sucessão *inter vivos*. Um invasor residiu em certo imóvel por 10 anos ininterruptos, sem qualquer oposição do dono. Decorrido este tempo, abandonou o imóvel. Imediatamente, outro invasor o ocupou, passando nele a residir. O segundo invasor começa posse nova. Não há sucessão na posse, por não se tratar de sucessão *mortis causa*. De qualquer jeito, transcorridos cinco anos, o novo possuidor poderá unir sua posse à de seu antecessor, requerendo a usucapião extraordinário, como lhe facultam os arts. 1.238 e 1.243 do CC. A hipótese é de acessão da posse.

Se o invasor do exemplo acima tivesse morrido, sendo substituído por um herdeiro, este poderia requerer a usucapião após cinco anos, alegando para isso a sucessão na posse.

Simplificando, na acessão da posse, o sucessor pode ou não somar sua posse, que é nova, com a de seu antecessor. Efetuará ou não a soma, de acordo com sua conveniência. Na sucessão na posse, a posse do antecessor continua nas mãos do sucessor: a posse é uma só.

16.6 Composse

Assim como a propriedade, a posse também é exclusiva, não se admitindo que outras pessoas exerçam os mesmos poderes e direitos sobre a mesma coisa: "Muitos não podem de fato possuir a mesma coisa ao mesmo tempo. Com efeito, é contra a natureza que se eu detenha algo, tu também o detenhas".[47]

---

47 *Digestum*, Lib. I, Tit. II, 3, § 5.Tradução livre do período: "Plures eamdem rem in solidum possidere non possunt. Contra naturam quippe est, ut cum ego aliquid teneam, tu quoque id tenere videaris".

Como bem ensina Lafayette, "se alguém tem o poder de dispor fisicamente de uma coisa, é evidente que em relação a essa mesma coisa outro não pode ter igual poder: – o poder de um aniquilaria o poder do outro".[48]

Outra não é a lição de Caio Mário, para quem "da própria noção de posse resulta que a situação jurídica de um aniquila a de outro pretendente e, em consequência, enquanto perdurar uma posse, outra não pode ter começo, pela mesma razão que a posse nova implica a destruição da posse anterior".[49]

Mas, como vimos, o Direito admite que se possa exercer sobre a mesma coisa uma única propriedade por vários condôminos. Como quem tem a propriedade tem a posse, os condôminos serão compossuidores.

No entanto, não só no condomínio haverá composse. Se duas pessoas alugam um carro ao mesmo tempo, serão colocatárias compossuidoras. Se os proprietários de terrenos vizinhos exercerem simultaneamente direito de passagem sobre um terceiro imóvel, serão compossuidores da servidão. Também haverá composse no compáscuo. Compáscuo é a utilização em conjunto de pastagens por proprietários diversos de gado. Em outras palavras, vários proprietários de gado dividem as mesmas pastagens.

Como se pode ver, não se trata propriamente de condomínio, mas de composse. O compáscuo pode ser fruto de contrato entre os vários pecuaristas, quando se regulará por cláusulas próprias, aplicando-se-lhe subsidiariamente as normas do condomínio. Se em terras públicas, regular-se-á pela postura municipal atinente.

As origens do compáscuo em terras públicas ligam-se aos *loca relicta*, ou locais largados, que ficavam sob o poder dos magistrados,[50] que podiam conferi-los à comunidade como pasto comum (*pascua publica*), ou a certos particulares, proprietários de fundos agrários confinantes (*ager compascuus*).[51]

A regra contida no art. 1.199 é bem simples:

> Se duas ou mais pessoas possuírem coisa indivisa, poderá cada uma exercer sobre ela atos possessórios, contanto que não excluam os dos outros compossuidores.

No mais, aplicam-se à composse as normas do condomínio geral.

A composse é por natureza temporária, a não ser que o estado de indivisão seja permanente, como no condomínio por unidades independentes. Sendo temporária, como regra, cessa pela divisão amigável ou judicial da coisa comum, ou pela posse exclusiva de um dos compossuidores, sem oposição dos demais.

---

48 PEREIRA, Lafayette Rodrigues. Op. cit., v. 1, p. 21.
49 PEREIRA, Caio Mário da Silva. **Instituições**... cit., 18. ed., v. 4, p. 28.
50 Altos funcionários da Administração Pública na Roma antiga.
51 WEBER, Max. **História agrária romana**. São Paulo: M. Fontes, 1994. p. 50.

16.7 Efeitos da posse

Os efeitos da posse dizem respeito aos direitos e deveres que surgem a partir da situação de posse. Esses efeitos podem ser os mais diversos, dependendo das circunstâncias. Dessarte, os efeitos da posse do dono que use ele mesmo a coisa são diferentes dos da posse do dono que a alugue, ou a empreste. Os efeitos da posse do comodatário são distintos dos da posse do locatário, que são, por sua vez distintos dos da posse do usufrutuário e assim *ad infinitum*, ou seja, os efeitos serão tantos, quantas forem as situações de posse.

Savigny, porém, de um modo geral, resumia-os a dois: interditos e usucapião.[52] Tapia apontava setenta e dois efeitos. Sintenis negava qualquer efeito à posse.[53]

Para melhor analisar o tema, devemos iniciar pelo exame da situação de posse e da relação possessória a ela inerente.

Como vimos anteriormente, a posse é a visibilidade do domínio. É possuidor aquele que procede como dono, ainda que não deseje sê-lo. Posto isso, o primeiro efeito da posse é a presunção de propriedade. Em outras palavras, o possuidor se presume dono, até prova em contrário. Isso é fundamental, por exemplo, na ação reivindicatória, em que se discute a propriedade de um bem. Todo o ônus da prova (*onus probandi*) incumbe ao não possuidor reivindicante. A ele cabe provar que o possuidor não é proprietário.

A título de recordação, retomemos aqueles exemplos que vimos no início do estudo da posse.

Um policial vê um indivíduo andando na rua com uma pasta. Em seguida, vê outro indivíduo se aproximar e arrebatar a pasta do primeiro, para correr logo depois. Que fará este policial? A resposta é óbvia. Perseguirá o segundo, tomando-lhe a pasta, para entregá-la ao primeiro. Por que agirá dessa forma? Por estar convicto de que o primeiro indivíduo é o dono da pasta. Mas de onde tirou essa convicção? Do fato de estar ele carregando a pasta; usando-a. Como o dono usa, aquela pessoa deve ser a dona. Ocorre que o policial agiu pelas aparências. Na realidade, só de ver alguém carregando uma pasta, ele não poderia afirmar ser aquele indivíduo o dono. O máximo que poderia dizer é que aquela pessoa parecia dona, por estar usando. E foi com base nesta aparência que o policial agiu de pronto. Mas poderia ter-se equivocado. O segundo poderia bem ser o dono da pasta, recuperando-a de um ladrão. Acontece que o policial, a julgar pelas aparências, não poderia adivinhar. Protegeu, assim, uma aparência: a posse. O primeiro efeito da posse seria, assim, a aparência de propriedade, que gera, do ponto de vista jurídico, uma presunção relativa de propriedade, ou seja, o

---

52 SAVIGNY, Friedrich Karl von. **Traité de la possession**... cit., p. 9-15.
53 *Apud* PEREIRA, Caio Mário da Silva. **Instituições**... cit., 18. ed., v. 4, p. 45.

possuidor presume-se dono, até prova em contrário. Este é efeito de toda posse, mesmo a injusta ou de má-fé.

Inerente à situação de posse, temos a relação possessória básica, entre possuidor e não possuidores. Estes têm obrigação real negativa de não esbulhar, perturbar ou ameaçar o possuidor. Este, a seu turno, tem direito real, o direito real de posse,[54] correspondente à proteção possessória, seja por suas forças, seja por intermédio das ações possessórias, denominadas interditos possessórios. A proteção possessória é o segundo efeito da posse, de toda e qualquer posse, mesmo a de má-fé ou a injusta. Dessa proteção cuidaremos mais adiante, com detalhes.

Outro efeito de toda posse, seja justa ou injusta, de boa-fé ou de má-fé é a continuidade de seu caráter. Fala-se mesmo num *princípio da continuidade do caráter da posse*. Segundo este princípio, se a posse começa de boa-fé, presume-se continuar de boa-fé, até prova em contrário. Se a posse começa injusta, por exemplo, presume-se continuar injusta, até que se prove o contrário.

Obviamente, a presunção é *iuris tantum*, ou seja, é relativa, uma vez que se admite a interversão da posse. Interversão da posse é a alteração do caráter da posse. Naturalmente, a ninguém é dado unilateralmente alterar o caráter de sua posse. Quem invade um terreno terá posse de má-fé, quer queira, quer não, e não pode passar a ter posse de boa-fé por obra de sua vontade. Excepcionalmente, admite-se a mudança do caráter da posse. São duas hipóteses basicamente: por fato jurídico e por fato material.

O fato jurídico altera o caráter da posse por força de uma nova relação jurídica. Assim, a posse injusta pode vir a ser sanada por um contrato de locação ou de comodato, por exemplo. A invade a construção que B iniciara e interrompera. B vai ao local e, verificando tratar-se de um pobre infeliz, deixa A morar em sua construção. Ambos lucram. A porque terá um lugar para morar, pelo menos temporariamente; B porque terá alguém para vigiar gratuitamente sua obra não acabada. Uma situação de posse injusta se transformou em posse justa por força de um fato jurídico – o comodato.

O caráter da posse também pode ser alterado por fato material. Imaginemos o mesmo exemplo acima. B empresta seu imóvel a A. Passados alguns meses, B decide pedir o imóvel e A não sai. Apesar disso, B acometido por outros problemas, deixa de tomar as medidas necessárias para retomar o imóvel comodato. Com o passar do tempo, a posse precária de A torna-se posse *ad usucapionem*. Neste caso, por força de um fato material: a vontade de A de ficar com o imóvel, somada à negligência de B. Evidentemente, a simples vontade de A não seria suficiente para a interversão. É necessário que se somem a ela os demais requisitos da usucapião, principalmente a negligência de B.

---

54 Como já dissemos, esse direito real de posse é o direito ou o conjunto de direitos gerados pela posse, enquanto estado de fato, formador da relação possessória básica.

De todo modo, o possuidor com título justo presume-se de boa-fé, até prova em contrário.

À situação possessória básica podem agregar-se elementos incidentais, conferindo ao possuidor outros direitos. Os efeitos da posse podem ser, assim, os mais variados, dependendo da situação. Assim, a posse do locatário gera uma série de efeitos peculiares; a posse do usufrutuário, outros; a posse do dono gera outros efeitos e assim por diante. O Código Civil menciona alguns desses efeitos ao cuidar da posse e da propriedade. Vejamos alguns deles.

a] Usucapião

Se a situação possessória básica, consistente na relação elementar entre possuidor e não possuidores, adicionarem-se elementos tais como *animus domini*, continuidade, boa-fé, justo título etc., a posse gerará direito a usucapião extraordinário, ordinário ou especial, conforme os elementos que incidam.

A usucapião é, portanto, efeito eventual, que nem toda posse gera.

b] Percepção dos frutos

A regra contida nos arts. 1.214 e ss. do CC é que o possuidor de boa-fé tem direito, enquanto durar a posse, aos frutos percebidos, vale dizer, aos frutos que extrair da coisa. Mas os frutos pendentes deverão ser restituídos se antes de serem colhidos cessar a boa-fé.

Se possuo imóvel, pensando ser meu, serei possuidor de boa-fé, tendo direito a todos os frutos que produza a terra. Mas, no momento em que tomo conhecimento de que se trata de imóvel alheio, e mesmo assim continuo a possuí-lo, tornar-me-ei possuidor de má-fé. Os frutos produzidos e ainda não extraídos a essa época deverão ser restituídos juntamente com o terreno a seu verdadeiro dono.

Devem ser também restituídos os frutos colhidos com antecipação, uma vez que cesse a boa-fé. Imaginando que, no exemplo anterior, eu houvesse realizado a colheita fora de época, estando os frutos a amadurecer, cessada a boa-fé, deverei restituí-los ao verdadeiro dono do imóvel, apesar de tê-los colhido quando era possuidor de boa-fé. Para facilitar a compreensão, é só supormos que os frutos colhidos com antecipação eram bananas verdes.

O possuidor de má-fé, ao contrário, não tem direito a nada. Deverá restituir todos os frutos, assim os pendentes como os colhidos e produzidos. Mas se para que a coisa produzisse frutos o possuidor de má-fé houver feito despesas, fará jus a ser indenizado por elas.

Além de não ter direito aos frutos, o possuidor de má-fé deverá indenizar o verdadeiro dono pelos frutos que se perderam por culpa sua.

Vemos que também a percepção de frutos é efeito eventual, que nem toda posse gera.

c] Perda ou deterioração da coisa

O possuidor de boa-fé não responde pela perda ou deterioração da coisa, se estas ocorrerem fortuitamente. Isso significa que só deverá indenizar o reivindicante se a coisa se perder ou se deteriorar por culpa sua.

Ao contrário, o possuidor de má-fé é responsável pela perda ou deterioração da coisa, ainda que acidentais. Se furto carro, vindo ele a ser atingido por fio de alta tensão que desaba acidentalmente, embora não tenha sido culpa minha, terei que indenizar o verdadeiro dono por todos os prejuízos. O único modo de me eximir da indenização é provando que o fio teria atingido o carro, mesmo que eu não o tivesse furtado, isto é, mesmo que o carro estivesse na posse de seu dono.

d] Indenização e retenção por melhoramentos

Melhoramentos são benfeitorias e acessões imobiliárias. Daquelas cuidam os arts. 1.219 e ss.; destas, os arts. 1.253 e ss. do CC.

A regra é bastante simples. O possuidor de boa-fé tem direito a ser indenizado por todas as benfeitorias necessárias e úteis. Se tomo casa emprestada, restaurando-lhe o telhado que estava a desabar, ou instalando grades nas janelas, para evitar assaltos, terei que ser indenizado pelo comodante. Ademais, poderei reter a coisa até que seja ressarcido, ou seja, poderei recusar-me a restituir a casa até ser reembolsado pelo comodante.

Tratando-se de benfeitorias voluptuárias, como a instalação de porta decorativa, não fará o possuidor jus a indenização, mas poderá levantá-las, desde que não prejudique a coisa. Significa que poderá retirar a porta, contanto que restitua a original, não prejudicando o imóvel.

O possuidor de má-fé, por sua vez, só tem direito à indenização por benfeitorias necessárias. Se comprar carro roubado, sabendo que era roubado, serei possuidor de má-fé. Imaginando que mande retificar-lhe o motor, deverei ser reembolsado pelo verdadeiro dono no momento em que lhe restituir o automóvel. Afinal, trata-se de melhoramento necessário. Mas se o dono reivindicante não me indenizar de pronto, não poderei reter o carro. Só tem direito de retenção por melhoramentos o possuidor de boa-fé.

Quanto às benfeitorias úteis e voluptuárias, a nada tem direito o possuidor de má-fé. Nem mesmo o de levantá-las.

À guisa de conclusão, deve-se acrescentar que o reivindicante obrigado a indenizar as benfeitorias tem direito de optar entre seu valor atual e o valor que realmente custaram.

Se, em vez de benfeitorias, cuidar-se de acessões imobiliárias (plantações e edificações), aplicam-se as normas dos arts. 1.253 e ss.

Repetindo o que dissemos anteriormente, são acessões imobiliárias todas as edificações e plantas que se agregarem ao solo artificialmente. Passarão a pertencer ao proprietário do terreno, que é o bem principal.

Mas e se quem construir ou plantar não for o dono da terra? Como ficaria sua situação?

A resposta dependerá da boa-fé ou da má-fé de que estiver imbuído.

Se alguém plantar, semear ou construir em terreno alheio perderá em favor do proprietário as plantas, sementes e construções, mas fará jus a indenização, se houver obrado de boa-fé. Se de má-fé, a nada terá direito, podendo ser obrigado a desfazer o que houver feito, além de indenizar todo e qualquer prejuízo.

16.8 Proteção possessória

16.8.1 Observações preliminares

Como analisamos anteriormente, seja ao direito, seja à situação de posse, acha-se essencialmente imiscuída relação jurídica possessória, que denominamos *relação possessória básica*. Um indivíduo só se considera possuidor de uma coisa ou de um direito porque os outros indivíduos, todos os demais membros da sociedade, não o são. Alguém sozinho no mundo não seria possuidor de nada. Só se pode falar, portanto, em direito ou situação de posse diante dessa relação elementar.

Dessa mesma relação possessória básica surge, para o grupo indistinto de não possuidores, obrigação real, qual seja, respeitar os direitos do possuidor sobre o bem possuído. É obrigação de natureza negativa, traduzindo um não fazer, uma abstenção, ou seja, não atentar contra os direitos do possuidor de gozar tranquila e pacificamente sua posse. Correlato a esta obrigação real, nasce para o possuidor direito real, oponível contra todos os não possuidores: é o direito de não sofrer atentados em sua posse e, consequentemente, o direito de se proteger contra eventuais investidas dos não possuidores. É o mais importante dos direitos de posse.

16.8.2 Fundamento da proteção possessória

Por que a ninguém é dado perturbar a posse alheia? Por outro lado, por que tem o possuidor o direito de proteger sua posse? Em outros termos, qual o fundamento da proteção possessória?

Várias teorias há que buscam encontrar explicação racional para o problema. Não caberia, entretanto, neste trabalho analisá-las. Indicaremos tão somente as fontes de estudo,[55] concentrando-nos na tese de Jhering, adotada pelo Código Civil.

Seguindo a trilha de Jhering, o fundamento da proteção possessória é o próprio domínio. Ora, o elemento mais importante para a caracterização da posse é o elemento material, denominado *corpus*. É o fato de o possuidor agir como dono, ainda que sem querer sê-lo. Mas de que maneira se age como dono? Logicamente exercendo um ou alguns dos poderes inerentes ao domínio, quais sejam, usar, fruir, dispor e reivindicar. Daí, com muito acerto, afirma Jhering ser a posse a visibilidade da propriedade. E é por isso que todo possuidor se presume dono, até prova em contrário.

Com base nisso, o que se protege não é a posse pura e simplesmente, mas a propriedade que pode estar atrás dela.

O que resulta daí é que mesmo a posse do ladrão será protegida contra terceiros que a molestem. Afinal, até prova em contrário, possuidor é dono. Evidentemente, a posse do ladrão não será protegida se quem a perturbar for a própria vítima do roubo.[56]

Vejamos um exemplo. Um policial vê uma senhora na rua com um colar. Em seguida, vê um indivíduo se aproximar e arrebatar o colar, para correr logo depois. Que fará este policial? A resposta é óbvia. Perseguirá o segundo, tomando-lhe o colar, para entregá-lo à pressuposta dona. Por que agirá dessa forma? Por estar convicto de que a senhora é a dona do colar. Mas de onde tirou essa convicção? Do fato de estar ela usando-o. Como o dono usa, aquela senhora deve ser a dona. O policial agiu segundo uma mera aparência. Só de ver alguém usando um colar, ele não poderia afirmar ser aquela pessoa a dona. O máximo que poderia dizer é que aquela pessoa parecia ser a dona, por estar usando. Foi, exatamente com base nesta aparência que o policial agiu de pronto. Protegeu-se, no caso, a aparência de domínio, isto é, a posse.

Esse exemplo deixa claro que o que se está protegendo, em última instância, ao se proteger a posse, enquanto aparência de domínio, é o próprio domínio, ainda que aparente.

Modernamente, pode-se acrescentar que o fundamento da proteção possessória é a função social da posse, traduzida na importância da posse como

---

[55] VIANA, Marco Aurélio S. **Curso de direito civil**. Belo Horizonte: Del Rey, 1993. v. 3, p. 41-56, 76-77; ANDRADE, Adriano de Azevedo. **O fundamento da proteção possessória**. Belo Horizonte: Universidade de Minas Gerais, 1965; FIGUEIRA JÚNIOR, J. D. **Posse e ações possessórias**. Curitiba: Juruá, 1994 p. 261-272; SAVIGNY, Friedrich Karl von. **Traité de la possession**... cit.; JHERING, Rudolf von. **La posesión**... cit.; PEREIRA, Caio Mário da Silva. **Instituições**... cit., 18. ed., v. 4, p. 29-32; SERPA LOPES, Miguel Maria de. **Curso de direito civil**. 7. ed. Rio de Janeiro: Freitas Bastos, 1989. v. 6; Pontes de Miranda, Francisco Cavalcanti. **Tratado de direito privado**... cit., v. 10, p. 285-286.

[56] JHERING, Rudolf von. **La posesión**... cit., *passim*.

instrumento de promoção da dignidade humana. É só pensarmos nos milhares de locatários que têm na posse o único meio de residir com dignidade, uma vez que se acham excluídos da propriedade imobiliária. A proteção possessória garante, pois, a dignidade de muitas pessoas, fazendo com que a posse cumpra sua função social. Consequentemente, a posse passa a ser protegida por ela mesma, não por ser a aparência da propriedade.

16.8.3 Atentados contra a posse

Como se pode atentar contra a posse?

Há três modos de se violar a posse: a turbação, o esbulho e a ameaça de turbação ou esbulho.

Turbação é *perturbação*. Aliás, é o contrário: perturbar é que significa turbar completamente (*per* + *turbar*). *Turbar* quer dizer, assim, incomodar, causar descômodo. Exemplo típico de turbação é o do fazendeiro que põe seu gado a pastar nas terras do vizinho.

Esbulho é privação. É subtração. O possuidor esbulhado se vê privado do bem possuído. Este lhe é subtraído. É o caso do fazendeiro que arreda a cerca, invadindo o imóvel do vizinho, subtraindo parte de seu terreno. É também o caso do posseiro, do ladrão etc.

O atentado pode, no entanto, não se consumar, ficando na mera ameaça. O Direito protege o possuidor também contra essa ameaça. Pode se dar a hipótese de o fazendeiro apenas cortar o arame da cerca, a fim de possibilitar a passagem do gado para as terras do vizinho. As reses ainda não atravessaram, mas existe a ameaça de que venham a fazê-lo: ameaça de turbação. O fazendeiro pode, outrossim, fincar moirões de cerca no imóvel vizinho, com o fito de arredar o tapume. Este ainda não foi transferido de lugar, mas existe a ameaça de que venha a sê-lo: ameaça de esbulho.

16.8.4 Objeto dos atentados

Não só a posse de bens imóveis pode ser violada, como pode parecer, a princípio. Pode-se atentar também contra a posse de bens móveis e de direitos.[57]

Imaginemos direito de servidão cujo objeto seja a passagem de fios elétricos. O titular do imóvel por sobre o qual passam os fios pode atentar contra o possuidor da servidão, por exemplo, cortando os fios.

---

57 PEREIRA, Caio Mário da Silva. **Instituições**... cit., 18. ed., v. 4, p. 50.

16.8.5 Instrumentos de proteção possessória

Contra o esbulho, a turbação e contra a ameaça de turbação ou esbulho, o Direito oferece ao possuidor instrumentos de proteção. Em primeiro lugar vem a autodefesa da posse, exercida pelo próprio possuidor, extrajudicialmente. Em segundo lugar vêm as ações possessórias, propostas pelo possuidor, judicialmente.

Examinemos cada um desses instrumentos mais detidamente.

a] Autodefesa da posse

Ao possuidor é dado o direito de se defender por suas próprias forças contra todo atentado à sua posse.

O meio para se defender contra turbações é a legítima defesa. Contra o esbulho, o desforço imediato ou incontinente.

Tanto na legítima defesa quanto no desforço incontinente, ao possuidor se permite empregar força moderada e proporcional à agressão sofrida. Assim, não se pode rechaçar, a balas, agressor desarmado, a não ser que as circunstâncias o permitam; por exemplo, se forem muitos os agressores, ou se o agressor for exageradamente mais forte que o possuidor. De qualquer forma, incumbe ao juiz analisar, em última instância, se os meios empregados foram de fato adequados, no que levará em conta as circunstâncias de cada caso.

Tratando-se de esbulho, o possuidor já estará privado da posse, encontrando-se o bem nas mãos do esbulhador. O possuidor poderá tentar recuperá-la, despendendo a força necessária e proporcional à resistência oposta, mas deverá agir logo. Em outras palavras, o desforço deverá ser *in continenti*, isto é, imediato.

A questão se torna controversa quando se busca adequar a noção do que se reputaria imediato aos lindes do racional. Será que força imediata seria aquela que necessariamente se segue logo após a agressão? Ou será que se poderia admitir lapso de tempo razoável entre o esbulho e o desforço do possuidor para o suprimir?

A melhor doutrina tem ensinado que, uma vez que acertadamente nada diz a Lei, deve-se deixar a questão para exame do juiz. É ele quem decidirá se o desforço foi ou não imediato, dadas as contingências de cada situação concreta.[58]

De todo jeito, quanto aos ausentes, o Código Civil, art. 1.224, toma posição definida. O termo ausente é tomado no sentido vulgar, significando pessoa que não estava presente ao ato de esbulho, vindo a conhecê-lo posteriormente, quando já consolidado.

Segundo a regra do art. 1.224, o ausente só perde a posse da coisa ocupada uma vez que, vindo a saber do esbulho, não faça nada ou seja violentamente repelido pelo esbulhador.

---

58 VIANA, Marco Aurélio S. **Curso de direito civil**... cit., v. 3, p. 84.

Fica, pois, claramente entendido que, estando a pessoa ausente, poderá por suas próprias mãos retomar a coisa ocupada, no momento em que tome conhecimento do esbulho, ainda que este já tenha ocorrido há mais tempo.[59]

Por fim, ainda uma última questão: será que só o possuidor direto pode defender sua posse, ou terceiros podem acorrer em seu auxílio, ou mesmo agir em sua ausência?

Na opinião de Hedemann,[60] somente ao possuidor é dado agir. Ao possuidor indireto se proíbe, visto que não tem o uso da coisa.

Essa não é, contudo, tese que deva prevalecer. O possuidor direto pode agir sozinho ou com auxílio de terceiros. O mero detentor pode agir em nome do possuidor, seja sozinho ou com auxílio de terceiros.[61] O possuidor indireto também poderá agir sozinho ou com ajuda de terceiros.[62] Qualquer pessoa de bem deverá defender a posse de outrem, se saída alternativa não se apresentar. Se vejo ladrão invadindo a residência do vizinho que está em viagem, devo, é lógico, chamar a polícia. Mas esta poderá chegar tarde demais, e, até que chegue, posso tomar as medidas que julgar necessárias para impedir, por minhas forças, a ação do malfeitor. Nas sendas de Duguit, trata-se de gestão de negócios, fundada na solidariedade social. Se só ao possuidor fosse dado defender sua posse, se víssemos uma senhora idosa sendo assaltada na rua, nada poderíamos fazer em seu socorro. Na verdade, quando o legislador empregou a expressão "por sua própria força", no art. 1.210, § 1.º, não quis dizer com isso que terceiro não pudesse agir em nome do possuidor. O que quis dizer foi simplesmente que o possuidor poderá fazer justiça com suas próprias mãos, não carecendo acionar o Judiciário.

b) Ações possessórias

Histórico

As ações possessórias, também chamadas interditos possessórios ou ações interditais,[63] encontram suas raízes no Direito Romano. Interdito (do latim *interdictum* – *interim dicuntur*, ou o que é dito no meio-tempo)[64] era a ordem do magistrado romano para pôr fim a divergências entre dois cidadãos. Esta ordem era requerida por uma das partes, a fim de proibir ou impedir certos atos praticados pela outra.[65]

Os interditos não solucionavam as divergências entre as partes de forma definitiva. Para tal, era necessária propositura posterior de ação. Por isso, como

---

59 RODRIGUES, Sílvio. **Direito civil**... cit., 20. ed., v. 5, p. 49-50.
60 HEDEMANN, J, W. Derechos reales. **Revista de Derecho Privado**, Madrid, v. 2, p. 67, 1956.
61 PEREIRA, Caio Mário da Silva. **Instituições**... cit., 18. ed., v. 4, p. 49.
62 SERPA LOPES, Miguel Maria de. Op. cit., v. 6, p. 148.
63 FIGUEIRA JÚNIOR, J. D. **Posse e ações possessórias**... cit., p. 272.
64 BARROS MONTEIRO, Washington de. Op. cit., v. 3. p. 43.
65 NÓBREGA, Vandick Londres da. **Compêndio de direito romano**... cit. 8. ed., v. 1, p. 428.

bem acentua Carnelutti, os interditos eram verdadeiras medidas cautelares, equivalentes às nossas tutelas de urgência e, principalmente, da evidência.[66]

Tratando-se de posse, o Direito pré-justinianeu admitiu duas categorias principais de interditos: os interditos *retinendae possessionis* e os interditos *recuperandae possessionis*.

Os interditos *retinendae possessionis* visavam à conservação da posse turbada. Nesta categoria havia duas espécies: o *interdictum utrubi* e o *interdictum uti possidetis*. Este para bens imóveis, aquele para móveis.[67]

Os interditos *recuperandae possessionis* serviam para se recuperar a posse esbulhada. Havia três espécies: o *interdictum unde vi*, concedido ao possuidor de imóvel privado de sua posse por ato de violência; o *interdictum de precaris*, concedido para a recuperação de um bem entregue a outrem a título precário; e o *interdictum de clandestina possessionis*, para se recuperar bem subtraído clandestinamente.[68]

O Direito Justinianeu, do século VI d.C., inovou, transformando os interditos em verdadeiras ações possessórias de manutenção e restituição de posse.

Assim continua até hoje no Direito Brasileiro, que admite três ações para a proteção judicial da posse. A ação de manutenção de posse, a ação de reintegração de posse e o interdito proibitório, também chamado de ação de força iminente.

Objeto das ações possessórias

O objeto das ações possessórias é a posse esbulhada, turbada ou ameaçada. É, enfim, o *ius possessionis* ou direito de posse. O juízo em que se discute a posse denomina-se juízo possessório. Nele não se argui a propriedade. Esta será questionada no juízo petitório, por meio de outras ações, tais como a reivindicatória e a ação de imissão na posse, dentre outras. Debate-se no juízo petitório o *ius possidendi*, ou direito do proprietário à posse.

Se sou turbado em minha posse, ainda que seja o dono do bem, proporei ação possessória, visto que meu objetivo não é discutir meu direito de proprietário. Não é ele que está sendo ameaçado. Assim também o locatário esbulhado em sua posse, mesmo que o esbulhador seja o próprio dono da coisa, deverá ingressar no juízo possessório, pois está defendendo seus direitos de legítimo possuidor. É lógico que não poderá acionar o juízo petitório. Primeiro, por não ser dono da coisa; segundo, por não estar em tela a propriedade, mas sim a posse.

Até o advento da Lei n. 6.820/1980, discutia-se, com certa razão, se poderia ser arguida a propriedade no intercurso de ação possessória. Supondo que uma pessoa arredasse sua cerca para dentro das terras do vizinho, este poderia propor ação de reintegração de posse. A pergunta era se o esbulhador poderia se defender,

---

66 CARNELUTTI. **Estudios de derecho procesal**... cit., p. 142.
67 NÓBREGA, Vandick Londres da. **Compêndio**... cit., 8. ed., v. 2, p. 49.
68 Idem, p. 49-50.

alegando ser dono da porção de terra invadida. Uns entendiam que não, outros entendiam que sim. Tudo isso em face da má redação dos arts. 505 do CC/1916 e 923 do CPC/1973. Ainda que entendamos que não houvesse dúvida na redação dos ditos artigos, o debate perdeu o sentido na atualidade. Se não, vejamos.

Entrando em vigor o Código de Processo Civil, em 1974, ficou tacitamente revogado o art. 505 do CC/1916, em face do art. 923 do Código de Processo. Outra interpretação não é possível diante do art. 2º, parágrafo 1º, da Lei de Introdução às Normas do Direito Brasileiro: "A lei posterior revoga a anterior (...) quando regule inteiramente a matéria de que tratava a lei anterior".

Ora, o objetivo implícito do art. 923 do CPC/1973 foi, sem dúvida, o de reestruturar as disposições do art. 505 do CC/1916, ficando este, desde então, revogado.

Em 1980, promulgou-se a Lei n. 6.820, que aboliu a segunda parte do art. 923 do CPC/1973. Sua nova redação ficou sendo: "Na pendência do processo possessório, é defeso, assim ao autor como ao réu, intentar ação de reconhecimento de domínio".

A jurisprudência vacilou a respeito deste artigo, por vezes entendendo ser sua redação absurda, por ser injusta com o proprietário, que acabaria perdendo a demanda para o mero possuidor. Ademais, o que fica proibido é o ingresso no juízo petitório durante o curso de ação possessória. Nada impede, entretanto, seja arguida a propriedade no juízo possessório.[69]

Não obstante a excelência dos defensores desta tese, não poderia ela prevalecer, segundo a boa doutrina. Ora, a segunda parte do art. 923 rezava *ipsis verbis*:

> Não obsta, porém, à manutenção ou à reintegração na posse a alegação de domínio ou de outro direito sobre a coisa; caso em que a posse será julgada em favor daquele a quem evidentemente pertencer o domínio.

A redação era bastante clara. Em poucas palavras, a Lei não permitia que se intentasse ação reivindicatória, enquanto não fosse julgada a ação possessória (primeira parte do artigo). Mas, por outro lado, admitia expressamente que se questionasse a propriedade no transcorrer da ação possessória (segunda parte do artigo).

Sendo revogada a segunda parte do artigo pela Lei n. 6.820/1980, ficou patente a intenção do legislador: *não se pode discutir a propriedade no juízo possessório*. Caso fosse permitido, para que editar a Lei n. 6.820/1980? Bastaria deixar o art. 923 com sua antiga redação.

Examinemos duas situações elucidadoras.

Na primeira, A arreda sua cerca para dentro do terreno de B. Este propõe ação de esbulho, reclamando a posse da porção de terras perdida. A, por sua vez, não

---

[69] NEGRÃO, Theotônio. **Código de Processo Civil**. 20. ed. São Paulo: RT, 1990. p. 416 (coment. art. 923).

poderá se defender, alegando ser o dono da tal faixa de terras. Deverá provar que sua posse é melhor que a de B. Sendo a ação decidida contra ele, poderá ingressar no juízo petitório por meio de ação reivindicatória ou demarcatória, a fim de discutir quem é o verdadeiro dono da faixa de terras. Aliás, é isso que deveria ter feito desde o início, em vez de arredar a cerca.

Na segunda situação, A também arreda sua cerca para dentro do terreno de B. Supondo que B seja realmente o dono da faixa de terras invadida, terá duas opções: ou bem ingressa no juízo petitório por meio de ação reivindicatória, exigindo a restituição da propriedade perdida, ou bem ingressa no juízo possessório com ação de esbulho, reclamando a posse perdida sobre a porção de terras. Se escolher a segunda opção, não poderá alegar seu direito de proprietário nem poderá propor ação reivindicatória enquanto não se decidir a ação de esbulho.

O Código Civil de 2002, em seu art. 1.210, parágrafo 2º, pôs fim à controvérsia, ao dispor que "não obsta à manutenção ou reintegração na posse a alegação de propriedade, ou de outro direito sobre a coisa", no que foi seguido pelo Código de Processo Civil de 2015 (parágrafo único do art. 557).

Assim, nas ações possessórias, não interessa quem seja o dono, mas quem tenha a melhor posse.

Características das ações possessórias

As ações possessórias têm algumas características importantes.

Em primeiro lugar, são ações dúplices. Em outras palavras, se A propõe possessória contra B, temos que, num primeiro momento, A é o autor e B é o réu. Ocorre que é lícito a B defender-se, revertendo a situação, uma vez que prove ser ele a vítima do esbulho ou da turbação. Neste caso, também B será autor e A, réu. Para que isso ocorra, não é necessário que B use a via da reconvenção, regulada no art. 343 do CPC.

Em segundo lugar, são ações fungíveis. Vale dizer que, se uma pessoa intenta interdito proibitório, quando deveria ter intentado ação de manutenção de posse, não haverá qualquer problema. Nos dizeres do art. 554 do Código de Processo,

> a propositura de uma ação possessória em vez de outra não obstará a que o juiz conheça do pedido e outorgue a proteção legal correspondente àquela, cujos pressupostos estejam provados.

Sendo assim, o juiz concederá a manutenção na posse àquele que, por engano, propôs interdito proibitório, desde que preenchidos os pressupostos exigidos para a ação de manutenção de posse.

Em terceiro lugar, é lícito ao autor da possessória pedir, além da proteção específica a sua posse, indenização por perdas e danos, cominação de pena em caso de nova turbação ou esbulho e o desfazimento de construção ou plantação feita em prejuízo de sua posse.

Finalmente, as ações possessórias podem ser de força nova ou de força velha. As de força nova são aquelas intentadas em menos de ano e dia, contados do momento da turbação ou do esbulho. Se houver transcorrido mais de um ano e um dia, a ação será de força velha. Os efeitos de uma e de outra, veremos mais abaixo.

A contagem desse prazo só se inicia após a cessação da violência ou da clandestinidade, uma vez que antes disso não há posse, mas mera detenção para o invasor. No caso de turbação, o prazo tem início no momento em que ocorrer o fato perturbador. Se a turbação se prolongar no tempo, a contagem do prazo se dará desde seu início, a meu ver. O que interessa é o momento em que o possuidor começa a ser perturbado; desde este momento pode tomar as devidas medidas contra a turbação.

Concluindo, cabe última observação. Seria necessária vênia conjugal na interposição de ação possessória? Em outras palavras, o possuidor casado careceria da autorização de seu cônjuge para intentar ação possessória?

Com as modificações introduzidas no Código de Processo Civil, em dezembro de 1994, a resposta já era negativa. O dito Código parece ter considerado a posse situação fática, não lhe dispensando o tratamento dado aos direitos reais. Se não, vejamos.

> Art. 10. O cônjuge somente necessitará do consentimento do outro para propor ações que versem sobre direitos reais imobiliários.
>
> § 1.º Ambos os cônjuges serão necessariamente citados para as ações:
>
> I] que versem sobre direitos reais imobiliários;
>
> (...)
>
> § 2.º Nas ações possessórias, a participação do cônjuge do autor ou do réu somente é indispensável nos casos de composse ou de ato por ambos praticados.

O Código de Processo Civil de 2015 manteve-se na mesma linha, com idêntica redação no parágrafo 2º do art. 73. Acrescentou apenas que, também na união estável, a participação do companheiro do autor ou do réu será indispensável nas mesmas hipóteses (§ 3º, art. 73).

Sujeito passivo das ações possessórias

O sujeito ativo das ações é o possuidor turbado, esbulhado ou ameaçado. Quanto a isso não há muitas dúvidas. Todavia, quem seria o sujeito passivo, o réu? Evidentemente que a pessoa que pratique o atentado contra a posse ocupa o primeiro lugar na resposta, mas não só ele, também aquele que ordene o esbulho poderá ser réu ou corréu; a pessoa jurídica de Direito Privado ou de Direito Público; o herdeiro ou o espólio de quem haja praticado o esbulho, bem como os terceiros que recebam a coisa esbulhada, estejam eles de boa-fé ou de má-fé.

■ Debate sobre as espécies de ações possessórias

Não obstante as graves polemizações a respeito do tema, só há na realidade três ações possessórias: a de reintegração de posse, a de manutenção de posse e o interdito proibitório. As outras não têm esse caráter. Se não, vejamos.

As ações de dano infecto e de nunciação de obra nova nada têm a ver com a posse ou o domínio.

A ação de dano infecto serve para aqueles que temam dano provocado por edifício vizinho. O dano não se produziu, mas há fundado receio de que venha a ocorrer. Edifício deve ser entendido em sentido amplo: pode ser uma árvore do vizinho que corra o risco de cair no terreno do outro, pode ser edificação em ruína ou simplesmente defeituosa.[70] Não se trata de possessória, porque o atentado não é à posse (não se está atentando contra o exercício de um ou alguns dos direitos de dono), mas à pessoa ou ao patrimônio do vizinho.

Na nunciação de obra nova, o temor é de que o dano venha de obra em vias de construção ou em construção por se iniciar, de forma irregular. Em nenhuma das duas ações, a posse em si foi ameaçada. A ação de nunciação de obra nova pode inclusive ser intentada por quem não seja vizinho de muro. Toda obra irregular pode ser objeto de nunciação de obra nova. Não se discute posse, mas regularidade ou irregularidade de uma obra.

Existem outras ações, como a demolitória, que visa demolir algo que já foi construído e que esteja prejudicando os vizinhos. Também a indenizatória, para reparar danos causados por um vizinho a outro.

Repetimos, entretanto, que o objetivo de todas essas ações não é a posse em si. Esta não foi violada, nem ameaçada. Discutem-se direitos de vizinhança, meros efeitos da situação de posse. O atentado, em todas essas hipóteses, é à pessoa ou ao patrimônio do vizinho, não à posse propriamente dita.

A ação de depósito é também considerada possessória por alguns, mas não tem esta natureza. A ação de depósito tem caráter pessoal, isto é, obrigacional, sendo seu objetivo o de recuperar coisa depositada, tendo em vista a negativa injustificada do depositário em restituí-la.

A ação publiciana, por seu turno, também não tem caráter possessório, mas petitório. Visa beneficiar aquele que tenha adquirido por usucapião, ainda não tenha o título reconhecido e tenha sofrido esbulho principalmente do antigo dono.

A ação de despejo também não tem natureza possessória, pois que seu objetivo não é tutelar a posse precipuamente, mas o contrato de locação inadimplido.

---

70 SCIALOJA, Vittorio. **Procedimiento civil romano**. Buenos Aires: Europa-América, 1954. p. 90.

A questão possessória, se houver, é secundária. A falta de pagamento, por exemplo, não atenta contra a posse do locador. Trata-se do descumprimento de um dever contratual, que gera o despejo. Por essa razão, a reintegração de posse não é adequada para a retomada do imóvel alugado.

Tampouco tem natureza possessória a ação relativa à prestação de não fazer, intentada por um vizinho contra outro, que esteja exercendo seus direitos de dono de forma nociva, por exemplo, ouvindo som muito alto, promovendo frequentes festas barulhentas, exercendo atividade poluente etc. Em todos esses casos, o dano é à pessoa ou ao patrimônio, não à posse propriamente dita.

Outra ação que não tem natureza possessória é a ação de execução para a entrega de coisa, objetivando mandado de imissão na posse. Esta ação destina-se a quem não tenha a posse de imóvel, mas tenha o direito de adquiri-la, como, por exemplo, o comprador ou o locatário. Suponhamos que um indivíduo compre um imóvel e que, pago o preço, o vendedor fique postergando a entrega, sem justa causa; suponhamos ainda que um indivíduo alugue um imóvel e que, celebrado o contrato, o locador, sem justa causa, fique também adiando a tradição do imóvel. Nestes casos, tanto o comprador, quanto o locatário poderão valer-se da ação de execução de obrigação de dar coisa certa, com a expedição de mandado de imissão na posse, para imitir-se na posse do imóvel comprado ou alugado. Imitir-se na posse é, em termos simples, tomar posse de imóvel. Para os bens móveis, cabe a busca e apreensão, também no bojo de ação executiva. Na verdade, tanto a imissão na posse de imóvel, quanto a busca e apreensão de bem móvel, são mandados expedidos pelo juiz na ação de execução de obrigação de dar coisa certa (art. 538 do CPC).

Cabe, outrossim, falar dos embargos de terceiro possuidor, que se destinam a salvaguardar direito de possuidor que se veja turbado ou esbulhado por ato de apreensão judicial, em casos como o de penhora, depósito, arresto, sequestro, venda judicial, partilha, arrecadação de bens etc. Em outras palavras, os bens de terceiro são apreendidos judicialmente em ação que, em princípio, não lhe diz respeito.[71]

Sem dúvida alguma, os embargos têm caráter possessório, mas não são ação autônoma, principal. Classificam-se como ação incidente, acessória à de conhecimento ou de execução. Sua natureza intrínseca é a mesma da manutenção ou reintegração de posse, não sendo, portanto, uma espécie autônoma, um *tertium genus* de ação possessória, ao lado da manutenção, da reintegração e do interdito proibitório. Isso fica muito claro, quando da leitura do art. 681 do CPC, segundo o qual, acolhido o pedido inicial dos embargos, o ato de constrição será cancelado, com o reconhecimento da manutenção ou da reintegração da posse.

---

71 CALDAS, Gilberto. **Como propor possessória e reivindicatória**. São Paulo: Ediprax Jurídica, [s.d.]. p. 40.

Podemos citar ainda inúmeras outras ações que, direta ou indiretamente, referem-se à posse, mas que não são tipicamente possessórias. Neste rol, a ação de divisão e demarcação, as confessórias e negatórias, o arresto, o sequestro, a tutela da evidência e de urgência, a ação para entrega de bens de uso pessoal do cônjuge e dos filhos, a de posse em nome de nascituro, a de apreensão de títulos, a ação para realização de obra de conservação de coisa litigiosa ou judicialmente apreendida etc.

Não obstante, como bem assevera Figueira Júnior:

> Não se pode negar que outros remédios judiciais, tais como o reivindicatório, a nunciação de obra nova, os embargos de terceiro, a ação de depósito, a imissão de posse, têm por escopo também, mas de forma transversa, a proteção da situação fática possessória. Todavia, essas ações não se revestem de natureza eminentemente interdital, seja porque o pedido se fundamenta na propriedade ou no direito obrigacional de restituição da coisa, ou na proteção contra atos judiciais de constrição, e assim sucessivamente.[72]

Por fim, resta estudar a ação de vindicação de posse. Cuida-se, em verdade, de verdadeira reivindicação da propriedade perdida, daí por que não ser a vindicação de posse considerada ação possessória, mas ação de evicção, de natureza reivindicatória.

A perde seu relógio de ouro. B o encontra e o vende a C. A poderá recuperá-lo de C, tendo, este, direito de regresso contra B.

A assalta B, roubando-lhe seu carro e revendendo-o a C. B poderá reivindicar o carro de C, o qual, por sua vez, poderá regressar contra A.

Em defesa da segurança do comércio, e no propósito de prestar toda a garantia aos adquirentes,[73] a Lei institui regra especialíssima: se o terceiro adquire a coisa furtada, roubada ou perdida em leilão público, feira ou mercado, terá que restituí-la ao verdadeiro dono e legítimo possuidor, mas deverá ser reembolsado pelo preço que por ela pagou.

A assalta B, roubando-lhe seu carro e revendendo-o a C, em feira de carros usados. B poderá reivindicar o carro de C, desde que lhe reembolse o preço pago. Obviamente terá direito de regresso contra A.

Espécies de ações possessórias ou interditos possessórios

Ação de manutenção de posse: Como já dissemos, a ação de manutenção de posse serve para proteger o possuidor turbado em sua posse. É chamada, às vezes, de *interdictum retinendae possessionis*, sendo seu principal objetivo o de manter o possuidor na posse. Mas não é o único. A ação de manutenção de posse, além da

---

72 FIGUEIRA JÚNIOR, J. D. **Posse e ações possessórias...** cit., p. 281.
73 BARROS MONTEIRO, Washington de. Op. cit., v. 3, p. 76-77.

manutenção em si, pode supletivamente visar ao recebimento de indenização por perdas e danos e à imposição de pena em caso de reincidência.

Se a ação for de força nova, vale dizer, se a turbação houver ocorrido há menos de ano e dia, o possuidor será mantido liminarmente na posse, observando-se o procedimento especial dos arts. 560 a 566 do CPC. Por outros termos, o juiz expedirá mandado de manutenção na posse, já no início do processo, ou como se diz em latim, *in limine litis*.

Se a ação for de força velha, ou seja, se a turbação houver ocorrido há mais de ano e dia, não será concedido mandado liminar de manutenção de posse, observando-se o procedimento comum dos arts. 318 e ss. do CPC.

Ação de reintegração de posse: Também denominada *interdito recuperatório* ou *ação de esbulho*, sua origem está ligada aos *interdicta recuperandae possessionis*. É a ação de que se serve o possuidor em caso de esbulho.

Pode ser de força velha ou de força nova, aplicando-se-lhes, em cada hipótese, as mesmas disposições da ação de manutenção de posse.

Algumas observações genéricas, referentes tanto à manutenção, quanto à reintegração de posse, são importantes.

A liminar de reintegração ou de manutenção só será concedida se constatada a *evidentia boni iuris*, ou seja, a evidência do bom direito, presente nos próprios requisitos do art. 561. Em outras palavras, já na inicial, o autor deverá provar a sua posse, a turbação ou o esbulho praticado pelo réu, a data da turbação ou do esbulho, a continuação da posse turbada, ou a perda da posse. Não é necessário provar o *periculum in mora*, que é o perigo que oferece a decisão tardia.[74] Não se trata aqui de tutela de urgência, mas de tutela da evidência. Assim, exige-se mais do que o simples *fumus boni iuris*, que se traduz por fumaça do bom direito. Deve ser avaliada a evidência do bom direito, isto é, o juiz deve estar convencido de que, pelo menos aparentemente, o possuidor turbado ou esbulhado esteja com a razão, com base, aliás, na prova que acompanhará a petição inicial.

Se o réu provar, em qualquer tempo, que o autor provisoriamente mantido ou reintegrado na posse carece de idoneidade financeira para, no caso de sucumbência, responder por perdas e danos, o juiz designar-lhe-á o prazo de cinco dias para requerer caução, real ou fidejussória, sob pena de ser depositada a coisa litigiosa, ressalvada a impossibilidade da parte economicamente hipossuficiente.

Bem, se a petição inicial estiver devidamente instruída, o juiz deferirá, sem ouvir o réu, a expedição do mandado liminar de manutenção ou de reintegração. Caso contrário, ou seja, se a petição inicial não estiver devidamente instruída, desacompanhada, pois, da evidência de bom direito necessária para a concessão da liminar sem a oitiva do réu, o juiz determinará que o autor justifique

---

[74] FARIAS, Cristiano Chaves de; ROSENVALD, Nelson. **Curso de direito civil**: reais. 11. ed. São Paulo: Atlas, 2015. p. 191.

previamente o alegado, citando-se o réu para comparecer à audiência que for designada para tal.

Importante frisar que, contra as pessoas jurídicas de Direito Público não será deferida a manutenção ou a reintegração liminar, sem a prévia audiência dos respectivos representantes judiciais.

Considerando o juiz suficiente a justificação, isto, considerando presente a *evidentia boni iuris*, mandará expedir imediatamente o mandado de manutenção ou de reintegração de posse. Em qualquer caso, o autor promoverá, nos cinco dias subsequentes, a citação do réu para contestar a ação no prazo de quinze dias.

Havendo audiência de justificação prévia, o prazo para contestar será contado da intimação da decisão que deferir ou não a medida liminar.

As ações de força velha seguirão o rito comum, sem a possibilidade de tutela antecipada. A uma porque a tutela da evidência se limita às ações de força nova, por força de norma expressa (art. 558 do CPC); a duas porque, sendo comum o procedimento das ações de força velha, e sendo vedada a tutela da evidência, só permitida nas ações de força nova, restaria a tutela de urgência. Todavia, como poderá o autor falar em urgência depois de ano e dia? É de se lembrar que na tutela de urgência, é necessária a prova do *periculum in mora*, não só do *fumus boni iuris*. Ora, se o possuidor turbado ou esbulhado deixou transcorrer *in albis* o prazo de um ano e um dia, como poderá arguir seriamente o perigo na demora? Houvesse efetivamente urgência, teria agido de pronto, não após ano e dia, quando sua posse estará irremediavelmente perdida.[75]

Segundo o art. 565 do CPC, no litígio coletivo pela posse de imóvel, quando o esbulho ou a turbação afirmado na petição inicial houver ocorrido há mais de ano e dia, o juiz, antes de apreciar o pedido de concessão da medida liminar, deverá designar audiência de mediação, a se realizar em até trinta dias. Uma vez concedida a liminar, se não for executada no prazo de um ano, a contar da data de distribuição, caberá ao juiz designar audiência de mediação.

O Ministério Público será intimado para comparecer à audiência, e a Defensoria Pública será intimada sempre que houver parte beneficiária de gratuidade da justiça.

Nem é preciso dizer que o juiz poderá comparecer à área objeto do litígio quando sua presença se fizer necessária à efetivação da tutela jurisdicional.

Finalmente, os órgãos responsáveis pela política agrária e pela política urbana da União, do Estado-membro ou do Distrito Federal e do Município, em que se situe a área objeto do litígio, poderão ser intimados para a audiência, a fim de se manifestarem sobre seu interesse no processo e sobre a existência de possibilidade de solução para o conflito possessório.

---

75 Idem, p. 190. FIGUEIRA JÚNIOR, J. D. **Liminares nas ações possessórias**. São Paulo: RT, 1995. p. 178.

Interdito proibitório: É a ação proposta pelo possuidor nos casos de ameaça de turbação ou de esbulho. Recebe os nomes de ação de força iminente, embargos à primeira ou preceito cominatório.[76]

Provada a ameaça iminente, o juiz expedirá mandado proibitório, em que cominará pena pecuniária, na hipótese de se concretizar a ameaça. Proposta a ação, se antes da sentença se verificar a turbação ou o esbulho, o juiz expedirá mandado de manutenção ou reintegração em favor do autor contra o réu. Se a turbação ou esbulho for posterior à sentença que cominou a pena, nela incorre o réu, além da expedição do respectivo mandado de manutenção ou reintegração, atinente à espécie.[77]

16.9 Função social da posse

Assim como a propriedade, também a posse cumpre uma importante função social. Normalmente, quando se fala em função social da propriedade, já se está falando em função social da posse, afinal esta é a aparência daquela. Todavia, em muitos casos, a posse vem desacompanhada da propriedade, como é o caso do locatário, do usufrutuário, do devedor fiduciante e outros. Especialmente nesses casos, deve-se falar em função social da posse, como instrumento de promoção da dignidade humana. A posse ganha autonomia em relação à propriedade, como instrumento de promoção da vida digna, especialmente caso se leve em conta a moradia e o trabalho. A redução dos prazos da usucapião especial, familiar e mesmo o ordinário e extraordinário são consequência do princípio da função social da posse. Mais uma vez aqui, pensemos na situação de milhares de pessoas que não têm casa própria; são locatários, possuidores de imóvel residencial alheio. Sua posse deve ser protegida, ainda que contra o próprio dono. Posse, nesse caso, pode significar vida digna. Deve-se relembrar, todavia, que função social não é instrumento de distribuição nem de extermínio de riqueza. Há quem odeie a riqueza alheia e procure pôr fim a ela, justificando-se pela função social. Assim, o juiz não pode deixar de decretar o despejo de um locatário inadimplente com base na função social da posse. Isso não é função social, mas caridade cristã, que o juiz pode fazer, com seus próprios recursos, se quiser. Mesmo o despejo imotivado não deixará de ser decretado com base na função social da posse. Função social não é nada disso. Vamos entendê-la melhor. A própria Lei n. 8.245/1991 nos dá bons exemplos: o locatário inadimplente poderá evitar o despejo se purgar a mora; mesmo o locatário despejado terá algum tempo para se retirar do imóvel; o despejo de hospitais e escolas tem tratamento muito

---

76 BARROS MONTEIRO, Washington de. Op. cit., v. 3, p. 44.
77 RODRIGUES, Sílvio. **Direito civil**... cit., 20. ed., v. 5, p. 63.

diferenciado; o próprio despejo na locação residencial é diferente do despejo nas locações não residenciais. Todas essas regras encontram fundamento na função social da posse. Pergunta-se, poderá o juiz, com base na função social da posse, eventualmente, dilatar o prazo de restituição do imóvel, numa locação residencial? Neste caso, desde que não se exceda muito (dobre ou triplique o prazo, por exemplo), e desde que as circunstâncias o permitam, entendo que sim. O princípio da função social da posse pode servir para flexibilizar as regras da Lei n. 8.245/1991. Mas é só isso. Uma coisa é dilatar um pouco o prazo do despejo, outra coisa totalmente diferente e inadmissível é deixar de decretar o despejo.

16.10 Perda ou cessação da posse

16.10.1 Perda ou cessação da posse das coisas

Na realidade, quando se fala em perda da posse, tem-se em vista a perda do direito ou dos direitos de posse, gerados pela situação de posse. Quando se fala em cessão da posse, tem-se em vista a desconstituição dessa situação fática. Contudo, a cessação desta implica a perda de todos os direitos a ela inerentes. Na prática, portanto, tanto faz dizer perda ou cessação da posse: cessa a situação de posse e se perde todo e qualquer direito de posse.

O Código Civil não mais enumera as hipóteses de perda ou cessação da posse. Preocupa-se tão somente em conceituar a perda, dispondo que se perde a posse quando, embora contra a vontade do possuidor, cessar o poder sobre o bem, qual seja, o uso, fruição, disposição e reivindicação. Em outras palavras, se a posse se caracteriza pelo exercício de um ou alguns desses direitos, deixará de existir quando cessar o exercício desse(s) direito(s), mesmo que contra a vontade do possuidor.

Pode-se, entretanto, enumerar alguns casos de cessação ou perda da posse. Os principais seriam o abandono, a tradição, a perda ou destruição da coisa e sua colocação fora do comércio e a posse de outrem.

Estudemos cada um desses casos.

a] Abandono e renúncia

Trata-se aqui do abandono de coisa possuída. Caracteriza-se o abandono por ato, normalmente tácito, de desdenho à coisa. Tal é a hipótese do locatário que simplesmente deixa o apartamento que aluga, sem nada comunicar ao locador.

Para que ocorra abandono, são necessários dois elementos, um objetivo, o outro subjetivo. O primeiro é a derrelição da coisa, ou ato de abandonar, em si, do ponto de vista material. O segundo é o *animus dereliquendi*, ou vontade de não mais ter a coisa. A pessoa que deixa sua casa de praia fechada por vários meses por ano, ou até mesmo durante vários anos, não a está abandonando. Falta o *animus dereliquendi*.[78]

Próxima ao abandono é a renúncia, também forma de cessação da posse. Na renúncia, o titular abre mão da coisa ou do direito, de forma expressa, por ato de vontade liberatório. Não é necessária a derrelição, mas é essencial declaração expressa de vontade, no sentido de renunciar à coisa. Tomemos o seguinte exemplo: certo locatário comunica ao locador sua vontade de deixar o imóvel locado. O locador lhe pede que fique nele por mais duas semanas, a fim de guardá-lo contra invasões, para que possa encontrar mais tranquilamente outro inquilino. Se o locatário aceitar a missão, terá perdido a posse, tornando-se mero detentor do imóvel. Não houve abandono. Não houve a derrelição, ou seja, o ato de despojar-se da coisa. Houve renúncia à situação de posse e os consequentes direitos.

Se o abandono ou a renúncia partirem do próprio dono da coisa, haverá desconstituição da situação e dos direitos de posse e da relação dominial. No entanto, se quem abandona ou renuncia não for dono, haverá somente perda da posse. Ocorre às vezes, porém, de o próprio dono abandonar e perder tão somente a posse, permanecendo intacta sua propriedade. Para salvar navio do naufrágio, joga-se ao mar toda a carga. Houve sem dúvida abandono, mas sem perda da propriedade. Tanto que se a carga for recuperada, seu proprietário poderá reivindicá-la.[79]

b] Tradição

Tradição é a transferência da coisa das mãos do possuidor para outra pessoa. Para que cesse a posse do *tradens* (pessoa que transfere), deve estar presente a intenção de transmitir a posse ao *accipiens* (pessoa que recebe, que aceita). É o que acontece, por exemplo, na compra e venda, na doação e na locação, embora nesta última o *tradens* só perca a posse direta.

c] Perda ou destruição da coisa e sua colocação fora do comércio

Por perda, há de se entender o extravio da coisa, sendo impossível seu reencontro. Se perco meu relógio dentro de casa, continuo a possuí-lo. O mesmo não ocorrerá se perdê-lo na rua, sendo impossível recuperá-lo.[80]

Destruição é perecimento da coisa, objeto da posse. Pode ser natural ou por fato humano. Se por fato humano, restará direito a perdas e danos, provada a culpabilidade do autor da destruição. De qualquer forma, destruída a coisa, cessa a situação de posse, por ter perecido seu objeto.

---

78 PEREIRA, Caio Mário da Silva. **Instituições**... cit., 18. ed., v. 4, p. 41-42.
79 CUNHA GONÇALVES. **Direito civil**. Coimbra: Coimbra Ed., 1943. v. 3, p. 567.
80 BARROS MONTEIRO, Washington de. Op. cit., v. 3, p. 74.

Sendo a coisa posta fora do comércio, também se desconstituirá a posse. É a situação do comerciante que tem suas mercadorias apreendidas pelo Poder Público por estarem, por exemplo, sendo comercializadas de maneira ilícita.

d] Posse de outrem

Se outro indivíduo se apossa da coisa, ainda que contra a vontade do legítimo possuidor, haverá para este perda da posse, desde que se firme posse nova por parte de quem o esbulhou e cessação da violência e da clandestinidade.

Duas observações se fazem necessárias. Primeiramente, a posse só se considera perdida para o possuidor que não haja presenciado o esbulho, se, após tomar conhecimento, abstiver-se de retomar a coisa, ou, tentando recuperá-la, for violentamente repelido (art. 1.224 do CC).

Em segundo lugar, o possuidor esbulhado por ato de violência (invasão armada, por exemplo, ou roubo), ou de clandestinidade (por exemplo, invasão de imóvel, sem violência, ou furto) só perde a posse, após cessada a violência ou a clandestinidade. Estas presumem-se cessar após um ano e um dia do esbulho. Por outros termos, o possuidor que quedar inerte por mais de ano e dia perderá sua posse direta para o esbulhador. Este será reintegrado sumariamente, seguindo a ação de esbulho rito comum. Isso porque, repita-se, após um ano e um dia, presume-se haver cessado a violência ou a clandestinidade. Trata-se de presunção absoluta, que não admite prova em contrário. Mesmo porque, se o esbulhado está agindo judicialmente, após um ano e um dia, é porque efetivamente já perdeu a posse direta; já não há violência e, por óbvio, não há clandestinidade. Passado um ano e um dia, não será mais possível a reintegração liminar.

e] Constituto possessório

O Código Civil de 1916 inseria o constituto possessório no rol das causas de perda da posse. Na verdade, como veremos a seguir, só se pode conceber o constituto possessório como causa de perda ou cessação da posse, se adotarmos a concepção subjetivista de Savigny.

Vimos anteriormente que, por força da cláusula *constituti*, pela qual se opera o constituto possessório, o alienante de um bem conserva sua posse direta. O exemplo estudado foi o da compra e venda de veículo. O vendedor o alienou, permanecendo em sua posse direta na condição de locatário. Com isso, passou a possuir não mais em seu nome, mas em nome do adquirente. Perde, assim, o *animus domini*, ou vontade de possuir a coisa como sua. Há mudança apenas na intenção de possuir.

Como salta aos olhos, só se pode compreender o constituto possessório como modalidade de cessação da posse se o analisarmos sob a ótica subjetivista. De acordo com ela, só tem a posse aquele que quer ter a coisa para si. É o *animus domini* que caracteriza a posse. Faltando ele, haverá mera detenção.

Não obstante, na visão objetivista de Jhering, o constituto possessório é forma apenas de aquisição da posse, por quem aliena a coisa.

O Código Civil de 2002 preferiu não listar as causas de perda da posse, corrigindo o engano do anterior.

16.10.2 Perda ou cessação da posse dos direitos

Perde-se a posse dos direitos desde que se torne impossível exercê-los, ou não os exercendo no tempo que baste para prescreverem.

Exemplificando, se exerço direito de servidão, e.g., passando fios elétricos sobre o terreno de meu vizinho, minha posse sobre esta servidão cessará se for impossível exercitar o direito de servidão. A eletricidade pode ter sido cortada definitivamente na região.

Outro caso é o da prescrição. De acordo com o Código Civil, haverá perda do direito de servidão pelo desuso durante dez anos consecutivos. Cuida-se, na hipótese, não de prescrição em sentido estrito, mas de decadência, que é a perda do direito por seu não exercício no prazo fixado em lei. Verificada, pois, a decadência, haverá perda do direito de servidão e da posse sobre ele.

Capítulo 17

Direito das coisas: direitos reais sobre coisas alheias

17.1 Introdução

Estudamos nos capítulos precedentes a propriedade e a posse. Estudaremos agora os direitos reais sobre coisas alheias.

São denominados direitos reais sobre coisas alheias (*iura in rebus alienis*)[1] porque seu objeto não é coisa própria, mas coisa da propriedade de outra pessoa. Caracterizam-se pela oponibilidade erga omnes e pelo poder de sequela.

Analisemos exemplo concreto.

A toma empréstimo bancário, oferecendo em garantia de pagamento sua casa. Neste momento, surge para o banco (credor) direito real sobre a casa de A (devedor). Este direito recebe o nome de hipoteca. É oponível *erga omnes*, no sentido de que apenas o banco é titular de direito de hipoteca sobre o imóvel. Poderá exigir de todos os "não titulares" que respeitem seu direito. Se, por acaso, A alienar a casa e não pagar sua dívida, o banco, por força da sequela, perseguirá o imóvel, tomando-o das mãos de quem quer que o tenha adquirido.

É lógico que, na prática, ninguém compra imóvel hipotecado sem antes liberá-lo da hipoteca.

Há três classes de direitos reais sobre coisas alheias. Na primeira, temos os direitos reais de uso e fruição; na segunda, os direitos reais de garantia; na terceira, os direitos reais de aquisição.

Vejamos cada uma delas.

17.2 Direitos reais de uso e fruição

No grupo dos direitos reais de uso e fruição, o art. 1.225 do CC aponta cinco espécies: a superfície, as servidões, o usufruto, o uso e a habitação. Não se refere à enfiteuse, por ter sido extinta pelo próprio CC, art. 2.038; tampouco se referindo ao direito de uso do locatário. Estudemos, porém, todos eles, começando pela enfiteuse.

17.2.1 Direito real de enfiteuse

a] Definição

Enfiteuse ou *aforamento* é o direito real perpétuo de usar e fruir imóvel alheio, mediante o pagamento de renda anual, denominada foro.

No atual sistema positivo brasileiro, não se pode mais constituir qualquer enfiteuse ou subenfiteuse, a não ser sobre terrenos de marinha. As já constituídas,

---

[1] Iura in rebus alienis é expressão plural (direitos sobre coisas alheias). O singular seria *ius in re aliena* (direito sobre coisa alheia).

até 10/01/2003, reger-se-ão pelas normas do Código Civil de 1916, que passamos a estudar. As enfiteuses sobre terrenos de marinha se regem por lei especial (Decretos-Lei n. 2.490/1940 e 3.438/1941) e, subsidiariamente, pelo Código Civil de 1916.

A extinção da enfiteuse implica talvez a perda de um instituto que poderia ser um importante instrumento de consecução do direito fundamental de moradia, servindo de meio para regularizar a posse e, eventualmente, a propriedade de imóveis públicos, que de outra forma não se legitimaria. A enfiteuse, juntamente com a concessão de uso especial para fins de moradia, que veremos mais abaixo, contornariam a impossibilidade de usucapião de bens públicos, a favor dos menos favorecidos. De todo modo, foi extinta, e, a não ser sobre terrenos de marinha, não poderá mais ser constituída, senão após expresso permissivo legal.

b] Partes

No polo ativo, encontra-se a figura do enfiteuta ou foreiro, que recebe o imóvel, tendo sobre ele a posse direta, o uso e a fruição.

No polo passivo, acha-se o senhorio, possuidor indireto e proprietário do imóvel. Perde o direito de usá-lo, restando-lhe apenas o direito de fruir e, de forma limitada, os direitos de dispor e reivindicar. Diz-se por alguns, impropriamente, nu-proprietário.[2] Impropriamente porque, quando se fala em nua propriedade, refere-se à propriedade despida de seus principais atributos, quais sejam, os direitos de usar e de fruir. Na enfiteuse, o senhorio perde o direito de usar, mas mantém o de fruir, pois que recebe, anualmente, um foro, que vem a ser uma espécie de aluguel.

O proprietário tem a posse indireta e o domínio direto, nele incluso o direito de fruir. O enfiteuta tem a posse direta e o domínio útil, o direito de usar e também o de fruir.

Concluindo, podemos citar Sílvio Rodrigues, que muito bem sumariza a posição das partes:

> A enfiteuse é o mais amplo dos direitos reais sobre coisas alheias. Nela todas as prerrogativas que constituem o conteúdo do domínio são transferidas ao enfiteuta que, desse modo, pode usar, gozar e reivindicar a coisa, bem como alienar seus direitos a outrem, independentemente da aquiescência do senhorio. O enfiteuta adquire efetivamente todos os direitos inerentes ao domínio, com exceção do próprio domínio, que remanesce, nominalmente, em mãos do senhorio.

---

[2] PEREIRA, Caio Mário da Silva. **Instituições de direito civil**. 18. ed. Rio de Janeiro: Forense, 1996. v. 4, p. 173.

Com efeito, o senhorio conserva pouco mais do que o nome de dono. Pois além disso, sobra-lhe tão só: (a) a expectativa de readquirir a condição anterior, através do exercício da preferência, na hipótese de alienação, ou através do comisso, ou do falecimento do enfiteuta, sem herdeiros; (b) o direito ao foro e ao laudêmio, que em breve estudaremos.

Pode-se observar que os direitos que remanescem com o senhorio são em menor número do que as meras expectativas. O restante, isto é, o valor econômico da propriedade, se transfere ao enfiteuta. Daí se dizer que o foreiro tem o domínio útil, enquanto o senhorio conserva tão só o domínio direto. Por isso afirmei acima, que a enfiteuse é o mais amplo dos direitos reais sobre coisas alheias.[3]

c] Objeto

A princípio, o objeto da enfiteuse será sempre imóvel não cultivado. Evidentemente, uma vez constituída a enfiteuse, o enfiteuta poderá cultivá-lo e edificá-lo.

d] Características

Por suas características, a enfiteuse é perpétua, onerosa e indivisível.

Perpétua porque se transmite de geração a geração, jamais se extinguindo. Morrendo o enfiteuta, sucedem-lhe seus herdeiros, e assim continuamente.

Onerosa, visto que o enfiteuta, como contraprestação pelas vantagens que aufere, deve pagar ao senhorio foro anual.

Indivisível, pois que o vínculo enfitêutico não se fraciona, se houver vários enfiteutas. Dessarte, se o enfiteuta morrer, a seus herdeiros se atribuirá a enfiteuse em comum. Não haverá vários enfiteutas, cada qual com direito autônomo de enfiteuse. Haverá vários enfiteutas, todos exercendo o mesmo direito de enfiteuse. Assim como no condomínio, os coenfiteutas deverão eleger quem lhes represente. A este representante dá-se o nome de *cabecel*.

e] Constituição

Segundo a sistemática do Código Civil de 1916, constituía-se a enfiteuse, no mais das vezes, por contrato. Podia, contudo, ser instituída também por testamento. Em ambos os casos, devia ser registrada no ofício imobiliário para que gerasse direito real.

Havia quem admitisse poder a enfiteuse ser adquirida por usucapião.[4] As hipóteses seriam três, a saber: (a) quando indivíduo que não fosse dono do imóvel o aforasse a terceiro. Este, exercendo o domínio útil, de boa-fé, por 10 (dez) anos entre presentes ou 15 (quinze) entre ausentes, adquiria a enfiteuse, ainda contra o

---

3   RODRIGUES, Sílvio Rodrigues. **Direito civil**. 32. ed. São Paulo: Saraiva, 2002. v. 5, p. 256.
4   PEREIRA, Lafayette Rodrigues. **Direito das coisas**. Rio de Janeiro: Garnier, 1877. v. 1, p. 395-397.

verdadeiro dono; (b) quando alguém que estivesse na posse do imóvel, sem título de enfiteuse, o possuísse com vontade de enfiteuta, pagando o foro ao dono; (c) quando o próprio titular do direito, sem o saber, permanecesse no imóvel, com ânimo de enfiteuta, pagando o foro ao dono. Suponhamos que o enfiteuta de certo imóvel resolvesse ceder onerosamente sua enfiteuse. Imaginemos que o fizesse, mas que o contrato contivesse algum tipo de defeito grave. Assim, após o decurso de 10 (dez) anos entre presentes ou 15 (quinze) anos entre ausentes, o possuidor poderia pleitear a usucapião da enfiteuse.

O que deve restar claro é que em nenhum desses três casos era possível a usucapião do próprio domínio, por faltar ao possuidor a posse com intuito de dono.

f] Direitos do enfiteuta

Pode o enfiteuta, enquanto detentor da posse direta e do domínio útil, usar, fruir, dispor e reivindicar a coisa como se fosse dono. Logicamente, o direito de dispor não comporta o poder de alienar a propriedade da coisa mesma.

Poderá, entretanto, alienar ou hipotecar seu direito de enfiteuse, desde que comunique o senhorio.

Possui direito de preferência, caso o senhorio resolva vender o imóvel.

Tem o direito de gravar a coisa com servidões e usufruto, mas não poderá constituir subenfiteuse a partir de 10/01/2003.

Além desses, o enfiteuta tem o direito de resgatar o foro, após 10 (dez) anos, mediante o pagamento do valor correspondente à soma de 10 (dez) foros, mais um laudêmio de 2,5% (dois e meio por cento) sobre o valor de mercado do imóvel. Neste caso, torna-se dono do imóvel, extinguindo-se a enfiteuse.

Este laudêmio de 2,5% (dois e meio por cento) será calculado sobre o valor de mercado do solo, descontado o que houver sido construído ou plantado.

Por fim, pode o enfiteuta renunciar unilateralmente à enfiteuse.

g] Deveres do enfiteuta

São basicamente dois: pagar pontualmente a pensão anual e os tributos que incidam sobre o imóvel.

h] Direitos do senhorio

São direitos do senhorio:

- receber o foro anual;
- ter preferência, na hipótese de o enfiteuta vender seu direito de enfiteuse;
- receber laudêmio de 2,5% (dois e meio por cento) sobre o valor da transação, caso o enfiteuta ceda onerosamente seu direito a terceiro. Os 2,5% (dois e meio

por cento) serão calculados sobre o valor do solo, descontadas as acessões imobiliárias (construções e plantações);
- alienar o próprio terreno. Tratando-se de venda, será observada a preferência do enfiteuta, que, de qualquer forma, continuará exercendo seus direitos, por força da sequela.

De acordo com o § 2º do art. 791 do CPC, se a execução tiver por objeto obrigação de que seja sujeito passivo o enfiteuta, ou o senhorio, responderá pela dívida, exclusivamente, o direito real do qual seja titular o executado, recaindo a penhora ou outros atos de constrição, exclusivamente sobre o direito de enfiteuse, incluídas as construções e plantações, no primeiro caso, ou sobre o terreno nu, no segundo.

Os atos de constrição serão averbados separadamente na matrícula do imóvel, com a identificação do executado (se o senhorio ou o enfiteuta), do valor do crédito e do objeto sobre o qual recaia o gravame, devendo o oficial destacar o bem que responda pela dívida, se o terreno nu, a enfiteuse com as construções ou a plantação, de modo a assegurar a publicidade da responsabilidade patrimonial de cada um deles pelas dívidas e pelas obrigações que a eles estejam vinculadas.

i] Extinção da enfiteuse

Extingue-se a enfiteuse:

- pelo perecimento do imóvel;
- pela desapropriação;
- pelo usucapião de terceiro sobre o imóvel;
- pela renúncia do enfiteuta de seu direito de enfiteuse;
- pela deterioração do prédio, a ponto de não valer o capital equivalente a um foro e um quinto; se a deterioração se deve a culpa do enfiteuta, além de perder a enfiteuse, responderá por perdas e danos;
- pelo comisso, que ocorrerá se o enfiteuta deixar de pagar o foro por três anos consecutivos;
- pela morte do enfiteuta sem herdeiros;
- pelo exercício do direito de preferência, por parte do senhorio, quando o enfiteuta resolver ceder a enfiteuse onerosamente;
- pelo exercício do direito de preferência, por parte do enfiteuta, quando o senhorio resolver vender o imóvel;
- pela confusão, ou seja, pelo fato de o senhorio e o enfiteuta tornarem-se uma só pessoa, ou vierem a se casar em regime de comunhão de bens;
- pelo exercício do direito de resgate, por parte do enfiteuta, após 10 (dez) anos de enfiteuse.

j] Evolução histórica

Deixamos para o fim o exame histórico do instituto a fim de que o leitor possa, além de esclarecer possíveis dúvidas, compreender melhor o estudo.

Discute-se muito acerca das origens da enfiteuse. Era instituto do Direito Grego ou foi criada pelo gênio romano com base em alguma reminiscência grega? Qualquer que seja a resposta, a palavra é, sem dúvida, de origem grega. Amparados em nossa memória histórica, entretanto, só podemos afirmar que a enfiteuse começou a ser largamente utilizada já em nossa era, possivelmente no século II. Obra da jurisprudência romana e do Direito Pretoriano,[5] a enfiteuse foi, finalmente, esboçada em todos os seus contornos na compilação justinianeia do século VI.[6]

Aplicou-se, a princípio, e ainda hoje, a terras distantes e/ou de pouco interesse, como meio de o proprietário delas extrair algum lucro. Tratando-se de terras públicas, a enfiteuse é modo eficaz de colonização. Em ambos os casos, é necessário atrair interessados, oferecendo-lhes vantagens adicionais, ausentes no simples contrato de locação.

De qualquer forma, é instituto em desuso, tendo sido banida de nossa legislação, a não ser pelos terrenos de marinha, como dito acima. Às enfiteuses já constituídas aplicam-se as normas do Código Civil de 1916.[7]

17.2.2 Direito real de servidão

a] Definição

É o encargo que suporta o titular de um prédio[8] denominado serviente, em benefício do titular de outro prédio, chamado dominante, conferindo a este o uso e gozo de certo direito sobre o prédio serviente.

Exemplo é a servidão de trânsito, por força da qual o titular do prédio dominante adquire o direito de transitar pelo prédio serviente.

Fala-se comumente ser a servidão o direito real de um prédio sobre outro. Como ensina Sílvio Rodrigues,[9] a afirmação é imprecisa e desacertada, pelo simples fato de não serem possíveis relações jurídicas entre pessoas e coisas, estas objeto de direitos. Na verdade, a relação jurídica real de servidão estabelece-se

---

5 Denomina-se *jurisprudência* a obra dos grandes juristas romanos. *Direito Pretoriano* foi o Direito formulado ao longo do tempo pelos pretores (magistrados romanos) ao decidirem casos concretos.
6 O Corpus Iuris Civilis, conjunto de livros compilados de 527 a 534 d.C., procurou reunir e sistematizar a doutrina e legislação do Direito Romano. O nome Corpus Iuris Civilis foi cunhado no século XVI por Denis Godefroy.
7 PEREIRA, Caio Mário da Silva. **Instituições**... cit., 18. ed., v. 4, p. 168 *et seq*. RODRIGUES, Sílvio. **Direito civil**... cit., 32. ed., v. 5, p. 257 *et seq*.
8 Lembramos que a palavra *prédio*, neste contexto, é sinônima de "bem imóvel".
9 RODRIGUES, Sílvio. **Direito civil**... cit., 32. ed., v. 5, p. 267.

entre o titular do prédio dominante e o titular do prédio serviente. A razão de ser da ideia equivocada de que as servidões seriam fruto de relação entre prédios encontra-se na tentativa de explicar que, uma vez criado o direito real de servidão, ele se transmite a quem quer que seja o titular do prédio dominante. Tal se explica, entretanto, pelo poder de sequela, apanágio dos direitos reais, por força do qual a servidão adere-se ao prédio, seguindo-o aonde quer que ele vá.

b] Características

Para que se constitua servidão, é essencial que os prédios sejam confinantes e pertençam a proprietários diferentes. Seu prazo será sempre indeterminado, se por prazo certo ou subordinada à condição, deixa de ser servidão, direito real, tornando-se direito de crédito, desprovido, assim, de sequela e de oponibilidade *erga omnes*.

As servidões geram para o titular do prédio dominante direito real, ao qual corresponde, por parte do titular do prédio serviente, obrigação *propter rem*, de caráter negativo, consistente em não se opor a que o titular da servidão desfrute de vantagem sobre seu imóvel. O titular do prédio serviente deve suportar as limitações que constituem o próprio conteúdo da servidão, pois, através desta, perde ele alguns de seus direitos dominicais; melhor dizendo, o dono do prédio serviente fica obrigado a tolerar que dele se utilize, para certo fim, o dono do prédio dominante.[10]

Se é instituída servidão de trânsito sobre certo imóvel, em favor do prédio vizinho, o dono daquele deverá tolerar a passagem dos habitantes deste.

Apesar disso, nada impede que o proprietário do prédio serviente se obrigue por contrato a alguma prestação positiva como, por exemplo, realizar as obras necessárias para a utilização de seu prédio, como estradas, ou canalização para esgoto, água, ou seja, o que for. Não é a regra, porém.[11]

As servidões são indivisíveis. Assim, se dois ou mais vizinhos possuírem o direito de transitar por prédio alheio, a servidão será apenas uma, mas com dois ou mais cotitulares. O raciocínio deve ser o mesmo que se faz referente à copropriedade e à coenfiteuse. São vários titulares de uma mesma e única relação.

Resta dizer, enfim, que as servidões são inalienáveis. Em outros termos, não podem ser transferidas a outro prédio. Podem, sim, ser transferidas a outra pessoa, que venha a ser titular do prédio dominante. Exemplificando, se o dono do prédio dominante o vende a outrem, este adquire o imóvel e a servidão, que se acha como que aderida ao terreno.

---

10 Idem, p. 267-268.
11 ROCHA, Coelho da. **Instituições de direito civil português**. Coimbra: Coimbra Ed., 1925. v. 2, § 587.

c] Classificação

Segundo as circunstâncias de seu exercício, a servidão será positiva ou negativa; contínua ou descontínua; aparente ou não aparente.

Positiva é a servidão quando exercida por ações como, por exemplo, passar pelo prédio vizinho.

Será negativa caso se espere do titular do terreno serviente omissão, como não construir em certo local.

A servidão será contínua quando se exercer sem a necessidade de ação humana. Exemplo é a passagem de águas, de fios elétricos, de esgoto etc.

Descontínua é a servidão condicionada à atitude humana. Por exemplo, o trânsito de pessoas. É lógico que também se tem em vista que a passagem de água ou esgoto dá-se de forma continuada, ao passo que o trânsito de pessoas ocorre de maneira descontinuada.

Será aparente caso se manifeste por obras exteriores, como fios elétricos, estradas etc. Por outro lado, a servidão não aparente não se percebe sem que seja de fato exercida. Tal é o caso da passagem de pedestres sem qualquer obra exterior, como caminhos pavimentados ou algo no gênero.

d] Constituição

De acordo com o modo como se constitua, a servidão pode ser voluntária, legal ou judicial.

A servidão voluntária será instituída pela vontade do titular do prédio dominante e do prédio serviente. Celebra-se por ato *inter vivos* (contrato) ou *causa mortis* (testamento).

Imaginemos, à guisa de exemplo, que A seja dono de terreno com acesso normal à via pública. Suponhamos, porém, que a saída pelo terreno de B seja mais fácil e prática. À vista disto, A e B podem contratar a servidão, adquirindo A o direito real de passar pelo imóvel de B. Em vez de contrato, ato *inter vivos*, B poderia instituir a servidão de trânsito a favor de A por meio de testamento, ato *causa mortis*.

De qualquer modo, seja *inter vivos* ou *causa mortis*, o ato de instituição deverá ser registrado no ofício imobiliário, requisito este essencial para que se constitua o direito real de servidão.

Por fim, cabe acrescentar que as servidões voluntárias podem ser adquiridas por usucapião, desde que aparentes e contínuas. Por contínuas, há de se entender que sejam exercidas continuamente no tempo, sem interrupção. Em outras palavras, que a posse sobre elas seja ininterrupta. Não significa, definitivamente, que devam ser exercidas de segundo a segundo, como as servidões de passagem de fios ou de tubos. No sentido exigido pela norma (art. 1.379 do

CC), contínua, para esse efeito, será, por exemplo, a servidão de passagem de pedestres ou de veículos. Por outros termos, o exercício é que deve ser contínuo, não a servidão mesma.

Como estudamos acima, as servidões aparentes e contínuas podem ser objeto de posse. Sendo assim, nada mais natural que a possibilidade de se as adquirir por usucapião, que, afinal, é efeito da posse.

Os requisitos para a usucapião são, a saber:

- posse *ad usucapionem*, no caso, aferida pela ausência de qualquer oposição por parte do dono do prédio serviente e pela vontade de possuir a servidão como verdadeiro titular;
- justo título, que pode ser testamento anulado, por exemplo;
- boa-fé, ou seja, o indivíduo se considera verdadeiramente titular da servidão;
- prazo de 10 (dez) anos ininterruptos (contínuos), com justo título e boa-fé. Faltando justo título ou boa-fé, o prazo estende-se para vinte anos ininterruptos.

Este prazo de vinte anos é absurdo e atenta contra o sistema do Código Civil, que estabeleceu em 15 (quinze) anos o prazo para a usucapião extraordinária de imóveis. Vê-se aqui um deslize do legislador que, simplesmente, se esqueceu de atualizar este dispositivo herdado do Código anterior. Como pode a usucapião da servidão ter prazo maior que o usucapião da propriedade? Onde está o princípio da operabilidade que orientou a redução dos prazos do Código de 1916? No entanto, o prazo é de vinte anos, até que lei posterior fixe outro.[12]

Outro caso de servidão voluntária é o daquela que se constitui por destinação do proprietário, quando este estabelece serventia de prédio sobre outro. Exemplo seria o da pessoa a quem pertençam duas fazendas, separadas por rio. Seu dono constrói ponte, interligando-as, para que uma delas adquira passagem mais fácil à via pública. É lógico que, enquanto as fazendas pertencerem à mesma pessoa, não se pode falar em servidão. Mas, no momento em que uma delas passe à propriedade de outrem, estabelece-se a servidão.

A servidão também pode ser legal, quando imposta por lei a favor do titular do prédio dominante. Neste caso, torna-se direito seu, dispensando-se qualquer convenção ou disposição testamentária e a consequente inscrição no Registro de Imóveis. Se o titular do prédio serviente se opuser, a servidão será obtida pela via judicial. Os casos resumem-se basicamente àqueles em que seja impossível ao titular do prédio dominante exercer direito elementar sem utilizar-se do prédio serviente. Exemplos seriam a passagem forçada para via pública, fonte ou porto; a passagem de aqueduto, rio ou córrego e o correspondente trânsito por suas margens; o escoamento de matérias-primas, como minério; a passagem

---

12 RODRIGUES, Sílvio. **Direito civil**... cit., 32. ed., v. 5, p. 275. MENDES PIMENTEL. Servidão de trânsito. **Revista Forense**, v. 40. p. 296.

de linhas elétricas, telefônicas, de TV a cabo etc.; o escoamento de esgoto e águas pluviais; a passagem de oleoduto ou gasoduto etc.

Além de voluntária e legal, a servidão será judicial quando adquirida em virtude da sentença que homologa a divisão de prédios pertencentes a proprietários diferentes. A sentença pode estabelecer direito de servidão de um prédio sobre outro, se julgar necessário.

e] Direitos do titular do prédio dominante

Os direitos do titular do prédio dominante são, basicamente, os de exercer a servidão, servindo-se do prédio serviente. Além do mais, poderá fazer obras necessárias para a conservação de seu direito, não podendo ser obstruído nem molestado pelo titular do prédio serviente. Se tal ocorrer, poderá utilizar-se das ações possessórias para sua proteção.

Outro direito do titular do prédio dominante é o de remover a servidão para outro local, que lhe seja mais vantajoso e não prejudique o titular do prédio serviente. Exemplo seria a servidão de passagem, que pode ser removida de um local para outro mais vantajoso, desde que não haja prejuízo para o titular do prédio serviente.

Se o titular do prédio serviente ou terceiro (locatário do prédio serviente, por exemplo) negar a servidão, caberá ao titular do prédio dominante a ação confessória para proteger seu direito. Por outro lado, se for esbulhado, turbado ou ameaçado em seu direito, o titular do prédio dominante poderá fazer uso de qualquer uma das ações possessórias, bem como da autodefesa da posse sobre a servidão.

f] Direitos do titular do prédio serviente

O titular do prédio serviente será indenizado por todos os danos que sofrer em virtude do exercício da servidão, na hipótese de culpa do titular do prédio dominante. Poderá, outrossim, remover a servidão de um local a outro, desde que não diminua as vantagens do dominante.

O titular de um pretenso prédio serviente dispõe da ação negatória para contestar a existência de suposta servidão sobre seu imóvel.

g] Exercício das servidões

A servidão será exercida dentro do que se estabelecer no título constitutivo, ou nos limites da lei que a instituir. Pode sofrer, portanto, limitações de várias ordens. Como exemplo, podemos citar a passagem de pedestres, que não poderá ser utilizada para veículos, a não ser com a anuência do titular do prédio serviente. Quem pode o menos nem sempre poderá o mais. Entretanto, quem pode o mais pode o menos, salvo estipulação contrária. Dessarte, se o trânsito for livre para veículos, será evidentemente livre para pedestres.

Se, porém, as necessidades da atividade do titular do prédio dominante exigirem maior largueza da servidão, o titular do prédio serviente será obrigado a suportá-la, tendo direito de ser indenizado. Assim, se a servidão tinha como objeto a passagem de pedestres, desde que a atividade do titular do prédio dominante venha a exigir passagem de veículos, o titular do prédio serviente será obrigado a suportar esse trânsito, podendo pleitear indenização. É evidente que essa maior largueza da servidão há de se efetuar sem perturbações ao titular do prédio serviente, que, por exemplo, não será obrigado a tolerar tráfego de caminhões barulhentos e poluidores à beira de suas janelas.

h] Extinção das servidões

Extingue-se o direito de servidão, primeiramente, pela confusão, quando os prédios dominante e serviente tornarem-se propriedade do mesmo titular. Em segundo lugar, pela convenção em forma de distrato entre o titular do prédio dominante e o do prédio serviente, devendo o distrato ser levado ao Registro de Imóveis. Se o prédio dominante estiver hipotecado, o titular da hipoteca, ou seja, o credor, deverá também consentir.

Em terceiro lugar, a servidão termina pela renúncia expressa de seu titular, ou pelo abandono, que se traduz pelo desuso por 10 (dez) anos consecutivos.

Extingue-se ainda pela impossibilidade física de seu exercício, pelo perecimento de um dos prédios ou do próprio objeto da servidão. Exemplifiquemos:

O titular da servidão de trânsito pelas margens de rio pode vir a perdê-la caso as margens ultrapassem as fronteiras do prédio serviente. Neste caso, terá ocorrido impossibilidade física.

Poderá também o titular perder seu direito de servidão caso o rio alague o imóvel serviente, vindo a encobri-lo. Terá havido perecimento do prédio serviente.

Pode dar-se de o próprio rio secar, quando o perecimento terá sido do objeto mesmo da servidão.

A servidão extingue-se ademais pela desnecessidade, pela desapropriação ou pelo resgate por parte do titular do prédio serviente.

A desnecessidade ocorrerá sempre que a causa que deu origem ao direito deixar de existir. A servidão legal de trânsito, por exemplo, cessa no momento em que o prédio dominante adquira acesso próprio à via pública.

Desapropriação é ato do Poder Público, retirando do proprietário seus direitos de dono. Desapropriado o prédio serviente, extingue-se qualquer servidão voluntária. As legais, como é óbvio, normalmente não se afetam.

O titular do prédio serviente tem o direito de resgatar a servidão, indenizando o titular do prédio dominante. Como se dá esse resgate? Segundo Pontes de Miranda, o resgate só é possível se for previsto no próprio título da servidão. Nele se fixam o direito e o valor do resgate. Somente as servidões voluntárias admitem resgate, por óbvio, uma vez que as servidões legais são necessárias e, portanto, irresgatáveis; mesmo porque constituídas por lei. Se não previsto no título, o resgate pode ser oferecido, mas terá que ser aceito pelo titular do prédio dominante.[13]

17.2.3 Usufruto

a] Definição

Usufruto é direito real e temporário de usar e fruir coisa alheia de forma gratuita, sem alterar-lhe a substância.

b] Partes

O titular do direito real de usufruto denomina-se usufrutuário. Diz-se detentor do domínio útil, uma vez que a ele pertencem o uso e o gozo sobre a coisa. Seus direitos abrangem todo o valor econômico da coisa.[14]

Do outro lado, titular do domínio, o nu-proprietário. Tem apenas a nua propriedade, despida dos direitos de usar e fruir. Consequentemente, pode-se dizer que apenas a essência da propriedade lhe pertence. Só ele pode dispor da coisa, no sentido de aliená-la. Ao usufrutuário cabe, porém, usá-la, fruir-lhe as vantagens, alugá-la, emprestá-la etc. Mas não poderá mudar-lhe a destinação econômica sem expressa autorização do nu-proprietário. Assim, se o usufruto recair sobre pequeno prédio comercial, o usufrutuário não poderá transformá-lo em prédio residencial, sem autorização do nu-proprietário.

A posse direta é do usufrutuário e a indireta, do nu-proprietário.

Como bem salienta Sílvio Rodrigues, "no usufruto, como em todos os direitos reais sobre coisas alheias, há simultaneamente dois titulares de direitos diversos, recaintes sobre a mesma coisa. O nu-proprietário, que ostenta a condição de dono; e o usufrutuário, a quem compete o uso e gozo da coisa".[15]

c] Características

É direito real, oponível *erga omnes*, pois para que haja usufrutuário, é necessário que o resto da comunidade não o seja.

Direito real que é, tem o poder de sequela, seguindo a coisa aonde quer que ela vá. Daí, se o nu-proprietário vendê-la, não se desfaz o usufruto, a não ser que o usufrutuário consinta.

Seu objeto pode ser bem móvel ou imóvel, corpóreo ou incorpóreo. Logicamente, o instituto se amolda muito mais aos bens duráveis. Assim, pode

---

13 PONTES DE MIRANDA, Francisco Cavalcanti. **Tratado de direito privado**. Rio de Janeiro: Borsoi, 1954. v. 18, p. 404-405.
14 RODRIGUES, Sílvio. **Direito civil**... cit., 32. ed., v. 5, p. 285.
15 Idem, ibidem.

constituir-se sobre telefone, casa, lote de ações etc. Apesar de teoricamente possível, não se aconselha gravar automóvel de usufruto. Por essa razão, a doutrina denomina o usufruto sobre coisas consumíveis ou deterioráveis de *quase usufruto* ou *usufruto impróprio*.

Salvo disposição contrária no título constitutivo, o usufruto do principal abrange os acessórios e acrescidos. Se dentre eles houver bens consumíveis, deverá o usufrutuário restituí-los quando da extinção do usufruto. Se já tiverem sido consumidos, o usufrutuário deverá restituir coisa da mesma espécie, qualidade e quantidade. Se não for possível, deverá indenizar o nu-proprietário pelo valor da época da restituição.

O direito de fruir importa a faculdade de extrair as utilidades e vantagens da coisa, estendendo-se a seus frutos, acessórios e acrescidos, a não ser que haja cláusula expressa em contrário.

Quanto ao prazo, o usufruto, diferentemente da enfiteuse, será sempre temporário. Não obstante, seu termo final pode ser certo ou incerto. Será certo se determinado. Assim, pode instituir-se usufruto por 10 (dez) anos consecutivos. Será, entretanto, incerto, se indeterminado. Por exemplo, no caso de se estender por toda a vida do usufrutuário. Morrendo este, extingue-se o usufruto; daí não ser perpétuo.

Se seu titular for pessoa jurídica, não havendo termo final certo, presume-se que sua duração seja de 30 anos.

O usufruto pode, outrossim, se subordinar a condição resolutiva. Implementada que seja, extingue-se o usufruto. Assim, se o usufruto for instituído a favor de certo indivíduo, até que ele se case, no momento em que se case, extinto estará o usufruto.

Por fim, o usufruto será gratuito. Se o usufrutuário tivesse que pagar uma contraprestação periódica pelo usufruto, tratar-se-ia de simples locação, mero direito de crédito. Venosa deixa clara sua opinião, afirmando que, "quando estabelecida uma obrigação de pagamento periódico pelo uso e gozo da coisa, devemos entender que se trata de locação".[16]

É óbvio que quando Venosa assevera que o usufruto pode constituir-se a título oneroso, está referindo-se à *constituição* do usufruto; esta sim pode ser a título oneroso, jamais o exercício do direito de usufruto. Alerta o ilustre civilista que a constituição onerosa do usufruto pode avizinhá-lo tanto da locação, que pode haver confusão.[17] De fato, isso pode ocorrer, principalmente se o valor cobrado pela constituição do usufruto for pago em prestações. Por exemplo, João cede a Manoel, a título oneroso, direito de usufruto sobre uma casa. Fica acertado que Manoel pagaria o preço em 12 (doze) parcelas. Realmente, esse usufruto

---

16 VENOSA, Sílvio de Salvo. **Direito civil**: direitos reais. 3. ed. São Paulo: Atlas, 2003. p. 432.
17 *Idem, ibidem.*

fica muito parecido com a locação, mas com esta não se deve confundir. Em primeiro lugar, porque na locação, o pagamento dos aluguéis é obrigação de trato sucessivo, continuado. O preço da locação continua o mesmo, apesar dos pagamentos mensais. No exemplo dado do usufruto, a cada prestação paga, o preço pela cessão do usufruto diminui. Trata-se de obrigação de trato diferido. As outras diferenças são óbvias: a locação gera direito pessoal, de crédito, oponível apenas contra o locador; o usufruto gera direito real, oponível *erga omnes*.

Ademais, a se aceitar a ideia de onerosidade do exercício do direito de usufruto, ou seja, caso se pudesse admitir o pagamento de uma renda pelo exercício do direito, não haveria transferência integral do direito de fruir do proprietário para o usufrutuário. O dono nem mesmo poderia ser chamado de nu-proprietário, uma vez que ainda conservaria o direito de fruir. Usufruto com pagamento de contraprestação pelo direito de usufruir não é usufruto, é locação, gerando apenas direito de crédito.[18]

d] Constituição

Institui-se usufruto por convenção, como nas doações, nos casamentos etc. Por testamento, por usucapião, em favor de pessoa que não o tenha adquirido do dono; por lei.

Por convenção *inter vivos* o usufruto constitui-se, normalmente, nas doações. Rusley doa certo patrimônio a Guilherme e reserva o usufruto para si mesmo, ou para um terceiro. A constituição poderá ser causa mortis, quando em testamento. Neste caso, o testador deixa seus bens a uma pessoa e reserva o usufruto a outra.

A usucapião do usufruto é bem menos frequente. Imaginemos que Ricardo deixe seus bens em testamento a Rodrigo, reservando o usufruto vitalício a Stéfano. Passados 10 (dez) anos, o testamento vem a ser anulado. Em consequência da nulidade, Stéfano perderia seu direito de usufruto. Ocorre que, apresentando o justo título (testamento nulo), demonstrando sua boa-fé e o transcurso do prazo, além da posse pacífica, ininterrupta e com vontade de usufrutuário, poderá requerer seja declarado a usucapião ordinário do usufruto, não da propriedade, apenas do usufruto.

O usufruto poderá ser constituído por lei. É a hipótese do usufruto dos pais sobre os bens dos filhos menores, sob seu poder.

---

18 Nesta mesma linha de raciocínio, negando a possibilidade de usufruto oneroso, podemos citar, dentre outros muitos, GOMES, Orlando. **Direitos reais.** 5. ed. Rio de Janeiro: Forense, 1978. p. 294; PONTES DE MIRANDA, Francisco Cavalcanti. **Tratado de direito privado...** cit., v. 19, p. 16, 19; FRANÇA, Limongi. **Instituições de direito civil.** 5. ed. São Paulo: Saraiva, 1999. p. 490; BARROS MONTEIRO, Washington de. **Curso de direito civil.** 23. ed. São Paulo: Saraiva, 1989. v. 3, p. 305; DINIZ, Maria Helena. **Curso de direito civil brasileiro.** 25. ed. São Paulo: Saraiva, 2008. v. 4, p. 375-376; DAIBERT, Jefferson. **Direito das coisas.** 2. ed. Rio de Janeiro: Forense, 1979. p. 409.

O ato de constituição está sujeito ao registro no ofício imobiliário, se recair sobre imóveis, a não ser que resulte da própria Lei, como o usufruto dos pais sobre os bens dos filhos sob poder familiar.

e] Direitos do usufrutuário

O usufrutuário tem a posse direta, o uso, a administração, a percepção dos frutos, mas não pode destruir a coisa nem aliená-la.

Não pode tampouco o usufrutuário alienar seu direito de usufruto, nem a título oneroso nem a título gratuito. Esta é outra diferença entre o usufruto e a enfiteuse. O enfiteuta, como vimos, tem o direito de alienar seu direito de enfiteuse.

Neste ponto, o Brasil parece ter seguido a orientação do Direito Alemão. As disposições do § 1.059 do BGB são absolutamente claras, assim como as disposições do art. 1.393 do nosso Código Civil.

"§ 1.059. O usufruto não é transferível. O exercício do usufruto pode ser cedido a outrem."[19]

"Art. 1.393. Não se pode transferir o usufruto por alienação; mas o seu exercício pode ceder-se por título gratuito ou oneroso."

Como se pode ver, o Direito Brasileiro, diferentemente do alemão, apenas explicitou a possibilidade de o usufrutuário alienar o usufruto ao nu-proprietário, consolidando a propriedade deste.

Tal não é, porém, a orientação do Direito Francês, que admite a cessão gratuita ou onerosa (*à prix d'argent*) do próprio direito de usufruto.[20]

Seguindo a orientação do Direito Francês, pode citar-se os Direitos Português, Espanhol, Italiano e Mexicano.[21]

Se o usufruto recair sobre títulos de crédito (notas promissórias, duplicatas, letras de câmbio, por exemplo), o usufrutuário poderá cobrar a dívida representada pelo título e fruir os juros deste dinheiro, que deverá ser aplicado em títulos da mesma natureza (letras de câmbio, por exemplo) ou em títulos da dívida pública, com cláusula de correção monetária. As aplicações em títulos da dívida pública são, geralmente, as aplicações normais que se fazem nos bancos.

---

19 Tradução livre do original: "§ 1.059. Der Nießbrauch ist nicht übertragbar. Die Ausübung des Nießbrauchs kann einem anderen überlassen werden". Doutrina a respeito, ver: BÄHR. **Grundzüge des bürgerlichen Rechts**... cit., p. 359.
20 PLANIOL, Marcel. **Traité élémentaire de droit civil**. 3. ed. Paris: LGDJ, 1906. v. 1, p. 903. "Art. 595 [Código Civil Francês]. L'usufrutier peut jouir par lui-même, donner à bail à un autre, même vendre ou ceder son droit à titre gratuit." Tradução livre: "O usufrutuário pode fruir por si mesmo, dar em locação a outrem e até mesmo vender ou ceder seu direito a título gratuito".
21 RODRIGUES, Sílvio. **Direito civil**... cit., 32. ed., v. 5, p. 287.

f) Deveres do usufrutuário

Inventariar desde logo os bens recebidos, determinando-lhes o valor. Este inventário é garantia do nu-proprietário – que poderá exigir a restituição desses bens, findo o usufruto – e proteção do usufrutuário – que terá a tranquilidade de nada ter que restituir além do que foi inventariado.

Oferecer caução real ou fidejussória de restituição. O usufrutuário deverá oferecer bens em hipoteca, penhor, anticrese ou alienação fiduciária ou, então, deverá apresentar fiador que garanta o nu-proprietário da restituição dos bens. Caso não queira ou não possa dar garantia, o nu-proprietário ou terceiro administrará a coisa em favor do usufrutuário. Não haverá o dever de prestar caução quando o instituidor for o usufrutuário. Isso ocorrerá nas doações em que o doador se reserva o direito de usufruto. Tampouco será necessária a caução se o nu-proprietário dela dispensar o usufrutuário.

Conservar a coisa a suas custas, salvo reparações necessárias, extraordinárias e de alto valor, que correm por conta do nu-proprietário.

Quanto às reparações necessárias, o nu-proprietário terá direito de receber juros sobre o que despender. Se não as realizar, o usufrutuário poderá delas se incumbir, cobrando do nu-proprietário a importância gasta.

Despesas de alto valor consideram-se as que ultrapassarem 2/3 (dois terços) do rendimento líquido da coisa, calculado no período de um ano.

Pagar os encargos que recaírem sobre a coisa, como tributos, foros, condomínio, seguro etc.

Defender a coisa do ataque de terceiros.

g) Extinção do usufruto

- Morte do usufrutuário.
- Advento do termo, se constituído com termo final certo.
- Implemento da condição, quando subordinado a condição resolutiva.
- Consolidação, que ocorre quando o usufrutuário se torna dono da coisa. A propriedade se consolida em suas mãos. Por exemplo, o nu-proprietário morre, deixando seus bens ao usufrutuário; ou o usufrutuário compra os bens do nu-proprietário etc.
- Cessação da causa, se for constituído em razão de causa determinada. Se uma pessoa deixar bens em usufruto da Santa Casa, a fim de que esta cuide de doentes cancerosos, vindo a usufrutuária a deixar de prestar este tipo de assistência, extinto estará o usufruto.
- Perecimento do objeto. Se o objeto perecer sem culpa do usufrutuário, havendo seguro, sub-roga-se o usufruto no valor da indenização. O mesmo ocorrerá se o objeto perecer por culpa de terceiro. O usufrutuário terá usufruto sobre a indenização paga pelo terceiro.

- Culpa do usufrutuário, que aliena a coisa ou o usufruto; deixa se arruinarem os bens; deixa de cumprir condição suspensiva; deixa de aplicar o capital adequadamente, se o usufruto recair sobre títulos de crédito etc.
- Renúncia do usufrutuário a seu direito de usufruto.
- Extinção da responsabilidade (prescrição) do nu-proprietário pela entrega da coisa, exigida em ação real do usufrutuário para se imitir na posse dos bens sobre os quais recaiam seu direito. Supondo que uma pessoa receba em usufruto uma fazenda, que esteja na posse do nu-proprietário, terá 10 (dez) anos, conforme o art. 205 do CC, para intentar ação de imissão de posse contra o nu-proprietário. Escoado o prazo, extingue-se por meio da prescrição a responsabilidade do nu-proprietário pela entrega da coisa, consolidando-se a propriedade plena em suas mãos.

17.2.4 Uso, habitação e direitos reais sociais

a] Uso

Bem próximo ao usufruto, temos o uso. Tal é sua semelhança ao usufruto que alguns autores consideram errônea a posição do Código Civil em tratar dos dois institutos separadamente. Uso seria espécie de usufruto limitado, totalmente fora de moda na atualidade.[22]

Uso, assim, seria direito real que confere ao usuário utilização gratuita e temporária de coisa alheia, para atender a necessidades suas ou de sua família. Dado o contorno que lhe conferiu o Código Civil, o uso não é compatível com as pessoas jurídicas. É instituto tipicamente familiar, embora não haja vedação expressa à sua concessão a pessoa solteira. De fato, o art. 1.412 e seus parágrafos, do Código Civil referem-se sempre às necessidades do usuário e de sua família. Numa interpretação mais literal, nem mesmo a pessoa solteira poderia ser titular de uso.

O uso será instituído, como o usufruto, por ato inter vivos (doação, em que o doador se reserva o uso) ou mortis causa (testamento).

As limitações que sofre dizem respeito aos poderes do usuário, que se limitam à utilização que atenda a suas necessidades ou de sua família. Dessarte, não poderá ceder o exercício de seu direito, nem a título gratuito nem, muito menos, a título oneroso. Tampouco poderá ceder a própria coisa, objeto do uso, como pode fazer o usufrutuário. Em outras palavras, o usuário não poderá alugar ou emprestar a coisa.

O uso é, como o usufruto, temporário, podendo ser, no máximo vitalício. Distingue-se do usufruto, não só na limitação dos direitos do titular, como também

---

22 PEREIRA, Caio Mário da Silva. **Instituições**... cit., 18. ed., v. 4, p. 211.

em outro ponto: não há uso legal ou judicial. No mais, aplicam-se ao uso todas as disposições referentes ao usufruto, a não ser as incompatíveis com sua natureza, tais como a obrigação de prestar caução. O uso, em tese, tem por objetivo beneficiar uma família. Parte-se do pressuposto que seja uma família necessitada. Seria incongruente, neste contexto, a exigência de caução. Já a obrigação de inventário é perfeitamente exigível.

b] Habitação

Mais restrito ainda que o uso é o direito real de habitação. Ocorre quando o direito consistir em utilizar temporária e gratuitamente imóvel alheio para sua residência ou de sua família.

O art. 1.414 do CC resume muito bem o conceito de habitação, atestando que, "quando o uso consistir no direito de habitar gratuitamente casa alheia, o titular deste direito não a pode alugar, nem emprestar, mas simplesmente ocupá-la com sua família".

Como vimos, devido às semelhanças entre os institutos, aplicam-se ao uso e à habitação, no que for compatível, é lógico, as disposições do usufruto.

É muito comum o direito de habitação vidual, concedido ao cônjuge e ao companheiro viúvos, quando o casal possuir apenas um imóvel residencial. Enquanto viver, o viúvo terá direito real de habitação sobre o imóvel em que vivia com o falecido.

c] Direitos reais sociais

Em 2007, foram criados pela Lei n. 11.481/2007 dois novos direitos reais, espécies de uso, denominados direitos reais sociais. São o direito de uso especial para fins de moradia e o direito real de uso.

O direito de uso especial para fins de moradia se inseriu no art. 22-A da Lei n. 9.636/1998 e consiste na concessão de uso especial para fins de moradia aos possuidores ou ocupantes de imóveis da União, inclusive terrenos de marinha e acrescidos, excluindo-se os imóveis funcionais. É direito real, incluído expressamente na lista do art. 1.225 do CC.

Para adquirir o direito de uso especial para fins de moradia, o indivíduo deverá preencher os requisitos da MedProv n. 2.220/2001. Segundo o *caput* do art. 1º da MedProv n. 2.220/2001, adquire o direito de concessão de uso especial para fim de moradia o sujeito de direitos que houver exercido posse contínua e incontestável, até 30/06/2001, por cinco anos, em área urbana pública de até 250 m2, com a finalidade de uso para moradia própria ou da família.

Para que a aquisição se dê, o ocupante não pode ser titular de outro imóvel, seja na qualidade de proprietário, ou na qualidade de concessionário. Para Luciano de Camargo Penteado, "isto mostra, de modo claro, o caráter social do instituto, que visa proteger aqueles mais necessitados que não têm, em seu patrimônio, titularidades dominiais".[23]

A concessão de uso é conferida gratuitamente, e apenas uma única vez, ao homem ou à mulher, ou a ambos, independentemente do seu estado civil.

Os herdeiros continuam de pleno direito a posse do *de cujo*, desde que já residissem no imóvel à época da abertura da sucessão. Em outras palavras, só aos herdeiros que já se encontravam na efetiva posse ou detenção do imóvel é deferido o direito.

Quando ocorrer de a área ser maior que 250 m², a concessão do uso poderá ocorrer se a ocupação se der por várias pessoas de baixa renda e for difícil identificar a fração do imóvel ocupada por cada possuidor. A concessão será, neste caso, coletiva, estabelecendo um uso comum *pro indiviso*, semelhante ao condomínio. Admite-se, porém, o fracionamento do imóvel em porções não superiores a 250 m², por contrato escrito entre os concessionários. Também, aqui, é necessário que os possuidores não sejam proprietários ou concessionários de qualquer outro imóvel rural ou urbano.

Seguindo um paralelismo com a usucapião, é permitida a *accessio possessionis* para efeito de concessão de uso para fins de moradia. Por outros termos, um ocupante pode somar à sua a posse dos ocupantes anteriores.

O direito à concessão de uso especial para fins de moradia é assegurado também àqueles que ocupem imóveis públicos urbanos dos Estados, do Distrito Federal e dos Municípios, desde que regularmente inscritos no órgão competente. O tamanho máximo também é de 250 m².

No caso de a ocupação acarretar risco à vida ou saúde dos ocupantes, por estar o imóvel, por exemplo, sujeito a desabamento, o Estado deverá permitir o exercício do direito em outra área.

O Estado poderá, outrossim, alterar o local, por sua iniciativa, permitindo que o direito se exerça em imóvel diverso daquele em que o particular iniciou a posse. Isto ocorrerá quando o imóvel for de uso comum do povo, destinado a projeto de urbanização, de interesse da defesa nacional, da preservação ambiental e da proteção dos ecossistemas naturais, reservado à construção de represas e obras congêneres, ou situado em via de comunicação.

Para adquirir o título de concessão de uso, o particular deve se valer da via administrativa. Em caso de recusa, pode recorrer à Justiça. O prazo para decisão na esfera administrativa é de doze meses, contados a partir do protocolo.

No caso de ação judicial, a sentença, de natureza declaratória, decidirá a respeito da existência ou inexistência dos pressupostos para a concessão do uso.

O título, seja administrativo, seja judicial, é documento hábil para registro.

---

23 PENTEADO, Luciano de Camargo. **Direito das coisas**. São Paulo: RT, 2008. p. 481.

O direito de uso especial para fins de moradia é transferível por ato *inter vivos* ou *mortis causa*. Pode ser transmitido gratuita ou onerosamente.

Extingue-se o uso para fins de moradia, caso o concessionário dê destinação diversa ao imóvel, que não seja moradia; ou caso o concessionário adquira a propriedade ou a concessão de uso sobre outro imóvel rural ou urbano.

Na hipótese de a ocupação do imóvel ser para fins comerciais, poderá ser concedido o uso, que gerará tão somente direito de natureza creditícia, ou seja, haverá uma espécie de comodato.

O outro direito real social é o direito real de uso. Embora o nome o confunda com o próprio uso, de que acaba sendo espécie, consiste na transferência do Estado para um particular ou outro ente estatal da faculdade de usar um imóvel público.

Ao contrário do uso especial para fins de moradia, o direito real de uso se estabelece por iniciativa do ente público. É necessária, pois, a prática de ato administrativo vinculado, que obedeça aos pressupostos legais. Vejamos um exemplo. Certo Município pode utilizar-se deste instituto como forma de atrair uma universidade para seu território. Pode conceder à universidade em questão direito real de uso sobre imóvel público, a fim de que nele instale seu *campus*. O mesmo se diga de um imóvel público desocupado, cedido em regime de direito real de uso a um hospital particular.

Para que haja a eficácia transmissiva do direito real, é necessário o registro imobiliário do termo de concessão, que neste caso, é constitutivo.[24]

Aplicam-se ao direito real de uso e ao direito de uso especial para fins de moradia, naquilo que for possível, as normas do uso e do usufruto.[25]

De acordo com o parágrafo 2º do art. 791 do CPC, se a execução tiver por objeto obrigação de que seja sujeito passivo o titular de direito de uso especial para fins de moradia, ou o titular de direito real de uso, ou o titular do domínio do imóvel, responderá pela dívida, exclusivamente, o direito real do qual seja titular o executado, recaindo a penhora ou outros atos de constrição, exclusivamente sobre o respectivo direito.

Os atos de constrição serão averbados separadamente na matrícula do imóvel, com a identificação do executado (se o titular de direito de uso especial para fins de moradia, ou o titular de direito real de uso, ou o titular do domínio do imóvel), do valor do crédito e do objeto sobre o qual recaia o gravame, devendo o oficial destacar o que responda pela dívida, se a propriedade, ou o direito real do titular do uso, de modo a assegurar a publicidade da responsabilidade patrimonial de cada um deles pelas dívidas e pelas obrigações que a eles estejam vinculadas.

---

24 Idem, p. 483.
25 Idem, ibidem.

17.2.5 Direito real de superfície

a] Definição

Direito de superfície é o direito real sobre um terreno, conferido a uma pessoa, o superficiário, a fim de que nele possa construir e/ou plantar, a título gratuito ou oneroso.[26]

Da definição pode-se extrair os elementos essenciais do direito real de superfície, até mesmo para diferenciá-lo de institutos análogos, como o usufruto, a enfiteuse, a locação e as servidões.

O objeto da superfície será sempre bem imóvel.

O direito do superficiário se resume a construir e a plantar na superfície do terreno, usufruindo, naturalmente, do que vier a edificar ou a semear.

A superfície será instituída a título gratuito ou oneroso. Na falta de estipulação, presume-se gratuita. Na verdade, não há na Lei presunção, a bem dizer, explícita de gratuidade. No entanto, sem muito esforço exegético, pode-se chegar a esta conclusão pela leitura do art. 1.370 do CC.

O Código Civil deixa claro que a superfície se presume gratuita, ao dispor, no art. 1.370, que poderá ser gratuita ou onerosa; *se onerosa*, estipularão as partes se o pagamento será feito de uma só vez ou em prestações. Ora, a segunda oração do período tem início com um condicional, *se*, deixando claro que a regra é a gratuidade. Caso contrário, a redação do artigo deveria dar ênfase à onerosidade: "a superfície será onerosa, devendo as partes estipular se o pagamento será feito de uma só vez ou em prestações; poderá também ser gratuita, se tal for convencionado". Mas não é esta a redação. Se compararmos os dois períodos, veremos que a redação legal leva, inexoravelmente, à presunção de gratuidade.

O instituto mais semelhante à superfície é, sem dúvida, a enfiteuse. Ambos conferem ao titular o direito de usar e fruir um imóvel.

As diferenças, porém, afastam um do outro, de modo a que não haja lugar para confusões.

A superfície pode ser gratuita ou onerosa; a enfiteuse será sempre onerosa.

A superfície pode ser temporária ou não; a enfiteuse será sempre perpétua.

O superficiário poderá tão somente plantar ou edificar na superfície do terreno, usufruindo do que houver semeado ou edificado; o direito do enfiteuta é bem mais amplo. Em primeiro lugar, não se restringe à superfície do imóvel. Em segundo lugar, não diz respeito somente às construções e plantações, mas a todo o bem. Em terceiro lugar, o enfiteuta poderá alugar ou emprestar o imóvel, o que é defeso ao superficiário.

---

26 Para aprofundar o tema, ver a excelente obra de Ricardo Pereira Lira (Elementos de direito urbanístico).

Do usufruto também se aproxima e se afasta a superfície. Aproxima-se em que ambos geram o direito de usufruir. Afasta-se na amplitude do direito do usufrutuário, se comparado ao do superficiário. O usufruto gera direito real sobre todo o imóvel, não só sobre a superfície edificável ou agricultável. O usufruto é gratuito. A superfície é gratuita ou onerosa. O usufruto é temporário, a superfície pode ser temporária ou não. Por fim, o objeto do usufruto pode ser móvel ou imóvel, já a superfície incidirá sempre sobre bem imóvel.

O mesmo ocorre em relação às servidões. Estas, bem como a superfície, incidem sobre imóveis. No entanto, terminam aí as semelhanças. As servidões consistem na utilização de parte de imóvel vizinho para cumprir determinado objetivo específico, como passar. Não se restringem necessariamente à superfície do imóvel, uma vez que a passagem pode ser de fios pelo espaço aéreo, ou de canos pelo subsolo. Além do mais, as servidões podem ser negativas, consistindo, por exemplo, na proibição de se construir em determinado local desfavorável ao vizinho. A superfície, a seu turno, abrange a área superficial edificável ou agricultável do imóvel, servindo apenas a estes dois propósitos. As servidões jamais serão instituídas por prazo certo, o que não ocorre com a superfície. Por fim, as servidões, de uma certa forma, serão onerosas, uma vez que o titular do prédio serviente terá direito, sempre, quando nada a uma indenização. Na superfície, ao contrário, para que seja onerosa, será necessária cláusula expressa.

Com a locação tampouco há confundir a superfície, uma vez que aquela não gera direito real. Adicione-se, será sempre onerosa, estendendo-se por todo o imóvel. Em outras palavras, o locatário poderá usar todo o imóvel alugado, não só a superfície. Por fim, a locação terá como objeto bens imóveis e bens móveis, desde que infungíveis. A superfície sempre incidirá sobre imóveis, podendo ser gratuita.

Um bom exemplo da utilidade da superfície seria o seguinte: um indivíduo A é dono de grande terreno em certo centro urbano. Uma empresa B, desejando nele instalar um *shopping center*, propõe a A comprar-lhe o terreno. Ocorre que A não deseja vendê-lo. Propõe, então, a B, ceder-lhe o direito de superfície sobre o imóvel, durante 50 anos, ficando B com a obrigação de pagar uma renda mensal a A, ou a seus herdeiros, durante o período. B aceita a proposta, celebra-se o contrato, que é levado ao Registro Imobiliário, constituindo-se a superfície. B constrói o *shopping* e começa a explorá-lo. A superfície tem vantagens para A e B. Para B, gera um direito real oponível *erga omnes*. Para A, gera uma renda, durante o prazo de 50 anos, após o qual readquire a plena propriedade do terreno e de tudo o que nele se construiu. Para B, a superfície é melhor que a locação, uma vez que origina um direito real. Para A, a superfície é melhor que a enfiteuse, por não ser perpétua, e é melhor que o usufruto, por ser onerosa.

Esclareça-se, por fim, que a palavra superfície é, na verdade, uma metáfora. Destina-se a ressaltar os limites do direito do superficiário que se restringe a plantar ou construir, portanto, a utilizar, em tese, a superfície do imóvel. Isso não significa que não possa construir no subsolo, se for necessário.

b] Tutela legal

No Brasil, o direito real de superfície encontra-se previsto nos arts. 21 a 24 da Lei n. 10.257/2001 (Estatuto da Cidade) e nos arts. 1.369 a 1.377 do CC.

Como o Código Civil é posterior ao Estatuto da Cidade, pergunta-se se não o teria revogado.

Na verdade, trata-se de dois diplomas distintos; um de caráter geral, o Código Civil, o outro de caráter especial, o Estatuto da Cidade. Assim, o posterior não revogaria o anterior. Poder-se-ia dizer que a superfície urbana seria regulada pelo Estatuto da Cidade, sempre que for instrumento de política urbana.

Além do mais, não há entre as duas leis diferença substancial, que as torne incompossíveis.

O único ponto de discórdia seria o prazo. Enquanto o Código Civil restringe a superfície a prazo determinado, o Estatuto da Cidade admite o prazo indeterminado. A solução para essa contradição veremos mais abaixo.

c] Partes

As partes se denominam *proprietário* e *superficiário*.

d] Características

Como vimos, a superfície se caracteriza por conferir a seu titular o direito de edificar ou semear na superfície de um terreno, usufruindo do que vier a construir ou plantar.

Diferentemente do Direito Alemão, no Brasil, a superfície confere ao superficiário o direito de plantar, além do de construir.[27]

O superficiário terá direito de usufruir da superfície do imóvel. No entanto, poderá utilizar o subsolo, se essa utilização for inerente ao objeto da concessão. Em outras palavras, se ao se constituir a superfície, é apresentado projeto, por força de cuja natureza a utilização do subsolo é imprescindível, é evidente que, neste caso, ela poderá ocorrer. Como vimos, a palavra superfície é uma metáfora, que se destina apenas a ressaltar os limites do direito do superficiário (plantar ou construir). Não deve ser lida literalmente.

O objeto será, como visto, necessariamente imóvel.

---

27 ENNECCERUS, Ludwig; KIPP, Theodor; WOLFF, Martín. **Tratado de derecho civil**. Barcelona: Bosch, 1948. v. 3, 2º, p. 1 *et seq.*

A superfície será instituída a título gratuito ou oneroso. Na falta de estipulação, presume-se gratuita, como vimos acima.

Será temporária ou não, dependendo da tutela legal. Mais adiante, discutiremos a questão do prazo.

Por fim, é direito real, oponível *erga omnes* e detentor de sequela.

e] Constituição

A superfície será constituída por contrato público, levado ao Registro Imobiliário. O registro da escritura pública de superfície no Cartório de Imóveis é requisito essencial para que gere direito real.

Poderá também a superfície se constituir mediante usucapião ordinário ou extraordinário. Sendo direito real sobre imóvel, terá a natureza de bem imóvel por força de lei. Assim, é passível de usucapião, tanto ordinário quanto extraordinário. Se uma pessoa celebrar com outra contrato de superfície, viciado por algum defeito que impossibilite o registro, poderá, depois de 10 (dez) anos, provados o justo título e a boa-fé, requerer o usucapião da superfície. O prazo será de 15 (quinze) anos, na falta de justo título ou de boa-fé.

f] Requisitos de validade

Para ser válida, a superfície deve obedecer a alguns requisitos subjetivos, objetivos e formais.

Os sujeitos deverão ser capazes, tanto de fato quanto negocialmente. A capacidade de fato se adquire pela idade de 18 anos ou pela emancipação. No respeitante à capacidade negocial, o proprietário deve deter o poder de dispor de seus bens. Se pessoa casada, deverá obter autorização de seu cônjuge, a não ser que o regime de bens do casamento seja o da separação absoluta.

Podem ser partes não só as pessoas naturais, mas também as jurídicas, regularmente constituídas. Sendo pessoa jurídica de Direito Público interno, a superfície se submeterá aos regulamentos administrativos e, supletivamente, ao Código Civil.

Quanto ao objeto, será obrigatoriamente bem imóvel, construído ou não. Há quem entenda que a superfície não possa ser constituída sobre imóvel construído. É a chamada superfície por cisão. Francamente, não vejo em que a dicção do art. 1.369 do CC possa conduzir a esse entendimento. O artigo dispõe apenas que o proprietário poderá ceder a outrem o direito de plantar ou edificar em seu terreno. Em nenhum momento, qualquer dispositivo da Lei impõe como condição que o terreno não esteja edificado.

A forma será pública, devendo a escritura (contrato), lavrada no Cartório de Notas, ser levada a registro no Cartório de Imóveis.

g] Direitos do superficiário

São direitos do superficiário, além de outros previstos no contrato:
- edificar ou plantar no plano superficial do terreno, objeto da superfície. Vimos que se para plantar ou edificar for necessário utilizar o subsolo, tal poderá ser feito;
- o superficiário adquire temporariamente ou *ad perpetuum* a propriedade de tudo o que plantar ou edificar, como veremos mais abaixo;
- usufruir de tudo o que tiver plantado ou construído, pelo prazo fixado no contrato;
- ceder o direito de superfície, a título gratuito ou oneroso, sem que caiba ao proprietário direito a nenhuma participação. Neste ponto, o Código Civil restringiu o Estatuto da Cidade, que deixava margem ao contrato, analogamente à enfiteuse, admitir alguma participação do proprietário na cessão onerosa da superfície;
- transmitir o direito de superfície, por via hereditária, aos herdeiros legítimos, testamentários ou legatários;
- terá direito de preferência, caso venha o proprietário a alienar, onerosamente, o imóvel.

Estes os principais direitos do superficiário. Por contraposição, pode-se deduzir os deveres do proprietário, como, por exemplo, o de não turbar o exercício do direito do superficiário.

h] Deveres do superficiário

São deveres do superficiário, além de outros previstos no contrato:
- zelar pelo imóvel como se fosse seu;
- restituir o imóvel, com todos os seus acrescidos, após a extinção da superfície;
- dar ao imóvel a finalidade a que se propôs; daí se pode deduzir que o superficiário não poderá alugar ou emprestar o imóvel, sob pena de desvio de finalidade;
- arcar com todas as despesas de manutenção e conservação, bem como com todos os tributos incidentes sobre o imóvel, durante o prazo da superfície;
- dar preferência ao proprietário, caso venha a ceder, onerosamente, o direito de superfície.

Estes os principais deveres do superficiário. Por contraposição, pode-se deduzir os direitos do proprietário, como, por exemplo, o de preferência.

i] Prazo

A questão do prazo é um pouco delicada. Segundo o Código Civil, o prazo será sempre determinado. Já o Estatuto da Cidade admite a superfície por prazo indeterminado. Assim, segundo o Estatuto da Cidade, pode haver superfície vitalícia ou subordinada à condição resolutiva, ou mesmo perpétua,[28] o que não se permite no Código Civil.

Como resolver a questão?

Há três respostas possíveis.

O Código Civil teria revogado as disposições do Estatuto da Cidade

Como vimos, esta solução nos parece pouco recomendável, uma vez que o Estatuto é norma especial, não sendo revogado por norma geral. Mesmo porque, não há incompatibilidade entre os dois diplomas, a não ser quanto ao prazo.

Por se tratar de lei nova, o Código Civil complementaria o Estatuto da Cidade, nem revogando-o, nem modificando-o (art. 2º, § 2º, da LINDB)

A superfície, neste caso, seria sempre temporária, jamais perpétua, como a enfiteuse. O máximo que se poderia admitir, segundo o Estatuto da Cidade, seria a superfície vitalícia.

Ora, temos que a superfície se transmite por sucessão hereditária aos herdeiros do superficiário. A se admitir essa possibilidade na superfície vitalícia, estaríamos tornando-a perpétua, o que não se poderia conceber, dado seu caráter temporário.

Assim, a superfície seria temporária, por prazo determinado ou indeterminado, sendo transmissível *mortis causa*, apenas quando fosse por prazo determinado. Sendo por prazo indeterminado, não seria passível de transmissão hereditária. Esta interpretação seria válida tanto para o Estatuto da Cidade quanto para o Código Civil.

Quando o Estatuto da Cidade dispõe ser a superfície transmissível *mortis causa*, estaria se referindo, evidentemente, à superfície constituída por prazo determinado. Qualquer outra interpretação conduziria à perpetuidade da superfície.

Por outro lado, quando o Código Civil estipula dever a superfície ser constituída por prazo determinado, está simplesmente dizendo que a superfície por prazo indeterminado não se transmite *causa mortis*, sendo a temporariedade característica do instituto.

Concluindo, em ambos os diplomas haveria superfície por prazo determinado ou indeterminado. Em nenhum deles seria possível a transmissão hereditária do direito de superfície, constituído por prazo indeterminado.

Esta solução não nos parece tampouco adequada. A Lei é clara em ambos os casos. O Estatuto da Cidade admite a superfície por prazo indeterminado, não fazendo qualquer distinção, ao estabelecer sua transmissibilidade hereditária.

---

28 LIRA, Ricardo Pereira. Op. cit., p. 79.

Ademais, sendo o direito de superfície do Estatuto da Cidade instrumento de política urbana, será bom que possa ser perpétuo.

O Estatuto da Cidade seria aplicável aos imóveis citadinos, como instrumento de política urbana, e o Código Civil, nos demais casos

Talvez esta a solução mais simples e recomendável.

Se a superfície for instituída em prédio citadino, como instrumento de política urbana, a fim de destacar o direito de construir da situação de propriedade, poderá ser temporária ou até mesmo perpétua, transmitindo-se aos herdeiros do superficiário. Trata-se de interesse público que o superficiário não perca seu direito pelo decurso do tempo ou pelo implemento de condição resolutiva. Como exemplo, poderíamos citar o seguinte: o Município tomba o imóvel de certo cidadão e lhe confere direito de superfície sobre um terreno público, a título de indenização. Se era intenção deste indivíduo derrubar o edifício tombado para construir, poderá realizar seu desejo, só que em outro imóvel. Como o dono do solo superficiário será o Município, quem construísse ficaria em situação extremamente desconfortável se o direito de superfície tivesse prazo determinado. Assim, achou por bem o Estatuto da Cidade permitir a superfície perpétua. Este o meu entendimento. Há quem advogue tese contrária, no sentido de não ser admissível a superfície perpétua.[29]

j] Propriedade das edificações ou plantações

Questão que pode vir a gerar alguma polêmica é a da propriedade da edificação ou da plantação realizadas pelo superficiário, no exercício de seu direito. Em relação ao domínio do solo, não há dúvida, é do proprietário. Mas e o domínio da edificação ou da plantação realizada pelo superficiário? Seria deste ou do dono do solo?

A se aplicar a regra das acessões imobiliárias, em geral, tudo aquilo que se planta ou se edifica em um imóvel, a ele adere, incorporando-se à propriedade do solo.

Este parece ser o sistema adotado pelo legislador, na superfície temporária. Com o advento do termo final ou com o implemento da condição resolutiva, tudo o que foi plantado ou edificado no solo superficiário retorna ao proprietário, que nem sequer se obrigará a indenizar o superficiário, salvo disposição contrária no contrato. Assim, como no Direito Romano, no Direito Brasileiro, a propriedade da edificação ou da plantação será do dono do solo, ao final da superfície. Enquanto perdurar, porém, a propriedade é do superficiário. Assim, haverá propriedade superficiária resolúvel pelo prazo de duração do contrato de superfície. Findo o contrato, a propriedade se consolida na titularidade do dono do terreno. Este

---

29 FARIAS, Cristiano Chaves de; ROSENVALD, Nelson. **Direitos reais**. Rio de Janeiro: Lumen Juris, 2006. p. 406.

desdobramento da propriedade, aliás, é a razão de ter o Código Civil de 1916, na esteira do Código Civil Francês, abolido a superfície do Direito Pátrio. A ideia de propriedade absoluta e indivisível não combina bem com a superfície.

Ao revés, na superfície perpétua do Estatuto da Cidade, a solução é um pouco diferente. Do mesmo modo que na superfície comum, a propriedade das construções será do superficiário, que poderá, inclusive, aliená-la. Voltemos ao exemplo dado acima: o Município tomba o imóvel de Raphael e lhe confere direito de superfície sobre um terreno público, a título de indenização. Raphael, que tinha a intenção de derrubar o edifício tombado para construir, realiza seu desejo, só que no imóvel público de que é superficiário. Terminada a construção, a próxima etapa será a venda dos apartamentos. Os compradores se tornam donos das unidades, estabelecendo-se verdadeiro condomínio sobre a construção, não sobre o solo, que continua sendo do Município. Como a superfície é perpétua, o Município jamais adquirirá a propriedade das construções, embora seja dono do terreno. Não se confunde esta espécie com o de direito de sobrelevação. No direito de sobrelevação, o superficiário cede a terceiro o direito de construir sobre o que houver construído. Seria como se o titular do direito de sobrelevação pudesse construir na laje do superficiário. Haveria um proprietário do solo (senhorio), um proprietário da construção de base (superficiário) e um proprietário da construção superior (titular do direito de sobrelevação). A sobrelevação não é prevista no Direito Brasileiro.

O Código de Processo Civil teve o cuidado de se preocupar com essas peculiaridades, no art. 791. Segundo ele, se a execução tiver por objeto obrigação de que seja sujeito passivo o superficiário, ou o proprietário de terreno submetido ao regime de superfície, responderá pela dívida, exclusivamente, o direito real do qual seja titular o executado, recaindo a penhora ou outros atos de constrição, exclusivamente sobre a construção ou a plantação, no primeiro caso, ou sobre o terreno nu, no segundo.

Os atos de constrição serão averbados separadamente na matrícula do imóvel, com a identificação do executado (se o senhorio ou o superficiário), do valor do crédito e do objeto sobre o qual recaia o gravame, devendo o oficial destacar o bem que responda pela dívida, se o terreno nu, a construção ou a plantação, de modo a assegurar a publicidade da responsabilidade patrimonial de cada um deles pelas dívidas e pelas obrigações que a eles estejam vinculadas.

k] Extinção da superfície

Extingue-se o direito real de superfície pelo:

- advento do termo;
- implemento da condição resolutiva;
- falecimento do superficiário; se pessoa jurídica, por sua extinção;
- descumprimento das obrigações, por parte do superficiário;
- desvio de finalidade, por parte do superficiário;
- pela desapropriação também se extingue a superfície, devendo o saldo da indenização ser dividido entre o proprietário e o superficiário, na proporção do valor da superfície e do imóvel.

Extinta a superfície, retorna ao proprietário o domínio pleno do imóvel, sem que o superficiário faça jus a qualquer indenização, a não ser que haja cláusula contratual neste sentido.

l] Histórico

A superfície tem origem no Direito Romano, tendo sido mantida tal e qual pelo Direito Comum, durante toda a Idade Média.

O Direito Alemão deu novo perfil ao instituto, restringindo a superfície ao direito de construir sobre terreno alheio. Ademais, a propriedade do edifício construído caberá ao superficiário.[30]

No Brasil, o direito de superfície não foi contemplado no Código Civil de 1916, dada a aparente inutilidade do instituto, substituível que seria pela locação ou pelo usufruto, com muito mais vantagens.

O Código Civil de 2002 ressuscitou o instituto, inspirando-se diretamente na *superficies* romana. Em outras palavras, segundo nosso Direito, é possível a superfície que tenha por objeto o direito de plantar sobre terreno alheio. Além disso, as construções edificadas no imóvel não integram a propriedade do superficiário, que terá apenas o direito de usufruí-las, no prazo de duração de seu direito. O domínio das edificações será do proprietário do prédio.

O Estatuto da Cidade adotou um sistema misto, admitindo, por sua própria sistemática, que a propriedade do solo se separe da propriedade da edificação, na superfície perpétua. Adota aqui o sistema tedesco. Já na temporária, adota o sistema romano.

Se a superfície será praticada, só o tempo dirá. Se pudéssemos arriscar um prognóstico, diríamos que não. Talvez como instrumento de política urbana.

---

30 ENNECCERUS, Ludwig; KIPP, Theodor; WOLFF, Martín. **Tratado de derecho civil**... cit., v. 3, 2°, p. 1 et seq.

17.2.6 Direito real de laje

a] Introdução

A Lei n. 13.465, de 11 de julho de 2017, trouxe uma inovação na seara dos direitos reais sobre coisas alheias, introduzindo uma nova espécie no rol do art. 1.225 do Código Civil, o direito real de laje.[31]

O texto já havia sido submetido ao Congresso Nacional, por meio da Medida Provisória n. 759, de 22 de dezembro de 2016, encontrando-se, pois, em vigor, produzindo todos os efeitos jurídicos, desde esta data.

b] Definição

Nos termos do *caput* do art. 1.510-A,

> o proprietário de uma construção-base poderá ceder a superfície superior ou inferior de sua construção a fim de que o titular da laje mantenha unidade distinta daquela originalmente construída sobre o solo.

O parágrafo 1º complementa, acrescentando que

> o direito real de laje contempla o espaço aéreo ou o subsolo de terrenos públicos ou privados, tomados em projeção vertical, como unidade imobiliária autônoma, não contemplando as demais áreas edificadas ou não pertencentes ao proprietário da construção-base.

Da leitura do texto legal, já é possível identificar a característica principal do novo direito real: a autonomia definitiva da edificação em face do solo e das edificações já existentes no terreno. Há, aqui, o completo afastamento do princípio da gravitação jurídica, de modo que a titularidade do solo não implicará a titularidade da nova construção, nem o contrário, a titularidade da nova construção não implicará a titularidade de fração ideal do solo.

O direito real de laje, a princípio, remete ao direito de superfície, em razão de ter como pressuposto a cisão da propriedade em duas, como consequência da construção ou plantação em terreno alheio. Talvez por isso, já existam autores afirmando que o direito real de laje "não constitui um direito real novo, mas uma modalidade de direito de superfície que, desde 2001, já tem previsão expressa na legislação brasileira, a superfície por sobrelevação".[32]

---

[31] O texto a seguir compõe artigo acerca do tema, escrito por César Fiuza e Marcelo Couto, publicado na *Revista Civilística*, n. 2 de 2017. (www.civilistica.com.br)
[32] ALBUQUERQUE JÚNIOR, Roberto Paulino de. O direito de laje não é um novo direito real, mas um direito de superfície. **Revista Consultor Jurídico**. Disponível em: <http://www.conjur.com.br/2017-jan-02/direito-laje-nao-direito-realdireitosuperficie >. Acesso em: 3 jan. 2017.

Contudo, essa visão não se mostra a mais correta, já que não leva em consideração a autonomia e a extensão do novo direito real criado.

O direito real de superfície, que encontra duplo regramento em nosso Direito (no Código Civil e no Estatuto da Cidade),

> consiste na faculdade que o proprietário possui de conceder a um terceiro, tido como superficiário, a propriedade das construções e plantações que este efetue sobre ou sob o solo alheio (solo, subsolo ou espaço aéreo do terreno), por tempo determinado ou sem prazo, desde que promova a escritura pública no registro imobiliário.[33]

De fato, a doutrina já admitia a superfície por cisão, permitindo que o direito real fosse constituído sobre construção já existente, autorizando que a superfície fosse instituída a favor de terceiros,[34] fazendo surgir uma propriedade resolúvel sobre as acessões construídas (superfície por cisão) ou a construir, completamente autônoma em relação à propriedade do solo. Deste modo, tornar-se-ia possível a constituição de novos direitos ou ônus sobre a propriedade superficiária. A superfície é, porém, temporária, e, com o advento do termo, extinguem-se todos os direitos, ônus e gravames sobre ela incidentes.[35]

O direito de laje, ao contrário do direito de superfície por sobrelevação, é perene e não se extingue com o transcurso de prazo ou advento de termo. Nele haverá uma redução definitiva do direito de propriedade do titular, que perderá algumas faculdades jurídicas sobre a área objeto do novo direito instituído.

A autonomia do direito de superfície não permite a abertura de matrícula para a propriedade superficiária.[36] Todos os atos relacionados à propriedade do solo e à propriedade superficiária permanecerão inscritos em matrícula única, como já ocorre com os demais direitos reais sobre coisa alheia e de garantia.[37]

No direito registral imobiliário, adota-se o princípio da unitariedade matricial, assim explicado por Alyne Yumi Konno: "[...] todo imóvel deve ser matriculado no Livro 2 – Registro Geral, sendo que é na matrícula que se descreve o imóvel, e em seguida a ela são lançados os atos que o afetam e os sujeitos a ele

---

33 FARIAS, Cristiano Chaves de; ROSENVALD, Nelson. **Curso de direito civil**. Salvador: Juspodivm, 2014, v. 5, p. 525.
34 MELO, Marco Aurélio Bezerra de. **Curso de direito civil**. São Paulo: Atlas, 2015, v. 5, p. 335.
35 Conforme art. 1.359 do Código Civil: "Resolvida a propriedade pelo implemento da condição ou pelo advento do termo, entendem-se também resolvidos os direitos reais concedidos na sua pendência, e o proprietário, em cujo favor se opera a resolução, pode reivindicar a coisa do poder de quem a possua ou detenha."
36 CORRÊA, Leandro Augusto Neves; COUTO, Marcelo de Rezende Campos Marinho. Direito de superfície e a possibilidade de sua instituição em parte de imóvel: a situação das antenas de telefonia. **Revista de Direito Imobiliário**, v. 81, ano 39, p.133-154. São Paulo: RT, jul./dez., 2016.
37 SARMENTO FILHO, Eduardo Sócrates Castanheira. O direito de superfície na legislação brasileira. **Boletim do IRIB em Revista**, São Paulo, ed. 325, p. 97, mar./abr. 2006.

relacionados, constituindo o Livro 2 o repositório das informações que digam respeito ao imóvel, previstas no art. 167 da Lei 6.015/73."[38]

Esse princípio sempre foi seguido à risca pelo legislador e pelos registradores. As matrículas são abertas para os imóveis, e os direitos sobre eles incidentes são registrados e averbados no fólio real. Até mesmo nas enfiteuses ainda operantes, a existência e modificações dos dois direitos reais perpétuos (domínio direto e domínio útil) são mantidas na mesma matrícula.

O direito real de laje foge a essa regra, por exigir a abertura de matrícula própria, em razão da definitividade da cisão perpetrada.

Como demonstrado, enormes são as diferenças entre o direito de superfície, mesmo em sua modalidade de sobrelevação ou cisão, e o direito de laje.

A nosso ver, o direito de laje se aproxima mais da enfiteuse e do condomínio por unidades independentes (edilício), embora com eles também não se confunda.

Na enfiteuse não há a abertura de matrículas próprias para o domínio direto e útil, convivendo os dois direitos autônomos na mesma folha matricular.[39] A enfiteuse, embora perpétua, cinde a propriedade em dois direitos, cujas faculdades são bastante distintas: enquanto o proprietário direto tem a nua-propriedade do bem, o enfiteuta possui um direito quase tão amplo quanto a propriedade, no qual se encontra toda a utilidade da coisa. A relação entre ambos se restringe a obrigações quase sempre de cunho pecuniário, como no pagamento do foro anual e do laudêmio nas transmissões. Há, ainda, a possibilidade de extinção da enfiteuse, com a consolidação de ambos os direitos em uma só pessoa, seja pelo resgate ou pela renúncia.

No direito real de laje, o direito é perpétuo, ocorrendo a cisão definitiva entre o direito de propriedade e o de laje. Não há, entre os dois titulares, direitos e obrigações como as da enfiteuse, de forma que não se pode fixar prestações pecuniárias, como o foro e o laudêmio. Não existe a possibilidade de resgate, e a livre pactuação quanto ao direito de preferência nos casos de alienação não descaracteriza a sua natureza. Nesse ponto, o direito real de laje mais se assemelha ao regime jurídico da propriedade condominial.

De fato, após confrontar o direito de laje com o direito de superfície e com a enfiteuse, pode-se verificar que o novo instituto delas se afasta, guardando maior identidade com o regime jurídico aplicado às unidades autônomas submetidas ao regime de condomínio edilício. É diferente, contudo. O condomínio edilício é realidade sedimentada no Direito brasileiro. Tem como característica principal o fato de conviverem, na mesma situação, propriedade individual e propriedade coletiva. Consiste em situação condominial sobre área edificada em

---

38 KONNO, Alyne Yumi. **Registro de imóveis**: teoria e prática. São Paulo: Memória Jurídica, 2007, p. 29-30.
39 CARVALHO, Afrânio de. **Registro de imóveis**. Rio de Janeiro: Forense, 1997, p. 103.

terreno, permitindo-se a instituição de regime jurídico diferenciado, no qual se criam unidades imobiliárias constituídas de área de uso privativo e áreas de uso comum. É obrigatório atribuir uma fração ideal a cada unidade, de parte correspondente ao solo e às áreas comuns. Deste modo, o somatório das frações ideais das unidades autônomas atinge cem por cento do solo sobre o qual foi edificada a construção. Esse condomínio tem regime diverso do condomínio comum, não sendo permitida, como regra, sua extinção voluntária, tampouco havendo direito de preferência no caso de alienação das unidades autônomas. No entanto, conforme entendimento doutrinário predominante, é requisito para sua instituição a existência de área comum, aí não se considerando paredes e muros (sujeitos a condomínio necessário, arts. 1.327 a 1.330 do Código Civil).

O direito real de laje surge para atuar exatamente no vácuo existente entre os institutos acima analisados.[40] Sempre que não houver a possibilidade de se instituir condomínio edilício, nem for o caso de direito de superfície (em razão de sua temporariedade), pode-se valer do direito de laje, para instituir regime jurídico perene, análogo às unidades imobiliárias autônomas do condomínio edilício.

A nosso ver, o direito de laje não é um direito real sobre coisa alheia, nos moldes dos demais direitos reais desta natureza previstos na legislação civil. *O direito de laje é uma nova forma de direito de propriedade*, que tem a mesma autonomia e perenidade que a propriedade edilícia. Uma vez instituído o regime de direito de propriedade de laje sobre o imóvel, este regime perdurará até a sua extinção, que ocorrerá nas mesmas hipóteses da propriedade edilícia. Não haverá extinção por vontade unilateral de algum titular de laje ou da construção-base, como ocorre no condomínio geral, nem em razão do decurso do tempo, como ocorre na superfície. O titular da propriedade da laje poderá usar, gozar e dispor de sua unidade autônoma,[41] que se transmitirá aos seus descendentes, quando de sua morte. Assim, encarar o direito de laje como uma nova forma de direito de propriedade facilita a interpretação do instituto, tornando-o mais adequado à sua finalidade. Por esse motivo, sugere-se utilizar a terminologia *direito de propriedade de laje*.

Na mesma linha de raciocínio, ensina Nelson Rosenvald que:

> não existem direitos reais em coisa alheia com o atributo da perpetuidade, pois em algum momento o titular terá que restituir os poderes dominiais ao proprietário. [...] O direito de laje é uma nova manifestação do direito de propriedade. [...] A tipificação do direito de laje – com início no artigo 1.510-A do Código Civil –,

---

[40] Não obstante ser possível, em algumas situações, aplicar o condomínio edilício ou o direito de laje, conforme o interesse do titular do imóvel.
[41] Conforme parágrafo 3º do art. 1.510-A do Código Civil.

abre-se um novo capítulo na constante ressignificação do direito de propriedade brasileiro. [...] A seu turno, o direito de laje é propriedade perpétua, cujo registro no RGI ensejará uma nova matrícula, independente daquele aplicável à propriedade do solo ou de sua fração ideal.[42]

No direito real de laje há a constituição de unidade imobiliária autônoma, de forma definitiva, com abertura de matrícula própria no Registro de Imóveis. Para tanto, o §4º do art. 1.510-A do Código Civil considera que "a instituição do direito real de laje não implica a atribuição de fração ideal de terreno ao titular da laje ou a participação proporcional em áreas já edificadas". Nota-se, aqui, a principal diferença entre o direito real de laje e o condomínio edilício: não há representatividade do imóvel no solo, haja vista que não haverá fração ideal do terreno atribuída à unidade autônoma, decorrente do direito real de laje.

Da própria redação da lei, pode-se identificar que o direito real de laje não tem por escopo substituir o condomínio edilício, mas sim ocupar o espaço por ele deixado. Prevê-se, expressamente, que o novo instituto "não implica a atribuição de fração ideal de terreno ao titular da laje ou a participação proporcional em áreas já edificadas" (art. 1.510-A, § 4º, Código Civil).

De igual modo, não haverá direito de preferência titular do direito de laje, no caso de alienação da construção-base, haja vista que o ordenamento jurídico busca exatamente a cisão da propriedade da laje e do imóvel sobre o qual se assenta. Não visa, pois, à concentração das faculdades da propriedade numa mesma pessoa. Por outro lado, haverá direito de preferência, em caso de alienação de qualquer das unidades sobrepostas, quando terão direito de preferência, em igualdade de condições com terceiros, os titulares da construção-base e da laje, nessa ordem, que serão cientificados por escrito para que se manifestem no prazo de trinta dias. O direito de preferência, como ressalvado na parte final do art. 1.510-D, pode ser objeto de livre pactuação entre as partes. Deste modo, a autonomia privada permite que seja estabelecido, no instrumento de instituição do direito de laje, a dispensa ou renúncia ao direito de preferência, prestigiando a autonomia e independência do direito constituído como unidade autônoma e com matrícula própria. Caso não haja o afastamento expresso do direito da preferência, o titular da construção-base ou da laje a quem não se der conhecimento da alienação poderá, mediante depósito do respectivo preço, haver para si a parte alienada a terceiros, se o requerer no prazo decadencial de cento e oitenta dias, contado da data de alienação. Por fim, se houver mais

---

42 ROSENVALD, Nelson. **O direito real de laje como nova manifestação de propriedade**. Disponível em: <https://www.nelsonrosenvald.info/single-post/2017/09/14/O-direito-real-de-laje-como-nova-manifesta%C3%A7%C3%A3o-de-propriedade>. Acesso em: 31 out. 2017.

de uma laje, terá preferência, sucessivamente, o titular das lajes ascendentes e o titular das lajes descendentes, assegurada a prioridade para a laje mais próxima à unidade sobreposta a ser alienada.

Importante ressaltar, ainda, que o direito de laje permite que seu titular institua novos direitos de laje. Segundo o parágrafo 6º do art. 1.1510-A, "o titular da laje poderá ceder a superfície de sua construção para a instituição de um sucessivo direito real de laje, desde que haja autorização expressa dos titulares da construção-base e das demais lajes, respeitadas as posturas edilícias e urbanísticas vigentes". A interpretação dada por alguns doutrinadores[43] já vinha sendo no sentido de que a faculdade de aceitar novas lajes estaria reservada ao proprietário do terreno. Tal ressalva é bastante lógica, haja vista que o direito de laje nasce de uma limitação ao direito de propriedade , como tal, deve ser interpretada de forma restritiva, permanecendo o proprietário com a faculdade de, pelo menos, se opor à instituição de novos direitos de laje, caso as normas municipais permitam construções de outras edificações sobrelevadas.

O direito real de laje pode ser constituído e transferido por ato entre vivos ou *causa mortis*, aos herdeiros legítimos e testamentários. É também passível de ser adquirido por usucapião, tendo em vista o tempo e o *animus* possessório do ocupante da edificação existente. Admite-se a usucapião ordinária, com justo título e boa-fé, após 10 anos de posse mansa e contínua, com vontade de dono, podendo este prazo se reduzir a cinco anos, caso a instituição da laje haja sido onerosa, com base no registro constante do respectivo cartório, cancelada posteriormente, desde que o possuidor houver estabelecido sua moradia, ou realizado investimentos de interesse social e econômico (parágrafo único, art. 1.242, Código Civil). A usucapião poderá ser também extraordinária, caso não haja justo título ou boa-fé, após um lapso de quinze anos de posse mansa e ininterrupta, com vontade de dono. O prazo será reduzido a dez anos, se o possuidor houver estabelecido no imóvel sua moradia, ou nele realizado obras ou serviços de caráter produtivo (parágrafo único, art. 1.238, Código Civil).

A necessidade de resolver questões referentes a placas de aquecimento solar, antenas, sobrelevações, estacionamentos e caves subterrâneos é comum em diversos países. Na Bélgica, houve uma tentativa de se resolver o problema,

---

43 GAGLIANO, Pablo Stolze. **Direito real de laje:** primeiras impressões. 5 jan. 2017. Disponível em: <https://jus.com.br/artigos/54931>. Acesso em: 28 dez. 2022.

através da Lei de 25 de abril de 2014, que autoriza a constituição de direito real *acima* ou abaixo de edificação alheia.[44]

A propriedade se desdobra em propriedade da edificação e dos novos volumes construídos ou sobrepostos.[45]

O que se vê de diferente no Direito belga é que o novo direito real acaba sendo, à diferença do brasileiro, uma modalidade de superfície, com prazo de duração limitado a 50 anos, de modo que a cisão não ocorre de forma definitiva.

De todo modo, o Direito brasileiro, na esteira do belga e do espanhol, prevê, no rol dos direitos reais, a possibilidade de se constituir uma espécie de subedificação, isto é, permite que o proprietário de uma construção-base possa ceder a superfície inferior de sua construção, a fim de que o titular da laje mantenha unidade distinta daquela originalmente construída sobre o solo.

c] Forma de constituição e questões registrais

A Lei n. 13.467, de 2017, foi bastante sucinta ao regulamentar a questão registral do direito de laje, introduzindo um único dispositivo na Lei de Registros Públicos.[46] Assim, diversas questões de ordem prática merecem reflexão e

---

[44] Notaires BERQUIN Notarissen. **La nouvelle loi sur le droit de superficie clarifie les choses concernant la construction sur, au-dessus ou en dessous du fonds d'autrui**, p. 1. Disponível em: <http://berquinnotarissenbe.webhosting.be/public/pdf/nieuwsbrief_fr/201412_IMU_FR_De_gewijzigde_opstalwet.pdf>. Acesso em: 9 maio 2017. "Qu'est-ce qui a changé depuis la nouvelle loi sur le droit de superficie? En 2013, les notaires ont enfin été entendus: un projet de loi visant à adapter la loi archaïque sur le droit de superficie a été déposé. Le nouvel article 1er de la loi sur le droit de superficie répond d'emblée à une des questions les plus insistantes en stipulant que "le droit de superficie est le droit réel qui consiste à avoir des bâtiments, ouvrages ou plantations, en tout ou partie, sur, au-dessus ou en dessous du fonds d'autrui":
– Sachant qu'un droit de superficie est désormais possible au-dessus du fonds d'autrui, la nouvelle loi clarifie les choses en ce qui concerne notamment l'installation de panneaux solaires, d'antennes, d'étages ajoutés à des bâtiments existants... La propriété des panneaux solaires, antennes, étages sur des bâtiments existants peut donc appartenir à une autre personne que le propriétaire du bâtiment sur lequel les panneaux solaires, antennes... sont installés. Et ce pour un terme maximum renouvelable de 50 ans.
– La constitution d'un droit de superficie en dessous du fonds d'autrui est également possible. Une scission de la propriété pour un terme renouvelable de 50 ans est également possible à ce niveau, ce qui clarifie les choses pour les projets souterrains, tels que tunnels, parkings souterrains et caves. Ce faisant, la loi exclut expressément la possibilité jadis défendue d'une scission éternelle de la propriété souterraine sur la base du droit de superficie. Enfin, la nouvelle loi précise que le propriétaire foncier n'est pas le seul à pouvoir concéder un droit de superficie, le titulaire d'un droit réel limité le peut aussi. Songez notamment à l'usufruitier, à l'emphytéote et au superficiaire. Ils ne le peuvent évidemment que dans les limites du droit dont ils sont eux-mêmes titulaires. Ces modifications clarifient – enfin – les choses pour le notaire et les parties associées à la construction sur, au-dessus ou en dessous du fonds d'autrui".

[45] Notaires BERQUIN Notarissen. **La nouvelle loi sur le droit de superficie**... cit., p. 1.

[46] Conforme parágrafo 9º do art. 176 da Lei n. 6.015/1973: "A instituição do direito real de laje ocorrerá por meio da abertura de uma matrícula própria no registro de imóveis e por meio da averbação desse fato na matrícula da construção-base e nas matrículas de lajes anteriores, com remissão recíproca".

debate, visando possibilitar a efetivação desse novo direito como instrumento de política urbana e regularização de situações fáticas.

Inicialmente, quanto à forma de sua constituição, diante da ausência de norma específica, entende-se que se aplica a regra geral do art. 108 do Código Civil, sendo necessário instrumento público, quando o valor do imóvel for superior a trinta salários mínimos. O que se deve levar em consideração é o valor fiscal de todo o imóvel, não o preço fixado pelas partes para constituição do direito.[47]

Um segundo ponto que merece estudo é a necessidade de averbação da construção para que se possa, em momento seguinte, instituir o direito de laje a favor de terceiro.[48]

Como restou demonstrado, o direito de laje é bastante semelhante ao condomínio edilício, por meio do qual é necessária a existência de construção averbada na matrícula para ser instituído (ressalvados os casos de incorporação imobiliária).

A se analisar a lógica do instituto, o direito de laje só deveria existir, de fato, sobre uma edificação,[49] já que tem como pressuposto a cessão, pelo proprietário da construção-base, "da superfície superior ou inferior de sua construção a fim de que o titular da laje mantenha unidade distinta daquela originalmente construída sobre o solo" (*caput* do art. 1.510-A do Código Civil).

Ademais, num parágrafo distinto (§ 6º do art. 1.510-A), a lei faz referência à observância das posturas locais de edificação, deixando claro que as regras municipais ou distritais devem ser observadas pelas partes.

Assim, parece lógico que, para se constituir direito de laje, deva-se (i) estar regularmente averbada a construção na matrícula do imóvel e (ii) existir alvará de construção aprovado referente à edificação a ser realizada sobre a já existente ou algum outro documento do ente público certificando que existe potencial construtivo. Entendimento diverso implicaria na constituição de um direito real que teria objeto ilícito (construção proibida), ferindo o art. 104, inciso II, do Código Civil.

Deste modo, não seria possível instituir direito de laje sobre imóvel que, na matrícula, se apresente como lote vago.

De outro lado, não se pode negar ao instituto a possibilidade de regularizar situações jurídicas já existentes, como nos casos em que já exista a edificação construída (e averbada) na matrícula, sendo um o proprietário registral e outro o titular (de fato) de edificação sobreposta. Nestes casos, pelo princípio da gravitação jurídica, a construção (acessório) se presume pertencer ao titular do terreno (principal). No entanto, nada impede que seja instituído por meio de escritura

---

47 Conforme decidido pelo STJ no Recurso Especial n. 1.099.480-MG. 4ª Turma. Relator: Min. Marco Buzzi. Data de julgamento: 2 dez. 2014.
48 WEINGARTEN, Marcelo; CYMBALISTA, Renato. **Direito de laje**: desafios. Disponível em: <http://sites.usp.br/outrosurbanismos/direito-de-laje-2/>. Acesso em: 3 jan. 2017.
49 Existe a possibilidade, também, de instituir direito de laje sobre o subsolo de construção, nos termos do parágrafo 2º do art. 1.510-A do Código Civil.

de constituição de direito de laje, na qual compareçam o proprietário registral e o titular da laje, estabelecendo-se a área da construção sobreposta, que será objeto da laje, abrindo-se a matrícula correspondente para o novo direito real, com o consequente registro desse direito em nome do beneficiário.

Mostra-se viável, outrossim, a instituição, por escritura pública, somente pelo titular registral, de direitos de laje sobre construção já averbada em seu imóvel, com abertura das respectivas matrículas, para que posteriormente possam ser alienados a terceiros estes direitos. A realidade demonstra que, para fins de financiamento imobiliário, as instituições financeiras exigem matrícula própria com construção averbada, para fins de concessão do empréstimo e registro da garantia. Tal como ocorre com o condomínio edilício, no qual o proprietário pode instituir esse regime jurídico isoladamente, com abertura de matrícula para as unidades autônomas, no direito real de laje deve-se aplicar a mesma sistemática.[50]

Se o direito de laje for transferido a título gratuito, estará sujeito à incidência de ITCMD.[51] Se for onerosa a transmissão, haverá incidência de ITBI.[52] Esses impostos incidem na transmissão do direito, de modo que o registro do ato de instituição do direito real de laje não configura hipótese de incidência tributária; mas a transferência deste direito a terceiro pelo titular registral, estará sujeita a tributação, nos moldes das legislações estaduais e municipais.

d] Obstáculos

Pode-se extrair da exposição de motivos da MP n. 759/2016, convertida na Lei n. 13.465/2017, que o principal motivo para a criação do novo direito real foi a "regularização fundiária de favelas". Veja-se:

> 113. VI – SOBRE O DIREITO REAL DE LAJE. Em reforço ao propósito de adequação do Direito à realidade brasileira, marcada pela profusão de edificações sobrepostas, o texto prevê a criação do direito real de laje.

---

[50] Avançando mais um pouco, por que não se permitir a incorporação imobiliária em empreendimentos no qual o resultado final seriam direitos de laje, em vez de unidades autônomas com fração ideal no solo? Ou ainda, produtos híbridos, tais como unidades autônomas e direitos de laje? A nosso ver, nada impede essa interpretação, haja vista que o parágrafo único do art. 28 da Lei n. 4.591/64 dispõe que "considera-se incorporação imobiliária a atividade exercida com o intuito de promover e realizar a construção, para alienação total ou parcial, de edificações ou conjunto de edificações compostas de unidades autônomas" (grifo nosso).
[51] Conforme art. 155, I da Constituição da República: "Art. 155. Compete aos Estados e ao Distrito Federal instituir impostos sobre: I – transmissão causa mortis e doação, de quaisquer bens ou direitos" (grifo nosso).
[52] Conforme art. 156, II da Constituição da República: "Art. 156. Compete aos Municípios instituir impostos sobre: II – transmissão "inter vivos", a qualquer título, por ato oneroso, de bens imóveis, por natureza ou acessão física, e de direitos reais sobre imóveis, exceto os de garantia, bem como cessão de direitos a sua aquisição" (grifo nosso).

114. Por meio deste novo direito real, abre-se a possibilidade de se instituir unidade imobiliária autônoma, inclusive sob perspectiva registral, no espaço aéreo ou no subsolo de terrenos públicos ou privados, desde que esta apresente acesso exclusivo. Tudo para que não se confunda com as situações de condomínio.

115. O direito de laje não enseja a criação de condomínio sobre o solo ou sobre as edificações já existentes. Trata-se de mecanismo eficiente para a regularização fundiária de favelas.[53]

Entretanto, o instituto não veio acompanhado de normas práticas que facilitem sua utilização fora do procedimento de regularização fundiária de interesse social.

No âmbito de procedimento de regularização fundiária, vários mecanismos foram criados para possibilitar que um dos objetivos finais seja alcançado: a titulação dos ocupantes. Assim, na regularização fundiária de interesse social, atualmente denominada Reurb-S, existe possibilidade de o Poder Público empregar vários institutos jurídicos visando atribuir ao ocupante o direito real adequado à realidade constatada (tais como o de propriedade, laje, concessão de direito real de uso), bem como regularizar a edificação existente, independentemente da apresentação de pagamento da contribuição previdenciária relativa à construção

O art. 63 da Lei n. 13.465/2017 permitiu, ainda, que a construção seja averbada com base em "mera notícia", independentemente de emissão de habite-se e certidão previdenciária:

> Art. 63. No caso da Reurb-S, a averbação das edificações poderá ser efetivada a partir de mera notícia, a requerimento do interessado, da qual constem a área construída e o número da unidade imobiliária, dispensada a apresentação de habite-se e de certidões negativas de tributos e contribuições previdenciárias.

Contudo, fora da esfera da regularização fundiária de interesse social, os trâmites para regularizar uma construção junto ao ente municipal, para obter a certidão de quitação previdenciária relativa à obra realizada e para averbar essa edificação no Registro de Imóveis é bastante complexo, demorado e custoso. O resultado disso é a ausência de averbação de construção na grande maioria das matrículas.[54]

Toda essa burocracia representa um entrave na concretização do que se poderia chamar de *princípio da correspondência entre a situação fática e a matricial*. Se o novo direito real visa, de fato, possibilitar a regularização da situação

---

53 Disponível em <http://www.planalto.gov.br/ccivil_03/_ato2015-2018/2016/Exm/Exm-MP%20 75916.pdf>. Acesso em: 3 jan. 2017.
54 Para se averbar uma construção na matrícula do imóvel são necessárias a certidão de "baixa de construção e Habite-se", expedida pelo Município, e certidão negativa de débitos com o INSS, relativa à área construída.

registral de pessoas que ocupem essas edificações sobrepostas, deveria facilitar o ingresso das construções na matrícula.

Um primeiro passo seria permitir que o município expeça o "Habite-se", quando a construção realizada, mesmo que em contrariedade às normas municipais de edificação, já esteja concluída e consolidada pelo decurso do tempo, de modo que a demolição se mostre inviável.[55] Manter essas edificações no limbo jurídico não se mostra útil para a sociedade. Por óbvio, se a construção apresenta riscos à incolumidade física dos ocupantes, deve haver a remoção das pessoas que ali residam e a demolição da edificação. Mas diante da ausência de riscos, a situação já consolidada deve ser reconhecida pelo ente público municipal, sem maiores exigências, tais como planta elaborada por engenheiro, anotação de responsabilidade técnica, dentre outras.

A habitual postura passiva dos órgãos municipais não pode mais ser admitida. O que se nota é que o município realiza, regularmente, atualização do cadastro imobiliário, lançando a existência de construções sobre os terrenos (mesmo quando realizadas sem alvará de construção e "Habite-se"), valendo-se desses cadastros para fins de cobrança de IPTU e ITBI. Por outros termos, o ente público tem conhecimento da construção e se vale desta informação para tributar o contribuinte. Geralmente, todavia, permanece inerte quanto à verificação da observância das posturas municipais para construção, bem como quanto à análise de risco.

O fato de se considerar a construção irregular para fins de tributação, ao invés de servir como sanção ao proprietário que a realizou, como aplicação do princípio da *pecúnia non olet*, atua como um benefício ao proprietário. O objetivo de se tributar os atos ilícitos ou irregulares é impedir que o agente se beneficie de sua ilicitude, deixando de recolher tributos aplicáveis ao cidadão cumpridor das leis. No caso de se considerar as construções irregulares para fins de tributação, o proprietário acabará recolhendo tributo menor do que faria se ela fosse desconsiderada, uma vez que o IPTU tem alíquotas menores para imóveis construídos, principalmente se a destinação for residencial, ao passo que os lotes vagos são

---

[55] Conforme decidido pelo TJES: "[...] 3 - Para justificar a demolição da construção é necessário que o autor demonstre os efetivos prejuízos suportados por ele, tendo em vista que não se deve concluir pela demolição da obra como se fosse algo simples, pois, tal prática causaria o despejo familiar. 4 - Decidir pela demolição de um imóvel já construído e habitado pelo simples fato de não ter havido licença para construí-lo não se mostra a solução mais correta, posto que estaria-se (sic) infringindo os preceitos constitucionais insculpidos nos arts. 5º, caput e 6º, caput da Constituição da República, ou seja, o direito à propriedade e o direito à moradia. 5 - Não verifico nos autos qualquer constatação de que a obra foi construída de forma precária ou que esteja colocando em risco obras vizinhas, a segurança da vizinhança ou o bem estar (sic) da coletividade geral. 6 - Deveria a Municipalidade ter verificado a segurança da construção, o que não ocorreu, cabendo agora, tão somente, viabilizar a regularização do imóvel junto aos órgãos competentes e exigir do requerido o cumprimento da pena pecuniária que foi imposta no momento da confecção do auto de infração. [...]" (ESPÍRITO SANTO, Remessa Ex-officio n. 35000119236, 2010).

tributados de forma mais gravosa, com possibilidade de haver progressividade no tempo em razão do descumprimento do dever de edificação.[56]

Fica evidenciado o comportamento contraditório do município, ao reconhecer, para fins tributários, a construção, e negar seu reconhecimento para fins de averbação na matrícula, causando, com isso, enorme informalidade, não só das construções, perante o Registro de Imóveis, como também dos direitos dos ocupantes, eis que a falta de averbação da edificação inviabiliza a instituição de condomínio edilício, de direito de laje e de direito de superfície, dentre outros.

Sabe-se, também, que a maioria dessas construções são edificadas com esforço pessoal do morador, família e amigos, sem mão-de-obra remunerada. Atualmente, existe dispensa de exigência de certidão negativa de débitos previdenciários, quando o proprietário for pessoa física, não possua outro imóvel e a construção for, cumulativamente, residencial e unifamiliar, com área total não superior a 70 m^2, destinada a uso próprio, do tipo econômico ou popular, executada sem mão de obra remunerada, e não tenha o proprietário se beneficiado por declaração de idêntico teor, anteriormente.[57]

No entanto, a autarquia federal considera o total de área construída na matrícula, para fins de aplicação desta dispensa. Assim, na hipótese de edificações sobrepostas, as áreas seriam somadas, sendo necessária a CND, quando a área total ultrapassar 70 m2. Nessas hipóteses, o proprietário deve recolher o tributo sobre o total da área, não sobre o que exceder a 70 m^2.

De início, deve-se salientar que a exigência de comprovação da regularidade previdenciária, a nosso ver, é uma forma indireta de cobrança, sendo inconstitucional.30 Entretanto, uma forma de facilitar a regularização da construção seria considerar, para fins de dispensa de apresentação da CND, a área construída relativa à unidade autônoma que seja objeto do direito de laje. Outro caminho seria facilitar o reconhecimento de prescrição quinquenal[58] relativa à cobrança da contribuição previdenciária, haja vista a burocracia existente junto ao órgão previdenciário.

Há, ainda, uma terceira opção, que seria permitir a realização das averbações de construção, pelo Registro de Imóveis, que posteriormente comunicaria ao ente público o ato praticado, para fins de fiscalização tributária. Atualmente, o art. 47 da Lei n. 8.212/1991 exige a certidão negativa de débito relativa à obra, como requisito para a prática do ato de averbação da construção na matrícula

---

56 Os arts. 5º e 7º da Lei n. 10.257/2001 autorizam o IPTU progressivo quando o estiver não edificado, subutilizado ou não utilizado, na forma e limites previstos no Plano Diretor.
57 Conforme art. 370, inciso I, da Instrução Normativa RFB n. 971, de 13/11/2009. 30 Vide decisão proferida pelo STF, na ADI n. 173/DF e ADI n. 394/DF.
58 O Supremo Tribunal Federal aprovou a Súmula Vinculante n. 8, que reconhece a inconstitucionalidade do prazo de 10 anos de prescrição e decadência previstas na Lei n. 8.212/1991.

do imóvel. Ao se adotar essa sistemática, seria facilitada a formalização das situações imobiliárias e, com a comunicação encaminhada pelo Oficial de Registro, a autarquia previdenciária poderia lançar em Dívida Ativa os tributos não recolhidos, havendo um ganho do ponto de vista tributário, já que, atualmente, ocorre a decadência do lançamento, ou a prescrição da pretensão da maioria dos créditos, por desconhecimento da realização da construção pelo INSS.

Diante do exposto, o que se verifica é que, não havendo uma mudança na legislação e na postura dos entes públicos, no sentido de facilitar a regularização das construções perante o Registro de Imóveis, dificilmente o direito real de laje assumirá papel relevante na redução das situações de informalidade, tornando-se apenas mais um direito real no rol do art. 1.225 do Código Civil, sem o protagonismo que dele se espera.

A criação do direito real de laje, como instituto que colmata a lacuna entre o direito de superfície e o condomínio edilício, foi um grande passo no sentido de viabilizar a regularização de situações de fato.

Faz-se necessário, porém, o adensamento do texto da Lei n. 13.465/2017, para que o objetivo de se regularizar situações de informalidade seja atingido, em cumprimento ao princípio da correspondência entre a situação fática e a matricial.

17.2.7 Direito real de uso do locatário

O contrato de locação de bem móvel ou imóvel, seja residencial ou não residencial, urbano ou rústico, uma vez que contenha cláusula de proteção contra terceiros adquirentes e, uma vez que seja levado ao Registro de Títulos e Documentos, se móvel, ou ao Registro Imobiliário, se imóvel seu objeto, deverá ser respeitado por quem quer que venha a adquirir o bem das mãos do dono (art. 576, CC). Assim, Ricardo aluga o apartamento de Luiz Carlos. O contrato contém a cláusula e é levado ao Registro Imobiliário. Se Luiz Carlos vender seu apartamento, o comprador deverá respeitar o contrato, enquanto viger o prazo. Vê-se, claramente, que o direito de uso de Ricardo opõe-se *erga omnes* e é dotado de sequela. É verdadeiro direito real, embora não figure na lista do art. 1.225 do CC.

Para que o locatário se torne titular do direito real de uso sobre o bem alugado é necessário que se preencham alguns requisitos: o contrato tem que ser escrito, o prazo da locação deve ser determinado e o contrato deve ser levado ao órgão registral adequado, ou seja, ao Cartório de Registro de Títulos e Documentos, se o bem for móvel, e ao Cartório de Registro de Imóveis, se o bem alugado for imóvel.

O direito real do locatário sofrerá as restrições impostas no próprio contrato e durará pelo prazo previsto.

17.3 Direitos reais de aquisição

Dentre os direitos reais sobre coisas alheias, assoma-se terceiro grupo, além dos direitos reais de uso e fruição e dos direitos reais de garantia. São os direitos reais de aquisição, que conferem a seu titular a faculdade de adquirir coisa alheia. Em nosso direito, encontram-se pelo menos quatro: a promessa irretratável de compra e venda de imóvel, a retrovenda, o direito de remancipação do devedor fiduciante e o direito de preferência do condômino, do enfiteuta, do superficiário e do locatário. Todos são direitos reais de aquisição, por terem as características de direitos reais: oponibilidade *erga omnes* e sequela. São verdadeiros direitos reais, embora não constem do rol do art. 1.225 do CC.

17.3.1 Promessa irretratável de compra e venda de imóvel

Já estudamos acima, na teoria geral dos contratos, o contrato preliminar ou promissório. Espécie sua é a promessa de compra e venda de imóvel, a qual, verificados alguns pressupostos, gera, a favor do promitente comprador, o direito real de adquirir o imóvel objeto do contrato.

Segundo o art. 1º da Lei n. 649/1949,

> os contratos, sem cláusula de arrependimento, de compromisso de compra e venda de imóveis não loteados, cujo preço tenha sido pago no ato de sua constituição ou deva sê-lo em uma ou mais prestações, desde que inscritos em qualquer tempo, atribuem aos compromissários direito real, oponível a terceiros, e lhes confere o direito de adjudicação compulsória.

A Lei n. 6.766/1979 criou o mesmo direito nos contratos referentes a imóveis loteados.

O Código Civil incorporou o instituto nos arts. 1.417 e 1.418.

Em poucas palavras, se duas pessoas celebram contrato de promessa de compra e venda de imóvel, preenchidos os requisitos legais, o promitente comprador terá direito real de aquisição referentemente ao imóvel. Isso equivale a dizer que, se o promitente vendedor desistir, na hora de assinar a escritura pública de compra e venda, que nada mais é que o contrato definitivo de compra e venda, o promitente comprador poderá requerer ao juiz a outorga da escritura com a consequente adjudicação do imóvel. Adjudicação, como já vimos, é a aquisição da propriedade por ato judicial.

Para que o promitente comprador tenha esse direito, são essenciais alguns requisitos. Assim é que o contrato promissório não poderá conter cláusula de arrependimento, deve ter sido assinado pelo promitente vendedor e seu cônjuge e registrado no Cartório de Imóveis. Verificadas essas condições, instituído estará o direito real de aquisição.

Mas e se o contrato preliminar não estiver registrado? Mesmo assim, o promitente comprador terá direito de adjudicar o imóvel, executando o contrato promissório. Só que este direito será creditício, não sendo oponível *erga omnes*. Não consistirá em direito real de aquisição, não sendo válido contra terceiros de boa-fé.

17.3.2 Retrovenda

Outro instituto que entendemos ser direito real de aquisição é a retrovenda. É direito real impróprio, uma vez que como tal não é considerado expressamente pela Lei. Além disso, nenhum autor a ela faz alusão. Tudo isso sem sentido, a nosso ver, visto que a retrovenda tem todas as características de verdadeiro direito real.

A retrovenda é cláusula especial que pode figurar no contrato de compra e venda de imóvel, conferindo ao vendedor o direito de readquirir o imóvel, desde que restitua ao comprador o preço mais as despesas.

Uma vez registrado no Cartório de Imóveis, o contrato com a cláusula de retrovenda gera para o vendedor direito real de aquisição, oponível *erga omnes*.

Outra não pode ser a interpretação do art. 507 do CC: "O direito de retrato (...) poderá ser exercido contra o terceiro adquirente".

Em outras palavras, se o comprador revender o imóvel, quem quer que o adquira terá que respeitar a cláusula de retrato ou retrovenda.

Em que pese o fato de a Lei não atribuir à retrovenda o caráter específico de direito real, vemos que nela estão presentes todas as características necessárias para que seja como tal considerada. É, quando nada, contrato com eficácia real.

17.3.3 Direito de remancipação do devedor fiduciante

Na alienação fiduciária em garantia, o devedor fiduciante é titular de verdadeiro direito real de aquisição, melhor dizendo de reaquisição ou remancipação, sobre o bem alienado, uma vez que pague a dívida ao credor fiduciário (art. 1.368-B, Código Civil). É direito real oponível *erga omnes* e dotado de sequela. Se o credor falir, por exemplo, e o bem for transferido a um de seus credores, paga a dívida a este credor, terá ele que remancipar o bem, como se fosse o credor original.

Embora o direito de remancipação do devedor fiduciante opere de pleno direito, isto é, embora não seja necessário qualquer ato do devedor ou do credor para que ocorra, é verdadeiro direito real.

17.3.4 Direito de preferência do locatário, do condômino, do superficiário, do enfiteuta, do ocupante de imóvel da União, do vendedor na reserva de domínio

Já falamos, a seu tempo, do direito de preferência do locatário de imóvel urbano ou rural, do condômino, do superficiário, do ocupante e do enfiteuta. Se o bem objeto desses direitos for vendido, o locatário, o condômino etc. terão direito de preferência, tanto por tanto, ou seja, pelo preço pedido. Caso não lhes seja oferecido o bem antes de se o oferecer a terceiros, poderão desfazer o negócio, no prazo legal. Esse direito de desfazer a venda, depositando o preço, ocorre exatamente em virtude da sequela, da oponibilidade *erga omnes*.

É a Lei que confere a essas pessoas o direito de preferência. Assim, ao locatário de imóvel urbano (arts. 27 e ss. da Lei n. 8.245/1991), ao locatário de imóvel rural (art. 92 do Estatuto da Terra), ao condômino (art. 1.322 do CC), ao superficiário (art. 1.373 do CC), ao ocupante de imóvel da União (art. 29, §§ 1º e 2º, da Lei n. 9.636/1998), ao vendedor na reserva de domínio (art. 522 do CC) e ao enfiteuta (art. 684 do CC/1916, ainda em vigor para as enfiteuses constituídas antes de 2003). Em nenhuma dessas hipóteses haverá necessidade de registro, para que se tenha o direito de preferência, a não ser no caso da locação de imóveis urbanos, em que a Lei n. 8.245/1991 exige o registro do contrato no Cartório de Imóveis, para que o locatário possa exercer seu direito contra terceiro, caso seja preterido em sua preferência. De todo modo, neste caso, não havendo registro, o contrato não gerará direito real, mas haverá direito a indenização do locatário contra o locador. Assim, se, por exemplo, o contrato de locação não for registrado, e o locador vender o imóvel sem oferecê-lo antes ao locatário, este nada poderá fazer contra o comprador, mas terá direito de exigir perdas e danos do locador.

Acrescente-se, por oportuno, que o mesmo direito de preferência que assiste ao superficiário e ao enfiteuta, assistirá ao proprietário, caso o superficiário ou o enfiteuta se decidam a ceder onerosamente seu direito de superfície ou de enfiteuse.

Quanto ao ocupante de imóvel da União, é a Lei n. 9.636/1998 que cuida do assunto. Segundo o parágrafo 1º do art. 29 da Lei n. 9.636/1998, no caso de venda do imóvel, o ocupante de boa-fé de áreas da União para fins de moradia, não abrangidos pelo disposto no inciso I do parágrafo 6º do art. 18 desta mesma Lei, poderão ter preferência na aquisição dos imóveis por eles ocupados, nas mesmas condições oferecidas pelo vencedor da licitação, observada a legislação urbanística local e outras disposições legais pertinentes.

A que imóveis se refere o inciso I do parágrafo 6º do art. 18 da Lei n. 9.636/1998? Segundo o art. 18, a critério do Poder Executivo, poderão ser cedidos, gratuitamente ou em condições especiais, imóveis da União a Estados, ao Distrito Federal, a Municípios e a entidades sem fins lucrativos das áreas de educação, cultura, assistência social ou saúde; ainda a pessoas físicas ou jurídicas, tratando-se de interesse público ou social ou de aproveitamento econômico de interesse nacional. Ainda segundo o parágrafo 6º, a cessão referida acima fica dispensada de licitação, se relativa a bens imóveis residenciais construídos, destinados ou efetivamente utilizados no âmbito de programas de provisão habitacional ou de regularização fundiária de interesse social, desenvolvidos por órgãos ou entidades da Administração Pública.

De acordo com o parágrafo 2º deste art. 29, a preferência de que trata o parágrafo 1º aplica-se somente aos imóveis ocupados até 27/04/2006, exigindo-se que o ocupante esteja regularmente inscrito e em dia com suas obrigações para com a Secretaria do Patrimônio da União, e que ocupe continuamente o imóvel até a data da publicação do edital de licitação.

O direito de preferência, mesmo sendo conferido por lei a favor das pessoas acima referidas, é verdadeiro direito real de aquisição, caracterizado pela sequela e pela oponibilidade *erga omnes*, ou seja, pela eficácia perante terceiros.

17.4 Direitos reais de garantia

17.4.1 Teoria geral dos direitos reais de garantia

Já estudamos as garantias ou cauções fidejussórias, também chamadas de *garantias pessoais*. São a fiança e o aval. Passemos, então, ao estudo das cauções ou garantias reais.

A noção básica dos direitos reais de garantia é bem simples, pois tão somente revela a vinculação de certo bem do devedor ao pagamento de obrigação, sem que o credor possua a fruição do bem em si. Dessa forma, uma pessoa toma empréstimo e, para assegurar o credor de que pagará a dívida, oferece bem em garantia. O credor terá, então, direito real sobre esse bem. Vale dizer que, enquanto o devedor não saldar sua obrigação, seus direitos de propriedade sobre o bem será limitado. Se por acaso alienar o bem a terceiro, o direito do credor o acompanhará, por força da sequela. Inadimplida a obrigação, o bem voltará ao credor das mãos de quem quer que seja.

Analisemos um exemplo: A toma empréstimo junto a banco. Em garantia de pagamento, oferece sua casa. Antes de pagar o empréstimo, A vende a casa a B.

Posteriormente, caso não seja saldado o empréstimo, o banco poderá tomar a casa de B, por força da sequela. Logicamente, B terá direito de regresso contra A. O exemplo é um pouco forçado e hipotético, mas, esperamos, esclarecedor.

Os direitos reais de garantia são em número de três. A saber, hipoteca, penhor e anticrese. A alienação fiduciária em garantia não é, em verdade, direito real de garantia, mas espécie de propriedade resolúvel com escopo de garantia.

Vejamos algumas normas aplicáveis a todos eles.

a] Requisitos de validade

A validade e eficácia das garantias reais se sujeitam a determinados requisitos, condições de ordem subjetiva, objetiva e formal.

■ Requisitos subjetivos

O sujeito que oferece a garantia deve ser capaz. Mas não basta a capacidade genérica, ou seja, não basta idade superior a 18 anos. Além disso, é necessária capacidade negocial. Assim é que somente o proprietário que tenha a livre disposição de seus bens poderá oferecê-los em garantia. Ademais, sendo casado, deverá obter autorização de seu cônjuge, qualquer que seja o regime de bens, segundo o art. 1.647 do CC, ressalvado o regime de separação absoluta.

Quanto às pessoas jurídicas, a constituição de garantia real sobre seus bens é ato da diretoria, devendo, entretanto, ser aprovado pelo órgão deliberativo maior, que pode ser o Conselho de Administração ou a Assembleia dos Sócios. Essa autorização é essencial, salvo se o contrário dispuser o contrato ou estatuto social.

■ Requisitos objetivos

O bem dado em garantia deverá ser possível, tanto do ponto de vista material quanto jurídico. Dessarte, não posso oferecer em garantia lote na lua. Também não poderei oferecer em garantia coisa furtada.

Desses requisitos objetivos, quais sejam, a possibilidade material e a licitude, podemos deduzir algumas regras.

O bem oferecido em caução deve estar disponível. Só as coisas suscetíveis de alienação podem ser dadas em garantia. Existem bens inalienáveis por natureza, como o sol e a lua; bens inalienáveis por força da vontade, como o bem de família; e bens inalienáveis por força de lei, como os bens públicos. Nenhum deles pode, em princípio, ser dado em garantia.

Coisas alheias não podem ser objeto de direito real de garantia. Isso porque, como vimos, só o dono pode constituí-las em caução. Se dou carro alheio em garantia de dívida minha, o ato será defeituoso, podendo ser anulado a qualquer momento, inclusive de ofício pelo juiz. Contudo, se posteriormente vier a adquirir o carro, o defeito será sanado, valendo a garantia, como se nunca tivesse padecido de vício.

Requisitos formais

Os direitos reais de garantia são instituídos por contrato, que deverá obedecer forma escrita, dentre outros requisitos. Faltando qualquer um deles, inquina-se de defeito grave a convenção, sendo ineficaz a garantia. Em outras palavras, na ausência das condições formais de validade, a garantia não será oponível *erga omnes*, não se podendo falar em direito real. De nada valerá em concurso de credores, ou em processo falimentar, por exemplo. Isto porque, tanto no concurso de credores quanto na falência, há disputa entre vários credores, uns recebendo de preferência aos outros. Os credores com garantia real recebem logo depois dos credores trabalhistas, fiscais e da massa. Mas se seu direito de garantia não for oponível contra todos, por faltar-lhe requisito formal de validade, receberão em último lugar, juntamente com os credores quirografários.

Para que seja válida a garantia, gerando direito real, o contrato que a institui deverá conter:

1] o total da dívida garantida;
2] o vencimento da obrigação;
3] a taxa de juros, se houver;
4] o bem oferecido em caução, com todas as suas especificações.

Sendo o bem imóvel, o contrato deverá ser levado ao Registro Imobiliário; sendo móvel, ao órgão competente. Assim, caso se trate de um carro, o órgão será o Detran; tratando-se de um navio, a Capitania dos Portos; se for um avião, a Anac; caso não haja órgão específico, o contrato deverá ser registrado no cartório de títulos e documentos.

b] Efeitos

Seis são os principais efeitos dos direitos reais de garantia: a oponibilidade *erga omnes*, a sequela, o privilégio, a excussão, a indivisibilidade e o vencimento antecipado da obrigação garantida.

Oponibilidade *erga omnes*

Por diversas vezes nos referimos à oponibilidade *erga omnes*. Sem esta característica, não há direito real. É ela a principal característica e, pela ordem, o principal efeito dos direitos reais, que podem ser exigidos (opostos) de todos, não apenas do devedor, como nos direitos de crédito. Também os direitos reais de garantia podem ser opostos contra todos. Se Felipe é titular de um direito de hipoteca sobre o imóvel de Diego, não é apenas de Diego que poderá exigir esse direito, mas de todos em geral. Em outras palavras, só ele, Felipe, é o titular da hipoteca, ninguém mais.

Sequela

Característica de todo direito real, a sequela, também e principalmente, se faz sentir nos direitos reais de garantia. Se ofereço meu carro em garantia e, antes de pagar a dívida, vendo-o, o credor não pago poderá recuperá-lo das mãos de quem quer que o tenha comprado. Afinal, a sequela é o poder que tem o direito real de seguir a coisa, aonde quer que ela vá. A sequela, como se pode perceber, é decorrência inevitável da oponibilidade *erga omnes*.

Privilégio

Como dissemos há pouco, os credores com garantia real têm o direito de receber em certa ordem, quando concorrendo com outros credores sem as mesmas garantias.

Tanto no processo de falência quanto na insolvência civil, os credores com garantia real recebem em ordem privilegiada em relação aos demais. Na falência, são os segundos a receber, após os titulares de créditos trabalhistas não excedentes a 150 salários mínimos. Na insolvência civil, regida pelo Código de Processo Civil de 1973 (art. 1.052 do CPC/2015), são os quartos a receber, depois dos titulares de créditos trabalhistas, do Fisco e dos encargos e dívidas da massa. Rigorosamente, o art. 769 do CPC estabelece que a ordem de vocação ao crédito será aquela indicada pelo Código Civil.

Excussão

Uma vez não adimplida a obrigação garantida, que pode o credor fazer? Poderá ele se apoderar do bem oferecido em garantia? Evidentemente que não.

O procedimento a ser observado é bem diferente desse. O credor, uma vez não paga a dívida, deverá excutir o bem dado em caução. A excussão consiste na execução judicial da dívida garantida. O bem será apreendido e vendido em hasta pública (leilão). Com o dinheiro resultante da venda pública, o credor será pago.

A razão de ser do preceito é bem simples. O valor do bem pode ser superior ou inferior à dívida. No primeiro caso, ao devedor se restitui o saldo positivo. No segundo caso, a obrigação permanece no que ficar faltando.

Mas em nenhuma hipótese poderá o credor ficar com o bem dado em garantia? Seria errôneo dizer que não. Poderá apropriar-se do bem se o devedor concordar. Nesse caso, haverá dação em pagamento, que, como estudado, é a substituição da res debita[59] por outra diferente de dinheiro.

Posto isso, conclui-se ser inválido o pacto comissório. Este vem a ser a convenção prévia, entre credor e devedor, conferindo àquele o direito de se assenhorear da coisa dada em garantia, na hipótese de inadimplemento. O credor só terá esse direito caso o devedor consinta, após a concretização do inadimplemento.

---

[59] *Res debita* significa "coisa devida".

Indivisibilidade

A indivisibilidade da garantia pode ser observada em dois momentos.[60] Primeiramente, a garantia abrange todo o bem oferecido e não só parte dele. Para que apenas parte do bem seja abrangida, é necessária estipulação expressa nesse sentido. Assim, se ofereço minha casa em caução de pagamento, toda ela, inclusive o terreno e os acessórios, como benfeitorias e acessões imobiliárias, será açambarcada pela garantia. Somente se excluem as benfeitorias facilmente destacáveis[61] e as expressamente exoneradas.

Em segundo lugar, a garantia é indivisível, no sentido de que o adimplemento parcial da obrigação não desonera o bem parcialmente. Em outras palavras, o bem continua gravado em seu todo, embora tenha havido pagamento parcial. Isso, é lógico, salvo disposição contrária. Se o credor resolver liberar parte do bem oferecido, deverá indicar a que parte se refere.

Vencimento antecipado da obrigação garantida

Há casos em que a obrigação garantida por caução real pode ser exigida antes do vencimento. São eles:

1] Perecimento ou deterioração do objeto, sem que seja substituído ou reforçado pelo devedor. Na hipótese de o objeto estar segurado, o valor da indenização sub-roga-se na coisa destruída ou deteriorada, assistindo ao credor preferência até completo reembolso.[62] Exemplificando, se ofereço meu carro em garantia, vindo a batê-lo, e estando ele segurado, a indenização do seguro será a garantia do credor.

2] Falência ou insolvência do devedor. A falência é exclusiva para os empresários. As demais pessoas sofrem processo semelhante, chamado concurso de credores ou insolvência civil. De qualquer forma, tanto na falência quanto na insolvência se antecipam todas as obrigações do devedor, devendo os credores se habilitar no processo, a fim de serem pagos na ordem acima mencionada.

3] Impontualidade do devedor no pagamento das prestações, sendo a obrigação pagável a prestações. O atraso em qualquer uma delas justifica o vencimento antecipado de todas as demais. Mas caso o credor as receba, embora atrasadas, perderá o direito de exigir as prestações vincendas.

4] Desapropriação total ou parcial da coisa dada em garantia. Sendo a desapropriação total, o pagamento da indenização deverá ser efetuado ao credor, até a integralização de seu crédito. Sendo parcial, o valor da indenização será entregue ao credor, continuando a parte não desapropriada

---

60 PEREIRA, Caio Mário da Silva. **Instituições**... cit., 18. ed., v. 4, p. 229-230.
61 Idem, p. 229.
62 Idem, p. 230.

gravada a favor do credor. Tal não ocorrerá apenas se o valor entregue ao credor for suficiente para saldar toda a dívida.

Vistas, em suas linhas gerais, as principais regras aplicáveis a todas as espécies de direitos reais de garantia, andemos a examiná-los um a um.

17.4.2 Direitos reais de garantia em espécie

O estudo das várias espécies de garantia real dar-se-á suprimindo-se o que já se falou sobre elas em termos genéricos. O que se aplica a todas, aplica-se a cada uma em particular.

Não adotaremos aqui a mesma ordem de exposição do Código Civil. Analisaremos cada uma das garantias segundo seu surgimento histórico.

a] Alienação fiduciária em garantia

Alienação fiduciária em garantia é o contrato pelo qual uma pessoa, o devedor fiduciante, a fim de garantir o adimplemento de obrigação e mantendo-se na posse direta, obriga-se a transferir a propriedade de uma coisa ou a titularidade de um direito a outra pessoa, o credor fiduciário, que fica adstrito a retransmitir a propriedade ou a titularidade do direito ao devedor fiduciante, assim que paga a dívida garantida.

Não se cuida de direito real de garantia, mas de espécie de propriedade com escopo de garantia. Assim é tratada no Código Civil, assim a tratamos nós no Capítulo XV, juntamente com as outras espécies de propriedade fiduciária. Apenas por razões didáticas, fazemos referência a ela neste momento.

b] Penhor

O penhor foi, historicamente, o primeiro verdadeiro direito real de garantia adotado pelo Direito Romano.[63] Não tinha a grande desvantagem da alienação fiduciária, qual seja, não transferia ao credor a propriedade do bem oferecido em caução. O devedor entregava o bem ao credor, que o guardava na condição de depositário, até que fosse paga a dívida. Paga esta, o bem era então restituído ao devedor.

Na verdade, assim funciona até hoje o penhor. Seu mecanismo é bastante simples, gerando o consequente direito real de garantia, cujo titular é o credor. A relação jurídica real se estabelece entre o credor, titular, e todos os não titulares, ou seja, todas as demais pessoas não detentoras de direito real de penhor sobre aquele bem.

De início, cumpre não confundir penhor com penhora.

---

63 CRETELLA JR., José. **Curso de direito romano.** 21. ed. Rio de Janeiro: Forense, 1998. p. 360.

Penhor, como acabamos de ver, é direito real de garantia. Penhora é ato judicial, pelo qual o magistrado ordena que os bens do devedor inadimplente sejam arrecadados para solver suas dívidas. É arrecadação judicial de bens do devedor inadimplente.

O verbo correspondente ao substantivo penhora é o verbo penhorar. Já o verbo referente ao substantivo penhor é o verbo empenhar, sendo de menos frequente utilização o verbo apenhar.

Definição

Por tudo o que vimos acima, podemos dizer que ocorre penhor quando o devedor, ou um terceiro em seu nome, entrega ao credor bem móvel, livre e desonerado, em garantia da dívida.

O penhor, por sua natureza, é contrato. Contrato gerador de relação jurídica real. Só se aperfeiçoa após a tradição da coisa dada em garantia. Em outras palavras, o contrato de penhor só se considera celebrado quando o devedor entrega a coisa ao credor. Este, aliás, o grande defeito do penhor. O devedor entrega a coisa ao credor, perdendo a posse direta sobre ela. Continua sendo dono, mas perde a posse direta.

Por só se considerar celebrado após a *traditio rei*, dizemos ser o penhor contrato real, assim como o mútuo, o comodato e o depósito. Como veremos mais abaixo, a tradição poderá ser ficta, permanecendo a coisa na posse direta do devedor.

Objeto

O objeto do penhor deverá ser bem móvel ou suscetível de mobilização, como uma mata de eucaliptos (imóvel por acessão). O penhor envolve tanto o bem principal como todos os acessórios que não sejam expressamente excluídos. Portanto, se empenho meu automóvel, estarei empenhando as rodas de liga leve, salvo disposição contrária.

O penhor pode recair sobre coisa infungível, quando se dirá penhor regular, ou pode recair sobre coisa fungível, quando se denominará penhor irregular ou depósito em caução.

Sendo irregular o penhor, o credor, uma vez que o devedor pague a dívida, ficará obrigado a restituir coisa de mesma espécie, qualidade e quantidade. Exemplo seriam sacas de arroz como objeto de penhor.

O devedor deve ser dono da coisa empenhada. Se o objeto pertencer a terceiro, este deverá autorizar expressamente a operação de penhor.

O objeto do penhor deverá ser coisa livre e desonerada, ou seja, deve ser passível de alienação. Não se pode empenhar, por exemplo, bem gravado com cláusula de inalienabilidade.

Forma

O penhor se concretiza por contrato real, celebrado entre devedor e credor, aperfeiçoando-se com a tradição da coisa. Ocorre que, paralelamente, a Lei exige forma escrita. Esta pode ser pública ou particular, devendo, de todo modo, ser levada a registro no Cartório de Títulos e Documentos (penhor comum, de direitos e de títulos de crédito e penhor de veículos) ou no Cartório de Imóveis (penhor rural, industrial e mercantil) para gerar efeitos *erga omnes*. O registro poderá ser efetuado por qualquer das partes.

Direitos do credor

Dentre os direitos do credor pignoratício, podemos apontar a posse. Por outros termos, o credor pode reter a coisa em seu poder, até o adimplemento da obrigação pelo devedor.

Outro direito do credor é o de excutir o penhor, uma vez que a obrigação vença sem ser paga. Isto quer dizer que o credor acionará a Justiça, a fim de penhorar a coisa e vendê-la em hasta pública. O saldo da venda será restituído ao devedor. Se for negativo, o devedor continuará devendo.

É lógico que a venda pode ser extrajudicial, ou pode haver dação em pagamento, caso em que o credor simplesmente se apropria da coisa. Mas, em ambos os casos, é necessária a anuência do devedor. Para que haja leilão extrajudicial, é necessária cláusula contratual permissiva ou procuração especial do devedor. A dação em pagamento só é possível com expressa anuência do devedor, não sendo admitida cláusula nesse sentido, considerada comisso.

O devedor poderá requerer ao juiz a venda de uma só das várias coisas empenhadas para a garantia de uma mesma dívida. Pode ser que a venda de uma só delas seja suficiente para saldar a dívida. Pode ser também o caso de coisa divisível, e que a venda de uma parte baste para o pagamento integral do saldo devedor. Neste caso, também será possível ao devedor requerer a venda parcial ao juiz. Essa possibilidade, obviamente, não fere a regra da indivisibilidade da garantia. O que o devedor não pode é requerer a desoneração de parte da coisa, devido ao pagamento parcial da dívida.

Se a coisa empenhada se deteriorar ou perecer, sem culpa do credor, este pode exigir reforço ou substituição da coisa, sob pena de vencimento antecipado da obrigação. Neste caso, será também opção do credor a venda antecipada da coisa, desde que autorizado judicialmente. O preço auferido será depositado em conta especial. O devedor, para impedir a venda antecipada, deverá substituir a coisa ou a garantia por outra garantia real, como hipoteca ou alienação fiduciária.

Cabe ao credor ressarcir-se de qualquer prejuízo oriundo de vício da coisa empenhada. O exemplo que nos fornece Caio Mário é bem elucidativo. "O rebanho do credor se contamina com enfermidade portada pelo gado empenhado".[64]

Poderá ainda o credor fruir de tudo o que produza a coisa empenhada, devendo, contudo, imputar estes frutos de que se apropriou nas despesas de guarda e conservação, nos juros e no capital da obrigação garantida, seguindo esta ordem.

Assim, imaginemos que A tenha dado em penhor a B um plantel de vacas leiteiras. O gado foi transferido para a fazenda de B. B poderá fruir do leite, das crias, do couro e de tudo o mais que as vacas produzam. Deverá, porém, subtrair estes ganhos do valor que teria a receber de A, a título de ressarcimento por despesas de guarda e conservação do gado, a título de juros e a título do capital principal da obrigação garantida, seguindo esta ordem. Se o capital emprestado era de $ 1.000,00, os juros de $ 100,00 e as despesas de $ 200,00, supondo que os frutos produzidos pelo rebanho cheguem a $ 300,00, A deverá apenas o capital de $ 1.000,00, uma vez que as despesas e os juros serão compensados com os frutos que A colheu. Trata-se, pois, de mais uma hipótese de compensação legal.

Por fim, salvo disposição contrária, ao credor abonam-se as despesas necessárias à conservação da coisa.

Deveres do credor

Enquanto depositário da coisa, seu possuidor direto, o credor deverá zelar por ela como se fosse sua. Responde por todos os casos de perecimento ou deterioração advindos de culpa sua.

Satisfeita a obrigação, o credor pignoratício tem o dever de restituir a coisa ao devedor. Restituí-la com todos os acessórios.

Como já vimos, excutido que seja o penhor, a coisa será vendida e o saldo remanescente, se for positivo, deverá ser entregue ao devedor.

Penhor legal

O penhor convencional, do qual tratamos até o momento, é fruto de acordo entre devedor e credor. Além dele, admite a Lei outra espécie de penhor, chamado penhor legal. Legal porque oriundo de norma legal e não de convenção entre credor e devedor. Na verdade, cuida-se de faculdade do credor em certas situações, em que se pode valer da garantia que lhe é conferida por lei.

O art. 1.467 do CC arrola os casos de penhor legal. Segundo os dizeres do Código, têm penhor legal, independentemente de convenção, os hospedeiros, ou fornecedores de pousada ou alimento, sobre as bagagens, móveis, joias ou dinheiro que seus consumidores ou fregueses tiverem consigo nas respectivas casas ou estabelecimentos, pelas despesas ou consumo que aí tiverem feito.

---

64 PEREIRA, Caio Mário da Silva. **Instituições**... cit., 18. ed., v. 4, p. 237.

Assim, se um indivíduo consome em restaurante e não paga, o dono do estabelecimento terá direito de penhor, conferido por lei, sobre os móveis como casaco, relógio etc., joias ou dinheiro. O mesmo ocorrerá em hotel, pensão, estalagem etc.

Mas não basta tomar do consumidor ou freguês os ditos bens. É essencial que, logo em seguida, se requeira a homologação judicial do penhor, conforme os ditames dos arts. 703 e 704 do CPC.

Segundo o Código de Processo, tomado que seja o penhor legal, requererá o credor, ato contínuo, a homologação. Na petição inicial, instruída com o contrato de locação ou a conta pormenorizada das despesas, a tabela dos preços e a relação dos objetos retidos, o credor pedirá a citação do devedor para pagar ou contestar na audiência preliminar que for designada.

A homologação do penhor legal poderá ser promovida pela via extrajudicial mediante requerimento, que conterá os mesmos requisitos previstos para a petição inicial, do credor a tabelião de notas de sua livre escolha. Recebido o requerimento, o notário promoverá a notificação extrajudicial do devedor para, no prazo de cinco dias, pagar o débito ou impugnar sua cobrança, alegando por escrito a causa da impugnação, hipótese em que o procedimento será encaminhado ao juízo competente para decisão. Transcorrido o prazo in albis, o tabelião formalizará a homologação do penhor legal por escritura pública.

A defesa do devedor só pode consistir em nulidade do processo; extinção da obrigação; não estar a dívida compreendida entre as previstas em lei ou não estarem os bens sujeitos a penhor legal; ou, por fim, alegação de haver sido ofertada caução idônea, rejeitada pelo credor.

A partir da audiência preliminar, observar-se-á o procedimento comum.

Homologado o penhor legal, consolidar-se-á a posse do autor sobre o objeto. Mas, se a homologação for negada, o objeto será entregue ao réu, ressalvado ao autor o direito de cobrar a dívida pelo procedimento comum, salvo, evidentemente, se tiver sido acolhida a alegação de extinção da obrigação.

Contra a sentença caberá apelação, e, na pendência de recurso, poderá o relator ordenar que a coisa permaneça depositada ou em poder do autor.

O art. 1.467, inciso II, do CC prevê outra espécie de penhor legal. É o caso do dono do prédio rústico ou urbano, sobre os bens móveis que o rendeiro ou inquilino tiver guarnecendo o mesmo prédio, pelos aluguéis ou rendas.

Este inciso, em meu entendimento, não se aplica integralmente, diante da Lei n. 8.009/1990, que instituiu o bem de família legal. Segundo esta lei, são impenhoráveis por dívida o imóvel residencial da família, bem como os bens móveis que o guarneçam, à exceção das obras de arte e adornos suntuosos. O parágrafo único do art. 2º acrescenta que, no caso de imóvel locado, a impenhorabilidade aplica-se aos bens móveis quitados que guarneçam a residência e que sejam de propriedade do locatário; aos demais bens móveis, que não se amoldarem a estas exigências, aplica-se o inciso II do art. 1.467 do CC. De todo modo, por ser lei de caráter especial, a Lei n. 8.009/1990 terá preponderância sobre a de caráter geral, no caso, o Código Civil, mesmo sendo este posterior àquela. Há que ponderar as palavras de Cristiano Chaves de Farias e Nelson Rosenvald. Segundo sua opinião, com a qual tendo a concordar, "onde não houver penhorabilidade não se poderá cogitar de empenhamento".[65]

Penhores especiais

A par do penhor convencional e do penhor legal, existem ainda outras modalidades especiais de penhor, atualmente reguladas pelo Código. São o penhor rural (agrícola e pecuário), o penhor industrial e mercantil, o penhor de direitos e títulos de crédito e o penhor de veículos.

A grande peculiaridade dessas espécies de penhor é que o próprio devedor terá a posse direta sobre os bens dados em garantia. Esta característica só não se aplica ao penhor de direitos e títulos de crédito, cujos documentos deverão ser entregues ao credor.

De fato, de que valeria ao industrial o empréstimo, se tivesse que entregar ao credor seu maquinário, inviabilizando com isso sua empresa? Assim, nesses casos, admite a Lei que o devedor continue na posse direta dos bens ofertados em garantia.

Por outro lado, o contrato de penhor rural, industrial e mercantil deverá ser escrito e levado ao Registro Imobiliário para que gere efeitos contra terceiros.

O penhor de veículos será levado ao Registro de Títulos e Documentos, devendo ser anotado no certificado de propriedade.

No penhor de títulos de crédito, o devedor oferecerá em garantia um título de crédito (ex.: ações de uma companhia) de que seja titular.

Vejamos outro exemplo: João é credor de Manoel. A dívida é representada por nota promissória. Por outro lado, João é devedor de José. Em garantia de pagamento, João entrega a José, mediante endosso, a nota promissória emitida por Manoel. Caso João não pague, José poderá agir contra Manoel como se fosse o titular original da nota promissória.

Vemos, no caso, três partes: o devedor do título (Manoel), o credor caucionário ou pignoratício (José) e o credor caucionante ou pignoratício (João).

O devedor do título deve ser intimado da caução, a fim de que não realize qualquer pagamento ao credor caucionante.

Paga a obrigação, o credor caucionário deverá restituir o título ao credor caucionante.

O mesmo raciocínio, *mutatis mutandis*, deverá ser feito para o penhor de direitos, como, por exemplo, direitos autorais. No caso, haverá o devedor (o editor), o credor pignoratício e o devedor pignoratício (o autor). O credor deverá

---

65 FARIAS, Cristiano Chaves de; ROSENVALD, Nelson. **Direitos reais**... cit., p. 644.

ser empossado da documentação que comprove a existência e validade do direito empenhado, e o devedor do direito deverá ser informado, a fim de que não realize qualquer pagamento ao devedor pignoratício.

Resta, por fim, desvendar uma questiúncula. Seria o penhor agrícola, pecuário etc. um contrato real, mesmo sem a tradição da coisa?

Pode-se defender a tese, bastando para isso pequena manobra intelectual. Imaginando que com a celebração do contrato haja entrega fictícia dos bens ao credor, que, também ficticiamente, os restituiria ao devedor para guardá-los, teríamos aí tradição ficta, permanecendo o contrato na categoria dos contratos reais.

Extinção do penhor

Várias são as causas que levam à extinção do penhor. A primeira delas, a mais natural, é a extinção da própria dívida.

Como vimos, o acessório segue o principal. Por conseguinte, extinta a obrigação principal, o penhor, que lhe era acessório, também se extinguirá.

Mas e se a obrigação principal for novada? Neste caso, o penhor se extinguirá, salvo disposição contrária. Exemplificando: João deve a José $ 100,00. Vendo-se impossibilitado de pagar tudo de uma só vez, João propõe a José pagar $ 120,00 de três vezes. Aceita e formalizada a proposta, a obrigação de pagar $ 100,00 se extingue, sendo substituída pela de pagar $ 120,00 de três vezes. Ocorreu, no caso, novação objetiva. Se a obrigação de pagar $ 100,00 era garantida por penhor, este se extingue com a novação, salvo se o contrário for combinado, quando do acordo. Extinto o penhor, o bem empenhado deverá ser restituído ao devedor.

Havendo sub-rogação, a dívida antiga não se extingue, transferindo-se, juntamente com seus acessórios, dentre eles o penhor, para o novo devedor. Se, por exemplo, fiador paga por seu afiançado, sub-roga-se nos direitos do credor, assumindo inclusive a titularidade dos direitos acessórios, como o penhor.

Anulada ou prescrita a obrigação principal, extingue-se, consequentemente, o penhor.

Extingue-se o penhor pelo perecimento do objeto.

Se o perecimento for atribuível a culpa do credor pignoratício, deverá ele indenizar o devedor, resolvendo-se o penhor. Se a culpa for do próprio devedor ou se fortuito o perecimento, o penhor se extingue, mas o credor poderá exigir a substituição da coisa. Se o devedor a tanto se negar, poderá o credor exigir o pagamento antecipado da obrigação.

Por fim, se o objeto perecer por culpa de terceiro, este deverá indenizar o devedor pignoratício, dono da coisa. De qualquer forma, o penhor se sub-roga no valor da indenização. Em outras palavras, o credor terá como garantia o valor pago a título de indenização.

O mesmo ocorre na hipótese de desapropriação. Quando o Estado desapropria bem particular, é obrigado a pagar a seu dono indenização. Esse valor passará a ser a garantia do credor pignoratício.

O penhor ainda se extingue pela renúncia. Cumpre, porém, distinguir duas hipóteses:

1] O credor renuncia apenas ao penhor. Neste caso, a dívida garantida permanece intacta.
2] O credor renuncia à dívida principal, garantida pelo penhor. Como o acessório segue o principal, extingue-se o penhor.

A confusão também será causa extintiva do penhor. Ocorrerá confusão quando o credor pignoratício vier a se tornar dono da coisa empenhada, ou quando o devedor pignoratício se tornar credor de si mesmo.

Vejamos dois exemplos.

João é credor de José. Guarda como garantia da dívida joia de José. Suponhamos que José morra, deixando a joia para João. Ora, o penhor se extingue e João poderá ficar com a joia, exigindo dos outros herdeiros o pagamento da obrigação, antes garantida pela joia. Como vimos, extinguiu-se o acessório, mas não o principal.

João é credor de José. A garantia dada foi também uma joia. Supondo que João morra, deixando José como único herdeiro, teremos que José será credor de si mesmo, operando-se, pois, a confusão. Neste caso, extingue-se a obrigação principal e, consequentemente, o penhor, que lhe era acessório.

Extingue-se o penhor pela adjudicação, pela remição, pela remissão ou pela venda amigável.

Adjudicação é a aquisição da propriedade por via judicial. Sendo a coisa empenhada posta à venda em hasta pública, desde que ninguém dê bom preço, poderá ser adjudicada ao credor, extinguindo-se, assim, a obrigação principal e o penhor.

Dentro dos limites da Lei Processual, terceiros poderão remir o penhor, pagando a dívida e ficando com a coisa empenhada. Observem que o verbo é remir e não remitir. Remitir é perdoar, remir é resgatar. Segundo os puristas, a palavra remição não existe. O substantivo de remir e de remitir é remissão. Na linguagem jurídica, porém, emprega-se corriqueiramente remição, como forma substantiva de remir, e remissão, como forma substantiva de remitir.

A remissão (perdão) também pode ser causa extintiva do penhor. Perdoada a dívida garantida, extinto estará o penhor.

Não paga a obrigação, a coisa empenhada poderá ser vendida extrajudicialmente, de forma amigável, desde que o devedor consinta, ou desde que haja previsão contratual. Vendida a coisa, extingue-se, naturalmente, o penhor. O dinheiro que se apurar será utilizado para pagar a dívida. O saldo remanescente, se positivo, será restituído ao devedor; se negativo, importará continuidade da dívida.

O penhor pode ser dado por prazo certo. Advindo o termo final do prazo, extingue-se o penhor.

Por último, extingue-se o penhor pela resolução do direito do empenhante sobre a coisa empenhada, como no caso de evicção, por exemplo. Evicção é a perda de uma coisa, por força de sentença judicial, em favor de quem detinha direito anterior sobre ela. Vejamos exemplo: João entrega a Pedro seu carro em penhor. Posteriormente, é acionado judicialmente por Joaquim, que prova ser o verdadeiro dono do veículo, que lhe teria sido furtado. Por força da evicção, João perde o carro em favor de Joaquim. Sendo o automóvel restituído a Joaquim, extingue-se o penhor, que deverá, todavia, ser renovado por João.

c] Hipoteca

O direito real de hipoteca foi, segundo os doutores,[66] o último dos direitos reais de garantia a surgir. Primeiro, criou-se a alienação fiduciária em garantia, que não era bem um direito real de garantia, mas modalidade de domínio com escopo de garantia, que trazia como desvantagem o fato de o devedor perder tanto a propriedade quanto a posse direta do bem oferecido em caução. O penhor, segundo a surgir, tinha a desvantagem de perder o devedor a posse do bem, mantendo, todavia, seu domínio. A hipoteca, por sua vez, veio a superar ambas as desvantagens. O devedor oferecia um bem em garantia, não lhe perdendo nem a posse nem a propriedade. É lógico que, por ser tão vantajosa para o devedor, a hipoteca recaía, habitualmente, sobre bens de difícil, para não dizer, de impossível destruição, deterioração ou mesmo desfazimento. Em outras palavras, os bens hipotecados eram aqueles dos quais o devedor não pudesse desfazer-se facilmente, uma vez que lhes mantinha tanto a posse quanto a propriedade. Daí recair a hipoteca quase sempre sobre imóveis. E assim é até hoje; o que não significa, porém, que a hipoteca seja instituto exclusivo dos bens imóveis, haja vista que navios e aviões, bens móveis por natureza, são hipotecáveis, em nossa sistemática.

Definição

Introduzida a questão, pode definir-se hipoteca como a modalidade de garantia real que confere ao credor direito real sobre bem, em regra imóvel, do devedor, o qual permanece em sua posse e domínio.

---

66 CRETELLA JR., José. **Curso de direito romano**... cit., 21. ed., p. 361.

Requisitos de validade

Objetivo: O objeto da hipoteca é, como regra, bem imóvel, no comércio. Em outras palavras, deve ser passível de alienação por quem o oferece em garantia.

O tráfego negocial, todavia, determinou a necessidade de que alguns bens móveis pudessem ser objeto de hipoteca, sem, contudo perder sua natureza móvel.[67] É o caso dos navios e aviões. Navios são apenas as embarcações destinadas à navegação de longo curso (Lei n. 7.652/1988). No conceito de aeronave não se amoldam balões e asas-deltas (Lei n. 7.565/1986).

É, entretanto, a Lei que alista, no art. 1.473 do CC, os bens hipotecáveis. Assim, os imóveis, aí compreendidos os que o são por natureza, ou seja, o solo e tudo o que nele esteja construído ou em construção. Também se incluem os acessórios naturais do solo, como plantas e minerais, estejam na superfície ou no subsolo.

Na verdade, as minas se sujeitam a regime especial. As jazidas minerais são propriedade distinta do solo, pertencentes à União. O dono do solo tem apenas o direito preferencial de explorá-las. Concedido pelo Governo o direito de exploração, seu titular poderá hipotecar as instalações fixas da mina. A concessão governamental poderá ser objeto de hipoteca, desde que seja registrada no Livro de Registro de Concessão da Lavra.[68]

Mais atrás, estudamos o usufruto, vendo que se trata do direito de usar coisa alheia, gratuitamente, por certo tempo. Ao usufrutuário pertence o chamado domínio útil e ao proprietário, o domínio direto. Tanto um quanto outro, ou seja, tanto o domínio útil quanto o direto podem ser hipotecados.

São objeto de hipoteca as estradas de ferro, seja toda sua extensão ou apenas um ou outro trecho. A hipoteca de vias férreas, dependendo do contrato, poderá abranger o próprio trem, as estações, o solo, os trilhos e a faixa marginal de terreno. O registro da hipoteca no ofício de imóveis, nesse caso, se fará no município sede da estação inicial.

Também são hipotecáveis o direito de uso especial para fins de moradia, o direito real de uso e a propriedade superficiária. Evidentemente que a hipoteca se se limitará à duração da concessão de uso especial, do direito real de uso ou da superfície, caso tenham sido instituídos por prazo determinado.

Um mesmo bem pode ser hipotecado mais de uma vez, desde que seu valor alcance o da primeira hipoteca e o da(s) sub-hipoteca(s). Se, porém, vendido o bem, seu valor for suficiente para o pagamento apenas da primeira hipoteca, o credor sub-hipotecário se tornará credor quirografário. Além disso, o credor sub-hipotecário só poderá excutir a garantia, depois que o fizer o credor da primeira hipoteca, mesmo que seu crédito vença antes.

---

[67] PEREIRA, Caio Mário da Silva. **Instituições...** cit., 18. ed., v. 4, p. 255.
[68] Idem, p. 258.

Os bancos, em alguns casos, passaram a adotar uma modalidade de hipoteca, denominada *hipoteca abrangente*. Não possui regulamentação legal, mas acaba sendo utilizada, até com base nos arts. 1.485 (hipoteca de longo prazo) e 1.487 (hipoteca sobre dívidas futuras), ambos do Código Civil.

A hipoteca abrangente se destina a garantir dívidas atuais e futuras, ou somente futuras. A hipoteca é instituída, abrindo-se um teto para a garantia de operações futuras a favor do credor, normalmente um banco. A partir daí, outros novos contratos entre o devedor e o credor não precisam ser levados a registro, uma vez que já há um teto maior registrado na matrícula do imóvel, apto a garantir operações futuras. Difere da hipoteca comum, uma vez que esta é instituída para uma única dívida. A cada nova dívida, deve ser instituída nova hipoteca sobre o imóvel, com o consequente registro. Difere também da alienação fiduciária, que transfere a propriedade pelo valor de um único contrato até a liquidação, impedindo novos registros.

É encontrável nos negócios rurais e urbanos, principalmente com pessoas jurídicas.

Subjetivo: Só o dono ou o titular do direito pode hipotecar. Mas não basta ser dono. Além disso, é necessário o poder genérico para a alienação de seus próprios bens e a capacidade de fato. Assim, somente o dono, capaz, que possa alienar seus bens, poderá dá-los em hipoteca. O falido, por exemplo, não pode.

Ademais do falido, as pessoas casadas não poderão hipotecar seus bens sem a autorização de seu cônjuge, a não ser que o regime de bens do casamento seja o da separação absoluta. Esta autorização é absolutamente necessária em todos os outros três regimes, quais sejam, o da comunhão universal, o da comunhão parcial de bens e o da participação final nos aquestos, quanto a este último, desde que não haja cláusula permissiva, em outras palavras, no regime de participação final nos aquestos, pode haver cláusula que permita aos cônjuges a livre disposição de seus bens imóveis.

Os condôminos de coisa indivisa só poderão hipotecá-la em seu todo com a autorização dos demais.

Os incapazes, seja relativamente ou absolutamente, bem como os empresários em recuperação judicial não poderão hipotecar seus bens, a não ser com autorização judicial, ouvido o Ministério Público.

Formal: A hipoteca será fruto de contrato entre credor e devedor ou emanará da Lei. Seja qual for o caso, haverá um documento em que se consubstanciará. Este documento é o título em que a hipoteca será especializada.

Especializar a hipoteca é especificar, em todos os detalhes possíveis, o bem que se está hipotecando e a dívida que se está garantindo pela hipoteca. Não se admite, atualmente, em nosso Direito, a chamada hipoteca geral. Toda hipoteca tem que ser especializada para que se determine o bem, destacado do resto do patrimônio do devedor, assim como a dívida que se deseja garantir.

Especializada a hipoteca, será ela levada ao Registro Imobiliário, ao Tribunal Marítimo ou ao Registro Aeronáutico Brasileiro (RAB), órgão da Agência Nacional de Aviação Civil (Anac).

O registro é o momento culminante da hipoteca. É o momento em que se constituiu enquanto direito real, oponível *erga omnes*. É o registro que lhe confere publicidade, tornando-a direito real, exigível de todos.

Constituída a hipoteca, qualquer uma das partes pode permitir a emissão da correspondente cédula hipotecária, na forma e para os fins de lei especial. É a chamada hipoteca cedular, introduzida no Brasil pelo Dec.-lei 70/1966. O banco financia certa atividade, seja industrial, rural, enfim, empresarial, o devedor hipoteca um imóvel em garantia, é emitida a cédula hipotecária (cédula rural, industrial etc.), que pode ser negociada pelo banco. O banco, ao negociar com a cédula, como que transfere sua posição de credor. Quem adquire a cédula sai ganhando, uma vez que receberá seu investimento com juros, pagos, ao fim a ao cabo pelo devedor hipotecário. A garantia da cédula é o próprio imóvel hipotecado.

Efeitos da hipoteca

Quanto ao devedor: O devedor terá limitados seus direitos sobre o bem hipotecado. Não poderá, por exemplo, constituir outro direito real sobre o mesmo bem, em desrespeito à hipoteca. Poderá, todavia, constituir segunda hipoteca sobre o bem já hipotecado, em favor do mesmo ou de outro credor, desde que o valor do bem seja suficiente para cobrir a primeira hipoteca. O segundo credor hipotecário terá que se contentar com as sobras.

Não está o devedor impedido de vender o bem gravado de hipoteca. O credor hipotecário fica protegido. Não nos esqueçamos de que a hipoteca é direito real, oponível *erga omnes*. Dessa forma, se o devedor vender o bem e não pagar a dívida, o credor poderá excutir a hipoteca nas mãos do adquirente. Isso se deve à publicidade que a inscrição confere ao direito real. Em outras palavras, o adquirente do bem gravado não poderá alegar que desconhecia o gravame.

O Código Civil proíbe cláusula que proíba o devedor de alienar o bem hipotecado. O que pode prever o contrato é o vencimento antecipado da dívida, se ocorrer a alienação.

O devedor não perde a posse do bem, como no penhor. Aliás, este é o traço que, historicamente, diferenciou penhor de hipoteca.

Vimos, anteriormente, que, como regra, o credor não pode ser compelido a receber antes do vencimento, a não ser nas relações de consumo. Em todo caso, não estará o credor obrigado a receber a antecipação em parcelas. Se, porém, for credor hipotecário, estará obrigado a receber antecipadamente, mesmo que seja em parcelas. O máximo que poderá exigir do devedor é que a amortização não seja inferior a 25% do valor inicial da dívida (art. 7.º do Decreto n. 22.626/1933).

Quanto ao credor: Vencida a obrigação e não paga, poderá o credor excutir a hipoteca, intentando ação hipotecária (execução), conforme os arts. 778 e ss. do CPC ou conforme o Decreto-Lei n. 70/1966. Em suma, o bem será penhorado e vendido em hasta pública. Com o que se apurar da venda será, então, pago o credor. Diga-se, de passagem, que o contrato de hipoteca é título executivo extrajudicial.

Quanto à relação jurídica: A hipoteca pode ser estipulada por prazo determinado ou indeterminado. De qualquer forma, não ultrapassará 30 (trinta) anos.

Admite-se seja prorrogada, dentro do período máximo de 30 (trinta) anos, sem necessidade de outra contratação. Basta averbar a prorrogação na margem do registro. Passados os 30 (trinta) anos, haverá necessidade de nova contratação.

Os outros dois efeitos quanto à relação jurídica em si mesma são a preferência e a sequela.

O credor hipotecário terá preferência em relação aos credores pignoratícios, anticréticos e quirografários. Vale dizer que, havendo concurso de credores, seja em processo de falência ou de insolvência civil,[69] o credor hipotecário terá preferência para receber seu crédito, tanto em relação aos credores com garantia real não hipotecária como em relação aos credores ditos quirografários.[70]

A sequela é característica de todo direito real. Este segue o bem, aonde quer que vá. Assim, se o bem hipotecado for alienado, o credor poderá excutir a hipoteca nas mãos do adquirente, que, supõe-se, tinha conhecimento do ônus hipotecário.

Quanto a terceiros: A oponibilidade erga omnes. Uma vez inscrita no registro competente, de regra o imobiliário, a hipoteca adquire publicidade. Significa que ninguém poderá alegar desconhecê-la para se proteger da ação do credor hipotecário, cujo direito acompanha a coisa, sendo exigível de todos.

Dessarte, se alguém compra imóvel hipotecado, poderá estar correndo o risco de perder o imóvel, caso a dívida hipotecária não seja adimplida. O credor hipotecário tem direito de excutir a hipoteca, esteja o bem nas mãos de quem estiver.

Quanto ao bem gravado: A sequela. Uma vez instituída, a hipoteca acompanha o bem, esteja ele nas mãos de quem estiver. Ademais, abrange as benfeitorias ou acessões, salvo disposição contrária.

Quanto aos acessórios do crédito: O crédito pode ter acessórios como juros, correção monetária, custas judiciais, honorários de advogado etc. É opinião dominante que a hipoteca garante não só o principal, mas também os acessórios.[71]

---

69 Insolvência civil é o processo de "falência" do não comerciante, previsto no Código de Processo Civil de 1973 (art. 1.052 do CPC/2015).
70 Credores quirografários são aqueles credores que só têm um documento representando seu crédito, sem qualquer outra garantia. É credor quirografário, por exemplo, aquele que só tem a apresentar um cheque emitido pelo devedor.
71 PEREIRA, Caio Mário da Silva. **Instituições**... cit., 18. ed., v. 4, p. 273.

Remição hipotecária: Remição hipotecária é o ato pelo qual se libera o bem da hipoteca, normalmente pagando ao credor hipotecário.

Podem remir a hipoteca o adquirente do imóvel hipotecado, o credor da segunda hipoteca e o próprio devedor ou seu cônjuge, descendente ou ascendente. Caso o devedor encontre-se em estado de falência ou insolvência civil, o direito de remição defere-se à massa ou aos credores em concurso (art. 902 e parágrafo único do CPC).

Cumpre não confundir remição com remissão e remir com remitir. Remição significa liberar (aqui, a hipoteca). O verbo é remir (eu redimo, tu redimes, ele redime, nós remimos, vós remis, eles redimem). Remissão, por outro lado, significa perdão. O verbo é remitir ou perdoar. Na verdade, os dicionários admitem uma palavra pela outra. Apenas, por questão de uniformidade e diferenciação prática, adotamos "remição/remir", no sentido de liberar, e "remissão/remitir", no sentido de perdoar.

Hipoteca legal: Assim como no penhor, também na hipoteca a Lei determina que se hipoteque imóvel de certas pessoas em garantia de certas obrigações. Em tais casos, a hipoteca não será fruto de contrato. Sua fonte não será uma convenção, mas a própria Lei que, diante da ocorrência de determinado fato, constitui hipoteca sobre imóvel de certas pessoas.

Os casos ensejadores da chamada hipoteca legal, ou seja, os fatos geradores da hipoteca legal, são, basicamente, cinco.

Em primeiro lugar, as pessoas de Direito Público interno têm hipoteca sobre os imóveis de seus agentes encarregados da arrecadação ou administração de seus fundos e rendas.

O filho tem hipoteca legal sobre os imóveis de seu genitor que contrair novo matrimônio, antes de realizar a partilha dos bens do casamento anterior.

O ofendido tem hipoteca sobre os imóveis do ofensor para a satisfação do dano causado pelo delito.

O herdeiro prejudicado tem hipoteca legal sobre o imóvel que haja sido entregue a outro herdeiro, para garantir a diferença. Suponha-se que duas pessoas recebam de herança imóvel de difícil divisão. Na partilha, fica acertado que o herdeiro A fica com o imóvel, repondo ao herdeiro B a diferença. O herdeiro B terá hipoteca legal sobre o imóvel, até que lhe seja paga a diferença.

Por fim, o credor terá hipoteca legal sobre o imóvel arrematado para garantia de pagamento do restante do preço da arrematação.

Vistos os casos de hipoteca legal, cabe acrescentar que também ela deverá ser especializada e levada ao Registro Imobiliário. A especialização se fará em juízo, encerrando-se com decisão discriminativa dos bens gravados. Esta decisão será, então, apresentada ao oficial do Registro Imobiliário, promovendo-se, assim, o registro. A requerimento do devedor e a critério do juiz, a hipoteca legal poderá ser substituída por caução de títulos da dívida pública ou por outra garantia real ou pessoal.

Hipoteca judiciária: Vimos anteriormente que o patrimônio do devedor responde, de uma maneira geral, por suas obrigações. Se o credor quiser destacar um bem desse patrimônio, como garantia extra, poderá servir-se da hipoteca, do penhor ou de outra caução real. Mas e se o credor não possuir qualquer direito real de garantia sobre um bem específico do patrimônio do devedor? Neste caso, todo o patrimônio do devedor servirá de garantia, correndo o credor o risco de ser este patrimônio negativo, ou seja, o credor correrá o risco de o devedor não possuir qualquer bem. Outro risco que o credor corre é que concorrerá, sem qualquer preferência, junto com os outros credores.

Em situações como essa, qual seja, em que o credor, vitorioso em ação contra o devedor, não disponha de qualquer garantia especial, é que surge a hipoteca judiciária ou judicial.

Na verdade, é instituto pouco utilizado, tendo sido mesmo suprimido em alguns países, como a Bélgica.[72] Quando o credor sai vitorioso em ação contra o devedor, significa que este foi condenado a entregar àquele alguma coisa ou certa quantia em dinheiro. Se o devedor não cumprir a condenação espontaneamente, poderá o credor executar seu patrimônio, penhorando seus bens para satisfazer o crédito.

Mas que tem a ver a hipoteca com tudo isso?

Supondo que a execução da sentença condenatória contra o devedor seja demorada, o credor pode querer se garantir contra qualquer ato fraudulento do devedor. O devedor pode, por exemplo, vender seus bens; e até que se prove ter ocorrido fraude de execução, a fim de se anular a venda, pode transcorrer muito tempo e ser gasto muito dinheiro. A hipoteca judiciária vem, então, a calhar.

Vendo o credor que o processo de execução possa se delongar, requer seja destacado um imóvel do patrimônio do devedor para lhe servir de garantia de que, findas as controvérsias judiciais, haverá o que penhorar. O juiz manda, então, que se apresente imóvel do devedor. Procede-se, em seguida, à especialização e ao registro, como se fosse hipoteca comum. Registrada a hipoteca no ofício de imóveis, o credor terá direito real de garantia sobre o dito imóvel, podendo penhorá-lo, ainda que seja alienado a terceiros, sem precisar provar ter havido fraude de execução.

Conforme o art. 495 de CPC, a decisão que condenar o réu ao pagamento de prestação consistente em dinheiro e a que determinar a conversão de prestação de fazer, de não fazer ou de dar coisa em prestação pecuniária valerão como

---

72 DE PAGE, Henri. **Traité** élémentaire. 2. ed. Bruxelles: ÉmileBruylant, 1957. t. VII, p. 339 et seq.

título constitutivo de hipoteca judiciária. A decisão produzirá a hipoteca judiciária, mesmo que a condenação tenha sido genérica, ou mesmo que o credor possa promover o cumprimento provisório da sentença ou esteja pendente arresto sobre bem do devedor, ou ainda mesmo que impugnada por recurso dotado de efeito suspensivo.

A hipoteca judiciária poderá ser realizada mediante apresentação de cópia da sentença perante o cartório de registro imobiliário, independentemente de ordem judicial, de declaração expressa do juiz ou de demonstração de urgência.

No prazo de até quinze dias da data de realização da hipoteca, a parte informá-la-á ao juízo da causa, que determinará a intimação da outra parte para que tome ciência do ato.

Sobrevindo a reforma ou a invalidação da decisão que tenha imposto o pagamento, a parte responderá, objetivamente, pelos danos que a outra tiver sofrido em razão da constituição da garantia, devendo o valor da indenização ser liquidado e executado nos próprios autos.

Por fim, cabe esclarecer que a hipoteca judiciária não conferia ao credor direito de preferência, se viesse a concorrer com outros credores. A hipoteca judiciária era, por isso, direito real de garantia incompleto, uma vez que gerava a sequela, mas não a preferência. Em outras palavras, a hipoteca judiciária era oponível *erga omnes*, menos aos cocredores. Por isso, havia mesmo quem negasse a ela o caráter de direito real.[73] Tal situação foi alterada pela norma do parágrafo 4º do art. 495 do CPC/2015, que confere ao credor o direito de preferência, mesmo em relação aos demais credores, observada a prioridade no registro.

Extinção da hipoteca: A hipoteca se extingue pelo desaparecimento da obrigação que garante. Afinal, a relação hipotecária é acessória e segue a relação principal, que cauciona. Extinta a principal, extingue-se a acessória. E como se extingue a relação principal? Por exemplo, pelo pagamento. Uma vez que o devedor pague o que deve ao credor, o imóvel hipotecado se libera do gravame.

Extingue-se ainda a hipoteca se o bem hipotecado perecer. O imóvel pode ser invadido pelas águas de represa, ou o avião pode ser destruído em desastre. Neste caso, a hipoteca se extingue, ficando o credor com o direito de exigir nova garantia, sob pena de vencimento antecipado da obrigação.

Havendo desapropriação, o credor terá como garantia o valor da indenização paga pelo Poder Público.

Outra razão de extinção seria a perda do domínio sobre a coisa pelo devedor. Vejamos um caso: uma pessoa recebe imóvel em doação. Hipoteca o imóvel. Posteriormente, a doação é revogada. Se a doação é revogada, vale dizer que o devedor deixou de ser dono do imóvel, extinguindo-se, em consequência, a hipoteca que

---

[73] FARIAS, Cristiano Chaves de; ROSENVALD, Nelson. **Direitos reais**... cit., p. 660.

sobre ele havia constituído.[74] É lógico que o credor poderá exigir nova garantia, sob pena de vencimento antecipado da obrigação.

O credor pode renunciar à hipoteca, caso em que esta se extinguirá. Pode também haver remição hipotecária, outra causa extintiva, que analisamos ainda há pouco.

A hipoteca poderá ser anulada por algum defeito de ordem subjetiva, material ou formal.

A extinção da responsabilidade (prescrição) do devedor pelo não pagamento da dívida implicará extinção da hipoteca.

A usucapião da liberdade é também causa extintiva. Ocorre a usucapião da liberdade, quando a hipoteca perdurar por 30 (trinta) anos. O advento do trigésimo ano, sem renovação, põe fim à hipoteca. Após esse prazo, a hipoteca poderá ser renovada, mediante a constituição de nova hipoteca, que será registrada no ofício imobiliário.

Caso a hipoteca seja constituída por prazo certo, inferior a 30 (trinta) anos, poderá ser prorrogada, até o prazo máximo de 30 (trinta) anos, mediante simples averbação no Registro Imobiliário.

Se o bem hipotecado for usucapido, também cessa a hipoteca.

Excutida a hipoteca e penhorado o imóvel, será ele praceado, ou seja, vendido em hasta pública. Arrematado que seja por quem der maior lance, extingue-se imediatamente a hipoteca. É evidente que o credor hipotecário deverá ter ciência do praceamento do imóvel, se a penhora não houver sido promovida por ele mesmo.

d] Anticrese

Muito não há que falar da anticrese, por ser instituto em franco desuso, extinta mesmo em algumas legislações. No Brasil, insere-se entre os direitos reais de garantia, mais por tradição e insistência do legislador do Código Civil que por razões de ordem prática. A anticrese, definitivamente, não integra a ordem do dia.

Definindo-a em poucas palavras, pode-se dizer que haverá anticrese quando o devedor oferecer em garantia as rendas de imóvel. Para que nasça o direito real, é necessário o registro do título constitutivo, ou seja, do contrato pelo qual se constituiu a anticrese, no ofício imobiliário.

Não paga a obrigação, poderá o credor tomar posse do imóvel, administrando-o, a fim de obter renda. Poderá nele plantar, criar animais, poderá alugá-lo etc. Com a renda auferida, será paga a dívida. Como se vê, na anticrese não há falar em excussão da garantia, mas em sua administração.

O credor, enquanto administrador de coisa alheia, se bem que em seu próprio proveito, deve contas ao devedor. Este poderá fiscalizar a administração do

---

74 BEVILÁQUA, Clóvis. **Direito das coisas**. 4. ed. Rio de Janeiro: Forense, 1956. v. 2, § 194.

credor, exigindo que seja eficaz, uma vez que é com o resultado dessa gerência que a dívida será paga. Adimplida a obrigação, extingue-se a anticrese.

A anticrese não é praticada no Brasil, embora pudesse ser útil. Vejamos um exemplo. A, dono de uma grande loja desocupada, toma um empréstimo junto ao banco B. Oferece em garantia a loja, em regime de anticrese. O banco poderia, assim, instalar uma agência no imóvel. Não paga a dívida, os aluguéis seriam revertidos a abater-lhe o valor. Na prática, porém, o banco haverá de preferir a alienação fiduciária desse imóvel, diga-se de passagem, muito mais vantajosa.

Capítulo 18
Obra intelectual

18.1 Natureza jurídica e definição

Antes de começarmos, é preciso entender do que estamos falando. Cuidamos, aqui, das obras intelectuais e dos direitos autorais, direitos do autor sobre o produto de seu intelecto, a obra intelectual.

O art. 7º da Lei n. 9.610/1998 define obra intelectual como sendo a criação do espírito, expressa por qualquer meio ou fixada em qualquer suporte, tangível ou intangível, conhecido ou que se invente no futuro, tais como os textos literários e científicos; conferências, alocuções e sermões; peças teatrais e óperas; coreografias; composições musicais etc.

Pode não ser uma definição muito enxuta, mas delineia bem seu objeto.

Bem, sabemos que o autor é titular de direitos sobre sua obra. Qual seria, assim, a natureza desses direitos?

Poderíamos, num primeiro momento, dizer que os direitos de autor ou propriedade intelectual é o direito de propriedade sobre obra literária, artística ou científica, produto da engenhosidade e espírito humanos.

No entanto, essa definição esbarra em alguns problemas. O primeiro deles é considerar os direitos de autor como direitos de propriedade, como se fosse a obra intelectual equiparável a qualquer outro bem, objeto de domínio. Se este for o entendimento, e tradicionalmente o é, então serve muito bem a definição dada acima, ou seja, é o direito de propriedade sobre obra literária, artística ou científica, produto da engenhosidade e espírito humanos. Esta, aliás, a tese de Kohler. Para ele, os direitos de autor são direitos de propriedade imaterial, denominada por Escarra e Dabin propriedade intelectual.[1]

Esta tese tem grande número de adeptos, e a matéria vem recebendo esse tratamento, podemos dizer, até mesmo pela Lei.

Entretanto, para outros juristas, como Proudhon e Manzini,[2] as obras do espírito humano não podem ser objeto do direito de propriedade. Pertencem a todos. Não podem ser monopolizadas. Assim sendo, o autor não teria direitos sobre elas.

Se o autor não possui direitos sobre sua obra, teria, então, privilégio de exploração da obra.[3]

Na opinião de Gierke, os direitos autorais são direito da personalidade, de vez que a obra é parte integrante da esfera da personalidade.[4] Se entendermos, entretanto, que a obra não é parte inexa, mas produto da personalidade do autor, a tese se esvai.

---

1   ESCARRA, Jean. **Principes de droit commercial**. Paris: Recueil Sirey, 1934. p. 599 et seq.
2   Apud BARROS MONTEIRO, Washington de. **Curso de direito civil**. 23. ed. São Paulo: Saraiva, 1989. v. 3, p. 242-243.
3   Idem, p. 243.
4   Idem, p. 242-243.

Diante desse emaranhado de opiniões, há quem advogue que os direitos de autor são direitos de natureza *sui generis*. Não se trata de direito de propriedade, sendo simbiose entre direitos morais e patrimoniais.[5]

O Direito Positivo Brasileiro não adota explicitamente nenhuma tese. Contudo, a Lei n. 9.610/1998, em muitos momentos, acaba por conferir à matéria o mesmo tratamento que aos direitos de propriedade. Exemplo é o art. 28, que atribui ao autor os direitos de usar, fruir e dispor de sua obra.

Segundo a Lei n. 9.610/1998, a obra é bem móvel, objeto de direito subjetivo, a saber, o direito do autor. Via de consequência, por terem como objeto bens móveis, os direitos autorais, também eles, reputam-se bens móveis, segundo o art. 3º da referida Lei.

Na verdade, atribuir uma natureza a esses direitos é questão muito intrincada. Significaria reportarmo-nos às categorias tradicionais do Direito Civil, nelas tentando enquadrar os direitos autorais. Seriam eles direitos de crédito ou direitos reais?

De início, devemos destacar a existência de dois tipos de direitos do autor sobre sua obra: os direitos morais, como o direito à autoria, o direito de manter a obra inédita etc.; e os direitos patrimoniais, como o direito de editar a obra e de receber remuneração pelas vendas, dentre outros.

Os direitos morais estariam, de fato, bem próximos aos direitos de personalidade. Mas, se a obra não integra a personalidade, e se os direitos morais recaem sobre ela, a tese está descartada.

Seriam direitos de crédito ou direitos reais?

Numa primeira leitura, seriam direitos reais, absolutos, por serem oponíveis *erga omnes* e por serem dotados de sequela. Mas seriam direitos de propriedade? Poderia a situação do autor em relação a sua obra ser comparada a situação de propriedade?

Num primeiro momento, sim. Ocorre que a comparação acaba por esbarrar em problemas. Se a situação fosse de propriedade, o autor deveria poder, por exemplo, dispor da autoria. Mas não pode. Este direito é indisponível, irrenunciável e imprescritível. Conclui-se, pois, que atribuir natureza de propriedade à situação do autor em relação à obra e, consequentemente, atribuir aos direitos morais do autor a natureza de direitos inerentes ao domínio não resolve a questão. Mesmo porque os direitos morais do autor não combinam com a categoria direitos reais, que são patrimoniais.

Se não são direitos reais, se não são direitos de crédito, nem direitos de personalidade, que seriam os direitos do autor? Qual sua natureza?

---

[5] *Idem*, p. 243.

A verdade é que é impossível enquadrar os direitos morais do autor nas categorias tradicionais do Direito Civil. E isto porque constituem eles categoria nova, autônoma, com características de direitos reais, de crédito e de personalidade. São direitos de natureza *sui generis*.

E quanto aos direitos patrimoniais do autor?

Ora, se concluímos não ser de propriedade a situação do autor em relação à obra, devemos também concluir não serem reais os direitos patrimoniais do autor. E se tampouco são simples direitos de crédito, nem direitos da personalidade, são, por via de consequência, direitos de natureza autônoma, *sui generis*, como os direitos morais.

A natureza única dos direitos autorais, morais e patrimoniais, ora lhes confere tratamento de direitos reais, oponíveis *erga omnes*, passíveis de uso, fruição, reivindicação; ora de direitos de crédito, como o direito ao pagamento de remuneração pelas vendas; ora de direitos da personalidade, como o direito à autoria, que é irrenunciável, imprescritível etc.

Os direitos autorais são uma simbiose das categorias tradicionais, não pertencendo a nenhuma delas, porém.

Concluindo, obra intelectual é a criação do espírito, expressa por qualquer meio; e direitos autorais, os direitos do autor sobre a obra.

Ambos têm natureza móvel, *sui generis*.

18.2 Tutela legal

Atualmente, vigora no Brasil a Lei n. 9.610/1998, que imprimiu nova feição ao instituto, achando-se, pois, revogada a Lei n. 5.988/1973.

18.3 Direitos do autor

18.3.1 Direitos patrimoniais do autor

Os direitos patrimoniais do autor são aqueles com conteúdo econômico e dizem respeito à utilização, à fruição e à disposição da obra, bem como à autorização a terceiros do uso, da fruição e da disposição.

Qualquer forma de utilização da obra depende de autorização do autor. Assim, a ninguém será permitido, sem autorização do autor, editar, traduzir, adaptar ou incluir em fonograma ou película cinematográfica, nem, muito menos, comunicar a obra ao público, direta ou indiretamente, por qualquer forma ou processo.

Sobre as cartas pessoais, o art. 34 da Lei n. 9.610/1998 proíbe sua divulgação pública sem permissão do remetente. Poderá, entretanto, ser juntada aos autos de processo como meio de prova.

Por fim, observação importantíssima é a de que os direitos patrimoniais do autor não se comunicam, salvo disposição contrária no pacto antenupcial. Assim, mesmo sendo casados em regime de comunhão universal de bens, os direitos patrimoniais do marido ou da mulher não integram o patrimônio comum do casal.

18.3.2 Direitos morais do autor

Por *direitos morais* devemos entender aqueles ligados à própria personalidade do autor, não possuindo conteúdo substancialmente econômico, embora possam ser convertidos em dinheiro, para efeitos de indenização, caso sejam desrespeitados. São ligados à personalidade do autor, mas não são inerentes a ela, como vimos acima.

São direitos morais do autor, dentre outros, o de reivindicar, a qualquer tempo, a autoria da obra; o de ter seu nome figurando como autor da obra; o de conservar a obra inédita; o de assegurar a integridade da obra, impedindo modificações; o de modificar a obra e o de retirá-la de circulação, mesmo que a tenha autorizado.

Cumpre acrescentar que os direitos morais são imprescritíveis, inalienáveis e irrenunciáveis. Ademais, os direitos de reivindicar a paternidade da obra, de exigir a indicação do nome do autor, de conservá-la inédita e de assegurar sua integridade transmitem-se aos herdeiros do autor, após sua morte.

18.3.3 Duração dos direitos patrimoniais do autor

Em relação ao autor, duram por toda sua vida, sejam os direitos morais, sejam patrimoniais.

Entretanto, morrendo o autor, seus direitos patrimoniais se transmitem a seus sucessores. Abrem-se, a saber, duas hipóteses. Na primeira, o autor deixa testamento, transmitindo seus direitos a pessoa determinada. O caso é de legado, e o legatário gozará desses direitos por 70 anos. Se, ainda em testamento, o autor deixar seus direitos autorais para seus herdeiros, sem designar pessoa determinada, os herdeiros, na partilha, deverão conferir os direitos a um ou mais dentre eles, que deles gozarão por 70 anos.

Na segunda hipótese, o autor morre sem deixar testamento. Serão chamados à sucessão, primeiro os descendentes, que herdam os direitos autorais por 70 anos. Em alguns casos, como veremos no Capítulo do Direito das Sucessões, o cônjuge viúvo e o companheiro concorrem com os descendentes. Não havendo descendentes (filhos, netos, bisnetos etc.), serão chamados à sucessão nos direitos autorais os ascendentes (pais, avós, bisavós etc.), em concorrência com o cônjuge ou com o companheiro. Os ascendentes e o cônjuge, ou o companheiro, poderão fruir desses direitos durante 70 anos. Na falta de ascendentes, será chamado à sucessão o cônjuge, ou o companheiro, que herda sozinho os direitos autorais, também, por 70 anos. Não havendo cônjuge nem companheiro, herdam os colaterais até o 4º grau (irmãos, tios, sobrinhos, primos etc.), por 70 anos. Não havendo nenhuma dessas classes de herdeiros, os direitos autorais caem no domínio público.

Pertencem, pois, ao domínio público os direitos autorais cujo prazo de proteção já se tenha expirado. Como vimos, o prazo será de 70 anos para os legatários e herdeiros.

Também pertencem ao domínio público as obras de autores falecidos que não tenham deixado nenhum dos sucessores supracitados, bem como as de autor desconhecido. Quanto a estas, a pessoa que a publique poderá fruir dos direitos patrimoniais do autor.

18.3.4 Limitações aos direitos autorais

Trata-se aqui dos casos que não se consideram ofensa aos direitos do autor. São eles:

Reprodução na imprensa diária ou periódica, de notícia ou de artigo informativo, publicado em diários ou periódicos, com a menção do nome do autor, se assinados, e a publicação de onde foram transcritos.

Reprodução em diários ou periódicos, de discursos pronunciados em reuniões públicas de qualquer natureza.

Reprodução de retratos, ou de outra forma de representação da imagem, feitos sob encomenda, quando realizada pelo proprietário do objeto encomendado, não havendo oposição da pessoa neles representada ou de seus herdeiros.

Reprodução de obras literárias, artísticas ou científicas, para uso exclusivo de deficientes visuais, sempre que a reprodução, sem fins comerciais, seja feita em *braille* ou outro procedimento especial para esses destinatários.

Reprodução, em um só exemplar, de pequenos trechos, para uso privado do copista, desde que feita por este, sem intuito de lucro. É evidente que, quando o legislador exige que a reprodução seja feita pelo copista, não está vedando a que este entregue a obra para xerocopiar. A pessoa que explora máquina reprográfica pode reproduzir as obras que lhe são entregues por seus fregueses, sem que com isso esteja atentando contra os direitos patrimoniais do autor. Interpretar de outra forma, além de configurar leitura míope e literal da lei, seria exigir que cada um de nós possuísse máquina fotocopista, o que transcenderia as raias do absurdo, além de inviabilizar toda e qualquer atividade acadêmico-científica.

Citação em livros, jornais, revistas ou qualquer outro meio de comunicação, de passagens de qualquer obra, para fins de estudo, crítica ou polêmica, na medida justificada para o fim a atingir, indicando-se o nome do autor e a origem da obra.

Apanhado de lições em estabelecimentos de ensino por aqueles a quem elas se dirigem, vedada sua publicação, integral ou parcial, sem autorização prévia e expressa de quem as ministrou.

Utilização de obras literárias, artísticas ou científicas, fonogramas e transmissão de rádio e televisão em estabelecimentos comerciais, exclusivamente para demonstração à clientela, desde que esses estabelecimentos comercializem os suportes ou equipamentos que permitam sua utilização.

Representação teatral e execução musical, quando realizadas no recesso familiar ou, para fins exclusivamente didáticos, nos estabelecimentos de ensino, não havendo, em qualquer caso, intuito de lucro.

Utilização de obras literárias, artísticas ou científicas para produzir prova judiciária ou administrativa.

Reproduzir, em quaisquer obras, pequenos trechos de obras preexistentes, de qualquer natureza, ou de obra integral, quando de artes plásticas, sempre que a reprodução em si não seja o objetivo principal da obra nova e que não prejudique a exploração normal da obra reproduzida nem cause prejuízo injustificado aos legítimos interesses dos autores.

Parafrasear ou parodiar obra preexistente, desde que não se esteja, com isso, reproduzindo a obra originária nem lhe desacreditando.

Por fim, as obras situadas em logradouros públicos, como estátuas, por exemplo, podem ser livremente representadas, por meio de pinturas, desenhos, fotografias ou quaisquer processos audiovisuais.

18.3.5 Cessão dos direitos de autor

Os direitos patrimoniais do autor podem ser cedidos a terceiros, total ou parcialmente, pelo autor ou por seus sucessores, pessoalmente ou por mandatário com poderes especiais.

A cessão será sempre escrita, presumindo-se onerosa. Para ser gratuita, deverá haver menção expressa no contrato.

O prazo da cessão poderá ser determinado ou indeterminado como, por exemplo, na cessão subordinada a condição resolutiva. O autor ou seus sucessores cedem os direitos autorais, até que se cumpra certa condição. Pode ser ainda o caso de cessão por número determinado de edições. Em todos esses casos, o prazo é indeterminado, ou seja, o contrato não teria termo final certo. Ocorre que, para evitar transtornos, estabelece a Lei n. 9.610/1998 que, caso o prazo não seja determinado no contrato, se considera de cinco anos.

Finalmente, para valer contra terceiros, a cessão deverá ser averbada à margem do registro a que nos referimos acima.

18.3.6 Violação dos direitos de autor

Atenta aos direitos do autor todo aquele que divulga sua obra sem a devida autorização, reproduz, plagia etc. Considera-se contrafação a reprodução não autorizada.

O autor poderá, diante da divulgação, plágio ou contrafação, impedir que continuem ou se concretizem e exigir indenização por perdas e danos.

A prescrição relativa à ação civil por ofensa aos direitos patrimoniais do autor transcorre no prazo genérico de prescrição para a reparação civil, ou seja, em três anos da data em que se deu a ofensa.

18.4 Registro das obras intelectuais

Quanto ao registro, continua em vigor a Lei n. 5.988/1973, art. 17, parágrafos 1º e 2º, daí dizer-se que foi derrogada, embora todas suas demais disposições tenham sido revogadas. As obras intelectuais serão registradas, conforme sua natureza, na Biblioteca Nacional, na Escola de Música da Universidade Federal do Rio de Janeiro, na Escola de Belas Artes desta mesma universidade, no Instituto Nacional do Cinema, ou no Conselho Federal de Engenharia, Arquitetura e Agronomia.

Não sendo, por sua natureza, registrável em nenhum desses órgãos, será inscrita no Centro Brasileiro de Informações sobre Direitos Autorais.

A proteção dos direitos autorais, contudo, independe do registro.

18.5 Obra intelectual na informática

As obras intelectuais na informática, bem como os direitos a elas inerentes, são objeto da Lei n. 9.609/1998.

Na verdade, pouco se tem para falar a respeito. A própria Lei n. 9.609/1998 remete à Lei n. 9.610/1998 a regulamentação da matéria. Assim, o regime de proteção à propriedade intelectual de programa de computador é o mesmo conferido às obras literárias pela legislação de direitos autorais, com as devidas ressalvas da Lei n. 9.609/1998.

Vejamos, porém, algumas peculiaridades.

Em primeiro lugar, devemos estabelecer o objeto da Lei n. 9.609/1998. É o *software* e os direitos de seu autor ou criador.

Software ou programa de computador é a parte intelectual do sistema informático e "funciona como um conjunto de instruções dado ao computador para que ele efetue o processamento e o armazenamento de dados de uma forma determinada".[6] É o software que fornece ao computador os comandos necessários à realização das mais diversas tarefas. Sem o programa, o computador seria uma caixa de metal e plástico, sem qualquer utilidade.[7] Exemplos podemos citar os mais diversos, como o Word for Windows, o próprio Windows, o Excel, dentre outros.

Mas qual seria a natureza do *software*? A doutrina predominante aponta no sentido de ser bem incorpóreo, de natureza móvel. Não há como discordar. Contudo, seria ele obra intelectual ou invenção industrial?

Tradicionalmente, a doutrina faz uma distinção entre as obras do espírito humano: umas, as obras intelectuais propriamente ditas, abrangem o domínio das artes e das ciências. São as obras literárias, as peças musicais, as coreografias de balé etc. As outras, as invenções industriais, abrangem o domínio da indústria e do comércio, das atividades empresariais. São as máquinas e os frutos que por seu intermédio são produzidos. Assim, uma máquina que auxilia na produção de um carro e o próprio carro são invenções industriais. Esteja claro que não é a máquina ou o carro em si a invenção industrial, mas sua ideia e o projeto que viabiliza sua produção.

De um ponto de vista estritamente teórico, não faz sentido a diferença. Tanto as invenções industriais, quanto as obras intelectuais são frutos do espírito criativo do homem. Uma vez engendradas, tornam-se objeto de direitos subjetivos de titularidade de seu criador. Possuem, tanto elas, quanto os direitos do criador, a mesma natureza, sobre a qual discorremos acima.

Na prática, porém, a diferença é importante, porque a legislação brasileira confere a cada uma tratamento específico. A proteção dos direitos relativos às invenções industriais, denominadas *propriedade industrial*, para se contrapor à propriedade intelectual, é conferida pela Lei n. 9.279/1996. Já os direitos autorais sobre as obras intelectuais se regulam pela Lei n. 9.610/1998.

O legislador brasileiro, seguindo uma corrente doutrinária, ao que parece, predominante, optou por atribuir ao *software* a natureza de obra intelectual, sujeitando-o e aos direitos que dele emanam ao regime da Lei n. 9.609/1998 e, supletivamente, ao da Lei n. 9.610/1998.

Há quem discorde dessa opção, ao argumento de que "o programa de computador é o processo de funcionamento de máquinas processadoras de informação, é decorrente de ato inventivo, e como tal, destina-se à satisfação das necessidades

---

6 POLI, Leonardo Macedo. **Direitos de autor e software**. Belo Horizonte: Del Rey, 2003. p. 9.
7 *Idem, ibidem.*

práticas da sociedade".[8] Por isso mesmo, seria mais lógico do ponto de vista da ciência do Direito o sistema protetivo das patentes de invenção.[9]

De todo modo, a Lei n. 9.609/1998 remete à Lei n. 9.610/1998 quase todo o tratamento da matéria. Dessarte, praticamente tudo o que estudamos a respeito dos direitos autorais e das obras intelectuais aplica-se aos programas de computador.

Há, no entanto, algumas diferenças cruciais. Em primeiro lugar, não se aplicam aos programas de computador a proteção relativa aos direitos morais do autor, a não ser o direito à autoria propriamente dita e a impedir modificações que importem mutilação ou deformação do programa. Assim, o autor de um *software* não pode retirá-lo de circulação, como o pode o autor de um livro.

Outra diferença é o prazo da proteção, que não se estende por toda a vida do autor. Estender-se-á por 50 anos, a partir de 1º de janeiro do ano subsequente a sua publicação ou criação, dependendo das circunstâncias do caso concreto.

Embora a Lei tenha conferido aos programas de computador a natureza de obra intelectual, seu registro é facultativo e deverá ser efetuado no Inpi (Instituto Nacional da Propriedade Industrial), que possui departamento especializado em registro de *softwares*, o Dimapro (Divisão de contratos de licença de uso de marcas e registro de programas de computador).

Por fim, o uso e a comercialização dos programas, bem como a transferência da tecnologia relativa a eles podem ser objeto de contrato de licença. O contrato de licença, por sua vez, é consensual, provando-se por qualquer meio em direito admitido, e deve ser levado a registro no Inpi para gerar efeitos contra terceiros, principalmente se tiverem por objeto a transferência de tecnologia.

---

8   Idem, p. 41.
9   Idem, ibidem.

Capítulo 19
Direito de família

19.1 Introdução

A ideia de *família* é um tanto quanto complexa, uma vez que variável no tempo e no espaço. Em outras palavras, cada povo tem sua ideia de família, dependendo do momento histórico vivenciado.

No Ocidente, a família e tudo o que gira em torno dela nem sempre foram como hoje. Para traçar parâmetro, devemos retroagir no tempo em busca de nossas raízes greco-romanas. Tanto na cultura grega quanto em sua continuadora, a cultura romana, a ideia de família era bastante diferente da atual.

Para nossos antepassados culturais, a família era corpo que ia muito além dos pais e dos filhos. Sob a liderança do pai, a família era o conglomerado composto da esposa, dos filhos, das filhas solteiras, das noras, dos netos e demais descendentes, além dos escravos e clientes.[1] As filhas e netas que se casassem se transferiam para o poder do marido ou do sogro, se fosse vivo.

O *paterfamilias*[2] era, assim, senhor absoluto da *domus*.[3] Era o sacerdote que presidia o culto aos antepassados; era o juiz que julgava seus subordinados; era o administrador que comandava os negócios da família.

Com o passar dos séculos, o poder desse *paterfamilias* deixou de ser tão absoluto. Não obstante, a estrutura familiar continuou sendo extremamente patriarcal.

A adoção do catolicismo em nada mudou essa estrutura. Muito pelo contrário, adicionou a ela toda uma carga de patriarcalismo puritano, herança direta do estoicismo romano, mesclado ao judaísmo paulino.

Com o tempo, porém, o patriarcalismo ocidental vê suas estruturas se balançarem, principalmente após as revoluções modernas e a vitória do livre pensar nos países democráticos. O golpe crucial é desferido pela Revolução Industrial, que tem início já no século XVIII. Com ela, a mulher se insere no mercado de trabalho, e a revolução na família começa. O golpe fatal ocorre nos idos de 1960, com a chamada Revolução Sexual, em que a mulher reclama, de uma vez por todas, posição de igualdade perante o homem. Reclama, enfim, um lugar ao sol.

É também a Revolução Sexual que põe em xeque os padrões morais da sociedade ocidental.

Os gregos e, principalmente, os romanos, berço de nossa civilização, podem, de um modo geral, denominar-se liberais relativamente aos costumes e à religião. Em poucas palavras, a cultura antiga praticava o ecumenismo religioso e

---

[1] A clientela era formada por homens livres, normalmente escravos libertos e estrangeiros, que se submetiam ao poder de um senhor, oferecendo-lhe seus préstimos e seu patrimônio em troca de proteção. A clientela desapareceu em Roma no período republicano (510 a.C. a 27 a.C.).
[2] Pai de família. Era o pai, senhor absoluto de sua família.
[3] *Domus* significa "casa", no sentido de célula familiar. *Household*, em inglês.

era muito liberal em termos de costumes, isso se comparada à cultura puritana que prevaleceu desde a Idade Média até a Revolução Sexual dos anos 60.

A adoção do catolicismo introduziu dois elementos estranhos: o puritanismo judaico e a ditadura religiosa.

Na verdade, aos romanos não era estranha a ideia de puritanismo, já defendida pelos estoicos. No entanto, era uma filosofia de vida, que, embora seguida por muitos, nunca fora imposta.

O puritanismo judaico, fruto talvez da doutrina de São Paulo,[4] censurou os costumes, procurando alinhar os homens dentro de estritos limites morais. O resultado, como podemos nós mesmos verificar, foi o império absoluto da hipocrisia.

O homem era e é instigado ao sexo, enquanto a mulher era instigada ao puritanismo. A contradição é óbvia. Como poderia o homem praticar o sexo em abundância, como era instigado desde a infância a fazer, se à mulher eram proibidos o prazer e o sexo fora do casamento? Com quem haveria o homem de se deitar? A resposta é evidente: com prostitutas ou com outros homens. Mas tanto a prostituição quanto a homossexualidade eram severamente censuradas. Quanta complicação, quanto tabu, quanto preconceito, quanta hipocrisia em torno de algo tão simples e natural: o sexo.

Foi somente após a Revolução Sexual dos anos 60 do século XX que as coisas começaram a melhorar.

Em primeiro lugar, a Igreja Católica começa a rever sua doutrina em busca do verdadeiro cristianismo; aquele do amor ao próximo e da responsabilidade. A única regra moral é a do amor ao próximo. Tudo o que não ferir esta norma é moral, é permitido ou, quando nada, tolerado. O ser humano é responsável por seus atos e por seu destino. Cada indivíduo tem livre-arbítrio sobre sua vida e seus caminhos.

Talvez por isso mesmo, por estar se voltando para o verdadeiro cristianismo, dando aos homens a oportunidade de se amarem livremente e atribuindo-lhes toda a responsabilidade por seu destino, talvez por isso a Igreja Católica venha perdendo adeptos para igrejas de perfil medieval, como as que vemos proliferar a todo momento, em todo canto. Parece que as pessoas não conseguem viver livres, sem a sombra do pecado, sem os grilhões do demônio. Em certos cultos, fala-se mais do diabo que de Deus.

Fato é, porém, que a família contemporânea mudou, apesar das forças reacionárias.

Embora continue patriarcal a sociedade, o homem, hoje, já não exerce mais a liderança absoluta em sua casa. O papel da mulher se torna cada vez mais ativo e importante. O sustento do lar é provido por ambos; os papéis ativo e passivo

---

4   KERSTEN, Holger. **Jesus lebte in Indien**. München: Drömer/Knaur, 1983. p. 34-35.

se revezam. Em outras palavras, ora manda o homem, ora manda a mulher. Depende do assunto e do momento.

Daí, pode-se muito bem conjecturar que, na atualidade, masculino e feminino sejam, talvez, antes de tudo, papéis exercidos por cada um de nós, em diferentes conjunturas. Na verdade, se levarmos em conta que masculino é o que manda, o ativo, e feminino o que obedece, o passivo, verificaremos que nem sempre será o homem a exercer o papel masculino e a mulher, o feminino. Muitas das vezes, pode observar-se certo revezamento de papéis. Ora manda o homem, ora a mulher. Há também, e ainda, as distorções, ou seja, há casais em que o homem sempre manda e a mulher sempre obedece, ou vice-versa.

Com base nessa tese de que masculino e feminino, ativo e passivo, respectivamente, são na verdade papéis exercidos por homens e mulheres de modo alternado, com base nisso, a concepção de família vem mudando. Há ordenamentos jurídicos, inclusive o nosso, que já reconhecem a união entre indivíduos do mesmo sexo como entidade familiar, conferindo-lhe proteção legal adequada. Devemos ter em mente que, se por um lado, o sexo genital é o mesmo, por outro, os papéis desempenhados pelo casal são diferentes, ou seja, masculino e feminino, alternadamente, ora por um, ora por outro.[5]

No Brasil, muito já se avançou desde a laicização do Direito. A Constituição Federal de 1988 considerou célula familiar a união estável entre homem e mulher ou entre qualquer um dos pais e seus descendentes. Com isso, deu-se o pontapé inicial para a nova visão de família. Em outras palavras, o primeiro passo foi dado: desvinculou-se família de casamento. Dado o primeiro passo, o terreno tornou-se fértil para novos avanços, e o legislador não perdeu tempo. Duas novas leis, uma em 1994 e outra em 1996, foram editadas para regulamentar e dar proteção à união estável ou concubinato puro, não adulterino. O Código Civil também disciplina a matéria. O STF reconheceu a união homossexual como família, sendo-lhe atribuíveis todos os efeitos da união heterossexual. O STJ já admite o casamento entre pessoas do mesmo sexo, bem como a adoção por casais homossexuais. Outras leis e decisões ainda virão, em seu devido tempo, a despeito da ferrenha oposição de alguns retrógrados e de outros tantos falsos profetas.

Com a Constituição de 1988, atentou-se para um fato importante: não existe apenas um modelo de família, como queriam crer o Código Civil de 1916 e a Igreja Católica. A ideia de família plural, que sempre foi uma realidade, passou a integrar a pauta jurídica constitucional e, portanto, de todo o sistema. Reconhecem-se hoje não só a família modelar do antigo Código, formada pelos pais e filhos, mas, além dela, a família monoparental, constituída pelos filhos e por um dos pais; a família fraterna, consistente na vida comum de dois ou mais

---

5   LACAN, Jacques. **O seminário**. Rio de Janeiro: Zahar, 1995. *passim*. ROUSTANG, François. **Lacan**: do equívoco ao impasse. Rio de Janeiro: Campus, 1988. *passim*.

irmãos, dentre outras, são reconhecidas. A família pode ser entendida como o núcleo estrito, constituído por pais e filhos, mas também como célula maior, constituída por todos os parentes, descendentes da mesma linha ancestral. Fala-se, aí, em família extensa ou ampliada.

Há casos de difícil solução, como o de um diplomata muçulmano que traz suas esposas e filhos para o Brasil. O Direito Brasileiro deverá reconhecer a situação conjugal poligâmica ou não? Em verdade, pode-se argumentar ponderavelmente em favor da afirmativa ou da negativa.

Fala-se, atualmente, em *famílias paralelas* ou *simultâneas*, quando um homem, ou uma mulher, mantiver duas ou mais famílias simultaneamente. Pode ser o caso de uma saber da outra, pode ser o caso de não saber. Pergunta-se: o ordenamento jurídico reconhece essas famílias paralelas? A resposta, por mais que a doutrina mais arrojada defenda, ainda é negativa. A família, no Brasil, mesmo tratando-se de união estável, fundamenta-se na monogamia. Assim sendo, postos a salvo dos direitos dos filhos, o cônjuge ou o companheiro da família constituída em segundo lugar não tem direito algum, a não ser o de partilhar os bens adquiridos em comunhão. Não há falar em direito sucessório ou previdenciário, tampouco em direito de registrar as duas famílias.

Outro tema da atualidade é o poliamor. O poliamor ocorre quando três ou mais pessoas constituam uma família, sendo que as relações afetivas ocorrem entre todos eles reciprocamente. A, B e C constituem um núcleo familiar e suas relações de afeto, inclusive sexuais, dão-se de forma recíproca, ou seja, de A para B e C, de B para A e C e de C para A e B. Do mesmo modo que as famílias paralelas, o poliamor, em razão da força normativa da monogamia, só gera efeitos socioafetivos, não jurídicos, salvo no que pertine aos filhos e ao patrimônio comum.

Continuando, por força dessa visão plural de família, criou-se o modismo de denominar-se o Direito de Família de "Direito *das Famílias*". Em minha opinião, apesar da boa intenção de seus adeptos, no sentido de frisar esse pluralismo, a nova expressão não se justifica. A língua portuguesa é muito mais rica do que isso. A terminologia tradicional "Direito de Família" já confere à família suficiente tônus de pluralidade. O emprego da preposição indefinida "de" (Direito *de* Família), em vez da preposição "de" conjugada com o artigo definido "a" (Direito *da* Família), já confere ao termo "Direito de Família" a necessária amplitude para atribuir à família conceito aberto e plural. A expressão "Direito das Famílias" não passa de bem-intencionada invencionice, não se justificando, quer do ponto de visto linguístico, quer do ponto de vista jurídico.

Por fim, na atualidade, alguns juristas criaram a ficção da família unipessoal, composta por uma pessoa apenas. Esta ficção jurídica vem sendo invocada para a proteção do imóvel residencial da pessoa que vive só. Como já vimos anteriormente, no capítulo referente ao estudo das várias classes de bens, não é necessária a ficção para esse fim. Para uns, bastaria invocar o princípio da dignidade humana e o consequente direito constitucional à moradia, para se lograr o mesmo resultado protetivo. Para outros, talvez com mais razão, a própria Lei n. 8.009/1990 traria em seu texto a possibilidade de proteger o imóvel da pessoa solteira, ao se referir a dívidas de qualquer membro da família. Para outros ainda, com muito mais razão, a Lei n. 8.009/1990 protege apenas a família, não a pessoa solteira. Mais sobre tema, falaremos *infra*. Família é, pois, agrupamento de no mínimo duas pessoas. Não existe de fato família unipessoal, tampouco é necessária a ficção.

Atualmente, tornou-se moda nos meios familiaristas uma visão romântica da família, fundada no amor e no afeto. A família, por este prisma, seria o *locus* do afeto, sendo o ambiente mais adequado para a promoção do ser humano. De fato, a família ainda é, como regra, o ambiente mais adequado para o desenvolvimento do ser humano, mas não por ser necessariamente um local de amor e de afeto. Dentre outras razões, é por ser o ambiente em que nascemos e no qual nos sentimos naturalmente mais protegidos. Seguramente, há amor e afeto no âmbito familiar, mas não só; há também ódio, rivalidades e violência (física e moral). A família, na melhor das hipóteses, é um agrupamento de neuróticos, que se fazem bem uns aos outros, mas que também se fazem muito mal. Muitas vezes, é melhor para a criança ser afastada do *locus* familiar, que só lhe traz malefícios. É importante frisar tudo isso, porque, já vi alguns magistrados, com base nessa visão romântica e irreal de família, como o *locus* do afeto, inserirem crianças em lares adotivos, sem uma pesquisa adequada, a fim de se constatar se os adotantes têm, realmente, condições de criar filhos. Eventualmente, esse romantismo piegas pode levar um juiz a inserir uma criança num lar de psicóticos perigosos, que só farão projetar suas perversões no pobre filho adotivo. Melhor será deixá-lo no orfanato, por pior que seja. Família não é *locus* de amor e afeto. Família é um agrupamento de seres humanos reais, neuróticos quando nada, que se amam, mas se odeiam, que se fazem bem, mas se fazem mal. Família é *locus* de amor, mas também de violência e de desafeto. Essa é a família da vida real. A se falar em família como *locus* de afeto, só pode ser no sentido psicanalítico, não no sentido vulgar. Para a psicanálise, afeto é um dos estados emocionais, cujo conjunto constitui a gama de todos os sentimentos humanos, do mais agradável ao mais insuportável.[6] Neste sentido, até se pode admitir a ideia de que família seja *locus* de afeto, jamais, porém, no sentido coloquial, em que afeto é sinônimo de amor, de carinho. Não é só amor e carinho o que se vê no ambiente familiar.

---

6 CHEMAMA, Roland. **Dicionário de psicanálise**. Porto Alegre: Artes Médicas Sul, 1995. p. 10.

Há que tomar cuidado com esse modismo bem-intencionado, mas meio infantil, principalmente nas adoções, mas não só nelas, por óbvio. Hoje em dia, por exemplo, com base nessa pieguice romântica, fala-se em indenização por abandono afetivo, o que não se justifica, por nenhum prisma, como veremos abaixo, ao estudar as relações paterno-filiais.

Mas qual seria o futuro da família ocidental?

Responder a essa pergunta é impossível. As injunções históricas são as mais sub-reptícias, mudando o curso de todas as previsões que se possa fazer. As inovações e descobertas médicas revolucionam o mundo moderno a cada instante.[7] O tema deve ser analisado, porém, da forma mais aberta possível, sem preconceitos ou falsos critérios religiosos. O amor ao próximo deve ser a única regra a nos guiar nesses meandros tão conturbados.[8]

19.2 Principiologia do Direito de Família

19.2.1 Nota preliminar

De plano, é interessante relembrar aqui o que seja *princípio*. Princípios são, em palavras bem simples, normas gerais e fundantes que fornecem os pilares de determinado ramo do pensamento científico ou do ordenamento jurídico. Informam, portanto, o cientista ou o profissional do Direito. Daí o nome, princípios informadores, porque informam os fundamentos dos quais devemos partir. São gerais porque se aplicam a uma série de hipóteses, e são fundantes, na medida em que deles se pode extrair um conjunto de regras, que deles decorrem por lógica. Assim, do princípio do pluralismo, pode-se deduzir a regra de que a família baseada na união estável deve receber o mesmo tratamento que a família baseada no casamento. Do princípio da igualdade, extrai-se a regra de que pai e mãe exercem com iguais direitos e deveres o poder familiar. Obviamente, as regras que se deduzem de um princípio, ou já estão positivadas em lei, como esta última, ou se deduzem de inferência lógica, sem que se possa, evidentemente, extrair detalhes que não sejam dedutíveis por processo lógico imediato. Em outras palavras, o intérprete não pode deduzir detalhes de um princípio, que só ao

---

7   BARACHO, José Alfredo de Oliveira. **O direito de experimentação sobre o homem e a biomédica**: o Sino do Samuel. Belo Horizonte: Academia Brasileira de Letras Jurídicas, mar. 1997.
8   Sobre estes temas de vanguarda no Direito de Família, ver os Anais dos Congressos Brasileiros de Direito de Família, promovidos pelo IBDFAM (Instituto Brasileiro de Direito de Família), além das mais recentes edições de PEREIRA, Rodrigo da Cunha. **Direito de família**: uma abordagem psicanalítica. Belo Horizonte: Del Rey, 2001; e FACHIN, Luiz Edson. **Elementos críticos do direito de família**. Rio de Janeiro: Renovar, 1999.

legislador seja lícito positivar. Por exemplo, do princípio do melhor interesse da criança, pode-se inferir a regra de que seja melhor inseri-la numa escola interna, do que deixá-la nas ruas, a Deus dará. Mas, definitivamente, não se pode daí inferir que a escola interna deva ser necessariamente estadual, ou federal, enfim, não se podem inventar detalhes normativos, que não sejam dedução imediata do princípio, por meio de um processo lógico-racional.

Dito isso, vejamos os princípios mais importantes do Direito de Família.

19.2.2 Princípio da dignidade humana

A família deve ser, em tese, o ambiente para o desenvolvimento fisiopsíquico saudável do ser humano. É junto à família que nos sentimos bem, protegidos, embora nem sempre o meio familiar seja de todo saudável. Uma família normal é, na melhor das hipóteses, um agrupamento de neuróticos, que podem se fazer muito bem, podem se amar intensamente, mas podem também se odiar e se fazer muito mal. É importante que se diga isso, para não ficar nenhum mal-entendido. Família não é *locus* de amor e de afeto, pelo menos não só.

A família, bem ou mal, é o local em que melhor se desenvolve a personalidade. Lembremos que toda pessoa humana é um ser em formação e em transformação. Cada um de nós é idêntico a si mesmo, por si só um fim.

Pelo princípio da dignidade humana, a família passa a ser vista como o ambiente para o livre desenvolvimento da personalidade. Pode ser invocado em muitas situações diferentes no Direito de Família. Pode-se invocá-lo, por exemplo, para garantir ao filho de proveta o direito de saber sua paternidade biológica; para garantir, aos filhos, pensão alimentícia adequada; para inserir um órfão em família substitutiva e assim por diante.

19.2.3 Princípio da função social da família

O princípio da função social é derivado do princípio da dignidade humana. Função social é função e é princípio. A família desempenha uma função, qual seja, servir de amparo ao desenvolvimento da pessoa. Já o princípio da função social da família dita que esta função social deverá ser preservada, a fim de garantir a cada um dos membros da família a possibilidade de promover sua personalidade, o que, sem dúvida, ocorre melhor no ambiente familiar. É, por exemplo, com fundamento no princípio da função social da família, que a Lei n. 8.009/1990 garante à célula familiar a impenhorabilidade do imóvel residencial. É também com fundamento no princípio da função social da família que um menor abandonado é reencaminhado a seus pais, devendo o Estado prestar-lhes assistência, para que esta família se mantenha, de um modo ou de outro.

19.2.4 Princípio do pluralismo

Até muito recentemente, a família era objeto de estrito enquadramento jurídico, moral e religioso. Só se considerava família legítima aquela constituída pelo casamento. Mesmo a família em sentido mais amplo, constituída pelos parentes ligados por um vínculo ancestral comum, mesmo essa família só seria legítima se permeada pelas justas núpcias.

A partir de meados do século XX, a Revolução Industrial começa a afetar a moral familiar. Nos anos 60, ocorre a chamada Revolução Sexual. As relações sexuais deixam de ser consideradas pecaminosas e erradas. As pessoas começam a se despir de muitos preconceitos religiosos. Outras formas de família começam a ser aceitas.

No Brasil, de suma importância foi a Constituição de 1988, que consagrou a família plural, desvinculando a célula familiar do casamento e admitindo expressamente outras modalidades de família. A união estável, por exemplo, só foi amplamente aceita a partir do texto constitucional de 1988.

Há quem afirme que a Constituição, ao tratar da família, seria restritiva, não ampliativa. Não creio, porém, haver razão essa corrente. A uma, porque a Constituição sequer define o que seja família. A duas, porque não estabelece um grupo fechado com as modalidades possíveis. Ao não definir, a Constituição abre o rol de possibilidades, o que fica claro com a admissão expressa da união estável.

Dito isso, o princípio do pluralismo dita que há várias formas de família e, desde que nos limites da Lei, têm que receber proteção legal e respeito da coletividade.

É, por exemplo, com base no princípio do pluralismo que o STF julgou ser família a união estável de pessoas do mesmo sexo. É com base nesse princípio, que, hoje em dia, começa a ser questionado um outro princípio, o da monogamia.

19.2.5 Princípio da solidariedade

Em palavras bem simples, de acordo com o princípio da solidariedade, cada membro da família deve prestar amparo aos demais, deve respeitar o outro e a forma que elegeu para promover sua personalidade, desde que lícita. Obviamente, ninguém tem que aceitar que um membro da família seja traficante de drogas ou pedófilo. A solidariedade se assenta na tolerância e no amor ao próximo. O tema é muito controverso, porém. Seria condenável a família que não aceite o filho travesti? É muito fácil falar, quando não tenhamos que vivenciar a situação. Eu, particularmente, aceitaria. Mas o simples fato de A, B ou C aceitarem, não significa que seja muito simples para todos os demais. É fácil exigir tolerância dos outros. E vencer as barreiras sociais e, principalmente, as psicológicas é muito difícil. A solidariedade serve até para isso, ajudar a cada um e a todos nessa luta por derrubar muralhas milenares de preconceitos e fobias.

O princípio da solidariedade pode ser invocado em várias situações. É com base nele, por exemplo, que o cônjuge ou o companheiro detém até o fim da vida o direito de pedir pensão do outro, mesmo que já há muito separados.

19.2.6 Princípio da proteção especial

O princípio da proteção especial refere-se precipuamente às relações paterno-filiais, mas não só; também os idosos hão de ser sujeitos passivos dessa proteção, além dos doentes e deficientes mentais, enfim, de todos aqueles que não tenham condições de gerir sua própria vida, seja no aspecto patrimonial, seja no aspecto existencial.

As relações familiares devem pautar-se pelo melhor interesse dessas pessoas, o que significa que a família deve fornecer-lhes, na medida do possível, condições para que tenham vida digna, para que possam promover sua personalidade.

São subprincípios da proteção integral o princípio do melhor interesse da criança e do adolescente, bem como o princípio da parentalidade responsável.

Toda decisão concernente à vida (patrimônio e existência) de uma criança ou de um adolescente deve ser tomada tendo em conta seu melhor interesse. Como vimos, esse princípio também se aplica aos idosos, doentes e deficientes mentais.

Por outro lado, o nascimento de um filho implica para os pais obrigações na esfera patrimonial e existencial, no sentido de garantir o bem-estar e a vida digna da criança. Este é o princípio da parentalidade responsável. O não cumprimento dessas obrigações pode importar a suspensão ou mesmo a perda do poder parental.

Concluindo, deve ser ressaltado que o princípio da proteção especial tem muito a ver com o princípio da solidariedade.

19.2.7 Princípio da igualdade

O princípio da igualdade diz respeito tanto aos sexos, quanto aos filhos. Assim, homens e mulheres são iguais em direitos e deveres, bem como os filhos também o são, pouco importando sua origem, se do casamento ou não. A igualdade entre homens e mulheres aplica-se evidentemente às relações entre marido e mulher, companheiro e companheira.

Em relação a este princípio, é fundamental que se esclareçam alguns pontos.

Em primeiro lugar, muitas vezes será necessário tratar desigualmente os desiguais, exatamente para os igualar. O juiz não poderá ponderar com os mesmos pesos e medidas a situação do homem e da mulher, numa relação conjugal, sob pena de deixar a mulher, como regra, em condições muito piores. Por isso mesmo, é que por vezes, são decretados alimentos temporários, até que a mulher possa se estabelecer e tenha condições de se manter por si mesma. Logicamente, se ficar comprovado que o homem é sustentado pela mulher, pode ser o caso, se bem que raro, de ser ele o detentor do direito a alimentos.

Por óbvio que o princípio da igualdade não se aplica pura e simplesmente nas relações conjugais. Sua aplicação dependerá da Lei e do bom senso. O juiz não poderá, como regra, se imiscuir nas relações íntimas ou cotidianas (domésticas) do casal, para aí impor a igualdade. É óbvio que esse princípio não tem aplicação nas relações afetivas, sexuais, íntimas. Essa é uma esfera em que o princípio da autonomia privada deve prevalecer sobre o princípio da igualdade. Há que lembrar que a liberdade é tão direito fundamental quanto a igualdade.

Nas relações entre pais e filhos, o princípio da igualdade aplica-se com cautela também. Assim, não pode haver discriminação entre filhos, sejam havidos no casamento ou não. Mesmo os filhos incestuosos são filhos e têm os mesmos direitos que os demais, sendo vedada qualquer designação que possa sugerir sua origem (incestuoso, natural, adulterino etc.). Nem os filhos adotivos podem receber tratamento diferenciado. Uma vez concedida a adoção, o adotado se torna filho como outro qualquer, com os mesmos direitos e deveres.

Apesar disso, não se aplica o princípio da igualdade nas relações de afeto. A Lei não pode obrigar os pais a gostar de todos com a mesma intensidade. Até admite o tratamento desigual na distribuição da parte disponível da herança, por exemplo, como fruto dessa legítima desigualdade afetiva. Por vezes, nem se cuidará propriamente de predileção pura e simples. Os pais podem, por exemplo, se preocupar mais com um filho do que com o outro. De todo modo, essa é uma esfera de autonomia privada, em que não se aplica o princípio da igualdade. Seria o cúmulo do absurdo falar pura e simplesmente em eficácia horizontal do princípio da isonomia nas relações paterno-filiais. Se a Constituição fala em igualdade entre filhos, seguramente não é neste sentido, mas no de que não possam ser discriminados os filhos do casamento, em relação aos demais; no sentido de que não possam receber partes desiguais da herança legítima. Não no sentido de que não possam ser tratados desigualmente nas relações afetivas. Infelizmente, as preferências dos pais por um ou outro filho ocorrem mesmo. Fazem parte da humanidade. Não é o dinheiro que resolverá os traumas causados ao preterido e ao predileto, que, por vezes, sofre danos maiores que o preterido. O Código Civil, aliás, permite o tratamento hereditário desigual, na medida em que os pais possam atribuir a parte disponível da herança a apenas um dos filhos. Nada há de ilegítimo nisso, nem nada que os demais possam fazer. Se há relações desiguais por excelência, são elas as filiais. Como exigir que os pais tratem os filhos da mesma maneira? Pais são seres humanos, por natureza imperfeitos. Por um lado, a exigência de um tratamento cegamente igualitário entre os filhos poderia até desigualá-los, uma vez que são naturalmente diferentes. Um é mais propenso a esportes, o outro às artes, o outro às línguas estrangeiras. Como é que aquele que tinha toda a propensão para os esportes poderá exigir indenização de seus pais, por não o terem matriculado no mesmo curso de alemão, que propiciaram ao outro filho? A ideia por si não convence. Questões como esta não podem e não devem ser objeto de ação judicial. A Justiça simplesmente não é o ambiente adequado para solucioná-las, tampouco será uma soma em dinheiro que resolverá o problema.

Por outro lado, não se pode admitir tratamento desigual em relação ao dever de amparo, de cuidado. Não se pode admitir que um filho seja criado como príncipe, enquanto o outro como servo. Um estuda na melhor escola, faz intercâmbio no exterior, anda de carro com motorista, veste as melhores roupas, come filé mignon e camarão, enquanto o outro estuda em escola pública, anda de ônibus, veste as roupas mais baratas e come angu com carne de segunda. É o conto de Cinderela se realizando na vida real. E o pior é que isso ocorre, principalmente quando os pais se separam. Pode ocorrer que o pai venha a se casar novamente e que os filhos do segundo casamento recebam esse tratamento de luxo, enquanto os filhos da primeira união recebam uma magra pensão. Como no conto de Cinderela, pode ser que a mãe não tenha sequer forças para lutar por um aumento da pensão, e o tratamento desigual permaneça por toda a vida. No conto infantil, Cinderela foi compensada pela fada madrinha. Na vida real, porém, não há fadas. Quem haverá de compensar esse filho? O Judiciário, por óbvio, condenando o genitor desidioso. Nesse sentido, aliás, a decisão da Min. Nancy Andrighi, no REsp n. 1.159.242-SP.

> Danos morais. Abandono afetivo. Dever de cuidado.
>
> O abandono afetivo decorrente da omissão do genitor no dever de cuidar da prole constitui elemento suficiente para caracterizar dano moral compensável. Isso porque o *non facere* que atinge um bem juridicamente tutelado, no caso, o necessário dever de cuidado (dever de criação, educação e companhia), importa em vulneração da imposição legal, gerando a possibilidade de pleitear compensação por danos morais por abandono afetivo. Consignou-se que não há restrições legais à aplicação das regras relativas à responsabilidade civil e ao consequente dever de indenizar no Direito de Família e que o cuidado como valor jurídico objetivo está incorporado no ordenamento pátrio não com essa expressão, mas com locuções e termos que manifestam suas diversas concepções, como se vê no art. 227 da CF. O descumprimento comprovado da imposição legal de cuidar da prole acarreta o reconhecimento da ocorrência de ilicitude civil sob a forma de omissão. É que, tanto pela concepção quanto pela adoção, os pais assumem obrigações jurídicas em relação à sua prole que ultrapassam aquelas chamadas *necessarium vitae*. É consabido que, além do

básico para a sua manutenção (alimento, abrigo e saúde), o ser humano precisa de outros elementos imateriais, igualmente necessários para a formação adequada (educação, lazer, regras de conduta etc.). O cuidado, vislumbrado em suas diversas manifestações psicológicas, é um fator indispensável à criação e à formação de um adulto que tenha integridade física e psicológica, capaz de conviver em sociedade, respeitando seus limites, buscando seus direitos, exercendo plenamente sua cidadania. A ministra relatora salientou que, na hipótese, não se discute o amar – que é uma faculdade – mas sim a imposição biológica e constitucional de cuidar, que é dever jurídico, corolário da liberdade das pessoas de gerar ou adotar filhos. Ressaltou que os sentimentos de mágoa e tristeza causados pela negligência paterna e o tratamento como filha de segunda classe, que a recorrida levará *ad perpetuam*, é perfeitamente apreensível e exsurgem das omissões do pai (recorrente) no exercício de seu dever de cuidado em relação à filha e também de suas ações que privilegiaram parte de sua prole em detrimento dela, caracterizando o dano in re ipsa e traduzindo-se, assim, em causa eficiente à compensação. Com essas e outras considerações, a Turma, ao prosseguir o julgamento, por maioria, deu parcial provimento ao recurso apenas para reduzir o valor da compensação por danos morais de R$ 415 mil para R$ 200 mil, corrigido desde a data do julgamento realizado pelo tribunal de origem – BRASIL. Superior Tribunal de Justiça. REsp 1.159.242-SP. Relatora: Min. Nancy Andrighi. Data de julgamento: 24 abr. 2012.

Embora se mencione abandono afetivo, trata-se efetivamente de inadimplemento do dever de cuidado, ou, por outro lado, como fica muito claro no acórdão, atentado ao princípio da igualdade, com a reprodução do conto de Cinderela na vida real. No caso, a fada madrinha foi o Judiciário, que compensou a filha desprestigiada com uma indenização em dinheiro. Na história infantil, Cinderela também foi recompensada com bens materiais (roupas, carruagem, criados e, por fim, um belo provedor e um castelo). O acórdão deixa bem claro que não se discute o amor, o afeto, mas o dever de cuidar. Não podemos admitir a reprodução do conto da Gata Borralheira na vida real. Neste sentido, está corretíssima a decisão do STJ. Sua falha é falar em abandono afetivo, quando disso não se trata. Nas relações de afeto, não se pode exigir igualdade.

19.2.8 Princípio da dissolubilidade do vínculo

Em substituição ao antigo princípio da indissolubilidade do casamento, vigora hoje, em sentido diametralmente oposto, o princípio da dissolubilidade do vínculo, seja matrimonial, seja decorrente da união estável. Não havendo mais vontade ou interesse de manter a vida a dois, não pode o casal ser obrigado a viver maritalmente. É com base neste princípio, por exemplo, que é possível que ocorra o divórcio, mesmo sem a partilha de bens, que pode se dar em momento posterior.

A terminologia aqui é difícil. Não se pode falar em vínculo matrimonial, uma vez que o princípio também se aplica à união estável. O adjetivo conjugal tampouco serve, por dizer respeito ao casamento. Na falta de expressão melhor, sugiro esta mesmo: dissolubilidade do vínculo, afinal, se o casamento ou a união estável se desfazem, pressupõe-se que seja por não haver mais qualquer *affectio* no sentido de manter o casamento ou a união estável. Se os cônjuges ou os companheiros não mais desejam o conúbio, por que haveria a Lei de obrigá-los? As razões seriam (e sempre foram) de exclusivo caráter religioso, o que hoje não se justifica mais.

19.2.9 Princípio da afetividade

Muitos falam em *princípio da afetividade*. Mas seria mesmo um princípio?

Afeto é sentimento. Para a psicanálise afeto é o conjunto de fenômenos psíquicos que se manifestam sob a forma de emoções, sentimentos e paixões. É o estado emocional ligado à realização de uma pulsão.[9] É sentimento intenso.[10] Para Roland Chemama, afeto é um dos estados emocionais, cujo conjunto constitui a gama de todos os sentimentos humanos, do mais agradável ao mais insuportável.[11] Neste sentido, até se poderia dizer que família seja locus de afeto, aí incluídos sentimentos como o desamor e até o ódio. Na linguagem vulgar, porém, afeto é sinônimo de simpatia, amizade, amor.[12] Por tudo isso, vê-se que afeto não é dever, é sentimento.

Nas palavras de Walsir Edson Rodrigues Júnior e de Renata Barbosa de Almeida, afeto é fato jurídico, porque provoca consequências no mundo deôntico, do dever-ser (na órbita do Direito). Evidentemente deve ser levado em consideração, não como norma, mas como fato gerador de condutas que, evidentemente, interessam ao Direito.[13]

A afetividade, embora mereça atenção jurídica, não é norma, mas fato que pode estar presente nas relações familiares, digo "pode", porque o afeto num sentido positivo (amor, carinho) nem sempre será presença constante no seio da família. Lá podem imiscuir-se sentimentos de ódio, inveja e desamor, tão graves quanto os de amor. Uma família normal é um conglomerado de seres

---

9   MIJOLLA, Alain de. **Dictionnaire international de la psychanalyse**. Paris: Calman-Lévy, 2002. p. 35.
10 DORSCH, Friedrich; HÄCKER, Hartm; STAPF, Kurt-Hermann. **Dicionário de psicologia**. Petrópolis: Vozes, 2001. p. 19.
11 CHEMAMA, Roland. Op. cit., p. 10.
12 FERREIRA, Aurélio Buarque de Holanda. **Novo Aurélio século XXI**: o dicionário da língua portuguesa. 3. ed. Rio de Janeiro: Nova Fronteira, 1999. Afetividade/Afeto.
13 ALMEIDA, Renata Barbosa de; RODRIGUES JÚNIOR, Walsir Edson. **Direito civil**: famílias. 2. ed. São Paulo: Atlas, 2012. p. 41-43.

humanos, na melhor das hipóteses neuróticos, que podem se amar e se odiar com a mesma intensidade. Podem fazer-se bem, mas podem fazer-se muito mal. Não fosse assim, não haveria a possibilidade de suspensão ou mesmo de perda do poder familiar. Transformar um sentimento em norma é algo, senão inviável, indesejável. É exigir que todo ser humano seja perfeito ao conduzir seus sentimentos. O legislador não deve entrar nessa esfera íntima, a não ser para coibir a violência e os abusos.

Concluindo, por ser o afeto um sentimento, não pode ser alçado à condição de norma (princípio é norma), menos ainda de norma imperativa, como se alguém pudesse ser obrigado a sentir afeição. Afeto, portanto, não é princípio.

No contexto da afetividade, é importante falar do parentesco socioafetivo.

Por *parentesco socioafetivo* entenda-se o parentesco decorrente de simples relações de afeto, ainda que não haja vínculo biológico. Assim, fala-se em paternidade ou maternidade socioafetiva, quando haja entre os pais e o "filho" relações de afeto iguais às da filiação, sem que haja entre eles relação sanguínea ou de adoção. Suponhamos que A se case com B, que já tinha um filho C, de outras núpcias. Ocorre que A acaba por acolher C como filho, embora sem adotá-lo oficialmente. Neste caso, pode-se falar em filiação ou parentalidade socioafetiva, desde que C, por óbvio, sinta-se, ele também, filho de A. C, consequentemente, terá dois pais (ou duas mães), o biológico e o socioafetivo. Como filho socioafetivo, deverá ter reconhecidos todos os direitos dos filhos biológicos. Este vem sendo o entendimento da doutrina mais arrojada e da jurisprudência do STJ.15 Pode-se falar em parentesco socioafetivo não só entre pais e filhos, mas entre avós e netos, entre tios e sobrinhos, entre primos e entre irmãos. A socioafetividade vem preencher um vácuo deixado pela ausência do vínculo biológico ou de adoção.

19.2.10 Princípio da monogamia

A monogamia seria um princípio?

Efetivamente, no estado atual de nosso Direito, ninguém pode contrair núpcias se já estiver casado, mesmo que separado de fato. Só as pessoas solteiras, viúvas ou divorciadas podem casar-se.

A norma tem óbvia origem religiosa e há de ser questionada em nossos tempos de Direito laico. Ademais:

> se não é mais razoável que o Direito eleja um padrão de entidade familiar ou que pretenda impor certas balizas, que necessariamente devem por esta ser observadas, corolário disso é não poder relegar comportamentos supostamente desviantes, no propósito de lhe negar efeitos. Isso alcança maior destaque, ainda,

quando se percebe que a afetividade – um dos pilares que geralmente sustenta a edificação familiar – é fluida quanto às maneiras de se consubstanciar. Isso pode alcançar, diretamente, o parâmetro da monogamia como um dever-ser.[14]

A monogamia não se sustenta filosoficamente num Estado laico, como o nosso. Por que proibir quem queira constituir família poligâmica? A cultura árabe por acaso é pior do que a nossa? Seguramente não, na visão deles. Por que impedir que um muçulmano tenha várias esposas? Se por ventura um xeique mudar-se para o Brasil com suas seis esposas, seu casamento não seria lícito? Por quê? Porque o nosso Direito, por razões religiosas e costumeiras, proíbe? Porque tal fato ofenderá o pudor público? Ofenderá por quê? Por puro preconceito, que devemos combater ferrenhamente, se desejamos um Estado plural e democrático. As respostas que tradicionalmente se dão, *data venia*, não são suficientes num Estado laico, em que a norma jurídica deve ter fundamentação racional. O fato de ser permitida a poligamia, não significa que todos devam a ela aderir. É apenas mais um modelo lícito de família, incluído na esfera jurídica. Adote-o quem o desejar. Os tempos mudaram e com eles a conformação da família. Apegar-se ao modelo católico tradicional de família do século XIX, como se fosse o único possível, é deixar à margem da legalidade um grande número de pessoas, que nenhum mal fazem; que merecem tanta dignidade quanto qualquer indivíduo, em qualquer outra das várias possibilidades de modelo familiar.

Além de não se sustentar filosófica e racionalmente, é de se indagar sobre a natureza dessa norma que impõe a monogamia. A meu sentir, dado o grau de sua especificidade, está muito mais para regra do que para princípio.

19.3 Casamento

19.3.1 Definição

Família e casamento são instituições distintas. Se no passado a família se alicerçava no casamento, hoje a realidade aponta, quiçá, para outro norte. Apesar disso, tão só por amor à tradição, iniciaremos pelo casamento nosso estudo do Direito de Família. Não vai nisso nenhum juízo de valor. Família é família, e, baseada ou não no casamento, merece a mesma proteção legal.

---

14   *Idem*, p. 47.
15   REsp 878.941-DF; REsp 709.608-MS; REsp 1.259.460-SP; REsp 1.244.957-SC; REsp 1.829.093-PR; REsp 1.487.596-MG; REsp 119.346-GO.

Segundo nosso Direito em vigor, casamento é a união estável e formal entre duas pessoas naturais, com o objetivo de satisfazer-se e amparar-se mutuamente, constituindo família.

É estável, diferenciando-se de simples namoro ou noivado, situações que não vinculam o casal.

É formal, com rito de celebração prescrito em lei, diferenciando-se da união estável, que é união livre, embora também receba tratamento legal.

Até a decisão do STF, de maio de 2011, a ideia predominante, salvo doutrina mais arrojada, era a de que só era possível a união estável entre pessoas de sexo oposto. Quanto ao casamento, aí mesmo é que nem se pensava em outra hipótese, mesmo na doutrina mais à esquerda. Em maio de 2011, o STF, ao julgar a ADIn n. 4.277 e a ADPF n. 132, reconheceu a união estável entre pessoas do mesmo sexo. As ações foram ajuizadas, respectivamente, pela Procuradoria Geral da República e pelo governador do Rio de Janeiro, Sérgio Cabral.

A ideia do relator, Min. Ayres Britto, foi a de dar interpretação conforme a Constituição Federal, a fim de excluir qualquer significado do art. 1.723 do CC que impeça o reconhecimento da união entre pessoas do mesmo sexo como entidade familiar.

De fato, o art. 1.723 do CC define união estável como a união entre homem e mulher. O Min. Ayres Britto argumentou que o art. 3º, inciso IV, da CF veda qualquer discriminação em virtude de sexo, raça, cor e que, nesse sentido, ninguém pode ser diminuído ou discriminado em função de sua preferência sexual. "O sexo das pessoas, salvo disposição contrária, não se presta para desigualação jurídica", observou o ministro, para concluir que qualquer depreciação da união estável homoafetiva colide, portanto, com o inc. IV do art. 3º da CF. Sendo assim, numa interpretação conforme, o art. 1.723 do CC seria inconstitucional, na parte em que impõe a diversidade de sexo, para a constituição da união estável.

Os Mins. Luiz Fux, Ricardo Lewandowski, Joaquim Barbosa, Gilmar Mendes, Marco Aurélio, Celso de Mello e Cezar Peluso, bem como as Mins. Cármen Lúcia Antunes Rocha e Ellen Gracie, acompanharam o entendimento do Min. Ayres Britto, pela procedência das ações e com efeito vinculante, no sentido de dar interpretação conforme a Constituição Federal para excluir qualquer significado do art. 1.723 do CC que impeça o reconhecimento da união entre pessoas do mesmo sexo como entidade familiar.

A ADIn n. 4277 foi protocolada na Corte inicialmente como ADPF n. 178. A ação buscou a declaração de reconhecimento da união entre pessoas do mesmo sexo como entidade familiar. Pediu, também, que os mesmos direitos e deveres dos companheiros nas uniões estáveis fossem estendidos aos companheiros nas uniões entre pessoas do mesmo sexo.

Já na ADPF n. 132, o governo do Estado do Rio de Janeiro (RJ) alegou que o não reconhecimento da união homoafetiva estaria a contrariar preceitos fundamentais como igualdade, liberdade (da qual decorre a autonomia da vontade) e o princípio da dignidade da pessoa humana, todos da Constituição Federal. Com esse argumento, pediu que o STF aplicasse o regime jurídico das uniões estáveis, previsto no art. 1.723 do CC, às uniões homoafetivas de funcionários públicos civis do Rio de Janeiro.

Se é inconstitucional a imposição de diversidade de sexo para a união estável, será também para o casamento, pelas mesmas razões. Por que num caso não se admitir a discriminação e no outro se a admitir? Ademais, segundo a decisão do STF, aplicam-se à união estável entre pessoas do mesmo sexo, as mesmas normas e efeitos que se aplicam à união entre homem e mulher. Como a conversão em casamento deve ser facilitada, tratando-se de união heterossexual, sê-lo-á também na união homossexual, sob pena de se discriminar em função da opção sexual, o que contraria frontalmente a Constituição. Assim, as disposições do Código Civil que pressupõem a diversidade de sexo para o casamento são discriminatórias e inconstitucionais.

Por outro lado, nem o Código Civil, nem a Constituição proíbem expressamente o casamento entre homossexuais. O fato de o Código Civil se referir a homem e mulher ao tratar do casamento não gera, por si só, proibição explícita ao casamento *gay*.

Outra não foi a decisão do STJ, no REsp n. 1.183.348/RS. A 4.ª Turma reconheceu que um casal de mulheres também tem direito de casar. Por maioria, em 25.10.2010, os ministros deram provimento ao Recurso Especial no qual duas mulheres pediam para serem habilitadas ao casamento civil.

"Por consequência, o mesmo raciocínio utilizado, tanto pelo STJ quanto pelo STF, para conceder aos pares homoafetivos os direitos decorrentes da união estável, deve ser utilizado para lhes franquear a via do casamento civil, mesmo porque é a própria Constituição Federal que determina a facilitação da conversão da união estável em casamento", concluiu o Min. Luiz Felipe Salomão.

Em seu voto, o Min. Marco Buzzi destacou que a união homoafetiva é reconhecida como família. Se o fundamento de existência das normas de família consiste precisamente em gerar proteção jurídica ao núcleo familiar, e se o casamento é o principal instrumento para essa proteção, seria desproposital concluir que esse elemento não possa alcançar os casais homoafetivos. Segundo ele, intolerância e preconceito não se mostram admissíveis no atual estágio do desenvolvimento humano.

Aliás, nesse sentido, a Lei n. 12.852/2013 ou Estatuto da Juventude contribuiu sobremaneira para o avanço das relações homoafetivas. Segundo seu art. 17, o jovem tem direito à diversidade e à igualdade, não podendo ser discriminado em razão da orientação sexual. Ora, pelo princípio constitucional da isonomia, se o jovem não pode ser discriminado em razão da orientação sexual, ninguém mais o será.

O objetivo do casal será, como regra, o de obter satisfação e amparo recíprocos. A constituição de família é consequência inexorável, haja filhos ou não. Há quem entenda que só se pode falar em família havendo filhos. Na realidade, o que se pode dizer é que o termo família admite duas acepções: uma ampla e uma estrita.

Lato sensu, família é a reunião de pessoas descendentes de um tronco ancestral comum, incluídas aí também as pessoas ligadas pelo casamento ou pela união estável, juntamente com seus parentes sucessíveis, ainda que não descendentes. *Stricto sensu*, família é a reunião de pai, mãe e filhos, ou apenas de um dos pais com seus filhos.[15]

Sendo assim, é nos dois sentidos que se diz ser objetivo do casamento a constituição de família. Mesmo não havendo filhos, a união de duas pessoas forma uma família, principalmente se levarmos em conta o Direito das Sucessões, dentre outros fatores psíquicos e socioeconômicos.

19.3.2 Natureza jurídica

Definido o casamento em seus principais contornos, qual seria sua natureza? Com que outro instituto jurídico se afeiçoaria o casamento? Seria ele contrato? Seria instituição social? Ou teria outra natureza?

Duas correntes principais se delineiam no Direito Ocidental.

Os primeiros defendem a natureza institucionalista do casamento. Para eles, casamento é instituição social, na medida em que é conjunto de regras aceitas por todos para regular as relações entre esposos.

Os segundos defendem a natureza contratual do casamento enquanto convenção. O fato de ter disciplina diferente dos demais contratos de Direito Privado não o torna menos contrato, mas contrato especial, *sui generis*.

Outros há ainda que dizem ter o casamento duas naturezas: enquanto celebração, é contrato; enquanto vida comum, é instituição social.

Na realidade, o casamento se vê muito mais como contrato ao longo da vida comum, do que na celebração propriamente dita. É ao longo do quotidiano que o casal estabelece regras de vida comum, no exercício de sua autonomia privada. É neste plano que se pode ver com muito mais clareza a contratualidade do casamento. No momento da celebração, há contrato também, embora contrato *sui generis*, com muito pouco espaço para a autonomia dos nubentes. Se o casamento é instituição, seguramente o é como a compra e venda, a locação e o mandato o

---

15 PONTES DE MIRANDA, Francisco Cavalcanti. **Tratado de direito privado**. Rio de Janeiro: Borsoi, 1954. v. 7, p. 174.

são. A teoria institucionalista de Hauriou, a partir da qual se começa a classificar o casamento como instituição, considera todos os institutos jurídicos instituições jurídico-sociais. Assim são instituições os contratos, dentre eles o casamento, o testamento, a propriedade, a família etc. Dizer que o casamento é instituição social não importa dizer que não seja contrato. De todo modo, embora contenha um lado patrimonial, em sua essência, é contrato de natureza existencial, que não se submete às normas do Direito das Obrigações; possui regramento especial.

19.3.3 Caracteres jurídicos

No Direito Brasileiro, o casamento é ato formal, plurilateral, *intuitu personae*, dissolúvel, realizado entre duas pessoas naturais.

Formal porque sua celebração é solene. Se preterido algum requisito de forma, o casamento se considerará inválido ou mesmo inexistente.

Plurilateral por exigir a participação de duas vontades que não se contrapõem, mas, pelo contrário, caminham na mesma direção, rumo ao mesmo norte.

É *intuitu personae*, pois se baseia precipuamente na confiança e nos laços afetivos do casal.

É dissolúvel, uma vez que pode ser desfeito por ato contrário, qual seja, o divórcio.

Por fim, deve ser realizado entre pessoas naturais, de vez que não se admite casamento com ou entre pessoas jurídicas ou casamento com ou entre animais.

19.3.4 Finalidades

Com o atual desenvolvimento do Direito de Família, as finalidades jurídicas do casamento se tornam cada vez mais difíceis de detectar.

Segundo o Cânone 1.013 do Código de Direito Canônico da Igreja Católica Romana, são finalidades do casamento, num primeiro plano, a procriação e a educação da prole. Num segundo plano, a mútua assistência e a satisfação sexual. Devemos ter em mente que a Igreja não admite o sexo e a procriação fora do casamento, que para ela é sacramento instituído por Jesus.

Fora da esfera religiosa, podemos apontar finalidades sociais para o casamento, que ainda é importante, conferindo ao casal certa respeitabilidade.

Mas, nos estritos limites do Direito, diminuíram as finalidades do casamento.

A procriação não é mais, uma vez que ocorre independentemente de casamento.

Satisfação sexual tampouco, pelo mesmo motivo.

Constituir ou legitimar a família não é mais. A Constituição de 1988 conferiu legitimidade à família, que pode constituir-se independentemente de casamento.

A mesma posição adota o art. 1.723 do CC, que reconhece a união estável como entidade familiar.

Dar tratamento adequado aos filhos, protegendo seus direitos, também não é mais finalidade jurídica do casamento, visto que a Constituição de 1988 e o art. 1.596 do CC concedem aos filhos, havidos ou não na constância do casamento, a mesma proteção e as mesmas prerrogativas.

Apesar disso, o casamento ainda possui algumas prerrogativas em relação à união estável. Várias consequências só decorrem dele, por exemplo, podemos citar a possibilidade de os cônjuges adotarem o nome um do outro; os privilégios sucessórios; a amplitude da regulamentação dos regimes matrimoniais; o dever de fidelidade, cujo desrespeito ainda é punido como adultério na esfera civil; dentre outras.

19.3.5 Casamento civil e religioso

Consagra o texto constitucional de 1988 o princípio de que é válido civilmente o casamento religioso. Este o conteúdo do art. 226, parágrafo 2º, da CF. O Código Civil recepciona, expressamente, a norma constitucional no art. 1.515.

Não obstante ter o casamento religioso validade legal, devemos esclarecer que a Lei não dispensa os trâmites cartorários que antecedem a cerimônia nupcial. O que a Lei dispensa é a celebração de duas cerimônias, uma civil e outra religiosa. Basta uma, embora na prática seja comum ver a celebração das duas.

Esta regra vigora desde a Constituição de 1937, que admitia o casamento religioso com efeito civil, desde que corresse em cartório o processo para a verificação dos impedimentos matrimoniais. Celebrado o casamento, a certidão fornecida pela Igreja seria, depois, registrada em cartório, que emitiria a certidão de casamento. A Lei n. 1.110/1941 veio consolidar e regulamentar o princípio, mais uma vez consagrado pela Constituição de 1988 e pelo Código Civil.

Observe-se que para que o casamento religioso tenha valor, é necessário que seja celebrado por ministro de religião organizada e reconhecida.

Uma vez realizada a cerimônia nupcial religiosa, deverá ser promovido o registro civil do casamento religioso, no prazo de 90 dias, desde que haja sido homologada, previamente, pelo Oficial do Registro, a habilitação para o casamento. Se o prazo não for cumprido, haverá necessidade de nova habilitação.

O casamento religioso, na medida do possível, deverá cumprir as formalidades de celebração impostas pela Lei Civil, aliás, de origem canônica. Caso isto não ocorra, ainda assim será possível o registro, no prazo de 90 dias, desde que haja prévia habilitação.

19.3.6 Habilitação para o casamento

Habilitação para o casamento é processo que corre perante o oficial do Registro Civil e que tem por fim evidenciar a aptidão dos nubentes para o casamento. Na verdade, o processo de habilitação visa verificar se os noivos não são impedidos para o casamento, se realmente podem casar-se. Esse processo compreende quatro etapas: documentação, proclamas, certificado e registro. Desenrola-se segundo os arts. 1.525 a 1.532 do CC e arts. 67 a 69 da Lei de Registros Públicos.

a] Documentação

Nessa primeira etapa, o cartório requisitará dos noivos uma série de documentos, de acordo com o Código Civil. Assim é que deverão ser apresentados, por cada nubente, certidão de nascimento; declaração de estado civil, domicílio e residência dos contraentes e seus pais; autorização dos responsáveis, se forem menores de 18 anos; declaração de duas testemunhas capazes, que atestem não haver impedimentos matrimoniais; atestado de óbito ou certidão de divórcio, conforme seja um dos noivos viúvo ou divorciado etc.

A apresentação dos documentos deverá ser feita pessoalmente pelos noivos. Apresentados e verificados os documentos, inicia-se a segunda etapa, qual seja, os proclamas.

b] Proclamas

É o edital, que será afixado por quinze dias no mural do cartório, após a apresentação dos documentos.

O objetivo dos proclamas é o de comunicar ao público em geral a intenção dos noivos de contrair núpcias. Assim, qualquer pessoa poderá opor-se ao casamento, se souber de algum impedimento. Para tanto, basta apresentar-se perante o oficial do Registro e provar a existência do impedimento.

Os proclamas serão também publicados em jornal local, se houver.

Entregues os documentos com o requerimento de habilitação, o processo será encaminhado ao Ministério Público, que sobre ele opinará. Havendo impugnação do Ministério Público ou do próprio oficial do Registro, a habilitação será submetida ao juiz. Caso contrário, não.

O juiz poderá dispensar os proclamas, em caso de urgência (por exemplo, enfermidade de um dos nubentes). Para tanto, é necessário requerê-lo e apresentar prova da urgência. O Ministério Público será ouvido.

Os proclamas, como visto, ficarão afixados no mural do cartório durante quinze dias.

Para a publicação dos proclamas não é necessário se esperar o parecer do Ministério Público nem a homologação judicial, uma vez que o art. 1.527 exige apenas que os documentos estejam em ordem.

Após o período de publicação dos proclamas, e homologada a habilitação pelo juiz, será emitido o certificado de habilitação para o casamento.

c] Certificado

O certificado de habilitação para o casamento será emitido com o encerramento dos proclamas e após a homologação judicial. Terá validade de 90 dias, após os quais caducará, perdendo sua validade. Em outras palavras, os noivos terão 90 dias para celebrar suas núpcias. Se este prazo transcorrer in albis, ou seja, sem que se celebre o casamento, o certificado perderá a validade e o processo de habilitação deverá ter início outra vez.

d] Registro

O processo de habilitação se encerra realmente com o registro dos editais (proclamas) no cartório que os haja publicado.

19.3.7 Impedimentos matrimoniais

Impedimentos matrimoniais são causas que tornam o casamento impossível para ambos ou um só dos noivos.

Há impedimentos de duas categorias.

A primeira categoria congrega os chamados impedimentos dirimentes. Por que dirimentes? Porque impedem a realização do casamento e, se por acaso ele ocorrer, torna-o inválido, pondo-lhe fim. Os impedimentos dirimentes podem ser públicos ou privados.

A segunda categoria é a dos impedimentos meramente impedientes. Impedientes porque impedem a realização do casamento; mas se ele por acaso ocorrer, será válido, sofrendo sanção indireta, que veremos mais adiante.

O Código Civil denomina estes impedimentos impedientes de causas suspensivas do casamento, uma vez que apenas suspendem a capacidade nupcial. Cessado o impedimento, o casal poderá convolar núpcias normalmente.

Estudemos cada uma dessas categorias.

a] Impedimentos dirimentes

Impedimentos dirimentes públicos

Incesto

Incesto é união entre certos parentes. Para o Direito, é considerada incestuosa a união dos parentes em linha reta, ou seja, pais, avós, bisavós, filhos, netos, bisnetos etc. Estes parentes não podem se casar entre si, ainda que o parentesco seja por adoção, uma vez que os filhos adotivos se equiparam aos filhos consanguíneos.

A mesma proibição se estende ao casamento entre o adotado e o ex-cônjuge do adotante e ao casamento entre o adotante e o ex-cônjuge do adotado.

Tampouco podem casar-se os afins em linha reta como, por exemplo, o sogro com a nora, a sogra com o genro, ainda que sejam viúvos ou divorciados.

Também se considera incestuoso o casamento entre irmãos, mesmo que um deles ou ambos tenham sido adotados.

Por fim, os parentes em linha colateral até o terceiro grau, inclusive, isto é, tios e sobrinhos, não podem contrair núpcias. Há quem entenda que continue valendo o Decreto-Lei n. 3.200/1941, no que diz respeito à possibilidade de colaterais de terceiro grau se casarem. De fato, o referido Decreto-lei passou a permitir o casamento desses parentes, reformando o Código Civil de 1916, que o proibia expressamente. Ocorre que, com o Código civil de 2002, a proibição se renovou, também de forma expressa. Alegam os defensores da vigência do Decreto-lei, que não teria sido revogado, nem de forma expressa, nem de forma tácita. Efetivamente, não houve revogação expressa. Mas não teria havido revogação tácita, naquilo em que contrarie o Decreto-lei? O argumento desses autores, para embasar uma resposta negativa é o princípio da especialidade. Sendo o Código Civil norma geral, e o Decreto-Lei n. 3.200, norma especial, aplicar-se-ia o segundo, em detrimento do primeiro.

De fato, o Decreto-Lei n. 3.200/1941 destina-se à proteção e à organização da família, sendo, sem dúvida nenhuma, norma especial. E de fato não foi revogado expressamente pelo Código Civil de 2002, nem por qualquer outra lei posterior a 1941.

A questão gira em torno de saber se teria havido revogação tácita, uma vez que o Código de 2002 é incompatível com o Decreto-Lei n. 3.200 nesse particular. Aplicar-se-ia, *in casu*, o princípio da especialidade? Não seria o Código Civil, nesse ponto específico, norma tão especial quanto o referido Decreto-Lei?

O entendimento da doutrina majoritária é em sentido negativo, ou seja, o Decreto-Lei n. 3.200/1941 é norma especial em relação ao Código Civil e, consequentemente, continua em vigor, pelo princípio da especialidade. Esse foi, inclusive, o teor do Enunciado n. 98 da I Jornada de Direito Civil do Centro de

Estudos do Conselho da Justiça Federal. Sendo assim, é possível o casamento de tios e sobrinhos, parentes colaterais em terceiro grau. É o denominado casamento avuncular, do latim *avunculus* (tio por parte de mãe).[16]

Tendo em vista não só o princípio da especialidade, mas também o da autonomia privada, que deve prevalecer na esfera familiar, principalmente quando não contrarie norma de ordem pública, e, além disso, tendo em vista nossos costumes secularmente reiterados, entendo, juntamente com a maioria, ser admissível o dito casamento avuncular. Há que respeitar, todavia, a norma do Dec.-lei 3.200/1941 que dispõe ser necessária autorização do juiz competente para a habilitação, que deverá nomear dois médicos de reconhecida capacidade, isentos de suspeição, para examinar e atestar a sanidade dos noivos, afirmando não haver inconveniente, sob o ponto de vista da saúde de qualquer deles e da prole, na realização do matrimônio.

Se os dois médicos divergirem quanto à conveniência do matrimônio, poderão os nubentes, conjuntamente, requerer ao juiz que nomeie terceiro, como desempatador. Sempre que, a critério do juiz, não for possível a nomeação de dois médicos idôneos, poderá ele incumbir do exame um só médico, cujo parecer será conclusivo. Sempre que, na localidade, não se encontrar médico que possa ser nomeado, o juiz designará profissional de localidade próxima, aonde deverão se dirigir os nubentes.

O exame médico será feito extrajudicialmente, sem qualquer formalidade, mediante simples apresentação do requerimento despachado pelo juiz. O exame poderá concluir não apenas pela declaração da possibilidade ou da irrestrita inconveniência do casamento, mas ainda pelo reconhecimento de sua viabilidade em época ulterior, uma vez feito, por um dos nubentes ou por ambos, o necessário tratamento de saúde. Nesta última hipótese, provando a realização do tratamento, poderão os interessados pedir ao juiz que determine novo exame médico.

O atestado será entregue aos interessados, não podendo qualquer deles divulgar o que se refira ao outro. Quando o atestado dos dois médicos, havendo ou não desempatador, ou do único médico, concluir pela possibilidade do matrimônio, poderão os interessados promover o processo de habilitação, apresentando, com o requerimento inicial, a prova de sanidade, devidamente autenticada.

---

[16] ALMEIDA, Renata Barbosa de; RODRIGUES JÚNIOR, Walsir Edson. Op. cit., p. 127. SANTOS, Luiz Felipe Brasil. Anotações aos enunciados sobre direito de família. In: CASTILHO, Ricardo; TARTUCE, Flávio (Coord.). **Direito civil**: estudos em homenagem à professora Giselda Maria Fernandes Novaes Hironaka. São Paulo: Método, 2006, p. 695-696. FARIAS, Cristiano Chaves de; ROSENVALD, Nelson. **Curso de direito civil**: Reais. 11. ed. São Paulo: Atlas, 2015. v. 6, p. 173. TARTUCE, Flávio. **Direito civil**: direito de família. 10. ed. São Paulo: Método, 2015. v. 5, p. 55. VENOSA, Sílvio de Salvo. **Direito civil**... cit., v. 6, p. 83. DIAS. **Manual de direito das famílias**... cit., p. 154. FACHIN, Luiz Edson. Direito de família, casamento, arts. 1.511 a 1.590. In: FACHIN, Luiz Edson; AZEVEDO, Álvaro Villaça; RUZYK, Carlos Eduardo Pianovski (Coord.). **Código Civil comentado**. São Paulo: Atlas, 2003. p. 64.

No entanto, se o atestado declarar a inconveniência do casamento, prevalecerá, em toda a plenitude, o impedimento matrimonial.

Se algum dos nubentes, para frustrar os efeitos do exame médico desfavorável, pretender habilitar-se, ou habilitar-se para casamento, perante outro juiz, incorrerá na pena do art. 237 do CP, que se refere, exatamente, ao crime de contrair núpcias, na ciência de impedimento dirimente público. A pena é de detenção de três meses a um ano.

De toda forma, o ideal, para dirimir qualquer dúvida, será alterar a redação do inc. IV do art. 1.521 do CC, a fim de adaptá-lo ao Dec.-lei 3.200/1941 e aos costumes nacionais.

Bigamia
Não se podem casar as pessoas já casadas.

Homicídio
Ninguém poderá casar-se com quem quer que lhe tenha matado (ou tentado matar) o cônjuge. Por exemplo: João e Maria são casados. Se José mata João, Maria e José não podem se casar. Para que valha o impedimento, o autor do homicídio ou tentativa deverá ter sido por tal condenado criminalmente.

Impedimentos dirimentes privados

Os impedimentos dirimentes privados, apesar de não constarem da lista de impedimentos do art. 1.521, que trata apenas dos impedimentos dirimentes públicos, continuam a ser causas impeditivas do casamento, além de o inquinarem de defeito leve, caso venha a ocorrer. Estão previstos no art. 1.550 do CC, dentre as causas que viciam o casamento de defeito leve.

Coação
Ninguém poderá casar-se sob coação, seja ela física ou moral. Denunciada a coação, o casamento não se realizará.

Incapacidade absoluta ou ausência de idade mínima
A Lei impõe idade mínima para o homem e a mulher se casarem. Tanto um como a outra deverão contar, no mínimo, 16 anos.

Abaixo dessa idade, não haverá casamento, nem mesmo com o consentimento dos pais. Antes das alterações introduzidas no Código Penal e no próprio Código Civil, o juiz poderia consentir, e mesmo assim no caso de gravidez da menor. O Código Civil também se referia à possibilidade de se autorizar o casamento do menor de 16 anos, para evitar imposição ou cumprimento de pena criminal. Ocorre que o atual Código Penal não mais prevê esta hipótese, o que tornou letra morta o disposto na Lei Civil, especificamente no art. 1.520, que veio a ser, finalmente, alterado, em 2019, não se permitindo em nenhuma hipótese o casamento de quem não tenha atingido a idade núbil. Antigamente, ao juiz era concedido o poder de determinar a separação de corpos do casal, mesmo quando autorizasse o casamento, se assim entendesse adequado, a fim de salvaguardar a boa moral do menor. Hoje em dia, essa medida soaria mesmo ridícula; ou bem o juiz autorizasse o casamento, ou bem não o autorizasse. Se o autorizasse, que fosse plenamente, por óbvio.

Incapacidade (relativa)

Até os 16 anos, a mulher e o homem não podem casar-se, como regra. Mas e entre essa idade e os 18 anos? Poderiam eles contrair núpcias?

A resposta é afirmativa. Podem, desde que obtenham o consentimento dos pais ou do tutor. Sem este consentimento, serão considerados impedidos por incapacidade para consentir.

Basta a autorização do pai ou da mãe, que exercem solidariamente o poder familiar. Se um consentir e o outro discordar, o caso poderá ser decidido judicialmente.

São também incapazes de contrair matrimônio as pessoas que não consigam, por problemas mentais, manifestar seu consentimento. Neste caso, diante das alterações sofridas pelo regime das incapacidades, em 2015, o defeito será leve, mesmo se a enfermidade mental comprometer, radicalmente, o discernimento para os atos da vida civil. O Estatuto da Pessoa com Deficiência revogou expressamente o inc. I do art. 1.548 do CC. Além disso, por força do mesmo Estatuto, dispõe o parágrafo 2º do art. 1.550 do CC, que a pessoa com deficiência mental ou intelectual em idade núbia poderá contrair matrimônio, expressando sua vontade diretamente ou por meio de seu responsável (pais ou tutor) ou curador.

Evidentemente que, se o deficiente não possuir capacidade para consentir, não poderá contrair núpcias. Aliás, já a Convenção de Nova Iorque, na qual se baseou o Estatuto da Pessoa com Deficiência, exige o consentimento livre e esclarecido do deficiente.[17]

De acordo com o art. 1.518 do CC, os pais ou o tutor podem revogar a autorização, desde que antes da celebração do casamento. O curador não possui

---

17 GOZZO, Débora; MONTEIRO, Juliano Ralo. A concretização da autonomia existencial e a lei n. 13.146/15: apontamentos sobre o casamento da pessoa com deficiência. **Civilística**, Rio de Janeiro, ano 8, n. 1, 2019. Disponível em:
<http://civilistica.com/a-concretizaca-da-autonomia-existencial/>. Acesso em: 19 nov. 2020. Mais sobre o tema, e nesse mesmo sentido, *vide*: TERRA, Aline de Miranda Valverde; TEIXEIRA, Ana Carolina Brochado. É possível mitigar a capacidade e a autonomia da pessoa com deficiência para a prática de atos patrimoniais e existenciais? **Civilística**, Rio de Janeiro, ano 8, n. 1, 2019. Disponível em:
<http://civilistica.com/a-concretizaca-da-autonomia-existencial/>. Acesso em: 19 nov. 2020; LARA, Mariana Alves. Em defesa da restauração do discernimento como critério para a incapacidade de fato. **Revista brasileira de direito civil – RDBCivil**, Belo Horizonte, v. 19, p. 39-61, jan./mar. 2019.

mais esse poder. Seria o caso de recorrer à Justiça, se entender que as núpcias não devam mais se convolar.

Se um dos noivos se fizer representar por procurador, cessará a capacidade de representação, se o mandato for revogado. Neste caso, o mandatário não terá poderes para representar o noivo mandante, e o casamento poderá ser impedido de se realizar.[18]

Incompetência da autoridade celebrante
Não sendo o celebrante autoridade civil ou religiosa competente, o casamento poderá ser impedido de se realizar. A autoridade civil competente é o juiz de paz ou juiz de casamentos. A autoridade religiosa será o ministro de religião organizada e reconhecida.

b] Impedimentos impedientes

Os impedimentos impedientes, como vimos, são tratados como causas suspensivas do casamento, uma vez que, quando deixam de existir, possibilitam a realização das núpcias. Apesar disso, continuam a ser causas impeditivas do casamento, pelo que deles cuidaremos sob este nome, já consagrado pela doutrina.[19] Não concordamos com a tese de que, recebendo o nome de causas suspensivas, não mais impediriam a realização do casamento. Obstam, sim, "à realização do casamento, mas podem deixar de ser aplicadas por autorização judicial, e, de qualquer forma, ainda que infringidas, não constituem motivo para invalidação do ato".[20]

Confusão de patrimônios
Está impedida para o casamento a pessoa viúva que não houver partilhado os bens conjugais com os filhos do defunto. O mesmo se diga da pessoa divorciada, enquanto não for efetuada a partilha dos bens do casal. A norma visa evitar que o patrimônio de um casamento se misture com o do subsequente.

Confusão de sangue
A mulher cujo casamento tenha sido anulado ou que se tenha enviuvado não poderá convolar novas núpcias antes de dez meses da anulação ou da viuvez. O objetivo é o de evitar que a mulher se case grávida do antigo marido e que o filho venha a ser tido como se fosse do segundo.

---

18 SILVA, Paulo Lins e. Da nulidade e da anulação do casamento no novo Código Civil brasileiro. In: DIAS, Maria Berenice; PEREIRA, Rodrigo da Cunha (Org.). **Direito de família e o novo Código Civil**. 2. ed. Belo Horizonte: Del Rey, 2002. p. 35 et seq.
19 DINIZ, Maria Helena. **Curso de direito civil brasileiro**. 18. ed. São Paulo: Saraiva, 2002. v. 5, p. 79.
20 HIRONAKA, Giselda Maria Fernandes Novaes; OLIVEIRA, Euclides de. Do casamento. In: DIAS, Maria Berenice; PEREIRA, Rodrigo da Cunha (Org.). **Direito de família e o novo Código Civil**. 2. ed. Belo Horizonte: Del Rey, 2002. p. 26.

Contas da tutela ou curatela

Terminando a tutela ou curatela, tanto o tutor quanto o curador devem prestar contas ao juiz e ao Ministério Público. Antes de aprovadas essas contas, estarão impedidos de se casar com o antigo pupilo ou curatelado. A proibição se estende aos ascendentes, descendentes, irmãos, cunhados e sobrinhos do tutor e do curador.

Em qualquer destes casos, ou seja, diante de qualquer um destes impedimentos, poderão os nubentes solicitar ao juiz permissão para o casamento, provando que este não importará prejuízo para o herdeiro, para o ex-cônjuge e para o pupilo ou curatelado. No caso da confusão de sangue, a mulher deverá provar a inexistência de gravidez.

c] Oposição dos impedimentos

Opor impedimento é apontar uma das causas vistas acima, a fim de ensejar a autoridade competente, seja o oficial do Registro, seja o Ministério Público, seja o juiz ou o celebrante a cancelar o processo de casamento. O impedimento é, assim, oposto antes ou durante a cerimônia nupcial. Uma vez que esta se conclua, o casamento estará realizado, devendo ser anulado, se for o caso.

Para melhor estudar a oposição dos impedimentos, respondamos a algumas perguntas.

Quem pode opor os impedimentos?

Os impedimentos dirimentes podem ser opostos por qualquer pessoa, inclusive de ofício pelo oficial do Registro. O Ministério Público e o juiz também deverão se pronunciar de ofício, uma vez que a eles cabe, respectivamente, proferir parecer e homologar a habilitação para o casamento.

Já os impedimentos impedientes só poderão ser opostos pelos parentes em linha reta, seja o parentesco consanguíneo ou civil,[21] pelos afins em linha reta, pelos irmãos e cunhados e pelo ex-marido para evitar a *turbatio sanguinis* (confusão de sangue). Na verdade, o direito do ex-marido é deduzido por interpretação lógica, uma vez que a Lei é omissa a respeito.

Quando opor os impedimentos?

Na fase dos proclamas, junto ao oficial do Registro Civil. A oposição também será lícita durante a cerimônia nupcial, quando o impedimento será oposto ao celebrante, seja ele o juiz de paz ou o ministro religioso.

---

21 *Parentes em linha reta* são os descendentes (filhos, netos etc.) e os ascendentes (pais, avós etc.). *Afinidade* é a relação entre uma pessoa e os parentes de seu cônjuge. *Afinidade em linha reta* são os sogros, os pais dos sogros etc.

Como opor os impedimentos?

Com base no princípio do contraditório e da ampla defesa, além do princípio da boa-fé, pelo qual se deverá pautar a conduta do oponente, devem ser obedecidos alguns requisitos para a oposição dos impedimentos.

O oponente deverá apresentar-se em pessoa, sendo devidamente qualificado. Não é admitida oposição anônima.

As alegações serão reduzidas a escrito, devendo o documento ser, em seguida, assinado pelo oponente. É isto que garantirá aos noivos a possibilidade de se defenderem.

O oponente deverá provar que é maior e capaz, uma vez que a oposição de impedimento é ato da vida civil. Também deverá provar o que estiver alegando, ou indicar o local onde se encontra a prova.

Caso se trate de impedimento impediente, o oponente deverá provar que é pessoa habilitada a realizar a oposição.

O escrivão ou celebrante dará aos nubentes a nota do impedimento, com a informação de quem o opôs, bem como a indicação do fundamento e das provas, não se emitindo o certificado de habilitação ou suspendendo a cerimônia. Esta é norma derivada dos princípios do contraditório e da ampla defesa.

Aos noivos caberá apresentar prova contrária ao impedimento, perante o juiz competente, que decidirá a questão, em processo judicial próprio. Além disso, poderão os nubentes tomar medidas civis reparatórias e criminais contra o oponente leviano ou de má-fé.

19.3.8 Celebração do casamento

De posse do certificado de habilitação para o casamento, os noivos estarão aptos a requerer ao juiz de paz ou ao ministro religioso que lhes marquem dia, hora e local para que se realize a cerimônia nupcial.

A cerimônia ocorrerá a portas abertas, ainda que em casa particular. Deverão estar presentes os noivos e mais duas testemunhas. Serão quatro se em casa particular e se um dos nubentes não souber ou não puder escrever.

O celebrante deverá interrogar a cada um dos noivos se é de sua vontade livre receber o outro em casamento. A resposta, seja positiva ou negativa, deverá ser em alta voz. Se positiva, será pura e simples. Em poucas palavras, não se admite aceitação condicional; é sim ou não; não se pode aceitar sob certa condição. Se a resposta for negativa, a cerimônia ficará suspensa, podendo aquele que disse não se retratar vinte e quatro horas depois, quando nova cerimônia se celebrará.

Pronunciado o "sim" por ambos os nubentes, o celebrante proferirá a fórmula do art. 1.535 do CC, dando os noivos por casados.

Há casos em que a cerimônia deverá ser suspensa. São, a saber, três.

Em primeiro lugar, quando houver oposição séria de algum impedimento.

Em segundo lugar, quando um dos noivos disser não ou ficar calado diante da pergunta feita pelo celebrante, se seria de seu desejo casar-se com o outro.

Por fim, se um dos responsáveis pelo incapaz (pais ou tutor), retirar sua autorização, o que pode ocorrer até o último minuto, antes que o celebrante declare os noivos casados.

Celebrado o matrimônio, será lavrado o assento do casamento no livro de registro. Neste assento, que seria uma espécie de ata do casamento, deverá constar a assinatura dos cônjuges, do celebrante, do oficial do Registro e das testemunhas, além do nome, profissão, data de nascimento e endereço dos cônjuges, de seus pais e das testemunhas; a data da publicação dos proclamas e da celebração do casamento; a relação dos documentos apresentados ao oficial do Registro e, por fim, o regime de bens do casamento.

Deste livro de registro em que se lavrou o assento, será extraída a chamada *certidão de casamento*.

O casamento poderá ser celebrado mesmo ausente um ou ambos os nubentes. Neste caso, o ausente deverá conferir procuração a alguém, outorgando-lhe poderes especiais para convolar núpcias em seu nome. Este procurador comparecerá à cerimônia, representando o noivo ausente.

Caso um dos noivos se encontre gravemente adoentado, o celebrante comparecerá ao local em que estiver e celebrará as núpcias perante duas testemunhas que saibam ler e escrever.

A falta ou impossibilidade da autoridade competente para a celebração poderá ser suprida por qualquer um de seus substitutos legais. A falta do oficial do Registro será suprida por outro, nomeado *ad hoc* pelo celebrante.

O termo do casamento assim celebrado será registrado e arquivado em cinco dias, perante duas testemunhas.

Enfim, resta falar do casamento nuncupativo.

Em alguns casos, há urgência na celebração do casamento. Um dos noivos pode estar em seus últimos momentos de vida, por exemplo. Nesses casos, qualquer pessoa está autorizada a celebrar a cerimônia nupcial, desde que presentes seis testemunhas, as quais não podem ser parentes em linha reta nem irmãos dos noivos.

Celebrado o casamento, contar-se-á o prazo de dez dias, dentro do qual será instaurado processo judicial, para o fim de ser o casamento confirmado pelo juiz (art. 76 da Lei de Registros Públicos), que ouvirá as testemunhas e verificará se não há impedimento nupcial. A sentença que julgar procedente o pedido de confirmação será transcrita no Livro de Registro de Casamentos, do qual se extrairá a certidão de casamento.

O casamento assim celebrado se denomina nuncupativo.

19.3.9 Prova do casamento

A prova do casamento pode ser direta ou indireta.

Direta e cabal é a prova que se constitui da certidão de casamento, extraída do livro em que se lavrou o assento. Mas e se a certidão e o livro de registro se perderem? O cartório pode não estar informatizado e vir a pegar fogo, por exemplo. Nesses casos, é admitido que se prove o casamento por qualquer meio lícito e moral. Pode-se prová-lo, por exemplo, com a certidão de nascimento dos filhos, em que consta serem os pais casados; por intermédio de testemunhas, principalmente as que atuaram como testemunhas nupciais, vulgarmente denominadas padrinhos de casamento; ou através de qualquer outro meio de prova admitido em Direito (art. 212 do CC).

A prova indireta é concedida a todos os interessados que possam se beneficiar da existência do casamento (filhos, netos ou outros herdeiros, por exemplo). É admitida esta prova quando o casal for falecido, quando sofrerem ambos de enfermidade mental ou quando se acharem ausentes, desde que a ausência tenha sido declarada judicialmente. Nestes casos, não dispondo os interessados da certidão de casamento, nem de nenhum meio de obtê-la, poderão fazer a prova de que o casal era casado pela chamada posse do estado de casados.

Possuem estado de casados aquelas pessoas que atendam a três requisitos: nome, tratamento e fama – *nomen, tractatus, fama*. Por outros termos, a mulher usa o sobrenome do marido, ou um usa o nome do outro; ambos se dispensam, de forma pública, o tratamento de casados e gozam junto à sociedade da fama de casados. Preenchidas as três condições, pode-se dizer que o casal tem a posse de estado. Os interessados podem, então, fazer uso dessa posse de estado para provar que o casal era casado, obtendo com isso os benefícios que a Lei conferir.

Hoje em dia, depois que a Constituição de 1988 equiparou os filhos, tenham eles vindo à luz na constância do casamento ou não, perdeu o sentido a prova do casamento pela posse do estado de casados, pelo menos para fins de proteção aos filhos.

19.3.10 Efeitos do casamento

O principal efeito do casamento, até a Constituição de 1988, era o de constituir família legítima ou de legitimá-la, se já existisse. Com o advento da nova Lei Magna, a família se desvinculou do casamento, dele não necessitando para se considerar legítima. A mesma postura adotou o Código Civil de 2002.

Não obstante, o casamento continua produzindo outros efeitos. Dentre eles podemos destacar, na esfera pessoal:

a] **Fidelidade recíproca** – O adultério, embora não mais seja tipificado como crime pela Lei Penal, continua sendo ilícito civil, na esfera matrimonial. Segundo Luiz Felipe Brasil Santos,

> o dever de fidelidade recíproca (inc. I do art. 1.566) é transgredido não apenas pela prática do adultério (art. 1.573, I), como também por meio do chamado *quase adultério* e da *infidelidade virtual*. Como notório, adultério somente se configura quando há prova segura das relações sexuais mantidas por um dos cônjuges com terceiro. Entretanto, não havendo comprovação cabal desse fato, poderá vir a se caracterizar o *quase adultério*, que consiste na demonstração de circunstâncias que apontem veementemente para a ocorrência do adultério, que, no entanto, não fica confirmado pela ausência do flagrante. A inseminação artificial heteróloga (art. 1.597, V) sem o consentimento do cônjuge não caracteriza adultério, por ausente o pressuposto da relação sexual, mas sim injúria grave. Por fim, muito em voga, na atualidade, a prática da infidelidade virtual, por meio de correspondência eletrônica (especialmente por meio de *chats*), o que, mesmo não chegando a culminar na realização do ato sexual, caracterizará a infidelidade virtual, por alguns indevidamente denominada de adultério virtual;[22]

b] Cada um poderá acrescer ao seu o sobrenome do outro.
c] Vida em comum no domicílio conjugal, que não é mais fixado pelo marido, mas pelo casal.
d] Planejamento familiar, mormente no que toca à procriação. Será ele de livre decisão do casal. Neste ponto, o Código deixa clara sua tendência assistencialista, bem típica do Estado Social, dispondo que ao Poder Público incumbe propiciar recursos educacionais e financeiros para o exercício deste direito. Na verdade, afasta-se com isso o princípio da paternidade responsável, segundo o qual os pais são responsáveis por seus filhos, sua educação e necessidades outras. Ao Estado incumbe tão somente promover uma política de educação, no sentido de instruir as pessoas para o exercício desse modelo de paternidade. Seria do Estado a responsabilidade de sustentar os filhos de pais insensatos, que procriam da maneira mais leviana, ao modo dos animais? É evidente que não. Mesmo porque a experiência histórica vem demonstrando que o assistencialismo não resolve os problemas sociais. Assim, é dever do Estado promover a paternidade responsável por meio de políticas educacionais adequadas. Mais uma vez, pode dizer-se, o Código deve ser interpretado não literalmente, mas de acordo com o paradigma do Estado Democrático de Direito, que não deve promover um assistencialismo canhestro e ineficaz.

---

22 SANTOS, Luiz Felipe Brasil. Op. cit., p. 705.

O § 2.º do art. 1.565, ao tratar do planejamento familiar, focaliza apenas a família formada a partir do casamento. O entendimento corrente, no entanto, é o de que, por analogia, esta norma se aplica à união estável. Esse, inclusive, foi o entendimento esposado no Enunciado 99 da I Jornada de Direito Civil do Centro de Estudos do Conselho da Justiça Federal.

e] Mútua assistência.
f] Sustento, guarda e educação dos filhos, se bem que este efeito subsista como dever dos pais, mesmo sem casamento. Seria mais efeito da paternidade, embora não deixe de ser também do casamento.

Na esfera patrimonial, os principais efeitos do casamento são:

a] Assistência pecuniária recíproca e aos filhos. A assistência pecuniária aos filhos é mais efeito da paternidade do que do casamento.
b] Usufruto dos bens dos filhos menores sob poder familiar. Este também é efeito da paternidade, mais que do casamento, ou seja, ainda que os pais não sejam casados, terão direito ao dito usufruto.
c] Direitos sucessórios, de que trataremos no próximo capítulo.
d] Direito real de habitação do cônjuge viúvo sobre o imóvel destinado à residência da família, desde que seja o único bem imóvel residencial inventariado. A este tema voltaremos mais adiante, quando cuidarmos da sucessão do cônjuge ou companheiro.

Quanto aos direitos e deveres dos cônjuges, existe hoje regra geral, instituída pela Constituição de 1988 e pelo Código Civil de 2002. Segundo ambos os diplomas, marido e mulher têm os mesmos direitos e deveres. Foi extinta, assim, a figura do "cabeça" do casal, do chefe da família, do *paterfamilias*. Toda norma que atente contra esse princípio da igualdade está tacitamente revogada. Observemos, porém, que às vezes a Lei dá tratamento desigual ao homem e à mulher, exatamente para igualá-los, respeitadas suas diferenças naturais.

A administração da vida conjugal se baseia, pois, no princípio da igualdade e da solidariedade. Dessarte, qualquer um dos cônjuges pode praticar todos os atos necessários para essa administração, independentemente da autorização do outro. Nesses atos se incluem:

a] Comprar, ainda que a crédito, as coisas necessárias à economia doméstica, bem como obter empréstimos para a aquisição destas coisas (pelas dívidas assim contraídas respondem ambos os cônjuges solidariamente).
b] Praticar todos os atos de disposição e administração para o desempenho de suas atividades profissionais.

c] Administrar os próprios bens.
d] Reivindicar os bens imóveis gravados ou alienados sem sua autorização.
e] Rescindir os contratos de fiança, doação ou aval praticados de forma ilegítima pelo outro cônjuge.
f] Reivindicar os bens comuns, móveis ou imóveis, doados pelo outro cônjuge a seu amante. Se o casal estiver separado de fato, será permitido que cada um deles constitua união estável. Tendo a separação de fato mais de cinco anos, o cônjuge reivindicante deverá provar que os bens reivindicados não foram adquiridos pelo esforço comum dos companheiros.

Alguns atos, porém, os cônjuges não podem praticar sem a autorização do outro. Esta autorização se chama outorga uxória,[23] se da mulher ao marido, e outorga marital, se do marido à mulher. Genericamente, pode dizer-se vênia ou outorga conjugal. É o que seria adequado nos casamentos *gays*. Assim, à exceção do regime de separação de bens, em todos os demais regimes, um não pode sem autorização do outro:

a] Alienar, hipotecar ou gravar de ônus real os bens imóveis ou direitos reais sobre imóveis alheios (a pena é a anulabilidade, podendo o outro pleitear a anulação até dois anos após o término da sociedade conjugal).
b] Pleitear, como autor ou réu, acerca desses bens e direitos.
c] Prestar fiança ou aval (entende-se, neste caso, que a fiança ou o aval não são anuláveis, mas os bens do casal só respondem até a meação. Em outras palavras, se o marido prestar fiança sem a devida vênia uxória, só responderão seus bens pessoais e a metade dos bens comuns. Os bens da mulher não responderão. Conferida a outorga, responderia o patrimônio do casal ou apenas ficaria convalidado o título? A meu sentir, a outorga obriga o patrimônio do casal, não apenas a meação. A não ser que se entenda que a ausência do consentimento conjugal invalide a fiança ou o aval. Neste caso, a vênia do cônjuge serviria apenas para validar a garantia prestada, não onerando o patrimônio comum).
d] Fazer doação, não sendo remuneratória ou de pequeno valor, com os bens ou rendimentos comuns (aqui também a pena será a anulabilidade, podendo o outro pleitear a anulação até dois anos após o término da sociedade conjugal).

Se um deles se negar a consentir em qualquer dessas hipóteses sem apresentar motivo justo, cabe ao outro requerer ao juiz que supra a autorização. A falta da autorização do cônjuge considera-se defeito leve, causa de anulabilidade, que pode ser requerida em até dois anos do término da sociedade conjugal (art. 1.649 do CC).

---

23 *Uxor*, em latim, significa "esposa".

19.3.11 Regimes de bens

O Direito Brasileiro prevê quatro regimes de bens entre os cônjuges: o regime da comunhão universal de bens, o da comunhão parcial de bens, o da separação de bens e o da participação final nos aquestos. Foi extinto, pelo Código Civil de 2002, o regime dotal, que se inseria no contexto da separação de bens.

A regra é a livre escolha pelos nubentes do regime por que se pautará o casamento. Todavia, na falta de estipulação de sua parte, vigorará, por força de lei, o regime da comunhão parcial de bens. Assim, para que possam os noivos escolher regime diverso da comunhão parcial, ou seja, qualquer um dos outros três, será necessário que celebrem o chamado pacto antenupcial.

O pacto antenupcial é acordo entre os noivos, visando regular o regime de bens do futuro casamento. Nele será escolhido um dos quatro regimes, além de serem estabelecidas outras regras complementares. Será obrigatório o pacto antenupcial, no caso da comunhão universal, da separação de bens e da participação final nos aquestos. O pacto deve ser feito por escritura pública, registrada no Registro Imobiliário do domicílio dos futuros cônjuges, passando a partir daí a ter validade contra terceiros.

A escolha do regime de bens era imutável e irrevogável, não tendo valor qualquer cláusula, mesmo no pacto antenupcial, que visasse alterá-lo, subordinando-o a condição ou a termo.[24] No sistema do Código atual, é possível a mudança do regime de bens, desde que cumpridas algumas exigências: a alteração deverá ser autorizada pelo juiz, mediante pedido de ambos os cônjuges, em que fiquem explicitados os motivos para tanto. As razões invocadas pelos cônjuges devem ser razoáveis e não podem prejudicar direitos de terceiros. Entendo continuar sendo impossível que o regime de bens seja subordinado a termo ou a condição no pacto antenupcial. Em outras palavras, continua sendo inválida a cláusula do pacto pré-nupcial que previr a alteração do regime de bens após o decurso de certo prazo ou após o implemento de certa condição. Não será possível, porém, a alteração do regime nos casos de separação obrigatória de bens.

Segundo o Código de Processo Civil (art. 734), a alteração do regime de bens do casamento, observados os requisitos legais, poderá ser requerida, motivadamente, em petição assinada por ambos os cônjuges, na qual serão expostas as razões que justifiquem a alteração, ressalvados os direitos de terceiros. Ao receber a petição inicial, o juiz determinará a intimação do Ministério Público e a publicação de edital que divulgue a pretendida alteração de bens, somente podendo decidir depois de decorrido o prazo de trinta dias da publicação do edital.

---

24 PEREIRA, Caio Mário da Silva. **Instituições de direito civil**. 18. ed. Rio de Janeiro: Forense, 1996. v. 5, p. 120. BEVILÁQUA, Clóvis. **Direito de família**. 7. ed. Rio de Janeiro: Freitas Bastos, 1943. § 32.

Os cônjuges, na petição inicial ou em petição avulsa, podem propor ao juiz meio alternativo de divulgação da alteração do regime de bens, a fim de resguardar direitos de terceiros.

Após o trânsito em julgado da sentença, serão expedidos mandados de averbação aos cartórios de registro civil e de imóveis e, caso qualquer dos cônjuges seja empresário, ao Registro Público de Empresas Mercantis e Atividades Afins.

Por fim, questão intimamente relacionada com o regime de bens é a da doação entre cônjuges. O Direito Brasileiro admite as doações entre cônjuges, ressalvadas três hipóteses, até por questão de lógica. Não pode haver doação entre cônjuges:

- se o regime for o da separação obrigatória;
- se o regime for o da comunhão universal de bens, uma vez que todos os bens já integram o patrimônio comum;
- se a doação ferir a legítima dos herdeiros necessários.

De acordo com o art. 73 do CPC, o cônjuge necessitará do consentimento do outro para propor ação que verse sobre direito real imobiliário, salvo quando casados sob o regime de separação absoluta (convencional) de bens. Sendo assim, ambos serão necessariamente citados para toda ação que verse sobre direito real imobiliário, a não ser quando casados sob o regime de separação total (convencional) de bens; que resulte de fato que diga respeito aos dois ou de ato praticado por eles, em qualquer regime de bens; que seja fundada em dívida contraída por um deles em benefício da família, também em qualquer regime de bens; que tenha por objeto o reconhecimento, a constituição ou a extinção de ônus sobre imóvel de um ou de ambos, aqui também em qualquer regime de bens, uma vez que o Código de Processo Civil só faz referência ao regime de separação nas ações que versem sobre direito real imobiliário. Diga-se, por oportuno, que, se o regime for o da participação final nos aquestos, e houver previsão no pacto antenupcial, será também dispensável a vênia ou a citação do outro cônjuge, nas mesmas hipóteses da separação convencional.

Nas ações possessórias, a participação do cônjuge do autor ou do réu somente é indispensável nas hipóteses de composse ou de ato praticado por ambos.

O consentimento conjugal poderá, todavia, ser suprido judicialmente, quando negado por um dos cônjuges sem justo motivo, ou quando lhe seja impossível concedê-lo. A falta do consentimento, quando necessário e não suprido, invalida o processo.

a] Comunhão parcial de bens

A comunhão parcial de bens compreende, em princípio, três patrimônios distintos: um só de um dos cônjuges, outro só do outro cônjuge, e um terceiro de ambos.

Pode dizer-se, em síntese, que o patrimônio particular de cada um dos cônjuges se constitui daqueles bens havidos pelo esforço individual. Exemplo seriam as heranças e doações. Do patrimônio comum fazem parte todos os bens havidos pelo esforço comum do casal, bem como as heranças e doações destinadas aos dois.

Pelo sistema do Código Civil, a interpretação deve ser a de que se presumem fruto do esforço comum os bens adquiridos, a título oneroso, durante o casamento, assim como se presumem fruto do esforço individual os bens adquiridos antes do casamento.

O art. 1.659 arrola os bens que não se comunicam e o art. 1.660, os que se comunicam.

Não se comunicam:
a] os bens que cada um possuir ao casar;
b] as doações e heranças recebidas, antes ou durante o casamento;
c] os bens sub-rogados no lugar dos constantes nas letras "a" e "b", ou seja, os adquiridos no lugar desses bens;
d] os bens adquiridos com valores de um dos cônjuges, em sub-rogação (substituição) dos bens particulares;
e] as obrigações anteriores ao casamento;
f] as obrigações provenientes de atos ilícitos, salvo se o resultado do ato ilícito (furto ou peculato, por exemplo) reverter em proveito do casal;
g] os bens de uso pessoal, os livros e instrumentos de profissão;
h] o direito aos rendimentos do trabalho pessoal de cada um;
i] as pensões, meios-soldos, montepios e outras rendas semelhantes; *meio-soldo* é a metade do soldo que se atribui ao oficial inferior ou às praças das forças armadas, quando vão para a reserva. Montepio é a renda constituída a favor de alguém, para o caso de moléstia ou de morte.

Entram na comunhão:
a] os bens adquiridos na constância do casamento, a título oneroso, ainda que em nome de um só dos cônjuges; trata-se, a meu ver, no caso, de presunção absoluta de serem estes bens fruto do esforço comum;
b] os bens adquiridos por fato eventual, com ou sem o concurso de trabalho ou despesa anterior. Neste item, incluem-se os prêmios de loteria, por exemplo;
c] os bens adquiridos por doação, herança ou legado, em favor de ambos;
d] as benfeitorias em bens particulares;
e] os frutos dos bens comuns;
f] os frutos dos bens particulares;

g] os frutos dos bens comuns ou particulares, pendentes ao tempo do término da sociedade conjugal;

h] os rendimentos do trabalho de cada um, uma vez percebidos, bem como o que for adquirido com eles.

É importante frisar que se presumem adquiridos na constância do casamento os bens móveis, salvo prova em contrário (art. 1.662).

Outra regra importante é que é necessária a anuência de ambos os cônjuges para a cessão gratuita do uso ou gozo dos bens comuns. Assim, para dar um imóvel comum em comodato, qualquer um dos cônjuges precisa da vênia do outro.

A administração do patrimônio comum compete aos dois, em regime de solidariedade. Havendo malversação, o juiz poderá atribuir a administração a só um dos consortes.

b] Comunhão universal de bens

O regime da comunhão universal de bens é de fácil compreensão. Nele, em princípio, só há um patrimônio. Tudo o que pertence a um pertence também ao outro. Há, porém, alguns bens que se não comunicam, ou seja, que não integram a comunhão. Acham-se eles apontados no art. 1.668 do CC. São eles:

a] Os bens recebidos em doação ou herança, com a cláusula de incomunicabilidade e os sub-rogados (substituídos) em seu lugar.

b] Os bens gravados de fideicomisso e o direito do herdeiro fideicomissário, antes de realizada a condição suspensiva. Ocorre fideicomisso quando for instituído herdeiro, que será substituído por outro após o decurso de certo prazo ou após o implemento de condição.

c] As dívidas anteriores ao casamento, salvo se provierem de despesas com seus aprestos (preparos) ou reverterem em proveito comum. Na verdade, bastaria dizer que se comunicam as dívidas anteriores ao casamento desde que revertam em proveito de ambos os cônjuges.

d] As doações antenupciais feitas por um dos noivos ao outro, com cláusula de incomunicabilidade.

e] Os bens de uso pessoal, os livros e instrumentos de profissão.

f] O direito aos rendimentos do trabalho pessoal de cada um.

g] As pensões, meios-soldos, montepios e outras rendas semelhantes.

Os frutos dos bens incomunicáveis pertencerão ao patrimônio comum, desde que colhidos na constância do casamento.

O patrimônio comum será administrado por ambos os cônjuges, em regime de solidariedade. Havendo malversação, aqui também o juiz poderá atribuir a administração a só um dos consortes.

c] Separação de bens

No regime da separação de bens, cada cônjuge terá seu patrimônio separado. Mas e os bens adquiridos por ambos, com seu esforço comum? Sobre estes bens deverá decidir o pacto antenupcial, podendo eles pertencer a um dos cônjuges ou aos dois, em comunhão.

O regime de separação de bens poderá ser convencional (também chamada de total ou absoluta), quando objeto de livre deliberação entre os nubentes. Poderá, ainda, a separação ser legal ou necessária, quando imposta por lei.

A separação de bens, como dito, é obrigatória em alguns casos (art. 1.641 do CC). Assim, quem se case apesar de algum impedimento impediente, ou seja, com inobservância de causa suspensiva, terá o casamento regulado pela separação de bens. As pessoas maiores de 70 anos também só se podem casar pelo regime de separação de bens. A regra se aplica também à união estável, segundo a Súmula 655 do STJ. Por fim, o casamento dos menores sob tutela ou daqueles que dependam de autorização judicial para contrair núpcias será contraído pelo regime da separação de bens.

A constitucionalidade do regime de separação legal imposto aos maiores de 70 anos, vem sendo discutida, desde a entrada em vigor do Código Civil. De fato, não parece de bom senso a exigência, que representa uma *capitis deminutio* aos maiores de 70 anos. A norma os infantiliza, os idiotiza, o que não condiz com a realidade. Hoje, uma pessoa de 70 anos é, de fato, ainda um jovem. Ademais, o que interessa é se o indivíduo tem consciência ou não do que esteja fazendo, pouco importando se seja velho ou novo. Se tem consciência, o ato é válido. É ilegítima, a meu ver, essa intervenção imbecilizante do legislador na esfera privada. A esse respeito, o Enunciado 261 da III Jornada de Direito Civil do Centro de Estudos do Conselho da Justiça Federal, defende que, havendo união estável anterior ao casamento, o maior de 70 anos não estará obrigado ao regime da separação obrigatória de bens. Não deixa de ser uma atenuante, apesar de, a meu ver, a norma ser mesmo ilegítima e inconstitucional, por discriminar as pessoas em razão da idade, sem qualquer base racional.

A separação de bens obrigatória é chamada de separação legal de bens. Nos casos em que ocorre, poderá faltar o pacto antenupcial, principalmente se for automática, como quando imposta como pena pela infração de impedimento impediente. Nestas hipóteses, aplica-se a Súmula 377 do STF: "No regime de separação legal de bens, comunicam-se os adquiridos na constância do casamento".

d] Regime da participação final nos aquestos

É o regime pelo qual cada cônjuge possui patrimônio próprio, cabendo-lhe, à época da dissolução da sociedade conjugal, metade do patrimônio adquirido, a título oneroso, na constância do casamento.

Pode-se afirmar, portanto, que aquesto é todo bem adquirido, a título oneroso, na constância do matrimônio.

A palavra *aquesto* nunca levou trema, como originalmente a grafou o Código Civil, em mais um de seus escorregões linguísticos. Além disso, a pronúncia da letra "e" – aquesto – é fechada. Assim, a pronúncia correta seria /akêsto/ e a grafia "aquesto" (sem o trema), como manda hoje a boa gramática.[25]

Na verdade, trata-se de regime autônomo. É regime misto, que conjuga a separação de bens com a comunhão parcial. Aproxima-se de um e de outro regime, deles se distanciando para constituir regime autônomo. Seria simplista reduzir o regime da participação final a mera separação de bens, como querem alguns.[26] É um pouco mais complicado que isto.

Na participação final nos aquestos, o casal terá direito a repartir o patrimônio adquirido, onerosamente, na constância do casamento, quando da dissolução da sociedade conjugal. Esta se dissolve pela separação judicial, pelo divórcio, pela morte e pela anulação. Assim, durante o casamento, vigorará uma espécie de separação de bens. Cada um dos cônjuges terá seu patrimônio separado. Não obstante, um não poderá praticar sem a autorização do outro nenhum dos atos previstos no art. 1.647, quais sejam:

a] alienar, hipotecar ou gravar de ônus real os bens imóveis, ou direitos reais sobre imóveis alheios; esta restrição poderá ser removida no pacto antenupcial, no que diz respeito ao patrimônio próprio de cada um dos cônjuges;
b] pleitear, como autor ou réu, acerca desses bens e direitos;
c] prestar fiança ou aval;
d] fazer doação, não sendo remuneratória ou de pequeno valor, com os bens ou rendimentos comuns.

Ocorrendo qualquer das causas de dissolução da sociedade conjugal, o patrimônio adquirido, a título oneroso (bens comprados, por exemplo), durante o casamento, será dividido.

---

25 Vide os bons dicionários da língua portuguesa, como Houaiss, Aurélio, Laudelino Freire, Caldas Aulete e outros. Vide também o *Vocabulário Ortográfico da Academia Brasileira de Letras*.
26 MADALENO, Rolf. Do regime de bens entre os cônjuges. In: DIAS, Maria Berenice; PEREIRA, Rodrigo da Cunha (Org.). **Direito de família e o novo Código Civil**. 2. ed. Belo Horizonte: Del Rey, 2002. p. 183.

O patrimônio individual é composto pelos bens que cada um possuía antes do casamento, bem como por todos aqueles bens por ele adquiridos na constância do casamento. Os bens móveis presumem-se adquiridos na constância do casamento. É evidente que se trata de presunção *iuris tantum*, admitindo prova em contrário. A administração desse patrimônio será de cada um separadamente.

Não integram o montante partilhável de aquestos:

a] os bens anteriores ao casamento e os adquiridos para substituí-los;
b] os bens adquiridos a título de doação ou herança;
c] as dívidas relativas a esses bens listados nas letras "a" e "b".

A Lei procura resolver, aprioristicamente, alguns problemas que podem surgir na prática desse regime.

Assim, os bens doados por um dos cônjuges, sem a autorização do outro, integrarão o montante dos aquestos. O cônjuge lesado poderá reivindicar os bens doados, ou fazer que se declare no monte partilhável seu valor à época da partilha.

Se algum aquesto for alienado em detrimento da meação, seu valor será incorporado ao monte, por ele respondendo o cônjuge alienante, a não ser que seja possível reivindicar o bem alienado.

As dívidas contraídas após o matrimônio serão de responsabilidade do consorte que as houver contraído, salvo se restar provado que o outro delas se beneficiou. Sendo exclusivas, se forem superiores à meação, por elas não responderá o outro, nem seus herdeiros.

Serão descontadas do monte partilhável as dívidas de um dos cônjuges pagas pelo outro com bens de seu patrimônio exclusivo.

Quando a sociedade conjugal for dissolvida por separação judicial ou divórcio, o montante dos aquestos será calculado com base na data em que tiver cessado a convivência. Em outras palavras, se houve separação de fato anterior à separação judicial ou ao divórcio, o montante dos aquestos será calculado com base na data em que ocorreu a separação de fato. O mesmo se diga em relação à anulação ou à morte.

Na partilha, serão os bens divididos, preferencialmente, *in natura*. Não sendo isso possível, poderá haver compensação em dinheiro para igualar os quinhões. Se não for possível a compensação em dinheiro, os bens serão vendidos, no todo ou em parte, para que se torne viável a partilha nos quinhões a que faça jus cada um dos consortes.

Por fim, é irrenunciável o direito à meação antes da dissolução da sociedade conjugal. Por outros termos, não vale a renúncia anterior a este momento. Igualmente, o direito à meação não é passível de cessão nem de penhora antes da dissolução da sociedade conjugal.

19.3.12 Extinção do casamento

O casamento pode se extinguir pela morte, por ser defeituoso, pela separação judicial e pelo divórcio.

Com a ressalva de que a separação judicial na verdade não dissolve o vínculo matrimonial, andemos a estudar cada uma dessas causas extintivas.

a] Morte

A morte a tudo põe fim. Sobre ela não há nada a dizer, nem a acrescentar. A única dúvida que pode pairar diz respeito ao ausente e ao morto presumido.

Como vimos, anteriormente, ausente é a pessoa que desaparece sem deixar vestígios. Não é considerada morta. Seu cônjuge, para contrair novo casamento, deverá se divorciar, à revelia, é óbvio.

No entanto, após a abertura da sucessão definitiva, o ausente se presume morto, por força do art. 6.º do CC. Neste caso, seu cônjuge se reputará viúvo, podendo convolar novas núpcias.

Os outros casos de morte presumida estão listados no art. 7º. São casos de morte presumida, sem decretação de ausência. Diz o art. 7º do CC que se presume defunto se for extremamente provável a morte de quem estava em perigo de vida, bem como de quem, desaparecido em campanha ou feito prisioneiro, não for encontrado até dois anos após o término da guerra. O art. 88 da Lei de Registros Públicos – Lei n. 6.015/1973 – dispõe, no mesmo sentido do Código Civil, que os juízes poderão admitir justificação para assento de óbito de pessoas desaparecidas em naufrágio, inundação, incêndio, terremoto ou qualquer outra catástrofe, quando estiver provada sua presença no local do desastre e não for possível encontrar-se o cadáver para exame. O mesmo se aplica aos desaparecidos em batalha cujo óbito não tenha sido registrado em livro próprio pelos oficiais da corporação correspondente.

Repetindo, o cônjuge do morto presumido é considerado viúvo, podendo contrair novo matrimônio livremente.

b] Casamento defeituoso

Como ato jurídico, o casamento está subordinado a requisitos de validade que, se não observados, viciam-no, tornando-o passível de anulação.

Assim, o casamento poderá ser anulado por defeito grave ou leve, como os atos jurídicos em geral.

São defeitos graves aqueles mesmos impedimentos dirimentes públicos, quais sejam, a bigamia, o incesto e o homicídio.

Em todos esses casos, qualquer interessado poderá requerer ao juiz a anulação do casamento, inclusive o próprio juiz, de ofício, além do Ministério Público, obviamente.

Por se tratar de defeitos graves, não há prazo decadencial para se propor a ação anulatória.

Os defeitos leves são os impedimentos dirimentes privados, ou seja, erro, coação, defeito de idade (incapacidade absoluta) e incapacidade de consentir (incapacidade relativa). Além disso, quando o casamento for celebrado por autoridade incompetente, isto é, quando o celebrante, aprioristicamente competente, não o for naquele momento ou naquelas circunstâncias, como, por exemplo, o padre que esteja com os votos suspensos. Por fim, conterá defeito leve o casamento contraído por mandatário cujo mandato haja sido revogado.

No caso de coação, só poderá pleitear a anulação o cônjuge coato, dentro do prazo de quatro anos, contados do dia da celebração do casamento. Entretanto, por interpretação razoável do texto legal, provando-se que a coação era grave e que se estendeu por algum tempo, depois da celebração do casamento, o prazo começará a correr do dia em que cessar a coação.

Segundo interpretação literal do Código Civil, se houver coabitação, apesar da coação, o casamento será válido. Ocorre que a coação pode ser grave e duradoura, sendo extremamente injusto que se convalide o casamento pela simples coabitação, que será forçada, neste caso. Entendo que a interpretação do art. 1.559 tenha que ser no sentido de que seja válido o casamento, desde que a coabitação não seja fruto, também ela, da coação.

Havendo incapacidade absoluta, isto é, defeito de idade – homem ou mulher abaixo da idade núbil, ou seja, menor de 16 anos, caberá ao cônjuge menor propor a anulação, assim que atinja a idade matrimonial de 16 anos. Como continua menor de 18 anos, ser-lhe-á nomeado curador à lide para que acompanhe a ação anulatória. O prazo para a propositura desta ação é o de 180 dias, contados do momento em que cessar o defeito de idade, isto é, do momento em que o menor atingir a idade de 16 anos.

Não só os cônjuges estão habilitados a intentar a ação anulatória no caso de defeito de idade. Também seus representantes legais e seus ascendentes (avós, bisavós etc.). O prazo que estes parentes têm é o de 180 dias, contados da celebração do casamento.

Uma vez que o menor atinja idade núbil, poderá confirmar o casamento com o consentimento de seu representante legal, ou com suprimento judicial, no caso de negativa injustificada daquele.

As hipóteses de incapacidade relativa, ou de consentir são basicamente duas: os menores de 18 anos e os portadores de deficiência, que os torne relativamente incapazes. Na primeira hipótese, pode propor a anulação o próprio cônjuge, no prazo de 180 dias da cessação da incapacidade. Além dele, seus representantes legais, no prazo de 180 dias, contados da celebração do casamento. Finalmente, os herdeiros do cônjuge incapaz poderão pleitear a anulação, se o incapaz morrer antes de atingir a capacidade para consentir. Seu prazo é o de 180 dias da morte do incapaz.

O casamento do menor sem a autorização de seu representante legal não será anulado se tiver sido celebrado na presença do representante legal ou se este tiver, por qualquer modo, manifestado sua aprovação.

Na segunda hipótese, ou seja, na hipótese dos portadores de deficiência, que os torne relativamente incapazes, o prazo será de 180 dias, contados do casamento, para que o responsável por eles proponha a ação anulatória.

O mandatário cujo mandato haja sido revogado inquinará o casamento de defeito leve. O prazo para que o mandante anule o casamento será o de 180 dias, contados do momento em que souber da celebração. O ato convalescerá do defeito se após a celebração os cônjuges coabitarem *more uxorio*, ou seja, como marido e mulher.

No caso de incompetência da autoridade celebrante, o prazo para anulação será o de dois anos da celebração do casamento. No entanto, o casamento valerá se for celebrado por quem, embora incompetente, exerça publicamente as funções de juiz de paz e, nessa qualidade, houver registrado o ato no Cartório. O Código Civil não especifica quem terá legitimidade para a propositura da ação. Tratando-se de defeito leve, entendo ter legitimidade apenas a parte interessada, ou seja, um dos cônjuges ou os dois, ao mesmo tempo.

Encerrando o capítulo, temos as hipóteses de erro essencial quanto à pessoa do outro cônjuge. O Código Civil – art. 1.557 – considera erro essencial quanto à pessoa do outro cônjuge:

    a) o que diga respeito à identidade do outro cônjuge, sua honra e boa fama, sendo esse erro tal que seu conhecimento ulterior torne insuportável a vida comum;

    b) a ignorância, anterior ao casamento, de crime que, por sua natureza, torne a vida comum inviável;

    c) a ignorância, anterior ao casamento, de defeito físico irremediável, que não caracterize deficiência, ou de moléstia grave e transmissível, por contágio ou por herança, capaz de pôr em risco a saúde do outro cônjuge ou de sua descendência.

Nos casos de erro essencial, só ao cônjuge enganado é dado anular o casamento, sendo o prazo de três anos a partir da celebração. A coabitação, posterior à celebração do casamento, torna-o livre do defeito.

Delineamos abaixo um quadro com a síntese de todas essas informações.

Quadro 19.1 Hipóteses de erro essencial quanto à pessoa do outro cônjuge

Vícios	Hipótese	Prazo decadencial para a anulação	Legitimidade processual ativa
Defeitos graves	Bigamia Incesto Homicídio	O exercício do direito à anulação é perpétuo	Qualquer interessado, o MP ou o juiz motivado por qualquer pessoa, ou de ofício
Defeitos Leves	Coação	4 anos, contados do casamento	Cônjuge coato
Defeitos Leves	Incapacidade absoluta (homens e mulheres menores de 16)	180 dias da cessação do defeito de idade (quando se atingir a idade de 16)	Cônjuge, ao qual seria nomeado curador à lide, segundo o art. 72 do CPC
Defeitos Leves	Incapacidade absoluta (homens e mulheres menores de 16)	180 dias da celebração do casamento	Representantes legais e ascendentes
Defeitos Leves	Incapacidade relativa (menores de 18, deficiência incapacitante)	180 dias da cessação da incapacidade (aos 18 anos, pela emancipação, cessação da deficiência etc.)	Cônjuge
Defeitos Leves	Incapacidade relativa (menores de 18, deficiência incapacitante)	180 dias da celebração do casamento	Representantes legais
Defeitos Leves	Incapacidade relativa (menores de 18, deficiência incapacitante)	180 dias da morte do incapaz, se morrer incapaz	Herdeiros
Defeitos Leves	Autoridade incompetente	2 anos da celebração do casamento	Cônjuges
Defeitos Leves	Mandatário com poderes revogados	180 dias do conhecimento da celebração	Cônjuge mandante
Defeitos Leves	Erro essencial quanto à pessoa do outro cônjuge	3 anos da celebração do casamento	Cônjuge que se casou enganado

Tratemos, agora, da separação judicial e do divórcio.

c] Divórcio

O divórcio extingue o casamento, pondo fim ao vínculo matrimonial. Antigamente, poderia ser direto ou indireto. Seria direto quando o casal estivesse separado de fato há pelo menos dois anos. Neste caso, poderia ser requerido o divórcio, independentemente de prévia separação judicial.

Seria indireto o divórcio quando o casal estivesse separado judicialmente há pelo menos um ano. Este prazo só começava a correr a partir do trânsito em julgado da sentença da separação. Neste caso, o divórcio se dava por conversão. Em outras palavras, bastava que qualquer um dos cônjuges requeresse ao juiz que os houvesse separado que convertesse a separação em divórcio.

Antes de propor a ação de separação, um dos cônjuges poderia intentar medida cautelar de separação de corpos, a fim de deixar o lar conjugal, sem que este fato configurasse abandono de lar. Passado um ano da decisão concessiva da medida cautelar de separação de corpos, qualquer um dos cônjuges poderia propor a ação de divórcio, que seria direto, caso a separação judicial ainda não tivesse sido decretada. Em outras palavras, o legislador previu a hipótese de se transformar a ação de separação em ação de divórcio.

Tudo isso mudou, entretanto, com a nova redação dada ao parágrafo 6º do art. 226 da CF, pela EC n. 66/2010. Segundo essa nova redação "o casamento civil pode ser dissolvido pelo divórcio". No antigo dispositivo se lia: "o casamento civil pode ser dissolvido pelo divórcio, após prévia separação judicial por mais de um ano nos casos expressos em lei, ou comprovada separação de fato por mais de dois anos".

O confronto desses dois dispositivos faz crer, aos menos avisados, que teria sido suprimida a separação judicial. Não é opinião que se sustente, porém. Em primeiro lugar, não existe a figuração da supressão legal. A lei ou bem vige ou é revogada. Nenhuma lei é suprimida, sem revogação. Esta, por sua vez, segundo a Lei de Introdução às Normas do Direito Brasileiro, será expressa ou tácita. Expressa, quando literalmente revogada por lei posterior. Tácita, quando for incompatível com a lei posterior, ou quando esta tratar o assunto de modo completo. No caso em espécie, não ocorreu nem uma coisa, nem outra. Os dispositivos do Código Civil (arts. 1.572 a 1.578) que cuidam da separação não foram revogados expressamente pela EC n. 66/2010, nem o foram tacitamente. A um, porque a Emenda não tratou extensivamente da matéria; a dois, porque o divórcio direto não é incompatível com a separação judicial. Assim, continua em vigor a separação judicial no ordenamento brasileiro, mesmo porque, até por razões religiosas, o casal pode não querer se divorciar, pondo fim apenas à sociedade conjugal.

De todo modo, diga-se que não há mais tempo mínimo, nem a necessidade de separação de fato prévia, nem limitação ao número de vezes para o divórcio. Se o casal quiser se divorciar no dia seguinte à celebração do casamento, poderá, sem qualquer empecilho. Tampouco haverá lugar para a discussão de culpa na ação de divórcio, como pode ocorrer na separação. Essa, aliás, a moderna tendência, numa visão psicanalítica do Direito de Família e das relações familiares. É absolutamente impossível ao juiz estabelecer culpados nessas relações. Em primeiro lugar, porque o juiz não tem preparo técnico para isso. Sua formação não é a de psicólogo, e mesmo que também o seja, a vara de família não é local adequado para resolver esse tipo de questão. Em segundo lugar, porque a culpa de um ou de outro cônjuge é muito relativa mesmo. No mais das vezes, fala-se em culpa em casos de adultério. Se o marido trai a esposa, ou vice-versa, por que dizer peremptoriamente que a culpa é do adúltero? Por vezes, o adultério é até mesmo estimulado inconscientemente pelo cônjuge traído. No caso de maus-tratos, de violência doméstica, há hipóteses em que o cônjuge maltratado estimula inconscientemente a violência do outro, que dirá se não gosta. Fato é que essas questões não são da alçada do juiz, mas do psicólogo, ou do assistente social. No divórcio, não se discute a culpa. Talvez, por isso, o Código Civil não tenha cogitado dos efeitos da culpa no divórcio, como a perda do direito a alimentos e ao uso do sobrenome do outro cônjuge. Apesar disso, o entendimento de parte da doutrina é no sentido de que, havendo discussão de culpa, aplica-se também ao divórcio a regra referente ao uso pelo culpado do sobrenome do cônjuge inocente. É de se ressaltar que, embora culpado, o cônjuge divorciado poderá continuar usando o sobrenome do outro, se demonstrar que a subtração acarretará evidente prejuízo para sua identificação, manifesta distinção entre o seu nome de família e o dos filhos ou outro dano grave. Esse o entendimento consagrado no Enunciado 121 da I Jornada de Direito Civil do Centro de Estudos do Conselho da Justiça Federal. Devemos insistir, todavia, que a discussão é totalmente equivocada, uma vez que não se deve discutir a culpa nem na separação, quanto mais no divórcio. A manutenção no Código Civil da chamada separação sanção foi considerada um retrocesso; ampliar os seus efeitos para o divórcio, mais que um retrocesso, é crassa ignorância das tendências mais atuais do Direito de Família, cujas relações devem ser interpretadas à luz da psicanálise/psicologia. Discutir a culpa nesse tipo de relação não faz o menor sentido.

Resta a pergunta: e se houver disputa pela guarda dos filhos, ou pela manutenção do nome de casado por um dos cônjuges (em regra, a mulher), ou pela exoneração da pensão alimentícia, mesmo nesses casos, não se discutirá a culpa? Particularmente, não reputo necessária a discussão. A guarda dos filhos não depende da avaliação da culpa dos cônjuges, mas de suas condições de zelar adequadamente pelos filhos. Interessa o melhor interesse da criança. A manutenção do nome de casado depende muito mais da necessidade do cônjuge, que, por exemplo, é conhecido profissionalmente pelo nome de casado. Se deixar de usá-lo for prejudicá-lo, poderá mantê-lo. Sua dignidade estaria acima de qualquer culpa de sua parte. A pensão alimentícia de um cônjuge ao outro é cada vez mais rara. De qualquer jeito, o que interessa é a necessidade do alimentando e a possibilidade do alimentante. O Código Civil dispõe que, mesmo havendo culpa por parte do alimentando, terá ele direito a alimentos mínimos para sua sobrevivência. E a questão, de todo modo, permanece: como estabelecer a culpa? Com que critérios o juiz irá imputá-la? Na prática, isso é impossível, a não ser que o julgador seja leviano. De todo modo, mesmo que se discuta a culpa, será em relação a essas questões: manutenção do nome de casado, guarda de filhos, pensão alimentícia, dentre outras. O divórcio em si não admite a discussão da culpa, ou seja, não há divórcio motivado, como há separação motivada.

Bem, e a separação judicial, como fica? Fica, sem dúvida alguma, prejudicada, mas continua vigorando.

d] Separação judicial

A separação judicial não põe fim ao vínculo matrimonial, mas, tão somente, à sociedade conjugal. Não extingue, portanto, o casamento em sua inteireza.

A sociedade conjugal é a união entre os cônjuges, com vistas à vida comum. Esta termina com a separação judicial. Vínculo matrimonial é liame jurídico que transforma a sociedade em casamento. Esse elo é simbolizado, na prática, pelas alianças, se bem que não tenham elas qualquer valor legal. De toda forma, a separação judicial não dissolve esse vínculo jurídico entre os cônjuges, daí que não podem, por exemplo, casar-se novamente. O vínculo matrimonial só se extingue pela morte, pela anulação e pelo divórcio.

Embora tenha perdido o sentido prático com a EC n. 66/2010, a separação não foi suprimida. Os arts. 1.572 a 1.578 não foram revogados, nem expressa, nem tacitamente. Até porque, como vimos, mesmo por razões religiosas, o casal pode preferir se separar, em vez de se divorciar. Pondo um fim à controvérsia, o Código de Processo Civil de 2015 a ela se refere expressamente nos arts. 53, 693, 732 e 733.

A separação judicial foi introduzida juntamente com o divórcio, pela Lei n. 6.515/1977, em substituição ao antigo desquite. Pode ser consensual ou litigiosa. Será consensual se ambos os cônjuges quiserem se separar amigavelmente. Neste caso, só poderá ser requerida após um ano da celebração do casamento. Os cônjuges apresentarão ao juiz uma convenção de separação, em que ficarão consignados seus direitos e deveres em relação a si mesmos e aos filhos, bem como a partilha dos bens.

O juiz não decretará a separação amigável se verificar que a convenção elaborada pelos cônjuges não preserva adequadamente os interesses dos filhos ou de um dos cônjuges.

Já a separação judicial litigiosa é aquela em que o casal não entra num acordo. Um deles não quer se separar ou não aceita os termos da separação propostos pelo outro. A separação litigiosa poderá ser requerida por um só dos cônjuges a qualquer tempo, desde que prove em juízo que o outro vem se conduzindo desonrosamente ou está violando os deveres do matrimônio. Esta a chamada separação litigiosa motivada, ou separação sanção. Baseia-se na culpa de um dos cônjuges, o que vem sendo muito combatido pela doutrina e jurisprudência modernas, uma vez que a apuração da culpa entre cônjuges é das tarefas mais complicadas que há. A tendência atual é a de se não discutir a culpa, como falamos acima. Aliás, o juiz poderá esquivar-se da discussão da culpa e decretar a separação com base em outros fatos que tornem evidente a impossibilidade da vida em comum, conforme dispõe o parágrafo único do art. 1.573, sem a necessidade de adentrar em detalhes. Poderá se basear, por exemplo, na incompatibilidade de gênios entre os cônjuges. Nesse mesmo sentido, vale citar o Enunciado 254 da III Jornada de Direito Civil do Centro de Estudos do Conselho da Justiça Federal.

O Código Civil, seguindo tendência antiga, inversa da mais arrojada, indica no art. 1.573 algumas hipóteses que podem caracterizar a culpa de um dos cônjuges, como o adultério, a tentativa de homicídio, a sevícia ou injúria grave, o abandono voluntário do lar conjugal por mais de um ano, dentre outras.

O problema é que, provada a ocorrência de fato que implique atribuição de culpa a um dos consortes, este perderá, em princípio, o direito a alimentos e a utilizar o nome do outro.

No caso do nome, embora culpado, o cônjuge separado poderá continuar usando o nome do outro se provar que a alteração acarretará evidente prejuízo para sua identificação, manifesta distinção entre o seu nome de família e o dos filhos ou outro dano grave.

No caso dos alimentos, o cônjuge culpado só terá direito de pleiteá-los junto ao outro se provar que não tem condições de se prover a si mesmo nem tem parentes em condições de prestá-los.

Na verdade, a Lei, como se pode ver, não é tão absurdamente retrógrada, mas poderia ter abolido o debate acerca da culpa, seguindo a corrente mais moderna.

Outra hipótese que pode ser suscitada por um dos cônjuges para motivar a separação é a doença mental de que o outro tenha sido acometido. Passados dois anos de sua manifestação, e sendo o prognóstico desfavorável, o cônjuge sadio poderá requerer a separação.

Ao enfermo, porém, garante-se o remanescente dos bens que houver levado consigo para o casamento, desde que não tenha sido ele a pedir a separação.

O outro caso de separação litigiosa ocorre quando o casal já estiver separado de fato há mais de um ano e for impossível a reconstituição do lar. Neste caso, o cônjuge que a requerer não precisará provar conduta desonrosa ou quebra de dever matrimonial por parte do outro. Basta requerê-la, provando a separação de fato há pelo menos um ano e a impossibilidade de reconstituir a vida conjugal. Por essa razão, essa segunda modalidade de separação litigiosa denomina-se imotivada. Nela não se discute a culpa.

A separação de fato, necessária para se requerer a separação judicial imotivada ocorre quando os cônjuges extrajudicialmente, ou seja, por sua própria conta, resolvem viver separados, pondo fim à vida comum, conjugal. Podem até viver sob o mesmo teto, mas como irmãos ou amigos, não mais como cônjuges.

Para todas as ações estudadas acima (divórcio, separação e anulação de casamento), é competente o foro do domicílio do guardião de filho incapaz; do último domicílio do casal, caso não haja filho incapaz; do domicílio do réu, se nenhuma das partes residir no antigo domicílio do casal (art. 53, I, do CPC).

e] Separação e divórcio extrajudiciais

De acordo com o art. 733 do CPC, tanto a separação quanto o divórcio consensual poderão se processar por via notarial, perante o cartório de notas, desde que amigáveis e não haja nascituro ou filhos incapazes. De todo modo, deverão ser observados os prazos vistos acima para a separação.

Da escritura pública deverão constar as disposições relativas à descrição e à partilha dos bens comuns, bem como à pensão alimentícia entre os cônjuges.

A escritura não depende de homologação judicial e constitui título hábil para o registro civil das pessoas naturais, para o registro imobiliário e para outros órgãos registrais, como o Detran ou a Junta Comercial.

As partes, ou seja, os cônjuges, deverão estar acompanhadas de advogado comum ou individual.

19.3.13 Casamento inexistente

Casamento inexistente é aquele que existe apenas nas aparências, mas que, juridicamente, não tem existência, ou seja, não é reconhecido pelo Direito como união matrimonial.

No Brasil, a Lei não regula os casos de casamento inexistente. Isso não quer dizer, porém, que a doutrina e a jurisprudência não se hajam manifestado no sentido de reconhecê-lo.

Assim é que três são os casos de casamento inexistente, segundo a doutrina tradicional e a jurisprudência.

O primeiro deles seria, segundo a corrente tradicional, o casamento entre pessoas do mesmo sexo genital. Essa hipótese não se justifica mais, uma vez que o casamento homoafetivo passa a ser admitido pela jurisprudência.

O segundo é o casamento celebrado apesar do silêncio ou da negativa expressa de um dos nubentes. Em outras palavras, um dos noivos diz "não", ou fica calado, e o celebrante continua como se nada houvesse acontecido.

Finalmente, o terceiro caso é o do casamento celebrado sem observância da devida forma, por exemplo, sem habilitação prévia ou celebrado por uma pessoa qualquer etc.

Fato é que o casamento inexistente não existe, não sendo, portanto, necessário anulá-lo. É lógico que os eventuais filhos não serão prejudicados.

Finalmente, uma questão: seria necessária ação declaratória para declarar a inexistência do casamento?

Em meu entendimento, se for necessária, é porque não se trata de casamento inexistente, mas defeituoso. A ação seria, assim, anulatória. Ora, se o casamento não existe, não pode ser necessário qualquer pronunciamento judicial para confirmar-lhe a inexistência. Se o casamento produz efeitos, como se fosse válido, até o pronunciamento do juiz, é porque existe, sendo apenas defeituoso.

Vejamos exemplo: Maria, quando da celebração de seu casamento, fica calada diante da pergunta se deseja ou não se casar com João. O celebrante faz vistas grossas e continua. O registro do assento é realizado, e o casamento se dá por válido.

Ora, se ninguém jamais requerer a invalidação desse casamento, produzirá ele efeitos, como se fosse plenamente válido. Será imperioso que se intente ação anulatória para invalidá-lo. Sendo assim, trata-se de casamento defeituoso, passível de anulação, e não inexistente, como quer a doutrina tradicional.

A questão do casamento inexistente é muito controversa e está longe de solução definitiva.

19.3.14 Casamento irregular

Casamento irregular é aquele celebrado apesar de um impedimento impediente, de uma causa suspensiva do matrimônio.

Vimos acima que os impedimentos impedientes, uma vez que se aleguem antes da celebração, impedem o casamento. Mas, depois de celebradas as núpcias, não têm eles o poder de viciá-las, a ponto de as tornar passíveis de anulação. Daí a terminologia "impedimento *impediente*", ou "causas *suspensivas*".

Não obstante não poder ser anulado o casamento, sua contração, apesar do impedimento, induz a sanção indireta, qual seja, a separação legal de bens.

19.3.15 Casamento putativo

Casamento putativo é o casamento passível de anulação, o qual pelo menos um dos cônjuges acredita ser válido.

Exemplo seria o indivíduo que se casasse com sua irmã, sem o saber.

O casamento deste exemplo contém defeito grave, sendo passível de anulação a qualquer momento, por iniciativa de qualquer pessoa. Mas fato é que o marido casou-se enganado, com toda boa-fé. Nesse caso, o casamento será considerado putativo em relação a ele. Se ambos agiram de boa-fé, a putatividade valerá para os dois.

Mas que significa isso? Significa que, em relação ao cônjuge de má-fé, o casamento será simplesmente anulado. Todavia, para o cônjuge de boa-fé, a anulação será tratada como se fosse divórcio. Assim, todos os efeitos que porventura tenham sido gerados serão mantidos. Se o cônjuge de boa-fé, por exemplo, se emancipara pelo casamento, a emancipação prevalecerá. Já o cônjuge de má-fé, com a anulação do casamento, volta à condição de incapaz, se com ele se havia emancipado. O cônjuge sobrevivo herda do morto, se este morrer antes da sentença anulatória. O pacto antenupcial será observado. As doações *propter nuptias* subsistirão etc.

A teoria do casamento putativo abrange o casamento defeituoso, passível de anulação. Há quem defenda que também abrangeria os casos de casamento inexistente. Por exemplo, um indivíduo que se casasse enganado com um transexual, acreditando tratar-se de mulher. Os que se posicionam contra a ideia alegam que se o casamento é inexistente é porque não existe. E como pode ser algo que não existe tratado como existente? De fato, do ponto de vista lógico-formal, têm toda razão. Realmente, se não há casamento, não poderia ser tratado como algo existente. A questão que se impõe responder é: até que ponto a lógica formal deve ser sempre imposta ao Direito? Não haveria uma lógica jurídica menos tendente à lógica formal e mais à justiça?

19.4 União estável

União estável é a convivência pública, contínua e duradoura sob o mesmo teto ou não,[27] entre duas pessoas naturais não ligadas entre si pelo casamento, com a intenção de constituir família. O entendimento mais moderno é que seja dispensável o *mos uxorius*, ou seja, a convivência idêntica à do casamento. Bastam a publicidade, a continuidade e a constância das relações, para além de simples namoro ou noivado. Aliás, este é o entendimento consagrado na Súmula n. 382 do STF: "A vida em comum sob o mesmo teto, *more uxorio*,[28] não é indispensável à caracterização do concubinato". Pode haver, portanto, união estável sem que haja coabitação e vida idêntica à do casamento, embora deva estar presente a intenção de constituir família. Esta intenção traduz-se na vontade de viver juntos, compartilhando o dia a dia, criando uma cumplicidade, uma comunhão de vida, amparando-se e respeitando-se reciprocamente. Na vida prática, é difícil, porém, caracterizar a união estável sem o *mos uxorius*, exatamente dada esta intenção de constituir família, exigida pelo Código Civil. Como dito, não há mister seja família como a de pessoas casadas, mas a união há de ser bem mais que um namoro, um noivado ou uma amizade, por mais íntimos e constantes que sejam.

Ao se referir ao instituto, o legislador preferiu a expressão "união estável", diferenciando-a do concubinato. Este seria a convivência entre pessoas impedidas de se unirem, como veremos a seguir.

---

27 BITTENCOURT, Moura. **Concubinato**. São Paulo: Leud, 1985. p. 14. PEREIRA, Caio Mário da Silva. **Instituições**... cit., 18. ed., v. 5, p. 43.
28 *More uxorio* é advérbio, significando "como se houvesse casamento", em tradução livre. *Mos uxorius* é expressão substantiva, querendo dizer, em tradução livre, "convívio marital" ou "vida marital". *Mos* significa "costume, hábito"; *uxorius* deriva de *uxor*, que significa "esposa".

Segundo a Lei n. 8.971/1994, os companheiros somente teriam proteção legal se fossem solteiros, separados judicialmente, divorciados ou viúvos. Em outras palavras, a Lei só reconhecia e protegia o chamado concubinato puro ou união estável. O concubinato impuro continuaria sendo condenável.

O Código Civil permite a união estável entre pessoas solteiras, viúvas, divorciadas, separadas judicialmente ou separadas de fato. A grande novidade em relação à Lei n. 8.971/1994 é a possibilidade de pessoas separadas de fato constituírem união estável válida.

Por outro lado, a Lei Civil não reconhece a união estável contraída com algum dos impedimentos dirimentes públicos, especificamente incesto, bigamia e homicídio. Estes casos se denominam concubinato, não recebendo proteção legal, a não ser quanto à pessoa dos eventuais filhos, e caso se configure união estável putativa. Neste caso, o companheiro de boa-fé, que inclusive podem ser ambos, teria todos os direitos garantidos. Não sendo o caso, porém, extinguindo-se o concubinato, aplicar-se-iam as normas do condomínio, não da sociedade de fato, por faltar a *affectio societatis*, ou vontade de constituir sociedade. Embora muitos falem em sociedade de fato, o que há, realmente, é um condomínio (comunhão) sobre os bens comuns, que deve ser dissolvido.

Por fim, admite-se a união entre pessoas do mesmo sexo, com os mesmos efeitos da união estável heterossexual, como vimos acima, ao tratarmos da definição de casamento.

Em maio de 2011, o STF, ao julgar a ADIn n. 4277 e a ADPF n. 132, reconheceu a união estável entre pessoas do mesmo sexo. A ideia do relator, Min. Ayres Britto, foi a de dar interpretação conforme a Constituição Federal, a fim de excluir qualquer significado do art. 1.723 do CC que impeça o reconhecimento da união entre pessoas do mesmo sexo como entidade familiar. De fato, o art. 1.723 do CC define união estável como a união entre homem e mulher. O Min. Ayres Britto argumentou que o art. 3º, inciso IV, da CF veda qualquer discriminação em virtude de sexo, raça, cor e que, nesse sentido, ninguém pode ser diminuído ou discriminado em função de sua preferência sexual. "O sexo das pessoas, salvo disposição contrária, não se presta para desigualação jurídica", observou o ministro, para concluir que qualquer depreciação da união estável homoafetiva colide, portanto, com o inciso IV do art. 3º da CF. Sendo assim, numa interpretação conforme, o art. 1.723 do CC seria inconstitucional, na parte em que impõe a diversidade de sexo, para a constituição da união estável.

Os demais ministros acompanharam o entendimento do Min. Ayres Britto, no sentido de dar interpretação conforme a Constituição Federal para excluir qualquer significado do art. 1.723 do CC que impeça o reconhecimento da união entre pessoas do mesmo sexo como entidade familiar.

Como dissemos acima, se é inconstitucional a imposição de diversidade de sexo para a união estável, será também para o casamento, pelas mesmas razões. Por que num caso não se admitir a discriminação e no outro se a admitir? Ademais, segundo a decisão do STF, aplicam-se à união estável entre pessoas do mesmo sexo, as mesmas normas e efeitos que se aplicam à união entre homem e mulher. Como a conversão em casamento deve ser facilitada, tratando-se de união heterossexual, sê-lo-á também na união homossexual, sob pena de se discriminar em função da opção sexual, o que contraria frontalmente a Constituição. Assim, as disposições do Código Civil que pressupõem a diversidade de sexo para o casamento são discriminatórias e inconstitucionais.

Por outro lado, nem o Código Civil, nem a Constituição proíbem expressamente o casamento entre homossexuais. O fato de o Código Civil se referir a homem e mulher ao tratar do casamento não gera, por si só, proibição explícita ao casamento *gay*.

Outra não foi a decisão do STJ, no REsp n. 1.183.348/RS. A 4ª Turma reconheceu que um casal de mulheres também tem direito de casar. Por maioria, em 25/10/2010, os ministros deram provimento ao Recurso Especial no qual duas mulheres pediam para serem habilitadas ao casamento civil.

Os companheiros que vivam em união estável têm, reciprocamente, direito a alimentos, nos moldes da Lei n. 5.478/1968, conforme veremos mais adiante, além de direitos sucessórios. Em outras palavras, a Lei assegura aos companheiros o direito de requerer pensão alimentícia e o direito de suceder no patrimônio do outro.

Em 1996, foi promulgada a Lei n. 9.278, regulamentando o art. 226, parágrafo 3º, da CF. Segundo esta lei, é reconhecida como entidade familiar a convivência duradoura, pública e contínua de um homem e uma mulher, estabelecida com o objetivo de constituir família. Os mesmos passos seguiu o Código Civil de 2002.

Os bens adquiridos na constância da união presumem-se fruto do esforço comum, pertencendo a ambos, em condomínio.

Admite-se contrato escrito, ainda que por instrumento particular, regulando essas relações patrimoniais. Nesse contrato, os companheiros têm ampla liberdade, não sendo imperativo que adotem um dos regimes de bens do casamento. Podem, inclusive, mesclar regras de regimes distintos. Na falta de contrato escrito, aplica-se à união estável o regime da comunhão parcial de bens, no que couber (art. 1.725 do CC). Na prática, é no que couber mesmo, uma vez que os companheiros têm total liberdade para administrar seu patrimônio individual, diferentemente dos cônjuges na comunhão parcial. Podem, por exemplo, dispor dos imóveis, ou prestar fiança, sem qualquer necessidade da autorização um do outro. Na vida real, ocorre com muita frequência de, durante a união estável, o patrimônio comum nem ser levado em conta. Isso só ocorre, isto é, esse patrimônio comum, adquirido pelo esforço de ambos, aparece e é partilhado apenas quando a união se extinga, seja pela morte ou pela separação. Na verdade, há muita semelhança com o regime de participação final nos aquestos.

De acordo com o parágrafo 3º do art. 73 do CPC, assim como o cônjuge, também o companheiro necessitará do consentimento do outro para propor ação que verse sobre direito real imobiliário, salvo quando o regime da união for o da separação absoluta (convencional) de bens. Além disso, ambos serão necessariamente citados para toda ação que verse sobre direito real imobiliário, a não ser quando o regime da união estável for o da separação total (convencional) de bens; que resulte de fato que diga respeito aos dois ou de ato praticado por eles, em qualquer regime de bens; que seja fundada em dívida contraída por um deles em benefício da família, também em qualquer regime de bens; que tenha por objeto o reconhecimento, a constituição ou a extinção de ônus sobre imóvel de um ou de ambos, aqui também em qualquer regime de bens, uma vez que o Código de Processo Civil só faz referência ao regime de separação nas ações que versem sobre direito real imobiliário. Diga-se, por oportuno, que, se o regime for o da participação final nos aquestos, e houver previsão no contrato de convivência, será também dispensável a vênia ou a citação do outro companheiro, nas mesmas hipóteses da separação convencional.

Nas ações possessórias, a participação do companheiro do autor ou do réu somente é indispensável nas hipóteses de composse ou de ato praticado por ambos.

O consentimento do companheiro poderá, todavia, ser suprido judicialmente, quando negado por um deles sem justo motivo, ou quando lhe seja impossível concedê-lo. A falta do consentimento, quando necessário e não suprido, invalida o processo.

No mais, os conviventes poderão requerer, de comum acordo e a qualquer tempo, a conversão da união em casamento, mediante requerimento ao juiz e assento no Registro Civil. Com isso, sublinhe-se, a Constituição não implicou constituir a união estável família de segunda categoria, que devesse ser alçada à primeira por meio do casamento. Quis dizer tão somente o que disse, isto é, que a união estável pode ser convertida em casamento por procedimento mais simples, uma vez que os conviventes já estão, de fato, casados.

Diga-se, por fim, que a Lei não estabelece tempo mínimo para que se configure a união estável. Basta que a união seja estável, ou seja, pública, contínua e duradoura, com o objetivo de constituir família. A Lei n. 8.971/1994 impunha prazo mínimo de cinco anos de convivência para que os companheiros tivessem direito a pensão, principalmente previdenciária. A regra foi, entretanto, tacitamente revogada pela Lei n. 9.278/1996. O Código Civil tampouco estabelece prazo mínimo. Quando se exige que a união seja duradoura, há que entender o requisito como uma exigência de permanência, não de tempo mínimo; em outras palavras, a união, desde seu início, deve constituir-se para durar, permanecer no tempo. Os namorados A e B podem convidar a família e os amigos, para marcar o início de sua união numa festa, chamando inclusive um celebrante, que pode ser rigorosamente qualquer pessoa, a fim de conferir um ar de oficialidade ao evento. A partir daí, passam a levar vida comum, com ânimo de permanência, com o objetivo de constituir família. Isso acontece diariamente em nosso meio social. Pergunta-se: quando poderia ser reconhecida essa união? Quando essa união geraria efeitos de união estável? A meu ver, desde o primeiro momento.

Algumas questões devem ser suscitadas. Primeiramente, seria possível a coexistência de duas uniões estáveis ao mesmo tempo? Em outras palavras, aplicar-se-ia o princípio da monogamia à união estável? O entendimento mais tradicional, que ainda prepondera em nossos tribunais é no sentido negativo, ou seja, não é possível manter-se duas uniões estáveis ao mesmo tempo. Aplica-se, sim, o princípio da monogamia à união estável. A tendência da doutrina aponta em outro sentido, porém. No sentido da liberdade, da autonomia privada. Questiona-se inclusive se o princípio da monogamia deveria ser aplicado a casamento. Havendo duas ou mais uniões estáveis (normalmente de um homem com duas ou mais mulheres), ainda que não coabitem todos no mesmo local, a Lei deveria proteger a todos o(a)s companheiro(a)s, principalmente os que agiram de boa-fé. Assim, cada um dos companheiros teria direito à meação do patrimônio comum, além de eventuais direitos sucessórios e previdenciários, que seriam repartidos entre todos, em iguais proporções. Quanto aos filhos, não há dúvida, aplica-se o princípio da igualdade, pelo menos quanto ao patrimônio e ao nome.

Uma segunda indagação seria a seguinte: haveria união estável putativa? Sem dúvida alguma. A meu ver, ao companheiro de boa-fé, devem ser concedidos todos os direitos, como se verdadeira união estável houvesse. Isso poderá ocorrer nos casos em que a Lei veda o companheirato, como nas hipóteses de pessoas casadas, de incesto etc.

Mais outra questão: estariam vigorando as Leis n. 8.971/1994 e n. 9.278/1996? Seguramente, não houve revogação expressa. Sendo assim, seria o caso de revogação tácita, uma vez que o Código Civil regula inteiramente a matéria de que tratavam as duas leis. Ocorre que, embora tenha tratado da matéria de forma bastante completa, o Código Civil deixou de fora alguns aspectos importantes, consistentes em direitos fundamentais dos companheiros, como o direito à moradia. O Código Civil não concede ao companheiro viúvo o direito real de habitação, que lhe outorga a Lei n. 9.278/1996. Assim, entendo que, por cuidar de direitos fundamentais, as Leis n. 8.971/1994 e 9.278/1996, continuam em vigor naquilo em que não contrariarem o Código Civil.

Em relação ao direito real de habitação, há quem entenda, com base na dicção literal do parágrafo único do art. 7º da Lei n. 9.278/1996, que o imóvel que sirva de residência aos companheiros deverá ser objeto do direito real de habitação, mesmo que não pertença ao casal ou ao companheiro defunto. A seguir esta linha, um imóvel comodado unicamente ao companheiro morto, será objeto de direito real de habitação. Em outras palavras, o comodante não poderá reaver seu imóvel do companheiro sobrevivo. Imaginemos um exemplo bem simples: o filho empresta um apartamento para a mãe morar. Esta contrai uma união estável. Morrendo ela, seu eventual companheiro teria direito de habitação sobre o apartamento, que sequer era de sua companheira. Levando ao absurdo esta interpretação literal da norma da Lei n. 9.278/1996, até mesmo um imóvel alugado poderia ser objeto do direito de habitação, não podendo ser retomado pelo locador, posto que findo o prazo contratual.

A meu ver, não deve prosperar essa visão. E não se alegue que a dignidade do companheiro viúvo deva prevalecer sobre o contrato. Não se alegue que se trata de direito fundamental à moradia, que não há de ceder a um mero contrato de comodato ou de locação. Há que lembrar que, sem a força obrigatória dos contratos, não há vida econômica possível, tampouco e consequentemente, vida social. Sem uma contratualidade forte, não há dignidade possível. Os contratos e seu cumprimento saudável também geram dignidade. Assim sendo, na exegese do parágrafo único do art. 7º da Lei n. 9.278/1996, é pressuposição ululantemente lógica que o imóvel tenha que pertencer ao casal, ou, quando nada, ao falecido, sob pena de chegarmos aos absurdos apontados acima. É cânone elementar de interpretação que, sempre que a leitura de uma norma conduzir a um absurdo, a leitura possivelmente está errada e deve ser repensada.

O Código de Processo Civil cuida da extinção de união estável nos arts. 693 e ss. e 731 e ss.

Segundo o CPC, todos os esforços deverão ser empreendidos para a solução consensual da controvérsia, devendo o juiz dispor do auxílio de profissionais de outras áreas de conhecimento para a mediação e conciliação. Nesse sentido, o juiz poderá, a requerimento das partes, determinar a suspensão do processo, enquanto os litigantes se submetam a mediação extrajudicial ou a atendimento multidisciplinar.

Uma vez recebida a petição inicial e, se for o caso, tomadas as providências referentes à tutela provisória, o juiz ordenará a citação do réu para comparecer à audiência de mediação e conciliação.

O mandado de citação conterá apenas os dados necessários à audiência e deverá estar desacompanhado de cópia da petição inicial, assegurado ao réu o direito de examinar seu conteúdo a qualquer tempo. A citação, por sua vez, ocorrerá com antecedência mínima de quinze dias da data designada para a audiência, devendo ser pessoal. Na audiência, em si mesma, as partes deverão estar acompanhadas de seus advogados ou de defensores públicos.

A audiência de mediação e conciliação poderá dividir-se em tantas sessões quantas sejam necessárias para viabilizar a solução consensual, sem prejuízo de providências jurisdicionais para evitar o perecimento do direito. Não realizado o acordo, passarão a incidir, a partir de então, as normas do procedimento comum.

Quanto ao Ministério Público, somente intervirá quando houver interesse de incapaz e deverá ser ouvido previamente à homologação de acordo.

Quando o processo envolver discussão sobre fato relacionado a abuso do poder familiar ou a alienação parental, o juiz, ao tomar o depoimento do incapaz, deverá estar acompanhado por especialista.

A homologação da extinção consensual de união estável, observados os requisitos legais, poderá ser requerida em petição assinada por ambos, da qual constarão as disposições relativas à descrição e à partilha dos bens comuns; as disposições relativas à pensão alimentícia entre os companheiros; o acordo relativo à guarda dos filhos incapazes e ao regime de visitas; o valor da contribuição para criar e educar os filhos.

O foro competente para processar a ação de reconhecimento e extinção da união estável será o do domicílio do guardião de filho incapaz; do último domicílio do casal, caso não haja filho incapaz; de domicílio do réu, se nenhuma das partes residir no antigo domicílio do casal (art. 53, I, do CPC).

A extinção consensual de união estável, não havendo nascituro ou filhos incapazes e observados os requisitos legais, poderá ser realizada por escritura pública, perante o tabelião de notas, da qual constarão as disposições relativas à descrição e à partilha dos bens comuns e as disposições relativas à pensão alimentícia entre os companheiros. A escritura independe de homologação judicial e constitui título hábil para qualquer ato de registro, bem como para levantamento de importância depositada em instituições financeiras.

O tabelião somente lavrará a escritura se os interessados estiverem assistidos por advogado ou por defensor público, cuja qualificação e assinatura constarão do ato notarial.

Por fim, uma última pergunta: o concubinato impuro (adulterino) geraria algum efeito? Também aqui a resposta há de ser positiva. Apesar de consistir em adultério, ilícito segundo a Lei Civil, o concubinato pode gerar efeitos. Em primeiro lugar, quanto aos filhos, que têm os mesmos direitos que os demais; em segundo lugar, quanto aos bens adquiridos pelo esforço comum, que devem ser partilhados irmãmente; em terceiro lugar, havendo boa-fé da(o) concubina(o), terá ela(e) direitos sucessórios e previdenciários, como se companheira(o) fosse.

Seria uma hipótese de união estável putativa. Em decisão inédita, o STJ concedeu à concubina 50% da pensão previdenciária, pautando-se principalmente na longa duração do concubinato, que perdurou durante trinta anos, constituindo verdadeira relação familiar (REsp n. 742.685).

No próximo capítulo, trataremos dos direitos sucessórios dos companheiros.

19.5 Parentesco

O estudo do parentesco diz respeito às relações entre certas pessoas pertencentes a um mesmo grupo familiar.

Há várias espécies e graus de parentesco, como veremos a seguir.

19.5.1 Espécies de parentesco

O parentesco, enquanto gênero, se subdivide em espécies, conforme a genealogia, o tratamento legal e a linha.

a) Parentesco conforme a genealogia

Nesta categoria, o parentesco pode ser natural ou civil, conforme o art. 1.593 do CC.

Parentesco natural é o consanguíneo, aquele que une pessoas descendentes de um mesmo tronco familiar.

O parentesco civil é o parentesco por adoção. É também civil o parentesco de quem possua apenas a posse de estado de filho, seja filho consanguíneo ou socioafetivo. Também será civil o parentesco do filho gerado por inseminação heteróloga, que não deixa de ser socioafetiva.

O parentesco socioafetivo se estabelece principalmente na linha reta, mas evidentemente ocorre também na colateral, mormente entre irmãos, embora não somente. O exemplo dado acima é paradigmático: A e B são casados. B se engravida com o sêmen de outro homem, colhido num banco de esperma de forma anônima. Quem é o pai? A ou o titular do sêmen? Do ponto de vista biológico, sem dúvida, o titular do sêmen. Do ponto de vista socioafetivo, A. Qual das duas paternidades prevalecerá? Neste caso, ninguém haverá de discutir que prevalecerá a paternidade socioafetiva. De direito, o filho será de A, que, inclusive, poderá registrá-lo em seu nome. Aliás, o filho assim nascido será parente não só de A, mas de sua família inteira. Será, pois, não só filho, mas neto, irmão, sobrinho e primo dos parentes de A. E quanto ao pai e à família biológica? Neste caso, conforme prática usual, estes nem serão identificados. O correto talvez fosse que nem o banco de esperma pudesse identificar. Isto não ocorre, porém. O doador é identificado pelo banco, não pela receptora ou pelos receptores. Discute-se se o banco será, eventualmente, obrigado a revelar a identidade do doador. Muitos defendem que sim, uma vez que todos temos direito à identidade genética, até mesmo para fins de tratamento de saúde, como pode ocorrer nos casos de necessidade de doação de órgãos (rim ou medula óssea). Outros entendem que não, por poder ser esta identificação fator de instabilidade familiar e social. De todo modo, mesmo quem propugna pela possibilidade de identificação do doador do esperma e, portanto, do pai e da família biológica, julga que a identificação deva limitar-se a questões de saúde e às restrições matrimoniais. Efetivamente, a não identificação gera o risco, ainda que mínimo, de que o indivíduo (fruto de inseminação heteróloga anônima) venha a se casar com um irmão biológico, ou mesmo com um dos pais biológicos.

Outra questão que se impõe necessariamente com relação aos bancos de esperma, diz respeito a sua própria existência. Não estariam a estimular o racismo, ou o aprimoramento da raça? Seria lícito ao casal ou à mulher escolher as características genéticas do doador? Caso não seja, seria lícito ao banco fazer essa escolha? Se não for feita, corre-se o risco de um casal negro vir a ter um filho com características asiáticas, ou vice-versa. Em princípio, isso não deveria constituir um problema. Na prática, contudo, pode ser um problema grave. A criança pode não se ajustar ao meio dos pais. São questões complexas, que devem ser enfrentadas, debatidas à exaustão, sob pena de gerarem situações muito difíceis.

Um outro exemplo de parentesco socioafetivo muito comum é o dos filhos de pessoas divorciadas que se unem, constituindo uma nova família, à qual evidentemente pertencerão esses filhos anteriores, que cada um traga consigo. Pode não haver filiação socioafetiva, uma vez que cada um dos filhos tem pai ou mãe anterior a essa nova união, com o qual continua mantendo vínculo. Por outro lado, poderá haver, nesses casos, parentesco socioafetivo com os demais parentes do novo cônjuge ou companheiro de seu genitor (irmãos, avós, tios e primos). A situação pode ser mais simples. Pode ocorrer de um filho trazido à nova união não ter pai ou mãe biológico (pode se tratar de união de viúvos). Neste caso, a filiação afetiva poderá se estabelecer com o novo companheiro de seu genitor. Digo poderá porque, em todo caso, é fundamental o ânimo de estabelecer esse parentesco. Pode se dar a hipótese de o novo companheiro do genitor não desejar o parentesco e não dar tratamento de filho à prole de seu consorte, embora, muitas vezes até a sustente e com ela coabite. Essa espécie de *"affectio parentalitatis"* é fundamental. A situação pode ser, contudo, muito mais intrincada. Pode haver o genitor biológico, que mantenha laços intensos com seu filho, e, ao lado dele, o companheiro de seu outro genitor, com quem também mantém laços de filho (socioafetivo). Poder-se-ia falar em multiparentalidade? Quais as suas consequências? Esse indivíduo terá dois pais ou duas mães? Poderá herdar dos dois, inclusive dos avós, tios, irmãos ou primos? Haverá restrições matrimoniais, por exemplo, em relação aos irmãos socioafetivos? São perguntas que a Lei não responde, mas que, eventualmente, o juiz deverá responder. Muito importantes na construção dessas respostas são os princípios, mormente, o do melhor interesse da criança e do adolescente, o da dignidade humana, o da função social da família, o da razoabilidade, o da moralidade, dentre outros possíveis.

O parentesco socioafetivo consiste, assim, naquele estabelecido entre indivíduos não ligados por vínculo de sangue ou de adoção, que naturalmente lhes conferiria o dito parentesco. Pode até haver vínculo consanguíneo, mas não aquele que naturalmente conferiria aos parentes socioafetivos, aquele vínculo estabelecido pela socioafetividade. Seria o caso da filiação socioafetiva entre um tio e seu sobrinho. Do ponto de vista do sangue, são tio e sobrinho. Do ponto de vista socioafetivo, são pai e filho. Qual prevalecerá? Como disse, a Lei não responde. A tendência, hoje, é dar prevalência ao parentesco socioafetivo. De fato, porém, cada caso é um caso.

Do parentesco por adoção, cuidaremos mais detalhadamente adiante.

b] Parentesco conforme o tratamento legal

Esta classe é antes de tudo histórica. Conforme o tratamento dispensado pela Lei, o parentesco podia ser legítimo ou ilegítimo.

Parentesco legítimo era aquele lastreado em relações matrimoniais. Era aquele oriundo do casamento.

Ilegítimo seria, portanto, o parentesco proveniente do adultério, do concubinato puro e do incesto.

Na verdade, hoje em dia, a distinção é antes de tudo histórica. A Constituição de 1988 proibiu qualquer distinção entre filhos, sejam eles legítimos ou ilegítimos. Aliás, o legislador foi radical a ponto de proibir seja feita adjetivação à palavra filho. Não se pode usar em documentos oficiais expressões tais como "filho ilegítimo", "filho adulterino", "filho natural" (proveniente de união extramatrimonial não adulterina), ou "filho incestuoso". Em documentos particulares, se encontrada alguma dessas expressões, simplesmente não será levada em conta, considerando-se não escrita.

c] Parentesco conforme a linha

De acordo com a linha, o parentesco pode ser em linha reta ou em linha colateral.

Parentes em linha reta são os descendentes (filhos, netos etc.) e os ascendentes (pais, avós etc.).

Parentes em linha colateral, transversal ou oblíqua são os irmãos, sobrinhos, tios e primos.

19.5.2 Graus de parentesco

Os graus de parentesco estabelecem a distância entre os parentes, levando em conta o número de gerações entre eles.

Para contarmos os graus, devemos, antes de mais nada, estabelecer a linha de parentesco.

O art. 1.594 do CC nos ensina de maneira bem simples a contagem desses graus.

Contam-se, na linha reta, os graus de parentesco pelo número de gerações.

Assim, se quisermos saber o grau de parentesco entre A e seu avô, basta subirmos de A até seu pai e depois até seu avô. O parentesco será de segundo grau na linha reta.

$$\text{Avô de A}$$
$$\uparrow 2°$$
$$\text{Pai de A}$$
$$\uparrow 1°$$
$$\text{A}$$

Continua o art. 1.594 do CC, dizendo: "e, na colateral, também pelo número delas (das gerações), subindo de um dos parentes até ao ascendente comum, e descendo até encontrar o outro parente".

Queremos saber, então, o grau de parentesco entre A e seu tio-avô. A primeira coisa a fazer é encontrar o ascendente comum aos dois. Isso é fácil, a resposta é o bisavô de A. Encontrado o ascendente comum aos dois, basta subir de A, até seu bisavô, contando cada geração, e, depois, descer do bisavô de A, até seu tio-avô, sempre contando o número de gerações. O número final de gerações será o grau de parentesco desejado: quarto grau.

$$\text{Bisavô de A}$$
$$\uparrow 3° \quad \downarrow 4°$$
$$\text{Avô de A – Tio-avô de A}$$
$$\uparrow 2°$$
$$\text{Pai de A}$$
$$\uparrow 1°$$
$$\text{A}$$

Seguindo a mesma linha de raciocínio, um sobrinho de A e um tio seu serão seus parentes em terceiro grau.

Vejamos o sobrinho de A. Qual seu ascendente comum? É o pai de A. Assim:

Pai de A
↑ 1° ↓ 2°
A – Irmão de A
↓ 3°
Sobrinho de A

Agora, analisemos o parentesco entre A e seu tio. Qual o ascendente comum aos dois? É o avô de A. Assim:

Avô de A
↑ 2° ↓ 3°
Pai de A – Tio de A
↓ 1.°
A

E o grau de parentesco entre primos, que vulgarmente chamamos de primos em primeiro grau? Será que seu grau de parentesco é mesmo o primeiro?

O ascendente comum a dois primos A e B será o avô de ambos. Daí, basta subir de um deles até o avô e descer até o outro, contando todas as gerações intermediárias.

Avô de A e B
↑ 2° ↓ 3°
Pai de A – Pai de B
↑ 1° ↓ 4°
A   B

A e B são parentes em quarto grau na linha colateral.

Por fim, cabe sublinhar que, no Direito Brasileiro, o parentesco na linha reta é infinito, enquanto o na linha colateral estende-se somente até o quarto grau. Assim, o filho de meu primo já não será meu parente.

19.6 Afinidade

Afinidade é a relação que une uma pessoa aos parentes de seu cônjuge ou companheiro. O marido, por exemplo, é afim dos parentes de sua esposa e vice-versa. Vale ressaltar, todavia, que a afinidade se restringe à pessoa do cônjuge, não se estendendo a seus parentes. Por outros termos, os parentes da mulher não são afins dos parentes do marido. São afins apenas do marido. A recíproca é verdadeira, ou seja, os parentes do marido não são afins dos parentes da mulher. São parentes apenas da mulher. O mesmo acontece em relação aos companheiros. Por outros termos, afinidade não gera afinidade (*affinitas affinitatem non parit*).

A afinidade cessa com a extinção do casamento ou da união estável, exceto na linha reta. Assim, o sogro não deixa de ser afim de sua nora, quando da morte de seu filho. Continuam, portanto, impedidos de casar um com o outro.

Outra consequência é a preferência concedida, imposta mesmo, aos afins na concessão de tutela. Segundo o Código Civil (art. 1.737), quem não seja parente do menor não será obrigado a aceitar a tutela, se houver parente idôneo, consanguíneo ou afim, em condições de exercê-la.

Podemos citar outras restrições que se fazem à afinidade, tais como o impedimento para depor como testemunha; de atuar como juiz, quando for afim de qualquer das partes; de candidatar-se a cargo eletivo, quando afim do Presidente da República, de Governador, de Prefeito, dentro dos seis meses anteriores ao pleito; de ser nomeado para cargo de confiança de afim, dentre outras. O que se pode concluir é que a afinidade tem por principal função a imposição de restrições, de limites, para além do mero parentesco. Em outras palavras, se o parentesco gera direitos, deveres e restrições, a afinidade só gera restrições.

Os graus de afinidade se contam como os graus de parentesco. Na linha reta, os afins o serão *ad infinitum*, assim como os parentes em linha reta. Na linha colateral, entretanto, a afinidade se restringe ao segundo grau. Extrema-se, pois, nos irmãos do cônjuge ou companheiro. Por outros termos, a afinidade colateral se limita aos cunhados.

Relações espúrias não geram afinidade. Não são afins o cônjuge adúltero e os parentes de seu amante.

A afinidade seria espécie de parentesco?

Já entendemos que sim, juntamente com Caio Mário, Nelson Rosenvald e Cristiano Chaves de Farias, para citar apenas três.[29]

Hoje, estamos convencidos do contrário, na esteira de Orlando Gomes, Walsir Edson Rodrigues Júnior e Renata Barbosa de Almeida, também para citar três.[30]

Embora a Lei empregue, repetidas vezes, a expressão parentes por afinidade, não se pode confundir um com outra. Parentesco e afinidade são institutos diversos. O parentesco gera direitos e deveres (alimentos, assistência, sucessão hereditária, dentre outros); a afinidade só gera restrições. Aliás, poder-se-ia bem dizer que a afinidade nada mais é que um parâmetro para várias restrições que a Lei impõe a quem não tenha vínculo de parentesco. A afinidade não gera direitos e deveres recíprocos, como o parentesco. A se entender afinidade como

---

29 FARIAS, Cristiano Chaves de; ROSENVALD, Nelson. **Direito das famílias**. 2. ed. Rio de Janeiro: Lumen Juris, 2008. p. 462. PEREIRA, Caio Mário da Silva. **Instituições**... cit., 18. ed., p. 172-173.
30 ALMEIDA, Renata Barbosa de; RODRIGUES JÚNIOR, Walsir Edson. Op. cit., p. 86-89. GOMES, Orlando. **Direito de família**. 8. ed. Rio de Janeiro: Forense, 1995. p. 305-307.

parentesco, então, seguramente, os afins terão direitos sucessórios, uma vez que o Código Civil não limita a sucessão hereditária ao parentesco natural ou civil. O art. 1.829 se refere à sucessão dos descendentes, dos ascendentes, do cônjuge e dos colaterais. Ora, se afinidade fosse parentesco, então os afins na linha descendente, ascendente e colateral estariam habilitados a suceder, tanto quanto os descendentes, ascendentes e colaterais consanguíneos ou vinculados por parentesco civil. O mesmo se diga do direito/dever a alimentos. Os arts. 1.694 e ss. do CC, ao cuidar dos alimentos, referem-se a parentes, a descendentes, a ascendentes, sem fazer distinção entre os tipos parentesco. Se afinidade fosse parentesco, o sogro poderia vir a ser obrigado a prestar alimentos à nora ou ao genro, na condição de parente na linha ascendente por afinidade. Mas, a verdade é que não é assim. Afinidade só gera restrições; nenhum direito, nenhum dever. Afinidade não é espécie de parentesco. Walsir Edson Rodrigues Júnior e Renata Barbosa de Almeida noticiam sugestão enviada ao Senado pelo Prof. João Batista Villela, quando o Código Civil era ainda projeto, no sentido de se acrescer ao subtítulo intitulado "das relações de parentesco" a expressão complementar "e da afinidade". Tivesse sido aceita a sugestão, o Subtítulo II do Título I do Livro IV da Parte Especial do Código Civil teria a seguinte redação: "Das relações de parentesco e da afinidade", de modo a deixar bastante claro tratar-se de institutos distintos, o que teria sido muito bom para nossa dogmática.[31]

19.7 Filiação

As relações entre pais e filhos mudaram bastante nos últimos tempos. Os pais já não têm poderes absolutos sobre os filhos, que também têm seus direitos, quais sejam, de alimentos, guarda, proteção, nome, incolumidade física etc. Mais abaixo, cuidaremos disso com detalhes.

A Constituição de 1988 igualou os filhos em direitos e deveres, proibindo qualquer adjetivação preconceituosa, tal como filho ilegítimo, incestuoso etc. Trata-se do princípio da igualdade ou isonomia entre os filhos.

Em nossos dias, a concepção que se tem da relação entre pais e filhos menores é, como se diz, "filhocentrista". Em outras palavras, a preocupação é com a pessoa dos filhos menores, seu bem-estar, seu melhor interesse. A ideia pode soar-nos muito óbvia, mas, até pouco tempo atrás, a concepção era oposta. A relação entre pais e filhos era baseada na ideia de absoluta primazia dos pais, principalmente do pai, chefe da família e cabeça do casal. Historicamente, o *paterfamilias* tinha direito de vida e de morte sobre seus filhos e outros dependentes. Assim,

---

31 ALMEIDA, Renata Barbosa de; RODRIGUES JÚNIOR, Walsir Edson. Op. cit., p. 88, nota 20.

o "filhocentrismo" é ideia nova, que pode ser considerada um valor ou até mesmo um princípio, recepcionado principalmente pela Constituição e pelo Estatuto da Criança e do Adolescente e, porque não, pelo Código Civil.

Dessa concepção "filhocentrista", pode-se extrair os princípios do melhor interesse do menor, da convivência familiar e da parentalidade responsável.

O princípio do melhor interesse da criança deve orientar o intérprete em questões referentes à filiação, tais como suspensão e perda do poder familiar, alimentos, nomeação de tutor, atribuição da guarda etc.

O outro princípio, o da convivência familiar enuncia-se no sentido de proporcionar à criança um lar estável, onde possa desenvolver sua personalidade e sua dignidade. Parte da ideia de que a família é a base da sociedade. A adoção, por exemplo, baseia-se muito nesse princípio.

Por fim, o princípio da parentalidade responsável (maternidade ou paternidade responsável) dispõe ser primeira e principalmente dos pais a responsabilidade pelo bem-estar dos filhos. Este princípio é fundamento das campanhas educativas desenvolvidas para o planejamento familiar e para o controle de natalidade, de que tão carece o Brasil. Baseiam-se também nele os casos de perda e de suspensão do poder familiar, dentre outros.

Outro importante debate que se vem travando na atualidade diz respeito à paternidade ou parentalidade socioafetiva e paternidade ou parentalidade biológica. Ambas podem coincidir. Há casos, porém, em que não coincidem, como na adoção, na inseminação heteróloga e outros. Que fazer se houver disputa entre a "mãe de aluguel", que doou seu útero e seus óvulos para gerar um filho encomendado por uma outra mulher ou por um casal? Deve prevalecer a parentalidade socioafetiva ou a parentalidade biológica? A tendência moderna é no sentido de se atribuir maiores importância e valor à parentalidade afetiva. Mas as circunstâncias do caso concreto podem indicar solução em sentido oposto. Por outros termos, a matéria é relativa.

De todo modo, ainda que se dê maior importância à parentalidade socioafetiva, não se pode negar a ninguém o direito de conhecer sua ascendência genética, até por razões de saúde física, para não dizer mental. Por isso mesmo, reputo ilegítima a cláusula de anonimato presente nos bancos de esperma.

Com base numa visão romântica e irreal de que a família seria o *locus* do amor e do afeto, alguns defendem, com toda a boa intenção, a possibilidade de os filhos exigirem dos pais indenização por abandono afetivo. Como disse acima, família não é *locus* de amor e de afeto. Família é um agrupamento de seres humanos reais, na melhor das hipóteses neuróticos, que se amam, mas também se odeiam, que se fazem bem, mas também se fazem mal. Família é *locus* de amor, mas também de violência (física e moral) e de desafeto. Essa é a família da vida real. Por isso tudo, a ideia de indenização por abandono afetivo é inadequada.

É interessante observar que as mesmas pessoas que defendem ser impossível discutir-se a culpa nas relações conjugais, essas mesmas pessoas querem introduzi-la nas relações paterno-filiais. Ora, nunca se discutiu culpa nas relações entre pais e filhos. Em primeiro lugar, por que não é o caso. Como caracterizar a culpa nessas relações? É muito complicado, e não seria o juiz, que não tem formação para isso, a destrinçar esse nó. Ainda que o juiz tenha formação de psicólogo ou psicanalista, a vara de família não é local adequado para discutir o tema. O local seria o consultório do psicólogo, o divã do psicanalista.

Sobre o tema, ouvi um relato muito interessante. Um pai, quando indagado porque não dera afeto ao filho, respondeu com muita simplicidade: "eu não sei dar afeto a ninguém; não posso dar o que não recebi". Como atribuir culpa a esse pai? Como julgar esse pai, que não recebera que não violência de seus próprios pais? Como exigir comportamento diverso desse pobre infeliz? Falar é muito fácil.

Em segundo lugar, como estabelecer relação de causa e efeito entre o abandono afetivo e os danos psicológicos sofridos pelos filhos? Quem pode afirmar serem os traumas dos filhos oriundos da falta de afeto? Seguramente não o juiz, seguramente não no curso de um processo.

A se adotar essa prática de indenização por abandono afetivo, corre-se o risco de, *a contrario sensu*, admitir-se a indenização por excesso de afeto, que pode causar tantos ou mais danos que a falta dele. A verdade é que a Justiça não é o local para se resolverem problemas psicológicos entre familiares. Ademais, a patrimonialização desses problemas não os levará a nenhuma solução, muito pelo contrário, só trará mais problemas, mais ódio e desamor.

Rodrigo da Cunha Pereira, defendendo a indenização por abandono afetivo, justifica-se afirmando que:

> A grande mudança do direito de família é que afeto tornou-se valor jurídico e a negativa do pai de dá-lo ao filho, direito que está previsto na Constituição, deve ser punida. Afeto não é sentimento, é cuidado, amparo, educação, imposição de limites. O fato de pagar uma pensão alimentícia não substitui a presença do pai. A condenação do STJ no caso de São Paulo é uma das decisões mais importantes dos últimos tempos do ponto de vista político e social. No caso do Alexandre, o pai pagava a pensão, mas não só de pão vive o homem. Ele precisa de alimento para o corpo e para a alma. O abandono tem a ver com o princípio da responsabilidade: o pai tem de se responsabilizar pelo filho, seja desejado ou não.[32]

---

32 LOPES, Valquiria Lopes; KIEFER, Sandra. Com decisão do STJ, especialistas preveem avalanche de ações em Minas. **Estado de Minas Gerais**, 4 maio 2012. Disponível em: <www.em.com.br/app/noticia/gerais/2012/05/04/interna_gerais,292437/com-decisao-do-stj-especialistas-preveem--avalanche-de-acoes-em-minas.shtml>. Acesso em: 28 dez. 2022.

Bem, apesar da autoridade da opinião, se afeto não é sentimento, então o que seria? Para a psicanálise afeto é o conjunto de fenômenos psíquicos que se manifestam sob a forma de emoções, sentimentos e paixões. É o estado emocional ligado à realização de uma pulsão.[33] É sentimento intenso.[34] Para Roland Chemama, afeto é um dos estados emocionais, cujo conjunto constitui a gama de todos os sentimentos humanos, do mais agradável ao mais insuportável.[35] Neste sentido, até se poderia dizer que família seja *locus* de afeto, aí incluídos sentimentos como o desamor e até o ódio. Na linguagem vulgar, porém, afeto é sinônimo de simpatia, amizade, amor.[36] Por tudo isso, vê-se que afeto não é dever, é sentimento, sim. Deveres são, sem dúvida, os de cuidar, amparar, educar, impor limites. São deveres decorrentes do princípio da parentalidade responsável, não necessariamente do afeto. Poderia haver indenização pela falta a esses deveres? Bem, em tese, demonstrada a culpa dos pais, o dano sofrido pelo filho e o nexo causal entre uma e outro, efetivamente caberia indenização. Na verdade, o dano aqui é *in re ipsa*. Demonstrada a culpa dos pais, o dano é decorrência necessária, *in re ipsa*. Não se pode admitir, como dissemos acima, a reprodução na vida real do conto de Cinderela. Enquanto um filho é tratado com todo o luxo, o outro recebe tratamento vil. Isso não está certo, e esse filho há de ser compensado.

Repetindo as linhas que escrevemos *supra*, não se pode admitir tratamento desigual em relação ao dever de amparo, de cuidado. Não se pode admitir que um filho seja criado como príncipe, enquanto o outro como escravo. Um estuda na melhor escola, faz intercâmbio no exterior, anda de carro com motorista, veste as melhores roupas, come filé mignon e camarão, enquanto o outro estuda em escola pública, anda de ônibus, veste as roupas mais baratas e come angu com carne de segunda. É o conto de Cinderela se realizando na vida real. E o pior é que isso ocorre, principalmente quando os pais se separam. Pode ocorrer que o pai venha a se casar novamente e que os filhos do segundo casamento recebam esse tratamento de luxo, enquanto os filhos da primeira união recebam uma magra pensão. Como no conto de Cinderela, pode ser que a mãe não tenha sequer forças para lutar por um aumento da pensão, e o tratamento desigual permaneça por toda a vida. No conto infantil, Cinderela foi compensada pela fada madrinha. Na vida real, porém, não há fadas. Quem haverá de compensar esse filho? O Judiciário, por óbvio. Nesse sentido, aliás, a decisão da Min. Nancy Andrighi, no REsp n. 1.159.242-SP.

Mesmo não havendo discriminação entre filhos, pode ser o caso de negligência no dever de cuidado. É só imaginarmos o pai rico e avarento, que crie os filhos

---

33 MIJOLLA, Alain de. Op. cit., p. 35.
34 DORSCH, Friedrich; HÄCKER, Hartmut; STAPF, Kurt-Hermann. Op. cit., p. 19.
35 CHEMAMA, Roland. Op. cit., p. 10.
36 FERREIRA, Aurélio Buarque de Holanda. **Novo Aurélio século XXI**... cit., 3. ed. Afetividade/Afeto.

nas piores escolas, vestindo trapos, comendo os piores alimentos, habitando um casebre. Logicamente, os pais, por mais dinheiro que tenham, têm o direito de criar seus filhos com recursos limitados, até para ensiná-los a viver na pobreza. Ninguém pode se imiscuir na educação que os pais deem a seus filhos. O que não se pode admitir, porém, é o inadimplemento da obrigação de cuidar. Não dar ao filho vida fácil, por opção, é uma coisa, deixar de proporcionar a ele a condição devida a seu estado, naquilo que realmente importa (boas escolas, boa alimentação, bons médicos), é outra totalmente diferente. Nestes casos, é possível, sim, indenização por abandono, não afetivo, mas material.

Falar em indenização para além do abandono material é complicado. O que significa, por exemplo, educação e imposição de limites? Há algo mais relativo em nossos dias que esses conceitos? Francamente, creio ser pouco provável, para não dizer impossível a comprovação dos elementos necessários (culpa, dano e nexo causal), para a efetivação de uma indenização por abandono afetivo ou qualquer outro nome que se dê.

Repita-se, por que abandonar a discussão da culpa nas relações conjugais e introduzi-la nas relações filiais? As mesmas razões que levaram a não se discutir a culpa nas relações conjugais, justificam sua não discussão nas relações entre pais e filhos.

Enfim, nada justifica a indenização por abandono afetivo. Mesmo o descumprimento do dever de educar, de impor limites não justifica indenização. Apenas a negligência material pode legitimar uma indenização. De regra, não se justifica a discussão de culpa nas relações filiais, assim como não se a justifica nas relações conjugais. Se assim for, a porta estará aberta para o cônjuge "traído" exigir indenização do adúltero e/ou de seu(sua) amante. Se um homem tem um caso com uma mulher sabidamente casada, estará agindo com dolo. Essa conduta gera danos gravíssimos a um homem, danos estes que teriam que ser indenizados, a se adotar essa perspectiva patrimonial. Além disso, as portas estariam abertas para o filho exigir indenização do pai que não esteve presente no jogo de futebol da escola, para a filha demandar contra a mãe que não lhe proporcionou o primeiro sutiã e assim por diante. Que dizer da mãe solteira, que não proporcionou um pai a seu filho? Quer dano maior do que este? Quanto vale isso? O mesmo pai, hoje acionado pelo filho por abandono afetivo, poderá vir a acionar esse mesmo filho por abandoná-lo afetivamente na velhice. Ai do filho que internar os pais no asilo, por mais refinado que seja. Os exemplos podem ser meio exagerados, até meio infantis, mas o que deve ficar claro é a total impropriedade de se patrimonializar as relações familiares. Elas nunca foram tarifadas. Por que fazê-lo agora? Seria o caso de se perguntar, então, quanto custa um castigo que deixou de ser aplicado. Os castigos fazem parte do processo educacional. Se os pais não castigarem seus filhos, não lhes estarão impondo limites. Estarão negligenciando em sua educação. Quanto vale isso? A resposta não pode ser patrimonial. Todos somos imperfeitos, mesmo nossos pais. Que Direito é esse que exige a perfeição das pessoas? Não é com dinheiro, muito menos na Justiça que se resolvem os traumas da infância. Família, repita-se à exaustão, não é *locus* de amor e de afeto (no sentido coloquial). Família é um agrupamento de seres humanos reais, na melhor das hipóteses neuróticos, que se amam, mas também se odeiam, que se fazem bem, mas também se fazem mal. Família é *locus* de amor, mas também de violência (física e moral) e de desafeto. Essa visão romântica e um tanto piegas de família, por mais bem intencionada que seja, só nos levará a instilar mais ódio nas já conturbadas relações familiares da vida real.[37]

Para estudar a filiação, dividiremos o tema em vários aspectos.

19.7.1 Presunção de paternidade

A paternidade se prova pela certidão de nascimento, em que conste o nome do pai. Há casos, entretanto, em que se presume.

Assim, os filhos havidos na constância do casamento presumem-se do marido. Observe-se, contudo, que os filhos nascidos até 180 dias após a celebração do casamento não se presumem do marido.

Também se presumem do marido, e havidos na constância do casamento, os filhos nascidos até 300 dias após a dissolução da sociedade conjugal, por morte, separação judicial ou anulação do casamento. Entendo estar implícita também a separação de fato, inclusive por não pôr fim ao casamento. O divórcio estaria de fora, uma vez que, ou bem ocorre após a separação de fato, ou bem após a separação judicial.

Presumem-se ainda do marido, e havidos na constância do casamento, os filhos nascidos de inseminação artificial homóloga, mesmo que falecido o marido.

A inseminação artificial homóloga, efetuada com embriões excedentes de fecundação *in vitro*, também gera presunção de paternidade.

Por fim, presumem-se do marido, e havidos na constância do casamento, os filhos nascidos de inseminação artificial heteróloga, desde que o marido haja consentido.

Na inseminação artificial homóloga, é o próprio marido que fornece o material genético para a fecundação, enquanto na heteróloga, o material é doado por terceiro.

Mas que dizer destas hipóteses, se a mulher já houver contraído novas núpcias. Neste caso, se o filho nascer nos 300 dias após o falecimento do primeiro marido, presume-se deste e havido na constância do casamento. Se nascido após

---

[37] Mais sobre o tema, vide: ALMEIDA, Renata Barbosa de; RODRIGUES JÚNIOR, Walsir Edson. Op. cit., p. 543 *et seq.*

esse prazo de 300 dias, presume-se do segundo marido. É óbvio que a presunção é relativa, admitindo prova em contrário. Desta forma, sendo o filho fruto de fecundação homóloga do primeiro marido, será dele, uma vez provado o fato. Porém, havendo consentimento do novo marido, tratar-se-á de fecundação heteróloga, e o filho será do novo esposo. Não havendo consentimento dele, a filiação será atribuída ao falecido.

Quanto a eventuais efeitos sucessórios desses filhos, o Código não os regulamentou. É do caso concreto e das circunstâncias que o envolvem, que há de se extrair a melhor solução, que pode ser complicada, principalmente se já houver se consumado a partilha, e se os bens já se houverem dissipado.

Os filhos registrados pelo pai presumem-se seus. Até a edição do Decreto-Lei n. 5.860/1943, tratava-se de presunção absoluta, que não admitia prova em contrário. Em outras palavras, o homem que registrava uma criança em seu nome era seu pai e ponto final. Este homem, após o registro, jamais poderia questionar a paternidade, ainda que apresentasse prova inconteste, como o exame de DNA, de que o registrado não era seu filho. Os únicos que poderiam negar essa paternidade seriam o próprio filho e o pai verdadeiro. O referido Decreto-Lei alterou a redação do art. 348 do antigo Código Civil, que passou a dispor que ninguém poderia vindicar estado contrário ao registro de nascimento, *salvo provando-se erro ou falsidade do registro*. Com o acréscimo dessa parte que grifamos, o registro de nascimento passou a ser questionável, mas apenas em caso de erro ou falsidade. O art. 1.604 do CC/2002 manteve a mesma redação. A presunção tornou-se, pois, relativa.[38]

Não ocorrendo erro ou falsidade, não poderá o suposto pai impugnar a paternidade de filho que registrou. Por exemplo, se um homem e uma mulher casados têm um filho e o registram, tendo o marido consciência de que o filho não é dele, a presunção gerada pelo registro prevalecerá, até mesmo pela importância da filiação socioafetiva. Este pai jamais poderá alegar falsidade ou erro do registro, sob pena de estar reconhecendo sua própria leviandade. É evidente que o filho poderá impugnar a paternidade, bem como o verdadeiro pai.

19.7.2 Prova da maternidade

Provar a maternidade é mais fácil que provar a paternidade. Na falta de melhor meio, o interessado deverá comprovar o casamento, o parto durante o casamento e sua identidade com a mãe. Sendo a mãe solteira, dever-se-á provar a gravidez, o parto e a identidade do interessado com a provável mãe.

---

38 VENOSA, Sílvio de Salvo. **Direito civil**... cit., v. 6, p. 275.

19.7.3 Prova pela posse do estado de filho

Mortos os pais, se os filhos não têm outro meio de prova, como certidão de nascimento, e sendo impossível a prova médico-legal, pode-se provar a filiação pela posse do estado de filho.

A posse de estado não está regulamentada em lei, como meio de prova, mas admitem-na doutrina e jurisprudência.

Consiste na circunstância de trazer a pessoa o nome paterno, ser tratada na família como filho e gozar do conceito de filho no meio social. Presentes os três elementos – nome, tratamento e fama – estará provada a filiação pela posse de estado.

19.7.4 Contestação da paternidade

A ação de contestação da paternidade é dada ao marido para contestar a legitimidade de filho de sua esposa.

Para o exercício do direito de contestar a paternidade, o Código Civil de 1916 estabelecia prazo decadencial de dois meses, contados do nascimento, se era presente o marido, e de três meses, se era ausente ou se lhe foi ocultado o nascimento. Nestas duas hipóteses, o prazo se conta de seu regresso ou da ciência do fato. A exiguidade do prazo tinha o objetivo claro de não criar inseguranças no ambiente familiar.

Já o novo Código Civil estabelece a imprescritibilidade desse direito, recebendo, por este motivo, severas críticas.

O exercício do direito sofre algumas restrições. Assim é que só é admitido em ação direta. Nunca em caráter incidental, no bojo de outro processo. Por exemplo, o filho intenta ação de alimentos, e o pai responde, contestando a paternidade.

É ação privativa do marido, podendo, entretanto, ser continuada por seus herdeiros, se ele falecer na pendência da lide.

O marido deverá provar a impossibilidade absoluta de ser ele o pai. Hoje em dia, com o teste de DNA, essa prova ficou mais fácil.

Se o filho for registrado em nome do marido sem oposição sua, não poderá ele contestar a paternidade, a não ser que prove falsidade ou erro do registro.

Por fim, a infidelidade confessa ou provada não é prova cabal da não paternidade. Afinal, o filho pode ser do marido, apesar de infiel a esposa.

19.7.5 Impugnação ou desconhecimento da paternidade

É a ação que tem por fim negar a paternidade. Dá-se quando o filho ou qualquer interessado tiverem interesse em impugnar a paternidade atribuída no registro. Para o pai, a ação será a de contestação da paternidade, como vimos.

A ação de impugnação da paternidade pode ser intentada pelo filho ou por qualquer interessado, a qualquer tempo, desde que provem ter havido erro ou falsidade do registro.

19.7.6 Contestação de maternidade

É bem mais raro, mas pode ocorrer de ser contestada a maternidade.

A ação de contestação de maternidade pode ser interposta por quem quer que tenha interesse, a qualquer tempo. Os interessados são todas as pessoas que se possam beneficiar com a contestação, como, por exemplo, pessoas que passariam a herdar no lugar do filho desconstituído. Também aqui é necessária a prova do erro ou falsidade do registro.

19.7.7 Ação de vindicação de estado ou de filiação legítima

É dada ao filho nascido na constância do casamento quando lhe houver sido negado o direito de ser registrado como filho.

A ação é imprescritível, podendo ser proposta pelo filho e por seus herdeiros, se morrer incapaz ou na pendência da lide. Se o filho falecer capaz, sem ter intentado a ação, seus herdeiros não poderão propô-la.

Apesar de não haver mais filiação ilegítima, uma vez que todos os filhos são iguais, a ação ainda permanece. Pode ser do interesse do filho provar que nasceu do casamento de A e B, até mesmo por razões sentimentais.

19.7.8 Ação de investigação de paternidade ou de maternidade

É garantida ao filho, a fim de provar seu estado de filho de homem não casado com sua mãe, ou para provar que é filho de mulher não casada com seu pai.

A ação é imprescritível, cabendo somente ao filho ou a seu representante legal, se for incapaz. Esteja claro que o representante legal, como a mãe, por exemplo, agirá sempre em nome do incapaz. Os herdeiros do filho poderão continuar a ação, se este morrer na pendência da lide.

Nesta ação, bem como em qualquer outra desta mesma natureza, a negativa de se submeter a exame de DNA, faz presumir a paternidade ou a maternidade, de acordo com o Código Civil, arts. 231 e 232. A Lei n. 12.004/2009 também estabelece a presunção, ao acrescentar à Lei n. 8.560/1992, o art. 2º-A, que, em seu parágrafo único, trata exatamente desse assunto. Obviamente, cuida-se de presunção *iuris tantum*, admitida prova em contrário, que deve ser feita pelo interessado, no caso aquele que se tenha negado ao exame de DNA.

A contestação de paternidade ou maternidade, a impugnação e a investigação de paternidade e a vindicação de estado são ações de estado, antigamente denominadas ações prejudiciais.

As ações de estado não podem ser nem encerradas, nem evitadas pela transação, que pode, porém, incidir sobre os direitos patrimoniais pertinentes. Assim, pode haver transação referente à pensão alimentícia que, eventualmente, seja devida.

19.7.9 Reconhecimento da paternidade

O pai, ou procurador seu com poderes especiais, poderá reconhecer uma pessoa como filho, a qualquer momento.

O reconhecimento dos filhos havidos fora do casamento é irrevogável e será feito:

a) no registro de nascimento, quando o pai registrar o filho em seu nome;
b) por escritura pública ou particular, a ser arquivada no Cartório de Registro Civil das Pessoas Naturais;
c) por testamento;
d) por manifestação expressa e direta perante o juiz, ainda que o reconhecimento não haja sido o objeto único e principal do ato que o contém; se o indivíduo se manifestar perante o juiz, em ação de alimentos, por exemplo, o reconhecimento é válido e irrevogável.

Na ata de casamento, é vedado o reconhecimento da paternidade.

O filho maior só será reconhecido se concordar. O menor tem o prazo de quatro anos, contados a partir da maioridade ou da emancipação, para impugnar o reconhecimento.

A Lei n. 8.560/1992 também disciplina a matéria, estatuindo que a mãe solteira poderá registrar o filho em seu nome e no de um suposto pai. Neste caso, o Oficial do Registro mandará a certidão ao juiz, que notificará o Ministério Público e o suposto pai. Este poderá comparecer em juízo, aceitando ou negando a paternidade. Poderá também não comparecer em juízo, calando-se. Se o suposto pai negar a paternidade ou se calar, o juiz, no prazo de 30 dias, remeterá os autos ao Ministério Público, para que este proceda à ação de investigação de paternidade em nome do suposto filho menor. Será dispensável o ajuizamento da ação, caso a criança seja encaminhada à adoção.

Ainda segundo a Lei n. 8.560/1992, na ata de casamento, é vedado o reconhecimento da paternidade. Como o Código Civil é silente a respeito, entendo que a regra se mantém.

A Lei n. 13.112/2015 alterou a Lei de Registros Públicos (n. 6.015/1973), a fim de adaptá-la à Lei n. 8.560/1992. Assim, tanto o pai quanto a mãe, isoladamente ou em conjunto, podem registrar o nascimento do filho. Evidentemente, o simples fato de a mãe registrar a criança em nome de determinado homem, não o torna automaticamente pai, devendo ser observado o procedimento da Lei n. 8.560/1992.

19.7.10 Formas de procriação

Intimamente vinculadas à filiação estão as formas de procriação. Os avanços da biotecnologia vêm proporcionando a todos que querem ser pais ou mães as mais diversas possibilidades de realizar seu desejo, possibilidades estas diferentes do antigo e tradicional *modus operandi*.[39]

Numa visão eminentemente patrocentrista, existem, basicamente, duas modalidades de reprodução assistida, a fertilização *in vitro*, ou ectogênese, e a inseminação artificial. A fertilização *in vitro* consiste na fecundação extracorpórea de um óvulo, que será implantado no útero de uma mulher.[40] Este óvulo pode ser ou não da mulher em cujo útero será implantado. Pode ser o caso em que a receptora nem deseje o filho, apenas gestando-o para uma outra. É o que, vulgarmente, se denomina "barriga de aluguel". O mesmo ocorre com o sêmen, que pode ou não ser do marido ou companheiro da mulher que deseja ter o filho. Pode ser o caso de essa mulher ser solteira.

A outra forma de reprodução assistida consiste na inseminação artificial, em que o sêmen de um homem é implantado no útero de uma mulher. Alguns fatos interessantes podem ocorrer. Por exemplo, pode ocorrer, que nem a mulher nem o homem cujo sêmen é inoculado, sejam os interessados no filho. Um casal pode utilizar-se de outro útero e de outro sêmen para procriar. Neste caso, os pais biológicos teriam direito de reivindicar a filiação? Teria o filho havido desta inseminação direito de conhecer sua verdadeira gênese biológica? O Direito atual não responde a nenhuma dessas perguntas de forma explícita. As respostas podem ser várias, dependendo das circunstâncias do caso concreto, levando-se sempre em conta os princípios do melhor interesse da criança e da dignidade humana.

---

39 *Modus operandi* significa "modo de fazer, modo de agir".
40 DINIZ, Maria Helena. **O estado atual do biodireito**. 2. ed. São Paulo: Saraiva, 2002. p. 475 *et seq.*

Sendo a mulher casada ou em união estável, a fertilização in vitro ou a inseminação artificial podem ser homólogas ou heterólogas. Homóloga, quando o sêmen provier do marido ou companheiro; heteróloga, quando o sêmen provier de outro homem. Aqui também surgem importantes indagações. Segundo o Código Civil, como vimos acima, haverá presunção de paternidade em ambos os casos, se o marido autorizar a inseminação ou a fertilização. Mas, será esta autorização válida, mesmo após sua morte? E se não houver autorização, poderá o homem, mesmo assim, ser forçado a aceitar a paternidade? Veja-se que a situação é diferente daquela em que o filho é concebido por acaso, ou mesmo daquela em que a mulher, contrariando a vontade do homem, sejam ou não casados, engravida a partir de relações naturais. O caso é diferente. O homem se posiciona contra, e a mulher, usando estoque antigo de esperma, engravida artificialmente, sem a participação masculina.

Outra situação interessante diz respeito ao Direito das Sucessões. Como resolver a situação em que, após a abertura da sucessão, venha a ocorrer inseminação ou fertilização com o sêmen do de cuius? O filho que nascer terá direitos sucessórios?

Na fecundação in vitro surge uma importante questão. Normalmente são fertilizados vários óvulos, e apenas alguns são implantados no útero materno. Assim procede a técnica, por razões de segurança. A fertilização de um só óvulo poderia não ser bem sucedida, sendo necessário se dar início a outro procedimento novamente. Entendidas as razões de economia de esforços, fica a pergunta: que fazer com os embriões excedentes? Destruí-los? Jogá-los fora ou preservá-los em congelamento (criopreservação)? Por quanto tempo? Eternamente?

Outra questão fundamental refere-se aos bancos de esperma. Há instituições que preservam esperma de diversos doadores, a fim de disponibilizá-lo, gratuita ou onerosamente, a mulheres ou casais interessados. A prática parece das mais úteis e inocentes. No entanto, esconde por trás de si um enorme perigo: a prática fascista de apuração da raça. A resposta que normalmente se dá a esta denúncia, é que não é a mulher ou o casal que escolhem o esperma, mas o banco. Diante disso, pode-se, então, dizer que fascista não é a mulher ou o casal, mas o banco. Será que as nefastas experiências com o nazifascismo não ensinaram nada à humanidade?

Por fim, ainda uma última indagação quanto aos bancos de esperma: teria uma pessoa gerada a partir do banco, direito a saber quem é seu pai biológico? A resposta que vem sendo dada é negativa. Seria, entretanto, legítimo negar a alguém o direito de conhecer sua gênese biológica?

A única verdade até o presente, é que estamos diante de fatos muito novos. Estamos em estado de absoluta perplexidade perante tamanhos avanços e tamanhas possibilidades. Estamos todos tentando impulsionar a ciência, dentro de limites éticos. Essa a grande dificuldade.

Concluindo, o Direito não tem resposta prévia a praticamente nenhuma das perguntas postas acima. Tudo está por construir. Seguramente, a base para qualquer resposta há de ser o princípio maior de nosso ordenamento, qual seja, o princípio da dignidade humana. Além dele, outros podem ser invocados, dependendo da situação, como o do melhor interesse da criança, o da proteção à vida etc.[41]

19.7.11 Adoção

A adoção pode ser definida do ponto de vista material e processual. Pela ótica do Direito Material, a adoção é o ato pelo qual uma pessoa deixa de ser filha de alguém, para se tornar filha de outro; ou simplesmente, é o ato pelo qual uma pessoa adquire o estado não biológico de filho. Do ângulo do Direito Processual, a adoção é o processo judicial pelo qual se confere a um indivíduo o estado de filho não biológico de alguém. De todo modo, se a adoção antes tinha o objetivo precípuo de dar um filho a quem não tinha, hoje, seu objetivo é, acima de qualquer outro, dar um lar a quem não tem.

Antes de qualquer abordagem específica, localizemos as fontes legais que regulam a matéria.

A adoção de crianças e adolescentes, regulamentada no Código Civil, passou à alçada do Código de Menores, desde 1979. Deste, transmudou-se para o Estatuto da Criança e do Adolescente (Lei n. 8.069/1990), no qual se acha normatizada ainda hoje. Essa será, portanto, nossa fonte de estudo. Analisando a Lei, tentaremos responder a quatro perguntas:

a] Quem pode adotar?
b] Quem pode ser adotado?
c] Como adotar?
d] Quais as consequências da adoção?

Andemos, pois, a respondê-las.

a] Quem pode adotar?

Podem adotar os maiores de 18 anos, independentemente de seu estado civil, desde que sejam 16 anos mais velhos que o adotando.

Além disso, a adoção só será deferida quando apresentar reais vantagens para o adotando e fundar-se em motivos legítimos.

---

41 Mais sobre o tema, ver SÁ, Fernando Cunha de; TEIXEIRA, Ana Carolina Brochado. **Filiação e biotecnologia.** Belo Horizonte: Mandamentos, 2005.

Por exclusão, chegaremos aos que não podem adotar: os menores ou incapazes, ou aqueles que não sejam 16 anos mais velhos que o adotando. Além destes, a Lei faz ressalva expressa ao proibir de adotar os ascendentes e irmãos do adotando.

Não será concedida adoção a mais de uma pessoa, a não ser que sejam casadas ou vivam em união estável.

A adoção por casais homoafetivos é objeto de alguma controvérsia. Isso vem mudando, com os movimentos *gays*, tornando-se quase uma urgência social. A jurisprudência tem sido bastante liberal, mesmo porque não há estudos que comprovem o malefício dessas adoções. Pelo contrário, os estudos são no sentido de que podem ser tão benéficas ou maléficas como qualquer adoção por casal heterossexual. Há, porém, alguns bastiões de conservadorismo que ainda são contra. De fato, a filiação é instituição tradicionalmente heterossexual. Os casais *gays* devem tomar cuidado, no sentido de averiguar se a adoção é, de fato, um genuíno desejo de ter um filho, de dar um lar a uma criança ou a um adolescente, ou não seria um mecanismo de fuga, de volta ao armário, para garantir maior aceitação no meio social.

Atualmente, de todo modo, o que pode ocorrer, sem maiores debates, é a adoção por um só dos companheiros homossexuais. Extinta a união pela morte do adotante, ao outro pode ser concedida a guarda do menor, como já vêm decidindo os tribunais, com base no princípio do melhor interesse do menor. Caso a união se extinga pela separação, ao companheiro não adotante, pode ser concedido o direito de visita.

As pessoas divorciadas ou separadas judicialmente, bem como os ex-companheiros poderão adotar em conjunto, desde que o estágio de convivência se tenha iniciado durante o casamento/união estável e desde que haja consenso em relação à guarda e ao regime de visitas, comprovadas a afinidade e a afetividade com ambos os adotantes, principalmente com o não detentor da guarda, que justifique esse modelo de adoção. Na medida do possível, atendendo-se ao melhor interesse do adotando, a guarda será compartilhada.

Se o adotante vier a falecer durante o processo de adoção, esta poderá ser concedida, se houver sido manifesta e inequívoca a vontade de adotar.

b] Quem pode ser adotado?

A segunda pergunta é de simples resposta. Toda criança ou adolescente, que não seja irmão ou descendente do adotante, poderá ser adotado, desde que tenha, no máximo, 18 anos à data do pedido, salvo se já estiver sob a guarda ou tutela do adotante.

c] Como adotar?

A adoção será sempre feita por meio de processo judicial, que tramitará perante o juizado Especial da Infância e da Juventude. Assim, o vínculo da adoção constitui-se por sentença, que será inscrita no Registro Civil.

A adoção é ato *intuitu personae*, que só poderá ser feita pessoalmente pelos próprios interessados, jamais por procurador.

Segundo a Lei, serão criados e implementados cadastros estaduais e nacional de crianças e adolescentes em condições de serem adotados e de pessoas ou casais habilitados à adoção.

Haverá cadastros distintos para pessoas ou casais residentes fora do País, que somente serão consultados na inexistência de postulantes nacionais habilitados nos devidos cadastros.

A autoridade judiciária deverá providenciar, sob pena de responsabilidade pessoal, no prazo de 48 horas, a inscrição das crianças e adolescentes em condições de serem adotados, que não tiveram colocação familiar na comarca de origem, e das pessoas ou casais que tiveram deferida sua habilitação à adoção nos cadastros estadual e nacional.

É de competência da Autoridade Central Estadual zelar pela manutenção e correta alimentação dos cadastros, com posterior comunicação à Autoridade Central Federal Brasileira.

É a partir desses registros que todo o processo deverá ter início. A adoção, em si, depende do consentimento dos pais ou tutor do adotando, salvo quando os pais houverem sido destituídos do poder familiar ou quando sejam desconhecidos, casos em que será dispensado o consentimento. Tratando-se de adotando maior de 12 anos, será também necessária sua anuência.

Não será admitida adoção fora da ordem cadastral, a não ser nos seguintes casos:

- Quando se tratar de pedido de adoção unilateral.
- Quando for formulada por parente com o qual a criança ou adolescente mantenha vínculos de afinidade e afetividade.
- Ou quando o pedido for oriundo de quem detenha a tutela ou guarda legal de criança maior de três anos ou adolescente, desde que o lapso de tempo de convivência comprove a fixação de laços de afinidade e afetividade, e não seja constatada a ocorrência de má-fé ou qualquer das situações previstas nos arts. 237 ou 238 do ECA. Em outras palavras, desde que o pedido não seja originário de situação em que a criança ou o adolescente hajam sido subtraídos ao poder de quem os tivesse sob sua guarda em virtude de lei ou ordem judicial, com o fim de colocação em lar substituto, ou de situação em que

alguém haja prometido ou efetivado a entrega de filho ou pupilo a terceiro, mediante paga ou recompensa.

Os irmãos serão, na medida do possível, adotados sempre em conjunto, ou seja, serão postos no mesmo lar.

A adoção será precedida de estágio de convivência com a criança ou adolescente, pelo prazo que o juiz fixar, observadas as peculiaridades de cada caso. Este estágio poderá ser dispensado se o adotando já estiver em companhia do adotante durante tempo suficiente para que se possa avaliar a conveniência da constituição do vínculo. Todavia, a simples guarda de fato não autoriza, por si só, a dispensa da realização do estágio de convivência.

O estágio de convivência será acompanhado pela equipe interprofissional a serviço da Justiça da Infância e da Juventude, preferencialmente com apoio dos técnicos responsáveis pela execução da política de garantia do direito à convivência familiar, que apresentarão relatório minucioso acerca da conveniência do deferimento da medida.

Em caso de adoção por estrangeiro residente ou domiciliado fora do País, o estágio de convivência, cumprido no território nacional, será de, no mínimo, trinta dias.

A propósito da adoção por estrangeiro, só será ela admitida excepcionalmente, quando não houver interessados brasileiros, ainda que estes não sejam residentes no País.

A adoção por estrangeiros se inicia no momento em que a pessoa ou o casal estrangeiro adotante requerer perante o órgão competente do país de origem (de acolhida), a habilitação no cadastro de adoção brasileiro para adoção internacional.

Se a Autoridade Central do país de acolhida considerar que os solicitantes estão habilitados e aptos para adotar, emitirá um relatório que contenha informações sobre a identidade, a capacidade jurídica e adequação dos solicitantes para adotar, sua situação pessoal, familiar e médica, seu meio social, os motivos que os animam e sua aptidão para assumir uma adoção internacional.

A Autoridade Central do país de acolhida enviará o relatório à Autoridade Central Estadual, com cópia para a Autoridade Central Federal Brasileira. Este relatório será instruído com toda a documentação necessária, incluindo estudo psicossocial elaborado por equipe interprofissional habilitada e cópia autenticada da legislação pertinente, acompanhada da respectiva prova de vigência.

Estando tudo correto, a Autoridade Central Estadual expedirá laudo de habilitação à adoção internacional, que terá validade por, no máximo, um ano.

De posse do laudo de habilitação, o interessado poderá formalizar pedido de adoção perante o Juízo da Infância e da Juventude do local em que se encontre a criança ou adolescente, conforme indicação efetuada pela Autoridade Central Estadual.

Admite-se que os pedidos de habilitação à adoção internacional sejam intermediados por organismos credenciados, desde que a legislação do país de acolhida o autorize. Esses organismos devem estar devidamente credenciados junto à Autoridade Central Federal Brasileira.

Em qualquer caso, a adoção dependerá de consentimento dos representantes legais do menor, a não ser que:

- o menor não tenha pais conhecidos e não tenha tutor;
- os pais tenham sido destituídos do poder familiar, sem que se haja nomeado tutor;
- se trate de infante exposto, ou seja, menor abandonado;
- os pais tenham desaparecido, sem que se haja nomeado tutor;
- se trate de órfão não reclamado por qualquer parente, por mais de um ano.

O consentimento dos representantes legais poderá ser revogado até a data da audiência que o juiz designará, no prazo de dez dias do protocolo da petição ou da entrega da criança em juízo, para ouvir as partes e colher seu consentimento.

d] Quais as consequências da adoção?

A primeira consequência é que, uma vez deferida, a adoção é irrevogável.

Ademais, a adoção atribui a condição de filho ao adotado, com os mesmos direitos e deveres, inclusive sucessórios, dos filhos consanguíneos, desligando-o de qualquer vínculo com seus pais e demais parentes de berço, salvo os impedimentos matrimoniais (art. 227, § 6º, da CF; art. 41 do ECA).

Importante ainda é ressaltar que a morte dos adotantes não anula a adoção nem restabelece o poder familiar dos pais naturais.

De todo modo, o adotado tem direito de conhecer sua origem biológica, bem como de obter acesso irrestrito ao processo no qual a medida foi aplicada e seus eventuais incidentes, após completar 18 (dezoito) anos.

e] Adoção segundo o Código Civil

Finalizando, resta observar que a adoção dos maiores de 18 anos continuará regida pelo Código Civil, que, aliás, cuidou apenas de adequar suas regras à normativa constitucional, não apresentando diferenças significativas em relação ao já estudado.

Algumas poucas novidades foram, porém, introduzidas, mesmo em relação à adoção de menores. Delas já falamos acima. Quanto à adoção de maiores, o procedimento será também judicial, com a participação do Ministério Público.

19.8 Poder familiar

19.8.1 Definição

Poder familiar é o antigo pátrio poder ou *patria potestas*. É o "complexo de direitos e deveres quanto à pessoa e bens do filho, exercidos pelos pais na mais estreita colaboração, e em igualdade de condições".[42] Por ser exercido por ambos os pais, em regime de igualdade de condições, não seria, atualmente, adequada a expressão pátrio poder, que foi substituída por "poder familiar" pelo Código Civil de 2002. Talvez a melhor denominação fosse "poder parental", por indicar o conjunto de poderes-deveres dos pais sobre os filhos.

O poder familiar estende suas consequências sobre a pessoa e bens dos filhos.

19.8.2 Consequências do poder familiar quanto à pessoa dos filhos

Os filhos têm direito ao nome, competindo aos pais educar, criar, manter os filhos em sua guarda e companhia, representá-los até os 16 e assisti-los até os 18 anos.

Os pais terão o direito de exigir dos filhos obediência, respeito e cooperação econômica, na medida de suas forças e aptidões e dentro das normas de Direito do Trabalho.

Segundo a Lei n. 13.010/2014, mais conhecida como *Lei da Palmada*, que modificou o Estatuto da Criança e do Adolescente (ECA), toda criança e adolescente têm o direito de ser educados e cuidados sem o uso de castigo físico ou de tratamento cruel ou degradante, como formas de correção, disciplina, educação ou qualquer outro pretexto, pelos pais, pelos integrantes da família ampliada, pelos responsáveis, pelos agentes públicos executores de medidas socioeducativas ou por qualquer pessoa encarregada de cuidar deles, tratá-los, educá-los ou protegê-los.

A Lei considera castigo físico a ação de natureza disciplinar ou punitiva aplicada com o uso da força física sobre a criança ou o adolescente que resulte em sofrimento físico ou lesão. Considera ainda tratamento cruel ou degradante a conduta ou forma cruel de tratamento em relação à criança ou ao adolescente que humilhe, ou ameace gravemente, ou ridicularize.

Em outras palavras, não só os castigos físicos são inadmissíveis, como também os castigos que importem sofrimento moral para a criança e o adolescente. O legislador se lembrou bem que uma palavra pode machucar muito mais que uma palmada, humilhando, amedrontando ou ridicularizando a criança ou o adolescente.

---

[42] PEREIRA, Caio Mário da Silva. **Instituições**... cit., 18. ed., v. 5, p. 240.

Mas quais seriam as consequências? Segundo o art. 18-B do ECA, se os pais, os integrantes da família ampliada, os responsáveis, os agentes públicos executores de medidas socioeducativas ou qualquer pessoa encarregada de cuidar de crianças e de adolescentes, tratá-los, educá-los ou protegê-los que utilizarem castigo físico ou tratamento cruel ou degradante como formas de correção, disciplina, educação ou qualquer outro pretexto, estarão sujeitos, sem prejuízo de outras sanções cabíveis, às seguintes medidas, que serão aplicadas de acordo com a gravidade do caso:

I] encaminhamento a programa oficial ou comunitário de proteção à família;
II] encaminhamento a tratamento psicológico ou psiquiátrico;
III] encaminhamento a cursos ou programas de orientação;
IV] obrigação de encaminhar a criança a tratamento especializado;
V] advertência.

Essas medidas deverão ser aplicadas pelo Conselho Tutelar, sem prejuízo de outras providências legais, que podem levar, por exemplo, à suspensão ou à perda do poder parental.

De acordo com o art. 70-A do ECA, a União, os Estados, o Distrito Federal e os Municípios deverão atuar de forma articulada na elaboração de políticas públicas e na execução de ações destinadas a coibir o uso de castigo físico ou de tratamento cruel ou degradante e difundir formas não violentas de educação de crianças e de adolescentes, tendo como principais ações a promoção de campanhas educativas permanentes para a divulgação do direito da criança e do adolescente de serem educados e cuidados sem o uso de castigo físico ou de tratamento cruel ou degradante e dos instrumentos de proteção aos direitos humanos; a integração com os órgãos do Poder Judiciário, do Ministério Público e da Defensoria Pública, com o Conselho Tutelar, com os Conselhos de Direitos da Criança e do Adolescente e com as entidades não governamentais que atuem na promoção, proteção e defesa dos direitos da criança e do adolescente; a formação continuada e a capacitação dos profissionais de saúde, educação e assistência social e dos demais agentes que atuem na promoção, proteção e defesa dos direitos da criança e do adolescente para o desenvolvimento das competências necessárias à prevenção, à identificação de evidências, ao diagnóstico e ao enfrentamento de todas as formas de violência contra a criança e o adolescente; o apoio e o incentivo às práticas de resolução pacífica de conflitos que envolvam violência contra a criança e o adolescente; a inclusão, nas políticas públicas, de ações que visem garantir os direitos da criança e do adolescente, desde a atenção pré-natal, e de atividades junto aos pais e responsáveis com o objetivo de promover a informação, a reflexão, o debate e a orientação sobre alternativas ao uso de castigo físico ou de tratamento cruel ou degradante no processo educativo e, por fim, a promoção de espaços intersetoriais locais para a articulação de ações e a elaboração de planos de atuação conjunta focados nas famílias em situação de violência, com participação de profissionais de saúde, de assistência social e de educação e de órgãos de promoção, proteção e defesa dos direitos da criança e do adolescente.

Na diretiva do Estatuto da Criança e do Adolescente, as famílias com crianças e adolescentes com deficiência terão prioridade de atendimento nas ações e políticas públicas de prevenção e proteção.

Havendo maus tratos, opressão ou abuso sexual impostos pelos pais ou responsável, o juiz poderá determinar, como medida cautelar, o afastamento do agressor da moradia comum, fixando, provisoriamente, os alimentos de que necessite o menor (art. 130 do ECA).

Diante de tudo isso, é de se perguntar: como educar os filhos? Seguramente, o cuidado dos pais há de ser redobrado. É óbvio que as relações familiares estão longe de uma racionalidade fria, em que os pais pesem todos os atos em relação aos filhos. As pessoas, no mais das vezes, agem por impulso. Exigir um comportamento frio e calculado dos pais seria impor-lhes atributos sobrenaturais, muito além de uma humanidade possível. Ademais, educar é impor limites, o que não é fácil, nem isento de sofrimento para o educando. Receber limites não é fácil, assim como não é fácil impô-los. Muito mais agradável seria para os pais fazer todas as vontades dos filhos. Mas isso não seria educar; isso traria malefícios muito mais graves do que os castigos que a Lei pretende evitar. Indivíduos criados sem limites se tornam verdadeiros sociopatas, sem a menor noção de alteridade e, portanto, incapazes de qualquer vida saudável em sociedade.

De fato, acredito que o que a Lei pretenda é coibir os abusos. Uma leve palmada na hora certa e na dose certa; outras formas de castigo não físico, como a suspensão da mesada, da TV, do computador ou do celular, bem como a proibição de sair de casa para se divertir por algum tempo, são remédios necessários na educação de uma criança ou de um adolescente. Um discurso duro, palavras sérias para chamar a atenção, vez ou outra, são inevitáveis nesse processo. Nada disso é agradável, mas educar e ser educado não tem que ser um processo agradável todo o tempo, mesmo porque, a vida não é sempre agradável, e os pais têm a obrigação de preparar os filhos para vivê-la com dignidade, com respeito ao outro, com honradez e sabedoria.

Rigorosamente, a dita Lei da Palmada não era necessária. Os castigos imoderados, o abuso de direito já são previstos no Código Civil, com as devidas sanções. Ademais a interpretação literal dessa Lei pode trazer mais malefícios do que benefícios. O juiz ou o Conselho Tutelar têm que ter isso em mente, para não se formar no Brasil uma geração de sociopatas, completamente perdida, sem norte e sem limites. O que deve ser evitado e punido, frise-se, são os abusos. Não se pode admitir que o paradigma do "opressor *versus* oprimido", tão caro à esquerda, seja exportado também para as relações familiares. Educar é reprimir mesmo, oprimir que seja; é impor limites necessários, a fim de preparar os filhos para a vida em sociedade. Obviamente, os abusos devem ser coibidos e punidos. Essa, a meu sentir, deve ser a correta exegese da Lei n. 13.010/2014.

19.8.3 Consequências do poder familiar quanto aos bens dos filhos

Os pais poderão administrar os bens dos filhos menores, sendo-lhes proibido qualquer ato que importe perda patrimonial. Também terão usufruto sobre esses mesmos bens.

É lógico que os filhos, uma vez atingida a maioridade, poderão exigir prestação de contas dessa administração.

19.8.4 Cessação do poder familiar

São quatro os casos de cessação do poder familiar, a saber: a morte dos pais ou do filho; a emancipação; a maioridade e a adoção, caso em que haverá transferência dos pais naturais para os adotivos.

19.8.5 Suspensão do poder familiar

Ocorre por ato *ex officio* do próprio juiz, a requerimento do Ministério Público ou de algum parente, quando houver abuso ou mau exercício do poder familiar, alienação parental ou quando o pai ou a mãe forem condenados a pena de prisão superior a dois anos.

A Lei não especifica o que seja abuso ou mau exercício do poder familiar, deixando ao livre-arbítrio do juiz, que deverá sempre velar pelos interesses do menor. Como vimos ainda acima, o Estatuto da Criança e do Adolescente, a partir da Lei da Palmada, define o que seja castigo físico e tratamento cruel ou degradante, o que pode servir de norte para o juiz, o qual, todavia, não deve fazer uma leitura literal da Lei, sob pena de prestar antes um desserviço que um serviço ao menor. Da alienação parental, falaremos mais abaixo.

A suspensão será temporária, determinando o juiz o tempo de sua duração. A pessoa cujo poder familiar foi suspenso perde todos os direitos em relação aos filhos, inclusive o usufruto e administração dos bens.

19.8.6 Perda do poder familiar

São casos de perda do poder familiar: castigos imoderados, abandono, prática de atos imorais e realização reiterada dos atos que ensejem a suspensão do poder familiar. Repise-se que os castigos físicos e o tratamento cruel ou degradante devem ser abusivos para levar à perda do poder parental, pois a perda, diferentemente da suspensão, é definitiva.

São também hipóteses de perda do poder familiar a prática contra outrem, igualmente titular do mesmo poder familiar, ou contra o filho ou outro descendente, de homicídio, feminicídio ou lesão corporal de natureza grave ou seguida de morte. Esses ilícitos deverão ser dolosos e deverão envolver violência doméstica e familiar ou menosprezo ou discriminação à condição de mulher. Outra hipótese é a prática também contra outrem, igualmente titular do mesmo poder familiar, ou contra o filho ou outro descendente, de estupro, estupro de vulnerável ou outro crime contra a dignidade sexual, sujeito a pena de reclusão.

O objetivo da lei é claramente o de punir a violência doméstica. A crítica que recebe é que, muitas vezes, o genitor, embora pratique eventual violência contra o cônjuge ou companheiro, ou mesmo contra outro dos filhos, não é um mal pai ou mãe, e, ao fim e ao cabo, os filhos poderão ser punidos indiretamente, ao ficarem privados da convivência com o genitor. A questão deveria, talvez, ser avaliada diante do caso concreto.

Tanto nos casos de perda quanto nos de suspensão, será nomeado tutor para o menor.

19.9 Alienação parental

Segundo a Lei n. 12.318/2010, considera-se ato de alienação parental a interferência na formação psicológica da criança ou do adolescente promovida ou induzida por um dos genitores, pelos avós ou pelos que tenham a criança ou adolescente sob sua autoridade, guarda ou vigilância, para que repudie genitor ou que cause prejuízo ao estabelecimento ou à manutenção de vínculos com este.

A própria lei exemplifica o que considera ato de alienação parental. Assim, são formas exemplificativas:

I] realizar campanha de desqualificação da conduta do genitor no exercício da paternidade ou maternidade;
II] dificultar o exercício da autoridade parental;
III] dificultar contato de criança ou adolescente com genitor;
IV] dificultar o exercício do direito regulamentado de convivência familiar;

v] omitir deliberadamente a genitor informações pessoais relevantes sobre a criança ou adolescente, inclusive escolares, médicas e alterações de endereço;
vi] apresentar falsa denúncia contra genitor, contra familiares deste ou contra avós, para obstar ou dificultar a convivência deles com a criança ou adolescente;
vii] mudar o domicílio para local distante, sem justificativa, visando a dificultar a convivência da criança ou adolescente com o outro genitor, com familiares deste ou com avós.

Trata-se, como dito, de exemplos de atos de alienação parental. A lista não é exaustiva.

Ainda segundo a Lei n. 12.318/2010, a prática de ato de alienação parental fere direito fundamental da criança ou do adolescente à convivência familiar saudável, prejudica a realização de afeto nas relações com o genitor e com o grupo familiar, constitui abuso moral contra a criança ou o adolescente e descumprimento dos deveres inerentes à autoridade parental ou decorrentes de tutela ou guarda.

Diante da prática de alienação parental, o genitor prejudicado poderá propor ação autônoma para averiguação do fato e tomada de providências. A alienação parental poderá ser discutida também em ação incidental, durante o divórcio, por exemplo, ou durante uma ação de alimentos. Além disso, poderá ser averiguada de ofício pelo juiz. Declarado que seja qualquer indício de alienação parental, o processo terá tramitação prioritária, e o juiz determinará, com urgência, ouvido o Ministério Público, as medidas provisórias necessárias para preservação da integridade psicológica da criança ou do adolescente, inclusive para assegurar sua convivência com genitor ou viabilizar a efetiva reaproximação entre ambos, se for o caso.

Na medida do possível, será assegurada ao menor e ao genitor garantia mínima de visitação assistida no fórum em que tramita a ação ou em entidades conveniadas com a Justiça, ressalvados os casos em que houver iminente risco de prejuízo à integridade física ou psicológica do menor, atestado por profissional eventualmente designado pelo juiz para acompanhamento das visitas.

Havendo necessidade, o juiz determinará perícia psicológica ou biopsicossocial.

O laudo pericial terá base em ampla avaliação psicológica ou biopsicossocial, conforme o caso, compreendendo, inclusive, entrevista pessoal com as partes, exame de documentos dos autos, histórico do relacionamento do casal e da separação/divórcio, cronologia de incidentes, avaliação da personalidade dos envolvidos e exame da forma como o menor se manifesta acerca de eventual acusação contra o genitor.

A perícia será realizada por profissional ou equipe multidisciplinar habilitados, exigido, em qualquer caso, aptidão comprovada por histórico profissional ou acadêmico para diagnosticar atos de alienação parental.

O perito, ou equipe multidisciplinar, designado para verificar a ocorrência de alienação parental terá prazo de 90 (noventa) dias para apresentação do laudo, prorrogável exclusivamente por autorização judicial, baseada em justificativa circunstanciada.

Caracterizada, por sentença, a alienação parental ou qualquer outra conduta que dificulte a convivência do menor com o genitor, o juiz poderá, cumulativamente ou não, sem prejuízo da decorrente responsabilidade civil ou criminal, e da ampla utilização de instrumentos processuais aptos a inibir ou atenuar seus efeitos, segundo a gravidade do caso:

I] declarar a ocorrência de alienação parental e advertir o alienador;
II] ampliar o regime de convivência familiar em favor do genitor alienado;
III] estipular multa ao alienador;
IV] determinar acompanhamento psicológico e/ou biopsicossocial;
V] determinar a alteração da guarda para guarda compartilhada ou sua inversão;
VI] determinar a fixação cautelar do domicílio da criança ou adolescente.

No caso de mudança abusiva de endereço, inviabilização ou obstrução à convivência familiar, o juiz também poderá inverter a obrigação de levar para ou retirar o menor da residência do genitor, por ocasião das alternâncias dos períodos de convivência familiar.

A atribuição ou alteração da guarda dar-se-á por preferência ao genitor que viabiliza a efetiva convivência da criança ou adolescente com o outro genitor, nas hipóteses em que seja inviável a guarda compartilhada.

Por fim, a alteração de domicílio do menor é irrelevante para a determinação da competência relacionada às ações fundadas em direito de convivência familiar, salvo se decorrente de consenso entre os genitores ou de decisão judicial.

19.10 Tutela

19.10.1 Definição

A tutela consiste no encargo cometido a certa pessoa, a fim de que gerencie a vida pessoal e patrimonial de menor incapaz, sobre o qual não se exerça poder familiar.

Assim, estarão submetidos à tutela todos os menores incapazes[43] cujos pais não possam exercer o poder familiar, seja por terem sido dele privados, seja por estarem mortos.

---

43   Há menores capazes: os emancipados.

19.10.2 Nomeação do tutor

O tutor será nomeado pelos pais, em conjunto.

A nomeação se fará em testamento ou outro documento autêntico e independerá de confirmação judicial.

Poderá o tutor ser nomeado também pelo juiz, quando os pais não o tiverem feito.

Segundo o art. 759 do CPC, o tutor será intimado a prestar compromisso no prazo de cinco dias contado da nomeação feita em conformidade com a lei; ou da intimação do despacho que mandar cumprir o testamento ou o instrumento público que o houver instituído. O compromisso será prestado por termo em livro rubricado pelo juiz. Prestado o compromisso, o tutor assume a administração dos bens do pupilo.

19.10.3 Espécies de tutela

De acordo com a forma de nomeação, a tutela se dividirá em espécies.

a] Tutela testamentária

É aquela cuja nomeação do tutor, feita pelos pais, ocorre em testamento ou outro documento autêntico. Nestes casos, o tutor nomeado deverá, no prazo de 30 (trinta) dias após a abertura da sucessão, ingressar com pedido destinado ao controle judicial do ato. Na apreciação do pedido, somente será deferida a tutela à pessoa indicada na disposição de última vontade, se restar comprovado que a medida é vantajosa ao tutelando e que não existe outra pessoa em melhores condições de assumi-la.

b] Tutela legítima

O tutor é nomeado pelo juiz, ouvido o Ministério Público.
O juiz nomeará o tutor, dando preferência às seguintes pessoas:

- os ascendentes, preferindo o de grau mais próximo ao mais remoto;
- os colaterais até o 3º grau, tendo preferência o de grau mais próximo.

Esta a escala de preferência. Contudo, o que deve prevalecer, em todos os casos, é a escolha de quem apresentar melhores condições para exercer a tutela, tendo em vista o princípio do melhor interesse da criança.

c] Tutela dativa

Se nenhum dos parentes apontados acima puder se desincumbir da tutela, o juiz nomeará pessoa idônea de sua confiança, se possível parente consanguíneo, civil ou algum afim do menor.

19.10.4 Incapacidade para o exercício da tutela

Algumas pessoas são incapazes para exercer a tutela. São elas:

a) Os que não tiverem a livre administração de seus próprios bens.
b) Os que tiverem conflito de interesses com o menor.
c) Os inimigos do menor ou de seus pais.
d) Os que forem excluídos expressamente da tutela pelos pais. Às vezes os pais não nomeiam tutor em testamento, mas apontam quem não poderá sê-lo.
e) Os condenados por crime de furto, roubo, estelionato ou falsidade. Na verdade, a lista é exemplificativa, sendo interdita a tutela a todos os condenados por crime que indique ser a pessoa desonesta, do ponto de vista patrimonial.
f) As pessoas de mau procedimento e má fama.
g) As pessoas culpadas em tutorias anteriores.
h) Os que exercerem função pública incompatível com a tutela, como aquelas pessoas cuja profissão exija constantes viagens ou transferências de domicílio. Mesmo não sendo a função pública, entendo que, se a atividade exercida pela pessoa tornar inviável a administração da tutela, poderá ela se dizer incapaz, com base no princípio do melhor interesse da criança. Exemplo também seria profissão que exija constantes mudanças de domicílio.

19.10.5 Pessoas que podem se escusar da tutela

Algumas pessoas podem recusar o encargo de tutor, desde que aleguem alguma das seguintes causas:

a) mulheres casadas;
b) ser maior de 60 anos;
c) ter em seu poder mais de 3 filhos;
d) estar impossibilitado por enfermidade;
e) morar longe do local em que se deva exercer a tutela;
f) já estar exercendo tutela;
g) ser militar da ativa;
h) ser pessoa estranha ao menor, desde que prove haver parente consanguíneo (civil, que evidentemente se equipara ao consanguíneo) ou algum afim, idôneo para a tutela.

O Código Civil de 2002 inclui a mulher casada. Seria, contudo, de se perguntar que motivos justificariam esta distinção. O Código de 1916 permitia a recusa à mulher, o que era adequado à época. A partir da isonomia instituída pela Constituição de 1988, a regra perdeu o sentido. O casamento não pode conferir tal prerrogativa exclusivamente à mulher, deixando de fora o homem. A única explicação, talvez um pouco preconceituosa em nossos dias, é a de que mulher casada, além de trabalhar, ainda tem que cuidar da casa e dos filhos, enquanto as tarefas domésticas do homem são mais leves.

O tutor deverá eximir-se do encargo, apresentando a escusa ao juiz, no prazo de cinco dias contado, antes de aceitar o encargo, da intimação para prestar compromisso; depois de entrar em exercício, do dia em que sobrevier o motivo da escusa. Não sendo requerida a escusa no prazo legal, considerar-se-á renunciado o direito de alegá-la.

O juiz decidirá de plano o pedido de escusa, e, não o admitindo, exercerá o nomeado a tutela, enquanto não for dispensado por sentença transitada em julgado.

Da sentença que negar a escusa, caberá recurso com efeito apenas devolutivo. Em outras palavras, a pessoa poderá recorrer, mas já como tutor em exercício.

19.10.6 Exercício da tutela

A tutela se exerce temporariamente, pelo prazo de dois anos, embora possa prolongar-se.

Os atos praticados pelo pupilo menor de 16 anos, sem estar devidamente representado pelo tutor, conterão defeito grave, podendo ser anulados a qualquer tempo, por qualquer interessado ou pelo juiz, de ofício.

Já os atos praticados pelo pupilo maior de 16 e menor de 18 anos, sem a assistência do tutor, conterão defeito leve, podendo ser anulados apenas pelos interessados, inclusive pelo próprio pupilo, conforme o caso, ao atingir a maioridade. É lógico que a anulação desses atos só pode ser requerida dentro do prazo decadencial, que, nesse caso, é de quatro anos, contados do dia em que cessar a incapacidade (art. 178, III).

Segundo o art. 1.188 do CPC/1973, o pupilo que tivesse patrimônio teria hipoteca legal sobre os imóveis do tutor. Esta hipoteca estava sujeita a especialização e inscrição, respondendo o juiz pessoalmente perante o menor e seus credores, se não promovesse essa especialização e inscrição hipotecária. Sob a égide do Código de Processo Civil de 2015, não há mais falar em hipoteca legal. No entanto, o Código Civil (parágrafo único do art. 1.745), dispõe que o juiz poderá exigir caução do tutor, quando for considerável o patrimônio do menor. A caução será dispensável, caso se trate de tutor de reconhecida idoneidade.

Segundo o Código Civil (art. 1.744), responde o juiz que não exigir caução do tutor, ou que não o remover, tanto que se torne suspeito. A responsabilidade do juiz será subsidiária à do tutor, o primeiro responsável. Só será o juiz o primeiro responsável se não nomear tutor ou se a nomeação não for em tempo oportuno.

Tratando-se de tutela mais complexa, seja do ponto de vista pessoal ou patrimonial, o juiz poderá nomear um protutor para fiscalizar os atos do tutor.

19.10.7 Cessação da tutela

A tutela pode cessar por fato do pupilo ou do tutor.
Por fato do pupilo, cessará a tutela:

a) pela maioridade;
b) pelo fato de o menor cair em poder familiar; os pais podem recobrar o poder familiar, ou o menor pode ser adotado, por exemplo;
c) pela emancipação, que deverá ser judicial.

Por fato do tutor, cessará a tutela:

a) Pela escusa do tutor, alegando motivo posterior à nomeação.
b) Após o prazo de dois anos de exercício da tutela. Cessando as funções do tutor pelo decurso do prazo, ser-lhe-á lícito requerer a exoneração do encargo. Caso não o faça dentro dos dez dias seguintes à expiração do termo, entender-se-á reconduzido, salvo se o juiz o dispensar.
c) Pela remoção judicial, a requerimento do Ministério Público, de qualquer interessado ou *ex officio*, pelo juiz. A remoção ocorrerá quando o tutor não estiver desincumbindo a contento a tutela ou estiver agindo desonestamente. O tutor será citado para contestar a arguição no prazo de cinco dias, findo o qual observar-se-á o procedimento comum. Em caso de extrema gravidade, o juiz poderá suspender o tutor do exercício de suas funções, nomeando substituto interino.

19.10.8 Prestação de contas

No fim de cada biênio de exercício, o tutor deverá apresentar balanço de sua administração ao juiz e ao Ministério Público, balanço este que será anexado aos autos do processo de tutela. As contas serão prestadas também, sempre que o juiz as requisitar.

Para fiscalizar os atos do tutor, o juiz poderá nomear um protutor. Este poderá ser parente do menor ou estranho da confiança do juiz.

Finda a tutela, serão prestadas contas finais ao juiz e ao Ministério Público, não tendo valor qualquer quitação dada pelo tutelado.

19.11 Curatela

19.11.1 Definição

Existem várias espécies de curatela.

A primeira, objeto de nosso estudo, é a curatela dos maiores incapazes: as pessoas que, por deficiência física, mental ou intelectual, não tiverem o discernimento necessário para a prática dos atos da vida civil, ou que o tiverem reduzido, nesta última categoria (discernimento reduzido) inserem-se os pródigos e podem inserir-se os ébrios habituais e os viciados em outros tóxicos incapacitantes, isto porque esses últimos (alcoólatras e demais viciados) podem estar tão lesados pelo vício que fiquem privados de discernimento. Os pródigos, por sua vez, como já vimos, ou são portadores de afecção mental que lhes reduza o discernimento, comprometendo-lhes gravemente o controle sobre sua capacidade negocial, e, aí, entrariam na categoria genérica das pessoas incapazes, total ou parcialmente, de exprimir eficazmente sua vontade, sendo privadas total ou parcialmente de discernimento, ou não são portadores de afecção mental, tendo plena consciência e controle sobre si e seus negócios, quando, então, não será o caso de interdição.

Há outras, normalmente denominadas curadorias, tais como a do nascituro, a das heranças jacentes, a curadoria à lide e as curadorias do Ministério Público, como a das Fundações, do Meio Ambiente, de Menores etc.

O Código Civil de 2002 cria uma nova espécie de curatela. As pessoas enfermas ou portadoras de alguma deficiência física podem requerer a nomeação de um curador para cuidar de todos ou de alguns de seus bens. Se elas estiverem impossibilitadas de requerer, o cônjuge, companheiro, algum parente ou o Ministério Público podem fazê-lo. Esta curatela, diferentemente da ordinária, independe de interdição e se aproxima muito da tomada de decisão apoiada, que veremos na sequência.

A curatela propriamente dita é o encargo conferido a alguém para gerenciar a vida e patrimônio dos maiores incapazes (art. 1.072 do Código de Processo Civil).

19.11.2 Nomeação do curador

Cabe observar que não há curatela, senão deferida pelo juiz, no bojo de processo de interdição. Em outras palavras, o curador será nomeado pelo juiz no processo de interdição do pródigo, das pessoas que não consigam expressar sua vontade, dos ébrios habituais e dos viciados em tóxicos. Sobre interdição já falamos no capítulo referente às pessoas naturais.

Uma vez decretada a interdição e nomeado o curador, os atos praticados pelo incapaz conterão vício leve, uma vez que a incapacidade do interdito é sempre relativa. De todo modo, o juiz, ao modular os efeitos da sentença, deverá especificar se o curador será mero assistente ou se deverá representar o curatelado, na dependência das potencialidades da pessoa interditada. Além disso, deverá delimitar os poderes e deveres do curador, que, na medida do possível, se estenderão apenas às relações patrimoniais do interdito.

Antes de se pronunciar acerca dos termos da curatela, o juiz, que deverá ser assistido por equipe multidisciplinar, entrevistará pessoalmente o interditando.

Os atos praticados pelo interdito, antes da interdição, são válidos, à exceção daqueles praticados pelo portador de enfermidade ou deficiência mental, desde que se prove que os praticou em estado de demência.

Acrescente-se que o poder do curador se estende aos filhos menores do curatelado e a seus bens.

Segundo o Código Civil, o curador será nomeado dentre as seguintes pessoas:

a) cônjuge ou companheiro;
b) ascendente, sendo que o grau mais próximo exclui o mais remoto;
c) entre os descendentes, o que se mostrar mais apto, sendo que os mais próximos precedem aos mais remotos;
d) qualquer pessoa da confiança do juiz.

Para a escolha do curador, o juiz levará em conta a vontade e as preferências do interditando, a ausência de conflito de interesses e de influência indevida, a proporcionalidade e a adequação às circunstâncias da pessoa.

Na nomeação de curador para a pessoa com deficiência, o juiz poderá estabelecer curatela compartilhada a mais de uma pessoa.

As pessoas que não consigam expressar sua vontade receberão todo o apoio necessário para ter preservado o direito à convivência familiar e comunitária, sendo evitado, na medida do possível, por óbvio, seu recolhimento a estabelecimento que os afaste desse convívio.

Acrescente-se, por fim, que a curatela é medida excepcional, sendo, sempre que viável, por tempo delimitado. O interdito, possuindo potencial mínimo, deverá atuar com a máxima liberdade, principalmente na esfera existencial, mas também, se for o caso, na patrimonial, sendo apenas assistido por seu curador.

19.11.3 Prestação de contas

O curador deve prestar contas anualmente ao juiz e ao Ministério Público. Ao término da curatela, serão apresentadas contas finais.

Por fim, diga-se que se aplicam à curatela todas as regras da tutela que com ela sejam compatíveis.

19.12 Tomada de decisão apoiada

Como vimos no Capítulo IV, de acordo com o Código Civil (art. 1.783-A), a tomada de decisão apoiada é o processo pelo qual o deficiente capaz eleja pelo menos duas pessoas idôneas, com as quais mantenha vínculos e que gozem de sua confiança, para prestar-lhe apoio na tomada de decisão sobre atos da vida civil, fornecendo-lhes os elementos e informações necessários, para que possa exercer plenamente sua capacidade.

Na lição de Nelson Rosenvald, o art. 116 da Lei n. 13.146/2015 teria criado um *tertium genus* de modelo protetivo de pessoas em situação de vulnerabilidade, além da tutela e da curatela. Segundo o mesmo autor, essa importante inovação já era aguardada, concretizando o art. 12.3 do Decreto n. 6.949/2009, que promulgou a Convenção das Nações Unidas sobre os Direitos das Pessoas com Deficiência, nos seguintes termos: "Os Estados-Partes tomarão medidas apropriadas para prover o acesso de pessoas com deficiência ao apoio que necessitarem no exercício de sua capacidade legal".[44]

O novo modelo jurídico também se inspira na legislação italiana, que, por meio da Lei n. 6/2004, introduziu no Código Civil (arts. 404 a 413) a figura do *amministratore di sostegno* (administrador de apoio), e ingressa no Brasil, quase que simultaneamente com sua introdução no art. 43 do Código Civil da Argentina, com vigência programada para 2016.[45]

É fundamental, para que se aplique o instituto da tomada de decisão apoiada que o deficiente seja capaz. Em outras palavras, não pode se enquadrar na categoria daqueles que não possam exprimir sua vontade, por lhes faltar ou terem reduzido o discernimento.

Para formular o pedido de tomada de decisão apoiada, a pessoa com deficiência e os apoiadores devem apresentar um termo, em que constem os limites do apoio a ser oferecido e os compromissos dos apoiadores, inclusive o prazo de vigência do acordo e o respeito à vontade, aos direitos e aos interesses da pessoa que devam apoiar.

O instituto da tomada de decisão apoiada se baseia, portanto, numa convenção, cuja natureza é *sui generis*. Não se trata de representação, uma vez que os apoiadores não atuam em nome do apoiado, representando-o perante terceiros; não se trata de mandato sem representação, porque os apoiadores não agem por sua própria conta, em benefício do apoiado. É instituto único, em que apoiado e apoiadores agem em conjunto, em benefício daquele.

---

[44] ROSENVALD, Nelson. **A tomada de decisão apoiada**. Disponível em: ,www.facebook.com/pages/Nelson-Rosenvald/1407260712924951?fref=photo.. Acesso em: 20 jul. 2015. passim.
[45] Idem, ibidem.

De acordo com o Código Civil (§ 2º do art. 1.783-A), o pedido de tomada de decisão apoiada será requerido pela pessoa a ser apoiada, com indicação expressa das pessoas aptas a prestarem o apoio. Antes de se pronunciar sobre o pedido de tomada de decisão apoiada, o juiz, assistido por equipe multidisciplinar, após a manifestação do Ministério Público, ouvirá pessoalmente o requerente e as pessoas que lhe prestarão apoio.

A decisão tomada pela pessoa apoiada terá validade e efeitos perante terceiros, sem restrições, desde que esteja inserida nos limites do apoio acordado. Os terceiros poderão solicitar que os apoiadores contra-assinem o contrato, especificando, por escrito, sua função em relação ao apoiado.

Em caso de negócio jurídico que possa trazer risco ou prejuízo relevante, havendo divergência de opiniões entre a pessoa apoiada e um dos apoiadores, a questão deverá ser decidida judicialmente, ouvido o Ministério Público.

Se o apoiador agir com negligência, exercer pressão indevida ou não adimplir as obrigações assumidas, poderá a pessoa apoiada ou qualquer pessoa apresentar denúncia ao Ministério Público ou ao juiz. Sendo procedente a denúncia, o juiz destituirá o apoiador e nomeará, ouvida a pessoa apoiada e se for de seu interesse, outra pessoa para prestação de apoio.

A pessoa apoiada pode, a qualquer tempo, solicitar o término do acordo firmado em processo de tomada de decisão apoiada. Também os apoiadores poderão solicitar ao juiz a exclusão de sua participação do processo de tomada de decisão apoiada.

Por fim, aplicam-se à tomada de decisão apoiada, no que couber, as disposições referentes à prestação de contas na curatela. Em outras palavras, os apoiadores deverão prestar contas anualmente ao juiz e ao Ministério Público. Ao término do acordo para a tomada de decisão apoiada, serão prestadas as contas finais.

Na verdade, a tomada de decisão sempre existiu e continuará existindo informalmente, dela podendo valer-se qualquer pessoa, seja deficiente ou não, sempre que se considerar vulnerável em algum momento, diante de algum fato da vida. É muito comum, por exemplo, que nos aconselhemos com o gerente do banco, ao fazer uma aplicação financeira. Isso porque o cidadão comum não entende do assunto, sendo prudente que se apoie em quem entenda, antes de tomar uma decisão. O mesmo se diga se infinitos outras hipóteses do dia a dia: a compra de um automóvel, de um imóvel, a reforma de um imóvel, a aquisição de uma obra de arte etc. Em todas essas situações e em milhares de outras, é normal que o indivíduo que não entenda do assunto peça conselho a quem entenda, a fim de se decidir. Isso é tomada de decisão apoiada. Sempre existiu, informalmente, e continuará a existir, na minha opinião, quase sempre na informalidade. As solenidades impostas pelo Código Civil só serviram para afugentar as pessoas desse instituto, que continuará sendo praticado na informalidade.

Apesar disso, há uma hipótese em que a tomada de decisão apoiada, com todas as solenidades do Código Civil, poderá ser útil. Ela pode servir como opção à curatela. Como se viu, o deficiente, mesmo considerando-se capaz, poderá ser submetido ao poder de um curador, relativamente a questões patrimoniais. Em sua defesa, o deficiente poderá requerer ao juiz a instituição do apoio, em vez da curatela.

19.13 Guarda

19.13.1 Definição

A guarda é relação típica do poder familiar. É, em termos grosseiros, a "posse direta" dos pais sobre os filhos. Apesar de grosseiros os termos, a ideia de posse é tão atraente e expressa com tanta clareza em que consiste a guarda, que o próprio Estatuto da Criança e do Adolescente a utilizou no art. 33, parágrafo 1º, ao dispor que "a guarda destina-se a regularizar a *posse de fato*" (grifo nosso).

Na verdade, rigorosamente, não se pode falar em posse de uma pessoa sobre a outra. A posse só se dá sobre as coisas ou sobre algumas espécies de direitos. Assim, a guarda, em termos genéricos, é o lado material do poder familiar; é a relação direta entre pais e filhos, da qual decorrem vários direitos e deveres para ambas as partes. É óbvio que a guarda pode ser concedida a terceiros, como no caso da tutela.

Pode-se distinguir guarda de mera companhia. Esta é a relação física em que uma pessoa encontra-se junto à outra. Na guarda está, em regra, contida a ideia de companhia. Mas não necessariamente. O menor que passa férias em casa dos avós ou dos tios está sob a guarda dos pais, mas em companhia dos avós ou tios. Isto posto, a simples companhia é passageira, enquanto a guarda é permanente. Na hipótese de pais separados, se o menor for passar o fim de semana com o pai, a guarda ainda será da mãe, embora o menor esteja em companhia do pai. Para efeito de responsabilidade civil mais interessa a companhia do que a guarda, se esta for uniparental. No caso dado, seria o pai a responder pelo dano causado pelo filho, apesar de a guarda ter sido atribuída à mãe. Isto porque a responsabilidade é daquele que detiver o poder familiar e estiver na companhia do filho.

19.13.2 Titularidade da guarda

Como dissemos, a guarda é relação típica do poder familiar. Ocorre que, nem sempre serão os pais os titulares da guarda. Esta poderá ser concedida a terceiro, como o tutor, ou a alguém que não exerça a tutela, como é o caso da guarda provisória no processo de adoção, ou da guarda provisória conferida a um parente, enquanto pai e mãe disputam a guarda do filho menor, ou mesmo como é o caso da guarda definitivamente atribuída a terceiro, quando o juiz verificar que os genitores não têm condições de deter a guarda. Nesta hipótese, a guarda será deferida de preferência a um parente, observados o grau de parentesco e as relações de afinidade e afetividade.

A guarda normalmente é exercida em conjunto por pai e mãe, que coabitam com os filhos. No entanto, poderá ser concedida a um só dos pais, quando se achem separados, ou quando um se encontre impossibilitado de exercê-la, por estar preso, por exemplo. É a chamada *guarda uniparental* ou *exclusiva*. A guarda unilateral obriga o pai ou a mãe que não a detenha a supervisionar os interesses dos filhos, e, para possibilitar tal supervisão, qualquer dos genitores sempre será parte legítima para solicitar informações e/ou prestação de contas, objetivas ou subjetivas, em assuntos ou situações que direta ou indiretamente afetem a saúde física e psicológica e a educação de seus filhos.

A guarda poderá ser ainda alternada, dividida, guarda por aninhamento ou nidação e guarda compartilhada.

A guarda alternada ocorre quando cada um dos pais deter a guarda do filho, segundo um ritmo temporal, que pode ser organizado de ano em ano, ou até de partes do mesmo dia. Cada um dos pais deterá a guarda, alternadamente, quando a ele incumbir a tarefa de cuidar diretamente do filho. Não deixa de ser uniparental, só que alternada. A cada momento um dos pais a deterá.[46]

Será dividida a guarda no sistema de visitas. O menor reside em um único local, recebendo a visita ou visitando o genitor que não tenha sua guarda. É, na verdade, uniparental, exercida unicamente por um dos pais. O outro só terá a companhia do filho nos momentos de visita.

Em relação à visita, o juiz poderá, caso entenda benéfico ao menor, concedê-la aos avós, a todos eles, individualmente ou ao casal, principalmente se faltar um dos genitores ou em outra hipótese em que isso se faça necessário para o bem-estar do menor.

O aninhamento ou nidação não é comum. Consiste no fato de o filho viver em local fixo, revezando-se os pais em sua companhia, durante períodos alternados de tempo. Parece-se com a alternada, só que nesta é o filho que se movimenta. Na nidação são os pais que se mudam para a residência do filho. É também guarda uniparental, assim como a alternada.

Por fim, a guarda compartilhada, que, no Brasil, ganhou contornos próprios. Segundo o parágrafo 1º do art. 1.583 do Código Civil, compreende-se por guarda compartilhada a responsabilização conjunta e o exercício de direitos e deveres do

---

46 RABELO, Sofia Miranda. **Guarda compartilhada**: uma nova visão para o relacionamento parental. Dissertação (Mestrado em Direito) – UFMG, Belo Horizonte, 2004. p. 94.

pai e da mãe que não vivam sob o mesmo teto, concernentes ao poder familiar dos filhos comuns. Na verdade, a guarda compartilhada, tal como surgiu em países da Europa (Itália, por exemplo), resolveu um problema prático. Lá, com o divórcio, o genitor que não detivesse a guarda, perdia a autoridade parental. Com a guarda compartilhada, ambos os genitores passaram a manter a autoridade parental, mesmo que divorciados. Em outras palavras, continuavam a exercer, compartilhadamente, o poder familiar. Isso só foi possível com a guarda compartilhada.

No Brasil, a separação e o divórcio jamais implicaram e não implicam perda do poder familiar para o genitor que não detiver a guarda dos filhos. O que há é uma alteração em seu exercício, que passa a ser, faticamente, limitado, à distância. A limitação é de fato, não de Direito. Não há sentido, assim, falar em guarda compartilhada, no Brasil, nos moldes em que ocorre nos Estados Unidos e na Itália. Aqui, quando se fala em guarda compartilhada, não se tem em mira exclusivamente o poder parental, mas a própria posse do filho, que será compartilhada. Em outras palavras, ambos os genitores serão detentores da guarda, que será detalhadamente regulamentada pelo juiz. Todavia, nos moldes originais (europeu e americano), rigorosamente, não há guarda compartilhada em nosso ordenamento.[47] "o que se verifica é que no Brasil, com a adoção da Lei 13.058/2014 e algumas decisões nos tribunais sobre o assunto, foi o aparecimento de um modelo híbrido de guarda e convivência compartilhada".[48] O que temos, na prática forense, é muito mais convivência compartilhada do que guarda compartilhada no seu estrito entendimento.

Em nosso país, quando se fala em guarda compartilhada, tem-se em mira ou uma guarda conjunta meio que relaxada, ou uma guarda alternada flexibilizada. Na guarda "compartilhada" conjunta, o filho fica na companhia de ambos os genitores, que legalmente têm sua guarda. O menor não teria rigorosamente residência fixa junto a um dos pais, havendo convivência familiar indiscriminada e o exercício solidário do poder familiar em seus múltiplos aspectos. Quando a guarda é uniparental, embora o que não detenha a guarda continue cotitular do poder familiar, seu exercício pleno fica comprometido. Tal não ocorre na guarda "compartilhada" conjunta. Um exemplo de guarda dessa modalidade, que denominamos compartilhada, seria o seguinte: João e Maria se separam, mas continuam morando no mesmo edifício, em apartamentos vizinhos. Haverá, assim, um trânsito frequente de uma à outra morada, sendo ambas lar dos filhos. Nesse caso, principalmente se João e Maria continuarem bons amigos, será plenamente

---

[47] Sobre o tema, ver brilhante texto de Ana Carolina Brochado TEIXEIRA: A (des)necessidade da guarda compartilhada ante o conteúdo da autoridade parental. In: TEIXEIRA, Ana Carolina Brochado; RIBEIRO, Gustavo Pereira Leite (Coord.). **Manual de direito das famílias e das sucessões**. Belo Horizonte: Del Rey/Mandamentos, 2008. p. 301-319.

[48] BRANT, Cássio Augusto Barros. Guarda compartilhada e convivência compartilhada: diferenças e aplicações no sistema híbrido brasileiro. **Revista IBDFAM**, n. 26, p. 92-114, mar./abr. 2018.

possível essa modalidade de guarda compartilhada. É óbvio que o exemplo dado é meio exagerado. Não se trata, na prática, apenas de convivência compartilhada, mas de verdadeira vida compartilhada, em seus diversos aspectos, inclusive no concernente às decisões e responsabilidade dos pais.

Na guarda alternada, que denominamos *compartilhada*, temos os filhos ora na companhia do pai, ora da mãe. Não é, em tese, algo recomendável, uma vez que os filhos perdem o referencial de lar. O que confere a essa guarda alternada o diferencial para ser chamada de compartilhada, é o exercício conjunto dos direitos e deveres inerentes ao poder familiar. É a essa modalidade, principalmente, que se refere o art. 1.583 do CC, ao estabelecer que, na guarda compartilhada, o tempo de convívio com os filhos deva ser dividido de forma equilibrada com a mãe e com o pai, sempre tendo em vista as condições fáticas e os interesses dos filhos. Além disso, a cidade considerada base de moradia dos filhos será aquela que melhor atender aos interesses dos filhos.

Na sequência, dispõe o parágrafo 2º do art. 1.584 que, quando não houver acordo entre a mãe e o pai quanto à guarda do filho, encontrando-se ambos os genitores aptos a exercer o poder familiar, será aplicada a guarda compartilhada, salvo se um dos genitores declarar ao magistrado que não deseja a guarda do menor. Evidentemente, que é à guarda compartilhada "alternada" que se refere essa norma. E continua o parágrafo 3º no sentido de que, para estabelecer as atribuições do pai e da mãe e os períodos de convivência sob guarda compartilhada, o juiz, de ofício ou a requerimento do Ministério Público, poderá basear-se em orientação técnico-profissional ou de equipe interdisciplinar, que deverá visar à divisão equilibrada do tempo com o pai e com a mãe.

A alteração não autorizada ou o descumprimento imotivado de cláusula de guarda unilateral ou compartilhada poderá implicar a redução de prerrogativas atribuídas ao seu detentor.

Se o juiz verificar que o filho não deva permanecer sob a guarda do pai ou da mãe, deferirá a guarda a pessoa que revele compatibilidade com a natureza da medida, considerados, de preferência, o grau de parentesco e as relações de afinidade e afetividade.

Qualquer estabelecimento público ou privado, principalmente as escolas, é obrigado a prestar informações a qualquer dos genitores sobre os filhos destes, sob pena de multa de R$ 200,00 a R$ 500,00 por dia, pelo não atendimento da solicitação.

Em sede de medida cautelar de separação de corpos, em sede de medida cautelar de guarda ou em outra sede de fixação liminar de guarda, a decisão sobre guarda de filhos, mesmo que provisória, será proferida preferencialmente após a oitiva de ambas as partes perante o juiz, salvo se a proteção aos interesses dos filhos exigir a concessão de liminar sem a oitiva da outra parte.

De acordo com o art. 1.634 do CC, compete a ambos os pais, qualquer que seja a sua situação conjugal, o pleno exercício do poder familiar, que consiste em dirigir a criação e a educação dos filhos; exercer a guarda unilateral ou compartilhada nos termos já vistos; conceder ou negar aos filhos consentimento para casar; conceder-lhes ou negar-lhes consentimento para viajar ao exterior; conceder-lhes ou negar-lhes consentimento para mudar sua residência permanente para outro Município; nomear-lhes tutor por testamento ou documento autêntico, se o outro dos pais não lhe sobreviver, ou o sobrevivo não puder exercer o poder familiar; representá-los judicial e extrajudicialmente até os 16 anos, nos atos da vida civil, e assisti-los, após essa idade, nos atos em que forem partes, suprindo-lhes o consentimento; reclamá-los de quem ilegalmente os detenha; exigir que lhes prestem obediência, respeito e os serviços próprios de sua idade e condição.

Tanto na guarda uniparental, quanto na alternada, para que o exercício da autoridade parental e do direito de visita seja, de Direito, mais amplo, deve haver, como vimos, regulamentação judicial. Essa regulamentação, no sentido de atribuir maior amplitude ao exercício do poder familiar e ao direito de visita será muito mais fácil, na prática, se houver acordo entre os pais; se não houver inimizade entre eles.

Cabe ressaltar ainda que, segundo o § 1.º do art. 1.583 do CC, a responsabilidade dos pais pelos filhos será conjunta na guarda "compartilhada", seja ela conjunta ou alternada. A se entender literalmente o dispositivo, isso equivale a dizer que, causando o filho um dano a terceiro, este deverá acionar ambos os genitores em conjunto. Não se trata, pois, de responsabilidade solidária, nem subsidiária; é conjunta mesmo. Na guarda unilateral pura, só o genitor que a detém é responsável pelos danos causados pelo filho menor, a não ser que o *eventus damni* tenha ocorrido, estando o menor na companhia do outro genitor.

No caso de tutela, a guarda poderá ser atribuída a outra pessoa que não o tutor, às vezes, por opção do adolescente (maior de 12 anos), ou mesmo da criança, que poderá ser ouvida a este respeito.

De qualquer modo, sempre será observado o princípio do melhor interesse do menor, inclusive e principalmente afetivo, quando da concessão da guarda a um só dos pais ou a terceiro.

19.13.3 Efeitos da guarda

A guarda não se equipara ao poder familiar, nem aos poderes do tutor, embora, normalmente, esteja a eles integrada. Entretanto, é relação que gera alguns direitos e deveres para quem a detém.

Assim, é, em princípio, de quem detenha a guarda a responsabilidade pelos delitos praticados pelo menor. É ele quem deverá zelar pelas necessidades e vicissitudes do dia a dia do menor: alimentação, segurança, educação em boas maneiras e costumes saudáveis etc. Pode ocorrer o caso de os pais deterem o poder familiar e a guarda ser atribuída a terceiro. Nos casos de suspensão ou perda do poder familiar, a guarda será, como vimos, atribuída ao tutor ou a um terceiro. Pode ocorrer também a hipótese de o menor ser criado por tios ou avós. Neste caso, de quem seria a guarda, sabendo-se que os pais ainda detêm o poder familiar? Em meu atual entendimento, a guarda continuaria a ser, de Direito, dos pais.

Como já dito, a guarda é intrínseca ao poder familiar. Os pais não podem a ela renunciar, nem transferi-la sozinha. A guarda só se desvinculará do poder familiar nos casos expressamente previstos em Lei, ou seja, guarda provisória no processo de adoção; guarda provisória a terceiro, no caso de litígio entre os pais; tutela por morte dos pais, suspensão ou perda do poder familiar; separação ou divórcio dos pais. Na hipótese em análise, nada disso ocorreu. Apesar disso, os avós ou tios, ou seja, quem for que estiver criando o menor, terá obrigação de zelar pela segurança e proteção da criança, educação, alimentação, vestuário, saúde etc. Embora não tenham a guarda, têm a posse do menor, por delegação dos pais ou do tutor. No entanto, a meu ver, não respondem perante terceiros pelos danos causados pelo menor. Por esses danos continuam respondendo os pais. Isto porque, nestes casos, os pais continuam detentores do poder familiar e da guarda legal, podendo tomar decisões pertinentes ao menor, como o que diz respeito à escola em que deverá ser matriculado, ou ao médico que deverá consultar. É deles também o usufruto dos bens dos filhos. De qualquer forma, poderão ser obrigados a contribuir financeiramente na forma de pensão alimentícia. No máximo, terão direito de regresso contra quem detenha a posse direta do menor.

19.14 Alimentos

19.14.1 Definição

Considera-se *alimento* tudo o que for necessário para a manutenção de uma pessoa, aí incluídos os alimentos naturais, habitação, saúde, educação, vestuário e lazer. A chamada *pensão alimentícia*, soma em dinheiro para prover os alimentos, deve, em tese, ser suficiente para cobrir todos esses itens ou parte deles, conforme a obrigação do alimentante seja integral ou parcial.

Em dois casos, a prestação de alimentos deve abranger apenas o suficiente para a subsistência do alimentado: quando a situação de necessidade resultar de culpa de quem os pleiteia e quando, na dissolução da sociedade conjugal ou da união estável, o cônjuge ou companheiro que tiver sido declarado culpado precisar de alimentos e não tiver parentes em condições de prestá-los.

19.14.2 Sujeito ativo e passivo de alimentos

Segundo o Código Civil, são obrigados a prestar alimentos, reciprocamente, os descendentes, os ascendentes e os irmãos, os cônjuges e os companheiros. Não recai sobre tios, sobrinhos e primos, embora sejam parentes sucessíveis. Por esse fato, isto é, por serem parentes sucessíveis, alguns entendem que afronta a Constituição não serem obrigados a alimentos recíprocos. Isto porque:

> como sistema único, o Direito Civil deve ser lido e interpretado à luz da Constituição Federal, que destacou a dimensão existencial do homem com o princípio da dignidade da pessoa humana, colocado como fundamento da República Federativa do Brasil. Sendo assim, apesar de tratar de institutos diferentes, alimentos e sucessões, é evidente a incoerência já que um sobrinho não pode pedir alimentos ao seu tio e, não obstante, esse mesmo tio pode ser herdeiro daquele sobrinho.[49]

De *lege lata*, porém, não vejo como incluir os tios, sobrinhos e primos no rol dos obrigados a prestar alimentos reciprocamente, mesmo diante de uma possível incoerência do sistema. Digo possível incoerência, porque, afinal, o legislador infraconstitucional exerceu uma opção legítima ao estabelecer um rol de obrigados a prestar alimentos. Esgotada a relação das pessoas obrigadas pelo Código Civil, a incumbência, automaticamente, se transfere ao Estado, que deverá cuidar dos necessitados, recebendo impostos para tanto. Não cabe, pois, ao intérprete inserir quem quer que seja na lista dos obrigados acima citada. Por mais que se entenda haver contradição ou incoerência no plano constitucional, a tarefa de incluir ou excluir os obrigados a prestar alimentos é exclusiva do legislador, em nosso sistema jurídico. A *contrario sensu*, o intérprete poderia inserir qualquer pessoa, até por razões de afinidade ou afetividade. Não é assim que funciona nosso ordenamento, que, nesses casos, exige a mediação do legislador, sob pena da mais absoluta insegurança jurídica.

Na linha reta, a obrigação recai primeiro nos ascendentes, assim nos pais, em sua falta ou impossibilidade, nos avós etc. Faltando ascendentes, recai a obrigação nos descendentes: filhos, netos etc., uns na falta ou impossibilidade dos outros. Não havendo parentes na linha reta, ou não tendo eles condições de prestar alimentos, serão chamados os irmãos, e apenas eles na linha colateral, por expressa disposição do art. 1.697 do CC.

Havendo vários parentes num mesmo grau (irmãos, por exemplo), todos deverão concorrer para os alimentos na proporção de seus recursos. Se um for acionado, os demais poderão ser convocados a integrar a lide. A obrigação seria solidária perante o alimentando, e fracionária entre os alimentantes.

---

49 ALMEIDA, Renata Barbosa de; RODRIGUES JÚNIOR, Walsir Edson. Op. cit., p. 424.

Em relação aos casos de prestação de alimentos a ex-cônjuge ou ex-companheiro, a tendência atual é que, com a emancipação da mulher, se tornem cada vez mais raros.

A Lei n. 11.804/2008 introduziu os chamados alimentos gravídicos, devidos à mulher gestante pelo futuro pai. Os valores deverão ser suficientes para cobrir as despesas adicionais do período de gravidez, da concepção ao parto.

Estes alimentos referem-se à parte das despesas que deverá ser custeada pelo futuro pai.

Se o pai contestar a paternidade, o juiz, convencido da existência de indícios dela, poderá fixar os alimentos gravídicos. Obviamente, cessará a obrigação, se comprovado não ser o nascituro filho do réu, o que pode ocorrer após o nascimento. Neste caso, os alimentos já pagos não têm que ser devolvidos. O máximo a que se pode chegar é a indenização por perdas e danos contra a mãe, comprovadamente leviana e de má-fé. Comprovada a paternidade, os alimentos gravídicos se convertem em alimentos normais, após o nascimento, até que o pai ou o menor solicite sua revisão.

Frise-se, por oportuno, que os alimentos gravídicos, na dicção da Lei n. 11.804/2008, são devidos à mulher; ela é o sujeito ativo para pleiteá-los, não o nascituro. Sua responsabilidade por informações falsas é subjetiva, devendo ser comprovada sua culpa. Seria o caso, assim, de ação contra o verdadeiro pai.

19.14.3 Prestação de alimentos

Os alimentos deverão ser prestados em caso de necessidade. Ninguém será obrigado a alimentar pessoa saudável, em condições de trabalhar e prover o próprio sustento.

Outro ponto importante é que não há idade limite para a prestação de alimentos. A pensão alimentícia será paga sempre que necessário.

Segundo o art. 528 do CPC, no cumprimento de sentença que condene ao pagamento de prestação alimentícia ou de decisão interlocutória que fixe alimentos, ou ainda na ação fundada em título extrajudicial, como acordo entre as partes, o juiz, a requerimento do exequente, mandará intimar o executado pessoalmente para, em três dias, pagar o débito, provar que o fez ou justificar a impossibilidade de efetuá-lo. Caso o executado, nesse prazo, não efetue o pagamento, não prove que o efetuou ou não apresente justificativa da impossibilidade de efetuá-lo, o juiz mandará protestar o pronunciamento judicial, não se aplicando o protesto ao título extrajudicial. Por evidente, só a comprovação de fato que gere a impossibilidade absoluta de pagar justificará o inadimplemento.

Se o executado não pagar ou se a justificativa apresentada não for aceita, o juiz, além de mandar protestar o pronunciamento judicial, decretar-lhe-á a prisão pelo prazo de um a três meses. A prisão será cumprida em regime fechado, devendo o preso ficar separado dos presos comuns. O cumprimento da pena não exime o executado do pagamento das prestações vencidas e vincendas. Entretanto, paga que seja a prestação alimentícia, o juiz suspenderá imediatamente o cumprimento da ordem de prisão.

O débito alimentar que autoriza a prisão civil do alimentante é o que compreende até as três prestações anteriores ao ajuizamento da execução e as que se vencerem no curso do processo.

O exequente pode optar por promover o cumprimento da sentença ou decisão desde logo, caso em que não será admissível a prisão do executado, e, recaindo a penhora em dinheiro, a concessão de efeito suspensivo à impugnação não obsta a que o exequente levante mensalmente a importância da prestação.

O exequente dos alimentos poderá optar pelo juízo do atual domicílio do executado ou pelo juízo do local em que se encontrem os bens sujeitos à execução, casos em que a remessa dos autos do processo será solicitada ao juízo de origem. Além dessas opções, o cumprimento da sentença ou decisão que condene ao pagamento de prestação alimentícia poderá ser realizado no juízo do domicílio do exequente.

Quando o executado for funcionário público, militar, diretor ou gerente de empresa ou empregado sujeito à legislação do trabalho, o exequente poderá requerer o desconto em folha de pagamento da importância da prestação alimentícia. Ao proferir a decisão, o juiz oficiará à autoridade, à empresa ou ao empregador, determinando, sob pena de crime de desobediência, o desconto a partir da primeira remuneração posterior, a contar do protocolo do ofício. Este conterá o nome e o número de inscrição no Cadastro de Pessoas Físicas do exequente e do executado, a importância a ser descontada mensalmente, o tempo de sua duração e a conta na qual deva ser feito o depósito.

Sem prejuízo do pagamento dos alimentos vincendos, o débito objeto de execução de alimentos vencidos poderá ser descontado dos rendimentos ou rendas do executado, de forma parcelada, contanto que, somado à parcela devida, não ultrapasse cinquenta por cento de seus ganhos líquidos.

Não cumprida a obrigação, serão penhorados e leiloados tantos bens do executado, quantos bastem à satisfação do crédito alimentar.

Todas essas regras aplicam-se tanto aos alimentos definitivos, quanto aos provisórios. Contudo, a execução dos alimentos provisórios, bem como a dos alimentos fixados em sentença ainda não transitada em julgado, se processará em autos apartados, enquanto o cumprimento definitivo da obrigação de prestar alimentos será processado nos mesmos autos em que tenha sido proferida a sentença.

Se o juiz verificar conduta procrastinatória do executado, deverá, se entender ser o caso, dar ciência ao Ministério Público dos indícios da prática.

O dever de alimentar somente cessa nas seguintes hipóteses:

a) quando o alimentante não tiver condições econômicas, por estar desempregado, por exemplo;
b) quando o alimentado falecer;
c) quando desaparecer a necessidade do alimentado, seja pelo trabalho ou por outra causa;
d) quando o alimentado se casar, passar a viver em união estável ou em concubinato;
e) quando o alimentado tiver procedimento indigno contra o alimentante.

Os alimentos serão requeridos em ação própria, perante o juízo da Vara de Família, no foro do domicílio ou residência do alimentando. Se houver prova documental do parentesco, do casamento ou da união estável (contrato escrito entre os companheiros, por exemplo), a ação de alimentos terá o rito especial previsto na Lei n. 5.478/1968, com a fixação imediata, ou seja, logo no início da lide, de pensão alimentícia provisória. São os chamados *alimentos provisórios*, que, ao final, poderão ser convertidos em definitivos. Caso não haja essa prova documental, a ação de alimentos terá rito comum, sem fixação de alimentos provisórios. Esses alimentos provisórios são um adiantamento de tutela, que podem ser mantidos ou não, no deslinde da ação.

Na ação de separação judicial, de anulação de casamento e na ação de divórcio, o cônjuge necessitado pode pedir ao juiz a fixação de pensão alimentícia para seu sustento durante a demanda. Estes alimentos, denominados provisionais, arbitrados cautelarmente, podem converter-se em definitivos ao final da demanda. Também se denominam provisionais os alimentos fixados na sentença de primeira instância, na ação de investigação de paternidade. O mesmo se aplica, por analogia, à ação de extinção de união estável. Isso porque, em primeiro lugar, seria atentatório à dignidade do companheiro necessitado; em segundo lugar, porque a Constituição eleva a união estável à condição de família tão legítima, quanto à das pessoas casadas; em terceiro lugar, porque em casos semelhantes, tanto o Código Civil, quanto o Código de Processo se referem ao casamento e à união estável, o que permite, sem qualquer sombra dúvida, a pretendida analogia.

Não existe nenhum critério absoluto para a fixação do valor da pensão alimentícia. O juiz deverá orientar-se com base nas circunstâncias de cada caso. Assim, levará em conta as necessidades do alimentando, seu nível social, bem como a capacidade, a renda e o nível social do alimentante, dentre outros fatores.

O foro competente para se propor a ação de alimentos é o do domicílio do alimentando. A ação de alimentos será intentada sempre que necessário, mas o direito de cobrar as prestações vencidas prescreve em dois anos, contados do momento em que deveriam ter sido pagas (art. 206, § 2º, do CC).

O direito a alimentos é irrenunciável, sendo despido de valor qualquer documento neste sentido. Vale dizer que se uma pessoa assinar documento renunciando ao direito de pleitear alimentos de seus pais, este documento não será levado em conta em ação de alimento, caso essa pessoa venha deles necessitar. O mesmo acontece em relação aos alimentos devidos por ex-cônjuges e ex-companheiros, vez que o novo Código Civil estabelece um regime único para o instituto. A irrenunciabilidade por parte do ex-cônjuge ou do ex-companheiro é questionada por muitos, não sem certa razão, uma vez que a regra os infantiliza. Ora, se a renúncia foi efetuada por pessoa maior e capaz, esta nada mais faz que exercer um direito legítimo, em sua esfera de autonomia privada. Nas palavras de João Baptista Villela,

> são autoritárias nossas leis de família sempre que retiram às pessoas as faculdades inerentes à capacidade de negociar que se lhes reconhece. (...) A Súmula 379 do STF é arrogante ao substituir-se ao cônjuge que, no exercício natural de sua capacidade, renuncia aos alimentos no acordo de separação. Nada mais prosaico que a renúncia, por quem seja plenamente capaz, dos direitos patrimoniais de que seja titular. Esta súmula, sem embargo de sua aparente neutralidade, ao pretender, de fato, amparar a mulher, suposta vítima de acordos lesivos, restaura, sob mal disfarçada roupagem, a velha incapacidade por enfermidade de sexo. Quando vamos compreender que a tão proclamada igualdade entre homem e mulher não se alcança a golpe de papel e tinta, senão com vontade política, determinação, coragem e audácia?[50]

Para a revisão dos alimentos, para mais ou para menos, dispõem alimentado e alimentante da ação revisional de alimentos, que se processará pelo mesmo rito da ação de alimentos. Na ação revisional, há quem entenda que cabem alimentos provisórios, há quem entenda que não cabem.

Resta também perguntar se o dever de prestar alimentos transmite-se aos herdeiros do alimentante. Para o Código Civil de 2002, a resposta é positiva: a obrigação de prestar alimentos transmite-se aos herdeiros do devedor, independentemente de sua origem. Entendemos que, se a obrigação tem origem na dissolução de sociedade conjugal ou de união estável, transmite-se aos herdeiros somente dentro das forças da herança. Em outras palavras, os herdeiros deverão continuar a pagar a pensão alimentícia ao ex-cônjuge ou ex-companheiro

---

50 VILLELA, João Baptista. Repensando o direito de família. CONGRESSO BRASILEIRO DE DIREITO DE FAMÍLIA, 4., 2003, Belo Horizonte. **Anais**... Belo Horizonte: Del Rey, 2004. p. 22-23.

do defunto, com o patrimônio que receberam de herança. Não serão obrigados a tirar do próprio bolso, caso a herança não seja suficiente. O mesmo não ocorrerá se não se tratar de ex-cônjuge ou ex-companheiro. Se o alimentado for descendente, ascendente ou irmão do alimentante, a obrigação de alimentos transmite-se hereditariamente, mesmo que além das forças da herança. Se sou dependente de meus pais, morrendo estes, passarei a sê-lo de meus avós ou irmãos, pouco importando qual seja a herança de meus pais. Isto se dá porque, independentemente de qualquer herança, a Lei impõe a obrigação de se alimentarem, reciprocamente, aos ascendentes, descendentes e irmãos.

19.15 Ações de família

Segundo o Código de Processo Civil (arts. 693 a 699), as ações de família, ou seja, os processos contenciosos de divórcio, separação, reconhecimento e extinção de união estável, guarda, visitação e filiação receberão tratamento especial. Ademais, a ação de alimentos e a que versar sobre interesse de criança ou de adolescente observarão o procedimento previsto em legislação específica, aplicando-se, no que couber, as normas referentes às ações de família.

Nessas ações, todos os esforços serão empreendidos para a solução consensual da controvérsia, devendo o juiz dispor do auxílio de profissionais de outras áreas de conhecimento para a mediação e conciliação. A requerimento das partes, o juiz poderá determinar a suspensão do processo, enquanto os litigantes se submetam a mediação extrajudicial ou a atendimento multidisciplinar.

Uma vez recebida a petição inicial e, se for o caso, tomadas as providências referentes à tutela provisória, o juiz ordenará a citação do réu para comparecer à audiência de mediação e conciliação, sempre tendo em vista que todos os esforços devam empreendidos para a solução consensual da controvérsia, devendo o juiz dispor do auxílio de profissionais de outras áreas de conhecimento para a mediação e conciliação.

O mandado de citação conterá apenas os dados necessários à audiência, não necessitando estar acompanhado de cópia da petição inicial, assegurado ao réu o direito de examinar seu conteúdo a qualquer tempo. A citação será pessoal e ocorrerá com antecedência mínima de quinze dias da data designada para a audiência. Na audiência, as partes deverão estar acompanhadas de seus advogados ou de defensores públicos.

A audiência de mediação e conciliação poderá dividir-se em tantas sessões quantas sejam necessárias para viabilizar a solução consensual, sem prejuízo de providências jurisdicionais para evitar o perecimento do direito. Não realizado acordo, passarão a incidir, a partir de então, as normas do procedimento comum.

Nas ações de família, o Ministério Público somente intervirá, quando houver interesse de incapaz e deverá ser ouvido previamente à homologação de acordo.

Importante salientar que, quando o processo envolver discussão sobre fato relacionado a abuso ou a alienação parental, o juiz, ao tomar o depoimento do incapaz, deverá estar acompanhado por especialista.

Pode ocorrer de um dos pais, com intuito meramente vindicativo, imputar ao outro conduta abusiva, até de caráter sexual em relação aos filhos. Nesses casos, e em outros da mesma gravidade, mesmo com o acompanhamento de especialista, até que a verdade seja apurada, o que pode levar tempo, o juiz não deverá privar o genitor acusado do contato com os filhos. O que deverá fazer, *ad cautelam* para os dois lados (do genitor e dos filhos), é estabelecer visitas supervisionadas, não pelo outro genitor, mas, de preferência, por pessoa da família ou das relações dos pais, que mantenha boa convivência com o acusado, ou, sendo isso impossível, por pessoa da confiança do juiz, de preferência especialista no assunto.

Capítulo 20
Direito das sucessões

20.1 Introdução

O Direito das Sucessões tem por objeto regulamentar a transmissão do patrimônio de uma pessoa que morre a seus herdeiros e legatários. Encontra-se normatizada, principalmente, nos arts. 1.784 a 2.027 do Livro V da Parte Especial do Código Civil, e nos arts. 610 a 673 do CPC. Não obstante, há outras poucas regras espalhadas pela legislação.

Para melhor prosseguirmos em nossos estudos, é essencial que nos habituemos à terminologia do Direito das Sucessões. Para tanto, vejamos a seguir alguns termos básicos.

20.1.1 Definições

Sucessão é a continuação de uma pessoa em relação jurídica, que cessou para o sujeito anterior e continua em outro. É a transferência de direitos de uma pessoa para outra.

A sucessão, quanto à sua causa, pode ser *inter vivos* ou *causa mortis*.

Se A vende seu carro a B, temos que B sucede a A na propriedade do carro.

Se A passa a B cheque que recebera de C, temos que B sucede a A como credor de C.

Em ambos os casos, teremos sucessão *inter vivos*, uma vez que tanto A, quanto B não estão mortos. E mais ainda, a sucessão entre eles não estava calcada no pressuposto de que o sucedido morresse. Ou seja, para que B sucedesse a A, não foi necessário que A morresse.

Desses casos de sucessão *inter vivos* cuidará o Direito das Coisas e/ou o Direito das Obrigações, basicamente.

Vejamos agora o que acontecerá se A morrer. Uma vez morto, seus herdeiros se tornarão donos de seu patrimônio. Tem-se, pois, que os herdeiros de A lhe sucederam na propriedade de seus bens. Como esta sucessão teve como requisito a morte de A, diz-se ser caso de sucessão *causa mortis*.

Sucessão *causa mortis* é, portanto, aquela que tem como pressuposto a morte do sucedido. É a transmissão da herança de um morto a seus herdeiros e legatários.

É, enfim, dessa transmissão hereditária ou dessa espécie de sucessão que trata o Direito das Sucessões. Este é o seu objeto.

Há outras espécies de sucessão, conforme o ângulo enfocado. Assim, a se levar em conta sua abrangência, a sucessão será singular ou universal.

Sucessão a título universal é a transmissão da totalidade de certo patrimônio ao sucessor, que se sub-roga abstratamente na totalidade. Pode ser *inter vivos* ou *causa mortis*.

Se uma empresa incorpora outra, haverá sucessão universal da incorporadora, que sucede a incorporada na totalidade de seu patrimônio.

Os herdeiros sucedem o defunto universalmente, na totalidade de seu patrimônio. Até que se realize a partilha dos bens, a herança pertence a todos os herdeiros, indiscriminadamente, em regime de copropriedade.

Sucessão a título singular é a transmissão de uma coisa ou de um direito determinado. Ocorre sub-rogação concreta em relação de Direito determinada.

A sucessão singular também poderá ser *inter vivos* ou *causa mortis*.

Se uma pessoa recebe uma casa de outra em doação, irá sucedê-la na propriedade do imóvel. A sucessão terá sido a título singular, uma vez que se trata de imóvel determinado e, *inter vivos*, pois não pressupôs a morte de ninguém.

Por outro lado, se um indivíduo deixa em testamento certa quantia para outro, teremos aí não sucessão universal, como a dos herdeiros, que recebem todo o patrimônio do defunto, mas sucessão a título singular, uma vez que o sucessor estará sendo agraciado com certa quantia determinada. A sucessão será, neste caso, *causa mortis* e a título singular.

Dependendo de sua regulamentação, a sucessão *causa mortis* poderá ser legítima ou testamentária.

Sucessão legítima é a que ocorre segundo determinação legal. Acontece quando alguém morre *ab intestato*, isto é, sem deixar testamento, intestado. Se o defunto não deixou testamento, a transmissão de sua herança aos herdeiros será feita de acordo com o que determina a Lei. Daí o nome, sucessão legítima ou legal.

A sucessão legítima será sempre universal. Isso não quer dizer, porém, que os direitos de todos os tipos serão transmitidos. O poder familiar, a tutela, a curatela, as faculdades pessoais e as obrigações *intuitu personae* não se transmitem.

Sucessão testamentária é a que ocorre por ato de vontade deixado em testamento. O testamento é o instrumento da vontade, destinado a produzir as consequências jurídicas com a morte do testador.

Quando o testador deixar seus bens de forma indivisa a uma ou mais pessoas, teremos sucessão testamentária a título universal. Porém, se o testador especificar que bens está destinando a este ou aquele, teremos sucessão testamentária a título singular. Pode ocorrer as duas coisas ao mesmo tempo, ou seja, o testador pode deixar seu patrimônio a uma ou mais pessoas, destacando um ou outro bem para outra ou outras pessoas. Assim, poderíamos ter testamento com os seguintes dizeres: "Deixo meus bens a Maria e Manoel e $ 1.000,00 a Pedro". No exemplo, Maria e Manoel receberam a título universal e Pedro a título singular.

O defunto recebe os nomes de falecido, finado, morto, sucedido, antecessor, inventariado, ou qualquer expressão semelhante. Às vezes, a palavra morto não se insere bem no contexto. Por exemplo, ficaria estranho dizer que "o *defunto morreu* sem deixar testamento". Nestes casos, utiliza-se o termo "autor da herança".

Assim, "o autor da herança morreu sem deixar testamento", ou melhor, "o autor da herança morreu *ab intestato*".

Há outro termo ainda para designar autor da herança. É *de cuius* ou "decujo", na versão aportuguesada. Na verdade, *de cuius* significa "de cuja", sendo expressão extraída da oração latina *persona de cuius successione agitur* ou "pessoa de cuja sucessão se trata". O Código Civil, aliás, utiliza essa expressão no art. 1.814, I.

Herdeiro é quem recebe os bens. O herdeiro será legítimo, quando a sucessão for legítima, ou testamentário, quando se cuidar de sucessão testamentária.

Os herdeiros podem ser necessários. *Herdeiro necessário* é aquele a quem a Lei assegura a metade do acervo hereditário. São os descendentes, os ascendentes e o cônjuge viúvo. Assim, fica limitado o direito de dispor em testamento. Havendo descendentes, ascendentes ou cônjuge, o testador só poderá dispor de metade de seu patrimônio. Os herdeiros necessários são chamados também de reservatários.

Legatário é aquele a quem o testador deixa uma coisa ou quantia certa, determinada, individuada, a título de legado. Os legatários sucedem a título singular, ao passo que os herdeiros sucedem a título universal.

Herança é o conjunto patrimonial transmitido *causa mortis*. Diz-se acervo hereditário, massa ou monte ou, ainda, espólio. Constitui-se de ativo e de passivo. Sem entrar em detalhes contábeis, pode-se dizer que o ativo consiste dos bens e créditos, enquanto o passivo consiste dos débitos. A herança será objeto de condomínio entre os herdeiros, até a partilha.

O termo *espólio* pode ser usado como sinônimo de "herança". Na prática, porém, utiliza-se no sentido de herança inventariada, ou seja, herança em processo de inventário. Espólio ainda se usa como coletivo de herdeiros em conjunto com a massa inventariada. Daí dizer-se que "o inventariante representa o espólio", "a dívida será cobrada do espólio". Ora, o espólio não é pessoa, embora pareça. Dessarte, não pode ser representado, nem dele se pode cobrar dívidas. O inventariante, na verdade, representa os herdeiros. A dívida é cobrada dos herdeiros, que pagarão com os bens do espólio.

Por isso, vê-se que a palavra espólio é empregada como coletivo de herdeiros.

Esse deve ser, aliás, o entendimento do art. 75, VII, do CPC, que confere ao "espólio" legitimidade *ad causam*. Na verdade, deve entender-se por espólio o coletivo de herdeiros, representados pelo inventariante. Na prática, usa-se, pois, acionar o "espólio", na pessoa de seu representante, o inventariante. Mesmo porque seria difícil, em alguns casos, acionar os herdeiros, nominando-os um por um. Muitas vezes, nem se sabe quem sejam esses herdeiros.

Quando uma pessoa morre, seus herdeiros precisam saber se há bens em seu patrimônio, se há dívidas, se há créditos a receber etc. Precisam, enfim, conhecer a realidade patrimonial do morto. Na Roma Antiga, faziam isso por conta própria, recorrendo à Justiça se houvesse alguma desavença.[1] Hoje em dia, o processo de inventário será judicial ou extrajudicial. Poderá ser extrajudicial, quando todos os herdeiros forem capazes e não houver testamento, nem desavença entre eles. Neste caso, realiza-se por escritura pública lavrada no cartório de notas. Nos demais casos, será judicial.

O inventário é, pois, um procedimento judicial ou extrajudicial pelo qual se apuram o ativo e o passivo da herança, a fim de se chegar à herança líquida (ativo menos passivo). Esta herança líquida, que se apura após o pagamento das dívidas e recebimento dos créditos, será, então, partilhada entre os herdeiros.

20.1.2 Objeto da sucessão

O objeto da sucessão é o patrimônio do finado. Como vimos, esse patrimônio consiste de ativo e passivo, aquele composto de bens e créditos, este de dívidas.

Se o autor da herança era solteiro, fica fácil delimitar seu patrimônio. Porém, se era casado, deve ser feita distinção entre seu patrimônio e o de seu cônjuge. Só a parte que pertencia ao defunto se considera herança. A outra parte pertence ao cônjuge.

Para se proceder a essa distinção, deve atentar-se para o regime de bens do casamento. Se era o da comunhão de bens, metade do patrimônio do casal será considerado herança, sendo a outra metade patrimônio do cônjuge meeiro.

Se o regime era o da comunhão parcial de bens, será considerado herança o conjunto dos bens particulares do inventariado, somado à metade do patrimônio comum.

Sendo o regime o da separação de bens, a herança consistirá apenas dos bens particulares do inventariado. Se houver patrimônio comum, a metade dele também integrará a herança.

Finalmente, se o regime for o da participação final nos aquestos, considera-se herança o patrimônio individual e a metade dos bens adquiridos a título oneroso pelo casal, na constância do casamento.

É bom que se tenha sempre em mente essas distinções, a fim de se evitarem maiores embaraços.

20.1.3 Histórico e fundamentos

Originariamente não se cogitava de herança ou de sucessão *mortis causa*, pois não havia propriedade individual. Os bens pertenciam ao grupo. Posteriormente, a propriedade adquiriu caráter familiar e havia, então, a sucessão do novo chefe nos bens que se achavam sob a direção do chefe pré-morto.

---

1 NÓBREGA, Vandick Londres da. **Compêndio de direito romano**. 8. ed., v. 2, p. 506 *et seq.*

A ideia de sucessão como a conhecemos hoje veio a surgir mesmo com o advento da propriedade individual. Seu fundamento, porém, era, de início, religioso e não econômico. A concepção religiosa exigia que tivesse o defunto um continuador de seu culto, que lhe fizesse os sacrifícios propiciatórios e lhe oferecesse o banquete fúnebre. O patrimônio era da família, que cultuava seus antepassados, na categoria de deuses domésticos. A sucessão era, assim, calcada no direito de primogenitura. O primogênito sucedia ao *paterfamilias* na chefia da família e do patrimônio familiar.[2]

Posteriormente, a ideia de sucessão desenvolveu-se, tendo como fundamento a própria continuidade patrimonial. Ou seja, deixou de ser religioso, passando a ser econômico. Em outras palavras, o desejo de segurança inspira a acumulação patrimonial; a proteção da prole inspira sua transmissão.[3]

Em Roma já havia diferença entre sucessão legítima e testamentária, que perdura até nossos dias.

Nosso Direito é fusão do Direito Germânico, que não admitia a sucessão testamentária, e do Direito Romano, que dava ao testador bastante liberdade para testar.

A sucessão *mortis causa* é, entretanto, por muitos criticada. O direito socialista é o principal crítico, por não permitir a propriedade privada dos meios de produção. Admite, todavia, a propriedade individual dos bens de consumo e uso pessoal e sua consequente transmissão *mortis causa*.[4]

Ainda contra a sucessão, apesar de não serem socialistas, temos Fichte, Montesquieu, Kant, Comte e outros que dizem ser a herança um desestímulo ao trabalho e à produção, perdendo com isso a coletividade.[5]

A favor temos a grande maioria de pensadores ocidentais. Enquanto subsistir o sistema capitalista de propriedade privada, subsistirá a sucessão *causa mortis*. Ela é fator de união familiar, enriquecimento da poupança do trabalho produtivo. Seus excessos é que devem ser aparados na linha hereditária e pela tributação.[6]

Os fundamentos da sucessão hereditária são basicamente os mesmos da propriedade privada. Assentam-se ambas em fundamentos de ordem natural,

---

2 COULANGES, Fustel de. **A cidade antiga**. 9. ed. Lisboa: Livraria Clássica, 1957. *passim*.
3 PEREIRA, Caio Mário da Silva. **Instituições de direito civil**. 18. ed. Rio de Janeiro: Forense, 1996. v. 6, p. 5-6.
4 КОЛОМАТСКАЯ, С. П. et al. **Основы советского гражданского права**. Москва: Высшая Школа, 1986. ст. 111.
5 FICHTE, Johann Gottlieb. Introdução à teoria do estado. In: **Os Pensadores**. 2. ed. São Paulo: Abril Cultural, 1984. p. 279. MONTESQUIEU, Charles de. Do espírito das leis. In: **Os Pensadores**. 3. ed. São Paulo: Abril Cultural, 1985. p. 409. KANT, Immanuel. The science of right. In: **Great Books of the Westerns World**. Chicago: University of Chicago, 1952. p. 427-428. COMTE, Auguste. Catecismo positivista. In: **Os Pensadores**. 2. ed. São Paulo: Abril Cultural, 1983. p. 279.
6 PEREIRA, Caio Mário da Silva. **Instituições**... cit., 18. ed., v. 6, p. 4 *et seq*. JHERING, Rudolf von. **A luta pelo direito**. 10. ed. Rio de Janeiro: Forense, 1992. *passim*.

econômica, psicológica, política, sociológica e jurídica. Só analisando todos esses fundamentos, é que se pode alcançar uma visão global do tema.

Do ponto de vista natural, a sucessão hereditária se justifica pelo próprio instinto de sobrevivência. O ser humano, assim como muitos outros animais, para sobreviver, reserva para si e protege dos demais, uma porção dos recursos que a natureza lhe proporciona. Esses recursos, evidentemente, destinam-se à sobrevivência do grupo familiar, daí a transmissão hereditária.

Esse fundamento natural leva-nos diretamente ao fundamento econômico: a escassez. Não há de tudo para todos. Assim, cada um de nós tem que reservar uma porção dos escassos recursos do meio, a fim de garantirmos nossa sobrevivência. Em agrupamentos humanos muito pequenos, despidos da complexidade que caracteriza sociedades como a ocidental, a ideia de propriedade privada individual inexiste totalmente. Tudo é coletivo, até mesmo a morada. Isto porque não há escassez e as necessidades e os desejos do indivíduo e do grupo são diminutos.

Da perspectiva psicológica, o acúmulo de bens, ou seja, a propriedade privada e sua transmissão hereditária gera segurança, tranquilidade ao indivíduo e também ao grupo, na medida em que a satisfação e a tranquilidade de cada um implica paz social e prosperidade para todos.

De um ponto de vista político, a propriedade e sua transmissão hereditária é causa de poder, que gera a ilusão de segurança e felicidade.

Na ótica sociológica, o acúmulo patrimonial e a transmissão hereditária do patrimônio acumulado se justifica pelo trabalho.

E, por fim, o Direito encontra vários fundamentos para a sucessão *causa mortis*, conforme seja a filiação filosófica. Pode ser a natureza humana (jusnaturalismo), a Lei (positivismo), ou a dignidade humana (pós-positivismo).

20.1.4 Abertura da sucessão

A morte é a ideia central. Não há falar em herança de pessoa viva, assim como gravemente viciado é todo contrato que a tiver como objeto. Antes da morte não há direito adquirido à herança, mas tão só expectativa de direito. Como exceção, a Lei admite sucessão nos bens do ausente, a princípio provisória e depois definitiva. Aberta a sucessão definitiva, o ausente se presumirá morto.

Com a morte abre-se a sucessão. A morte deve provar-se autêntica. No plano biológico, pela medicina, e no plano jurídico pela certidão passada pelo Oficial do Registro Civil, extraída do registro de óbito.

Em Roma, os herdeiros necessários, dentre eles, os filhos e escravos contemplados em testamento, adquiriam a herança no momento da morte, independentemente de ato seu. Em outras palavras, a herança não ficava sem dono um só instante. Na exata hora da morte, os herdeiros necessários, mesmo sem o saber, já herdavam, tornando-se condôminos do espólio. Depois era feita a liquidação e a partilha do monte.

Os outros herdeiros, que não fossem da categoria dos necessários, eram chamados de voluntários. Só herdavam depois de aceitar a herança.[7]

Com a morte a sucessão ficava aberta e só com a aceitação a herança se transmitia aos herdeiros voluntários. Entre a abertura e a aceitação, a herança ficava jacente. Nessa fase de jacência, a herança tinha representante e direito de ação, daí alguns reconhecerem-lhe personalidade, embora contestados por outros.[8]

Posteriormente, na Idade Média, segundo o Direito Franco, com a morte do servo, os bens voltavam ao suserano, que exigia pagamento dos herdeiros para dar-lhes a posse da herança. A etapa seguinte foi o chamado *droit de saisine*[9] – direito de posse imediata –, segundo o qual os herdeiros do servo entravam na posse imediata dos bens. Este *droit de saisine* se fixou no século XIII.[10]

Também na Alemanha, o Direito Germânico já adotava esse princípio, ou pelo menos dele se tem notícia pela fórmula *der Tote erbt den Lebendigen* (o morto transmite ao vivo).[11]

Nosso antigo Direito adotava a sistemática romana até 1754, quando o Alvará de 9 de novembro adotou o *droit de saisine*, confirmado pelo Assento de 1776 e pelo Código Civil de 1916.[12] O Código Civil de 2002 segue o mesmo sistema.

No Direito Brasileiro vamos, então, encontrar vigorando o *droit de saisine*, de que se pode extrair os seguintes efeitos:

1] Não há três fases, isto é, abertura, jacência e aceitação. A abertura da sucessão se dá com a morte e no mesmo instante os herdeiros passam a ser titulares da herança.
2] Não há necessidade da presença ou de nenhum ato do herdeiro. A imissão na posse se dá independentemente de qualquer ato do herdeiro, logo após a morte. Os herdeiros, mesmo sem o saber, já serão donos da herança, tendo, quando nada, posse indireta.
3] Qualquer herdeiro tem legitimidade para defender todo o acervo hereditário contra terceiros esbulhadores, ainda que só tenha direito a fração desse monte.

---

7 CRETELLA JR, José. **Curso de direito romano**... cit., 21. ed., p. 392-393.
8 SAVIGNY, Friedrich Karl von. **Traité de droit romain**. Paris: Firmin Didot Frères, 1856. t. VII, p. 49.
9 Pronuncia-se [druá dê cesíni].
10 JOSSERAND, Louis. **Cours de droit civil positif français**. 3. ed. Paris: Recueil Sirey, 1938. v. 3, p. 474 *et seq.*
11 THUR, Andreas von. **Teoria general del derecho civil alemán**. Buenos Aires: Depalma, 1948. v. 7, p. 31. PUTZO, Hans et al. **Bürgerliches Gesetzbuch mit Kommentaren von Bernhard Danckelmann**. 30. Auf., p. 1515.
12 PONTES DE MIRANDA, Francisco Cavalcanti. **Tratado de direito privado**. Rio de Janeiro: Borsoi, 1954. v. 55, p. 16-17.

4] Aberta a sucessão, falecendo o herdeiro, sucedem-lhe seus herdeiros, ainda que o herdeiro falecido não houvesse manifestado sua aceitação, ou mesmo que desconhecesse o passamento do antecessor. Por outros termos, se o herdeiro falecer logo após o autor da herança, aquilo que herdou passa aos seus próprios herdeiros.

5] O herdeiro, mesmo antes de individuado seu quinhão, pode passá-lo adiante, tomando o adquirente seu lugar no espólio.

20.1.5 Capacidade para suceder

Nem toda pessoa reúne os requisitos mínimos para suceder. Há indivíduos incapazes para tal.

A capacidade sucessória é capacidade negocial, específica, não se confundindo com a capacidade civil genérica, adquirida aos 18 anos ou com a emancipação.

A apuração da capacidade sucessória se fará de acordo com a lei vigente no momento da abertura da sucessão, ou seja, no momento da morte. Os pressupostos que definem essa capacidade são dois: existência e vocação hereditária.

O herdeiro tem que existir no momento da abertura da sucessão. Se quando o autor da herança falecer, o herdeiro não existir, nada herdará, sendo a herança transmitida aos demais herdeiros.

Algumas observações se fazem, entretanto, necessárias.

Em primeiro lugar, o nascituro, isto é, aquele que está para nascer (já concebido, mas não nascido), herda normalmente. Apesar de não ser pessoa, visto que ainda não nasceu, recebe a herança, sendo-lhe nomeado curador, denominado curador ao ventre (normalmente a própria mãe será o curador), para zelar por seus interesses. Caso venha a nascer morto, considera-se como nunca tendo existido, sendo sua parte da herança transmitida aos demais herdeiros.

É perfeitamente válida a disposição testamentária em favor de prole eventual de certo indivíduo. O testador pode dispor a favor de criança que ainda nem foi concebida (*nondum conceptus*). Pode-se também dispor a favor de fundação que ainda não foi constituída.

Em ambos os casos, a disposição testamentária é condicional. Caso a criança não venha a ser concebida, no prazo de dois anos, após a abertura da sucessão, a herança se devolverá aos demais herdeiros, ou a outra pessoa indicada pelo próprio testador, em substituição. O Código Civil não esclarece, porém, se herdaria apenas o primeiro a ser concebido dentro do prazo, ou se herdariam todos os filhos concebidos em dois anos. O mesmo raciocínio se aplica à fundação ainda não constituída. Se não vier a se constituir em certo prazo demarcado no testamento, e em sua falta no prazo de seis meses, a herança será transmitida aos demais herdeiros ou a substituto específico, nomeado pelo próprio testador.

Descendentes ou colaterais nascidos de embriões criopreservados ou a partir de fecundação *post mortem* (após a morte do autor da herança) consideram-se *nondum concepti* e só herdam por testamento. Isso porque não preenchem o requisito de existência, quando da abertura da sucessão, não podendo, pois, suceder a não ser por testamento.

As pessoas jurídicas, acrescente-se, só herdam se contempladas em testamento.

Os animais ou coisas jamais serão herdeiros ou legatários. Se em testamento, o autor da herança deixar algo para animal ou coisa inanimada, a disposição testamentária não será levada em conta, sendo os bens distribuídos aos demais herdeiros. O que pode ocorrer é o testador deixar seus bens a uma pessoa, incumbindo-a de cuidar de seu animal de estimação, por exemplo. Isso é válido.

O segundo pressuposto definidor da capacidade sucessória é a vocação hereditária.

Vocação *hereditária* é o chamamento à sucessão.

Quando um indivíduo morre, seus herdeiros serão convocados a herdar. Que herdeiros? Aqueles instituídos em testamento e, na falta deste, aqueles instituídos em lei. Fora desses, os demais não serão capazes para suceder, por não estarem na ordem de vocação hereditária.

Por exemplo, se uma pessoa viúva morrer sem deixar testamento, serão convocados seus filhos; na falta desses, seus netos etc. Se houver filhos, por exemplo, os pais e irmãos do falecido nada herdarão por estarem excluídos da vocação hereditária, não tendo capacidade sucessória. Os filhos ficarão com tudo.

20.1.6 Transmissão ou devolução da herança

A transmissão ou devolução da herança é a transferência do acervo aos herdeiros e legatários. Em relação a essa transmissão, três questões se impõem: quando, onde e a quem se devolve a herança?

Como vimos, a transmissão da herança, segundo nosso Direito, ocorre no exato momento da morte. Os herdeiros, ainda que não o saibam, já se tornam donos da herança. Se forem vários, serão condôminos do acervo hereditário, até a partilha.

A segunda pergunta – onde se transmite a herança? – tem resposta bastante simples: no último domicílio do inventariado, ainda que tenha morrido em local diverso, ou que os bens estejam situados em outra ou outras localidades. A transmissão ocorrerá no último domicílio do autor da herança, local em que deve ser instaurado o processo de inventário, a fim de se convocar os herdeiros e liquidar a herança, para que seja partilhada.

Por fim, a quem se devolve ou se transmite a herança?

A herança será distribuída entre os herdeiros e legatários instituídos no testamento e, na falta deste, entre os herdeiros instituídos pela Lei, denominados herdeiros legítimos. Não havendo herdeiros legítimos nem testamentários, a herança ficará sem dono, sendo recolhida aos cofres municipais para ser aplicada em educação pública.

Devolução é, pois, transmissão da herança aos herdeiros e legatários. Ocorre no momento da abertura da sucessão que, como visto, é o momento da morte em si mesma. Morrendo o autor da herança, neste exato momento, transmite-se aos herdeiros seu acervo hereditário, ainda que não tenham eles a menor ideia de que já são seus donos. Uma pessoa pode herdar sem o saber.

Para que essa situação patrimonial se consolide, é necessário que o herdeiro aceite a herança que já lhe foi deferida. Em outras palavras, é mister que aceite o que já é seu. Afinal, a transmissão automática que ocorre com a morte é meramente abstrata, só se consolidando com a aceitação.

a] Aceitação

Aceitação da herança é, assim, a manifestação livre de vontade de receber o herdeiro a herança que lhe é deferida. Na verdade, são três as etapas da transmissão ou devolução hereditária.

Em primeiro lugar, ocorre a abertura da sucessão com a morte do autor da herança. Neste exato instante, o acervo é transmitido de forma abstrata aos herdeiros, que se tornam seus condôminos, ainda que sem o saber.

O segundo momento é o da delação, ou seja, momento em que se oferece o acervo aos herdeiros. É concomitante com o momento da abertura. Em poucas palavras, a delação ocorre ao mesmo tempo em que a abertura da sucessão. Aliás, é a partir dela que os herdeiros se tornam donos da herança.

Por fim, a aceitação. Trata-se de negócio jurídico unilateral com o qual a herança já deferida é aceita. Como ficou claro, o ato aquisitivo não é a aceitação. A aquisição propriamente dita se dá com a morte. A aceitação apenas a consolida.

A aceitação pode ser expressa quando resultar de declaração escrita; nunca verbal, ainda que perante testemunhas.

Pode ser tácita quando o herdeiro pratica atos compatíveis com sua condição hereditária, tais como administração, alienação ou oneração de bens do espólio; locação, reconstrução ou demolição de prédios; propositura de ação; cobrança de dívidas etc. Atos meramente conservatórios; atos de administração interina; alienação de coisas deterioráveis, quando autorizada pelo juiz; cessão gratuita a coerdeiros e pagamento de dívida de herança não induzem a aceitação.

A aceitação será presumida, se algum interessado requerer ao juiz, até 20 dias depois da abertura da sucessão, para que mande o herdeiro pronunciar-se em até 30 dias. Caso não se pronuncie, presume-se aceita a herança.

Será direta quando provir do próprio herdeiro.

Será indireta quando alguém o fizer por ele. Isto pode ocorrer em quatro hipóteses:

1] os sucessores do herdeiro podem aceitar por ele, se já era falecido;
2] o mandatário ou gestor de negócios também podem aceitar, representando o herdeiro;
3] os credores, até o montante do crédito, podem aceitar a herança pelo devedor herdeiro;
4] por fim, o cônjuge poderá aceitar.

Importante é frisar que não se admite aceitação *pro parte*.[13] No entanto, se numa sucessão, o herdeiro tiver direito a mais de um quinhão hereditário, a títulos diversos, poderá aceitar um e renunciar ao(s) outro(s). Se, por exemplo, A deixa o testamento atribuindo 50% de sua herança a seus filhos B e C, e os outros 50% a B, este fará jus a dois quinhões, a um como herdeiro necessário; ao outro como herdeiro voluntário. Neste caso, B poderá aceitar um quinhão e renunciar ao outro.

A aceitação será anulada quando, após aceita, apurar-se que o aceitante não era herdeiro, ou descobrir-se testamento. Se o inventário já tiver sido encerrado e homologada a partilha, só por ação de petição de herança o interessado poderá reivindicar o que lhe cabe.

Em Roma, com a transmissão da herança, passavam ao herdeiro todos os seus encargos, ainda que *ultra vires hereditatis*.[14] Isso levava o herdeiro voluntário a renunciar à herança, a fim de não ter prejuízos.[15] Posteriormente, a aceitação poderia vir acompanhada de cláusula expressa a benefício de inventário, querendo isso dizer que o herdeiro aceitava a herança, desde que seus encargos não ultrapassassem o monte, sem ameaçar seu patrimônio pessoal. No Direito pátrio antigo prevalecia esta última regra. No Direito atual a aceitação a benefício de inventário presume-se *ope legis*,[16] a não ser que o herdeiro renuncie ao benefício expressamente.

b] Renúncia

Renúncia é o direito que tem o herdeiro de rechaçar a herança.

A renúncia é ato jurídico formal, dando-se por instrumento público, lavrado por notário de qualquer localidade, ou por termo nos autos do processo de

---

13 Por partes, parcial.
14 Além das forças da herança, ou seja, as dívidas são superiores ao ativo.
15 WARNKÖNIG, L. A. **Commentarii iuris romani privati**: de familia et successionibus. Leodii: J. Desoer, 1829. t. III, p. 330 *et seq.*
16 Por obra da Lei, por força de lei.

inventário ou de qualquer ação que verse sobre a herança.[17] É requisito substancial, sem o que não tem valor a renúncia.

Quanto a sua natureza jurídica, a renúncia é declaração unilateral de vontade. Não há necessidade de ser homologada em juízo. Completa-se por si mesma. Formalizada a renúncia, os bens passam aos herdeiros da outra classe, independentemente de sua presença ou aceitação. Por exemplo, se os filhos renunciarem, os netos herdarão. Se não houver herdeiros, a herança se considerará vaga e passará ao erário municipal.

Para renunciar, o agente deve ser capaz não somente para os atos da vida civil, mas principalmente para alienar. Pode ser efetuada por mandatário, que deve ter poderes especiais e expressos para tanto. Se o agente for incapaz, a recusa de nada vale, ainda que efetuada por seu representante, que não tem capacidade dispositiva, a não ser por autorização judicial.

A renúncia só pode ocorrer após a abertura da sucessão. Nunca depois da aceitação, ainda que seja tácita a última. Uma vez formalizada, retroage à abertura da sucessão e o herdeiro é tratado como se nunca o tivesse sido.

A renúncia deve ser pura e simples, não comportando termo ou condições. Em outras palavras, o herdeiro deve apenas renunciar, não podendo impor condições para tanto, nem renunciar até certa época, depois aceitando. Há quem admita que possa ser translativa, quando o renunciante repudia a herança em favor de outra pessoa. É a chamada *renúncia de nome*.

Não é tese que se sustente diante o art. 1.808 do CC, que veda a renúncia condicional, a termo ou parcial. Há outra teoria, mais lógica, que diz que a renúncia deve ser sempre pura e simples. A renúncia translativa seria, em verdade, aceitação translativa, ou seja, aceitação seguida de cessão de herança.[18] Esta é a tese que prevalece na prática diária, até mesmo por razões de equidade.

A renúncia é irretratável e definitiva, a não ser que grave ou levemente viciada. Os defeitos graves são a incapacidade absoluta do agente, a impossibilidade do objeto e a inadequação de forma, além da simulação. Os leves são a incapacidade relativa do agente, a fraude contra credores, o estado de perigo e a lesão, bem como o erro, o dolo e a coação. Os atos jurídicos viciados, dentre eles, a renúncia à herança, podem ser anulados, com já sabido.

Realizada a renúncia, a parte do renunciante passa aos outros herdeiros a quem de direito.

Se o renunciante falecer, seus sucessores nada recebem, a não ser que seja ele o único de sua classe, quando então seus herdeiros compareçem. Suponhamos que A, herdeiro de B, tenha três filhos, C, D e E. Supondo que A renuncie à herança de B, falecendo logo em seguida, a parte a que renunciou será distribuída

---

17 GOMES, Orlando. **Sucessões**. 6. ed. Rio de Janeiro: Forense, 1995. p. 27.
18 PEREIRA, Caio Mário da Silva. **Instituições**... cit., v. 6, p. 48.

entre seus irmãos, quais sejam, os outros filhos de B. Mas e se A fosse filho único? Nesta hipótese, a parte a que renunciou antes de morrer seria distribuída entre C, D e E, que estariam herdando do avô, B.

Quem renuncia à herança não está impedido de aceitar legado.

O renunciante, como pai, não é impedido da administração ou usufruto dos bens que venham a tocar a seus filhos menores em virtude da renúncia.

Na sucessão testamentária, a transmissão dos bens do renunciante pode depender das disposições do testamento. O testador pode dispor que, se um herdeiro renunciar, sua parte será conferida a outro herdeiro ali nomeado.

Se o coerdeiro, ou herdeiro da classe subsequente, houver cedido seus direitos sucessórios, a renúncia beneficiará o cessionário. Tomemos o seguinte exemplo: A e B são filhos e herdeiros de C. Morrendo este, B cedeu sua parte a D, e A renunciou à sua parte. Para quem ficará a herança? Ficará para D.

c] Cessão de herança

Cessão de herança é alienação gratuita ou onerosa da herança a terceiro, estranho ou não, ao inventário. A cessão pode ser total ou parcial quando envolver todo o quinhão do cedente ou parte dele.[19]

A cessão só é possível após a aceitação, a não ser que seja gratuita e a um dos coerdeiros.

Como requisitos de validade temos que o cedente deve ser capaz, em particular para alienar seus próprios bens. A cessão só pode dar-se após a abertura da sucessão. Não se pode ceder herança de pessoa viva. Deve concluir-se antes da partilha, caso contrário não será cessão de herança, ainda que conserve esta denominação. Será, analogicamente, como doação ou compra e venda de bens herdados, dependendo se for gratuita ou onerosa, respectivamente. Por fim, o cedente designará a quota-parte cedida de maneira abstrata. Em outros termos, não poderá indicar concretamente que bens da herança está cedendo. Isto pela simples razão de que, antes da partilha, os herdeiros não podem dizer o que será de quem, uma vez que são condôminos do monte em geral. Se os bens ainda não foram individuados, a cessão terá que ser do quinhão hereditário em abstrato.

O cessionário recebe a herança no estado em que se achar, correndo por sua conta os riscos de ser mais ou menos absorvida pelo passivo; a não ser que o cedente determine um valor, expressamente, caso em que se obriga por ele.

O cedente não responde pela evicção. Evicção, a título de recordação, é a perda da coisa, em virtude de sentença judicial, a favor de quem possuía direito anterior sobre ela. É o caso do carro roubado que é restituído a seu verdadeiro dono, por sentença judicial. Se o carro fazia parte do quinhão do herdeiro cedente, este não

---

19 Idem, p. 56.

responderá pela evicção. O prejuízo será do cessionário, que poderá cobrá-lo de quem tenha alienado o veículo ao autor da herança.

Os herdeiros têm direito de preferência, se a cessão for onerosa. Explicando melhor, se o herdeiro resolver vender sua quota-parte, deverá oferecer primeiro aos coerdeiros, que têm direito de preferência, podendo anular a cessão operada em favor de estranho. O fundamento da preferência é o condomínio entre os herdeiros, desde a abertura da sucessão, até a partilha.

Os credores do cedente, não avisados e prejudicados pela cessão, têm ação contra o herdeiro, ainda que o cessionário assuma o débito.

O instrumento da cessão será juntado aos autos do processo de inventário, prosseguindo este normalmente, feita a substituição do herdeiro pelo cessionário automaticamente.

d) Petição de herança

Petição de herança é ação pela qual herdeiro esquecido ou desconhecido reclama sua parte da herança, antes ou depois da partilha.[20]

A ação deve instruir-se com prova da qualidade de herdeiro.

O autor pedirá a entrega dos bens, com seus acessórios e implementos.

Segundo o art. 1.824 do CC, a ação terá cabida contra o possuidor *pro herede*, ou contra o possuidor ordinário, que detenha os bens a outro título. Possuidor *pro herede* é aquele que possui na condição de herdeiro. Por exemplo, Fernando morre, deixando Mário como herdeiro de sua casa. Mário, na condição de herdeiro, será dono e possuidor da casa desde o momento da morte, ou seja, desde a abertura da sucessão. Supondo que Cláudio possua a casa como locatário, teremos dois possuidores, um *pro herede*, Mário; outro a outro título, na condição de locatário, Cláudio.

No mais das vezes, a ação é proposta contra o coletivo dos herdeiros, representados pelo inventariante, ou seja, contra o espólio.

A ação de petição de herança pode vir isolada ou geminada a outro pedido. O caso mais frequente é o de cumulação com a investigação de paternidade.

Ao herdeiro vencedor devolve-se a herança com todos os acessórios e mesmo os frutos e rendimentos, se o possuidor for declarado em mora. Não se caracterizando mora por parte do vencido, caberão a ele as benfeitorias, frutos e rendimentos, devendo ser indenizado pelas benfeitorias e despesas úteis e necessárias. Quanto às voluptuárias poderá levantá-las, se não houver risco de destruição ou deterioração.

Se a ação for proposta contra o possuidor *pro herede*, mas os bens estiverem na posse direta de terceiros, é óbvio que a execução da sentença os alcançará. Assim,

---

20 GOMES, Orlando. **Sucessões**... cit., p. 271.

locatários, depositários, comodatários terão que restituir os bens conferidos ao autor da ação de petição de herança, a não ser que tenham proteção contra terceiros adquirentes, como é o caso do locatário, cujo contrato, registrado, tenha cláusula de proteção contra terceiros adquirentes.

Havia divergência doutrinária quanto ao prazo para se intentar a ação de petição de herança. Segundo Caio Mário,[21] a prescrição relativa à ação transcorria em 20 anos da abertura da sucessão. Conferia-lhe caráter real universal. Passado esse período, o filho não reconhecido poderia até intentar ação de investigação de paternidade, mas não teria mais direito à herança. O contraditório estava em que, se a ação de petição de herança tinha natureza real, o prazo de prescrição (extinção da responsabilidade do espólio) seria de 15 anos entre ausentes e 10 anos entre presentes.

Outros havia que lhe conferiam caráter constitutivo-condenatório. Neste caso, não havendo prazo estabelecido em lei, o direito de peticionar seria perpétuo, não estando sujeito à decadência.

Theotônio Negrão[22] noticia acórdão, considerando a ação de petição de herança declaratória. Consequentemente, não haveria falar nem em prescrição, nem em decadência.

Em nosso entendimento, a interpretação do Código Civil de 1916 deveria ser no sentido de considerá-la mista: declaratória e condenatória. No respeitante à declaração da condição de herdeiro, não haveria prazo de decadência, muito menos de prescrição. Contudo, no tocante à reivindicação dos bens, a ação teria caráter condenatório real, e a prescrição (extinção da responsabilidade do espólio pela entrega dos bens) seria de 10 anos entre presentes e 15 anos entre ausentes.

O Código Civil de 2002 é claro a respeito. O art. 1.824 confere à ação de petição de herança caráter declaratório: "o herdeiro pode (...) demandar o *reconhecimento* de seu direito sucessório" (Grifamos). Em outras palavras, o juiz reconhecerá a existência de algo que já é real, ou seja, o direito sucessório, decorrente da Lei ou do testamento.

É óbvio que a ação, além de declaratória, será também condenatória, num segundo momento, uma vez que o peticionante reivindicará seu quinhão hereditário. Para reivindicar seu quinhão, o herdeiro deverá respeitar o prazo genérico de prescrição, consistente em 10 anos, contados da abertura da sucessão.

---

21 PEREIRA, Caio Mário da Silva. **Instituições**... cit., v. 6, p. 54-55.
22 NEGRÃO, Theotônio. **Código de Processo Civil**. 20. ed. São Paulo: RT, 1990. art. 1.000, nota 7.

20.2 Sucessão legítima

20.2.1 Definição e generalidades

Sucessão legítima ou legal é sucessão deferida por determinação da Lei, quando o sucedendo morre intestado, ou seja, sem deixar testamento.

Na verdade, a sucessão legítima se dá em quatro momentos:

a) quando o *de cuius* morrer sem testamento;
b) quando o testamento for anulado ou caducar;
c) quando o testador não dispuser da totalidade da herança, deixando parte sem destinação no testamento;
d) quando houver herdeiros necessários, que restrinjam a liberdade de testar à parte disponível. Havendo descendentes, ascendentes ou cônjuge supérstite, ou seja, havendo herdeiros necessários, o testador só poderá dispor da metade de seu patrimônio. A outra metade deverá obrigatoriamente ser deixada para os herdeiros necessários.

Nas antigas cidades-Estado gregas e italianas, a sucessão legítima foi a primeira a existir, precedendo a testamentária. Seu fundamento, como já vimos, era religioso. O herdeiro, isto é, o primogênito, deveria dar continuidade ao culto de seus antepassados. Posteriormente, com o arrefecimento do espírito religioso, surgiu a sucessão testamentária, para que o patrimônio do sucedido fosse distribuído entre certas pessoas por ele apontadas. Porém, falecendo o autor da herança *ab intestato*, para quem seriam deferidos seus bens? Para o primogênito? Ora, o direito da primogenitura já não mais vigorava. Os demais filhos e netos também queriam participar da sucessão. Foi necessário, pois, que o legislador regulamentasse a questão, indicando as pessoas que herdariam, se o autor da herança não deixasse testamento, ou se ocorresse uma das três outras hipóteses anteriormente referidas.[23]

Grosso modo, pode dizer-se que quatro são as ordens de influência sobre sucessão a legítima. Historicamente, esteve presente em todos os povos da Antiguidade – romanos, egípcios, gregos, babilônios, hindus, chineses, árabes, hebreus etc.[24] Na atualidade, vamos encontrá-la em todos os países ocidentais e orientais. Até mesmo nos de orientação socialista que, em princípio, e como já observamos, posicionam-se contra a sucessão *causa mortis*.[25]

---

23 COULANGES, Fustel de. Op. cit., *passim*. ARIÈS, Philippe et al. **História da vida privada**. São Paulo: Cia. das Letras, 1991. v. 1, *passim*.
24 COULANGES, Fustel de. Op. cit., *passim*.
25 КОЛОМАТСКАЯ, С. П. et al. Op. cit., *passim*.

Do ponto de vista familiar, há na sucessão legítima fator de coesão e unidade da família, assegurando a permanência dos bens em seu domínio.

Do ponto de vista individual, a ordem de vocação hereditária obedece ao critério da afeição presumida. Os herdeiros são chamados a suceder em ordem de gradação afetiva que, normalmente, encontra apoio na realidade.[26]

Finalmente, do ponto de vista social, tendo em conta que é no meio social que o homem vive e labora e que, economicamente, não se vive ilhado, sendo justamente a organização social que lhe permite constituir e resguardar seu patrimônio, a ordem de vocação hereditária prevê a devolução dos bens ao Estado, ou seja, à coletividade, quando não houver outros herdeiros possíveis.

Segundo von Jhering, o fundamento da sucessão hereditária é o trabalho. Uma pessoa trabalha, amealhando bens, exatamente para prover a si e aos seus.[27] Modernamente, numa visão constitucionalizada do Direito Civil, pode-se afirmar ser o fundamento da sucessão hereditária a dignidade humana, lastreada no trabalho e no afeto de cada um, com vistas a garantir, principalmente à descendência, a continuidade da vida digna. É a dignidade da família e de cada um de seus membros, enfim, o fundamento da sucessão hereditária.

O direito sucessório sofre, porém, limitações. Primeiro impõe a Lei limite à extensão dos parentes chamados a herdar. No Brasil, os parentes na linha colateral só herdam até o quarto grau. Em segundo lugar, impõe-se tributação sobre o valor do monte e, em alguns países, em função do grau de parentesco.[28]

A sucessão pode ocorrer por cabeça ou por estirpe.

Será por cabeça quando a herança for transmitida a cada herdeiro individualmente, *in capita*. Exemplificando, tomemos A e seus dois filhos, B e C. Morrendo A, sem testamento, seus filhos receberão, cada um a metade, por cabeça.

A sucessão será por estirpe, quando for transmitida aos herdeiros de uma mesma linha paterna ou materna. Em outras palavras, a sucessão por estirpe é aquela que toca aos herdeiros do herdeiro falecido. A eles caberá apenas o que receberia o herdeiro falecido. Vejamos um exemplo: A morre intestado, deixando três filhos, B, C e D. Logo em seguida morre B, deixando dois filhos, E e F. A quem será conferida a herança de A? Um terço a C e um terço a D, que herdam por cabeça. O outro terço será entregue a E e F, que herdam por estirpe.

A sucessão pode ocorrer por direito de transmissão ou de representação.

Dá-se sucessão por direito de transmissão, quando o herdeiro falecer após a abertura da sucessão. Neste caso seus herdeiros herdam por direito de transmissão,

---

26 PEREIRA, Caio Mário da Silva. **Instituições**... cit., v. 6, p. 61 et seq.
27 JHERING, Rudolf von. **A luta pelo direito**... cit., *passim*.
28 PEREIRA, Caio Mário da Silva. **Instituições**... cit., v. 6, p. 9 et seq.

ocupando o lugar daquele a quem a herança fora deferida, mas que não pudera tocá-la, alcançado pela morte. A herança aqui é repartida sempre por estirpe.[29]

Exemplificando, teríamos A que deixa três filhos, B, C e D. Após a morte de A, B vem a falecer, deixando dois filhos, E e F. Em primeiro lugar, deve ser ressaltado que B chegou a herdar de A, uma vez que morreu depois. Como vimos, os herdeiros se tornam donos da herança no momento exato da morte. A aceitação posterior é apenas ato de ratificação. Bem, se B morreu depois de A, ainda que um segundo depois, significa que herdou de A, transmitindo essa herança a seus filhos, E e F. Diante disso, como será distribuída a herança de A? Muito fácil: um terço para C, um terço para D e um terço para E e F, que herdam por estirpe e por direito de transmissão.

Já a sucessão por direito de representação se verifica quando ocorrer a morte de um herdeiro, anteriormente à abertura da sucessão. Seus herdeiros tomam-lhe o lugar, recebendo o quinhão que a ele caberia. Tal sucessão também só pode se dar por estirpe.

Tomemos um exemplo. A tem três filhos, B, C e D. B morre, sendo seguido de A. Neste caso, B não herdou de A, uma vez que morreu antes. Mesmo assim, seus filhos herdarão o que a ele caberia, por direito de representação. Em outras palavras, os filhos de B representarão seu pai no espólio de A, herdando por estirpe juntamente com C e D, que herdarão por cabeça.

20.2.2 Ordem de vocação hereditária

Ordem de vocação hereditária é a ordem pela qual a Lei chama, convoca, os herdeiros do morto a herdar. Fala-se em ordem de vocação hereditária apenas quando se cuida de sucessão legítima. Há cinco ordens:

> 1ª ordem) Descendentes – Dentro desta classe, o grau mais próximo exclui o mais remoto, a não ser nos casos de representação ou transmissão. Os graus contam-se até o infinito. Pode ser que concorram com o cônjuge ou companheiro viúvos, dependendo do caso. Isto veremos mais abaixo.

> 2ª ordem) Ascendentes – Na falta de descendentes, herdam os ascendentes até o infinito. Aqui também, o grau mais próximo exclui o mais remoto. Pode ser que também concorram com o cônjuge ou companheiro viúvos, dependendo do caso.

> 3ª ordem) Cônjuge supérstite – Na falta de descendentes ou ascendentes, herda o cônjuge sobrevivente. Pode ser que o cônjuge concorra com os descendentes ou com os ascendentes, como vimos acima. Veremos as duas situações mais adiante.

---

29 Idem, p. 74.

4ª ordem) Colaterais – Na falta de representantes das três classes citadas anteriormente, são chamados à sucessão os colaterais até o quarto grau. Também aqui o grau mais próximo exclui o mais remoto, com a ressalva do direito de representação ou transmissão. Também os colaterais concorrem com o companheiro viúvo.

5ª ordem) Poder Público – Faltando representantes das outras ordens, a herança se considera sem dono, jacente. Neste caso o Poder Público do Município, em que se situarem os bens, incorporará o acervo. Vê-se, portanto, que o Poder Público não é herdeiro.

A sucessão do companheiro, diferentemente do Direito anterior, é estudada à parte, fora dessa ordem de vocação hereditária.

Vejamos, agora, a sucessão em cada uma dessas ordens, mais pormenorizadamente.

a] Sucessão dos descendentes

Os descendentes são os herdeiros por excelência. Em relação aos filhos, vigiam anteriormente regras que faziam distinção entre filiação legítima, ilegítima e adotiva. Após a Constituição Federal de 1988, foi abolida qualquer distinção entre eles, tendo todos os mesmos direitos. Foi, assim, revogado o Código Civil de 1916 em todo e qualquer dispositivo que fizesse discriminação entre filhos. O Código Civil de 2002 recepcionou o princípio constitucional da igualdade entre os filhos. No tocante aos filhos adotivos, uma vez adotados, perdem toda vinculação com sua família de origem, não se podendo, portanto, falar em direito sucessório em relação a seus pais naturais. É importante mencionar também os descendentes por vínculo socioafetivo. Eles têm os mesmos direitos que os descendentes biológicos e adotivos, como vimos no capítulo anterior. Vamos imaginar um exemplo. A se casa com B, que já tinha um filho C, de outra união. A e C se identificam afetivamente como pai e filho, embora A não adote C oficialmente. A e B têm mais dois filhos biológicos D e E. Sendo considerado filho socioafetivo, C terá os mesmos direitos e deveres que D e E. Assim, herdará de A, da mesma forma que D e E.

Na categoria dos descendentes, o grau mais próximo exclui o mais remoto. Assim, se uma pessoa morrer, deixando filhos e netos, herdam os filhos. Se deixar netos e bisnetos, herdam os netos, e assim por diante. Sobre a concorrência com o cônjuge ou companheiro do morto, falaremos mais adiante.

Na linha descendente, a herança pode distribuir-se por cabeça ou por estirpe, por direito de transmissão ou de representação.

Se A morrer, deixando dois filhos B e C; e se, logo em seguida, morrer B, deixando dois filhos D e E, como será distribuída a herança de A? C herdará a metade, por cabeça. D e E herdarão a outra metade, por estirpe e por direito de transmissão. Não nos esqueçamos de que se B morreu depois de A; significa que herdou, transmitindo a seus filhos D e E.

Outro exemplo: A tinha três filhos, B, C e D. B morre, logo em seguida morrendo A. Como será distribuída a herança de A? Um terço ficará para C e o outro terço para D, que herdam por cabeça. O terço remanescente será herdado pelos filhos de B, que recebem por estirpe e por direito de representação.

Vejamos mais um exemplo. A tinha três filhos, B, C e D. B tinha dois filhos, E e F. C tinha um filho, G, e D não tinha filhos. Primeiro morreram B, C e D. Depois morreu A. Como será distribuída a herança de A? Entre seus netos, E, F e G, que receberão por cabeça, por se acharem todos no mesmo grau.

Por fim, um último exemplo, para clarear as coisas. Tomemos o mesmo caso: A tinha três filhos, B, C e D. B tinha dois filhos, E e F. C tinha um filho, G, e D não tinha filhos. Primeiro morreu B. Depois morreu A e por último morreu C. Como será distribuída a herança de A? Um terço para D, que recebe por cabeça. Um terço para os filhos de B, que recebem por estirpe e por direito de representação. O último terço irá para o filho de C, que herda por estirpe e por direito de transmissão.

Todas essas regrinhas podem ser extraídas do art. 1.835 do CC.

b] Sucessão dos ascendentes

Não havendo ninguém na classe dos descendentes, herdam os ascendentes, sejam eles biológicos, adotivos ou socioafetivos. Também aqui o grau mais próximo exclui o mais remoto. Assim, se um indivíduo morrer, deixando pais e avós, herdam os pais. Se deixar avós e bisavós, herdarão os avós, e assim por diante. Sobre a concorrência com o cônjuge ou companheiro do morto, falaremos mais abaixo.

Na sucessão dos ascendentes, não há estirpes, mas linhas. Nela, a herança será dividida por linhas e graus. Suponhamos que A morra, deixando seus pais vivos. Sua herança será dividida igualmente entre eles. Será dividida em duas linhas: materna e paterna. É importante frisar que só se admite uma divisão em linhas. Por exemplo, se A morrer, deixando vivos seus avós paternos e seu avô materno, sua herança será distribuída da seguinte forma: 50% para a linha materna e 50% para a linha paterna. Consequentemente, o avô materno herdará a metade e os avós paternos a outra metade. Conclui-se, assim, que a sucessão avoenga é sempre por estirpe.

Não há direito de representação na linha ascendente, exatamente por não haver estirpes, mas apenas duas linhas, a materna e a paterna. Exemplificando, suponhamos que A tenha seus pais e avós vivos. Em dado momento, morre seu pai. Em seguida, morre A. Se o pai morreu antes de A, significa que nada herdou. Sendo assim, para quem irá a herança de A, se não se admite direito de representação na linha ascendente? Muito fácil. A mãe de A herdará tudo.

Se por um lado não se permite o direito de representação na linha ascendente, por outro, é plenamente admitido, por ser lógico, o direito de transmissão. Tomemos o mesmo exemplo: A tem pais e avós vivos. Em dado momento, morre A. Em seguida, morre seu pai. Se o pai morreu depois de A, significa que herdou. Sendo assim, para quem irá a herança de A? Metade para sua mãe e metade para seus avós paternos, que herdam por estirpe e por direito de transmissão.

Por fim, mais uma questão: e se for o caso de multiparentalidade, isto é, e se o decujo tiver dois pais e uma mãe, ou dois pais e duas mães, como fica a sucessão desses ascendentes? A solução será a mesma da pessoa que morrer, deixando um pai e/ou uma mãe vivos. Suponhamos que A morra, deixando dois pais e uma mãe vivos. Como será divida a herança. Na minha opinião, como há duas linhas: uma materna e uma paterna, a paterna receberá uma metade e a materna a outra. E se forem três mães e nenhum pai? Nesse caso, há apenas uma linha. Sendo assim, a herança se dividirá irmãmente entre as mães.

O que ocorrerá se houver multiparentalidade ou parentalidade socioafetiva?

Na multiparentalidade, um mesmo indivíduo possuirá mais de um pai e/ou mãe. Como se dará a sucessão? Aplicando-se, pura e simplesmente, as regras estudadas acima, tanto na sucessão do descendente, quanto na dos ascendentes.

Assim, se A tem uma mãe e dois pais. Se um dos pais falecer, A herdará normalmente. Se A falecer, sua herança será partilhada por igual entre os três (mãe e dois pais).

E na parentalidade socioafetiva, como ocorrerá a sucessão? Também se aplicando as mesmas regras já analisadas. Na parentalidade socioafetiva, poderá haver multiparentalidade ou não. O que interessa é que o pai, ou mãe, não será biológico, mas apenas socioafetivo. Se A tem um pai biológico e um socioafetivo terá direito à herança de ambos, bem como ambos terão direito à herança de A. Se A desconhece seu pai biológico e foi criado por B, seu pai socioafetivo, ainda que este não o tenha adotado, A terá direito à herança de B, comprovada a parentalidade socioafetiva. Assim vem defendendo a doutrina mais recente, com boa repercussão nos tribunais.

c] Sucessão do cônjuge ou companheiro sobrevivo

Havendo descendentes ou ascendentes, o cônjuge sobrevivente com eles concorrerá, segundo as regras que estudaremos abaixo. Não havendo parentes na linha reta, ou seja, descendentes ou ascendentes, é chamado à sucessão o cônjuge sobrevivente, que tudo herdará, desde que não esteja separado judicialmente, nem separado de fato há mais de dois anos. No caso de separação de fato superior a dois anos, o cônjuge ainda terá direito, se provar que a separação não ocorreu por culpa sua. Mais uma vez aqui, vê-se a insistência do legislador em introduzir a difícil questão da culpa, de solução impossível na prática. No dia a dia forense, não se deve, neste caso, dar muita importância à culpa, dada a inviabilidade de sua apuração. Lembremo-nos de Nelson Rodrigues: "Me perdoa por me traíres". Lembremo-nos também de Freud, Lacan e muitos outros estudiosos da psique humana, para quem, evidentemente, a questão da culpa não é tão simples, tão preta e branca, como a imagina o legislador.

Em 10 de maio de 2017, o Supremo Tribunal Federal, julgando o Recurso Extraordinário n. 878.694/MG, de relatoria do Ministro Barroso, concluiu pela inconstitucionalidade do art. 1.790 do Código Civil, que tratava da sucessão do companheiro. Firmou que "no sistema constitucional vigente, é inconstitucional a distinção de regimes sucessórios entre cônjuges e companheiros, devendo ser aplicado, em ambos os casos, o regime estabelecido no art. 1.829 do CC/2002". Tendo a decisão repercussão geral, o companheiro passou a ocupar, juntamente com o cônjuge, a terceira ordem de vocação hereditária, após os descendentes e os ascendentes, aplicando-se-lhe todas as normas relativas à ordem vocação hereditária (arts. 1.829 a 1.844).

A fim de melhor entender a sucessão do cônjuge ou do companheiro viúvo, cumpre diferenciar herança de meação.

Em linhas gerais, pode dizer-se que, em praticamente todos os quatro regimes de bens – comunhão universal, comunhão parcial, separação de bens e participação final nos aquestos –, o casal possui patrimônio comum, seja ele constituído de bens adquiridos pelo esforço comum ou não. Esse patrimônio comum pertence ao casal, sendo metade de um e metade do outro. Morrendo um dos dois, a metade do viúvo distingue-se da herança, não sendo transmitida aos herdeiros. É a chamada meação do cônjuge/companheiro supérstite. A outra metade, que pertencia ao inventariado, esta sim compõe a herança, sendo transferida aos herdeiros, que pode ser o próprio cônjuge/companheiro sobrevivo, na falta de descendentes ou ascendentes, ou em concorrência com eles.

Na sucessão do cônjuge/companheiro, duas situações se hão de esclarecer, situações estas em que o viúvo concorre com os descendentes ou com os ascendentes.

A regra se inspira no Direito Alemão, que dispõe (§ 1.931 do BGB) que, concorrendo o cônjuge com descendentes, terá direito a um quarto da herança; concorrendo com os pais ou com os avós do defunto, terá direito à metade do acervo hereditário. Se um dos avós não estiver vivo, o cônjuge, além da metade da herança, concorrerá, em iguais proporções, com os descendentes do avô pré-morto.[30]

Em nosso Sistema Jurídico, as situações se resolvem de modo semelhante. Se o cônjuge/companheiro sobrevivente concorrer com descendentes do autor da herança, terá direito ao mesmo quinhão que a cada um deles for conferido por cabeça. Este direito não subsiste, ou seja, o cônjuge/companheiro sobrevivente não concorrerá com os descendentes em três hipóteses:

1] se o regime do casamento/união estável era o da comunhão universal;
2] se o regime do casamento era o da separação obrigatória de bens (há erro material na remissão feita ao art. 1.640, parágrafo único, pelo art. 1.829, I; o art. 1.640 e seu parágrafo único tratam do regime da comunhão parcial de bens, que se presume, na falta de disposição em contrário. A remissão deveria ter sido ao art. 1.641, que cuida do regime da separação obrigatória);
3] se o regime do casamento/união estável era o da comunhão parcial de bens, e o falecido não houver deixado patrimônio particular.

O que se pode perceber é que, à exceção do regime de separação obrigatória de bens, não havendo, em princípio, patrimônio particular do autor da herança, o cônjuge/companheiro não concorrerá com os descendentes. Só concorrerá, se o regime propiciar a existência de patrimônio individual.

Por que isso? Porque havendo patrimônio comum, ao cônjuge/companheiro já tocará a meação. O que o legislador quis foi garantir ao consorte sobrevivo a participação no patrimônio particular do decujo, uma vez que do comum ele já participa. A única pendência que ainda deverá ser respondida é quanto ao eventual patrimônio particular no regime de comunhão universal de bens. A se fazer uma interpretação teleológica da Lei, seria possível admitir que o cônjuge/companheiro participasse na divisão desses bens. Há outra pendência, porém.

---

30 Assim dispõe o BGB: "§ 1931. [Gesetzliches Erbrecht des Ehegatten] (1) Der überlebende Ehegatte des Erblassers ist neben Verwandten der ersten Ordnung zu einem Vierteile, neben Verwandten der zweiten Ordnung oder neben Großeltern zur Hälfte der Erbschaft als gesetzlicher Erbe berufen. Treffen mit Großeltern Abkömmlinge von Großeltern zusammen, so erhält der Ehegatte auch von der anderen Hälfte den Teil, der nach § 1.926 der Abkömmlingen zufallen würde". Tradução livre: "§ 1931 [Direito hereditário do cônjuge] (1) O cônjuge sobrevivente do autor da herança, se concorrer com parentes da primeira ordem (descendentes), terá direito a um quarto da herança; se concorrer com parentes da segunda ordem (pais) ou com avós, terá direito à metade da herança. Se concorrerem com os avós, descendentes de algum avô pré-morto, o cônjuge terá direito, nessa outra metade, a quinhão equivalente ao que for atribuído aos descendentes de acordo com o § 1926".

O Código Civil não faz referência ao regime da participação final nos aquestos. O cônjuge/companheiro faria jus a concorrer com os descendentes neste regime? Ora, se o art. 1.829, I, explicita os regimes em que não se dá a concorrência, e se o regime da participação final nos aquestos não é mencionado, consequentemente, nele o cônjuge concorre. E concorre em relação ao patrimônio particular, uma vez que quanto aos aquestos deles já será meeiro.

De qualquer modo, havendo direito à concorrência, se o cônjuge/companheiro concorrer com descendentes, a ele tocará quinhão igual aos que sucederem por cabeça, ou seja, se concorrer com filhos e netos, herdará o que couber a cada um dos filhos. Se concorrer só com netos, herdará o que couber a cada uma das estirpes ou das cabeças. No entanto, se os descendentes do defunto forem também seus descendentes, sua parte não será jamais inferior a um quarto da herança.

Vejamos um exemplo: A morre, deixando cônjuge/companheiro viúvo e cinco filhos comuns com ele. Teremos aí seis herdeiros concorrentes, os cinco filhos e o cônjuge/companheiro. Neste caso, ao cônjuge/companheiro tocará um quarto da herança, e aos cinco filhos, os outros três quartos. Se os filhos de A fossem de outro casamento/união estável, tocaria ao cônjuge/companheiro apenas um sexto da herança.

Mas, o que ocorrerá, caso haja filhos comuns e filhos apenas do autor da herança? Neste caso, como parte dos descendentes não são comuns, o cônjuge/companheiro herdará quinhão igual ao dos que sucederem por cabeça. Por outros termos, não terá direito a um quarto da herança.

Se o cônjuge/companheiro concorrer com os pais do decujo, a ele tocará um terço da herança. Se apenas com um dos pais, receberá a metade. Em outras palavras, a herança será dividida em três ou duas partes, quantos sejam os herdeiros: se os dois pais e o cônjuge; se um dos pais e o cônjuge.

Se concorrer com ascendentes de segundo grau ou grau superior (avós, bisavós etc.), ao cônjuge/companheiro tocará a metade da herança.

Resta ainda uma pergunta: sendo o regime o da separação convencional de bens, poderia o pacto pré-nupcial abolir a concorrência do cônjuge/companheiro com os descendentes ou mesmo com os ascendentes? Se entendermos que essa questão integra a esfera de autonomia privada, a resposta deverá ser positiva, à exceção da legítima. Ademais, não seria possível, por testamento, abolir essa concorrência, desde que preservada a legítima? Se é possível em testamento, por que não o admitir no pacto pré-nupcial?

De todo modo, qualquer que seja o regime de bens do casamento/união estável, o cônjuge/companheiro sobrevivente terá direito real de habitação sobre a residência da família, desde que seja ela o único imóvel residencial do casal. Não quis o legislador que o viúvo corresse o risco de ficar sem ter onde morar. Se o imóvel for rural, na falta de previsão de lei, há que questionar, a meu ver, se se trata de imóvel rural destinado a produção ou a lazer. Caso se destine a produção, entendo que o direito de habitação só se justificaria sobre a sede, e, assim mesmo, se tal não inviabilizar a produtividade do imóvel. Caso se cuide de sítio de lazer, a habitação vidual é direito indiscutível do viúvo.

d] Sucessão dos colaterais

Se o indivíduo falecer sem deixar nem descendentes, nem ascendentes, nem cônjuge sobrevivente, serão convocados os parentes em linha colateral, seja o parentesco consanguíneo, por adoção ou socioafetivo.

Na sucessão dos colaterais, o grau mais próximo exclui o mais remoto. Assim, se uma pessoa morre, deixando irmãos e sobrinhos, herdam os irmãos. Se deixar sobrinhos e primos, herdarão os sobrinhos, e assim por diante.

Na sucessão dos colaterais haverá direito de representação apenas no respeitante aos sobrinhos, filhos de irmão. Exemplificando: A tinha dois irmãos, B e C. B morreu, deixando dois filhos, D e E. Em seguida, morreu A. Se A morreu depois de B, significa que este nada herdou. Posto isso, como será distribuída a herança de A? Metade para C e a outra metade para D e E que herdarão por estirpe e por direito de representação.

Vejamos outro exemplo: A tinha dois sobrinhos B e C. B morreu, deixando um filho, D. Logo depois, morreu A. Se A morreu depois de B, vale dizer que B nada herdou. Como será distribuída a herança de A? Tudo para C, uma vez que o direito de representação na linha colateral se restringe aos filhos de irmão, e não aos filhos de sobrinho.

Se o direito de representação sofre restrições, o direito de transmissão não as sofre. Se A morrer antes de seu irmão B, significa que B herdará, transmitindo a seus próprios herdeiros a herança de A.

Foi dito que, na sucessão dos colaterais, o grau mais próximo exclui o mais remoto. Porém, se uma pessoa morrer, deixando um tio (irmão de seu pai) e um sobrinho (filho de seu irmão). Tanto o tio quanto o sobrinho do falecido são seus parentes em terceiro grau. Como será, então, distribuída a herança? Tudo para o sobrinho, que herda por direito de representação, no lugar de seu pai, irmão do defunto.

Na sucessão de irmãos, os unilaterais (irmãos só por parte de mãe ou de pai), concorrendo com bilaterais (irmãos por parte de pai e de mãe), herdam a metade do que couber a estes. Vejamos um exemplo: A tem dois irmãos, B (bilateral) e C (unilateral). Morrendo A, sua herança será divida em X para B e X/2 para C. A herança de A = X + X/2.

O mesmo raciocínio se aplica aos sobrinhos, filhos de irmão unilateral ou bilateral.

e] Sucessão do Estado

O Estado não é herdeiro, não lhe sendo dado o direito de *saisine*. Em outros termos, o Estado não se torna proprietário dos bens da herança no momento da morte, como acontece com os herdeiros. Antes é necessário que os bens se declarem vagos para que se devolvam à Fazenda Pública. Esta vacância é declarada por sentença. Não sendo herdeiro, o Estado não precisa aceitar a herança, nem pode a ela renunciar.

Historicamente, a sucessão do Estado sempre foi uma constante. Em Roma, era agraciado o *Fiscus*, que era o tesouro privado do Imperador, com o qual ele se sustentava a si mesmo e a seus empreendimentos pessoais.[31] No Brasil, antes de 1916, recebia a União. No Império, recebia o Erário Público, por não haver qualquer federação. O regime era, então, unitário.[32] Com o Código de 1916, passaram a receber a União, os Estados-membros e o Distrito Federal. A União, caso o defunto fosse domiciliado em Território não constituído em Estado-membro; os Estados-membros e o Distrito Federal, caso o finado fosse domiciliado em suas respectivas circunscrições. De 1939 a 1945, vigorou o Decreto-Lei n. 1.907/1939, que devolvia a herança somente à União. Posteriormente, em 1945, com o Decreto-Lei n. 8.207/1945, voltamos ao sistema do Código Civil de 1916. Em 1990, a Lei n. 8.049/1990 veio mais uma vez a modificar o sistema. A herança se transmite ao Distrito Federal e aos Municípios, em que se situarem os bens. Se estes se acharem em algum Território, serão devolvidos à União. Observe-se, entretanto, que, no sistema atual, não há Territórios no Brasil. Por fim, o art. 1.822 do Código Civil de 2002 manteve o sistema da Lei n. 8.049/1990.

Feitos esses breves comentários iniciais, vejamos o processo de transmissão da herança ao Estado, começando pela definição de herança jacente.

Herança jacente é aquela que não é reclamada por ninguém. É herança cujos herdeiros não se conhecem. Podem ser quatro as razões do desconhecimento: (a) o falecido não deixou cônjuge, descendentes, ascendentes ou colaterais conhecidos; (b) todos os possíveis herdeiros renunciaram; (c) o falecido não deixa nem herdeiros nem testamento, ou deixa testamento caduco, ou os herdeiros testamentários renunciam; (d) o falecido não deixa herdeiros, mas deixa testamento sem testamenteiro designado, ou este não aceita a testamentaria (este caso só ocorre em algumas hipóteses), e ninguém fica sabendo do testamento.

---

31 TRANQUILLUS, Caius Suetonius. **The twelve Caesars**. Harmondswarth: Penguin Books, 1979. p. 327 (Key to terms).
32 PONTES DE MIRANDA, Francisco Cavalcanti. **Tratado de direito privado**... cit., vol. 55, p. 244 et seq.

A herança jacente não tem personalidade jurídica; é sujeito de direito sem personalidade; é universalidade, gerenciada por curador que irá conservá-la e administrá-la. Esse curador será nomeado pelo juiz, após promover a arrecadação dos bens.

O curador tem como deveres liquidar o passivo e o ativo da herança, alienar os bens perecíveis e recolher o produto a estabelecimento público. Conservar e administrar a herança, sob o controle do juiz. Responde o curador pelos prejuízos a que der causa. A qualquer momento pode ser substituído pelo juiz.

A arrecadação dos bens compete ao juiz do domicílio do morto.

Segundo o art. 741 do CPC, ultimados a arrecadação, o juiz mandará expedir edital, que será publicado na rede mundial de computadores, no sítio do tribunal a que estiver vinculado o juízo e na plataforma de editais do Conselho Nacional de Justiça, onde permanecerá por três meses, ou, não havendo sítio, no órgão oficial e na imprensa da comarca, por três vezes com intervalos de um mês, para que os sucessores do falecido venham a habilitar-se no prazo de seis meses contado da primeira publicação.

Uma vez que se verifique a existência de sucessor ou de testamenteiro em lugar certo, far-se-á a sua citação, sem prejuízo do edital. Sendo o falecido estrangeiro, será também comunicado o fato à autoridade consular. Julgada a habilitação do herdeiro, reconhecida a qualidade do testamenteiro ou provada a identidade do cônjuge ou companheiro, a arrecadação converter-se-á em inventário.

Os credores da herança poderão habilitar-se como nos inventários ou propor a ação de cobrança.

Poderá haver autorização judicial para a alienação de bens móveis, se forem de conservação difícil ou dispendiosa; de semoventes, quando não empregados na exploração de alguma indústria; de títulos e papéis de crédito, havendo fundado receio de depreciação; de ações de sociedade quando, reclamada a integralização, não dispuser a herança de dinheiro para o pagamento.

Quanto aos bens imóveis, poderá ser autorizada sua alienação, se ameaçarem ruína, não convindo a reparação; se estiverem hipotecados e vencer-se a dívida, não havendo dinheiro para o pagamento.

Não se procederá, entretanto, à venda se a Fazenda Pública ou o habilitando adiantar a importância para as despesas.

Os bens com valor de afeição, como retratos, objetos de uso pessoal, livros e obras de arte, só serão alienados depois de declarada a vacância da herança.

Passado um ano da primeira publicação do edital e não havendo herdeiro habilitado nem habilitação pendente, será a herança declarada vacante, segundo o art. 1.820 do CC e 743 do CPC. No entanto, se todos os sucessores renunciarem à herança, esta será desde logo declarada vacante.

Na pendência de habilitação, a vacância será declarada pela mesma sentença que a julgar improcedente, aguardando-se, no caso de serem diversas as habilitações, o julgamento da última. Transitada em julgado a sentença que haja declarado a vacância, o cônjuge, o companheiro, os herdeiros e os credores só poderão reclamar o seu direito por ação direta.

Passados cinco anos da abertura da sucessão, ou seja, da morte do autor da herança, não havendo herdeiro habilitado nem habilitação pendente, os bens arrecadados passarão ao domínio do Município em que se situarem, ou do Distrito Federal, se lá se encontrarem (art. 1.822 do CC). Informe-se que a herança deverá ser empregada em educação, segundo a Lei n. 8.049/1990.

O prazo para que os descendentes, ascendentes, cônjuge ou companheiro peticionem por seus direitos hereditários se escoa em cinco anos da abertura da sucessão (art. 1.822 do CC). Quanto aos colaterais, perdem este direito com a declaração de vacância (parágrafo único, art. 1.822 do CC).

20.2.3 Exclusão de herdeiro indigno

Alguns herdeiros, por terem cometido algum ato considerado impróprio pela Lei, serão julgados indignos de receberem seu quinhão hereditário.

A exclusão por indignidade é, assim, penalidade imposta aos herdeiros que atentarem contra a vida, a honra ou a liberdade de testar do autor da herança.

Podem ser considerados indignos tanto os herdeiros legítimos quanto os testamentários ou ainda os legatários.

Os casos de indignidade são os seguintes:

a) Autoria, coautoria, ou participação em homicídio doloso ou tentativa de homicídio contra o autor da herança, seu cônjuge, companheiro, descendente ou ascendente. É lógico que, se o homicídio for culposo ou se houver *error in persona* ou *aberractio ictus*,[33] não há falar em exclusão. A instigação ao suicídio se equipara ao homicídio. No Direito Brasileiro não há necessidade de sentença criminal para que se dê a indignidade, mas é lógico que se a sentença for absolutória, não haverá indignidade.[34]

b) Denunciação caluniosa e crimes contra a honra do decujo, ou de seu cônjuge ou companheiro.

A denunciação caluniosa consiste em dar ensejo a instauração de inquérito para apuração de crime que se sabe ser falso.

Os crimes contra a honra são três: calúnia, difamação e injúria.

---

33 *Error in persona* é o erro quanto à pessoa (quis matar A e o confundiu com B, que acabou morrendo). *Aberratio ictus* é o erro na pontaria (mirou em A e acertou B por engano).
34 GOMES, Orlando. **Sucessões**... cit., p. 34.

A calúnia consiste em imputar a alguém crime que se sabe ser falso.

A difamação, por sua vez, consiste em imputar a alguém fato não criminoso, mas desabonador. Por exemplo, dizer que "fulana foi vista se prostituindo".

Por fim, a injúria consiste em atribuir a alguém adjetivo desmerecedor. Dizer, por exemplo, que "beltrano é ladrão". Não se está imputando a ele nenhum fato. Apenas se o está chamando de ladrão. Caso se dissesse que "fulano furtou tanto do patrão", aí teríamos calúnia.

Em todos esses casos tampouco se exige a prévia condenação criminal, uma vez que a jurisdição cível independe da criminal. Contudo, a sentença absolutória neste juízo impede a decretação de indignidade no juízo sucessório.[35]

c] Atentado contra a liberdade de testar.

O atentado ocorre por violência ou fraude, consistindo em inibir alguém de livremente dispor de seus bens em testamento ou codicilo, ou obstar a execução dos atos de última vontade. As espécies de comportamento são as mais variadas: o indigno pode coagir o testador a testar-lhe favoravelmente. Pode falsificar o testamento, destruí-lo, escondê-lo etc.

O indigno nestes casos só tem uma defesa, qual seja, provar que o atentado contra a liberdade de testar foi corrigido a tempo ou que na verdade traduzia a real vontade do morto. Não haverá indignidade se o testamento fraudado for nulo por outras razões.

Para a exclusão não basta o fato. É necessária sentença proferida em ação comum de exclusão de herdeiro indigno, intentada contra o herdeiro, por quem tenha interesse na sucessão, ou seja, por quem for se beneficiar com a exclusão. Os credores desses interessados não podem intentar a ação.[36] No caso de homicídio doloso, tentado ou consumado, o Ministério Público também terá legitimidade para demandar a exclusão do indigno. De todo modo, ação só poderá ser proposta após a abertura da sucessão.

Os efeitos da ação são os seguintes:

1] Na pendência da ação o herdeiro fica na posse dos bens. Mas prolatada a sentença, os bens saem de sua posse, entrando na do outro.
2] O caráter da pena é personalíssimo, e os inocentes não são punidos. Assim, uma vez declarado indigno, é como se o indivíduo nunca tivesse sido herdeiro e sua parte da herança vai para o monte. Se for o único de sua classe, os bens transmitem-se aos herdeiros da seguinte. Se não for, os coerdeiros herdam em sua classe, ressalvado o direito de seus descendentes, que herdam por

---

35 Idem, p. 34-35.
36 PEREIRA, Caio Mário da Silva. **Instituições**... cit., v. 6, p. 32.

estirpe e representação. Assim, se o indigno tiver filhos, herdarão eles sua quota hereditária.

3] O excluído não tem direito ao usufruto ou à administração dos bens que vierem a seus filhos menores. Também fica impedido de suceder aos filhos naqueles bens.

4] O excluído pode representar seu pai na herança de outra pessoa.

5] Os direitos dos terceiros de boa-fé ficam garantidos. Se o indigno alienar algum bem a terceiro de boa-fé, antes da sentença de exclusão, a alienação será válida, tendo os demais herdeiros o direito de exigir indenização do indigno.

6] O indigno pode exigir o reembolso das despesas úteis e necessárias que tenha tido com a conservação da herança e pode cobrar os créditos que porventura tenha contra o espólio. Deverá, no entanto, restituir os frutos que houver colhido.

7] O excluído responde ainda por perdas e danos, caso tenha obstado, ocultado ou destruído o testamento, por culpa ou dolo, e tenha causado prejuízo aos demais herdeiros.

A ação de exclusão por indignidade deve ser proposta nos quatro anos, após a abertura da sucessão, em vida do indigno. Após este prazo, ocorrerá a decadência do direito.

O indigno pode se reabilitar. Dá-se a reabilitação pelo perdão do ofendido e somente dele. Para ser válido, o perdão será por ato autêntico ou testamento. Os outros interessados não têm como perdoar o indigno, mas poderão não propor a ação, caso em que o ofensor se libertará.

Sendo o perdão por testamento, continuará vigorando, mesmo que o testamento caduque. Se for anulado, alguns entendem que o perdão perde o efeito; outros entendem que não, desde que o testamento seja público.[37] Na verdade, entendo que, sendo o testamento público, depende do motivo da anulação. Se for anulado por ter havido coação do próprio indigno, é lógico que a indignidade permanece. Mas se outra for a razão, não vejo porque desconsiderar-se o perdão. O testamento nulo passa a valer, neste caso, como qualquer outro escrito autêntico.

Outra será a conclusão, se o testamento for revogado. Neste caso foi o próprio testador que quis pôr fim às disposições testamentárias, dentre elas o perdão.

Ato *autêntico* é qualquer escrito público, ainda que não destinado especificamente ao perdão.

O perdão poderá ser expresso ou tácito. Expresso por testamento ou outro ato autêntico. Tácito, quando o testador, sabendo da indignidade, contemplar o indigno no testamento, sem mencionar que o esteja reabilitando. Neste caso, a reabilitação poderá ser parcial, uma vez que o indigno sucederá no limite da

---

37   Idem, p. 36.

disposição testamentária. Se, por exemplo, o autor da herança dispuser em testamento que o indigno, apesar de indigno, receberá $ 100,00, obviamente o perdão tácito se limitará aos $ 100,00, não tendo ele direito a mais nada, mesmo que seja herdeiro necessário. Evidentemente, deverá ser excluído da legítima, conforme visto acima. Nos outros casos, a reabilitação será sempre integral. Se já houver sido prolatada sentença de indignidade, só outra sentença poderá revogá-la. O indigno reabilitado terá que ser ressarcido pelos que se hajam beneficiado de sua exclusão.

20.3 Sucessão testamentária

20.3.1 Definição

Sucessão testamentária é aquela que se dá em obediência à vontade do decujo, vontade esta estabelecida em testamento válido. Apesar do testamento, prevalecem as disposições legais naquilo que constitua norma cogente, bem como naquilo em que for omisso o testamento.

Assim, por exemplo, o testador que tiver descendentes ou ascendentes ou cônjuge não pode dispor livremente da totalidade de seus bens. Deverá reservar a metade para esses herdeiros. Se o testamento não respeitar esse limite, poderá até ser anulado, prevalecendo a Lei e não a vontade do morto.

O fundamento da sucessão testamentária é, de um ponto de vista mediato, a dignidade humana, da família e de seus membros, principalmente da descendência. De um ponto de vista imediato, o testamento é ato de autonomia privada, em que o testador, dentro dos limites impostos pela Lei, cria normas de conduta a serem observadas após sua morte. Seu fundamento imediato é, pois, a autonomia privada.

20.3.2 Generalidades sobre os testamentos

a] Definição

Testamento é negócio jurídico por meio do qual uma pessoa dispõe de seus bens ou faz outras declarações de última vontade.

Vemos, pois, que testamento é negócio jurídico. É ação humana combinada com o ordenamento jurídico, voltada à produção dos efeitos jurídicos desejados pelo disponente, aos quais a Lei dará força. É negócio jurídico *mortis causa*. É unilateral, porque proveniente de só uma declaração de vontade. É também personalíssimo, pois deve ser feito pelo próprio testador. Não contraria a natureza personalíssima a participação indireta de terceiro em sua feitura, como o conselho, a opinião de jurista consultado, o auxílio de notário etc.

É negócio jurídico gratuito e solene. Pode ser revogado pelo testador a qualquer momento. Basta que elabore outro testamento em data posterior, ou que o revogue por escrito. A revogação pode ser total ou parcial.

O testamento pode conter outras disposições, além das de cunho patrimonial, como reconhecimento de filho, nomeação de tutor etc.

b] Capacidade para testar

Para que seja válido o testamento, exige-se a idade mínima de 16 anos e o perfeito equilíbrio mental no ato de sua elaboração.

Não podem testar os menores de 16 anos, bem como todos os que não tiverem o necessário discernimento mental para tanto. A regra continua válida, mesmo com o Estatuto da Pessoa com Deficiência. Ora, o testamento é ato que só pode ser praticado pelo próprio testador. Não há falar em assistência, muito menos em representação.

A incapacidade posterior à elaboração do testamento não o invalida. Por outro lado, não se convalida o testamento feito por pessoa incapaz, se depois de sua elaboração cessar a incapacidade.

c] Capacidade para adquirir por testamento

Uma primeira observação é a de que o momento a se considerar para a verificação da capacidade para receber por testamento é o momento da abertura da sucessão. Se o sujeito era incapaz antes, mas tornou-se capaz, herdará, e vice-versa.

A incapacidade para adquirir por testamento pode ter caráter geral, sendo absoluta, ou caráter pessoal, sendo relativa.

São absolutamente incapazes para herdar as pessoas inexistentes e incertas. É lógico que a incerteza pode ser dirimida em leitura atenta do testamento, sendo a pessoa identificada. Se ocorrer, é válida a deixa testamentária. Outro caso é o da incerteza relativa, como a deixa em favor dos pobres ou instituições de caridade. Se não forem especificados, presumem-se os pobres ou as instituições do último domicílio do defunto, segundo o art. 1.902 do CC. Na verdade, a hipótese, na prática, é muito inverossímil, a não ser que se trate de um pequeno povoado com poucos habitantes. Ora, se deixo meus bens aos pobres da cidade de São Paulo, a quem seria deferida a herança? A todos os pobres? Mas quem seriam eles? A quem incumbiria dar definição de "pobre"? Salvo tratar-se dos pobres de um lugarejo muito pequenino, facilmente identificáveis, na prática, tal cláusula testamentária seria inválida, embora citada como exemplo pela boa doutrina e prevista no próprio Código Civil.[38]

Somente as pessoas têm a capacidade passiva para herdar. Coisas e animais não a têm.

A incapacidade relativa é a que atinge pessoas determinadas, que não podem receber por motivos especiais. Consideram-se, assim, incapazes de adquirir por testamento todos aqueles que, direta ou indiretamente, possam influir na disposição, como sejam:

a] o que escreveu o testamento a rogo, ou seja, a pedido do testador;
b] as testemunhas testamentárias;
c] o tabelião, civil ou militar, ou o comandante ou escrivão, perante quem se fizer, ou que fizer ou aprovar o testamento;
d] a(o) concubina(o) do(a) testador(a) casado(a), salvo se este(a), sem culpa sua, estiver separado(a) de seu cônjuge há mais de cinco anos.

Esses incapazes não podem ser beneficiados nem de forma indireta. Assim, não é válida a deixa testamentária aos descendentes, aos ascendentes, ao cônjuge ou companheiro de qualquer uma dessas pessoas. Exceção é feita ao filho do concubino, quando também o for do testador. Mesmo porque, na condição de filho, será herdeiro necessário.

Em relação à incapacidade do concubino, o Código Civil é absolutamente inconsistente. Ao mesmo tempo em que proíbe a deixa testamentária ao concubino do testador casado, aceita-a para o "concubino" (na verdade, companheiro) do testador separado de fato há mais de cinco anos. A incongruência está em que, no art. 1.723, § 1º, o CC admite a união estável entre pessoas separadas judicialmente ou de fato, sem impor qualquer restrição. Aqui, ao tratar da capacidade para adquirir por testamento (art. 1.801, III, do CC), o legislador insiste mais uma vez na absurda questão da culpa e na imposição de tempo mínimo para a separação de fato. São, na verdade, dois pesos e duas medidas. Por um lado, reconhece, sem restrições, a união estável da pessoa separada de fato (art. 1.723, § 1º, do CC), e, por outro lado, a reconhece, com restrições (art. 1.801, III, do CC). A adotar interpretação que dignifique a pessoa do companheiro, deve-se desconsiderar as restrições impostas neste artigo por incompatíveis com o sistema do Código e da Constituição, que não restringem a constituição da união estável para as pessoas separadas de fato. Na realidade, então, as restrições do art. 1.801, III, do CC, ficariam restritas ao verdadeiro concubino (amante) do testador casado, como é a *mens legis* (intenção da lei).

Duas questões ocorrem neste ponto. Primeira: o art. 1.801 do CC estabelece, em seu inc. I, que não pode ser nomeado sucessor testamentário o indivíduo

---
38 Idem, p. 145.

que haja escrito o testamento a rogo, bem como seu cônjuge ou companheiro, ascendentes e irmãos. Por que não menciona os descendentes?

Ora, o art. 1.802 do CC dispõe ser nula a cláusula testamentária em benefício do não legitimado a suceder (art. 1.801 do CC), mesmo que em favor de interposta pessoa. Dentre as pessoas que se presumem interpostas, aí sim, o Código Civil (parágrafo único do art. 1.802 do CC) se refere explicitamente aos descendentes. Na verdade, o parágrafo único do art. 1.802 do CC repete as pessoas do inc. I do art. 1.801 do CC, acrescentando os descendentes. Por que isso? Por que razão, afinal, os descendentes são mencionados no parágrafo único do art. 1.802 do CC e omitidos no inc. I do art. 1.801 do CC? Teria sido esquecimento do legislador?

Na verdade, não houve qualquer esquecimento. É que, segundo um raciocínio lógico-formal, sendo proibidos de suceder a pessoa que escreveu o testamento a rogo, bem como seus ascendentes, não há que mencionar os descendentes, por estarem implícitos. Ora, a pessoa que escreveu o testamento a rogo é descendente de seus ascendentes; sendo assim, os descendentes dos ascendentes não podem ser nomeados, inclusive os descendentes da pessoa que escreveu o testamento a rogo, por serem descendentes de seus ascendentes. É muita complicação, para tão pouco. Melhor teria sido mencionar os descendentes e deixar a questão fora de dúvida.

A segunda questão diz respeito à presunção do parágrafo único do art. 1.802 do CC. Seria ela relativa ou absoluta? O parágrafo único do art. 1.802 do CC estabelece presumirem-se interpostas pessoas os ascendentes, os descendentes, os irmãos, o cônjuge ou o companheiro de quem haja escrito o testamento a rogo. Assim, nem estes nem aqueles poderiam ser nomeados sucessores testamentários. Repito a pergunta: a presunção é absoluta ou relativa? Provado que não tenha havido fraude, o testamento que nomeie essas pessoas poderia ser validado? O que teria mais valor, a vontade do testador ou a forma?

Na verdade, a resposta pouco importa, uma vez que nenhuma das pessoas inseridas no parágrafo único do art. 1.802 do CC pode suceder, por expressa proibição do inc. I do art. 1.801 do CC, inclusive os descendentes, como acabamos de ver. Este parágrafo único, rigorosamente, nem seria necessário.

d] Testemunhas testamentárias

As testemunhas testamentárias serão, de ordinário, em número de duas, a não ser nos testamentos especiais, que veremos a seu devido tempo.

O Código Civil não lista as pessoas que não podem ser testemunhas testamentárias, ou por serem impedidas de figurar em certo testamento específico, ou por serem proibidas de figurar em qualquer testamento. Assim, há que recorrer ao art. 228 da Parte Geral do Código Civil, que trata das pessoas proibidas e impedidas de testemunhar, em geral. Fazendo uma construção analógica com a situação das testemunhas testamentárias, teremos que são proibidos de testemunhar:

a) os menores de 16 anos;
b) aqueles que não tiverem discernimento para a prática dos atos da vida civil, seja qual for a razão;
c) os cegos e os analfabetos, bem como as pessoas que não dominem a língua do testamento, uma vez que não têm, para este caso, o discernimento necessário para ler o testamento.

São impedidos:

a) as pessoas que tenham interesse no testamento, quais sejam, por exemplo, o herdeiro instituído ou o legatário;
b) o cônjuge, os ascendentes, os descendentes, por serem herdeiros necessários; os colaterais até o quarto grau do testador por terem interesse na sucessão;
c) o companheiro, embora não conste do rol do art. 228 do CC, tampouco poderá ser testemunha, por razões de interpretação lógica; Se o cônjuge não pode ser, tampouco poderá o companheiro, que, aliás, tem interesse na sucessão.

Não se inserindo a pessoa em nenhuma dessas categorias, poderá atuar como testemunha testamentária.

e) Testamento conjuntivo

É aquele feito por duas pessoas em conjunto. O testamento conjuntivo pode apresentar três modalidades, todas defesas em lei. Pode ser simultâneo, recíproco ou correspectivo. Simultâneo ou "de mão comum" é aquele em que os testadores beneficiam um terceiro. Recíproco, aquele em que se beneficiam reciprocamente. Correspectivo quando contenha disposições feitas em retribuição de outras correspondentes. Mas nada impede que uma pessoa contemple a outra e vice-versa em testamentos separados.

f) Testamento por relação

Cuida-se de testamento em que o disponente se reporta a pessoa ou coisa mencionada em outro ato anterior, tenha este natureza testamentária ou não. É plenamente admitido. Por exemplo, "deixo $ 10.000,00 ao primeiro aluno da turma de 1990", ou então, "deixo $ 10.000,00 ao sobrinho a que me refiro em meu testamento anterior, ora revogado".[39]

g] Perda ou destruição do testamento

Se o testamento se perder ou for destruído, antes da abertura da sucessão, caberá ao testador substituí-lo ou não. Se a perda ou destruição ocorrerem após o falecimento, há quem entenda ser possível a reconstituição da cédula testamentária. Isso será possível, em casos de cédula parcialmente dilacerada, no caso do testamento público ou sempre que for possível a reconstituição, sem que haja a menor sombra de dúvida sobre o conteúdo do testamento, que deve ser restaurado na íntegra.

20.3.3 Formas de testamento

O testamento, enquanto negócio jurídico extremamente solene, pode ser elaborado de várias formas, todas detalhadamente regulamentadas pelo Código Civil.

Há formas ordinárias e especiais de testamento.

a] Testamentos ordinários

Testamentos ordinários são aqueles comumente feitos. São aqueles que seguem determinada forma, indicada pelo legislador como regra, em situação normal. São três os testamentos ordinários: o público, o cerrado e o particular.

■ **Testamento público**

Testamento público é aquele ditado pelo testador ao tabelião do Registro de Notas, ou a seu substituto, que o transcreverá em livro especial.

O ditado será assistido por duas testemunhas.

Elaborado o testamento, será lido para o testador, na presença das testemunhas.

Após a leitura, todos assinam o livro de notas: testador, tabelião e testemunhas.

Se o testador for analfabeto, uma das testemunhas assinará por ele. A propósito, segundo os arts. 1.867, 1.872 e 1.876 do CC, ao cego e ao analfabeto só se permite testar de forma pública. O surdo-mudo poderá se utilizar de qualquer uma das formas ordinárias, desde que, é óbvio, saiba ler e escrever, pois o analfabeto só pode mesmo testar de forma pública. Há autores que, não se sabe por que, inventaram que o surdo-mudo só se pode valer do testamento público. É absurda a ideia, que impõe ao surdo-mudo uma *capitis deminutio* (diminuição) gratuita, que, definitivamente, não se acha na Lei. Hoje, os surdos-mudos estão cada vez mais integrados e podem, evidentemente, testar de forma pública, cerrada ou particular.

---

39 VITALI, Vittore. **Delle successioni**. Napoli: Eugenio Jovene, 1950. v. 1, p. 151 *et seq.*

O testamento público, como o próprio nome indica, é público, e sua leitura poderá ser requerida por qualquer pessoa ao tabelião do Registro Notas. Em outras palavras, o livro de notas ficará à disposição de quem quiser dele extrair certidão.

Conforme o art. 736 do CPC, qualquer interessado, exibindo o traslado ou a certidão de testamento público, poderá requerer ao juiz que ordene o seu cumprimento. Depois de ouvir o Ministério Público, não havendo dúvidas a ser esclarecidas, o juiz mandará registrar, arquivar e cumprir o testamento.

Feito o registro, será intimado o testamenteiro para assinar o termo da testamentaria. Não havendo testamenteiro nomeado, ou se ele estiver ausente ou não aceitar o encargo, o juiz nomeará testamenteiro dativo. O testamenteiro deverá cumprir as disposições testamentárias e prestar contas em juízo do que tenha recebido e despendido.

Testamento cerrado

O testamento cerrado será escrito pelo testador ou por alguém a pedido seu. Sendo assim, poderá ser datilografado ou digitado em computador, desde que todas as páginas sejam numeradas e assinadas pelo testador.

Deverá, em seguida, ser assinado pelo testador e entregue ao oficial do Registro, na presença de duas testemunhas.

Entregue que seja o testamento, o oficial passa a exarar o auto de aprovação, que será elaborado no próprio testamento, se houver espaço.

O auto de aprovação será, então, lido e assinado pelo oficial, pelo testador e pelas testemunhas.

Depois disso, o testamento será cerrado com cera derretida e costurado em suas bordas.

Aprovado e cerrado, o testamento será entregue ao testador, e o oficial lançará em seu livro lugar e data em que o testamento foi aprovado e entregue.

Quando da morte do testador, o testamento será aberto pelo juízo do inventário, de acordo com os arts. 735 a 736 do CPC. Se for violado, será anulado, a não ser que se prove que o rompimento haja sido acidental, ou que haja sido perpetrado por quem não tivesse o menor interesse em prejudicar a última vontade do morto ou, ainda, provando-se que as disposições testamentárias não hajam sido afetadas em nada pela abertura ilegítima da cédula.

Segundo o Código de Processo Civil, recebendo testamento cerrado, o juiz, se não achar vício externo que o torne suspeito de nulidade ou falsidade, o abrirá e mandará que o escrivão o leia em presença do apresentante. Do termo de abertura constarão o nome do apresentante e como ele obteve o testamento, a data e o lugar do falecimento do testador, com as respectivas provas, e qualquer circunstância digna de nota. Depois de ouvir o Ministério Público, não havendo dúvidas a ser esclarecidas, o juiz mandará registrar, arquivar e cumprir o testamento.

Feito o registro, será intimado o testamenteiro para assinar o termo da testamentaria. Não havendo testamenteiro nomeado, ou se ele estiver ausente ou não aceitar o encargo, o juiz nomeará testamenteiro dativo. O testamenteiro deverá cumprir as disposições testamentárias e prestar contas em juízo do que haja recebido e despendido.

Testamento particular

O testamento particular será escrito pelo testador de próprio punho ou por meio de processo mecânico. Poderá, pois, ser datilografado ou digitado, não podendo conter rasuras ou espaços em branco.

Será, em seguida, lido, na presença de três testemunhas, e assinado pelo testador e pelas testemunhas.

Pode o testamento particular ser escrito a rogo?

Se a Lei permite a lavratura mecânica do testamento, está obviamente dispensando seja ele escrito de próprio punho, e, consequentemente, está permitindo possa ser escrito a rogo do testador, desde que lido perante ele e três testemunhas, que assinam a cédula, juntamente com a pessoa que o tenha redigido.

Antigamente, à luz do Código Civil de 1916, a jurisprudência vinha admitindo a lavratura por processo mecânico, desde que pelas mãos do próprio testador. Isto porque o Código Civil de 1916 não admitia expressamente o testamento particular, a não ser de próprio punho. Aceitá-lo redigido por processo mecânico já era demonstração de grande flexibilidade da jurisprudência, desde então mais preocupada com a vontade do testador do que com a forma. Hoje, porém, o Código Civil de 2002 permite expressamente seja o testamento redigido por processo mecânico. A realidade, portanto, é outra. Não se aplica a mesma lógica. Em outras palavras, como dito, se a Lei permite a lavratura mecânica do testamento, está obviamente dispensando seja ele escrito de próprio punho, e, consequentemente, está permitindo possa ser escrito a rogo do testador, desde que dispensadas as formalidades mínimas, quais sejam, três testemunhas, leitura ao testador ou pelo testador etc.

A questão é de lógica formal, e, a meu ver, fica demonstrada a possibilidade de o testamento particular ser escrito a rogo do testador, uma vez que possa ser escrito por processo mecânico e, portanto, ditado pelo testador a qualquer pessoa que o esteja a digitar.

Pode não haver testemunhas no testamento particular escrito de próprio punho. Para tanto, o testador deverá mencionar as razões desta ausência no texto testamentário. O juiz, avaliadas as circunstâncias, poderá, a seu critério, confirmar o testamento quando da abertura da sucessão.

O testamento particular não é sigiloso e não carece ser registrado em cartório.

Após a morte do testador, o testamento é confirmado pelo juízo do inventário, desde que esteja presente, pelo menos, uma das testemunhas testamentárias, dada a morte ou ausência das demais.

Segundo o disposto no art. 737 do CPC, a publicação do testamento particular poderá ser requerida, depois da morte do testador, pelo herdeiro, pelo legatário ou pelo testamenteiro, bem como pelo terceiro detentor do testamento, se impossibilitado de entregá-lo a algum dos outros legitimados para requerê-la. Serão intimados os herdeiros que não tiverem requerido a publicação do testamento.

Verificando a presença dos requisitos da lei, ouvido o Ministério Público, o juiz confirmará o testamento e o mandará registrar, arquivar e cumprir.

Feito o registro, será intimado o testamenteiro para assinar o termo da testamentaria. Não havendo testamenteiro nomeado, ou se ele estiver ausente ou não aceitar o encargo, o juiz nomeará testamenteiro dativo. O testamenteiro deverá cumprir as disposições testamentárias e prestar contas em juízo do que haja recebido e despendido.

b] Testamentos especiais

Além das formas ordinárias de testamento, válidas para situações normais, existem formas especiais, para atender a circunstâncias extraordinárias. São especiais os testamentos marítimo, aeronáutico e militar.

Testamento marítimo e aeronáutico

Testamento marítimo é aquele elaborado em alto-mar, por quem se veja em seus últimos momentos, temendo não chegar vivo a terra.

Será ele lavrado pelo comandante do navio, pelo escrivão de bordo, pelo próprio testador, ou por terceiro a pedido seu, sendo, em seguida, assinado por ele, pelo comandante ou escrivão de bordo e por duas testemunhas que a tudo devem ter assistido. Será, em seguida, registrado no diário de bordo.

O testamento aeronáutico será elaborado a bordo de aeronave comercial ou militar, por quem se veja em seus últimos momentos, temendo não chegar vivo ao destino.

Deverá ser elaborado perante pessoa designada pelo comandante, observadas as formalidades do testamento marítimo.

O testamento marítimo e o aeronáutico caducarão, se o testador não morrer na viagem, nem nos 90 dias subsequentes ao seu desembarque em terra, onde possa fazer, na forma ordinária, outro testamento.

Tampouco terão validade os testamentos marítimo e aeronáutico, se o navio ou avião estiver em local em que o testador possa desembarcar e testar de forma ordinária.

Testamento militar

Testamento militar ordinário

O Código Civil, prevendo situações especiais como a de tropas em campanha, em praça sitiada ou de comunicações interrompidas, instituiu o testamento militar, não só para os militares, como para toda pessoa a serviço das Forças Armadas naquelas condições.

O testador fará seu testamento diante de duas testemunhas, se não houver oficial público. O número de testemunhas subirá para três, se o testador não souber ou não puder assinar, quando, então, a terceira, assinará por ele.

Se o testador pertencer a corpo ou seção de corpo destacado, o testamento será escrito pelo respectivo comandante.

Se estiver em tratamento hospitalar, o testamento será escrito pelo respectivo oficial de saúde, ou pelo diretor do estabelecimento.

Por fim, se o testador for o oficial mais graduado, o testamento será escrito por seu substituto.

O testador poderá, ele mesmo, escrever o testamento de próprio punho, quando o apresentará, na presença de duas testemunhas, ao auditor ou ao oficial de patente que lhe faça as vezes.

O auditor ou o oficial anotará no testamento o local e a data em que foi apresentado. Em seguida, assinará juntamente com as duas testemunhas.

O testamento militar caduca, desde que, depois dele, o testador esteja 90 dias seguidos em local onde possa testar de forma ordinária. Não caducará, entretanto, se for escrito pelo auditor ou oficial e assinado por duas testemunhas, ou, se escrito pelo testador, for datado e assinado pelo auditor ou pelo oficial e mais duas testemunhas. Neste caso, valerá como se fosse testamento ordinário.

Testamento nuncupativo

Os militares ou demais pessoas a serviço das Forças Armadas em campanha, em praça sitiada ou de comunicações interrompidas, poderão testar verbalmente, desde que estejam em combate ou feridas.

Essa modalidade é chamada de testamento nuncupativo. O testador confiará sua última vontade a duas testemunhas.

Se o testador não morrer no combate ou convalescer do ferimento, o testamento perderá seu efeito, imediatamente.

Segundo o disposto no art. 737 do CPC, a publicação do testamento marítimo, aeronáutico, militar ordinário e nuncupativo, por força do parágrafo 3º, poderá ser requerida, depois da morte do testador, pelo herdeiro, pelo legatário ou pelo testamenteiro, bem como pelo terceiro detentor do testamento, se impossibilitado de entregá-lo a algum dos outros legitimados para requerê-la. Serão intimados os herdeiros que não tiverem requerido a publicação do testamento.

Verificando a presença dos requisitos da lei, ouvido o Ministério Público, o juiz confirmará o testamento e o mandará registrar, arquivar e cumprir.

Feito o registro, será intimado o testamenteiro para assinar o termo da testamentaria. Não havendo testamenteiro nomeado, ou se ele estiver ausente ou não aceitar o encargo, o juiz nomeará testamenteiro dativo. O testamenteiro deverá cumprir as disposições testamentárias e prestar contas em juízo do que haja recebido e despendido.

20.3.4 Codicilos

Codicilo, do latim *codicilus* (diminutivo de *codex*) significa, etimologicamente, *codigozinho*.

Codicilo não é testamento. Trata-se de escrito particular, de próprio punho, datado e assinado, em que o indivíduo faz disposições especiais sobre seu enterro, dá esmolas de pouca monta, distribui joias e outros bens móveis de pequeno valor etc.

O importante é que as disposições do codicilo devem referir-se a bens não valiosos, pois os de maior valia só se podem transmitir por testamento.

Sendo feito testamento posterior, o codicilo deverá ser por ele confirmado, sob pena de perder o efeito.

Segundo o disposto no art. 737 do CPC, a publicação do codicilo, por força do parágrafo 3º, poderá ser requerida, depois da morte do autor da herança, pelo herdeiro, pelo legatário ou pelo testamenteiro, bem como pelo terceiro detentor do codicilo, se impossibilitado de entregá-lo a algum dos outros legitimados para requerê-la. Serão intimados os sucessores que não tiverem requerido a publicação do codicilo.

Verificando a presença dos requisitos da lei, ouvido o Ministério Público, o juiz confirmará o codicilo e o mandará registrar, arquivar e cumprir.

Se estiver fechado, será aberto pelo juízo do inventário, como se fosse testamento cerrado. Em outras palavras, quando da morte do autor da herança, o codicilo será aberto pelo juízo do inventário, de acordo com os arts. 735 a 736 do CPC. Se for violado, será anulado, a não ser que se prove que o rompimento tenha sido acidental, ou que tenha sido perpetrado por quem não tivesse o menor interesse em prejudicar a última vontade do morto ou, ainda, provando-se que as disposições testamentárias não tenham sido afetadas em nada pela abertura ilegítima da cédula.

Segundo o Código de Processo Civil, recebendo codicilo fechado, o juiz, se não achar vício externo que o torne suspeito de nulidade ou falsidade, o abrirá e mandará que o escrivão o leia em presença do apresentante. Do termo de abertura constarão o nome do apresentante e como ele obteve o codicilo, a data e o lugar do falecimento do decujo, com as respectivas provas, e qualquer circunstância digna de nota. Depois de ouvir o Ministério Público, não havendo dúvidas a ser esclarecidas, o juiz mandará registrar, arquivar e cumprir o codicilo.

20.3.5 Disposições testamentárias

a) Conteúdo do testamento

O conteúdo do testamento pode ser patrimonial ou não patrimonial, como a nomeação de tutor, reconhecimento de filhos, recomendações a respeito de funeral etc. São ineficazes, porém, todas as cláusulas ilícitas ou imorais. São consideradas não escritas as cláusulas derrogativas, pelas quais o testador declara o testamento irrevogável ou dispensa-lhe as formalidades legais. Essas disposições de nada valem, por derrogarem normas legais imperativas.

O testador, dentro dos limites legais, poderá dispor de seus bens no todo ou em parte. Poderá nomear quantos herdeiros quiser e quem bem entender, salvo aqueles incapazes para adquirir por testamento, como o concubino do testador casado.

Além dos herdeiros, podem ser nomeados legatários, quantos e quem o testador quiser. Como vimos, a principal diferença entre herdeiro e legatário é que este recebe a título singular e aquele, a título universal.

A instituição opera desde a abertura da sucessão, ainda que não aberto ou desconhecido mesmo o testamento. O nome do herdeiro ou legatário deve vir no corpo do testamento, não valendo se vier em documento separado, ainda que autenticado e induvidoso.

O herdeiro ou legatário poderá ser instituído sob impropérios ou críticas. São as chamadas *disposições contumeliosas*, que desde o Direito Romano têm valor.[40]

A instituição de herdeiro ou legatário poderá ser pura e simples, sob condição ou com encargo.

Se o herdeiro é simplesmente instituído, a instituição será pura e simples. Por exemplo: "deixo meus bens ao fulano".

A instituição sob condição ocorrerá, quando o testador condicionar a transmissão hereditária a certo evento futuro e incerto. Exemplo: "deixo meus bens ao

---

40 PEREIRA, Caio Mário da Silva. **Instituições**... cit., v. 6, p. 174. WARNKÖNIG, L. A. **Commentarii iuris romani private**: de familia et successionibus... cit., p. 252.

fulano, desde que ele construa uma escola, em dois anos da abertura da sucessão". No caso, se o herdeiro não construir a escola no prazo designado, perderá a herança. Porém, se o herdeiro puser as mãos nos bens e dissipá-los, sem construir a escola? Pensando nisso, é que é lícito exigir-se do herdeiro em questão, garantia de restituição, que poderá ser pessoal (fiança) ou real (hipoteca, penhor etc.).

As condições devem ser lícitas, morais e possíveis. Vale repetir aqui a análise feita no Capítulo VII.

Algumas condições são consideradas não escritas, não possuindo qualquer valor, enquanto outras invalidam o próprio ato, viciando-o de forma grave.

No primeiro grupo, das condições que se consideram não escritas, estão as impossíveis, quando resolutivas, e as de não fazer coisa impossível.

Uma condição que, por exemplo, diga que uma deixa testamentária produzirá seus efeitos até que o comodatário viaje à Lua será, simplesmente, desconsiderada, e o ato permanecerá intocado, como se condição não houvesse.

No segundo grupo, das condições que invalidam o próprio ato, estão as física ou juridicamente impossíveis, quando suspensivas, as ilícitas ou de fazer coisa ilícita e as incompreensíveis ou contraditórias. Esta é a regra do art. 123 do CC.

Aqui surge o problema de se diferenciar o ilícito do juridicamente impossível. Ao cuidar dos requisitos de validade dos atos jurídicos, posicionamo-nos contra essa distinção. Ora, tanto o ilícito, quanto o juridicamente impossível são antijurídicos e, portanto, ilícitos. Não há distinção científica que se sustente, a nosso ver. De todo modo, devemos solucionar o problema posto pelo art. 123, incisos I e II, do CC.

No primeiro inciso, o art. 123 do CC dispõe invalidarem os negócios a elas subordinados as condições física ou juridicamente impossíveis, desde que suspensivas.

No segundo inciso, o art. 123 do CC refere-se às condições ilícitas ou de fazer coisa ilícita, sem impor a restrição de terem que ser suspensivas.

Por fim, também invalidam o negócio jurídico as condições incompreensíveis ou contraditórias, segundo o inciso III do mesmo artigo.

O art. 124 do CC declara inexistentes as condições impossíveis, quando resolutivas, bem como as de não fazer coisa impossível.

Andemos a analisar cada uma dessas hipóteses, a fim de verificar a sustentabilidade da diferença entre condições ilícitas e juridicamente impossíveis, bem como a fim de dar a todas essas regras uma interpretação lógica, uma vez que a redação da Lei é pleonástica e muito confusa.

- Invalidam o ato as condições fisicamente impossíveis, se suspensivas. Se João testar a favor de Manoel, sob a condição de que faça ele uma viagem ao Sol, para receber os bens, a deixa testamentária será inválida, e Manoel nada receberá. Isto porque, se João impôs como condição algo impossível fisicamente, para que Manoel recebesse seu quinhão, é porque não queria mesmo que a herança fosse transmitida a Manoel. Quisesse, não teria imposto a condição.

Nesta primeira hipótese, o lógico é que a condição invalidante seja suspensiva. Se for resolutiva, a situação será outra, e a aplicação da mesma regra seria ilógica. Se João tivesse testado a favor de Manoel, sob a condição resolutiva de que Manoel viajasse ao Sol, em dois anos, Manoel receberia os bens, e o testamento só se invalidaria, se, após dois anos, a condição não se implementasse, ou seja, se Manoel não fosse ao Sol. Neste caso, o testador quis que o herdeiro recebesse os bens, o que ocorreu. Não é lógico, nem justo, que, tendo recebido os bens, o herdeiro se prive deles por não realizar algo fisicamente impossível. Daí a regra do art. 124 do CC, segundo a qual as condições impossíveis, quando resolutivas, consideram-se não escritas.

- Invalidam o ato as condições juridicamente impossíveis, se suspensivas. Usemos o mesmo exemplo, com as devidas adaptações. Se João testar a favor de Manoel, sob a condição de que Manoel se divorcie de Maria, para, só então, receber os bens, a deixa testamentária será inválida, e Manoel nada receberá. Isto porque, se João impôs condição juridicamente impossível, para que Manoel recebesse seu quinhão, é porque não queria mesmo que a herança fosse transmitida a Manoel. Se quisesse, não teria imposto a condição. Frise-se que o que é juridicamente impossível é a condição e não o divórcio em si, que é plenamente legítimo.

Aqui também, a condição só invalidará o ato, se suspensiva. Sendo resolutiva, considerar-se-á não escrita, pelas mesmas razões que expusemos acima, na primeira hipótese.

- Invalidam o ato as condições ilícitas. Vejamos o mesmo exemplo do testamento. Se João testar a favor de Manoel, sob a condição de que Manoel mate Joaquim, para, só então, receber os bens, a deixa testamentária será inválida, e Manoel nada receberá. Isto porque, se João impôs como condição algo ilícito, para que Manoel recebesse seu quinhão, é porque não queria mesmo que a herança fosse transmitida a Manoel. Caso quisesse, não teria imposto a condição.

Comparando os exemplos da segunda hipótese (se Manoel se divorciar de Maria) e da terceira (se Manoel matar Joaquim), poder-se-ia argumentar a favor da distinção entre condição juridicamente impossível e condição ilícita. Ocorre que não são os atos de se divorciar ou de matar alguém que estão em jogo. Aliás, o divórcio em si é plenamente legítimo. Nada tem de juridicamente impossível. O que se considera antijurídico, e neste ponto pode-se dizer que tão antijurídico quanto matar alguém, é impor como condição a obrigatoriedade de se divorciar de alguém. Em outras palavras, o que é antijurídico não é o divórcio, mas a condição que o exige como pré-requisito de realização do ato jurídico. O mesmo raciocínio se pode fazer em relação ao homicídio. Pouco importa que o homicídio seja crime, aqui o que interessa é a condição que o impõe como pré-requisito de realização do negócio. Em ambos os casos (divórcio e homicídio), estaremos diante de condição antijurídica e, portanto, ilícita ou juridicamente impossível, tanto faz.

Por todos esses argumentos, não se sustenta a diferença entre o ilícito e o juridicamente impossível.

Esclareça-se, ainda, que as condições podem ser ilícitas em si mesmas, ou por consistirem em se exigir que se faça algo ilícito, ou ainda por imporem a abstenção de um ato, cuja realização não poderiam impedir. Exemplo de condição ilícita em si mesma é a condição puramente potestativa (o objeto do legado será escolhido livremente pelo herdeiro Fulano). Exemplo de condição ilícita por consistir em fazer algo ilícito é a do exemplo dado acima (matar alguém). E exemplo de condição ilícita por exigir a abstenção de um ato seria a que impusesse como pré-requisito para herdar a abstenção de votar. O importante é frisar que todas são igualmente ilícitas ou juridicamente impossíveis, e só invalidam o ato se forem suspensivas.

Assim sendo, a diferença feita pelos incs. I e II do art. 123 do CC, entre condições (suspensivas) juridicamente impossíveis e condições ilícitas, ou de fazer coisa ilícita, simplesmente não faz sentido; não se sustenta cientificamente.

Nesta terceira hipótese o legislador não faz a ressalva de que tenham que ser suspensivas. Dá a entender que tanto as condições suspensivas, quanto as resolutivas, desde que ilícitas, ensejam a invalidade do ato. A interpretação, no entanto, não pode ser esta. Apenas as condições ilícitas suspensivas invalidam o ato que lhes estiver subordinado, simplesmente por não serem diferentes das juridicamente impossíveis.

Somente para efeitos de argumentação, mesmo que se considerem distintas as condições juridicamente impossíveis e as ilícitas, ainda assim, tanto num, quanto noutro caso, somente as condições suspensivas ensejariam a invalidade do ato; as resolutivas se considerariam inexistentes. Isto por um processo de interpretação analógica. Ora, se as juridicamente impossíveis só invalidam o ato, se forem suspensivas, o mesmo se dirá das ilícitas, uma vez que, embora diferentes, ambas têm algo em comum: a antijuridicidade. Ambas são espécies de condições antijurídicas, a elas se aplicando a mesma solução, por analogia. Mas como não há qualquer diferença científica sustentável entre essas espécies de condição, todo esse raciocínio não passa de mera elucubração intelectual.

- Invalidam o ato a condição incompreensível ou contraditória, é de se pressupor que não tenha desejado que o ato se realizasse. Caso contrário, não teria exigido como condição algo incompreensível ou contraditório.

Também nesta hipótese, as condições incompreensíveis ou contraditórias só invalidam o negócio a elas subordinado, desde que sejam suspensivas. Isto porque as duas modalidades consistem em condições impossíveis, por serem irrealizáveis na prática. Consequentemente, sendo resolutivas, não terão importância alguma, segundo o art. 124 do CC.

Para que uma condição seja considerada incompreensível ou contraditória, deverá antes passar por uma cuidadosa atividade interpretativa. Pode ser o caso de o agente tê-la formulado mal, mas ainda assim ser possível verificar sua real vontade. Se tal ocorrer, a condição e o negócio serão mantidos.

Em relação a essas condições do art. 123 do CC, que são todas, em última análise, impossíveis, seja física ou juridicamente, nenhuma delas invalidará o negócio, uma vez que se prove que o agente a impôs por erro, ou por força de dolo ou de coação de terceiro. Em outras palavras, a condição poderá ser anulada se houver vício do consentimento. O negócio valerá, assim, sempre que se provar que a vontade real do agente não condiga com a condição posta.

Ainda em relação a todas as condições vistas acima, fique claro que, em princípio, a invalidade, no caso a nulidade, não afeta todo o ato, mas apenas a parte que estiver subordinada à condição. Nos exemplos dados acima, só a cláusula testamentária referente a Manoel será anulada. O resto do testamento continuará válido, a não ser que Manoel seja o único herdeiro. Nesta situação, o testamento será todo invalidado. Resumindo, a invalidade só atingirá o ato inteiro, se não for possível anular apenas a parte defeituosa.

Por fim, as condições a que se refere o art. 123 do CC maculam o ato de defeito grave, gerando o que se denomina tradicionalmente nulidade.

- Têm-se por inexistentes as condições impossíveis, quando resolutivas. Que condições impossíveis? Todas as que nos referimos nas hipóteses um a três: condições física ou juridicamente impossíveis, condições ilícitas, ou de fazer coisa ilícita, que, como vimos, não se diferenciam das juridicamente impossíveis. Além delas, também se consideram inexistentes, por força de interpretação lógica, como acabamos de analisar na hipótese antecedente, as condições incompreensíveis ou contraditórias, desde que resolutivas, uma vez que, na prática, são impossíveis.

Esperamos tenha restado claro que o art. 123 do CC, em todos os seus incisos, está se referindo às condições suspensivas, enquanto o art. 124 do CC trata das condições impossíveis, quando resolutivas.

- Têm-se por inexistentes as condições de não fazer coisa impossível. Neste caso, por razões de pura lógica e de interpretação sistemática, principalmente em face do art. 122 do CC, o correto é mesmo considerá-las inexistentes. O contrário não faria o menor sentido. E aqui tanto faz que sejam suspensivas ou resolutivas. Vejamos dois exemplos, ainda relacionados com o testamento de João, que nos serviu para demonstrar as hipóteses anteriores.

João testou a favor de Manoel, sob a condição de que não fizesse ele uma viagem ao Sol, para receber os bens. Trata-se de condição suspensiva de não fazer coisa impossível. A deixa testamentária será válida, e Manoel receberá seu quinhão. Isto porque, se João impôs como condição a abstenção de algo impossível, seja fisicamente ou juridicamente, para que Manoel recebesse seu quinhão, basta que Manoel não faça, ou seja, basta que cumpra a condição, para que o negócio se realize. Consequentemente, a condição de não fazer coisa impossível, ainda que suspensiva, não será levada em conta, uma vez que implementá-la é simplesmente não fazer o impossível, o que não tem sentido prático algum.

Em outro exemplo, a solução pode ser mais complicada. João testou a Manoel, sob a condição de que, se não matasse Joaquim, não receberia a herança. Neste caso, a leitura deve ser feita às avessas. Ora, dizer que a condição de não matar implica o não recebimento da herança, é o mesmo dizer que o recebimento dos bens está subordinado ao ato de matar. Em outras palavras, em leitura adequada, trata-se, no caso, de condição ilícita ou juridicamente impossível, que tornará inválida a deixa testamentária. Manoel nada receberá.

Sendo resolutiva a condição, a solução será idêntica, mas com outro fundamento. Se João testar a favor de Manoel, recebendo este os bens, mas perdendo-os caso não faça uma viagem ao Sol, a condição se considerará inexistente. O caso é interessante. Manoel recebe os bens, mas os perde se não fizer uma viagem ao Sol. Ora, é óbvio que a viagem não será feita e, não sendo feita, não seria justo que Manoel perdesse os bens já recebidos. Assim, entendeu o legislador por bem considerar inexistentes as condições resolutivas de não fazer coisa impossível, seja a impossibilidade física (não ir ao Sol), ou jurídica (não matar alguém). Outra não poderia ser mesmo a solução, uma vez que, sendo resolutiva, a condição de não fazer coisa impossível, em última instância, privaria o ato de efeitos, o que é proibido pelo art. 122 do CC.

Se a condição visar beneficiar terceiro, considera-se executada, se o beneficiário se negar a cooperar ou se recusar a receber o benefício.

A instituição de herdeiro ou legatário poderá ser ainda com encargo. Encargo é ônus que suporta o beneficiário de certa benesse. Tratando-se de testamento, podemos ter algo assim: "deixo meus bens ao fulano, ficando ele com a obrigação de construir escola, em dois anos da abertura da sucessão".

O encargo difere da condição, primeiro pelos termos em que é expresso, segundo porque, se descumprido, o beneficiário não perde a herança. Poderá, todavia, ser forçado a cumprir o encargo, por meio de ação própria.

Se o juiz não conseguir distinguir se é condição ou encargo, deve optar pelo encargo.

O cumprimento do encargo poderá ser exigido pelo testamenteiro ou qualquer interessado direto ou indireto. Se o encargo tiver caráter social, como "construir escola", seu cumprimento poderá ser também exigido pelo Ministério Público.

Assim como as condições resolutivas, os encargos impossíveis ou de não fazer coisa impossível se consideram não escritos. Um legado que encarregue o legatário de viajar à Lua ou de não ficar sem respirar, valerá como se não estivesse gravado de qualquer encargo, que se considera não escrito.

Os herdeiros ou legatários podem ser ainda instituídos por disposição causal. Disposição causal é a que vem acompanhada de sua razão, de seu motivo determinante. Exemplo: "nomeio João meu herdeiro, por ser meu filho". Se for descoberto que João não é o filho do testador, sua instituição, caducará, ou seja, perderá o valor, a eficácia.

O Direito Brasileiro proíbe a fixação do tempo em que deve começar ou cessar o direito do herdeiro. A instituição de herdeiro é, como regra, perpétua e universal. Em outras palavras, nosso Direito proíbe a instituição de herdeiro a termo. A instituição a termo tem-se por não escrita. Não se pode, assim, admitir cláusula testamentária como a seguinte: "deixo meus bens ao fulano por dez anos, contados da abertura da sucessão".

Não obstante, a instituição de herdeiro ou legatário a termo é permitida no fideicomisso, que veremos mais adiante.

Por fim, a instituição de herdeiro poderá vir gravada com cláusula de inalienabilidade, impenhorabilidade ou incomunicabilidade. A inalienabilidade inclui as outras duas, por força do art. 1.911 do CC.

No caso de desapropriação dos bens gravados com essas cláusulas, o valor da indenização será também ele gravado com as mesmas cláusulas. O mesmo se diga no caso de venda ou troca do bem gravado, que, aliás, só pode ocorrer com autorização judicial, observada a necessidade do interessado.

Quanto aos frutos e rendimentos do bem gravado, entende-se que só são impenhoráveis por cláusula expressa, não cabendo a inalienabilidade, com relação a eles. É evidente que deles poderá o herdeiro usufruir e dispor livremente.

Cabe ainda acrescentar que o testador poderá instituir condomínio entre herdeiros e/ou legatários, por período não superior a cinco anos.

b] Interpretação do testamento

Antes de mais nada, é importante lembrar que a interpretação visa solucionar casos concretos, aplicando a norma a situações problemáticas. Interpretar é, pois, realizar o Direito, não apenas uma mera leitura da lei ou do testamento. No que respeita à interpretação dos testamentos, é seguida a regra geral, válida para todos os negócios jurídicos, ou seja, há que buscar a vontade real do agente e não só a letra escrita. A vontade declarada deve servir de ponte na busca da vontade real.

Segundo o art. 1.899 do CC quando a cláusula testamentária for passível de interpretações diferentes, prevalecerá a que melhor assegure a vontade real do testador.

Em determinados casos, porém, pode ser que prevaleça a vontade declarada, a fim de, por exemplo, beneficiar herdeiros de boa-fé. Suponhamos a seguinte hipótese: Manoel deixou testamento, no qual contemplava seus dois filhos e seus quatro sobrinhos. Além deles, teria contemplado Joaquim, seu primo, não fosse João tê-lo coagido a excluir Joaquim. Neste caso, não se pode buscar a vontade real de Manoel, no sentido de incluir Joaquim, uma vez que seu nome não está escrito no testamento. Nenhuma interpretação, em tese, poderá ir tão longe, a ponto de incluir um herdeiro cujo nome não conste nem possa ser inferido de leitura mais atenta do testamento. O que poderia ser feito é anular o testamento, abrindo-se a sucessão legítima. Mas, mesmo neste caso, Joaquim não seria beneficiado, uma vez que era primo do defunto. Apenas os filhos de Manoel herdariam. Ocorre que Manoel quis contemplar também seus sobrinhos. Assim sendo, o testamento não deverá ser anulado, prevalecendo a vontade declarada.

Na verdade, é o caso concreto que dirá qual vontade, real ou declarada, deve prevalecer. Como regra, será a real. Mas pode ser a declarada, dependendo das circunstâncias.

Sendo o testamento negócio jurídico gratuito, sua interpretação nunca será ampliativa. Assim, se deixo meus bens a meus empregados, entende-se que sejam aqueles do tempo da abertura da sucessão e não todos os eventuais empregados que tive durante minha vida.

Por fim, em relação à depreciação da moeda, esta deve ser corrigida monetariamente, para que se cumpra o objetivo do testador.

20.3.6 Herdeiros necessários e herança legítima

Pode o testador dispor sempre da totalidade de seus bens?
Em algum lugar já respondemos a essa pergunta.

Na verdade, depende. Depende da existência ou não de herdeiros necessários. Herdeiros necessários são os descendentes, ascendentes e o cônjuge viúvo. Os herdeiros necessários têm direito à metade da herança. Essa metade à qual fazem jus os herdeiros necessários é chamada de herança legítima, parte legítima ou, simplesmente, legítima. A outra metade, denominada parte disponível, o testador pode deixar para quem quiser, inclusive para um ou alguns dos herdeiros necessários.

Assim é que poderíamos ter a seguinte disposição: "deixo a metade de meus bens para meus filhos e a outra metade para meu filho Pedro".

Cabe ressaltar que os herdeiros necessários receberão obrigatoriamente quinhões iguais. Em outras palavras, a herança legítima será dividida igualmente entre os herdeiros necessários.

A herança legítima não pode ser onerada com cláusula de inalienabilidade, impenhorabilidade e incomunicabilidade, segundo o art. 1.848 do CC.

Por fim, em relação aos herdeiros necessários, devemos só ficar atentos à sucessão do cônjuge sobrevivente, quando concorra com descendentes ou ascendentes.

Antes de continuar, é importante responder a uma pergunta: com a decisão do STF de equiparar a sucessão do companheiro à sucessão do cônjuge, o companheiro se teria tornado herdeiro necessário?

Em 10 de maio de 2017, o Supremo Tribunal Federal, julgando o Recurso Extraordinário n. 878.694/MG, de relatoria do Ministro Barroso, concluiu pela inconstitucionalidade do art. 1.790 do Código Civil, firmando que "no sistema constitucional vigente, é inconstitucional a distinção de regimes sucessórios entre cônjuges e companheiros, devendo ser aplicado, em ambos os casos, o regime estabelecido no art. 1.829 do CC/2002".

Com base nesse julgado de repercussão geral, poder-se-ia entender que o companheiro teria sido alçado à condição de herdeiro necessário. Entendimento errôneo, a meu ver. A uma, porque, ao julgar inconstitucional o art. 1.790 do Código Civil, o STF fez apenas equiparar o companheiro ao cônjuge para efeito de participação na herança, conforme os ditames do art. 1.829 e seguintes, que tratam da ordem de vocação hereditária. Definitivamente, não se poderia daí concluir, como fica bastante claro no voto do Ministro Fachin, que o art. 1.845, que cuida dos herdeiros necessários, teria sido abarcado pelo acórdão. Em outras, palavras, o fato de o companheiro ter sido incluído na terceira ordem de vocação hereditária, não o transforma automaticamente em herdeiro necessário. Para isso, seria necessária lei ordinária, modificando a redação do art. 1.845, o que é competência exclusiva do Congresso Nacional.

Uma coisa é julgar inconstitucional um artigo do Código Civil e modular os efeitos desse julgado, ou seja, se o artigo que tratava da sucessão do companheiro foi julgado inconstitucional, como ficam seus direitos sucessórios? O próprio

STF respondeu, na mesma decisão, dispondo que seriam os mesmos do cônjuge, conforme o art. 1.829. Em outras palavras, apenas modulou os efeitos da decisão. Incluir o companheiro no rol do art. 1.845 seria ir muito além; seria usurpar a competência do Congresso Nacional, o que o Supremo Tribunal Federal não pode fazer. Nem o STF, muito menos a doutrina. O art. 1.845 é norma restritiva da autonomia privada. Sua interpretação há de ser restritiva, jamais ampliativa.

20.3.7 Substituições

a] Generalidades

Substituição, do latim *sub-institutio*, significa "instituição em segundo plano".[41]

No Direito Brasileiro atual, sobreviveram três tipos de substituição: a vulgar, a recíproca e a fideicomissária. As duas primeiras são agrupadas na categoria denominada substituição direta. Já a terceira se denomina substituição indireta.

Na verdade, as substituições vêm suprir eventual lacuna na cadeia sucessória. Assim, se o herdeiro ou o legatário não puder, ou não quiser herdar, é lícito ao testador nomear-lhe substituto. A cláusula testamentária poderia ser algo como: "deixo meus bens para A. Se não puder ou não quiser receber a herança, recebê-la-á em seu lugar B".

Podem ser substituídos tanto os herdeiros quanto os legatários, pessoas físicas ou jurídicas. Podem ser substitutos tanto as pessoas físicas quanto as jurídicas, parentes ou não do testador, desde que sejam capazes para herdar.

Não pode haver instituição de substituto para herdeiro necessário, relativamente à legítima. Se o herdeiro necessário não puder ou não quiser receber a herança, recebê-la-ão seus próprios herdeiros, em última instância.

A nomeação do substituto pode ser no próprio testamento que instituiu o herdeiro ou em outro autônomo, que preencha os requisitos formais de validade.[42]

A substituição pode vir subordinada a condição, a termo ou encargo. Assim poderíamos ter: "deixo meus bens a João. Caso não queira ou não possa herdar, receberá a herança em seu lugar Pedro, desde que construa escola, em dois anos".

Se a herança já vinha desde a origem subordinada a condição ou encargo, o substituto terá que cumpri-los. Assim, na cláusula: "deixo meus bens a Pedro, sob a condição de construir escola, em dois anos. Se não quiser ou não puder receber a herança, ou se não cumprir a condição, herdará Manoel". Neste caso, Manoel também deverá cumprir a condição, se quiser a herança.[43]

Vejamos, agora, algumas especificidades de cada uma das três substituições.

---

41 PEREIRA, Caio Mário da Silva. **Instituições...** cit., v. 6, p. 200.
42 Idem, p. 201.
43 Idem, p. 201.

b] Substituição vulgar ou ordinária

É a mais comum de todas. Ocorre quando é nomeado substituto para o caso de o herdeiro ou legatário não querer ou não poder receber a herança ou legado.

Se o substituto morrer após a abertura da sucessão, mas antes do substituído, receberão seus herdeiros. Não se trata de dupla substituição, mas tão somente da aplicação pura e simples dos princípios informadores do Direito das Sucessões. Devemos ter em vista que o substituto é também herdeiro, posto que em segundo plano. É herdeiro do testador e não do substituído. Se morreu depois do autor da herança, significa que teoricamente herdou.

Uma pessoa pode ser nomeada substituta de várias outras (substituição singular), assim como várias podem substituir a uma só (substituição plural).

As substituições podem se estender, em tese, até o infinito. Consequentemente, seria válida uma cláusula como a seguinte: "deixo meus bens a fulano. Se não quiser ou não puder herdar, herdará beltrano em seu lugar. Se beltrano não puder ou não quiser, herdará, então, sicrano", e assim por diante.

A substituição caducará pela aceitação do instituído; pelo falecimento do substituto antes da abertura da substituição; pela incapacidade do substituto para receber por testamento.

c] Substituição recíproca

Ocorre substituição recíproca quando o testador designar pluralidade de herdeiros e legatários, eles mesmos se substituindo entre si: "deixo meus bens a fulano, beltrano e sicrano. Se Fulano não puder ou não quiser receber, herdarão beltrano e sicrano. Se beltrano não puder ou não quiser, herdarão fulano e sicrano. E se sicrano não puder ou não quiser, herdarão fulano e beltrano". Este, um exemplo.

A substituição recíproca, assim como a vulgar, também pode ser singular ou plural. Será singular, quando um dos coerdeiros for nomeado substituto de dois ou mais outros. Será plural, quando dois ou mais coerdeiros forem nomeados substitutos de um outro.

Se os quinhões hereditários forem distribuídos em partes desiguais, a substituição será nas mesmas proporções. Eis exemplo: "deixo metade de meus bens para João, 20% para Pedro e 30% para Manoel. Se João não quiser ou não puder receber, herdarão sua parte Pedro e Manoel etc.". Se ocorrer de João não poder ou não querer receber, Pedro e Manoel herdarão sua parte, que será distribuída entre eles, respeitada a proporção de 20% e 30%, calculada por regra de três. Admitir-se outra distribuição seria desrespeitar a vontade do testador que quis que Pedro e Manoel só recebessem 20% e 30%, respectivamente.

Não obstante essa regra, se for incluída nova pessoa junto com os substitutos, o rateio do quinhão vago será em partes iguais e não na proporção anterior.

Estudemos exemplo: "deixo metade de meus bens para João, 20% para Pedro e 30% para Manoel. Se João não quiser ou não puder receber, herdarão sua parte Pedro, Manoel e Joaquim". Observa-se que, dentre os substitutos, há um novo, qual seja, Joaquim. Dessarte, se a parte de João ficar vaga, será distribuída em partes iguais entre Pedro, Manoel e Joaquim. Não serão respeitados os percentuais de 20% e 30%, para Pedro e Manoel. Neste caso, por ter sido admitido um novo herdeiro, na condição de substituto eventual, abrindo-se a sucessão do substituto, é como se todos os herdeiros se igualassem, começando tudo de novo.

d] Substituição fideicomissária

Fideicomisso é substituição indireta. Ocorre, quando for instituído herdeiro ou legatário, que será substituído por outro, após o decurso de certo prazo, ou após o implemento de condição.

Exemplo seria: "deixo meus bens a João. Mas, casando-se ele, passarão os bens aos eventuais filhos de Maria", ou então, "deixo meus bens a João. Mas, morrendo ele, passarão os bens aos eventuais filhos de Maria", ou ainda, "deixo meus bens a João. Mas, após dez anos, passarão os bens aos eventuais filhos de Maria".

O importante é observar que João herda, tornando-se dono dos bens. A propriedade é, porém, resolúvel, uma vez que tem término previsto.

No fideicomisso concorrem três pessoas, o fideicomitente, que é o testador; o fiduciário, que é o herdeiro instituído em primeiro lugar; e o fideicomissário, que é o substituto.

Segundo o Código Civil de 2002, o fideicomissário deve ser pessoa não concebida ao tempo da abertura da sucessão, diferentemente do Código Civil de 1916, que permitia que o fideicomisso fosse instituído a favor de pessoa já nascida à época da morte do testador.

Caso o fideicomissário já houver nascido à época da morte do fideicomitente, não haverá fideicomisso, mas usufruto. Em outras palavras, o fideicomissário adquirirá a propriedade dos bens originalmente fideicometidos, e o fiduciário passará à condição de usufrutuário, pelo tempo de duração que fora previsto originalmente para o fideicomisso, ou até que se implemente a condição resolutiva.

Se o fideicomissário não nascer, a propriedade plena se consolida na titularidade do fiduciário.

Duas questões se levantam: em quanto tempo deve o fideicomissário ser concebido para nascer, após a abertura da sucessão? Que ocorrerá se o fideicomissário já houver sido concebido à época da abertura da sucessão?

Vejamos a primeira pergunta: em quanto tempo deve o fideicomissário ser concebido para nascer, após a abertura da sucessão? Em primeiro lugar, a concepção deve ser seguida da implantação no útero. A mera concepção, seguida da criopreservação do embrião, só vale se este for implantado dentro do prazo.

Quanto ao prazo mesmo, entendo aplicar-se ao caso a norma do art. 1.800, parágrafo 4º, do CC, que dispõe que "se, decorridos 2 (dois) anos após a abertura da sucessão, não for concebido o herdeiro esperado, os bens reservados, salvo disposição em contrário do testador, caberão aos herdeiros legítimos", no caso ao fiduciário. Assim, salvo disposição contrária no testamento, o fideicomissário deve ser concebido e implantado, ou seja, deve ser concebido para nascer dentro do prazo de dois anos, salvo outro prazo maior ou menor previsto no testamento. O fundamento deste prazo é a segurança jurídica, a operabilidade e a função social da propriedade. O fiduciário não pode ficar eternamente inseguro, sem poder dispor livremente de seus bens, à espera indefinida do fideicomissário, que pode nem ser concebido, afinal.

Quanto à segunda pergunta: que ocorrerá se o fideicomissário já houver sido concebido à época da abertura da sucessão? Bem, o parágrafo único do art. 1.952 do CC usa o verbo nascer. Dispõe que, se o fideicomissário já houver nascido, quando da abertura da sucessão, o fideicomisso se transformará em usufruto. Se não houver nascido, mas já houver sido concebido para nascer, aguardar-se-á o nascimento. Se este ocorrer, o fideicomisso se tornará usufruto; caso contrário, aguardar-se-á nova concepção e eventual nascimento do fideicomissário, dentro do prazo estipulado, mantendo-se o fideicomisso.

O fideicomisso pode ser particular, quando se referir a legado, ou seja, a um ou mais bens determinados. Pode ser também universal, quando se referir à totalidade da herança ou a uma quota-parte abstrata (a parte de Manoel; ou 25%, por exemplo).

Não é lícito nomear-se fideicomissário para o fideicomissário. Assim, não teria valor a seguinte cláusula: "deixo meus bens a Manoel que, após o decurso de 10 anos, os transmitirá aos eventuais filhos de Maria. Após a morte destes, os bens serão entregues aos eventuais filhos de Joaquim". Esta última parte, referente aos eventuais filhos de Joaquim, não terá efeito. O que pode ocorrer é a substituição compendiosa, ou nomeação de substituto vulgar para o caso de o fideicomissário não poder ou não querer receber.

Tampouco é lícito ao fideicomitente gravar os bens com cláusula de inalienabilidade, para quando forem transmitidos ao fideicomissário. Tal cláusula seria julgada não escrita.

Se a instituição do herdeiro fiduciário for anulada, nulo será o fideicomisso, pois o acessório segue o principal. Porém, a recíproca não é verdadeira. Em outras palavras, se a cláusula fideicomissária for anulada, prevalecerá a instituição do fiduciário, como se nunca tivesse havido fideicomisso.[44]

---

44 MALUF, Antônio Nagib. **Fideicomisso no direito brasileiro.** São Paulo: Hemus, 1987. p. 35 et seq.

O fiduciário receberá os bens da herança, tornando-se seu dono e possuidor. Poderá deles usufruir livremente, percebendo-lhes os frutos e rendimentos. Poderá gravar (hipotecar, por exemplo) ou alienar os bens fideicometidos; mas, aberta a sucessão fideicomissária, quem quer que tenha adquirido os bens, deverá entregá-los ao fideicomissário.

O fiduciário deverá indenizar o fideicomissário de toda perda ou deterioração que ocorra por negligência, imprudência, imperícia ou dolo de sua parte. Não responde, todavia, pelas perdas e deteriorações fortuitas ou provenientes do uso normal.

Terá o fiduciário direito ao reembolso de toda despesa extraordinária, necessária ou útil, desde que não seja despesa normal com a conservação dos bens, como, por exemplo, desentupir pia, trocar vidro quebrado ou pneu desgastado.

Por fim, caberá ao fiduciário relacionar os bens fideicometidos, tendo o fideicomissário direito de exigir caução de restituição, que poderá ser pessoal ou real.[45]

Caso o fiduciário venha a renunciar à herança ou ao legado, caberá ao fideicomissário, ou a seu representante legal, o direito de aceitá-la, salvo disposição contrária no testamento.

O fideicomitente pode prever a hipótese de o fiduciário ou o fideicomissário não poderem ou não quererem aceitar a herança ou o legado. Poderá, neste caso, nomear-lhes substitutos. Essa substituição, que conjuga características de substituição vulgar e fideicomissária, denomina-se *substituição compendiosa*.

O fideicomisso é instituto em franco processo de extinção, dele não se tendo notícia na prática. Até hoje só presenciei, pessoalmente, um caso de fideicomisso, o qual, por engano ou ignorância, foi tratado como se fosse usufruto. Não acredito que as inovações introduzidas pelo Diploma Civil de 2002 venham a reintroduzir a prática do fideicomisso.

Realmente, fideicomisso e usufruto podem parecer, à primeira vista, semelhantes, embora nada tenham em comum.

No fideicomisso, como vimos, é instituído um herdeiro, o fiduciário, que recebe a propriedade e a posse da herança, com o dever de transmiti-la a terceiro, o fideicomissário, após certo tempo ou implementada certa condição. Já no usufruto, uma pessoa é designada herdeiro, ficando os bens com outra pessoa, o usufrutuário. O testador nomeia o herdeiro e o usufrutuário, que pode ser por certo tempo, pode ser vitaliciamente ou até que se implemente certa condição. Fato é que o herdeiro será o proprietário dos bens. Mas a posse direta e o direito de usufruir ficarão com o usufrutuário, até que se implemente a condição ou se escoe o prazo dado.

Não há, portanto, confundir os dois institutos.

---

45 A caução ou garantia poderá ser pessoal (fiança) ou real (hipoteca, penhor etc.).

20.3.8 Deserdação

Deserdação é exclusão de um ou mais herdeiros necessários, pelo próprio testador, no testamento. Só terá validade se o testador explicitar a causa da deserdação.

Assim é que a deserdação só atinge os herdeiros necessários, uma vez que, em relação aos demais, basta que o testador não os contemple. Mas os necessários que, como visto, têm que ser contemplados com 50% da herança, estes sim podem ser deserdados pelo sucedido, desde que o faça em testamento.

Para deserdar, não basta que o testador queira. A deserdação, assim como a exclusão por indignidade, tem que ter fundamento. E este fundamento é dado pela própria Lei. São, portanto, causas para se deserdar:

a) Autoria, coautoria, ou participação em homicídio doloso ou tentativa de homicídio contra o autor da herança, seu cônjuge, companheiro, descendente ou ascendente. A instigação ao suicídio se equipara ao homicídio. Não há necessidade de sentença criminal para que se dê a deserdação, mas é lógico que se a sentença for absolutória, não haverá deserdação.[46]

b) Denunciação caluniosa e crimes contra a honra do *de cujus*, ou de seu cônjuge ou companheiro.

Em todos esses casos tampouco se exige a prévia condenação criminal. Afinal, o juízo cível independe do criminal. Contudo, no entendimento de alguns juristas, como Orlando Gomes,[47] a sentença absolutória neste juízo impediria a decretação de indignidade no juízo sucessório, isto porque não se trata, aqui, de juízo ressarcitório. Sendo assim, a absolvição no crime faria coisa julgada no cível, não sendo a recíproca verdadeira, isto é, a sentença condenatória no crime não implicaria necessariamente a exclusão por indignidade. Na prática, porém, o juízo cível acaba por seguir a sentença criminal; muitas vezes, até a espera.

c) Atentado contra a liberdade de testar.
d) Ofensas físicas contra o testador.
e) Relações amorosas com a madrasta ou padrasto. Se o testador for descendente, poderá deserdar o ascendente que mantiver relações amorosas com seu consorte. Aqui, deve-se acrescentar que a regra vale para o companheiro ou companheira do testador.
f) Desamparo ou negativa de alimentos ao testador gravemente enfermo ou em estado de alienação mental.

A deserdação é pena civil que não pode ultrapassar a pessoa do deserdado. Sendo assim, seus herdeiros não estariam excluídos. Se A tem dois filhos, B e C, e se deserda B, por exemplo, o quinhão de B será herdado por seus filhos, netos de A.

---

46 GOMES, Orlando. **Sucessões**... cit., p. 34.
47 *Idem*, p. 34-35.

Por fim, não basta que o testador deserde o herdeiro. Cumpre ainda aos outros herdeiros promover, no prazo de quatro anos da abertura do testamento, ação de deserdação para confirmar a vontade do morto. O deserdado terá direito de defesa e se não conseguirem provar a causa de sua deserdação, não será deserdado.

O deserdado poderá ser perdoado. O perdão, por sua vez, será expresso, se por ato autêntico; ou tácito, se em testamento posterior o testador contemplar o herdeiro anteriormente deserdado.

20.3.9 Legados

Legado é, em termos grosseiros e simplistas, a doação de um ou mais bens determinados em testamento. Em termos mais sofisticados, é a transmissão por testamento de um ou mais bens determinados a uma pessoa.

O importante é frisar que o legatário recebe a título singular. Recebe um ou mais bens específicos e não um percentual abstrato da herança, como os herdeiros.

É fácil, na prática distinguir herdeiros e legatários.

Vejamos exemplo: "deixo meus bens a João e Manoel, à exceção de meu automóvel que caberá a Pedro". Aqui no caso, temos dois herdeiros, João e Manoel, que receberão a herança, com tudo o que nela houver, em partes iguais. Há também um legatário, Pedro, que receberá bem determinado, ou seja, um carro.

Podem ser objeto de legado todas as coisas corpóreas e incorpóreas, alimentos, créditos, quitação de dívida etc. O bem legado há de ser lícito, possível e útil ao legatário. Enfim, tudo que possa ser apreciado economicamente pode ser objeto de legado.

Há várias espécies de legado. Em primeiro lugar, pode ser o legado puro e simples. O testador contempla o legatário sem impor nenhuma condição ou encargo.

Será, por outro lado, condicional o legado, se sujeito a condição. Por exemplo, "deixo o imóvel da Rua X a João, desde que, no prazo de dois anos da abertura da sucessão, construa escola".

Poderá ser modal ou com encargo, se subordinado a encargo. "Deixo o imóvel da Rua X a João, ficando ele com o encargo de, no prazo de dois anos da abertura da sucessão, construir escola".

Poderá o legado se subordinar a termo. Por exemplo, "deixo minha casa da Rua Y a Felipe, ficando ele com a obrigação de transmiti-la a Diego, eventual filho de Romerito, depois de 20 anos, ou quando de sua morte". Neste caso, teremos fideicomisso de legado.

A coisa legada deve pertencer ao patrimônio do testador. Se for alienada entre a feitura do testamento e a abertura da sucessão, o legado não prevalecerá, ou seja, caducará.

Ao testador é lícito estabelecer que o espólio adquira a coisa para ser entregue ao legatário. Pode-se estabelecer que o legado saia do monte ou do quinhão de um herdeiro ou dos bens deixados a outro legatário.

O legado pode ser determinado só pelo gênero, por exemplo, um carro, cabendo aos herdeiros especificar e entregar a coisa ao legatário. Os imóveis, que no sistema anterior não podiam ser legados só pelo gênero, hoje o podem sem restrições.

O legado pode se referir a bem universal, como biblioteca.

Legado com lugar determinado só vale se for ali encontrado e dentro da quantidade que ali se achar. Se houver remoção temporária, subsiste o legado. Pode-se deixar, por exemplo, a prataria da casa de campo.

Legado de crédito somente vale até a quantia do crédito na data do falecimento. Se o testador receber antes da morte, esvazia-se, isto é, caduca o legado, a não ser que o testador reserve a quantia em destacado, prevendo esta hipótese. O espólio só responde pela existência do crédito, não sendo responsável por sua liquidez. O legatário é que terá que acionar o devedor para recebê-lo.

Por meio de legado pode o testador liberar o legatário de dívida. Por exemplo: "deixo ao João a dívida que tinha para comigo". Neste caso, os herdeiros não poderão cobrar essa dívida.

O testador pode deixar alimentos em legado, englobando alimentação, vestuário, habitação, tratamento e educação. O valor pode ser estipulado no testamento ou pelo juízo do inventário.

O legado do principal abrange os acessórios.

Por fim, pode o legado ser remuneratório, quando se destinar a remunerar dívidas não exigíveis, porém, lícitas.

Como dito, o legatário sucede a título singular, não se imitindo na posse por autoridade própria. Terá que pedir a entrega do bem, salvo disposição em contrário. Pedirá a um dos herdeiros, ao testamenteiro ou a todos os herdeiros, ou seja, ao espólio.

No legado puro e simples, a coisa e seus frutos pertencem ao legatário desde a morte. Os herdeiros respondem pelos prejuízos causados por culpa ou dolo.

Sendo o legado de dinheiro, correrão juros desde a data em que o espólio for interpelado a entregar. Porém, sendo de renda, a data inicial para o primeiro pagamento corre desde a morte.

Se o legado for de gênero, por exemplo, um carro, este será escolhido, atendendo-se a meio-termo entre seus congêneres. Nem o pior, nem o melhor. Nem o mais barato, nem o mais caro, dependendo muito do tamanho da herança.

Salvo disposição em contrário, cabem ao legatário todas as despesas com a entrega da coisa.

O legatário não é obrigado a aceitar o legado, podendo renunciar tácita ou expressamente. Um exemplo de renúncia tácita seria o seguinte: A, tendo recebido um legado subordinado a condição suspensiva, simplesmente deixa de implementá-la no prazo. Neste caso, nada receberá, uma vez que a condição não se implementou. Terá ocorrido renúncia tácita. A renúncia parcial só é possível se o legado se compuser de coisas divisíveis.

Os legados podem caducar por motivo superveniente ao testamento. Os casos de caducidade são os seguintes, dentre outros:

1] anulação do testamento;
2] modificação da coisa;
3] impossibilidade material ou ilicitude do objeto;
4] alienação da coisa; se a coisa for alienada e readquirida, o legado continua vazio, salvo disposição contrária;
5] evicção ou perecimento; se houver culpa de herdeiro, responderá por perdas e danos;
6] indignidade;
7] falecimento do legatário antes do testador;
8] revogação expressa ou tácita;
9] legado alternativo: se perecer uma coisa, subsiste o legado em relação à outra.

20.3.10 Execução dos testamentos

Executar testamento é, antes de tudo, zelar para que seja cumprida a vontade do morto. A quem caberá executar o testamento? Como será a execução do testamento, se um dos herdeiros morrer?

A essas e outras perguntas tentaremos responder a seguir.

a] Testamenteiro

Justamente para que o testamento não seja desrespeitado pelos herdeiros ou outras pessoas de má-fé, a Lei confere ao testador a faculdade de nomear testamenteiro que lhe faça cumprir a última vontade.

O testamenteiro pode ser nomeado no próprio testamento ou em codicilo.

Por ser faculdade do testador, é válido o testamento em que não seja nomeado testamenteiro.

O testador poderá nomear um só testamenteiro ou vários. Se vários, podem ser eles sucessivos, conjuntos ou solidários. Serão sucessivos se forem nomeados de sorte a que um só atue na falta do outro. Conjuntos serão os testamenteiros se só puderem atuar juntos, de modo a que os atos praticados por um só deles não tenham valor. Serão solidários se puderem atuar cada um por si, independentemente dos demais. Na falta de disposição do testador, os testamenteiros se presumem sucessivos, segundo o art. 1.986 do CC.[48] A nomeação de vários testamenteiros poderá, ainda, ser de forma a que cada um receba tarefas distintas. São testamenteiros separados, na terminologia do Código Civil, art. 1.976.

Não sendo separados, os testamenteiros responderão solidariamente pelos danos que eventualmente venham a causar.

Se o testador não nomear testamenteiro, ou se o nomeado recusar, caberá ao juízo do inventário a nomeação. Esta recairá de preferência sobre o cônjuge viúvo. Na falta dele, em algum herdeiro. Sendo, porém, necessário, por serem os herdeiros incapazes, por exemplo, o juiz nomeará estranho para exercer a testamentaria. É o chamado testamenteiro dativo.

Se a herança for toda distribuída em legados, o testamenteiro dativo será de preferência o principal legatário.[49]

O juiz mandará intimar o testamenteiro no próprio despacho em que ordenar a execução do testamento. Uma vez intimado, o testamenteiro comparecerá em juízo, assinando termo de compromisso.

A testamentaria é *munus privatum*[50] e ninguém é obrigado a aceitá-la. Nem é preciso indicar as razões da recusa.

Outra situação é a do testamenteiro que, já tendo aceitado, deseje renunciar. A renúncia deverá ser comunicada ao juiz, com a devida motivação. Deverá também ser em bom tempo, não causando prejuízo à execução do testamento. Aceita a renúncia pelo juiz, será nomeado outro testamenteiro.

Para ser testamenteiro, é necessária a capacidade genérica e, especificamente, aquela para se obrigar. Quem não for capaz para assumir obrigações na esfera privada, não poderá ser testamenteiro.

Tampouco podem exercer a testamentaria as pessoas jurídicas, os devedores do testador, quem quer que esteja em litígio com os herdeiros, quem escreveu o testamento a rogo,[51] bem como seu ascendente, descendente, cônjuge ou irmão.

As atribuições do testamenteiro são intransferíveis. O máximo que pode ele fazer é nomear procurador com poderes especiais, para representá-lo no exercício da testamentaria. Porém, transferir suas funções, delas se desincumbindo em definitivo, isto ele não pode fazer.

São deveres do testamenteiro:

a) apresentar o testamento ao juízo do inventário ou apontar a pessoa que o detenha;
b) prestar compromisso de bem servir;

---

48 VENOSA, Sílvio de Salvo. **Direito civil**... cit. v. 7, p. 313.
49 PEREIRA, Caio Mário da Silva. **Instituições**... cit., v. 6, p. 219.
50 *Munus privatum* significa "encargo de ordem privada". Os *munera* privados ou *munera privata* são diferentes dos *munera* públicos ou *munera publica*, como o poder familiar, por exemplo, pois a estes não se pode renunciar.
51 A rogo, ou seja, a pedido do testador.

c] caso seja testamenteiro universal, ou seja, caso tenha a posse e administração dos bens da herança, é dever seu requerer o inventário; caso não tenha, ou seja, caso seja testamenteiro particular, exigirá que os herdeiros promovam o inventário;
d] defender o testamento, sustentando sua validade total ou parcial;
e] providenciar as exéquias do testador, conforme os costumes do local e os recursos do morto;
f] prestar contas da testamentaria, submetendo-as ao juiz em forma contábil, com a indicação das despesas, haveres e créditos; homologadas as contas pelo juiz, estará liberado o testamenteiro;
g] não adquirir bens da herança. Se o fizer, estará a eventual aquisição maculada de vício grave.

Além dessas obrigações ordinárias, o testador pode encarregar o testamenteiro de outras tantas, especiais, como zelar pela educação de seus filhos. Neste caso, a aceitação da testamentaria importa aceitação dessas incumbências, das quais também deverá prestar contas.[52]

O testamenteiro responde aos herdeiros e legatários por todo prejuízo causado por culpa ou dolo seu, seja por ação ou omissão. Se forem vários, a responsabilidade será, como vimos, solidária, a não ser que sejam separados. As ações contra o testamenteiro prescrevem em dez anos da cessação da testamentaria.

Sendo o testamenteiro herdeiro ou legatário, não fará jus a qualquer remuneração, a não ser que especificada no testamento. Não obstante se não for nem herdeiro nem legatário, terá direito a *pro labore* que, se não for fixado no testamento, deverá ser arbitrado pelo juiz em percentual de um a cinco por cento da herança líquida. Para se chegar à herança líquida, há de se subtrair o passivo do ativo. Esta remuneração do testamenteiro se denomina vintena, porque o máximo de cinco por cento corresponde a um vigésimo da herança líquida.

Havendo herdeiros necessários, a vintena será deduzida apenas da parte disponível. A legítima não poderá sofrer redução a esse título.

A vintena deverá ser paga em dinheiro, não sendo o testamenteiro obrigado a receber outros bens em pagamento.

Se o testamento for anulado, o testamenteiro não terá direito a qualquer remuneração.

Encerra-se a testamentaria por várias causas. Dentre elas:
a] pela conclusão dos trabalhos e respectiva prestação de contas;
b] pelo decurso do prazo de 180 dias, a não ser que haja prorrogação;
c] pela morte do testamenteiro;
d] pela renúncia;

---

52 PEREIRA, Caio Mário da Silva. **Instituições**... cit., v. 6, p. 226.

e) pela incapacidade superveniente do testamenteiro;
f) pela destituição do testamenteiro pelo juiz;
g) pela anulação do testamento.

b) Direito de acrescer

Morto o testador, abre-se a sucessão, tornando-se os herdeiros e legatários instituídos no testamento, desde logo, donos e possuidores da herança. Portanto, se um deles morrer depois do testador, os bens que a ele seriam destinados serão transmitidos a seus próprios herdeiros.

Porém, que ocorrerá se o herdeiro ou legatário instituído no testamento morrer antes do testador? É lógico que o testador poderá fazer outro testamento, mas e se não fizer? Quem herdará a parte do herdeiro ou legatário pré-morto?

Vejamos a solução, tratando-se de herdeiro e de legatário.

Direito de acrescer entre herdeiros

Haverá direito de acrescer entre herdeiros, se forem nomeados conjuntamente, no mesmo testamento, sem que se faça qualquer designação de quinhões. Por exemplo: "deixo meus bens a João, Pedro e Joaquim". Assim, se um deles falecer antes do testador, renunciar à herança ou for excluído por indignidade, sua parte retornará ao monte, acrescendo no quinhão dos outros dois. Em outras palavras, se João morrer antes do testador, se renunciar à herança ou se for excluído por indignidade, sua parte será repartida igualmente entre Pedro e Joaquim. Diz-se, então, que Pedro e Joaquim terão direito de acrescer na parte de João.

Se forem designados quinhões fixos para cada um, a história muda de figura. Por exemplo: "deixo 50% de meus bens a João, 25% a Pedro e 25% a Joaquim". Supondo que João morra antes do testador, que renuncie ou que seja excluído por indignidade, que ocorrerá com seu quinhão? Será ele distribuído entre Pedro e Joaquim? A resposta é negativa. Ora, se o testador deixou 25% de seus bens a Pedro e 25% a Joaquim é porque não queria que recebessem mais. Assim, não têm eles direito de acrescer na parte de João, que será, então, transmitida aos herdeiros legítimos, como se testamento não houvesse. Que herdeiros legítimos? No caso os colaterais até o quarto grau ou o Estado. E os descendentes, ascendentes e o cônjuge? Nada receberão? Bem, se o testador contemplou João, Pedro e Joaquim em seu testamento, significa que não tinha nem descendentes, nem ascendentes, nem cônjuge que, sendo herdeiros necessários, teriam que receber a metade da herança.

Tampouco haverá direito de acrescer, se houver substituto nomeado para o herdeiro, cuja parte vagar ou se o testamento for anulado.

Direito de acrescer entre legatários

Cuidando-se de legatário, as regras mudam um pouquinho.

Haverá direito de acrescer entre legatários, se forem nomeados conjuntamente a respeito de uma só coisa, ou quando a coisa legada for indivisível. A indivisibilidade pode ser material ou econômica. Ocorre indivisibilidade econômica, quando a divisão tornar a coisa sem valor.

Por exemplo: "deixo meu automóvel a José e Manoel". Se Manoel morrer antes do testador, se renunciar ao legado ou se for excluído por indignidade, José terá direito de acrescer em sua parte. Em outras palavras, José ficará com o carro todo.

Não haverá direito de acrescer entre legatários, se a cada um for destinada coisa distinta; se houver substituto para o legatário faltoso; se o testamento for anulado; se o legado for revogado, sendo a coisa transmitida a outra pessoa; se o legado caducar pelo perecimento do objeto; e, por fim, quando o legado se anular pelo fato de a coisa já pertencer a outra pessoa ou ao próprio legatário.

Não havendo direito de acrescer entre legatários, quem receberá o bem do legatário que faltar? Receberá o herdeiro ou legatário incumbido de satisfazer o legado; ou receberão todos herdeiros, na proporção de seus quinhões, se o legado for tirado do monte. Vejamos exemplo de cada uma das hipóteses.

"Deixo $ 20.000,00 a Joaquim, ficando ele com o dever de entregar $ 5.000,00 a Sebastião". Se Sebastião morrer antes do testador, se for excluído por indignidade ou se renunciar ao legado, Joaquim, o legatário incumbido de satisfazer o legado, ficará com os $ 5.000,00.

"Deixo 20% de meus bens a João, ficando ele com o dever de entregar $ 5.000,00 a Sebastião". Aqui adota-se o mesmo raciocínio. Só que João é herdeiro e não legatário. Assim, se Sebastião morrer antes do testador, se for excluído por indignidade ou se renunciar ao legado, João, o herdeiro incumbido de satisfazer o legado, ficará com os $ 5.000,00.

"Deixo 75% de meus bens a João e 25% a José, ficando eles com o dever de entregar $ 5.000,00 a Sebastião". O raciocínio continua o mesmo. O legado está sendo tirado do monte. Se Sebastião morrer antes do testador, se for excluído por indignidade ou se renunciar ao legado, João e José ficarão com os $ 5.000,00, na proporção de 75% e 25%, respectivamente.

20.3.11 Inexecução dos testamentos

Na seção antecedente, estudamos a execução dos testamentos. Passemos, agora, ao estudo de situações em que os testamentos não se executam. Essa inexecução pode ocorrer por várias razões. O testamento pode ser revogado ou anulado; suas disposições podem caducar; as liberalidades podem ser reduzidas na medida da legítima. Vejamos cada caso.

a] Revogação

Revogação de testamento é ato pelo qual o testador o torna sem efeito. Interessa, pois, o plano da eficácia. O testamento perde-a.

Quanto a sua extensão, a revogação poderá ser total quando abranger todo o testamento; ou parcial quando atingir apenas parte dele.

Quanto à forma, a revogação será expressa, tácita ou presumida.

A revogação expressa ou direta se dá pela vontade explícita do testador que, em outro testamento posterior, revoga expressamente o anterior.

A revogação expressa só ocorre por testamento posterior, desde que este seja válido. Não se admite revogação de testamento por nenhum outro ato, como codicilo, ou escrito público para este fim. Só por testamento é admissível a revogação.

Revogação tácita ou indireta é a que ocorre pela elaboração de testamento posterior ou pela destruição do testamento.

Ao elaborar testamento posterior, o testador, ainda que não o faça expressamente, estará revogando todo e qualquer testamento anterior. Se uma pessoa faz testamento hoje, elaborando um novo amanhã, este novo estará revogando o primeiro, ainda que não de forma expressa. Em outros termos, não é necessário que o testador diga que está revogando o testamento anterior. O simples fato de ter feito um novo, já implica revogação do antigo.

Para que haja revogação tácita, é absolutamente imprescindível que as disposições do testamento novo sejam incompatíveis com as do antigo. Se forem compatíveis, um complementará o outro.

Também se reputa tacitamente revogado o testamento riscado, rasgado ou cancelado, a não ser que se prove que o risco ou o rasgão ocorreram por acaso, sendo possível a restauração da cédula. Porém, não se admite testamento colado ou refeito com fita adesiva ou qualquer outro meio, ainda que tenha sido o próprio testador que o haja restaurado. Aqui, a revogação tácita atinge o testamento no plano da própria validade.

Por fim, equipara-se a revogação tácita, a alienação dos bens da herança pelo testador, em vida.

Revogação presumida ou legal é a que ocorre por força de lei, em certas situações.

O mais comum é a situação do testamento rupto. Será rupto o testamento em duas hipóteses.

Primeiramente, rompe-se o testamento, pela agnação do póstumo, isto é, se surgir, após a elaboração do testamento, algum descendente sucessível, que o testador não possuísse ou não conhecesse.

O testador pode ter um filho, depois de feito o testamento; ou pode vir a reconhecer um filho, de cuja existência podia nem saber; pode adotar um filho etc.

A segunda hipótese é a da constatação da existência de herdeiros necessários, ignorados pelo testador, ou porque os julgava já mortos; ou porque não sabia mesmo de sua existência etc.

Nestes casos, o testamento se rompe, a não ser que tenha sido confeccionado de forma a não prejudicar os herdeiros necessários, sejam eles quem forem. Exemplo seria o seguinte: "Deixo 50% de meus bens a meus herdeiros necessários, na forma da Lei. A outra metade deixo a Joaquim e Sebastião, repartindo-a igualmente entre os dois". No caso dado, a legítima foi respeitada, sendo os herdeiros necessários quem forem. Sendo assim, o testamento não se rompe, a não ser em hipóteses muito extremadas. Imaginemos o seguinte exemplo: Rafael, imaginando que sobreviverá a seus pais, deixa sua herança a Joaquim e a Sebastião, reservando 50% a seus herdeiros necessários (seus pais). Efetivamente, Rafael sobrevive a seus pais e vem a constituir união estável com Carolina. Poucos meses depois do início da união, Rafael morre sem ter alterado seu testamento. Ocorre que Carolina estava grávida, fato desconhecido de todos, quando da morte de Rafael. Pergunta-se: o testamento será cumprido como está? O filho de Rafael só receberá 50% da herança, ou esse testamento se considerará rupto? Em minha opinião, embora a legítima tenha sido respeitada, este seria um caso para se reputar rompido o testamento. Afinal, é de se pressupor que Rafael, soubesse ele da gravidez de sua companheira a tempo, teria seguramente alterado seu testamento, a não ser que considerasse Joaquim e Sebastião como filhos. São questões a se considerar somente diante das possíveis nuances do caso concreto.

Finalmente, resta observar que, se a revogação for apenas parcial, o testamento será cumprido na parte válida, abrindo-se a sucessão legítima quanto à parte revogada. Se a revogação for total, abre-se a sucessão legítima, desconsiderando-se por completo as disposições testamentárias.

Outro é o caso do testamento destituto, que ocorrerá quando, aberta a sucessão, verificar-se que não há herdeiros, seja por terem morrido, por renunciarem, seja por serem excluídos por indignidade. Também neste caso, haverá revogação presumida, abrindo-se a sucessão legítima.

b] Caducidade

Assim como um passaporte ou uma carteira de motorista caducam com o transcorrer de certo prazo, também as disposições testamentárias podem caducar pela ocorrência de determinado obstáculo à sua vigência. Esse obstáculo pode ser o decurso de prazo ou outro qualquer. A caducidade retira os efeitos do ato. Atua, assim, no plano da eficácia.

Não há confundir caducidade com prescrição e decadência. Na prescrição é extinta, por decurso de prazo, a responsabilidade decorrente do inadimplemento de um direito a uma prestação, seja do ponto de vista do credor ou do devedor, enquanto na decadência, perde-se direito potestativo, por seu não exercício no prazo fixado em lei. Tratando-se de caducidade, o direito perde a eficácia pelo decurso de prazo, ou por outro obstáculo qualquer, independentemente de ser exercido ou não. A carteira de motorista, por exemplo, torna-se ineficaz, ou seja, caduca, independentemente de ser ou não exercido o direito que dela decorre.

Fato é que as disposições testamentárias caducam, mesmo sendo o testamento válido. Aliás, se o testamento não for válido, nem há falar em caducidade de suas disposições.

Há vários casos de caducidade, inclusive os de rompimento ou mesmo de revogação. Assim, dentre outras hipóteses, caducam as disposições testamentárias favoráveis:

a] Ao herdeiro ou legatário excluído por indignidade.
b] Ao herdeiro ou legatário que renunciar à herança ou legado.
c] Ao herdeiro ou legatário que morrer antes do testador, salvo eventual direito de representação de seus descendentes. Este direito de representação só ocorrerá caso se trate de herdeiro necessário e no que respeitar a legítima. Quanto aos demais herdeiros e legatários, não há falar em direito de representação.

Também caducam as disposições testamentárias favoráveis a herdeiro ou legatário, mas sujeitas a condição que não se implementa. Por exemplo, se estiverem condicionadas a que o beneficiário se forme em Direito, graduando-se ele em Medicina.[53]

Se a coisa legada perecer ou, por algum motivo, tornar-se impossível, sem culpa de quem quer que seja, caduca o legado. Se houver culpa de alguém, o legatário deverá ser indenizado.

Caducarão o testamento marítimo e o aeronáutico, 90 dias após o momento em que o testador podia testar de forma ordinária e não o fez.

O testamento militar caduca, desde que, depois dele, o testador esteja 90 dias seguidos em local em que possa testar de forma ordinária. E o testamento nuncupativo caducará se o testador não morrer na guerra ou convalescer do ferimento.

c] Redução das liberalidades

Como já estudamos, se o testador possuir herdeiros necessários, não poderá dispor livremente de seu patrimônio, mas apenas de 50%. Serão obrigatoriamente deixados 50% aos herdeiros necessários – os descendentes, os ascendentes e o cônjuge viúvo.

A metade da herança reservada aos herdeiros necessários se denomina *herança legítima, parte legítima* ou apenas *legítima*. A outra metade se denomina *parte disponível*.

---

53 PEREIRA, Caio Mário da Silva. **Instituições**... cit., v. 6, p. 248.

Se, por meio de doações, legados ou outra liberalidade, o autor da herança ultrapassar a parte disponível, a liberalidade deverá sofrer redução, a fim de que se restaure a legítima.

Como consequência, uma vez aberta a sucessão devem ser pesadas todas as liberalidades, tanto as realizadas em vida (como, por exemplo, doações), quanto as realizadas em testamento (legados, por exemplo), a fim de que se possa verificar se está sendo respeitada a legítima dos herdeiros necessários.

A redução será efetuada no processo de inventário ou em ação de redução, intentada contra o favorecido. Será parte legítima para intentar a ação de redução o herdeiro necessário, seus sucessores, cessionários ou credores.

A ação de redução poderá ser proposta por um ou mais prejudicados; mas só os que a propuserem se beneficiarão. Em outras palavras, se todos os herdeiros necessários foram prejudicados, mas apenas um propôs a ação de redução, só a parte dele será restaurada. A dos demais ficará como estava, até que proponham a ação.

Como as liberalidades inoficiosas consideram-se defeito grave (nulidade), não há um prazo decadencial para se exercer o direito de exigir a redução, que poderá ser requerida antes mesmo da abertura da sucessão, a partir do momento em que ocorra a liberalidade (doação inoficiosa). Evidentemente, que se, por um lado, não há prazo para se intentar a ação de redução, por outro lado, será de dez anos, contados da abertura da sucessão, o prazo para se reivindicar os bens oriundos da redução. Trata-se aqui de direito a uma prestação, e a pretensão do herdeiro, bem como a responsabilidade do espólio nascem apenas depois de aberta a sucessão.

Verificado o excesso da liberalidade, não será ela anulada, tão somente reduzida. Dessarte, se a doação de $ 10.000,00 feriu a legítima, os herdeiros necessários poderão reivindicar a redução deste valor, na proporção suficiente para que lhes seja garantida a parte a que fazem jus. Suponhamos que o patrimônio do *de cuius* fosse de $ 15.000,00. Só poderia ter doado $ 7.500,00. Se doou $ 10.000,00, o donatário terá que restituir $ 2.500,00. O exemplo é simples, mas, esperamos, esclarecedor.

Se o bem for, por exemplo, uma casa, o beneficiário poderá compensar, em dinheiro, a parte inoficiosa.[54] Em última instância, se não fizer a compensação devida, terá que entregar a casa, para que seja vendida e feita a redução necessária.

Por fim, em que liberalidades se deve imputar a redução? Suponhamos que tenham sido várias as doações. Quais serão reduzidas? Obviamente, as reduções se farão das mais recentes para as mais antigas. Se a legítima for ferida por doações e legados, sofrerão redução primeiro os legados, depois as doações, sempre da mais recente para a mais antiga.

---

54 Parte inoficiosa é a que fere a legítima.

d) Invalidade do testamento

Interessa, aqui, o plano da validade. O testamento inválido pode ser anulado por conter defeito grave ou defeito leve.

Se o defeito for grave, poderá ser anulado a qualquer tempo, a requerimento de qualquer interessado, do Ministério Público ou de ofício, pelo juiz.

Sendo o defeito leve, poderá ser anulado apenas a pedido de algum interessado, respeitado o prazo de decadência.

Outra observação importante é que a anulação pode atingir o testamento em sua totalidade ou apenas em parte. Se anulado por inteiro, abre-se a sucessão legítima. Se a anulação for parcial, prevalece a parte válida do testamento, abrindo-se a sucessão legítima, se for o caso, quanto ao que for anulado.

Os defeitos graves dizem respeito aos sujeitos, aos motivos, ao objeto e à forma. No atinente aos sujeitos, são defeitos graves:

a) a incapacidade do testador, menor de 16 anos, ou carente do discernimento necessário;
b) a incerteza sobre a pessoa do herdeiro ou legatário, cuja identidade seja de impossível averiguação;
c) a condição captatória, ou seja, a condição de que o herdeiro ou legatário faça, também ele, disposição testamentária a favor do testador;
d) deixar ao encargo de terceiro a identificação de herdeiro ou legatário;
e) deixar ao arbítrio de herdeiro ou de terceiro a fixação do legado;
f) a incapacidade para adquirir por testamento.

Em relação aos motivos, é defeito grave o falso motivo, por exemplo, o erro na designação de herdeiro, de legatário ou de coisa legada em razão do motivo, ou seja, quis-se indicar João e se indicou Pedro. Por exemplo: "deixo meus bens a João, por ser meu filho, de cuja existência vim a saber recentemente". Verifica-se, no entanto, que João não é filho do decujo. Houve, portanto, erro quanto ao motivo da designação do herdeiro.

Quanto ao objeto, conterá defeito grave o testamento que se referir a bens impossíveis, física ou juridicamente, ou a bens indetermináveis.

Por fim, no que diz respeito à forma, são gravemente defeituosos os seguintes testamentos:

a) aquele que não observa a forma prescrita em lei, por exemplo, um testamento cerrado, digitado com muitos espaços em branco ou rasuras; ou um testamento particular elaborado a rogo de um cego ou de um analfabeto;
b) aquele que adota forma defesa em lei: o testamento conjuntivo.

São considerados defeitos leves:

a] O erro em torno das circunstâncias que envolveram a própria elaboração do testamento. O testador, enganado pela situação, fez em seu testamento disposições que não teria feito, se conhecesse as reais circunstâncias. O erro normalmente admite retificação, quando se puder determinar a real vontade do testador, o objeto da disposição testamentária errônea, ou o beneficiário instituído em erro. Por exemplo: "deixo meu dinheiro no Banco X para meu sobrinho", e se verifica que o dinheiro estava, na verdade, no Banco Y. Demonstrado o erro, neste caso relativo ao objeto, a disposição poderá ser retificada.
b] Coação.
c] Dolo.

O prazo para se requerer a anulação do testamento eivado de vício leve será de quatro anos, contados do momento em que o interessado tomar conhecimento do defeito, até o máximo de cinco anos, a partir do registro do testamento, de acordo com a art. 1.859 do CC. Esse artigo, aliás, bastante mal inserido e mal redigido, impõe um limite máximo para se impugnar a validade do testamento inquinado de defeito leve. Do contrário, não houvesse esse limite, fosse o vício descoberto anos depois da abertura da sucessão, os interessados ainda disporiam de quatro anos para promover a anulação. Isso geraria muita insegurança. Dessa forma, uma vez lido pelo juiz, o testamento é registrado na própria secretaria da vara (§ 1.º do art. 735 do CPC), e, a partir daí, contam-se os cinco anos. Supondo que o defeito (erro, dolo ou coação) venha a ser descoberto dois anos após o registro, os interessados ainda disporão de três anos para anular o testamento. Mas, caso o defeito venha a ser descoberto depois dos cinco anos, não haverá mais essa possibilidade.

De todo modo, o art. 1.859 do CC está mal inserido e mal redigido. Mal inserido, porque afastado do art. 1.909 do CC, que trata dos defeitos leves e do prazo decadencial para se anular o testamento por eles viciado. Mal redigido, porque é genérico. Refere-se à impugnação da validade em geral, como que reportando-se também aos testamentos gravemente viciados. Ora, segundo a dogmática tradicional, consagrada na Parte Geral do Código Civil, não há prazo para o exercício do direito de se anular ato inquinado de defeito grave. Para abrir uma exceção a essa regra, haveria o legislador de ser explícito; não genérico como no art. 1.859 do CC. Consequentemente, entendo que o prazo de cinco anos a que se refere o indigitado artigo só pode dizer respeito aos defeitos leves, impondo, pois, uma limitação máxima para se requerer a anulação do testamento.

As opiniões se dividem, porém. Há até quem advogue a tese, como Luiz Guilherme Loureiro,[55] de que o art. 1.859 do CC referir-se-ia à invalidade (defeitos gra-

---

55 LOUREIRO, Luiz Guilherme. **Curso de direito civil**. São Paulo: Método, 2007. p. 1213-1214.

ves ou leves) do testamento como um todo, ao passo que o art. 1.909 referir-se-ia apenas à invalidade (defeitos leves) de cláusula(s) testamentária(s). Não concordamos com a tese, porém. Tanto o art. 1.859 do CC, quanto o 1.909 do CC tratam da invalidade total ou parcial. O art. 1.859 do CC é genérico. É óbvio que a invalidade a que se refere pode ser total ou parcial. Já o art. 1.909 do CC cuida, de fato, da invalidade das disposições testamentárias, inquinadas de defeito leve. Ora, o fato de se referir a disposições inválidas não significa absolutamente que esteja afastando a possibilidade de invalidade total do testamento. Mesmo porque a invalidade de uma disposição substancial pode levar à invalidação do todo. Concluindo, o art. 1.859 do CC cuida de impor um limite temporal para o exercício, já limitado, do direito de se anular o testamento, seja parcial ou integralmente, inquinado dos vícios previstos no art. 1.909 do CC.

Por fim, provando o prejudicado que a anulação do testamento se deveu a defeito imputável a culpa ou dolo do tabelião, responderá ele pessoalmente por todos os prejuízos.

e] Testamento inexistente

Além de anulável, por conter defeito grave ou leve, o testamento pode nem existir no plano jurídico, ou seja, existe no plano fático, mas não no jurídico. Caso de testamento inexistente é o do testamento verbal, ou o do testamento em vídeo, que só será cumprido se os herdeiros quiserem, mas nem será levado em conta pelo juízo do inventário, que apenas respeitará a partilha efetuada pelos herdeiros, dentro dos limites da Lei. Outro exemplo de testamento inexistente é o sem assinatura (apócrifo), ou aquele em que todos os bens se destinem ao animal de estimação do testador.

De todo modo, não há como se fixar abstratamente os casos de inexistência dos testamentos. Somente *in concreto*, isto é, diante de um caso prático, é que se pode reputar inexistente um testamento ou qualquer ato jurídico. Isso é feito por meio da seguinte pergunta: no caso dado, será necessário anular o testamento, para que não produza efeitos, ou não os produzirá por si só, independentemente de ser anulado ou não? Se a resposta for no sentido de ser necessária a anulação, estaremos diante de testamento defeituoso, não inexistente. Se a resposta for no sentido de não ser necessária a anulação, estaremos diante de verdadeiro testamento inexistente. De fato, para que anular um testamento em DVD, ou destinado ao animal de estimação do testador? Esses testamentos simplesmente não serão levados em conta. Não existem no plano do Direito.

20.4 Liquidação e partilha da herança

Faremos agora breve estudo dos processos de inventário e partilha, mais atinentes ao Direito Processual que ao Direito Material em si mesmo.

20.4.1 Inventário

a] Definição e considerações gerais

Inventário é meio de liquidação da herança. É processo pelo qual se apura o ativo e o passivo da herança, pagam-se dívidas e legados, recebem-se créditos etc. O patrimônio resultante dessa liquidação se denominará *herança líquida* e será distribuída entre os herdeiros, conforme a Lei ou o testamento.

Do latim *invenire* – achar, encontrar –, é meio técnico para anotar e registrar o que for encontrado, pertencente ao morto, para ser atribuído a seus sucessores.[56] O inventário será judicial ou extrajudicial, iniciando-se no prazo de 02 (dois) meses da abertura da sucessão e findando-se em 12 (doze) meses, admitida a prorrogação por motivo justo.

No Direito Romano admitia-se a realização do inventário extrajudicialmente, se não houvesse disputa entre os herdeiros.[57] Em nosso Direito, tal só se admite se todos os herdeiros forem capazes e concordes, e não houver testamento, quando então poder-se-á processar por escritura pública. Nos demais casos, a abertura do processo judicial de inventário é obrigatória, mesmo que a herança seja composta só de dívidas. Nesta hipótese o inventário será negativo. Deverá ser aberto em 02 (dois) meses da abertura da sucessão, ou seja, da morte, sob pena de multa ou outra prevista em lei especial. O foro competente será o do último domicílio do defunto, ainda que seus bens se encontrem em outro local.

O procedimento do inventário e da partilha acha-se regulado pelo Código de Processo Civil (CPC), arts. 610 a 673, e pelo Código Civil (CC), arts. 1.991 a 2.027.

b] Legitimidade para requerer abertura de inventário

Segundo o art. 615 do CPC, são partes legítimas para requerer a abertura de inventário o cônjuge ou companheiro sobrevivente, o herdeiro, o cessionário, o credor, o testamenteiro, o curador do herdeiro interdito, o administrador da falência do herdeiro ou do cônjuge ou companheiro sobrevivo; o Ministério

---

56 PEREIRA, Caio Mário da Silva. **Instituições...** cit., v. 6, p. 266.
57 NÓBREGA, Vandick Londres da. **Compêndio...** cit., 8. ed., v. 2, p. 506 et seq.

Público se houver herdeiro incapaz, ou então, e por último, a Fazenda Pública. A capacidade processual é cumulativa e não sucessiva, isto é, qualquer dessas pessoas pode requerer, não necessariamente nessa ordem.

c] Foro competente

O foro competente para nele se instaurar o juízo do inventário é o do último domicílio do finado. Se este teve diversos domicílios, o foro de situação dos imóveis. Caso haja imóveis em diversos foros ou se não houver imóveis, prevalece o princípio da prevenção, ou seja, competente será o foro, em que houver sido primeiramente requerida a abertura do inventário.

O juízo do inventário é universal, competindo a ele decidir todas as ações relativas à herança, ainda que concorram outras razões definidoras do poder jurisdicional. Por outros termos, todas as ações relativas ao patrimônio e à pessoa do autor da herança serão atraídas pelo juízo do inventário, devendo ser nele propostas e por ele decididas.

d] Inventariante

Iniciado o inventário, o juiz nomeará inventariante. O inventariante é administrador da herança, representando ativa e passivamente o espólio. Está, entretanto, sujeito à fiscalização dos herdeiros, do juiz e do Ministério Público.

O inventariante será nomeado pelo juiz, respeitada a ordem do art. 617 do CPC:

1] o cônjuge ou companheiro sobrevivente, desde que estivesse convivendo com o outro ao tempo da morte deste;
2] o herdeiro que se achar na posse e administração do espólio;
3] qualquer herdeiro idôneo;
4] o herdeiro menor, por seu representante legal;
5] o testamenteiro, a quem tiver sido confiada a administração da herança ou se toda a herança constituir-se de legados;
6] o cessionário do herdeiro ou do legatário;
7] o inventariante judicial, se houver;
8] estranho idôneo, onde não houver inventariante judicial.

O inventariante judicial e o estranho idôneo, denominado *inventariante dativo*, não são representantes do espólio, mas apenas administradores da herança e responsáveis pelo andamento do inventário, assim como por atos de defesa do acervo.[58]

O inventariante, cinco dias após sua nomeação, deverá prestar compromisso de inventariante, pelo qual se obriga a se desincumbir bem de suas atribuições. O compromisso pode ser assinado por advogado com poderes especiais para tanto.

São atribuições do inventariante, segundo o art. 618 do CPC:

---

58 PEREIRA, Caio Mário da Silva. **Instituições**... cit., v. 6, p. 269-270.

- representar o espólio ativa e passivamente; quando o inventariante for dativo, os sucessores do decujo serão intimados no processo no qual o espólio seja parte;
- sequestrar os bens nas mãos de quem não os quiser apresentar e entregar;
- relacionar e convocar herdeiros e legatários;
- apresentar, arrolar e descrever os bens;
- separar as coisas alheias da herança;
- entregar os bens à avaliação;
- recolher os tributos;
- submeter ao juiz os planos de partilha;
- custear o processo, movimentando o numerário existente ou o arrecadado;
- vender os bens destinados à alienação; sendo necessária a alienação de algum bem da herança, fora desse caso, será necessário alvará judicial; a alienação só poderá ser onerosa;
- fazer as primeiras declarações, vinte dias após o compromisso prestado; nas primeiras declarações o inventariante individuará o autor da herança, os herdeiros, assim como o ativo e o passivo, de acordo com o art. 620 do CPC;
- dar conta aos herdeiros de sua atuação, quando findo o inventário, ou se deixar o cargo por renúncia ou destituição.

O inventariante é responsável por todos os danos causados por culpa sua, podendo ser destituído *ex officio*, pelo juiz, ou a requerimento dos herdeiros ou do Ministério Público.

Poderíamos resumir as obrigações do inventariante em três principais, das quais decorrem as outras: representar o espólio, administrar a herança e agilitar o inventário.

e] Administrador provisório

Pode ocorrer que, até que o inventariante seja nomeado e preste compromisso, a massa inventariada fique sob a gerência de administrador provisório. Este tem, assim como o inventariante, legitimidade para representar o espólio ativa e passivamente. Em outras palavras, será ele o representante do espólio nas ações em que for autor ou em que for réu.

O administrador provisório deverá prestar contas de sua gestão, tendo direito a ser reembolsado de toda despesa útil ou necessária que haja efetuado.

Por ser provisório seu cargo, poderá ser nomeado, independentemente de assinatura de compromisso.

O art. 1.797 do CC institui ordem de preferência para a administração provisória. Assim, caberá ela sucessivamente:

1] ao cônjuge ou ao companheiro, desde que convivesse com o autor da herança, quando da abertura da sucessão;
2] ao herdeiro que estiver na posse e administração da herança. Havendo mais de um herdeiro nestas condições, o encargo incumbirá ao mais velho;
3] ao testamenteiro.

Na falta dessas pessoas, ou no caso de se escusarem da administração, ou, então, tendo aceitado, se tiverem que ser afastadas por motivo grave, em todas essas hipóteses, o juiz nomeará estranho de sua confiança, para administrar provisoriamente o acervo hereditário.

f] Procedimento

Os herdeiros, legítimos ou testamentários, deverão comparecer ao processo espontaneamente ou mediante intimação, constituindo procurador que os representem. Todos os atos do inventário devem ser acompanhados pelos herdeiros. Sua audiência é necessária em tudo que lhes diga respeito: descrição de bens, avaliação, pagamento do passivo, plano e esboço de partilha, prestação de contas do inventariante.

Os cessionários são os beneficiários de cessão de herança, que se dá sempre após a abertura da sucessão. O cessionário, seja a cessão a título gratuito ou oneroso, assume o lugar do herdeiro no processo de inventário. A cessão da herança nunca será especificada em coisa certa, mas sempre em quinhão abstrato. Caso contrário, não obriga os demais herdeiros. A cessão da herança será feita por escritura pública, por ser a herança bem imóvel.

Sendo um único herdeiro, será aberto o inventário, liquidada a herança e os bens líquidos serão adjudicados a este herdeiro, mediante a inscrição do competente instrumento judicial no Registro Imobiliário.

O processo de inventário em si, como vimos antes, deve ter início em, no máximo, dois meses da abertura da sucessão, devendo ser ultimado nos doze meses subsequentes, a não ser que haja prorrogação deste prazo pelo juiz, de ofício ou a pedido de algum interessado.

O inventariante é nomeado e presta compromisso cinco dias após a nomeação. O procurador do inventariante, normalmente seu advogado, poderá prestar o compromisso, representando-o, desde que a procuração lhe confira poderes específicos para tanto.

Dentro de vinte dias apresentam-se as primeiras declarações, em que se individuarão o defunto, os herdeiros e legatários, o ativo e o passivo da herança.

Nesta primeira fase, até a avaliação dos bens, a qualidade de inventariante poderá ser impugnada, decidindo o juiz se ele fica ou sai, após ouvidos os interessados em audiência.

Para toda questão de alta indagação será instaurado procedimento comum, correndo em apenso aos autos do inventário.

São questões de alta indagação as relativas à propriedade dos bens e à condição dos herdeiros; à nulidade de atos praticados pelo finado; a investigação de paternidade ou eficácia de reconhecimento espontâneo de filho; a exclusão de herdeiro; a sonegação de bens.

No processo de inventário não é admitida a prova testemunhal. Esta somente será admitida nas ações comuns em apenso (§ 2º do art. 628 do CPC).

Se houver testamento, juntar-se-á cópia aos autos.

Serão citados o cônjuge ou companheiro supérstite, os herdeiros, os legatários. Serão intimados o Ministério Público, se houver herdeiro incapaz ou ausente, a Fazenda Pública e o testamenteiro, caso haja testamento. Dispensa-se a citação para os herdeiros que comparecerem espontaneamente.

Ouvidos todos sobre as primeiras declarações, o juiz decidirá as questões suscitadas, remeterá as de alta indagação para as vias ordinárias e remeterá a herança para a avaliação, que será feita pelo avaliador judicial.

A avaliação será submetida aos herdeiros que a impugnarão ou a aprovarão.

Em seguida são prestadas as declarações finais, que são uma confirmação das primeiras declarações, podendo o inventariante, entretanto, completá-las.

São expurgados os bens alheios.

São pagas as dívidas.

Para o pagamento das dívidas, será obedecida a ordem de preferência legal estabelecida pela Lei Civil (arts. 955 e ss. do CC, dentre outros dispositivos legais). Há que lembrar que têm preferências as dívidas póstumas, surgidas após as exéquias, tais como despesas funerárias, custas e despesas processuais, além de gastos com o luto do cônjuge viúvo e seus filhos, desde que moderados.

Os credores deverão habilitar seu crédito no processo de inventário, antes da liquidação da herança, é evidente. Porém, nada impede a que façam a habilitação posteriormente, em ação comum ou executiva, mesmo porque, com a morte, não se antecipam as obrigações vincendas. Em outras palavras, se o decujo deixou uma promissória a ser paga em data futura, o credor só poderá cobrar dos herdeiros, depois do vencimento, quando o inventário poderá já estar concluído. Este credor terá, assim, duas opções: ou bem habilita seu crédito, para ser pago quando do vencimento, já lhe ficando reservada a soma necessária a sua satisfação; ou bem executa o espólio posteriormente, mesmo já findo o inventário e a partilha.

De todo modo, as dívidas já vencidas e não habilitadas no inventário deverão ser pagas na partilha.

Bem, pagas as dívidas, ouvem-se os interessados e o juiz julga por sentença, decidindo as reclamações dos herdeiros.

Em seguida a sentença é liquidada, homologa-se o cálculo, recolhem-se os tributos e encerra-se o inventário, iniciando-se a partilha.

g] Arrolamento

O processo de inventário pode processar-se por via de arrolamento em dois casos. Primeiramente, se a herança for de pequeno porte (até 1.000 salários mínimos, segundo o art. 664 do CPC). É o chamado *arrolamento comum*. Em segundo lugar, se todos os herdeiros forem capazes e a partilha for amigável. É o chamado *arrolamento sumário* (art. 659 do CPC).

O inventário por arrolamento é bem mais rápido. Na própria petição inicial, já se apresenta a relação de bens e sua estimativa, que será a base de cálculo dos tributos. Também se apresenta um plano de partilha, que será homologado pelo juiz, caso tudo esteja correto e não haja qualquer impugnação.

h] Inventário-partilha extrajudicial ou por via administrativa

Segundo o art. 610 do CPC, o inventário e a partilha poder-se-ão processar por escritura pública, lavrada no cartório de notas, desde que todos os herdeiros sejam capazes e concordes, ou seja, desde que não haja conflito entre eles, e desde que não haja testamento. Neste caso, pagos os tributos e lavrada a escritura, os bens serão repartidos entre os herdeiros. Com relação aos imóveis e demais bens sujeitos a registro, como automóveis, a escritura constituirá título hábil para a transferência junto ao órgão registral (cartório de imóveis, Detran etc.).

A via notarial é facultativa, podendo os herdeiros sempre optar pelo procedimento judicial, como resta claro da leitura do art. 610.

Por fim, é importante salientar que os herdeiros deverão estar acompanhados de advogado comum ou individual.

i] Inventário negativo

Quando não existirem bens a inventariar, os herdeiros promoverão processo judicial, denominado *inventário negativo*, com a citação dos possíveis interessados e a intimação do Ministério Público e da Fazenda Pública.

Será prestado compromisso de inventariante.

Os interessados e o representante do Ministério Público e da Fazenda Pública consignarão sua concordância.

Em seguida os autos irão para sentença que será o documento dos herdeiros para todos os fins legais.

j] Colação

Realizadas as citações dos herdeiros, no processo de inventário, aqueles descendentes que tiverem sido agraciados com doações em vida do inventariado, deverão, no prazo de quinze dias, apresentar os bens doados à colação, a fim de que se verifique se não houve desigualdade na distribuição da legítima.

Na verdade, a colação é a conferência dos bens da herança com bens que os descendentes, herdeiros necessários, tenham recebido gratuitamente em vida, a fim de se igualar os quinhões da parte legítima da herança. Em outras palavras, se o *de cuius* fez, por exemplo, alguma doação a um filho, esta se considera adiantamento de legítima e deverá ser descontada da parte da herança legítima que este filho venha a receber. O objetivo é o de não favorecer qualquer um dos descendentes, pelo menos na parte legítima. Todos hão de receber por igual.

Somente os descendentes devem colacionar os bens recebidos em vida. Isto porque as doações feitas em vida aos descendentes presumem-se adiantamento de legítima. Descendentes, aí englobados todos os graus. Aqueles que herdem por direito de representação, deverão colacionar os bens recebidos pelo representado. Assim, se os netos representam seu pai na sucessão do avô, deverão trazer à colação todos os bens que seu pai tenha recebido em vida.

Se o descendente já houver dissipado os bens que recebeu em doação, deverá colacionar seu valor.

O cônjuge, embora seja herdeiro necessário, e embora as doações a ele feitas em vida presumam-se adiantamento de legítima, não é obrigado a colacionar, por uma simples razão: seu patrimônio já é obrigatoriamente conferido, quando da identificação da herança. Em outras palavras, na prática, é necessário avaliar o patrimônio do casal, a fim de se individualizar o patrimônio do decujo. Assim, a colação se torna desnecessária. O art. 2.003 do CC menciona o cônjuge, não porque esteja obrigado à colação, mas simplesmente porque pode ser o caso de concorrer com os descendentes.

Mas e os ascendentes? Também eles são herdeiros necessários, devendo receber quinhões iguais, no que diz respeito à herança legítima. E se um deles houver recebido alguma doação em vida, que haja ultrapassado a parte disponível? Neste caso, a doação será reduzida até a parte disponível, para que não seja ferida a legítima. Não haverá necessidade de colação. Na verdade, tanto os ascendentes, quanto as demais pessoas que receberem doações em vida não necessitam colacioná-las. Isto porque as doações, que não forem aos descendentes e ao cônjuge, presumem-se saídas da parte disponível. Assim mesmo, havendo dúvida se feriram a legítima, poderão ser apresentadas em ação de redução, a requerimento de algum interessado, para, se for o caso, sofrerem a devida redução.

Mesmo em relação aos descendentes, o doador poderá dispensar a colação, desde que a doação não haja ultrapassado a parte disponível. A dispensa, para valer, deverá constar do contrato de doação ou do próprio testamento.

Cabe esclarecer, ainda, que os bens colacionados não aumentam a parte disponível, servindo apenas para igualar os quinhões da herança legítima dos herdeiros necessários. A outra parte, ou seja, a disponível será calculada com base no patrimônio deixado pelo decujo, quando de seu passamento.

Segundo os art. 639 a 641 do CPC, no prazo de quinze dias, o herdeiro obrigado à colação conferirá por termo nos autos ou por petição à qual o termo se reportará os bens que recebeu ou, se já não os possuir, trar-lhes-á o valor. Os bens a serem conferidos na partilha, assim como as acessões e as benfeitorias que o donatário haja feito, calcular-se-ão pelo valor que tiverem ao tempo da abertura da sucessão.

O herdeiro que tenha renunciado à herança ou o que dela tenha sido excluído não se exime, pelo fato da renúncia ou da exclusão, de conferir, para o efeito de repor a parte inoficiosa, as liberalidades que obteve do doador.

É lícito ao donatário escolher, dentre os bens doados, tantos quantos bastem para perfazer a legítima e a metade disponível, entrando na partilha o excedente para ser dividido entre os demais herdeiros.

Se, porém, a parte inoficiosa da doação recair sobre bem imóvel que não comporte divisão cômoda, o juiz determinará que sobre ela se proceda a licitação entre os herdeiros. O donatário poderá concorrer na licitação e, em igualdade de condições, terá preferência sobre os herdeiros.

Se o herdeiro negar o recebimento dos bens ou a obrigação de os conferir, o juiz, ouvidas as partes no prazo comum de quinze dias, decidirá à vista das alegações e das provas produzidas. Declarada improcedente a oposição, se o herdeiro, no prazo improrrogável de quinze dias, não proceder à conferência, o juiz mandará sequestrar-lhe, para serem inventariados e partilhados, os bens sujeitos à colação ou imputar ao seu quinhão hereditário o valor deles, se já não os possuir.

Caso a matéria exija dilação probatória diversa da documental, o juiz remeterá as partes às vias ordinárias, não podendo o herdeiro receber o seu quinhão hereditário, enquanto pender a demanda, sem prestar caução correspondente ao valor dos bens sobre os quais versar a conferência.

k] Sonegados

Se algum herdeiro, terceiro ou o próprio inventariante dolosamente ocultar algum bem da herança de que tinha posse, poderá ser proposta contra ele ação de sonegados, a fim de obrigá-lo a apresentar o dito bem.

A sonegação, em palavras simples, é a ocultação dolosa de bens que devam ser inventariados ou levados à colação.[59]

A pena pela sonegação é a perda do direito sobre o bem, que será repartido entre os herdeiros, como se o sonegador nunca houvesse existido. Se quem sonegar for inventariante sem direitos hereditários, será removido da inventariança.

---

59 OLIVEIRA, Itabaiana. **Tratado de direito das sucessões**. 4. ed. São Paulo: Max Limonad, 1952. v. 3, p. 838.

Só se pode impor a pena de sonegação em ação comum, chamada *ação de sonegados*. A ação será proposta perante o juízo do inventário, dentro do prazo prescricional de dez anos, de acordo com o art. 205 do CC.

Têm legitimidade para propor a ação os herdeiros prejudicados, seja por si mesmos, seja representados pelo inventariante, ou ainda os credores. Tanto uns como outros só poderão intentar a ação contra o herdeiro sonegador, depois que este declarar no inventário que não possui os bens sonegados. Se o sonegador for o inventariante, a ação só poderá ser aviada, depois que se encerrar a descrição dos bens, com a declaração de que não existam outros além daqueles apontados.

Se o sonegador houver dissipado os bens, deverá restituir seu valor, acrescido de perdas e danos.

20.4.2 Partilha

a] Generalidades

Não sendo o inventário por arrolamento, liquidada a herança, inicia-se o processo de partilha que, aliás, segue-se *incontinenti* ao processo de inventário. Wilson de Oliveira fala em processo de inventário-partilha, composto de duas partes, sendo a primeira o inventário; a segunda, a partilha.[60]

A partilha tem início, por iniciativa das partes, que formularão ao juiz do próprio inventário o pedido de quinhão. Em quinze dias, o juiz proferirá o despacho de deliberação da partilha, resolvendo os pedidos das partes e designando os bens que devam constituir o quinhão de cada herdeiro e legatário.

Em seguida o partidor judicial organizará o esboço de partilha, de acordo com o despacho de deliberação.

Feito o esboço, as partes terão o prazo de quinze dias para se pronunciarem. Resolvidas as eventuais reclamações, será a partilha lançada nos autos.

A partilha constará de auto de orçamento, que conterá as informações do art. 653, inciso I, alíneas "a", "b" e "c", do CPC, e folha de pagamento, indicando o quinhão de cada herdeiro e legatário, além de eventuais dívidas a pagar.

Uma vez que sejam pagos os tributos e que se junte aos autos certidão negativa de dívida junto à Fazenda Pública, o juiz julgará por sentença a partilha.

Transitada em julgado essa sentença, os herdeiros receberão os bens que lhes tocarem e um formal de partilha, do qual constarão o termo de inventariante e o título de herdeiro; a avaliação dos bens que constituíram o quinhão do herdeiro; o pagamento do quinhão e dos impostos e a sentença. Com este formal de partilha, o herdeiro poderá, então, transferir os bens para seu nome.

---

60 OLIVEIRA, Wilson de. **Inventários e partilhas**. 4. ed. São Paulo: Saraiva, 1979, p. 6.

Se a partilha contiver algum erro material, poderá ser emendada nos próprios autos do inventário, desde que todos estejam de acordo.

b] Anulação da partilha

A partilha amigável, lavrada por escritura pública, poderá ser anulada por dolo, coação, erro ou intervenção de incapaz. O prazo para a propositura da ação anulatória é de um ano, contado do dia em que cessou a coação, do dia em que cessou a incapacidade, ou do dia em que se praticou o ato, no caso de dolo ou erro.

Já a partilha julgada por sentença poderá ser rescindida, também, em caso de erro, dolo, coação ou intervenção de incapaz; se feita com preterição de forma ou se houver preterido herdeiro ou incluído quem não o era. O prazo da ação rescisória é o de dois anos do trânsito em julgado da sentença que julgar a partilha.

c] Ação de petição de herança

Por fim, se algum herdeiro não for contemplado com herança a que fazia jus, poderá reclamar seus direitos após a abertura da sucessão pela ação de petição de herança.

Esta ação poderá ser proposta mesmo após o encerramento da partilha, quando então será ela revista, recebendo o herdeiro peticionante sua quota-parte. Se esta já não mais existir, terá que ser indenizado pelos herdeiros.

d] Sobrepartilha

Pode ocorrer que, dentre os bens da herança, haja alguns situados em local remoto, outros sobre os quais haja disputa, ou ainda bens ilíquidos ou sonegados. Por exemplo, poderíamos citar alguma indenização por acidente de veículo devida ao decujo, mas ainda não calculada, por estar se processando a ação indenizatória.

Em todos estes casos, podem os herdeiros decidir deixar a partilha desses bens para momento futuro, a fim de não retardar a partilha dos bens líquidos, certos e presentes com a apuração dos ilíquidos, incertos e remotos.[61]

A sobrepartilha não é obrigatória, desde que os herdeiros quanto a ela deliberem. Só será obrigatória, como é lógico, se for descoberto algum bem, após o encerramento da partilha.

A sobrepartilha é, na verdade, uma nova ação de inventário-partilha que se processa nos autos do mesmo inventário original, para se repartir os bens referidos.[62] Por constituir um novo procedimento, poderá se processar extraju-

---

61 DINIZ, Maria Helena. **Curso de direito civil brasileiro**. 25. ed. São Paulo: Saraiva, 2008. v. 6, p. 325.
62 BARROS, Hamilton de Morais e. **Comentários ao Código de Processo Civil**. Rio de Janeiro: Forense, 1977. v. 9, p. 348.

dicialmente, ou seja, perante o tabelião de notas, mesmo que a partilha tenha sido originariamente judicial.

20.4.3 *Holding* familiar

A *holding* familiar é atualmente uma forma inovadora de planejamento sucessório, em que o autor da herança decide, em vida, constituir uma pessoa jurídica para organizar a transmissão futura de seu patrimônio.

Entende-se que o Direito Sucessório deva acompanhar a evolução do mundo e, consequentemente, de seus agentes, de modo que as relações estabelecidas entre eles sejam tranquilas e proveitosas.

A aplicação de um modelo novo e inovador busca solucionar lacunas já conhecidas pelos operadores do Direito, principalmente quando o assunto debatido se refere ao elo entre a família e o patrimônio construído.

Para solucionar eventuais problemas, foi, assim, desenvolvido um mecanismo distinto dos modelos tradicionais de inventário e partilha. Em linhas gerais, as holdings familiares são pessoas jurídicas criadas e integralizadas com o patrimônio de uma pessoa física, com o intuito de facilitar e simplificar a sucessão. Normalmente, com a holding, o indivíduo irá transferir seus bens para a própria pessoa jurídica, cujos sócios serão seus futuros herdeiros. Os bens compõem o capital social, distribuído em cotas entre os herdeiros (sócios).

Com a *holding*, o inventário será negativo, de vez que a herança já está na titularidade dos herdeiros, sócios da pessoa jurídica, cujo capital foi integralizado com a herança.

A *holding* patrimonial adota uma espécie de sociedade (normalmente a sociedade por cotas de responsabilidade limitada), cujo objetivo é o controle e a propriedade de um determinado patrimônio, para melhor administrá-lo. Em termos práticos, o objeto social da sociedade seria a administração de bens próprios, podendo inclusive firmar negócios de compra e venda e locação de imóveis, dentre outros, úteis para a administração e otimização do patrimônio.

Do ponto de vista econômico, deve-se ressaltar que a opção pela holding familiar ocasiona uma redução ponderável da carga tributária. Num procedimento comum de inventário, os herdeiros, para receber os bens, deverão pagar um ITCMD (Imposto sobre Transmissão Causa Mortis e Doação). Com alíquota de 5%, no Estado de Minas Gerais. No inventário, a base de cálculo é o valor atualizado (valor de mercado) do bem herdado. Já na holding familiar, uma vez que a sociedade seja desfeita, após a morte do autor da herança, essa alíquota teria como base o valor histórico do bem, ou seja, aquele que está declarado no imposto de renda da pessoa física.

Do ponto de vista social e familiar, a holding atua como uma espécie de remédio para os eventuais conflitos familiares, visto que a divisão e transmissão dos bens já foi estabelecida de forma preventiva pelo decujo, inexistindo assim a possibilidade de uma batalha judicial.

Com a criação das holdings será implantada uma política de organização patrimonial, na qual o sucedido já define o destino de sua herança, podendo usufruir integralmente de seus bens, mesmo não sendo mais o dono. Basta que institua a seu favor uma reserva de usufruto.

Referências

ABRANTES, José João. **A excepção de não cumprimento do contrato no direito civil português**. Coimbra: Almedina, 1986.
ABRÃO, Nelson. **Curso de direito bancário**. São Paulo: RT, 1982.
AGUIAR JÚNIOR, Ruy Rosado de. **Extinção dos contratos por incumprimento do devedor**. Rio de Janeiro: Aide, 1991.
ALBUQUERQUE JÚNIOR, Roberto Paulino de. O direito de laje não é um novo direito real, mas um direito de superfície. **Revista Consultor Jurídico**. Disponível em: <http://www.conjur.com.br/2017-jan-02/direito-laje-nao-direito-real-direitosuperficie>. Acesso em: 3 jan. 2017.
ALEXY, Robert. **Teoria da argumentação jurídica**. São Paulo: Landy, 2001.
ALEXY, Robert. **Teoria dos direitos fundamentais**. 2. ed. São Paulo: Malheiros, 2012.
ALIGHIERI, Dante. **De monarchia**. Madrid: Instituto de Estudios Políticos, 1947.
ALMEIDA, Francisco de Paula Lacerda de. **Das pessoas jurídicas**: ensaio de uma teoria. Rio de Janeiro: RT, 1905.
ALMEIDA, Francisco de Paula Lacerda de. **Direito das cousas**. Rio de Janeiro: RT, 1908-1910.
ALMEIDA, Francisco de Paula Lacerda de. **Obrigações**. Rio de Janeiro: RT, 1916.
ALMEIDA, Renata Barbosa de; RODRIGUES JÚNIOR, Walsir Edson. **Direito civil**: famílias. 2. ed. São Paulo: Atlas, 2012.
ALMEIDA, Victor Duarte de; FIUZA, César. Apontamentos acerca do inadimplemento eficaz. **Meritum**, v. 12, n. 1, p. 346-359, jan./jun. 2017. Disponível em: <http://www.fumec.br/revistas/meritum/article/view/5684>. Acesso em: 29 dez. 2022.
ALVES, Cleber Francisco. **O princípio constitucional da dignidade da pessoa humana**. Rio de Janeiro: Renovar, 2001.
ALVES, Leonardo Barreto Moreira. **O fim da culpa na separação judicial**. Belo Horizonte: Del Rey, 2007.
AMARAL, Francisco. **Direito civil**: introdução. 2. ed. Rio de Janeiro: Renovar, 1999.
AMARAL, Francisco. **Direito civil**: introdução. 3. ed. Rio de Janeiro: Renovar, 2000.
AMARAL, Francisco. **Direito civil**: introdução. 5. ed. Rio de Janeiro: Renovar, 2003.
AMARAL, Luiz Otávio de Oliveira. **Teoria geral do direito**. 2. ed. Rio de Janeiro: Forense, 2006.
АМЕТИСТОВ, Е. М. **Совместные предприятия, международные объединения и организация на территории СССР**. Москва: Юридическая Литература, 1988.
AMORIM FILHO, Agnelo. Critério científico para distinguir a prescrição da decadência e para identificar as ações imprescritíveis. **Revista dos Tribunais**, São Paulo, RT, v. 300, 1997.
ANDRADE, Adriano de Azevedo. **O fundamento da proteção possessória**. Belo Horizonte: Universidade de Minas Gerais, 1965.
ANDRADE, Manuel A. Domingues de. **Ensaio sobre a teoria da interpretação das leis**. 4. ed. Coimbra: Armênio Amado, 1987.
ANDRADE, Manuel A. Domingues de. **Teoria geral da relação jurídica**. Coimbra: Almedina, 2003. v. 1-2.
AQUINATIS, St. Thoma. **Summa theologiae**. 3. ed. Matriti: Biblioteca de Autores Cristianos, MCMLXI. 1, q. 96 a. 4.
ARAÚJO, Marcelo Cunha. **O novo processo constitucional**. Belo Horizonte: Mandamentos, 2003.
ARIÈS, Philippe et al. **História da vida privada**. São Paulo: Cia. das Letras, 1991.
ARISTÓTELES. Ética a Nicômaco. In: **Os Pensadores**. São Paulo: Abril Cultural, 1984.
ARISTÓTELES. Nicomachean Ethics. In: **Great Books of the Western World**. Chicago: University of Chicago, 1952.

ARISTÓTELES. Politics. In: **Great Books of the Western World**. Chicago: University of Chicago, 1952.

ARNOLDI, Paulo Roberto Colombo. **Direito comercial**: autonomia ou unificação. São Paulo: Jalovi, 1989.

ATIENZA, Manuel. **As razões do direito**. São Paulo: Landy, 2000.

AUBRY ET RAU. **Cours de droit civil français**. 6. ed. Paris: Marchal & Billard, 1936.

AZEVEDO, Álvaro Villaça. **Estatuto da família de fato**. 2. ed. São Paulo: Atlas, 2002.

AZEVEDO, Álvaro Villaça. **Teoria geral das obrigações**. 5. ed. São Paulo: RT, 1990.

AZEVEDO, Álvaro Villaça; FACHIN, Luiz Edson; RUZYK, Carlos Eduardo Pianovski (Coord.). **Código Civil comentado**. São Paulo: Atlas, 2003. v. 15.

AZEVEDO, Antônio Junqueira de. **Estudos e pareceres de direito privado**. São Paulo: Saraiva, 2004.

AZEVEDO, Plauto Faraco de. **Método e hermenêutica material no direito**. Porto Alegre: Livraria do Advogado, 1999.

BÄHR, Peter. **Grundzüge des bürgerlichen Rechts**. 7. ed. München: Vahlen, 1989.

BALLE. **Cours de droit civil**. Paris: Les Cours de Droit, 1951-1952.

BARACHO, José Alfredo de Oliveira. **O direito de experimentação sobre o homem e a biomédica**: o Sino do Samuel. Belo Horizonte: Academia Brasileira de Letras Jurídicas, mar. 1997.

BARACHO, José Alfredo de Oliveira. **O princípio da subsidiariedade**: conceito e evolução. Belo Horizonte: Movimento Editorial da Faculdade de Direito da UFMG, 1995.

BARBERO, Domenico. **Sistema istituzionale del diritto privato italiano**. 2. ed. Torino: Unione Tipografico-Editrice Torinense, 1949.

BARBI FILHO, Celso. **Execução específica de cláusula arbitral**: atualidades jurídicas. Belo Horizonte: Del Rey, 1993.

BARBOSA, Rui. **Oração aos moços**. São Paulo: Leia, 1959.

BARBOSA MOREIRA, José Carlos. O novo Código Civil e o direito processual. **Revista Forense**, Rio de Janeiro, v. 364, p. 181-193, 2002.

BARBOSA MOREIRA, José Carlos. **O novo processo civil brasileiro**. 6. ed. Rio de Janeiro: Forense, 1984.

BARROS, Fernanda Otoni de (Coord.). **Contando causo**. 2. ed. Belo Horizonte: Del Rey/Newton Paiva, 2001.

BARROS, Hamilton de Morais e. **Comentários ao Código de Processo Civil**. Rio de Janeiro: Forense, 1977.

BARROS, Sérgio Resende de. **Direitos humanos**: paradoxo da civilização. Belo Horizonte: Del Rey, 2003.

BARROS MONTEIRO, Washington de. **Curso de direito civil**. 23. ed. São Paulo: Saraiva, 1989.

BARROSO, Lucas Abreu (Org.). **Introdução crítica ao Código Civil**. Rio de Janeiro: Forense, 2006.

BAUDRY-LACANTINERIE ET A. WAHL. **Du contrat de louage**. 3. ed. Paris: Sirey, 1906.

BECKER, Anelise. **Teoria geral da lesão nos contratos**. São Paulo: Saraiva, 2000.

BERALDO, Leonardo de Faria. O novo regime dos juros no Código Civil de 2002. In: HINORAKA, Giselda Maria Fernandes Novaes (Coord.). **A outra face do poder judiciário**. Belo Horizonte: Del Rey, 2005.

BESSONE, Darcy. **Do contrato**: teoria geral. 3. ed. Rio de Janeiro: Forense, 1987.

BESSONE, Darcy. **Do contrato**: teoria geral. 4. ed. São Paulo: Saraiva, 1997.

BETTI, Emilio. **Teoría general del negocio jurídico**. 2. ed. Madrid: Revista de Derecho Privado, 1959.

BEVILÁQUA, Clóvis. **Código Civil**. 3. ed. Rio de Janeiro: Francisco Alves, 1927.

BEVILÁQUA, Clóvis. **Direito das coisas**. 4. ed. Rio de Janeiro: Forense, 1956.

BEVILÁQUA, Clóvis. **Direito de família**. 7. ed. Rio de Janeiro: Freitas Bastos, 1943.

BEVILÁQUA, Clóvis. **Theoria geral do direito civil**. 2. ed. Rio de Janeiro: Francisco Alves, 1929.

BICALHO, Clóvis Figueiredo Sette; LIMA, Osmar Brina Corrêa. Loucura e prodigalidade à luz do direito e da psicanálise. **Revista de Informação Legislativa**, Brasília, n. 118, abr./jun. 1993.

BITTAR, Carlos Alberto. **Direito das obrigações**. Rio de Janeiro: Forense Universitária, 1990.

BITTAR, Carlos Alberto. **Os direitos da personalidade**. 2. ed. Rio de Janeiro: Forense Universitária, 1995.

BITTENCOURT, Moura. **Concubinato**. São Paulo: Leud, 1985.
BLEICHER, Josef. **Hermenêutica contemporânea**. Lisboa: Edições 70, 1992.
BOAS, Daniel Rivorêdo Vilas. O desacerto do erro: uma análise acerca do art. 138 do Código Civil. In: FIUZA, César; NEVES, Rúbia Carneiro (Coord.). **Iniciativa privada e negócios**. Belo Horizonte: Del Rey, 2012.
BOBBIO, Norberto. **Dalla struttura alla funzione**: nuovistudi di teoria del diritto. Roma: Laterza, 2007.
BONNECASE, Julien. **Elementos de derecho civil**. Puebla: José M. Cajica, 1945-1946.
BONNECASE, Julien. **La escuela de la exégesis en derecho civil**. Puebla: Cajica, 1944.
BORGES, João Eunápio. **Curso de direito comercial terrestre**. 3. ed. Rio de Janeiro: Forense, 1967.
BORGES, João Eunápio. **Títulos de crédito**. 2. ed. Rio de Janeiro: Forense, 1977.
BORGES, José Ferreira. **Dicionário jurídico-comercial**. Porto: Sebastião Pereira, 1856.
BORGES, Nelson. **A teoria da imprevisão no direito civil e no processo civil**. São Paulo: Malheiros, 2002.
BOTREL, Sérgio. **Direito societário constitucional**. São Paulo: Atlas, 2009.
BOTREL, Sérgio. Principiologia do direito obrigacional na contemporaneidade. In: FIUZA, César (Org.). **Elementos de teoria geral das obrigações e dos contratos**: por uma abordagem civil-constitucional. Curitiba: CRV, 2012.
BOTREL, Sérgio. Releitura da extinção dos contratos. In: FIUZA, César (Org.). **Elementos de teoria geral das obrigações e dos contratos**: por uma abordagem civil-constitucional. Curitiba: CRV, 2012.
BRABANT, Georges-Philippe. **Chaves da psicanálise**. Rio de Janeiro: Jorge Zahar, 1977.
BRAGA, Antonio Pereira. Estudos. **Revista de Crítica Jurídicária**, Rio de Janeiro, ano 4. v. 6, n. 1-6, jun./ dez. 1927.
BRAGA NETTO, Felipe Peixoto. **Responsabilidade civil**. São Paulo: Saraiva, 2007.
BRAGA NETTO, Felipe Peixoto. **Teoria dos ilícitos civis**. Belo Horizonte: Del Rey, 2003.
BRANT, Cássio Augusto Barros. Guarda compartilhada e convivência compartilhada: diferenças e aplicações no sistema híbrido brasileiro. **Revista IBDFAM**, n. 26, p. 92-114, mar./abr. 2018.
BRANT, Júlio. **Entenda o famoso hedge**. Disponível em: <www.bertolo.pro.br/adminfin/html/Hedge.htm>. Acesso em: 12 ago. 2012.
BRÊTAS, Suzana Oliveira Marques. **A inconstitucionalidade da usucapião familiar**. Belo Horizonte: D'Plácido, 2018.
BRINZ, Alois von. **Lehrbuch der Pandekten**. 2. ed. Erlangen: Deickert, 1893.
BRUNO, Vânia da Cunha. **A teoria da imprevisão e o atual direito privado nacional**. Rio de Janeiro: Lumen Juris, 1994.
CALDAS, Gilberto. **Como propor possessória e reivindicatória**. São Paulo: Ediprax Jurídica, [s.d.].
CAMARGO, Margarida Maria Lacombe. **Hermenêutica e argumentação**. Rio de Janeiro: Renovar, 1999.
CAMBI, Eduardo. **Direito constitucional à prova no processo civil**. São Paulo: RT, 2001.
CAMPOS, Diogo Leite de. **Lições de direito de família e das sucessões**. 2. ed. Coimbra: Almedina, 2005.
CAMPINHO, Sérgio. **O direito de empresa**. Rio de Janeiro: Renovar, 2003.
CANARIS, Claus-Wilhelm. **Direitos fundamentais e direito privado**. Coimbra: Almedina, 2003.
CANARIS, Claus-Wilhelm. **Pensamento sistemático e conceito de sistema na ciência do direito**. 2. ed. Lisboa: Fundação Calouste Gulbenkian, 1996.
CAPELLE, Karl-Hermann; CANARIS, Claus-Wilhelm. **Handelsrecht**. 21. ed. München: CHBeck, 1989.
CAPITANT, Henri. **Introduction à l'étude du droit civil**. 4. ed. Paris: A. Pedone, 1921.
CARMONA, Carlos Alberto. **Arbitragem e processo**. São Paulo: Malheiros, 1998.
CARNEIRO, Maria Francisca; SEVERO, Fabiana Galera; ÉLER, Karen. **Teoria e prática da argumentação jurídica**. Curitiba: Juruá, 1999.
CARNELUTTI, Francesco. **A prova civil**. Campinas: Bookseller, 2001.
CARNELUTTI, Francesco. **Estudios de derecho procesal**. Buenos Aires: Europa-América, 1952.
CARPENA, Heloísa. **Abuso de direito nos contratos de consumo**. Rio de Janeiro: Renovar, 2001.

CARVALHO, Afrânio de. **Registro de imóveis**. Rio de Janeiro: Forense, 1997.
CARVALHO, Dimas Messias de; CARVALHO, Dimas Daniel de. **Direito das sucessões, inventário e partilha**. Belo Horizonte: Del Rey, 2007.
CARVALHO DE MENDONÇA, J. X. **Tratado de direito comercial brasileiro**. 4. ed. Rio de Janeiro: Freitas Bastos, 1946.
CARVALHO NETO, Inácio de. **Abuso do direito**. Curitiba: Juruá, 2001.
CARVALHO SANTOS, J. M. **Código Civil brasileiro interpretado**. 9. ed. Rio de Janeiro: Freitas Bastos, 1974.
CARVALHO SANTOS, J. M. **Código Civil interpretado**. Rio de Janeiro: Calvino Filho, 1934.
CASTILHO, Ricardo; TARTUCE, Flávio (Coord.). **Direito civil**: direito patrimonial, direito existencial – estudos em homenagem à professora Giselda Maria Fernandes Novaes Hironaka. São Paulo: Método, 2006.
CATEB, Salomão de Araújo. **Direito das sucessões**. 6. ed. São Paulo: Atlas, 2011.
CATTONI, Marcelo. **Direito constitucional**. Belo Horizonte: Mandamentos, 2002.
CAVALIERI FILHO, Sergio. **Programa de responsabilidade civil**. 9. ed. São Paulo: Atlas, 2007.
CELSUS. **Digestum**. Lib. I. Tit. I. 1.
CEOLIN, Ana Carolina Santos. **Abusos na aplicação da teoria da desconsideração da pessoa jurídica**. Belo Horizonte: Del Rey, 2002.
CERA, Denise Cristina Mantovani. **No campo da responsabilidade civil contratual, o que se entende por violação positiva do contrato?** Disponível em: <ww3.lfg.com.br/public_html/article.php?story=20101103184015632>. Acesso em: 12 jun. 2015.
CERTIFICADO de recebíveis imobiliários. **Acrux Capital Management**. Disponível em: <www.acruxcapital.com/pdf/cri.pdf>. Acesso em: 20 jul. 2012.
CHADI, Ricardo. Alguns aspectos do inadimplemento das obrigações no código civil. In: FIUZA, César (Org.). **Elementos de teoria geral das obrigações e dos contratos**: por uma abordagem civil-constitucional. Curitiba: CRV, 2012.
CHALHUB, Melhim Namem. **Negócio fiduciário**. Rio de Janeiro: Renovar, 1998.
CHAVES, Antônio. **Responsabilidade pré-contratual**. 2. ed. São Paulo: Lejus, 1997.
CHAVES, Ricardo Lebourg. **O direito civil constitucional**. Belo Horizonte: Atualizar, 2008.
CHEMAMA, Roland. **Dicionário de psicanálise**. Porto Alegre: Artes Médicas Sul, 1995.
CHIOVENDA, Giuseppe. **Istituzioni di diritto processualecivile**. 2. ed. Napoli: Dott. Eugenio Jovene, 1935.
CHRISTOL, Michel; NONY, Daniel. **Rome et son empire**: des origines aux invasions barbares. Paris: Hachette, 1990.
CLARO, Thiago Freixo. O inadimplemento anterior ao termo: no direito civil brasileiro. **Conteúdo Jurídico**, 9 jul. 2018. Disponível em: <https://conteudojuridico.com.br/consulta/Artigos/52007/o-inadimplemento-anterior-ao-termo-no-direito-civil-brasileiro>. Acesso em: 29 dez. 2022.
COELHO, Emerson Ghirardelli. Princípios e valores constitucionais no estado democrático de direito. **Jus.com.br**, 21 set. 2014. Disponível em: <http://jus.com.br/artigos/32170/principios-e-valores-constitucionais-no-estado-democratico-de-direito>. Acesso em: 29 dez. 2022.
COELHO, Fábio Ulhôa. **Curso de direito civil**. São Paulo: Saraiva, 2003.
COELHO, Fábio Ulhôa. **Curso de direito comercial**. 7. ed. São Paulo: Saraiva, 2003.
COELHO, Fábio Ulhôa. **Desconsideração da personalidade jurídica**. São Paulo: RT, 1989.
COELHO, Francisco Manoel Pereira. **O enriquecimento e o dano**. 2. ed. Coimbra: Almedina, 2003.
COELHO, Júlio César Leão. **As fundações**. Belo Horizonte: Edição do Autor, 2005.
COLIN, Ambroise; CAPITANT, Henri. **Traité élémentaire de droit civil français**. 10. ed. Paris: Dalloz, 1948.
COMTE, Auguste. Catecismo positivista. In: **Os Pensadores**. 2. ed. São Paulo: Abril Cultural, 1983.
CORDEIRO, António Manuel da Rocha e Menezes. **Da boa-fé no direito civil**. Coimbra: Almedina, 2001.
CORRÊA, Leandro Augusto Neves; COUTO, Marcelo de Rezende Campos Marinho. Direito de superfície e a possibilidade de sua instituição em parte de imóvel: a situação das antenas de telefonia. **Revista de Direito Imobiliário**, São Paulo, RT, ano 39, v. 81, p. 133-154, jul./dez. 2016.

CORREIA, Atalá. O risco na responsabilidade civil. In: RODRIGUES JR., Otavio Luiz; MAMEDE, Gladston; ROCHA, Maria Vital da (Coord.). **Responsabilidade civil contemporânea**. São Paulo: Atlas, 2011.

CORREIA, Ferrer. **Sociedades comerciais**: doutrina geral. Coimbra: Universidade de Coimbra, 1956.

CORTIANO JÚNIOR, Eroulths. Alguns apontamentos sobre os chamados direitos da personalidade. In: FACHIN, Luiz Edson (Coord.). **Repensando fundamentos do direito civil brasileiro contemporâneo**. Rio de Janeiro: Renovar, 1998.

COSTA, Dilvanir José da. **Sistema de direito civil à luz do novo Código**. Belo Horizonte: Del Rey, 2003.

COSTA, Geraldo de Faria Martins. **Consumidor e profissional**. Belo Horizonte: Del Rey, 2008.

COSTA JÚNIOR, Olímpio. **A relação jurídica obrigacional**. São Paulo: Saraiva, 1994.

COULANGES, Fustel de. **A cidade antiga**. 9. ed. Lisboa: Livraria Clássica, 1957.

COUTO E SILVA, Clóvis do. **A obrigação como processo**. São Paulo: José Bushatsky, 1976.

COVELLO, Sérgio Carlos. **A obrigação natural**. São Paulo: Leud, 1996.

CRETELLA JR., José. **Curso de direito romano**. 14. ed. Rio de Janeiro: Forense, 1991.

CRETELLA JR., José. **Curso de direito romano**. 21. ed. Rio de Janeiro: Forense, 1998.

CUNHA, Antônio Geraldo da. **Dicionário etimológico da língua portuguesa**. Rio de Janeiro: Nova Fronteira, 1982.

CUNHA GONÇALVES, Luiz da. **Direito civil**. Coimbra: Coimbra Ed., 1943.

DAIBERT, Jefferson. **Direito das coisas**. 2. ed. Rio de Janeiro: Forense, 1979.

DAVID, René. **L'arbitrage dans le commerce international**. Paris: Economica, 1982.

DAVID, René. **Les grands systèmes du droit contemporains**. 2. ed. Paris: Dalloz, 1966.

DE PAGE, Henri. **Traité élémentaire de droit civil belge**. 2. ed. Bruxelles: Émile Bruylant, 1957.

DE PLÁCIDO E SILVA, Oscar Joseph. **Vocabulário jurídico**. Rio de Janeiro: Forense, 1989.

DE PLÁCIDO E SILVA, Oscar Joseph. **Vocabulário jurídico**. 27. ed. Rio de Janeiro: Forense, 2006.

DEL VECCHIO, Giorgio. **Los principios generales del derecho**. 2. ed. Barcelona: Bosch, 1948.

DELGADO, Maurício Godinho. **Curso de direito do trabalho**. São Paulo: Ltr, 2002.

DÉMOGUE, René. **Traité des obligations en général**. Paris: Rousseau et Cie., 1925.

DIAS, Maria Berenice. **Manual de direito das famílias**. 4. ed. São Paulo: RT, 2007.

DIAS, Maria Berenice. **Manual de direito das sucessões**. São Paulo: RT, 2008.

DIAS, Maria Berenice; PEREIRA, Rodrigo da Cunha (Org.). **Direito de família e o novo Código Civil**. 2. ed. Belo Horizonte: Del Rey, 2002.

DIAS, Ronaldo Brêtas de Carvalho. **Responsabilidade civil do estado pela função jurisdicional**. Belo Horizonte: Del Rey, 2004.

DÍEZ-PICAZO, Luis; GULLÓN, Antonio. **Instituciones de derecho civil**. 2. ed. Madrid: Tecnos, 1998.

DINIZ, Maria Helena. **Curso de direito civil brasileiro**. 18. ed. São Paulo: Saraiva, 2002. v. 1-7.

DINIZ, Maria Helena. **Curso de direito civil brasileiro**. 25. ed. São Paulo: Saraiva, 2008. v. 1-7.

DINIZ, Maria Helena. **Lei de Introdução ao Código Civil brasileiro interpretada**. 2. ed. São Paulo: Saraiva, 1996.

DINIZ, Maria Helena. **O estado atual do biodireito**. 2. ed. São Paulo: Saraiva, 2002.

DINIZ, Maria Helena. **Tratado teórico e prático dos contratos**. São Paulo: Saraiva, 1993.

DÓRIA, Dylson. **Curso de direito comercial**. 6. ed. São Paulo: Saraiva, 1990.

DORSCH, Friedrich; HÄCKER, Hartmut; STAPF, Kurt-Hermann. **Dicionário de psicologia Dorsch**. Petrópolis: Vozes, 2001.

DUARTE, Lenita Pacheco Lemos. **A guarda dos filhos na família em litígio**. Rio de Janeiro: Lumen Juris, 2006.

DUGUIT, Léon. **Manuel de droit constitutionnel**. 2. ed. Paris: Fontemoing, 1911.

DUGUIT, Léon. **Traité de droit constitutionnel**. 3. ed. Paris: Anciènne Librairie Fontemoing, 1927.

DUPICHOT, Phillipe. Le fabuleux destin de la théorie de l'unité du patrimoine. **Révue de Droit Henri Capitant**, n. 2, 30 jun. 2011. Disponível em: <henricapitantlawreview.org/edito_revue.php?id=35&lateral=35>. Acesso em: 9 jun. 2013.

DURKHEIM, Émile. Divisão do trabalho social. In: **Os Pensadores**. 3. ed. São Paulo: Abril Cultural, 1985.

DWORKIN, Ronald. **Uma questão de princípio**. São Paulo: M. Fontes, 2000.
EFFICIENT breach theory. Disponível em: <https://www.law.cornell.edu/wex/efficient_breach_theory>. Acesso em: 29 dez. 2022.
ELÍBIO JÚNIOR, Antônio Manoel. **Filosofia política I**. Palhoça: UnisulVirtual, 2009.
ENGELS, Friedrich. **Der Ursprung der Familie, des Privateigentumsund des Staats**. Berlin: DietzVerlag, 1983.
ENNECCERUS, Ludwig et al. **Tratado de derecho civil**. 2. ed. Barcelona: Bosch, 1954.
ENNECCERUS, Ludwig et al. **Tratado de derecho civil**. 3. ed. Barcelona: Bosch, 1981.
ENNECCERUS, Ludwig; KIPP, Theodor; WOLFF, Martín. **Derecho civil**. Barcelona: Bosch, 1954, t. 2, v. 1.
ENNECCERUS, Ludwig; KIPP, Theodor; WOLFF, Martín. **Derecho de obligaciones**. Barcelona: Bosch, 1933.
ENNECCERUS, Ludwig; KIPP, Theodor; WOLFF, Martín. **Tratado de derecho civil**. Barcelona: Bosch, 1948. v. 3.
ESCARRA, Jean. **Principes de droit commercial**. Paris: Recueil Sirey, 1934.
ESMEIN, Paul. **Le fondement de la responsabilité contractuelle**. Paris: Rév. Trim., 1933.
ESPÍNOLA, Eduardo. **Garantia e extinção das obrigações**. Campinas: Bookseller, 2005.
ESPÍNOLA, Eduardo. **Posse, propriedade, compropriedade ou condomínio, direitos autorais**. Campinas: Bookseller, 2002.
EYMERICH, Nicolau. **Manual dos inquisidores**. Rio de Janeiro: Rosa dos Tempos, 1993.
FABIAN, Christoph. **O dever de informar no direito civil**. São Paulo: RT, 2002.
FACHIN, Luiz Edson. Direito de família, casamento, arts. 1.511 a 1.590. In: FACHIN, Luiz Edson; AZEVEDO, Álvaro Villaça; RUZYK, Carlos Eduardo Pianovski (Coord.). **Código Civil comentado**. São Paulo: Atlas, 2003. v. 15.
FACHIN, Luiz Edson. **Elementos críticos do direito de família**. Rio de Janeiro: Renovar, 1999.
FACHIN, Luiz Edson. **Estatuto jurídico do patrimônio mínimo**. Rio de Janeiro: Renovar, 2001.
FACHIN, Luiz Edson. **Questões do direito civil brasileiro contemporâneo**. Rio de Janeiro: Renovar, 2008.
FACHIN, Luiz Edson. **Teoria crítica do direito civil**. Rio de Janeiro: Renovar, 2000.
FALCÃO, Raimundo Bezerra. **Hermenêutica**. São Paulo: Malheiros, 2000.
FARIA, Edimur Ferreira de. **Curso de direito administrativo positivo**. Belo Horizonte: Del Rey, 1997.
FARIAS, Cristiano Chaves de; ROSENVALD, Nelson. **Curso de direito civil**: reais. 11. ed. São Paulo: Atlas, 2015.
FARIAS, Cristiano Chaves de; ROSENVALD, Nelson. **Direito civil**: teoria geral. 4. ed. Rio de Janeiro: Lumen Juris, 2006.
FARIAS, Cristiano Chaves de; ROSENVALD, Nelson. **Direito das famílias**. 2. ed. Rio de Janeiro: Lumen Juris, 2008.
FARIAS, Cristiano Chaves de; ROSENVALD, Nelson. **Direito das obrigações**. Rio de Janeiro: Lumen Juris, 2006.
FARIAS, Cristiano Chaves de; ROSENVALD, Nelson. **Direitos reais**. Rio de Janeiro: Lumen Juris, 2006.
FÉRES, Marcelo Andrade. **Estabelecimento empresarial**. São Paulo: Saraiva, 2007.
FÉRES, Marcelo Andrade; CARVALHO, Paulo Gustavo M. **Processo nos tribunais superiores**. São Paulo: Saraiva, 2006.
FERRARA, Francesco. **Teoria delle persone giuridiche**. 3. ed. Napoli: Eugenio Marghieri, 1923.
FERRARA, Francesco. **Trattato di diritto civile**. Napoli: Eugenio Marghieri, 1932.
FERRARA, Francesco. **Trattato di diritto civile italiano**. Roma: Athenaeum, 1921.
FERRAZ JR., Tercio Sampaio. **Introdução ao estudo do direito**. 3. ed. São Paulo: Atlas, 2001.
FERREIRA, Aurélio Buarque de Holanda. **Novo Aurélio Século XXI: o dicionário da língua portuguesa**. 3. ed. Rio de Janeiro: Nova Fronteira, 1999.
FERREIRA, Aurélio Buarque de Holanda. **Pequeno dicionário brasileiro da língua portuguesa**. 11. ed. São Paulo: Cia. Editora Nacional, 1972.
FERREIRA, Waldemar Martins. **Curso de direito commercial**. São Paulo: Salles Oliveira Rocha, 1927.

FERRIANI, Adriano. O contrato built to suit e a Lei 12.744/2012. **Migalhas**, 16 jan. 2013. Disponível em: <www.migalhas.com.br/Civilizalhas/94,MI170851,31047-O+contrato+built+to+suit+e+a+lei+1274412>. Acesso em: 29 dez. 2022.

FICHTE, Johann Gottlieb. Introdução à teoria do estado. In: **Os Pensadores**. 2. ed. São Paulo: Abril Cultural, 1984.

FIGUEIRA JÚNIOR, J. D. **Liminares nas ações possessórias**. São Paulo: RT, 1995.

FIGUEIRA JÚNIOR, J. D. **Posse e ações possessórias**. Curitiba: Juruá, 1994.

FIGUEIREDO, Álcio Manoel S. **ABC do consórcio**: teoria e prática. 4. ed. Curitiba: Juruá, 1996.

FIGUEIREDO, Marco Túlio Caldeira. **Hermenêutica contratual no Estado Democrático de Direito**. Belo Horizonte: Del Rey, 2007.

FIRHOLTZ, Frédéric; KHAMIS, Raja. **La résolution du contrat et des obligations contractuelles**. Disponível em: <http://sites.estvideo.net/fdm/doc/civil/20042005/revicontra.doc>. Acesso em: 16 dez. 2008.

FIUZA, César. **Alienação fiduciária em garantia**. Rio de Janeiro: Aide, 2000.

FIUZA, César (Coord.). **Curso avançado de direito civil**. São Paulo: IOB, 2007. v. 2.

FIUZA, César (Coord.). **Curso avançado de direito civil**. 2. ed. Rio de Janeiro: Forense, 2009.

FIUZA, César (Org.). **Elementos de teoria geral das obrigações e dos contratos**: por uma abordagem civil-constitucional. Curitiba: CRV, 2012.

FIUZA, César. **Teoria geral da arbitragem**. Belo Horizonte: Del Rey, 1995.

FIUZA, César; NEVES, Rúbia Carneiro (Coord.). **Iniciativa privada e negócios**. Belo Horizonte: Del Rey, 2012.

FIUZA, César; ROBERTO, Giordano Bruno Soares. **Contratos de adesão**. Belo Horizonte: Mandamentos, 2002.

FIUZA, César; SÁ, Maria de Fátima Freire de; NAVES, Bruno Torquato de Oliveira (Coord.). **Direito civil**: atualidades. Belo Horizonte: Del Rey, 2003.

FIUZA, César; SÁ, Maria de Fátima Freire de; NAVES, Bruno Torquato de Oliveira (Coord.). **Direito civil**: atualidades II. Belo Horizonte: Del Rey, 2007.

FIUZA, César; SÁ, Maria de Fátima Freire de; NAVES, Bruno Torquato de Oliveira (Coord.). **Direito civil**: atualidades III. Belo Horizonte: Del Rey, 2008.

FIUZA, César; SÁ, Maria de Fátima Freire de; NAVES, Bruno Torquato de Oliveira (Coord.). **Direito civil**: atualidades IV. Belo Horizonte: Del Rey, 2008.

FLAH Y SMAYEVSKY. **Teoría de la imprevisión**. Buenos Aires: Depalma, 1989.

FRANÇA, Limongi. **Instituições de direito civil**. 5. ed. São Paulo: Saraiva, 1999.

FREUD, Sigmund. **Introduction à la psychanalyse**. Paris: Payot, 1973.

FROTA, Pablo Malheiros da Cunha. **Danos morais e a pessoa jurídica**. São Paulo: Método, 2008.

GAARDER, Jostein. **O mundo de Sofia**. São Paulo: Cia. das Letras, 1996.

GABBA, C. F. **Questioni di diritto civile**. Torino: Fratelli Bocca, 1898.

GABRICH, Frederico de Andrade; SIMÕES, Lorena Arantes. Sociedade em conta de participação: estratégia e inovação. In: FIUZA, César; NEVES, Rúbia Carneiro (Coord.). **Iniciativa provada e negócios**. Belo Horizonte: Del Rey, 2012.

GAGLIANO, Pablo Stolze. Direito real de laje: primeiras impressões. **Jus.com.br**, 5 jan. 2017. Disponível em: <https://jus.com.br/artigos/54931>. Acesso em: 29 dez. 2022.

GALUPPO, Marcelo. **Igualdade e diferença**. Belo Horizonte: Mandamentos, 2002.

GALUPPO, Marcelo. Os princípios jurídicos no estado democrático de direito: ensaio sobre o modo de sua aplicação. **Revista de Informação Legislativa**, Brasília, Senado Federal, n. 143, jul./set. 1999.

GAMA, Guilherme Calmon Nogueira da (Coord.). **Função social no direito civil**. São Paulo: Atlas, 2007.

GARCEZ, Martinho. **Nullidades dos actos juridicos**. Rio de Janeiro: Companhia Impressora – 7, 1896.

GATSI, Jean. **Le contrat-cadre**. Paris: LGDJ, 1996.

GENY, François. **Méthode d'interprétation et sources en droit privé positif**. 2. ed. Paris: Librairie Générale de Droit & de Jurisprudence, 1954.

GERNET, Louis. **Droit et institutions en Grèce antique**. Paris: Flammarion, 1982.

GILMORE, Grant. **The death of contract**. 2. ed. Columbus: Ohio University Press, 1975.

GIORDIANI, Mário Curtis. **Iniciação ao direito romano**. 5. ed. Rio de Janeiro: Lumen Juris, 2003.
GIORDIANI, Mário Curtis. **Direito romano**. 4. ed. Rio de Janeiro: Lumen Juris, 2000.
GODINHO, Adriano Marteleto. **A lesão no novo Código Civil Brasileiro**. Belo Horizonte: Mandamentos, 2008.
GOMES, José Jairo. **Direito civil**: introdução e parte geral. Belo Horizonte: Del Rey, 2006.
GOMES, José Jairo. **Responsabilidade civil e eticidade**. Belo Horizonte: Del Rey, 2005.
GOMES, Luiz Roldão de Freitas. **Contrato com pessoa a declarar**. Rio de Janeiro: Renovar, 1994.
GOMES, Orlando. Autonomia privada e negócio jurídico. In: GOMES, Orlando. **Novos temas de direito civil**. Rio de Janeiro: Forense, 1983.
GOMES, Orlando. **Contratos**. 23. ed. Rio de Janeiro: Forense, 2001.
GOMES, Orlando. **Contratos de adesão**: condições gerais dos contratos. São Paulo: RT, 1972.
GOMES, Orlando. **Direito de família**. 8. ed. Rio de Janeiro: Forense, 1995.
GOMES, Orlando. **Direitos reais**. 5. ed. Rio de Janeiro: Forense, 1978.
GOMES, Orlando. Inovações na teoria geral do contrato. In: GOMES, Orlando. **Novos temas de direito civil**. Rio de Janeiro: Forense, 1983.
GOMES, Orlando. **Introdução**. 11. ed. Rio de Janeiro: Forense, 1995.
GOMES, Orlando. **Novos temas de direito civil**. Rio de Janeiro: Forense, 1983.
GOMES, Orlando. **Obrigações**. 5. ed. Rio de Janeiro: Forense, 1978.
GOMES, Orlando. **Sucessões**. 6. ed. Rio de Janeiro: Forense, 1995.
GOMES, Orlando. **Transformações gerais do direito das obrigações**. 2. ed. São Paulo: RT, 1980.
GONÇALVES, Aroldo Plínio. **Nulidades no processo**. Rio de Janeiro: Aide, 1993.
GONÇALVES, Vitor Fernandes. **Responsabilidade civil por quebra de promessa**. Brasília: Brasília Jurídica, 1997.
GORLA, Gino. Il potere della volontà nella promessa come negozio giuridico. In: RODOTÀ, Stefano (a cura di). **Il diritto privato nella società moderna**. Bologna: Il Mulino, 1971.
GOZZO, Débora; MONTEIRO, Juliano Ralo. A concretização da autonomia existencial e a lei n. 13.146/15: apontamentos sobre o casamento da pessoa com deficiência. **Civilística**, Rio de Janeiro, ano 8, n. 1, 2019.
ГРАЦИАНСКИЙ, П. С. et al. **История политических и правовых учений**. 2. изд. Москва: Юридическая Литература, 1988.
GRINOVER, Ada Pellegrini; DINAMARCO, Cândido Rangel; CINTRA, Antônio Carlos de Araújo. **Teoria geral do processo**. São Paulo: Malheiros, 2000.
GROCIO, Hugo. **Del derecho de la guerra y de la paz**. Madrid: Reus, 1925.
GUERRA, Arthur. **Direitos fundamentais do embrião na bioconstituição**. Belo Horizonte: D'Plácido, 2015.
GUSMÃO, Paulo Dourado de. **Filosofia do direito**. Rio de Janeiro: Forense, 1985.
HABERMAS, Jürgen. **Direito e democracia**. Rio de Janeiro: Tempo Brasileiro, 1997.
HABERMAS, Jürgen. **O discurso filosófico da modernidade**. São Paulo: M. Fontes, 2000.
HATTENHAUER, Hans. **Europäische Rechtsgeschichte**. 3. ed. Heidelberg: C. F. Müller, 1999.
HAURIOU, André. **Droit constitutionnel et institutions politiques**. 5. ed. Paris: Montchrestien, 1972.
HÉBRAUD, P. **La copropriété par appartements**. Paris: Révue Trimestrielle de Droit Civil, 1938.
HEDEMANN, J. W. **Derechos reales**. Madrid: Revista de Derecho Privado, 1956.
HENTZ, André Soares. Os princípios da eticidade, da socialidade e da operabilidade no Código Civil de 2002. **Jus.com.br**, 30 nov. 2006. Disponível em: <http://jus.com.br/revista/texto/9221/os-principios-da-eticidade-da-socialidade-e-da-operabilidade-no-codigo-civil-de-2002>. Acesso em: 29 dez. 2022.
HERÁCLITO. Fragmentos. Pré-socráticos. In: **Os Pensadores**. 3. ed. São Paulo: Abril Cultural, 1985.
HIRONAKA, Giselda Maria Fernandes Novaes. **Direito civil**: estudos. Belo Horizonte: Del Rey, 2000.
HIRONAKA, Giselda Maria Fernandes Novaes. **Responsabilidade pressuposta**. São Paulo: Faculdade de Direito da Universidade de São Paulo, 2002.
HIRONAKA, Giselda Maria Fernandes Novaes; AZEVEDO, Antônio Junqueira de (Coord.). **Comentários ao Código Civil**. São Paulo: Saraiva, 2003.

HIRONAKA, Giselda Maria Fernandes Novaes; CAHALI, Francisco José. Direito das sucessões. In: CAMBLER, Everaldo (Coord.). **Curso avançado de direito civil**. São Paulo: RT, 2000. v. 6.
HIRONAKA, Giselda Maria Fernandes Novaes; CAHALI, Francisco José. **Direito das sucessões**. 3. ed. São Paulo: RT, 2007.
HIRONAKA, Giselda Maria Fernandes Novaes; OLIVEIRA, Euclides de. Do casamento. In: DIAS, Maria Berenice; PEREIRA, Rodrigo da Cunha (Org.). **Direito de família e o novo Código Civil**. 2. ed. Belo Horizonte: Del Rey, 2002.
HIRONAKA, Giselda Maria Fernandes Novaes; PEREIRA, Rodrigo da Cunha. **Direito das sucessões**. 2. ed. Belo Horizonte: Del Rey, 2007.
HIRONAKA, Giselda Maria Fernandes Novaes (Coord.). **A outra face do poder judiciário**. Belo Horizonte: Del Rey, 2005.
HOBBES, Thomas. Leviatã. In: **Os Pensadores**. 3. ed. São Paulo: Abril Cultural, 1983.
HOOVER, Calvin B. **The economy, liberty and the State**. New York: The Twentieth Century Fund, 1959.
HUBERMAN, Leo. **Man's worldly goods**. 3. ed. New York: Monthly Review Press, 1959.
IBGE – Instituto Brasileiro de Geografia e Estatística. **Estatísticas históricas do Brasil**. Rio de Janeiro: IBGE, 1990.
IBGE – Instituto Brasileiro de Geografia e Estatística. **Síntese de indicadores sociais 2000**. Rio de Janeiro: IBGE, 2001.
JELLINEK, Georg. **The declaration of the rights of man and of citizens**. New York: Holt, 1901.
JHERING, Rudolf von. **La dogmática jurídica**. Buenos Aires: Losada, 1946.
JHERING, Rudolf von. **De interes en los contratos**: estudios jurídicos. Buenos Aires: Atalaya, 1947.
JHERING, Rudolf von. **A luta pelo direito**. 10. ed. Rio de Janeiro: Forense, 1992.
JHERING, Rudolf von. **La posesión**. 2. ed. Madrid: Reus, 1926.
JOSSERAND, Louis. **Cours de droit civil positif français**. 3. ed. Paris: Recueil Sirey, 1938.
JOSSERAND, Louis. **Derecho civil**. Buenos Aires: Bosch, 1950.
KANT, Immanuel. The science of right. In: **Great Books of the Western World**. Chicago: University of Chicago, 1952.
KELSEN, Hans. **Das Problem der Gerechtigkeit**. Wien: Franz Deuticke, 1960.
KELSEN, Hans. **Reine Rechtslehre**. Wien: Franz Deuticke, 1960.
KERSTEN, Holger. **Jesus lebte in Indien**. München: Drömer/Knaur, 1983.
KIPER, Claudio M.; LISOPRAWSKI, Silvio V. **Fideicomiso, dominio fiduciario, securitización**. 2. ed. Buenos Aires: Depalma, 1996.
KOLM, Serge-Christophe. **Teorias modernas da justiça**. São Paulo: M. Fontes, 2000.
КОЛОМАТСКАЯ, С. П. et al. **Основы советского права**. Москва: Вышая Школа, 1986.
KOURY, Suzy Elizabeth Cavalcante. **A desconsideração da personalidade jurídica (disregard-doctrine) e os grupos de empresas**. 2. ed. Rio de Janeiro: Forense, 1997.
КОЗЛОВ, В. А. et al. **Теориа государства и права**. 2. исд., Ленинград: ЛГУ, 1987.
KONNO, Alyne Yumi. **Registro de imóveis**: teoria e prática. São Paulo: Memória Jurídica, 2007.
КУНИК, А. Я. et al. **Основы совтеского гражданского права**. Москва: Вышая Школа, 1987.
LACAN, Jacques. **O seminário**. Rio de Janeiro: Zahar, 1995.
LAFAILLE, Héctor. **Derecho civil**. Buenos Aires: Ediar, 1943.
LAMBERT, Édouard. **La question de l'authenticité des XII tables et les annales maximi**. Paris: Librairie de la Société du Recueil Générale des Lois et des Arrêts, 1902.
LARA, Mariana Alves. Em defesa da restauração do discernimento como critério para a incapacidade de fato. **Revista Brasileira de Direito Civil – RDBCivil**, Belo Horizonte, v. 19, p. 39-61, jan./mar. 2019.
LARENZ, Karl. **Allgemeiner Teil des bürgerlichen Rechts**. 8. ed. München: Beck, 1997.
LARENZ, Karl. **Lehrbuch des Schuldrechts**. 14. ed. München: Beck, 1987.
LAURENT, F. **Cours élémentaire de droit civil**. Paris: A. Maresq, Aîné, 1887.
LEHMANN, Heinrich. **Gläubigerschutz**. Mannheim: Bensheimer, 1926.
LEITE, Gisele. **Considerações sobre a representação em face do Código Civil de 2002**. Disponível em: <http://jusvi.com/artigos/22700>. Acesso em: 15 maio 2012.
LIMA, João Franzen de. **Curso de direito civil brasileiro**. Rio de Janeiro: Forense, 1958.

LIMA, Leandro Rigueira Rennó. **Arbitragem**: uma análise da fase pré-arbitral. Belo Horizonte: Mandamentos, 2003.
LIMA, Otto de Sousa. **Negócio fiduciário**. São Paulo: RT, 1962.
LINZER, Peter. On the amorality of contract remedies: efficiency, equity and the second restatement. **Columbia Law Review**, v. 81, n. 1, jan. 1981.
LIRA, Ricardo Pereira. **Elementos de direito urbanístico**. Rio de Janeiro: Renovar, 1997.
LISBOA, Roberto Senise. **Comentários ao Código Civil**. 2. ed. São Paulo: RT, 2009.
LISBOA, Roberto Senise. **Contratos difusos e coletivos**. São Paulo: RT, 1997.
LISBOA, Roberto Senise. **Manual de direito civil**. 3. ed. São Paulo: RT, 2003.
LIVY. **The early history of Rome**. London: Penguin, 1971.
LÔBO, Paulo Luiz Neto. **Condições gerais dos contratos e cláusulas abusivas**. São Paulo: Saraiva, 1991.
LOPES, João Batista. **A prova no direito processual civil**. 2. ed. São Paulo: RT, 2002.
LOPES, Levindo Ferreira. **Divisões, demarcações e tapumes**. 3. ed. Rio de Janeiro: Joaquim Ribeiro dos Santos, 1915.
LOPES, Valquiria; KIEFER, Sandra. Com decisão do STJ, especialistas preveem avalanche de ações em Minas. **Estado de Minas Gerais**, 4 maio 2012. Disponível em: <www.em.com.br/app/noticia/gerais/2012/05/04/interna_gerais,292437/com-decisao-do-stj-especialistas-preveem-avalanche-de-acoes-em-minas.shtml>. Acesso em: 29 dez. 2022.
LOPES DA COSTA. **Manual elementar de direito processual civil**. 3. ed. atual. por Sálvio de Figueiredo Teixeira. Rio de Janeiro: Forense, 1982.
LÓPEZ, Carlos Fuentes. **El racionalismo jurídico**. México: Universidad Nacional Autónoma de México, 2003.
LOPEZ, Teresa Ancona. **O estado de perigo como defeito do negócio jurídico**. Disponível em:<www.gontijo-familia.adv.br/2008/artigos_pdf/Teresa_Ancona_Lopez/EstadodePerigo.pdf>. Acesso em: 30 nov. 2010.
LORENZETTI, Ricardo Luis. **Fundamentos do direito privado**. São Paulo: RT, 1998.
LOTUFO, Renan. Observações sobre a representação no Código de 2002. In: LOTUFO, Renan; NANNI, Giovanni Ettore; MARTINS, Fernando Rodrigues (Coord.). **Temas relevantes do direito civil contemporâneo**. São Paulo: Atlas, 2012.
LOUREIRO, Luiz Guilherme. **Curso completo de direito civil**. São Paulo: Método, 2007.
LUDWIG, Marcos. Direito público e direito privado: a superação da dicotomia. In: MARTINS-COSTA, Judith. **A reconstrução do direito privado**. São Paulo: RT, 2002.
MACEDO, Humberto Gomes. **Teoria geral dos contratos**. Belo Horizonte: Initia Via, 2013.
MACKELDEY. **Manuel de droit romain**. 3. ed. Bruxelles: Ad. Wahlen, 1846.
MADALENO, Rolf. Do regime de bens entre os cônjuges. In: Dias, Maria Berenice; PEREIRA, Rodrigo da Cunha (Org.). **Direito de família e o novo Código Civil**. 2. ed. Belo Horizonte: Del Rey, 2002.
MALUF, Antônio Nagib. **Fideicomisso no direito brasileiro**. São Paulo: Hemus, 1987.
MALUF, Carlos Alberto Dabus. **Código Civil comentado**: artigos 189 a 232. São Paulo: Atlas, 2009.
MARANHÃO, Délio et al. **Instituições de direito do trabalho**. 12. ed. São Paulo: LTr, 1991.
MARINO, Francisco Paulo de Crescenzo. **Contratos coligados no direito brasileiro**. São Paulo: Saraiva, 2009.
MARKY, Thomas. **Curso elementar de direito romano**. 4. ed. São Paulo: Saraiva, 1988.
MARMOR, Andrei. **Direito e interpretação**. São Paulo: M. Fontes, 2000.
MARQUES, Claudia Lima. Contratos de time-sharing e a proteção dos consumidores: crítica ao direito civil em tempos pós-modernos. **Revista de Direito do Consumidor**, v. 22, abr. 1997.
MARQUES, Claudia Lima. **Contratos no Código de Defesa do Consumidor**. São Paulo: RT, 2005.
MARTINS, Fernando. **Estado de perigo no Código Civil**. São Paulo: Saraiva, 2007.
MARTINS, Fran. **Contratos e obrigações comerciais**. Rio de Janeiro: Forense, 1990.
MARTINS, Fran. **Curso de direito comercial**. 16. ed. Rio de Janeiro: Forense, 1991.
MARTINS, Fran. **Títulos de crédito**. 2. ed. Rio de Janeiro: Forense, 1989.
MARTINS, Guilherme Magalhães. **Formação dos contratos eletrônicos de consumo via internet**. Rio de Janeiro: Forense, 2003.
MARTINS, Pedro Baptista. **O abuso do direito e o ato ilícito**. 3. ed. Rio de Janeiro: Forense, 1997.

MARTINS-COSTA, Judith; Branco, Gerson Luiz Carlos. **Diretrizes teóricas do novo Código Civil brasileiro**. São Paulo: Saraiva, 2002.

MARTON, G. **Obligations de résultat et obligations de moyens**. Paris: Rév. Trim., 1935.

MARX, Karl. **Das Kapital**. Berlin: DietzVerlag, 1986.

MATA-MACHADO, Edgar de Godói da. **Elementos de teoria geral do direito**. Belo Horizonte: Vega, 1981.

MATTIETTO, Leonardo. O direito civil constitucional e a nova teoria dos contratos. In: TEPEDINO, Gustavo. **Problemas de direito civil constitucional**. Rio de Janeiro: Renovar, 2000.

MATTIETTO, Leonardo. O papel da vontade nas situações jurídicas patrimoniais: o negócio jurídico e o novo Código Civil. In: TEPEDINO, Gustavo et al. (Org.). **Diálogos sobre direito civil**: construindo a racionalidade contemporânea. Rio de Janeiro: Renovar, 2002.

MAZEAUD, Denis. **La notion de clause pénale**. Paris, LGDJ, 1992.

MAZEAUD ET MAZEAUD. **Leçons de droit civil**. 11. ed. Paris: Montchrestian, 1996.

MAZEAUD ET MAZEAUD. **Obligations**. 9. ed. Paris: Montchrestien, 1998.

MAZUR, Maurício. A dicotomia entre os direitos da personalidade e os direitos fundamentais. In: MIRANDA, Jorge; RODRIGUES JÚNIOR, Otávio Luiz; FRUET, Gustavo Bonato (Org.). **Direitos da personalidade**. São Paulo: Atlas, 2012.

MEIRA, Sílvio. **Curso de direito romano**. São Paulo: LTr, 1996.

MEIRELLES, Hely Lopes. **Direito administrativo brasileiro**. 15. ed. São Paulo: RT, 1990.

MEIRELES, Henrique da Silva Seixas. **Marx e o direito civil**. Coimbra: Universidade de Coimbra, 1990.

MELLO, Marcos Bernardes de. **Teoria do fato jurídico: plano da existência**. 9. ed. São Paulo: Saraiva, 1999.

MELLO FILHO, José Celso de. **Notas sobre as fundações**. Disponível em: <www.revistajustitia.com.br/revistas/bxyb68.pdf>. Acesso em: 9 jun. 2015.

MELO, Albertino Daniel de. **Sanção civil por abuso de sociedade**. Belo Horizonte: Del Rey, 1997.

MELO, Marcelo Augusto Santana de. **Multipropriedade imobiliária**. Disponível em: <http://www.anoreg.org.br/index.php?option=com_content&view=article&id=27589:multipropriedade-imobiliaria-por-marcelo-augusto-santana-de-melo&catid=32&Itemid=181>. Acesso em: 8 jna. 2019.

MELO, Marco Aurélio Bezerra de. **Curso de direito civil**. São Paulo: Atlas, 2015. v. 5.

MELO, Marco Aurélio Bezerra de. **Direito das coisas**. 2. ed. Rio de Janeiro: Lumen Juris, 2008.

MENDES PIMENTEL, F. Servidão de trânsito. **Revista Forense**, Belo Horizonte, Forense, v. 40, 1924.

MENDONÇA, Paulo Roberto Soares. **A argumentação nas decisões judiciais**. 2. ed. Rio de Janeiro: Renovar, 2000.

MIAILLE, Michel. **Introdução crítica ao direito**. Lisboa: Estampa, 1979.

MICHOUD, Léon. **La théorie de la personnalité morale**. 3. ed. Paris: Librairie Générale de Droit & de Jurisprudence, 1932.

MIJOLLA, Alain de. **Dictionnaire international de psychanalyse**. Paris: Calman-Lévy, 2002.

MILAGRES, Marcelo de Oliveira. **Direito à moradia**. São Paulo: Atlas, 2011.

MIRANDA, Jorge; RODRIGUES JÚNIOR, Otávio Luiz; FRUET, Gustavo Bonato. Principais problemas dos direitos da personalidade e estado-da-arte da matéria no direito comparado. In: MIRANDA, Jorge; RODRIGUES JÚNIOR, Otávio Luiz; FRUET, Gustavo Bonato (Org.). **Direitos da personalidade**. São Paulo: Atlas, 2012.

MIRANDA, Jorge; RODRIGUES JÚNIOR, Otávio Luiz; FRUET, Gustavo Bonato (Org.). **Direitos da personalidade**. São Paulo: Atlas, 2012.

MONCADA, Luís Cabral de. **Elementos de história do direito romano**. Coimbra: Coimbra Ed., 1923.

MONTEIRO, Cláudia Servilha. **Teoria da argumentação jurídica**. Rio de Janeiro: Lumen Juris, 2001.

MONTESQUIEU, Charles de. O espírito das leis. In: **Os Pensadores**. 3. ed. São Paulo: Abril Cultural, 1985.

MONTESQUIEU, Charles de. The spirit of laws. In: **Great Books of the Western World**. Chicago: University of Chicago, 1952.

MORAES, Maria Celina Bodin de. **Danos à pessoa humana**: uma leitura civil-constitucional dos danos morais. Rio de Janeiro: Renovar, 2003.

MORAES, Maria Celina Bodin de (Coord.). **Princípios do direito civil contemporâneo**. Rio de Janeiro: Renovar, 2006.

MOREIRA ALVES, José Carlos. **Alienação fiduciária em garantia**. 2. ed. Rio de Janeiro: Forense, 1979.

MOREIRA ALVES, José Carlos. **Direito romano**. 5. ed. Rio de Janeiro: Forense, 1995.

MOREIRA ALVES, José Carlos. **Direito romano**. 11. ed. Rio de Janeiro: Forense, 1998. v. 1-2.

MOREIRA, Luiz. **Fundamentação do direito em Habermas**. 2. ed. Belo Horizonte: Mandamentos, 2002.

MOURÃO, Gustavo César de Souza. **Uma abordagem crítica da teoria da desconsideração da personalidade jurídica**. Monografia (Pós-graduação em Direito) – UFMG, Belo Horizonte, 2003.

MÜLLER, Friedrich. **Discours de la méthode juridique**. Paris: Presses Universitaires de France, 1996.

NADER, Paulo. **Curso de direito civil**. 2. ed. Rio de Janeiro: Forense, 2004. v. 1.

NADER, Paulo. **Introdução ao estudo do direito**. 7. ed. Rio de Janeiro: Forense, 1992.

NASIO, Juan-David. **O prazer de ler Freud**. Rio de Janeiro: Jorge Zahar, 1999.

NAVES, Bruno Torquato de Oliveira. Da transmissão das obrigações. In: FIUZA, César (Org.). **Elementos de teoria geral das obrigações e dos contratos**: por uma abordagem civil-constitucional. Curitiba: CRV, 2012.

NEGRÃO, Theotônio. **Código Civil**. 9. ed. São Paulo: RT, 1990.

NEGRÃO, Theotônio. **Código de Processo Civil**. 20. ed. São Paulo: RT, 1990.

НЕРСЕССЯНЦ, В. Ц. et al. **История политических и правовых учений**. 2. исд. Москва: Юридическая Литература, 1988.

NERY JR., Nelson & NERY, Rosa Maria de Andrade. **Código Civil comentado**. 11. ed. São Paulo: RT, 2014.

NERY JR., Nelson & NERY, Rosa Maria de Andrade. **Código de Processo Civil comentado**. 3. ed. São Paulo: RT, 1997.

NÓBREGA, Vandick Londres da. **Compêndio de direito romano**. 9. ed. São Paulo: Freitas Bastos, 1977. v. 1-2.

NORONHA, Fernando. **Direito das obrigações**. São Paulo: Saraiva, 2003.

NORONHA, Fernando. **O direito dos contratos e seus princípios fundamentais**. São Paulo: Saraiva, 1994.

Notaires BERQUIN Notarissen. **La nouvelle loi sur le droit de superficie clarifie les choses concernant la construction sur, au-dessus ou en dessous du fonds d'autrui**. Disponível em: <http://berquinnotarissenbe.webhosting.be/public/pdf/nieuwsbrief_fr/201412_IMU_FR_De_gewijzigde_opstalwet.pdf>. Acesso em: 9 maio 2017.

NUNES, Elpídio Donizetti. **Curso didático de direito processual civil**. 2. ed. Belo Horizonte: Del Rey, 1999.

OLIVEIRA, Anísio José de. **A cláusula rebus sic stantibus através dos tempos**. Belo Horizonte: [s.n.], 1968.

OLIVEIRA, Carlos Santos de. Da prova do negócio jurídico. In: TEPEDINO, Gustavo (Coord.). **A parte geral do novo Código Civil**. Rio de Janeiro: Renovar, 2003.

OLIVEIRA, Itabaiana. **Tratado de direito das sucessões**. 4. ed. São Paulo: Max Limonad, 1952.

OLIVEIRA, José Lamartine Corrêa de Oliveira. **A dupla crise da pessoa jurídica**. São Paulo: Saraiva, 1979.

OLIVEIRA, J. M. Leoni Lopes de. **Teoria geral do direito civil**. Rio de Janeiro: Lumen Juris, 1999.

OLIVEIRA, Regis Fernandes de. **Infrações e sanções administrativas**. São Paulo: RT, 1985.

OLIVEIRA, Wilson de. **Inventários e partilhas**. 4. ed. São Paulo: Saraiva, 1979.

ORDÁLIA. In: **Wikipédia**. Disponível em: <http://pt.wikipedia.org/wiki/Ordália>. Acesso em: 29 dez. 2022.

ORTOLAN, M. **Explication historique des Instituts de l'empereur Justinien**. 4. ed. Paris: Joubert, 1847. t. II.

PACCHIONI, G. **Nome civile e commerciale**. Torino: Fratelli Bocca, 1927.

PACCHIONI, G. **Trattato delle obbligazioni**. Torino: FratelliBocca, 1927.

PAIS, Ettore. **Corpus inscriptionumlatinarum**. Disponível em: <http://cil.bbaw.de/cil_en/dateien/datenbank_eng.php>. Acesso em: 7 jun. 2015.
PAIVA, Geraldo José de. **Entre necessidade e desejo: diálogos da psicologia com a religião**. São Paulo: Loyola, 2001.
PASQUALINI, Alexandre. **Hermenêutica e sistema jurídico**. Porto Alegre: Livraria do Advogado, 1999.
PASQUALOTTO, Adalberto. **Os efeitos obrigacionais da publicidade no Código de Defesa do Consumidor**. São Paulo: RT, 1997.
PAULIN, Christophe. **La clause résolutoire**. Paris: LGDJ, 1996.
PECK, Patricia. **Direito digital**. São Paulo: Saraiva, 2002.
PENTEADO, Luciano de Camargo. **Direito das coisas**. São Paulo: Ed. RT, 2008.
PENTEADO, Luciano de Camargo. **Doação com encargo e causa contratual**: uma nova teoria do contrato. 2. ed. São Paulo: RT, 2013.
PEREIRA, Caio Mário da Silva. **Condomínios e incorporações**. 3. ed. Rio de Janeiro: Forense, 1976.
PEREIRA, Caio Mário da Silva. **Instituições de direito civil**. 18. ed. Rio de Janeiro: Forense, 1996.
PEREIRA, Caio Mário da Silva. **Lesão nos contratos**. 5. ed. Rio de Janeiro: Forense, 1993.
PEREIRA, Caio Mário da Silva et al. **Shopping centers**: aspectos jurídicos. São Paulo: RT, 1984.
PEREIRA, Lafayette Rodrigues. **Direito das coisas**. Rio de Janeiro: Garnier, 1877.
PEREIRA, M. S. D. Neves. **Introdução ao direito e às obrigações**. Coimbra: Almedina, 1992.
PEREIRA, Rodrigo da Cunha. **Concubinato e união estável**. 3. ed. Belo Horizonte: Del Rey, 1996.
PEREIRA, Rodrigo da Cunha. **Direito de família**: uma abordagem psicanalítica. Belo Horizonte: Del Rey, 2001.
PEREIRA, Rodrigo da Cunha. **Princípios fundamentais norteadores do direito de família**. Belo Horizonte: Del Rey, 2006.
PEREIRA, Rodrigo da Cunha (Coord.). **Código Civil anotado**. Porto Alegre: Síntese, 2004.
PEREIRA, Rodrigo da Cunha; DIAS, Maria Berenice (Org.). **Direito de família e o novo Código Civil**. 2. ed. Belo Horizonte: Del Rey, 2002.
PERELMAN, Chaïm. **Lógica jurídica**. São Paulo: M. Fontes, 2000.
PERELMAN, Chaïm; OLBRECHTS-TYTECA, Lucie. **Tratado da argumentação**. São Paulo: M. Fontes, 2000.
PEREZ, Gabriel Netuzzi. **A pessoa jurídica e a quase pessoa jurídica**. Monografia (Especialização em Direito) – USP, São Paulo.
PÉREZ, María Teresa Alonso. **La sobreedificación y la subedificación en la propiedad horizontal** (Estudio de Derecho comparado hispano-francés). Disponível em: <https://www.boe.es/publicaciones/anuarios_derecho/abrir_pdf.php?id=ANU-C-2005-20069100764>. Acesso em: 25 nov. 2017.
PERLINGIERI, Pietro. **Perfis do direito civil**. 3. ed. Rio de Janeiro: Renovar, 1997.
PEROZZI, Silvio. **Istituzioni di diritto romano**. Roma: Athenaeum, 1928.
PETIT, Eugène. **Tratado elemental de derecho romano**. Buenos Aires: Editorial Universidad, 1999.
PLANIOL, Marcel. **Traité élémentaire de droit civil**. 3. ed. Paris: LGDJ, 1906. v. 1 a 3.
PLATO. Laws. In: **Great Books of the Western World**. Chicago: University of Chicago, 1952.
PLETI, Ricardo Padovini. **A natureza jurídica do contrato de comissão bursátil**: o diálogo entre o sistema financeiro nacional e o direito do consumidor. Tese (Doutorado em Direito) – UFMG, Belo Horizonte, 2014.
POLI, Leonardo Macedo. **Direitos de autor e software**. Belo Horizonte: Del Rey, 2003.
PONTES DE MIRANDA, Francisco Cavalcanti. **História e fontes do direito civil brasileiro**. 2. ed. Rio de Janeiro: Forense, 1981.
PONTES DE MIRANDA, Francisco Cavalcanti. **Sistema de ciência positiva do direito**. 2. ed. Rio de Janeiro: Borsoi, 1972.
PONTES DE MIRANDA, Francisco Cavalcanti. **Tratado das ações**. São Paulo: RT, 1973. t. IV.
PONTES DE MIRANDA, Francisco Cavalcanti. **Tratado de direito privado**. Rio de Janeiro: Borsoi, 1954.
POTHIER, Robert Joseph. **Tratado de los contratos**. Buenos Aires: Atalaya, 1948.

PROENÇA, José Carlos Brandão. **A resolução do contrato no direito civil**. Coimbra: Coimbra, 1996.

PUCHTA, Georg Friedrich. **Lehrbuch der Pandekten**. Leipzig: Barth, 1938.

RABELO, Sofia Miranda. **Guarda compartilhada**: uma nova visão para o relacionamento parental. Dissertação. (Mestrado em Direito) – UFMG, Belo Horizonte, 2004.

RABELLO FILHO, Benjamin Alves. **Partidos políticos no Brasil**. Belo Horizonte: Del Rey, 2001.

RADBRUCH, Gustavo. **Filosofia do direito**. 3. ed. Coimbra: Coimbra, 1953.

RAMOS, Carmem Lucia Silveira; TEPEDINO, Gustavo et al. (Org.). **Diálogos sobre o direito civil**: construindo a racionalidade contemporânea. Rio de Janeiro: Renovar, 2002.

RÁO, Vicente. **Ato jurídico**. 3. ed. São Paulo: RT, 1994.

RÁO, Vicente. **O direito e a vida dos direitos**. 4. ed. São Paulo: RT, 1997. v. 1-2.

REBOUL, Olivier. **Introdução à retórica**. São Paulo: M. Fontes, 2000.

RENAULT, Luiz Otávio Linhares; VIANA, Márcio Túlio. **Comissões de conciliação prévia**: quando o direito enfrenta a realidade. São Paulo: LTr, 2003.

REQUIÃO, Rubens. **Curso de direito comercial**. 19. ed. São Paulo: Saraiva, 1989.

RESTIFFE NETO, Paulo; RESTIFFE, Paulo Sérgio. Prisão civil do depositário infiel em face da derrogação do art. 1.287 do Código Civil pelo Pacto de São José da Costa Rica. **Revista dos Tribunais**, São Paulo, RT, v. 756, 1998.

RIBEIRO, Milton Nassau. O desequilíbrio econômico-financeiro nos contratos após o Código Civil de 2002. In: FIUZA, César (Org.). **Elementos de teoria geral das obrigações e dos contratos**: por uma abordagem civil-constitucional. Curitiba: CRV, 2012.

RIPERT, Georges. **La règle morale dans les obligations civiles**. Paris: Librairie Générale de Droit & de Jurisprudence, 1935.

RIPERT, Georges. **Traité élémentaire de droit commercial**. Paris: Librairie Générale de Droit & de Jurisprudence, 1951.

RIZZARDO, Arnaldo. **Direito das coisas**. Rio de Janeiro: Forense, 2004.

ROBERTO, Giordano Bruno Soares. **Introdução à história do direito privado e da codificação**. Belo Horizonte: Del Rey, 2003.

ROCHA, Coelho da. **Instituições de direito civil português**. Coimbra: Coimbra Ed., 1925.

RODRIGUES, Lia Palazzo. **Das arras**. Porto Alegre: Livraria do Advogado, 1998.

RODRIGUES, Sílvio. **Direito civil**. 20. ed. São Paulo: Saraiva, 1993.

RODRIGUES, Sílvio. **Direito civil**. 32. ed. São Paulo: Saraiva, 2002.

RODRIGUES JR., Otavio Luiz; MAMEDE, Gladston; ROCHA, Maria Vital da (Coord.). **Responsabilidade civil contemporânea**. São Paulo: Atlas, 2011.

ROGUIN, Ernest. **La science juridique pure**. Paris: Librairie Générale de Droit & de Jurisprudence, 1923.

ROPPO, Enzo. **O contrato**. Coimbra: Almedina, 1988.

ROSENFIELD, Denis Lerrer. **Reflexões sobre o direito à propriedade**. Rio de Janeiro: Elsevier, 2008.

ROSENVALD, Nelson. **A tomada de decisão apoiada**. Disponível em: <www.facebook.com/pages/Nelson-Rosenvald/1407260712924951?fref=photo>. Acesso em: 20 jul. 2015.

ROSENVALD, Nelson. **As funções da responsabilidade civil**. São Paulo: Atlas, 2013.

ROSENVALD, Nelson. **Dignidade humana e boa-fé no Código Civil**. São Paulo: Saraiva, 2007.

ROSENVALD, Nelson. **O direito real de laje como nova manifestação de propriedade**. Disponível em: <https://www.nelsonrosenvald.info/single-post/2017/09/14/O-direito-real-de-laje-como-nova-manifesta%C3%A7%C3%A3o-de-propriedade>. Acesso em: 25 nov. 2017.

ROUBIER, Paul. **Les conflits de lois dans le temps**. Paris: Récueil Sirey, 1929.

ROUSTANG, François. **Lacan**: do equívoco ao impasse. Rio de Janeiro: Campus, 1988.

ROWEDER, Rainner Jerônimo. **O divórcio extrajudicial**. Francisco Beltrão: Grafisul, 2012.

RUGGIERO, Roberto de. **Instituições de direito civil**. Campinas: Bookseller, 1999.

SÁ, Almeno. **Cláusulas contratuais gerais e directiva sobre cláusulas abusivas**. Coimbra: Almedina, 1999.

SÁ, Fernando Cunha de. **Abuso do direito**. Lisboa: Centro de Estudos Fiscais da Direção Geral das Contribuições e Impostos. Ministério das Finanças, 1973.

SÁ, Maria de Fátima Freire de. **Biodireito e direito ao próprio corpo**. 2. ed. Belo Horizonte: Del Rey, 2003.

SÁ, Maria de Fátima Freire de; NAVES, Bruno Torquato de Oliveira (Coord.). **Bioética, biodireito e o novo Código Civil de 2002**. Belo Horizonte: Del Rey, 2004.
SÁ, Maria de Fátima Freire de; TEIXEIRA, Ana Carolina Brochado. **Filiação e biotecnologia**. Belo Horizonte: Mandamentos, 2005.
SALDANHA, Nelson. **Ordem e hermenêutica**. Rio de Janeiro: Renovar, 1992.
SALIS, Lino. **La comunione**. Padova: Antonio Milani, 1936.
SALEILLES, Raymond. **De la déclaration de volonté**. Paris: Librairie Générale de Droit & de Jurisprudence, 1929.
SALEILLES, Raymond. **De la personnalité juridique**. 2. ed. Paris: Librairie Arthur Rousseau, 1922.
SALVAT, Raymundo M. **Tratado de derecho civil argentino**. 4. ed. Buenos Aires: Tipografica, 1951.
SANTIAGO JÚNIOR, Aluísio. **Direito das sucessões**: aspectos didáticos. Belo Horizonte: Inédita, 1997.
SANTIAGO JÚNIOR, Aluísio. **Direito de família**: aspectos didáticos. Belo Horizonte: Inédita, 1998.
SANTIAGO JÚNIOR, Aluísio. **Direito de propriedade**: aspectos didáticos. Belo Horizonte: Inédita, 1997.
SANTOS, Luiz Felipe Brasil. Anotações aos enunciados sobre direito de família. In: CASTILHO, Ricardo; TARTUCE, Flávio (Coord.). **Direito civil**: estudos em homenagem à professora Giselda Maria Fernandes Novaes Hironaka. São Paulo: Método, 2006.
SANTOS, Moacyr Amaral. **Primeiras linhas de direito processual civil**. São Paulo: Saraiva, 1985.
SARAIVA, Bruno de Sousa. Uma análise jurídica da multipropriedade imobiliária. **Revista da Escola Superior da Magistratura do Estado do Ceará**. Disponível em: <http://revistathemis.tjce.jus.br/index.php/THEMIS/article/download/104/103>. Acesso em: 29 dez. 2022.
SARMENTO FILHO, Eduardo Sócrates Castanheira. O direito de superfície na legislação brasileira. **Boletim do IRIB em Revista**, São Paulo, ed. 325, p. 88-97, mar./abr. 2006.
SAVATIER, René. **Cours de droit civil**. 2. ed. Paris: Librairie Générale de Droit & de Jurisprudence, 1949.
SAVIGNY, Friedrich Karl von. **Metodología jurídica**. Buenos Aires: Depalma, 1979.
SAVIGNY, Friedrich Karl von. **Sistema del derecho romano actual**. 2. ed. Madrid: Centro Editorial de Góngora, 1847. t. I.
SAVIGNY, Friedrich Karl von. **Traité de droit romain**. Paris: Firmin Didot Frères, 1856.
SAVIGNY, Friedrich Karl von. **Traité de la possession en droit romain**. 4. ed. Paris: Pedone-Lauriel, 1893.
SCHERKERKEWITZ, Iso Chaitz. **Contratos**: teoria e prática. São Paulo: RT, 2013.
SCHMITT, Carl. **Teologia política**. Belo Horizonte: Del Rey, 2006.
SCHREIBER, Anderson. **Direito civil e Constituição**. São Paulo: Atlas, 2013.
SCHREIBER, Anderson. Direito à moradia como fundamento para impenhorabilidade do imóvel residencial do devedor solteiro. In: RAMOS, Cármen Lúcia; TEPEDINO, Gustavo et al. (Org.) **Diálogos sobre o direito civil**: construindo a racionalidade contemporânea. Rio de Janeiro: Renovar, 2002.
SCIALOJA, Vittorio. **Archivio giuridico**. Padova: Cedam, 1932-1936.
SCIALOJA, Vittorio. **Procedimiento civil romano**. Buenos Aires: Europa-América, 1954.
SEMIÃO, Sérgio Abdalla. **Os direitos do nascituro**. Belo Horizonte: Del Rey, 2003.
SERPA LOPES, Miguel Maria de. **Curso de direito civil**. 7. ed. Rio de Janeiro: Freitas Bastos, 1989.
SETTE, André Luiz Menezes Azevedo. **Direito dos contratos**: seus princípios fundamentais sob a ótica do Código Civil de 2002. Belo Horizonte: Mandamentos, 2003.
SIEVERS, Allan. **Revolução, evolução e a ordem econômica**. Rio de Janeiro: Zahar, 1963.
SILVA, Ângela. **Direito agrário**. Notas de aula. Belo Horizonte: Fumidam, 1987.
SILVA, Cláudio Henrique Ribeiro da. Apontamentos para uma teoria dos entes despersonalizados. **Jus.com.br**, Teresina, ano 9, n. 809, 20 set. 2005. Disponível em: <http://jus2.uol.com.br/doutrina/texto.asp?id=7312>. Acesso em: 29 dez. 2022.
SILVA, Cyro Marcos da. **Entre autos e mundos**. Belo Horizonte: Del Rey; Newton Paiva, 2003.
SILVA, José Afonso da. **Curso de direito constitucional positivo**. 6. ed. São Paulo: RT, 1990.

SILVA, Kelly Susane Alflen da. **Hermenêutica jurídica e concretização judicial**. Porto Alegre: Fabris, 2000.

SILVA, Paulo Lins e. Da nulidade e da anulação do casamento no novo Código Civil brasileiro. In: DIAS, Maria Berenice; PEREIRA, Rodrigo da Cunha (Org.). **Direito de família e o novo Código Civil**. 2. ed. Belo Horizonte: Del Rey, 2002.

SILVA, Virgílio Afonso da. **A constitucionalização do direito**: os direitos fundamentais nas relações entre particulares. São Paulo: Malheiros, 2008.

SILVA, Vitor Borges da. Da violação positiva do contrato e da eficácia ulterior das obrigações (responsabilidade pós-contratual). **Conteúdo Jurídico**, 18 ago. 2012. Disponível em: <www.webartigos.com/artigos/da-violacao-positiva-do-contrato-e-da-eficacia-ulterior-das-obrigacoes-responsabilidade-pos-contratual/94040/>. Acesso em: 29 dez. 2022.

SOARES, Carlos Henrique; DIAS, Ronaldo Brêtas de Carvalho. **Manual elementar de processo civil**. Belo Horizonte: Del Rey, 2011.

SOARES, Mário Lúcio Quintão. **Direitos humanos, globalização e soberania**. Belo Horizonte: Inédita, 1997.

SOUSA, Francisco António de. **Novo dicionário latino-português**. 2. ed. Porto: Lello& Irmão, 1984.

SOUZA, José Guilherme de. **A criação judicial do direito**. Porto Alegre: Fabris, 1991.

SOUZA, Washington Peluso Albino de. **Direito econômico**. São Paulo: Saraiva, 1980.

SPEZIALI, Paulo Roberto. **Revisão contratual**. Belo Horizonte: Del Rey, 2002.

STANLEY, Adriano. **Direito das coisas**: direito civil. Belo Horizonte: Del Rey, 2009. v. 6.

STOLFI, Nicola. **Il nuovo Codice Civile**. Napoli: Dott Eugenio Jovene, 1939.

SÜSSEKIND, Arnaldo et al. **Instituições de direito do trabalho**. 12. ed. São Paulo: LTr, 1991.

SZTAJN, Rachel. Desconsideração da personalidade jurídica. **Revista do Direito do Consumidor**, São Paulo, RT, v. 2, 1992.

TALAMANCA, Mario. **Istituzioni di diritto romano**. Milano: Giuffrè, 1990.

TALAMANCA, Mario. **Lineamenti di storia del diritto romano**. 2. ed. Milano: Giuffrè, 1989.

TARTUCE, Flávio. **Direito civil**: direito de família. 10. ed. São Paulo: Método, 2015.

TARTUCE, Flávio. **Manual de direito civil**. São Paulo: Método, 2011.

TEIXEIRA, Ana Carolina Brochado. A (des)necessidade da guarda compartilhada ante o conteúdo da autoridade parental. In: TEIXEIRA, Ana Carolina Brochado; RIBEIRO, Gustavo Pereira Leite (Coord.). **Manual de direito das famílias e das sucessões**. Belo Horizonte: Del Rey/Mandamentos, 2008.

TEIXEIRA, Ana Carolina Brochado; TERRA, Aline de Miranda Valverde. É possível mitigar a capacidade e a autonomia da pessoa com deficiência para a prática de atos patrimoniais e existenciais? **Civilística**, Rio de Janeiro, a. 8, n. 1, 2019.

TEIXEIRA, Ana Carolina Brochado; TERRA, Aline de Miranda Valverde (Coord.). **Manual de teoria geral de direito civil**. Belo Horizonte: Del Rey, 2011.

TEIXEIRA, Sálvio de Figueiredo (Coord.). **Comentários ao novo Código Civil**. 2. ed. Rio de Janeiro: Forense, 2003.

TEIXEIRA DE FREITAS, Augusto. **Consolidação das leis civis**. 3. ed. Rio de Janeiro: Garnier, 1896.

TEPEDINO, Gustavo. Aspectos atuais da multipropriedade imobiliária. In: AZEVEDO, Fábio de Oliveira; MELO, Marco Aurélio Bezerra de (Org.). **Direito imobiliário**. São Paulo: Atlas, 2015. Disponível em: <http://www.tepedino.adv.br/wpp/wp-content/uploads/2017/07/Aspectos_Atuais_Multipropriedade_imobiliaria_fls_512-522.pdf >. Acesso em: 29 dez. 2022.

TEPEDINO, Gustavo. Direitos humanos e relações jurídicas privadas. In: TEPEDINO, Gustavo. **Temas de direito civil**. Rio de Janeiro: Renovar, 1999.

TEPEDINO, Gustavo. **Multipropriedade imobiliária**. São Paulo: Saraiva, 1993.

TEPEDINO, Gustavo. **A prescrição trienal para a reparação civil**. Disponível em: <www.cartaforense.com.br/conteudo/artigos/a-prescricao-trienal-para-a-reparacao-civil/4354>. Acesso em: 10 maio 2015.

TEPEDINO, Gustavo. Os direitos reais no Código Civil. **Revista da Escola da Magistratura do Rio de Janeiro**, Rio de Janeiro, Emerj, 2003.

TEPEDINO, Gustavo. **Temas de direito civil**. Rio de Janeiro: Renovar, 1999.

TEPEDINO, Gustavo. **Temas de direito civil**. Rio de Janeiro: Renovar, 2006. v. 2.

TEPEDINO, Gustavo. A tutela da personalidade no ordenamento civil-constitucional brasileiro. In: TEPEDINO, Gustavo. **Temas de direito civil**. Rio de Janeiro: Renovar, 1999.

TEPEDINO, Gustavo (Coord.). **A parte geral do novo Código Civil**: estudos na perspectiva civil-constitucional. Rio de Janeiro: Renovar, 2002.

TEPEDINO, Gustavo (Coord.). **A parte geral do novo Código Civil**: estudos na perspectiva civil-constitucional. 2. ed. Rio de Janeiro: Renovar, 2003.

TEPEDINO, Gustavo (Coord.). **Obrigações**. Rio de Janeiro: 2005.

TEPEDINO, Gustavo; FACHIN, Luiz Edson (Coord.). **O direito e o tempo**. Rio de Janeiro: Renovar, 2008.

TEPEDINO, Gustavo (Coord.). **Problemas de direito civil constitucional**. Rio de Janeiro: Renovar, 2000.

THEODORO JR., Humberto. **Curso de direito processual civil**. 16. ed. Rio de Janeiro: Forense, 2012. v. 1.

THEODORO JR., Humberto. In: MALUF, Carlos Alberto Dabus. **Código Civil comentado**: artigos 189 a 232. São Paulo: Atlas, 2009.

THEODORO JR., Humberto. In: TEIXEIRA, Sálvio de Figueiredo (Coord.). **Comentários ao novo Código Civil**. 2. ed. Rio de Janeiro: Forense, 2003. v. 3, t. I e II.

THUR, Andreas von. **Teoria general del derecho civil alemán**. Buenos Aires: Depalma, 1948.

TIMM, Luciano Benetti. **O novo direito civil**. Porto Alegre: Livraria do Advogado, 2008.

TIRYAKIAN, Edward. Émile Durkheim. In: Bottomore, Tom; Nisbet, Robert. **História da análise sociológica**. Rio de Janeiro: Zahar, 1980.

TITO FULGÊNCIO. **Da posse e das ações possessórias**. 2. ed. São Paulo: Saraiva, 1927.

TOMAZETTE, Marlon. **Direito societário**. São Paulo: Juarez de Oliveira, 2003.

TORRENTE, Andrea; PESCATORE, Gabriele. **Codice civile annotato**. 4. ed. Milano: Giuffrè, 1963.

TRABUCCHI, Alberto. **Istituzioni di diritto civile**. 20. ed. Padova: Cedam, 1974.

TRANQUILLUS, Caius Suetonius. **De XII Caesaribus sive de vita XII Caesarum**. Lugduni: Samuel Luchtmann&Filii, 1751.

TRANQUILLUS, Caius Suetonius. **The twelve Caesars**. Harmondswarth: Penguin Books, 1979.

VALLE FERREIRA, José Geraldo. **Enriquecimento sem causa**. Belo Horizonte: Nicolai, 1950.

VALLE FERREIRA, José Geraldo. Subsídios para o estudo das nulidades. **Revista da Faculdade de Direito da UFMG**, Belo Horizonte, ano XIV, n. 3 (Nova Fase), out. 1963.

VAMPRÉ, Spencer. **Tratado elementar de direito comercial**. Rio de Janeiro: Briguiet, 1922.

VAN CAENEGEM, R. C. **Uma introdução histórica ao direito privado**. São Paulo: M. Fontes, 1995.

VAN RYN, Jean. **Principes de droit commercial**. Bruxelles: Émile Bruylant, 1960.

VAN WETTER, Peter. **Cours élémentaire de droit romain**. 3. ed. Paris: A. Marescq Aîné, 1893.

VARELA, João de Matos Antunes. **Das obrigações em geral**. 10. ed. Coimbra: Almedina, 2005. v. 1-2.

VECCHIO, Giorgio del. **Los principios generales del derecho**. 2. ed. Barcelona: Bosch, 1942.

VELOSO, Zeno. Do direito sucessório dos companheiros. In: DIAS, Maria Berenice; PEREIRA, Rodrigo da Cunha (Org.). **Direito de família e o novo Código Civil**. 2. ed. Belo Horizonte: Del Rey, 2002.

VENOSA, Sílvio de Salvo. **Curso de direito civil**: parte geral. 2. ed. Rio de Janeiro: Forense, 2001. v. 1.

VENOSA, Sílvio de Salvo. **Direito civil**: direitos reais. 3. ed. São Paulo: Atlas, 2003.

VENOSA, Sílvio de Salvo. **Direito Civil**: parte geral. 7. ed. São Paulo: Atlas, 2007.

VENOSA, Sílvio de Salvo. **Direito civil**: teoria geral das obrigações e teoria geral dos contratos. 2. ed. São Paulo: Atlas, 2002.

VENOSA, Sílvio de Salvo. **Direito civil**: teoria geral das obrigações e teoria geral dos contratos. 3. ed. São Paulo: Atlas, 2003.

VENOSA, Sílvio de Salvo. **Direito civil**: teoria geral das obrigações e teoria geral dos contratos. 7. ed. São Paulo: Atlas, 2007.

VIANA, Marco Aurélio S. **Curso de direito civil**. Belo Horizonte: Del Rey, 1993. v. 3.

VIEHWEG, Theodor. **Tópica e jurisprudência**. Brasília: Imprensa Nacional, 1979.

VIEIRA, José Marcos Rodrigues. **Responsabilidade civil do Estado**. Belo Horizonte: O Alferes, 1988. v. 17.

VILLELA, João Baptista. Repensando o direito de família. CONGRESSO BRASILEIRO DE DIREITO DE FAMÍLIA, 4., 2003, Belo Horizonte. **Anais**... Belo Horizonte: Del Rey, 2004.

VILLELA, João Baptista. **Variações impopulares sobre a dignidade da pessoa humana**. Superior Tribunal de Justiça (doutrina), Edição Comemorativa – 20 anos, 2009.

VILLELA, João Baptista; JUST, Elke Doris. **O Código Civil espanhol e o Estatuto das Sociedades Prorrogadas no direito brasileiro**: um ensaio de reinterpretação. Belo Horizonte: UFMG, 1991.

VITA, Francisco Javier Pastor. Historia de la venta alzada o en globo del derecho romano al Código Civil español. **Revista de Estudios Históricos-Jurídicos**, Valparaíso, n. 28, 2006. Disponível em: <www.scielo.cl/scielo.php?pid=S0716-54552006000100006&script=sci_arttext#21>. Acesso em: 29 dez. 2022.

VITALI, Vittore. **Delle successioni**. Napoli: Eugenio Jovene, 1950.

VIVANTE, Cesare. **Tratado de derecho mercantil**. Madrid: Reus, 1932.

VON THUR, Andreas. **Das deutsche bürgerliche Recht**. Berlin: Duncker&Humblot, 1914.

WAINSTEIN, Bernardo. **Novo direito dos contratos**. Belo Horizonte: Mandamentos, 2007.

WARNKÖNIG, L. A. **Commentarii iuris romani privati**: de familia et successionibus. Leodii: J. Desoer, 1829.

WARNKÖNIG, L. A. **Institutiones iuris romani privati**. 4. ed. Bonnae: Adolph Mark, 1860.

WEBER, Max. **História agrária romana**. São Paulo: M. Fontes, 1994.

WEDY, Gabriel. **O limite constitucional dos juros reais**. 4. ed. Porto Alegre: Síntese, 1997.

WEINGARTEN, Marcelo; CYMBALISTA, Renato. **Direito de laje**: desafios. Disponível em: <http://sites.usp.br/outrosurbanismos/direito-de-laje-2/>. Acesso em: 3 jan. 2017.

WIEACKER, Franz. **Privatrechtsgeschichte der Neuzeit**. Göttingen: Vandenhoeck & Ruprecht, 1996.

WINDSCHEID, Bernardo. **Diritto delle pandette**. FADDA, Carlo; BENSA, Paolo Emilio (Trad.) Torino: Unione Tipografico-EditriceTorinense, 1925.

YARZA, Florencio I. Sebastián. **Diccionario griego-español**. Barcelona: Ramón Sopena, 1945.

ZIPPELIUS, Reinhold. **Introdução ao estudo do direito**. Belo Horizonte: Del Rey, 2006.

ЯЗЕВ, В. А. **Закон в советской торговле**. Москва: Юридическая Литература, 1987.

Impressão: Gráfica Exklusiva
Março/2023